上海市人文社科基地华东政法大学外国法与比较法研究院建设项目
国家重点学科华东政法大学法律史学科建设项目

华东政法大学
法律史硕士点招生三十周年　博士点招生十周年文丛

法律史的世界（上）

华东政法大学法律史研究中心/编

法律出版社
LAW PRESS·CHINA

总　序

1981年，经国务院学位办批准，华东政法大学开始招收第一届法律史专业硕士研究生；2001年，又开始招收第一届博士研究生。至今已过去了整整30年，我们为国家培养了244位硕士和180位博士，这一批高层次的法律人才，现分布在全国各地，工作在法学教育、法学研究、法律实务及其他各个领域，为我国的法治建设、理论研究和社会经济发展做出了重要的贡献。

为了纪念华东政法大学招收法律史专业硕士研究生30周年和博士研究生10周年，同时，为了让本专业团队在法律史研究方面的成果保留下来，为以后的学科发展做一些学术积累，经过商议，我们尝试编辑出版三个系列的著作。

第一系列是出版本学科之奠基人王召棠、徐轶民和陈鹏生三位教授的法学文集。自1981年本学科获准招收硕士研究生后，三位教授培养了一批又一批法律史专业的研究生，为学科的发展壮大做出了巨大的贡献。在此过程中，他们著书立说，出版和发表了大量有重大学术价值的研究成果，我们将其收集汇编，以三本法学文集的方式予以出版，在彰显他们业绩的同时，方便读者查阅、引用以及研究。

第二系列是出版自2001年本专业招收博士生以来一直工作在教学和科研第一线的三位中年老师何勤华、王立民和徐永康的文集。华东政法大学法律史博士，主要出自此三位老师的门下。这三本文集收录的有已经出版和发表了的作品，也有部分新创作的论著，虽不是系统的专著，但将分散出版和发表的文章按相关专题汇集在一起，可以为读者阅读和引用提供方便，这既是一个纪念，也是一种学术的积累。

第三系列是出版本专业新人即硕士和博士的论文集。考虑硕士人数比较多，且刚从本科上来，成果不是很多，故这次编集仅收录已经毕业的硕士的论文（主要是硕士毕业论文）。这些论文由于是在学校全脱产的状态下，花费3年时间潜心学习、研究完成的，故基本上具有较高水准，有些已在核心刊物上公开发表。现将其汇编在一起，分为上、下两卷，取名《法律史的成长》。

本专业的博士，因其学习时间相对较长，且是在硕士毕业之基础上进入博士生的学习，发表的成果相对较多。因此，这次收集论文时，不仅包括已经毕业的，也包括了在读的博士生的成果。我们让每位博士选择一篇自己认为比较满意的文章（不管是新作，还是已经发表的文章），予以汇集出版。这些论文基本上都发表在中文核心期刊，有些还是权威期刊上，具有相当的学术理论价值。由于字数比较多，文集分为上、中、下三卷。经过大家讨论，书名定为《法律史的世界》。

这次纪念活动，也得到了本专业博士后流动站研究人员的认同和追捧，他们也希望能够加入进来，有一个展示自己成果的平台。华东政法大学法律史专业自2003年开始招收博士后，至今已经培养了39位博士后（大部分已经出站）。他们每人精选了一篇自己的得意之作，编成一本文集。由于博士后大部分都是跨学科、跨专业的，除了法律史之外，还有各部门法的，以及文、史、哲、社、经、管的，因此，将此文集定名为《法史学与社会科学》。

出版上述三个系列12本文集，对我国法律史学科的发展，具有很重要的意义。学术要靠积累，也要靠经常性的梳理，而将分散的论文汇编在一起，对学术积累和学术发展是有价值的。到目前为止，在国内学术界，还没有一个学科或专业做过这一工作。而我们这么做，对学说史的梳理和研究意义尤为重要。我们这一代人，年龄尚不算大，完成硕士论文、博士论文，或出版、发表一些论文、文章的时间也不太长，但现在为了做进一步研究，想找一本（篇）出来翻阅查看，有时却发现已经很难，家里找不到，甚至图书馆里也没有。此时，往往会埋怨自己，当初为何不把它们汇编在一起呢？因此，编纂上述三个系列的论文集，史料价值也是不容忽视的。

参与上述文集的整理、编辑、校对的，主要是华东政法大学法律史专业的青年老师和博士生、硕士生，由于他们辛勤的、出色的劳动，使得各个系列的文集能够顺利出版。因为在每一卷的序或者后记中，我们对做出贡献者会有专门的说明，故这里就不再一一列举了。

在华东政法大学法律史专业硕士点招生30周年、博士点招生10周年之际，我们出版12本学术文集，感到十分欣慰。华东政法大学法律史学科这30年的发展，事实上也是我国法学乃至整个社会科学30年发展的一个缩影，它表明，随着我国经济腾飞、社会进步，学术研究也获得了迅速发展，虽然这种发展中还隐含着不少问题和缺陷，但毕竟我们的学术成长已经步入了正常的轨道。

当然，上述各文集的出版，只能说是向国内学术界同行以及广大读者做出的一份初步报告，我们的研究还在继续进行，文集中如有错误和缺点，也恳请读者诸君批评指正。

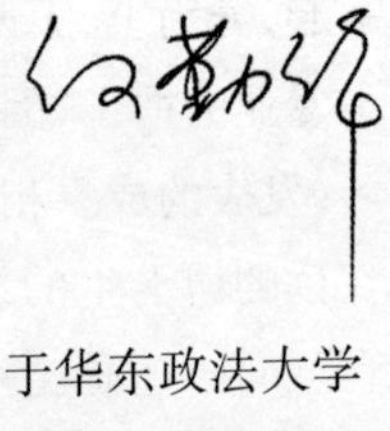

于华东政法大学

2011年8月15日

目 录

法学理论篇

公 法 篇

附　　录

法学理论篇

法学研究的跨科越界与社会科学方法论

苏彦新*

作为本文的题记,章太炎先生所言"致用",乃指世俗借学术以干利禄而拾青紫,假借学术以取宝贵;"无用"乃指学术的纯洁性,为学术的至高境界。首先,当今在我国学术泡沫日趋膨胀的时代,以一定的学术脉络为基础,依据哲学家冯友兰先生所言"接着说",重学理,申说命题,严谨论证的论文与论著缺少之时,为避免"无知者无畏,缺少梳理",动则言说"创新"的学术垃圾,那么我们作为以"学术"为业的,尤其从事社科研究与教学的教师,我们用什么去践履学术,去完成"天定使命"呢?其次,在面临现代性"modernity",全球化时代,特别是面对一个急剧转型的社会,在一个人与物、身与心、人与社会充满紧张与冲突中,我们身居时代之中,寓于知识的传播与创造的建制化与特殊化场所的大学,又该怎样去回应这些问题,并不辱学术使命呢?最后,我们如何避免用所谓"中国特色"的大词,来阻碍中西二学的结合,"尤其是对西学"的排斥呢?

当然,在一个理论与思想的碎片化、去英雄化、去体系化的时代,尤其在现代性使然的学科逼仄划界多为匠人的时代,"元叙事"、"形而上学"的本质那种理论思维已为"后现代"所解构,任何宏大理论叙事似乎都不再灵验。而源于西方社会科学的大致两种社科方法论,即集体主义方法论与个人主义方法论对社会及社会现象的分析与解释也只能得出各自的逻辑自洽与一致。例如,如果从集体主义方法论或曰结构功能主义方法论与个人主义方法论来看法律就会得出法律不同的功能或作用。前者强调法律对社会的稳定协调,维护结构;后者则视法律对社会中一方利益的保障与固化,一方对另一方的压制。因此我们在强调方法论的自觉之时,也必须对它保持清醒认识。尽管如此,在一个人与人互动所生成的意义世界,在一个"祛魅"的、充满价值纷争的世界里,我们更应强调方法,理论的前设,论辩与沟通的程序。

一、学科分化与知识的综合

在一个传统的,或曰古典的学术世界,一般来说,学科未有明确、过细的分化与分工。原因在于传统社会生活单一的面向,同时也正如罗伯特·昂格尔所说:"古人的政治哲学既是描述性的又是规范性的。这意味着它远不止关心社会应该如何

---

* 苏彦新,2003级外国法律史专业,指导老师:何勤华。现工作于郑州大学法学院。

组织,也不止想将其有关个人和社会的观点付诸实践,因为这两者都可以说是非常现代的社会理论。它表明,传统哲学所使用的方法是一种,在很大程度上(虽然不完全),不知区分事实与价值、描述与评价有何意义的方法。"①

从"地理大发现"之后,特别是西方社会从传统转向现代,尤其以科学与工业革命作为推动,西方人开启了现代性,"这个现代现象是人类有史以来在社会的政治——经济制度、知识理念体系与个体——群体心理结构及其相应的文化制度方面发生的全方位秩序转型,"②从此也有了一个"现代性"的全球"行走"。我们也深知,"现代性"也有其现代社会的问题,而正是回应这个"现代社会问题",即人性、人与社会秩序、人与物、身与心的问题,开始了学科分化。同时,现代自然科学对社会科学研究影响极大,从"混沌"、"无序"到"规律"与"逻各斯",人们发现了自然之秩序与规律。这引发了社会科学家去套用自然科学的理路与方法,从而衍生至社会科学家所面对的人与人互动生成的社会世界,试图去揭示和掌握社会之"逻各斯"。社会科学家就把自然科学家的自然现象与自然事实的区分搬用到社会中来,把社会便于观察的划分为社会现象与社会事实,并借助自然科学方法即观察、实验、因果性、可逆性的方法用于社会现象与社会事实的研究。这导致了19世纪以来的学科细分、细化。结果是,社科研究取得了极大成就,如产生了社科研究的"皇后",即实证化、科学化、数学模型化的经济学,让社会科学家们以学科细微分析切入社会,并把社会及社会现象因学科而切割成了不同的面向。

这也带来了问题的另一方面,就是各门社科之间的区分是否有效,以及"两种文化"③的划分是否具有现实性和有效性。为此,美国著名社会学家、历史学家、现代化学家华勒斯坦对古本根基金提出建议,组织一批国际级的杰出学者,六位社会科学家,两位自然科学家和两位人文科学家,于1993年创立重建社会科学委员会,并提出了他们内容丰富且极具挑战性的《开放社会科学》。④ 该书提出:社会科学作为一种知识形态是如何历史地建构起来的,社会的新发展是如何使这种学术分工受到质疑等问题。"我们能够对人类的本性、人类彼此之间的关系、人类与各科精

① [美]罗伯特·昂格尔著:《现代社会中的法律》,吴玉章、周汉华译,译林出版社2001年版,第3页。该译本漏掉了"迈向一种社会理论的批评"的副标题,实质上,这在很大程度上是昂格尔对现代社科研究方法论所存在的缺失的回应,也是他试图综合解决的社科抱负,而对副标题的疏漏,反而让人不易解读。

② 刘小枫著:《现代性社会理论绪论》,上海三联书店1998年版,第3页。

③ "两种文化"的划分,是英国著名的科学家和作家C. P. 斯诺提出来的,他以敏锐的洞察力,观察到随着科技发展,人文科学知识分子和科技知识分子及他们所代表的文化日益分化,形成两种不同的文化。这种文化上的两极分化给人类带来损失。斯诺这种观点也暗示了知识的综合必要,对此论说可参见[英]C. P. 斯诺著:《两种文化》,纪树立译,生活·读书·新知三联书店1994年版。

④ [美]华勒斯坦等著:《开放社会科学》,刘锋译,三联书店1997年版,第3页。

神力量的关系以及他们所创造并生活于其间的社会制度进行理智的反思，这一想法至少同有记载的历史一样古老”。“我们今天所说的社会科学正是这种智慧的后裔，不过它乃是一个关系疏远的后裔，或许经常还是一个忘恩负义的后裔，因为社会科学有意识地给自己规定了一个任务，那就是去追寻超越于任何公认的或演绎的智慧之上的真理。社会科学是近代世界一项大业。其根源在于，人们试图针对能以某种方式获得经验确证的现实而发展出一种系统的、世俗的知识。”但是，这一“系统的、世俗的知识”，却在日益进行学科分化、画地为牢，带来了偏狭和无法回应的现代社会问题。而且发展至今虽由“社会学、经济学和政治学构成了一个以国家为中轴的三一体，从而巩固了它们作为核心社科的地位”，可是却使得“法学研究始终未能成为社会科学的领域。一方面，大学里已经有了一个法律系，它的课程表与它培养律师的首要职能紧密相关；另一方面，注重研究普通规律的社会科学并以某种怀疑的眼光来看待法学。它似乎过于规范化了，太缺乏经验研究的根基了。”①总之，不论从回应现代社会新发展，还是学科分化本身的问题，《开放社会科学》的论著，都要求重新审视学科分工与划分，要求综合知识并跨学科。

就本文论者有限的阅读来看，的确学科过细、分化与界定太清楚会带来知识的窄面化，导致认识的偏狭，研究的面向与综合方面显得乏力，且对其他学科成果表现为不意识或者对另一学科视而不见，而且重复劳动。对社会现象与社会事实的综合研究是可取的，对问题的回答也更具说服力。这种跨学科、综合性研究方法也有一定范例。例如，以波斯纳为代表的经济分析方法对法律的分析，尤其是对财产法、合同法的分析更加科学化、实证化，并避免了过度纠缠于“规范”、“正义”化等“大词”、“元叙事”的价值判断，免除了说不清、理还乱的研究状态。同样研究宪法，离不开政治学、政治哲学、制度经济学与选择理论以及思想史的渗入。例如，反垄断法的研究离不开规制经济学与垄断经济的研究，知识产权法离不开自然科学的认识与掌握，研究证券与期货犯罪无法离开对证券与期货的民法与经济机理的研究。因此，我们在以自己的专业方向作细化研究时，无法同其他学科切割，因为这取决于社会事实与社会现象的综合统一的显现，绝不能把人为的研究便利与深入的学科划分误读为社会现象本身。

二、现代社会科学研究的两种方法

列宁在《怎么办》中说，“我们中间有人力图……贬低理论的重要性”，列宁的回

---

① ［美］华勒斯坦等著：《开放社会科学》，刘锋译，三联书店1997年版，第30～31页。

答是,没有革命的理论,就没有革命。[①] 为此,我要置换的说法是,没有对社会科学研究方法论在20世纪的发展脉络基本的认知,就不可能对学术与思想作出哪怕些许的贡献。从17世纪下半叶至20世纪末,社会科学研究方法大致可分为两种方法论,一种是集体主义方法论或曰结构功能主义方法论;另一种是个人主义方法论。前者以法国的孔德与涂尔干,美国的功能主义集大成者帕森斯以及默顿为代表;后者以哈耶克、波普、波兰尼、弗里德曼等为代表(当然也有马克思的冲突论以及美国米德的符号论,以及李凯尔特、狄尔泰的人文科学,某种意义上还包括马克斯·韦伯的文化阐释论视角与方法)。这两种方法论,总体上构成了西方社会科学家观察分析人与人互动生成的社会及社会现象的方法。

这两种方法论对社会现象与人的分析方法和视角,我们可以引用阿夫纳·格雷夫的论述作为这两种方法论的注解。当然,阿夫纳·格雷夫并未使用集体主义方法与个人主义方法的措辞,他论道,"能动视角将个体决策者置于分析的中心,认为制度反映了建立制度的人的目标,并从这个角度来研究制度。因此制度反映了其创建者的利益,也导致制度兴起的条件不存在时,这些制度就不能持续存在下去。……这种制度分析的出发点,是微观层面上的个人,正是个人在特定环境中的相互交往产生了制度。"他继续论道,"结构视角强调制度决定而不是反映那些行为受其影响的人们的需要和可能性,制度构建人类交往,塑造个人,构成个人在其中相互交往的社会和文化世界。……因此,这一制度分析的出发点是宏观层面上的个人交往结构。"[②]

进一步申说的就是,按照集体主义方法论,社会科学研究者要理解人与社会现象,就必须理解人与人的互动所生成的生活世界,即社会现象与社会事实,而社会现象与社会事实呈现为:法律、世俗、图腾、禁忌、政法、国家等。这些现象由人与人互动而生,可一旦生成这些制度就脱离了人,外化于人,反过来过制约着人。必须从这些制度、事实来诠释个人及其行为。反之,个人主义方法论认为,并不存在抽象的社会现象与社会事实,而社会现象与社会事实是能动的、个人互动的简单的事实加总,因此要理解社会现象就必须理解由人的动机与目的所支配的个人行为,由此才能理解社会现象,揭示其意义。

上述的两种方法论制约着我们把法律现象作为社会现象的构成部分的认识。

---

① 杰弗里·C. 亚历山大著:《社会学的理论逻辑》,于晓、唐少杰、蒋和明译,苏国勋校,商务印书馆2008年版。当然亚历山大仍然是一个坚定的实证科学论者。强调方法论的重要性,也可见留美经济学家田国强所写的"现代经济学与研究方法"一文,论文收入《名家学术讲演录》,上海财经大学出版社2006年版。

② [美]阿夫纳·格雷夫著:《大裂变:中世纪贸易制度比较和西方的兴起》,郑江维等译,中信出版社2008年版。

法律规范体系与法学，在我国围绕的中心是一种法律人内在视角的循环诠释学。虽然我国法学研究也有人运用了经济分析的方法，法律社会学的方法，但由于缺乏社会科学方法论的总体认识与把握，加以专业偏狭，呈现为“两层皮”的状态，而不是娴熟的、水乳交融的、丰富有机的论证，尽管有一些成功的研究成果，但绝大多数只是术语与言辞而已。这也是导致“法学幼稚”或不为其他社会科学所认同的原因之一，只是法学家在“自说自话”。按照中国20世纪杰出的历史学家陈寅恪所说，“一代之学术，必有新材料与新问题，取用此材料，以研求问题，则为此时代学术之新潮流，治学之士，得预于此潮流者，谓之预流（借佛教初果之名）。其未得预者，谓之未入流。此古今学术史之通义，非彼闭门造车之徒所能同喻者也。”①因此，我们必须懂得社会科学研究，不同于自然科学之研究，我们社会科学工作者面对观念物化的想象重构的社会现象时，必须熟知以往思想家对社会现象分析的智思成果，懂得如何获取社会现象，并分析它，避免“闭门造车”乃至获取的“社会现象”不真实，以及主观地施以规范的或曰价值的判断，从而遮蔽透过社会现象所捕捉的、具有一定普适意义的命题的提出与证成。

三、理论范式或曰理想类型

大凡学术的研究，真正为当代与后继之学人所认可或承认，其最终学术的贡献，乃在于理论与思想的贡献，法学任一学科的研究也是如此。技术规则层面的研究固然重要，但这种层面的研究无法提出具有较为一般或广泛解释的命题与理论。范式最早是由匈牙利科学哲学家拉卡托斯在其《科学研究纲领方法论》中提出的，美国的科学哲学家库恩在其《科学中的革命》中系统阐释了理论范式。理论范式是一个具体成功的科学研究，本身作为一个范例而供研究者师法，它有自己的一套方法、范畴、概念、问题，有其预设的立场，有一个科学圈，一直敲骨吸髓地对一领域或问题进行研究，一步一步地建立起一个完整而首尾连贯的世界观与价值体系，也就是“自圆其说”。而懂得范式，意味着我们研究一个问题，一个命题时，要进行该问题或命题相同或类似的文献综述与研究，遵循相同的预设或假设，运用相同的方法、工具概念与范畴，否则只能是自说自话。何况思想观念的创新极其艰难，除非研究者自己单独建构了一套完整的、全新的理论范式。由于历史的不可重演性，社会现象捕捉的特殊性（而且也不同于一定意义上自然科学研究中的“因果性、可重复性、可逆性”）都要求我们对身处于其中的社会或以往的社会进行理论范型的架构，

① 陈寅恪编著：《金明馆丛稿二编》，上海古籍出版社1980年版，第236页。

尝试建立一般的理论来解释社会现象,并力图建立具有一般解释力的理论。

梅因提出了一个人类社会的进化公式,即"人类迄今为止的社会进步运动是一个从身份到契约的运动。"也就是将人类社会进化式分为"传统社会——身份"与"现代社会——契约",这给人们提供了一般的人类社会发展的理论分析型态,尽管马克思主义者认为是一种颠倒的理论。再比如马克斯·韦伯从权力的获取方式或统治类型上将人类社会权力控制分为:传统型统治、克里斯玛型统治(或曰人格魅力型统治)、法理型统治。又比如黑格尔提出的政治社会与市民社会的理论。因此,从事社会科学的研究必须借用,并力图进行理论范式的尝试。对一种理论或方法的运用在社会科学研究中也有为人称道并公认的严肃学术成果的出现。如运用经济学对法律研究的经济分析法学的系列成果,运用功能理论对中国社会进行研究的典范,有社会学家费孝通的《江村经济》、《乡土中国》、《生育制度》,在法律史中有瞿同祖先生的《中国法律与中国社会》。当然,社会科学研究者,也必须深谙"现代性",并熟知现代性社会理论。按照刘小枫的观点,不知"现代性"无以所谓现代学术。

四、结　　论

"自昔大师巨子,其关系于民族盛衰学术兴废者,不仅在能承续先哲将坠之业,为其托命之人,而尤在能开拓学术之巨宇,补前修所未逮,故其著作可以转移一时之风气,而示来者以轨则也"。[①] 虽然历史学家陈寅恪的学术宏大抱负,不是我们浅薄之辈、智弱之人所能担当,但是对学术抱以敬畏、审慎与神圣的态度却是为学的起码要求,这样才可能有真正的学术与雅文高章。同时本文笔者也认为,作为法律学研究者,绝不能置身于现代社会科学研究的整体框架之外,何况法律本身的正当性并不能自我证成,而且法学很难画地为牢而自成逻辑自洽的知识体系。因此,我们针对"现代性"下的法律问题研究时,不能置其他学科成果于不顾,或对其他社会科学知识或方法不意识,应注意跨学科的知识。同时也要清楚地吸收社会科学理论家对分析社会现象与社会事实所提出的行之有效的社会科学方法论与理论范式。要不辱使命践履学术,并作出真正的学术贡献,只能躬身于伟大的理论文本的细致解读与学习,没有经典文本的阅读无以学术,没有一定程度上所依循的"道统"(学术大师建立的学术丰碑与理论)与"学统"(无数的学术规诫与纪律),我们很难提出新的法律思想与法律理论,更何况从学术史的视角以及时代与世事所给予中国学人设定的局限呢!

---

① 陈寅恪:"王静安先生遗书序",载陈寅恪著:《金明馆丛稿二编》,三联书店2001年版。

方法与方法论:中国古代法律注释与当代法律解释学的比较

曾　坚*

一、中国古代法律注释的勃兴及特征

由于法律语言具有抽象性、概括性和简略性,而法律制定的目的在于适用与遵守,故需要将抽象变具体、概括化特定、简略演详尽,这一过程有赖于对法律的理解。理解法律的路径是多方面的,其中,法律解释是一个重要的方法,尤其在法学研究没有形成体系的时候,对法律的理解主要就是对法律的注释。

中国有成文法的历史大约是在春秋战国末期,我们今天所能获得的证据是《左传》中"子产铸刑鼎"、"邓析编竹刑"、"晋人铸刑书"的记载,但由于见不到"刑鼎"、"竹刑"与"刑书"的原始物件而无从了解它们的具体内容。中国有法律解释的直接证据是1975年12月出土于湖北省云梦睡虎地的秦代《法律答问》,《法律答问》以问答的形式对秦律的条文和术语作出了解答。这可以说是法律注释的雏形,但也只是对法律理解的简单方法,还构不成一门学问。

中国古代的法律注释随着汉代以后"律学"的兴起而逐渐成熟。自秦汉以来,国家立法有了较大的发展,《盐铁论·刑德》就提到"秦法繁于秋荼,而网密于凝脂"。汉王朝兴起后,对法律又进行了整理与修订,以《九章律》为代表的一批成文法调整着社会生活的各个层面。从法律形式上看,秦汉时期,律、令、制诏、廷行事等规范化的形式已经基本定型化。这样一种从形式到内容都较为完备的法律体系为法律注释的进一步发展准备了基本前提。同时,随着法律规范及法律现象的日益复杂化,汉代以后,尤其是东汉时期出现了一批致力于法律注释的学问家,当时注释法律者,按《晋书·刑法志》的描述:"十有余家,家数十万言。"如郭躬、许慎、陈宠、马融、应劭、郑玄等,他们注释法律的方法主要是以经注律。比较遗憾的是,这些代表人物的注释成果没有系统地撰写出来或保存下来,他们的思想及成就主要是通过《晋书·刑法志》、《汉书·人物志》或《史记》等古籍的记载来佐证的。但无论如何,在这一时期法律注释已经初见规模,相应地,以法律注释为主要形式的一门

* 曾坚,2005级法律史专业,指导老师:沈国明。现工作于上海财经大学法学院。

学科诞生了，这就是律学。关于这一点，何勤华教授有过结论："在中国，早在春秋战国时期，随着立法的进步以及中国古代语言学的发展，就已经出现了对立法事件、某些法律规定、某些名词概念的诠释活动。但是，对国家的整部法典或法规作出系统而完整的注释，并使这种注释成为一门学问即律学，则是秦汉以后的事情。"①学界对中国古代是否存在法学有较大的分歧，但对是否有律学基本上是达成共识的。通过对律学在研究对象、研究方法及研究目的等诸多方面的考察，可以认为，律学实际上就是法律注释的成果。

国内有诸多学者尝试给"律学"下定义，何勤华教授在其力作《中国法学史》中，检索了比较有代表性的若干种解释，在进行广泛研究论证的基础上，给律学下了一个定义："律学是中国古代特有的一门学问，是秦汉时期随着成文法典的出现，统治阶级为了使法典得以贯彻实施而对其进行注释诠解而形成的一个学术研究领域，它是中国古代法学的一个重要组成部分。"②

以法律注释为特征的律学，有一个不断发育成熟的过程。第一，从研究主体上看，秦汉以后，随着讲习和注解法律风气的兴起，"律学"研究从私家发展起来。东晋以后，律学逐渐由"私学"转向"官学"，公元652年的《唐律疏议》即是官方注律的代表作。第二，从注释形式上看，从云梦秦简记载的"法律答问"、汉代的"引经注律"、魏晋的"集解"到"唐律疏议"、宋代"书判"、明律"笺释"以及清代的律例辑注，中国古代的法律注释经历了一个从简单到复杂、从零散到集中的过程。第三，从研究方法上看，秦汉时期主要是以经注律，这与中国当时思想家的治学方法是一致的，即以阐明经史子集的微言大义为要旨，同时，又以经史子集作为学术研究的指导思想及方法。具体而言，是以儒家经典，尤其是《春秋》为依据，从文字上、逻辑上对法律条文、法律术语进行注解、释义，同时对某些法律原理也进行简单的阐释，只可惜秦汉时期以经注律的作品都佚失了，我们只能从《尚书》、《汉书·刑法志》、《晋书·刑法志》等文献中找到一些不完整的记载。到了东晋，法律注释又受到所谓"统之有宗，会之有元"、"辨名析理"的玄学思想的影响，有的学者以《易经》来阐述法律问题，对法律进行界定和分析，如张斐在其《律注表》中，就多次直接引用《周易》中的原话来论述法律问题。③ 隋唐以后，以儒学为核心、结合各家思想的综合性的思维方式得到弘扬，律学研究的方法进一步成熟与完善。第四，从研究成果上看，如前所述，秦汉时期各研究者的成就散见于史料记载，没有系统化的作品传世。但到了晋代以后，这个局面发生了变化：晋代张斐的《注律表》，唐代长孙无忌等人的

---

① 何勤华著：《中国法学史》（第1卷），法律出版社2000年版，第163～164页。

② 同上，第167页。

③ 同上，第255页。

《唐律疏议》，宋代王键的《刑书释名》，明代刘维廉等人的《明律集解附例》、陈遇文的《大明律解》、王肯堂的《大明律例笺释》，清代官修的《大清律集辑注》、万维翰的《大清律例集注》、沈之奇的《大清律辑注》、吴坛的《大清律例通考》等，法律注释已是硕果累累。

关于“律学”在中国古代法学中的地位问题，何勤华教授认为：“中国古代律学是中国古代法学的主体部分，也是其主要的表现形态，是中国古代学术中的一个重要领域，它是立法发展到一定程度，语言学、文字学、逻辑学等有了相应发展以后的产物。”[①]中国古代的确有过完整的法律注释的历史，从某种意义上讲，如果说中国古代律学曾经有过发达的历史的话，也主要是法律注释的发达史。

中国古代法律注释的特点归纳起来主要有以下几方面：第一，在方法上，以经学为主要研究工具，并在经学基础上丰富和发展了古已有之的训诂学、发展了古籍注释中的比较方法以及逻辑推理的基本方法、举例说明的方法、比喻的方法、问答的方法等，[②]然而，没有形成独立的哲学方法论。第二，在研究者身份上，由于缺乏明确的职业和专业的划分，中国古代没有纯粹意义上的律学家，[③]从事律学研究的人员身份极为复杂，其中多是行政官吏，甚至有的本身就是立法的参与者，如陈宠、应劭、长孙无忌、张居正等；有的是以其在认识自然、改造自然中作出突出贡献而留名的人士，如刘勰、郦道元、沈括等；还有的是因咏诗作赋创作华美词章而传世的文学家，如陈子昂、白居易、刘禹锡、苏洵等。当然，也不乏以研究法律为主的学问家，有的甚至为法律世家，如前面提到的陈宠等。但就是上述所列各类人等，也基本是在朝为官的，言下之意，于他们而言，研究法律有如赋诗作画，主要是出于业余爱好。第三，在注释目的上，是以致用为主的，为一种形而下的状态。以张斐对法律的注释为例，据《晋书·刑法志》记载，张斐对当时律典中常出现的20个法律术语进行了注释，但基本上都是出于适用法律的需要，如“其知而犯之谓之故，意以为然谓之失，违忠欺上谓之谩，背信藏巧谓之诈，亏礼废节谓之不敬，两讼相趣谓之斗，两和相害谓之戏……”。包括在律学最为发达的盛唐时期，对法律的注释都没能跳出实用性的“窠臼”，几乎没有涉及对法律精神和法学理论的阐析。这也是律学在古代中国极为重视形而上的地位的情况下，难以与经学、文学等主流学科共同登堂入室的一个重要因素。第四，在注释对象上，主要是对刑事法规的注释，如刑罚的适用方法、宽严尺度、刑与礼的关系等，而对其他的部门法极少涉及，这一状况固然与古代

---

① 何勤华著：《中国法学史》（第1卷），法律出版社2000年版，第163页。

② 同上，第408页。

③ 何勤华教授认为张斐可以算一个例外，因为他一生没有做过行政官吏，专门从事立法、司法和律学研究工作。

社会诸法合体、以刑为主的法律特征相关联，但也事实地限制了中国古代法律注释的体系化发展。第五，在研究领域上，我们所能看到的都是围绕法律适用这一几乎唯一性的目的，对法律规定及法律条文进行具体诠释，而缺乏对法律注释本身的抽象性研究，没有关于法律注释的原理、原则等理论问题的系统性探讨。因此，只能认为中国古代有过活跃甚至繁荣的法律注释，而无法认定产生过法律注释学，法律注释在中国古代始终停留在方法和技术的层面上。

二、法律解释学的特点及其研究的嬗变

法律解释与法律解释学之间是存在差异的，前者是一种动态的活动过程及其活动结果。即对法律文件内容进行说明，以揭示法律文件的内在含义。其尺度是通过衡量法律文件的字面含义与立法原意间的吻合程度，分别作出字面解释、限制解释或扩充解释，如果是由有法定解释权的机关依法定职权、按法定程序所作的解释的话，其解释本身与被解释的法条就具有同样的法律效力，那么，法律解释实际上成了立法的延伸和扩展。

当代法律解释是以哲学上的逻辑推理及解释学规则支撑、以法律精神和立法意旨为依据对法律文本的阐释，是以法条为出发点，以实现法条的效用为归宿的，如果把这一过程置于司法之中，那么，所有的裁判都是始于解释终于解释的。于是，二者正好构成了法之形而上与法之形而下的有机结合，即从本体论的角度理解法，从方法论的角度上审视法。法律解释是法律运行的一项常态性活动，并非只有在法律出现歧义时才会有法律的解释，原则上，只要有法律的运用，就会有法律的解读，就会涉及对法律的解释，正如德国法学家拉伦茨所说："假使认为，只有在法律文字特别'模糊'、'不明确'或相互矛盾时，才需要解释，那是一种误解，全部的法律文字原则上都可以，并且也需要解释，需要解释本身并不是一种——最后应借助尽可能精确的措辞来排除的——'缺陷'，只要法律、法院的判决、决议或契约不能全然以象征性的符号语言来表达，解释就始终必要。"①所以，从性质上讲，法律解释实际上是一个动态的过程，贯穿于整个法律运行之中。

法律解释学是当代法学体系的一个分支，是指运用解释方法阐明成文法规范意义，理论上使其调和，组成体系的科学。"解释学"一词最早出现在古希腊文中，它的拉丁化拼法是"hermeneuein"，词根是"Hermes"。"Hermes "是在希腊神话中向人传递诸神信息的信使，他在向人们传递神的信息时，要对神谕进行注解和阐发，

① ［德］卡尔·拉伦茨著：《法学方法论》，陈爱娥译，商务印书馆2003年版，第85～86页。

兼任了解释者的角色。法律解释学主要衍生于哲学的解释学和神学的解释学，在很大程度上受到圣经解释学的影响，至少是借用了圣经解释学的方法，经过 19 世纪和 20 世纪的发展，形成独立的方法和理论，成了解释学的一个类别。当代法律解释学实际上是一种以哲学的思维方式和方法论来阐释法律内涵及原理的科学，它是以西方哲学的解释学为基础发展起来的。哲学上的解释学可以帮助我们从认识论的角度获得对法的全新理解，由此丰富法的概念与内涵，并为法律的实现提供实证依据。西方哲学将解释学分为三种形态：一是古典解释学，主要是对条文的注释。二是一般解释学，是对解释对象的一般性说明。三是哲学解释学，它是建立在现象学基础之上的方法。解释学是被称为“解释学之父”的狄尔泰（Wilhem Christian Ludlwig Dilthey，1833～1911 年）所创立的。狄尔泰认为，认识人文世界不是理解人的经验的行为，而是释义的行为。要解释的不仅限于人所创造的表达他经验的各种东西，而且具体的历史世界和作为整体的实在也是一个有待解释的文本。这就使得解释学成了一种人文科学中具有普适性的方法论。西方的法律解释方法是建立在萨维尼的学说之上的，在其名著《当代罗马法体系》中，他概括出了沿用至今的解释四要素：语法、逻辑、历史和体系解释。德国法哲学家阿图尔·考夫曼对法律解释的方法进行了更深入的阐释。他认为，除了解释四要素外，还有衡平性、确定性、正义性、实用性、法的一致性及判决结果等种类。法律解释学作为一种方法与技术源远流长，但成为法学体系的一个分支却是 20 世纪中期以后才真正兴起的，其发展经历了以下的嬗变过程。

1. 海德格尔和伽达默尔哲学解释学的基础

海德格尔和伽达默尔的贡献主要是在哲学解释学方面，伽达默尔的研究涉及法律解释学的问题，但也主要是试图将法律解释学纳入其哲学解释学的范畴。①

海德格尔把“理解”（verstehen）从科学理论中分离出来，认为理解具有存在论的性质。相应地，需要解释的不是文本本身，而是人类的存在。海德格尔将解释学定位为“人文科学的方法论”。②

伽达默尔是真正意义上的研究解释学的学者，他探讨了“理解”成为可能的条件，认为只有理解者在根本上已着手对文本进行前理解，理解才有可能。他认为，在理解过程中存在两种经验世界：一是在文本中被描摹的，二是解释者所处的真实的生活世界，理解的目的就是对这两者的调和与沟通，即在“视界融合”的基础上实现“高界融合”。③ 他完成了解释学本体论的转折，创立了哲学解释学。

---

① ［英］伽达默尔著：《真理与方法》，洪汉鼎译，上海译文出版社 1999 年版，第 87～144 页。

② ［德］海德格尔著：《存在与时间》，陈嘉映、王庆节译，三联书店 1999 年版，第 62 页。

③ ［德］伽达默尔著：《真理与方法》，王才勇译，辽宁人民出版社 1987 年版，第 271 页。

2. 哈特实证主义法学的法律解释学

作为实证主义法学的代表人物，哈特在他的《法律的概念》一书中提出法律的开放性特质的论述，企图通过解释的方法在“形式主义法学”和“规则怀疑主义”之间找到一条中间道路。

哈特认为，法律是一个无所不包的、具有多样性的规则体系，每项规则便是一个一般性的命题，只需运用演绎法，把它适用到具体个案中，便能得出正确的判决。因此，法院的司法功能就不包括创立新的法律规范，制定包罗万象、疏而不漏的法律规则的使命只应保留给立法机关。他提出了语义分析的方法，认为几乎每一个法律、法学的词语都没有确定的、一成不变的意义，而是依其被使用的语境，通过分析语言的要素、结构、语源、语境，澄清语义混乱才能确定它们的意义。因此，语义分析，是求得真知的一种实证研究方法。

3. 德沃金“建设性解释学”的创意

当代法学家德沃金对法学理论研究涉及的范围是很广的，在法律解释学领域，他提倡的是诠释性而非语言分析性的法理学，主张对法律体系中的事物、行为、制度和实践进行“建设性解释”，而非传统的“字面解释”和“论理解释”等方法，是一种法的重构，其目的在于建构一套能为现实的政治、法律制度和实践提供最佳说明、证成和依据的理论。建设性解释所尝试解释的是法院在案件中接触到的各种社会现象和实践背后的法理及道德依据，它的价值取向是法的整合性。

4. 波斯纳超越主客观认识的解释学

波斯纳的法学观主要是实用主义的，其法律解释学的观点主要体现在其著作《法理学问题》及《道德与法律理论的疑问》中。

波斯纳同意现实主义法学和当代批判法学对于法律适用于具体案件时的高度不确定性的分析，并持后现代主义对语言的意义、解释的客观性和普遍真理所存在的怀疑态度，主张以实用主义哲学的立场来观察法律现象。波斯纳对法律解释的独到之处是超越了认识论上的主客观之分。

大约在20世纪80年代后期，中国学者尝试对法律解释学进行探索，进入20世纪90年代以后，研究法律解释学的学者也越来越多，法律解释学在中国日渐成为一门显学。

在中国，对法律解释学进行专门研究并颇有建树的学者主要有：苏力、梁慧星、季卫东、张志铭、郑永流、梁治平、陈金钊、谢晖、郭华成、董皞等。他们主要的研究成果在国内具有较大影响的如苏力撰写的“解释的难题：对几种法律文本解释方法的追问”；梁慧星的《民法解释学》；季卫东的“法律体系的多元与整合——与德沃金教授商榷解释方法论问题”、《法律解释的真谛——探索实用法学的第三条道路》；张志铭的《法律解释操作分析》、《当代中国的法律解释问题研究》；郑永流的“出释入造”；梁治平主编的《法律解释问题》；陈金钊的《法律解释的哲理》；谢晖的《法律解释与解释法律》；郭华成的《法律解释比较研究》；董暤的《司法解释论》等。[①]

同时，中国学者通过翻译西方法律解释学著作，开拓了国内研究的视野，对发展中国的法律解释学作出了积极贡献。影响较大的译著如陈爱娥译，卡尔·拉伦茨的《法学方法论》；王才勇译，伽达默尔的《真理与方法》；夏镇平译，伽达默尔的《诠释学与历史主义》；夏镇平等译，伽达默尔的《哲学解释学》；邓正来译，博登海默的《法理学——法律哲学与法律方法》；陈嘉映等译，海德格尔的《存在与时间》；米健等译，拉德布鲁赫的《法学导论》；李常青译，德沃金的《法律帝国》；张文显等译，哈特的《法律的概念》；孔小红等译，鲁伯特·克鲁斯的《法律解释》；舒国滢译，罗伯特·阿列克西的《法律论证理论——作为法律证立理论的理性论辩理论》；苏力译，波斯纳的《法理学问题》；苏力译，波斯纳的《道德与法律理论的疑问》等。

由于法律解释学既是一门理论法学又是一门实证法学，从认识论的角度还包含了主观主义与客观主义的经验。它不仅是形式逻辑的操作过程，更是一种价值判断的结晶，德国学者达姆指出：法律绝不仅是徒具语言形式的东西，它有所志，有所意味；它追求实务的目的，它的眼中有它在生活中要贯彻的价值。法律解释学就是要指导解释者发现并阐释法律所具有的深层价值。

法律解释的意义，从理论层面上分析，它正面回答了“法律是什么”这样的复杂问题，积累了丰富的法律形而上的知识；从应用层面上看，它为法律实践提供了理解、说明和适用法律的各种具体方法。所以其价值无论是对于发展中国的法学理论研究还是从整体上提高中国的法律适用水平都十分重要，法律解释学日益成了法学研究的核心。

三、代结语：中国古代的法律注释发达不发展的遗憾

著文至此，笔者心中留下一个很大的遗憾：中国古代的法律注释已然被运用到娴熟甚至几近完善的程度，为什么就没有最终发展成为一门体系化的学科？

一般说来，一门学科的形成应当具备如下条件：一是学科的研究对象本身已经比较成熟；二是有相当数量的专门从事该领域研究的人员；三是研究方法相对定型化、抽象化；四是有一批成体系、有影响的学术成果诞生。

---

① 2002年上海译文出版社出版了谢晖与陈金钊两位教授的关于中国法律解释学研究的文献目录：《法律：诠释与应用——法律诠释学》，对国内研究法律解释学的情况进行了全面细致的罗致，本文有选择地摘录数篇之篇目，但毕竟三年过去了，有更多的研究成果面世，故在列举时有所补充。

就中国古代的法律注释而言，在学科的构成条件上是有欠缺的。就第一个条件而论，应该说中国古代的法律体系是比较完备的，自秦汉以来，已经形成了以刑法为主体的，涵盖了民事、经济、行政以及诉讼方面的制度性规范，这些法律制度为法律注释提供了丰富的材料，同时，由于法律适用的不断发展，也为以法律注释为主体的律学的诞生和繁荣创造了物质前提。但是，相比之下，其他学科形成条件，就法律注释而言在中国古代未能满足。如果仅从参与法律注释的人的数量来看，中国古代是“代有才人出”的，但如前所述，从事法律注释的人员几乎没有职业研究者，或者说，未能形成一个“职业法学家集团”，这就使得注释者难以形成一个专业切磋与研究的环境氛围，限制了将法律注释抽象为法律注释学的空间。另外，就研究方法而言，中国古代注释法律的手段在几千年的时间里几乎就没有发生过质的改变，即固守以经注律的信念，即便在个别时代有过变化，也不过是在以经注律之下补充一些其他的方法，但没有出现过背离的情况；况且，这种情况也只在东晋存在了很短的时间，到了隋唐就很快复归“正统”。关键在于，注释者们也并没有对这以经注律方式进行抽象化研究，将其提高到哲学方法论的高度。而在法律注释的目的上又过于单一，仅只围绕法律适用及遵守的需要来展开，极少涉及对法律意旨及法律理论的解释，对条文背后存在的法律精神很少进行深入的探究，相应地，也就无法产生相关的学术成果，有的只有对律文越来越细致的诠释，“中国古代独立的纯法学理论著作很少，有相当多的作品往往是法学、哲学、文学、经济互相混合……像古代罗马法学家盖尤斯的《法学阶梯》那样的法学理论体系著作，中国一部也没有。”①

中国古代虽然有注释传统，但实际上并没有科学意义上的注释法学，这里还涉及一个对注释法学的认知问题，由此也产生出一个令我们无奈，但也无法回避的话题，那就是我们今天的许多法学命题或结论都是以西方的研究结果为样本的。这一方面由于法学的概念本身是一个西方化的概念，另一方面法学的许多分支学科也是诞生或发展于西方国家，根据“先动规划”，我们在研究本国的相关问题时，也只能以得到国际公认的理论或结论为标准，来衡量我们的成果。这样，如果按照西方化的概念来比照中国古代对法律的注释手段的话，中国古代的法律注释与西方近现代社会的法律解释学之间相去甚远。

尽管笔者对中国古代法律注释未能学科化表达了内心的遗憾，然而，这并不等于我们没有办法找到它与当代法律解释学之间的沟通机制。至少，有一点它们是共同的，即它们都以人类对文字文本的诠释现象和诠释活动为直接根据或研究对

① 何勤华著：《中国法学史》（第1卷），法律出版社2000年版，第44页。

象的，以中国古代的法律诠释现象发展起来的律学，不仅为法律解释学提供了更加丰富的历史论证材料，而且它本身的成就直接丰富了我们对法律解释学的理解。中国古代的法律注释，以其成熟的技术、丰富的内容，为世界法律发展史留下了宝贵的遗产，成为可以和罗马法相媲美的法律文化形态。

“法”的辨析

高　珣*

在混乱中寻找有序,在有序中追求和谐①

语言与特定历史、地理与文化紧密相连,不同地域语言不同,同一语言在不同历史时期意涵亦不完全相同,这就带来了交流的困难,也导致交流中可能存在的误解。在我们对中国过往法律制度进行研究时,我们的语境出发点是当下,但当下所谓的“法”②是在西语语境下展开的,指的是近代意义上的“法”。③ 而“法”字中国古已有之并被广泛使用,④这就意味着“法”在中国传统语境中有其独特的内涵,也就是说,古今虽然同称“法”,但其内涵与范畴可能会有所不同。

由此引申出几个问题:第一,“法”在中国传统语境下的本义是什么?⑤ 第二,作为西语 law 等的对应词的“法”其含义又是什么?即法的现代含义是什么?由这两个问题,又带来第三个问题:在今天语境下研究古代的法,研究范围应包括哪些。解决这三个问题,才能界定清楚作为今天法律史研究对象的“法”的具体范畴。

历史不可倒退,我们无法真正回到过去讨论“法”,这是历史研究者无法摆脱的无奈。但换一个角度看,毕竟我们生活于当下,我们希望能作用于现在,因此,这一无奈也不是什么“致命伤”。只要抓住不同语境下相同词语的本质内涵,界定清楚

---

* 高珣,2003 级中国法律史专业,指导老师:王立民。现工作于华东政法大学。

① 江山著:《中国法理念》,中国政法大学出版社 2005 年版,第 27 页。

② “法”也常译为“法律”,“法”与“法律”两个词经常混用,没有本质区别。从全书统一的角度考虑,书中用“法”,则侧重于从广义上来理解,侧重于指法的整体,即除实体的法之外,法的本质、法的价值等也涵盖其中;用“法律”,侧重于指狭义意义上的法,即由最高立法机关制定的法律文件。

③ 将英语的 law,法语的 droit,德语的 recht 等对应为汉字的“法”源于日本,19 世纪末中国在大量翻译国外法学著作时,亦采用“法”一词。何勤华教授在其论文中提道:“由于日本学者在解释西方的法律术语时,用的都是汉字。因此,虽然这种汉字的结合和中文不一样,发音不同,并且有些词此时其所表达的意思可能和它的原意也已大相径庭(如中国古代的‘法律’一词是单音节合成词,它分别表示‘法’和‘律’这两个含义,而日文中的‘法律’一词不仅与中文发音不同,而且它只表示一个含义,以对应于英语的 law,法语的 droit,德语的 recht 等词),但中国人一看就明白,稍一解释就能理解其内涵,故造成了当时中国人大量翻译、引进日本的法学著作,并且原封不动地照抄其汉字法律术语的局面。”引自何勤华:《中国法学史》,法律出版社 1997 年版,第 9 页。

④ 据考证周代的青铜器铭文中已有“法”的古字“灋”字。

⑤ 正如“宪法”、“刑法”、“法治”等词在中国早已有之一样,在《管子》一书,我们即可见这些词语的使用。如《七法》篇中有:“有一体之治,故能出号令,明宪法矣。”《七臣七主》篇中有:“故私道行则法度侵,刑法繁则奸不禁。主严诛则失民心。”《明法》篇中有:“以法治国则举措而已”等。它们在古代的含义显然与今天不相同,或是由于表述关系,并排呈现,表示两个独立的含义,或是虽表达一个意思,但表达的不是近代意义上的意思。“法”字也应存在如此的状况。

研究的对象,这一语境的遗憾是可以弥补的。因此,对中国古今“法”的含义进行辨析有助于我们明白在今天的语境下研究过去的“法”,研究范围应该包括哪些。

一、传统中国社会“法”的基本要义

对传统中国社会[①]“法”字的解释,最常被引用的是东汉许慎在《说文解字》中作出的,我们从清朝段玉裁所作的《说文解字注》可以看到其解释条文如下:[②]

灋,刑也(刑者,罚罪也。《易》曰:利用刑人以正法也,引申为凡模范之称,木部曰模者,法也;竹部曰范者,法也;土部曰型者,铸器之法也)。平之如水,从水(说从水之意,张释之曰:廷尉,天下之平也)。廌所以触不直者去之,从廌去(下廌字,今依韵会补,此说,从廌去之意,法之正人如廌之去恶也)。

这一解释中关于“法”具有“平之如水”的说法在古今均受到质疑。

我国现存最早的官修字典——清朝《康熙字典》[③]便是反证之一。《康熙字典》在解释字义时,通常的方法是首先引用《说文解字》中的条文,解释其字义,然后再作出其他解释,而对“法”字却不然,许慎《说文解字》中的解释不被收入其中。可能的解释有二:其一,《康熙字典》的撰修者疏忽,导致《说文解释》的注释未被收录;其二,是《康熙字典》的撰修者有意为之。

作为一部官修字典,由于疏忽导致《说文解释》的注释未被收录的可能性不大,加上其他大多数文字均会引用《说文解释》的注释,更加印证疏忽的可能性不大,那么,合理的推理便是清朝陈廷敬等《康熙字典》的修订者不赞同许慎的分析,有意不引用许慎的观点。但这一推理的成立,还有待另一疑问的解决:为何修订时间晚于《康熙字典》的《说文解字注》仍在使用许慎的解释呢?[④] 获得这一问题的合理解释并不难,很显然,段玉裁仅是对《说文解字》进行全面注释,并不包含对与错的取舍,他是以一种注释的态度来对待《说文解释》的。至此,我们基本可以认为清朝人并不赞同许慎对“法”字的解释。此外,段玉裁本人在评述《说文解字》时曾提到:“其所说义,与他书绝不同者,他书多假借,则字多非本义,许慎就字说其本义。知何者

---

① 为了避免“中国封建社会”名不副实的尴尬,本文中用“传统中国社会”来替代“中国封建社会”。

② (清)段玉裁注:《说文解字注》,上海书店出版社1992年版,第470页。

③ 《康熙字典》由陈廷敬等三十位学者吸收历代字书编纂经验,于1716年集体编撰而成,是我国现存古代收字最多、规模最大的汉语字典,共收录47,035字,分为214个部首,共十二集,每集再分上、中、下三卷。《康熙字典》问世后影响巨大,其文字音义书证被广为引用,其体例亦成为后出字书的蓝本,后出字书编者多奉之为圭臬。这部收字最多、注音译义最丰富、体例最完整的字典,是我国现存最早的官修字典。《康熙字典》中关于“法”字的解释下文将引用。

④ 据《说文解字注》序所记载,该书完成于1808年。

为本义,乃知何者为假借,则本义乃假借之权衡也。"①这段话提示我们:一方面,许慎是从字形上对"法"字进行解释,追求的是字之源而非字之用;另一方面,《说文解字》是许慎本人的研究成果,也许仅为其一己之见而已,就好比今天某一学者对某一学术问题提出自己独到的见解,并非不可置疑,也不一定代表那个社会的主流观点。由此可见,古人已有不赞同许慎对"法"字的解释的。

近代以来,对许慎关于"法"字的解释进行质疑的更多了,以蔡枢衡、武树臣和朱苏力为代表,对"法"字提出了三种不同见解。"蔡枢衡先生认为当指把有罪者置于水上,随流漂去,即今之所谓驱逐。武树臣先生提出'水'的原始功能是禁忌与流放,本义是消除犯罪和确保平安。苏力先生以为'水'旁,意味着古人强调法像流水是自上向下颁布的。"②

可见,古今均存在对《说文解字》中关于"法"字解释的不同意见。只可惜年代久远,我们已无法知晓古人造字的意图了,正如陈寅恪先生所说:"依照今日训诂学之标准,凡解一字,即是作一部文化史。"③我们仅能凭借合理的想象与推理,力求呈现一种能自圆其说并有一定说服力的造字假设。

我认为古人在造字时,应尽可能让一个字呈现该事物的全貌,因此,在武树臣先生分析的启发下,④我提出"灋"字解释的另一种假设:"灋"所代表的是古时司法活动的整个过程。其中断案的"法官"为"廌",断案的依据在于"去",因为按造字的分析,"去"由"矢"与"弓"组成,弓箭在当时是诉讼时的重要证据,最后的处罚手段是"水",即投入水里。当然这一假设有待进一步小心求证,这样的讨论还能进行下去。

以上是从字形上分析中国古代"法"字的"原意",从造字意图上判断,"法"字很可能代表的是司法活动。但实践中往往是在引申层面上使用文字的,所以我们还要借助于其他辞书,⑤了解传统中国社会"法"的引申含义,这有助于我们更清楚地了解传统中国社会语境下"法"的蕴涵。

---

① 《清史稿·段玉裁传》。

② 黄震、杨健康:"'法':一个字的文化解读",载《湖南大学学报》(社会科学版)2005 年第 4 期。

③ 同上。

④ 武树臣先生认为,"灋"字是古人对"法"这一社会现象的真实记录。古"法"字由三个部分组成。其中,"水"源于远古禁忌和流放;"廌"即蚩尤皋陶,是世代执掌军事和司法之职的部族的图腾;"去"是源于争讼的证据制度,由"弓"和"矢"二字构成。参见武树臣:"寻找最初的'法'——对古'法'字形成过程的法文化考察",载《学习与探索》1997 年第 1 期。

⑤ 传统中国社会的辞书一般包括:(1)以《尔雅》为代表的按义类编排的义书(或雅书);(2)以《说文解字》为代表的普通字书,后世发展为字典;(3)以《文韵》为代表的按韵编排的韵书。今天讲辞书一般包括字典、词典及百科全书。参见余家骥:"辞书说略——字书·韵书·义书",载《语言学刊》1994 年第 1 期。

以中国第一部综合性辞书《尔雅》[1]来考察,《尔雅》中关于"法"的词条共有二条,分别是:

典、彝、法、则、刑、范、矩、庸、恒、律、戛、职、秩,常也。

柯、宪、刑、范、辟、律、矩、则,法也。[2]

从第一个条目中,我们可以解读出"法"具有恒常性,但具有恒常性的不止是"法"。第二个条目列举了"法"的不同表现形式,这诸多表现形式的共性是具有规则的意思。由此,我们可以推测,至西汉中期,"法"在人们心中,是具有稳定性的规则。

清朝《康熙字典》对"法"的解释是这样的:[3]

《尔雅·释诂》:"法,常也。"《释名》:"法,逼也,逼而使有所限也。"《礼·月令》:"乃命太史守典奉法。"注:(1)[4]法,八法也。[5] (2)又制度也。《礼·曲礼》:"谨修其法而实行之。"(3)又礼法也。《孝经·卿大夫章》:"非先王之法服不敢服。"(4)又刑法也。《书·吕刑》:"惟作五虐之刑曰法。"(5)又象也。《文心雕龙·书记篇》:"申宪述兵则有律令法制。法者,象也,兵谋无方而奇正有象,故曰法。"(6)又效法也。《易·系辞》:"崇效天,卑法地。"(7)又执法星名。《史记·天官书注》:"端门次东第一星为左执法廷尉之象;端门西第一星为右执法御史大夫之象。"(8)又姓。《后汉·雄传》齐襄王法章之后。

应该说,《康熙字典》对"法"的解释比较全面,归纳了"法"的八种含义,基本涵盖了古人对"法"的全部用法。其与近代《辞源》对"法"的解释已十分接近。[6] 从《康熙字典》的解释中,我们可以分析出"法"可作为动词与名词使用,作为动词为效法之意,作为名词,除了"象"、"执法星名"及"姓"三种解释外;其余均与法律制度有关。《康熙字典》的解释还大体告知了古人所理解的名词意义上的"法"的范围,它可以是治官之法,可以是礼法,可以是刑法,也可以是其他制度,这四者的共同之处主要在于它的规范性与强制性。这是古人对抽象意义上的"法"的基本认识。由上述分析可以看出,在中国古代,"法"作为名词使用时强调的是两点:其一,"法"具

---

① 《尔雅》成书于汉武帝独尊儒术、崇尚《五经》之前,反映的是先秦至西汉训诂学的成就。

② 胡奇光、方环海撰:《尔雅译注》,上海古籍出版社 2004 年版,第 14～16 页。

③ (清)陈廷敬等撰:《康熙字典》,华龄出版社 1998 年版,第 616～617 页。

④ 编号是笔者为便于阅读与分析所加。

⑤ 此处的"八法"应是指《周礼·天官冢宰》中的:"以八法治官府:一曰官属,以举邦治;二曰官职,以辨邦治;三曰官联,以会官治;四曰官常,以听官治;五曰官成,以经邦治;六曰官法,以正邦治;七曰官刑,以纠邦治;八曰官计,以弊邦治。"

⑥ 《辞源》中的解释如下:(1)法则,法度,规章;(2)刑法,法律;(3)标准,模式;(4)方法,作法;(5)效法,遵守;(6)数学旧名词法数的简称,与"实"相对;(7)佛教泛指宇宙的本原、道理、法术;(8)姓。引自《辞源》(第 3 册),商务印书馆 1981 年版,第 1748 页。

有稳定性;其二,“法”是一种社会规则。

上述从造字及引申意义上对“法”字的分析表明,在传统中国社会,“法”通常用来指称具有普遍性的、稳定性的规则,违背这种规则将受到国家司法活动的制裁。

二、当今语境下“法”的基本要义

当今语境下“法”的基本要义是什么?时至今日,没有哪一位法学家、没有哪一个法学学派能对“法”下一个令所有人认同的定义,法概念的界定是法学界讨论至今的难题之一,相信随着科学技术与社会的进一步发展,人们对这一问题的讨论还将继续下去。无法对法下完全令人信服的定义并不是大家不知道什么是法,事实上每个人似乎对法都了然于心,但法实在太丰富多彩、太复杂多样了,要用简洁的语言概括其内涵与外延,困难重重。我无意于去寻找这样一个定义,但我们又必须明白,什么是我们今天讨论的“法”。

西方对“什么是法”的探讨可归纳为两个阶段:第一阶段,从古希腊、古罗马到中世纪至十八九世纪。在这漫长的历史过程中,人们逐渐勾画出比较清晰的“法”的形象,独立而成熟的“法学”初具规模,“法治国家”逐步广泛地建立起来。① 第二阶段,20世纪以来,尤其是“二战”以后,法学在不断细分,同时法学与其他学科不断结合,使这一时期人们对“法”的认识突出表现为在横向维度上的拓宽与加深。② 那么,究竟什么是“法”呢?

在今天中国的法理学教材中,我们最常见到的是马克思主义观指导下的“法”

---

① 作为西方文明发源地的古希腊,虽然人们对法的认识还比较朦胧,但希腊人的认识奠定了此后西方世界法观念的基础。对法的认识有重大进展的是古罗马,受斯多葛派的影响,古罗马人提出了带有浓厚早期“自然法”色彩的法的定义,如塞尔苏斯认为,法是公正的艺术。法律的正义性被人们所强调。在教会法、罗马法复兴及日耳曼法综合交织的中世纪,法学家的代表是阿奎那,他认为法是人们赖以导致某些行动和不作其他一些行动的行为准则或尺度。“法”这个名词(在词源上)由“拘束”一词而来,因为人们受法的拘束而不得不采取某种行径。但人类行动的准则和尺度是理性,因为理性是人类行动的第一原理。阿奎那对法的认识强调法是强制性的行为准则、理性及公共幸福。从逐渐摆脱神学束缚恢复理性的17世纪到全面启蒙的18世纪再到19世纪初,近代意义的“法”观念在西方逐步形成。17~18世纪,孟德斯鸠、卢梭等人的认识,使人类对法的认识在纵向上达到一个“完备”,在其思想影响之下,经过资产阶级革命的西方各国纷纷建立起三权分立的政府,资本主义世界进入高速发展的时期。参见[爱尔兰]凯利著:《西方法律思想简史》,王笑红译,汪庆华校,法律出版社2002年版,第1~330页。

② 20世纪以来,对“什么是法”的讨论转向从横向展开,产生了如先验唯心主义法学派、历史法学派、进化论法学派、功利主义法学派、分析实证主义法学派、社会学法学派等为数众多的法学流派,他们从不同的角度,探讨法与正义、法与道德、法与其他命令性规则、法与习惯、法与秩序等的关系,试图更清晰地解释什么是法。参见[爱尔兰]凯利著:《西方法律思想简史》,王笑红译,汪庆华校,法律出版社2002年版,第331~429页。

的定义:"法是由社会物质生活条件所决定的,反映掌握政权的社会集团的共同意志和根本利益,为了维护社会秩序而由国家制定或认可并由国家强制力保证实施的一种规定权利义务内容的特殊行为规范体系或制度体系。"①学者对法的定义表述各不相同,但基本可以归纳出"法"的四个基本要义:第一,规范性。法首先表现为行为规范,它可以是有形的法律文件,也可以是被国家认可的、被人们遵守的"习惯"。第二,国家性。这是法区别于其他规则的重要方面,社会生活中,规范有多种多样,只有由国家制定或认可的规范才可纳入法的范畴。第三,强制性。法区别于其他规则的重要方面还在于它具有强制性,法是以国家为后盾保障实施的,它在各种社会规范中执行力最强。第四,普遍性。在现代社会中,法必须对其适用对象一体适用,不允许有法外特权者。这一定义固然受到种种质疑,但也未见哪一个定义能轻易将其取代,说明这一定义还是有一定的说服力。

上述关于法四个基本要义的认识是随着历史的演进而逐渐为人们所认知的,不同历史时期人们对"法"概念的探讨其实是建基于对"法"某些内在本质的认同的基础上的,诸如公平与正义、秩序与利益等,也就是说抽象意义上的"法"具有一些跨越历史的共性,正是基于这些潜在的认同,才使得这种探讨得以不断延续。在我看来,秩序是其中最重要的本质之一,或者可以说,秩序是法最基本的价值追求。

"秩序对于法的基础价值是在这样的意义上成立的。即,秩序是法的直接追求,其他价值是以秩序价值为基础的法的企望;没有秩序价值的存在,就没有法的其他价值。"②博登海默也说:"一个法律制度若要恰当地完成其职能,就不仅要力求实现正义,而且还须致力于创造秩序……在一个健全的法律制度中,秩序与正义这两个价值通常不会发生冲突,相反,它们往往会在一较高的层面上紧密相连、融洽一致。一个法律制度若不能满足正义的要求,那么从长远的角度来看,它就无力为政治实体提供秩序与和平。但在另一方面,如果没有一个有序的司法执行制度来确保相同情况获得相同待遇,那么正义也不可能实现。因此,秩序的维续在某种程

① 赵震江、付子堂著:《现代法理学》,北京大学出版社1999年版,第34页。现在可以查到的《法理学》教材对法的定义都大同小异,以不同历史时期法理学教科书对"法"的定义为例,"法是由一定物质生活条件所决定的统治阶级意志的体现,它是由国家强制力保证实施的规范体系,它通过对人们的权利和义务的规定,确认、保护和发展有利于统治阶级的社会关系和社会秩序。"孙国华主编:《法学基础理论》,法律出版社1982年版,第59页。又如"法是由国家制定、认可并保证实施的,反映由特定物质生活条件所决定的统治阶级意志,以权利和义务为内容,以确认、保护和发展统治阶级所期望的社会关系和社会秩序为目的的行为规范体系。"张文显:《法学基本范畴研究》,中国政法大学出版社1993年版,第35页。再如"所谓法,就是指归根结底由社会物质生活条件所决定的,反映掌握政权的社会集团的共同意志和根本利益,为了维护社会秩序的而由国家制定或认可并由国家强制力保证实施的一种规定权内容的特殊行为规范体系或制度体系。"赵震江、付子堂著:《现代法理学》,北京大学出版社1999年版,第34页。资料来源:http://www.juristical.com/books/fali/9.htm。

② 卓泽渊著:《法的价值论》,法律出版社1999年版,第185页。

度上是以存在一个合理的健全的法律制度为条件的,而正义则需要秩序的帮助才能发挥它的一些基本作用。为人们所要求的这两个价值的综合体,可以用这句话加以概括,即法律旨在创设一种正义的社会秩序(just social order)。"[①]可以说法的秩序追求是人们历来的共识。

"秩序"是一个恒常而古老的话题。在古汉语里,"秩"和"序"含有常规、次第的意思。《尔雅》中即有:"秩,常也。"[②]"序"通常是指次序。据东汉经学家郑玄诠释:"序,第次其先后大小。"可见,"秩"和"序"在古代同是对某种有规则状态的概括。"秩序"合用最早可能出自西晋文学家陆机,在他的那篇《文赋》中有:"谬玄黄之秩序,故淟涊而不鲜。"[③]"秩"与"序"合用之后,一般被用来指次序,亦有整齐规则之意。[④] 法与秩序的密切关系可以通过以下四层意思来反映:

首先,秩序是事物存在与发展的普遍形式。在自然界中,有序压倒了无序,四季更替,万物生长,无不以有序的形态存在;在人类生活中,大多数个人按一定的方式组织他们的生活,整个社会则由规范调整几乎所有领域的事务。甚至在人们偶然组成的群体中,为了使该群体免予溃散人们也会强烈地倾向于建立控制制度。历史表明,凡是在人类建立了政治或社会组织单位的地方,人们都曾试图确立某种适于生存的秩序形式,以防止出现不可控制的混乱现象,因为有序生活方式要比杂乱生活方式占优势。秩序是人内心本能的需求。[⑤] 自然秩序是客观物质关系的规律性体现;人类社会的秩序,使各种矛盾与冲突在相应的秩序系统中得到缓和或消解,保证人们在协调的基础上,开展各项活动,实现社会目标。事物的存在与发展本能地需要秩序。

其次,法是维护秩序的最有效手段。秩序是事物普遍的存在与发展形式,但秩序并不总是维系着。人类社会时常会为偶然情形所阻碍,有时还会被普遍的混乱状况所挫败,使社会陷于无序,因此秩序需要人们去维护。在社会生活中,人们自发产生一些规则来对人们的社会关系加以界定,使人们在一种稳定的和明确的社会关系网络中从事各项活动;同时,随着社会的发展,人们也逐渐有意识地预设一些规则,对社会生活进行规制,预防可能出现的矛盾与冲突。这些由自发及自觉产生的规范人们的社会关系,调适人们行为的规则和机制,是人类社会秩序的基本内

---

① [美]E.博登海默著:《法理学:法律哲学与法律方法》,邓正来译,中国政法大学出版社 1999 年版,第 318 页。

② 胡奇光、方环海著:《尔雅译注》,上海古籍出版社 2004 年版,第 14 页。

③ 夏征农主编:《辞海》(1999 年版语词分册),上海辞书出版社 2003 年版,第 1454 页。

④ 邢建国、汪青松、吴鹏森编:《秩序论》,人民出版社 1993 年版,第 2~3 页。

⑤ [美]E.博登海默著:《法理学:法律哲学与法律方法》,邓正来译,中国政法大学出版社 1999 年版,第 220~229 页。

核,它们是社会规则。没有规则,便没有秩序,便不会有社会。社会规则有多种表现形式,如法、道德、宗教、风俗习惯等,在这众多规则当中,法无疑是最为有效的手段,因为它具有成文化、确定性与相对稳定的特性,更重要的是它有国家机关为后盾,以国家强制力保证人们对法的遵从,使违法者受到制裁,这一特性,是其他社会规则所不具备的,也使它成为维护秩序的最有效手段。

再次,有"法"并不必然带来社会生活的有序,需要研究法作用于合理秩序的形成途径。因为一方面,预设的"法"需要在实践中被适用,才能达到秩序的形成,仅有停留于纸面的"法",仍无法规制社会秩序;另一方面,一些预设的"法"可能与实际情况相脱节,无法在实践中被适用,也无法致力于秩序的构建;再有,若预设的"法"为"恶法",则即使其被适用,结果也只能有害于合理社会秩序的形成。因此,需要研究法作用于合理秩序的形成途径。

最后,人类对理想社会的追求也需要我们对法与秩序进行深入研究。法治本身所固有的局限,如法的滞后性、法规制范围的有限性、法需要人们内心如宗教般的信仰等,注定了法治社会不是人类终极的理想社会,人类的理想社会是一种社会和谐的状态,可以说,和谐社会是法治社会的升华,社会和谐是人们久已有之的美好社会理想。[①] 对一个和谐的社会来说,秩序无疑是其前提条件,没有社会生活的合理有序,和谐将无从谈起。

总之,秩序是法最基本的要义,法与秩序密切相关,"秩序,公平,个人自由,这是法律制度的三个基本价值"。"与法律永相伴随的基本价值,便是社会秩序……必须先有社会秩序,才谈得上社会公平。社会秩序要靠一整套普遍性的法律规则来建立。而法律规则又需要整个社会系统地、正式地使用其力量加以维持……维持社会和平是实现其他法律价值的先决条件。如果某个公民不论在自己家中还是在家庭以外,都无法相信自己是安全的、可以不受他人的攻击和伤害,那么,对他侈谈什么公平、自由,都是毫无意义的"。[②]

至此,我们找到了当今语境下"法"的最基本要义——秩序,也找到了在今天,我们跨越历史时空去讨论过去的"法"的基本出发点。

---

① 早在卡尔·雅斯贝斯(Karl Jaspers)所说的"轴心时代"(Axial period),东西方的先贤们均表现出对社会有序与和谐的向往。在《理想国》与《法律篇》中,我们看到无论是"人治"还是"法治","整个国家将得到非常和谐的发展,各个阶级将得到自然赋予他们的那一份幸福"的状态一直是柏拉图不变的追寻。这一社会理想被西方的后人们承续。中国人的社会理想,从先民的"小康"、"大同",到洪秀全的"太平天国";从孙中山的"天下为公",到共产党人的"社会主义民主"、"共产主义",人们所憧憬的依然是社会的和谐,人民的幸福。

② [英]彼德·斯坦、约翰·香德著:《西方社会的法律价值》,王献平译,郑成思校,中国法制出版社2004年版,第2~8、45~47页。

三、当今语境下研究中国传统“法”的范围

可以看到，以今天的法观念为视角，中国古今关于“法”的认识最大的不同在于作为今天法的要义之一的“普遍性”，尤其是对立法者的同等适用性，在古代中国不存在。尽管法家主张王子犯法与庶民同罪，但作为最高统治者的皇帝是不在法规制范围之内的。因为在以儒家思想为主导的传统中国社会，礼法色彩的深厚使得法的“普遍性”不可能存在；而中国古今对“法”认识上的共性最主要的恐怕是“法”的秩序追求了。我认为，法就是为创设秩序而生，秩序是法的第一要义。由法的秩序追求这一视野出发，以往法律史领域关于传统中国社会“法”的研究范围就值得商榷。

传统中国法制史研究者侧重于对各朝代的“律”进行研究，因为历史流传下来直接可视的便是自唐以来各朝的律典。不少学者正是因为隋律没有保存下来而认为无法研究隋朝法制，或者认为研究隋朝法制的重点在于“复原”隋律。笔者认为这种认识既不全面也不准确。以下的理由既是针对隋朝法制研究的，也是用来回答为何笔者认为研究中国传统法制不能局限于“律”的理由：

第一，《唐六典·刑部》有：“律以正刑定罪”，表明律以定罪量刑为内容，具有明显的刑事法制色彩。而对于任何一个社会，除了刑事法制外，不可或缺的还有民事法制、行政法制、经济法制等，尽管中国古代这些法没有以成熟法典的形式出现，但这不能否定传统中国社会需要这些内容的法律。这就意味着“律”仅仅是传统中国社会“法”的一个重要组成部分，无法涵盖传统中国社会法的全貌。

第二，在奉行祖宗之法不可变的传统中国社会，开国皇帝所制定的律在大多数情况下到后来的朝代仍旧是有效的，但社会生活已历经变迁，旧法不再适应新的社会情况，实际上已无法规制新的社会生活，于是“律”往往被束之高阁，虽然有效却不被适用，在实际社会生活中起作用的可能是当朝皇帝所颁布的以令、敕、制、诏等其他形式表现出来的法。也就是说，许多朝代有“律”但不适用“律”，“律”并不一定真实地反映出某一朝代法制的实况。

第三，即便是在“律”仍起作用的时代，由于传统中国社会君主至上的专制特色，使得法自君出，在司法实践中，皇帝随时可以破“律”行事，根据自己的需要“律”外用刑。律在社会中并不具有法所应有的权威，权威性的缺失导致“律”也并不能反映一个朝代立法与司法的实况。

因此，仅以“律”为中国传统法的研究对象带有明显的局限。从法的秩序要义出发，对传统中国社会“法”的理解应宽泛些。至少应包括：(1)由皇帝制定或以皇

帝名义所颁布的律、令、敕、诏、制等;(2)国家所认可的地方官吏所作出的判决及据以作出判决的依据,亦应是研究的范围;(3)国家没有规定也未以有形的形式表现出来,但在生活中为人们所遵循的"习惯",同样是考察的范围,因为它们为国家默许,实际起到了"法"的作用。[①] 严复就曾指出:"西文'法'字,于中文有理、礼、法、制四者之异义。"[②]

在上述这些研究范围中,越来越多的学者重视对后两者即所谓"民间法"的研究,意识到这些当时社会的"活的法"对研究传统社会的价值,但对于令、敕、制、诏等却一直缺少关注,这应是一个巨大的遗憾。因为对帝制时代的中国来说,皇权至上,皇帝对权力的配置与制约是其实现统治的重要前提,也是皇帝进行统治的重要内容,[③]维护皇权是其一切制度设计的核心,这使得传统中国社会呈现一种行政主导的色彩。再加上礼法的作用,传统中国社会的民商事生活主要依靠"礼"、通过道德教化的方式进行调整,国家以法律的形式直接对民商事领域进行规制很有限,传统中国社会的行政主导色彩更加浓厚。所以,国家制定的法律制度集中在两方面:一是从积极层面规制权力配置的行政性法制,二是从消极层面对违法行为进行惩处的刑事性法制。这些积极层面的法律制度与刑事法制相比,在重要性上毫不逊色,甚至可以说,它们是刑事法制的重要前提。这些积极层面的法律制度在中国历史上往往以令、制、敕、诏等形式表现出来。

所以,对一个行政主导型的传统中国社会的法制进行研究,令、制、敕、诏等法律形式是必不可少的组成部分,它们是中国法律史重要的研究对象。正因为如此,在无隋律实物遗存且其他史料相对贫乏时,隋朝的令、制、敕、诏等就成为研究隋朝法制的重要素材,透过这些法制对隋朝社会进行的研究具有重要的价值。建基于此,本文的研究具有了材料上的可行性,因为隋朝的"敕"、"制"、"诏"等大量散见于史料中,等待着我们去发掘与整理。

---

① 在该部分探讨中,笔者未涉及法的价值层面,并非认为"法"与价值无涉,而是想通过形而下的实证,达到形而上的追求。制度设计只有合理,才能在社会中形成良性的秩序,所以价值追求并非空中楼阁,它实实在在地蕴涵在制度设计之中。

② [法]孟德斯鸠著:《孟德斯鸠法意》(上册),严复译,商务印书馆1981年版,第2~3页。

③ 对权力进行配置与制约是中国历代皇帝共同面临又无法真正解决的难题。因为专制社会要求皇权至上,但中国的大国特色使皇帝无法依靠其个人来实现统治,他必须将权力进行分配,由中枢机构辅助其实现统治。但权力一旦分配出去,皇帝就需要制约权力以避免分到权力的大臣们权力过大,以至于威胁到皇帝的至上权威。于是,权力分配后,皇帝一方面开始回收权力或是使某一权力更分散些,结果都是导致进一步的集权;另一方面,皇帝又设置监督机构以加强对权力的监督,但随之又产生谁来监督监督机构的问题。历来的皇帝在分权与收权中不停地调整反复,找不到也无法找到这一问题的出路。这成为各朝皇帝深陷其中又走不出的"怪圈"。

法学翻译与晚清法律制度选择的关系

胡照青*

晚清法学翻译活动从《万国公法》的翻译正式开始，在几十年的时间内，通过广泛的参与主体，国内外出版机构的共同努力，翻译了大量的法学书籍和文献，仅清末变革法律期间引译的宪政类、民刑类及经济商事法律规范的官方统计数据就有400多部，民间出版机构的出版成果更是难以估量。这些丰硕的翻译成果，为国人展示了一套完整的西方先进法学文明，包括国际法、宪法行政法、刑法、民法、商法、刑事诉讼法、民事诉讼法等，既将英美国家的君主立宪和分权理论介绍到中国，又把法德国家典型的六法体系展示在国人面前，这些译介西学的成果为清末修律、改革旧法提供了现成的参考资料和良好的范本。因此，从这个意义上说，晚清西方法学的传入是中国传统法律向现代法律发生变迁的开端，在中国和世界法律发展史上占有重要的一页。在晚清，由于门户洞开，西学东渐，西方法律文化作为西方文化的重要组成部分，开始影响和冲击中国，晚清西方法学的传入正是这种影响和冲击的动力源，其影响和作用是深远的。

一、对中国传统法律观念的影响

晚清法学翻译对中国传统法律观念和文化产生了巨大的影响。自古以来，中国对传统文化具有一种优越感和自豪感。这种根深蒂固的观念导致中国在对外关系上形成以中国为中心的观念，与此相适应在法律文化上亦有一种优越感，形成了以中国为中心的中华法系文化。然而，当西方资本主义凭借武力和商品强行打开中国大门时，西方法律制度和法律文化也随之传入中国。尽管西方法律文化在中国传播和渗透的过程是艰难和曲折的，但对中国传统的法律观念和文化却产生了巨大的影响。近代先进人士不断认识到中国法律制度的弊端和不足，改变中国传统政治法律制度，引入西方法律制度是改变中国落后面貌的必然选择。康有为在"上清帝书"中倡导西方三权分立的政治法律原则："近泰西政论，皆言三权，有议政之官，有行政之官，有司法之官，三权分立，然后政体备"。[①] 张之洞和刘坤一在《江

---

* 胡照青，2004级法律史专业，指导老师：孙潮。现工作于上海市人民政府法制办。

① 康有为："上清帝第六书"，载《戊戌变法》(第2册)，人民出版社1962年版。

楚会奏》中表示"收采西法,以救中法之不足"。① 沈家本在主持清末修律中也指出:"有志之士当讨究治道之源,旁考各国制度,观其会道,庶几采撷精神,稍有补于世"。②

中国传统法律观念的变化正是西方法律文化不断传入和渗透的结果。法治观念的形成是个长期孕育的结果,与晚清法学翻译的三个阶段相对应,晚清法治观念的形成也经历了从鸦片战争到19世纪70年代,从19世纪80年代到清末新政,清末新政时期三个阶段:第一,从鸦片战争至19世纪70年代,虽然一些进步人士翻译了一些国际法著作,但从总体上看,中国社会还没有法治观念,人治毋庸置疑地在晚清社会中占主导地位。第二,从19世纪80年代至清末新政。这一时期既是洋务运动深入开展时期,又是资产阶级启蒙思想初步传播时期,官办机构、民间组织和许多爱国人士共同努力,翻译了大量西方部门法学著作。士大夫们在这种社会氛围的影响下,开始逐渐接受西方的法治理念,呼吁进行司法改革,以资产阶级人道精神、法治原则反思中国法律是这一时期法制观念演变的主要特点。第三,在清末新政时期,中国掀起了一个建设法治国家的高潮,之所以出现这样一个可喜的局面,虽然与清政府的自救和清末立宪派的努力有密不可分的关系,但最主要还应该归功于法学翻译的繁荣对政治运动的推动。清政府被迫进行的法律改革,价值取向就是资产阶级的法治原则,将翻译西学的成果在中国付诸实施,与世界文明国家的政体模式和法律原则接轨。

二、奠定了中国向大陆法系靠拢的基本方向

最初,由于官方两大著名的翻译机构北京同文馆和上海江南制造局均是在英美传教士的领导下进行的,所以法学翻译活动倾向于英美法系国家的优秀法学成果,这主要体现在国际公法的引译上。后来,随着翻译西法运动的深入,诸多原因决定了中国最终向大陆法系靠拢的翻译道路。

日本明治维新的成功和甲午海战的胜利,对近代中国翻译大陆法系的法律有很大的启迪作用。甲午战争的失败使中国的国内政局发生了巨大动荡,举国上下受到极大刺激,这次失败对中国的震动远远超过了1840年以来的中英、中美之战。日本在历史上曾为中国的藩属国,一直深受西方列强的欺凌,明治维新后国力大增,让清政府刮目相看;同时,由于日本与中国相互毗邻,其在近代化成功后对中国

① (清)朱寿朋编:《光绪朝东华录》,中华书局1958年版,第4754页。
② 沈家本著:《寄簃文存》,政治类典(序),台湾"商务印书馆"1976年版。

的野心使中国自近代以来所产生的民族危机感日益加剧。以学习西方先进技术为主要宗旨的洋务运动在甲午海战中并未取得预期的效果,朝野上下诸多批评,国人对军事以外的国家政治与法律的作用更加关注,对中国落后进行探究的思考从科学技术转向对社会与文化的改造上来,并且进一步提出了变法维新的政治主张。仿效、学习日本,直接翻译日本法政书籍或者间接从日本转译、引进西方法学著作成为这一时期的一大特色。清政府自1898年起正式确立了官派留学日本的国家政策,自1905年起又开始实行奖励留学生的政策,对留学生进行考试,对其中优秀者授予功名,因此,1905~1906年间,数量竟达8000人之多;1896~1911年间,总数达到万人以上。留日学生通过"译书汇编社"、清国留学生会馆等机构,直接翻译近代日本许多法学书籍,同时,以日本学者翻译的外国法学著作为底本,转译了西方其他国家的许多法学作品。由于日本在本源上从属于大陆法系国家,深受法德等国法律文化的影响,这使大量引译日本法学成果的中国不自觉地走上了向大陆法系靠拢的方向,留日学生在作为吸收与移植外国法学知识的桥梁与中介的同时,对中国近代法制模式的方向选择也产生了重要影响。而且,晚清政府在起草《大清新刑律》、《大清民律草案》等成文法典的过程中,还聘请了冈田朝太郎、松冈义正、志田钾太郎等日本法学家参与,他们在参与立法的过程中更是直接地输入了大陆法系的基本精神和许多内容。这可谓晚清法学翻译之所以最终倾向于大陆法系的外在动因。

中国古代以国家制定法为主要法律渊源,大陆法系也主张立法的一元化,认为通过制定成文法,完全可以满足社会和政治的需要,从古罗马的查士丁尼法典到法国民法典、德国民法典的一系列立法都说明了这一点,这种法文化源流上的共性是中国侧重于大陆法系成果的内在动因。大陆法系国家,尤其是德国和日本,具有和中国相似的国家主义观念,晚清虽然翻译了英国、美国大量的法学作品,对西方的政治体制、民主思想、法律制度进行了深入的介绍,但是,中国的专制主义政治制度毕竟已经根深蒂固,中央拥有最高的立法权,并且沿着螺旋上升的轨迹不断强化。[①]因此,无论是官方的翻译机构,还是民间的翻译群体和个人,在这种国家主义观念的统治下,他们的翻译理念和书籍的选择必然会倾向于和中国具有相似政治背景的国家,大陆法系的国家理念刚好满足晚清官方和知识分子的需求。日本通过明治维新,改良政治和司法,取得了极大的成功,但是这些都是在肯定天皇的统治大权的前提下进行的,德国也是在宪法的形式下确认了君主专制的政体,以国家垄断立法权,因此,晚清法学翻译之所以最终倾向于大陆法系,相近的国家主义观念是

① 张晋藩著:《中国法律的传统与近代转型》,法律出版社1997年版,第430页。

一个重要的内在原因。

此外，中日两国，相互毗邻，同文同种，法律文化有过长久的交流。梁启超就认为在翻译外国法律时，应当以日本为主，因为"和文（即日文）移译，点窜便易成书"，不需要远取英美。因此，大陆法系国家法学作品的译介以及它在近代中国的最终确立，有着政治、社会、历史和法文化等诸多方面的原因，通过法学翻译吸收先进的法文化，促进了中国法律超越传统并向近代转型，同时也向中国社会灌输了先进的西方法律观念和思维方式，促进了中国人法律意识的觉醒。

三、为制定新法提供了良好的范本

这些丰富的翻译成果为晚清变革旧法，制定新律提供了重要的参考资料。例如清政府制定的宪法性文件《钦定宪法大纲》，在肯定君上大权的前提下，参考西方宪法，概括性地规定了民众享有的权利和应承担的义务，如言论、著作、出版、集会、结社权，财产不受无故侵扰权，非按照法律规定不受逮捕、监禁及处罚权，任用文武官员和议会议员权，依法纳税、服兵役、遵守国家法律的义务等。清政府还聘请日本法学家志田钾太郎、松冈义正担任顾问，以翻译的《德国民法典》为蓝本，制订了《大清民律草案》，同时颁布了《商律》、《商人通例》、《公司律》、《公司注册章程》、《破产律》等商事法律法规。邀请日本法学家冈田朝太郎，参照翻译的西方刑法学著作的先进知识，制订了《大清新刑律》，抛弃旧刑法不合时宜的地方，在时间效力上，采取从新兼从轻的原则，在空间效力上，采取为世界各国普遍采用的折中原则，以属地原则为主，有限制地兼采保护原则和属人原则，体现了在继承中国固有法律传统的同时，又在一定程度上对西方刑法理论和刑法制度引进和吸收。而且，清政府还制定了《刑事、民事诉讼法草案》（1906 年）、《刑事诉讼律草案》（1910 年）、《民事诉讼律草案》（1910 年）、《大理院审判编制法》（1906 年）、《各级审判厅试办章程》（1909 年）、《法院编制法》（1910 年）等诉讼法典和有关审判机构的法律。以翻译西法的成果为参考，初步建立了近代六法体系。

除奠定了向大陆法系靠拢的基本方向之外，晚清法学翻译也将西方的政治理论带到中国，尤其是君主立宪和三权分立的思想，如卢梭的《民约论》、孟德斯鸠的《万法精神》以及对"议会"（Parliament）一词的解释和翻译都体现了对君权进行必要限制的观点。虽然清末试图将这一法学翻译成果运用到现实中去，但清末实施的君主立宪与真正意义上的西方宪政有着本质的区别。在西方，强调议会至上，而清政府则认为"宜使议院由宪法而出，不宜使宪法由议院而出"，主张必须首先制定宪法，然后根据宪法所确定的原则，再召集议会，这样做犯了本末倒置的错误。尽管如此,仍不能完全否定学习西方政体的进步意义,因为任何宪政的前提,都是在原本至高无上、不受任何约束的皇权上设定一个对皇权同样具有约束力的宪法,从此,皇帝所享有的权力,既不是如同"君权神授"那样来自上天,也不是通过"皇统继承"而受自祖宗,而是明明白白地来自宪法的规定。此外,三权分立的原则强调立法权、行政权、司法权的相对独立,在中国,行政权和司法权部分已有数千年的历史,一直实行行政兼理司法的制度,清末强调政、行分离,认为"东西各国宪政之萌芽,俱本于司法独立",①"司法独立为异日宪政之始基",②因而,清末制定了体现司法独立的《法院编制法》,将司法独立用法律明文规定下来,在这些新法制定的过程中,译介西学的成果为官方提供了直接的参考,起到了非常重要的作用。

四、加速了中国法律近代化的进程

晚清法学翻译加速了中国传统法律体系的解体和中国法律近代化的进程。中国2000多年以自给自足自然经济占主导地位的封建社会,由于商品经济不发达,社会关系比较简单,不可能产生现代独立的部门法律和严谨的法律规范。相反,由于宗法伦理在社会生活中的重要作用,形成伦理与法律、刑事与民事合一,程序法与实体法、行政权与司法权不分的中华法系传统。晚清西方法学的传入虽然是在"中学为体,西学为用"的指导思想下进行的,但法律制度和法学思想一经传入必将对传统封建法律体系产生巨大的冲击。晚清西方法学的传入,结束了封闭数千年的中国封建法律体系一统天下的局面,使传统中国的法律体系开始与世界法律体系进行沟通。西方法律的司法独立、行政与司法相分离、审判与检察相分立、伦理与法律、刑事与民事相区别的原则和制度的引进,加速了中国传统封建法律体系的解体和中国法律近代化的进程。

晚清法制近代化外源型的特征决定了法制变革浓厚的西方化色彩,但不能因为晚清时期表现出的西方化色彩就将中国法制近代化的整个过程等同于西方化,中国社会内部存在的对法律近代化起推动作用的一些重要因素,如近代中国社会自身发展所形成的经济商品化、政治文明化和思想开放的趋势,为中国法制的近代化提供了越来越显著的推动力,在法制近代化的过程中,逐渐呈现出外源型趋向减弱,内源性特征逐渐显现的历史进程。在这一进程中,晚清法学翻译的丰硕成果为清政府展现了西方政治改良的成功经验和法制变革的优秀成果,正是在翻译著作

---

① 中国第一历史档案馆编:《清末筹备立宪档案史料》(下册),中华书局1979年版,第843页。

② 同上,第827页。

中体现的近代西方社会借助于先进的法制而走向强盛的成功经验，为晚清变法修律，迈向法制近代化提供了合法性的论证和理论基础。因此，没有晚清法学翻译译介的大量的法学作品，清政府就不可能看到西方法制文明的成功样板作用，在中国这个外源型的国家也就不可能走西方化的法律近代化道路，更不可能在20世纪初期的中国建立起近代化的法律体系。与此同时，参加晚清法制近代化运动即清末修律的人大都为引译西法作出过一定的贡献，他们之中既有来自西方国家和日本的著名法学家，又有接受了西方法律知识和法律理念的中国近代法学翻译专家，他们是将西方法律嫁接到中国法制根株上的冰人，通过亲自参与立法活动，将自己通过翻译西法得到的西方法学知识运用到中国的法制实践中。

论中国法学移植和其他社会科学移植的区别

王伟臣*

一、法学移植和其他社会科学移植的联系

在对法学移植与诸学科移植具体比较之前,有必要简述中国社会科学移植的特点。因为这些特点也正是法学移植与诸学科移植的相同之处。中国社会科学移植的特点主要表现在:

第一,与国家命运息息相关。中国社会科学从诞生之日起,便立足于中国社会巨大变动的实践,投身于中华文明转型和中华民族复兴的伟大运动,在这一基础上努力发现与创造。20 世纪中国社会科学发展的全过程,就是它将自己的命运与国家和民族的命运融合在一起,面对种种历史性的与世界性的挑战,努力探索、努力进取、努力再创造的过程。在此基础之上的中国社会科学的移植便具有很强的政治目的性。当然由于学科性质的不同,诸学科在移植的过程中受经济和政治因素的影响也是不同的。对于法学、经济学、社会学等社会学科来说,它们与社会实践的结合较为紧密,因而受到社会发展的影响就比较大。而哲学、文学、史学等人文学科受到影响的程度相对来讲就比较低。

第二,具有明显的阶段性。当代中国社会科学,肇始于 19 世纪末 20 世纪初。甲午战争失败后,维新变法运动应运而生,社会学、政治学、教育学、哲学等在移植西方的基础上由此萌发。八国联军之后,革命与立宪兴起,社会学、经济学、法学初步成型,传统的史学、文学也在西方的影响下开始了所谓的“史学革命”、“小说革命”。五四运动和新文化运动后,社会科学学科体系已经大体建立起来。新中国成立后,受意识形态的影响,社会科学转而借鉴苏联模式,建立了相应的科研体制和学科结构。而后因受到“文化大革命”的影响,学科建设一度陷入停顿。改革开放以后,中国社会科学再一次调整了发展路向,大规模移植西方社会科学,实现了新的繁荣。

第三,始终面临着本土化的任务。本土化,不仅是法学所面临的一个问题,而且是所有西方近代社会学科学和文化在向中国进行传播过程所面临的一个普遍性问

---

* 王伟臣,2009 级外国法律史专业,指导老师:何勤华。现工作于华东政法大学。

题，也是中国人在向西方寻求真理的过程中所面临的一个具有根本性意义的问题。这个问题从西学东渐之初便存在了。西方学科自传入之日起始终面临着学科本土化的挑战，即如何将源自西方的社会学理论和方法，有效地运用于认识、解决中国的社会问题。既要延续西方的传统又要兼顾中国的国情。它既需要创造性地继承和扬弃传统学术遗产，又需要批判吸收西方社会科学的有益成果，还要不断反对教条化、公式化的倾向。当然，西方社会科学各个学科在中国的本土化过程也是各有特色，在下面的论述中，笔者会更为详尽地阐述西方哲学、文学、史学、经济学以及社会学的本土化。

第四，外国人和留学生——移植的重要渠道。外国人在中国近代法学的诞生与成长过程中起着关键性作用。[①] 比如清末民初时，外国传教士翻译了大量的法学著作，推动了中国法学的启蒙；民国时期，大批外国法学专家来华讲学，推动司法改革。而这种现象不仅发生在法学移植中，在其他学科的移植中也甚为明显。比如英国的传教士李提摩太，他的几部译书和著作涵盖了西方法学、哲学、史学、经济学等内容，对于中国近代社会科学的建立与成长起到了重要的作用。通过他的译著《泰西民法志》一书，中国人第一次知道了马克思和马克思主义。20 世纪初，清政府利用“退还庚款”开始向美欧国家派遣留学生，这些学生留学欧美、取经东洋，对社会科学的建立和发展的贡献更是无须多言。提到留学生对中国近代社会科学的作用，就不得不提到中国近代启蒙思想家、翻译家严复。从他翻译的第一部西方资产阶级学术名著《天演论》开始至 1909 年，先后又译出亚当·斯密的《原富》、斯宾塞的《群学肄言》、约翰·穆勒的《群己权界论》和《穆勒名学》、甄克斯的《社会通诠》、孟德斯鸠的《法意》和耶方斯的《名学浅说》等西方名著，达 160 多万字。这些译著涉及经济学、社会学、法学、哲学等社会科学，可以说他是近代中国系统翻译介绍西方资产阶级学术思想的第一人。在接下来的逐一比较中，笔者还会着重地对外国人和留学生在移植中的重要作用加以阐述。

第五，马克思主义的指导地位。马克思主义对中国社会科学的影响是不可估量的。在 20 世纪中叶完成了本土化之后，马克思主义确立了在中国社会科学中的指导地位。这种指导地位不仅表现在宏观上的指导作用，还表现在已经融入了具体学科的方法论和内容。马克思主义法学、马克思主义哲学、马克思主义政治经济学、马克思主义社会学、马克思主义史学、马克思主义文学（或马克思主义文艺理论）都是各个学科的指导思想。完成本土化的马克思主义已经融入了中国社会科学的“传统”之中，而自改革开放以来，面临对西方社会科学的大规模移植，如何处

---

① 何勤华著：《中国法学史》（第 3 卷），法律出版社 2006 年版，第 64 页。

理西方社会科学与马克思主义社会科学的关系也是当代中国社会科学亟需解决的问题。在以下的具体比较阐述中,笔者也会进一步阐述马克思主义社会科学在诸学科中的移植和本土化的过程。

第六,大量移植日本社会科学。明治维新之后,逐渐从封闭走向开放的日本在大规模移植西方社会科学的基础上迅速建立了本国的社会科学体系。而日本社会科学对东亚近邻——中国的社会科学的影响是不可忽视的。这种影响一个重要的表现是近代中国社会科学的大部分的学科术语基本从日本移植而来。但在中国移植西方社会科学的过程中,日本扮演的不仅仅是一个中转站的角色,日本社会科学对中国的影响还表现为一种学科启蒙的作用。比如近代法学对日本法学的模仿和移植、中国考古学对日本考古学的移植等。

二、法学移植与哲学移植的区别

(一)哲学移植起步较早

中国法学对西方法学的移植开始于鸦片战争前后,但是哲学的移植则更为久远。中国古代哲学经历了两次外来文化、哲学的巨大冲击和洗礼。公元1世纪,印度佛教文化、哲学的传入;公元16世纪以来西方文化、哲学的涌入,都对中华民族的文化、哲学产生了里程碑式的作用和影响。隋唐时,外来的印度佛教、哲学在中国成为强势文化、哲学,中国本土儒道文化、哲学,反沦为弱势文化、哲学。而佛教在其本土印度8~9世纪便逐渐衰败,到14世纪几乎湮灭。[①] 与之相对,中华法系在近代之前,几乎没有受到外来法律的影响。

(二)哲学移植西方的互动性较强

中国有自己本土的哲学。在中外哲学移植互动的过程中,中国哲学也影响了西方哲学。特别是第二次世界大战之后,工业东亚的兴起,中国哲学的某些内容已逐步渗透到了西方学术的主流话语之中。现代西方哲学、宗教、文艺等诸文化形态中,也反映出越来越明显的东方化影响。从叔本华、伯格森的哲学,到形形色色的神秘主义教派,以致现代派的诗歌、戏剧、音乐、美术等,或多或少地带有模仿东方文化的痕迹。

(三)中国哲学具有较强的自主性

哲学的反思更多是争取中外哲学对话的平等地位,是一种平等话语的自主性。因为时至今日,中国哲学靠依傍、移植、临摹西方哲学或以西方哲学的某家某派的理论与方法对中国哲学的史料任意地“梳妆打扮”、“削足适履”的状况已不能再继

① 张立文:“中国哲学‘讲自己’的中国方式”,载《文史哲》2005年第3期。

续下去了。中华文明中的哲学智慧绝不亚于西方，需要我们在与西方哲学的比照、对话中，超越西方哲学的体系、框架、范畴的束缚，确立起我们这个族群的哲学智慧与哲学思维的自主性或主体性。①相比之下，争取与西方法学对话时的平等地位对于当前的中国法学来说还不太现实。

（四）中国传统哲学的延续

中国传统法学已经随着中华法系的解体而消亡。而中国传统哲学则保留了自己的传统。相比西方哲学，中国哲学中的知识论及方法论颇不发达，但是中国哲学的实践性很强，不停留于“概念王国”，没有西方哲学中的上帝与尘世、超越与内在、本体与现象、主观与客观、身体与心灵、事实与价值等绝对二分的框架。这不是说中国哲学没有“概念”、“逻辑”、“理性”，恰恰相反，中国哲学有自身的系统，中国哲学的“道”、“仁”等一系列的概念、范畴，需要在自身的系统中加以理解。中国哲学范畴、术语不缺乏抽象性，中国哲学中也不缺乏今天所谓科学、逻辑和认识论的探索，但这些都需要在自身的语言、文化、思想系统和具体的语境中加以解读。按照中国哲学的传统，它的功用不在于增加积极的知识，而在于提高心灵的境界——达到超乎现世的境界，获得高于道德价值的价值。② 中国的新哲学，固然是西洋哲学影响下的产物，而亦当是中国旧哲学之一种发展。中国旧哲学中有一些倾向，在现在看来仍是可贵的，适当的。这可以说是中国哲学中之活的。而也有一些倾向，是有害的，该排弃的，便可以说是中国哲学中之死的。③

三、法学移植与文学移植的区别

（一）某种程度上的不可移植性

这主要是因为文学相比于法学等其他社会科学的特殊性。文学作为人类一种重要的精神活动方式，其功能在于满足人类的精神需要。文学也是一种审美的意义形态，这种审美性表现在：形象性、情感性、虚拟性。文学具有审美愉悦、认识、思想启迪等功能。文学创作是作家进行活动的一项非常特殊的创造性的精神生产活动，而文学创作中一个重要的因素便是灵感。文学创作中的灵感思维有着突出的特点：偶发性、创造性、亢奋性和忘我性。这将文学与同属意识形态的政治法律思想、宗教、道德、哲学区别开来。正是由于这些特点，才决定了文学具有一定的不可移植性。语言在文学移植中非常重要。文学是语言的艺术，以文字为载体，而且有

---

① 郭齐勇：“‘中国哲学’及其自主性”，载《文史哲》2005年第3期。

② 冯友兰著：《冯友兰谈哲学》，当代世界出版社2006年版，第530页。

③ 张岱年著：《中国哲学大纲》，江苏教育出版社2005年版，第529页。

些文学的形式比如诗歌就具有不可移植性。这就要求译者在进行文化移植时，要积极创造条件，努力寻找合理的处理手段和维持双边文化平衡的支撑点，做到既要尽可能再现原语语篇的文化信息，又要保证译语语篇的可读性，照顾读者的接受能力和感受。① 文学的这种不可移植性也可以表述为文学移植较法学移植更为困难。

(二)当代文学的后现代主义

近年来，西方后现代法学话语开始影响我国法学。在改革开放之后传入中国的西方后现代主义思潮对于文学的影响要甚于对法学的影响。而且当代中国文学在移植后现代主义的同时，也注意到了与本土的中国文化相结合。后现代主义是20世纪五六十年代在西方发达资本主义国家出现的一种社会文化思潮。在80年代前后，后现代主义很快成为热点，达到了鼎盛时期。20世纪90年代，后现代主义在西方渐趋沉寂的时候，却在我国形成了蔚为壮观的景象。这种影响明显表现在两个方面：一是文学批评；二是文学创作。中国的后现代主义思潮固然与西方后现代主义的激发和催生有直接的关系，但更重要的是本土文化母体基因产生的动力。这种情况给我们的启示是，在移植一种理论进行文学批评时，我们要特别重视探寻本土文化母体基因的重要作用。中国文学理论的重建无疑需要借鉴和吸收西方合理的具有价值的理论资源，但在移植西方理论时要充分地考虑我们的文化传统和现实土壤，通过文化的过滤机制进行批评的吸收，这样才能彰显理论的价值。②

(三)中外文学的互动——移植与输出

中外文学的交流不仅表现在中国文学对外国文学的移植，还表现在对外的输出——中外文学的交流是双向的。目前我国文学翻译的重点应该从“外译中”转向“中译外”，这样才能有助于(重新)构建中国的批评话语，才会有助于中国文化在全球化时代保持其固有的文化身份。比如华裔作家朱路易的近作《饮碗茶》，以文学创造进行着特殊的文化翻译，其在西方文本里对中国文化的表述属于典型的文化输出。③ 相比于此，当代中国法学则基本没有对外输出。

四、法学移植与史学移植的区别

(一)史学研究范围的扩大——对象的扩展

法学移植和史学移植不同之处首先表现在对象变化的不同——法学对象的替

① 缪维嘉：“从《红楼梦》英译看文化移植中的‘妥协’”，载《外语教学》2005年9月。

② 马建智、曹晓蓉：“反思中国当代文学对后现代主义的移植”，载《西南民族大学学报·人文社科版》2004年第2期。

③ 李先玉、包家仁：“西方语境下中国传统文化的移植与持存——评华裔小说《饮碗茶》的特色语言和文化”，载《外国语言文学》2005年第1期。

代与史学对象的扩展。史学研究对象范围的扩大主要表现在考古学、世界史学等分支学科都是在翻译、编译外国史学的基础上于民国时期建立起来。

（二）中外史学的交流——平等的对话

由于市场经济和依法治国的需要，中国法学对西方法学的移植不仅没有停止，反而在速度和规模上进一步发展。这就导致了中国法学与外国法学对话的不平等地位。可是中国史学虽然也是在移植西方史学的基础之上完成历史转型，但中外史学的交流是双向的，对话是平等的。这是因为世界上最古老的、编纂系统最全面的中国传统史学，在经过近一百年激烈的学术冲击、交流和时代大浪淘沙后，原生状态有很大改变，趋向与世界先进的理论和方法结合，并得以保持民族史学的精华内核。而且马克思主义史学是当今中国历史学发展的主流形态。这些年来，中外史学交流始终是“双主题”、“四通道”的。所谓“双主题”，就是中国向西方史学请教的主题，与西方了解、认识、研究中国史学的主题。所谓“四通道”，就是上述两个主题的任何一个主题的交流，都不是单向的。应当说中国史学和世界史学交往密切之日，是中国史学昌盛之际，也是世界史学繁荣之时。①

五、法学移植与经济学移植的区别

（一）没有普遍的经济学

相比于法学，经济学普适性并不明显。作为一门社会科学，经济学并不存在普遍使用的理论体系。根据社会制度假设的不同、国情和学术传统的差异，经济学在不同的社会中形成了不同的占据主导地位的理论体系。因此，按照新制度经济学的观点，经济学以及经济制度具有一定的不可移植性。②

（二）移植幅度较大

从世界范围内来讲，经济学已经成为社会科学中的第一大学科。据不完全统计，20世纪80年代各种各样的经济新学科达到了145种之多，这显然是任何一个学科都难以企及的程度。③ 这一被称为“经济学帝国主义”的经济学扩张现象正在发展之中，而且还只是刚刚拉开序幕。与此同时，伴随着改革开放之后中国对西方经济学的大规模移植，这种速度和规模均超过了当代法学的移植。

---

① 朱政惠、李江涛：“20世纪中外史学交流回顾”，载《史林》2004年第5期。

② 新制度经济学认为，制度分为正式的和非正式的两种制度安排。正式制度只有在与非正式制度约束相容的情况下，才能有效发挥作用。正式制度可以在一夜之间发生变化，而非正式的制度改变却是长期的。同样一些他国的正式规则能否被移植，不仅取决于所移植国家的技术变迁状况，而且，更重要的是取决于后者的文化遗产对移植对象的相容度。

③ 李成勋主编：《经济学新学科概览》，世界知识出版社1988年版，第2页。

（三）填补了学科的空白

与法学不同，经济学不是中国的传统。也就是说，中国古代是没有经济学的，因为中国传统经典中从来没有像西方一样探讨过财富问题。中国始终没有产生实现中国经济思想到学科化发展的代表性作品和人物。中国经济实践、经济思想的繁荣和成熟是建立在农业文明基础之上的，学科化发展严重滞后。西方经济思想在经济学范畴，如经济、财富、货币、分工、交换、价值的研究中逐渐发育和演进，并经过重商主义和重农主义而成功地走向学科化发展道路，中国的经济思想在这个阶段却停滞了。近代以来，中国在移植外国经济学的基础上构建了自己的经济学，因而中国的经济学完全是一个舶来品。

（四）重建社会主义经济学

重建经济学从本质上说是对移植西方的一种反思。这种反思比法学要早得多。① 大约从20世纪80年代起，我国就开始酝酿中国经济学的建立问题了。而且伴随着东欧剧变，苏联解体，原来社会主义正式经济学——苏联范式已破产。许多学者都认为，中国经济处在一个长期的转型时期，即由传统的计划经济体制向市场经济体制转型。由于这个时期是一场社会经济以及社会思想的剧烈变动期，因此它的持续时间会很长。重建中国社会主义经济学以指导中国经济转型发展的责任，历史性地落在了当代中国经济学者的肩上。重建中国社会主义经济学是当代中国经济学家亟待解决的重大课题。② 这也说明当代经济学的发展比法学的发展更为成熟。

六、法学移植与社会学移植的区别

（一）填补了学科空白

与法学不同的是，中国近代以前没有社会学这门学科。所以中国社会学完全是在移植西方社会学的基础之上建立起来的。同经济学一样，中国的社会学也是一个舶来品。中国当代的理论社会学、应用社会学、人口学、人类学等社会学的分支学科都是从西方移植过来的。③

---

① 笔者认为中国法学的反思开始于20世纪90年代，以朱苏力和梁治平为代表。与经济学的反思相似，法学的反思主要针对于法律移植，提出建立拥有自主话语的中国法学。但是这种反思面对“入世”之后法律移植又一次高潮的到来，显得有些力不从心。

② 宣迅：“解析‘苏联模式’重建中国社会主义经济学”，载《社会科学研究》2004年第1期。

③ 卢汉龙、彭希哲主编：《二十世纪中国社会科学·社会学卷》，上海人民出版社2005年版，第2编。

(二)社会学在移植中走向成熟

中国社会学在移植与反思西方社会学的基础上走向成熟。中国社会学自1979年恢复和重建以来,其在理论研究方面大致经历了“缺失—移植—融合—反思—重构”的过程。从刚刚恢复和重建时期社会学理论研究的缺失到20世纪80年代中期对欧美社会学理论的移植,为中国社会学的全面恢复与重建注入了强大的活力与动力。在新的世纪,对中国社会学理论发展而言,也许没有自身的理论传统恰恰是实现自己跨越式发展的前提条件,因为对恢复与重建不久的中国社会学而言,不仅没有北美实证主义社会学理论传统与欧洲人文主义社会学理论传统之间根深蒂固的二元对立,恰恰相反,在世纪之交的中国社会学界,出现了实证主义社会学与人文主义社会学理论传统共同繁荣和发展的局面。①

---

① 文军:“从移植与融合到反思与重建:1980年代以来欧美社会学理论在中国的引进与发展”,载《社会科学研究》2005年第5期。

和谐社会视野下公平与正义的实现
——从马克思主义经典作家为什么不阐述正义命题谈起

徐少辉*

从中共中央十六大到十七届四中全会,和谐理论已经成为全党、全国的普遍共识。如果说20世纪改革开放提出的“效率优先、兼顾公平”理论,具有特定的历史环境,并且丰富了马克思主义理论学说,那么,时下党中央构建社会主义和谐社会理论对社会公平、正义的关注,无疑是在立足国情的基础上,对马克思主义理论的又一次重大发展和创新。因为在马克思主义经典作家的相关论述中,鲜有对公平、正义的论述。他们即使在《共产党宣言》中,“对哲学神话中的二位女神——正义和平等——没有一句赞扬或叹赏、崇拜或抱怨的言辞”。① 正是在这个意义上,与法治理念有机结合的构建社会主义和谐社会理论,无疑是当代中国对马克思主义理论的重大发展和创新。

一、平等是公平正义的法律保障

公平正义是现代社会进行制度安排和制度创新的重要依据,是协调社会各个阶层相互关系的基本准则,也是社会具有凝聚力的重要源泉。公平正义的维护与保障,只能依靠法治。而法治的实现,必须要有平等为其奠定坚实的制度基础。因此,平等是公平正义的法律保障。

在平等理论的视角中,人类的文明史就是不断追求并逐步实现平等的奋斗史。私有财产的出现,使部分社会主体对彼此间的差别产生了强烈的不认同。随着阶级的出现,在财产与地位方面均受到侵害的社会主体,必然要求获得相应的保护或补偿,它直接引发了人们对公平、正义的评价。② 这正如马克思主义经典作家所论述的,古代的平等由于交换价值的发展而被毁灭。③ 但这种不平等的现实恰恰又催

---

* 徐少辉,2007级法律文化专业,指导老师:徐永康。现工作于上海市金融办公室。

① [意]拉布里奥拉著:《关于历史唯物主义》,杨启潾等译,人民出版社1984年版,第5页。

② 周仲秋著:《平等观念的历程》,海南出版社2002年版,第1~9页。

③ 《马克思恩格斯全集》(第46卷),人民出版社1972年版,第197页。

生了平等的观念,从不平等产生的那一刻起,人类就从未放弃过对平等理想的追求。探寻法治理念的源头则不难发现,平等自始便作为法治的基础价值而存在。纵观法治的历程,则更可以说,法治的实现过程正是平等由理想逐步成为现实制度的过程,是制度平等逐步完善的过程。例如,古希腊的柏拉图,他从正义的平等即可能的、合理的平等上来理解平等,他所设想的“理想国”,实际上是从社会分工的角度,构建他所认为平等的国家制度。就其方法论而言,已是初步运用了关于平等的辩证法。① 以阿奎那为代表的神学法学家更试图建立起在上帝面前人人平等的世俗制度。近代的启蒙运动思想家,他们无论是提出社会契约论还是阐述自然权利观,无论是论述主权在民还是关注分权制衡,②其实质都是在挑战身份特权制,力求建立起符合理性的平等制度。在当代,人们普遍认为法治的实现必须具备三个条件:市场经济的确立,民主政治的建立,以及市民社会的形成。其实,这三个要件归根结底都在于建立起平等的制度。市场经济需要主体之间地位平等,因为只有经济地位平等,各主体才能自由表意、达成合意。民主政治需要主体之间的机会平等,因为只有具有平等的政治参与机会,主体才能公平地实现权力体制内的上下流动。而市民社会只有在抽象意义上具有了平等地同国家抗衡的力量,权利才可能免予被“利维坦”所吞噬。③ 因此,平等是法治的制度基础;而且平等还往往与公平、正义紧密相连,既是公平、正义的评价标准,也是公平、正义的法律保障。

平等问题在法治表征中具有如此重要的地位,但耐人寻味的是,马克思主义经典作家却有意或无意地在他们不朽的著作中淡化甚至回避平等问题以及与此密切相关的公平、正义问题。马克思主义经典作家几乎没有留下任何有关这方面的专著,相关的论文也并不多。根据学者的整理,马克思主义经典作家对有关平等问题的论述主要是如下方面:一是对杜林唯心主义先验论的平等观之批判,二是科学评价卢梭的平等学说,三是研究了原始社会以降到他们所处时代的各类平等观念的历史合理性,④还有就是在政治经济学中有所涉及,如“商品是天生的平等派”⑤等论述。事实上,马克思主义经典作家对这方面问题所持的上述态度是有其道理的。纵观法治历程可以发现,法治理念长期存在“实质法治”与“形式法治”之争。实质法治包含了某种明确的价值判断,如古希腊的亚里士多德即已提出法治下的法律“应该本身是制定得良好的法律”。⑥ 此后的自然法学派谱系,如西塞罗、洛克、孟德

---

① 周仲秋著:《平等观念的历程》,海南出版社2002年版,第46~48页。

② 高鸿钧著:《现代法治的出路》,清华大学出版社2003年版,第171~184页。

③ [英]霍布斯著:《利维坦》,黎思复、黎廷弼译,商务印书馆1985年版,第132页。

④ 李光灿、吕世伦主编:《马克思、恩格斯法律思想史》,法律出版社2001年版,第661~675页。

⑤ 《马克思恩格斯全集》(第23卷),人民出版社1972年版,第103页。

⑥ [古希腊]亚里士多德著:《政治学》,吴寿彭译,商务印书馆1965年版,第199页。

斯鸠、康德、罗尔斯、德沃金等学者,皆认为法律只有具备了公平、正义或平等的价值,才能导向法治。而以拉兹、弗里德曼、凯尔森等为代表的实证分析法学派和纯粹法学派,则持形式法治的理念。他们认为法治仅仅是一种制度或秩序,不应与平等、正义等相混淆。这种法治理念上的分野,又导致了对"正义"问题认识的理论分野,形成了形式正义与实质正义之争。在自由资本主义时期,形式法治和形式正义的理念占据主导地位,马克思主义经典作家的上述态度正是由于对形式法治和形式正义的批判使然。他们认为尽管形式法治对于反对封建特权和君主专制具有进步意义,但资产阶级一旦确立统治,与资产阶级国家密切相关的形式法治就成为维护资产阶级的统治工具,成为镇压无产阶级的武器和欺骗民众的烟幕。在他们看来,只要存在私有制,形式法治所保护的权利就只是资产阶级的权利,所确认的平等就只是掩盖实际不平等的形式平等。他们认为,消除形式法治缺陷的根本出路在于通过暴力革命推翻资产阶级统治,彻底废除私有制,建立起没有国家、没有法律的新型社会即共产主义社会。

事实上,探究马克思主义经典作家的上述态度,恰恰表明了法治进化在公平、正义问题上所面临的第一个困境,亦即形式法治的困境。随着资本主义进入国家干预时期,随着民主的发展特别是对人权保护的突出强调,这种困境愈发突显。一方面,就理论而言,形式法治将法律等同于"主权者的命令",其潜在的危险是,它可能容忍甚至放纵恶法,使自身蜕变成为专制独裁的工具。它强调法律自治,排斥道德宗教等实质性价值,这使其自身失去自我批判机制和超越能力。它对法律普遍性、一般性的强调,是在以形式平等掩盖实质上的不平等。它注重对消极自由的保护,但这种保护对弱势群体而言是乏力的,它为强势阶层合法地剥削和压迫社会底层提供了可靠保护。它强调明确的规则和正规的程序,但这种表面上的价值中立更有利于把持经济权力的阶层,因为他们更可能充分利用诉讼的程序。另一方面,就实践而言,形式法治也受到了严峻挑战。例如,目的导向的福利立法大量增加,打破了法律的一般性和普遍性,具有明显的道德关怀意旨。公域与私域界限日益模糊,打破了市民社会与政治国家的界限以及公法与私法的二元划分,进而改变了形式法治所依赖的背景和环境。① 对人权的保护强调,成为消除恶法的重要机制,法治开始注重为实现基本法所保障的自由权提供社会条件。行政立法与行政司法迅速发展,对法院的司法垄断权以及司法自治构成了极大挑战。

面对形式法治的困境,法治理念开始了向实质法治的转变。然而,实质法治并非包治百病的良方。它在走出形式法治的某些困境的同时,却不可避免地陷入了

① W. Friedman, *The State and the Rule of Law in A Mixed Economy*, Stevens & Sons, 1971, pp. 31 - 35.

另一类困境。首先,实质正义需要借助道义原则。而在当代西方社会,曾经作为终极性价值的宗教信仰和道德伦理,几乎被现代的理性主义、科学主义以及利益多元化的社会结构和复杂的各类互惠关系彻底解构。因此,论证道义原则的终极性,面临着巨大困难。其次,如果缺乏较完善的民主参与和民主决策机制,目的导向的法律便会产生专断之险;如果缺乏必要的控制机制,超越法律的一般性和中立性就可能成为实现政治目的的手段,甚至成为偏袒特殊利益的工具。再次,实质法治具有打破法律自治的趋向,这会导致法律与道德、政策和其他社会规范的界限产生模糊,使法律过多受到政治权宜之计的操纵,受到意识形态控制下之公共舆论的左右,以及受到情绪化的民众道德义愤的影响。同时,行政立法和行政司法的出现,也在某种程度上破坏了法治的分权制衡原则。复次,试图超越既有程序的限制,会有放纵随意性的危险。最后,社会福利立法及其施行的结果,可能会有违初衷,本意是为实现私人自治提供条件,但客观上却过分介入私权领域事务。①

可见,无论是形式法治还是实质法治,都无法单向度、圆满地解决公平、正义的所有问题。制度设计不应把追求至善至纯的境界作为目的,而应避免最大的恶的发生。同样,对于法治理念的表征与现实制度设计,也不必抱守单一的模式。而应该在中国的语境下,力求实现二者的整合,避免不公平、不正义。从某种意义上而言,这也是在最大限度地实现公平和正义。

二、和谐社会在本质上是法治社会

和谐社会在本质上是法治社会,法治社会是实现了公平、正义的社会。而在当前中国,实现公平、正义的目标基础与保障,就在于平等能够得到切实、合理的实现。

法治社会所主张并予以保障的平等是人人享有平等的权利,而不是人人拥有平等的东西。但是长期以来,人们往往把平等等同于平均,认为平等就是结果上的平等,就是绝对的平等。其实,这种打着平等旗号的绝对平均主义不仅不是平等,恰恰有悖于平等,从而在实质上背离了正义。平等权利,即公平的待遇,指人类在若干方面享有得到平等对待的权利,而不管他们之间存在什么样的差别。它包括政治平等、经济平等以及社会平等三方面的内容。② 在法治国家,平等在平衡与协调各种利益关系中具有特殊重要的地位,在构建社会主义和谐社会过程中,尤其应重视解决上述三方面中存在的问题。

---

① 高鸿钧等著:《法治:理念与制度》,中国政法大学出版社 2002 年版,第 744 ~ 767 页。

② [美]巴特摩尔著:《平等还是精英》,尤卫军译,辽宁教育出版社 1988 年版,序言第 3 页。

第一,政治平等。政治平等并不意味着每个公民对公共事务有同等的决定权,但有(被)选举权的平等。然而,在公民的选举权利是否得以充分行使的问题上,现行的制度设计显然存有缺憾。一方面,现行的代议制没有完全处理好平民政治与精英政治的关系。尽管从形式上说,现在各级的人大代表具有行业、职业、性别、阶层等方面的广泛性、多样性,但代表们对选民利益的代表效果显然不尽如人意。从选民而言,他们或者缺乏足够的权利意识,将某级地方政权的意志直接完全等同于自己的选举意志;或者对让代表忠实于选民利益缺乏必要的刚性控制力,实践中代表丧失代表资格的往往是由于触犯法律而被国家机关追诉,其由于选民不满意而被罢免的少之又少。从代表而言,他们的当选由于直接受到某级地方政权意志的扶持,这种扶持在不少地方又往往蜕变为来自于具体的个人意志。因此,他们更加容易悬置选民的利益,而把代表资格作为自身逐利的工具。时下,听证制度广为适用,但是听证中邀请的所谓"民意代表"的做法本身不正是对现行代议制度中之代议不畅现象的反讽吗?而且听证制度的创设本意是维护利益攸关者的利益,使他们的利益也能够有渠道得到平等表达,其意见被平等重视。但是,听证实践中有关价格的听证却几乎是"逢听必涨",各类听证鲜有对政府拟定的决策产生实质性影响。这些都说明了现行"代议"的乏力,选举权平等的内涵绝不仅仅是形式平等,要真正使公民选举权平等,就需要让权利行使有更平等、有效的保障。另一方面,现行代议制度在平等保障公民的被选举权利方面也有明显不足。今年,上海市政协组织了"推进上海市新的社会阶层有序参与民主政治建设"的专项调研课题。根据该课题的调研报告显示,当前新社会阶层要求扩大其参与民主政治建设的要求比较强烈。新社会阶层的组成人员中,有相当部分可以归属于社会精英。他们或者对社会具有较大的经济贡献,或者是具有先进技术的人员,或者是重要的爱国力量。但是,在现有运作模式下,他们实际所能享有的资源与他们的经济地位和社会贡献并不相称。作为一种比例平等,现有政治渠道的参与口径应该向他们有所放宽。

第二,经济平等。经济平等并不意味着保障每个人占有同等的财富,但保障每个人享有同等的财产权和经济自由。然而,国家在现行经济法律制度的构建和实施方面,同样存在"形式平等下之实质不正义"的不足。例如,现在税收立法在貌似"形式平等"的形式下,很有点"杀贫济富"的味道。税收来源于剩余价值的转化形态,不是工资的转化形态。当对个人所得税的举国关注点是集中在讨论起征点为800元、1500元还是1600元时,这于经济平等其实并无任何实质性的助益。税收的税率与计算方式会因为收入来源的不同而不同,对此没有多少人会产生异议。这种形式上的不平等,追求的正是力图最大可能地实现实质意义上的平等。因为显然,不同收入的来源难易程度和强度不同,对容易暴富与弹性空间小的收入采取不同的对待,这是正义的。个人所得税的税基应当是资本所得,而不是劳动所得。它所要调节的应当是劳资之间的收入分配关系,而不是纯然劳动者之间的收入分配关系。有学者提出,个人所得税应当是工资一分钱税都不要收,金融资产的利息要收税,但不动金融资产的本。不管对谁,都该收资本所得税,而不是劳动所得税。该观点的具体提法也许可以再商榷,但是它有力地指出了现行税收法律制度在实质平等与实质正义上的欠缺。再如,现在有关国家机关对金融的监管不当,也使得经济平等之内涵所要求的"保障每个人享有同等的财产权和经济自由"受到破坏。以股票市场为例,近期在大盘持续走高的背景下,证监会加大了对利用内幕消息进行非法交易的打击力度,查处了原上投摩根的某基金经理之"老鼠仓"事件以及其他案件。利用内幕信息交易的行为,严重侵害了普通投资者的经济平等权,会误导或者诱使投资者作出错误判断。这类案件应当严肃查处,但问题是,对股市中弥漫着内幕交易的情况,有关监管部门并非直到上投摩根事件才知道。在此前的很长一段时间里,为什么监管部门选择的是沉默和无所作为?再如发迹稍早于上投摩根"老鼠仓"事件之前的"杭萧钢构事件",为什么当杭萧钢构的股价在出现异常波动的初期,监管部门不采取有力的措施予以有效监管,而要到杭萧钢构复牌之后、迫不及待地大幅上扬涨停之后,才终于下决心整治其内幕交易行为?再如,2007年5月财政部在刚刚正式作出澄清有关加征股票印花税传闻声明的一周后,又突然在5月30日晚间决定将该印花税由1‰提高到3‰,从而启动大盘连续大幅度"跳水"。这种官方表态的前后矛盾,不仅使国家诚信受到民众拷问,这种加税的"内幕消息"是如何提前走漏的问题,更引起了广泛、强烈的质疑。在资本市场这种非零和博弈的市场中,当中小散户面对机构而处于明显弱势的时候,其不仅需要国家建立平等的经济法律制度,尤其需要国家严格执行这些制度,以使人们真正享有平等的经济竞争权利,从而实现经济正义。

第三,社会平等。即身份与尊严的平等,它表现为法律面前或法律地位上的人人平等,财产和出身等方面的差别不应带来享受权利上的差别。然而在法治实践中,现行制度设计却并未实现公民在法律地位上的实质平等,这突出地表现为国家所提供的法律博弈机制的单一性和单向性。一方面,法律博弈机制单一,国家提供的只是立法博弈途径。在国外,当案件进入司法程序时,社会组织仍然可以以"法庭之友"的方式通过其专业知识向法院施加影响,但目前这种方式在国内实践中遇到较大阻力。而真正能够介于国家与个人之间、不唯国家意志马首是瞻且有实效的社会组织,在国内也几乎不存在。正是由于路径单一,因此当某群体在博弈中失利后,便没有其他替代路径补充表意。例如,国内事实上的"院外集团"可以凭借自身的经济实力和地位,对立法产生巨大影响。其利益相对方尽管数量众多,但却由于分散而无法形成合力与之抗衡,弱势者的利益缺乏得到平等表达的途径。从表面上看弱势方无语,但其背后却是不满与无奈。另一方面,法律博弈机制的单向性。

从抽象意义上而言,法治国家中在法律博弈机制上的两大主体是市民社会和国家。但是,在市民社会尚未形成的情况下,即使是仅有的、单一性的立法博弈机制本身,其口径也显得过于狭窄。如前所述,相当部分代议制代表的产生非通过实质意义的竞选博弈,而是很大程度上受到国家权力的扶持,因此其表意往往与国家意志一致。而且由于强调代表形式上的平等性、广泛性,大量代表并不具备审议法律的素质,因此即使他们想在博弈中真正成为选民的代言人,恐怕对有效行使话语权也是心有余而力不足。在国外,社会组织可以接受国家委托,拟定某些专业性较强的法律草案。但此种情况在国内相对较少,社会专业团体无法对立法产生实质性影响。所谓平等的立法权,相对于市民社会而言,其实质是掌握在国家独大的手中;相对于一般公民而言,其实质又是掌握在少数权力精英手中。因此,这种单一性和单向性法律博弈机制,并不能在实质上保证弱者享有平等表意的话语权。当这些处于不平等法律地位的弱势者无法在体制内获得平等的机会进行利益表达时,那么他们势必要在体制外寻求能够以小博大、以弱博强的途径表达利益;既然利益不能在立法阶段得以平等、充分的表达,那么他们就只能把本应有的立法博弈后置成为司法博弈,并且往往是选择信访途径作为司法博弈的平台,试图让信访启动对生效裁判的再次裁判。这就是为什么信访这种本质上人治属性浓厚的手段会愈发成为"法治"国家显制度、信访总量正趋于近乎失控的重要原因,也是无尽的涉诉信访成为困扰整个社会的顽症之症结所在。

平等是法治的基础价值,平等的法律制度是公平、正义的法律保障。在法治国家,平等往往是自由、正义的衡量标准,也是维系社会秩序的重要依据。如果说,在马克思主义经典作家所处的特定时代,他们对平等问题采取淡漠、回避的态度具有"语境论"下的合理性,那么,当代中国的马克思主义者无论在理论还是实践上对平等问题予以深切的关注,则更具有深厚的历史必然性。平等价值对构建和谐社会最大的意义,也许不是其在矛盾爆发后能够如何解决矛盾;而是其在矛盾产生前能够防患于未然,如何有效地清除刺激矛盾产生的土壤。

中国法律经济学研究方法论的历史反思

潘小军*

一、反思方法论的哲学基础

(一)"个人主义"——主流法律经济学的哲学基础

法律经济学实际上主要是研究个人的理性选择行为。因此,主流法律经济学一直以"个人主义"作为其基本的哲学基础。

何谓"个人主义"? 所谓方法论上的个人主义是指,最恰当或最有效的社会科学认识来自对个体现象或过程的研究。由于个人主义往往同自由主义纠缠于一体,甚至方法论个人主义被称之为正统的自由主义。其核心内容在于,把个人看做是分析和规范化的基础;而社会则被视为一种个人追求其自身利益的总量结果,相应地,政治(和国家)便成为个人得以通过它而寻求自身利益的一种机构。如果说上述两个仅在尽可能客观地陈述方法论个体主义的定义的话,那么下面将要提到的哈耶克的言论,则带有强烈的情感色彩。他指出:"我们在理解社会现象时没有任何其他方法,只有通过对那些作用于其他人并且由其预期行为所引起的个人活动的理解来理解社会现象。""正是通过研究个人活动的综合影响,才使我们发现:人类赖以取得成就的许多规章制度,已经在没有计划和指导思想的情况下产生出来,并且正在发挥作用。"①

经济个人主义的本质在于:它把经济世界的最终构成要素理解为"个别的人",这些"个别的人"总是根据他们的意向和对自己境况的了解来进行活动。每一复杂的市场状况、经济组织和制度或事件,都是个人及其意向、境遇、信念,以及自然资源和环境具体组合的结果。用经济学家的话说,即最少的国家干预和个人最大的经济自由不但使社会效益提高,而且也是合乎需要的。

从某种意义上说,自亚当·斯密以来的整个西方主流经济学发展史,都可以被看做是经济个人主义理论的延伸和拓展。在今天,谁都不会怀疑这一事实,即经济个人主义是解析古典经济学传统乃至新古典经济学一个十分重要的轴心。随着20

---

* 潘小军,2003级法律文化专业,指导老师:徐永康。现工作于华东政法大学。

① [美]哈耶克著:《个人主义与经济秩序》,贾湛等译,北京经济学院出版社1989年版,第6~7页。

世纪市场层面的非均衡、信息非对称、非理性现象的出现，经济个人主义的信仰和方法受到了怀疑和重新审视。人们不断追问，每个关于社会经济现象的陈述能否都可以直接还原为关于个人经济行为的陈述；经济行为本质上能否归属于单纯的个人理性的计算；在信息非对称的经济世界里，个人最大化目标能否完整地实现；个人的经济自由度的空间究竟有多大；经济决定论的因素中有无非经济因素的存在等。

（二）“个人主义”还是“整体主义”——如何取舍

任何学科的研究方法表面上似乎“价值无涉”，然而研究方法作为人类思维的方式注定无法做到“价值中立”。人类在思考问题时总会存在价值起点。法律经济学在孕育其研究方法时，学者们始终无法回避“个人主义”和“整体主义”两大价值基础。

作为方法论个人主义的对立面，方法论整体主义也得到相当一部分学者的支持。美国制度学派便是一例。该学派的学者强调经济行为是适应环境的一种结果，它只能通过对制度的描述才能得到最好的理解。这里实际上就是强调从社会整体中来理解个人行为。整体主义关注个人行为发生作用的社会影响，集中考察社会制度、惯例等如何制约个人行为。整体主义的关键是把社会整体置于首要位置，并认为社会整体是个人行为的影响者和约束者。整体主义的方法论可以总结为三个方面的具体内容：“一、社会整体大于其部分之和；二、社会整体显著地影响和制约其部分的行为或功能；三、个人行为应该从自成一体并适用于作为整体的社会系统的宏观或社会的法律、目的或力量演绎而来，从个人在整体当中的地位（或作用）演绎而来。”①马克思也是从方法论整体主义去分析个人。他拒绝把人的本质看成是单个人所固有的抽象物，而是把人看成“一切社会关系的总和”。

简单来说，方法论整体主义和方法论个人主义之间的差异集中表现在以下几个方面：第一，是个人行动还是集体行动构成了制度分析的基本单元；第二，超越个人利益的或者说位于个人利益之上的集体利益是否存在；第三，对个人行为的理解最好是通过观察个人行动本身还是考察其所处其中的集体行动，并据此对人的行为进行描述和预测。由此引申出来的问题是，能否从个人行动推导出集体行动，或者相反，从集体行动中推导出个人行为的取向，有没有孤立的、抽象的个人存在。

从表面上来看，方法论整体主义和方法论个人主义势不两立，但实际上，两者之间的对立远没有想象得那样尖锐，换句话说，他们各有道理，并且它们之间的关系与其说针锋相对，不如说是相辅相成的。把个人作为考察对象的出发点有其自

---

① ［英］马尔科姆·卢瑟福著：《经济学中的制度：老制度主义和新制度主义》，陈建波、郁仲莉译，中国社会科学出版社1999年版，第33～35页。

然的一面,这不仅因为考察者本身就是个人,还因为他们所接触的往往是现实中的个人。此外,强调个人的选择,宣扬个人的价值与意义,这本身就具有相当的感召力。显然,强调个人并不等同于把每个人视为孤独的、抽象的个人。对这一点,哈耶克也是承认的。① 同样,方法论整体主义也并不像布坎南批评的那样,完全忽略对个人的偏好分析而只考虑集体或阶级利益。② 马克思主张人的本性是其社会关系的总和,一方面表明了他对人的社会性的重视,另一方面也点明了抽象的孤立的个人仅是幻想中的事物。换一个角度来说,个人的偏好在相当程度上受到了其他人或他自己所属的集体或阶级的影响,同时还受到与此有关的制度约束。显而易见,这种看法并没有抹杀个人,只不过强调了社会性罢了。两种方法论从不同的侧重点去分析问题,两者之间具有互补性。建立在个人主义方法论基础之上的法律经济学必将暴露出方法论个人主义自身所固有的缺陷,遭人垢病。而吸收整体主义方法论则有利于弥补法律经济学个人主义方法论的不足,克服其缺陷。

经济个人主义必然会受到新时代的审查,目前最为突出的主要哲学问题是:抽象的个人与现实的个人的矛盾。首先,抽象的个人是经济个人主义的一种假定,经济个人主义把它叫做“经济人”(economic man),即最大化地追求和实现个人利益的人。这种经济人的分析抽象定位,随着今天的时代发展和变化,越来越显示出它的空泛性和远离现实的虚幻性。众所周知,在现实的市场经济活动中任何个人都具有双重性特征。即个人的行为,一方面,有着寻求确定和坚持标准,通过计算和注意细节,努力追求极大化的倾向;另一方面,又有着不关心标准,不注意计算和细节,不努力追求极大化的倾向。这两种倾向的对立和并存,决定了经济个人主义假设的“经济人”只能是书本上的理想设计和现实人的个别情况。其次,经济个人主义的抽象“个人”,只关注“个人利益”这个冷冰冰的领域,而把“个人”的社会性本质、制约个人的种种制度因素和文化因素等抛在一边。马克思、恩格斯在《德意志意识形态》中指出,任何人类历史的第一个前提无疑是有生命的个人的存在。因此,唯物主义历史观的前提应当是人,但这种人不是任意想象的、抽象化的人,而是一些现实的个人,是他们的活动和他们的物质生活条件,包括他们得到的现成的和由他们自己的活动所创造出来的物质生活条件。这里特别指明了现实的人和抽象的人的区别,就在于他们是在当下特定的物质生活条件下从事着创造历史活动的人。现实的人,是社会的人,而不是孤立的人,因此,他们总要结成一定的社会关系才能进行他们与自然之间的物质交换,以求得自己的生存和发展。当现实的人在自然进化过程中作为人出现之时起,他们就在向自然界谋取生存资料的同时,创造出相

① [美]哈耶克著:《个人主义与经济秩序》,贾湛等译,北京经济学院出版社 1989 年版,第 6 页。
② [美]布坎南著:《经济学家应该做什么》,罗根基译,西南财经大学出版社 1988 年版,第 230 页。

应的生产力,生产关系以及一整套的社会制度、习俗和观念形态,也就是说,创造出了相应的社会环境。社会环境被创造出来以后,又对现实的人发生着巨大的反作用力。照此理解,市场的本质,不仅是人与自然关系的交换,而且同时也是人与人之间的社会的交换,市场的买者和卖者,市场的中介人的决策与行为都直接或间接地接受社会关系的制约,因此,了解市场运行的状况,仅仅从商品交换价格符号进行辩论,是远远不够的,应当对人的社会关系及其社会制度要素、文化要素(这里既有理性制度、理性文化的内容,也有非理性的制度因素和非理性文化因素等内容)给予充分的关注。

二、实现研究方法的多元化

(一)案例研究

这一方法已被大量的法律经济学教科书所采用。法律经济学的创始人科斯就十分重视案例研究。科斯对法律经济学的贡献常常被定位在思想创新,而其独具特色的研究方法却很容易被人们忽视。科斯从小处着手,以问题为导向的研究思路对法律经济学的研究方法产生了重要的影响。如果制度分析仅停留在价值观的讨论上或一般性的规范分析上,那么人们就不可能像今天这样对制度的性质及其演化作出深刻的理解。

案例研究属于经验实证的分析方法。这样的制度分析方式没有陷入象牙塔式的推理,而是从实际发生的事件中挖掘理论,这种法律经济学研究具有极大的现实价值。国内在案例研究方面,北京天则经济研究所已开始有所尝试。“中国制度变迁的案例研究”是天则经济研究所发起的大型研究课题,其目的在于描述和再现中国社会经济、政治、法律变革的过程,用以检验和发展现有经济学理论或提炼新思想和新方法,重建中国经济学的学术传统,推动中国经济学的学术进步,并有助于推进这场中国社会亘古未遇之大变革。天则经济研究所计划拟用5~10年时间完成100~200个案例研究,分期进行,分批完成,分册出版。第一批成果已于1996年结集为《中国制度变迁的案例研究》(第1集)出版,出版后反响较大。到目前为止,《中国制度变迁的案例研究》已经出版5集。已出版案例的研究范围既有因为路径依赖,旧体制继续发挥作用、新制度难以产生的问题,也有打破路径依赖重新选择合理制度的问题,更多的是那些自发产生制度创新的问题。这些问题以管制和放松管制为中心,涉及社会经济生活的不同方面,它们本身既反映了中国社会千姿百态、复杂多变的变革过程,又蕴涵着丰富的经济学新问题和待探索的新理论。天则经济研究所的尝试丰富了中国法律经济学的研究方法,将推进法律经济学的进一步发展。

(二)博弈分析

从20世纪70年代后期开始,博弈论在经济学分析中得到了越来越多的应用。在此之前,博弈论多被人们看做是数学的一个分支。随着经济学家们对非价格制度越来越重视,决策中信息问题的日趋重要,以理性最大化假设为基础,并已得到较充分发展的博弈论也日益成为经济学分析新的基础工具。1994年为体现博弈论在经济学中的地位,诺贝尔经济学奖授给了三位博弈论专家:纳什、泽尔腾和海萨尼。由此使博弈论的研究和应用更加得到学者们的重视。博弈论已普遍成为经济学专业研究生的核心课程。

由于博弈论与经济学有着共同的核心假设,即理性最大化。所以博弈论的分析和经济学分析具有天然的亲和性,使其在经济学中具有最广泛的应用。法律经济学作为法学和经济学的交叉边缘学科,同样引入了博弈论。

博弈论在法律分析中的应用约有20年的历史。尽管有许多分析还不成熟,但已经取得了不少成果,有着广阔的发展前景。博弈论作为一种分析方法和数学工具,用来分析法律行为具有新古典分析所不具有的优势。新古典经济学以价格制度为研究对象,以边际分析作为基本的分析方法,信息充分和完全竞争的一般均衡市场是新古典经济学的理想典型。"市场至上"既是新古典经济学的基本观念,又是其基本的政策主张。博弈论突破了新古典范式信息完全和充分竞争的假设,将许多新古典范式所忽略和不能分析的社会现象包容了进来。在结论上也不再完全坚持"市场至上"的观念。由此使博弈论的解释更加贴近了现实,具有了更高的预测力,尤其对于非价格制度,如法律制度等,具有比新古典理论更强的解释力。

博弈论已经开始受到中国学术界的重视,尤其是经济学界。著名经济学家张维迎对博弈论与信息经济学在中国的传播有着重要的影响。他撰写的《博弈论与信息经济学》已成为中国的权威教书。近年来,张维迎开始尝试运用博弈论和信息经济学的理论成果进行法律问题的分析,已完成了一批研究成果,并于2003年结集为《信息、信任与法律》一书出版。张维迎、邓峰在2003年第3期《中国社会科学》上发表了《信息、激励与连带责任——对中国古代连坐、保甲制度的法和经济学解释》一文。该文认为,作为社会控制工具的法律,本身就是人类历史长期博弈的结果,而且往往是富于效率的。然而,对中国古代长久存在的连坐和保甲等制度,学界普遍持有批评态度。文章应用现代博弈理论,对这些制度中蕴涵的激励原理和连带责任及其施行的不断改进作了剖析。在早期国家的控制能力低下以及信息严重不对称的情况下,连坐和保甲制度属于一种强有力的激励方式。在"小政府"的前提下,连带责任有效地利用了分散化的信息,对维护国家的大一统以及社会稳定起到了重要作用。该文探讨了这些制度的边界、作用以及它们对中国历史上相关制度的影响,并对现代中国法中的显性和隐性连带责任作了探讨。它的一个基本结论是,信息成本是决定法律制度有效性的主要因素,法律制度应该随信息成本的变化而变化。这篇文章对博弈论在法律分析中的运用无疑起了一个很好的示范作用。张维迎还运用博弈论对法律制度的信任基础、法律制度的激励机制、诉讼过程中的逆向选择等问题进行了深入分析,分析的结论令人耳目一新,并具有极强的说服力。

(三)公共选择分析方法(政治学的方法)

对法律的考察不可避免地要牵涉政治秩序问题,这就要求对政治过程有清醒的认识,否则即使民间存在对法律秩序的渴求,法律的供给和实施也不一定能够满足需要。治国者在变法或立法时,要想获得一种稳定的政治秩序,就必须对政治舞台上各利益集团谁受益、谁受损有一个清楚的了解,并在法律决策中对弱势利益集团给予适当补偿,否则变法或立法就会由于"政治上不可行"或由于政治动荡而"破产"。公共选择分析能够为这种政治过程的洞察提供现实主义的分析模型。

所谓公共选择,就是通过集体行动和政治过程来决定公共产品的供应。用公共选择理论之父布坎南的话来说:"公共选择是政治上的观点,它从经济学家的工具和方法大量应用于集体或非市场决策而产生。"①丹尼斯·缪勒在《公共选择Ⅱ》一书中开篇就说:"公共选择可以被定义为对非市场决策的经济研究,或者简单地说是经济学在政治学中的应用。公共选择的主题与政治科学的主题是相同的,涉及国家理论、投票规则、投票者行为、党派政治、官僚体制等。然而,公共选择的方法却是经济学方法。"②由此可见,公共选择理论就是应用经济学的理论假定和分析方法来研究非市场决策或公共决策,它讨论了立宪阶段、立法阶段和行政司法阶段的公共产品决策。

公共选择理论是一种用经济学的方法来研究非市场决策政治过程的理论,作为当代西方经济学新自由主义或新保守主义思潮的一支主要力量,其理论体系具有一定局限性。它把政治过程与经济过程加以机械类比,把市场经济的原则无限制地运用于政治领域,掩盖了当代资本主义国家的阶级实质。但是,作为当代西方经济学的最新流派之一,公共选择理论在方法论上具有创新、合理和可借鉴之处。公共选择理论把政治、制度因素看作经济过程的内生变量,把政府行为和制度因素纳入经济学分析的框架之中,这就克服了传统理论把国家、政府或政治因素当做经济过程的一个外生变量而排斥在经济学体系之外的缺陷。

---

① [美]詹姆斯·布坎南著:《自由、市场与国家》,吴良健等译,北京经济学院出版社1998年版,第12页。

② Dennis. C. Mueller, Public Choice, Cambridge University Press, 1989, pp. 1-2.

公共选择理论的奠基者设计了一个有限且有效的政府,这样的政府以自由的市场经济、可靠的宪政制度为基础。经济人假设运用于宪政的实施分析不仅具有很大的合理性,而且比传统教条式的研究或价值层面上的思辨更具优越性。公共选择理论对我们深刻思考中国宪政改革是大有裨益的。

(四)规范方法

经济学的方法侵入法律以后,使法学不再滞留在形而上学的殿堂。经济学除了提供一个关于人的行为的理论以外,还提供了一个评估法律和政策的有用的规范性标准。以效率为目标和出发点,法律规则或者大部分法律规则的存在意义在于,它们是“达到目的的工具”。因此,法律应该被设计成用来实现经济效率目标的工具,而关于法律的经济分析也应该主要围绕经济效率来展开。

从逻辑上看,关于法律规则是有效率的论断与它们必须是有效率的论断是完全不同的。在规范的意义上,法律应该是有效率的。虽然经济效率,即让人类幸福总量最大化不是唯一的追求,但是就整个人类而言,这属于最重要的目标之一。因为,在其他情况不变的前提下,馅饼越大,一个人所能期盼分到的那一份就会越大。既然这一目标几乎对每一个人都是重要的,那么就应该尽可能地设计出能够实现这一目标的法律规则。

如何才能制定出使效率最大化的法律规则?在这里,科斯的研究结论具有十分重要的意义。在交易费用为零时,法律规则不会对效率产生影响。但是科斯认为,一旦存在交易费用,法律规则对资源配置就不再是中性的了。法律通过明晰产权,界定经济主体之间的利益边界和提供行为规范,在提高经济效率上发挥着难以替代的作用。科斯主张:“权利应该让与那些能够最具有生产性地使用权利并有激励他们这样使用的动力的人,而且要发现和维持这种权利分配,就应该通过法律的清楚确定,通过使权利让渡的法律要求不太繁重,而使权利让渡的成本比较低。”①波斯纳则更加明确地主张,法律上的权利安排必须以经济效率为目标,以节约交易费用为要旨。他提出,在存在交易费用的条件下,法律应该将权利配置给那些最珍视权利的人,而将责任归咎于那些能以最低成本避免事故但没有采取预防措施的人。

总之,从规范的角度,法律经济学主张,法律应该有利于实现社会福利的最大化,并以此为目标来配置权利和责任,从而制定出最有效率的法律规则。

(五)理性选择

经济学中的理性选择理论实际上是自我利益最大化理性假设的规范表述,基

① [美]科斯:“生产的制度结构”,载《经济社会体制比较》1992年第4期。

本上等同于“经济人”假设，因此也可以将其理解为有完备的信息和无懈可击的计算能力和记忆能力，能够比较各种可能行动方案的成本与收益，从中选择那个净收益最大的行动方案。

理性选择理论所关注的就是同一目标——资源配置效率最大化下，不同行动方案（甚至不同目的之间）的比较，选择的标准就是行为人利益是否得到了最大化。理性选择理论认为众多行为人同时实现利益最大化状态就是理想地实现了最佳资源配置效率的均衡状态，是经济运行的追求目标。而行为人是自己效用实现水平的最佳判断者，利益最大化的实现必然建立在行为人同意的基础上，行为人也只有在自愿的基础上，在利益得到最大化时，才有维持均衡的激励，因此理性选择理论认为允许行为人自主决策的自由市场价格体系是实现最佳资源配置效率的最佳途径，由此产生了效率价值观的引申观念——市场至上观。这种观念认为自愿谈判是实现效率的最佳途径，促进行为人之间的自愿谈判、减少阻碍谈判的交易成本应是制度建设的重要使命。

法律经济学在当代的发展实际上是理性选择理论在法律问题上的应用、深化和反思的过程。科斯的贡献在于将相互竞争的研究者吸引到了自己周围，《社会成本问题》一文指出了法律经济学研究的未来领域和使用的方法，由此标志着现代法律经济学的诞生。而科斯贡献的基础就是理性选择，他指出了人们是在按照交易成本的大小在选择法律制度。在科斯之后的谈判理论是对科斯贡献的进一步深化，同时也是将理性选择理论应用于更广泛、更具体的法律领域。然而，在理性选择理论被更深入地应用的同时，人们也越来越感到其解释力的下降，缺乏应有的现实性。于是，人们开始反思理性选择理论，讨论在理性选择的界定上是否遗漏了什么。在反思中，人们发现实际上科斯贡献的本质就在于将原先被排除在外的制度因素重新纳入了理性选择的视野中。而博弈论则是具体化了被理性选择理论忽略的信息成本和对策成本。

将经济学应用于法律分析，首先遇到的问题就是要考虑法律规则下的行为人是否与经济行为人具有相同的行为方式。如果二者不具有共同性，经济学就不能应用于法律分析。法律经济学是通过这样一个类比来使法律规则下的行为人具有与经济行为人一样的行为方式的，即将法律规则体系类比为市场价格体系。由此法律规则下行为人的行为反应就类似于市场中参与者的反应，都是根据既定的“价格体系”进行成本收益分析。法律规则和市场价格都构成了行为人所不能左右影响选择产出的约束条件，系统的法律规则体系构成了不同行为的“隐性价格体系”，因此可以确信法律规则约束下的行为选择和市场价格下的行为选择具有相同的机制。这样，通过将法律规则类比为市场价格体系，理性选择理论就有了广阔的用武之地，成为法律经济学的理论基石。实际上认为法律规则下的行为选择与市场行为具有相同的性质是法律经济学主要的理论创新和基本的理论支柱之一。这样就构建起了经济学进入法律分析领域的通道。

当然;除了上述方法,其他研究方法我们也应该重视。比如,实验经济学的方法:实验经济学是最近几年刚刚崛起的现实主义理论流派,已有一些学者将实验方法运用到法律经济学中,用以检验法律经济学中的基本原理。社会调查研究方法(或社会学方法):埃里克森已经将社会学的"田野调查"方法运用到法律经济学的研究中,体现了法律社会学和法律经济学的融合趋势。法律经济学常常涉及大量的地下经济活动(包括有组织犯罪),由于有关经验材料很难进入官方统计资料,社会调查方法就显得更加重要。总而言之,我们在对待研究方法的问题上应该持一种开放的心态,不断地进行方法创新。

三、重视交易成本理论

交易成本与新制度经济学"交易"这个概念在正统经济学中早已存在,但它是一个应用范围相当窄的概念。传统制度经济学的代表人物康芒斯把"交易"概念一般化了。康芒斯将"交易"分为三种基本类型:买卖的交易,即市场上的交换关系;管理的交易,即组织内上下之间的交换关系;限额的交易,主要指政府对个人的关系。他认为市场、企业和政府这三种交易类型覆盖了所有的经济活动。在现实中,大多数交易活动总是遵循着某些规则,因此,可以把遵循着同一规则的交易活动的集合称为一种制度或制度安排。这样,对交易的研究,可以简化为对制度的研究,即对遵循制度规则的某几类交易活动的研究。康芒斯的伟大贡献在于,最先提出"交易是经济分析的基本单位",并进一步提出,经济组织不只是技术的反映——诸如规模经济、范围经济等物质与技术的特性——而更经常的是出于协调交易双方的现实的与潜在的利益冲突。① 康芒斯关于经济组织的这些论点得到了新制度经济学的继承,但是康芒斯在对交易制度进行分析时所采用的方法,并不是经济学的方法,而主要是哲学、法学、社会学和心理学的方法。把经济学的研究范围和方法拓展到制度研究领域的,是以科斯为首的新制度经济学运动。

科斯在其 1937 年发表的著名论文《企业的性质》中放弃了把企业视为生产过程的观点,而把交易视为分析的基本单位。对于"什么是企业"这一基本问题,科斯认为企业是权威和管理这种协调经济活动的机制对市场价格协调机制的替代。他

① 沈懿:"契约人:一个关于主流制度经济学的纯理论模块",载《西南民族学院学报》1999 年第 1 期。

的结论是:“建立企业有利可图的主要原因似乎是,利用价格机制是有成本的。”[1]换句话说,不同的组织结构或治理方式带来不同的费用,而正是交易费用决定了组织形式。于是,经济组织制度的安排或选择成为降低交易成本,实现资源有效配置的重要途径。

萨缪尔森在其名著《经济学》中指出,经济学研究社会如何使用稀缺资源来生产有价值的商品,并把它们在不同人之间进行分配。而斯蒂格利茨则强调,经济学研究的是:我们社会中的个人、厂商、政府和其他组织是如何进行选择、这些选择又怎样决定稀缺资源如何被利用。因此,没有稀缺性问题,也就没有经济学,交易及制度等方面的诸问题能否作为经济学的研究对象,首先就看其是否具有稀缺性。科斯的分析表明,交易活动是稀缺的,可计量的,也是可比较的,因而可以纳入经济学分析的范围。

在此基础上,科斯于1960年发表的《社会成本问题》一文中把经济权利的配置引入到现代经济学的分析之中,将权利安排即制度形式与资源配置效率直接对应了起来。他认为,权利调整需要付出成本,所以制度变革也有个选择问题,制度的比较与选择十分必要。因此,用科斯自己的话说,他对经济学的最大贡献就是“认识到市场交易中存在的费用,并将这些费用结合到经济学家过去未能进行的分析中去”。[2] 在科斯开创性研究的基础上,20世纪60年代以后,一些经济学家陆续提出了一些利用交易成本概念进行研究的新领域及理论观点。例如,施蒂格勒发表了《信息经济学》的论文、阿罗发表了关于可占用收益的论文、德姆塞茨发表了产权理论方面的论文并提出了产权的形成是用以降低交易成本的观点、阿尔钦和德姆塞茨提出了企业的团队生产理论、张五常提出了企业的契约性质的观点、威廉姆森提出和发展了对经济组织进行分析的交易费用经济学,等等。上述经济学家们所做工作中涉及产权、契约和组织(制度)安排的部分就构成了威廉姆森所称的新制度经济学体系。

众所周知,康芒斯、加尔布雷斯都是美国制度主义(科斯称为传统制度经济学)的代表人物。康芒斯用哲学、法学、社会学和心理学的方法,分析了以交易为基本单位的制度。加尔布雷斯等则着重从价值判断标准、伦理学的角度进行制度宏观分析。施蒂格勒指出,传统制度经济学的失败是因为它没有提出实证的理论学说。张五常认为传统制度经济学家们缺少一个理论选择的框架,其解释不能令人信服,原因就在于他们不习惯也不采用正统经济学的约束选择分析方法。而新制度经济学

---

① [美]科斯:“生产的制度结构”,载《经济社会体制比较研究》1992年第4期。

② Coase, The nature of the firm: Influence, *Journal of law, Economics, and Organization*, Vol. 4, No. 1, 1998, p. 37.

恰恰相反,他们把交易成本作为最重要的约束变量并利用正统经济理论去分析制度与现实问题。交易成本概念实际上提供了一个新制度经济学研究的新范式,从交易成本的概念出发,通过对经济组织的制度规则和交易契约的研究,新制度经济学在四个方面已经形成了系统的理论,即产权理论、交易成本经济学理论、契约理论、委托—代理理论等,最新的发展则是用博弈论来重新研究新制度经济学的所有重要问题。①

交易成本理论首先是将"交易"视为最基本的经济分析单位,认为交易是人们进行社会活动的基本行为方式。所谓"交易成本",阿罗将其定义为"经济制度的运行费用"。一般认为"交易成本"是与"生产成本"相对应的一个概念,它包括制度的建立、改变、自身运行的费用及交易者在该制度下从事交易活动所花的费用。由于交易是人们交往的基本方式,交易成本也就是人们发生关系的成本,它无处不在,无时不有,难以度量,难以准确描述。科斯等人也没有给出"交易成本"的严格定义,只是在一般意义上使用它。"交易成本"概念的模糊,并不影响它作为分析方法的重要性。交易成本分析方法是"成本—收益分析方法"的具体化和创新。大多数学者从交易成本概念出发,认识到既然社会制度的运行是有成本的,那么将其纳入经济学的分析范围便是可能的,最起码可以进行大致上的成本—收益分析。法律经济学便是以交易成本概念为起点,运用交易成本的分析方法来说明法律制度和资源配置的关系的。

交易成本理论使对法律进行经济学分析有了理论上的可能性。在法律经济学学者看来,法律所反映的只是不同的交易规则,它界定和影响着交易成本。并且法律制度本身也是人们交易的结果,也存在交易成本。因此通过对法律制度进行经济学分析,进而揭示法律制度所昭示的交易成本对资源配置的影响,就理所当然地成为法律经济学的主要研究对象。研究的目的在于说明如何根据交易成本最小化的原则来变迁法律制度。

四、强化实证研究和定量分析

实证方法是从客观的事实出发,对经济现象和经济过程进行描述、解释、分析、检验和预测,指出其形成原因,揭示其因果关系的一种分析方法。从经济学的角度来看,它主要回答某种经济现象"是什么",某种经济过程"是怎样"的问题,而不是对经济现象和经济过程作出"是与非"、"好与坏"的价值判断。例如,"政府采用什

① [美]科斯等著:《契约经济学》,李风圣主译,经济科学出版社1999年版,第2页。

么样的政策会降低失业率”、“什么样的政策能防止通货膨胀”是属于实证分析的范围。而分析的结果是“政府的财政赤字政策会降低失业率,但会引发物价上涨”。至于说“究竟政府关心失业率重要还是关心通货膨胀重要”,或者说“财政赤字是不是一个好政策”,这就不属于实证分析的范围了,而是一种价值判断。甚至有些经济学家认为,要使经济学成为一门真正的科学,就必须回避一切价值评判,使经济学实证化。在实证分析法学派那里,实证的研究方法也同样得到了淋漓尽致的发挥,“法律是什么”几乎成了唯一需要回答的问题。

从本质上说,经济学是一门实证科学,通过公理化的假设与数学工具的运用,以保证其研究结果的可信度和有效度。对于经济学家来说,经济学的力量在于其精确。经济学遵循着一种可以拒绝理论、检验理论和基于事实修改理论的科学方法。

社会学家、人类学家和心理学家由于思考范围较为广泛,可能在证明问题上比较好,但不能提供较好的解决问题的答案。通俗地说,经济学研究回答的是“是什么、为什么和怎么办”的问题,把经济学的边界向其他社会科学领域扩展,一方面会使经济学家从其他社会科学家那里学到许多东西,另一方面也可以克服其他社会科学不能提供较好答案的弱点。使用精确的经济学方法和提供特别的、具有充分推理的答案的能力,给了经济学家以一种重大的分析上的比较优势。这是经济学之所以是“帝国主义”的重要原因,也是“经济学帝国主义”何以成功的重要原因。

实证的方法运用于实际的法律分析,试图揭示法律规则背后的经济学逻辑。通过实证分析发现,在法律的许多领域,诸如财产权、契约、侵权、犯罪等领域,无不打上经济理性的烙印。虽然法官在案件审判的意见书中很少引用经济学的概念,法律裁决的经济理由也通常被法官使用的法律术语所掩盖,但事实上,许多法官的裁判存在隐含的经济分析,有着明确的效率追求。

实证分析的进路有助于我们阐明法律的制度特征和结构特征,包括先例的作用、私人和政府机构之间法律责任的配置。实证分析还有助于我们预测法律实施的效果。经济学分析可以预测法律和法律判决所产生的后果,这一点对于制定什么样的法律至关重要。经济学提供了一个科学的理论来预测人们对法律制裁的反应。对于经济学家来说,法律制裁就像人们行为的价格,并假设人们对制裁的反应就像对价格的反应一样。人们通过减少消费较为昂贵的商品来对较高价格作出反应,据此也可以推断人们对于较为严厉的法律制裁的反应是减少会被制裁的违法行为。实证分析的方法通过数学化的精确理论和统计学来分析价格对人的行为的影响。因此,可以说经济学所提供的关于行为的理论可以预测人们会如何对法律的调整作出反应。

法律包含了自愿交易的框架。无效率的法律规则只能导致更多的诉讼,而诉讼最终会导致规则的改变。如果一条法律规则阻止了人们做有利于双方的事情，那么那些受到影响的人就会试图绕开这一规则，并且经常能成功地实现这一目标。所以说，法律规则也同样会在一只“看不见的手”引导下去追求效率。此外，由于法律制度存在运行费用，在这一费用的约束下，法律判决会非常接近于有效竞争所产生的结果。波斯纳从法律规则、法律程序以及法律后果等多方面的研究发现，普通法具有一种隐含的经济结构。波斯纳还发现，企业的有限责任制度就蕴涵着深刻的效率意义。

在法律经济学的研究中，实证研究最适合用来分析法律的效果问题，或者说，实证经济学的分析方法最适合于研究法律的“效果评估”问题，包括对法律的效能作定性的研究和定量的分析。

法律经济学运用实证研究来分析预测各种可供选择的法律制度安排的效果，目的是更好地说明，法律的实际效果与人们对该项法律预期的效果是否一致，或是在多大程度是一致的。实证研究在法律经济学中的运用，不仅促进了法律经济学研究的“模型化”和研究的“精确化”，而且使法律效果这个在法学中处于十分重要地位的法律问题研究取得了极大进展。

定量分析方法，是主流经济分析方法，也是国外法律经济学著述的一个常用范式。这是因为，一方面，定量分析能显著提高对法律问题争论的效率，争论双方都能找到分歧之所在。在定量分析之前，争论的双方往往对一些概念的定义不够严格，同一个概念可作不同解释，使争论双方搞不清分析的实质。另一方面，经济学教学中大量运用数学，使不同的老师可以出答案唯一的试题，学生完全可以重复老师的推理，因而便于主流学派的形成。正是由于不同领域和不同代际的经济学家共享一个主流经济学，不仅促进了不同专业领域经济学家之间的分工，而且使不同代际的经济学也可以分工，从而大大促进了经济学的发展。在对待经济学数学化的问题上，新古典经济学可以说是定量分析的代表。

经济学很大程度上属于经验科学。实证研究和量化分析是经济学的生命线。经济分析被看做是一种可能衍生出一系列能为经验证明和可测试的预言的工具。在法律经济学领域，实证经济学技术最适宜于法律效果研究或如赫希所称的“效果评估”①。法律效能研究试图依可测变量对法律效能作出定性鉴定和定量分析。尽管对此争议不少，但实证经济分析之法律运用已在侵权、契约、犯罪等法律问题领域作出一定贡献。法律经济学研究犯罪现象主要集中于对威慑假设的理论和经验考察。将犯罪看作理性行为的经济理论必将得出如此结论：任何减少犯罪预期收

① Werner. Z. Hirsch, *Law and Economics: An Introductory Analysis*, 3rd ed., New York Academic Press, 1979, p. 6.

益的因素都会减低犯罪率;由刑法施与的惩罚,即增加犯罪成本将减少实施犯罪的潜在预期收益。惩罚的预期效能取决于两个因素:制裁的力度与频度。这两方面因素会影响威慑力从而影响犯罪。通过运用复杂深奥的统计技术,法律经济学目前收集的证据就至少能为威慑假设提供尝试性的论证,而此方面较为敏感的领域是对死刑威慑力的实证分析。

中国法律经济学研究大多是在规范层面上展开的,实证性的研究成果相当缺乏,这几乎成了中国法律经济学进一步发展的一个"瓶颈"。如何才能改变这一现状,使实证研究和定量分析的作品大量出现呢?实现这种转变至少要做以下一些工作:

一是充分重视定量分析的意义。法学界的大部分学者对定量研究中出现的大量的数学模型难以理解和接受,甚至有部分学者拒斥定量分析,认为定量分析的价值不大。这种比较封闭的学术心态已经越来越不适应时代的发展。这种状况是对定量分析的误解造成的。实际上,法学研究的进步必须依靠外部学科知识的补充,因此,用经济学方法修正充实法学研究也有其历史必然性。定量分析对法学研究有重要的理论和实践价值。进行充分的定量研究可以为立法界和司法界决策提供坚实的量化基础。在自由竞争的"思想市场"中,决策者应该综合和尊重不同学科的结论,使通过定量分析获得的决策论证更加严谨,具有更强的说服力,也更经得起验证。

二是善于使用数学模型,进行数学分析。现代经济学的一个明显特点是越来越多地使用数学(包括统计学)。现在几乎每一个经济学领域都用到数学,有的领域多些,有的领域少些,而绝大多数的经济学前沿论文都包含数学或计量模型。从现代经济学作为一种分析框架来看,这并不难理解,因为参照系的建立和分析工具的发展通常都要借助数学。从理论研究的角度看,借助数学模型至少有三个优势:其一是前提假定用数学语言描述得一清二楚;其二是逻辑推理严密精确,可以防止漏洞和谬误;其三是可以应用已有的数学模型或数学定理推导新的结果,得到仅凭直觉无法或不易得出的结论。运用数学模型讨论经济或法律问题,学术争议便可以建立在这样的基础上:或者不同意对方前提假设;或者找出对方论证错误;或者发现修改原模型假设会得出不同的结论。因此,运用数学模型做经济学的理论研究可以减少无用争论,并且让后人较容易在已有的研究工作上继续开拓,也使得在深层次上发现似乎不相关的结构之间的关联变成可能。经济学数学模型在法学中应用是一种反思理性,即时刻提醒人们哪些选择、哪些决策是符合经济学标准的。

三是弥补法学界知识(特别是高等数学知识)的不足。法学传统的定量分析较为薄弱,而定性分析的传统则较为强大,定性分析的方法也较为容易接受和应用。从某种意义上来说,从定性分析到定量分析,转换、学习的成本高昂,也造就了规范分析的“路径依赖”。因此,需要更多资源的投入,改变长期依赖规范分析的低效率状态。弥补传统法学研究中定量分析知识不足的途径:一是在法学教育中全面增加高等数学课程;二是在法学研究中,引进数理分析方面的专业人才。应该说明,不能要求每位法律人既有扎实的法律基础,又有扎实的高等数学理论,因此,为弥补法学界高等数学知识的不足,除了在高等教育法学中增加必要的高等数学知识外,在法学研究中引进数理分析方面的专业人才的弥补途径较为可取。

从当前法律经济学的发展状况来看,经济学界占有明显的主导地位。如果法学家们继续沉浸在定性分析和规范分析中不能自拔,不重视量化分析,结果可能是连仅有的一席之地也会失去,法律经济学不久将成为经济学家的“私家园林”。这对中国法律经济学的整体发展也是不利的。

五、结　语

“效率”、“成本”、“价格”、“财富的最大化”、“均衡”、“资源配置”等词汇出现的频率已经越来越高,法律经济学的人气也越来越旺,这说明了法律经济学有其毋庸置疑的学术魅力。不管我们喜欢与否,法律经济学在中国的快速发展已经成了事实。但是如何使21世纪中国法律经济学的研究水平赶上甚至超过西方国家,我们仍需继续认真思考。

近代理性自然法及其对构建当代我国和谐社会的启示

占茂华*

一、近代理性自然法学之孕育

从12世纪末起，欧洲经历了一系列重大的事件：罗马法的复兴、文艺复兴、宗教改革、人文主义的兴起、资本主义萌芽、近代自然科学的形成等，所有这些使基督教的统治地位受到了猛烈的冲击。与此相适应，理性开始摆脱神学的束缚。在意识形态领域内，哲学与神学的关系开始发生变化；在思想领域中，人们逐渐摆脱经院哲学的桎梏而获得独立和自由的主体性；在价值标准问题上，理性立足于世俗的利益而成为对一切传统价值进行重估和批判的标准。[①] 自然法的源泉、根据也由此发生了根本的变化，自然法不再被认为是源于神的理性和意志。相反，自然法的规则被认为是可以直接从人的理性中推导出来，或者简单地说，自然法就是人的理性的体现。[②] 这种转变的直接影响是，法哲学挣脱了神学的束缚，自然法世俗化了。

（一）罗马法的复兴：再现古代自然法的理念

从12世纪起，随着罗马法的集大成《国法大全》真本在意大利的发现，城市的再一次崛起和商品经济的迅速发展，在西欧掀起了一场学习、讲授、研究、传授和适用罗马法的运动。这场运动历时500年之久，波及整个西欧。罗马法复兴在12世纪以意大利波伦那大学为中心，此时对罗马法研究的主要形式是对罗马法的注释，即主要对《国法大全》进行说明、注释以及阐述其精神，对原典进行文献上真伪的考证、文法上的说明和逻辑上的梳理，目的就是要在形式和内容上恢复罗马法的本来面目。

在当时，由于封建割据导致国家四分五裂为众多的城市共和国，大量的地方法律应运而生，这必然会导致各领地法律之间相互冲突。与此同时，随着城市的迅速发展，商人财富的日益增长，贸易的不断扩大，城市共和国之间、商人之间经济或其

---

* 占茂华，2002级外国法律史专业，指导老师：何勤华。现工作于上海政法学院。

① Ernst Bloch, *Natural Law and Human Dignity*, The MIT Press, Cambridge, Massachusetts, and London, England, 1986, p. 53.

② Lloyd L. Weinreb, *Natural Law and Justice*, Harvard University Press, 1987, p. 68.

他纠纷的日渐增多,人们也越来越迫切地需要一些相应的法律原则来解决这些纠纷。由此,评论学者"将主要的精力放在法律间的冲突这一命题上,力争找出一条尽量使不同的法律都适用的原则"。① 这样,受斯多葛学派自然法思想影响而形成的罗马法的原则和精神,如平等、自由、权利②等自然渗透到社会的里层,与具体的法律问题联系起来。罗马法的复兴具有如下两个方面的意义:

第一,罗马法的复兴再现了古代关于正义、理性和平等等自然法的理念。比如,罗马法的注释法学派代表之一——普拉坎梯努斯曾这样说道:"所有的法,如同河川来自于泉水一样,也来自于正义……另一方面,正义所以称为正义,正是因为所有的法是依存于正义的缘故。"③另一代表阿佐也说:"所有的法……均来自于正义。即正义所要求的也是法所要追求的……因为正义所以称为正义,正是因为所有的法是依存于正义的缘故。基于此,法从正义而来。"无疑,复兴学者并非仅仅满足于对古代正义观的简单复制,他们同时还对正义作了详细的分析,并赋予其以新的含义。如巴尔杜斯认为,对正义应该从两个方面进行考察:其一是从抽象的角度来考察正义,即正义在其自身中,限制了一切立法者自身制定法律的行为,在这方面,体现了正义的本质。此时,正义是法的母亲,是产生法的原因;其二是对正义进行具体的考察,即正义通过立法者,成为可能适用于特定的各个案件的规范。此时,正义与法是同一种事物,具有同样的性质。

第二,在罗马法的复兴运动中,罗马法关于人身和财产的规定以及对其精神的阐释与传播,在很大程度上唤醒和增强了普通民众的权利和平等意识,为启蒙思想家创立近代自然权利学说提供了直接的素材和灵感。

随着罗马法的复兴和商业在沿海的兴起,不仅过去的罗马人,甚至连蛮族人也都从中感受到了平等和利益的存在和价值,更感受到了法律对于实现平等与利益的重要性和意义。对此,意大利学者维科曾这样说道:"意大利各大学开设了一些学院,对查士丁尼大帝的法典之类的著作中所包括的罗马法的教义进行教学,其中各种法律都以人类部落自然法为依据,于是人类的心智更加发展,变成了更富于理解的更倾心于培养基于自然平等的法律,这些法律使普通的人民和贵族们在民权

① [美]约翰·麦·赞恩著:《法律的故事》,刘昕、胡凝等译,江苏人民出版社1998年版,第192页。

② 当今资本主义法律的三大基本原则,即法律面前人人平等、契约自由、产权不可侵犯,其渊源都可追溯到罗马法,尤其体现在万民法的发展过程中,如前所述,罗马法,尤其是万民法正是在罗马法学家继承和发扬斯多葛学派自然法思想的基础上才逐步形成的。

③ [日]若曾根健治:"巴尔杜斯法理论的一般",转引自何勤华著:《西方法学史》,中国政法大学出版社1996年版,第83~84页。

方面都是平等的，正如他们在人的本性上是平等的一样。”[1]法国思想家孔多塞在谈到罗马法的复兴运动对人们权利观念的影响时也指出：人们在这场运动中“保留了我们某些微弱的权利观念，并且有朝一日会成为使人重新认识人权并重新建立人权的向导”。[2]

(二)文艺复兴：近代自然法孕育的人文主义基础

尽管罗马法复兴运动为思想僵化和精神萎靡的中世纪注入了一丝新的活力，并给予了蒙昧中的中世纪人以正义、平等和权利等观念的启迪，但是由于整个欧洲社会依然笼罩在基督教神治思想和封建专制思想的精神强制之中，人们依旧没有摆脱教会和封建领主的双重奴役。在这样一个摧残人性、蔑视人的价值的社会氛围下，人类不可能有尊严和平等的人格，更谈不上什么意志的自由和权利。因此，人类要获得自己的主体地位和独立性，必须摆脱神学教条和封建专制的束缚。而仅仅依靠讲授、研究和传播罗马法等形式，是不可能触动经过几个世纪孕育而成的神治和专制思想的强大基础的。于是，从14世纪末开始，一场新的以对抗基督教神学和封建专制的强大的人类思想解放运动——文艺复兴运动在欧洲社会轰轰烈烈地开展起来。

文艺复兴时期的思想家们把人文主义[3]作为一种有别于宗教道德的新的道德原则和社会理想，高举“发现人”、“重视人”的旗帜，在意识形态的各个方面贯彻体现新生的资产阶级利益、愿望和要求的人性论，以“人性”否定“神性”，以“理性”替代“神启”，以“人权”对抗“神权”。他们反对宗教禁欲主义和天国幸福的幻想，极力推崇现实生活的幸福和人生的价值，强调摆脱一切束缚，倡导个性解放与思想自由；提倡发挥个人才能，积累个人财富，创造个人的价值；主张以人性为基础的恋爱、婚姻和家庭生活。这些主张对其后的社会历史进程的影响是巨大的。

“这是一次人类从来没有经过的最伟大、进步的变革。”[4]它的伟大和进步之处不仅表现在它确立了人的主体地位，使人从神的依附中彻底解放出来，而且还表现在它将古典文化与时代精神有机地结合起来，第一次孕育出了以自由、平等、人权

---

① ［意］维科著：《新科学》（下册），朱光潜译，商务印书馆1989年版，第592页。

② ［法］孔多塞著：《人类精神进步史表纲要》，何兆武等译，三联书店1998年版，第83页。

③ 人文主义是一个可以概括文艺复兴最基本、最普遍的思想文化理想的词汇。它有两个不同的含义，一是专门性的，二是普遍性的。就专门性的含义而言，人文主义是一个研究纲领，旨在以对语言、文学、历史和伦理学的研究取代了中世纪经院哲学对逻辑和形而上学的重视。就普遍性的含义而言，它强调人的“尊贵”，认为人在上帝的所有创造物中是仅次于天使的卓越之辈。文艺复兴时期的一些思想家辩称，人之所以高贵，是因为在世间所有创造物中唯有他们可以得到上帝的旨意；另一些思想家则强调人具有支配自己的命运并在尘世过上幸福生活的能力。总之，无论作何种解释，文艺复兴时期的人文主义者都对人类的高贵、价值和发展前景抱有坚定的信念。

④ 《马克思恩格斯选集》（第3卷），人民出版社1972年版，第445页。

等为核心的近代西方政治精神。而近代以自由、平等、人权等为宗旨的自然法思想正是萌生在这场政治思想的潮流之中。

(三)商品经济和市民社会:近代自然法孕育的经济和社会基础

西欧在经过了中世纪真正的"黑暗时代"后,于12世纪末社会经济就开始复苏。商品经济的发展是以商品交换为前提的,而商品交换的顺利进行又是以商品交易主体之间的平等地位为基础的。同时,在商品经济不断发展的过程中,工商业的逐渐繁荣使得城市的数量和人口不断增加,其间的各种自治性组织不断繁殖,作为资产阶级前身的市民阶级也开始出现。

"市民阶级最不可少的需要是个人自由。没有自由,那就是说没有行动、营业与销售货物的权利……没有自由,贸易就无法进行。"①"自由"和"平等"于是成为人们关注的焦点,并成为发生在十三四世纪的城市革命的目标。与此相适应,一种明晰的法权观念(legal rights)随之开始出现,它包括法律面前人人平等的要求和对财产的处置权。根据马克思主义的观点,"法权关系,是一种反映着经济关系的意志关系"。② 这种关系要求在不考虑个人地位和身份的基础上实行自由的商品交换,同时也要求交换者具有平等的资格、选择自由和人身自由。因为在交换行为中,每个人都是权利主体,"……必须作为有自己的意志体现在这些物中的人彼此发生关系"。③ 这样的个人是完全自由的,"谁都不用暴力占有他人的财产。每个人都是自愿地出让财产"。"就是说实质上是以契约为媒介,通过互相转让而互相占有。这里边已有人的法律因素以及其中包含的自由因素。"④

从14世纪下半叶开始,随着商业、手工业和市民社会的进一步发展,平等、自由等权利意识逐渐成了社会的普遍共识。与此同时,资本主义生产方式开始出现并迅速发展起来,随之出现了资产阶级。新兴的资产阶级为了保护他们平等、自由和迅速增长的财产权益,于是他们纷纷求助于自然法的原则。

二、近代自然法之内容及特征

十七八世纪西方出现了一大批资产阶级启蒙思想家,从荷兰的格劳秀斯首次高扬起理性主义的大旗从而剥下了中世纪自然法的神学外衣,开辟出了自然法学说发展的新时代——近代理性自然法学时代,中经斯宾诺莎对神学的再批判,到英

① [比]亨利·皮朗著:《中世纪欧洲经济社会史》,乐文译,上海译文出版社1964年版,第69页。
② 《马克思恩格斯全集》(第23卷),人民出版社1972年版,第102页。
③ 同上。
④ 《马克思恩格斯全集》(第46卷上),人民出版社1973年版,第196页。

国霍布斯的国家主义自然法学说和洛克自由主义自然法学，再到孟德斯鸠《论法的精神》的发表和激进民主主义自然法论者卢梭《社会契约论》的问世，伴随着近代资产阶级革命的高潮在荷兰、英国和法国的此起彼伏，近代自然法学说也像一股劲流奔腾向前。

尽管不同的启蒙思想家对自然法的论述不尽相同，但归纳起来，近代自然法的基本内容主要是"三自一约"，即自然状态、自然权利、自然法和社会契约的理论。近代自然法学者大多假定人类最初生活在一种无国家、无法律、无政府的所谓"三无"的自然状态之下。自然状态下的人们普遍平等地享有天赋的自然权利，如生命权、平等权、财产权等。在这种状态下，对人类行为起调整作用的是自然法。由于自然状态存在缺陷，人们为了更好地保护自己的自然权利，为了公共的福利和共同的繁荣，相互订立社会契约，把自己的一部分或全部的权利让给社会，组成国家和政府，这就是社会契约理论。

"三自一约"四者之间并非彼此孤立、互不关联的，而是具有内在联系的统一理论体系。该理论以假设的自然状态为起点，以自然权利说为核心，以社会契约论为归宿，以自然法为三者联结的纽带。正是由于人人都具有神圣不可侵犯的天赋的自然权利，而在完全由自然法调整的自然状态下，因为存在这样或那样的缺陷，并不能保证自然权利的完全实现，因此人们为了更好地实现一系列天赋的自然权利，才通过社会契约，组建起国家和政府，并按照自然法的精神制定人定法，利用公共权力保护个人权利，从而使人类社会脱离自然状态进入文明社会状态。可见，按照近代自然法的论述，一切政治的结合和法律的实施都是为了每个个人"天赋人权"的实现。近代自然法的这一基本精神成为近代资产阶级宪政理论和法治理论的理论基础和立论前提。与古代自然法思想相比，近代自然法有着自身独特的历史特征。这些特征概括如下：

第一，理性主义。在近代，伴随人文主义运动（文艺复兴运动）的兴起，人们开始用一种全新的视角，即"用人的眼光"，从"人"出发，也就是从"人性"——理性中寻找自然法的来源。人类理性成为衡量一切事物的唯一尺度。近代自然法学家们认为自然法就是人的理性的体现。而担当起将人性论与自然法学说联系在一起这一历史使命的第一位近代思想家就是荷兰的格劳秀斯，是他正式而不含糊地把自然法置于理性的前提之下，尽管他没有彻底否定自然法与上帝之间的关系。他把自然法定义为"一种正当理性的命令，它揭示任何与合乎理性的本性相一致的行为就是道义上必要的行为；反之，就是道义上罪恶的行为"。①

---

① ［美］E.博登海默著：《法理学——法哲学及其方法》，邓正来译，华夏出版社1987年版，第39页。

格劳秀斯之后，德国法学家普芬道夫接受了格劳秀斯的观点，认为自然法是决定或判断人类行为之是非的正确理性的命令。而所谓正确理性的命令，是指“人类的理性有能力通过对人类自身条件的思考而清楚地看到他应该按照这种法而生活，同时也能认识到法的箴言，能确定从中清晰地推演出来的原则”，并且“是与正确观察到的事物的本质相一致的真正原则以及通过有效的推理从第一原则中推导出来的原则”。[①] 也就是说，自然法就是以“理性”为准则的法，它出自人类自爱、尊严的本性，要求人们尽力保护自己的生命、躯体及其财产。

霍布斯的自然法是根据人的理性从“自我保存”的本质中推演出来的。洛克直接将自然法视为人的理性。自然法就是理性法，是建立在人性基础上的正确的理性的命令。[②] 他说：“理性，也就是自然法，指导着有意遵从理性的全人类：人们既然都是平等和独立的，任何人就不得侵害他人的生命、健康、自由或财产。”[③]人类法的制定，只有以人类理性为最高准则，才是公正和合理的。

第二，权利本位。这是近代自然法观念的一个显著特征，也是近代自然法观念与古代自然法观念的一个重要区别之所在。在近代自然法学家中，格劳秀斯首次初步提出了自然权利的思想。他所认定的自然权利主要包括生命权、财产权、遵守契约权以及个人有运用自己权利的自由。在这些权利中，他特别强调财产权，特别是私有财产权。霍布斯将自然法的首要法则规定为两个内容，即寻求和平的“自然律”和利用一切可能的办法保卫自己生命的“自然权利”，并认为这一自然权利是不可转让的。洛克全面论述了人的自然权利。他在《政府论》中指出，“理性，也就是自然法，教导着有意遵从理性的全人类：……任何人就不得侵害他人的生命、健康、自由和财产”。[④]

第三，分权理论。近代自然法学家认为，国家权力由立法、行政和司法三个部分组成，这三个部分应当交给三种机关分别掌握，使它们之间相互对立、相互制约，这样才能防止权力过分集中而导致独裁、专制和腐败等现象。在这方面曾作过集中论述的思想家主要有洛克和孟德斯鸠。洛克认为，分权是政治社会的前提之一，绝对的专断的权力是“与社会和政府的目的不相符合的”。[⑤] 孟德斯鸠强调，“要防止滥用权力，就必须以权力制约权力”。[⑥]

第四，社会契约论。该理论强调，人生而自由、平等，但在自然状态下却难以维

---

① Craig L. Carr, *The Political Writings of Samuel Pufendorf*, Oxford University Press, 1994, p. 150.

② Stephen Buckle, *Natural Law and the Theory of Property*, Clarendon Press, Oxford, 1991, p. 139.

③ [英]洛克著：《政府论》(下篇)，叶启芳、瞿菊农译，商务印书馆1996年版，第6页。

④ 同上。

⑤ 同上，第85页。

⑥ [法]孟德斯鸠著：《论法的精神》(上册)，张雁深译，商务印书馆1982年版，第188页。

护，只有通过缔结社会契约组成社会或国家，才能保障大家的自由和平等。因此，国家产生的目的和任务就应当是保障每个缔约者的自然权利，政府权力的行使也只能在契约（法律）预设的范围内行使。如果政府违背这一根本宗旨，人们有权废除或改变社会契约。

三、近代自然法理论对构建当代我国和谐社会的意义

当代我国和谐社会本质上是指以人为主体的社会和谐发展状态。和谐社会包括三个方面的内容，即人与人之间的和谐，人与社会之间的和谐以及人与自然之间的和谐。而所谓的“和谐”，是指各个差异部分通过某些特定的调节方式使相互之间能够协调的良好状态。和谐社会有着深刻的文化内涵和内在统一性的要求，具体包括民主法治、法律至上、公平正义、人权保障、权力制约等。因此，胡锦涛总书记指出，我们所要建设的社会主义和谐社会，应该是民主法治、公平正义、诚信友爱、充满活力、安定有序、人与自然和谐相处的社会。通过对西方近代理性自然法的研究，可以发现，它对构建当代我国和谐社会具有如下几个方面的重要意义：

（一）近代理性自然法有助于我们树立法律至上的观念。西方所有的自然法学家都有一个共同的观念，即在人类社会中，存在一个超越并独立于政府权威、高于政治组织及其制定的法律的法，即自然法。正是这一套已存的至高无上的普遍有效的超越政治社会的客观法原则，支持并保证了实在法，即国家立法机关和法院及其他机关所确定的法律的效力与权威性，并完全肯定了法在政治社会中的价值、地位和作用，强调了法是人类社会最具权威性的、具有意志的普遍性和对象的普遍性的价值准则和规范体系。同时，自然法学家也强调，实在法和国家权力都要接受自然法的评判和检验。这样就从观念和制度上彻底排除了个人在政治社会制度机制运行中的权威地位和任意性，肯定了社会政治生活的统治方式是法律，确立了法的唯一的社会权威身份和至高无上的地位。这种法律至上的观念对于我们构建和谐社会具有十分重要的意义。

（二）近代理性自然法有助于我们培养权利意识。西方近代理性自然法观念与权利意识有着不可分割的亲缘关系。近代自然法学家非常重视个人的价值，肯定个人的权利，提倡个性自由，并直接将人权视为人的不可剥夺的“天赋人权”。这种“天赋人权”又被具体化为人们在自然状态中享有的生命、自由、平等和财产等自然权利。权利本位也因此成为近代自然法观念中最为显著的特征之一。

权利是法的内核，没有对权利的要求也就产生不了对法律的需求与渴望。而权利意识的培养以及对人权的保障又是和谐社会形成的重要基础。一个社会只有

尊重和保障人权,使社会中的大多数成员成为社会的积极主体,人们才能够充分发挥其主动性和创造性,从而使整个社会和谐发展。

(三)近代理性自然法有助于我们确立公平、正义的法治价值观念。在任何时代的自然法学家笔下,自然法都是一个能够统摄社会全部伦理价值和政治价值以及社会制度安排在内的综合性观念。这种综合性观念从本质上来说,并非实质意义上的法律,而是一种正义论,一套价值体系。其中蕴涵着理性主义、社会正义、客观权利、法治主义等。因此,自然法观念自产生之日起,便代表着一种追求绝对正义之努力,并构成了评价一切人为规范善与恶、公平与否的标准。近代自然法观念也不例外。

正义在伦理学意义上,就是要求人们各得其所,满足其合理、公正的需要和要求;在政治、经济上,是指一种与社会发展的理想相符合、足以保证人们的合理需要和利益的制度,它的实现与否取决于社会制度的正义。法与正义具有不可分性,法是实现正义的手段,法的价值之一在于实现正义。维护公平与正义是和谐社会形成的前提条件。

在现代社会,法治是实现正义的最有效方式。在社会生活中,正义仅仅靠个人的美德不足以维持,必须依靠法治来促进;人们的基本合理需要和利益能否得到保证,也取决于法治能否付诸实施。和谐社会的基本形式是人与人的和谐,其核心的问题是要协调好人与人之间的利益关系,公平地分配社会权益,使每个人都各得其所,各得其利。正义作为法治精神的宗旨和目的,其本身就蕴藏于法治精神的丰富内涵之中,法治只有实现全面正义才能找到其合理的位置。

(四)近代理性自然法有助于培养权力制约的观念。毋庸置疑,和谐社会必然是法治社会。而法治社会的内在要求之一就是倡导权利本位,也就是倡导在国家权力和人民权利的关系中人民权利是决定性的、根本性的,在法律权利与法律义务之间,权利是决定性的,起主导作用的。这就要求对国家公权力作出一定的限制,也就要求在国家权力运行的同时,必须受到其他公共权力的制约。历史实践也证明,不受制约的权力必然会被滥用,从而必然导致腐败。权力制约就是要依靠法律的规定,确定权力之间的关系,使权力服从于法律。

西方近代理性自然法观念非常强调对权力的限制和制约。近代自然法学家认为,国家的立法、行政、司法应当由三种机关分别掌握,使它们之间相互对立和制约,这样才能防止因权力的过分集中而导致独裁、专制和腐败。

当代中国法律法典化之理性

汤　唯*

所谓法典，是用来对法律领域里的基础性规范和根本性原则作出权威陈述，并由国家立法机关经法定程序创制出的法律文件予以表现的法律。与“法典法”相当或近似的指称还有很多，诸如成文法、制定法、国家法、官方法、实在法、人定法、世俗法、严格法等。凡此各种称谓所描摹的，无非都是由国家创制或认可的、以规范文本表现的法律。在发达的法律体系中，具有严格规则意义的成文法传统，一直是促进法律法典化的驱动力。

一、文化源流：大陆法系的法源基础

（一）法典法的创制进程

在现代法律质料意义上，一种法律要有强大的、持久的生命力，需要满足从内容到形式的条件。其中，最根本的条件是法律逐渐脱离其他社会规范而获得独立的形态地位。“其基本精神强调以一定的独立程序或者制度为基础，进而获得一种前后一致，能够自我解释的法律秩序或法律体系。”①而其渊源，则可上溯至人类法律文明史的亘古时期。

首先，法律在历史上受到尊重。公元前 18 世纪的《汉谟拉比法典》，是迄今发现最早的、保留最完整的成文法典。古罗马时代成文法的开山之作《十二铜表法》则被誉为一切公法和私法的渊源。梅因曾经分析：“世界上最著名的一个法律学制度从一部‘法典’开始，也随着它而结束。从罗马法历史的开始到结束，它的释义者一贯地在其用语中暗示着，他们制度的实体是建筑于‘十二铜表法’、因此也就是建筑于成文法的基础上的。”②当然，开启了法典化运动先河的罗马法的代表作品，是影响更为深远的《国法大全》，这一法律巨著体现了法律抽象化、系统化的方法，并把这种方法传递到了世界各个角落。现代法典“在很大程度上可以被看做是查士丁尼庞大的罗马法的翻版，前者只不过是适应时代的需要，披上了现代语言的外衣

---

* 汤唯，2002 级外国法律史专业，指导老师：何勤华。现工作于烟台大学法学院。

① 赵旭东：“‘报应’的宇宙观：明清以来诉讼解释模式的再解释”，载苏力主编：《法律和社会科学》(1)，法律出版社 2006 年版，第 133 页。

② ［英］梅因著：《古代法》，沈景一译，商务印书馆 1959 年版，第 1 页。

而已”。[①]

其次，各国掀起的法典化浪潮，是成文主义发展到极致的结果。中世纪的《自由大宪章》、《萨克森法典》、《加烙林纳法典》、《罗斯真理》、《教会法大全》，近世的《法国民法典》、《德国民法典》，纷纷出台的法典标志着成文法已明显成为各国法律存在的主要形式，以至于“自19世纪初期出现法典编纂运动后，几乎所有的法律思想都或多或少地与对法典的看法有关”。[②] 从一定意义上可以说，成文法尤其是法典法的诞生，是人类法律制度文明获取重大进展的一个界碑，法律的发展史就是成文法典的发展史，更是整个法律文明的变迁史，它们为后世提供了宝贵的法律资源。

中国法的主流形式，由来已久，是持续了2000多年的成文法模式。其间，虽有道德、宗教、外来文化的各种冲击，但以《法经》、《秦律竹简》、《汉九章律》、《唐律疏议》等为代表的律令形式始终不曾中断。而这种顽强的延续性，不仅证明了中华法系内在的强大生命力，而且展示了类似大陆法系模式的法律的外在特性。至新中国成立后，虽然我们一夜之间废止了民国时期的“六法全书”，但经过改革开放后30余年的努力，“中国特色的社会主义法律体系”业已基本形成，宪法、法律、行政法规、军事法规、地方性法规、民族自治法、特别行政区法、国际条约等规范性法律文件构成了中国法的核心资源。诚如学者们所形容的，法典化“从来就没有像在中国这样的社会主义国家那样被坚信不移地坚持”。“在社会的变革过程中，是法典编纂，也只有法典编纂能够保证人民民主法制作为一种新型的社会主义法律的进步作用”。[③]

（二）制定法的基本属性

在法律成文化之后，经由立法机关创制的规范性法律文件已经具有了标准化的法律形式，它们不仅与其他社会调控体系相区别，而且在各种法源形式中拥有最关键的地位。在法律理论上，则表现为形成了诸多论证制定法的学术思想，为制定法的存在和发展辩护。

1. 制定法的规范属性。历史上，人类法律首先表现为依凭记忆、口耳相传的“无形法”、“记忆法”或“习惯法”。但自人文开启之后，人类学会了用语言符号和书写技能记叙事实、陈述思想，从而使法律获得了成文的外在形体，演进至“有形法”、“成文法”、“制定法”阶段。其形态特征，就是通过“规范性”的文字、文件、文

---

① ［德］阿图尔·考夫曼、温弗里德·哈斯默尔主编：《当代法哲学和法律理论导论》，郑永流译，法律出版社2002年版，第109页。

② 徐国栋著：《民法基本原则解释》，中国政法大学出版社2004年版，第267页。

③ ［美］埃尔曼著：《比较法律文化》，贺卫方、高鸿钧译，清华大学出版社2002年版，第42页。

本,表达立法旨意的特殊要求,并且达到使人的行为"规则化"的目的。自此之始,法律由一些确定的规则构成,而依据法律运作的法律秩序业已处于支配地位。而且,以最精细微妙的方式向人们施加力量的社会现象,就是语言。这套符号系统有着与特定思想内容相关联的武断性质,人们只要使用它,就需要不折不扣地遵守它的条件。"人们通过法的特定形式即以文字形式所体现的法律条文,就可以明确地感受到法规范的存在"。[①] 至近代以后,各国无不要求法律必须规则、明确、简洁,亦无不强调法律对于人们行为的严格规范属性。于是,法律成为"写下来的理性原则",它使人们的行为从任意、利己、特殊、专断,转变为受制、利他、协调、约定。

2. 制定法的国家属性。关于法律的国家说在历史上和在今天都可以找到很多旁证。罗素在《西方哲学史》中曾经描述:"创立国家的人乃是最伟大的恩主;因为人若没有法律就是最坏的动物,而法律之所以存在则依靠国家。"[②]法律之权威地位的获得,又始自近代民族国家的勃兴。伴随着封建主义的衰败,各国中央集权式的国家政体逐渐生成,并催生了主权国家的观念。根据这种观念,国家是拥有对内对外权力的主体,其对外的法律特征在于排斥干预,其对内的法律特征则意味着拥有本国领地内管理政治、经济、文化事务的最高权力。进而在法治领域,正式的法律及其制度被认为是在国家范围内有效,由国家立法、执法、司法机关创制和实施的普适性规则。当然,对于法律的这种国家属性,中国人亦十分首肯。如在历次关于"法律本质"的大讨论中,中国学者无不站在国家主义的立场上,将法律定义为"由国家机关创制的、体现国家意志的、具有国家强制力的",或者"由立法机关制定、行政机关执行、司法机关实施"的成文规则体系。可以说,无论是法律创制、法律执行,还是法律适用、法律监督,无论是法律解释、法律推理,还是法律救济、法律惩戒活动,都离不开国家。

3. 制定法的权威属性。法律又被认为是极其神圣的,因而也就是人类不能随意违反和随意变动的规则。作为一种意志体现,当人们达成某种"共识性"之后,就必须通过法定形式表现出来,从而形成对一定时间、一定空间、一定人员的约束力。尤其经过法律文明的积淀,现代国家的正式法律制度所体现的普适性、稳定性、连续性等属性都已十分显然。在中国,作为通行的法律世界观,法律已被视为"人民意志"和"公共权力"的表征,法律至上的理念也逐步深入人心。通过规范性文件或非规范性的法律文件,包括成文法典、行政规章、地方法规、合同书、判决书、裁定书等,法律获得了形式上的最高地位,又凭借国家设立的警察、法庭、监狱等机构获得了以组织形态、设施形态所表现的威慑力。同时,根据行政审判、民事审判、刑事审判

① 马新福著:《法社会学原理》,吉林大学出版社 1999 年版,第 218 页。

② 梁治平著:《法辨》,贵州人民出版社 1992 年版,第 28 页。

程序,以及管理、复议、审计、监察、问责、仲裁、调解等过程,法律还获得了由国家强制力作为后盾的终极力量。

总之,法律既注重自身规范体系的形式构造,又需要国家范围内的推广运行,还满含制裁违法的凛然权威。这使当代的人们崇信"写在纸上"的法律规则,同时又不会忘记它的另一个特征——威严。如果法律失去了威严,法律就是"无焰的火,不亮的光";正因为它有威严,才贡献于社会,贡献于国家,贡献于人类。

二、成文优势:法典资源的有效供给

与英美国家判例法的法源形式相比较,当代法典化模式正日益受到冲击。这无疑导源于大陆法典的缺陷日益明显,而英美判例法的优势却得以彰显。然而,在此"众口一词"的批评声中,人们又往往从一个学术极端走向另一个学术极端,这就是忽视法典的法源性、基础性、主干性、优异性功能。于是,笔者渴望一种"反其道而行之"的逆向思考,这就是中国是否还需要关注作为基础和主干的法典的发展?它们的空间、地位、功能、变化各是什么?它们与判例法的关系怎样?以及它们作为法律文明的资源究竟对中国有什么样的贡献?

(一)成文法典之正名

人类已经在自己的文明进程中发现,只有形态健全、体系完备的法律制度,才能使法律文化在历史法苑中生机勃发、大放异彩。而考证大陆模式之制定法或法典法的优劣,以及法律制度化运动的背景因素,要看其是否促进所处时代的法律关系的发展。具体而言,则可以从法律的形式、功能、技术等方面入手,为大陆模式正名。

1. 法律的形式需求之体现。形式主义是法律提供资源供给的首要条件,也是法典化思维方式所具有的一个典型特征,它弥补了法律原理化、道德化、理想化的某些缺陷,还是防止执法和司法人员采取专断行动的保障措施。法典的形式主义表明,法以调整人们的行为作为其主要功能,而行为规则需要内容详尽和编排合理的成文形式来表现,从而便于行为人的理解和掌握。而且在规范意义上,法律已和宗教信仰、道德伦理、习惯民俗日益分离,或者说法律在很大程度上实现了压倒宗教、道德、家族力量而成为社会控制手段。人们渐渐地只诉诸法律来矫正不法行为,而大凡国家可以干涉的案件也都以一种极其规范的形态得到了界定。尤其成文法典作为体系化的存在形式,相形于习惯法、单行法、判例法等,有其固有的优越性,这就是高度的普遍性、确定性和统一性。"作为法律渊源,制定法比判例法和习惯法或其他形式的法更可取……无疑制定法在取消或废除现行的相互抵触的规则,在设立法律规范一直很少或没有法律的领域的权力方面,以及在所预见的情况未发生之前作出法律规定的能力方面,优于其他法律渊源"。[①]

2. 法律的逻辑需求之满足。法律的逻辑性是大陆模式法律文化的一大技术特征。而所谓"逻辑确证",指运用逻辑判断推导出法律的概念、原理、规则以及它们之间的相互关系,使法律的各个要素在逻辑上建立一种因果联系。表现在立法领域,法律体系本身应该是完善的、健全的、内在协调的,这就要求法学家和立法者加大制定法的创制力度,通过精确的文字表述法律、法规、法条,法典化则正是这一逻辑运动的必然结晶。从逻辑性原理出发又发展出了"概念主义"。依这种概念主义,各种政治、经济、社会生活都可以用一系列具有明晰含义的"法言法语"来表述,而只要组成法律的概念要素能够达成体系的一致性,法律条款的"概念天国"也就实现了。大陆法系的逻辑性特征又表现为"三段论式"推理方式,法官从几个已知前提出发,投入法律、权利、义务、事实、证据等,即可一步步生成判决结论,这导致法律的适用过程类似于一种"自动售货机"的机械运动过程。最终,法律逻辑化的追求,还得益于各国在自然科学方面所取得的成就,这些成就促进了成文法技术的发展。几何学、系统论、控制论等被推及整个社会,包括法律。

3. 法律的政治需求之反馈。在所有国家中,立法是"通过法律来实现政治意志影响社会变迁的最明显的方式"。[②] 而法典则是"固化和记录一定的统治秩序、社会秩序和社会改革成果的更有效的形式,是统治者或国家政权为治之要具和要途"。[③]历代法律莫不是为了新政权得以巩固而创制,这就是为什么一个政府"一上台"就会颁行新的宪法、法律、法令的缘由。在此基础上,成文传统与法治需要结盟,促成了近代各国的法典编纂。而法典编纂,又为政治体制的建构与运行作出了不朽的贡献。至现代,成文法的重要性与国家公共能力的加强不无联系,它意味着国家正通过立法方式更多地干预着社会。诚如这样的解释:"如果我们要建立一个福利国家,在那里,法律将被用来促成社会革命,那么我们就必须为此付出一定的代价,接受大陆的法律规则概念。"[④]相反,如果法律不能满足这类政治需求,意味着其在政治生活、经济生活、社会生活中无立锥之地,则既不能推行于本世,更无法影响于后世。

4. 法律的目的需求之追逐。以各国法典为权威的大陆法系,由于近代启蒙运动

---

① [英]戴维·M. 沃克编辑:《牛津法律大辞典》,光明日报出版社 1988 年版,第 548 页。

② P. Selznick, "Law: The Sociology of Law," *International Encyclopedia of the Social Sciences*, Vol. 9, New York: Macmillan. 1968, p. 57.

③ 周旺生:"法典在制度文明中的位置",载《法学论坛》2002 年第 4 期。

④ [法]勒内·达维著:《英国法与法国法:一种实质性比较》,潘华仿等译,清华大学出版社 2002 年版,第 34 ~ 35 页。

这样强有力的理性思潮的影响,更为关注立法的目的性设计。这不仅因为古代自然法思想的天才贡献极大地影响了大陆法律体系,而且因为在当代民主思潮的支配下,立法者已将人类的价值判断精雕细凿,使之通过法律成为人人尽知的普遍准则。(1)法典具有普适性,这有利于平等需求之满足。法典一般只对社会关系作"类"的规范,这使法律所调整的社会关系从纷繁复杂的人类世界中高度抽象出来,舍弃了个别社会关系的特殊性,满足了人们对最低限度的自由、平等、利益的需求,并使公平竞争成为可能。(2)法典具有确定性,这有利于安全需求之满足。确定性意味着法律将人类行为模式化了,它规定了行为与后果之间稳定的因果关系,使人们在行为之前即可预料到法律对自己行为的态度,以此来安排自己的行为以趋利避害。这种确定性的特征正是人们对安全追求的可靠保障。(3)法典具有共识性,这有利于互利需求之满足。现代人们对法律的认知,正随着人们参与社会经济文化生活的程度而逐渐提高。"在发达国家,法律介入社会生活的方方面面,社会经济、政治、文化等都已经法律化或被覆盖了法律的外壳"。① 利用这种文明成果,建构互利互惠的关系,已让人类感到了无比的便利。

正是在上述形式合理性与实质合理性的法治背景下,成文法典作为一个体系化的成果成熟了。因而,尽管不少中外学者对法典所体现的预设性功能持怎样激烈的批评态度,在现代社会的法治建设中,它们仍然是各国法律体系之主干,并越来越趋向功能的全能主义。所谓"法的统治已变成了法的倾盆大雨",主要就是指制定法这一倾盆大雨。②

(二)法律中心主义之学理

围绕制定法的法源地位,法学家们不容置疑地将研究对象"首先对准的是制定法",③并在法学研究中形成了占据上风的"法律中心论"。该理论强调,人类可以建立一个包罗万象、应付万变的法律世界,为一切问题提供行为标准,其发展的最高成就是法律的法典化,而法学研究的目的则在于为创设这一体系提供依据。如今,法律中心主义的文化传统已经在新时代、新形势、新背景下有了全新的含义,但其定格化的学术脉络仍然为以下三点:

第一,实证主义的法律文化原理。近代法理学中,实证法学派开创的学说构成了制定法的"正统"理论基础。按照法律的实证学说,"法律就是法律",法律本身的规则性、技术性、实效性、权威性最为重要;法学家的功用在于利用实证的、注释的、逻辑的方法,去构建完备的法律大厦,而不必关心法律之外的"应然因素"。因之,

---

① 张文显:"法律文化的结构与功能分析",载《法律科学》1992 年第 5 期。
② [美]庞德著:《通过法律的社会控制》,沈宗灵、董世忠译,商务印书馆 1984 年版,第 113 页。
③ [德]卡尔·恩吉施著:《法律思维导论》,郑永流译,法律出版社 2004 年版,第 226 页。

与法律实证主义相伴而生的一个结果,就是法律规则和法律制度的法典化表现形态。在中国学界,同样流行着法律实证主义的学理,强调符合宪法精神而颁布的国家法律都具有约束力;在各种社会规则中,法应该作为主要的方式进行社会控制;法律提供着统一行为模式的边界,所有主体、所有权力、所有行为都应服从于法律的基本规则;人们应该以法律的制度化和规范化的竞争,代替"人治"的破坏性竞争。同时,相形于党纪、教义、道德、习惯等行为规范的"软约束",法律被认为是一种"硬约束"。正因为如此,人类可以通过法律手段施加一种压力,让绝大多数人实现共同追逐的法治目标。在这个意义上,法律成为现代国家"法治工程"的重要组成部分。

第二,理性主义的法律文化依据。在考评人类法律的方法中,最为重要的方法是理性主义。理性主义者始终如一地主张,一项人类制度存在的事实,恰恰证明了它是为了实现人的目的而刻意设计出来的;只要人类通过理性创造了制度,那么它们就会有助益于人类目的之实现。这种理性主义思想的形成背景,导源于从 19 世纪以来的文艺复兴和宗教改革。在大写的"人"的意识下,"人们有信心断言,他们可以通过理性认识一切事物并解决一切问题"。① 这种理性主义认识论,也成为人们认识法律现象的基础。易言之,理性的人们希望获得一种可以满足社会和政府需要的法律制度;人们所需要做的事情,也是通过运用这种理性进行法律及其制度的内涵构造,并使所有人的行动都完全受理性之法律的指导。正所谓"仅用理性的力量,人们能够发现一个理想的体系。因此很自然,他们都力图系统地规划出各种各样的自然法的规则和原则,并将他们全部纳入一部法典之中"。②

第三,民族主义的法律文化特色。民族主义的政治意义,指国家对本国各民族居民担负着保护的使命;民族主义推行的文化结果,是强调民族国家的统一性、主权性、自治性,同时抵抗外来文化的影响力。民族主义对于法律文化发展也极具影响,它意味着一种符合本民族需求的特色之治,故法律的民族主义要求重视本土法律文化资源的培育。人们还强调,"法典以民族语言象征统一而唤起认同,加上其内容散发的共同价值,可以不带强制地轻易深入民间角落,实为极佳的统合工具"。③ 不仅如此,伴随着法典为代表的制定法权威的加大,"否认一个文明民族和

---

① [美]庞德著:《通过法律的社会控制、法律的任务》,沈宗灵、董世忠译,商务印书馆 1984 年版,第 20 页。

② [美]E. 博登海默著:《法理学——法哲学及其方法》,邓正来等译,华夏出版社 1987 年版,第 67 页。

③ 苏永钦:"民法典的时代意义",王利明主编:《中国民法典基本理论问题研究》,人民法院出版社 2004 年版,第 44 页。

它的法律界具有编纂法典的能力,这是对这一民族和它的法学界的莫大侮辱"。[①] 在当代,民族主义虽然服从于国家主义的需求,但国家与民族文化、民族精神、民族利益、民族团结的联系根深蒂固,不可动摇。相形之下,其他诸如道德教化等社会规则形式,面对复杂的民族问题又显得"无能为力"。故而,从法律文化学视野分析,民族主义仍然在一定程度上决定着法律的需求与走向。

综上可见,法典法的法源观,决定了这些国家法律资源的类别、形态、风格,也决定了这些国家对于制定法、习惯法、判例法、伦理法、宗教法的不同态度。但不容否定的是,大陆法系也像英美国家一样为人类法律文明贡献了才智,贡献了调整社会关系的方式,以及运用这些方式的思维模式和技能。因此,尽管法典化的法律并不尽如人意,但其独特性却使人类在法律文明发展中发现了解决法律问题的现实之道和未来之路。

三、时代趋向:现代法律文化资源之融合

虽然上述关于法典法优势的赞誉言之有理,然而,由于人们对于法律的构造能力必然受到局限,也限制了法典所能够达致的成就。于是,我们又会对制定法所持的至上信念发生怀疑,同时也在警惕对于法典的过分强调。相形之下,当代的人们又把聚焦的视野集中于英美国家的判例法,即使中国在现代法治发展进程中,也深感法典的弊端以及判例法的优异,从而希求建立一种"混合法"的法律模式。与之适应,法学家和法律人对于判例法予以褒扬、对于法典法予以批评的呼声也颇为高涨。这就需要我们端正态度,分析未来法律体制的走向。

(一)法典缺陷的抑制

目前,大陆法系国家的自我反省和外部借鉴已成潮流。究其缘由有五:一是法典自身的刚性、空白、滞后的缺陷;二是判例法的灵活性正好弥补了上述缺陷;三是各国司法地位的提升成为一种现代需求,而判例的实证性和技术性优势也水涨船高;四是英美法系的对抗式诉讼显然比大陆法系的法官机械操作法律广受欢迎;五是以美国为代表的法学研究和法学教育方式在当代占据主流地位,其他国家在接受这种主流思潮的同时,也对自己的本土资源、固有资源、特色资源产生了怀疑。

因此,20 世纪后半叶以来,制定法传统的国家开始"向英美法靠拢"。虽然在立法上,判例仍然不具有必然的法律效力,"遵循先例"也未成为正式的法律原则,但在审判实践中对于判例的态度有所改观。而法官或律师之所以要加强对判例的研

---

① [德]黑格尔著:《法哲学原理》,范扬、张企泰译,商务印书馆 1961 年版,第 220 页。

究并受到先前判例的影响,其理由与英美国家也基本相同,包括法律本身有漏缺;法官应该有自由裁量权;法官要适应政治、经济、社会情势对案件进行判断;法官不能机械主义地适用法律;法官不愿冒自己所作判决被上诉审撤销的风险等。

如果说在20世纪初期前,大陆法与英美法的区别显而易见,但在现代,这一结论至少在形式上已经丧失了支撑力。中肯地讲,大陆法系国家有判例法,英美法系国家也有法典法,任何人为地对二者予以割裂的做法都与两大法系的现状不相吻合。特别在司法中,作为法律实践者的法律人都是"实用主义者",很显然,单纯的制定法或判例法并不能满足他们对法律确定与灵活的双重需求,于是两大法系的法律人都会自觉或不自觉地将二者并行地视为重要的法律形式。反过来说,只有对法律一知半解的人,才会认为大陆法系是法典化的制度,而英美法系是非法典化的判例制度,这是对两大法系特点的一种误述。①

中国在过去的几十年里,不仅关注法律规则本身的完美表述,更为关注法律的形式正义和程序正义。但总体上说,我国也有不少"立法问题"没有解决。(1)复制西方法问题。无论在理论层面还是在实践层面,中国当代的法律基本是西方法典的翻版。事实上,西方法典的确精致和有效,体现了人类关于法律的一般性和整体性思考,但对于中国社会而言,人们往往以为它们"离自己的生活很远"。(2)立法的正义性问题。以往的封建专制法和法西斯恶法给人类带来了灾难,如今精致构成的法典已经更多地体现了民主和平等色彩,但中国在创构法律之时,仍然需要更多地关注法律本身的优劣、善恶、好坏问题。(3)制定法的效能问题。某些法律规则一创制出来,就面临着"不符国情"的状态,或缺乏实施的环境,或超出人们的预期,或过于原则笼统,刚刚颁行就面临着重大修改。(4)法律的非科学问题。目前我国政治民主、经济发展、文化繁荣、司法改革的进程都需要法律来规范,但大量法律的"迅速产出"亦会使许多因不当立法、重复立法、冲突立法而带来的"立法垃圾"存在。(5)立法和司法的关系问题。坚持大陆模式的中国人一直以为,制定法的重要性远远超过了某个具体案件的重要性,但殊不知,法律是需要司法机关通过个案操作落实的,中国司法资源的单薄、判例能力的弱化必然影响着法治现代化的进程。

有鉴于此,我们至少需要付出两大方面的努力:其一,要克服制定法创制过程中的空白、滞后、刚性、不周延性等诸如此类的局限。在中国,制定法的笼统含糊、机械实行以及效能不足,已经表现出了大陆模式的固有缺陷,这就需要我们审视自己创造的貌似完备的法典主义的法律体系,向过于纯粹的"抽象理性"发出挑战。其

---

① [美]约翰·亨利·梅利曼著:《大陆法系》,顾培东、禄正平译,法律出版社2004年版,第26页。

二,要注重立法本身的科学构造。中国法的成文属性使我们除民法典外,基本解决了"有法可依"的问题,但法律之供给是否科学、供需是否平衡还是疑问。同时,法律供给常常面临时代、新事物、新情况的挑战,又必须对法律进行废改立,开拓法律发展的全新空间,并让法律接受社会实践的评价和考验。

(二)多元形态的发展

如前所述,法典化模式对于习惯法、单行法、判例法、自然法形成了一道天然防线,致使法典之外难以存在其他法律形式。而倘若国家在制定法之外不容许其他规范作为行为准则,必然使法律所能供给的制度资源明显不足。于是,人们开始环顾世界,寻找能满足自身需求的多元化的法律供给源。"事实上,国家法在任何社会中都不是唯一的和全部的法律,无论其作用多么重要,它们只能是整个法律秩序中的一部分,在国家法之外、之下,还有各种各样的其他类型的法律,它们不但填补国家法遗留的空隙,甚至构成国家法的基础。"①这里,本文将各种法源形式分化组合,形成除国家制定法之外的四大法律渊源说。

1. 判例法的优良技术可供借鉴。判例是人类奉献给法律世界的不可多得、不可或缺、不可忽略、不可替代的法律资源。虽然,判例不是大陆法国家现行的法律形式,但有着重要的法源地位。从判例法和制定法的关系分析,这两种法源形式相辅相成,实际揭示了立法与司法相互配合的重要性。首先,判例法克服了制定法的刻板和刚性,有利于灵活地将法律精神贯穿于具体的案件之中;其次,判例法克服了制定法的缺漏和空白,对于制定法是必要补充;再次,判例法克服了制定法的保守和滞后性,可以随着时代演进而发展自己的判例规则和原理,为新出现的法律关系提供救济;最后,判例法克服了立法意志的不周延性,使司法者的判断、推理、解释权力随着程序性的操作而渗透于法律实践之中。从判例法的技术性进行分析,现代法治强调法律的实践性,这使法官真正掌握着法律的钥匙,他们对法律的形成与发展有较大的"过滤作用",又通过"自由裁量权"的行使提供优良可仿的司法经验和凭借程序的思维方式。目前,中国纠纷解决和权利救济正在更多地仰仗司法审判的方式进行,这也为判例法在中国的成长提供了佐证。

2. 习惯法的重要地位可以提升。受以往国家主义观的影响,我们总体缺乏"关于习惯法的生命性原理",这使当今中国加强习惯法的地位不无意义。乡约、惯例、风俗、礼仪等,构成了法律的基础性源泉,它们也作为现代法治的一种重要表现形态在社会生活中发挥着功能作用。甚至可以说,即使人类文明趋向以成文规则代替习惯性规则,即使现代法典、法律、法令被精心制作,即使习惯法有其固有的缺陷,

① 梁治平著:《清代习惯法:社会与国家》,中国政法大学出版社1996年版,第35页。

但作为本土文化资源的习惯法的重要性仍然不可低估，需要我们在承认和尊重它们的基础上予以慎重对待。(1)习惯法是与制定法对称的法源形式。相形于制定法，习惯法不是明晰准确、成龙配套的严整体系，也缺乏成文法典那种普遍的效力和权威。因此，不能将习惯法与制定法等同看待。(2)习惯法是制定法的法律源泉。人类最初的法律制度，主要是通过习俗惯例表现出的，这类规则带有具体的、经验的、自发的成分，又是法律制度发展的不可逾越的一个阶段。经过一段时间的积累，习惯性的权利义务关系开始通过强制机制实现，于是这种权利义务关系就具有了法律的属性。(3)制定法应当尊重习惯法。一定的法律体系之所以为人们所遵行，必然在某种程度上与当时的现实生活相吻合，法治的真正基础只能是"公序良俗"本身。就此而言，国家在创制和实施自己的法律体系时，必须辩证地看待法律之外的习惯规则，理解其现实状况，汲取其合理成分，从而向社会提供足够和对路的法律产品。为此，"任何一个立法者在考虑措施时不利用这种可供利用的现存的习惯和感情，将是一个重大的错误"。①

3. 社会法的实效功能可资利用。除制定法的各种形式之外，"社会法"也构成法的一种渊源。目前，"社会法"已被历史学家、社会学家、人类学家贴上了各种各样的标签，诸如非官方法、非国家法、自由法、民间法、民族法、社团法、本地法、商会法、行业法、工会法、政党法、学校法、兵营法、传统法、固有法、家族法、宗族法、村落法、部落法、初民法、活法等。台湾社会学家林端阐述："'法律'可用不同角度来探究，简单地说：对人类学家而言，它是个动态的文化现象，无法自外于其他文化与传统，不同文化可能产生不同的法律文化；对社会学家而言，法律是个实然，即具体的社会事实，是社会规范的一种，亦非国家所专有。"②大陆学者朱景文教授则列举了中国社会存在的"活法"，诸如刑法中的"坦白从宽、抗拒从严"政策；交通事故中的"私了"；商业中的意思自治与妥协；离婚中财产分割的倾向性；诉讼中的简化诉讼程序；判决中的社会压力；解决争端中调解、谈判、忍让等非法律方式的选择等。③对上述"社会法"的广义宽泛理解，笔者并不苟同。其根本缺陷，在于把法律与道德礼仪、民间习俗、宗教教义、社团规章、少数民族习惯等混为一谈。但又同时认为，法律形成过程中的一个重要前设，就是承认一定社会的固有规则，这是社会自我发展、自我认同、自我调整的机制。正所谓"在每个社会中都需要有各种不同的规范模式，以满足诸如家庭、宗族、社区和政治联盟这样一些社会单元的需要，这些规范

---

① [英]米尔著：《代议制政府》，汪瑄译，商务印书馆1982年版，第11页。

② 林端著：《儒家伦理与法律文化》，中国政法大学出版社2002年版，第4页。

③ 朱景文著：《比较法社会学的框架和方法》，中国人民大学出版社2001年版，第392~435页。

模式模仿着国家法律的机构和符号形式,在不同程度上利用着法律的记号和功效。"[①]基于此,我们应该重视法律源自社会、受社会检验的属性。

4. 观念法的目的价值可被追逐。观念法,也即法理、公理、自然法、自然权利、法律原理。在一定意义上,除了制定法而外,"法律原理"也是法律多元解释的组成部分。而"观念法"的对称物则为"实在法",它们两者之间具有相互影响的共在性和差别性。首先,实在法用于表征一种具有逻辑结构的法律规范,它们往往可以用文字加以表述、复述或呈现;而观念法并不具有一定的规范结构,主要表现为法的价值原理。在古代思想家那里,人们往往从理性出发在精神世界中寻找法的本源,自然法的思想由此根深蒂固。近代启蒙思想家也高举着"自然法"的旗帜,用于修补实在法的诸多不足,各种法律原理由此成为"某种与特定法律有特殊联系的,在理念上建立、证明、为其指向,或补充、批评、修正现存法律规则的价值、观念及其体系"。[②] 时至今日,具有正义、公平、权利、利益、均衡、良知、人道精神的价值指向已深邃地融入法律文化之中,人们也试图将法律与道德标尺等而视之,用道德评判法律。人类更希望依凭理性规则而不是依靠个人专断来控制反复无常的行动,并且呼吁法律的本质是追求善意,法律的应然性应该受到更为广泛的重视。不仅如此,观念法还通过"法律原则"的形态,实际地表现在部门法领域和司法实践之中。例如,宪法中的民主原则、法治原则、平等原则;民法中的私权保护原则、契约自由原则、公序良俗原则等。有时,法官所依据的并不完全是确切的法律条文,而更多的是法律所体现的原理、主旨和精神判断,因此他们会抛开法律的规定,引申出具有弹性的法律原理和法律解释。

由此可见,一个多元化的法源体系应该包括制定法、判例法、习惯法、社会法、观念法等法的形式。而由于法律的多元主义从不同侧面提供了人们对于法律形态的基本看法,对法律多元主义的解剖仍然是必要的。特别重要的是,充分利用制定法以外的法律渊源,是克服目前制定法的封闭性的途径之一。

(三)法律虚无的反思

对中国这样一个缺乏法治传统、法治资源的国家而言,划一的政制、统一的管理、通行的语言、规范的法律,这是具有号召力的文化力量,也是造成共同法律文化的有利因素。但目前,一些学者在纠正大陆法系的偏颇之时,已经表现出对现行国家法律制度的忽视、轻视甚至蔑视态度。于是,接踵而至的论题是:中国的制定法向何处去?中国是否采取混合法模式?对在中国曾经出现、可能出现和已经出现的

---

① 田成有著:《法律社会学的学理与运用》,中国检察出版社2002年版,第143~144页。

② [日]千叶正士著:《法律多元——从日本法律文化迈向一般理论》,强世功等译,中国政法大学出版社1997年版,第191页。

"法律虚无主义"思潮如何看待?在此方面,我们的基本警示如下:

首先,在吸收判例法优长的同时,必须发扬制定法的优长。许多现代西方法学流派对于议会立法多有异议,如法社会学、现实主义法学、后现代法学、批判法学等,"他们的攻击在很大程度上动摇了部分法学研究者对法治的信念"。[①] 但任何观念推向极端,都会走向偏执和片面。事实上,至少从表面观之,以判例法传统为自豪的英美法系国家已趋向于重视系统化的制定法,而它们编制的法典也与大陆法系国家的法典并无差异。例如,美国的议会立法具有重要的法律效力,其权威性亦高于司法判例,并可取代相抵触的司法判例,反之则不能。此种变化,表明即使法律中有许多不确定的因素,但法律的确定性仍然是更为重要的特征之一。"由于社会生活要求建立在一定的确定性基础上,而且这种要求在现代远甚于古代,因此,寄希望于制定法的确定性而构建法治的努力有充分理由继续下去。"[②]推及中国,依法治国早已成为"治国方略",而法治所依托的也正是国家机关创制的正式法律。同时表明,中国法律的规范化、制度化建设,正与英美国家呈现出同样的变化趋势。

其次,在克服制定法刚性缺陷的同时,必须为制定法的重要性辩护。制定法特别是法典法的确不具有习惯法、判例法和社会法的柔性色彩,这是其被广泛批评的缘由。但反过来说,如果片面强调法的实际运作过程而忽视法的创制过程,也会使法治理论被无形摧毁。于是,在立法和司法的关系上,不能因为强调法律的可操作性、案件的差别性而忽视法律本身的规范、统一、协调功能。立法毕竟是将法律从应然状态转化为实然状态的环节,是将法律理想和法律现实沟通的前提,如果片面强调后一个过程而忽视前一个过程,那么人类关于法的创造功能也就会被相对否定;如果法律仅仅表现为"法官的预测",又哪有"有法可依、有法必依"的需要可言?列宁早就说过:"意志如果是国家的,就应该表现为政权机关所制定的法律,否则,'意志'这两个字只是毫无意义的空气震动而已"。[③] 在中国,法治不是"多了",而是"少了"。起码在现阶段,我国现代尚处于需要法治建设的时代,即我们尚没有能够完全建设起"法治大厦",也就谈不上去摧毁这幢大厦,我们切忌不能犯"将婴儿和洗澡水一起抛掉"的错误。法学家更应强调国家法的作用功能,而法官们的神圣职责也在于维护现行法律的崇高信仰。

最后,在重视非正式制度的同时,必须强化正式制度的主导作用。现代社会的发展,已使许多法律规则远远高于民间规则、社会规则、习惯规则的水准、权威和效

① 陈金钊:"法官如何表达对法律的忠诚",徐显明主编:《法治社会》,山东人民出版社 2003 年版,第 140 页。

② 葛洪义、陈年冰:"法的普遍性、确定性、合理性辨析",参见刘海年等主编:《依法治国与精神文明建设》,中国法制出版社 1997 年版,第 137 页。

③ 《列宁选集》(第 25 卷),人民出版社 1959 年版,第 75 页。

力。因之,我国必须建立制度性、主导性、普适性的法律,建立真正适合中国需要的法治。“多元性法律文化”只是当代中国的一种有限法律资源,不能将其扩张为具有无限效能的“法律事实”;强调法的社会性、民间性、自发性、自治性、道德性,也并不等于将法律与千差万别的社会规则等同视之。有学者为此警示:“我们是否可以撇开价值指向与规则或淡化价值指向与规则,将形形色色的与法相关的社会实践、社会活动本身当作法?如果那样的话,我们就用不着为法治建设伤脑筋,我们现在就可以充满自豪地宣布:我们早已是法治国家了!”①从这一立场讲,我国立法和司法的任务既不是要恢复民间法、伦理法、社团法,也不是要把法律交给社会团体和社会成员去自由发挥、任意裁量。反过来说,如果我们在法治并不健全的时代过于强调法律以外的其他社会规则,势必造成“土政策”的盛行、“非法律”的强势、“无政府”的弊端,其后果不堪设想。同样,如果法官可以在制定法没有覆盖的领域随意审判案件,而不遵循基本的法律原则和法律规则,无异于实行着另一种变相的“人治”。这里,笔者十分赞同这样的观点:“我国基层司法实践中法官对习惯的适当尊重,并非我国当代司法制度及其理念的应有之义,毋宁说是一种暂时的妥协。随着法治建设的进程,国家法(制定法)进一步健全,将逐渐形成一种规则之网;而司法的正规化、程序化进程将进一步强调法的统一适用,拉开国家法与民间社会规范的距离。”②

不言而喻,大陆法系的法源特点及其变化,给中国现代法治提供了样板,也提供了启示。但自改革开放以来,法学家和法律人实际也在借鉴着英美判例模式的优长,同时又发展了习惯法、社会法和观念法等相关原理,力求通过多种法源形式互补漏缺的途径,不断完善自己的制度体系。我们渴望,现代关于大陆法系和英美法系模式的研究,关于法典法与判例法形式的考证,能够提供一种跟随社会进化步伐的动态理论,为推进中国法治建设事业贡献力量。

① 张恒山著:《法理要论》,北京大学出版社 2002 年版,第 157 页。

② 范愉:“试论民间社会规范与国家法的统一适用”,谢晖主编:《民间法》(1),山东人民出版社 2002 年版,第 108 页。

试论地方性法规中的创制性规定

——从上海市规范网络语汇使用说起

阎 锐*

2005年,上海市人民代表大会常务委员会经过两次审议,历经3个月,于12月29日表决通过了《上海市实施〈中华人民共和国通用语言文字法〉办法》(以下简称《上海办法》)。《上海办法》规范和调整了上海推广普通话和推行规范汉字的相关活动,其中第14条第2款、第3款根据本地实际情况,本着对网络语汇"积极引导、适当规范"的态度,规定"国家机关公文、教科书不得使用不符合现代汉语词汇和语法规范的网络语汇"、"新闻报道除需要外,不得使用不符合现代汉语词汇和语法规范的网络语汇"。对网络语汇的使用规范,在《中华人民共和国通用语言文字法》中没有涉及,在全国地方性法规中也属首次,习惯上这类规定被称为"创制性规定"。本文拟结合该规定的立法过程,对地方性法规中创制性规定的含义、应用范围以及需要考虑的问题等作一些探讨。

一、创制性规定的含义

在法理学中,使用"创制"多是在"法的创制"一语中。"法的创制"指的就是立法。① 辞海中并没有"创制"的词条,只有"创",即"创始,首创"。② 现代汉语词典中"创制"的解释是"初次制定(多指法律、文字等)"。③ 从检索情况看,地方立法理论和实务界使用"创制性立法"、"创制性法规"的数量都很多。④ 关于创制性立法的含义,有学者从地方立法目的或者地方性法规权限角度作了界定,观点并不一致。⑤

---

* 阎锐,2006级法律文化专业,指导老师:沈国明。现工作于上海市人大法工委。

① 周旺生著:《立法学》,法律出版社1998年版,第85~86页。

② 《辞海》(缩印本),上海辞书出版社1989年版,第207页。

③ 《现代汉语词典》(修订本),商务印书馆1996年修订第3版,第198页。

④ 经从google检索简体中文网页,"创制性立法"有188,000项,"创制性规定"有334,000项。

⑤ 如刘志坚在《浅议创制性地方立法》一文中认为,创制性立法是有权主体"为了填补法律和法规的空白,或者是为了变通法律和法规的个别规定而进行的立法",进而区分为自主性立法和补充立法,载《人大研究》2001年第8期。而张泳梅在《地方立法应当体现地方特色》一文中则认为,"创制性地方立法规范的事项包括地方性事务和在全国人大及其常委会专属立法权之外的事项",显然与前文的观点不相一致,载《人民政坛》2004年第9期。

而关于“创制性规定”，尚未有见诸于文字的明确界定。笔者认为，所谓“创制性规定”，是指相对于法律和行政法规，有地方性法规制定权的主体依照权限在地方性法规中首创性地对国家层面某些没有规范的事项作出的规定。理由如下：

依照《中华人民共和国立法法》第64条规定，地方性法规可以作出规定的事项包括三类：第一类是为执行法律和行政法规的规定，需要作具体规定的事项。第二类是地方性事务。第三类是在立法法第8条所列的只能制定法律的事项外，其他国家尚未制定法律或者行政法规的事项。需要注意的是，立法法关于地方性法规权限范围的表述是“地方性法规可以就下列事项作出规定”，载体是地方性法规中的“规定”，指向是“事项”。也即依照规范的“事项”不同可以将法规中的“规定”区分为三类，而并非将地方性法规区分为三类。由于第一类规定的指向是对法律、行政法规的具体化，相对于国家立法，不存在“首创性”的情形。第二类规定的指向是地方性事务，这类事项不需要或在可预见的时期内不需要由全国制定法律、行政法规来作出统一规定，[①]例如上海市对行政区域内黄浦江上游水源的保护作出规定，这类规定国家层面没有专门规定，地方的规定因而就具有“首创性”。第三类规定的指向是最高权力机关专属立法权以外、国家尚未立法、地方性法规先行规范的事项。由于这类规定在国家层面尚属空白，也具有“首创性”的特点。因此，笔者认为，后两类规定都可以被称为“创制性规定”；换言之，地方性法规可以作出创制性规定的事项包括两类：针对地方性事务作出规定的事项；法律专属立法权之外、中央尚未立法的事项。

具体到上海办法关于网络语汇的规定，是否属于创制性规定，针对的又是哪类事项呢？这就必须先说到网络语汇的产生和特点。

随着网络应用的普及，作为语言的一个新载体，网络催生了在网络这种特殊环境中（例如BBS、E-mail）中传递和交流信息的载体——网络语言。有的学者认为网络语言是社会语言的变体，也有学者将网络语言归类为“社会方言”，即在一定阶级或一定行业“圈子”内部适用的语言，和其他方言一样，得在一定的语境中使用。[②]近几年来，对网络语言争论颇多，持积极态度支持者有之，批评、质疑者也有之，有文章分析认为，网络语言从2000年开始在我国已经经历了四个冲击波。教育部语言文字信息管理司司长李宇明归纳了网络语言的一些特点：(1)标点、符号等的使用量达55.07%，高于汉字使用量44.73%。(2)高频率使用的前127个汉字的覆盖率达到50%，高频率使用的前923个汉字的覆盖率达到90%。(3)网络语言具有不稳

① 《中华人民共和国立法法释义》，法律出版社2000年版，第195页。

② 易中天著：《大话方言》，上海文化出版社2006年版，第98～99页。

定性，且同一意义常有多种书写形式。① 比如说，“哥哥”可以用“GG”与“gg”表示，版主可以被写成“班主、版猪、斑竹、版竹”等，常常是一种创新还未定型又有一种创新出现了。因此，我们既可以在网络上看到对规范汉字、标点符号、拼音的误用，如符号叠加（“－_－”表示神秘笑容）、数字代码谐音（“886”表示“拜拜了”）、自创英文极简缩略语（“TKS”表示“谢谢”）、自创拼音极简缩略语（“MM”表示“妹妹”）；也可以看到对词语的误用，如汉语谐音词语（“竹叶”表示“主页”）、动物名称借用（“恐龙”表示“丑女”）、传统词汇新含义（“偶像”表示“呕吐的对象”）；新造词语（如“东东”表示“东西”）等。网络语言的出现，节约了上网者的时间和上网费用，也反映了网民们蔑视传统，崇尚创新、张扬个性的特点。但就如上述列举，网络语言确实存在诸多的不规范现象，而且网络语言也有走出虚拟网络，进入现实生活的倾向。在有些中、小学生的作文里充斥着大量的网络语言，一些新闻媒体中也出现了这类用语，显然影响了普通话和规范汉字的健康发展。为此，《上海办法》对国家机关公文、教科书、新闻报道这三类社会公共交际领域内网络语汇的使用作了限制性规定。这一规定与《中华人民共和国通用语言文字法》比对来看，规范事项并不属于国家通用语言文字所规范的“普通话和规范汉字”或者相应的具体规定，因此，不属于《立法法》第64条所列的第一类规定；网络的特殊性决定了网络语汇不可能属于上海所特有的地方性事务，也排除了“对地方性事务作出规定”的归类。进而分析，网络语汇不属于《立法法》第8条所列的法律的专属立法权，而国家也“尚未制定法律或者行政法规”，《上海办法》对其的规定，是根据推广普通话和推行规范汉字的需要，根据本地实际先行作出的规定。因此，我们不难得出结论：上海对网络语言的规范，属于法律专属立法权之外并在国家层面存在立法空白的事项作出的创制性规定。

二、创制性规定的应用范围

创制性规定可以应用到哪类地方性法规中？在本文第一部分已经提到，立法法关于地方性法规权限范围的规定只将法规中的“规定”区分为三类，并未对地方性法规分类提供标准。实践中，通常将为贯彻执行法律、行政法规而进行的地方性法规称为“实施性立法或者执行性立法”，其他的则称为“创制性立法”、“自主性立法”或者“先行性立法”。虽然后几类立法的含义还没有完全统一的认识，但是在其中出现创制性规定，在实践中并无太多的争议。而实施性地方性法规尤其是法规

① 吴玉蓉：“顶、555、ding成最常用网络语汇”，载《东方早报》2006年5月23日。

名称冠以“实施X法办法”的,是否可以出现创制性规定,存有不同的观点。笔者认为,实施性地方性法规是从立法目的和立法依据角度对地方性法规内容所作的归类,并不是对其中所有规定(条款)属性的必然要求。有确定的法律或者行政法规依据,并且是为了保证法律、行政法规在本地实施的地方性法规,应当属于实施性地方性法规。依照地方性法规特有的原则,实施性地方性法规除了对上位法作具体化的实施性规定外,可以出现创制性规定。

在宪法和地方组织法的基础上,立法法重申了地方立法的两项原则,即根据本行政区域的具体情况和实际需要;不同宪法、法律、行政法规相抵触。前者要求地方性法规适应本地的实际情况,解决本地的实际问题;后者体现了我国宪法关于中央和地方国家机构分权的原则,即遵循在中央统一领导下充分发挥地方主动性、积极性的原则。在这两个原则统领下制定地方性法规,就必须因地制宜地保证宪法、法律和行政法规在本地的实施,实施性地方性法规也不例外。实际上,在实施性地方性法规中根据本地实际对国家法律未予涉及的某些事项作出创制性规定,既解决了本地实际问题,也起到了保证国家法律、行政法规在本地实施的作用。具体到网络语汇的使用,试想如果在教科书中出现“美眉”代替“妹妹”、“美女”,国家关于规范普通话及汉字使用的立法目的怎能达到呢?

在实施性地方性法规中出现创制性规定,在地方立法实践中并不鲜见。在周旺生教授撰写总结的《北京地方性法规5年》中指出,在我国国情之下,一般来说兼有自主性与从属性双重属性的法规,是地方性法规体系或者集群的主要组成部分,也是北京市地方性法规整体中的主要组成部分,并举例《北京市实施〈教师法〉办法》,在充分体现《教师法》的立法宗旨和不违反法律原则规定的前提下,力求在一些政策上有所突破。有学者还从人民代表大会(以下简称“人大”)实施性立法称“办法”,而不像政府部门称“细则”,从名称上进一步分析了实施性地方立法可以出现自主性、创新性的内容:细则从语义上具有一定的依附性,表明两个文件之间、两个文件的不同制定机关之间具有一定的从属关系,而有立法权的地方人大与上级人大、上级政府间不存在从属关系,因而称“办法”。[①] 当前,在我国已基本上做到有法可依的情况下,实施性地方性法规除了对法律、行政法规作具体化规定外,积极探索出台一些创制性规定,应当予以肯定。而值得注意的问题是,有的实施性法规,上位法的条文占有相当篇幅,真正根据本地方实际情况和实际需要、带有地方特点的规定就只有几条。[②] 这样做,无疑使地方性法规的作用大打折扣,也浪费了大量的立法资源。

---

① 王云奇主编:《地方立法技术手册》,中国民主法制出版社2004年版,第7页。

② 江材讯:“地方立法的数量及项目研析”,载《人大研究》2005年第11期。

三、创制性规定立法过程中需要考虑的两个问题

创制性规定,尤其是针对国家立法空白的创制性规定,调整的社会关系往往尚处于产生和发展阶段,各方在认识上分歧也可能比较多。因此,出台创制性规定必须慎重。

1. 考虑规范的可能性和实施的可行性

第一,以对规范事项的基本法律价值判断清楚作为立法可能性的标准。有的事项尽早进行立法,会取得最大的有益效果,减少负面效应。但是,对立法效益的追求必须建立在法律价值判断清楚的基础上。以《上海办法》对网络语汇的规范为例,由于语言文字本身是发展的,人们对它的研究也是逐步深入的,其规范标准总是“追认性的”,所以至今在国家标准层面, 词汇和语法的标准还不是很多。[①] 尽管如此,关于规范网络语汇使用的基本法律价值判断是清晰的、稳定的。经过多年来对北方话词汇和现代白话文著作语法规范的研究,“现代汉语词汇和语法规范”的标准在一般社会公众中有相当的共识,而网络语言方面的应用研究成果也不断出现,对网络语汇特点、含义的界定也日渐清晰,在实践中并不会产生较大的歧义。据此,笔者认为,可以对该事项作出创制性的规定,而不必强求有关标准已经完全定型。试想如果教科书中出现“7456,大虾、菜鸟一块到偶的烘焙鸡上乱灌水,这些水桶真是 BT! 886! ”[②]的用语时,对其是否属于“不符合现代汉语词汇和语法规范的网络语汇”,应当很容易取得共识。实际上,关于普通话、规范汉字的“定义”是否写进法律的问题,在《中华人民共和国通用语言文字法》起草、审议过程中也有比较大的争议。几经讨论、修改在后来的修改稿中还是删去了这两个“定义”,其中的一个考虑就是不以学术定义之争贻误立法时机。

第二,从实施的可行性出发,在立法中谨慎确定创制性规定的调整范围。需要注意的是,创制性规定往往具有探索性、试验性,有的是在有关标准尚未完全成型的情况下对相关事项进行的规范,因此必须考虑现实可行性,在立法中谨慎确定创制性规定的调整范围。《上海办法》中对调整范围的确定,处理得就比较谨慎。由于语言中的词汇是一个动态、开放的大系统, 任何一种语言的丰富和健康发展,都无一例外地需要从方言词、古语词、行业语甚至外来语言成分中汲取营养,因此语言中新成分、新用法即新词新语的不断涌现是正常现象。正如有的文章中所说,对

① 国家已出台的词汇标准,如《普通话异读词审音表》、《第一批异形词整理表》等。

② 此句话的含义应为:“气死我了,怎么超级网虫和超级新手一块儿到我的个人主页上乱留言,这些水桶真是变态! 拜拜了! ”

待网语,我们应采取一分为二的科学态度,有所宽容,有所分析,有所鉴别,然后有所取舍,该接纳的接纳,须淘汰的淘汰,这才是科学的、实事求是的一种态度。

上海出台对网络语汇的限制,并不是要人为地把活生生的语言"框"死,也没有搞简单化的"一刀切",而是根据各方面意见谨慎规定了限制网络语汇使用的范围:鉴于国家机关公文是国家方针政策的载体,具有法定性和严肃性;教科书是一种特殊的出版物,对词语的使用有直接的教育和示范作用;新闻报道传播半径大,传播迅速,对语言的影响力大,对社会有直接的引导和导向作用,因此这三类情形下对语言文字的使用必须慎重、规范,对一些不规范或者尚无定论的用法,应当严格把关。另外,在其他领域网络语汇仍可以按照其自身发展规律自由使用,法规没有干涉。查阅立法过程中的资料可以发现,法规形成过程中不断缩小该创制性规定的调整范围,如将草案中使用的"汉语文出版物"修改为"教科书",草案修改稿中特别增加了"新闻报道除客观需要外"不得使用不规范网络语汇这一规定,既考虑了新闻报道的影响力,也顾及了法规出台后的适用性。① 据上海市语言文字工作委员会有关人士分析,《上海办法》施行后,已经在实践中显现出积极的效果。上海各类媒体随意使用网络语汇的情况有所改善,文新报业集团加强了对所属各报纸杂志用语用字的监测。

2. 考虑法律的价值追求,进行意见取舍

制定创制性规定,意味着要经历从无到有的立法过程,往往会出现各种不同意见的碰撞。这种情况下,地方人大及其常委会在立法过程中尤其应当以严格的程序来听取各方面的意见,在信息充分的前提下集中民智,进行立法决策。人大及其常委会有关机构可以采取座谈会、论证会、听证会等形式听取各方面的意见,让各种意见充分交锋,让各种利益诉求充分博弈。以此为基础,人大及其常委会就需要对立法过程中出现的多方意见权衡利弊作出取舍,而这种取舍并不是多方意见的如实写照,需要人大及其常委会将这些意见综合起来,以正义、合法、合理、可行等明确的法律价值追求为标准作出取舍,实现多元利益平衡,使制定的法规符合大多数人的意志,使所立之法易于被公众接受。

具体到网络语汇的规范,《上海办法》的立法过程中曾多方听取了各种意见。从内容上说,放任还是规范,全面禁止还是部分干预,存在不同的意见;从意见来源上看,既包括政府方面的意见,也有市人大代表、市人大常委会组成人员的意见,还

① 见上海市人民代表大会法制委员会委员王耀羲在上海市第十二届人民代表大会常务委员会第二十四次会议上所作的关于《上海市实施〈中华人民共和国国家通用语言文字法〉办法(草案)》审议结果的报告,载《上海市人大常委会公报》第182期。

有区县人大常委会、有关社会团体、有关专家的意见,以及一些网民、媒体的意见。[①] 经过多次讨论并综合各方面意见,上海市人大常委会对该规定不断进行修改,最终采纳了市人大法制委员会经过统一审议提出的在有限的范围内限制网络语汇使用的修改建议。正如有的评论文章所言,从现代汉语规范的角度来说,让现代汉语在一些特定领域的表达方法或说其变体的一些特定用法,保持在其特定范围以内,是完全必要的。既然我们允许现代汉语在网络这个特定环境中的一些特定表达存在,那让它在网络这个特定环境中存在而不必放任它到国家法律条文等领域,也正是尊重它的规律。[②] 可以说,这项规定并没有将网络语言"一棍子打死",也没有将其"不切实际地全面封杀",仔细看看条文,是不难得出这个结论的。任何法律、制度的出台,难免有各种评价,尤其是地方性法规中的创制性规定。对于这些规定的质量优劣,最重要的评判标准就是实践,这应该是我们对待所立之法的科学态度。

① 如上海市人民政府提交的草案中规定"汉语文出版物、国家机关公文、学校教育教学不得使用不符合现代汉语语汇规范的网络语汇"。在上海市人大常委会第一次审议该办法时,有委员提出,报刊也属出版物,但报刊上经常使用不规范的网络语汇,草案的这一规定与实际生活不相符。还有的委员提出,该条第二款规定写得太宽泛,在实际生活中规范不规范很难界定清楚,做不到的还是不要这样写为好。有区县人大建议将该规定修改为"不得使用不符合现代汉语词汇和语法规范的网络、口头用语"。媒体上也出现了支持和反对两种意见。参见上海市第十二届人大常委会第二十五次会议参阅资料。

② 陈军:"'扑杀网语'不如'语竞网择'",载《中国青年报》2006年4月3日。

德国比较法学的发展脉络

朱淑丽*

德国比较法学在世界法学界占有重要位置。作为有组织的学术活动，比较法学最早开始于19世纪前期的德国，①而且其发展形态比较完备，各个阶段在世界比较法学领域都富有代表性。尤为重要的是，德国学者对这个学科做出了非常出色的贡献。德国法素有"法学家法"之称，这一点体现在比较法领域也相当突出。因为比较法不同于部门法学，它的历史本质上就是一部学术史，完全为比较法学者一手缔造。德国学者体系化的思考方式以及踏实严谨的学术传统在这一领域得到尽情挥洒，这一优势使他们得以长期领导世界比较法学的潮流，并且直至今天，其主导地位犹未发生根本性动摇。

一、近代发展演变

（一）发轫阶段

德国比较法的发轫阶段大致从1814年（此年，蒂堡著文号召德国效仿法国进行法典编纂）持续到19世纪三四十年代（这时期，大多数倡导比较法研究的理论家相继去世）。②这一阶段德国比较法研究的直接动机，源自莱茵和巴登地区对《拿破仑法典》的继受。德国南部的海德堡大学是这一时期的研究中心，并围绕着精神领袖米特尔迈尔（Mittermaier）形成了一个学术团体。

该阶段的比较法研究具有两个特点：其一，它迫于德国改革法律的急切需要而开始，目的是为立法者和法官提供参考，以借助外国法的经验发展和完善本国法。③是故，它重实践而缺乏理论总结，没有进行任何关于比较法研究对象以及研究方法的讨论。其二，欧陆法学家第一次对英美普通法的发展和传统技术怀有浓厚兴趣，并积极试图去理解。米特尔迈尔"百科全书式"的知识，这个团体的法学家对当时

---

* 朱淑丽，2004级法律文化专业，指导老师：沈国明。现工作于上海市社科院法学所。

① David S. Clark, Centennial World Congress on Comparative Law: Nothing New in 2000? Comparative Law in 1900 and Today, Vol. 75, *Tulane Law Review*, 2001, p. 873.

② William Ewald, Comparative Jurisprudence (Ⅰ): What Was It Like to Try a Rat? Vol. 143, *University of Pennsylvania Law Review*, 1995, p. 2119.

③ [英]施米托夫："比较法律科学"，韩光明译，米健校，载《比较法研究》2001年第4期。

世界所有法律、法律科学和大国法律教育所怀的求知热情，不仅前无古人，而且在欧洲大陆后来的很长时期内也几乎无人超越。①

海德堡的法学家们尽管开启了比较法研究的大门，但其努力仅仅局限在一个很小的法学家圈子内；再加上大多数倡导比较法研究的理论家如费尔巴哈、黑格尔、耶林等，也都于19世纪三四十年代相继去世，这个团体难以抵抗法律实证主义的强大势力。② 19世纪中期，随着法律实证主义在西方法学界统治地位的形成，法哲学处于最低谷，海德堡学术团体衰落了，外国法和比较法研究几乎完全消失。这是萌芽期，对比较法普遍产生兴趣的时代尚未到来。

（二）"比较法律科学"学派

经过几十年的沉寂之后，德国比较法开始以另一副面貌重新登场——19世纪后期，历史主义成为比较法研究的主导范式，法律比较的目的在于试图揭示法律进化的内在规律。③ 所谓历史主义，就是以历史方法思考一切问题的立场，即把眼前的一切事物都作为生成、发展而来的东西来理解。主要以黑格尔的历史哲学为思想基础，后来又受到达尔文进化论的深刻影响，先在德国，后来蔓延到西欧各主要国家，兴起了一股学术潮流，即"法律人类学"或"普遍法律史"。在德国，由此形成"比较法律科学"学派。主要代表人物有波斯特（Albert Post）、伯恩霍夫特（Franz Bernhöft）和科勒（Joseph Kohler）等。

这类研究的背景是殖民主义和帝国主义，它们需要比较人类学，目的并不在于向外国学习，而是为欧洲国家的殖民扩张提供正当根据。④ 这些学者的视野向整个人类开放，而不局限于罗马法或日耳曼法的狭隘范围。其研究特点是从人的统一心理结构出发，把人类的各种现象、社会制度和法律制度的类似作为毋庸置疑的前提，认为所有民族的法都朝着单一方向、服从同一进化规律而发展，因此各个民族的法或法律制度的差异，只是因为在这条单一的道路上处于不同的发展阶段而已。这种观点过高地评价了类似性，忽视了差异性。它几乎完全无视民族特性，常常把本无关系的制度牵强附会地联系起来，明显地急于使其普遍化。⑤ 由于这些致命缺陷，19世纪末"比较法律科学"衰落了。但这股潮流强力推动了西欧比较法学的发

① Walther Hug, The History of Comparative Law, Vol. 45, *Harvard Law Review*, 1931－32, p. 1069.

② 19世纪在德国占主导的历史法学派，以及其后登场的概念法学和实证主义法学，都反对比较法研究。尤其是实证主义法学，它认为只有国家确立的法律规范，即实在法才是法律，因此它不仅把法律研究锁定在本国范围以内，而且进一步将法学的任务限定在分析和剖析实在法律制度的范围之内。

③ Anne Peters & Heiner Schwenke, Comparative Law Beyond Post-Modernism, *International and Comparative Law Quarterly*, 2000, Vol. 49, p. 803.

④ Ibid.

⑤ ［日］大木雅夫著：《比较法》，范愉译，法律出版社1999年版，第52页。

展：一系列比较法学会、杂志、讲座创立，比较法研究开始制度化，其作为独立学科的地位率先在法、英两国得到承认。

（三）现代转型

世纪转换之际，西欧比较法学迎来了发展史上的转折性变化：从法律人类学或普遍法律史也即历史的比较法，转向以现行外国法为基础的现代比较法。比较法研究的主导动机，首先，是为国内立法和国际法律协调提供"解决仓库（stock-taking）"，而后，当欧洲大多数国家法典化基本完成后，实现国际法律的逐步统一。

发生这种转变的原因，首先是国家间经济和商业的联系愈加密切，全球化趋势日益增强，这种时代精神要求对外国法律规则，或者是统一的法律规则有更好的认识；其次是在国际联盟的推动下，西欧各主要国家争取法律统一和国际合作的巨大努力取得了可喜成绩。在此形势下，西欧法学家们将私法的大规模统一作为事业理想，并对其实现的可能性怀着乐观信念。现代比较法学遂应运而生。

领导比较法学完成这一历史转变的是法国法学家。1900 年，巴黎国际比较法大会召开。大会的召开是这时期比较法发展的顶峰，它集中体现了这一阶段比较法学发展的主要特点。这次大会为比较法设定的目标是：从各种法律中寻找共同基础或近似点，以发现和创立"人类社会的共同法"，并以此为模式使各种不同的法律制度互相接近，逐渐达到世界法律的统一。

在对法的认识上，由于深受实证主义法学和概念法学的影响，该阶段的比较法学在研究对象、方法以及研究范围上都带有主流法理学的烙印。受实证主义法学影响，这时期的研究对象是制定法，比较法就是对不同国家的法律规范体系或具体法律规范进行比较。另外，在法律实践中，德国法学者曾在 19 世纪最后 20 年致力于准备《德国民法典》的制定，又在 20 世纪前 15 年对他们亲手缔造的民法典进行彻底的检查和研究，这就进一步强化了其根深蒂固的以法律文本为中心的思考习惯。而在制定法中，比较范围又进一步局限于私法领域，其原因是：自中世纪罗马法继受以来法学研究的一般趋向如此，而且《德国民法典》又理所当然地成为研究焦点。

在方法上，比较法也深受实证主义法学和概念法学影响。概念法学高度强调概念和分类，热衷于创制一个系统的和严格的实在法体系。这阶段的比较法学者也偏好宏大而又系统化的法学方法，专门研究正式的规则、制度、程序，而忽略了规范背后的社会和经济因素。这种比较方法被称为规范比较法，或概念论（conceptualism）、文本论（textualism）、文本方法（textusl approach）等。①

① 黄文艺："论当代西方比较法学的发展"，载《比较法研究》2002 年第 1 期。

这一时期的研究范围局限于欧洲大陆诸法律体系。原因在于:“人类的共同法”理论,志在追求对整个文明人类普遍适用的法律,这在当时被认为过于宽泛,因此比较法学者将研究范围首先限定在罗马民族和日耳曼民族;而受研究对象以及方法论的制约,研究范围又进一步缩小到欧洲大陆各国的制定法。当时人们认为,只有欧洲大陆的实在法体系才是彼此类似的法制,在此前提下才可以进行比较,而普通法与大陆法的法律框架差异太大,缺乏可比性,对它们进行比较不仅极为困难,而且也没有价值。①

(四)全新局面的开创与停顿

第一次世界大战后,德国比较法学有了突飞猛进的发展,自此取代法国,主导世界比较法学的潮流。

《凡尔赛条约》的签订,由各国仲裁员混合组成的仲裁机构对德国战前合同的仲裁,以及美国财政政策对战后德国的影响等因素,使原来很少引人注意的外国法和比较法具有了越来越重要的意义;德国法学家肩负着为了国家的特定利益而充当“辩护士”的任务,围绕关于法律问题的理解和适用展开了争论,这迫使他们将德国法同外国法进行对比。德国法学由此从它“罕见的闭锁状态”中突破出来。

这时期,利益法学、自由法学、法律社会学和法律现实主义以各种形式对概念法学和法律实证主义展开批判,粉碎了各国构建的自成一体的概念体系、高度精密的学说以及教条结构,为法律认识提供了新方法。这些学派虽各有主张,但在一点上却取得共识,即法律科学的对象并不是概念性的法律结构,而是这些法律结构应当解决的生活问题;法是“社会工程”,法律科学是社会科学。这些新认识为比较法学提供了思想和方法的理论基础。

德国比较法全新局面的开创与著名比较法学家、国际私法学家恩斯特·拉贝尔(Ernst Rabel)的卓越贡献密不可分,他对这时期和此后的德国比较法学都产生了至深至远的影响。拉贝尔发表的两部关于比较法学理论的著作《比较法的任务与必要性》以及《德皇威廉外国法和国际私法研究所的专业领域》,集中阐述了比较法的目的、任务和研究方法等问题,为比较法学的发展奠定了基础。他提出,“学术的主要任务是……十分审慎地对个案进行精确的处理”。② 这就从巴黎国际比较法会议对比较法的原理讨论,即讨论比较法在法学体系上的位置、效果和目的,转移到事实问题的个别研究,即“具体的研究”。

在方法上,拉贝尔超越了先前的形式主义,提出一种新方法,其本质内容是:考

① Hein Kötz, Comparative Law in Germany Today, Revue Internationale de Droit Comparé, 4 - 1999, p. 758.

② [德]K. 茨威格特、H. 克茨著:《比较法总论》,潘汉典等译,法律出版社 2003 年版,第 90 页。

察同一事实问题在多个法律体系中是如何解决的,而后探究这些解决方法的异同。新方法着手解决具体的社会问题,其出发点并非单纯基于制定法,或者法律制度的结构,而是社会事实。拉贝尔总结道:“我们比较的不是固定的材料和孤立的段落,而是各种解决办法,这些办法是由此国或彼国为了解决同一事实问题而产生的;而后,我们要考察这些解决办法为什么会产生,它们有哪些成功之处。”[①]他认为这种新方法“可以恰切地称为功能方法”。[②] 今天,人们也称之为功能主义(functionalism)或语境论(context method)。功能比较有两个基本特点:其一,比较的出发点和基础是社会所面临的各种问题或需要;其二,在对法律问题进行比较时,它着重的是法律的社会功能、效果,而不是法律文本上的抽象内容。这种方法抛弃了仅仅作为“法律规范和制度的描画大纲”的传统比较法,为比较法研究提供了新思路,从而大大拓宽了研究视野。同时,它也使比较法学者面临更艰巨的任务,那就是:不能局限于对法律规范进行简单、直接的比较研究,而要对法律生活的整体进行全面考察,研究“社会中的法”。

从比较制定法也即规范比较法,转向功能主义的同时,研究范围随之扩大。此前,人们认定只有法律结构和概念相似的法律制度才能进行比较,研究范围因而局限于欧洲大陆实在法体系。功能方法则主张,各种不同形式的法律规范、法律制度,只要功能相同,即它们解决相同的社会问题或满足相同的社会需要,就可以比较。因此,当功能主义提出来以后,上述框架就被彻底打破了,比较法挣脱了单纯的制定法的束缚,开始逐步打开新领域。

正当德国比较法研究如火如荼开展着的时候,1933 年纳粹党控制了德国政权,随之通过了一系列排犹法令,将所有犹太民族和持不同政见的法学教授逐出大学。各大学的法学教职被德国民族主义者和纽伦堡法律绝对主义者垄断。随之,各比较法研究所相继关闭,比较法杂志纷纷停刊,外国法和比较法研究陷于停顿。

二、当代发展概况

“二战”后,德国比较法研究重新走上正轨,并经半个世纪的繁荣发展取得骄人成绩。单以学术成果而论,战前比较法方面的论文寥寥可数,成熟的专著几乎付之

① David J. Gerber, Sculpting the Agenda of Comparative Law: Ernst Rabel and the Facade of Language, Annelise Riles(ed.),Rethinking the Masters of Comparative Law, *Northwestern University School of Law Hart Publishing*, 2001, p. 199.

② Anne Peters & Heiner Schwenke, Comparative Law Beyond Post-Modernism, *International and Comparative Law Quarterly*, 2000, Vol. 49, p. 808.

阙如;而到今天,比较法著作的强大阵容令人瞩目,系列丛书、数千篇论文更是汗牛充栋。而且大量成果都颇有建树,其中茨威格特(Konrad Zweigert)和克茨(Hein Kotz)合著的《比较法总论》堪称当代比较法学皇冠上的明珠,迄今为止它依然雄踞于世界比较法"经典大厦"的顶端。① 近十几年来,德国比较法还走出了纯学术的"象牙塔",在社会实践中发挥着日益显著的作用。② 以下从三方面介绍了当代德国比较法学的发展概况。

(一)研究方法

研究方法是比较法学最核心的问题之一,它以法哲学对法的解释为基础,直接决定比较法的研究范围、任务与研究深度。战后,茨威格特和克茨在继承拉贝尔研究方法的基础上,在继续批判规范比较法的过程中,进一步发展和确立了功能比较方法。1971 年,他们合著完成《比较法总论》,其中功能主义得到了最系统的阐述和完善。③ 自此,它不仅成为德国而且也成为世界比较法研究的正统方法。

今天,人们普遍认识到,进行法律比较时,必须采用功能方法:不仅要分析法律规范如何具体规定,而且也要分析它们在各自的法律体系中到底要解决什么问题;如果想要把握法律更深层的意义,就必须在规范的社会背景下,至少要在现存法律秩序的制度框架内,以及在社会、经济和文化的大环境下思考它们,即不仅必须考察纸面上的法,而且也要考察实践中的法,诸如法律的应用和解释,它们的真正力量和效果,也包括它们的无效等。一言以蔽之,功能主义使人们超越了规范比较法。④ 其最重要的理论贡献在于有效地揭穿了规范比较理论的真相,把似乎完全异质的法律秩序纳入比较法框架,从而将全世界法律秩序都作为其研究对象。部分地因为这一方法,战后 50 年的比较法才取得了长足发展,它因此被高度赞誉为"比较法贡献给 20 世纪法律科学的最重要的礼物"。⑤

随着研究的逐步深入,跨学科研究逐渐应用到比较法领域。这是功能主义的具体运用,它使学者们从原来专注于研究法律规范转向考察各种社会事实。跨学科研究广泛涉及法律史、法社会学、经济学等领域。然而,相形之下这方面的研究成

---

① Mathias Reimann, Stepping Out of European Shadow: Why Comparative Law in the United States Must Develop Its Own Agenda, *The American Journal of Comparative Law*, 1998, Vol. 46, p. 638.

② Günter Frankenberg, Stranger than Paradise: Identity & Politics in Comparative Law, *Utah Law Review*, 1997, p. 260.

③ Mark Van Hoecke & Mark Warrington, Legal Cultures, Legal Paradigms and Legal Doctrine: toward a New Model for Comparative Law, *International and Comparative Law Quarterly* (1998), Vol. 47, p. 495.

④ Mathias Reimann, The Progress and Failure of Comparative Law in the Second Half of the Twentieth Century, *The American Journal of Comparative Law* (2002), Vol. 50, pp. 679 – 680.

⑤ Vivian Grosswald Curran, Cultural Immersion, Difference and Categories in U. S. Comparative Law, *The American Journal of Comparative Law*, 1998, Vol. 46, p. 66.

果还显滞后,其具体运用尚属例外。

(二)研究范围

随着功能主义日益为人们接受,德国比较法的研究范围扩大到世界所有法律秩序,包括大陆法系、普通法系、社会主义法系以及其他法系等。除此之外,它还从20世纪以来形成的以私法为中心的学术传统中突破出来,扩大到公法领域和其他领域。

长期以来,人们认为公法在很大程度上以特殊的政治结构为基础,国家干预色彩较为强烈。因而,对公法各部门进行比较,并非不可能,但至少颇为困难。另外,与私法相比,人们进行公法比较时,很难简单地得出结论说哪一个解决办法更好。但法学者们认识到,所有这些都不能有力地否定公法比较的价值。公法和私法在比较法领域内并不能截然分开;公法和私法之分也从来没有被普通法国家所接受,二者的界限即使在大陆法系也变得模糊不清。因此,比较法学者应该把二者放在同等位置上进行考察。

德国比较法的研究领域还发生了另外一种变化,借用克茨的界定,不妨称之为从微观比较到宏观比较。[①] 在比较法发展的早期阶段,其研究重点是微观比较,即它比较的是各个法律制度或者法律问题,从而比较那些在不同的法律秩序中用以解决具体问题的规则。现代比较法中,这类比较占据着中心位置。随着社会学方法的广泛运用,宏观比较开始凸显。它的对象不是具体的各个问题及其解决方法,而是处理法律素材的一般方法,调解和裁决争议的程序,或者法律家从事法律工作时所使用的方法等。比较研究法律职业者的任务和功能,他们的活动、组织和兴趣等在多大程度上决定特定社会中的法律风格,也是宏观比较的一个方面。这被认为是大有作为和富有前途的研究领域。

(三)追求目标——“欧洲共同法”

早在20世纪80年代初,德国少数学者率先提出,如果欧洲形成了没有贸易壁垒的统一大市场和共同体,那么它也很可能需要一个共同的私法。但在当时,这种观点并未引起人们注意。随后,欧洲统一化的逐步推进,为欧洲共同私法的构想注入活力,比较法学者由此树立了新的追求目标——“欧洲共同法”(ius commune europaeum)。他们希望通过比较研究,完成一个能够为欧洲国家共同接受的私法结构,推动欧洲实现整体意义上的私法统一化。

实现欧洲私法统一,是自1900年以来欧洲比较法学者孜孜以求的梦想。“二战”后,各国学者倾向于通过各种统一法和法律协调循序渐进地接近这一理想。但

---

① [德]K. 茨威格特、H. 克茨著:《比较法总论》,潘汉典等译,法律出版社2003年版,第6~7、90页。

自20世纪80年代以后,由于用于统一或协调各国法律的技术存在难以克服的障碍,这种手段逐渐被抛弃,欧洲法学者纷纷将其研究目标转向"欧洲共同法"。具体地说,就是试图用一个欧洲层面上的而非国家层面上的《欧洲民法典》来实现欧洲私法的统一。德国法学家尤其是这项事业的积极推动者,他们一致认同:"欧洲共同法"的实现面临重重困难,抛开现实的立法技术因素不谈(如欧盟有否这方面的立法权),欧盟内共有四种法律体系,大陆法和普通法之间尤其存在巨大差异,这是制定《欧洲民法典》最大的障碍;因此,比较法学者们必须承担起艰巨任务,尽力构建一个欧洲法律原理和规则的共同核心,一种欧洲共同的法律语言以及法律文本,并以此为基础,当时机成熟时,拟订《欧洲民法典》。

为此,欧洲法学者们于1997年成立了《欧洲民法典》研究组,德国法学教授巴尔(Christian Von Bar)被推选为主席并担任非合同之债小组的领导人。该团体代表欧洲六所大学和研究机构,共设六个工作组分布于全欧洲,每年举行两次年会,主要讨论各小组起草的民法典相关部分的草案。关于这一题材的比较法著述也成绩斐然,这些著作都试图从共同欧洲的角度去理解私法的整体领域,培养"共同欧洲思维方式","希望对欧洲共同私法的思索能够汇流成'统一'的法,即民法典形式上的大框架之法律统一"。[①] 德国法学者还为此开展法学教育,希望通过培养一体化的法学人才推动欧洲法律文化趋向统一,并于1993年创办《欧洲私法杂志》,专门致力于发展共同欧洲私法。

自"欧洲共同法"成为新目标后,德国比较法就从国家的法律秩序中超越出来,开始在整个欧洲层面上进行思考和研究;其形象随之发生很大变化,它再也不是具有"灰姑娘情结"的边缘角色,而成为一门充满雄心、积极参与实践,并且颇富声望的热门学科,其发展势头和产生的影响更是前所未有。

然而,纯粹从学科角度看,德国比较法在战后半个世纪里很少有实质性突破。它既没有形成一个较为成熟的法律概念,也没有精练其方法,更缺乏真正崭新的追求目标。从方法上看,茨威格特、克茨的功能主义不过是对拉贝尔方法论的继承和完善;跨学科研究也并非新鲜事物,它也早被拉贝尔竭力提倡过。而且,尽管功能主义已是公认的研究方法,但在实践中它却没有得到广泛和深入的运用。特别在欧洲私法统一化的背景下,大多数学者都热衷于为欧洲私法统一寻求共同基础,因此其研究焦点依旧是西方法律体系中的私法规范和准则,而对各类社会何以不同以

① 巴尔解释说,"共同欧洲思维方式是指:(1)特别强调已经存在的共同点;(2)去理解相邻法律制度发展对一国法律制度形成的影响;(3)追踪历史的偶然性和荒谬以发现一国法律制度的棱角,并在不损害内容的前提下,在欧洲统一进程的框架内磨平它们"。参见[德]克雷斯蒂安·冯·巴尔著:《欧洲比较侵权行为法》(上卷),张新宝译,法律出版社2001年版,"德文版序"。

及法律文化中的差异置若罔闻。从研究目标看，德国主流学者仍然片面追求私法的协调和统一。这个目标曾经激励了伟大的法典化运动，热情鼓舞过巴黎国际比较法大会，始终贯穿在拉贝尔时代的研究工作中，并被战后50年代的法学者满怀信心地规划过；今天随着欧洲一体化进程和全球化趋势，又以《欧洲民法典》或其他欧洲共同法的形式，牢牢盘踞在西欧主流法学者的心头。50年来，德国比较法的成功主要表现在有关知识的大量积累，以及它的工具性作用方面；作为学科，它的内在生命却被严重忽视了。

三、20世纪末以来的新发展

（一）发展背景

20世纪最后十几年来，由于后社会主义国家的转型和欧洲的统一在区域范围内产生的影响，以及全球化的形成在世界范围内带来的推动作用，不同法律体系和文化在走向融合的同时难免发生碰撞，并必然相互作用和影响。这引起一系列涉及道德和法律标准的适用等新问题的产生。另外，随着文化研究的升温，对法律进行文化解释逐渐成为法律研究的主导范式。在这种法律观看来，法律不仅是解决社会问题或满足社会需要的工具，它也是一种文化现象，是表达或传递意义的符号。而要理解一种法律体系，必须深入把握其文化底蕴。这种法律观进一步深化了人们对法律的认识。不仅如此，20世纪八九十年代以来，西方法理学的各个学派都在不同程度上受到后现代思潮的影响，一批激进的法学者遂将后现代理论引入比较法研究。

在以上多种因素的综合作用下，西方比较法领域发生了一场意味深远的变革：一些比较法学者在对法律进行深入认识的基础上，一方面主要以后现代理论为智识平台，对传统比较法展开批判；另一方面也试图探寻比较法研究的新方向。这批学者被统称为后现代主义者。德国在这方面的代表人物主要是格罗斯菲尔德（Bernhard Grossfeld）和弗兰肯伯格（Gunter Frankenberg）。

（二）对传统比较法的批判

后现代主义强调文化和社会领域的差异性、多元性和异质性，认为知识形式、道德体系以及个人的生活追求和行为模式都是多种多样的，它乐于接受这些各不相同的立场，查明其独特个性，而反对某类理性观的霸权意识以及导致绝对性的普遍主义观念。它认为，社会和文化生活中存在的异质的群体、利益、话语等因素永远不可能同化到普遍的或普适的标准中去，而所谓的普遍性、共同利益和共识，掩盖的无非是霸权主义者的特殊性、特殊利益和特殊话语。

与此相应,后现代主义者以结构论(framework-theory)作为批判的理论基点和假设前提,认为各种文化之间没有共同性,不可能从中抽出中立和客观的意义与价值,独立的世界意义和价值根本不存在,一切体系都是独立自足、自洽和相对的;推理、语言、判断受制于诸如知识、文化和道德的种种结构;这些结构不容忽视,也没有共同的尺度可以衡量。法律作为一种文化现象,知识和语言的载体,以及饱含道德伦理的符号,必然受种种结构的制约。

以这些理论为依据,后现代主义者对传统比较法的方法、追求目标和分类等实质问题展开深入批判。他们认为,功能主义把只有履行相同功能的法律才能进行比较作为前提,它所寻求的其实是那些按照国内法的分类和解决模式组织的问题在外国法中的解决办法。这样,其研究就只停留在法律问题的功能效果的表层,却没有深入到社会、历史和文化的实质中。这种研究掩盖了潜藏于法律文化中的巨大差异,消除和抹杀了个性。在后现代主义者看来,功能主义者标榜的法律普遍主义,并非世界所有法律秩序所具备的共同特性,而不过是欧美"法律帝国主义"的委婉之词罢了。其所主张的中立性和客观性,实际上是"以自身尺度衡量别人的无意识解读",①是学者自己幻想出来的一种规划和霸权主义者的自负而已。

针对当前西方主流法学者所从事的事业及其追求的目标,后现代主义者指出,近十几年来,西方比较法已经发展为一项具有实践冲击力和富有侵略性的政治事业,它超出了学术范围,充当起权力的助手,成为一种新殖民主义的"政治干涉"和意识形态工程,意图强化欧美法律的权威地位,为其以全球理想法律之名干涉其他弱势法律秩序提供正当根据。传统比较法的分类技术也同样是"战略性的"(strategic),旨在确认西方法律的优越性。

这些批判从总体上给比较法注入了一副虽不协调但却健康的针剂,它刺激人们对已经根深蒂固的传统的假设前提、方法和实践进行反思,并去探索新研究方向。

(三)新方向的开创——"文化比较"

既然坚信法律是一种文化现象,知识和理解受制于种种结构,后现代主义者在对传统比较法展开批判之后,也就自然而然地试图将比较法研究导向一个新方向。这个新方向着力于探寻潜藏在法律文本背后的目的、意义和主题思想,简言之,就是要揭示这些法律文本各自的结构。比较法的研究焦点也就由单纯的法律转向研究对象自身的历史、认识论和政治学等。这种新方法被称为"文化比较"。其特点是:第一,强调从内在参与者的立场理解外域法律文化,认为只有这样,才能把握隐

① [德]根特·弗兰肯伯格:"批判性比较:重新思考比较法",贺卫方、王文娟译,载梁治平主编:《法律的文化解释》,三联书店1998年版,第175页。

藏在外域法律体系背后的法律思想,才能真正理解这种法律体系;第二,注重不同法律体系的文化差异,要求比较法学者不要受惑于法律体系间表面上的类似性,更不能随意抹杀不同法律体系的深刻差异。

比如,格罗斯菲尔德认为,比较法学者若想对某一法律体系进行富有成效的研究,就必须进行深入的跨学科研究,考察其背后的历史、文化、政治、语言和社会学等因素的作用,比较法分析因而要进一步将其研究范围扩展到诸如人类学、地理学和认知科学等领域。他的研究就广泛涉及地理、时间和空间、绘画、神学、人类学、语言学、认知心理学、哲学、历史、文学,甚至数字理论等领域。他的著作通过无数实例,试图说明比较分析要克服的障碍所在,也试图证明其比较法理论:越能充分地预想法律,从文化内在的视角观察法律,就越能充分地了解法律的复杂性,它与文化之间多姿多彩的相互作用,以及它在社会生活中所扮演的角色。只有这样,比较法学者才能培养起对秩序的新意识,才能合格地成为社会的委托人,将技术专长和文化认识结合在一起,才能充满希望地在新信息时代为其他文化架起相互沟通的桥梁。①

后现代主义者对传统比较法的批判,以及对研究新方向的开拓,具体代表了比较法的新发展。这些发展固然可贵,却在目前比较法学界位卑言轻。欧洲一体化的大环境吸引众多学者把热情倾注到发展欧洲共同私法上,致使他们对文化差异问题无暇顾及,也缺乏兴趣。因此,这些新发展还远远未在整体上形成一股明显可见的冲击力。

四、结　论

通过以上概述,德国比较法学的发展脉络大体得以显现。在此基础上,笔者归纳出如下几点结论:

首先,"欧洲共同法"始终是德国乃至西欧比较法学发展的一条主线,它既是其产生的诱因,又是其不懈追求的主要结果。正因为随着近代欧洲民族国家的崛起,欧洲法律走向国家化,破坏了欧洲法学曾有的普遍性和统一性,才促使了西方比较法学的产生;②自其产生后,它始终把欧洲私法统一作为学术理想,100 多年来,比较法学者们的研究工作中都贯注了对这一目标的孜孜不倦的追求热情。形成这一特

---

① Bernhard Grossfeld, Patterns of Order in Comparative Law: Discovering and Decoding Invisible Powers, Vol. 38, *Texas International Law Journal* 2003, p. 305.

② 西方比较法学的出现,在一定意义上是对法学狭隘性的反抗,并力图使各国法学克服特殊性、封闭性,实现欧洲法学普遍性和统一性的理想。

点的历史原因在于欧洲各国的法律文化、法律渊源和法律传统具有同根性；其现实基础则归结于先有欧共体后有欧盟的强力推动。至于“人类社会的共同法”梦想和国际私法统一实践，不过是“欧洲共同法”这一主旋律的变奏曲，是“欧洲共同法”这个理想模型的扩大化。它成因于国际经济的一体化趋势和西方资本主义势力的全球性扩张，以及欧美国家在世界经济、政治舞台上所占的主导地位。上述种种因素促生了欧洲主流法学者的法律普遍主义观念。

作为法律普遍主义观念的对立面，则是法律的特殊主义观念。这种法律观曾为19世纪萨维尼代表的历史法学派竭力主张过，今天又为后现代主义者以另一种方式再次提倡。只不过他们各自产生的影响截然不同——如果说，德国历史法学派对法律的特殊主义主张一度阻碍了比较法的发展，那么在欧洲统一化和全球化的进程中，后现代主义者关于法律文化“差异性”的呐喊相形之下要微弱得多。

其次，德国比较法的研究旨趣、方法和范围深受主流思潮和法哲学的深刻影响。比较法学者是他们所处的社会环境的产物，反映时代精神的广博的智识、理论趋向和运动，不可避免地塑造着学者们的学术活动。具体地说，学者们的研究旨趣依赖于时代背景，他们的方法论取决于主流思潮和法哲学对法律的基础性认识，而比较方法则直接支配研究领域的幅度和深度。从19世纪德国比较法的成型至今100多年的发展脉络中，可以清晰看到四者间的密切联系，详见表1。

表1 四者间的密切联系

主流思潮以及法哲学	研究旨趣	比较方法	研究范围
达尔文进化论、黑格尔的历史哲学	普遍法律史；揭示法律进化的内在规律	历史主义（回顾历史以揭示法律的发展规律）	世界范围内的法律史
实证主义法学、概念法学	国内法的统一、“人类社会的共同法”	规范比较方法（或概念论、文本论、文本方法）	欧洲大陆各国私法领域内的制定法
利益法学、自由法学、社会学法学和现实主义法学	法律的协调和统一、“欧洲共同法”	功能比较方法（或功能主义、语境论）、跨学科研究	全世界范围内的法律主要是私法领域
法律的文化解释、后现代主义思潮	关注弱势法律文化，强调法律文化间的差异	文化比较（深入的跨学科研究）	法律的社会、历史、文化、传统习惯等深层结构

最后，德国比较法的一个突出特点在于实践性。各个历史时期的学者都非常

注重比较法的实际用途，并根据时代需要把比较法应用于实践中。实践性使比较法学逐渐摆脱了学科的边缘性地位，令它取得了令人瞩目的成绩。然而，利之所在，弊亦随之。100 多年来，德国比较法学者的实践活动，尤其是对欧洲共同私法的追求，使他们更多地把比较法作为主要的工具，专注于如何为欧洲法奠定共同基础，而忽视了对比较法作为一门学科的关心。因此，尽管他们已经积累起大量丰富的知识，但这些知识却没有酝酿成现代的、明确的和有连贯性的学科体系，结果导致比较法从整体上缺乏一个合理的理论框架；对法律秩序的结构和发展，对法律、社会和文化之间的关系，也缺乏广博而深入的洞察力。这不能不说是德国比较法学的一个缺陷。

德国历史法学重述

蔡　迪*

关于德国历史法学派和潘德克顿法学的研究,在我国早已是汗牛充栋,然而笔者的重述与其说是老调重弹,不如说是“旧瓶装新酒”。事实上,尽管从某种意义上来看,历史法学可以被认为是塑造德国法律精神的重要来源,然而无论是在我国,还是在德国国内,时至今日,对于历史法学的研究和认识仍处于发展的过程中,就历史法学相关的争论也从未停息。

一、浪漫主义思想的盛行与历史法学的肇端

在19世纪初期拿破仑称霸欧洲的战争中,一个问题摆在德意志人民面前,即是否应将已在若干德意志区域得以引入的法国法在更广泛的德意志地区确立其法律地位。一部分莱茵河沿岸地区的邦国对此持肯定看法,而以汉诺威选帝侯雷堡(Rehberg)为代表的反对派却以民族的原因对此坚决抵制。① 而实际上,雷堡的思想基础就是与古典主义相对立的浪漫主义。

在18世纪末开始的德意志浪漫主义思想运动是作为与启蒙运动和古典主义相对立的思潮发展起来的。从卢梭、赫尔德和年轻的歌德开始,这一思潮把自己看作是个人的世界主义者,首先竭力颂扬自然和自由。随着他们的思想被用于国家和法律,浪漫主义者们不久就坚信:根据他们对有机发展的信仰——归根到底一切理性都源于这一有机发展——国家和法律也来源于自然和人民的发展,因而是他们本质的组成部分,他们就这样把目光引导到每个民族的特性、生活方式和历史上去。这样一来,一种新的民族意识产生了。在法律的领域则是以萨维尼作为代表的历史法学派。

对法律进行历史观察以对法律起源进行解释,这一方法并非全新。而且,不仅在法学领域,在“民族经济学”(Nationalökonomie)领域也有历史研究的传统。18世纪的德国历史法学主要适用于对法律文物的鉴定与解释,并没有人将历史法学与现行立法或法学理论联系在一起。当时在哥廷根的胡戈·古斯塔夫(Hogo Gustav,

---

* 蔡迪,2007级外国法律史专业,指导老师:李秀清。现工作于浙江万里学院。

① Gerhard Köbler, Deutsche Rechtsgeschichte, 4. Aufl. Verlag Franz Vahlen München, 201.

1764～1844年),是第一个试图对罗马法的精神进行理解并搜寻其变迁轨迹的法学家。①

19世纪的德国是历史法学派的天下,就像德国著名路德教牧师、教师威廉·埃贝尔(Wilhelm Ebel,1784～1861年)所说的:"历史法学是浪漫主义大树上的一株分支。"②历史法学派实际上非常侧重私法,将个人的和民事的思想放在一个很高的位置上。古斯塔夫·拉德布鲁赫(Gustav Radbruch,1878～1949年)在他的著作中将路德维希·安德列斯·费尔巴哈(Ludwig Andreas Feuerbach,1804 ～1872年)的犯罪学和历史法学派的代表人物弗里德里希·卡尔·冯·萨维尼(Friedrich Karl von Savigny,1779～1861年)相对立开来,认为他们的思想在相同程度上,同时在相对的方面,对德国法学产生了重大影响,从而将启蒙思想和浪漫主义思想非常紧密地联系起来。

另外,如德国历史学家佛朗兹·施耐贝尔(Franz Schnabel,1887～1966年)所说的一样,浪漫主义中"充满了矛盾的事物"从而非常难以界定,历史法学也同样如此。历史法学的前提、背景以及它的两个互相联系却又针锋相对的学派——日耳曼学派(germanische Schule)和罗马学派(romantische Schule),乃至其最后的结局——潘德克顿法学(Pandektenwissenschaft),都使得历史法学显得尤其令人感到难以琢磨。③ 同时需要注意到的一个事实是,历史法学侧重历史事件的把握而对当代的局势进行了刻意的回避,历史法学大量的代表者,基本上都是大学教授而不是法学实践者,而这一点引起了来自柏林的政治家、律师尤利乌斯·冯·克什曼(Julius von Kirchmann,1802～1884年)发表于1848年的评论,他说:"历史法学作为法学研究对司法实践没有任何价值。历史法学有三大特点:提升研究者自我满足的幻觉、对法律实践的陌生和对遥远的法律渊源的偏好。哪怕是避免对历史法学进行过高评价的人也必须看到,历史法学作为一种教授法学,通过大学里的潘德克顿研究者,间接地影响了整个世纪下半叶的立法和司法实践,但是却未能起到一个直接为德意志法律统一服务的作用。"④

而历史法学家们则声称要从历史中去寻找法律的真义从而建构一个全新的法律体系。它将实用性从它的哲学和史学研究中剥离,从古老知识和古老的方法论

---

① Stephan Meder, Rechtsgeschichte, 3 Auflage, Böhlau Verlage GmbH & Cien, Köln Weimar Wien. 273.

② Dr. Adorf Laufs o. Professor an der Universität Heidelberg, Rechtsentwicklungen in Deutschland, 2., ergänzte Auflage, Walter de Gruyter & Co. 154.

③ w. o. 155.

④ Dr. Adorf Laufs o. Professor an der Universität Heidelberg, Rechtsentwicklungen in Deutschland, 2., ergänzte Auflage, Walter de Gruyter & Co. 155.

中剥离,从而使研究者的意图和目的从历史法学的研究中剥离。这就是为什么历史法学的意义和历史研究方法在19世纪并未极大发展和普及的原因。而卡尔·马克思(Karl Max,1818～1883年)对萨维尼的评论是:历史法学将法律渊源的研究看成是个人的兴趣爱好而提升到了一个极端的高度。萨维尼驾着船掉头,没有迎着风暴,而是向着出发地驶去,因为他觉得这是一条比较容易走的路径。①

尽管历史法学在当时和以后饱受诟病,但是不管怎样,在德国法学家长廊中,萨维尼始终是最耀眼的法学家之一。保罗·克莎克尔(Paul Keschaker)曾说:"因为他(萨维尼)使德国的法学获得了整个欧洲的视野,而他的功绩在很大程度上是由于其和歌德的世界以及浪漫主义思想之间的联系。作为一个对稳定情势的偏好者,一个憎恨法国大革命平等理性主义的保守贵族,以及一个反对法兰西世界主义理论的日耳曼主义者,萨维尼非常喜欢历史的连续性而排斥任何形式的革命。他的思想本身就是古典主义的。"②

二、萨维尼及其法学世界观

萨维尼早在青年时代就在法学领域有远大理想,他的目标是要做"法学界的康德",他于1800年秋季于马尔堡大学(Philipps-Universität Marburg)以一篇名为《论犯罪行为的形式竞合》(de concursu delictorum formali)的论文获得了博士学位,然后留校作为讲师开始他的教学生涯。③ 他首先教授刑法,然后教授法学方法论,在教学和科研的过程中逐步形成了他的法学世界观,即"法律科学不外乎是法律史"。他在其大作《占有权论》(Über das Recht des Besitzes)中首次展示了他的法律史观念,此书在1803年一经出版就在欧洲引起轰动。他在书中提出的观点认为,中世纪的释义法学家(Glossator)的众多评论,不仅与法律渊源相矛盾,而且根本不是法律渊源的内容之一。只有法律典籍,即优士丁尼法典(Das Recht Justinians),才是真正的法律渊源。④

《占有权论》一书的成功给萨维尼带来了巨大的荣耀,这个荣耀使他将法学历史作出更加系统的研究,将法律渊源进行阐明,将法律史原则进行梳理。在以后的几年里,萨维尼整理了他对古罗马到中世纪法律思想的研究,尤其是通过1804年到

---

① w. o.

② w. o. 156

③ Stephan Meder, Rechtsgeschichte, 3 Auflage, Böhlau Verlage GmbH & Cien, Köln Weimar Wien. 274.

④ w. o.

1805 年间在巴黎的学习，他的学生雅克布·格林（Jacob Grimm，1785～1863 年）给了他极大的帮助。1808 年，萨维尼接受了祖国的召唤，回到巴伐利亚的朗兹胡特，两年后，随着洪堡在柏林大学的就职，他加入了新成立的柏林大学，两年后出任柏林大学校长。

1814 年，海德堡大学教授安东·尤斯突斯·弗里德里希·蒂堡（Anton Julius Frierich Tibaut，1772～1840 年）发表了《论德意志统一民法典的必要性》（Über die Notwendigkeit eines allgemeinen bürgerlichen Recht für Deutschland）一文，提出德国应尽快制定一部像法国民法典一样的统一民法典。蒂堡的思想受到了萨维尼的批判，后者发表了著名的《论立法及法学的现代使命》（Vom Beruf unserer Zeit für Gesetzgebung und Rechtswissenschaft）一文，反对盲目和激进。要求立法者和法学家在对历史上的法律进行深入研究从而具备渊博的法律知识后，再考虑制定一部完善的统一民法典。

萨维尼不仅否定了蒂堡的看法，同时也否定了当时施行的三部法典——《德意志普通邦法》（全名为普鲁士国家的普通邦法，Allgemeines Landrecht für die Preussischen Sttaten，ALR）、《法国民法典》（Code civil des Français）和《奥地利普通民法典》（Allgemeine Bürgerliches Gesetzbuch für die gesamten Erblander der österreichischen Monarchie，ABGB）。其原因不仅是因为他觉得目前法律研究尚不足，还因为他希望能够引入更新的法律材料——而这些法律材料，则恰恰为民族精神所排斥。他希望在他以后的研究中能够向立法提供更多、更丰富的法律史材料而更大地影响立法，从而使其在德国学术界中获得更高的声誉，也使他的法律渊源研究形成相关的体系，而在他看来，这种体系则恰恰是立法工作所需要的。

历史法学的研究到后期就不可避免地走向了潘德克顿学者所专注的"概念法学"（Begriffsjrusprudenz）。通过对法律组织产生和法律发展的研究，虽然萨维尼极力避免概念法学和社会实际生活的脱节，然而这种法学研究却依然无法将法学研究和当时法律体系需要统一化的政治要求结合起来。但萨维尼却认为在法律和生活之间并没有差距，法律来源于生活，也就是所谓的"民族精神"（Volksgeist）。萨维尼通过这种建构使法律成为一种"自生自灭、自我独立"的事物，而不需要任何外在的力量推动，从而使社会现实和社会需要的考虑不合时宜。他使他的法律体系变得非常抽象从而步入了法律形式化的大门。

同时，就像潘德克顿法学经典读物自称的一样，潘德克顿法学鲜明的概念形式化，是萨维尼的学生及追随者格奥格·弗里德里希·普赫塔（Georg Friedrich Puchta，1798～1846 年）将其推向极致的。在他分别出版于 1828 年和 1837 年的两卷本著作《习惯法》（Gewohnheitsrecht）中，将知识渊博的法学家看成是仅有的具备了法律能力的法律解释者和制造者，应当垄断所有法律的理论和实践。在普赫塔的眼里,法学家处于法律生活在19世纪所能达到的最高阶段,是人民的某种"机构"。但是人们却认为,普赫塔的理论看上去就像是停留在一个"普通的、未开发的理解"层面上,就这种理解而言没有什么是不可知的、抽象的。在这些理论中,对现实生活的关注和关怀都已消失,对现实的需要也不置一词。同时,普赫塔追随了萨维尼的理论,将法律的渊源分为三个部分,即人民、立法和知识。同时也认为法律是由民族精神在不同的"文化阶段"(Kulturstufe)中,由法学家和立法机构间接地制定出来。[①] 而在普赫塔的著作《潘德克顿》(Pandakten)和《学院教程》(Cursus der Institutionen)中,他充分阐述了一个潘德克顿学者的方法论,即赋予富有知识的法学家以创造新的法律描述的权力。他说:"这是知识界的任务,将法律描述和法学体系这两者联系起来作出互为条件和前提的理解,从而使得法律的家谱变成不仅仅是个别法律的汇编,从而上升到法律原则,并将这些法律原则提高到一个最高的地位。"[②]通过这样的工作使对法律描述上升为法律意识。在这些法律原则中蕴涵着的民族精神,既不能直接地从民歌和民间小说中了解,也不能从立法者的需要中得知,只有通过法学家的演绎才能使之清晰地表现出来。所以潘德克顿法学不仅不是民歌和民间小说,也不是立法者的需要,而是表现为一种知识的汇编和转化。所以那是一种"知识的法律"(Recht der Wissenschaft),或者说由于其通过法学家的个人工作不可避免地带上的某些个人特点和观点,将其称为"法学家的法"(Jristenrecht)。这一趋势导致的结果是,法律实践在法律发展中将无能为力,司法行为仅仅是简单的法律识别,上级法院也由此失去了对下级法院的指导作用。[③]

这个趋势使得司法操作逐步趋向形式化发展而疏远了对社会、政治和道德上的现实考量,将形式主义的做法逐渐普及并推向高峰。对潘德克顿法学而言,它只需要一场法律思想的更新运动,而这场运动首先否定的是理性主义和自然法的效力。概念法学放弃现实社会关怀的倾向,引起了知识界和政治实务界日益深刻的矛盾,从而导致了反对形式主义的呼声在后来一次次的论辩中日益高涨。

三、日耳曼学派与罗马学派的决裂

德国著名法学家奥托·祈克(Otto von Gierke, 1841~1921年)说:"日耳曼法

---

① Stephan Meder, Rechtsgeschichte, 3 Auflage, Böhlau Verlage GmbH & Cien, Köln Weimar Wien. 288.

② Dr. Adorf Laufs o. Professor an der Universität Heidelberg, Rechtsentwicklungen in Deutschland, 2., ergänzte Auflage, Walter de Gruyter & Co. 156ff.

③ Stephan Meder, Rechtsgeschichte, 3 Auflage, Böhlau Verlage GmbH & Cien, Köln Weimar Wien. 288.

学者首先提出德意志民族主义思想是力量的源泉。从而将民族法律的统一看成是民族解放的一个重要的前提和组成部分。所以日耳曼学者将法学研究的前提和法律的普及性以及大众性联系了起来。"

日耳曼学派和罗马法学派的决裂发生在1839年,一个新的组织——德国法杂志社(der Zeitschrift für das deutsche Recht)在奥古斯特·路德维希·雷舍(August Ludwig Reyscher, 1802~1880年)和威廉·爱德华德·维尔达(Wilhelm Eduard Wilda,1800~1856年)的努力下成立。在成立大会中他们说:"成立杂志社的目的不仅仅在于完成德意志国内的法律统一,还在于和民族法学教育和法学研究共同促进和发展。杂志出版的意义非常重大,因为杂志出版的前提不仅仅是一个共同的、一国的、大众普及的法律基础,还意味着罗马法学派研究前景的覆灭。"①普赫塔曾提出应在立法中将日耳曼法作为基本背景来进行考虑,而这一观点被格奥格·贝塞勒(Carl Georg Christoph Beseler,1809~1888年)所接受并将其发扬光大。在贝塞勒看来,罗马法的继受是一种"民族性的缺陷"(Nationalunglücke),因为这必将导致一种非普及的法学家法的统治。② 1843年格奥格·贝塞勒出版了《人民法和法学家法》(Volksrecht und Juristenrecht)一书,书中提及在德国研究罗马法的学者已经是非常少了,人民对罗马法的关注也非常少。贝塞勒要求这些罗马法学者从与世隔绝的研究环境中走出来,和民族法学融为一体。一个深层的民族运动将法学向更符合自然法和更大众化的方向进行了推动,成为一个清除和现实生活疏远的、落后陈旧的法学的代表性运动。1846年和1847年在吕贝克、法兰克福举行了日耳曼学派大会,来自海德堡的教授约瑟夫·安东·米特尔迈耶(Carl Joseph Anton Mittermaier,1787~1867年)就日耳曼法而不应当是罗马法作为整个民族法律基础的必要性作出了演讲,同时雷舍则提倡对日耳曼世界里的法律进行统一化的推动,从而形成一个"共同的法律",同时雷舍还抨击了就目前为止他所看到的罗马法学研究的一些重大漏洞。这两个学派之间激烈的争论直到那个世纪的结束一直没有得到解决,而这个重大的思想分歧,首先导致了1848年保罗教堂里的激烈争论并迟迟无法得出最后可统一的结果,乃至最终导致了19世纪下半叶严重的立法危机。

---

① Dr. Adorf Laufs o. Professor an der Universität Heidelberg, Rechtsentwicklungen in Deutschland, 2., ergänzte Auflage, Walter de Gruyter & Co. 156ff.

② Stephan Meder, Rechtsgeschichte, 3 Auflage, Böhlau Verlage GmbH & Cien, Köln Weimar Wien. 289.

四、历史法学之评价

我们该如何对历史法学派进行客观清醒的评价,是否就应该像克尔沙克尔评价的一样?历史法学将法律史当做一条新的法学原则进行考虑,从而在所有欧洲大学普及开来,但是并不意味着它是非常特别的法学领域。他们追求将共同法(罗马法)和德国特别私法(日耳曼法)的原则融合起来,解放至今尚未提高的法学家的工作效率。当德国法学家在1900年前整理出一堆日耳曼法和罗马法法律素材期间,只有一个法学,那就是潘德克顿学者的成果,就像萨维尼在一开始就设想的,就是德国普通法。同时由于有帝国统一的目标的存在,潘德克顿法学家和所有德国私法学学者都有一个基本的努力方向,为帝国统一准备一套高度发展了的法律体系。当然,政治条件的成熟并不是由大学教授们所促成的,但是条件一旦成熟,他们的成果就会立即在宪政和立法上体现出重大的意义。

就像在每次思想运动中历史法学都会提供一系列意见和观点一样,历史法学在法律思想上作出了重大贡献,甚至可以代表那个时代的法学思想,作为后来人,我们感谢历史法学派,尤其是历史法学家所提供的法律是共同文化建设的要素以及和历史共同发展的观点。

公法篇

清代法律规范佛教僧侣四波罗夷罪之案例研究

——以《驳案汇编》和《刑部比照加减成案》为例

陈晓聪*

佛教讲求戒、定、慧,有经、律、论三藏,对佛教徒的行为规范主要集中在律藏中,其中最重的罪为"四波罗夷罪",即杀、盗、淫、妄四罪。佛教传入中国之后,自隋唐时期开始《四分律》独尊,并有专门研习四分律的南山宗鼎盛。本文研究的佛教四波罗夷罪便以《四分律》为蓝本。

依《四分律》所言,具足戒共有五种罪相,或称为"五篇":一者"波罗夷"罪,其为梵语的音译,意为断头,比丘犯此罪者犹如人断头不可再生一样,不得再为比丘,此为佛制戒律的第一重罪。此戒中比丘戒有四种(杀、盗、淫、妄),比丘尼戒有八种(杀、盗、淫、妄和摩触、八事成重、覆比丘尼重罪、随顺被举比丘)。二者"僧残"罪,音译为"僧伽婆尸沙",犯此罪者犹如犯者被他人刀残,仅存咽喉,仅有残余之命,必须依赖众僧为其罪行忏悔,其罪方除,此是第二大罪。三者"波逸提"罪,意为"堕",即犯此罪者要堕地狱之中。此又分为"舍堕"与"舍"二种。四者"提舍尼"罪,又音译为"波罗提提舍"或"波罗提提舍尼",意为"向彼悔",犯此罪者须向其他比丘忏悔,罪才得以除灭,这又叫"发露",即是向大众无所隐藏地坦承自己所犯的过失。五者"突吉罗"罪,意为"恶作",其罪为轻,内容包括比丘二不定、百众学、七灭诤,共有一百零九种戒。此戒相,比丘尼与比丘相同。①

可见波罗夷的罪过是最大的,是称为佛教中的"性罪"。波罗夷意译为"极恶、重禁、断头,乃戒律中根本大罪。又称为边罪。僧尼若犯此戒,失其比丘、比丘尼资格,自教团中放逐,不得与僧共住;死后必堕地狱。此罪如同断首之刑,不可复生,永被弃于佛门之外,故称极恶。比丘四波罗夷指杀、盗、淫、妄四罪;比丘尼除此四罪外,尚加摩触、八事成重、覆比丘尼重罪、随顺被举比丘尼违尼僧三谏四种,总为八波罗夷。比丘戒之四波罗夷与比丘尼戒之八波罗夷罪,合称为四重八重"。②

我们可知比丘和比丘尼共同的四波罗夷罪是杀、盗、淫、妄四罪,尽管比丘尼还

---

* 陈晓聪,2008级外国法律史专业,指导老师:何勤华。现工作于华东政法大学。

① 王建光著:《中国律宗通史》,凤凰出版社2008年版,第6页。

② 温金玉译释:《四分律》,佛光山宗务委员会印行1997年版,第46~47页。

有另外四种波罗夷罪,但不在本文的考察范围。由于戒律律本不同,对四波罗夷罪的排列顺序也有所不同。研究清代法律对佛教徒四波罗夷罪的规范,《驳案汇编》和《刑部比照加减成案》中案例有其代表性,是研究的适例。本文对四波罗夷罪论述以案例多寡及案件的影响力大小来进行排序,第一部分综合论述盗罪与妄罪,第二部分论述淫罪,第三部分则是在案例中分量最重、影响最恶劣的杀罪。下文就以案为例来具体探讨清代法律是如何对佛教僧侣犯杀、盗、淫、妄四波罗夷罪进行惩处的。

一、盗罪与妄罪

(一)盗罪

1. 制戒缘由

制定盗戒的根源在于“不与取”。当时摩竭陀国的檀尼迦比丘到林场称是国王瓶沙王赐给其木材而将木材截断取走,后被大臣得知而告知瓶沙王,国王并不知此事,于是大臣欲逮捕此比丘,由此展开辩论。檀尼迦比丘的辩词是瓶沙王早先下令赐给财物:“王自忆不?初登位时口自发言:若我世时,于我境内,有沙门婆罗门知惭愧乐学戒者,与而取,不与不取,与而用,不与不同。从今日沙门婆罗门,草木及水听随意用,不得不与而用。自今已去,听沙门婆罗门,草木及水随意用。”①瓶沙王的辩词着重在有主物和无主物之分别上,他说:“大德,我初登位时,实有如是语……大德,我说无主物,不说有主物。大德应死。”②当时法律的规定是:“若取五钱,若值五钱物应死。”③后国王念在不应以木材断送比丘性命,以无数方便呵责而释放了此比丘。后来世尊以无数方便呵责檀尼迦比丘:“汝所为非,非威仪,非沙门法,非净行,非随顺行,所不应为。云何檀尼迦,王不与材而取?我无数方便称赞,与者当取,取者当用。汝今云何王不与材而取耶?”④并告诸比丘:“檀尼迦比丘痴人,多种有漏处,最初犯戒,自今已去,与比丘结戒,集十句义,乃至正法久住,欲说戒者,当如是说:若比丘,若在村落,若闲静处,不与盗心取,随不与取法。若为王、王大臣所捉,若杀,若缚,若驱出国。汝是贼,汝痴,汝无所知,是比丘波罗夷不共住。”⑤

---

① 温金玉译释:《四分律》,佛光山宗务委员会印行1997年版,第54页。

② 同上。

③ 同上,第55页。

④ 同上。

⑤ 同上,第56页。

2. 清代僧侣盗窃犯罪

在《刑部比照加减成案》中有关于僧人盗窃的案例，其中之一便是因奸淫之事而引起的盗窃，从另一个侧面说明了奸淫之罪的危害以及设立淫戒的重要性。此案是道光二年贵州司的案件："提督奏送：尼僧道寿行窃在伊庵内居住之白广幅银一千两，讯明实因白广幅通奸，许银四百未给，始行窃银到手。事由白广幅以淫诲盗，道寿恃奸揹窃，与平空起意行窃逾贯者有间，将道寿照'窃盗赃一百二十两以上绞监候律'上，量减满流。系妇人犯奸盗，杖罪的决，流罪收赎。"①

另外一个僧侣盗窃的案件便是和尚集体偷盗犯罪，嘉庆二十三年河南省案件："五和尚等行窃事主朱跻云驴头，曾玉化勒令事主出钱赎回，并未分赃。曾玉化依'强盗窝主不行、又不分赃杖流律'，减一等，满徒。"②

（二）妄罪

最初制定此法便是僧人在乞食之时妄语自己得道而欺骗百姓得到食物。当时谷物昂贵，人民饥馑，乞食困难，有众多比丘于婆裘河边僧伽蓝中夏安居，便想到了用欺骗手段来取得食物。这些比丘作如是念："我今当至诸居士家语言，我得上人法，我是阿罗汉，得禅，得神通，知他心……中有信乐居士，所有饮食不敢自啖，不与妻子，当持供养我等。彼诸居士亦当称赞我等，此诸比丘真是福田，可尊敬者。我等于是可得好美饮食，可得安乐住，不为乞食所苦。"③对此，释迦摩尼佛是这样训诫的："世有二贼，一者实非净行，自称净行。二者为口腹故，不真实，非已有。在大众中故作妄语，自称言，我得上人法。是中为口腹故，不真实，非已有，于大众中故妄语，自称言我得上人法者最上大贼。何以故？以盗受人饮食故。"④将欺骗妄语的罪过比为"贼"，可见罪过至大。于是一旦出现这样的情形，佛陀制定的戒律是这样规定的："若比丘实无所知，自称言，我得上人法，我如是，我知是。于彼异时，若问若不问，欲自清净故，作是说，我实不知不见，言知言见，虚诳妄语，是比丘波罗夷不共住。"⑤

最初的欺骗妄语是为了得到食物，在清朝僧人也有欺骗妄语之时，而目标变成了钱财。有例为证，嘉庆二十五年江苏府的案子："僧悟禅因寺宇坍塌，欲图修整，见朱长化痰迷病发，捏称有神附体，哄人医病，求药得财，应比照'端公道士作为异端法术医人未死'拟流。"⑥

① （清）许梿、熊莪编：《刑部比照加减成案》，何勤华等点校，法律出版社2009年版，第77页。

② 同上，第78页。

③ 温金玉译释：《四分律》，佛光山宗务委员会印行1997年版，第74页。

④ 同上，第76页。

⑤ 同上。

⑥ 同上，第170页。

二、淫 罪

(一)制戒缘由

最初违犯戒律是因为僧人要尽孝道,而迫于父母的压力才行不净行。当时有僧人叫做须提那,家境殷实,后信奉佛教出家为僧,其母劝其还俗:“可时舍道,还作白衣。何以故?汝父已死,我今单独,恐家财物没入于官。但汝父财既多,况祖父已来财物无量,甚可爱惜。是以汝今应舍道就俗。”[①]于是后来与妻子行不净行。当时世尊并未制定相关的戒律,此事一出,世尊便制定淫戒,从而阐明了制定戒律的目的和益处。尔时,世尊以无数方便呵责言须提那:“汝所为非,非威仪,非沙门法,非净行,非随顺行,所不应为。”[②]呵责已,告诸比丘:“须提那痴人,多种有漏处,最初犯戒,自今已去,与诸比丘结戒,集十句义:一摄取于僧,二令僧欢喜,三令僧安乐,四令未信者信,五已信者令增长,六难调者令调顺,七惭愧者得安乐,八断现在有漏,九断未来有漏,十正法得久住。欲说戒者,当如是说:若比丘犯不净行,行淫欲法,是比丘波罗夷不共住。”[③]

当然,佛教的戒淫自有更深层次的道理。淫欲是不仅是人们修佛路途上的绊脚石,而且也极其容易引起社会犯罪,这个在《驳案汇编》和《刑部比照加减成案》中都有诸多例证,下文除了着重介绍僧人犯奸罪外,对俗人的犯奸也会有所涉及。总体看来,僧人犯奸罪的表现形式主要有两种:一是僧人之间的奸淫犯罪,二是僧俗之间的奸淫犯罪。下文依次来分析:

1. 僧人之间的奸淫犯罪

僧人本来犯淫戒即是最大的犯罪,而僧侣之间的犯罪尤其是僧侣的鸡奸犯罪更是为佛法和俗律所坚决禁止的,但事实上此种犯罪在僧侣奸淫犯罪中占有一定比例,危害也极大。主要有如下案例为证:直隶司“南宫县民鲍成起用刀砍毙李天锡”一案,案中“鲍成起因先被李天锡欺其幼弱,强行奸污,畏其凶横隐忍。迨后复被撞遇,拦邀行奸。鲍成起触起前恨,顿萌杀机,诡称是晚前往同宿,遂回家秘带菜刀同行,趁其不备将李天锡叠殴致毙”。[④] 经过查实核定鲍杀人确实是因奸生恨,此种情形,“查奸情无分男女,为名节所关,犯奸酿命原不得以寻常谋故杀人者并论”。[⑤] 此为俗人因鸡奸犯罪而丧命的一个典型,可见此种犯罪对被害人的身心侵

① 温金玉译释:《四分律》,佛光山宗务委员会印行1997年版,第42页。

② 同上,第43~44页。

③ 同上,第44页。

④ (清)全士潮、张道源等编:《驳案汇编》,何勤华等点校,法律出版社2009年版,第219页。

⑤ 同上。

犯及对社会的影响之大，最后的判词也是从人性的角度出发，将此类案件中被害者的奋起反抗致使鸡奸者死亡的情形与普通犯罪区别开来。

此外还有僧人因鸡奸作毁尸灭迹从犯的。适例即为道光十年山西司的案件："张淋子殴伤信遐子身死，僧人普霞讯未在场帮殴，惟该犯起意将尸身移入土坑，该处系属山僻，人迹罕到，即与埋尸灭迹无异。查例内并无殴故杀人后、并非在场之人起意埋尸灭迹作何治罪明文，惟该犯因与张淋子鸡奸，起意移尸，几至凶徒漏网。普霞应比照'殴故杀人案内馀人起意埋尸灭迹、仍照弃尸为首律杖一百、流三千里、不失尸者减一等例'杖一百，徒三年。"①

僧人之间的奸淫犯罪主要有如下两种：

一是僧人鸡奸幼僧的，其中就有因奸杀人的。道光五年山西司即有案例乃因奸幼僧不遂杀人："僧人祖辉因欲鸡奸年甫九龄之幼僧安庆不遂，辄敢起意用棍迭殴安庆致毙，律例并无因奸故杀幼童治罪明文，自应比例问拟，祖辉应照'因奸将良人子弟杀死者、照光棍为首例'拟斩立决。"②道光四年奉天司案件强奸幼僧的："步军统领衙门咨送：僧人幅山将年甫十岁之幼徒何招儿哄诱鸡奸。查何招儿先经被人奸过，是该犯并非首奸之人，似未便照'虽和同强律'拟以缳首，惟此等淫徒，若仅照'僧道犯奸例'加等拟徒，未免情重法轻。遍查律例并无鸡奸十二岁以下、曾经犯奸幼童作何治罪明文，自应酌减问拟，幅山应勒令还俗，比依'强奸十二岁以下幼童、照奸幼女虽和同强绞监候律'上，量减一等，杖一百，流三千里，仍尽僧道犯奸本法，于本寺门首枷号两个月。"③

二是僧人鸡奸犯罪后又作伪证，触犯妄语罪的。在《刑部比照加减成案》中有载，嘉庆二十四年奉天司案例："僧人增亮被僧人戒宽并吕玉山先后鸡奸，因将戒宽殴伤，听从吕玉山改扮女装私逃，复听嘱如被控到官，即捏称于十二岁时即被戒宽鸡奸，图减罪名。向来办理男扮女装之案，如审有奸淫妇女，惑众敛钱，均照'左道惑众律'拟绞。今增亮并无图奸妇女，及惑众敛财情事，惟以僧人甘受侮辱，故为诡异，将增亮依'左道惑众绞罪'上，量减一等，满流，仍尽本法枷号两个月，勒令还俗。吕玉山与增亮鸡奸复主使改装，并教令到案捏供，如增亮十二岁时被戒宽鸡奸属实，戒宽罪应拟绞，将吕玉山依'教唆词讼以主唆之人为首、诬轻为重、至死未决律'满流。"④

鸡奸犯罪本身的危害性极大，往往易引起杀人等恶性案件。而涉及僧人之间

---

① （清）许梿、熊莪编：《刑部比照加减成案》，何勤华等点校，法律出版社2009年版，第500页。

② 同上，第714页。

③ 同上。

④ 同上，第46页。

的鸡奸犯罪既触犯了法律,也违背戒律。尽管《刑部比照加减成案》中并未载明僧人因犯奸而被杀的案例,但是从俗人犯鸡奸罪为被害者所杀的案例我们可知,鸡奸犯罪中被害者在某种程度上是有“自卫权”和“报复权”的,即便是后来才萌发杀机将鸡奸者杀死,也不能按照寻常故意谋杀者同日而语,而犯罪惩罚有所减轻。由此可见法律对此类犯罪分子的惩罚力度。

2. 清代僧俗之间的奸淫犯罪

(1) 尼姑的奸淫犯罪

比丘尼的八波罗夷罪中淫戒具有重要的地位,除了四波罗夷中的“淫戒”外,还有摩触罪也是对男女之间奸淫的犯罪预防。在《刑部比照加减成案》中有一尼姑普真犯奸淫的案件,之所以将其归为尼姑的奸淫犯罪,是因为她不仅是与僧旭亮通奸,还指使旭亮与其女儿通奸,是奸淫犯罪中共同犯罪的主犯,罪过极大。此案为嘉庆二十一年江苏司案例:“任学秦捉奸,戳伤妻母尼普真身死。查该犯因伊妻母普真与僧人旭亮通奸,后教令伊妻与旭亮奸好,被该犯撞获,持剪捉拿,被普真抱住,致奸夫脱逃。该犯将普真戳伤身死,系普真教令其女犯奸,与任学秦实已义绝。即属有罪之人,将任学秦依‘罪人不拒捕而擅杀例’拟绞监候。僧人旭亮与人母女通奸,致酿人命,一死一抵,应比照‘本夫登时捉奸、误杀旁人、脱逃之奸夫例’拟以满徒。”①

(2)和尚的奸淫犯罪

和尚的奸淫犯罪有几种情形:

首先,是奸致人伤亡的。其中有因争奸致使奸妇死亡的,嘉庆二十五年江苏司有一案例:“僧广伏与胡王氏通奸,潜往续旧,撞遇亦与该氏有旧之胡有凤,彼此争奸。广伏将胡有凤砍伤肇衅。胡王氏因奸败露,羞愧自尽,将广伏比照‘和奸之案奸妇因奸败露羞愤自尽、奸夫满徒例’,仍照僧道犯奸加二等,杖一百,流二千五百里,先于本庙门首枷号两个月,还俗发配。胡有凤杖一百,徒三年。”②也有因逃奸致使奸妇本夫受伤的。嘉庆二十四年浙江司的案件:“陆吴氏与僧灿珍通奸,经本夫陆泳才捉获,僧灿珍挣扎不脱,该氏帮护奸夫,将陆泳才咬伤。律无治罪专条,将陆吴氏比照‘奸夫拒伤应捉奸之人、刃伤以下加本罪二等例’,于军民相奸、奸妇枷号一个月、杖一百罪上,加二等,杖七十,徒一年半,杖决徒赎,交本夫领回。”③

其次,僧人与寡妇通奸也犯奸淫罪。嘉庆二十三年浙江司案件:“案内僧源澄因胡徐氏至庵为伊故夫拜经追荐,是胡徐氏尚有不忘其夫之心,僧源澄向其调戏成

① (清)许梿、熊莪编:《刑部比照加减成案》,何勤华等点校,法律出版社2009年版,第327页。

② 同上,第177页。

③ 同上,第327~328页。

奸，与奸有夫之妇无异，将僧源澄依‘僧道奸有夫之妇、照律加二等治罪例’于‘和奸有夫者杖九十律’上，加二等，杖六十，徒一年。仍照例于庵门首枷号两个月。”①

再次，僧人在庙宇与人通奸是刑罚的加重情节。嘉庆二十三年山东司案件：“外结徒犯内僧人达朝因王家相之妾韩氏在逃，领至庙内奸宿。与在他处刁奸者情节稍重，未便照寻常僧人犯奸律加等科断，致滋轻纵。惟该犯并未诓骗财物，自应量减问拟。达朝除加凡奸罪二等、罪止杖七十、徒一年半、轻罪不议外，依‘僧人于各寺观庙刁奸妇女而又诓财物拟军例’上，量减一等，满徒。”②

最后，也有僧人被奸妇指使强奸他人，成为共同犯罪案件犯罪人的。道光十四年贵州司的案例：“贵抚咨：安顺府僧人源和因与吴刘氏在房续奸，被氏媳吴丁氏进房撞见，吴刘氏虑被张扬，起意逼勒吴丁氏与该犯行奸，该犯听从，将吴丁氏奸污。以吴刘氏被媳窥破奸情，抑勒同陷邪淫，并非奸夫起意，将该犯僧源和依‘强奸已成绞候律’上，量减拟流。本部查强奸之罪，律无首从之分，故一人强捉，一人奸之，行奸之人不问是否起意，均应拟绞，驳令改依‘强奸者绞监候律’拟绞监候。”③除此之外，上文中尼普真与僧旭亮奸好案件中普真亦令旭亮与其女儿奸好，二者实为共同犯罪。

三、杀　　罪

（一）制戒缘起

杀戒的制定缘于比丘之间的残杀，而这是因对佛教的认识误区所导致的。当时有种厌生的情绪弥漫：“诸比丘在婆裘河边园中住，作是念，世尊无数方便，说不净行，叹不净行，叹思惟不净行。彼以无数方便习不净观，厌患身命，愁忧不乐，求刀欲自杀，欢死、赞死、劝死。”④当时有比丘字勿力伽难提，手执利刃，入婆裘园中，见有一比丘厌患身命，见他到来，便乞求他“大德，断我命来，我以衣钵与汝”。⑤ 勿力伽难提比丘即受其雇、衣钵已，便断其命。此后，他有悔意，但是魔的出现打消了这种悔恨，并赞叹说：“善哉！善哉！善男子，汝今获大功德，度不度者。”⑥于是复又杀人：“或日杀一比丘，或杀二、三、四、五乃至六十人。时，彼园中，死尸狼藉，臭处不净，状如塚间。”⑦

这种恐怖的状况，在居士间引起了强烈的反响：“时，有诸比丘，礼拜诸寺。渐次

① （清）许梿、熊莪编：《刑部比照加减成案》，何勤华等点校，法律出版社2009年版，第313页。
② 同上。
③ 同上，第712页。
④ 温金玉译释：《四分律》，佛光山宗务委员会印行1997年版，第63页。
⑤ 同上。
⑥ 同上。
⑦ 同上，第64页。

至彼园中，见已，皆共惊怪，讥嫌言：‘此园中乃有是变，沙门释子无有慈悲，共相杀害。自称言我修正法，如是何有正法？共相杀害，此诸比丘犹自相杀，况于余人？我等至今勿复敬奉承事供奉沙门释子’”。[①] 于是告诉村里的百姓不要再供奉僧侣，与之往来。这样的想法是绝大部分百姓的想法，僧侣犯杀戒不仅是对僧人个人德行的否认，而且也直接影响到僧团和佛教的影响力，在下文的案例中我们也有所涉及。

鉴于这种恶劣的影响，佛陀作为立法者，也制定了相关的法条禁止杀生，尤其是杀人，他告诉比丘们：“若比丘故自手断人命，持刀与人，赞誉死，快劝死，咄！男子，用此恶活为，宁死不生。作如是心，思惟种种方便，叹誉死，快劝死，是比丘波罗夷不共住。”[②]

根据案例可将僧人犯杀戒的情形区分为二：僧人之间的残杀；僧人对非僧人的杀伤。下文依次论述。

（二）清代僧人之间的残杀

1. 师父殴杀徒弟

僧人之间的残杀涉及一个特殊身份关系，那便是师徒。佛教是讲究宗派传承和师徒关系的，在世俗法律中也规定了师徒关系相当于是叔侄关系，可谓至亲，理当以世俗礼仪和佛家仪轨来进行规范，努力遵循。法律中也规定了僧尼对徒弟合理教育的权力，甚至规定了教育体罚时造成意外死亡的宽减的处罚条件：“僧尼道士如因弟子违犯教令，以理殴责至死者，照殴杀堂侄律，杖一百，流三千里；匠艺人等致死弟子者，亦如之。”[③]但是情况往往是师傅仰仗对徒儿的教诲之权妄开杀戒，造成了诸多惨剧。在《驳案汇编》中就有这些情形存在，那便是“僧尼非理殴杀子弟”。

在“建德县僧沛林殴伤徒弟禅立身死”一案中，师父沛林因“施主方灶寿欲栓其项颈催逐出寺，气忿上山。伊徒禅立向其痴笑，原非违犯教令可比，乃沛林向问不答，即逞凶拾石殴打，以致受伤殒命”。[④] 法律案例中规定了：“僧尼因弟子违犯教令，以理殴责致死者，杖一百、流三千里；若挟嫌逞凶故杀弟子，及执持金刃凶器非理扎殴致死者同凡论。”[⑤]尽管此案并非持刀杀害徒弟，但也并非是以理教化徒弟，仅是因气急败坏而发泄在徒弟身上致其死亡。于是最后的判决便是：“虽与持执金刃凶器非礼殴扎致死者有间，究与以理殴责者不同，则沛林之致死禅立，应同凡论。僧沛林应改依‘斗殴杀人’律拟绞监候等因具题前来。”[⑥]

---

① 温金玉译释：《四分律》，佛光山宗务委员会印行1997年版，第64页。

② 同上，第66页。

③ （清）全士潮、张道源等编：《驳案汇编》，何勤华等点校，法律出版社2009年版，第374页。

④ 同上，第376页。

⑤ 同上，第375页。

⑥ 同上，第376页。

在“徐沟县僧人界安殴死伊徒韩二娃”一案中，僧人界安故意殴杀幼徒韩二娃，“僧人界安将十一岁幼徒韩二娃用绳拴吊，叠殴立毙。甚至其父韩贵陇跪地求饶，亦置不理。其凶狠惨毒，情罪甚为可恶。该部仅照故杀律拟以斩候，尚未为允。僧人出家持律，原不应身犯杀戒。是以每年秋审时，遇有僧人殴毙人命者概予勾决，以示惩儆。今界安因其徒年幼贪顽，辄恃醉逞忿，顿起杀机，立置之死。是界安既犯王章，又破佛律，非常人斗殴故杀者可比，岂可令其久稽显戮？著交该部另行妥议，定例具奏。此案即照新例办理”。[①] 在判词中进一步突出了界安非理殴责，并且犯罪情节恶劣的事实：“今僧人界安立毙幼徒韩二娃一案，韩二娃年仅十一，该犯恃醉拴捆，用浸湿麻绳毒殴。其父跪求不允，复叠殴鳞伤，有心毙命。似此凶恶残忍出自僧人，尤为狠毒，诚如圣谕非常人故杀者可比，不可令其久稽显戮。臣等遵旨酌议，应请嗣后僧人逞凶谋故惨杀十二岁以下幼孩者，即拟斩立决，庶凶恶僧人咸知儆惧，而情法益昭平允。”[②]于是僧人界安的行为既触犯了刑律，又违犯了佛教的杀戒，应该予以严惩，与以理殴责徒弟不同，判斩立决。

在“京山县僧开月殴伤伊徒法元身死”一案中，“缘开月自幼披剃，并未传给度牒，在瓦庙集住持。有天门县杨其隆之子拜开月为徒，取名法元，教养数载。讵法元素性顽劣，不听教训。乾隆三十五年九月初五日夜，法元在集游荡，夜深回庙。开月斥责，法元顶嘴”，[③]于是开月用竹片责打法元，“适伤法元顶心偏右殒命”。[④] 判案的思路如下：“经臣部查律载‘僧道不给度牒，私自簪剃者杖八十，还俗。’又载例‘僧道年未四十即行招徒者，照违令律治罪，所招生徒勒令还俗。’又‘僧道因弟子违犯教令，非理扎殴致死者，同凡论’各等语，此案僧人开月并未传领度牒，其招徒法元时年亦未至四十，是开月、法元均例应还俗之人，不得与师徒同论。乃开月因法元夜深回庙，辄叠殴致毙。查阅原招，尸系赤身，时已半夜，其竹片侧击顶心一伤，深至骶骨。以年仅十二之法元，身被殴击骶骨之重伤，岂犹得与以理训责者比？今该抚仅据开月一面之词，毫无证据，依‘僧道因弟子违犯教令，以理殴责致死’例拟流，殊未允协。”[⑤]这就涉及两个层面的问题，首先僧开月与法元并不符合度僧的条件，不属于师徒，因此不能按照师傅“以理殴责致死”徒弟的规定来处罚。其次是最重要的一点，从法元的伤势来看也并不符合师傅以理殴责徒弟致死，而属于非理殴责致死。于是，判词这般规定：“咨驳去后，续据该抚疏称，开月并未领受度牒，其招徒法元时年尚未至四十，是开月、法元均例应还俗之人，不得与师徒并论，则殴死自应按

---

① （清）全士潮、张道源等编：《驳案汇编》，何勤华等点校，法律出版社2009年版，第377页。
② 同上，第378页。
③ 同上，第376页。
④ 同上。
⑤ 同上。

照犯人科断,将僧开月依'斗杀'律拟绞监候等因具题前来。"①最后,"乾隆三十七年六月初五日题,初十日奉旨:'开月依拟应绞,着监候,秋后处决。'"②

2. 僧侣平辈之间殴杀

在僧侣平辈之间殴杀主要是涉及僧侣之间利益的问题发生口角而起意杀人,最主要的是争夺寺院的经济利益。尤其表现在"僧人悟明扎伤行济身死"一案中。

在此案中悟明与师父行达在永庆寺披剃。乾隆二十五年间,行济之师父因寺僧众多,将悟明师徒分出本村另居,"拨给寺产地三十三亩,素无嫌怨。三十九年二月初八日,永庆寺演戏,悟明与徒性佛、性一至寺看戏。悟明旋入厢房,与行济师兄行宽坐谈。行宽谈及寺产不敷,索还地亩。悟明不允,致相詈骂"。③ 由此导致悟明杀伤人,而且犯罪情节比较恶劣:"行宽即用拳向殴,悟明闪避,顺取桌上小刀扎伤行宽额颅、左腮颊、咽喉、左右耳根、倒地。悟明出院欲走。行济闻喊,持棍赶至扑殴,悟明扎伤行济顶心。性佛入趋劝解,行济疑其帮殴,混骂,性佛夺获木棍殴伤行济左肩胛。被行济将棍格落,性佛又拾铁炉条戳伤行济右眼泡。行济复弯身拾棍,悟明恐其拾棍还殴,又用刀连扎其肩背,致伤行济项颈左、咽喉左右,倒地。悟实、性一先后赴援……查行济被殴扎各伤,惟悟明所扎咽喉溃烂透内,实系致命重伤,应以悟明拟抵。"④

乾隆四十年四月十一日题,十四日奉旨:"三法司核复僧人悟明扎伤行济身死一案……况悟明既系僧人,即应守戒,乃逞凶连扎二人,一死一伤,实为狠恶。悟明仍著问拟绞候,并入于本年秋审'情实',以示惩儆。嗣后内外问刑衙门遇有僧人行凶毙命之案,俱不得轻议宽减。"⑤

3. 徒弟殴伤师祖

此外还有道光七年陕西司案件:"僧人王如禅不守法规,辄从史彦仓学习拳棒,当伊师祖张毓广禁止,胆敢用拳殴伤其腮颊倒地,虽系一时一事,实属情凶势恶。并复诱赌抽头,种种妄为,核其情节与棍徒扰害无异。王如禅除学习拳棒及出有赌具、殴伤师祖,各轻罪不议外,合依'凶恶棍徒生事扰害例'发极边足四千里,到配折责安置,照例刺字。"⑥在此案中,王如禅不守法规,胆敢用拳殴伤师祖,可见其蔑视法规伦理之心。佛教也是讲究尊师重道的,此类犯罪必将严惩。

---

① (清)全士潮、张道源等编:《驳案汇编》,何勤华等点校,法律出版社2009年版,第376页。

② 同上,第377页。

③ 同上,第370页。

④ 同上。

⑤ 同上,第371页。

⑥ 同上,第457页。

4. 小结

自佛陀制定戒律之初，杀罪便是四波罗夷罪之一，甚至可以说是最重要的戒律，佛有好生之德，讲究悲天悯人之情怀，所以更不能容忍对生命的亵渎和践踏，于是制定杀戒以期人们遵守。尤其应当注意的是，佛教杀戒制定的缘起便是僧侣内部的相互残杀，致使佛教居士及世俗诸人对佛教大为厌恶，这也是制戒的缘由之一。

在中国法律中杀人一直是重罪之一，僧侣杀人又涉及一个特殊身份的问题，僧侣既是佛教团体中人，又是整个社会中之一分子，所以触犯杀戒既触犯了佛律又忤逆了法律。就像在"徐沟县僧人界安殴死伊徒韩二娃"一案中判词中所讲的："僧人出家持律，原不应身犯杀戒。是以每年秋审时，遇有僧人殴毙人命者概予勾决，以示惩儆。"①而且僧人残酷杀害别人更应该是受到严惩，无宽减之理："似此凶恶残忍出自僧人，尤为狠毒，诚如圣谕非常人故杀者可比，不可令其久稽显戮。臣等遵旨酌议，应请嗣后僧人逞凶谋故惨杀十二岁以下幼孩者，即拟斩立决，庶凶恶僧人咸知儆惧，而情法益昭平允。"②

在僧侣犯杀戒的案件中以师父殴杀徒弟最为典型和发指。在《驳案汇编》中有三个案例是此类案件的反映："建德县僧沛林殴伤徒弟禅立身死"、"徐沟县僧人界安殴死伊徒韩二娃"、"京山县僧开月殴伤伊徒法元身死"。此三桩案件都是师父"非理殴责徒弟致死"的。有用石子殴毙的，有捆绑吊打的，其中有用麻绳浸湿殴打，也有用竹片的，最后致使幼徒惨死。由于律例中有规定，因弟子违犯教令，以理殴责弟子致死，杖一百，流三千里。从某种程度上造成了师父殴打体罚徒弟权力的无节制，所幸在诸多案例发生之后，也制定法律使得"非理殴杀弟子"得到严惩：僧人逞凶谋故惨杀十二岁以下幼孩者，即拟斩立决。

（三）清代僧人杀伤非僧侣

1. 僧人杀伤非亲属

僧侣殴杀凡人不论其缘由，都是违背戒律的，佛教强调好生恶死，强调宽容，尽量不用武力去解决问题，何况是用武力杀伤凡人。在此类僧人杀伤非亲属凡人的案件中，有的僧人犯罪意图比较恶劣，犯罪手段也相当残忍，以下文案件为例。道光四年贵州司的案件："提督咨送：僧人心宽因包樑玉夤夜至伊菜园篱边坐歇，疑系行窃，实属有因。惟不听其分辩，辄行捆缚殴打，又恐放去复来行窃，起意将其右耳割落，实属凶横。心宽应依'威力制缚、于私家拷打者、伤重加凡斗二等律'，于刃伤人

---

① （清）全士潮、张道源等编：《驳案汇编》，何勤华等点校，法律出版社2009年版，第377页。
② 同上，第378页。

杖八十、徒二年上，加二等，杖一百，徒三年，勒令还俗。”①僧人本是出家修道之人，应有自度度人之心胸和情怀，只因疑人行窃辄自行割人耳朵，则其心可诛。

2. 僧侣杀伤亲属

僧侣虽然出家，但是与父母亲人的血缘感情还是不能割裂的。法律也有规定僧侣犯罪后“存留养亲”的。嘉庆十九年四川司案件：“李张氏一案，因与僧悟量通奸，致奸情败露，羞忿自尽。悟量依‘因奸酿命例’，满徒加二等，拟杖一百，流二千五百里，仍枷号两个月，勒令还俗。因该犯之母，年逾七十，准其留养。”②

但是也有极少数僧侣人伦丧尽，竟殴杀亲属的，以“僧人静峰致死胞弟周阿毛，图赖刑直武等夺钱殴毙”一案最为典型。此案来由也可以说是利益驱动，涉及寺院土地的租佃。静峰俗姓周，自幼出家，乾隆三十四年至迴陇庵住持，“庵内田亩向系刑克仲、刑球佐、刑俊章、刑克贵等佃种，因欠租未清，于三十九年十月内静峰控县饬追，并欲退佃。刑克仲子侄刑直武、刑直华、刑直望怀忿，途遇静峰，将其剥衣殴打”。③ 后来其弟周阿毛来寺之时，“忆及刑直武等剥衣殴辱，又见周阿毛痴呆无用，起意将周阿毛致死图赖”。④ 这是他想出的毒计，本想约其好友毛小丫头共同实施犯罪，但毛畏惧，托故逃回，连亲弟弟都敢谋害，可见静峰之心歹毒。于是静峰独自实施了这个残忍的犯罪行为：“静峰与周阿毛行至西王桥沙滩，周阿毛在前，静峰尾后，将扁担撩弃路旁，叫唤周阿毛转身。静峰赶上即拳殴周阿毛左眼，仰跌倒地，擦伤脊背，随用右手揢住周阿毛咽喉，右膝压住肚脐下，立时殒命。静峰自将碗片划伤额颅，卧于滩上。”⑤

此案涉及两个身份层面，静峰之于周阿毛一是僧人对俗家亲属之关系，二是尊长对卑幼之关系。涉及尊长因财产犯意而谋害卑幼的还有一个案件便是“龙泉县民郭义焙谋财致死郭丫头仔”一案，在这个案件中，“郭义焙因其六岁幼侄郭丫头仔头戴项圈，辄行起意扭取，见其哭喊，遂行推跌粪坑溺毙。凶恶残忍，情殊可恶”。⑥对这一案件的判决涉及对静峰案的分析和比较。其中集中在这样一个判决惯例的扭转：“至于僧人杀伤本宗尊长卑幼之案，皆狃于律内‘丧服等第与常人同’之语与常人一律问拟。如谋故杀俗家卑幼，竟使有犯杀戒之奸僧转得因俗家服制量从末减。”⑦也就是说僧人故意谋杀同宗卑幼也会依照服制而享受宽减的待遇，这种判决

① （清）许梿、熊莪编：《刑部比照加减成案》，何勤华等点校，法律出版社2009年版，第620页。
② 同上，第7页。
③ （清）全士潮、张道源等编：《驳案汇编》，何勤华等点校，法律出版社2009年版，第441页。
④ 同上，第442页。
⑤ 同上，第442页。
⑥ 同上，第443页。
⑦ 同上，第444页。

于情于理不符，审判官动之以情晓之以理来证明这种做法的不恰当性，而使得僧人犯此类犯罪不再享有宽减的待遇。其论证主要有以下几个层次：

第一，从立法目的来看，规定僧人丧服等与常人同的法理用意在于对父母祖先的孝道："例载'僧尼道士，并令拜父母、祀祖先、丧服等第，皆有常人同'等语，推原律意，诚以本源至重。僧道虽已出家，亦必推其所生，故律内只载上溯之文而绝无旁及之条也。"①这是对僧尼的世俗角色的一种关照，集中体现在对俗人父母的赡养上，法律中特意规定了僧人犯罪后"存留养亲"，一如上文僧悟量通奸案中所示。在僧人杀死卑幼案中使用这类说法的话不符合立法的目的。

第二，从立法语言解释上印证了不能以服制作为评判的标准："刑部所以引此者，因律有'为僧于本身亲属有犯，仍按服制定拟'等语，遂尔概行比附。殊未思律言'有犯'专指尊长而言，如僧人犯其祖父伯叔，自不可因已出家稍为末减；若卑幼本不可言'犯'，又安得由尊长之律推而下及乎？是僧人致死俗家卑幼，断不当复以服制论也。"②

第三，从僧人的道德规范和佛教戒律来考虑也不应该对僧人杀害卑幼的犯罪予以纵容："僧人披剃出家，当不复论其俗家卑幼，且致死人命即已犯其杀戒。今静峰因周阿毛痴呆无用，辄行谋死图赖泄忿，凶残殊甚。彼既不念手足之谊，何得复援尊长之条？"③于是，静峰残忍杀害亲弟弟周阿毛，并不念及骨肉亲情，况且在佛教戒律中杀戒也是五戒之一，触犯杀戒是四波罗夷大罪之一，是要被逐出僧团的。如此不顾人伦和佛教僧团法律的犯罪行为，又怎能在判决时援引尊长条目而宽减其行罚呢？

第四，依据习例"轻盗重奸"的原理来比拟因财谋杀卑幼而当重判犯罪者："至尊长谋杀卑幼之案，查本宗服制，重奸而轻盗，故于奸则服愈近者罪愈重，而于盗则服递近者罪递轻。向来办理谋杀卑幼各案，凡因图奸谋故杀卑幼者俱系从重定拟，其因盗而杀者仍依杀死卑幼本律科断，罪至绞候。盖轻财物而重伦纪，是以成例相沿，稍从宽减。"④此为一般情形，但是如果遇到尊长对卑幼谋财害命者也应严惩而不得宽减："但如尊长图财谋杀卑幼如草芥，攫其财而戕其命，在该犯既已蔑视伦纪，忍心害理，实属恩断义绝。诚如圣谕，不得复以服制科断，自应另立科条以昭炯戒。应请嗣后谋财害命强盗杀人及图奸谋杀之案于卑幼之恩义已绝，应俱照平人一例办理，不得复依服制宽减。其余寻常亲属相盗及谋故殴杀卑幼等案，仍照旧例

① （清）全士潮、张道源等编：《驳案汇编》，何勤华等点校，法律出版社2009年版，第443～444页。
② 同上，第443页。
③ 同上，第443页。
④ 同上，第444页。

办理。如此则情罪适均，而奸盗凶徒不致恃尊罔忌矣。"①

第五，经过这番法理与人情的剖析与较量，对僧人杀伤本宗尊长卑幼之案的习惯性判例是："应请嗣后僧人如犯其祖父母、父母及有服尊长致死，均应仍按照服制依律从重论；若致死本宗卑幼，无论斗殴谋故，俱以凡论，依律定拟。女尼、道士、喇嘛均系出家之人，亦应一例办理。"②最后对静峰的判决是："静峰依拟应绞，著监候，秋后处决。"③

四、总　　结

四波罗夷罪经常与五常、五行等相配。不杀对仁，不盗对义，不淫对礼，不妄语对信。四波罗夷戒对应仁、义、礼、信是有其合理性的。由以上关于清代法律对佛教僧侣犯四波罗夷罪的案例研究可知，佛教四波罗夷罪的制定以及世俗法律的规范有某些共同的立法目的以及契合点：

首先，尊师重道的传统。佛教重视宗派的传承以及祖师等，如禅宗中我们熟悉的五祖弘忍、六祖慧能等。正如方立天先生所言："佛教仿照世俗宗法的继承关系，建立了一套法嗣制度和寺院财产继承法规。各个宗派的师徒关系，俨如父子关系，代代相传，形成世袭的传法系统。……印度佛教信仰者本来不重视也不清楚自己已往的确切年代，中国佛教宗派却为它编出班辈传承的历史，并引为本宗的西天祖师。"④

法律中规定了对师父和徒弟的惩戒权，以理殴杀弟子时会对师父进行宽减。法律中规定：僧尼道士如因弟子违犯教令，以理殴责至死者，照殴杀堂侄律，杖一百，流三千里；匠艺人等致死弟子者，亦如之。佛教师父对徒弟的关系比照叔侄关系，可见清代法律将佛教法统比照了世俗的血统。

值得注意的是此种尊师重道的传统虽值得赞赏，但是也会出现如案中所出现的流弊。集中体现在文中杀罪中的师父非礼殴杀徒弟的三个案例："建德县僧沛林殴伤徒弟禅立身死"、"徐沟县僧人界安殴死伊徒韩二娃"、"京山县僧开月殴伤伊徒法元身死"，此三个案例可以说是僧侣师父滥用惩戒权导致的恶果。

其次，对亲情伦理的重视。佛教着重强调的是对父母亲情的供养，盂兰节便是适例。《盂兰盆经》中大德目连之亡母堕入饿鬼道，不得饮食，目连以钵盛饭给其母

---

① （清）全士潮、张道源等编：《驳案汇编》，何勤华等点校，法律出版社2009年版，第444页。

② 同上。

③ 同上，第442页。

④ 方立天著：《中国佛教文化》，中国人民大学出版社2006年版，第319页。

食用,但是食未入口便化为火炭,目连悲号涕泣。佛告诉他救济之法,每年七月十五即为了七世父母,具饭百味五果,供养十方大德,由是现世父母能够长寿百岁,无忧无虑;七世父母能够出离三途饿鬼之道。由是便有了盂兰节,这是佛教宣扬孝道的最直接和典型的例子。与孝顺父母相关的还有在四波罗夷罪中淫欲的最初触犯也是由于对在家父母的孝顺所引起的。由此可见,孝道还是在佛教宣扬的理念中占据一席之地的。

清代法律对僧侣犯罪中体现亲情的规定主要体现在两个方面:一是僧侣犯罪后的“存留养亲”,致力于渲染对父母的赡养义务,“僧悟量与李张氏通奸”一案中因悟量之母年已七十,准其存留养亲;二是严惩僧侣对亲属所犯下的杀伤重罪。主要体现在“僧人静峰致死胞弟周阿毛,图赖刑直武等夺钱殴毙”一案中,在此案的判决中从立法目的、立法语言、佛教戒律等方面基于人情和法理都主张应对僧侣杀伤亲属的案件从重处罚。其中皇帝还有一句很重要的论断:“今静峰因周阿毛痴呆无用,辄行谋死图赖泄忿,凶残殊甚。彼既不念手足之谊,何得复援尊长之条?”①最后,将僧侣犯杀伤亲属案件从重处罚作为判例沿袭:“应请嗣后僧人如犯其祖父母、父母及有服尊长致死,均应仍按照服制依律从重论;若致死本宗卑幼,无论斗殴谋故,俱以凡论,依律定拟。”②

最后,佛教四波罗夷罪与清代法律对僧侣犯杀、盗、淫、妄的制定有相类似的立法目的,维护的也都是伦理纲常,只是将僧侣看作的角色不同。佛教四波罗夷罪是将僧侣作为僧团中之个体来看待的,维护的是僧团内部的和谐,典型的是师父徒弟之间的传承关系。此种理念在四波罗夷罪中的制戒十利中总结得最为适例:“一摄取于僧,二令僧欢喜,三令僧安乐,四令未信者信,五已信者令增长,六难调者令调顺,七惭愧者得安乐,八断现在有漏,九断未来有漏,十正法得久住。”③

清代法律作为世俗法律维护的是世俗的伦理纲常,僧侣是具有特殊身份的犯罪主体,除了一些基本的犯罪规定外,僧侣在犯这四种波罗夷罪上是要受到特殊严格的处分的,往往会罪加一等,这是由其社会地位所决定的。他们是僧团的一分子,理应遵守戒律,四波罗夷罪作为最重要的犯罪,一旦触犯则视为知法犯法,对社会恶劣的影响大,于是严惩。此外,还应该注意世俗法律尊重并吸收了佛教戒律的一些内容,如僧人犯罪的情形除了要受到世俗的惩罚外,还有便是令其还俗,这是对其法命的去除,是佛教法对四波罗夷罪的处罚方式。例如,僧人幅山鸡奸案中勒令还俗,僧人戒宽鸡奸案中勒令僧人增亮还俗等。

---

① (清)全士潮、张道源等编:《驳案汇编》,何勤华等点校,法律出版社2009年版,第443页。
② 同上,第444页。
③ 温金玉译释:《四分律》,佛光山宗务委员会1997年印行,第44页。

论《大清律例》中的埋葬银制度

——历史渊源、司法适用及其性质功能

陈郁如*

"烧埋银"为元代法律术语,即烧纸埋葬的银两,是由杀人犯的家属支付给被害人家属的丧葬费用。① 到了明代仍称为"烧埋银",到了清代则称之为"埋葬银"。"埋葬银"一词,除了从字面上可以解释的丧葬费用补偿之外,笔者认为可能还具有精神上损害赔偿的效果。就官方而言,埋葬银可以说是国家公权力无法给予被害人及被害人家属心理上与实质上的应报满足时,转向加害人要求以金钱补偿被害人及其家属的制度,似乎也具有现代的精神上损害赔偿的意味。

一、埋葬银之历史渊源——简论由元代到明代之规定

"烧埋银"为元代法律术语,即烧纸埋葬的银两,是由杀人犯的家属支付给被害人家属的丧葬费用。② "烧埋银"亦可说是少数民族所特有的法律规定,在《元史·刑法志》的记载中,提及"烧埋银"一词者共有三处,分列于奸非、杀伤及盗贼三个章节之下,而律文之规定如下:

诸奸夫奸妇;同谋杀其夫者,皆处死,仍于奸夫家征烧埋银。诸图财谋故杀人多者,凌迟处死,仍验各贼所杀人数,于家属均征烧埋银。

诸杀人者死,仍于家属征烧埋银五十两给苦主,无银者征中统钞一十锭,会赦免罪者倍之。

从《元史·刑法志》的记载中可以得知,关于烧埋银的三种规定中,除了向杀人者的家属征烧埋银这一类情况,具体规定烧埋银的数额为五十两外,其余两种情况则未明确规定,因此在实际的运作上,是否对于烧埋银的数额有更细致的认定标准?由于资料不足的限制,在此不再加以讨论。

明太祖朱元璋命令群臣制定《大明律》的时间长达三十年,过程极为慎重,力求完美。吴元年(公元一三六七年)十月,命李善长等人制定律令,洪武元年正月颁行

---

* 陈郁如,2005级外国法律史专业,指导老师:何勤华。现工作于华东政法大学。

① 武树臣主编:《中国传统法律文化辞典》,北京大学出版社1999年版,第185页。

② 同上,第185页。

《大明律》。《大明律》共二百八十五条，分为吏律十八条、户律六十三条、礼律十四条、兵律三十二条、刑律一百五十条、工律八条。洪武元年(公元一三六八年)的《大明律》现已佚失。①《明史·刑法志》记载："盖太祖之于令也，草创于吴元年，更定于洪武六年，整齐于二十二年，至三十年始颁示天下。日久而虑精，一代法始定。中外决狱，一准三十年所颁。"②

洪武元年颁布的《大明令》中提到："洪武元年正月十八日钦奉圣旨：朕惟律、令者，治天下之法也。令以教之于先，律以齐之于后。古者律、令至简，后世渐以繁多，甚至有不能通其义者，何以使人知法意而不犯哉！人既难知，是启吏之奸而陷民于法。朕甚悯之。今所定律、令，芟繁就简，使之归一，直言其事，庶几人人易知而难犯。书曰'刑期于无刑'，天下果能遵令而不蹈于律，刑措之效，亦不难致。兹命颁行四方，惟尔臣庶，体予至意。钦此。"③在《大明令》中，因为要使人民容易了解，因此在文字运用上，仍较为简单。关于埋葬银的规定，则规定为："凡杀人偿命者，征烧埋银一十两。不偿者，征银二十两。应偿命而遇赦原者，亦追二十两。同谋手下人，验数均征。给付死者家属。"④

此时的条文规定，由于距元未久，因此在用法上可能受到元代法律用语的影响，埋葬银仍承继元代的称法，称之为"烧埋银"。在洪武三十年的《御制大明律序》中则提到："至朕有天下，仿古为治，明礼以导民，定律以绳顽，刊着为令，行之已久。奈何犯者相继，由是出五刑酷法以治之。欲民畏而不犯，作大诰以昭示民间，使知所趋避，又有年矣。然法在有司，民不周知。特敕六部、都察院官，将大诰内条目，撮其要略，附载于律。其递年一切榜文条例，尽行革去。今后法司只依律与大诰议罪。合黥刺者，除党逆家属并律该载外，其余有犯，俱不黥刺。杂犯死罪并徒、流、迁徙、笞、杖等刑，照今定赎罪条例科断。编写成书，刑布中外，使臣民知所遵守。洪武三十年五月。"⑤

经过长达三十年的立法过程，《大明律》的条文规定较之前代，更为精简细致，而在文字的运用上也有改变，元代的"烧埋银"改称为"埋葬银"，而在《大明律》中关乎埋葬银的规定有二：

1. 窝弓杀伤人

凡打捕户，于深山旷野，猛兽往来去处，穿作坑穽，不立望竿及抹眉小索者，笞四十。以致伤人者，减斗殴伤二等。因而致死者，杖一百，徒三年，追征埋葬银一十两。

---

① 那思陆著：《明代中央司法审判制度》，正典出版社2002年版，第20页。

② 《明史》，卷九十三，刑法一。

③ 怀效锋点校：《大明律》，法律出版社1999年版，第231页。

④ 同上，第265页。

⑤ 同上，第1页。

2. 威逼人致死

凡因事威逼人致死者，杖一百。若官吏公使人等，非因公务，而威逼平民致死者，罪同。并追埋葬银一十两。若威逼期亲尊长致死者，绞；大功以下，递减一等。若因奸、盗而威逼人致死者，斩。

在《大明律》的规定中，对于因事威逼人致死的加害人，除了刑之执行的处罚外，另要再追埋葬银一十两，兹引二明代关于威逼人致死的判决为例：

人命何贤杖①

审得梁日新之兄梁日华佣工于何俊家俊开铺罗定州地方。今年五月适以民乱挈家移省，止刘日华看守铺房，原无家伙重托。六月十九夜，据华称失盗亡犬一只。亦无几耳。乃何贤者，以俊远族，称华自盗，具禀州衙，私自殴打吓挟，致日华情逼自缢身死。虽无殴伤重情，然非相逼，何便轻生？合坐威逼之条拟杖，量追银三两给尸地日新领埋兄棺。何俊不在与事免拟，招详。

海道批：何贤仅以一犬之微，威逼梁日华自缢，杖有余辜，仰加责二十板，姑依拟赎罪发落，仍追埋葬，余如照，库收领状缴。

人命黄公萃杖追埋署府准理②

审得黄公萃，曾得梁广业之产，构怨已非一日。近因抽田，不复与耕。告其强割，牵其侄之牛以抵夙逋。广业贫农，情何以堪，甘心自刎。非公萃孰致之？该县断银贰两，而拟贤仰、华仰以杖，意不能平，复有是讼。今坐公萃以威逼之条，追葬银十两，给尸亲领埋。而豁贤仰、华仰之罪，庶情法得其平也。

二、《大清律例》中埋葬银相关规定之讨论

在《大清律例》中将元代的“烧埋银”称之为“埋葬银”，由字义观之，其功用似与元代之“烧埋银”并无明显之差异，主要的功能仍是作为对于埋葬犯罪被害者的费用补贴。而在与本文所讨论之类型案例相关的《大清律例》中，关于“埋葬银”之规定，则分别出现在“戏杀误杀过失杀伤人”的条例及“威逼人致死律”中，兹分述其规定如下：

1. 戏杀误杀过失杀伤人条例

一、应该偿命罪囚，遇蒙赦宥，俱追银二十两已付被杀家属。如果十分贫难者，量追一半。

---

① （明）颜俊彦著：《盟水斋存牍》，中国政法大学出版社 2002 年版，第 63 页。

② 同上，第 63 页。

二、收赎过失杀伤人绞罪，与被杀之家营葬，折银十二两四钱四分。其过失伤人收赎银两数目，另载图内。

三、凡捕役拿贼，与贼格斗而误杀无干之人者，仍照过失杀人罪，于犯人名下追银十二两四钱二分，给付死者之家。

四、凡因戏而误杀旁人者，照因斗殴而误杀旁人律减一等，杖一百、流三千里，仍追埋葬银二十两。

五、疯病杀人者，从犯人名下追取埋葬银十二两四钱二分，给付死者之家。

六、各省及八旗，凡有疯病之人，其亲属、邻佑人等，即报明地方官，该佐领处，令伊亲属锁锢看守。如无亲属，即令邻佑、乡约、地方族长人等严行看守。倘容隐不报，不行看守，以致疯病之人自杀者，照不应重律，杖八十；致杀他人者，照知人谋害他人不即阻止当首报律，杖一百。如亲属邻佑人等，已经报明，而该地方佐领各官，不严饬看守，以致自杀及致杀他人者，俱交部议处。

七、凡各项埋葬银两，地方官照数追给，取具嫡属收领，然后将该犯释放，报部存案。若不给付，该犯系管押者仍管押，系监禁者仍监禁，勒限追给。如捏称给付、将本犯释放者，告发之日，本犯不准援免，地方官一并从重议处。

2. 威逼人致死律

凡因事户婚、田土、钱债之类威逼人致自尽死者，审犯人必有可畏之威。杖一百。若官吏公使人等，非因公务而威逼平民致死者罪同。以上二项。并追埋葬银一十两。给付死者之家。若卑幼威逼期亲尊长致死者，绞监候。大功以下，递减一等。若因行奸为盗而威逼人致死者斩监候。奸不论已成与未成，盗不论得财与不得财。

3. 威逼人致死条例

关于相关的条例规定，前已述及，在此不加赘述。但在条文规定中，在适用强殴打人致死，威逼致死一家三命，及用强求娶、逼迫夫亡愿守志且无主婚人之妇女受聘财因而致死这三种情况中，均规定要依律追给埋葬银两。若按律本文之规定，则此时尸亲所收领的埋葬银应为一十两。但除强求娶明显是与户婚相关外，其他两种情况，是否亦合乎律本文所规定的“事”系指“户婚、田土、钱债”，则仍有疑问。本文所探讨之类型案件，在所应适用的例文规定中，却未见到例文中对埋葬银作出规定。

《大清律例》如何在具体个案中被适用？在实际的案例中，可以发现官方处理这类型的案件时，有不同的态度。由乾隆元年七月二十一日开始，计算至乾隆元年年底，共有22件[①]“调奸致本妇羞忿自尽类型案件”为例，在22件案例中，共12件

① 由乾隆元年七月二十一日开始计算，至乾隆元年年底，共有23件案例，但因有二件为相同之奏例，仅分别由福建巡抚及刑部尚书具题，因此计算为22件。

案例中有处理埋葬银的问题。其中除一件案例未明确记载埋葬银的数额外，有一件案例埋葬银的数额是10两，十件案例的数额是20两。但笔者再观察乾隆四十六年、乾隆五十八年、乾隆五十九年及乾隆六十年共32件的同类型案件，却未发现任何一件案件有处理埋葬银的问题。例如，在以下乾隆五十九年所发生的案例中，则未出现任何关于埋葬银的讨论：①

……臣阿桂等谨题，为呈报事，该臣等会看得：魏广等强抢孀妇郭李氏，致氏羞忿自缢身死一案。据两江总督兼署江苏巡抚印务苏凌阿疏称：魏广、魏朝乾与郭李氏之父李子志素相识。郭李氏先嫁郭士礼为妻，嗣因夫故孀守。卫广图娶为妻，乾隆五十九年六月间，闻李氏归宁回家，经魏广闻知，于七月初十日，令弟魏光文往向李子志求亲，李子志不允。魏广起意强抢。八月初三日，探知郭李氏欲回婆家，魏广往纠族侄魏朝乾并伊弟魏光文、魏火一共四人前往。适李子志之兄李子镐正送郭李氏出门，魏广上前将郭李氏抢抱先行，魏朝乾等在后助势，经李子镝喊同李子志并邻人魏邦安等赶上，将郭李氏夺回，魏广等畏惧逃逸。郭李氏回家羞忿莫释，即于是夜乘间投缳殒命，报验审供不讳。查魏广因郭李氏夫王孀守，图娶不遂，辄起意强抢以致郭李氏羞忿自尽，殊属不法，将魏广拟绞，魏朝乾拟流。郭李氏附请旌表等因具题前来。应如该属署抚所题，魏广合依强夺良家妻女，中途夺回，未被奸污而自尽者，照"强奸本妇未成，本妇羞忿自尽拟绞例"，拟绞监候，秋后处决。魏朝乾应照"为从减一等例"，杖一百，流三千里。逸犯魏光文等缉获另结。查孀妇郭李氏被魏广强抢，即捐躯明志，洵属节烈，应比照"强奸不从致死之例"准其旌表。臣等未敢擅便，谨题请旨。

如前所述，乾隆元年的案件中，大多有一个重要特征，即在雍正十三年九月二十一日前发生的案件，因为旧帝崩殂，新帝登基，大赦天下，是故除十恶不赦外，其余人犯，不论轻罪重罪一律援免。② 在所有被援免的案件中，并定会出现"臣部于雍正十三年九月二十一日将朝审内应赦人犯折奏，本日奉旨：赦非善政，古人论之详矣。但朕即位之初，聿遵旧制，诞布新恩。凡此罪人，皆因自取，亟宜改悔，永为良民。法司仍宜照例详记档案，如既赦之人再干法纪，朕必将伊等加倍治罪，永不宽贷也。着详悉晓谕中外臣民知之，特谕，钦此。钦遵，应令该抚将□□□详记档案，如再干法纪，加倍治罪"的字眼。因此是否可据此推论，追埋葬银予尸亲取领的情况，仅适用于新帝登基前发生的案件？

在"威逼人致死条例"的规定中，并未见有关对此类型案件要追给埋葬银之规

① 二全宗一九七六卷第十二号案，乾隆五十九年八月初四日，"魏广等强抢孀妇郭李氏致氏羞忿自缢身死案"。

② （清）觉罗勒德洪：《大清高宗纯（乾隆）皇帝实录》（一），华联出版社1964年版，第168～170页。

定,反而在“戏杀误杀过失杀伤人条例”看到原应偿命罪犯若遇蒙赦宥,要追埋葬银二十两予死者之家的规定。官员处理案件的结果是,原则上是由加害人名下追埋葬银给尸亲收领,所追的埋葬银分别有十两、[①]二十两[②]的处理情况,根据该条例的规定,“如果十分贫难者,量追一半”。

由乾隆元年七月二十一日开始计算,至乾隆元年年底的22件案例中,主要有以下的类型:[③]

1. 调奸妇女之人被认定为应追埋葬银之人

(1)二全宗,十六卷第一号案件,乾隆元年七月二十四日,“凌滔调戏沈运之妻袁氏致死案”

刑部等衙门总理事务兼总理刑部事务和硕果亲王臣允礼等谨题。为号赐验埋事,该臣等会看得:滔调戏沈运之妻袁氏致死一案,据署苏抚顾琮疏称:缘凌滔与沈运比邻而居,沈运曾借凌滔铜杓未还,凌滔前往沈运家索讨。适沈运外出,沈运之妻袁氏独处。凌滔顿起淫心,遂拉袁氏之手,当场被袁氏喊詈奔逸。迨沈运回家,袁氏告知前情,沈运诉知凌滔之叔凌才。凌才斥责凌滔之非,沈运堂兄沈寿闻知,前至沈运家喊骂。凌滔以袁氏诬陷,与沈寿争辩,袁氏羞愤,即于是晚投缳殒命。屡审不讳,将凌滔依例拟绞监候。援赦免罪等因具题前来,应如该抚所题,凌滔合依“强奸未成但经调戏本妇羞忿自尽例”拟绞监候,秋后处决。但事犯在恩赦以前,凌滔应援赦免罪,仍向凌滔名下追埋葬银二十两,给付尸亲收领……

(2)二全宗,十五卷第六号案件,乾隆元年七月二十七日,“陆自全之妻陈氏被刘七调奸自缢身死案”

刑部等衙门总理事务兼总理刑部事务和硕果亲王臣允礼等谨题。为禀报事,该臣等会议得:陆自全之妻陈氏被刘七调奸自缢身死一案。据直督李卫疏称:缘陆自全贸易外出,遗妻陈氏独居。雍正十三年闰四月二十四日,夜至五更,陈氏欲赴地拾麦起邀邻妇作伴,俱未启户。陈氏自行回家,适值刘七醉后赴井饮水,欺陈氏孤行,出言调戏,陈氏急趋进院,刘七跟入,拉陈氏求奸,陈氏即行喊詈,刘七始行奔逸。陈氏夫兄陆自义闻声惊起,询知情由,偕陈氏赴往斥责,经陆分荣劝止。讵陈氏羞忿莫释,即于是日投缳殒命。屡审不讳,将刘七拟绞,援赦免罪等因具题前来。据此,应如该督所题,刘七合依但经“调戏本妇羞忿自尽例”应拟绞监候,秋后处决。但事

① 二全宗,二十八卷第二号案件,乾隆元年十二月十四日,刑部尚书徐本等题为“代州五台县民李绪昌强奸王氏未成致氏与伊姑先后服毒身死议准杖流事”。

② 二全宗,二十三卷第十三号案件,乾隆元年十一月十二日,刑部尚书徐本等题为“山东青州府昌乐县人赵翠调戏元氏致令自缢身死议准绞监候事”。

③ 本文中所使用之乾隆元年刑科题本题要之电子文件,系由台湾地区“中央研究院”赖惠敏研究员提供,在此特别感谢赖惠敏研究员之协助。关于该题要之句读,系由笔者自行补上。

犯在雍正十三年九月初三日恩赦以前,应免罪。再查,臣部于雍正十三年九月二十一日奉旨:赦非善政,古人论之详矣。但朕即位之初,聿遵旧制,诞布新恩。凡此罪人,皆因自取,亟宜改悔,永为良民。法司仍宜照例详记档案,如既赦之人再干法纪,朕必将伊等加倍治罪,绝不宽贷也。详悉晓谕中外臣民知之,特谕,钦此。钦遵,将刘七详记档案,行令该督,照例向刘七名下追埋葬银二十两,给付尸亲收领……

在以上两起案例中,都可以看到官方在题本中提及"照例向□□□名下追埋葬银二十两,给付尸亲收领"的记载,但用以判处加害人罪刑的规定,则是适用"威逼人致死条例",但从相关例文的规定中查找,却又无法找到与二十两埋葬银相关之记载及讨论,若追给埋葬银之理由是因为犯人受到援免,因此所引用的律例是"戏杀误杀过失杀伤人条例",该条例规定:"应该偿命罪囚,遇蒙赦宥,俱追银二十两已付被杀家属。如果十分贫难者,量追一半。"

2. 非调奸本妇之人被认定为应追埋葬银之人①

经筵讲官东阁大学士兼管刑部尚书事务加三级臣徐本等谨题。为结状事,该臣等看得:李绪昌强奸王氏未成,并王氏与伊姑郭氏先后服毒身死一案,据山西巡抚石麟疏称王氏:于雍正十三年六月二十日,向邻人郝礼家借用棒槌。郝礼之女银娃子回称无有,王氏复向李绪昌借取。李绪昌顿起淫心,诱王氏入室,先拉王氏之手,继即抱住将王氏衫襟扯破。王氏喊詈,银娃子闻声出视,李绪昌惊惧放脱。王氏归家告知夫嫂魏氏,转告伊姑郭氏。郭氏忿恨,同王氏至王氏母家告知,经老王氏劝慰而回。郭氏气愤未释,因武定国劝息,李绪昌之姊李氏与伊嫂贾氏聚谈李绪昌拉奸之事,郭氏听闻理论,回家将王氏詈骂,逼令往李绪昌家寻死。王氏被逼自服砒信殒命,老王氏以女死由郭氏殴骂所致,遂至郭氏家吵嚷,郭氏气愤亦服砒身死。武二小子同武定国将尸移至李绪昌家前,□县王管、□□□李生昌等,嘱仵作将郭氏擦伤隐匿,并贿买尸母、刑书差役、尸夫人等,不令供质,经代州知州审出,将王管参革,批委宁武府,会同该州确审,仍令该署县杨烛拘犯到案。屡审不讳,王氏之死实因伊姑逼誊所致,非李绪昌因奸威逼,将李绪昌拟流,老王氏、李氏拟杖收赎,武二小子等拟以杖笞,俱援赦免罪等因具题前来。应如该抚所题:李绪昌依"强奸未成律",佥妻流三千里。老王氏依"威逼人致死律",杖一百。李氏多言起衅,依"不应重律",杖八十,系妇人俱照律收赎……恭逢雍正十三年十一月十四日恩赦,李绪昌等俱免罪,老王氏、李氏免其收赎,仍原例于老王氏名下追埋葬银十两,给付尸子收领……

在本例中较为特殊之处是,妇女王氏为邻人所调戏,而夫母郭氏听闻旁人谈论,乃詈骂王氏,逼令王氏寻死,王氏因而服砒信殒命。王氏之母老王氏,以其女之

---

① 二全宗二十八卷第一号案,乾隆元年十二月十四日,"李绪昌强奸王氏未成,并王氏与伊姑郭氏先后服毒身死案"。

死系由郭氏詈骂所致,因此至郭氏家吵嚷,郭氏气愤自尽。因此在本案中,官认为:王氏之死并非出于李绪昌的因奸威逼,而系出于郭氏逼迫所致;郭氏之死,而系老王氏吵嚷致郭氏气愤自尽。因此根据"威逼人致死律文"之规定,应由老王氏名下追埋葬银给尸子(即郭氏之子,王氏之夫)。

由以上律例规定及案例中,可以发现在威逼人致死的律例规定中,并未有对"调奸本妇致本妇羞忿自尽类型案件"给予尸亲埋葬银之规定,而从整个题本的内容观察,埋葬银似乎不只是有丧葬费用补偿的功能,似乎还有其他的功能。而关于这部分的讨论,将在"埋葬银的性质与功能"一节中加以讨论。

三、埋葬银的性质与功能

关于埋葬银之性质、数量的决定,以及埋葬银的社会意义,将是笔者在本节所欲讨论的重点,希冀能通过对埋葬银的讨论,让埋葬银制度的意义及在传统中国社会中所扮演的角色能更为清楚。典卖妻女的案例,在刑科题本或地方档案中都可以找到相当多的案例,典卖妻女的价金也往往不如笔者所想象得高,一般的价金大约在二千文到八千文之间,如前所述,二十两、二十四两等较高的价额则较为少见。

由于典卖妻女所换得的价金是如此微薄,从《大清律例》的规定与旌表制度来看,对于清朝一个穷困的家庭而言,家里一旦有一位女性因为被强奸未成,或经调戏而羞忿自尽者,除了侵害她的犯罪行为人将受到绞监候的判决外,另外犯罪行为人必须给予该妇女的家人(尸亲)埋葬银二十两,另外在自杀的妇女被旌表后,地方官还要给她的家人三十两银子用以建造牌坊,两者加起来至少共五十两银子,对于一个普通家庭来说,就是一笔很大的金额。因此,是否有可能一个妇女在发生被强奸未成,或被调戏的情形后,会有来自家庭的压力或期待,希望她以自缢来改变家庭的经济状况。清朝的人是否对此曾加以讨论?[①] 而犯人是否有能力支付这一笔埋葬银?国家规定要追给尸亲的埋葬银,是否真能到尸亲的手中?这些议题都有待未来研究者们进一步研究与讨论。

如前段所述,在"威逼人致死例"中,关于埋葬银之规定及数额,似乎与在案例中所看到的处理数额不同。但在"戏杀误杀过失杀伤人例"中可见到规定:"应该偿命罪囚,遇蒙赦宥,俱追银二十两已付被杀家属。如果十分贫难者,量追一半。"这条规定应是承继《大明令》:"凡杀人偿命者,征烧埋银一十两。不偿者,征银二十

① 陈惠馨:"重建清朝的法律帝国:从清代内阁题本刑科婚姻奸情档案谈起——以依强奸未成或但经调戏本妇羞忿自尽案为例",载中国法制史学会编:《法制史研究》2004年第5期。

两。应偿命而遇赦原者,亦追二十两。同谋手下人,验数均征。给付死者家属”的规定而来,但与明代的规定不同处在于:《大明令》的规定里,不论加害人是否被处以刑罚,都要征烧埋银给尸亲。但在“威逼人致死例”中,则是要遇蒙宥赦才会征埋葬银给尸亲。而“威逼人致死例”的规定似乎与乾隆元年“刑科题本”中所出现的情况及埋葬银的数额较为符合,因此在乾隆元年出现的类型案件中,关于埋葬银在判决中出现的讨论,总会提到“依例”一词,但所依之例,似乎不是“威逼人致死例”之规定,其所适用的条文,似应是“戏杀误杀过失杀伤人例”的规定。在此,笔者觉得有必要再进一步讨论的部分是在此例文中规定的“应该偿命罪囚,遇蒙赦宥”文字。杀人偿命,在应报理论看来似是当然之理,但在被害人及被害人家属所期待的应报没有办法实现之时,是否有其他的补偿之道?在乾隆元年的几个案例中,都可以看到,除了常赦所不原或是恩旨特别提到的犯罪外,大部分犯人都能得到恩赦;而在乾隆晚期的案例中,则尚未见到在案例中有关于埋葬银的讨论。是故,由目前笔者所掌握的案例,笔者初步推论埋葬银除了从字面上可以解释的丧葬费用补偿之外,可能还具有精神上损害赔偿的效果。就官方而言,埋葬银可以说是国家公权力无法给予被害人及被害人家属心理上及实质上的应报满足时,转向加害人要求以金钱补偿被害人及其家属的制度,似乎也具有现代的精神上损害赔偿的意味。传统中国并不像西方的法律制度一样,将民事、刑事作出截然的划分,也许从今日接受西方法律体制者的眼光看来,传统中国的法律制度是落后的。但法律不只是民族精神的展现,也是社会运作的成果,只要法律在当时的社会是可以有效运作的,这部法典就能达到规范的目的。

在清末地方议会制度实验中的官与民

——以江苏省咨议局的筹备和议员选举为核心的研究

刁振娇*

危机,是指严重困难的关头。而最大的危机,莫过于面临或者置身于死亡的边缘。一直深处于满汉民族矛盾这一潜在危机之中的清王朝,在19世纪中期以前,已经出现了传统帝王朝普遍具有的统治危机,即贪污腐败:乾隆以后特大贪污案愈演愈烈,嘉道以后全面腐败(小书吏做大案);统治效能低下;下层民众起事愈演愈烈,直到汇成川楚陕白莲教起事、太平天国和捻军运动。而19世纪中期以后,随着外国列强的入侵和一系列不平等条约的签订,这些传统的统治危机在此基础上则更加深重了。“夫今日之中国,本千钧一发之际,存亡危急之秋,以言乎外,则机会均等之政策并起于列强,以言乎内,则革命排满之风潮流行于薄海,祸机已兆,后患难言……”①然而,“危机”与“生机”,又是相互依存、相互对立的矛盾统一体,危机背后所孕育的未必不是生机。面对内忧外患交迫之下取舍抉择的利害,清政府发现除了伤筋动骨地施行宪政外,已别无他路可走了。于是,光绪三十年清廷宣布实行预备立宪,次年颁布九年预备立宪诏。由此,年迈的清王朝在20世纪初又面临着一次生机——转向民主政治制度的尝试。西方议会制度就是在这种危机与生机交织的矛盾中,由各省咨议局的筹备和议员的选举开始了其在本土的艰难跋涉。

选举制度是民主政治制度中不可或缺的要素。亨廷顿认为民主政治包括两个面向,一个是竞争(contestation),一个是参与(participation)。选举是参与的方式之一,选举亦是民主体制运作的方式。在第三波民主化的过程中,选举也是削弱和终结独裁政治的一种途径。② 所谓选举,即将个人意愿汇集成整体意愿的程序,是民主国家反映民意的主要机制。而投票是最普遍、最常见、最规律以及最法制化的参与行为。在政治参与的行为中,投票通常与选举活动相结合,因为在民主国家,官吏或民意代表都是经由选举产生的。但中国传统社会里很少通过选举来决断事务,直到清朝光绪三十四年(1908年)公布的《咨议局章程》和《咨议局议员选举章程》,

---

* 刁振娇,2004级法律文化专业,指导老师:徐永康。现工作于华东政法大学。

① “湖南即用知县熊范舆等请速设民选议院呈”,载故宫博物院明清档案部编:《清末筹备立宪档案史料》(下册),中华书局1979年版,第610页。

② [美]亨廷顿著:《第三波——二十世纪末的民主化浪潮》,刘军宁译,台湾五南图书出版股份有限公司2008年版,第5页、第193页。

才首次出现法律明文规定的选举制度。而咨议局选举就是中国史无前例的第一次。那么在这次西方议会制度的实验中官与民到底扮演了哪些角色,出现了哪些现象,我们又应如何看待这些现象,本文试图以江苏省咨议局的筹备和议员选举为例进行个案剖析。

一、官绅在江苏省咨议局筹备过程中的态度

(一)咨议局筹备处设立过程中官绅的态度

江浙地区在晚清被称为沿海的“洋世界”,“中国文明之制造厂”,“文明之中心点”。[①] 江苏省在经济的发展、新思想的传播、民智的开启、官员作风的转变等方面都走在全国的前列,而这诸多元素的累积无疑对江苏省咨议局的筹备有着相当大的帮助。所以,在江苏省咨议局的筹备中,无论是官方还是士绅都采取了比较积极的态度。当然,相对于官方而言,在咨议局的筹备中真正积极响应的还是士绅。

1. 督抚的努力

清廷预备立宪,原定预备期限是九年,自光绪三十四年(1908 年)开始。光绪三十四年六月二十四日(7 月 22 日),清廷颁发《咨议局章程》和《咨议局议员选举章程》。八月初一日颁发《钦定宪法大纲》和《逐年筹备事宜清单》,当时清廷负责推动宪政的机关是宪政编查馆,依照该馆所拟定的施政纲领,其预备立宪的具体进程如下:第一年(光绪三十四年),筹办咨议局(各省督抚办),颁布城镇地方自治章程,编辑国民必读课本;第二年(宣统元年),举行咨议局选举,各省一律开办咨议局(各省督抚办),颁布资政院章程,筹备城镇地方自治,颁布国民必读课本;第三年,召集资政院议员,举行开院以及推广厅州县简易识字学塾;第四年,创设乡镇简易识字学塾;第五年,推广乡镇简易识字学塾;第六年,城镇乡地方自治一律成立;第七年,人民识字义者须达到百分之一;第八年,人民识字义者须达到五十分之一;第九年,宣布宪法,颁布议院法,颁布上下议院议员选举法,举行上下议院议员选举,人民识字义者须达到二十分之一。[②] 可见,清廷把举办各省咨议局作为预备立宪的第一个大工程,咨议局能否成功举办和运作是决定议会制度最后能否在本土成功举办的关键。

为“分明责成,宪政编查馆每年通咨各省及有关机关,载明应行筹备之事,请督

---

① 章开沅:“辛亥革命与江浙资产阶级”,载中华书局编辑部编:《纪念辛亥革命七十周年讨论会论文集》,中华书局 1983 年版,第 242 页。

② 夏新华等整理:《近代中国宪政历程:史料荟萃》,中国政法大学出版社 2004 年版,第 129 ~ 133 页。

饬所属,依限举办”。[①] 在各省筹备咨议局之前,宪政编查馆电知各省速设咨议局筹办处,具体负责咨议局筹办事宜,并对各省筹办处的基本工作内容作了规定:(1)通饬设立自治讲习所、宣讲所为初选举预备;(2)发各属调查选举人名表示、调查须知、调查手续,使调查有所依据;(3)拟定告示草式,分发各属,使斟酌变通,广行张贴;(4)拟定期限清单,分发各属使归一律,并藉以见办理之勤惰;(5)拟定投票开票规则,投票纸、投票匭得数清单,初选当选人执照之定式;(6)电询关于选举资格解释之疑义,得复电,即刷印多张,分发各属,并将各省询电复之件一并摘录;(7)划清选举区域;(8)筹拨经费。[②]直至咨议局正式成立为止。

用西方议会制度的标准来衡量,咨议局不能算是一个现代的地方议会,但在中国,它毕竟是一个史无前例的新鲜事物——一个民选的代议机关。当光绪三十三年(1907 年)九月十三日(10 月 19 日)清廷颁发《着各省速设咨议局谕》后,“各督抚因不知从何着手,便索性相应不理,七月间宪政编查馆的咨文到来,各省督抚还是寂然不动。及中央再三催促,知道不能不虚应故事,敷衍一番,才开始打听着手之道”。[③] 江苏虽号称开通之地,但对于咨议局究竟应如何筹办,开始也几乎是完全不懂,督抚茫然不知所措。当时两江总督端方、江苏巡抚陈启泰,为了向清廷表示江苏省落实新政的积极态度,与其他各省不同,他们在清廷颁发《着各省速设咨议局谕》后,就积极筹办咨议局,江宁于光绪三十三年(1907 年)十二月就在江宁自治局内设立咨议局,苏省于次年五月在沧浪亭自治会中设立了咨议局。光绪三十四年(1908 年)五月初十日,就贸然奏报在省城开设自治、咨议两局,委派官吏,着手办事。督抚虽贸然设立了咨议局,但由于“地方各要件,(并)未得要领”。[④] 后接宪政编查馆通咨,设立咨议局筹办处,才知道所做并不合规矩。官方设立的两个咨议局因此裁撤。然而,由于宪政编查馆并未说明筹办处如何组织,他们仍然是茫然不知所措。省内五六处地方分别办起咨议局筹办处或筹办事务所,如常州、长元吴三县、嘉定、武阳、镇江、江宁等地。直到光绪三十四年(1908 年)九月十六日成立江苏咨议局筹办处,租借大太平巷民屋为处所。十月十一日在南京碑亭巷成立江宁咨议局筹办处。临近咨议局正式成立前才正式合并。

由此可见,江苏省督抚在筹办咨议局筹办处的过程中虽然颇不得章法,但积极的态度还是值得肯定的。

---

① 张玉法:《清季立宪团体》,台湾地区“中央研究院”近代史研究所专刊(28),1971 年版,第 443 页。

② “官长调查 · 山西”(续),载《申报》宣统元年正月十二日,第三张第二版。

③ 张朋园:《立宪派与辛亥革命》,台湾地区“中央研究院”近代史研究所专刊(24),台湾地区“中央研究院”近代史研究所 1983 年版,第 17 页。

④ “苏省咨议局开局情形”,载《申报》光绪三十四年五月十四日,第二张第二版。

2. 士绅的参与

江苏省士绅对清廷设立咨议局的举措寄予了诸多期望，所以对咨议局的筹备则更加热心。早在岑春煊奏折发抄之后，清廷颁布“各省速设诸议局”上谕之前，即光绪三十三年（1907 年）八月，由上海总工程局邀集预备立宪公会、宪政研究会、江苏教育总会、上海劝学会、商务总会、地方公益研究会等共 12（11）个团体，[①]各举代表 5 人，于八月八日开会，历时两个月时间，最终拟定出“江南筹办咨议局草案”交给江督，转呈送朝廷参考。《咨议局章程》和《咨议局议员选举章程》颁发不久，江苏省士绅又“为天下先”，自设各种社团、举办会议督促官方筹办咨议局。[②] 光绪三十四年（1908 年）八月十三日（9 月 8 日），他们主动成立了江苏咨议局调查会，准备调查咨议局筹设的有关事宜。八月二十四日，江苏全省市民大会在江苏教育总会开幕，士绅认为“筹办全以得人为主。得人者，事事可以进行，不得人者，日日皆成延宕”，[③]因此，选举出宁、苏两属咨议局筹办处的总、会办备选人员，供督抚选用。宁属当选者为张謇，仇继恒、魏家骅、许鼎霖；苏属当选者为王同愈、马良、王清穆、蒋炳章。[④] 宣统元年（1909 年）四月二十六日（6 月 13 日），成立了江苏咨议局研究会，作为议员辅助机关。开会当日共有 230 人出席，张謇以 196 票当选为会长，仇继恒、马良副之。[⑤] 可见江苏士绅对咨议局怀有较高的期望之情。

按照清廷预备立宪筹备事宜的规定，各省咨议局应由督抚筹办。但由于江苏省士绅的积极参与，主动争取，且筹备事宜进行得较官方更有章法，这使得江苏省督抚认识到，咨议局筹办工作要有效地开展，则必须吸收民间的立宪派人士的参与。所以与其他省不同，江苏省咨议局的筹备是在官绅共同参与下完成的，而且其主要功劳应归功于士绅的参与。从咨议局筹办处组织人员的名单中就可看出端倪：宁、苏两属的筹办处总办是江宁布政使樊增祥、提学使陈伯陶，宁属会办是江宁盐巡道荣恒、江苏候补道李瑞清、赵从嘉、熊希龄（立宪派人士）等，总理（实际主持办事之人）是张謇（立宪派人士），协理是在籍翰林院编修夏寅官（立宪派人士）、丁忧前广东高雷阳道段书云、安徽候补谭许鼎霖（立宪派人士）、前陕西富平知县仇继恒（立宪派人士）等。苏属的会办也有熊希龄（立宪派人士），另有王仁东（加入预备立宪公会），总理为邹福保、王同愈（上海总商会会董，预备立宪公会的骨干），协

① 《上海市自治志》第 141 ~ 142 页中的记载与《时报》光绪三十三年八月初九日《地方要闻》中记载有偏差，前者记载为 12 个团体，后者记载为 11 个团体。

② “宪政篇 · 记载”，载《东方杂志》光绪三十四年九月，第五年第九期，第 68、70 页。

③ “江苏绅士集议咨议局纪事”，载《申报》光绪三十四年八月二十五日，第一张第三版。

④ “苏绅集议咨议局续纪”，载《申报》光绪三十四年八月二十六日，第一张第五版。

⑤ “宁苏士绅合开咨议局研究大会纪事”，载《申报》宣统元年四月二十八，第一张第四版。

理有王清穆(上海总商会会董,同时又是预备立宪公会骨干)、蒋炳章。[1]

可以看出,江苏省宁、苏两属咨议局筹办处的主要办事人员是士绅,他们在江苏省咨议局筹备过程中起到了举足轻重的作用。

(二)咨议局筹备过程中官绅的态度

江苏省宁、苏两属咨议局筹办处成立以后,开始为咨议局的正式成立做准备工作。按照清廷预备立宪逐年筹备事宜清单,到宣统元年各省咨议局应一律开议。这对江苏省咨议局筹办处而言,时间还是非常紧张的。因为"惟自六月二十四日(1908年7月22日)奉旨以迄今日,过去之百有七日已抛诸无用",筹办处自成立之日起,从咨议局选址,设计建筑图,培训司选员,颁发晓谕,宣传调查,制定规章到组织选举等都要从头开始准备。正因为以往虚掷时日,所以今后必须奋起直追,务必使本属36厅州县,皆按时完成已拟定筹办事项共计69项工作。"假使有一二初选举区造册后期,则他事亦因之延误,是即以统筹全局之地,误全局之事"。[2] 在张謇等士绅的积极参与下,江苏省开始了紧张的咨议局的筹备工作。

在江苏省士绅的积极参与下,江苏省咨议局的筹设取得了明显的成绩。与其他省比较,江苏省在光绪三十四年(1908年)九月时所筹备的成绩,已名列前茅。光绪三十四年十月,《东方杂志》调查全国各省筹办咨议局进行状况,比较进度。其将各省筹备咨议局之工作流程分成三大阶段十格:第一段设立筹办处,分为三格:士民动议、士民呈请、官府设立。第二段办理选举人名册,分为三格:士民动议、士民调查、官府调查。其中直隶已至第二阶段第六格,程度最高。江苏省苏属则至第二阶段第五格,宁属至第二阶段第四格。但直隶咨议局的筹设工作纯为官府所办,江苏省的进度虽次之,与直隶全由官方发动者情况正好相反,多为士绅主动,官方只在设立筹办处时担任辅助角色。《东方杂志》所调查的其余13省的进度多则进至第二阶段第四格,少则留在筹办处阶段,未见有实际调查行动。[3] 江苏士绅在咨议局筹设过程中所扮演的角色,由此可见一斑了。

宁、苏两属筹办处也制订出调查进行表比较各地进度,作为督促表彰的依据。据江苏省自己的统计,也证明与他省相比,其筹办咨议局的进度已遥遥领先了。下面我们以苏属地区的筹备情形为例,具体考察一下官绅在江苏省筹备咨议局中的情形。截至光绪三十四年九月,苏属地区各地进行情形如表1所示。[4]

---

① 端方:"咨议局筹办情形折",载《端忠敏公奏稿》卷十三,1918年线装本,第40~42页。转引自章开沅著:《张謇传》,中华工商联出版社2001年版,第194页。

② "张总理之咨议局演说",载《时报》光绪三十四年十月十六日,第一张。

③ "宪政篇",载《东方杂志》光绪三十四年十月,第五年第十期,第108~109页。

④ "江苏筹办咨议局进行表",载《申报》光绪三十四年九月二十一日,第三张第二版。

表1　苏属各地咨议局筹备情形

地区		筹备情形
苏州府属	长元吴	九月初十开会,现正调查。
	常昭	上年已立地方自治会调查甚易,闻半月卒事。
	昆新	定于九月二十三日开会筹议调查。
	江震、太湖	未见筹备。
太仓州府	崇明	九月初三开会禀县未奉批。
	嘉定	九月十六日开会筹议调查,江桥一处已调查。
	宝山	城乡调查已毕,九月十九日开会筹议调查各乡。
	太镇	未见筹备。
松江府属	华娄	拟开会。
	上海	士民禀奉县照会于九月十七日开会,现正调查。
	青浦	现正筹备调查。
	奉贤、南汇、金山、川沙	未见筹备。
常州府属	武阳	城乡调查完毕,各乡限于九月卒事。
	锡金	现正调查。
	宜荆	现正调查,约十月十日卒事。
	江阴	士民动议调查。
	靖江	未见筹备。
镇江府属	丹徒	拟开会。
	丹阳、金坛、溧阳、太平厅	未见筹备。

通过对上表的解读,可以发现:第一,虽然苏属各州县多处于交通便利之地,且苏省文风繁盛,举业发达,新思想的传播也比较早,相对其他省份而言,可谓得风气之先,但仍然不能全面调查选民人数。苏属总计36厅州县,已经有超过半数的厅州县开始行动了,而松江府属和镇江府属的厅州县未见筹议行动的较多。可以想象,在当时交通不方便、人口不确定、教育不发达、民智未开启的条件下,筹备一个需要民众主动参与的现代民意机关是一件多么困难的事情。第二,表中显示常州的武阳县进行最快,宜荆次之。从可查的资料显示,这与两县士绅的能力,参与筹划的程度,尤其是两县官吏对筹备的支持情形是密不可分的。常州武阳、宜荆两县士民主动协助官方筹办咨议局。光绪三十四年八月二十二日,常州士绅率先成立筹办咨议局事务所,拟定简章,举定各区调查员。钱以振、于定一等赴上海会时,表示"他

日如以武阳而延误全省,武阳甘受全省之唾叱"。[①] 孟森认为武阳、宜荆的成效"丰惟士民之力,贤有司实赞成之",松镇未动议者居多,则"松守不乐"有以致之。[②]

综上所述,江苏省宁、苏两属的咨议局筹办工作至宣统元年年三月底按期完成。这一成绩的取得离不开江苏省官绅的共同努力。江苏省的时任官方代表思想开通,赞成立宪,他们的积极配合促进了江苏咨议局筹办工作的顺利进行。正如宪政编查馆所言:"惟江苏一省能于三月十五日(5月3日)行复选举,所有议员如数选齐,江苏政繁地广,独能遵照奏章按期复选,使各议员得以余间,为议案之预备,实为两江督臣端方、江苏抚臣陈启泰督率有方所致"。[③] 同时也不能否认江苏省士绅的力量。相对于他省而言,江苏士绅在咨议局的筹设过程中是比较热心的。在筹办处总理张謇,协理夏寅官、段青云、徐鼎霖、仇继恒的领导下,江苏士绅积极参与策划了咨议局成立的工作。各地选举造册的确定,也都是借助了当地绅耆的力量,否则难以办成。各州县调查事务,也多委任明达士绅成立调查所负责进行,如果有发起较迟或查造不及的地区,则选派法政毕业员绅为司选员分赴赶办,做到"绅以辅官之所不逮"的相互关系。[④] 此外,江苏省咨议局调查会,咨议局研究会等团体,也是参与此项工作的主要力量,起到了积极民间督促作用。孟森认为"江苏市民勇于鼓吹选举一事,至以令名施及督抚,可谓不负长官"。此评价并无夸张。以张謇为领袖的江苏士绅身居社会中上层,他们具备深厚的物资基础和立宪理论依据,比官方更容易在社会上产生影响。在筹备立宪的过程中,这些士绅的政治参与热情空前高涨,并形成一股强大的力量,从而足以指引舆论,这是江苏咨议局筹备工作独能如期完成的主要原因。而且,这股力量的存在和发展,为以后江苏咨议局的正式成立及其民主功能的充分发挥,准备了必要条件,奠定了坚实的基础。所以,宪政编查馆的评论并不全面,忽略了士绅在咨议局筹备过程中的作用。

二、江苏省咨议局的调查

光绪三十三年,清廷谕令"各省督抚在省会速设咨议局,慎选公正明达官绅,创办其事,即由各属合格的绅民,公举贤能,作为该局议员,断不可使品行悖谬、营私武断之人,滥厕其间。凡地方应兴应革事宜,议员共同集议,候本省大吏裁夺施行,遇有重大事件,由该省督抚奏明办理。"光绪三十四年,颁发《咨议局章程》和《咨议局

① "宪政篇",载《东方杂志》光绪三十四年九月,第五年第九期,第74页。

② 同上,第113~114页。

③ "宪政馆考核第一届筹备成绩",载《申报》宣统元年九月二十一日,第三张第二版。

④ 端方:"咨议局筹办情形折",载《端忠敏公奏稿》卷十三,1918年线装本,第40~42页。转引自章开沅著:《张謇传》,中华工商联出版社2001年版,第194页。

议员选举章程》,[1]从实体和程序上对咨议局议员的数额分配、选举方法、选民资格等事宜作了比较全面的规定。

(一)法律规范及分析

根据《咨议局章程》第3~8条的规定,选民享有选举权与被选举权的条件包括积极要件和消极要件两种。

1.法律规范

(1)享有选举权和被选举权的积极要件

享有选举权的积极要件。本省籍男子年满25岁以上,有下列资格之一者,有选举咨议局议员的权利:曾在本省地方办理学务及其他公益事务满3年以上著有成绩者;曾在本国或外国中学堂及与中学堂同等或中学以上之学堂毕业的有文凭者;有举贡生元以上之出身者;曾任实缺职官文七品武五品以上未被参革者;在本省地方有五千元以上之营业资本或不动产者。非本省籍男子年满25岁,寄居在本省满10年以上,在寄居地方有一万元以上之营业资本或不动产者,有选举权。

享有被选举权的积极要件。凡属本省籍贯,或寄居本省10年以上之男子,年满30岁以上者,得被选举为咨议局议员。

(2)选举权与被选举权的消极要件

凡属下列情形之一者,不得有选举权和被选举权:品行悖谬,营私武断者;曾处监禁以上刑罚者;营业不正当;失财产上之信用,被人控实,尚未清结者;吸食鸦片者;有心疾者;身家不清白者;不识文义者。

选举权与被选举权的停止:下列人员停止选举权和被选举权:本省官吏或幕友;常备军人,即征调期间的续备、后备军人;巡警官吏;僧道及其他宗教师;各学堂肄业生。另外,现任小学教员,停止其被选举权。

2.法律分析

(1)法条分析

选举权与被选权的法律规范本身,有些过于原则,为选民资格调查的执行留下了很大的裁量空间,这使调查员在调查中极难把握尺度,也为个别调查员滥用职权埋下了隐患。

如"曾在本省地方办理学务及其他公益事务满三年以上著有成绩者"即有选举权与被选举权,这一条规定在执行时,就备受挑战。举一个非江苏省的例子(也是江苏省同样要面临的问题),浙江咨议局筹办处就该条的执行,曾迭经各县函询:"各处都董、图董、墟长等名目不一,可否比照办理公益取得选举权?"浙江省筹办处只好对此专门进行了规定:"凡各处充当都董、图董等名目者如无他项资格,概不能

[1] 夏新华等整理:《近代中国宪政历程:史料荟萃》(二十世纪中华法学文丛),中国政法大学出版社2004年版,第104~123页。

比照办理公益，取得选举权。”①从浙江省的这个例子中，我们可以看出“办理公益”条的规定过于原则，很难操作。此外，该条中“著有成绩”的规定对各省而言也需要进一步解释，否则调查人员在实践中将很难执行。

又如，“营业不正当”不得有选举权与被选举权的规定，不正当的营业具体包含哪些，砲手、薙发匠等是否为营业不正当，章程中没有具体规定，这就为执行带来了困难。选举期间，苏属松江县就有人因此而提起了诉讼。②

再如，“处监禁以上刑罚者”不得有选举权与被选举权，这一规定是有法可循的，对资格调查人员而言照章办事即可。但其余七点的规定都是凭借当时风俗习尚为主，带有浓厚的道德制裁意味，缺乏客观的评判标准，对资格调查人员而言，极难操作，容易引发争议而导致出现选举诉讼。

(2)规范分析

如果观察选举权与被选举权的积极条件即可发现，这些规定有着非常明显的缺点，选民享有选举权和被选举权受到了诸多的限制，诸如：年龄要件，享有选举权者必须满25岁，享有被选举权者必须满30岁；性别要件，必须为男性，女性被排除在选举活动外；必须具有本省籍贯；财产、教育程度、资望、名位要件；居住期限要件，非本省籍贯者须在本省寄居满10年以上，等等。其中对财产和性别的规定，剥夺了财产在五千元以下的人民群众和全部妇女的选民资格，不免过于苛刻。但是在客观分析之后，我们可以得出结论：其一，受过新式教育的知识分子和资产者的选民资格没有受到限制，是资产阶级立宪人士不断努力争取的结果；其二，“在西方民权政治发展的过程中，妇女权利之受限制，财产上之种种要求，亦经长期的改革始渐合理”。③ 中国有两千多年的专制历史，清末初建选举制度，未能免予此种历史的覆辙，可以不论。④

那么，清廷想通过选举章程赋予哪些人选举权与被选举权呢？如亨廷顿所言：“选举制度和议会制度的发展，为中等阶层的政治参与提供了途径，同样也促进了至少是短期的政治稳定。”⑤面对内忧外患的重大危机，清政府在不得已的情况下所进行的政治改革，正是为了追求政治的稳定，通过对选举权和被选举权积极条件的规定，其所照顾的正是中等阶层的参政要求。例如：“需办理学务三年以上者”的规

① “官长设立·浙江”，载《申报》宣统元年二月初五，第三张第二版。

② “初选举诉讼·江苏松江”，载《申报》宣统元年三月十三日，第三张第二版。

③ 张朋园：“清季咨议局议员的选举及其出身之分析”，载《中国近代现代史论集·第十六编·清季立宪与改革》，中华文化复兴运动推行委员会主编，台湾“商务印书馆”1986年版，第347页。

④ 张朋园：“从民初国会选举看政治参与——兼论蜕变中的优异分子”，载《国立台湾师范大学历史学报》1978年第7期。(Political Participation and Political Elites in Early Republican China: The Parliament of 1913－1914, *Journal of Asian Studies*, February 1978.)

⑤ [美]塞缪尔·亨廷顿著：《难以抉择——发展中国家的政治参与》，汪晓寿、吴志华、项继权译，华夏出版社1989年版，第24页。

定，照顾到了“学绅”的利益；“办理其他公益事务三年以上，有举贡生员以上出身或曾任实缺职官文七品、武五品以上者”的条规，则给了“士绅”或“在籍为绅者”以特权关照；“在本地方有五千元以上的营业资本或不动产者”的规定，对于“非本省籍的商人”的规定又照顾到了“绅商”的利益，同时它又给予“在本国或外国中学堂同等或中学以上的学堂毕业的得文凭者”以选举权，显然也给了“新型知识分子”以参政的机会。这些规定显示，选举权与被选举权的积极条件中，涵盖了中上层社会结构中的各项重要因素，很能反映出要求参与的社会对象即处于中等阶层的士绅①阶层。通过这些法律规范，可以看出清廷想“重建与传统士绅联系的纽带，同时也将新的商人阶层、新知识分子吸纳到政治体系中来”，②企图创造一个多元的、均衡的选民团体，兼顾新旧社会成员的参政要求，以免政治参与为某一特定身份者所把持，最终达到维持其政治统治稳定的目的。

此外，规定享有选举权者年龄需在25岁以上，享有被选举权者年龄要在30岁以上，同时在校生没有选举权和被选举权，这样就把年轻而富有变革精神的知识分子排斥在政治参与的大门之外，从而在制度上决定了咨议局兼具保守与进取的特性。这一特点在咨议局的运作中将会充分地体现。

（二）选民资格的调查情形及结果分析

1. 咨议局议员的产生方式及分配方法

清政府仿效日本采用复选方式产生议员。根据《各省咨议局章程》第3条的规定，咨议局议员的选举采用复选举制度，先由选民选出若干议员候选人，再由议员候选人投票选举议员。之所以采用复选举的方式，宪政编查馆的解释是：在初行选举之际，如果遽然采用单选举制度，不但不能选出合格的议员，还会给滥竽充数者以可乘之机。③ 可见，在议员的产生过程中，初选是复式选举的关键。

宪政编查馆还认为，比照户口确定各省咨议局议员名额的标准最为恰当，但是，中国户口尚未进行统计，详细的户口调查需要几个月的时间，最后不得已参照了各省的

---

① 关于士绅的界定，参见张仲礼的标准。（张仲礼著：《中国绅士——关于其在19世纪中国社会中作用的研究》，李荣昌译，上海社会科学院出版社1998年版，第1～4页）

② 傅怀锋在“试析清末民众的政治参与——基于清末江浙咨议局议员选举的个案研究”［载《二十一世纪》（香港中文大学），2004年2月号］一文中持有相同观点，但是瞿骏在“清末地方宪政研究的问题与路径——与傅怀锋先生商榷”［载《二十一世纪》（香港中文大学），2004年2月号］一文中持有不同的观点，他认为清廷选举章程的出台、增订、修改，是满洲亲贵与汉族高官之间权力的争夺——妥协——再争夺的复杂过程。但章程的具体内容并非听任“权力”所摆布，宪政编查馆章程起草者依然在其中倾注了不少对宪政的真切理解和殷殷期望。所以中央权力对咨议局选举筹备的影响也常常系于起草者拟定宪政各种章程条款的“一念之间”。本文以为，选举章程的规定，无论是宪政编查馆起草者的一念之间，还是中央权力斗争的结果，并不重要，重要的是，统治者清楚地知道，在清末风雨飘零的颠簸时期，他们要稳定自己的统治秩序就没有办法忽视社会中心力量的存在，而在政党制度尚不发达的清末，社会的中心力量正是士绅阶层。

③ “敬告咨议局初选选举人”（续），载《申报》宣统元年二月初四日，第三张第二版。

科举进学额和漕粮数量来确定各省议员名额及其分配。议员名额以各省学额的5%为标准，宁、苏是两个漕粮最重而学额较少的地区，所以根据漕粮每3万石加增1名，则江宁增加9名，江苏增加23名。东三省和新疆建设行省不久，学额和漕粮都难以确定，其议员定额只能斟酌确定。另外，旗籍及各省驻防，均以驻地为本籍，在旗籍未改以前，旗人尚未编入民籍，所以，京旗在顺直议员定额以外，暂设专额10名，各省驻防在该省议员定额之外，每省暂设定额1至3名。各省议员详细名额分配见表2所示。①

表2　各省议员定额

省份	名额	省份	名额	省份	名额	省份	名额
奉天	50	河南	96	山东	100	顺直	140
甘肃	43	陕西	63	安徽	83	广东	91
江西	97	福建	72	贵州	39	湖北	80
四川	105	浙江	114	江苏	66	云南	68
湖南	82	黑龙江	30	吉林	30	山西	86
广西	57	江宁	55	新疆	30		

由上表可见，江苏省议员定额，宁属55人（因漕粮增9人），苏属66人（因漕粮增23人），合计为121名，加上4名驻防专员，共计125名。其仅次于直隶（140名），位居全国第二。

江苏省议员名额具体分配到各州府县的办法是根据《咨议局议员选举章程》的具体规定进行的。选举章程第2~7条的规定，初选举以厅、州、县为选举区，复选举以府、直隶厅、州为选举区，各以所辖地方为境界。厅、州、县境界有更改时，选举区一并更改。本地行政长官为选举监督，选举监督各以本衙门为办理选举事务之所。管理选举一切事宜，复选举监督并有权选派管理员、监督员，协助办理选举事务。第26条，初选当选人额数，按照议员定额加多十倍。第27条，对于初选当选人分配方法，由复选监督以该区议员额数除全区选举人总数，定选举人每若干名得选出当选人一名，再以此数分除各初选区选举人数，定各该初选区应出当选人若干名。若该区当选人不足额，比较各初选区零数多少，将余额依归零数较多区。若零数相等，以抽签定其余额应归何区。第54条，初选当选票额，为该区应出当选人额数除选举人总数，将得数之半为当选票额，非得票满该额以上者，不得为初选当选人。第65~68条，复选举与初选举同理，不同的是第74条，复选当选票额为本区应出议员额数除初选当选人额数之半，即当选票额为5。

依据上述法条的规定，议员选举以厅州县为初选区，府为复选区。议员名额在各地的分配取决于各地选民的多少，而清廷对选民资格又进行了详细的规定，并设定了诸多的限制条件。在这种情况下，咨议局筹办处只有在得到了各地呈报的合

① 表资料来源："宪政篇·法令"，载《东方杂志》光绪三十四年七月，第五年第七期，第26~35页。

格选民名册后,才能依照选民人数决定各州县初选人数及各府复选人数的分配,这就使得选民调查成为必要。那么江苏省究竟有多少人符合选民的资格呢?

2. 选民资格调查的过程

江苏省各州县接到咨议局筹办处下达的调查选民资格的通知后,照会地方绅士,设立选举调查事务所,进行选民资格调查。如表1所示,江苏省的选民资格调查中,最早开始行动的是常州的武阳、宜荆两县。在他们的带动下,其他各地也纷纷设立事务所举行调查事宜,他们各订简章,竞相调查。调查分区进行,城市以坊厢为界,乡以图为界。按照章程的规定,调查员由初选举监督设置,以本区董事为主,本区士商一、二人为辅。调查员在调查时须携带调查须知、调查手续、选举人原簿等。

调查须知对各项选举资格及限制作了详细诠释:办理学务及公益事务两项可并足三年;品行悖谬,指革命党而言;营私武断,指讼棍等而言(以上二者均以被控有案为断);不识文义,以不能自书选举票为断;所谓"身家不清白",指的是"娼优隶卒等贱业之人"等。①

调查手续则列举调查中应注意事项:如调查区交界处应彼此接洽,以免重复遗漏;调查以六日完毕,六日内茶点零用可开支公款;调查员必须挨户调查,不可忽东忽西,以免遗漏等。

各地实施调查的顺序具体可分为宣讲、注册、审查三步。

(1)宣讲

调查之前,城市先宣讲一日,并召集商学界及各董事开谈话会数次,拟定条例,即调查须知,条文已经见各报,与各董事及商学界之热心任事者相互研究解释明白,即由各董事择商学界中之一二人协同担任;各乡则先召集各乡董事到城讲说一日,又开谈话会数次,即将调查须知分发各乡董相互研究解释明白,即由各乡董担任其本乡调查之责,乡董至其本乡又召集图董讲解如前。② 而且,在宣讲过程中,各地为了让更多的选民了解设立咨议局的好处,促进选民进行登记的积极主动性,保证咨议局选举的顺利进行,还做了大量的咨议局宣传工作。为了让选民便于理解所宣传的内容,在宣传时大都选用浅显易懂的白话文,这对选民确实产生了一定的影响,推动了选民登记工作的进程。如江都县六言告示:③

照得现奉上谕　颁发咨议章程　省城设筹办处　各局调查认真

凡有五项资格　皆得为选举人　本县遵章举办　绅商学界赞成

---

① 王德志著:《宪法概念在中国的起源》,山东人民出版社2005年版,第242页。

② "咨议局选举调查之始例"(江苏咨议局调查会稿),载《申报》光绪三十四年九月十六日,第三张第二版。

③ "士民实行调查",载《申报》光绪三十四年十月初四日,第三张第二版。

特设办事处所　晓谕扬郡人民　不可放弃权利　公益共得与闻
将来议员举定　地方幸福十分　特此家喻户晓　务各一体凛遵

江苏省的士绅也加入了宣传的队伍。宣统元年二月份的《申报》上刊登了一篇用白话文描写的宣传咨议局选举的文章。[①] 这篇文章几乎覆盖了咨议局选举的各个方面,可以成为当时士绅积极宣传选举,参与咨议局筹办的一个缩影。文章如下:

一省的百姓不知有几千万,咨议局只有一处,不能个个来议事。不得不定一额数,名目曰议员,是百姓公举,非官府私派。列位有选举他人的特权,心中有一着实可靠,平日所信得过的,不妨写将出来。他日开票后,得数最多之人,果为我所选举的,这不是快活的事么?

但在下有一句话要告诉明白列位:所举的并非咨议局议员,却仍是选举议员的选举人。外国有一种选举法为复选,又名间接选举,又名两段选举。先叫普通选举人选出若干名,再由被选的若干人选出议员,这又什么缘故?大约初行选举的时候,国民办识力很弱,尽有选出不正当之人滥竽充数,于是用两段选举法,就是说第一次被选的资格稍高,叫他选举议员,自不致茫无头绪。然现今东西各国,除掉瑞典、丹麦还有几个小国外没有用间接选举的。因全国的百姓对于选举这件事已如布帛菽粟一般,没有不慎重的,即没有选出不正当之人的。

我们中国咨议局既采取外国制度,用选举法举出议员,为什么要从复选呢?据政府的意见说人民程度不到。这句话亦早已听习惯了。倘程度不到,骤然行直接选举,人家说有两种弊病:一则受人运动;一则选举不当。这两句话列位相信不相信呢?依在下想起来,如第一说列位是断不犯的。古人说得好:君子自重。列位要做君子,哪有受人运动的道理。况被选的人为公众尽义务。自己毫无权利。这运动二字岂不白费工夫么?如第二说,中国教育未普及,智识缺乏,固无须为列位隐瞒。即在下自问也怕有这种缺点,然事前能预备预备,放开眼光,仔细地认了一回。那一位有才识的,那一位有学问的,提起笔来直写下去,断不致惹出许多笑话。故在下又有一句话,请列位注意到了:初选那一天,虽非直选议员,却不可推着有事,自甘放弃。更不可张三、李四随便写写,果是有才识有学问的,虽然是我的仇家也不妨举他;若并无才识学问的,无论至亲好友是万不能写上的。列位啊,果能选举得人,那程度不到的冤枉话可洗涤净尽了。挨到宣统四年,咨议局更换议员时,政府或迳许国民直接选举亦未可知。若朦朦胧胧,看做无关紧要的事,将来选出的选举人仍是寻常人物,或系旧日媚官欺民的董事。恐程度不到的话,列位已自己供实。在下即生有百舌,还能替列位辩护么?再有一说,经书上讲的同声相应同气相求,可见世界上的好

① “敬告咨议局初选选举人”(续),载《申报》宣统元年二月初四日,第三张第二版。

人能够引出好人。列位所举的选举人假使才识学问一点也没有,要叫他举好好的人来做咨议局议员,这如何办得到呢?一省的重大担子不得好好的议员挑起来。列位想想将来所议的事件断不会体贴人情的。把这种议员所议的施行出来,种种苦痛仍是百姓受着。列位到此地位,只怕哑子吃黄连,有口没处说呢。列位要晓得,国是人人有份的。一省的政治人人该望他进步的,快快提起脑儿,想一个才学两全的人,写在票纸上,他日的好处真说不尽呢。

(2)填注草册

江苏省咨议局调查会已经制定了草册格式,然后各地依此翻印付各调查员分投填注。① 其草册格式如表3所示。②

表3 江苏选民资格调查草册格式

<table>
<tr><td>姓名</td><td>年龄</td><td>本省府
州县人</td><td>住所</td><td>寄居　年(本省籍人不填,外省籍人须在十年以上)</td></tr>
<tr><td rowspan="4">每人只填一项即为合格,如兼有四项资格者愿并填者听</td><td>办过某项学务或公益事业</td><td></td><td></td><td>须在三年以上</td></tr>
<tr><td>出身举贡生员或某学堂毕业</td><td></td><td></td><td></td></tr>
<tr><td>官阶</td><td></td><td></td><td>须实缺文七品、武五品以上,未经参革者</td></tr>
<tr><td>营业资本或不动产</td><td></td><td></td><td>本省籍须并计值五千元以上,寄居籍须万元以上</td></tr>
</table>

(3)审查

草册填齐即为调查完成,又"召集一处公推绅士数人复审之,各乡则召集于乡董由乡董复审之",防止因为各区交界处重复登记或者遗漏登记,以及一人有两处住所重复登记,登记不实等情况的发生。③

3. 选民资格调查的结果及其原因分析

历经数月的资格审查,选民资格调查终于结束了。结果如何呢?江苏省合格的选民人数,选民占人口的百分比,及其与其他省份的比较如表4所示。④

---

① "咨议局选举调查之始例"(江苏咨议局调查会稿),载《申报》光绪三十四年九月十六日,第三张第二版。

② "长元吴预备造册处调查员注意略则",载《申报》光绪三十四年九月二十二日,第三张第二版。

③ "咨议局选举调查之始例"(江苏咨议局调查会稿),载《申报》光绪三十四年九月十六日,第三张第二版。

④ 张朋园:"清季咨议局议员的选举及其出身之分析",载中华文化复兴运动推行委员会主编:《中国近代现代史论集·第十六编·清季立宪与改革》,台湾"商务印书馆"1986年版,第348页中统计的数据。

表4　全国各省选民资格调查结果

省别	人口总数(名)	选民总数(名)	百分比(%)	平均百分比(%)
直隶	25932133	162585	0.63	0.40⑨(0.42⑩)
广东	28010564	141558	0.51	
安徽	16229052	77902	0.48	
江苏①	26918055② (33785964③、 32282781④)	162472⑤ (161676⑥)	0.60⑦ (0.48⑧、0.50)	
广西	9746747	40284	0.46	
奉天	12133303	52679	0.43	
山西	12269386	53669	0.44	
贵州	9665227	42526	0.44	
浙江	21842565	90275	0.41	
福建	15849296	50034	0.32	
四川	48129596	191500	0.40	
湖北	25590308	113233	0.44	
山东	30987853	119549	0.39	
湖南	27390230	100487	0.37	
陕西	10271096	29055	0.28	
吉林	5580030	15362	0.28	
黑龙江	2028776	4652	0.23	
甘肃	4989907	9249	0.19	
江西	23987317			
河南	35900038			
云南	9466695			

---

① 如表中所示,江苏省的统计数字,有好几个版本,至于哪一个数字是正确的,由于历史已久远,没有办法求证,但为了讨论方便,本文采用了《东方杂志》上的这组数字。由于当时统计技术的落后,这组数字也只能说明大概情况。

② “内外时报·民政部营造京外第二次查报户数清册(宣统二年调查)”,载《东方杂志》,宣统三年九月,第八年第九期,第3~4页。由于当时没有进行人口普查,人口数只能大概估计,计算方法是以正附户数乘以每户五口人得出人口数。总户数为5,383,611, 5,383,611×5,26,918,055的人口数由此得出。显然,其准确性是值得商榷的。

③ 据宣统三年(1911年)清政府民政部调查,江苏省总人口为28,235,864名,加上上海5,550,100名,总共为33,785,964名。见傅怀锋:“试析清末民众的政治参与——基于清末江浙咨议局议员选举的个案研究”,载《二十一世纪》(香港中文大学),2004年2月号。但用1911年的人口数与1909年选民数相比,得出的比例也是值得商榷的。所以这组数字,本文仅列出来作为参考,未加引用。

④ “湖南即用知县熊范舆等请速设民选议院呈”,载故宫博物院明清档案部编:《清末筹备立宪档案史料》(下册),中华书局1979年版,第348页中统计的数据。

⑤ “湖南即用知县熊范舆等请速设民选议院呈”,载故宫博物院明清档案部编:《清末筹备立宪档案史料》(下册),中华书局1979年版,第348页中统计的数据。“宪政篇·记载一”,载《东方杂志》,宣统元年闰二月,第六年第三期,第103~110页。

⑥ “苏省筹办处订定分配选举议员详章”、“江苏宁属述筹办处宣布选举人名数”,载《申报》宣统元年二月二十日,第三张第三版、第三张第二版,二十一日第三张第二版。

⑦ “宪政篇·记载一”,载《东方杂志》,宣统元年闰二月,第六年第三期,第103~110页。

⑧ “苏省筹办处订定分配选举议员详章”、“江苏宁属述筹办处宣布选举人名数”,载《申报》宣统元年二月二十日,第三张第三版、第三张第二版,二十一日第三张第二版。

⑨ “宪政篇·记载一”,载《东方杂志》,第六年第三期,第103~110页。

⑩ 张朋园:“立宪派与辛亥革命”,载《中央研究院近代史研究所专刊》(24),台湾地区“中央研究院”近代史研究所1983年版,第16页。

通过对该表的解读,可以看出,江苏省合格的选举人数,宁苏两属共计162,472名,其中苏属五府州共59,643名,宁属共102,830名。根据《东方杂志》的统计,江苏省总人口为26,918,055名。也就是说,当时大约每1000人中就有一人享有选举权,这一比例在清末各省中已经是比较高的了。按照百分比计算,江苏选民总数占人口总数的比例为0.60%,仅次于直隶0.63%,比全国平均百分比0.40%高0.20%个百分比。这组数字大约可以印证本文的结论,相对全国其他省份而言,江苏省特殊的地理位置,促进了其经济的发展,为该省培养了大批的资产者,同时又由于较早地接受了"欧风西雨"的冲击,也使得该省民众得风气之先,民智得到一定的开启,所以参与热情相对而言比较高涨。

当然,如果用现代的政治参与标准来衡量,0.60%的比例还是非常低的。任何现代化的国家,其选民数要占人口数的60%至70%(未成年人口按30%至40%计算)。[①] 江苏省选民数仅占总人口的0.60%,如果以20岁以上人口占全部人口的60%计算,江苏省的选民数不足成年人口的1/167,若以男女各半论,江苏省不足成年男子数的1/84,可见选举权只是少数人才享有的权利,而且在政治实践中,由于种种原因实际参与的人则更少,[②]所以是无法用现代标准来衡量的。但是,虽然享有权利的人数极其少,但对于中国民众而言,这毕竟是中国历史上第一次有了民主选举的权利,这一点恰恰彰显了其历史意义所在。

那么究竟受到哪些因素的影响,才使江苏省选民人数如此之少呢?从法律的规范到法条的实施,大致可以归结为以下几点:

第一,资格限制。选民人数大为减少的原因之一,即是法律规范中对选民资格所设定的诸多限制。[③] 选举章程规定"凡属本省籍贯,25岁以上之男子"才具有选民资格,这使全部妇女和部分男子失去了资格;"在本省地方有五千元以上之营业资本或不动产者"具有选民资格,五千元资产合田亩约及五百亩,中上等家庭才符合条件,这使得拥有财产少于五千元的部分男子又失去了资格。此外,在选民资格调查的过程中,对选民资产的调查,在很大程度上也减少了一些合格选民的数量。

一则,权利观念还没有在民众当中树立起来。民众只知道纳税为其义务,而知道选举为其权利的人并不多,对于财产要求是一项权利资格则更是难以理解而心怀疑虑,这使很多具有财产资格的人自愿放弃选民资格。

再则,因为这一条件的设定触犯了中国人不愿意露富的禁忌,"隐匿资产,本吾

① 张朋园:"从民初国会选举看政治参与——兼论蜕变中的优异分子",载《国立台湾师范大学历史学报》1978年第7期。

② 傅怀锋:"试析清末民众的政治参与——基于清末江浙咨议局议员选举的个案研究",载《二十一世纪》(香港中文大学)2004年2月号。

③ 在目前研究清末咨议局的文章和著作中,这一点是大家通认的,很多人把这一点作为主要原因。

国人之普遍性质，是以调查之时，大都秘不以告，而不知自外于公民之可耻，其甚者则有挥调查员于门外，而肆口詈辱者矣”。[1] 中国人向来怕露富，所谓“树大招风”，露富总是一件很危险的事情。他们害怕将来会被抖出来课以重税。“但知向来官场交涉富民，必是劝捐。今先查财产，其为劝捐无疑。”[2]而江苏咨议局选举资格调查结束后不久即真的发生了海州勒捐案，越发印证了这种焦虑并非空穴来风。“虽经通人解释，犹以为选举其名，劝捐其实”，[3]因为害怕被课以重税，一些合格选民“转有多人恐将来有苛派捐款等事，请为销去姓名……”[4]这也可以从筹办处所发的通告中看出端倪，筹办处在调查结束后，曾特发一通告，敦劝遗漏选民不要再因循观望，选举权至重且贵，“凡我同胞，万勿误会此举以为将来敛财地步”，并允许合格选民补报入册。[5]

对于在野的士绅而言，在当时急剧变化的转型时期，仅仅拥有经济资本，而没有其他政治资本、社会资本作为支撑，大概就只能落得“按册追呼，勒派捐款，为数甚巨；稍不如数，则朦官箴差，追缴差扰不已，甚至押追”的下场了。[6] 有这重重顾虑，即使具有选民资格也自甘放弃了。如此这般，怎么能不影响选民数量呢？而且，旧日民众的此种顾忌，使今天我们再研究当时情形时，苦于资料的缺乏，查找因财产资格而当选的议员的可能性微乎其微，困难重重。

当然，客观地讲，因为财产登记的禁忌，才自愿放弃选民资格的选民应该只是自愿放弃选民资格的人中的一部分。人民若无其他学识、社会地位等而必须凭资产获取选民资格时，一来不必全数实报，二来有钱人左右邻坊必然有所知悉，像声名显赫的有张謇、许鼎霖、周廷弼等人，即使不登记也人人皆知其为有钱人，避免登记成为选民是否必然可以逃过征税骚扰呢，也许二者未必相关。因此怕课税而裹足登记情形的，可能只会发生在总资产约五千元上下，并非人尽皆知的富家，其因为恐惧泄露底细，而主动选择了放弃选民资格。[7] 这一部分，应该为数不多。

第二，人民的意识。选民比例不够理想，与民众的观念尚未普遍觉醒也有一定的关系。成立民意代表机关，推行民众参与的政治活动，这在中国还是史无前例的第一遭。中国社会一直处于封建专制统治之下，人们习惯于一切服从皇帝的谕令，

① “论苏省初选举”，载《中外日报》宣统元年闰二月二十三日，第一张第二版。

② “论今日选举之弊”，载《申报》宣统元年闰二月初九日，第一张第三版。

③ 同上。

④ “武阳选举调查事务所近事”，载《时报》光绪三十四年十一月二十五日，第三张。

⑤ “各省筹办咨议局”，载《申报》光绪三十四年十二月十六日，第三张第二版。

⑥ “十月初十日议决海州灾赈官绅办理不善有碍宪政案”，载《申报》宣统元年十月十七日，第三张第二版。

⑦ 蔡体桢：《江苏与预备立宪（1900－1911）》，台湾地区“国立”政治大学政治研究所1986年硕士学位论文。

不知有民主权利之说。时人对此检讨说"吾民久居专制政体之下,丰耳蔀目,不知公共之利益,不知利害之关系,不知权利义务之支配"。[①] 由此养成我国民众"各人自扫门前雪,哪管他家屋上霜"的心态,"尔为尔,我为我,谓地方上振兴我无与也,地方上腐败,我无与也,出门一步便非吾分"。[②] 虽然,自鸦片战争之后,西方民主制度在中国得到了一定的宣传,部分民众在当时已逐渐觉醒,但是教育事业在当时尚不发达。清末教育改革前,以四书五经为经典,死记硬背为本的传统教育无须太多书本笔墨等费用,多数传统教育机构或免费或收费极低。而清末教育改革后,一个各重大变化就是所建各项新学堂,均需令学生补贴学费。据张謇对江苏南通的估算,20 世纪初,一个家庭要送一个孩子上初等小学,每年就需 35 ~ 50 元的费用。当时,一个普通农民每年平均收入仅 12 ~ 15 元,张謇工厂的工人每年也只有 50 ~ 100 元的收入。[③] 接受教育对很多人来说,仍然是一件奢侈的事情。因而除了少数接受了新式教育的知识分子和部分开明的官绅外,大多数人仍不知政治参与为何物。由此,大多数人"并视选举为无关得失,处之以敷衍"。

然而,在接受了新式教育的士绅中,也不是人人积极参与调查。一些人因目睹地方官与劣绅、劣衿互相勾结,"无论地方何种要政皆为所把持",[④]即使具有选民资格的人"恃蝇营狗苟之谋,希揽此权利,不揣将来之能否胜任,徒以被选当选为荣",[⑤]都使他们消极应对选民调查,而不愿置身于其中而同流合污。还有部分人由于受到民主革命思想的影响,根本就不相信清廷预备立宪的许诺。他们对于选民调查也不积极。

虽然清末已经开始实施新政,但是正如张朋园先生所言,"民主政治的社会化(Political socialization)尚在萌芽时期,家庭依旧是传统的",教育乃百年大计,清廷开展新式教育也不过就四五年时间,"新形态的社会化亦似相同,非经常时期的配置,不能提高人民的政治意识"。[⑥] 而民众的政治意识没有树立起来,自然对选举兴趣不大,由此对选举认识自然也就不够,不愿登记也属正常了。

第三,调查人员的原因。政治家 W. J. M. Machenzie 指出,健全的选举,需要四个条件,其中之一,为诚实干练的行政组织。据所得资料显示,此次选民调查过程

---

① "敬告有选举资格者",载《时报》宣统元年闰二月二十九日,第一张。

② 同上。

③ Bastid, Marianne. And Paul J. Bailey. Educational Reform in Early Twentieth-Century China. Ann Arbor: Center for Chinese Studies, University of Michigan, 1988, No. 160.

④ "官长设立 · 浙江",载《申报》光绪三十四年十二月十五日,第三张第二版。

⑤ "娄县倪宇梁君辞退初选当选致刘令函",载《申报》宣统元年闰二月十七日,第三张第二版。

⑥ 张朋园:"从民初国会选举看政治参与——兼论蜕变中的优异分子",载《"国立"台湾师范大学历史学报》1978 年第 7 期。

中，调查技术拙劣，毛病百出。再加上调查工作多委诸基层官员及士绅办理，这些人办事能力之好坏，以及对选举、宪政的认识，也会影响调查结果的真实性。下面举几个例子证明：

初选监督敷衍交差的官僚作风，在选民资格调查过程中也充分暴露了出来。依据选举章程第 87 ~ 90 条的规定，凡是选民认为"办理选举人员有不遵定章之行为，或于选举人名册有舞弊作伪之证据者"，或认为有"被选举资格不符，当选票数不实"等，在"选举日期起三十日以内"可以向府、直隶厅、州负责初选举的衙门诉讼。有些地区的行政长官，为了早日完成选民调查，避免诉讼的发生，故意"延迟榜示使选民不能于规定投票日后三十日内提起选举诉讼"。①

一些调查人员在调查过程中也出现漏报、多报、瞒报、谎报等诸多情形，导致调查数据不真实。如一些人认为当选议员即为踏上从仕之途，于是纷纷运动调查人员，以便登上选举人名册。娄县朱某在调查选举资格时，到事务所与提调共叙师生谊，得以登册。② 再如"一乡人子，佃田十余亩，力耕自给，胼手胝足之暇，兼为贩夫走卒。老屋数椽，家无长物，目不识丁字，又染烟霞癖甚深"，③却被调查员不分青红皂白地填入名册，成为合格选举人。调查人员如此作为，一则是对选举的意识不够，敷衍了事；再则也有地方保护主义的因素在，希望本地区可以得到更多的议员名额。"编造选举人名册之时，调查者类挟以扩张权利之思想，以选举人多则分配议员人数多，遂不能严别其是否合格，苟可予以通融，无不曲为周全。且任事者彼此多亲族故旧之雅，虽然明知其并非合格，或确知其犯消极资格，徒以关于情谊，势不得不假以包容，于是自好者因遗漏而自甘放弃，不肖乡曲慕列入名册之虚荣者，都附益而莫穷其究竟。"④

此外，调查人员的工作态度还可以从其检查吸食鸦片的民众中得到体现。按照规章的规定，"吸食鸦片者"不得享有选举权和被选举权，各地在资格调查过程中对此也有严格的防范措施。可沉疴有年，一朝根除谈何容易。不愿轻易就范的"瘾君子"们便想出种种怀挟舞弊之法以求蒙混过关，这些防范措施和应付方法主要有：第一，"最严者于入所时之搜查必有赤身洗浴之令，而详细检点其衣服。此法最为严紧，则凡欲怀挟者用膏药一方将生烟涂抹其上或贴之于肘腋之间，或贴之于谷道之下，总以最秘密处为要，即被查验员查得亦可以患痔疮及一切无名肿毒等词搪塞过去"。第二，"次严者入所时亦必于身畔略为搜索，则用绸巾一方，购买莫啡药

① "御史范之杰奏咨议局改选请饬章认真办理以剔宿弊折"宣统三年七月二十三日，载故宫博物院明清档案部编：《清末筹备立宪档案史料》（下册），中华书局 1979 年版，第 710 页。

② "论今日选举之弊"，载《申报》宣统元年闰二月初九日，第一张第三版。

③ "五千元之选举人"，载《申报》宣统元年一月十二日，第二张第四版。

④ "论江苏初选举之结果"（上篇），载《时报》宣统元年闰二月二十三日，第一张。

水洒于巾上。此药以鼻嗅之即可过瘾,即被搜出亦无烟迹可寻,断不疑及。倘一时购不到药水,则以巾角浸渍生烟,俟其干而卷之以执之于手中,只须掩匿其巾角而查验员亦不疑及矣。最宽者,设所调验之命,意本在敷衍了事,即明知其有怀挟等弊而苟非明目张胆以带胭具,则其余必不严密搜查也。故此等挟带之法最易,其瘾轻者用戒烟丸或天然丸、梅花参片等藏之挟袋即可救暂时之急。如烟瘾过重非药丸所能代者则多带烟泡亦无碍。"[1]第三,如果该县"挑剔极严,凡犯咨议局章程第六条第五项消极资格者,公权均被剥夺",还由一方可用,就是挑唆吸烟士绅请县令查验,查验时"有窘状者,即以囊中粒粒烟泡私授之"。如一大日本夫子传授法政速成科毕业生,顾无途之从而出,适该县审查咨议局选举人资格,便用此法成功。[2] 调查人员的工作态度由此可见一斑。

当然,此次资格调查过程中也不乏热心之辈,"不惜牺牲其精力,耗费其时日,四处调查,不遗余力",但其如此热心的动力与目的是,认为:"地方上能多得一议员即可多增一分势力,冀合于选举资格之人多,则将来分配议员之额亦可占其多数。"[3]可见,其背后还是存在一定的地方保护主义情愫的。

此外,选民人数过少,与当时交通不发达也有一定的关系。总而言之,通过这次选民调查过程,可以看出无论是法律规范,还是实施法律规范的技术,都存在一定的问题。但是,"一个制度的建立,是在经验中发现错误,在理性下求其改进",清末"百般在起步状态,弊病自所难免"。[4]

(三)宁苏两属议员名额的分配

江苏各地选举调查事务所自光绪三十四年下半年开始,陆续对全省进行选举资格调查,然后编定选民名册,呈本管府厅州县核查。苏、宁两属筹办处在上述各地统计结果的基础上,于宣统元年一月底二月初设立了投票区,并于二月二十日、二月二十一日颁布了选举人名数和选举议员的分配。根据选章程的相关法条规定,江苏省初选当选人额数为121名的十倍,即1210名。苏、宁两属的议员具体分配如表5、表6、表7所示。

1. 苏属议员分配

苏属各地调查合格选民的结果,选举人总数为59,643,应出议员66名,两数相除,则每903人得1名议员。各府应出议员数以各府选举人额数除以903即得。见

① "官绅新发明之挟带",载《申报》宣统元年一月二十六日,第二张第四版。

② "纪某县调验吸烟绅士事",载《申报》宣统元年一月二十八日,第二张第四版。

③ "论将来咨议局之议员",载《时报》光绪三十四年十二月十一日,第一张。

④ 张朋园:"从民初国会选举看政治参与——兼论蜕变中的优异分子",载《国立台湾师范大学历史学报》1978年第7期。

表5所示。①

表5　苏属各地议员分配情况

（单位:名）

府别	选举人额数	议员额数	余数	初选举应选额数	复选当选票额
苏州府	10248	11	315	110	5
松江府	13018	15	376	150	5
常州府	19098	21	135	210	5
镇江府	10123	11	190	110	5
太仓州	7156	8	835	80	5

议员总数为64名，尚不足2名，应归余数较多的太仓直隶州1名（共8名），松江府选出1名（合计15名）。

苏州府对初选当选人的分配，以苏州府应出初选当选人110去除其选举人总数10，248，则每93人出初选当选人1名，各厅州县应出初选当选人数，即为各厅州县选举人总数除以93可得。初选当额票额为选举人总数除以应选初选当选人之商之半。如表6所示。②

表6　苏州府初选举议员分配情况

（单位:名）

地别	选举人总数	应选初选当选人	余数	初选当选票额
太湖厅	342	4	63	57
靖湖厅	104	1	11	52
长洲县	1184	13	68	49
元和县	1138	12	22	47
吴县	1748	19	74	46
吴江县	1447	15	52	48
震泽县	1004	11	74	50
常熟县	1245	13	36	48
昭文县	729	8	78	52
昆山县	748	8	4	47
新阳县	577	6	11	48

① “初选举区成立·苏属”，载《申报》宣统元年二月二十日，第三张第二版。

② “苏属筹办处订定非配选举议员详章”，载《申报》宣统元年二月二十日，第三张第二版、第三版。

2. 宁属议员分配

宁属各地调查合格选民的结果，选举人总数为102，829，应出议员55名，两数相除，则每1869人得1名议员。各府应出议员数以各府选举人额数除以1869即得。见表7所示。①

表7　宁属各地议员分配情况

（单位：名）

府别	选举人额数	议员额数	余数	初选举应选额数	复选当选票额
江宁府	20815	11	256	110	5
扬州府	25408	14	1111	140	5
淮安府	17654	9	833	90	5
徐州府	18966	10	276	100	5
海州府	7610	4	134	40	5
通州府	12377	7	1163	70	5

议员总数为53名，尚不足2名，应归余数较多的通州1名（共7名），扬州1名（共14名）。

考察江苏咨议局成立的整个过程，可以发现，从咨议局筹备处的成立、选举投票的宣传、选民资格的调查到最后选举投票的完成，江苏咨议局能够顺利完成筹备工作，离不开官绅的积极努力，尤其是士绅的积极参与。伴随着江苏省经济的发展，新的经济力量得到不断的壮大，其对政治参与的要求也在不断地提高，江苏士绅在咨议局成立的整个过程中的行为证明了这一点。

但同时我们也看到，这一次咨议局的选举，有民主政治的外观，但缺乏民主政治的实质。由于局章的财产、教育资格等条件的限制剥夺了广大群众的选举权，使咨议局的选举没有群众的参与和支持。即使在享有选举权的有产阶层中，政治参与仍是有限的，更多是那些极少数的士绅的参与，大多数选民即使有参与也是被动员参与。"人民在这次空前的大选中是茫然的，对政治有兴趣的只有极少数"的士绅，士绅们的"造型是半传统半现代性的，他们有求变的观念，但自身的利益优先"。② 通过对选举过程以及当选议员出身背景的考察，证明了帕特南（Robert D. Putnam）的观点，即"制度构建政治，通过构建政治行为，构成制度的规则和标准操

① "宪政篇·记载一"，载《东方杂志》宣统元年闰二月，第六年第三期，第110页。

② 张朋园："从民初国会选举看政治参与——兼论蜕变中的优异分子"，载《国立台湾师范大学历史学报》1978年第7期。（Political Participation and Political Elites in Early Republican China: The Parliament of 1913－1914, *Journal of Asian Studies*, February 1978）

作程序在政治运行中打上了自己的烙印”。①

当然，全面而理性地反思江苏咨议局的选举，也不能不承认，尽管这次选举有种种不尽如人意之处，但毕竟它是数千年来的一次创举，是中国历史上民众参与政治的第一次，兹引时人的论述以为本文之结束。“而天下事断难一蹴而几于道，证诸东西各国，创行一事，必有无数曲折，然后渐归于中正，况选举为我国数千年创行之举，又安保其能免予人人之指摘乎？故记者独谓，种种不合规则之举动，为今日必经之阶级，不足深为士民羞。论者宜就其已显之失，推言其流弊所极，使闻者引为大戒。复备述正当方法普告选举人，俾其有所取，则置已往之事于不究，惟望后此不致再见，是为吾辈之所宜从事者也”。②

---

① ［英］罗伯特·D. 帕特南著：《使民主运转起来：现代意大利的公民传统》，王烈、赖海榕译，江西人民出版社 2001 年版，第 7 页。

② “论江苏初选举之结果·上篇”，载《时报》宣统元年闰二月二十三日，第一张。

集权而非分权

——清末地方自治时期的立法评析

荆月新[*]

时至晚清,以中央集权为典型特点的传统中央与地方之关系遇到前所未有的挑战。这种挑战首先表现为,由于利益主体意识的觉醒,地方实力派要求与中央分权以及对中央权威的漠视,其次表现为,源自近代西方宪政模式下的以地方自治观念传入中国,从而对传统的中央集权体制予以解构。此时,适值晚清宪改预备之际,于是地方主义与立宪主义合流,迫使清廷不得不以官制改革为名,推行地方自治。但是,清廷在不情愿之下所作的权力下放承诺并未兑现,相反,却通过一系列立法力图将散失于地方的权力收归中央,重新加强对地方的控制。于是在晚清的中央与地方关系当中呈现了充满矛盾而颇富戏剧性的场面:一方面,中央倡导的地方自治在各地蓬勃兴起,要求中央政府简政放权的呼声此起彼伏;而另一方面,中央政府希图以立法方式将地方的用人权、任事权、军权以及司法权上收至中央。自光绪三十二年(1906 年)十一月,清廷着奕劻等续订各省官制并会商督抚筹议地方自治开始,至清室覆亡,地方自治之声不绝于耳。但是此间的立法,无论有关地方自治的专门立法,还是其他方面的立法,凡是关涉中央与地方关系的,本该以分权作为立法要务,集权却成为立法主题。

一、地方自治未上升为宪法规范,相关立法所彰显者乃是集权、官权

清末的地方自治缺乏宪政制度作为其实行的基本依据。1908 年颁布的《钦定宪法大纲》以及 1911 年 10 月 30 日前颁布的《宪法重大信条十九条》当中均未见到相应的内容。此期,适用于全国地方自治的法律依据共有四件,分别是《城镇乡地方自治章程》、《城镇乡地方自治选举章程》、《府厅州县地方自治章程》和《府厅州县议事会议员选举章程》,除此之外还有两件立法虽由中央颁布,在适用范围上却仅及于地方,即《京师地方自治章程》和《京师地方自治选举章程》。

---

* 荆月新,2005 级外国法律史专业,指导老师:何勤华。现工作于山东师范大学政法学院。

根据上述立法,清末的地方自治立法非但没有分权给地方,反而以分权为名,行集权之实。晚清的地方自治可分为上级地方自治和下级地方自治,前者是指府、厅、州、县地方自治,后者是指城、镇、乡地方自治。京师地方自治的制度设计与下级地方自治相类,本文将其归入下级地方自治一并论述。

先就下级地方自治而言。

下级地方自治的范围极其有限,且与权力下放无涉。关于地方自治范围的立法主要有两件:光绪三十四年颁布的《城镇乡地方自治章程》和宣统元年颁布的《京师地方自治章程》。两者都在第五条界清了地方自治的权限范畴,内容完全一致,共计八点,涉及地方学务、地方卫生、地方道路工程、地方农工商务、地方善举、公营事业、地方事业筹款、习惯上由地方绅董办理之事。以《城镇乡地方自治章程》为例,该立法第五条载道:"城、镇、乡地方自治事宜,以下列各款为限:一、本城、镇、乡之学务。中小学堂、蒙养院、教育会、劝学所、宣讲所、图书馆、阅报社,其他关于本城、镇、乡学务之事。二、本城、镇、乡之卫生。清洁道路、蠲除污秽、施医药局、医院医学堂、公园戒烟会,其他关于本城、镇、乡卫生之事。三、本城、镇、乡之道路工程。改正道路、修缮道路、建筑桥梁、疏通沟渠、建筑公用房屋、路灯,其他关于本城、镇、乡道路工程之事。四、本城、镇、乡之农工商务。改良种植牧畜及渔业、工艺厂、工业学堂、劝工厂、改良工艺、整理商业、开设市场、防护青苗、筹办水利、整理田地,其他关于本城、镇、乡农工商务之事。五、本城、镇、乡之善举。救贫事业、恤嫠、保节、育婴、施衣放粥、义仓积谷、贫民工业、救生会、救荒、义棺义冢、保存古迹,其他关于本城、镇、乡善举之事。六、本城、镇、乡之公共营业。电车、电灯、自来水,其他关于本城、镇、乡公共营业之事。七、因办理本条各款筹集款项之事。八、其他因本地方习惯,向归绅董办理,素无弊端之各事。"[①]《城镇乡地方自治章程》和《京师地方自治章程》授予地方举办的事项有一共同特点,即凡地方社会与经济事业发展需要经费者,均由原来的"官治"官办改成所谓"自治"民办。如此地方自治,中央政府和官治体制向地方和民间所让渡的不是自我管理之权,而是试图卸下财政包袱。即便如此,仍然害怕上述自治事项会侵扰到官治体制,影响国家的行政权威,两件立法在第五条表述了自治权限之后,紧接着在第六条规定:"前条第一至第六款所列事项有专属于国家行政者,不在自治范围内。"

地方自治机构受官方的严格掌控。在城镇乡地方自治当中,地方官起主导作用。议事会和董事会分别是城镇乡地方自治的议事机关与执行机关,但两者都受地方官的直接节制和指挥。首先,地方官对议事会和董事会的日常活动进行监理。

---

① 《大清新法令(1901~1911)》(点校本)(第1卷),李秀清、孟祥沛、汪世荣校,商务印书馆2010年版,第153~154页。

例如,《城镇乡地方自治章程》第37条规定:"议事会议决事件,由议长、副议长呈报该管地方官查核后,移交城、镇董事会或乡董按章执行。"①第39条规定:"议事会遇有地方官咨询事件,应胪陈所见,随时申覆。"第40条规定:"议事会于地方行政与自治事宜有关系各件,得条陈所见,呈候地方官核办。"其次,地方官还对议事会和董事会之间的分歧与争议进行裁断。据第41条规定:"议事会于城、镇董事会或乡董所定执行方法视为逾越权限,或违背律例章程,或妨碍公益者,得声明缘由,止其执行。若城、镇董事会或乡董坚持不改,得移交府、厅、州、县议事会公断,若于府、厅、州、县议事会之公断不服时,得呈候由地方官核断……"②同样,据第69规定:"董事会于议事会议决事件,视为逾越权限,或违背律例章程,或妨碍公益者,得声明缘由,议事会覆议。若总议事会坚持不改,得移交府、厅、州、县议事会公断。不服者,照四十一条第二项办理。"③最后,地方官还控制地方自治经费的日常开支和经费项目的创设。依据《城镇乡地方自治章程》第90条,地方自治经费共含三个方面:本地方公款、公产,本地方公益捐,按照自治规约所课之罚金。上述经费统由自治区域进行民间自筹,中央或者地方政府并不拨付,但是,地方官依然对其行使管理权。第91条规定:"其城镇乡地方向无前项所指公款公产,或其数寡少不敷用者,得由议事会指定本地方关系自治事宜之款项产业,呈请地方官核准拨充。"④第93条规定:"公益捐之创办,由议事会拟具章程,呈请地方官核准遵行,嗣后如有应行变更废止之处,亦由议事会条议,呈请地方官核准。"⑤

与城镇乡地方自治一样,在京师地方自治当中,议事会和董事会分别是地方自治的议事机构和执行机构,其自治范围也与城镇乡地方自治完全一样。所不同的是,稍晚时候颁布的《京师地方自治章程》回避了"地方官"在地方自治当中的主导作用,而是改设"自治监督"一职,自治监督对地方自治的议事机构议事会以及执行机构董事会均享有指挥与管理的全权。但自治监督实由官员兼任,并完全听命于中央,其在对地方自治进行日常监管、裁判议事会与董事会纠纷、管理自治经费收支等方面,与地方官如出一辙。《京师地方自治章程》第127条对地方自治监督的选任职权均作明确规定。京师地方自治分内外城地方自治和外郊地方自治两部分,该条对之也分别表述,先是:"内外城以巡警各区区长为监督,巡警总厅厅丞为总监督,均受成于民政部。各该监督应按本章程查其有无违背之处而纠正之,并令

① 《大清新法令(1901~1911)》(点校本)(第1卷),李秀清、孟祥沛、汪世荣校,商务印书馆2010年版,第159~160页。

② 同上,第160页。

③ 同上,第163页。

④ 同上,第165~166页。

⑤ 同上,第166页。

其报告办事成绩,征其预算、决算表册,随时亲往检查,将办理情形按期由内外城总厅汇齐,会报民政部查核。”至于外郊地方自治,“各区监督由步军统领衙门派员充之,按照前项所列各节申报步军统领衙门汇咨民政部存案。”[①]在第128条则进一步规定了自治监督的权力:“各区区长有申请厅丞、厅丞有申请民政部解散议事会、董事会及撤销自治职员之权。”[②]自治监督有裁判议事会与董事会争议之权,该章程第83条规定:“总议事会于总董事会所定执行方法视为逾越权限,或违背律例章程,或妨碍公益者,得声明缘由,止其执行,若总董事会坚持不改,得呈候自治总监督核断。”[③]第105条则规定:“总董事会于总议事会议决事件视为逾越权限,或违背律例章程,或妨碍公益者,得声明缘由,交总议事会覆议。若总议事会坚持不改,得呈请自治总监督核断。”[④]自治监督对自治经费的使用和管理行使决定权。根据《京师地方自治章程》第115条的规定,京师地方自治所需经费,统由自治区域进行民间自筹,中央或者地方政府并不拨付,但是,自治监督却对其日常开支行使管理权。先是第116条规定:“自治事宜之款项产业呈请该自治监督核准拨充。”除此之外,作为自治经费重要财源的公益捐的创办,也由自治监督控制,第118条规定:“公益捐之创办,由议事会拟具章程,呈请各该自治监督核准遵行,嗣后如有应行变更废止之处,亦由议事会条议,呈请各该自治监督核准。”议事会作为地方自治的议事及决策机构,也受到自治监督的严格监管,第79条规定:“总议事会议决事件,由议长、副议长呈报自治总监督查核后,移交总董事会按章执行。”第82条规定:“总议事会于地方行政与自治事宜有关系各件得条陈所见,呈候自治总监督核办。”[⑤]

再就上级地方自治而言,与下级地方自治一样,虽名为“自治”、“民治”,实质上仍然是“官治”。有关上级地方自治的立法主要是宣统元年十二月二十七日颁布的《府厅州县自治章程》。

上级地方自治的自治范围仍然非常有限,根据《府厅州县自治章程》第3条,主要限于两点:“1.地方公益事务关于府厅州县全体或为城镇乡所不能担任者;2.国家行政或地方行政事务以法律或命令委任自治职办理者。”[⑥]

与下级地方自治不同,上级地方自治行使自治职能的机关设置更为复杂一些。上级地方自治有两个议事机构,即议事会和参事会,但两者并非平行而设,参事会

① 《大清新法令(1901－1911)》(点校本)(第7卷),洪佳期等点校,商务印书馆2010年版,第184页。

② 同上,第185页。

③ 同上,第179页。

④ 同上,第181页。

⑤ 同上,第178页。

⑥ 徐秀丽编:《中国近代乡村自治法规选编》,中华书局2004年版,第29页。

在其中起主导作用。议事会与参事会的议事职能有所区别,前者主要是议决与自治经费相关的事项,《府厅州县自治章程》第21条将其议决事项归结为六项,即"1.本府厅州县自治经费出入预算事件;2.本府厅州县自治经费出入决算事件;3.本府厅州县自治经费筹集办法;4.本府厅州县自治经费处理办法;5.城镇乡议事会应议决而不能议决之事件;6.其余依据法令属于议事会权限内之事项。"根据第22条规定,议事会可将其职权委托由参事会行使:"议事会应行议决事件,得由该议事会委托参事会议决。"①因此,参事会的议事职能和地位高于议事会,其所行使的职能,依据第45条规定,共含7项:"1.议决议事会议决事件之执行方法及其次第;2.议决议事会委托本会代议事件;3.议决府厅州县长官交本会代议事会议决之事件;4.审查府厅州县提交议事会之议案;5.议决本府厅州县全体诉讼及其和解事件;6.公断和解城镇乡自治之权限内之事件;7.其余依据法令属于参事会权限内之事件。"②

地方自治事务的执行由府厅州县长官来完成,并支配和控制议事会和参事会的活动。首先,议事会的日常活动受府厅州县长官节制。例如,第23条规定:"议事会遇有官府咨询事件,应胪陈所见,随时申复。"第26条规定:"议事会之召集及其开会闭会展会事宜,府厅州县长官掌之。"③第36条规定:议事会"每届会议完毕,应由议长、副议长将本届议事录,会同议员二名以上署名,报告府厅州县长官"。第37条规定:"议事规则及旁听规则,由议事会拟订,呈由府厅州县长官申请督抚核定。"其次,府厅州县长官担任参事会之首脑。第38条规定:"府厅州县参事会,各以该府厅州县长官为会长。"④

中央对下级地方自治进行直接管理和控制。这在《府厅州县自治章程》第6章《府厅州县自治监督》当中有详细表述。其中包括地方自治的业务监督和财政监督。例如,第94条规定:"府厅州县自治由本省督抚监督之,仍受成于民政部,其关系各部所管事务,并受成于各部。"第95条规定:"前条监督之官府,得令该府厅州县呈报办事情形,并得随时调阅公牍文件,检查收支账目。"⑤第97条规定:"监督官府如以府厅州县预算为不适当者,得削之。"为了保证中央对地方自治的有效监管,还制定了严格的保障措施,如第98条规定:"督抚遇有不得已情节,得咨请民政部解散议事会。"⑥

① 徐秀丽编:《中国近代乡村自治法规选编》,中华书局2004年版,第32页。
② 同上,第35页。
③ 同上,第32页。
④ 同上,第33页。
⑤ 同上,第40页。
⑥ 同上,第41页。

二、除地方自治立法外，其他立法亦表现了中央集权的取向

中央集权主义既然在地方自治的立法领域恋栈，在其他立法当中当然表现得更为明显。积贫积弱的晚清中央政府虽已无力驾驭日益做大的地方势力，但是，仍然不放弃将权力收归一统的立法努力。在地方自治的帷幕拉开以后，中央立法仍然固执地将中央集权主义贯彻其中。地方自治期间的各项立法，从用人、司法乃至财政、军事、行政事务的各个方面，都流露出中央政府的集权倾向。

其一，用人权高度集中于中央。官员的选拔任用均取决于中央，这是中央集权主义在传统官制中的集中体现。由中央集权体制所决定，官吏的选拔、调任、晋升、撤免均由中央政府统辖，无论在中央层面，还是地方层面，官员的升降黜陟均无例外，用人权的高度集中成为中央政府掌控全国政局的重要途径和手段。清代定制，三品以上文武大员的任命，先由军机处在记名人员中初选数名，差额呈进，最后由皇帝朱笔圈定简放。三品以下官员缺额则一分为三，文官分别由皇帝、吏部、督抚任命，武官分别由皇帝、兵部、总督、提督任命，各有定额，不得侵混。在这样的用人体制下，地方督抚的用人权是有限的。太平天国运动兴起，为因应战时需要，曾有司道以下官员的任命由督抚奏定的特殊情形，但为时未久，太平天国运动被平息，一切渐归常态。即便在地方自治期间，仍然未得改变。

中央各部参与地方官吏的考核。例如，光绪三十三年正月二十二日批复的《民政部奏厘定本部及内外城巡警总分厅权限章程折》所附的《民政部及巡警厅权限章程清单》中提出："巡警为民政之一端，巡警部现既改为民政部，范围较广，所有全国警政自应仍归民政部统管。其京师警察事宜应责成内外城巡警总厅办理，受民政部考核。"①光绪三十四年五月初九日批复的《农工商部奏拟订劝业道职掌任用章程折》所附的《劝业道职掌任用章程》规定："劝业道秩正四品，为督抚之属官，归其节制考核，应禀承农工商部、邮传部及本省督抚办理全省农工商业及各项交通事务，并应由农工商部、邮传部随时考核。"②光绪三十四年批复的《民政部奏拟订直省巡警道官制并分科办事细则折》所附的《巡警道官制并分科办事细则》第 4 条规定："巡警道除受各该省督抚节制考核外，仍由民政部随时考查，不得力者即行奏请撤换。"③

① 《大清光绪新法令》(第 3 册)，商务印书馆 1910 年版，第 30 页。
② 《大清光绪新法令》(第 4 册)，商务印书馆 1910 年版，第 16 页。
③ 同上，第 12 页。

各地因地制宜新设与裁撤官缺亦需中央批准。光绪三十四年十二月初五日批复的《农工商部议覆东三省总督奏请设农官折》中称:“……奉省沃野平原,弥望千里,素称农国。特民间狃于故习,农具不修,土宜不辨,设有旱潦荒歉堪虞。近来荒垦日关,地浮于民,非由官设法劝导,恐民力有时而穷,地利终无由尽,自应请设农官以资劝导。”①再如,光绪三十四年八月二十七日颁布的《吏部议覆湘抚岑奏湘潭县株州地方请移设同知巡检以资治理折》中称:“将长沙府督捕水利同知移设株洲,改为株洲抚民同知,并将湘潭县黄茅驿巡检移驻该处名为株洲巡检,兼管司狱事务,由臣部更改缺目。该同知巡检原系简缺,今仍作为简缺,其现任各员应令随缺移驻,毋庸更换,俟将来粤汉铁路通行应否酌改缺分,由该抚体察情形,分别奏咨办理。”②除新设官缺需报中央而外,原有官缺的裁撤也需报中央批准,如宣统元年正月二十九日奏准的《东三省总督徐世昌请裁去抚顺县典史等片》记载:抚顺县“……并无监狱,典史一缺几同虚设……各属典史员缺本在议裁之列,所有抚顺县典史应即裁去,以省繁费。”③宣统三年三月议准的《吏部遵议滇督奏请裁设同知各缺折》中称:“其云南旧有南关同知,既据奏称事务清简,本属闲曹,亦应如原奏即行裁撤所有。”④

各级地方政府组织机构的员缺设置受中央立法统一调控。光绪三十三年五月议准的《各省官制通则》第5条规定了督抚衙门的幕职员数:“一、秘书员一人,承督抚之命掌理机密折电、函牍,凡不属各科之事皆隶之。二、交涉科、吏科、民科、度支科、礼科、学科、军政科、法科、农工商科、邮传科参事员各一员,承督抚之命,就主管事务掌理各项文牍,但各科参事员有事简不必备设者,均由该省督抚酌量合并,以一员兼任三科以下之事。三、秘书员、参事员不作为官缺,统由各省督抚自行征辟,无庸拘定官阶大小,但每年应将各员衔名及到差年月分别奏咨存案,其办事得力之员随时切实保荐,以备简擢。”⑤该章程不仅对督抚衙署内设机构的设置,督抚属官及幕僚的员数均作出规制,对于布政、提法、提学三司的组织机构及编制员额也作了翔实的规范,甚至对“各直隶州、直隶厅及各州县应设佐治各官以及各自分掌事务”均作出规定,其中包括像警务长、主计员这样基层官吏的人数、职级均在其内。

地方机构由中央统一定名、改名。晚清曾于地方遍设学务公所并分内设机构

① 《大清光绪新法令》(第4册),商务印书馆1910年版,第48页。

② 同上,第43页。

③ 《大清新法令(1901-1911)》(点校本)(第5卷),洪佳期等点校,商务印书馆2010年版,第43页。

④ 《大清新法令(1901-1911)》(点校本)(第11卷),洪佳期等点校,商务印书馆2010年版,第69~70页。

⑤ 《大清光绪新法令》(第4册),商务印书馆1910年版,第3页。

为“六课”,后改为“六科”,也需中央同意。在光绪三十四年八月十九日颁布的《学部通咨各省本部前奏学务公所分六课为六科文》中称:“惟课字不若科字通行明晰,故此次改作分科,其提学、巡警两官制及此外章程有用分课字样者应即一律照改,以归划一等语。查本部前奏学务公所分为六课,现在改课为科,原设六课应即改为总务科、专门科、普通科、实业科、图书科、会计科,其课长、课员均改为科长、科员,以归一律。”①如此琐事都由中央统一管理,集权之甚,可见一斑。

其二,除用人权之外,这一时期的立法还将全国的司法权也统辖于中央。中央司法机关掌控地方刑民事案件的终审之权。光绪三十二年十二月十八日议准的《法部奏核议法部官制并陈明办法折》所附《法部官制清单》第1条载明法部的职权:“法部管理全国民事、刑事监狱及一切司法行政事务,监督大理院、直省执法司高等审判厅、地方审判厅、城乡谳局及各厅局附设之司直局,调查检察事务。”②法部下属各司在确定内部分工的同时,也分省掌理地方审判,如在第五条规定审录司“分掌朝审、录囚、覆核大理院各裁判厅局暨直隶、察哈尔、左翼两广、云贵刑事民事各项案件”。第六条规定制勘司“分掌勘定、秋审实缓、宣告死刑暨四川、河南、陕西、新疆乌里雅苏台、科布多刑事民事各项案件”③,等等。

中央对于地方司法事务的过问和统辖,不仅表现为对案件的管辖,还包括对司法人员行止的掌控。宣统三年四月二十一日议准的《审判厅检察厅办事章程》第15条规定:“各厅设考勤簿,厅员自行画到,由该厅长官查核,每半年汇报法部或提法使。”④第23条规定:“各厅员有补职、派署、加俸、退职等事,应由该厅长官出具切实考语开单具文,经由该监督上官层递出考申请,法部或提法使核办。”⑤

其三,中央政府加强对地方财权的控制。财权历来是中央政府扼制地方势力的重要手段。光绪三十三年三月十四日批复的《度支部奏为厘定度支部职掌事宜及员司各缺并拟添设丞参折》所附的《度支部职掌员缺章程》规定了所设各司职掌权限,多与地方财政相关,如第5条规定了田赋司“掌各直省地丁正耗、完欠奏销、新增地丁、随粮各捐、规复征额差徭、筹议垦务及清丈田亩、改正地租、升科定则并稽核内务府八旗庄田地亩、稽核赐复免科除役、蠲赋缓征并稽核州县交代各事宜”。第6条规定漕仓司“掌各直省漕粮、漕折、漕项等奏销考成、春秋拨册及临时蠲缓等款,稽核京外各仓积储支放及各省兵米谷数,筹备赈抚各事宜”。第7条规定税课

① 《大清光绪新法令》(第4册),商务印书馆1910年版,第10页。

② 《大清光绪新法令》(第3册),商务印书馆1910年版,第64页。

③ 同上,第65页。

④ 《大清新法令(1901-1911)》(点校本)(第11卷),洪佳期等点校,商务印书馆2010年版,第220页。

⑤ 同上,第221页。

司“掌稽核常洋各关收支,各直省商货统税及当杂各税,筹计各省新增税项、烟酒杂捐、机器制造各货税,发给各省田房税契、货商牙帖及一切印花,考核进出口税则,发给关单、执照,考核官物暨新法制造应否免税等项,查核各关出入口货税收数比较各事宜”。第8条规定管榷司“掌各省盐法,稽核引票课、厘租税,规羡杂款、加价、折价、场课、灶课、井课、畦税各项,考成奏销、春秋拨册、贡盐、京饷、帑利、饭银纸朱各款,盘查运库、道库、盐属各官,交代更换纲总,认办引岸,兼管茶引、茶课、羡截土药统税及筹议专卖各事宜”。① 宣统元年十一月初六日奏准的《度支部奏各省动拨款项统由本部核定片》称:“各省应解款项,如京协各饷及各项洋款关系紧要,无论何项用款均不得任便挪移。嗣后凡动拨款项,应统由度支部奏咨核定。”②

中央与地方就财政用度屡屡发生争执,这在晚清政局当中也成为司空见惯的事情,据宣统三年二月《度支部奏声明各省公费并请饬各省督抚遵照前奏维持预算办法折》所称,由锡良等为代表的地方督抚反对度支部、资政院要求地方删减地方官员所用公费的要求,称“各省各官公费碍难核减,官俸章程未定以前,请按照部定预算之数实行”,而度支部则坚持公费必减,称:“近接监理官等禀牍,多谓各省用款糜滥仍复如前,预算之案置之不顾,节省之款鲜有所闻,似此情形,窃恐将来删减无多,追加不已,财有穷而用无穷,必至束手坐困而后已。”③

其四,限制地方军力,是清末中央集权的又一举措。防止地方军力扩张始终是晚清中央政府一贯的做法,因此,切断地方督抚与军队的联系便成为中央政府的政策取向。光绪三十四年五月十七日批复的《陆军部奏嗣后奉旨简放他省不准奏调原省陆军人员片》当中,鉴于“各省督抚一经奉旨简调他省,往往将原省军队、学堂及督练公所各项重要人员全数奏调,随赴新任,继其后者,遂不得不另行设法罗致供差。而新派人员贤否不一,往往各行其是率意更张”,因此提出:“各省将军、督抚嗣后如奉旨简调他省所有,原省镇协标统以次军官,并督练公所兵备等处,暨陆军学堂总办以下人员,除军务省份必须调赴前敌者,准其奏明请旨办理外,其余各省均不准率行奏调,随赴他省。该新任督抚,亦不得将前任所派之员,无故另行撤换。”④

其五,借厘定官制之机,统辖地方行政事权。光绪三十二年重新厘定官制以后,行政各部的执掌当中均含有统辖全国相类事务的规定。中央各部加强了对地方相类事务的管理。

---

① 《大清光绪新法令》(第3册),商务印书馆1910年版,第36页。

② 《大清新法令(1901－1911)》(点校本)(第7卷),洪佳期等点校,商务印书馆2010年版,第5页。

③ 同上,第7～8页。

④ 《大清光绪新法令》(第5册),商务印书馆1910年版,第54页。

光绪三十二年十二月十七日批复的《民政部奏部厅官制章程折》所附《民政部官制章程清单》当中即提到新设民政部之职权为:“管理地方行政、地方自治、户口、风教、保息、荒政、巡警、疆理、营缮、卫生等事。”①光绪三十二年十二月初九日批复的《农工商部奏厘定本部职掌员缺折》所附该部职掌暨分司隶事办法清单第1条即规定:“臣部管理全国农工商政暨森林、水产、矿务、河防水利以及商标、专利、权衡、度量等各项事宜,并综核各直省农工商政、河道各官及农工商各项公司、学堂、局厂。”②前述光绪三十四年批复的《民政部奏拟订直省巡警道官制并分科办事细则折》所附的《巡警道官制并分科办事细则》第5条规定:“巡警道举办一切事宜随时申报该省督抚外,仍于年终汇齐造册列表申报民政部查核。如遇重要事件,准一面申报该省督抚,一面报部。”③

许多原由地方兴办的事业和管理的事项,中央借口地方管理混乱而力图上收至中央。例如,宣统元年五月《度支部奏陈明淮浙盐务情形并请将各省盐务悉归部直接管理折》中以“淮浙盐务疲敝”为由,提出:“臣部职掌盐法本系责无旁贷,现在积弊至此,更不能不实力整顿,拟请将各省盐务用人、行政一切事宜悉归臣部直接管理。”④

三、结论:中央集权主义的传统政治文化未得改变,地方自治难以真正实现,立法分权遥不可及

晚清政府之所以一方面打着地方自治的旗号,做出与地方分权的姿态,另一方面却又通过立法加强对地方的掌控,这与中央集权主义的传统政治文化是分不开的。中央集权主义的核心是强调中央政府的集权和权威,强调中央政府在社会协调和社会控制当中的主导地位和作用。其最基本的理念是:中央集权有利于国家的统一和社会的一体化。中央集权主义在近代以前的传统中国以君主专制主义为其表现形态,儒家政治伦理是其深厚的意识基础。

儒家的早期经典《礼记》曾言:“凡为天下国家有九经,曰修身也,尊贤也,亲亲也,敬大臣也,体群臣也,子庶民也,来百工也,柔远人也,怀诸侯也。”⑤所谓“亲亲”即是指亲爱自己的家族,“子庶民”即是要求君王应以民为子,慎加呵护。如此家庭

① 《大清光绪新法令》(第3册),商务印书馆1910年版,第27页。

② 同上,第84页。

③ 《大清光绪新法令》(第4册),商务印书馆1910年版,第12页。

④ 《大清新法令(1901-1911)》(点校本)(第7卷),洪佳期等点校,商务印书馆2010年版,第39页。

⑤ 《礼记·中庸》。

伦理的国家化,可说是中国政治文化的特色。在这一政治伦理体系当中,整个国家被看成一个拟制的家庭,帝王成为“君父”,而官吏成为“臣子”,民众则成为“子民”,“天下”由此成为“家天下”。家庭伦理当中的等级特质得以投射于国家的结构构成,源于血缘关系产生的具有自然伦理和社会伦理特征的家庭伦理衍变成为国家的政治伦理,相对于中央而言,地方处于完全被动的从属地位,作为中央政府代表的“君父”可对包括政治权力在内的各种资源进行完全支配,中央集权主义就成为“家天下”政治伦理的必然衍生物。通过对用人权、财权以及兵权的集中控制,中央政府实现对国家权力的完全掌控。历朝统治者将中央集权主义作为维护统治秩序的重要手段,并与专制独裁的政治文化共生共存。这一传统政治法律文化,既与统治阶层的既得利益紧密相连,又与民主宪政相互排斥。

传统的中央集权主义的要旨在于:无视地方的利益主体资格,视中央利益为全国利益,甚至以损害地方利益的方式维护中央利益,或者假全国利益之名牺牲地方利益。历朝的中国统治者总是试图模糊中央与地方利益的界限,以所谓“举国一家”来掩盖中央与地方利益的两分。在舆论和理论上不承认地方利益主体的存在,在实践当中更是甚少主动分配利益于地方,偶有例外,也是高高在上的施舍姿态。然而,恰恰是这种刻意的抹杀反而更加凸显了地方利益的重要。这样的中央与地方关系模式赖于强力的中央政权方得以维系。历代王朝通常是在立朝之初,即着手将权力上收至中央,而至王朝末叶,随着中央权威与实力日减,一个强势的中央政府不复存在时,地方与中央的关系亦渐行渐远,地方势力崛起,豪强并立,导致原有的以中央集权为特征的关系模式破产,终至王朝瓦解,这是几千年传统中国政治的无奈循环。这一点在清代也未能例外。历经清初短暂的政治动荡,自康熙朝开始,中央政府经过康、雍、乾、嘉四朝的努力,已经实现对地方的完全掌控。在清王朝的整个统治框架当中,兵权、财权以及用人权已高度集中于中央政府,各省督抚没有独立的用人权及财权和兵权,完全听命于朝廷。然而,随着时间迁延至咸丰朝,太平天国运动爆发,孱弱的中央政府难以自保,地方实力派在“平乱”当中扮演了主要角色,督抚实力急剧增强,既有的权力分配在中央与地方之间发生了戏剧性的变化,地方实力派对于中央的决定和命令通常是根据自身的利益诉求进行“选择性倾听”,内轻外重的政治格局终得形成。但是,地方势力的膨胀威胁到了清王朝以专制独裁为表现形式的核心利益,地方势力提出的分权要求与中央集权主义的观念直接相悖,因此,当太平天国运动被平息以后,清王朝故态复萌,试图将散失于地方的权力重新收回中央,这就是为什么在推行地方自治、宣扬“分权”的同时,立法当中却处处弥漫着集权的气息。

也正是由于受到中央集权主义政治文化的影响,使得地方自治难以得到切实的实行。就宪政意义而言,地方自治是权利而不是权力。与个人基本权利所不同的是，它表现为一种集体性权利。地方自治是在人类社会发展过程中自生自发的秩序，是社会群体成员行使个人权利的结果。长期以来，“自治”是作为“官治”而存在的概念，很容易让人产生地方自治权是国家将一部分统治权下放给地方政府行使的错觉。现代宪政的核心围绕权利——权力发展的，用权利来限制权力的滥用，使权利行使得到保障是其应有之义。地方自治与中央集权相对，前者是权利，后者是权力，它们之间并非整体与部分的关系，而是对抗关系。地方自治体的全体成员是地方自治权的权利主体，而非自治体本身，这种权利是无法被随意更改或者剥夺的。从这一意义上讲，晚清时节，以君主专制为其表现形态的中央集权主义与地方自治是格格不入的。只要类似的中央集权主义还存在，地方自治就不可能实现，这样的所谓地方自治就不是真正的地方自治。

地方自治从制度归属上是近代宪政主义的组成部分，在实现形式上强调的是公民的普遍和平等参与。历史地看，中央与地方关系问题的产生源于中央与地方之间的利益纠葛，但是，问题的解决并不能简单地以利益划分的方式来进行。事实上，仅仅通过划分中央与地方两个主体的利益关系，最终也难以解决纠结其中的问题要害。因为，即便将中央与地方利益作了明确的划分，那么，由谁来执行这一划分的过程？这一过程又该由谁来实施监督呢？这便引申出了民主宪政的问题，也就是一个国民主权问题。即由全体公民来划分并监督划分、执行的过程，这在地方层面，就是一个实行地方自治的问题。地方自治所需解决的问题有两个：一是由人民行使地方治理的职能，这种职能包括选举地方行政机构以及立法机构，并通过选举权、罢免权等基本政治权利的运用来监督他们的各项职务活动；二是与其他地区的人民行使无差别的社会经济文化权利，取消因为地域不同而产生的权利不平等，在暂时的权利不平等的条件下，地方自治要向人们提供权利平等的机会。宪政框架下的地方自治以赋权的形式为人们提供了广泛参与地方事务管理的机会，而这种机会也使得他们有权了解、参与地方与中央利益的划分过程，并监督这种利益划分过程的有序进行。而这种公民的平等与普通参与也恰恰是清末地方自治所缺乏的。

晚清的地方自治仍是封建地方官绅合治的统治形式。刑部侍郎沈家本上书政务处，主张：“参以各国地方自治之制，于地方设立乡社。凡地方当兴当革之事，一切任民自为，而官为之监督。仿日本府县议会之法，任民间公举有资望者，为社中董事，以辅地方官之所不及。”①美国学者孔飞力对此有着极为恰当的评价：“清代发起人所理解的‘地方自治’这一名词，既不是指代议制政府，也不是指地方自治。它只

① “政务处奏议复刑部左侍郎沈条陈时事折”，载《东方杂志》第2年第12期。

是官治的补充。……它将在官治的范围之内存在,只是去完成官治不可能完成的任务。朝廷的意图自然是要明确正规的官僚界和地方利益集团之间的力量对比,即让前者控制一切实质性的职能,而只把余下的公务留给后者。"①这种以"自治"名义装点的政治活动把广大普通民众排除在外,毫无参政议政的权利,无法真正在自治中体现自我意识和价值,不能从中获得所期待的利益。由此可以洞见的是,晚清的这种名为"地方自治"的官绅合治的统治形式,仍是君主专制主义这一中央集权政治形态的组成部分,是打着宪政旗号对专制政权的救赎,并非对民权的确认和保障,与民主宪政无涉。正因为如此,地方自治无从实现,立法分权也无从谈起。

① [美]孔飞力著:《中华帝国晚期的叛乱及其敌人》,谢亮生等译,中国社会科学出版社1990年版,第222页。

上海英租界租地人会议财政权的确立与完善(1854～1855年)

张　彬*

1854年7月,为应对动荡的中国局势所带来的冲击,维护自身利益,上海英租界中的西人成立了自治政府。自治政府由租地人会议和工部局组成。前者类似于租界之中的议会,后者则是由前者产生并对其负责的性质机构。作为"议会",租地人会议享有财政权,并通过行使这一权力对工部局进行监督和制约。不过,在自治政府刚成立之时,租地人会议的财政权并不完善,这表现在租地人会议缺乏预算权。部分西人对此感到忧虑,并为此与工部局展开了争夺预算权的斗争。经过双方的斗争与妥协,最终,租地人会议完善了财政权。

一、租地人会议财政权的确立

根据1854年《土地章程》的规定,租界内的租地人于每年年初召开会议,即租地人年会。① 租地人会议对捐税的课征和各项市政事务,拥有决定权。它作出的决定,对所有租地人均具有拘束力。另外,租地人会议还有权任命一个委员会。这个委员会就是在1854年7月11日产生的工部局。工部局具体负责捐税的征收。此外,为了修建公共设施、维护租界治安等市政事务,它还拥有"运用税款"的权力。但它必须在每次租地人年会上提交上一年度的账户细目,以供租地人审核批准。② 简而言之,工部局由租地人会议选举;租地人会议可以决定或批准工部局运用税款的方式;租地人会议对工部局财政决算具有审核权。

1854年7月11日租地人会议通过的决议,将原本属于自己的两项权力,即征

* 张彬,2005级中国法律史专业,指导老师:王立民。现工作于上海海事大学。

① 租地人会议可以分为两种。一种是租地人年会,每年年初必定召开;另一种可称之为租地人特别会议,由领事在认为必要时或应至少五名租地人的请求,而决定召开。参见1854年《土地章程》,上海档案馆,档号:U1－1－1055。

② 1854年《土地章程》,上海档案馆,档号:U1－1－1055。相关内容为:"租地人还可以任命三人或更多人组成一个委员会,负责征收捐税,并将所得税款用于各项市政目的,或是以租地人会议同意、决定的方式运用税款。……此外,在租地人会议上,委员会必须提交过去一年的账户收支明细,供租地人审核批准。"

税权以及为了公共目的运用税款的权力，授予工部局；同时对工部局的借款行为作出限制：未经租地人会议特别授权，工部局不得举债。另外有些决议则重申了《土地章程》的上述规定。①

上述规定和决议的内容，即是工部局成立之时，调整它和租地人会议之间关系的基本框架。可以看出，无论是1854年《土地章程》，还是上述租地人会议的决议，在确定租地人会议与工部局之间的关系时，都是围绕着财政问题这个核心展开的，亦即工部局在被租地人会议选举产生之后，于征税和税款运用上享有广泛的自由裁量权；仅在决算审核及借款控制方面受到租地人会议的监督和制约。

这意味着，如果工部局不对外借款，那么，在征收和运用税款方面，它只接受租地人的事后审查。由于缺乏事前审查制度，租地人难以预先知晓工部局运用税款的具体计划和方式。正因如此，工部局为了建造巡捕房营房而提出的借款计划，引发了工部局与租地人之间的一场争执。

二、租地人会议与工部局的财政权之争

巡捕房成立之初，没有属于自己的营房，办公和住宿所需房屋，均来自租赁。②因此，从一开始，工部局就谋划着要给巡捕房建造一座专用营房。工部局最早看中了英国领事馆西南角一块土地，欲在其上建造营房。③ 阿礼国提出可将该地皮租给工部局使用，工部局表示同意。④ 但因众多西人的反对，工部局只好放弃这一计划，⑤改花2500元从惇信洋行(George Barnett & Co.)购得一块地皮用以建造营房。⑥

建造营房的费用，工部局预计为12,500元。对于这笔预算外的开销，工部局原

① 1854年7月11日租地人会议纪要，载《工部局年报》(1867~1868年)，上海档案馆，档号：U1-1-881。1854年7月11日租地人会议通过的决议中，涉及租地人会议与工部局关系的，包括第3条(租地人会议选举产生的工部局，在每年3月份就职，管理租界事务)、第6条(废除旧的征税体系，以工部局认为合适的方式，对财产价值、土地面积、住房和码头进行估价，以便征税)、第8条(授权工部局为了公共事业和利益运用税款；工部局每年要向租地人会议报告一次收支详情；没有租地人会议的特别许可，工部局不得举债)。

② 史梅定主编：《上海租界志》，上海社会科学院出版社2001年版，第245页。

③ 上海市档案馆编：《工部局董事会会议录》(第1册)，上海古籍出版社2001年版，第570页；“工部局总董凯(William Kay)致英国领事阿礼国函”(1854年7月27日)，载《上海公共租界工部局各委员会会议录》，上海档案馆，档号：U1-1-45。

④ “工部局总董凯致英国领事阿礼国函”(1854年8月25日)，载《上海公共租界工部局各委员会会议录》，上海档案馆，档号：U1-1-45。

⑤ “1854年11月24日租地人会议纪要”，载《北华捷报》1854年12月9日。

⑥ 上海市档案馆编：《工部局董事会会议录》(第1册)，上海古籍出版社2001年版，第573页。

来盘算着由中国政府支付，[1]但不知何由而未果，于是决定通过借款的方式来解决资金问题。为此，工部局请求阿礼国召开一次租地人会议，以使借款计划得到租地人批准，[2]后者同意了工部局的请求。[3]

1854年10月17日，租地人会议如期举行。在对建造营房的必要性进行了长时间的热烈讨论之后，会议以微弱的多数——18票赞成，15票反对——通过决议，批准工部局举债12,500元用以建造营房。[4]

尽管会议作出了上述决议，反对借款计划的租地人仍不愿意善罢甘休。10月21日，39位西人联名致函阿礼国，以上述会议的出席者不足界内租地人总数的三分之一为由，要求再召开一次会议，重新审议上述决议。[5]

反对建造营房的人，将巡捕房乃至工部局的成立，看成是应付其时乱局的权宜之计；局势恢复平静之后，它们是否有续存之必要，将是个疑问。若届时取消捕房，则如今耗费财力建造营房，必成失策之举。因此，他们不愿为巡捕房这个不知还能存续多久的组织花钱建造一个永久性的营房。[6]

但同时，坚决支持建造营房计划的西人，亦不在少数。他们的理由，或许可以以《北华捷报》登载的下述一段话作为代表：

"即使12,500元的估算在目前看来是过高的，至少，它可以保证实现租界的良好秩序与安全这些重要目标，促进巡捕们的健康，增强他们的纪律性，以及实现对巡捕的有效管制——对我们的安全来说，最后一点尤其重要。如果这笔钱确实是需要的，那么租地人又会失去什么呢？不过每年多一点点开销罢了。……但如果不肯花这笔钱，又将导致什么后果呢？生命、巨额财产受到威胁，以及永久的不安全感。"[7]

阿礼国虽然支持建造营房，不认可请愿者[8]提出的理由，但因他们人数众多，亦

---

① 上海市档案馆编：《工部局董事会会议录》（第1册），上海古籍出版社2001年版，第572页。

② 同上。

③ 阿礼国于10月7日发出通知，宣布于该月17日召开租地人会议。参见《北华捷报》1854年10月14日。

④ 1854年10月17日租地人会议纪要，载《北华捷报》1854年10月21日。

⑤ 《北华捷报》1854年11月4日。根据1854年《土地章程》第10条的规定，出席租地人会议的租地人，不得少于租地人总数的1/3，否则会议作出的决议无效。

⑥ 《北华捷报》1854年10月21日。

⑦ 同上。

⑧ 指联名致函阿礼国，要求重新召开会议的租地人。

备感压力,[①]遂决定在11月10日再次召开租地人会议,讨论10月17日会议的决议,以及工部局的岁出岁入等议题。[②] 工部局对此极为不满,董事们决定抵制这次重开的会议。[③]

11月10日,会议召开。尽管无一工部局董事出席,请愿者仍然提出了一大堆希望他们回答的问题:巡捕的存在是否具备绝对的必要性?巡捕的工作,是否值得西人们实际已经花费的,以及将要花费的那么多钱?巡捕的薪酬、津贴、额外补助情况如何?将巡捕房控制在多小的规模内,就可以令其有效运作?局势平静之后,是否有缩小巡捕房规模的可能性?[④]

请愿者们认为建造营房所需资金之巨,超出了合理范围。他们渴望知道工部局过去以及将来计划的真实信息、工部局所需资金情况及筹集这些资金的方式、工部局作出决定所依据的理由,等等。他们认为,从纳税人的角度来说,上述要求是自然而然且合情合理的。[⑤]

总而言之,请愿者们认为必须限制工部局的征税权力;在公共事务上,授予工部局的自由裁量权虽然广泛,但并非毫无限制;纳税者在公共事务中必须拥有发言权。[⑥]

由于工部局董事的缺席,会议由请愿者们占据了主导地位。这从会议的结果就可以看出来——在会议通过的决议中,有三条是直接针对工部局的。首先,工部局必须向租地人会议提供自其成立以来的各种活动情况的报告,并附以直到最近的收支账户细节;且必须应纳税人之请,定期公布上述信息,每年至少一次。其次,

① 阿礼国解释,由于在申请信上签名的人非常多,为大局计(on general grounds),他认为必须立即召开一次租地人会议。随即他强调,申请者提出的上次会议人数不足的理由,是站不住脚的。经过调查,他指出,当时在领事馆登记的有投票权者不超过106人,而上次会议有37人出席,已经超过人总数的1/3。“1854年11月10日租地人会议纪要”,载《北华捷报》1854年11月11日。

② 《北华捷报》1854年11月4日。

③ 上海市档案馆编:《工部局董事会会议录》(第1册),上海古籍出版社2001年版,第574页。

在11月9日致阿礼国的信函中,工部局总董费龙抗议说,10月17日的会议已经给了租地人大量机会来讨论财政收支问题,并经合法多数票作出了决议。因此,工部局拒绝参加这次会议[工部局总董费龙致英国领事阿礼国函(1854年11月9日),见“1854年11月10日租地人会议纪要”,载《北华捷报》1854年11月11日]。

但从总董后来所作的解释来看,董事们抵制这次会议的真正原因,也许是害怕遭遇难堪局面。他说,最积极的请愿者之一曾告诉一位董事,工部局应当事先准备好一份在会议上将被要求回答的问题清单。但因未获邀与会,同时又考虑到如果与会,将在毫无准备之下,回答那些经过精心设计而董事们事先并不知晓的问题,工部局没有准备这样的清单,任何有理性的董事也不会参加这次会议(见“1854年11月24日租地人会议纪要”,载《北华捷报》1854年12月9日)。

④ “1854年11月10日租地人会议纪要”,载《北华捷报》1854年11月11日。

⑤ 同上。

⑥ 同上。

将建造营房的费用控制在7000元以内。最后,工部局采取的课税方案,每年超过6000元者,必须获得租地人大会的特别授权。①

为了给工部局提供时间,以便其准备报告,会议决定休会两周。11月24日,会议重启。也许是担心不参加会议将使自己处于更加不利的地位,工部局董事们这次全体出席。

在会上,阿礼国首先表示了对工部局的坚定支持。他强调了巡捕房对于租界的重要性,极力反对削弱其力量。为此,他列举了下述理由:第一,清政府和小刀会仍处于交战状态;第二,大量华人涌入租界;第三,海军为租界提供的是对外防卫,它无法取代巡捕房维护租界内部治安的角色。②

随后,总董费龙(C. A. Fearon)代表工部局发表意见。他虽同意将建造营房的费用控制在7000元以内(购买地皮的2500元不计在内),但否认上次会议有权限制工部局的征税权,更拒绝按照上次会议的要求,向会议提供账户详情以及其他报告,除非在董事会任期结束的时候。③ 最后,他以一名租地人的身份,向会议提交了一份议案:如果不撤销11月10日租地人会议通过的决议,工部局董事会将集体辞职。④

最终,会议以31票赞成,27票反对的结果,通过了费龙提出的议案。至此,因建造营房问题而引发的一系列争吵,终归平静。毫无疑问,董事会成员对这一结果非常满意。他们在当天召开了一次董事会会议。会议的目的,似乎是专门庆祝他们在租地人会议上的胜利。因为这一次董事会的会议纪要只有下述内容:

"董事会如期参加了租地人大会,当时提出了下列决议并获得通过。

'董事会继续执行他们的公务,直至他们的当选任期结束为止。但他们的公务仅仅是受今年7月11日和10月17日在英国领事馆举行的租地人大会上通过的决议所支配。'"⑤

三、租地人会议财政权的完善

工部局和租地人之间的上述争执,因建设巡捕房营房而起,但引发争执的深层次原因,不在于工部局提出的建造费用过于庞大。反对兴建营房的租地人,只是以借款问题为由,主张他们作为纳税人对工部局活动所应享有的知情权和监督权。

---

① 1854年11月10日租地人会议纪要,载《北华捷报》1854年11月11日。

② 1854年11月24日租地人会议纪要,载《北华捷报》1854年12月9日。

③ 同上。

④ 同上。

⑤ 上海市档案馆编:《工部局董事会会议录》(第1册),上海古籍出版社2001年版,第575页。

而他们之所以会有这样的主张，原因又在于租地人会议对工部局的财政收入和支出情况只有事后的审查权，即决算权，而缺少事前审查权，即预算权。这导致租地人无法明了工部局的具体活动情况。正如一名自称“小租地人”的读者在写给《北华捷报》的信中所说的：

“工部局到底在做些什么？这是人们经常提到的一个问题……到处都是传言，说（工部局的）花销估计足够应付一个大城镇的市政需要。因此，提出下面的问题，无疑不算太过分：花了这么多钱后，我们得到了什么？”①

由于不知道工部局到底在做些什么，租地人自然容易对其投去不信任的目光，并在1854年11月10日的会议上决议要求工部局定期公布其活动情况，以及限制工部局的征税权力。但工部局其实也没有错。因为，无论是《土地章程》还是1854年7月11日租地人会议通过的决议，仅仅要求它向租地人会议汇报过去一年的账户收支详情，供会议审核监督，并没有要求它在事先和事中汇报情况。这也是工部局坚持不在任期届满前向租地人会议提交账户明细②的依据所在。

因此，工部局和租地人会议之间的争执，实际上暴露出了1854年《土地章程》在制度设计上存在的一个疏忽之处，即它虽然规定了租地人会议对工部局的决算权，但遗漏了租地人会议对工部局的预算权。如果工部局事先向租地人提交了财政预算方案供租地人会议审批，那么，后者将事先获得工部局的财政支出计划，不至于对工部局如何花钱一头雾水。

不过，争执尽管暴露了问题，却也使问题得以解决。1854年11月10日召开租地人会议之时，工部局的全体董事虽然没有出席，但阿礼国在会上宣读了总董前一天写给他的一封信。在此信中，总董向阿礼国解释了工部局的财政状况，并附上一份工部局的财政预算表。③ 这份预算表虽然不是直接提交给租地人会议，但租地人通过阿礼国之口，亦得知其内容。或许，工部局只是通过这种委婉的方式表达对租地人会议的某种妥协。

当1855年3月23日召开租地人年会时，即将卸任的工部局董事会向会议提交了工作报告。报告中陈述了工部局在任期内的各种重大活动情况（巡捕房事务自然在列）并附有工部局财务员制作的收支明细报告（包括在巡捕房上的开销）。与此同时，工部局还向会议提供了下一年度的预算表，供会议审核批准。④

自此之后，工部局向每年年初召开的租地人年会提交过去一个财政年度的工

① 《北华捷报》1854年10月14日。

② “工部局总董费龙致英国领事阿礼国函”（1854年11月9日），载《北华捷报》1854年11月11日。

③ 同上。

④ “工部局报告”（1854年7月～1855年3月），载《北华捷报》1855年3月31日。

作报告，即《工部局年报》，形成了一种惯例。通过年报，工部局令租地人知晓它在过去一年的重大活动情况、财政收支明细，以及未来一个年度的财政预算情况。由此，租地人会议在预算和决算方面都享有对工部局的财政控制权。通过财政上的控制权，租地人会议进而可以在各项市政事务上对工部局施加影响。

南京国民政府训政前期立法程序评述(1928~1937年)

卞　琳*

所谓立法程序,简言之,是指制定法律文件所需要经过的步骤。其中每一个步骤均会影响到立法权行使的实质结果。因此,立法程序是现代民主政治制度中"最重要的问题之一"。①最初的立法程序源自于西方议会制度的形成,并始终伴随着议会制度的发展而不断发展,因此西方议会立法程序的有关法律规定和实践经验非常完善和丰富。从总体上看,各国的议会立法程序不尽相同,但不管如何变化相异,大致可以分为四个步骤:第一,提出立法议案。这一程序的启动意味着立法程序的开始。立法议案是指依法享有立法议案提案权的机关或个人向立法机关提出的关于制定、修改、废止某项法律的正式提案。立法议案一旦被立法机关列入议事日程,就应当对立法议案所涉及的法律草案进行正式审议和讨论。第二,法律案的审议,是指立法机关对已经列入议事日程的法律案正式进行审查和辩论,并可以提出立法修正案。第三,法律草案的表决,是指立法机关以法定多数对法律草案表示最终的赞同或反对,以决定法律草案的命运。第四,法律的公布,即由行使公布权的机关将表决通过的法律草案以法定方式公之于众,从而使法律草案成为法律。

而对于长期处于封建专制之下的中国社会而言,现代意义上的立法程序随着清末咨议局、参政会的出现才有所萌芽。民国建立之后现代议会立法程序一度有所发展,但北洋军阀、政客们的混战又使得其停滞。南京国民政府时期,自其五院制度成立至抗战爆发期间,即国民党实行训政制度的前期,形成了独特的立法体制:经由国民党政权机关任命产生的立法院为国民政府的最高立法机关,制定法律;同时国民党中央政治会议等党务机关对立法权也有着实质意义上的控制。由于这种别具一格的立法体制彻底抛弃了现代民主政治国家普遍采用的代议机关立法的基本原则,决定了其立法程序的采用自然不能完全仿照西方,不存在典型的议会立法程序。但是立法程序对旧中国而言本身就是一个舶来品,尽管没有类似西方议会的代议机关,在这一时期法律的产生过程仍然仿照西方议会立法程序,具备上述四个基本的程序性环节。当然,由于立法主体在性质、权限等方面与西方国家的根本

* 卞琳,2003级法律文化专业,指导老师:徐永康。现工作于华东政法大学。

① 萨师炯:"中国立法程序之平时与战时",载《东方杂志》第40卷第14号,第15页。

不同，所以在这四个环节当中又有许多相异之处，呈现出不同于西方传统意义上的议会立法程序特点，颇值得人们对之进行研究。

一、南京国民政府训政前期立法程序的法定制度

1928年12月5日立法院依据当年10月18日公布之《国民政府组织法》，正式成立。依当时《国民政府组织法》之规定，立法院为国民政府最高立法机关。同月14日国民政府公布《法规制定标准法》，1929年6月17日中央执行委员会通过《治权行使之规律案》。1932年6月23日第四届中央执行委员会第25次常务会议通过《立法程序纲领》（后经1932年7月14日及1933年4月20日两次修正，但均未有大的变更）。此外涉及立法程序的法律还有《立法院议事规则》、《立法院组织法》、《立法院各委员会组织法》等。于是立法程序渐渐完备，此项制度直至1937年8月国防最高会议设立时止，没有变化。

总体而言，立法院的立法程序至少在制度上是相当完备的。现依上述各法对立法程序说明如下：

1. 立法议案的提出。依《立法程序纲领》之规定，法律案之提出，可分四类：

（1）中央政治会议交议的法律案。即中政会决定了原则之后交立法院审议的，或已由中政会通过全部条文，但仍交立法院审议的法律案。

（2）国民政府交议的法律案。这里主要是指五院以外的国民政府直辖机关，如军事委员会、中央研究员等关于主管事项所提出的法律案，根据《立法程序纲领》的规定，均应呈请国民政府核定后，由国民政府交立法院审议。

（3）行政院、司法院、考试院、监察院移送审议的法律案。另外各院所属各部会及行政院所属之省市政府关于其主管事项，必须呈请各该院核定后，以各该院名义才能向立法院提出法律案。

（4）立法院委员依法提出的法律案。这里的“依法”指的是依照《立法院组织法》第20条规定“委员提出法律案，须有5人以上之连署”。[①] 此外各委员在特定情形下可以做出临时提案。[②]

2. 法律案原则之决定。这是训政时期立法程序中不可缺少的一个步骤，也是南京国民政府立法程序中非常特殊的一个环节——一切法律案除政治会议自行提出者由其自定原则外，国民政府、各院或立法委员提出者，应由各该机关拟定法案原

---

① “立法院组织法”，载立法院秘书处编：《立法专刊》（第8辑），民智书局1933年版，第32页。

② 即（1）报告事项后未到讨论议案前；（2）一案议决后其他议案未开议前；（3）依照议事日程议毕各案后未经宣布散会前。参见《立法院议事规则》第17条。

则草案送请政治会议决定。各部会、省市政府及五院以外的国民政府直辖机关之案,则由各移送提案机关审定法案原则草案送交政治会议决定。立法院对于政治会议所定之原则,不得变更,但立法院有意见时,可以向政治会议陈述意见。除秘密政治、军事、外交等法案外,政治会议得将各种法律案之原则,先行发交立法院审议,再作最后之决定。

3. 法律案之审议。立法院审议法律案依照"三读"程序进行。根据《立法院议事规则》规定,凡法律之议案,须开三读会,然后交付表决。在立法院讨论之时,以政治会议交议者为第一位,国民政府交议者为第二位,四院所移送者为第三位,立法委员提出者为第四位。一读时提案人或读议题或兼说明旨趣,然后交委员会审查,如遇紧急情形,亦可省略审查。委员会报告后,立法院即决定继续二读与否,第二读会于第一读会次日召开,必要时也可与一读同日召开。二读时逐条朗读并进行讨论,并可提修正案,其修正议决之条项及文字在会后交专任委员会或委员整理。三读时则除发现与其他议案或法律有冲突之外,仅能做文字上之修正其于第二读会翌日或同日召开。以上是就一般情形而言,《立法院议事规则》还规定了立法院院长可酌量情形省略三读会之程序。出席会议的1/3以上立法委员连署请求省略三读会时,亦得省略之。①

4. 法律案的表决。法律案经过三读会程序审查后,即可由立法院会议进行讨论表决。表决权专属于立法委员,他院各院长及所属各部部长、各委员会会长虽可列席会议,陈述意见,但不得参与表决。按《立法院议事规则》的规定:"讨论结果有两个以上之主张时,由主席提付表决者已得出席委员过半数同意时,则其余主张无须付表决。""修正案被否决时,就原案取决之。修正案与原案皆不得通过时,该议案系属不得废弃者,复发交专任委员会另行起草。"通过法律草案的方式,是公开表决为主的方式:以举手或起立表示赞否,必要时得用投票表决。表决结果,若有出席委员过半数之同意即为通过。②《立法院组织法》第16条、第17条还规定:"立法院会议非有委员总数1/3出席不得开议","立法院之议事以出席委员过半数之同意决之,可否同数时,取决于主席。"

5. 法律的公布。根据《中华民国训政时期约法》第17条的规定,法律案经立法院委员通过后,由国民政府公布,国民政府主席署名,立法院院长副署,方才生效。公布期限法律上没有规定。

如上所述,国民政府用以规范立法程序的法律文件可谓众多,而且这些法律文

---

① "修正立法院议事规则",载立法院秘书处编:《立法专刊》(第12辑),正中书局1936年版,第214页。

② 同上,第216页。

件本身也正形成一个完备的系统。这些法律法规从不同角度规定了立法院的立法程序，从最初的提交法律草案直至法律的公布，几乎立法过程中每一个环节均有详细的法律规定，形成了较为完整的立法程序体系。而与西方议会立法程序相比，尽管立法院的性质迥然不同于作为代议机关的议会，但在许多环节复制了议会立法程序，如三读程序、表决程序、公布程序等。这是国民政府在国家机器建设过程中学习西方乃至照搬西方现有制度的切实体现。另外，在实际运作中，这些程序又发生了变异，甚至造成对于制度设计初衷的背离。

二、南京国民政府训政前期立法程序的实际运作

在法律制定的实际运作过程中，情况要比上述法定的立法程序制度复杂得多。

1. 国民党党务机关对于立法议案的渗透

《立法程序纲领》规定了四种有权提出法律案的主体，其中并不包括国民党党务机关。但事实上，尽管党务机关在法律上没有立法提案权，有时仍会以决议案之方式命令国民政府制定法律，即实际以命令的方式行使提案权。如1929年6月，国民党第三届二中全会讨论关于矿产之开采案，并作出决议："已办之矿产，准由依法取得采矿权者，依照《矿业法》继续开采，由政府监督，并分别更定其税率及领采期限。"中央执行委员会随即将此决议记录在案，并函由国民政府令行政院转饬农矿部遵照办理。农矿部依据决议意旨，拟具《矿业法草案》10章，共132条，呈由行政院提出第52次会议决议通过，并于1930年1月9日咨送立法院审议。① 在此案中，立法院所审议的《矿业法草案》正是根据国民党党务机关，即党代会决议而最终形成。显然，国民党党务机关在立法提案程序中扮演了决定性角色。

除此之外，甚至还有个人对立法提案的影响。如1932年10月，蒋介石拟具《救灾附加税征收章程》，提经中央政治会议于第295次会议议决原则通过，交立法院审议。②

由此可见，立法提案阶段的一个明显表现是，能够在提出立法议案阶段体现意愿的主体绝不仅仅限于法律规定的范围，国民党党务机关，甚至包括蒋介石个人在实质上都可行使提案权。退一步而言，即便从法定享有立法提案权的各主体来看，中政会是国民党党内的政治指导机关，因此，其他主体，即国民政府、行政院、司法院、监察院、考试院、立法委员等，其组成人员也无一不是国民党员中的骨干分子。

---

① 谢振民编著：《中华民国立法史》，中国政法大学出版社2000年版，第596页。

② 同上，第580页。

这说明在立法提案阶段,无论是在法定层面还是在实际运作层面,国民党意志的渗透无处不在。而在西方国家,立法提案权的归属是多元化的,包括议会本身、行政机关甚至公民个人。

2. 国民党中政会严格控制立法原则的制定,但有时制定主体的范围也会扩大

中政会议定的立法原则就是政策,因为政策需要用法律来具体表现,空洞的政策是无法实施的。依据实际经验,中政会议定立法原则有三种不同方式:第一,中政会本身制定立法原则,然后发交立法院根据原则制定条文。例如,1928 年 12 月,中政会第 168 次会议议决《民法总则编立法原则》19 条发交立法院立法就是一例。第二,如果立法院认为某种法律应行制定,但中政会却未曾议定立法原则,它可以向中政会请示。例如,在民法总则公布后,立法院正、副院长胡汉民和林森特向中政会提议请将民商法订为统一法典,其不能合订者则分别订立单行法规,以免法典条文杂糅。中政会当即指定人员审查,并即议定《民法债权编立法原则》15 条,发交立法院拟订条文,遂成国民政府于 1930 年 5 月 5 日所公布施行的《民法债权论》。第三,《立法程序纲领》第 4 条第 2 项规定"立法院对于政治会议所定之原则不得变更。但立法院有意见时,得陈述意见于政治会议"。如 1937 年,中政会拟修正现行的《土地法》,遂由其所属的法制、经济两专门委员会拟定修正《土地法》立法原则 23 条,经中政会正式通过,发交立法院依据修正《土地法》。立法院对于这 23 条有许多意见,因即呈文呈送中政会(当时已为国防最高委员会),最后由国防最高委员会决议"缓议",故后来的《土地法》仍未修正。因此,立法院也可就立法原则提出意见以影响立法,但这种情况实属少数。

有时中央党务机关也会取代中政会,直接起草立法原则。如 1929 年 8 月,中央宣传部拟订《出版条例原则草案》,经中央第 29 次常会议决送中政会,中政会第 191 次会议议决,《出版条例原则》修正通过,交立法院,立法院交法制委员会。1930 年 6 月 20 日,法制委员会依据此原则起草条文。①

立法原则作为一种基本立法政策,正是国民党用于控制立法过程的有效武器。在法律上,明确规定立法原则的制定权由中政会掌握,在实际运行中,这一权力行使主体的范围也有所扩大——国民党内党务机关也有权起草或审议立法原则草案。而一旦掌握了立法原则的起草审议权,也就意味着对于立法的实质操控。

3. 审议程序的实际进行不同于法律规定

自 1930 年 10 月以后,由立法院和中政会负责法律草案的审议。各种法律案之原则,除秘密政治、军事、外交等法案外,政治会议得先交立法院审议,立法院审议

① 《中国国民党中央执行委员会常务委员会会议录》(第 9 册),第 110、159 页。

后，再送中央政治会议为最后之决定。

立法院对法律草案的审议，一般经过两个阶段：一是立法院专门委员会或委员审查；有时立法事项涉及若干委员会的，则召开联席委员会会议；二是立法院全体会议之审议。如上述，《立法院议事规则》规定，审议应当经过三读程序。其中第二读会应于第一读会次日召开，必要时也可与一读同日召开。三读则于第二读会翌日或同日召开。而其实际运作情况是："惟依议事规则第9条，及立法院实际议事情形，议程须于开会前3日分送于各委员，其于配付议程之翌日开会者实为例外。凡各院移送之案，政治会议及国民政府交议之案，立法院均提出第一读会，并议决付各该关系委员会审查。其省略一读，由院长直接发交审查者，限于最紧急或最简单之议案，但其例极少。议案审查完竣，再提出第二读会，最速亦在第一读会之次周，在迟至数月或年余者，亦有经数次之审查而始开第二读会者。其省略审查程序，或于第一读会同日或翌日审毕提付二读之案亦极少。至第三读会多从省略，其有最重要之议案必开三读会者，多于第二读会后继续行之。"因此，读会实际召开的时间与法律规定的并不相同。

值得一提的是，尽管立法院的地位常被视为不过是一个"技术机关"，但其立法程序并不完全是例行公事，尤其在审议阶段，法律草案在进行审议程序前必须经过立法院指定专门的审查员逐条审查、修改后才进行讨论，审议开始后，仍需对法律草案进行逐条讨论、修正后，再交付表决。这一点与法律规定颇为符合，一定程度上也体现了当时对于立法至少在技术上的慎重。

4. 表决程序徒有其表

法律草案审议的结果有以下几种：一是交付表决；二是修改后交付表决；三是搁置；四是否决或废弃。[①] 进入表决程序的法律案，能否在该程序中获得大多数的赞成，是其最终能否成为正式法律的关键所在。通常而言，表决结果必须按照多数决原则进行计算，因此，该程序也是现代议会立法程序中最关键的、最集中体现民主原则的程序环节。

根据《立法院议事规则》的规定，表决方式有举手、起立表决以及必要时的投票表决。而据《立法院公报》的记载，实际表决方式以"无异议通过"为主，举手表决其次，而起立表决较为少见，仅在立法院成立初期的立法活动中还可见到，20世纪30年代以后就很少出现。至于投票表决方式，实践中几乎从未运用过。

在立法理论上，表决方式的性质不同，其利弊也各有不同。举手、起立投票均属无记名公开表决方式。在西方国家，议会组成人员系民选代表，所谓"无记名公

---

① 但中政会交议之案在第一读会后不能作废，径入第二读会。

开”,是指对于选民而言,每位议员的姓名不公开,而其对于法律草案的态度(赞成、否决或弃权)是公开的,这样方便选民进行监督,也是体现立法公开和民主的方式之一。而在国民政府立法院,立法委员固非民选,议事也并不公开。而且立法委员总数原本就少,每次开会时平均出席率2/3左右,如第1届至第3届总数49人,出席者30人左右。第5届始90人,出席者60人至70人左右。① 加上每周频繁地开会,故委员们之间没有陌生感。因此,如果采用举手或起立表决,则此时这两种表决的性质实际已变为“记名公开”,每位立法委员的态度及其姓名在这两种表决方式之中均一目了然。当然,在理论上,记名公开的表决方式比无记名公开更为民主、正规和科学,但是如果立法院采用这两种事实上的记名公开的表决方式,一方面其“公开”所面向的并非大众,而是仍局限于政权机关内部;另一方面还会产生不可避免的缺陷:立法委员的独立性会受到侵害。由于国民党内部派系林立,派系斗争严重,如果在立法表决过程中表决人的姓名及态度均要公开的话,极有可能导致某立法委员受制于某一派别而不能充分发表自己的意见。因此,立法院实际表决中极少依法采用上述两种表决方式,大概也是因为上述原因。

投票表决分为两种,即记名投票和无记名投票。前者属于记名公开的表决方法,因其民主公开程度高且极为正规,一般国家只有在对非常重要的法律,如宪法草案进行表决时才会采用这种方法。无记名投票则属于秘密表决的方式。虽然不公开,但也因此而避免了来自外界的干扰,能够充分发表自己的意见。立法院议事规则中没有规定投票究竟是记名还是无记名,实践中也未发现有此实例。即便是对宪法草案进行表决,也不过采用举手方式。②

至于运用最多的“无异议通过”,《立法院公报》将之列于“表决方式”一栏,但从字面上看,与其说是表决方式,还不如说是表决结果,即其结果没有异议而获得通过。但究竟以何种方式得到这个无异议的结果,因无明文记载不得而知。但从这种“方式”占大多数的实情看,立法委员在表决时能够发表否决意见的机会并不多。

表决程序的结果除了通过外,还可能产生另一种结果,就是没有获得法定数目以上人的赞同,即不通过,或需要修改后再复议。事实上,在表决中获得法定票数而通过并非困难。立法院会议法定出席人数较低,仅为出席人员的1/3;法律草案是否通过“以出席委员过半数之同意决之”。因此,一部法案最终要获得通过,只需获得立法委员总数的六分之一以上的赞成票即可。如以49人为总数,则最低票数为8票,若以90人为总数,则最低票数为16票。显然,这个要求是很低的。加上立法

① 立法院秘书处编:《立法院第五周年立法工作统计》1934年3月,第一周年至第五周年全体大会会议状况统计表。

② 《立法院公报》(第22册),第242页。

院内部几乎全部是清一色的国民党党员,不存在不同利益群体之间的争端。因此,几乎极少有法律在表决阶段否决。

可见,在表决这一环节,国民党政府尽管在制度设计上照搬了西方议会立法程序中的现成做法,但基于立法主体性质及其构成的根本不同,同样的表决方式由于失去了生存土壤而丧失了本原意义,在立法院实践中实际也是徒有其表,成为一纸具文。

5. 设置重重复议机关,某些重要法律也经过民意机关的审议

值得注意的是,国民党中央政治会议、国民党中央常务委员会等党务机关对经立法院通过后的法律案可以行使复议权。国民党的核心领导层是全国代表大会(党代会)、中央执行委员会常务委员会(中常会)和中央政治会议(中政会)。前三个负责党国全盘工作,主要是负责党务的机关,中政会主要是负责政府、立法事务的机关。关于中政会的复议权,按照1932年6月23日《立法程序纲领》第6条的规定:"立法院会议通过之法律案,在国民政府未公布以前,中央政治会议认为有复议之必要时得说明理由,发院复议,应依据修正。但同一议案之复议,以一次为限。"7月14日,蒋介石、汪精卫二人在第28次中常会上提议:"窃以为如此则法律案之最后决定在于立法院,与以党治国之原则,及五院均对中央执行委员会负责之规定,均有不合,拟修改为'立法院会议通过之法律案,在国民政府未公布以前,中央政治会议认为有修正之必要时,得以决议案发交立法院应依据修正之'。"①中常会照此意见通过。由上观之,"政治委员会所享的立法权已远在立法院之上。政治委员会可于立法院讨论之先,以若干决议限制立法院,立法院通过之后,政治委员会仍保有否决及修正之权"。

关于中常会、中执会乃至党代会,只有宪法性质的《训政纲领》和《训政时期约法》原则规定了这些中央党部党务机关有创制、复决法律的"政权"权力,在法定程序上并不明显。在实际运作中,这个权力是被广泛使用的。一些重要的法律,包括中政会通过的法律案都不能越过这一关。中常会在复决法律案时具有关键作用。中政会通过的法律案不仅要向中常会报告,而且中常会复决时可对法律条文进行修订。

此外,有些法律还要由中执会和党代会审议。如"五五宪草"就经过中执会和国民党第五次全国代表大会的审议。有时国民党党务机关还可直接用决议的方式废除或变更法律。第四届中央执行委员会第三次全会修改了《国民政府组织法》第30条、第48条关于立法院和监察院的组成人数及任免程序,同时修改了关于司法院组织机构的设置,仍以司法行政部隶属司法院。

① 《中国国民党中央执行委员会常务委员会会议录》(第17册),第368页。

总之,法的复议权主要由国民党中央的党务机关行使。当然,并不是说每个法都要经过这些党务机关层层审议,但重要的法如《五五宪草》的制定,就经过了比较完整的程序:四届三次全会决议起草宪草——1933 年 1 月 20 日立法院决定组织宪法草案起草委员会起草宪草——立法院完成三读程序通过——四届五中全会讨论并交付审查——第 192 次中常会核议并交立法院按五项原则修正——呈国民政府转送中政会第四届六中全会讨论并决议送五全大会——五全大会接受并送五届中执会修正——五届一中全会决议设宪草审议委员会并审议——中常会通过——立法院修订——国民政府公布。①

此外,有些重要法律还需经过民意机关的审议。所谓民意机关就是国民会议或国民大会。《训政纲领》、《训政时期约法》等都经过国民会议的议决。约法草案本是由中常会及中执会审议通过,但仍经过了国民会议的审议。"约法的制定,系由本党中央起草委员会起草,经由代表全国国民之国民会议决议,此与各国不同"。② 经国民党"政权"机关议定的约法还要经民意机关核定,其真实意图无非是让其独裁政治披上民意的外衣。

6. 法律公布权的归属变化频繁,副署权名实难符

按照法理及各国通例,法律制定由立法机关完成,法律的公布则由行政机关负责。就公布程序的本意而言,在三权分立的制度下,也是行政机关对立法机关的一种制约手段。有的国家如美国,总统在这一程序中甚至享有实质意义上的否决权。而在五权制度中,公布权显然与其本意相去甚远。国民政府法律公布权的归属,依前述《训政时期约法》的规定可知是由国民政府主席署名,立法院院长副署。该项程序在《国民政府组织法》中也有规定,并曾随着国民政府组织法的不断变化而变化。

1928 年 10 月 3 日的《国民政府组织法》第 13 条规定:"公布法律,发布命令,经国务会议议决,由国民政府主席及五院院长署名行之。"此时训政已经开始,并建立了五院制度,蒋介石担任国民政府主席,并负实际政治责任。1930 年 11 月的《国民政府组织法》规定:"公布法律,由国民政府主席署名,以立法院院长之副署行之。发布命令,由国民政府主席署名,主管院院长之副署行之。"这一阶段原国务会议改称为国民政府会议,并且其职权缩小为只能议决五院间不能解决之事项,原议决法律权取消,并保留了立法院院长的副署权。这一规定与《训政时期约法》保持一致,在以后的 1931 年 6 月和 11 月的《国民政府组织法》中也沿袭了这一规定,只是表述略有不同。前者规定:"国民政府公布法律、发布命令,由国民政府主席依法署名行之。前项公布之法律、发布之命令,由关系院院长副署之。"后者第 14 条则规定:

① "奠都南京十年来之立法工作",载《中央日报》1934 年 4 月 24 日。

② "京市党部纪念史维焕讲约法之特点",载《中央日报》1931 年 7 月 7 日。

“国民政府所有命令、处分以及关于军事动员之命令，由国民主席署名行之。但须经关系院院长、部长副署始生效力。”[①]该条更特别强调必须经副署后“始生效力”，并且除关系院院长之外又增加了各关系部长。这一变化显然是因为国民政府主席人选换成了林森，其实际地位此时已经发生了重大变化，不再负实际政治责任，副署制度表明各关系院院长及部长代替负责之意。此后沿用直到 1943 年 9 月五届十一中全会颁布新的国府组织法止。

从上述有关法律规定可知，法律的公布实际由国府主席的签署和关系院院长的副署两部分构成。副署制度产生自以英国为代表的内阁制国家，其国家元首不负责任，因此英王的命令必须由内阁负责任的阁员副署，表示由内阁阁员代其负责之意。美国总统是负责任的元首，则其发布命令无须副署。国民政府自 1931 年至 1941 年间国民政府主席不负实际政治责任，因此这段时期有必要规定副署制度。但从历次国民政府组织法的变迁来看，无论国府主席是否负政治责任，副署制始终与公布权相伴随。实质上，这种副署权也只是一种形式上的权力，对于立法机关而言并无实质意义的制约作用，而且在事实上法律公布的副署权始终由立法院院长行使，当然也不可能出现拒绝签署或副署之事例。从国民政府组织法的表述看，只有 1930 年 11 月的组织法明确由立法院副署，而此后一直规定副署权属于关系院院长。一般意义上，所谓关系院，即指该命令由何院呈请，即由该院院长副署，或可以根据命令的内容加以区分。但颇费考量的是关于颁发法律的命令何者为关系院。按照法理，公布法律既为行政权之一部分，国府主席又不负实际政治责任，则应由行政院院长副署以承担责任。如果国府主席负实际政治责任，则可直接签署而无须副署，或者也可由行政院院长副署。因此国民政府组织法关于副署权的规定并不十分明确，而事实上该副署权始终由立法院院长行使。西方国家的立法实践表明，国家元首公布法律的命令照例是由内阁阁员副署，而没有由议会议长签署的。在法理上，由行政机关负责公布和副署除了有权力制衡的意义之外，实际还意味着其表示负责执行这部分法律。据此有学者认为，如果不让行政机关副署，则行政机关可以借辞不负责任，并认为这是造成许多法律“议而不行”的原因之一。这个观点虽则有点夸大其词，但至少可以表明，人们对于这一程序的认识有误，立法院行使副署权实际根本没有必要。从中也可进一步看出，国民政府在借鉴国外有关制度时，对该制度的本质或形成原因并不了解，只是囫囵吞枣，徒有其表而已。

---

① 值得讨论的是，国民政府组织法历来的立法语言均可表明，法律与命令是两回事，如此理解第 14 条，主席签署权的范围似乎仅涉及“命令”而不包括法律。但这与事实显然不符。因此，第 14 条中的“所有命令”，只能理解为包括国民政府发布法律的命令在内。

三、结　　论

以上讨论了国民政府法律的制定程序。总体而言,其制定程序有以下几个特点:

第一,南京国民政府训政前期的立法程序反映了国民政府的立法权被分散行使的特征。立法权本身是一个综合性权力体系,其由实体性权力和程序性权力共同构成。一般而言,实体性权力包括制定权(狭义)、修改权、解释权、认可权、撤销权、废止权等,程序性权力包括立法提案权、审议权、表决权、公布权等。就程序性权力而言,如果一个立法主体能够行使一项完整的立法权,则必须同时能够行使上述四项程序性立法权。以此为标准来衡量国民政府的立法主体各自的权力,则在法律上只有立法院才是完整的立法主体。因为立法院同时具备四项程序性权力:有权提出立法议案(五人以上委员联名),有权以三读会进行审议,有权进行表决,公布法律必须由立法院院长副署。但是在国民政府的立法实践中,又额外有诸如立法原则的议定、复议等环节的存在,其相应的权力既有程序性因素,同时又有实体性因素。掌握这些权力的国民党党务机关在行使权力时往往直接影响到法律的实体性内容,并且立法院也必须接受。另外,党务机关虽然在法律上没有上述程序性权力,但在实际上,立法议案的提出、审议、议决等权力均可由党务机关直接行使,国民政府的公布权也必须完全按照党务机关的意志。可以说,国民党党务机关不仅可以直接制定法律,而且几乎参与了立法程序的每一环节。

第二,不同的立法议案其最终的命运往往截然不同。由委员个人联名提出的法案,遭淘汰的概率较大,而各政府机关通过法定程序或党务机关直接提出的议案,即便该议案所涉及的法律草案要经过层层关卡最后才能成为法律,但一般情况下几乎不会遭到否决。在党治之下,无论是行使“政权”的党务机关,还是行使“治权”的政府机关,提出的议案实质上均反映了国民党高层的意志,因此,一旦提出议案,就意味着最终要变成法。立法院对于中政会交议者根本不能否决。在6年共567个法案当中,立法院议决不成立的仅有81个,为数甚少。

第三,立法程序虽然叠床架屋,环节众多,但并不影响其立法效率。一个议案经过立法程序而迅速通过并公布成为法律,或者对原有法律进行多次修正,速度既快,效率且高。在党治之下,虽然立法程序复杂,但各类立法主体的组成人员几乎都是国民党党员,成分单一,不存在如同西方议会中不同利益群体之间激烈的利益冲突,不需要讨价还价,更不需要妥协。所以法律制定速度快,甚至“变法”无常。最典型的例子就是具有宪法性质的国民政府组织法变更了无数次。亚里士多德说:变革实在是一件应当慎重考虑的大事。人们倘使习惯于轻率的变革,这不是社会的幸福,变革一项法律大不同于变革一门技艺。法律之所以能见成效,全靠民众的服从,而遵守法律的习性须经长期的培养,如果轻易地对法制作这样或那样的废改,民众守法的习性必然削减,而法律的威信也就跟着削弱了。法无定制,法自权出,显然极大地损害了法律威信。

第四,国民政府立法程序中缺乏社会各利益群体借以表达其利益诉求的制度化渠道。归根结底,立法是一种分配和调节利益并促进各种不同社会利益各得其所、协调发展的活动。"管理这各种各样,又互不相容的利益集团,是现代立法的主要任务"。[①] 立法要达到上述目的,必须依靠在立法程序中建立健全的利益表达机制,为利益代表参与立法提供合法的充分的机会,使各利益群体之间展开博弈而形成妥协,从而最终进行利益整合、抑制冲突。南京国民政府时期的利益冲突十分尖锐,如资产阶级与工人之间、农民与地主之间,是非常典型的具有直接对抗因素的利益冲突关系。在立法过程中也时常有诸如请愿等表达自己意愿的事件,大多情况下这些请愿对于立法的影响是微乎其微的。例如,1929 年 12 月 30 日由国民政府明令公布《工厂法》以后,中华工业总联合会、中国工商管理协会、江浙皖丝厂茧业总公所、上海华商烟业同业工会等全国各资方团体组织纷纷上书国民政府实业部,要求修改《工厂法》。资方认为,该法中许多条款如八小时工作制、伤残赔偿等条款无法付诸实施。1931 年 1 月,上海各资方团体推举虞恰卿、刘鸿生等 30 多人赴南京请愿,要求将《工厂法》缓期 5 年施行。但国民党当局对资方要求暂缓实行的请愿没有作出积极回应,政府除允许将《工厂法》第 13 条(女工不得在午后 10 时至翌晨 6 时之时间内工作)推迟 2 年执行外,宣布《工厂法》其余各条均于 1931 年 8 月 1 日起施行。因此,在没有任何法定制度予以支撑的前提下,体制外的利益表达能否产生影响、在多大程度上产生影响,都是不确定的。也就是说,国民政府的立法程序中没有赋予社会各利益集团以合法的、制度化的利益反映渠道,这就极大地降低了国民政府训政前期的立法在调和冲突、解决矛盾等方面的能力。

由此可见,国民政府时期的立法程序借鉴了西方议会制下传统的立法程序各环节,但由于立法机关的性质、组成等原因存在根本上的不同,这种立法程序失去了用于表达和整合民意,以实现民主政治的根本初衷。虽然在国民政府训政前期,立法程序在制度上的相对完善促成了立法活动的高效运转,但是立法程序的社会利益整合功能极其低下,依此程序最终制定的法律,往往有的与社会现实相脱节而无法实施,有的不能有效调节利益冲突而被抛弃,可谓徒有立法程序之"表",而无立法程序之"实"。

① [美]汉密尔顿等著:《联邦党人文集》,程逢如等译,商务印书馆 1980 年版,第 47 页。

1927～1937 年上海华界城市规划法制的现代化

练育强*

一、城市规划法制现代化的基础

随着国民政府《六法全书》的制定，标志着从清末修律开始的中国法制的现代化在形式上得以确立。上海作为中国最早的开埠城市之一，其华界的法制现代化的进程也是从清末的地方自治开始，形式上得以建立的时间也和全国同步，于国民政府《六法全书》制定颁布之时。但这一时期，与全国其他城市不同的是，上海在法制现代化的表现形式上最突出的方面就是城市规划法制的现代化，而其得以建立的基础就是上海特别市政府的成立以及大上海建设计划的拟订。

(一)上海特别市政府的成立是城市规划法制建立的重要基础

近代上海城市的发展非常迅速，但同时也存在许多问题。帝国主义的侵占，上海城市建设的多元化和无政府状态，造成了上海城市布局和功能上的混乱：整个城市没有整齐的、有效率的交通网，建筑物参差不齐，公用事业的管道各界自成系统，极为纷杂混乱，上海港区和铁路互不衔接……此外，由于近代中国的政治风云变幻和畸形发展，上海作为一个都市的特殊地位，人口一直大幅度地增长，城市压力大大增加。作为连锁反应，上海的居住、交通、卫生、治安等各种问题也就接踵而至，且越趋严重。① 为了解决这些问题，在当时的历史条件下，统一华界，成立统一的华人政府也就成了必然选择。

1927 年 7 月 4 日，经中央政治会议第 111 次会议修正通过了《上海特别市暂行条例》，正式确定：上海"为中华民国特别行政区，定名为'上海特别市'，不入省、县行政范围"；"上海特别市设市政府直隶中央政府"。② 特别市政府上任后，凭借国家的权力立即前往各处接受了沪北工巡捐局、上海市公所、上海县清丈局、浦东塘工善后局等，所有这些机关都顺利归顺，于是华界各个地区都置于市政府的直接治

---

* 练育强，2006 级中国法律史专业，指导老师：王立民。现工作于华东政法大学。

① 唐振常主编：《上海史》，上海人民出版社 1989 年版，第 653 页。

② 上海特别市市政府秘书处：《上海特别市市政法规汇编》(初集卷上)，"总务类"附录，《上海特别市暂行条例》，档案号：Y2－1－570。

理之下。特别市政府采取的这一措施虽然没有能将华界各个区域在地理上接合起来,但是整个华界的行政获得了实在的统一,以往华界的各自为政、散漫混乱的分割性分治局面被一举打破,①这一成功对华界的意义是巨大的,它为华界整体的城市规划及其法制建设提供了最重要的基础。

(二)大上海建设计划的拟订是城市规划法制建立的必要基础

1927年7月7日,上海特别市正式成立。② 1927年11月,市政府专门成立了一个设计委员会,集中了一批专家研究上海城市及建设的各种问题。1928年7月,张定璠市长还亲自率领各局局长,到各区进行视察,以了解情况。经过反复的研究、推敲,1929年7月,到第三任市长张群执政期间,经市政府第123次市政会议讨论议决,正式划定上海市区外东北方向的江湾区翔殷路以北、闸殷路以南、淞沪路以东及周南十图、衣五图以西的土地约七千亩,作为新上海的市中心区域。8月,新成立的市中心区域建设委员会公布了《建设上海市市中心区域计划书》,③共分为水陆交通计划、道路系统计划、市中心区域分区计划三部分。在这以后,市政府还进一步地提出了一些单项计划,如《建设市中心区域第一期工作计划大纲》(规定五年建设计划)、《上海市市中心区域道路系统》、《上海市市中心区域分区计划》、《上海市区交通计划》、《新商港计划》、《京沪铁路、沪杭甬铁路铺筑淞沪铁路江湾站与三民路间直线计划》、《建筑黄浦江虬江码头计划》等。这些计划构成了国民党政府的“大上海计划”,也称“大上海建设计划”或“新上海的建设计划”。④ 这些计划的实施必须要有相应的法规保障,因此大上海建设的拟订是城市规划法制产生的必要基础。

二、城市规划法制现代化的内容

目前对于城市规划法存在两个层面上的理解:一是形式意义上的城市规划法,专指系统规定城市规划管理部门在进行城市规划的编制、审批以及规划许可等活动的城市规划法,如2007年10月28日通过的《中华人民共和国城乡规划法》;二是实质意义上或功能意义上的城市规划法,即只要对城市空间的布局进行规范的法规都统称为城市规划法,这尤其适用于美国这种没有联邦城市规划法的国家,如控制土地的分区及建筑物使用的《区划法》,还包括专门涉及土地利用与控制的土地

① 郑祖安著:《百年上海城》,学林出版社1999年版,第250页。

② 1927年建立的上海特别市,后名称随着相应法规变更而稍有变更,1930年5月,国民政府公布《市组织法》,改“特别市”为“市”,但性质不变,仍直属行政院。“上海特别市”遂改称“上海市”。另汪伪时期,上海也称过“特别市”。

③ 郑祖安著:《百年上海城》,学林出版社1999年版,第266～267页。

④ 唐振常主编:《上海史》,上海人民出版社1989年版,第655页。

法、城市道路管理方面以及建筑管理方面的法律。本文所指城市规划法是从实质意义上进行理解的。

应该说这一时期对于城市空间的布局进行规范在全国的许多城市都已经展开,如广州、南京等城市在20世纪初就开始探索城市的规划、发展,并制定了一些法规予以规范,但这些都属于实质意义上的城市规划法。笔者认为,这一时期上海的城市规划法制领先于全国其他地区就在于其通过法律明确规定了城市规划方案的提出主体以及城市规划方案的决策主体,这更类似于形式意义上的城市规划法,本部分笔者就是针对这种形式意义上的城市规划法进行的论述。

(一)城市规划方案提出主体的法律规定

法律上规定这一时期的城市规划方案的提出主体主要有:上海特别市市中心区域建设委员会、上海特别市建设讨论委员会以及参议会。

1929年7月,特别市政府的第123次会议确定了新上海的市中心区域;同月,特别市政府第124次会议决定设立"上海特别市市中心区域建设委员会",作为城市建设的规划设计机构,由市政府工务、财政、土地、公用、港务等局局长和有关专家9人至11人组成;同月26日,第126次市政会议通过了《上海特别市市中心区域建设委员会章程》;[①]8月12日,该会正式成立,由工务局长沈怡担任主席,具体负责新上海的市中心区域的规划建设,同时公布了《建设上海市市中心区域计划书》。至此,法律上的城市规划方案的提出主体得以正式确立。

上海特别市市中心区域建设委员会作为上海特别市城市建设的规划设计机构是上海特别市市政会议所决定,其行使的权力依据则是《上海特别市市中心区域建设委员会章程》,该章程的第1条就规定了"上海特别市政府为建设市中心区域及实现大上海计划起见,设立中心区域建设委员会,直隶于上海特别市政府"。市中心区域建设委员会在具体设计城市规划的方案时采取的是一种开放式的方法,如1929年10月1日,公开悬赏征求市政府新屋设计图案,第一名奖金高达3000元。次年2月得奖图案揭晓,赵深等得第一名。后因当局对各种图样都不太满意,于是由建筑师董大酉取前三名之长,集大成而作设计,采用了"涂彩中国古典梁柱式"大楼的建筑式样。[②] 此外,依据章程第6条的规定,"本会得酌聘中外顾问办理专门事务",委员会于1929年年底邀请出席日本东京万国工程会议的美国市政专家龚诗基、费立伯来上海咨询,并聘为技术顾问。[③]

---

① 《上海特别市市政法规汇编》(第2集),档案号:Y2-1-571。

② 孙平主编:《上海城市规划志》,上海社会科学院出版社1999年版,第69页。

③ 张晓春:"文化适应与中心转移——上海近现代文化竞争与空间变迁的都市人类学分析",同济大学2004年博士论文,第100页;孙平主编:《上海城市规划志》,上海社会科学院出版社1999年版,第67页。

上海特别市建设讨论委员会设立的依据是《特别市组织法》第15条的规定，"特别市政府关于特殊事项之调查或研究得市长聘任专家组织临时委员会"；其权力的来源依据则是1929年7月26日第126次市政会议通过的《上海特别市建设讨论委员会规则》；其设立的目的则是"集思广益以谋本市建设事业之积极发展"；组成人员包括：市政府秘书长、参事及各局局长为当然委员外，其余委员由市长延聘有市政专门学识或经验者及负有社会信仰而热心建设事业者充任之，定额为39人，设委员长1人及副委员长2人，由委员公推，第1届由市长张群兼任委员长，延揽全市各界名流和有关部门专家共同组成。

上海特别市建设讨论委员会的职责有：关于本市建设事业之调查及计划事项、关于本市建设事业之核议事项、关于本市建设事业之推行及协助事项。与市中心区域建设委员会主动进行各项城市规划建设事业不同的是，建设讨论委员会讨论的各事项必须由市长交议或由委员提议。

应该说，上海特别市建设讨论委员会和上海特别市市中心区域建设委员会是两个功能互补的委员会：上海市建设讨论委员会是一种协商机构，当地的一些名人通过该机构与市政府发生联系；上海市市中心区域建设委员会则是一个城市规划建设方案的提出及执行机构，负责执行市政府的决定，其组成人员只包括市政府的一些领导成员，负责审查提交给他们的项目计划，包括可行性研究报告和大楼建筑式样。①

此外，上海特别市政府的参议会也是这一时期的城市规划方案的提出主体。根据《特别市组织法》的规定，参议会是由市民代表组成，任期2年，每年改选半数，其职责之一就是"关于市政兴革事项得提出建议案于市长"，《上海特别市暂行条例》第32条第1项也规定了参议会的职权之一是"建议本市应行兴革事宜"。从条文的规定可以看出，参议会对于市政建设更多的是一种建议权以及市政方案的讨论权。参议会作为民众的代表也确实提出过案由为"确定大上海建设计划"的提案。② 此外，在对城市规划方案的讨论，从1932年10月至1936年6月，市参议会共举行了27次会议，其中11次会议参议员们投票赞成了有关建筑和改进道路的城市计划方案。③

市参议会参与城市规划方案的提出更主要是体现民众的参与，这可以从《特别市组织法》关于参议会的组成人员的规定看出，此外，市长吴铁城在市参议会宣誓

① ［法］安克强著：《1927—1937年的上海——市政权、地方性和现代化》，张培德、辛文锋、肖庆璋译，上海古籍出版社2004年版，第130页。

② Q109－1－1999－183。

③ ［法］安克强著：《1927—1937年的上海——市政权、地方性和现代化》，张培德、辛文锋、肖庆璋译，上海古籍出版社2004年版，第40页。

就职时也宣称政府和民众之间的合作绝对必要，而参议会的存在唯一能实现这种合作。①

（二）城市规划方案决策主体的法律规定

从上文的分析来看，上海特别市市中心区域建设委员会、上海特别市建设讨论委员会以及参议会都能提出城市规划的方案，但最终谁能决定城市规划的方案呢？从法律文本上分析，只有市长最终能决定城市规划方案，但在实际的运行过程中却是市政会议最终决定城市规划的方案。

市长作为城市规划方案的决定主体的法律规定有，《上海特别市政府建设讨论委员会规则》第5条规定，“前条各事项由市长交议或由委员提议，经本会议决后再由市长核定行之”。《上海特别市市中心区域建设委员会章程》第4条规定，“本会对于第三条规定之各项任务以会议取决之，议决后呈由市长核定行之”。这两条的规定充分说明了市政对于城市规划的方案是有决定权的。此外，《特别市组织法》第25条也规定，“特别市参议会关于市政兴革事项得提出建议案于市长”，这也说明了市长具有一定的议案的决定权，自然包括城市规划的议案。

但在实践中，城市规划方案的决定主体却是以市长为主席，秘书长、参事以及各局局长参加的市政会议。1929年7月5日，上海特别市第123次会议确定了上海特别市市中心区域；第124次会议确定成立了特别市市中心区域建设委员会；1930年5月22日，市中心区域建设委员会将《上海市市中心区域道路系统图》以及《上海市市中心区域道路系统图说明书》呈报市长，5月28日上海特别市政府会议通过，7月7日公布；1930年6月11日，市政会议通过了《上海市全市分区及交通计划图》及《上海市全市分区及交通计划图说明书》；1930年7月23日，市政会议通过了市中心区域建设委员会6月18日呈报的《上海市市中心区域详细分区计划说明书》；此外，1929年12月，特别市市中心区域建设委员会绘制的《上海市新港区计划草图》及编制的《上海市新港区计划草图说明书》以及1930年6月编制的《上海交通计划图说明书（铁道计划之部）》都是经过市政会议通过的。

虽然法律上赋予了市长城市规划方案的决定权，但在实际运行中却是由集体来讨论决定，而非由市长擅权决定，出现这种情况，可能是市长的自我约束，也可能是惯例约束。市政会议讨论决定城市规划方案的唯一依据就是《特别市组织法》第17条第2款的规定，“市长认为有必要时得将其他事项提交市政会议审议”。这同时也反映了城市规划的复杂性，作为市长，即使具有相当的才能，但其个人的学识和综理一个地区、一个城市的能力毕竟是有限的，而通过集思广益，就可能制订出

① 《申报》1932年10月18日。

比较合理的、全面的城市规划。从另外一个角度出发，由集体讨论决定，而不是由个人"拍脑袋"决定，也体现了近代政治制度的民主性。

三、城市规划法制现代化的突出方面

法制现代化是一个包含了人类法律思想、行为及其实践各领域的多方面进程，其核心是人的现代化。因此，在这个意义上，法制现代化首先是从事这一变革主体的自身现代化，是把表现传统法律理念并以传统模式行动的人转变为具有现代法律意识和行为的人的广泛过程。① 因此，法制是否实现了现代化的标准之一就是该法制是否以"人"为核心，是否保障普通老百姓在政治决策中的作用，如是否保障在公共决策过程中大众的参与、是否促进公民权利和自由的扩大。根据这样一个标准，近代上海城市规划法制现代化的突出方面就体现在以下两个方面：

（一）充分保障了城市规划过程中公众的民主参与

保障城市规划、建设过程中的公众参与是近代上海城市发展的一个突出方面，最早规范这一制度的是1845年上海土地章程，其规定租界内新路开辟必须要会同妥议，②华界城市规划、建设过程中的公众参与始于19世纪末20世纪初的地方自治时期，而到南京国民政府时期即1927～1937年间更是充分体现了公众参与的原则，这主要表现在大上海（建设）计划的编制过程无论从实际操作还是制度设计上都保证了一定程度上的公众参与。在实际操作过程中，公众的参与主要体现在：一是大上海计划草案反复公开的讨论，为此，1927年11月，市政府还专门成立了一个设计委员会，集中了一批专家研究上海城市及其建设的各种问题，以草拟上海城市改造方案；二是在具体的城市建筑方案设计上，如公开悬赏征求市政府新屋设计图案。上海（特别）市建设讨论委员会以及参议会在城市规划过程中的作用则从制度上保障公众的参与。上海（特别）市建设讨论委员会主要是城市规划过程中的协商机构，设立目的是"集思广益以谋本市建设事业之积极发展"，其组成人员包括有市长聘请的有市政专门学识或经验者及负有社会信仰而热心建设事业者，这就从制度上保证了城市规划过程中的公众参与，不过这里的公众参与主要体现为专家学者。根据《特别市组织法》的规定，参议会由市民代表组成，因此，参议会在城市规划过程中的作用则更多体现的是普通民众的参与。上文也提到在大上海（建设）计划拟订过程中，参议会也确实代表民众提出过上海的城市规划方案。

---

① 公丕祥著：《法制现代化的挑战》，武汉大学出版社2006年版，第165页。

② 练育强："从城市规划法看上海租界土地章程"，载《华东师范大学学报》2010年第1期。

在近代上海的城市规划、建设过程中历届政权都比较重视公众的参与,虽然其实际所起效果目前还较难评价,但在制度上都保证了公民的这一权利,这与当时所实行的政治体制有关。当时,无论是租界的政治制度还是华界政治制度实行的都是一种间接民主制,其最大的矛盾就是如何信赖于大众,[1]公众的参与则很好地解决了这个问题,公众借助于此可以直接参与并影响政府在城市规划、建设过程中的决策,而这也直接体现了权力来源于权利,权利是对权力的根本性制约的这一基本法理。

(二)保障了城市建设过程中公民的财产权利

城市规划建设过程中涉及土地的控制和利用,而必然又会涉及公民土地的征用与补偿,此外,作为法制现代化的标准之一就是是否保障公民的各项财产权利。之所以认为1927~1937年间华界城市规划法制实现了现代化,就是这一时期在城市规划过程中的土地控制和利用上充分考虑到了公民土地权益多方面的保护,具体采用的法律措施主要是通过全新的土地凭证对私有产权予以保护以及对土地的征用给予合理的补偿。

1. 私有土地产权的保护

对于私有土地产权,上海特别市土地局主要通过颁发全新的土地凭证——土地执业证,予以确认及保护。1929年7月3日特别市市政府核准通过的《上海特别市土地局发给土地执业证规则》第2条规定,"本局于每区每一图经调查测丈完竣证明产权后,对于该图土地业主即行发给土地执业证,每证一张附详细户地地形图一幅"。对于户地地形图的编号,该规则第6条规定,"户地地形图,每户编一丘号,凡现业主之地相互连接而有旧田单数纸者,则按照地形并为一丘,但业主亦得请求分为数丘;凡有旧田单一纸而地已分隔者,则按照地形分编数丘;凡旧田单已裁割或批分者,经查明核实后,分列丘号"。[2]这样的规定对于我国传统土地权属的不明确起到了决定性的纠正作用。

为了进一步规范土地的产权凭证,1930年2月6日市政府又核准实施了《上海市土地局取缔割单代单买卖办法》,其规定了两种情况:一种情况是人民如果在整张田单内卖去其一部分的土地,则须先行请求丈量划分清楚,换给土地执业证后,方准立契买卖;另一种情况是人民执有割裂的田单代单据者,如欲出卖其土地时,应先具呈土地局,请丈换给土地证后,方准许立契,如果没有经过这项手续,一律不准立契买卖。[3]

---

① 刘军宁著:《共和·民主·宪政——自由主义思想研究》,上海三联书店1998年版,第201页。

② 《上海特别市市政法规汇编》(第2集),上海市档案馆藏,案卷号Y2-1-571。

③ 同上,案卷号Y2-1-572。

土地既可能属于私人所有，也可能属于公司所有；既可能是单独一人所有，也有可能是共有，如何在土地执业证上明确土地的权属，就成了一个关键问题。为此，1931 年 1 月土地局专门编制了《上海市土地局土地执业证立户举例》。其具体规定有：(1)土地执业证户名须立业主真实姓名不得用某记字样；(2)土地执业证如立公司户名，本局有疑异时，须呈验公司注册凭证；(3)机关及团体之产业立户时须用其完全之名称；(4)人民产业如属于同姓共有者，得立某姓某某堂户名，如共有人须分执土地执业证时，得照原有亩分平均分开填写数张地形图，上用虚线表示图内地亩未经划分以识区别，凡一地为数人共有不能划分者均照此办理；(5)凡有一姓一族一业或一地方共有之产业得另立专用户名；(6)以店号立户名者须用店号之完全名称；(7)庙产及教会产业须用其庙及教会之完全名称，其产权为法令所限制者并须加戳注明；(8)僧道所有之私产为防止转移或继承时发生流弊，故于户名上须有显明之表示。①

1936 年 3 月，国民党中央政府公布《土地法》，上海市地政局随之停止办理换发土地执业证业务，依照《土地法》规定的程序，办理第一次所有权登记，对确认产权登记完毕者，发给土地所有权状，作为唯一合法有效的凭证。②

2. 土地征用时的补偿权得到保护

近代上海城市土地征用补偿权首先规定于租界的法律制度，华界的土地补偿开始于 19 世纪末的《吴淞开埠租买地亩章程》，③1927～1937 年南京国民政府时期的上海(特别)市政府则更是非常重视保护公民的这一财产权利，并通过一系列的法规予以保障。这一时期，政府征用土地必须要遵循法规有：特别市政府于 1929 年 11 月 15 日颁布、1931 年 3 月 11 日修正的《上海市征收土地取缔规则》，1929 年 4 月 1 日公布、1930 年 10 月 17 日修正的《上海市筑路征费章程》以及国民政府颁布的《土地征用法》。这些法规核心的要点是两个方面：一方面是土地征用过程中受损者要得到补偿；另一方面是因土地的开发而受益者要有所负担。具体到《上海市筑路征费章程》，具体包括以下几项原则：第一，因筑路致丧失其全部土地者，依照未筑路以前之地价全部补偿；第二，土地未受损失者，按其地价(未筑路以前)之三成征收收益费；第三，损失土地三成者，不予补偿，亦不征收受益费；第四，损失土地不及三成或超过三成者，比例增减其征费或补偿之数目。

这种制度在实践中也获得了成功，具体体现在南市东门路的修筑上。东门路

① 《上海市市政法规汇编》(第 4 集)，上海市档案馆藏，案卷号 Y2－1－573。

② 中国人民政治协商会议上海市委员会文史资料委员会编：《旧上海的房地产经营》，上海人民出版社 1990 年版，第 35 页。

③ 张允高修，钱淦纂：《民国宝山县续志》(卷六)，实业志、商业，上海市档案馆藏，案卷号 Y15－1－235－130。

修筑前名称为南市小东门,又名十六铺,其地点贴近法租界。原有集水方浜两条小街,非常狭小,和法租界相比,特别显得华界的路政落后,其修筑依据的就是1929年4月1日的《上海特别市筑路征费暂行章程》。东门路全长三百余公尺,因放宽而收用的土地约五亩,该处地价在未筑路前约5万元/亩,若政府按值收购,仅土地一项,即需要25万元。实行该制度后,补偿费支出5万多元,受益费4万3千多元,收用土地仅用了7千多元,连同道路、沟渠等一切工程费用计支出不到6万元。而东门路筑成后,地价由5万元上涨到10万元,经测算,凡因部分征地而得补偿或未被征地而支付受益费者,均因道路改善后地价上涨而不同程度地获利。①

此外,工务局还探索了土地重划制度。都市土地重划主要是通过对旧城区局部地块利用的重新设计,以地块置换促成地价增值,使市政工程的实施成为一项多方得益的投资行为。这一制度主要施行在和平路的打通上,和平路地点在老西门,那里本来没有路,居民出行从许多民房中穿过。在重划时,尽可能使该处每一业主仍能保有一部分土地,倘若实在无法做到,则用金钱来补偿损失。结果不但筑路、用地以及道路沟渠工程费用,由所有业主分担,市政府未花分文,而每一业主仍各分得一块形状整齐、邻近新路的土地,因地价上涨而皆大欢喜。②

随着1937年11月日军侵占上海,南京国民政府时期的上海(特别)市政府关于上海的城市规划以及城市规划的法制建设都予以停滞。在这十年间,无论是大上海建设计划的制定和实施还是城市规划法制的确立和完善,都被认为看到了现代化和建设强大中国的前景,他们的成功和失败反映了国民党政权在通往现代化道路上的跋涉以及遇到的障碍。③ 今天上海的城市规划、建设不可能面对三界四方的特殊格局,也不会再次面对外人的侵略,但今天的上海城市规划、发展同样面临着新城区的开拓以及旧城区的改造。虽然今天的中国实行的是土地的国家所有和集体所有,不存在近代上海土地私有的性质,但问题是,公民基于土地所享有的权利却是实实在在的,而且基于土地上的财产也是公民私人所有。因此,在城市的规划、建设过程中,也必然会涉及老百姓的切身利益。如何让老百姓也能切实享受到城市快速发展所带来的利益,近代上海(特别)市政府在城市规划建设过程中的某些合理做法是否也可以为今天的上海市政府所借鉴呢?

---

① 沈怡著:《沈怡自述》,传记文学出版社1985年版,第125~127页。

② 同上,第127页。

③ [法]安克强著:《1927—1937年的上海——市政权、地方性和现代化》,张培德、辛文峰、肖庆璋译,上海古籍出版社2004年版,第124页。

南京国民政府的国事罪适用状况考察

穆伯祥*

刑法国事罪罪刑制度的确定,仅是国事罪制度运行过程的开端,其对政权的维护和对国家基本安危的保障是通过对具体案件的适用来实现的。对国事罪制度司法状况的考察,不仅可以有助于进一步认清国事罪制度的本质、内容体系的优缺,还可以认识国事罪制度的运行实然状况。本文意在通过南京国民政府时期国事罪制度的适用考察,分析国事罪制度在南京国民政府时期的动态运行状况。

一、国事罪制度适用中的职能机构

(一)国事罪制度适用中的审判机构

南京国民政府时期适用国事罪制度进行审判工作的机构,包括司法院及其领导下的普通法院、特种刑事法庭和军法机构。

1. 司法院及普通法院

(1)司法院

1928 年 10 月 3 日,南京国民政府公布《中华民国国民政府组织法》,规定司法院为国民政府的最高司法机关,掌管司法审判、司法行政、官吏惩戒及行政审判之职权,司法院由此正式成立。尽管后来司法院的内设机构屡有调整,其职能也有变化,但是,作为最高司法机关其一直掌管司法审判职能。

司法院作为最高司法审判机关,主要履行司法审判指导职能,对具体国事罪案件的审理极少。司法院在存立期间,对刑法国事罪罪刑规范进行了大量的司法解释,指导了地方法院的国事罪审判活动。

司法院关于国事罪案件适用法律问题的解释主要集中在对汉奸案适用法律问题的解释上,这些解释包括四方面的内容:

①关于“汉奸”的认定

司法院在“司法院院解字第 3098 号”中明确,“曾在敌伪管辖范围内充任同业公会理事长一类职务,是否汉奸,应视其有无惩治汉奸条例所列之犯罪事实决之,

* 穆伯祥,2006 级法律史专业,指导老师:郝铁川。现工作于天津财经大学。

不能为概况之断定”。①

司法院院解字第3101号也是关于“汉奸”的认定:“(一)《处理汉奸条例》第2条,系以该条各款所指情形均涉有汉奸之重大嫌疑,特定其应属行检举,并非关于汉奸之论罪法条,检举之人犯自须具有惩治汉奸条例第2条第一项各款之犯罪行为,始得适用该条论处。至《惩治汉奸条例》第2条第一项第一款之罪,以通谋敌国情事,除合于同条例第3条规定者外,尚难论以该款罪名。(二)曾在伪组织或其所属机关团体服务之人,依《惩治汉奸条例》第3条规定,以兼有凭藉敌伪劳力及为敌伪或不利于本国人民之行为,而为前条第二款以下各款所未列举者,始依前条第一款处断。至其执行任务是否即可认为凭藉敌伪势力而为有利敌伪或不利本国或人民之行为,应就任务性质执行手段及其他一切情形,分别决之,不能为概况之规定。”②

②关于“汉奸所得财物”、“汉奸财物”的认定

“司法院院解字第3100号”规定:“《处理汉奸案件条例》第4条所称‘汉奸所得之物’,系指犯汉奸所得之财物,并不包括其他之原有财产。惟34年12月6日公布之新《惩治汉奸条例》第8条所称汉奸财产之全部或一部,凡汉奸所得财物及其他原有财产,均包括在内,其明知是为汉奸将受没收或查封之财产而收买之者,依新条例第12条至规定,既应处罚,则买受者,纵系汉奸之原有财产,其买卖契约为违反禁止规定,依民法第71条应属无效。至于条例施行前,旧《惩治汉奸条例》对于故买汉奸财产,虽无处罚明文,但依旧条例第9条,应行没收或查封之财产,与原有财产预行出卖,如买主系串通买受,避免法律之执行,即与公共秩序颇有妨害,该买卖契约,依民法第72条规定仍属无效。”③

对于如何理解汉奸的财产,“司法院院解字第3202号”规定:“《惩治汉奸条例》第8条所谓财产,系指专属于汉奸之财产而言,不包括兄弟之财产在内,汉奸如有兄弟数人,其财产尚未分割,则该财产之查封与没收自应以归于汉奸所有者为限,但其家属必需之生活费,仍应酌留。”④

“司法院院解字第3350号”规定,“犯汉奸罪而未宣告没收财产之判决确定后,不得因告诉人告发人之请求补判没收”。⑤

---

① 司法院院解字第3098号(1946年3月12日),参见《法律知识》1947年第1卷第4期,第28页。

② 司法院院解字第3101号(1946年3月12日),参见《法律知识》1947年第1卷第4期,第20页。

③ 司法院院解字第3100号(1946年3月12日),参见《法律知识》1947年第1卷第4期,第28页。

④ 司法院院解字第3102号(1946年11月15日),参见《法律知识》1947年第1卷第4期,第28页。

⑤ 司法院院解字第3350号(1947年12月17日),参见《法律知识》1947年第1卷第4期,第28页。

③关于汉奸财产的没收

没收财产属于汉奸案的刑罚措施，在对汉奸案件的审判中，一些地方法院在理解没收财产的范围上有不同意见。为此，司法院多次出台了有关没收汉奸财产的司法解释：

“（一）检举汉奸不以《处理汉奸条例》第 2 条所列举为限，凡有汉奸罪嫌之人均得对之检举。（二）没收汉奸财产，不限于因汉奸行为所得之财物，其他原有之财物亦在应予没收之列，但须注意《惩治汉奸条例》第 9 条之规定。”①

“汉奸将原有之不动产转移于第三人，除该受让人具有《惩治汉奸条例》第 12 条之情形外，如属合法转移，并无其他无效原因者，均不得视为逆产予以查封。”②

“汉奸将其所有之不动产转让与人，如受让人无《惩治汉奸条例》第 12 条情形，亦无其他无效原因者，不得视为逆产予以查封，已见院解字第 3144 号解释。”③

“《惩治汉奸条例》第 8 条第一项所定没收财产，凡因犯汉奸罪所得之财物及其他所有之财产，均包括在内，不以因汉奸行为所取得者为限，除其财产属于公有应予追缴或应发还被害人外，均应予没收。”④

“关于第 8 条者，本件第一项所称财产之全部，希包括凡因犯汉奸罪所得之财物及其原来所有之财产而言，至其所得之财物中之有公有财物，或应发还与被害人之私有财物，自不在应予没收之列。凡依本条例宣告没收至全部财产执行机关对于该汉奸所负之债务及其财产上设定之负担，不负清偿之责。如何确定其酌予家属必需之生活费，应由执行机关将其财产及其家属人口状况审查清偿后，按照第一点所示标准，予以执行。关于《处理汉奸案件条例》异议各点：（一）检举汉奸不以《处理汉奸案件条例》第 2 条所列举者为限。（二）本条例第 2 条第五、六两款所谓重要职务，及同条第九款所谓重要工作，不专以其所任职务或工作在形式上之重要为限，凡实际参与机要或领导工作，确有损于人民或有利于敌伪者，皆包括在内。（三）本条例第 2 条第四款所谓其他机关，系指共性质相当于敌人军事政治特务等机关而言。”⑤

“汉奸案件经确定判决，未为没收财产之宣告者，其曾被查封之财产，自应发还”。⑥

---

① 司法院院解字第 3136 号（1945 年 7 月 17 日），参见《法律知识》1947 年第 1 卷第 4 期，第 25 页。

② 司法院院解字第 3144 号（1946 年 7 月 17 日），参见《法律知识》1947 年第 1 卷第 4 期，第 25 页。

③ 司法院院解字第 2193 号（1946 年 8 月 20 日），参见《法律知识》1947 年第 1 卷第 10 期，第 23 页。

④ 司法院院解字第 3146 号（1946 年 7 月 17 日），参见《法律知识》1947 年第 1 卷第 4 期，第 25 页。

⑤ 司法院院解字第 3213 号（1946 年 9 月 7 日），参见《法律知识》1947 年第 1 卷第 4 期，第 25 页。

⑥ 司法院院解字第 3243 号（1946 年 10 月 2 日），参见《法律知识》1947 年第 1 卷第 4 期，第 25 页。

"自《惩治汉奸条例》施行之日起，触犯该条例第2条第一项之罪嫌，经移送或起诉之汉奸，在裁判前羁押中死亡者，如果罪证确实，虽未经通缉，仍得以该例第8条第二项规定，得单独宣告没收其财产之全部。"①

④关于汉奸案中罪名的确定

司法院对于司法实践中出现的一行为侵犯数种社会关系的罪名认定问题进行了解释："触犯汉奸罪名，同时直接侵害私人法益者，其被害之私人自得向检察官告诉并得对不起诉之处分声请再议，惟来文所举《惩治汉奸条例》第2条第一项第二款供给敌人谷米金钱之例，系以供给行为为该罪之内容，则所供给之物资来源如何，在所不问，纵系由于勒征勒派而来，究非该罪成立之要见，其被勒被派派之人，自仍不得请为该罪之直接被害人。"②

"某甲任军事机关谍报部门谍报员，被派往敌方担任反间工作，纵有确切之证明，但如跟随敌兵扫荡，充任有关军事之执役，自应成立成《惩治汉奸条例》第2条第一项第八款及刑法上杀伤等罪之牵连犯，并应依刑法第55条从重处罚。"③

司法院也对危害国民案件的司法适用作出过解释，如对《危害民国紧治罪法》中有关问题的解释：

"《危害民国紧急治罪法》第6条前段所载之组织团体一罪，以具有危害民国之目的为构成要见，且该罪仅以组织团体为限，如其犯罪行为系被危害民国之罪犯所煽动而又扰乱治安或与叛徒勾结情事即与同法第3条第二款之规定相当，不得只论以上述第6条前段之罪。"④

"查刑法第162条第一项，系规定不为不报告之不作为犯与《危害民国紧急治罪法》第4条规定须备有窝赃行为之要件者迥然不同，故合于该法第4条第一项之犯罪，即不得以被窝藏者系其亲属，希冀依该法第10条使用刑法第162条第168条免除其刑……《危害民国紧急治罪法》第3条第一项第二款之罪，系指被以危害民国为目的的煽惑他人扰乱治安之罪犯所煽惑并有扰乱治安之行为而言，所谓扰乱治安，须其行为已达于破坏一地方安宁秩序之程序，始于该条趣旨合符。"⑤

"《危害民国紧急治罪法》第7条中所谓最高军事机关，系指宣布戒严区域之全区域内最高军事团体而言。"⑥

---

① 司法院院解字第3258号（1946年10月11日），参见《法律知识》1947年第1卷第4期，第26页。

② 司法院院解字第3256号（1946年10月7日），参见《法律知识》1947年第1卷第4期，第26页。

③ 司法院院解字第3210号（1946年9月16日），参见《法律知识》1947年第1卷第4期，第25页。

④ "刑事特别法令判例"，载《法律杂志》1933年第2、3期合刊，第2页。

⑤ 同上，第3页。

⑥ 司法院院字第1025号，载《法治旬刊》1934年第1卷第4期，第30页。

(2)最高法院、高等法院及其分院

南京国民政府的普通法院分地方、高等、最高法院三级。地方法院设于县、市，高等法院设于省会、特别区和首都。最高法院设于国民政府所在地。

普通法院中能够审判国事罪的法院为高等法院或其分院、最高法院。前者是国事罪案件的初审法院，最高法院是复审法院。1933 年的陈独秀“危害民国案”就是由江苏高等法院进行审理后由最高法院终审的。[①] 国事罪案的初始适用机关是高等法院，基层法院无权受理，审级的提高一定程度上有利于保障国事罪案件审理的严肃性，也有利于提高国事罪案件判决的“公信力”。

2. 特种刑事法庭

南京国民政府将威胁其政权的刑事案件列为“特别刑事案件”，专门成立了特种刑事法庭进行审理，并采取特别诉讼程序。第一次国内革命战争时期，这种法庭成为特种刑事临时法庭，分为中央和地方两级，其建立主要依据 1927 年 12 月颁布的《特种刑事临时法庭组织条例》。1928 年，该法庭被裁撤，所辖案件改由军法机关审理。1948 年 4 月，南京国民政府又颁布《特种刑事法庭组织条例》，重新恢复特种刑事法庭，在南京设立中央特种刑事法庭，隶属于司法院，负责复判案件；高等特种刑事法庭分设于上海、北平、汉口、广州等 47 个城市，负责初审案件。

3. 军法机构

在不同时期，军队中军法机构负责的国事罪案件范围有所不同。不过，从军法机构的职能变化来看，主要管辖的是军人类国事罪案件。依据 1931 年颁布的《危害民国紧急治罪法》第 7 条，戒严区域内的最高军事机关对非军人案就有案件审判权。依据 1937 年 8 月 23 日军事委员会公布的《惩治汉奸条例》，“犯本条例之罪者，概归有军法权之军事机关审判……依照本条例审判之案件，应将卷判呈送最高军事机关核定。其应尽已处置者，得电请核示，或先行处决补报。在作战期内，前项案件授权于戒严司令部，或区司令长官司令部，或集团军司令部，代核呈备案。”[②]1938 年修订后的《修正惩治汉奸条例》继续规定，军法机关具有汉奸案件的审判权。

抗战胜利后，普通法院恢复工作，军法机构管辖汉奸的职能受到剥离。1945 年 11 月 23 日，国民政府制定《处理汉奸案件条例》，规定汉奸案件由高等法院及其分院受理。“收复区高等法院或其分院开始办公后，政军机关应将有关汉奸之行为，财产及其他调查资料，移送检察官侦查”。[③]

---

① 有关陈独秀案件的审理情况，可参考“陈独秀案审讯颖末”一文。详见《法治周报》记者：“陈独秀案审讯颖末”，载《法治周报》1933 年第 1 卷第 20 期，第 27 页。

② 《惩治汉奸条例》，参见广东国民军事训练委员会：《战时国民军事常识》，广东国民军事训练委员会 1937 年版，第 69 ~ 70 页。

③ 1945 年“渝字第玖壹肆号”《国民政府公报》。本资料引自中国国家图书馆网站民国专栏资料。

"司法院院解字第3097号"也对军法机构的国事罪管辖问题进行了进一步明确:"《处理汉奸案件条例》第5条所定应受军事审判之汉奸案件,原以被告原属军人,复任伪军职者为限。如被告虽为军人而参加伪组织后仅又担任伪文职,非系军职者,仍应由高等法院或分院处理之。该条规定意义甚明,至《惩治汉奸条例》第13条规定,被告人如系军人,应于宣判后3日内,缮具判决正文,并令被告提出申请书,连同案卷,呈送中央最高军事机关核定之案件,即指被告原属军人复任伪军职,受军事审判者而言。"①

(二)国事罪制度适用中的行刑机构

南京国民政府的国事罪制度主要由政治犯赦免制度、国事犯反省院制度,适用这些国事罪刑罚执行制度的机构是高等法院、司法行政部、军法机关、军政部以及反省院。

依据1931年1月1日施行的《政治犯大赦条例》第7条,凡依该条例应赦免之政治犯未经发觉或曾被通缉未经缉获者,一律免予缉究,经获案者不论已起诉已判决未判决,一律由高等法院院长、首席检察官及推事2人、检察官1人组织委员会核准开释,填表呈报司法行政部备案,如有异议应先行呈请司法行政部核实。军法会审之人犯由该管军事机关军官3人、军法官2人组织委员会核准开释填表呈报军政部备案。如有疑义,应先行呈报军政部核示。由此,高等法院、司法行政部、军法机关、军政部均有政治犯赦免的决定权。

军法会审之人犯由该管军事机关军官3人、军法官2人组织委员会核准开释,填表呈报军政部备案,如有疑义,应先行呈报军政部门核示。1932年6月25日南京国民政府公布的《大赦条例》也坚持了这一原则。②

反省院,是对一定条件的在押国事犯或者已赦免的国事犯予以"感化"的机构。反省院隶属法院,共有各地方反省院、首都反省院和军人反省院。1929年12月,南京国民政府立法院第62次会议通过并颁发了《反省院组织条例》,目的就在于"为感化反革命人,得已本条例于高等法院所在地设反省院"。③ 1930年,"为感化反革命军人,设军人反省院于首都"。④ 1931年"首都反省院"成立,该机构的设立,同样是监禁、感化国事犯罪的需要:"各省反革命案件层见叠出,若将此项人犯,一概收容于普通监狱之中,不独人多拥挤管理为难,且于实施感化,尤多不便……于首都所在设立规模较大之反省院,洵属切要之图。惟此项反省院,对于各省反省院并无

① 司法院院解字第3097号(1946年3月12日),参见《法律知识》1947年第1卷第4期,第28页。

② 徐百齐著:《中华民国法规大全》,商务印书馆1937年版,第5550~5551页。

③ 谢振民编著:《中华民国立法史》,正中书局1937年版,第542页。

④ 同上,第544页。

统属关系，似不必用中央字样，拟即定名为首都反省院。”①

二、国事罪制度适用的效能

南京国民政府制定了大量罪刑制度，这些罪刑规范为南京国民政府时期国事犯的定罪处罚提供了依据。南京国民政府时期审理的国事罪案件虽然没有普通犯罪那么多，但是由于南京国民政府时期严重的国内矛盾和经历了较长时期的民族抗战，国事罪案件仍占有一定比例。抗战前国民政府法院每年所审理的国事罪案件都在11起以上，抗战期间和抗战后国事罪案件的审理也都从未停止。

那么，国民政府国事罪制度在审判中的适用究竟如何？如何公正、合理地评价国事罪制度的实践效用呢？笔者认为，南京国民政府时期国事罪制度内容较多，对其性质及价值的评价应区别分析，国事罪制度在实践中对国事犯的适用，既有反人民的一面，也有积极、可予肯定的一面。

（一）对社会进步力量的压制

任何法律都蕴涵一定的立法旨意，体现统治阶级或立法者的某些利益。国事罪制度作为社会政治法律制度的一个有机组成部分，由特定的社会环境所派生，是国家所依存的社会现实以及统治力量意志的统一。南京国民政府创制了许多诸如《暂行反革命治罪法》、《危害民国紧急治罪法》、《共产党人自首法》等镇压政治异己与进步力量、维护集团自我利益的国事罪制度。这种异质化的立法，已脱离了民主与法治的轨道，具有反人民性。

1929年12月31日，南京国民政府公布《反革命案件陪审暂行法》。根据此法，在《暂行反革命治罪法》施行期间的反革命案件实行陪审制度。何人具有陪审资格呢？是否社会名流、专业法律人士乃至共产党人均可担当此任？均不可。能“胜任”陪审官资格者，必须是25岁以上的国民党党员，镇压共产党人和革命人士的本质昭然若揭。

这一国事罪制度的司法适用，也表明了该制度的反人民性。1928年10月1日，设在重庆的中共四川省委员会、共青团巴县委员会因变节的共产党人彭兴道出卖，遭到严重破坏，中共四川省委代理书记张秀熟、省团委书记蔡铭剑、团巴县县委书记池望秋等党团干部30余人均遭逮捕，其中20余人被提起公诉。1929年5月24日，四川省高等法院第一分院决定在林森路院本部公开审理这件案子。最后，四川省高等法院第一分院决定以“加入共产党预备阴谋暴动兼执行重要职务”等罪

① 谢振民编著：《中华民国立法史》，正中书局1937年版，第545页。

名，按照《暂行反革命治罪法》的有关条款，判处中共四川省委员会代理书记张秀熟有期徒刑10年，省团委书记蔡铭剑有期徒刑6年，均褫夺公权8年，同案另18名被告也被判处徒刑或缓刑。①

万云鹏反革命案也是南京国民政府地方政权利用国事罪制度维护自我政权、镇压进步活动的又一名例。② 从事工人运动的万云鹏因“意图破坏三民主义而起暴动”，于1930年被江西高等法院处无期徒刑，褫夺公权。

依据“江西高等法院”的“反字第37号”刑事判决书，“万云鹏肄业于湖北商业学校附设中学。党军克服后于民国16年春充任景德镇市党部执行委员兼工人部长、暨总工会筹备主任、市政委员会委员与市党部委员，向以执委刘湘、洪钟商、协会常委陈铭珍等联络一气，倡言打倒资本家，实行共产主义，勒缴警察各机关枪械，组织武装工人纠察队等（其余之人民自卫团体、商民自卫团组织均当时属市党部），号召工人数万横行市面，拘捕窑户冯作舜、瓷商兴隆等勒罚巨款，鼓动阶级门争，致演成都乐惨案。迨清党议起，该被告乘机逃匿，经江西省政府通缉在案，嗣该被告化名万俊充任南浔路书记，经浔湖军警督察处于本年4月10日查获，辩由本院检察官侦查起诉。”

从上可以看出，万云鹏被指控的原因是“倡言打倒资本家，实行共产主义，勒缴警察各机关枪械，组织武装工人纠察队等（其余之人民自卫团体、商民自卫团组织均当时属市党部），号召工人数万横行市面，拘捕窑户冯作舜、瓷商兴隆等勒罚巨款，鼓动阶级门争”。进步、正当的工人运动在国民党地方政权的统治者眼里成了严重的“罪刑”。

经过审理，刑事判决书认定万云鹏构成犯罪，“应依《暂行反革命治罪法》第2条第1项第2款、第12条、刑法第9条、第56条、第57条第3项、刑事诉讼法第315条判决如主义”。

为分化共产党人而专门制定的《共产党人自首法》在实施过程中成为南京国民政府利诱、分化共产党人的“宝器”。尽管绝大多数共产党人保持了坚定，但在引诱之下，仍有一些共产党人变节“自首”。据不完全统计，1931年到1935年，“自首”变节的共产党员有276人，其中在中央机关工作的干部23人，省一级的干部31人，县一级的52人，区一级的75人。③

（二）对国家、民族利益的维护

1932年2月18日，伪东北最高行政委员会在日本帝国主义的指使下发表“独

---

① 刘义禄：“张秀熟被捕入狱　熊福田仗义雄辩”，载《重庆律师》2003年第3期。

② 案情详见“万云鹏反革命案（反字第47号）”，参见江西高等法院公报处：《江西高等法院公报》1930年第19期，第119~121页。本文其他处引用该资料时不再另行注明出处。

③ 范小芳著：《陈果夫与陈立夫：国民党兄弟教父》，湖北人民出版社2005年版，第241页。

立宣言"后,南京国民政府外交部即于21日发表宣言,予以否认。3月9日溥仪就任伪满洲国"执政",3月12日向世界各国通知独立电时,南京国民政府发表了否认东北伪组织宣言,并认为应对溥仪等以犯罪惩治,积极维护国家主权独立和领土完整。

抗战时期汉奸的数量迅速增多,是在汪精卫投敌之后出现的。1938年12月,国民政府副总裁汪精卫携其妻陈璧君从重庆出逃,打出"和平、反共、建国"的旗号,公开投敌叛国。1940年3月,由汪精卫任"主席"的汪伪"国民政府"在南京粉墨登场,汪精卫成为中国历史上最大的汉奸。

不仅有汪精卫、周佛海等军政官员充当汉奸,有些普通百姓也因利诱等成为汉奸。日本发动全面侵华战争后,一面派遣日本谍报人员在华搜集情报,大施各种破坏活动,一面积极收买、利诱一些中国公民和军人刺探军情,为日军做向导、打信号,或者指使他们散布谣言,蛊惑民众,扰乱中国军民抗战。

1937年8月28日,《申报》的晚刊就登载了一则关于汉奸案的新闻:"石洞(罗店附近海口,即小川沙口)平时泊有渔船一百四十余艘,此辈渔民,于沿江水陆交通非常熟悉。战事爆发后,彼辈受当地汉奸之煽惑,由敌方维持生活,故全部渔船一律资敌应用。石洞口敌军利用熟悉港口地理之渔民为向导,故登陆较其他各港为便利,且石洞小港湾甚多,港之正面有我重兵抵御,而敌则从侧面小港作活动。"①

抗战时期的汉奸行为为国人所不齿,民众自发防治、惩治汉奸的事情不断出现,"沪战起后,租借上常有民众发现汉奸、打死汉奸的事"。② 1938年6月,广州成立了"反汉奸联盟",其任务便是防治间谍获得军事情报、收集散步谣言、扰乱人心并贬损国家通货价值的不肖之徒,该联盟成员最多时曾达4000余名。

私力惩治汉奸既不符合犯罪惩治的正当程序要求,也无法公正、合理地评判、裁决汉奸案件,国家的专门审判成为解决汉奸犯罪案件、保障抗战利益和国家民族利益的必要手段。

1944年之前,汉奸案件的审理并非由法院来进行,而是均由军法机关担任。1937年8月23日,军事委员会公布的《惩治汉奸条例》第3条规定,"犯本条例之罪者概归有军法权之军事机关审判"。第4条规定,"依照本条例审判之案件,应将卷判呈送最高军事机关核定。其应尽已处置者,得电请核示,或先行处决补报。在作战期内,前项案件授权于戒严司令部或区司令长官司令部或集团军司令部,代核呈备案"。1938年8月15日,南京国民政府修订后的《修正惩治汉奸条例》第14条规

① 孙冶芳:"从汉奸之多谈到乡村工作",载《抗战半月刊》(第12号),战时出版社1937年版,第30页。

② 张天翼:"抗战与民众",载《抗战半月刊》(第1、2合刊),战时出版社1937年版,第22页。

定,犯该条例之罪者,由军法审判之机关或部队审判之,管辖有争执时,呈由最高军事机关核定。①

1944年后汉奸案的审判机关主要为省高等法院或其分院。1944年11月12日,南京国民政府公布《特种刑事诉讼条例》,规定除被告原属军人、复任伪军职应接受军事审判的外,其余案件均交由各省法院或其分院审理,从此汉奸案件的审判权重新归入国家专门机关。1945年11月23日,国民政府制定《处理汉奸条例》。汉奸案件的审判由各省法院或其分院来受理,有利于保障汉奸案审理的严肃性与准确性。

抗战胜利后,各地对汉奸案的大规模审理逐渐开展起来。战后审判汉奸所出现的两次高潮,第一次是江苏高等法院对陈公博、褚民宜、梅思品等第一批伪政权汉奸的审判。1945年下半年至1947年间,仅江苏高等法院看守所内羁押的汉奸罪犯就多达四五百人,占在押罪犯总数的百分之八九十。② 另一次是1946年9月前后,首都高等法院对周佛海、丁默邨等汉奸的审判。另外,全国其他地方对汉奸案的审判也大力开展起来。例如,自1944年11月至1947年2月底,安徽共审结汉奸罪犯1418人,其中判处死刑11人,占判处数的0.8%;被判处无期徒刑的37人,占2.16%;被处有期徒刑的570人,占40.1%。截至1947年9月,安徽高等法院及其五个分院共审结汉奸案件2474件。抗战后的两年间,全国各地审判机关都顺应了抗战形势的需要,有效打击了间谍、为敌宣传、破坏后方、为敌执役等外患犯罪,震慑了有卖国之虞的危险分子,有力地维护了国家和民族利益;抗战胜利后对汉奸的审判,使汉奸外患犯罪行为得到应有的惩罚,维护了民族气节和国家利益,值得肯定。

① 本资料来自林仲协、林纪东主编:《法令周报》(特种刑事法令专号),大东书局1944年第2卷第24期,第1~3页。

② 王宏声:"两年来首都各地汉奸惩治情况",载《中央日报》1947年12月1日第2版。

从权力制衡角度探索监督理性

方立新*

一、从"最高监督"到检察监督

众所周知,检察机关是我国的法律监督机关,宪法、诉讼法以及检察院组织法对此都有明文规定。于是,监督权和检察权成为检察院的两项基本权力。① 我国检察院行使的法律监督权,从理论上讲,它负有"主动监督一切法律实施"的职责,不仅负责监督国家机关和国家工作人员执行法律,而且还负责监督一切公民、社会团体和组织遵守、执行法律。② 法律监督的范围,从侦查、刑事审判、刑事判决的执行、监所以及民事诉讼等传统司法领域,到任何其他受法律规范调节的社会层面。覆盖面之广,职责之重大,实非常人之所能。尽管,目前检察监督的范围实际上已大为限缩,但是,基于法律和传统理念而形成的检察机关行使监督权的范围、权限之大以及与司法(审判)权之间冲突之剧都是颇具国情特色的现象。较之类似制度的其他国家,检察官大多负公诉之职,而我国检察官则在公诉之外还负有法律监督之重任,这支旁生的法律监督权由于在实际中颇有非议且功效甚微,这引发了笔者对其进行考证的兴趣。

揭示一种制度弊端的最佳方式或许是从开掘其制度的源流开始。毫无疑问,我国检察院法律监督权的理论基础、制度变迁的根源应该从前苏联的检察理论特别是从列宁的法制(检察)理论中去寻找。这不仅在于政治制度和社会理想方面的一脉相承——也许这正导致了制度移植时的不假思索,更因为在翻阅史籍资料的寻根路上,文本的语境所带给我们的有关"家族相似"的某种启示。

(一)背景及理论

上溯至沙皇俄国时期,那时的检察院履行着对全社会进行监督和控制的职责,

---

* 方立新,2002 级中国法律史专业,指导老师:王立民。现工作于浙江大学光华法学院。

① 关于检察院是法律监督机关的规定,产生了两个令人困惑的问题。其一,为何在众多拥有法律监督职能的国家机关中,唯独明定检察院是法律监督机关;其二,检察院享有的监督权与检察权这两项权力是一种什么关系,属于并列关系,还是派生关系?无论从法律规定还是实际职能看,检察院主要行使检察权,即以公诉权为核心,查究刑事犯罪。检察权作为一项独立的权力,它以维护刑法秩序为己任,具有指挥或启动,并且监督刑事侦察与诉讼的权力,以及有条件地参与包括民事诉讼和行政诉讼在内的司法活动的权力。这一权力与法律权并没有实质性联系,更没有逻辑上的从属关系。即使人们了解较多的检察机关在司法过程中为保证审判公正而具有的某些制约职能,纯粹是检察职能的一种延伸,至多是一种司法监督(暂且不论这种安排是否适当)。

② 熊先觉著:《中国司法制度新论》,中国法制出版社 1999 年版,第 85 页。

曾被称为“沙皇的眼睛”，①这种体制对后来苏维埃政权的检察理论与实际具有一定影响。十月革命以后，苏俄面临一系列的社会问题：一方面要巩固政权，中央政府针对许多急迫问题制定了不少法律、法令，而地方各加盟共和国却拥有相当大的立法权，往往自行其是，法制统一性问题在受到威胁的背景下提出来了；②另一方面，根据马列主义理论，新的革命政权必须对旧有的资产阶级国家机器进行革命性的摧毁并代之以崭新的法制和国家机器，其中包括保障法制的新机构和新型检察系统。原有的检察机关、法院被视为压迫人民的有组织的力量而为新的机关所代替。③ 苏俄人民委员会的第一号《关于法院》的法令，不仅废除了革命前的法院，而且废除了“以往的法院、侦查员制度、检察制度……”④在颠覆一切之后，面临的就是重建，这种重建不仅是物质性的有形实体，更是一种意识形态，一种新颖的理论模式。苏联检察机关的建立和运作在很大程度上都来源于列宁的思想体系。

列宁认为，维护统一的法制是极为必要的，必须反对地方主义，因为这会危及国家政权的稳定。列宁特别重视建立新型的检察机关，作为国家专门的法律机关。列宁认为，检察机关不仅是国家的公诉机关，更重要的是国家的法律监督机关，是国家法律的维护者，是国家政权的“眼睛”，它要对刑事违法、民事违法、行政违法，即对国家机关、社会团体、企事业单位以及国家公职人员和公民实行全面监督。⑤列宁强调指出：检察长的唯一职权和必须做的事情只有一件：“监视整个共和国对法制有真正一致的了解。”⑥所以，这种语境预设中的检察机关必须是全联盟范围内统一的代表，它对准确执行法律实行最高监督，⑦而为了维护最高监督，必须使检察机关具有专门监督的权力和独立的宪法地位。所以列宁特别重视从组织上保证检察机关独立行使职权，否决“双重”领导，即确定地方检察当局只服从中央领导，不

① 贺卫方：“重新定位检察权——答《中国律师报》记者王岚问”，载《中国律师报》1999 年 12 月 17 日。

② 《苏联宪法学习文件选编》，中南政法学院编，1986 年 4 月，第 81 页。

③ 《马克思恩格斯全集》(中文版)(第 17 卷)，第 588 ~ 589 页；《列宁全集》(中文版)(第 34 卷)，第 146 ~ 149 页。

④ 《苏俄法令汇编》1917 年第 4 期第 50 号。

⑤ 程荣斌主编：《检察制度的理论与实践》，中国人民大学出版社 1990 年版，第 12 页。

⑥ 《列宁论国家和法》(中文版)(第 3 卷)，法律出版社 1960 年版，第 257 页。参见梁启明译：《苏联东欧国家的检察长监督》，中国检察出版社 1990 年版，第 36 页。

⑦ “检察长监督是对遵守统一的社会主义法制的监督。检察长有责任及时采取措施消除一切破坏法律的行为，不论它来自什么人。检察机关以这种活动方式捍卫统一的社会主义法制，促进正确、统一地适用法律及其他法规，不管任何地方差别，不受任何地方影响”。“共产党和苏维埃国家的杰出活动家加里宁说过，我们要求检察长这样来安排他的工作，这样来组织他的为保卫社会主义法制而进行斗争，就是要使人人都深信自己的合法权利和利益受到保护，深信有苏维埃政权专门设置的检察长去捍卫他们的权益”。引自梁启明译：《苏联东欧国家的检察长监督》，中国检察出版社 1990 年版，第 27、28 页。

服从地方的执行委员会,从而确立检察系统内部自上而下的垂直领导原则。[1] 另外,苏联宪法也责成,苏联总检察长及其下属各级检察长对各部、主管机关、公职人员和公民是否准确执行法律实行最高监督;各加盟共和国和自治共和国宪法规定,苏联总检察长既可直接地,也可通过其下属各级检察长对法律的执行情况实行最高监督,检察机关在执行自己职能时不受任何地方机关的干涉而只服从苏联总检察长。[2]

产生这种类型的法律监督,除了政治时势的缘由,还有它固有的有关人性及人的认识能力的前见。这种前见认为人民群众是需要反复教育和正确指引的,只有全民守法的法制才是健康、完善的法制。列宁认为,公民不懂法律和国家机关工作人员经常违反法律是当时法制建设和社会秩序的主要祸害之一。[3] 所以这种更为关注法律实行与实效,片面追求守法、维法的保障贯彻执行的思维定势,必然会使统治者加强监督的力度,提升监督者的法律地位,从而使法律监督成为日常性、习惯性的行为方式而无处不在,因而法律监督也就成为社会主义法制的重要环节。[4]

(二)需要探讨的几个问题

质疑之一:监督主体与监督客体的角色混同。

苏联检察监督系统存在一些自相矛盾之处,其中之一就是监督主体与监督客体的角色混同。在这种由一个机关予以最高监督、全面(一般)监督的体制下,监督的客体无疑就是全苏的各大国家机关、社会团体与公民(可以概称为全民),而广大民众和由民众选举出来的机关及其官员本身(全民)又通过人民主权赋予此监督机关(此处是检察机关)以监督权,所以行使监督权的最本质的幕后人物还是监督的客体——全体民众。如果这种逻辑推演不至于是一种循环论证的话,那么此处监督主体与监督客体就不幸重合在一起了。如果大家本来就是你中有我、我中有你,隶属于同一个系统(同一道德评价体系以及同一利益集合),那么又怎么进行有效

---

① 《列宁全集》(中文版)(第34卷),第36页。

② 需要指出,1918年苏俄宪法未对检察机关作出规定,1924年苏联宪法仅规定在最高法院设置检察长、副检察长之职,行使检察权,直到1936年苏联宪法,才把列宁关于检察职能的思想法定化,不仅规定了检察机关的检察权,而且突出了检察机关作为法律监督机关的职能。有趣的是,该宪法授予总检察长以法律监督权,却未用"监督"一词:"苏联总检察长对于所有的部和这些部所属的机关、公职人员和苏联公民是否严格遵守法律,行使最高检察权"(第113条);以至1977年苏联宪法的表述,也无二致。反观我国1982年宪法,并未授予检察机关如此广泛的监督权,却明确规定其为国家法律监督机关,并将监督权与检察权加以区分(第129、131条)。

③ 程荣斌主编:《检察制度的理论与实践》,中国人民大学出版社1990年版,第11页。

④ 在讲到法制时,国内的理论往往将社会主义法制简单概括为四个方面:立法、执法、守法和法律监督。认为立法是前提,执法是关键,守法是目的,法律监督是法律实施的保障。守法和法律监督总是被放到重要的标志性地位,似乎这才是法制的真义。周其华著:《中国检察学》,中国法制出版社1998年版,第39页。

的监督？如果人民选举出来的机关不信任人民的守法信念与热情而生发出监督的动机与渴望，人民就有被他们自己的意志奴役和压制的荒谬和危险——所以这种体制的设计者无法回答“谁来监督监督者”这一疑问。虽然借公意（全民之意）之名对少数违法乱纪之徒进行监督也是维护国家法制之必需，但是任何权力都有被滥用和僭越的可能（何况是不受约束和监督的最高监督权），而且更为可怕的是被利用的所谓体现公意之行为。①

信任最高监督权，相信公意无疑是一种可以理解的良好的浪漫主义情怀，但是何以证明大多数人的意志就是正确的？何以证明最高检察官以及属下是最英明、最全知全能的人？这种制度建构本身就是奠基于一种“建构理性主义”。② 建构理性主义者不承认每个人都有探索和发现真理的同等权利和每个人在知识水平和范围上的绝对局限性，而把发现真理的权利和垄断知识的资格交给“全知”的天才。在这里，信任并运用最高监督权对全社会进行统一的、普遍的监控，是对人的“全知全能”的一种狂信。笔者认为，这样的预设所建立的制度往往会在实效上受到一定的挫败，而且这种权力的行使也会走向虚权和专制两种极端。

质疑之二：第几种国家权力？

在理论上，监督权应该作为国家权力的一种形态，但在实践中，监督权有没有可能独立出来成为一种实体权力，并由一个固定的机关去执行这种实体权力？

然而即便是想这么操作的苏联检察院，仍行使着林林总总的其他权力（如提起公诉等）。检察机关一方面要履行诉讼职能，另一方面要充当国家监护人之职，除了在职能的交错和累积上有不堪重负之感，又给相对弱小的被告（公民）以压倒性的国家恐吓力，使公民在与国家之间的冲突中永远处于绝对的劣势。这样的政治格局不利于培育市民社会，当然也难以产生与之相匹配的公民文化与市场经济形式，国家的大一统（监督统一性的法制）牺牲掉的是多元主义的文化（意识形态）以及对抗性的以竞争为主导的政治格局。

---

① 第三帝国初期，希特勒政权通过大量宣传欺骗了多数德国人，获得了他们的支持，在这种意义上，代表了卢梭所说的公意。当时几乎所有的德国人都在不同程度上参与了虐犹运动，这是稍具历史常识的人都熟知的。但这是否说明，那些使几百万犹太人流离失所、死于非命的残暴行径乃是合理的、合法的？美国内战之前，南方各州的多数白人皆为种族主义之偏见宿毒所染，而不幸的黑人相比之下不过是少数，但这并不能证明他们被任意侮辱、虐待、出卖和杀戮就是正当的。

② 建构理性主义有三个基本主张：一是所有的知识构成一个完整的整体，而且其总和是固定的；二是所有的知识尽管是分散的，但却是可以集中的，并且被少数（政治）天才所掌握；三是知识可以通过人为的手段被合理配置到社会的各个角落。这种知识观极其颂扬人的理性能力，对人类认识世界的能力抱有绝对的信心。建构理性主义有这样一种妄想：确有某个（些）人能够掌握所有的相关知识；而且，根据这种巨细无疑的知识，可以通过设计建构一个理想的社会秩序，就像柏拉图设计的理想国那样。参见刘军宁：“无知与自由”，载 http://go6.163.com/fanyafeng/wuzhiyuziyou.htm。

所以,虽然此处检察权作为一种国家权力被分离出来,对其他国家权力有一定的制约能力,但由于它的意志隶属于虚幻的公意且其权力的行使规则是单向的自上而下式的,而非与其他国家权力之间因权能的彼此牵制而内生监督关系,所以,这种制度的权力形态是集权式而非分权式的。最高监督权代表的超国家的权力本身破坏了分权所需要的权力之间的平等、商谈、牵制的内在运作机理,当然也不能达到分权本身带来的抑制腐败、限制滥权、民主对等等制度优势。而监督本身是一系列多主体、多层面的复杂行为,是一个相当宽泛的概念,是权力运作中的一个具体环节:立法中存在监督、行政中存在监督、在司法中也存在监督。所以,监督权不是最基本的权力分工的结果,只能是它们在运行中的某种表现。

质疑之三:什么是法制的保障?

苏联创设检察机关的初衷之一就是使其能有效地保障社会主义法制的实现,守法监督是法制的重要保障,其中重点强调公民的守法以求法制的完善。[①] 在这里有三种可能的理论预设:(1)立法是不完善的,制定出来的法律与民众之间没有足够的亲和力;(2)公民是愚昧、冥顽和躁动的,不能理解立法、执法者的良苦用心,需要以强制力为背景加以循循善诱;(3)执法暴虐不合理,需要事后监督,强制民意来达成立法本意。在这三种不良揣测下,公民与国家之间的缓冲余地似乎都被封杀了。

在经典法治的语境中,公民(民众)应该是守法的主体、法治的主体,而非自己异化力量监视下的法制的客体。将公民视为法制的客体,其实是一种对权利的漠视和藐视。这固然与苏联的国家主义观念相关,即个人要服从集体,国家(社会)利益高于个体利益;另外,这种漠视恰恰背离了国家的服务宗旨:体现最大多数人的最大利益。在监视、扼杀少数人权利(利益)的同时,无意中取消了个人权利这个概念,从而使大多数人的权利陷于虚无,[②]而对权力的智慧与能力的唯理主义的强调,也使权利渐趋萎缩成不能对抗权力、政府和国家的一极,结果极权的局面偷换了平

① “检察工作者在捍卫劳动人民、国家组织和社会团体的权利和合法利益方面执行着重要任务,他们的全部活动都有助于以共产主义道德、尊重法律和社会主义公共生活准则的崇高原则来教育苏联人民。”参见《消息报》1972年5月27日。“苏联共产党提出,要进一步加强社会主义法制,加强国家纪律和劳动纪律,要进行守法教育”。参见《苏联检察院组织法诠释》,中国检察出版社1990年版,第2页。“事实上,检察机关的职责中包括对敌人违法的监督,但大量的多数的法律监督不是对敌人违法监督,而是对人民内部的执法和守法的监督”。梁启明译:《苏联东欧国家的检察长监督》,中国检察出版社1990年版,第36页。

② 德沃金(Ronald Dworkin)在《认真对待权利》中写道:“如果能够凭借多数人的权利剥夺个人的权利以实现政府的意志,那么现有的与政府有冲突的权利将会受到威胁。与政府相冲突的权利必须是即使多数人认为是错误的也可以做某事的权利,甚至这会使多数人处于更坏的境地。如果我们现在说为了公众的利益社会有权利做任何事,那么,我们已经取消了(个人)权利。”转引自皮文睿:“论权利与利益及中国权利之旨趣”,载夏勇编:《公法》(第1卷),法律出版社1999年版,第107~108页。

等、民主和人权的理想。

真正法治的保障是什么？是政府权力受到监督、限制和制约。几乎所有的法治经典理论都将“限权”作为第一或核心的要义。如果苏联法制与法治有分野的话，那么区别之处不应体现在对权力与权利关系的态度上，因为这种区别无法解释它能克服权力和个性天然的弱点，甚至提不出更好的方案以使政府在对公民权加以无限监控的同时能严格守法以控制自身——存在这样极为理性的又拥有无限权力的实体吗？

德沃金认为，如果政府不认真对待权利，那么它也不能够认真地对待法律。[①] 试想，如果连政府都视法律为其下之工具，那么怎能建立人们对于法律的尊重？所以片面要求民众守法的法制本身就存在严重的悖论。

(三)中国传统监督文化与现行检察监督

中国古代没有专门的行使法律监督权的检察机关，但有行使监督权的机构。古代中央最高监察机关，早期一般通称御史台，从明朝开始，御史台改为都察院，其间经历了漫长发展变革的历史过程。专门监察机构的建立和发展是在秦汉封建中央集权制国家建立以后。古代监察机关是封建君主实行中央集权专制最重要和有效的工具。封建监察机构和监察官吏根据统治阶级的根本利益，严密纠察、监督百官臣僚，使整个官僚机构成为皇帝一人手中得心应手的统治工具，维护皇帝至高无上的绝对权力和封建法制。它的作用体现在三方面：纠弹京城百官，肃正朝廷纲纪，维护皇帝最高尊严和权威；监察地方官吏，维护中央集权；参与司法，审狱察冤。在监察形式上主要有：弹劾、巡察、参审、谏议、议政。为发挥监察机关的这些功能和作用，封建统治者给监察机关极其尊贵的地位，历代君主都十分重视提高监察机关的声威，使各级官吏对其有所畏惧，而且为了使监察机关维护皇权，纠弹百官，赋予监察官吏比普通官吏更大的权力，不少朝代的御史台，其监察权在皇帝之下、百官之上，并且保障其相对独立，虽然直接受皇帝指挥，但独立于其他一切机关。[②]

从我国古代传统的监察制度可以看出，它与前苏联的“最高监督”有一部分的制度相似。比如在地位、权威、机构的相对独立上，另外两者都包括对官吏的监督和对司法审判的监督。当然两者的社会制度、政权组织形式是截然不同的，“最高监督”主要是一种法律监督，是一种对全社会执法、守法的监督，而封建监察偏重于对封建官吏行为与品行的监督。

如果从制度形态与政治文化的源流来考察，我国无疑是在文化传统和政治经

① 德沃金著：《认真对待权利》，信春鹰、吴玉章译，中国大百科全书出版社1998年版，第270页。

② 蔡定剑著：《国家监督制度》，中国法制出版社1991年版，第32页。

验上对两者都有所吸收和借鉴,特别是前苏联的检察模式。但是随着具体国情的不断变化。我国的检察制度呈现出一定的自我更新(虽然从法律文本上不易察觉这种变化),比如,我国的检察机关已不再是一般法律监督机关,而是专门法律监督机关,它的监督职能主要限缩在司法、侦查领域;检察机关与法院、行政机关在权力等级上基本平行并共同隶属于人大。但是检察机关的一般法律监督权仍为宪法、法律所肯定,并且它行使着对于司法的监督权,从这点上看,检察机关的地位还略微高于法院。检察机关在刑事诉讼程序中既要代表国家行使公诉权,又要行使对司法审判的监督权,破坏了由法官、公诉人和被告形成的等腰三角形的关系,检察院身兼公诉人的身份,就难以从有利被告的角度保护被告的诉讼权利不被侵犯。同时,检察院行使司法监督权,使司法判决的稳定性亦受到削弱。所以,前苏联的"最高监督"模式虽然在一定的历史、政治环境中具有制度意义(尽管有违有效监督的一般法理),但是其制度的理念部分投射到我国现行检察监督制度上,必然使改变了的政治文化环境对其产生一定的"抵抗",从而使一般监督(特别是审判监督)落入具文,并随着司法的中立化、独立化、公正化的要求,而使反对检察监督的呼声日渐高涨。那么"一般法律监督"、"司法过程和判决监督"是否应予以取消?整个社会权力系统需要怎样的监督?如果要有监督者存在,那么又由谁来担当呢?

二、监督体制的重构

笔者认为,监督是必要的,而且法律监督甚为重要。但重要的是要改变监督模式,寻找一种更为科学合理的监督理论来构建整个权力监督的框架。①

(一)两种监督模式

用系统学的观点来考察,监督有两种理论模式,一种是系统内自循环监督,另一种是系统之间的交互监督。所谓系统内自循环监督,是指某个确定的系统内实行纵向的、自上而下或自下而上的自我监督,监督的主体和客体一般都存在于同一系统内。这类监督的最大特点是系统内的决策权与执行权通过监督而获得统一,监督权隶属于决策权,系统内的最高决策者一般不受监督。这种监督的优点是能保证决策权的有效实施,提高办事效率。缺点是不能对决策权本身进行监督,因而也就不能纠正决策的失误。

① 当然,本文因篇幅和能力之限,不可能兼及全社会的各种监督力量和机构,而在检察监督这一致力点上,寻求更好的类似一般法律监督功能的监督模式,而这一模式探索是从解构和否认检察监督(尤其是中国现行的对司法之监督)为逻辑起点的。

所谓系统间交互监督,是指不同的系统相互之间进行的交叉监督,包括各系统决策权之间横向相互监督,不同系统执行权之间的监督,不同系统的决策权对执行权或执行权对决策权的监督等。这类监督的最大特点是,相互监督的两个权力互不隶属,也不直接隶属于某个统一的权力之下,在这个监督系统中,没有不受监督的绝对权力,所以该种监督又可称为制衡。在这种监督模式中,没有特定的监督者,监督的主体多元化,监督的方式和途径更加开放和灵活,是双向的、多主体的互动。系统间交互监督无疑能在一定程度上保证制度的民主性质,它是现代监督制度的典型形式。这种监督的主要功能是保证权力的合法行使,由于各系统的决策权或执行权都能得到监督,因而有可能避免决策的失误,从而能有效地防止权力的滥用。同时,各系统执行权在职能交叉点上的相互关系也能得到协调,从而避免越权和失职行为的发生。这类监督一般具有较严格的法律形式,因为,监督要涉及不同权力的职能,要求有较强的规范性。但另一方面,该种监督可能在一定程度上影响决策的时间和执行的效率。①

(二)权力制衡视野中的监督

从大的国家范围来看,我国人民代表大会领导下的"一府两院"制的权力结构无疑是一种系统内的自循环监督。由人民代表大会(立法机关)行使最高监督权,其下根据政治地位和权力级别形成自上而下的层层监控。由于监督者的地位一般应高于被监督者(否则很难实现有效的监督),所以检察机关在法律监督权的意义层面上又高于法院。尽管人民代表大会之下的权力监督格局中存在一定的交互监督,如行政机关对法院的监督,检察院对行政机关的监督等,但是宪法等实体法特别赋予检察机关专门的法律监督权,而使检察机关与法院之间的交互监督难以实质性地实现,而且由于法院在人事和财政上受制于行政机关及其他机构,②使法院也难以对行政机关进行有效的监督,从而在行政与司法之间也难以形成交叉监督。这就使得我国的政治格局与权力配置呈现出:人民代表大会"大一统"监督领导之下,以行政为主导的(大多数学者认为检察权应归入行政权)、同时旁生出一支检察院法律监督权的权力景观。在这样的格局中,法院无疑是

---

① 蔡定剑著:《国家监督制度》,中国法制出版社1991年版,第15页。

② 李檜:《法官培训与司法改革》,转引自戚渊:"司法如何公正——一种尊重常识的论述",载《法学》1999年第12期。

最“势单力薄”又“孤苦无依”的。鉴于司法权天然的弱小、消极和中立性,[①]西方学者的理论和大量较为成功的政治实践均将增强司法权能和提高法院地位作为法治国家的保障。

“法治国思想的核心历来是国家权力配置问题,而这一核心显然又离不开政治体制的构造问题。当代法治国思想更把它集中在立法权、行政权和司法权三种权力的关系及其体制本身的完善问题上。”[②]“分权制衡与法治是在一定程度上相互重叠、互为因果的。立法机关制衡行政机关的其中一个主要方法,便是制定法律——对行政机关有约束力的法律,要求行政机关遵守和执行。从这个角度看,法律及法治原则(在这里或可称为‘宪法’原则——宪法是最根本的法律,确定政府架构及对政府权力作一般性的规范)是判断行政权力的工具。但法律的解释和应用及法治原则的实践,仍有赖于独立公正、不偏不倚的司法机关,而司法权独立于行政及立法权,正是分权制的重要环节。由此可见,法治与分权概念是有不可分割的关系的”。[③]

由于现行政治体制在宪法的大框架上必须保持稳定,所以只能在检察权与审判权之间的关系上作一些制度性的小调整。从理论上而言应废除检察机关对法院的审判监督,因为审判独立是一项为现代法治国家普遍承认和确立的基本法律准则,排斥外在的监督和干预是其独立的内在要求。[④] 有学者也主张检察官应定位成为政府雇用的律师,隶属于司法行政部门领导,在业务上以律师的身份与全国律师协会保持联系。这种权力定位有助于从根本上改变检察权与审判权相冲突的局面,有助于理顺司法机关之间的关系。检察院与司法部合并之后,主要行使公诉权,对司法机关的监督权建议由人民代表大会及其常务委员会来行使。[⑤]

但我国现行的法院是否真正可以脱离检察监督而有足够的司法公正?或者在脱离监督之后比监督时做得更好?挣脱了监督情结,就赢得了更多的制度正义?这

---

① “大凡认真考虑权力分配方案者必可察觉在分权的政府中,司法部门的任务性质决定对宪法授予的政治权力危害最寡,因其具备的干扰与为害能力最小。行政部门不仅具有荣誉、地位的分配权,而且执掌社会的武力。立法机关不仅掌握财政,且制定公民权利义务的准则。与此相反,司法部门既无强制、又无意志,而只有判断,而且为实施其判断亦需借助于行政部门的力量。”参见[美]汉密尔顿著:《联邦党人文集》,程逢如译,商务印书馆 1980 年版。

② 孙笑侠:“法治国家及其政治构造”,载《法学研究》1998 年第 1 期。

③ 陈弘毅:“法治、分权、资本主义与香港前途”,载《香港法律与香港政治》,香港广角镜出版社 1990 年版,第 71 页。

④ 我们承认检察机关在实现司法公正中的特殊作用,但是现行法律对于检察机关职能的界定,存在权力配置的错位与角色混同。

⑤ 贺卫方:“重新定位检察权——答《中国律师报》记者王岚问”,载《中国律师报》1999 年 12 月 17 日。

些都是“坐而论道”者在书斋中困惑的另一方面，而这种困惑更多来自于对中国现行司法制度自身种种弊端的不信任，[①]但是有关司法领域的独立化和精英化等问题的探索并非本文的任务和意图所在。笔者亦深惧失却了检察监督的司法系统就像“猴子下山，捡了芝麻，丢了西瓜”，在公正问题上陷入无助，然而，这一切并不影响和削减我们对检察监督加以理论批驳的勇气。

① 近日报载辽宁省沈阳市中级人民法院的工作报告未获人民代表大会通过，原因之一便是法院的几位主要领导均因犯事下马。详见人民网，2001年4月10日。

改善宪法与法律衔接状况初论

郭延军*

通常,宪法在颁布实施的时候,既不可能是一部现成的法律都没有,也不可能是宪法所需要的配套法律都已经制定得完美无缺,那么,如何处理好宪法与已经存在的旧法之间的关系和及时制定出实施宪法所需要的新法律就成为制宪和修宪的时候不得不考虑的重要议题,这也是本文所要讨论的宪法与法律的衔接问题。宪法与法律衔接得好不好,将直接影响宪法实施的结果。我国是一个实行制定法制度的国家,只有宪法和法律衔接得好,以宪法为核心构建一套内部和谐统一的法规范体系,宪法才可能具备全面实施的基本条件,否则宪法规定的内容在一定程度上就会被束之高阁。在我国,宪法与法律的衔接首先表现为宪法与全国人民代表大会及其常务委员会所制定的规范性法律文件的衔接。然而,在这个重要的环节,我国的法律制度却存在不少的问题,这对宪法的实施已经产生了一些负面影响。对此,法律、法学工作者有义务给予重视。本文拟就此问题作一些探讨,不当之处请读者不吝指正。

一、现行宪法与法律衔接不良的种种情况

我国宪法与法律衔接不好的问题由来已久,概括地说,过去20多年中,主要体现在以下几个方面。

(一)许多内容过时、在现实生活中已找不到调整对象的法律与现行宪法长期并存

对我国新中国成立以来的法律及其有关问题的决定进行考察,①可以看到这样一些情况:在1982年宪法颁布之时,已经存在且未被明文废止的旧法的情况非常复杂,除了全国人民代表大会及其常务委员会制定或者批准的法律和有关问题的决定外,还有1949年9月中国人民政治协商会议第一次会议制定的规范性法律文件和1954年宪法颁布实施之前中央人民政府委员会制定和批准的规范性法律文件,

* 郭延军,2005级外国法律史专业,指导老师:何勤华。现工作于上海交通大学法学院。

① 考察对象为中国法律法规检索系统(http://202.99.23.199/home/begin.cbs)收录的全部法律及其有关法律问题的决定。

一共有175件。其中1978年年底以前的绝大部分法律文件内容已经过时,但由于没有被国家权力机关明确废止,其效力处于不确定状态,直到1987年11月24日全国人民代表大会常务委员会作出《全国人民代表大会常务委员会关于批准法制工作委员会关于对1978年年底以前颁布的法律进行清理情况和意见报告的决定》为止。这个决定确定的此次法律清理的结果是:从1949年9月至1978年底,由中国人民政治协商会议第一次会议、中央人民政府委员会、全国人民代表大会及其常务委员会制定或者批准的法律共有134件,其中已经失效的有111件,继续有效或者继续有效正在研究修改的有23件。已经失效的111件法律分为以下四种情况:已由新法规定废止的11件;已由新法代替的41件;由于调整对象变化或者情况变化而不再适用或者已经停止施行的29件;对某一特定问题作出的具有法律效力的决定、条例,已经过时的30件。对已失去法律效力的111件法律,除已由新法规定废止的11件以外,对其余的100件,由全国人民代表大会常务委员会明确这些法律已经不再适用,但是过去根据这些法律对有关问题做出的处理仍然是有效的。①根据这个决定可以认为,除已由新法规定废止的11件法律以外,其余的100件已经过时的法律文件的效力终止的时间应确定为1987年11月24日《全国人民代表大会常务委员会关于批准法制工作委员会关于对1978年底以前颁布的法律进行清理情况和意见报告的决定》颁布之时。这些规范性的法律文件中有1949年9月中国人民政治协商会议第一届全体会议通过的《中华人民共和国中央人民政府组织法》,中央人民政府委员会通过的《省各界人民代表会议组织通则》、《市各界人民代表会议组织通则》、《县各界人民代表会议组织通则》、《土地改革法》,还有从1954年到1958年各年的《国家经济建设公债条例》,1956年全国人民代表大会常务委员会通过的《农业生产合作社示范章程》、全国人民代表大会通过的《高级农业生产合作社示范章程》,等等。时过境迁,这些规范性法律文件所调整的对象早已发生变化,甚至不复存在了,和1982年宪法更是毫不相干,它们在现实生活中已不发生实质性的规范作用,但由于没有经国家立法机关以某种法定形式明示废止,一直和1982年宪法共存了5年。

(二)现行宪法及其修正案生效后,不少与宪法及其修正案的内容和用语不一致的法律长期存在

先看一看1982年12月4日宪法公布生效之时已经存在的法律以及此后这些法律被清理、修改的情况。现行宪法颁布后,1982年12月10日全国人民代表大会

① 参见《全国人民代表大会常务委员会关于批准法制工作委员会关于对1978年底以前颁布的法律进行清理情况和意见报告的决定》,1987年11月24日第6届全国人民代表大会常务委员会第23次会议通过。

对《地方各级人民代表大会和地方各级人民政府组织法》、《国务院组织法》、《全国人民代表大会组织法》和《全国人民代表大会和地方各级人民代表大会选举法》作了重大修改,1983 年 9 月全国人民代表大会常务委员会修改了《人民检察院组织法》和《人民法院组织法》。除此之外,全国人民代表大会及其常务委员会还从来没有对其他旧法进行过专门的合宪性审查和清理工作,迄今为止也没有一部法律因内容或用语与宪法不一致而被最高国家权力机关或其常设机关修改或宣布失效。

可能有人会问,上文提到的《全国人民代表大会常务委员会关于批准法制工作委员会关于对 1978 年底以前颁布的法律进行清理情况和意见报告的决定》能否看成是对法律进行的一次合宪性审查和清理呢?笔者认为不能。该决定并没有明确说明此次法律清理的目的是什么,从本次清理的结果来看,除了对于民族自治地方的人民代表大会和人民委员会组织条例的清理[①]与宪法的衔接有点儿关系外,并不涉及宪法和旧法的衔接问题,本次清理主要是解决了法律的混乱问题。而且,考察清理后继续生效的 1978 年前的规范性法律文件,我们会发现与宪法内容和用语不一致的法律文件依然存在,这也可以说明这次的清理并不是专门针对宪法与旧法衔接的问题而进行的。

例如,在地方国家机构的设置方面,宪法与相关法律的衔接就有瑕疵。1954 年宪法设置了“人民委员会”,其第 62 条规定:“地方各级人民委员会,即地方各级人民政府,是地方各级人民代表大会的执行机关,是地方各级国家行政机关。”而 1982 年宪法设置的却不是“人民委员会”,而是“地方人民政府”,其第 105 条规定:“地方各级人民政府是地方各级国家权力机关的执行机关,是地方各级国家行政机关。”这样的变化并不简单的是用语的变化。比较 1954 年宪法和 1982 年宪法的上述规定,人民委员会是“地方各级人民代表大会的执行机关”,地方人民政府是“地方各级国家权力机关的执行机关”,这两种表述的含义是不一样的。理由是,国家权力机关不仅仅指的是人民代表大会,还包括它的常设机关人民代表大会常务委员会。由于 1954 年宪法没有规定地方人民代表大会的常设机关,“省、市人民代表大会不再设立协商委员会,县人民代表大会不再设立常设委员会,它们原来所负常设机关方面的任务,由同级人民委员会担任。”[②]可见,1954 年宪法规定的“人民委员会”的性质和 1982 年宪法规定的“地方人民政府”的性质是有区别的,人民委员会既是地方人民政府,又承担着应当由地方国家权力机关的常设机关履行的职权。

① 《全国人民代表大会常务委员会关于批准法制工作委员会关于对 1978 年底以前颁布的法律进行清理情况和意见报告的决定》,1987 年 11 月 24 日第 6 届全国人民代表大会常务委员会第 23 次会议通过。

② 韦庆远主编:《中国政治制度史》,中国人民大学出版社 1989 年版,第 616 页。

可见,人民委员会和地方人民政府在法律性质和职权上是存在差别的。既然用语变了,机构的性质也变了,法律的相关规定也应当根据新修宪法进行相应的修改。但实际情况是,在清理之后还在继续生效的规范性法律文件中还能找到关于"人民委员会"的规定,这样的法律有:1954 年 12 月 31 日全国人民代表大会常务委员会通过、现在还在生效的《城市街道办事处组织条例》,1958 年 1 月 9 日全国人民代表大会常务委员会通过、现在也还有效的《户口登记条例》,1958 年 6 月 3 日全国人民代表大会常务委员会通过、2005 年 12 月 29 日才被第十届全国人民代表大会常务委员会明令废止的《农业税条例》等。①

又如,如果制定法律依据的旧的宪法条款在新修宪法中的位置发生变化,法律所依据的是宪法中具体的哪一条哪一款也应根据新修宪法作相应调整,但实际情况却不是。上文提及的《农业税条例》就出现了这样的问题。《农业税条例》第 1 条规定:"为了保证国家社会主义建设,并有利于巩固农业合作化制度,促进农业生产发展,根据中华人民共和国宪法第 102 条'中华人民共和国公民有依照法律纳税的义务'的规定,制定本条例。"但现行宪法第 102 条的规定是:"省、直辖市、设区的市的人民代表大会代表受原选举单位的监督;县、不设区的市、市辖区、乡、民族乡、镇的人民代表大会代表受选民的监督。地方各级人民代表大会代表的选举单位和选民有权依照法律规定的程序罢免由他们选出的代表。"而"中华人民共和国公民有依照法律纳税的义务"被放在了现行宪法的第 56 条。旧宪法第 102 条的内容和新宪法第 102 条的内容完全不同,这种情况是应当清理的,但实际上没有清理。同样的问题也发生在 1957 年 10 月 22 日全国人民代表大会常务委员会通过的《治安管理处罚条例》中。该条例第 1 条明确指出:"根据中华人民共和国宪法第 49 条第 12 项和第 100 条规定的精神,制定本条例。"但现行宪法的第 49 条的规定是:"婚姻、家庭、母亲和儿童受国家的保护。夫妻双方有实行计划生育的义务。父母有抚养教育未成年子女的义务,成年子女有赡养扶助父母的义务。禁止破坏婚姻自由,禁止虐待老人、妇女和儿童。"第 100 条的规定是:"省、直辖市的人民代表大会和它们的常务委员会,在不同宪法、法律、行政法规相抵触的前提下,可以制定地方性法规,报全国人民代表大会常务委员会备案。"这两条所规定的内容完全和《治安管理处罚条例》所规定的内容不同。该条例 1986 年 9 月才被全国人大常委会修改。当然,有人会说 1957 年制定的法律是根据 1954 年宪法制定的,清不清理没有关系。然而,法

① 《城市街道办事处组织条例》第 1 条规定:"为了加强城市的居民工作,密切政府和居民的联系,市辖区、不设区的市的人民委员会可以按照工作需要设立街道办事处,作为它的派出机关。"《户口登记条例》第 3 条第 2 款规定:"乡、镇人民委员会和公安派出所为户口登记机关。"《户口登记条例》第 8 条第 2 款规定:"公民因意外事故致死或者死因不明,户主、发现人应当立即报告当地公安派出所或者乡、镇人民委员会。"《农业税条例》第 11 条、第 12 条、第 14 条、第 30 条都有关于人民委员会的规定。

律制定出来是让老百姓遵守的,但老百姓在看这些法律时是不会注意这部法律是什么时候制定的,依据的是1954年宪法还是1982年宪法,他们更容易注意到的是法律与现行宪法的不一致,这样的情况会造成人们对新宪法认识、适用上的偏差和错误,当然也损害了现行宪法的权威。

再看宪法修正案颁布实施后法律的修改情况。现行宪法已分别于1988年、1993年、1999年和2004年经过了4次局部修改,一共有31条修正案。在宪法修正案颁布实施之后,为和宪法的内容、用语保持一致,有些法律的修改是相当及时的,但没有及时修改的法律还有不少。现将笔者考察的没有及时修改的情况记录如下。

宪法修正案第1条是1988年4月第一次宪法修改时通过的,该修正案在宪法第11条增加规定:"国家允许私营经济在法律规定的范围内存在和发展。私营经济是社会主义公有制经济的补充。国家保护私营经济的合法的权利和利益,对私营经济实行引导、监督和管理。"与之相关的法律修改并不及时。例如,1986年制定的《民法通则》第41条规定的可取得企业法人资格的范围只有全民所有制企业、集体所有制企业、中外合资经营企业、中外合作经营企业和外资企业,至今还没有增加私营企业的内容。国务院于1988年6月及时发布了新的《企业法人登记管理条例》以取代1982年制定的《工商企业登记管理条例》,该条例在第2条关于具备法人条件的企业中明确列出了私营企业。而对私营经济的刑法保护则一直等到1997年全国人民代表大会对《刑法》的修订,经过这次修订,《刑法》才在第92条关于公民私人所有的财产中明确列出了私营企业的合法财产。这比第1条修正案颁布实施晚了9年。

宪法第5条、第8条、第10条修正案是1993年第二次宪法修改时通过的,它们将宪法中原来的"国营经济"修改为"国有经济","国营企业"修改为"国有企业"。其他的规范性法律文件都应当作相应的修改,但实际情况是不少的法律并没有被及时修改。例如,直到1998年全国人民代表大会常务委员会才在修订《森林法》时将该法其他各条款中的"全民所有"改为"国家所有"、"国营"改为"国有",①比宪法修改晚了5年。《归侨侨眷权益保护法》原第16条第2款中有关"国营企业"的相关内容也是到2001年10月全国人民代表大会常务委员会修订该法时才作修改,②比宪法修改晚了8年。《全国人民代表大会常务委员会关于严惩严重破坏经济的罪犯的决定》中有关国营企业的内容也没有被修改,一直存在到1997年修订《刑

① 《全国人民代表大会常务委员会关于修改〈中华人民共和国森林法〉的决定》第26条。

② 《全国人民代表大会常务委员会关于修改〈中华人民共和国归侨侨眷权益保护法〉的决定》第12条。

法》、该决议被废止时为止。更有甚者,1958 年全国人民代表大会常务委员会通过的《农业税条例》第 3 条第 4 款关于“国营农场、地方国营农场”的规定直到 2005 年 12 月 29 日第十届全国人民代表大会常务委员会明令废止时也没有被修改过。

宪法第 6 条修正案也是 1993 年第二次宪法修改时通过的,根据该修正案“人民公社”不再是农村合作经济的形式,这意味着人民公社在本次宪法修改后将不复存在,那么,“人民公社”也应当从现行有效的所有法律文件中删除。但是,这样的工作并没有进行,《刑事诉讼法》和《刑法》中有关人民公社的规定就是直到 1997 年 7 月全国人民代表大会修订这两部法律的时候才被删除掉的。《律师暂行条例》中有关人民公社的规定也是在 1997 年新的《律师法》颁布实施后才随着《律师暂行条例》的废止而失去效力的。

宪法第 17 条修正案是 1999 年 3 月第三次宪法修改时通过的,该条修正案将宪法第 28 条中“反革命的活动”修改为“危害国家安全的犯罪活动”。关于这个修改,是立法在先,修宪在后,1997 年全国人民代表大会在全面修订《刑法》的时候就已经将分则中的“反革命罪”修改成为“危害国家安全罪”。不过此处要指出的是,刑法是早早地改了,但还有其他法律迟迟没有改。例如,全国人民代表大会 1979 年通过、1996 年修改后的《刑事诉讼法》第 20 条规定的中级人民法院管辖的第一审刑事案件还包括反革命案件;全国人民代表大会 1979 年通过、1983 年经全国人民代表大会常务委员会修改后的《人民检察院组织法》第 4 条规定的人民检察院的任务中依然包括“镇压一切叛国的、分裂国家的和其他反革命活动,打击反革命分子和其他犯罪分子”;1954 年全国人民代表大会常务委员会通过的《公安派出所组织条例》第 2 条规定的公安派出所的职权中有两款是“镇压反革命分子的现行破坏活动”和“依照法律管制反革命分子和其他犯罪分子”;1958 年全国人民代表大会常务委员会通过的《户口登记条例》第 21 条规定“户口登记机关在户口登记工作中,如果发现有反革命分子和其他犯罪分子,应当提请司法机关依法追究刑事责任”。这些规范性的法律文件如今依然是现行有效的,但它们关于“反革命”的内容到现在也没有被修改过。

(三)为实施宪法及其修正案所需要的新法的制定不及时

由于 1982 年宪法在颁布实施的时候我国还没有建立起比较完善的法律体系,仅仅通过清理和修改旧法显然是不够的,宪法和宪法修正案的实施需要配套立法。尽管立法机关在宪法及修正案颁布之后制定了许多法律,但是还有不少关键性的法律没有被及时制定出来,从而影响了宪法的实施。概括起来看,立法不及时表现为两种情况。

第一种情况是宪法实施需要的配套法律制定不及时,有些延宕得太久。笔者将这种情况归纳如下。1982 年宪法第 95 条第 3 款规定“自治机关的组织和工作根据宪法第3章第5节、第6节规定的基本原则由法律规定”,但《民族区域自治法》是在1984年5月31日第六届全国人民代表大会第二次会议通过、1984年10月1日起施行的,相隔宪法生效的时间是2年半。宪法第13条第2款规定“国家依照法律规定保护公民的私有财产的继承权”,可相关的配套法律《继承法》是在1985年4月10日由全国人民代表大会通过、1985年10月1日起施行的,与宪法生效相隔3年半。调整民事法律关系的基本法律《民法通则》也是宪法生效近4年后于1986年4月12日由全国人民代表大会通过、1987年1月1日起施行的。调整民事法律关系的法律至今还不完备,这是大家有目共睹的事情。宪法第41条第3款规定“由于国家机关和国家工作人员侵犯公民权利而受到损失的人,有依照法律规定取得赔偿的权利”,但《国家赔偿法》是在1994年5月12日第八届全国人民代表大会常务委员会第七次会议通过、1995年1月1日起施行的,比宪法生效的时间整整晚了12年。宪法第111条规定“居民委员会、村民委员会同基层政权的相互关系由法律规定”,但《村民委员会组织法(试行)》是在1987年11月24日第六届全国人民代表大会常务委员会第二十三次会议通过、1988年6月1日起试行的,距离宪法生效的时间是6年;而《城市居民委员会组织法》是在1989年12月颁布、1990年1月1日起施行的,同时废止1954年颁布的《城市居民委员会组织条例》。宪法第91条和第109条规定中央和地方各级审计机关依照法律规定独立行使审计监督权,可《审计法》迟至1994年8月31日才由第八届全国人民代表大会常务委员会第九次会议通过、1995年1月1日起施行,离宪法生效的时间也整整晚了12年。可以说,在1982年宪法生效后,由于相关法律迟迟不能制定出来,不少的宪法条文在相当长的时期内发挥不了作用。

配套法律制定不及时的第二种情况是宪法实施需要的法律至今还未制定出来。现将笔者考察的具体情况归纳如下。

宪法第2章是“公民的基本权利和义务”,在现行宪法生效的时候,保障公民基本权利的法律已经有一些,如《全国人民代表大会和地方各级人民代表大会选举法》、《刑法》、《民事诉讼法》、《刑事诉讼法》等,但针对公民各项基本权利的专门性法律的制定并不及时。《集会游行示威法》直到1989年10月31日才颁布实施,此后颁布的有关公民基本权利的专门性法律也只有1992年的《妇女权益保障法》、1994年的《劳动法》和1996年的《老年人权益保障法》,还有许多需要制定的保障公民基本权利的专门性法律都还没有制定出来。例如,宪法第33条确认了公民权利平等保护的基本原则,这一原则虽在《劳动法》、《教育法》、《消费者权益保护法》、《公务员法》等诸多的法律中有所体现,但仔细阅读这些法律就会发现,它们只是在特定领域用平等保护原则对应宪法中的平等保护原则,并无更多的内容,关于各领域不平等现象的判断标准、平等保护的基本措施、平等权受侵害后的救济方式等内容在这些法律中都是找不到的,这就意味着还没有一部真正的有关平等权保护的法律。又如宪法第35条规定"公民有言论、出版、集会、结社、游行、示威的自由",然而,《集会游行示威法》迟至1989年10月31日才颁布实施,而出版法、新闻法、结社法等法律如今依然是付之阙如。当然,国务院于1989年颁布了《社会团体登记管理条例》、1997年颁布了《出版管理条例》,现行有效的《社会团体登记管理条例》和《出版管理条例》是国务院分别于1998年和2001年重新颁布的,但这些条例都是从行政管理的角度对结社和出版所制定的行政法规,并不是从保障公民权利的角度制定的法律层面上的规范性文件。也就是说,在这些领域法律是缺失的,还没有实现宪法与法律的对接。

1988年第一次宪法修改时通过的第1条宪法修正案在宪法第11条中增加规定:"国家允许私营经济在法律规定的范围内存在和发展。"私营经济最重要的形式就是私营企业,立法机关有必要对私营企业立法。但在我国,有《外资企业法》、《中外合作经营企业法》、《中外合资经营企业法》、《合伙企业法》、《乡镇企业法》、《全民所有制工业企业法》,就是没有《私营企业法》,到1999年8月30日全国人民代表大会常务委员会颁布了《个人独资企业法》,但这显然是不够的,因为私营经济的表现形式应当不只有独资企业一种。国务院很及时地于1988年颁布了《私营企业所得税暂行条例》、《关于征收私营企业投资者个人收入调节税的规定》、《私营企业暂行条例》,但这都是行政法规。可以说,到现在也还没有一部内容完整的与《外资企业法》、《中外合作经营企业法》、《中外合资经营企业法》、《合伙企业法》、《乡镇企业法》、《全民所有制工业企业法》地位相当的《私营企业法》。

2004年第四次宪法修改时通过的第22条宪法修正案将宪法第13条作了修改并增加"国家为了公共利益的需要,可以依照法律规定对公民的私有财产实行征收或者征用并给予补偿"的规定,但时至今日(2006年),时间已经过去了近两年半的时间,关于私有财产征收征用的法律还没有制定出来。什么是公共利益?私有财产被征收、征用的判断标准是什么?如何进行补偿?找不到相关的法律上的依据。像城市房屋拆迁涉及的私有财产被征收所适用的规范性文件还是国务院2001年颁布的行政法规《城市房屋拆迁管理条例》和各地相关的地方性法规,而不是宪法所要求的法律。

2004年第四次修改时通过的第26条、第27条、第29条宪法修正案将宪法第67条、第80条、第89条中"戒严"的相关规定都修改为"进入紧急状态"。戒严只是进入紧急状态后公共危机应急处理机制中的措施之一,那么,当某一地区被宣布进入紧急状态后,相关国家机关除了戒严外,还可以行使什么职权呢?如何行使这些职权?公民可以享有哪些权利、应当承担什么义务?还很难找到明确的答案。因为有关紧急状态的法律还一直处于研究阶段,截至本文写作时间还没有制定出来。

从以上分析可以看到，在我国，为实施宪法及其修正案所需要的配套法律的制定还存在很多的问题，缺失的法律还很多。如果宪法实施需要的配套法律不能及时制定出来，宪法的相关规定就会形同虚设，无法发挥其应有的作用，宪法的实施将会陷入尴尬的境地，最终导致宪法的权威受到严重的损害，这对法治国家的建设是极为不利的。

二、宪法与法律衔接不良的原因

我国宪法与法律的衔接为什么会存在这么多问题呢？对1982年宪法颁布时的历史背景、最高国家权力机关职务履行的具体情况以及宪法文本本身进行分析，笔者认为我国宪法与法律衔接不好主要有以下几个方面的原因。

从现行宪法产生的历史条件看，1982年宪法颁布之时我国社会主义法律体系的构建才刚刚开始，很难在短时间内实现宪法和法律的完美衔接。考察我国的立法史，从1949年9月到1982年宪法颁布之时国家权力机关制定和批准的法律及其有关问题的决定有186件，其中，在1982年宪法颁布之时还在生效的由全国人民代表大会及其常务委员会制定的以法命名的规范性法律文件仅有21件，由全国人民代表大会常务委员会制定或批准的以条例命名的规范性法律文件仅有24件，[①]这其中还包括上文所提到1978年年底以前颁布、1987年清理掉的已由新法代替未被明令废止的规范性法律文件和由于调整对象变化或者情况变化而不再适用或者已经停止施行但未被明令废止的规范性法律文件。可见我国当时的立法状况是捉襟见肘，缺少的东西实在太多。这种状况的形成有一定的历史原因。回顾历史，新中国成立的时候完全抛弃了民国时代的法律，革命根据地时期原本并不完备的法律也有不少在新的历史条件下已经过时，而社会主义法制建设的道路还需要探索。可惜的是，这个构建过程不久就被各种政治运动中断，甚至原来的一点建设成就也在“文革”过程中几乎被破坏殆尽，直到1978年才向健康的方向发生变化。所以，1982年再度全面修宪的时候，法制建设还只是重新起步不久。在这种情况下，要想在短时间内以宪法为核心构建完善的法律体系显然是不现实的。

从1982年以来实施宪法的背景看，我国还没有成熟的经验，需要探索。由我国政权组织形式的特点所决定，我国实施宪法的方式主要是立法实施。我们建设的是中国特色的社会主义法制，它的内容是由我国社会经济发展状况决定的，前者依

① 这是笔者对中国法律法规检索系统（http://202.99.23.199/home/begin.cbs）收录的法律及其有关问题的决定所进行的统计。

存于后者。建设中国特色社会主义是前无古人的事业，国内外都没有成熟的经验，几乎每走一步都要探索，立法只能记录比较成熟的经验或向人们已经看得准的方向引领，不可能凭空臆造。法制的发展总是与社会经济体制的成熟度相联系的，在过去20多年的社会转型期中，在短时间内实现宪法和法律的完美衔接显然是不可能的。

从关注内容看，最高国家权力机关对宪法与法律衔接问题似乎尚未来得及给予必要关注。笔者注意到，1954年宪法颁布的时候，第一届全国人民代表大会第一次会议同时通过了《关于中华人民共和国现行法律、法令继续有效的决议》，用以处理1954年宪法与旧法的关系问题。尽管这个决议内容简单，但毕竟是由最高国家权力机关制定的法律文件在第一时间来处理宪法与旧法的关系问题，从通过该决议的时间和通过该决议的主体来看，当时还是比较重视理顺宪法与旧法的关系的。到1978年宪法颁布的时候，全国人民代表大会没有在宪法颁布的同时作出处理宪法和旧法关系的决议，而是在1年后的1979年11月29日由全国人民代表大会常务委员会通过了《关于中华人民共和国建国以来制定的法律、法令效力问题的决议》，用以处理1978年宪法与旧法的关系问题。全国人民代表大会常务委员会的地位显然低于全国人民代表大会，那么，全国人民代表大会常务委员会是否有权制定处理宪法与旧法关系的决议呢？答案只能从1978年宪法中去寻找。根据1978年宪法第22条和第25条的规定，全国人民代表大会有权修改宪法、制定法律和监督宪法和法律的实施，全国人民代表大会常务委员会无上述权力，只有解释宪法和法律、制定法令的权力。一个没有监督宪法实施的权力和制定法律的权力的国家机关是不适合制定处理宪法与旧法关系的规范性法律文件的。从1979年这个决议制定的时间和制定的主体来看，当时对宪法与旧法的关系问题的重视程度已不如1954年宪法颁布实施的时候。然而，到1982年宪法颁布实施的时候，连这样的决议也没有了。这不能不让人感觉到最高国家权力机关似乎忽视了宪法与法律的衔接问题。

从我国宪法文本本身看，似乎也有些技术性缺失值得检讨。我国宪法文本中没有为自己设置处理自身与法律衔接问题的相应机制，没有对全国人民代表大会及其常务委员在法定期限内清理旧法、制定新法作出明确规定，这些也是造成宪法与法律衔接出现缝隙的重要原因。

笔者对近120个国家的宪法文本①进行考察发现，许多国家都是通过在宪法中制定过渡条款的办法来处理宪法与法律衔接的问题的。根据笔者对这些国家宪法

① 笔者考察的各国宪法文本皆出自姜士林等主编的《世界宪法全书》，青岛出版社1997年版。本文所引用的外国宪法条文也都出自这本书，后文将不再重复注释。

文本的统计，其中有45个国家在宪法中明确以“过渡条款”为标题规定了宪法生效前后的过渡措施，还有11个国家虽没有使用过渡条款这个标题，但宪法中的附则、暂行条款、一般临时性规定、结束条款等都起着与过渡条款相似的作用。这些国家宪法文本中过渡条款的功能主要是确定宪法或其中某些条款生效的时间，规定宪法从颁布后到生效这段时间或宪法生效后一段时间的过渡性措施。过渡性措施概括起来主要包括宪法与法律的衔接问题、新旧国家机构职权的衔接问题、新老国家公职人员离任和接任的衔接问题，等等。其中，宪法与法律的衔接问题是过渡条款要处理的最重要的问题之一。以下是常见的几种具体处理宪法与法律的衔接方法。

在旧法的效力方面，有些国家的宪法在原则上确认现有法律在不与宪法相抵触的情况下继续有效。比如德国基本法第123条规定：“在联邦议院第一次会议前实施的法律如不与本基本法抵触，仍继续有效。”韩国宪法附则第5条规定：“本宪法实施当时的法令和条约，如不违反本宪法，可继续有效。”保加利亚、罗马尼亚、卢森堡、萨尔瓦多、希腊、哈萨克斯坦等国的宪法都作了类似的规定。

在旧法的合宪性审查、清理和修改方面，一些国家的宪法在过渡条款中作出了明确的规定，并且限定了有关措施的完成时间，以敦促相应国家机关履行职责，及时做好宪法和法律的衔接工作，确保法律与宪法保持一致。例如，意大利共和国宪法中的“过渡性决定和最后决定”第16条规定：“在宪法生效后1年内，对尚未直接或间接废除的旧宪法法律的重新审查并使其与宪法相一致。”巴基斯坦伊斯兰共和国宪法第268条第3款规定：“为使任何现行法律的规定与本宪法规定相一致，自生效之日起两年内，总统得发布命令作出他认为必要的或适当的修改（不论增删修订），并且上述命令可以在命令本身所规定的生效日起发布，但上述生效日期不得规定在本宪法生效日之前。”瑙鲁、哈萨克斯坦、保加利亚等国的宪法也有类似规定。

在新法的制定方面，一些国家明确规定了立法期限。比如萨尔瓦多共和国宪法第271条规定：“国会应在本宪法生效之日起一年内，完成共和国第二位法律的立法，建立各项特别法，以及管理政府各自治机构的其他法律，使这些法律与本宪法匹配协调。以达到各主管机关在规定的头六个月内必须提出各自的施政目标。”哈萨克斯坦共和国宪法第92条有4项，其中的两项是这样规定的：“1. 宪法法律应在宪法生效后的一年内通过。如果在宪法中被称为宪法性的法律或有此效力的法令在宪法生效前通过，则应使其与宪法一致并可认为是哈萨克斯坦共和国宪法法律。2. 宪法中提到的其他法律应按议会规定的程序或期限通过，但不得迟于宪法生效后两年。”保加利亚共和国宪法最后一部分“过渡性和结束条款”第3条有这样的规定：“ 国民议会在3年内应通过宪法中明确列出的法律。”

在新法未制定之前的法律适用方面，一些国家的宪法在过渡条款中也作了细致的安排。例如，萨尔瓦多共和国宪法第27条第1款规定："仅在国家处于国际战争状态，依照军事法律，方得判处死刑。"该条意味着平时状态将废除死刑。为了实施这个宪法条文，过渡条款第250条规定："在有关的法律尚未修改期间，本宪法第27条规定以外的可处死刑之罪，将以最高一级的剥夺自由判处，此一处罚适用于行将判处死刑之人。"又如，乌拉圭东岸共和国宪法第332条规定："本宪法所确认的公民权利以及授予公共机构的权利与义务，不因缺乏相应的法规而无效。但可以根据类推法、司法的一般原则以及一般可接受的原则，取代这些法规。"

与以上这些做法相比，我国宪法中显然缺少处置宪法或宪法修正案与法律衔接事宜的规定。我国现行宪法只是在序言部分确认了宪法"是国家的根本法，具有最高的法律效力"，在第5条规定了"一切法律、行政法规和地方性法规都不得同宪法相抵触"，但宪法与法律的衔接问题，现行宪法并没有做出任何具体安排。而没有这种明确的规定，有关国家机关和部门就不会有及时地处理宪法与法律衔接问题的紧迫感。我国宪法与法律衔接的现实状况已经说明了这一点。

三、改善我国宪法与法律衔接状况的可能方式

我国的宪法在与法律衔接不好的状况需要尽快改善，这是确立宪法权威和切实实施宪法的需要。1982年宪法在颁布实施的时候，宪法与法律不能很好地衔接有社会主义法律体系尚未建立、国家正处于社会的转型时期等客观原因，但现在情况已经不同了，其主要标志是社会主义市场经济体制已经基本形成，相应的法律体系也已初具轮廓。可以说，现在着手全面系统地改善宪法与法律的衔接状况的条件应该已经成熟了。解决宪法与法律衔接不好的问题到了应当引起有关国家机关重视的时候了。笔者认为，这方面措施可以从以下几个方面展开。

1. 对法律进行清理，消除依然存在的与现行宪法不一致的内容。根据笔者2006年9月的统计，我国现行有效的全部法律及关于法律问题的决定共248件，其中在1982年宪法颁布实施之后制定的法律和关于法律问题的决定有231件，1982年宪法颁布实施之前制定的法律现在依然生效的有10件。[①] 现行宪法经过四次修改形成了31条宪法修正案，其中除了有4条修正案是针对宪法序言所作的修改外，有27条修正案涉及宪法正文22个条文的修改，而且有的宪法条文经过多次修改，如宪法第11条经过3次修改，第10条和第98条都经过两次修改。随着宪法的不

① 中国法律法规检索系统 http://202.99.23.199/home/begin.cbs。

断修改,原有的与法律衔接的问题还没解决完,往往又会产生新的需要解决的衔接问题。为解决好这方面的问题,全国人民代表大会有必要通过一个决议,授权全国人民代表大会常务委员会在合理的期限内对现行的法律进行合宪性审查并作相应处理。这样的清理可达到以下目的:(1)从现行法律中彻底清除掉早已过时的内容或提法,如“人民委员会”、“国营企业”、“反革命活动”等,还要对相关内容重新作出符合现行宪法的规定。(2)对1982年宪法颁布前制定的法律所明文依据的宪法条文具体是哪一条哪一款要根据现行宪法作对应修改。(3)现行宪法及其修正案中增加的有关内容应贯彻到相关的法律中去,比如宪法修正案多次对私营经济作了重新定位并规定了私营经济发展的相应政策,那么私营经济的重要形式私营企业作为一类民事法律关系的主体应当被纳入《民法通则》等民事法律所规定的法律关系主体中。

2. 对于至今尚未制定而实施宪法又必不可少的配套法律,尤其是实施宪法基本权利条款所需要的法律,应争取早日纳入立法规划。宪法实施的难点和重点是公民基本权利条款,这在任何国家都一样。在我国,由于法院不能直接适用宪法基本权利诸条款,这些条款只能通过立法途径来实施,所以,没有配套的法律,宪法的实施就会相应地打折扣。例如,在保障公民言论、出版、法律面前平等等基本权利方面,就有立法方面的缺憾。以公民平等权的保护为例,在我国,随着社会经济的发展和人们权利意识的增强,人们也越来越关注公共生活中的歧视现象。一些受到公共机关歧视的当事人为了实现平等权开始寻求法律的救助,或向劳动仲裁机关申诉,或向人民法院起诉,但结果却不能令人满意,原因是缺少保护公民平等权的必要立法。

看看2005年发生的两个案件,它们都凸显了宪法权利没有配套法律实施的尴尬。2005年1月,中国建设银行平顶山分行原出纳科副科长周香华认为本单位以其达到法定退休年龄55周岁为由要求她退休的决定存在性别歧视,向平顶山市劳动仲裁委员会提出仲裁申请,要求建行撤销她的退休决定。仲裁委员会认为,申诉人所提请求不属于仲裁委员会管辖范围,驳回了周香华的申诉请求。申诉人不服仲裁委员会的裁决,向湛河区人民法院起诉。法院经审理认为,周香华认为被告为其办理退休手续的决定违背宪法关于男女平等的原则、要求予以撤销的理由无法律依据,法院驳回了原告的诉讼请求。[①] 同年10月,四川大学法律硕士杨世建向北京市第二中级人民法院起诉,状告人事部限制公务员报考年龄的做法违反宪法关于公民享有平等权的规定、侵犯其担任国家公职的权利。但法院认为人事部的规

① 《平顶山市劳动争议仲裁委员会仲裁裁决书平劳仲案字〔2005〕第86号》,《河南省平顶山市湛河区人民法院民事判决书〔2006〕湛民1初字第31号》。

定不属于具体行政行为,驳回了杨世建的起诉。后杨世建向北京市高级人民法院上诉,但二审法院维持了一审法院不予受理的裁决。① 此类案件还可以举出一些。从这些案件可以看到,仲裁委员会也好,法院也好,都不直接正视歧视问题。出现这种现象的根本原因在哪里呢?究其原因还在于宪法确认的平等权没有落实到法律层面,出现了法律和宪法脱节的问题,法院和仲裁机构实际上是无法律可依,在这类问题上它们只能是无所作为,而宪法的实施也就在这种情况下打了折扣。上文提到的私有财产的征收征用、紧急状态下公共危机的应急机制、私营经济的保护等也都存在缺少法律依据的问题。因此,为保障宪法实施,至今尚未制定而实施宪法又必不可少的配套法律都需要尽快制定出来。笔者认为,最高国家权力机关或其下属机构最好通过一个决议,明确规定配套法律制定的期限,并对配套法律未制定出来之前相关领域的法律适用问题做出安排,解决宪法条文的悬空问题。

3. 为避免配套法律制定不及时的问题出现,今后在酝酿修宪时应更加注意配套的立法措施,避免造成已生效的宪法修正案无法律实施的情况出现。修宪是一项极为重大而复杂的事情,一些事项既然重要到必须写进宪法,就绝不是简单地把它写进宪法就万事大吉了,修宪机关一定要考虑宪法的实施问题。而宪法的实施首先要做的事就是实现宪法条文与法律的对接,为宪法的实施创造基础性条件。在立法机关还没有做好充分准备的情况下就匆匆修宪是不明智的做法,应当避免。因此,今后的宪法修改要对修宪事项作充分而细致的研究,不仅要认识到其重要性,还要对其实施的细节作周密的安排,最好是修宪和新法的配套工作能够同步进行,即使做不到同步,也不能让配套新法的制定工作拖得太久。如果配套法律的相关理论和实践问题还没有研究透,无法在宪法修改之后的一定时期内完成,就不如暂时不修改宪法。没有配套立法的宪法条文实际上就是一条无法实施的宪法条文,一条无法实施的宪法条文的存在就意味着宪法的权威和最高法律效力打了折扣。因此,修宪的同时一定要规划好配套的立法措施。

4. 在修宪技术上,可以借鉴外国的做法,直接在宪法中用过渡条款来处理宪法与法律的衔接问题。用过渡性条款来处理宪法与法律的衔接问题,其好处是显而易见的。首先,运用过渡性条款来处理宪法与法律的衔接问题,可以避免宪法条文悬空问题的出现,确保宪法的每一个条款都有得到真正实施的现实可能性。其次,运用过渡性条款来处理宪法与法律的衔接问题,也可以解决法律与宪法的冲突问题,保证宪法的最高法律的实现,防止法律适用上的混乱。此外,用过渡性条款对宪法与法律的衔接问题作细致的安排,也充分反映了制宪者态度的严谨和对宪法的

① 北京市高级人民法院行政裁定书〔2006〕高行终字第131号。

尊重，这为人们尊重宪法树立了榜样，对树立宪法权威的意义是非常重大的。因此，用过渡性条款来处理宪法与法律衔接问题的做法非常值得我国借鉴。在我国，在宪法中用过渡性条款处理宪法与法律衔接的问题又分两种情况。第一种情况是在全面修宪的时候，可在宪法中专设过渡性条款一章，详细地规定宪法与法律衔接的相关问题，包括宪法的生效时间、旧法的效力问题、配套法律的制定、新法制定前的法律适用问题等。第二种情况是在局部修宪的时候，可在每一个宪法修正案中增加一款，这一款也应包括以下内容：该修正案生效的时间，与之相关的旧法律的效力及其清理与修改，需要的配套法律的制定主体与期限，配套法律制定出来前的过渡措施，等等。在我国，迄今为止，现行宪法的几次修改都是采用宪法修正案这种局部修改的方式，未来相当长的时期可能还会采用这种修宪方式，因此在每一个具体的宪法修正案中运用过渡性条款来解决宪法与法律的衔接问题是现实可行的。

消除年龄歧视是劳动权平等保护的首要内容

王月明*

2010年新年伊始,河南省省委书记卢展工体验性地应聘一家广告公司的媒体发展员,59岁"高龄"的他被一家广告公司以年龄过大无情地拒绝,即使他表明"有一定的社会经验,有一定的社会关系,也能拉来一定的项目"也不行。[①] 卢书记"戏剧化"的经历引起了人们的关注和热议,在热捧卢书记微服私访体察民情行为之余,我国劳动者就业中的年龄歧视问题再次因领导的亲身体验被关注。此前,年龄歧视问题也曾见诸媒体,如2005年10月,36周岁的杨世建因年龄超过35周岁未能获准公务员考试报名注册而向北京市第二中级人民法院状告人事部被拒。而企业招聘中的年龄歧视更是无法通过诉讼途径解决。有学者对我国招聘广告中的年龄条件分析后认为,"如同美国等国就业中最常见、最普遍、最严重的是种族歧视一样,我国就业中最常见、最普遍、最重要的是年龄歧视"。[②] 因此,消除年龄歧视应作为我国当今劳动权平等保护的首要内容。

一、宪法确立的平等原则反对劳动就业中的年龄歧视

我国就业中的年龄歧视经历了从计划经济年代对年轻人的歧视到市场经济时期对中老年人歧视的转向。当年"老同志"、"老干部"、"老师傅"因功劳卓著、经验丰富而被优待,计划经济下的论资排辈使年轻人在职务与职称晋升、工资增长、福利分房等方面被压制,这种年龄歧视因中国传统观念中对长者的尊重和历史因素而几乎被忽略,但其导致的后果必然是干部队伍和管理层的老化。在向现代化建设转型的历史背景下,对年轻人的年龄歧视问题通过干部队伍年轻化的政治体制改革方式轻松破解。始料不及的是改革却矫枉过正,干部队伍过分注重年轻化,年龄增长的过程就是聘用、晋升的可能性和竞争力不断下降的过程。以国家公务员

---

* 王月明,2004级中国法律史专业,指导老师:王立民。现工作于华东政法大学。

① "河南省委书记体验应聘被以年龄过大为由拒绝",载http://news.sina.com.cn。

② 周伟:"我国就业中年龄歧视的实证研究——以1995—2005年上海和成都两市30万份招聘广告为例",载《政法论丛》2007年第3期。

招录时将35岁以下作为公开的报考条件为“表率”(《国家公务员录用暂行规定》明确把35岁以下作为公开招录国家公务员的报考条件之一),事业单位、国有企业、私有企业及外资企业在招聘人员时也普遍将最高年龄限制作为条件之一。从此,老年人甚至中年人不再受宠,他们在劳动就业市场的竞争中只因年龄一项条件就会败下阵来,只有“老大徒伤悲”的份儿了。

我国《劳动法》第12条规定:“劳动者就业,不因民族、种族、性别、宗教信仰不同而受歧视。”其立法意图是反对就业歧视,但其并未将年龄歧视作为反对的内容,就业中的年龄要求不属于被劳动法禁止的歧视种类。2007年3月25日,全国人民代表大会常务委员会办公厅公布了《就业促进法(草案)》征求意见稿,其中的第5条第2款在原有法律禁止种类的基础上增加了“年龄”的歧视,即“劳动者就业,不因民族、种族、性别、宗教信仰、年龄、身体残疾等因素而受歧视。”这一规定似乎使反对年龄歧视的立法有了转机,然而在2007年8月30日第十届全国人民代表大会常务委员会第二十九次会议通过并公布的《就业促进法》中,“年龄”一词却悄然而去,其第3条第2款只规定:“劳动者就业,不因民族、种族、性别、宗教信仰等不同而受歧视。”①法律的缺失使得不仅是各类企业甚至国家机关和事业单位在年龄歧视上有恃无恐,而且成为一种常态。有学者曾对大量的招聘广告进行过仔细的分析统计,发现广告招聘的条件数据表明,“用人单位的年龄差别从20岁以下到50岁以上,以每5年作为一个年龄段进行统计,每一年龄段都有差别录用条件,并且年龄差别录用的条件35岁以下占统计数据的绝对优势比例,无论服务、管理和技术哪一类职位,40岁以上的劳动者普遍受到用人单位的差别排斥。”②除了招聘中的年龄歧视外,劳动者在工资、福利、培训机会、晋升、退职、解雇等方面都有可能存在年龄歧视。由于招聘是取得工作机会的前提,招聘时的年龄歧视无疑应作为关注和剖析的重点。

劳动就业中的年龄上限要求有违我国宪法“公民在法律面前一律平等”的规定,构成了对年长者在劳动权方面的歧视,侵犯了部分公民的平等就业权。歧视是人对人不应有的不平等的低下对待,被歧视者意味被他人所欺侮和掠夺。歧视的实质是把人人为地划分为不同的等级,是弱肉强食的人类非理性生存观念的实践。歧视在现实生活中有两种表现:直接歧视和间接歧视。直接歧视是指某人基于其某一方面的特征而受到的待遇或享有的利益比别人差;间接歧视是指向所有的人

① 尽管该《草案》中“身体残疾”一词也未在正式通过的《就业促进法》的相应部分出现,但该法第29条专门规定了对身体残疾歧视的禁止,即“国家保障残疾人的劳动权利。各级人民政府应当对残疾人就业统筹规划,为残疾人创造就业条件。用人单位招用人员,不得歧视残疾人”。

② 周伟:“我国就业中年龄歧视的实证研究——以1995—2005年上海和成都两市30万份招聘广告为例”,载《政法论丛》2007年第3期。

施以统一的条件或要求,但实际上并无充分理由需要加上该条件或要求,而这种要求对有某一方面特征的人不利。年龄歧视往往属于间接歧视,该类歧视在我国具有更大的隐蔽性,即便对于国家机关和国有企事业单位在招聘时的年龄上限要求,也较少引起人们的反感和抵触。公众对具有"经营自主权"的非公有制企业的年龄歧视更是习以为常。

国家机关、国有企事业单位、社会团体和各种非公有制企业在招聘中所设定的年龄上限要求皆有违宪的可能和嫌疑。首先,国家机关和国有企事业单位招聘要求一般都会有相关的规范性文件,其规定中的年龄上限要求在缺乏充分理由的情况下,会直接与宪法相抵触。如在《国家公务员录用暂行规定》中要求在公开招录国家公务员时35岁以下的报考资格条件,等于规定35岁以上的公民不能担任公务员。"公民在法律面前一律平等"的宪法原则对立法具有拘束力,是对立法平等的基本要求。国家机关制定法律、行政法规、地方性法规、部委规章、地方性规章、自治条例、单行条例和其他规范性文件都受平等原则的约束,应平等地设定公民的法律权利和义务。平等原则要求立法时必须做到相同情况相同对待,差别情况差别对待,但只允许合理差别的存在。当立法中年龄成为公民报考公务员的条件时,判断在年龄上差别对待的合理性和正当性,仅以采取的手段与目的之间是否有合理的联系为标准就能得出如下结论:35岁以上的年龄要求与岗位任职之间绝大多数情况下没有合理的关联性,除非少数特殊岗位因体力或其他原因超过35岁以上年龄者无法胜任。更不用说该条件还可能侵犯了35岁以上公民的尊严且不符合公共利益的要求。其次,非公有制企业在招聘中的年龄上限要求在当前并未有立法上的禁止,但该年龄上限若与职业要求没有关联,也是对宪法精神的违背。根据国外立法的经验,合理的年龄上限要求主要有以下几种情形:特定行业如体育、艺术、娱乐或消防等领域,由于职业性质的特殊性决定一定年龄以上者无法胜任该工作岗位的;①为保护中高龄者的健康、福祉、安全的;长期持续工作或需较长时间培训才能开发或形成职业能力的;其他特定情形等。② 劳动就业中以上情形之外的年龄上限条件,是不合理差别对待下的年龄歧视,尽管暂时没有违法之风险,但一定是对宪法所彰显的平等精神的违背。

---

① 如美国《雇佣中年龄歧视法》(Age Discrimination Act)规定,用人单位在录用、晋升、调动、培训、解雇等场合,根据职业性质及特点以年龄为理由进行不同对待时,如果确属"真正且决定性的职业上要求",并且"在特定事例中适用该要求不失适当性"的,则不属于年龄歧视禁止范围。但是,法律要求用人单位对"职业性质的必要性"进行举证。

② 如日本的《雇佣对策法》规定,企业中从事某工种的特定年龄段的劳动者数量相当有限,为了保障该工种的业务技能有人继承,招聘和录用员工时设定年龄条件的,不属于年龄歧视。但必须以签订无期限劳动合同为条件。

二、劳动就业权之社会权属性决定了国家有义务消除年龄歧视

劳动就业对于个人来说是获得物质利益以维持生存的手段,任何有尊严的人都希望通过自己的劳动获得生存所需的生活资料,通过劳动而谋生是人生永恒的基本需求。1948 年联合国通过的《世界人权宣言》第 23 条规定,人人有工作、自由选择职业、享受公平优越的工作条件及失业的保障。我国现行宪法规定了公民有劳动的权利和义务,劳动权是公民的基本权利。劳动就业权是实现劳动权的基础和前提,是劳动权的重要组成部分,没有劳动就业权,其他后续的劳动权利就无从谈起。

劳动就业权在其属性上属于社会权。传统的利益结构理论认为利益可分为国家利益和私人利益,随着社会的发展,社会利益成为一种介于国家利益和私人利益之间的新的利益需求,这种新的利益需求即社会利益体现在法律上就是公民的社会权。1919 年德国《魏玛宪法》最早确认了社会权,主要包括劳动权、所有权、著作权等。社会权追求的价值是实质平等与自由,反对以一部分人的生存权来换取另外一部分人的发展权,反对强者的发展权以弱者的生存权为代价。社会权的核心前提是认为人生而不平等,即人存在智力、体力、能力等先天的差异。因此,社会权反对优胜劣汰,以一般国民尤其是弱势群体为权利主体,使弱势群体"恢复人类实质之自由",过上有尊严的生活。社会权主要涉及生存、死活的问题,通常包括生存权、劳动权和受教育权等内容。相对于自由权的消极权利属性,社会权是国家通过积极作为以维护特定社会阶层福利为目的的积极权利,它需要以公权力的积极介入和干预为保障,必须通过国家的积极行为来实现权利人的利益。从社会权的起源和社会权作为一种宪法权利的角度来看,国家义务是社会权实现的主要因素。从社会权主客观的双重性质来看,国家义务是社会权实现的主要因素。社会权在主观权利性质上表现为"个人得向国家主张",国家有予以满足的义务;社会权在客观性质上的"客观价值秩序"则构成了国家的行为准则,赋予了国家有积极实现社会权的义务。[①] 在当代社会,如果仅凭个人一己之力或社会慈善机构之助,没有国家主导下的对社会权的保障,是无法有效抵御社会成员的生存风险的。国家为保

---

① 社会权的主客观性质表现为对国家的主观性效力和客观性效力。主观性效力是指在公民通过自己的努力不能获得"最低限度的标准"的上述条款规定利益时,可直接向国家主张而国家必须给予满足的效力;客观性效力是指时国家的作为义务的强制性要求,国家应当在客观条件的允许范围内使公民享受得到宪法条款认可的利益。

障公民的生存、发展和人格尊严,必须将保障社会权的实现确立为国家的责任或义务。《魏玛宪法》明确规定了国家在保障社会权中有积极作为的要求,其后很多国家的宪法对社会权都给予了特别的规定。

劳动就业中的年龄歧视,意味着部分劳动者在获得就业岗位时,不是以劳动能力和资质作为衡量标准,而是以年龄作为聘用的重要条件之一。这种不合理的聘用标准,既是对劳动者劳动就业权的侵害,也伤害了劳动者的尊严。在劳动者和企业之间的双向选择似乎是一种契约自由,双方处于平等的关系。契约自由以当事人双方的地位平等为前提,以意思自治为核心,而劳动者天然的弱势地位和企业的强势地位之间的巨大落差,决定了双方并无平等可言。“对那些为了换取不足以维持生计的报酬而出卖血汗的人谈契约自由,完全是一种尖刻的讽刺。”①作为社会权属性的劳动权在某种程度上是对契约自由的适度限制。劳动权的确立及其保障,正是通过政府权力的积极干预,在一定程度上限制经济强者的自由,保障弱者的劳动和生存机会。可见,劳动就业权的实现与社会公正及法律平等相依存,与人的价值和人格发展紧密相连。我国宪法规定“国家通过各种途径,创造劳动就业条件,加强劳动保护,改善劳动条件,并在发展生产的基础上,提高劳动报酬和福利待遇”。这一规定表明了在保障劳动就业权实现中的国家义务,与社会权要求国家积极作为相契合。社会权依具体内容的不同,或为方针保障,或为宪法委托,或为制度性保障,或为主观公权利,因之其法律效力则应区别对待。社会权具有积极要求立法者建立和维护制度以促进社会权实现的功能,即制度性保障功能。当前,在反对劳动就业权的年龄歧视方面,国家应具体承担起制度性保障义务。而由社会权的“客观价值秩序”引申出的国家的保护义务对一切国家公权力产生约束,对于立法者也同样适用,这就要求立法者对社会权有制定适当法律予以全面、有效保护的立法义务。“多数国家认为,社会权利是宪法委托给立法机关的职责,属于立法裁量的范畴,由民主主义机构通过立法规定为宜”。② 因为社会权面临多重复杂的社会关系,保护义务的落实即意味着对他人权益的侵害,对劳动就业权中年龄歧视的禁止往往会影响企业利益的最大化实现,通过侵害进行的保护必须以法律为基础才能施行。我国年龄歧视的严重性决定了只有通过国家的立法才能减少或消除这种违反就业平等的现象。

在反对劳动就业中年龄歧视的立法上,不少西方国家已经迈出了一大步。1967年美国的《雇佣中年龄歧视法》禁止雇主对40岁以上的中高龄者在雇佣时进行年

① [美]伯纳德·施瓦茨著:《美国法律史》,王军、洪德、杨静辉译,中国政法大学出版社1997年版,第199页。

② 郑贤君著:《基本权利研究》,中国民主法制出版社2007年版,第181页。

龄歧视,该法的执法机关为平等就业机会委员会。在英国,企业发布的招聘信息中若出现"年轻"、"有活力"、"成熟"等对应聘者的要求,有可能招致应聘者的诉讼,因为英国2006年的《雇佣平等(年龄)规则》作为一部专门反对就业中的年龄歧视的法律,对法律适用的范围以及禁止的例外事项等内容予以了规定。根据该法,雇员若感到因年龄问题而受到企业的不公正待遇,有权向企业提出索赔诉讼。韩国于2007年9月通过了《雇佣上禁止年龄歧视及高龄者雇佣促进法》,禁止在招聘、录用、工资、福利、工作条件、教育和培训、晋升、退职、解雇等方面的年龄歧视,规定了被歧视者可通过行政的(劳动委员会和劳动监督官)、司法的(普通民事、行政和宪法法院)以及准司法(国家人权委员会)的途径获得权利救济,任何途径的救济都实行举证责任倒置的原则。我国应借鉴这些国家的立法经验,在《就业促进法》等相关法律中明确禁止劳动就业中的年龄歧视,对年龄歧视在概念、例外情形、法律责任、权利救济、举证责任、监督机制等方面予以规定。

三、消除年龄歧视是企业的社会责任

目前,国家面临着保增长、促就业的压力,在消除劳动就业的年龄歧视方面,除了国家应积极努力地保障公民平等的劳动就业权外,各种非国家行为体也应根据宪法的精神和原则,改变招聘中各种歧视性的做法。在社会权保障问题上,国际社会出现了国家中心责任向非国家行为体转移的走向。国家除了通过社会立法明确各类社会组织包括私人企业、家庭、宗教或者慈善组织所应承担的责任外,各类社会组织在保障人权中也应有一定的社会责任。1998年联合国大会第53/144号决议通过了《个人、群体和社会机构在促进和保护普遍公认的人权和基本自由方面的权利和义务宣言》,对个人、群体和社会机构在人权保障方面的义务和责任作了充分的宣示。该宣言明确规定,人人对社会并在社会内负有义务,因为只有在社会之内人的个性才能得到自由和充分的发展;个人、群体、机构和非政府组织也可发挥重要作用,并负有责任视情况作出贡献,促进人人有权享有能充分实现《世界人权宣言》和其他人权文书所列人权和自由的社会和国际秩序。显而易见,在我国若只凭借政府的一己之力,即便有完备的立法和有效的执法,却无企业的社会责任意识的提升,消除包括年龄歧视在内的各种劳动就业中的歧视之路无疑将会无比漫长。作为人口大国,我国就业市场劳动力资源供大于求,企业自然成为就业岗位这一社会稀缺资源的决断者,但企业在行使选择权时不能无视人们的就业平等权,也不能忽视自己应该承担的社会责任。公民平等就业权的实现不只是国家的义务,也是企业和社会各方面的责任。

企业对应聘者年龄的限制,客观上的原因是就业紧张,主观方面的原因是社会用人机制问题。在招聘员工时,企业首先和主要应考虑的是应聘者的实际工作能力、经验、敬业态度等与工作直接相关的因素,而不是以年龄为基本的聘用标准。年龄设限反映了企业的雇主主权意识,这种缺乏科学依据和合理性的排他性录用标准被实践的后果是人力资源的严重浪费和不当配置。在完全竞争的市场上,从长期看,歧视型雇主将被非歧视型雇主驱逐出市场,因为没有歧视偏见的雇主的目标函数是货币成本最小化,而非净成本最小化,因此可以投入相对便宜的劳动力要素,使市场竞争力提高,并且减少市场工资差别。西方学者在对年龄与工作绩效之间关系的研究发现,30 岁到 39 岁的工人能够生产出最高产量,而年长的工人生产出的质量更高。[①] 年龄大似乎有很多缺陷,年轻人精力充沛、有干劲和活力,知识结构新,具有创新精神。但年龄大者尽管可能存在精力不济,但阅历和经验丰富;尽管知识结构可能老化,但在就业压力和学习型社会的氛围下,他们可以通过不断地学习来克服知识老化的局限;尽管工作激情和活力可能有所降低,但因处于人生的安定期,其工作的稳定性强。根据美国学者利文森(D. J. Levinson)在 1978 年提出的"职业生涯六阶段说",33 岁到 39 岁是职业生涯的安定期,该年龄段的人会专心致志地投入工作,以求取得成功。

消除年龄歧视,保障平等的劳动就业机会,可以有效地运用人力资源,发挥每个人的潜能。企业如果能集中考虑个人的才干而非其年龄、性别等其他不相干的因素,自能扩大可用的人力资源,为其广纳各方人才,营造更具竞争力的商业环境。企业是否愿意承担社会责任,在市场经济的今天已成为决定企业成就越来越重要的因素。根据 Covenant Investment Management 于 1996 年对"标准普尔"最主要的 500 家企业所作的研究显示,最忽视平等机会原则的 100 家公司,每年的回报率平均为 8%;而 100 家高度奉行平等机会原则的公司,则每年回报率平均达 18%。[②] 其中的逻辑显而易见:平等社会若没有建立,经济亦不能全速发展。

企业在劳动就业招聘中的年龄歧视,既背离了其应担负的社会责任,又承受着可能出现的法律风险。即便法律尚无禁止性规范,但约束年龄歧视的法律规范并非没有。美国加利福尼亚州法院曾经适用反不正当竞争法来反对年龄歧视。在 Herr 诉 Nestle U. S. A. 案中,年满 40 岁的原告 Richard Herr 符合许多职位而且表现很好,但公司却多次将晋升机会给了 30 多岁的职员,其实许多人并未达到升职条件。Herr 辞职后对 Nestle 的歧视行为提起了不正当竞争的诉讼,法院判令 Nestle 赔偿 Herr 经济和精神损失共 516 万美元。法院判决的理由是,有年龄歧视行为的雇

① 赵频、李晓玉:"基于二元劳动力市场的年龄歧视研究",载《理论月刊》2008 年第 9 期。

② 《香港平等机会委员会年报(2000/2001)》。

主获得了不正当竞争的利益,因为大龄员工通常需要比年轻同事更高的补偿。[①] 随着我国法治的发展和成熟,尤其是司法水平和能力的提升,劳动就业中的年龄歧视在不断受到社会的关注与谴责的同时,其面临的法律风险也将不断加大。

四、余　　论

消除劳动就业中的年龄歧视,不仅有利于保障年龄较大者平等的劳动权,还具有重大的社会经济效益。除了促进年龄较大的公民就业外,还有助于缓解社会养老的压力。为应付人口老龄化带来的养老金支付危机,不少国家将法定退休年龄从60岁延长到65岁。研究表明,在我国退休年龄每延长一年,养老统筹基金可增收40多亿元,减少支出160多亿元。[②] 公民的劳动权等社会权是一种需要国家积极作为方能实现的基本权利,由于没有法律所规定的启动程序,公民根本不知应向何机关以及如何提出请求。而在劳动就业中受到年龄歧视时,他们也不知如何获得救济。我国宪法对公民平等的劳动权的规定不应该流于宣言式效果,应产生实际的人权保障作用。立法机关应在禁止劳动就业中的年龄歧视方面积极作为,在立法中落实反年龄歧视的组织和程序,妥当地善尽国家对社会基本权的保护义务。应设置消除年龄歧视的监督机制,确保各种社会组织、企业等依照法律履行相应的责任。还应注重司法上的权利救济,设置相应的司法救济渠道和途径消除劳动就业中的年龄歧视。

---

① 邓尧:"中美就业年龄歧视问题的比较研究",载 http://www.china-lawyering.com。

② 劳动和社会保障部社会保险研究所《2000年中国养老保险基金测算与管理》报告。

从宪法规范的司法实践看我国私有财产的宪法保护

吴旅燕[*]

私有财产权是人之作为人所应享有的权利,是人的生命权与自由权的必然延伸,也是生命权与自由权的一种保证。随着我国市场经济体制的确立和发展,公民私有财产的形式和数量都在不断增加。2004年宪法修正案正式将私有财产权保护写入宪法,而后《物权法》和《侵权责任法》的先后出台,私有财产法律保护的力度进一步提升,客观上也促进了中国经济的腾飞和崛起。

但是,"徒法不足以自行",如果关于私有财产权保护的"法律内容仍停留在纸上,而不影响人的行为","不能得到严格的遵守,那么法律只是一种神话,而非现实"。"制定好的法律,并严格实施这种法律",被古希腊思想家亚里士多德认为是法治的两个重要条件。① 美国当代法学家博登海默也指出:"如果包含在法律规定部分中的'应当是这样'的内容仍停留在纸上,而不影响人的行为,那么法律只是一种神话,而非现实。另一方面,如果私人与政府官员的所作所为不受符合社会需要的行为规则、原则或准则的指导,那么是专制而不是法律,会成为社会中的统治力量。因此,遵守规范制度而且是严格遵守规范制度,乃是法治社会的一个必备条件。"②宪法是国家的根本大法,它在国家社会生活中的实施是实现制宪者的立宪目的、实现宪法效力的前提,也是实现宪政价值的必由之路。

一、私有财产的基本权利内涵

自从人类生产开始有了剩余产品,人类社会即出现了财产,并逐渐形成或者说确立了财产制度。从此,人们开始知悉财产的神奇力量,并为之孜孜不倦地努力追求。"人为财死,鸟为食亡",这一古谚道出了人类社会中人的一个基本生存法则。其实,自人类社会产生以来,私有财产、私有财产权就与人类自身发展的文明向度有着天然的、密不可分的内在联系。

---

* 吴旅燕,2005级法律史专业,指导老师:童之伟。现工作于上海政法学院。

① [古希腊]亚里士多德著:《政治学》,商务印书馆1965年版,第199页。

② [美]E. 博登海默著:《法理学——法哲学及其方法》,华夏出版社1987年版,第232页。

“财产”一词在不同的历史阶段具有不同的法律内涵和形式。早在古罗马社会，财产主要表现为物质实体形态的有形物，法律中还据以创造了抽象的“物”的概念。物依自然属性的不同分为动产和不动产，其时奴隶也作为客体被纳入动产的范畴。与此同时，罗马法也提出了“有体物”和“无体物”的划分。西欧封建社会仍沿袭罗马法物和财产的概念，财产主要表现为不动产以及于土地上设立的诸权利，财产范围并未扩大。而财产成为一种法律制度并为人们所关注、研究却是近代以后的事情了。

“财产，就是物质财富，是在任何社会形态下都存在的、由实用价值构成的物质实体”，“是一个社会或国家在特定时间内所拥有的物质资料及同类要素的总和，包括一切劳动产品，进入生产、生活过程的自然资源及人们掌握的科学技术文化成果和劳动技能等无形财产”。[①]

财产是一种客观的物质存在，那么财产权就是物质作为法现象的特定表现。而且，除了财产权具有直接的财产内容外，其他公民权利包括人身权利、政治权利、社会权利和程序性权利在客观上也会间接地具有财产属性或者财产内容，所以财产权是人权的核心部分。

宪法意义上的财产权是指财产所有人对其财产享有不受国家和其他组织、个人限制、剥夺或侵占的权利。它主要对抗国家权力，强调限制国家权力任意侵犯个人的合法财产权，防止国家权力被滥用于获取或者帮助法人和其他组织获取公民的合法财产，从而不仅为个人的生存和自由发展提供了必需的物质基础，也为社会秩序的安定奠定了经济条件，同时还为社会自治提供了前提条件，从而可以减少个人、组织对国家的依赖。

在社会主义国家，真正意义上的私有财产权长期以来在国家的政治生活中受到坚决的排斥。随着我国市场经济体制的确立和发展，我国公民私有财产的形式和数量都在不断增加，从政治意义或经济意义来看社会主义国家也应保护私有财产权，而法律上对私有财产的保护也逐渐从普通法律层面提高到宪法层面上来。“私有财产权”在历经几十年的误解和波折之后，由2004年宪法修正案首次明确写入宪法，从根本大法的层面宣告私有财产权作为公民基本权利的地位和价值。修订后的相关宪法规范逻辑上基本包含了有关财产权利宣示性的保障条款、制约条款以及补偿条款三层结构，这三层结构各自具有特定内涵与功能，逐层展开、环环相扣、相辅相成，形成一个深具内在张力，然而又相对严密、相对自足的多层复合结构。

---

① 童之伟著:《法权与宪政》，山东人民出版社2001年版，第182页、第450页。

宪法是国家的根本大法,规定的是国家制度和社会制度中最基本的问题。在宪法中,我们把财产权定位为宪法所确认和保障的一项公民基本权利,是公民行使其他基本权利的重要保障。财产权属于人权范畴,是一项公权利,与主体的人身不可分离,是由宪法确认的,具有强制性,全体公民据此可以普遍享有对物的排他的、不可转让的、不可剥夺的支配权。[①] 宪法意义上的财产权是从公民的基本权利意义上而言的,更侧重于权利主体对于行使某项或某类权利的资格,即由宪法赋予公民可以对财产享有支配性权利的资格。

宪法上的财产权与公民其他基本权利一样,均是公民针对国家而享有的一种权利,即公民所享有的、为国家权力所不能不当侵害的一种权利,直接反映了公民与国家权力之间在宪法秩序中的关系,而这也正是宪法财产权的本质所在。

二、宪法中私有财产权条款体系和不足

2004 年 3 月 14 日第十届全国人民代表大会第二次会议对 1982 年宪法进行了第四次修正,共通过了 14 条修正案。其中第 22 条修正案将宪法第 13 条的规定修改为:

"公民的合法的私有财产不受侵犯。

国家依照法律规定保护公民的私有财产权和继承权。

国家为了公共利益的需要,可以依照法律规定对公民的私有财产实行征收或者征用并给予补偿。"

在我国,大多数学者较为一致的倾向就是将宪法"总纲"中这第 13 条视为公民私有财产权保护条款。但是,从宪法规范角度来看,一个完整的宪法规范包括假定、处理和制裁三个要素,所以我国现行宪法中涉及私有财产保护的宪法条款,至少可以包括第 5 条、第 8 条、第 11 条、第 13 条、第 32 条、第 39 条、第 41 条等条款。

个人因素、政治体制因素、环境因素和宪法本身都影响着宪法的实施。我国宪法规范对公民私有财产权的保护尚存不足。

第一,私有财产保护制度依附于所有制结构、分配制度等基本经济制度。私有财产权是公民的基本权利之一,在我国现行宪法中,有关公民私有财产权的保护被规定于宪法的总纲部分,属于社会主义经济制度的范畴。具体从现行宪法第 13 条可以看出,该条文一方面确立了私有财产权属于国家经济制度的范畴,另一方面也确立了公民私有财产权是一项宪法权利。因此产生了公民私有财产权基本权利性

① 赵世义:"论财产权的宪法保障与制约",载《法学评论》1999 年第 3 期。

质的不确定性。

第二,宪法规范中关于私有财产与公有财产的宪法地位不平等。宪法中不同的所有制形式决定了相应的财产权形式,不同所有制形式的地位决定了宪法中相应的财产权保护的力度。由于国家对不同所有制经济的地位实行区别对待,从而导致了对不同主体形式的财产也进行了区分对待。可以预测,这种对公有财产和私有财产保障模式的区别对待还将继续相当一段时间。

第三,国家各层级法律规范之间既有关联又有冲突。下级法律超越宪法的规定,在没有宪法依据的情况下,直接规定涉及剥夺公民私有财产的内容,从而与宪法规范发生冲突。下级法律文件在有宪法依据的情况下,其制定的法律规范仍有可能出现与宪法规范精神抵触之处,从而有可能与宪法规范发生冲突。

解决这些问题,不仅需要修改宪法,更关键的是确保宪法中私有财产权保护规范得到有效实施,发挥其应有的宪法效力,最终化解目前我国对于私有财产的宪法保护在法制实践中存在的问题。

三、宪法私有财产权保护规范之实施

古希腊思想家亚里士多德认为法治的重要前提是:“制定好的法律,并严格实施这种法律”。[①] 宪法是国家的根本大法,其在国家社会生活中的贯彻和实施是实现制宪目的和宪法效力的必要条件,也是实现宪政价值的必由之路。

宪法实施指宪法文本在一国现实生活中的贯彻落实。[②] 按照法的实施、法的遵守和法的适用的分析模式,可以将宪法在实际生活中的贯彻落实,区分为宪法实施、宪法遵守和宪法适用。其中,宪法实施包括宪法遵守和宪法适用两种方式,宪法规范的效力也通过宪法遵守和宪法适用得到实现。

法的遵守是指全体国家机关、社会团体、企事业单位、国家公职人员和全体公民按照法律规范的要求行为,实施法律规范活动。我国宪法规定,“全国各族人民、一切国家机关和武装力量、各政党和各社会团体、各企业事业组织,都必须以宪法为根本的活动准则,并且负有维护宪法尊严、保证宪法实施的职责”。这表明一切组织和个人都是宪法实施的主体,其中主要是指,全国国家机关、政党组织、社会团体或其他组织以及公民个人应当遵守宪法规范,其活动不得与宪法规定相违背。

通过遵守宪法相关规范来实现对公民私有财产的保护,这首先要求宪法实施

---

① [古希腊]亚里士多德著:《政治学》,吴寿彭译,商务印书馆1965年版,第199页。

② 童之伟主编:《宪法学》,清华大学出版社2008年版,第384页。

主体对宪法规范的认识，因此，加强普法宣传，提高民众对宪法的认知水平，确认关于私有财产保护的正确宪法意识和宪法观念是当务之急，要求宪法实施主体尊重私有财产权，树立正确的私有财产保护宪法意识，从而更进一步加强对宪法私有财产权规范的立法适用和监督适用。

宪法的适用，是指适格的宪法关系主体依照宪定职权范围和宪定方式把宪法规范的一般规定直接应用于处理国家政治、经济和社会生活各个方面的具体事务或事项的活动。[①] 它强调的是直接适用宪法。例如，根据中国宪法的规定，遇有社会纷争的重大问题时，全国人民代表大会常务委员会有权解释宪法以解决该问题，其解释宪法的行为，就是直接适用宪法的活动。如果宪法关系主体通过执行法律来行使宪法赋予的职权，那么，其行为就是对法律的直接适用，而不是对宪法的适用。例如，宪法规定，立法机关制定法律，行政机关和司法机关执行法律，那么，行政机关和司法机关直接执行立法机关制定的法律的行为，就是适用法律的行为。

国家权力机关对宪法私有财产权规范的立法适用。具体到全国人民代表大会及其常务委员会作为适用主体而言，主要可以通过宪法解释、制定法律、法律清理和法律解释等方式来实施相关的宪法规范。

其他机关对宪法的适用，包括了宪法行政适用，是指国家行政机关根据宪法授权制定规范性文件的活动以及进行行政管理的其他具体活动。前者表现为以宪法为最高准则制定行政法规、规定行政措施、发布决定和命令的活动，它以一般的、事后的事件为对象。后者表现为行政机关应用行政规范性文件于特定事实的活动，它以具体的、现实的事件为对象。[②] 宪法的行政适用主体主要是国务院。现行宪法第 89 条第 1 款规定国务院为了行使行政管理职权，在没有法律规定的情况下，可以直接根据宪法，“规定行政措施，制定行政法规，发布决定和命令”，以解决行政管理中遇到的问题。

“宪法监督”是由宪法授权或宪法惯例认可的主体，以一定方式进行合宪性审查，取缔违宪事件，制裁违宪行为，追究违宪责任，从而保证宪法实施的制度。

而从以上宪法实施的途径来看，“私产入宪”使私有财产保护有了坚实的宪法基础，但宪法不应是奢侈的政治装饰品，在期待法制、憧憬宪政的今天，宪法的实现可谓我们共同的政治、法律理想。私有财产权的保障同样必须仰赖于作为根本法规范的现实实施。经由全国人民代表大会及其常务委员会的立法适用，随着《物权法》和《侵权责任法》的先后出台，我国共同服务于“保护私有财产权”目标的法律规范体系已经基本形成，并且各有偏重和分工，不断相互融合，形成保障私有财产的

① 童之伟主编：《宪法学》，清华大学出版社 2008 年版，第 386 页。

② 童之伟：“宪法适用应遵循的宪法本身规定的路径”，载《中国法学》2008 年第 6 期。

一个全方面、多元多层次的公、私法律规范体系。遵守宪法和法律,尊重宪法权威,维护私有财产权的观念深入人心,以宪法和法律为行使立法权、行政权、司法权的唯一行为准则的观念已经树立,宪法保护私有财产权的规范在法律生活中能基本得到包括国家机关、各政党、各社会团体、各企业组织和公民在内的全体社会成员的一体遵行。我们也应该理性地看到,私有财产保护不是简单的一句宣言。2004年宪法修正案的通过绝非改革的终点,它的实施状况仍然留有遗憾和不足。

从私有财产权宪法规范的遵守角度来看,一方面,国家权力行使中存在一定程度的立法权缺位、行政权强势和司法权软弱的现象,国家权力的中立性和公正性在具体执法中可能会有偏差,使得一些政府行为并不能很好地遵守宪法第10条和第13条中的宪法规范,个别部分滥用权力(尤其是行政权力)侵犯私有财产权的事件频频发生,这种情况导致宪法对公民私有财产的保障只能停留于宪法有限的纸面规定之上。而这种源于公权力的侵犯对社会所带来的影响和威胁远远超过私权利的侵犯。还有待于进一步强化依法治国的观念,加强宪法规范的实施。

另一方面,由于私有财产权在法律上的地位和界分并不十分明确,公民私权利在与国家公权力的相互关系中处于一种弱势地位,一旦受到不当侵害,公民不敢大胆凭借正当、合法的途径寻求法律保护,担心由此引发政府对财产所有权人的不利政治评价或社会评价,所以人们在主张自己的个人权利和保护自己的个人财产方面就显得底气不足。正是由于公民对于自身财产权的信心不足,反过来又在某种程度上助长了国家立法、行政、司法等过程中对公民财产保护制度的建立和完善的滞后态势。而由于财产保护制度的滞后或缺失,公民私有财产的保有和增值即面临一定的风险,在社会和制度变革大背景下,国家和社会利益重新分配过程中,公民私有财产权就有可能被忽视,失去国家法律和公权力的尊重和保护。

从私有财产权宪法规范的适用角度来看,一方面权力机关的立法适用虽然成绩斐然,但是我国法律体系中关于私有财产保护规范的上、下级法律规范之间存在不少冲突或者不一致之处,某些存在立法空白的领域还亟待制定新的法律加以调整。例如,“私有财产”的概念在《宪法》、《民法通则》、《物权法》、《继承法》和《刑法》中各有不同的表述,这样不科学的立法技术直接导致了私有财产保护实践中的混乱,削弱了宪法规范的权威。

再如,因为侵犯的财产权所属主体不同,同质的行为有罪与非罪的区别,刑罚差异也很大,有悖于宪法上的平等保护原则。另外,我国的宪法解释和宪法监督机制几乎处于休眠状态,不能很好地发挥保障宪法实施的作用。而实际上,一个成熟的法治国家,这两种机制恰恰是最能发挥保障作用的路径。宪法是一定社会或国家法权配置和运用的总方案、总规则。但是,这个法权配置的总方案和运用的总规则无论多好,如果得不到切实的实行或遵守,它就只不过是若干页写着美好方案和行为规则的纸。

宪法中对于公有财产进行特别保护,而对私有财产进行差别对待。在一个国家的宪法体系中过分强调公有财产的优势法律地位,其实并不利于将私有财产纳入公民基本权利体系提供宪法保障。私有财产权具有基本人权属性,对公民而言,具有防御权功能,是公民对抗国家公权力的物质基础,其在宪法中应当具有重要地位。从不同形式财产主体的宪法地位而言,公民作为主权者,并不在法律人格上低于国家或政府,因而平等对待和保护公有财产与私有财产,应当是宪法本应遵循的原则,并应具体反映和贯彻于《民法》、《物权法》、《刑法》等各个具体法律部门之中。

总之,我国法律体系中关于私有财产保护规范的上、下级法律规范之间存在冲突或者不一致之处。为此,为确保宪法中关于私有财产保护规范与普通法律体系中的法律规范一致、互相配合,最终在法律实践中得到遵守,我们必须强化宪法规范的实施。这主要从宪法遵守和宪法适用两个方面去实现。其中宪法适用主要从最高国家权力机关的立法适用途径去适用宪法中关于私有财产保护的规范。就全国人民代表大会及其常务委员会作为适用主体而言,主要可以通过宪法解释、制定法律、法律清理和法律解释等方式来实施相关的宪法规范。

环顾当今世界各国,这是一个走向权利的时代,是一个善待私有财产的时代,这个时代的公民需要这样的"权利宣言":私有财产神圣不可侵犯;国家保护公民的私有财产权;禁止任何机构、组织或者个人非法侵占、破坏或者征用公民的私有财产。国家宪法对私有财产权的确立是人类创造物质财富的第一推动力,对私有财产权的保护可以最大限度地释放公众创造财富的智慧和热情,进而推动社会的文明进步。从这个意义上讲,财产权是人类社会发展进步的强大推动力。

政策何以入宪
——以社会政策在我国宪法中的变迁为例

汪　强*

我国宪法学界对政策是否进入宪法颇有争议,其中关键的原因在于,自1982年宪法颁行以来,因为执政党的政策发生变化,导致宪法中的相关内容不再适应新的需要,必须对宪法进行修改,以适应形势的需求,政治的发展。由此,从1982年到2004年的20多年间,宪法进行了四次修改。这种宪法的修改必然会对宪法的稳定性与权威性产生影响。有学者将此类修宪称为"政策性修宪"。① 由于这种频繁的因政策变化而导致宪法修改,使部分学者对政策是否应该进入宪法产生怀疑,以至于反对将政策纳入宪法的规定中。② 笔者通过对我国宪法发展历史的分析,结合世界宪法发展的趋势,认为:政策可以进入宪法,成为宪法的内容;我们需要关注的问题不是宪法能不能规定政策,而是什么样的政策可以进入宪法。

一、社会政策的内涵

政策(policy),源自拉丁文politia,其原意为国家、政府,后指用以指导政府处理公共事务或者立法机关制定法律的一般原则。③ 中文虽然早有"政、策"二字,但其意思却与现代不同。④ 中文的"政、策"二字连用,并用于政治学、法学,是中国人在

* 汪强,2010级比较法专业,指导老师:李秀清。现工作于华东政法大学。

① 殷啸虎:"政策性修宪及其完善",载《法商研究》2000年第1期。

② 张千帆:"宪法不应该规定什么",载《华东政法学院学报》2005年第3期。

③ 薛波主编:《元照英美法词典》,"policy"词条,法律出版社2003年版,第1063页。

④ "政"字最早的意义是"正",后来引申为政事等意思;"策"字早期指写字用的竹片,后来引申为就政治经济问题所作的回答。

清末从日本习来。[①] 西方学者对于政策,根据其研究的侧重点不同,有不同的理解。[②] 但它们之间有着共通的地方,这些共通的地方在于:[③]第一,政策的制定主体。政策不仅是由国家或者政府所制定,还可能是由其他权威主体所制定,制定政策的权威主体,可能是国家、政党、政治集团,也可能是具有权威的个人,还可能是公司、企业或者社会团体。第二,政策的目标取向。政策是由一定的主体所制定,主体制定的政策具有明确的目的;同时,政策又在特定的历史时期起到作用,具有一定的实效性。政策不是偶然而为之的行为,而是制定主体有目的的行为,具有目标取向。第三,政策是"政治"行为。政策是主体服务于特定目标而采取的一系列活动。这里的政治是广义的政治,即凡与"权力"及其运作相关联的活动都可以成为政治。因此,政策可以是国家政策,也可能是公司政策。第四,政策是行为准则或者行为规范。政策总是有具体的作用对象或者客体,它规定对象应做什么,不应做什么;规定哪些是受到鼓励,哪些应当被禁止。政策常常带有一定的强制性。本文所指的"政策",是指由国家所制定,具有一定的目标取向,在特定历史阶段发挥作用的行为准则或者行为规范。

政策可以依据不同的标准有不同的类型;其中根据政策的内容不同,可以分为政治政策、经济政策、科技政策、文化政策与社会政策。[④] 社会政策是指,国家制定的,影响公民福利的,在一定历史阶段内发挥作用的行为准则或者行为规范,它主要包括以下内容:第一,就业政策,这一政策的目的主要是解决劳动力,尤其是剩余劳动力的安排。第二,劳动保护政策,这一政策的主要内容是对劳动者在劳动过程中予以保护。第三,社会保险政策,这一政策的内容主要包括与社会保障体系相关联的各种保险。第四,保护政策,这一政策的主要内容是对于某些特殊主体,如作为弱势群体的妇女、儿童、老人等在福利方面给予特殊照顾或者优待的政策。第五,医疗卫生政策,这一政策主要是关于如何解决人们医疗问题的政策。第六,可持续发

① [日]实藤惠秀著:《中国人留学日本史》,谭汝谦、林启彦译,三联书店1983年版,第330页。

② 如伍德罗·威尔逊(Woodrow Wilson)认为政策是由政治家即具有立法权者制定的而由行政人员执行的法律和法规;戴维·伊斯顿(David Easton)认为政策是对全社会的价值作有权威的分配;哈罗德·拉斯维尔(Harald D. Lasswell)认为政策是一种含有目标、价值与策略的大型计划;罗伯特·埃斯顿(Robert Eyestone)认为政策是政府机构和它周围环境之间的关系;托马斯·戴伊(Thomas R. Dye)认为政策是政府决定做的或者不做的事情;詹姆斯·安德森(James E. Anderson)认为政策是一个有目的的活动过程,是由政府机关或者政府官员制定的;埃拉·夏坎斯基(Ira Sharkansky)认为政策是政府的重要活动。参见陈振明主编:《政策科学》,中国人民大学出版社1998年版,第56~57页;宋锦洲编著:《公共政策:概念、模型与应用》,东华大学出版社2005年版,第1~2页;[加]迈科尔·豪利特、M.拉米什著:《公共政策研究》,生活·读书·新知三联书店2003年版,第7~11页。

③ 陈振明主编:《政策科学》,中国人民大学出版社1998年版,第58~60页。

④ 同上,第92~102页。

展政策，这一政策的内容，主要有人口政策、环境政策、资源保护政策等。[1]

“政治统治到处都是以执行某种社会职能为基础，而且政治统治只有在它执行了它的这种社会职能时才能持续下去。”[2]因此，任何国家都会对社会问题加以关注，并根据不同的社会问题制定出不同的社会政策。

二、社会政策在宪法中的规定

宪法中出现就业政策条款是从《中华民国宪法》(1947 年)(以下简称“四七宪法”)开始的。除《中华人民共和国宪法》(1975 年)(以下简称“七五宪法”)取消对就业政策的规定，“四七宪法”以后的历部宪法均有就业政策的内容。《中华人民共和国宪法》(1954 年)(以下简称“五四宪法”)作为我国第一部社会主义性质的宪法，规定了就业政策；以后的《中华人民共和国宪法》(1978 年)(以下简称“七八宪法”)、与《中华人民共和国宪法》(1982 年)(以下简称“八二宪法”)也规定了该政策。但是，“七八宪法”对就业的规定是包揽的形式，即由国家统筹安排。[3]“四七宪法”、“五四宪法”、“八二宪法”的就业政策条款规定的是国家创造就业机会，从而最大化地实现就业。其中，“八二宪法”同时规定，“国家对就业前的公民进行必要的劳动就业训练”，为公民的就业创造一定的条件。

劳动保护政策条款首次出现在“四七宪法”中，其后的宪法，除“七五宪法”中没有劳动保护政策外，其余均有对劳动进行保护的规定。“四七宪法”从三个方面规定：一是一般的劳动保护，这种保护明确要求通过下位法具体实现；二是对于女工和童工的特殊保护；三是保护劳动之农民。“五四宪法”、“七八宪法”和“八二宪法”的规定相同，均通过明确规定“改善劳动条件”，以达到劳动保护的目的。

自“四七宪法”以来，除了“七五宪法”没有规定社会保险政策条款以外，其他各部宪法均作出相关的规定，“四七宪法”、“五四宪法”、“七八宪法”、“八二宪法”均规定国家举办社会保险。

对于保护政策的规定，宪法是从四个方面进行的：(1)对老人的保护。从“四七宪法”以来，各部宪法均具有规定。“四七宪法”、“五四宪法”及其之后的三部宪法对于老人的保护是给予直接的物质帮助，只不过“四七宪法”与之后的四部宪法在表述上不同，“四七宪法”规定，对于老人，国家给予适当的扶助和救济；“五四宪法”

---

① 陈振明主编：《政策科学》，中国人民大学出版社 1998 年版，第 99 ~ 102 页；花菊香著：《社会政策与法规》，社会科学文献出版社 2002 年版，第 11 ~ 13 页。

② 《马克思恩格斯选集》(第 3 卷)，第 523 页。

③ 蔡定剑著：《宪法精解》，法律出版社 2006 年版，第 272 页。

等四部宪法明确规定从物质上给予帮助。同时,“八二宪法”规定,“禁止虐待老人”。(2)对残障人员的保护。“四七宪法”、“五四宪法”及其以后的三部宪法给予残障人员的保护是给予直接的物质帮助,只不过具体表述不同。“七八宪法”、“八二宪法”对于残废之军人明确表明保障他们的生活。(3)对妇女的保护。“四七宪法”除对从事劳动的女工给予特殊保护外,还从根本上规定,保护母性,对妇女实行福利政策。“五四宪法”等四部宪法均对妇女给予保护。“八二宪法”同时规定禁止虐待妇女。(4)对儿童的保护。“四七宪法”除对从事劳动的儿童给予特殊保护外,还从根本上规定,对儿童实行福利政策。“五四宪法”以来的四部宪法均对儿童给予保护。“八二宪法”同时规定,禁止虐待儿童。

从“四七宪法”以来,除了“七五宪法”没有规定以外,其他各部宪法均规定有医疗卫生条款。“四七宪法”规定要推行“卫生保健事业”和“公医制度”;“五四宪法”在卫生事业之前增加了一个限定性词汇“群众”,以彰显这种卫生事业的阶级属性;“七八宪法”规定要发展“公费医疗”和“合作医疗”,体现了当时历史背景下对于医疗卫生政策的认知;“八二宪法”关于医疗卫生政策的规定,比较详细、具体。

可持续发展政策条款只是在“七八宪法”和“八二宪法”中才有规定。“七八宪法”规定保护环境和自然资源,防治污染,以及计划生育;“八二宪法”在“七八宪法”的基础上,增加了植树造林。“八二宪法”和“七八宪法”虽然在保护环境、计划生育两方面具体规定的基本内容相同,但是在表述上并不一致,“八二宪法”在这两方面分别进行了相应的补充,使得内容更加合理、完善。

三、政策何以入宪

社会政策的内容是从“四七宪法”开始由宪法加以规定。之所以如此,有以下几个方面的原因:

首先,从世界宪法发展的历史看,近代宪法的成立,基础在于个人自由主义。所谓个人自由,即“一切权利,均归个人自由享有处分之谓,不仅不许私人侵犯,即国家亦不得加以干涉。”①而在个人自由中,以财产私有权为最重要的权利之一。当时资产阶级,“在极有权威的宪法及基于宪法而规定的各种法律保护之下,凭借所谓资产阶级之民主政治权力,尽量发挥个人之财产所有权。”②从而导致,贫富之间的差距越来越大,“一方系资产阶级之‘富’,为无限之膨胀,一方是劳动阶级之‘数’,

① 张知本著:《宪法论》,中国方正出版社2004年版,第43页。

② 同上。

为无限之增大”。[①] 这种状况的出现，一方面使得宪法所规定的平等，在事实上难以实现，危及宪法之基——个人自由；另一方面又增加了社会矛盾，危及资产阶级的统治。尤其是第一次世界大战结束以后，“无产阶级至此，其生活状况之悲惨，已是忍无可忍”，“国家如果不急谋调和阶级利害之法，而仍然偏于所谓个人自由平等之保守思想，则未来之隐患，必将有加无已”。[②] 于是，“一战”后的德国，在其《魏玛宪法》中，首先规定大量的社会政策，这些内容的主要目的在于保障公民的生计，因此这些内容又被称为“生计条款”。[③] 以《魏玛宪法》为开端，近代宪法转型为现代宪法，其标志是社会政策进入宪法。现代宪法不仅仅注重保护近代宪法所推崇、保护的各种价值，同时也要求通过国家的积极行为，为这种价值的实现创造条件。

其次，从我国宪法发展的角度看，我国宪法从“四七宪法”开始规定社会政策。我国宪法的这一转变，除了受到世界宪法发展趋势的影响，同时还有着自身的原因。就“四七宪法”来说，其制定的指导思想是孙中山的三民主义、五权宪法；其中三民主义是指民族主义、民权主义、民生主义。“民生就是人民的生活——社会的生存、国民的生计、群众的生命便是……民生问题，今日成了世界各国的潮流……因为有了这种实业革命，工人便受很大的痛苦。因为要解决这种痛苦，所以近几十年来便发生社会问题……所以社会问题之发生，原来是要解决人民的生活问题。故专就这一部分的道理讲，社会问题便是民生问题。”[④]为了解决民生问题，孙中山提出四种方法，其中第一种，即用政府的力量改良工人的教育，保护工人的卫生，改良工厂和机器，以求极安全和极舒适的工作。[⑤] 孙中山的这一思想体现在“四七宪法”上，就是其中的劳动保护政策条款、社会保险政策条款等社会政策条款。孙科在起草“五五宪草”之前，对于宪法的内容，强调指出，“我们若把世界各国的成文宪法用历史的观点来研究一下，就可以看出欧洲大战前的宪法，不过是单纯政治性的，这也就是说，那时候所成立的宪法内容不外乎关于天赋人权的保障和国家基本组成的规定……在欧战后成立的宪法，其一般的性质，已不仅是政治的而同时是经济的了，这是说欧战后成立的宪法已多半特辟专章规定人民的经济生活。……这真是宪法观念的又一进步。从宪法这种新趋势看来，在我们以三民主义为依据的五权宪法上，实在尤其应该把我们的民族民权民生各种重要问题的解决方法都有

---

① 张知本著：《宪法论》，中国方正出版社2004年版，第43页。

② 同上，第43～44页。

③ 张君劢：“德国及其邦宪法对于世界法制史上之新贡献”；吴祥麟：“论宪法的目的与功用”，载何勤华、李秀清主编：《民国法学论文精萃》（第2卷），法律出版社2002年版。

④ 孙中山：“新三民主义·民生主义”，载夏新华等整理：《近代中国宪政历程：史料荟萃》，中国政法大学出版社2004年版，第568～582页。

⑤ 同上。

详明的规定。这是我们议定宪法的时候所要注意的”。① 因此,以“五五宪草”为蓝本的“四七宪法”仍然以孙中山的三民主义、五权宪法思想为指导,其中的社会政策内容仍然体现了孙中山的民生思想。②

就“五四宪法”及其以后的宪法而言,从阶级属性上看,它们属于社会主义宪法的范畴。③ 社会主义思想的源起,即在于资本主义自由发展时期,劳动者所遭受的种种苦难。因此,在社会主义宪法中,对于劳动者保护的规定,一般是全面的。同时,社会主义宪法中也规定了各种执政的社会主义政党关于劳动者保护的态度、方针、政策,这些内容就成为宪法中的社会政策。④

最后,从社会政策的功能看,因为社会政策具有一些功能,这些功能的存在,使得宪法对社会政策加以规定:第一,社会政策具有保障实现宪法权利的功能。诸如劳动权、自由权、生存权、平等权等宪法权利的实现,不仅需要权利主体通过自身积极的行为,同时也需要社会政策的介入,创造实现权利条件,使得权利的实现得到充分的保障。以劳动权为例,如某公民由于自身能力的不足,导致劳动权的实现发生障碍;此时通过就业政策的调整,可以对其进行就业培训,提高自身的能力,从而使得劳动权的实现得到保障。关于政策内容与宪法权利的对应关系,见表1。第二,社会政策具有解决社会问题、满足社会需要的功能。以我国目前的就业政策为例,我国由于人口基数大,劳动力富足,就业问题一直是严重的社会问题。通过就业政策的调整,国家、社会可以尽可能地创造就业机会,在一定程度上缓解就业压力;同时,通过计划生育政策的调整,逐步解决人口问题。通过此两方面,以期逐步解决关于就业的问题,满足社会的需要。第三,社会政策是统治阶级维护统治和管理社会的工具。社会政策同阶级、国家紧密联系在一起,从产生之日起就担负着代表统治阶级利益和维护统治阶级政治统治的职能。在阶级社会,统治阶级为了维护自己的统治,必须建立体现统治阶级意志的各种制度体系,统治阶级通过社会政策的调整,使得体现阶级意志的制度体系可以有效运转,从而形成有利于统治阶级的社

---

① 孙科:“我们需要何种宪法”,载 http://www. xianzheng. com/lxda/details. asp? perID = 478&classID = 17&className = % C1% A2% CF% DC% B1% B3% BE% B0&typecat = % D6% D0% B9% FA% C1% A2% CF% DC% B5% B5% B0% B8% B9% DD。

② 吴祥麟:“论宪法的目的与功用”,载何勤华、李秀清主编:《民国法学论文精萃》(第2卷),法律出版社2002年版。

③ 李步云主编:《宪法比较研究》,法律出版社1998年版,第85～91页。

④ 刘少奇在解释我国“五四宪法”中大量政策条款时说,“宪法反映了现在的真实状况,就必须反映正在现实生活中发生着的变化以及这种变化所趋向的目标。如果不指明这个目标,现实生活中的许多事情就不可理解。”刘少奇:“关于中华人民共和国一九五四年宪法草案的报告”,载 http://www. xianzheng. com/lxda/details. asp? perID = 305&classID = 16&className = % C1% A2% CF% DC% CE% C4% B1% BE&typecat = % D6% D0% B9% FA% C1% A2% CF% DC% B5% B5% B0% B8% B9% DD。

会关系结构。第四,社会政策是执政党活动的基本手段。作为一个执政党,其进行政治活动必须提出自己的行动纲领,而社会政策正是这种行动纲领在社会领域的具体反映。由于社会政策的这些功能,使得其成为宪法中的内容具有可能性。

表1 政策内容——宪法权利对应表

政策内容	宪法权利
就业政策	劳动权
劳动保护政策	劳动权、人身安全权、生存权
社会保险政策	劳动权、生存权
保护政策	生存权、平等权
医疗卫生政策	人身安全权、生存权
可持续发展政策	生存权

我国宪法的发展一方面与世界宪法发展的大趋势密切相关,同时又具有自身的一些特点;社会政策作为一种类型的政策,具有四种基本的功能,尤其是其中具有保障宪法权利实现的功能。正是由于这些原因,社会政策从"四七宪法"开始,便规定入我国的宪法中,成为宪法中的内容。

四、社会政策的稳定性

宪法的稳定性是指能在较长时间内适用,较大限度地适应社会变化,与其他法律条款相比变动较少的一种特性。[①] 由于宪法是国家根本大法,规定的是根本制度与根本任务;宪法的变化直接关系整个国家、社会的稳定,直接影响整个国家法制的稳定,最终影响统治阶级的根本利益。因此,稳定性对于宪法而言至关重要。[②]同时,宪法的稳定性也影响着宪法的权威性。宪法权威的维护不仅需要完善的宪法保障体制,同时,还需要取信于民,得到广大人民的支持和拥护。如果宪法经常性地修改,必然导致人民对于宪法权威的怀疑。[③]

因此,有学者认为,"宪法不是国家政策"。[④] 宪法不应该规定政策,原因在于政策性规定削弱了宪法的稳定性及权威性。稳定性和权威性的削弱是因为政策是易变的。宪法是一部稳定的基本法,因而不那么基本的政策应该由法律规定,而不应

---

① 李步云主编:《宪法比较研究》,法律出版社 1998 年版,第 41 页。

② 同上。

③ 同上,第 42 页。

④ 张千帆:"宪法不应该规定什么",载《华东政法学院学报》2005 年第 3 期。

进入宪法;否则,政策变化必然要求修改宪法,从而影响宪法的稳定性和权威性。另外,宪法的修改程序通常比一般法律更为困难和复杂,因而让宪法规定一般政策将束缚立法者的手脚,使之不能随社会变化而及时调整政策。①

从上文对社会政策的比较可以看出,自"四七宪法"以来的各部宪法均有社会政策,这些在不同的宪法中规定的社会政策一般会包括以下内容,即就业政策,劳动保护政策,社会保险政策、保护政策。这些内容的规定,只是由于宪法的变化而在具体的表述上或者适用范围的大小上发生变化,其内容的核心没有实质性变更。因此,就实质性方面而言,社会政策具有稳定性。

宪法诚然不是国家政策,但是,并不是说宪法不能规定国家政策。稳定性是宪法的一个重要特征,稳定性同时对宪法的权威性具有影响。社会政策具有稳定性,不会轻易因为情势的变化而发生变更,不会对宪法的权威性构成威胁。因此,宪法规定社会政策是可行的。

五、结　　论

我国宪法中规定社会政策从"四七宪法"时开始形成;它的形成有外部的影响,同时也有自身的原因,社会政策的作用也对宪法中社会政策内容的规定起到了作用;宪法中社会政策的内容具有稳定性,不会因为易变而影响宪法的权威性。由此,笔者认为:

第一,宪法可以规定政策。当一个政党的政策以宪法的形式进行规定后,这一政策即成为国家的基本政策,这种政策在国家范围内具有法律效力。这种法律效力不仅体现在宪法层面的根本拘束力,还可以通过下位法律规范的进一步规定而实现。

第二,宪法可以规定社会政策、教育文化政策。因为社会政策、教育文化政策具有稳定性,而且在较长的时期内可以发挥作用。因此,这种政策进入宪法,不会影响宪法的稳定性与权威性。

第三,宪法规定政治政策、经济政策时,应当谨慎。由于政治与经济的易变性,政治政策与经济政策也会随着情势的变化而发生变更。因此,在宪法中规定政治政策与经济政策时,应考虑充分和周到。在技术上,应当模糊化、原则化。模糊与含混是不同的,模糊不是模棱两可,而是有一定质和量的范围界限,但又不是十分确

① 张千帆:"宪法不应该规定什么",载《华东政法学院学报》2005年第3期。

定,具有一定的概括性和伸缩性。① 模糊化与明确化相对应。原则化与模糊化类同。在技术上的模糊化、原则化,可以降低宪法中政治政策、经济政策由于政治、经济情势的变化而不得不变更的风险,从而在一定程度上保证宪法的稳定性,维护宪法的权威性。

① 郭道晖主编:《当代中国立法》,中国民主法制出版社 1998 年版,第 1356 页。

行政监督权力的过度疲软及其对策

——以建设项目环境影响评价审批权为例

刘志欣[*]

法律文件主要通过两种方式来保障分级审批制度的有效运行,即备案制度和监督制度。虽然备案制度在上下级行政机关的沟通方面发挥了重要作用,但是对于不依法报送备案的法律责任却没有作出规定。① 没有法律责任的规范就仿佛"没有牙齿的老虎",在实践中的实施效果会受到相当的影响。

对实践中监督制度运行状况的考察结果也表明,上级环境保护行政主管部门在很长的一段时间里监督管理的力度是比较疲软的。

我国环境保护问题的产生是在20世纪70年代,在后面的20多年里,对经济发展的强调,远甚于对环境的保护问题,因此环境影响评价问题在很长的一段时间里并没有被认真对待,受到的关注也比较少。尽管如此,通过国家环保总局和地方发布的有关文件,②以及媒体的有关报道,还是可以发现一些端倪的。

一、实践中的问题

在中国环境事业刚刚起步的20年,我国的环境保护状况是不容乐观的。虽然从1979年就开始实行建设项目环境影响评价制度,但是"建设项目环境影响评价制度执行率"并不高。从1993年起,全国建设项目环境影响评价制度执行率有一个比较大幅度的攀升。这很大程度上归功于全国人大环资委和国务院环委会组织的

---

* 刘志欣,2005级法律史专业,指导老师:孙潮。现工作于上海第二工程技术大学。

① 在所有要求备案的法律文件中,仅有2004年《四川省建设项目环境保护管理分级审批办法》第9条和2004年《天津市建设项目环境影响分级审批实施细则》第6条第3项对未依法报送备案的法律责任作出了规定,"对于未按规定及时备案的,上一级环境保护行政主管部门要予以通报。"

② 如因有些地方"越级审批建设项目环境影响报告书",国家环保局于1993年专门下发了《关于重申建设项目环境影响报告书审批权限的通知》,对审批权限进行了重申。

执法检查和全国人大环资委牵头进行的"中华环保世纪行"宣传活动。① 全国建设项目环境影响评价执行率的攀升,一定程度上说明了建设项目环境影响评价分级审批制度的执行情况有趋于良好的态势。

统计数据显示出我国建设项目环境影响评价执行情况良好,但是,后来发生的许多事情却使我们不得不对这些数据产生怀疑。"在国家环境保护总局等六部委于2003年联合开展的'清理整顿不法排污企业,保障群众健康环保行动'中,所查处的违法排污企业有51%是新建的。"而"国家环境保护总局发布的环境状况公报却说环境影响评价的执行率一直保持在98%以上。由此,我们不能不质疑《环境影响评价法》在具体执行中的有效性。"②从2005年掀起的"环评风暴",及至后来的30年来最严厉的"区域限批"、"集团限批"、"流域限批"一系列手段,都显示了建设项目环境影响评价制度的执行情况并没有统计数据显示得那么好。虽然国家环保总局并没有公开他们的执法监察材料,但是通过有关文件和媒体的报道还是可以了解一些情况的。

在建设项目环境影响评价的违法行为中,越权审批与拆项审批是最突出的问题。在国家环保行政主管部门的有关文件中,多次涉及越权审批与拆项审批的问题。在1988年国家环保局发布的《关于建设项目环境管理问题的若干意见》中,涉及环境影响报告书的审批权限时,特别指出:"为了避免混乱,不得擅自越权。凡越权审批(委托项目除外)一律无效。"1993年《关于重申建设项目环境影响报告书审批权限的通知》指出该通知出台的背景是由于有些地方"越级审批建设项目环境影响报告书"。而1999年国家环保总局在《关于严格执行建设项目环境保护管理审批程序的通知》的背景材料中也特别提到了越权审批和拆项审批问题:"个别地方出现了一些越权审批或不按国家计委批准的一揽子项目整体审批,而将一个建设项目分解为若干子项目分别审批的现象"。

就实践的情况来看,越权审批、拆项审批和未批先建的情况也比较严重。

1. 越权审批

2006年6月15日山东省人民政府就济宁市环保局越权审批建设项目环境影

---

① 1993年,担任国家环保局局长长达11年之久的曲格平被选为全国人民代表大会新设立的环境保护委员会主任,执法检查和宣传活动在一定程度上来自于曲格平的推动。参见曲格平:"序:我与中国的环境保护",载曲格平:《我们需要一场变革》,吉林人民出版社1997年版,第19~20页。另可参见李星学、王仁农编著:《还我大自然——地球敲响了警钟》,清华大学出版社、暨南大学出版社2002年版,第226页。

② 汪劲著:《中外环境影响评价制度比较研究》,北京大学出版社2006年版,第4页;另可参见该书第281页。

响评价文件的行为进行了通报。[①] 在山东省人民政府公布的济宁市环保局实施的10个违法行为中,属于越权行为的有8项,其中侵越国家环保总局环境影响评价审批权的有3项,侵越山东省环保局环境影响评价审批权的有4项,还有1项属于侵越了山东省环保局关于建设项目竣工验收权限。从这8个建设项目越权审批的时间来看,有6项是发生在2004年,其余2项分别发生在2003年9月28日和2005年8月31日。

以上列举的仅是经媒体报道而公开的越权审批案例,而许多越权审批的事例并没有公开。有的越权审批事例甚至在出现争议时也没有得到应有的处理。在"北京'西－上－六'输电线路工程环境影响报告书审批案"中,利害关系人在向国家环境保护总局提起行政复议申请时,曾提出"市环保局的批准决定超越职权",根据国家环保总局的有关规定,总投资在2亿元以上的建设项目,应当由国家环保总局审批环境影响评价报告书,而北京'西－上－六'输电线路工程的总投资为2.1亿元,应由国家环保总局审批,不应由北京市环保局审批,但北京市环保局答辩时和国家环保总局在作出复议决定时,均没有对环境影响评价文件审批是否超越职权予以回应。[②]

2. 拆项审批

所谓拆项审批,是指将环境影响评价文件本来应当由上级环境保护行政主管部门审批的建设项目拆分成若干个小项目,而由下级环境保护行政主管部门来审批。关于拆分建设项目进行环境影响评价文件审批的事例并不多。在"深圳深港西部通道环境影响报告书审批案"的行政复议过程中,申请人西出口的住宅小区居民与被申请人深圳市环保局曾就部分建设工程项目是否存在"化整为零"的情况产生争议。[③]

3. 未批先建

除了越权审批与拆项审批之外,媒体曝光得最多的违法行为是未经环境影响

---

① 山东省人民政府:《关于对全省环境影响评价和"三同时"制度执行情况专项执法检查的通报》(鲁政字〔2006〕166号)。

② 该案的具体案情参见汪劲著:《中外环境影响评价制度比较研究》,北京大学出版社2006年版,第295～308页。有关细节参见第302页。另外,从汪劲在该案后面第七章产生的建设项目"是否存在化整为零"的疑问来看,也可以说明,该案件中并没有对超越职权问题进行说明。参见汪劲著:《中外环境影响评价制度比较研究》,北京大学出版社2006年版,第352～353页。

③ 最后广东省环保局在行政复议决定中认定,"侧接线工程属于深圳市项目审批部门审批的项目,其环境影响评价文件依法不属于国家环境保护总局审批,应根据《广东省建设项目环境保护分级审批管理规定》第4条第1项的规定,由被申请人审批。"即认为深圳市环保局不存在"化整为零"审批建设项目环境影响评价文件的情形。该案的具体案情可以参见汪劲著:《中外环境影响评价制度比较研究》,北京大学出版社2006年版,第281～294页。

评价审批即进行建设(以下简称未批先建)的行为。未批选建的行为包括两种情况:一是不进行环境影响评价就开工建设,即未环评就开工的行为;二是环境影响评价文件尚未得到批准就先进行建设,即未批准先建设的行为。两者的区别在于建设单位是否已经向环境保护行政主管部门提出建设项目环境影响评价文件审批申请。如果建设单位没有提出环评申请就开始建设,就属于未环评就开工;如果建设单位已经提出环评申请,但环境保护行政主管部门尚未批准,则属于未批准先建设。

从2005年开始进行的“环评风暴”中,也可以看到未批先建的违法行为非常严重。

2005年1月13日,“国家环保总局发布关于停建中国长江三峡工程开发总公司等单位30个违法建设项目的通告,对30个违法建设项目的情况进行了通报”。[①]“这次被叫停的建设项目都是在环境评价报告书未获批准的情况下就已开工建设,有些工程已基本完成,属于典型的未批先建的违法工程”。[②]

2006年上半年,陕西省“西安市环保部门在对市内408个建设项目检查时发现,未经环境影响评价审批擅自开工建设的违法项目达178个”,占到了44%。[③]

而在2007年1月10日,国家环保总局通报的“投资1123亿元的82个严重违反环评和‘三同时’制度的钢铁、电力、冶金等项目”中,也有大量是属于未批先建的。[④]

可以说,在媒体聚焦的违反建设项目环境影响评价审批权的事例中,未批先建的案件占了相当大的比例。这一定程度上与法律制度本身的缺陷有关,因为《环境影响评价法》所规定的“‘责令限期补办’规定是在鼓励建设单位违反《环境影响评价法》。”[⑤]

在所有违反环境影响评价分级审批制度的个案中,江苏“铁本事件”的影响是最大的。[⑥] 江苏铁本钢铁有限公司违规建设钢铁项目因其涉及资金数额、规模巨大、违

① 梁从诚主编:《2005年:中国的环境危局和突围》,社会科学文献出版社2006年版,第5页。

② 王敬中:“国家环保总局通报的30个违建项目大部已经停工”,载http://news.anhuinews.com/system/2005/01/24/001115597.shtml。

③ “陕西西安44%建设项目违规20项被罚款215万”,载http://news.sohu.com/20060725/n244427762.shtml。

④ “国家环保总局通报1123亿严重环境违法项目”,载http://env.people.com.cn/GB/5267059.html。

⑤ 具体内容可参见汪劲:《中外环境影响评价制度比较研究》,北京大学出版社2006年版,第363页。

⑥ 国务院办公厅:《关于江苏铁本钢铁有限公司违法违规建设钢铁项目调查处理情况的通报》(国办发〔2004〕41号),关于江苏“铁本”事件的详情还可参见《国务院查处江苏违规建设钢铁项目》,载http://finance.sina.com.cn/roll/20040429/0823744747.shtml。

法情节特别严重而备受瞩目,也因责任人所受处罚极为严厉而产生极大的影响。

江苏铁本事件中违反环境保护制度的行为包括越权审批、拆项审批和未批先建三种。经查,"自2002年5月以来,为实施840万吨钢项目,铁本公司把项目化整为零,拆分成22个项目向有关部门报批。当地政府及有关部门违规越权对这些总投资高达105.9亿元的项目进行了审批"。"铁本公司报送环保部门预审登记的新建项目共8个,其中江苏省环保厅预审登记4个,常州市环保局预审登记4个。所有项目都未通过环保部门的环境影响评价审批,6个项目已违法开工"。① 另有报道指出,虽然"常州市和扬中市环保部门反映,按照投资规模,他们无权审批,只是'过一下手',然后送上级环保部门"。但实际情况是,这些"地方环保部门均参与了这些项目的环保预审,并予以通过"。② 种种迹象都表明了江苏铁本钢铁有限公司存在严重的违反环境影响评价审批制度的行为,但是涉及的许多行政机关都没有及时进行监督管理。

二、解决方案

实践中存在的诸多违法现象说建设项目环境影响评价制度并没有得到良好的运行。虽然分级审批制度非常明确,但是实践中仍有许多行为直接违反既定的权力配置制度,这只能说明监督管理力度还过于疲软。

为了解决监督管理方面的问题,保障环境保护的有关法律和政策得到有效执行,国家环境保护行政主管部门采取了许多对策,这些对策主要包括组织功能和惩罚措施的强化。③

1. 组织功能的强化④

国家环境保护行政主管部门对于自身组织体系的变革与组织功能的强化,在

---

① 国务院办公厅:《关于江苏铁本钢铁有限公司违法违规建设钢铁项目调查处理情况的通报》(国办发〔2004〕41号)。

② "江苏'铁本'事件:'钢铁怪兽'为何能一路狂奔",载 http://business.sohu.com/2004/05/10/67/article220066708.shtml。

③ 除此之外,从2007年7月起,国家环保总局先后联手银监会、保监会、证监会出台了"绿色信贷"、"绿色保险"、"绿色证券"三项环境经济政策,试图加强对公司、企业的环境违法行为的监督管理。分别参见《关于落实环保政策法规防范信贷风险的意见》(环发〔2007〕108号,国家环保总局、中国人民银行、中国银行业监督管理委员会2007年7月12日联合发布)、《关于环境污染责任保险工作的指导意见》(环发〔2007〕189号,国家环保总局、中国保险监督管理委员会2007年12月4日发布)、《关于加强上市公司环境保护监督管理工作的指导意见》(环发〔2008〕24号,国家环保总局2008年2月22日发布)。

④ 2008年机构改革中环境保护部的组建,对于中央环境保护行政主管部门有关组织功能的强化将起到重要的作用。另外,有关环境保护行政管理体制是否会在2008年之后发生变化,也有待于进一步观察。

一定程度上反映了其急于破解建设项目环境影响评价违法审批的困局。

就我国目前的审批体制而言,建设项目的审批涉及发改委、国土资源行政部门、环境保护等多个部门的审批。在建设项目环境影响评价审批的违法行为中,大多是其他部门已经审批,而环境保护部门尚未审批。这一方面当然是由于地方对环境保护问题的不够重视,但另一方面的原因也是由于环境保护行政主管部门人微言轻。在几个部门中,其法律地位最低,影响力也最弱。这种状况使其极易受到来自其他部门的影响。

为了解决环境保护行政执法的疲软和来自其他行政机关,尤其是地方政府的影响,当时的国家环境保护总局试图通过三个途径来强化自己的组织功能和执法能力:即机构的升格,跨区域督查中心的设立和对地方环境保护行政主管部门实行垂直管理。

机构的升格。[①] 前面在介绍建设项目环境影响评价的行政审批机关时,笔者已经述及,我国一个行政机关的影响力实际上取决于两个因素:一是这个行政机关在国家行政体制中的地位;二是行政机关或者领导人的行政级别。就 2008 年 3 月前的情况而言,当时的国家环保总局在法律地位上属于国务院的直属机构,行政级别上属于正部级。虽然在行政级别上与国务院组成部门并没有差别,但是,由于"国家环保总局不是国务院组成部门,缺少必要的权威和履行该职能的手段,原国务院环委会的协调各部委的职能基本没有得到执行",[②]其参与宏观决策的能力受到许多的限制。[③] 在经过 1988 年和 1998 年的两次升格后,环境保护总局急切地想提升自己的组织地位和功能。2006 年中国环境与发展国际合作委员会上报给国务院的《第三届第五次会议给中国政府的建议》中,中国环境与发展国际合作委员会在调研的基础上"希望将国家环保总局升格为环保部,同时建议将地方环保机构变属地为垂直管理"。[④] 国家环保总局的主要领导人显然也认同这种建议。[⑤]

区域督查中心的设立。为了克服环保行政主管部门受到地方政府过多影响的弊端,从 2002 年起,国家环保总局就在华东六省一市设置了华东督查中心,开始对

---

① 国家环境保护行政主管部门的这一努力已经在 2008 年国务院机构改革时得到了实现。经全国人民代表大会批准,国务院决定组建作为国务院组成部门的环境保护部。

② "环境、发展与治理结构:如何应对新世纪的环境挑战",载中国环境与发展国际合作委员会编:《给中国政府的环境与发展政策建议》,中国环境科学出版社 2005 年版,第 167 页。

③ 笔者在调研的过程,某直辖市环保局政策法规处负责人就曾说,1998 年国家环保局升格为国家环保总局,虽然在行政级别上提高了,但是宏观决策能力却被削弱了,因为国务院环保委员会作为一个协调机构被撤销了。

④ "环境与发展国际合作委:环保总局应升格环保部",载 http://www. nxep. gov. cn/ReadNews. asp? NewsID = 2694。

⑤ "环保总局赞同升格为环境部建议",载 http://jshb. gov. cn/jshb/xwdt/showinfo. aspx? infoid。

跨行政区域环境保护管理进行试点。2003年,华南督查中心开始试运行。2006年7月,根据中央编办的精神,国家环保总局正式设立了华东环境保护督查中心、华南环境保护督查中心、西北环境保护督查中心、西南环境保护督查中心、东北环境保护督查中心。随着西北督查中心、西南督查中心、东北督查中心在2006年年底的先后揭牌,五大督查中心在2007年全面展开运作。① 根据国家环保总局的有关文件,环境保护督查中心的主要职能在于监督地方对国家环境政策、法规、标准的执行情况;承办跨省区域和流域重大环境纠纷的协调处理工作;承办或参与环境执法稽查工作;督查国家级自然保护区(风景名胜区、森林公园)、国家重要生态功能保护区环境执法情况;负责跨省区域和流域环境污染与生态破坏案件的来访投诉受理和协调工作;承担总局交办的其他工作。② 督查中心的设立,其最直接的指向就在于克服环境保护执法过程的地方保护主义。③

垂直管理。国家在推动区域督查中心的设立的同时,还着力于对地方环境保护行政主管部门的垂直管理。根据我国的行政管理体制,一般的地方行政部门采取双重领导,既接受地方人民政府的领导,还要接受上级业务行政部门的领导。而垂直管理则是指行政部门仅归口上级业务主管部门的领导。实行垂直管理的行政部门,可以保持在人事和财务上的独立性,使其下级部门摆脱地方政府的干预,从而加强部门执法监管的权威性和统一性。当地方环保行政主管部门面临着地方政府的强大影响时,为了保证中央的政令畅通,当时的国家环保总局也极力地推动环保行政管理系统的垂直管理。从2002年起,国家环保总局在陕西开始试行环保系统垂直管理体制,以强化地方环保部门的执法能力和监管能力。根据2002年《陕西省市以下环境保护行政管理体制改革意见》,陕西省对市以下环保机构实行垂直管理。④

2. 惩罚措施的强化

在完善与强化自身组织体系的同时,国家环境保护行政主管部门也逐渐倾向于采取更为严厉的惩罚措施以应对愈演愈烈的环评违法行为。

对建设单位违反环境影响评价审批权的行为,按照《中华人民共和国环境影响

---

① 参见2006年7月8日国家环保总局发布的《关于印发“总局环境保护督查中心组建方案”的通知》(环办〔2006〕81号);“环保督查遭遇尴尬环保部门面临巨大压力”,载 http://news.xinhuanet.com/politics/2007-02/01/content_5683539.htm。

② 参见2006年7月8日国家环保总局发布的《关于印发“总局环境保护督查中心组建方案”的通知》(环办〔2006〕81号)。

③ “各大区域环保督查中心陆续挂牌督查直指地方保护”,载 http://news.xinhuanet.com/politics/2006-12/06/content_5441093.htm;“环保总局首份‘督查通知’:环保督查直指地方保护”,载 http://www.nxep.gov.cn/ReadNews.asp?NewsID=2481。

④ “我省市以下环保机构将实行垂直管理”,载 http://law.shaanxi.gov.cn/shownews.asp?id=6592。

评价法》的规定,国家环境保护行政主管部门可以采取的惩罚措施包括:责令停止建设,限期补办手续;5 万元以上 20 万元以下的罚款;对建设单位直接负责的主管人员和其他直接责任人员的行政处分。但显然,这些措施并不足以威慑和扼制迅速漫延的环境污染源。

2005 年 1 月 13 日,国家环保总局发布关于停建中国长江三峡工程开发总公司等单位 30 个违法建设项目的通告,对 30 个违法建设项目的情况进行了通报。这也是《中华人民共和国环境影响评价法》实施以来国家环保总局首次大规模对外公布违法建设项目,国家环保总局的这个举措取得了立竿见影的效果。[①] 更重要的是,这个举措显然得到了国家最高领导层的认可和赞许。国家领导人的认可使得环保行政主管部门下了“今后一定要坚持做下去”的决心。[②]

随后国务院出台的一些关于可持续发展的政策[③]给了国家环保行政主管部门一个更加明确的信号。2006 年 2 月 7 日,“国家环保总局打出重拳:从即日起,对 9 省 11 家布设在江河水边的环境问题突出企业实施挂牌督办;对 127 个投资共约 4500 亿元的化工石化类项目进行环境风险排查;对 10 个投资共约 290 亿元的违法建设项目进行查处”。[④]

到了 2007 年 1 月 10 日,国家环保总局更是起用了 30 年来最严厉的处罚措施——区域限批、集团限批。在后面的半年多时间里,又采用了流域限批。[⑤] 通过一系列强硬的措施,国家环保行政主管部门希望能够抑制环评违法行为。

应当说,国家环境保护行政主管部门组织功能和惩罚措施的强化,在短期内取得了良好的效果,[⑥]从 2005 年至 2007 年掀起的“环保风暴”使国人对环境保护和环境影响评价有了更多的认识。但是,无论是组织功能的强化还是惩罚措施的强化,

---

① “2005 年 2 月 2 日,国家环保总局副局长潘岳宣布,全国 30 个叫停项目已全部整改。”参见梁从诫主编:《2005 年:中国的环境危局和突围》,社会科学文献出版社 2006 年版,第 5 页。

② “总理肯定‘环保风暴’环保指标 2007 年列入官员政绩考核”,载 http://www. china. com. cn/chinese/2005/Jan/768906. htm。

③ 如 2005 年 11 月 23 日通过的《国务院关于落实科学发展观加强环境保护的决定》。

④ “‘弱势部门再掀环保风暴’潘岳誓言决不虎头蛇尾”,载《南方周末》2006 年 2 月 9 日。

⑤ 所谓的“区域限批”是指环保行政机关在违法建设项目未停止违法行为或者消除不良影响之前,对违法建设项目所在区域的其他建设项目暂停其环境影响评价文件审批的行为。而集团限批和流域限批则是指对违法建设项目所在集团、流域的其他建设项目的暂停审批。

⑥ 2005 年 1 月 13 日,国家环保总局发布关于停建中国长江三峡工程开发总公司等单位 30 个违法建设项目的通告,到 2005 年 2 月 2 日,全国 30 个叫停项目就已全部整改;而在 2007 年 1 月 10 日采取限批措施的 4 个区域和 4 个集团,也在 2007 年 4 月 9 日全部整改完毕。分别参见梁从诫主编:《2005 年:中国的环境危局和突围》,社会科学文献出版社 2006 年版,第 5 页;“区域限批禁令全部解除”,载《人民日报》2007 年 4 月 10 日第6 版。另外,从对山西省吕梁市市长董洪运和河北省唐山市市长张国栋的采访也可以看到区域限批的威慑力。有关访谈见中央电视台 2007 年 5 月 13 日《对话》节目:《环保正在过大关》。

都由于缺乏制度性的保障,而面临着困境、遭受着批评。① 诚如一个评论所指出的,“近年来,媒体把环保总局的执法行动称作‘风暴’。这个名字很浪漫。但现实却是一场没有丝毫浪漫色彩的、漫长而艰辛的拉锯战。每一次,‘风暴’都跟在突发事件和被动形势后面‘亡羊补牢’;每一次,‘风暴’都未能如愿变成常规性制度固定下来;每一次,‘风暴’能改变的都远远不如人们期待的多。是该告别‘风暴’寻找新路的时候了。”②如何才能使监督管理的强化举措不会是昙花一现,流于运动式,还需要环境保护行政主管部门从制度上对监督权力有更多的关注。

① 有关区域督查中心所面临的困境以及对垂直管理和环保风暴的批评可参见“环保督查遭遇尴尬 环保部门面临巨大压力”、“惟有责任明晰环保方能硬起来”、“2005 环保风暴背后:配合国家宏观调控”,分别载 http://news. xinhuanet. com/politics/2007 - 02/01/content_5683539. htm; http://www. sepa. gov. cn/hjyw/hpfb/200502/t20050207_64329. htm; http://www. sepa. gov. cn/hjyw/hpfb/200501/t20050121_64060. htm。

② “环保总局副局长潘岳:告别环保风暴推行环境经济新政”编前,载 http://news. xinhuanet. com/politics/2007 - 12/06/content_7207604. htm。

行政复议调解制度研究

于鹏飞 *

一、复议调解制度的立法分析

1. 复议调解制度是对复议实践的立法回应

行政复议是与行政诉讼并立的两大行政法律救济机制之一，二者在许多方面有相似之处。多年的司法实践表明，囿于现有的政治体制，行政诉讼对行政机关依法行政司法监督的效果并不理想，行政机关“一败难求”，大量的案件以撤诉的方式结案。原因是司法机关并非真正意义上的独立。相对来说，行政复议是行政机关内部上下级间的监督，不会出现类似行政诉讼的尴尬和困境。但是，也许是复议制度的设计者过于理想化，行政复议制度实施十多年来的实践证明行政复议仍难脱行政诉讼的窠臼。案件的维持率过高，大部分案件在复议后又提起诉讼，复议的公信力受到质疑。行政复议不仅未能为行政诉讼解决行政纠纷，反而浪费了大量的行政资源。虽然行政复议因带有与生俱来的弊端——行政机关的自我约束天生不足而多受诟病，但造成复议困境的一个重要原因是，真正承担复议任务的是复议机关内部的法制机构，复议机关特别是政府“无暇顾及”复议案件而并不直接行使监督和制约权。法制机构虽然代表复议机关具体承办复议案件，但实际上未对被监督部门形成层级优势，不具备层级监督的条件。于是，行政诉讼中撤诉结案的一幕再次上演，行政复议中出现了大量以申请人撤回申请而终止复议的案件，这种结果的出现背离了复议制度设计者的初衷。既然，行政复议无法真正起到上下级的监督作用，重新设计一种制度就显得必要。对复议调解结案方式予以法律上的肯定，既可以避开法律的刚性规定，也可以在一定程度上化解行政纠纷，复议调解结案方式应运而生。

2. 复议调解制度有利于促进和谐社会政治目标的实现

现实的存在必有其历史的缘由。追溯中国的历史可以发现，调解在解决争议方面一直发挥着不可替代的作用。因这一传统契合了中国人特有的心理和行为方式，延续下来并被吸收进司法系统，成为司法解决争议的重要方式和手段。民事调解的法律明文规定，行政诉讼调解的实质运行，刑事和解的热衷无不证明调解在中

---

* 于鹏飞，2009 级中国法律史专业，指导老师：王立民。现工作于无锡市人民政府法制办。

国人心目中的分量。2004年,调解制度随着国家政治形势的变化而进一步受到重视。基于抑制国内社会矛盾冲突的需要,国家提出了建立和谐社会的政治蓝图。由于中国几千年浓厚儒家文化的积淀,对于建立和谐社会人们心目中首先想到的便是调解制度,而在法律领域是否复兴调解制度也成为把握政治风向的衡量标准。复议调解制度的设立是对建立和谐社会这一政治要求而在行政法上作出的反应,是对民众和谐理念心理的把握和契合。虽然,复议调解制度是否在行政法学理论上达到成熟尚未可知。比如,同是对政治形势的反应,最高人民法院2008年2月1日颁布施行的《关于行政诉讼撤诉若干问题的规定》,未使用"调解"一词相比就要谨慎得多。

3. 复议调解制度在解决行政纠纷方面有其他方式所不具有的优势

调解有利于当事人息诉,减少上诉、申诉、缠诉以及上访等中国特有的"劣根"现象。由于特殊的体制与国情,讨论权利救济方式的行政复议与行政诉讼制度的公信力及既判力始终是个严肃的话题,社会对法律的权威和公正性产生了极大的信任危机,依法治国并未得到民众的热切响应,多年依靠政策治国甚至个人独断的消极影响不仅难消,而且在不少地方仍在得到事实上的加强。有些纠纷的发生有着深刻而特殊的历史背景和社会因素,导致案积多年,错综复杂,如土地、拆迁、就业等,涉及法律与政策的冲突、个人利益与社会利益的冲突。"许多当事人在其诉求得不到法律上的支持时,质疑法律的公正性,有甚者会采取激烈的抗争方式。一个不断上访的案件会使一个地方不得安宁,并像恶性循环一样招致更多的干预——来自上级法院、检察院、纪检、政法委、人大和媒体的监督"。① 而调解则可以极大地减少这种现象。行政争议双方在其各方利益均可得到照顾的情况下接受调解达成的折中结果,在息诉这一点上,调解制度显示出了其他纠纷解决方式所不具有的优势。通过调解将一部分棘手和烦琐的行政纠纷"彻底"地处理掉,不仅可以减少社会的指责,而且能够为政府自己创造更好的生存环境。调解作为能够融合政府和当事人利益的一种博弈结果,对于缓和社会矛盾与减轻政府的压力,维护社会稳定与改善社会环境都具有重要意义。

二、复议调解制度的行政法学理论基础

行政纠纷不适用调解既是实定法也是行政法理论上的定论。虽然多年来司法实践领域对建立行政诉讼调解制度的呼声高涨,但作为行动先导的行政法学未在

① 范愉:"调解的重构(下)——以法院的调解改革为重点",载《法制与社会发展》2004年第3期。

理论上予以突破。不适用调解的理由是:行政权不得任意处分原理,理论基础为法律优先原则。在现代行政理念下行政权获得了空前的扩张,公民"从摇篮到坟墓"无不有国家权力的影子。"然而,行政权过于强大,如果没有同样强有力的控制机制,它又必然形成对民主、自由、人权的威胁,使议会徒具形式,使法院听命于政府,使人民对行政官员心存畏惧"。① 为防止行政权的扩张对公民人权造成侵害,必须有效地制约行政权的行使,行政职权法定主义即法律优先原则应运而生,它要求行政机关在行使行政权时,必须严格遵守法律,不得任意转让或抛弃。行政权不得处分原则并未被行政法理论和实践所推翻,相反,随着行政权的扩张还有加强的趋势。

1. 自由裁量行政行为并非行政纠纷适用调解的基础

为适用调解解决行政纠纷寻找理论上的支持,众多论著皆把大量存在的自由裁量行政行为作为支撑其观点的基础,认为"行政机关行使法定裁量权作出的行政行为,即自由裁量的具体行政行为则不同,行政机关在作出这类行为时可以根据实际情况来确定具体行政行为的内容,所以,可以接受行政复议机关的调解。"②行政诉讼的有关论著中,亦存有相似的观点。笔者认为,自由裁量权的存在并非适用调解的基础。首先,所谓行政自由裁量权,即自由裁量行政行为,是与羁束行政行为相对应的一种行政法学上的分类,它"是指行政主体对行政法规范的适用具有灵活性的行为。行政行为的上述分类是以行政行为受行政法规范的拘束程度为标准的,而不是以行政主体对事实的认定是否具有灵活性为标准"。③ 行政自由裁量权广泛存在于行政管理的各个领域,已成为现代行政管理的重要方面。尽管自由裁量权是现代管理所必须的,但是任何权力都存在被滥用的危险,国家公权力就像一把"双刃剑",在为民众谋取福祉的同时又可能异化为侵害公民权利的工具。"当代中国的法治,则是在已经存在强大的国家和政府权力的状态下启动的。这就不免导致双重后果:国家和政府权力的运行态势直接造成了现实法治的种种尴尬,而不是法治规制着国家和政府权力的运作。这样看来,在追求和实现实质正义方面,当前中国的法治,最为紧要处,仍然是限制和约束国家与政府的权力"。④ 因此,行政权的行使必须受到监督和制约,特别是自由裁量的行使必须受到法律的限制。"对于行政权力的约束,还在于恰当的约束其自由裁量权。行政权力自由裁量的灵活行使,应活而不乱,要有所规制。自由裁量权要合规则性和目的性,从而对自由裁量权

① 姜明安主编:《行政法与行政诉讼法》,北京大学出版社、高等教育出版社2007年版,第10页。

② 曹康泰主编:《中华人民共和国行政复议法实施条例释义》,中国法制出版社2007年版,第204页。

③ 姜明安主编:《行政法与行政诉讼法》,北京大学出版社、高等教育出版社2007年版,第180页。

④ 高鸿钧等著:《法治:理念与制度》,中国政法大学出版社2002年版,第204~205页。

加以约束”。[①]“自由裁量权的行使应遵循合理、善意而且仅为正当目的的行使，并与授权法精神及内容相一致”。[②] 行政机关无权自由处分国家赋予的职权，复议中与行政相对人对行政行为进行讨价还价似的协商也就无从谈起，行政权不可处分仍是复议调解不可逾越的鸿沟。其次，行政行为的确定力也限制了行政行为的随意变更。“具体行政行为的确定力包括形式确定力和实质确定力两个方面。实质确定力，是具体行政行为对于行政主体而言的不可改变力，即行政主体不得任意变更、撤销或废止所作的具体行政行为”。[③] 对于已成立的行政行为，行政机关和其他有权机关非依法定权限、程序不得任意予以撤销、变更、废止，这是行政行为对国家机关的一种“自缚力”，以防止行政机关反复无常、任意作为，侵害相对人的利益和社会公共秩序。民事调解中，争议双方相互谈判、妥协的每一个动态的中止，都是对自己民事权利的让步与处分，无须程序上予以限制。但行政行为不同，调解中即使是代表行政机关的工作人员同意给予行政相对人权利上的让步，也必须遵循严格的程序，特别是内部的报批程序，有的行政行为还必须经过听证等严格程序，并非如民事调解般可以在调解现场对权利进行处分。因此，行政行为确定力理论限制随意化和非程序化的行政行为变更。最后，自由裁量权的行使是指行政行为作出时，行政机关根据认定的事实、证据对法律的适用所进行的选择，当行政行为最终作出后，自由裁量权已经行使完毕，针对同一事实不再存在自由裁量权的行使，进入复议程序对行政行为的变更已不再是同一意义上的自由裁量权。而且，在行使自由裁量权时并未涉及行政权的处分。处分，是民法上的基本概念，处分权能决定民事权利的最终命运，处分的对象为权利自身。显然，行政处分的对象亦应为行政权力本身，行政行为的自由裁量中，行政机关没有转让处分其国家赋予的行政权力，仍然是行政机关自己的裁量。“行政机关在裁量中，并没有像公民处分其财产权那样把选择或判断权抛弃或转让给他人”。[④] 因此，将自由裁量权的存在作为适用调解的基础，是概念上的混淆，因为复议调解是针对已经发生效力，且自由裁量权行使完毕后的行政行为而进行的，此时自由裁量权已不复存在。

2. 调解应视为复议过程中对案件事实的再调查和法律适用的再选择

行政行为的确定力理论限制了如民事调解非程序性的对行政行为的随意变更。但是，行政行为的确定力又是相对的：一是为纠正可能存在的不合法情况，法律提供一定的期限和渠道，为相对人寻求救济提供了可能，救济机关可以通过审查而

---

① 高鸿钧等著：《法治：理念与制度》，中国政法大学出版社2002年版，第513页。

② ［英］威廉·韦德著：《行政法》，徐炳等译，中国大百科全书出版社1997年版，第56页。

③ 叶必丰：“行政行为确定力研究”，载《中国法学》1996年第3期。

④ 叶必丰：“行政和解和调解：基于公众参与和诚实信用”，载《政治和法律》2008年第5期。

推翻行政行为；二是法律一般规定行政主体可以根据一定的条件和程序，依职权主动改变违背社会公共利益的行政行为。

上述行政行为确定力相对性的理论可以很好地作为调解解决纠纷的理论基础。

作为现代行政法理论——平衡论的奠基者罗豪才教授认为，要实现、维持行政法的结构性均衡，也必须具有完善的制约与激励机制。“行政法机制的制约性是指行政法既制约行政主体滥用行政权，预防、制裁违法行政，又制约相对方滥用相对方权利，预防、制裁行政违法。行政法机制的激励性是指行政法既激励行政主体积极行政，为公益与私益的增长创造更多机会，又激励相对方积极实践法定权利、依法积极有序地参与行政，监督行政权的行使，促成行政主体与相对方之间的互动与合作。激励、制约相容的行政法机制顺应了现代政府与市场、国家与社会之间的良性互动”。[①] 但是，由于我们国家大政府、小社会的现状，管理论仍然成为行政法的实际基础理论。实践中，行政机关作出行政行为时很少赋予或激励行政相对方的参与，即使是有限的参与也无法达到平衡论提倡的积极参与、良性互动，在对事实的认定、证据的判断和法律的适用方面往往无法做到充分、完善，不可避免地会产生行政争议。因此，行政争议产生后给予行政相对方表达、参与的机会，以恢复被破坏的平衡，就成为行政救济的关键。在复议机制中，这种关键就表现为调解解决纠纷制度的产生。

如同国外的审前会议，在调解中由复议机关主持，让相对人有充分参与的机会开展多方的协商对话，通过双方意思的充分表达，完成对具体行政行为作出时的事实关系、证据准确性的调查与探知，以互让的方式弥合观点上的分歧，为复议机关和作出原行政行为的行政主体依职权和法定程序作出新的决定提供根据。“复议机关和人民法院的作用是组织及主持事后沟通活动，即在于组织和主持双方当事人开展协商对话，并以中立、客观和专业的立场判断双方所提事实证据的真实性、合法性和关联性，以及所提法律意见的准确性，说服、劝导双方认可、接受对方所提正确的事实证据和法律意见，从而达成共识”。[②] 其实，从法理上讲，这里调解的含义已不同于民事争议中的调解是争议双方对自己权利的处分，而是对对方所提出的合法化事实和证据的接受、采纳以及法律意见的相互认可。因此，尽管立法上要求法律用语的协调一致，但是为避免引起不应有的争议，应当对行政法上的“调解”进行名称上的嬗变，以区别于民事法上的“调解”一词，因为，“调解”一词并非严格意义上的现代法律概念，更多的是在政治意义上提出的。目前，最高人民法院《关

① 罗豪才、宋功德：“行政法的失衡与平衡”，载《中国法学》2001 年第 2 期。

② 叶必丰：“行政和解和调解：基于公众参与和诚实信用”，载《政治和法律》2008 年第 5 期。

于行政诉讼撤诉若干问题的规定》中运用“撤诉”的表述似乎更为妥当。

三、复议调解程序问题

调解解决纠纷完全是一种不同于复议决定的创新结案方式,需要建立完善而又可行的程序。从行政复议法实施条例第50条的规定来看,该条规定的内容多是对民事调解的同义反复,并未给出独特而明确的可操作程序,增加了实践中操作的随意性。这也印证了复议调解制度法定化理论上尚不成熟,而是对政势作出的仓促反应。因为,调解并非严格意义上的法律概念,不能在所有的法律语境下作同一含义使用。在司法领域,最高人民法院意识到民事调解是与民事判决完全不同的结案方式,为规范民事调解制度,防止调解的随意性,于2004年11月1日颁布实施《关于人民法院民事调解工作若干问题的规定》,对调解解决民事纠纷的程序进行立法上的规范。即使如此,民事调解中的原则和程序设计仍存在一定的问题,如要求“必须在‘查明事实、分清是非’的基础上进行调解,而这种做法并不完全符合实务需要,尤其是在审前调解中,法官完全可以根据案件和当事人的实际情况径行调解,只要争议双方能够接受,而无须把精力过多地放在证据调查和法律判断上。只有突破这一规定,才能使审前调解得到发展”。[①] 此外,调解书生效条件也使调解在程序上受到了较大的限制,由于法院很难在调解协议达成后立即出具调解书,有的当事人往往在调解书送达签署时反悔,使调解功亏一篑,既延误了审理的时间,也浪费了司法资源。

显然,按照行政复议法实施条例立法原意确定的调解制度,并不适合解决行政纠纷,因为这不仅违反了行政权不可处分原理及行政行为确定力原则,而且照搬民事调解存在上述的实际操作困难。因此,为避免引起理论上的误解,使立法规定与实践操作相契合,应摒弃使用“调解”一词。笔者认为,暂宜称作撤回行政复议制度。唯有将复议调解视作对事实、证据的再调查,才符合立法规定,特别是合法的原则性规定。在立法对调解的程序规定缺位的情况下,笔者认为,复议实践中,宜遵循以下基本程序。

1. 调解程序的启动。在行政复议中,双方当事人可以启动调解程序,任何一方不同意调解的,不得违背自愿原则强制进行。当然,应当允许复议机构工作人员向双方当事人说明复议调解的性质意在对事实、证据的重新认定及对法律适用的进

---

① 景汉朝、卢子娟:“经济审批方式改革若干问题研究”,载江平主编:《民事审判方式改革与发展》,中国法制出版社1998年版。

一步探讨,有利于决定的最后作出。

2. 调解协商的进行。该程序相当于司法的审前会议,由复议机关中立主持,着重对事实的重新调查。在行政相对人充分参与的情况下,可就案件认定的事实、可采性证据以及适用的法律进行充分的讨论和协商,最终达成一致性的意见。

3. 调解协议的达成。调解协议是行政机关与行政相对人化解行政纠纷的书面承诺。调解协议的达成,意味着行政机关与相对人对案件事实和采纳的证据达成一致性意见,作为改变原具体行政行为的依据。在复议机关主持下达成的调解协议具有拘束力,争议双方应信守承诺。

4. 行政复议的撤回。调解协议达成后,行政机关根据调解协议认定的事实和采纳的证据,依法定程序改变原具体行政行为,作出对相对人有利的决定。而相对人则放弃争议权和救济权,向复议机关撤回行政复议申请,复议终止。

四、复议调解应当谨慎地运用

调解结案方式的优点明显。但是,立法上的肯定是否会如同民事调解制度一样,经历着强化——淡化的反复呢?而且,在当前努力构建和谐社会的强势政态下,调解结案方式是否会成为复议机关追求的目标,使得调解结案成为一种目的,而非解决行政纠纷的手段呢?这些都是需要理性思考的问题。笔者认为,调解结案方式的积极意义确实值得提倡,但是,如同任何事物都有两面性一样,正所谓过犹不及,不能因调解的正面作用将其视作救世良方,忽视了它的局限性。因为目前即使是立法者对调解的性质亦非十分明确,主张建立行政复议调解制度者大多将其混同于民事调解制度,认为其理论的基础为行政自由处分权,这从行政复议法实施条例第50条的立法规定可见一斑。实则不然。

中国的调解制度源远流长,是几千年儒家文化的积淀。“儒家讲求和谐,和谐是关系的洽合,是各种情感的洽合。对于儒家来说,和谐的获得要靠伦理道德……”①它一方面体现我们民族的宽容、息事宁人、希望和谐的民族特性,另一方面也是封建社会人治思想的反映。“儒家此种政治自然是希望有圣君贤相在上,方能实行。故吾侪可以名之曰‘人治主义’”。② 如果过于强化调解的作用,引起的可能后果便是公民法律虚无主义意识的扩展和蔓延,客观上阻碍法治信仰的产生。这绝非危言耸听。首先,复议调解的性质并不十分明确,大多数人将其等同于民事调解。而在

① 马小红主编:《中国法律思想史研究》,中国人民大学出版社2007年版,第458页。

② 梁启超著:《饮冰室合集》(专集之15 先秦政治思想史),中华书局1989年版,第78页。

民事调解中，一般是要求争议双方通过对其权利的让步，以换取义务上的部分免除，如此给人以交易规避法律刚性规定的感觉。“在时下的中国，原本法律就难以得到严格执行，如过于强化调解的作用，法律规定会被进一步弱化，导致法律虚无主义的蔓延，对于依法治国刚刚起步的国家而言，其负面的影响显而易见”。① 其次，调解本身具有模糊证据的作用，这与我国一直强调的“以事实为根据”的证据裁决规则并不相符，因为证据的主要功能是承载案件的事实，而实践中的调解恰在模糊证据，轻视证据的结果会导致轻视行为的规范化。最后，调解结案方式没有一套可操作的规范性制度，仅有对民事调解同义反复的行政复议法实施条例第50条的原则性规定，而这并不能替代具体的可操作性程序。立法上的不严谨必然导致实践中操作上的随意性，对违法调解监督上的不力最终损害的是国家的权威。

喜好调解结案方式者支撑其观点的一个有力证据便是，现在连国外发达国家都越来越重视调解的作用，开始崇拜这带有人情味的东方经验，而对这些国家的法治建设并未见显性的不利影响。对此，笔者并不否认。但是应该看到，我们的调解与国外的调解解决纠纷方式在背景特别是环境上完全不同。国外发达国家开始的调解制度是在其国内法治非常健全、公民的法治意识浓厚、司法以及其他纠纷解决机制的公信力普遍得到社会民众认可的情况下发展起来的，而且也并非纠纷解决的主要手段，是公民厌讼的替代性选择。而我国目前刚刚在国家层面上建设法治国家，公民的法律意识尚待提高，调解解决纠纷往往也非争议双方的自愿性选择，众多调解案件有复议机构过度介入的影子。因此，在国家的法治环境尚未完善的情况下，应努力引导人们树立民主法治意识，这对我们国家由政府自上而下主导的法治建设来说显得尤其重要。

社会转型期不同利益群体的关系紧张，为抑制冲突的需要，为建立和谐社会的政治要求而复兴调解制度，笔者也深以为然。可手段不能代替目的，应当理性地对待调解制度，不应盲目夸大其作用，在法治不健全，民众法治意识尚未充分建立的情况下，调解应谨慎地运用。

① 张卫平：“诉讼调解：时下势态的分析与思考”，载《法学》2007年第5期。

征收权之法理分析

叶　芳*

一、征收权的概念

大不列颠百科全书定义征收(eminent domain,或称 condemnation、expropriation)是政府为公用而不经产权人同意拿走私人财产的权力。维基百科认为征收是政府不论同意与否,支付正当金钱补偿而夺走私人财产或财产权的权力。征收在美国、加拿大称为 eminent domain,英国、新西兰、爱尔兰称为 compulsory purchase,澳大利亚称为 resumption/compulsory acquisition。北大宪政知识网认为 eminent domain(拉丁语 eminens,意为高于其他,rising high above surrounding objects;dominium,即 domain,所有权),该词作为法律术语用来描述一个国家剥夺私人财产而不论业主同意与否的主权。我国民法学者王卫国认为:征收权是指国家为了公共目的而占用私人财产的权力。① 美国佐治亚州官方法律注释:"征收是政府享有的权力,考虑公众的经济情况和为了公共利益,通过政府的常设机构来临时或者长期实施对政府拥有的任何土地的统治权。"②

二、征收权的理论基础

(一)法学理论

"保留权利说"(reserved rights)假定在个人占有财产之前,国家对一切财产具有原始和绝对的所有权。因而公民对财产的占有取决于主权国家的授权,且以后的享用过程也受制于隐含的保留条件,也就是国家可以在任何时候为了公共目的而收回财产。早期的大陆法系学者如格劳秀斯和普芬多夫认为,在公民取得财产之前,主权国家对财产拥有初始的和绝对的所有权,个人所有权是由国家让渡的,

---

* 叶芳,2006 级法律史专业,指导老师:孙潮。现工作于上海市锦天城律师事务所。

① 张千帆:"'公共利益'的困境与出路——美国公用征收条款的宪法解释及其对中国的启示",载《中国法学》2005 年第 5 期。

② O. C. G. A. 22 – 1 – 2. (a)(2007).

而国家在让渡的同时自然保留了将来再索回的权利。[①] 根据这种观点,个人的财产所有权至少相对于政府而言只是限于一种占有权和使用权。该理论更加符合封建时期日耳曼法的财产制度,在天赋人权的现代财产制度下,恐难寻觅到理论支撑。

"内在权力说"(inherent powers),也称"主权说",认为公民拥有全部的财产权,没有必要经过政府授权,但政府可根据需要拥有征收财产的权力,只是必须满足宪法所规定的前提条件。该说认为财产是先于政府而存在,但征收这种权力是一个主权政府为了一个一般意义上的政府(as a general purpose government)所代表的所有者的利益而行使其权利所必要的条件。[②] 这样,征收权并非基于政府的终极所有权(ultimate ownership,即"保留权说"),而是基于主权的行使。该说符合启蒙思想家们的财产观,为美国制宪先贤所采纳。我国的许多公法和私法学者也持类似观点,如民法学者王卫国认为:国家征用财产的权力,不是依据于国家所有权,而是依据于国家主权。主权意味着国家可以支配其领土内的一切人和物。主权包括对内(统治权)和对外(独立权)两个方面。我国宪法设立国家土地所有权、集体土地所有权和国家对集体土地的征用权,都是对内主权的体现。[③] 公法学者沈开举认为:从历史上看,"征收权"一词是指独立存在于任何成文宪法或者制定法中的权力,它是主权国家的固有权力。[④]

(二)经济学理论

"交易成本理论"("市场失灵说")。当通过市场的协商自愿交易无法成就将财产转移到更有效率的政府手中,这是市场的失灵,而征收权就是对市场失灵的补救。[⑤] 法律经济学者认为,征收制度的潜在无效率是可以被潜在效率抵消的。政府征收所涉及的项目一般都是巨大的,牵涉与许多私人财产所有者的交易,这些复合交易的谈判成本是很高的,原因之一是政府在规划确定以后放弃原来的购买计划,而购买其他土地的成本巨大,私人所有者知道这点后会提出高昂的收购价格;原因之二是每一位所有者都希望自己成为最后一个出售者以获得最大的利益,势必影响收购的进度。如果征收者承担了如此巨大的成本,只能提高服务价格,把成本转嫁到消费者身上,这样消费者和征收者双方都不能获益。此外,鉴于征收成本巨大,

---

① 陈向民:"中美征收制度重要问题比较",载 http://www.rurallandlaw.cn/Html/yiyucaifeng/48030615453.htm。

② West River Bridge Co v. Dix,47 US 507(1848).

③ 王卫国著:《中国土地权利研究》,中国政法大学出版社 1997 年版,第 35 页。

④ 沈开举著:《征收、征用与补偿》,法律出版社 2006 年版,第 23 页。

⑤ Bruce L. Benson. The Evolution of Eminent Domain A Remedy for Market Failure or an Effort to Limit Government Power and Government Failure? *The Independent Review*, Volume Ⅻ, Number 3, Winter 2008. Note 1, p. 424.

征收者也可能会采取其他措施替代征收他们计划内的土地，结果这些土地就不能转到使用效率更高的征收者手中。①

"公共产品理论"(public goods)。Holcombe 的"公共产品理论"认为执政者的最大利益就是提供公共产品，而这也是政府权力的正当理由，包括征收权。② 根据该理论，对抗性和排他性的私人产品应由私人所有和提供，具有非对抗性和排他性的公共产品(如国防)则应由公共所有，政府提供这些公共产品是更有效率的。因为政府提供公共产品时的高效率，所以在供应公共产品时征收私人财产才是正当的，反之，政府为了供应私人产品而征收私人财产则是不正当的。供应公共产品也就要求政府的征收符合"公共利益"的要求。③ 该学说对"市场失灵说"给予了支持。

三、征收权的相关概念辨析

(一)征收与征用

我国法律规定大多以"征用"一词表示"征收"之意。所以许多学者在讨论征收问题时混用二词，或干脆在注释中明确二词为同义④。但 2004 年我国《宪法》、《土地管理法》均进行了修改，把原来的"征用"改为"征收"，并单独对"征用"有所规定。2004 年的《宪法》第 10 条及《土地管理法》第 2 条规定，国家为了公共利益的需要，可以依法对土地实行征收或者征用并给予补偿。2007 年《物权法》第 42 条对"征收"进行了规定："为了公共利益的需要，依照法律规定的权限和程序可以征收集体所有的土地和单位、个人的房屋及其他不动产。征收集体所有的土地，应当依法足额支付土地补偿费、安置补助费、地上附着物和青苗补偿费等费用，安排被征地农民的社会保障费用，保障被征地农民的生活，维护被征地农民的合法权益。征收单位、个人的房屋及其他不动产，应当依法给予拆迁补偿，维护被征收人的合法权益；征收个人住宅的，还应当保障被征收人的居住条件。任何单位和个人不得贪

---

① 李强："中国土地征收法律制度研究"，载 http://www.lunwentianxia.com/product.free.2060681.1/。

② Bruce L. Benson. The Evolution of Eminent Domain A Remedy for Market Failure or an Effort to Limit Government Power and Government Failure? *The Independent Review*, Volume XII, Number 3, Winter 2008. p.423.

③ 李强："中国土地征收法律制度研究"，载 http://www.lunwentianxia.com/product.free.2060681.1/。

④ "《宪法》及《土地管理法》等立法均并列使用征用和征收一语，未见区别性规定。而《土地管理法实施条例》(25 条)更是明确规定了'国家依法征用的土地'，属于国家所有，现行立法上的土地征用即指土地征收。约定俗成，相关著述多在同一意义上使用二者。文中除作特别说明外，土地征用和土地征收所指同义。"参见汪振江著：《农村土地产权与征收补偿问题研究》，中国人民大学出版社 2008 年版，第 13 页。

污、挪用、私分、截留、拖欠征收补偿费等费用。”《物权法》第 44 条“因抢险、救灾等紧急需要，依照法律规定的权限和程序可以征用单位、个人的不动产或者动产。被征用的不动产或者动产使用后，应当返还被征用人。单位、个人的不动产或者动产被征用或者征用后毁损、灭失的，应当给予补偿。”

从上述法律规定来看，“征收”与“征用”两个概念的区别也是明显的。第一，法律效果不同。征收是财产权尤其是所有权的消灭或转移，征用则是仅仅涉及使用权，不涉及所有权，因此存在返还的规定。第二，目的不同。征收的目的是公共利益的需要，征用是某些特殊公共利益如抢险、救灾的需要，具有临时性、紧迫性特征。第三，适用的法律不同。征收主要适用《土地管理法》、《城市规划法》等，征用适用的多是调整紧急状态的法律，如《警察法》第 13、34 条规定了在特殊情况下，人民警察可以临时使用公民的私有财产；《戒严法》第 17 条规定了根据执行戒严任务的需要，戒严地区的县级以上人民政府可以临时征用国家机关、企业事业组织、社会团体以及公民个人的房屋、场所、设施、运输工具、工程机械等，在非常紧急的情况下，执行戒严任务的人民警察、人民武装警察、人民解放军的现场指挥员可以直接决定临时征用，地方人民政府应当给予协助。实施征用应当开具征用单据；《国防法》第 48、49、55 条规定了在国家动员的时候可以征用公民财产的情况；《防震减灾法》第 50、59 ~ 61 条规定了在地震的特殊情况下可以先征用再办理相关手续；《消防法》第 45 条规定了在消防的紧急情况下可以使用公民的财物等。

笔者认为，征用实质上也是权力对权利的剥夺或限制，只是其限制的程度比征收要轻，或其限制的时间比征收要短，限制的原因比征收要紧迫等。但不论如何区别，征用在本质上属于征收。因此许多法域并不作类似的区分，如德国用于界定征收的特别牺牲理论也包含了上述征用的情况；美国的征收理论也包含了征用。

（二）征收与拆迁

我国以前《城市房屋拆迁管理条例》所规定的拆迁与征收的区别主要有：第一，行为属性不同。拆迁只是征收行为（在我国是行政行为）生效后的法律效果，即不动产财产权利消灭或转移至征收人，征收人作为不动产财产权利人拆除房屋系其行使自己民事财产权利的行为，是民事法律行为，不是行政行为。而征收是征收人作为国家权力主体（在我国是行政权力主体），或者经其授权，强制取得不动产财产权利的行政行为。第二，二者为因果关系。征收是因，拆迁是果。没有不动产财产权的征收，就没有拆迁，因此讨论拆迁是否合法，应先讨论征收是否合法。第三，范围不同。征收不仅涉及不动产也涉及动产，不仅涉及房屋还涉及土地。但只有在有地上建筑物的情况下才存在拆迁问题，即将地上建筑物拆除，将建筑物内的权利人迁移。在 2011 年 1 月 21 日公布的《国有土地上房屋征收与补偿条例》中，“拆迁”二字被彻底摒弃，而代之以“征收与补偿”，从而避免了从前《城市房屋拆迁管理条例》可能造成的征收与拆迁的混淆。

四、征收权法律关系

从上述征收权的理论基础可见,无论是基于国家所有权的"保留权"还是基于国家主权的"内在权",征收权都是国家权力,即公权力。它符合公权力的要件及特征:征收权主体与相对人之间处于不平等的地位,不是平等自愿的市场交易主体;征收权以法律、命令、服从为特征;征收权基于国家单方面的意思表示,具有国家强制性。德国法学家拉班德就指出,土地征收不应该与私法上的买卖相比较,它是国家权力对私权的侵害,其基础在公法,征收权的主体是国家。奥托·梅耶尔认为,征收是为了公企业而剥夺臣民所有权的国权侵害行为。①

(一)征收权的主体

征收权为国家权力、公权力,所以征收权的主体应该为可以代表国家权力的机关:立法、行政、司法机关。多数国家司法机关没有作为征收权的主体,而是作为独立第三方对其进行审查和监督,给予相对人权利救济。

1. 行政主体

多数国家征收权的主体是行政机关,征收行为为行政处分行为(类似我国的具体行政行为),征收权的行使依据行政处分行为的运行方式,因此征收也被称为"行政征收"。

美国联邦宪法用第 5 修正案来限制联邦政府行使国家征收权,并通过联邦宪法第 14 修正案把该限制扩大到各州。② 所以一般而言,美国各级政府——联邦、州或者地方(local)——都能够行使征收权。美国的行政征收权通常来自两种途径:第一种也是通常的法律途径就是立法授权。经州立法机关授权,行政机关、准政府部门和公用事业公司也可以行使征收权。如果得到州的授权,那么私人和公共机构都可以有权进行征收。立法可以对行使征收权的机构划分为不同的层次。③ 政府对于市政公司和私人机构在相同情况下行使征收权施加了不同的要求。④ 第二种是宪法授权。如果州宪法性条款是可自行执行的,并且明确规定为了某种特定的目的可以征收土地,那么在这种情况下,不需要立法授权也能够启动为了此目的而

---

① [日]美浓部达吉著:《公用收用法原理》,有斐阁 1936 年版,第 27 ~28 页。

② 第 14 修正案规定任何州"未经正当法律程序不得剥夺任何人的生命、自由或财产"。

③ 1A Nichols on Eminent Domain § 3.04[2].转引自 David L. Callies, Taking: Physical and Regulatory, *Asia Pacific Law Review*, Vol. 15, No. 1, LexisNexis, 2007, p. 80.

④ Steinhart v. Mendocino County Ct, 70 P 629(Cal 1902).

征收土地的程序。例如,如果一个州的宪法允许其城市订立它们自己的宪章,那么在这种情况下,一个城市就可以赋予自己征收权力。①

德国虽有立法征收的判例,但就古典征收而言,以一个有益公共福利的征收计划如建造公路、机场等主要利用行政处分(具体行政行为)来实行。②

值得注意的是,政府行政机构及其授权部门、企业作为征收权主体行使征收权,不改变行政征收的性质,其授权与被授权的法律关系应该理解为行政委托法律关系。行政征收权的运行方式应该遵循行政处分行为的运行方式及其法律原则和法律后果。不可因权力主体系行政机关之外的企业就把行政征收主体视为私主体,是与权力对象地位平等的民事主体,走入基本法律关系混淆的误区。我国1997年颁布、2001年修改的《城市房屋拆迁管理条例》中正是在征收权的性质和权力主体等基本法律问题上为诸多学者所诟病。他们认为该条例把因征收引发的拆迁问题,定格为拆迁人与被拆迁人之间的问题,并把他们之间的法律关系视为平等民事主体之间的民事法律关系,也就是自愿和协商的关系,是混淆基本法律关系和权力主体的重大错误。《城市房屋拆迁管理条例》中的这一错误被新颁布的《国有土地上房屋征收与补偿条例》修正,新的征收与补偿条例规定征收的主体是政府,其与被征收人之间的关系是行政法律关系,政府可以委托房屋征收实施单位,承担房屋征收与补偿的具体工作,政府和房屋征收实施单位是行政委托关系。政府对房屋征收实施单位在委托范围内实施的房屋征收与补偿行为负责监督,并对其行为后果承担法律责任。③

2. 立法主体

除了通常的行政征收外,也有立法机关直接以立法的形式行使征收权,完成征收法律效果的情况,叫做"立法征收"。德国魏玛时代存在这样的例子,德国法院1924年民事审理因矿业法而导致退休金被撤销的案件时,首次肯定了立法征收。该征收的标的已经突破了传统征收的范畴而包括了一切"具财产价值的私权利"。④但是由于立法征收具有省略法律救济的作用,因此应当作为极少的例外使用。⑤

(二)征收权的客体

征收权的客体是征收权所指对象,即财产权利,包括所有权及其他财产权利,

---

① 1A Nichols on Eminent Domain § 3. 04[2]. 转引自 David L. Callies, Taking: Physical and Regulatory, *Asia Pacific Law Review*, Vol. 15, No. 1, LexisNexis, 2007, p. 80.

② 陈新民著:《德国公法学基础理论》,山东人民出版社2001年版,第423页。

③ 参见《国有土地上房屋征收与补偿条例》第5条。

④ 陈新民著:《德国公法学基础理论》,山东人民出版社2001年版,第423页。

⑤ [德]奥托·迈耶著:《德国行政法》,刘飞译,商务印书馆2002年版,第405页。

也包括动产、不动产、其他具有财产价值的个人权利(债券、著作权)等。①

1. 财产权的标的物包括动产与不动产。把征收权客体仅仅认为是土地或不动产是片面的,动产也可以成为征收权的客体,如战时军需或特许专营权。政府甚至可以征收无形财产如合同权利、专利、商业秘密和著作权,甚至足球队都会被征收。②

我国2004年修订的《宪法》第10条规定了国家对土地(不动产)的征收权:"国家为了公共利益的需要,可以依照法律规定对土地实行征收或者征用并给予补偿。"第13条规定了包括动产和不动产(如房屋)在内的对公民私有财产的征收权:"国家为了公共利益的需要,可以依照法律规定对公民的私有财产实行征收或者征用并给予补偿。"2007年实施的《物权法》第121条规定:"因不动产或者动产被征收、征用致使用益物权消灭或者影响用益物权行使的,用益物权人有权依照本法第42条、第44条的规定获得相应补偿。"

2. 财产权范围包括所有权与其他财产权、物权和债权。征收的客体财产权包括所有权和其他财产权。大陆法系的物权,包括所有权和用益物权,德国司法也出现过债权,如前所述。英美法系的财产等同于财产权,认为是与物有关的人与人之间的权利。③

政府也可征收一项合同权益,比如特许经营协议,这就是为什么许多特许经营协议都会明确约定在征收程序中,特许经营权是无价值的。④ 德国联邦最高法院和联邦行政法院认为已经得到并且在行使的企业经营权也是财产权。⑤ 在德国历史上,曾经出现退休金债权也是征收权的客体的情况。⑥

---

① 刘飞著:《德国公法权利救济制度》,北京大学出版社2009年版,第157页。

② City of Oakland v. Oakland Raiders, 32 Cal. 3d 60 (1982). 转引自 http://en.wikipedia.org/wiki/Eminent_domain。

③ [美]约翰·G. 斯普兰克著:《美国财产法精解》,钟书峰译,北京大学出版社2009年版,第1页。

④ http://en.wikipedia.org/wiki/Eminent_domain.

⑤ [德]奥托·迈耶著:《德国行政法》,刘飞译,商务印书馆2002年版,第403页。

⑥ 陈新民著:《德国公法学基础理论》,山东人民出版社2001年版,第423页。

新时期高等教育法制变迁特征探析

郭为禄*

改革开放的伟大实践推进了法制文明与教育文明的相互结合,我国高等教育法制建设因此取得了长足的进步。回顾总结新时期高等教育法制变迁的历史进程,把握我国高等教育法制变迁的基本特征,对于推进我国高等教育法制建设具有重要的理论价值和实践意义。

一、从被动适应到主动优化

随着传统计划经济体制下的人治型法律秩序向现代市场经济体制下的法理型法律秩序的历史性变革与转型,我国高等教育法制在整个经济社会变迁的大趋势下渐进变迁发展,经历了从被动适应到主动优化的变迁过程,初步形成了具有中国特色的社会主义高等教育法律体系。30年的变迁历程,大致可以分为四个阶段:

(一)逐渐复苏阶段(1978～1984年)。这一阶段,高等教育法制被动跟随政治经济的恢复重建逐步复苏。"文化大革命"结束后,以恢复高考为标志,我国高等教育逐步正常化,高等教育法制建设逐渐展开,但总的来说,在改革开放的最初几年,主要还是恢复20世纪50年代的高等教育制度。如1979年9月,中共中央转批《教育部关于建议重新颁发关于加强高等学校统一领导、分级管理的决定》的报告,恢复了1963年规定的中央与地方的分权体制,逐步形成了"中央统一领导,中央和省、市、自治区两级管理①"的管理体制。十一届三中全会以后,根据邓小平的指示,为适应社会主义现代化建设需要,促进教育、学科事业发展和人才培养,《学位条例》的第三次起草工作被提到日程上来了。1980年2月12日,五届全国人大会常委会第十三次会议通过了《中华人民共和国学位条例》,标志着新中国学位制度的诞生和高等教育法制的恢复②。

---

* 郭为禄,2004级中国法律史专业,指导老师:王立民。现工作于华东师范大学。

① 何东昌主编:《中华人民共和国重要教育文献》(1976～1990),海南出版社1998年版,第1725、2224～2228页。

② 新中国成立后,我国也曾于1956年和1961年两度研究和拟定学位条例,特别是第二次拟定过程,持续时间久,涉及问题全面,但由于对很多问题存在不同意见,学位条例一直没有出台。1966年"文化大革命"开始,刚刚建立起来的研究生教育制度毁于一旦,自此我国的研究生教育留下了长达12年之久的空白,学位条例也就自然被遗忘了。参见田鑫鑫、张磊:"我国学位制度的发展历史、现状及趋势",载《煤炭高等教育》2007年第3期。

（二）全面启动阶段（1985～1991年）。这一阶段中，高等教育法制根据其内在规律开始全面启动。随着高等教育的发展，教育体制和教育立法严重滞后的问题逐步暴露，高等教育"不改革就没有出路"[①]的呼声强烈，"制订全面规划，建设有中国特色的教育法系统"提上了议事日程。1985年颁布的《中共中央关于教育体制改革的决定》，确立了高等教育理念、改革方向和管理体制，指导和影响着后来的各项高等教育立法工作，标志着新时期高等教育法制建设步入了正常的发展轨道。这一阶段，扩大高校办学自主权、依法管理、推进高校直接服务社会，成为高等教育法制建设的三个重要着力点。

（三）全面展开阶段（1992～1996年）。这一阶段中，高等教育法制以适应市场经济体制为价值取向进行了体系建构。中共十四大确立了建立社会主义市场经济体制的改革目标，改革得以向深度和广度推进，经济多元化促使公民的选择机会增多、民主意识和权利意识得到进一步增强，高等教育法制建设在立法的广度和深度上得到全面推进，教师和学生合理权益的尊重和保护得到更广泛的关注。《教育法》、《教师法》的颁布为我国全面依法治教提供了基本的法律依据，标志着我国的教育法制建设进入了一个新阶段。

（四）深入推进阶段（1997年以后）。在此阶段，高等教育法制确立了依法治教的战略，开始着力优化法制体系。中共十五大提出了"依法治国，建设社会主义法治国家"的战略目标，高等教育法制建设深入推进。1998年8月《高等教育法》的颁布，使我国有了真正立法意义上的第一部完整的高等教育法律，为我国建立以《高等教育法》为龙头的系统的高等教育法律法规体系奠定了重要基础。以此为新起点，我国教育领域贯彻实施依法治国的基本方略，加强教育法制建设，全面推进依法治教，20世纪90年代末以后，随着高等教育法律法规的不断健全和完善，依法治教、依法治校的观念不断深入人心。

不难看出，新时期高等教育法制变迁经历了由点到面、由被动到主动的发展过程。由于历史的局限，在各个发展阶段，对现实制度存在的缺陷、制度变迁的发展趋势和结果未必能准确洞察，只能利用有限的信息作出判断。改革开放伊始，为了加快立法工作，迅速建立我国法律和法规体系的基本框架，邓小平提出"先粗定条文，再逐步完善"的立法思想，他说"现在立法的工作量很大，人力很不够，因此法律条文开始可以粗一点，逐步完善。有的法规地方可以先试搞，然后经过总结提高，制定

① 1984年5月下旬，时任教育部部长何东昌在教育和科技体制改革的座谈会上，提出了八点具有很强针对性的改革措施，即扩大学校的办学权；给学校更多的人事权；扩大学校的经费使用权；扩大学校对基建投资的审批权；简化学校参加国际会议的手续；改革毕业生分配制度；破格提拔优秀中青年骨干教师；加速高校内部管理体制改革的步伐。参见郝学谦、龙中正主编：《高等教育史》，海南出版社2000年版，第399页。

全国通行的法律。修改补充法律,成熟一条就修改补充一条,不要等待'成套设备'。总之,有比没有好,快搞比慢搞好。"①这一立法思想体现了实事求是的思想路线,也指引着我国教育法制建设的方向,新时期高等教育法制变迁,具有鲜明的时代特征,即在社会系统发展力量的推动下,在各个发展阶段,针对当时的社会需求或者顺应教育情境的变化,应对新情况解决新问题,逐步推进,渐进发展。

从《学位条例》到《高等教育法》以及其他相关高等教育法律规定的内容来看,无不带有鲜明的时代特征,当然也难免有历史局限。以《学位条例》为例,作为我国第一部高等教育法律,《学位条例》在高等教育法制变迁的历史进程中的地位和作用无疑是非常重要的。然而,随着我国高等教育特别是研究生教育发生了深刻而巨大的变化,《学位条例》重实体、轻程序,责权利失衡,开放度和相关法规配套程度低等立法上的局限性逐步凸显出来,对我国学位与研究生教育事业的改革深化和不断发展,构成了制度上的制约。② 以《高等教育法》为例,随着社会主义市场经济体制的建设和完善,特别是我国加入 WTO 后教育形势的发展,我国高等教育发展也呈现出了全新的内涵和外延,《高等教育法》在立法等方面存在的不足也逐步显现出来。因此,修改《高等教育法》,坚持"有权力必有制约"的原则,真正确立高校的法人主体地位,完善高等教育法律主体之间的权利义务关系,协调高校与政府和社会、高校与教师和学生以及高校内部权力关系,坚持"有权利必有救济"的原则,加强立法的开放性与民主化,完善权利的救济机制,建立有机统一的内部和外部救济机制,使申诉、仲裁、诉讼具有衔接性,切实保障高等教育法律主体权利的实现等,仍然是高等教育法制建设的重要课题。

二、从权力制约到权利制衡

权力制约的特征是以权力体现取代主体的自主性,权利制衡的特征是尊重法律主体的资格与权利。改革开放30年间,我国高等教育法制在思想观念、法律关系,以致制度结构等方面均发生了根本性的变化,逐步形成了有中国特色的社会主义高等教育法律法规体系,实现了从权力制约到权利制衡的转型。从制度体系的角度看,从权力制约到权利制衡的转变,也是从政策体系向法律体系的转变。

---

① 《邓小平文选》(第2卷),人民出版社1994年版,第147页。

② 劳凯声主编:《中国教育法制评论》(第4辑),教育科学出版社2006年版,第114~122页。

（一）法律主体权利意识不断觉醒，高等教育法制内容从权力体现逐步向权利自主转变

市场经济的发展产生了利益的多元化，促进了法律主体权利意识的觉醒，并催生利益共存制度的建立。契约自由和意思自治原则，冲击了传统的国家主义观念，要求以法律的方式确立社会主体的权利义务，为个人主体地位的确立提供了坚实的基础，逐步形成了以人为本的思想。市场经济的发展，形成了多元的利益集团和社会结构，打破了传统的等级束缚，实现了从身份社会向契约社会的转变。

扩大高校的办学自主权，确立高等学校的独立法人地位，是30年来高等教育法制常改常新的课题。市场化的改革，推动国家行政权力逐渐从社会经济领域的部分退出，社会自主性的程度不断提高，中国社会的结构因此发生了深刻的变化。在这个过程一开始，高度集权的高等教育管理体制就受到了质疑，要求打破原先由政府垄断经营、高度集中统一的管理体制，呼唤着大学自治精神的回归。《高等教育法》的颁布实施，确认高校的法人地位，为进一步明确高校自治的边界、规定政府职能的范围提供了法律依据。政府的角色和本质逐步发生了改变，它们在对待包括教育在内的公共事业的管理上采取了新的方式，不再垄断高等教育。教育的举办者、办学者与管理者开始出现分化，高等教育的办学主体、教育投入逐步多元化，民办教育、中外合作办学蓬勃发展。

作为个体的高等学校学生和教师逐步获得了作为市场主体的法律地位，并且要求得到平等保护权利和不断发展权利。改革开放以后，特别是20世纪90年代以后，随着市场取向的经济体制改革的逐步推进，公民的权利意识不断觉醒，接受高等教育不再被单纯视为国家或政府对个人的恩赐，而被看做是公民的权利。高等教育成本分担制度的确立，使高校学生在事实上处于教育消费者的地位。从招生制度的不断改革到自主择业就业制度的形成，从高校拥有专业设置自主权到学生拥有更多的学习选择权，推动高校学生法定权利逐步扩展和法律地位的提升，也使得高校学生受教育权与高校管理权之间的冲突不断显现，一些矛盾甚至通过诉讼来寻求解决，这也表明高校学生作为公民对受教育权的诉求在法律上得到了尊重。改革开放30年间，人们对知识和人才重要性的认识不断提高，教育的基础性、先导性、全局性地位和作用更加突出。确立高校教师在法律中的地位，已然成为高等教育法制建设的重要任务。以《教师法》为核心，教师资格制度、教师职务制度、教师聘任制度和教师薪酬制度逐步确立，教师的社会地位不断提升，教师的法律地位发生了根本性的变化。

新时期高等教育法制变迁过程，是不断丰富和发展公民受教育权利的过程，也是不断丰富和发展教育权利的过程。随着社会民主意识和科学精神的逐步觉醒，尊重高等教育发展的内在规律成为高等教育法制建设的重要原则，崇尚民主科学、尊重学术自由成为高校内部权力配置的发展趋势。与改革开放之前相比较,新时期高等教育法制呈现了从集权向分权的转变,从权力本位向权利本位的转变。一是逐步从集权向分权转变,即从中央垄断逐步向地方分权,从政府垄断逐步向社会和高校分权;二是逐步从权力本位向权利本位转变,即从单纯依赖政府配置高等教育资源,调整高等教育法律关系,向尊重社会教育权、扩大高校自治、维护和发展教师和学生权益转变,以权利制衡权力成为高等教育法制建设的重要价值取向。

(二)法律关系不断发生重大调整,高等教育法制逐步从人治向法治转变

改革开放30年来,高等教育法制变迁过程是教育文明和法制文明互动结合的过程,这一过程推进了高等教育法律关系从传统向现代转型,在一定程度上实现了价值重构。

从高校的外部法律关系看,可以概括为高校与政府、高校与社会两类关系。高等教育法确认了高校的法人地位,并且规定高校必须有一个章程。在符合法律法规的前提下,高校的办学自主权应该通过学校章程这一类法律规范的形式予以确认和规范,这在法理上给予高校自治不小的空间。在我国高等教育法律的诸多规范还比较原则抽象的情况下,高校享有章程式的自主权是维护高校与政府关系的权利与权力边界的有效手段,确立高校享有章程式的办学自主权逐步成为高等教育法制建设的客观要求和必然趋势,成为推进依法治教、依法治校的重要途径。高校作为一个法人组织,也意味着它与其他社会民事主体的关系是平等的,高校有权在章程许可的范围内,与其他社会(市场)主体建立法律关系,享有一定的权利,承担相应的义务,实现自身的利益追求。因此高等学校在承担崇高的社会责任和历史使命的同时,也在法理意义上获得了利益主体的地位,每一所高校都是利益不同体,具有自身的利益诉求,因而确立法人式的经营自主权已然成为高等教育法制发展的必然趋势。

从高校的内部法律关系看,主要体现为高校与学生、教师以及内部权力关系的配置。经过30年的变迁发展,学生和教师的主体地位不仅在观念上,而且在制度上得到一定程度的确认。以学生发展为本、维护和发展教师权益已经成为立法的指导思想,并在制度层面也逐步明确规定了高校与学生、教师的权利义务关系。从《学位条例》到《高等教育法》再到《普通高等学校学生管理规定》,学生权利本位的立法思想逐步得到发展,关于学生权益保护的规范逐步具体明确。高校与学生之间,逐步形成了作为教育的提供者与作为教育的消费者之间的教育服务关系;高校教师从传统意义上的从一而终的单位人,转变为意思自治的社会人;高校与教师之间的关系从行政隶属的关系,逐步走向聘约式合作发展的关系。在高校内部权力配置关系中,尽管其治理结构具有特殊性,但作为市场经济体制下的法人组织,必然要求建立与社会主义市场经济和法治社会相适应的治理结构。民主化、程序化逐步成为健全完善高等学校内部治理结构的基本要求。作为学术组织,彰显学术自由精神越来越受到重视和推崇。当然,学术自由与民主决策、程序管理既有一致性,也有矛盾性,实现其相互之间的让渡,已经成为健全高校内部治理结构的一个新的突出问题。

(三)法律体系框架日渐形成,高等教育法制逐步从政策体系向法律体系转变

我国高等教育法制发育较晚,发展缓慢。高等教育管理长期以来主要依赖党的政策和行政命令的方式。在高等教育法制逐渐恢复阶段,政策体系发挥着基础性的作用,1977 年恢复高考制度,1978 年修订颁发《全国重点高等学校暂行工作条例(试行草案)》,1979 年中共中央转批《教育部关于建议重新颁发关于加强高等学校统一领导、分级管理的决定的报告》,都体现了党的政策和政府行政命令的直接管理。1985 年发布《中共中央关于教育体制改革的决定》开始,经过 1993 年中共中央、国务院发布《中国教育改革与发展纲要》之后,构建高等教育法律体系的思路逐步清晰并摆上议事日程,高等教育法制逐步从政策体系向法律体系转变。由于高等教育立法在结构体系上缺乏整体规划,缺乏系统性,先有《学位条例》,后有《教师法》,再有《教育法》、《高等教育法》,在局部立法先行的情况下,出现了法律法规在层级上的分隔状态,然后逐步弥补缺陷,构建形式一体的高等教育法律体系。

从高等教育法律主体立法看,改革开放以后,首先加强了高等学校设置管理,在 1978 年颁发的《全国重点高等学校暂行工作条例(试行草案)》的基础上,1986 年颁布了《高等教育管理职责暂行规定》。1986 年 12 月,国务院颁布了《普通高等学校设置暂行条例》,具体规定了高校的设置标准、学校名称、审批验收、检查处理等。1995 年教育部发布了《研究生院设置暂行规定》,对《普通高等学校设置暂行条例》的实施进行深入探索。其次,针对我国教师地位长期跌宕的状况,确立教师法律地位成为高等教育法制建设的重要内容。从 1986 年开始起草《教师法》,经 8 年酝酿、修改,于 1993 年 10 月颁布。《教师法》的颁布构成了高等教育法律体系的重要组成部分,对高等教育法律体系的形成产生了重要影响。最后,在高等学校学生管理方面也逐步制度化。1990 年 1 月 20 日国家教委发布了《普通高等学校学生管理规定》,这一规定在指导思想上体现的是管理本位,在实施过程中暴露出诸多缺陷,根据《教育法》、《高等教育法》以及其他相关法律法规,教育部于 2005 年修订颁布了新的《普通高等学校学生管理规定》,体现我国高等教育法制在学生管理方面的指导思想和基本原则的重大变化。

从高等教育法制的领域看,改革开放以后,高等教育多元主体、多层次发展的态势,推动了高等教育领域立法的拓展,高等教育法制逐步从传统的普通高等教育向包括职业教育的其他领域发展。随着社会主义市场经济体制逐步确立,整个社会的制度环境已发生了重大变化,计划经济体制下建立的高等教育法制的各种弊端日益显现,高等教育法制的层级分隔状况严重阻碍了高等教育法制建设的进程,构建高等教育法律体系的要求日益迫切。1998年《高等教育法》的颁布,成为我国结束高等教育无法可依局面的一个象征,标志着我国教育法律法规体系的基本框架和高等教育的法律体系初步形成。以此为新的起点,我国高等教育法律体系结构得到进一步发展。2002年《民办教育促进法》的颁布,确立了民办学校与公办学校具有同等的法律地位,进一步完善了中国教育法律体系。2003年国务院颁布了《中外合作办学条例》,明确了中外合作办学属于公益性事业,是中国教育事业的组成部分,弥补了我国高等教育法律体系的空白,丰富了高等教育法律体系的内涵。经过30年的发展,我国高等教育法制的广度和深度得到进一步拓展,从而建构了高等教育法律的基本框架,形成了以《高等教育法》为核心,多层次(宪法——教育基本法——高等教育法律——高等教育行政法规规章——高等教育地方性法规规章)、多侧面(在教育主体、教育行为、教育投入保障等方面)、多领域(在普通高等教育、职业高等教育、公立与民办、中外合作办学等)的高等教育法律体系,依法治教、依法治校成为推动高等教育发展的基本手段。

无疑,新时期高等教育法制变迁的内容从权力制约到权利制衡的转变,是具有整体性和革命性意义的。但必须指出的是,所有这些变化都还处于进行时,都展示了一个发展变迁的趋势。这就意味着高等教育法制建设还面临许多重要的课题。首先,权利本位的思想并不巩固,甚至谈不上深入人心,或者说在许多时候还停留在理论的层面,在实践中难以得到贯彻。其次,在法律关系的调整中,权利与义务关系在立法规范上的原则性等问题在实践中缺乏可操作性,维护和发展权利在实践中仍旧遇到一系列制度性的困难。最后,整个法制体系结构还处于框架阶段,制度规定的衔接和操作程序上的缺失,表明我国高等教育法律体系在整体上仍旧处于初级阶段。

三、从国家强制到社会参与

改革开放以来,巨大的社会变革带来了对于新法律制度的巨大需求,推动高等教育法制建设进入了一个重建与迅速发展的新时代。但在这一时期,制度的惯性决定了高等教育法制变迁依旧延续传统的模式,呈现出强制性变革的特征,党的政策引导与政府行政命令是高等教育法制变迁的主要形式。① 与此同时,伴随着社会主义市场经济体制的逐步建立完善,公民和社会参与程度逐步提高,服务性制度供

① 陈天祥:“论中国制度变迁的方式”,载《中山大学学报》(社会科学版)2001年第3期。

给的趋势开始出现。

(一)计划体制的惯性延续、国家权力的强制推动是高等教育法制变迁的主要方式

国家作为特殊的组织,无疑是制度的最大供给者,但是计划经济体制实际上是政府万能体制,制度的最大供给者演变成为垄断的供给者。新中国成立伊始,在借鉴、学习、移植苏联模式的过程中,我国高等教育很快形成了高度集中、统一管理、封闭办学的体制。这种制度体系的建构使得高等教育长期以来处于政府集中控制、行政约束的制度环境中。"文化大革命"的破坏导致高等教育有效制度供给严重短缺,改革开放伊始,党和政府就处于高等教育制度变迁的最前沿,不仅是制度变革的领导者,同时也是制度变革的关系人。改革开放的日渐深入和市场经济的发展,一方面带来了公民和社会组织参与意识的增强,但在变革中也更加强化了党和政府在制度变革上的权威和权力。当人们对高等教育在制度安排上的弊端的认识逐步深化的同时,对党和政府推进高等教育法制发展的期待也更加迫切。因此30年来,高等教育法制发生了巨大的变化,但就变迁的基本方式而言,已有的制度变迁机制存在巨大的惯性,不可避免地制约后来的制度变迁。纵观新时期高等教育法制变迁的历程,可以清晰地看到,高等教育法制变迁方式具有明显的传统延续性,即以党的政策和政府行政命令自上而下强制性推进仍然是新时期高等教育法制变迁的主要方式。

新时期的制度变迁有一个大的前提,那就是无论怎么变迁,都不能背离一个基本路线,即中共十三大所界定的"一个中心两个基本点",其核心同时也是最具操作性的实质内容是在中国共产党的领导下推进改革开放。高等教育法制变迁也不例外,中央的决策对于我国高等教育法制的变迁发挥引领和指导作用,高等教育法制变迁的方向、方式,广度、深度、进度、速度等,首先都是通过党的决议确定的。1979年9月,中共中央转批《教育部关于建议重新颁发关于加强高等学校统一领导、分级管理的决定的报告》,确定了"中央统一领导,中央和省、市、自治区两级管理"的管理体制。[①] 1985年发布了《中共中央关于教育体制改革的决定》,其中尖锐地指出:"政府有关部门对学校主要是对高等学校统得过死,使学校缺乏应有的活力;而政府应该加以管理的事情,又没有很好地管起来。"也就是说,政府的"越位"、"缺位"、"错位"等已经成为阻碍高等教育发展的重要制度因素,因此提出了高等教育体制改革的基本任务,第一次突破了中央和地方管理权限划分的传统框架,明确提出"扩大高等学校的办学自主权",推动了高校作为相对独立的利益主体地位的确立。1993年2月,中共中央和国务院制定颁发了《中国教育改革和发展纲要》,其中

① 何东昌主编:《中华人民共和国重要教育文献》(1976~1990),海南出版社1998年版,第1725页。

明确指出："加快教育法制建设，逐步走上依法治教的轨道"，"要抓紧草拟基本的教育法律、法规和当前急需的教育法律、法规，争取到本世纪末，初步建立起教育法律、法规体系的框架。地方要从各自的实际出发，加快制定地方性的教育法规"。[①] 这些都为高等教育法制建设指明了具体发展道路。其后实施的《教师法》和《教育法》，为我国全面依法治教提供了基本的法律依据。与此同时，逐步确立了国家宏观调控，中央与地方两级管理的高等教育管理体制，建立了高等教育成本分担制度，形成了毕业生双向选择的就业制度变迁，改革了教育投融资体制，推进教育投入主体多元化，办学主体多元化。中共十五大以后，确立了依法治国基本方略，1998年《高等教育法》正式颁布，标志着有中国特色的社会主义高等教育法律体系框架基本形成，为全面依法治教奠定了良好的基础。高等教育法律法规的不断健全和完善，依法治教、依法治校的观念不断深入人心。从1992年中共十四大召开到2002年中共十六大召开的这十年间，中国教育立法工作取得一系列重大成果，《教育法》、《高等教育法》、《职业教育法》、《教师法》、《民办教育促进法》等法律相继制定颁布，此外，一系列教育法规、行政规章陆续出台，我国教育法律法规体系基本形成。可以说，新时期高等教育法制建设的整个过程，面对高等教育发展中的困难与矛盾，正是有效地发挥党和政府的组织优势，推进高等教育法制变迁的探索，自上而下地实施强制性措施，才使新时期高等教育法制得以快速发展。

（二）市场经济体制的建立完善，公民和社会的参与，成为高等教育法制变迁的重要力量

按照制度经济学的观点，在制度需求大于供给的时代，国家在制度实施及其组织成本方面有优势，政府作为理性主体能有效校正制度安排的不足。[②] 新时期高等教育法制变迁方式也从一个角度印证了这一点。但是必须看到，强制性变革带有明显的"父爱主义"倾向，高等教育制度供给主要体现国家本位，体现教育行政部门的意志，而较少重视维护和发展包括高校、师生和社会各界的主体性，以国家的利益取代其他主体的利益。

市场经济的运行以主体的人格独立和意志自由为前提，如果没有一定的权利安排，市场主体就没有追求自身利益最大化的内在驱动。随着市场经济体制的逐步建立和完善，高等教育生存与发展的环境发生了根本性的改变，市场主体的多样化与市场配置资源的基础性作用日益增强。改革开放以后，特别是20世纪90年代以后，强制性制度变迁的不足之处逐步显现出来。因此政府以外的高等教育法律

---

① 何东昌主编：《中华人民共和国重要教育文献》（1991～1997），海南出版社1998年版，第3471页。

② 贺武华、高金岭："高等教育发展的制度变迁理论解释"，载《江苏高教》2004年第6期。

主体,积极诉求参与推进高等教育法制变迁。高校扩大办学自主权的要求,学生发展受教育选择权的诉求,以及教师对提高学术权力地位的呼吁,表明单纯依靠党和政府自上而下强制推动的法制变迁方式正在发生改变。维护和发展高校、学校师生和社会的利益,逐步成为高等教育制度供给的重点。发挥公民和社会的参与作用,整合各个主体之间的利益诉求,成为推进高等教育法制变迁的重要因素。

综上所述,新时期高等教育法制变迁是改革开放历史潮流中的发展过程,但这不是一个自发的过程,而是一个从理想目标向现实目标转化的推进过程,是一个建立规范化的高等教育法治秩序,实现从人治状态向法治状态的转型过程。也就是说,改革开放 30 年的高等教育法制变迁过程,是一个创新实践的过程。这个过程还在继续,无论是高等教育的法律制度结构——规范、制度和体系,还是法律调整过程及其后果——法律秩序,抑或是法律价值体系和人们的法律观念体系等诸多方面,都还存在需要进一步健全完善的地方。总之,我国高等教育法制仍然滞后,高等教育法制建设的任务仍然十分艰巨。

我国产品责任立法的现状、问题及其完善

聂虎臣*

一、我国产品责任立法概况及其存在的问题

(一)我国产品责任立法概况

和欧美及日本诸国产品责任立法相比,我国的产品责任立法还处于起步阶段。在我国1985年以前出版的民法著作中,竟然完全未涉及因产品致人损害的侵权责任问题。自1981年以来,全国人民代表大会及其常务委员会和国务院陆续颁布了许多涉及产品责任及保护消费者利益的法律、法规。其中,《民法通则》被誉为"自文化大革命结束后,恢复大陆法制建设的重要民事立法"。[①] 该法对产品责任作了原则性的规定,在司法实践中操作起来有一定难度(详见该法第122条)。此外,我国地方各级人民代表大会和地方各级人民政府、自治机关也制定并颁布了有关产品质量和责任的决议、命令、地方性法规、自治条例和单行条例,它们也构成产品责任法律制度的内容。1993年2月22日颁布并于1993年9月1日起施行的《产品质量法》第一次用法律形式确定了我国产品质量监督管理的模式和产品质量责任制度。《产品质量法》自实施以来,在打击假冒伪劣违法行为、促进全社会产品质量的普遍提高、增强全民法律意识等方面取得显著成就,成为老百姓日常生活不可或缺的法律之一。但是,随着我国社会主义市场经济的深入与发展,《产品质量法》在质量管理方面,尤其在质量监督、打击假冒伪劣产品方面,其法律力度不能完全满足保护消费者和老百姓的需要,需要修改、补充和完善。[②] 2000年9月1日,修改过的《产品质量法》正式实施,明确了地方政府在产品质量工作中的责任,要求企业建立健全并严格实施产品质量监督管理制度;补充、完善了行政执法机关实施产品质量监督管理的执法手段;对产品质量违法行为,特别是生产、销售伪劣产品的行为,加

---

* 聂虎臣,2007级中国法律史专业,指导老师:王立民。现工作于南昌大学法学院。

① 赵中孚:"论民法的生命力——纪念《中华人民共和国民法通则》颁布十周年",载《法学家》1996年第3期。

② 胡可明、袁俊明主编:《〈中华人民共和国产品质量法〉条文释义及实用指南》,中国民主法制出版社2000年版,第233页。

大了处罚力度。① 在产品质量法的体系中,《消费者权益保护法》也是重要的一部法律。如果说《产品质量法》是一部从产品的源头来保护消费者合法权益的法律,那么《消费者权益保护法》则是一部消费者在购买产品的过程中保护自身合法权益的法律,它除了涉及产品质量外,还涉及产品、价格、计量、服务等领域。它比《产品质量法》更为具体、操作性更强。因此,它也是我国产品责任立法的重要渊源。

(二)我国产品责任立法存在的问题

1. 立法体例不尽合理。我国的产品责任法律体系庞大,但过于分散。因为:第一,产品质量法调整的是两类性质不同的关系。前者调整的是行政管理关系,其调整的法律规范属于公法,而后者调整的是平等民事主体之间的关系,其调整的法律规范属于私法。产品质量法把立法指导思想不同、立法原则不同的公法与私法内容集于一身的做法,只能导致其法律规范本身的混乱。第二,产品质量法虽也调整产品质量责任关系,但该法更多地表现为一部产品质量管理法。由于《产品质量法》在产品质量责任方面,对产品质量的行政责任、民事责任和刑事责任的规定面面俱到,反而削弱了该法规定的产品侵权民事责任的力度。因此,该法显然与产品责任立法的国际化趋势不相符合。可见,我国产品责任立法体例庞大而不够紧凑。

2. 法律自身以及相互之间存在矛盾。我国《民法通则》、《产品质量法》与《消费者权益保护法》等对产品责任作了多维的规定。这些多维的规定存在内容矛盾、含糊的问题,具体表现在两方面:第一,法律自身存在含糊。如《民法通则》第 122 条规定:"因产品质量不合格造成他人财产、人身损害的,产品制造者、销售者应当依法承担民事责任。"由于这一规定对我国产品侵权行为的归责原则规定得不明确,致使法学界众说纷纷,争论颇多,意见不一。这些不同的理解正好反映出产品责任立法自身存在含糊的缺陷,导致学者们理解上的歧义。第二,法律之间存在矛盾。如《产品质量法》对产品生产者和产品销售者的产品责任原则分别加以不同规定。按《产品质量法》第 41 条的规定,生产者对产品责任仍需承担严格责任。这与《民法通则》第 122 条的原则精神保持一致。但按《产品质量法》第 42 条规定对产品销售者却采用了过错责任原则以区别于生产者的严格责任原则。在实施中,如果按特别法优于普通法原则,《产品质量法》应优先于《民法通则》适用,但《产品质量法》关于这方面的规定相对于《民法通则》的规定而言,并不一致。

3. 法律文件多,操作性却相对较差。首先,法律文件多,但却常无法可依。产品责任归责原则的不确定性和法律规定之间的不统一,必将给执法部门在实际运用法律时带来理解上的偏差和操作上的困难,造成该受理的案件不受理,该追究的责

---

① 刘左军主编:《〈中华人民共和国产品质量法〉解释与实用答问》,中国标准出版社 2000 年版,第 35 页。

任没有追究。同时也将使那些受到损害的消费者难以找到保护自己的合法权益的法律依据,甚至投诉无门。其次,法律规定有的不具体明确,有的过于简单。如《民法通则》第122条中用一个条文对产品责任作出规定,至于该条文中所规定的"产品"包括哪些,"产品质量不合格"的含义、赔偿范围与赔偿数目如何界定等,均无具体规定。

4. 现行法律在调整涉外产品责任法律关系显得无能为力。一般认为,涉外民事法律关系需要实体法和冲突法共同来调整。对国内而言,这两方面的法律大多是实体法,且要考虑的是国内情况,对涉外因素的法律规定很少或根本就没有规定。在冲突法领域,仅有几条法律条款又过于原则,简单,缺乏可操作性。立法的滞后性必然导致司法上的无奈与困惑,因为《民法通则》的原则性规定留给司法的余地太大,而原本零星的国际私法又没有对症下药的规定。[①] 这些问题是完善我国产品责任立法必须考虑的问题。因此,应加强完善我国产品责任法律制度,使之与产品责任立法的国际通行模式一致(即制定专门调整产品责任的单行法律)。在这方面,日本、德国的立法经验给了我们良好的启示。

二、完善我国产品责任立法的建议

(一)完善我国产品责任立法体例

《产品质量法》的制定是我国产品责任立法的一个重要里程碑,使得我国产品责任立法向前迈进了一大步,但其立法体例存有不合理的缺陷——它仍然没有从根本上保持自己的独立性。因此,该法在体例上有进一步修正和完善的必要。其重要意义在于:

第一,制定专门的《产品责任法》,是完善我国社会主义法制的一个重要方面,有利于与国际接轨。我国进入WTO以后,涉外产品责任案件必然会与日俱增,借鉴产品责任立法的国际通行体例,制定我国的产品责任法,能更好地保护我国消费者的合法权益。第二,制定专门的《产品责任法》,能使我国产品责任法的内容从《产品质量法》中分离出来,使其保持独立性,从而具有科学而鲜明的特征。我国的产品责任可分两种:一是认为产品责任即产品质量责任,它是以产品质量不合格为前提,只有产品质量不符合国家有关法律规定、质量标准以及合同规定的对产品适用、安全和其他特性的要求,给用户造成损失后才承担责任(包括行政、民事和刑事责任在内的多种法律责任);二是认为产品责任系产品质量不合格造成他人人身伤

① 曹建明、林燕平:"对完善中国涉外产品责任的法律思考与建议",载《法学》1999年第7期。

害、财产损失时应承担的侵权赔偿责任,这种情况类似于国际上通行的认定标准。之所以会出现这样的情况,皆因我国产品责任立法体例不科学造成的。第三,制定专门的《产品责任法》,可以有利于我国产品责任法从形式到内容上的统一,也可以使法律规范具体化、操作性强。笔者认为,从产品责任的内涵看,产品责任是因产品缺陷致人人身、财产损害而引起的赔偿责任。因此,因产品缺陷造成产品自身损害的赔偿责任自然排除在外。从其外延看,它既不包括合同责任,也不等于产品质量责任,是一种特殊的侵权责任,只要因产品存在缺陷并导致损害的发生,生产者和销售者都要承担责任。

(二)进一步明确《产品责任法》的调整范畴

1. 扩大产品的适用范围

产品是构建产品责任法体系和确定承担产品责任的基本要素。与国际统一化趋势相比,我国的产品概念较狭窄。《产品质量法》第2条第2款规定:"本法所称产品是指经过加工、制作、用于销售的产品。"该规定采用的概括式规定的方法类似于美国颁布的《示范法》,其优点在于克服了欧共体颁布的《指令》采用列举式不够全面的缺点,适应性较强,但在理解和适用时容易产生困难。由此可见,在我国,作为产品必须同时具备两个条件:一是必须经过加工、制作。凡未经过加工、制作,用于销售的天然品(如原矿、天然气等)以及初级农产品(如未经加工、制作的农、林、牧、渔、猎物等)均被排除在产品之外。二是必须用于销售。如果虽经加工、制作,但并非用于销售的产品,如家庭自我加工食品等,均非属产品责任法意义上的产品。由于我国《产品质量法》对产品的界定过于概括,未免导致理解和适用的困难,仍有应予完善之处。为了便于理解和适用,笔者建议:

第一,由于《产品质量法》未对"加工、制作"的含义作出具体解释,必然会造成司法实践的困难。何为加工、制作?应对它们作出具体解释。加工、制作是指改变原材料毛坯和半成品之形状、性质或表面状态,使其达到特定要求之各种工作的统称。加工方法的种类很多,分类方法也各有不同,按加工工艺可分为削加工、电加工、火焰加工、化学加工、焊接加工、激光(雷射)加工、超声波加工、热加工、食品加工、服装加工等,加工产品质量之优劣,直接与加工工艺有关。第二,将产品仅限于"销售"范围过于狭小,不如改为"用于流通"。这样就包括一切以经济利益为目的的商业活动,如销售、赠与、试用、租赁、运输等方式。笔者认为,"流通"更符合产品责任立法国际统一化之趋势。第三,"建筑工程"属于非法律用语。其内涵与外延的确定会给法律适用造成困难。我国《最高人民法院关于贯彻执行〈中华人民共和国民法通则〉若干问题的意见(试行)》第156条规定,土地、附着于土地的建筑物及其他定着物、建筑物的固定附属设备为不动产。因此,建议使用"不动产"这一法律用语替代"建筑工程"更为科学,便于理解和执行,也符合国际通行的做法。第四,必须对“产品”的外延进行界定。我国《产品质量法》并未对产品是有形物还是无形物作出界定。笔者认为,只要符合产品的法律要件,无论是有形物,还是无形物,皆可成为产品。如对于“电”,英、德两国及欧共体《指令》明确将其纳入产品的范围。尽管美国有些州将“电”作为一种服务,但也有些州的法院将“电”作为产品。在美国著名案例“兰赛姆诉威斯康星电力公司”案中,法院最后确认“电”属于产品,并认为:“电属于能的一种形式,是能够被制造、控制、传送和分配使用的”。在我国,电可否作为产品呢?生活中因电压过高或设备老化致消费者损害的事件时有发生,有人建议适用《电力法》加以处理。笔者认为,为了更好地保护消费者的权益,将投入流通的电作为产品,并不违背我国《产品质量法》对产品的界定。笔者建议,在未来我国产品责任立法中,应特别规定已脱离制造、控制、投入流通包括电在内的煤气等无形物列为“产品”。这更符合产品责任立法国际统一化趋势。第五,对“产品”的界定范围应采取宜宽而不宜窄的态度。随着知识经济与国际贸易的迅猛发展,人们在享受智力产品带来丰富多彩的生活的同时,也承受着越来越多智力产品的缺陷给人们带来的不同程度的人身和财产损害。近年来,欧美一些国家的判例已出现将书籍、电脑、软件、建筑设计等智力产品作为产品责任法的调整对象的新趋势,从而使“产品”的范围进一步扩大。在英美的司法判例中,航空地图也被视为“产品”,出版商必须对因其出版的地图的谬误引起的损害承担严格责任。1986 年法国巴黎法院审理了一起因书籍引起的产品致损纠纷案,判决作者与出版商一起对读者承担责任。关于计算机软件是否属于产品的问题,美国学者认为,普通软件用于批量销售,已广泛运用于工业生产、服务领域和人们的日常生活,与大众消费者的利益息息相关,应列入产品的范围内;专用软件以提供职业服务为目的,应被排除在产品的范围之外。在我国,因产品缺陷带给消费者的纠纷事件也经常发生,因此,建议在未来的产品责任立法成果中应将那些符合法律上构成要件的一切产品都列入产品责任法的调整范围,以适应产品责任立法国际统一化的发展趋势,从而更好地与国际接轨,保护消费者的合法权益。

2. 完善关于产品缺陷的界定

笔者认为,应将产品缺陷的概念具体化、明确化,以利于操作。美国《重述》第402A 条款和《示范法》第 104 条对产品缺陷的界定,值得我国产品责任立法时借鉴。《重述》第 402A 条款将缺陷定义为“对使用者或消费者或其财产有不合理的缺陷状态”,即一种“在产品离开卖方时,直接消费者无法预期的不合理的危险”。《重述》第 402A 条款的注释(1)对此作了进一步解释:“产品之危险程度超出购买该产品的普通消费者以对该产品的特性的人所共知的常识所能够预见的范围。”而《示范法》通过列举法将产品缺陷分为 A、B、C、D 四款。各款下面还有很详细的项目对各类产品缺陷作了进一步阐述,如此制定规范,无疑便于掌握和操作。而我国的

《产品质量法》并未就产品缺陷的认定标准作具体的解释。笔者建议，在未来的产品责任立法中，应参照国际上的先进立法例，对这一问题作出解释，并应从外延上将产品缺陷分为设计上的缺陷、制造上的缺陷及指示上的缺陷等。笔者认为，还应将我国《产品质量法》中关于产品"缺陷"原则性解释提出的两个衡量标准改为一个衡量标准，即应将产品缺陷衡量标准定位于存在不合理的危险，并对不合理的危险作出明确具体的解释。与此同时，还可以借鉴欧美诸国采用的几种判断标准（如消费者期待标准、成本效益分析标准、生产者制造产品的预期用途等）完善我国对产品缺陷的界定标准。

3. 完善我国产品责任主体的界定

虽然我国《民法通则》和《产品质量法》明确规定了生产者和销售者是产品的责任主体，但与欧美诸国产品责任国际公约相比，我国产品责任主体的范围还是狭小，有待于完善。笔者建议如下：

其一，为了适应产品责任法国际统一化趋势，必须参照国际通行做法，对生产者、销售者的范围进行界定。其二，扩大我国的产品责任主体范围。我国的产品责任主体范围比较狭小，只有生产者和销售者，不利于将来与国际接轨。如在美国的产品责任法中，生产者主要是指产品的生产制造者，但在某些情况下，产品的批发商或中间商、委托人、出租人，甚至产品的制造、销售过程以外的人如质检员、修理人等，皆可成为产品责任诉讼的被告，即产品责任主体。制造者包括产品制造者、零部件制造者和继承公司。中间商包括经销商和批发商、新货物的零售商和旧货商。就连非常保守的英国，其《1987 年消费者保护法》对责任主体范围的规定也很广泛。其三，应使产品责任主体的范围明确、具体。众所周知，产品一旦因其缺陷对人身、财产、健康产生不合理、不安全的危险时，除消费者之外，生产和流通环节的人如设计者、生产者、销售者、仓储者、运输者和维修者，皆有可能承担赔偿责任。与欧美诸国的产品责任公约相比，无论是《民法通则》、《产品质量法》，还是《消费者权益保护法》，对此均未作出具体而详细的规定。而美国的《示范法》则通过概括法、列举法甚至排除法对产品责任主体进行界定。如其第 102 条（A）款规定：产品销售者是指从事产品销售业务的任何自然人或实体，不论交易是为了使用、消费或者再销售。它包括产品制造者、批发商、分销商或零售商，也包括产品的出租人和行纪人。产品销售者不包括：不动产销售者、专业服务提供者、旧货销售者和融资出租人。其第 102 条（B）款，又进一步对制造者作了详细而具体的规定。纵观欧美诸国产品责任主体范围扩大之趋势，笔者建议，我国在日后完善产品责任立法的过程中，也应采用概括法、列举法和排除法，对产品责任主体进行具体而详细的界定。这既符合产品责任立法国际统一化的趋势，又必须符合我国国情。笔者认为，我国的产品责任法应从以下几个方面对产品责任主体进行界定：（1）何谓生产者、销售者？（2）原材料的生产者、零部件的加工者、成品的制造者是否属生产者?(3)除了上述情况外,哪些人还可以作为产品责任主体?此外,哪些人不应作为产品责任主体?

(三)完善我国产品责任的归责原则

与产品责任立法国际统一化趋势相比,我国《民法通则》和《产品质量法》均未明确规定产品缺陷致损赔偿责任的归责原则为严格归责原则。由此,在学术界和司法界已产生歧义。因此,建议在日后制定的《民法典》和《产品责任法》中应明确规定严格归责原则是我国产品责任的归责原则。因为我国产品责任适用严格归责原则具有社会、法律和政策的基础。

第一,我国因产品缺陷导致损害的社会问题极为严重。面对全球经济一体化进程的迅速发展以及我国即将加入 WTO 所带来的机遇与挑战,我国的产品质量状况与国际先进水平相比,差距很大,产品质量缺陷仍十分严重,还远不能适应形势发展和市场变化的需要。笔者认为,为尽量避免、减少社会损失,在我国明确并实行严格的产品责任,是非常有效的法律对策。

第二,实行严格的产品责任符合我国立法本意。早在 1986 年,《民法通则》第 122 条就已集中反映了我国产品责任制度的核心内容,为我国产品责任制度的发展与完善奠定了法律基础。《民法通则》第 122 条将产品责任纳入特殊侵权行为之列,就意味着排除了对产品的制造者、销售者适用过错归责原则的可能性。全国人民代表大会常务委员会法制工作委员会原副主任顾昂然在《民法通则概论》一书中对第 122 条的立法精神作了精辟的分析:按《民法通则》的规定,因产品责任受到损害的人可以向产品的制造者提出赔偿损失,也可以向产品的销售者提出赔偿损失。因为受害者搞不清是生产者还是销售者或其他环节的责任,受害者找谁都可以,不管是谁的过错,产品制造者、销售者都应当承担责任,所以说是一种无过错责任。①

第三,实行严格的产品责任,既具有法律上的逻辑性,又具有道德伦理上的合理性。在我国实行严格的产品责任,具有合理的逻辑性。因为现代科技的飞速发展,大大地缩短了从科研成果到产品问世的周期,加上生产工艺、技术的精密复杂以及铺天盖地的广告宣传,使得广大消费者极易信赖其产品质量而购买产品。一旦缺陷产品进入消费领域后,其造成的损害也是巨大的。所以为了公众利益,法律应该阻碍销售那些即使没有过失但对公众构成损害的缺陷产品。严格的产品责任的实行也符合现代社会伦理道德规范。针对因产品缺陷致害而产生的现代新型侵权行为,传统的侵权责任理论无法予以充分、有效的解决。因为现代新型的产品致损侵权行为往往既不具有"反社会性",又不具有"违法性"。严格责任制度的基本

---

① 顾昂然编著:《民法通则概论》,北京大学出版社 1988 年版,第 133 ~ 134 页。

思想乃在于对社会生活中所发生的不幸损害合理分担。其价值判断在于:在当事人之间,受害者最不应承担该项风险,而制造者则是承担责任的适当人选。该价值判断的理由:其一,是根据"谁受益谁负担风险"的罗马法原则,产品制造商应对产品缺陷所致损害负责;其二,制造商可以通过价格和责任保险,将支出转嫁给广大消费者。

第四,严格的产品责任是现代产品责任法的灵魂和基础,实行严格的产品责任,符合产品责任立法的国际统一化趋势,并有利于完善我国产品责任立法,避免法律自身以及相互间的冲突,也有利于我国法制现代化的进程。产品责任由过失责任向严格责任过渡,是各国法制之共同趋势。严格责任能够刺激产品制造者尽量将危险消灭在未然之先或将危险减少到最低限度。产品制造者是危险的制造者,而且只有制造者才能以最低的代价控制和预防危险,才能促使生产者改进生产技能,推动科技进步,提高产品质量,并且阻止其将缺陷产品投入流通领域,更加有效地增强消费者对市场的信任度和安全感,更好地保护消费者的合法权益。至于会加重企业的负担,打击产品研发创新的积极性,不利于我国产品的出口,这些负面影响归被夸大了。事实并非如此,美国自20世纪60年代实行产品的严格责任以来,经济不仅没有受到影响,反而迅速发展。至于所谓打击企业产品研发创新的积极性和不利于我国产品的出口的说法,更是毫无根据。在我国实行产品的严格责任,势必给我国企业带来短暂的"阵痛",就好比我国进入WTO一样一定会对我国企业带来冲击和不利,但与此同时,也给我国企业带来新的机遇和挑战,加快我国法制现代化进程的步伐,完善我国产品责任以及加快我国产品责任保险制度。美国60年代确立产品的严格责任后,给其社会保险制度带来了前所未有的繁荣,也使其产品责任制度成为各国争相学习的蓝本。因此,我国实行产品的严格责任,更符合产品责任立法国际统一化的潮流。

(四)健全损害赔偿制度

与产品责任立法国际统一化趋势相比,我国的产品责任立法在损害赔偿制度方面有待于健全:

1.应设立精神损害赔偿制度。精神损害赔偿是产品责任立法国际统一化的趋势。在英国,单纯的精神悲痛本身不能获得赔偿,但如果由于惊吓引起精神疾病或其他肉体后果,则要支付损害赔偿金。德国的《产品责任法》对精神损害赔偿未作规定,须借助判例法寻求赔偿。一般来说,只有产品的制造者具有过错时,受害者才可获得此项赔偿。德国法院在确定疼痛等肉体上的痛苦时,一般注重受害人所受疼痛的程度,疼痛程度越大,时间越长,赔偿金额越高。欧共体《指令》虽没有明确规定精神损害赔偿条款,但由适用的成员国国内法来决定。在日本,如果是生命、身体、财产的损害,对由此而发生的损害不限于财产损害,也适用于日本作为精神损害的抚慰金的请求。我国《民法通则》第120条规定了侵犯姓名权、肖像权、名誉权和荣誉权的损害赔偿责任。这是新中国成立以来关于精神损害赔偿的民事立法的一个新的突破。因为精神损害赔偿被作为一项侵权赔偿规则得到了确认。遗憾的是未规定公民人身伤亡之精神损害赔偿。由此可见,受害者因其身体健康权受到侵害而产生的本人及其近亲属遭受的精神痛苦要求获得精神赔偿时就无法得到司法保护。相反,与之相比较轻的公民姓名权、肖像权等被侵害带来的精神损害却可以依法得到物质补偿。这种立法显然与法制现代化的社会不相适应。《消费者权益保护法》第43条规定:“经营者违反本法第25条规定,侵害消费者的人格尊严或者侵犯消费者人身自由的,应当停止侵害、恢复名誉、消除影响、赔礼道歉,并赔偿损失。”这一规定为消费者因经营者侵害其人格尊严和人身自由,确立了请求精神损害赔偿之法律依据,但这一规定仍没有涉及因产品缺陷致人伤亡的精神赔偿问题。修改后的《产品质量法》也仍然未增加有关精神损害赔偿的内容。其第44条所规定的“死亡赔偿金”以及受害人遭受其他重大损失的,赔偿金绝不是关于精神损害赔偿的规定。死亡赔偿金是指侵害人支付给受害人家属的一种抚慰、安抚的费用。这种费用既是一种经济上的补偿,又是一种精神上的安慰。精神上的安慰是一种由加害人给受害人单纯的安慰,不是精神损害赔偿。精神损害赔偿是法律要求加害人必须对其行为后果承担的实实在在的赔偿。20世纪90年代后,要求确立精神损害赔偿制度的呼声越来越高。人们已经认识到,在一个法制文明的社会里,人的精神是人身权利不可分割的一部分。尽管人的精神损害无法用金钱来衡量,但给精神损害赔偿立法,至少是用法律去捍卫人的尊严,在心理上安抚受害者心灵之伤痛,消除当事人之间的对抗。昔日那种仅依据实际的物质损失而给受害者赔偿,从行政上给予加害人罚款、没收非法所得和产品,以及吊销营业执照是不足以惩罚侵害人的。因此,在我国未来的产品责任立法中增设精神损害赔偿制度是适应产品责任立法国际统一化的需要。可喜的是,2001年3月8日,最高人民法院公布的《关于确定民事侵权精神损害赔偿责任若干问题的解释》确立了精神损害赔偿的基本原则,从而使争议已久的精神损害赔偿真正有法可依。笔者坚信,在不久的将来,可以看到精神损害赔偿制度将作为我国产品责任法的一个不可或缺的部分。

2. 应设立惩罚性赔偿制度。在英美法系国家的产品侵权案件中,如果被告恶意实施侵权行为或对该行为有重大过失,法院可以对被告实施惩罚和以追求一般抑制效果为目的,在判令被告支付补偿性赔偿金的同时,还可判令加害人支付一笔高于受害人实际损失的赔偿金,即惩罚性损害赔偿金。目前,我国的产品质量问题依然十分突出,产品质量低劣问题相当普遍,假冒的伪劣产品屡禁不止,尤其是生产、经销伪劣产品的违法行为愈演愈烈,严重侵害着消费者的人身、财产安全。笔者建议,除了在经济上应对那些恶意生产、销售假冒、伪劣产品的生产者、销售者加大行政惩罚力度外，还应在产品责任立法中明确设立惩罚性赔偿制度，使惩罚性赔偿占赔偿总额的绝大部分，以保护消费者的合法权益。其意义表现在：

第一，有利于给予那些“打不着、打不痛、打不死”的恶意制造和销售假冒伪劣产品从而危害消费者安全的生产者、经营者施以重罚，挫其元气，使之有切肤之痛，最终不敢铤而走险。第二，有利于充分调动消费者提起产品侵权诉讼的积极性，补偿消费者在产品侵权诉讼中不能补偿的诉讼开支和解决因缺陷产品带来的经济困难，唤醒他们沉睡的权利意识，更好地运用法律武器来维护自己的合法权益。第三，更有利于处理涉外产品侵权诉讼案件，更好地保护我国消费者的利益。涉外产品侵权案件逐年上升，是全球经济一体化的结果。我国将加入WTO，这种状况势必会进一步加剧。为了防止在涉外产品侵权案件中，我国消费者因进口产品缺陷而致损，又无法依据我国法律向外国厂商请求惩罚性赔偿的现象出现，在产品责任立法中增设这一制度，是完善我国产品责任制度的需要。当然这一制度的设立不能盲目照搬，还必须结合我国的国情。

（五）完善我国涉外产品责任的法律制度

改革开放20多年以来，我国的对外贸易迅速扩大。同时，因各种进、出口产品的缺陷而引起的涉外产品侵权纠纷案件不断发生。对于此类纠纷，在司法实践中主要比照国内的产品质量法规范处理，或按照《民法通则》有关侵权责任的规定处理。由于我国的《产品质量法》不像美国法那样可以直接适用于涉外产品侵权纠纷案件，而纯属国内法，因此，使得我国当事人在涉外产品侵权纠纷案件中常处于被动和不利的地位。

笔者认为，我国加入WTO后，对外贸易会日益频繁，涉外产品侵权纠纷案件会增多。因此，完全有必要尽快制定一部涵盖涉外产品责任的产品责任法或制定一部专门的涉外产品责任法，以解决我国“入世”后所面临的各种涉外产品责任纠纷。在条件成熟之际，我国可考虑加入《海牙公约》。因为该公约是解决涉外产品侵权纠纷的专门公约，它适用于一切涉外产品案件，而且该“公约”的适用范围不因受理案件的机构不同而受影响，也不要求适用国以互惠为条件。该“公约”在涉外产品责任准据法的确定及准据法的适用范围规定上，也体现了国际上的一般做法和发展趋势。

三、结　　语

现代科技与国际贸易的迅速发展，使各国的产品责任立法日趋国际统一化。产品责任立法的国际统一化必须建立在各国的产品责任法朝着国际化发展的基础上。产品责任立法的国际统一化并不是要取代各国的产品责任立法,而是通过各国政府和国际社会的共同协作,制定一套跨国的产品责任规则,以解决国际产品侵权纠纷。随着全球经济一体化进程的迅速发展,有必要建立一个包括亚、非、拉各大洲在内的国际产品责任法公约。只有将亚、非、拉各国的产品责任立法情况考虑进去,才有可能使这类国际公约的制定做到公平公正。值得注意的是,德国的《产品责任法》和美国的《示范法》、欧共体的《指令》和《斯特拉斯堡公约》对我国海峡两岸四地产品责任法的统一和亚、非、拉各大洲建立区域性的产品责任公约起着良好的示范作用。笔者认为,未来产品责任立法的国际统一化是有限度的统一,而不是无限度的统一;是相对的统一,而不是绝对的统一。在统一的过程中,它要做到原则性与灵活性的结合。它应根据世界经济总体发展水平,考虑到发达国家与发展中国家政治、经济、文化等差异性,既要保护消费者的合法权益,又要兼顾生产者的合法权益。我国产品责任立法起步较晚,但已初具规模,形成自己的特点。然而与产品责任立法国际统一化的趋势相比,还有一定差距。在全球经济一体化的进程中,尤其我国进入WTO后,我国产品责任立法的完善,必须吸取外国先进产品责任法律制度中对我们有益的成分,去粗取精,结合我国的国情,制定相应的专门法规。笔者坚信,我国产品责任立法的完善,有助于推进社会主义市场经济的培育,加快我国法制现代化的步伐。

中国区域性刑法发展中的外来因素浅析
——以英国刑法对中国香港地区刑法的影响为例

孟 红*

近代以前的中国,有着发达而完备的刑法。起于先秦的中国古代刑法,至唐代在形式和内容上趋于完备,以后伴随封建制度延用至19世纪中叶,一直处于相对稳定的状态。距离的遥远,交通不发达,信息交流不畅,使西方17世纪开始的资产阶级革命,18、19世纪的法律思想和法律变革并未传播到中国。1840年鸦片战争打破了中国刑法的稳定状态,改变了中国刑法的发展轨迹。

在中国刑法的近代演绎中,由于历史原因导致政治上的多元格局,使刑事立法表现出多元色彩,或是殖民地区随宗主国法律演进,或是在政权对抗中建立独立的全新的刑法制度,形成几条相对独立、并行发展的轨迹。① 直接面对殖民扩张被动进行刑法变革的是被殖民者占领的中国香港、澳门和台湾地区,西方世界给这些地区刑法带来了一种广泛的、持续性的影响。受不同宗主国法律的影响,这些地区近代刑法分别受到英国、葡萄牙和日本刑法的影响。作为殖民统治的副产品,这些地区刑法先于中国政权控制下的主体刑法,去除中国古代刑法中野蛮、落后的因素,开启近代化进程。由于篇幅所限,本文仅以香港地区为例,对中国近代区域性刑法之发展作简单梳理,说明中国近代刑法转型中外来因素的不同影响。

一、英国刑法对回归前香港地区刑法的直接影响

(一)香港地区近代刑法的发展轨迹

香港是中国的领土,在清朝由当时的广东省新安县管辖,适用中国的法律,主要是1647年(顺治四年)制定的,后进一步补充完善的《大清律例》。② 由于《大清律例》以刑为主,所以,也是当时适用的主要刑法。

---

* 孟红,2003级外国法律史专业,指导老师:何勤华。现工作于东南大学法学院。

① 其一,从清末刑法改制、民国刑法到现代台湾地区刑法;其二,从根据地到今日之中国大陆刑法;其三,澳门地区刑法;其四,香港地区刑法。

② 清王朝建立后,于顺治四年(1647年)、雍正三年(1725年)和乾隆五年(1740年)先后颁布了《大清律集解附例》、《大清律集解》和《大清律例》三部正式的成文法典。自乾隆五年定本后,律文不再增损,例则不断增补。参见何勤华:“清代法律渊源考”,载《中国社会科学》2001年第2期。

从1841年《义律公告》公布到1843年港英政府成立，是中国清朝的刑律和习惯与英国刑法并存时期。1840年6月英国发动第一次鸦片战争，并于1841年1月20日宣布占领香港岛。1842年8月29日签订的《中英南京条约》第3条规定："将香港一岛给予大英国君主及嗣后世袭王位者常远据守主掌，任便立法治理。"使香港岛成为殖民地，并赋予英国在香港岛享有立法权。在此之前，英国在占领香港岛后即于1841年2月2日，由英国驻华全权钦使兼商务总监查理士·义律在香港发布《义律公告》(Captain Elliots proclamation)，宣布设立香港的统治机构和行使法律的准则，即"按照中国之法律和习惯统治香港岛原居民和此间所有中国人，废除严刑拷打。香港英国籍罪犯及外港岛原居民和非中国人犯，将按现时在中国施行之'刑事暨海军法'审判，香港岛所有英籍人和外国人均受英国法律保护"。[①] 可见，《义律公告》以属人、属地混合原则设立准据法，即对香港岛原居民及中国人适用中国法律，对在香港的英国人和其他外国人适用英国法律。这种准据法原则在1844年香港《最高法院条例》中再次得到确认。[②] 由于英国当时已经完成工业革命进入近代资本主义时期，其国内法带有资本主义法性质，资本主义时期倡导的人权保障在刑法中已得到一定确定，所以，在香港对英国人和外国人适用的英国刑法带有这种人权保障因素。虽然适用的对象有限，但作为当时香港法的组成部分，使此时香港刑法区别于当时清朝政府实行的《大清律例》等封建制法律。

1843年4月5日，英国以"英皇制诰"(letters patent)形式发布《香港宪章》(Hong Kong Charter)，正式宣布香港为英国殖民地。[③] 英国政府据此授予港督制定法律的权力。同年6月26日，港英政府正式成立，并设立了辅助港督立法的机构——立法局，开始制定香港本地法律，包括刑法。这是香港独立立法的开始。受英国近、现代刑法思想和刑事立法的影响，香港刑法与英国刑法基本同步发展。

(二)回归前香港地区刑法的渊源

香港割让之初，一度因人口增多、人员复杂、规则不健全等原因出现了秩序混乱的局面，杀人越货、纠党打劫、偷窃诈骗等十分猖獗，为维护殖民统治，香港政府制定了大量刑事法律。并且为弥补本港立法之不足，在1844年制定的《最高法院条

---

① 杨春洗、刘生荣、王新建编著:《香港刑法与罪案》，人民法院出版社1996年版，第3页。转引自史深良:《香港政制纵横谈》，三联书店(香港)有限公司1992年版，第237页。

② 其第5条规定:"1843年4月5日香港成立本地之立法机构后，现行之英国法律将在英国实施，但不适合本地情况或本地居民及上述立法机构另行立法取代者除外。"参见李宗锷主编:《香港日用法律大全》，商务印书馆(香港)有限公司1995年版，第71页。

③ 1856年10月和1898年6月，英国又强迫清政府签订了《中英北京条约》和《展拓香港界址专条》，将九龙半岛南端割让给英国；将九龙半岛的其余大片土地，直至深圳河以南，以及附近230多个岛屿(以上地区后称为"新界")租给英国，期限为99年。从此，整个香港成为英国的殖民地。

例》规定,香港可以直接适用英国法律。由于香港在此期间由英国统治,属于普通法系的成员,所以,判例法是香港刑法的渊源。

此时期香港刑法渊源复杂多样,主要包括:香港立法机构制定的刑事法律、适用于香港的英国刑事法律(制定法)、适用于香港的英国及其他英联邦国家刑事判例法、香港本地的刑事判例法、中国清朝的刑律和习惯以及对香港有约束力的国际条约中的刑事法律条款。上述众多渊源基本可分为:制定法(香港政府制定的刑法、适用于香港的英国刑事制定法、清朝刑律)、判例法(香港、英国及其他英属地区普通法判例)、习惯法和国际公约。

1. 制定法

(1)香港立法机构制定的刑事法律。① 香港立法局是依据《英皇制诰》(letters patent)设立的协助港督制定法律的机构,从其成立时起至香港回归前,制定了大量的刑事条例。这些刑事条例以英国刑法为蓝本,遵循英国刑事立法的原则和精神,基本上包括了香港刑事法律关系中所要解决的全部问题,是香港刑法的主干,如《刑事罪行条例》、《侵害人身条例》、《杀人罪条例》、《公安条例》、《盗窃罪条例》、《防止贪污条例》、《赌博条例》、《偷渡条例》、《复杂商业罪行条例》、《防止贿赂条例》、《舞弊及非法行为条例》、《简易程序治罪条例》、《刑事诉讼条例》、《监狱条例》等。除了专门的刑事条例外,还有一些非刑事条例中关于犯罪和刑罚的规定,以及专门针对特定对象规定的条例。前者如《危险药物条例》、《保护妇孺条例》、《道路交通条例》、《武器条例》、《不良刊物条例》、《吸烟条例》、《社团条例》等;后者如《少年犯条例》、《逃犯条例》等。香港回归前颁布的这些条例许多内容沿袭的是英国的同类法令,也有些是根据香港本地的具体情况制定的,具有本土化的趋势。由于香港刑法追随英国刑法,接受英国刑法特有的概念、术语和历史传统,因此,香港刑法的原则和犯罪概念、犯罪要素、刑事责任、犯罪分类、刑罚种类等,与英国刑法这些概念惊人的相同、相通和相似。

(2)适用于香港的英国刑事法律。香港是英国的殖民地,原则上英国的法律都可适用于香港。但自1844年香港《最高法院条例》规定英国法律可直接适用于香港后,哪些法律、如何适用始终是个问题,毕竟香港与英国有许多不同,香港此期间虽是英国殖民地,但居民大多是华人,中国传统法律观念和法律制度的影响根深蒂固。1865年英国议会制定的《殖民地法律效力法例》对英国成文法在殖民地的适用作出规定:凡英国议会或枢密院制定或作出的有关殖民地事务的法例、命令,在殖民地均可适用;殖民地的条例如果与适用于该殖民地的英国议会立法相抵触时,应

① 包括刑事条例和含有犯罪与及其处罚内容的附属立法。

属无效。[①] 1873年的香港《最高法院条例》第5条对香港适用英国法律的基本原则作了明确规定,即"自本港获取立法权之时即自1843年4月5日,所有英国现行法律均适用于本港,但各该法律不适合本港地方环境或其人民或经由该立法机关明令修订者不在此列"。[②] 1894年香港《最高法院条例》第5条也规定:"1843年4月5日香港成立本地立法机构后,既有之英国法律将在香港执行,但不包括不适合本地情况或本地居民的英国法律,亦不包括上述立法机构另立新法取代之的英国法律。"[③]这样,就使英国法律在香港的适用与香港地方具体情况相结合。1965年香港政府制定的《英国法律适用条例》进一步明确规定,对1843年香港政府成立前的英国法律,香港立法局可以根据社会环境和居民的需要进行修改和删节;对1843年后英国制定的限于香港适用的法律,香港政府无权选择,只能由英国枢密院命令或英国议会通过法律来决定。[④] 该条例还明确规定在香港适用的英国法律包括:①英国政府颁发的直接适用于香港的法律;②英国国会立法;③英国的普通法和衡平法。上述规定均是英国刑事法律适用于香港的法律依据。

在此期间,在香港适用的英国刑事法律主要有:1689年《殖民地囚犯转移法例》、1792年《诽谤法令》、1849年和1860年《海事法庭罪犯(殖民地)法例》、1850年《海盗法》、1857年《引渡条例》、1890年《殖民地海事法庭法例》、1907年和1918年《殖民地囚犯遣解命令》等。可见,英国刑法对香港刑法的影响,随着香港本地刑法的完善而逐渐减少,其影响主要是刑法精神、原则和制度,而不是条文本身的直接适用。

(3)清朝刑事法律。由香港特定的历史条件所决定,清朝刑事法律(包括习惯)在香港刑法的形成发展中一直作为有效的法律形式存在。尤其香港立法机构成立之初,本地法律没有建立起来,英国法律又不完全能够适用时,清朝刑事法律成为对当地居民适用的当然法律。当然,清朝刑事法律对香港刑法的影响随着香港刑法更趋向文明与科学的发展而越来越小,只是一个补充性渊源。[⑤]

2. 判例法

判例法是香港刑事法律的重要组成部分,尤其在早期,由于制定法不足,有关

---

① 赵秉志主编:《香港法律制度》,中国人民公安大学出版社1997年版,第36页。

② 广东省人民检察院编:《香港法律与司法制度资料》(第1册),第113页。转引自杨春洗、刘生荣、王新建编著:《香港刑法与罪案》,人民法院出版社1996年版,第10页。

③ 赵秉志主编:《香港刑法学》,河南人民出版社1997年版,第12页。

④ 杨春洗、刘生荣、王新建编著:《香港刑法与罪案》,人民法院出版社1996年版,第8页。

⑤ 大清刑律在此时期对香港刑法的影响主要表现为:第一,作为生效的法律直接引用为处理刑事案件的依据;第二,在处理刑事案件时考虑大清刑律相关内容对人们刑法观念的影响;第三,将大清刑律的规定通过立法或判例确定下来,成为香港刑法的内容。

犯罪和处罚基本上是由判例法调整的。法官在审理案件时,按照"遵循先例"原则,从英国、英属殖民地和香港本身的先前判例中寻找定罪量刑的标准和依据。随着香港刑事制定法的增多与完备,判例法中许多刑事规范已经为成文法所代替,但是,成文法并未完全取代判例法,判例法仍然是香港刑法的重要组成部分,有些自然犯罪如谋杀罪,仍由判例法确定,涉及成文法适用时,对某些概念的理解常常借助于判例法。(1)适用于香港的英国及英联邦刑事判例法。在香港刑法发展早期,英国刑事判例法是主要的刑法渊源,除去不适宜香港地区情况及其居民者外,其余均适用于香港。《英国法律适用条例》第3条也规定"普通法和衡平法的原则均在香港有效"。虽然这一规定中对英国哪一级法院的判决可以作为先例适用于香港没有规定,但根据英国司法体制,通常认为英国上议院和枢密院司法委员会的判例才对香港法院有约束力。此外,作为英联邦成员,香港对英联邦其他成员国和地区的判例,给予充分的尊重和参考,如在普通法的解释上与香港法院采取相同方法,也对香港法院有约束力。(2)香港本地的刑事判例法。香港自1905年起才开始建立自己的案例记录制度,由香港最高法院上诉法庭的一位法官和律师、法律学者组成专门编辑部,将有价值的重要案例收集到《判例汇报》(HKLR)中,以补充英国及其他普通法国家的判例,其中刑事判例占有相当比例。该部分判例与其他可适用于香港的刑事判例一起在香港刑事司法实践中发挥重要作用。

香港刑事判例法是以英国普通法为基础发展起来的,在适用中坚持"遵循先例",即法官在对其审理的案件作出判决时,必须考虑有关法院在已决案件中对与此相同或密切相关的问题作出的判决中所适用的原则,并受其约束。除非这个判例依据的法律后来被废除,否则必须遵循。

回归前香港法院适用刑事判例的准则是:①

(1)香港的所有法院都必须遵循英国枢密院司法委员会的判例;

(2)香港的所有法院都必须遵循英国上议院的判例;

(3)香港的所有法院对于英联邦其他国家和地区法院的判例,一般都予尊重,并加以采用,但以其法院在解释普通法上所采取的方法与香港法院基本相同者为限,否则,其判例只可作为香港法院的参考;

(4)香港所有法院必须遵循最高法院上诉庭(又称上诉法院)的判决,但上诉庭不一定要遵循自己以往的判决(假如该项判决被认为的确失误的话);

(5)最高法院原讼庭(又称高等法院)的判决,对地方法院、裁判司署(又称裁判官法院)有约束力;但是,原讼庭法官并不一定要遵循另一原讼庭法官的判决;

---

① 刘丁炳:"香港刑法的遵循先例原则及其改革",载《政法学习》1995年第2期。

(6)香港的地方法院必须遵循香港最高法院上诉庭和最高法院原讼庭的判例。地方法院在受理上诉案件时必须遵循其作为上诉的终审法院所作出的判例,但对其作为第一审法院或上诉审法院所作出的判决则不要求遵循;

(7)香港的裁判司署应遵循香港最高法院上诉庭和最高法院原讼庭的判例,但不必遵循裁判司署和地方法院的判例;

(8)下级法院判例对上级法院没有约束力。

可见,此时期香港刑法适用刑事判例从种类上包括:①英国的判例。"香港法院无疑是受到英国枢密院和上议院的判决的约束",①这是香港最高法院合议庭在1969年聆讯一案件时所作的陈述。②英联邦其他国家和地区的判例。香港是普通法适用地区,按照普通法的原则,英联邦其他国家和地区的判例,也可以适用于香港。③香港自身的判例。

当然,遵循先例是判例法的基本原则,在司法实践中应严格遵守,但并非没有例外。在英国,法官在面对具体案件时,会利用"区别"技术,找出本案与先例之间的不同之处,而不用先例;或认为先例在裁判中没有注意到既有的制定法和权威著作对此的指导作用;或是认为如果遵循先例,可能导致"不公正","限制法律发展"时,则可以不遵守先例。香港和英国一样,在遵循先例的适用中,也有例外情况。其一,英国上议院的判决对香港法院有约束力,但是更多的意见认为其判决只有同香港的案件情况极为相似时,才对香港法院有约束力;其二,英联邦其他国家和地区的判例一般只有说服力,只有当其对普通法的解释方法与香港一致时,香港法院才予以采用;其三,香港的下级法院如果有充分的理由说明以前上诉法院的判例明显错误时,可不遵守其判例。②

由判例确定的刑法基本内容包括:

第一,关于违法性认识:首席大法官罗伯特说,虽然事实上一般公民通常不知道法律,结果亦不明知其行为是错误的,但他被推定知道法律,因而也就被推定知道其客观上已经触犯刑事法律的行为是错误的。③

第二,刑事不作为积极作为义务的来源:由被告人与被害人之间关系而产生(父母和监护人有义务保护他们照顾下的孩子的生命和健康;夫妻有义务保护其不能自立的配偶或伴侣);被告人的职业产生作为义务;自愿承担帮助某人的责任产生作为义务;对危险物的控制产生要采取合理措施之作为义务。④

---

① [新西兰]瓦莱里·安·彭林顿著:《香港的法律》,毛华、叶美媛等译,上海翻译出版公司1985年版,第10页。

② 宣炳昭著:《香港刑法导论》,中国法制出版社1997年版,第36~37页。

③ [英]罗德立主编:《香港刑法》(英文版),北京大学出版社1995年版,第10页。

④ 同上,第82~83页。

第三，确定判断非被告人的行为介入并促使结果发生之情况是否中断了被告人的行为，而成为结果发生的原因的规则：介入行为不是自然事件、介入行为是被告人犯罪时可合理预见的、被告人必须针对被害人的实际情况而承担相应的责任。

第四，作为合法辩护理由的防卫人身行为，没有规定在成文法里，而是由普通法调整的；要以防卫人身作为影响刑事责任的因素，必须具备的条件是：从攻击行为看，必须是真实的，或是被告人以为是明显的，且攻击行为必须无正当理由；从防卫行为看，对攻击的回击必须是为了防卫本人或他人所必须且是合理的回击。至于何为必须，何为合理，香港判例法均有确定。

第五，作为合法辩护理由中的婚姻强制，是普通法中设立的对妻子有利的特别辩护理由，妻子在丈夫在场或受丈夫强制下犯罪，可以减轻或免除刑事责任。法律推定妻子在丈夫在场时犯罪，是在丈夫强制下实施的。1993 年《刑事诉讼程序条例》第 100 条规定废除了该推定。

第六，教唆、共谋、未遂等不完整罪的规定及处罚原则，移植了英国普通法中的相应内容。如关于未遂罪的构成条件之一的“企图实施犯罪行为”，其判断标准是由判例法确定的：最后行为标准和排除歧义标准。前者是指被告人实施了“直接联系”或者“实际接近”既遂的行为；后者是指如果被告人实施的行为是实施特定犯罪的一个步骤，与该犯罪直接紧密联系，且实施这一行为不能被合理地认为是为了其他目的，而是为了实施特定犯罪之目的。

第七，谋杀罪“谋杀”的含义，是由判例确定的。根据普通法的定义，所谓谋杀，是指“一个人在头脑清醒，到了有能力明辨是非的年纪，心存恶意，非法杀害一个活生生而有权受英皇保护的人，而受害人在事后一年零一日内死亡”。这一定义是 17 世纪初由爱德华·柯克勋爵提出的，至今仍沿用。①

在香港刑法中，成文法与判例法并存，但并非并重，在实际的操作和法律效力上，刑事条例高于刑事判例。

3. 国际公约

对香港适用的国际公约大致可分为两类：一是香港以自己的名义参加签订的多边条约或双边协定；二是香港未以自己名义参加但相关条约或协定适用于香港，如英国缔结和批准的多边条约，在附加特别领土适用条款后适用于香港；英国与其他国家签订的双边协定适用于香港；英国以香港名义缔结的只适用于香港的条约。这些国际公约中的刑事条款也是香港刑法的渊源。1997 年回归前已有超过 200 项国际条约和协议适用于香港，其中约有 59 个条约含有刑事条款，多个多边协议涉及

---

① 第 3 ~ 7 项内容分别参见赵秉志主编：《香港刑法学》，河南人民出版社 1997 年版，第 39 页、第 71 页、第 77 页、第 104 页、第 157 页。

刑事司法协助。国际条约并不当然在香港直接适用，在香港立法施行之前，不算是香港本地法律的一部分，但仍可影响普通法的发展。举例来说，法庭可引用某条约，以助解释法例。

可见，殖民时期香港地区刑法以英国刑法为蓝本，遵循英国刑法的原则和精神，在很大程度上受英国刑法的制约和支配，因英国刑法的变化而改变；但又是一个相对独立体系，立法局根据香港本地特点在保留有英国刑法内容的基础上，增加了许多本地法的内容，较好地解决了外来法律本土化问题。

二、英国刑法对回归后香港刑法的间接性影响

1997 年 7 月 1 日，中国政府对香港地区恢复行使主权。根据《中华人民共和国香港特别行政区基本法》（以下简称《基本法》）第 8 条的规定，香港原有法律，即普通法、衡平法、条例、附属立法和习惯法，除同《基本法》相抵触或经香港特别行政区的立法机关作出修改者外，予以保留。据专家们对香港法律进行初审得出的结论，回归前香港约有 20 多个法例与《基本法》相抵触，有十几个法例与《基本法》部分抵触。① 在这些法例中香港刑法占有很大的内容。这还不包括在过渡时期港英当局新修订的，在主权回归后还要重新恢复的刑事法律。所以，回归后的香港刑法面临着以《基本法》为依据，进行改革与发展的问题。

（一）回归后香港刑法的改革

1. 刑法改革的依据和范围。香港《基本法》第 2 条规定："全国人民代表大会授权香港特别行政区依照本法的规定实行高度自治，享有行政管理权、立法权、独立的司法权和终审权。"第 18 条第 2 款规定："全国性法律除列于本法附件三者外，不在香港特别行政区实施。"该条第 4 款规定："全国人民代表大会常务委员会决定宣布战争状态或因香港特别行政区内发生香港特别行政区不能控制的危及国家统一或安全的动乱，而决定香港特别行政区进入紧急状态，中央人民政府可发布命令将有关全国性法律在香港特别行政区实施。"这些规定都是对香港刑法进行改革的依据。

根据《基本法》第 8 条的规定，香港原有法律，即普通法、衡平法、条例、附属立法和习惯法，除同《基本法》相抵触或经香港特别行政区的立法机关作出修改者外，予以保留。因此，香港只能对原刑法中的英国殖民因素和其他同《基本法》相抵触的部分作出修改，其余的应予以保留，以后是否修改，应根据香港社会的实际需要，

① 陈弘毅："香港回归后法制的延续与转变"，载《信报：财经月刊》1999 年第 2 期。

由香港特别行政区立法机构决定,而不是由中央政府强制规定。此外,《基本法》第23条还规定:“香港行政区应自行立法禁止任何叛国、分裂国家、煽动叛乱、颠覆中央人民政府及窃取国家机密的行为,禁止外国的政治性组织或团体在香港特别行政区进行政治活动,禁止香港特别行政区的政治组织或团体与外国的政治组织或团体建立联系。”根据这条规定,香港特别行政区应以立法形式对背叛祖国、分裂国家、煽动叛乱、阴谋颠覆中央人民政府、窃取国家机密、非法进行政治活动和破坏国防等行为规定为犯罪并予以刑罚处罚。而且,“一个国家,两种制度”是香港特别行政区一切活动的指导思想,无疑也是香港刑法改革的指导思想。“一个国家,两种制度”的方针,要求改革香港刑法,必须剔除其中的英国殖民因素,而把危害中华人民共和国国家主权、统一和领土完整的行为规定为犯罪并予以刑罚处罚。还要求改革香港刑法,必须尊重香港的独立刑事立法权,正确处理香港刑法与大陆(全国)刑法的关系。

2. 改革后香港刑法的实质性变化

香港刑法在废除或修订过程中,遵守《基本法》的原则。在剔除带有殖民因素或与《基本法》相抵触的内容的基础上,保持了原有法律的完整性、细密性和独立性。具体说来,香港刑法的实质性变化包括:

(1)刑事法律的宪政基础发生变化。回归前香港刑法的根本规范与英国法律制度的根本规范基本相同,这个根本规范承认,所有明示或默示在香港适用的国会立法,在香港都有法律效力;同时承认英皇特权立法,包括为香港殖民地政府提供宪政基础的《英皇制诰》和《皇室训令》。但回归后,《中华人民共和国宪法》成为所有香港法律的终极渊源。香港所有刑事法律(包括普通法)都必须不违背《基本法》;而《基本法》的效力则来源于《中华人民共和国宪法》。

(2)适用于香港的英国刑事法律不属于“香港原有法律”,不在《基本法》保留之列,而不能在香港特区实施。在香港适用的英国刑事法律是英国殖民统治者统治香港的重要工具,带有浓厚的殖民色彩,必须停止使用。由于终止英国法律在香港特区适用,香港刑法会产生“法律真空”。为了避免这一情况的出现,保持香港政制、法制的稳定,在不违反基本法的原则、符合中英联合声明、废除殖民色彩的基础上,实行立法主体换位,通过立法本土化方式,将英国制定而适用于香港的法律变成香港立法机关制定的法律继续适用。

(3)废除香港立法局制定的带有殖民色彩的刑法和刑事判例。香港立法局制定的刑法中有关维护英国殖民统治的条文占有重要位置,如《刑事罪行条例》第一项罪便是叛逆罪。该项罪名规定:杀害或伤害英国女工或将其监禁或软禁者;对女王进行战争,意图推翻女王的统治;煽动外国人以武力入侵英国或其任何领地者,以任何方式协助正在与女王作战的敌人者,即构成叛逆罪,经起诉定罪后应处死刑。《刑事罪行条例》的第二部分"其他反对王室的罪行"中也有类似的规定。可见,香港刑法中这些充满殖民色彩的规定已无法与中国的特别行政区的法律和谐。所以,必须代之以维护中国主权、统一和领土完整的法律。

(4)消除中国清朝法律和习俗的影响。150 多年来,中国清朝的法律和习惯已逐渐渗透到香港的司法判例中或改造后写进香港条例中。这些判例不利于香港的现代化进程,不利于香港法律文化的发展。

(二)回归后香港刑法的渊源

回归后的香港法律制度依据《基本法》的规定发生了一些变化,刑事法律渊源也随之变化,其主要渊源有:(1)予以保留的香港原有刑事法律。这是回归后香港刑法的主体。无论制定法还是判例法,只要不与《基本法》相抵触,仍继续有效;(2)香港特别行政区立法机关制定的刑事法律,包括新制定的法律和对原有法律的修改;(3)新编制的刑事判例;(4)适用于香港特别行政区的全国性法律中的刑事条款;(5)适用于香港特别行政区的国际公约中的刑事条款。

在回归后的香港刑法渊源中,香港原有刑法中的英国刑法问题集中体现了英国刑法的影响,值得讨论。原香港刑法受英国刑法的影响颇大,英国刑事制定法和判例法是香港刑法的渊源之一。回归后,英国刑事制定法和判例法不再是香港刑法的当然渊源,但香港刑法中的英国刑法内容并不能完全消除。

原香港刑事制定法有些是在模仿英国相应规定的基础上制定的,如 1848 年《反贪污条例》,就是仿效英国同类法律制定的;香港刑法中的严格责任犯罪是由英国普通法判例发展而来的;香港《释义通则条例》仿效英国 1899 年的《解释法》对"人"的含义作出解释,该条例第 3 条规定,"人"包括法团或并非法团组织的任何公共机构和众人组成的团体,即使这些词语出现于订出罪行或与罪行有关的条文内,或出现于追收罚金或追收补偿的条文内,本定义亦适用。这就是根据英国刑法确定的关于法人刑事责任的原则作出的规定。

香港的判例法也受英国判例法的影响,如香港刑法中"故意"是由英国汉考克和香克兰(Hancock and Shank cand[1986]AC455)、尼德里克(Nedrick[1986]3 All ER 1)等判例确定了其含义,说明故意的含义中包括了目的、欲望,但又与两者不完全相同。[①] 香港刑法中的"轻率",主要产生于英国判例坎宁安(Cunningham[1957]2QB396)和伦敦市警察局诉考德威尔(Metropolitan Police Commissioner v. Caldwell[1982]AC341)两案。[②] 香港刑法中的教唆、共谋、未遂的概念,都移植了英国普通法中的相关内容。

---

① [英]罗德立主编:《香港刑法》(英文版),北京大学出版社 1995 年版,第 29 页。

② 赵秉志主编:《香港法律制度》,中国人民公安大学出版社 1997 年版,第 33 页。

香港刑法学也深受英国刑法学说的影响，如刑法关于犯罪的分类，英国刑法以1967年颁布的《刑事法令》为界限，前一般将犯罪分为叛逆罪、重罪和轻罪；之后则分为应予逮捕罪和不予逮捕罪（从审判的角度划分，则为应予起诉罪、简易审判罪和既可起诉又可速决罪）；英国刑法奉行“没有犯罪意图的行为，不能构成犯罪”。香港刑法也奉行这一原则，并在制定法和判例法中适用；甚至英国的刑事政策也对香港刑法有影响，如英国1965年终止死刑适用，1969年正式废除死刑。香港自1966年至1993年虽仍有死刑判决，但均通过赦免而没有死刑的实际执行，直到1993年《1993年刑事罪行（修改）条例》正式废除死刑。所以，从法律表现形式上讲，英国刑法（包括制定法和判例法）不再是香港刑法的一部分，但从制度来源的角度讲，英国刑法的影响将持续存在。

（三）回归后香港刑法的基本走向①

1. 由复杂化向简单化方向发展。香港刑法是一个多层次、多元结构的法律体系，既有英国法律、香港本地法律，又有中国清朝法律和习惯法。这种多元结构表现为成文法与判例法的并用。1997年以后，香港刑法的多元结构改变，在成文法上仅存有以《基本法》为宪制基础，由香港特别行政区立法会制定或认可的刑事法例。香港原刑事法例成为香港刑法的主干。判例法来源简单化，香港判例成为主要法源。

2. 由从属化向主体化方向发展。英国统治香港时期，英国刑事法律在香港居于主导地位，香港本地刑事条例从属于英国刑法，英国掌握着主要立法权。香港回归后，港人具有高度的自治权，包括独立的立法权。香港特别行政区立法机关有独立制定和修改香港特别行政区刑事法律的权力。所以，香港立法机关成为刑事立法权的主体。

3. 立法主体向集中和广泛代表性发展。英国统治香港时期，香港刑事立法权较为分散，成文法的立法权分别由英国议会和港督行使，立法局只是一个港督立法的辅助机构，不具有独立性。而且在长达一个多世纪的时间里，立法局议员一直由港督委任，直到1985年立法局才出现间接产生的民选议员，1991年才首次出现直接选举的议员。② 回归后，根据《基本法》的规定，立法会成为香港独立的最高立法机构，由60名经选举产生的议员组成，③具有广泛代表性，可以反映不同利益集团的

---

① 该内容参考了刘佳：“香港刑法及其走向略析”，载《首都师范大学学报》（社会科学版）1997年第3期。

② 赵秉志主编：《香港法律制度》，中国人民公安大学出版社1997年版，第86页。

③ 由功能团体选出的议员在第一届、第二届、第三届均为30人；由选举委员会选出的议员在第一届、第二届分别为10人、6人，第三届取消选举委员会选举；由分区直接选举产生的议员在第一届、第二届、第三届分别为20人、24人和30人。参见赵秉志主编：《香港法律制度》，中国人民公安大学出版社1997年版，第94页。

要求。

4. 英国刑法的影响由直接全面向间接局部发展。

三、香港刑法发展之特点

1. 独立的发展轨迹。香港由于较早地脱离了中国政府的实际管治,因而在法律渊源上与中国大陆相差甚远。香港刑法无论在形式上还是内容上,受英国刑法影响至深。英国刑法属于普通法系,判例法是其法律的主要渊源,这就决定香港刑法也属于普通法系,并具有该支系法律的一般特征。香港没有一部统一的刑法典,其刑法由各个单行的刑事条例、其他单行条例中有关犯罪和刑罚的规定,以及刑事判例组成,制定法与判例法相辅相成,使刑法的确定性与灵活性结合起来;香港刑事实体法与程序法相互渗透和影响。如香港1950年修订的《刑事诉讼条例》中专门规定了胁从犯与教唆犯的构成、分类和处罚等实体内容,而《刑事罪行条例》中,则规定了诉讼程序、诉讼证据、起诉期限及权限等程序内容。

2. 由从属性到独立性。回归前的香港由其政治上的殖民地地位所决定,刑法对英国刑法具有从属性。具体表现在:第一,在刑事立法的地位上,香港本地刑事立法具有从属性。英国王室对香港享有完全的、充分的立法权,香港立法机关及其权力是英王特许成立和授予的。因此,香港立法机关及其制定的法律对英国王室和国会处于从属地位。香港政府制定的刑事法律必须受《英王制诰》的指导。英国议会有权撤销香港立法局通过的法案。第二,在法律效力上,适用于香港的英国制定法在香港具有最高的法律效力,香港地方刑事立法不得与之相抵触,否则无效。第三,香港的刑事立法以英国刑法为蓝本,遵循英国刑事立法的原则与精神,其刑法中的犯罪概念、犯罪要素、刑事责任、罪名设立、刑罚种类等,以及普通法上的"动机"、"阴谋"等词语的含义,与英国刑法相同或相近。第四,英国刑法的变化一般总要对香港刑法产生影响,香港刑法总要作出相应的改变。如香港1972年刑事诉讼程序(修订)法案在篇首明确规定:"本法案将刑事诉讼程序条例修订,以便将英国1967年刑事法与1967年刑事诉讼的若干条文加插于本港法律内。"①第五,香港刑法在名称上只能称为"条例",而不能称为"法"。回归后的香港刑法表现出强烈的独立性,由"一国两制"的政策决定,《基本法》确定香港具有高度自治权,包括刑事立法和司法的自治权,不受全国人大制定的刑事法律的约束(特殊时期除外)。

3. 法律移植与本土化是香港刑法发展的主要途径。由香港刑法对英国刑法的

---

① 杨春洗、刘生荣、王新建编著:《香港刑法与罪案》,人民法院出版社1996年版,第59页。

从属性以及香港刑法普通法系的属性所决定，香港没有一部统一的刑法典，其刑法由各个单行的刑事条例、其他单行条例中有关犯罪和刑罚的规定，以及刑事判例组成。香港刑法100多年的发展构建成一个多元化、多层次、比较严密的庞大独立体系。它以英国刑法为立法蓝本，遵循英国刑法的原则和精神，在一定程度上受英国刑法的制约和支配，因英国刑法的变化而改变；但又是一个比较完备的独立体系，立法局根据香港本地特点在保留英国刑法内容的基础上，增加了许多本地法的内容。

4. 殖民色彩由浓厚到淡薄。香港刑法是英国占领香港后产生和发展起来的，最初具有明显的殖民性质，主要表现在：第一，英国的刑事法律原则上适用于香港。第二，香港立法机关制定的刑法对英国刑法具有从属地位。第三，在内容上严格保护英国皇室的利益。在"叛逆罪"中把攻击女王或皇家直系亲属的行为，以及发动内战、协助女王的敌人和杀害执行任务中的公职人员或法官的行为，规定为最严重的犯罪，同时，还规定了其他侵害女王和皇室利益的犯罪。第四，在刑事案件裁判的效力上，受英国枢密院司法委员会制约。英国枢密院司法委员会是英国殖民地法院的最高审级，对香港上诉法院判决不服的可上诉至该委员会。第五，香港官方语言为英语，法律和法庭以英语为法定语言。

回归后的香港刑法去除了有关侵犯女王和皇室利益的犯罪规定，排除英国刑法的适用，刑事诉讼的最高审判机关为香港终审法院。《基本法》还确定中文与英文同为法律的正式语文，注重法律和司法活动的双语化。英国刑法的殖民影响只能零星地存在于法律形式和个别法律内容中。

5. 鲜明的地域性。香港刑法是以地区为划分标准的刑事法律，而非以国家为标准。香港刑法只适用于香港地区。由于历史的原因，在1997年回归前，香港仍处在英国管理之下。英国的制定法、判例法始终是香港刑法的主要渊源，香港本地的制定法不能与英国法律相违背。1997年7月1日，香港回归祖国，但按照"一国两制"的方针及《基本法》的规定，享有高度自治权的香港，仍保有自己独立于大陆主体刑法之外的刑法及其特点，其刑法适用的地域范围仍仅限于香港特别行政区所辖区域。

6. 历史延续性较强。香港刑法是在英国占领后，随着英国法的引入逐步发展起来的，它贯彻着英国刑法的精神而在香港这个华人社会扎下根来。它的形成和演变至今已经历了150多年，形成了一个相对独立、比较完备的刑法体系。

公元前5世纪雅典陶片放逐法考略

胡 骏*

一、对雅典陶片放逐法的初步认识

"陶片放逐法"一词,希腊文意为"Όστραχισμόδ",原由希腊文"Όστραχδν"演变而来,我国法律史学界大多将其译为"贝壳放逐法"或"陶片放逐法"。究其原因,"Όστραχδν"一字原义既可指贝壳,亦可译为陶片。近代以来,西方历史学家对雅典陶片放逐制度中所用之"Όστραχδν"到底为贝壳抑或为陶片也曾存在很大争议。然而截至20世纪90年代,雅典考古发掘出土的约1万1千片"Όστραχδν",均为陶片,而无一贝壳。① 为求使译名更符合当时雅典城邦所实施的放逐制度的实际情况,笔者将Ostracism(Όστραχισμόδ)一词试译为"陶片放逐法"。

众所周知,陶片放逐法是公元前5世纪雅典等若干古希腊城邦所实施的一项独特的政治法律制度,制度设立的最初目的在于防范公共权力的滥用。一般认为,在实施陶片放逐的过程中要经过两次放逐投票,即第一次投票确定是否需要实施放逐,接下来再一次确定具体放逐何人。而对于两次放逐投票的具体时间,学者间还存在较大争议。有的学者认为第一次放逐投票的时间为每年的6月份,并紧接着在该年度的8月份举行第二次投票;②而有的学者则认为两次投票的时间分别为每年的年末以及次年的最初数月间。③ 从古希腊的历史和地理条件来看,6~8月份正是雅典城邦的农忙季节,对以农业为主要生活来源的雅典中下层公民来说,这个时期内根本无暇参加政治活动,因此,笔者倾向于后一种观点。综合西方学者的论述,笔者推测,每年12月在雅典城邦公民大会第6次常务委员会(亦称为主席团,为公民大会500人议事会的常设机构)会议期间,常务委员会会询问公民大会是否需要进行陶片放逐投票,如果大会表决通过该提案,则于翌年的2月或3月间实施放逐投票。④

实施放逐投票的当日,在雅典的阿哥拉(Agora)中央用木板围出一个一个圆形

---

* 胡骏,2006级法律史专业,指导老师:童之伟。现工作于华东政法大学。

① John Thorley, *Athenian democracy*, Routledge, 1996, p. 36.

② 黄俊杰著:《古代希腊城邦与民主政治》,台湾学生书局1981年版,第125页。

③ 叶孟理著:《欧洲文明的源头》,华夏出版社2000年版,第124页。

④ John Thorley, *Athenian democracy*, Routledge, 1996, p. 37.

场地,并留出10个入口,与雅典的10个部落相对应,以便同一部落的公民从同一入口进场。投票者在选票——陶罐碎片较为平坦处,刻上他认为应该被放逐者的名字,投入本部落的投票箱。第一次投票通过后,紧接着的第二次放逐投票会议的召开并不意味着一定有人被放逐,一般认为陶片放逐的最终通过必须达到6000人的投票人数。对于6000之数到底是指法定人数(a quorum)还是指参加投票者的多数(the minimum effective vote),学者说法不一,有的学者认为6000为参加投票者的多数,即得票数超过6000者将被实施放逐;①也有的学者认为6000为参加投票的法定人数,得票过半数者即被放逐。② 从笔者掌握的外文资料来看,认定6000之数为法定人数(是否需过半数尚待考证)具有较大的合理性。原因有二:首先从现存的古典文献看来,法定人数这个观念已为雅典人所熟知;再者,为了保护一个公民的基本权益,有必要以6000之数作为投票的法定人数。③ 另外,从当时雅典人口的数目来看,以6000之数作为法定人数也是一个合理的推测。根据西方学者的统计,到公元前431年,雅典的人口总数最高达到31万,其中公民及其家庭人口为17.2万人,即使是伯罗奔尼撒战争使雅典人口锐减,雅典公民人口最低点出现时的公元前400年,雅典也约有2.2万男性公民。④

而6000之数作为法定人数,则意味着在第二次放逐投票中,如果选票总数未达到6000,此次投票即宣告无效;如果超过6000,再按票上的名字将票分类,得票最多的人士即为当年放逐的人选,放逐期限为10年(一说为5年,但都可以为城邦的需要而随时被召回)。被放逐者无权为自己辩护,须在10天内处理好自己的事务,然后离开城邦。放逐期间,被放逐者的公民权和财产权保留,回到城邦后自动恢复。⑤

根据古希腊哲学家亚里士多德在《雅典政制》中的记载,雅典执政官克里斯提尼(Cleisthenes)在领导雅典人民,推翻僭主独裁统治建立民主政治的过程中(约公元前509~508年)创立了陶片放逐法。值得注意的是,陶片放逐制度的最终实施与其制定时间相距甚远。直到希波战争中的马拉松(Marathon)战役(公元前490~489年)之后两年间,雅典平民取得更大的政治权力后,陶片放逐法才首次付诸实施(约为公元前487年),第一位遭受放逐的人士为前雅典僭主庇西特拉图(Peisistratus)

① 林榕年、叶秋华主编:《外国法制史》,中国人民大学出版社2003年版,第67页。

② 由嵘主编:《外国法制史》(第2版),北京大学出版社2003年版,第59页。

③ Robert B. Bonner, "*The Minimum Vote in Ostracism*", Classical Philology, VIII (Jan. - Oct., 1913), pp. 223 - 225.

④ A. W. Gomme, *The Population of Athens in the Fifth and Fourth Century B. C.* Oxford, 1933. 转引自郝际陶:"论古代雅典的商贸活动",载《东北师大学报》(哲学社会科学版)2000年第4期。

⑤ [古希腊]普鲁塔克著:《希腊罗马名人传》(上),陆永庭等译,商务印书馆1990年版,第320页。

的亲戚希帕科斯(Hipparchus)。①

亚里士多德《雅典政制》对陶片放逐法的记载十分简略,然而随着近代以来雅典考古资料的丰富特别是大量放逐选票——陶片的出土,使历史学家对这一制度的了解大为扩展。到目前为止,考古资料与文献记载相印证的结果,笔者可以确定的被放逐者共有12人(见表1)。

表1 遭受放逐者的具体资料

放逐时间(公元前)	被放逐人物及其介绍
487/488?	希帕科斯(Hipparchos),出身于雅典Collytus区,卡莫斯(Charmus)之子,前雅典僭主庇西特拉图(Pisistratos)的亲戚,曾于公元前496~495年担任雅典执政官。
486	迈加克利斯(Megacles),出身于雅典Alopeke区。
485	卡利色诺斯(Kallias),出身不详。
484	桑西巴斯(Xanthippos),出身于雅典Cholargos区,曾于公元前479~478年担任雅典执政官。
483	凯勒伊诺斯(Kallixenos),出身于雅典Xypete区。
482	阿里斯提德(Aristeides)(Archon 489/8),出身于雅典Alopeke区,曾于公元前489~488年担任雅典执政官。
471?	地米斯托克利(Themistocles),出身于雅典Phrearrhioi区,曾于公元前493~492年担任雅典执政官。
461	客蒙(Kimon),出身于雅典Lakiadai区,曾任雅典将军。
460?	阿尔巴德斯(Alcibiades),出身于雅典Skambonidai区。
457	迈恩(Menon),出身不详。
443	修昔底德(Thucydides),梅涅西亚斯(Milesias)之子,出身于雅典Alopeke区(与古希腊历史学家修昔底德同名)。
415	海柏波拉斯(Hyperbolos),出身于雅典Pherthoidai区。

二、雅典陶片放逐法的发端

众所周知,克里斯提尼改革是继梭伦变法之后,古希腊雅典城邦历史上另一具

① Aristotle, tr, Kurt Von Fritz and Ernst, *Constitution of Athens and Related Texts*, Hafner Publishing Co., 1974, 22:1-4, pp. 91-92.

有重大历史意义的事件。它标志着长达一个世纪之久的雅典平民反抗氏族贵族斗争的胜利结束。恩格斯称这一改革为"克里斯提尼革命",这一革命使梭伦奠定的民主制度日趋稳固,雅典奴隶主民主政治最终在战胜氏族贵族的基础上建立起来。[①] 关于克里斯提尼政治改革与陶片放逐法的建立,记载最详细的文献莫过于亚里士多德的《雅典政制》。近代学者对这个问题的讨论也多半以亚里士多德的记载为出发点。为讨论方便,先将亚里士多德书中有关章节摘译如下:[②]

1."经过这些改革之后,政治结构变得远比梭伦时更为民主……另一方面克里斯提尼为赢得人民的好感而制定新法律,其中之一就是陶片放逐法"。

2."在这些改革的十二年之后,淮尼浦斯(Phaenippus)任执政官之时,他们赢得马拉松战役的胜利。而且在马拉松战役两年后平民取得更大的自信心之后,他们初次启用了陶片放逐法"。

3."第一个遭受放逐的是庇西特拉图的一位亲戚,卡莫斯(Charmus)之子,出身于柯利塔斯(Collytus)区的希帕科斯"。

根据笔者掌握的资料,到目前为止,包括亚里士多德在内,至少有四位古典作家(Aristotle、Aelian、Philochoros、Ephoros)都非常明确地指出陶片放逐法为克里斯提尼所制定,其中除了 Aelian 的论述存在疑点之外,其他三人的论述都得到确认。而多数现代欧美学者原则上也都同意上述亚里士多德关于陶片放逐法的记载,即陶片放逐法为克里斯提尼在公元前 509 年左右所制定,并在公元前 487 年前后第一次实施。仅有少数学者如英国学者希格奈特(C. Hignett)提出了反对意见。希格奈特认为亚里士多德《雅典政制》的记载与哈波克拉底(Harpokration,亚历山大里亚词典编辑学者)所引用的古希腊作家昂德拉逊(Androtion,公元前 4 世纪雅典历史学家、政治家)的记载极其相似,很可能在资料来源方面一脉相承。希格奈特认为亚里士多德文中所说的"初次启用了陶片放逐的法律……"中的"初次"应该来源于昂德拉逊的记载,而昂德拉逊文中所用"初次"字眼的目的显然是指陶片放逐法制定于其初次实施之时。换言之,陶片放逐法的真正制定时间应是在公元前 487 年或其之前一段时间。[③] 希格奈特的这一观点,受到许多学者的质疑。英国学者汤姆森(Rudi Thomsen)指出亚里士多德与昂德拉逊关于陶片放逐法的记载实际上并无任何抵触。考察昂德拉逊原文的文意并未明指陶片放逐法系制定于马拉松战役以后,昂德拉逊只是认为该法律是克里斯提尼所创。在这一点上,亚里士多德与昂德

① 朱寰主编:《世界上古中世纪史》,北京大学出版社 1990 年版,第 112 页。

② Aristotle, tr, Kurt Von Fritz and Ernst, *Constitution of Athens and Related Texts*, Hafner Publishing Co., 1974, 22: pp. 1-4, 91-92.

③ C. Hignett, *A History of the Athenian Constitution*, Oxford at the Clarendon Press, 1958, p. 160.

拉逊的记载完全相同。①

事实上，根据笔者的理解，上述争议的焦点就在于亚里士多德与哈波克拉底所引昂德拉逊记载对陶片放逐法制定时间的不同认识，即亚里士多德认为陶片放逐法制定于克里斯提尼政治改革时（公元前509），而昂德拉逊则认为陶片放逐法制定于其初次实施之时（一般就理解为公元前487年希帕科斯被放逐之前）。但是必须指出的是昂德拉逊的相关论述并未涉及第一次放逐的实施时间，也未提到希帕科斯这个人，后世学者（如希格奈特）对陶片放逐法第一次实施的时间及人物的认识全部来源于亚里士多德在《雅典政制》中的记载。也就是说，昂德拉逊对陶片放逐法的制定时间和首次实施时间都没有具体提出自己的观点。对此，笔者以为，实际的历史情况可能是：亚里士多德和昂德拉逊对陶片放逐法的制定时间的认识是一致的。昂德拉逊极可能把希帕科斯的放逐时间定位于公元前506年或505年（在公元前509年陶片放逐法制定后的一段时间内），因为没有资料显示他知道希帕科斯在公元前496年（或495年）当上雅典的执政官。而我们知道如果希帕科斯在被放逐十年之后，重回雅典旋而出任执政官的可能性是极小的。因此，当亚里士多德获知希帕科斯在公元前496年（或495年）当选雅典执政官的资料后（一个合理的推测），在进行相关的论述时对昂德拉逊的部分观点（希帕科斯被放逐的时间）进行了修正。

从以上对亚里士多德记载的论证可以看出，在没有新的历史资料——特别是考古证据——出现的情况下，亚里士多德有关陶片放逐法的论述无疑是目前最权威的观点，以下也主要以此为基础对陶片放逐法展开进一步的论述。

三、雅典陶片放逐法的实施

在雅典陶片放逐法的实施中，主要涉及两个问题，即陶片放逐法的制定与实施时间之间的巨大差距；陶片放逐法实施中遭受放逐者被放逐的原因。

在亚里士多德的记载中，雅典陶片放逐法的制定与实施时间有近20年的差距，如何解释这一时间差距成为后世学者研究雅典陶片放逐制度一个不可回避的问题。对于雅典陶片放逐法的制定与实施时间存在巨大差距的真实原因，笔者猜测主要在于当时雅典城邦的社会、政治环境的变迁。实质上从当时的雅典政局来看，促使克里斯提尼创立放逐制度的直接原因在很大程度上是克里斯提尼与同为民主派领袖的伊萨戈拉斯（Isagoras）之间的权力斗争。为了孤立伊萨戈拉斯，克里斯提

① Rudi Thomsen, *The Origin of Ostracism: A Synthesis*, Humanitas, IV, Copenhagen, 1972, p. 43.

尼采取了与前僭主势力希帕科斯合作的政治策略,同时创立陶片放逐法以制约希帕科斯及其政治集团。而希帕科斯集团在当时也的确接受了与克里斯提尼合作的路线,所以希帕科斯能在公元前 496 年成为执政官。这也是为什么陶片放逐法有 20 年之久未曾动用的原因。直至马拉松战役以后,雅典政权斗争纷起,当时的雅典执政者地米斯托克利(Themistocles)才开始使用克里斯提尼早先所创立的陶片放逐法来对付自己的政敌。在这种情况下,放逐前僭主势力的代表希帕科斯就成为地米斯托克利施展其政治恐吓手段的一种政治策略。

此外,放逐制度本身的制度制约也推迟了其实际的实施时间。在陶片放逐制度下,任何人意图放逐其政敌必须面对两个问题:必须首先说服群众赞成实施陶片放逐投票;必须实现谋划使该次投票结果是他的政敌被放逐而不是其他人。因此,当克里斯提尼执政晚期处于权力危机之时,是不会新创陶片放逐法的。笔者推测,在公元前 509 年至 487 年之间,可能会有三种情况发生:一是就是否实施放逐投票进行了表决,但表决结果不赞成实施放逐投票;二是实施了放逐投票而未达到有效票数;三是投票结果不是希帕科斯而是其他人遭受放逐。在以上三种可能发生的状况中以第二种出现的可能性最大。当然,这一推断还需进一步的考古成果出现加以印证。

对于陶片放逐法实施过程中雅典政客被放逐的原因,笔者分析不外乎以下两个主要原因:(1)雅典城邦内部的权力斗争;(2)雅典与希腊其他城邦之间的政治关系变化(特别是雅典与波斯之间的矛盾冲突)。从公元前 487 年陶片放逐法第一次实施开始,到最后一次公元前 415 年海柏波拉斯(Hyperbolus)被逐之时的 72 年间,因城邦内部权力斗争而被放逐的雅典政客不在少数,如上文提及的希帕科斯就是作为前僭主势力而为民主派力量所放逐。此外,民主派内部的斗争也是雅典政客被放逐的原因之一,典型的如雅典政治家桑西巴斯(Xanthippus)与阿里斯提德(Aristeides)的被放逐。此外,雅典与希腊其他城邦之间的政治关系尤其是雅典与波斯、斯巴达之间政治关系的变化,也是许多政客遭到放逐的原因。公元前 5 世纪,雅典贵族派与民主派围绕与波斯关系问题展开激烈斗争,主张坚决反对波斯的民主派逐渐占据上风,而由此造成许多支持波斯的贵族派政客被放逐。

四、陶片放逐法与雅典政局

如上文所述,陶片放逐法的制定、实施与雅典政局存在密切关系。而在马拉松战役后,雅典的政治格局发生重大变化,这也对陶片放逐法的发展走向产生极大影响。马拉松一役,雅典击败波斯,这个空前的胜利,在雅典城邦内部引起了政治上的巨大变化:一般人民权力空前高涨,而过去主宰政局的僭主和贵族势力逐渐失势。与此同时,代表平民利益的民主派开始真正走上历史舞台。在这一时期,民主派与保守的贵族派和僭主派的激烈斗争逐渐成为雅典历史的一条主线。而此类党派斗争是雅典陶片放逐法能够大规模实施的一个极为重要的政治背景。尤其是在马拉松战役之后,僭主势力日趋衰落,已不再能主宰政局,这样陶片放逐法原先立法的目的——防止僭主复辟的阴谋——事实上也就落空了。在这种背景之下,陶片放逐法逐渐沦为政客完成个人野心的工具。

除了上述几点原因外,陶片放逐法本身的弱点也间接导致了其发展走向的巨大变化。其一,从陶片放逐法本身来说,其最大的缺陷就在于:陶片放逐法假定每个参与投票的公民均具有书写他想予以放逐的政客姓名的能力。其二,放逐投票所用的陶片均是各人自备,而非官方供应的,这就构成它另一项内在的缺陷。20 世纪 90 年代,在雅典卫城北坡的一口井里,曾出土 191 片陶片,陶片集中装在一些瓮中。这些瓮的样式只有少数几款,而其中所有陶片上均写着雅典执政官地米斯托克利的名字(分别属于 14 个人的笔迹)。显然这些陶片是预先准备好,打算说服群众反对地米斯托克利之后,发给他们使用。

以上数种因素的影响,使陶片放逐法的实施逐渐走上末路。公元前 415 年春,雅典著名平民领袖海柏波拉斯因党派斗争无辜被逐,而后海柏波拉斯被迫远走萨摩斯岛,却在此遭到支持寡头政治的激进分子杀害。这一事件在雅典平民当中造成极大影响,民众俨然将陶片放逐视为一出闹剧,因此此后再不曾援用,陶片放逐法在雅典城邦的适用自此终结。

陶片放逐法在古希腊乃至整个世界历史上占有重要地位。对于雅典城邦而言,陶片放逐法是防止那种可能使雅典陷入党争并摧毁其国家的一个安全阀门。[①] 根据普鲁塔克(Plutarch)的记载,伯里克利(Pericles)年轻时非常惧怕人民的力量,"况且伯里克利有钱,出身好,又有许多极有影响的朋友,他总怕被放逐,所以一直不肯从事政治活动,只在行伍方面当一个奋不顾身的好样的军人。后来,阿里斯提德去世,地米斯托克利被放逐,客蒙又长年累月被军旅生活绊住,留在国外,伯里克利这才投身于公众的事业……"。[②] 可以想见,陶片放逐法的实施的确对当时雅典政治家的野心产生过相当的震慑作用。而陶片放逐法对近代西方社会的政治制度也产生了深远影响,典型的如弹劾制,一般认为近代西方社会的弹劾制就间接地起源于古希腊的陶片放逐制度。

然而必须指出的是,作为直接民主制的产物——雅典陶片放逐法与近代意义

① Donald Kagan, *The Origin and Purpses of Ostracism*, Hesperia, XXX, Oct. – Dec., 1961, p. 401.

② [古希腊]普鲁塔克著:《希腊罗马名人传》,陆永庭等译,商务印书馆 1990 年版,第 476 页。

上的弹劾制有着显著不同的特性，这也是古希腊陶片放逐法不能长期存在的深层次原因之一。作为直接民主制的产物，陶片放逐法的实施与雅典的基本政治制度——公民大会的运作紧密地联系在一起。在雅典城邦，公民直接参与政权，在那里没有权力的分立，也没有代议制度，由全体公民所组成的公民大会是国家最高权力机关、立法机关直至执法机关。而作为司法机关的法院更是公民大会的翻版（在某些情况下，公民大会本身就是一个特别法庭），各种法院（法庭）都由数百名公民任陪审员；同时他们又是审判员，直接审案，并且根据多数票断案。以公民大会为主体的雅典政治制度，其总体特征就是一切由人民的多数说了算。从笔者上文的论述不难看出，在陶片放逐制度下，实施放逐投票的历次公民大会就充当了特别法院的角色。在公民大会的运作条件下，直接民主制的弊端——"多数人的暴政"从陶片放逐法的实施中充分显露出来，上述雅典政治家阿里斯提德及群众领袖海柏波拉斯的被逐即是明显的例证。如西方学者所言："陶片放逐法对公民个人与城邦的利益都是一个不公正的阻碍。对个人而言，放逐意味着在其一生之中最有价值的一切的丧失；对城邦来说，放逐等于是对政党制度正常运作的一个致命障碍。"①特别是在陶片放逐制度的实施后期，这种表现尤为明显。

① E. M. Walker, Athens: *The Reform of Cleisthenes*, Cambridge Ancient History, 1926, V, Ch. VI, p. 153.

中世纪欧洲王权有限性的历史检视

高　尚*

中世纪的欧洲同时并存有多种政治实体,对应地存在多种法律体系。其中,一个有趣而影响深远的历史及法律现象是:各王国的君主理所当然地要服从法律。这既不是口耳相传或文献中记载的逸闻花絮,也不是个别明主贤君个人自觉的偶然现象,而是一种普遍的政治与法律实践,也是一种牢固的理念。剖析这一重要的制度现象及其原因,有利于加深对西方法治传统的理解,也有助于我们树立法律至上的观念。

一、王权有限性的制度举要

自11世纪末开始,无论是北欧还是南欧,从欧陆腹地到不列颠岛,有许多独立王国的法律都明确规范着王权的运作,强调王权是有限的权力,并不是国王个人可以为所欲为的,王权并非至高无上,而是受到法律制约。

在北欧,1241年出现的斯堪的纳维亚的第一部官方法律汇编《日德兰法书》是这样开头的:"国家应根据法律建立";在欧陆腹地,13世纪早期写成的《萨克森明镜》规定道:"如果一个人的国王和法官做不正当行为,那么他必须加以抵制,而且他必须对国王和法官的每次不当行为加以阻止,即使后者是他的亲戚或封建领主也一样。因而他并不违背他的忠诚。"西南欧的阿拉贡的有一项著名的法律准则,即只要国王履行其职责,臣民就要服从他,"否则的话就不然"。①

东南欧的匈牙利,1222年国王安德鲁二世(Andrew Ⅱ)被迫签署了《金玺诏书》,其中有各种有利于"高层低级贵族"(即自由民)而限制王权的规定。《金玺诏书》规定国王及其继承者承担以下义务:每年在一个固定的时间和地方召开议会;"任何贵族非经依法传唤和判罪,不得因任何强权者的意愿而被捕,或受伤害";"不得征税、颁发货币或未经邀请而去巡视贵族的地产、房屋或村庄";"未经议会同意","不得把官职授予进入王国的任何外国人"。进一步的义务还有,不得授予世袭官职;不得在短于12个月的间隔内发行新的货币;如果任何一个人依法被宣判有

---

* 高尚,2002级外国法律史专业,指导老师:何勤华。现工作于安徽大学法学院。

① [美]伯尔曼著:《法律与革命》,贺卫方等译,中国大百科全书出版社1993年版,第357页。

罪,那么任何强权者的祖护都不能使他不受惩罚。《金玺诏书》最后说:"我们还规定,如果我们或我们的任何一位继承者在任何时候违反了这项法规的条款,那么,我们王国中的所有主教和高层低级贵族,现在和将来的每一个人,都将因此拥有不受控制的、通过言语和行动的反抗权利。这种权利是永恒的,它并不招致叛国的指控。"①由此可见,《金玺诏书》更大程度上强调的是对王权的限制,对应地则是保护自由民的权利。

最著名的限制王权的事件和法律,出现在不列颠岛的英格兰。1215 年英格兰国王在贵族和教会的迫使下签署了《自由大宪章》,②据此,国王在法律上必须承担的义务包括:不经"我们王国的地方全体会议"的同意,不得征收任何兵役免除税或贡金(第 14 条);"民事诉讼……应当在指定地点受理"(第 17 条);"不得凭借某种没有确凿可信证据的指控使任何人受审"(第 38 条);"任何自由民都不受逮捕、监禁、没收财产、褫夺公权、放逐或任何方式的伤害……除非那么做是按照与他地位相等的人的合法判决或按照国家法律"(第 39 条);"在权利或审判上,不得偏袒任何人,也不得拒绝或拖延任何人"(第 40 条);"所有的人都可以自由地离开和进入英格兰,但战时除外,国内被褫夺公权的那些人和与我们交战的人除外"(第 41 条);"只有通晓法律的人才能任命为法官、治安长官、郡长或执行吏"(第 45 条),等等。③ 并且,《自由大宪章》的第 61 条还极为详细地规定了在国王没有履行上述义务时,制裁国王的程序。凡此种种的规定,不但于具体事项和可操作性的程序上明确地限制着王权的运作,而且,这些也为后世的"法治"原则的形成提供了精神内核。因此,有学者分析该法律文件后指出,"在宪政的意义上,国王如今处于法律之下"。④

当然,这种法律的统治在实践中并不总是得到不折不扣的落实。当时的一些强势的国王,如西西里的罗杰二世(Roger Ⅱ,1112 ~ 1154 年)、西西里和德意志的弗雷德里克二世(Frederick Ⅱ,1217 ~ 1223 年)都在一定程度上实行中央集权政策,或多或少地追求君主绝对化的倾向,但他们也无不利用法律来实现其统治,把制定法律看做国王职责的一部分,声称应当受到自己制定的法律的约束,在合法地改变法律之前,他们必须服从法律,必须在法律之下统治(rule under law)。与前述匈牙利、英格兰不同的是,他们的强势在多元权威的对垒中还是有所显现的,即以法律明确地确立了王权对教会、封建贵族、城市公社和普通民众的最高权威。

---

① [美]伯尔曼著:《法律与革命》,贺卫方等译,中国大百科全书出版社 1993 年版,第 358 页。

② 何勤华主编:《外国法制史》(教学参考书),法律出版社 1999 年版,第 144 ~ 154 页。

③ [美]伯尔曼著:《法律与革命》,贺卫方等译,中国大百科全书出版社 1993 年版,第 357 ~ 358 页。

④ [爱尔兰]J. M. 凯利著:《西方法律思想简史》,王笑红译,汪庆华校,法律出版社 2002 年版,第 125 页。

二、王权有限性的理论阐述

法在王上的上述制度性规定得到了12～14世纪诸多理论家和法学论著的阐发与支持：

首先，以契约论作为王权有限性的理论依据。14世纪初，有思想家指出，国家起源于人对自己境遇的理性认知，这使得他们选择一人充当他们的统治者，并以契约的方式使自己受制于国王。他们把国家的起源归因于理性、说服以及人民的同意。① 更有甚者，1324年出版的《和平的捍卫者》一书坚持共和主义的立场，认为国家的统治者是人民，人民设立统治者并不是不可撤回的。人民可以监督或废黜统治者，统治者不过是"辅助性的、工具性的、起执行作用的"。② 在"所有的世俗法学家都认可统治权力的行使来自人民"、人民从未终局性地放弃其权利的同时，教会哲学家也无一例外地反对世俗的专制主义。13世纪的圣托马斯·阿奎那（St. Thomas. Aquinas，1227～1274年）认为王权起源于人民，并把它解释为与人民之间的协议。

其次，初步述及了限制王权的现实途径。阿奎那从《罗马法典》和上帝的权威出发，指出："'甚至我们的权威都以法律的权威为依据。事实上，权力服从法律的支配，乃是政治管理上最重要的事情。'……按照上帝的判断，一个君王不能不受法律的指导力量的约束，应当自愿地、毫不勉强地满足法律的要求。"③对于国王应当受法律制约，英格兰的法学家布拉克顿（H. D. Bracton，约1216～1268年）1259年在其所著的《论英格兰的法律和习惯》中，也有重要的论述。虽然身为王室法学家，布拉克顿仍坚持认为：国王处于"上帝和法律之下"；国王有义务服从法律；不是国王创制法律，而是法律造就国王。"英格兰的法律和习惯……既然都已经人们同意或认可，并经国王誓言的确定，那么便永远不得修改和破坏，除非经过相同程序。"布拉克顿还逐字引述了古罗马法学家帕皮尼安的格言："法律是共和国的共通答问。"而在解释古罗马另一位法学家乌尔比安的格言"国王所好即具法律效力"时，布拉克顿指出，这"并非国王意志的鲁莽胡来，而是依据权贵同伴的建议，在慎重考虑和讨论后，由国王授权正当确立的事情"。④ 它表明非经权贵们的同意，国王的意志不

① ［爱尔兰］J. M. 凯利著：《西方法律思想简史》，王笑红译，汪庆华校，法律出版社2002年版，第121页。

② 同上，第120页。

③ 阿奎那著：《阿奎那政治著作选》，马清槐译，商务印书馆1995年版，第123页。

④ ［美］C. H. 麦基文著：《宪政古今》，翟小波译，贵州人民出版社2004年版，第58～59页。

是法律,国王并不是凭单个人的意志就可以为所欲为的。正当程序和平等贵族的同意是限制王权的现实途径。

再者,肯定了反抗暴政、诛杀暴君的合法性。

1159 年轰动欧洲的《论政府原理》一书中这样写道:

诛杀一个暴君不仅是合法的,而且也是正确和正义的……对于践踏法律的人,法律应当拿起武器反对他,对于努力使公共权力形同虚设的人,公共权力将狂猛地反对他……暴政不止是对公众的犯罪,而且还是一种更有甚于此的犯罪——假如能有这样一种犯罪的话……在践踏甚至应该统治皇帝的法律的犯罪中……谁试图使他不受到惩罚,谁就是对自己和整个人类共同体的犯罪。①

此外,作者索尔兹伯里的约翰(John of Salisbury)还引用了查士丁尼《学说汇纂》中一段有关罗马人民把权力移交给皇帝的著名的话,并论证说,君王只是人民的"代表"或"代理人"。② 这里明白无误地传达了这样一种观念,即王权来自于人民的授权,是法律统治皇帝而不是相反,践踏法律的国君是暴君,践踏法律也是对整个人类共同体的犯罪,对于暴君,人人有诛杀的权利和义务。在这里,依暴力统治是没有理论上的合理性的,而依法治理既是得到神意嘉许的,也是与西方传统对自然正义的信仰相一致的。

圣托马斯则从王权源自与人民间的协议这一契约论的角度,证成反抗暴君的合法性:

特别是在一个社会有权为自身推选统治者的情况下,如果那个社会废黜它所选出的国王,或因他滥用权力行使暴政而限制他的权力,那就不能算是违反正义。这个社会也不应为了这样地废黜一个暴君而被指责为不忠不义,即使以前对他有过誓效忠诚的表示也是如此;因为,这个暴君既然不能尽到社会统治者的职责,那就是咎由自取,因而他的臣民就不再受他们对他所作的誓约的拘束。③

除了理论家系统美妙的阐释,12 ~ 14 世纪盛行于整个欧洲的法律意识泛化也强化了法在王上的观念。人们普遍地相信,法律不仅具有维护秩序的功能,而且根本上具有维护正义的功能;法律不仅是当下的一时性的设计,法律还应被理解为一种连续发展的制度,后续的统治者都有义务在原有法律的基础上进行建设,不断颁布新法律,同时维护整个制度的基本原则不变。

---

① [美]伯尔曼著:《法律与革命》,贺卫方等译,中国大百科全书出版社 1997 年版,第 343 页。

② 同上,第 343 页。

③ 阿奎那著:《阿奎那政治著作选》,马清槐译,商务印书馆 1995 年版,第 59 ~ 60 页。

三、王权有限性的原因简探

中世纪的欧洲之所以会出现这种法在王上或者说王权有限性的史实和信念,与以下因素紧密相关:

其一,日耳曼民族传统的价值观念是限制王权的历史根源。中世纪欧洲的历史是以日耳曼人征服了西罗马帝国而拉开序幕的。与罗马帝国后期强调的“国王的决定具有法律效力”这一带有集权专制色彩的观念所不同的是,日耳曼的原初观念是“国王的权力并不是无限的,他不能一意孤行”。① 古老的日耳曼传统还主张:国王的意见受制于强有力的部落意见且不能逾越祖先的法律,并且,在制定新法前要征询公众意见,这就约束了现实政治中专制主义的统治。② 人民对国王不是唯命是从,日耳曼民族的国王从没有像罗马皇帝那样主张自己的优越地位,而是信奉权力最终来源于人民,统治者是人民的代表;这一统治者不是绝对的,而必须与其权力的渊源一致,他要尊重地位在他之上的人民的法律。王国的公共生活中,一切决定取决于人民,如果提议得不到人民的同意,就会遭到否决。③ 日耳曼人的统治和日耳曼民族传统的价值观念在欧洲中世纪早期持续了五六百年之久,对当时及其后的王权政治有不可忽视的历史影响。

其二,灵俗二元化权威是限制王权的根本保证。到了11世纪晚期,欧洲确立起了教会和国王双重权威。正如《萨克森明镜》所说的:上帝把两把剑留给世间,给教皇以精神之剑,给皇帝以世俗之剑,罗马教会的强大足以对君主的权力和权威构成实质性的限制。二元权威的存在与竞争也导致多重法律制度的存在,当一种权威施以不公正时,人们会设法寻求另一种权威的保护。在此,唯有依法而治才能获取更大范围的治理权和管辖权;二元权威的存在与竞争也使得体制外的批判有了自由存在的空间,持批判话语的法学家——无论是世俗法法学家还是教会法法学家,都致力于系统地提出这样一种政府和法律理论:一方面与时代的灵俗二元权威的现实相符合,另一方面又将对统治者专横地行使权力予以限制。

其三,世俗社会多元化治理方式和民主因素是对王权的重要牵制。伯尔曼在描述和分析11世纪晚期~13世纪世俗领地王国的特点时指出:在政治和法律理论上,国王的权力受宪法的限制,包括对他的管辖权及在管辖权内如何行使权力的限

---

① [古罗马]塔西佗著:《阿古利可拉传 日耳曼尼亚志》,商务印书馆1997年版,第59页。

② [爱尔兰]J. M. 凯利著:《西方法律思想简史》,王笑红译,汪庆华校,法律出版社2002年版,第121页。

③ 同上,第87~88页。

制;在政治和法律实践中,国王的权力受王国内各种各样社会共同体的限制。当时的个人除了臣民身份外,同时还可能隶属不同的社会阶或社会团体,诸如属封建贵族阶层、城市市民阶层、商人阶层、神职人员阶层以及地方、区域和民族社会团体等。这些社会阶层或社会团体要求其成员尽职或对之都有相应的义务性约束,这便在一定程度上分散和消解了世俗国王的权威。这一时期,无论是宗教团体还是各种世俗的社会共同体,都有着强烈的民主色彩,如对重要问题能作出决定是的全体会议而非某个个人权威者;一些重要的职位由选举产生或予以罢免,“与此相似,中世纪中期的世俗生活中,也存在各种各样的集体行动,其中自治而非服从君主式的领导是常规的形态:在新近出现的大学中,在遍布城镇的行会和互助会中,在城镇的管理中,莫不如此”。① 民主自治的治理方式不可避免地在一定程度上冲击专制统治。如果说灵俗二元化权威的政治结构是从权力的外部对“王权”的“分权”和制度上的制约的话,那么多元化的社会治理方式则可视做是从权力的内部对世俗“王权”的制衡。

上述王权有限性的制度、理论及生成原因的各方面,到了欧洲中世纪后期仍在发挥影响与作用。典型的以英国为例,历史行进到了17世纪,英国君主制开始走向极端,拼命扩张国王特权的詹姆斯一世(James Ⅰ,1603~1625年)曾傲慢地声称:“要我受制于法律,说这话就是叛逆。”②但在1609年他对议会演说时依然要说:“国王以双重的誓言来约束自己遵守他的王国的根本法律:一方面是默契的,即既然作为一个国王,就必须保护他的王国的人民和法律;另一方面是在加冕时用誓言明白地表明的。因此在一个安定的王国内,每一个有道的国王都必须遵守他根据他的法律与人民所订立的契约……一旦不依照他的法律来进行统治,就不再是一个国王,而堕落成为一个暴君了……所以,一切既不是暴君又不是背誓者的国王,都将欣然束身于他们的法律范围以内。”詹姆斯一世对议会的演说,不免有惺惺作态之嫌,但至少说明,即便到了君主专治时期,欧洲的这些国王还是在权力上有所收敛的,不敢胡作非为。对此,洛克评价说,詹姆斯一世明白“国王与暴君的区别只在于这一点上:国王以法律为他的权力的范围,以公众福利为他的政府的目的,而暴君则使一切都服从于他自己的意志和欲望”。③

---

① [爱尔兰]J. M. 凯利著:《西方法律思想简史》,王笑红译,汪庆华校,法律出版社2002年版,第122页。

② [英]A. T. 丹宁著:《法律的未来》,刘庸安、张文镇译,法律出版社1999年版,第5页。

③ [英]洛克著:《政府论》(下篇),叶启芳等译,商务印书馆1995年版,第122~123页。

四、结论与启示

检视上述史实，可以看出，王权受法律制约是中世纪欧洲一项重要的制度和政治现象；王权的有限性和人民反抗暴政的合法性等观念、依法而治（rule by law）及法治（rule of law）理论、契约论原理等，都不是全然地发端于古典自然法理论盛行的时代，中世纪的政治实践为所有上述理论铺展了制度上的雏形，同时，也为此后这类理论的系统发展奠定了基础。中世纪后期，古典自然法学说、启蒙运动以及资产阶级革命或改良对专制主义的摧枯拉朽的痛击，仔细考量起来，实非一日之功，"限权"、"法律至上"等制度与观念在欧洲其实是有着漫长的历史渊源的。

以上述史实反观中国历史，两千多年的传统社会中，历代君王集立法、行政、司法大权于一身，皇权高高在上，毫无限制。君主帝王既是国家的最高权力，又是社会的单一权威，而法律不过是帝王之具，[①]皇权从未被法律所规制和支配，相反，皇权却在根本上支配着法律。"法律在根本上不是社会（统治与秩序）和权力的基础，而是国家最高权力的工具，权终究大于法"。[②] 由此，存在的是专横的权力和刑罚恫吓色彩强烈的暴虐的法律。士大夫阶层由于没有体制外可资保护的力量，也不敢像同期的西方法学家、思想家那样畅所欲言，不敢对君主专制体制的正当性、合法性提出质疑和批判，最多只能在体制之内发出作用有限的民贵君轻、以民为本这样的劝谏，"士大夫阶层为了整个王朝利益，虽然想方设法，包括说服教育君主本人，对王权进行了某些有效果的限制，但因为在中国社会条件下，士大夫阶层的力量主要来自王权，并未形成一支独立的、强大的社会力量，因而直到明清，这种限制还是很不稳定的。君主如果不愿意接受某一限制，按制度他可以随时摆脱"。[③] 传统社会制度思想方面的流弊在今天仍然没能得到彻底的根治，人们的观念中也还不同程度地残留着"权大于法"的影响。

以上述史实反思中国现实，经过近30年的改革开放，我们制定了以宪法为核心的各种法律，规范政府权力，保障公民权利，法律成为对权力进行制约的重要手段。但实践中，法律对公权力的制约效果不尽如人意，法律对社会的支配程度也还清浅有限。特别是在树立法律至上的观念方面，对比欧洲自12世纪以来深厚悠久的历史渊源，可以说，我们还需要不断地启蒙，付出更多的努力。

---

① 如《韩非子·定法》中把法和术视为君主统驭臣下的"大柄"，主张"君无术则弊于上；臣无法则乱于下。此不可一无，皆帝王之具也。"又如《潜夫论·衰制》中称："夫法令者，人君之衔辔箠策也，而民者，君之舆马也。"

② 张中秋著：《中西法律文化比较研究》，南京大学出版社2000年版，第279页。

③ 马克垚著：《中西封建社会比较研究》，学林出版社1996年版，第300页。

中世纪罗马法学家的"城市地位"理论小结

吴旭阳*

"civitas sibi princeps"——Bartolus de Saxoferrato

"城市自己就是国王"——巴尔多鲁

一、引　子

中世纪后期的城市是现代西方社会的雏形,它从诞生开始就处于封建势力的包围之中,必须与其进行斗争或妥协。从中世纪中期开始,欧洲就出现了自治、半自治城市,甚至独立的城市共和国。它们对内进行立法活动,并任命官员,实施管理;对外与各种封建势力进行交往。而作为城市自治标志的法律文件——特许状(特许状是确立城市独立地位的基础性法律文件,通常由城市所在地的封建主授予城市),在此前后大量出现。早在1066年,阿尔卑斯山一带就有城市获得了特许状,以确认其事实上的准独立状况。此后,此类文件大量地授予了城市和大学,其地理范围不仅在意大利、法兰西,德意志,甚至在王权强大的英格兰,早在11~13世纪也颁发了大量的特许状。① 这些特许状"引导城市发展成为有法律意义的城市,它在法律上与农村分离开"。②

然而,在封建体制中,自治城市是另类的。它的存在并不能从封建政治理论中合理地推导出来;只能作为一种"事实"存在。它时刻受到各种封建势力的威胁,典型事例就是,神圣罗马帝国皇帝腓特烈一世(巴巴罗萨)在1158年颁布了臭名昭著的《伦加利亚敕令》,试图强行将意大利诸城纳入其强权之中。这激起了城市的反抗,最后迫其收回成命。1183年,帝国与意大利北部的伦巴底诸城达成谅解,废止了《伦加利亚敕令》,取而代之的是《康斯坦茨和约》。根据和约,城市在理论上接受皇帝为宗主,而皇帝也承认城市"事实上"的自治地位。斗争之后的妥协,帝国赢得了表面的尊严,而城市也获得了"事实上"的承认。

---

* 吴旭阳,2002级外国法律史专业,指导老师:何勤华。现工作于厦门大学法学院。

① Mary Bateson, The Laws of Breteuil, *The English Historical Review*, Vol. 15, No. 57, 1900, p. 73.

② [德]汉斯-维尔纳·格茨著:《欧洲中世纪生活》,王亚平译,东方出版社2002年版,第243页。

作为斗争的延续，城市必须论证其统治的合法性，以对抗封建强权（尤其是普世的“神圣罗马帝国”强权）。虽然城市不符合封建理论，但在封建势力破碎的“马赛克式”政治版图上，其存在却又是现实的。政治和经济现实，是城市存在的根基。即使是另类的“事实”，城市依旧有必要在理论上为这种“另类的存在”提供辩护；甚至建构完整的“法律”理论以论证其自治的合法性。

这个时代是罗马法复兴的伟大时代，出现了两个著名的罗马法学派——注释法学派和后注释法学派；涌现了一批著名的罗马法学大师。这些大师不仅在传统的私法领域有所建树，不少人对“城市自治”和帝权等话题也没有回避，从不同角度提出了自己的看法。痴迷于罗马法的法学家们，多数能接受《国法大全》对君权的强调，他们把对罗马法的效忠，部分地转移至同时代也有“罗马帝国”头衔（即“神圣罗马帝国”）的皇帝身上。因此，他们承认神圣罗马帝国的普世权威（至少在理论上承认），以及罗马法的普世效力。此外，他们又是城市的显贵，在城市中有较高的地位和影响力，又背负着城市对自治的理论要求。因此，罗马法学家们有一定的兴趣来论证城市与帝国等封建势力之间的关系：许多人能够从罗马法和实证的角度论证城市自治的合法性，部分人信奉“帝权至上”，甚至有人还能调和城市自治与帝权之间的紧张关系。他们所建构的理论可以归纳为法律确认、否认自治和事实承认三种。

二、法律确认的理论

法律确认理论的主要内容就是在事实上承认城市的自治地位，并从法律上对其进行论证。在中世纪罗马法复兴的长期过程中，此类观点理论也经历了萌芽、发展和完备的不同阶段。

注释法学派是罗马法复兴的第一个学派，其创始人是伊纳留斯（Irnerius，约1050或1060～1130年）。但是，作为创始人的伊纳留斯及其主要弟子反对城市自治。所以，最早具备此类观点萌芽的是该学派的第三代代表人物巴塞努斯（Johannes Bassianus）。他一反之前两代学者支持帝权的传统，转而激进地强调人民的意志。他强调制定法和习惯法的效力都来自于人民的意志；并提出社团理论。根据他的观点，作为人民聚合体的城市，自然就能够获得合法的地位。但是，这仅仅是一种理论萌芽，没有完整的论证。

作为巴塞努斯的学生，该学派最重要的代表阿佐（Azo，约1150～1230年），自然也要面对这个问题。他对皇帝的最高权威不以为然；而是继承了巴塞努斯的理论，并进行了深入论述。阿佐认为，“最高权力”（merum imperium，原意为“司法裁判权”)其实就是“司法裁判权”(iurisdictio),但该权力并非皇帝独享;根据罗马法,其他高级官员也拥有此权力。而在古罗马的体制中,虽然自治市的长官不能拥有完整的“司法裁判权”,但他们可以部分拥有。[①] 这就暗喻城市当局也可以部分享有“主权”(司法裁判权)。此外,在罗马法中,“市”是自治的;这也是城市自治获得罗马法奥援的一个重要着力点。

而从最根本的角度,阿佐提出了自己的理论:统治权威来源于法律,而法律来自于人民的同意;即使是君主的权力最终也源自人民的同意。作为最高权威的“司法裁判权”来自于人民“共同体”的同意,是一项集体的同意。帝权虽然直接源于王室法(Lex regia),其最终来源依旧是人民的同意。在这里,人民以一个“共同体”(universitas)的身份具有这种权威。据此,城市作为一个“事实上”(de facto)存在的市民“共同体”,也具有最终的权威,这种权威在帝王权力之外。[②] 这样,阿佐就跳出封建传统的“帝国”和“普世统治”的政治理论;而城市则在“人民共同体”这一新的法学理论上有了栖身之地。

阿佐进一步进行论证,他区分了一群“个人”和政治共同体的“集体”之间的区别——作为“个人”的人民必须服从皇帝,而作为“集体”的人民则高于皇帝,人民的“共同体”能够授予皇帝立法权,亦能够保留立法权。从这个角度看,阿佐的理论具有革命性,不仅为城市的自治提供了理论基础,也能为后世的现代国家提供理论支持。虽然阿佐不能更深入地进行全方位的阐释;但不管如何,他已经初步搭起了理论框架,为后人提供了重要的理论基础。

作为后注释法学派(亦称评注法学派)主要代表人物的巴尔多鲁(Bartolus,1314~1357年)不仅在私法领域取得了重大的成就,在城市自治以及对抗君权的理论方面,也有巨大的贡献。虽然巴尔多鲁在这方面的论述与阿佐有不少相似之处,但他显然不止于此,还进一步发展完善了阿佐的理论,使该理论达到了比较完备的程度。

首先,他指出了帝国权力理论上的普世性与实际上的有限性。巴尔多鲁承认帝国的普世权力,他视帝国为普世的政治组织,帝国法为唯一的普世法,各国国王在理论上从属于皇帝,任何对帝国的反叛行为都是不合法的。但是,他并不认为皇帝的权势是无限的;相反,其应该受到法律的制约。[③] 他指出,从世俗的角度看,皇帝是全世界的主人,国王们的统治源自于帝国的许可;但从政治神学的角度看,每

---

① Kenneth Pennington, *The Prince and the Law*, 1200 - 1600 *Sovereignty and Rights in the Western*, University of California Press, 1993, p. 19.

② Peter Stein, *Roman Law in European History*, Cambridge University Press, 1999, p. 60.

③ J. Neville Figgis, Bartolus and the Development of European Political Ideas, *Transactions of the Royal Historical Society*, New Series, Vol. 19, 1905, p. 156.

一个国王的统治均直接或间接地源于上帝的许可。因此,帝国的普世权力并非绝对的实际意义上的普世所有权(universal propriety);相反,国王在自己的领地内有实际管辖权,这种实际管辖权才是真正的,实实在在的。这种权力实际上就是皇帝的权力:他们可以像皇帝那样制定法律,任命官员,实施统治和裁判。① 根据这种理论,城市也能够获得自己的实际管辖权。他提出的标志性论断就是"城市自己就是国王"(civitas sibi princeps)——在自己的领地内,城市自己就是皇帝。

为了限制皇帝的权力,巴尔多鲁双管齐下,在罗马法和基督教中寻找理论依据。从罗马法的立场出发,他宣称帝国人民将统治的权力授予了皇帝,但是也保留了选举和罢免皇帝的权利,这种权利掌握在日耳曼王公和教皇手中。② 此外他指出,根据基督教理论,世俗的权力虽然来自于上帝,却必须经过教皇的中保,因此皇帝也受制于教皇。③ 这样,皇帝的权力就不是绝对的,更不是至高无上的;他不仅受限于封建贵族,更受限于教会。在这种情况下,皇帝自然对城市鞭长莫及了。但巴尔多鲁的意思却是更进一步:无论皇帝、教皇,还是封建诸侯,无论他们之间谁的权威更高,都只是遥远的存在,他们都不能干涉城市实际上的自治。因为,城市在"事实上"是独立自治的。

为此,巴尔多鲁从"法律"与"事实"的角度对城市自治进行了初步的论述。他指出,存在两种管辖权,即"法律上"(de iure)和"事实上"(de facto)的管辖权,这二者都是城市自治的合法性基础。首先,从最基本的角度看,城市及其统治是"事实上"存在的,这是众所周知的。但这显然不够,因为"存在不一定合理";更何况巴尔多鲁谴责"暴政",质疑专制统治的合法性。为此,城市还必须获得"法律上"的理论支持。他进一步指出,城市在"法律上"的合法性就是获得了帝国的许可——严格地说是"默许"。④ 然而,这种理由着实牵强,如果帝国收回许可,那城市如何自治?更何况在"法律"与"事实"之间,前者显然比后者更具有说服力,更能在理论上站得住脚;而实情却是,城市虽然在"事实上"不容置辩,却在封建理论的"法律上"显得卑微与无力。

因此,巴尔多鲁必须在理论上再进一步,以让城市获得"法律上"昂首挺胸的自

---

① Woolf, Cecil Nathan Sidney, *Bartolus of Sassoferrato: His Position in the History of Medieval Political Thought*, Cambridge University Press, 1913, pp. 110 - 111.

② Floriano Jonas Cesar, Popular Autonomy and Imperial Power in Bartolus of Saxoferrato: An Intrinsic Connection, *Journal of the History of Ideas*, Vol. 65, No. 3, 2004, pp. 375, 378.

③ Magnus Ryan, Bartolus of Sassoferrato and Free Cities, *Transactions of the Royal Historical Society*, 6th Ser., Vol. 10, 2000, p. 75.

④ Floriano Jonas Cesar, Popular Autonomy and Imperial Power in Bartolus of Saxoferrato: An Intrinsic Connection, *Journal of the History of Ideas*, Vol. 65, No. 3, 2004, pp. 376 - 377.

信，这就是沿着阿佐理论之路继续往前走。

现实地看，城市是民众的共同体，所以要论证城市的地位，尤其是论证其处于封建体系之外的合法性，就不能绕过"君主"与"民众"关系的讨论。在封建政治和法律理论中，在"君民"关系的阴影下，作为民众政治体的城市明显处于劣势；因此，想要逃脱皇帝、国王等封建主的魔爪，逃避其理论上的优越性，就必须寻找有利于自己的观点和理论。与阿佐一样，巴尔多鲁另辟蹊径，超越封建理论，提出了民众的终极权威，从最根本之处来最终解决问题。这也是他相关理论上最重要的亮点。

巴尔多鲁首先肯定了民众的最高地位，指出民众的意志可以否定其他权威，这就是城市自治权的基础。巴尔多鲁展开了细致的论证，在他看来，人民的同意是最重要的，是法律约束力的最终合法性来源。他在此建构了一个人民的"共同体"(universitas)理论：既然政治共同体由人民构成，那么"共同体"的"同意"的最细化、最基础的表现就是——人民的一个个"个体"在"共同体"中表达自己的"同意"。当然，由于个体的多样性，所以"一致同意"的可能性微乎其微，通常只能由多数"个体"的意见成为整个"共同体"的意见（否则会导致共同体在实践中的不可能）。多数意见由此可以对整个共同体产生约束力，而不管少数人的反对；这种约束力就是法律强制力的基础。

因此在法源上，他认为：所谓的"成文法"——帝国官方所制定的法律代表了人民的意志，具有约束力；而"习惯法"也具有约束力，因为其也源自人民的同意，是人民"默认的同意"(tacitus consensus)。[①] 二者都是人民意志的表达，所以有管辖权。他据此进一步指出，"成文法"和"习惯法"之间的区别仅仅是形式上的区别，即"明示的同意"和"默认的同意"之间的区别而已。他们的本质都是一样的——人民的同意：前者是人民"书写"下来的同意，而后者则是人民"默认的同意"。那么，在习惯法中，人民如何确立自己"默认的同意"？就是人民大众的群体性惯常的"行为"。所以，我们可以从中推导出习惯法的"人民同意"的性质，也可以推导出习惯法的合法性。[②] 也正是基于人民的同意，习惯法才能取得与帝王制定法同等的地位。

法律约束力的本质就是人民的同意；而必须强调的是，在此之外没有更高的许可；只有人民的同意才是统治和法律的合法性基础。换句话说，人民"自我为王"(sibi princeps)。这样，他将人民推到了最根本的地位。[③] 而作为人民"共同体"的城市呢？既然人民最高，人民可以自我为王，那么作为人民共同体的城市当然也就

---

① Walter Ullmann, *A History of Political: The Middle Ages*, Penguin, England, 1965, p. 215.

② Walter Ullmann, *Bartolus on Customary Law*, *Jurisprudence in the Middle Ages* (*Collected Studies*), Variorum Reprints, London, pp. 269 – 271.

③ Floriano Jonas Cesar, Popular Autonomy and Imperial Power in Bartolus of Saxoferrato: An Intrinsic Connection, *Journal of the History of Ideas*, Vol. 65, No. 3, 2004, p. 378.

可以建构自我统治的合法性,无需其他的许可。因此,“城市自己就是国王”的结论就水到渠成。而且在这里,城市自我为王不仅仅是一种“事实”,更基于“法律”——其建立在新型宪政理论的基础上。不仅城市的合法性不需要外来的许可;而且除了人民,没有更高的许可。

那么人民在实践中如何实施“同意”呢?城市“共同体”不能只停留在虚幻中,必须落实到实际操作层面。前面已经指出,多数意见可以成为共同体的意见,这种意见可以产生法律强制力(约束力);因此,城市的多数成员意见就十分重要。在他看来,作为共同体的城市是人民的集合,这种“人民”不仅包含显贵,更以平民为主。城市的市民通过选举议会和行政官员进行统治;在这种情况下,城市议会和政府的权力来源就是人民“共同体”的“同意”,其统治就是合法的,所制定的法律也是合法而且具有约束力的。

然而,这样又可能导致另外的问题,即是不是所有的“共同体”都可施行统治呢?当然不是。巴尔多鲁更详细地建构自己的统治理论,指出城市作为统治的“共同体”(universitas)具有以下特征:(1)可以被视为一个城邦(respublica,原意为“共和国”);(2)有财政上的国库;(3)拥有统治权(imperium);(4)有立法权。[①] 这样,城市的共同体就与一般的经济领域经营性共同体区分开来,就能够具有初步的现代“主权”。

巴尔多鲁的理论建构超越了阿佐,不仅从“事实”,更从“法律”的角度进行了更系统的理论建构,从而彻底结束了城市“不明不白”的法律地位,为其争取了雄厚的理论支持。显然,这一理论具有社会契约论的萌芽,在中世纪的西方具有一定的革命性,因此受到不少法学家的反对。

三、否认城市自治的理论

否认城市自治的罗马法学家阵营也不容小觑,尤其在注释法学派的学者中拥有诸多支持者。该观点的持有者通常也支持皇帝,有人甚至还支持“君权绝对”。

作为罗马法复兴运动的肇始者,伊纳留斯在罗马法复兴运动中享有崇高的威望。伊纳留斯在晚年明确采取了支持帝权的态度。在他的学说中,帝权是最重要的,民众的习惯法虽然是人民的意志体现,但不能高于君主的制定法,只有在符合制定法的前提下习惯法才具有效力。他甚至宣称,“今天,‘立法’的全部权力都转

① Woolf, Cecil Nathan Sidney, *Bartolus of Sassoferrato: His Position in the History of Medieval Political Thought*, Cambridge: At the University Press, 1913, p. 115.

移到皇帝那儿去了”。[①] 在这种理论下,城市即使自治,也要得益于皇帝的恩赐。

而他的四大弟子继承了他的学问,也基本继承了他的政治立场:“四博士”在著名的1158年伦加利亚会议中,坚定地站在了皇帝一方,支持他对伦巴底诸城征税以及限制城市的自治地位。[②] 同时他们还认为,皇帝对城市享有全权,这种全权是在任何时候,任何地方以及对任何事务都有效的最高权力。[③] 当然,他们并非无限度地支持帝权。据说,在一次与巴巴罗萨的巡游中,“四博士”之首的布尔加鲁斯(Bulgarus)就否认皇帝拥有绝对的权力,而另一个博士马尔提努斯(Martinus)则站在皇帝一边。

在注释法学派的代表人物阿佐(第四代法学家)之后,一些法学家虽认同阿佐的前述理论,却在此基础上作出了更有利于帝王的进一步推理,即一旦人民将权力转让给帝王,则他们无权撤销。[④] 这种推进,其实就是对阿佐理论的背叛,也限制了在法律上论证城市自治的可能。

而阿佐的继承人——注释法学派另一个代表人物阿库修斯(Accursius,约1182~1260年)显然是城市自治的最大敌人。因为他不仅提出了“君权绝对”理论,而且断然否定了城市自治的重要前提——阿佐的“人民共同体”理论。这种两面夹击,就对城市自治形成严重的威胁。[⑤]

一方面,阿库修斯驳斥了阿佐的“人民共同体”理论。阿库修斯认为,这种共同体根本就不存在。他毫不掩饰地亮出了自己的反对意见——“团体无非就是作为成员的个体”。[⑥] 这种对团体人格的否定,也就否定了作为“市民共同体”的城市的独立可能。根据这种理论,分散的个体只能服从帝国的统治;这样,城市的自治地位就被釜底抽薪,无所依靠了。

另一方面,阿库修斯强调“君权至上”。他认为君主在法律之外,不受法律的制约;为此,他还援引了《学说汇纂》作为论证“君权至上”的依据(如D.4.8.4和D.4.8.51)。阿库修斯的“君权至上”观念如此强烈,以至于对通常被认为是限制王权的

① [英]伯恩斯主编:《剑桥中世纪政治思想史》(下),郭正东等译,三联书店2009年版,第580~581页。

② Paul Vinogradoff, *Roman Law in Mediaeval Europe*, London and New York, Harper & Brothers, 1909, p. 51.

③ Arthur P. Monahan, *From Personal Duties Towards Personal*, Mc – Gill – Queen's University Press, 1994, p. 23.

④ Peter Stein, *Roman Law in European History*, Cambridge University Press, 1999, p. 60.

⑤ Brian Tierney, "The Prince is Not Bound by the Laws." Accursius and the Origins of the Modern State, *Comparative Studies in Society and History*, Vol. 5, No. 4, 1963, p. 389.

⑥ Joseph P. Canning, Ideas of the State in Thirteenth and Fourteenth – Century Commentators on the Roman Law, *Transactions of the Royal Historical Society*, 5th Ser., Vol. 33, 1983, p. 24.

D. 32. 1. 23（皇帝宣称，“我们虽然不在法律的制约下，但我们要依法生活”），他却作如此评论，“法律涉及最高统治权（imperium），在 I. 1. 2. 6. 中，王室法（lex regia）将最高权力授予了君主。这将他从繁杂的法律细节中解放出来；因为，如果他决心不遵守这些法律细节，则正如 D. 4. 8. 4 所言的那样，没有其他权力可以使他的行为无效”。① 因此，阿库修斯支持“君主不受法律约束”（princeps legibus solutus est）的论断。但是，他的论证显然存有硬伤，因为他在王室法的范围内来证明帝王的绝对权威，而不能够从法律之外“更高的合法性”角度进行论证。

总体上看，在对待皇权方面，虽然注释法学派的法学家各有主张，但一部分还是站在了皇帝一边。毕竟，经过查士丁尼筛选之后的罗马法文献，更多地保留了支持皇权的因素。罗马法的一些著名法谚为众君主们所津津乐道——“君主的意愿具有法律的威力”和“君主不受法律的约束”。这也是为何中世纪后期的多数国王，甚至英格兰都铎王朝诸王也不禁要提倡罗马法的原因。相比其他法学派，注释法学派更将《国法大全》视为具有神圣意义的法律文本；因而这些理念也就深刻地影响了该学派一大部分法学家，使他们成为帝权的支持者。

四、折中——事实承认的理论

后注释法学派的另一个代表人物，巴尔多鲁的学生巴尔杜斯（Baldus，1327～1400 年）继承了老师的立场，但在观点上有所后退。这种后退的结果就是折中——事实承认的理论；该理论只是在事实上承认城市的自治，又在法律上承认皇帝的最高权威。这种论证更巧妙，也更保险，却无碍于政治现实；与其说是一种妥协，还不如说是高明的策略。但由于他试图在双方之间进行妥协；因此在一些问题上就出现了矛盾的论述。

首先，巴尔杜斯对城市自治的合法性进行了论证。他认可法国法学家库内奥（Guilelmus de Cuneo）所提出的“政治人”（homo politicus）理念，即人们可以结成团体（国家）而依法生活。② 受到亚里士多德政治学说的影响，所以他认为人天生就是政治动物，理所当然地结成国家（城邦）；国家是拥有政治天性人们的集合体。③ 因此，他根据自然法理论指出，市民身份就是人本性的一种展现，依法生活是人的主

---

① Brian Tierney, "The Prince is Not Bound by the Laws." Accursius and the Origins of the Modern State, *Comparative Studies in Society and History*, Vol. 5, No. 4, 1963, p. 389.

② Joseph P. Canning, Ideas of the State in Thirteenth and Fourteenth – Century Commentators on the Roman Law, *Transactions of the Royal Historical Society*, 5th Ser., Vol. 33, 1983, p. 11.

③ Arthur P. Monahan, *From Personal Duties Towards Personal*, Mc – Gill – Queen's University Press, 1994, p. 30.

题;也只有如此,"人"才是完满意义上的人。而国家(城邦)就是人们依照自然理性结合成团体,所以该团体就可以有自己的管理机构(市政当局),可以施行统治。据此理论,城市自治获得了自然法理论的支持。

此外,与巴尔多鲁一样,巴尔杜斯承认"人民的同意"是政治建构和立法的基本要素。对他来说,"人民的同意"也是习惯法和成文法的合法性基础,习惯法是默认的同意,而成文法则是明示的同意;它们之间的区别仅是同意的形式不同而已。在面对"习惯法是否需要帝国权力认可"的问题时,巴尔杜斯显然认为,人民以自己行为的方式所制定的习惯法,不应当需要其他统治者的认可。[①] 城市在事实上独立的情况下,也就能够不服从皇帝的命令。此外,他指出城市在立法时有义务维护"共同的善",也有权根据自身的"利益"进行判断;在此根本的立法指向上,城市甚至有权抵制来自外界的干扰。[②] 此种理论虽然也是进步的,他却不能像巴尔多鲁那样旗帜鲜明地主张人民自我为王,人民高于皇帝;也不能主张作为人民共同体的城市的最高合法性。

为了解决皇帝与其他现实统治者之间的矛盾,以论证城市自治的合法性,巴尔杜斯还从万民法的角度进行阐述;这就涉及皇帝或教皇的普世统治问题。因为万民法作为诸多统治者在法律上的一种共识,一种普世适用的规则,其实与皇帝、教皇的普世法律之间存在重叠或重合。因此,他就将皇帝的法律当成万民法,而城市的立法则是市民法。他在此对二者进行了区分与统一:从"现实"而言,各个统治者实际上都在自己的领域内行使立法权,他们的法律各不相同,可以被认为是不同的市民法。不同统治者的市民法在一些方面存在相同之处,这些相同之处其实就是万民法;而皇帝或教皇从事的普世立法活动就是揭示这种万民法。[③] 这样,事实上的"自治"(独立)就与理论上的"一统"统一起来了。因此,基于万民法与市民法的区分,包括城市和王国在内的各种实际统治者都能够拥有实质上的"主权"或"统治权"。他还认为,这种实质"主权"的基础就是人民的自治能力,而这种能力也源自万民法,更源于"共同理性"。但是,巴尔杜斯的立场又摇摆不定;所以他的理性观和万民法在帝权那里却又失效。对他而言,帝权可以破坏万民法,也可以将自己的意志凌驾于理性之上;这就反映了其理论的矛盾性。

所以在另一方面,巴尔杜斯在大框架上依旧是服从旧秩序的;他的理论出现一些矛盾。虽然巴尔杜斯十分欣赏亚里士多德的政治学说,但是在他笔下"政治天

---

① Joseph P. Canning, *The Political Thought of Baldus de Ubaldis*, Cambridge University Press, 1987, p. 101.

② Arthur P. Monahan, *From Personal Duties Towards Personal*, Mc - Gill - Queen's University Press, 1994, pp. 29 - 30.

③ Ibid., p. 27.

性”的人,并不必然成为“王”;城市和市民也不必然“自我为王”。城市即使是“事实上”的独立,也必须获得皇帝的许可。所以,皇帝依旧是终极的权威。他甚至还认为,“统治权”存在不同的层级,城市所能够享有的只是低层级的“统治权”。[①] 当然,这种理论也可以适用在封建国王身上,他们与城市一样,也能够享有“事实上”独立于帝国的那种低层次“统治权”。

巴尔杜斯指出,“对上级的否认”是理论上不完满的体现;因此,其只能是对政治现实的一种承认。换句话说,在完美的“法律”理论中,上级能够完成对下级的控制,下级必须服从上级。[②] 然而,不完美的政治现实使得上级(皇帝或国王)无力控制包括城市在内的各种政治势力。这种状况的主要责任并不在城市,而在居心叵测的大小诸侯、教廷和主教,城市只不过在势力纷争中才出现并成长的。所以,基于这种现实,城市也无法服从上级(皇帝)。但是,在条件成熟的时候,在帝权或王权能够翦灭群雄时,城市自然也会顺应大一统的时代大局,皈依于统一的帝权(王权)。

他还认为,城市的自治及不服从上级,“要么根据法律,要么根据事实”(de iure vel de facto)[③]。既然封建体制的政治法律秩序不允许城市自治,那么城市的自治只能作为一种事实(de facto)了。这个基本性论断会导致一系列的连环法律效果,最重要的后果就是巴尔多鲁的城市自治理论不稳固了,他的“人民主权”理论也因此被撤销,取而代之的是巴尔杜斯的“代理统治者”(vice principis)观。也就是说,城市不能自我论证自身统治的合法性,他们根本就不是统治者,更不是主权者,只能在上级无力进行统治时“代理”进行统治。

从总体上看,巴尔杜斯是在“事实上”承认了城市的自治地位,但在“法律上”并不承认,而是臣服于当时主流的封建统治秩序。由于需要在二者之间进行妥协,所以其理论在一些地方出现了矛盾。

五、小　　结

在后注释法学派之后,罗马法复兴进入了人文主义法学派阶段,历史的车轮驶离了中世纪,来到了文艺复兴时代,普世的“神圣罗马帝国”蜕化为德意志帝国;踌

---

① Joseph P. Canning, *The Political Thought of Baldus de Ubaldis*, Cambridge University Press, 1987, p. 98.

② Joseph P. Canning, Ideas of the State in Thirteenth and Fourteenth - Century Commentators on the Roman Law, *Transactions of the Royal Historical Society*, 5th Ser., Vol. 33, 1983, p. 9.

③ [英]伯恩斯著:《剑桥中世纪政治思想史》(下),郭正东等译,三联书店 2009 年版,第 640 页。

踌躇满志的市民阶层已不满足于城市政权,开始展望国家性的权力。所以,此时的城市自治已不是重要的社会问题,取而代之的是新兴的主权国家、宗教改革等热点问题,因此,相关的争议和理论也就渐渐消退了。

通过研究两个学派主要人物的理论,我们会发现:作为意大利人,很大一部分罗马法学家对城市持一种或明或暗的支持态度。巴尔多鲁和阿佐采用的是直接建构式,具有较强的革命性;而巴尔杜斯也并不回避问题,在原有的政治法律理论中论证城市自治的合法性。这种现象的背后有以下因素值得考虑。

首先,法学家们主要的活动地是城市。众所周知,这两个法学派以意大利北部为基地(包括了法国南部),这恰恰是中世纪西欧"城市化"最发达的地区。法学家和大学的活动以城市为中心,而多数城市恰恰是自治的。例如,罗马法复兴的重地——意大利的波伦那,也是一个自治的城市。在波伦那,执政官被称为"contado",由城市自己选任;他行使实际管理权,职责范围包括了行政与司法。而波伦那城市的上层,如律师、纺织商人、银行家,都拥有大量财富,实际上控制着城市。① 巴尔多鲁的主要活动地佩鲁贾(Perugia)也是一个自治城市。作为著名的法学家和城市自治的最有力支持者,他于1348年获得了佩鲁贾的市民权;城市还授予他以大量的荣耀与利益。在这种情况下,他为城市的自治和利益呼号也情有可原。②

其次,法学家们主要在大学中进行教学研究活动,而大学与城市息息相关,其在法律上与城市有相同之处。大学是自治的,在法律上具有独立的地位;它们也是通过特许状,获得类似于城市的准独立地位。根据特许状,大学不仅能够进行日常的管理活动,甚至能够成立法庭,独立地行使部分司法管辖权。学生组成学生会,对大学进行管理。总体上说,自治的大学与自治的城市有相近的血缘和类似的地位,现代学者这样评判二者,"大学,无论其是教师或学生(控制的),只不过是一种特殊的行会:大学的崛起,只不过是11世纪席卷欧洲各城市的伟大联合运动中的一拨"。③ 因此,大学中的罗马法学家们自然多数倾向于城市自治。

再次,我们会发现,后注释学派的法学家们更倾向于城市。除了他们那个时代"神圣罗马帝国"日渐式微的原因外,另一个重要原因就是他们比注释法学派的前

---

① C. M. Ady, A Charter of an Italian Rural Commune, 1488, *The English Historical Review*, Vol. 48, No. 190, 1933, p. 270.

② William Rattigan, Bartolus (1313 – 1357 A. D.), *Journal of the Society of Comparative Legislation*, New Series, Vol. 5, No. 2, 1904, pp. 230 – 231.

Julius Kirshner, Civitas Sibi Faciat Civem: Bartolus of Sassoferrato's Doctrine on the Making of a Citizen, *Speculum*, Vol. 48, No. 4, 1973, p. 697.

③ Hastings Rashdall, *The Universities of Europe in the Middle Ages* (*v.* 1), Oxford The Clarendon Press, 1895, p. 153.

辈们更注重现实。后注释法学派的学者们多从事实务工作,因此他们必须承认现实生活中实际有效的一切法源。与注释法学派将罗马法抬高到“神圣”的高度不同,他们意识到世界已经改变,虽然罗马法依旧,但是罗马帝国已经不在。罗马法可以是普世的罗马法,但是现实破碎政治格局中的“神圣罗马帝国”已经不可能具有实际上的普世管理权。

最后,对于希腊古典时代的政治哲学而言(甚至在罗马的共和国时代依旧如此),城邦都是核心的主题;城邦是正常的政体,而帝国则是变态的政体。所以,在柏拉图、亚里士多德以及西塞罗等大师的理想政体设计中,都以城邦为原型进行设计,优选不同的政体。虽然,古典学说在中世纪前期的黑暗时代已经被信仰(基督教)与野蛮(日耳曼人)所覆盖;但是随着文化的复兴,这些学说又开始流传开来。到了巴尔多鲁时代,随着阿威罗伊主义的传播,亚里士多德的学说又成为西欧的显学。他的政治和法律学说,也为学界人士所借鉴。以城市自治理论的集大成者巴尔多鲁为例,他生活的意大利,是城市(甚至可以说是基本独立的城邦)密布的地区,是欧洲城市化最典型地区。因此,亚里士多德显学中的理论,有了活生生的运用可能。我们不能够否认,作为法学家的巴尔多鲁很可能拥有那种普世情怀或帝国情怀;因为他毕竟是一个罗马法大师,罗马法赋予法学家们以“帝国精神”和“普世精神”;而《国法大全》更透露着罗马帝王的权威。但是,作为大师的他更应该知道,“理性”才是最重要:罗马法的真精神不是“帝国”,更不是“皇帝”,而是“理性”!这才是罗马法能够超越传统(拉丁与日耳曼),超越信仰(异教与基督教),超越权力(古罗马帝国与当代权力)而复兴的关键。这也是罗马法能够历经千年(古罗马时代),不断适应人性与社会现实,最终修成正果的关键。因此,“理性”使他现实地承认城市与王国,而不是遥不可及、病入膏肓且让人生疑的所谓“神圣罗马帝国”。只有城市才能更好地代表“理性”!另外,即使要恢复所谓的“普世帝国”,要将“普世”的“一统”当成遥远的终极目标,那么残酷的现状也只能让他们不得不承认:在破碎政治格局中,王国和城市都是现实存在的,而且长期存在。甚至他们可能还要接受更无奈的思路,这种现实“破碎”或许是达致最终普世统一的必经阶段。一旦接受如此意见,他们就能更坦然地接受城市的事实独立,而不是死死抱住封建正统理论不放。既然普世的帝国还不能够马上实现,既然现实中的城市和王国可能是达到普世帝国的必经之路,那么其存在就是“事实”上合理的;只要其为民众所承认,亦是“合法的”。

当然,从最终角度看,这种现实的政治和法律论证虽然有一定意义,但关键的决定性因素是各方的实力,只要帝权为首的封建势力永远孱弱,则城市就可以一直事实独立。然而,只要各方的实力有所消长,则不仅“事实”会变化,“法律”上的理论也会因此变化。文艺复兴之后西方政治法律哲学的演进,就充分说明了这一点。

中世纪法国大学自治制度初探

——以巴黎大学为研究对象

吴　玄*

作为中世纪欧洲的产物,大学(universitas)指的被赋予某些特权的,由教师与学生组成的共同体。而这些特权的来源是当时欧洲公认的权威——王权与教权。

巴黎大学是法国国立大学,建于12世纪后半叶,与意大利的波伦那大学并称世界最古老的大学,又被誉为"欧洲大学之母"。欧洲各主要大学的建立模式均受此二校影响。同时,巴黎大学也是一所在国际上享有极高盛誉的综合大学。巴黎大学所培养的人才中,许多早已成为世界政治、经济、文化和科学等领域的杰出代表。

一、教皇权威下的巴黎大学

法国大革命之前,处于封建主义社会的法国教育同样也推行封建主义教育。当时法国处于欧洲文化的中心,因此巴黎的各类学校吸引了法国、欧洲以及其他地区国家的文人、学者、青年前来就学。最早由各种学校的教师和学生组成的一种合作组织,逐渐演化为后来的大学。法国封建主义教育有着深深的宗教烙印,这是因为法国当时的学校都是由教会主办,并被教会牢牢地控制,教学内容也大都以神学为主。同时,法国封建王朝也正是利用了教育工具,培养了为封建社会服务的人才。

欧洲的大学起源于中世纪。巴黎大学创办于12世纪末,是法国最早的大学,也是中世纪欧洲大学的典范,牛津、剑桥等大学都是按照它的模式创办的。其前身为巴黎教师团体(nos universitas magistorum et scholarium parissensum)①是一个由学者组成的类似于同业公会的组织。

作为教会的神学院和中世纪欧洲最重要的教学和学术中心,巴黎大学一开始就处在教会和世俗权威的双重夹击下,其争取自治的道路艰苦而漫长。

(一)历代教皇的特权授予令状

巴黎大学并非国家建立的大学机构,而是由民间团体自发组成,通过教皇和王

* 吴玄,2010级外国法律史专业,指导老师:何勤华。现工作于华东政法大学。

① [法]爱弥尔·涂尔干著:《教育思想的演进》,李康译,上海人民出版社2003年版,第118～119页。

室等权威授予的特权,逐渐发展为拥有独立自治权的公共教育机构。巴黎大学的历史就是一部特权与自治的历史。

早期巴黎大学的特权均来自于教皇。这与中世纪教会拥有至高无上的权力是不可分割的。教皇授予巴黎大学的特许状主要有:“1208 年教皇特权敕令”、“知识之父”特许状(Parens Seientiarum)和“1292 年教皇特权敕令”等。通过这些特权敕令,巴黎大学建立了自治组织,并选举了学校行政官员,实现了较大范围的自我管理。

1.“1208 年特权敕令”

“1208 年特权敕令”规定:“巴黎大学师生可免予城市行政官员审判的特权。市长及其法官绝对不许插手师生及其侍从的案件,更不允许逮捕和拘留未定罪的师生。”①

由此可见,“1208 年特权敕令”授予了巴黎大学独立司法审判权,同时,这也意味着巴黎大学获得了当时社会的承认。历史上也将它作为巴黎大学正式建立的标志。据此,1215 年,罗马教皇特使库尔松为巴黎大学制定了第一个章程,取消圣母院主事对巴黎大学的控制权。该章程对艺术和教育进行改革,对教师资格作了具体规定。

2.“知识之父”特许状

“知识之父”特许状是巴黎大学历史上最重要的特权状,于 1231 年 4 月 13 日由著名的法学家教皇格里高利九世(Gregory Ⅸ,1227~1241 年在位)颁布。

该特许状授予巴黎大学多项特权,其中主要包括:

(1)授予大学罢课权。巴黎大学有举行罢课的权力。当大学师生制定和改变房租的特权受到干涉时,当杀害和毁伤大学成员十五天后没有人承担责任时,或当大学要求释放逮捕的学生但得不到批准时,巴黎大学都有权罢课。② 中世纪大学的一个显著特征就是学生主导性,该特许状认可了学生的权利。

(2)授予制定大学规章制度的权力和惩罚违反规章制度者的权力。该条即制定校规校纪的权力。

(3)限制教堂教务长(chancellor)和主教管理大学事务的权力。该条规定:“每位新任的教堂教务长必须发誓,保证公正地主持考试,不泄露教师们表决考试结果的内幕,授予‘教师许可证’(licentia docendi)给任何合格的申请者。教堂教务长要认同各系对申请人才能的评定,因为评定的结果是根据对申请人长期的考察而作

① Hastings Rashdall,The Universites of Europe in the Middle Ages,pp. 300 - 301. 转引自杨燕:“中世纪时期巴黎大学的自治”,首都师范大学 2007 年世界史专业硕士学位论文,第 14 页。

② 杨燕:“中世纪时期巴黎大学的自治”,首都师范大学 2007 年世界史专业硕士学位论文。

出的。主教要公正适度地裁定有关大学师生的案件,禁止逮捕无辜者以替代有罪者,禁止以债务名义实施逮捕,禁止罚款惩罚。只有主教具有逮捕大学师生的权力,教堂教务长没有。”①

“知识之父”特许状对巴黎大学的自治有重要影响。德尼弗尔教父(Heinrieh Suso Denifie,1844~1905年)②把该特权状称为“大学的宪章”(Magna Charta of University),这是因为:

第一,它授予了巴黎大学罢课权。罢课权是巴黎大学维护自治的有效武器。中世纪巴黎大学没有固定的校舍和宿舍,所以当自治权遭到破坏时,他们能随时迁移到其他城市。③ 而大学为当地经济带来了一笔可观的收入。直到路易十二世(Louis Ⅻ,1498~1515年在位)取消巴黎大学的罢课权之前,“大学之盾”罢课权一直推动着巴黎大学自治的发展。

第二,它授予巴黎大学制定规章制度和惩罚违反规章制度者的权力使大学能管理内部事务,实现自治。与此同时,虽然“知识之父”特许状限制了教堂教务长和主教管理大学事务的权力,但是该特权状的颁布本身说明了大学将不得不依赖教皇,接受教皇的控制。可见,巴黎大学被纳入了教会的保护体系。④

3.“1292年教皇敕令”

教皇授予巴黎大学另一个重要的特权敕令是教皇尼古拉斯四世(Nicholas Ⅳ,1288~1292年在位)的“1292年教皇敕令”。在这个敕令的基础上,巴黎大学正式获得了授予教师许可证特权。⑤ 通过该文件,巴黎大学正式获得颁发教师许可证权力,从此掌握了大学成员的人事控制权,实现了真正的自治。

(二)大学自治的形成

同中世纪的其他共同体组织一样,大学的自治也离不开宗教权的庇护。

首先,在教皇的许可和庇护下,巴黎教师团体具备了大学应有的基本条件,成为真正的大学。

根据英国大学史专家拉什达尔的论述,大学组织需要具备四个要素:(1)获得

① Hastings Rashdall, *The University of Europe in the Middle Ages*, 3vols, ed, F. M. Powick and A. B. Oxford, 1936; reprint, London, 1942-58; reprint, Oxford, pp. 334-337.

② 德尼弗尔教父(Heinrieh Suso Denifie,1844~1905年):多明我会学者,曾经与巴黎大学图书馆馆长夏特兰(Chatelain)共同编著四大卷《巴黎大学文件汇编》(Chartularium Universitais Parisiensis,1889-1897)。

③ 宋文红:“欧洲中世纪大学的迁移及其影响”,载《清华大学教育研究》2005年第6期。

④ Peter R. McKeon, “The Status of the University of Paris as Parents Scientiarum: An Episode in the Development of Its Autonomy”, *Speculum*, Vol. 39, No. 4, 1964, pp. 651-675.

⑤ [美]E. P. 克伯雷选编:《外国教育史料》,任宝祥、任钟印主译,华中师范大学出版社1991年版,第181~182页。

社会权威的正式认可。(2)选举官员的权利。(3)使用统一的印章。(4)以成文的规章或法律制度代替不成文的习惯规则。① 13 世纪,通过教皇特许状,巴黎大学具备了这四个要素。“1208 年教皇救令”授予巴黎大学独立司法审判权,标志着巴黎大学获得了当时社会权威的认可。13 世纪,巴黎大学各学院选出了正式的行政官员。师生们选举了艺学院的校长(rector),其他学院设教导主任,还任命了大学在罗马法庭的代理人(procurator)。

中世纪每一个行会都有自己的印章,作为其自治的象征。1246 年,巴黎大学有了自己的校印,印上刻有中世纪拉丁文——“巴黎师生行会”,这是巴黎大学获得独立和权利的象征。②

13 世纪,在教皇的庇护下,巴黎大学的成文制度不断增加。1210 年,英诺森三世颁布了一个关于着装、礼仪和授课的法令(bull),规定巴黎大学的师生在课堂上必须穿着长到齐脚跟的黑色圆袍,全体师生必须出席因病去世教师的葬礼。另外,对讲课(lecture)和演讲(disputation)的授课制度该法令也作了规定。巴黎大学第一个正式的成文制度是 1215 年经教皇的特使,枢机主教罗伯特·德·浑森(Robert de Courcon)颁布的法令。其内容主要涉及日常管理和效忠誓管理,这其中包括谋杀或伤害学者案件的处理,房屋租金的制定,服装、葬礼、讲课和演讲的相关规定及不允许解散社团等。当然,巴黎大学最重要的成文制度是前文提到的“知识之父”特权状,它是大学的宪章。

其次,经过从 1200 年到 1246 年近半个世纪,巴黎大学逐渐形成了学院(faculty)和同乡会(nation)双重组织结构。

1. 学院

13 世纪,巴黎大学的学院主要由神学院(Theology Faculty)和艺学院(Art Faculty)组成。

神学院是巴黎大学影响力最大的学院。那里汇聚了大批著名的神学家。神学家从理论的角度捍卫教皇的权威地位,他们所研究的神学理论代表了当时基督教神学的权威。1215 年罗伯特·德·库森颁布的法令规定神学院的学生至少学习 5 年才能给别人讲课,而正式获得授课权则需要 8 年。③

艺学院则是巴黎大学最大的学院。入学对象是 13 ~ 15 岁并且掌握了一定文法知识的儿童。他们通过老师的讲解(expositio)和相互的自由论辩(quaestiones)学习

① Hastings Rashdall, *The Universities of Europe in Middle Ages* (A New Ed.), ed. by F. M. Powicke and Q. A. B. Emden, Third Vol. Oxford University Press, pp. 298 – 320.

② [法]雅克·韦尔热著:《中世纪大学》,王晓辉译,上海人民出版社 2007 年版,第 27 页。

③ Hastings Rashdall, *The Universities of Europe in Middle Ages* (A New Ed.), ed. by F. M. Powicke and Q. A. B. Emden, Third Vol. Oxford University Press, p. 472.

更多的文法知识和逻辑辩证技巧。经过七八年的学习，艺学院学生完成了以亚里士多德作品为主的课程后可以申请艺学学士学位。[①] 经考核合格者将获得在艺学院讲课的执教权，他们或者在艺学院当老师，或者进入其他高级学院（神学院、法学院和医学院）继续学习，或者进入教会工作。

可以说，学院是一种类似教师委员会的由教师组成的行业内部管理机构。

2. 同乡会

同乡会是一种以学生来源地区为标准划分的学生自治组织。艺学院因人数众多而按地区划分成四个同乡会。它们分别是法国、皮卡尔底（Pardy）、诺曼底和英国四个同乡组织。现有史料最早提及同乡会的时间是 1222 年。至 1249 年，同乡会组织的发展基本成熟。[②] 与同时期的波伦那大学不同，巴黎大学的同乡会是以教师为主导，每个同乡会选出一名德高望重的教师担任代理人（proctor）。他所掌握的权力包括财务权、司法权、制作印章权、举行教学集合与节日宴会权、档案资料室管理权等。通过推举，四个同乡会代理人中又推选出一位管理整个艺学院事务的行政官员——校长（rector）。巴黎大学艺学院的同乡会保持着高水平的自治。教师是同乡会的正式成员，而学生没有正式成员身份。虽然学生不具有同乡会成员身份，但他们通过各自教师的管理，依附在教师的同乡会组织之下。各同乡会反复向成员灌输忠诚思想。那些从艺学院毕业后进入高级学科学习的人还被认为是同乡会成员。直到获得了高一级学科硕士或博士身份资格时，他们才退出同乡会。

可见，院乡双重结构实现了巴黎大学内部有效的管理，每位成员都可参与大学事务的管理，这也反映了 13 世纪巴黎大学的内部自治水平。

最后，巴黎大学对外也表现出自治的特点。这主要在于排除教会对大学管理的干涉。

巴黎大学在罗马法庭设立了代表整个大学的代理人（procurator）一职。大学代理人起源于民法和教会法审判时派遣参加审判的个人代表，起初只是临时性质的。巴黎大学遇到诉讼时不可能全体成员出现在法庭上，所以设立了这一职位（该职位类似于今天的法人代表，但当时的巴黎大学不是法人组织）。教堂教务长为阻止大学教师向教皇告发他对大学的专断，曾极力反对大学拥有选举代理人的权利。后来，教皇英诺森三世（Innocent Ⅲ，1198 ~ 1216 年在位）用特许状确认了大学的这项权力。1200 年巴黎大学第一次派遣代理人，其后又多次派遣代理人到罗马法庭，为

---

① ［美］E. P. 克伯雷选编：《外国教育史料》，任宝祥、任钟印主译，华中师范大学出版社 1991 年版，第 182 ~ 184 页。

② Hilde de Ridder - Symoens: *A History of the University in Europe*, Vol. I - II. Unversities in Middle Ages, Cambridge: Cambridge University Press, 1992, p. 115.

大学诉求公正。

巴黎大学废除了教堂教务长对大学事务的独权。教堂教务长来自天主教堂(Cathedral School)的首席神学老师。他不是大学的行政官员(officer)。① 只是巴黎主教在巴黎大学的代理人。巴黎大学形成初期,教堂教务长与主教座堂的参事会会员(canon)一起长期掌握神学课程的讲授权。他控制着巴黎大学神学系教师资格的授予权,还掌握驱逐教籍和逮捕教师入狱的权力。教堂教务长以教会的名义在巴黎大学飞扬跋扈严重阻碍了师生们的自我管理,引起了师生们极大的不满。

为了从教堂教务长手中夺回教师资格任命权,巴黎大学师生经历了不懈的斗争。1212 年,巴黎大学师生向教皇英诺森三世控告教堂教务长基恩·德·坎德里斯(Jeande Candeilis)滥用职权,买卖神学教师资格。② 1213 年 8 月,教皇英诺森三世声明,禁止教堂教务长要求候选人在得到教师资格证之前秘密宣誓及索要财物。从此,教堂教务长不再拥有教师资格的任命权。申请人只要得到本系大多数教师的认可,即可获得教师资格。教堂教务长还同意在没有充足理由的情况下,不得逮捕学者。1231 年"知识之父"特权状又再次明确教师资格的任命过程,彻底推翻了教堂教务长的专权。

这些特许状使巴黎大学获得了权威的承认,逐渐建立了院乡双重自治结构,实现了对内有效的自我管理。另外,在教皇的庇护下,巴黎大学对外赢得了与教堂教务长的斗争,排除了巴黎主教的直接管理,进一步提高了自我管理的能力。至此,巴黎大学已经取得了完全的自治权,成了一个中世纪自治共同体——大学行会。

二、14 世纪法国国王保护下的巴黎大学

13 世纪,巴黎大学自治的发展主要依靠教皇的庇护,也获得了法国国王的一定支持。然而,随着 14 世纪法国王权的逐渐强大,巴黎大学的保护人也由教皇慢慢转到了法国国王。在这一时期,巴黎大学的自治继续发展。

法国王权的形成和发展经历了一个漫长的过程。在中世纪中后期,随着领土的统一,民族认同感的增加、经济共同性的加强和语言文化的融合,法兰西民族国家逐渐形成。

法国民族国家的形成于卡佩王朝(Capetian Dynasty,987 ~ 1328 年)时期,987

---

① Hastings Rashdall, *The Universities of Europe in Middle Ages*(A New Ed.), ed. by F. M. Powicke and Q. A. B. Emden, Third Vo1. Oxford University Press, pp. 304 – 305.

② Pearl Kibre, *Scholary Privileges in the Middle Ages, The Right, Privileges, and Immunities, of Scholars and Universities at Bolognu. Padua. Paris and Oxford*, Clarendon Press 1984. 7, pp. 88 – 89.

年，于格·卡佩(Hugues Capet,987～996 年在位)建立卡佩王朝之初，法国王权的实力非常有限，国王只在形式上有宗主地位，国内的封建领主们在各自领地内拥有立法、司法、军事与财政等权力。国王的实际权力仅仅局限于王室的直属领地，即巴黎附近被称为"法兰西岛"的小块领地。直到法王路易六世(Louis Ⅵ,1108～1131 年在位)时期，国王压制了大封建主的反对，逐渐统一了法国经济发展的重要地区，并建立了以国王为中心的统治机构。随后的国王菲力普二世(Philip Ⅱ,1179～1223 年在位)、圣路易(Louis Ⅸ,1226～1270 年在位)的改革，法国王权进一步加强，国王具备了司法、财政、军事等权力。至 1285 年，菲力普四世(Philip Ⅳ,1285～1314 年在位)继位。从此，法国王权进入历史新阶段。此时作为欧洲最为强大的君主，菲力普开始敢于对抗教会。之前，教会与法国世俗政权之间以合作和互相吹捧为主。随着法兰西王权的发展，罗马天主教会的霸权观念越来越受到质疑。菲力普四世掀起对教皇的讨伐，并将教皇囚困在法国边境的阿维尼翁。"阿维尼翁之囚"(1309～1378 年)期间，教廷的 134 名阁员中，法国人占 113 位。法国完全控制了教廷。

(一)法国国王授予的特权

14 世纪，随着教权的式微和法国王权的逐渐强大，法王越来越关注巴黎大学的发展。从 1302 年法国三级会议召开起，法国历史进入法国王权发展最重要的时期，这段时期也是巴黎大学特权扩大的重要时期。1300～1400 年，法国历史上一共有九位国王。① 每一位国王继承王位后都会颁布相关法令，首先确认之前教皇与国王授予特权的有效性，②此外，还授予了巴黎大学更多的特权。

国王授予巴黎大学的特权大多数属于赋役、司法和税收方面的特权，如免除兵役，免除世俗法庭审判，免除商品税等。在 14 世纪法国九位国王中，有三位国王对巴黎大学给予了特别关注，他们是菲力普四世，菲力普六世(Philip Ⅵ,1325～1350 年在位)和查理五世(Charles Ⅴ,1364～1380 年在位)。

1. 菲利普四世

法王菲力普四世率先关注巴黎大学的发展。他给予巴黎大学的特权保护主要包括强调巴黎大学师生有房屋免税权，大学的独立司法审判权以及特别设立外国学生财产保护权等几个方面。

百年战争期间，为了应付战争开销，法国加强了税收政策，甚至连教士都要缴

① 这九位国王分别是：菲力普四世、路易十世、约翰一世、菲力普五世、查理四世、菲力普六世、约翰二世、查理五世、查理六世。

② *Pearl Kibre*, *Scholarly Privileges in the Middle Ages*, *The Rights*, *Privileges and Immunities of Scholars and Universities at Bologna*, *Padua*, *Paris and Oxford*, Mediaeval Academy of America Publication. pp. 132－168.

纳教会财产税，但菲力普四世对师生仍采取宽松的税收政策。他不顾市民的强烈反对，允许巴黎大学师生享有房屋免税特权。① 1302年，菲力普四世颁布法令，强调师生触犯法律的案件由教堂教务长和教会法庭处理。由此，师生享有了独立于市政当局的司法审判权。② 虽然英法百年战争影响了英法两国的关系，但菲力普四世坚持保护英国学生的财产。他命令，禁止虐待来往巴黎的大学师生，不允许向他们收缴马匹及其他商品的税收，免除他们向国王缴纳旅行税。此外，菲力普四世把外国货币也纳入特权保护范围之内。他允许外国师生持有外国货币进入巴黎。师生既可以在进入巴黎时上交，也可以自行保留，上缴的货币待其离城时如数归还本人。对于已没收的外国货币，菲力普四世命令归还其原主。③ 菲力普四世授予巴黎大学的特权进一步提高了巴黎大学自治的能力。这也说明，法国国王以同盟者的身份将巴黎大学纳入王权体系。

2. 菲利普六世

随着法国王权势力的进一步壮大，法国国王对巴黎大学的关注越来越多。到菲力普六世时，法国国王确立了新的特权保护体系。菲力普六世对巴黎大学的保护主要体现在授予师生免税特权，设立国王特权保护委员会这两个方面上。

首先，为了鼓励和推动师生的学习和研究，菲力普六世再次确认了师生的豁免权。他规定巴黎大学师生不用承担税收，不用缴纳旅行税，不用接受除市长以外任何人的世俗审判，不必出席巴黎以外世俗法庭发出的传唤。菲力普六世还规定不可以抢占和没收师生的财产。1346年2月13日，他又授予师生免予兵役的权利。④

此外，1338年3月13日，菲力普六世颁布法令设立了国王特权保护委员会，任命巴黎市长为巴黎大学师生的特权保护人。设立该委员会的原因是菲力普六世认识到了扩大巴黎大学师生特权范围的同时，更要加强特权命令的贯彻实行。该法令还命令市长在1338年年底的时候举行宣誓，保证在之后的四年里都承担保护师生的任务。几个月后，菲力普六世又授予市长惩罚权，他可以惩罚破坏师生特权的人。⑤ 菲力普六世设立的特权保护委员会加强了巴黎大学的特权，确定了巴黎市长和巴黎大学的关系，改变了巴黎大学原来由教堂教务长保护的历史。这也标志着

---

① Pearl Kibre, *Scholarly Privileges in the Middle Ages, The Rights, Privileges and Immunities of Scholars and Universities at Bologna, Padua, Paris and Oxford*, Mediaeval Academy of America Publication. pp. 133 – 134.

② Ibid., pp. 132 – 136.

③ Ibid., p. 133.

④ Pearl Kibre, *Scholarly Privileges in the Middle Ages, The Rights, Privileges and Immunities of Scholars and Universities at Bologna, Padua, Paris and Oxford*, Mediaeval Academy of America Publication. pp. 148 – 149.

⑤ Ibid., pp. 148 – 149.

王权取代了教权,法国国王把巴黎大学完全纳入了王权的保护体系中。这是巴黎大学自治发展的转折。

3. 查理五世

随着法国王权势力的壮大,查理五世全面扩大了对巴黎大学的保护,将巴黎大学置于极高的社会地位上,册封巴黎大学"国王的女儿"称号。为了使这个"女儿"有安静和平的学习环境,查理五世在确认巴黎大学已有特权的基础上,实施了一系列举措。

查理五世在位时主要是进一步督促巴黎市长履行保护巴黎大学的职责和更大范围地扩展巴黎大学的免税权。

查理五世进一步强调了市长的保护人责任。他要求巴黎市长用拉丁文和法文宣誓,保证他本人及其属下尽其所能地保护巴黎大学的特权。除此之外,查理五世还全面扩展了巴黎大学的免税权。1366 年,查理五世妥善处理了葡萄酒税案并授予葡萄酒免税权。巴黎大学师生曾多次抗议征收葡萄酒税,甚至要举行罢课以示抗议。查理五世得知这些后,果断地发布一道命令。这道命令规定,巴黎大学师生无需教堂教务长的批准,只要获得大学校长的允诺,就能够携带一些供自己饮用的葡萄酒进入巴黎。对于已缴纳的葡萄酒税,师生们可以要回来。1368 年,查理五世免除了巴黎大学师生夜间巡逻、看守城门的徭役。他觉得这些徭役严重影响了师生们的学习。查理五世增加了个人所带货物免税特权的人数。他公布了一份免税人名单。该名单不仅包括巴黎大学的师生,还包括 14 名书商(bookseller),11 名抄写员(Seriber),6 名订书员(binder),18 名羊皮纸经销商(parchmentdealer),以及为大学服务的税吏等。

在 1369 ~ 1371 年间,查理五世进一步明确了巴黎大学师生的免税范围。它包括免除所有关于碾麦和酿酒的税收和费用,免除遗产税,免除师生们生活必需品的税收,免除师生携带的酒和其他生活品从水路、陆路进入巴黎的关税,免除国王税,等等。① 到 14 世纪末,法国国王免除了巴黎大学师生近十项税收和摇役,极大地减轻了巴黎大学师生的负担,增加了他们的学习时间。

查理五世对巴黎市长的督促和对免税权的全面扩展使巴黎大学师生享受了更多特别的保护。"国王的女儿"称号的册封更是将巴黎大学在王权体系中的地位推向高峰。

(二)巴黎大学自治的发展

14 世纪,在法国王权的保护下,巴黎大学的自治继续发展,实现了更加紧密的

① Pearl Kibre, *Scholarly Privileges in the Middle Ages*, *The Rights*, *Privileges and Immunities of Scholars and Universities at Bologna*, *Padua*, *Paris and Oxford*, Mediaeval Academy of America Publication. pp. 158 – 162.

内部管理。

首先，在学校的管理机构上，巴黎大学艺学院校长成为整个巴黎大学权威领导人。巴黎大学各院都有自己的行政官员。除艺学院称校长外，其他各院称为教导主任（Dean）。

在巴黎大学的各学院中，艺学院的人数最多。根据1348年的统计，巴黎大学教师总数610人，艺学院有514人，占整个大学的5/6，到1362年，巴黎大学教师总人数502人，艺学院有441人，仍占整个大学的5/6。① 由于艺学院人数较多，艺学院的校长在整个大学的影响力较大。更重要的是，每位进入艺学院学习的人都在校长面前举行效忠仪式。效忠宣誓要求宣誓人承诺终生遵守国家和其所在院系的法律和习俗，违背誓言都将受到宗教法庭审判。而且，其他高级系的教师几乎都曾在艺学院接受过预科性入门训练，从宣誓人角度看，他们仍属于艺学院。于是，渐渐地，艺学院校长成为整个大学的权威行政官员，即相当于今天的校长一职。1341年，在解决与其他高级系教导主任的召集权（Summon）问题②后，校长的权威获得全校的正式认可。1358年，教皇发布法令正式认可艺学院校长在整个巴黎大学的权威。③

随着巴黎大学校长权威的确立，校长掌握了一些巴黎大学的行政权力。到14世纪末，巴黎大学校长的权力主要包括礼仪权、召集全体大会权、处理日常行政事务权和司法审判权。巴黎大学校长代表巴黎大学参加国王典礼活动。校长参加典礼时，身边陪伴着8名来自神学院的执杖人（bedel）。这些人像市长的发言人一样衬托出校长的权威地位。巴黎大学的校长有召集全校大会权。每一位校长上任时都必须召开全体会议，并在会上介绍大学的基本情况。这样的会议是为了让巴黎大学全体师生更好地了解巴黎大学的教室环境、教学方法与教学内容以及让学生更好地了解教师的情况。校长的行政权力和职责包括组织大学规章制度修改委员会，解释有关大学规章制度的疑问，惩罚违反规章制度的人，决定每一年的人事安排及安排任课教师，督促教学活动，决定教师报酬多寡等。

巴黎大学校长具有一定的司法权，他可以处理师生与市民，师生内部之间的矛盾纠纷。必要时，设立法庭审判与巴黎大学有关的案件。但巴黎大学校长的审判权力只针对大学内部成员，且惩罚方式只限于罚款、停课和开除三种。当案件涉及大

---

① ［法］爱弥尔·涂尔干著：《教育思想的演进》，李康译，上海人民出版社2006年版，第95~97页。

② 所谓召集权是指艺学院校长和教师讨论有关整个大学的问题时必须邀请高级系的教学主任来参加。如果高级系的教导主任不在学校，也要给他留一份书面的召集通知。

③ 在1339~1347年间，艺学院校长和高级系教导主任就他们在教会的地位高低发生争执，最终艺学院的校长在艺学院强大的师生力量支持下获得胜利。1353年，神学院和教会法学院的院长还曾对艺学院校长以巴黎大学校长的名义署名写信提出抗议。

学以外的成员时，校长的审判权力必须受教会法庭或世俗法庭的限制。① 一般情况下，校长任职时间比较短，仅在任一个月或6个星期，最长也不超过3个月。

从巴黎大学校长的权力范围、权力执行方式和任职时间的设定可以看出，巴黎大学校长对巴黎大学自治的重要作用。他加强了巴黎大学自我管理的凝聚力，提高了师生自我管理的效率，维护了巴黎大学在对外交流中的地位。

其次，14世纪，在法国王权的保护下，巴黎大学设立了大学大会议（Generacongregatinns）。该会议的举行体现了巴黎大学自治的民主性。②

14世纪，巴黎大学的大学大会议制度逐渐完善。巴黎大学大会议主要负责决定巴黎大学的重大事宜。大会议召开的程序是这样的。首先，巴黎大学校长公布会议的时间、地点和内容，并在早课时间把日程表抄送给高级系的教导主任、各同乡会的代理（proctor）。接着，各系和各同乡会持校长权棒的人（bedel）各自组织本系和本同会的人单独讨论大会议题，互相不交流。然后，校长举行大学大会议。会上，校长收各系和各同乡会的意见并组织大会投票。艺学院校长和各系主任各执一票。一般情况下，大会的投票原则是少数服从多数。大学大会议讨论的议题一般包括教师资格的任命，服装（costume），授课（lecture）和讨论（disputation）的内容及程序，葬礼（funeral）效忠宣誓（obedience oath），财产权（property）等。

14世纪，随着巴黎大学大会议制度的逐渐发展，巴黎大学师生不断完善了大学的各项制度，巴黎大学的自治能力得到了进一步提高。

三、巴黎大学自治的启示

就像在13世纪出现了第一个强大的世俗国家③一样，第一所大学也应运而生了。这并不是一种偶然。新型的官僚国家及教会都需要受过教育的管理者，大学因此产生。在十二三世纪中古时期的全盛时代，欧洲思想界的领导者是法国。早在11世纪初，它的教会学校已经享有了国际性的声誉。

11世纪之后西欧社会经济发展，城市复苏，为巴黎大学的产生提供了稳定的社会环境和充裕的物质条件。紧随其后的12世纪文化的复苏进一步为巴黎大学的产生提供了文化源泉。巴黎大学就是在这样的背景下产生的。

“大学”一词源于拉丁语universitas，意思是社团或行会。中世纪的大学是受教

① Hilde de Ridder – Symoens, *A History of the University in Europe*, Cambridge University Press. p. 122.

② Ibid., p. 408.

③ 按照伯尔曼的观点，第一个近代意义的国家是西欧教会。参见［美］伯尔曼著：《法律与革命》，贺卫方等译，中国大百科全书出版社1993年版，第2页。

育的协会,它们造就的是受过教育或培训的个体。而且,大学也是中世纪强大生命力和创造力的具体表现,它们的组织机构、教学方法和长远目标在西方世界中对制度化的学习体制产生了持续性影响。①

巴黎大学由巴黎教师团体发展而来,其自治承接了“巴黎教师团体”自我管理的特征。“巴黎教师团体”因巴黎在西欧社会经济文化的复兴中脱颖而出而建立。之所以在巴黎形成了一所规模庞大的“大学”,而不是沙特尔、拉昂或兰斯等地,很可能是由于塞纳河兴盛的贸易,以及首都巴黎的商业活动,为这个城市带来了足以吸引知识分子和各种经济资源、科学哲学乃至艺术的财富。②

具有初步高等教育组织特征的巴黎教师团体实行“行会性”的自我管理制度,为巴黎大学的自治奠定了良好的基础。在13世纪教皇所授予的特权的保护下,巴黎大学的自治继续发展。虽然自中世纪中期以后,由于王室的原因,巴黎大学的特权不断地减少或被取消,但是巴黎大学的自治没有随特权的萎缩而消失,而是沿着原有的自治道路继续向前走。可见,巴黎大学的自治起源于“行会性”的自我管理制度。

由于巴黎大学有效地发挥了特权的作用,将其获得的特权转化为内在制度,深化了特权的意义,在特权遭遇萎缩时,巴黎大学的自治没有消失,而是在已有结构和体制上继续发展。可以这样认为,巴黎大学的自治来源于特权。

13世纪的教皇和14世纪的法王属于封建社会权威。为了把巴黎大学纳入其权威体系内,为其统治利益服务,其授予了巴黎大学大量特权,这些特权推动了巴黎大学自治的发展。可见,社会权威创造了大学的自治。然而,巴黎大学接受特权不意味着依附于社会权威,完全受社会权威的摆布和控制,沦为统治阶级服务的工具。而是将特权转化为自身的结构和体制。巴黎大学在社会权威体系内有效地利用特权是其自治实现的根本原因。③

通过对早期巴黎大学自治的研究,我们可以得出这样的结论:巴黎大学的自治是由于其前身——封建行会组织的特性而来的,而教皇的特权和王室的支持则是巴黎大学自治的源泉。社会权威通过特权创造了大学自治,大学自治最终要进入现有的社会权威体系之内。大学自治是相对的,它是权威体系内的自我管理制度。早期巴黎大学通过寻求一个平衡点,很好地处理了封建权威与大学自治的关系。由此可见,大学自治在社会权威体系内找到合理定位是大学自治有效发展的重要途径。

---

① [美]约翰·巴克勒、贝内特·希尔,约翰·麦凯著:《西方社会史》,霍文利、赵燕灵等译,广西师范大学出版社2005年版,第505页。

② [美]威尔·杜兰著:《世界文明史》,幼狮文化公司译,东方出版社1999年版,第1195页。

③ 杨燕:“中世纪时期巴黎大学的自治”,首都师范大学2007年世界史专业硕士学位论文。

法国大革命中的暴力与恐怖

帕特里斯·格尼菲* 马 贺** 译

1793 年的"恐怖时代"已不再是法国大革命史料编撰所关注的焦点问题。在完成与旧制度的决裂以及揭示法国大革命的深层意义这两个方面,"恐怖时代"失去了往昔的名声。上述"双重优势"归属于 1789 年。诸多历史研究表明,大革命爆发的最初几个月就体现出了革命性断裂的深远与激进。因此,为了理解法国人如何与传统决裂,我们应当研究 1789 年制宪会议的历史,而不是国民公会的历史。①随着法国大革命的重心从 1789 年转移至 1793 年,争论本身也发生了转移,更多地表现为大革命的原则及其长期结果,即现代民主制度的出现,而不是大革命喧闹的过程。与事实相比,我们更关注大革命的遗产。然而,一个问题仍未得到解决:大革命是怎样从 1789 年过渡到 1793 年的?怎样解释最初以追求自由为目标的大革命骤变为暴力与专制主义?

一、几种解释的争论

关于"恐怖时代"的起源,法国大革命的相关研究长期摇摆于两种解释之间。对于反对大革命的传统而言,"恐怖时代"是大革命的必然产物;"恐怖时代"作为一个事实根植于 1789 年的原则(公民平等与人民主权)甚至 1789 年的政治规划(社会与政治秩序以理性的原则为基础而非扎根于历史与传统)中。在大革命的反对者眼中,法国大革命从起初就完完全全是恐怖的,因为他们认为民主带来暴力与恐怖。我们能够反驳这种关于大革命暴力来源的解释。显然,在建立与巩固现代民主

---

* Patrice Gueniffey,法国高等社会科学研究院雷蒙·阿隆政治学与社会学研究中心研究员,主要代表作如下:Le Nombre et la raison. *La Révolution française et les élections*, Paris, Éditions de l'E. H. E. S. S., 1993. *La Politique de la Terreur. Essai sur la violence révolutionnaire*, 1789 – 1794, Fayard, 2000. *Le 18 brumaire. L'épilogue de la Révolution française*, 9 – 10 *novembre* 1799, Gallimard, 2008。关于法国大革命中的暴力和恐怖问题,亦可参见其所撰写之专题论文 Généalogie du terrorisme contemporain, *Le Débat*, No. 126, septembre – octobre 2003, pp. 157 – 173. La Terreur: circonstances exceptionnelles, idéologie et dynamique révolutionnaire, *Historical Reflections*, 2003, volume 29, No. 3, pp. 433 – 450。

** 马贺,2004 级外国法律史专业,指导老师:何勤华。现工作于华东政法大学。

① F. Furet, *Penser la Révolution française*, *Paris*, Gallimard, 1978. F. Furet et M. Ozouf, Dictionnaire critique de la Révolution française, Flammarion, 1988. K. M. Baker, *Inventing the French Revolution*, Cambridge University Press, 1990.

制度的过程中,大多数国家并没有爆发大革命,也没有出现恐怖。与之相反,革命家的追随者将1789年到1793年过程中的所有必然性都排除在外。他们认为,“恐怖时代”只是外部情境的产物,与大革命的原则无关。革命者声称,为了防御敌人的攻击,他们被迫诉诸“恐怖”。也就是说,大革命的反对者用大革命的原则来解释革命的过程,而革命的支持者严格地区分事件与原则。对前者而言,“恐怖”是不可避免的灾难,后者则认为灾难的责任应当归咎于大革命的敌人。

第三种解释来源于法国大革命在历史上的应用,即20世纪的极权主义以及意识形态在当代革命中的作用。在这里,“恐怖”可以归因于雅各宾主义,同时包括意识形态与战斗的组织。雅各宾主义重组社会的计划非常激进,与现代社会的诸多原则相去甚远:为了付诸实施,暴力与恐怖在所难免。① 第二种解释与第一种解释相互冲突,与第一种解释一样,面对许多来源于事实的非难。革命家的追随者主张运用雅各宾派的意识形态加以解释,这个观点难以立足,因为“恐怖时代”早于国王的败落,也早于雅各宾派夺取政权。

实际上,“恐怖时代”一词和恐怖手段的使用与1789年大革命同时产生。如果不将“恐怖时代”归咎于大革命的原则,“恐怖时代”也与大革命相伴而行,因为它与大革命同时出现,二者之间的关系阐明了这一点。进一步的分析表明:“恐怖”贯穿于大革命的始终。“恐怖”与大革命同时出现,也同时结束,甚至没有将二者混淆起来的时间也只是从1792年到1794年的短短二十几个月。如下表述掩盖了这种并存状态:“恐怖时代”这个惯用语用来表明大革命的一个时期,从1793年到1794年,甚至从1792年到1793年。于是,发生在这个时间段之前或之后的暴力就会有本质上的不同。因此,那些历史学家眼中的“恐怖时代”并不是真正的恐怖时代;而对于真正的恐怖时代,他们反倒没有发现。历史学家们没能对其加以界定,也没有思考恐怖与暴力之间的关系。

充斥于大革命的暴力事件分为三大类。第一类,集团暴力行为与大屠杀,即以野蛮为特征的暴力,具有集体性和自发性,自身没有具体诉求和可识别的计划:这种暴力以杀死受害人为终结。并非法国大革命才拥有这种暴力,在各个时期,这样的暴力爆发于危难时刻,突如其来的巨大灾难使集体感到威胁到自身的存在,一下子仿佛天塌下来,比如鼠疫、革命、内战,或是败仗。于是,为了恢复社会的凝聚力而处死替罪羊。人们将这种做法视为事物自然秩序的一部分,以此为目的的暴力事

① L. Jaume, *Le Discours jacobin et la démocratie*, Fayard, 1989.

件存在于所有时代。①

上述暴力与恐怖主义的暴力几乎或根本没有关系。与野蛮的暴力相比,第二类,恐怖主义的暴力有其独到之处。后者对暴力进行分析,经过事先的策划与考量,暴力程度要与其追求的政治目的相匹配。暴力不再是目的,而是手段。此外,与实施大屠杀的民众不同,恐怖分子不满足于杀害:受害人不是真正的靶子;他们杀人是为了恐吓并辖制该目标,使对方产生恐惧心理,进而通过作出让步来满足他们的要求。因此,恐怖主义是一种策略,它通过暴力,甚至仅以暴力相威胁,以达到恐吓目的。从这个角度来说,恐怖主义具有理性的特征,与大屠杀和集团暴力行为相区别。②

在法国大革命期间,还有第三类暴力,同时具有野蛮暴力和恐怖主义的特点:由权力引发的针对特定群体的纯粹、直接的灭绝。与野蛮的暴力相似,这种灭绝也是斩尽杀绝,同时针对受害人与行为所指向的对象;但它也与恐怖主义类似,是预先策划谋算的、有组织的,为政治目标而实施。

法国大革命包含了上述三种暴力形式,在1789年时就是如此,只是当时还没有出现第三种暴力。在大革命的起初,从1789年到1792年,以野蛮的暴力为主。恐怖主义的暴力从1789年开始出现,作为一种诉求付诸实施,但局限于一定地域和范围,从治安委员会的命令以及打击大革命敌人的斗争中得到合法性;直到1791年,它才作为一项政策,上升到国家的高度。到更晚些时候,从1793年开始,这种暴力以权力体系的面孔出现,开始进行系统性的实施。灭绝仅仅出现于1794年最初的几个月,系统地屠杀反叛的旺代人。③随后,又连续屠杀了"革命法庭"所认定的"人民的敌人"。我们可以对这种分类方式加以总结:如果说从1789年开始,恐怖与大革命同时出现,接下来,恐怖便逐步升级,十分明显。

二、"恐怖时代"的起源:尝试进行彻底的调查

在这里,有必要回答两个问题:为什么恐怖出现得如此之早?如何解释恐怖在

---

① A. Corbin, *Le Village des cannibales*, Flammarion, 1995, pp. 121 – 139. J. Delumeau, *La Peur en Occident(XIVe – XVIIIe siècles). Une cité assiégée*, Hachette, 1980, pp. 188 – 256. W. Sofsky, *Traité de la violence*, Gallimard, 1998, pp. 155 – 170. R. Girard, *La Violence et le sacré*, Paris, Grasset, 1972. C. Lucas, Revolutionary Violence, the People and the Terror, in K. M. Baker, *The Terror*, Pergamon, 1994, pp. 57 – 79.

② 关于暴力与恐怖的关系,参见 J. Baechler, La terreur a – t – elle un sens?, *in* A. Gérard, *La Vendée. Après la Terreur, la reconstruction*, Perrin, 1997, pp. 585 – 606。

③ 关于地狱纵队的行动,参见 É. Fournier, *Turreau et les colonnes infernales, ou l' échec de la violence*, Albin Michel, 1985. L. – M. Clénet, *Les Colonnes infernales*, Perrin, 1993. A. Gérard, "*Par principe d' humanité...*", *La Terreur et la Vendée*, Fayard, 1999。

1793 年至 1794 年的登峰造极?

关于"为什么",存在一个有力的因素,没有这个因素便无法解释"恐怖时代"为何来得那么早。1789 年的政治文化,甚至在其自由的主张里,都蕴涵一些潜在的专制主义或不自由,最终转化成 1793 年的情境。对于实现 1789 年的各种不同的、可能的情形而言,不存在一种比另一种更为可取的状况。诸多情境决定了大革命发展进程中的偶然事件。由于大革命包含了自由以及专制主义,且在不同年代都被视为一个本质上的整体,"恐怖时代"就表现为大革命政治文化的偶然结果。①

18 世纪末法国政治文化的这种双重属性无可争议。很显然,它表现为整体至上的理念,即当时的公意理念。关于公意的假设,人们将其视为一个整体,并一致认同这种界定。面对不同利益与观点的冲突,这种理念使问题的解决更加复杂。对公共空间的整体性表述既不利于寻求妥协,也不利于接受分化的、多元的观点。在 1789 年那个冲突尤为尖锐的年代,则更是如此。

实际上,1789 年法国大革命反对的不是对手,而是敌人,与可以对方式加以选择并有可能找到协商出路的政治冲突无关。这种冲突指向社会与政治秩序的最终目标,因此它很早就以战争的形式表现出来,并造成了所有的后果,包括对反对者的仇恨或是诉诸便捷途径和暴力的欲望。利害关系显得那么崇高与绝对(自由、平等、合法性),以至于在此之前就排除了所有折中的方法与妥协。因此,革命的冲突类似于宗教冲突,问题的焦点(拯救的观念)非常绝对,不容商榷,只有全部摧毁当下的对手才能结束这场争斗。

从政治斗争转变为革命是所有革命的特征。与美国大革命的比较就能表明这一点:②由于缺少天主教与君主专制留给法国大革命的中央集权传统,美国的英国党员(忠于英格兰)被视为叛徒和国家公敌而遭受追捕,尽管他们更能接受多元主义。对美国大革命中的暴力往往显得过于轻描淡写,然而这些暴力在广度与强度上确实远不及法国大革命中的暴力。两次大革命的反差可以解释为,由于背景不同进而命运不同。两次革命都宣告了同样的原则(公民平等、个人自由、人民主权),但与美国不同,法国人所面临的情境十分不利:贵族社会以及当时最强大的君主政治,而美国那时根本不存在为了追求平等而要去推翻的贵族阶层,要与之决裂的君主政府也远在大洋彼岸。简而言之,"恐怖时代"的到来不能从大革命的原则中加以解释,而是因为革命的阻力过大。

难道上述将暴力与大革命所处恶劣环境相联系的假说没有夸大情境的重要性吗? 一方面,路易十六时代的王权"专制"根本无法与路易十四时代相比;另一方

---

① F. Furet, *La Révolution, de Turgot à Jules Ferry* (1770 – 1880), Hachette, 1990, t. I, p. 508.

② G. S. Wood, *La Création de la république américaine*, Belin, 1991.

面,特权者对废除其特权的抵抗也不是特别强烈。于是,隐约浮现出另一种解释。在临近大革命爆发之时的政治著作中,充斥着类似于此处提及的对"贵族"与"专制"的不满与暴力情绪,令人震惊,似乎1789年的法国人生活在封建社会与独裁统治之下。[①] 实际上,对实际情况的这种表述方式滋养了"平等的激情",是大革命及其暴力的主要来源。

"恐怖时代"不仅来源于大革命的原则,也不单纯出于客观上的不利情境,同样也出于事后看来难以理解的集体激情。活跃的激情力量以暴力反对大革命中真正的或假想的敌人。由于用想象的世界取代了真实的世界,激情加重了革命事业的唯意志论色彩,激情也增加了需要完成的任务,使人们认为当下是如此不公义、如此腐化,必须全部将其摧毁,以便建立一个全新的社会。

为了调查清楚"恐怖时代"的起源,必须增加最后一个因素——"阴谋",想象中的阴谋成为恐怖的活跃因素。[②] 有关阴谋的想法难以摆脱,使其成为革命思想的一个特征。革命者以正义的事业和有效率的意志为理念,他们认为,抵抗者从根本上就是反革命的,因此阴谋就成为对革命者无法破译的谜语的理性回答。用阴谋来解释是理性的,因为所有的反对或困难,或者所有使革命者降低要求甚至放弃计划的行为都被革命的意志视为错误,即"反意志",因此革命的意志就成为镜子、副本。

大革命在延续,尽管人民一致支持,分裂持续,障碍增多,失败接踵而来,假想的阴谋将暴力与失败归咎于奇异的、外部的意志,具有疫苗般的效力:它使革命者对现实中的幻想破灭具有免疫力,进而在时机成熟时实施杀戮,而没有任何负罪感。我们甚至不能将革命者视为独立于他的敌人和暗中反革命者。他们是不可分离的一对。对前者而言,后者至关重要,因为只有后者才能使前者以纯朴人的朴实信仰对抗这些障碍。不断的对抗是荒谬的,证明大革命夸大了其所要达到的目标。

在这方面,法国大革命至高无上的属性使"贵族"起初就成为无处不在的敌人。民族的观念便显得非常重要。1789年,民族既是法律的概念,也是一种激情。在法律方面,民族意味着一个由个人组成的团体,自由地决定在共同的法律下生活;激情则存在于对特权的摒弃。民族与平等相混淆而具有普遍性,与以往在历史进程中形成的拥有领土的实体之理念相分离。这样一来,民族就超越了法国:她不再是历史的产物,而是诸多权利的集合体。但同时,新的民族比法国小。实际上,通过血缘或国土成为法国人,却不是完全意义上的公民。以往,边界线用来区分法国人和

① F. Furet et R. Halévi, *La Monarchie républicaine. La Constitution de* 1791, Fayard, 1996, pp. 81 – 111.

② F. Furet, *Terreur*, *in Dictionnaire critique de la Révolution française*, *op. cit.*, pp. 156 – 157, et T. Tackett, *Conspiracy obsession in a time of Revolution*, *American Historical Review*, 2000, pp. 691 – 713.

外国人,如今却在社会中加以划分:它穿越在平等与特权之间,具体而言,在人民与特权者之间。[1] 民族包括其国土上的外国人,大革命则成了替罪羊。

假想的阴谋还有另外一项功用。对贵族阴谋的畏惧实际上成就了民族的形成,也培养了民族意识。民族在摒弃其对立面的过程中完成自我界定。由于阴谋的存在会对民族产生威胁,通过散布关于这些阴谋的谣言进而发起动员,以维持民族的存续。1789 年夏天,在全法国范围内形成了自发性组织——国民自卫队,纠缠不清的阴谋最终以抽象理念的面孔展现在世人面前:在一个由个体组成的社会里,除了每个人享有彼此分离的抽象的权利外,不存在其他的相互关系。通过幻想出对新近取得权利的威胁,形成了这些自己无法实现的结果:将一部分成员至少是象征性地排除在外,以达到社会重组的目的。消减社会团体,民族主体性得以形成。从 1792 年开始的战争也促成了同样的结果,它将抽象的原则变成现实。换句话说,与敌人的斗争,无论是假想的还是真实的,内部的还是外部的,将《人权宣言》曾经造就出来的仅仅在法律面前平等,但却是彼此分离的个体最终汇聚成一个民族。

三、情境与意识形态

如果对 1789 年到 1793 年的进程加以考察,不可避免地会提出关于"情境"的问题,表现为两个方面:来自外部的反抗,以及由于大革命的过度规划而产生的内部阻力。于是,一方面是情境,另一方面是意识形态。

应当承认,情境是存在的。[2] 如果没有那些情境,将如何看待历史呢?反对与阴谋的存在会有多严重倒是次要的,阴谋的威胁不在于其实际情况与程度,而在于对密谋者实施计划的主观臆想。从这个角度来看,研究大革命情境的历史学家们其学术观点的巨大缺陷在于,大革命对威胁的回击恰如其分:对于这些历史学家而言,应当采纳革命者们的观点,这些观点时而出于恐惧,时而出于政治利益。革命者有时认为某一时刻比实际情况更危险,或是由于那时他们对成功没有确定的把握,或是出于利益的考量。为了表明反击是合理的,革命者大声控诉,但却不愿证明这些控诉是正确的。

对大革命情境的解释独立于真实情况,以这种视角所得出的最终结论导致了问题的产生。每当恐怖进入一个阶段,同样的一些因素连结在一起:首先,情况开始

---

① P. Nora, *Nation*, in *Dictionnaire critique de la Révolution française*, *op. cit.*, pp. 801 – 812.

② 关于近期对这些情境之理念的重新评价,参见 D. Sutherland, *The French Revolution and Empire. The Quest for a Civic Order*, Blackwell, 2003. T. Tackett, *Le Roi s' enfuit. Varennes et l' origine de la Terreur*, La Découverte, 2004。

变得不利,产生了恐惧的氛围,促使采取迅速的手段;其次,来自下层的压力导致使用暴力清除危险;最后,一部分人谋划着利用这个情境来改变政治力量,向更加激进的方向发展。在“恐怖时代”初期,就出现了各种已经存在的情境:在政治文化中混杂着自由主义与潜在的专制因素;精神、文化、宗教、政治传统与自由精神和合法性理念几乎格格不入;极端的集体激情。“恐怖时代”的到来还依赖于突发事件,因为没有这些突如其来的事件就不会激发潜在的矛盾。

意识形态又扮演了怎样的角色呢? 在20世纪的革命中,意识形态成为主角。但是,从这些当代悲剧的角度重新解读“恐怖时代”的做法仍然十分有限。这是因为,法国大革命并非出现在众多意识形态的时代,尽管诸如罗伯斯庇尔似的人物促成了大革命“恐怖时代”的降临,或是通过一些片段(尤其是1794年春的大恐怖时期)得以展现。借用阿兰·波桑松(Alain Besançon)在《列宁主义的精神起源》中对意识形态的定义:“意识形态是一个系统的理论,它承诺如果相信就会得到拯救;是一种世界秩序,明了其演进过程;声称建立在确实的科学基础之上;推行一套实际的政策,试图按照该理论完全改造社会……政治是意识形态的适用领域。”①

当然,法国大革命承诺了一种历史的拯救,通过对当下罪行的赦免换取未来的幸福生活,因此是一个美化暴力的沉重承诺;但它却忽视了社会科学,使其降格为口号②;它甚至忘记了意识形态的必要补充与现实形式——政党。从这个意义上讲,布尔什维主义与雅各宾主义相去甚远。后者从来没有在理论上与现实中组织起一个政党,也从没有产生过一套原则用来形成某种社会与政治秩序。雅各宾主义是反民主、反个人主义的,与1789年的精神背道而驰。

雅各宾主义首先是一种政治,具有革命性:意志至上,暴力高于权利。雅各宾主义中不存在民主方面统一、协调的言论。从这个角度而言,它只是一个概要、雅各宾主义者们诸多言论的集锦,多种言论仅仅尝试着阐述了1789年的原则。确实有一种是雅各宾派的言论,但却与民主的本质毫不相干:它关注革命,更加注重手段而非目的。如果该言论形成一个关于个人与主权的特殊观念——将个人置于集体主权之下,这绝不像大革命试图界定理想国的基础那样是为了追求一种目的。

下面的例子就能说明这个问题。就恐怖主义政权的行为而言,在将恐怖措施正当化的原则和使一般性措施成为必要的原则之间,存在令人惊讶的差距。1794年的“大恐怖时期”,在一次滑稽可笑的诉讼之后,治安委员会受命处决一批“人民

① A. Besançon, *Les Origines intellectuelles du léninisme*, Paris, Gallimard, 1996, p. 67.

② 在此,是指 Augustin Cochin 的作品(关于这些作品,已整理并收录在需要特别参见的书中,即 J. Baechler, *L'Esprit du jacobinisme*, Paris, PUF, 1979)。François Furet 对 Cochin 的研究是做得最好的,参见 François Furet, *Penser la Révolution française*, *op. cit.*, pp. 212 – 259。

的敌人”。考虑到适用制宪议会于1789年实施的司法改革的相关规定,国民公会通过立法解决这个难题。此事件表明,在普通司法领域,通过反抗“革命的与特别的司法”,治安委员会与国民公会适用了1789年的原则。在这方面,它们的目的是保护诉讼参与人的权利。但与此同时,政府以完全不同的原则为名义,将这些人视为“人民的敌人”,进而试图剥夺它们的权利。

雅各宾派关于个人与主权的主张实际上是关于革命的主张,更详细地说是将革命视为全面、绝对、没有其他选择的战争,就如当时的口号所言“胜利或者死亡”。这种论调是战斗中的民主,将民主的诸多原则(个人、自由、法治政府、公私分离)发展到狂热的程度,结果走到了对立面。托克维尔指出,战争杀死了民主。①这是因为,战争不仅必然导致政府权力的膨胀,更为重要的是,它使人民对暴力与奴役习以为常,它逐渐将国家引向专制主义。战争意味着结党、放弃任何自治、泯灭个体的理性。战争创造出一种抹杀个体的社会秩序,在抛弃自我以及摒弃平时所有区分个体的机制之后,产生了一种绝对的平等。雅各宾派的言论是突然陷入战争的一种民主的个体理论。在这场全面的战争中,没有协商的余地。大革命就是一场战争。

如果“恐怖时代”部分是由1789年政治文化中潜在的专制因素在特定情境下受到激化的产物,它就绝不是雅各宾主义和意识形态的结果。在对法国大革命“恐怖时代”的理解方面,意识形态所起到的作用微乎其微。

四、革命的推动力

将“恐怖时代”视为大革命自身的必然产物,即作为历史转变的特殊形式,独立于大革命的原则,甚至独立于它爆发的地点和时间,还有必要填加上最后一个因素。如果大革命的政治文化或革命言论容许确定大革命暴力的受害者,大革命就必然制造出受害者,这是独立于大革命的原则与目的的。大革命走向极端,既非出于外部反抗,也非来自内部障碍,首先是革命者的自相残杀,是革命者反对革命者。

对于所有的政治制度而言,两个因素指导着政治行动。②其一是所有的规范,用于决定集体共同价值的诉求和言论的合法性,其对立面是不合法性。其二是存在一个组织体和程序,用以解决纠纷、决策,与实施。这两个因素都严格界定行动者所运用的言论与方式:行动者不可以随便提出什么要求,更不可以随意采取什么方式。

---

① A. de Tocqueville, *De la démocratie en Amérique*, R. Laffont, 1986, p. 613.

② K. M. Baker, *Au tribunal de Au tribunal de l'opinion. Essais sur l'imaginaire politique au XVIIIe siècle*, Payot, 1993, p. 14.

在大革命中，一切都变了。革命的爆发在很大程度上像谜一般地难以理解。人们能够提出的那些或近或远的原因都无法完全解释：革命突然出现。正如通常的表述，革命“爆发”了。实际上，革命的爆发有时没有任何警告。现代革命也体现出与日常秩序突然决裂，通常表现为两种现象：一方面是众多个体的转变，以同样的激情、同样的仇恨，甚至同样的希望与昨日说再见，人们不惜一切代价摒弃那些突然被认为令人无法接受的旧事物；另一方面体现为政权的解体，政权一下子失去了全部力量，不能使人们听命于它或不能施行任何裁判。1789年、1830年、1848年革命，甚至1917年的俄国革命都有共同之处：一边在瓦解，另一边做动员；能量与武力抛弃了国家，进而将激情投入到革命运动中。

随着国家的瓦解，首先解体的是用于形成政治言论的共识，它曾经存在于相关的规范之中；那些作出裁判与决定的程序也不能得到认可。实际上，革命就产生于这个奇特的时刻，人们认为一切皆有可能，甚至包括在革命前夜看来似乎是无法企及的事情。革命的时刻就意味着思想上的天马行空，甚至可能会出现最为荒谬的想法。总之，革命就是政权的土崩瓦解，在此基础上涂抹掉现存的原则。

革命的开始以失控的言论大量滋生为标志。可以说，在流血之前，革命制造语言、词汇、言论，这些言论非常激进，超出了现实的需要。来势凶猛的词汇只说出了一件事，即革命的本质与目的。结果是，制造出来的言论不断增加。实际上，“革命”飘忽不定，是对自由与幸福的模糊应许，创造出一个令人遐想的空间。类似于自由与幸福这些词汇，不存在权威的定义。所有界定都会受到质疑，一个定义刚刚产生就会出现与其竞争的其他定义，它们不断深化革命的本质，使革命的目标更加激进。这就是不断推进革命的动力所在，体现为制定极端的目标以及选择过度的手段，导致采取残忍的暴力。

因此，革命逐渐升级是出于言论的不断激进，是真正的“激进化的竞赛”，在此过程中多个势力同时寻求合法性与权力。为了达到最终目的，他们都以大革命的名义昭示天下。相互竞争的多种言论都想占据最有利的位置，以便超过其他竞争对手，获得合法性，并最终独揽大权。实际上，在这种情况下获取权力的唯一资格，就是能够对大革命的意义作出唯一正确的、合法的解释。然而，这样的资格是短暂的，因为它总会受到更加“正确”、更加“合法”的解释的挑战。从那时起，为了超过对手，每位竞争者应当经常占据最有利的位置：每个人就会时常通过言论与行动表明，他比其他最为革命的竞争者更为革命。

竞争的不断升级必然成为规则，暴力的结果便不可阻挡，主要用来摧毁大革命假想的（或真实的）敌人。大革命的激进化过程能够摧毁所有试图减缓甚至阻止的努力。这并不是一个阴谋的结果，而是大革命推动力本身的体现。简而言之，今日的激进主义等到明日就成了温和派：在革命中，我们总会在别人眼中成为温和派。

法国大革命的激进化过程从1789年开始持续到1794年,是革命内部推动力的结果,这种推动力甚至独立于革命者们提出的诸多原则。也正是这种推动力,最为常见地制造"各种情境"(如战争),其本身引发出言论与行动的新一轮激进化过程。

法国大革命创造了(至少是部分的)现代革命的理念:持久的;独立于自我设定的目的;将合法性赋予最为激进的主角。从这个角度来说,现代革命的推动力与克鲁泽维茨(Clausewitz)所分析的战争的纯粹逻辑具有可比性。与战争类似,现代革命必然走向极端。克鲁泽维茨对战争的界定,其每一个字都适用于革命:"战争是暴力行为。这种暴力的表现不受限制。像战争这样危险的现象,那些错误是出自美好的愿望,没有比这更糟糕的事了……只有无情地使用暴力并在流血面前毫不退缩的一方才能在敌人面前掌握主动,如果敌人没能采取同样的做法。于是,获得优势的一方将自己的法律强加给对方,以至于彼此都将对方逼入绝境,只有来自对方的牵制才能划出双方的界限。"①

毫无疑问,走向极端是符合逻辑的,在现实中能够加以抑制:几乎所有的战争和一些革命都是如此。但在一些革命中,没有任何力量可以限制上述逻辑的发展,因为诸多因素纠结在一起(正如1789年那样):首先,敌对各方的目标如此无法兼容,以至于排除了一切妥协的可能;其次,社会契约破裂,竞争对手被推向对立面,暴力取代了权利;再次,出现了权力真空的情况;最后,出乎意料地为最边缘化的、最激进的政治流派的粉墨登场开辟了道路,同时各种言论滋生,经过螺旋式发展,上演了一幕幕残酷的杀戮。

① Clausewitz, *De la guerre*, Paris, Éd. de Minuit, 1955, pp. 52 - 53.

刑法学派的论争与融合

李求轶 *

一、序　说

19 世纪至 20 世纪，是世界法律史上的“近代”社会，近代化以欧洲启蒙主义为肇始，以“自由”意识为榜样并逐步地从“自由”价值走向“社会”价值倾向。欧洲大陆的刑事立法是以一定时期的刑法哲学为指导思想的，不同的刑法哲学形成不同的刑事立法。“如果把这些理论的影响按时间顺序排列出来，我们可以看到这样一些轮廓：大革命时期的刑法，在 18 世纪法国资产阶级启蒙思想的基础上，广泛地吸收了贝卡里亚的刑法思想；在 1810 年刑法的制定中，突出地反映了边沁的刑罚功利主义思想和康德的国家至上主义思想；1830 年至 1870 年和 1870 年至第二次世界大战期间的刑法变化，分别主要是在新古典刑事学派和实证主义学派的理论影响下实现的；第二次世界大战以后的刑法，开始大量吸收新社会防卫论的思想，目前，这一理论在影响法国刑法的各种理论中仍占主导地位”。①

德国刑法也同样受刑法思潮的影响。1871 年德意志刑法典是以刑事古典学派刑法思想为理论基础。战后，德国起草过 10 个刑法草案，刑法改革也历经百年。1975 年新版本最终通过。刑法立法历程映衬出刑法学派论争和融合的趋势。“德国刑法虽不如法国刑法那样经常变动，但德国作为近代刑法思想的发祥地，存在不同的刑法哲学流派”，“德国刑法也正如其他任何国家的刑法一样，还会受到刑法范畴以外的、法律领域以外的各种影响，要逐一列出这些影响，同样也是不可能的”。“有鉴于此，只能选择几派较有代表性的并具有典型代表人物的思想家按年代先后如下述介”。

（一）刑事古典学派。典型代表人物有康德（I. Kant，1724 ~ 1804 年），其刑法思想核心是基于意志自由的等量报应论，涉及法学的主要著述是《政治权利原则》、《永久和平》、《道德形而上学原理》等；黑格尔（F. Hegel，1770 ~ 1831 年），与康德的绝对报应思想不同，黑格尔主张国家主义辩证的报应，认为犯罪是对法的否定，而刑法是通过对犯罪的再否定来恢复法和正义。其法学代表作是《法哲学原理》；费

---

* 李求轶，2004 级外国法律史专业，指导老师：何勤华。现工作于浙江省融合律师事务所。

① 朱华荣主编：《各国刑法比较研究》，武汉大学出版社 1995 年版，第 8 页。

尔巴哈(A. Feuerbach,1775 ~ 1833 年),被誉为“近代刑法之父”。在他的刑法理论中,对后世影响最大的,是基于心理强制的一般预防论。

(二)刑事近代学派。19 世纪后期针对刑事古典学派而出现的刑法思潮,以采用实证方法来研究犯罪现象为特色,故又称“实证学派”。它有两个分支:刑事人类学派和刑事社会学派,前者以意大利人龙勃罗梭(C. Lombroso)为代表,后者的主将是意大利人菲利(E. Ferri)和德国人李斯特(F. Liszt,1851 ~ 1919 年)。李斯特的主要观点有:犯罪原因的社会论,法益保护和社会防卫的刑罚目的论,从行为人“反社会性格”中寻求处罚依据的性格责任论,处罚对象不是行为而是行为人的行为人主义,犯罪行为的作用在于显露犯罪人危险性的犯罪征表说,等等。李斯特的个别观点颇遭非议,但整体意义上的刑法思想则深受推崇。他参与发起国际刑法学协会,开办数个刑法学研究所,代表作有《德国刑法教程》、《刑法的目的思想》、《德国和外国执行刑法的比较情况》、《从比较法律说明现代刑法的刑事法制》等。

(三)新社会防卫论。脱胎于刑事社会学派所持社会防卫论的一种现代刑法思潮,因法国学者安塞尔(M. Ancel)1954 年所著的《新社会防卫论》一书而得名。《新社会防卫论》在刑法上具有广泛影响,主要追随者之一是国际刑法学协会名誉主席、弗莱堡大学教授耶塞克(H. Jesheck)。《新社会防卫论》的中心内容是:“批判性地对待现有与犯罪作斗争的制度。承认罪刑法定原则和刑罚确有必要,但反对传统的报复性惩处。只有动员包括刑罚在内的各种方法,才能实现防卫社会的目的。强调人道主义对实现社会防卫目标的极端重要性,主张加强刑罚的人道化,提高罪犯的人道待遇,降低监禁刑在刑罚体系中的地位并寻求代替方法,推进非罪化和非刑事化等。”①

在日本刑法中,同样有秉承德国刑法理论的刑事古典学派。(旧派)与刑事近代学派(新派)的刑法学派论争。“上述德国的刑法学派之争,在日本从明治维新直到大正、昭和初期,大致同样产生。日本旧刑法制定后到明治三十年代,日本刑法学在法国刑法学的影响下,采取折中的立场,学派之争尚未明显表现出来。在日本开始传播近代学派理论的,是学习龙勃罗梭,受李斯特、普林斯影响的胜本勘三郎(《刑法析义各论》,明治三十三年;《刑法要论(总论)》,大正二年),然而在胜本的犯罪论中仍保留着浓厚的客观主义色彩。最强有力地推进近代学派理论的,是学习菲利、李斯特的牧野英一。明治四十年(1907 年),主观主义倾向极强的现行刑法被制定出来,不仅是牧野刑事政策的主张,而且作为这个《新刑法》的解释原理,都彻底地贯彻了主观主义(《刑事学的新思潮与新刑法》,初版明治四十二年;《罪刑法

① 朱华荣主编:《各国刑法比较研究》,武汉大学出版社 1995 年版,第 56 ~ 58 页。

定主义与犯罪征表说》,大正七年;《日本刑法》,初版大正五年)。比起在其刑法解释论中多有客观主义的李斯特,牧野确实配受青出于蓝而胜于蓝的赞誉。他所采取的目的刑论,根据后来的'文化国思想',展开成了教育刑论(《刑法中的重点的变迁》,昭和四年;《刑法中的法国思想的展开》,昭和六年)。与此相反,以前祖述毕克迈耶的大场茂马(《刑法总论》,大正元年六年;《刑法各论》,明治四十三年)站在古典学派的立场摆开理论阵势。泉二新熊(《日本刑法论》,初版明治四十一年)一方面基本上采取近于近代学派的立场,同时通过折中的解释论给实务以大的影响。在昭和初期,作为有代表性的古典学派的刑法学者,可以举出小野清一郎(《刑法讲义》,初版昭和七年)、泷川幸辰(《刑法讲义》,初版昭和四年;《犯罪论序说》,初版昭和十三年)两位。受到贝林格、M. E. 迈耶的强烈影响,小野从国家主义的立场、泷川从社会自由主义的立场一起,以客观主义、报应刑论为基调对近代学派进行了批判。其间宫本偹(《刑法学纲要》,大正十五年;《刑法学粹》,昭和六年;《刑法大纲》,昭和十年)按照主观的违法论,构筑了独自的主观主义的犯罪论体系。然而伴随战争的激化,在刑法学中'日本军国主义'的倾向居于支配地位,学派的对立失去了尖锐性,就这样迎来了战争的失败"。①

因此本文拟从刑法学派的角度来回顾大陆法系近代社会刑法思想的变迁和21世纪的发展趋势以及其对刑事立法的影响。

二、古典刑法学派

"古典学派"是相对于"近代学派"而言,称为"古典"的。所谓"古典"之用语并非固定,而是因各个国家情况各有差异。在有"刑法学祖国"之称的意大利,以菲利为首的实证学派将龙勃罗梭以后的学派,总称为"古典学派";在法国,一般则自1748年孟德斯鸠所著《论法的精神》出版后,至1815年受费尔巴哈(Auselmc Feuerbach,1775~1833年)直接影响之拿破仑刑法典制定时期,称为"古典学派"。在法国古典学派中,有两股支派存在。一是康德绝对报应刑论,即"因有犯罪,故应处罚";二是贝卡里亚之功利刑法观,即"非因有罪而予处罚,乃为不使犯罪而予处罚"。德国自1880年起,古典学派与近代学派间,激烈地展开"刑法学派"之争。李斯特(Franz. V. Liszt,1851~1919年)在马尔布鲁克大学就职演讲时,发展有关"刑事之目的思想",提倡目的刑论。毕克迈耶(Karl Von Brikmeyer,1847~1920年)则主张报应刑论,而与之对阵。此项论争,虽以第一次世界大战终结时结束,唯自李斯

① 马克昌著:《比较刑法原理》,武汉大学出版社2002年版,第49~50页。

特主张目的刑论后,反对目的刑论之立场者,即称为古典学派;赞同目的刑法立场者,则谓之"近代学派"。①

古典学派分为前期古典学派和后期古典学派。前期古典学派代表人物有意大利的切萨雷·贝卡里亚(Cesare Beccaria,1738~1794年)、英国的杰米·边沁(Jeremy Bentham,1748~1832年)、德国的费尔巴哈(Paul Johann Anselm feuerbach,1775~1833年)、伊曼努尔·康德(Immanuel Kant,1724~1804年)、黑格尔(George Wilhelm Frietrich Ltegel,1770~1831年)。后期古典学派代表人物有德国的宾丁(Kail Binding,1841~1920年)、毕克迈耶(Karl Von BirKmeycr,1847~1920年)、贝林格(Ernst Beling,1866~1932年)、迈耶(Max Ernst mayer,1875~1923年)、麦兹格(Mezger Edmund,1884~1962年)。

刑事古典学派的主要观点和立场:刑事古典学派以古典自然法理论为依据,它们以"理性"、"道德"为法律精神,以科学逻辑推理分析为刑法解释方法论。其主要观点如下:(1)抽象原则。犯罪与刑罚都是一种理性抽象规范,抽象规范具有普遍意义。法律是抽象的社会规范,"只有法律才能为犯罪规定刑罚,只有代表根据社会契约而联合起来的整个社会的立法者才拥有这一权威"。"刑事法官根本没有解释刑事法律的权利,因为他们不是立法者"。② 抽象规范之所以具有普适性是因为它由国家唯一的主权主体立法者加以制定,而刑事法官不过是在自行法律而已,它既不能像立法者那样发现法律(立法),也不能像英美法系法官那样创造法律(造法)。抽象原则是与早期古典的、绝对的、自然法理念相一致的。(2)功利原则。边沁认为:"立法者应以公共利益为目标,最大范围的功利应成为他一切思考的基础。""功利是一个抽象术语。它表达一个事物使某些恶不能发生或导致某些善发生的性能或倾向。恶即痛苦,或痛苦的原因;善即快乐,或快乐的原因。凡与某一个人的功利或利益一致的事物,即为有助于增加该个人幸福总量的事物。凡与某一共同体的功利或利益一致的事物,即为有助于增加组成该共同体的诸个人的幸福总量的事物","功利逻辑在于在一切判断过程中都坚定地从痛苦和快乐的计算或比较出发,以及不允许任何其他观念的干扰"。③ 功利原则,即最大多数人的最大幸福(或简称"最大幸福"),是确定犯罪与刑罚的依据。"我们已经作出一个关于恶的分析。通过这一分析我们可以看到,存在某些行动,这些行动产生的恶超过了善。立法者所予以禁止的,正是这种性质的行动,或者说,被认为具有这种性质的行动。

① [日]森下忠:"古典学派与近代学派",参见[日]西原春夫主编:《刑法学》,第1~2页。

② [意]贝卡里亚著:《论犯罪与刑罚》,黄风译,中国法制出版社2002年版,第14~15页。

③ [英]吉米·边沁著:《立法理论》,李贵方等译,中国人民公安大学出版社2004年版,第1~3页。

一个被禁止的行动我们称之为犯罪。为了使这些禁止得到尊重,我们必须确定惩罚","但是,必须将某些行动划定为犯罪吗?或者换句话说,必须对他们课以刑罚吗?","……让我们还是诉诸功利性原则。当习惯正确时,功利原则将确认偏见所颁布的法令;当习惯错误时,功利原则将废除这些法令"。[①] (3)客观主义。古典学派将行为的外部事实(行为、结果及客观的社会损害性等要素)作为刑法评价的重点,是以行为为中心确立基础理论构架的。"刑法客观主义理论是以摆脱法国1789年大革命以前旧的封建思想束缚,由贝卡里亚所开创,以康德哲学为指针,并以费尔巴哈以来的德国刑法学为基础所具体地、逐渐地形成的刑法学流派"。[②] 客观主义的核心内容是刑法中的罪刑法定原则。在孟德斯鸠、贝卡里亚的刑法思想中,都包含着罪刑法定主义的内容,但他们都没有明确提出罪刑法定原则。正是费尔巴哈使罪刑法定主义从思想转化为实定刑法的原则。费尔巴哈在1801年《刑法教科书》中,用拉丁文的法谚形式对罪刑法定主义作了以下表述:"Nulla poena Sine lege(无法律则无刑罚);Nulla Poena Sine Crime(无犯罪则无刑罚);Nullum Crimen Sine Poena legali(无法律规定的刑罚则无犯罪)。"[③]罪刑法定原则是古典刑法学派的重要理论标志。(4)报应刑思想。古典刑法学派大都持绝对的刑罚学说。"康德认为,刑罚不是基于对犯人或其同胞的效用而实施的,而是因为犯人做了恶事,他的行为不符合道德标准而必须对其进行处罚。所以,刑罚对某个人来说,是因为他违反道德的责任而对其进行科处的,他接受这一后果完全是因为其实施了可罚行为,这一命题,结论是无须再加以说明的。"此外,康德还说:"在此只能考虑和重视不偏袒任何一方的平等原则。也就是说,因犯罪人的违法行为所带来的不平等,就必须让犯罪人自食其果地遭受给受害人所带来的不良后果。只有这样,才能实现正义,回复原来平等的状态。因此,报应或同害报复法则是确定刑罚的轻重和种类的唯一准则。"[④]康德和黑格尔是绝对刑罚理论义务论的代表。"特别是康德仿效的刑法模式,被评价为典型的不考虑结果的刑罚构想。著名的关于刑罚的合法性和必要性的'孤岛例子',事实上几乎没有赋予其他的含义。在《道德的形而上学》中,康德写道:即使市民社会根据所有成员的同意,而要自行解散(例如,一个孤岛上的民族作出决议,在相分离并且各自融入全世界之中),虽在监狱中的最后一个谋杀者也必须被处死,以便每个人都知道他的行为值得如何处理,而不让没有坚决要求惩罚

---

① [英]吉米·边沁著:《立法理论》,李贵方等译,中国人民公安大学出版社2004年版,第71~72页。

② [日]大塚仁著:《刑法中新旧两派的理论》,日本评论社1957年版,第4页。

③ 陈兴良著:《刑法的启蒙》,法律出版社2003年版,第101页。

④ 邱兴隆主编:《比较刑法》(第2卷刑罚基本理论专号),中国检察出版社2004年版,第400~401页。

的民族承负血债。”[①](5)一般预防。刑事古典学派,在刑罚目的上,注重一般预防,即重点放在抑制将来有犯罪的可能性(未然之罪)的某种特定之人。费尔巴哈认为,法不应干涉强制世界,而仅限于具有因果作用的感性及悟性世界。人均系以快乐及痛苦原则而为行动,且追求快乐,避免不快。为了抑制犯罪,应使人预知其因犯罪而受刑罚科处所得之痛苦,大于其因犯罪所得到的快乐。因此,“依犯罪行为而预告刑罚,即得对一般人在心理强制其不生犯罪之念,可收一般预防之效果,而达刑法之目的”。[②]

三、近代刑法学派

近代学派,又称“新派”,包括刑事人类学派和刑事社会学派,由于它们都是以“实证”的方法进行研究,亦即以实证(确定)的事实为依据进行研究,所以又称为“实证学派”。这一学派产生于19世纪后半期。“伴随着19世纪后半期的资本主义的高度化与产业革命的普及,经济的、社会的混乱产生,常习犯、少年犯剧增,对此,古典学派的理论没有任何有效对策,于是发生破绽,意向新理论转向,支配这一新化倾向的,就是近代学派”。[③] 近代学派中的刑事人类学派,重视犯罪的生物学的原因,创始人为意大利的龙勃罗梭。主要代表人物除龙勃罗梭外,还有意大利的菲利(后期转为刑事社会学派)和加罗法洛。由于该学派主要代表人物都是意大利刑法学家,故又称为“意大利学派”。近代学派中的刑事社会学派,重视犯罪的社会原因,主要代表人物有意大利的菲利(后期)、德国的李斯特,比利时的普林斯,荷兰的哈迈尔、日本的牧野英一。

近代学派的主要观点和立场。刑事近代学派是以近代社会学实证方法论为依据的。它们以“经验”和“实验”为法学方法论。其主要观点如下:(1)归纳原则。近代学派的刑事人类学派主张通过人的生理、心理分析来确定犯罪并处以刑罚。龙勃罗梭通过对犯罪人的头盖骨和相貌的研究,即通过101个意大利人头骨的特征,以及对1279名意大利罪犯的人体测量和相貌分析,确认犯罪人类型,将犯罪人分为生来犯罪人(delinguentenato,born criminal)、激情犯罪人(criminal by passion)、精神病犯罪人(insane criminal)和偶然犯罪人(occasional criminal)。“龙勃罗梭将实证的、归纳的方法引入犯罪研究领域,引起了犯罪研究领域中的一场方法论革命,使犯罪向科学方向大大迈进了一步。在龙勃罗梭之前,大量犯罪研究主要通过

---

① 《刑法论文选萃》,中国法制出版社2004年版,第514页。

② 蔡墩铭主编:《刑法总论论文选辑》,台湾五南图书出版有限公司1984年版,第184页。

③ [日]川端博著:《刑法总论讲义》,成文堂1997年版,第31页。

思辨方法进行的，研究人员根据哲学家和思想家所已有的结论、自己的思考、臆想以及支离破碎的观察、偶然遇到的案例进行犯罪研究，研究人员普遍使用演绎法解释犯罪问题，根据前人的结论演绎出对当前犯罪问题的解析，使犯罪学研究充满脱离实际的、空洞的、玄虚的形而上学色彩。龙勃罗梭将近代哲学和科学发展的成果应用于犯罪研究，注意通过仔细观察、系统调查、生理解剖学方法研究犯罪问题，从自己收集的大量事实、数据证据中归纳，概括出研究结论，犯罪学研究密切联系实际，从而扭转了犯罪学研究中脱离实际的倾向，大大提高了犯罪学研究的科学化水平，比其他任何人都更加有力地促进新的犯罪学科学的发展”。[①] (2)社会原则。近代刑事学派与古典刑法学派的(个人)功利原则相对立，采取社会(利益)原则，并提倡采取社会防卫措施。德国刑法学家李斯特从刑罚应该为社会防卫目的出发，展开了目的刑思想。在马尔布鲁克大学提纲《刑法的目的思想》一文中，李斯特主张社会防卫理论。根据李斯特的目的刑思想，就应该对一定的犯罪者应定其罪、宣告其刑罚的场合，可先不宣告刑罚，而宣告由保安处分的改善所收容。“保安处分是指这样一些国家处分，其目的要么是将具体的个人适应社会(教育性或矫正性处分)，要么是将不能适应社会者从社会中被剔除(狭义的保护性或保安性处分)”。[②] (3)主观主义。在犯罪的基本见解上，近代刑法强调行为决定论，即自由意志的否定论。认为人之所以会有犯罪行为，是由个人原因或社会原因之综合因素所决定的。对刑事古典学派的意志自由论予以彻底否定。从刑罚对象上看，近代刑法学派强调行为者主义，即认为对犯罪最重要的并非犯罪行为，而是犯罪人所有的人身危险性，犯罪行为只不过是人身危险性的征表。李斯特提出主观主义的标志命题“应被处罚的不是行为而是行为人”。(4)目的刑、教育刑思想。刑罚具有改造、威慑、剥夺犯罪能力的功能。李斯特认为，犯罪人是法益的载体，法益的损害或毁灭构成了刑罚的本质。刑罚具有如下目的：①改造能被改造的并需要改造的犯罪人；②威慑不需要改造的犯罪人；③使不能被改造的犯罪人无危险性。[③] 日本刑法学家久礼田益喜教授概括目的刑主义时指出：“刑罚不单是作为对犯罪的报应而科处之，要考察犯人的性格及围绕犯人的社会情况为了使犯人将来不再犯罪而科处之(目的刑主义)。”由此不难看出，近代学派目的刑主义所主张的刑罚目的，只是特别预防，即对犯罪人科处刑罚是为了避免他再次犯罪。不论龙勃罗梭、菲利、加罗法洛或李斯特，都对犯罪人进行了分类，主张对不同犯罪人适用不同的刑罚，以便预防再犯、防卫社会。目的刑主义进一步发展，出现意大利的兰札(Langa，？ ~1929 年)和德

① [意]切萨雷·龙勃罗梭著：《犯罪人论》，黄风译，中国法制出版社 2000 年版，第 34 页。
② [德]弗兰茨·冯·李斯特著：《德国刑法教科书》，徐久生译，法律出版社 2000 年版，第 401 页。
③ 同上，第 371 页。

国的李普曼(Liepmann,1869~1928年)所主张的教育刑论。他们主张刑罚的目的是有罪者的再教育,是犯人的改善,将社会防卫的人道性与刑罚的再教育性理解为刑罚的本质,认为刑罚必须是教育的,否则刑罚人就没有存在的理由。[①] (5)特殊预防。古典刑法学派从自然法出发,以理性人假设作为前提,犯罪人是理性人,具有意志自由,根据趋利避害原则选择其行为,因而统治者可以因势利导,预防犯罪的发生。同时,立法者作为理性人,能够自觉地运用刑法的威慑性,追求预防犯罪的功利效果。古典学派的刑事政策是一般预防,仅将预防犯罪手段限于刑罚。"使刑事政策成为一门学科的是李斯特,李斯特否定了刑事古典学派的理性人的假设,代之以经验人,经验人是指立足于社会,被各种社会关系所决定的具体人,他不具有意志自由,其行为是被决定的。在经验人假设的基础之上李斯特引申出刑事政策思想,从而使刑事政策之发展进入一个科学的阶段"。[②] "刑事政策以犯罪原因及刑罚作用之科学研究为基础的诸原则之全体,依此原则,国家以刑罚诸制度为手段,镇压犯罪"。[③] 因此,李斯特提出全体刑法学概念,内容包括犯罪学、刑罚学、行刑学等。同时将刑罚个别化、保安处分等原则与制度引入刑法典,以便更有效地达到刑法的教育和改造目的。

四、刑法旧派与新派的融合

刑法学派论争的历史轨迹,大致就是古典刑法学派(旧派)与近代刑法学派(新派)之争。日本刑法学家森下忠在"古典学派与近代学派"一文中归纳了旧派与新派理论论争和对立的要点。"古典学派之理论,以启蒙时期之合理主义思想为其出发点,而以具有自由意思之抽象人为前提(非决定论),依此平均人之犯人表现于外部之现实行为为科刑对象(现实主义、行为主义、客观主义),对于犯人之犯罪意思予以道义谴责为主体而论其责任(意思责任论、道义责任论),刑罚系对犯罪行为之均衡报应所科处于犯人之恶害(报应刑论)、依此而威吓一般人以预防社会一般之犯罪(一般预防主义)。此外,古典学派,否定不定期刑之概念,基于责任之刑罚与以犯人之危险性为前提之保安处分,其本质不同(二元主义)。近代学派之理论,则以实证科学论证为基础,否定行为人之自由意思(决定论),应罚者非依素质与环境的宿命决定之行为,而不具有行为所征表社会危险性之犯人本身,而以行为人之危险性为科刑对象(征表主义、行为人主义、主观主义),犯人因其反社会性格,应负社

---

① 马克昌主编:《近代西方刑法学说史略》,中国检察出版社2004年版,第160~161页。

② 同上,第247~248页。

③ [德]弗兰茨·冯·李斯特著:《德国刑法教科书》,徐久生译,法律出版社2000年版,第13页。

会责任(性格责任论、社会责任论),刑罚系以矫正、改善犯人之反社会性或危险性,使其复归社会为目的(目的刑行为,教育刑论),依改善特定之行为人而预防犯罪,重视社会之防卫与保全(特别预防主义、社会防卫论)。此外,近代学派,基于犯人危险性之差异,而探讨刑罚之个别化,亦主张采用不定期刑。以刑罚与保安处分,同为对于犯人改善、教育之手段,两者性质相同(一元主义)”。同时,两学派对犯罪理论,在犯罪构成要件、违法性论、责任论、未遂犯、共犯、罪数等上存在明显分歧;在刑罚理论上,两学派对刑罚的本质、刑罚的目的、刑罚与保安处分的关系、其他刑事政策问题等方面均存在明显的对立。

古典学派与近代学派的分歧,最终归结为法学方法论的不同。人类认识世界、改造世界的两种基本方法为抽象法和归纳法,亦称理性方法论与经验方法论。古典学派注重人的本质和共同性,强调自由、平等、自然正义(公正)等自然法理念,有利于保护人类普遍的、一般的人权。近代学派注重人的形式(征表)和特殊性,强调人的社会性、分配正义(矫正)等经验性理念,有利于维护人类社会多样性特殊的需求。因此,两学派互有长短。从人的认识能力到国家治理,“理性”和“经验”都是两种有效的方法,同时,也渗透到每一个主体和客体的内涵中。因此,进入第二次世界大战后,刑法学派论争开始从激烈走向缓和,并且出现了融合的趋势。

“第二次世界大战后不久,安塞尔提出新社会防卫论,在两学派之争中采取综合主义的立场。新社会防卫论反对近代学派的决定论,在很大程度上承认古典学派的意志自由,从而不赞成近代学派的社会责任论,而容纳古典学派的道义责任论。同时主张负刑事责任的根据和衡量刑事责任大小的尺度,不是行为而是行为人,这与近代学派的主观主义近似,而不赞成古典学派的刑罚以犯罪行为相适应,判刑不考虑罪犯个人特性的客观主义理论。在刑罚目的上,采取近代学派的目的刑论,认为刑罚的目的在于使犯罪人复归社会,而不赞成古典学派的刑罚,只是由于犯罪才科处、判刑不应追求其他目的报应刑论。到 1960 年年底西德刑法理论的主流是以道义的责任平衡的报应为中心,在其责任的范围内承认一般预防、特殊预防目的综合说”。①

日本刑法学家在战后继牧野英一为代表的新派与小野清一郎为代表的旧派,在刑罚目的、刑法基本原则、刑法解释方法、定罪标准等问题上展开争论后,新旧两派理论虽然仍存在分歧和论争,但也开始出现新动向。“新旧两派刑法理论的对立已趋缓和,出现了相互妥协的趋势。从新派刑法理论一侧看,主观主义理论历来是新派的中心特点,但从该派犯罪概念的理论看,现在典型的主观说已经凋落,而代

① 马克昌主编:《近代西方刑法学说史略》,中国检察出版社 2004 年版,第 342 页。

之以在原则上坚持主观主义的同时,部分吸收了客观主义的理论。从该派关于刑罚的理论看,在强调目的刑论、强调社会预防的同时,也不排斥强调社会责任,从某种意义上说,这种理论倾向与旧派理论一直主张的报应刑论有微妙的相似之处。而从旧派刑法理论一方看,小野——团藤——大冢一脉相承的学说,历来关于犯罪论的通说地位,该理论称为'形式的客观说',它以犯罪构成理论为核心,但是,现在古典的客观主义已得到一定的修改,部分地呈现主观化、伦理化、规范化的内在倾向,并且,行为无价值论、结果无价值论等被称为'实质的客观说'的观点也逐渐受到重视。同样,旧派关于刑罚论也有所改变,历来主张道义的报应色彩日益褪色,而是强调'法律的责任',虽然理论上、实践上对于'责任'的必要性尚有待于探究,但应该肯定的是,日本旧派刑罚论也发生倾斜,与新派的目的论再也不是水火不相容了"。①

中国刑法学家张小虎在《刑法的基本理论》一书所列的"刑法理论主要内容结构表"中,从犯罪理论和刑罚理论两个方面归纳了现代折中主义的具体表现形式。新派与旧派的折中融合,是表现和渗透到刑事立法中。"在不少国家刑法立法中,已经调和这两派的某些观点。例如德国刑法第46条规定:'犯罪人之责任为量刑之基础,且应考虑刑法对犯罪人将来社会生活产生的影响。'日本刑法改正草案第48条也规定:'刑法的量刑必须与犯罪人的责任相适应。刑法适用时,必须考虑犯罪人的年龄、性格、经历与环境、犯罪的动机、方法、结果及对社会的影响,犯罪后的犯罪人的态度及其他情节,必须以对抑制犯罪和犯罪人的改善更生起作用为目的。'1996年修正的《瑞士刑法典》第63条规定:'法官根据行为人的罪责量刑,量型时要考虑被告的犯罪动机,理论及个人关系。'此外,如上所述,保安处分制度被世界许多国家刑法所采用,也是两派理论折中的适例"。②

"我国的刑法理论,在许多方面存在激烈争议,但没有形成学派之争。另一方面,我国的刑法理论也具有自己的特点,在犯罪论方面,我国刑法理论一直声称坚持了主客观相统一的原则,但事实上却重主观内容,与新派之主观主义没有本质的区别。例如,近年来,越来越多的学者强调犯罪主体的地位,甚至以犯罪主体为中心,建立犯罪构成体系……再如,后面还将经常而且具体讨论的,对于不能犯与未遂犯的区别,刑法理论一直采取了抽象的主观说"。"在刑罚论方面,我国刑法理论以目的刑论占主导地位,基本上也是新派的观点"。③ 然而,也有不同的看法,"刑法主观主义由于承认犯罪成立的范围要大大广于客观主义,具有相当的危险性,所以

① 何勤华等著:《日本法律发达史》,上海人民出版社1999年版,第368页。

② 聂立泽著:《刑法中主客观相统一原则研究》,法律出版社2004年版,第32~33页。

③ 张明楷著:《刑法的基本立场》,中国法制出版社2002年版,第47~49页。

在以追求法治理念为主导思想的20世纪的世界诸国从来没有被各国采用过。罪刑法定原则、责任原理和刑法客观主义仍然占据刑法理论的主流位置。不过,现代刑法理论中的客观主义,已经不再是费尔巴哈刑法体系这一本源意义上的客观主义立场;刑法主观主义的部分观点已经渗透到刑法客观主义思想内部,所以在犯罪论中司法官员的自由裁判、自由解释作用被有限度地承认;在刑罚论部分,从刑事政策角度看待问题的主张被广泛采纳”。[①] 根据周光权教授考察:我国1979年刑法偏重于刑法主观主义;而1997年刑法则回归客观主义。[②]

2003年1月17日,最高人民法院颁布了《关于行为人不明知是不满十四周岁的幼女,双方自愿发生性关系,是否构成强奸罪问题的批复》(以下简称《批复》),《批复》指出:“行为人明知是不满十四周岁的幼女而与其发生性关系,不论幼女是否自愿,均应按照刑法第二百三十六条第二款的规定,以强奸罪定罪处罚;行为人确实不知对方是不满十四周岁的幼女,双方自愿发生性关系,未造成严重后果,情节显著轻微的,不认为是犯罪。”众多刑法学家从刑法解释学角度,论述了我国刑法的主客观相统一原则。即“在认定犯罪时,不仅要求行为人的行为对刑法所保护的社会关系,造成相当严重的危害或威胁,而且要求行为人有刑事责任能力和主观上有罪过(故意或过失);否则,就不可能构成犯罪”。[③] 著名刑法学家王作富在《奸淫幼女罪的认定与主客观相统一原则》一文中论述了主客观相统一原则的基本内涵及意义。“关于犯罪的成立和定罪,是以客观事实为依据还是以行为人的主观恶性为标准,在近现代西方刑法史上一直争论不休,形成了客观主义和主观主义的经典对立,并最终走向主观与客观相折中的并合主义。而我国刑法则一贯坚持主客观相统一原则。一般认为,刑法中的主观与客观相统一原则,是指构成犯罪和追究刑事责任,要求行为人在客观上必须实施了危害行为,在主观上必须具有罪过,两者相互依存,缺一不可。要言之,犯罪是行为人实施的行为与主观罪过的统一体。因此,它还是一种全新的刑法观。这种刑法观是在资产阶级刑法学说,尤其是在对新旧两派刑法理论的扬弃的基础上形成的。因此,一方面主客观相统一作为一种刑法观,具有历史继承性,它必然包含着新旧两派刑法理论中一切科学、合理的成分;另一方面主客观相统一作为我国刑法的一项基本原则,必须贯穿于我国刑事立法和司法的全过程。在我们看来,主客观相统一原则的价值最集中体现在保障追究具体行为的刑事责任的合理性。主客观相统一原则强调只有在行为中同时包含应

---

① 周光权著:《法治视野中的刑法客观主义》,清华大学出版社2002年版,第197页。

② 同上,第198~204页。

③ 赵秉志主编:《主客观相统一:刑法现代化的坐标——以奸淫幼女型强奸罪为视角》,中国人民大学出版社2004年版,第15页。

负刑事责任的主观因素与客观因素,并且这两方面具有内在一致性时,才能对行为予以定罪。这就从根本上排除了定罪过程中‘主观归罪’与‘客观归罪’的错误做法”。[①] “主客观相一致是我国刑法中的基础性原则,不仅因为它在定罪过程中具有指导意义,还在于它在量刑过程中具有指导意义。量刑中,司法机关不仅要遵循罪刑相适应的基本原则,而且还要遵循刑罚个别化原则,这两个原则都要求对行为人的主观恶性和行为造成的危害进行考察,忽视其中任何一方面都有可能过于严酷或过于放纵。主客观相一致原则不是一个简单的技术性原则,它体现了现代刑法的价值取向:限制国家的刑罚权,防止其过分扩张,以保护人权。如果只注重行为人的主观恶性而不论其客观社会危害性,就会导致主观归罪,这种情况下,由于推定行为人主观恶性的客观社会危害性,就会导致主观归罪,由于推定行为人主观恶性的客观性事实被忽略,裁判者则可完全依照自己的主观臆想任意出入人罪,从而失去公平、正义的标准。同理,仅看重客观的损害结果而忽略行为人的主观恶性,则会导致客观归罪。无论主观归罪还是客观归罪,都是国家刑罚权恣意行使的表现,这种恣意性必然造成对公民权利的侵夺。”[②]“主客观相统一的理论,不是主观主义和客观主义的简单折中、调和,它是在吸收二者的精华后又重新孕育出的生命。它建立的是以行为人的行为为核心的犯罪论;它吸取了客观主义保障人权和主观主义保护社会的精华,在犯罪论中均衡了个人与社会的利益。”[③]

---

① 赵秉志主编:《主客观相统一:刑法现代化的坐标——以奸淫幼女型强奸罪为视角》,中国人民大学出版社 2004 年版,第 22 页。

② 同上,第 108 页。

③ 同上,第 158 页。

中英警察权控制模式比较研究

夏　菲*

“政府权力中，警察权是最广泛，但又是界定最不清楚的。”①正因为如此，警察权的实施最容易引起争议。对警察权进行控制，是法治的一项基本内容，同时也是提高警察公众信任感的重要措施。

如何在确保警察有足够权力维护社会秩序的同时，又避免警察权力对公民权利的侵害，是各个国家警察制度发展中的难点与重点问题。在最早建立现代职业警察制度的英国，警察权控制模式历经180余年的发展，形成了其独特的风格，并获得社会公众和法律职业者的基本认同。其成败得失的经验，即使不能直接为我所用，也能为我们反思、改进我国的警察权控制体系提供分析素材和新的思路。

一、英国警察权控制模式的总体特征

（一）“警察就是公众”的观念决定了英国警察权的“弱权”特征

英国警察诞生的历史背景是地方治安自治，即每个公民都具有维护治安的义务。19世纪初之前的10个世纪里，抓捕盗贼、预防犯罪是平民百姓自己的事，太兴长（tythingman）、百户长（hundred man）等这些社区首领则在维护治安方面起带头和组织作用。以他们为基础形成的治安官（Constable），不仅是社区代表，而且是经国王认可的官员。维护地方秩序不再仅仅是社区义务，也是国家职责。但是，作为一种兼职的、地方推选的官员，他们来自社区，与社区居民有密切的联系，本质上更接近普通公民而非政府官员。

与传统地方性、兼职治安体系相反的伦敦大都市警察在建立前后遭遇强大的阻力，新警察能否为公众接受以获得合法性地位，是决定其生存与否的关键。罗伯特·比尔（Robert Peel）等创建者们明智地选择以继承传统而不是与传统割裂的方式来消解公众的仇恨和疑虑。强调“警察就是公众”，警察是对治安官的继承。以此为前提，进一步确立了警察没有超越于普通公民的特殊权力、警察形象平民化、

---

* 夏菲，2004级外国法律史专业，指导老师：何勤华。现工作于华东政法大学。

① Markus Dirk Dubber, *The Police Power Patriarchy and the Foundations of American Government*, Introduction.

最少使用武力、为公众提供服务等警务政策。公众的反对和新警察确立的警务政策,构成制约警察权力的外部和内部力量。创建各地新警察的制定法也很少涉及或基本不提警察权力,这是确保警察法得以通过的重要因素。

由此可见,英国警察建立初期所倡导的“警察就是公众”原则,是在警察遭到社会各界强烈反对的社会条件下的不得已选择。这决定了英国警察“弱权”与“软形象”的起始特征,并且在以后警察制度的发展中始终若隐若现地对警察权起着一定的制约作用。“警察就是公众”这一原则,在大都市警察建立 100 年后,仍然是政府所宣扬的警察属性。1929 年的皇家委员会在其报告中宣称“无论是依据法律还是传统,英国警察从来没有被认为是与普通市民大众不同的群体……依据普通法原则,警察仅仅是领薪履行那些即便不作警察也会自愿承担的义务”。①

警察,作为一支组织性强的维护社会治安的专业队伍,一旦建立,在抑制日益增长的犯罪与骚乱的现实需求下,其权力的扩张成为无法阻挡的必然趋势。英国警察在渡过最初的艰难时期后,就打着“预防犯罪”的旗号,不断扩大权力,其权力内容也很快就远远超出“公民权利”的范畴。因此,1962 年皇家委员会的报告已经不提 1929 年皇家委员会所认可的“警察就是公众”的主张,而是认为“警察应当强有力,但不应具有压制性;应当有效,但不是什么都管”。② 但是,“警察就是公众”造就了英国警察的基本风格:平民化,非武装性。无论是警察自身还是公众都不认为警察是一个有特殊权力的机构,这种自我认知和公众期望对于警察权的制约并不亚于法律控制的作用。

(二)警察负责制确保警察独立以及警察对法律负责的原则

警察负责制(police accountability),概括而言就是警察对谁负责以及由谁来控制警察的问题,是控制警察权的组织基础。

英国警察创建时期,地方政府是一股强大的反对力量,也是影响立法的主要因素。伦敦大都市警察是向内政部负责的,这种模式如果推广,原本属于地方的治安维护权力自然转向中央,这是地方精英所不能接受的。因此,从一开始,体现中央与地方控制警察模式的警察负责制就是警察建制的主要内容。

传统上,治安官由领主治安法院(Court Leet)任命,从属于治安法官(Justice of the Peace),受其监督。治安法官虽然由王权任命,但其为地方精英,与地方有密切联系。新警察建立时,在很大程度上保留了这种地方控制特征,特别是在伦敦以外

---

① T. A. Critchley, *A History of Police in England and Wales* 900 – 1966, Constable and Company Ltd, 1967, p. 201.

② *Final Report of Royal Commission on the Police* 1962, Cmnd 1728, Her Majesty's Stationery Office, p. 9.

的郡和自治市，地方议员和治安法官具有任免治安官的权力，内政部对各地警察局没有什么影响力。1856年的《郡和市警察法》设立巡官（Inspector），由其对地方警察的工作成效进行考察，中央政府根据巡官的考察结论决定是否给予财政支持。自此，中央逐步加大对地方警察的控制。

中央和地方之间的博弈避免了某一方垄断警察控制权局面的出现，对警察权是一种组织制约和监督。然而，作为法律执行部门，公众又期望它是独立的，以确保执法的公正性。由此，在地方和中央之外，又发展出另一个重要的力量：警察局长。大都市警察局长从一开始就被赋予完全的对内指挥权，警察局长由内政部任命并经其批准，制定警察制度和规范。但是内政部无权对大都市警察直接下令，所有警察只听从警察局长的命令。伦敦以外，郡警察局长同样具有较大独立性，有权决定警员的任免并全权指挥警察行动，也可以拒绝地方行政力量的要求。

《1964年警察法》明确统一的三方负责制：内政部（Home Office）、地方警察委员会（Local Police Authority）、警察局长（Chief Officer）都对警察组织有控制权，然而地方警察委员会的作用大大削弱，中央的控制权以及警察局长的独立性则得以加强。之后的判例法进一步肯定了警察独立的原则，最有影响的就是1968年丹宁勋爵审理的布莱克勃案件。① 一直为警察所宣称的"警察独立"、"警察只对法律负责"得到普通法的确认，英国警察成为一个既不属于司法部门，又不属于行政部门的独立的国家力量。

警察不从属于任何党派，不是地方或中央政府的仆从，警察只服从于法律。这样的定位对每个警察而言，都是一种观念熏陶，要求警察不要超越法律的边界，对警察权的制约产生了积极的作用。

（三）普通法、制定法、警察文化合力造就的警察权力

治安官是地方社区的代表，由治安法官任命，其权力源于普通法，与一般公民无异。警察作为治安官的继承者，在其建立初期，权力同样是根源于普通法。当然，所有有关公民权利的制定法同样适用于警察。如《1824年流浪法》扩大了普通公民的逮捕权，该法同样是警察行使权力的法律依据。

新警察建立后，制定法和普通法相互补充、相互认可，共同发展警察负责制、警察侦查权等警察权基本内容。

制定法为警察组织的建立提供了依据，但是在很长一段时间里，制定法关注的都是警察负责制。《1829年大都市警察法》、《1835年市自治体法》、《1839年郡和地区警察法》和《1856年郡和市警察法》分别规定了不同类型的负责制，而《1964年

① 有关1968年布莱克勃案件的具体情况，参见夏菲："论英国警察权制约的组织基础——警察负责制"，载《法学杂志》2009年第11期。

警察法》则统一为一种形式。在这个过程中,有两个重要的判例:费舍诉欧德海姆市案①以及1968年的布莱克勃诉大都市警察案。前者认为警察权力不是国家授予的,而是警察天生具有的;后者则明确警察只对法律负责,警察局长决定警察活动,其他任何机关、组织都无权干预。

英国警察的侦查权在最初的150年里,主要是由普通法发展的。在没有制定法依据的情况下,法官认可了警察的讯问权和起诉权,并且通过判例形成程序标准,1912年开始出现的法官规则在之后的70余年里是指导警察进行讯问的基本程序规则。对于警察的盘查权和逮捕权,法官也通过判例表达自己的观点,总体上是在扩大警察权力的同时予以程序约束。1984年的《警察和刑事证据法》将警察实践和普通法规则法定化,明确规定了警察的各项侦查权以及警察行使上述权力的正当程序。

确定的制定法和普通法内容对英国警察权的规范格外重要。在"警察只对法律负责"的制度模式下,警察工作的核心内容就是执行法律,评判警察工作的标准也是其行为是否符合法律规定。这种传统的法治主义模式,要求法律规定详细而适宜,警察自由裁量没有存在的空间,只要依法行事就可以了。如果警务出现问题,则需要审查、修改法律。制定法因其相对稳定性和制定程序的固定性而难以做到事无巨细、时时更新,普通法在很大程度上弥补了这些不足。因此,在1829年至20世纪50年代这120年中,制定法和普通法相结合为英国警察提供了基本的行动依据,警务的法规主义观点盛行,其在实践中的运行也没有太大问题。

然而,警务的法规主义观点本身存在致命缺陷:法律不可能做到完全的周密性,即便有判例法为补充,这个问题也无法避免;反之,为了减少法律规定的盲点而不断增加法律法规的结果就是,警察根本不可能了解所有的法律内容而导致部分法律实际上处于无效状态。因此,"有关警务的现代研究则发现警察工作本质上是高度自由裁量而且很多都是与执行法律无关的"。②后者如警察提供服务,警察经相对人"许可"采取一些行动等。警察可以在没有法律规定的情况下实施某些行为;可以在有不同规定的情况下,选择使用某项法律规定甚至完全忽视法律而不作为。这种自由裁量权随着警察职业化、专业化的发展而日益加剧,警察不再是普通公民,而是打击犯罪的职业力量,具有特殊的经验和技能,这些对于警察如何适用法律都产生着巨大影响,也就是警察文化的作用。

自20世纪60年代以来,从文化主义视角出发来研究警察在英国和美国成为警务研究的一个重要分支。罗伯特·雷纳对警察文化的界定是"警官在他们工作期

---

① Fisher v. Oldham Corporation[1930]2K. B. 364.

② David Dixon, *Law in Policing: Legal Regulation and Police Practices*, Clarendon Press, 1997, p. 3.

间所暗示和表达出来的定位和态度”。[①] 很多学者认为警察行为更多受到警察文化影响,而这种文化与法律规定是有所偏离的。华威学派的麦高伟教授对英国刑事司法体系的研究显示“证据并不是被发现或揭露出来的,而是被所有参与案件调查的参与者制造出来的”。[②] 在麦高伟等看来,警察不是依照法律进行调查或是进行事实认定,而是根据自己的经验判断与认识去重构事实与证据。即便力图通过程序规范来平衡警察权与嫌疑人的合法权益,法律对警察文化的影响也是十分微弱的。“警察选择偏离正式法律是因为他们所希望遵循的工作规则是与任何规范其行为的法律势不两立的。”[③]由此,法律与警察文化形成一种紧张关系,法律越想制约警察权力,警察文化对其抵制则越强烈。

基于这样一种现实,法律对警察权力的作用方式应当发生改变。法律的目的不应当是“限权”,法律内容要充分考虑社会条件以及警察文化的特征。“警察必须拥有足够的权力去履行其被期望履行的核心使命。如果他没有足够的权力,那么警察文化可能催生出对法律的摒弃,这将使权力的滥用成倍增加。”[④]法律如何确保授予警察“足够的权力”这是一个难题,法律既要确保法治的精神又要对现实警察文化有一定的包容性。立法内容与立法技巧的提高、确保法律效力的相关制度建设、警察培训与教育对警察文化的引导等,诸多因素综合作用才能确保法律对警察权力的良性作用。

(四)警察权力随社会条件的变动而发生变化

英国警察制度是在过去180余年的不断改进中发展起来的。每一次变化,无论是制定法的统一修订还是普通法的个案判例,其根源都是社会环境的改变。纵观英国警察权变迁的历史,有三个时期是极为重要的:19世纪初,警察创立前后;20世纪60年代警察负责制统一;20世纪80年代警察侦查权的制定法化。在这三个阶段,警察权在之前量变的基础上发生质的飞跃,也由此形成英国警察权最突出的特征。

19世纪初,英国工业化、城市化发展带来的社会问题客观上要求治安维护模式的变革,这是新警察出现的有利条件。然而,自中世纪以来,由贵族为保护自身权利与国王抗衡形成的“自由”观念逐步深入到社会各个阶层的意识中,在19世纪已经

---

① [英]罗伯特·雷纳著:《警察与政治》,易继苍、朱俊瑞译,知识产权出版社2008年版,第102页。

② David Dixon, *Law in Policing: Legal Regulation and Police Practices*, Clarendon Press, 1997, p. 43.

③ Sanders, A., Young, R., *The Rule of Law*, Due Process and Pre-trial Criminal Justice, Current Legal Problems 1994, 47(2), p. 138.

④ [英]罗伯特·雷纳著:《警察与政治》,易继苍、朱俊瑞译,知识产权出版社2008年版,第200页。

是一个强大的传统。出于对法国密探式警察威胁个人自由的恐惧,社会各阶层普遍存在反对职业警察的声音。在客观需求与巨大压力挤压下诞生的新警察,不能张扬其权力,否则就会被更猛烈的反对浪潮吞噬。因此,英国警察创建的特殊历史背景为英国警察权的总体特征构筑了基本框架:强调警察权的组织控制、警察只对法律负责、警察的平民特征等都是这一时期社会条件的产物。

20 世纪 60 年代是西方社会的震荡时期。在英国,社会条件的变化也迅速反映到警察与公众的关系上。自 20 世纪 20 年代就存在的警察腐败、滥用权力、对示威者采取强硬手段等问题,在 60 年代引起公众强烈的对抗情绪。究其原因,学者普遍认同的观点是,警察与公众摩擦的增加以及公众对权威态度的改变是两个最主要的因素。前者主要是因机动车大量增加使得社会各阶层人士都成为警察管理的对象;后者则是随着教育的普及,受到更高教育的公众更少顺从,倾向于质疑权威。这其中又以特定群体,如黑人、亚裔群体、男性青年等与警察的隔阂、冲突最为突出。

"第二次世界大战后,公众不愿意因警察的任意行为而阻碍自己行使民主权力。"[①]英国警察在整个 19 世纪努力寻求并逐步获得的合法性地位,在 20 世纪 60 年代再次面临巨大挑战。警察是否能保护公民的自由和权利,公众对此产生质疑。而任何与此相关的警察丑闻事件都会触动普通公众敏感的神经,警察权力未受到有效制约成为一种普遍认识。为此,1962 年皇家委员会成立,对警察负责制、警察投诉制度进行考察,并提出改进建议。《1964 年警察法》以该委员会的结论为基础,确立了三方负责制,并将实践中运行的投诉机制制定法化。这是 1829 年新警察创立以来英国警察制度最重大的一次变革,它统一了警察负责制形式。

20 世纪 60 年代警察制度的变革削弱了警察的民主控制,公众需求对警务的影响作用日益减少。这种变化又发生于特殊的时期,其不良效应倍增。

英国自 60 年代起就进入经济滞涨期,失业人数剧增。撒切尔夫人任首相后,进行私有化改革,缩减公共福利开支。这虽然有利于刺激经济发展,却使得英国在战后 30 年通过提高全民福利来减少贫富差距的成果付之一炬。贫富分化、经济上处于底层的群体被进一步边缘化。1981 年伦敦布里克斯顿骚乱、曼彻斯特莫斯塞德骚乱等在大城市发生的严重骚乱事件以及大规模的工业纠纷,都是社会矛盾激化的结果。

警察,作为"国家权力的特征和标志、国家权力权能释放的保证",作为"国家和社会权利交换中,最重要的角色和连接点之一",[②]是直面上述不良后果的国家机关。公民反抗国家权力必然导致警察以强制力保障国家权力的实现,在这个过程

---

① Philip Rawlings, *Policing A Short History*, Willam Publishing, 2002, p. 201.

② 王智军著:《警察的政治属性》,社会科学文献出版社 2009 年版,第 8 页、第 102 页。

中,如果反抗是源于复杂的利益冲突,且具有一定程度的代表性,那么警察也要反向向国家反映社会需求,并采取“柔性”策略弱化公民权与国家权力的冲突,否则只会再次激化矛盾,并最终导致政府权威丧失,社会秩序失控。英国警察显然没有认识到七八十年代犯罪数量持续上升有着深层的经济、政治原因。仍然迷信于警察权威,采取大规模盘查、强力处置工业纠纷等策略,引发社会特定群体对警察的反抗,警察的合法性地位岌岌可危。

对伦敦布里克斯顿骚乱进行调查的斯卡曼(Lord Scarman)报告,就推动警察民主负责制建设以及警察投诉机制的改进提出建议。与此同时,警察在侦查阶段所使用权力的规范也成为社会焦点。《1984 年警察和刑事证据法》对上述三个领域作了规定,其目标是在警察权力与公民权利之间寻求平衡。

警察权力的内容以及警察权制约机制随着社会条件的改变而变动,这是公众需求能适时反映到立法与政府决策中的体现。变革通常都无法完全达到公众的期望,但总是能在一定程度上平复社会不良情绪,缓解矛盾、冲突。这对于维持公众对警察的信心以及维护社会稳定具有重要意义。

二、英国警察权控制模式对我国的启示

英国警察权的内容与控制模式是由英国独特的文化、法律传统与现实社会条件所决定的。它不可能为其他国家所复制,但其发展过程中呈现出的一些特征、形成的一些经验是值得我们借鉴的。

(一)警察权控制体系的复杂性

英国警察权控制体系是一个复杂的系统,当然,这并不是立法者、法官或警察精心设计的成果,而是在自然的发展过程中形成的特征。概括而言,就是由自由观念决定的警察权力的公民权利特性、警察负责制是警察权界定与控制的核心、制定法是明确警察权力具体内容的主要依据、普通法在警察权力控制方面起着调节的作用、投诉机制是警察权不当行使的救济手段这样一套复杂的警察权控制体系。

以英国警察权控制体系为参照,我国警察权控制体系在新中国成立后60 年中的不同时期都表现出单一性特征。

1. 新中国成立初期强调无产阶级专政性质的警察权属性

1949 年 7 月,中共中央军事委员会决定,在其下设立公安部,统辖各地公安机关的工作。当然,在此之前,晋察冀、晋绥、晋冀鲁等抗日革命根据地已经于 1939 年

至1940年间建立了公安局。[①]

新生政权与所有旧制度是有本质差别的,前者是无产阶级专政政体,是代表社会大多数人利益的,后者则是少数统治阶级剥削、镇压广大无产阶级的不平等制度。由此,新生政权毅然与旧政府划清界限,在文化、法律等各个领域均彻底否定旧的观念和制度。新中国警察同样也是通过与旧警察的彻底隔绝获得合法性的。

国民党政府将军队和警察作为其反共斗争的两支主力军,政治镇压而非维护社会秩序成为警察的主要职能。以上海为例,在1930～1931年的警察大事记中,几乎没有刑事破案记载,所有记录不是关于政治镇压就是有关日常人事调动和行政变化。[②] 在这种背景下,警察不仅对于普通公众受犯罪侵害不闻不问,还常常欺压老百姓,引起普通大众强烈不满。

由此可见,英国警察和新中国警察建立时期所面临的困难是不同的。前者,公众反对的是警察本身;后者,公众反对的是旧警察。英国的改革者们绞尽脑汁设计"软"警察形象,从18世纪中期菲尔丁兄弟的尝试到19世纪中期警察在英国各行政区域的逐步推广,警察被公众接受,获得合法性,历经100年,是一个艰难而曲折的过程。新中国的"人民公安"则通过与旧警察决裂,在短期内获得了公众认可。虽然有学者对于新中国使用"公安"而非"警察"是为了与人民痛恨的国民党警察有所区别这种判断持怀疑态度,[③]笔者还是认为这种判断比较符合当时的现实需求。当然,新中国初期经济改制逐步缩小了人与人之间财产占有上的差异,人无贵贱高低之分的平等关系同样适用于警察与普通公民。再加上公安机关和其他国家机关一样所倡导并实际做到的"全心全意为人民服务"的工作方针、方法,这些都进一步坚定了公众对新中国警察新性质的认可。

新中国警察获得合法性的方式显然是非常有效的:时间短、认可度高。然而,历史研究不仅是将某事物、事件放在当时的背景中去审视,还要分析它对未来的影响。从警察权角度看,与英国警察相比,新中国警察在建立初期顺利获得公众认可的局面对于警察权的控制恰是不利的。

英国警察建立时期,英国的法治传统已经根深蒂固。如戴雪教授所言,自诺曼征服以来,英格兰的政治制度呈露两件异彩,其中之一就是"法律的至尊性,或称法律主治",[④]可见其历史之久、意义之重大。法治之强大传统,引起公众对警察能否

---

① 中国人民公安史稿编写小组编著:《中国人民公安史稿》,警官教育出版社1997年版,第81～83页。

② [美]魏斐德著:《上海警察,1927—1937》,章红、陈雁、金燕、张晓阳译,周育民校,上海古籍出版社2004年版,第185页。

③ 王智军著:《警察的政治属性》,社会科学文献出版社2009年版,第8页、第42页。

④ [英]戴雪著:《英宪精义》,雷宾南译,中国法制出版社2001年版,第228页。

确保公民自由的担忧,也使得警察必须确立其"对法律负责"的立场。新中国警察建立初期显然缺乏法治制约的社会条件。"为人民服务"的推行,靠的是党和政府强大的政治动员力以及每个公安干警自觉自愿的奉献精神,而社会条件则是,人民也都以为社会主义建设做贡献为价值目标,注重个人利益被认为是旧的、资产阶级思想的体现而遭到批判。在公民不主张权利的情况下,冲突自然不存在。然而,改革开放以来,人们的利益、权利观念日益发展,社会也因经济、教育等因素而出现分层并且差异不断加大。与此同时,政治动员对个体观念、行为的影响力大大降低。早期保证警察权与公民权和谐的三大条件均已改变,政治、道德的制约力大幅下降,而法治的约束又未形成,警察权力的不当使用就不可避免。

新中国成立初期,作为无产阶级专政工具的警察,在对人民全心全意提供服务的同时,对阶级敌人是毫不留情的。新中国成立以后,警察承担大量的反特、锄奸、镇压反革命分子的任务。早期这种敌我斗争的经历,在公安机关留下深刻烙印。长期以来,在我国刑事司法体系中,将犯罪嫌疑人视为"坏人"对待,否认"坏人"具有合法权益,导致公安机关在案件调查过程中普遍不注重程序,刑讯逼供屡屡发生。最初,刑事法典尚未制定的时候,警察以敌我斗争方法调查反革命案件;《刑法》、《刑事诉讼法》制定后,其内容仍然反映了确保侦查的便利性和有效性的观点;自20世纪末,刑事司法理论和实践领域一直处于变革中,主要内容是逐步确保嫌疑人的合法权益,然而,习惯于不受程序束缚的警察显然很不喜欢也极不适应这种变化。

从历史的角度看,警察未在法治环境中诞生,是我国警察权制约体系的先天不足。

2. 改革开放以来,强调法律控制的警察权控制模式

文化大革命期间,"砸烂公、检、法"成为流行口号,公安机关被军管。"'公安六条'代替当时的单行刑法成为判案的准则。"①所谓"公安六条"即1967年中共中央、国务院颁布的《关于无产阶级文化大革命中加强公安工作的若干规定》。该规定是为保障文化大革命的顺利进行而制定的,要求公安机关对地富反右坏等分子进行严格管理、控制,同时对攻击污蔑国家领导人的人员以反革命罪查处。显然,公安机关的工作已经完全偏离维护社会秩序的轨道,成为少数人控制的政治工具,权力限制无从谈起。

改革开放以后,警察权控制经历了两个发展阶段。第一个阶段是20世纪70年代末至90年代中期;第二个阶段是以新《刑事诉讼法》、《刑法》颁布为起点至今。

在第一个阶段,警察权控制主要还是体现了新中国成立初期无产阶级专政的

---

① 马克昌:"中国刑法学60年反思",载《武汉大学学报》(哲学社会科学版)2009年第5期。

特色,强调警察在打击犯罪方面的成效,公民权利处于弱势。这固然有历史延续的原因,另一个重要因素是当时犯罪数量迅速上升,恶性案件接连发生的社会现实。在这种形势下,中共中央决定采取严厉措施,从重从快打击严重破坏社会治安秩序的犯罪分子。在严打斗争中,警察权得以充分实现,警察的权力意识进一步膨胀。

与此同时,公民权利也成为法学界关注并逐渐为法律所确认的内容。“1978 年 12 月 6 日《人民日报》就发表了中国社会科学院法学研究所李步云的《坚持公民在法律上一律平等》一文,第一次提出了法律面前人人平等的主张……1979 年 1 月 5 日,《人民日报》又发表了吉林大学乔伟的《独立审判,只服从法律》一文,朦胧的‘法律至上’的观点被提出来。”①由此可见,我国法学理论对中国法治建设的探讨正是以公民权利以及法律权威为起点和核心的。而这些理论在警察权控制方面的真正落实则是近 20 年以后的事了。

1996 年,《刑事诉讼法》确立了未经人民法院判决不得确定任何人有罪的原则,此外,犯罪嫌疑人在被侦查机关第一次讯问或采取强制措施之日起,可以聘请律师为其提供法律帮助,加强了对犯罪嫌疑人、被告人的保护。《刑法》确立了罪刑法定、罪刑相适应、法律面前人人平等三大原则。在刑事法律的价值取向发生重大转变的同时,行政法领域对国家机关权力规范也日益增强。1996 年 3 月《行政处罚法》颁布、1999 年《行政复议法》通过、2003 年 8 月《行政许可法》通过。2005 年 8 月通过的《治安管理处罚法》是专门针对警察的治安处罚权的。与原来的《治安管理处罚条例》相比,新法在程序上的细化无疑是一个巨大的改变,这也是引起具体办案警察强烈不满的地方。所有这些法律修改、制定的主旨都是保护公民权利、限制国家权力。

法律控制是警察权控制的基本途径,然而,并不是唯一且充分的方式。英国警察从其诞生起就确立了对法律负责的原则,制定法与普通法也不时调整以适应社会和警务的变化。即便如此,警察文化中规避法律的倾向仍然十分强大。在法治传统远比我国悠远的英国尚且如此,在我国这个问题自然会更突出。上述这些法律的实际效果如何,是需要进行进一步考察、评估的。除了制定法律外,还要有相应的制度保障法律内容成为现实。如果律师会见犯罪嫌疑人必须获得警察许可,并且由警察监督进行,那么法律赋予犯罪嫌疑人的权利实际上是大打折扣了。

另外,在英国的警察权控制体系中,法官是一个重要的角色。无论是对警察独立的支持还是确认适当的警察承担民事赔偿责任的范围。法官的立场并不是绝对地保护公民权利或是维护警察权力,而是在不同时期、在不同案件中有不同倾向,

① 何勤华:“改革开放 30 年与中国的法制建设”,载《法学》2008 年第 11 期。

起到了于细微处减少不平衡的微妙作用。在我国,警察权力控制体系中缺乏这种“调和剂”,立法存在着在舆论影响下作出简单限权规定的危险性。法律规定的不切实际,不仅使警察产生对法律的排斥,也无法确保公民合法权利的实现。

因此,仅仅依靠法律并不能形成良好的警察权控制体系。警察组织体系(特别是地方警察部门与地方政府的关系)、警察招募与培训(培养的是简单接受上级命令的“国家机器”还是具有法治意识的有个性的个体)、警察投诉机制的完善,等等,都是这一体系中极为重要的内容。

(二)警察权控制体系的变动性

如上文所述,英国警察权在过去180余年中经历了几次大的变革,具体的制度则始终处于变动、调整状态,这是社会形势变化的现实需求。变革也许并不能达到警察权与公民权保持平衡的理想状态,但以这一目标为方向所做的努力,显然有助于弱化由不平衡所导致的冲突。

制度变革必须是在对现实问题有客观、正确判断的基础上推进的。英国警察诞生初期以及20世纪60年代和80年代的变革都是在政府任命专门委员会对警务问题进行调查、评估并提出改进建议的基础上作出的。1962年皇家委员会的报告,1981年斯卡曼问询报告,是英国之后制定法的主要依据,其中的建议大部分为制定法所吸纳。20世纪60年代以后,警察权也渐渐成为学术研究的重要内容,学者从社会学、政治学、法学等角度进行研究,产生了丰硕的成果。虽然,英国学者抱怨政府在警务改革方面很少听取学者的建议,但是,实际上有关警务的各专门委员会的主持人也常常是具有学术背景的大学教授,而学者的建议即使没有被法律及时吸收,从长期发展的角度看,变革还是比较充分地体现了学者的研究成果。

反观我国警察权控制体系的发展,特别是改革开放以来30余年的发展,其变化远未跟上社会变化的速度。受早期对敌斗争工作模式的影响,我国警察机关的工作始终保持“神秘”色彩,20世纪八九十年代的严打斗争进一步强化了这种特色。因此,在社会其他各领域都逐步开放的同时,警察机关长期保持其封闭性:警察工作的有关数据不公开;警察资料不对外流通;独立、封闭的警察培训体系,等等。

警察特权是引起公众对警察不满的重要原因。英国警察建立时,其地位就是普通公民,不具有超出普通公民权利的特权,当然,事实上警察很快就发展出其特有的权力,但是公民属性对于抑制警察特权思想具有积极意义。我国警察,在新中国成立初期,当“为人民服务”通过政治动员的确内化为大部分警察的职业操守时,警察特权与公民权利之间的冲突还不明显。

但是在过去的60年中,我国警察权控制体系没有随着社会条件的变化而改变。90年代法律控制的转向,主要获益于法治建设的成果,不是警察机关主动变革的结果。警察权控制学术研究的缺乏,也使得变革缺少理论依据。严峻的现实要求变革，并保持具体制度变动的持续性。

英国警察与新中国警察诞生的历史背景以及生存的社会环境有很大不同，两国警察权控制体系也经历了不同的历史发展阶段而呈现出各自的特征。比较而言，我国警察权控制体系比较单一，发展变化较慢。然而，两国警察目前所处的社会环境以及所面对的社会问题是相同的：割裂、多元、权威感丧失的社会。无论是英国警察还是中国警察，想要重新获得其曾经拥有的大众的普遍认可与尊敬是极为困难的，警察权会面临更多的质疑与挑战，多维、弹性、变动的控制体系是维系适度平衡的唯一途径。

美国公众的宪法信仰

杨积讯*

宪法若要长久存续，需要有抵抗岁月侵蚀和风浪冲击的足够力量。美国《联邦宪法》的长久生命力有来自于自身的力量、宪政体制的力量、历史根基的力量，但还不应忽视的是，来自于人、来自于民众的力量，即社会大众对宪法的支持和拥护。人们之所以支持和拥护宪法，是因为他们对宪法的信任、尊重和崇敬，人们对宪法的这种情感和态度被称作"宪法信仰"。

一、广泛、深厚而持久的宪法信仰

美国人的宪法信仰也许最早可以追溯到殖民地早期对一些政治合约如《五月花号合约》的神圣情感和一些殖民地将《圣经》作为最高法律的直接适用。托马斯·潘恩在他的《人的权利》一书中写道，北美的独立革命令宪法成了北美人的一本"政治圣经"，每个家庭和每位政府官员均人手一册。人们对成文的宪法及其规定如此崇尚，以至于"一旦就某个法律原则或者任何权限产生争议，人们就会从口袋中拿出印刷精美的宪法，读出与争议问题相关的章节"。①

而当《联邦宪法》"一旦获得了通过，这部宪法获得的成功，超过了它最热情拥护者的希望……尊敬和仰慕增长了而且很快发展成为被人说得很好的'宪法崇拜'"。②"人民对于写在羊皮纸上的文字的力量给予了一种信任，认为它能够促使政府步入正轨，如果要给这种信任起名字的话，它就叫做宪政主义。"③

美国第二任总统约翰·亚当斯在就职演说中说："宪法得以很好地实施，满足了其拥护者的乐观愿望。我时常关注宪法，对它的执行情况感到满意，为它在国家的和平、秩序和繁荣、幸福方面所显示的成效感到高兴，并由此对它产生了一种习

---

* 杨积讯，2003 级外国法律史专业，指导老师：何勤华。现工作于中国计量学院法学院。

① Thomas Paine, *Complete Writings of Thomas Paine*, Philip S. Foner, ed., 1945, p. 378. 转引自黎作恒："美国宪法成文形式的历史渊源"，载《现代法学》2004 年第 1 期。

② [美]马克斯·法仑德著：《美国宪法的制订》，董成美译，中国人民大学出版社 1987 年版，第 126 页。

③ 丹尼尔·布尔斯廷著：《美国人建国历程》，中国对外翻译出版公司译，生活·读书·新知三联书店 1993 年版，第 512 页。

惯性的依恋和崇敬之情。”

以后的美国社会,“尽管其他的一些信条皆有兴衰更迭,但是‘对宪法的崇拜’却毫无异议地持续下来。的确,废奴运动者习惯于将美国宪法污蔑为‘与地狱的协议’。但是,他们这种刺耳的异端言论,只能激起美国民众重申这一民族信仰。甚至南方脱离联邦政府也要装出忠于美国宪法诸原则并抗议对它践踏的样子,而且至少从形式上讲,除了少许微不足道的偏离之外,南部联邦宪法是一部经过深思熟虑的、1787 年宪法的复制品”。“对宪政政府的信仰是美国传统的核心。”“像其他国家和其他文化的人们一样,美国人也借助于某种象征来表达他们最为珍视的信仰。1787 年宪法既是美国人民宪政的象征,也是宪政的工具。”①1987 年,纪念《联邦宪法》200 周年之际,学者的评估是这样的:“美国人民保持着宪法信仰吗？诚实的回答只能是,在总体上,是的;但在很多场合,不是。”②

有理由相信在美国宪法信仰的社会广泛性,它并没有显示出我们常常作为一条普适原则的阶级差别。“美国工人感到自己国家的宪法有一种神圣的启示,因而对它有着一种虔诚的敬畏,这是常常被人们观察到的特性。工人对宪法的感情就好像它是某种神物,能够经受致命的打击。这被正确地称为‘宪法拜物教’”。③

同时,这种信仰的真实性也是可以确定的。威尔逊认为那甚至是“一种对其原则不加分辨的、近乎盲目的崇拜”。④ 爱德华·S. 考文也认为“人们对它的景仰和崇敬绝不是漫不经心的,而是诚心诚意的。美国人对其宪法的尊崇经常到了偶像崇拜的地步”。⑤

二、宪法信仰的根由

为什么美国会产生和存在如此广泛、深厚而持久的宪法信仰？学者们已有很好的见解。

爱德华·S. 考文在列举了他人的三种解释之后又加了自己的解释:“有一种解

① [美]爱德华·S. 考文著:《美国宪法的“高级法”背景》,强世功译,三联书店 1996 年版,第Ⅱ页、序言第 1 页、第 2 页。

② J. Goldberg, *Constitutional Faith and the American People*, *from The United States Constitution*: *The first* 200 *Years*, edited by R. C. Simmons, Manchester University Press, 1989, p. 227.

③ [德]W. 桑巴特:《为什么美国没有社会主义》,赖海榕译,社会科学文献出版社 2003 年版,第 99 页。

④ Woodrow Wilson, *Congressional Government*, 13th ed. 1898, p. 4. 转引自[美]爱德华·S. 考文著:《美国宪法的“高级法”背景》,强世功译,三联书店 1996 年版,第Ⅱ页。

⑤ [美]爱德华·S. 考文著:《美国宪法的“高级法”背景》,强世功译,三联书店 1996 年版,序言第 2 页。

释将此归于宪法的来源:在法律上,宪法是由拥有主权的人民制定的,而在事实上,它是由‘一群半神的人物制定的’,其中一些名字就是华盛顿、麦迪逊、汉密尔顿和富兰克林等。另一种解释将此归于宪法的历史久远,它虽然不比英国的《大宪章》和《摩西十戒》那样引人注目,但是,现在它比世界上任何其他政府宪章都具有更长的历史。还有一种解释将此归于宪法的成就,它不仅作为自由与团结的辉煌标志,而且被看作是考验并赐福于有序自由的严导恩师。但是,最令人信服的解释是将此归于深深植根于美国人心目中的信念——宪法表达了更高级的法,它实际上是不完美的人最为完美地复制了布莱克斯通所至尊为‘区分善恶的、永恒不变的法,这种法连造物主本身在其设定的所有管理制度中都予以遵守,而且只要这种法有必要来指导人类行为,那么造物主就使人类理性能够发现它。’几乎从宪法提交制宪会议讨论的那一天起,这种信念就对美国宪法产生了决定性的影响。”而另外,“美国宪法通过之后出现的一片繁荣景象无疑是宪法最初受到美国人民钟爱的原因”。①

戴雪则从美国《联邦宪法》转到一般角度论述:“凡一部联邦宪法必罗列若干具有普通性的原理,而此类原理,自从被载于宪法后,大足以感应全国人民所有视听,而惹起信仰。”②

路易斯·亨金认为:“宪法法院一个个判决,催生了人们对宪法和基本人权的尊重,这种尊重以前根本就没存在过。”③

任东来认为是“由于长期生活在一个法治的环境中,一般美国人养成了一种近乎于神圣的宪法信仰,把宪法看作是世俗生活的上帝、一部政治圣经”。④

在此主要强调以下几点:

其一,法律上人民作为制宪主体。只有人民自己制定的宪法,才能获得人民的真正信任,尤其是长久信任。非由人民制定的宪法,首先是不可能真正反映人民的利益与愿望,这样的宪法要获得人民的理解与信任绝无可能;其次,即使它真的是反映和符合人民利益与愿望的,由于没有经过人民同意的法律程序,那也是无从实证的,形式正当性的考问与质疑能令所有的实质正当性黯然失色,苍白无力;还有,人民参与制宪的过程也就是最好、最有效的理解和接受宪法的过程,这种效果是无论怎么灌输、宣讲都难达到的。当然,人民制宪只能是法律上的,而不可能是事实上

---

① [美]爱德华·S.考文著:《美国宪法的“高级法”背景》,强世功译,三联书店1996年版,序言第3页。

② [英]戴雪著:《英宪精义》,雷宾南译,中国法制出版社2001年版,第221页。

③ 路易·法沃勒:“欧洲的违宪审查”,载[美]路易斯·亨金等编:《宪政与权利》,生活·读书·新知三联书店1996年版,第54页。

④ 任东来、陈伟、白雪峰等著:《美国宪政历程》,中国法制出版社2005年版,第11页。

的。但是,事实上的不可能性并不减损和否定法律上人民制宪的价值和必要性。同时,事实上的不可能性也不应成为任何仅采用一点法律“亮片”来装点门面而使法律上人民制宪流于形式的冠冕堂皇的理由,也就是说,不是只要带有一点法律色彩就可以宣称自己是法律上的人民制宪,这样的“人民制宪”搞出来的宪法也同样无法取得人民的信任。美国民众对宪法的信仰无疑与他们法律上的人民制宪直接有关:制宪者和以后宪法修正案提案权的人民代表性,而更为重要的是宪法及其修正案的批准程序。

其二,宪法司法化。美国宪法长期以来一直是司法化程度较高的宪法,《联邦宪法》中就规定了联邦法院对宪法案件的管辖权,而且在审理宪法案件的过程中行使着(一定程度上是自创的)违宪审查权,这样,人们的权利受到了宪法的贴身保护,宪法的尊严与权威得到了维护,人们对宪法的敬仰之情当然也就油然而生了。

其三,宪法自身品质的保证。这在前面已多处论及。威尔逊说过美国人对宪法的崇拜“近乎盲目”,这可能有必要辩证一番:近乎盲目并非就是盲目;不应是所有美国人都“近乎盲目”,至多只是一些。毕竟,在美国,宪法直接涉及人们的切身利益,而对以实用、重利著称的美国人来说,要对宪法盲目只怕很难。而且,有根据清楚表明,美国人并非只要是宪法就信仰、崇拜,那就是他们对《邦联条例》的断然抛弃。这说明他们对宪法还是有分辨的,并非盲目,至少并非完全盲目。一个品质不好的宪法,不会符合人们的最大利益,连存废都是问题,信仰更是无从谈起。所以,美国人的宪法信仰还得将之归结于《联邦宪法》的品质。

三、宪法信仰的力量

民众的宪法信仰对美国宪法的各个方面都有着巨大而深刻的意义和影响,对于《联邦宪法》的长久存续也同样如此。民众因宪法信仰而对宪法的拥护与支持,给宪法的长久生命力注入了一股强大的力量之源。而且,其他方面的力量有些也需要通过民众的支持来反映,如传统的力量很大部分就是通过民众来承载、反映和传达的。

卢梭认为真正的宪法,真正有生命力的宪法,必须存在于民众心中:“一切法律之中最重要的法律……不是铭刻在大理石上,也不是铭刻在铜表上,而是铭刻在公民们的内心里,它形成了国家的真正宪法,它每天都在获得新的力量;当其他法律衰老或消亡的时候,它可以复活或代替那些法律,它可以保持一个民族的创制精神。"①

第二任美国总统约翰·亚当斯则从当时人们对宪法的情感与态度中看到和预言了美国宪法的长久生命力:"当初立誓要拥护美国宪法的美国人民,仍然抱有同样的思想和精神、同样的信念和荣誉、同样的责任和兴趣,因而我毫不怀疑宪法将永葆全部活力。"

民众支持对宪法存续的作用从最开始的起点上就显现出来。《联邦宪法》被制定出来,但是,它要能够成立生效,还必须得到至少九个州的批准。出于更大程度地体现人民制宪权的考虑,也出于对当时一些州议会的不信任,《联邦宪法》将各个州的批准权没有交给各州议会,而是交给了各个州的制宪会议,而各州的制宪会议则是由各州人民选举产生的代表大会。所以,最终能够决定宪法能否获得批准的是各州人民。"不论联邦宪法及邦联条款之间的分歧是多么彻底,不论联邦宪法的条款是如何地大获全胜,也不论这部宪法的措辞可能是多么的谨慎,但使这个政府的新文件生效的最强有力的因素,乃是美国人民改变了的态度。"②而且,有理由相信,由于制宪会议制定出来的宪法是一部准备交由人民批准的宪法,所以能否获得人民支持的考虑一定支配着会议的全过程和宪法起草的每一个环节和细节。总之,没有民众的支持,《联邦宪法》存续的起点都不会获得。

而且,《联邦宪法》第5条将宪法修改的提案权交给了联邦议会议员或州议会的绝对多数(2/3),将宪法修改的批准权交给了州议会或州制宪会议的绝对多数(2/3),另鉴于美国联邦和州议会议员的人民直选特性,所以,至少从法律上讲,《联邦宪法》要不要修改以及如何修改,在很大程度上也就是《联邦宪法》能否存续和如何存续,最终也取决于民众的支持程度。由此,在一定程度上,可以将《联邦宪法》长久存续看成美国民众事实上的广泛、深厚而持久的宪法信仰的一个法律后果。可以设想,如果美国民众对《联邦宪法》是另一种截然相反的态度:不满意、嫌恶甚至激烈反对,那么,在美国这样一个国家,很快就会反映到政治和法律行动上——大规模修宪或者干脆废宪再立宪,正如制宪者们对《邦联条例》所做过的那样,那么,《联邦宪法》生命的断绝就在所难免。

正因为宪法的力量源自人民的支持、民主的力量,所谓"宪法至上"、"宪法统治"、"法律就是国王"等才获得了真实的意义。爱德华·S.考文对美国宪政与民主的关系有一段精辟的论述:"当美国人宣誓忠于民主时,他们指的是宪政民主,即一种根据成文宪法分配政治权力且权力行使者受制于法治的政体。在他们看来,民

① [法]卢梭著:《社会契约论》,何兆武译,商务印书馆1980年版,第73页。

② [美]马克斯·法仑德著:《美国宪法的制订》,董成美译,中国人民大学出版社1987年版,第127页。

主与宪政之间并不存在内存的冲突，后者只不过是用来保证前者的运行既安全、理智而又可以预测。因为人们，甚至连上帝赐福的美国人，总是可能被外在的诱惑所吸引，因此，行使权力的滋味和感觉就会将他们诱向腐败。所以，人们必须同意依照他们自己设定的约束来管理自己，否则他们就会丧失自由。由于民主依赖于这样一种共同约定，即它应该通过反复协商和妥协而缓慢推进，应该避免鲁莽草率的举措所导致的无法挽回的恶果，因此，人们必须认识到，以'宪政'著称的各种复杂的思想和程序，绝不会阻碍民主进程，而会推动民主的进程。"①宪法之所以至上，乃是因为民是"主"，而民必须而且只能通过宪法去"主"，所以这个"主"才对这部宪法给予了坚定而持久的支持，宪法才真正获得了至上性，才具有真正的神圣不可侵犯性，所以宪法才会免遭践踏与破坏，自身及其效力才会稳定延续。

正因为宪法蕴涵来自人民的强大力量，所以，作为宪法守护神的联邦最高法院才可能"拥宪法以自重"，"挟宪法以令天下"，才可能扮演和胜任宪法守护神的角色。我们知道，联邦最高法院的权威来自宪法的权威，但宪法自身仅仅是一纸具文，②它本身并无任何力量，宪法的力量和权威来自人民的拥护和支持。没有人民拥护、支持的宪法，最高法院就没有与民选总统和民选国会抗衡的本钱与底气，就不可能有与总统、国会呈三足鼎立之势的联邦最高法院，从而前述三权分立与制衡制度和体制对宪法的种种维护作用也就无从谈起。这样的最高法院就是拥有了司法审查之"剑"又如何？这把"剑"如果没有或失去了人民的支持力量，它就只能沦为既不坚挺又不锋利的橡皮道具，持之在手的最高法院不可能成为宪法守护神，从而也不可能为宪法的长久存续作出什么积极贡献。托克维尔早就对此有过很好的论述："联邦的安定、繁荣和生存本身，全系于七位联邦法官之手。没有他们，宪法只是一纸空文。行政权也依靠他们去抵制立法机构的侵犯，而立法权则依靠他们使自己不受行政权的进攻。联邦依靠他们使各州服从，而各州则依靠他们抵制联邦的过分要求。公共利益依靠他们去抵制私人利益，而私人利益则依靠他们去抵制公共利益。保守派依靠他们去抵制民主派的放纵，民主派则依靠他们去抵制保守派的顽固。他们的权力是巨大的，但这是受到舆论支持的权力。只要人民同意服从法律，他们就力大无穷；而如果人民忽视法律，他们就无能为力。"③

有了民众的宪法信仰，对美国历史上充斥着的各权力部门、各政治人物和政客

---

① ［美］爱德华·S. 考文著：《美国宪法的"高级法"背景》，强世功译，三联书店1996年版，序言第1页。

② "归根到底，从对一部宪法的透彻分析可以看出，宪法只不过是一纸空文，人们可以根据政治的需要写上文字或者把它撕毁。"［荷］亨利·范·马尔赛文、格尔·范·德·唐著：《成文宪法的比较研究》，陈云生译，华夏出版社1987年版，第13页。

③ ［法］托克维尔著：《论美国的民主》(上卷)，董国良译，商务印书馆1991年版，第169页。

拥护遵守宪法的大量言行，[1]我们就可能获得一种更为实在的理解：取悦于宪法，就等于取悦于民众，而取悦了民众，在他们那个制度下，就等于拥有了最大的政治资本；冒犯了宪法，就等于冒犯了人民，而冒犯人民，在他们那个制度下，乃是政坛及官场之大忌，尼克松总统的下台就是最典型的示范与警戒。当然，我们也不能排除他们有些本就是宪法信仰者。所以，"野心勃勃的政治人物最终总将转向宪法文本去寻找对他们自身政治利益的支持，建构一个将他们自己政治利益和价值神圣化的宪法意义愿景"。[2]

"作为一个国家，我们把我们的一切都孤注一掷于这一宪法信仰之上。"[3] Learned Hand 曾如此提醒美国人。也许由此可以体会出宪法信仰对于美国、对于《联邦宪法》及其长久存续的意义。

---

① 在"水门"事件临近尾声时，一位来自得克萨斯州的民主党黑人女议员芭芭拉·乔丹如此宣称："我对宪法的信仰是完全的，是完整的，是彻头彻尾的。我不会静坐这里，看着宪法被折损、颠覆和破坏而无动于衷。"Quoted from Daniel Lazare, *The Velvet Coup*, Verso 2001, p. 84.

② Keith E. Whittington, *Constitutional Construction*: *Divided Powers and Constitutional Meaning*, Harvard University Press, 2001, p. 207.

③ J. Goldberg, *Constitutional Faith and the American People*, *from The United States Constitution*: *The first* 200 *Years*, edited by R. C. Simmons, Manchester University Press, 1989, p. 233.

美国刑事诉讼法的宪法化
——对美国宪法第四修正案及其判例的解析

刘晓雅[*]

引　言

美国著名法学家沃尔特·谢弗(Walter Schaefer)曾经说过:"一个国家的文明程度在很大程度上取决于这个国家的刑事司法方法。"①回顾世界法律史,从粗陋到精致、从野蛮到文明是法律发展的基本趋势,其中一个显著的进步就是刑事法律制度的程序化与人道化。在这个进程中,美国的刑事诉讼制度从它诞生之初就走在了世界的前列,并在200多年自由精神的浸润下日趋完善,在保障刑事司法公正以及限制政府权力、保障人权等诸多方面都取得了丰硕的成果。我国当前正在进行新一轮的刑事司法改革,美国的制度与经验无疑为我们提供了一个极为有益的研究范本。

美国的法律在传统上来源于英国法。独立战争前,殖民者一方面沿用英国法的概念与原则,另一方面又不满英王朝对这块殖民地的专制统治,特别是在刑事诉讼方面与英王朝产生了尖锐冲突,它甚至成为了导致1776年美国独立战争的主要原因之一。因此,1787年美国宪法制定之后,很快就出现了围绕新宪法实施而展开的辩论。新宪法的反对者们指责新宪法未能对公民的刑事诉讼等权利作出规定,从而可能会给中央政府实施暴政留下可乘之机。当时反对新宪法的人对美国独立战争之前英国政府对民权的践踏依然记忆犹新,所以他们要求制定一个权利法案,明确宣示公民神圣不可侵犯的具体权利。②

1789年9月25日,美国第一届国会向立法机关提出了12个宪法修正议案,最后通过了其中的10个,即美国宪法第一到第十修正案。这10个宪法修正案就是我们熟知的《权利法案》。在这10个宪法修正案中,第4、第5、第6和第8修正案都是

---

* 刘晓雅,2001级外国法律史专业,指导老师:何勤华。现工作于华东政法大学。

① Walter V. Schaefer, *Federalism And State Criminal Procedure*, Harvard Law Review, November, 1956.

② 关于《人权法案》的制定参见[美]伯纳德·施瓦茨著:《美国法律史》,王军译,中国政法大学出版社1990年版,第33~36页。

关于公民刑事诉讼的基本权利。[①] 其中,宪法第四修正案是关于逮捕、查封和搜查,第五修正案是关于公民不得被迫自证其罪和正当程序,第六修正案是关于犯罪嫌疑人享有不带偏见的陪审团审判权、及时和公开审判权以及被告知控诉性质和理由等权利,第八修正案是限制保释金过高和禁止酷刑。

这4个宪法修正案实际上构成了刑事诉讼法的重要内容和根基。从另一个角度讲,宪法修正案一到八条总共列举了公民可以享有的27项宪法权利,其中16项权利是保障刑事诉讼公正的。难怪有人把美国的《权利法案》称作"刑事诉讼宪法典"。

可见,美国刑事司法制度的一个显著特征就是直接以宪法的手段对刑事诉讼进行规定和保障,因而美国也被称为"世界上绝无仅有的刑事诉讼高度宪法化的国家"。[②] 在此后的司法实践中,美国法院的法官又通过具体的判例不断扩张宪法对刑事诉讼的统辖。尤其是通过沃伦时代(Warren Times,1953~1969年)联邦最高法院对宪法的解释,美国宪法对刑事诉讼的调整范围达到了空前的广度和深度。宪法及其解释不仅涉及了刑事诉讼的所有阶段,[③]而且深入到一个搜查令、逮捕令签发的具体标准、"米兰达警告"的告知以及其他诸多的程序细节。

对此,中国法律界关于美国刑事司法制度及其宪法化的介绍已不在少数;但遗憾的是,这些著述几乎都是运用研究成文法的方式进行的较为概要的介绍。而正如我们所知道的,英国和美国都是判例法国家,对他们的法律制度研究理应通过判例进行。美国法官作出的判例既是法律本身又有关于法的适用。应当说,离开了判例,也就无法有效深入地介绍和研究美国法。

因此,本文的目的就在于,通过判例分析的研究方法,对有关刑事司法制度的一些经典判例进行介绍和评述。在介绍美国刑事司法精神理念和原则制度的同时,力求将美国宪法条文在具体刑事司法过程中的细节、方法乃至思维方式都"原汁原味"地展现给中国读者。如果可能的话,还希冀这篇文章能有益于我国学者对美国宪法和刑事诉讼研究的进一步深入和细化,并能为我国当下的法律改革提供

---

① 其他修正案的内容是:第1、第2、第3修正案分别保障公民的言论自由、携带武器的自由和公民住宅不经主人同意不得驻军,第七修正案是关于财产纠纷诉讼中公民享有的陪审团审判权利,第九修正案特别强调权利法案列明的权利并不意味着公民不享有法案列明权利以外的权利,第十修正案特别注明除了宪法赋予联邦的权力其他权力属于各州。

② WayneR. Lafave, *Criminal Procedure E*, Third Edition, West Group, 2000, pp. 48 - 49.

③ 刑事诉讼程序主要包括:(1)警察接到报案或看到犯罪行为;(2)警察在逮捕犯罪嫌疑人以前所进行的刑事侦察;(3)警察在掌握一定犯罪事实后逮捕犯罪嫌疑人;(4)警察在逮捕犯罪嫌疑人后所进行的刑事侦察,包括对犯罪嫌疑人进行讯问;(5)决定是否要对犯罪嫌疑人提出公诉;(6)预审;(7)审判;(8)判决。美国宪法覆盖了上述所有程序,其中宪法第4修正案适用于程序(1)、(2)、(3);宪法第5修正案适用于程序(4)、(5);宪法第6修正案主要适用于程序(6)、(7);宪法第8修正案适用于(8)。

一些借鉴和启示。

如前所述,美国宪法中对于刑事诉讼制度的规定主要由4个修正案构成。鉴于其体系的庞大和本文的有限,笔者拟选取其中的第4修正案作为切入点,通过对美国刑事诉讼中搜查、扣押和逮捕等侦查制度及其判例的个案研究,来勾勒美国刑事诉讼法宪法化的历史全景和发展脉络。

一、宪法第4修正案的适用范围

美国宪法第4修正案规定:"任何人的人身、住宅、文件和财产不受无理(Unreasonable)搜查(Search)和查封(Seizure),没有合理事实依据(Probable Cause),不得签发搜查令(Search Warrant)和逮捕令(Warrant),搜查令必须具体描述清楚要搜查的地点、需要搜查和查封的具体文件和物品,逮捕令必须具体描述清楚要逮捕的人。"

虽然仅有54个字,但第4修正案的含义却非常宽广;并且正是由于它的简练和概括,给法律工作者尤其是律师和法官们,特别是联邦最高法院的大法官们留下了广阔的讨论和解释空间。比如:宪法第4修正案的适用范围是什么?什么是宪法意义上的搜查、查封和逮捕?是不是仅有搜查令的搜查和有逮捕令的逮捕才是合理的?如果不是,那么有哪些例外?违反宪法第4修正案的救济措施又是什么?而对这些问题的探讨也就构成了本文的中心。

如前所述,从第4修正案的制定背景来看,其目的是限制刑事司法官员的权力以保护个人私权不受政府的无理干扰。因此,宪法第4修正案在适用范围上只约束刑事司法官员(包括警察但不限于警察)的行为,个人非法入侵别人住宅或者非法限制别人人身自由的个人行为不属于第4修正案的调整范围。

但是这里又有两点需要指出:首先,如果某个非政府官员的个人是受雇于政府或政府机构,哪怕这种雇佣关系是非常短暂的,其侵入住宅或限制他人人身的行为也应当被认定为第4修正案所指的政府行为。比如:一个强盗破门而入A的卧室,被捕后为了逃避罪行,把从A处偷来的毒品交给了警察,那么警察在关于毒品的案件中就可以使用强盗交给他的毒品为证据,因为强盗的行为并不受第四修正案的约束;但如果是一个受雇于警察机关的侦探破门而入获取了毒品,那么在关于毒品的诉讼中,毒品的取得就会因为违反了第4修正案而被列为非法获取的证据。其次,宪法第4修正案的保护范围不包括外国人在国外的住所。在美国诉沃德歌·俄魁德斯(United States v. Verdugo Urquidez)一案中,俄魁德斯(Verdugo Urquidez)在墨西哥因毒品而被捕,被带回美国受审。美国毒品稽查官员没有持有搜查令搜查了俄魁德斯在墨西哥的居所,俄魁德斯向联邦最高法院申请裁定此证据为非法证据,最高法院拒绝了这一要求。法院认为俄魁德斯在本案中并不属于宪法第4修正案的保护对象。具体说来,美国宪法第4修正案不保护非美国居民在美国国外的居所,即使对这个居所的搜查是由美国官员实施的也不例外。①

二、宪法意义上的搜查、查封和逮捕

宪法第4修正案保护的对象是人身(person)、住所(house)、文件(paper)和财产(effects),保护的方式是禁止政府官员无理搜查(search)住所或人身、禁止无理查封(seizure)文件或财产,禁止无理、非法逮捕。这样一来,如果政府的行为不被界定为搜查、查封或逮捕,那么即使政府官员对人身、住所、文件和财产做了什么,也不会受到宪法第4修正案的保护。因此,界定清楚什么是搜查、查封或逮捕就显得非常重要,它们直接决定某些权利是否受到宪法保护。

(一)搜查

1.凯茨(Katz)规则的确立

关于什么是搜查,《布莱克法律大词典》的解释是:执法官员为了获取犯罪证据,对人的人身、住所以及其他所有隐秘场所的检查行为。② 这里所谓隐秘是指被搜查的人合理认为其对被检查之处享有隐私权。

在凯茨诉美国(Katz v. United States)一案之前,法院普遍认为第四修正案关于搜查的限制性规定保护的是人身(person)、住所(house)、文件(paper)和财产(effects),是一些诸如住所的领域;并且只有执法人员具体进入了该受宪法保护的领域,才可能构成非法搜查或非法查封。但凯茨(Katz)案改变了对搜查的这一界定。凯茨案认为,第四修正案保护的是人而不是房子等物,所以在任何地方,只要当事人合理合法地认为其享有隐私权,执法人员在没有搜查令的情况下就不能随意入侵这些地方。因为宪法保护的是这种个人权利,是某个人所合理合法期待的隐私权、安全权,而不是房子等物。联邦最高法院的这种解释实际上扩大了第4修正案的保护范围。

凯茨案中,被告人凯茨(Katz)因通过电话传播赌博信息违反了联邦法律而被捕,并被判有罪。在对凯茨的审判中,控方出示了对凯茨的电话录音作为证据,这个电话录音是通过对凯茨使用的公用电话亭安装偷听设置得到的,偷听设置在公用

---

① 494 U. S. 259,110S. Ct. 1056108L. Ed. 2d 222(1990).

② *Black's Law Dictionary*, Seventh Edition, West Publishing Co. p. 1351.

电话亭的外部顶端,刑事司法人员在使用这些偷听设置对凯茨进行偷听时,并没有取得任何搜查令,但对凯茨的前期调查显示凯茨将会使用这个公用电话亭进行违法活动。

检控方认为证据是合法取得的。原因是:(1)第4修正案保护的是住所,以前的先例大部分是政府执法人员在没有搜查令的情况下闯入民宅进行搜查,而本案中政府侦察人员并未实际进入电话亭,所以不存在搜查;(2)凯茨(Katz)所使用的公用电话亭部分是由玻璃造成的,所以凯茨进入公用电话亭后,从电话亭外面可以清清楚楚地看到他的一举一动;(3)执法人员使用窃听器的方式无论从程度上还是从持续时间上都是恰当的。所以,这个案件的焦点问题是:(1)公用电话亭是否是一个受到宪法第4修正案所保护的空间?如果是,在没有搜查令的情况下对公用电话使用者凯茨(Katz)进行的偷听就有可能构成搜查,从而侵犯了凯茨的宪法第4修正案权利;如果不是,那么即使政府侦察人员在没有搜查令的情况下对此公用电话亭进行偷听也不可能构成宪法第四修正案所指的搜查,当然也不可能存在侵犯了凯茨第4修正案权利的可能性。(2)具体进入宪法第4修正案所保护的空间(如住所等),是否是构成违反宪法第4修正案关于搜查的必要条件?如果是,本案中的政府侦察人员并没有具体走进凯茨所使用的公用电话亭,而只是把窃听器放在电话亭的外部顶端,所以侦察人员的行为就不可能构成侵犯凯茨的第4修正案权利;如果不是,那么即使政府侦察人员仅仅在电话亭外部放置了窃听器,并未实际非法进入电话亭,也有可能构成非法搜查。

主审大法官斯图尔德(Stewart)对第一个问题的回答是肯定的,对第二个问题的回答是否定的。他认为,宪法第4修正案保护的是人们正当的隐私权,保护的主体是人而不是地方。即使一个人在自己家里,如果他有意识地把自己的一些行为或文件暴露给公众,那么这些被暴露给公众的东西就不受宪法第4修正案的保护;而即使一个人身处公共场所,但如果他不想把自己的某些行为或物品暴露给公众,那么他的这种隐私权就应当属于宪法第4修正案的保护范畴。以前的判例认为使用监视装置,只要不具体侵入住所或查封具体物品就不违反宪法第4修正案,这些先例必须废止。

在本案中,虽然窃听器装在公用电话亭外面,政府侦察人员并未实际进入电话亭,但由于凯茨(Katz)进入电话亭后,期望的是一种隐私,他没有料到自己的谈话会被监听,同时他希望自己与别人的电话不被公众所知是合理的,所以政府侦察人员的窃听行为构成搜查;而在没有获得搜查令的情况下,如果这种搜查不属于搜查令的适用例外,那么这种搜查就是非法搜查。

同时,斯图尔德(Stewart)法官认为,政府侦察人员对凯茨(Katz)的交谈进行录音的行为也属于查封行为。虽然查封的对象不是具体的可触及的物品,但对无形物的查封也应理解为宪法第4修正案所指的查封。检控方辩称公用电话亭部分由玻璃制成，从外面可以看到凯茨(Katz)的一举一动。但当凯茨进入电话亭关上电话亭的门的时候，他希望享有的权利是他的电话交谈不被外面的人听到，而不是他本人不被看到。他的交谈不应被窃听的权利并不因为他被看到而消失。在公用电话亭的交谈不希望被窃听和在办公室关上门通电话不希望被窃听没有什么区别，不能仅仅因为使用公用电话亭进行交谈就推定通话人不享有隐私权。所以侦察人员的这种行为属于非法搜查和查封行为，违反了宪法第四修正案。

大法官哈伦(Harlan)和大法官斯图尔德(Stewart)的观点一致，他认为一个封闭的电话亭所形成的空间就像一个住所一样，不是一个开放地带，使用电话亭的人关上门之后应当享有宪法赋予的隐私权；在没有搜查令的情况下，使用监听器监听电话亭就像具体闯入住所一样侵犯了被告人的宪法第4修正案权利；宪法第4修正案保护的是人而非地方，当一个人主观上有希望享有隐私权的期待，同时这种期待又被社会认为是合理的，那么这种隐私权就属于宪法第4修正案的保护范畴。住所一般意义上意味着可以享有隐私的地方，但如果居所主人将个人物品展示给外界，就意味着他本人对此个人物品并没有期望任何隐私，所以这种物品也就不属于宪法第四修正案的保护范畴；同时，一个人在公众场所的交谈也不属于宪法第4修正案的保护范畴，因为即使交谈的人主观上有希望交谈不被他人听到的期望，这种期望不会被社会接受为一种合理期望。

对此，大法官布莱克(Black)却持不同意见，他认为宪法第4修正案保护的是人身(person)、住所(house)、文件(paper)和财产(effects)，这些都是有形物，有大小、重量。宪法的规定并没有把无形物隐含进去，法院也不应当仅仅为了使宪法跟上时代步伐就重写或修改宪法。

2. 凯茨(Katz)规则的影响

重写宪法也好，解释宪法也罢，凯茨(Katz)案推翻先例，实际上重新阐述了宪法第四修正案的含义，扩大了其保护的范围。在凯茨(Katz)案之前，宪法第4修正案保护的领域是人身(person)、住所(house)、文件(paper)和财产(effects)。其中person包括人的身体和衣服；house包括房子、公寓、旅馆房间、车库、办公室、拥有的商店和仓库；paper指信件、文件；effects指汽车等东西。凯茨(Katz)不仅把电话亭之类的公共地方列入宪法第4修正案保护的范围，而且它采用合理隐私期望标准(Reasonable Expectation of Privacy Test)来判断每一个具体情况是否属于宪法的保护范畴。按此标准，只要当事人在处于某一空间时，主观上期望隐私(不希望自己的言行等公诸于众)，同时这种期望又被社会认为是合理的，那么这个空间就属于宪法第4修正案保护的地方。在大街上大声交谈关于毒品交易的东西，恰好被毒品稽查人员听到并录音用作证据，交谈者就不能以他的宪法权利被侵犯为由，阻止使用交谈记录为证据。因为即使他对当街大声交谈期望享有隐私权,这种隐私期望也是不合理的,更何况法院很可能用他选择当街大声交谈的事实证明他主观上根本就没有期望交谈是隐秘的。

房屋住所一般被认为是人们能享有较多隐私的地方,但如果一个人在自己家里大声交谈,被行人或正好从其房子旁边经过的警察听到,也不构成搜查,因为大声讲话的人本身并没有期望隐秘。相反,如果一个人在饭店的包厢里,关上房门,他的谈话就属于宪法第四修正案保护的范畴。同理,一个人躲在公园黑暗角落里的交谈,在火车卧铺包厢里的交谈,在飞机上关上厕所门所进行的行为等都应是宪法第四修正案保护的对象,如果刑事案件调查人员没有搜查令,并且当时的情形又不符合任何一种搜查令适用例外的情况,那么侦察人员获取的任何证据都不能用来证明犯罪嫌疑人有罪。

凯茨(Katz)案的重要意义还表现在另外一点上,在凯茨案之前,执法人员只有具体进入居所,获取文件等有形物证才构成搜查和查封;凯茨案之后,虽然执法人员进入的不是居所,获取的物证也并不是有形物,但只要当事人主观上期望隐私,同时这种期望又是社会公认的合理期望,执法人员的行为就要受到宪法第四修正案的约束。在凯茨案以前,执法人员使用窃听器等电子监控的方式获取犯罪证据,不被认定为搜查,也无须申请搜查令;凯茨案以后,如果没有搜查令,国家刑事侦查人员如果对当事人享有宪法第4修正案保护权的地方进行监听就构成非法搜查(搜查令适用例外除外)。

凯茨案可以说是联邦最高法院历史上关于宪法第四修正案有关搜查、查封规定的最经典、最具影响力的判例。虽然后来法院在适用凯茨规则的时候产生过一些问题,但世界上没有任何规则是完美的,关键是如何权衡一个规则对社会的得失、影响。凯茨案在公众个人安全感和执法人员方便之间显然选择了前者。虽然执法人员的意图在于打击犯罪,维护社会治安,但如果允许执法人员随意入侵民宅、羁押、逮捕他们看起来可能是犯罪嫌疑人的人,那么执法人员是不是在试图打击少数犯罪人员的时候,弄得民众人人自危呢?很明显,执法人员这种行为在某种情况下不是给民众带来安全感,而是破坏了安全感。

凯茨(Katz)案是对宪法第4修正案进行的一种大胆、开放、创新和自由主义的解释。但法院在后来运用凯茨(Katz)规则判决案件的时候,有些判例却不像凯茨(Katz)案那样如此崇尚个人自由,这或许是由于某些时候大法官的思想较为保守。

3. 凯茨(Katz)规则的适用

在美国诉怀特(United States v. White)案中,詹姆斯·怀特(James A White)从事毒品交易,政府缉毒工作人员的线人哈维·杰克逊(Harvey Jackson)在和怀特(White)的多次交谈中,身上藏有无线电发射机,政府毒品稽查人员通过监听器监听他们的对话,获得一些证明怀特有罪的证据。其中,缉毒人员四次经线人杰克逊(Jackson)同意后,藏身于杰克逊家厨房的壁橱里偷听并发送杰克逊与怀特的交谈,另外一个政府缉毒工作人员在房子外面收听;两次怀特和杰克逊在杰克逊汽车里的交谈被缉毒人员用无线电设置监听;另外两次监听,一次发生在怀特家里,另一次发生在饭店。1966 年杰克逊被控非法进行毒品交易罪,在一审中,控方无法得知线人杰克逊的去向,而通过无线电设置对谈话进行监听的政府缉毒人员出庭作证,证明被诉人从事毒品交易。被诉人认为联邦缉毒人员用无线电装置监听违反了被诉人的宪法第四修正案的权利,向法院提出认定那些通过监听得来的证据为非法证据,遭到法院拒绝,怀特一审被判决罪名成立,判处 25 年监禁并处罚金。被诉人上诉后,二审法院认为,根据凯茨(Katz)案,在没有搜查令或者任何法院授权的情况下,缉毒人员在怀特并不知情的情况下运用无线电设置对怀特和缉毒工作人员的线人的谈话进行监听的行为,即使线人杰克逊(Jackson)同意这种监听,也违反了上诉人的宪法第 4 修正案权利。上诉法院驳回了原判,发回重审。控诉方不服二审法院的判决,申诉到联邦最高法院。现在摆在联邦最高法院面前的问题是政府缉毒人员在监听后出庭作证的证词是否由于违反了宪法第四修正案而不应当被法院采用?

联邦最高法院大法官怀特(White)的回答是否定的。他认为,在凯茨诉美国(Katz v. United States)之前,除了搜查、查封文件或有形财产,或者执法人员为了查封物品以及逮捕犯罪嫌疑人进入民宅之外,使用电子监听或者电话窃听都不被认为违反宪法第四修正案。然而,凯茨案改变了这一切,在凯茨(Katz)一案中,法院判决政府侦查人员通过在电话亭外部顶端放置窃听装置获得证据违反了被诉人宪法第四修正案权利。

但是,凯茨案和本案有着本质的区别。首先,前者是由刑事侦查人员直接对被诉人的电话交谈进行窃听,而本案则是由线人(第三人,也是被诉人告之其秘密的人)把谈话通过无线电传输给执法人员的。其次,即使根据凯茨案确立的合理隐私期望标准,本案被诉人也并不对其谈话享有宪法第 4 修正案保护的权利,因为被诉人选择告诉杰克逊关于自己进行毒品交易的活动,是因为被诉人信任杰克逊,这和一个人将秘密告诉他的同事没有什么区别。假定这个同事果真是缉毒人员,并且出庭作证,缉毒人员的行为也并不违反宪法第 4 修正案,他也并没有进行任何非法搜查或查封,因为这个人自愿选择把秘密告知他所信任的人,他也自然承担了可能被告密的风险,如果他信任错了人,那么是他的判断失误和错误,宪法并不对他的错误行为负责。

所以,上诉法院认为怀特(White)和杰克逊的谈话被杰克逊泄露是对怀特的宪法第 4 修正案权利的侵犯是错误的,是没有认清凯茨案和怀特案的区别;上诉法院认为的第二点错误还在于凯茨规则不具有追溯力。本案的监听行为发生在1965年和1966年，而凯茨判决由本院在1967年12月18日作出。所以上诉法院运用凯茨规则推翻一审原判的结论显然是错误的。

大法官斯图尔德（Stewart）和布莱克（Black）同意这个判决意见，但是大法官道哥拉斯（Douglas）和哈伦（Harlan）却对此判决持不同意见。

大法官道哥拉斯（Douglas）认为，虽然在凯茨（Katz）之前没有搜查令的情况下刑事侦查人员使用窃听工具获取犯罪证据不被认定为违反宪法第四修正案；但是，如果把古人所使用的简单的监听工具和现代人所使用的高级电子监控设置相提并论，那无异于将小枪小炮和核武器一视同仁。因此，宪法和《权利法案》不能被理解为仅仅调整18世纪使用监控技术，对宪法的解释应当跟上时代的步伐。现在一个"豆粒大"的监听器就可以把房间内的交谈传出16公里（10英里）。现代的监听工具越来越具有穿透力、越来越五花八门，也越来越成为自由社会里一个令人讨厌的问题，越来越让警察们可以恣意妄为，而警察恣意妄为地获取一切信息是专制制度最有效的工具。

在道哥拉斯看来，宪法第1、第4和第5修正案含有对个人隐私从不同角度进行保护的意义。其主旨思想就是，言论自由可以释放情绪、交流思想，人人都有这种交流的需求，人们应当有权选择交谈还是沉默、什么可以说和什么不可以说。隐私权是人们个体化和个性化以及个体权利的基础，它包括个体的人有权独立自由选择和愿意交谈的人开怀畅谈、无拘无束地表达真正的自我。如果谈话可以随意被监听，那么人们那些或是深思熟虑或是信口而出，或是严肃认真或是天真可爱，或是秘密或是公开的交谈都会无形中受到影响。如果人们不能自由交谈、通过自由交流去关心、影响自己感兴趣和关心的事，那么他们就不可能成为独立的具有个性的人，也许就这样无名地消失在城市的人海里，这是对人的个性和人性的一种抹杀。家是人们最后的避难所，如果允许警察侦探们随意用监听设置穿透墙壁、门锁监视室内的交谈活动，那么人们的隐私没有了，尊严也荡然无存，人们的生活质量也会大打折扣。

更进一步说，如果法律允许随意监听，那么所有人的安全感和对他人的信任感都会受到挫伤，本属于自由社会里人与人之间私权范围内的自由交往也会蒙上阴影，因为没有人知道何时他的谈话会被偷录、被警方用作证据，也没有人知道他所信任的朋友、同事是否是警方的卧底，人与人之间也就没有了真正的信任和交流，用这种代价换取刑事司法人员所谓的维护社会治安、有效率地打击犯罪的方便，显然是得不偿失。

建立在这些理论之上，大法官道哥拉斯等人认为，本案以凯茨（Katz）案不具有追溯力为由拒绝适用凯茨规则是不妥当的，更何况，怀特前前后后被监听8次，监听的地点包括住所、车内、饭店，在这段时间内，政府缉毒工作人员有充分的时间申请搜查令。①

笔者认为，比起凯茨案，怀特案在保护个人权利方面确实是个倒退。在联邦最高法院的历史上，自由之路是曲折前进的，总是有些判例倾向于保护个人权利和自由如凯茨案、爱德华兹诉亚利桑那（Edwards v. Arizona）、②米兰达诉亚利桑那（Miranda v. Arizona）；③有些判例倾向于保护公共权力如美国诉怀特（United States v. White）、胡佛诉美国（Hoffa v. United States）、④昂里诉美国（On Lee v. United States）⑤等，其中本案的主要依据就是昂里案和胡佛案。在昂里案中，昂里非法从事鸦片交易，毒品稽查卧底人员鲍伊（Chin Poy）获取昂里的信任后，将昂里和他的对话通过藏匿于外套内衣口袋里的无线电发送器以及缠绕在其胳膊上的天线发送给躲在外面监听的缉毒人员，后来昂里被以非法从事毒品交易罪起诉，被判罪名成立，上诉后二审维持原判。昂里最终诉致联邦最高法院，称缉毒人员在没有搜查令的情况下对他的监听是非法搜查，侵犯了他的宪法第4修正案权利，请求最高法院判定缉毒人员通过卧底监听取得的证据为非法证据。最高法院法官杰克逊（Jackson）驳回了申诉人昂里的请求。杰克逊认为在未经法院允许的情况下，缉毒人员获得监听证据为合法证据。当然，现在这个判例早已成为历史，不再具有约束力。

事实上，联邦最高法院的大法官们也一样存在保守与开放之别，前者如大法官杰克逊（Jackson）、怀特（White）等，后者如大法官沃伦（Warren）、⑥哈伦（Harlan）等。因此，在关于宪法权利的判例中，很少出现全体法官意见一致的情形。每位大法官似乎都在尽情使用他们的违宪审查权，用尽自己的才情去阐释宪法，正是由于大法官们各人对宪法的理解不同，才使得关于宪法修正案的辩论、论证如此精彩，也许正是由于这种各执一端的相互较力，才使得各种价值观念得以相互制衡和保持平衡。真理总是越辩越明的，美国法院庭审中，法官很少开口，而是让律师们尽情尽性地唇枪舌战也许同样是基于这种理念吧。

---

① 401U. S. 745(1971).

② 451U. S. 477(1981).

③ 384U. S. 436(1966).

④ 385U. S. 293 87. S. Ct. 40817L. Ed. 374.

⑤ 343U. S. 74772S. Ct. 967. 96L. Ed. 1270(1952).

⑥ 1938年，沃伦（Warren）的父亲在加州 Bakerfield 被谋杀，在一个名叫 San Quentin 的犯人闯入警方视线之前，警方没有任何线索。后来，Bakerfield 镇的警察总长建议在 San Quentin 的牢房里放置监控设施，遭到时任 Alameda County 地区检察官的沃伦的拒绝，沃伦认为这是非法取证。沃伦父亲的谋杀案件最终也未破获。参见：Bernard Schwartz, *Super Chief: Earl Warren And His Supreme Biography—A Judicial Biography*, Oxford University. 1993, pp. 11－12。

除上述怀特案之外,美国在实施凯茨规则的其他几个重大案例中,几乎都充满了类似的争议。以下是一个简要的回顾。

史密斯诉马里兰(Smith v. Mariland)[①]一案中,联邦最高法院法官布莱克(Black)认为,在没有搜查令和法院许可的情况下,刑事侦查人员要求电话公司对史密斯(Smith)的家庭电话安装拨出号码监控设置,没有违反宪法第4修正案。因为被诉人对其通过家庭电话拨出的号码并不享有合理隐私权,这些号码不受宪法第4修正案的保护,所以警方要求电话公司所做的行为不构成法律上的搜查,当然也不需要什么搜查令。对这个决定,大法官斯图尔德(Stewart)和马歇尔(Marshall)持不同意见,他们认为被诉人对自己通过家庭电话拨出的号码享有合理隐私权,因为人们并不希望全世界都知道他们拨打过哪些电话号码。电话是民众的必需品,如果允许电话公司随意监控用户电话,除了任由侵犯隐私权以外,用户没有其他任何选择。实际上,针对史密斯案,美国国会不久即作出反映,立法禁止政府工作人员,在没有获得搜查令的情况下,随意调取民众电话记录。在史密斯案之后,国会针对美国诉弥勒(United States v. Miller)[②]一案,又立法禁止了在没有搜查令的情况下随意获取民众的银行等金融机构记录。

而在奥利弗诉美国(Oliver v. United States)[③]一案中,联邦最高法院大法官鲍威尔(Powell)认为,警察在没有获得搜查令的情况下,不顾申诉人奥利弗(Oliver)置于农场入口处的请勿擅自闯入的字牌,进入农场对种植物是否为大麻进行查看的行为没有构成搜查,也没有侵犯申诉人的第4宪法修正案权利。因为申诉人农场的院子是一片开阔地,申诉人对此开阔空间并不享有任何合理的隐私权,故警察没有必要获得任何搜查令对此地进行搜查。大法官怀特(White)同意大法官鲍威尔(Powell)的意见,但大法官马歇尔(Marshall)对此判决持不同意见。在另外一个关于警察调查非法种植大麻的判例加利福尼亚诉思劳罗(California v. Ciraolo)案中,最高法院大法官伯格(Burger)认为,警方驾驶飞机低空飞行经过申诉人思劳罗(Ciraolo)的院子上空对院内种植的大麻进行拍照的行为,不构成非法搜查,因为即使申诉人希望对院子上空的空间享有隐私权,这种期望也是不为社会接受的不合理的期望。

在加利福尼亚诉格林伍德(California v. Greenwood)案[④]中,最高法院大法官怀特(White)判决警察在没有搜查令的情况下,对申诉人放置在门外不透明垃圾袋中

---

① 442U. S. 735(1979).

② 425U. S. 435(1976).

③ 466U. S. 170,104S. Ct. 1735,80L. Ed. 2d214.

④ 486U. S. 35,108S. Ct. 1625,100L. Ed. 2d30(1988).

的垃圾进行的搜查合法,因为申诉人对其垃圾不享有合理的隐私权。大法官布伦南(Brennan)和马歇尔(Marshall)对此判决持不同意见。

从以上几个判例可以看出,凯茨以后的判例在运用凯茨规则时已经远远背离了凯茨的初衷,这些案例给人们的隐私权提供的保护大大低于凯茨案的要求。斯格特·桑德碧(Scott Sundby)教授曾以讽刺的笔锋写道:"如果你想知道最高法院的这些判决到底偏离宪法第4修正案有多远,不妨听从如何保护隐私之如下建议:要想保证享有真正的隐私权,你不可以使用任何支票,不可以打任何电话,不可以和任何人交谈,不可以散步;如果你想躺在自家后院里,一边吃烧烤,一边阅读,那么最好把你院墙筑到比双层巴士还要高;聪明点的最好购置防间谍装置。睡觉时最好把窗帘拉得严严实实,交谈要用比蚊蝇还要小的声音,不经粉碎处理,千万不要把信件文件丢进垃圾箱,理想的处理垃圾方式是,亲自把垃圾运到垃圾场,深深地埋在地下;随后,在购买东西时,千万不要忘记仔细检查,看看所购物品是否藏有窃听装置。"[①]斯格特·桑德碧(Scott Sundby)教授夸张地表达了如果根据最高法院的有些判例,人们在日常生活中的隐私权时时处处都可能受到政府的侵害。

而在笔者看来,宪法第4修正案的重要性也就在于此。如果允许警方等司法机构随意剥夺人们的隐私权,用所谓维护社会治安、有力打击犯罪为借口,恣意进行非法搜查、查封,任意限制人身自由,那么这样的社会将是一个人人自危、没有任何安全感的社会。如果任由非法监控发展,当其泛滥成灾时,受害者甚至会波及高层官员,尼克松"水门事件"就是一个例证。

总之,对宪法第4修正案解释得越宽,其适用范围就越广,而宪法第四修正案保护的范围越广,人们享有的权利保护就越多。任何一个受宪法第4修正案保护的地方或东西,在没有搜查令、不经法院许可的情况下进行的搜查都是非法搜查,非法搜查所获取的证据是非法证据,不能用来证明被诉人罪行。但如果对宪法解释较为狭窄,受宪法保护的地方就少,对不受宪法第4修正案保护的地方和东西,司法人员和机关无须获取任何搜查令即可搜查、查封证据。在适用凯茨(Katz)规则时,法官们也同样可以对其作出或宽或窄的解释。合理隐私期望是一把软尺,只要主审法官认为被诉人对某地、某物享有合理隐私权,侦察人员对此地、此物的搜查就必须首先要么经法院允许获得搜查令,要么属于搜查令例外情况,否则即使获得证据也不能使用。但这里绝不是说法官可以没有原则和依据地解释宪法,首先,他们的解释不能违反宪法;其次,解释不能违反基本原则,如通过使用非法证据而获得的证据被称为"毒树之果"而禁止使用,没有搜查令又不属于法定的例外情况的搜查

---

① Scott E. Sundby, Everyone's Fourth Amendment: Privacy or Mutual Trust Between Government and Citizen?, 94 *Colum. L. Rev.* 1994, pp. 1751, 1789 - 1790.

是非法搜查等;最后,解释还要遵循先例,特别是先前判例对某种具体情况(如在私人家庭电话上安装窃听器的情形)有具体规定,如果这个先例没有被推翻,那么就必须被遵循。所以法官们的解释基本上还是脉络清晰、有理有据的。

4. 搜查的具体界定方法

界定什么是搜查的意义就在于它涉及宪法第4修正案的适用问题。如果没有受宪法第4修正案保护的隐私权存在,就不可能构成宪法第4修正案调整的搜查。同样,如果不是政府官员进行的或在政府官员的控制下进行的行为也不构成法律意义上的搜查,也不适用宪法第4修正案的规定。

通过以上对凯茨案等判例的讨论,已经不难得出界定宪法意义上的搜查的方法。以下将通过一组设问对搜查的含义作一个初步的界定。

具体地说,适用宪法第4修正案的前提是:(1)当事人是否期待合理隐私权(即当事人是否享有宪法第4修正案保护的隐私权)。(2)是否存在政府行为(非政府人员非法获取证据的行为不受宪法第4修正案保护)。如果对以上两个问题的回答都是肯定的,那么这种情况就适用宪法第4修正案。如果想界定政府是否违反了宪法第4修正案即是否存在违法搜查的行为,可以继续用以下问题测试:(3)政府在实施这种行为前是否取得了搜查令?如果有,那么(4)这种搜查令是否有效?如果没有搜查令,那么这种政府行为是否属于搜查令适用的例外情况?如果政府实施这种行为时,既没有搜查令或搜查令无效,又不属于搜查令适用的例外情况,就构成非法搜查或查封,通过这种非法行为所获得的证据都属于非法证据将被禁止使用。

(二)查封

1. 查封的含义

关于什么是查封,《布莱克大词典》的解释是,通过法律权利或过程对财产进行扣押的行为或过程。但是,就查封在具体司法实践中的含义,还是存在较大的分歧,美国法院的大法官们再一次各持已见地展开了激烈的辩论。

美国诉卡罗(United States v. Karo)[①]一案就是很好的例子。政府毒品稽查人员罗亭格(Rottinger)从线人卡尔·穆林威格(Carl Muehlenweg)处获悉,卡罗(Karo)等人从穆林威格处购买了50加仑乙醚,这些乙醚将被用来提炼可卡因,缉毒人员经法院允许并经穆林威格(Muehlenweg)同意后,用一个装有用来监控的电子追踪器(beeper)的乙醚罐替换了卡罗(Karo)等购买的十罐乙醚中的一罐,同时将十罐乙醚做了标记,以便追踪去向。随后的几天内,缉毒人员一直通过对装在乙醚罐子内的

① 468U. S. 705,104S. Ct. 3296,82L. Ed. 2d530.

电子追踪器的监控追踪乙醚的去向。直到有一天，缉毒人员注意到存放那些乙醚的住房，在寒风凛凛的天气，窗户都大开着，缉毒人员推测，乙醚已经开始被用来制作毒品了。于是缉毒人员向法院申请了搜查令，搜查的结果证实了缉毒人员的推测，卡罗等随即被逮捕，可卡因和可卡因制作设备都被查封。

针对本案中缉毒人员在乙醚罐里放置电子追踪仪器的行为是否构成对乙醚的查封这一问题，大法官怀特(White)给出了否定的回答。理由是查封发生在物品所有人对该物的占有、使用等所有权受到一定程度干扰的时候，本案缉毒人员在卡罗的乙醚罐里放置电子追踪仪本身既没有影响卡罗对乙醚的占有，也没有影响乙醚的使用，如果仅仅因为电子追踪仪占用了空间而认定乙醚被查封未免牵强。

而大法官史蒂文斯(Stevens)、布伦南(Brennan)和马歇尔(Marshall)却看法不同。他们认为缉毒人员在乙醚中放置追踪仪的行为构成了查封，因为所有权是一种排他的权利，排除所有人以外任何其他人对该物所有权利行使的干扰。当缉毒人员将电子追踪仪置入乙醚罐的时候，所有人的排他权利就受到了严重干扰，因为通过放置追踪器，缉毒人员已经把乙醚用途转换成他们的监视工具。当一个物品受到病毒攻击后，物品的性质会改变，当缉毒人员把电子追踪仪置入乙醚罐时，乙醚的性质和用途也发生了改变。

2. 查封的对象

关于查封的对象，法律允许执法人员查封以下四类物品：(1)违禁物品(Contraband)，如毒品；(2)非法所得物(fruits of crime)，如小偷偷来的东西；(3)作案工具(instrumentalities of crime)，如杀人嫌疑犯使用的枪支；(4)犯罪证据(the mere evidence of crime)，如杀人嫌疑犯留下的血衣。

(三)逮捕

1. 确切含义

根据《布莱克法律大词典》和美国的诸多判例对逮捕的理解，逮捕是指对人身自由的强制性限制。对于警察在公共场合拦住一个人或者把一个人带到警察局询问的情况，有些判例也认为，当这个人感觉到他没有离开的自由时，逮捕就发生了。在特里诉俄亥俄州(Terry v. Ohio)[①]一案中，法官们认为当执法人员通过强制力或向一个人申明执法者身份的形式对这个人的人身自由进行某种限制的时候，就构成逮捕，哪怕这种人身自由限制的时间非常短暂，依然是逮捕。

---

① 392U. S. 1, 88S. Ct. 1868, 20L. Ed. 2d889(1968).

2. 主要标志

逮捕的最主要标志就是手铐,但许多的逮捕并不通过手铐方式进行。比如,警察告知嫌疑人被逮捕的宣告,也是逮捕的一种标志。另外,出示逮捕令也是逮捕的一个明显标识。一个人如果被警方或其他国家侦察人员告知,他的人身自由受到了限制,从实质上讲,这个人就已经被捕了。特里诉俄亥俄州(Terry v. Ohio)一案认为逮捕是执法人员限制犯罪嫌疑人人身自由的一种方式,一般伴随执法人员和被逮捕者的身体接触如把手铐铐到被逮捕人的手腕上而发生。逮捕不一定要伴有很大的身体强制力,执法人员哪怕只是对犯罪嫌疑人实施轻微的身体强制,哪怕犯罪嫌疑人被执法人员抓住后又立即从执法人员手中脱逃,逮捕也已经构成。另外,犯罪嫌疑人向逮捕他的执法人员缴械投降也构成逮捕。①

三、签发搜查令、逮捕令的宪法要求

(一)合理事实依据要求

宪法第4修正案明文规定:没有合理事实依据(Probable Cause),不得签发搜查令(Search Warrant)和逮捕令(Warrant),搜查令必须具体描述清楚要搜查的地点、需要搜查和查封的具体文件和物品,逮捕令必须具体描述清楚要逮捕的人。

显然,搜查令和逮捕令都是防止非法搜查和逮捕的杀手锏,那么什么是合理事实依据(Probable Cause)呢?除了合理事实依据以外,签发搜查令和逮捕令还有什么其他要求?如何正确使用搜查令和逮捕令?

签发搜查令和逮捕令的第一个必要条件是必须要有合理事实依据。合理事实依据是指具有合理的事实依据和理由怀疑某人已经或正在实施犯罪行为,或者怀疑某一地方藏有和犯罪行为有关的违禁物品(Contraband)、非法所得物(fruits of crime)、作案工具(instrumentalities of crime)、犯罪证据(the mere evidence of crime)。

因此,合理事实依据的标准应当是一个客观标准,而不是由申请搜查令或逮捕令的官员根据其主观意志来确定。如果是那样的话,宪法第4修正案所保护的人身、财产安全就只能是警察眼中的所谓安全。合理事实依据必须建立在事实基础上,必须有足够的事实,使合理的人有合理观点确信某人已经或正在实施犯罪行为,或者某一地方确实藏有和犯罪行为有关的违禁物品、非法所得物、作案工具或

① California v. Hodari D., 499 U. S. 621, 111 S. Ct. 1547, 113 L. Ed. 2d 690(1991).

犯罪证据。[1] 在申请搜查令和逮捕令的时候，申请人必须向负责签发此令状的法官或其他地方司法官员出示经过宣誓的证据书（affidavit）。

那么，如何判断这份经过宣誓的证词是否充分到能获得搜查令或逮捕令呢？这样一种判断标准的确立经过了一个由二元分析法向综合分析法转变的过程。

1. 二元分析法的标准

二元分析法的标准（two—pronged test）是由斯皮内利诉美国（Spinelli v. United States）[2]一案确立的。

被告斯皮内利（Spinelli）因为违反关于赌博的法律规定而被判有罪，判决斯皮内利罪名成立的主要依据是联邦调查人员搜查、查封的证据，而联邦调查人员申请搜查令的主要依据是：（1）一个匿名的线人提供的斯皮内利使用两部电话从事赌博活动的事实；（2）斯皮内利曾经进入一个公寓，而那两部电话就在这个公寓里；（3）斯皮内利有赌博的历史。但被告斯皮内利却质疑搜查令的合宪性，他认为这些道听途说的证据不足以构成签发搜查令的合理事实依据，因此申诉到联邦最高法院。

本案摆在最高法院大法官们面前的问题是，如果既没有事实证明线人的可靠性，又无从得知线人是在什么情况下得知这个消息的，那么这个匿名线人的消息是否足以构成签发搜查令的合理依据？

大法官哈伦（Harlan）对这个问题的回答是否定的，他认为如果用来申请搜查令的宣誓证据书仅仅建立在一个线人的道听途说上，那么，为了向签发搜查令的独立司法官证明线人提供的信息足以构成签发搜查令的合理事实依据，申请搜查令的人必须说明：（1）为什么这个线人是可靠的？（2）该线人又是在什么样的具体情况下得出他的结论的？当然，也不是说，如果不能提供线人是如何得到他所提供的消息的，就不能签发搜查令，只是在这种情况下，要想取得搜查令，这个线人的消息要么提供了被诉人犯罪活动的详细情况，使搜查令签发官员有理由相信这个消息是确凿的；要么在宣誓证据书中还有其他独立证据可以印证这个线人的消息，从而使搜查令签发官员有合理依据认为被诉人确实从事了犯罪行为。而在本案中，首先，这个线人的消息不足以提供签发搜查令的合理依据；其次，宣誓证据书既没有说明为什么这个线人是可信的，又没有说明线人是如何获得消息的；最后，宣誓证据书没有独立的证据和线人的消息相互印证。斯皮内利进入那个装有两部电话的公寓不能证明任何斯皮内利有从事犯罪行为的迹象，斯皮内利的赌博历史对证实他又从事赌博活动也没有多少说服力。基于以上分析，最高法院推翻了原判决。从斯皮

---

① *Black's Law Dictionary*, Seventh Edition, West Publishing Co. p. 1219.

② 393U. S. 410, 89S. Ct. 584, 21L. Ed. 2d 637.

内利(Spinelli)案可以看出,两点分析法(two—pronged test)的基本内容就是,判断一个宣誓证据书(Affidavit)是否能提供签发搜查令和逮捕令的合理依据,关键是看两点:一是提供线索的人是否可靠,比如一个做了20年侦探的人提供的线索要比一个打匿名电话提供线索的人具有更高的可信度;二是看提供线索的人是如何获得所提供的信息的,比如他亲眼看到犯罪行为发生就比他听别人说起犯罪行为要可信。其中,第一点实际上是对提供信息的人的品质进行判断,第二点是对所提供的事实的逻辑性进行判断。而对这两点进行审查也是搜查令或逮捕令的签发官员的主要任务。

2. 综合分析法

1983年伊利诺伊诉盖茨(Illinois v. Gates)一案审判中推翻了斯皮内利判例中确立的二元分析法,取而代之的是综合分析法(totality of the circumstances)的标准。

1978年5月3日,伊利诺伊(Illinois)州芝加哥市郊区布卢明代尔(Bloomingdale)警方接到一封匿名信,写道:"这封信告知你们,你们镇上有一对夫妇以从事毒品交易为生。他们是苏(Sue)和兰斯·盖茨(Lance Gates),他们居住在布卢明代尔(Bloomingdale)路旁边的格林威(Greenway)的一个公寓里。他们主要从佛罗里达购买毒品。通常是妻子苏开车到佛罗里达,将毒品装上车后乘飞机返回,丈夫兰斯·盖茨随后会飞到佛罗里达将装满毒品的车子开回。5月3日,苏又要开车去佛罗里达,兰斯·盖茨则会在随后的几天里去把装有价值十万美元毒品的车子开回。他们家的地下室现在还存有价值至少十万美元的毒品。他们是一些大毒品贩子的朋友,那些毒品贩子经常光顾他们家。如果你们能盯牢他们,准能钓到一条大鱼。"

这封匿名信由布卢明代尔(Bloomingdale)警察局长交给了侦探麦德尔(Mader),麦德尔决定对匿名信举报的情况进行调查。麦德尔(Mader)从伊利诺伊(Illinois)的州务卿办公室获悉,盖茨曾经以布卢明代尔为住址申领了一个驾驶执照;麦德尔联系了一个秘密线人,这个线人获得的金融报告显示了盖茨的近期新住址,他还从另外一个警官那里获知盖茨预定的机票航班次和时间等。麦德尔又和毒品稽查部门取得联系,请求他们监视盖茨的行踪。缉毒官员告诉麦德尔,盖茨已经飞到佛罗里达,佛罗里达的联邦调查人员注意到盖茨到达后乘出租车入住假日酒店,并于第二天早晨驾驶一辆伊利诺伊州牌照的车子开往布卢明代尔方向,而从佛罗里达开往布卢明代尔大概要22到24个小时。根据这些事实,麦德尔侦探签署一个证据书(Affidavit),并附上一份匿名信的复印件,麦德尔持这份证据书向法院法官申请搜查盖茨住所和汽车的搜查令,法官依据匿名信和后来麦德尔调查的信息签署了搜查令,当盖茨在22个小时后驾车抵达住所时,布卢明代尔的警察已经恭候多时。警察对车后厢搜查发现约350磅大麻,对盖茨的住所进行搜查,警察又搜出了大麻、武器以及其他违禁品。

在对盖茨案的审理中，盖茨向一审法院提出，搜查令的签发是非法的，因为麦德尔侦探向法官出示的宣誓证据书既没有消息来源，又没有证明消息可信的证据。根据斯皮内利（Spinelli）确立的两点论，该证据书证据不充分，所以法官颁发搜查令是错误的。警察凭此搜查令对被诉人进行的搜查，违反了被诉人的宪法第四修正案禁止不合理搜查和逮捕的规定，侵害了被诉人的宪法第4修正案权利，因此，搜查所得的证据是非法证据，不能用来证明被诉人有罪。一审法院法官根据斯皮内利确立的规则认定搜查令的签发没有充分依据，搜查所得的证据是非法证据。

但是，检控方则认为虽然从匿名信上无法判断提供信息的人的背景、素质和可信程度，也无证据显示匿名信的作者是如何获得该信息的。可后来侦探麦德尔侦察得来的信息基本上完全印证了匿名信，所以，这些证据足以充分证明盖茨有可能从事非法交易，搜查令的签发是合理、合法的。检控方因此上诉，但上诉法院维持了原判，检控方故此申诉到联邦最高法院。

大法官伦奎斯特（Rehnquist）认为，本案搜查令的签发依据是充分的，两点分析法的先例应当被推翻。他认为，针对警方收到的类似匿名信之类的线索，两点论的标准太过死板，搜查令的申请人在经宣誓的证据书中，必须提供线人的背景、品质以及线人是如何获得线索的，等等。但如果是匿名信，不管线索看起来如何可靠，申请人还是会因为无法提供线人信息而得不到搜查令。

因此，应当以一种更为灵活的综合分析法取而代之。即使申请人无法提供线人信息，但只要他能提供足够证据向签发搜查令的官员证明某人可能从事犯罪活动或某地可能藏有违禁物品或犯罪工具等时，申请人就可以获得搜查令或逮捕令。与综合分析法相比，两点标准似乎不切实际，太过技术化。当我们在处理申请搜查令的合理事实依据时，我们实际上是在和可能性打交道，这种可能性实际上就是正常人在经过合理、仔细的考虑后，对日常事务的可能性进行的判断，没有什么深奥的法律技术成分。

在伦奎斯特大法官看来，斯皮内利案确立的两点标准只是对申请搜查令的人提供的宣誓证据书所提供的证据是否可信进行判断的一个指导性标准，两点标准所提出的对证据书的两点要求并不是孤立的、僵化的。并非所有申请搜查令时提供的证据书都必须分别满足这两个要求才可以签发搜查令。两点标准在具体适用时，应当可以根据具体情况进行分析。即使证据书没有提供两点标准所要求的信息，但只要证据书所提供的证据能让签发搜查令的官员相信申请人对嫌疑人的指控并非申请人毫无依据的主观臆测，该证据就应当能满足签发搜查令的合理依据要求（Probable Cause）。签发搜查令所需要的证据是用来证明可能性，而不是像法院判决时用来证明确定性的证据。这种可能性就好比平常人们所说的“第六感”。同时，不管这种证据的提供、搜集还是对这种证据进行可能性评价，其过程都不会像学者们那样在图书馆里仔细推敲,搜查令签发官员只能在自己的知识、经验范围内就证据书提供的情况跟着感觉走,线人在提供线索的时候也是在根据自己的所见所闻进行判断。提供线索的人提供信息的方式也各不相同,有的通过电话,有的通过信件。所以判断签发搜查令证据的标准也应该不拘一格地把所有证据作为一个整体进行综合分析。而不应当像二元论那样把所有证据分成相互孤立的两条通道进行分别判断,如此死板的标准在某种情况下,会使申请搜查令变得非常困难,进而会严重影响到刑事司法的进展和效率。

基于以上种种理由,伦奎斯特大法官明智地放弃斯皮内利案确定的二元论,采用综合分析的方法对申请搜查令的证据进行分析。

回到本案,申请搜查令的宣誓证据书虽然没有提供二元分析法所要求的线人个人信息和线人提供信息的证据来源,但匿名信给出了许多具体信息,这些信息详细的程度不是能随意猜想出来的,其中包括具体的姓名、住址、获取毒品的方式等。这些证据足以向搜查令签发官证明盖茨(Gates)可能在进行非法毒品交易活动,如前所述,签发搜查令所要求的是可能性,而不是确定性。正确的,原判决应当被驳回。

3. 关于两种标准的争论

但是,异议很快再一次出现了。大法官布伦南(Brennan)表达了法院对盖茨案的判决令人悲哀,盖茨反映出法院在关于宪法第 4 修正案的实践中是多么不严谨。宪法第 4 修正案所保护的权利是自由世界赋予人们最为重要的权利,剥夺宪法第 4 修正案赋予人们的人身、财产不受侵犯的权利,比剥夺人们的任何其他权利带来的危害都要大,它能迅速使全体国民变得胆怯、丧失个性、独立精神和安全感。随意的逮捕和搜查会是造成这种后果的一号元凶。但是由于违反逮捕和搜查规定的人员自身是司法人员,所以保护人们不受非法逮捕和搜查的权利就变得相当困难。

正是由于这一点,最高法院逐渐意识到应当担当宪法第四修正案权利的护卫者,通过过去半个世纪的努力,关于应当如何审查搜查令、逮捕令的申请,如何评估申请者提供的证据是否可信,认定证据(Affidavit)是否构成合理事实依据(Probable Cause)的标准是什么,已经形成了一整套相互关联的规则。其中,为了进一步确保签发官员对签发搜查令、逮捕令所要求的合理事实依据作出独立判断,最高法院要求所有的警官在申请搜查令和逮捕令时都要向签发官员提供宣誓证据书,证据书所提供的证据应当让签发官员有理由认为警官所指控的事情具有可能性,需要通过搜查或逮捕进一步进行刑事调查。斯皮内利判例所形成的二元分析法,即要求申请者在证据书中提供线人的背景、品质和线人是如何获得消息的,只是一种指导性的要求,并不意味着如果申请人不能提供线人背景,就不能满足签发搜查令、逮捕令的合理事实依据要求。

根据斯皮内利一案所确定的规则,即使宣誓证据书提供的证据不包括线人信息,只要警方提供的信息从细节上和准确性上看来可信,或者这条信息和后来警方的独立调查和线人提供的信息能相互印证,同样能满足斯皮内利规则和签发搜查令、逮捕令的合理事实依据的要求,搜查令签发官员在这种情况下根据这些证据也会作出合理判断,决定是否签发搜查令。

因此,布伦南法官得出结论,斯皮内利规则同样适用于匿名信的情况,只要另外有独立证据和线人信息引证,能让搜查令、逮捕令签发官员有理由信服就可以。

本案判决废除斯皮内利规则的理由之一是这个规则太过刚性、不合实际。这种想法在布伦南看来,可能是基于有些人对斯皮内利规则理解错误。斯皮内利规则应当继续适用,包括适用于匿名举报,无论如何,斯皮内利案提出的从线人品质和线人消息来源来判断该证据是否可信的判断标准还是可靠、可行的;本案废除斯皮内利规则的另一个原因是搜查令、逮捕令的签发官员实际上未必都是律师,所以斯皮内利规则可能过于重视法律技术而变得难以操作。这种观点是错误的,正是由于签发官员未必都是律师,所以斯皮内利规则所提出的二元分析法恰恰可以帮助这些人对宣誓证据书提供的证据是否符合签发搜查令和逮捕令的合理理由要求进行判断;至于伦奎斯特在盖茨一案中提出的斯皮内利规则过于技术,以及本案判决中提出所谓的"实际"、"常识"、"非技术"等概念都只不过是滋长警察权力、降低宪法第四修正案对人们人身财产权利保护标准的托词而已。

综上所述,关于标准问题辩论双方的观点无外乎如下:盖茨综合分析法的支持者认为斯皮内利案二元论(Two Pronged Test)过于刚性,会影响到执法人员的效率;斯皮内利二元论的支持者则认为:斯皮内利规则具有足够的灵活性,盖茨案确立的综合分析法(Totality of Circumstances)对警察过于青睐,破坏了宪法第四修正案给人们撑起的保护伞。

实际上,在笔者看来,斯皮内利规则和盖茨规则并不冲突,前者要求宣誓证据书(Affidavit)如果以举报人举报的材料或线人提供的线索为证据,那么申请搜查令、逮捕令的警官要向签发这些令状的官员出示线人或举报人的背景和消息来源,如果不能提供线人背景和消息来源,要证实消息的可信度,就要看这个消息内容是否有足够的准确细节。另外,警察在获得消息后调查得出的信息如果能印证线人和举报人提供的证据内容,那么这也可以证实消息的可靠性。

总之,只要所有的证据放在一起能让签发搜查令、逮捕令的官员认为证据显示警察声称的东西具有可能性,并且根据这些证据,确实有必要签发搜查令或逮捕令,以便进行进一步的调查,法官就可以签发搜查令和逮捕令。

实际上这些正是综合分析法的主要观点,综合分析法就是主张把所有的证据信息放在一起,让签发令状的官员从这幅证据合影图中,根据常识,得出申请者提供的证据可信或不可信的感觉。但综合分析法主要分析什么？这个问题的答案就是二元论所要求的:线人是否可靠？消息来源是否可信？是否有足够的细节？证据之间是否能相互引证？所以可以说斯皮内利规则对证据提出的要求恰恰是盖茨规则分析的对象。可见,两种标准之间本来并不是非此即彼的关系,实际上存在内在的逻辑联系。也许我们可以说,如果斯皮内利规则没有被有些人形而上学地理解,也就不会出现盖茨规则所要讨论的问题。

(二)由独立、中立的司法官签署的要求

搜查令和逮捕令必须由中立的独立于警察之外的司法行政官签署,因为如果签发官员在作是否签发的决定时要受其他人的控制,或者签发官员随意对自己熟悉的申请者网开一面的话,那么搜查令和逮捕令保障人们不受不合理搜查、拘禁的作用就根本不可能实现,搜查令和逮捕令也就完全失去了存在的意义和必要。

关于中立和独立的含义,主要指签发官员和申请人或被申请人任何一方没有利害关系,签发官员只根据宣誓证据书提供的证据和自己的知识经验对是否应该签发令状作出判断,不受任何其他人和事的影响或左右。比如,签发官员在签发搜查令或逮捕令时的收费行为,如果这种费用只有在搜查令获得批准时才能收取,那么这时的签发官员就不能称作完全中立,因为签发官在审查的过程中有利益倾向。① 同样,警察、检察官和任何参与该案侦察的人都不可能采取独立、中立的态度。②

(三)搜查令的具体性要求

“搜查令必须具体描述清楚要搜查的地点,需要搜查和查封的具体文件和物品,逮捕令必须具体描述清楚要逮捕的人”,这一点是宪法第4修正案的明文规定。这里所说的清楚具体地描述搜查地点,是指清楚到警察在执行搜查令的时候,能根据搜查令的描述清楚地确定应当搜查的地点,有时仅有详细住址是不充分的,如果搜查令具体确定搜查的目标只是一个房子的地下室,那么警察就不能对该住宅的其他楼层进行搜查。③ 搜查令需要具体描述清楚要查封的物品,目的在于防止随意搜查。④ 比如,搜查的目的是发现被盗的卡车,搜查人员就不能搜查被搜查人的厨房、卧室、柜子等,因为卡车不可能被藏匿在那里。

在罗吉销售公司诉纽约(Lo – Ji Sales Inc. v. New York)一案中,一位警方调查人员从被诉人罗吉销售公司(Lo – Ji Sales)成人商店购买了两盘录影带,看完后觉

---

① Connally v. Georgia,429U. S. 245(1977).

② Coolidge v. New Hampshire,403U. S. 443(1971);Lo – JiSales,Inc. V. NewYork,442U. S. 319(1979).

③ Wayne R. La Fave,*Criminal Procedure*,Third Edition,WestGroup,2000,p. 168.

④ Ibid. ,p. 170.

得录影带违反了纽约州关于淫秽物品法的规定，于是就把录影带带到镇上的司法官那里，以确定是否有合理事实依据（Probable Cause）认定录影带违法，是否可以以两盘录音带为证据签发搜查令，对商店进行搜查。从头至尾地看完录影带后，司法官认为内容淫秽，违反了法律。

这位警方调查人员立即当着司法官的面起草了一份宣誓证据书（Affidavit），司法官签署了对被诉商店进行搜查的搜查令，并且搜查令允许警官查封这两卷录影带的所有复制品。警方调查人员的证据书还声称，商店还有类似内容的录影带和出版物，并且在搜查令的申请中请求司法官一道执行搜查令，目的是让司法官亲眼目睹一切，然后再独立作出决定，是否应对商店其他类似物品进行搜查和查封。司法官同意后，就在搜查令上写道："下列物品经法院现场检查，被认定为违禁淫秽物品，予以查封。"但实际上，在下列物品一栏内除了先前的两盘录影带以外，没有具体列明其他任何物品。在司法官签署了搜查令以后，同时又签署了对商店营业员的逮捕令。之后，司法官和警方调查人员带领另外3位州警、3位当地警察、3位检察官，以威武庞大的阵容开赴商店。

到场后，他们立即宣告店员被捕，并对店员宣告了搜查令。这位店员先前曾出售过两盘录影带给警方调查人员，他也是在场的该店唯一店员，所以搜查组允许他在不影响搜查工作的情况下，继续工作，商店也继续营业。搜查组随后对商店进行了长达6个小时的搜查。搜查从装有两台投币无声电影放映机的一个小亭子开始，店员调整了投币设置，以便司法官无须投币就可以观看。司法官在以每两三分钟一盘的速度浏览完23盘录影带以后，认为它们属于法律禁止的淫秽物品，于是下令将录影带和放映机一并查封。司法官然后把注意力集中到了另外一个装有四台有声放映机的小亭子上，同样在无须投币的情况下，以每2～5分钟一盘的速度浏览完以后，下令将带子和放映机一并查封。然后，搜查队伍来到杂志、书籍旁，让警官除去杂志的塑料外包装后，司法官抽取那些文字描述不多的杂志，用10秒钟到1分钟的时间浏览完所有的杂志，决定对这些杂志也进行查封。一名警官对查封的杂志作了清单，总共397本。最后，搜查队搜查了一个申诉人用来展示商品的透明玻璃展示柜，当听到搜查队打开展示柜的指令时，店员告诉搜查队展示柜里的那些展品和他们已经浏览过的商品没有什么不同，于是司法官又下令对这些展品也进行查封。根据警察清单，总共查封的录影带有431卷。同时查封的还有各种各样的材料，包括公司营业记录等。

整个一天，两三辆警车一直停在商店门口，对所有光顾的顾客的身份和姓名进行询问、记录。当然，整个一天商店也没有销售出任何东西。在获知警察在场时，几乎所有的顾客都是掉头就走。在搜查和查封结束后，所有查封物被带到警局登记造册。所有查封物都被补充填写到搜查令的搜查物描述一栏里，补充后的搜查令当晚被送到司法官那里。在搜查行为进行之前,司法官签发的搜查令只有两页,现在的搜查令已经长达16页。后来,申诉人依据所有查封的证据被控三项罪名:向公众销售淫秽录像、淫秽书籍和经营淫秽录像播放。在庭审前,被诉人提出动议请求认定搜查非法,但被驳回。随后被告人和检控方达成认罪协议,被诉人被罚款3000美元。后来被诉人针对搜查的合法性上诉到二审法院,二审认为搜查合法,被诉人后申诉到联邦最高法院,称其宪法第1、第4、第14修正案权利受到侵犯。

针对本案中的搜查令是否有效、搜查令是否合法的问题,大法官伯格(Burger)的分析如下:

"本案的搜查令和搜查行为很容易让人联想到18世纪搜查令搜查内容的不确定性和搜查人员用这种搜查令进行搜查的随意性,禁止这种随意搜查和搜查的随意正是宪法第4修正案的立法宗旨之一。

宪法第4修正案明文规定,'搜查令要描述清楚要搜查、查封的具体内容',而本案中,仅仅根据警方调查人员指称商店中还有更多类似的淫秽物品,司法官就在搜查令中授权执行搜查令的官员根据自己的标准确定哪些是淫秽物品,让搜查人员根据他们的判断进行查封,宪法第4修正案不允许这种行为。同时,宪法第4修正案也不允许持搜查令进行搜查后,再把查封的东西补充到搜查令上。本案中,在司法官和搜查队进入商店的那一刻起,搜查就已经开始。但在那时,除了对警方调查人员事前向司法官出示的两盘录影带的复制品外,搜查人员没有任何合理事实依据(Probable Cause)对其他物品进行搜查。很清楚,搜查人员根据那个含糊不清的泛滥授权的搜查令对商店进行了一场大扫荡,当司法官员发现除了警方指控的录影带以外,商店内还有其他淫秽物品时,模糊滥权的搜查令就变得更加模糊和泛滥了。有鉴于此,根据先例,我们无法根据逮捕后搜查或者清晰视界①的搜查令适用例外,判定搜查令和搜查合法。

我们曾经反复强调,搜查令应当由中立、独立的司法官签署,因为比起让那些为了追讨犯罪而急于搜查的警察和其他侦察人员负责签发搜查令,这样能更好地防止非法搜查。但本案中的司法官在对有些物品的搜查没有合理依据和有效搜查令的情况下,亲自参与了搜查行为,带领人员对商店进行搜查,指导警方人员哪些物品可以查封,并授权搜查人员对类似物品进行查封,把对类似物品的界定权完全交给了警方。对此,我们无须考察此时的司法官主观意识上是否独立、中立,单从上述事实就可以清楚地看出:此时的司法官既是签署搜查令的司法官员又是执行搜查令的执法人员,在这种情况下他不可能保持中立和独立。实际上,在后来对证据

① 见下文关于搜查令适用例外的介绍。

合法性的听证中,这位司法官自己也承认当天晚上他也无法辨认警方交给他的搜查清单上列举的东西是否是他下令查封的东西。

在此,我们再次提醒,本案查封的大量物品在有充分的证据证明非法以前,都应当被推定为受到宪法第1修正案的保护。再者,查封一些样板作为诉讼中的证据和大规模查封及销毁这些物品的性质也不同。在本案中,如果为了使诉讼程序继续进行,从证据的角度来说,查封两件样本就已足够。

至于被申诉方辩称,当时商店继续对外营业,所以商店并不享有合理隐私权,因而搜查人员并没有侵犯申诉人的隐私权,搜查队进入商店就像一般顾客进入商店一样无须持有搜查令,这种说法是错误的。因为搜查人员在查看录影带、杂志等物品时,其方式和态度和一般顾客不同,搜查人员无须付费就可以播放录影带,司法官还可以随意指令店员和警方打开任何包装和展品柜。

被申诉方又辩称,搜查是经店员同意后进行的,因此根据搜查令的适用例外,也不需要搜查令。但由于搜查人员一到就立即逮捕了店员,在这种威慑之下,店员即使同意搜查,也为时过迟。因为同意要建立在自愿和意志不受威胁的基础之上,本案中的威慑色彩已经覆盖了自愿的痕迹。

而我们的自由社会宁可忍受申诉人所承认的色情经营,也无法忍受模糊搜查令带给人们的痛苦!我们不会允许警察利用模糊的搜查令肆意践踏民权的时代卷土重来!违反宪法第4修正案的行为还必须通过宪法第4修正案矫正过来。

本院驳回一审和二审的判决、发回重审。"

通过伯格大法官这篇说理充分且不乏热情的判决书,美国最高法院法官心目中对于宪法修正案中搜查令的具体性要求重视之程度已跃然纸上。在他们看来,这样一种具体的格式性的标准实质上是捍卫宪法第4修正案的根基所在,一旦这一具体的格式标准被破坏,随之而来的必将是宪法的失效和民权的被践踏。这在传统上轻视程序法的中国人看来,恐怕是难以被理解的。

四、搜查令、逮捕令的执行

美国宪法对刑事诉讼的全方位渗透不仅体现在签发搜查令、逮捕令具有一整套规则,即使是关于搜查令和逮捕令的执行和使用也有许多细致的要求。

首先,搜查令和逮捕令的执行必须要由警察执行,私人无权获得或者执行搜查令和逮捕令。

其次,在执行搜查令的时间上,有些州法院要求搜查令必须在一定的时间内执行,过期无效;[1]有些法院则无此要求,逮捕令通常有效到犯罪嫌疑人被捕为止。大约有一半的州把执行搜查令的时间严格限制在白天,联邦法律也规定除非有合理原因或者特殊情况,搜查应当在白天进行。[2] 白天在有些州法律中被定义为当地时间从早上6点到晚上10点,这也是联邦法律对白天的定义。

此外,法律还规定,警察在执行搜查令的时候,除了符合特殊情况外,都应当先告知住户他们的警察身份和搜查的目的。只有在遭到拒绝后,才可以强行进入。[3] 这些例外的情况包括:(1)住户已知道警方造访及其目的;(2)搜查令执行人员有理由认为,如果敲门告知警方的身份和目的,他们的人身安全会立即受到威胁;(3)警方有理由认为,犯罪嫌疑人有可能逃走或销毁证据。[4]

警察这种搜查之前的敲门告知义务的依据在于:(1)可以降低暴力发生的可能性。如果警察径自闯入,很容易会让住户感到他们的安全受到了威胁,他们进而很可能会采取一些自卫行为;(2)通过敲门告知住户,可以最大限度地避免搜查错误地方,即使警察没有找错地方,告之也可以给住户时间准备好让陌生人进入,这样可以更好地保护人们的隐私权;(3)可以避免对门锁等财物的毁损。[5]

五、搜查令、逮捕令适用的例外

从以上介绍可以看出,搜查令、逮捕令的签发和执行都必须遵守严格的规则,但无论多么严格的规则都有例外。所以,即使在高度宪法化的美国刑事诉讼制度中,也并不是所有的无令(搜查令和逮捕令)搜查和逮捕都是非法的。概括来说,在五种例外情况下,警方在没有搜查令的情况下可以进行搜查:(1)紧急情况;(2)逮捕时搜查;(3)汽车和箱包搜查;(4)清晰视界;(5)被搜查人同意。

(一)紧急情况

在紧急情况下(Exigent Circumstances),警方没有必要获取搜查令就可以进行搜查。虽然警方由于情况紧急,来不及申请搜查令,但是警方进行的搜查还是要满足申请搜查令所必须满足的条件即合理事实依据要求(Probable Cause),紧急情况只是警察没有必要到搜查令或逮捕令签署官员那里向他们展示证据以取得令状,但警方还是必须拥有这些证据。所以说警察不需要搜查令、逮捕令并不意味着他

---

① Sgro v. United States, 287U. S. 206, 53S. Ct. 138, 77L. Ed. 260(1932).

② Fed. R. Crim. 41.

③ 18U. S. C. A. §3109.

④ Richards v. Wisconsin, 520U. S. 385, 117S. Ct. 1416, 137L. Ed. 2d615(1997) and United States v. Ramirez, 523U. S. 65, 118S. Ct. 992, 140L. Ed. 2d. 191(1998).

⑤ Wayne R. La Fave, *Criminal Procedure*, Third Edition, West Group, p. 172.

们不需要依据，更不意味着他们可以随便搜查和逮捕。

紧急情况例外的主要理论依据是：申请搜查令和逮捕令要花一定时间，而在有些情况紧急的案件中，任何迟疑都可能产生严重的危险和危害。为了避免危害发生，应当允许警察进行没有搜查令、逮捕令的搜查和逮捕。

构成紧急情况的类型主要有：

(1)紧急追捕

在紧急追捕时，警方没有必要获取逮捕令就可以对犯罪嫌疑人进行逮捕。因为让一个正在追捕的警察停下脚步去申请逮捕令不仅不可思议，而且可能造成犯罪嫌疑人逃跑、销毁证据、威胁警察和公共安全。如此一来，即使最终获得逮捕令，也会因这种推迟使逮捕令失去意义。

关于紧急追捕的典型案例是沃登诉海登(Warden v. Hayden)[①]一案。一名持枪歹徒进入一家珠宝店，抢劫363美元后逃走。附近的两名出租车司机听到"抓强盗"的喊声后，尾随逃犯至可可瓦(Cocoa)路2111号。其中一名司机用出租车公司的无限发送机告知公司嫌犯是一个黑人，身高约5英尺8英寸，戴着一顶浅色帽子，穿着深色夹克衫，跑进了可可瓦路2111号。消息被转播给正在附近追踪的警察。数分钟之内，警方抵达可可瓦路2111号。一名警察敲门告知来意后，被诉人海登(Hayden)的妻子同意警察进入房子搜查，警员们迅速进入一楼、二楼和地下室进行搜查。警察发现海登正躺在二楼的卧室里假装睡觉并逮捕了海登。这时，有一个警察听到与卧室相连的卫生间里有冲水的噪音，进去查看后，在抽水马桶里发现一管猎枪和一把手枪。与此同时，在地下室搜寻逃犯和赃物的警察在洗衣机里发现了一件夹克和一条裤子，报案人描述的嫌犯作案时所穿的衣服就是这种衣服。在海登的床垫下面还发现手枪子弹和一顶帽子，在海登睡觉的卧房里的衣柜里发现了猎枪子弹。警方查封了所有这些东西，并用这些东西作为证据对海登提出了控诉。一审被判罪名成立，海登上诉。二审法院认为本案搜查中的证据属于违法搜查，是违法证据，于是判决驳回原判发回重审。检控方于是申诉到联邦最高法院，请求最高法院对本案中搜查的合宪性作出判决。

大法官布伦南(Brennan)认为，警方没有搜查令对海登(Hayden)家的搜查没有违反宪法第四修正案。因为当时的形势异常紧迫，警察在接到犯罪嫌疑人逃至可可瓦路2111号后，于5分钟之内赶到现场，然后以合适的方式进入海登住宅，开始搜查嫌犯和枪支。在这种如果任何耽搁都可能对警员生命造成威胁，对案件侦破带来巨大伤害的情况下，宪法第4修正案并不要求警方延迟搜查。在这里，速度是

---

① 387U. S. 294，87S. Ct. 1642，18L. Ed. 2d782.

非常重要的,而且也只有通过对房子的彻底搜查,才可以确保海登是唯一躲在房子内的人,才可以保障真正的嫌犯不会脱逃;也只有这种彻底的搜查才可以确保所有的武器都在警方的控制之下,从而保障警方的人身安全不受威胁。所以,本案中所有的搜查、查封和逮捕都是合法的。最高法院维持驳回了二审判决。

适用紧急追击的例外规定时,除了要满足必须情况紧急的条件外,还必须满足另外一个条件,就是被追击的逃犯必须清楚自己被警方追击。因为如果依据警察追查逃犯急迫心情来判断情况是否属于急迫范畴的话,那么每一个刑事案件的追查都符合这个例外条件,因为警方对每一个逃犯总是急于把他们捉拿归案。在威尔士诉威斯康辛(Welsh v. Wisconsin)[1]一案中,威尔士(Welsh)由于醉酒驾车,被警察从家中逮捕。最高法院认为,如此轻微的违反交通法的犯罪行为,加上被诉人已经回到家中,既不对公众造成威胁,也不对警察造成威胁,所以不能构成紧急追击法律适用的例外情况,并且,被诉人根本不知道,也没有料到自己正在被追捕,在被追捕的人毫无知觉的情况下,很难把这种情形界定为紧急追捕。因此,警察闯入威尔士家中的行为违反了被诉人的宪法第四修正案权利。

(2)公共安全受到威胁

这种情况比较简单,如在发生火灾的情况下,进入现场就无须先获取搜查令,但火灾过后,如果需要进入现场搜集犯罪证据,就不再属于紧急情况。

(3)销毁或丢失证据

销毁或丢失证据最常见的情况就是在毒品案件中,因为毒品证据可以在一秒钟之内被倒进马桶冲走。在界定销毁或丢失证据的情形是否构成紧急情况时,首先考虑的是紧急程度和获取搜查令或逮捕令的时间比较。比如,如果是周末发现毒品贩子在策划毒品交易,并且周末没有可能性获得令状,这种一般就构成紧急情况。此外,是否有明显的证据证明犯罪嫌疑人有可能销毁证据;犯罪行为的轻重,如对杀人犯的追捕就比赌博犯罪要紧急;犯罪嫌疑人潜逃的可能性等都可能构成考虑的因素。

总之,构成紧急的情况千变万化,但无论是哪种情况下构成的紧急情况,执法人员都负有证明情况紧急的举证责任。

(二)逮捕时进行搜查

搜查令适用的第二种例外情况是逮捕时搜查(Search Incident)。在对犯罪嫌疑人逮捕后立即进行的搜查,无须搜查令。适用这个例外规定的条件包括:

---

① 466U. S. 740,104S. Ct. 2091,80L. Ed. 2d732.

(1)必须发生逮捕行为

(2)逮捕必须合法

如果是非法逮捕,那么建立在逮捕基础上随后进行的搜查也是非法的。所谓合法逮捕是包括警察以合理事实依据(Probable Cause)为基础,申请到逮捕令的逮捕,或者警察有合理事实依据,但没有逮捕令的逮捕。

(3)搜查的范围必须得当

在警察逮捕犯罪嫌疑人时,可以对嫌疑人的人身和犯罪嫌疑人身体可以触及的地方进行全面搜查。犯罪嫌疑人身体可以触及的地方比如犯罪嫌疑人双手所及的地方,如果犯罪嫌疑人坐在驾驶座位上,那么车子的副驾座位、车子驾驶员座位旁边的所有可以放置东西的地方(前车厢)都属于警察可以无令搜查的地方。① 这样做的主要目的是防止犯罪嫌疑人获取枪支等武器,威胁警员和公众的安全,也防止犯罪嫌疑人销毁证据。

如果犯罪嫌疑人在自家门前被捕,警方不可以对嫌疑人的住宅进行搜查。②

当被逮捕的犯罪嫌疑人被带到警察局登记造册时,警方可以对被逮捕的犯罪嫌疑人全身和他当时拥有的所有物品进行搜查。这样做的主要目的是在犯罪嫌疑人被监禁之前,清点犯罪嫌疑人的财物,保护犯罪嫌疑人随身携带的财产,防止警察无端遭到偷窃犯罪嫌疑人财产的指控,及时查出犯罪嫌疑人携带的危险物品,同时也可以帮助确认犯罪嫌疑人的身份。③

(4)搜查必须和逮捕同时同地进行

有关逮捕时搜查的著名案例是奇麦尔诉加利福尼亚(Chimel v. California)④一案。几名警察带着逮捕令来到被诉人奇麦尔(Chimel)的家,他们是因为一桩入室盗窃案来逮捕奇麦尔的。警官们敲门后,向奇麦尔的妻子说明了他们的身份和意图,并请求进屋,奇麦尔的妻子让他们进屋等了大约 10 到 15 分钟,奇麦尔下班回到了家。奇麦尔一进屋便被逮捕,警察向奇麦尔请求在屋内随便“看看”,遭到了奇麦尔拒绝,但警察告诉奇麦尔,基于合法逮捕,他们有权进行搜查。在没有搜查令的情况下,在奇麦尔妻子的陪同下,警察们对整个房子进行了搜查,搜查的地方包括 3 个卧室、阁楼以及车库和 1 个小工作室。有些房间的搜查只是匆匆而过,但在搜查居住卧室和缝纫房时,警察让奇麦尔妻子打开一些抽屉,并让她把抽屉里的东西一件件展示,以便他们可以发现盗窃物品。搜查完毕后,警察查封了一些硬币、几枚勋

---

① Maryland v. Buie, 494U. S. 325(1990).

② Washington v. Chrisman, 455U. S. 1(1982).

③ Illinois v. Lafayette, 459U. S. 988(1983).

④ 395U. S. 752, 89S. Ct2034, 23L. Ed. 2d685.

章、纪念币以及其他一些物品。搜查总共历时45分钟到1个小时。

后来检控方用这些搜查来的证据起诉了奇麦尔,奇麦尔在一审被判决罪名成立后上诉,二审维持了原判。奇麦尔于是申诉到最高法院,对警察搜查他的住宅的行为的合宪性提出质疑。

本案的大法官斯图尔德(Stewart)认为警察在对奇麦尔逮捕后的搜查虽然是属于逮捕后搜查(Search Incident),但是警方的搜查远远超出了逮捕后搜查所应当搜查的范围。逮捕后搜查的范围限于被逮捕人的人身和被逮捕人当时力所能及的地方,以免被逮捕人获取武器或销毁罪证。而本案中警方对奇麦尔逮捕后,不顾被逮捕人的反对,对整幢房子进行了历时将近1个小时的搜查,在没有搜查令的情况下,这种搜查行为违反了申诉人的宪法第四修正案权利,因此,搜查获取的证据为非法证据,不能用来证明奇麦尔罪行,一审、二审的判决必须被推翻。

斯图尔德(Stewart)进一步分析道:在过去关于逮捕后搜查的搜查范围的问题上,判例上一直不统一。其中,海利斯诉美国(Harris v. United States)①和美国诉罗比诺威慈(United States v. Rabinowitz)②两个判例对逮捕后搜查的范围界定得较宽,根据这两个判例,在犯罪嫌疑人被逮捕后,他拥有的一切都可以在没有搜查令的情况下进行搜查;而哥巴特进出口公司诉美国(Go – Bart Importing Co. v. United States)、③美国诉雷弗克威慈(United States v. Lefkowitz)④和特若皮艾诺诉美国(Trupiano v. United States)⑤三个判例对逮捕后搜查的范围界定较窄。其中哥巴特(Go-Bart)和雷弗克威慈(Lefkowitz)两个判例主张逮捕后搜查的范围应当仅限于那些被逮捕人直接拥有的、看得见、搜查人员可以直接获取的证据。而特若皮艾诺(Trupiano)则认为,搜查必须要有搜查令,除非搜查人能证明没有搜查令进行搜查的必要性。

在笔者看来,必要性标准合乎宪法第4修正案关于保护人们不受非法逮捕和搜查的规定,任何对逮捕后搜查范围进行的过于宽泛的解释都会伤害人们的宪法第4修正案权利。在警察逮捕犯罪嫌疑人之后,对他的人身和周边地方进行搜查,以免被逮捕人获取武器、袭击警察或者销毁证据,这些都是非常必要的。但倘若在满足这种必要性之外,对被逮捕人其他地方或其他财产进行的没有搜查令的搜查,不仅没有必要、不合理,而且从根本上违反了宪法。

---

① 331U. S. 145, 67S. Ct. 1098, 91L. Ed. 1399.

② 339U. S. 56, 70S. Ct. 430, 94L. Ed. 653.

③ 282U. S. 344, 51S. Ct. 153, 75L. Ed. 374.

④ 285U. S. 452, 52S. Ct. 420, 76L. Ed. 877.

⑤ 334U. S. 669, 68S. Ct. 1229, 92L. Ed. 1663.

(三)对汽车和箱包的搜查

第三种例外情况是对汽车和箱包的搜查(Cars and Containers)。在有合理事实依据(Probable Cause)认为汽车内藏有违禁物等非法物品时,执法人员无须申请搜查令就可以对汽车进行搜查。

允许这样做的主要理由是,汽车具有极强的流动性(Mobility),如果执法人员在搜查前必须先申请搜查令,那么汽车可能被开走,证据可能因此消失。在卡罗尔诉美国(Karroll v. United States)中,法院认为宪法第4修正案对搜查住宅、办公室等和搜查汽车的要求是不同的。在不符合紧急追捕等例外规定的情况下,搜查住宅、办公室、商店必须在有合理事实依据的情况下,先申请搜查令;而基于汽车等交通运输工具的流动性,如果不及时搜查可能造成失去证据等严重后果,所以,在有合理事实依据的情况下,执法人员无须申请搜查令即可对其进行搜查。①

法律允许这种例外的另一个依据是,宪法第4修正案保护的是人们的隐私权,当一个人对一个地方享有合理隐私期待(Reasonable Expectation of Privacy)时,宪法禁止在没有搜查令的情况下对这些地方进行搜查。而一般来说,人们对汽车等交通、运输工具所享有的隐私权期待要比他们对住宅享有的隐私权期待少得多。

关于执法人员在对汽车进行搜查后,如果发现车内有箱子和包裹之类的东西,执法人员在没有搜查令的情况下,是否有权打开这些箱包进行搜查,在判例上至今尚未有统一的意见。

(四)清晰视界

第四种例外情况是清晰视界(Plain View Doctrine),这种例外是指当执法人员在进行合法搜查的时候,在显眼的地方,意外发现了其他可能可以用来证明嫌疑人罪行的证据。这时,执法人员不需要另行申请搜查令,就可以将该证据查封。适用这种例外必须满足下列条件:

(1)执法人员合法出现在被搜查的地方,比如执法人员持搜查令正在搜查一间房子。如果警察在没有搜查令的情况下,非法闯入民宅进行搜查,这种情况警察进入这个住宅本身就是非法的,所以,即使警察在搜查被盗的钻石时,在非常明显的地方(Plain View)发现了毒品,警察也不能依据清晰视界理论合法地查封毒品。但如果警察持有搜查令合法进入该住宅进行搜查,那么警察就可以对放置在该显眼地方的毒品进行查封。

(2)执法人员有合理依据(Probable Cause)认为他们意外发现的东西是违禁物品(Contraband)、非法所得物(fruits of crime)、作案工具(instrumentalities of crime),

① 267U. S. 132,45S. Ct. 280,69L. E. 543(1925).

如杀人嫌疑犯使用的枪支或者犯罪证据(the mere evidence of crime)。

(3)意外发现的东西必须放在显而易见的地方。警方视线所不能及,或看不清楚的地方不包括在内。

关于清晰视界的典型案例是亚利桑那诉西克斯(Arizona v. Hicks)一案。警察因为从西克斯(Hicks)居住的公寓楼上射击的子弹伤了楼下的一个人而进入西克斯的公寓搜查射击的人以及枪支等。在对西克斯的公寓进行搜查时,一个警察注意到两套看上去非常昂贵的音响设备放在一些破破旧旧的东西中间,怀疑是偷来的,于是警察稍微移动了一下音响设备,记录下了音响装置的代码。后来警方确认这套音响就是一桩持枪抢劫案中被抢劫的东西,警察以此为依据申请了搜查令,并执行了搜查令,查封了那些音响设备。在对西克斯的控诉中,西克斯提出请求认定警察对西克斯音响的搜查和查封非法,获得批准。于是,控诉方上诉,二审法院维持了原判即认定警方查封的那些音响设备为非法证据。于是,检控方申诉到联邦最高法院。

大法官斯卡利亚(Scalia)认为,警察在枪击发生后,在没有获得搜查令的情况下,进入西克斯的公寓搜查,符合紧急情况的规定,是合法进入。警察在进入公寓后搜查的对象是射击者和枪支弹药等和射击案有关的东西,警察作出的关于这些东西的搜查是合法的。但除此之外,警察在没有合理依据(Probable Cause)和搜查令的情况下对音响的搜查是非法的,因为这和枪击案无关。即使警察只是轻微挪动了音响、记录音响代码,也构成宪法第4修正案意义上的搜查,在没有依据和搜查令的情况下,警方无权由于怀疑就挪动任何人的东西,这是侵犯隐私权。这里警察的无令(搜查令)搜查不符合清晰视界的例外规定,因为清晰视界例外不仅要求警察在合法搜查时意外发现了其他可能证据,而且要求警察有合理依据(Probable Cause)认为这个证据很有可能被用来证明犯罪嫌疑人的犯罪行为,如果警察没有合理理由相信这一点,就不可能构成清晰视界例外。在警察没有依据相信这一点的时候,宪法不允许警察在没有搜查令的情况下,挪动物件,以便查明,即使警察是合法出现在某人居所,也已经发现某物可疑,也不例外,警方只能在他们视力所及的范围内进行判断。所以本案中警察对西克斯(Hicks)的音响搜查不属于合理视界例外,属于非法搜查,在此基础上查封的音响属于非法证据。最高法院最终维持了原判。[①]

最高法院的这个判决目的其实在于借助界定清晰视界的例外,来禁止超越搜查令授权搜查的范围进行泛泛搜查,以更好地维护人们受宪法保护的隐私权。

---

① 480 U. S. 321, 107S. Ct. 1149, 94L. Ed. 2d 347.

(五)被搜查人同意

根据斯科耐克劳斯诉布斯特蒙特(Schneckloth v. Bustamonte),[①]搜查令适用的最后一种例外是被搜查人同意(Consent)。如果被搜查人同意警方对其进行搜查,警方在没有搜查令的情况下就可以进行搜查。但这种同意必须是自愿的。虽然被搜查人是否知道他有权利拒绝搜查人员的请求是一个考虑因素,但被搜查人不知道他可以拒绝搜查人员的搜查请求并不意味着搜查无效,检控方没有必要和义务事先保障被搜查人知道他拥有拒绝刑事调查人员请求搜查的权利。

除了要满足自愿的条件之外,经当事人同意的搜查,搜查人员在搜查时必须严格在当事人同意的范围内进行搜查,超越当事人同意范围的搜查是非法搜查。比如,警察发现A从事毒品交易,所以在A准备驾车离开时,警察请求对A所驾驶的车辆进行搜查,如果A同意了,并且没有对搜查的范围作出任何限制,警察就可以对整个车内所有可能隐藏毒品的地方进行搜查。如果A回答说可以,但是请不要对后备厢里的一个密码箱搜查,那么根据有些判例,警察就无权打开密码箱。

针对是否有权利作出同意决定的问题。比如,客人在主人不在时,警察要求对住所进行搜查,客人是否有权作出决定,界定的标准是,只要警察主观上合理认为作出同意决定的人有权作出决定,那么同意就是有效的。所以如果客人对提出请求进屋看看的警察没有拒绝,那么警察进去搜查的行为就会依据同意而变得合法。同室居住的人,每一个人都有权作出同意警察搜查的决定。

在美国的刑事司法调查中,高至98%的搜查中的司法人员尝试以请求当事人同意的方式进行搜查,因为一般被请求的人大都会同意调查人员的请求。[②]

以上介绍了五种搜查令条款的适用例外,值得注意的是,在这些例外情况中,尽管搜查人员不需要申请搜查令就可以进行搜查,但每一种情况都要求搜查人员要有合理依据(Probable Cause)。

六、违反宪法第4修正案的救济方式

除了上述五种例外情况[③]以外,其他所有的搜查、查封和逮捕都必须在有搜查

---

① 412 U. S. 218,93S. Ct. 2041,36L. Ed. 2d 854.

② Joshua Dressier, *Criminal Procedure: Principles, Policies And Perspectives*, West Group, 1999, p. 314.

③ 有人把警察拦住形迹可疑的人问话,对形迹可疑的人是否持有武器进行检查——Stop And Frisk,也列为例外,作者认为对形迹可疑的人的盘查,并不构成搜查或逮捕,所以法律规定警察进行盘查时不仅不需要搜查令,甚至也不需要有合理的事实依据——Probable Cause,而搜查和逮捕的情况基本上至少都需要有合理事实依据——Probable Cause。故此没有将盘查列入例外情况——作者。

令和逮捕令的前提下进行,否则就违反了宪法第4修正案。在刑事司法的侦查中,警察违反宪法第4修正案的情况时有发生,那么如果发生这种情况,救济方式是什么?以警察非法行为为基础而取得的证据链,应如何对其合法性进行界定?

(一)证据排除规则

对违反宪法第4修正案的救济方式主要是证据排除规则(Exclusionary Rule),也就是对非法搜查、查封等获得的证据进行排除。被诉人在正式审判之前,享有陪审团不在场的情况下对证据进行听证的权利即预审,在嫌疑人被捕之后、审判开始之前的预审,其主要目的是:(1)审查是否有合理依据(Probable Cause)进行逮捕,即逮捕是否合法;(2)确定保释金或者审查检控方对嫌疑人的犯罪指控。通过预审听证,由法官将非法搜查等得来的证据排除。

在西尔弗托尼木材公司诉美国(Silverthorne Lumber Company v. United States)①一案中,在被诉人西尔弗托尼(Silverthorne)和他的儿子被捕后,执法官在没有搜查令的情况下,进入被告办公室进行了一场大搜查,查封了大量的文件,并复印了这些文件。后来法院命令将那些非法查封的原件送还给被告,但是复印件却被保留了下来。检控方后来对被告提出了新的控诉,法院向被告发出传票,要求提供那些复印件的原件。检控方声称没有从那些送还的非法查封的原件中获得任何信息,但这种可能性最高法院认为不能排除。

大法官霍姆斯(Holmes)认为,原审判决在决定证据合法性的问题上是错误的。他认为,执法人员非法进入被告的办公室搜查,查封的证据当然是非法的,因而检控方阅读这些非法查封的证据所获得的任何证据以及复印件都应当是非法的,宪法第4修正案不仅禁止非法搜查、查封直接获得的证据,而且禁止间接使用这些证据,建立在非法取证基础上的任何证据都是非法证据。

(二)"毒树之果"理论(Fruit of the Poisonous Tree Doctrine)

大法官霍姆斯在上述判例中提到的规则就是"毒树之果"规则。"毒树之果"理论顾名思义就是有毒的树上产出的果实不能吃,也就是在非法获取的证据(毒树)的基础上得到的证据(果实)不能被用来证明被诉人的罪行。

"毒树之果"主要用来禁止间接非法证据,所以被禁止的证据和初始的非法证据必须是有联系的,如果没有联系,根据独立来源理论(Independent Source Doctrine),证据就不能被排除。在马尔立诉美国(Murray v. United States)②一案中,几名警察没有持有任何搜查令进入了被告的商店,在那里警察看到了大麻。而后,一些警察继续留在店内观察,另一些警察则去申请搜查令,拿到搜查令后警察们返

---

① 251U. S385,40 S. Ct. 182,64LEd. 319.

② 487 U. S. 533,108 S. Ct. 2529,101L. Ed. 2d 472.

回商店查封了大麻。被告提出排除证据——大麻的请求被法院驳回。法院认为,几名离开的警察在申请搜查令的时候并没有依据他们在商店里看到的任何证据为依据,搜查令的签发官员也没有根据任何和警察事前非法进入情况、信息有关的事实作出签发搜查令决定,所以后来搜查令的签发和搜查都和先前的非法进入无关,搜查令和用搜查令进行的搜查是独立的、合法的,所以查封的证据也是合法证据。

七、关于宪法第4修正案内部原则的争论

回顾宪法第4修正案的规定,即"任何人的人身、住宅、文件和财产不受无理(Unreasonable)搜查(Search)和扣押(Seizure),没有合理事实依据(Probable Cause),不得签发搜查令(Warrant)和逮捕令(Warrant),搜查令必须具体描述清楚要搜查的地点、需要搜查和查封的具体文件和物品,逮捕令必须具体描述清楚要逮捕的人"。其中,该条的第一款主要是关于合理性规定的条款,即搜查、查封和逮捕必须合理;第二款主要是搜查令和逮捕令条款,即没有合理依据(Probable Cause),不得签发搜查令和逮捕令,这两款内容构成了宪法第四修正案的两个基本要求:一是合理,二是搜查令,那么这两个要求之间是什么关系?

根据现任美国耶鲁大学教授阿克西尔·里德·阿马尔(Akhil Reed Amar)在《宪法第四修正案的第一原则》中的论述,学界对这个问题的回答有两种:

一种观点认为宪法第4修正案的搜查、逮捕令要求应当是宪法第4修正案的第一个必须遵守的原则(为了方便叙述,下文把这种观点称为令状说)。这种观点又有两个分支:

一个分支可以称为自身违法原则,它认为宪法的前两个要求暗示了第三个要求,即没有搜查令、逮捕令的搜查、查封和逮捕都是不合理的,因为宪法第1款要求不得进行不合理的搜查和逮捕,仅接着第2款就规定没有合理事实依据(Probable Cause)不得签发搜查令和逮捕令。很显然,只有有搜查令的搜查和有逮捕令的逮捕才是合理的,因此,没有搜查令的搜查和没有逮捕令的逮捕自身是不合理的,也是违宪的。

另一个分支可以称为改良的自身违法原则,它认为除了几种合理的法律例外规定外,其他的搜查、查封和逮捕都必须在申请到搜查令和逮捕令以后才能进行,这些例外规定就是前面介绍的五种例外规定:(1)紧急情况;(2)逮捕时搜查;(3)汽车和箱包搜查;(4)清晰视界;(5)被搜查人同意。

对这个问题的另一种回答是,合理性条款才是宪法第4修正案必须遵守的第一原则(为了叙述方便下文将这种观点称为合理说),这种观点认为,搜查和逮捕是否

合乎宪法第4修正案的规定,判断标准是这种搜查和逮捕是否合理,如果合理就满足了宪法第4修正案的要求,所以搜查和逮捕行为的合法性不应当以是否有搜查令和逮捕令来判断。

(一)合理性条款优先论

阿克西尔·里德·阿马尔(Akhil Reed Amar)教授本人是赞同合理说的。在他看来,令状说认为所有的搜查和逮捕都必须先有搜查令和逮捕令。然而,由于这种说法无法处理现实生活中的有些问题,如警察在犯罪现场看到凶杀案是否一定要先申请逮捕令,才能逮捕凶手。如果按照先前严格的令状说,应当先申请逮捕令,但是如果等申请到逮捕令凶手也许早就逃之夭夭,因此,这种严格的令状说无法应对现实。

改良的令状说列举了一些例外规定,包括紧急情况例外,但这些例外是根据什么确定的?很明显是根据合理性原则确定的,如此一来岂不是掉入了合理说的"陷阱"?另外,令状说对宪法的解释简直就是重写宪法,短短54个字的宪法修正案被解释出许多超越宪法原文和制定宪法者意图的规则。宪法缔造者的目的是什么?他们的目的很清楚明了,那就是所有的搜查、查封和逮捕都必须合理。缔造者们非常高明,他们知道现实生活中的搜查、逮捕会由于情况的不同而不拘一格,所以他们选择了"合理"这个概括标准。

再者,这种申请搜查令和逮捕令的严格标准程序比较烦琐,束缚了警察的手脚,因而导致邪恶的犯罪者可以逃之夭夭,单纯善良的受害者却得不到有效保护。所以他主张改变以往搜查、逮捕必须先申请搜查令和逮捕令的做法,让警察根据常识和当时的情况去判断是否应当进行搜查和逮捕,法院也应当由审查搜查令和逮捕令转而审查警察的这种搜查、逮捕行为是否符合宪法第1款关于合理性的规定。

总之,他认为宪法的合理性条款应当优越于搜查令条款;并且应当废除现有的证据排除规则(Exclusionary Rule),①取而代之的是采用直接反诉的手段。即如果警察侵犯了被搜查者或者被逮捕者的权利,他们可以据此直接起诉警察。

(二)搜查令条款优先论

曾经担任哈佛大学、康奈尔(Cornell)大学客座教授,现在波士顿(Boston)大学法学院任教的特拉西·迈克林(Tracey Maelin)教授和阿玛尔(Amar)的观点则截然相反。事实上,在他的论文《废除第4修正案搜查令条款的危害远甚于签发搜查令的不便》中即专门批驳了阿玛尔的观点。

首先,针对阿玛尔提出的搜查令和逮捕令条款束缚了警察的手脚,让暴徒有可

---

① 107 *Harvard Law Review* 757,1994,pp.762-763,767-771.

乘之机，而受害者们得不到有力保护的问题，迈克林(Maclin)教授指出，先人缔造宪法第4修正案的目的就是限制警察的权利，防止政府滥权。

为此，宪法第4修正案特意在第一款提出搜查、逮捕必须合理之后，在第二款规定搜查、逮捕令条款，搜查、逮捕令条款是保障搜查、逮捕必须合理的“杀手锏”。同时搜查令条款还特别明文规定，搜查令必须描述清楚要搜查的地点，目的在于防止模糊不清的搜查令被警察用来随意搜查，侵犯人们的隐私权和安全权。如果取消搜查令、逮捕令的规定，让警察们根据自己的常识(Common Sense)判断哪些人应当被逮捕，哪些地方应当被搜查，搜查哪些地方全凭警察跟着感觉走，那么宪法第4修正案限制警察滥权的立法目的就彻底摧毁了。比起少数暴徒，警察滥权对人们和社会的危害更大，更何况现在的警察可以运用各种先进技术监听、窃取、侵犯人们的隐私权。如果让警察根据常识对搜查和逮捕这么严肃的问题随意作出决定，那么，每个警察的标准不同就会导致一百个判例有一百个标准。第4修正案特别规定了搜查、逮捕令一定要有中立、独立的司法官签署，意图在于保证作出搜查、逮捕决定的官员不参与调查，没有任何涉及利益的倾向性。如果让专门从事案件侦查的警察根据常识作出是否应当逮捕或搜查的决定，又如何保证决定者的中立、独立地位？如果不能保证中立和独立，又如何能保证决策公正？在宪法第4修正案的历史上，令状说一直是主流，况且在令状说支持下的刑事司法体系一直运作良好。如果按照阿玛尔教授的观点废除现有的搜查、逮捕令要求，废除证据排除规则，就等于废除了宪法第4修正案对保护人们个人权利的承诺。

其次，迈克林教授认为，如果搜查和逮捕仅仅以合理性条款为依据，那么宪法为什么还作出第2款关于搜查、逮捕令的种种详细规定，包括由谁签发、依据什么签发、签发的搜查、逮捕令应当注明什么。

最后，针对阿玛尔教授指称令状派不是在解读宪法，而是在重写宪法，令状派提出那些例外规定宪法中根本没有提及。对此，迈克林教授反驳道：“先人缔造宪法是在两百年以前，他们不可能对现在的情况进行预测，比如电子监控是否是合理搜查的问题，先人无从预测，更不可能写进宪法。但先人制定宪法第4修正案的精神和目的是保护人们的人身财产不受非法侵犯，保护人们不受非法搜查和逮捕，保护人们神圣的隐私权，这些都被明明白白地写进了宪法，在我们实施宪法的时候，根据时代变迁，对宪法进行解释是允许的、正当的，也是更好地实施宪法。只是如果按照阿玛尔教授的观点，因为搜查令和逮捕令的严格要求给警察执法带来一些不便，就全盘拆除搜查令和逮捕令带给人们的保护和安全，这种医治执法不便的药方带给人们的危害要比执法不便本身大得多，如此一来，宪法缔造者的目的和初衷不是被彻底破坏了吗,真是不懂阿玛尔教授如何还自称是宪法第4修正案的朋友!”①

八、结　　语

从以上对美国宪法修正案第4条的内涵及其判例的阐述中,可以看出,尽管美国在建国之初就走上了刑事诉讼法宪法化的道路,但是这一原则并没有停留在宪法条款的简单规定上;而是在之后两百多年的司法审判实践中,尤其是通过联邦最高法院的大法官们的天才创造和激烈辩论,才日益充实和完善起来。仍以第4修正案为例,原本只有54个字的条文,经过无数个司法判例中大法官的解释和阐发,已经演绎出了一系列的具体而细微的司法规则,它们大到人权的保障,小到警察执行搜查令敲门后应该等待的时间。可以说,宪法对公民刑事程序权利的保障已渗透进美国刑事司法的每一个领域,从而形成了一个详细具体且逻辑严密的规则体系。

当然,美国刑事诉讼法的宪法化远不止体现在宪法修正案的第四条,但通过对这一条款及其历史演化的考察,我们已经可以从中大体窥见这一历史进程的全貌,也不难总结出其中的一些特点。比如,以判例法为基本的发展形式,法官发挥了积极能动的作用;规则的制定比较灵活,操作性较强等。这些无疑都将成为我们当前刑事司法改革可以借鉴的有益经验。但如果仅仅停留在这些具体规则的简单模仿上,恐怕并不能使这些具体的规则在我国发挥它们在美国本土所具有的功效,因为这些规则更多是美国特有的判例法传统下的产物而较少具有普世性。②

尽管如此,本文对美国刑事诉讼的宪法化对于中国之借鉴意义仍然抱有乐观的态度。因为纵使具体的司法规则由于时间空间的条件很难被有效地移植,但就刑事诉讼法宪法化的本身来说,是完全可以为我国宪法和法律所接受的。要说明这一点,就需要对这一现象的本身及其成因有一个更深的认识。

依据“天赋人权”的理论,人权是人与生俱来的固有权利,并不依赖于一国的法律如何规定。然而,将公民的基本权利写进宪法,仍然是近现代宪法的一个突出特点。因为唯有如此,才能使公民之权利有明确的保障,使公民基本权利受到侵害时可以得到宪法上的救济;同时,宪法对公民基本权利之规定即是对国家机关权力行使的限制,使国家公权力的行使不得任意侵犯公民的基本权利。

但是究竟是哪些权利应当被视为人的基本权利,应当被写入宪法之中呢?世

① 68 *Southern California Law Review* 1, 1994, pp. 1–15, 21–45.

② 有关法律移植的相关问题,参见何勤华:“法的移植与法的本土化”,载《中国法学》2002年第3期。

界各国的宪政实践都给出了不同的答案,大体而言,以法德为代表的欧陆和英美为代表的普通法国家其侧重略有不同。前者较为重视公民的生命、自由和财产等实体性权利,而后者注重从程序上对国家的权力行使予以严格的控制,从而将公民的程序性权利在宪法上予以确认以对抗国家权力的积极行使,防止国家权力任意侵犯公民的个人权利。这也许在一定程度上解释了为什么我国的宪法长期以来未能将程序性的诉讼权利写入到公民的基本权利中来,其中一个重要原因就是我国长期受大陆法系尤其是受苏联宪法的直接影响,更多注重公民生命、财产等实体权利的保护,而忽视了公民的程序性权利。

不过需要指出的是,自20世纪西方资本主义国家从自由竞争转向垄断以来,政府的权力日益膨胀,世界各国也逐渐将宪政制度的核心转移到对国家权力行使从程序上予以严格的控制。相应地,将公民的程序性权利在宪法上予以确认,便成为历史的必然趋势。因此,随着宪政制度的当代转型,面对国家权力的扩张和个人主义的危机,公民程序性权利作为公民权利不可分割的内容以及重要性日渐凸显。

在现代宪政体制下,公民基本权利不仅包括实体性权利,而且包括程序性权利。为了保护所有人的人身自由不受侵犯,国家必须对犯罪行为予以打击和追究。然而,国家在进行刑事追诉的过程中,基于权力易被滥用的天然本性,必须对追诉程序予以一定的限制,而对追诉程序进行限制的最好方式就是要求追诉程序的正当性并保证被追诉人的一系列程序权利。由此,刑事程序权利是维护被追诉人人身、自由等基本实体权利的重要保障,没有这些程序权利为前提,被追诉人的实体性宪法权利也将无从实现。

因此,在笔者看来,刑事诉讼中被追诉人的一些重要的程序权利不仅与实体权利具有同等的地位,而且是整个宪法人权保障的根本内容。究其原因在于:刑事诉讼法作为公法的范畴之一,其调整的基本内容就是在刑事追诉过程中公民与国家、公民基本权利与国家权力的关系。由于刑事诉讼事关公民的生命、自由和财产三项最基本的宪法权利,因而公民个人与国家之利益冲突在刑事诉讼中得到了最尖锐的体现。在这种被追诉人利益与国家利益发生最尖锐冲突的情况下,国家对被追诉人基本权利的尊重和关怀才最能凸显一国民主与法制的水平。

在公民与国家对抗的诉讼过程中,赋予刑事程序权利其基本权利的地位不仅使被告人能从国家那里获得与国家进行平等理性对抗的有效手段,而且也充分体现了国家在打击犯罪的同时对公民基本权利的充分尊重和人文关怀。据此,刑事诉讼中的人权保障是国家人权保障的重要组成部分,而且居于首要地位。刑事诉讼人权保障的好坏,不仅是该国法制文明与进步的试金石,而且还是衡量一国人权保障机制是否完善的重要标准。正是基于刑事诉讼人权保障的根本性,现代宪政国家都将刑事诉讼中一些重要的程序性权利写入了宪法。

对此，有学者解释为："刑事诉讼作为一种国家活动，与国家的概念紧密相连，我们甚至可以说，有什么样的国家政治，就有什么样的刑事诉讼。刑事诉讼是检验宪法对国家专断权是否有限制以及限制是否有效的试金石。毫不奇怪，国家权力和公民权利的调和过程，也就是人权理念的发展过程，这就是为什么刑事诉讼中的诸多问题要在宪法中进行规定的根本原因。"①

综上所述，刑事诉讼法的宪法化已经超出了美国一国的范围，成为世界各国宪政和刑事司法改革的一个共同的价值取向。比如，1964 年的日本宪法和 1993 年的俄罗斯宪法都对公民的刑事程序权利作出了详细而具体的规定，在其公民的基本权利中的比重达到了 50% 和 41.7%，仅次于美国宪法的 52.2% 的比例。就世界范围而言，根据著名宪法学者亨利·马尔赛文先生对世界上 142 部现代成文宪法的统计分析，有 88% 的宪法规定了在刑事诉讼中被告人享有诸如辩护权、质证权等刑事程序权利。② 因此，尽管从我国宪法现有的规定来看，对公民的刑事程序权利给予了必要的重视；然而，面对当今世界刑事诉讼中人权宪法保障的趋势，我国现行宪法关于公民刑事程序权利的规定仍然是相当滞后的，因此有必要在我国宪法中进一步充实和完善。

最后，需要指出的是，即使在美国本土，人们也开始了对宪法修正案中关于刑事诉讼程序等规定的反思。尤其是自 1996 年有"世纪审判"之称的辛普森案之后，更多的美国人开始思考本国司法制度的弊端。③ 毕竟过分注重程序的价值，还是或多或少放纵了犯罪而不利于受害人。在司法实践上，美国最高法院新近的一些判例也显示出回归宪法原意的倾向，以矫正过往判决所导致的过分有利于罪犯而伤及无辜的结果；全球范围内的司法改革也很大程度上显示出加强打击犯罪的趋势。④ 那么，这是否意味着美国宪法的刑事程序规定对我们的借鉴意义有所减弱呢？

在笔者看来，这样一种趋势与前述刑事诉讼的宪法化实际上并不矛盾。相反，两者之间还存在某种内在的关联和融合，那就是这两种趋势都是以保障公民的基本人权为指向的。只不过前者偏重刑事被追诉人的权利，而后者更注重保障被害人的利益。就我国的司法传统来说，当前司法改革运动的主要任务显然还是以破

① 中国政法大学刑事法律研究中心编：《英国〈1998 年人权法案〉及考察报告》，第 85 页。转引自陈学全："刑事诉讼权利之宪法化"，载《人大研究》2005 年第 5 期。

② ［荷］亨利·范·马尔赛文等著：《成文宪法的比较研究》，陈云生译，华夏出版社 1987 年版，第 144 页。

③ Akhil Reed Amar, *The Constitution and Criminal Procedure*, Yale University Press, 1997。

④ 郑贤君："宪法权利或刑事权利——评美国法学家阿玛尔《宪法与刑事程序》"，载《环球法律评论》2005 年第 4 期。

除过分注重实质正义之流弊,张扬程序正义为目标的。当然,由于这是一个涉及价值侧重转型的重大课题,故而怎样防止矫枉过正,避免由一个极端走向另一个极端,在实现程序正义的过程中依然兼顾实质正义,就成为这场改革过程中难以回避的课题。

"禁酒令"何以能入宪

——以联邦与州的权力视角解读美国禁酒立法风波(1890~1932)

方 堃*

近一个世纪前,美国全国范围内的"禁酒令"被美国社会称为"高尚的试验"。为此,国会不仅动用一条宝贵的宪法修正案——第18条宪法修正案来规定它,随后又动用了另一条——第21条宪法修正案来废除它,再加上以第18条宪法修正案为核心的前后数个国会和地方立法,长达几十年的美国禁酒问题已经不仅是世界史上社会进步运动的一个活样本,通过它,更能反映美国政治架构和社会的宪法意识,这条能让人无限回味的修正案(近乎不可能被通过却又被通过,又是唯一一条被废除的宪法修正案),它既是当时美国社会包括禁酒运动在内的"进步运动"发展到顶峰的一个标志;又是联邦与州在治安权争夺上的一次集中表现。

一、谁来管理——美国禁酒问题上法律冲突的由来

禁酒在19世纪已经成了美国社会的一个重要问题。酒精由谁来管,怎样管?这本应该由行政部门去解决,本也不应该成为问题,但美国"双轨制"政权体系却使得这一切变得不同,联邦和州各有分工。只有弄清它们彼此的权力有多大,才能明确酒精到底应该由谁去管理,这就必须从治安权的源头说起。

治安权是一个政府管理其内部事务的权力,治安权概念的应用来源于坦尼法院时期,鉴于马歇尔法院激进的联邦主义道路,坦尼法院力求对于联邦至上的原则进行一定的修正,对于联邦权力的急速增长给予一定的缓冲,在查尔斯河桥案、米尔恩案以及许可证系列案件中,①坦尼法院将治安权的概念提出并完善下来。坦尼(Roger B. Taney)认为:"我们不能……通过法律的意图和纯粹技术性的推理,剥夺它们(各州)针对内部治安和发展的权力,这种权力对它们的安宁和繁荣来说是十

* 方堃,2009级外国法律史专业,指导老师:何勤华。现工作于华东政法大学。

① Charles River Bridge v. Warren Bridge. 11 Pet. 420,548(U. S. 1837). New York v. Miln. 11 Peters 102(U. S. 1837). 5 How. 504,578 -586(U. S. 1847).

分必要的。”①

20世纪以前，无论在观念上或是政治权力上，治安权都被视为各州的保留权，不容许联邦政府轻易侵犯。但20世纪末，单纯的州内治安已经暴露出了不少局限：面对越来越多危害本州的跨州犯罪，州却不可能将州内的治安权伸入别的州；很多问题需要通过联邦的协调才能解决，联邦是不是有属于自己的联邦治安权来管理州际犯罪等一系列的问题呢？根据联邦宪法中“必要及适当”条款——联邦宪法第1条第8款第18项规定：“联邦政府在行使宪法所赋予它的各项权力时，国会有权制定一切必需的和适当的法律。”对于许多全国性问题，在各州无能为力的情况下，这条非常具有扩张性的条款，便成了联邦可以插手的理论依据。

除了“必要及适当”条款，联邦权力扩展的另一大依据便是联邦宪法中的贸易条款，联邦宪法第1条第8款用列举式的方法明确了国会所拥有的权力：“国会有权……管理与外国的、州与州间的，以及对印第安部落的贸易。”之所以这样规定，是因为在美国开国先贤们的眼中，自由贸易是一个联邦强大的必要条件，如果不将其赋予联邦政府，州就很有可能为了各自的利益而影响州际的贸易。南北战争之后，州际贸易已越发频繁，面对州内治安无法管理越来越多的因贸易带来的问题，联邦权力也由此借助贸易条款伸入各州。

对酒类的管理便遇到了这个问题，“19世纪以前，酒精的规制完全属于州内事务，各州由于习惯和传统的不同对酒精的管理也有很大的差异”。② 但南北战争之后，贸易的大发展已经使得越来越多的企业以自由贸易的名义，将酒类运往禁酒州③，面对禁酒州的法律规制，酒类企业便以禁酒州的规定侵犯了它们的自由贸易权为由，要求国会审查禁酒州颁布禁酒令的合宪性。由此，便出现了州内治安权与联邦贸易条款之间的冲突。

二、国会插手——《威尔逊法案》的提出

面对禁酒州的限制，原始包装原则成了制酒商在禁酒州规避法律的利器。“根据该原则，制酒商可以将酒类运往禁酒州，进口的酒精只要未被出售，就会被排除在各州的管理之外”。④ 在19世纪末的博曼案（Bowman v. Chicago and

① 该段翻译，参见［美］伯纳德·施瓦茨著：《美国最高法院史》，毕洪海、柯翀、石明磊译，中国政法大学出版社2005年版，第86页。

② Matthew J. Patterson, *A brewing debate: alcohol shipment laws and the twenty - first amendment*, University of Illinois Law Review, 2002.

③ 1851年，缅因州成为美国第一个禁酒州，随后，又有若干个州宣布了在州内实施禁酒令。

④ Interstate Commerce - Original Packages, Comment, *Yale Law Journal*, March, 1901.

Northwestern Railway Company)和莱西案(Leisy v. Hardin)的判决中,最高法院通过裁决的形式确定了当州内管理与贸易条款发生冲突时,后者处于绝对优势的状况。

最高法院的态度引起了禁酒地区的恐慌,各地的酒馆纷纷以"原始包装屋"(*original package house*)或是"最高法院酒馆"(*supreme court's saloon*)的名义在禁酒州泛滥起来。激进的禁酒者开始争取国会中的禁酒力量,希望通过国会来获取管理酒精的权利。在此背景下,1889年,共和党议员威尔逊提出了一项旨在赋予各州可以管理基于州际贸易而进入本州的酒精的法案,他解释该法案目的是"对联邦最高法院在近期关于酒类案件中给国会建议(酒类管理应由国会授权)的回应"。①根据该草案,各州可以基于此授权对酒类采取完全禁止、设立高门槛的许可证等措施。虽然他的同僚们当时对这一提案并不感兴趣,但威尔逊没有放弃,利用禁酒州对国会施加的无形压力以及国会中共和党的努力,他在1890年复活了一年前的《威尔逊法案》草案,该草案的内容为:

"任何流入一个州的酒精饮料,无论是被使用、消费、出售或是储存,都要受到州法律的规制,无论这种酒精饮料生产于何地,州都可以进行管理"。②

该法案得到了社会各界,尤其是禁酒州的广泛支持,但反对的声音并不是没有。该法案虽然在参议院获得了通过,不过在众议院讨论时,很多议员认为:该法案还必须要对"原始包装"贸易进行遏制。为此,司法委员会对草案进行了补充,将"原始包装"的问题增补到了草案之中。该案的最终文本如下:

"……任何基于使用、销售、储存的酒类饮品被运送到任何一州或地区,都要接受该州或地区基于州内治安权的立法规制……酒类饮品,无论是基于原始包装还是其他任何形式被运往各地,都不能免除这种管辖……"

增补的文本得到了包括《纽约时报》等多家媒体的好评,但它也牵涉一个新的问题——对"原始包装"的管理就必然需要联邦的贸易管理权与州内治安权之间在酒类的管理上重新进行分配,也就是说,联邦依然可通过贸易管理插手禁酒的事务。

1890年8月,《威尔逊法案》在众议院进行表决,由于增补文本的出现,南方的民主党人基于强烈的州权意识对该法表现出未置可否的态度,通过率不足一半,而原本对于《威尔逊法案》表示支持的北方的民主党却由于原始包装贸易的摒除而利益大损,多数议员表示反对或是宣布弃权。但共和党议员却更加团结,他们之中有

---

① Richard F. Hamm, *Shaping the Eighteenth Amendment: Temperance Reform, Legal, Culture, and the Polity*, 1880–1920, The University of North Carolina Press 1995, p. 79.

② Todd Zywicki, Wine, Commerce, and the Constitution, *New York University Journal of Law & Liberty*, 2005.

96.6%的人投了赞成票。最终，该法案惊险通过。8月8日，本杰明·哈里森总统(Benjamin Harrison)签署了《威尔逊法案》，酒类的原始包装贸易从此消失了。

通过《威尔逊法案》，联邦以一种名义上的"授权"无形中攫取了部分州内的权力，而各州则通过这一法案免予失去因莱西案可能彻底失去的酒类管理权。该法案由此可看作各方利益妥协的结果：首先，它避免了莱西案对于禁酒州可能造成的灾难性后果；其次，它解决了当时最令禁酒州头疼的问题——原始包装贸易。基于此，《威尔逊法案》也被称为《威尔逊原始包装法案》(*Wilson Original Package Act*)。当然，这部法案也有它的缺失之处，该法案的目的是解决联邦贸易条款与州内治安权的冲突。① 但是，对于联邦对州际酒类饮料的贸易管理，以及州内治安权的使用是否会出现贸易歧视等并未作出规定，②《威尔逊法案》虽然堵住了原始包装贸易的缺口，但很快，新的COD贸易迅速发展，酒类管理的缺口再次出现了。

三、新的缺口——COD法案的补救

罗德诉衣阿华州一案(Rhode v. Iowa)将《威尔逊法案》中所隐藏的问题暴露出来，该案的实质问题便是州内酒类管理立法应当在什么时间什么地点产生效力的问题。衣阿华州认为：《威尔逊法案》中的"基于到达"(upon arrival)概念本身就赋予了州可以对穿越其境内的酒类进行管制。③ 但最高法院却认为衣阿华州州内的禁酒立法是对联邦自由贸易管辖的损害。在怀特大法官(Edward D. White)撰写的多数意见中，最高法院认为：法案中的"基于到达"，应当被理解为到达"最终的目的地"而不是之前的运输、中转等过程。怀特进一步预言："如果《威尔逊法案》允许衣阿华州在州内采取这样的措施，衣阿华州法令将'不受管辖的被操作'(an extraterritorial operation)，其他州的民众和运输商也会受到衣阿华州法令的管辖。"最终，法院判决《威尔逊法案》并没有赋予州对酒类运输进行管辖的权力，除非它们到达了最终目的地。而随后的范斯案(Vance v. W. A. Vandercook Co.)中，联邦最高法院也采取了相似的立场："在酒精最终到达禁酒州作为某种用途(如销售等)之前，它都是处在联邦权力的管辖之下。"④

---

① Todd Zywicki, Wine, Commerce, and the Constitution, *New York University Journal of Law & Liberty*, 2005.

② Ibid.

③ Richard F. Hamm, *Shaping the Eighteenth Amendment: Temperance Reform, Legal, Culture, and the Polity*, 1880－1920, The University of North Carolina Press 1995. p. 176.

④ Express Packages of Liquors, C. O. D, and the Original Package Doctrine, Comment, *Yale Law Journal*, January, 1903.

联邦最高法院的狭义解释无疑在禁酒州内撕开了一个缺口,它为酒精通过COD贸易进入禁酒州提供了法律依据。所谓COD贸易,即货到付款(cash - on - delivery)贸易,在此贸易中,非禁酒州的制酒商可以通过托运等方式,将在禁酒州之外制造的酒类运往禁酒州,而禁酒州在货物最终被交付之前,不能被任何州内立法所规制。在禁酒州与非禁酒州的边界或是铁路沿线地区,许多酒类饮品以各种名义被托运到禁酒州。COD贸易的泛滥,摧毁了《威尔逊法案》在禁酒问题上的努力。

为了遏制COD贸易,禁酒人士再次寻求国会的支持:1897年和1898年,参议员本杰明·迪尔曼(Benjamin Tillman)提出了一个修改《威尔逊法案》的议案;1902年,衣阿华州的众议员赫本(Hepburn)再次提出了一个议案,希望将《威尔逊法案》中的"基于到达"(upon arrival)改为"基于边境的达到"(upon arrival within the boundary),以此堵住罗德案给禁酒州管理上带来的缺口。根据该议案,只要酒类运输进入到禁酒州的边境,禁酒州就可以行使对其的管辖权。可惜的是,该议案以微弱的差距在参议院投票中未能通过。社会上最大的禁酒运动组织——反酒馆同盟(the Anti - Saloon League, ASL)也投入到了督促国会进行立法的行动中,该组织联合众议员詹姆斯·兰杰里(James Langley)提出了一项议案,在该议案中,酒类进入禁酒州被作了严格的规定,而酒类的管理权则由联邦政府统一行使。

最终,国会采取了一个相对折中的妥协式议案——COD法案,[①]该法案要求在诸如酒类贸易的运输中,托运人应在外包装上贴上标签,表明厂商、数量及目的地,违者将被处以5000美元的罚款或2年的监禁。该法案的出台在一定程度上堵住了罗德案给禁酒州带来的一个"以邮寄、托运等方式将酒精运往禁酒州"的缺口,在外包装有了明显的标识之后,托运商很难再以托运的名义将酒精输往禁酒州了。此后,新罕布什尔州、弗吉尼亚州、俄克拉荷马州等许多州先后通过立法约束COD贸易,以便对于穿越该地区的酒类贸易进行管理。

四、权力均衡——《韦伯—凯尼恩法案》的通过

COD法案的出台堵住了COD贸易的缺口,不过COD法案毕竟不是一部专门针对禁酒的法案,它也远不能让激进的主张禁酒的力量得到满足,1911年12月,ASL组织在华盛顿举行论坛,起草了一部州际贸易法案,该草案的主要内容是:(1)禁止将酒类运送到禁酒的地区;(2)基于此类的合同也将被宣布无效。其目标

① COD Act. Now incorporated 18 U. S. C. [j0]1263.

是想通过重新恢复州内治安权的办法来彻底管理酒类贸易。[①]

该法案由衣阿华州参议员威廉·凯尼恩(William S. Kenyon)和北卡罗莱纳州众议员雅特斯·韦伯(Yates Webb)提交国会,国会司法委员会对该草案提出了修改意见:一是将草案第2条的"合同无效"条款删去,二是将赫本议案中的"基于到达原则"融入其中,宣布"当酒类基于边境到达禁酒地区"时,各州也可以基于其治安权进行管辖:

"从合众国的任一州或地区或是别的国家托运或运输任何酒精类的饮品,并以任何形式进入州内……除非州法允许其作为个人使用,否则,只要违反了该州在此方面的法律,就应当被禁止。"

议案提交之初,美国社会对此展开了积极讨论,反对该草案的人理由有两点:(1)该案对州际贸易的管理没有涉及,却赋予了州大量制定法规的权力,违背了联邦贸易条款授予国会管理州际贸易的权力。(2)联邦没有统一的处罚措施,各州对同一问题可能会处罚不同,导致司法不公。[②] 但反对禁酒者显然声势微弱,国会大厦前,他们只有16名演讲者,而相比之下,该法案支持者的声音就大得多。ASL组织了100人强大的阵容在国会前轮流演讲,[③]这使许多国会议员连反对的声音都听不到。

1913年2月,《韦伯—凯尼恩法案》在参众两院的投票中顺利通过了,但该法案在总统签字的环节上遇到了波折。塔夫脱总统(William Howard Taft)以"国会对州的授权可能会因为各州在酒类问题上制定法令的不一而违背联邦自由贸易的原则"[④]为由动用了否决权,但他的行动遭致来自禁酒州的强烈抨击,他们认为总统只是片面地考虑了制酒商的利益。支持《韦伯—凯尼恩法案》的议员挟法案第一次通过之余威,再次展开强大攻势。3月1日,参众两院再次以超过2/3多数通过,塔夫脱总统的否决失败,《韦伯—凯尼恩法案》正式生效了。

联邦最高法院也对此法案作出了合宪的认定。在当时的一系列案件中,尽管有霍姆斯(Oliver Wendell Holmes)和范德文特(Van Devanter)等大法官的反对,但最高法院多数意见还是认为:"尽管很多人认为该法案会令各州的法令出现差异,但该法案在赋予各州权力的问题上,却是平等的……至于各州对贸易规制的差异是否违宪的问题,我们认为:从我们宪法历史渊源中,并没有找到要求各州一定要

---

① Richard F. Hamm, *Shaping the Eighteenth Amendment: Temperance Reform, Legal, Culture, and the Polity*, 1880 – 1920, The university of north Carolina press, 1995, p. 213.

② Ibid., pp. 215 – 216.

③ Ibid., p. 217.

④ The Webb – Kenyon Act and interstate commerce, Comment, *Yale Law Journal*, March, 1917.

就某一事物采取统一标准的惯例。”①

《韦伯—凯尼恩法案》的出台在整个禁酒运动中，其作用是至关重要的：第一，塔夫脱总统否决所造成的两次投票的周折充分证明了当时社会禁酒力量的强大与反禁酒力量的薄弱。第二，该法案唤起了禁酒州以管理州内事务的方式来执行联邦法案的意识。该法的通过，使得禁酒州纷纷利用此法修改本州的法律。② 第三，《韦伯—凯尼恩法案》的颁布使得联邦与州在酒类管理问题上达到了一种平衡，联邦在治安权上作出了重大让步，将原本州内酒类管理的权力又还了回去。州甚至可以在一定程度上管理基于州际贸易而产生的酒类问题，这一点恰恰可以堵住《威尔逊法案》所带来的对于酒类管理不利的缺口。

当然，这部法律也还是有它的不完善之处，其中最主要的问题是表述得含糊，最明显的是法律中“个人使用”(Personal use)的概念到底该如何定义，谁也说不清。这种含糊的措辞，再加上各州本来的措施不同，给禁酒的执行造成了一定的难度，也成为此后禁酒者希望更进一步实现全国统一禁酒的重要诱因。

五、水到渠成——第 18 条宪法修正案的诞生

1913 年 11 月，ASL 宣布将推动禁酒令入宪，实权人物韦恩·惠勒宣称：“推动第 18 条宪法修正案的战斗，现在已经打响了。”③一个月后，ASL 邀请到了两位议员——德克萨斯州的莫里斯·谢泼德(Morris Sheppard)和阿拉巴马州的里奇蒙德·霍布森(Richmond Hobson)，向国会提出了霍布森草案。

霍布森草案认为酒精是威胁到全国的麻醉药(narcotic poison)，该草案的主要内容则是“在美国境内永久禁止酒类的销售、以销售为目的的制造”，并赋予国会“对酒精的制造、进口、运输、销售以及在艺术、医学、机械、宗教等领域的应用进行规制和立法”的权力。该草案凝结了许多禁酒人士的智慧，但却没有赢得国会的 2/3 多数。反对者主要是饮酒者和维护州权者，对于州权维护者来说，他们实在不愿看到《韦伯—凯尼恩法案》刚刚夺回的管理酒类的权力再次被联邦拿走。一年前还主张加强联邦权力的前总统塔夫脱此刻也站在了州权支持者这一边，他认为：“新的修正案会毁灭联邦政府与各州在酒类管理治安权上的平衡，这对于各州将是

---

① The Webb – Kenyon Act and interstate commerce, Comment, *Yale Law Journal*, March, 1917.

② 1918 年末，已经有 3/4 的人生活在禁酒州或者是县里。参见[美]A. 林克、A. S. 卡顿著：《1900 年以来的美国史》，刘绪贻译，社会科学出版社 1983 年版，第 342 页。

③ Eileen Lucas, *The Eighteenth and Twenty – First Amendments: Alcohol—Prohibition and Repeal*, Enslow Pulishers, Inc, 1998, p. 50.

一个直接的打击。”①

除了霍布森草案，里德修正条款也是禁酒力量的一次努力。随着《韦伯—凯尼恩法案》的提出，各禁酒州纷纷立法以防止酒精以各种形式流入禁酒州。但《韦伯—凯尼恩法案》还是有一定的缺口，法案中的“归个人使用”表述成为很多酿酒者将酒精向禁酒州输入的借口，大量的广告跨越州界，许多禁酒人士也希望国会能统一出台禁酒令对此进行控制。1917 年，国会议员詹姆斯·里德（James Reed）提出了一项关于邮政法案（*Postal Act*）的修正条款——里德修正条款（*Reed Bone Dry Amendment*），②其目的是禁止任何形式（如通过登载了酒类广告的信件、报纸等载体）的介绍酒精进入禁酒州的行为。③ 该修正条款规定：除非用于科研、医药等目的，任何人在州际贸易中订购、买卖或是采取会导致酒类饮料运往禁酒州，违反了禁酒州酒类管理的行为，都会因此遭到惩罚。里德条款并未产生太多争论，从提出到投票几乎一气呵成。

霍布森修正案的提出和里德条款的通过为禁酒宪法修正案奠定了基础。而“一战”的爆发给了主张禁酒者一个最为充分的理由，1917 年 3 月，ASL 敦促国会考虑他们的提案：禁止酒精在全国范围内的制造、运输和用于销售目的的储藏。几个月后，草案被修改了：对酒类的规制更为严格，规定了各州通过修正案的期限，并在修正案通过后设立了一定的缓冲期。该修正案的最终文本是：

第一款　本条批准一年后，禁止在合众国及其管辖下的一切领土内酿造、出售和运送作为饮料的致醉酒类；禁止此类酒类输入或输出合众国及其管辖下的一切领土。

第二款　国会和各州可基于共同执法权以适当立法实施本条。

第三款　本条除非在国会将其提交各州之日起七年内，由各州议会按本宪法规定批准为宪法修正案，不得发生效力。④

与第一次的草案相比，该修正案有两点引人注目的地方：一是在第一款中有了“本条批准一年后”的表述，该表述给了酿酒商一个充分的缓冲时间，避免了可能引起的动荡；二是第三款的表述，该表述成为美国宪法修正案历史上第一个有批准期限限制的条款，该条款的最初创意来自参议员沃伦·哈定（Warren Harding），他认为既然第 18 条修正案是禁酒立法过程的最后一步，就需要给予一个宽和的时间确

---

① Richard F. Hamm, *Shaping the Eighteenth Amendment: Temperance Reform, Legal, Culture, and the Polity*, 1880 – 1920, The University of North Carolina Press 1995, p. 230.

② Ch. 126, § 5, 39 Stat. 1069 (1917).

③ Constitution Law—Regulation of Interstate Commerce—Validity of the "Reed Amendment", Casenote, *Yale Law Journal*, March, 1919.

④ 译文参见李昌道著：《美国宪法纵横论》，复旦大学出版社 1994 年版，第 182 页。

保各州陆续批准。为此,他提出各州应在4年内对修正案进行批准。但ASL负责人韦恩·惠勒认为4年还不保险,最后被改成了7年批准的字样。

而对禁酒修正案的宣传,禁酒者也是煞费苦心。一方面,他们肯定了禁酒人士的不懈努力,既保证这些禁酒立法成果不会因为禁酒修正案而作废;也阐明了通过宪法修正案是必须的。另一方面,在对待州的治安权上,制定者反复强调州对于酒是有管辖权的,他们的表态一定程度上缓解了州权主义者的顾虑,禁酒宪法修正案的反对声音就小了很多。

1917年12月,投票开始了,两天之内,宪法修正案在参众议院均高票通过,几周之后,密西西比州率先批准了该修正案,仅仅一年的时间,1919年1月,随着内布拉斯加成为批准修正案的第36个州,该修正案生效了。最终的结果是:除去康涅狄格和罗德岛州,美国有46个州先后批准了禁酒修正案,而各州议会的投票总和:参议院是1309票赞成,240票反对;众议院是3775票赞成,1025票反对,[1]禁酒修正案的通过率超过了80%。

六、共同执法——《沃尔斯特德法案》的艰难执行

第18条宪法修正案顺利通过后不久,如何执行它便成为执法者关心的问题,根据禁酒修正案,联邦与州在禁酒问题上有"共同执法权"(concurrent power),但"共同执法权"是一个含糊的概念。为了明确它的执行,明尼苏达州议员安德鲁·沃尔斯特德(Andrew J. Volstead)向国会递交了一个提案,成为禁酒修正案的执行法案——《沃尔斯特德法案》(*Volstead Act*)[2]。

根据这项法律规定,除非基于其他法案的明确授权,凡是制造、售卖、运输酒精饮料的行为皆属违法,最高可被罚款1000美元及监禁半年。这项法案对于需要用酒的情形(如教堂活动、医学、制药等)也进行了规制,也禁止任何形式的酒类广告。《沃尔斯特德法案》中最为明显的特征在于它对酒类饮品的定义:该法案认定酒类饮品是指酒精浓度超过0.5%的饮品。这个限制几乎禁止了所有啤酒的生产。1919年10月,《沃尔斯特德法案》通过,虽然威尔逊总统以战时的管制和食物的短缺时期已经结束,国会无须采取如此严格的立法为由否决了该法案,但是由禁酒者把持的国会再次通过了该法案。1920年1月18日,该法案正式在全国实施。至此,禁酒支持者已经实现了其所有的目标。

---

① Richard F. Hamm, *Shaping the Eighteenth Amendment: Temperance Reform, Legal, Culture, and the Polity*, 1880 – 1920, The University of North Carolina Press 1995, p. 247.

② 41 Stat. 305(1919).

如果说禁酒修正案的通过是大势所趋,那么《沃尔斯特德法案》的通过则轻率了许多。该法案试图将禁酒修正案的执行问题厘清。但事实上,禁酒修正案诞生前,联邦和州在管理酒类的问题上似乎已经达成了一个平衡,州在各自范围内有绝对的权力管理酒类饮品,而联邦保留对于州际贸易中酒类饮品的管理权。[①] 联邦通过对运输等问题的管理来协助州进行酒类饮品的管理。[②]《沃尔斯特德法案》虽然并未就"共同执法权"进行详细说明,但因为宪法的至高无上,实质上给联邦政府绝对权威去按照《沃尔斯特德法案》的严苛要求去规范酒类。州已经完全被剥夺了酒类的管理权。仅仅依靠联邦,《沃尔斯特德法案》的执行变得异常艰难,最终成了禁酒修正案被废除的导火索。

禁酒之初,多数民众对于这项全国禁令还是持有一种谨慎的乐观态度。但潜伏着的危机却很快爆发了。第一,全国禁酒带来了毒品的泛滥和走私等有组织犯罪活动的产生。第二,在走私活动中,一大批黑帮应运而生,其最典型的是卡彭帮。第三,政府的执行成本大幅增加。1920 年,禁酒局只有 1520 个代理人,十年以后就急剧增到 2836 人。[③] 即使如此,他们也远远无法控制辽阔的国土。第四,联邦原有的税收不可避免地锐减。第五,因为禁酒,民主党几乎因此分裂。整个 20 年代,总统和国会均被共和党所把持。

危机之下,社会上的思潮也起了变化。一批反禁酒的组织先后成立了。1929 年,胡佛(Herbert Hoover)总统任命了以乔治·W. 威克沙姆为首的委员会(Wickersham Commission),对禁酒修正案的实施状况进行了调查,该委员会在 1931 年的报告中,一方面,认为"把毫无兴趣的事情硬塞给坚决不服从的一些人实际上根本不可能"。[④] 但另一方面,委员会却站在胡佛总统的立场上,在报告中敷衍塞责,认为禁酒修正案不应被废除,《沃尔斯特德法案》也不应被修正。该报告的出台迅速成为笑柄,禁酒修正案此时已岌岌可危。

七、州权回归——第 21 条宪法修正案的反思

经济危机加速了人们对于禁酒修正案存废的讨论,重新团结起来的民主党号召结束全国禁酒。富兰克林·罗斯福(Franklin Roosevelt)宣称:"我坚信,整个美国

---

① Todd Zywicki, Wine, Commerce, and the Constitution, *New York University Journal of Law & Liberty*, 2005.

② Ibid.

③ [美]A. 林克、A. S. 卡顿著:《1900 年以来的美国史》,刘绪贻译,社会科学出版社 1983 年版,第 344 页。

④ 同上,第 346 页。

都希望废除它，从今天起，禁酒修正案将走向死亡。”[①]1933 年，第 21 条宪法修正案轻松地在参众两院获得通过。10 个月以后，第 21 条宪法修正案便获得了 37 个州的批准而生效，罗斯福说：“我希望全体民众共同合作来结束它，重新实现属于个人的自由，这种自由不应当伴随任何附加条件，而第 18 条修正案自从存在的那天起，就是对个人自由的一种束缚。”[②]

执行不下去的第 18 条修正案已经充分证明了其规定的“共同执法权”的失败，而“正是这种由联邦和州共同管理所带来的悲惨经验促使着对第 18 条的废除必须坚持由州来完全行使酒类的管理权”。[③] 第 21 条宪法修正案草案的争论和修改过程，当时美国社会对于禁酒问题的思想和争论的焦点也正在于此。最初的草案内容由四款组成：

“第一款　美利坚合众国宪法第 18 条修正案予以废除。

第二款　禁止在合众国任何州、准州或属地，违反各州当地法律，为发货或使用而运送或输入致醉酒类。

第三款　国会可以基于一定的前提对酒精饮料的出售享有规制或禁酒的共同执法权。

第四款　本条除非在国会将其提交各州之日起七年之内，由各州修宪会议依照本宪法规定批准为宪法修正案，否则不发生效力。”[④]

这其中，反映第 21 条修正案实质内容的第 2 款和第 3 款，成了议员们热议的焦点。

首先是第 2 款的表述。第 2 款特别强调对州法给予酒类饮料的管制：“各州可以限制致醉酒类的运送和输入，还可以对通过采用宪法关于州际贸易规定手段的批发和出售酒类制品的行为加以管制，甚至还可以禁止在酒吧间和小旅馆里举行某些种类的招待会。”但州对于酒类的管理到底是一种无条件的授权还是一种基于国会的有条件授权，草案并没有表述。州权主义者认为这种权力应当是一种排他性的，而联邦主义者则坚持这种权力是应当受到联邦贸易条款限制下的权力。对此争论，当时的国会给予了回避。

草案第 3 款更是受到争议的部分。因为它再次挑起了因为第 18 条修正案所带

---

① Eileen Lucas, *The Eighteenth and Twenty - First Amendments: Alcohol—Prohibition and Repeal*, Enslow pulishers, inc, 1998, p. 86.

② Ibid. , p. 88.

③ Matthew J. Patterson, A brewing debate: alcohol shipment laws and the twenty - first amendment, *University of Illinois Law Review*. 2002.

④ Aaron Nielson, No more“cherry - picking”: The real history of the 21st amendment's § 2, *Harvard Journal of Law and Public Policy*, 2004.

来"共同执法权"的争论。如果说,共同执法权的表述在禁酒修正案中只是一个模糊概念的话,到第 21 条修正案的时候,国会议员已经有充分的理由提出异议:(1)鉴于全国禁酒时代失败的执行状况,联邦政府是否还有能力去执行酒类的管理措施;(2)更有议员指出,这一条款违反了将酒类管理归还到各州的初衷,与整条修正案的精神是背道而驰的。[①] 最终,"共同执法权"这个概念被涤除出去,原来的第 4 款成为第 3 款,第 21 条修正案被最终表述为:

"第一款　美利坚合众国宪法修正案第 18 条予以废除。

第二款　禁止在合众国任何州、准州或属地,违反各州当地法律,为发货或使用而运送或输入致醉酒类。

第三款　本条除非在国会将其提交各州之日起七年之内,由各州修宪会议依照本宪法规定批准为宪法修正案,否则不发生效力。"[②]

时至今日,关于第 21 条宪法修正案的争论也一直存在,尤其是围绕第 2 款的争论没有停止,州对于酒精的管理是否可能造成贸易歧视?联邦贸易条款到底还有多大的权力?但这种争议的根本问题还是联邦与州在酒类管理的治安权上的分配。

可以肯定的是,无论权力属于谁,最终是要达到一个相对稳定协调的状态。奥康纳大法官曾经说过一段话,颇值得回味:

"我确信最终的解决方案并没有完全推翻禁酒修正案的逻辑,禁酒修正案的错误并不应当被全盘否定,如果权力完全交给各州将会走向另一个极端,联邦政府还是应当在酒类治安权领域发挥其应有的作用……当前的首要问题是恢复因为禁酒修正案而被破坏的联邦与州之间在酒类管理上的平衡状态,这种平衡力应当优于由任何一方来主宰酒类管理问题。"[③]

八、结论:联邦权力的边界

联邦的权力应该有多大,又能发挥到多大。禁酒立法风波,只是这个问题的一个反映,但它却由于 13 年间 2 条宪法修正案的存废而格外显眼。回顾 40 余年的禁酒立法史,禁酒者是在经过艰苦努力并在多种外部条件的帮助下才一步步地完成

① Matthew J. Patterson, A brewing debate: alcohol shipment laws and the twenty – first amendment, *University of Illinois Law Review*, 2002.

② 本译文参见李昌道著:《美国宪法纵横论》,复旦大学出版社 1994 年版,第 184 页。

③ Aaron Nielson, No more "cherry – picking": The real history of the 21st amendment's § 2, *Harvard Journal of Law and Public Policy*, 2004.

了这个近乎无懈可击的过程。但这个过程背后的理论支撑却一直有两个争议问题:一是如何处理进步运动对全国禁酒的需求与个人饮酒权利的冲突;二是如何平衡州内治安与联邦权力介入这二者之间的关系。每逢重要草案被讨论之时,所有的争议无非围绕这两个焦点而展开。

州内的治安与联邦权力的介入这二者间的权力分配是禁酒立法的核心,联邦权力的膨胀使权力冲突开始激化,《韦伯—凯尼恩法案》的出现曾一度让这个权力的配置变得相对稳定,但形势的迅猛发展却突破了这种稳定的局面,禁酒的问题就这样被提到宪法修正案的高度。"第 18 条修正案是一种融合了进步的理念、保守的信念与个人的节制等伟大尝试而掀起的社会运动的一个集中反映"。[①] 但一部法律特别是宪法修正案的出台并不是仅仅依靠人们的进步理念就可以通过的。它能够最终通过的根本原因在于进步运动浪潮隐藏下的联邦权力的扩张。这种扩张,是州权基于进步浪潮的一次无奈妥协,由于"进步运动"的掩盖,它的通过并没有受到太多的阻力,而其背后关于联邦与州的权力博弈也没有受到社会民众的太多关注,只是当禁酒修正案遭遇重重危机时,人们才发现:宪法修正案无法解决这样的社会问题,它"只是喂养了联邦巨人"。[②]

当然,这种尝试并非没有价值,"共同执法"的举步维艰促使州治安权的回归,立法者也认识到:在禁酒等涉及人们日常生活的问题上,所谓联邦治安权或许根本就不存在,它最终还是要通过各州来解决。第 21 条宪法修正案将这个问题拨回到原有轨道,也算是对 40 余年禁酒立法经验的一个总结。

---

① Robert Post, Federalism, Positive law, and the Emergence of the American Administrative State: Pprohibition in Taft count era, *William & Mary Law Review*, October, 2006.

② [美]劳伦斯·弗里德曼著:《美国法律史》,苏彦新等译,中国社会科学出版社 2007 年版,第 732 页。

美国司法审查的操作规程探究

王丹丹*

有人说,美利坚合众国的宪政大厦是按孟德斯鸠的图纸设计的,①其实也不尽然。在孟德斯鸠的图纸上只对国家的立法、行政、司法三权进行了设计,而并未对中央与地方的关系作出安排。联邦制的巧妙设计不能不归功于美国人自己的试验。在美国的联邦结构中,司法权是非常特别的,由联邦宪法创设的联邦最高法院由于司法审查制度而取得了比世界上任何一个国家司法部门都要大的权力。美国人为他们的宪法而备感自豪的大部分原因应当归功于那种独特的司法制度:"在西方各国人民中只有美国人使立宪制度成为一种宗教,使司法制度成为一种宗教规程,并使两者处于虔诚的气氛之中。"②对这种由司法审查制度而导致的"司法至上",法国一些学者进行了抨击,认为这是"法官专制制度"。③ 然而,法国人的这个论断有一半是错的,司法审查制度也许是与民主制度有些捍格,但它并未使那几位"高级祭司"④凌驾于国家之上,美国仍是一个由总统、议员、法官"三分天下"的共和国。美国人以有这样的制度而深感庆幸,并对这些宪法的"高级祭司"怀有由衷的敬意。令人有些费解的是,像美国这样拒不承认国王们的神权也同样拒不承认议员们的无限权力的人民,竟然给他们的法院披上神圣的外衣,并允许它行使最高权力。毫无疑问,美国联邦最高法院的司法审查制度是美国最重要的制度之一,它是美国宪政不可或缺的部分。在美国,司法审查可以使最高法院给罗斯福政府所建造的电站制造短路,同时也可以使它按联邦宪法的原理亲手把线路重新连接起来。但若因此而认为司法审查就是那几位反复无常的法官的任性的表现,那就大错特错了。司法审查作为一种制度必然有它自己的操作规程。就一般而言,司法审查是一种司法制度,法官们要审查法律是因为他们不得不对案件进行审理,不能不对诉讼进行裁决,因而它必须遵守司法制度的一般规则。然而,司法审查又不是一般性的司

---

* 王丹丹,2010 级法律文化专业,指导老师:沈国明。现工作于云南财经大学。

① [美]汉密尔顿等著:《联邦党人文集》,程逢如等译,商务印书馆 1980 年版,第 246 ~ 251 页。

② [美]H. S. 康马杰著:《美国精神》,盛葵阳、南木译,光明日报出版社 1988 年版,第 531 页。

③ 他们说:"这种制度使司法权约束立法权是难以接受的。它与社会学派的'法律规则是群体意志的表现'的原则格格不入。群体意志确实是通过被当选的代表体现的,而不是通过一个执法的职业团体——一个人们十分有理由地称为法官的制度。这些法官将会凌驾于国家之上,而这与民主原则是明显相悖的。"

④ 指联邦最高法院的法官,美国人喜欢把他称为"宪法的高级祭司"。

法制度,法官们不但要办案子,而且也要审判法律,即美国的法官不是通常意义上的法官,他们不是依照法律办案,而是依据宪法进行审判。所以,司法审查又必然具备自己一些特殊的操作规程。无疑,宪法是司法审查的最高依据,但它本身又依赖于法官们的解释。事实上,这些规程主要不是由宪法和法律确立起来的,而是在最高法院的长期司法实践中逐渐形成的。在司法审查制度中,当事人要提起是否合宪的诉讼必须首先要具备提出这种诉讼的"资格"。当事人即使具备了这种资格,也并非对所有的宪法问题都可以提出这样的诉讼,如"政治问题"就是被禁止的。同样道理,最高法院如何行使司法审查职能自身也存在积极主动和消极的"自我抑制"的区别。这些都构成了司法审查运作的规则和程式。

一、诉讼资格的限制

最高法院并非对当事人提起的任何宪法诉讼都进行司法审查,它首先要判定提出宪法诉讼的当事人是否具备了诉讼的资格。只有当诉讼资格被确认之后,法院才会对案件所涉法律进行司法判断,不具备诉讼资格就意味法院不进行合宪或违宪的判断。从一般意义上说,在美国司法审查的规程中,只有案件中的直接受害人才能就是否合宪问题提出诉讼,这是司法审查运作的最基本前提。在这个前提下,对受害人的诉讼身份或资格最高法院有一些非常复杂的要求。根据规则,受害人必须能够说明由于某一项法律的实施已经给他的法律权益构成了具体威胁,或已造成了"实际损害"。如果不是"实际损害",而是广义上的冤情,因这种冤情与其他公民的冤情无法区分,是不能提出宪法诉讼的。譬如说,一个公民控告某一个联邦机构的行为违反宪法的某一具体条款,就会因没有"实际损害"而丧失提起诉讼的资格。同样道理,只有理论的或抽象的利益是不够的,仅仅是一种维护自己所认为的愿望也不行。单是表明有防止国会违宪或防止总统越权的一般性意向,也不足以具备提起诉讼的身份。一个有钱的富人不能因为联邦颁布的"济贫法"可能给自己造成损失而起诉这个法律。1974 年,在"合众国诉理查逊案"中,法院认为,一位公民没有资格对授权中央情报局长一人批准经费开支的联邦法令提出违反了宪法第 1 条第 9 款第 7 项中关于应经常公布公款账目这样的诉讼。同年,在"施莱辛格诉预备役人员制止战争委员会案"中,对国会议员在武装部队预备役工作的做法提出质疑,认为它违反宪法第 1 条第 6 款第 2 项中关于禁止众议员担任合众国管辖下的任何职务的规定,被法官们裁定为只是广义的冤情而不属于具体损害。

在司法实践中,最高法院常常给予"实际损害"以严格的界定,实际损害(包括直接损害和间接损害)必须超出仅仅是对所质疑的法律的"一般性的不满"。根据这一概念,少数种族的成员或低收入与中等收入者不能仅仅因为他们的种族或收入水平而具有对排他性的城市规划条例提出质疑的资格。他们必须表明,遭到他们反对的法律给他们本人带来某些直接的或间接的损害。1975年,在"沃思诉塞尔丁案"中,诉讼当事人控告城市区划法使房地产公司没能建造适合于自己的住房被最高法院裁定为不具备诉讼资格。法院认为,当事人要提起是否合宪的诉讼,必须提出或指明有哪一家房地产投资开发公司愿意建造适于他们需要的住房,而城市规划法又阻止了该公司这样去做。另外,在"阿灵顿海茨特诉大都会住房开发公司"案(1977年)中,一名黑人诉讼当事人希望在靠近工作地点处有住房,而他又有能力购买一个房地产投资开发商希望建造的住房,他获裁定有资格控告排他性的官方行为是种族歧视性的。同案中的原告(一个非营利性的房地产投资开发商)因他已经签约购买土地用于建造种族混居的住房,也获裁定有诉讼资格。法院的理由是,开发商已为规划中的建房计划支出了资金,因而蒙受了经济损害,即存在"实际损害"。在该案中,最高法院进一步认为,房地产投资开发商希望在适用的低档住房缺乏的地区建造这种住房,而他的"希望却遭到挫折",这种挫折反映了一种不太具体的损害,从这种不太具体的损害中也可以找到实际损害。事实上,"实际损害"在很多情况下是很难确定的。在司法实践中,"寻求救济办法的当事人是否已经提出了与这种争执问题的结果具有利害关系,是否有明确的被告,是否有法院据之阐述困难的宪法问题",被最高法院看做是确立有无"实际损害"的一个基本依据。①

个人利害关系的规定并不一定意味着是在法律上受到损害,而主要是要求诉讼当事人表明已受到某种事实上的损害。这种损害的表现形式是多种多样的,既可以是经济方面的损失,也可能是美感方面的或环境方面的损害。1976年,在"辛格尔顿诉伍尔夫案"中,最高法院认为,一名医生若能够证明受质疑的法律使他蒙受了损失,那么他就有资格提起诉讼对州的堕胎法提出质疑。1978年,在"杜克动力公司诉卡罗来纳环境研究小组案"中,最高法院运用"具体威胁"(实际损害)的理论,核准住在准备建核电厂社区的居民有对使建设核电厂成为可能的联邦法规的合宪性提出质疑的诉讼资格,因为建核电厂对生活环境已产生了具体威胁。同样道理,在"格拉德斯通房地产经纪人诉贝尔伍德村案"(1979年)中,法院裁定说,如果房地产经济人的经营活动损害了一条街道或一个村庄的村民建立和维持稳定的无种族隔离社区之能力,这些居民和村民根据宪法第3条有足够的资格对房地产经纪人的活动提出诉讼。

---

① Baker v. Carl,369U. S. 186(1962).

如果一名州参议员想展览某些外国影片,那么根据联邦的1938年《外国代理人登记法》的规定,他必须在这些影片上加上"政治宣传"的标签。在这种情况下,他就有资格对该登记法提出质疑。这是在1983年,"米斯诉基恩案"中最高法院所作的裁定。在该案中,法院认为,这名州参议员提出质疑的根据不只是"主观的不寒而栗",他展览这些贴了标签的影片势必使他个人的名誉、政治和专业声誉招致受损失的风险,同时损害他重新当选的能力。①

"实际损害"的存在是诉讼资格具备的必要条件,而并非充分条件。当事人要具备完整的诉讼资格,除了有"实际损害"之外,还必须能够说明此种损害与法律设定的某种政府行为之间有因果关系。也就是说,质疑方当事人能够表明实际损害确实是由受到质疑的政府行为引起的。进而言之,原告必须表明,他本人所要求的司法救济将能补偿他所说的受到的损害。在1984年"艾伦诉赖特案"中,诉讼当事人声称,国内收入署没有剥夺实行种族歧视的私立学校的免税地位,这削弱了他们自己的子女接受无种族隔离教育的能力。对此,最高法院作出的裁决指出,控告提出了一种充分的损害要求,但是并没有表明这种损害完全可以追究国内收入署的行为。虽然诉讼当事人举出了享受免税待遇的若干实行种族隔离的学校的名字,但并不能确切弄清有多少实行种族隔离的学校从税额优惠中得到好处。此外,当事人说取消税额优惠将迫使实行种族隔离的学校改变招生政策,法院认为这只是一种推测,要彻底改变学校的种族成分需要家长和官员集体作出响应。因而法院裁定说,此案中的因果关系是"不够充分"的。诉讼当事人还说,对实行种族歧视的学校实行税额优惠已给少数群体成员带来"蒙受耻辱的损害"。对这种说法法院也不予以支持,认为诉讼当事人没有能够"举出"他们本人因为被剥夺平等对待地位而蒙受的"耻辱性损害"。② 但在上述"杜克动力公司诉卡罗来纳环境研究小组案"(1978年)中,最高法院却裁决核电厂运作造成的环境损害与联邦的《普赖斯—安德逊法》之间有因果关系。其理由是,损害完全可以追究到该法对核事故潜在责任的限制性规定。虽然即使没有这项联邦法律,仍有可能建设这些核电厂,或者政府建设自己的核电厂,但原告没有必要排除其他各种可能性。

从这两个案件中可以看出,美国最高法院对因果关系的处理缺乏明晰性和统一性。其原因一方面来自因果关系本身的复杂性。事实上,因果关系无论出现在何种法律都是一个难以操作的概念,在宪法领域同样如此。但在另一方面,因果关系

① Jerome A. Barron and C. Thomas Dienes, *Constitutional Law*, West Piblishing Company, 1991, pp. 18 – 22.

② 斯蒂文森大法官对此持有异议,他认为,这种损害是"完全可追究的"。税额补贴本身的目的就是鼓励某种行为,为某种具体的不良行为而取消这种补贴将阻止那种行为,这是合乎逻辑的结果。

在上述两个案件中明显地被加进了一些非客观化的因素，表明最高法院对种族问题和对狭义上的公民权利问题的不同态度。它对政府权力干预白人公民权利怀有极大的敌意，喜欢扮演"权利保护伞"的角色。而在种族问题上，却表现得相当"审慎"和保守，这不能不说是"白人优于黑人"的观念仍在影响着代表美国正义和公平的那几位宪法的"高级祭司"。1789 年的联邦宪法原本就是白人的宪法，就像南部的美国人所说的上帝是白人一样。

应注意的是，从 20 世纪 70 年代以来，美国最高法院突破了诉讼提起人必须是"直接受害人"这一限制，使身份概念呈扩大化的趋势。最高法院已确认，"国会可以通过立法，特别是授权公共利益团体的代理人有向联邦法院提起诉讼的身份……即使没有法律的特别授权，没有诉讼身份的经济利益团体，有时经过复查，也被认为具有充分的诉讼身份"。[①] 例如，数据处理公司可以对授权银行同其竞争的法规提出异议，而租赁土地的农民则可以反对由农业部长颁布的影响其经济地位的法规。与此相应，在关于诉讼身份或资格问题上便逐渐形成了"第三方诉讼身份"这一概念，最高法院称其为"第三者权利"。在传统的身份概念中，只有直接的受害人才有提起宪法诉讼的身份或资格。也就是说，甲不被认为有提出属于乙的法律权利的诉讼资格。即使甲遭受足够大的实际损害可以提出自己的合法要求，但这种诉讼身份仍不足以使他提出乙的合法要求。"第三方诉讼身份"是说，如果甲能提出充足的理由使自己就乙的合法要求提出诉讼，法院则允许他这样做。其条件是：如果乙提出自己的法定权利即使不是不可能，但很困难，则可以准许甲提出乙的要求；如果甲与乙之间有亲密的私人关系，法院还可以放宽对第三方诉讼资格的限制。例如，准许医生提出他的病人的隐私权问题，对限制堕胎法律的合宪性提出质疑，因为医生和病人之间的关系被看做是密切的私人关系。除此之外，要病人提出自己的权利也比较困难，因为他可能希望避免公开宣传，从而不愿就自己的要求提出诉讼。又如，在购买啤酒方面对男女作不同限制的法律，由于它损害了销售人与潜在买主之间的关系，除直接受害人之外，销售人也被认为有诉讼资格根据平等保护条款对有关法律提出质疑。如果以下各项条件满足，各组织也可以就其成员的法定权利提起宪法起诉：一是成员必须受到实际损害，从而具有宪法第 3 条规定的诉讼资格；二是争讼中涉及的权益必须与组织的宗旨有关；三是提出的要求和司法救济不要求各成员参与。环境问题诉讼是利用组织诉讼资格最多的案件。

在美国，尽管诉讼资格的范围有扩大化的趋势，但传统的"直接受害人"的诉讼身份概念仍是法院确定诉讼资格问题最基本的依据。首席大法官博格曾告诉美国

---

① United States v. Richardson, 418 U. S. 196 (1974).

人说:“虽然宪法没有提供一般的司法救济办法,但不等于说公民对国会所确立的‘基本法律’不满意就无能为力……缺乏诉讼身份……并不损害公民在政治辩论或投票中发表意见的权利。虽然传统的选举秩序有时被认为迟缓、麻烦、反应不灵,而我们的制度可以使公民在他们选出的代表违法失职时,经法定多数的同意予以撤换。”①这位大法官似乎一方面为他和他的同行们作辩护,另一方面又为公民们对法律的不满指示发泄的渠道。然而,美国公众却认为政府其他部门对公民的意愿不仅反应不灵,而且麻木,有越来越多的人把他们对法律的怨情诉诸于“衙门”,希望那些“青天大老爷”替他们做主,因而最高法院受到日益增多的宪法诉讼的强大压力。

二、“政治问题”不审查的原则

美国司法审查的运作必然关涉整个国家的分权与制衡的政治体制。如果最高法院不加区别地受理一切有关法律的宪法诉讼,并不受限制地作出违宪或合宪的判断,势必会冲击国家权力之间分立和平衡关系;如果拒绝受理一切有关法律的宪法诉讼,并拒绝作出违宪或合宪的判断,则又会使司法审查制度失去应有的意义。这要求统治者必须在“制衡”与“越权”之间找出一个中界点,既要使立法、行政和司法三权达到平衡,又不使任何一种权力凌驾于其他两权之上。经过长期的实践,逐渐形成了所谓“政治问题”不审查的原则。

“政治问题”是一个很难加以明确界定的概念,联邦最高法院也从未给它下过定义。根据最高法院的司法判例,它主要包括以下几个方面:联邦宪法直接规定由国会和总统加以解决的问题;在司法上无法找到解决标准的问题;不经非司法的政策决定就无法决定的问题;可能使国会、总统和法院宣布的决定陷入互相冲突困境的问题;等等。具体地说,一个外国政府应否被合众国所承认,应当由总统决定,法院不能审查;同样,批准宪法修正案的州数是否达到法定的多数,应该由国会决定;某一州的州政府是否为合法政府的问题,应由国会和总统共同确定;州政府是否按照宪法要求的共和制组成,应由联邦国会确定;州的地方民团是否进行了适当的训练,由总统和国会共同掌管;而在总统选举的全国提名会议上的代表争执,则由各政党决定,等等。

尽管有上述若干划分“政治问题”的标准,但其范围和界限仍然不明确。联邦宪法只是在一些重大问题上对国会、总统和法院的职权作了明示性的划分,而在许

① United States v. Richardson, 418 U.S. 196(1974).

多具体问题上界限是模糊不清的。而且,法官们一直信守“最高法院是宪法的最终解释者”这一信条。因此,哪些是属于“政治问题”最终还须依赖于法院的解释。一般说来,一个有争议的问题,如果因为内容奇特、关系重大,或“难以作出原则性的决策”,或者对司法卷入的后果感到担忧,那么这个问题就应被看做是“不可由法院审理”。但事实并非总是如此。最高法院所处的两难境地使它无法形成一个统一的识别“政治问题”的标准。一方面,最高法院作为一个既无财权也无兵权,其权威只能建立在公众信任感之上的机构,对涉及各政治力量冲突的政治纠葛必须采取克制的态度,因为涉足“政治问题”太多而引起公众的反感,必定会影响自身的权威。另一方面,为了与立法、行政两种权力抗衡,最高法院又不得不经常陷入“政治荆棘丛中”。这确实是一个两难的境地,因而如何识别“政治问题”,最高法院不能不从自身考虑。1969 年,在“鲍威尔诉麦科马克”这个政治问题案件中,最高法院裁定,国会开除一名当选代表属于可由法院审理的案件。其理由是,虽然宪法第 1 条第 5 款专门规定参众两院“应自行裁判本院议员资格”,但这项规定并不包括国会可以“开除一名当选代表”的权力。相反,在 1990 年的“合众国诉穆尼奥斯—弗洛雷斯案”中,最高法院则拒绝受理对一项法律的质疑。此案是根据宪法第 1 条第 7 款第 1 项“议案提出条款”,①对一项要求被判犯有联邦轻罪的人都进行金融资产特别评估的联邦法令提出宪法诉讼。最高法院认为,该法令是作为一项征税议案在众议院提出的,而宪法要求一切征税议案都应首先在众议院提出,这是众议院的权力,最高法院不予干涉。这说明,一个案件是属于司法性问题还是属于政治性问题的最后决定权仍在联邦最高法院。这样一来,司法审查的“政治问题”限制,实际上成为法院的一种自我控制。

三、司法消极主义与“自我抑制”

司法消极主义(Judicial Passivism),也称司法自约(Judicaial Selfrestraint),有两层意思:一是说,联邦最高法院对国会、总统以及州议会、州政府的法律或法令不采取积极主动的步骤进行审查,它只能在“诉讼”和“案件”的审理过程中对其所直接关涉的法律进行是否合宪的判断,对诉讼或案件没有涉及的法律,法院是无权说长道短的。如果最高法院可以不经司法程序在任何场合对法律、法令说三道四,这不只是越权,而无疑是向整个国家体制开战。这是司法审查最基本的特征,它保证了

① 美国宪法第 1 条第 7 款第 1 项规定:“一切征税议案应首先在众议院提出,但参议院得以处理其他议案的方式,提出修正案或表示赞同。”

审查的"司法"性质。从这一层上说,司法审查只能是"事后审查",而不是对法案的"事先审查"。二是说,最高法院在司法审查过程中,对其他政府部门的权力应最大限度地表现出"谦让与敬意"(humility deference),即采取克制的态度,自我抑制、自我约束。自1937年以来,自我抑制、自我约束已成为司法审查运作的一项基本原则。这一原则主要体现在以下两个方面:

合宪性推定。大意是说,一项被控违宪的法律,它应首先被推定为合乎宪法的,直到有无可怀疑的宪法理由证明相反时为止。这与刑法中的"无罪推定"的道理差不多。早在19世纪初期,大法官约翰·马歇尔就曾对这一问题进行过阐述,他认为,在确认法律违反宪法超出一切合理的怀疑以前,要推定法律的有效性,这对于制定法律的立法机关的贤明、诚实及爱国心来说,是应当得到的尊敬。后来的法学教授和法官们将其进一步解释为:立法部门"不仅仅是犯了错误,而且只有犯了非常明显的,就是说犯了没有合理地怀疑余地的明显错误时,才能宣布法律违宪无效"。这一原则经过一代又一代的法官们的积极倡导和努力,已经在最高法院这个庙堂里深深地扎下了根。

宪法判断的消极性问题。联邦最高法院在进行司法审查时,不能不考虑到它与其他政府部门的平衡关系,特别对一些处在风口浪尖的非常敏感的问题,最高法院也不愿身陷公众舆论的漩涡。因而,在司法审查的实践过程中,法院也经常权衡利弊,在某些案件或诉讼中故意回避作宪法判断,逐渐便形成了一种消极性的宪法判断回避制度。这种制度主要由7项原则构成:(1)法院在非对立的可以调解的诉讼中,不对立法作是否违宪的判断;(2)法院除非有了必要,不主动对宪法问题提出审查;(3)法院不广泛地、公式化地提出有关宪法的准则,除非有明确的事实要求适用这些准则;(4)即使根据案卷记录可以提出有关宪法问题,如果存在其他的理由能够使案件得到处理,法院就不要作宪法问题的判断;(5)法院不能根据那些由于法律的实施而受到侵害,但又不能举证的人的请求,就对有关法律的合宪性作出判断;(6)法院不能根据获得法律利益的人的请求,就对有关法律的合宪性作出判断;(7)在对国会的法律效力发生疑问时,法院要首先确定是否存在法律解释的可能,从而尽可能避免涉及宪法问题。①

正如布伦南大法官指出的,"法院要独立地作出裁决就必不可避免地表现出缺乏对平行部门应有的尊重"。美国最高法院在司法审查问题上无论怎样克制,它只要进行审查,实际上都是对其他部门特别是立法部门的一种伤害。在美国,司法审查的运作缺少宪法的具体规制,主要由法院根据对事物的判断灵活掌握。虽然,司

① 吴撷英:"西方国家的宪法保障制度",载《法学论文集》,北京大学出版社1984年版,第225页。

法消极主义的自我约束能够使法院的审查行为不致对分权制衡体制构成威胁，而且在一般意义上，这一体制的正常运行也主要得之于法院的这种自约；然而，在很多情形下，"自我约束"是靠不住的，事实上美国最高法院也并非都能管住自己，因而在美国它时常受到人们的批评和责难。就此而论，如果在自我约束的前提下，能够再配备一定的宪法装置，司法审查制度也许会运作得更好。

司法审查的操作规程使美国的法院既保持了司法的一般特征，又使美国的法院与其他国家的法院不同。[①] 这些规程说明，美国最高法院无论实际上怎样审查法律，它都必须在案件的裁判中进行。要使司法审查发生作用，就必须要有争讼的案件。因而，只要没有依法提起诉讼的案件，司法审查便没有用武之地。司法审查之权存在那里，但可能不被使用。当法官审理一个案件而指责与此案件有关的法律时，他只是扩大了自己的职权范围，而不是越出了权力界限；这些规程说明，司法审查并不是对全国的一般法律进行审查，只不过是在纠正私人案件中所适用的法律。法官判决某一私人案件，当他坚信某一个法律的一般推论有了毛病而认为它无效并加以抵制时，他并没有越出司法的界限。但是，如果法官直接指责一般原则或没有待审的私人案件而抵制法律，那么他不仅越出了所有国家都同意应予限制的法官的职权范围，而且也使法官的性质发生了改变，法官也就不再是法官而是政治家了。与此同时，这些规程使美国最高法院成了不同于一般意义的法院，也使美国的法官成了并非只是"法律奴仆"式的法官，也就是说，它使美国的法官们获得了一种不言而喻的政治权力：他们是按照宪法而不是法律判案。在美国，法院服从宪法并非先服从法律不可，这是最紧要之点：只要法官拒绝在案件中援用某项法律，那项法律因为不被援用便最终丧失它的力量。这样一来，美国的法院实际上又具有了"'一人'（宪法）之下，'万人'之上"的政治地位。司法审查近200年的历史就是在这种司法与行政兼具的角色中施展它的本领的。[②]

---

① 据统计，在全世界目前142部成文宪法中，按照美国的模式明文规定实行司法审查的有40个，暗含规定的有24个。但没有哪一个国家的法院享有美国法院那样高的地位，也没有哪一个国家的法院与美国的法院完全一样。

② 比尔德在分析司法审查制度对法院性质的影响时写道："逢到需要作出哲理性的安排时，必须把司法部门既是宪法的最高监护人又是行政机关这个双重身份牢记在心。"[美]比尔德著：《美国政府与政治》（上册），朱曾汶译，商务印书馆1987年版，第221页。

战后美国国家安全工作的法律规制

黄爱武*

作为一个崇尚民主、自由、人权至上的法治国家,美国法制文化的特色是美国人注重自己权利的感觉(Right Conscious),比其他如意大利、英国或日本人都要强烈。① 在传统的文化意识上,美国人在早期对国家安全工作一直是抱着既依靠又抵触的矛盾心态,一方面国家的国防、外交和情报需要国家安全机关的保障和支持,国家安全机关也确实为捍卫美国的国家安全、保卫美国人的美好生活立下汗马功劳;另一方面他们又对这种不能登大雅之堂的隐蔽秘密工作很是不屑,"君子不拆他人信件"便是这种意识的折射,而且担心这只"无所不能"的"猛兽"会"无法无天",伤及美国人的民主和权利。美国宪法宣称"它代表个人的权利,保障个人权利甚至不受合法权威的侵害,甚至不受民选代表的侵害;而且在大多数场合,即使他们的行为出于善意和出于公共利益,也不得侵害个人利益"。② 于是美国人逐渐从法制上和制度上对国家安全工作进行制约和平衡,除了设计国会的法律监督、法院的司法审查等重要制约方式外,战后还通过大量的立法,对国家安全体制的构建、国家安全机构的设置及其职能、国家安全工作的活动及其手段等进行了具体明确的规定,将整个国家安全工作纳入和置于法律框架之内,目的是将国家安全工作的效益发挥到极致,而将其危害控制在最小范围。

一、战后美国国家安全体制法律架构

1947年,美国颁布《国家安全法》后,相继成立了众多的国家安全机构,历经调整、改革,直至今日建成了一个现代的国家安全情报体制,美国人习惯称为"情报界"(Intelligence Community)。美国情报界在外交、军事等国家安全事务决策中发挥了难以替代的巨大作用。可以说,离开了国家安全情报系统,美国的全球霸权将难以为继。③

---

* 黄爱武,2006级中国法律史专业,指导老师:王立民。现工作于华东政法大学。

① 杨桢:"美国法律的演进及现状",载《山西大学学报》(哲学社会科学版)2007年第3期。

② [美]路易斯·亨、阿尔伯特·J.罗森塔尔编:《宪政与权利》,郑戈、强世功译,生活·读书·新知三联书店1996年版,第1页。

③ 申华:《美国国家情报管理制度研究》,军事科学出版社2010年版,第28页。

(一)战后美国国家安全情报系统的运行体制

美国国家安全情报系统实行"中央集权"与"分工负责"相结合的运行体制,① 总统是国家安全系统的最高统帅和最主要的"情报消费者"。该情报系统规模庞大,军方、行政等系统的各情报机构之间关系错综复杂,甚至存在种种矛盾和冲突。为了对国家安全情报系统进行有效的管理,美国通过不断立法,运用法律建立了一个统一、协调的情报体制。"9·11"事件后,根据2004年7月美国受恐怖主义袭击事件全国调查委员会(National Commission on Terrorist Attacks)公布的最终调查报告,②即《"9·11"调查报告》、2005年3月"美国有关大规模杀伤性武器情报能力委员会"提交的报告,以及2004年12月美国国会通过的《情报改革与恐怖主义防范法》,美国国家安全情报体制进行了改革,形成了:总统通过以其为主席的国家安全委员会(简称国安会)对整个国家安全情报系统实施指挥和管理,向各个情报部门提出和下达任务;国家安全情报系统各成员单位在国家情报主任(Director of National Intelligence,DNI)的领导下,各司其职,通过国家情报主任向国家安全委员会和总统负责。③

目前该体制包括决策、咨询、监督、指挥和执行等层面:④

1. 决策机构

第一层是国家安全委员会(National Security Council,NSC),属于决策层次。依据《1947年国家安全法》设立,是美国国家安全事务的最高权力机构,其法定成员是总统、副总统、国务卿、财政部长和国防部长,由总统担任主席,参谋长联席会议主席是委员会的法定军事顾问,国家情报主任是法定的情报顾问,国家安全事务助理是秘书长。⑤ 国家安全委员会不负责日常情报事务,但为情报系统的管理机构提供宏观指导。

2. 指挥机构

第二层是国家情报主任(Director of National Intelligence,DNI),属于指挥协调层次。在《2004年情报改革与预防恐怖主义法》通过后,国家情报主任取代中央情报主任,成为美国情报系统管理事务的主要负责人,美国人戏称为"情报沙皇"

---

① The Commission on the Intelligence Capabilities of the United States regarding Weapons of Mass Destruction, Report to the President of the United States, March 31, 2005, Official Government Edition, p. 579.

② 通常也称为"'9·11'事件独立调查委员会"。

③ Office of the Director of National Intelligence, An Overview of The United States Intelligence Community, 2007, p. 2.

④ 王谦、梁陶:"揭秘美国情报网",载《中国国防报》2008年4月29日第22版。

⑤ The Commission on the Intelligence Capabilities of the United States regarding Weapons of Mass Destruction, Report to the President of the United States, March 31, 2005, Official Government Edition, p. 589.

(Intelligence Czar)。国家情报主任由总统提名、经国会参议院批准后由总统任命,直接对总统负责。2005年4月,美国原驻伊拉克大使约翰·内格罗蓬特(John D. Negroponte)被任命为第一任国家情报主任;第二任为约翰·麦可·麦康奈尔(John Michael Mc Connell);第三任为丹尼斯·布莱尔(Dennis C. Blair);2010年6月5日,美国总统奥巴马提名国防部副部长詹姆斯·克拉珀(James R. Clapper)为第四任国家情报主任。

根据法律和总统行政命令的规定,国家情报主任是总统、国家安全委员会、国土安全部的首席情报顾问,每日面见总统禀报情报,向国家安全委员会提供情报咨询;监督和指导美国国家情报计划的贯彻执行;编制和执行国家情报计划年度预算;有权接触所有与国家有关的情报,负责向总统及其他部门提供;决定情报分析的最后分配,等等。①

3. 执行机构

国家情报主任办公室(Office of Director of National Intelligence,ODNI),属于执行层次。按照《2004年情报改革与预防恐怖主义法》的规定,在国家情报主任办公室下设具体的情报管理执行机构,这些执行机构分别协调和指导全美国国际安全情报系统的情报搜集、评估、反情报、反恐、防止大规模杀伤性武器扩散和情报资源共享的事务。②

这些执行机构主要包括:

国家情报委员会(National Intelligence Council,NIC):1979年成立,原来设在中央情报局内,现在作为国家情报主任办公室直属的专家咨询和情报分析部门,负责《国家情报评估》(National Intelligence Estimate,NIE)整编工作,③并就如何改进情报分析的方式方法提出意见。委员会内13名情报专家担任的国家情报官(National Intelligence Officer,NIO),分别负责不同方向、地区和专题的情报评估和分析工作。

国家反情报执行办公室(Office of the National Counterintelligence Executive, NCIX):美国于2002年12月27日设立国家反情报执行官一职,领导美国的反情报工作,指导美国反情报部门识别、评估、打击来自其他国家、恐怖主义组织、非国家行为体对美国实施的间谍渗透破坏活动。④ 国家反情报办公室是国家反情报执行官的办事机构。2005年3月,总统布什签发了由该办公室起草的《美国国家反情报战

---

① George W. Bush, *Weekly Compilation of Presidential Documents*, 12/26/2005, Vol. 41 Issue 51, p. 1900.

② Ibid., 7/25/2005, Vol. 41 Issue 29, pp. 1175 – 1176.

③ The Commission on the Intelligence Capabilities of the United States regarding Weapons of Mass Destruction, Report to the President of the United States, March 31, 2005, Official Government Edition, p. 586

④ 载 http://www.ncix.gov/about/index.html。

略》(The National Counterintelligence Strategy of the United States of America),阐明了美国当前和今后反情报工作的战略目标、基本原则和方法手段,提出反情报也要“先发制人”。

国家反恐中心(National Counter - terrorism Center,NCTC):2004 年 8 月,根据总统布什的命令,将属于中央情报局、联邦调查局共管的“恐怖威胁综合中心”、联邦调查局主管的“恐怖分子甄别中心”合并组建而成,负责整合和分析反恐情报,制定反恐战略行动规划。①

国家反扩散中心(National Counter - Proliferation Center,NCPC):成立于 2005 年 12 月 21 日,主要负责协调和指导美国国家安全情报系统搜集有关大规模杀伤性武器扩散的情报,不具备批准隐蔽行动的权力。②

此外还有情报资源共享项目办公室(The Information Sharing Environment Implementation Plan,ISEIP)等。

4. 咨询机构

总统外国情报顾问委员会(President's Foreign Intelligence Advisory Board,PFIAB)。1956 年设立,由 16 名总统充分信任的德高望重、政治中立、经验丰富的知名人士组成,主要职责是就情报工作及未来发展方向向总统提出建议和意见,对情报工作情况进行总体评估。该委员会下设的情报监督委员会(Intelligence Oversight Board)③负责对美国对外情报工作的合法性进行监督。审查所有参与情报搜集、评估、处理或负责情报政策制定的政府机构的工作表现。同时,对所有情报机构的管理、人事和组织进行评估,向总统提出行动建议,以提升情报的效率。④

国家对外情报委员会(National Foreign Intelligence Board,NFIB)1997 年成立时属于中央情报局下辖单位,2005 年后成为国家情报主任管理国家安全情报系统的高级顾问机构,主要就对外情报的来源和手段的保护、情报生产和质量的把关、对外交流、情报系统内部的协调等问题向国家情报主任提出建议和咨询。该委员会的成员主要有:国家情报主任、国家情报常务副主任、国家情报委员会主席、中央情报局负责情报分析的副局长、中央情报局负责军事情报工作的局长助理、国防情报局局长、国家安全局局长、国家地理空间情报局局长、联邦调查局负责国内安全司局长助理、能源部情报办公室主任、财政部负责国家安全工作的特别助理等。该委

① The Commission on the Intelligence Capabilities of the United States regarding Weapons of Mass Destruction,Report to the President of the United States,March 31,2005,Official Government Edition,p. 586.

② John Diamond,Toni Locy,USA Today,08/03/2004/ p. 05A.

③ 情报监督委员会是其常设机构,同时也是白宫的实体部门。

④ The Commission on the Intelligence Capabilities of the United States regarding Weapons of Mass Destruction,Report to the President of the United States,March 31,2005,Official Government Edition,p. 589.

员会和直属国家情报主任的国家情报委员会的区别在于：该委员会主要由情报机构的官员组成，不直接产生情报，仅仅是情报顾问机构；而后者由情报专家组成，直接生产和分析情报。

5. 监督机构

参议院情报特别委员会（Senate Select Committee on Intelligence）。成立于1976年，由17人组成，由国会两党议员会议选举产生，任期8年，后根据2005年《情报授权法》，废除了任期制。主要职能是监督美国国家安全系统和政府其他情报部门的情报活动，制定情报工作的相关法律，审核和批准情报工作年度经费预算，对总统提名的国家安全机构负责人进行表决。①

众议院常设情报特别委员会（House Permanent Select Committee on Intelligence）。成立于1975年，由23人组成，由国会两党议员会议选举产生，任期8年。主要职能是监督美国国家安全系统和政府其他情报部门的情报活动，制定情报工作的相关法律，审核和批准情报工作年度经费预算。除国会参众两院情报委员会外，对美国军事情报部门可以行使监督权的还包括参议院军事委员会和众议院国家安全委员会，对军事情报部门领导人的任免及情报经费预算有决定权。②

（二）战后美国国家安全情报体制的法律构建

不同国家的国家安全保障体系，因国家性质和国情的不同而有所不同。而这一保障体系中的国家安全决策机制，也因国家不同而不同。战后美国通过立法，从本国实际出发，确立和构建起国家安全情报体制。目前美国的国家安全体制主要是根据《1947年国家安全法》，以及《2004年情报改革和预防恐怖主义法》构建的，同时法律对美国国家安全决策机制、国家安全组织结构、指挥体系以及与其他政府部门之间的关系都进行了明确规定。

1. 依法确定美国国家安全体制最高领导人

“二战”前，美国没有专门的国家安全决策机制，“二战”期间成立的中央情报组也难以肩负起国家安全决策和协调的重任。为了适应战后不断向外扩张和美国国家安全的需要，美国通过了《1947年国家安全法》并设立了永久性的“美国国家安全委员会”，同时以“中央情报局”取代“中央情报组”。③

根据美国《1947年国家安全法》的规定，国家安全委员会是在国家安全重大决策过程中协调军事、外交和情报等各方面政策的中枢机构，“向总统提出有关国家

① Senate Select Committee on Intelligence, Report of the Select Committee on Intelligence United States Senate, Covering the Period, January 4, 2007 to January 2, 2009, p. 20.

② House Permanent Select Committee on Intelligence, *Intelligence Authorization Act for Fiscal Year 2009 Committee Report*, 2009, p. 10.

③ National Security Crisis, *The Nation*, Vol. 265, July 28, 1997.

安全的内政、外交和军事政策的综合意见，以便能够使这些军事机构和政府各部门在国家安全事务方面更有效地协调，并协助总统作出决策”。[①]根据《1947 年国家安全法》及其修正案的规定，“国家安全委员会”主席由总统担任，法定成员包括副总统、国务卿、国防部长等，经过参议院建议并批准，总统还可以指定其他相关行政或军事部门的负责人参加。[②] 法律的这一规定，明确了美国总统是国家安全体制的最高领导人，确立了美国总统直接领导下的国家安全委员会决策机制。

《1947 年国家安全法》进一步规定了美国总统领导下的国家安全委员会的职责：一是“根据现实和潜在的军事力量，为了国家安全，对美国的目标、义务和风险予以预测和评价，并向总统提出与之有关的建议”；二是“考虑与国家安全有关并对政府各部、局的共同利益有影响力的政策，向总统提出咨询”。[③] 作为一个在总统直接领导下的法定的决策机构，国家安全委员会的主要职责就是协调国家安全事务，它的最大优点在于可以超越部门利益与视野限制，对各政府职能机关进行全面协调，综合各方面的意见和建议，以最大限度地体现国家利益。

2. 依法设定美国国家安全体制的组织形式

作为美国宪政制度中最具“美国特色”的内容，美国联邦制的重要特征是分割主权的双重主权概念与三权分立结合。这种结合既支持了联邦政府和州长政府之间的“制约平衡”制度的发展，又支持了联邦政府内“制约平衡”制度的发展。[④] 根据联邦宪法规定，美国在纵向配置中央和各州的权力方面实行的是“两级权力”结构，又称“地方分权结构”，即除了体现主权的立法、征税以及军事、外交等事关国家安全的权力归属联邦政府外，其他在宪法中没有明文列举属于中央的权力则保留给各州和人民。[⑤]《1947 年国家安全法》等相关法律规定，美国的国家安全机关具有特殊的法律地位。与警察机构、律师事务所以及法院不同的是，美国的警察、律师、法官一般处理的是美国国内的民事、经济和刑事事务和案件，而美国的国家安全机关一般处理的是具有涉外因素的事务和安全问题，即国家安全情报工作具有涉外性。和国防、外交一样，国家安全情报工作属于美国联邦事权，各个州没有自己的国家安全机关，也不得从事国家安全情报工作。[⑥]

---

① Stephen Dycus, Arthur L. Berney, William C. Banks, and Peter Raven - Hansen: *National Security Law*, Fourth Edition, Published by Aspen Publishers, Inc. ,2007, p. 360.

② National Security Crisis, *The Nation*, Vol. 265, July 28, 1997.

③ Stephen Dycus, Arthur L. Berney, William C. Banks, and Peter Raven - Hansen: *National Security Law*, Fourth Edition, Published by Aspen Publishers, Inc. ,2007, p. 360.

④ 李竹著：《国家安全立法研究》，北京大学出版社 2006 年版，第 68 页。

⑤ 何顺果著：《美国历史十五讲》，北京大学出版社 2007 年版，第 59 页。

⑥ 情报与国家安全课题组著：《情报与国家安全——进入 21 世纪的各国情报机构》，时事出版社 2002 年版，第 376 页。

同样,美国在横向权力配置方面实行的是"三权分立",即行政、司法与立法相互分立又相互制衡的原则。根据联邦宪法规定,立法权归国会,行政权归总统及其内阁,司法权归最高法院。正如美国学者所说:"在美国的复合政体中,人民交出的权力首先在两个截然不同的政府之间划分,然后,分给每一个政府的那部分权力又进一步在不同且分立的部门之间划分。这样,人民的权利就有了双重保障。不同的政府会互相制约,同时每一个政府又受到自身的制约。"①这种权力配置模式,目的是防止国家权力集中而导致暴政的出现,宪法确立的三权分立原则在国家安全工作中也得以体现,即把国家安全领域的权力也像其他领域一样,在政府不同部门间作了分权与制衡式的安排,分别由总统、议会和法院行使。国家安全工作归属于总统领导下的行政系统,同时要接受国会的监督、法院的司法审查。在分权制衡的原则下,国家安全系统内部各个机构也是各有分工、各司其职,且又相互制约。

美国法律确立的这种分权制衡原则,在中央情报局和联邦调查局两家国家安全机关身上体现的最为明显。《1947 年国家安全法》规定中央情报局是在"国家安全委员会"之下的国家安全情报协调的具体执行与实施机构。该法授权中央情报局为"在国家安全委员会指示下,为了美国的国家安全和利益,协调政府各部、局之间的情报活动",并肩负五项法定职责。《1949 年中央情报局法》更是明确规定,中央情报局主要在美国本土以外从事国外情报和反间谍工作。为了与联邦调查局的职责相区别,《1947 年国家安全法》第 3 条明确规定,中央情报局不同于警察组织,没有国内安全保卫的职权和司法权,不能使用传票。② 1981 年里根总统 12333 号行政命令则规定:联邦调查局在美国国内从事反间谍和搜集外国的情报。由此可见联邦调查局负责国内,中央情报局负责国外;前者打击间谍(反情报),后者搜集情报;联邦调查局不能去国外开展情报活动,中央情报局也不能在国内执法。二者既有分工,也有配合,同时还有制约。美国传统的分权制衡思想的影响在此可见一斑。③

1994 年 5 月,为了促进联邦调查局和中央情报局在反间谍工作上的协调与合作,美国成立了"国家反间谍政策委员会",负责全面规划反间谍工作方针。该委员会通过国家安全顾问直接向总统报告工作,主席由联邦调查局、中央情报局或国防部派人轮流担任,两年一换。为了突出联邦调查局在反间谍工作上的重要性,首任主席由联邦调查局局长任职且任期为 4 年。该委员会有权对所有情报机构存在的

---

① [美]路易斯·亨、阿尔伯特·J. 罗森塔尔编:《宪政与权利》,郑戈、强世功译,生活·读书·新知三联书店 1996 年版,第 11 页。

② Stephen Dycus, Arthur L. Berney, William C. Banks, and Peter Raven - Hansen: *National Security Law*, Fourth Edition, Published by Aspen Publishers, Inc., 2007, p. 431.

③ 李竹著:《国家安全立法研究》,北京大学出版社 2006 年版,第 108 页。

疑点进行最后裁决和调查。

由此可见，美国通过《1947 年国家安全法》，在纵向"中央集权"方面，确立了总统直接领导下的"国家安全委员会"决策机制；在横向"分权制衡"方面确立了情报搜集与反间谍执法分工负责又相互制约的国家安全工作机制。在这一国家安全体制中，总统是最高统帅，也是最主要的情报消费者，各个国家安全机构实行"中央集权"和"分权制约"相结合的运行体制。

3. 依法明确美国国家情报主任的定位

《1947 年国家安全法》和 1981 年 12333 号总统行政命令规定，中央情报主任是美国国家安全情报系统的领导，直接对总统和国家安全委员会负责，同时还担任美国总统和国家安全委员会对外情报工作的法定顾问。根据《2004 年情报改革和预防恐怖主义法》，设立了国家情报主任并取代中央情报主任，统领美国的国家安全情报系统。①

根据美国《1947 年国家安全法》和 1981 年 12333 号总统行政命令的规定，为了更好地发挥情报协调的功能，中央情报主任由中央情报局局长兼任。这样从 1948 年开始直到 2005 年，中央情报局局长一直是身兼三职：既是美国国家安全情报界的总管即中央情报主任，又是总统和国家安全委员会的法定情报顾问，同时还是中央情报局局长。根据《1947 年国家安全法》的规定，因为地位重要，中央情报局的局长或副局长的任命，"须经参议院建议并经其批准，由总统在军事部门现役或退役军官中或公民中任命，但是，局长和副局长这两个职位不得同时由现役或退役军官担任"。但不论是否军人，法律规定他必须以文官身份行事。

2004 年 12 月 17 日，美国总统布什签署了《2004 年情报改革和预防恐怖主义法》，根据该法设立了国家情报主任一职。2005 年 2 月，总统布什提名驻伊拉克大使内格罗蓬特(John D. Negroponte)出任美国首任国家情报主任。国家情报主任职位的设立标志着过去 57 年来中央情报局局长兼任中央情报主任这一角色终告结束。57 年来，对是否要单独设立这一职务，使中央情报局局长不再兼任中央情报主任，在国家安全情报系统内外进行过广泛持久的讨论，讨论的焦点是斟酌和权衡分开设立的利弊所在。现在根据该法的规定，新设立的国家情报主任作为总统首席情报顾问，代替了原先中央情报主任的角色，而且国家情报主任将管理和领导全美 16 个国家安全情报成员单位，比中央情报主任拥有更大的权力。②

① Newspaper article, Countering Terrorism; Reform of Intelligence Not the Answer, The Washington Times, April 19, 2005.

② Jeffrey T. Richelson: From Director of Central Intelligence to Director of National Intelligence, See http://www.gwu.edu/~nsarchiv/NSAEBB/NSAEBB144/, 2009-1-8.

2010年6月5日奥巴马总统提名美国国防部副部长詹姆斯·克拉珀为新任国家情报主任,自2005年设立该职位以来,短短5年内三度易人,美国情报界一些高官认为"这个职位费力不讨好,缺乏实权,但却需要在每次出现未被探知的恐怖袭击阴谋时担责任"。[①] 说明国家情报主任在履行职务时何其艰难,这与法律授权不够充分,岗位设计存在结构性缺陷有关。

二、战后美国国家安全机构的法律调整

战后美国通过颁布一系列的法律,规范国家安全机构的设立,明确国家安全机关的法定职权,运用法律管理国家安全机构的经费使用、人员编制的设定,依法保障国家安全工作人员的身份和权利。

根据《1947年国家安全法》,美国成立了第一个独立情报机构——中央情报局。此后,美国情报界遂形成了以中情局为主,军政两条线,多部门参与的情报机构格局。[②] 根据《2004年情报改革与防止恐怖主义法》和2008年修改后的第12333号总统行政命令即《美国情报活动》的规定,隶属国家情报主任办公室管辖的美国国家安全情报机构共计16个:[③]中央情报局、司法部的联邦调查局、国土安全部、国防部的国防情报局、国家安全局、国家侦察办公室、国家地理空间情报局、国务院的情报与研究局、陆军情报组织、海军情报组织、海军陆战队情报组织、空军情报组织、财政部反恐与金融情报办公室、能源部情报办公室、海岸警卫队情报组织以及缉毒局国家安全情报与反情报办公室等。[④]

(一)战后美国国家安全情报机构的类型

1. 国家级国家安全情报机构

这些情报机构直接为总统和国家安全委员会服务,包括:中央情报局(Central Intelligence Agency,CIA)、国家安全局(National Security Agency,NSA)、国家侦察办公室(National Reconnaissance Office,NRO),这些国家级的情报机构是美国国家安全情报系统的支柱单位,主要的服务对象是总统及其助手、政府各部门首脑和军事指挥高层官员,通过国家安全委员会对总统及国家整体安全利益负责。主要任务是:开展全面情报的搜集、储存、整理分析和通报工作,产生供国家最高决策者参

① "美国情报机构改革并不成功",载《参考消息》2010年5月24日。

② 钱立伟、张继业:"美国情报机构改革现状综述",载《国际资料信息》2005年第6期。

③ 高金虎主编:《迷雾深处的情报王国——二十世纪世界情报机构揭密》,北京东方出版社2007年版,第38页。

④ 2006年2月17日,国家情报主任宣布缉毒局国家安全情报办公室为美国国家安全情报系统第16个成员。

考的情报成果。

2. 联邦政府部门国家安全情报机构

政府情报部门包括司法部联邦调查局(FBI)、国务院情报与研究司(Bureau of Intelligence and Research, BIR),财政部情报暨分析办公室(Office of Intelligence and Analysis)、缉毒局国家安全情报办公室(Drug Enforcement Administration: Office of National Security Intelligence, ONSI)、能源部情报与反情报办公室(Department of Energy: Office of Intelligence and Counterintelligence),等等。政府部门的情报机构主要任务是为本部门首脑和有关机构担任情报顾问,根据国家情报主任的要求,搜集和上报情报辖内的情报。联邦调查局名义上归属司法部,实际上是国家级的执法调查机构。

3. 军事情报机构

这些情报机构隶属于国防部,为美国军事决策者和军事指挥官担当"耳目"和"军师"。军事情报部门分为三个层次:一是为国防部长及其助手服务的国防情报局(Defense Intelligence Agency, DIA),职责以配合具体军事行动和搜集战术情报为主;以及为美军制导武器精确打击目标提供图像情报的国家地理空间情报局(National Geospatial Intelligence Agency, NGA);二是以各军种指挥官为服务对象的陆军情报机构(Army Intelligence)、海军情报机构(Navy Intelligence)、空军情报机构(Air Force Intelligence)、海军陆战队情报机构(Marine Corps Intelligence);三是国土安全部负责情报工作的部门,包括国土安全部情报分析暨设施保护局(Directorate of Information Analysis and Infrastructure Protection, IAIP)、海岸警卫队情报机构(Coast Guard Intelligence)。

(二)战后美国国家安全机构法定职能

根据《1947年国家安全法》的规定,美国国家安全情报系统主要有三种法定职能。

1. 情报搜集与分析

运用一切可资利用的力量、手段和技术,通过多种途径搜集涉及国家安全利益的秘密信息、资料,将其加工成决策者制定政策和下达重大行动命令的参考材料(情报),并将情报成果以多种书面和电子载体形式上报给决策者(情报消费者)使用。美国情报界上报情报的主要载体包括:中央情报局直接为总统及其助手服务的《总统每日简报》,供国家安全委员会成员和内阁部长阅读的《国家情报日报》(又称《高级行政官情报简报》)和《经济情报简报》;国务院情报与研究司的《每晨情况综述》和《外事综报》;国防部的《军事情报文摘》、《军事长官要情简报》和《军事反恐怖综报》等。

2. 反情报

反情报(Counterintelligence)是指对于外国危害美国国家安全利益的情报活动

进行侦察和采取行动。美国国家安全部门反情报工作涵盖领域很广泛,包括开展谋略活动,渗透敌方情报机关,保护己方秘密和重要资料安全,对潜在间谍和叛逃者进行评估、监视和策反,搜集和研究敌对国家和盟国情报机构情况,及散布假情报以瓦解或抵消别国情报机构的计划与阴谋行动,抓捕间谍活动嫌疑人等。

联邦调查局主要负责在美国国内开展反情报活动,并搜集在美国境内的外国情报活动的信息。① 中央情报局主要负责在国外开展反情报活动。其他一些机构和部门也会为了保障自身的正常运作开展反情报活动,包括陆军、海军、空军以及能源部。反情报前线活动机构(The Counterintelligence Field Activity,CIFA)全面负责整个国防部的反情报活动,国家反情报执行办公室(Office of the National Counterintelligence Executive,NCIX)负责整个情报界反情报活动的统筹和监管。②

3. 隐蔽行动

通常在无法采取军事行动或者通过外交手段无法解决的情况下,由情报部门"以秘密手段间接或直接干预别国内政",进而达到"影响外国政府政策或终止其寿命",实现美国既定的政治目的,同时又不留下美国介入其中的任何证据之行为。隐蔽行动的内容包括政治、经济、舆论宣传及准军事行动。一般而言,隐蔽行动由中央情报局在总统的指挥下实施,必要时可由情报界的其他部门协助。③ 根据美国法律,在进行任何隐蔽行动前必须得到总统书面的"裁定",并将行动通知传达给国会的两个情报委员会。情报搜集、分析和反情报活动是美国情报机构最主要的经营性工作,隐蔽行动则是在特殊环境和条件下,美国为实现某项特殊目的而采取"应急性措施",如颠覆某个政权、清除某个当权者等。

(三)战后美国国家安全机构的法律规制

1. 依法设立美国国家安全机构

根据美国《宪法》的规定,美国国会通过制定相关法律设立行政机构,或者通过机构改组法律授权总统合并旧的行政机构、设立新的行政机构。④ 美国的行政机构必须依据相关法律、经过法定程序才能设立,国家安全机构也是如此,只有通过专门组织立法或在综合性法规中,对国家安全机构的设置作出规定,经过国会授权后,美国才能创建新的国家安全机构、撤销旧机构或者重组新的机构。一般情况下,每个美国国家安全机构的建立和存在都有法律依据。美国行政管理机构首先要遵

---

① 载 http://www.fbi.gov/facts_and_figures/investigative_programs.htm#counterintelligence。

② The Commission on the Intelligence Capabilities of the United States regarding Weapons of Mass Destruction,Report to the President of the United States, March 31, 2005, Official Government Edition, pp. 584 – 585.

③ Ibid., p. 585.

④ 王名扬著:《美国行政法》(上),中国法制出版社 1995 年版,第 167 页。

守的是国会为设立这些机构而通过的法律及其修正案，这些法律称为建制法。[①]

美国是世界上第一个通过制定法律、依法设置国家安全体制、成立国家安全机关的国家。无论是设置统领美国国家安全情报系统的国家情报主任职务，还是先后成立的16家国家安全机关，都是依据相关法律、法规，以及总统和部门行政命令而成立。如根据《1947年国家安全法》设立了国家安全委员会和中央情报局，依据1952年10月24日杜鲁门总统的行政命令《通讯情报活动》，成立了国家安全局，1959年5月29日，美国颁布《国家安全局法》，对负责信号情报的国家安全局的职能、人事、组成、培训等进行了详细规定。根据《2002年国土安全法》（The Homeland Security Act of 2002），[②]成立了国土安全部等。

2. 依法赋予美国国家安全机构职能

美国通过制定综合性或者专门性法律，依法赋予国家安全机构职权，规范国家安全机构职权的运用。

美国《1947年国家安全法》规定，国家安全委员会下设中央情报局，负责协调政府各有关部门的情报活动，就政府各部门涉及国家安全的情报活动以及与情报有关的协调问题，向国家安全委员会提出意见，综合、评价、分发涉及国家安全的情报，并按照国家安全委员会的指示，执行涉及国家安全情报的其他任务。

1981年美国里根总统发布了第12333号总统行政命令（即《美国的情报任务》），对中央情报局、联邦调查局、国家安全局的情报任务和职责分别作出了规定及划分。《2002年国土安全法》规定了国土安全部的职能是：保卫美国边防和交通安全，防止恐怖分子入境；应对紧急情况；保护境内重要基础设施的安全；向政府提交关于国土威胁及其对策的报告等。

3. 依法管理美国国家安全机构内部事务

美国相关法律对国家安全机构经费预算和使用、人员编制的设定等内部事务，都进行了详细的规定。

《1949年中央情报局法》规定，中央情报局经费由国家财政保障，经费的使用可以不受有关政府经费开支的法律规定的约束而加以使用；对于机密的、特殊的或紧急情况的经费使用情况，由局长出具授权证书予以说明，该授权证书具有充分的证明效力。出于保密考虑，预算局局长不得向国会报告中央情报局经费预算和使用的情况。

根据美国《1959年国家安全局法》，国家安全局可以向有助于密码研究的个人

---

① 韩铁："新政以来美国行政法的发展与司法审查的新领域"，载《史学月刊》2008年第6期。

② 谭新木、胡晓明："布什签署成立国土安全部法案"，载《新华每日电讯》2002年11月27日第4版。

或组织提供资助；资助由局长确认符合维护国家安全的目的后予以批准。为保障国家安全局从事特种秘密活动，局长可以代表国防部长在国外租用不动产。

4. 依法确定国家安全机构与其他政府部门和企业间的关系

美国《1947 年国家安全法》以及 1981 年里根总统《12333 号行政命令》中，对美国国家安全机构与其他政府机关法律关系的规范，无疑也是美国政治法律文化传统中的分权和制衡理念的体现。

上述法律规定，基于美国的国家安全，为协调政府各有关部、局之间的情报活动，中央情报主任应在国家安全委员会指示下就政府各部、局涉及国家安全的情报活动，以及涉及国家安全检查的情报活动的协调情况向国家安全委员会提出建议和意见；汇总和评价有关国家安全的情报，将这类情报向其他政府部门进行适当的分发和通报。按照国家安全委员会的指示，经国家安全委员会建议，并经总统批准，除另有规定外，政府有关部、局凡涉及国家安全的情报，均应接受中央情报局主任的公开核查；中央情报局主任有权知悉政府有关部、局所拥有的涉及国家安全的情报，以利于情报的汇总、评价及分发。同时强化与美国公司企业的合作，共同开展反间谍工作。美国国家安全机关会定期向公司企业单位发放“外国情报威胁清单”和“安全警告”，要求国家级重点实验室、尖端科技产品生产企业指定 1 ~ 2 名安全联络员与国家安全机关合作。①

三、战后美国国家安全业务的法律规制

（一）对美国国家安全工作手段的法律规制

美国通过一系列立法，赋予国家安全机关开展工作所需要的特殊手段（权力），概括起来主要有：

1. 秘密搜查和监视权

美国 1981 年第 12333 号总统行政命令（即《美国的情报任务》）规定，反间谍部门可以进行人身搜查和人员监视工作；《1978 年外国情报监视法》和《1994 年情报法》规定，联邦调查局在获得“外国情报监视法庭”的许可令后，可以对在美国的特定的私人住宅、办公室和外国的使领馆进行秘密搜查；《2001 年爱国者法》和 2002 年 5 月 30 日美国司法部长阿什克罗夫特签署的《国内侦查工作新准则》，进一步扩大了联邦调查局等国家安全机关的秘密调查权，可以秘密获取图书馆借阅记录和

---

① 鲁仁主编：《情报与安全概览（1999 年）》，时事出版社 2001 年版，第 71 页。

电话通话细目,以及所有美国大学外国留学生和访问学者的注册资料,[①]可以对公众集会、政治组织和互联网站进行搜查或秘密监控。

2. 技术侦察权

《1959年国家安全局法》,授权国家安全局可以通过侦察卫星和监听站,截收和监听世界范围内无线通信,搜集信号情报,[②]估计每天至少截获20亿条电讯。[③]《1968年综合犯罪控制与街道安全法》规定了开展技术侦察的条件以及监听的期限,授权国家安全机关在符合法定条件下,可以开展安装窃听装置、使用搭线窃听、电子监控等行为。该法可以称得上是美国所有电子监控法律的"母法"。[④]《1978年外国情报监视法》规定国家安全机关可以在美国使用电子侦察方式获取外国情报信息,如果是常规地或随机地监视来往的通信信号,不需要得到有关部门的同意即可进行。如果针对的是已知的具体某个人而且是美国人时,就需要按程序取得"外国情报监视法庭"的许可证后方能进行。[⑤]《2001年爱国者法》进一步扩大了联邦调查局电子监控的权限,可以使用漫游式窃听装置监听恐怖分子的任何电话,而且监听同一嫌疑人的每台电话时不需要分别获得许可。[⑥]

3. 隐蔽行动权

"美国在表面公开的外交之外,还有讳莫如深的秘密外交;后者的领域涉及世界各地,特别是有关热点地区的所有重大决策和对外行动"。[⑦] 美国在国际事务和外交斗争中,有时为了颠覆某个目标国家的政权,或者打算清除、消灭某个敌对国家的政治元首,在不方便或者不能采取军事行动并且外交手段也无法奏效的情况下,则由国家安全情报部门实施"以秘密手段间接或直接干预别国内政",进而"影响外国政府的政策或终止其寿命",以实现既定的政治目的,同时又不留下美国介入其中的任何证据的行动。这种行动称为"隐蔽行动"(Covert Action),又称为"秘密行动"、"特殊任务"。

---

① Lisa Finnegan Abdolian, Harold Takooshian, The USA PATRIOT Act: Civil Liberties, the Media, and Public Opinion, *Fordham Urban Law Journal*, Vol. 30, 2003.

② [美]詹姆斯·班福德著:《秘密机构——美国国家安全局揭秘》,艾波等译,世界知识出版社2002年版,第141页。

③ 方晟、石漂主编:《情报与安全概览(2000年)》,时事出版社2002年版,第51页。

④ [美]罗纳尔多·V. 戴尔卡门著:《美国刑事诉讼——法律和实践》,张鸿巍等译、莫洪宪审校,武汉大学出版社2006年版,第345页。

⑤ Stephen Dycus, Arthur L. Berney, William C. Banks, and Peter Raven - Hansen: *National Security Law*, Fourth Edition, Published by Aspen Publishers, Inc., 2007, pp. 513 - 514.

⑥ [美]罗纳尔多·V. 戴尔卡门著:《美国刑事诉讼——法律和实践》,张鸿巍等译、莫洪宪审校,武汉大学出版社2006年版,第212页。

⑦ [美]鲍勃·伍德沃德著:《帐幕:美国中央情报局的秘密战争(1981—1987)》,梁于华节译,世界知识出版社1988年版,第2页。

尽管隐蔽行动是在绝对保密的状态下秘密进行的,美国还是将其置于法律的框架之中,运用法律调节和规范隐蔽行动的开展。美国《1947 年国家安全法》规定:"按照国家安全委员会的指示,履行有关国家安全情报的其他职能和职责。"[①]这里的"其他职能和职责"被公认为是美国从事"隐蔽行动"最早的法律授权。[②]

随后在 1981 年里根总统第 12333 号行政命令中,明确规定"'特殊任务'(隐蔽行动)是指为了支持国家对外政策的海外目的而执行的任务,而这些任务的设计和执行是为了使美国政府的作用不那么显眼,不公之于世。'特殊任务'还指支持上述任务的职能;但这些任务不是去影响美国政治进程、舆论、政策或新闻机构,也不包括外交任务或情报的搜集与编印,以及有关的特殊任务"。

《1991 年情报授权法》进一步明确隐蔽行动的内涵和作用是:"美国政府试图影响国外政治、经济或军事环境的某个或系列活动。在此过程中,政府的角色不愿明确或为公众知悉,但是它也不包括传统的反情报、外交、军事或执法活动。"[③]美国国家安全委员会第 10/2 号命令对隐蔽行动的内涵和外延进行了细化:宣传鼓动、经济战;先发制人的直接行动,包括破坏活动和反破坏活动,爆破及疏散工作;颠覆敌对国家,包括援助地下抵抗运动、游击队和难民解救小组,支持在受共产主义威胁的国家中土生土长的反共力量。[④] 概括起来隐蔽行动主要是开展宣传战、经济战、破坏活动和准军事行动。[⑤]

根据上述法律的规定,一般情况下,"隐蔽行动"只能由中央情报局进行,除非美国总统向其他国家安全机关授权。尽管中央情报局的主要法定职能是对外情报活动,"隐蔽行动"不属于其常规作业,而是在特殊环境和条件下,美国白宫为实现某个特殊目的而采取的"应急性措施",但隐蔽行动却贯穿了中央情报局成立以来 60 多年历史的全过程,只是在不同时期,隐蔽行动的规模、方式、重点地区和对象有所变化而已,中央情报局通过隐蔽行动至少积极干预过 30 多个国家的内部事务,[⑥]有些隐蔽行动亦可谓是臭名昭著。在美国普通民众和部分政府官员眼里,中央情报局的隐蔽行动甚至成了情报的同义词,是必不可少的,因为它非常适合且经常能

---

① Stephen Dycus, Arthur L. Berney, William C. Banks, and Peter Raven - Hansen: *National Security Law*, Fourth Edition, Aspen Publishers, Inc., 2007, p. 359.

② 李竹著:《国家安全立法研究》,北京大学出版社 2006 年版,第 104 页。

③ Stephen Dycus, Arthur L. Berney, William C. Banks, and Peter Raven - Hansen: *National Security Law*, Fourth Edition, Aspen Publishers, Inc., 2007, p. 425.

④ [美]约翰·普拉多斯著:《总统秘密战》,谢勇、梁东等译,时事出版社 1989 年版,第 24 页。

⑤ [美]约翰·兰尼拉格著:《中央情报局》,潘世强、范道丰等译,中国社会科学出版社 1990 年版,第 150 页。

⑥ 徐维源著:《美国中央情报局——从罗斯福到小布什》,学林出版社 2002 年版,第 15 页。

够取得成功,是对付国家安全威胁的可行途径。①

为了规范和限制隐蔽行动,将隐蔽行动置于法律监督之内,《1961 年外国援助法》的第 622 条,即《休斯—瑞安法》从情报经费的开支角度对隐蔽行动进行了具体规定:“依据本法或者其他法律所拨的情报经费,只能用在获取必要的情报活动上,不得由中央情报局或者代表中央情报局用在外国的行动计划中,除非并且只有总统认识到该行动计划对美国的国家安全是重要的。每一个这样的行动计划将被视为以《1947 年国家安全法》第 501 条为目的的一次重大的预期情报活动”。②《1947 年国家安全法》第 501 条规定了中央情报局采取隐蔽活动向国会进行通报的范围和程序。③“水门事件”后,美国国会两院成立了情报委员会,专门监督和确保中央情报局不承接与美国法律相悖的隐蔽行动任务。以总统为代表的行政决策者们希望中央情报局采取更多进攻性的隐蔽行动,因为这样的行动快捷而容易见成效,但中央情报局的领导们却是顾虑重重、希望能够慎重行事,并要确保他们行动的法律和总统授权都是绝对无误的。④

(二)对美国国家安全活动的法律规制

美国的国家安全活动,主要包括情报活动(包括情报搜集与分析)、反间谍活动和隐蔽行动三大类。其中情报活动和反间谍活动是美国各个国家安全机关最主要的经常性活动。

1. 对情报活动的法律规定

一是美国法律明确了情报活动的目标和任务。1981 年里根总统第 12333 号行政命令规定:情报活动主要是向美国总统和“国家安全委员会”提供必要的情报,从而可以帮助决策者决定美国外交、国防和经济政策的执行与完善,保护美国的国家安全免受外国的威胁。⑤ 及时准确的情报,对美国的国家安全“至关重要”,因此,美国总统命令情报部门“必须使用一切适当的和合法的手段来确保美国得到最好的可适用的情报”,而且既要“使美国的情报活动得以有效地进行”,又要“使美国的宪法权利得到保护”。⑥

---

① Glenn P. Hastedt ed. ,*Controlling Intelligence*,Frank Cass,1991. p. 31.

② 保密法比较研究课题组编:《国外保密法规选编》,金城出版社 1997 年版,第 8 页。

③ Stephen Dycus, Arthur L. Berney, William C. Banks, and Peter Raven - Hansen: *National Security Law*, Fourth Edition, Aspen Publishers, Inc. ,2007, p. 390.

④ 美国 9 · 11 独立调查委员会撰:《揭秘 9 · 11——美国遭受恐怖袭击国家委员会最后报告》,黄乐平等译,中央编译出版社 2005 年版,第 73 页。

⑤ Office of the Director of National Intelligence/Office of General Counsel: Intelligence Community Legal Reference Book, 2007.

⑥ Stephen Dycus, Arthur L. Berney, William C. Banks, and Peter Raven - Hansen: *National Security Law*, Fourth Edition, Aspen Publishers, Inc. ,2007, p. 397.

二是从法律意义上界定了情报的概念。《1947 年国家安全法》规定情报包括“对外情报”和“反间谍情报”,“对外情报”是指“关于外国政府、外国组织或外国人员的能力、意图和行动的信息,以及有关国际恐怖分子活动的信息资料”。“反间谍情报”是指:“为了免遭外国政府、组织、人员实施或代理其实施的情报活动、破坏行动、暗杀或者国际恐怖主义活动,而搜集的信息。通常情况下情报主要是指对外情报,而不包括联邦调查局搜集的反间谍情报或实施的执法活动。”①其对情报活动的限制主要是,情报活动依法不能在其国内进行。

三是明确对外情报工作的法定机关及其活动区域。美国《1947 年国家安全法》明确赋予中央情报局承担“情报以及有关国家安全情报的协调”方面的职责。这里的“情报”通常都是指对外情报,因此中央情报局的活动领域不在国内,而在国外。同时规定中央情报局在美国国内“不能享有警察的传唤权、执法权以及国内安全的职权”。从美国国家安全立法的历史来看,美国国会是从一开始就试图把中央情报局与对外情报联系在一起,并通过《1947 年国家安全法》体现出来,在建立中央情报局的过程中,国会所希望的是建立一个主要在外国搜集情报而在美国国内不能执行过多行动的机构。在公开和非公开场合,法案的制定者和政府的代表一致同意中央情报局应该被“限制在美国各州之外并只在外交领域”,“建议只在国外行动”。② 因此,美国中央情报局没有权力限制美国公民的权利,而且不能在美国国内活动。

由于情报活动错综复杂,有时很难以活动领域来区分对外情报和国内情报,1981 年第 12333 号总统行政命令则规定中央情报局可以在“美国国内执行反间谍情报任务”,但“要遵循中央情报主任和司法部长所同意的程序,而且要同联邦调查局协调进行,同时不负有或履行任何内部安全的职责”。反之,主要在美国国内负责反间谍情报工作的联邦调查局,在特殊情况下并征得中央情报局的同意后也可参与境外反情报活动。

2. 对反间谍活动的规制

一是法律明确国内反间谍工作由联邦调查局承担。根据 1981 年里根总统第 12333 号行政命令(即美国的情报任务)的规定,与国家安全有关的反间谍活动和国内安全领域的活动属联邦执法行为,这类活动通常或主要由美国联邦调查局进行。该法同时要求:凡是美国国家安全情报成员单位的领导人,都应当将任何涉及严重

① “National Security Act of 1947 (as Amended)”, in Compilation of Intelligence Laws and Related Laws and Executive Orders of Interest to the National Intelligence Community (June 2003, as Amended through 25 March), pp. 5 - 6. http://intelligence.house.gov/Media/PDFS/IntelligenceRelatedlaws 2003.pdf.

② Stephen Dycus, Arthur L. Berney, William C. Banks, and Peter Raven - Hansen: *National Security Law*, Fourth Edition, Published by Aspen Publishers Inc., 2007.

地或持续地破坏美国国家安全的案件,交由联邦调查局作进一步的调查。包括开展调查和缉捕间谍嫌疑人、打击有组织犯罪、国际恐怖主义、贩毒和武器走私等严重危害美国国家安全的行为。

二是法律规定反间谍工作的协调程序。1981 年里根总统第 12333 号行政命令(即美国的情报任务)规定,当联邦调查局开展反间谍工作涉及国防部的军人时,联邦调查局应同国防部协调进行;《2001 年爱国者法》规定,联邦调查局在开展反恐或其他重大案件调查时,如果搜集到与境外恐怖活动相关的情报时,要向中央情报局进行通报;12333 号行政命令还规定,中央情报局在美国国内搜集对外情报或反间谍情报或执行反间谍情报任务时,应遵循中央情报主任(国家情报主任)和司法部长所同意的程序要求,同联邦调查局协调进行。①

3. 对国家安全工作的法律保障

一是赋予国家安全机关开展工作的特权。例如,美国《1949 年中央情报局法》对中央情报局的工作保障作出授权规定:为了美国的国外情报活动的安全和利益,进一步履行《1947 年国家安全法》关于中央情报局局长负责保护情报来源、手段不被非法泄露的规定,中央情报局不适用任何要求公开组织机构、工作人员和雇用人员情况的法律规定。无论何时,中央情报局局长、司法部部长和移民局局长为了国家安全和利益,履行国家情报使命,有权决定特殊的外国人及其直系亲属进入美国并永久居住,而不考虑移民法或任何其他法规的限制。

二是规定其他组织配合国家安全工作的法定义务。《1949 年中央情报局法》规定:中央情报局可以抽调其他政府部门的工作人员到中央情报局工作,其他政府部门也有义务配合或指派官员为中央情报局工作,而不必考虑《公务员法》对联邦雇员通常性的限制的规定。《2001 年爱国者法》要求银行和其他金融机构必须向美国的国家安全机关提供准确、完整的交易记录,各金融机构也有法定义务保留详尽的交易记录,已备国家安全机关查询。

三是维护国家安全机关的形象。《1959 年国家安全法》规定未经国家安全局长的书面同意,任何人不得使用"国家安全局"字样、大写字母"NSA"、国家安全局印章,或在任何商业活动中以彩色图案模仿上述字样或印章,使人误以为该做法是国家安全局批准、授权或确认的行为。

---

① Lisa Finnegan bdolian, Harold Takooshian, The USA PATRIOT Act: Civil Liberties, the Media, and Public Opinion, *Fordham Urban Law Journal*, Vol. 30, 2003.

论日本违宪审查制度对我国的启示

裘　索[*]

虽然我国违宪审查制度和日本违宪审查制度承担的功能类似，即都是保障公民基本权利和维护国家法制统一，在理论上都以《宪法》的最高法律效力、保障公民基本权利和维护国家法制统一为其理论依据，但许多方面还是有很大差别，具体而言可以体现在如下几个方面：

第一，制度的基础不同。

在理论依据上，日本违宪审查制度是以三权分立为原则，体现司法权制衡国会和内阁；在此原则下，日本实行普通法院行使违宪审查权。

我国违宪审查制度是以人民代表大会制度和民主集中制为原则，由民选的代表组成的权力机关，在此基础上产生其他国家机关，其他国家机关对权力机关负责、受其监督；因此，在制度上，我国实行权力机关审查，最高国家权力机关及其常委会统一行使违宪审查权，国家行为是否合宪由最高国家权力机关及其常设机关以议事的方式作出判断。

第二，审查的模式和方式不同。

在具体的审查方面，日本实行分散的附随审查制，各级法院都有违宪审查权，在具体的个案中，法院对争议的法律、命令和规则等国家行为的合宪性作出判断，审查的效力仅及于个案；在没有具体争议发生的情形下，法院不对抽象性文件的合宪性作出判断；其中最高法院是判断国家行为是否合宪的终审法院，一切宪法问题由最高法院最终判断。

我国由全国人民代表大会及其常务委员会集中审查，地方人民代表大会没有违宪审查权；在具体的审查方式上，我国实行抽象审查，可以事前审查，亦可以事后审查。

第三，制度运作中的问题不同。

日本在战后新《宪法》生效后，以《日本国宪法》第 81 条为依据，通过具体的法律和判例建立了完备的违宪审查制度，但由于法官人事制度等多方面原因，法院政策过于消极，功能没有充分发挥。

我国在 1982 年《宪法》生效以来，《宪法》确立的违宪审查制度长期没有得到具体的落实，处于虚置状态，在 2000 年以后才逐步得以改观，但在具体程序上仍然有

---

* 裘索，2002 级法律史专业，指导老师：童之伟。现工作于上海市锦天城律师事务所。

许多瑕疵，至今尚未有效运作起来。

两国违宪审查制度虽有上述不同，但在制度运作的过程中，都会涉及制度功能的有效发挥以及具体审查的标准等技术性问题，笔者认为，在这些方面日本违宪审查制度可以给我国提供以下几方面的借鉴。

一、制度运作的启示

我国违宪审查制度运作的基础和日本有相似的一面，即都依赖于具体完备的程序和精于宪法裁判的人。

（一）审查程序的公开、公正是结果正当化的重要基础

从日本违宪审查运作来看，完备的程序首先是制度运作的前提，战后新《宪法》生效后，国会制定和修改《法院法》以及相关诉讼法，使违宪审查制度得以程序化；最高法院通过解释《日本国宪法》第76条中"司法权"的概念，确立了日本附随审查的模式。在此基础上，日本违宪审查的具体路径建立起来。

完备的程序不仅是日本违宪审查制度运作的前提，而且也是审查结果权威性得到民众认可的保障。日本违宪审查程序和普通诉讼程序结合在一起，具有普通司法程序公开、透明和公正的特征；通过司法程序处理宪法争议，不仅强调最终的结果，而且强调使审查结果获得正当性的程序。在具体的诉讼过程中，审判原则上对全社会公开；当事人处于平等地位，提出与本案相关联的国家行为违宪主张的一方需要承担举证责任，另一方可以进行抗辩；在对抗的过程中，双方当事人都可以聘请律师，大大强化当事人的诉讼能力，特别是在刑事诉讼中，基于特别理由，被告人有权获得国家的司法援助，这种对抗对于双方都是平等的。在最后的判决书中，法官不仅对争议的国家行为是否进行判断，是否违宪作出裁决，而且要充分说明法院判决的理由。这种当事人公开、对等的抗辩以及裁决结果和理由的公开不仅体现出程序的正义，而且也使最终结果的公正有了正当化的依据。

日本违宪审查程序体现出的程序公开、公正，使最终审查结果获得正当化的做法值得我国借鉴。我国违宪审查结果的正当性和权威性根本上是依赖于全国人民代表大会及其常务委员会的地位和权威，但这并不等于可以忽略审查程序的公开、公正。从我国目前对行政法规、地方性法规等的违宪审查程序来看，无论是否受理公民的建议、各专门委员会具体审议中的争议、最终审议的结果及理由都不是完全公开的，甚至专门委员会的审议有代替全国人民代表大会常务委员会审议的嫌疑，这种状况不得不使人们对审查结果的公正性产生怀疑；现实中发生的几起公民提起的审查建议，最终没有正式启动审查程序，但有关机构却没有公布不予受理的理

由，这不得不让人对结果产生疑问。

为了保障审查结果的公正，维护全国人民代表大会及其常务委员会的权威，进一步完善公开、公正的审查程序是必要的。对行政法规、地方性法规等的审查程序，可以考虑导入类似听证的程序，使双方对等地进行抗辩；另外，对于是否受理公民的审查建议以及最终的审查结论及其理由都应当公开。对于法律的审查，从我国已有的实践来看，主要限于事前审查，基于此，向全社会公布法律草案，征求各界人士的意见，以及最终对法律草案中的相关宪法争议作出裁决的公开是至关重要的，这有赖于立法程序的民主协商和决策。

（二）有效审查需要精通宪法理念的人员

日本法院，尤其是最高法院在对待违宪问题上，长期持极端消极态度的一个重要原因就是人事问题。长期以来，日本最高法院法官精于民刑事案件的实务，这种实务型的法官多数对宪法问题持消极态度，这样现实中最高法院对许多涉及宪法问题的案件都作为上诉审来处理，将违宪审查作为次要的审查；再有，最高法院掌握司法行政权，对下级法院法官升迁起决定作用，使下级法院法官对待宪法问题不得不顾及最高法院态度。

宪法争议的判断不单是技术判断的问题，更涉及价值判断，缺乏宪法精神和宪法理念的法官，常常对涉及宪法争议的价值判断漠不关心。基于此，在既有体制内，如何激活日本违宪审查制度，改变长期极端司法消极主义，有人提出改革最高法院的人事制度，改变法官的配置，试图以此改变日本违宪审查的现状。日本的这种状况充分说明违宪审查制度功能的有效发挥不仅需要完备的制度，更需要良好的人事制度作为基础。

我国由全国人民代表大会及其常务委员会行使违宪审查权，属于议会审查方式，人大代表不是专业法律人士，审查判断更侧重于政策把握，而不是技术判断，这一点有别于日本的职业法官审查。虽然如此，我国涉及宪法争议事项的具体审议是由法律委员会和各专门委员会进行审议，专门委员会对具体涉嫌违宪事项的审议更多侧重技术判断和价值衡量。例如，我国《立法法》第 87 条①规定了法律、行政法规、地方性法规、自治条例和单行条例、规章应予以改变或者撤销的情形，其中

---

① 《立法法》第 87 条规定："法律、行政法规、地方性法规、自治条例和单行条例、规章有下列情形之一的，由有关机关依照本法第八十八条规定的权限予以改变或者撤销：

（一）超越权限的；

（二）下位法违反上位法规定的；

（三）规章之间对同一事项的规定不一致，经裁决应当改变或者撤销一方的规定的；

（四）规章的规定被认为不适当，应当予以改变或者撤销的；

（五）违背法定程序的。"

"超越权限"和"违背法定程序"属于技术判断问题,但"不适当"更多属于"立法裁量"问题,涉及价值判断的范畴;此外有关机关"适用法律违宪"作出判断也涉及价值判断问题。

技术判断和价值判断,都需要精于宪法研究,拥有宪法理念和宪法价值的专业人士的参与,特别是价值判断的问题,不仅要求国家行为表面上合宪,更要注重实质的内容是否符合宪法精神,特别是"国家尊重和保障人权"条款入宪,公民基本权利保护的精神更应当得到重视;犹如日本"全递东京中邮事件"、"都教组事件"中,法官"以宪法的精神"(公民劳动基本权利保障)解释争议的法律,个案中保障公民的劳动基本权利,这需要法官的宪法理念——对宪法内在精神的理解,而不是单单对条文的表层注释。离开拥有维护公民基本权利和国家法制统一的宪法理念的人士,价值判断问题基本不可能得到认可;缺乏价值判断,我国的违宪审查也可能像日本一样出现价值判断的极端消极主义。

因此,我们不应当仅关注违宪审查的技术判断问题,更应当侧重价值判断,这就需要在专门委员会中配备有"宪法精神"的人,甚至为了保证审查的效率、公正和权威,有必要在全国人民代表大会及其常务委员会下设专门委员会,具体审议争议的宪法问题,当然最重要的还是这个专门委员会的"人"。

二、具体宪法判断方法对我国的启示

(一)以《宪法》条文精神作为实质审查标准

日本国会虽是民意的代表,但某些时候也会难免受政治势力的左右,这使国会的立法在某些情形之下是政治利益妥协的产物,特别是政权频繁更迭,国民投票率低的时期更是如此;在这种情形下,国会通过法律可能对公民基本权利限制过多,超出"立法裁量"的限度,侵害公民基本权利。另外,现代社会里,国家和社会生活日益复杂,国会委任立法和授权立法增多,在行政权膨胀的背景下,委任立法和授权立法有可能受局部利益或部门利益的影响,不能充分反映民意,也有可能侵害公民基本权利。在此背景下,日本国民的基本权利可能遭到立法和行政的侵害,《日本国宪法》中"尊重和保障人权"的基本原理受到挑战。

在审理涉嫌侵害公民基本权利的违宪案件时,法院如果单纯仅从形式上审查国会和行政机关的行为,自然是尊重国会的"立法裁量"和行政机关主张的正当化的理由,缺乏司法的独立判断,判决结果只能是对政治部门敬让的"合宪判决"。因此,法院在审查中,不能完全采取和政治部门相同的标准,完全尊重政治部门的主张,而应当从《宪法》的最高法律效力出发,阐释宪法规范内在的精神,并以此作为审查标准来判断国家行为是否合宪,才能达到违宪审查保障人权的功能。

尽管日本最高法院长期奉行极端的司法消极主义,但仍然作出过一些对公民基本权利保障有利的判决。日本最高法院在这些判决中,不单单从《宪法》和法律的表面文意作出解释,而且从抽象的条文背后的精神对相关条款进行解释,"法院对法律条文进行解释时,应当尽可能依照宪法精神,采取与宪法精神相协调的合理解释",以此作为使判决正当化的理由,作出保障公民基本权利的判决。

(二)区分抽象违宪和具体违宪

我国现行《宪法》第67条规定:"全国人民代表大会常务委员会行使下列职权……(六)监督国务院、中央军事委员会、最高人民法院和最高人民检察院的工作……"这里的监督包括对国务院、中央军事委员会、最高人民法院和最高人民检察院制定的抽象性文件是否合宪或合法的审查,也包括对其具体行为的审查。

实际中,人们关注比较多的是国务院、中央军事委员会、最高人民法院和最高人民检察院制定的抽象性文件的合宪或合法问题,而这些机关的具体行为也可能涉嫌违宪或违法。例如,最高人民法院批复某些地方设立开发区法院行为[①]涉嫌违宪、违法。根据我国《宪法》第3条第3款规定:"国家行政机关、审判机关、检察机关都由人民代表大会产生,对它负责,受它监督。"基于此,即使开发区要设立人民法院,由本级人民代表大会产生就是合宪、合法的,也无须最高人民法院批准,最高人民法院也无权批准。那么开发区是一级行政区吗?能够设立法院吗?"人民法院是我国人民代表大会制度下国家机构的重要组成部分。而国家机构的设置是以行政区划为依托的,只有在一定的行政区划内才可以设置相应的国家机构。没有行政区划,就没有一级国家机构。那么,'开发区'是一级行政区划吗?不是。1984年,国务院批准设立14个国家级经济开发区。其后迄今,各地方纷纷设立了名目繁多的经济技术开发区或者高新技术产业开发区。但是,这类开发区仅仅是实行对外开放、引进技术、发展经济的特殊'据点'或者区域,从来就不是一级行政区划。2001年,民政部在发布的行政区划代码编制规则中明确提出,鉴于各种'开发区'(或工业园区)不是实际的行政区划,因此均不编制县及县以上的行政区划代码。根据《宪法》第30条的规定,中华人民共和国的行政区划中不包括'开发区'。随着我国行政区域的发展变化,实践中出现了地级市和经济特区所在地的市,根据《宪法》第89条第15项的规定,地级市和经济特区所在地的市是否设区由国务院决定。但这类'市'下设的'区'也仅仅是指一级行政区划,而不是指开发区。开发区不是一级行政区划,就不能设立人民代表大会制度的政权体制。开发区不能设置政权

---

① 2005年4月13日,《扬子晚报》以"省内首家开发区法院在南通组建"为题报道:"最高人民法院近日正式批复,同意组建南通经济技术开发区人民法院。"

体制，首先是不能设置人民代表大会。在人民代表大会不能设立的情况下，即设置人民法院，是典型的"皮之不存，毛将焉附……"①因此，最高人民法院的批复行为、开发区法院的设立行为有直接违反宪法第3条第3款的嫌疑。

对此种中央国家机关涉嫌违宪的具体行为，公民或国家机关是否有权向全国人大提起审查建议？《宪法》和具体法律都没有规定，因此，完善我国违宪审查制度不单单应考虑抽象性文件的审查问题，还应完善具体行为违宪的审查程序。

三、日本违宪审查学术研究对我国的启示

在违宪审查方面，日本学者对违宪审查的研究成果颇丰。有代表性的是东京大学已故的芦部信喜教授。芦部教授在宪法学方面著述颇丰，芦部的研究形成了独具特色的"芦部宪法学"；日本学界公认芦部教授最大的学术贡献，是建立了精密的与日本违宪审查相关的"宪法诉讼"理论，主要体现在《宪法诉讼的理论》、《现代人权论》和《宪法诉讼的现在之展开》，这些著述的特征是借鉴美国的违宪审查理论来解决日本违宪审查具体的技术性和程序性问题。

《宪法诉讼的理论》收录了芦部教授在1962～1972年之间发表的有关宪法诉讼的学术论文，以违宪审查制度的性质和功能变化为核心，在研究美国违宪审查制度的确立、运行中的典型判例、美国违宪审查不同阶段——近代型和现代型的联系与区分的基础上，关注日本违宪审查制和现代宪法诉讼的问题点、当事人适格、宪法诉讼与第三者利益保护、宪法裁判的回避，等等。此外，芦部教授还整理出普通法院行使违宪审查权的技术性和程序性理论，最核心的部分是美国判例体系中，以"双重基准"(double standard)为主线的对不同类型公民基本权利限制的立法审查基准。② 芦部教授的这些解决日本违宪审查具体问题的"宪法诉讼"理论受到理论和实务人士的一致好评，也很大程度上对日本法院法官的宪法判断提供了参考和借鉴，这些理论，在日本最高法院"药事法距离限制违宪判决"、"议员定数不均衡违宪判决"和有关限制公务员政治行为的判决产生巨大影响，"对日本社会具有重大的现实意义"。③ 此外佐藤幸治教授对违宪审查研究也有巨大贡献，佐藤教授针对日本违宪审查的具体问题，深化对日本违宪审查的事件性要件、客观诉讼、抽象审查的可能性、违宪判决的效力、判例变更等问题的研究。

---

① 刘松山："开发区法院是违宪违法设立的审判机关"，载《法学》2005年第5期。

② 芦部教授曾将这些基准总结成一个表格，详见芦部信喜：《宪法判例解读》，岩波书店1987年版，第103页。

③ 小林武、芦部信喜："宪法诉讼论"，载《民商法杂志》第70卷第1号。

此外，在违宪审查的比较法研究方面，有代表性的是和田英夫的《大陆型违宪审查制》。此书中，作者以日本的问题意识为出发点，对西欧大陆法、德国、意大利等国违宪审查制的形成、历史沿革、基本内涵、主要特征和与美国型的普通法院附随审查的异同等问题作了比较研究，以图对日本有所借鉴。

总之，日本学者无论是以本国违宪审查制度，还是以比较法为视角，研究外国法，都有强烈的本国问题意识，旨在解决本国具体问题，特别是技术性很强的"宪法诉讼"理论，以求形成理论和实务的互动，推动本国制度的有效运作。反观我国违宪审查的理论研究，对技术性的研究很少，而且不深入。虽然有学者对我国违宪的情形作了归纳和分析，①但仅仅是从整体的类型出发，并未像日本学者一样对具体的某种类型，诸如行政法规、地方性法规违反宪法和法律的情形作进一步实际的深入研究，也没有像芦部教授等人，侧重于研究具体审查基准，着力于技术性研究，以求对违宪审查的实务有所借鉴。

另外，从比较法的角度研究国外违宪审查制度的著作虽不少，但多缺乏强烈的中国问题意识，只是从制度表层上介绍外国制度的运作，没有深入研究国外制度运作的历史、基础和弊病等。我国学者对外国违宪审查制度的研究方面，多以美国违宪审查制度为研究对象；这方面著述不少，但多是介绍美国联邦最高法院在不同时期运用《美国联邦宪法》不同条款的相关判例，并没有结合美国特定时期的问题、历史背景、文化因素等方面详尽分析，更没有将中美问题进行比较以图对我国有所借鉴，有的只是倾向于倡导我国实施美国式的普通法院审查制。

但理论研究者对我国的违宪审查制度发展并非没有作为，如"孙志刚案件"引发的三博士上书事件，以及《物权法（草案）》的有关条款的合宪性问题都是由理论研究者发起的，这些对推动我国违宪审查制度的发展有很大积极意义。为推动我国违宪审查制度的发展及有效运作，我国对违宪审查的理论研究应当有技术性的成果，诸如分析实际中违宪的具体类型，判断违宪、合宪的具体技术性标准等，以求对我国实践有所参考。另外，对外国违宪审查制度的研究不单是介绍外国制度层面的内容，应当带有浓烈的中国问题意识，以求"抛砖引玉"、"洋为中用"。

---

① 如蔡定剑将与违宪情形相关的法律冲突归结为五类，即"1. 法律与法律的冲突；2. 地方性法规与法律的冲突；3. 地方性法规与部委规章以及部委规章之间的冲突；4. 法律解释中的冲突；5. 政府文件与法律相悖"。参见蔡定剑："法律冲突及其解决的途径"，载《中国法学》1999 年第 3 期。朱福惠将之概括为"1. 各种法律法规和规章与宪法相抵触；2. 下位法与上位法相冲突。"参见朱福惠："论我国法的冲突及其解决机制"，载《现代法学》1998 年第 4 期。

西方宪政思想史研究框架与宪政思想要素

刘守刚*

西方宪政思想是支持和说明西方宪政制度的学说和精神因素,它是自古希腊以来西方多种政治思想①相互影响和竞争、多种价值不断综合和平衡的结果。梳理西方宪政思想史,探讨其中有利于当前宪政建设的思想要素,是研究西方宪政思想的重要任务。学术界目前已经有多种框架来梳理西方宪政思想史,但这些框架或多或少都有一些不足之处,其中最突出的问题在于将宪政思想史等同于政治思想史。

本文的目的是建立一个研究西方宪政思想史的基本框架,并从西方宪政思想的演变中揭示出宪政思想的合理内涵与构成要素。本文的结构如下:首先是评论其他宪政思想史的研究框架,指出其不足之处;其次建立个体主义——整体主义理想型概念,作为本文研究西方宪政思想史的框架;最后以本文所建立的框架来简单地梳理西方宪政思想史,揭示宪政思想的核心要素。

一、既有西方宪政思想史的研究框架及其不足

所有的政治思想,实际上都是对如何协调个体与整体(人和国家)之间冲突关系的回答,宪政思想对协调两者的关系自有其特别的回答,并成为政治思想中迄今为止最为成功的一种。成熟的宪政思想当然不是一开始就有的,它是西方两千多年来各种政治思想相互冲突和融合的结果。西方宪政思想史的研究,应该对其历史作出合理的描述和总结,这就需要建立合适的分析框架。在目前研究中,以下三种框架是比较常见的。

1. 叠加式框架

所谓叠加式框架,就是按时代和地域关系,将从古希腊到20世纪所有重要的政治思想家及其学说依次排列出来,显示出来的似乎是,宪政思想是各种政治思想自然叠加的结果。以"西方宪政思想史"为名的著作,大多采用这种研究和写作框架。

---

* 刘守刚,2001级法律文化专业,指导老师:徐永康。现工作于上海财经大学。

① 需要交代的是,本文在行文中,为方便起见,并没有仔细地区分政治哲学、政治学说和政治思想三个概念。严格说来,这三者是有区别的,就理论的系统性和深刻性而言,政治哲学高于政治学说,政治学说又高于政治思想。

以叠加式的框架来研究宪政思想史,好处在于可以将思想演变的时空和人物关系梳理得特别清楚,但这种框架的缺点也是明显的。其不足之处在于:

(1)没有认识到宪政思想的独特性,在某种程度上混淆了宪政思想与政治思想,将西方宪政思想史写成了西方政治思想史。事实上,宪政思想只是政治思想中的一种,宪政思想区别于其他政治思想,有其自身独特的一些要素。

(2)从这个框架出发,很难揭示出宪政思想的构成要素,也就难以为维护或者建设宪政制度,提供思想指导和智力支持。

2. 自由主义一元传统的框架

一元传统框架指的是将宪政制度的产生,归结为某一种思想影响的结果,宪政思想史就是该思想发生发展的历史。一些西方学者喜欢将自由主义作为西方宪政的正统思想,并以此来建立分析宪政思想史的框架。如沃特金斯,在他的名著《西方政治传统》中,将自由主义作为西方宪政的一元传统,并认为西方自由主义传统从古代到现代的曲折经历,就是现代意义上宪政思想的诞生和发展的全过程。①

这种以自由主义传统作为分析西方宪政思想史的框架,其不足之处首先在于,自由主义本身是需要定义的。自由主义有多种含义,人们常用的如积极的自由、消极的自由,英美自由主义、欧陆自由主义等,含义各不一样。按照以赛亚·伯林的说法,自由有200多种含义。究竟哪一种自由主义是宪政思想的基础,需要解释。

其次,将自由主义看做西方自古已有的东西,有2000多年的政治传统,有些像在抬高西方政治文明的地位。实际上在1500年以前的西方世界,虽然政治传统中存在自由主义的因素,但当时还存在其他各种各样相互竞争的思想。有某一种思想的萌芽,并不意味这种思想就一定能战胜其他思想,成为政治发展的方向,并由此决定其发展的轨迹。

最后,一元传统框架忽视了宪政思想的复杂性。宪政思想要同时处理个人与国家两方面的关系,是两种相互冲突要求的妥协与安排。用一元论来描述,不利于揭示宪政思想自身的丰富含义。

3. 自由与民主二元框架

自由和民主两个概念,是一些研究者用来给政治思潮进行分类的标签,并进而将其作为研究西方宪政思想史的框架。② 所谓自由主要指以英国为代表的那种政府权力分立、个人人身权利受法律程序保护,以及经济自由放任等思潮,而民主主

① [美]沃特金斯著:《西方政治传统》,黄辉、杨健译,吉林人民出版社2001年版。

② [英]哈耶克著:"自由主义",载《哈耶克论文集》,邓正来选译,首都经济贸易大学出版社2001年版,第87页。另可参见张辰龙:"在自由与民主之间保持张力",载《直接民主与间接民主》,三联书店1998年版。

要指以法国为代表的提倡人民主权和普选制度、要求国家干预经济，特别是干预社会领域的思潮。在这种定义方式下，自由和民主是两种不同的思想。这些研究者认为，专制制度下的自由与民主没有什么冲突，民主运动对获得自由是一种助力，自由和民主的结合形成控制国家权力、保障个人权利的制度和程序，但在民主制度下，自由和民主有一种内在的冲突，一人一票的民主原则会促使政府为了满足多数人的愿望和利益，过多地干预经济和社会，侵害少数人的权利，违反自由的原则。

将自由和民主两个概念作为分析框架，可以把西方近代宪政思想的产生归结为英国的自由精神和法国的民主思想共同作用的结果，并可把当前许多宪政问题归结为民主对自由的侵害，主张自由和民主保持一定的张力和平衡。应该说，这个框架在西方宪政思想史研究中很具有说服力，解释能力也比较强。但该框架存在的问题是，它严重依赖于对自由主义含义的界定。正如上文所述，自由主义本身歧义众多，各种流派之间在对自由主义的理解方面，存在重大差别，在理论重点和政策内容方面都不相同。比如，拉吉罗在他的名著《欧洲自由主义史》中，按照国籍仔细区分了英国自由主义、法国自由主义、德国自由主义和意大利自由主义。[①] 哈耶克等人所命名的民主（法国式的民主），被拉吉罗命名为自由主义（法国自由主义）。换言之，怎样描述法国大革命后的政体，完全取决于对自由主义的定义，这就难免引起混乱。

而且，在哈耶克等人的研究中，将法国大革命后的政体形式排除在自由主义之外，虽然在逻辑上做到了前后一致，但毕竟不能令人信服，也减弱了该模式的解释能力。这是因为，英国与法国之间，在政体方面确实有差别，但它们的共同性毕竟要大于差异性：自由主义对个人价值的尊重，是民主的前提和渊源，或者说民主的要求可以包含在自由主义之内。尽管埃德蒙·柏克被哈耶克认定是自由主义的典型代表，但伯林以柏克反对法国大革命来划线，认定其为反动分子，因为法国大革命以及其后的民主政体，也是出于自由主义的合理要求。[②]

因此，以自由和民主两个概念作为研究西方宪政思想史的框架，要么陷入没有结果的对自由定义的争论，要么因坚持自由主义的狭窄定义，而削弱自由主义的丰富内容。

二、构建个体主义、整体主义两种理想型

互补原理告诉我们，世界上的真理都有两面，只有把两个性质截然不同的面结

---

① ［意］拉吉罗著：《欧洲自由主义史》，杨军译，吉林人民出版社2001年版。

② 甘阳："90年代中国思想批判"，载《田野来风》，中国电影出版社1998年版，第476～477页。

合起来看,我们才能真正认识到这个事物的全部。人类认识社会和国家,也是从两个相互对立、性质不同的侧面出发的:一个侧面强调个体的目标和利益,另一个侧面强调整体的目标和利益。根据这两个不同的侧面,本文定义政治哲学的两种理想型,即个体主义政治哲学和整体主义政治哲学,来勉强区分现实世界中种种复杂政治思想。

个体主义政治哲学是从个体主义这样一种思想而获得说明的,而所谓个体主义,是指从个人本位出发,从个人作为经验的主体和伦理的生物出发的一种思想:所谓经验的主体,指的是只有个人才能说话、思考,由个人的心灵所接受的感觉经验转化为知识,以此作为行动的参考和秩序的来源,也只有个人具有意志,采取追求自身利益的行动,并通过与他人的交往和合作,形成社会行动和秩序;所谓伦理的生物,指的是个人独立自主,不应受到他人的强制,并且是价值的终极标准,因为没有人能够像利益者个人那样了解他自身的利益,每一个人都是他自己的目的,没有人应该为他人利益而牺牲。个体主义从个人作为经验的主体和伦理的生物出发,分别体现在认识论、方法论、伦理学、社会学、宗教和经济学等领域,就形成各领域种种以个体为特征的思想和主张。所以,个体主义政治哲学指的是这样一类政治思想,它主张个人拥有原始权力(个人是主权者),政治代表的是个人的利益,政府的目的在于使个人的需要得到满足;居于上位者的权力来自于下层的授予,政府建立在公民个人同意的基础上,其权威性和合法性来自公民的同意。

与此相反,整体主义,就是从整体(社会、国家、社群、种族等,主要指社会总体)本位出发,将整体看作知识的来源和伦理的主体,忽视作为个体的人,或者认为个体人应处于从属的地位。整体主义在认识论上、方法论、伦理学、社会学、宗教和经济学上,也自有其强调整体一面的种种思想与主张。所以,整体主义政治哲学强调的是社会是一个自然的等级体系,原始政治权力集中于最高机构,从上往下授权,下层的权力是代理的权力,而政府有自己的利益和目的,个人是满足社会需要的手段,政府应该组织、教育人们去满足社会需要或目的,培养公民的德行。

两千多年来,流派纷呈的西方政治学说,探讨的主题主要就是人与国家的关系,即同时处理个体与整体的问题。根据上述两种政治哲学的理想型,可以将这些彼此竞争的政治哲学,大体归入这两类:一类主要从国家和社会本位出发,强调整体的利益和权力;另一类主要从个人本位出发,强调个人的权利与意志。当然,这种归类只是近似的、集中于它们的主要特征。现实世界中存在的政治哲学,大都是这两类思想的某种混合(但以其中一类为其主要特征),几乎没有一种完全符合理想型的特征。

也许可以按照光谱学的方法,将现实中各种政治哲学按其主张个体本位还是整体本位的强弱程度,从左到右排列如下表(表1),越靠左个体主义特性越强,越靠右整体主义特性越强。

表 1　政治哲学按个体主义、整体主义理想型归类光谱表

	个体主义			整体主义		
	自由至上主义	罗尔斯主义	社会民主主义	社群主义	古典保守主义	极权主义
特性	最接近个体主义	个体主义的中间代表	受整体主义思想强烈影响，但仍留在个体主义阵营内	受个体主义思想影响最深的整体主义	整体主义的中间代表	最接近整体主义的政治思想
主要政策主张	崇尚个体的政治自由和权利，反对国家对经济和社会领域的干预，赞成最小化程度的政府，最极端的甚至主张无政府主义	强调个体政治权利和自由的绝对优先地位，认为国家要干预社会只能出于有利于境况最差的人的目的	承认个人的政治权利和自由，但认为个人权利和自由应该为社会总体福利状况而受限制，国家应该广泛干预经济和社会诸领域	承认个人自由，但强调是社群的价值和目的塑造了人的自我，强调社群利益和目的优先于个人	不认为个人有什么不可侵犯的权利，强调政府和社会的目的、利益具有优先性，个人应当服从，强调政府教育和培养公民德行的重要性	几乎没有个人自由和权利，政府对经济和社会牢牢控制

三、个体主义——整体主义研究框架与西方宪政思想史研究

如上所述，个体主义政治哲学，着重强调个人的权利和利益，要求政府致力于满足公民们的世俗需要和利益，政府只是有助于个人目标实现的手段，本身没有道德和伦理的价值；整体主义政治哲学，则认为国家应当有独立于个人利益和权利的伦理和道德价值，政府应当致力于实现伦理和道德的目标，应当关注公民的道德生活，强调政府的教化功能度以及为公民的“真正利益”而进行干预，不赞成对政府权力进行限制。本文将这两个理想型概念作为研究框架，来总体上把握西方宪政思想史发展的全过程。

在西方政治文明的初期，即古希腊时代，政治哲学家们就已经意识到个人与国家的对立，表现出了两种不同的倾向：一种关心城邦的得救，赞成改造城邦，改变整个社会生活，以影响和培养公民美德，认为只有在城邦政治中，人才能完善德行；另一种关心个人的得救，赞成离开城邦，离群索居，遁入一种完全个人的、隐秘的智慧，认为个人是独立的，为了个人的目的并经过约定才形成公民的政治生活和公民共同体。前者倾向于整体主义，后者倾向于个体主义，不过，就城邦作为希腊人生存共

同体而言,显然整体主义在城邦时代占据上风。到希腊末期,个体主义相对更为流行。这两种理想型所代表的政治思想相互冲突和融合,形成了古罗马官方政治哲学,即经过改造的斯多葛主义,这一思想总体上仍可归属于整体主义,但已在相当程度地体现出个体主义的倾向。① 到罗马帝国后期,基督教在人们关心的事务中占有越来越大的比重,兴起了宗教个体主义的观念,认为个人不需要过政治的或社会的生活,国家是一种与灵魂得救完全不相干的存在,作为教徒自我组织的教会,也没有决定灵魂得救的能力。在这宗教个体主义发展的过程中,开始生发出一种人的自觉,一种个人的内在性的意识,这是西方宪政思想极其重要的历史渊源。

欧洲进入中世纪,宗教的整体主义观念代替了早期宗教的个体主义观念,教会被认定是上帝指派的拯救人类的工具,一个人只有成为教会的一员才能得救。同时,社会整体主义看法也占统治地位,社会被看成是个有机整体,社会各部分连接而成有机统一体,并且低层部分依赖于高层部分,个人应该服从在上者的权威,否则会导致整体的瓦解。直到中世纪晚期,个体主义思想才开始艰难地冲破整体主义的笼罩,地位不断上升,形成系统的个体主义政治哲学,并在与整体主义政治哲学的冲突和协调中,促成了宪政思想的诞生与成熟。

首先是文艺复兴运动对中世纪整体主义的冲击。文艺复兴不仅是古代艺术的复兴,更是人的复兴,其主题集中在肯定人的尊严、人的伟大,提倡个性解放和个人幸福。其次是宗教改革的影响。马丁·路德成功地将宗教的整体主义转化为宗教的个体主义,他的教义将个人的良心置于一切外在的权威之上,用自主性个人的虔诚代替了教会塑造的集体性虔诚,从而塑造了一种全新的具有坚强信念的个人意识。在路德教义基础上发展而来的加尔文教义,认定人不可能改变自己注定的命运(被预先决定是得到永生还是永罚),任何人、任何事都不能帮助他,如此孤独的个人,也是自主的个人,个人是知识的来源,个人良知是判断的源泉。这些都是后来个体主义的基本组成部分。最后冲击中世纪整体主义的是十七八世纪所形成的个体主义哲学,即通常称为英国的经验主义和大陆理性主义两个哲学传统。这两个传统虽有区别,但二者共同推动理性的世俗化过程,即不再以神为本位,而是以人的体验、人的眼光,从世界本身去认识世界,同时提倡理性的个人自觉,坚持运用人的独立思维,来寻求新的理论。

真正奠定西方宪政思想基础的个体主义政治哲学,是由霍布斯系统建立的。

① 经过改造的斯多葛主义之所以体现出更强的个体主义倾向,与罗马的实践也是息息相关的。在城邦中,个人的生活就是参与政治,但在广大的罗马帝国,绝大多数个人已无法亲自参与政治,公民的个人生活与国家的政治活动日益疏远,个人不得不学会过一种非政治、非公开性的生活,到政治之外寻找安身立命的哲学依据。

在理论上,他拒绝了传统的整体主义政治哲学所认定的人天生是政治或社会的动物的前提,而以孤立的、个体的人作为他研究的起点,认为正是由于人们对自然状态中普遍存在的死亡状态感到恐惧,才建立国家以便过一种和平的生活。在他看来,这是一个契约的过程,所有的人都放弃自我管理的权利,将放弃的权利授予一人或由多人组成的一个集体来代表,大家都服从这个人或这个集体所代表的人格。从霍布斯以后,政治哲学从以整体为中心、以义务为中心,转向以个体为中心、以权利为中心。洛克对霍布斯的理论进行了改造,认为在缔结社会契约的过程中,人民放弃的只是一部分权利,政府的权力是有限的,必须设计必要的政治制度,来体现和保障社会契约的精神。不过,在洛克的理论中,留下了许多难题,如:自然状态中没有外在权力保证契约的执行,作为自利的个人,不可能去签一份不可执行的契约;按照契约自由的原则,社会契约的签约人可以随时因意志改变而废除契约,这样没有一个政府能够获得稳定性。这些难题意味着个体主义政治哲学运用社会契约理论,不能解决由个体结合为整体(国家)的问题,意味着纯粹从个体主义出发不能在理论上完整地构建真正的宪政思想。

西方宪政思想在政治哲学上的诞生,实际上是个体主义和整体主义互相批评、相互融合的结果。这一结果的产生,与英法启蒙运动中有关个人和国家的政治哲学进一步发展相关。

英国的启蒙运动诞生了以休谟为代表的一批苏格兰学者,他们主张,政府不可能根据一项契约而成立,而是因人们在自然状态中感到不便,某个首领出现,为人们提供了共同利益和安全的保障,引发人们的服从并形成惯例,由此诞生了政治社会(政府)。因此政府来自于人类的需要,是从传统与习俗中缓慢演化而来的。个人应该尊重作为人类智慧结晶的传统与习俗,尊重现存权威,要求一切社会进步必须以传统为基础,在边际上进行改进,不能推翻整个传统重新设计文明。苏格兰学派对传统的强调,实际上是以传统为纽带来调和个体主义与整体主义的冲突,解决洛克理论中的难题。这是因为所谓的"传统",既是个体主义的(是"人造物",是个人行动的结果),又是整体主义的(作为人类文明的结晶和社会进步的基础,并非个人可以刻意追求的,而应尊重和服从)。兼有两方面性质的传统,调和了个体主义与整体主义的冲突,消除了纯粹个体主义在构建宪政思想方面的难题。苏格兰学派的理论,构成了英国宪政思想的基础。

法国启蒙运动诞生了以卢梭为代表的法国政治哲学家,不同于苏格兰政治哲学家,更强调个人的自由意志,认为政治生活有赖于整个社会的意愿和积极参与。在卢梭的社会契约理论中,个人相对于传统是自由的,由每个人特殊利益(个别意志)中共享的部分构成公意,社会契约依公意而成立,而主权者代表共同体全体成员的公意,每个人将自己的一切权利全部转让给全体,受公意指导的政治体(即主权者）对它的每个成员都有绝对的支配权力。卢梭对公意的强调，实际上是以公意来统一个体与整体：公意既是个体的，是各人共享的本人利益，当个人服从代表公意的社会契约（法律）时，个人服从的就是本人，实现了个体主义所强调的自由意志，当代表公意的主权者创立制度或修改法律时，说明全体成员的公意相对于法律本身是自由的，同样体现了人的自由意志；而公意又是整体的，不可违背的，个人对公意的服从，代表公意的主权者拥有强制能力，为实现集体的行动和一定程度的秩序提供了保证，这就满足了整体主义的要求。因此公意既保证政府的强制能力以实现群体行动，又能保持个人的权利与意志自由。卢梭的理论，构成法国宪政思想的基础。

英、法两国宪政思想各有特点，但都有不足，前者不能伸张人权，后者造成秩序的缺乏。作为曾经的英国殖民地和深受法国启蒙运动影响的美国，实现了英法立宪主义融合，成为全世界宪政思想和制度的楷模。其要点在于，既使自然权利的概念、人民主权的原则和社会契约的思想得到原则上的确认，成了宪法的基本原则，又在实际政治过程中，暂时只让那些在经济上能独立自主或拥有一定数量财产的人参与政治，认为他们才可能对公共事业产生兴趣，才会关心政治并具有责任感；既承认了人性善的一面，对人民有能力选举代表、构建符合公意的政府抱有信心；又承认人性的不可靠和人的认识能力的有限性，在制度层面上设定参议院议员、总统选举人团以及联邦法院法官等职位不受多数民众直接选举的压力等制度，以精英主义的态度来谋取公众的利益。

19世纪是西方宪政思想成熟的世纪，英法两国在宪政思想方面相互学习：英国从法国学习的是人民主权的观念（如更普遍的选举权）、普及人权以及用理性主义精神改造现有的法律制度，法国更多地向英国学习尊重传统，建立稳定的政治秩序，采用有效的手段来制约政府的强权。与此同时，以柏克为代表的保守主义，批评个体主义中原子化个人的观念，强调作为传统和有机的社会在政治中的作用，而社会主义者批评个体主义所强调的国家中立立场，强调用国家和社会的力量来帮助和改造个人，这些批评也进一步激发了宪政思想的完善。其中一个表现是，整体主义成分（更积极的政府行动），相对于18世纪有了扩张，要求政府承担必要的道德、经济和社会功能。

贡斯当、托克维尔、密尔等人的思想体现了在19世纪英法美三国立宪主义在个体主义与整体主义的融合上达到了成熟的地步。他们共同的特点是，强调人民主权的原则不可动摇，认为民主的趋势不可阻挡，但都认为人民主权在本质上必须有限度，他们同时或分别主张人民主权应当受限于法律所保障的个人的独立与权利，强调要警惕多数人可能带来的政治和社会暴政，以及民主制度下公民道德的蜕化问题，他们都认为政府应当发挥积极作用，在具体制度方面（如代议制度、乡镇自治制度、结社和公共舆论制度等)鼓励公民参与政治,培养公共精神,发挥公民个性,等等。

四、结论:西方宪政思想的核心要素

上文运用个体主义、整体主义两种政治哲学理想型作为研究西方宪政思想史的框架,从两个极端来梳理各种关于人与国家(社会)问题的政治哲学。可以看出,西方宪政思想史的发展进程,可以看成是来自于个体主义与整体主义两方面的政治思想,相互冲突、不断融合,直至达到某种平衡状态的结果。在这一进程中,以下分属于个体主义和整体主义的问题始终占据着思想界的核心,这些问题不断协调和平衡的过程也就是西方宪政思想的诞生和成熟过程。

(1)既要保证个人权利的优先性、保障人权,防止政府侵害个人权利,又必须重视代表整体的政府,具有塑造公民道德、创造公民享受自由权利的物质和社会条件的功能;

(2)既要承认人民主权,承认政府合法性的唯一来源为人民的同意,但又必须防止因人民主权形成多数的暴政,以及公民道德衰落的问题;

(3)既要赞成以理性主义的态度进行政治和法律改革,促进个人权利的扩大和社会进步,又要反对改进过程中的过分激进和暴力,尊重传统、尊重整体的有机性。

从宪政思想史来看,近代西方宪政思想的诞生,不仅是个体主义政治哲学作用的结果,整体主义在思想上对个体主义进行补充和调和也非常重要。个体主义和整体主义两方面的思想,相互补充又相互冲突,共同构成宪政思想的基础。也就是说,宪政思想在要素构成上并不是单纯的、唯一的,宪政思想的成熟实际上是两个不同的要素达到某种平衡(以个体主义占优)的结果。到19世纪,西方宪政思想达到比较成熟的地步,表现在个体主义在其中占据优势地位,同时整体主义的要求也被兼顾。宪政思想之所以不同于其他政治思想,主要是因为包含了以下几个方面的核心要素:①

(1)承认人民主权的原则,承认政府存在的必要性在于保障和促进人权,其合法性的唯一来源为人民的同意;但又必须承认,整体的目标和利益不是个人利益的

---

① 核心要素这一概念,模仿了何勤华先生法学形态理论中"必备要素"的说法。参见何勤华著:《中国法学史》(第1卷),法律出版社2000年版,第28页。也就是说,并非所有的西方政治思想都可以称为西方宪政思想(这也是本文一再强调的观点),只有包含了核心要素的政治思想才称得上是宪政思想。在历史发展过程中,初步的或雏形的宪政思想所包含的核心要素并不全,只有在成熟时宪政思想才包含全部的核心要素。

简单加总,承认政府为了整体的利益和目标,可以对个人行为进行一定程度的引导和必要的强制。

(2)承认人权至上,对政府的强权永远保持一份清醒和怀疑,认定个人权利的实现,主要取决于在政治制度上能否成功地限制和约束政府的权力,确保在绝大多数时候,政府在政治经济社会诸领域的消极角色和不干预的态度(消极意义的人权);同时又必须承认人权的实现不能完全是消极意义的,政府有责任积极行动,干预社会和经济的运行,创造公民享受自由权利的物质和社会条件(积极意义的人权)。

(3)在实际政治运行和社会生活中,承认普选原则和人的身份平等,遵循多数人决定的原则;但又必须防止多数在政治中的暴政和社会生活中的不宽容,确保个性自由,同时必须关注民主制度下公民道德衰落的问题,赋予政府一定程度上塑造公民道德的职能。

(4)重视市民社会(主要是各种社会团体和公共舆论)的作用,对上它代表个人,成为制约政府强权、保障个人权利的机制,对下则代表一定的整体力量,可以组织个人形成公意,并塑造公民美德。

当然,在西方宪政思想的形成过程中,上述分别以个体主义、整体主义为代表的思想要素各自应该融合多少、采用什么样的形式等问题,每一个政治哲学家都有自己的回答。最终在宪政思想运动和各国现实运动的综合作用下,形成了各国不同的宪政制度。而且,宪政思想中个体主义与整体主义所达到的均衡,是动态的而非固定的。一旦时代风貌和民情发生变化,这两方面的组成要素在结构上就可能发生变动,甚至可能走向宪政的反面。这也是20世纪有许多宪政失败的原因所在。

国际法的历史演进述略

——以“条约必须信守”原则为视角

李明倩*

一、绪论

研究国际关系和外交以及它们的产生和发展的著作很多,尽管如此,对国际法史的研究还是非常不够的。国际法史几乎是人们研究得最少的法学领域。① 国际法的历史是一个复杂的课题。对国际法的研究,肇始于18世纪末。

在英文方面,最早的专著是英国学者罗伯特·沃德(Robert Ward)在1795年所著的《欧洲国际法的基础与历史研究——从希腊罗马时代到格劳秀斯时代》(An Enquiry into the Foundation and History of the Law of Nations in Europe from the Times of the Greeks and Romans to the Age of Grotius,1795)。此后,又陆续出版了几本此类的著作,但是为数并不多,比如:亨利·惠顿(Henry Wheaton)的《欧洲和美洲的国际法史研究》(History of the Law of Nations in Europe and the Americans, 1845);约翰·霍塞克(John Hosack)的《国际法的兴起与发展》(On the Rise and Growth of the Law of Nations, As Established by General Usage and by Treaties, From the Earliest Time to the Treaty of Utrecht,1882);沃克尔(T. A. Walker)的《国际法史》(A History of the Law of Nations, Vol. Ⅰ,1899);菲利普森(Coleman Phillopson)的《古希腊和罗马的国际法和习惯》(The International Law and Custom of Ancient Greece and Roman,1911);巴特尔(G. Butter)和马克比(S. Macoby)的《国际法的发展》(The Development of International Law,1928);努斯鲍姆(A. Nussbaum)的《国际法简史》(A Concise History of the Law of Nations, 2nd ed. ,1954);伯尔曼(David J. Bederman)的《古代国际法》(International Law in Antiquity,1911)。

此外,还有一些关于国际法历史的某些方面的著作,将国际法中的原则、规则、规章及制度放到历史中进行考察,比如维尔兹(J. H. W. Verzijl)的《历史视野下的国际法》(International Law in Historical Perspective, 7 Vols, 1968 - 1973);伯恩哈特(Rodolf Bernhardt)主编的《国际公法百科全书》(Encyclopedia of Public International

---

* 李明倩,2009级外国法律史专业,指导老师:何勤华。现工作于华东政法大学。

① [苏]费尔德曼、巴斯金著:《国际法史》,黄道秀等译,法律出版社1992年版,第1页。

Law)。

在中文方面,对国际法史的专著研究可追溯至20世纪40年代。1936年由刘达人、袁国钦先生合著的《国际法发达史》被视为开山之作,陶樾先生的《现代国际法史论》也是这一时期的代表作。中华人民共和国成立后,先后出版了李家善先生的《国际法学史新论》(法律出版社1987年版),以及由黄道秀等翻译的苏联学者费尔德曼和巴斯金合著的《国际法史》(法律出版社1992年版);近年来,国际法学界对国际法史研究的重视进一步加强,杨泽伟先生的《宏观国际法史》以国际法的发展史为主轴,兼顾国际法的学说史和编纂史,是近年来国际法史领域的代表作。此外,王铁崖先生的《国际法引论》也有专章对国际法史和国际法学史进行了脉络性的梳理。

以史学的方法来研究国际法的发展和演变有助于我们更好地理解国际法的发展规律,因为国际法和国际法学的突出特点在于,从一开始就是与研究过去紧密联系在一起的,[①]素来重视汇集、解释传统和学术权威,从传统中汲取精华和力量,为迫切的现实需要和理论问题提供解决方案。此外,对国际法史进行宏观或微观的考察,不仅帮助我们了解国际法是怎样产生和发展的,还有助于我们更好地预测国际法的未来走向和发展趋势。

条约责任的神圣性是国际法最为古老的根本性原则。国家应该善意履行其契约责任得到了古往今来各个地区、不同法律文明的重视。"条约必须信守"原则的理论流变、实践发展与国际法的递嬗有着千丝万缕的联系。对"条约必须信守"原则的理论基础和国家实践的发展过程进行分析与梳理,可以检视国际法的历史演进过程。

二、"条约必须信守"原则的概念分析

"条约必须信守"(Pacta Sunt Servanda)源自一条古老的法律格言,强调缔约者对于自己所做的约定有遵守的必要性,最初被应用于自然人个体间的约定,逐渐成为国际法上的一项重要原则,指一个有效、合法缔结的条约,成员国必须善意施行,不得违反。国家执行条约,就是实践自己作为缔约一方庄严的诺言,履行国际义务。[②] 该原则得到了许多国际公约和国际组织的明确认可。例如,《联合国宪章》在序言中申明:"所有会员国应尊重由条约与国际法其他渊源而起之义务。"其第2条

① 杨泽伟著:《宏观国际法史》,武汉大学出版社2001年版,第2页。

② 周鲠生著:《国际法》(下册),商务印书馆1976年版,第648页。

第2款作为国际法基本原则的内容之一，规定了善意履行宪章的义务，即“各会员国应一秉善意，履行其依本宪章所担负之义务，以保证全体会员国由加入本组织而发生之权益”。[①] 诚实履行宪章义务是传统“条约必须信守”义务的新发展，据此，各国不仅负有履行条约义务的责任，同时还意味着遵守联合国宪章中的国际法原则和规则。1969年《维也纳条约法公约》第26条规定，“凡有效之条约对各当事国有拘束力，必须由该国善意履行”。第27条规定，“当事国不得援引其国内法规定为理由而不履行条约”。1970年《国际法原则宣言》、1982年《联合国海洋法公约》等国际文件也分别强调了这一原则。[②]

全面地解读“条约必须信守”原则的历史基础之前，需要对该原则的概念进行分析。“条约必须信守”原则蕴涵以下几项要素。

第一，条约必须信守原则的履行以条约的有效性、合法性为前提。所谓“合法的条约”是指按照国际法的基本原则和要求而缔结的条约。换言之，条约的缔结必须在内容上和形式上都是合法的。正如《维也纳条约法公约》第52条规定：“条约系违反联合国宪章所含国际法原则以威胁或使用武力而获缔结者无效。”就条约内容而言，一方面，与联合国宪章抵触的条约无效。联合国宪章在国际法的协定规则的体系内建立了一个重要的等级制度，联合国会员国的缔约能力受到宪章的限制。联合国宪章第103条规定，各会员国在宪章下的义务与它们依照任何其他国际协定所负的义务有冲突时，其在宪章下的义务应居优先。任何条约、协定在与宪章抵触的范围内，是无效的和不能执行的。另一方面，与强行法抵触的条约无效。根据《维也纳条约法公约》第53条，“条约在缔结时与一般国际法强制性抵触者无效。一般国际法强制性规范指作为一个整体的由国家构成的国际社会所接受并承认不得被减损且仅有以后具有同等性质之一般国际法规范即得更改之规范。”尽管该条约对强行法的界定存有不足，强行法作为世界公共秩序已经在发挥作用。就条约形式而言，缔结条约过程中的胁迫行为被认为会导致条约无效。相应地，错误、欺诈、贿赂、明显违反国内法或对缔结条约的国家代表的权力限制都会引起条约的无效，但是只能由上述不公正情形的受害国所援引。当然，这些无效理由能通过受损害的国家的默认或事后明确给予同意予以补救，而且这些无效理由可能只是使条约的部分条款无效。[③]

第二，条约必须信守原则的实现以缔约国国内法律程序为辅助。国际条约是国家之间或国家组成的组织间订立的、在缔约各方之间创设法律权利和义务的契

① 王铁崖、田如萱编：《国际法资料选编》，法律出版社1982年版，第818页。

② 李浩培著：《条约法概论》，法律出版社2003年版，第286页。

③ [德]安东尼奥·卡塞斯著：《国际法》，蔡从燕等译，法律出版社2009年版，第235页。

约性协定。尽管诸如国际刑法规则等国际法律规范开始直接作用于个人,而无须经过国内法律制度的转换,学界的主流观点依旧认为,主权国家和国际组织才是缔结条约的主体。① 为了使条约对缔约国及其国民产生约束力,国际法必须经由各国可以自由决定的、旨在实施国际法规则的各种国内机制“转化”为国内法。第二次世界大战后,联合国主持制定的一些国际公约中曾明文要求当事国采取特别的国内立法以保证条约的充分履行。例如,1973 年《禁止并惩治种族隔离罪行国际公约》第 4 条规定,本公约缔约国承诺“采用必要的立法或其他措施来禁止并预防对于种族隔离罪行和类似的分离主义政策或其表现的鼓励,并惩治触犯此种罪行的人”。1980 年联合国通过的《消除对妇女一切形式歧视公约》第 24 条规定,“缔约各国家应在国内采取一切必要措施,以充分实现本公约承认的各项权利”。也有部分国家在作为根本法的宪法中作出原则性规定,遵守已参加的国际条约,如美国宪法第 6 条第 2 款规定,“本宪法与依照本宪法所制定的合众国法律及以合众国的权力所缔结或将缔结的条约,均为全国的最高法律。即使与任何州的宪法或法律有抵触,各州法官均应遵守”。从这个意义上,“条约必须信守”原则不仅意味着当事国必须善意地履行合法缔结的条约,还体现在对于合法缔结的条约,缔约国的任何机关都有遵守条约规定的义务,换言之,国家行政机关执行条约的规定,立法机关不得制定与条约相违背的法律而于必要时制定以实施条约的规定,司法机关则适用条约的规定。

第三,条约必须信守原则的实现以条约的善意解释为保障。条约信守义务不仅包括诚实地和善意地履行条约,同时要求按照条约字面后蕴涵的精神来解释条约。在没有统一明确的条约解释规定时,各缔约国通常会以各自不同的方法作出有利于己的解释。因此《维也纳条约法公约》第 31 条第 1 款规定:“对于一个条约,应……以善意予以解释。”事实上,近现代国际法中的条约善意解释的规定深受“国际法之父”格劳秀斯的影响。格劳秀斯曾把罗马法中一般解释规则适用于条约的解释。他认为,恰当的条约解释规则应当从最可能的迹象得出各方的真正意图。有两种方法:一为字面意思,二为推测含义,如果从字面意思来理解某个条款会导致与条约意图矛盾或者毫无相干的结果时,就要从结果来解释,还可根据情景和上下文来进行条约解释,动机有时也被用作解释的规则。② 受此影响,近现代国际法规定:(1)根据国际法的基本原则加以解释,国际法基本原则对解释条约具有根本的指导意义;(2)应根据条约的目的和宗旨以及有关条约的上下文,按照通常含义进

---

① 李广民等主编:《国际法》,清华大学出版社 2006 年版,第 104 页。

② [荷]格劳秀斯著:《战争与和平法》,A. C. 坎贝尔英译,何勤华等译,上海人民出版社 2005 年版,第 230 ~ 233 页。

行解释，此外，当事国之间所订立的关于条约的解释与适用的任何协定，应与上下文一同考虑；（3）凡几种文字写成的条约，若条约没有作出特别规定，各种文本具有同等效力，在解释时应该一致；（4）在必要时可以参考补充材料，以求对条约作出合理的解释，补充材料指缔结条约前的谈判记录、通过公约的国际会议的全体大会和委员会的议事记录、条约的历次草案等。①

三、“条约必须信守”原则的实践发展

“条约必须信守”原则在不同的法律体系中，在历史上的各个时期，在所有的文化范畴以及不同宗教中均有体现。② 尽管古代社会是否形成过国际法是一个长期争论而无通说的问题，却在特定的历史阶段和地域范围内形成了诸如订约立盟、征战攻伐等规则、习惯，为当时的国家交往提供了秩序框架，具有与近现代国际法相似的价值功能。

（一）古代社会

“条约必须信守”原则早在公元前3世纪的古代东方社会就已经出现并被广泛应用。学界通常认为“古代东方”涵盖东北非洲、西亚西亚、南亚细亚和东亚细亚地区，包括今天世界版图上的伊朗高原、印度和中国。③ 古代近东社会、公元前6世纪的印度以及春秋战国时期的中国内部都曾拥有密集的小型国家体系，且在各自体系中尊崇共同的宗教和文化价值，进而形成了某种相对稳定的联系以及堪与近现代国际法相比的历史图景。

古代近东社会包括公元前2600～2350年的苏美尔城邦社会、公元前1400～1150年的近东帝国社会以及公元前966～700年的叙利亚和巴勒斯坦地区。具体而言，苏美尔的主要城邦包括：阿达布（Adab），埃利都（Eridu），基什（Kish），拉尔萨（Larsa），拉伽虚（Lagash），尼普尔（Nippur），舒鲁帕克（Shuruppak），乌玛（Umma），乌尔（Ur），乌鲁克（Uruk）等，该时期终结于萨尔贡大帝领导下的闪族征服，以及由此建立的阿卡德帝国；④公元前14至12世纪是古代近东社会的帝国时期，出现了一些强大帝国，包括埃及，巴比伦，赫悌，米坦尼和亚述。这些民族部落间、早期国家间形成的交往习惯为世人呈现出一幅古代近东社会邦交兴盛的国际法图景。

---

① ［英］劳特派特修订：《奥本海国际法》（上卷，第2分册），王铁崖、陈体强译，商务印书馆1972年版，第362～366页。

② Oleg I. Tiunov, Pacta Sunt Servanda: The Principle of Observing International Treaties in the Epoch of the Slave－owning Society, *Saint Louis University Law Journal*, Vol. 38, 1994, p. 929.

③ ［俄］阿甫基斯夫著：《古代东方史》，王以铸译，上海书店出版社2007年版，第1～16页。

④ David J. Bederman, *International Law in Antiquity*, Cambridge University Press, 2001, p. 22.

在这幅历史画卷中，最为突出的是条约实践。古代近东的条约基本上遵循着一种形式，即所有条款都要经过宣誓才有效，并且以各自的保护神为条约担保人，违约者的命运将会非常悲惨。因此，条约的主要结构由三部分组成：条款规定、天神列表以及诅咒语。① 大约于公元前2500年，拉伽虚和其邻邦乌玛签订了一项条约，被记录在所谓的"鹫碑"（Stele of Vulture）之上。该条约以六七位苏美尔地区最有影响力的天神之名起誓，以这些天神作为条约担保者，以保证遵守条约中的边界规定。②

近东帝国时期的大部分条约由双方使节或第三方中间人起草，鲜有君主亲自协商的情况。有关玛里的历史文献中含有一系列例证，说明条约缔结程序中个别款项反复修改调整直至各方达成一致最终通过仪式将其批准的过程。这是因为，条约缔结过程中"宣誓"的神圣功能。有时君主在启誓时会"手按喉咙"（touching the throat），表示缔结条约后如若不能遵守将以命抵偿。③ 因此巴比伦君主们通常在条约中所有款项都基本符合其利益后才会批准其生效。

随着埃及的崛起，埃及对尼罗河谷南部和亚洲毗邻国家及部落外交日趋活跃。公元前1280年，赫梯帝国的国王哈图西里三世（King Hattusili Ⅲ）与埃及国王拉美西斯二世（Pharaoh Rameses Ⅱ）所签订的和平条约就是该时期最著名、最典型的条约。④ 该协议是迄今为止发现的唯一一份互惠条约，分别用两种语言记述：一份以埃及象形文字记述，另一份以阿卡德语记述。⑤ 它有两个版本，分别被发现于埃及当时首都卡纳克（Karnak）的阿蒙神庙（Temple of Amon）和小亚细亚的拉美西斯神庙。条约以"永久和平"为目标，以建立防御性联盟为宗旨，保证互不侵犯彼此，为赫悌和埃及长期的争霸划上了暂时的终点。条约的末尾是以两国神灵为担保的启誓，"赫悌和埃及双方各自的千余名神灵都是条约的见证者，还包括埃及的山川、河流、天空、大地、海洋、风、云"。⑥ 其法律效力不仅在于军事结盟，而且为进一步发展古埃及与古代西亚地区的商贸往来奠定了良好的政治环境和社会局面。

该条约的框架结构、言辞风格、内容范围等堪称古代近东条约的典范，并且对古代社会其他区的缔约方式有着重要影响。即使是西方法律文明的发祥地古希腊

---

① Dennis J. McCarthy, *Treaty and Covent: a study in form in the ancient Oriental documents and in the Old Testament*, Pontifical Biblical Institute, 1963, p. 80.

② Arthur Nussbaum, *A Concise of History of Law of Nations*, Macmillan Co, 1954, pp. 1 – 2.

③ J. M. Munn – Rankin, *Diplomacy in Western Asia in the early second Millennium BC*, Iraq, Vol. 18, 1956, pp. 84 – 85.

④ David J. Bederman, *International Law in Antiquity*, Cambridge University Press, 2001, p. 147.

⑤ James B. Pritchard ed., *Ancient Near Eastern Texts Relating to the Old Testament*, Princeton University Press, 3rd ed., 1969, p. 395.

⑥ David J. Bederman, *International Law in Antiquity*, Cambridge University Press, 2001, p. 150.

也于此借鉴了许多经验,并将其传播至古罗马。① 比如,古希腊同样将宣誓视为条约生效的必须步骤和担保程序。以荷马时期的缔约过程为例,其核心步骤包括请求天神担任条约见证人;条款列举;交换誓言;象征肃穆的行为(如动物祭祀,奠酒或合手礼等);规定惩罚违约者的条款。这与古代近东的条约法规定如出一辙。不过由于受到世俗化的影响,古希腊发展出较为世俗的规则,注重条约中的责任条款,②如强调阶段性地更新责任条款等。古罗马的缔约方式和条约结构与古希腊一脉相承,延续了古代近东条约法的特征,仍旧以誓言的互换为条约缔结的标志。保护神的召集也必不可少,比如,坚纽斯门神(Janus)被视为联盟的守护者,他的双面代表由和约而团结在一起的两个部落。③ 当然,古罗马条约愈加具有世俗化色彩,对于互惠性和平等责任的强调无不勾勒出它对古代近东条约法的发展。

公元前600年左右,希腊半岛上有一百多个城邦国家。它们因为种族、文字与宗教都相同的缘故,有着千丝万缕的联系。在其频繁的相互交往中,产生了一些调整国际生活的规范。希腊城邦国家之间,缔结的条约之多,可与近代相比。其具体类型包括媾和条约、同盟条约以及互助和互不侵犯条约等。条约内容涉及保障个人自由、保护财产、购买土地和规定输出等方面的条款。其中,现代条约所没有的、最奇特的条款是特许通婚、参加公共娱乐和保护公共神坛等规定,另一占有相当重要地位的是调整外国公民地位和生活诸方面的条约。④ 如前所述,与古代近东社会的条约履行规定相似,希腊的条约建立在缔约代表向神宣誓的誓言之上。

在古罗马的文明成就中,法律无疑是非常卓越的。在古罗马国内法中,有关国际关系的规则被称为对外的国内法。其中最显著的是关于宣战与缔结和约的规定。它是由专门的祭司发展起来的一些神圣规则。这些祭司团成员负责管理在缔约、宣战、使节的派遣和引渡等国际事务中的宗教仪式。因此,祭司们在缔约过程中所进行的神佑祈祷仪式是对"条约必须信守"原则的保证。⑤ 除了祭司祈祷外,提交人质也是该时期罗马人经常使用的条约保证手段。以罗马与汉尼拔订立的条约为例。玻里比阿写道:"在所提条件中,下列条件最为重要:迦太基人有权统治在向罗马人宣战之前归其统治的利比亚城市,占有自古以来就属于他们的土地连同牲畜、奴隶和其他财产。自今日始,迦太基人不再遭受不友好行动的侵犯,他们将依照自

---

① M. Weinfeld, Covenant Terminology in the Ancient Near East and its Influence on the West, *Journal of the American Oriental Society*, Vol. 93, 1973, p. 190.

② Coleman Phillopson, *The International Law and Custom of Ancient Greece and Roman*, Macmillan and co., limited, 1911, p. 413.

③ Ibid., p. 389.

④ 杨泽伟著:《宏观国际法史》,武汉大学出版社2002年版,第8页。

⑤ Thomas A. Walker, *A History of the Law of Nations*, Cambridge University Press, 1899, pp. 44 - 47.

己的法律和习惯生活,不再供养迦太基的罗马驻军。相对应的义务是迦太基人必须赔偿罗马人在休战期间遭受的一切损失,遣返整个战争期间的俘虏,向罗马人交出除10艘三层战船以外的全部军用船舶以及所有的象,不经罗马人的许可,不得向利比亚境外的任何人民宣战,也不得向利比亚宣战;归还马西尼萨所指认的他作为国王的财产以及他先辈的财产;在三个月内供养罗马军队并发给他们薪俸,直至罗马就这些条款作出决定。迦太基人必须在50年内支付一万塔兰的钱款,每年支付200埃维亚塔兰。为保证条约的履行,迦太基人应交出罗马军事长官指定的100名年龄在14岁以上30岁以下的人质。”①

古印度、古中国也都有类似规定。在古印度,最早的一些类似于国家的政治实体起源于公元前2000~1000年初。他们位于恒河河谷,根据早期佛教典籍记载,到公元前6世纪中期,印度有16个摩呵扎帕纳达(大国)。他们在相当频繁而发达的国际交往中形成了丰富的法律关系,并且很多法律关系以条约的形式出现。因此,条约的神圣不可侵犯性在古印度出现并非偶然。考提利耶认为,“诚信缔结的条约在今世和来世都是不可改变的”。② 至于古中国,更是不乏“杀牲歃血”订立盟约的规定。本文所言“古中国”,仅指春秋战国时期众国林立纵横捭阖时期。春秋时,据考证,见于春秋经传的有五十余国,其中主要有:齐、晋、郑、陈、鲁、宋、卫、秦、楚、吴、越等,降至战国,主要是七雄。③ 这一时期出现了相当于近现代国际法中的互不侵犯同盟互助条约。例如,晋、楚于公元前579年在第一次弭兵会盟中的约词:“凡晋楚无相加戎,好恶同之。同恤灾危,备救凶患。若有害楚,则晋伐之;在晋,楚亦如之。交贽往来道路无壅。谋其不协,而讨不庭。有逾此盟,明神殛之;俾坠其师,无克胙国。”也就是说,晋、楚两国之间不要互相诉诸武力大动干戈,而应该有统一的敌友认识,相互周济灾难应付危害,全力救助饥荒祸患。如果有别国侵犯楚国,晋国就要讨伐它。如果别国加害晋国,楚国也应如此。使节往来,路不设障。调停不协调的地方,讨伐背信弃盟的人。谁如果违背盟约,神灵就会惩罚诛杀他,如果使军队瓦解毁灭,国家的福佑将无法得到庇护。除了神灵宣誓外,人质制度也是古代社会经常运用的保证手段以保障条约的神圣责任。

(二)中世纪时期

宣誓这一非常古老的保证条约必须履行的手段,在中世纪同样非常重要。宣誓既是中世纪条约缔结的关键步骤,又是“条约必须信守”的担保手段。它所以成

---

① [苏]费尔德曼、巴斯金著:《国际法史》,黄道秀等译,法律出版社1992年版,第24页。

② Nagendra Singh, *History of the Law of Nations Regional Developments*: *South and South East Asia*, in R. Bernhardt ed., EPIL, Vol. Ⅱ, Amsterdam, 1995, p. 829.

③ 李衡眉、周兴:“春秋战国国际法述略”,载《烟台大学学报》(哲学社会科学)1991年第4期。

为个体之间相互信任的纽带，得益于宗教观念、道德观念、骑士精神和封建契约观念的相互作用。[①] “封建国家本身，在其初期，就形式而言，就像是各级封建主之间的条约关系体系，这些封建主的领地都是国中之国”。[②] 由于早期条约首先是君主个体间的契约协定，他们之间的宣誓行为与国际法意义上的宣誓并无性质差异，都是为了保障协议的成立和顺利执行。

中世纪的条约神圣责任与教会法中的合意主义原则(consensualism)密切相关。该原则渊源于基督教关于诚信的道德箴言。《圣经·民数记》(30:2)中可以找到根据：“人若向耶和华许愿或起誓，要约束自己，就不可食言，必要按口中所处的一切话行。”[③]《圣经·马太福音》(5:33－37)中也可以找到根据：“不可背誓，所起的誓，总要向主谨守，只是我告诉你们，什么誓都不可起，不可指着天起誓，因为天是神的座位，不可指着地起誓，因为地是他的脚凳。也不可指着耶路撒冷起誓，因为耶路撒冷是大君的京城。又不可指着你的头起誓，因为你不能使一根头发变黑变白了。你们的话，是，就说是。不是，就说不是。若再多说，就是出于那恶者。”[④]《格拉提安敕令集》将该箴言编纂进来，为教会法关于契约的规定奠定了基础。自12世纪开始，教会法学家逐渐将该道德戒律转换成“所有承诺，无论形式如何，都具有约束力”的教会法原则。[⑤]《格里高列九世教令集》(Decretales Gregorii IX/Liber Extra)中更是明确表达了所有的承诺和约定都具有约束力的观点。“允诺”成为了负担司法责任的标准。[⑥] 当然，教会法学家们在强调“允诺”的同时也意识到不受限制的“合意主义”是非常危险的。于是，他们开始对宗教法院管辖范围内的、与承诺和契约有关的纠纷进行限制，强调这些承诺都须以宣誓程序为前提，从而突出承诺的宗教性。因为违背誓言就是对基督教信条的违背，是基督教中规定的“罪”，会受到“灵魂不能得救”的惩罚。

15～16世纪，几乎所有的条约都是由宣誓行为批准生效。宣誓行为通常会在教堂里举行，附以“手按《圣经》或者十字架”等程序性要求。只有经过宣誓的条约才能在缔结各方产生约束力。一般而言，条约双方先行起草文件，并在文件中规定宣誓程序的具体要求和步骤，各方签署之后盖章。但这些草签文件只是条约批准

---

① Randall Lesaffer, *The Influence of the Medieval Canon Law of Contract on Early Modern Treaty Law*, http://www.arno.uvt.nl/show.cgi? fid=80952, 2010－11－18, p.461.

② [苏]A. H. 塔拉拉耶夫：《国际条约法》，莫斯科，国际关系出版社1980年版，第20页，转引自[苏]费尔德曼、巴斯金著：《国际法史》，黄道秀等译，法律出版社1992年版，第48页。

③ 《圣经·民数记》(30:2)，中国基督教三自爱国运动委员会，中国基督教协会2007年版。

④ 《圣经·马太福音》(5:33－37)，中国基督教三自爱国运动委员会，中国基督教协会2007年版。

⑤ Randall Lesaffer, The Medieval Canon Law of Contract on Early Modern Treaty Law, *Journal of the History of International Law*, Vol. 2, 2000, p.182.

⑥ Ibid.

行为的证据,16世纪以前,条约达成合意的关键元素只有宣誓本身,而上述记录条约内容的文件却非必须。1530年之后,宣誓行为才逐渐成为辅助活动,而书面批准开始占据重要位置。①

通过宣誓行为使条约获得批准后,教会法即得以对条约缔结过程和条约遵守情况进行调整。换言之,宣誓是教会法院对"契约和承诺"纠纷进行管辖的必要条件。违反誓言是大"恶",将会引起教会法院的审理。根据教会法,任何经过宣誓获得批准的条约的遵守情况和执行情况都由教会管辖。

此外,在很多情况,协商条约的双方外交代表就条约内容达成一致时也要辅以宣誓活动,以表明协商者承诺该条约会被其所代表的君主接受,批准并且获得执行。② 有时他们会手按圣经或十字架进行宣誓,有时他们则会相约把记载宣誓仪式内容的文件在指定日期互换。③

这一时期的很多条约同时还含有其他担保事项,如以人质、财产或领土作为抵押。在法国国王参与的多项条约中,条约双方都以其所有财产保证条约的履行。④在法国国王弗朗西斯一世与查理五世于1526年签订的马德里和约中,弗朗西斯一世甚至同意将自己的儿子交给查理五世作为人质。⑤ 除此,中世纪还有由第三人对条约进行担保的制度,最经常充当保证人的当然是教皇。在一些重要的条约中,双方通常同意请求教皇对条约的效力进行肯定,在条约不能遵守时对违约方施以驱逐教廷的惩罚,或者直接约定承认教会的管辖权,保证在争端出现时由教会处理纠纷,而绝不私自报复。

尽管宗教改革之后,教会法日趋衰落,但是经由宣誓批准条约的活动仍然存在。天主教君主之间缔结的条约仍然有类似于手按《圣经》宣誓的形式要求。在天主教君主与新教君主或者新教君主之间的条约,对宗教的形式要求则降到了最低,即条约各方按照自己教派的礼仪宣誓即可。更为重要的是,大约1540年开始,所有明确要求教会法管辖或制裁的条款都不再被列入条约,即使是在天主教国家之间也是如此。17世纪时,大部分条约只需要签署和盖章就可以完成。至于宣誓,17、18世纪的国际法学家明确表明,它不再是条约的必须步骤,换言之,只要协商各方

---

① Randall Lesaffer ed., *Peace Treaties from Lodi to Westphalia*, *in Peace Treaties and International Law in European History*: *From the Late Middle Ages to World War One*, Cambridge University Press, 2004, p. 10.

② Randall Lesaffer, *The Influence of the Medieval Canon Law of Contract on Early Modern Treaty Law*, http://www.arno.uvt.nl/show.cgi? fid = 80952, 2010 - 11 - 18, p. 462.

③ Ibid., p. 463.

④ C. Parry ed., The Consolidated Treaty Series, Dobbes Ferry, 1969, p. 389.

⑤ [苏]费尔德曼、巴斯金著:《国际法史》,黄道秀等译,法律出版社1992年版,第49页。

达成合意,条约即可成立。

近现代国际法的条约实践中,宣誓已经退出了历史舞台。近年来,又逐步确立了其他"监督机制"以保证条约所载权利义务得以实现。但是无论如何,都不能抹杀教会法学家在赋予承诺法律约束力的功绩,而且,教会法有效地将合意主义理论与具体程序操作结合起来,对条约法在理论和实践方面均有影响。

(三)近现代时期

宣誓不但在古代社会和中世纪时期经常被使用,就是在近代时期也常被使用,以保障"条约必须信守"原则的履行。在16~17世纪,所有重要条约还都用宣誓来保证。但在18世纪,这个习惯逐渐消失。1777年法国和瑞士的同盟条约就是由条约双方在索洛图恩大教堂中以宣誓方式予以庄严确认的。[①]

人质这一和宣誓同样古老的保证条约手段逐渐退出了历史舞台。最后一次以人质保证条约的例子是1748年的埃克斯—拉—夏培尔和约。该和约规定英国应送人质到法国,以保证克普—布雷顿岛归还法国。英国送去的人质是萨塞克斯勋爵和卡奇科特勋爵,他们一直在法国居住至1749年7月。[②]

1648年《威斯特伐利亚和约》的签订结束了漫长而残酷的欧洲30年战争,同时也将国际法推向了新的发展阶段,成为近代国际法体系的基础。根据该条约,"条约必须信守"原则进一步得到确认,并设想由各条约国的集体干涉来保证现状的维持,保护条约的规定不受任何国家的侵犯,而遇有侵犯时,应和平解决或交付法律裁决,如果得不到解决,他们应协助受害国反击侵犯者。这一时期国际关系的主要特征是政治均权,即"现有各国的组织,其中任何一国都没有能力损害其他国家的独立或基本权利,而且不遇到有效的反抗从而对自己引起危险"。[③]

随着各国之间为了技术和人道的目的需要先后展开一定规模的国际合作,国际法的领域不断扩大,形成了一系列国际组织,如在河流航行方面,1856年《巴黎条约》设立了关于多瑙河的国际组织,1864年设立了大气测量联盟,1865年成立了国际电报联盟,1890年成立了公布关税税则联盟。相应的,多边条约在数目上也有所相应增加。[④] 据统计,从19世纪初至第一次世界大战前,各国所签订的双边或多边条约不下15,000个,其中包含许多实体的国际法规范。[⑤]

1919年在巴黎签订的《国际联盟盟约》序言中明确规定,缔约各国"严格遵守国

---

① [英]劳特派特修订:《奥本海国际法》(上卷,第2分册),王铁崖、陈体强译,商务印书馆1972年版,第348页。

② 同上。

③ 王铁崖著:《国际法引论》,北京大学出版社1998年版,第275页。

④ 顾经仪等著:《国际法的理念与运作》,上海人民出版社2005年版,第22页。

⑤ 梁西主编:《国际法》,武汉大学出版社2000年版,第28页。

际公约之规定,以为今后各国政府间行为之规范”。国际联盟在历史上使国际社会从“无组织的”成为“有组织的”国际社会,具有深远的历史影响。《国际联盟盟约》第14条规定,“行政院应筹设国际尝试法院之计划并交联盟各成员国采用。凡各方提出属于国际性质之争议,该法院有权审理并判决之。凡有争议或问题经行政院或大会有所咨询,该法院亦可发布意见”。据此,《国际常设法院规约》于1921年9月2日批准生效,国际常设法院于1922年2月15日在海牙正式宣告成立。因此近现代国际社会对于“条约必须信守”原则的保障主要体现为由国际组织成员联合行动担保条约履行。国际联盟的出现第一次将集体安全概念具体适用于整个国际社会,正如《国际联盟盟约》第16条明确宣告,“联盟会员国如有不顾本盟约……之规定而从事战争者,则据此事实即应视为对所有联盟其他会员国有战争行为”。其他会员国有义务实行经济制裁。

(四)第二次世界大战之后

第二次世界大战之后,国际法有了新的发展,进一步呈现出组织化的现象,在国际关系中发挥出愈加重要的作用,更为重要的是,国际组织在“条约必须信守”原则的保障上扮演着愈加重要的角色。

比如,国际劳工组织会员国对于违反对其有拘束力的劳工公约的会员国所采取的“经济性的措施”;1948年哈瓦那国际贸易组织宪章第8章所包含的比较有限的制裁,即各会员解除对违反宪章的会员的全部或部分义务;各种国际组织会员资格的开除或暂停,这一措施往往包括取消在该条约下的权利;欧洲煤钢联营的高级机构对国家和私人企业所强加的各种性质的制裁。[①] 其他经常出现的保证条约履行的手段有:财政负担、领土占领、定期报告和审查机制、核查机制和国际机构监督机制。

定期报告和审查机制是指条约规定各当事国定期向国际机构提交其关于执行条约的定期报告,以便审查、监视当事国的履约情况,尤为国际人权条约所特别采用。1966年《经济、社会、文化权利国际公约》第16条第1款规定,“本公约缔约各国承担依照本公约这一部分提出关于在遵行本公约所承认的权利方面所采取的措施和所取得的进展报告”,各缔约国就执行情况向联合国秘书长提交人权报告,并通过秘书长向经济及社会理事会和其他专门机构转交报告副本,后者在审议报告的基础上提出一般性的建议或评论。核查机制是指条约缔约国负有义务允许有关国际机构在其领土上检查有关设施,以确定其是否正确履行条约义务的制度,主要为军备控制条约所采用。正如1993年缔结的《禁止化学武器公约》中的规定,该公

① [英]劳特派特修订:《奥本海国际法》(上卷,第2分册),王铁崖、陈体强译,商务印书馆1972年版,第350页。

约成立了“禁止化学武器公约组织”,该组织的执行理事会负责保护核查事务的日常事务,如核查化学武器的宣布与销毁,通过核查防止两用技术和产品用于化学武器。国际机构监督机制是指缔约各国通过现有国际机构或依条约社会的专门机构审查条约施行情况,进行必要管理以监督条约执行的机制。比如,《不扩散核武器条约》由专门的机构来保障监督实施。

近年来,各国逐渐达成共识,在合法互信的基础上缔约、守约,加强条约的法律效力。为了保证条约的有效执行,各国在自觉遵守由其自身与他国缔结的条约的同时,也常常出于自身利益与国际安全的种种考虑,形成保障“条约必须信守”原则顺利履行的必要的监督机制,以保证各缔约国切实执行对其有约束力的条约。①

四、“条约必须信守”原则的学理发展

对于希腊人而言,善意履行诺言是普遍主义法的内容之一。人们对普遍主义法的最早认识之一来自于古希腊斯多葛派哲学。其奠基人芝诺认为整个宇宙由一种实质构成,这种实质就是理性。理性作为一种遍及宇宙的普世力量,乃是法律和正义的基础。因此,存在一种基于理性的普遍的自然法,它在整个宇宙中都是普遍有效的。人类不应当因其正义体系不同而建立不同的城邦国家,他们创立了一种以人人平等的原则和自然法的普遍性为基础的世界主义哲学。② “条约必须信守”正是该普遍主义法的基石性原则。

随着罗马法的发展与对外交往的发达,逐渐形成了适用于罗马人与古代文明民族共同的或在他们的关系中逐渐创立的规范即万民法。与此同时,法学作为一个独立知识领域开始出现。到公元前1世纪,法学成了一门独立的科学,在法学领域内,国际法逐渐形成。在这方面,最有意义的是西塞罗(Marcus Tullius Cicero)以及其后帝国时代罗马法学家们的活动。西塞罗把法分为自然法和人定法,他认为,万民法是自然法和实证法的结合,自然法的依据是人的本性,实证法的基础则在于各国现行规范的共同性和相似性。西塞罗非常重视遵守条约,对此有明确表述,即国家必须遵守其诺言。③ 对罗马人而言,“条约必须信守”原则是万民法的一

① [英]斯塔克著:《国际法导论》,赵维田译,法律出版社1984年版,第367页。

② [美]E.博登海默著:《法理学——法律哲学与法律方法》,邓正来译,中国政法大学出版社1999年版,第13页。

③ W. Paul Gormley, The Codification of Pacta Sunt Servanda by the International Law Commission: The Preservation of Classical Norms of Moral Force and Good Faiith, *Saint Louis University Law of Journal*, Vol. 14, 1969 - 1970, p. 368.

部分。[①]

"条约必须信守"原则不仅得到了罗马法的承认,随着中世纪经院哲学家对罗马法的研究和发展,该原则在实践和理论上都有所创新。该时期最重要的学者之一当属意大利法学家阿尔贝里科·贞提利(Alberico Gentili,1552～1608年)。贞提利对于国际法的研究,与包括苏利亚兹(Francisco Suarez,1548～1617年)在内的经院哲学家们相比,更加周全和详细,尤其体现在条约法上。[②] 作为国际法重要组成部分的条约法在贞提利之前并未得到学者们的足够重视。尽管贞提利未能提出一套完整的条约法理论,但在该方面的阐述与分析却不乏精华。贞提利认为"条约必须信守"原则蕴涵两层含义:一方面,要维护条约的继承性和稳定性。这是因为,中世纪时期大部分条约仅在签署条约的君主们有生之年产生约束力。新君即位后,可以不受拘束地推翻此前缔结的条约。贞提利意识到由此给国家间关系带来不稳定的危害,从而提出条约在继任的君主间以及条约国的民众间同样应该具有效力。另一方面,不能忽视"条约必须信守"原则的例外情形,即对于"情势变更条款"(clausula rebus sic stantibus)的理解。他强调,双方在缔结条约时必须仔细阅读条款,因为条约中往往包含一项或几项默示条款,作为缔约时的基础。只要默示条款没有发生变化,条约就应继续存在,一旦默示条件下不再存在,则应准许变更或解除条约。这一原则并非贞提利的首创,而是发端于教会法,在他之前也早有学者提到该条款,但正是贞提利将这个条款应用到国际法的理论与实践中。[③]

尽管学界普遍认为,格劳秀斯的《战争与和平法》是国际法学的嚆矢,[④]但无论是贞提利对于国际法和神学的分离还是贞提利的条约法理论,抑或是贞提利倡导的宗教宽容都对格劳秀斯产生了重要影响,正如寺田四郎所言,"格劳秀斯之功业,苟无贞提利不屈不挠,细心探究,且为比较率先之著作,恐不能由此造就也"。[⑤] 当然,无论是研究方向还是具体的研究内容以及研究方法,格劳秀斯在继承、借鉴贞提利学说的基础上都有所发展与超越。格劳秀斯在《战争与和平法》中对罗马法的一般规则和国家间的协约进行了编纂,还对一些关于使节的法规文献进行了整理,以此规范国家之间在战争以及和平时期的行为,从而确立了较为完整系统的国际法体系。就内容的完整性和理论的说服力而言,格劳秀斯在他那个世纪的法学家

---

① Fenwck, *International Law*, 4th ed., Appleton－Century－Crofts, 1965, p. 518.

② Arthur Nussbaum.: *A Concise History of the Law of Nations*, Macmillan Company, 1947, p. 78.

③ Ibid.

④ 宁协万:"国际法学发达史论",载何勤华、李秀清主编:《民国法学论文精粹》,法律出版社2005年版,第5页。

⑤ [日]寺田四郎著:《国际法学界之七大家》,韩逋仙译,吴旭阳勘校,中国政法大学出版社2003年版,第11页。

中间，是独一无二的，客观而言，后世给予格劳秀斯的“近代国际法之父”荣誉与他作出的贡献完全是相当的。[①] 格劳秀斯对国际法理论最重要的贡献，在于自然法与万民法的分野。而这一分野和“条约必须信守”原则有着密切的关系。

传统的自然法理论认为，在人定法的范畴之上存在一套判断人定法合法性的超级规范。这些规范之所以必须遵守，是因为它们的共同基础即理性具有普遍的适用性。因此，最初的国际法即万民法在自然法学者看来，仅仅是普遍适用的自然法则。换言之，国际法是建立在普遍的自然法之上的，国际法来源于自然法，自然法是国际法的基础。

自然法学派盛行的时期，学者们往往将信守条约的义务溯源至自然法则，认为条约必须信守原则起源于自然法。[②] 比如，早在格劳秀斯之前提出主权的概念和理论的让·博丹（Jean Bodin，1530～1596 年），在这位法国学者的皇皇巨著中，主权被赋予了“绝对与永久”的特性以及至高无上、独立于一切的权能；为了国家事务和利益，即使是不名誉行为也可被接受。即便如此，博丹也并未主张主权者可以不受制于法律，恰恰相反，他明确提出，君主受到上帝之法与自然法的约束，君主必须践行诺言，因为诚实和信用是所有正义的基础，国家和一切人类社会都离不开正义。因此，本国与外国签署的条约也应该诚实地履行，契约责任不能轻易免除。[③] 然而，博丹也提出了“条约必须信守”原则的例外情形，比如缔结条约时，协商之物从本质上违反公平正义，或者说根本不能履行。它为王权政治的支持者们就此进行广义解释提供了可能。于是，格劳秀斯认为有必要强调“君主本人不得改变对此前制定的国内立法所持立场，在代表本国与外国缔约后，不得免除自己的条约义务。”[④]

他在其著作中提出了万民法自然法与万民法意志法的概念，万民法自然法来源于自然法，而万民法意志法是契约或协议的产物，具有实在法的特性。按照格劳秀斯的观点，对各国有约束力的法律不仅包括自然法，也是各国意志的产物。由此使其与传统的自然法学派分离开来，建构起自己的理论体系，即格劳秀斯学派。格劳秀斯一方面倡导和强调自然法作为国际法的渊源，提高了自然法的权威和尊严，另一方面注重国家的意志以及由国家间合意而成的承诺——条约。

将万民法自然法和万民法意志法联接起来的纽带正是“条约必须信守”原则。这与格劳秀斯所处的时代背景有着密切联系。随着国家主权概念的形成和中世纪

---

① ［荷］格劳秀斯著：《战争与和平法》，A. C. 坎贝尔英译，何勤华等译，上海人民出版社 2005 年版，第 14 页。

② Fitzmaurice, *Some Problems Regarding the Formal Sources of International Law*, in Simbolae Verzijl, The Hague: Nijhoff, 1958, p. 161.

③ Hans Wehberg, Pacta Sunt Servanda, *American Journal of International Law*, Vol. 53, 1959, p. 777.

④ Ibid., p. 778.

基督教会秩序的崩溃,国际社会中不再存在一个超国家的机构将国家间合意而成的法则合法化。处身于世界历史的巨变时期,格劳秀斯试图将自然法的概念世俗化,以寻求国际社会法律秩序的理论根据。遵守和维护双方的承诺与契约是自然法中一项普遍公认的义务,从而为包括万民法意志法在内的所有实在法提供了不可违反的约束力。

在格劳秀斯看来,"条约必须信守"原则指国际社会范围内所有协议,无论形式如何,都具有约束力。对于注重程式的古典罗马法而言,这无疑是个突破。尽管当时对于程式合同和诉讼的要求逐渐放宽,罗马法并不接受"裸约"(Pacta nuda)的概念,即涉及自然正义的协议。通常,被列入裸约范围的契约不具有诉权,无法得到罗马法的救济,仅属于自然之债。能够使裸约被执行的方法之一就是宣誓。同教会法相关规定类似,一方缔约者的宣誓履约行为使其进入罗马法的适用范围。在罗马法中,契约是一种不可动摇、必须履行的约定。罗马法用 obligatio 表示契约,意思就是"法锁"。罗马法对于契约产生的债的定义是:"法律用以把人或集体的人结合在一起的束缚或锁链。"从这个意义上,违反经过宣誓的裸约将导致相关形式的债的产生,从而给予未违反条约方向对方发动战争的权利。

格劳秀斯虽然将处理国家事务的公条约与处理私人事务的由君主缔结的条约相区分,仍旧将罗马法中有关契约的规定类推适用至条约中。他非常赞同西塞罗关于条约神圣责任的观点,即国家必须践行其诺言。[①] 事实上,这也是万民法和自然法的基础。[②] 格劳秀斯认为,罗马法实际上一直在发挥作用,它适用最广泛的规则将被自然法所吸收,成为普遍适用的法,比如契约法中关于"违法"、"欺诈"和"恐吓"等理论此时仍被称为万民法的国际法悉数接收。尤为突出的即条约对缔约者继承人的效力。政治实体间签订的公条约所产生之义务不具有属人性,它对缔约者继承人同样具有效力。

格劳秀斯的追随者们几乎毫无例外地将"条约必须信守"原则奉为金科玉律。著名国际法学家瓦特尔(Emer de Vattel,1714 ~ 1767 年)在著作《万国法》中对该问题进行了专章探讨,指出国家及其统治者必须严格遵守其誓言和承诺,因为这是国家之间进行商业往来、保持国际社会安定的唯一可能。值得一提的是,瓦特尔不再仅仅将履行条约义务视为自然法的要求,而是将其同国际社会法律秩序联系起来,在他看来,"条约必须信守"可以为国际社会建造一个客观安定的法律秩序,有助于国家交往的进行。

17 世纪,对条约义务理论提出挑战的是两位杰出的哲学家:霍布斯(Thomas

---

① Wortley, *Jurisprudence*, Manchester U. P., 1967, p. 420.

② Fenwick, *International Law*, Appleton - Century - Crofts, 1965, pp. 517 - 518.

Hobbes,1588～1679 年）和斯宾诺莎（Spinoza,1632～1677 年）。霍布斯在《利维坦》（Leviathan）中阐明，国家主权的拥有者具有无可限制的权能，在国家安全受到威胁时，不必遵守条约协约。在霍布斯看来，这是国家豁免于协约责任的唯一例外，①因为他同时也将自然法视为最高准则，通常情况下，不履行约定将导致"恶"的概念产生。斯宾诺莎也提出类似观点，即主权者在履约时无视于本国利益无异于罪恶。也就是说，他认为条约的履行与否在于是否对本国利益有利，而"条约必须信守"原则并不为其所重视。

相比之下，国际法学实在法学派创始人摩赛尔（Johann Jacob Moser,1701～1785 年）认为，条约得以无效的唯一原因是所有条约方的一致同意。著名实在法学家马尔顿斯（Georg Friedrich von Martens,1756～1821 年）认为，一项具有法律效力的条约为缔约国创设了完整的要求他方予以履行条约义务的权利，只要该国已经按照条约履行了相关义务。② 克吕伯（Johann Ludwig Klüber,1762～1837 年）的观点也值得一提，他强调不违反国际条约的履行对各国而言应该是一项普遍原则，为所有国家所需要。

随着实在法开始超过自然法并逐渐成为国际法的理论主导，实在法学派的学者们从国家主权的角度解读"条约必须信守"原则。德国学者黑格尔（Georg Friedrich Wilhelm Hegel,1770～1831 年）对 19 世纪的国际法学影响深远，在他看来，法律是意志的产物。国家的意志是法律的载体，由于国家的主权是绝对的、至高无上的，没有任何权威能拘束它，只有在对国家利益有益时，条约才有效。他的理论对德国、意大利、英国和法国的国际法学说都产生了重要影响。1844 年，德国学者奥古斯特·威廉·赫福特（Auguste Wilhelm Heffter,1796～1880 年）撰写首部德语国际法重要著作，至 1888 年已有八个修订版。他虽然在书中明确指出"条约必须信守"原则是国际法上最为重要的原则之一，但却也将该原则的适用范围缩小。德国公法学家耶利内克（Georg Jellinek,1851～1911 年）同样受到黑格尔理论的影响，将国际条约的有效性依据归为缔约国自愿承担的义务和责任，他们可以免除这种责任，但必须按照合法的方式，并且创设新的限制条件。与奥本海同一时期的德国公法学家特里佩尔（Heinrich Triepel,1868～1946 年）也试图把国家意志与"条约必须信守"原则协调起来。他是国际和国内法二元论的首创者，他认为国际法是以各国的共同意志为依据，条约的效力渊源是缔约各方的共同意志。③

随着国际社会结构的变化和国际关系的发展，近年来国际法的发展呈现出新

---

① Hans Wehberg, Pacta Sunt Servanda, *American Journal of International Law*, Vol. 53, 1959, p. 778.

② Ibid., p. 780.

③ Ibid., p. 782.

的发展趋势,国际法学的研究方法、研究路径也在不断更新,跨学科的交叉分析更是逐渐取得了重大的理论成就,比如用社会学的方法研究国际法,用经济学的方法研究国际法等,这其中最为突出的是国际法和国际关系交叉研究的方法。用国际关系理论研究国际法,越来越多地为学者们所重视。来自国际关系理论中的国际机制学派对国际机制有效性问题的论证,为"条约必须信守"原则的解读和国际法的有效性研究提出了有益的启示。①

五、"条约必须信守"原则的现状及思考

"条约必须信守"原则不仅是国际法体系的基石,而且还是国际社会法制化的新型发展阶段——"世界法治"的基础,②无论是区域性组织还是全球性组织都是建立于此。正如McNair在其条约法中所言,没有任何一个政府会拒绝接受"条约必须信守"原则,各国政客或者机构经常以某种庄严的形式反复重申该原则的重要性。③ 然而,违反"条约必须信守"原则的情况并不罕见。这又可以分为符合国际法规定的违反和单方面非法破坏两个方面。上文提及的情势变更原则是前者的典型代表,即在情势发生重大变化时,可以修改或终止条约。此项原则并非指缔约方可以自动免除条约义务,而是指可向另一方提出废除条约。后者所产生的恶劣影响则较为严重。比如,美国于2001年12月31日以"保护其国民免遭恐怖分子和'流氓国家'的导弹袭击"为借口,宣布退出《反弹道导弹条约》,损害了国际安全和战略稳定的基础,遭到国际社会的一致谴责。又如,布什政府上台后,执意"封杀"《京都议定书》,违反了国际法的规定。④

当然,不能因为这些违反国际条约的情形而否定国际法的效力和"条约必须信守"原则的历史地位。无论是古代近东社会中的缔约实践,还是格劳秀斯从自然法、罗马法角度对其进行的理论诠释,抑或是教会法中的相关规定,都蕴涵了条约信守义务相关规定和国际法的效力依据。在古代社会,条约的缔结以相互宣誓为必要条件,宣誓即意味着由神灵的强制力来保证条约的履行,违反誓言的一方将会

① 刘志云:"国际法的'有效性'新解",载《现代法学》2009年第5期。

② Nussbaum, *Forms and Observance of Treaties in the Middle Ages and Early Sixteen Century*, *in G. Lipsky ed.*, *Law and Politics in the World Community: Essays on Hans Kelsen's Pure Theory and Related Problems in International Law*, University of California Press, 1953, p. 196.

③ William W. Bishop, *International Law: Cases and Materials*, Little Brown and Company, pp. 133 – 134.

④ "美国封杀减排目标提案　欧盟各国扬言报复",载 http://news.163.com/07/1215/03/3VNM1NL80001121M.html。

遭到条约的担保者——保护神的惩罚。在中世纪的欧洲,宣誓同样是订约立誓中必不可少的活动,它之所以成为个体之间相互信任的纽带,得益于宗教观念、道德观念、骑士精神和封建契约观念的相互作用。[①] 曾经风光无限的查理曼帝国解体之后,国家权威的完整性和统一性支离破碎,出现了一系列封建领主与附庸个人之间的契约。此时,国与国之间关系的性质完全等同于领主个人之间的关系。封建主义的道德基础在"骑士精神"(miles christianus)中显露无疑。对于基督教骑士们的首要要求就是遵守承诺。与此同时,对罗马法的研究进一步增强了履行契约义务的认识。由于早期条约首先是君主个体间的契约协定,他们之间的宣誓行为与国际法意义上的宣誓并无性质差异,都是为了保障协议的成立和顺利执行。总的来说,古代和中世纪时期的条约必须信守义务之所以得到较高程度的遵守,是因为强调了条约双方之外的外在强制力以及违反条约后由外在强制力施加其上的惩罚性后果。换言之,国际法之所以具有约束性,是因为其本身有惩罚性,违反条约即破坏国际法律规则的国家可能会面临被外在力量惩罚的危险。上述历史经验告诉我们威慑在条约信守义务的维护中具有的功能。因此,建立监督机制以检验国家遵守条约的情况同样非常重要。其将有助于提高整个国际社会的凝聚力,为国际社会采取一致行动和措施奠定了基础。

自主权国家成为国际社会的主体后,其固有的特征决定了彼此处于平等的地位。这种平行结构下的国际社会中很难产生一个能强制执行国际条约的司法机关对违反条约的国家进行惩罚。当然,正如国际法并没有因为缺少一个凌驾于各国政府之上的权力中心而失去它的法律特征,国际条约也没有因为缺少一个司法机构来确保它的施行而失去它的法律地位。

在这种情况下,越来越多的学者开始强调利益激励的重要性,即在共同的利益、共同的价值以及共同的预期的指引下,条约才会得到信守,规则才能得到维护。[②] 一旦国家认识到遵守条约义务、维护国际法律秩序会带来具体切实的利益,从而形成国际社会权责共享意识,以条约为主要渊源的国际法的有效性将得到极大提高。有效的国际合作不一定需要创立一个对国内政府发号施令的权威组织,只需各国代表聚集在一起,互相交换意见,在尊重各自立场的基础上协调彼此的政策。

除了建立具有威慑性的惩罚机制、共通性的利益合作机制之外,全面理解"条约必须信守"原则同样具有现实意义。有学者认为,"条约必须信守"是一般国际法

① Randall Lesaffer, The Influence of the Medieval Canon Law of Contract on Early Modern Treaty Law, http://www.arno.uvt.nl/show.cgi? fid=80952, p. 461.

② 刘志云:"国际法的'有效性'新解",载《现代法学》2009年第5期。

中创制制度的一项特殊程序。只要没有使条约失效的事实出现必须被遵守。从这个角度而言,条约必须信守原则不承认任何例外情形的出现。有效的条约规范所引起的变更或终止是一个纯粹的政治性问题。[①] 然而,该观点并不全面。条约必须信守原则意指条约的不可侵犯性,而非条约的不可改变性。有效的条约规范必须被遵守,但是按照适当的程序,条约可以被修订。换言之,条约的修订并非条约必须信守原则的例外情形,并不与该原则冲突。

总之,随着国际社会法制化程度的提高和国际法在国际利益协调与塑造过程中认可化程度的提高,关于"条约必须信守"原则这一国际法的基础性原则的研究将是国际法学中一个持久的重点问题。从国际法的历史土壤中汲取经验,增强国际法的有效性和约束力凸显重要。

---

① Josef L. Kunz, The Meaning and the range of the Norm Pacta Sunt Servanda, *American Journal of International Law*, Vol. 39, 1945, p. 197.

大欧洲时代的来临

——评欧盟宪法条约

胡建会*

2004年10月29日注定是载入欧盟史册的一天。当地时间12时,欧盟25个成员国的领导人在罗马签署了欧盟历史上的第一部宪法条约,[①]标志着欧盟在推进政治一体化的道路上又迈出了重要的一步。

欧盟宪法条约的签署,是欧盟制宪进程启动两年多来的重大成就,[②]也是欧盟各国实现欧洲一体化政治意愿的具体体现。它是欧盟发展史上一个重要的里程碑,大欧盟终于有了自己的新蓝图。条约签署后,意大利总理贝卢斯科尼说,宪法条约的签署,"无疑将加强欧盟各成员国致力于欧洲一体化进程的坚强决心",爱尔兰总理埃亨说,"这是欧盟发展史上的关键一步",荷兰首相巴尔克嫩德更是豪情万丈,宪法条约的签署,"它并不是欧洲一体化进程的结束,而是一个新的起点"。[③]

一、欧盟宪法条约出台的深层原因

作为世界上一体化程度最高的地区间组织,在经济上,欧盟于20世纪90年代完成了统一大市场的建立,其标志是1999年欧洲统一货币——欧元的问世。但作为一个政治组织,欧盟的联合和一体化是靠成员国之间签署的各个条约诸如《罗马条约》、《马斯特里赫特条约》等实现的,欧盟并没有一部统一适用的宪法。欧盟选择在新世纪初制定宪法,既是新时代下国际情势之所趋,也是欧盟面临新形势出于自身战略意图的考虑。

首先,欧盟制宪,是提高欧盟工作效率,保证扩大后的欧盟继续高速、有效运行的客观要求。自欧盟的前身——欧共体成立之日起,迄今时间已经过去近半个世纪,欧盟已从最初的6国扩大到目前的25国,一体化的领域也已从部门联合"溢

* 胡建会,2006级外国法律史专业,指导老师:何勤华。现工作于上海市信访办。

① 本文中宪法条约文本内容载 http://europa.eu.int/constitution/constitution_en.htm。

② 2001年12月,在比利时拉肯的欧盟首脑会议上,决议成立"制宪筹备委员会"。2002年2月,筹备委员会在布鲁塞尔召开第一次会议,由此拉开了欧盟制宪的序幕。

③ http://www.eu2004.nl/default.asp?CMS_TCP=tcpAsset&id=8306D5AC1732463C9F735359DFB30D9EX1X40773X77.

出”到几乎所有领域。欧盟在发生这些变化的时候,有一点却一直没有改变,那就是其所谓“超国家”机构及其决策机制。这些建立在6国基础上的机制,已经很难适应当今实际情况的需要。集中表现在:(1)随着成员国数目的增加,欧盟机构的人员组成也不断膨胀,若不对此作出有效的变革,必将导致欧盟机构的工作效率严重下降;(2)根据以前的条约和框架协议,欧盟在相当的一些政策领域内实行“一致通过”的决策制度,也即通常所说的“一票否决”制,这对扩大后的欧盟保持行动的一致和协调的破坏作用是显而易见的。此前,欧盟曾召开过数次政府间会议,并签署了《阿姆斯特丹条约》和《尼斯条约》,旨在对欧盟机制进行修改,但由于阻力太大以及各国之间的分歧均未能完全达到目的。随着2004年5月1日欧盟东扩的到来,改革的迫切性日益突出。在这种情况下,制定一部宪法,重新划分和明确各个机构的设置和职能,确定新的决策机制,保障欧盟在新形势下的效率,被欧盟领导人视为是“一劳永逸”地解决以上问题的最佳途径。

其次,欧盟制宪,还是消除欧盟“民主赤字”的一次努力。民主基础的薄弱似乎是欧盟与生俱来的,欧盟在从纯粹的功能共同体向政治联盟转变的过程中,一直面临民主缺乏论者的指责。欧盟的“民主赤字”主要体现在以下两方面:第一,决策缺乏透明度而不受公民监督。欧洲理事会的构成和性质,决定它是各成员国政府进行讨价还价和幕后交易的场所,其议事过程在几近封闭的状态中进行,除了最后的成文决议以外,其余一概秘而不宣,这种决策过程难以直接反映民意。第二,欧洲议会权限过小,缺乏欧洲民众的认可和支持。作为欧盟唯一的民选机构,欧洲议会却并不具有各成员国国家议会通常拥有的立法权。同时,欧洲议会也没有足够的监督权,它对在立法决策机制中占据中心位置的欧洲理事会只有提出书面和口头质询的权力。因此,欧洲议会尽管从1979年开始就实行了直接选举,但各国政党对其并不像对国家议会选举那样重视,选民对此也相当冷淡和漠视。[①] 针对这一弊端,强调民治、缩短欧盟政治与公民阶层之间的距离,让公民更多参与政治决策过程,成为欧盟决策者们所着重考虑的事情。在他们看来,制定一部宪法,以宪法的形式重新明确权力的划分和决策机制,进一步扩大民主,从而提高欧盟政治的透明度,无疑是消除欧盟“民主赤字”的一剂良方。

最后,欧盟制宪,从根本上讲,是欧盟提升其国际竞争力的最新尝试。冷战的结束使原先处于美苏夹缝中的欧洲被推上了国际舞台的前沿,欧洲越来越强烈地感觉到,只有联合起来,用一个声音说话,这样才能在当前的多极化格局中占据更有利的位置。基于此,欧盟付诸了积极的行动,一方面大力扩充成员国,另一方面则明

① 即使是当年6月最后一次的欧洲议员选举,也只有1/5的波兰人投了票。而在斯洛伐克,只有17%的选民走向了投票箱,载http://news.sohu.com/2004/07/01/85/news220808516.shtml。

显加快了一体化的步伐。这表现在:“冷战”后,欧盟抓住苏东阵营全面瓦解这个契机,迅速发展到15个成员国,并在2004年5月1日完成了新一轮的扩大,即再吸收10个新成员,这样,欧盟在欧洲7.3亿人口中占到了4.5亿人口,在11万亿美元的GDP中约占了10万亿美元,欧盟的力量得到大幅度提升。[①] 同时,欧盟积极修订条约,加速一体化的进程。欧盟自1992年成立至今不过10年多,可是从《马斯特里赫特条约》、《阿姆斯特丹条约》到《尼斯条约》,关于欧洲一体化的基础性条约已经谈判和修改了三个。从欧盟东扩以及积极修约等一系列的行动,不难看出,欧盟的主要目标就是通过扩充成员国并逐步加强各成员国经济、政治、安全的联合,从而提升其作为一个整体的国际竞争力。在这样的背景下,制定一部普遍适用的宪法,把欧盟凝聚为一个“超级国家”,进一步提升其国际竞争力,雄心勃勃地迎接21世纪的挑战,是顺理成章的事情。制宪,可以视为是欧盟参与国际竞争,建设世界政治新格局的战略意图的延伸。

二、欧盟宪法条约的核心内容

欧盟宪法条约分为宪法、欧盟公民基本权利宪章、欧盟的政策和欧盟条约四个部分。从其内容来看,它是根据欧盟发展的新情况,对其基础条约进行了一次重新整理汇编,并改革了原有的部分内容。宪法条约文本里约有80%的内容是重复或重组表述现有条约规定,是对欧盟现有条约的继承,只有20%左右的内容是创新性规定。[②]

宪法条约在以下几个方面进行了重大的简化、修改和整合:

1. 决策机制

现有的欧盟决策机制成型于欧盟的前身欧共体成立之时,尽管在过去的近50年中,欧盟决策机制几经调整,但并未脱离当初为6国所设计的基本框架,一致通过仍为欧盟最主要的决策方式。在欧盟扩大为25国之后,继续沿用这样的决策机制,欧盟显然会陷入瘫痪。因此,为确保大欧盟能正常运转,宪法条约确立了以“双重多数”为特点的有效多数表决机制为欧盟决策的主要方式。宪法条约规定,从2009年起,任何一项欧盟决定通过时,均要求以“有效多数表决机制”进行决策,即需得到55%以上的成员国成员,且这55%的成员国成员至少应来自15个国家并代表

---

① 陈玉刚、朱凌:“从‘马约’到制宪:欧盟提升国际竞争力的十年路”,载《欧洲一体化研究》2004年第2期。

② 程卫东:“中国学者解读欧盟宪法:它只是一宪法性条约”,载http://news.xinhuanet.com/world/2004-06/24/content_1544918.htm。

65%以上的欧盟人口的赞同。①

投票表决权一直是欧盟制宪过程中各国争议最大、最激烈的焦点问题。宪法一方面要团结25个成员国,必须兼顾各国的利益;另一方面,提高欧盟决策机制的效率是欧盟在东扩背景下面临的最大挑战,宪法必须对此予以充分考虑,寻求到适当的解决方案。在法国和德国等欧洲一体化的积极支持者看来,尼斯会议定下的投票机制既复杂,也不够合理,不能很好地体现国家的人口。比如,德国有8000万人口,却只比西班牙、波兰多两票,而西班牙的人口是4000万,波兰只有3800万。此外,很多领域内赋予成员国的一票否决制无疑是欧洲一体化进程的严重障碍。因此,"双重多数"的原则在2003年宪法条约初步拟定出台时就得到了法国、德国等国的大力支持和积极拥护。② 而西班牙、波兰所代表的欧盟中小国家,则要求回到《尼斯条约》中对小国较为有利的规定,忽略其人口比例和所缴预算份额较小的实际情况而获得与法国、德国等大国几乎相同的表决份额。作为"欧洲怀疑论"的代表,英国希望欧盟作为独立国家组成的自由市场,而非法国、德国倡导的"欧洲联邦",它对法国、德国轴心主导的欧洲一体化进程表现的忧心忡忡,担心失去本国在外交、政治、安全等方面的自主权,因此强烈反对在多个领域取消"一票否决制"。而在英国的积极支持下得以加入欧盟的受益者——以捷克为代表的部分东欧国家,在此问题上则对英国予以积极支持,双方甚至结成了同盟,共同反对法国、德国轴心。③ 各国都坚持自己的立场,不肯让步。这也就是宪法条约草案在2003年12月布鲁塞尔欧盟首脑会议上未能通过的根本原因。但是,2004年3月11日,西班牙遭受恐怖事件为欧盟制宪提供了意想不到的动力。恐怖势力对欧洲的攻击,使欧盟各国领导人意识到必须在世界面前表现出"团结"的样子。此外,"3·11"恐怖袭击事件后西班牙政府换人,新政府对欧盟的态度发生重大转变,对制宪采取了积极立场,波兰的态度也开始软化。在"5·1"大东扩之后,通过宪法的趋势已经不可阻挡。经过讨价还价,各国最终达成了妥协。法国、德国等国放弃了此前要求"原封不动"地通过宪法条约草案的立场,同意对其进行修改,西班牙、波兰等国则对修改后的"双重多数"的表决机制表示接受。此外,为了防止大国今后控制联盟、作出违背小国利益的决定,宪法条约还增加了"紧急刹车"规定,即如果同时有四个成员国阻止某一决定,反对将有效。④ 总的说来,新的表决机制计算简单而精确,改变了尼斯会议定下的复杂体制,使人口多的国家获得了较大影响力,在一定程度上也保

---

① Article Ⅰ-25,(1),Title Ⅳ,Part Ⅰ,*Treaty establishing a Constitution for Europe*.

② 根据最初文本,欧盟的集体决策采用"双重多数表决机制",即通过一项决策要求至少一半成员国投赞成票,而它们必须能够代表至少60%的欧盟人口。

③ Anthony Browne, Blair and his new gang face down old Europe bullies, *The Times*, 2004.6.19, p.5.

④ Article Ⅰ-25,(1),Title Ⅳ,Part Ⅰ,*Treaty establishing a Constitution for Europe*.

障了小国的利益。

同时,宪法条约在决策机制上也兼顾了英国的利益。一些敏感的政策领域——税收、国防、社会保障等涉及"国家主权"的领域仍未被纳入有效多数表决制的范围,这意味着今后各国在这些问题上仍将各行其道,拥有否决权和自决权,这也为今后欧盟在决策程序上的操作埋下了一丝隐患。但是,欧洲的一体化进程不会因此而停滞不前。正如欧洲政治观察家 Andrew Duff 所说的那样,"对于英国及其盟友,(保留一票否决权),这是一个巨大的胜利——它们守卫住了自己的"红线"。但是,欧洲的联合者们将塑造一个没有英国的核心欧洲,继续推动欧洲联合和发展"。①

2. 机构改革

(1)欧洲理事会

欧洲理事会是欧盟的决策机构,由欧盟首脑会议和部长理事会组成。理事会实行轮值主席国制,每个国家任期半年。对外则实行"三驾马车"代表制,由现任主席国、下任主席国以及欧盟机构代表组成。

主席国轮流过于频繁,显然不利于政策保持连续性,在法国、德国等国的要求下,宪法条约对理事会轮值主席国制度作了重大修改:首先,新设常任理事会主席(即通常所言的欧盟总统),取代现行的轮值主席国制度。理事会主席以有效多数票表决的方式推举,任期两年半,可连选连任一届,其主要职权包括:主持理事会并推动其工作;加强欧盟对内对外政策的连贯性和协调性,为欧盟发展确定方向,将成员国统一在欧盟的总体框架下,尽力推动理事会内的团结与一致;在理事会每次会议之后,向欧洲议会提交一份报告。② 欧洲理事会主席的设置,将在很大程度上促进欧盟工作的稳定性,保证其政策的连续性;③其次,改变理事会的议事方式,增加理事会决策的透明度,使欧盟机构更加贴近欧盟公民。理事会是欧盟的主要决策机构,长期以来是闭门议事,对于理事会决策的具体过程,外界一无所知。宪法条约规定,今后理事会讨论和表决欧盟立法草案的会议必须公开,④这就增加了欧盟决策的透明度。理事会议事方式的转变,将在一定程度上改善欧盟决策过程"黑暗"、"不民主"的形象,减轻民主赤字带来的消极影响。

---

① Anthony Browne, Shifting loyalties in Brussels highlight the new shape of Europe, *The Times*, June 19. 2004, p. 5.

② Article Ⅰ-22(1-2), Title Ⅳ, Part Ⅰ, Treaty establishing a Constitution for Europe.

③ Treaty establishing a constitution for Europe, http://en. wikipedia. org/wiki/European_constitution.

④ Article Ⅰ-24(6), Title Ⅳ, Part Ⅰ, Treaty establishing a Constitution for Europe.

(2)欧洲委员会

作为欧盟的执行机构,欧洲委员会一直在欧盟体制中扮演着重要的角色。宪法条约使得欧洲委员会的势力进一步加强。首先,为提高工作效率,欧委会的组织得到了精简。在欧盟宪法开始生效后,于2009年起运作的欧洲委员会,将拥有来自25国的各1名委员,宪法条约规定,2014年起,欧委会的成员将精简至18名,即为成员国数量的2/3。[①] 届时,将有1/3的成员国没有自己的委员,以此保证欧委会的超国家性质。其次,宪法条约赋予欧委会排他地提出法律动议的权力。宪法条约规定,欧盟新的法律必须基于欧委会提出的动议方能通过。[②] 欧委会无疑进一步巩固了自己在布鲁塞尔权力框架中的地位。最后,宪法条约规定,欧委会主席由各国首脑通过有效多数票表决制选举产生,并需得到欧洲议会的批准。如果未能被批准,则需在1个月内再次提出候选人。[③]

(3)欧洲议会

作为欧盟公民唯一直接代表机构,欧洲议会的权力薄弱是长期以来人们广为关注的症结,欧盟的"民主赤字"在很大程度上是由欧洲议会造成的。基于此,宪法条约对欧洲议会进行了大刀阔斧的改革。首先,规定了议员人数的上限。宪法条约规定,今后无论欧盟如何扩大,欧洲议员人数将不超过750名。[④] 其次,明确了议员的人数分配。宪法条约规定,每个国家议员的多少与该国的人口成比例,但每个成员国至少6名,最多不超过96名。[⑤] 最后,大大提高了欧洲议会的地位。宪法条约规定,今后欧洲议会在立法以及执行欧盟预算上与欧洲理事会享有同等的权力;[⑥] 同时,欧洲议会也将在各项重要欧盟机构领导人任命上有更多的影响。宪法条约明确规定,欧洲议会有权批准欧委会主席人选,如果否定,则需在一个月内另行提名。另外,欧洲议员的立法权有了显著扩大,与各国政府联合通过提案的领域得到了大幅度增加。这样,欧洲议会的影响被扩大到几乎各个政治领域,其势力得到了明显增强。

(4)欧盟外长

最初,欧盟的外交事务是由欧洲委员会下设的对外关系委员主持,1999年根据《阿姆斯特丹条约》,欧盟设立了"共同外交与安全事务高级代表"一职,由欧洲理事会秘书长兼任。欧盟的外交事务由两者共同负责。由于两者之间的分工并不清楚,

---

① 到2014年,欧盟将扩大为27个成员国。

② Article Ⅰ-26(2),Title Ⅳ,Part Ⅰ,Treaty establishing a Constitution for Europe.

③ Article Ⅰ-27(1),Title Ⅳ,Part Ⅰ,Treaty establishing a Constitution for Europe.

④ Article Ⅰ-20(2),Title Ⅳ,Part Ⅰ,Treaty establishing a Constitution for Europe.

⑤ Ibid.

⑥ Article Ⅰ-20(1),Title Ⅳ,Part Ⅰ,Treaty establishing a Constitution for Europe.

交叉情况不可避免,欧盟外交事务上的“双寡头制”在实施起来一方面造成了欧盟外交工作的不稳定性,另一方面又导致了效率严重下降。针对这种情况,宪法条约作出了突破,即将这两个职位合二为一,新设欧盟外交部长一职。欧盟外长由欧洲理事会通过有效多数表决制选出,并需得到欧洲委员会主席同意。欧盟外长同时兼任欧洲委员会副主席,其主要职责是负责实施共同外交与安全政策,负责处理欧盟对外关系以及协调欧盟对外行动的其他方面。① 与此同时,组建欧盟外交部,帮助欧盟外长完成所肩负的使命。毫无疑问,欧盟外长的出现以及欧盟外交部的设置将使欧洲在世界外交舞台上扮演更重要的角色,并将促进各成员国外交政策上的团结一致。

3. 其他规定

(1)关于成员国与欧盟的关系

宪法条约沿袭了欧盟的传统,明确界定两级政治统治秩序之间权力分配的原则是“赐予、辅助性、比例性”,由成员国赋予欧盟权力而非颠倒过来。② 宪法条约还规定,各成员国在欧盟法律面前一律平等,各成员国有义务协助欧盟法律的实施,并不得为欧盟目标的实现设置障碍。在防务和反恐方面,宪法条约还有类似“军事同盟”性质的条款,规定一旦某成员国遭受侵略或恐怖袭击,其他成员国必须提供包括军事资源在内的援助。③

(2)关于“欧洲公民”

宪法条约明确了“欧洲公民”的含义,使欧盟更加贴近了民众。条约规定,欧盟公民具有双重身份,既是其所属国籍国的公民,也是欧盟的公民,④宪法条约的第二部分——《欧盟基本权利宪章》,将“新欧盟人”的基本权利充分阐述,包括以法律的形式确定了其“尊严”、“自由”、“平等”和“团结”的含义,保证了其“建议权”和对欧盟事务和建设积极参与的权利。⑤ 此外,宪法条约还保证了民众享有向位于卢森堡的欧洲法院直接上诉的权利,使民众可以更直接地监督各成员国执行欧盟法令的情况。⑥

三、欧盟宪法条约的意义

作为欧洲历史上第一部规范绝大多数欧洲国家而具有超国家性质的根本大

① Article Ⅰ-28(1-3), Title Ⅳ, Part Ⅰ, Treaty establishing a Constitution for Europe.
② Article Ⅰ-11(1), Title Ⅲ, Part Ⅰ, Treaty establishing a Constitution for Europe.
③ Article Ⅰ-43(1), Title Ⅴ, Part Ⅰ, Treaty establishing a Constitution for Europe.
④ Article Ⅰ-10, Title Ⅱ, Part Ⅰ, Treaty establishing a Constitution for Europe.
⑤ Title Ⅰ-Ⅵ, Part Ⅱ, Treaty establishing a Constitution for Europe.
⑥ Article Ⅰ-29(1),(3), Title Ⅳ, Part Ⅰ, Treaty establishing a Constitution for Europe.

法，欧盟宪法条约的历史意义不言而喻。

首先，宪法条约将为欧洲政治一体化奠定基础。欧盟以往制定的条约和法律、法规至今已多达10万多页，不仅庞杂，而且不够系统和完备，其中许多已不能适应时代变化的需要，更不能适应经济高度一体化、政治联盟亟待发展的需要。宪法条约将在汇聚以往条约和法律、法规的基础上，最终形成一部系统、完整和全面的宪法。宪法条约不仅对欧盟庞杂的条约体系进行了整理和简化，为一个"政治的欧洲"提供了现实的法律架构，也精简了欧盟的决策机构，提高了欧盟的工作效率。①

其次，宪法条约的架构为当代传统的主权国家宪法树立了一个新典范，作为拥有25个成员国的欧盟，成员国遵循着共同的规范，这不但开创了国际关系史的先例，而且也是代表欧洲新文化、新文明的里程碑。宪法条约的诞生，反映了成员国之间求同存异的包容性，欧盟成功地在因各成员国利益不同而多年未能解决的问题上达成了妥协，同时又体现了各成员国公民所追求的共同价值与发展目标。

再次，宪法条约的签署有助于增强欧洲民众的凝聚力。欧盟现有25个成员国，欧盟继续扩大已成为其既定方针。随着经济发展水平和历史、文化背景各不相同的国家相继入盟，欧盟内部发展不平衡已在预料之中。因此，宪法条约将为成员国在互利合作和共同发展方面提供制度保障，可以进一步加深欧洲民众对"欧洲特性"的认同感，增强欧盟内部的凝聚力。此外，欧洲议会权力的扩大、决策会议透明度的增加以及有效多数表决制在更多领域的运用，使得欧盟的民主性比起以往更加清晰可见。②

最后，宪法条约清楚地展示了大欧洲的远景，势将举足轻重地影响世界政治、经济的发展走向。宪法条约赋予欧盟机构更多权力，使欧盟的国际地位进一步提升。欧洲理事会与委员会的改革，将促使欧盟更多地在国际事务上"用一个声音说话"。随着欧盟整体力量的加强，它的国际地位将逐步提高，并将在国际事务中发挥更重要的作用，足以与单一超强的美国分庭抗礼。

四、欧盟宪法条约的前景

经过两年多的讨价还价，欧盟各成员国领导人终于在2004年10月29日正式

① Treaty establishing a constitution for Europe, http://en.wikipedia.org/wiki/European_constitution.

② What changes will the draft constitution make?, http://www.federalunion.org.uk/europe/constitutioncampaign2.shtml.

签署了欧盟宪法条约。但是,宪法条约目前仅仅是闯过了第一关,按规定,宪法条约在其文本获得各成员国领导人通过之后,还须获得所有成员国的批准才能正式生效。这意味着,条约还要通过各成员国议会表决或者全民公决这一关。此前,欧盟领导人普遍对于宪法条约在各国的最终通过表示乐观,认为这仅取决于英国政府与民众是否认同自己为欧盟的一个部分,并且,即使在英国没有获得通过,也不会影响欧洲的大局。① 但是,在2004年6月10日至13日举行的欧洲议会选举过程中,反对欧洲一体化的欧洲怀疑论政治力量在英国、波兰、捷克等欧盟新老成员国都获得了胜利。而就在条约签署的几天前,近100名属"欧盟怀疑派"的欧洲议会议员成立了反对欧盟宪法的联盟,目标是争取在所有25个欧盟成员国都就欧盟宪法举行全民公决,以图增加宪法条约的审批难度。② 这说明,仍有不少人对欧洲一体化持怀疑和反对态度。而这对于争取以推进欧洲一体化进程为目标的宪法条约获得最后批准是非常不利的。

此外,宪法条约自身也还存在一定的缺陷。它是典型的政治妥协的产物,虽然兼顾了各方利益,但它不可能是一个令各方完全满意的结果。因此,当把这一文本提交给各国议会表决或付诸全民公决投票时,仍可能面临各国反对党或者对条约不满的民众的强大阻力。英国《独立报》在2004年6月21日头版头条以"现实与神话之间的战斗"为标题对欧盟宪法提出了异议,"布莱尔签走了一千多年来的英国的自主权。我们决定自己的生活、制定我们的法律、维护我们的尊严的独立权全部丧失了","我们可以对欧盟丧失阵地,同样地,接下来,也有可能向北约、向联合国、向西方八国集团献上自己的领地"。布莱尔自己也形容说,将宪法"卖"给英国民众是一个巨大的挑战。③ 因此,下一步,欧盟各国政府都将面临如何向国内人民宣传、解释和"推销"宪法条约的挑战。具有划时代意义的宪法条约要想最终生效,仍有一段艰难的路要走。

根据宪法条约规定,如果各国能在今后两年顺利完成审批程序,《欧盟宪法条约》将于2006年11月1日正式生效。如果大多数国家不支持宪法,则该宪法条约会无疾而终,但如果有少数国家未批准宪法条约,结果会怎样,目前尚不得而知。但正如一位制宪委员会的成员所言,"如果有二十二个国家批准宪法,有三个国家反对,我们就会有问题。从法律上说,我们不能继续前行;但在政治上,我们不能停步"。④ 一个经济已经高度统一的欧洲,其政治联盟的建设只能前进,而绝不会后

① What is the draft European constitution?, http://www.federalunion.org.uk/europe/constitution-campaign1.shtml.

② http://www.people.com.cn/BIG5/guoji/14549/2954015.html.

③ Stephen Castle, Marie Woolf, A battle between reality and myth, *The Independent*, June 21, 2004, p.1.

④ 《欧洲模式与欧美关系:2003－2004欧洲发展报告》,中国社会科学出版社2004年版,第88页。

退,这已经成为欧盟各国的共识。未来欧盟一体化的进程仍将在曲折中不断前进,从这个意义上讲,欧盟宪法条约的签署,只是个开始,而绝非终点。我们相信,在不久的将来,欧盟一体化道路上遇到的种种难题终会得到解决,欧洲联合事业必将不断地向前发展。

商谈民主、法制现代化与法律全球化

张海斌*

全球化(globalization)在今天已经成为一个不争的事实。它是一个包含着普遍性的特殊化与特殊性的普遍化的相对自主的过程。① 全球化首先是一个历史概念,真正意义上的全球化乃是物质、能量、信息在全球范围内的广泛交流。② 它的直接结果导致了"各民族之间的联系如此遍及全球,几乎可以说世界变成了一座城"。③ 全球化的前景在西方知识的论证下,向世人展示了一种似乎客观、让人憧憬不已的历史画卷。但是,按照知识社会学的基本结论,"全球化"作为一种主导性话语,绝不是客观和中立的知识,它是在历史与逻辑的范畴中构筑的一系列知识和话语,是在西方现代化的历史进程中日益被合法化并上升为意识形态的强势话语。作为非西方的国家,实现现代化特别是法制现代化的过程中,认真对待全球化形成的历史并把握其本质,具有非常重要的现实意义。本文旨在从全球化的一个维度即法律全球化与法制现代化进行剖析。

一、法学层次与法律全球化

从应然的角度讲,全球化是通过人类交往的扩大实现的。交往的本意是交往主体之间平等沟通和对话,这是哈贝马斯意义上的理想交往的内在规定。然而,考诸世界政治经济发展史,近代以降的人类交往却是以征服和不平等为特征的。正如马克思所云,人类世界历史的开辟,其结果不过是"使东方从属于西方"而已。从外观上来看,全球化似乎是基于一种纯粹的经济交往关系的自发扩展,导致了一种对世界各国经济一体化的需求,并由此产生了对各国政治、法律、文化、观念的相应完善。这种全球化往往是以现代化和进步的旗帜导引着非西方社会亦步亦趋,改造自身的"落后"的传

---

* 张海斌,2003 级外国法律史专业,指导老师:何勤华。现工作于上海外国语大学法学院。

① [英]尼格尔·多德:《社会理论与现代性》,陶传进译,社会科学文献出版社 2002 年版,第 255 页。

② 这表现为三个层次的依次递进:一是 15 世纪的地理大发现,开启了马克思所说的"历史向世界历史"的时代,标志着全球化格局的形成;二是 18 世纪的工业革命,推动了世界市场的形成;三是 20 世纪后半叶兴起的信息革命,极大地深化了世界一体化的进程,构成全球化的第三个阶段。

③ [德]马克思著:《政治经济学批判》,人民出版社 1976 年版,第 132 页。

统文化和制度构架(以法律最为主要),参加到西方早发国家制定的以科学的面貌出现的游戏规则中去。因此,在某种程度上,当前的全球化的焦点不在于经济的全球化,而在于论证政治全球化或者说法律全球化,特别是在许多后发展国家提出法制现代化的历史时期,[①]法律全球化是一个让人不得不认真对待的命题。

为了分析的便利,笔者拟对法律进行三个层次的分类,由此来探讨法律全球化的可能性。第一个层次是法律文化。法律文化是一个国家传统文化的组成部分,它是该国人民在特定的生产方式、生活方式与人际交往模式中产生出来的一整套以实践理性为基础的知识,是一个国家法律制度的价值源泉与合法性基础。从一种弱的文化相对主义或者知识的地方性的角度来看,一个国家的法律文化都具有某种独特性和不可替代性,一种具体的法律制度如果不能从法律文化获得合法性论证,那么这种法律制度必然会由于缺乏人民的自觉认同而"高悬于社会生活之上",得不到实际执行或者执行成本巨大。著名社会学家吉尔兹就认为,法律是一种地方性知识。[②] 说明了法律与具体地方的文化是紧密相关的,可以说,法律文化构成了法律全球化的重要壁垒。但是,任何事物逻辑的边界是辩证的。如果仅仅从法律文化的相对性来论证包括法律移植在内的法律全球化之不可行性,则不免失之武断。正如笔者后面将要论证的,并非所有的法律制度都需要文化上的合法性支持,有些法律制度可能完全属于技术科学范畴,有先进和落后、有高效率低效率、无效率的区别,是知识论而不是价值论范畴。正如许多学者所认为的,法律文化一般有物质和意识两种存在方式。作为法律文化的物质载体,比如官方法律文化的物质载体,如刑具、监狱、文书等,也包括一些民间法律文化的物质载体如一些民间祠堂中的竹板等,必然转化成"法律观众"的潜在心理意识,构成一个特定法律文化中的人理解法律问题和法律现象的"前理解情境"。[③] 这种

① 后发展国家提出法制现代化,在某种程度上源于全球化带来的国家政治经济安全的压力所致,这是一个外部动力。当然,法制现代化的过程也有可能是内源性的,这种情形往往发生在自身法律因素已经不能适应自身的发展目标和新的价值观的要求所致。

② [美]克利福德·吉尔兹著:《地方性知识》,王海龙、张家渲译,中央编译出版社 2000 年版,第 273 页。在该书中,基于社会人类学的立场,作者指出,法律,乃是一种地方性知识,这种地方性不仅指地方、时间、阶级与各种问题而言,并且指情调——事情发生经过自有地方特性并与当地人对事物之想象能力相联系。

③ "前理解情境"这一概念是德国著名哲学家伽达默尔提出的在哲学解释学具有很强分析意义的概念,在《哲学解释学》与《真理与方法》两部著作中,重新评价了"前见"、"成见"或"前理解"的作用。他一反文艺复兴以来对于前见的消极看法,他不但不把前见看作理解的障碍,反倒将其视为理解的前提。前见实际上来源于传统,来源于人的社会化。而传统则是文本在理解和阐释过程中形成的效果历史,正是通过前见,理解者实现了与传统的联系,并通过共有传统实现与所要理解文本的联系。因此,恰恰是"效果历史"的存在,使理解成为可能。详见[德]伽达默尔:《真理与方法》(上卷),洪汉鼎译,上海译文出版社 1999 年版,第 438 页以下;伽达默尔著:《哲学解释学》,夏镇平、宋建平译,上海译文出版社 1998 年版;徐友渔等著:《语言与哲学——当代英美与德法传统比较研究》,三联书店 1996 年版;等等。

潜在意识通过“剧场化”的形式在人群的社会化过程中不断被暗示、复制与强化，从而成为一定民族或社区的人群理解和评价法律制度的价值资源和判断视角。

从法制史的角度来看，目前世界各国在法律移植过程中对待法律文化的方式主要有两种：一种是法律制度的全面移植，在广泛实施的基础上，通过外来法律制度的不断运作，培养和塑造新的法律文化，在土壤上实现本国法律文化的全面改造。这种思路的依据在于，法律其实是一种生活方式，外来法律制度的全面实践，必然实现国民法律意识的更新，引发人们对于原有法律文化的反思与臧否，从而有利于新的法律文化的产生，这是社会存在决定社会意识的重要表现。当然，由于本国法律传统的“路径依赖”的作用，导致新的法律文化会发生一定程度的变异，形成一种具有兼容性的新的法律文化，这种新的法律文化既吸收了外来法律文化的精华，又保留了原有法律文化中的合理部分，通过化合反应，从而形成一种合理的独特的法律文化。日本法制史上就有这样的经历，在日本法制史上，在移植外国法律以后，曾经出现过传统法律文化的反动，最终使法律文化的改造呈现出日本文化的底蕴，使日本的法律文化呈现了一种较为独特的色彩。因此，日本移植外国法律的价值，不在于引进外国法律文化与制度的彻底与否，而在于其客观上实现了传统法律文化与外国法律文化的融合，形成自己的法律文化。另一种法律文化的改造是本土法律文化的创造性转化。① 这种法律文化的改造模式，笔者认为就是法制现代化的主要形式。它的基本思路就是：从传统法律文化中发掘出一些符合现代法治的基本因素和概念，来构筑现代法律制度的价值基础和信仰基础。当然，在一个国家对自己法律文化的改造以实现法制现代化的过程中，可以借鉴和移植外国法律的精华，为我所用，从而实现一种自我主导型的法律文化的更新。

法律的第二个层次是法律理论。如果说法律文化仅仅是一种民间朴素的非文字的、活生生的社会现实与潜在的集体意识的话，那么，法律理论就是一种有意识的专业认识活动。它是理论家们（法学家包括政治学家）在法律文化的集体认同基础上，结合当前的政治、经济与社会现实的具体语境和特定问题提出的一整套的知识体系。法律理论在某种程度上具有特定性。首先，它是实践理性的产物，只有在特定的社会生产实践中才能深刻体会其合理性。在当前法理学界，许多学者正在就一些本质的法律理论问题进行着白热化的讨论，但是，如果结合各自的知识结构与法律的实践面来看，他们的观点其实都是正确或者较为正确的。原因就在于，法律理论具有实践理性的色彩，它是具体人或人群的知识与实践相结合的产物，脱离了理解的情境去理解一种法律理论的合理性，不是辩证的认识方法。在某种意义

① 林毓生著：《中国传统的创造性转化》，三联书店1996年版。在该书中，作者对中国传统的创造性转化的必要性、可能性以及原则与路径进行了初步探讨。

上，法律理论的评价标准是解释法律现象，解决法律争议的有效性，而不一定是与某种所谓真理相契合的正确性；绝大多数法学理论都不是法学家或者政治学家凭空制造出来以自娱自乐或自问自答的（也许有，但他们和他们的理论最终湮灭于历史而不为人所知），作为一个有现实感的法学家，他们的法律理论往往都是从自身面对的现实问题出发，以解决特定问题为目的，来构造自己的理论体系的。

可以说，任何一个国家或社区在具体历史时期面对的特定问题是不一样的，在法律文化存在巨大差异的前提下，作为解释体系的法律理论自然存在差异。而从人类生存的基本方式来看，世界各国在不同的时期面对的问题有可能也会相同，如对待人权保护、公共利益的态度等。世界各国尤其是发达国家面对这些问题比较早，积累了许多解决法律问题的理论。因此，法律理论可以进行两种区分：一种是法律技术理论，另一种是法律价值理论。法律技术理论是对一些旨在提供效率和速度、关涉科学性的法律理论，作为科学技术范畴中的组成部分，这些法律理论仅仅作为分析方法和分析技术，是可以借鉴和移植的。比如，法律经济学理论、法律社会学中的若干理论、立法技术理论、还有法制水平的评价理论等。而法律价值理论，则是那些与法律文化、政治文化、社会价值形态密切联系、具有独特目的和价值的法学知识体系，它是一种地方性价值理论。在不同的国家，法律的价值理论一般是存在较大差异的。在比较法制史中我们经常会发现，一些从未交流的国家，可能存在相同或相似的法律制度设计，往往给人一种错觉。即某个法律制度具有一定的普适性，或者两个国家也许曾经出现过法律交流的历史。其实，只要仔细考察，就不难发现，在这些相同的制度设计背后存在着迥乎不同的法律理论，这些法律理论是不能也没有必要去移植的，因为在本质上，它只是特定法律文化形态下的阐释体系，是理解一项法律制度的视角、方法和立场。在有些情况下，法律制度的移植并不能相应地移植对方的法律理论，而只要通过对本土法律理论稍加阐发，就可以为该移植的法律制度提供一个迥乎不同但同样有效的解释，这也就是法律价值的理论创新。

当前关于法律全球化的讨论主要体现在法学的第三个层次，即法律制度。在一些人看来，法律制度一般不涉及价值观与人生观，从立法学角度来看甚至只是一个技术性的事物，它追求的只是一些技术性指标，如效率和效益等。正是在这种认识基础上，法律全球化渐渐被误读为法律制度的全球化，换言之，就是法律制度的普遍主义。这在当前法律移植的研究上体现得非常明显。有些学者从一种历史唯物主义的角度出发，提出经济全球化必然要求并导致法律全球化的观点，这只是看到问题的一个方面。虽然，决定法制之选择的因素主要是经济的，但不仅仅是经济的。恩格斯在晚年曾经指出："政治、法律、哲学、宗教、文学、艺术等的发展是以经济发展为基础的。但是，它们又都相互影响并对经济基础发生影响。并不是只有经济状况才是原因，才是积极的，而其余一切都不过是消极的结果。这是在归根到底不断为自己开辟道路的经济必然性基础上相互作用。”①不难理解，决定法律制度全球化之可能性的，不仅仅是经济全球化的经济发展形式，而且还有一个国家政治制度的安排、文化素质以及价值观念等文明问题。亨廷顿所提出的文明冲突理论，也正是基于一种文明的不可调和性立论的。因此，对于法律制度同样可以分为两个种类：技术性法律制度和价值性法律制度。对于技术性法律制度的确存在全球化的可能性，如专利法、著作权法、档案管理法、环境保护法等，但是对于价值性的法律制度，普及化程度则是比较低的，如死刑制度、所有权制度、婚姻制度、继承制度等。

经过上述的论证，我们不难发现，法律全球化其实是一个多维的、多层次的概念，它在法律文化、法律理论和法律制度上都存在可能性与不可能性。当然，这不是我们探讨的全部，下面我们要讨论的是法律全球化的本质，以及如何实现真实的法律交流的可能性。

二、现代性与法律全球化

我们知道，全球化是随着资本主义经济形态的扩展而日益形成的一项西方现代话语。它显示了一种抽象普遍性在现代世界的支配地位，这种抽象普遍性在现代社会中表现为通用货币的使用以及普遍化，本质上就是一种经济全球化。在经济全球化的过程中，一些民族国家基于历史原因居于强权主导地位，并根据该主导地位特立独行地先行创制了一系列的世界经济交往规则（包括法律体系），并利用强权优势将这些交往规则以全球化的进步姿态推广到世界所有民族国家，以此作为具有公度性的普遍游戏规则。② 其中，国际交往的法律体系的创制就是一个重要例证。从这个角度来看，在经济全球化的历史语境中谈论法律全球化实质上是一种意识形态的压迫，而法律的全球化实际上是将经济不平等的现实合法化的过程。虽然，在这个过程中，法律的全球化往往是以后发展国家法律现代化的面目出现的。如果不经过认真审视，后发展国家法律的现代化可能就会成为西方法治的一个蹩脚的注脚。而不是一些西方政治学者认为的那样，民主化和全球化是相伴随的历史趋势。③ “不仅保障了经济的自由，并在大体上保障了人类的自由”。④ 但

① 《马克思恩格斯选集》（第4卷），第506页。

② 高兆明：“论经济全球化中的价值原点”，载《哲学研究》2001年第7期。

③ ［美］亨廷顿著：《第三波——20世纪后期民主化浪潮》，上海三联书店1998年版，第25页。

④ ［美］福山：“历史的终结”，转引自林深靖：“什么样的全球化”，载《天涯》2000年第3期。

是，正如福山所云："同质化与鲜明文化特征的确认将同时发生。"①法律全球化的实质近来已经受到我国一些法学家越来越多的关注。②

从社会理论的角度看，全球化是现代性的一种表现形式，现代性构成了全球化的内在规定。全球化的进程本质上就是现代性的彰显过程。现代性是一个众说纷纭的话题。简要地说，现代性指的是一种社会生活或组织模式，它采取了一种进化论的叙事立场，认为人类的发展遵循着一些线形的、有进步矢向的发展模式和组织模式，并且，这些"标准"的发展模式决定了人类发展的最终方向。现代性的确立从知识论的角度来看乃是基于一种对客观知识的追求，是利奥塔意义上的宏大叙事和合法叙事。③ 但是，著名哲学家福柯知识/权力理论已鲜明地指出：知识往往是权力产物。所谓的法律全球化也正是经济全球化的主导者（权力者）制造出来的一个以现代性为标志的"客观知识"。在这种知识的论证下，后发展国家的法制现代化与法律全球化最终画上了等号，使这些国家的法制、政治和它们的经济一样被纳入到西方主导的法制体制中丧失自我特性。后发展国家的法制建设往往也会因此而缺乏自己的法律文化和法律理论的合法化论证而成为一种"无根的制度"。法律全球化必然给后发展国家带来一种心理危机，即自性的迷失。因此，如何正确对待法律全球化与法制现代化的区别是经济全球化背景下进行法制建设必须认真对待的问题。

经济全球化带来了一个现代性问题，带来了一种朝向更好社会进步和基于对核心价值体系认同而产生的一致性融合的信念④。经济全球化的逻辑与经济全球化的历史之间的悖论，导致了全球化的话语以现代性面貌掩盖了旧有国家政治经济秩序的掠夺性与反民主性，法律全球化正是在这种背景下以法律的现代化的形式提出，显然具有意识形态的欺骗性。按照专门研究全球化的学者罗伯森的观点，现代性、本土化（indigenization）、民主化永远是交织在一起的政治问题。⑤ 法律全球化回应了世界经济全球化的历史潮流，使世界经济问题逐渐演化成世界政治格局的构筑命题。由于经济全球化首先是从西方先发国家发生的，这种先在优势导致了国际经济法律制度的先在性。因此，法律全球化隐含或掩盖了下面错误的预设：

---

① "经济全球化与文化——福山访谈录"，载《现代外国哲学社会科学文摘》1999 年第 11 期。

② 代表人物有朱苏力，梁治平等一批法学家，代表性著作主要有苏力：《法治及其本土资源》，以及梁治平编：《法律的文化解释》等。

③ ［法］让·弗朗索瓦·利奥塔尔著：《后现代状态：关于知识的报告》，车槿山译，三联书店 1997 年版，第 63 页。

④ ［英］尼格尔·多德著：《社会理论与现代性》，陶传进译，社会科学文献出版社 2002 年版，第 178 页。

⑤ ［美］罗兰·罗伯森著：《全球化：社会理论和全球文化》，梁光严译，上海人民出版社 2000 年版，第 6 页。

即法律仅仅是一种解决争议的技术性工具，与被全球化国家的文化传统与价值观甚至政治体制没有关涉；对于被全球化的国家来说，先在的法制体系是现代的、先进的、反映历史进步方向的知识，接受这些法律制度则意味着法律的现代化。这些预设显然是经不起推敲的。"现代性的困境在本质上属于文化性质的"。[①] 今天所谓的全球化问题已经不仅是经济或政治的问题，更重要的是文化问题。价值关怀永远伴随着全球化的过程。全球化的法律制度作为一种知识，也必然是由历史产生的权力关系先在决定的，绝非一种客观、中立的知识。法律全球化在某种程度上只是一种意识形态陷阱。

如果我们将法律全球化问题归结于一个现代性的问题，那么，它必然呈现一种现代性的困惑。可以认为，现代性所体现的是一种对于宏大叙事的文化追求和价值同构，它企图构筑的是一种具有超越性的信仰与观念的普适性。因此，现代性的确立虽然是一种文化与价值的推广，但是它必然要通过具体的物质性的仪式与形式来传递与展现，对于法律层面的现代性而言，现代性的确立必然与法律制度的现代化交织在一起。问题的关键在于，法制的现代化绝不是一种法律的全球化。因为现代性的扩张在很大程度上是一种价值观的扩张，它旨在推动一些基本价值观念在人类社会范围内的确立与普及，而不同的国家在体会这种基本的价值观的同时，结合各自的制度语境在制度创新上体现出现代性的基本价值诉求，从而实现法制的现代化。因此，在当前的理论话语中，法制现代化实质上等同了法律全球化，这必然导致在法律移植中忽视了对法律文化、法律理论与法律制度的区别，进一步忽视了对于法律价值理论与价值性法律制度对于法制现代化的重要意义。在某种程度上可以认为，当前法律全球化的口号其实化约了法制现代化的文化与价值内容，虽然它在形式上实现现代性的扩张，但本质上沦为了一种异化了的现代性。正是这种对法律全球化与现代性关联的错误认定，导致现代性承担了由于全球化弊端而带来的大量指摘，相应使法制现代化与法律全球化相互混淆。因此，剥离现代性的文化与价值内核，将现代性化约成为一种纯粹的制度普适，从而也剥离了法制现代化的文化与价值内涵，将其化约成纯粹的制度移植，这应当是我们在区划与评价法制现代化与法律全球化的一个重要误区。

三、商谈民主与法律全球化

其实，如果从法哲学的角度而不是仅仅从作为社会理论的现代性出发来看待

---

① [日]池田大作、贝恰著：《二十一世纪的警钟》，卞立强译，中国国际广播出版社1988年版，第21页。

全球化以及全球化带来的法律全球化和法制现代化，也是一条不错的思路。自然法的传统实质上代表了一种法学的世界观。① 都是企图揭示法律不仅是意志的产物（实证主义法学），而且还承担者一种普遍的精神内核，并且放之四海而皆准。这种精神内核在不同的自然法理论中表述不同，但内在地隐含了一种普世化的压迫：即只有符合这种内核的法制才是一种进步的法制，这种观念在古罗马的万民法中就有体现。到了近现代由于资本主义的兴起，自然法又以自然权利、自由、正义等话语出现在法律全球化的论证过程中，似乎给当代世界各国特别是后发展国家的法制建设提供了一个正确的、标准的法律模本，虽然自然法这些精神内核大体上是不错的，但是如何定义这些法律的内在要素却充满西方的话语霸权，对于自由和正义的定义仅仅是从这些早发展国家的经济发展实践中产生的，而实质上，这些定义本身是具体的和开放的。自然法传统的强调，虽然给法律提供了一个似乎普适性的标准，增加了不同国家法律交流和移植的可能性。但是，价值观的赞同，并不意味着实现价值的具体路径和手段应当一致。因此，从比较法律的立场来看，在是否有效率的技术性标准上有比较的可能性，而对于在是否是正义的法律这种价值性标准上，必须结合当地的正义观念来具体考量。在这种意义上，自然法传统只是喊出了一些正确但没有公度性的口号而已。

经济全球化需要法律全球化作为其制度基础。但一个国家的法制建设却不仅是由该国经济发展现状决定的，它还受到作为上层建筑的其他方面的影响，受到法律文化和社会基本价值观的限制。特别是在民族国家里，立法是一个国家重要的主权行为，涉及国家的尊严与信仰，是不能同经济一样轻易被一“化”了之的。作为法律本身也存在值得分析的内在结构，这些结构也决定了法律全球化的局限性，这在前面的章节之中已进行了论证，并得出一些较有操作价值的结论。即法律文化的创造性转化与全面改造、法律技术理论与技术性法律制度的可借鉴性与移植性、法律价值理论与价值性法律制度的特殊性与不可通约性。法制现代化的特点主要是通过对其固有法律文化进行创造性转化。结合自身的历史与社会语境，在固守自己基本价值的前提下，以一种拿来主义的态度，对落后的法律制度进行现代改造。特别是一些具有鲜明的技术色彩的法律理论和法律制度完全可以通过完整的移植，作为工具来实现特定的法律目的。在为这些法律制度提供合法性论证的时候，尽量挖掘法律文化中的“本土资源”，使以法律移植为特征的法制现代化奠基于适当的土壤之中。因此，法制现代化对一个国家来说，是法律传统文化中的价值更新，脱离了这个传统，民族的自我认同便无可适从。新加坡前总理李光耀就曾深有

① ［美］E. 博登海默著：《法理学——法律哲学与法律方法》，邓正来译，中国政法大学出版社 1999 年版，第 3 章、第 9 章。

感叹:"在告别过去的时候,我们有一种深刻的不安,失去传统会使我们一无所有。"①其言其情,让人警醒。

经济学原理已经明确揭示,路径依赖是任何一种理性的制度创新的必要前提。我国的法制现代化并非凌空踏虚,而是在既有的法律资源和法律问题语境中得以展现的。法制现代化首先意味着法制价值的现代化,即一个国家对于法律在国家政治经济生活中应当承担的价值功能或者对于法律的理解发生变化,从功能主义的角度来看,即是法制的现有功能不能承受现实政治经济社会价值和目标的变迁而产生的必然要求。一个国家法律价值上的法制现代化与全球化的历史背景有着一定的因果关系,特别是对于那些法制后发展国家来说,显得更加突出。比如,当前法律价值对于人权、民主、自由等价值的认同。这些法律价值发生虽然起源于西方的历史实践,但是它们也是西方历史中理论与实践的产物,是具有内在的普世性的。正如有些学者所云,"西方人首先实践的东西,并不就是西方人的专利品。西方人所做的,不过是以民族史的特殊性,证明了人类史的普遍性"。②"'西方模型'只有在历史意义上说是西方的,但在社会学的意义上说,则是全球性的"。③这些滥觞于西方语境的法律价值随着经济全球化的历史脚步,必然日渐成为一种全球性的法律价值,并被理性的政府接受,往往成为该国法制现代化的重要价值基础。但是,法律价值的认同并不意味着实现价值的制度路径相同,如果说法律全球化现在已经成为一种"共识"的话,那么法律价值的全球化应该是它的实质内容,而不应当是法律制度的全球化。因为在许多国家的法制现代化过程中,实现同一法律价值的制度设计可以是不同的,但往往是各自有效的。正如卢梭所言,"除了一切人所共有的准则以外,每个民族的自身都包含着某些原因,使它必须以特殊的方式来规划自己的秩序"。④

当然,当前的经济全球化如果要实现对于全球各国政治法律社会产生影响,存在一个重要前提,即每一个国家的政治体系应当是一个开放的系统,相互之间存在合作和交流的可能性。法律全球化的思维就是开放的政治体系对全球公共问题而作出的法律上的回应,它一旦形成,反过来就会对民族国家产生深刻影响。⑤但是,法律全球化的滥觞可能甚至已经给国家政治体系带了一个不容忽视的后果:民族国家或者主权国家边界的弱化和模糊化。因此,在法律全球化的呼声之中,探讨国

---

① [美]扎卡里亚:"文化决定命运——李光耀访谈录",载《公共论丛:经济民主与经济自由》,三联书店1997年版,第201页。

② 张博树著:《现代性与制度现代化》,学林出版社1998年版,第174页。

③ 金耀基著:《从传统到现代》,广州文化出版社1989年版,第101页。

④ [法]卢梭著:《社会契约论》,何兆武译,商务印书馆1980年版,第71页。

⑤ 潘伟杰、王岩:"全球化进程与中国法律发展的价值选择",载《社会科学》2002年第9期。

际政治中的民主与平等问题显得十分重要。如果说法律全球化的产生来源于经济全球化和国际政治法律的合作日益加强的话，那么在各国之间的法律交往过程中坚持一种以平等和真实为核心的商谈型民主机制显得格外重要。一般认为，商谈型民主是通过平等主体之间的公共辩论与讲理而进行的，只有建立在公共商谈框架下的知识和行动才具有合法性。而一种理想的商谈在程序上应当具备一些条件。首先，商谈过程发生的形式是论辩；其次，协商是包容的、公共的，原则上没有任何人可以排除在外，有可能被决策所影响的任何主体都具有同等的机会进入和参加讨论；再次，协商是排除外在强制的，对于商谈参加者而言，他们必须遵守的是而且只能是交往的预设和论辩规则；最后，也是最容易被忽视的，商谈排除任何有损于参与者之间平等地位的内在强制，对于观点的接受与否，唯一的判断标准只是论证与论据的充分与否。① 另外，商谈型民主还必须符合其他一些条件，即商谈型民主的目的一般来说是合理地推动一致意见，并且是原则上能够无限进行或者在任何时候能恢复的。另外，考虑到决策达成的难度，协商必须以多数人的决定告终，在出现新的警告之前，具有可错性的多数人的意见可以被认为公共实践的合理基础。② 因此，商谈性民主的方案在于它仅仅是程序性的，在这种商谈型程序准则之下，才可能最大限度地建立平等的世界政治与经济格局，各国法律之间的交流才可能真实地发生，一种全球化的法律才可能真正被各国真诚接受。可以说，哈贝马斯从他的交往理性观念出发，论证了“民主原则”之基础的“商谈原则”的跨文化含义，他考虑了不同文化、不同社会的商谈和讨论对于形成国际关系准则的必要性，或者说这种商谈和讨论对于这些准则获得普遍有效性的必要性。因此，从功能角度理解，国际间实际的商谈民主，能够取得使各自的视角相对化的作用、交换论据的作用、相互修改各自对自己的利益和价值的理解并由此而达到某种新的共识或“视角融合”的作用。显然，商谈民主对于我们探索法律全球化的理想范式提出了一个非常重要的理论指导。特别是对于法制后发展国家而言，必须尽力争取以商谈民主为特征的交往机制的建立，这对于他们实现政治与经济的独立，特别是法制现代化的实现，意义重大。因为这些国家在法制现代化的进程中，接受外国一种法律价值或者移植一种法律制度，仅仅是其国内法的自我完善而不完全是法律的全球化。重要的是，法制现代化体现了后发展国家政治法律独立与自决的努力，这也许就是法制现代化与全球化的分野之处，也是我们必须认真对待商谈民主的重要缘由。

① ［德］哈贝马斯著：《在事实与规范之间》，童世骏译，三联书店 2003 年版，第 379 页。

② 同上。

从“洗钱”一词的起源到反洗钱立法的国际化

林安民*

洗钱是起源于国外的一种犯罪，在被确认为国际犯罪后也迅速被我国立法确认为犯罪，并且最近十年来我国深受国际社会影响而频繁修订反洗钱法律。立法从无到有、从简至繁、从漏洞百出到不断完善，反映了反洗钱立法的不断发展，而“洗钱”一词从产生到为各国所认可，再到其作为法律专有术语地位确立的过程也反映了洗钱犯罪的趋势以及反洗钱法律的发展过程。因此，本文即通过分析“洗钱”一词的起源，流传分析反洗钱立法的产生及其国际化过程。

一、英文“洗钱”一词的起源与传播

（一）英文“洗钱”一词的起源

对于英文“洗钱”（Money Laundering）这一词组的产生，一般认为是20世纪30年代美国财政部特工发明的。① 当时美国芝加哥的黑社会“老大”阿尔·卡彭通过开办洗衣房而将走私所得的非法收入混入经营所得的合法收入一起报税，由此隐蔽非法所得的来源，使该走私所得成为表面上的合法收入。这种对非法所得进行清洗、隐去其来源，使之表面合法化的行为，就是洗钱行为。

但是，早期时候英文“洗钱”一词的使用仅限在非常小的范围之内，“Launder”一词所包含的洗钱含义也并不为公众所熟悉。“洗钱”一词成为现代意义上的通俗词语而开始正式使用并流传，则要到20世纪70年代了。据称当时美国司法官员开始查处轰动一时的“水门事件”，该案主要涉及当时美国总统尼克松的竞选班子将贿赂所得的非法政治捐款通过瑞士银行、巴哈马群岛的子公司以及墨西哥律师等进行“洗钱”，从而成为表面上合法的政治捐款；此后纽约时报、华盛顿邮报等争相报道这一事件，并使用了“洗钱”一词。一般认为，“money laundering（洗钱）这个英文术语直到1973年才第一次真正出现在印刷品中……最初见到这一提法，是在涉

---

* 林安民，2005级中国法律史专业，指导老师：王立民。现工作于福建闽江学院。

① ［英］克里斯·马泽尔著：《洗钱》，群众出版社2006年版，第4页。

及水门丑闻的一些报纸上”。①

(二)英文“洗钱”一词的流传

随着英文“Money Laundering”一词在报纸上的正式使用,该词开始广泛使用开来;而英文“Launder”一词,也在此时被人们认可其新增加的含义“洗钱”,并在20世纪70年代末80年代初收录在词典中。权威词典收录“Launder”一词的洗钱含义后,各国也陆续通过翻译英文将洗钱一词翻译成本国语言。

英国牛津大学出版的《牛津英语词典》是世界上公认的最为权威的英语词典,特别是由于它所采用的历史主义原则,“记录了自1150年以来的中古英语和现代英语的演变……收词释义尊重历史,以书证作为依据;义项排列遵循由古到今的时间顺序,词义的历史演变脉络清晰”。② 由此,该词典不同年代的版本可以作为考察“洗钱”一词产生、流传的最好证据。笔者查阅该词典1989年的第二版时,在“Launder”这一词条中找到了它的洗钱含义,并明确指出该含义的来源:在1973~1974年的美国“水门事件”调查中开始使用。③ 但还不能说明“洗钱”一词如何得到流传,由于该词典内容太过复杂,其修订时间间隔比较长,在1933年出版第一版之后,在1989年才正式出版第二版,所以从该词典的解释中我们无法看出在1973年“Launder”洗钱一词含义正式出现在出版物后何时才被公众所熟悉。而通过该词典的各种衍生版本的内容,可以证实英文“Launder”一词中所包含的洗钱含义确实是在20世纪70年代末80年代初期间为权威词典所收录,也即在这个期间内洗钱的含义开始为公众所熟知。如1974年版的《Oxford Advanced Learner's Dictionary of Current English》词典,并没有收录“Launder”一词的洗钱含义;④而在牛津大学1984年版的《The Pocket Oxford Dictionary》词典中,“Launder”一词最后一个义项已经收录了洗钱的基本含义。⑤

虽然洗钱指的是对非法收入的清洗,但早期洗钱行为所清洗的黑钱主要源自毒品犯罪所得。⑥ 而洗钱行为的社会危害性最初主要源于其对毒品资金的清洗而为人们所广泛认识,如被公认为第一个涉及反洗钱的国际公约即1988年的《联合国禁毒公约》。随着20世纪80年代初毒品交易在全世界的蔓延以及世界各国反毒

---

① [英]杰弗里·罗宾逊著:《洗钱 世界第三大产业——洗钱的内幕》,中国物资出版社1998年版,第7~8页。

② [英]特朗博、史蒂文森编:《牛津英语大词典》,上海外语教育出版社2004年版,第1页。

③ J. A. Simpson & E. S. C. Weiner, *The Oxford English Dictionary*, Second ed. Oxford University Press, 1989, p. 702.

④ A S Hornby, Oxford Advanced Learner's Dictionary of Current English, London Oxford University Press, 1974, p. 483.

⑤ R. E 艾伦修订:《牛津当代英语袖珍词典》,外语教学与研究出版社1988年版,第413页。

⑥ 汪澄清著:《反洗钱在行动》,民主与建设出版社2007年版,第11页。

斗争的合作，洗钱的概念在全世界广泛流传开来，各国纷纷通过将英文“Money Laundering”一词直译方式开始创造了本国语言中的“洗钱”一词。如德语中的“洗钱”一词即是“Geld Wäsche”，其中的“Geld”即是“Money”的意思，而“Wäsche”则是“Wash”的意思，也即是“Laundering”的同义词。

（三）“洗钱”作为法律专有术语的确立

随着各国“洗钱”一词的广泛使用，洗钱的社会危害性又为人们进一步所认识；由此人们开始研究洗钱问题，并通过立法对其进行预防与惩罚，反洗钱措施随之开始实施。随之，“洗钱”一词不仅仅是通俗的词语，而逐渐成为全球所认可的专有法律术语了。

笔者通过法律专业权威数据库 WESTLAW 搜索全世界期刊，发现最早提及洗钱问题的是 1982 年一篇关于协助投资有组织犯罪所得黑钱的论文，该论文将协助投资诈骗等犯罪所得的行为称为是“‘laundering’ of dirty money”，并提及美国参议院相关法案中的标题也称之为“Washing Racketeering Proceeds”、“Laundering Racketeering Proceeds”，甚至多次使用了“上游犯罪”（predictate crime）这一词；[①]而首次使用“Money Laundering”一词的则是 1983 年一篇关于毒品犯罪问题的论文，该论文将清洗毒赃的行为视为毒品犯罪的一部分，并且提及了美国银行保密法针对洗钱问题的规定。[②] 总体上，这一时期只有少数有关有组织犯罪、毒品犯罪、银行保密法等相关论文中提及了洗钱问题，但尚未专门讨论洗钱问题。[③] 最早专题研究洗钱问题的论文则要到 1986 年由美国的法学教授与地方法官分别撰写的两篇论文，从立法、司法等角度探讨洗钱犯罪问题；[④]此后，1987 年和 1988 年各有 5 篇以洗钱为专题的论文，1989 年则有 8 篇以洗钱为专题的论文，而到了 20 世纪 90 年代以洗钱为专题的论文开始迅速增长。由此，“洗钱”逐渐成为法律专业术语。

在法学界对洗钱问题不断展开研究之后，法律专业词典也开始将“洗钱”一词予以收录，从而正式确定该词的法律专有术语地位。在 20 世纪 70 年代末 80 年代

---

① Allen R. Friedman, Aiding and Abetting the Investment of Dirty Money: Mens Rea and the Nonracketeer Under RICO Section 1962(a), *Columbia Law Review*, 1982(4).

② Steve Wisltsky, Exposing The War on Cocaine: The Futility and Destructiveness of Prohibition, *Wisconsin Law Review*, 1983.

③ Irving A. Pianin, Criminal Forfeiture: Attacking the Ecomomic Dimension of Organized Narcotics Trafficking, *American University Law Review*, Fall 1982; Barry Tarlow, RICO Revisited, Georgia Law Review, Winter 1983; Gregory R. Raifman, The Effect of the U. S. – Swiss Agreement on Swiss Banking Secrecy and Insider Trading, *Law and Policy in International Business*, 1983.

④ Arthur L. B., Sr., Money Laundering – Recent Judicial Decisions and Legislative Developments, *Federal Bar News and Journal*, November 1986; Abraham Abramousky, Money – Laundering and Narcotics Prosecution, *Fordham Law Review*, March, 1986.

初期时,“洗钱”还仅仅是一个通俗词语,法学论文中刚刚提及“洗钱”一词尚未对其进行专门研究,也没有专门的反洗钱立法,由此法律专业词典并未收录“洗钱”一词。如在全世界最为权威的法律专业词典,美国的《布莱克法律词典》1990年的第六版中并未收录“洗钱”这一词条,①而与之齐名的英国《牛津法律词典》在1980年版本中也没有收录“洗钱”一词。② 此后,牛津大学1983年出版的一本法学专业词典中也还没有收录“洗钱”这一专有术语;③一直至1986年的相关法律词典中还未收录洗钱一词。④ 可见,20世纪90年代之前,“洗钱”一词尚未属于法律专有术语。直至1993年出版的一本法律专业词典中才收录了“Launder”一词,⑤而《布莱克法律词典》1999年的第七版中也明确收录了“Laundering”和“Money - laundering”这两个词条。由此,“洗钱”一词开始作为专有的法律术语在20世纪90年代之后才为大众所认识。

二、中文“洗钱”一词的起源与洗钱概念在中国的传播

中文“洗钱”一词的产生,与世界上其他国家一样也是通过对英文的翻译而来的。我国也正是在20世纪80年代随着对国外毒品犯罪的介绍而开始涉及该词,并直接由英文翻译而来使之逐渐成为通俗词语,而后随着反洗钱立法的开始而成为专有的法律术语。

(一)“洗钱”一词作为通俗词语在我国的翻译与传播

首先,笔者在查阅相关文献时,发现早在1988年就有编译性文章对外国洗钱行为作出介绍,并比较了美国和瑞士法律对洗钱行为的不同规定,只是作者在翻译成中文时并没有直接使用汉语“洗钱”一词,而是使用了“处理非法收入”、“黑钱”、“循钱术”等词语来表述相关含义。⑥ 此时,国外洗钱行为的基本内涵、手段、原因、案例以及反洗钱的立法和洗钱犯罪易发生地等都得到初步简单的介绍,但遗憾的是在文字上并没有出现“洗钱”一词,也没有使用与之相类似的词语直接表达洗钱的概念。而实际上在更早的另外一篇文章也曾经提到国外跨国洗钱的事件,法国出口商将贿赂款项存入瑞士银行,中间人则将该款项取出带入法国境内交给受贿

① Henry Campbell Black. M. A., *Black' s Law Dictionary*, 6nd ed., West Pulishing, 1990.

② David M. Walker, *The Oxford Companion to Law*. Oxford University Press, 1980.

③ 伊丽莎白·A. 马丁编著:《牛津法律词典》,蒋一平、赵文伋译,上海翻译出版公司1991年版,译自 Elizebeth A. Martin, *A Concise Dictionary of Law*, Oxford University Press, 1983。

④ *The Law Dictionary*, Anderson Publishing, 1986.

⑤ P. H. Collin. *Dictionary of Law*. Peter Collin Publishing. 1993:135.

⑥ 赵念渝:“瑞士银行账户中的‘黑钱’”,载《国际展望》1988年第12期。

者;但这种行为在当时法国并不属于洗钱犯罪,所以该文章中也没有使用“洗钱”一词。①

在我国大陆正式期刊中所能找到的最早使用“洗钱”一词的文献,则是1989年的三篇文章。其中两篇文章的内容都是在介绍哥伦比亚的毒品犯罪情况时,通过翻译外文而直接使用了“洗钱”一词,并简单解释了洗钱行为的基本含义为将毒资通过银行转换等手段变为合法钱款;②虽然哥伦比亚的官方语言为西班牙语,但西班牙语中洗钱一词“Blangueo”的本意是漂白,因此笔者认为这两篇论文的作者很可能是通过英文“Money Launder”将洗钱行为表述为汉语“洗钱”一词。另外一篇则介绍了美国反毒品犯罪的情况,其不仅提及了国际反洗钱金融行动特别工作组的成立以及《联合国禁毒公约》的通过,还介绍了美国的《洗钱控制法》、其他反洗钱措施以及反洗钱的效果和相关案件等,并反复使用了“洗钱”一词,还使用了“肮脏的钱”、“冲洗”等词来表述相关概念,显然该文章是从英文文章中将相关概念翻译成中文。③ 在随后一年的几篇专门介绍洗钱的文章中,不仅对洗钱概念做了介绍,还特别提及洗钱的英文一词为“Money Laundering”,另外提及了“赃钱”一词的英文为“Dirty Money”。④ 由此可见,汉语“洗钱”一词确实由英文直译过来。并且,在20世纪90年代初越来越多的文章在介绍国外毒品犯罪等情况问题时使用了“洗钱”一词,洗钱的概念很快通过这些文章开始为一般民众所熟知的通俗词语。

其次,如前文所述,英文“Money Launder”一词在20世纪70年代就开始广泛使用,随后的英文词典中“Launder”一词就新增了洗钱这一项含义。我国的英汉词典新旧版本对“Launder”一词的不同解释,也可以反映出洗钱含义的产生以及汉语“洗钱”一词的产生。在20世纪70年代之前的英汉词典中,“Launder”一词没有收录洗钱的含义,可见那时没有洗钱的提法;而到了70年代后,英汉词典则收录了洗钱的含义,但由于汉语“洗钱”一词尚未使用,故当时的词典中虽然对“Launder”一词中的洗钱含义作出详细解释,但也没有使用“洗钱”一词;而到了近期特别是21世纪以来,汉语“洗钱”一词已经频繁使用,故词典中有时直接使用了相关的词语,

---

① 索菲·科尼尔德:“法国政党的秘密财源”,载《世界博览》1988年第3期。

② 张星岩:“哥伦比亚政府决心向毒枭宣战”,载《国际展望》1989年第18期;沈安:“惊心动魄的扫毒大战”,载《世界知识》1989年第21期。

③ 山石:“卡住贩毒者的咽喉——辑毒战扩展到控制洗钱的新领域”,载《国际展望》1989年第21期。

④ 顾国庆:“银行在洗钱活动中的责任”,载《国际金融研究》1990年第8期;金妍索:“反毒和‘反洗钱’”,载《世界知识》1990年第17期。

如洗(黑钱)。[①] 此外,我国个别权威英汉词典在20世纪80年代初的版本中,对"Launder"一词中的洗钱含义没有收录,也可以反映出洗钱的含义在当时确实属于最新义项。[②]

20世纪90年代初,越来越多的文章在介绍国外反毒品斗争等情况时使用"洗钱"一词,并纷纷介绍了洗钱的相关概念。但那时"洗钱"一词的使用仍局限于相当狭窄的范围之内,洗钱的基本含义并没有为中国人所熟知。显而易见的例子是,当时在我国的综合性辞典中都未出现"洗钱"一词,如《辞源》、《辞海》、《现代汉语词典》等我国最为权威的三部汉语词典,当时均未收录"洗钱"一词;此外,当时的《汉语外来语词典》中也没有收录"洗钱"一词。[③] "根据与《辞海》、《现代汉语词典》分工的原则,将《辞源》修订为阅读古籍的工具书和古典文史研究工作者的参考书",[④]《辞源》被定性为古代汉语词典,"洗钱"作为当代外来词汇自然不在其收录之中,因此直至现在商务印书馆的最新版本中也没有出现"洗钱"一词,这也可以印证"洗钱"一词并非中国传统词语,而是外来语言。《现代汉语词典》作为以记录普通话语汇为主的词典,其不断吸收新产生的新词语,对该词典不同版本的考察则也可以印证"洗钱"一词的产生年代;在其1983年版和1989年补编版以及1992年的增补版中都还没有出现"洗钱"一词,证明当时"洗钱"一词当时还没进入公众视野,还不为公众所知悉;而它的下一个修订版,即1996年的修订版则出现了"洗钱"这一词条,并明确定义为"把非法得来的钱款,通过存入银行改变名义、性质成为合法收入",[⑤]可见此时洗钱的概念已经为一般公众所认可了。同样,《辞海》在1989年版本中也没有收录"洗钱"一词,不过其在下一个修订版本,即1999年版本中则对"洗钱"一词作了详细介绍,指明"将非法所得的钱财(俗称'黑钱')通过一定方式变为合法收入的行为。毒品交易、贿赂、走私、逃税等都会产生'黑钱',为掩饰、隐瞒其来源和性质、采取提供资金账户、资金转移、存入境外银行、复杂的金融交易等手段,将黑钱'洗'得合法化这一过程即为'洗钱'"。[⑥]

值得注意的是,无论是1996年的《现代汉语词典》还是1999年的《辞海》对洗

---

① 如在商务印书馆1957年版《英华大词典》中,"launder"一词根本就没有与洗钱相关的含义;而在该词典第二版,即1984年版第784页中,"launder"一词中的洗钱含义就得到解释:(把款项等)非法转移(如秘密通过外国银行汇到国外等);到了该词典的第三版,即2000年修订版第868页中,其洗钱释义内容并没有变化,但是在后面增加了"洗(黑钱)"三个字。

② 如上海译文出版社出版的1985年版《新英汉大词典》(增补版)中,就没有收录"launder"一词中新增的洗钱含义。

③ 岑麒祥:《汉语外来语词典》,商务印书馆1990年版。

④ 《辞源》,商务印书馆1981年版,"出版说明"第1页。

⑤ 《现代汉语词典》,商务印书馆1996年版,第1349页。

⑥ 《辞海》,上海辞书出版社1999年版,第2480页。

钱的界定都比1997年刑法典所界定的洗钱概念要宽广的多，特别是《辞海》中还特别指明了“逃税”等所得是洗钱的对象，甚至还有其他权威词典中解释洗钱时所指的上游犯罪更广，包括了抢劫、诈骗等。[①] 这些上游犯罪在我国刑法中至今仍没有规定，显然这里的洗钱概念是国外对洗钱的界定，“洗钱”是国外传来的概念，这是确认无疑了。

（二）洗钱作为专业术语在我国的介绍

英文中“洗钱”首先是一个通俗词，为公众所熟知，而后才成为正式法律术语。汉语中洗钱概念的传播也是如此，法学界接触洗钱概念也相对较晚。据笔者所查阅的法学类文献，直至1991年的法学类刊物中的文章才第一次出现了“洗钱”一词，该文章仅仅是在介绍“集团犯罪国际研讨会”情况时提到外方所提交论文的内容涉及“国际洗钱、亚洲洗钱活动”，由于该文章是对学术动态的介绍，没有对洗钱的具体含义再作进一步介绍。[②] 此后，在1992年的法学刊物两篇论文中都出现过“洗钱”一词，虽然其中的一篇论文是专门研究我国洗钱罪正式渊源即“掩饰、隐瞒毒赃性质、来源罪”，该文虽然简要指出了洗钱含义，但并没有对洗钱进行深入的介绍与分析；[③]而另外一篇论文则提到我国曾经发生过“国际商业信贷银行‘洗钱’事件”，但没有说明何为“洗钱”，也没有对国际商业信贷银行的洗钱事件作进一步介绍。[④] 直至1994年，法学界才出现了多篇正式介绍洗钱概念的文章，但这时所介绍的洗钱仅仅针对外国，并没有进一步阐述中国的洗钱犯罪。[⑤] 但不管如何，也就是在这之后法学界开始关注洗钱的概念。

如果说综合性词典对“洗钱”一词的收录，反映了公众对该词的认知情况，说明“洗钱”作为通俗词语已经为公众所认可。但“洗钱”作为法律专有术语为法学界所认可，则应从专业性法学大辞典寻找例证。笔者查阅20世纪90年代初的各类法学辞典中，均未收录“洗钱”这一词条，甚至在著名刑法学家主编的1994年出版的法学大辞典中也未找到“洗钱”的词条。[⑥] 这反映出20世纪90年代初法学界对“洗钱”一词还比较陌生，未将其视为通用的法学术语。在1995年出版的《犯罪学大辞书》则收录了该词，不仅对洗钱概念、手段、危害性作了解释，还说明了我国刑法对

---

① 《现代汉语大词典》，汉语大词典出版社2000年版，第1474页。

② 宁子：“上海举行集团犯罪国际研讨会”，载《政治与法律》1991年第5期。

③ 赵海峰：“试述掩饰、隐瞒出售毒品所得财物的非法性质和来源罪”，载《法学杂志》1992年第6期。

④ 刘海波：“加强外资金融机构管理的若干法律对策”，载《法学》1992年第10期。

⑤ 张建平编译：“洗钱”，载《青少年犯罪研究》1994年第2期；李小宛编译：“洗钱”，载《犯罪研究》1994年第3期；陈晓明：“洗钱介述”，载《中外法学》1994年第3期；陈晓明：“洗钱的含义”，载《法学》1994年第8期。

⑥ 周振想主编：《法学大辞典》，团结出版社1994年版；该辞典收录的资料截至1991年12月。

洗钱行为的惩治,即1990年《关于禁毒的决定》中的掩饰、隐瞒出售毒品获得财物的非法性质和来源罪。[①] 可见,到了20世纪90年代中期,法学界才开始熟悉"洗钱"这一概念。

三、反洗钱立法的启动与洗钱行为犯罪化

洗钱是隐瞒赃款、赃物的性质与来源的行为,但如果法律对犯罪者使用赃款或转让赃物没有限制,或者犯罪者在通常情况下使用赃款、赃物不会引起司法机关的察觉,则对于犯罪者而言就没有必要费时费钱去洗钱。在人类历史长河的绝大部分时间中,由于经济欠发达,赃款的使用往往不易引起他人的注意,犯罪者无须洗钱通常即可大胆使用赃款;即使情况特殊确有必要隐瞒赃款性质与来源,则犯罪者也只能通过将赃款、赃物藏匿于隐蔽处或购置奢侈品等简单的手段,而这些简单隐瞒赃款、赃物的手段并不能有效地阻止司法机关对赃款、赃物的追索,更不可能对社会经济或者金融秩序造成危害。因此,早期社会中几乎不存在洗钱行为,即便存在少量洗钱的行为,其社会危害性显然不足以为世人所关注并进而定罪。

进入20世纪之后,由于现代税收制度的普遍存在,使得"黑钱"与"白钱"截然不同。如果犯罪者的这些"黑钱"不转化"白钱",则犯罪者享受犯罪收益的犯罪目的难以快速实现;而如果犯罪者贸然将这些"黑钱"进行使用,则这可能成为其罪行被发现的线索。但犯罪者却又不大可能总是把这些黑钱长期隐藏于隐蔽处,曾经发生过这样的事件,有犯罪者来不及将巨额毒资清洗出去,以致藏在地下室的4个多亿钱币腐烂而损失的事件。[②] 这正如有学者所说的,如果犯罪收益无法被使用,则从犯罪活动获得大量收益也没任何用处。[③] 特别是,"黑钱"数额的无限膨胀使得其更加必须通过必要途径隐藏黑钱的本来面目,从而实现其犯罪目的。

而现代企业制度的建立,使犯罪者可以通过企业账户大额地转移成赃款,从而大规模地使用黑钱。由此,在20世纪上半叶伴随着毒品犯罪、有组织犯罪等犯罪的发展以及税收制度与现代企业制度的建立,[④]洗钱活动作为一种犯罪现象开始登上

---

① 康树华、王岱、冯树梁主编:《犯罪学大辞书》,甘肃人民出版社1995年版,第976页;该辞书收录的资料截至1994年5月。

② 于澄涛:"毒品走私与国际禁毒",载《河南高等专科学校学报》1994年第3期。

③ David McClaen, International Judicial Assistance, Oxford, 1992, p. 184.

④ 有学者认为,洗钱的产生至少需要三个条件:一是工业税收制度的出现;二是现代企业制度的建立;三是工业产生的发展。参见汪澄清著:《反洗钱在行动》,民主与建设出版社2007年版,第5~7页。

历史舞台。但直至20世纪30年代洗钱犯罪活动开始频繁时，洗钱的严重社会危害性仍然未被立法机关所深刻认识，因此，阿尔·卡彭等最早一批洗钱者虽然被发现实施洗钱行为，但最后被控的是偷漏联邦所得税。[①] 此时，洗钱还并不是犯罪行为，甚至还没有法律对此规定为违法。但是，也正是从这个时候开始，洗钱开始进入人们的视野，它的社会危害性也由此开始展现。而在这一时期，洗钱行为就已经进行跨国操作了。[②]

作为"洗钱"一词的发源地，美国也是洗钱行为较为严重的国家。正因为如此，美国完善的立法体制很快就对洗钱行为作出反应，一般认为美国也是世界上反洗钱立法最早和最为完善的国家。虽然早在20世纪30年代就使用"洗钱"一词，但那时并没有将洗钱行为规定为违法或犯罪。直至1970年，美国国会制定了《货币与外国交易报告》(The Currency and Foreign Transactions Reporting Act of 1970，该法也被称为《银行保密法》，Bank Secrecy Act of 1970)，通过规定保存特定交易记录并提交相关交易报告制度以防止非法资金通过金融系统进行流动，从而预防和打击洗钱行为。该法也被视为美国乃至世界范围内反洗钱法律制度的创始，但该法并没有明确把洗钱单独列为一个犯罪行为来规定。因此，这还不能算是洗钱罪真正意义上的起点。

直到1986年，严格意义上的洗钱罪开始出现在美国的《洗钱控制法》(Money Laundering Control Act)中。这是美国乃至全世界第一部专门以洗钱为调整对象的法律，其直接将隐瞒或掩饰犯罪收益的洗钱行为规定为犯罪，并且从洗钱罪的犯罪构成等多个角度作出了详细规定。该法明确了属于洗钱罪范畴的行为包括四种：一是涉及特定不法行为所得的金融交易；二是犯罪所得的跨国性运输；三是将源自犯罪行为的财物进行金融交易；四是计划性交易。在这其中，所涉及的不特定不法行为得到明确规定，也就是洗钱罪的上游犯罪，即对涉及哪些犯罪的金钱进行清洗才构成本罪，该法以列举方式列举了这些上游犯罪，其范围相当广，涉及走私犯罪、毒品犯罪、恐怖主义犯罪、渎职犯罪以及谋杀、抢劫等多数犯罪。在各类洗钱行为的具体形式方面，也进行了明确的列举，包括为隐瞒特定不法行为所得的性质、地点、来源、所有权、控制权而进行交易或金融交易、转移等。由此，"洗钱罪"这一新型的、独立的金融犯罪开始出现。

值得注意的是，对于洗钱这种行为的打击与刑事处罚，在1986年美国《洗钱控制法》之前早就存在。如1960年法国议会对《法国刑法典》作出修订，其第335－5条就规定了对于淫媒犯罪分子的非法收入给予合法化证明的行为属于犯罪。据此

---

① [加]克里斯·马泽尔著：《洗钱》，赵苏苏译，群众出版社2006年版，第4页。

② 邵沙平著：《跨国洗钱的法律控制》，武汉大学出版社1998年版，第26～27页。

有学者认为，法国是最早在立法上将洗钱予以刑事犯罪化的国家，首开了世界刑法典惩治洗钱犯罪的先河。① 也有学者认为意大利是最早将洗钱行为单独规定为犯罪的国家。② 其根据是1978年3月21日第59号令第3条对《意大利刑法典》增补了第648－2条，规定将武装抢劫、勒索与劫持人质等犯罪所得进行替换或转移，以阻碍对其犯罪来源甄别的，属于洗钱罪。③ 但是，笔者认为，上述这两个国家的规定都不能认定为洗钱罪的最早立法。只有美国的《洗钱控制法》才可以看做是最早的洗钱罪立法，主要原因有以下几点：第一，《洗钱控制法》是专门的反洗钱立法，它首次明确而完整地规定了洗钱罪的概念及基本构成要件；而法国及意大利的刑法虽然也对部分洗钱行为作出规定，但毕竟没有对洗钱行为作出完整规定，只是对个别属于现代意义上洗钱范围的行为作出规定与处罚，并没有将洗钱行为系统化进行规定。第二，《洗钱控制法》不仅独立对洗钱犯罪作出规定，还明确提出了"洗钱"的名称，其第1956节的名称即"洗钱"，由此，该法已经将洗钱作为独立刑事犯罪予以立法；而意大利、法国刑法对这些洗钱行为的规定不仅不完整，而且是附属于其他犯罪行为之下，是将其视为其他犯罪行为的后续犯罪行为进行附带性的规定，并没有将洗钱行为独立化，如《意大利刑法典》第648条规定的本是窝赃罪。事实上，如果只以是否将个别洗钱行为规定为犯罪并对之处罚来判断其是否为洗钱罪的最早立法，恐怕上述意大利和法国也无法称之为最早的洗钱罪立法渊源，据称早在圣经时代就有对洗钱行为的描述，"指的是人们试图隐藏或者消弭其所拥有的不义之财及其来源"。④ 恐怕我们无法将那个时期的立法称之为洗钱罪之正式渊源，不论从洗钱罪的社会危害性还是具体含义、犯罪构成要件等角度，《洗钱控制法》都当之无愧是洗钱罪的正式渊源。

四、反洗钱立法的国际化

虽然在20世纪中叶洗钱行为已经受到关注，并在随后一些国家的法律中将相关洗钱行为规定为违法或犯罪行为；但总体而言，在20世纪90年代之前，洗钱犯罪并没有受到全球的关注，在绝大部分国家中洗钱并不是一种犯罪行为，甚至也不是违法行为，多数国家的反洗钱立法基本上处于空白状态。

洗钱罪作为一种新型犯罪开始受到全球的广泛关注，则始于1988年12月19

① 阮方民著：《洗钱罪比较研究》，中国人民公安大学出版社2002年版，第25～26页。
② 刘飞著：《反洗钱金融立法与洗钱犯罪》，社会科学文献出版社2005年版，第9页。
③ 《意大利刑法典》，黄风译，中国政法大学出版社1998年版，第195页。
④ 蔡虔霖著：《洗钱防制法之实用权益》，永然文化出版有限公司1997年版，第25页。

日在奥地利首都维也纳通过的《联合国禁止非法贩运麻醉药品和精神药物公约》(以下简称《联合国禁毒公约》)。该公约明确要求各成员国将清洗毒品赃钱的行为规定为犯罪,其第 3 条第 1 款 B 项明确规定各缔约国应采取可能必要的措施将下列故意行为确定为其国内法中的刑事犯罪:明知财产得自该公约规定的毒品犯罪或参与此种犯罪的行为,为了隐瞒或掩饰该财产的非法来源,或为了协助任何涉及此种犯罪的人逃避其行为的法律后果而转换或转让该财产;明知财产得自该公约确定的毒品犯罪或参与此种犯罪的行为,隐瞒或掩饰该财产的真实性质、来源、所在地、处置、转移、相关的权利或所有权。由此,以毒品犯罪为上游犯罪的洗钱犯罪在该公约中得以明确规定;该公约成为世界上第一个涉及反洗钱的国际公约,开创了国际反洗钱合作的先例,而且是由联合国制定的对各缔约国惩治涉及跨国犯罪具有强制性约束义务的国际刑法规范。但是,该公约并不是专门针对洗钱而缔结的国际公约,其宗旨是"更有效地对付国际范围的非法贩运麻醉药品和精神药物的各个方面",并且该公约中也没有出现"洗钱"的字样。该公约的意义在于,推动世界各国对洗钱犯罪的统一认识,使洗钱在世界各国开始成为一种独立的犯罪,拉开了整个世界反洗钱的统一战线。

该公约通过后不久,各成员国纷纷开始在国内通过修订刑法典或单行刑法的方式制定相应的洗钱罪,其他相关的国际组织或区域组织也开始纷纷制定相关的反洗钱公约,专门的反洗钱国际组织也应运而生。如我国 1990 年《关于禁毒的决定》开始将洗钱规定为犯罪;1988 年 12 月就通过的《巴塞尔银行监管委员会〈关于防止利用银行系统用于洗钱的声明〉》就对洗钱行为作了界定,并对银行反洗钱提出了最基本的道德标准;1989 年 7 月西方最发达国家成立的反洗钱金融行动特别工作组(FATF)即是专门的反洗钱组织,其于 1990 年 4 月制定了反洗钱《40 条建议》,提出了打击洗钱活动的总体框架和设计方案;1990 年 11 月欧洲理事会制定了《欧洲理事会关于清洗、追查、扣押和没收犯罪收益的公约》,其不仅全面贯彻了《联合国禁毒公约》的原则精神,还将洗钱的范围大大延伸至毒品犯罪收益以外所有犯罪的非法收益;而欧共体也于 1990 年 3 月起草一份反洗钱指令草案,并于 1991 年 6 月通过这份名为《欧盟部长理事会为防止洗钱目的利用金融系统的指令》,督促各成员国实施反洗钱立法;1990 年美洲国家组织召开会议决定成立一个专门的反洗钱专家组,并于 1992 年 3 月通过该专家组起草的《美洲反洗钱示范法》,拉开了国家反洗钱统一行动的序幕。

20 世纪末,以《联合国禁毒公约》的通过为起点,以各专业性反洗钱组织的公约以及各区域性反洗钱公约的通过为契机,整个世界范围内的反洗钱立法开始普遍展开。而到了 21 世纪,面对洗钱犯罪的新形势,《联合国打击跨国有组织犯罪公约》、《联合国反腐败公约》等公约都对洗钱犯罪作出了新的规定,作为专门的反洗钱国际组织FATF也越来越受到世界各国的重视,世界各国的反洗钱立法也随着这些反洗钱国际公约以及FATF等反洗钱国际组织的建议开始进行修订与补充,各国反洗钱立法规定趋向统一,反洗钱立法的国际化、一体化趋势越来越明显了。

附录

华东政法大学法律史专业博士点招生十周年名录（2001～2010年）

姓名	年级与专业方向	指导老师	单位
郭光东	2001级外国法律史	何勤华	《南方周末》报社
曲　阳	2001级外国法律史	何勤华	华东政法大学
李秀清	2001级外国法律史	何勤华	华东政法大学
郑少华	2001级外国法律史	何勤华	上海财经大学法学院
朱晓喆	2001级外国法律史	何勤华	华东政法大学
徐　菲	2001级外国法律史	何勤华	上海市国资委
刘晓雅	2001级外国法律史	何勤华	华东政法大学
沈大明	2001级中国法律史	王立民	上海交通大学安泰管理学院
陈柳裕	2001级中国法律史	王立民	浙江省社会科学院
孟祥沛	2001级中国法律史	王立民	上海市社会科学院
陈灵海	2001级中国法律史	王立民	华东政法大学
杨正鸣	2001级中国法律史	王立民	华东政法大学
李孝猛	2001级法律文化	徐永康	上海市工商管理局
刘守刚	2001级法律文化	徐永康	上海财经大学
姚秀兰	2001级法律文化	徐永康	深圳大学法学院
陈　颐	2002级外国法律史	何勤华	华东政法大学
占茂华	2002级外国法律史	何勤华	上海政法学院
冯引如	2002级外国法律史	何勤华	华东政法大学
高　尚	2002级外国法律史	何勤华	安徽大学法学院
汤　唯	2002级外国法律史	何勤华	烟台大学法学院
王兰萍	2002级外国法律史	何勤华	商务印书馆
吴旭阳	2002级外国法律史	何勤华	厦门大学法学院
季立刚	2002级外国法律史	何勤华	复旦大学
夏　雪	2002级外国法律史	何勤华	上海市证券交易所
洪佳期	2002级中国法律史	王立民	华东政法大学

续表

姓名	年级与专业方向	指导老师	单位
方立新	2002 级中国法律史	王立民	浙江大学光华法学院
周伟文	2002 级中国法律史	王立民	华东政法大学
孙加峰	2002 级中国法律史	王立民	上海市恒泰律师事务所
孙维飞	2002 级中国法律史	王立民	华东政法大学
袁忠民	2002 级法律文化	徐永康	上海市虹口区国资委
胡玉鸿	2002 级法律文化	徐永康	苏州大学法学院
龚汝富	2002 级法律文化	徐永康	江西财经大学
黄大赛	2002 级法律文化	徐永康	西南政法大学
裘　索	2002 级法律史	童之伟	上海市锦天城律师事务所
苏彦新	2003 级外国法律史	何勤华	郑州大学法学院
王素芬	2003 级外国法律史	何勤华	辽宁大学法学院
杨积讯	2003 级外国法律史	何勤华	中国计量学院法学院
魏　琼	2003 级外国法律史	何勤华	华东政法大学
任　超	2003 级外国法律史	何勤华	华东政法大学
廖初民	2003 级外国法律史	何勤华	绿地集团
孟　红	2003 级外国法律史	何勤华	东南大学法学院
陈　融	2003 级外国法律史	何勤华	华东师范大学
王铁雄	2003 级外国法律史	何勤华	上海海事大学
姚建龙	2003 级外国法律史	何勤华	华东政法大学
张海斌	2003 级外国法律史	何勤华	上海外国语大学法学院
高　珣	2003 级中国法律史	王立民	华东政法大学
吕　利	2003 级中国法律史	王立民	上海师范大学
郑　取	2003 级中国法律史	王立民	上海市工商行政管理局虹口分局
黄武双	2003 级中国法律史	王立民	华东政法大学
洪冬英	2003 级中国法律史	王立民	华东政法大学
曲玉梁	2003 级中国法律史	王立民	华东政法大学
袁兆春	2003 级中国法律史	王立民	曲阜师范大学
许　莉	2003 级中国法律史	王立民	华东政法大学

续表

姓名	年级与专业方向	指导老师	单位
魏淑君	2003级法律文化	徐永康	中国浦东干部学院
韦　浩	2003级法律文化	徐永康	上海市工商行政管理局
杨成炬	2003级法律文化	徐永康	安徽大学法学院
卞　琳	2003级法律文化	徐永康	华东政法大学
潘小军	2003级法律文化	徐永康	华东政法大学
夏　菲	2004级外国法律史	何勤华	华东政法大学
马　贺	2004级外国法律史	何勤华	华东政法大学
李求轶	2004级外国法律史	何勤华	浙江省融合律师事务所
韩　强	2004级外国法律史	何勤华	华东政法大学
马　聪	2004级外国法律史	何勤华	华南师范大学法学院
冷　霞	2004级外国法律史	何勤华	华东政法大学
张玉堂	2004级外国法律史	何勤华	华东政法大学
蔡东丽	2004级外国法律史	何勤华	华南理工大学法学院
王　沛	2004级中国法律史	王立民	华东政法大学
王月明	2004级中国法律史	王立民	华东政法大学
邹剑锋	2004级中国法律史	王立民	浙江万里学院
谢如程	2004级中国法律史	王立民	杭州师范大学法学院
郭为禄	2004级中国法律史	王立民	华东师范大学
郭春莲	2004级中国法律史	王立民	上海市浦东新区公安局
周卫平	2004级中国法律史	王立民	东华大学
刁振娇	2004级法律文化	徐永康	华东政法大学
唐红林	2004级法律文化	徐永康	上海对外贸易学院
张益刚	2004级法律文化	徐永康	曲阜师范大学
胡照青	2004级法律史	孙潮	上海市人民政府法制办
芦　琦	2004级法律文化	郝铁川	上海电视大学
朱淑丽	2004级法律文化	沈国明	上海市社科院法学所
曹呈宏	2005级外国法律史	何勤华	浙江省检察院
邵宗日	2005级外国法律史	何勤华	威海市环翠区法院

续表

姓名	年级与专业方向	指导老师	单位
邓继好	2005级外国法律史	何勤华	华东政法大学
刘　强	2005级外国法律史	何勤华	上海政法学院
刘显娅	2005级外国法律史	何勤华	上海市立信会计学院
荆月新	2005级外国法律史	何勤华	山东师范大学政法学院
郭延军	2005级外国法律史	何勤华	上海交通大学法学院
陈郁如	2005级外国法律史	何勤华	华东政法大学
郑现喆	2005级外国法律史	何勤华	华东政法大学
林安民	2005级中国法律史	王立民	福建闽江学院
蒋冬梅	2005级中国法律史	王立民	上海市出版印刷高等专科学校
姜茂坤	2005级中国法律史	王立民	小松(中国)投资有限公司
张　彬	2005级中国法律史	王立民	上海海事大学
饶传平	2005级中国法律史	王立民	华中科技大学
穆中杰	2005级中国法律史	王立民	河南工业大学
林华昌	2005级法律文化	徐永康	中国人民银行上海总部
倪　铁	2005级法律文化	徐永康	华东政法大学
倪万英	2005级法律文化	徐永康	东华大学法学院
吴旅燕	2005级法律史	童之伟	上海政法学院
曾　坚	2005级法律史	沈国明	上海财经大学法学院
刘志欣	2005级法律史	孙潮	上海第二工程技术大学
于晓青	2005级法律史	郝铁川	华东政法大学
陈　兵	2006级外国法律史	何勤华	吉林大学法学院
果海英	2006级外国法律史	何勤华	首都师范大学
胡建会	2006级外国法律史	何勤华	上海市信访办
莢振坤	2006级外国法律史	何勤华	上海海事法院
陈婉玲	2006级外国法律史	何勤华	华东政法大学
胡　桥	2006级外国法律史	王勤华	浙江工商大学
潘申明	2006级外国法律史	王勤华	宁波市北仑区检察院
屈文生	2006级外国法律史	何勤华、李秀清	华东政法大学

续表

姓名	年级与专业方向	指导老师	单位
李　婧	2006级中国法律史	王立民	华东政法大学
王亚军	2006级中国法律史	王立民	安徽大学法学院
王红梅	2006级中国法律史	王立民	盐城工学院
黄爱武	2006级中国法律史	王立民	华东政法大学
练育强	2006级中国法律史	王立民	华东政法大学
张东平	2006级法律文化	徐永康	上海政法学院
虞　瑾	2006级法律文化	徐永康	中国建设银行上海分行
蓝　涛	2006级法律文化	徐永康	上海戏剧学院
杨　辉	2006级法律文化	徐永康	华东政法大学
阎　锐	2006级法律文化	沈国明	上海市人大法工委
穆伯祥	2006级法律史	郝铁川	天津财经大学
叶　芳	2006级法律史	孙潮	上海市锦天城律师事务所
胡　骏	2006级法律史	童之伟	华东政法大学
颜晓闽	2006级法律史	何勤华、汪康懋	上海杉达学院
侯　勃	2007级外国法律史	何勤华	华东政法大学
解　锟	2007级外国法律史	何勤华	上海人民出版社
孔　晶	2007级外国法律史	何勤华	南京海关
夏秀渊	2007级外国法律史	何勤华	江西财经大学
张进德	2007级外国法律史	何勤华	上海政法学院
蔡　迪	2007级外国法律史	李秀清	浙江万里学院
姚　远	2007级中国法律史	王立民	华东政法大学
聂虎臣	2007级中国法律史	王立民	南昌大学法学院
沈　阳	2007级中国法律史	王立民	华东政法大学
张周国	2007级中国法律史	王立民	上海应用技术学院
栾时春	2007级法律文化	徐永康	华东政法大学
钱泳宏	2007级法律文化	徐永康	郑州轻工业学院政法学院
徐少辉	2007级法律文化	徐永康	上海市金融办公室
尹伟琴	2007级法律文化	徐永康	杭州师范大学法学院

续表

姓名	年级与专业方向	指导老师	单位
翟 芳	2007 级法律文化	沈国明	中国海洋石油(中国)有限公司
熊建明	2008 级外国法律史	何勤华	南昌大学
焦应达	2008 级外国法律史	何勤华	内蒙古大学
任海涛	2008 级外国法律史	何勤华	华东师范大学
赵笑君	2008 级外国法律史	何勤华	福建师范大学法学院
王笑红	2008 级外国法律史	何勤华	上海三联书店
陈晓聪	2008 级外国法律史	何勤华	华东政法大学
翟冠慧	2008 级外国法律史	何勤华	华东政法大学
于 霄	2008 级外国法律史	李秀清	华东政法大学
张 莉	2008 级中国法律史	王立民	浙江大学宁波理工学院
张维新	2008 级中国法律史	王立民	湖南文理学院
王晓峰	2008 级中国法律史	王立民	新疆大学法学院
丁德昌	2008 级中国法律史	王立民	湖南文理学院
周登谅	2008 级法律文化	徐永康	华东理工大学法学院
肖秀娟	2008 级法律文化	徐永康	华东政法大学
孙建伟	2008 级法律文化	沈国明	华东政法大学
李明倩	2009 级外国法律史	何勤华	华东政法大学
王伟臣	2009 级外国法律史	何勤华	华东政法大学
方 堃	2009 级外国法律史	何勤华	华东政法大学
王海军	2009 级外国法律史	何勤华	华东政法大学
张 婷	2009 级外国法律史	何勤华	华东政法大学
穆红琴	2009 级外国法律史	何勤华	华东政法大学
欧 扬	2009 级外国法律史	李秀清	华东政法大学
王 捷	2009 级中国法律史	王立民	华东政法大学
周会蕾	2009 级中国法律史	王立民	华东政法大学
于鹏飞	2009 级中国法律史	王立民	无锡市人民政府法制办
张海峰	2009 级中国法律史	王立民	杭州市滨江区检察院
李远明	2009 级法律文化	徐永康	华东政法大学

续表

姓名	年级与专业方向	指导老师	单位
刘承涛	2009 级法律文化	徐永康	温州大学瓯江学院
王瑞山	2009 级法律文化	徐永康	华东政法大学
吴　玄	2010 级外国法律史	何勤华	华东政法大学
熊玉梅	2010 级外国法律史	何勤华	江西财经大学法学院
周小明	2010 级外国法律史	何勤华	浙江丽水广播电视大学
方　砚	2010 级外国法律史	何勤华	华东政法大学
赵　亮	2010 级比较法	李秀清	华东政法大学
汪　强	2010 级比较法	李秀清	华东政法大学
李耀跃	2010 级中国法律史	王立民	华东政法大学
谢　舟	2010 级中国法律史	王立民	湖州师范学院
虞　浔	2010 级中国法律史	王立民	中共上海市政法委员会
杜军强	2010 级中国法律史	王立民	浙江旅游职业学院
段宝玫	2010 级法律文化	徐永康	华东政法大学
翟旭丹	2010 级法律文化	徐永康	华东政法大学
王丹丹	2010 级法律文化	沈国明	云南财经大学

后　记

自2001年起,10年来,华东政法大学法律史专业已经招收了180位博士研究生,本书出版的就是这些学生的论文(因某种原因,实际收录论文为174篇),由于各位作者选择的都是自己比较满意的成果,因此,本书的质量还是比较高的。

由于容量巨大,故本书出版时分为三卷。上卷收录的是法学理论篇和公法篇,前者收录论文12篇,后者收录论文37篇。这些论文,有的是博士论文中重要章节的摘要,如陈晓聪、刁振娇、刘志欣、叶芳、刘晓雅、胡照青等诸位博士的论文;也有的是作者创作的其他成果,如高珣、朱淑丽、蔡迪、王伟臣、陈郁如、汪强、聂虎臣、孟红、李求轶、夏菲、张海斌等的论文;还有的则是译文,如马贺翻译的法国高等社会科学研究院雷蒙·阿隆政治学与社会学研究中心研究员帕特里斯·格尼非(Patrice Gueniffey)的《法国大革命中的暴力与恐怖》一文。不管哪种类型,这些论文都是从各个角度,围绕中外历史上有关法的基本问题和公法领域的相关问题,发表了各自独到而精辟的见解。

10年来,各届博士毕业生各奔东西,每天在为实现自己的人生价值和梦想而拼搏,工作变动不定,加上还有一些从国外(境外)来求学的博士生毕业后已经回去,故在这次编辑论文集时,我们没有能够联系到所有的毕业生,对于联系不上的学生,我们在他们所通过的博士论文中摘录部分最精彩的章节,或者对其在其他刊物上所发表的论文作些许编辑后录入本书。我们这么做的想法是尽可能多地收录各位毕业生的作品,以体现人人参与华政法律史专业团队建设的精神。做这项摘要和编辑工作的博士生和硕士生主要有:吴玄、何元龙、王思杰、纪宗猛、胡志勇、佟思进、沈群、林海、黄晓鸽。

在本书的编辑过程中,参与论文收集的同学有:方砚、王丹丹、段宝玫、杜军强、汪强5位博士生;参与论文校对、编辑的有:方砚、吴玄、王丹丹、段宝玫、杜军强、汪强、李耀跃、翟旭丹8位博士生,以及何元龙、王思杰、纪宗猛、胡志勇、佟思进、沈群、林海、黄晓鸽、刘宗帅、肖瑜10位硕士生。论文集初稿完成后,由李秀清教授统一核稿、审阅,之后分别由吴玄(负责上卷)、杜军强(负责中卷)和汪强(负责下卷)进行最后的编辑整理。

由上可知,本书也是一项集体完成的成果,是一种华政法律史专业团队精神的体现。正是这种团队精神,激励着华政法律史学科继续努力、不断创新,以取得更大成果。当然,尽管我们都已经非常努力了,但仍有可能存在一些问题和缺陷,在此,恳请广大读者予以谅解并批评指正。

本书的出版，也得到了法律出版社沈小英分社长以及陈妮、杨红飞和孙北梅3位责任编辑的全力支持和帮助，她们高效且认真敬业的劳动，使本书增色很多。在此，对她们以及上述所有为本书的编辑出版做出贡献的博士生和硕士生，表示我们诚挚的谢意。

何勤华

于华东政法大学

外国法与比较法研究院

2011年7月7日

图书在版编目(CIP)数据

法律史的世界/华东政法大学法律史研究中心编.
—北京:法律出版社,2011.8
ISBN 978-7-5118-2393-9

Ⅰ.①法… Ⅱ.①华… Ⅲ.①法制史—世界—文集
Ⅳ.①D909.9-53

中国版本图书馆 CIP 数据核字(2011)第 160228 号

责任编辑/孙北梅　　**装帧设计**/李 瞻

出版/法律出版社　　**编辑统筹**/财税出版分社
总发行/中国法律图书有限公司　　**经销**/新华书店
印刷/北京彩虹伟业印刷有限公司　　**责任印制**/张宇东

开本/720 毫米×960 毫米 1/16　　**印张**/35.5　**字数**/737 千
版本/2011 年 9 月第 1 版　　**印次**/2011 年 9 月第 1 次印刷

法律出版社/北京市丰台区莲花池西里 7 号(100073)
电子邮件/info@lawpress.com.cn　　**销售热线**/010-63939792/9779
网址/www.lawpress.com.cn　　**咨询电话**/010-63939796

中国法律图书有限公司/北京市丰台区莲花池西里 7 号(100073)
全国各地中法图分、子公司电话:
第一法律书店/010-63939781/9782　**西安分公司**/029-85388843　**重庆公司**/023-65382816/2908
上海公司/021-62071010/1636　**北京分公司**/010-62534456　**深圳公司**/0755-83072995

书号:ISBN 978-7-5118-2393-9　　**定价(全三卷)**:353.00 元

(如有缺页或倒装,中国法律图书有限公司负责退换)

上海市人文社科基地华东政法大学外国法与比较法研究院建设项目
国家重点学科华东政法大学法律史学科建设项目

华东政法大学
法律史硕士点招生三十周年　博士点招生十周年文丛

法律史的世界（中）

华东政法大学法律史研究中心/编

法律出版社
LAW PRESS · CHINA

总　序

1981 年，经国务院学位办批准，华东政法大学开始招收第一届法律史专业硕士研究生;2001 年，又开始招收第一届博士研究生。至今已过去了整整 30 年，我们为国家培养了 244 位硕士和 180 位博士，这一批高层次的法律人才，现分布在全国各地，工作在法学教育、法学研究、法律实务及其他各个领域，为我国的法治建设、理论研究和社会经济发展做出了重要的贡献。

为了纪念华东政法大学招收法律史专业硕士研究生 30 周年和博士研究生 10 周年，同时，为了让本专业团队在法律史研究方面的成果保留下来，为以后的学科发展做一些学术积累，经过商议，我们尝试编辑出版三个系列的著作。

第一系列是出版本学科之奠基人王召棠、徐轶民和陈鹏生三位教授的法学文集。自 1981 年本学科获准招收硕士研究生后，三位教授培养了一批又一批法律史专业的研究生，为学科的发展壮大做出了巨大的贡献。在此过程中，他们著书立说，出版和发表了大量有重大学术价值的研究成果，我们将其收集汇编，以三本法学文集的方式予以出版，在彰显他们业绩的同时，方便读者查阅、引用以及研究。

第二系列是出版自 2001 年本专业招收博士生以来一直工作在教学和科研第一线的三位中年老师何勤华、王立民和徐永康的文集。华东政法大学法律史博士，主要出自此三位老师的门下。这三本文集收录的有已经出版和发表了的作品，也有部分新创作的论著，虽不是系统的专著，但将分散出版和发表的文章按相关专题汇集在一起，可以为读者阅读和引用提供方便，这既是一个纪念，也是一种学术的积累。

第三系列是出版本专业新人即硕士和博士的论文集。考虑硕士人数比较多，且刚从本科上来，成果不是很多，故这次编集仅收录已经毕业的硕士的论文(主要是硕士毕业论文)。这些论文由于是在学校全脱产的状态下，花费 3 年时间潜心学习、研究完成的，故基本上具有较高水准，有些已在核心刊物上公开发表。现将其汇编在一起，分为上、下两卷，取名《法律史的成长》。

本专业的博士，因其学习时间相对较长，且是在硕士毕业之基础上进入博士生的学习，发表的成果相对较多。因此，这次收集论文时，不仅包括已经毕业的，也包括了在读的博士生的成果。我们让每位博士选择一篇自己认为比较满意的文章(不管是新作，还是已经发表的文章)，予以汇集出版。这些论文基本上都发表在中文核心期刊，有些还是权威期刊上，具有相当的学术理论价值。由于字数比较多，文集分为上、中、下三卷。经过大家讨论，书名定为《法律史的世界》。

这次纪念活动，也得到了本专业博士后流动站研究人员的认同和追捧，他们也希望能够加入进来，有一个展示自己成果的平台。华东政法大学法律史专业自2003年开始招收博士后，至今已经培养了39位博士后（大部分已经出站）。他们每人精选了一篇自己的得意之作，编成一本文集。由于博士后大部分都是跨学科、跨专业的，除了法律史之外，还有各部门法的，以及文、史、哲、社、经、管的，因此，将此文集定名为《法史学与社会科学》。

出版上述三个系列12本文集，对我国法律史学科的发展，具有很重要的意义。学术要靠积累，也要靠经常性的梳理，而将分散的论文汇编在一起，对学术积累和学术发展是有价值的。到目前为止，在国内学术界，还没有一个学科或专业做过这一工作。而我们这么做，对学说史的梳理和研究意义尤为重要。我们这一代人，年龄尚不算大，完成硕士论文、博士论文，或出版、发表一些论文、文章的时间也不太长，但现在为了做进一步研究，想找一本（篇）出来翻阅查看，有时却发现已经很难，家里找不到，甚至图书馆里也没有。此时，往往会埋怨自己，当初为何不把它们汇编在一起呢？因此，编纂上述三个系列的论文集，史料价值也是不容忽视的。

参与上述文集的整理、编辑、校对的，主要是华东政法大学法律史专业的青年老师和博士生、硕士生，由于他们辛勤的、出色的劳动，使得各个系列的文集能够顺利出版。因为在每一卷的序或者后记中，我们对做出贡献者会有专门的说明，故这里就不再一一列举了。

在华东政法大学法律史专业硕士点招生30周年、博士点招生10周年之际，我们出版12本学术文集，感到十分欣慰。华东政法大学法律史学科这30年的发展，事实上也是我国法学乃至整个社会科学30年发展的一个缩影，它表明，随着我国经济腾飞、社会进步，学术研究也获得了迅速发展，虽然这种发展中还隐含着不少问题和缺陷，但毕竟我们的学术成长已经步入了正常的轨道。

当然，上述各文集的出版，只能说是向国内学术界同行以及广大读者做出的一份初步报告，我们的研究还在继续进行，文集中如有错误和缺点，也恳请读者诸君批评指正。

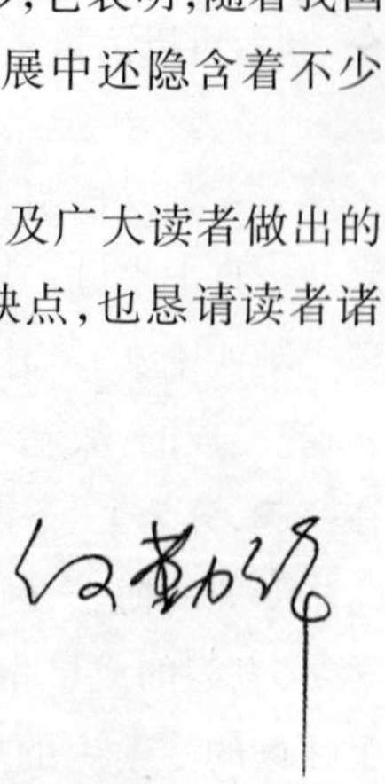

于华东政法大学

2011年8月15日

目录

私法篇

司 法 篇

附　录

私法篇

略论妇女财产继承中的宗祧因素

尹伟琴*

一、民国时期宗祧继承和财产继承的分离——以女儿[①]的祭田权利为例

(一)民国前期(1912~1927年)的宗祧决定财产继承模式

1. 法律条文的明确规定

自南宋以来,有经济条件的家族(庭)分拨专门的田产,以其收益供给祭祀活动,这类田产被称为祭田。祭田的继承包括宗祧继承和财产继承两个方面,两方面互相结合,不可分割。关于民国时期祭田的继承,2008年夏天,笔者曾组织浙江龙泉籍学生进行了数十次访谈,访谈的对象全部是时年70岁以上的老人,所有受访对象无一例外地告诉我们:祭田权利由亲生儿子或嗣子继承;只有在无亲生儿子或嗣子的情况下,养子或赘婿才可能拥有继承权;无论已嫁还是未嫁,女儿没有祭田继承权。

清末以降修订的多部民法典中,关于宗祧继承和财产继承问题的规定内容不一。最早的《大清民律草案》中,胡长清评价它"虽无宗祧继承之规定,然已隐示宗祧继承与遗产继承之区别"。[②] 然而事实上,《大清民律草案》"亲属编"的内容处处维护着严格的宗法等级制度,如子分"嫡子"、"庶子"、"嗣子"三类,"妻为限制行为能力人"。这部草案修订时,立法者们预设的辩护之一是,财产继承由国家法律规定,而宗祧继承由国家"礼制"规定。[③] 在此背景下,与其说已经区别了宗祧继承与财产继承,还不如说它默认了宗祧决定财产的传统继承规则,甚至某种程度上已经将这一规则视为"公理"——无须说明而当然存在的规则。

1925年到1926年修订的《民国民律草案》中,立法者们设立了内含28条的"宗祧继承"专章,并将它放在"遗产继承"前面。这并非所谓"历史的倒退",而是立法

---

* 尹伟琴,2007级法律文化专业,指导老师:徐永康。现工作于杭州师范大学法学院。

① 在中国式继承模式中,女儿和媳妇的继承权有所区别,本部分仅就女儿的权利进行讨论,其他身份妇女的权利将另文论述。

② 胡长清著:《中国民法总论》,中国政法大学出版社1997年版,第24~25页。

③ 俞江:"《中华民国暂行民律草案》简析",载《近代中国的法律与学术》,北京大学出版社2007年版。

者们理性选择的结果。他们进一步明晰了礼与法的关系，确立了传统礼制中应归入法制的一些内容。

以上两部草案未能实施，故仅能反映立法意图。民国成立伊始，孙中山于1912年颁布总统令，下令除与国体抵触各条应失效力外，其余前清法律仍然有效。因此1928年以前，有法律效力的继承法条文实即清朝法律，不足之处由大理院以判例和解释例加以补充。由于相关民法条文较为散乱，“大理院庭长余棨昌、李祖虞及司法部次长余绍宋诸先生合辑”《现行律民事有效部分》一书，此书比较系统地编辑了当时有效清律中的条文，并对照大理院判例和解释例进行解释。① 根据该书第二章“承继”的规定，相对于儿子的“受产人”身份，女儿仅为“酌分产人”。同时，这一章的大量法条都强调宗祧继承的重要性，并将宗祧继承凌驾于财产继承之上，财产继承无非是宗祧继承的附属结果。

2. 大理院判例和解释例的巩固

1912～1927年，大理院作为最高审判机关，它的判例和解释例被全国各级法院和各级政府机关“奉为圭臬，用作准绳”。②彼时尚无民法典，民事审判的成文法依据为《现行律民事有效部分》，因其条文比较简单，大理院通过大量的判例和解释例进行了补充。关于宗祧继承和财产继承的关系，大理院在五年（1916年）上字第一九九号判例中明确表态：“宗祧承继与遗产承继有两不可离之关系，故不合法之继嗣，经审判衙门依有告争权人之告争，宣告无效者，其遗产除依律所应酌给者外，即亦不得由不合法之宗祧继承人承继。”③此判决以立嗣问题为切入点，将宗祧继承和遗产继承合二为一。其后，大理院在十二年（1923年）上字第八九五号判例中，根据《现行律民事有效部分》引申出：“现行承继法系注重宗祧之不绝，而不仅在遗产之虚悬。”④

至于祭田的继承，大理院早在四年（1915年）上字第二六二号判例中即已规定：“嫡庶子男分析家财田产不问妻妾所生，只以人数均分。苟系庶子，就共有祀产自能主张均分收益之权利。”⑤这一判例认可了嫡子和庶子平等的宗祧和财产继承权的同时，否定了女儿的祭田继承权。

3. 裁判中的体现——以1920年谢宜凤案为例

在笔者查阅的1912～1949年浙江龙泉法院档案和1939～1942年浙江杭县地

① 郑爰诹编：《现行律民事有效部分集解》，世界书局1928年版，序言。

② 黄源盛：“民初大理院（1912—1928）”，载《民初法律变迁与裁判》，台湾政治大学法学丛书编辑委员会2000年版。

③ 郭卫编辑：《大理院判决例全书》，成文出版社1972年版，第288页。

④ 郑爰诹编：《现行律民事有效部分集解》，世界书局1928年版，第47页。

⑤ 同上，第10页。

方法院档案中,仅见到一例女儿请求祭田权利的诉讼。1920 年,浙江省龙泉县 17 岁未婚女子谢宜凤自幼随母改嫁,长大成人后提起诉讼要求轮管其生父房份的祭田。龙泉县知事判决驳回起诉后,浙江永嘉地方审判厅维持原判,其理由为:

创设祭田原供祭祀之需用,必须具有与祭之身份者始得享祭田之利益,吾国嗣子制度重在宗祀,而宗祧之承继专属男系,非女子所能享有,是控诉人无论已嫁未嫁均不得认为谢忠选之承继人,即不得与闻谢姓之祀事,则系争祭田当然非控诉人所能过问。

判决书认为祭田作为一项特殊的财产,其与户内私有财产有所不同。亲女仅有承受户绝财产的权利,户绝财产作为无主财产归于亲女,而不包含祭产在内。审判厅就祭产与户绝财产的区别作了详细的论述:

(一)现行律规定,如招婿养老者仍立同宗应继者一人承奉祭祀,家产均分等语。是异姓养婿可以依倚养老而不克奉承祭祀,寻绎律意,甚为明了,若果共有祭产亦认为户绝财产之一种,准由亲女承受,则是异姓女婿亦可奉祀,与律载条文颇有抵触。(二)异姓乱宗,律禁綦严,若祭产可由亲女承受,则凡继亲女而享有该产者,无论何人,均可奉祀,混乱宗系,莫此为甚,自应为法所不许。(三)户绝财产系属无主财产,法律为顺人情计,因将是项财产归属于亲女,故律文不曰继承,而曰承受(宗祧承继与遗产承继有两不可离之关系,亲女不得为宗祧承继人,故不得为遗产之承继人),观下文无女者拨配充公字样,与无主财产应归国库之现行法例相吻合,更可推知其字义之所在。至祭产为共有物而非无主物,当然不得认为户绝产之一种。综上各点,亲女不得承受祭产,事甚明显。

永嘉地方审判厅的判决结果体现了《现行律民事有效部分》中宗祧决定财产的继承原则,它援引《现行律民事有效部分》的条文,认为普通的户绝财产和无子继承的祭田是不同类型的财产,着重强调祭田的维系宗祧功能,以此认定祭田的继承应建立在宗祧继承的基础上。判决书进而以亲女无宗祧继承权为由否定了亲女的财产继承权,指出户绝亲女只是"顺应人情"而"承受"遗产,这种承受与继承有着本质的区别。

随后,浙江第一高等审判分厅撤销原判并发回重审,裁定书中也认可亲女无祭田继承权,只是考虑在应轮房份嗣子尚未选定的情况下,可以暂由亲女管理该祭田份额。这份裁定书显示了比较谨慎的态度,"在继续有效之前清现行律例要属毫无规定",而大理院的判例和解释例也"付之阙如"的情况下,运用了类推的法律解释方法。它援引了四年上字第八四三号判例规定的已经出嫁之女,除其娘家为绝户外,在法无承继娘家遗产之权,及七年统字第七九四号解释"按中国家庭主义发达之结果,此种遗产自有其家长家族或亲戚为之管理,实际上不生争论",认为"未经出嫁之女,其于管理家长所有遗产尚非绝对无权亦不难以断定,由是而论,则上告人谢宜凤能否收取其父遗应轮值明德公祭田之租者,当以已未出嫁为先决问题”。

此外,高等审判厅认为临时性地分享祭田收益与享有祭田共有权是不同的法律概念,本案诉讼标的“系在收取民国八年祭田之租息,并非取得祭田之共有权”。“原审认为所有权之争执牵涉宗祧问题,未免误会”。原审适用法律也有错误,“适用共有人之一人抛弃其应有部分或死亡而无继承人者,其应有部分属于其余之共有人之民事诉讼通例,核与本案情形尤嫌未洽”。进而表达了自己的观点:“本件上告自非全无理由,即不能不认为有发还更审之原因”。1921 年,双方在永嘉地方审判厅和解,和解结果以被告出洋 30 元与谢宜凤收受了事。[①]

本案中,永嘉地方审判厅的判决显得比较保守,它严格维护了宗祧决定财产的继承原则,而且,是一种决绝的、毫无余地的维护。它彻底否定了事关宗祧的女儿财产继承权,不论这种权利的权能范围。传统习惯中,祭田是以宗祧为基础的宗族赖以存续的经济基础,[②]揆诸法理,地方审判厅根据祭田的功能确定权利继承结果的判决无可厚非。

而浙江第一高等审判分厅的裁定认为,谢宜凤固然无祭田的共有权,但在其父的嗣子没有选立前,作为未出嫁的女儿,她可以代替她将来的兄弟(即她父亲的嗣子)管理祭田,并收取祭田的租息。这种裁判意见实际上在原来女儿毫无权利的基础上小心地进行了突破,因为裁定的结果使谢宜凤有了祭田权利中的收益权,也就是说,有了部分祭田权利。

浙江第一高等审判分厅在此过程中极尽了谨慎之能事。即以裁定书内容而论,在进行详细的论证过程中,语气也是探讨的成分居多。而采用裁定发回重审,也说明了他们的谨慎态度,因为根据司法通例,一般只有事实不清的案件才会裁定发回重审。

案件最终的和解结果也符合浙江第一高等审判分厅的意见,即谢宜凤无祭田的共有权,而补贴给她的 30 元相当于认可她的祭田收益权。

笔者认为,浙江第一高等审判分厅的意见其实也符合中国传统社会的习惯。民国时期,女儿的继承权利在习惯上有所变化,根据民商事习惯调查结果,有的地区女儿有继承绝户财产的优先权,有的地区则没有,总的来说,未见有女儿继承非绝户财产的习俗。[③] 因此,对女儿来说,只有当子嗣缺席时,她对家产才可能有权

① “谢宜凤诉谢宜俊祭田产业纠纷”,浙江永嘉地方审判厅九年控字第五九三号民事判决书,浙江第一高等审判分厅九年上字第四〇八号民事判决书,永嘉地方审判厅十年控字第二二号和解笔录,浙江省龙泉市档案局藏,档案号:797。

② [日]清水盛光著:《中国族产制度考》,宋念慈译,台湾中国文化大学 1986 年版,第二章。

③ 前南京国民政府“司法行政部”编:《民事习惯调查报告录》,胡旭晟、夏新华、李交发点校,中国政法大学出版社 2000 年版,第 781 页。

利。女儿的"权利是因缺席而继承,但同时,她的权利还取决于她父亲的愿望和国家的现行政策。她的权利因此可以最恰当地定义为有条件的因缺席而继承"。[①] 至于宗祧继承,清末和民国时期的历次民事习惯调查中均未设置相关问题,一个合理的推测是,调查问卷的设计者们认为男系子孙的宗祧继承专有权在全国范围内都是确立无疑的,故此无须再作调查。

事实上,从传统家庭结构的角度来看,祭田权利的主体是"房",借用我国台湾地区社会学者陈其南的研究结果来表述,这里的"房"指的是所谓"基础房",即男子及其妻子和儿子们,相对于该男子之父亲而形成的"房"。[②] "如所周知,一男子之出生,即于其父所代表之家族内自动构成一房。相反地,女儿永远无法奢望在其父所代表之家族内自动构成一房。所以,她没有权利继承她父亲家族之财产。她不具有对其父亲献祭的资格"。[③] 由于强调男系子孙之宗祧继承,按习俗,女儿出嫁后应祭祀夫家祖先,因此,即使对于娘家的财产,女儿可能以某种形式享有一定的权利,但因不再祭祀娘家的祖先而无祭田继承权。

民国以前,女儿无任何祭田权利几乎被当作类似于公理的社会准则,也不可能有女儿会来告争祭田权利。因为此类案件不可能出现,所以国家法中无须就此现象进行规范。进入民国以后,女权的觉醒使这类案件成为可能,并实际发生了。然而,类似案件毕竟是少数。"龙泉人民昔本好讼,今为尤甚,虽系争标的仅值数元之徽,亦必穷审级而后已,甚或子孙相继结讼累世不绝,纵荡产倾家所不惜也"。[④] 但是,在笔者查阅的1912～1949年的龙泉司法档案中,已嫁或未嫁女儿(招婿女儿除外)争讼祭田权利的案件仅此一例。

(二)民国后期(1928～1949年)宗祧继承与财产继承的分离

1. 国民党及《民国民法典》排除宗祧继承

1926年,国民党第二次全国代表大会通过的《妇女运动决议案》最早提出女子应享有平等继承权。1926年10月,国民政府司法行政委员会发布命令,要求在国民党实际控制的广东、广西、湖南、湖北四省实施女儿继承权,其他省份待光复后实施。1929年7月31日,国民党中央政治会议决议通过了《已嫁女子追溯继承财产施行细则》,确认自1926年10月起已婚女子和未婚女子享有同等的财产继承权。[⑤]

---

① [美]白凯著:《中国的妇女与财产:960—1949》,上海书店出版社2007年版,第15页。

② 陈其南:"'房'与传统中国家族制度",载陈其南著:《家族与社会——台湾与中国社会研究的基础理念》,台湾联经出版事业公司1990年版,第135页。

③ 同上,第169页。

④ 浙江省龙泉县法院学习检察官陈首明撰述:"司法验录",载《法令周刊》第213期,上海法学编译社1934年版,第5页。

⑤ 张虚白著:《女子财产继承权详解》,上海法政学社1930年版,第14～21页。

1931 年 5 月生效的《民国民法典》第 1138 条进一步规定:"遗产继承人,除配偶外,依下列顺序定之。一、直系血亲卑亲属。二、父母。三、兄弟姊妹。四、祖父母。"而直系亲属在第 967 条中的定义为:"称直系血亲者,谓己身所从出,或从己身所出之血亲。""他们包括儿子、女儿以及他们的直系后裔。"至此,在成文法层面上女儿的财产继承权利与儿子完全平等。也就是说,如果一个男人在 1931 年 5 月以后去世,他的财产便可平均分配给寡妇、儿子和女儿。如果他没有儿子只有女儿,母女可以共同继承遗产。父系侄子和其他男性亲属一概无权继承。①

国民党主持制定的《民国民法典》没有明确改变传嗣原则,立法者们把注意力集中在承祧制度上,在他们看来,这一制度是"封建"理念和实践的根源,正是它剥夺了妇女的继承权。他们相信,如果他们能摧毁承祧而代之以个人财产(与家产相对立)和男女平等(与儿子独享继承相对立)的权利原则,他们就能对旧的继承制度给以毁灭性的打击,而妇女就能因此得到和男子一样的平等权利。新民法承认女儿出嫁后,仍像她兄弟一样是她父母的后嗣(第 967 条),作为后嗣,她有义务供养娘家的父母(第 1115 条)。因此,每个家庭的夫妻双方都有供养双方亲属的义务。但同时又规定了"妻以其本姓冠以夫姓"(第 1000 条),"妻以夫之住所为住所"(第 1002 条),除非她父母为她招赘,她的子女将"从父姓"(第 1059 条)。除另有协议外,未成年之子女以其父之住所为住所(第 1060 条)。

新民法在规定了男女财产继承权利平等的同时,也事实上确立了单系承祧的原则。② 据此,如果将祭田作为纯粹财产继承的标的物来继承,那么女儿和儿子享有同等的继承权。而如果将它作为附属于宗祧的财产,那么女儿因无宗祧继承权而失去继承权,也因此事实上否定了女儿的祭田继承权。

2. 最高法院坚持宗祧影响财产继承

1928 年,最高审判机关由大理院改名为最高法院。1928 年国民党第二次全国代表大会确定了男女继承权平等原则后,浙江金华地方法院随即请求最高法院解释。1928 年 3 月 23 日,最高法院作出解释:"女子继承财产系指未出嫁女子而言,不问有无胞兄弟,应认为有同等承继权,至出嫁之女子对于所生父母之财产不得主张承继权,业经本院解字第三四号解释有案。"③不久,又根据福建阳县县长的请求作出了最高法院解字第四十八号解释:"嫡庶长幼男女在现行法令并无差别,自应认为有同等承继权,唯出嫁女子不得主张承继所生父母之财产。女子既有承继财

① 费孝通著:《江村经济》,江苏人民出版社 1986 年版,第 82 页。
② [美]白凯著:《中国的妇女与财产:960—1949》,上海书店出版社 2007 年版,第 158 页。
③ "最高法院解字第四七号解释",载《司法公报》1928 年第 8 期。

产权，依权义对等之原则，应负扶养亲属之义务自不待言。"①

以上所列的都是最高法院确立的女儿财产继承权相关规则。在宗祧继承方面，最高法院的态度保守得多。1928 年南京国民政府建立初期，最高法院即在解释例中确定，如果父母在生前过继了一个男性嗣子，那么家产将在未婚女儿们和入继嗣子之间平均分配。如果父母死时没有择定嗣子，那么家产的一部留作祭产，用于祭祀，另应留出一份给在父母身后所立的嗣子。此后，最高法院无视国民党和国民政府的相关决议，仍然通过司法解释限制女儿的财产继承权，且否认女儿的宗祧继承权。

1928 年 5 月，根据浙江永嘉地方法院院长张翥尢的呈文，最高法院对出嫁女儿的财产和宗祧继承权利作了详细的解释："（甲）女子未嫁前与其同父兄弟分受之产应认为个人私产，如出嫁挈往夫家，除妆奁必需之限度外，须得父母许可，如父母俱亡，须取得同父兄弟同意；（乙）女子未嫁前父母俱亡，并无同父兄弟，此项遗产自应酌留祀产及嗣子应继之分，至此外承受部分如出嫁挈往夫家，除妆奁必需之限度外，仍需得嗣子同意。如嗣子尚未成年，须得其监护人或亲族会同意；（丙）绝户财产无论已未出嫁之亲女固得对于全部遗产有继承权，但依权义对等之原则，仍需酌留祀产。如本生父母负有义务（如债务养赡义务之类），亦应由承继人负担。""第二点，女子被夫遗弃留养于父母之家，其本生父母既许其分产，自无禁止其与兄弟分受遗产之理。"②

这项解释遭到了司法院的驳斥，司法院认为它违反了《妇女运动决议案》的精神，提请中央政治会议决议保障已婚女儿的财产继承权，并得到了国民党中央的支持。然而，最高法院对此不予理睬，甚至在 1931 年 5 月 5 日《民国民法典》实施后，通过判例继续否定女儿的宗祧继承权。1931 年 8 月的一项判例中，最高法院明确规定："家族中之祭祀公产以男系子孙轮管或分割或分息者，系本于从习惯为家族团体之公共规约，在女子向无此权，苟非另行约定，自不得与男系同论。"③在这里，最高法院冠冕堂皇的借口是习惯上女子无轮管权，但事实上将宗祧继承和财产继承结合起来进行考量，因为女儿未继承宗祧，也就失去了基于宗祧关系而产生的祭田继承权。

到 1970 年左右，我国台湾地区的祭祀公业还是不允许女子继承："祭祀公业之继承，依从习惯，系以享有派下权之男系子孙或奉祀本家祖先之女子及从母姓之子

---

① "最高法院解字第四七号解释"，载《司法公报》1928 年第 8 期。

② "最高法院解字第九二号解释"，载《司法公报》1928 年第 13 期。

③ "最高法院二十年院字第 606 号决议"，载蔡墩铭主编：《民法立法理由、判解决议、令函释示、实务问题汇编》，台湾五南图书出版公司 1983 年版，第 947 页。

孙为限,一般女子或不从母姓(如招赘婚)之子孙,向无派下权,即不得继承祭祀公业财产,故民法所定一般遗产之继承,于祭祀公业财产之继承,不能为全部之适用。”①

直至1981年,“最高法院”的态度才有所变化,在派下各房男子均已死亡或出养的情况下,倾向于允许已嫁女子继承祭祀公业。②

3. 调解案件中宗祧继承与财产继承的分离

根据前文的分析结果,虽国家成文法没有明确规定女儿无祭田继承权,但是,大理院和最高法院或通过对法条的类推解释,或以习惯为由,在判例和解释例中否定了女儿的祭田继承权,1920年的谢宜凤案中,法院也在裁判中确认了这一规则。然而相映成趣的是,1942年杭县地方法院调解的3起已嫁女儿主张祭田权利的案件中,她们的祭田平等继承权均得到了承认。

在冯赵兰珍、严赵璧珍申请赵旭初祭田调解案③中,赵旭初系赵小学养子,冯赵兰珍、严赵璧珍两姐妹系赵小学亲女,姐姐69岁,妹妹46岁,赵小学生前兼祧孙赵两姓,去世后留下多处房地产。两姐妹在调解申请书中提出:依《民国民法典》第1141条和第1142条第2项规定,她们有权与赵旭初共同继承赵小学遗产,但她们自愿依第1174条的规定抛弃继承权。作为条件,赵旭初应将部分房地产归为祭产,“永远作为先代祭祀之用”,“两姓子孙只有收益之权,而无处分之权”。她们的要求得到赵旭初的同意后调解成立。

本案中,冯赵兰珍、严赵璧珍两姐妹提出,按照当时法律的规定,她们可以和赵旭初共同继承父亲的遗产,而她们选择了放弃。调解笔录的内容显示,两姐妹自然而然地认为她们对全部遗产(包括提留为祭田的部分)享有与赵旭初同等的继承权,而赵旭初也未对此事提出异议。她们的要求是在财产中拨留祭田,但同时主动表示,该祭田的权利由孙赵两姓子孙所有。

这种放弃行为可能是由于传统的已嫁女儿无权继承娘家财产观念的影响,她们“嫁鸡随鸡,嫁狗随狗”,姓氏也已经冠以夫姓,当然就不应该再去要求娘家的财产权利了。其实,直到今天,在中国社会中,尤其在农村社会,已嫁女儿通常也无权参与分割娘家的财产。④

---

① 蔡墩铭主编:《民法立法理由、判解决议、令函释示、实务问题汇编》,台湾五南图书出版公司1983年版,第1380页。

② “民国七十年十月二十七日‘最高法院’民事刑事庭会议决议”,载蔡墩铭主编:《民法立法理由、判解决议、令函释示、实务问题汇编》,台湾五南图书出版公司1983年版,第1371页。

③ 杭县地方法院民三十一年民事调解庭调字第六二号,浙江省杭州市档案局藏,全宗号:旧13,目录号:12,案卷号:89。

④ 2009年夏天,笔者组织学生在浙江温州进行的一项调查反映了这一现实情况。

而杭县同年发生的钟祖芬诉钟元熙、钟祖菁分析祭产案①的情况则有所不同。在本案中，钟元熙、钟祖菁和钟祖芬系堂姐弟，钟胡氏是钟元熙之母，钟氏姐弟均为二十多岁的年轻人。钟祖芬出嫁后，夫家家道中落，生活水平下降。于是，她向钟元熙和钟祖菁提出要求，希望分析三人共同祖父所留存的祭田。钟元熙、钟祖菁同意分析，两人筹钱52,184元8角8分给钟祖芬，钟祖芬即放弃祭田权利。该祭田以后分24股，钟元熙、钟祖菁各10股，钟胡氏4股。当事人达成调解协议后，请求法院制成调解笔录。

根据调解笔录的记载，钟家唯一的男丁钟元熙始终未对此提出异议。这起案件的当事人实际上是按照《民国民法典》的规定，将祭田当作遗产进行分割。与前一个案件相比，本案当事人的观念有着很大的区别。在他们看来，祭田和普通遗产没什么区别，因此，当有必要的时候也可以和其他遗产一样进行分析。而前案的两姐妹以放弃继承遗产的权利为代价，要求弟弟确保祭田不能处分。本案分析祭田的当事人一男两女，但他们分得的份额是相同的，说明他们认为儿子和女儿的祭田权利相同。而前案的两姐妹并未提出自己对于祭田权利的要求，而是认可由弟弟及其子孙享有祭田收益。

1942年，杭县地方法院受理了陆陶氏、陆杰诉陆丁氏祭田纠纷②一案。陆陶氏夫民国初年去世，遗一女陆杰，时年33岁，母女俩为祭田轮值及上轮祭田支出盈余事宜将族亲陆丁氏诉至法院。在法院的讯问笔录中，被告的陈述多次有诸如“是陆杰值年”、“我是长房，三房陆杰”之类的说法。从中可以看出，被告自然而然地将陆杰当作三房的房长。答辩状中也提到陆杰系“陆陶氏已嫁之女”，但答辩要点中却无一以此为据。双方反复的争执要点是，该祭田分五房轮值还是分八房轮值？本案最终经族中陆冯氏调解，将祭田五房平分了事。从这起案件中可以看出，陆氏家族认可了出嫁女儿陆杰的祭田继承权。

同时期同地区发生的三起案件，其最终结果都是调解结案，而达成的协议实体内容不同。它们虽然不是法院判决的案件，但都是在法院的主持下达成调解结果的，在具有形式上合法性的同时，内容也应该无违法之处。这三起案件折射出一个事实：民国后期，虽然依据最高法院的判例，女儿——特别是出嫁女儿——无祭田继承权。但是随着1928年以后，女儿们（包括已嫁和未嫁）在遗产平等分配方面的节节胜利，③祭田继承权领域固有的格局也出现了变革，她们通过调解的方式获得

① 杭县地方法院民三十一年民事调解庭调字第一六五号，浙江省杭州市档案局藏，全宗号：旧13，目录号：13，案卷号：109。

② 杭县地方法院民三十一年民事庭易字第一三〇号，浙江省杭州市档案局藏，全宗号：旧13，目录号：12，案卷号：90。

③ ［美］白凯著：《中国的妇女与财产：960—1949》，上海书店出版社2007年版，第六章。

了平等的祭田权利。

祭田与普通的遗产有所不同，特别之处在于它其实是宗祧延续的一种物质载体。然而，这些案件中，当事人似乎完全抛弃了宗祧继承的观念，将祭田等同于一般的遗产继承，似乎毫不顾及最高法院的司法解释。笔者认为出现这种现象的原因在于，较之最高法院的判例，更广为人知的《民国民法典》规定了儿子和女儿有平等的继承权，这就容易给普通民众一个错觉：凡是遗产，儿女皆应平等继承，而 1929 年以来女儿们在遗产诉讼领域的胜利又加深了这个错觉。而且民国时期财产案件的诉讼费用畸高，当事人往往放弃诉讼改用调解的方式来结案，因此增加了女儿获得平等继承权的机会。

这种现象的出现表明，在民国后期，随着国民党和国民政府反复宣扬男女继承权平等原则，宗祧继承的重要性似乎被遗忘了，人们所关注的继承仅仅是财产的继承。承受与继承合而为一[①]的同时，宗祧继承和财产继承逐渐分离。延至今日，宗祧继承的概念在法律语境已经被彻底抛弃，然而民众意识中的宗祧继承仍然顽强地存留。大部分同时有儿子和女儿的中国家庭中，父母分给儿子的财产多于女儿。

事实上，这对女儿也不是绝对不公平。传统习惯在确立男性子嗣继承优先权的同时，也确立了他们相应的义务，即传宗接代和赡养父母。女儿无法传承姓氏和延续祭祀，已嫁女儿更被认为是“嫁出去的女，泼出去的水”，她们不负有上述义务。

此外，或许地域的不同对女儿祭田权利的认可有着很大的影响。例如，笔者收集的龙泉县从 1912 年到 1949 年间的上百个祭田案件中，仅见一起女儿要求祭田权利的案件。而杭县司法档案中，仅 1942 年即有三起有关女儿权利的祭田案件，这三起祭田案件都确认了女儿的祭田继承权利。因此，开风气之先的大城市和沿海地区可能更容易接受外来法律文化的熏陶，而广大农村地区的传统习惯根基深厚。

（三）小结

民国前期，法律条文和司法解释都坚持了宗祧决定财产的传统继承模式，并由司法机构在裁判中加以贯彻，这种模式中的女儿因未能延续宗祧而不具有与儿子平等的财产继承权。至 1927 年，国民党率先倡扬男女平等的继承模式，随后，在其主导下制定并于 1931 年 5 月 5 日开始实施的《民国民法典》明文规定了女儿和儿子享有平等财产继承权。由于这些政治和立法上的变革，1928 年以后一些已婚和未婚女儿通过法庭判决或调解得到了与儿子平等的财产继承权，甚至出现了与儿子平分祭田的案例。这些现象表明，民国后期宗祧继承的影响已经减弱。

值得注意的是，国民政府时期的最高法院坚持宗祧与财产合一的继承制度，即

① 俞江：“继承领域内冲突格局的形成”，载《中国社会科学》2005 年第 5 期。

便在《民国民法典》公布实施后，继续在关于祭田继承权的判例中旗帜鲜明地表达了自己的观点，甚至不顾及司法院对此提出的批评。在国民党因政治需要淡化宗祧继承的同时，最高法院法律精英们的理性促使他们正视当时社会中依然广泛存在的宗祧继承，而《民国民法典》条文中关于财产继承和宗祧继承的不同态度事实上也减弱了它的公正性。

综上，1927年以后，传统中国长期以来的宗祧财产合一继承制逐渐变革为宗祧继承和财产继承分离的二元继承制。这种变革不仅遭受到社会习惯的顽强狙击，甚至引起了以最高法院法官为代表的部分法律精英的抵制。然而，因为政治变革和法律西化的潮流所趋，二元继承制在国家法领域的地位日渐巩固。

由于融入宗祧继承的因素，总体来说，中国传统观念中女儿的继承权迥异于近代西方民法中的继承制度。时至今日，家庭分家析产或继承案件中，女儿与儿子的权利大多不对等，尤以农村或边远地区为甚，这一不争的事实导致此类案件中习惯和法条的直接冲突屡见不鲜。笔者认为，在中国式的继承模式下，宗祧继承事实上占据了主导地位，而财产继承是附属于宗祧继承的，直至今天仍然如此。因此在多数情况下，负有传宗接代和赡养父母义务的男系子孙由于事实上的继承宗祧行为而继承了大部分甚至全部财产，从民法上权利义务对等的角度而言，这也并非完全不合法理。

二、离婚时分家所得财产的分割
——兼论审判中的“法律续造”

民国时期开始了财产继承与宗祧继承的分离，然而，由此带来的一系列问题却无法完全在法律体系内得到妥善的解决。时至今日，在法律和社会领域存在一些后遗症，本部分将通过一个具体的案例分析宗祧继承与现行婚姻继承法的冲突，并提出可能的解决原则。

（一）问题及进路

新中国成立至今，女儿的财产继承权基本上摆脱了宗祧因素的影响，然而，宗祧对财产继承的影响仍然比较明显。例如，对于分家所得的财产，妻子作为以丈夫为代表的“房”的成员而享有共有权。一旦她和丈夫离婚，习惯上认为她的共有权即告终结，相映成趣的是，此时法院却可能判决她将得到一半的财产。分家没有被纳入民事立法体系中，因而未能在国家法中占有一席之地。传统观念中分家的主体是“房”，丈夫作为“房”的代表参与分家，也就是说，分家的财产属于“房”所有而非丈夫个人所有，“房”在承受财产的同时也承担延续宗祧的义务。妻子离婚后不再与夫家的宗祧有任何关系,因此不再享有夫家传承所得财产的任何权利。

当前我国的民事法律规范对分家没有明文规定,法官处理类似的案件时往往会从现行法中找到相关法条,在进行适当解释后作为裁决的依据。那么,从法学方法论的角度看,这是否构成了我国民法上的一个"法律漏洞"?法官在处理此类纠纷时是否需要进行必要的"法的续造"?①

笔者试图依循前述思路,结合法史学相关研究成果,以一起离婚诉讼中分家所得财产的分割纠纷为例,在法学方法论的层面上对"分家"、"房"概念的法律性质以及其中可能涉及的法的续造等法律适用问题作一初步的分析,以期抛砖引玉。

基本案情:周某(女)与蔡某(男)1994 年登记结婚,1997 年生育一子。1998 年蔡父将本案争议房产(某某路 107 号房屋)以分家形式分配给"大房"(分书上作此记载),随后蔡某凭分书将该房屋产权过户登记在自己名下。分书上相关记载为"某某路 107 号房产归大房所有,长子孙奖人民币壹万元正,归于大房所有"。"双亲由三子平分吃住"(蔡某有兄弟三人,分别分得父母的一处房产)。2005 年周某提出离婚,蔡某同意,但因 107 号房产分割意见不一诉至法院。法院一审判决:周某、蔡某"婚姻存续期间由蔡某通过析产取得的 107 号房屋属于夫妻共同财产,离婚后应予以分割",分割的比例是周、蔡各拥有 50% 产权。蔡某不服,上诉至上一级法院。上诉法院二审判决相关内容如下:

前述分书中的"双亲由三子平分吃住",系将我国法律规定的子女有赡养扶助父母的法定义务,记载于分家析产书,而不能认为是取得 107 号房屋权益的附加义务或先决条件。分家析产书记载"大房居住"107 号房屋,并未特别约定将 107 号房屋分配给蔡某某(蔡某和周某的婚生子)。根据《中华人民共和国婚姻法》第 17 条第 1 款的规定精神,原审法院认定 107 号房屋系周某、蔡某夫妻共同财产是正确的。

案件评析:本案争议的焦点是分家所分 107 号房产的所有权归属问题,这有赖于分书内容在现行法律体系下的解读结果。因此,本案要解决的第一个问题是分家行为的性质可否认定为继承或赠与,法院在判决书中虽然没有明确其性质,但从判决依据(《婚姻法》第 17 条第 1 款)来看,是将其作为赠与或继承来处理的。然

① 在我国大陆,学者习惯用"法律漏洞的填补"来指称"法的续造",但实际上,法官在针对法律的漏洞从事法的续造活动时,有时不仅仅是在填补法律的漏洞,而是采纳乃至发展出一些新的法律思想,这些法律思想在制定法中最多只是被隐约提及。因此,法官的造法活动有可能会超越制定法的调整计划,而对之作出或多或少的修正,这种活动可称为"超越法律的法续造",当然,"超越法律的法续造"必须受到法秩序的基本原则的约束。因此,笔者认为,"法的续造"——这一在大陆法系较为通用的术语——比起"法官造法"、"法律漏洞填补"是更为适切的用语。有关法续造的理论与分类,参见黄茂荣著:《法学方法与现代民法》,中国政法大学出版社 1999 年版,第六章;[德]卡尔·拉伦茨著:《法学方法论》,陈爱娥译,台湾五南图书出版公司 1993 年版,第六章。

而,法院在判决书中没有履行充分论证的义务,传统的"分家行为"无法完全涵摄于现代婚姻法上的赠与或继承概念之下。那么,本案分书所记载的"分家行为"应当如何认定呢?

本案的第二个问题是"房"在财产关系中的地位。因为分书明确将107号房产分给"大房",无论分家行为被定性为继承、赠与或其他法律行为,根据意思自治原则,"大房"都是107号房产的所有权主体。那么,"房"名下的财产性质能否认定为现代民法制度中的共同共有财产呢?并进而在离婚时按照夫妻共同财产之准则分割财产呢?传统习惯上的做法似乎与此有所抵牾。

(二)分家的法律性质和"房"的构成

法律适用过程中对原始案件事实的陈述起始于解释者凭其"法感"对可能予以适用的法规范的选择。在我国现行民法体系中,与分家最为相似的法律行为是继承或赠与。然而,结合法史学有关"分家"的资料以及"继承"、"赠与"的规范含义,事实与规范之间无法形成最终的对接。笔者认为,在当下我国的民法体系中,"分家"既不属于继承,也不是赠与。

1. 分家并非继承

根据大陆法系民法理论,继承是在法律所规定的有一定身份关系的人之间,一方死亡,他方承受其财产的制度,这是狭义的继承。广义的继承还包括财产所有人死亡后,由其所指定的人继承其财产的制度。① 严格根据这个定义,分家行为不应被纳入继承的范畴。南京国民政府时期的最高法院即明确指出分家和继承是两回事。② 笔者赞同这个观点。

表面看来,继承和分家都是一种财产的传承,但两者有着本质的区别:

首先,现实的分家中,"父母在生前进行家产分割的情况绝不是稀见的事情",③当然也有父母去世后兄弟之间的分家;而继承只能发生在被继承人死亡以后。

其次,继承的标的物是被继承人个人所有的财产,而分家所分析的财产则被认为是"家"所有的财产,并不是家长个人的财产。这也是分家制度的基础与罗马法中继承制度赖以发生的基础——家长制下的家长财产所有权的不同之处。

再次,继承产生的依据是法定继承或遗嘱继承,不管是哪种,继承人的地位是消极的;分家中受产人的地位是积极的,他既可以提出分家的要求,也可以对家长的分配不均在分家时提出异议。此外,遗嘱继承中的被继承人可以自由处分自己

---

① 谢怀栻著:《外国民商法精要》,法律出版社2002年版,第215页。

② "中华民国17年最高法院抗字第176号判决书",载蔡墩铭主编:《民法立法理由、判解决议、令函释示、实务问题汇编》,台湾五南图书出版公司1983年版,第1417页。

③ [日]滋贺秀三著:《中国家族法原理》,张建国、李力译,法律出版社2003年版,第218页。

的遗产,[1]而分家时家长至少要在表面上按照习俗在亲子们之间平均分配,哪怕某个亲子极不讨家长的欢心。

最后,继承可以发生在任何人之间,可以是同辈之间互相继承,也可以上辈继承下辈的财产,甚至无亲属关系的人也可以依遗嘱获得继承权。而中国的分家都是下辈承继上辈的财产,不存在上辈承继下辈或同辈之间互相承继的情况。分家的对象也只有两类:受产人(受产人主要有亲子、嗣子、私生子、赘婿等)和酌分产人(酌分产人包括亲女、义女、女婿、长子、长孙等),都是和家长有着某种亲属关系的人。[2]

"以分家为核心的中国家产传承习惯,不能放到罗马法上的死后继承制度的框架中理解。它只能被定义为一种广义的继承,即一种包括身份传承又包括财产传递的生前家产承继制"。[3] 但这种制度并未被我国当下的继承法所承认。

2. 分家和赠与的区别

"分家"可能与现代民法中赠与制度的含义更为接近。实践中也多有将分家行为按赠与来处理的做法。早在民国时期,司法实务中即将分家行为作为赠与来认定。[4] 我国台湾地区的法院继承了这种做法。[5]

根据《中华人民共和国合同法》第185条规定:"赠与合同是赠与人将自己的财产无偿给予受赠人,受赠人表示接受赠与的合同。"笔者拟以这一概念为标准简要评析分家并非赠与,理由如下:

第一,我国基本接受了大陆法系的定义,认为合同是一种协议。而分家过程中不存在平等主体之协商而产生协议的内容。中国的父母习惯上有将家产分析给儿子的义务,儿子也会觉得分到家产是一种天经地义的事。至于分家的程序、家产析分的比例等技术性问题也自有上千年累积变迁而来的习惯作为依据,无须当事人一一商谈。即使参与分家的某一个儿子对分家的方案表示不满也不妨碍分家;也就是说,参与分家的各主体对分家方案未能形成一致意见的前提下也可以分家。在传统社会中,甚至儿子不在的情况下,父亲也可以请求县令批准与儿子分家。[6]

第二,分家被认为是共有财产的分割,而非赠与合同中以赠与人的个人财产为

---

① 谢怀栻著:《外国民商法精要》,法律出版社2002年版,第217页。

② 俞江:"继承领域内冲突格局的形成",载《中国社会科学》2005年第6期。

③ 俞江:"论分家习惯与家的整体性——对滋贺秀三《中国家族法原理》的批评",载《政法论坛》2006年第1期。

④ "中华民国22年上字第1595号判决要旨",载蔡墩铭主编:《民法立法理由、判解决议、令函释示、实务问题汇编》,台湾五南图书出版公司1983年版,第1385页。

⑤ "1955年台上字第1287号判决要旨",载蔡墩铭主编:《民法立法理由、判解决议、令函释示、实务问题汇编》,台湾五南图书出版公司1983年版,第536页。

⑥ 《樊山判牍》(续编),"批李映南呈词",大达图书供应社1934年版,第199页。

赠与标的。观念上,所分家产非父一人或父母二人的财产,而被认为是全家的共有财产,凡是家庭成员人人有份。[①] 分家前,全家的劳动收入都是家的财产,即所谓"同居共财"。传统中国法与古代罗马法的一个区别,就是中国法不像罗马法那样重视个人的财产权,而是更强调家共有或族共有的财产权。

第三,分家过程中不具有无偿的概念。分家是在父母的主持下,将家产的大部或全部在儿子间分配的一种制度。父母主持分家既是一项权力,也是服从习惯,不是父母能自由意志决定的。它本质上是一种家产的代际传承,而不是一般民事法律关系中当事人之间财产所有权的转移。

第四,分家不存在赠与所须具备的诺成性。分家不能不均平,这是原则,双方不能以协议而颠覆此原则。人们普遍地认为诸子均分乃父财产是理所当然之事,清朝的法律甚至特别规定未能公平、平等(均平)分配其应分财产的父亲将受到处罚。[②]

3. 分家中"房"的地位

上述案件中,分书作为财产所有权转移的根据明确提出将争议房产分给"大房"。这就意味着,只有在界定清楚"大房"概念的内涵时,才能对该房产的分割问题作出准确的判决。

以房为单位进行分家是中国传统的民事习惯,如一项民国期间安徽省宪政调查局的调查结果可以支持这一观点:

"问:析产分配之法是否皆以房计?

答:多数习惯:析产分配皆以房计。皖南北大都皆然。"[③]

在传统模式的分家过程中,"分家意味着分房,而'房'的计算在习惯上是以成年的亲子为准。""在分家析产中,父亲代表的是'房',分出来的也是'房'。表面上是父亲参加分家,但实际上是'房'在参加分家。如果说分家过程中真的存在'人格吸收',那也是'房'吸收了父亲及其家属的人格。"[④]

笔者认为,传统法律概念中的"房"可以理解为包括儿子及其配偶和子女。也就是说,本案的"大房"由周某、蔡某和他们的婚生子组成。正如滋贺秀三教授所指

---

① 俞江:"论分家习惯与家的整体性——对滋贺秀三《中国家族法原理》的批评",载《政法论坛》2006年第1期。

② 黄宗智著:《法典、习俗与司法实践:清代与民国的比较》,上海书店出版社2007年版,第48页;另参见程维荣著:《中国继承制度史》,中国出版集团东方出版中心2006年版,第256~258页。

③ 俞江、尹华蓉整理:"安徽宪政调查局编呈民事习惯及答案",载李贵连、李启成主编:《近代法研究》(第1集),北京大学出版社2007年版,第249页。

④ 俞江:"论分家习惯与家的整体性——对滋贺秀三《中国家族法原理》的批评",载《政法论坛》2006年第1期。

出的:"在称呼家内部的由一组夫妇及其子女组成的一个单位时使用'房'这样的另一种用语。所谓'房',正如从'男有室,女有家'这一惯用语上也可以知道的象征男子的结婚一样,大概是由以下的情况所产生的名称:男子如有妻室的话——虽然包括吃饭在内的家庭经济一般和众人还合在一起——在家中应该给予不可侵犯的独立的居室。而且若是将来进行家产分割而夫妇亦获得了家计的独立性,'房'便变成为'家'。"①

因此,妻作为"房"的组成人员共有"房"的财产。那么,根据中国传统习惯,如果夫妻离婚,妻能够分割她所共有的"房"的财产吗?根据清末官方调查结果,当时民间有离婚时财产给付的习惯,依各地风俗有所不同,或有夫付与妻的"遮羞钱"(山西省汾阳县习惯),或有妻给予夫的"赡养金"(江西九江县习惯)。② 但是,这些风俗似不涉及家庭财产分割问题,至多是离婚时的一种补偿或赔偿性质的给付。

1993 年浙江省台州市黄岩区联丰乡金岙村的《胡甲改嫁协议书》或许能侧面回答上面的问题。金岙村寡妇胡甲改嫁到邻村前,她和原先公公签订的协议规定胡甲只能带走"原来嫁来的家具",即胡甲娘家所提供的陪嫁。其余住房,即分书中所析分的主要不动产,在改嫁协议中写明由她的公公黄乙保管,将来归其女儿所有。在农村,这种"分书"便是财产所有权的证明,因此在事实上,胡甲不可能将其带走。③ 从这个案例中可以看出,根据当地习惯,分家中所析分的财产被认为是这个大家庭(当然它可以通过多代析分后慢慢形成一个家族)内部的财产。媳妇未离婚时作为这个家庭的一员拥有家庭财产的共有权,一旦离婚或夫死改嫁,她就不再是这个家庭的成员,当然也不应该继续共有这个家庭的财产。

(三)可能的解决方案:类推适用与原则权衡

清末法制改革以来,当大陆法系民法条文被移植到中国之际,便面临着一个不可避免的结果:由传统社会的生活逻辑与现代法律的内在逻辑之间的不相容性所造成的民间习惯法与现代法规范之间的冲突。在国家试图以现代法规范去型构社会秩序的过程中,这种冲突在一定的情势中完全有可能表现为某种"法律漏洞",即现代法规范对于其调整范围内的民间习惯法缺乏适当的规则或者具有不圆满性。

本案的具体问题是,分家行为的法律性质与民法上意义最为相近的继承或赠与有所区别,不宜直接按继承或赠与法律关系来处理类似案件,这就出现了"法律漏洞"。而在一个较为完善的司法体制中,法官不能因为缺乏可资适用的法规范而

---

① [日]滋贺秀三著:《中国家族法原理》,张建国、李力译,法律出版社 2003 年版,第 45 ~46 页。

② 前南京国民政府"司法行政部"编:《民事习惯调查报告录》(下),胡旭晟、夏新华、李交发点校,中国政法大学出版社 2000 年版,第 841、883 页。

③ 田涛、许传玺、王宏治主编:《黄岩诉讼档案及调查报告》(下),法律出版社 2004 年版,第 20 ~30 页、第 72 页。

拒绝作出判决乃是一项宪法层面的司法原则。①

事实上,从法续造技术的角度看,填补这一法律漏洞并非难事。分家行为和赠与制度在法律评价关键点上有类似之处:核心是财产的"让与"和"接受"。因而,完全有可能通过"类推适用"技术将赠与规则适用于分家行为,从而起到填补法律漏洞的效果。② 所以,我国民国时期和台湾地区的有关判例以及本案法官的判决并非没有道理,只是其中的论证过于简略,从而容易遭受质疑。

当然,按照上述思路——通过"类推适用"技术将赠与规则适用于分家行为——会产生价值标准的难以取舍。根据现行《婚姻法》第 17 条和第 18 条的规定,夫妻在婚姻关系存续期间继承或赠与所得的财产,归夫妻共同所有,但遗嘱或赠与合同中确定只归夫或妻一方的财产例外。若将分家行为视为赠与法律关系,本案中的分家行为是一个附条件的赠与合同。尽管没有明文规定受赠房产归丈夫一方所有,但通过上述分家习俗以及"房"概念的解释,可以认为,这个赠与合同所确定的受赠财产在离婚时只归丈夫一方所有的意思表示是十分明确的。这种解释符合传统观念里妻子在婚姻存续期间作为"房"的成员享有财产共有权,因为"房"的首要功能是延续宗祧,它因为履行这项义务而享有分家时的财产权利,在这里,夫或妻一人均不是独立的财产权利主体。当妻子因离婚而脱离"房"以后,她的财产权利也当然地丧失了。上述观念仍然在当前中国社会中流行,审判过程中,法官以他(她)所具有的社会常识为依据,只需作简单的询问即可确知当事人的真实意图。当事人的这种意思表示必须被法律所尊重,这体现了现代民法中几乎处于最高位阶的规范依据——意思自治原则。

而如果完全依照分家习俗中当事人的意思表示而忽略女方的财产利益,又会导致对另一项重要法律原则的违背——平等原则,其重要性并不亚于意思自治原则。在法的价值位阶中,它们是处于同一序列的法规范。在婚姻法上,平等原则的侧重点在于"男女平等",其要旨在于:对社会、经济生活中属于弱势群体的妇女加强保护,以实现实质意义上的平等。本案如果按照传统习俗分割财产,显然与之抵触。尽管分割所得"房"的财产被视为来自家族共有财产,其中可能包括夫妻以外的其他成员对家族财产的贡献,但也可能包括女方或者夫妻双方的财产贡献,这种分配方案还完全忽略了女方在婚姻存续期间所从事的经济活动、家务劳动对家族财产和家族发展(对包括丈夫在内的家族成员的发展)所做出的贡献,从而构成了对妇女的歧视。形成于传统社会的分家习俗以及"房"概念所设定的财产分割规则

① 俞江著:《近代中国的法律与学术》,北京大学出版社 2008 年版,第 306 页。

② 有关类推适用的理论,参见亚图·考夫曼著:《类推与事物的本质——兼论类型理论》,吴从周译,学林文化事业有限公司 1999 年版。

正体现了某种“男尊女卑”的价值判断。

因此，法官在本案中遇到的难题是，“分书”中当事人关于财产归属的意思表示必须被尊重，因为这有明确的法律规则为依据，[①]并体现了民法意思自治的基本原则；另外，如果完全依照当事人的意思分配财产，则违背了婚姻法关于离婚财产分割的基本准则，这同样具有明确的法律规则的支持，并且与婚姻法上男女平等之基本原则相抵牾。这实际上体现了法规范体系中两个法律原则及其所支持的具体法律规则的冲突。

按照现代法规范理论，[②]法律原则之间冲突的处理，与处理法律规则冲突不同。根据规则冲突法则，可以产生某项规则对另一规则的否定，或产生某项规则的例外规则。而原则是法的“最佳化诫命”，它要求法的适用者必须最大限度地予以实现。因此，对于法律原则之间的冲突，必须针对个案事实进行原则之间的“权衡”或者“结果考量”，兼顾冲突中的不同法律原则所保护的各项利益诉求，从而形成具有正当性的判断。按照这种思路，在处理该类案件时，法官必须在相互冲突的两个原则之间进行“诠释学上的循环”。

本案中，法官的推理过程和利益考量失之简单，完全忽略了“分家”当事人有关财产分配的意思表示。法官在处理这个案件过程中应当考虑一些基本要素：“大房”所分得的107号房屋的财产来源，是纯粹的祖传房产？还是由其家族成员共同努力所建造？或者完全是由本案夫妻双方出资建造？如果是祖传房产，在分割时对家族利益应予以相当程度的考虑；如果由家族成员共同努力所建造，则需考虑本案夫妻双方对家族财产所作的贡献，在剔除其他家族成员所作贡献之份额后按照夫妻共同财产分割。这两种情况体现了意思自治原则与男女平等原则在法官权衡的基础上所实现的程度。如果出现第三种可能性——系争房屋完全由本案夫妻双方出资建造，则可认为“分家”当事人以保护家族财产为目的的意思表示不具有正当性，因为该房产属于纯粹的夫妻共同财产，在本案中，意思自治原则须让位于男女平等原则。

其实，本案法官作出的判决结果符合法理和情理，如果能对“分家”的法律性质作一准确定性，并在判决书中充分论证判决理由，则判决结果较易被人们所接受。笔者认为，根据本案案情，法官可以将“分家”定性为家庭共有财产的分割，根据民

---

① 最高人民法院民事审判第一庭：《最高人民法院婚姻法司法解释（二）的理解与适用》，人民法院出版社2004年版，第203页。

② ［美］罗纳德·德沃金著：《认真对待权利》，信春鹰、吴玉章译，中国大百科全书出版社1998年版，第四章；［美］罗纳德·德沃金著：《原则问题》，张国清译，江苏人民出版社2005年版，第三章；Robert Alexy, *A theory of constitutional rights*; *translated by Julian Rivers*, Oxford University Press 2002, pp. 44－110。

法理论通说，家庭共有财产是家庭成员的共同劳动收入和所得，则夫妻双方应共同参与分割，故107号房产应认定为夫妻共同财产。据此，本案的判决结果符合现行法的规定。

综上，法官可以在庭审过程中进一步查清案件事实，在家族利益和保护女方利益之间作出适当的衡量，进而从法理上解释现行《婚姻法》的相关条文，作出适格的判决。实际上，离婚时分家所得财产的分割案件，纠结了法律漏洞的填补、法律原则的权衡等诸多法律适用过程中的复杂问题，需要一定的法律解释技巧。

三、结　　论

近代以来，妇女的财产继承权在国家法领域取得了重大突破，她们的权利与男性平等。而在宗祧继承权方面，国家法完全缺失，习惯上沿用了传统的男系宗祧继承制度。例如，大多数家庭的子女全部或大部分从父姓，农村的家祭或族祭原则上只祭祀夫家的祖宗。这些宗祧继承的习惯在未来几十年甚至上百年都不一定能在我国消除，目前更是根深蒂固地存在着，它们在现实的社会生活中影响了财产继承的结果。

面对具体法条的缺失，裁判这类案件时，法官只能运用各种法律解释方法从现有的法条中寻找适当的依据。于是，各种法律原则的位阶就变得举足轻重。同时，推究民事法律行为的本原和当事人的真实意图就成为基础工作。笔者认为，在不违反现行法强行性规定的情况下，应该从民事权利和民事义务对等的角度出发，慎重考虑宗祧继承对财产继承的影响，从而作出综合性的考量结果。也就是说，可以适当考虑继承宗祧者在财产继承中的优先权。

反对男尊女卑，提倡男女平等是我国近现代以来一贯的立法准则，它也逐渐在道德领域得到确立。然而，男女平等的同时也不能因此放弃权利义务对等的基本法律原则，否则即有矫枉过正之嫌。总的来说，宗祧继承强调的是义务，而财产继承侧重于权利。男性在承担了宗祧继承义务（以及由此带来养老送终义务）之后，在财产继承方面却与不承担宗祧继承义务的女性权利平等。如果因为强调男女平等而在继承领域规定男女绝对的财产平等继承权，则对男性之言将会产生新的不公平。

清律对商人的保护与控制

沈大明*

在中国两千多年的封建社会中,清代是社会经济发展取得成就最高的时期,其中,商业的繁荣和商人阶层的发展壮大尤其引人注目。清代农业、手工业的发展,农村集镇和城市商业的进一步繁荣,不但促进了商业的发展,也推动了商人阶层的形成与发展壮大,这也是出现"康乾盛世"的重要基础和前提。

清代商人阶层的发展壮大,对传统封建社会秩序和皇权统治结构带来了相当的影响与冲击。皇权为了维系统治秩序,一方面要"恤商"、"利商",另一方面又要通过法律和政策加强对商人组织和活动的控制。笔者试图通过对《大清律例》①为主的清代法律体系关于商人及其活动的相关条款的分析,研究、阐述清朝皇权对于商人阶层的控制,在此基础上展示清代商人的法律与社会地位,展示封建统治者为建立、巩固自身统治秩序而实施的对社会经济的控制。

一、清代商人法律地位的提高

中国传统社会重农抑商,重官轻商,至清代仍未改变。时人仍有"凡民有四,一曰士,二曰农,三曰工,四曰商。论民之行,以士为尊,农工商为卑。论民之业,以农为本,工商为末"②的说法,说明商人的地位仍未突破传统社会的限制。但是随着清代经济的发展,国家对商业利润的追求日益增加,皇权对商人群体的依赖也越来越重,国家政策和法律也开始重视商业的兴起,也逐步在商业政策上进行调整,逐步探索如何控制和利用商人力量与资本为巩固统治服务,一方面提倡"恤商"、"利商",另一方面则通过法律和政策加强对商人组织和活动的保护与控制。这一切使清代商人的法律地位相比以前时期有所提高。

《大清律例》的制定和颁布是清代王权确立自己统治、实现对社会的调整和控制的重要标志。作为中国古代律典的集大成之作,与《唐律疏议》相比,《大清律例》

---

* 沈大明,2001级中国法律史专业,指导老师:王立民。现工作于上海交通大学安泰管理学院。

① 清代律典因为"五年一小修,十年一大修",版本较多。本文所述及引用的皆以乾隆五年(1740年)颁布的《大清律例》(田涛、郑秦点校,法律出版社1998年版)为版本,下同,不再说明。

② 谢树阶著:《保富·约书》卷八。转引自王先明著:《近代绅士》,天津人民出版社1997年版,第184页。

共新增了《公式》、《田宅》、《课程》、《钱债》、《市廛》、《仪制》、《军政》、《河防》八个专章，其中的《课程》、《钱债》、《市廛》都是专门关于商业活动的控制与规范，这既是清代商业繁荣的反映，也是清代皇权保护和规范商人及其活动的反映。其中，《课程》和《市廛》两篇是主要的规范公共商业经济秩序的法律，《课程》共有8条律文、31条例文，主要涉及商税征收和违反禁榷专卖法规的惩处规定，包括“盐法”、“监临势要中盐”、“阻坏盐法”、“私茶”、“私矾”、“匿税”、“舶商匿货”、“人户亏兑课程”等；《市廛》的具体律文包括“私充牙行埠头”、“市司评物价”、“把持行市”、“私造斛斗秤尺”、“器用布绢不如法”5条律文和14条例文，主要是关于市场和公共商业活动的管理规定；《钱债》包括了“违禁取利”、“费用受寄财产”、“得遗失物”3条律文和6条例文，主要规范钱物财产转让、债务往来等行为。

不仅新增的这几个专章，其他律、例条文中也常常可以见到对于商业活动进行规范和对商人利益进行保护的条款与精神，这在唐律或者其他律典中是不多见的。例如，《大清律例·兵律·关津》中的“关津留难”条规定，“凡关津往来船只，守把之人不即盘诘验引放行，无故阻挡者，一日笞二十，每一日加一等，罪止笞五十，坐直日，若取财者，照在官人役取受有事人财例，以枉法计赃科罪；若官豪势要之人，乘船经过关津，不服盘验者，杖一百；若撑驾渡船梢水，如遇风浪险恶，不许摆渡，违者，笞四十；若不顾风浪，故行开船，至中流停船，勒要船钱者，杖八十……”①从律文内容可知，该条规则主要对三类人提出要求，即守把关津的官兵、“官豪势要之人”和“撑驾渡船梢水”，但立足点还在于保护“往来船只”和乘船过渡的商旅之人。显然，以商人和商船在其中得益为最。

此外，《户部则例》中的税法、盐法、茶法等规定、《大清会典》及其则例中的《户部》部分，以及吏、兵、工各部则例中，都有一些涉及工商业经济管理和控制的条款，围绕着《大清律例》的精神展开，对涉及的商人活动进行规范和控制，如《兵律·关津·私出外境及违禁下海》中有关于“把持行市”的例文，“凡外国差使臣人等赴京朝贡，官员与军民人等交易，止许光素贮丝绢布衣服等件，不许将一应兵器并违禁铜铁等物私易。违者，处以极刑。”②又如《户律·田宅》中有关于契约、契税交纳的规定，等等。所有这些规定构成一个系统的法律规范体系，共同规范和约束着市场和商人的经济活动。

清代商人层次不一，成分也较复杂，既有有皇商、官商、绅商；也有盐、茶等垄断大商；还有坐贾铺商，以及行商、走街串巷的小商贩等。皇商、官商、绅商因具有特殊的皇权资源以及官、绅身份，自然是商人中的上层，享有与官僚、缙绅几乎等同的社

① 《大清律例·兵律·关津》。
② 同上。

会特权。皇商享受皇室赐予的种种经济、政治特权，从事与王朝财政、军需、公私物资需求以及与人民生活密切相关的商业活动，如采办供皇帝、皇室和宫廷人员所需物品、各营造机构所需的建筑和制造材料、变卖征取到的农副产品、进贡物品和抄家罚没物品、营运内务府高利贷和生息银两、筹措军需、运销国家独占的商品等，资本雄厚，实力强大，与皇室关系密切，对维护皇室和王朝统治贡献巨大，在整个商人队伍中地位显赫，因而也享有较高的地位和法律特权。

所谓官商就是由户部、工部、内务府及国家令各级政府招募而来，直接承担国家经济任务，或者是经营国家专卖商品的商人。[①] 官商是应国家需要而产生的，直接为国家经济服务。政府利用官商，进行专卖商品的经营，以确保财政收入；采买铸币材料，解决财政中的困难；参与对外蒙古、朝鲜等国的贸易；官商还运输军粮、农用工具及其他物品以及减灾赈灾等。官商既享受国家给予的经营优惠政策，如免税特权、从国家获得低息贷款、垄断经营专卖商品等；同时，又必须为国家财政缴纳更多的税款，这就必然受到政府的严格管理和控制。

清代皇商、官商以外的商人，称为庶民商人，或民商。民商与皇商、官商二者的法律地位有很大的不同。与前代一样，清政府虽然依旧推行重农抑商的政策，但随着社会经济的变化，清朝商人的地位发生了不小的变化。雍正即位伊始即强调："朕视民商，皆属一体，士农工商，虽各异业，皆系国家子民，理当一视。"[②]商人不但获得了平等的平民地位，还从清初即开始的"恤商"、"护商"的政策（如减轻商税、康熙后期的整顿牙行、雍正朝的整顿关税等）中得到较多的利益，获得了较高的法律地位。[③]具体而言，主要表现在以下几个方面：

第一，开立商籍，规定学额，允许商人子弟附籍入试。清政府为照顾商人子弟（尤其是盐商子弟）科举入仕，特设商籍，规定了专门学额，准许商人子弟在行商省份附籍入试。《大清会典》载："商人子弟准附于行商省份，是为商籍。"[④]虽然设立商籍并不表明考试上的优先权，考取商籍也不能缩短日后与其他士子一样的功名道路，但是商籍却为商人进入绅士阶层打开了大门，使越来越多的商人子弟登堂入

---

① 在清代，官商与民商是可以相互转化的，民商中的部分人可以被招募成为官商。官商不再被招募时，就变成民商。一个商人也可以在不同时期，充当不同性质的商人。

② 《清朝文献通考》卷二八，《征榷考三》。

③ 国外有学者认为："明、清两朝仍比大多数王朝更长久，因为官僚制政权在促进经济发展中起了一个重要的作用。"这种作用主要表现为：(1)在《大清律例》的条文中，凡涉及商人问题的法律规范，其所规定的内容都是有利于商人正常贸易的；(2)对商人自治过程中产生的各种维护商业社会秩序的规则予以肯定和支持；(3)运用民间习惯法的规则对商人之间的民事纠纷进行裁决；(4)逐渐调适政府与商人之间的不同关系，如区分行政关系、商事关系等。参见[美]迈耶斯："晚期中华帝国的习惯法、市场和交易原则"，曹之虎、朱慧萍译，载盛洪著：《现代制度经济学》，北京大学出版社 2003 年版。

④ 《大清会典》卷一七，《商籍》。

室，获得了与士子平等的身份，也获得了平等进入官僚体系的选举权，从根本上改变了官僚体系的结构，也动摇了传统的“商为四民之末”的观念，提高了商人的法律与社会地位。根据何炳棣先生的研究，商籍的设立改变了国家官员的构成，“平均商人家庭经过二代或三代之后，即非原先同样的社会身份。事业上几乎当盐商家庭达到小康时，年轻的成员就被鼓励从事学术，最终是从政，结果使商人家庭的商人成分越来越淡”，截至嘉庆六年，盐商“居然造就了 139 个进士和 208 个举人”。①

第二，整顿关津，减免关税，保障商人的经营环境。由于地丁合一，作为国家财政收入重要来源的田赋被固定，商业税收成为国家新的重要财源，因此，清政府对商人的认识和态度也有了改变。雍正皇帝曾说：“朕念商贾贸易之人，往来关津，宜加恩恤。”②乾隆帝也说：“商民皆为赤民。”③清初即开始“减免商税”，顺治初年针对明末苛捐杂税泛滥的弊政，在全国设常关十三处，并定各省关税，整顿税关税则，规定船不抵关，货、料一律不抽税；后各地又有如《芜湖等关抽分例》、《闽浙收税例》等地方性税则，营造了有利于商业发展的客观环境。自顺治十年下令“各关刊示定则，设柜收税。不得勒扣火耗，需索陋规”始，以后各朝形成定例，“各关征税科则，责令该管官详刻木榜竖立关口街市，并责令地方官将税则刊刷小本，每本作价二分，听行户颁发”。清政府不仅把税率、税种刊刻于木榜上，而且要求木榜上的内容应该与国家颁布的法令完全一致，不得有疏漏和错别字以免发生歧义；还把税率、税种印成小册子，作价卖给牙行，尽量使商人人手一册，以达到税收法则的人皆知晓。

康熙针对商民的“有输纳之苦，有关津之征苦，有口岸之苦”，也着手清理关津和苛税。他一方面永远削减两淮盐课，取消关征超额优叙的定例，另一方面颁布诏旨，禁止关卡勒索过往商人。乾隆元年，政府又重新制定《税课则例》，设立“纳税串根”与“造报底册”，避免过税与住税的重复征收，又杜绝了漏税；并且继续减免关税、整顿税收等措施。乾隆十三年再定《广东太平关收税则例》，明确降低税率，保证商人利益，促进商业兴旺，提高商人社会法律的地位，商人队伍也随之进一步扩大。商人会馆、公所如雨后春笋般出现，乾隆时期，“各省争建会馆，甚至大县亦建一馆”。

第三，捐纳频开，官商合流，商人入仕渐成风气。捐纳几乎历代都有，但是清代捐纳可为历代之盛。入关之初，即开始捐纳之制，从康熙到光绪的各代帝王都将捐

---

① 何炳棣：“扬州盐商：十八世纪中国商业资本的研究”，载《中国社会经济史研究》1999 年第 2 期。
② 《清朝文献通考》卷二六，《征榷考一·征商》。
③ 《清朝文献通考》卷二七，《征榷考二·征商》。

纳作为解决财政困难、增加天灾人祸时危机处理能力的主要手段。乾隆以后,捐纳越来越盛,三十五年还颁布了"推广常捐"的上谕,进行捐纳立法。以后凡遇军需、河工大事,或者内忧外患之际,朝廷几乎都要依靠捐纳,甚至出现"各省争请捐输,遍设捐局,绅民凡纳银者,皆可补官铨选"①的局面。频开捐纳一方面造成了官僚队伍内在的拥滞,增加了官商之间在社会资源上的竞争,使行政矛盾复杂化,另一方面又增加了国家财政对于商人集团的依赖,商人入仕渐成风气,商人与官府的关系也在改变,商人得以改变自身身份和地位。前述何炳棣先生的统计表明,自顺治元年至嘉庆六年间,有180个盐商家庭成员通过捐纳得到了官职。②

除皇商、官商和平民商人之外,清代社会上还散落着一批由农民或手工业者转化而来的小商贩,他们也属商人之列,只是层次更加低,人员更加散,本小利微,虽然流动量大,覆盖面广,人数也不少,却很难组织凝聚起来,形成有效力量,社会地位也不高。

二、对商人经营活动的控制

尽管清政府实行了一些"恤商"政策,并从法律上提高商人的社会地位,但是对于商人的经营活动还是实行严格控制的,所有的商业活动必须在皇权统治所允许的范围里有序进行。这一点从《大清律例》的有关规定中得到充分反映。

(1)对牙行埠头的控制。清代政府对商人经营活动的影响和控制,主要是通过牙行制度实现的。牙行制度是一种政府特许的经营制度,牙行作为政府的延伸,替政府管理商业交易活动,征商纳税。政府通过颁发牙帖,控制牙行的设立,没有拿到牙帖的人,是不能随意开设牙行的。皇权控制商人的活动,首先是控制牙行。

清政府非常重视牙行的设立与控制,"凡市廛交易,但设牙贴",并规定,"凡诸物行人(牙行之人)评估物价,或贵或贱,合价不平者,计所增减之价坐赃论。一两以下笞二十,犯止杖一百,徒三年,入己者准窃盗论",其职能除交互说合、洽谈买卖、代储代运、为客商提供住宿等外,还有代替官府收税、鉴定货物等级、代为报关,官方常常通过牙行埠头稽查商人货物,令其用官给文簿登记客商船户的住址姓名、路引字号、货物数量,按月赴官查照,替官府监督商人交纳税银。《大清律例·户律·市廛》规定:"凡城市乡村,诸色牙行,及船之埠头,并选有抵业人户充应。官给印信文簿,附写(逐月所至)客商船户,住贯姓名,路引字号,货物数目,每月赴官查

① 《清史列传》卷四八,《劳宗光传》,中华书局1983年版。

② 何炳棣:"扬州盐商:十八世纪中国商业资本的研究",载《中国社会经济史研究》1999年第2期。

照。(其来历引货,若不由官选)私充者,杖六十,所得牙钱入官。官牙埠头容隐者,笞五十,(各)革去。"条例规定:"凡客店,每月置店历一扇,在内赴兵马司,在外赴有司,署押讫,逐日附写到店客商姓名、人数、起程日月,各赴所司查照。如有客商病死,所遗财物别无家人亲属者,官为见数遗招,召父兄子弟或已故之人嫡妻识认给还。一年后无识认,入官。"从律条中可以看出,这是关于交易安全和交易秩序的规定。为了"防止非分之为,诓骗之弊",清廷要求所有牙行埠头,必须取得官方的认可,并进行注册才能获得合法资格,有了"官给印信文簿"(即"牙帖")之后才能从业;另外,交易必须有担保才有安全和诚信,因为牙行、埠头"有产业可以抵还",所以"无亏折之患"。

同时,清政府也着手清理整顿牙行,康熙四十三年(1704年)下谕令禁止直省私设牙行,并令户部造铁斛斤斗颁行,以杜绝欺诈行为,并且不准抑买商人货物,禁止各地"以日用供应取办牙行铺家,并强索贱市"。[①]康熙四十八年(1709年)又下令将"一切私设牙行"、"尽数革除"。雍正年间曾下令各布政使因地制宜,定出该地"牙帖"数额,报部存案,不得任意增加。反之将给帖征税之权收回户部,由户部给帖,各省转发,而以牙帖税解部。从此严格实行"牙行领帖制",私充者杖六十,所得牙钱入官,容隐私充者,笞五十,五年编审,清查换贴。乾隆五年,再定《清厘牙行之例》,进一步将牙帖的发放权收归户部,由户部统一掌握调控,发给各省,各省发给牙商,并将原来属于地方的牙税收归中央,收入解送户部。

除了"牙行"之外,"埠头"也是政府直接规范和控制的行业,清代对运输船户还制定了船行"写字"制度。雍正十三年(1735年)在律条中增入例文,规范"写船保载",确定对"恃强代揽,勒索使用,以致扰累客商者"的处罚。这一制度一直得到遵行。

清代对牙行埠头的清理和控制,一方面,营造了一个有利于商业活动有序进行的客观环境;另一方面,也加强了皇权对于商业经营权的控制。

(2)对市场与物价的控制。平抑物价,是中国古代历朝政府都十分注意的大事,封建政府最忌商人垄断而影响市场秩序,无法控制市场。《大清律例·户律·市廛》规定:"凡诸物牙行人评估物价,或以贵为贱,或以贱为贵,令价不平者,计所增减之价,坐赃论。一两以下,笞二十,罪止杖一百、徒三年。入己者,准窃盗论,查律坐罪。免刺。其为以赃人罪之,罪人估赃增减不实,致罪有轻重者,以故出入人罪论。若未绝放,减一等。受财(受赃犯之财,估价轻;受事主之财,估价重)者,计赃,以枉法从重论(无禄人,查律坐罪)。"清政府专设"市司",用来管理市场特别是市场

---

① 《清圣祖实录》卷二三八。

价格秩序,“市司”的重要职权之一就是对牙行评估物价的行为进行监督管理。《大清律例》赋予“市司”评估物价的职能,当然对“市司”行使职权的约束也同时明确,国家对于诸如“或以贵为贱,或以贱为贵,令价不平者”此类不公平的市场经营行为是禁止的,经营者亦不能囤积居奇,哄抬物价,投机倒把,扰乱市场秩序,因此由市司对诸物牙行人评估物价的行为进行监管,有利于维护市场交易中的买卖公平性、价格合理性、交易迅捷等经济秩序。

事实上,有市场在,往往就有牟利之徒的投机行为,就有不公平买卖存在。一些商人往往与牙行串通,强行把持行市,抬高价格卖出自己的货物,压低价格强买他人的货物。清律对此予以严禁。《大清律例·户律·市廛》规定:“凡买卖诸物,两不和同,而把持行市,专取其利,及犯鬻之徒,通同牙行,共为奸计,卖(己之)物以贱为贵,买(人之)物以贵为贱者,杖八十。若见人有所买卖,在旁(混以己物)高下比价,以相惑乱而取利者,(虽情非把持)笞四十。若已得利,物计赃重(于杖八十、笞四十)者,准窃盗论,免刺(赃轻者,仍以本罪科之)。”而且还规定了对于这种非法把持行市行为的特别严格的处罚:“各处客商辐辏去处,若牙行及无籍之徒用强邀截客货者,不论有无诓赊货物,问罪,俱枷号一个月。如有诓赊货物,仍追比完足发落。若追比年久无从赔还,累死客商者,发附近充军。”①

在这些律文的补充例文中还规定了对一些其他垄断、扰乱市场的行为的处罚,如“会同馆内外四邻军民人等,代替外国人收买违禁货物者,问罪,枷号一个月,发边充军”,同时禁止王公权贵等家人利用权势把持市场谋取利益:“凡内府人员家人及王、贝勒、贝子、公、大臣官员家人领本生理,霸占要地关津,倚势欺凌,不令商民贸易者,事发,将倚势欺凌之人拟斩监候。如民人借贷王以下大臣官员银两,指名贸易,霸占要地关津,恃强贻累地方者,亦照此例治罪。”②这些规定的最终目的,还是要维护皇权对于市场和秩序的控制,维护交易秩序。

(3)度量衡的统一与规范。度量衡的统一和规范是维持封建经济、市场秩序的关键。从秦代开始,度量衡的统一和规范一直受到各代统治者的重视。清初一段时期里,一些地方还有衡器不均的现象存在,康熙非常重视这一现象,着手进行规范和统一,四十二年(1703 年),康熙废除金石、关东斗,规定直隶各省一律改为底面平直升、斗,并亲自校准了铁升、铁斛,五十七年(1718 年)又规定秤以十六两为一斤,并通行全国,这些政策消除了商品交易中由于度量衡不统一造成的障碍。

《大清律例·户律·市廛》规定:“凡私造斛斗秤尺不平,在市行使,及将官降斛斗秤尺,作弊增减者,杖六十。工匠同罪。若官降不如法者,(官吏、工匠)杖七十。

---

① 《大清律例·户律·市廛》。

② 同上。

提调官失于校勘者,(原置官吏、工匠)减一等;知情与同罪。其在市行使斛斗秤尺虽平,而不经官司校勘印烙者,(即系私造)笞四十。若仓库官吏,私自增减官降斛斗秤尺,收支官物而不平(纳以所增,出以所减)者,杖一百。以所增减物计赃重(杖于一百)者,坐赃论;因而得(所增减之)物入己者,以监守自盗论。(并赃,不分首从,查律科断)工匠杖八十。监临官知而不举者,与犯人同罪;失觉察,减三等,罪止杖一百。"不仅如此,法律还着眼于加强防范,从内部工匠到运行程序以及执行官员等各个环节上加强管理,杜绝私造度量衡器,用政权与法律的威性来严惩欺诈和投机,维护市场交易的公正和效益。

(4)严格控制海外贸易。清初统治者为了镇压抗清力量,颁布禁海令,规定"寸板不得下海",严禁民商出海。康熙二十三年开始曾有过短暂的"开海贸易",随即停止。乾隆二十二年(1757年)十一月,政府正式下令停止开放海外贸易,禁止外船进入,只许广州一地可以进行中外通商贸易,"只许在广州收泊交易";二十四年,颁布《防范外夷规条》、《防夷五事》等条款,对外商在华的各类活动进行限制,包括禁止外商在省城过冬;外国妇人不得混入商馆;所有航路引水人及买办等,一律须持有澳门同知颁发的特许登陆;禁止借贷外商资本;禁止外商雇汉人充当差役或者传递信息;外国军舰不准驶至虎门以内,外国船只收泊处,酌拨营员弹压稽查;外人在华不得学习中国文字、购买中国书籍,等等。[①]在此基础上,行商制度逐步完善,一般维持在十几家,俗称"十三行"。

此后,行商成为海禁政策定型后唯一可以与国外打交道开展经济贸易往来的中间机构,因而受到清政府的重视。皇权通过不断加强对行商的控制,实现了对海外贸易的物品、人员、规模等的控制。行商不但承担了贸易中介的角色,甚至扮演着外交的角色,清政府若与外商有交涉事宜,也不直接与外商交往,为了维护大清王朝虚荣的面子,往往都是通过行商与外商打交道,一切行政命令、公文行事都是通过行商转达,在一定程度上增加了对行商的依赖,与外界更加隔绝了。为了禁止卖船给外商和运粮进口,还规定违禁卖船者,连同造船人均处斩立决。《大清律例》中设有"违禁下海"的条款,规定:凡将车马、牛、军需、铜钱、绸缎等物品私自下海货卖者,杖一百,货物和运送工具均没收入官,该管官吏知情而放纵者与犯罪者同罪,失觉察者减三等处刑等,乾隆年间此条附例竟多达36条,对沿海工商业和贸易经济进行严密控制。

① 萧一山著:《清代通史》(中卷),中华书局1985年版,第836~837页。

三、对商人组织的控制

商业的兴旺和商人地位的提高，使清代的商人组织大量出现。这些民间组织一方面是皇权的离心、异己力量，另一方面又是皇权竭力控制并且通过他们控制商人的主要工具。

清前期商人组织主要为会馆，中后期则逐步演化为公所，会馆与公所，同为民间商业社会的团体组织，“名虽异而义则不甚相悬”。与前代以同乡或者地域组织命名不同，会馆和公所越来越多的是以行业区分、以公所命名，它们是商人保障自己的生存发展权利、维护利益和秩序的重要依托。“走通都，过大邑，见夫士商云集，或游宦，或服贾，群然杂处其地者，罔不设立会馆”，“各直省尽然，尤莫盛于北之幽燕、南之吴越”。[①] 从《上海碑刻资料选辑》内收集的材料看，“会馆公所”为一类计119篇，占全书六类内容篇目的几乎一半，有力地证明了清代会馆公所的繁盛、力量的发展壮大。

清代皇权对于会馆、公所等商人组织的活动，都控制得非常严格，都有严密的规定，从发议、集资、创办都有严格的程序，会馆的章程必须依据清律的精神来制定，对该组织日常经费的出入保管办法、经营项目和价目、收徒、所置房产、土地、租田、缘地的管理使用、对于官府的捐款等义务及社会公共项目经费的摊派等进行严格规定；建造会馆和公所，涉及社会方方面面，也要依照法律程序到官府进行申请、注册，得到批准后方能建造，然后还要刊碑立字，碑文内容须呈报官府检查批准并备案。

商人组织的不断设立对于促进封建社会商品经济的发展，维护中小工商业者的利益，加强商人的联络，“排解纠纷、端赖是会”“恤贫救困、贩济乡里”乃至于抵制外辱等，都起到一定的积极作用。商人组织在一定程度上也成为清朝政权控制商人的一个重要载体，成为法律控制和社会控制的重要补充力量。[②]

---

① 《上海碑刻资料选辑》，上海古籍出版社1984年版，第336页。

② 多数学者认为，清代商人行业组织的存在，是皇权控制力量的有效延伸，如西方学者罗威廉认为“晚清帝国在总体上既没有能力也不想直接控制中国社会的日常运作过程（尽管它在特殊情况下集中全力予以关注的时候，能获得惊人的有效结果）。相反，鉴于实施一系列俗世统治的需要，国家反而依赖于各种各样的处于官僚体制之外的社团组织。因此，这些社团组织的力量得到了有效的加强，它们较为狭隘的利益也得到了实现。自治与国家控制之间的平衡虽说从没有得到明确的界定，但是在实践中，自治与国家控制间的平衡却通过那种不断讨价还价或谈判协调的过程而得到了实现。”参见［美］罗威廉：“晚清中国的‘市民社会’问题”，邓正来、杨念群译，载邓正来等编：《国家与市民社会——一种社会理论的研究路径》，第411页。

四、结　论

虽然清代商人比前代商人的地位有很大提高，但与清代社会其他阶层，尤其是特权阶层相比，商人主体依然是庶民身份，没有特权，与其他庶民一样要承担各种赋役，甚至比其他庶民的赋税还要重。

清代推行“恤商”政策，优化商业环境，加强商业规范和管理的最终目的，是实现对商人和商业活动的控制，清代对商人的立法保护也是为了控制。《大清律例》控制商业与市场的根本目的不是发展经济，而是巩固王朝的统治，维护社会秩序与安定。皇权对市场和交易的规范和控制的基本出发点是稳定社会，因为产生经济纠纷，会造成社会的不安定因素，所以政府要缓解民间内部矛盾，在商人与农民、商人与商人、商人与牙行、商人与官员、商人与政府之间，平衡各方面的利益。政府制定的经济政策、商业制度和维护商人与社会经济秩序的法律制度，其目的也首先是稳定和控制社会，维护和巩固皇权，减少和避免民间经济利益冲突，其次是满足皇权统治的财政需要，很难说政府是为了促进商品流通、为民众谋利益、提供服务等。

皇权对商业活动和商人的控制在一定程度上起到了积极的作用，建立起符合封建统治要求的秩序，使封建经济保持持续发展。康雍乾时代，封建经济取得了有史以来的最高成就，农业、手工业、贸易、城市发展等，都曾达到世界先进水平，商业资本也有所发展甚至是局部的繁荣。这些都与政策发展的客观环境是分不开的。

皇权控制的另外一面，是阻碍了商业的繁荣和经济的进一步发展。清代皇商、官商的垄断，对民间商业团体活动的限制，以严刑峻法推行的盐茶专卖，对海外贸易的控制等，都是违背市场经济基本原则的，也极大地限制了商业经济的自由发展。另外，清代并没有从体制上进行突破，将工商经济活动视为地方行政事务的一部分，没有专门的规范管理经济活动秩序的机构，在地方上，政府长官如巡检司署、府同知、通判，州同知、通判，县丞都是商业经济活动的最高领导，他们都将严密控制和鱼肉地方商人作为统治活动、增加财政收入的一个内容，也从根本上遏制了商业经济的发展活力。所有这一切都妨碍了商业的发展、市场的扩大和商业资本的原始积累。

清代刑讯在民事案件中的适用

于晓青*

清代刑讯适用于情罪重案毋庸置疑,但是否适用于一切民事案件,学术界对此尚无定论。杨一凡、徐立志在2005年10月《〈历代判例判牍〉前言》中认为:"大量的判例判牍证明,对于单纯的民事案件,民间诉讼中有关户婚田土等民事案件,只要当事人没有触及刑律的行为,一般不使用刑讯,也不处刑,民事案件中受到笞、杖刑的,多是当事人或证人等存在干名犯义、诬告、欺诈等触及刑律的行为。"①他们认为古代单纯的有关户婚、田土等民事案件,只要当事人行为未触犯刑律,就不使用刑讯。笔者经查阅大量文献资料认为,清代刑讯不仅适用于命盗等情罪重案,而且也适用于一切户婚、田土等民事案件,不论该民事案件当事人是否触犯刑律。本文采狭义上的户婚、田土、钱债等事,即指律例中所规定的民事案件。

一、州县官自理案可用刑讯

按《清史稿》记载,清代户婚、田土、钱债等项案件皆归州县自理。如"各省户婚、田土及笞杖轻罪,由州县完结,例称自理。词讼每月设立循环簿,申送督抚司道查考。巡道巡历所至,提簿查核,如有未完,勒限催审。"《大清律例》"告状不受理"条例亦规定:"州县自行审理一切户婚、田土等项……"②"州县自行审理,及一切户婚田土事件,责成该管巡道巡历所至,即提该州县词讼号簿,逐一稽核。"③"凡直省州县交代时,将任内自行审理户婚、田土、钱债等项案件,粘连卷宗,钤盖印信,造入交盘册内。"④因此,户婚、田土等民事案件属州县自理之案。

关于刑讯是否适用户婚、田土等民事案件,清代律例无直接规定,在《大清律例》中查到比较接近的规定是,"凡州县自理之案,不得擅用夹讯,其申报事件,将夹

---

* 于晓青,2005级法律史专业,指导老师:郝铁川。现工作于华东政法大学。

① 杨一凡、徐立志:"《历代判例判牍》前言",载 http://www.falvwenxian.com/panduxu.html。

② 《大清律例》卷三〇"告状不受理"条例,载《大清律例》,田涛、郑秦点校,法律出版社1999年版,第480页。

③ 薛允升撰:《读例存疑》卷三九"告状不受理"条例。转引自胡星桥、邓又天主编:《读例存疑点注》,中国人民公安大学出版社1994年版,第685页。

④ 《大清律例》卷七"弃毁制书印信"条例,第159页。

讯几次,或案内未曾夹讯之处,据实声明,该管上司于解审时,详加察验,如有朦胧隐匿等弊,即行题参。"①此条是对州县自理之案"不得擅用夹讯"的规定。"不得擅用夹讯"是否就等于可以使用夹讯?"凡议法者,当先原立法之意,然后可以断狱。"②从文义上理解,"擅用"即擅自使用,按照《现代汉语词典》的解释:"擅自"是"对不在自己的职权范围以内的事情自作主张。"③"州县自理之案不得擅用夹讯"的文义解释应当是:在州县自理案中使用夹讯不是州县官职权范围内的事,州县官不得自作主张越权使用。言下之意是州县自理之案可以用夹讯方法审案。如果说不能使用夹讯,那么条文完全可以把"擅用"二字拿掉变成"不得夹讯",有了"擅用"二字就意味着州县自理之案并不禁止夹讯。关于"不得擅用"的解读在《读例存疑》有记载:"夹棍、锣指为刑之重者,故不许轻用,虽发司审理之案,亦必呈请批准而后用,慎之至也。"④因此,"不得擅用",言下之意是可以使用,但有所限制,限制的原因是夹棍摺指为"刑之重者"。

二、州县自理的户婚、田土等民事案件可用刑讯方法审理

既然清代州县自理之案可以使用夹讯方法审案,只是"不得擅用",那么属于州县自理的户婚、田土等民事案件,如果用三段论的方法进行逻辑推导,便能得出可用夹讯方法审理但"不得擅用"的结论。此推论可从以下两份相关资料得到证实:《清通典》载:"(顺治)十七年七月严问刑官滥用夹讯之禁。凡未有真赃确证及户婚田土小事,概不许轻用夹讯。"⑤《票复抚宪班房不许私押人犯》载:"一切户婚、田土、钱债讼件,察其情节无甚紧要,即批族房中亲调处;其必须审讯者,传到人犯随到随审,不令停留……其事虽成讼,卑职审讯亦但为剖其曲直,不轻用刑杖。"⑥其中"不许轻用夹讯"与《大清律例》中州县官"不得擅用夹讯"的规定一致,"不轻用刑杖"表明可以使用刑杖。

在司法审判中,"御史瑞璐辄以钱债案件滥刑毙命"一案说明钱债案件可用刑讯。原文如下:"(光绪三十二年)又谕《都察院奏巡城御史用刑不慎,据实纠参》一

① 三泰修:《大清律例》卷三六"故禁故勘平人"条例。

② 马端临撰:《文献通考》卷一七〇刑考九。

③ 中国社会科学院语言研究所词典编辑室编:《现代汉语词典》(2002 年增补本),商务印书馆 2003 年版,第 1103 页。

④ 薛允升撰:《读例存疑》卷四八"故禁故勘平人"条例,载胡星桥、邓又天主编:《读例存疑点注》,中国人民公安大学出版社 1994 年版,第 820 页。

⑤ 官修:《清通典》卷八八刑考。

⑥ 鲁九皋撰:《翠岩杂稿》卷二。

折。兹因改定法律，停止刑讯，甫经降旨，乃该御史瑞璐辄以钱债案件滥刑毙命，实属荒谬糊涂，仅予撤去巡城差使，不足蔽辜，瑞璐著即行革职，以示惩儆。”[①]其中认为以钱债案件滥刑实属荒谬的原因是皇上刚刚降旨“改定法律，停止刑讯”，说明如果不是降旨已停刑讯，则御史可对钱债案件刑讯。

此外，官吏在实践中亦总结出一套词讼案刑讯的方法。如官篇书《学治一得编》载：“坐堂审理词讼，刑杖最宜检贴，舞弊书差及滋事棍徒、强横贼犯宜用头号重责，以警凶顽；至寻常发落，只用二号示戒而已；其衣冠人士、老实乡民，勿轻易用刑，以全廉耻。”[②]又《明刑管见录》载：“盖一切案件……以不用刑为妙，若经开导之后，实系理屈词穷，仍复顽梗不化，则不妨掌责数下，以儆其顽，再为质证，至理穷词竭，无可导说，仍一味狡执，坚不承认，不能不用熬审之法，以逸待劳，未有不得确实之供，至人犯有意狡执，先以言申伤之，若不服，则责之以刑，若咆哮公堂，照例详办……”这两例泛指一切案件的审理，自然包括户婚、田土、钱债案。第一例是说明针对不同的人采用不同的刑具；第二例说明审讯时，应根据具体情况逐渐加重刑讯，由最先“掌责数下，以儆其顽”，到“不能不用熬审之法，以逸待劳”，再“以言申伤之”，最后才是“责之以刑，若咆哮公堂，照例详办”。[③]

对户婚、田土等民事案件使用刑讯的情况，在晚清的文献资料中有更明确的表述。《上海洋泾派设官会审章程十条》（同治七年，总署王大臣语南洋）：“遴委同知一员，专住洋泾洪管理各国租地界内钱债、斗殴、窃盗词讼各等案件，立一公馆，置备枷杖以下刑具，并设饭歇。凡有华民控告华民及洋商控告华民，无论钱债与交易各事，均准其提讯定断，并照中国常例审讯，并准其将华民刑讯、管押及发落枷杖以下罪名。”[④]这说明晚清时对华民控告华民及洋商控告华民的钱债与交易各事清政府准许官吏对华民刑讯。至此，清朝可以对户婚、田土等民事案件当事人刑讯已确证无疑。

三、民事案件刑讯可用的方法

《大清律例》对州县官刑讯可使用的方法有两类：一类是“五刑”条例中规定的笞、杖、夹棍、锣指等刑；[⑤]另一类是在“故禁故勘平人”条例中规定的拧耳、跪链、压

① 刘锦藻撰：《清续文献通考》卷二四四刑考三。

② 何耿绳辑：《学治一得编》。

③ 穆翰撰：《明刑管见录》。

④ 葛世溶编：《清经世文续编》卷八六刑政三。

⑤ 《大清律例》卷四“五刑”条例，载《大清律例》，田涛、郑秦点校，法律出版社1999年版，第81页。

膝、掌责等刑。[①] 其中,《大清律例》对州县自理之民事案件有不得擅用夹棍的限制,若要使用必须申报上司,据实说明情况,除此之外,其他刑讯方法无特别限制。在司法实践中,清代极力主张民事案件"以情讯之",晓之以理、动之以情,"凡骨肉兴讼,最关风化,当以天理民彝感动之,感而不动,然后为判曲直,切勿加刑。"[②]

从笔者查阅的资料看,司法中民事案件主要是采用一些较轻的刑讯方式:(1)小板轻枷。如"(乾隆元年)申定施用刑具之例:刑部议准各省州县所用刑具,务照定式,不得用短夹棍及大板重枷,至征比钱粮应用小板轻枷,薄示惩,下限全完,即行释放。"[③]"至征比钱粮",包含民事,故小板轻枷是可以用的。(2)刑杖。如前述《享复抚宪班房不许私押人犯》所载,承问官对一切户婚、田土、钱债讼件剖断曲直时,不轻用刑杖。所谓"不轻用刑杖",即表明刑杖是可以用的。(3)枷杖以下刑具。如前述《上海洋径派设官会审章程十条》(同治七年,总署王大臣谐南洋)中规定,公馆置备枷杖以下刑具,无论钱债与交易各事,允许对华民刑讯,说明枷杖以下刑具在民事案件中均予使用。

四、推定刑讯适用于一切民事案件

《大清律例》将户婚、田土等民事案件规定在户役、婚姻、田宅、钱债四门中,大致可分为两类。一类是以刑罚方法(大多为笞杖刑)调整的户役、田土、钱债案,如"典买田宅"条规定:"若将已典卖与人田宅,朦胧重复卖者,以所得重典卖之价钱,计赃,准窃盗论,免刺,追价还后典买之主。田从原典买主为业。若重复典买之人及牙保知其重典卖之情者,与犯人同罪,价入官;不知者,不坐……其所典田宅、园林、碾磨等物,年限已满,主备价取赎。若典主托故不肯放赎者,笞四十。"[④]另一类是以民法方法调整的,如"出妻"条例规定:"期约已至五年,无过不娶,及夫逃亡三年不还者,并听经官告给执照,别行改嫁,亦不追财礼。"[⑤]这两类案件皆属州县自理之案,从前述关于刑讯适用的户婚、田土等民事案件分析,看不出这两类案件在刑讯上有何区分。故暂推定刑讯适用于一切民事案件。以上论述可见,刑讯适用于民事案件,并不以当事人行为触及刑律为前提件,而是可以适用于一切民事案件。如果

① 薛允升撰:《读例存疑》卷四八"故禁故勘平人"条例,载胡星桥、邓又天主编:《读例存疑点注》,中国人民公安大学出版社 1994 年版,第 821 页。

② 徐栋辑:《牧令书辑要》卷七。

③ 官修:《清文献通考》卷一九八刑考。

④ 《大清律例》卷九"典买田宅",载《大清律例》,田涛、郑秦点校,法律出版社 1999 年版,第 198 页。

⑤ 《大清律例》卷十"出妻"条例,第 214 页。

以现代法学关于部门法分类的理论进行判断,刑讯归属于刑事诉讼法,古代将刑讯适用于民事案件,等于是将刑事诉讼程序直接用于民事诉讼,这无疑从程序的角度又一次印证了学术界多年来关于中华法系"民刑合一、以刑为主"的论断是正确的。杨一凡、立志先言,对于单纯的民事案件,民间诉讼中有关户婚、田土等民事案件,只要事人没有触及刑律的行为,一般不使用刑讯,也不处刑的结论是站不住脚的。

五、清代民事案件在刑讯时的规定与限制

(一)印官的刑讯权

当此类案件需要使用夹讯时应由谁来行使?按《大清律例》卷三六"故禁故勘平人"条例规定刑讯为正印官之权:"内而法司,外而督抚、按察使、正印官,许酌用夹棍、接指外,其余大小衙门概不准擅用。"①

正印官使用夹棍拷讯后,应该据实向其主管上司申报,所申报之案情必须清楚明白,而且须将夹讯次数或案件未曾使用夹讯之处据实说明,该管上司在解审时详加察验,如发现案情有朦胧隐匿等弊即行题参。《大清律例》卷三六"故禁故勘平人"条例规定:"凡州县自理之案不得擅用夹讯,其申报事件,将夹讯几次或案内未曾夹讯之处据实声明,该管上司龄解审时详加察验,如有朦胧隐匿等弊即行题参。"②

何耿绳《囚禁》载:"凡州县自理之案不得擅用夹讯,其申报事件有曾经夹讯,省将夹讯几次或未曾夹讯之处龄招册内据实声明,上司放解讯时察验。至佐贰奉上司批审,有应夹讯者,许请改委印官审理,若像印官批发者,呈请印官掣回自审,违例用者参处。"③

即当州县自理之案夹讯上报后(上报之案可能包括已经夹讯和需用夹讯而未经夹讯之案),州县官的辅佐官佐贰奉上司批审有应夹讯者,请改委印官审理,若案系印官审批发文,则呈请印官将案件掣回,由印官自己审理;若违例使用夹讯则予参处。

(二)刑讯规定

1. 优待

"凡应八议之人,问鞫不加考讯,皆据各证定罪。一三品以上大员革职擎问,不

① 《大清律例》卷三六"故禁故勘平人"条例。

② 同上。

③ (清)徐栋撰:《软令书样要》(第7卷)。

得速用刑夹,有不得不刑讯之事,请旨遵行。"①

"凡应八议之人(礼所当优),及年70以上(老所当恤),15以下(幼所当慈),若废疾(疾所矜)者,(如有犯罪官司)并不合(用刑)拷讯,皆据众证定罪。违者,以故失入人罪论。(故人抵全罪,失人减三等)。其龄律得相容隐之人,(以其情亲有所讳),及年80以上,10岁以下,若笃疾,(以其免罪有所恃),皆不得令其为证。违者,笞五十(皆以吏为首,递减科罪)。"②

2. 刑具定式

(1)夹棍。"夹棍,中挺木长三尺四寸,两旁木各长三尺。上圆下方,圆头各阔一寸八分,方头各阔二寸。从下量至六寸处,凿成圆窝四个,面方各一寸六分,深各七分。拶指,以5根圆木为之,各长七寸,径圆各四分五蓬。"③

"凡用刑衙门,凡一切刑具,不照题定式样造用,致有1、2、3号不等者,用刑官照酷刑例治罪,上司各官不即题参,照询庇例治罪。"④

(2)夹棍以外的其他刑具。"申定施用刑具之例:刑部议准各省州县所用刑具,务照定式,不得用短夹棍及大板重枷,至征比钱粮,应用小板轻枷,薄以示惩,下限全完即行释放。"⑤

3. 刑讯次数

(1)1次审讯当中只能使用夹棍拷讯2次:《大清律例》规定:"其应夹人犯,不得实供,方夹一次。再不实供,许再夹一次。用刑官有任意多用者,该管上司不时察参,倘有拘隐,事发并交部议处。"⑥

(2)讯杖每日均不得过30杖:"凡讯囚用杖,每日不得过三十。"⑦

4. 验烙

问刑衙门夹棍必须呈送上司验烙,《大清律例》"五刑"条例规定:"各省问刑衙门夹棍,州县呈明知府验烙,知府呈明按察司验烙,按察司呈明督抚验烙。其尺寸长短宽窄,俱刻于中挺之上,如有擅用未曾验烙夹棍者,以酷刑题参。"⑧

(三)情罪重案与民事案件在刑讯方式上的不同规定

清代刑讯不仅适用于情罪重案,而且适用于一切民事案件,在刑讯种类和方式

① 《大清律例》卷四名例律上"应议者犯罪"条例。

② 《大清律例》卷三六刑律断狱"老幼不拷讯"条。

③ 《大清律例》卷四名例律上"五刑"条例。

④ 《清通志》卷七七刑法略。

⑤ 《清文献通考》卷一九八刑考。

⑥ 同上。

⑦ (清)赵尔撰:《清史稿·刑法志》。

⑧ 《大清律例》卷四名例律上"五刑"条例。

上,《大清律例》规定的法定刑讯方式均可适用。因此,总体来讲,这两类案件使用的刑讯方式区别不大,应该说相同点多于不同点。从清代律例和司法实看,二者所用刑讯方式的轻重程度有些差异,表现为:

1. 对动用夹棍的规定有所不同

对情罪重案,清代明文规定准许夹讯,而对户婚、田土等民事案件,清代严格限制使用夹讯,不许滥用。如《大清律例》"故禁故勘平人"条例,"强、窃盗、人命,及情罪重大案件正犯,及干连有罪人犯,或证据已明,再三详究,不吐实情,或先已招认明白,后竟改供者,准夹讯外,其别项小事,概不许滥用夹棍。"①如前所述,民事案件使用夹棍必须申报上司。

2. 对适用拧耳、跪链、压膝等较重的刑讯方式规定不同

《读例存疑》载:"处分则例于刑律所载应用刑具之外,私设非刑者,革职。又承审命盗抢窃及一切要案,如实系有罪之人,证据明确,而犯供狡展,或用拧耳、跪链、压膝等刑者,免其置议。若系案内干连人犯,或被扳无罪之人,以及审理寻常事件,辄用跪链等刑者,降一级调用;因而致死者,仍照擅用非刑例革职。"②据此,清代律例规定,对命盗、抢劫等情罪重案,如实系有罪之人,在证据明确而犯供狡展的情况下,可准用拧耳、跪链等刑;对户婚、田土等民事案件,辄用跪链等刑者,降一级调用,因而致死者,仍照擅用非刑例革职。

清代刑讯的轻重一般与案件性质严重程度相对应。情罪重案,侧重于使用重刑,除夹棍等重刑外,还可准用掌责、跪链、压膝等刑讯方式。户婚、田土等民事案件,侧重于使用较轻刑讯方式,如使用小板轻枷、刑杖及枷杖以下刑具。可见,清代情罪重案与户婚、田土等民事案件在刑讯适用上,只是略有轻重之别,一般情况下,用刑轻重与犯罪性质的严重程度相当。情罪重案往往用刑较重,户婚、田土等民事案件则用刑较轻。如《用刑》载:"至于夹棍,惟人命、强盗重犯不招,则用之……盖自有其应得之罪在也。"③但情罪重案也可使用较轻的刑讯方式,户婚、田土等民事案件亦可使用较重的刑讯方式。因此,总体上,清代法定刑讯方式对情罪重案及一切民事案件均可适用。清代对情罪重案与户婚、田土等民事案件在刑讯适用上不作严格区分的状况,反映了中华法系以刑为主、民刑不分的特点。

---

① 《大清律例》卷三六"故禁故勘平人"条例,载《大清律例》,田涛、郑秦点校,法律出版社 1999 年版,第 561 页。

② 薛允升撰:《读例存疑》卷四八"故禁故勘平人" 条例,载胡星桥、邓又天主编:《读例存疑点注》,中国人民公安大学出版社 1994 年版,第 821 页。

③ 黄六鸿撰:《福惠全书》卷一一。

论中国古代商事登记法律制度

韦 浩*

一、中国商事登记法律制度之起源

商代的商业已逐渐发展。一般认为，商品交换发生的前提是社会分工的扩大和城市的兴起。马克思说：社会分工“是商品生产存在的条件”，①“商业依赖于城市的发展，而城市的发展也要以商业为条件”。② 列宁也说：“社会分工是商品生产的基础。”③这样的前提，在商代都已具备。当时农业、畜牧业、手工业已大致形成各自的经济部门。在手工业中又有铸铜、制陶瓷、制玉、制骨、纺织、建筑、木作、漆器、酿造等不同部门。在手工业各部门内部，进一步分工已经出现。④ 同时，城邑的数量和规模也在空前的增长。“商代全国各地至少出现有300多个大大小小的城镇”。⑤这些城镇既是商王或各属国贵族、官吏、军队居住的地方，又是手工业作坊的所在地和进行交换的场所。当时的城镇里都有常设的特定交易场所——市，市内有各种各样的“肆”。《六韬》上记载：“殷君善治宫室，大者百里，中有九市。”“宫中九市，车行酒，马行炙。”⑥这些都为商业行为的产生提供了“温床”。

商代是奴隶制国家，经济虽然已经得到了较快的发展，但是生产力水平仍然较为低下，奴隶本身就是交易对象，仅有的一点生活资料，自己消费尚且不足，更谈不上进入交换市场。而平民的剩余产品也极为有限。奴隶制的经济基础决定了从事商品交换的只能由拥有大量财富和大批奴隶的奴隶主来进行，大的交换活动就由大奴隶主操纵，而且这种交换主要还是为大小奴隶主服务的。于是“工商食官”制度，⑦即官工商制度应运而生。商、西周都是以官工商为主。商周时期的商业中，在

---

* 韦浩，2003级法律文化专业，指导老师：徐永康。现工作于上海市工商行政管理局。

① 马克思：“资本论”（第1卷），载《马克思恩格斯全集》（第23卷），人民出版社1972年版，第55页。

② 马克思：“资本论”（第3卷），载《马克思恩格斯全集》（第25卷），人民出版社1972年版，第371页。

③ 列宁：“俄国资本主义的发展”，载《列宁选集》（第1卷），人民出版社1972年第2版，第161页。

④ 周自强著：《中国经济通史》（先秦经济卷），经济日报出版社2000年版，第454页。

⑤ 同上，第470页。

⑥ 吴慧著：《中国古代商业史》（第1册），中国商业出版社1982年版，第65页。

⑦ 语出《国语·晋语》：“公食贡，大夫食邑，士食田，庶人食力，工商食官，皂隶食职。”韦昭注：“工，百工。商，官贾也。《周礼》府藏皆有贾人，以知物价。食官，官廪之。”

市场上出售的商品主要来自官府。而市场上的采购者也主要是官府，官府将手工业原料和生活用品分别给官手工业者和贵族。官府是最大的买主和卖主，从中央到地方各级奴隶主官府都役使商业奴隶从事买卖、贩运等活动，商业经营收入归官府所有。这些商业奴隶也是官府的财产，他们世代相传，官府给他们提供简单饮食，以维持基本生存和再生育的能力。如商王室设有“多贾”管理王室商业。甲骨文曰：“庚申卜，宾贞，今泉多贾入于……”（《佚存》925）“癸丑卜，丁巳延多贾，易日”（《缀合》59）……可见多贾在王室的地位是相当高的。诸侯、方国国君也与王室一样拥有自己的商贾。《兮甲盘铭》曰“其维我诸侯百生，厥贾毋不即市，毋敢或和蛮宄贾，则亦井（刑）”即有对诸侯商贾的规定。[①]《周礼·天官冢宰》记载：大府有贾十六人，玉府和庖人有贾八人，典妇功、典丝各有贾四人。

官商业不仅是商业归官府控制掌握，而且从事具体商业活动的人也被官府操纵。官商使官府不参与具体商业活动，却操纵经商大权，坐享厚利。而商业奴隶则被官府指定在城市某一地方聚居，绝对禁止他们与贵族、平民杂处。政府派来“贾正”[②]为专门管理商业奴隶的官吏，他们将商业奴隶按人户编制起来，定期进行检查，不准自行迁徙和改业，以保证他们随时为官府服务。[③] 盛行于商周时期的“工商食官”制度，在春秋时期渐趋衰落。在春秋时代后期，由于奴隶制的逐步解体，独立经营的工商业者大量涌现，到了战国时代该制度已不存在了。但是，“工商食官”制度对后世的影响是深远的，并逐步演变为官营工商业，在封建社会里延续了几千年。

由此可见，商周时期“工商食官”制度中将商业奴隶按人户编制起来的做法，已经具有标志公示商事经营者身份的属性。因此，将中国商事登记制度萌芽的出现定于商代应该是没有问题的。中国进入封建社会后，自然经济占主导地位，人们生活的物质需求主要依靠农业生产，统治阶级实施政治统治的物质基础也主要产生于农业，用恩格斯的话来说，农业是“整个古代世界的决定性的生产部门”。[④] 在作为主体经济的农业不断发展的同时，商品经济作为农业经济的补充也得到长足发展，甚至在战国时期就已经危及封建经济基础和农业经济的主体地位，“所至，国君

① 冷鹏飞著：《中国古代社会商品经济形态研究》，中华书局2002年版，第19~21页。

② 《左传》昭公二十五年记鲁国郈邑有“贾正”，孔颖达疏说是“如《周礼之贾师也》”。《周礼·天官冢宰》记载：掌百官府之征令，辨其八职：一曰正，掌官法以治要；二曰师，掌官成以治凡；……今译：掌管天子下达给各官府的征召和命令，分辨官员的八种名称和职能：一是“正”，根据官法总体治理；二是“师”，根据官成负责治绩的总统计。转引自钱玄、钱兴奇、王华宝、谢秉洪注译：《周礼》，岳麓书社2001年版，第26~27页。

③ 杨宗兴著：《中国商业史话》，黄山书社1997年版，第13页。

④ 恩格斯：“家庭、私有制和国家的起源”，载《马克思恩格斯全集》（第21卷），人民出版社1972年版，第169页。

无不分庭与之抗礼”，[①]在这样的背景下，“农本商末”、“重农抑商”[②]逐步成为封建经济的主流思想。在这种思想指导下，封建统治阶级采取了各种商事登记、管理方式来加强工商业的登记、管理。

1.“禁榷”

“禁榷”是指中国封建社会国家对某些重要的商品实行专管的制度。“禁榷”始于管仲的“官山海”政策，[③]他主张一方面大力发展官营工商业，另一方面对盐铁的生产和流通由国家掌握和控制，实行盐铁专卖，从而使国家控制了两大利源。“禁榷”在封建王朝几经废立，但作为封建社会的基本经济政策却始终没有动摇过。如魏晋南北朝时盐铁官营；三国时魏吴实行酒的专卖。唐代专卖的商品有盐、酒、茶三种，并实行“榷盐法”，官收官卖，违者处以严刑。宋代禁榷物种类除传统的盐、茶、酒外，又有矾、香药、铁、石炭(煤)、醋等。元代专卖商品包括盐、酒、茶、醋、农具、竹木及部分矿业等。明代的开中制度，则是对“禁榷”的一种修正，也是官、商结合的一种制度。这种办法起源于宋代的折中仓，它以官府专利的一定商品为基础，商人如想经营官府专利的一定商品，须申请应募，承担官府规定的任务，然后才能取得经造权利。“禁榷”以后逐渐发展成为近代的专卖制度。

2.“市籍”、“匠籍”

采用注籍的方法是封建社会里官府加强对商人和手工业者登记管理的一项重要措施。“市籍”是经官府准许在特定市区内营业的商人的特殊户籍。先秦时，凡利用官府设置的房舍店铺或官有空地，长期固定地在市内从事交易活动的人，都要先向官府登记，列入市籍，并按章缴纳租税；秦汉时沿袭这一制度。有市籍是商人在市内做买卖的必需条件，否则就不能取得这个资格，违者要受检举治罪。但在特定的市区内营业的，主要是身份低贱的中小零售商人，巡游郡国的大批发贩运商，不须亲身到市内来，他们一般就不在市籍之中，身份地位较高，经济力量很强。所以有市籍的商人只是商人中的一部分，一般称为“贾人”，《汉书》师古曰：“贾人，坐贩卖者也。”坐肆列卖货，有市籍的“坐贾”，与一般无市籍的“行商”是不同的。

入市籍者的社会地位极为低贱，这与古代贾人之祖为官家的经纪奴隶有关，秦汉属于“七科谪”之列。[④] 从先秦时代起就不准有身份的人入市同贾人接触。[⑤] 封

① 《史记·货殖列传》。

② 《韩非子·诡使》：“仓廪之所以实者，耕农之本务也，而綦组锦绣刻画为末作者富。”

③ 《管子·海王》载：桓公曰：“然则吾何以为国?”管仲曰：“唯官山海为可耳。”桓公曰：“何谓官山海?”管子对曰：“海王之国，谨正盐策。”

④ 陈汉生主编：《中国古代经济法制史纲》，电子工业出版社1990年版，第121页。

⑤ 《周礼·地官·司市》载：“国君过市则刑人赦，夫人过市罚一幕，世子过市罚一檷，命夫过市罚一盖，命妇过市罚一帷。”

建政府更对他们规定了“不得入仕”、“不听服黄”等歧视性的政策，如《旧唐书·职官制》吏部规定：“凡官人身及同居大功以上亲，自执工商，家专其业……皆不得入仕。”

明承元制规定手工业者必须入“匠籍”，世代承袭，不许脱籍改业，《明会典·户部》记载：“凡军、匠、灶户，役皆永充。”顺治二年，清政府颁发了废除手工业者匠籍的谕令，“免山西章邱、济阳二县京班匠价，并令各省俱除匠籍为民。”①从此，手工业者对封建国家的人身依附关系有了一定程度的松弛。

3.“编审铺户”

明清时期，封建统治阶级对于经济活动的干涉和管制更为严格，用法律条文明确规定了对工商业户的管理制度。其中主要的就是“编审铺户”的规定。当时法律条文规定，所有的店铺、商行都必须到主管衙门进行登记注册，方能在城市开业，并由主管的官吏定期调查其资本数目、营业状况和盈利数额，然后分别等第，立案造册，名曰“编审”。这种编审使铺户不仅担负了当行、祗应等义务，而且成为官府和雇、和买、上供、采办的对象。②

清朝沿袭明制，有过之而无不及。《清史稿·食货志》记载：“世祖入关，有编置户口牌甲之令。……各省驻防营内，商民贸易居住及官兵雇用人役，均另编牌册，报明理事厅查核。……（商民）往来贸易，必取具行户邻左保结，报官给照。”可见，清朝的管理比之明代更为严格。

4.“行会”

“行会”本来是工商业者在商品经济相当发展的情况下，为限制竞争，规定生产或业务范围，解决业主困难和保护同行利益而成立的组织。中国古代的行会是在坊市制度和政府对市场的直接管理废弛后，作为一种填补空白的替代物而产生的。③ 隋唐时，城市中就已有“行”，如长安西市市署前有大衣行。宋代有“团行”，明清时期则更为发达，常由同乡或同业组成，机构曰会馆或公所。

宋代以后，“行会”的性质就发生了变化，由自发的民间组织变成由官府控制的带有半官方色彩的一种封建势力。官府强令经营者必须“投行”，缴纳“行例”，④加

---

① 《清世祖实录》卷一六；王先谦：《东华录》。转引自萧国亮著：《中国社会经济史研究——独特的（食货）之路》，北京大学出版社2005年版，第222页。

② 明朝沈榜撰《宛署杂记》卷五记述：“铺行之起，不知所始。盖铺户之民，各行不同，因以名之。因其里巷多少，编为排甲，而以所业所货注之籍，遇各衙门有典礼，则按籍给值役使，而互易之，其名曰‘行户’，或一排之中，一行之物，总以一人答应，岁终更践，名曰‘当行’。然实未有征银之例，后因各行不便，仍拟征行银。”

③ 刘佛丁、李一翔、张东刚、王玉茹撰：《工商制度志》，上海人民出版社1998年版，第8页。

④ 王安石曾言于神宗皇帝曰：“臣曾雇一洗濯妇人，直言有儿能作饼，缘行例重，无钱赔费，开张不得。”转引自郑学檬主编：《简明中国经济通史》，人民出版社2005年版，第325页。

入行会，不"投行"者官府便强令其停止营业，并予以法律制裁。郑侠撰《古今图书集成·食货典》中记载："不属行之人，不得在街市买卖。……仰各自诸官投充行人，纳免行钱，方得在市卖易。不赴官自投充行人，有罪，告者有赏。"

5."领帖给照"

明清时期对于工商业者从事生产经营活动都要令登记，交纳银两，然后发给帖照，始得经营。无照经营谓之非法，予以法律制裁。《明史·食货志》记载："初太祖令商人于产茶地买茶，纳钱请引，引茶百斤，输钱二百，不及引田畸零，别置由帖给之，无由帖及茶引相离者，人得告捕……即为私茶。凡犯私茶者，遇私盐同罪。私盐出境与关隘不讯者，并论死罪。"

清乾隆二十九年盐驿道颁发给浙江黔县商人汪岫云的《商照》上写道："给商照验。……为给照遵守，以杜混冒事。照得该地商盐，业经评定，认配归公，按运销卖。难容参差紊乱，恐有不肖之商，混将配数，私顶盗卖，致多讦讼，有烦案情，合行给照遵守。为此，照给商人，××收执，查照后开本商名下，认配盐数，遵循掣配销卖，嗣后如有顶替，即将此照缴验，禀请更换新照。如无印照，即属盗卖。除不准更名外，定行查究不贷，至执照者。"乾隆四十九年直隶布政使司发给门头沟德意窑窑商徐友松的一张布字第十六号窑照写道："钦命直隶等处承宣布政使司伊为印发窑户执照事，案蒙前任总督部堂袁批……应请照依提督衙门规定章程给照之例，每座印发司照一张，给予认采各商收执，自赴所认窑口，加工开采，一俟煤旺窑成，即照例详请给帖、输税。如各商内有年老事故顶替者，即行查明，缴换新照，以杜争执私开之弊。等因，详蒙批允行知遵照在案。今据宛平县将认开窑座详请给照前来，合行颁发。为此，给照本商收执，照依后开山场窑口界址，自备工本，赴窑开采，一俟煤旺窑成，即照例报明，领帖、输税。"

二、中国古代商事登记法律制度评析

列宁在《论民族自决权》中曾提道："在分析任何一个问题时，马克思主义理论的绝对要求，就是要把问题提到一定的历史范围内。"根据列宁这一观点，我们在对我国古代商事登记法律制度进行评析时，就应该客观地把我国的历史传统考虑在内。综上所述，建立在自然经济长期占绝对统治地位，父系家长制和家庭伦理观念根深蒂固基础上的我国古代商事登记法律制度呈现出以下特点：

1. 目的主要是税收

我国古代国家的赋税收入主要来源是农业，包括田租（赋）和纳税人主要是农民的算赋、口赋、更赋等，但涉及工商业的税收也非常重要，国家通过商事登记，全面干预商业经济,采取各种形式的工商业税收来榨取社会财富,增强它的财政实力。首先是市税(租)。《管子·大匡篇》记载:"关市之征,五十取一。"[①]汉武帝时,"齐临苗十万户,市租千金,人众殷富,巨于长安",[②]相当可观。其次是缗钱[③]。商人的税率要高于一般税率一到二倍。《汉书·惠帝纪》:"人出一算,贾人与奴婢倍算。"汉武帝在颁布算缗令的同时,曾规定凡是隐瞒自己财产不报或呈报不实的,被人告发以后,罚戍边一年,并没收其财产。对告发的人则赏给所没收财产的一半,作为奖励。但逃避财产税而被告发的商人仍然很多。《汉书·食货志》说西汉政府通过治缗钱"得民财物以亿计,奴婢以千万数,田大县数百顷,小县百余顷,宅亦如之"。这对国家来说,无疑增加了一大笔财政收入。但这并不是正常的税收,而是暴力的掠夺。再次是訾算(财产税)。汉时每万钱收一算(120 钱),但资产不满二万钱可不訾算。[④] 其他还有盐铁税、假税、渔税(海租)、工税、商车税、酒税等。元朝中期商业税收收入相当于全国货币收入的十分之一,超过以往任何一个朝代。在清代,随着通货膨胀的发展,原来固定限额的农业土地税的实际收入越来越少。据乾隆三十一年(1766 年)的统计,该年度的财政总收入是白银 4854 万两,其中商业税的收入为 1230 万两,占总收入的 25%。[⑤] 在一个以农为本的国家里,商业税已占政府财政收入的四分之一,这个事实不能不引起统治者对商业税收的重视。所以国家为了确保财政收入,必须通过商事登记加强对工商业经济的干预。这就与欧洲商事登记在商品经济基础上出现的主要目的是标明商人的身份,以保障交易安全差异较大。

2. 成为政府调控商品经济和民间手工业经济发展的工具

商品经济是指直接以交换为目的而进行生产的经济。商品经济反映着一种人与人之间的社会经济关系,它承认所有的商品生产者和商品所有者都是平等、独立、自由的主体。这种关系和封建社会里人与人之间的等级关系、人身依附关系、特权关系是根本对立的。

我国古代社会商品经济的发展长期处于世界各国的前列,但始终处在从属于自然经济的小商品经济形态。各朝政府根据社会经济发展状况,在抑商的总政策下,通过各种商事登记方法对商品经济时抑时扬,交叉进行。例如,唐初为恢复战乱后的经济,其政策就比较宽松。太宗元年(627 年)八月,认为商贾活动是"生民之本",不许官府遍设关卡,诏曰:"潼关以东缘河诸关悉宣停,其金银绫绢等杂物依格

① 这里指的是抽取贸易额 1/50,而非商人利润中的数目。

② 《史记·齐悼惠王世家》。

③ 《汉书·武帝纪》李斐注:"缗,丝也,以贯钱也。一贯千钱,出算二十也。"师古曰:"谓有储积钱者,计其缗贯而税之。"

④ 陈汉生主编:《中国古代经济法制史纲》,电子工业出版社 1990 年版,第 113 页。

⑤ 《清史稿》卷一二五,《食货六·会计》。

不得出关者，不得须禁。"[①]但安史之乱后，"诸道津都会之所，皆置吏，阅商人财货，计钱每贯二十文"，[②]加上重税和盐、茶、酒均专卖，商人多"亡命入南山为盗"。[③] 因此，我国古代商品经济虽然以社会分工为基础，以直接交换为目的，但是缺乏人与人之间平等、独立、自由的社会经济关系。商品交换过程所固有的平等原则往往被封建特权所制约，甚至替代。在封建国家干预下，调节商品生产和商品交换的价值规律受到了极大的限制，不能发挥正常的作用。此外，政府还通过"禁榷"、"市籍"、"匠籍"等商事登记方法加强对市场的操纵、控制、独占，从根本上堵塞了民间手工业经济发展的道路。

3. 诸法合体，随意多变

我国古代的商事登记立法形式各朝代有所不同，但总体上以律、令为主。律是国家就某一专门事类正式颁布的法律。自商鞅改"法"为"律"之后，就成为大多数朝代主要的法律形式。[④]"令"是君主或皇帝针对一时之事而以命令形式发布的法律文件，"天子之言曰令"，[⑤]其效力高于"律"，皇帝可以根据形势的变化和需要随时发布，是一种非常灵活的法律形式。无论"律"、"令"都是民刑不分，程序法、实体法不分的法律形式。例如，《大明律》规定："凡军、民、驿、灶、医、卜、工、乐诸色人户，并以籍为定，若诈冒脱色，避重就轻者，杖八十。"其中"凡军、民、驿、灶、医、卜、工、乐诸色人户，并以籍为定"是商事登记规定；"若诈冒脱色，避重就轻者"是罪状；"杖八十"则是法定刑。汉武帝公元前119年颁布"算缗令"，开始对商人、高利贷者和手工业者征车船税和财产税。但公元前110年，算缗政策停止执行，前后才九年，变化不可谓不快。而且"律"、"令"基本都是实体法，与现代商事登记法属于程序法范畴也完全不同。

4. 登记机关依附于政治机构

我国古代从事商事登记的机构虽然复杂，但不同的商事登记和各级行政区划都明确了相应的登记机关和登记官员登记管理，如唐代对"市"的登记管理机关和官员有："显庆二年（公元657年）十二月十九日，洛州置北市，隶太府寺"，"州县职员令，大都督府市令一人，掌市内交易，禁察非为，通判市事"。[⑥] 各州县还设"市令

① 《唐会要·关市》。

② 《唐会要》卷八四。

③ 《新唐书》列传卷八〇。

④ 宋代将律、令等合编为"刑统"。元代采取随事立名的办法。法典称为"条格"、"新格"、"通制"，乃至于"风宪宏纲"等。

⑤ 《新书》卷一。

⑥ 《唐会要》卷八六。

丞,掌市廛交易,禁斥非违之事”。[①] 但这些机构往往从属于政治机构,由各级行政官员兼任主管。这些官员都不是专业从事经济工作的,对监管领域缺乏知识和经验,即使一度专门在商事登记机关任职的人,也多为政客,这些职务对他们来说只不过是仕途中的一个台阶而已。

我国古代商事登记制度的这些特点,究其原因,与我国古代的经济制度、传统思想等是密不可分的。

1. 经济基础决定上层建筑的历史范本

马克思主义认为:一定社会的居主导地位的生产关系总和,构成该社会的经济基础。建立在经济基础之上,并与之相适应的政治法律制度和社会意识形态,是社会的上层建筑,两者之间存在辩证统一的关系。经济基础决定上层建筑,上层建筑又反作用于经济基础。一定的经济基础和一定的上层建筑相统一,构成社会形态。国家实行的政策,在一定程度上是由经济结构所决定的。中国的城市商品经济不够发达,国家财政主要依靠田赋,而不是工商税。封建社会的城市一直是专制主义国家统治乡村的大本营,大大小小的手工业和官营商业在城市占有优势,民营手工业和民营商业却处于封建政府的严密控制之下,难以发展成为独立的力量。而在辽阔的乡村,直到封建社会后期地主经济仍占据着统治地位。同时,以农业与手工业紧密结合的小农经济结构,严重地阻碍着商品经济的发展。所以在单一的小农经济结构基础上建立起来的封建专制主义国家必然实行反映自然经济特点的重农抑商政策,而商事登记制度就成了落实该政策最好的手段和工具。

2. 灵魂深处是我国的传统伦理思想

深刻影响我国古代社会经济生活和商事登记法律制度的就是以“重义轻利”观念为代表的儒家伦理思想。

义者,宜也。[②] 在中国古代社会,农为国家之大利,为国家之最适宜者,故亦为国家之大义。重农即国家“重义”也。商为私人之利,为国家之害。抑商乃国家之“轻利”也。从正统观念来看,商业及商人对传统伦理或义理(精神)的危害或威胁主要体现在两个方面:一是危害封建等级秩序,富商大贾“荒淫越制,逾侈以相高,邑有人君之尊,里有公侯之富”,[③]此种情形,“伤化败俗,大乱之道也”。[④] 二是破坏传统的“均平”伦理秩序。孔子曰:“有国有家者,不患寡而患不均,不患贫而患不安。盖均无贫、和无寡、安无倾。”[⑤]朱熹在《论语集注》中曰:“均,谓各得其分。安,

① 《唐六典》卷三〇。
② 《礼记·中庸》。
③ 《汉书·食货志》。
④ 《史记·货殖列传》。
⑤ 《论语·季氏》。

谓上下相安。”其要求按照等级身份分配财富，同等级间平均分配财富，就不会引起社会不安和动乱。而商品经济必然导致的两极分化，必然时刻威胁破坏着小农社会均平、宁静、停滞的生活伦理。

因此，历代王朝采取了轻重不等的“辱”商政策，而“抑商”也就当然成为传统法律的应有内容，成为传统法律的一种传统，商事登记法律制度也不例外。此外，诸法合体、行政机关兼理司法也与我国特有的国情分不开。我国从战国李悝著《法经》起，直到最后一部封建法典《大清律例》，都以刑法为主，兼有民事、行政和诉讼等方面的内容。这种诸法合体的混合编纂形式，贯穿整个封建时代，直到20世纪初清末修律才得以改变。而以刑法手段调整各种法律关系，也表现了封建专制制度下司法镇压的严酷性。

我国近代关于民商立法模式的三次论争

季立刚*

一、清末关于民商立法模式的初次争论

1901年1月,清政府在内外危机中颁布变法令,提出"参酌西方政要",以达"天下富强"。1902年3月,清政府发布上谕,提出"矿律、路律、商律等类,皆应妥议专条"。1903年4月,清政府再次发布"通商惠工,为古今经国之要政……兹者派载振、袁世凯、伍廷芳先订商律、作为则例"的上谕,①拉开了我国近代民商事立法的序幕。1904年《钦定大清商律》颁布,1911年《大清民律草案》亦告完成。在清末民商事立法过程中,不仅引进西方民商法律的内容,更着眼于中国实际。

1905年,在陈武、刘泽熙所著《商法》中详细记载了关于民商关系的讨论:既分析了民商法的联系,也强调了二者的区别,是目前所见的最早专门讨论民商立法模式的论述。其基本观点是赞同"民商分立"。在民商关系上,他们认为:"民法者,商法之基础也。然民法与商法非主从关系,亦非本则与例外关系。商事虽由普通民事而生,而商法对于民法可云特别法,不得谓为例外法。"②在"民商分立"的原因上,他们分析道:商法对于民法,实有独异之特质,商法有世界的倾向,其规定之大者,通世界各国渐趋于同,商法"应与民法分离,而各为一部"。

明确主张"民商合一"的是清政府翰林院侍讲学士朱福诜。他于1907年奏请慎重私法编纂,并推荐日本法学博士梅谦次郎为起草员,明确提到编纂"民商合一"法典的主张,称:"中国编纂法典之期后于各国,而所采主义学说不妨集各国之大成,为民商法之合编。"③甚至当时受聘起草商律的志田钾太郎也曾表示过对"民商分立"的反对。不过,志田钾太郎对于草拟《大清商律》解释道:"中国与外国立约,外国收回领事裁判权以中国有完全法典时为限","若有民法典而无商法典,则法典

* 季立刚,2002级外国法律史专业,指导老师:何勤华。现工作于复旦大学。

① 商务印书馆编译所:《大清光绪新法令》,商务印书馆1910年版,第9页。

② 陈武、刘泽熙:《商法(总则篇)》,并木活版所1905年东京印行,第3页。

③ "修订法律大臣沈家本等奏议复《朱福诜奏慎重私法编别选聘起草客员》折",载《政治官报》,光绪三十四年(1908年)十月十五日,第373号。

仍不完全，适足为外人之口实"，"故中国之不可无商法典，实政策上不得不然也。"①

但是，"民商合一"的法典编纂体例，遭到以修订法律大臣沈家本为首的要员反对。他们从在制定法律时应参酌西方成法的立场出发，认为"自法国于民法外特编商法法典，各国从而效之，均别商法于民法各自为编。诚以民法系关于私法之原则，一切人民均可适用；商法系关于商事之特例，惟商人始能适用。民法所不列者，如公司、保险、汇票、运送、海商等类，则特于商法中规定之。即民法所有而对于商人有须特别施行者，如商事保证契约利息等类，亦于商法中另行规定。凡所以保护商人之信用而补助商业之发达，皆非民法之所能从同，合编之说似未可行。"②在沈家本的观点中，虽承认民商立法间的某种互通，更强调了民商立法间的相异之处。此后，修订法律馆采取了在《商人通例》、《公司律》、《破产律》之外起草民律的做法。

清末采用"民商分立"主要基于三个原因：一是在"先订商律"的思想指导下，贯彻"商战"思想，商律先行制定可谓水到渠成；二是清民（商）事立法主要师从德日，分立模式具有继受性；三是从时间上看，在民律起草之前，《钦定大清商律》、《破产律》即已颁行，如果在民法起草时再实行"合一"的编纂体例，势必会给立法工作带来诸多不便，因此清末拟定的《大清商律草案》、《改定商律草案》遵从了"民商分立"的体例。显然，清末的"民商分立"体例是历史形成的，并非是对分立与合一两种模式进行权衡、比较后作出的理性选择。③ 就这样，关于"民商合一"或"民商分立"的第一次论争没有改变"分立"模式的胜利。

二、"民商合一"论在民国初年的流行

民国初年，民商事立法进一步发展，既体现着对西方国家民商事法律的移植，也呈现出对清末民商事立法的继承。1914 年，《商人通例》、《公司条例》颁行，随后又起草了《商事条例》、《票据法》五草案、《破产法草案》、《海船律案》、《保险契约法草案》等商事法案。至 1926 年，民国《民律草案》各编先后完成，仍采纳"民商分立"模式。但在当时的立法实践中，一直伴随着是"民商合一"还是"民商分立"的理论争论。

在持"民商分立"观点的人中，修订法律馆法律顾问爱斯嘉拉可谓独树一帜。

① 何勤华、李秀清著：《外国法与中国法——20 世纪中国移植外国法反思》，中国政法大学出版社 2003 年版，第 240 ~ 241 页。

② "修订法律大臣沈家本等奏议复《朱福诜奏慎重私法编别选聘起草客员》折"，载《政治官报》，光绪三十四年（1908 年）十月十五日，第 373 号。

③ 吴克友："旧中国民商立法及其借鉴意义"，载梁慧星主编：《民商法论丛》（第 10 卷），法律出版社 1998 年版，第 264 页。

对于在中国采用“民商分立”还是采用“民商合一”，爱斯嘉拉有一个明显的转变过程。起初，他认为中国的民商立法应采取瑞士模式，即“应首先修订债权法”，并“将商法（《商人通例》、《公司条例》）附入债权法典之债权通义各条文之内”。① 但后来，爱斯嘉拉受北京政府聘请起草商法典，改变了原来的立场，主张基于中国已存在独立的商事立法及其立法的紧迫性，应实行“民商分立”。他还认为：“修订法典良好之方法，固不在泥守外国之律文，实在应就世界各国立法例倾向之同异而探索其原因，国民习惯也、地理关系也、普通历史政治也。”②而“民商合一”论者也从各国历史出发，论证了“民商分立”并无必然性，认为“决定商律适用之范围，必分别为商业或商行为与夫其他之营业或普通之法律行为，然试将此两者比较观察，何故前者独能适用商律，而后者则否？其理颇不可解，可见非有确然不易之根据”；从法制的沿革上看，“往古最进步之罗马法，并无自民律分离之商律法典，今日商业最发达之英美，并无可与民律明确区别之商律，折衷德法两法系之瑞西（士）债务法，亦综合民商二事而成者，由此可见近日法例，已有不认商律独立存在之倾向矣。”③在“民商合一”论者的眼里，“民商法相关联之处甚多”，是“民商合一”的重要理由。他们分析“民商分立”的不合理性如下：一是“商法设特别法典，害民事法之统一”；二是“使民法规定足以适应商之要求，则商法为特别法而存在者，归于无用”；三是“独于商人之阶级，与以特别法，害他之阶级而利商人阶级，非公平也”；四是“民法商法并存之时，审判官关于审判诉讼之方式、举证之方法”会产生适用上的困难，并“易生实体规定冲突”；五是“阻害法学之进步，盖商法独立存在，民法学者，不顾商法理论，商法学者对于民法，亦不加深究，致私法原理，不得保统一之步调，以图发展故也”等。④

值得关注的是，在民国初年有关民商立法模式的讨论中，展开了民商法律编纂技术的讨论。李炘指出：“商法不如民法之脉络一贯而成统一法典，实不外就商及有商业的趋向性质之各事项设特殊规定，而拉杂纂辑之耳，故商法之各编各章各具独立之状态，虽分离之而为种种单行法规也可，或设广大之民法典，容纳商法诸规定而为统一之私法全典，亦无不可。”⑤

在“民商合一”论坚定的支持者中，王去非的论述最具代表性。他在《商律法典存废之将来观》一文中详尽分析了商法典在编纂体例上存在的不合理性以及在立法技术上的不便。他认为：“商律为国内私法之一部，对于普通之民律法典，成为特

① ［法］爱斯嘉拉：“中国私法之修订”，载《法学会杂志》1922年第9期。

② ［法］爱斯嘉拉：“关于修订中国商法法典之报告”，载《工商法规辑览》，中华书局1930年版。

③ 王去非：“商律法典存废之将来观”，载《法律评论》1925年第109期。

④ 李炘：“商法之沿革及其系统”，载《法学会杂志》1922年第4～5期。

⑤ 李炘：“商法专攻劄记”，载《法学会杂志》1922年第7～8期。

别法,此为一般学者所公认,毫无疑贰者也。夫对于民律,别有商律之一大法典,其理由亟须说明。”[①]在商法各编的编纂体例方面,他认为“民商分立”的各种理由均不能成立,“民商分立”的编纂模式不具有合理性,商律各编都“不必存在”,并分析了理由:其一,商律总则编因缺乏一贯之原则,“缺乏法典组织之最大要件”;其二,各国对商行为大都制定特别法,因此“商律中之商行为编,并非必要”,“不如删除商行为一编,而使其各成为完全之单行法”;其三,“公司法规准用于营利的社团法人,故不如编制民律中,或制定为民律附属之单行法,较为妥当”;其四,票据法在有商律法典之国家,“使之成为单行法,亦复不少……夫网罗票据法于商律法典中,究其利益,不过图节省三四条文已耳,并无何等特殊理由,是则亦未始不可自商律分离,而成为单行法”;其五,“海商法规之大部分,凡与商行为绝无关系之船舶,咸得准用,与公司法同,故亦以独立制成单行法为适当。”[②]

“民商合一”论在民初形成一种学术思潮,“一时学者从而和之”,[③]但它并未改变当时“民商分立”的立法模式。究其原因,民商立法“利在速成、刻不容缓,因此决定整理积年关于近世新立法之资料,及变法以来习惯上之贡献、新式之判例,而厘定民法、商法二种法典。私法学界虽有民商二法合并之高论,迫于国家利害,未遑从容讨论矣。”[④]然而,“民商合一”论虽最终未被立法所采纳,但它在民国初年的流行,无疑具有重要意义,它推动了“民商合一”理论在中国的传播,为后来“民商合一”立法模式的最终确立进行了学理上的准备。

三、民商立法模式论争在国民政府时期的终结

1928 年,国民政府定都南京后,制定民商事法律再次被提上日程。1929 年 1 月,立法院第 9 次会议议决:“训政开始,各种法规,均待成立,权轻重而审缓急,应先行起草民法、商法、土地法、自治法、劳工法 5 种。”[⑤]民法委员会、商法起草委员会分别成立。1929 年 5 月至 1930 年 12 月,编纂完成民法各编,初步完成了民法的法典化。民法的制定,深刻地影响着商法编纂的独立性,诚如学者所言:编纂民法“首应解决者,即民商两法是否合一之问题”。[⑥]

对于“民商合一”,这一时期的学者采取了支持的态度,伍渠源在《民商法宜统

① 李炘:“商法专攻劄记”,载《法学会杂志》1922 年第 7 ~8 期。
② 王去非:“商律法典存废之将来观”,载《法律评论》1925 年第 109 期。
③ 胡长清著:《中国民法总论》,商务印书馆 1935 年版,第 25 页。
④ 李炘:“商法上之商事问题”,载《法学会杂志》1922 年第 7 期。
⑤ 谢振民编著:《中华民国立法史》(上册),中国政法大学出版社 2000 年版,第 230 页。
⑥ 胡长清著:《中国民法总论》,商务印书馆 1935 年版,第 25 页。

一论》一文中总结、分析我国古代民商立法概况后指出："吾国以农立国，历代重农轻商；商民既未成为一特殊阶级，亦无特别团体，是以四民恒受治于一法。盖吾国习惯，民商历代统一，固无分编之必要也"，若能"民商合一"，"既可免立法主义之抵触，复可免条文之重复。凡属齐民，受治一法，执法者无适用分歧之困难，治法者无研究不周之顾虑。"①施霖也在《民商法合一之理由》一文中对大陆法系商法体例进行分析后，力推"民商合一"模式，指出："商法应规定之事项，原无一定范围，而订为独立之法典，不免自取烦扰，而无实益。"②

"民商合一"论不可避免地影响到立法者对于民商立法模式的态度。立法院院长胡汉民、副院长林森对"民商合一"模式的确立无疑起了决定性作用。中央政治会议第180次会议核准了他们提议的编订民商统一法典的提案。1929年6月，中央政治会议第183次会议通过决议，决定编订民商统一法典。立法院遵照该项决议，审议通过《民商法划一提案审查报告书》。其时对"民商合一"的反对之声仍存，日本学者我妻荣就持有相反的意见，并对胡汉民、林森提案的理由逐一进行了反驳。国民政府时期在民商立法模式选择问题上，其论争具有以下特点：

（1）通过民商关系的分析，深化了对商法特性的认识。在以往的民商立法模式论争中，无论是"民商合一"论者还是"民商分立"论者，多简单地罗列、陈述民商立法的历史及沿革，鲜从商法特性上加以分析。这一时期，"民商合一"论者不仅从历史出发，认为"我国商人本无特殊地位，强予划分，无有是处"，③而且从民商法的适用关系上分析"民商合一"的理由，称"查商法所规定者，仅为具有商业性质之契约，至法律上原则或一般之通则，仍须援用民法，而商法上最重要之买卖契约，且多在民法中规定。是所谓商法者，仅为补充民法之用而已，其于条例，固已难臻美备"。④而"民商分立"论者则认为："各国商法之划分，与其谓非沿革之遗物，毋宁以商法之特性之沿革为后盾"，"换言之，向来商事法规，所以不与一般私法区别者，只以商业范围狭小简单，无为特殊处置之必要，若谓近代商业亦适用之，则断非所许"。⑤

（2）更为深入地分析了民商立法模式变迁的发展趋势。"民商合一"论者认为，因社会进步与国际化趋势的加强，民商立法均应采取"进步主义"，不断修订与社会经济发展所不合者，与"民商合一"与否无关；且"民商合一，对于商事法规，应趋于大同与否，立法者尽可酌量规定，并不因合一而失立法之运用"。⑥ 但"民商分立"论

① 伍渠源："民商法宜统一论"，载《法律评论》1928年第267期。
② 施霖："民商法合一之理由"，载《现代法学》第1卷第9期，世界书局1931年版。
③ "民商统一法典提案"，载方俊杰：《最新商事法论》，庆业印务局1938年版，第345页。
④ 同上。
⑤ ［日］我妻荣著：《中国民法债编总则论》，洪锡恒译，中国政法大学出版社2003年版，序论。
⑥ "民商法划一提案审查报告书"，载立法院秘书处编：《立法专刊》（第1辑）。

者认为“民商法在其对象之社会状态与进展之程度上，自属不同，故要求修正之程度亦相异”，[①]而且，“各国民法，固各有其特色，商法因商事有世界性，有趋于国际化之势，此项倾向，更不得不以条约等为参考，故欲适应国际的进展，仍有以商法为特别法之必要”。[②]

(3)探究了民商事立法的价值取向。“民商合一”论者认为，以阶层的不同适用不同的法律，已成为历史的陈迹，出于“人民平等”的考虑，应制定统一的民商法典，“若因职业之异，或行为之不同，即与普通民法之外，特订法典，不特职业之种类繁多，不能遍及，且于平等之原则不合”。[③] 而“民商分立”论者反唇相讥道：所谓平等不能仅为“表面之观察”，“另订商法，绝无害于法律上之平等。此项关系，只在适应商事之必要而为妥当之处置，并非与商人以特殊之地位”。[④] 这种观点区分了形式上的平等与实质上的平等，将有关民商立法模式价值取向上的讨论引向深入。

(4)深化了关于法典编纂技术上的认识。“民商合一”论者认为：“昔时各国之商法，以人为标准，即凡商人所为者，均入于商法”，然而，这种编纂体例要么已违背民商立法的平等价值，要么因商行为“在事实上有时颇不易分”、“商法应规定之事项，原无一定范围”，而导致商法典编订标准与体例上的困难和混乱，编纂分立的商法典“亦止自取烦扰”。“民商分立”论者则认为这种观点并非有力，“事物之界限不明，比比皆然，不利仅以此故而否认商法范围之存在。只有对此界限之确定努力为之耳”。[⑤]

(5)对新型民商立法模式的执著探求。“民商合一”与“民商分立”各自所存在的优劣，是无法回避的事实。“民商合一”论者与“民商分立”论者都通过各自的理论分析，试图寻找解决民商立法模式的新途径。“民商合一”论者主张，商法为民法之特别法，买卖等商事行为可适用民法，而民法上具有营利性质的社团法人亦可准用商法，民法与商法“牵合之处甚多”，“且民商划分，如一方为商人，一方非商人，适用上亦感困难。因民商法相关联之处甚多，而非一般人所能意料者”，[⑥]因此，“民商合一”十分必要。“民商分立”论者也不反对为适应商事发展之需要制定商事特别法，“则其规定于同一法典与否，毫无关系”，并且认为，在部分商事总则规范并入《民法典》之后，公司、保险、票据、海商等制定商事特别法，是一种新型的商事法典

① ［日］我妻荣著：《中国民法债编总则论》，洪锡恒译，中国政法大学出版社2003年版，序论。
② 同上。
③ “民商法划一提案审查报告书”，载立法院秘书处编：《立法专刊》(第1辑)。
④ ［日］我妻荣著：《中国民法债编总则论》，洪锡恒译，中国政法大学出版社2003年版，序论。
⑤ 同上。
⑥ “民商法划一提案审查报告书”，载立法院秘书处编：《立法专刊》(第1辑)。

模式。[1] 这样一来,"民商合一"论者与"民商分立"论者在探索新型商事立法模式方面,形成了相似的观点。

尽管"民商分立"、"民商合一"的争论尚未彻底消弭,但"民商合一"的立法模式已被立法采纳,《民法债编》将在"性质上能与民法合一规定"的经理人、代办商、交互计算、行纪、仓库、运送营业、承揽运送等均一一编入,而"性质特异不能与民法合一规定者",如公司、票据、海商、保险等则另订单行法。[2] 至此,近代关于"民商分立"与"民商合一"的理论争论随着国民政府时期立法模式的确立而告一段落。

四、近代民商立法模式论争的历史价值及借鉴意义

民商立法模式的论争,促使近代中国人对民商法的性质及其编纂合理性认识不断深化。关于民商立法模式的论争为近代中国民商立法提供了不同理论背景,使立法者可以在不同模式中选择适合国情、适于应用的民商立法模式。近代三次关于民商立法模式的论争,具有重要的历史价值。

首先,"分合论"者关于民商法关系的论争,是建立在他们对民商法不同认知的基础上的,展现了他们不同的民商法理论。这种理论交锋,一方面促进了对民商法理论进行深入的探究,促进了民商法学的发展;另一方面使理论密切结合立法实际,使理论与实践契合,互相促进。其次,"分合论"者在历史沿革、立法趋势上交锋,表明了他们对世界立法潮流的不同认识,对立法方向的不同把握,体现出探寻法律制度内在发展规律的精神,他们探求"新学说之趋势",将有关民商立法模式变迁的理论看作一个动态的发展过程。再次,"分合论"者依据国情的不同论证各自观点的合理性,表明他们在受西方民商立法技术及其理论影响的同时,也密切地关注本国的实际,在民商立法模式上的本土化探索方面作出了有益的理论贡献。最后,"分合论"者通过探索民商立法模式,对民商立法的编纂体例及立法技术进行了研究,有助于寻找到符合民商法律自身属性及特点,能够妥善处理民商法律稳定性与变动性关系的新型民商立法模式。及至国民政府时期,与民法具有共性的商事规范被并入《民法典》,公司、票据、海商、保险等商事规范则以单行法形式依次制定,商事单行法一方面与《民法典》保持体例上的统一性,另一方面又充分、详尽地规定了各自调整的内容,并随时可加以修改、扩充,增添了商事法律制度的灵活性与进步性,较好地解决了民法稳定性与商法革命性之间的矛盾,使民商法编纂体例

---

① [日]我妻荣著:《中国民法债编总则论》,洪锡恒译,中国政法大学出版社2003年版,序论。

② 胡长清著:《中国民法总论》,商务印书馆1935年版,第28~29页。

更具科学性、合理性。这种新型民商立法模式既有别于当时"民商分立"国家，也有别于"民商合一"国家，实为一大创造，它大大促进了民商事立法的蓬勃发展，也是对世界范围内民商立法模式的一个重要贡献。

回溯中国近代的三次关于民商立法模式的论争，有两点启示：首先，民商法的发展有赖于民商法理论的进步。民商法理论是解决什么是民商法、民商法体系、民商法制度如何设计等一系列问题的理论体系。我国近代民商事立法主要是依靠移植外国法律制度完成的，"生吞活剥"的成分较大，其立法成果及实施效果均存在一些不足。近代对民商法理论的不断探索，亦为解决民商立法模式问题作出了贡献。目前，对民商立法模式的选择问题上仍存争议，我们应在认识民商法各自特性、分析其私法共性的基础上更好地解决我国的民商立法模式问题。在民商立法模式理论及实践上进行创新，是我们走出困惑、实现民商法体系合理化的必由之路。其次，应发挥立法机关的能动性。从近代三次关于民商立法模式的论争中可以看出，立法机关的能动性在立法模式选择中是十分重要的。清末民初，立法者主持制定了"分立"模式的民商法，而国民政府时期，更是在"合一论"立法者的直接推动下，制定了新型"民商合一"模式的民商法。立法机关若能在理论争论中吸取合理要素，进行创造性的工作，可以促进民商立法的发展。

综上所述，我国近代关于民商立法模式的三次论争，是民商立法史上的重要事件，推动了人们在民商关系、民商性质、民商立法技术等方面认识的不断深化，可为我国当前的民商立法找到一个历史的镜像。

《大清民律草案》的编订及其评价

曲玉梁*

在清末修律活动中，民律的修订并没有放在一个突出的位置。其时，人们关注较多的是关于宪政制度的设立和对大清刑事法律的修订。民律的修订是一个被迟提及的议题，然而就对后世的影响而言，民律修订而形成的成果——《大清民律草案》——却产生了深远的影响，其中包括对民国初年大理院的民事审判活动和"民国民法"的影响。

一、修订民律问题的提出

（一）一个被迟提及的修法议题

从1880年同文馆翻译出版法国《民律》（即《拿破仑民法典》，包含于《法国律例》中），近代中国开始全面了解西方民法。光绪二十七年（1901年）清政府颁布《变法自强谕》决定仿行西法之政策，并于次年下诏修律并命沈家本、伍廷芳"将一切现行律例，按照交涉情形，参酌各国法律，悉心考订，妥为拟议，务必期中外通行"。1904年修订法律馆开馆后两年内主要工作为：删修旧律（即对《大清律例》删繁就简、化重为轻）、收集翻译外国法律资料、考察外国法制和编订新律草案。修律计划和实际工作中，民律的修订都没有提上议事日程。

光绪三十二年（1906年）七月初四，《时报》刊载文章，从法律体系的角度论及民法的编订问题。① 次年四月初七，《南方日报》刊载了《急宜编订民法》的文章，并被当时颇具影响力的《东方杂志》转载，随即在社会上产生了广泛的影响。该文专门谈及编订民法的问题：②

---

* 曲玉梁，2003级中国法律史专业，指导老师：王立民。现工作于华东政法大学。

① 该文标题为《改良法律所应注意事项》，文中指出："法律分析多门，然大别之，实民法、刑法两类，其余皆从此而生，而法律之精神，实亦即寄于此。盖专制国之法律，命令而已，其条文皆注重上与下之间。至于人民与人民之交涉，视之殆无足重。自民法独立，别与刑法分驰，然后人民之权利，日益尊重。然民法又原于宪法，宪法未立，又几无民法之可言。故必次第分明，然后下手不至错乱，得收相维之益。今者民法未立，而商法先颁，民事刑事诉讼法又相继出焉，学者常议其本末倒置。虽此中有不得已之故，未可苛求，然次第不分，条理终不明晰，此不可不言首先注意者也。转引自《东方杂志》第3卷第12期，1906年。

② 张生著：《中国近代民法法典化研究》，中国政法大学出版社2004年版，第46～47页。

“今之所谓法治国者,大都合君臣上下而一出於法,法之范围非常宽泛,悉数之不能终。然究其大要,在上则为行政法,在下则为民法。行政法者由统治权之作用中除去立法、司法二项,而以其余之事项归之者。就行政而浅言之,即由行政机关或他机关所行之事务也。我中国自预备立宪以来,朝廷之上亟亟注重于行政一方面,而于民间私法之一部分迄未涉及。殆未知民法之关系于人民者重且大欤。”①

清政府民政部随即上奏,指出民法与刑法均关乎国家治道,“二者相因,不可偏废”,并奏请“斟酌中土人情政俗,参照各国政法,厘定民律”。清政府批复民政部,并将起草民律的职责交由修律大臣和民政部共同承担。②

历经两次法律修订权之争,清政府最终确定由修订法律馆负责修律的同时限定三年之内完成“民律、商律、法院编制法、刑事民事诉讼律”草案。宣统二年(1910年)十月,由于国内政治局势日益紧迫,民律草案应在宣统三年(1911年)颁布,次年正式施行。编订民律的时间安排再次改变。为了编订民律草案,修订法律馆就技术操作的层面,制订了严密的编订计划,民律草案的编订工作逐次展开。嗣后开展了民事习惯调查工作和民律条文稿的撰写工作。

(二)编订民律草案的指导思想

在法律修订权之争期间,修律大臣与民政部起草了《编纂民法之理由》(草稿),拟定了民律草案的大纲。该理由书建议,民律草案应采取法国、德国、日本通行的民商分立的体例。此种选择主要不是基于理论而是根据中国立法便利的实际需要。该理由书同时还编列了“民律草案大纲”,大纲采纳了当时世界上最新的民法篇章结构。具体为“第一编总则”、“第二编亲属”、“第三编继承”、“第四编债权”、“第五编物权”,这一结构主要受瑞士民法的影响,同时具有与德国民法混编的特征。③

俞廉三、刘若曾在《民律前三编草案告成奏折》向清政府报告了民律草案前三编的编辑情况,其中陈述了编订民律草案的“编辑宗旨”,即编订民律所要把握的基本原则,主要有四点:

第一,“注重世界最普通之法则”。强调的是,出于本国国民与国外人士之间交往的需要,中国与世界各国的经济交往中不可避免地会发生争端,一旦相互之间发生诉讼,倘若中国的法律与国外的法律差异太大,可能会导致中国受到损失,因此,为避免这种情形发生,民律草案中“凡能力之差异,买卖之规定,以及利率、时效等

---

① “论中国急宜编制民法”,载《东方杂志》第4卷第6期,1907年。

② 张生认为,《时报》和《南方日报》刊载文章都明确提出编订“民法”,而清民政部奏请和清政府批复都称为“民律”,个中缘由,张生认为清政府所要拟定的“民律”仍为传统意义上的治民之具,不是西方近代意义上的民法。但无论如何,在清末修理工程中,民法的编订终于得以开始。参见张生著:《中国近代民法法典化研究》,中国政法大学出版社2004年版,第50页。

③ 张生:“《大清民律草案》摭遗”,载《法学研究》2004年第3期,第143页。

项，悉采用普通之制”，以做到“以均彼我，而保公平”。

第二，“原本后出最精确之法理”。这其实说到的是“后发优势”问题，他们认为越是后制定法律的国家，越能吸收并体现最新的学说和最新的经验，其立法成果，也就“最为世人瞩目”。从社会系统来看，法律知识当然是没有国界的，不论是哪一国的法律，都是整个社会大系统的法，一个国家所创造的法律成果，不仅是该国一家的财富，也是整个人类社会的财富。① 因此，在编订民律时候，应当而且可以采取世界最精确的法理。比如，关于法人及土地债务等有关规定，可以采用外国的新制度，这样既可确保民律草案制定得科学，又便于实行。

第三，“求最适于中国民情之法”。这项原则强调的是，由于各个国家的种族、风土人情、宗教信仰各不相同，因此民律草案不能完全模仿西方法律。尤其关于亲属、婚姻、继承等方面，可在不违背宪政要求的情况下，分别参考中国传统义理、礼制或现行法制，“务期整饬风纪，以维持数千年民彝于不敝”，不仅要把民法视为解决纠纷的技术性工具，而且把民法理解为文化性的符号，②确保传统文化的传承。

第四，“期于改进上最有利益之法”。这表明民律起草者立足于“变法新政、促进社会进步”的修律立场，强调要注意选择适合于改进政治与法制的最有利益的法律和制度。在寻求对中国传统法制改进方面，要从最有利于引进先进制度的地方着手，而不要因循于“无裨治理”的“拘古牵文”，要敢于引进外国的先进法律制度。而且就法国、德国而言，他们都全面移植了罗马法，不论是从形式到内容，还是从原则到制度均囊括其中，但它们也并非所有的篇章均移植于罗马法，实际上所移植的主要部分也还是有关财产关系的物权和债权等制度。③ 中国应当引进西方的物权和债权的理论，然后采取循序渐进的办法，逐步达到与全世界统一的市场规则接轨，同时也促进解决中国自己的问题。

从修订宗旨的第一、二、四点来看，民律草案主要仿效了德国、日本、瑞士等国的民法，采用了资产阶级的民法原则、世界上最新的法理、法例。因此，民律草案的前三编，在当时是比较先进的，它同时将中国数千年来“民事为礼教所溶化”的习俗加以改变，使“礼”与“法”，“礼”与“债权、物权”区别开来。而修订宗旨的中“求最适于中国民情之法则”，实际上强调的要“礼法结合”，以维护中国的风俗礼教。从立法本意来看，应当是强调了要处理好引进法律制度与本国固有文化之间的关系。

---

① 曲阳等：“外来法与本土法——全国外国法制史研究会第十三届年会综述”，载何勤华主编：《法的移植与法的本土化》，法律出版社 2001 年版，第 610 页。

② 张生著：《民国初期民法的近代化——以固有法与继受法的整合为中心》，中国政法大学出版社 1992 年版，第 8 页。

③ 冯卓慧：“法律移植问题探讨”，载何勤华主编：《法的移植与法的本土化》，法律出版社 2001 年版，第 23 页。

因为法律移植若要真正推动社会发展，必须十分慎重，要考虑移植所需的一系列条件，力促移植成功。[①] 但从实际操作来看，民律草案的"亲属编""第一章通则"附有亲属图、外亲图、期亲图，这是《大清新刑律草案》删去"五服图"以后的变相恢复，是维护封建"宗法"、"服制"的体现。同时，"亲属编"的种种规定，也确保了实行封建家族制和家庭内的尊卑贵贱的等级关系，如"家长由一家中最长者担任，总理家政"。在家庭内，卑幼处于从属地位，不到一定年龄，没有异居、分财和婚姻等自由权，对于女子行为权力的限制和承继方面，更有许多维护封建保守的规定。[②] 但也有人认为，该法尽管在形式上是一部外来法，但实质上却具有本土法的精神。[③]

（三）编订民律的蓝本选择

中国近代仿照西方进行法典编纂，直接原因就是要收回治外法权，而"维护万世一系的封建皇朝"是清政府最大的宗旨。这就影响了清廷选择以何种西方法制模式作为继受对象。清末出使西洋考察政治的五大臣评价和取舍西法的一个基本前提是"择各国政治之中与中国政体相宜者"，即以当时中国君权至上和中央集权政体作为评判西法的标准和决定采取何种态度的依据。在五大臣考察西洋政治的基础上，清廷"择善而从"，出于保存封建君权和"钦承衰断"的旧政体的目的，作出了"远法德国、近采日本"的决定。这也基本确定了清末立宪和修律的主要师从对象和继受模式的大概框架。

清廷立宪和修律的真实目的也决定了其在判断西方法制模式时的价值选择。是效仿大陆法系的法典法，还是引入英美法系的判例法，这实质上涉及一个究竟是选择遵循法国大革命模式的理性主义和国家主义，还是选择恪守英美宪政革命模式的自由主义和个人主义的问题。西方两大法系的法律制度虽然都体现了平等、自由和民主的精神，但是英美判例法却包含着更为强烈和深刻的个人主义、自由主义和地方自治因素，这与清王朝所崇尚的"大一统"的国家主义和"法自君出"的专制主义相去甚远。大陆法系的法典法注重的是以统一国家的名义编纂法典，强调法典的权威性、稳固性和普遍性。它意味着运用统一的意志和理性的力量对整个社会进行自上而下的改革和重整，象征着统治者至高无上的地位和不容侵犯的尊严，这一点与清廷的要求不谋而合。此时的清廷不再迷信中式传统法典的神奇能量，而是幻想借助西式法典之手恢复其被打击得荡然无存的尊严，巩固其摇摇欲坠

---

① 陈传法："法的移植简论"，载何勤华主编：《法的移植与法的本土化》，法律出版社 2001 年版，第 17 页。

② 华友根："《大清民律草案》的修订宗旨及其思想影响"，载《政治与法律》1988 年第 5 期，第 47 页。

③ 郑晓辉："大清民律草案——外来法与本土法混合的产物"，载何勤华主编：《法的移植与法的本土化》，法律出版社 2001 年版，第 173 页。

的统治根基和稳定全国动荡不安的局势。也因此，作为中央集权、国家统一和政治稳定的标志的法典在某种程度上就成了清王朝的必然选择。

因为"技术上和中国近代法律职业的状况，导致对英美法移植的困难"，"中国传统与德、日具有相近的文化观念和思维模式"，"当时世界法律发展的法典编纂的潮流与中国既有的历史传统相契合"，最终促成了清政府选择了将德、日代表的大陆法作为修律的蓝本。①

二、《大清民律草案》的主要内容及评价

宣统三年（1911年）《大清民律草案》次第完成。全部草案计五编，共1569条。其中前三编总共1316条，其中计"总则编"323条、"债权编"654条、"物权编"339条、"亲属编"143条、"继承编"110条。《大清民律草案》后来被人们称为"民律一草"。② 据张生考证，前三编有"条文稿"的说明稿，而后两编的说明稿则在修订法律馆交付礼学馆会商尚未定稿之时，清王朝已经倾覆。③

《大清民律草案》深受德国"潘德克顿法学派"关于法典应尽可能抽象的理论的影响。所谓"潘德克顿"其实就是《学说汇纂》希腊语名称的音译。"潘德克顿法学派"即得名于当时曾名噪一时的那些以《学说汇纂》为集中研究对象的法学家们。④ 因此，尽管很多学者认为，《大清民律草案》直接来自日本，且由日本民法专家帮助起草，但其实它深受德国法影响，实际上继受的是德国法。⑤

《大清民律草案》的主要内容为：

（1）总则部分。

第一，关于"行为能力"的规定中，《大清民律草案》对"妻"的行为能力进行了限制。第二，仿效德、日民法，将权利能力及行为能力、自由权和姓名权等有关人格的概念写入草案。首次用法律的形式肯定了人格权，对于饱受专制之苦的民众是

---

① 封丽霞："偶然还是必然：中国近现代选择与继受大陆法系法典化模式原因分析"，载《金陵法律评论》2003年春季卷，第145页。

② 张生在《中国近代民法法典化研究》中指出，依据现有资料，宣统二年（1910年）民律草案"条文稿"的篇章顺序（第一编总则，第二编债权，第三编物权，第四编亲属，第五编继承）与光绪三十三年（1907年）民律草案"条文稿"的篇章顺序（第一编总则，第二编亲属，第三编继承，第四编债权，第五编物权）并不一致。参见张生著：《中国近代民法法典化研究》，中国政法大学出版社2004年版，第78页。

③ 张生："《大清民律草案》摭遗"，载《法学研究》2004年第3期，第150页。

④ 薛军："理想与现实的距离"，载徐国栋主编：《中国民法典起草思路论战——世界民法典婚策史上的第四次大论战》，中国政法大学出版社2001年版，第192页。

⑤ 王立民："清末中国从日本民法中吸收德国民法"，载《法学》1997年第1期，第53~55页。

有重大意义的。[①] 第三,《大清民律草案》总则编规定了法人制度,确认人的集合体享有人格从而独立行使权力承担义务,有助于推动经济发展。[②] 第四,《大清民律草案》第1条有关于民事习惯适用的规定,为后来大理院审理民事案件适用习惯提供了法理支持。

(2)债权编部分。

第一,第一次在中国成文法中,明文确立了近代资本主义民法基本原则之一的"契约自由",这无疑应是《大清民律草案》最伟大的贡献。第二,《大清民律草案债权编》在结构体例上,按照《德国民法典》"总—分"演绎式方法编排,以"通则"开篇,下面各章再按债的分类依次展开。

(3)物权编部分。

第一,对所有权予以明确确认,确立了"所有权不得侵犯"的原则。第二,关于中国传统的"典"等制度,在《大清民律草案物权编》没有很好体现,反映了外来法律制度没有很好地与中国传统的规范制度结合。第三,物权编的结构体例,也与债权编同,有利于立法者在总的框架下不断因应社会发展的需要,以立法的形式,补充新的物权种类及其权利内容。[③]

(4)亲属编部分。

第一,在亲属编继续实行宗法家长制。第二,有关婚姻关系方面沿用《大清律例户婚》的规定。第三,家庭关系中仍有嫡庶之别。第四,保留基于封建家长制、家族制的以"义务本位"的身份法。在身份法方面,依然没有摆脱固有民法义务本位的法律特征。[④]

(5)继承编部分。

第一,身份仍然影响继承权的享有。第二,专设"特留财产"制度,以发挥家庭教养功能。第三,贯彻了近代社会个人本位的立法原则,偏重尊重和保护财产所有人的意志和利益,特别强调遗嘱继承优先于法定继承。第四,女性在继承制度中的地位有所提高,可视为对传统封建法律的突破。

大清民律草案前三编采取资本主义民法的形式,并以资本主义民法原理为指导,适应了当时中国发展资本主义的要求,基本满足了社会成员对于法律上的私人平等的渴望和对私权利益的保护;同时移植了西方相关的民法规范、法律用语,使

---

① 马珺:"从《大清民律草案》看传统法与外来法的冲突",载《史学月刊》2008年第3期,第43页。

② 郑晓辉:"大清民律草案——外来法与本土法混合的产物",载何勤华主编:《法的移植与法的本土化》,法律出版社2001年版,第177页。

③ 李显冬著:《从〈大清律例〉到〈中华民国民法〉的转型——简论中国国代固有民法的开放性体系》,中国人民公安大学出版社2003年版,第166页。

④ 同上,第174页。

民法观念的广泛传播成为可能。[①] 草案虽在总则编,似乎是以资本主义民法原则为指导;但在内容牵涉身份法时,即具有了封建法的性质。[②] 除此之外,中国传统的并在社会生活中发挥重要作用的"典"等制度,却没有被吸收进草案,不能不说,对中国传统法律资源进行的有效整合,基本上是法律技术上的、规范形式上的解决,不是从形式到内容的全面整合。[③]《大清民律草案》并非纯粹的资本主义民法,顶多只是一部以资本主义民法的原则为体例,辅以封建传统法律内容的民法。[④] 尽管如此,《大清民律草案》所反映的民法理论启蒙了国人的法律观念,提高了中国人的民事权利的意识,为"民国民法"的制定奠定了近代化的规范基础。[⑤]"大清民律"的起草,将大陆法系德国民法的概念体系引入中国,由此决定了中国民法学的基本走向,民国建立后,1925 年的民国《民律草案》及 1929 ~ 1930 年制定的"民国民法",均是在《大清民律草案》基础上,经适当增删修改完成的。《大清民律草案》成了近代民法学 20 世纪初期在中国传播的"结晶",诞生了区别于中国传统律学的中国民法学。[⑥] 由于历史的原因,《大清民律草案》成了废案,甚至,与其把它当做"草案",不如把它看做一部当时权威性很高的学术著作更合适。[⑦] 就这个意义而言,可以说,《大清民律草案》的完成标志着中国近代民法文化建构的基本完成,从而为近代民法在中国的建立奠定了基础。

三、民国初期大理院对《大清民律草案》的适用:以诚实信用原则为视角

对西方近代民法观念、原则、制度和概念的引入中国,大理院由于只具有司法权,因此,透过判例以"条理"[⑧]的形式适用近代民法的原则、制度,成了大理院的唯一选择。下以大理院在判例中对诚实信用原则的运用为例,说明大理院对近代民

---

① 马珺:"从《大清民律草案》看传统法与外来法的冲突",载《史学月刊》2008 年第 3 期,第 45 页。

② 郑晓辉:"大清民律草案——外来法与本土法混合的产物",载何勤华主编:《法的移植与法的本土化》,法律出版社 2001 年版,第 185 页。

③ 张生著:《民国初期民法的近代化——以固有法与继受法的整合为中心》,中国政法大学出版社 1992 年版,第 27 页。

④ 郑晓辉:"大清民律草案——外来法与本土法混合的产物",载何勤华主编:《法的移植与法的本土化》,法律出版社 2001 年版,第 185 页。

⑤ 李显冬著:《从〈大清律例〉到〈中华民国民法〉的转型——简论中国国代固有民法的开放性体系》,中国人民公安大学出版社 2003 年版,第 180 ~ 182 页。

⑥ 梁慧星:"中国民法学的历史回顾与展望",载 http://vip. chinalawinfo. com。

⑦ 俞江著:《中国近代法律与学术》,北京大学出版社 2008 年版,第 191 页。

⑧ 所谓条理是指自法律根本精神演绎而得的法律一般原则,亦即适应时代环境需要,合乎理性的公平规则,是法律价值的渊源。

法原则、制度引入中国的方法与技巧。

近代民法意义上的诚实信用原则在中国出现是在《大清民律草案》中。如《大清民律草案》第2条规定:"行使权利,履行义务,依诚实及信用方法。"该条的立法理由称:"诚实及信用,为社会生活之基础,兼为助成交易发达之根本,背于道德上、法律上诚实及信用之举动,原不可为,故滥用权利者,法律不保护之,此本条所由设也。"

《草案》第246条规定:"因条件成就而受不利益之当事人,若违反诚实及信用而附上条件成就者,视为条件已成就。""因条件成就而受利益之当事人,若违反诚实及信用而促条件成就者,视为条件不成就。"第531条规定:"因双务契约而负义务者,至受对待给付时止,得拒绝自己所担负之给付。""双务契约当事人之一造,向数相对人为可分之给付者,至受全部之对待给付时止,得拒绝属于各相对人部分之给付。""前二项规定,双务契约当事人之一造,负有先向相对人为给付之义务,或相对人已为一部之给付,而自己拒绝所负担之给付,违反信用及诚实者,不适用之。"第932条规定:"因结果而为给付,若其结果本不能发生,并为给付人所明知,或给付人违诚实及信用,妨碍其结果发生者,给付人不得因其结果不发生请求归还。"该草案第2条为全部民法规则中关于诚实信用原则的规定,后3条规定,都基于第2条"诚实信用"的总纲规定展开。

(一)大理院对诚实信用原则的运用

民国初年大理院对诚实信用原则的运用,以判例形式将其作为"条理"引入民事法律规范体系。大理院首先以《大清民律草案》第2条的规定,对该原则予以总括性的宣示,然后从情事变更、禁止滥用权利、诈欺胁迫及不当行为禁止、过失相抵、禁止反言、债之变更、禁止暴利、违约金降低、利益衡量、相邻关系等次级层面展开适用。

1. 诚实信用原则的确立

权利人行使权利,借以实现其权利内容,其权利行使与否,属于权利人的自由,法律不能限制或强制其行使。但随着民法社会本位立法思想的确立,对于权利的行使,法律则予以一定程度的限制,即要求权利行使,须符合诚实信用原则的要求。大理院四年上字第二三号判例和四年上字第三二号判例①对上述原则予以了明确

① 关于大理院判例的史料主要有郭卫编辑《大理院判决例全书》,民国21年,上海会文堂。该书汇编大理院从民国元年至十六年的判例,唯仅收录判例要旨,未收录判决全文。另有郭卫编辑的《大理院解释例全文》,民国21年,上海市会文堂,该书汇编大理院从民国二年至民国十六年从统字第1号至统字第2012号止的有关解释法律的文件。此外,我国台湾地区"国立"政治大学基础法研究中心黄源盛教授整理并刊印了民初大理院判决原始档案、民事判决共计有《大理院民事判例全文汇编》26册、《大理院民事判例全文汇编》点校本11册、《大理院民事判决会览》25册,皆典藏于该研究中心。黄源盛辑选《景印大理院民事判例百選》(台湾五南图书公司2009年版),是关于民初大理院典型民事判例全文材料。为方便行文,本文所选判例资料,如未特别注明,皆选自上述文献。

的宣示，将诚实信用原则确立为民事活动的基本原则。该两则判例谓："行使权利、履行义务、应依诚实及信用之方法。"

又大理院四年上字第一〇二四号判例规定："凡债权之设有抵押权以为担保者，债权人自可于抵押物上完全行使其权利，故债务人苟有变卖之请求，则债权人即无拒绝之理。但抵押物之价额与债额并不相当者，自可于变卖后，更向债务人为偿还余额之请求，非谓一经行使抵押权，则不问其足敷偿还与否，债务人即可全行免责。"

大理院将《大清民律草案》作为条理纳入民事审判法律渊源的范围，在民事审判实践中，自然将规定于该草案"法例"中的诚实信用原则首先运用到司法实践中，以作为民事活动所遵循的首要原则。

2. 情事变更原则

所谓情事变更原则，是指当法律关系产生后，如果因为产生法律关系的基础事由或客观环境发生了不可归责于当事人的变化，如果继续执行原法律关系确定的权利义务，将导致其中一方的利益严重受损并显失公平时，该方可据此提出变更法律关系的内容，以平衡双方的权利义务关系。情事变更原则的形成，正是基于诚信原则的应用。大理院四年上字第一六六一号判例："租户因不可抗力，收益减少，得请求减免租额。"

又大理院八年上字第一〇八一号判例："耕作地因不可抗力，收益较租额为少，得请求减租。"就体现了对情势变更原则的运用。情势变更原则在《大清民律草案》中就有明确的规定，如第690条规定："耕作地之赁借主，因不可抗力，其收益较赁费为少者，得请求减赁费之额，至收益额为止。"

3. 禁止滥用权利

"行使权利，履行义务，依诚实及信用方法"，本身就包含了权利人在行使权利的时候，不得因行使权利而致他人利益造成损害，否则可认为是滥用权利，为法律所不容。大理院二年上字第一九八号判例："至于契约成立后如有于当事人一方极不利益之事实发生，仍不得以为主张废约之理由，此民事法上至当之条理。盖民事法则尊重当事人于法律范围内所表示之意思，虽一方之行为有损于己，苟他方并无不法之情由，则亦当然有效也。"这是从正面阐明，只要债权人（权利人）在合法范围内行使权利，即使相对人的利益受到损害，也不能认为权利人在滥用权利。

大理院二年上字第一五七号判例也称："土地相邻人若逾界线，侵及他人土地，于其地面建筑房屋墙址，而其所分割又甚属微小者，邻地所有人固得于该屋墙竣工前，请求建筑人拆毁或变更其建筑，若已至竣工后始行声明异议者，则为顾全社会经济起见，已不许异议人为拆毁或变更之主张，惟许其调查损害，请求赔偿。"

又大理院十五年上字第六一〇号判例："占有人于其占有土地所建筑之房屋，土地所有人虽得请求拆去，然依其情事，可认土地所有人依占有人请求偿以相当费用，而将房屋收归己有，实与请求拆去房屋，可得全然同一之利益者，若土地所有人必使占有人拆去房屋，以损其价格，自不得谓非权利之滥用。”

由上述案例可知，大理院对“权利滥用”进行认定时要考虑权利的主观目的，如行使权利并不是为了实现或保全自己的利益，而是以损害他人利益为目的，那就构成了权利滥用，无法获得法律的保护。

4. 禁止诈欺胁迫及不当行为

《大清民律草案》第185条规定：“被诈欺而为意思表示者，得撤销之。”“第三人行其诈欺时，表意人以相对人明知其事实或可得而知者为限，得撤销其意思表示。”“被诈欺而为意思表示之撤销，不得与善意第三人对抗。”该条立法理由认为：“盖凡意思表示所以生法律上之效力，应以其意思之自由为限，若保护表意人之利益，此第一项之所由设。因诈欺之意思表示是要相对人受领之意思表示，若行其诈欺者为第三人，惟以相对人恶意者为限，始许其之撤销，若使之得与善意第三人对抗，既有害于善意第三人之利益，且于交易上亦不安全，此第三项之所由设也。”草案第186条规定：“被胁迫而为意思表示者，得撤销之。”其立法理由认为：“因不法胁迫之意思表示，并非出于自由，使表意人得撤销其意思表示；惟胁迫乃不容易脱避之事，故不问其为相对人之胁迫、第三人之胁迫，或相对人善意与恶意，均使之得撤销之。又使其效力得与善意第三人对抗，以保护表意人之利益。”

因“诈欺”、“胁迫”而为“意思表示”的人，因为受骗或出于恐惧心理而表达出与自己内心不一致的意思，并成立契约。该契约本非出于当事人自己内心的真实想法，因此从法律行为的发生角度而言，不应达到表示出来的“意思”所追求的效果。从该草案的规定及立法理由来看，基于建立社会诚信，创造社会公平正义，法律得规定对于因“诈欺”、“胁迫”而为的意思表示，赋予表示人以撤销权，使原法律行为归于无效。大理院十一年上字第一五一九号判例谓：“定婚时年龄纵有妄冒，亦惟上诉人因此陷于错误，始得据为离婚之原因。”就是对该条法律规定作为条理的运用。该判例明确，如果在订婚时一方有欺瞒行为，但对方并没有因此一欺瞒行为而产生错误的意思表示，也不存在撤销意思表示并据以离婚的情况。

此外，大理院九年统字第一三二六号解释例谓：“查所询情形，丙本无与乙结婚之意思，因与甲串通，故向乙伪为表示，乙受其欺，承诺为婚，自系被诈欺而为婚约，虽已成婚，乙可请求撤销；乙在未经撤销婚约以前，法律上仍为丙妇，与甲并无婚姻关系，甲奸宿乙，如查明有使乙体力上精神上受强制，致丧失自由意志之事，应成立强奸罪；丙如有知情帮助情形，亦属共犯，均应俟合法告诉乃论。乙又得以被丙抑勒与人通奸为由，请求离异。”该解释例，依据《大清民律草案》条文原意，对“诈欺”、“胁迫”进行了很好的阐述。由此可见大理院对此原则的掌握已达到相当水准。

5. 过失相抵

所谓过失相抵，是指在损害发生或扩大的情形下，如果受损方（被害人）对损害的发生或者损害的扩大也有过失的情况下，施害方可以因此要求减轻赔偿金额或免除赔偿责任者。就法理而言，“无论何人，不得以基于自己过失所生之损害，转嫁于他人。”因此，过失相抵原则，是基于损害赔偿的公平分担而设立的原则，也是支配债权债务关系的诚信原则的具体表现形态。大理院五年上字第1012号判例：“凡以侵权行为为原因，请求损害赔偿，如被害人亦有过失时，审判衙门得斟酌其过失之程度，核减赔偿额之数额。”这其实就是对《大清民律草案》有关条文的直接适用。

6. 债的变更

大理院八年上字第一二一号判例称：“订约续租者虽未定续租期间，可随时声明解约，而自续租日起，究应经相当期间，俾租户受续租之实益，始与交易上信用诚实不违。”该判例关于债权债务关系内容变更问题的判决。判例就双方对于租赁契约内容的实现，需经历多长期限，要基于诚实信用原则权衡租户的利益实现与否来予以确定，以体现租户签订租约的目的是否达到。

7. 违约金减降

违约金是由当事人约定当债务人不履行债务时，应向守约方支付一定的金钱，以弥补守约方的损失或对违约方予以一定的惩罚，借以保障债务得到有效履行。违约金的设立，本基于契约自由原则为成立，属于债的当事人之间的约定，应予以确认。然而，可能由于债务人急于或十分渴望订立契约，以至于同意订定数额较高违约金，及至债务不能履行时，该违约金的支付，可能会导致不公平的结果。在此情况下，法院可以依职权酌量降低违约金的金额，以保护经济上的弱者。这也是对诚实信用原则的具体运用。大理院六年上字第一〇七五号判例：“违约金本推定为损害赔偿之预约，与无偿赠与之全然出于恩惠者，显然不同。如于其数额毫无限制，则债务人常不免因一时之不便而为债权人所挟持，实足以败良俗而长刁风。故当事人所约定之违约金，如较实际所受损害显然超过者，审判衙门自得就当事人之请求，酌予核减，惟不得因定有多额之违约金，遂指其契约之全部为无效。”

又大理院十二年上字第一五二二号判例：“违约金推定为损害赔偿之预约，当事人所约定违约金与实际所受损害相去悬殊时，审判衙门得酌量核减，业经本院著有先例。就此义推阐，苟当事人一造因他造之违约，自己毫无损害，则原约虽定有违约金，而为尊重当事人立约之真意，要不应准许毫无损害之当事人，更向他造为违约金履行之请求。”

上述判例，都是对这一规则的适用。

8. 利益衡量

大理院八年上字第七九四号判例：“奉天永佃地田亩规则第九条所谓租佃不足

完纳田赋时云云，若仅依该条文字解释固不过表示地主此时得以要求加租，不能遽谓此外即无地主得以要求加租之时，惟查该规则第二条系将无期之永佃权加以五十年之制限，第六条于永畝地畝因灾变欠收时，除有特约外，永佃人仍负按额交足租佃之责，此均为特别利益于地主之规定，若于第九条明定之增租情事外，尚解为有可以增租之原因，则于保护佃户不免失之过薄，自非法理之平。故本院通观该规则全体解为除第九条情形外，地主不能更有要求加租之理由。”该判例导入了关于诚信原则（利益衡量）的思考，即从体系上考察该规则条文，认为该规则主要目的在于保护地主利益，但由于法律的规定应是诚信原则的具体化，必须考虑法律对“公平正义”这一核心理念中的追求，因此大理院用“非法理之平”之语认为依其他理由不得加租。大理院在此虽然有将非法律之因素考虑进来，但由此也显示出大理院在判决时已考虑到社会的现象，在判决时避免造成社会不正义的情形。

9. 相邻关系

相邻关系是指相邻土地所有权人在行使对土地所有权的过程中，在一定情况下，有适用相邻土地的权利，但同时应支付一定的报酬给邻地权人。这一制度体现的也是诚实信用原则在互为关联的土地所有权行使方面相互协助、彼此照顾的要求。大理院三年上字第三二三号：“凡高地所有人为干涸浸水地，或排泄余水起见，得选择低地损害最少处所，并用损害最少方法，使其水通过低地；如低地所有人受有损害，应支付其赔偿。此盖相邻人关于水流，本其相邻关系所有之权利义务之一也。是故，高地积水之宣泄，若就自地邻近公共河流略事疏濬即可有效者，自无庸许其通过别项有主之低地，如果别无宣泄之路，或邻近公共河流，而疏濬之劳费过钜者，则虽有主低地，亦自不能不许其通过，惟于通过之际，须择损害最少之处所为相当宣泄之设备，而并须补偿其损害，以其平允。”

又如大理院五年上字第一三一八号判例：“土地所有权人不得防阻由邻区自然之流水，故低地所有权人有防阻此项流水行为者，高地所有权人有对之主张排除之权利。惟高地所有权人，若因所施水之工作有破坏或阻塞情形，致低地蒙其损害，或有蒙受损害之虞者，低地所有权人对之亦得请求修缮、疏通，遇有必要时，并得于适当程度内，为预防损害之工作。”

还如五年上字第七二七号判例：“自己之土地为他人土地所围绕不通于公路者，则以通告围绕地之必要，其围绕地之所有人当负容忍之义务。故不必依设定行为，即得有通行之权利，此之谓通行权。而因共有土地之分割或让与土地之一部于他人，致土地不通于公路者，均有必要通行之关系，亦为取得通行权之原因，其被通行地之所有人不容藉端拒绝，并不容要求偿金。”

关于诚实信用原则在民国初年大理院民事审判活动中的运用，究其实质，就是大理院以《大清民律草案》为蓝本，将其中的近代民法的原则、制度、规范在实践中予以运用,以达解决纠纷、推进中国民事法律规范的近代化。诚实信用原则在具体适用上是通过判例以"条理"形式进入司法实践领域的,这也是其他像诚实信用原则一样的近代民法原则、制度、规范,如"契约自由"、"民事主体地位平等"等,进入并融合进中国民事法律制度的基本方式。

(二)民律草案对民初大理院的影响

《大清民律草案》尽管没有颁布施行,但作为中国近代民法学研究的结晶,对民初大理院的民事审判活动产生了深刻影响。

1.《大清民律草案》是民国初年大理院民事审判活动的重要法律渊源

大理院二年上字第六四号判例谓:"判断民事案件,应先依法律所规定,法律无明文者,依习惯法,无习惯法者,依条理。盖通例也。"大理院通过判例明确了其民事审判活动的法律渊源的范围和适用次序。其中,在制定法、习惯法缺位的情况下,须适用条理作为民事法律渊源审判案件。所谓条理,是指从法律精神演绎出的一般法律原则,它反映了法律的背景价值,是在现有法律条文的体系结构和立法宗旨的导引下,推出法律的原则,称为法理。在法律付诸阙如的情况下,审判官可以适用条理解决民事纠纷。在民国初年,由于适用的民事制定法仅前清现行律"民事有效部分"和民国政府颁发的极少的民事特别法令;且前清现行律所蕴涵的法律原则和流行于一定地域的习惯,本身与近代民法的法理多有冲突,因此,适用条理进行审判,就成为民初大理院"不得不"的选择。事实上,民国初年大理院在三年统字第144号解释例谓:"民法草案虽未颁行,其中与国情及法理适合之条文,本可认为条理,斟酌采用。"[①]这也表明,民国初年大理院将《大清民律草案》作为条理"斟酌采用"。同时,就个案而言,适用条理,就是适用法官自己所掌握的法理。由于《大清民律草案》是对当时民法学知识的总集成,因此,不期然而然《大清民律草案》就成了民国初年大理院适用条理的最大"渊薮"。其适用深刻地影响了民国初年大理院的民事审判,对民国初年的民事活动产生了深刻影响。

2. 民国初年大理院的民事判例要旨按照《大清民津草案》的逻辑结构编排

《大清民律草案》对民国初年大理院的另一重要影响,是大理院在实行判例制度时,从选出具有典型意义的判例中概括出"判例要旨",并将判例要旨汇编成书。而判例要旨汇编的结构,就是按照《大清民律草案》的逻辑结构编排,以条为单位,依编、章、节的结构编排。当时,判例要旨汇编被民事实务界分为"圭臬",对民事司法实务活动产生了巨大影响。同时,判例要旨汇编也成为今人研究民初民事法制的重要材料。

---

① 郭卫编著:《大理院解释例全文》,上海市会文堂民国21年版。

家族本位还是个人本位
——民国亲属法立法本位之争

许 莉*

一、问题的提出

清末民初，我国的法律发生了重大变革。之所以称其为重大变革，是因为触及了法律的本位问题，而这是我国历朝历代从未触及，也不可能触及的。通说认为，法律的本位就是法律的中心观念。① "法律苟为纯粹之自然的法则，自无所谓中心观念存乎其间；法律苟为纯粹之人为的规范，则其中心观念可以永久不变，亦可以任意变更。然法律乃本于自然之人为的规范。故有其中心观念，而其中心观念又随社会之进化而变迁焉。"②"民法之基本观念，亦即民法之基本作用，或基本任务，学者称为民法的本位。"③

古代的法律以规定社会成员的义务为基本内容，学界因此称古代法律为义务本位。近代以来，一些国家的法律以规定社会成员的权利为基本内容，学界因此称近代以来的法律为权利本位。到了现代，必须强调社会的利益，学界又认为，法律开始了以社会为本位的时代。日本法学家穗积重远表述为："个人尚未自觉的时代，法律为义务本位；到了个人自觉的时代，法律进于权利本位；倘若到了社会自觉的时代，那么法律自当以社会为本位，现在这第三时期已开始了……"④据此，法律的发展史经历了从义务本位到权利本位，再到社会本位的过程。然而，这些论述中存在一系列值得商榷的地方。

首先，什么是法律的本位？如果一种法律以规定义务为基本内容，这种法律就是义务本位，那么，义务和权利本来就是相对范畴，规定义务就是规定权利，义务本位和权利本位有什么实质上的区别呢？如果不是从形式上，而是从实质上分析，那么，所谓法律的本位问题，其实是指法律的直接根据，即立法理由：法律根据何种理由而立？或者说，由何种观念派生？古代以规定义务为基本内容的法律，与近现代

---

* 许莉，2003 级中国法律史专业，指导老师：王立民。现工作于华东政法大学。

① 屠景山著：《亲属法原论》，世界书局民国十九年(1930 年)版，第 21 页。

② 陶彙曾著：《亲属法大纲》，商务印书馆民国十七年(1928 年)版，第 13 页。

③ 梁慧星著：《民法总论》，法律出版社 1996 年版，第 34 页。

④ 转引自屠景山著：《亲属法原论》，世界书局民国 19 年版，第 23 页。

以规定权利为基本内容的法律,两者之间这种形式上的差别,反映了两者的立法意图的对立。这是本质的不同。义务本位认为:自然人在社会中各有其不同的身份,不同的身份形成不同的等级。法律就是通过规定不同身份的人的不同义务,来确认他们的不同身份和等级。因此,义务本位就是身份本位,等级本位。亨利·梅因曾经指出:"所有进步社会的运动在有一点上是一致的。在运动发展的过程中,其特点是家族依附的逐步消灭以及代之而起的个人义务的增长。'个人'不断地代替了'家族',成为民事法律所考虑的单位。"梅因把这一过程概括为"从身份到契约"。[①] 因此,义务本位也可称家族本位。义务本位的法律的实质是,法律只确认少数人乃至一个人享有完全的权利资格,即人的资格,多数人不享有或只享有不完全的权利资格,即不享有人的资格;其实就是只承认少数人乃至一个人是人,不承认多数人是人。因此,义务本位实质上是非人本位。权利本位认为:人来到世上就是来做人的,自然人各个体都享有做人的资格。因此,自然人进入社会的资格平等,也就是人格平等。自然人的人格只有通过行使权利才能实现。法律就是通过规定生命人的权利,实现生命人的人格。权利本位的法律的实质是:法律确认所有的自然人都享有人的资格,其实就是承认所有的自然人都是人。因此,权利本位实质上是人本位。[②]

其次,古代法律虽然在体系上诸法合一,实际上仍然存在不同的调整范围。除古代罗马以外,古代没有独立的民法。但古代的法律关系包括私人之间的平等财产关系和平等人身关系。在此类关系中,当事人享有人的资格。当然,在古代的私的关系中,存在不平等的因素,如夫妻关系;此外,债权及于债务人人身,从而可以变更债务人人格。调整私人之间的财产关系和人身关系的法律就是古代的民法。实际上,古代民法是不完全的人本位,权利本位。可见,不能笼统地说古代法律都是义务本位。

最后,社会本位并非高于权利本位的阶段。社会本位是相对于个人本位的范畴,而权利本位是相对于义务本位的范畴。社会本位和个人本位都是权利本位,两者的区别在于,个人本位的法律对个人的限制较小,而社会本位的法律对个人的限制较大。但两者的限制都是对个体的平等限制,是在不同的经济条件下实现自然人人格平等的不同方式。个人本位是权利本位的第一初级阶段,社会本位是权利本位的高级阶段。[③]

我国清末民初的民事立法主要以德国民法为蓝本,而德国民法以重视社会利

---

① 梅因著:《古代法》,沈景一译,商务印书馆 1959 年版,1984 年第 3 次印刷,第 96 ~ 97 页。
② 李锡鹤著:《民法哲学论稿》,复旦大学出版社 2000 年版,第 75 ~ 76 页。
③ 同上,第 77 ~ 79 页。

益为特征,故在涉及民事立法本位问题上,当时学者多认为应适应世界潮流,采社会本位。但传统社会对不同的法律部门的影响是不同的。"亲属法之立法,向有家族主义(本位)①和个人主义(本位)之对立"。②"家族本位之法律如我国,父父子子夫夫妇妇,各从其在家族中之地位而定其所不应为。自属义务本位,不待多言";③"权利观念乃个人主义之产物,父子夫妇各有平等独立之人格,能以自己之意思定自己之地位"。④ 在各国法律的发展进程中,身份法(亲属法)普遍落后于财产法。⑤当财产立法已经开始从个人本位向社会本位转化的时候,亲属立法仍在争论应该权利本位还是义务本位。亲属法近代化的过程,就是家族本位向个人本位转变的过程。

我国亲属法近代化的过程,集中表现为民法亲属编的制定过程。在亲属法编制过程中,采家族本位还是采个人本位一直是争议之焦点。但后世对此问题的研究局限于简单的定性,对家族本位和个人本位的本质差异以及在立法中的具体表现涉及甚少。笔者认为,家族本位和个人本位是亲属立法中至关重要的问题,准确界定两者的区别、厘清历次亲属法草案的立法本位及其具体表现,是探究亲属法近代化过程的关键。

二、家族本位和个人本位

家族本位与个人本位是亲属法学的基本范畴,但二者的准确含义究竟如何,在现有的著作中却很难查询。"在家族主义,夫妻、亲子等关系,均以家族主义为脉络。依个人主义,惟于亲属法规定夫妻、亲子等亲属关系,而无所谓家。"⑥"个人主义乃以个人为国之单位,家族主义乃以家为国之单位;采个人主义者,其法律之规定,有住所而无家,有亲属之关系而无家长家属之关系;反之,采家族主义者,于亲属之外,更认有家之存在。"⑦类似的论述并未真正阐明二者的区别。

简单地说,家族本位是等级本位,在家族本位下,家庭成员中存在家长和家属的区别,家属不是完全主体,不享有完全的人格。而个人本位是非等级本位,在个人

① 家族本位又称家族主义、家属本位、家属主义,内涵相同。

② 史尚宽著:《亲属法论》,中国政法大学出版社 2000 年版,第 6 页。

③ 陶彙曾著:《亲属法大纲》,商务印书馆民国十七年(1928 年)版,第 17 页。

④ 同上,第 17 页。

⑤ 这一点在各国民事立法中已成为无须证明的事实。大陆法系国家早期的民法典中,身份法部分均保留了主体地位不平等的内容。

⑥ 史尚宽著:《亲属法论》,中国政法大学出版社 2000 年版,第 6 页。

⑦ 李谟著:《民法亲属新论》,大东书局 1934 年版,第 178 页。

本位下,家庭成员中家长和家属只是一种习称,已无人格意义,各家庭成员均是完全主体,享有完全的人格。义务本位与权利本位的对立,在亲属法中即表现为家族本位和个人本位的对立。而实际上,家族本位和个人本位之争论,集中表现在亲属立法中。

三、清末民初历次亲属法草案的立法本位分析

我国自清末变法图强,设立修订法律馆,编订《大清民律草案》开始,至国民政府立法院最终完成民法法典为止,其间先后颁布的民法亲属编草案共有四部,分别是:《大清民律草案亲属编》,该草案也称民律第一草案;民国四年之《民律亲属编草案》;民国十四年之《民律草案亲属编》,该草案也称民律第二次草案;[①]民国十七年法制局所拟之《亲属法草案》。[②] 上述四部草案虽均未正式实施,但分析其立法本位的选择,对厘清我国亲属法近代化的过程仍具有重要意义。

历次民法草案亲属编所采的立法本位,史料记载并不相同。史尚宽先生在《亲属法论》一书中,就亲属法之立法原则问题,有以下说明:"我向以家为社会组织单位,前清法律馆编纂亲属法时,即采家族主义,而于婚姻亲子之前,冠以家制一章。然自产业革命以来,家族主义渐行动摇,第二次亲属草案,则舍家族主义而取个人主义,第三次草案复取家族主义,第四次草案则又复取个人主义。其间利弊得失,众议纷纷,莫衷一是。"[③]史氏认为,前四次亲属法草案中,第一、三次采家族主义,第二、四次采个人主义。

民国十七年(1928 年)国民政府法制局颁布第四次亲属法草案时,曾对该草案的立法原则有说明。关于第三项原则的说明是:"奖励亲属互助而去其依赖性。亲属法之编纂,有采家族主义者,如我国历次之亲属法草案是,有采个人主义者,如欧洲众多国家之民法是。……"[④]此处所称"历次之亲属法草案",显然指前三次的亲属法草案,可见法制局说明认定此前的亲属法草案均采家族主义。

史氏观点和法制局观点并不相同,史氏认为第二次草案采个人本位,而法制局则认为此前三次草案均采家族本位。从时间上看,法制局说明在先,史氏成书在后。究竟是史氏笔误还是观点不同,未见史料说明。

其实,根据历次立法草案的具体内容,结合当时的立法说明,判断各草案的立

---

① 后文简称民律二草。

② 文中关于亲属法草案次序均以此为准,分别称为第一、二、三、四部亲属法草案。

③ 史尚宽著:《亲属法论》,中国政法大学出版社 2000 年版,第 6 页。

④ 屠景山著:《亲属法原论》,世界书局民国十九年(1930 年)版,第 1 页。

法本位并不困难。

根据上文对家族本位和个人本位含义的界定，判断一部亲属法所采立法本位的主要依据并不在于是否存在家制，而在于亲属之间的法律地位是否平等。凡规定亲属之间地位不平等，特定身份的亲属之间存在支配关系的亲属法，均属于家族本位；反之，承认亲属之间法律地位平等，特定亲属间不存在支配关系的亲属法，则属于个人本位。据此，对历次亲属法草案分析如下：

1. 第一部草案即《大清民律草案亲属编》，毫无疑义属于家族本位的立法

从立法原则上看，在此草案的编辑宗旨中有“求最适于中国民情之法则”，称：“是凡亲属、婚姻、继承等事，除与立宪相背，酌量变通外，或本诸经议，或参诸道德，或取诸现行法制，务期整饬风纪，以维持数千年民彝于不敝。”[①]从其立法说明中就可看出，关于亲属、继承的立法应以遵循传统为原则。

从内容上看，该草案对家制有专章规定，明确了家长的权利。“凡隶于一户一籍者为一家。父母在，欲别立户籍者，须经父母允许。”[②]“家政统于家长。”[③]而在具体制度中，多方面体现了对传统婚姻家庭制度的维护。如仍将亲属以宗亲、妻亲和外亲加以分类；结婚制度和离婚制度中，仍赋予了父母以同意权，如“结婚须由父母允许”；[④]在夫妻关系中，强调了丈夫对妻子的权利，如“妻负与夫同居之义务”；[⑤]在亲子关系中，强调了父母对子女的亲权。可以说，该草案全面维护了亲属间不平等的身份关系。

2. 第二部草案即民国四年(1915 年)亲属法草案，仍采家族主义

民国四年(1915 年)的草案由法律编查会编纂，共 7 章 141 条。对其编纂背景，史料中涉及不多，一般仅说明其章目大致与大清民律亲属法草案相同，唯将第一章总则改为通则；第二章家制只总则一节……[⑥]该草案影响较小。由于其基本上是大清民律草案的翻版，在立法本位问题上自然不会有所改变。

3. 第三部草案即民国十四年(1925 年)民法草案亲属编，亦坚持了家族主义

民国十四年(1925 年)草案由修订法律馆编纂，共 7 章。基本章节与前两次差别不大，但条文达 234 条，较民国四年(1915 年)草案多 103 条。[⑦]

---

① 谢振民著：《中华民国立法史》，中国政法大学出版社 2000 年版，第 745 页。

② 《大清民律草案第四编亲属》第 7 条。

③ 《大清民律草案第四编亲属》第 11 条。

④ 《大清民律草案第四编亲属》第 22 条。

⑤ 《大清民律草案第四编亲属》第 34 条。

⑥ 谢振民著：《中华民国立法史》，中国政法大学出版社 2000 年版，第 747 页。

⑦ 谢振民《中华民国立法史》(中国政法大学出版社 2000 年版)第 749 页中记载为第 343 条，似有统计上的错误。民律二草的亲属编内容为第 1058 ~ 1292 条。

在该草案立法理由中特别阐述了亲属、继承编的修改原因，即“旧律中亲属之规定。与社会情形悬隔天壤，适用极感困难，法曹类能言之，欲存旧制，适成恶法，改弦更张，又滋纠纷，何去何从，非斟酌尽美，不能遽断。”[①]即使如此，修改后的草案仍保留了家制及家长的特权，家族主义的色彩仍然很明显。

但值得一提的是，与前两次草案相比，民律二草具体内容上具有一定的进步性。如“男女两相情愿者得自由结婚”，[②]一改原草案中“须得父母同意”的规定；再如，虽同样规定“妻有与夫同居之义务”，但增加了“如系夫滥用职权至妻受有侮辱或损害之虞者，妻无遵从者之义务”等。这些修改变动反映出，立法在坚持传统的基础上，一定程度地缩小了身份等级间的差距。

4. 第四部草案即民国十七年(1928 年)法制局草案，采个人主义

该草案由南京国民政府法制局起草，完成于民国十七年(1928 年)，共 7 章，分别为通则，婚姻、夫妻关系、父母与子女关系、扶养、监护人、亲属会议，条文数目较前几次草案为少，仅 82 条。

该草案的立法原则被归纳为：承认男女平等、增进种族健康、奖励亲属互助而去其依赖性。在内容上，取消了前面几次草案中关于家制的规定，明确以个人主义为立法之根本。由于以承认男女平等为原则，对原有的不平等立法有较大修改。如亲属分类不再采用以男性血统为依据的传统方法，而是借鉴了欧美国家的亲属分类，即根据发生原因分为配偶、血亲、姻亲；规定“夫妻互有同居义务”，[③]一改原来的“妻负有与夫同居之义务”；等等。可以说，无论从立法原则还是具体内容看，法制局草案与前三次草案都有较大进步。因立法院尚未成立，该草案被搁置，未能发生效力。但其“卓著革新之精神，实为我国立法上之一大进步”。[④] 也正因为其所反映的卓著革新之精神，引起了当时社会极大的反响，使两种立法本位之争成为法学界关注的焦点。[⑤]

综上所述，在民国亲属法正式实施之前，曾先后颁布过四部亲属法草案。从各草案的立法原则和内容看，前三次草案均保留较多传统色彩，属家族主义亲属立法，只有法制局草案一改旧制，不仅采用了当时欧美国家普遍采用的个人主义立法，还将男女平等作为立法的基本原则，其进步性不容置疑。

---

① 谢振民著：《中华民国立法史》，中国政法大学出版社 2000 年版，第 748 页。

② 民律二草(民国 14 年草案)第 1107 条。

③ 法制局草案第 30 条。

④ 谢振民著：《中华民国立法史》，中国政法大学出版社 2000 年版，第 753 页。

⑤ 有关亲属法立法本位之争的学术文章，多发表在法制局草案颁布之后。

四、《中华民国民法亲属编》[1]的立法本位辨析

《民法亲属编》由国民政府于民国十九年(1930年)12月6日公布,并于二十年(1931年)5月5日施行。全编共7章,171条。其中第6章为"家"。

在是否保留家制问题上,《民国亲属法》并未顺理成章地沿用法制局草案,而是恢复了前三次草案的做法,专章规定了"家"。针对这一点,立法前的"先决意见"中有特别说明,其第八点即"家制应否规定"中阐明:"家制应设专章规定之。"理由是:"个人主义与家属主义之在今日,孰得孰失,固尚有研究之余地,而我国家庭制度,为数千年来社会组织之基础,一旦欲根本推翻之,恐窒碍难行,或影响社会太甚,在事实上似以保留此种组织为宜,在法律上自应承认家制之存在,并应设专章详定之。"其第九点即家制本位问题中则明确:"1.家制之规定,应以共同生活为本位,置重于家长之义务。2.家长不论性别。"理由是:"承认家制存在之目的,原为维持全家共同生活起见,故应以家人之共同生活为本位,而不应以家长权为本位。瑞士与巴尔干诸国规定之家制,足供参考。我国习惯,注重家长之权利,而漠视其义务,又惟男子有为家长之资格,而女子则无之,殊于现在情形不合,故于维持家制之中,置重于家长之义务,并明定家长不论性别,庶几社会心理及世界趋势两能兼顾。"[2]

对《民国亲属编》所采立法本位,当时法学界多认为又恢复为家族本位。如学者郁嶷谓:"国民政府法制局于十七年秋纂拟新亲属法草案,乃采个人本位主义,期以适合将来之趋势,而顺应于世界之潮流焉,审时立法,本属至当。不料国府最近公布之亲属法,仍采家属本位主义,殊非吾人所能赞同也。"[3]但亦有观点认为,《民法亲属编》虽然保留了家制,但因在内容上"以共同生活为根本,置重于家长之义务,家长不论性别均可担任此与瑞士民法略同其义,固非采家族主义也。"[4]

笔者认为,从形式上看,《民国亲属法》专章规定了"家",其中涉及了家的含义、家长与家属的关系等,符合家族本位立法的特点。但从内容上看,与前面三次草案有较大区别。原三部草案中的家制部分均确定了家属对家长的人身依附关系,以民律二草为例,家制部分的规定有"父母在欲别立户籍者须经父母允许"、[5]"家属不

① 以下简称《民法亲属编》。

② 谢振民著:《中华民国立法史》,中国政法大学出版社2000年版,第779页。

③ 郁嶷著:《亲属法要论》,北平朝阳大学出版社1932年(民国21年)版,第10~11页。

④ 史尚宽著:《亲属法论》,中国政法大学出版社2000年版,第6页。

⑤ 民国十四年草案(民律二草)第1066条。

得反于家长之意设定住址”、[1]“家属为立嗣或出嗣者须得家长同意”[2]等。而在《民国亲属编》中，则规定“家属已成年或虽未成年而已结婚者，得请求由家分离”。[3] 这就明确了已成年的家属可以自主脱离家，家长对家属的人身支配权利无所体现。在《民国亲属编》中，明确规定家长权利的内容只有一条，即第1125条：“家务由家长管理。但家长得以家务之一部委托家属处理。”而第1126条则规定：“家长管理家务应注意于家属全体之利益。”可见，同以“家制”为名，内容却有本质的区别。而立法理由说明中也表述为：“个人主义与家属主义之在今日，孰得孰失，固尚有研究之余地，而我国家庭制度，为数千年来社会组织之基础，一旦欲根本推翻之……”这里，家属主义（家族）主义与家庭制度并不相同，家属主义是指立法的根本出发点，而“家庭制度不能推翻”则是指保留“家制”的理由，并非坚持“家族主义”的理由。

一般情况下，采家族主义的立法均规定家制以及家长与家属的关系。但并不能得出有家制内容的立法一定是家族本位的立法。从本质上看，家制的存在只是一种形式，无论立法是否规定家制，家作为社会生活的基本组织形式总是客观存在的，问题在于，家庭成员的法律地位是否平等，家长与家属之间是否存在人身支配关系。

据此，可以得出这样一个结论，即《民国亲属法》虽有家制规定，但其立法本位应认定为个人主义。正如胡长清先生在《中国民法亲属论》中所述，对“家”的规定“已非复所谓家族主义之立法”，“不过以家为一定亲属间共同生活之方式，而非以其为亲属关系之基础”，“不能谓其有家之规定，即系采取家族主义也”。[4]

五、学界关于家族本位与个人本位的利弊之争

采家族本位的亲属立法中一般有家制的内容。家制为数千年来中国社会组织之基础。孟子云：“天下之本在国，国之本在家，家之本在身。”这是儒家重视家制的理论基础。在民法亲属编制定过程中，关于采家族本位还是个人本位、是否保留家制的争论始终存在。“唯家制能在中国维持如此长久者，一方受宗法观念之影响，一方因中国社会常停滞于农业状态，久无变更。近代欧西文物制度输入中国，个人

---

① 民国十四年（1915年）草案（民律二草）第1080条。

② 民国十四年（1915年）草案（民律二草）第1081条。

③ 《民法亲属编》第1126条。

④ 胡长清著：《中国民法亲属论》，商务印书馆1936年版，第6～7页。

主义亦深入人心，家制遂呈动摇之现象，而其存废问题，遂成学者争论之焦点。”①

关于家族本位和个人本位的利弊，郁嶷在《论新亲属法草案采取个人制之当否》②一文中有比较全面的分析。

郁嶷认为，家族制之利有二：(1)得互助之益。亲属之间，可以互利互助。(2)有天伦之乐。家族制之弊端有三：(1)经济上之弊。“家族财产，彼此共有，影响经济，颇为重大。自消极言之，足以减少生产力；自积极言之，足以增加消费力。生之者寡，用之者疾，转瞬中落，比比皆然。子弟成年，本可自食其力，乃以父兄所如丰饶，庇荫卵翼，生计无虞，遂自跻于纨绔阔少之列，游手好闲，不执一业。”即同居共财，容易导致后人坐享其成，不思进取。(2)政治上之弊。政治附属于国家，有健全之国家，始有完美之政治。然在家属制之下，个人为家之直接构成分子，而对于国之关系，乃属间接。故爱家之心，厚于爱国。(3)社会上之弊。“家为社会之中坚，各家之秩序井然，则社会之安谧可保。若使骨肉寇仇，变起萧墙，斯社会无宁岁矣。然在家属制之下，禁止分家，奖励同居，故家之分子复杂，情感维系，极非易易。”即大家庭容易滋生纷争，家人不和，则社会不宁。

个人制之利有三：(1)经济上独立。个人独立，不能依赖于家庭，则需要加倍努力，以维持生计。如此则自然有利于社会经济之发展。(2)政治上之利。于个人制，个人与国家关系密切，对国家之关心，自然甚于主张家族本位。“庶政张弛，视乎民意，奸猾之辈，罔能操纵。国势蒸腾，不难立期矣。”(3)社会上之利。“个人制之国家，法律上虽无家制之规定，然人民聚处，实际上固亦不能无家属。唯其分子，不过夫妻亲子等耳。情感本甚融洽，组织又极简单，秩序整殇，鼠雀不争，社会平和，交受其利矣。”个人制之弊有二：(1)缺互助之益。(2)无天伦之乐。

郁嶷认为，家族制和个人制各有利弊，无绝对之美，立法只能权衡利弊，比较而言，个人制利大于弊，故应采个人制。

而持家族本位的学者亦大有人在。早在1922年，学者陈滋镐即提出，“欧美以个人为社会之本位，故家长家属之规定自疏；东洋以家族为社会之本位，故家属家长之规定自切。个人主义诚足以绝依赖之根性，而养成独立自由之风，然此在欧美之邦，家族主义完全衰竭之国，为有利而无弊；至如中国数千年来，以家族主义立国，苟效法欧美，而趋重个人主义，则其利益未见，而社会之组织或因之破坏，即社会之秩序亦因之而紊乱。”③主张亲属立法不能虚慕文明之美名，尽弃其所有，而应保留

---

① 赵凤喈著：《民法亲属编》，“国立”编译馆1974年版，第36页。

② 郁嶷著：“《亲属法要论》附录”，朝阳大学民国二十一年(1932)版，第1～5页，载民国十八年(1929)《法律评论》。

③ 陈滋镐著：《民法亲属编讲义》，朝阳大学1922年版，第5页。

家族主义的特色。

持类似观点的还有当时北京大学教授黄佑昌。针对法制局草案中采取个人本位、废除家制的做法，黄佑昌教授认为，个人主义不符合三民主义中的民族主义。[①]"吾国家属制度固不必特内扶持，然数前年根蒂深固，社会人心之趋向，必欲矫而正之，其势有所不能，况乎家庭之间，雍和肃穆，亦足使风俗人心，去薄崇厚，又安必须教正之理由？"[②]

日本法学家中岛玉吉虽盛赞法制局草案具有改造性，但对其采个人本位、取消家制亦表示担心，认为家族制度是中国有史以来数千年的古法，社会组织及国民道德都基于此，一旦废除，辄生疑义：第一，法律上废除家族制度，事实上能否保证其不继续存在？第二，家族制度废除以后，社会组织是否有充分改造的准备？[③] 认为家族本位并无绝对善恶，如果相关社会制度和组织已经完善，则家族制度自然崩溃；反之，家族制度还有存在的意义，所以，废除家族制度必然要注重对社会组织的改造。

学者赵凤喈在《民法亲属编》一书中亦专门探讨了家制的得失废存问题。他提出，家制的利益之处除了郁嶷文中所提及的两点之外，还另有两点，即(1)家制可以减少社会上贫富悬殊现象。一家之中，家属既相互扶助，即孟子所谓"中也养不中，才也养不才"，亦即有财者分其力以养无财者，庶有财者不致成巨富，无财者亦不致穷困无所归。(2)家制为民族繁殖之泉源。家制有利于孩子的抚养。他援用林语堂的观点，即"中国民族能够继续生存者，大半由于中国文化的力量，而在形成种族安定社会的各种文化力量中，最大的一种便是中国家族制度"。所以，他认为，家族制度的形成是一种"势"，要视工业进步的程度而判断其演变轨迹。如中国停滞于农业社会，则家族制度具有生命力；反之，则家族主义之崩溃非人力可能挽回。[④]

亨利·梅因曾经指出："所有进步社会的运动在有一点上是一致的。在运动发展的过程中，其特点是家族依附的逐步消灭以及代之而起的个人义务的增长。'个人'不断地代替了家族，成为民事法律所考虑的单位。"[⑤]因此，义务本位也可称家族本位。法律的发展史是"从身份到契约"，即自然人从人格不平等到人格平等的历史，也就是从义务本位到权利本位的历史。个人本位之下，家族的稳定性会受到影

---

① 黄佑昌："对于国府法制局亲属继承两草案的批评和希望"，载屠景山著：《亲属法原论》，世界书局民国十九年(1930年)版。

② 黄佑昌著：《民法亲属释义》，商务印书馆1936年版，第35页。

③ 中岛玉吉："读中华民国亲属法及继承法草案"，载胡长清著：《中国民法亲属论》，商务印书馆民国二十五年(1936年)版。

④ 赵凤喈著：《民法亲属编》，正中书局1945年版，第39页。

⑤ 《古代法》，商务印书馆1959年版，第96~97页。

响，获得的是个体的平等资格。而家族稳固的代价则是一部分人的人格的减损。

至于亲属之间的扶助关系，事实上已为法律所解决。近代亲属制度中均有抚养与监护的规定，特定亲属身份的人之间，存在法定的扶养义务，去其人身依附而加重其扶养义务，故即使在个人主义之下，亲属之间的互助仍得到认可和保护。

笔者认为，上述学者对两种立法的利弊之争，在一定程度上存在理解上的偏差。主张保留"家制"的学者，实际上将家庭视为主体。采个人主义并不意味着不要家庭，亲属之间没有身份关系。否定"家"作为法律上的主体地位，不等于不认可、保护亲属之间的互助，这种互助不以共同生活为前提，而以特定的亲属身份为前提。特定亲属之间的权利义务仍然存在。

将"家"作为法律上的主体，是违反法理的。规定家庭成员间不平等的身份关系，表面上可以稳定"家制"，实际上在家庭内部埋下了人格冲突的根源。近代以来旧家庭纷纷解体的历史充分证明了这一点。家属人格的解放，是一种历史的必然。而近亲属间的平等人格关系，完全可以存在于家庭的形式中。

《民法亲属编》保留了"家"的原因如立法理由中所说，"我国家庭制度，为数千年来社会组织之基础"，法制局草案因取消家制一章，引发社会广泛争议。所以《民国亲属编》采用了变通的做法，其对家长与家属之间权利义务的规定，实质上就是近代民法亲属编中近亲属之间的关系。也就是说，以"家"的形式，规定了一定范围亲属之间的权利义务。

值得一提的是，保留"家"对解决妾的问题起到一定的作用。《民法亲属编》中并没有关于妾的规定，先决九点中第七点"妾之问题"明确："妾之问题，无庸规定"。说明理由："妾之制度，亟应废止，虽事实上尚有存在者，而法律上不容其存在，其地位如何，无庸以法典及单行法规特为规定。至其子女之地位，如遗产继承问题，及亲属结婚限制问题等，凡非婚生子女，均与婚生子女同，已于各该问题分别规定，固无须另行解决也。"从这段说明看，对妾的问题，《民法亲属编》采回避的态度，即不涉及，而不涉及的后果则是法律上不承认妾有亲属身份。在这种情况下，"家"的作用就凸显了。"虽非亲属而以永久共同生活为目的的同居一家者视为家属。"[①]显然，妾完全符合这一规定。将家属而非亲属这一身份赋予妾，解决了妾在法律上的尴尬地位。承认其为亲属，必然要将其归于某一亲属类型，而唯一能归于的只能是配偶，这当然触及敏感的一夫一妻制度。承认其为家属，则可以享受家属的待遇，即同居、可以成为扶养权利义务人。正因对妾的这种暧昧态度，《民国亲属编》被认为是保守的，事实上仍然承认了纳妾这种行为。但笔者认为，《民国亲属编》的这种做

① 《民国亲属编》第1123条。

法，从另一角度看，也是非常明智的。因为不赋予妾以亲属身份，在立法上就坚持了一夫一妻制度；而确定了其家属身份，则使已经形成的纳妾事实得到维系，这在一定程度上维护了处于弱势的妾的利益。如果没有关于家属这一规定，则已经是妾的当事人在法律上无任何保障。以法律的先进性为名而忽视弱者的利益，无疑是不可取的。当然，如果法律明文禁止纳妾，又规定不溯及既往，就不留传统的尾巴了。

试论民国初期大理院判例中不动产物权变动模式的进化

——兼论民国初期“物权契约理论”的发展

姜茂坤*

一

田宅(土地、房屋)是中国古代社会的主要生产和生活资料,尤其是土地,更是中国历代官府统治的经济基础。因而,中国的历代官府对于田宅的典卖交易极为重视,设置了严格的法律规定予以规范控制。

在中国历史上的一段时期,田宅的买卖必须“经官批准”和“先问亲邻”两道程序,方可进行自由买卖。“经官给据”在唐初的律令中就已有记载:“按《唐律疏议》卷十三《户婚》‘妄认盗卖公私田’条:‘依《令》:田无文牒,辄卖买者,财没不追。苗、子及买地之财,并入地主。’律中所引的唐《田令》原文:‘诸卖买田,皆须经所部官司申牒,年终彼此除附。若无文牒辄卖买,财没不追,地还本主。’”①唐代以后,出卖或典当田宅时,应当“投状申牒,即由业主赴官投状,申请发给准许出卖或者典当田宅的文牒,作为出让产业的法律依据”。② “田宅交易先问亲邻的制度在法律中出现始于后周时期,在宋元时期达到极盛。”③至明朝时期,田宅买卖已经无须经官府批准;“先问亲邻”也被废除。但至晚清时期,民间社会仍有在“典卖田宅”前“先问亲邻”的习俗惯例。宋代律令还曾强调,卖方土地在买卖契约成立后必须“离业”,即卖方必须移转土地的占有,不得自己充当买方的佃户。至元明清时期,法律对于田宅典卖过程中的“离业”已无明确规定。实际上,清代时期,民间出卖土地后即成为买方佃户依旧耕种原田土的情况比比皆是。

清代时期,田宅典卖的过程大致是:田宅典卖双方订定典卖契约后,买主应在当年至官府,缴纳契税(“投缴契税”)。官府会在契约之后粘连契尾,并加盖骑缝官印。官府将赋税在簿内重新登记(“赋税过割”)之后。官府律令规定的田宅典卖

---

* 姜茂坤,2005级中国法律史专业,指导老师:王立民。现工作于小松(中国)投资有限公司。

① 霍存福:“再论中国古代契约与国家法的关系”,载《法制与社会发展》2006年第6期。

② 王昉:“成文法、习惯法与传统中国社会中的土地流转”,载《法制与社会发展》2004年第4期。

③ 柴荣:“中国古代先问亲邻制度考析”,载《法学研究》2007年第4期。

程序算是完成。

对于买卖行为征收交易税的制度起始于东晋南朝,唐末曾一度废除此税。五代时又恢复交易税,改称契税,但只限于田房之类的不动产交易。同时为防止交易作弊,减少纠纷,又规定凡田房交易的契约都必须经由官府审查,加盖官印,既证明交易合法,又表示已缴纳契税。因此"税契"和"印契"合一。[①] 北宋时期,各州官府已备有官印契纸。田宅买卖交易需要契纸时,到官府购买契纸。民间田宅典卖,则大多先行立草契,在至官府缴纳契税时再转抄于官契纸,由官府加盖官印,成为"红契"。明代中叶以后,官府不再印制契纸,而改由户部印制契尾。粘有官印契尾的契约也被称为"红契"。清朝入关后基本沿袭这一制度,只是规定由各省布政使司印制契尾,但明清两代仍有不少地方官府自行印制官契纸,这些官印契纸的称呼并不统一,格式也与民间私契并无大的差别,其目的主要在于征收契税。依明清律,典卖而不税契者,笞五十,追征田宅价钱之一半。地方司法实践也是如此。[②] "税契之主要目的在于征税,固无疑问;但亦兼有对田宅的典卖加以公证之目的,即对典卖与以公信力,以杜争端。"

赋税是官府财政收入的主要来源之一,官府对于田宅买卖后的赋税过割也有着明确的强制要求。"所谓过割乃过户、割粮,即'以所典卖田地,过割于己之户籍也;宅无粮差,故不言过割'(明律集解),或'由彼户推出,收入此户'的意思。"明清律规定,买卖田宅"不过割者,一亩至五亩笞四十,每五亩加一等,罪止杖一百。其田入官。"其处罚重于对于不纳契税行为的处罚。同时还附带田产全部没官。一般是先纳契税,后过割赋税。"过割系专为征税目的之制,与……税契之兼有公证目的者不同。"

除官府的律令明确规定外,为了防止田宅买卖可能出现的纷争,民间还有在典卖田宅时,交上手(老)契的惯例。"典卖业产,大率写立契字,而于契内注明业产的来历。不宁唯是,若有上手契(老契、老手契),则一并付承买人、承典人。新立之契,即称为现手契。上手契的种类,除卖契、典契外,有分关(阄书)、佃批及垦照等。上手契如失落,则于现手契内批明'上手契几宗,因某某理由纷失(如被焚、遗失或被抢等),日后出现作废'等字样。若非纷失,而因其他理由(如连带别宗业产,或将一宗土地分割出卖或出典)不能交出,或系自垦地(违章开垦),并无上手契时,亦应

① 郭建著:《中国财产法史稿》,中国政法大学出版社 2005 年版,第 221 页。一说认为,"自东晋以来,对田宅典卖,征收契税,此制谓之税契。"参见戴炎辉著:《中国法制史》,三民书局 1995 年版,第 286 页;又有"不动产买卖由官府征收契税的制度始于东晋,称为'税契'制度。"参见丁凌华主编:《中国法律制度史》,法律出版社 1999 年版,第 287 页。

② 详见天津地方审判厅案:"典买田地不税契",参见汪庆祺编:《各省审判厅判牍》,李启成点校,北京大学出版社 2007 年版,第 91 ~ 92 页。

予批明。”除交付上手契外，民间还有田宅在典卖田宅过程中，以交执“贴身红契”作为移转凭证的惯例。

田宅在典卖过程中，究竟自何时起，田宅始属于典买方？历代律令并未予以明确界分。但宋代曾有“田产典、卖须凭印券、交业，若券不印、未及交业，虽有输纳钞（缴纳田赋两税的凭据）不足据凭”的说法，[①]即田产必须到官府交纳契税并将田产交付典买人后，典买人方为取得田产。如果还未交纳契税并交付田产，即使典买人有向官府缴纳田赋两税的凭据，此赋税凭据也不能作为田产归属于典买人的证明。清代时期，并未见有此明确律令。

唐宋时期，重复典卖田宅行为将会受到严厉刑事处罚。元代地契中已有卖主保证“无重张典挂他人财物”的文句。明清时期，重复典卖田宅也是被明确严格禁止的，重复典卖人会受到重于盗卖的严厉刑事处罚。《明律·户律·户婚》规定：“若将已典卖与人田宅朦胧重复典卖者，以所得价钱计赃准盗论，免刺，追价还主。田宅从元（原）典买主为业。若重复典买之人及牙保知情者，与犯人同罪，追价入官，不知者不坐。”清代的《大清律例》对于“重复典卖田宅”也作了相同的规定。

上述关于田宅典卖的程序与规范，是中国传统法律和民间惯例长期积淀的结果。在清末法制变革的背景之下，传统律令经受着变革的考验。为了尽快改变法制现状，清政府开始修改当时律令。《大清现行刑律》（以下简称现行律）即清政府在原《大清律例》的基础上修订而成。现行律于1910年5月15日公布，作为清政府的一部专门的过渡性刑法典。现行律虽为刑法典，但其中亦含有民事规范的内容。从总体来看，现行律中的民事规范内容的制定思想并非以西方近代的民法学说和理论作为指导，而仅仅是中国传统法律向近代法律改革的一部过渡性民事规范。

对于“典卖田宅”，与之前规定相比，现行律并无明显变化：“若将已典卖与人田宅，朦胧重复典卖者，以所得重典卖之价钱计赃准窃盗论，追价还后典买之人主，田宅从原典买主为业；若重复典买之人及牙保知其重典卖之情者，与犯人同罪，追价入官，不知者不坐。”

中华民国成立后，无论是袁世凯的总统令，还是参议院通过的法律案，均命令或批准适用前清现行律的民事规定。1914年，大理院还以判例的形式，对于现行律民事有效部分的适用予以再次申明。[②]

---

① （宋）陈襄：《州县提纲》卷二。转引自郭建著：《中国财产法史稿》，中国政法大学出版社2005年版，第228页。

② 1914年，在《上字第三〇四号判例》中，大理院认为“民国民法典尚未颁布，前清之《现行律》除制裁部分及与国体有抵触外，当然继续有效。至前清《现行律》虽名为《现行刑律》，而除刑事部分外，关于民商事之规定，仍属不少，自不能以名称为刑律之故，即误会其为已废。”同年，大理院上字第九三八号判例再次确认，“前清现行律关于民事各条，除与国体及嗣后颁行成文法相抵触之部分外，仍应认为继续有效”。

现行律对“重复典卖”的规定较为笼统,而不够详细、具体。《现行律民事有效部分集解》的编者、当时的法律家郑爰诹先生对此规定进行了解释:“本节规定重复典卖之无效。一产两典,谓之重典;一产两卖,谓之重卖。其既卖而复典者亦同。若既典而复卖,则不包括在内,盖典产无禁其出卖之理由也。重复典卖,其后典后卖无效,所典卖之产,应仍属于先典先买之人,并应追还后典后卖之价,给还后典后买之人。盖先典卖之契约,既有效成立,则后典卖之契约,自应认为无效也。”①但“先典卖之契约”何谓有效成立?郑爰诹先生并未进一步解释和说明。对于因田宅买卖契约而发生的田宅移转时点,此解释也未予明确。但可以确定的是,如“先典卖之契约”有效成立,那么“后典卖之契约”应为无效,田宅应归属于先典先买之人,追还后典后买之价款。

二

随着西方大陆法系近代民法学理论知识的输入与传播,国内熟悉和掌握大陆法系民法学理论的法律人日渐增多,其中一部分法律人在当时的最高审判机关——大理院担任推事。这些接受过西方法学教育的法律人才,在将过渡性的现行律适用于民事审判实践时,自觉或不自觉地运用西方近代民法学的理论知识谱系来分析、审理相关案件。这不仅表现在,现行律规定中的“田宅”等传统用语已为西方近代民法学中的“不动产”、“物权”、“债权”等民法用语所取代,②而更多地体现在运用西方大陆法系的民法学理论来推理、判决方面。

(一)债权意思主义物权变动模式的全新解释

《现行律民事有效部分集解》的编者——郑爰诹先生,将当时现行律“典卖田宅”条款中“已典卖与人田宅”解释为“先典卖之契约,既有效成立”。而民国初期的大理院,以成立之后审理的第二个民事判例的形式,③用西方近代物权学理论,对现行律“典卖田宅”规定中的不动产因买卖契约而发生的物权移转时点,进行了全新解释。

大理院在二年上字第三号判例中表述道:“查不动产在现行法例上因当事人之合意,生物权移转之效力,而买卖契据即为当事人意思表示之确证。……凭此契据,

---

① 郑爰诹编:《现行律民事有效部分集解》,世界书局1928年版,“第六章　财产”第13页。

② 详见民国时期大理院的第二个民事判决——“大理院民事判决二年上字第三号”,载韩秀桃、张德美、李靓编著:《中国法制史:教学参考书》,法律出版社2001年版,第810~814页。

③ “大理院民事判决二年上字第三号”是民初大理院所为第二个民事判例。参见朱勇主编:《中国民法近代化研究》,中国政法大学出版社2006年版,第169页脚注[1]。

已完全生移转所有权……之效力。”①

由此判例可以看出,民国初期的大理院对于不动产因买卖契约而发生的物权移动,采用了西方大陆法系国家以法国、日本立法为代表的“意思主义”物权变动模式。该模式以买卖契约当事人的“合意”(买卖契据)来确定物权移转的时点;以债权的“意思主义”来决定不动产物权的变动(生物权移转之效力)。

大理院民事判决二年上字第三号判例虽然在判定物权取得的时点上,以“现行法例”为依据,但该判例在分析契约的效力时,则显露出与“现行法例”规定的相悖之处。该判例在认定买卖契约的效力时,分析道:“夫欲以当事人间之债权契约关系,对抗不知事实之第三人,使该善意第三人与债务者间所结之买卖契约作为无效,按诸法理,断不可许。”该分析虽然是对当事人间的“先买特约”和“买卖契约”进行的效力分析,但该法理分析并未仅限于“先买特约”,而是使用了“债权契约”的用语,这表明了大理院在认定“先典卖之契约”与“后典卖之契约”效力时的价值选择。

大理院采用以法国、日本立法为代表的“意思主义”物权变动模式,稍后的四年上字第三二五号的判例表述也对此作出了有力的说明。② 该判例不仅认为“如其买卖业经合法成立,则仅最初之买主取得其不动产之物权”,而且还认为“至价钱之交付,系买卖契约之履行”。虽然该判例未提及不动产移转或交付问题,但从该判例所选用“买卖契约之履行”的民法用语来分析,不动产的交付也属买卖契约的履行行为。判例表述的这些民法用语,与大陆法系另一代表国家——德国的物权形式主义的物权变动模式表述用语完全不同。这些判例用语及其内容的判定表明了大理院对物权变动模式的选择。

(二)物权效力对抗模式的不懈追求

依西方大陆法系民法学的权利分类理论,物权和债权的划分系财产权的重要分类。这种权利分类的基础在于,物权与债权具有显著的性质区别。物权为绝对权、对世权,其义务人为社会上不特定的多数人。而债权为相对权、对人权,其义务人为特定的债务人。因此物权应具有公示的特征,以便社会上不特定的人能够知晓,从而遵守不作为的义务;而债权因仅以特定人为义务人,因而债权无须向社会

---

① 参见韩秀桃、张德美、李靓编著:《中国法制史:教学参考书》,法律出版社2001年版,第814页。

② “律载若将已典卖与人田宅朦胧重复典卖者,追价还主,田宅从原典买主为业等语。是在现行法上,不动产之所有人,以一不动产出卖,如其买卖业经合法成立,则仅最初之买主取得其不动产之物权。至价钱之交付,系买卖契约之履行,并非买卖契约成立之要件。故买主不依约支付价金,虽可为买卖契约解除之原因,而未经解除以前,其最初买卖仍属有效,绝不能因此遂复以裁判令第三人取得该物所有权,致以一不动产而有两重之买卖。”参见郑爰诹编:《现行律民事有效部分集解》,世界书局1928年版,“第六章 财产”第14页;还可参见郭卫编:《大理院判决例全书》,会文堂新记书局1931年版,第154页。

公示,只需特定的义务人知晓即可。物权中的物又分为动产和不动产。在物权的公示方面,动产与不动产有着明显的不同。

财产权的"物权"与"债权"划分和物的"动产"与"不动产"的区分类型已为民国初期的法律家们所接受,因而民国初期的大理院在审判实践和判例用语中,使用了大陆法系民法学中"物权"、"债权"和"不动产"等西方大陆法系的民法用语。

在不动产因买卖契约而发生的物权变动过程中,民国大理院虽然采用了法国、日本立法为代表的"意思主义"物权变动模式,但对于不动产的物权公示要求,法国、日本等国普遍设有不动产登记制度。同时,为了保护第三人的交易安全,采用"意思主义"物权变动模式的国家在物权变动涉及第三人时,还采用了"物权效力"对抗的模式。

西方大陆法系物权变动理论虽已适用于判例,但不动产登记制度在民国初期尚未建立,不动产物权的变更难以通过登记进行公示。大理院判例虽然采用了"意思主义"的物权变动模式,但在民间社会,大多数民众仍然依照传统的惯例做法而进行着田宅典卖。单纯的"意思主义"物权变动模式难以保护第三人的交易安全的弊端日益凸显。在无立法规定和尚未建立登记制度的情况下,为了争取自己的权益,因不动产典买契约而发生的物权归属纷争当事人(代理人),努力在田宅典卖的传统惯例中,寻求"意思主义物权对抗模式"的适用保护。

在大理院民事判决二年上字第三号判例中,大理院虽然在判例中确认了以当事人的合意而发生物权移转效力的"意思主义"的物权变动模式。但在同一判例中,一方当事人(代理人)即对完全根据买卖契约(地契)而发生不动产物权移转效力提出质疑,其称"于地照漫不加察,竟据地契以为买地之凭……"并试图说服大理院推事,在确定不动产物权移转的时点时,应当考虑"地照"①的移交时间。

在之后的判例中,意思主义物权效力对抗模式适用的典型用语——"对抗"逐步成为因不动产买卖契约而发生的物权归属纠纷判例中频繁出现的"时髦"用语。

从民国初期的判例看,纠纷当事人(代理人)寻求意思主义物权对抗模式的适用保护大致可分为两种进路:以传统惯例作为适用保护的进路和以官方认可行为作为适用保护的进路。

1. 以传统惯例作为适用保护的进路

为了防止权利纠葛,民间社会有在田宅典卖时交付"上手(老)契"的惯例。在大理院三年上字第一四二号判例中,一方当事人即根据"交付直接上手老契"的惯例,提出凭"上手契"主张不动产的物权归属。该判例针对此主张判定:"依一般惯

① "地照"是指当时由机关发给,以证明土地权利的凭证。

例，凡不动产必交付直接之上手老契为证明该不动产并无他项纠葛之要件，藉以补无登记制度之穷。故如卖主不交上手契，买主贸然承买者，一经他人提出上手契约或根据上手契证实其有某种权利，则买主即不能以其所有权之移转与之对抗。”

在这一判例中，大理院将“上手契”的“交付”作为影响不动产物权移转的重要因素，甚至可以与“所有权之移转”进行“对抗”。该判例在相当程度上赋予“上手（老）契”与西方大陆法系部分国家的不动产登记相同的功能，正如判例所言“藉以补无登记制度之穷”。从该判例的法理分析以及“对抗”等表述用语来看，大理院在此判例中采用了“意思主义的物权对抗模式”。

值得注意的是，在大理院三年上字第一四二号判例所确认意思主义物权对抗模式不久，大理院四年上字第九〇二号判例又推翻了前判例所确定的意思主义物权效力对抗的变动模式。大理院四年上字第九〇二号判例认为：“业主老契之移转本非不动产让与行为之要件，故当事人提出之上手老契纵或有串借影射情事要，无害其所有权之移转。”此判例又完全否定了三年上字第一四二号判例的判定内容，明确表示：即使“业主老契”[上手（老）契]证实“有串借影射情事要”（有某种权利），但“业主老契”也“无害”不动产“所有权之移转”，买主仍可取得该不动产的所有权。

除直接交付“上手（老）契”、“业主老契”的惯例外，社会间不动产物权移转还有以“贴身红契”的“交执”作为不动产物权移转凭证的惯例。有些不动产物权纠纷的当事人（代理人）提出，如卖方在不动产物权移转过程中，未向买方“交执”“贴身红契”，则不动产让与契约应为无效。该主张虽然在大理院在四年上字第一三四九号判例中被否定，但其试图借助“交执贴身红契”的惯例，以保护己方不动产物权的主张则至为明显。该判例称：“不动产物权之移转惯例上固多以贴身红契交执为凭，但其让与契约如确已订立，卖契合法成立，则未交付贴身红契亦非无效。”即买主依据“让与契约”取得的所有权仍然有效，而不应受到未交执“贴身红契”的影响。但从该判例要旨的表述内容看，“贴身红契”的“交执”惯例，至少在提出该主张的当事人（代理人）心目中，成为可以与签有不动产“让与契约”的对方当事人进行不动产物权“对抗”的“重量级砝码”——让与契约无效。

不动产物权纷争当事人依据传统惯例提出“对抗”效力的主张，与民国初期大理院在审判实践中，适用习惯法的做法有着密切的关联。当事人（代理人）试图将传统惯例与西方大陆法系民法学理论相结合，借助意思主义的物权对抗模式，从而争取有利于己方的不动产物权归属判决。

2. 官方认可行为作为适用保护的进路

当事人（代理人）以“传统惯例”作为主张的进路，并未能获得大理院的支持。虽然大理院在判例中并未阐释不能支持的详细理由，但熟悉西方大陆法系物权法学理论的当事人(代理人)应清楚地认识到,传统惯例的"上手(老)契"、"贴身红契"难以与西方大陆法系国家的不动产"登记制度"效能相媲。这些仅在当事人间产生效力的"上手(老)契"、"贴身红契"等传统惯例很难说具有"登记制度"的公示效果,"上手(老)契"与"贴身红契"实难"补无登记制度之穷"。因而当事人(代理人)以传统惯例中的"契"之交付(执)惯例作为物权效力"对抗"的支点,难以获得大理院的支持。

在传统惯例的适用进路未获支持的情况下,当事人(代理人)转而以官方认可的行为作为争取物权保护的进路。

在大理院四年上字第二二五九号判例中,当事人(代理人)即主张以"税契过割之迟早"作为向大理院主张不动产物权取得的判定因素之一。[①]

除投税迟早外,当事人还以曾否投税、契据是否使用官当契纸作为主张物权具有对抗第三人效力的重要依据。大理院五年上字第一四九号判例就表明了当事人(代理人)的此种主张。[②] 虽然"曾否投税与曾否用官契"因"非如他国登记制度之为对抗要件者可比",而未能获得大理院推事的采信。但当事人(代理人)试图以官方认可或公证的行为——投税、使用官契,作为意思主义物权对抗模式的进路来保护己方的物权主张则为显然。

在这些寻求物权"对抗"效力的判例中,当事人(代理人)和大理院推事,对于"物权移转"中存在能够"对抗"第三人的物权效力"支点"并无不同认识。大理院五年上字第一四九号判例就认为:"按现行法上尚无登记制度,故不动产之物权关系,自当以契据为重要之证凭。而其物权关系之能否以之对抗第三人,则应视其契据有无瑕疵不当。"只不过因登记制度尚未建立,当事人(代理人)和大理院推事在选择物权"对抗"效力的"支点"时,存在不同认识。当事人(代理人)以惯例和是否投税、是否使用官契,作为物权"对抗"效力的"支点",而大理院则认为"应视其契据有无瑕疵不当"。而物权"对抗"的前提条件则为,在同一不动产上,同时存在两个相同的物权(所有权或典权),因而,两个物权的存在,才会引致哪个物权效力高低的判定问题。假如同一不动产只存在一个物权(所有权或典权),则不会存在物权

① 大理院四年上字第二二五九号(1915年):"不动产物权之移转,其买价曾否交足及税契过割之迟早,皆于不动产物权之移转并无关涉。"参见郭卫编:《大理院判决例全书》,会文堂新记书局1931年版,第156页。

② 大理院五年上字第一四九号判例认为:"按现行法上尚无登记制度,故不动产之物权关系,自当以契据为重要之证凭。而其物权关系之能否以之对抗第三人,则应视其契据有无瑕疵不当,仅以曾否投税与曾否用官契为断,盖现行法上于典卖田宅而不投税者虽有制裁之规定,然此系为国课起见,非如他国登记制度之为对抗要件者可比,至官当契纸在诉讼上纵有公证证书之效力,亦非私法关系成立之要件。"参见郭卫编:《大理院判决例全书》,会文堂新记书局1931年版,第156页。

效力的“对抗”。因而,“对抗”用语在大理院判例中的频繁使用和认可,表明在此段时期,“意思主义物权对抗的变动模式”成为法律人的主流意识或者通说。

(三)物权形式主义模式的悄然生成

意思主义的物权变动模式,毕竟与大陆法系民法原理中的物权、债权的特性有所背离,而在不动产登记制度尚未建立的情况下,意思主义的物权对抗模式亦很难找到物权对抗力的“支点”。

随着西方大陆民法学的认识深入,西方民法学中概念和理论精髓也日益为包括大理院推事在内的民国初期的法律人所理解和领悟。“物权”、“债权”用语的含义和特性区别也被日益廓清,法律人对于因不动产契约而发生的物权变动理念也在悄然发生变化。

这种理念的变化在大理院对于不动产契约而发生的物权变动判例中有所反映。

大理院在有关因不动产契约而发生的物权变动判例中,在确定物权移转的时点时,一方面仍强调物权移转“当以契据为重要之证凭”;但另一方面,在判例表述中,可以发现其中的“悄然”变化。这种变化表现为将不动产的“移转”或“交付”,作为确定因不动产契约而发生的物权法上的效力或物权移转的“关键时点”。这也是在国家还没有针对不动产建立起登记制度情况下,大理院依据西方大陆法系的物权学说和理论,借鉴动产的物权移转公示方法来判定不动产物权移转时点的无奈之举。

大理院四年上字第二二五九号判例中,对于发生不动产物权效力的“时点”表述了看法,但其态度似乎并不坚定,表述也似显暧昧。该判例在强调完“不动产物权之移转,其买价曾否交足及税契过割之迟早,皆于不动产物权之移转并无关涉”之后,进一步阐明:“当事人间如实已就不动产订立契据,以为移转,则纵令久未税契过割又未交足价银,除买主应速交价投税过割外,亦难谓其不生物权法上之效力。”

这一判例,对于确定因不动产契约而发生的不动产典买人取得不动产物权(所有权或典权)的时点具有重大启发意义。但大理院五年上字第一二号判例又转而否定了“移转”所代表的重大物权意义。该判例明确称:“不动产之让与契约不以交付不动产或代价为成立要件”。这一受不动产让与契约成立要件束缚和困扰,而否定“移转”所代表的物权意义的判例,其影响的时间并不是很长。很快,大理院判例又一次肯定了不动产移转的意义。同年稍后的大理院五年上字第二〇八号判例,在认为移转不动产所有权之物权契约以“作成契据”为其成立要件的前提下,再一次表述了“交付”之后,标的物(不动产)的所有权才移转于该受让人。该判例指出:“……现在登记制度,尚未颁行。而依来惯例,则移转不动产所有权之物权契约,通常以作成契据为其成立要件(除有特别习惯法则外)。故经合法作成契据,一经交付之后,其标的物之所有权,即移转于让受人。"虽然,该判例仍强调"以作成契据为其成立要件",但即在"合法作成契据"表述之后,悄悄地将"一经交付"作为了标的物不动产所有权移转的时点。该判例"一经交付之后。其标的物之所有权,即移转于该受人"的表述,明确地向社会传递出这样一个信息:不动产标的物在"交付"之前,即使已经"合法作成契据",不动产标的物的所有权仍属于卖方,不动产物权(所有权)并未发生移转;只有在"交付"时,不动产所有权才发生移转。

此后的十年上字第七〇四号判例,沿用了以"物权关系"的发生作为判断物权移转的时点标准,对于因"二重买卖"而发生的物权归属纷争作出明确的判定。十年上字第七〇四号判例认为:"卖主就同一标的物,为二重买卖。在前之卖约,仅发生债权关系;而后之卖约,已发生物权关系者,即令后买主缔结卖约。实有恶意,其对于前买主,亦仅发生是否侵害债权及应否赔偿损失之问题。前买主对于后买主,不能就该标的物已经发生之物权关系,主张其为无效。"

这些判例表述的物权变动模式及其用语,已与寻求物权效力对抗模式时的用语明显不同。这些判例不再求索不动产物权效力可以对抗的"支点",而是以"生物权法上之效力"、"标的物之所有权的移转"、"发生物权关系"作为一个新的判定视角,界定不动产物权移转或变动的时点,从而以此来判定不动产的物权归属。

三

西方民法学的输入与传播,使中国法律人的法律意识和法律观念发生了"质"的更新。在物权法学领域,大陆法系主要代表国家——法国、日本的意思主义立法模式传入中国的同时,作为大陆法系另一主要代表国家——德国的典型代表理论——物权契约理论,也传入中国。民国初期的判例表述"用语"和"物权变动模式"的选择与确立,在一个侧面反映了物权契约理论在民国初期的发展历程。

大理院成立之后的第二个民事判例,即大理院民事判决二年上字第三号判例,已经使用了"债权契约"用语。该判例虽然未对与"债权契约"相对而言的"物权契约"有所涉及,但至少表明了,在大理院推事的法学理论意识当中,已经有了"债权契约"和"物权契约"的区别与分类。该判例在确定物权移转的效力的意思表示时,使用了"买卖契据",并认为"买卖契据"产生了不动产物权的移转效力。[①]综合民国

① 大理院在民事判决二年上字第三号判例中表述道:"查不动产在现行法例上因当事人之合意,生物权移转之效力,而买卖契据即为当事人意思表示之确证。……凭此契据,已完全生移转所有权……之效力。"

初期的大理院判例表述用语来看,“买卖契约”在性质上被认定为“债权契约”。这说明在制作该判例的大理院推事的民法学理论意识当中,“债权契约”产生了物权变动的效力,或者说,“买卖契约”的契约性质并没有引起该判例推事的“注意”。可以推断,该判例推事在判例表述中虽然使用了“债权契约”这一特殊用语,但并没有意识到“债权契约”和“物权契约”对不动产物权变动方面产生的影响区别。由此也可以推断,此时期的“物权契约理论”虽然已经传入,但还仅处于“初期”,“物权契约理论”并未被该判例推事所充分认知和运用。

大理院二年上字第三号判例判决后不久,大理院二年上字第八号判例,即对“物权契约”进行了定义:“物权契约以直接发生物权上之变动为目的。”虽然,此判例表面上是在说物权契约的目的,但实际上是在对物权契约进行定义。① 在阐述物权契约的定义之后,大理院二年上字第八号判例进而指出了物权契约有效成立应当具备的要件。“物权契约以直接发生物权上之变动为目的,其普通有效成立之要件约有三端:(一)当事人须有完全能力且缔约者除法律有特别规定外,须就该物或权利有完全处分之权。故无分权者所为之物权契约,当然不发生效力。如卖自己所有之特定物,则物权契约即包含于债权契约,二者同时发生效力。若卖他人所有之物或不确定之物,则其债权契约虽属有效,然不能即发生移转物权之效力,有时仍不能不为物权契约之意思表示。(二)标的物须确定。(三)当事人之意思表示不得反于一般法律行为及契约之原则。”

这一对“物权契约”进行定义并具体列明物权契约成立要件的判例,不仅对于明确物权契约与债权契约的区别具有重要的意义,而且对因不动产买卖契约而发生的物权归属判定产生了深远和巨大的“质”的影响。

大理院三年上字第四五号判例就运用了物权契约有效成立要件之一,即“当事人须有完全能力且缔约者除法律有特别规定外,须就该物或权利有完全处分之权。……若卖他人所有之物或不确定之物,则其债权契约虽属有效,然不能即发生移转物权之效力,有时仍不能不为物权契约之意思表示”这一有效成立要件,强调当事人间只在债权法上发生权利义务的契约,如果移转物权,还必须“再为有效之物权契约不可”。大理院三年上字第四五号称:“无权限人与人约定绝卖他人之产者,在债权法上,该契约当事人间,虽可有效发生权利义务关系,而于他人物权之取得,则非由诺约人先取得其物权后再为有效之物权移转契约不可。”这个判例向社会明确表明:如果当事人间仅有债权法上的权利义务关系,而债务人没有在取得物权后再订立有效的“物权移转契约”,则仅凭原先订立之债权法的有效契约是无法

① 中国学者对“物权契约”的“目的说”定义。参见田士永博士论文:《物权行为理论研究》,第7页。

移转物权的。

在明确“物权契约”定义之后的大理院判例，在述及契约时，在用语方面进行了区分。例如，大理院四年上字第九〇二号判例认为：“业主老契之移转本非不动产让与行为之要件，故当事人提出之上手老契纵或有串借影射情事要，无害其所有权之移转。”在该判例中，判例使用了“不动产让与行为”这一用语，似乎意在强调此行为系“直接使物权发生变动”的行为。又如四年上字第一三四九号判例中，大理院推事在判例中则使用了“让与契约”这一用语。“不动产物权之移转惯例上固多以贴身红契交执为凭，但其让与契约如确已订立，卖契合法成立，则未交付贴身红契亦非无效。”

判例用语中的“让与契约”与原使用之“买卖契约”的用语区分，说明了大理院在对于因不动产买卖契约而发生的物权变动认识方面，已经注意到物权契约和债权契约的区别。而物权契约与债权契约区分的实质，在于注意到当事人间的“债权的意思表示”和“物权的意思表示”的区别。债权契约是当事人间形成债权的一致意思表示，其在当事人间仅产生债权债务的债权关系；物权契约则是当事人间的关于物权移转达成的，直接发生物权上变动的一致意思表示。因此，契约的性质判断则在一定程度上决定和影响着当事人可否取得物权。大理院四年上字第二二五九号判例，就是以契约的性质而进行的判定。该判例认为：“不动产之所有人，以一不动产为二重买卖者，其嗣后所缔结之买卖契约，无论其买主是否善意，要皆不过发生债权法上之关系。”

对于以契约的性质决定物权取得的判定办法，阐述得更为明确和具体的判例，为大理院五年上字第二〇八号判例。该判例指出：“按现行律田宅门典卖田宅律文载，若将已典卖与人田宅朦胧重复典卖者，追价还主，田宅仍从原典买主为业云云。其所谓典卖与人者，自系指设定移转不动产之契约（物权契约）业经合法成立者而言。非仅缔结买卖之债权契约者所可遽行援用。”在此判例中，大理院推事不仅明确提出了“物权契约”和“债权契约”的对应用语，而且也是对此前判例中契约用语表述的肯定和发扬。该判例将“设定移转不动产之契约”在性质上明确肯认为“物权契约”（以括弧加以注明）。“缔结买卖之债权契约”的表述，则更明确地将买卖契约直接称为债权契约。更为重要的是，此判例强调指出，在适用现行律“典卖田宅条款”时，应根据契约性质的不同而应有所区别。如果当事人间缔结的先典先买契约为债权契约，不能适用现行律中的由先买先典人取得不动产物权的规定；只有当事人间设立先典先买（移转）不动产的物权契约时，方可适用该条款，判定由先典先买之人取得不动产物权。这也就从另一方面表明了大理院对于不动产重复典卖时的态度，即如果不动产先典先买契约为债权契约，而后典后卖契约为物权契约，则由后典后卖取得不动产的物权（所有权或典权）。

物权契约是以直接发生物权上之变动为目的而存在的契约。在民国初期的大理院推事意识当中，仅仅物权契约就可直接发生物权的移转或让与。但依西方大陆法系民法学所阐释的物权与债权的特性区别，在这个"以直接发生物权上之变动"的契约中，第三人仍很难从"物权移转的合意"中看出物权移转能够"公示"的外观。因此，对于社会中的善意第三人而言，虽然移转不动产的物权契约已经订立，不动产典卖双方当事人间的"合意"已为"物权合意"，但在不动产登记制度尚未建立，而不动产实际仍由典卖人占有的情况下，典卖人出于各种目的，在隐瞒与他人已经订立不动产物权移转契约的实情，又与第三人签订不动产物权移转契约的情况下，第三人（后典后买人）无法获知此不动产已经属于先行签订不动产物权契约的在先典买人。因而，大理院三年上字第四五号判例中的物权契约有效成立要件的阐明，仍很难防止和避免不动产出现"重复典卖"的现象。物权契约及其成立要件的出现，并没有在不动产重复典卖难题上提供安全的交易环境和公平的裁判方法。所以在物权契约引入判例之后，物权效力对抗模式成为不动产重复典卖的纷争当事人寻求大理院保护的无奈选择。

民国初期的法律人，对物权契约理论的认识并没有到此止步。大理院判例在对因不动产物权移转契约而发生的物权变动判例表述，在继续坚持以物权移转"合意"发生物权移转力的同时，在认定发生物权法上的效力或形成物权关系时，悄悄地在"物权移转合意"的后面加上了一个"小尾巴"——"移转"或"交付"。这就在不动产登记制度尚未建立的情况下，选择了一个可以对物权变更进行"公示"、可以从外观容易察知的表现方式，从而为善意的后典后卖人提供了可以查知不动产物权状态的客观标准，有力地保障不动产物权交易的安全。

虽然，在德国的物权契约理论中，物权变更公示本来就应为物权契约有效成立的要件之一，或者说"交付也是一个契约"，①但从当时中国的物权契约理论发展的状况来看，物权变更公示并没有被认为是物权契约的有效成立要件之一。这也说明该时期的物权契约理论还处于发展完善时期。大理院对于不动产物权纠纷中的物权移转或让与的判定方法，有力地推动了物权契约理论的发展，使之又向前迈出了实质性的一步。

从最初的"债权契约"类别区分，但由债权合意产生物权移转力的判例；到物权合意与债权合意的明确区分，且由物权合意产生物权移转力的判例；再到由物权合意产生物权移转力，但在物移转或交付时发生物权变更的判例，民国初期的大理院判例，清

① 萨维尼在其巨著《当代罗马法制度》中写道："……交付也是一个契约，而且是一个与任何买卖完全不同的契约……"参见［德］K. 茨威格特、H. 克茨著：《比较法总论》"第十五章　抽象物权契约——德意志法系的特征"，潘汉典等译，法律出版社 2003 年版。

晰地展现了民国初期，物权契约理论的初步引进、逐步深化认识的理论发展过程。

四

需要说明的是，物权变动模式和物权契约理论的发展脉络，是从大理院先后几年的判例中综合提炼出来的，这也是从大理院的判例总体来看的。在这一总的发展趋势下，也会存在一些与这一发展趋势相互交叉和不相一致的判例。

大理院二年上字第八号判例、三年上字第四五号判例均为依据物权契约理论而进行的判定，但这在“意思主义”物权变动模式判例（如大理院四年上字第三二五号判例）之前，而阐发以“契据有无瑕疵不当”作为物权“对抗”要件的大理院五年上字第一四九号判例也是在以“移转”谓始生物权法效力的大理院四年上字第二二五九号判例之后。而大理院五年上字第二〇八号确定以“交付”作为不动产物权移转契约典买方取得物权的时点，大理院又在五年上字第八八七号判例，对于不动产典权又作出判决：“就同一不动产上先后设定之物权，若均为不动产典权，则依现行律中禁止重复典卖田宅之明文，自不能不认其后之典约为无效。”这一判例显然是依据现行律的规定而作出的，而与同时期的其他依西方大陆法系民法学理论而进行的判决明显不相协调。这说明了民国初期的物权变动模式呈现出交错适用的复杂和混乱局面。但从总体顺序上看，物权变动模式还是呈现出次第更新的先后顺序。

值得注意的是，1921 年，大理院十年上字第七〇四号判例的内容确立了如下规则：“卖主就同一标的物，为二重买卖。在前之卖约，仅发生债权关系，而后之卖约，已发生物权关系者，即令后买主缔结卖约。实有恶意，其对于前买主，亦仅发生是否侵害债权及应否赔偿损害之问题。前买主对于后买主，不能就该标的物已经发生之物权关系，主张其为无效。”此判例表明物权契约理论已为大理院所采纳，作为处理物权变动纷争的理论依据。但 1922 年，民国政府以大总统令形式公布了《不动产登记条例》，该条例规定“不动产物权非经登记不得对抗第三人”。这一民事特别法规并没有采纳物权契约理论，而是采用了效力对抗的物权变动模式。1922 年至 1927 年 10 月大理院闭院，大理院对于物权变动的判例——十四年上字第三七九二号判例——又作出如下解释：“不动产之所有人，以不动产为二重买卖者，依现行律关于朦胧重复典卖田宅从原主为业之规定，自应由最初成立买卖契约之人，取得该不动产之所有权。”该判例又完全回到大理院当初所采用的意思主义的物权变动模式。立法与司法对物权变动模式的不同主张，反映出该段时期，民国立法、司法界的法律人，对于不动产物权变动问题又陷入了模糊的认知旋涡；对于物权契约理论也进入了“反思期”。

南京国民政府《劳资争议处理法》述评

周卫平 *

自工业化以来,劳资争议及其所引发的罢工、停业等产业行为业已成为严重的社会问题。西方各国根据不同的"历史文化、国情、社会环境、经济状况、劳工政策与劳动法制,以及工会组织与工会运动等因素",分别形成各自的劳资争议处理制度,以便能"迅速且公平合法地解决各该国之劳资争议"。①在中国,南京国民政府为解决劳资争议、缓解劳资矛盾、平息劳资冲突,曾制定颁布了《劳资争议处理法》,并积极地付诸实践。

一、《劳资争议处理法》的社会背景

在中国,自鸦片战争以来,工业渐兴,中外资本家纷纷在通商巨埠设立工厂,劳资争议随之出现和发展,劳资冲突不断扩大,逐渐表现为工人运动的蓬勃之势。这种情况引起当时政府及社会各界的关注,历经北京政府的酝酿和广州国民政府的尝试,直至南京国民政府成立,随着各种社会条件的成熟,劳资争议处理法才应运而生。

(一)工人运动为《劳资争议处理法》提供了现实基础

"五四"运动之前,劳资矛盾和冲突已经普遍存在于中国社会,并不断引发了罢工、停业等各种经济斗争行为,但是,此时的劳资争议尚未发展成为全社会的工人运动。自"五四"运动以后,工人阶级开始觉醒,劳资矛盾和冲突日益扩大。"工人们已自觉到他们的地位,已不再是工业中渺小的附庸,辅助的工具了。他们开始向整个资本工业挑战,他们需要一个新的制度,在那里有平等的待遇,平等的享受。在雇主方面,他们历来所占有的地位,主宰的权利,又安肯轻易放弃;对于这新的要求,当然只有嫉恶诅咒,只有压制摧残。于是在利益的冲突下,酝酿了嫉视的心理,展开了争斗的局面,这就是劳资冲突,内在的意义,真实的缘由。在每一个龃龉失和的机会下,在操纵煽惑者挑拨利用之下,这冲突的种子,便以罢工停业,或其他争议的方

---

* 周卫平,2004 级中国法律史专业,指导老师:王立民。现工作于东华大学。

① 简良机著:《劳资争议立法规范及处理制度之研究》,台湾五南图书出版公司 1991 年版,第 349 页。

式表现出来。”[①]因此，“五四”运动开启了中国工人运动的先声。此后，1925 年的“五卅”运动则将中国工人运动推向高潮。1926 年至 1927 年年初，随着国民革命的顺利发展，工人运动更是被推向历史的巅峰。1927 年“四·一二”政变后，工人运动受到国民党的残酷镇压而一时陷于沉寂，但劳资之间的矛盾和冲突并未因此而消失，至当年年末复形紧张。据统计，自 1918 年起，劳资争议所引发的罢工停业案件逐年剧增，从数量来看，1918 年全国罢工停业案件数为 25 起，1919 年突增为 66 起，此后每年多在 50 起左右，至 1925 年增至 183 起，1926 年则达到前所未有的 535 起，而 1927 年在工人运动遭受暴力镇压的情况下，依然达到 136 起，且规模之大和损失之严重为历年罕见。[②]在 20 世纪 20 年代的中国，劳资争议业已成为当政者必须面对和迫切需要解决的一个严重的社会问题。

（二）劳动立法运动为《劳资争议处理法》提供了法制基础

“五四”运动之后，工人运动的现实状况，新思想的传播以及国际社会的影响，[③]使中国的劳工问题开始受到社会各界的关注。“工界自身及对工界表示同情的人们，也打算为工人们谋幸福，他们的努力有一部分可以由劳工法规运动表现出来。该运动的主要目的，是要用法律手续来保证工界已得的权利，及用法律手续取得相当的经济或社会利益。”[④] 1919 年起，一些社会组织和个人开始鼓吹和倡导劳动立法。1922 年，当直系军阀控制下的北京政府重开国会，盛倡制定宪法之时，劳动界在中国劳动组合书记部的组织和推动下，举行了声势浩大的劳动立法运动，督促政府从速进行劳动立法，并提出劳动法大纲等主张。由此，在国内外各种力量的作用下，当时的北京政府不得不作出相应的姿态，除了 1923 年制定颁布《暂行工厂通则》外，也进行了相关立法的尝试，但终因政局动荡、国会解散而复归沉寂。1925 年 7 月，北京政府迫于“五卅”运动后社会各界的压力，制定了《工会条例草案》，其中就包含增设劳资调停机关以解决劳资争议的规定，后因各种原因而致使其迟迟未予颁行。1926 年春，北京政府农商部再次拟订《工会条例草案》，以修正前订之草案，其中包括地方行政长官组织调处委员会以公断方式调处劳资争议的规定，然而此条例仍未能颁布施行。虽然劳动立法运动未能促使北京政府真正而全面地进行

① 上海市社会局编：《近十五年来上海之罢工停业》，中华书局 1933 年版，第 19 页。

② 王清彬等编：《第一次中国劳动年鉴·第二编》，（出版者不详）1928 年版，第 139 页。

③ 1919 年 6 月，国际劳工组织宣告成立。同年 10 月，中国作为国际劳工组织之会员国参加了在华盛顿召开的第一届国际劳工大会，该大会设立一特别国委员会，讨论中国及其他特殊国家之劳工问题。该委员会向中国政府建议采取以工厂法保护工人之原则，并要求中国政府向国际劳工大会提出关于如何实施劳工保护原则之报告。参见国际劳工组织中国分局：《国际劳工组织与中国》，（出版者不详）1939 年版，第 53 页。

④ 陈达著：《中国劳工问题》，商务印书馆 1929 年版，第 541 页。

劳动立法,但是,经历此次运动之后,劳动立法的理念已经深入人心,以法律解决劳工问题、处理劳资争议已为当时中国社会所普遍认同。

(三)国民政府的成立和国民党劳动政策的转变为《劳资争议处理法》提供了政治基础

1924年国共合作后,出于联俄、联共以及利用工人力量进行北伐的政治和现实需要,国民党采取了积极的劳动政策。国民党不仅在其全国代表大会上通过鼓励工人运动的决议,[①]还在中央党部及各省市党部设立工人部负责指导和推动工人运动。但是,随着北伐的胜利和国民政府的成立,"国民党放弃了大革命时期的国民革命目标,所以不再需要动员工人群众,工人由扶助和依靠的对象而成为被控制的对象"。[②]同时,由共产党领导下日趋高涨的工人运动也令国民党深感恐惧。为了巩固其执政地位,国民党发动"清党"和"四·一二"政变,以暴力镇压工人运动,强行重组劳资关系。尽管如此,作为初掌国家政权的执政党,缓解社会矛盾、稳定社会秩序是其必须考虑的现实问题,因此国民党转而主张和缓渐进的劳动政策,鼓吹劳资调协、调和劳资矛盾。所谓"工人运动,不能妨害工业的发展;而工业的发展,不能损害劳工的利益",故应"一方防止激烈分子鼓动工潮;一方力谋工人利益的保障"。[③]具体言之,即"一面承认劳动者有结社权、罢工权,与订立团体契约之权利,以增加劳动者之团体论价能力,保护劳动者之权益;一面采用强制仲裁制度,给予仲裁委员会以较大之权力,使劳资纠纷,早日解决,以便于工业和平声中,努力从事生产"。[④]因此,国民党当局试图通过劳资协调的方式,将处理劳资争议纳入法制化的轨道,从而扩大和巩固其执政基础。

二、《劳资争议处理法》的内容及其主要变化

南京国民政府的劳资争议处理法,从其制定之初至最终定型,在实践过程中经历了一个反复的过程。

(一)1928年《劳资争议处理法》

1928年年初,鉴于各地劳资争议日益剧烈,国民党中央政治会议决议起草制定《劳资仲裁条例》,后更名为《劳资争议处理法》,经三易其稿,终于1928年6月9日

① 国民党第1次、第2次全国代表大会有关决议案提出制定劳工法、保障劳工团体、改善劳动者的生活和劳动条件、维护工人集会、结社、言论、出版、罢工的绝对自由等主张。参见中国第二历史档案馆编:《中华民国史档案资料汇编·第四辑(一)》,江苏古籍出版社1991年版,第466~467页。

② 徐思彦:"20世纪20年代劳资纠纷问题初探",载《历史研究》1992年第5期。

③ 孙本文著:《现代中国社会问题·第四册》,商务印书馆1946年版,第66页。

④ 朱通九著:《民生主义国家之劳动理论》,(出版者不详)1939年版,第6页。

颁布施行。该法包括了总则、劳资争议处理之机关、劳资争议处理之程序、争议当事者行为之限制、罚则和附则共六章。该法仿照德国等国家的相应立法,同时参酌了本国国情。

第一,该法以事实上之争议为处理之标的。劳资争议可分为法律上之争议与事实上之争议。前者是指基于劳动契约、团体协约或法律规定之权利义务而发生的争议。其为现实已经存在的权利之争议,即权利争议。而后者则是当事人希望建立、维持或变更劳动契约、团体协约,以获得有利的劳动条件而发生的争议。其并非现实权利之争议,而为争取和确定未来权利之争议,即利益之争议。该法第1条就明确规定了其适用于雇主与工人因雇佣条件之维持或变更而发生的争议,即事实上之争议。①

第二,该法规定了调解委员会和仲裁委员会两种争议处理机构。调解委员会设委员5人或7人,由行政官署派代表1人或3人,争议当事者双方各派代表2人组成,以行政官署所派之代表为主席。仲裁委员会则设委员5人,由省政府或特别市政府或工商部派代表1人,省党部或特别市党部或中央党部派代表1人,地方法院院长或其代表1人,与争议无直接利害关系之劳资双方代表各1人组成,以省市政府或工商部所派之代表为主席。其中,劳资双方代表之仲裁委员应由行政官署就劳资团体所推定并经省市政府核准之仲裁委员名单中指定。

第三,该法规定了调解和仲裁两种争议处理程序。该法实行先行调解,调解不成再付仲裁的顺序。启动调解程序的情形为:其一,当事人一方或双方之声请;其二,主管行政官署认为有付调解之必要;其三,军需和公益事业发生劳资争议之当然付调解。关于仲裁程序,该法规定公益事业发生劳资争议经调解而无结果,依职权当然交付仲裁。至于其他工商业之劳资争议,如果经调解无结果,经双方当事人声请而付诸仲裁;如因争议情势重大,延长至1月以上尚未解决,则可由行政官署依职权裁量交付仲裁。此外,未经调解而依当事者双方之声请亦可径行交付仲裁。调解决定如经当事者双方之同意,即生拘束力。争议当事者对于仲裁委员会之裁决,不得声明不服。当事人不履行生效的调解决定和仲裁裁决者,应予以相应的制裁。

第四,该法规定了对于争议行为之限制。军需及自来水、煤气、邮务电报及铁道等公益事业之雇主或工人,不得因任何劳资争议罢工或停业。其他工商业之雇主或工人,在调解或仲裁期内不得开始罢工或停业,并且雇主不得开除工人。劳工或劳工团体不得有强迫他人罢工、封闭商店或工厂、擅取或毁损商店工厂之货物器具等行为。争议当事人有违反上述规定的,调解委员会和仲裁委员会得随时制止,不

① 至于法律上之争议,则被视为民法上的权利争议,不在该法适用范围之内,而另行由法院依法处理。

服制止者得处以相应处罚，直至交付刑事制裁。

（二）1930年《劳资争议处理法》

1928年《劳资争议处理法》试行一年，后经两次展期，南京国民政府斟酌时情，对该法予以修改，并于1930年3月17日颁布施行。该法与1928年法相比，虽然法律框架体系乃至大部分条文均未有变化，但此法与1928年处理法之立法主旨已有极大的变化，其最大之差异在于仿效英美等国采任意主义的做法，将强制仲裁改为任意仲裁，主要体现在：第一，取消军需及公益事业之劳资争议可强行交付调解和仲裁，以及这些事业中的劳资双方不得罢工或停业的规定；第二，取消行政官署对于重大争议延至1月以上未解决者可依职权强行交付仲裁的规定；第三，规定争议当事人得于仲裁裁决送达后5日内声明异议；第四，取消当事人对于生效的调解决定和仲裁裁决在一定期限内不得提出变更的规定；第五，取消对当事人不履行生效的调解决定和仲裁裁决者应予以相应制裁的规定。《劳资争议处理法》的此种变化原因，系"以强制仲裁，诸多流弊，于十九年胡汉民先生长立法院时，以先总理在大元帅任内，曾经说过，强制仲裁，是侵害劳资双方法益，于是方将强制取消，而改为自愿"。[①]由此，《劳资争议处理法》"是则完全改头换骨，不复有本来精神矣"。[②]

1930年《劳资争议处理法》实施以后，反多流弊，使劳资争议久延不决。正如有学者所指出的那样，"因为仲裁的裁决没有拘束当事人的效力，劳资纠纷格外不容易解决。……因为资方知道只要政府不故意帮助劳方，在自由斗争的原则下，劳方是无不失败，资方是终必胜利的"。"……仲裁若可任意，对于裁决若可声明异议，则资方可应付裕如，而劳方则无路可走。裁决若有利于劳方，则资方势必声明异议，结果一无所得；裁决若有害于劳方，劳方虽可声请异议，然声明异议之后，除了直接行动——罢工外，简直没有补救的办法；而罢工的效力，则又十分不可靠，所以在这种仲裁制度下，工人几无实惠之可得"。[③]因此，该法不得不面临再次修改。

（三）1932年《劳资争议处理法》

1932年7月，上海市长吴铁城向国民党中央政治会议提议修改《劳资争议处理法》，恢复强制仲裁，否则准由上海市制定单行法规，采用强制仲裁。该提案经中央政治会议决议，交立法院审查。

在立法院内，立法委员们对于是否恢复强制仲裁，讨论甚久，辩争激烈。反对者认为，"1930年修改后之任意仲裁制度施行以来，其效果较优。而且1929年公布的《工会法》，其第23条规定劳资间之纠纷，非经过调解仲裁程序后，不得宣告罢工，

---

① 佚名："中华工业总联会讨论劳资争议强制仲裁"，载《申报》1932年9月29日。
② 陈振鹭："仲裁制度之新趋势"，载《法律评论》1932年第48期。
③ 陶百川著：《中国劳动法之理论与实际》，大东书局1931年版，第298～300页。

是明白承认仲裁后可以罢工。强制仲裁在上海只能拘束少数华人工厂，而租界内之工厂则为政治力所不及，亦难使其此种制度之普遍推行”。赞成者则认为，“1928年处理法之不能奏效，乃因乘1927年共产党煽动之余，非强制仲裁之不当，依据上海市社会局统计，以后劳动争议案件，亦逐渐减少，盖强制仲裁，劳资双方皆知直接冲突之无益，转不如就政府之范围，彼此胥蒙其利。依1930年处理法，法院得依当事人之起诉，推翻原裁决而另为判决，是一事再理，徒生纠纷，且案经三审，方可确定，效力迂缓，亦非处理情势严重之劳动争议之良法”。反对者又称，“劳资仲裁虽具有特殊性质，不外乎属于民间雇佣之纠纷，中国作为司法独立之国家，处理劳资纠纷之最高权能，应属法院。如以仲裁为最后之决定，法治之谓何？如认为一事再理，徒生纠纷，则仲裁未尽适当，致当事人无法执行时，又岂能免予纠纷？且强制仲裁，非劳资双方满意，及使其恶感日深，并有时仲裁裁决亦难实行，更不足以防止罢工”。①

虽然反对声甚强，但由于恢复强制仲裁制度已为国民党中央政治会议所议决，依照当时的立法程序，立法院无权变更，故修正案终获通过，并于1932年9月27日颁布。与1930年《劳资争议处理法》相比，其主要变化在于：第一，恢复公益事业之劳资争议可强行交付调解和仲裁，以及这些事业中的劳资双方不得罢工或停业的规定；第二，恢复行政官署对于重大争议延至1月以上未解决者可依职权强行交付仲裁的规定；第三，恢复当事人对于仲裁裁决不得声明不服的规定；第四，恢复对于当事人不履行生效的调解决定和仲裁裁决者，应予以相应制裁的规定。

至此，《劳资争议处理法》基本定型，成为南京国民政府时期处理劳资争议的基本法律。②

三、《劳资争议处理法》评价

（一）《劳资争议处理法》之成就

南京国民政府《劳资争议处理法》是中国历史上第一部完备的《劳资争议处理法》。从其立法理念和内容来看，堪称完善。其成就在于：

第一，具有先进的立法理念，与国际潮流相接轨。南京国民政府时期的“各种劳工法规，除少数因须适应中国国情，不得不有特别规定外，其余各种法规中重要条款，无论直接或间接，大都均系在适合当时中国情形之条件下，参照国际标准而

---

① 谢振民著：《中华民国立法史》（下册），中国政法大学出版社2000年版，第1137～1138页。

② 该法于1943年略作修改后，直至国民党政权退出大陆，经1988年修改后现仍适用于我国台湾地区。

订定者”。①《劳资争议处理法》的制定，亦充分考量和吸收了国际上各种先进立法的理论和经验，紧跟时代的潮流。该法以事实上的争议（即利益争议）为处理之标的，实际上是在法律上承认了工人可以要求与资本家进行经济利益分配的权利，改变了劳资之间系劳动力买卖关系的传统观念，体现了20世纪以来的社会化思想的影响。②该法虽然对罢工加以诸多限制，甚至变相剥夺了工人的罢工权，但其至少在观念和意识上为罢工权提供了一定的法律空间。

第二，构建起以调解和仲裁为主要手段的完整机制。从世界各工业国家的立法来看，主要以斡旋、调解、调查、仲裁、诉讼、行政处分等各种方式处理劳资争议，其中对于事实上的争议，以调解和仲裁最为普遍。南京国民政府充分借鉴了其他国家成功的立法经验，选择以调解和仲裁为手段，构建起完整的劳资争议处理机制。在立法技术方面，不论是调解委员会和仲裁委员会的组成，还是调解和仲裁的启动、调查、决定、裁决等程序，都清晰明了、具体完善。

第三，在一定程度上体现了公正性。《劳资争议处理法》所贯彻的劳资协调的政策和方针，在某种程度上是对劳资双方的利益进行平衡。这种做法虽不乏阶级调和的意味，但不可否认其外在表现上具有公正性。在具体的规范层面，处处体现出劳资对等的规定：关于调解和仲裁组织的组成，劳资双方的代表人数相等；关于争议行为的限制方面，该法同时对雇主或工人的停业或罢工行为作出限制，而且既规定了雇主在调解或仲裁期内不得开除工人，也规定了工人不得采取封闭工厂等行为；关于违法行为的制裁方面，该法对劳资双方都规定了相同的处罚。

第四，立法过程及内容比较关注国情。国民政府制定《劳资争议处理法》的基本出发点就是为了解决中国日益严重的劳资问题，所以，国情是其必然考虑的重要因素。例如，在采取强制仲裁还是任意仲裁的问题上，虽然立法反复摇摆，但这本身就体现出南京国民政府出于对社会现实的考虑，寻求合适的定位，最后作出自认为最适合中国国情的选择过程。在具体规范方面，该法也作出一些符合中国国情的规定。例如，在其他奉行强制仲裁的国家，法律规定适用劳资争议处理程序的劳方当事人必须是经合法注册的劳工团体。但在当时的中国，劳工团体尚不完善，所以立法规定劳工十五人以上亦可作为适用劳资争议处理程序的当事人。

（二）《劳资争议处理法》之不足

《劳资争议处理法》同时也存在诸多问题，主要有以下几个方面：

第一，工具主义倾向严重。虽然国民政府鼓吹劳资协调，以公正地平衡劳资利

---

① 国际劳工局中国分局编：《国际劳工组织与中国》，（出版者不详）1939年版，第35页。

② 我国大陆目前法律尚未明确承认利益之争议亦未建立起相应的法定处理机制，现行的劳动争议调解和仲裁制度仅适用于权利之争议。

益为目标,但是,国民政府实际上更视《劳资争议处理法》为解决劳资争议、缓解劳资冲突的工具和手段。出于这样的"救急"目的,《劳资争议处理法》早于《工会法》、《工厂法》和《团体协约法》,而成了南京国民政府时期最早出台的劳动基本法。甚至国民政府受到具体案件的影响,即轻易修改国家的基本法律。①法律工具主义成为政府行事的首要取向,时人曾评价道,政府"对于国民生活,究负有责任乎?今日之政治,将保育资本乎?抑谋'劳苦大众'之福利乎?以法治乎?以主义治乎?谁能于此作准确明瞭、切实可行之答案。若谓折衷尽善,实即毫无定见,于是纠纷勃发之日,视呼声之高下,视趋势之低昂,视一时情感之好恶,视局部利害之重轻,左袒便则左袒,右袒便则右袒。"②

第二,党治和政府干预主义色彩浓厚。包括《劳资争议处理法》在内,"无论中央或省市所公布的法令,都透着党治的精神",劳资争议,"是由党治政府依据颁布的法令来处理,而争议当事人,应为党政机关核准的团体"。③就世界各国的情况看,处理劳资争议采强制主义,本是指依据国家法律规定,强制将争议交付调解和仲裁,并且调解和仲裁结果具有法律约束力,政府在只是起参与和引导的作用。在中国,国民政府将强制主义演变成党政一手包揽,在仲裁委员会的组成中,党部、政府和法院共占三席,劳资双方当事人各占一席,并由行政官署人员担任主席,意味着官方完全掌握了处理案件的走向。时人曾指出其弊端,"强制仲裁原所以增加政府之权力,倘因此而裁决失当,转贻良法之累"。

第三,某些具体规定有失公平。该法的有些规定并未顾及劳资之间经济力量和社会地位方面的平衡。例如,该法规定劳资争议当事人非工会者,则须劳工十五人以上。对于中国而言,与发达国家相比产业落后,许多企业规模较小,雇工仅寥寥数人而已,这样的规定实际上是将大量小企业的工人排除在外。同时,该法将店员排除在适用范围之外,导致广大店员即便组织了自己的团体,亦不能将争议付诸调解和仲裁,"于是往往酿成罢工停业的直接行动,而终至不能不由党政机关为之和解"。④又如,该法对于当事人不履行生效的调解决定或裁决者,对于当事人有违反限制之争议行为者,以及在调解过程中无故不到会等,不论劳资各方,均予以相同

① 1932年5月,上海发生三友实业社劳资纠纷案,该案"迁延至六百三十五日之久,工友曾两度绝食,在背后又各有许多团体或分子声援力助,不但经过调解和仲裁的处理手续,并且辗转上诉于地方法院、高等法院和最高法院,甚至竟因这一个地方上的案件,引起中央修改施行全国的劳资争议处理法的动机,在劳资纠纷史上,可为一个应当大书特书的案件"。参见上海市社会局编:《近五年来上海之劳资纠纷》,中华书局1934年版,第8~9页。

② 佚名:"劳资纠纷的社会舆论",载《纺织周刊》1932年第35期。

③ 上海市社会局编:《近五年来上海之劳资纠纷》,中华书局1934年版,第3页。

④ 潘公展:"中国劳动立法的原则与史略",载《社会月刊》1931年第12期。

之处罚。实际上，“普通是资方的雇主只有一二人或少数人，而劳方的工人则是成群成数，既是不论何方，不论贫富，都对违反者可处以同额之罚金，其结果，则只有表面上的公平，而没有实际上的公平”。①

第四，其他相关立法之配套不及时，其某些规定与《劳资争议处理法》不协调。从现实来看，事实上的争议，其实即团体之争议，劳方争议主体主要为工会团体，争议内容主要涉及团体协约的签订、变更和终止。所以，工会法和团体协约法与劳资争议处理法之间存在重要关联性。但是，由于劳资争议处理法先行出台，工会法及团体协约法滞后，且其中一些规定与劳资争议处理法不相匹配，造成适用劳资争议处理法的障碍。例如，工会法限制工会的设立，“一方面明知劳工运动之势必自然的发生，一方面又怕劳工运动之无法掌握，不要既不可，要又不可能，于是在这样矛盾的心理中，制出了一部模棱两可游移不定的工会法。如产职业别之严格，发起人数之提高，设立手续之烦重，纵的组织之否认，入会退会之自由，监督机关之分割……处处地方，充分表现这种矛盾的现象，致弄成今日中国工会运动之破产，工会组织之无力”。②工会组织的软弱致使工人在劳资双方的对峙，以及劳资争议的处理过程中往往处于不利的地位。

总体而言，南京国民政府劳资争议处理法立法尚属完善，与当时其他发达国家相比，亦毫不逊色。“中国劳动法，以言历史，在世界各国当然为最短；以言内容，当然亦不免粗略。……演之于实际，在法律条文上亦未必落伍。”

余　论

南京国民政府劳资争议处理法之立法不可谓不完善，实施不可谓不努力，结果却与其愿望背道而驰。从1928年至1937年，在该法的实施过程中，上海、青岛、汉口、南京等地以调解或仲裁方式处理了相当数量的劳资争议案件。但是，劳资争议处理法并没有真正起到解决和预防劳资争议的作用。主要表现在：首先，劳资争议案件数量并未随着劳资争议法的实施而减少。其次，除一些经济发达省市外，许多省市仍未建立起劳资争议处理制度。再次，以调解和仲裁之法定手段处理的劳资争议案件数量不多，且逐年减少，后几年竟几近于无。最后，劳资争议处理法在实施过程中困难重重，受到来自租界及领事裁判权、帮会势力，以及当事人的干扰与阻

① 陈振鹭：“中国劳动立法总评”，载《法学杂志》1933年第3期。

② 李平衡：“工会与立法”，载《法学杂志》1933年第3期。

碍。“抗战”结束后，该法则基本没有发挥作用。①

劳资争议源于产业社会中两大阶级之间利益的根本性分歧和冲突，不是单靠某项具体制度可以弥合裂痕的。劳资争议处理制度作用之真正发挥，有赖于完善的政治体制、良好的经济状况、成熟的法治观念等基础。在半封建半殖民地的旧中国，南京国民政府在政治上腐败无能，根本不能担当争议调处的作用。同时经济落后和劳动生产率低下，使劳资争议这种劳资之间利益的博弈缺乏可供调和的经济空间。再有，法制本身的不协调和法制观念的缺乏，使劳资争议处理法难以得到实施和遵守。最后，帝国主义的侵略更是加剧了这些问题，使劳资争议之解决愈发雪上加霜。显然，劳资争议处理法超越了那个时代所能提供的生存基础，在当时的社会环境下，任何再臻完善的劳资争议处理法亦注定是要失败的。

① 抗战结束后不久，劳资争议旋趋激烈，其案件数量和严重程度远超抗战之前的程度。在此情形下，国民党当局制定实施《动员戡乱期间劳资纠纷处理办法》等特别法，以劳资评断之方式包揽劳资之间纠纷、待遇等事宜的处理，将劳资争议处理法长期置于冻结或备而不用的状态直至退至我国台湾地区后的20世纪80年代。

民国时期钱业习惯法与国家法的冲突

——以三十年代银行立法为视角

李　婧*

一、国家银行立法与钱业习惯法的并存

自20世纪二三十年代，南京国民政府形式上实现全国统一后，便开始加强经济垄断，实行金融统制政策。尤其在20世纪三四十年代，国民政府颁布了多部银行法规，严格了银行的设立条件、资本额、监管制度等，以法律手段将银行置于中央政府的严格监控之下，以整顿近代以来紊乱不堪的金融业，实现经济垄断。

近代中国主要金融机构为钱庄和银行。钱庄，西方人称“native bank”，为中国传统金融机构。鸦片战争后，钱庄根据实际做了调整，融入了近代金融体系。① 各地的钱业在长达百年的发展过程中，成立了自治性质的同业组织，②制定和推行了钱业习惯法，③以维护行业信用及市场秩序。这些习惯法大多已形成文字，以行业规则、营业章程、业规的形式体现。

钱业习惯法产生于实际交易的需要，可操作性、实用性突出，在规范近代钱业秩序，调整金融关系方面，弥补了国家银行法规的缺陷。近代银行立法与习惯法在调整经济关系领域发挥着不同作用。习惯法代表钱业同业者的共同利益，以市场为导向，以获得钱业收益最大化而订；银行立法作为国家制定法，反映了政府的意志与利益，当两者利益不一致时，其规则系统就会发生冲突。国民政府实现金融垄断的过程中，政府与钱业利益的冲突，反映在法制层面即银行立法对传统习惯法的

---

* 李婧，2006级中国法律史专业，指导老师：王立民。现工作于华东政法大学。

① 1908年《银行通行则例》第1条规定：凡开设店铺经营存款，放款汇兑，贴现等业务者，总称为银行；1931年《银行法》第1条规定：凡收受存款，办理放款或票据贴现与汇兑者，均为银行，虽不称银行，业规定为规定，均有遵守本法义务；1947年《银行法》规定：以公司法及本法组织登记，并依本法经营银行业务之机构，并明确界定钱庄为五类形式银行之一。

② 钱庄设立于全国大小城市与乡镇，其中，上海钱业最繁荣，最具代表性。其同业组织为上海钱业总公所，上海钱业公会。本文以上海钱业公会的习惯法为例，考察民国时期钱业习惯法与银行法的关系。

③ 关于“习惯法”的定义，目前学界有三种观点：第一种认为习惯法是国家认可的制定法的组成部分；第二种认为习惯法就是传统的道德习惯；第三种观点认为习惯法是民间有强制性的准法律规范。本文所指习惯法倾向第三种观点，习惯法即独立于国家制定法之外，依据本民族或本行业权威确立的，具有强制性和习惯性的行为规范的总和。钱业习惯法包括成文的规章、章程与不成文的行业习惯。

否定。

二、1931年《银行法》对钱业习惯法的否定

立法院于1931年2月28日通过的《银行法》,是国民政府成立后颁布的第一部银行法。其对银行、钱庄等金融机构各项制度详加规定,完善了银行业的一般立法,总体受到肯定。但立法思想超前,脱离了近代金融业实际,忽视了银行、钱庄长期适用的商业习惯,许多规定与实践不符,遭到金融界的抵制。

(一)最低资本额过高与钱庄资本较少的冲突

钱庄多为合伙组织,及少量个人独资,规模较小,股东一般为2~10人。与银行相比,资本额较少。特别是成立初期,资本额最多的也只有5万两左右,而少的只有数千两。1858年,设在上海的70家钱庄,资本总额为1,145,000元,平均每家资本额仅为16,000元;到了1912年,平均资本额也只有53,000元。至"抗战"前,上海最大的钱庄,资本额也只有数十万元,超过百万元的极少。而分布在乡镇的农村钱庄,资本就更薄弱了。

虽然自身资本不多,但钱庄业务的盈利巨大。数万元的资本因经理运用得法,就能活动数十万资力:"其资力之大小,并不在资本及附本之多寡,全视东家及经理人之手腕与信用。有数十万两之资本金,能吸收数十万两之存项,并能做数十万或数百万两之账面,其营业资力有十倍于资本附本者,实非罕事。"①1903年,上海的82家钱庄以56,000元的平均资本额获取26,000元平均利润,平均利润率达到46%,1912年平均利润率更是达到59%。可见,钱庄因其经营性质,无须太多资本,就可有序有利运行。

而国民政府出于稳定金融体系,减少金融风险的目的,1931年《银行法》规定设立银行最低资本限额制度:股份公司形式之银行资本至少达到50万元,无限组织公司之银行为20万元,即使简单地区减少后,前者也要25万元,而无限组织不得低于5万元。按此条规定,当时全国很多银行、钱庄达不到最低资本额,只有倒闭。

对此,钱业坚决反对,认为:"对资本数额的限于定数,在乡镇无此力量,如原有钱庄受条例限制不能维持现状,则乡镇农工资金势必不能周转。"②"钱业特殊情形,与银行不同,银行资本吸收社会公共资金,资本额自然要高,而钱庄在内地设立,千元至万元就可。如果强制适用同一规定,钱庄将大量倒闭,不利于资金流通。"③

---

① "上海金融中心之钱庄",载《钱业月报》1934年第14卷,第2号。

② 中国人民银行上海市分行编:《上海钱庄史料》,上海人民出版社1960年版,第215页。

③ 同上,第216页。

（二）公司制与传统合伙制的冲突

合伙制为钱庄主要的资本组织形式，股东承担无限责任。钱庄资产与股东个人资产分离，当钱庄倒闭，不足以清偿债务时，股东以其家产偿还，直至清偿所有债务。但根据上海钱业的习惯看，若钱庄倒闭，各股东所负清偿责任，以其出资比例为标准。并不代其他股东负责清偿，与完全无限责任股东不同，故被称为"分担无限责任"性质。

1931年上海钱业公会开会讨论，倒闭钱庄的股东是否应负连带责任。会议重申："连带责任，法律虽有此一条，惟诸人情习惯，恐难如愿。若长此迁延，究非结束之道……照顾承认划出……无可厚非。"即以所处理的案例结果作为以后参照的规则，将已经存在于上海等地的商事习惯，形成惯例，完善了关于股东责任的习惯法。

《银行法》无视钱庄经营实际，责令其改合伙制为公司制，并限期三年内完成。立法者认为"钱庄性质及营业情况，与一般银行大略相同，理应归纳于银行法范围"，应采用先进的组织形式。这一条文，激起了钱庄业更大的反对，主要理由：行业组织形式应因地制宜，才利于经济发展，若都局限于公司制，则钱庄数百年沿用的善良习惯一旦改变，定有麻烦。与钱业有信贷关系的其他50余家同业公会也表示：合伙组织要比公司组织"负责而少危险"，一旦强行适用银行法，必导致钱庄"非收歇即改组"，工商业将"相率束手"，更"动摇社会基础，基于党国前途，所关匪细"。

（三）限制信用放款与以信用为主要放款方式的冲突

初建时钱庄一般服务地域有限，注重人际关系，对商人的资本、资信等情况较了解，形成了"钱业放款，以信用为主"的行业习惯，给商家的贷款均属信用贷款。也因为当时中国能够提供妥当抵押品的大商家不多，且因"手续迎合我国一般商人习惯，不重抵押或保证，侧重信用"，深受好面子的中国人青睐。信用贷款在融通商业界资金作用巨大，尤其对于"调剂农商"，"补救营运之资"，"扶助中小商人所以预防大商人之垄断"，更是"习惯相沿，有非此不可之势"。[①]20世纪20年代后，钱业也认识到信用放款的风险：一旦贷款人倒账，即波及整个金融界，开始经营抵押放款，但信用放款还是主要方式。

国民政府为控制金融风险，《银行法》第29条严格限制银行经营信托业务、信用贷款，每笔业务都须经财政部核准。这无疑断了钱庄业的生路，上海钱业公会通电全国各地钱业："信用之习惯"为"适合国情之组织"，是钱业"迭衍迭进而不敝"的原因，号召团结起来向政府请愿，废《银行法》，另立《钱庄法》。

（四）银行监管方式与恪守秘密行规的冲突

钱庄作为合伙组织，股东承担无限责任，其私人财产往往在几个不同的投资领

① 中国人民银行上海市分行编：《上海钱庄史料》，上海人民出版社1960年版，第215页。

域流动，属于商业秘密。而钱庄的营业账目、税款账本等更是重点保护的对象。1921 年江苏财政厅通知各商会，将各银钱行号上一年营业报告、资产负债表等材料上报。上海银行公会对此讨论后，公决：如来函调查，同业概不填送。并对公会内保存各钱庄存储账簿的库房加强管理，加锁并由经理人保管钥匙。可见，出于自我保护，钱业没有信息公开的理念，行业传统很注重保护商业秘密。

而立法者为加强监管，认为钱庄股东即无限责任，就必须出具财产证明书，以证明有清偿能力，特规定银行每年底将财产证明书、资产负债表、损益计算书等报送财政部，以便监督。对此条，钱业直接表示“窒碍难行”，“事实上万不可能”。

（五）钱庄市场退出时，清理主体的变更

钱庄的市场准入与退出是钱业习惯法重要组成部分。在近代官方监管机构不健全的情况下，钱业公会通过制定退出规则，负责清理退出钱庄，以稳定行业信用。上海钱业营业规则第 22 条：对突然停业的入会同业者，要有公会主持清理，不得私自相抵债务，不得私自处理存欠款；但对于正常停业的钱庄，由其经理负责，公会不必出面。

1935 年国民政府通过的《财政部规定监督银钱业清理办法》规定，停业钱庄应由财政部派员会同公会清理，并在此前，已经派员至上海清理停业的钱庄。这样，钱庄退出的清理权被政府收回，而长期形成的退出规则也失效了。

钱业习惯屡屡遭到否定，上海钱业公会积极奔走，请求政府根据本业实际，另立《钱庄法》，维护行业利益。在《银行法》颁布 19 天后，上海钱业公会即召开全体会议讨论，呈请立法院另订钱庄法。几天后发函号召各地钱业公会，共同请愿。并起草了“依钱庄习惯法制订专法以利推行案”，“函请市商会转交商界出席国民会议代表王松君携会提议”。

而立法者马寅初的八点驳复理由宣告了钱业公会所做的努力白费。对于钱业要求立《钱庄法》的八项理由，除了减少资本额这一项可以考虑外，其他七项全部驳回。尤其对于钱业要求独资经营，反对出具财政证明书、资产负债表、损益表等项，严厉斥责，称之“不很妥当；没有道理；无礼取闹”。政府最后所做的让步就是“一时难以施行之点，拟于起草银行法施行法时，酌量补充，以资调剂”。

这使钱业公会希望通过立法，维护钱业习惯的愿望落空了。20 世纪二三十年代随着金融统制步骤的加快，1930 年开始，一部分钱庄被改为股份制，逐渐被国民政府金融体系强制改造，纳入银行系统，成为统制管理的对象。至此，“完全基于市场的信用和习惯法就失去了存在的依据”而逐渐消失。

国民政府银行法与钱业习惯法的抵触，实际上是法律规则与习惯规则在调节社会秩序时矛盾的体现。习惯与法律作为社会秩序的控制规则，在不同的历史时期和经济形态不同的社会，所发挥的作用是不同的。“以商品经济为主要经济形态的社会将导致法律对秩序控制的作用”,“而非商品经济社会中习惯和法律虽然共存,但是,习惯相对于法律来说,仍然牢牢控制这社会的基本秩序”。因此,商品经济发达的西方,社会变迁是以法律为主导的秩序形态。

而近代中国现代化进程中,自然经济没完全解体,商品经济不发达,农业经济与现代经济并存,没有如西方社会那样形成一元的市场经济格局,而是典型的二元经济模式社会。因此,近代中国既没有建立以法律规则为主导的社会秩序,也没有延续以习惯规则为主导的秩序,习惯和法律在秩序控制的过程中展现为一种矛盾的关系。

国民政府虽然一直致力于“六法”体系的构建,企图以法律规则代替习惯规则,成为主要的社会控制规则。但现实的社会经济基础及阶级矛盾,导致法制现代化进程中,国家法与习惯法摩擦不断。

钱业公会作为钱业自治组织,为维护成员利益最大化,会本能地首先按照市场习惯交易,而不是法律来规划自身的行为,除非法律能够反映他们的利益要求。而银行法作为国家规范社会经济秩序的法律规则,代表政府利益,不可能反映全部经济主体的共同利益,特别是当市场主体按行业规则运行所获的利益与其冲突时,政府自然以法律规则代替行业习惯,剥夺特定主体的利益。因此,在国民政府以银行立法为手段实现金融统制的进程中,代表民族资产阶级利益的钱庄习惯法自然得不到保全,逐渐被国家法取代。

因此,基于市场建立的钱业习惯法,凡是与政府法律规则相抵触的,一律被改弦易辙。以钱业信用的核心——庄票制度的改革为例,可窥见国民政府对习惯法的改制。

庄票是钱业代替现金使用的信用票据,是其信用制度的重要保障。1948 年 6 月,南京国民政府因滥发纸币,向银行过度透支导致恶性通货膨胀。但政府非但没有检讨自身财政政策与举措,反将金融秩序的混乱与物价波动归责于银钱业的商事习惯,其中就包括庄票的发行。①

为此,上海金管局打着“防行庄滥发空头本票,增加信用筹码,影响物价波动起见”的幌子,“先后派出稽查人员 10 组,稽查各行庄签发本票情形,一面并订就严格管理办法,通令银、钱、信托三业同业公会转行遵照”。具体办法为:“一、本票之开发,如应客户之要求,则必须该户帐内存有余额,或以现钞调换,并应于交易发生时开发,不得预先将本票付给客户。二、本票收回后,应即转账注销,不得抵库或作为筹码转付其他客户。三、凡行庄开发之本票,除缴纳本身税款之外,应限于客户之要

① 杜恂诚著:《近代中国钱业习惯法——以上海钱业为视角》,上海财经大学出版社 2006 年版,第 188 页。

求，其当天本票科目之余额，无论该项本票用途如何，必须有十足之头寸存放库存、中央银行、票据交换所或其他同业。四、行庄对开发本票，如违反上项规定，经金管局查明属实者，予以严重惩处。”同时，为了降低社会资金的总流转速度，政府当局禁止当日票据抵现制度。财政部于1947年7月17日发布训令，规定解入票据禁止当天抵现。

钱业习惯为了维护信用制度，长期适用票据轧抵制度，即不需要将票据兑现，而将各种解入票据互相抵冲，可大大节省现金使用量和交易成本。但财政部却担心现金量太多，无处可使，因此禁止票据当日抵现。

对此，银行、钱庄、信托三公会致函财政部请免禁票据当日抵现，称："各种即期票据，经过现行清算手续，实际即在当日付款，如概须俟次日方准支用，则票据代替现金之功能尽失。"并对财政部训令诸多内容表示内涵不清，要求财政部给予解释，如训令中所称的"他行票据"是专指支票，还是包括本票、汇票、保付支票，汇款收款书在内？训令中的"未兑收前"到底是指有别于即期票据的远期票据，还是包括可以提出交换的所有票据？训令中称的"抵现支取"，是专指提取现钞，还是包括交换的支票在内？

财政部对于以上请求与询问，并没有应允与明确答复。只是坚持说票据应当当日抵现，理由为"在金融未臻安定之时，尤有推波助澜之患。本部为整肃金融市场起见，特再通令提示纠正"。

除了对钱业信用基础庄票制度进行改制，财政部还改变了钱庄市场准入与退出的习惯法。钱业的准入、退出制度是保证钱业信用和行业稳定的基石之一，①其一直都由钱业的同业组织负责监管。但南京政府成立以后，随着政府控制力的加强，这项权力逐渐被政府所攫取。

在市场准入方面，1935年财政部加强了注册监督。新设银行、钱庄等金融机构一定要先经财政部核准注册，再送地方政府查核备案。这改变了上海新钱庄的设立，由公会投黑白子的办法来决定的习惯。决定钱庄是否可以入会注册的权利，就变相地由财政部和地方政府接管。

在市场退出方面，1937年国民政府公布了《财政部规定监督银钱业清理办法》，规定"停业银行钱庄，除经法院宣告清理之银行钱庄，亦应指派专员调查清理，随时报部备查"。并在此法令颁布之前，财政部已经派员至上海清理停业的钱庄：派朱璇章为永兴、同兴两汇划庄的监督清理专员；派王季森为寅泰、益昌两汇划庄及鼎珄元字钱庄的监督清理专员；派陈俊敕为永丰、益康两汇划庄的监督清理专员；派

---

① 杜恂诚著：《近代中国钱业习惯法——以上海钱业为视角》，上海财经大学出版社2006年版，第189页。

周信康、荣康两汇划庄的监督清理专员；派王卿熙为宝大裕等汇划庄的监理清理专员。

从一般意义上来说，政府接管金融机构的准入和退出职能，是政府宏观调节经济、行使社会管理职能的表现，符合世界各国政府制度创新趋势。但政府的接管与干预，应以公共利益为出发点，建立合理的财政制度、独立的货币金融制度等一系列配套制度，否则，这样的干预即垄断、权力的统制，①使社会经济发展水平与法制脱节，非但不能推进法制进展，反倒破坏了长期行之有效的习惯法的存在与效用。

由此，也可窥见，近代立法者对社会共同体利益缺乏关注和保护，对长期所积淀的习惯缺乏认可和尊重。而在"以冀调剂监控"原则下制定的银行法规，也忽视了实践中所积累的经验和在公共事务中被证明为有效的习俗和惯例。导致"中国习惯"和"外国条文"很难达到高度的融合，政府和民间也往往因社会制度的变迁和运作而发生矛盾和冲突。②

与国家法相比，钱业习惯法产生于实际交易的需要，可操作性、实用性较强，并作为行业自律性规则长期存在。近代经济转型时期，商品经济活动中，"各种利益主体并存，利益需求趋于多元化。而国家制定法律时一般从国家利益或社会整体利益出发，因此难以满足社会多元化利益需求。因此，不同利益主体受利益机制的驱动，往往会产生不可遏止的立法冲动，从而出现民间法的多元立法主体，从宗族、行会到宗教组织，等等。"③

钱业习惯法正是多元立法主体之钱业同业组织推动和制定的，是多元法律体系的组成部分。"一种自主立法，它与国家的委托立法不同，所谓自主，乃是指个人或组织(而非政府)制定法律或采用与法律性质基本相似的规则的权力"，"其根本性的权力来源是团体成员的理性契约与集体认同"。

以上海钱业习惯法为例，在1918年《工商同业公会规则》颁布之前，上海钱业的营业规则、信用规则等都是由其制定并监督实施。1900年上海钱业公会形成了第一个文字商业规则，主要是围绕行业信用而定。此后经过五次修改，日益完善：

1900年重整条规对于被盗、欺诈条件下的庄票挂失承兑及庄票的真伪问题做了规定。四年后，新增了拆借及庄票使用规则的条规。1907年新条规对于倒账所招致的损失，实行"一律公摊"的办法，即对于入会的钱庄，倒闭不能清偿债务时，所有欠款均由公会所有成员平均承担。这是首次对"向无定章"的倒闭钱庄损失责任

① 杜恂诚著：《近代中国钱业习惯法——以上海钱业为视角》，上海财经大学出版社2006年版，第190页。

② 郑成林："上海银行公会与银行法制建设述评"，载《华中师范大学学报》2004年第7期。

③ 谭岳奇："民间法：法律的一种民间记忆"，载《华东政法学院学报》2001年第5期。

进行规定，有效维护了行业信用和秩序。

钱业规则规定了严格的准入制度：入会由公会董事会和全体会员两级审批，保证了会员质量；对于非正常破产会员，公会组织清算，坚持公正、合理、维护整理利益的原则，防止引起破产连锁反应。对于会员违规行为以信息披露、除名、共同抵制等方式进行惩戒，把会员行为纳入正常轨道，避免行业竞争秩序的混乱。

公会通过为会员追逃债务及主张各种合法权利，维护行业利益，对于资金暂时困难的钱庄实行垫款，破产资不抵债时，由成员共同承担。并对会员履行公会决议进行监督。这样会员守信的收益大大高于成本，因此上海钱业公会具有高的声誉与市场号召力。①

可见，习惯法对钱业有着重大的规范、指引、协调、引导作用，实际上执行着本行业内“法”的职能。但其又有特定的适用性和针对性，与国家法的普遍适用性不同。

国家法调整对象具有普遍性，只考虑对象共同体及抽象行为，而绝不考虑个别人（地方）以及个别的行为。因此，在多元社会中，仅有国家法是不够的，习惯法以其调节对象的特定性、适用范围的有限性，能够弥补国家法在微观领域与特定行业的不足。近代银行法无论一般法或专门法，都是将钱庄纳入银行范围，适用一般性规定。而针对其经营特点、历史习惯，立法者很少考虑，导致立法“均与吾业之组织习惯及营业方法不相符，甚或大相抵触”，“俯察舆情，另订钱庄法”。

由于习惯法所规制的主体一定，并共处在一个特定的地域范围内，彼此之间形成了较熟的关系，为彼此合意的达成提供了信任基础，使相互之间需要考虑的因素相对要少，信息收集的费用较低，确立规则的耗费与成本较低；相反如果由国家制定法对行业组织及成员的经营行为进行规范，由于其身处市场和行业之外，缺乏网络关系，彼此达成合意的成本将很高；同时，制定法的立、改程序繁杂，对市场适应性也很差，这样势必抬高其规制的成本，收益自然就很低。因此，习惯法较易根据市场、行业、地区变化而变化，更具灵活性、及时性。

同时，作为移植而立的近代法律体系，立法思想、法规内容具有很强的超前性，易脱离本土实践，存在法律空隙和规避现象，“再精细的法律规章也不能做到对社会进行完全的涵盖……社会结构存在弹性空间，法律规范存在着‘真空’区域”。因此，需要另一种与传统实际相容的规则补充，对国家法进行修正。习惯法是在人们长期生活与经济交往中逐渐形成的，是对确立的习惯传统和稳定的秩序本身的偏好，更符合传统文化，可以弥补国家法的缺陷。“如果国家新制定的法律不符合人们对秩序的稳定偏好，人们仍会不由自主地遵循旧的习惯，变相地抵制现行法律，

① 杜恂诚著：《近代中国钱业习惯法——以上海钱业为视角》，上海财经大学出版社2006年版，第12～13页。

直到现行法律做出某种让步或者变通的规定为止。”①

可见,习惯作为传统形成、现今沿用的社会秩序控制规则,其存在有极大的合理性。特别是在当代经济、社会秩序转型时期,控制习惯法的局限性,实现其与国家法的有机整合、协调共存,对于满足多种市场主体的利益要求、完善市场经济法制意义重大。

① 冯玉军:“法经济学范式的知识基础研究”,载《中国人民大学学报》2005 年第 3 期。

南京国民政府时期劳动契约制度的成因分析

张周国[*]

现代意义上的劳动契约是工业化的产物,我国劳动契约制度产生于南京国民政府时期,正与我国近代工业化紧密联系在一起。南京国民政府劳动契约制度形成有着深刻的历史因素。

一、中国近代工业化与劳动契约关系的产生

中国近代工业产生了一种新型的社会关系劳资关系,形成了新的社会阶级:劳动者和资本家。这是劳动契约制度产生的经济基础和阶级基础。

(一)中国近代工业促使劳资关系的产生

资本主义的生产方式是社会生产的工业化。资本主义生产方式产生的前提条件包括:商品市场、劳动力市场和资本的积累。鸦片战争以前,中国社会自然经济仍然占主要地位,社会还没有出现大规模的商品和劳动力的市场化。所以,中国还不具备资本主义发展的条件。

鸦片战争后,外国资本主义的入侵,破坏了农民的家庭手工业和城市手工业,促进了商品经济的发展,扩大了商品市场。外国资本主义的入侵,在扩大商品市场的同时,也形成了中国早期的劳动力市场。这是由于外国资本的入侵,破坏了中国的农业和城乡手工业,使千千万万的农民和手工业者破产失业,变成劳动力的出卖者。1893年,薛福成曾谈到这方面的情况:"近代洋货骤赢,土货骤拙,中国每岁耗银至三四千万两,则以洋布、洋纱畅销故也。盖其物出自机器,洁白匀细,工省价廉,华民皆乐购用,而中国之纺机女束手坐困者,奚啻千百万人。"①同时,鸦片战争后,为了获得更多的财富,中国官僚、地主和商人将掌握的大量的社会财富用钱财用于办洋务、办外交、购买军火、借洋债等。也就是说,社会财富的一部分转化为兴办资本主义近代企业所需要的货币资本。

总之,鸦片战争后,中国具备了资本主义发展的条件。

---

* 张周国,2007级中国法律史专业,指导老师:王立民。现工作于上海应用技术学院。

① 薛福成编:《庸海外文编》卷二,第9页《强邻还伺谨陈愚计疏》。

(二)近代工业促成中国劳资阶级及其团体的形成

1. 中国工人阶级的产生及工人团体的建立

与世界工人阶级产生的原因一样,中国工人阶级的产生是机器大工业的产物。自中国开始近代工业化,中国传统社会结构发生变化,产业工人及其队伍开始形成。

中国工人阶级从产生到发展经过了三个阶段。第一阶段是从1840年到1894年。这一时期,外国资本在中国主要以商品倾销方式为主,而在工业领域投资规模并不大;而此时的官办企业主要集中于军事工业,范围和规模都有限;而民族工业还处于萌芽状态。因此,近代工人阶级的队伍发展不大,且主要分布在大城市中,例如,外国资本在上海开设的工业企业雇佣工人约1.9万人。民族资本在上海开设的近代工业企业,雇佣工人1.1万余人。综观上海开埠后到1894年中日甲午战争爆发前,上海共有工人约3.7万人,占当时全国工业工人总数的40%。①加上中外资本在上海开设的轮船公司以及码头、仓栈工人等,上海职工队伍总数约5万人。从数量上看,这时上海产业工人队伍还不大,重要的是表明上海工人阶级队伍已随着近代产业的产生而形成。

第二阶段从1895年至第一次世界大战前。世界由自由资本主义过渡到帝国主义时期。在这期间,西方对中国的投资开始由商品输出转变为资本输出。根据《马关条约》规定,清政府被迫允许外国资本在华投资办厂,民族资本经营的企业也有了一定的发展,这样中国的工业规模扩大,产业工人数量也增加。到1914年第一次世界大战前夕,中国的产业工人迅速增加到120万人。尤其在上海,城市近代化的步伐加快,工人队伍获得更快的发展,到1919年"五四"运动时,上海工人队伍已发展壮大成为一支雄厚的社会力量。②

第三阶段,从第一次世界大战到"五四"运动前。这一阶段被称为中国近代民族工业迅速发展的"黄金时代",国人所办的工厂大量增加,日、美也乘欧洲各帝国无暇东顾之机,扩大在中国的市场。到"五四"运动前,全国产业工人总人数约260万,再加上1800万手工业工人、店员和城市苦力,形成了具有中国特色的工人阶级队伍。

2. 资产阶级形成及其组织建立

自鸦片战争之后西方国家获得在中国开埠权利以后,外商开始在中国设立工厂,中国出现了第一批外国资本家。以上海为例,据统计,至1894年,"上海的外资工业企业共有45家,其中36家由英国资本开办,占绝大部分,其余包括美国2

① 徐新吾、黄汉民著:《上海近代工业史》,上海社会科学院出版社1998年版,第65页。

② 李家齐主编:《上海工运志》,上海社会科学院出版社1997年版,第81页。

家，德国3家，法国2家，葡萄牙和日本各1家。”①19世纪六七十年代，在中国开始出现了民族资本投资设厂的现象，一些官僚、买办、商人通过不同途径累积起较多财富，他们将这些财富转化为工业资本，开始投资近代工、矿、航运等行业。

当时，中国的资本家群体非常复杂，一方面，由于外资企业凭借其雄厚的资金、先进的技术和管理水平，以及凭借不平等条约取得的各种优势条件，它们对于中国的民族工业的发展造成很大的阻碍；但是，另一方面，外资企业的先进经验以及其所创造的投资环境，也有利于民族资本的发展。因此，在当时，中外资本之间的关系非常复杂，既相互矛盾相互斗争，又相互依存相互渗透。对于中国的民族资本家而言，既具有投资实业、兴业爱国的强烈愿望，又往往依赖屈服于帝国主义势力。在当时的工人运动中，既有经济斗争也有民族冲突，而民族资本家在经济斗争中与工人处于对立面，而在民族冲突中又时而会与工人站在一起。

尽管当时，中国的资本家群体非常复杂，中外资本家一起构成了中国的资本家群体。19世纪中叶，在中国从事经济活动的各国商人，为了能够随时修改经营活动中对己不利的规则，便组织各自的商会，使其成为该国在中国商人的代言人。与此同时，英、美、法、日等国的商人不仅组织本国的商会，还与其他缔约国的商人共同成立了多国商人联合商会，即“和明商会”。这些商会不仅保护商人利益，在遇到修订商约时，各国商会还频繁活动，集商人之智，纷纷将商税行船等经济情报提供给本国特使，并提出攫利建议。② 在甲午战争以后，为了维护本国商人的利益，民族资本家也开始呼吁建立中国商人的商会。例如，在上海，民族资本家先后成立过许多商会组织，其中以上海总商会最具影响力。上海总商会的前身是于1902年成立的上海商业会议公所，这是上海最早的商会组织，也是国内成立最早的一个商会组织。上海总商会属于近代中国商人自治组织，该组织不仅保护了民族资本家的利益，也有利于积极推动中国经济的近代化。在第一次世界大战期间，由于民族资本得到较快发展，上海总商会势力也因此得以增强，“新的资本家比中国以往任何时候的商界更不受政治控制。特别是上海资本家，不仅能够摆脱政府的限制，而且还有了相当的政治影响”。③“上海资本家改变了以往一行一帮各自为政、各守畛域的状态，以整体阶级形象出现于社会政治舞台上，演出了一幕幕有声有色的历史场景”。④

① 徐新吾、黄汉民著：《上海近代工业史》，上海社会科学院出版社1998年版，第26页。

② 上海工商社团志编纂委员会：《上海工商社团志》，上海社会科学出版社2001年版，总述。

③ [美]小科布尔著：《上海资本家与国民政府》，杨布孟、武莲珍译，中国社会科学院出版社1988年版，第20页。

④ 丁日初主编：《上海近代经济史》（第2卷），上海人民出版社1997年版，第453页。

（三）中国近代劳资关系的形成及其特点

中国近代工业的产生以及工人阶级和资产阶级的出现，催生了新的社会关系——劳资关系。从劳资关系形成的条件来说，中国近代劳资关系与西方劳资关系没有什么区别。资本主义生产方式要求雇主能够自由地将生产资本与劳动力资本结合起来，从事工业生产，获取利润。鸦片战争后，外国商品大量输入破坏了中国原来的自然经济结构。随着自然经济的解体，各地出现了许多贫困破产农民和手工业者。由于他们一无所有且生活贫困，只有靠出卖劳动力为生，于是中国早期的劳动力市场便在自然经济的解体过程中形成。与此同时，由于外来资本的投入以及原来的士绅与商人将手中的财产转化为工业资本，投资建厂，中国社会也拥有了用于工业生产的资本。当两者结合起来，社会上便出现新型的社会关系，即劳资契约关系。

但是，由于中国近代特殊的社会原因，比起西方国家的劳资关系，中国近代的劳资关系具有其独特的特点：

第一，中国近代劳资关系的性质复杂。在西方，资本主义的形成往往经历从资本萌芽到资本力量的壮大，然后通过资产阶级革命由资产阶级掌握国家政权，并全面推行资本主义生产方式。这是在一个国家内部力量发展的结果，是资本自由发展的过程。因此，劳工与雇主之间的关系是单一的资本主义的劳资关系。

但是，中国资本主义的形成却是在外力作用下发展起来的。西方资本主义为了推销商品，他们利用其坚船利炮打开中国的大门，并迫使清政府签订一系列不平等条约。从此，中国的主权被蹂躏，中国封建经济遭受外国资本主义越来越严重的破坏和控制，中国社会最终成为半殖民半封建的社会。在这种社会背景下，中国的资本来源和劳资关系的性质非常复杂。

首先，外国资本及所产生的劳资关系的殖民性质。西方国家除了商品输出，还向中国进行资本输出，其结果既压制了中国工业的发展，又将中国工人变成其直接榨取的对象。1919 年前后，中国工人的工资水平"只相当于同种类的英国工人工资的七分之一，日本工资的四分之一"。① 同时，在中国由于没有保护劳工的法律，没有失业救济，工人的生命健康得不到起码的保障，生病、因公负伤是没有应有的补贴的。一般厂矿企业的安全设备很坏，事故多得惊人。例如，"在日本帝国主义控制下的号称关怀劳动保险的抚顺煤矿，根据 1913 年的统计，灾害事故达两千九百十八次，死伤人数达三千一百四十八人；仅 1917 年一次瓦斯爆炸，就死了九百二十一人。根据 1920 年年初对唐山开滦煤矿的调查，这个煤矿矿井经常发生窒闷、穿水、

① 钱传水编著：《中国工人运动简史》，安徽人民出版社 1986 年版，第 12 页。

瓦斯起火、倒塌或煤层下坠等事故,在矿内因这些事故而致死者平均每月四人,致伤人数比死的多两倍,用手工挖煤,用马拉运,如果发生塌陷或其他事故,矿方忙于救马,不顾矿工生命,因为死一匹马价值一百八十元,而死一个工人仅出抚恤费四十元。"[①]在帝国主义资本的残酷掠夺、压迫下,劳资之间的关系已不仅是普通的雇主与劳工的关系,而且深深打上殖民的烙印。

其次,洋务派所创办的企业及所形成的劳资关系具有封建主义和资本主义的性质。在资本帝国主义对中国侵略日益加剧的情况下,"1861 年设立的总理各国事务衙门的权力不断扩大,一批直接为外国侵略势力服务的买办化的官僚军阀——洋务派应运而生"。[②] 以曾国藩、李鸿章为首的洋务派在"自强新政"的口号下,于 19 世纪六七十年代先后建立了一批军事工业,如江南制造局、天津机器局等,它们在生产上依靠外国技师,在管理上采用腐朽的官僚制度。之后,洋务派又举办了一系列民用企业,其中主要有轮船招商局、电报局、机器织布局等。这些企业是官督商办企业。"洋务派办这些企业的目的,不是要发展资本主义,而是借用西方资本主义的一些东西来维护封建统治。这些企业由私人投资,产生新式工人和劳资关系,但又受封建官僚制度的束缚,因而本身包含着封建主义和资本主义生产关系的严重矛盾。"因此,洋务派企业中的劳资关系的性质具有封建主义和资本主义的双重性质。

最后,民族资本主义企业及其劳资关系的资本主义性质。19 世纪七八十年代,民族资本主义开始产生,一部分是由官僚、地主、商人投资形成民族资产阶级的上层;另一部分民族资产阶级是由小型新式企业的投资者组成民族资产阶级的中下层。在 19 世纪 90 年代,民族工业有了新的发展,特别是第一次世界大战期间,英、法、德、俄等帝国主义忙于战争,暂时放松了对中国的压迫,输入中国的商品急剧减少,这使民族工业在短时间内得到了迅速的发展。民族工业尽管在资金、设备、技术和原料等方面对帝国主义有不同程度的依赖,但是,"它又是当时国民经济中最先进的部分,代表了当时最先进的生产关系"。因此,在民族资本主义企业中形成的劳资关系属于资本主义性质的关系。

总之,中国近代劳资关系因不同性质的企业具有不同的性质,从而形成了多种性质的劳资关系并存的局面。

第二,中国近代劳资关系的特点还表现在雇佣关系的形式的多样性。由于中国近代经济的发展,表现出地区的不平衡和行业的不平衡。因此,各地、各行业的雇佣方式有很大的不同。近代中国的雇佣方式大致包括:由于旧中国是一个半殖民

---

① 钱传水编著:《中国工人运动简史》,安徽人民出版社 1986 年版,第 13 页。
② 同上,第 6 页。

地半封建社会，因此近代中国发展起来的资本主义雇佣制度，在许多方面还带着殖民主义、封建主义的特征，在某些行业中且相当严重。

旧中国资本主义企业中的雇佣制度，大致有两种：一种是资本主义自由雇佣制度，其主要形式有招工头制、私人介绍、招考、聘用制以及临时工制；另一种是特殊雇佣制度，主要是包工制、学徒工制、养成工制、包身工制。后一种雇佣制度具有超经济强制性质，工人所受剥削和压迫更为严重，社会地位更为低下，劳动生活更为悲惨。经过工人的反复斗争，20世纪三四十年代以后，包工制和包身工制逐渐衰落；学徒制和养成工制逐步发生变化，工人所受的压迫和束缚有所减轻和放松。

第三，近代中国劳资关系的另一个特点是劳资关系主体之间的关系复杂。

常态的雇佣关系中，劳资关系主体的一方是雇主，另一方是劳动者。生产企业与劳动者发生直接的雇佣与被雇佣的关系，形成直接的权利义务关系。但是，由于近代中国社会存在多种形式的雇佣方式，劳资关系主体之间的关系结构表现得极其复杂。

1. 包工制中的主体结构。包工制的基本形式，是由包工头承包企业的全部或部分的生产任务，并由其招收工人和支付工资，工人与企业不发生雇佣关系。在包工制下，由于工人与企业不发生雇佣关系，而与包工头发生雇佣关系。因此，企业对工人不承担任何义务，而企业本应承担的义务则转由包工头承担。而包工头的能力有限，很难承担相应的义务，工人的权益很难得到保障。相反地，工人一方面受到包工头的剥削，另一方面在劳动过程中又受到企业的剥削。

2. 招工制中的主体结构。在招工制中，招工头不承包生产任务，只负责招收工人，向工人收取一定数量的介绍费，工资由企业支付，工人与企业发生雇佣关系。在招工制中，虽然工人与企业发生劳资关系，但是，在招工过程中，招工头可能会损害劳资双方的利益。

3. 学徒制度中的主体结构。近代中国资本主义工厂中的学徒制度是一种沿袭封建社会的手工业、商业传统的雇佣制度。在行会制度下，师傅与学徒之间存在一种师承关系，而不完全是雇佣关系。而资本主义企业的生产方式是大规模生产，工厂中的学徒并不需要长期学艺，学徒通常在一两年或较短时期内就能够独立操作。在这种情况下，学徒以出卖劳动力为主，业主与学徒之间不再有过去传统技艺的师承关系，而是劳资关系。

因此，近代学徒制度中，学徒与业主之间的关系有的表现为师承关系，有的表现为劳资关系。

4. 包身工制度是在纺织厂中推行的一种定期“卖身”的包工制度。包身工是由包工头买来的“女奴”，包身工不许与外界接触，更不能请假回家，实际上成为包工头可以任意支配的奴隶。在包身工制度中，包身工与雇主之间的关系已经超出了资本主义劳资契约自由关系的范围。

由此可见，近代中国劳资关系中主体之间的关系结构表现得极其复杂。

二、工人运动对南京国民政府劳动契约立法的影响

旧中国是一个半殖民地半封建的社会，在这种社会环境下，中国工人阶级自产生以来就受到帝国主义、封建主义和官僚资本主义压迫。他们在极其艰苦的条件下，从事长时间的劳动。但是，他们得到的待遇很低，在这种残酷的生产条件下，中国工人自产生以来就不断地为了生存而斗争。工人运动客观上也推动了劳动契约制度的产生。

(一)工人运动兴起的原因

到了鸦片战争后，帝国主义的势力，冲进中国农业生产和手工业生产的社会，于是通都大邑，逐渐出现了外国人所经营的新式工厂；而中国固有的手工业，因为受了洋货的压迫，也就宣告破产。从此以后，失业的问题、劳资的争议、许多产业社会的病态，开始流行于中国。[①] 由于鸦片战争后，工业化生产的产生，劳资群体的形成，劳资矛盾随着产生。劳动者为了维护自己的利益，提高劳动和生存的条件，在工业行业不断发生工人运动。可以说，工人运动的兴起是劳动契约关系缺乏应有的法律规制的必然结果。

1925 年之前工人运动发生的原因归纳起来主要表现为劳动契约中的权利义务严重失衡，劳动待遇低下。而其中最大的原因在于工资方面，“劳资双方争执的焦点，大部分为工资问题，如工资问题能早日解决，则劳资纠纷，已可避免其大半”。[②] 这表明，这一阶段工人运动的主要目的在于维持生活，要求提高工资、待遇等。

---

① 陶百川著：《中国劳动法之理论与实际》，大东书局 1931 年版，第 56 页。

② 朱通九著：《现代劳动思潮及劳动制度之趋势》，国民经济研究所 1939 年版，第 27 页。

1918 年至 1926 年上海罢工停业案件之原因

原因			案件数									
			1918	1919	1920	1921	1922	1923	1924	1925	1926	合计
A. 与团体交涉有关者	Ⅰ. 工会或团体协约	1. 工会				1	1		1	1	1	5
		2. 团体协约					1			8	16	25
	Ⅱ. 雇佣状况	1. 工资	14	18	28	15	23	11	12	40	120	281
		2. 工作时间			1						7	8
		3. 雇佣或解雇	2	2	1	2	2	1		5	46	61
		4. 待遇			1			2	1	7	23	34
		5. 规则或制度	2	1	1		1		1	1	4	11
		6. 其他	3		1	1			1	6	16	28
B. 与团体交涉无关者	Ⅰ. 同情的										13	13
	Ⅱ. 政治的			1						3	2	6
	Ⅲ. 其他			1			1			4	9	15
总计			21	23	33	19	29	14	16	75	257	487

而自 1925 年起待遇和团体协约问题引起的工人运动开始增加，陈达教授指出："其中待遇问题增加引人注目，显然表示劳工运动改换方向的途径，就是从纯粹的经济斗争渐渐往要求改良工人待遇这一条路走去。"①这表明了工人运动已经不再着眼于原始的劳动力和金钱交易关系的观念，而开始向着全面提升劳动者地位和待遇的更理性的方向发展，并意识到通过团体协约维护自己的权益。

民国二十四年（1935 年）与民国二十五年（1936 年）争议原因之比较②

原　因	民国二十五年		民国二十四年	
	件数	百分数（%）	件数	百分数（%）
与团体交涉有关之案件				
关于工会或劳动协约者				
工会	12	4.32	8	2.7
劳动协约	13	4.68	8	2.7

① 陈达著：《中国劳工问题》，商务印书馆 1929 年版，第 164～165 页。

② 朱通九著：《现代劳动思潮及劳动制度之趋势》，国民经济研究所 1939 年版，第 279 页。

续表

原因	民国二十五年		民国二十四年	
	件数	百分数(%)	件数	百分数(%)
关于雇佣状况者				
工资	91	32.73	117	39.0
工作时间	8	2.88	11	3.7
雇佣或解雇	53	19.06	52	17.3
待遇	39	14.03	16	5.3
厂规	4	1.44	9	3.0
工作制度	9	3.24	8	2.7
歇业或停业	5	1.80	22	7.3
其他	9	3.24	22	7.3
与团体交涉无关之案件				
同情的	1	0.36	1	0.3
政治的	—	—	—	—
其他	25	8.99	23	7.7
原因不详	9	3.34	3	1.0
共计	278	100.00	300	100.0

(二)对工人运动原因的分析

引起近代中国工人运动的原因是劳资之间的不平等性造成的权利义务的失衡。归纳起来,内容主要包括以下几个方面:

(1)劳动条件

近代中国工人身受资产阶级和帝国主义的双重剥削和压迫,他们的劳动条件极其恶劣。从总体而言,近代中国工人的劳动条件是很差的,普遍存在的状况是,厂房、设备简陋,缺乏安全防护设施,由于恶劣劳动条件造成工人的劳动强度大为提高,同时还大量使用童工。因此,在当时,工伤事故经常发生,职业病更是很常见的现象。

(2)劳动时间

在近代中国,资本家对工人剥削的一种方法是延长工人的劳动时间。近代中国工人的劳动时间普遍超出法定工作时间,有时甚至超出工人所能够承受的纯生理界限。[①]据1922年对上海的纱厂、棉织厂、缫丝厂、丝织厂、面粉厂和部分卷烟厂工作时间的调查,大部分工人每日劳动时间为12小时,有的甚至达到14小时。这些被调查企业约计有工人13万人,占民国11年(1922年)上海近代工厂产业工人20万总数的65%。[②]

(3)工资待遇

自外国资本主义势力入侵以后,中国传统的自给自足的经济模式被打破,产生了大量破产农民,谋生艰难,而大部分则处于失业、半失业的状态。因此,当时劳动力价格特别低廉。与此同时,民族资本家在外国资本和商品的竞争压力之下,为了保持竞争力,也往往压低劳动力价格。这样一来,中国近代工人的工资待遇非常差。

工人工资收入低造成的结果,便是生活水准十分低下。工人工资收入主要用于食物方面的支出,占总收入的50%以上,普通工人平时只能图个低水平的温饱。在住的方面,因房租昂贵,工人住房一般都很拥挤,还有大批工人居住在用毛竹、茅草搭成的简房棚户区。

(三)工人运动对劳动契约制度形成所产生的影响

工人运动造成的影响是巨大的。除了对社会秩序稳定性造成影响之外,最直接的表现在于工人人数的损失对工厂生产造成的负面影响。

由于工人运动产生的巨大影响,使劳资双方都开始意识到需要通过法律来调整劳资之间的关系,维护自己的合法权益。而各政治力量也意识到需要以法律规范劳资关系。因此,工人运动客观促进了劳动契约制度形成。

1. 推动劳动契约制度建立

工人运动所体现出来的力量使工人阶级成为各种政治力量都不可忽视的政治力量。各个政治力量,无论是具有革命进步性还是反对军阀都倡导或进行劳动立法活动,以广州军政府颁布的《工会条例》尤为著名。这些立法都或多或少涉及劳动契约制度的有关内容,是劳动契约制度的萌芽。

2. 改善劳动条件,提高工人待遇

鉴于工人运动的影响,民国时期的各政权出于不同的目的,都在致力于对工会施加一定的影响,并且通过制定政策或法规,改善工人的劳动条件,提高工人待遇,包括主张8小时工作制;制定最低工资标准;改良卫生设施;保护童工、女工以及保险等。

3. 促进团体协约制度的产生

民国时期,工人运动往往是以劳资纠纷为诱因。如何解决劳资纠纷是各政治

① 丁日初主编:《上海近代经济史》(第2卷),上海人民出版社1997年版,第496页。

② 李家齐主编:《上海工运志》,上海社会科学院出版社1997年版,第118~119页。

力量影响工人运动的重要手段。民国时期的各政治力量对工人及工人团体的影响，主要是通过团体协约制度手段。因此，政府"颁布各种劳动立法，使劳资双方共同遵守，以冀劳资协调，而收互助合作之效"。① 而在法律中则确立："劳动者有结社权，罢工权与订立团体契约之权利。"②

三、国外劳动法制对南京国民政府劳动契约立法的影响

（一）国外劳动法制思想对劳动契约法制思想的影响

自第一次世界大战以后，世界政治经济局势发生了重大变化，而劳工问题也发生了一系列演变。大体上，世界出现了三次影响很大的劳动思潮。首先是苏俄社会主义革命影响及第一次劳动思潮的发生，当时世界上"即以中欧之德意二国而论，社会主义派活跃，曾一度支配政权，倾向于社会主义化之进展，此为欧战后劳动思潮第一次之演变"。③ 其次，法西斯主义对劳动思潮的影响及第二次劳动思潮的发生。在德国，"仿效法西斯主义，采用指导原则，解散以往之工会组织，另行组织劳动阵线，将全德之赤化空气，肃清殆尽，此为欧战后劳动思潮第二次之演变。"④最后，劳资对立国家的劳动思潮的发展。以英美法系为代表的资本主义国家.总体上施行劳资协调的政策，以达到劳资之间的协调与合作的目的。

在世界劳工运动背景下，域外劳动思潮对民国劳动契约制度产生重大影响。民国时期的劳动思想，"其起伏与演变，当不免受到世界劳动思潮之支配。"⑤

1. 域外劳动思潮对民国劳动契约法制价值观的影响

域外劳动思潮对民国劳动契约法制的影响，首先表现在劳动法律价值观的影响。中国早期的劳资关系以"契约自由主义"为原则，劳资之间的劳动关系按雇佣自由原则而建立。

19 世纪末 20 世纪初，西方在劳动契约领域，立法思想发生了重大改变。当时，包括大陆法系国家在内的各国劳动法制就法律原则发生了一些变化，开始对契约自由原则进行限制，而逐渐转变到重视社会公益的思想观念。为了维护社会秩序保持社会稳定，西方国家由早期的自由放任雇佣契约制度转向社会契约制度，出台一些保护劳动者的法规、政策，对工时、工资、劳动条件、保险以及团体协约等作出规

---

① 朱通九著：《现代劳动思潮及劳动制度之趋势》，国民经济研究所 1939 年版，第 244 页。

② 同上，第 246 页。

③ 朱通九著：《现代劳动思潮及劳动制度之趋势》（绪论），国民经济研究所 1939 年版，第 1 页。

④ 同上。

⑤ 同上，第 2 页。

定。这些措施对于平衡劳资之间地位的不平等性，保护劳动者起到了重大作用。

在世界保护劳工的潮流之下，民国时期的统治者们都意识到通过劳动立法来调整劳资关系，从而在中国产生了劳动契约法制观，逐渐形成了劳动契约制度。

2. 域外劳动思潮对劳动立法方针产生重大影响

南京国民政府在1928年制定劳动法典时，确定的劳动法立法方针就是，“博采德意志、奥地利、新西兰、法兰西、苏俄、瑞士、挪威、比利时、芬兰、荷兰、英吉利、卢森堡、匈牙利、西班牙、日本诸国之成法草案，及国际联盟劳动会议之决议，并远绍学者之理论，参照我国特有之习惯，准诸党义，考诸统计，折中于劳动中西主义与资本中心主义之间，于不妨碍产业之发展或存在之限度以内，予劳动者以相当之保障，即以促进劳资之协调。”①

在这种社会背景下，劳动方针受到域外劳动思潮的影响。在孙中山确立联俄联共政策时，受第一次劳动思潮的影响，国民党采取了借鉴苏俄劳动契约制度的策略。而在民国南京政府时期，则受第三次劳动思潮的影响，国民党采用资本主义劳资协调与互助政策。

（二）国外劳动契约制度对南京国民政府劳动契约制度的影响

民国劳动契约制度建设不仅受到国外劳动思潮的影响，而且还参考甚至直接借鉴了一些具体的制度。

1. 民国劳资关系立法原则受到的影响

在联俄、联共、扶助农工政策下，广州国民政府劳工立法工作一开始就受到苏联的影响。1924年1月通过的《中国国民党第一次全国代表大会宣言》是由鲍罗廷起草的，其中就提出：“制定劳工法，改良劳动者之生活状况，保障劳工团体，并扶助其发展。”②1926年国民党“二大”通过《工人运动决议案》，提出改良工人状况的11条措施：制定劳动法；主张8小时工作制，禁止10小时以上的工作；制定最低工资；保护童工、女工；改良工厂卫生，设置劳动保险；在法律上，工人有集会、结社、言论、出版、罢工之绝对自由；主张不以资产及知识为限制之普遍选举；厉行工人教育，补助工人文化机关之设置；切实赞助工人生产的、消费的合作事业；取消包工制；例假休息照给工资。③ “此虽无法律之形式及效力，而实为劳工立法之基本原则。”④其中，关于工时、最低工资、保险及工人集会、结社、罢工权直接影响到劳动契约制度的

① 谢振民编著，张知本校订：《中华民国立法史》，中国政法大学出版社2000年版，第1063页。

② “中国国民党第一次全国代表大会宣言”（1924年1月23日），载《孙中山全集》（第9卷），中华书局1986年版，第124页。

③ “工人运动决议案”（1926年1月16日中国国民党第二次全国代表大会通过），载荣孟源主编：《中国国民党历次代表大会及中央全会资料》（上册），光明日报出版社1985年版，第128～129页。

④ 谢振民编著，张知本校订：《中华民国立法史》，中国政法大学出版社2000年版，第1061页。

立法。

2. 民国劳动契约制度受到的影响

民国劳动立法还借鉴了国外的某些具体制度。随着北伐战争的胜利，国民党放弃早期的较为激进的劳工政策转而采取缓和劳工政策，采用劳资协调与互助政策。国家劳动立法开始转向大陆法系的国家劳动契约制度学习先进经验，尤其是法、德两个国家的劳动法对民国劳动契约制度都有着全方位的影响。

(1)立法体例受到影响

法国是法典化国家，为了规范劳工问题，专门制定了《法国劳动法典》，包含了劳动领域方方面面内容，内容非常详尽，法律条文如此之多，并没有前后矛盾和冲突的问题，足见法典传统国家之立法技术底蕴。[①] 劳动合同制度规定在法典之中。

在法典化方面，南京国民政府的早期劳动契约制度建设中，采用了法典化的体例，编制《劳动法典草案》并将劳动契约制度纳入其中。这是受法国立法影响的结果。

(2)劳动合同种类划分

法国劳动合同制度以主体为标准进行划分，分为学徒劳动合同和劳动合同两部分，同时，针对特殊行业的劳动者又作出特殊规定。在这种划分基础上，构建了法国的劳动合同制度。

而南京国民政府的早期劳动契约制度也深受影响，不断在《劳动法典草案》中规定了普通的劳动契约制度，还针对学徒设定了特殊的规定，如学徒契约之条件："此案所规定者，即招收学徒之业师资格，并其资格之剥夺，盖学徒契约与他种契约不同，在养成将来之熟练劳动者，有关于国家之教育权，自不能过于放任。"[②]同时，又针对矿工海员作了特殊规定："此案特对矿业劳动者及海员之特别保护，分别设详密之规定。"[③]

(3)南京国民政府劳动契约制度所受的影响

南京国民政府劳动契约具体制度受到国外很大的影响。南京国民政府在进行劳动契约立法时也采纳了德国劳动合同中的许多制度。例如，《劳动法典草案》中对团体协约的有关规定：团体协约之客体，"此案依德制"；关于团体协约之存续期间，"法国为5年，德国为3年，此案从德制"。[④] 再如，疾病保险给付之分类："德国法则分为疾病给付、产妇给付、死亡给付、家族给付四种，此案采用德制。"

---

① 郑尚元著：《劳动合同法的制度与理念》，中国政法大学出版社2008年版，第89页。

② 谢振民编著，张知本校订：《中华民国立法史》(下册)，中国政法大学出版社2000年版，第1065页。

③ 同上，第1068页。

④ 同上，第1065页。

依法保护死者名誉的原因及方式

孙加锋*

公民的名誉,是指有关公民的道德品质、生活作风等的社会评价。它依附于特定公民的人身,却存在于其他公民的观念之中。故公民本人死亡之后,其名誉并不随之消灭,而是还要继续存在一个或长或短的时期。这就存在公民死亡后其名誉被损害的可能性,也就产生了法律对死者的名誉是否应当保护、为什么要保护以及应当通过什么方式保护等一系列问题。对于第一个问题,学术界一般都持肯定态度,但对于后面两个问题,却是仁者见仁,智者见智。本文拟就此谈一谈自己粗浅的看法,以求教于大方。

一、依法保护死者的名誉,既是社会利益的需要,也是死者自身的需要

首先,依法保护死者的名誉是社会利益的需要。在目前的社会主义初级阶段,人们的道德觉悟还没有达到人人都自觉地遵守社会公共生活准则的程度,不仅侵犯公民名誉权的现象大量存在,而且损害死者名誉的情况也时有发生。1986 年在天津市中级法院审理的陈秀琴诉魏锡林侵犯其女儿吉文贞(已故)名誉权案就是一个例证。如果对这种损害死者名誉权的行为不给予法律制裁,对死者的名誉权不给予法律保护,就不可避免地会有越来越多的人为了哗众取宠、招来读者以及报私仇等目的,损害死者的名誉,社会上也就必然会充斥着如“某某女作家的初恋”、“某某将军的秘史”之类的文章、书籍、传说。死者的遗属如果不能通过合法的途径保护死者的名誉,感情上的创伤得不到抚慰,就很可能同态复仇、侮辱、诽谤损害人已故的亲属,甚至不惜冒触犯刑律的危险,采取其他极端措施,对损害人进行报复。这样,势必造成社会公德水准的下降,败坏了社会风气,增加社会的不安定因素。所以,为了保护社会利益,应当保护死者的名誉。

名誉又是一种道德约束机制,追求好名誉是一般公民的共同心态。而且,大多数人不仅希望自己生前有个好名誉,也希望自己死后能得到较高的社会评价,有些人甚至把死后落个好名誉作为人生动力和目的之一。正是由于大多数人为追求好

* 孙加峰,2002 级中国法律史专业,指导老师:王立民。现工作于上海市恒泰律师事务所。

名誉(生前和死后的)而努力,才推动了社会道德的进步和人类文明的提高。如果公民死亡之后其名誉可以随意被损害而不受法律的保护,那么无论公民生前的名誉多好,死后都可能落得声名狼藉,名誉对人们的约束作用因而就会大为削弱,这显然是与社会利益背道而驰的。

其次,依法保护死者的名誉也是死者自身的需要。死者固然不会有荣辱是非观念,也不会因为名誉被损害而感到痛苦或受到经济损失。但死者的名誉是否受到损害,却会影响人们对死者生前的道德品质和生活作风的公正评价。因为,所谓"死者的名誉"一词,只是一种方便的说法。公民死亡之后,其名誉既不消失,也不能由其继承人继承或归属于死者,而是仍然依附于死者生前的人身。所以,损害死者的名誉,就是损害死者生前的名誉。例如,小说《荷花女》并不是写了吉文贞死后或死了的吉文贞如何不好,而是写了吉文贞生前如何不好。人们读了这篇小说之后,得出的印象也是生存时的吉文贞如何如何。因而,这篇小说名义上是损害了作为死者的吉文贞的名誉,其实是损害了吉文贞生前的名誉。所以,为了避免死者生前的名誉受到任意损害,就有必要保护死者的名誉。否则,既不能满足人们死后落个好名誉的意愿,也不能有效地、彻底地保护死者生前的名誉权。可见,依法保护死者的名誉是社会利益和死者自身的双重需要,而不是像有些同志认为的那样——仅仅是社会利益的需要。

关于依法保护死者名誉的原因,还有一种流行较广的说法,就是因为死者的名誉同其遗属的名誉有着密切的联系,损害死者的名誉必然会不同程度地侵犯死者遗属的名誉权,所以死者的名誉才不容损害。这种观点是值得商榷的。第一,没有近亲属的人死后,损害其名誉的行为不存在侵犯其遗属的名誉权问题。这种损害行为是否合法?这些死者的名誉要不要给予法律保护?如果不保护的话,死者也要分成三六九等,享受不同的"待遇"了,这显然是为社会主义法制所不取的。事实上,损害这些死者的名誉,同样违反社会利益,也同样会损害这些死者生前的名誉,法律绝不应视而不见。第二,无可否认,有些行为在损害死者名誉的同时,也损害了死者遗属的名誉。公民的名誉与其亲属的名誉没有必然的联系,它不包括社会对公民亲属的名誉状况的评价,这从"名誉"的概念中也可看得出来。在当今早已不再以家族为本位的社会,亲属之间名誉更不会互相影响。所以,单纯损害死者的名誉不会侵犯死者遗属的名誉权,正如损害一生存者的名誉不会侵犯其亲属名誉权一样。否则,就很难解释为什么近亲属之间也会互相侮辱、诽谤,死者遗属也会损害死者的名誉,他们总不会故意损害自己的名誉吧。

二、在保护方式上，可以由法律规定，在名誉等方面，死者视同尚生存，享有准名誉权

死者的名誉不容损害，并不是因为死者享受名誉权，我们也不能通过赋予死者以名誉权的方式来保护死者的名誉。我国《民法通则》明文规定，公民的民事权利能力始于出生，终于死亡。公民死亡后，就丧失了民事权利能力，当然不能享有任何民事权利。有些同志认为，传统的民事权利能力理论来源于罗马法，它是与当时法律主要保护公民的财产权利相适应的，随着人格权越来越受到立法者的重视，它已不适合保护公民人格权的需要，因此，有必要对该理论进行修改，赋予死者以某些人身方面的民事权利能力，以便其享有名誉权等人格权，保护其名誉等人格不受损害。这种观点有一定的道理，但也存在一些难以解决的问题：首先，死不是生的继续，而是生的终止。人既已死亡，就不再是人。在大多数场合下，“死者”一词不是指尸体、骨灰等有形物，而是描述人的死亡状态的概念。所以死者根本就不是实体，更不是主体，故其不能作为民事主体，享有作为“人”所特有的民事权利能力，不能承担义务、享有权利。其次，死者的“名誉权”缺乏客体。如上所述，名誉只能依附于生存的人，而不能依附于死者。死者既不能承受其生前享有的名誉，也不能通过自己的行为取得名誉，所以死者也不应享有名誉权。如果把死者生前的名誉作为死者名誉权的客体，无异于死人“抢”活人的名誉，于法于理都是不合的。最后，即使死者享有名誉权，也难以通过诉讼程序得到保护。因为根据现行法律，当死者的名誉权受到侵犯时，有权起诉的当事人只能是死者自己，而死者既不能亲自起诉，也无法通过代理人代为起诉——死者不能有代理人，否则他就是被代理“人”了。

所以我们不能简单地采取赋予死者以名誉权的方式保护死者的名誉。最高人民法院关于“吉文贞死亡后，其名誉权应依法保护”①的提法也是不符合法理的。公民的民事权利能力既然始于出生，终于死亡，那么公民出生前和死亡后就不能享有民事权利。当然，这不等于公民出生前和死亡后完全不受法律保护，只不过是保护的方式要符合法理。目前，有些国家的立法在保护胎儿利益方面已做到了这一点。他们规定，胎儿无民事权利能力，但在继承和受遗赠方面，胎儿视同已出生，有权取得遗产。我国法律也否认胎儿有继承权，但为保护胎儿出生后的权利，又于继承法第28条中规定：“遗产分割时，应当保留胎儿的继承份额。”笔者认为，死者虽不能享有名誉权，但为保护其生前的利益，使其生前的名誉免受损害，可以适当参考法

① 最高人民法院1989年4月12日《关于死亡人的名誉权应受法律保护的函》。

律关于保护胎儿利益的规定,由法律明文规定,在名誉等方面,死者视同尚生存,享有准名誉权,其名誉不容损害。这样规定的理由有以下几点:第一,解决了主体问题。前已述及,死者本不是实体,更不能作为主体,为了保护已消失的主体(死者生前)的名誉,首先就必须通过法律恢复死者生前的主体资格,由这个主体来承受死者生前的名誉,对抗他人的侵犯,所以就必须规定死者视同尚生存。第二,符合民事权利能力理论,避免了法律规定的自相矛盾。名誉权与准名誉权虽只一字之差,但性质完全不同:名誉权是一种人格权,与特定公民的人格不能分离,只能属于生存着的公民,不能由死者享有;准名誉权不是一种完全意义上的权利,而是由法律创设的类似名誉权的准权利,故可由死者享有。第三,具有可操作性,可以达到保护死者名誉的目的。因为死者视同尚生存,所以,在死者与其亲属间可以产生法定代理关系,即类似两个生存公民之间的法定代理关系的一种。当死者的名誉被损害时,其遗属可以代理人的身份代死者提起诉讼,请求司法保护。如死者生前无近亲属,人民法院可以为他指定代理人代理诉讼。

弹性的法学移植

——以侵权行为法学中“法益”学说之发展为个案的考察

孙维飞 *

一、问题之提出

对于法律移植,人们关注最深的莫过于外来制度与本土资源的适应性问题。此一问题可再分解为两个问题:(1)移植是否可能?(2)如何移植?关于第一个问题,有截然相反的两种观点:一种认为移植是不可能的,①另一种认为移植是可能的,甚至是必要的。② 移植不可能的主张者并没有无视人类历史上和当今中国的法律移植现象,其实际意向是在指出生活方式的变化是决定性的力量,而这不是移植所能做到的,若所谓的法律移植不能和现实生活相匹配,则徒留空洞的条文而已。③ 移植可能的主张者亦并不认为法律移植会无条件地具有可行性,相反地,对于移植发生的条件,学者多有阐述,形成了不同的关于移植的范式,分别有“法律职业者范式”、“文化范式”、“经济范式”、“政治范式”以及“人类共同价值范式”等。④ 因此,笔者认为,不妨将移植是否可能和如何移植两个问题放到一起来看待,在移植现象普遍存在的情况下,从移植的实际事项(如何移植)入手,探寻移植得以发生或有效的条件,并进而追问移植是否可能。如此研究的前提是认为,不同范式下的法律移植得以发生的条件并不相同,各自有与其相适合的境遇,并不主张不同历史条件下存在统一的法律移植范式,亦不主张在某一历史条件下一定只有一种法律移植的范式。⑤

对于改革开放后的当代中国大陆的民法学来说,法学移植和法律移植有着密

---

* 孙维飞,2002 级中国法律史专业,指导老师:王立民。现工作于华东政法大学。

① 苏力:“这里没有不动产——法律移植问题的理论梳理”,载《法律适用》2005 年第 8 期。

② 何勤华:“法的移植和法的本土化”,载《中国法学》2002 年第 3 期。

③ 苏力:“秋菊的困惑和山杠爷的悲剧”,载《法治及其本土资源》,中国政法大学出版社 2004 年版,第 23 ~ 37 页。

④ 高鸿钧:“法律移植:隐喻、范式与全球化时代的新趋向”,载《中国社会科学》2007 年第 4 期;see William Ewald, *Comparative Jurisprudence(Ⅱ): the Logic of Legal Transplant*, 43 Am. J. Comp. L. 489 (1995)。

⑤ 同上。

不可分的联系,[1]因为由于《民法通则》采取了粗放式、大纲式的规定,诸多问题有待学说和司法实践经验的累积,等条件成熟了再形成新的立法,直至期待中的《民法典》,如此,则学说对域外资源的借鉴的重要目的和任务就是为随后的立法(包括法律移植)准备学理基础,甚至在此意义上,动态地看,不妨认为法学移植正是法律移植过程的一部分,是其准备阶段。[2] 法学移植的成果是否能转化为法律移植,既有赖于法学移植的品性,即其是否契合当今中国的现实,也有赖于法制发展中的权力格局,其中包括法学家在立法过程中所占据的位置及其重要性。以合同法的起草制定为开端,当代中国的民法立法工作中法学家的位置越来越靠前,其重要表现之一即法案起草的任务交由以学者为主体的团体来完成。[3] 在经由法学移植向法律移植转换的路径中,对法律移植仅仅从最终被移植的文本入手去探讨则显得很不够,因为那只是定稿,在定稿之前,已有多次的打磨过程。尚需研究的是这样的打磨过程,其中就包括法学移植。

笔者对法学移植的研究从一个概念——“法益”在当代侵权行为法学中的历史演变入手,探究其对认识法学移植品性可能具有的启示。“法益”一词在刑法学和侵权法学中有所不同,[4]就侵权法学而言,法益有广义和狭义之分,广义的法益概念是指一切受法律保护之利益,狭义的法益概念则指权利以外的受法律保护之利益。无论广义的还是狭义的法益概念都蕴涵着一个前提判断,即法律所保护的利益不仅仅是权利。让我们先从对一个司法解释的观察开始。

2001 年最高人民法院《关于确定民事侵权精神损害赔偿责任若干问题的解释》(以下简称《精神损害赔偿司法解释》)第 1 条规定:

自然人因下列人格权利遭受非法侵害,向人民法院起诉请求赔偿精神损害的,人民法院应当依法予以受理:

(一)生命权、健康权、身体权;

---

① 所谓法学移植也就是通常所说的学说继受,为了与法律移植对应,本文大部分情况下不用“学说继受”一词。

② 先有法学移植,再到法律移植,和先有法律移植,再到法学移植,这是两个不同的过程,我国当代的情况当属于前一种,在此种情况下,法学移植更多是以立法论为基调,而不是以解释论为基调。在先有法律移植,再进行法学移植的情况下,法学移植的功用主要不是为将来的立法作准备,而是对现行法律的解释适用参照域外资源,尤其是来源国的资源。例如,日本民法典制定通过后,日本民法学界即进入了以学说继受为主要任务的阶段,此一阶段学说继受的特点在于以解释论为中心,直至“二战”后,由于社会发展中出现的新型法律关系的刺激,才逐渐由解释论扩大到包含立法论的阶段,并对此后的特别法立法起到了先导作用。参见渠涛:“日本民法编纂及学说继受的历史”,载《中日民商法研究》(第 1 卷),法律出版社 2003 年版。

③ 梁慧星:“中国民法学的历史回顾与展望”,载 http://news.xinhuanet.com/legal/2007-12/11/content_7230590.htm。

④ 刑法学者对法益的论述,参见张明楷著:《法益初论》,中国政法大学出版社 2000 年版。

(二)姓名权、肖像权、名誉权、荣誉权;

(三)人格尊严权、人身自由权。

违反社会公共利益、社会公德侵害他人隐私或者其他人格利益,受害人以侵权为由向人民法院起诉请求赔偿精神损害的,人民法院应当依法予以受理。

这一规定的特色在于使用了"人格权利"和"其他人格利益"两个相互区别的词,并分成两款设不同的保护规定。在以前的司法解释或立法中并未出现将"权利"和"利益"分别规定的先例,要么是使用"权益"一词将两者涵盖,不会设不同之条款区别对待;[①]要么只提人身、财产,"权利"和"利益"二词并不附着其后,因此也不会对权利和利益二者区别对待。[②] 由于《民法通则》采取了粗放式的规定且社会生活变动较大,司法解释承担着重要的应对新情况、新形势弥补立法不足,统一法律适用之功能,与立法机关的立法作比较,那些以统一适用规则形式颁布的司法解释不妨称之为准立法。[③] 从探寻立法或准立法的制度或理论来源角度看,首先即须追问:上述司法解释第1条规定之两个特色——"权利和利益之概念有区分"以及"权利和利益之保护有区别"——从何而来?

二、"法益"概念之学说继受

(一)《民法通则》第106条第2款规定及相关之学说

现行《民法通则》第106条第2款规定:"公民、法人由于过错侵害国家的、集体的财产,侵害他人财产、人身的,应当承担民事责任。"这一规定是我国有关一般侵权行为的概括性规定,其对一般侵权行为法所保护的客体界定为"财产、人身"而不是"财产权、人身权"。这一做法似乎是有意为之,因为在1986年2月的《民法通则草案(修订稿)》第104条第2款中,原本的规定是"财产、人身权利",最终通过《民法通则》时作出了修改,删去了"权利"二字。[④] 那么这种删改的意图何在,是否意味着《民法通则》的制定者意识到财产、人身与财产权、人身权的不同,并有意识地使侵权法保护的客体不局限于财产权、人身权呢?由于并无相关的立法理由可供查询,难以提供准确的解释。从1986年4月2日当时的全国人大法工委主任对草案(修订稿)的说明中可以看出:虽然草案在规定一般侵权行为时使用了"权利"一词,

① 如《民法通则》第5条规定:"公民、法人的合法的民事权益受法律保护,任何组织和个人不得侵犯。"

② 如《民法通则》第106条第2款规定:"公民、法人由于过错侵害国家的、集体的财产,侵害他人财产、人身的,应当承担民事责任。"

③ 对于部分司法解释的"立法性"特征的解释,请参见曹士兵:"最高人民法院裁判、司法解释的法律地位",载《中国法学》2006年第3期。

④ 王利明著:《侵权行为法归责原则研究》,中国政法大学出版社1992年版,第367页注释[2]。

但是草案说明并没有强调权利和其他合法利益之不同，更没有明确说一般侵权行为法保护的客体仅局限于与其他合法利益相区别意义上之权利；另外，草案说明在有关国家机关或其工作人员侵权责任以及产品责任的阐述中都没有使用“权利”一词，而是使用“合法权益”或者“财产、人身”之词语，但草案说明并未由此强调国家机关或其工作人员侵权责任与产品责任适用的对象范围应比一般侵权行为之责任更宽。[①]

既然草案说明并未强调权利和其他合法利益之不同，那么从立法原意上看，《民法通则》最终颁行时去掉附在“财产、人身”后面的“权利”二字也不应被解释为对权利和其他合法利益区别之重视，并因此有意识地截去掉“权利”二字来彰显侵权行为法之保护客体在范围上的广泛性。在《民法通则》制定后，学者又是如何阐释其第106条第2款的呢？在其阐释中是否重视“财产、人身”与“财产、人身权利”之区别呢？答案是：大致在90年代之前，“财产、人身”与“财产、人身权利”之区别并未被重视，一些学者在其教科书或论文的相关阐述中依然保留了“人身权”、“财产权”之用词且并未因此强调其所主张的侵权行为法保护客体之范围应比《民法通则》所规定者为狭窄；[②]另一些学者对侵权的定义使用了“权益”或“财产、人身”之词语，但并未说明权利和其他合法利益之区别。[③]

可以认为，《民法通则》制定后的几年内，有关一般侵权行为法保护客体之探讨并未引起重视，对权利和其他合法利益之概念区分并不是注意的焦点，并无任何文章愿意从一般侵权行为法保护客体之角度对《民法通则》第106条第2款之规定劳神论述。较早关注此一问题的学者应为孔祥俊先生，其在1991年的一篇文章《侵权责任中的不法行为初探》中首次提到对《民法通则》第106条第2款的保护客体应如何界定的问题，[④]其后于1993年在和杨丽合作发表的一篇论文《侵权责任要件研究（上）》中，又对此问题进行了详尽的探讨。笔者以后一篇文章为主要分析对象，主要原因有两点：首先，相比较后一篇文章，前一篇文章稍嫌简略；其次，在当时习惯

---

① 王汉斌：“关于《中华人民共和国民法通则（草案）》的说明”，载《中华人民共和国国务院公报》1986年第12期。

② “侵权的民事责任是指行为人非法侵害公民、法人的财产所有权及与财产所有权有关的财产权、知识产权及人身权所应承担的法律责任”，参见张佩霖主编：《中国民法》，中国政法大学出版社1991年版，第516页。“这里所说的侵权行为是指公民、法人侵害他人财产权、人身权的民事违法行为”，参见杨玉素：“第十一讲——侵权的民事责任”，载《河北法学》1987年第6期。“根据《民法通则》的规定，公民、法人不履行民事义务，侵犯他人民事权利的，一般采取过错责任原则承担民事责任”，参见魏振瀛、王小能：“论构成民事责任条件中的过错”，载《中国法学》1986年第5期。

③ “侵权的民事责任即行为人因其过失不法侵害他人人身、财产权益应承担的责任”，参见米健：“试析《民法通则》中的民事责任”，载《政法论坛》1986年第4期。

④ 孔祥俊：“侵权责任中的不法行为初探”，载《法学论坛》1991年第1期。

条件下,前一篇文章没有任何引注,不便于笔者分析其思想来源,而后一篇文章的详细注释则有助于达成笔者的此项目的。

《侵权责任要件研究(上)》一文主张权利和合法利益应有所区分,且明确认为我国侵权法保护之客体不仅包括权利,尚包括合法利益在内。在此文章中作者引用1990年第3期最高人民法院公报刊载的一则案例①以表明其见解有实务上的权威证据。该案例反映的是在反不正当竞争法出台之前对商品装潢进行保护的司法实践,因为商品装潢尚不能被认为是商标法中的商标权的客体,两位学者就此认为权威性判例支持一般侵权行为法之保护客体不局限于权利之见解。② 但是,从该案判决来看,并不能认为司法实践对《民法通则》第106条第2款保护客体之理解是认为其包含了对权利之外合法利益之保护,因为判决所依据的并非《民法通则》第106条第2款之规定,而是《民法通则》第4条中有关民事行为不得违反诚实信用原则以及第5条"公民、法人的合法的民事权益受法律保护,任何组织和个人不得侵犯"的规定。也就是说,从该判决中不能得出法院认为《民法通则》第106条第2款之规定可以涵盖非属权利之合法利益被侵害之情形。③ 尽管如此,学者对判例之解释不必完全依赖判例制作者自身之阐释,对其超越并抉发判例中所包含之理论意义正是学术之功能所在。就此而言,上述文章具有开创性,第一次投入大量笔墨郑重讨论一般侵权行为法保护客体之问题,使"合法利益"是否需要保护成为侵权法学界讨论的一个议题,在此之前,不管是否赞成《民法通则》第106条第2款可以适用于非属权利受侵害之情形,学者们都没有将此问题作为须郑重讨论的议题对待。

上述两篇文章之所以能对侵权行为法的保护客体问题作出较为详尽的探讨,很重要的理论资源是比较法上的资源。从《侵权责任要见研究(上)》这篇文章可以看出,其有关侵权行为法保护客体之阐述中14个注释有12个都是国外或我国台湾地区学者的著述。④ 在比较法上,德国法(《德国民法典》第823条第2项以及第826条)和法国法(《法国民法典》第1384条)都对权利之外的合法利益加以保护,日本法条文(《日本民法典》第709条)中明示的侵权法保护客体只是权利,法典起草者的目的也是通过此条将一般侵权行为法之保护客体局限于法律明文规定的权利或

① 该案例的基本内容为:被告山东省文登酿酒厂仿照原告山东省莒县酒厂的瓶贴装潢,制作了与其相近似的瓶贴装潢,使用在自己生产的白酒上,二审认为,被告之行为虽然没有侵犯原告的著作权,因此,不能适用《民法通则》第118条,但依据《民法通则》第4条、第5条,被告仍应当承担责任。参见《最高人民法院公报》1990年第3期,第26~27页。

② 孔祥俊、杨丽:"侵权责任要件研究(上)",载《政法论坛》1993年第1期。

③ 从实际审理此案的山东省高级人民法院工作人员所撰写的说明文章中也不能看出审理者企图将此案和对《民法通则》第106条第2款之解释适用联系起来。参见夏和明、刘平:"对一起不正当竞争案的认定",载《人民司法》1990年第6期。

④ 孔祥俊、杨丽:"侵权责任要件研究(上)",载《政法论坛》1993年第1期。

习惯法上的权利以保护自由竞争,但随着1925年大审院"大学汤(一个尚不能被认为是权利的老字号)"事件判决之后,学者通说对《日本民法典》第709条之解释为,权利受侵害只是行为违法性的表现,其他具有违法性的行为造成他人损害时仍应当承担责任。[①] 在1992年的一本著作中,王利明先生也就《民法通则》第106条第2款之保护范围不局限于权利引用比较法上的资料进行了阐述,并同时也和孔祥俊、杨丽两位一样引用了《最高人民法院公报》1990年第3期上刊载的相同案例——山东莒县酒厂诉山东文登酒厂——作为来自司法实践的佐证。[②]

20世纪90年代初其他学者对侵权行为法保护客体问题并无关注,可以认为孔祥俊、杨丽的文章和王利明先生的著作是第一次有意识地借鉴域外理论资源对《民法通则》第106条第2款之保护客体进行解释的尝试。这一次的尝试有些特点值得进一步的分析。一方面,此次法学移植的主要作用是使学术界开始对一般侵权行为法保护客体问题重视起来,在对该问题的探讨中,被借鉴的域外资源主要有两项内容:一项是权利和利益的概念区分;另一项是应对权利和利益都进行保护的价值判断。另一方面,进行此次法学移植者认为,对权利和利益都应进行保护的价值判断是符合我国司法实践的,其引用《最高人民法院公报》上的案例就是为了证明这一点。将上述两点结合起来,可以看出,司法实践中既有的价值判断在学者所实施的法学移植中通过新的概念框架被讨论,此框架就是权利和利益的概念区分。真正被移植的只是此概念框架。该框架之所以有用,是因为其所解决的问题在不同地域具有一定的相似性。例如,前述日本"大学汤"事件中所须处理的问题和山东莒县酒厂诉山东文登酒厂一案中所须处理的问题即具有一定的相似性,都是在无形财产领域中一些未被法律明确规定的利益如何保护的问题,前者涉及的是老字号,后者涉及的则是商品装潢。若山东省高级人民法院在对山东莒县酒厂诉山东文登酒厂一案中以商品装潢不构成商标权为由判决原告败诉,那么学者也完全可能会主张我国侵权行为法之保护客体仅局限于权利,其他合法利益不在《民法通则》第106条第2款保护范围之内。但即便如此主张,权利和利益的概念区分之框架仍不妨被保留。也就是说,法国法、德国法或日本法对权利之外的合法利益亦予以保护的价值判断可以不予接受,但这并不妨碍对权利和利益概念区分之框架的继受。而权利和利益概念的区分正是"法益"概念运用于侵权行为法学时的核心内容,上述几位学者未使用"法益"一词更多的恐怕只是照顾当时学者及社会的接受习惯,毕竟"合法利益"一词比"法益"一词听起来更亲近。

---

① 于敏著:《日本侵权行为法》,法律出版社1998年版,第138~146页。

② 王利明著:《侵权行为法归责原则研究》,中国政法大学出版社1992年版,第367页。

(二)死者名誉之保护与“法益说”

自20世纪90年代初期之后,权利和利益概念的区别在学术界被保留了下来,并有了新的应用。最能体现此新应用之特色的莫过于有关死者名誉保护之学说发展和“法益”一词的明确借用。

在谈学说发展之前,有必要先就司法实践在死者名誉保护问题上之进展作一交代,以便认识学说发展的特色处。在《民法通则》颁布两年后,最高人民法院民事审判庭就实践中出现的新类型的案件召开了一次座谈会,其中讨论的一类问题即“对死者的人身权应否予以保护?”一种意见认为,公民的权利能力始于出生、终于死亡,死后不存在对其权利保护的问题,否则于法无据;另一种意见认为,正如作者的署名权可以在死后继续存在一样,公民的名誉权和荣誉权在死后仍能继续存在,也应当加以保护,但实际有权起诉的人为死者的近亲属。① 不久之后,最高人民法院在给天津市高级人民法院的复函中肯定了天津市中级人民法院和高级人民法院的处理意见,明确认为“吉文贞(艺名荷花女)死后,其名誉权应依法保护”。在该复函所附的请示意见中可以看出,天津市中级人民法院和高级人民法院认为死者名誉权应当受保护的理由中并无任何对域外资源的借鉴,启发来源于我国在“文革”结束后所进行的“拨乱反正”工作,因为恢复名誉正是为受冤屈的死者进行平反工作的一项重要内容。② 自此以后,我国司法实践中对死者名誉应予保护不再是一个有争论的问题,若有争论,也只是究竟谁可以起诉、赔偿数额究竟在多大范围内是合适的等具体操作之问题。

在对死者名誉应当保护之价值判断的共识基础上,学者对保护之对象或名义展开了激烈的争论,观点纷呈。可对这些观点进行如下分类:第一类:主张保护的对象即死者的名誉权。此类主张似乎与《民法通则》第9条之规定——“公民从出生时起到死亡时止,具有民事权利能力,享有民事权利,承担民事义务”——相冲突,提出此类主张者并不回避此冲突,为保留其主张,对上述规定进行修正。一种修正方法是,否定死亡和民事权利能力终止之间必然挂钩,死者也可能有民事权利能力,进而也就可以享有权利;③另一种修正方法是,否定民事权利能力和民事权利之间的不可分性,认为死者虽无权利能力,但仍可具有权利。④ 第二类:主张保护的对象不是死者的名誉权,因为死者的民事权利能力已经消灭无法再拥有权利。但此类主张者认为人死后还可以存在些东西以供保护,这些东西究竟是什么,不同学者

① 宗河:“总结、探索、提高——对几类新型民事案件讨论摘要”,载《人民司法》1988年第5期。

② 参见《最高人民法院关于死亡人的名誉权应依法保护的复函》(1989年4月12日)。

③ 佟柔主编:《中国民法学·民法总则》,中国人民公安大学出版社1990年版,第98页。

④ 于德香:“析民事权利能力和民事权利可以适当分离”,载《政治与法律》1992年第5期。

各有主张,诸如"准名誉权说"、[1]"生命痕迹说"、[2]"人身遗存说"[3]以及"法益说"("延伸保护说")[4]等。第三类:主张保护的对象不是死者的名誉权而是其近亲属的名誉权[5]或名誉利益。[6] 第四类:主张保护的对象不是死者的名誉权而是社会利益,因此,任何人都有权维护这种利益以防止死者的名誉受到践踏。[7] 前三类主张也都不否认对死者名誉权的保护有维护社会利益之考虑,第四类主张的特别之处在于,由此而认为任何人都可以请求人民法院追究破坏死者名誉之人的侵权行为法上的责任。[8]

从上述有关死者名誉保护的司法实践和学说的总结可以看出:(1)学说所争论的主要不是价值判断问题,而是理论基础的问题,是为司法实践中已经形成的价值判断寻找恰当说法之问题。(2)学说要解决的主要难题是:主体已经死亡,如何能受到保护?笔者主要关注的学说是上述第二类主张中的"法益说"("延伸保护说"),关注的理由是:该学说提出"法益"概念解决上述难题的思路受到了域外理论资源的启发,对其分析有助于阐明法学移植的一些特点;另外,该学说是由当代中国两位侵权法权威学者提出,在学说继受角度看可谓高规格的对域外学说的参考借鉴,其"法益说"或"延伸保护说"的论理对司法实务以及2001年《精神损害赔偿司法解释》中的相关规定的出台都有较大的影响力。这些内容有待下一节的详细说明。

在进入下一节之前,先解释一点,即我国侵权行为法学中"法益"概念之使用实为法学移植之结果。在20世纪90年代之前,我国侵权行为法学中极少对受法律保

---

① 孙加峰:"依法保护死者名誉的原因及方式",载《法律科学》1991年第3期。

② 陈信勇:"论对死者生命痕迹的法律保护——兼与孙加峰同志商榷",载《法律科学》1992年第3期。

③ 李锡鹤:"论保护死者人身遗存的法理根据",载《法学》1999年第2期。

④ 王利明主编:《人格权法新论》,吉林人民出版社1994年版,第444~445页;杨立新、王海英、孙博:"人身权的延伸法律保护",载《法学研究》1995年第2期。之所以未将杨立新等学者提出的"人身权延伸保护说"单独列为一类,是因为该说的实质是和"法益说"完全一样,只是起用了"延伸保护"之概念以说明死者的人身法益和其生前权利之间的联系而已。该说以"人身法益"与"权利"的区别为基础,将死者名誉、胎儿利益等都归入前者,其所谓"人身权延伸保护"不是指保护人身权,而是指保护人身法益,因此其主张之实质和"法益说"并无二致。

⑤ 魏振瀛:"侵害名誉权的认定",载《中外法学》1990年第1期。

⑥ 张新宝:《名誉权的法律保护》,中国政法大学出版社1997年版,第36~37页。

⑦ 郭明瑞:"论名誉权侵害构成的若干问题",载《烟台大学学报》(哲学社会科学版)1992年第4期。

⑧ 有此见解的,另参见王利明主编:《民法·侵权行为法》,中国人民大学出版社1993年版,第265页;魏振瀛主编:《民法》,北京大学出版社、高等教育出版社2000年版,第54页。

护之利益冠名以“法益”一词,[①]较常使用的是“合法利益”或“合法权益”。另外,从侵权行为法保护客体不限于权利的角度去使用“法益”一词则完全是90年代之后的事,[②]且这种使用有明显的对我国台湾地区学者著述的借鉴痕迹。虽然在90年代前期,通过注释交代来源尚不是习惯,但较早使用“法益”一词的文章和著述的学者在其对该词语的使用中还是有注释说明的。[③] 从其注释中可以发现,“法益”一词之使用和两位我国台湾地区学者著作中的内容密切相关。这两位台湾学者的著作分别是史尚宽的《债法总论》和王泽鉴的《民法学说与判例研究》(第2册),他们在论述我国台湾地区“民法典”“侵权行为法”的立法模式时所使用的“法益”一词被借鉴使用。我国台湾地区“民法典”借鉴德国民法的立法模式,对一般侵权行为分设三个规定:其一,我国台湾地区“民法”第184条第1项前段:“故意过失不法侵害他人权利者,负损害赔偿责任。”其二,我国台湾地区“民法”第184条第1项后段:“故意以背于善良风俗之方法加损害于他人者亦同。”其三,我国台湾地区“民法”第184条第2项规定:“违反保护他人法律者,推定其有过失。”这种立法模式是和德国民法典立法模式相同而与不区分权利和其他利益实行统一保护的法国民法典立法模式相反。在这种立法模式下,一般侵权法保护之客体分为两类:权利以及权利之外的法益。权利,为我国台湾地区“民法”第184条第1项前段所保护的客体;权利之外的法益,为我国台湾地区“民法”第184条第1项后段以及第2项所保护的客体。“法益”一词并非我国台湾地区“民法”之用语,而是学者用来解说法条之词语,其所要说明的是:权利以外之利益亦可受法律之保护,是为法益。在死者名誉保护问题上如何能借鉴使用此词语,其推理过程可分析如下:(1)死者名誉应受到保护,这一点不应争论,应作为出发点;(2)死亡人丧失了权利能力因此也就不可能再享有权利,因为权利能力是享受权利之资格;(3)既然死者名誉应受到保护,而保护的又不可能是死者的权利,这种既受保护又不是权利的东西正符合“法益”概念所指向的内容。[④]

① 民法学著作中未出现过“法益”一词,期刊中本文只发现一篇民法学文章使用了“法益”一词,该文章为潘雪奎:“我国民法应当承认精神损害赔偿”,载《现代法学》1986年第2期。

② “法益”一词可用于揭示:保护权利实际是保护权利背后的利益,如此使用的“法益”一词是为了表明权利和利益的一致性,通常是在探讨权利本质时提出的,不涉及对侵权行为法保护客体问题之阐释。

③ 分别可参见孔祥俊、杨丽:“侵权责任要件研究(上)”,载《政法论坛》1993年第1期,第47页,注14和注15,该注释14将其引用的书名误注,应为史尚宽先生的《债法总论》而不是《民法总论》;王利明主编:《人格权法新论》,吉林人民出版社1994年版,第445页注释。

④ 较能反映这条思路的一段话,如“我国民事立法既确认公民的权利能力始于出生终于死亡,自然不承认延伸保护的是权利,但同时又依法予以保护,这种保护的对象当然是法益”,参见杨立新、王海英、孙博:“人身权的延伸法律保护”,载《法学研究》1995年第2期。

（三）"法益"概念的意义漂移

笔者接下来要说明的是，将死者名誉保护问题和"法益"概念套上边，实为法学移植过程中一种值得探讨的"意义漂移"现象。

首先，在被借鉴的史尚宽和王泽鉴两位学者那里，未见有将死者名誉保护问题和"法益"概念联系起来的阐述，即他们都没有在权利和利益相区分的框架内讨论死者名誉保护问题。不独在侵权行为法中从未涉及死者名誉保护问题，即使在有关民法的其他部分阐述中也少有涉及死者名誉保护问题。唯一能找到的有关死者名誉保护问题的论述是史尚宽先生著作中有关权利能力终止内容中的一段话："然对于死者之名誉毁损，往往侵害遗族之名誉，应得以为对于遗族名誉之侵害，请求损害赔偿，但此与死者之权利能力无关。"①从这段话可以看出，史尚宽先生并没有将死者名誉问题放到权利和利益相区分的框架中去讨论，而是在涉及权利能力之内容中讨论。从这段话可以看出，史尚宽先生对死者名誉保护的观点接近于我国大陆的近亲属权利或利益侵害说，既然对死者名誉的保护其实是保护近亲属之名誉，自然无须死亡之人具有权利能力，也就是所谓"此与死者之权利能力无关"之含义。

其次，我国台湾地区"民法典""侵权行为法"的立法模式借鉴自德国法，权利和利益相区别之分析框架也适用于德国法，那么在德国法或法学上是否有将此框架用来分析死者名誉保护之问题的情况呢？答案是也没有。尽管在德国法上也有关于死者身后人格保护之问题，但对此问题之分析也仅仅在权利能力是否终止之框架内讨论，②未见有认为此问题涉及权利和利益相区别之理论。另外，我国台湾地区"法"或德国法中权利和利益相区分的框架要解决的问题是某些未被法律类型化为权利的利益是否保护、如何保护之问题，解决的办法是对权利之外的利益保护程度有所减弱，仅在法律有明确的保护性规定或侵害人故意以背俗之方式侵害此类利益时侵权法才予以救济。因此，之所以我国台湾地区"法"和德国法上都没有在权利和利益相区分之框架内讨论死者名誉保护之问题，是因为在他们那里，权利和利益相区分之分析框架只涉及保护程度之问题，并不涉及被保护主体（权利能力有无）之问题。

在笔者上述分析的基础上，可将意义漂移现象总结如下：我国大陆部分学者在死者名誉保护问题上借用我国台湾地区"法"或德国法上的"法益"概念进行分析，也就是借用权利和利益相区分之框架进行分析，但该框架在被借鉴者那里仅用来说明其侵权法对不同对象的保护程度问题，而在借鉴者这里则被转移用来分析侵

---

① 史尚宽著：《民法总论》，中国政法大学出版社2000年版，第93页。

② ［德］马克西米利安·福克斯著：《侵权行为法》，齐晓琨译，法律出版社2006年版，第67页。

权法中被保护主体之问题，由此产生所谓的“意义漂移”，即原初的法益概念经移植后在移植者那里产生了新的意义。

当对权利和利益区分之框架的解读从保护程度之视角向被保护主体之视角转变时，顺着这一转变的内在逻辑，意义漂移的进程向前继续发展。在1994年王利明先生主编的《人格权法新论》中“法益”概念尚只用来分析死者名誉保护之问题，而到1995年杨立新等学者发表《人身权的延伸法律保护》一文时，“法益”概念的运用范围则大大扩展了。此时，“法益”概念不仅用来说明对死者名誉的保护，也用来说明对死者肖像、身体（遗体）、隐私、姓名以及荣誉的保护；不仅用来说明对死者利益（所谓延续法益）的保护，也用来说明对胎儿利益（所谓先期法益）的保护。[①] 这一扩张有其内在理路。当“法益”概念和侵权法中被保护主体联系起来时，其所依赖的理论基础是权利能力不存在时，“主体”[②]不能再享受权利，但权利之外的利益仍可存在，因其无须以权利能力为前提。而权利能力不存在时的“主体”自然不局限于死者，也包括胎儿；权利能力不存在时的“主体”利益范围也不只是名誉，还可以是隐私、肖像等。将“法益说”扩张至死者名誉保护之外的其他内容形成“延伸保护说”，是上述理论基础内含的扩张力的体现。

三、从法学移植到法律移植——司法解释对“法益说”的继受

上文分析认为，“法益”概念在被继受者那里的意义是用来说明法律对“权利”和“权利之外的法益”保护程度有所不同，而在继受者这里则转变为用来说明法律可以对不具有权利能力之“主体”的利益进行保护。在学者针对死者名誉保护问题提出“法益说”和“延伸保护说”的时候，“法益”概念的上述两层意义是分离的，学者只取无权利能力“主体”的法益虽不是权利也应予以保护这一层意义，并未关注保护程度不同之问题，也就是说，学者并未主张对于死者名誉的保护程度应低于对于生者名誉权的保护程度。当学说继受的成果被2001年《精神损害赔偿司法解释》接受时，分离的两层意义又被黏合了起来。

2001年《精神损害赔偿司法解释》第3条规定：

自然人死亡后，其近亲属因下列侵权行为遭受精神痛苦，向人民法院起诉请求赔偿精神损害的，人民法院应当依法予以受理：

① 杨立新、王海英、孙博：“人身权的延伸法律保护”，载《法学研究》1995年第2期。

② 为主体二字加上引号是说明此时实际上已经不是民事主体（需要权利能力）。

（一）以侮辱、诽谤、贬损、丑化或者违反社会公共利益、社会公德的其他方式，侵害死者姓名、肖像、名誉、荣誉；

（二）非法披露、利用死者隐私，或者以违反社会公共利益、社会公德的其他方式侵害死者隐私；

（三）非法利用、损害遗体、遗骨，或者以违反社会公共利益、社会公德的其他方式侵害遗体、遗骨。

从上述第3条规定可以看出：(1)死者的名誉、肖像等受法律保护，有权提起诉讼的人为死者的近亲属；(2)对其保护与对一般的权利的保护不同，多了一个要件，即侵害人须“以违反社会公共利益、社会公德”的方式进行了侮辱、诽谤等侵害行为。这样的规定实际是对前述“法益说”和“延伸保护说”的接纳。有学者认为，从上述规定可以看出，《精神损害赔偿司法解释》对于死者名誉等的保护实际采纳的是“近亲属权利保护说”，因为第3条明确规定了只有近亲属才可以提起诉讼。① 但从司法解释制定者提供的解释看，这种解说不是司法解释的本意，正确的解说应当是：“法律和司法解释保护的，不是死者近亲属的民事权利。现代民法理论认为，自然人生命终止以后，继续存在某些与该自然人作为民事主体存续期间已经取得和享有的与其人身权相联系的利益……在法律不够完备的情况下、以司法解释的形式，确认对自然人的人身权益给予民法的延伸保护，体现了法律对民事主体权益保护的完整性。”②从此解说可以明显看出，司法解释制定者采纳的是“延伸保护说”，所立基的理论基础是权利和利益相区分的理论框架。佐证这一点的，还有该条对保护死者名誉等的要件构成的规定。第3条的侵权构成要件中都有“违反社会公共利益、社会公德”的规定，这一规定与第1条第1款③的规定不同，与第1条第2款④的规定相同。第1条第1款之规定保护的是“权利”，而第1条第2款之规定保护的是“利益”。在对人格利益进行保护时，增加了一个构成要件，即“违反社会公共利益、社会公德”。从这样的规定可以看出，司法解释明显采取了权利和利益相区分的框架，这正是“法益说”或“延伸保护说”的核心内容之一。但司法解释与“法益说”或“延伸保护说”相比不同的地方在于，其将权利和利益区分框架中的原初意

---

① 葛云松：“死者生前人格利益的保护”，载《比较法研究》2002年第4期。

② 最高人民法院民事审判第一庭编著：《最高人民法院〈关于确定民事侵权精神损害赔偿责任若干问题的解释〉的理解与适用》，人民法院出版社2001年版，第42～43页。

③ 自然人因下列人格权利遭受非法侵害，向人民法院起诉请求赔偿精神损害，人民法院应当依法予以受理：(1)生命权、健康权、身体权；(2)姓名权、肖像权、名誉权、荣誉权；(3)人格尊严权、人身自由权。

④ 违反社会公共利益、社会公德侵害他人隐私或者其他人格利益，受害人以侵权为由向人民法院起诉请求赔偿精神损害的，人民法院应当依法予以受理。

义结合了进来,即对权利和利益保护的程度有所不同,对利益的保护程度低于对权利的保护。保护程度低一些的体现即对人格利益(包括死者名誉、隐私等在内)的保护增加了"违反社会公共利益、社会公德"的要件。这一要件的增加系对我国台湾地区"法"和德国法立法模式的模仿。我国台湾地区"民法"第184条第1项后段以及德国民法典第826条对于权利之外的利益设同样的保护规定,都是"故意以背于善良风俗之方法,加损害于他人者应负赔偿责任"。所谓"善良风俗"是大陆法系的通用语,在我国大陆,与其相对的词语应为"社会公德"。[①] 与我国台湾地区"法"和德国法相比,略有不同的地方在于,侵害权利以外之利益的构成要件中没有"故意",且违反社会公共利益亦可构成。

和2004年《人身损害赔偿司法解释》有关共同侵权的"直接结合"与"间接结合"两个新词的突兀使用相对比可见,法学移植的发展使2001年《精神损害赔偿司法解释》第1条和第3条的规定不再显得突兀。法学移植在有关死者名誉保护等典型情况中的发展成果较完整地被司法解释吸收并加以改造。2001年《精神损害赔偿司法解释》从准立法角度看是呈现新貌,但与法学对比,则可知其为法学移植走向法律移植的结果。

四、法学移植的弹性与形式理性

"法益"概念源自德国,经我国台湾地区学者转手,形成的是对侵权行为法保护客体的权利和利益相区分的分析框架,其解决的主要是对不同利益保护程度如何区分的问题。但在我国大陆学者的移植过程中,却被用来解决自然人的权利能力尚不存在或丧失时利益保护之依据的问题。"法益"概念之意义在移植过程中的如此漂移正体现了法学移植的弹性。所谓弹性是指移植者对于所移植内容的接受不是原封不动的,而是有所改造后的接受。这样的弹性从否定和贬义的角度看,不妨称之为误读与曲解,但笔者更愿意站在中立的角度,无意肯定或否定之。[②] 值得关注的倒是这种误读发生的原因和可能的后果。

若无现实的刺激,将死者名誉保护和"法益"概念套上边的现象恐难以发生。名誉保护之问题在中国的确是一个惹人关注的问题。从1989年4月的最高人民法

① 司法解释制定者对此有说明,参见最高人民法院民事审判第一庭编著:《最高人民法院〈关于确定民事侵权精神损害赔偿责任若干问题的解释〉的理解与适用》,人民法院出版社2001年版,第35页。

② 正如汪丁丁所言,"西学兴起之后,中国人接触此类'关键词'日多。由于汉语的特殊功能,再加上此时此地中国的特殊环境,人们对'关键词'的理解,颇多偏离原义之处。偏离无碍——有时还要'误读'呢!——但要知其之所以然。"参见汪丁丁:"经济学的'关键词'",载《读书》1995年5月。

院《关于死亡人的名誉权应依法保护的复函》开始，最高人民法院关于名誉保护的解答或解释依次有:《关于审理名誉权案件若干问题的解答》(法发〔1993〕15 号)，《关于审理名誉权案件若干问题的解释》(法释〔1998〕26 号)，直至 2001 年的《精神损害赔偿司法解释》。可以看出，自民法通则制定以来，几乎每隔几年就有关于名誉权的司法解释出台，实践中名誉权如何处理应该是一个很重要的问题。在人身权案件中，最多的纠纷当属于因身体健康权受侵犯而产生的纠纷，此类物质性人格权受侵害案件在司法实务中归入人身损害赔偿案件，在精神性人格权受侵害案件中，名誉权纠纷案件又比其他类型如姓名权、肖像权等纠纷的案件占有更大的分量。[①] 学者对名誉权的关注也要远大于对肖像权等其他精神性人格权的关注。[②] 在名誉权纠纷中，因死者名誉而发生的纠纷对理论提出的挑战最大，在"慎终追远"的观念影响下，死者的名誉不能不保护，但保护又和民法权利能力的基本理论似乎有所冲突。现实对理论提出了强烈的需求，这正是有关死者名誉保护学说纷呈的重要原因，也是在此问题上借鉴并改造域外资源的动力之所在。

借鉴得以发生，弹性得以体现，这些还和所借鉴的是什么相关。在死者名誉保护问题上所借鉴的只是权利和利益相区分的分析框架，更多影响的是判断的形式而非判断的内容。"法益"概念能够被借鉴且能在被借鉴过程中发生"走样"或"误读"和其具有的"分析框架"性质相关。所谓"分析框架"并不预设或只预设很基础的分析结论，重要的在于提供分析的路径。就权利和利益相区分的分析框架来说，只是对法律所保护的利益提供了一个观察视角，即可以将其分为从权利和权利之外的法益，所谓权利是被法律(包括习惯法)所类型化了的利益，而权利之外的法益是尚未被法律所类型化的利益。此时并未预设任何结论，没有指示对权利应如何保护或对权利之外的法益应如何保护。若要预设结论，顶多也只是像德国法或我国台湾地区"法"那样认为，对权利的保护程度应高于对权利之外的法益的保护程度。即使有这样的预设结论，其预设的结论的层次是很基础的，只要求对权利和权

① 因为可查询的法院统计收案结案率并不具体到名誉权纠纷案件、肖像权纠纷案件等如此细的分类，所以无法获得准确的结果。勉强的办法是针对中国司法案例数据库收录的案件进行查询(未限定查询的时间范围)，查询结果发现，总的人身权纠纷案件总数为 5405，各类案件数的比例为，人身损害赔偿案件数:名誉权纠纷案件数:肖像权纠纷案件数:名称权纠纷案件:姓名权纠纷案件数:人身自由权纠纷案件:荣誉权纠纷案件 =4839:428:64:40:34:13:8。可见名誉权纠纷案件在精神性人格纠纷案件中的分量是远大于其他类型案件的。

② 对中国知网中期刊全文数据库进行检索，分两个时间段，1980 ~ 1995 年和 1996 ~ 2007 年。民商法专辑文章中以名誉权为关键词的文章数量分别是 165 和 876，而以肖像权为关键词的文章数量分别为 67 和 199。检索时间为 2008 年 4 月 28 日。将姓名权、名称权、人身自由权以及荣誉权等和名誉权比较，相关文献的数量也是远远不及的。具体搜索结果就不列出了，仅以名誉权和肖像权的比较为例说明关注度的不同。

利之外的法益应当区别保护，并没有对究竟如何区别保护作出结论，也没有对究竟哪些应算作权利，哪些应算作权利之外的法益作出结论。如果移植的是带有这样预设结论的“法益”概念，尽可以不将被移植者对权利和权利之外的法益如何区别的做法采纳过来，2001 年《精神损害赔偿司法解释》第 1 条和第 3 条之规定就没有采纳德国法或我国台湾地区“法”上对权利之外的法益保护需要侵害人故意的要件之做法。在死者名誉保护问题上的“法益说”和“延伸保护说”也是独辟蹊径地对如何构成权利之外的法益作了新的解说。因此，不妨说，移植所具有的弹性特征正源于分析框架的弹性。

当所借鉴的只是分析框架时，移植者所面临的实质价值判断的约束较小，移植的弹性较大。撇开实质价值判断之部分，分析框架所留存的当为形式理性之部分。此种形式理性和法律移植的关系具有双重性，既有有助于法律移植的一面，也有对法律移植构成阻碍的一面。但对于法学移植来说，其中阻碍的成分较小，对于当代中国更多处于立法论层次讨论问题的民法学来说，阻碍更少。

仍以权利和利益区分的分析框架来看。在德国法和我国台湾地区“法”上此分析框架预设的结论是侵权行为法不可能对社会中所存在的所有私人利益完全不加区别地保护，有的保护程度高，有的保护程度低。如果不加区别地都提供相同之保护，则个人行动之空间势必遭受压制，形成动辄得咎的局面。如果另一地域之立法者也接受这样的基本价值判断——区别保护，那么剩下的问题是如何将这样的价值判断实现其可操作性。权利和利益相区分的框架只是其中一种，如法国就不采用这样的分析框架来解决区别保护之问题。《法国民法典》第 1382 条①对受害人因他人行为遭受损害时的保护并未设不同之条款，无须区分受害人之损害是因权利还是因权利之外的法益遭受侵害所造成的结果，也因此，法国法的一般侵权行为法之立法模式被称为一般条款模式。② 既然不采用权利和利益相区分的分析框架，法国侵权法又是如何实现对利益受损进行甄别筛选以免保护过宽呢？比如，在交通事故肇事者导致了因交通堵塞而错失重要交易之商人之损失时，在德国法上，此种损失不是权利受侵害后的经济损失而是纯粹经济损失，因此不能得到赔偿，但在法国法上，由于不采纳权利和权利之外的法益相区分之分析框架，即使不赞同交通肇事者赔偿商人的损失，也不能采取和德国法相同之分析方法。其可以采用的做法

① 法国民法典第 1382 条规定：“人的任何行为给他人造成损害时，因其过错致该行为发生之人应当赔偿损害。”

② 德国侵权法的立法模式虽然也比较概括，但就其区分权利和权利之外的法益分社不同的条款规定而言，其概括程度不及法国法，尚未对一般侵权行为法形成唯一的一般条款。参见王泽鉴著：《侵权行为法》（第 1 册），中国政法大学出版社 2001 年版，第 40 ~ 47 页。

是否定交通肇事和错失交易结果之间的因果关系,[①]因为法国司法实践认为可归责的因果关系通常需要是直接的,间接的损失不能要求赔偿。[②] 由上述分析得出的结论是,同样的价值判断有不同的表达形式,对利益受损应当实行有选择性的保护这一价值判断既可以通过权利和利益相区分的框架来分析,也可以通过直接损害与间接损害相区分之框架来分析。此处所言关涉形式理性之"形式"的一面,此一面是对法学移植较有利的一面。因为,当移植者移植了权利和利益划分的分析框架(形式)后,仍可以朝这个框架里注入符合其本土的价值判断(内容),将死者名誉之保护注入这个分析框架中正是其体现。

但是既言之为形式理性,它就还有理性的一面。所谓理性,首先即应当指体系性、一贯性。[③] 法律的普遍性、可预测性等有赖于这种理性。"同等情况同等对待"既是正义之要求,也是理性之体现。因此,当移植者将一项制度或学说引进时,当2001年《精神损害赔偿司法解释》将人格权利和人格利益区别对待,设置不同之保护要件时,意味着在与人格事项相关之领域对权利之外的法益采取了较低保护之策略,那么在与财产事项相关之领域该如何处理呢?从被借鉴者来说,德国法和我国台湾地区"法"对权利之外的纯粹经济损失都采取了降低保护程度之策略,保证了其法律制度的合体系性。从借鉴者来说,如果不将对纯粹经济损失降低保护程度之做法借鉴过来,则会面临体系逻辑上不合理之压力。同理,当移植者在移植中弹性运用其所借鉴的概念框架时,改造后的框架也会面临体系协调的压力。当"法益"概念弹性地被运用于指民事权利能力不存在时的"主体"利益时,面临的问题是:如何决定侵权的基准?例如,当认为死者名誉的保护是对死者利益而不是死者近亲属利益的保护时,侵权构成要件中的"损害"即应以死者来衡量,若要赔偿精神损害,如何能表明死者也有精神痛苦之类的精神损害呢?如果保护死者之"法益"而不以死者的精神痛苦为决定基准,这样的精神损害赔偿法律或法学[④]将期待进一步的逻辑阐释。

总的来说,笔者认为,所谓形式理性可以拆解成形式与理性的两面来看,其形式的一面是指法律制度或法学主张可以容纳不同的价值判断作为其内容,具有较

---

① [德]克里斯蒂安·冯·巴尔著:《欧洲比较侵权行为法》(下卷),焦美华译,张新宝校,法律出版社2001年版,第524~525页。

② 张民安著:《现代法国侵权责任制度研究》,法律出版社2003年版,第100页。

③ 从这个角度看,本文不认为英美法系的法律制度欠缺形式理性,只不过其形式理性是隐藏的而已,即没有通过像德国民法典那样的总分结构体现得那么明显。当美国法学会作各部门法律的重述时,实际是将这种潜藏的理性表达出来。

④ 2001年《精神损害赔偿司法解释》第3条规定:"自然人死亡后,其近亲属因下列侵权行为遭受精神痛苦,向人民法院起诉请求赔偿精神损害的,人民法院应当依法予以受理。"从这个规定可以看出,决定精神痛苦的基准对象不是假想活着的死人,而是死者的近亲属。

强的包容性;其理性的一面是指法律制度或法学主张采用某一分析框架或形式时,在体系化的压力下将会影响对其他框架或形式的吸收与解释。就侵权行为法或法学的概念来说,其所具有的形式性十分显著,如过错、因果关系、损害等都有十分广阔的包容空间,一般侵权行为的构成要件作为我国当代法学(法律中并没有指明这些构成要件)的分析框架显然来自于大陆法系之传统,并非固有法或法学(律学)中所有,但这并不妨碍我们在借鉴的同时进行弹性的改造,注入和当代生活相关联的本土的意义。"法益"概念之改造即为一例。但在改造过程中尚需注意形式理性中理性的一面,应就相关之分析框架与改造的部分如何衔接进行思考并予合理之说明解释。"法益"概念运用于死者名誉保护事项时,即须对侵权行为之决定基准问题作合理之说明,如为什么既然侵犯的是死者而不是近亲属的利益,决定是否有损害(精神痛苦)依然要以近亲属作为决定基准呢?

五、结　　论

由"法益"概念入手,结合"死者名誉"问题,笔者阐述了权利和利益相区分之分析框架如何被借鉴和改造的过程,并就此分析了法学移植中的弹性以及这种弹性得以发生的原因——分析框架的形式性。

在当代侵权行为法学中,除"法益"外,"纯粹经济损失"、"相当因果关系"、"知情同意"等诸多法律概念之成为议题皆包含着对域外资源借鉴的努力。[①] 上述这些词语并非法律条文中用语,而是法学在借鉴域外资源的基础上为解决现实问题所提出的用语,是法学话语之一部分。当代侵权行为法学在对这些概念进行探讨时所借鉴的域外资源并不仅限于某一国或某一地域,"相当因果关系"概念出自大陆法系,"知情同意"概念出自英美法系。多元继受之所以可能,其和法律概念所具有的形式性特征相关。对于侵权行为法来说,这种形式性特征更为明显,使其体系关联之色彩较弱,便于比较法研究和法学移植。[②] 侵权行为法学体系关联色彩较弱主要体现在,其所使用的分析框架基本上不对外部(如合同法、物权法等领域)产生重大影响,如因果关系如何构成,是否采纳可预见说或相当因果关系说,不会对物权

---

① 在笔者看来,诸如此类的概念都意味着某种分析框架。

② 王泽鉴:"《中华人民共和国民法通则》之侵权责任:比较法之分析",载《民法学说与判例研究》(第6册),中国政法大学出版社1998年版,第279页。

债权之划分、法律行为如何定性等问题产生影响。[1] 这种便利使当代侵权行为法学格外体现了兼收并蓄的特征。

当法学移植主要体现为对分析框架的吸收且有兼收并蓄的特征时，其将为法律移植打下良好的基础。法学移植所能提供给立法者的主要是其分析框架，其分析框架内所容纳的价值判断对于立法者而言并不具有多大的指导力量。[2] 分析框架所具有的包容性为法学移植的弹性改造创造了条件，以便其能更好地将立法者可能具有的价值判断融入其中。从这一点看，法学移植为法律移植创造了条件。从分析框架的角度看待法学移植，从法学移植的角度看待法律移植，这样的法律移植模式既不是被迫的殖民输入，也不是不顾经济、政治等因素的纯粹的无机移植，而是在法学家将民族生活的价值准则借用域外的形式加以表达的基础上，多元吸收并整合的过程。[3]

---

① 艾伦·沃森所谓罗马法的"体效应"(block effect)有助于其被移植之分析换个角度看正是体系关联弱化的体现，移植者可以移植某一群规范(individual blocks)而无须整体性地移植，如此则移植的便利增加了。例如，可以移植罗马法的契约制度而无须将其有关人格权的制度(人格减等之"恶劣做法")移植过来。[美]艾伦·沃森著：《民法法系的演变及形成》，李静冰、姚新华译，中国法制出版社 2005 年版，第 20～31 页。

② 从这个意义上看，本文赞成这样的说法："一个民族的生活创造它的法制，而法学家创造的仅仅是关于法制的理论"，参见苏力著：《制度是如何形成的》，北京大学出版社 2007 年版，第 68 页题记。

③ 本文的观点虽然接近艾伦·沃森的观点，但与其不同的是，本文并非否认外部社会因素对移植的影响，而是主张外部因素的影响可以由于分析框架的包容力而加以吸收。

民法典的政治与政策解读

韩　强*

法典化,特别是民法的法典化,无疑是人类法律史上最值得研究的题目之一。眼下,中国正在制定民法典的道路上蹒跚学步,针对民法典的讨论理应具有一种"应时、应景"式的显要地位。但是,笔者无意谈论中国应该制定一部什么样的民法典。这样复杂的题目亦非一篇短文所能涵盖。笔者希望对民法典这一现象从现实主义法学的立场上加以观察。写作目的当然无意为法典化的进程泼冷水,仅仅是为了追求知识的多元性。

一、民法典是什么?

民法典是历史。民法典是漫长历史演变的产物。没有《国法大全》对罗马法的集成,没有德意志统一运动中各邦国的法典制定活动,①很难想象会有今日这般形象的《德国民法典》。民法典是理想。近代民法典的出台几乎无一例外地受到了理性主义的诱惑,承载着人类凭借对完美理性的自信而达致良好治理的梦想。② 民法典是学术。如果说《法国民法典》还只是历史传承与现实权宜之间的折中物的话,

* 韩强,2004 级外国法律史专业,指导老师:何勤华。现工作于华东政法大学。

① 在 1900 年德国私法统一之前,德国存在形形色色的法律。普鲁士有自己的 1794 年的《普通邦法》;萨克森也有自己的民法典(1865 年生效),这部法典对后来的《德国民法典》影响很大;巴伐利亚也制定了自己的民法典。参见[德]罗伯特·霍恩、海因·克茨、汉斯·G. 莱塞著:《德国民商法导论》,楚建译,谢怀栻校,中国大百科全书出版社 1996 年版,第 68 页。

② 狂热的理性主义对《法国民法典》的编纂产生了重要的影响。盲目的理性主义者认为,历史可以通过废除法规而消灭;另一方面又设想,一个全新的法律制度只要吸收不合理的法律制度中的某些合理成分就会建成。[参见[美]约翰·亨利·梅利曼著:《大陆法系》(第 2 版),顾培东等译,李浩校,法律出版社 2004 年版,第 28 页]如果说《法国民法典》是为了创造一个全新的法律秩序,则德国重建法律制度的目的,就是要实现德国法律制度的科学化。这种科学化的表现,就是意欲对素材作终局穷尽的描述。借由严格的概念运用与全面放弃逐案决疑的方式,使法律达到值得称许的可概观性与简洁性。(参见[德]弗朗茨·维亚克尔著:《近代私法史》,陈爱娥、黄建辉译,上海三联书店 2006 年版,第 456 ~457 页)同时这种理性主义的研究风气还力图清楚法学研究中的政治因素。萨维尼的历史法学派就主张将政治排除于国家法学之外。(参见[德]霍尔斯特·海因里希·雅科布斯著:《十九世纪德国民法科学与立法》,王娜译,米健校,法律出版社 2003 年版,第 57 页)其实,强调法学家与政治无缘的信念本身就带有政治性。科学化、理性化也是一种政治立场,代表了理性主义占据主导地位的时代,人们在思想意识中往往将"科学"、"理性"作为评判政治正确的标准,甚至异化为一种图腾或符号。

那么《德国民法典》无疑是历史传承与学术创造的高度结晶。民法典是德国潘德克顿法学研究的最终成果,以至于民法典历尽艰辛颁布之后,反倒给人带来一种“法典之后再无学术”的悲凉。①

民法典也是政治。每当我们阅读法典化的历史材料时,一幕幕政治活剧跃然纸上。每一部民法典的诞生都具有重大的政治背景。在这样的背景下,民法典成为政治合作的桥梁、政治宣示的平台,甚至是政治统治的工具。

同时,法律政策也是一种重要的法律文化现象。法律政策对于法律规范的产生、运用、解释无不发生着重要的影响。民法典本身就是法律政策的高级形式。法典中的政策因子,有时会完全颠覆我们在概念法学视域中业已形成的法律成见。

二、制定民法典是一场政治运动

任何一项立法活动,都是政治活动。② 民法典则是更为复杂和重大的政治活动。在现代法系之下,法律改革多通过立法活动来加以引入。当法律改革是全面的或者自称是涵盖整个法律领域的,那么这样的活动就被习惯性地定义为“法典化”,它的成果便是法典。新的法典也往往伴随着这样一种希望:一旦从旧法的束缚中解放出来,新的开始将成为可能。新法将被假定为是清晰的、合乎理性的以及体系化的。③ 但是,民法典的政治含义绝非仅限于立法权力分配和司法权力运作这样单纯的“法律技术”层面,它直接与革命、统一、改革这一层级的政治运动挂钩,甚至构成这些政治运动的本身。

其一,民法典的诞生多以重大政治变动为背景。

民法典常与重大政治运动相伴而生,这一判断一再被历史的经验所验证。尽管法典未必都是对政治运动成果的记载或肯定,④但它总是或多或少地反映了政治运动的某些特质或内涵。

---

① 在维亚克尔看来,无论是德国民法典,还是瑞士民法典都是终结了一个法学阶段的遗书,是伟大法律思想的果实而非种子。学术晚期成熟的创作之后,模仿之风开始利用学术性法典的技术工具。这意味着,民法典是原创性的法学研究的终结。民法典之后,便只有注释。参见[德]弗朗茨·维亚克尔著:《近代私法史》,陈爱娥、黄建辉译,上海三联书店2006年版,第442页。

② 立法首先涉及政治权力的分配和运作,自然属于政治活动。此外,立法还将影响司法权力的运作,也属于政治活动的范畴。

③ See Daphne Barak-Erez, Codification and Legal Culture: In Comparative Perspective, *Tulane European and Civil Law Forum*, Winter 1998.

④ 有些民法典是总结性的,但更多的则是开创性的,特别是后法治国家的民法典移植活动,如日本、东南亚、拉美及非洲各国,本无近代西方的法律体系,其引入民法典,完全在于创立全新的法律体制。

民法典与革命结缘始于法国，继之则是苏联。[1]《法国民法典》是1789年法国大革命的产物，既是在已经实现了政治统一的法国实现法律统一的需要，也是记载并确认大革命成果的需要。[2] 对于这样的论断，已然成为学界通说，几无异议。至于为何会选择法典化的形式作为革命的手段，抛开学术继受的因素不谈，一般认为是出于对司法权力的警惕和防范。[3] 但拿破仑的政治个性亦不容忽视，正是拿破仑的好大喜功、追求不朽的伟人心态，极大地成全了《法国民法典》的历史命运。[4] 在拿破仑眼里，《法国民法典》也是一座凯旋门。苏联政权使革命的新生儿——《苏俄民法典》于1922年诞生。《苏俄民法典》的诞生固然是马克思、列宁国家法权学说的完全体现，[5]但与西方其他国家的革命一样，都在被视为整个社会转变的前后关系中产生了一种新的或大大修改了的法律制度。实际上，新法律最终体现革命目标的程度，标志着革命的成功程度。[6]

《德国民法典》的诞生与德意志民族国家的政治统一相伴。[7] 在1887年《德国民法典》草案颁布之际，民族主义的情绪空前高涨。《德国民法典》被视为统一德意志民族法律，并进而推动民族国家政治统一的重要步骤和手段。在此后展开的全

---

① 民法典固然是法国革命的产物，但在整个西方，尽管有些革命并未催生法典化运动，但也仍然带来了法律的变革，正如伯尔曼所说的那样"从西方法律史的观点来看，承认以下事实特别重要：西方历史中周期地诉诸这样的非法暴力来推翻既定的秩序，而且作为这种结果最终产生的权威已经创设了新的和持久的政府和法律制度。西方每个国家的政府和法律制度都源于这样的革命。"参见［美］哈罗德·J.伯尔曼著：《法律与革命——西方法律传统的形成》，贺卫方等译，中国大百科全书出版社1993年版，第23～24页。

② 李浩培先生为《法国民法典》所作的"译者序"，载《拿破仑民法典》，李浩培、吴传颐、孙鸣岗译，商务印书馆1979年版。

③ 司法权力的独断专行，在法国有着声名狼藉的历史传统。革命后，对"法官执掌政府"的忧虑笼罩着法国，并在立法程序上留下烙印。参见［美］约翰·亨利·梅利曼著：《大陆法系》（第2版），顾培东等译，李浩校，法律出版社2004年版，第28页。

④ 拿破仑在晚年曾说过："我的光荣不在于打胜了四十几个战役，滑铁卢会摧毁那么多的胜利……但不会被任何东西摧毁的，会永远存在的，是我的民法典。"

⑤ 通常认为，立法活动本质上是一种将统治阶级意志上升为国家意志的过程。

⑥ ［美］哈罗德·J.伯尔曼著：《法律与革命——西方法律传统的形成》，贺卫方等译，中国大百科全书出版社1993年版，第24页。

⑦ 依1867年北德联盟宪法以及与其类似之俾斯麦帝国宪法的原始版本，帝国立法权仅及于债务法……直到（在1871年的第一届帝国议会中有影响之）国族自由主义者的中央集权派才使帝国立法权也及于土地、亲属与协会法：这是自由进步对保守主义之保留的一大胜利，也显示法典化在世界观上的基础。……透过1873年12月20日之帝国法第4条第13款的修正案，使帝国立法权及于整个民法，才促成此一国族性的法律。此项决定背后的确有当时政治利益的考量：主张法治国者期待自由的协会与社团，文化自由主义者希望外于教会的婚姻法制，最后，经济自由主义者关心一般且自由流通的不动产与抵押法制。参见［德］弗朗茨·维亚克尔著：《近代私法史》，陈爱娥、黄建辉译，上海三联书店2006年版，第451页。

部关于《德国民法典》的研究和争论中,民族统一则是不容置疑的中心思想。①

《俄罗斯民法典》无疑是改革的产物。在前苏联末期,前苏联最高苏维埃于1991年5月31日通过了《苏联民事立法纲要》,试图改革、整合前苏联的民事立法,改变当时依靠大量零散、互不协调的单行法规调整财产关系的状况。② 前苏联解体后,俄罗斯在是否仍然坚持法典化的问题上出现过动摇,但最终仍决定采用民法典的形式。③ 之所以如此迅速地就出台新的民法典,原因在于在整个俄罗斯政坛,立法者和政府官员逐步认识到一部新的民法典在保护财产和合同权利、抑制白领犯罪、强化消费者信心,以及吸引外资方面的必要性。在启动以民法典为骨干的私法体系改革之时,政府通过阐述上述需求以转变法律秩序。④

其二,民法典的政治功能。

革命或改革的民法典,往往承担着某种政治信条的宣传作用。这些政治宣传在《法国民法典》和《俄罗斯民法典》中均清晰可辨。⑤ 这是法律与政治的蜜月期。当变革的激情逐渐消退,社会生活转入平稳运行,抑或新的政治冲动重新燃起之时,政治总会埋怨法律碍手碍脚。其实,政治对于法律的怨弃态度确有见异思迁之嫌。即使最理性化的法典,又何尝是在理性的完全支配下而产生?理性不过为孕育提供了必要的因子,而政治冲动才是导致孕育的交媾。⑥

虽然法律与政治存在一定程度的紧张关系,但两者仍然必须寻求合作。所谓"徒法不足以自行",也可以解读出法律对政治的依赖。⑦ 一切有效的改革,当然包

---

① 李斯特认为,尽管民法典草案脱离实际,但出于民族的立场,事关德意志人民法律统一的问题,他都将投赞成票。而齐特曼那种认为民法典草案过于强调民族特性,忽略全球经济基础融合的事实,并呼吁法典应具有普适性的观点,则理所当然地遭到了强烈的批判。参见[德]罗尔夫·克尼佩尔著:《法律与历史——论〈德国民法典〉的形成与变迁》,朱岩译,法律出版社2003年版,第25~26页。

② 鄢一美著:《俄罗斯当代民法研究》,中国政法大学出版社2006年版,第3页。

③ 同上,第7~9页。

④ Lane H. Blumenfeld, Russia's New Civil Code: The Legal Foundation for Russia's Emerging Market Economy, *International Lawyer*, Fall, 1996.

⑤ 《法国民法典》准确地反映了革命思想。这种思想即严格区分市民社会与政治国家的思想,为此民法典第7条规定:"行使民事权利独立于行使政治权利。政治权利的取得与保有,依宪法和选举法。"这样的规定显示了民法自由,或意思自治,与政治自由的区分,使民事活动取得了独立于政治国家的生存空间。使市民具有以自治权利对抗国家政治的地位。但基于市民社会受政治国家干预和影响不可避免的事实,民法的此种态度也体现了其消极、保守的个性。

⑥ 苏力指出,促使人们采取具体行动的更多是他在当下情境中产生的欲求,是他的激情,而不是也不可能是他在对遥远的未来予以总体反思后的选择;相反,理性只是这种欲求、这种激情的奴隶。因此,即使从历史的角度看来似乎是必然的事物,我们也无法否认个体的创造;更无法否认后来者对于传统的重新构建。参见苏力:"制度是如何形成的?——关于马伯利诉麦迪逊案的故事",载《比较法研究》1998年第1期。

⑦ 1930年的《中华民国民法典》的历史似可作为注脚。该法典在1949年前的中国大陆和在1949年后的中国台湾地区的历史境遇真可谓霄壤之别。

括法律改革,在一定程度上都要归入政治领域。① 此种观点坦率地点明了政治决策对法律决策的决定性作用。②

相对于判例法而言,法律与政治权力更适合在法典中开展合作。判例只能由法官做出,至少在形式上其他权力无法染指法官的自由心证。③ 就算其他权力可能对某些裁判产生影响,但将此个案放到浩如烟海的判例集中,这一点影响也将被稀释得无影无踪。而且,在判例法体制下,法出多门,政治权力也没有把握能够和每个法官实现合作。④

法典化的情况则完全不同。不论政治体制的民主程度,由于立法过程不可能完全排他,因此法典制定的过程就是各方表达利益的平台。任何一部成文法典,都呈现出各类利益关系交融混杂的态势。⑤ 而且,现实的情况是,一旦法典公布施行,政治权力还可以通过立法机关和司法机关来影响法律的解释和适用。⑥ 这样,在政治权力无法或认为没必要与每个法官开展合作时,它可以通过影响立法和法律解释来直接干涉法官的裁量。甚至在认为必要的时候,政治权力完全有能力直接推动法典修订。正因如此,在法典化国家中,法官的政治地位无一例外地非常低下。

当然,法典化也并非仅对政客们有利。政治权力在通过法典影响法律运作的同时,法律也在运用法典制约政治权力的活动。相对于判例法体制下,法官处于分散、各自为政的局面,法典体制下的法律人至少能够在形式上统一于法典的大旗之下。通过对法典原则的固守,以及不断发展、演绎出丰富的解释学知识体系,司法在

---

① Attila Harmathy, Codification in a Period of Transition, *U. C. Davis Law Review*, Spring 1998.

② 雅科布斯指出,无论有能力编纂法典的时代是否真正发展成熟,法典编纂问题必定要先于这样的时代产生;法典编纂的实现最终要取决于"真正做这件事的人们的选择"。在这里,雅科布斯的意思非常清楚,是否制定法典并不取决于学者,而是取决于立法者、政治家。参见[德]霍尔斯特·海因里希·雅科布斯著:《十九世纪德国民法科学与立法》,王娜译,米健校,法律出版社2003年版,第43页。

③ 英美法系法官拥有固有的衡平的权力。他们能够根据案件的事实决定其法律后果,为了实现真正的公平正义可以不拘泥于法律,还能够不断地解释法律使之更合于社会的变化。参见[美]约翰·亨利·梅利曼著:《大陆法系》(第2版),顾培东等译,李浩校,法律出版社2004年版,第52~53页。

④ 此点似乎可从英美法系法官具有较高的政治、社会,乃至历史地位的现象中得到印证。参见[美]约翰·亨利·梅利曼著:《大陆法系》(第2版),顾培东等译,李浩校,法律出版社2004年版,第六章。

⑤ 在法典中,常常会出现一些令人疑惑的有关局部利益的规定,如《德国民法典》第961~964条中就有关于"蜜蜂法"的条文。参见[德]罗尔夫·克尼佩尔著:《法律与历史——论〈德国民法典〉的形成与变迁》,朱岩译,法律出版社2003年版,第45页。

⑥ 立法机关的解释形同立法,自不待论,而司法机关既然没有当然的造法权,且又被要求以严格适用法律为己任,则法官天然地已经受制于政治家们预先设定好的框框了。

一定程度上与学术结盟。① 法典既是法律人共同的斗争武器,也是他们的避风港。②

政治与法律寻求合作以达到共同目标在近年来欧洲统一私法运动中体现得尤为明显。欧洲于1989年5月便开始统一私法的进程,但当时无论在制定统一私法的时机上,还是在立法技术和理论准备上都不成熟。尽管如此,欧洲私法统一运动与当年德国法律统一仍然具有非常相似的情形。只不过德国之统一仅限于一国层面,而欧洲法律统一则是在国际层面。③ 总的看来,整个欧洲统一立法具有浓厚的政治色彩。其中除了法、德、英三国争夺领导权之外,防止欧洲法律美国化也是主要原因。欧洲今日强调重振潘德克顿法学,具有防范美国法律霸权的意图。在今日之全球化实为美国化的背景下,欧洲急于制定统一法典实在是为了保存多元的文化价值。④

综上,一个国家或地区是否选择法典形式是重大的政治问题。正如有学者所言"作为一种政治取向(political preference),我们应该支持还是反对民法典"。⑤ 支持制定德国民法典的人,其政治取向非常明确:为了实现在解放战争中就已开始的德意志民族的政治统一,必须排除已有的多种法源。⑥ 对于新兴民族国家和体制转型国家而言,法典更是不可多得的政治舆论工具。一个政权能够制定出一套完整的法典,尤其是调整市民社会的民法典,本身就是对政权合法性的肯认。制定民法典的故事在体制转型国家中显得更有趣味。此类国家的市民社会往往不够成熟,民法典的编纂工作通常由国家居于绝对主导地位。⑦

但需要指出的是,在一个公权力长期处于支配地位的社会里,民法典除了为"政治正在逐渐走向开明"的标签来装点门面外,对政治家们并无多少实际的利

---

① 法官在某种情况下,直接寻求学者的帮助,早在日耳曼时期就已有之。其后,学术已然主导法学的发展,对司法仍有巨大影响。法官也自愿受学术方法的拘束,以达到司法借由学术性来确保其政治上的中立性。参见[美]约翰·亨利·梅利曼著:《大陆法系》(第2版),顾培东等译,李浩校,法律出版社2004年版,第441页。

② 虽然,大陆法系法官的进取精神远逊于英美法系,但由此带来的造法风险也大为降低。而同时,当司法面临强烈的政治压迫时,司法又可以搬出法典作为维护其领地和尊严的武器。参见维亚克尔书,第441~442页。

③ Reinhard Zimmermann, Civil Code or Civil Law? —Towards a New European Private Law, *Syracuse Journal of International Law and Commerce*, Spring 1994.

④ Ugo Mattei, The Issue of European Civil Codification and Legal Scholarship: Biases, Strategies and Developments, *Hastings International and Comparative Law Review*, Summer 1998.

⑤ Ibid.

⑥ [德]霍尔斯特·海因里希·雅科布斯著:《十九世纪德国民法科学与立法》,王娜译,米健校,法律出版社2003年版,第13页。

⑦ 法德等国民法典之颁布,均先由民间学者长期研究积累,再由政治权力在适当时机予以推动,最终促成法典之诞生。新兴民族国家和体制转型国家则几乎无一例外的是由国家政权的力量发动法典的制定工程。此点是被日本、俄罗斯、越南以及南美和东欧各国的经验所反复印证了的。

益。那么,到底有什么激励条件能够推动国家制定民法典呢?制定出来的民法典又能在多大程度上符合法治的真意呢?在这样的社会背景下,不能奢望立法者会正心诚意地去作茧自缚,除非这个国家已经发展出了较为成熟的市民社会。同样,在转型社会中,政治与法律之间远未达到均势。法律基本上不具备运用法典与政治达成合作或对抗的能力。于是,受政治操控的法典,反倒丧失了其应有的政治价值。

三、民法典是一种法律决策模型

在概念法学(或实证法学)的观念中,法律规范是确定的,法律推理是逻辑的。[①]随着19世纪80年代之后现实主义法学的兴起,概念法学的观念受到了挑战。现实主义法学将法律理解为一种社会政策工具。于是,那种古典的、认为每一个案件都将通过逻辑推理得到唯一结果的理念,被一种新的、认为对法律问题的解答会随着社会背景的变化而变化的思想所取代。同时,裁判案件的过程也由单一的演绎推理向融合了归纳推理的模式发展。从这时起,寻找和反思关于社会运行的知识变得越来越重要,而纯理性的对规则的分析的重要性却降低了。[②] 法律活动被视为一项有关决策的活动。

所谓决策通俗地说就是作决定。法律决策则是指做出法律上的决定,但并非依法做出决定,也未必都是合法的决定,而只是与法律的制定、理解和适用有关的决定。法律决策包含立法决策和司法决策。任何决策均属政治活动。民法典的出现使法律决策呈现出奇特的图景。

其一,法典化符合法律决策的技术要求。

在公共政策学中,决策技术主要是设计决策的规范模型。将与决策活动有关的信息代入模型,通过该模型对信息的处理而获得最终政策。法律决策技术应该同时满足政策学的要求和法学的要求。

在政策学层面,规范模型要在改善决策方面确有实效,应该满足三方面条件:

---

① 这种传统的法律观点认为,每一个案件都有一个唯一正确的结果,这个结果可以从一系列自然的、不言自明的规则通过逻辑推理得到。法官们总是不遗余力地寻找和遵循着这种不变的原则,个案的判决往往只是寻找如何恰当地表述适用规则的副产品。这便是古典的法哲学,它被恰如其分地定性为"形式的"或"机械的",因为在这样的思想指导下,裁判案件的过程被理解为一种纯理性的、演绎性的过程,而得到某个结果被认为大致是不可避免的。参见[美]约翰·莫纳什、劳伦斯·沃克著:《法律中的社会科学》,何美欢等译,法律出版社2007年版,第1页。

② [美]约翰·莫纳什、劳伦斯·沃克著:《法律中的社会科学》,何美欢等译,法律出版社2007年版,第2页。

第一,具有很高的现实可行性,即该模型必须能够提出在分析和评价上可行的行为标准,并可以引导出现实的改善方案;第二,规范模型应当具备整体性和系统性,从而能够充分地进行深层次分析;第三,应该具备规范性,模型能够设计出把最值得的目标或价值加以最大化的结构。[①] 法典基本上符合第二项标准,第一项标准通过法律解释和法律修改也能达到,而第三项标准则是衡量"决定是否制定法典或制定什么样的法典"这一法律决策活动的指标,并非法典本身所能达到的指标。从政策学角度考量,法典是比较有效的决策模型。

在法律层面,法律决策的技术要求是我们所熟知的"统一性和连贯性",即所谓"可预见性"。[②] 实现法律决策的可预见性,关键在于决策活动应在可知、可控的路径上进行。要达此目标,一方面应将决策模型予以公示,以便公众了解和监督;另一方面,决策模型应具有足够的可操作性,确保按照统一的推导模式能够得出大致不错的结论。此时,法典有其得天独厚的优势。法典通常具有确定的术语含义和严谨的逻辑结构,此两者又共同决定了对法条的解释方法和法条之间相对固定的适用关系。这一切都被统制于"涵摄"的方法之下,由此带来了高度的"确定性"和"可预见性"。[③] 在这个意义上,民法典是有效的决策模型,其在一定程度上实现了法律适用活动的"可控性",而这正是法律政策学的最核心目的。[④]

其二,法典化作为决策模型的不足。

在当下的各法系中,法典显然不是唯一的法律决策模型。在比较法的层面上,成文法的局限性也一再被讨论。法典化不能完全胜任法律决策,是公认的事实。

(1)没有完美的法典,就没有完美的决策模型。根据政策学理论,决策模型可

---

① [韩]吴锡泓、金荣枰编著:《政策学的主要理论》,金东日译,复旦大学出版社 2005 年版,第 213 页。

② 所谓法律政策的"可预见性",实则法律政策的"确定性"。法律对"确定性"始终予以高度关注。在大陆法系,确定性具有至高无上的价值。参见[美]约翰·亨利·梅利曼著:《大陆法系》(第 2 版),顾培东等译,李浩校,法律出版社 2004 年版,第 49 页。而英美法系同样重视确定性。据卡多佐所说,1923 年美国法学会的成立就是"希望抓住并杀死不确定性这只鬼怪"。参见[美]本杰明·N. 卡多佐著:《法律的成长,法律科学的悖论》,董炯、彭冰译,中国法制出版社 2002 年版,第 6 页。

③ 霍姆斯、卡多佐等人都明确指出,法律完全是一门有关预期的科学。参见[美]本杰明·N. 卡多佐著:《法律的成长,法律科学的悖论》,董炯、彭冰译,中国法制出版社 2002 年版,第 26 ~ 27 页。

④ 哈特和萨克斯认为,法官们通过把自己置于一个"理性思考"的程序,有能力解决问题——换句话说,通过参考可以适用于所有类似案件一般的、互相连接的标准来解决问题。这个程序与立法者所享有的"没有控制的自由裁量"的程序不同。同样,在适用法规的时候,法官会受到一个"充分的"和"目的性"的解释程序的约束。充分的解释不是简单的文字解释,而是受到一个法规隐含目的和这个法规在美国法律结构中的一般地位约束的解释。See Henry Hart and Albert Sacks, *The Legal Process: Basic Problems in the Making and Application of Law*, Harvard University Press, 1958.

分为完全理性决策模型和有限理性决策模型。① 民法典的历史和现实告诉我们，尽管人类曾经对民法典赋予了很高的期望，但它最多只能算是有限理性决策模型。此种有限理性的状况，一方面是规范的不足，另一方面则是规范的冲突。由于具体规则不足以调控复杂的社会生活，于是立法者遁逃到所谓的"概括条款"之中，质言之，透过一些一方面拘束法官，另一方面又解除其限制的准则，来避免在模糊的抽象性与笨拙的逐案决疑间作令人困窘的抉择。概括条款一般即民法的基本原则条款，固然能够要求法官以"慎思的服从"，通过新的法律于经济伦理来充实概括条款，因此使民法秩序得以配合社会的演进。但同时，概括条款也是一把"双刃剑"。法官在释义学上的纪律一旦松动，就会受到"遁逃到概括条款"、没有原则之权宜裁判的诱惑；在不正统治的时代，概括条款又会给政治与意识形态压迫裁判以及政治投机主义以助力。② 至于规范冲突，则更加显然地要求法官在不同的政策方案中做出选择。

(2)法律决策是一项复杂的社会心理活动，决策模型无法精确描述并控制这一活动。制定法典的活动，如前所述，从来不是在理性的完全控制下进行的。复杂的利益斗争和妥协，决定了政治活动具有高度的不可控性。这里姑且不谈立法，仅从司法的角度探寻法律决策模型的局限性。

法典化的重要目标就是使法官的裁判活动处于"可控"状态，但实际上，法官在多大程度上接受法典的理性指引，按照既定的逻辑规则理解并适用法律？③ 法官在实际裁判时，追求的是合乎逻辑的结果，还是合乎情理的结果？波斯纳认为，法官应以恭顺的、讲究事实的、充满政策意味的、工具主义的"合乎情理"概念代替法律上和政治上的正确(rightness)。④ 应该承认，波斯纳的这个见解是符合实际的，因为法

---

① 完全理性决策模型的基本出发点是，人们在决策时遵循最大化原则，抉择最优方案，谋求最大效益。有限理性决策模型，不全面分析所有的政策方案，只选择一个或几个比较适宜而可行的方案作可行性分析，只要其中的一个方案的产生或收益大于成本，虽不是最佳解决办法，也可以是次佳至少是可以满意的解决办法。主要有两种类型：次佳决策模型；满意决策模型。参见刘斌、王春福等著：《政策科学研究》，人民出版社 2000 年版，第 216 ~217 页。

② 参见[德]弗朗茨·维亚克尔著：《近代私法史》，陈爱娥、黄建辉译，上海三联书店 2006 年版，第 457 ~458 页。

③ 经常的情况是，法官们为自己的选择找到确定的法律推理，或者采取那些看起来最容易的或者最没有争议的内容，而这些经常涉及忽略或者是扭曲互相对立的观点、权威、事实或者社会现实。有些法官这样做时具有清醒的意识，而且以此作为工具，但更经常的情况是，他们思想的程序涉及一个不那么自觉，没有明确目的性的对法律资料的操控，它提供一个幻觉——既为他们自己也为别人——说法律支持或者要求他们这样做。在这个意义上，我们可以把法官看成在法律决策的过程中影响和改变法律，或者把法律理解为或者使法律成为他们所产生的或者所构建的产品，他们在编织法律资料和法律决定的过程中生产和重新构建了法律。参见[美]戴维·凯瑞斯为《法律中的政治——一个进步性批评》一书所写的导论，信春鹰译，中国政法大学出版社 2007 年版，第 12 ~13 页。

④ [美]理查德·A. 波斯纳著：《法理学问题》，苏力译，中国政法大学出版社 2002 年版，第 165 页。

官在裁判时既要应对因法律不足或规范冲突所带来的价值判断问题,又不可避免地要受到一些潜在的个人因素的影响。某种情况下,“依法办事”反倒会造成额外的风险,法官追求的只能是具有权宜色彩的“合乎情理”。

法律决策的过程充满了价值判断。所谓判断实为法律决策所要达到的价值目标。政策学所理解的决策价值目标乃是“合理性”,即政策决定是合理地追求一定目标的行为。但是,政策过程中的目标又往往带有模糊性并兼具多重功能,比较常见的价值要求如公平性、效率性、安全性和自由等。① 法律所涉及的价值目标也大抵如此,无非是多了些更为抽象的“正义”之类。

民法典通常情况下会对一些价值判断提供明确的指引,如费用性担保物权与融资性担保物权的关系问题,房屋所有权与房屋租赁权的关系问题等。显然,这样一些指引是远远不够的,民法中的模糊地带甚至矛盾地带比比皆是。面对这些法律“雷区”,法官必须谨慎通过,或者干脆绕道通过。究竟是什么因素引导法官在不同利益的竞争中做出抉择?或者推而广之,为一个案件确定正确的规则、事实、方法或者结果,法律规则提供了一个范围广泛且相互冲突的理性,法官将如何做出决策?当国家决定征收私人房屋之时,旧城区改造能否以“公共利益”为理由排除私人所有权便是著例。法官必须对这些利益冲突做出判断。法官对问题实质的理解、对当事人情况的了解、对案件前因后果的社会和政治的判断,以及对法律规范的解释等因素最终会引导利益的衡量和选择,尽管法官并没有明确地或有意识地把这些情况作为判决的基础。② 造成这一处境的根本原因在于法律经常接受并且把互相冲突的价值观合法化,也把和争议问题相关的利益合法化,而且在没有提供任何法律所要求的价值、观点或者方法的等级体系的情况下,把一个广泛的相互冲突的“逻辑”或者“理性”的观点和战略合法化。法官在没有这样一个等级体系的情况下做出选择,于是这些选择基本上都是基于他们自己的价值观和政治态度。③ 这些事实给予我们一个基本的历史态度,理想化的司法决策模式应当受到批评。④ 事实上,司法判决的可预见性基于一个复杂的社会、政治、制度以及个人因素的混合。法

---

① [韩]吴锡泓、金荣枰编著:《政策学的主要理论》,金东日译,复旦大学出版社 2005 年版,第 49 页。

② [美]戴维·凯瑞斯为《法律中的政治——一个进步性批评》一书所写的导论,信春鹰译,中国政法大学出版社 2007 年版,第 4 页。

③ 同上,第 3 ~4 页。

④ 比较激进的现实主义法学的观点认为,在所有情况下,法官解释法律的行为,都是一个社会选择的行为。不存在一个客观的法律方法这样的东西,法官躲在所谓客观的法律方法之后,目的是回避法律决定所带来的社会后果的责任。法官所作出的所有的判决都是一个道德和政治选择。参见[美]伊丽莎白·曼赛奇:“美国主流法律思想的历史”,载《法律中的政治——一个进步性批评》,信春鹰译,中国政法大学出版社 2007 年版,第 28 页。

官和其他人一样,也生活在文化氛围中,文化浸透在他们每天的生活之中,形成价值观,基于他们自己的经验、社会联系、自我认识、希望和恐惧而产生相互冲突的想法。所以,判决结果不是偶然的。①

当然,上述讨论并不能得出法官享有"不受控制的自由裁量"或者某种法律虚无主义的结论。笔者强调的仅仅是法官不可能严格地适用法律,法律也不可能被严格地加以适用。在法律规范或法律原则与裁判者之间存在一个"鸿沟",这个鸿沟需要法官运用个人的司法"技能"来加以弥补。这种技能在庞德看来,是法官在长期社会生活和司法实践中锤炼而成的一种类似于工匠的直觉,不管支撑结果的推理是否正确,判决结果却往往是正确的。法官千锤百炼的直觉总是能够将他引向正确的结果,至于要其给出无懈可击的法律推理时,却是勉为其难。②

总之,法典化本身就承认同时又回避了法律决定中政策选择的不可避免性。法典化的这一特性要求法官们在每个案件的具体案情中,应该为了一个更多的是常识性的和公开的政策导向的"正义"牺牲对原则逻辑刻板的服从。反过来,政策导向要求社会和经济数据的收集,这既是为了政策决定对社会的感知,也是为了理解一个复杂的社会结构中法律人的角色。法律现实主义者就是这样把法律从自己自治的逻辑领域中转移了出来,将其置于大的政治和社会制度之中。③ 而 20 世纪中叶之后蓬勃开展起来的"解法典化运动"和"再法典化运动"也说明,④我们可以

---

① 卡多佐持相似的见解。他认为,在我们目前的知识状态下,面对两个或更多相互冲突的社会利益,法官,如同立法者一样,将根据糅合多种因素的判断,来评价它们的相对价值。这种评价取决于法官一生的经历,取决于他对有关正义与道德的通行标准的理解,取决于他对社会科学的研究,最后,在某些时候,取决于他的直觉、他的臆测甚至于他的无知或偏见。[美]本杰明·N. 卡多佐著:《法律的成长,法律科学的悖论》,董炯、彭冰译,中国法制出版社 2002 年版,第 49 页。

② See Roscoe Pound, The Theory of Judicial Decision, 36 *Harvard Law Review*. 952. 卢埃林则将此种直觉称为"艺术家的意识"。卢埃林承认法律决策中政策选择的必要性,但是他们把司法选择仍然看作是明确的"法律"选择,因为法官是在一个具有长久历史的普通法传统中工作,这个历史发挥了一个稳定的(如果不是明确具有逻辑性的)限制作用。通过训练,法官们获得了一个"艺术家的意识",这个意识引领他们通过 一个"传统的更新"对新的情况作出反应,而不是根据没有方向的冲动作出反应。这样做的结果,法官既不是在不受限制地做出选择,也不是丝毫没有灵活性的形式主义,而是"随着时代的进步而进步的一致性"和"历史的视角"。详见 Karl Llewellyn, *The Common Law Tradition*: *Deciding Appeals*, Boston: Little, Brown, 1960。

③ [美]伊丽莎白·曼赛奇:"美国主流法律思想的历史",载《法律中的政治——一个进步性批评》,信春鹰译,中国政法大学出版社 2007 年版,第 27 页。

④ "解法典化"的现象是在民法典之外出现很多特别法。存在众多特别法的原因在于特殊的法律政策立场。但这些特殊的法律政策立场对于法的长期效力并无重大意义。因此,经过一段时间以后,这些特别法又被重新整合到统一的法典之中,这表现为法典的重大修订,被称为"再法典化"。由此看来,法律规范可以被区分为普世性的和权宜性的。代表法律长远效力,具有普遍适用和长期有效性的法律规范是普世的,是较少政策考量的。而针对特定时空环境和现实需要出台的法律,则是权宜性的,几乎完全充斥了政策上的考量。

在依然坚持古典法学基本结构和术语体系的前提下，同时又摈弃绝对形式主义所带来的谬误。有学者对此总结道："政策、情景感和遗留下来的古典法律原则混合在一起，构成了现在的私法体系。"①

① [美]伊丽莎白·曼赛奇："美国主流法律思想的历史"，载《法律中的政治——一个进步性批评》，信春鹰译，中国政法大学出版社2007年版，第34页。

自然血亲的法律归宿

——简论自然血亲拟制化的历史渊源与现代特征

方　砚*

在家庭学的理论体系内，存在着这样一种广为传播的观点："家庭的形态和亲属关系都受制于经济基础，经济越是落后，家庭血缘联系就越紧密；经济越是发达，血缘关系的纽带就越松散。当经济发展到一定的程度，家庭的传统功能就会被逐步地取代，最终导致家庭的消亡。"正是在类似学说的支持下，自人类进入现代社会以来，发端于启蒙运动的自然血亲拟制化首先在西方发达国家中完成，进而影响到整个现代文明社会，目前，以英联邦诸国、美国、中国香港地区为代表的英美法系国家和地区，以德国、日本、中国澳门地区与中国台湾地区为代表的大陆法系国家和地区在家庭法（大陆法系称"亲属法"）的自然血亲关系取得与消灭方面都有卓越的成果，并已经在立法上较充分地体现，考虑到中国社会的现实情况，我们抛却家庭消亡说的正确与否不论，必须承认的是，自"二战"结束以来，现代化社会确实促发了家庭功能的急速转变，西方主流国家的家庭体系是在"二战"后进入了这样一个阶段，而被称为"东方第一发达国家"的日本是从平成初年步入这个历史时期。现在，作为世界第一大发展中国家的中国似乎也走到了这个转变的十字路口上。

任何一种变革在它起步之初都会被质疑，特别是中国社会又在宗法制度和封建家族法的影响下度过了几千年，想要改变的对象越传统就越是容易引起全社会的争议，所以，要把掩盖在经济关系上的亲属制度面纱揭开确实需要些勇气，但是，学术研究从本质上看，并不是重复一些前人已经说过的重要的或正确的话，而是要通过研究者独具眼光地对问题重要性的判断，通过不断地创造性劳动，把原先人们认为不重要的问题变得重要起来，把那些无法言说的东西表述出来，把"不入流"的东西变成学术的问题，发现社会生活中的"暗物质"。在这个意义上，学术研究注定了不能循规蹈矩，正相反，挑战禁忌，突破边界，就是学术研究的使命。

从目前中国经济社会的家庭关系现实问题与现行中国民法中自然血亲相关制度的落后性这一对矛盾出发，我们有必要分析自然血亲拟制化的核心观念和法律特征，以确认其在中国的可行性及必要性。

---

* 方砚，2010级外国法律史专业，指导老师：何勤华。现工作于华东政法大学。

一、自然血亲拟制化的产生

人类的血亲关系分为自然血亲和拟制血亲,所谓的自然血亲拟制化,通俗地说,就是让自然血亲间的权利义务关系的法定地位与拟制血亲接近,可以因法律的规定而被拟制中止或终结。

自然血亲即生物学上的血亲,指在血缘上具有同源关系,是同一祖先的后裔。他(她)们是通过一次或者多次出生的事实,被血缘纽带联结在一起的,应当指出,现代所说的同源关系、同一祖先,是包括父系和母系两个方面的。

自然血亲的拟制化,与自然血亲关系的消灭是有区别的,"拟制"的实质是将自然血亲之间的权利义务关系实现非绝对化,使其可因法定条件的出现被中止、转移或者终结,成为一种相对的权利义务,而不是对自然血亲伦理关系的消灭,世界上还没有哪一个国家敢规定自然血亲伦理关系可以消灭,因为即便是死亡也不能改变人与人之间事实的血缘联系。

在当代家庭法(亲属法)的体系中,系统地存在着自然血亲拟制化的理论和法律,而中国自奴隶制社会起也曾长期拥有过类似的制度,一直到中华人民共和国成立,才被迫退出历史的舞台,但其习惯法力量的影响至今仍存。

现代中国之所以多数人对自然血亲拟制化有误解,是出于我们传统的亲属观念,认为拟制血亲既然是因法律的宣告而获得等同于特定种类血亲关系的权利义务,它当然可以再度因法律的宣告而终结,而自然血亲则不同,鉴于它的产生原因是"出生"这一不可否定的法律事实,那么自然血亲间的身份关系就是不可否定的,同样地,其依托于身份关系而产生的权利义务也就不可否定,所以,把自然血亲关系视同为拟制血亲而可宣告中止或终结当然是不可行的。

且不说这种误解在概念上的混同,单是审视旧有社会伦理观念就不难发现,这是孔孟之道、儒家文化在其"人性本善"学说上暴露出的一相情愿,作为师徒的孔孟"二圣"在他们生活的时代都不太得志,正是由于其所设计的"仁义礼智……我固有之也,弗思耳矣"、"人皆可以为尧舜"的人的社会状态(按照马克思主义的学说,这应该是共产主义最高阶段的状态)完全不符合春秋战国时期的社会实际,站在那样一个攻伐兼并的历史角度,打着"尊王攘夷"旗号的各国、各诸侯大夫们真正关心的是如何保住生存空间、发展壮大自己的地盘,并不会有梦想中的尧舜之行、天下为公(在进入阶级社会以后,"天下为公"从来就没有真正地存在过),获取最大利益就是硬道理,为此不惜父子相残、骨肉血拼,在利益的诱惑下,他们把"自然血亲天生就会较之常人更彼此善待"的空文戳得破烂不堪(这一状态是社会变革的正常表现，却引起孔子不满，他用自己的好恶来评价当时的社会，希望回复周初的礼制，其实，这种理论设想与社会现实的矛盾一直贯穿中国历史社会的始终），当然，我们不排除还有宋襄公、①公子申生②那样的谦谦君子，但他们实在是极少数，诸侯们会有谁看不明白呢？“血浓于水”事实上未能敌过“天下熙熙，皆为利来；天下攘攘，皆为利往”！据此，我们已经可以得出一个结论——在血亲关系的自然属性下，其社会属性的实质是以“利益获得说”来界定的。

二、自然血亲拟制化的内涵与外延

从前文分析我们已经知道，孔孟学说先入为主地设计“人性循善”起码在私法观念上是错误的，那相对正确的思想又是什么呢？还是那个时代，另一位思想家，与孔孟学说唱反调的荀子。

荀子是我国历史上第一个主张“人性本恶”的思想家，既有逻辑，又有论证，不似孟子那般把道德教化的作用想当然地看做法制与法治的根本。荀子对人性的定义是：“生之所以然者谓之性。”就是说：人性是天赋的、与生俱来的、原始质朴的自然属性，是不带后天学习而成的生理本能。他提出与“性”相对的就是“伪”。“伪”的本义是人为、后天加工的意思，并不是现代汉语中的贬义词。仁义智信礼就是“伪”，是人为教化的结果，荀子明确把人性限定为人的自然属性：“饥而欲食，寒而欲暖，劳而欲息，好利而恶害，是人之所生而有也，是无待而然者也，是禹、桀之所同也。”从而把后天教化的东西归结成“伪”，即人的社会属性。性是恶的，伪是善的，所以才要“化性起伪”。他的眼光确实独到而犀利，难怪毛泽东主席曾评价：“荀子是唯物主义，是儒家的左派……孔夫子是讲空话的。”③

其实，若历史选择从荀子的“性恶论”出发，是很容易导致一个法治社会的诞生的，因为人性本恶，无一例外，则君王也好、圣贤也罢，其人性之恶没有区别，谁都没有资格凌驾于法律之上而超脱于监督之外；“性善论”正好相反，人性为善，天子至善，被神化的帝王就成为君临天下的唯一合法主宰，本来他专权在手，应该受到比常人更严格的监督，但至善者用不着监督，谁也管不了他，这就很容易形成等级森严的人治社会（所以汉武帝选中了儒家）。细化到家庭中，自然也就会衍生出“家长

① 春秋五霸之一，他生活的年代早于孔孟，但其人做派极为符合儒家学说。

② 《春秋左传·僖公四年》记载的“晋国骊姬之乱”中，晋献公的第一位太子申生，为了保全父亲的颜面，虽明知继母骊姬构陷自己的真实情况，却不做申辩，自尽身亡。

③ 毕桂发：“毛泽东评价历代帝王”，载 http://tieba. baidu. com/f? kz = 54294151。

权简直就是一种所有权"[1]的家庭法形态。

比较两种人性论,自然明白当代中国要建设"法治社会"应该采用的是哪一个。迄今为止,还没有哪个国家是脱离了"利益社会"形态的。之所以大费口舌讲述人性论,是因为自然血亲能否拟制化问题的核心就是"人性论"问题——人的社会属性是通过社会关系表现出来的,他会根据自身利益的需要来有选择性地构建和排列社会关系,其家庭关系也不例外,所以,如何认识"人性论"在确定自然血亲拟制化的理论中即成为内涵、核心。家庭法(亲属法)是彻头彻尾的私法,但它又很特殊,特殊在它很国际化,各种民族文化、历史传统、意识形态都会在这个领域交会,如果私法的基石——人性论问题不说清楚,那就无法在"亲属关系如何规范"这个外延上得出结论。什么结论呢?——在家庭法(亲属法)的领域内,法之强制力的第一地位是否应该退让给道德调整?答案是否定的——不应该。在这个答案中,孔孟与荀子的对立学说倒是结合起来了,对正在向高度发达之商品经济社会过渡的中国而言,由于国民素质和社会现实双重的挤压波及家庭领域,已经出现了一系列反常现状,但法又有先天的滞后性,我们更亟须提升法在家庭体系中的警示、威慑作用和干预、协调能力,换言之,应该在"性恶论"设想的基础上,把孔孟对人性道德的高标准、严要求作为法预期要达到的效果,有鉴于此,在中国婚姻家庭法体系中受封建文化影响最深的自然血亲制度就当然成为首当其冲的革命对象。

在亲属关系上,中国古代儒家圣人所犯的最大失误,即在于他们用理想化的价值判断代替或取消了存在的判断。他们对很少存在或者根本不存在事实依据的利他性观念肆意渲染,设置幻想——如"己所不欲,勿施与人"、"己欲立而立人,己欲达而达人"、"止于至善"、"人性本善"、"君君臣臣父父子子"来取代对现实的思维,以致无视人性本来的自私以及人性本恶的倾向,有点儿自作多情地以为"为仁由己"。这种违背客观规律的乡愿式思想方法对中华民族后来的文化创造所带来的恶果不可小看。孔子有"三畏":"畏天,畏大人,畏圣人之言",换言之,"天命、大人(当权者)、圣人之言"即是真理之所在,而真正的真理在中国自古便失去了应有的独立价值,浸淫在如此文化氛围中,当历史步入封建社会中后期(近现代科学思潮已在欧陆风起云涌),我们的逻辑思维、理论思维、科学思维当然就发展不下去了。

不过聊以自慰的是,虽然儒家思想统治着中国社会,但人的本性并不会在这种宣传攻势下有整体上的质变——这并非儒家的宣讲不起作用,而是利益状态下的社会没有实现这种理想的大环境,更何况,中国的封建统治者从来都是在用儒家思想愚弄百姓的同时又开动以法家学说制造的统治机器剥削人民,这种"说一套、做

① [法]路易·若斯兰著:《权利相对论》,王伯琦译,中国法制出版社2006年版,第55页。

一套”伎俩高明不到哪儿去，故而，历史用真实的记录为我们留下了一幕幕颠覆宗法秩序和封建礼教，坦白揭示荀子“性恶论”存在的生动故事。从这些历史遗留的论据中，我们不仅可以认定中国家族法的利益形态，还可以得到今日“西法中用”的历史共鸣与哲学启示。

三、中国法制史上的自然血亲拟制化

我国历史上有记载最早的将自然血亲关系断绝之事例，发生在奴隶制社会的春秋初年，是公元前8世纪末期发生的“黄泉相见”①的故事，后来韩非在总结了王侯之家的历史演进后，如此评述父母子女关系：“父母之与子也，犹用计算之心以相待也。”②这位备受秦始皇推崇的法家巨擘认为，一切人际关系都是利害关系，故无论巨细都要用法律来调整。

用韩非的利害关系论联系中国历史曾不断上演的宫闱惊变与人伦惨剧，很容易让人想起“原恶说”，原恶不等于已经是恶，或正作恶，抑或将来一定要作恶，而是指人与生俱来即有可能作恶的潜在心理因素和动机。道德的产生，正源自这种人性的自私需要被规制。人若无私，人皆向善，还要道德何用？自私本是天经地义的，非善非恶，正如树往上长，水往下流，非如此，个体不能生存，种群不得繁衍。只有当某人的自私妨害了他人的自私，才有恶；只有自私的同时尊重或有利他人的自私，才为善。真正的“仁”，是将心比心，不仅只顾自己的私，还要兼顾他人的私；真正的“义”，是把握好自私与他私的界限，最好利人又利己。“性善论”的根本错误，是把人的社会属性当成了人的自然属性，无视人保存自己的天成本质，其最大的危害性在于：让人误以为自私是恶，使人们都不敢承认“谋私利”具有的正当性（这正是中国古代商品经济发展不起来的原因之一），结果人人都充当伪君子。自然而然地，以皇室为代表的“天下第一家庭”从启蒙教育起就充满了欺骗和伪善，结果父子算计、兄弟构陷，③当这种教育又因统治需要变成一种自上而下的愚民工具时，私法设计就会偏离正确的轨道，构成了本来被宣传成是至善化身的人们在皇权霸业或是

---

① 《春秋左传·隐公元年》记载“郑伯克段于鄢”，讲述了郑庄公姬寤生击败密谋篡位的弟弟共叔段的故事，其中，二人的生母武姜由于不喜欢长子寤生，一直协助共叔段密谋夺权，故而庄公在破段后对生母武姜说：“不及黄泉，无相见也。”并把母亲安置在偏远的城颍，虽然后来在颍考叔的帮助下母子再见，但庄公的行为被认为是断绝了母子之情、兄弟之义，所以对这段故事的记载都没有使用母子、兄弟间应当使用的古汉语词汇。

② 《韩非子·六反》。

③ 易中天著：《品人录》，上海文艺出版社2006年版，参见关于雍正皇帝的评述“如此父子”和“如此兄弟”两节。

巨额利益的诱惑下原形毕露、恶不可止的悖论!

或许正是看到了这种缺陷的存在,当封建统治建立起来之后,中国家族法为了从形式上遏制此类情形的民间化,用“引礼入法”的方式,在“同宗同源、同气连枝”的理论上发展出了宗族利益高于一切的原则,表面上看,大家都要服从、服务于整个家族、种姓的利益,不能因为谋个体之益而对本家、宗族有所损害,一俟此类情况发生,当事人将视情节轻重受到不同程度的惩罚:

(1)最轻程度的“家法伺候”,就是常见“当众杖责”、“面壁思过”、“燃香罚跪”之类的体罚,但在今天看来,已经是相当残酷的“肉刑”,总有人因为熬不住而昏死或直接被杖毙。

(2)中等程度的“出宗”、“逐户”,即将当事人赶出这一个家族,把其姓名或其小家庭从家谱、宗谱中抹去,不再承认他是本宗姓成员,死后亦不得回归,入不了祖坟,进不得祠堂,这是伦理上极严重的惩罚,意味着被惩罚者的“无根无源”,死后也是个“不祀之鬼”。

(3)最严重者莫过于“沉塘”、“活埋”、“剖心挖腹”之类的民间酷刑,这种刑罚只能对那些犯了如伙外盗内、卑幼杀长、继母害嫡、以卑动尊、子奸庶母、叔嫂私通、公媳相媾等不能见容于封建伦理纲常的罪行的人才适用(其中女性所受的惩罚又最残酷,不但出了夫家的宗,同时也归不了娘家的宗)。在此类情形下,当事人已经对整个家族没有了“礼义”,家族自然也不用对当事人再讲什么“亲亲得相隐”之类的情分,这种亲情的法律化,事实上使得义务本位法律化,在宗法精神与原则的基础上,法律又强化了卑幼在家中应尽的种种义务,以尽义务为天职,以争权利为非分。

通过这些历史遗留,我们可以得出这样一个结论——中国家族法传统上亦是承认血亲关系不能超越利益保护之说的,只不过那个时代的利益被体现为“家族”、“宗室”的利益,而不是现代人权保护学说中的“天赋人权”、“人皆生而平等”罢了。

不过也有例外,唐玄宗和杨贵妃[①]自不用讲,那是盛世开化的年代,到明朝中叶,又发生过一次皇帝破坏家族法原理的事件——嘉靖朝的“大礼议”事件,[②]朱厚熜用绝对皇权轻松摆平了看似坚固的礼教系统,这让我们准确认识到,中国家族法史上确实有过自然血亲拟制化形态的存在,但却因其先天的缺陷而不能对权力形

---

① 杨玉环本是唐玄宗李隆基的儿媳、寿王李茂的王妃,她嫁给李隆基是不符合封建礼教要求的,但在唐王朝,这种事不止一件,武则天也曾是唐太宗的“才人”,后来照样嫁给唐高宗李治。

② 嘉靖皇帝(朱厚熜)是正德皇帝(朱厚照)的堂弟,正德皇帝没有儿子,所以皇室选择由他继位,按礼制成法,他继堂兄的帝位,应该要尊原来的伯父明孝宗朱祐樘为生父,改称生父为叔父,这就是“出小宗、入大宗”,但嘉靖帝不但要维持原有称谓不变,还要尊自己的生父为皇帝,这就触犯了“以卑动尊”的禁忌,结果引起朝臣群谏,最后被他以杀罚镇压了事,史称“大礼议”事件。

成有效的约束,这种权力向上是皇权,至下是家长权,礼法结合,一准乎礼,礼所肯定的伦理纲常,体现的是中国古代民族的心理状态与思维方式,是一种理想化的价值取向,同时不可避免地桎梏了人的自然本性,以致心甘情愿地为礼而牺牲。礼的功能发挥,不仅局限于礼的规范本身,还在于它同各种统治手段综合为治,造成了中华民族崇古尚祖的保守心态,也使得礼制文化转化为巨大的历史惰性,严重阻碍了社会改革,故而在新中国成立后,它们被当做封建留毒肃清了。可是历史的借鉴作用是存在的,我们既然有过这种基础,那么为什么就不能在时代发展需要将其变革使用的时候,去其糟粕,留其精髓,创设现代中国的自然血亲拟制化制度,为促进个人发展与家庭和谐服务呢?

四、现代家庭法自然血亲拟制化的原论价值

家庭法是私法范畴的事情,私法是把人性都设定为自私自利来设计的,但这是近代以来的事,欧洲也曾有过和我们一样黑暗的专制时代,家庭法也曾被归纳在神权教会的统治下,但欧罗巴人比我们幸运的是,他们经历了"启蒙运动",比我们清醒得快。

关于家庭法中自然血亲关系拟制化的思想原论,甚至比启蒙运动出现得更早,生活在同一年代的两位哲学大师——约翰·洛克(John Locke 英国,1632~1704年)与巴赫·德·斯宾诺莎(Baruch de Spinose 荷兰,1632~1677年)先后为我们贡献了《政府论》和《伦理学》这样"开民之智"的巨著。洛克说:"谁认为绝对权力能够纯洁人们的气质和纠正人性的劣根,只要读一下当代或其他任何时代的历史,就会相信适得其反。"①而斯宾诺莎说:"自然状态下的人类是自私自利的,人们总是处于彼此的敌意中,法律是为了约束人们的欲望……所以理性所真正要求的,在于每个人都爱他自己,都要自己的利益。"②这两位重量级人物,在那个年代的欧洲大陆和英伦三岛上各抒己见,相得益彰。

依据洛克的学说,他认为:"人类心中和镂刻在他的天性上的最根本和最强烈的要求,就是保存自己的要求,这就是每一个人具有支配万物以维持个人生存与供给个人使用的权利的基础。"③这里所讲的第一人性,即保存自己,笔者认定,这雷同于现代生物学上"人类保存着部分由动物社会脱离出来时存留的原始野性"之学说,是一个应该被承认的事实,偏向于"性恶论",正如他认为:"自然的法则是人性

① [英]洛克著:《政府论》(下篇),瞿菊农、叶启芳译,商务印书馆1982年版,第56页。
② [荷]斯宾诺莎著:《伦理学》,贺麟译,商务印书馆1958年版,第169页。
③ [英]洛克著:《政府论》(下篇),瞿菊农、叶启芳译,商务印书馆1982年版,第76页。

的基础。”人类必须满足保存自己的需求，有此前提方可繁殖自己的种类，由个体的男女组成家庭，家庭关系建立在父母子女自然、平等、对等的基础之上。进而在围绕监护这一家庭关系的核心作论述时，洛克完全立足于保护子女特殊利益(这就是当今英美家庭法“子女利益最大化”原则的雏形)，所以才有了人类夫妻关系要比其他动物更长久，对子女的残害是不容姑息的理论结果。但特别指出一点是，洛克在其他领域并不完全坚持“性恶论”观点，如他在《教育漫话》中所说：“我们日常所见的人中，他们之所以或好或坏，或有用或无用，十分之九都是他们的教育所决定的。”①这种观点又近似于“人性白板论”，但笔者认为这并非洛克人性论思想的矛盾，而是他对不同问题的区别对待，一如公法跟私法两者立法的出发点就不一样。或许正是基于这种情怀，洛克的思想都极富有人性，对人所恪守的家庭道德的要求极高，反映出他内心对家庭、对社会理想化的追求，他也希望家庭、社会达到中国儒家宣扬的那种境界，但是区别在于，洛克明白人性有靠不住的一面，达到这种程度的高尚必须用法的强制力来保证，如果没有严法的约束，口头的宣讲最终难免白费力气，这也印证了前文所述家庭法道德规范的特殊性。

五、现代法制体系中自然血亲拟制化的特征

由于自然血亲关系是以生物遗传学规律为依据，因而只能以一方的死亡(包括自然死亡和宣告死亡)来终结，笔者认为，这是自然属性的规定，不属于社会属性的范畴，当然也就不属于法调整的范围，如笔者借助洛克的学说所述，血缘伦理上的身份和身份权是两个概念，基于身份权而获得的财产性权利义务当然要与身份权相依相伴，身份则不同，因出生而获得身份并不代表着就能取得相应的身份权，譬如父母子女，抛弃子女的父母当然还是有生身父母的生物学身份，但因其抛弃行为的产生，作为父母的社会属性就消失了，使他们不能享有法律赋予的父母权，“父母之行不成其为父母，子女自然亦不成其为子女”。只有依法先履行基于身份产生的义务的人，才有资格获得同一身份带来的权利。总结现代法制体系中自然血亲拟制化的特征，一共有五点：

(1)血缘身份的产生与身份权利相分离。传统意义上自然血亲关系不可断绝(不能被拟制化)的理论基础是有缺陷的，它将身份的获得绝对化地等同于身份权的取得，依照权利与义务的法理学常识，是否可以获得某种权利必须与是否履行了与之相对应的义务关联起来，所以在现代观念中，可以这样设计自然血亲的关

① [英]洛克著:《教育漫话》，付任敢译，人民教育出版社1985年版，第24页。

系——因“出生”而获得的血缘身份只能为当事人带来一个“假设合法”(即拟制)的临时性身份权和与之关联的财产权,无须法律宣告即可成立,而一旦当事人被证明未能依法定标准履行与上述权利相对应的义务时,则可再经由法定程序,依法律宣告其血亲人格的“不适格”,导致血亲关系的中止,若当事人后续并无积极履行其义务之表现,则可导致血亲关系的终结。

(2)以利益保护学说为核心,人对私利的追求是历史前进的原动力,即便是未成年人,这种追求也是存在的,但幼体的羸弱使得私利容易为成年个体所侵害,因而,洛克曾提出的“儿童利益的最大化” 说(即将保障儿童利益的实现作为最高原则,因为成年人的抵御能力远胜于儿童)逐步演进为今日的普世观点。

(3)同时强调财产性权利和精神权利,物质条件只是保证成长健康的第一基础,人格的健全和主观世界的完整形成才是利益最大化学说的根本,所以,我们应当两者并行,更强化后者的实现。

(4)保护的侧重点因亲属关系的阶段性演进而有所不同,子女成年后,对他们完整履行了义务的双亲在此消彼长中成为需要保护的一方,此时对不履行义务的惩戒的重点自然转移到子女一方。

(5)拟制化的实质是提高亲属关系的法定“道德标准”,虽然通常我们赞同“法律是最低限度的道德”,[①]但在家庭法范畴是个例外,生活在相当发达之商品经济社会的我们必须通过一种带有严厉惩戒性质制度的存在而扩大“法”在这一领域对道德危机的预防作用。过去的事实和经验告诉我们,法的强制力大范围退出婚姻家庭领域而让位于道德调整是一种失败的尝试。

把握好这几个特征,我们就能清晰地看到目前在我国的婚姻家庭类法律在面对近亲等自然血亲间的纠纷时,体现出来的明显缺陷有:

(1)对离异家庭子女的保护手段相对落后,首先体现在精神层面上——国人“独亲其亲,独子其子”的陋习,不能公正看待离婚的双方,最常见的情况是,一旦父母离婚,子女判归一方抚养,离婚双方的亲属往往会潜意识地向子女灌输破坏另一方血亲在子女心目中印象和地位的意识,这就出现了大量一等直系血亲关系疏远或冷淡,二亲等胜过一等亲的现实,从现代教育学的角度看问题,此类行为对子女的身心健康和人格健全来说是一种很大的伤害。

(2)在物质供给上,现代社会对一个人从幼到长的培养不单纯是让他身体健康那么简单,还包括大量的认知型物质消耗,而我们的个别法官在审判时不能全面考量未成年子女的综合利益,不注意或是有意忽略供养与抚养的差别,单纯地照搬抚

---

① 张文显主编:《法理学》,法律出版社1997年版,第450页。

养费标准，反而间接使得不负责任的父母逃避了应尽的义务。

(3)关于监护与家庭暴力，解除监护的条件设置过于宽泛，概括性用语太多，法院在认定是否符合被解除条件时不好掌握，常常因为模糊的标准把被监护人置于不利地位。特别是父母权的滥用——除去人口素质不高导致的亲权滥用外，近亲等之间依然受到传统家族法中封建思想糟粕的遗毒影响，在农村人口大量涌入城市的今天，因父母行为失当造成子女成长不健康，干扰正常家庭生活的事件时有发生，亟待立法强制规范亲属权利义务状态。

(4)成年子女与父母间的关系尚未规范细致，在青年一代经济上越来越依赖父母帮助的今天，这种经济依赖又和养老问题形成了矛盾，子女借亲情名义进行的过度支出大多在客观上提前透支了父母的养老储备，而当父母需要时，子女是否能真正实现支付的对价呢？这个矛盾再以时间长度展开，就会涉及继承问题。

(5)关于公权力调整如何介入家庭事务的问题，一直是司法实践的疑惑，既不愿坐视不理，又不能主动纠查，法在家庭领域的威慑和警示作用被削弱。

当然，现今资本主义发达国家在家庭法(亲属法)领域内的自然血亲拟制化是建立在自身强悍的社会物质保障上的，我们要赶上他们的社会状态还需经过较长的历史时期，但不等于不可以向他们看齐，因为我国的区域经济发展不平衡是相当严重的，某些地区和特殊人群已经具备实施自然血亲拟制化立法的条件，而且，以英美德日等国为代表的列强完成并完善自然血亲拟制化的制度也不过就是第二次世界大战后几十年的事情，其真正过程始于20世纪60年代以后，历史的真实证明——“亲属制度并不基于天然关系，而基于婚姻；并不基于虚想，而基于事实。”①家庭是一个能动的要素，它从来不是静止不动的，而是随着社会从较低阶段向较高阶段的发展，本身也从低级形态向高级形态进展，最后脱离一种形态进入另一种较高的形态，中国亦正在向着最高级形态前进。

在社会学领域，“家庭表现为一种能动的要素……亲属制度却是被动的；它把家庭每经一段长久时间所产生的进步记录下来，并且只是在家庭已经急剧变化了的时候，它才发生急剧的变化。”②但现代西方主流国家的社会变革已经证明，国家机器可以根据社会经济进步的现状对家庭关系的构建可能产生的影响作出预判，实施主动干预，所以笔者认为，在法学领域，家庭法(亲属法)应该是主动的，它必须为每个人的生存与发展提供最适当的家庭环境和权益保障。

家庭的本质有三要素：两性婚姻关系、血缘亲属关系、亲属供养(扶养)关系。

---

① [美]路易斯·亨利·摩尔根著:《古代社会》(下篇)，杨东莼、马雍、马巨译，商务印书馆1977年版，第391页。

② 同上，第433页。

任何一项关系都与家庭在社会中的经济状态相联系，家庭就是由人们的直系与旁系的血亲关系结合起来的，并由供养关系形成的血亲群体。父亲、子女、兄弟、姊妹等称谓，并不是简单的荣誉称号，而是一种负有完全确定的、异常郑重的相互义务的称呼，这些义务的总和便构成这些民族的社会制度的实质部分，正如诸葛亮所言"父子上下，以恩为亲……上不可以不正，下不可以不端"。① 只是在旧中国的意识形态下，这种要求所体现的利益保护被封建社会的舆论宣传掩盖了经济联系的社会实质。

六、中国法将自然血亲拟制化的可行性和必要性

笔者在前文中讲过"西法中用"，这是在社会状态接近的情况下才可以做的事情，过去是"引礼入法"，但现在，农耕文明被商品经济文明彻底取代已是为期不远，"怀德固法"的时机应该说基本成熟了。

中国古代小农经济的特性使得家庭状态集中、庞大，累世同居、数代同堂、同居共财、同灶合食，组成巨大的家庭共同体，形成"家与宗伴生，家与族伴存"的局面，造成非家庭的血亲集团长期占据家庭法的统治地位，导致中国人的血亲关系十分亲密，血缘纽带影响着每个人的生活。

在这个形态下，"劳动愈不发展，劳动产品的数量、从而社会财富受到限制，社会制度就愈在较大程度上受血族关系的支配。"②但是在现代中国，血亲关系的紧密性已经被经济联系严重冲淡，人的社会状态越来越西方化，多年的经济大发展迫使国人作出了"万事钱当先"的选择，对待家庭关系也未能免俗，这样一来，建立自然血亲拟制化制度的思想条件就具备了。

亲属关系作为自然性要素与社会性要素的组合体，虽然以生物学原则为起点，但最终却是社会经济和文化的产物。正如美国人类学家利奇所分析的"如果没有作为亲属群核心的权利和利益，则亲属群不能存在，此种集团成员之间的关系并非单纯靠血统而建立。确切地说，只有当彼此具有共同的利益，经济的、法律的、政治的、宗教的等，并且需要参考亲属关系以调整此种利益的分配时，他们才能说是属于同一个亲属群"。③在利益学说的支持下，虽然中国的社会制度有别于世界上绝大多数国家，但是为调整经济联系与亲属关系的矛盾而完成自然血亲的拟制化却是不可逆转的大势所趋，我们固然可以强调社会性质不同带来的意识形态差别，不过

---

① 《诸葛亮集·便宜十六策·君臣》。

② 《马克思恩格斯选集》，人民出版社 1965 年版，第 4 卷第 2 页。

③ 童思正著：《文化人类学》，上海人民出版社 1989 年版，第 194 页。

我们却不能否认全球化带来的经济认识趋同性，在血缘联系已经被经济网络取代的、各种反传统家庭现象层出不穷的今天，①创建中国自然血亲拟制化制度的社会必要性也同样具备了！

在中国家族法的历史上，曾拥有高度发达之说明式亲属制度……

在中华法系的伦理学中，血缘关系学亦曾被发展得无所不在……

"外受傅训，入奉母仪，诸姑伯叔，犹子比儿，孔怀兄弟，同气连枝。……仁慈隐恻，造次弗离。"这是中国古代启蒙教育名篇《千字文》里关于自然血亲的一段著述，意思是说，一个人在家庭之外受到老师的教诲，就要遵从他的训导（其实隐含着"一日为师，终身是父"的意思），在家庭之内，要奉孝母亲（当然更要对父亲如此），尊宗室之礼义，而诸位姑母叔伯（这些都是父系宗亲），也应该像对待他们的子女一样对待自己，至于兄弟之间嘛，更是如同一棵树上发出的枝杈，血脉相承，打断骨头连着筋（自然就是"一荣俱荣、一损俱损"了）……长者仁慈，幼者友爱，即便有些摩擦，也不能轻言分离。说得多好啊！

然而，什么都不是永恒不变的……

人类的家庭形态有着它自身特定的历史序列，只会跟着社会前进，不会因人的意志而后退。过于理想化的状态不管在什么学科中都是实现不了的，上述教义更是如此，尤其自我国进入当代社会以来（指中国实行改革开放之后），作为一个崇信"人性本善"的民族，一个重视人类的良心发现、以儒家伦理精神为民族文化核心的民族，一个没有强烈宗教信仰、对绝对权力的作用近乎迷信的民族，中国的家庭状态正因为社会经济所发生的巨变而受到前所未有的冲击，伴随着人文主义、自由主义、功利主义等一系列思想的洪流，在婚姻家庭与亲属制度的范围内，一场"天道不足惧，祖宗之法不可循"的变革正在酝酿中，居于家庭核心位置的亲属制度处在旋涡的中心，自然血亲已经不被视为牢不可破的关系，针对它的研究和变革无时无刻不在触碰国人敏感的神经，如果会带来什么阵痛，那也是中国旧有法律传统在完成现代转型的过程中所必有的痉挛……

① 2008年年底至2009年年初，国家广电总局曾拟下令禁止各地方台播出反映社会上反家庭、反传统伦理道德之现象的节目，但最终未能实行。

论交易安全视野下的夫妻日常家事代理权

熊玉梅*

夫妻日常家事代理权,又称夫妻家事代理权,指夫妻因日常家庭事务与第三人为一定法律行为时互为代理的权利,即夫妻于日常家务事互为代理人,互有代理权。被代理方须对代理方从事日常家事行为所产生的债务承担连带责任。① 家事代理权作为配偶权的一项重要内容,对于维护家庭日常生活的正常运行,维护交易安全和第三人利益具有重要意义。因此各国民法都对夫妻日常家事代理权作了规定。夫妻日常家事代理权一个最重要的功能就是维护交易安全,笔者从交易安全的角度讨论了夫妻日常家事代理权。

一、日常家事代理权交易安全的价值功能

安全是法律的基础价值之一,交易对于提高效率、增进社会财富、促进经济发展具有非常重要的意义。通过交易,可以满足不同的交易主体对不同使用价值、交换价值的追求;通过交易,可以实现资源的优化配置,保障资源的有效利用。因此,交易安全制度具有重大的价值意义和制度意义,值得立法予以特别关注。

在现代社会经济生活中,经常会出现实体权利关系和外观的不一致的情形,这种依据外观而进行交易可能导致第三人利益损害发生,在这种情形下,就产生了信赖保护与交易安全的问题,交易安全与信赖保护是紧密联系的。日本学者鸠山秀夫认为,信赖保护是静的安全与交易安全的调节器,其法的性质是损害分配,而关于损害分配的基准,与其说是法的公平正义,不如说是在两个个人利益发生冲突的时候,偏重保护谁的利益更能实现社会整体的利益,优先保护交易安全,有利于增进社会整体的利益。② 石田文次郎认为,民法理论上根本的对立是“物体的规范”与“机能的规范”的对立,并表现为静的理论和交易安全理论的对立,当社会利益保护

---

* 熊玉梅,2010 级外国法律史专业,指导老师:何勤华。现工作于江西财经大学法学院。

① 陈苇著:《婚姻家庭继承法学》,法律出版社 2002 年版,第 164 ~ 165 页。

② [日]鸠山秀夫著:《债权法中的诚实信用原则》,有斐阁 1955 年版,第 24 页,转引自孙鹏:“民法上信赖保护制度及其法的构成”,《西南民族大学学报》(人文社科版)2005 年第 7 期。

优先于个人利益保护时,便是个人本位财产法向社会本位财产法的推进。[①] 田岛顺指出,私法上的权利应当和社会整体利益相一致,如果私人的利益无法平衡时,为了社会整体利益,特别是交易安全,有必要强使真正权利人作出某种牺牲,而为了公共利益对私法上的权利进行种种限制,与权利的本质并不矛盾。[②] 日本20世纪中期最杰出的民法学者我妻荣认为,交易安全不仅仅是一种利益,而且是现代民法最重要的指导理念,如果没有交易的安全,必将对现代社会经济生活的根底构成威胁。[③] 交易安全从近代民法产生以来一直演绎着它的分配正义理念,在民法中扮演着重要角色。

夫妻日常家事代理权是维护财产交易安全、保障第三人利益的一项重要制度。随着我国市场经济的发展,个人拥有的财富日益增多,财产价值越来越大。夫妻财产关系也随之日益复杂化,财产种类呈现多样化趋势,财产投资方式亦形式多样,日常消费也是丰富多彩。夫或妻或者夫妻与第三人进行民事活动,也是空前繁多,在这种情况下,必然会常常涉及善意第三人利益保护问题。而这也是夫妻财产静的安全与动的安全冲突所不可避免的。夫妻日常家事代理权制度便具有这种维护交易安全的价值功能。夫妻日常家事代理权的建立,使得夫或者妻与他人进行日常家事范围的交易,不需要对方授权,但夫妻双方需对该行为承担连带责任,这样就使得与夫或者妻进行交易的第三人不必费力地去调查对方是否有处分权,从而使得民事法律行为处于一种确定状态,避免了民事法律行为效力待定情形,这样既维护了交易秩序,同时又使得交易迅捷,节省了交易成本,有力地维护了交易安全。在民事制度中,夫妻日常家事代理权与物权公示制度、善意取得制度、表见代理制度等共同构筑起了一条维护市场交易安全的风景线。

二、日常家事代理权的性质

(一)日常家事的概念

对家事代理权的概念主要有两种代表性的观点:“一种观点认为,家事代理亦称日常家务代理,是指配偶一方在与第三人就家庭日常事务为一定法律行为时,享有代理对方的权利,配偶一方的行为视为配偶双方共同的意思表示,双方对代理行

---

① [日]石田文次郎著:《财产法中动的理论》(序),严松堂书店1928年版,转引自孙鹏:“民法上信赖保护制度及其法的构成”,《西南民族大学学报》(人文社科版)2005年第7期。

② [日]田岛顺著:《民法一九二条之研究》,立命馆出版部1933年版,第793页,转引自孙鹏:“民法上信赖保护制度及其法的构成”,载《西南民族大学学报》(人文社科版)2005年第7期。

③ 孙鹏:“民法上信赖保护制度及其法的构成”,载《西南民族大学学报》(人文社科版)2005年第7期。

为后果承担连带责任。另一种观点则认为,家事代理权是指配偶一方在第三人就家庭日常事务为一定法律行为时,享有代理对方行使的权利。其法律后果是,配偶一方代表家庭所为的行为,对方配偶须承担法律后果,配偶双方对其行为承担共同的连带责任。"①这两种观点在结果上是相同的,都是对配偶一方的行为要承担连带责任,但二者论证这个结论的过程是不一样的,第一种观点认为配偶一方从事日常家事时的法律行为是双方的意思表示,第二种观点强调配偶一方从事日常家事时的行为是单个民事主体的意思表示,只是由于日常家事代理权的存在,配偶另一方对此承担连带责任。笔者赞同第二种观点。第一种观点忽略了配偶作为法律关系主体的独立性,即便是在夫妻日常家事中,配偶也有独立的人格,否则就无从解释夫或妻以个人名义与第三人订立合同的有效性问题。而第二种观点表达了夫妻双方都有在进行日常家事时处分财产的权利,和双方对此承担责任的连带性。夫或者妻尽管由于婚姻关系的存在,在财产上可能会导致共有,但并不能因此而导致夫或妻的独立人格的丧失,夫或妻仍有独立与他人缔结民事法律行为的能力,只是由于婚姻关系的复杂性,夫妻双方对夫或妻一方与他人缔结民事法律行为的后果要承担连带责任,这也是日常家事代理权设立的目的。

(二)日常家事代理与普通民事代理的区别

夫妻日常家事代理权虽名为代理,但与民法中的普通民事代理有着非常大的差别。第一,两者设立的目的不同,普通民事代理是为了扩充当事人的私法自治或者补充当事人私法自治的不足,而日常家事代理基于夫妻日常生活的便捷、生活必需以及第三人的交易安全而设置。第二,两者在代理人身份上不同,普通民事代理对代理人身份没有限制,代理人身份也不可以互相转换,并且在直接代理中,代理人在与第三人实施代理行为时,须以被代理人名义为之;而日常家事代理中,夫或妻代理人身份是可以互换的,在与第三人实施法律行为时,也不需要以对方的名义为之。第三,两者法律后果不同,普通民事代理的法律后果是被代理人承担责任;夫妻日常家事代理的法律后果是配偶双方对日常家事代理承担连带责任。第四,代理范围不同,在普通民事代理中,代理的范围比较广泛,法律限制较少;而在日常家事代理中,限制在"日常家事"。从前面分析可以看出夫妻日常家事代理与普通民事代理在代理的目的、身份、授权、代理权的法律后果及代理权的范围等方面有着不同,而这些内容是夫妻日常家事代理制度和普通民事代理制度的主要内容,因此,日常家事代理中的"代理"与普通民事代理中的"代理"的含义有着质的区别。

(三)日常家事代理权的性质

夫妻日常家事代理权是一种什么性质的代理权,有三种观点:第一种,委任说,

---

① 曹险峰:"论家事代理权的内涵",载《甘肃政法学院学报》2008年5期。

该学说认为妻的日常家事代理权是由于丈夫的委任而产生的，这种观点源于罗马法，现代文明国家强调男女平等，在婚姻法中已不采纳该观点。第二种，法定说，认为夫妻作为婚姻共同体，日常家事代理权是婚姻当然的效力。比如，德国、瑞士婚姻法中就采纳了该种观点，我国台湾地区学术界也采纳该观点。第三种，特殊类型说，该观点认为日常家事代理是为了婚姻生活的便利所设，范围仅限于日常家事，与普通代理不同。[①] 笔者认为夫妻日常家事代理权是一种法定代理权，这种法定代理权与普通民事的法定代理有着本质的不同。如上述分析，夫妻日常家事代理权的范围、行使及限制以及法律后果都由法律规定，而不是当事人的约定，因此这是一种法定代理权。史尚宽先生认为，日常家事代理在民法可以认定为法定代理权的一种，非有法定之原因不得加以限制。[②] 陈棋炎先生认为，至于本条所谓夫妻互为“代理”，则非意定代理，实为日常家事之代理，是法定代理也，无须本人一一授权，代理人就能有所作为。[③] 日常家事代理权的历史发展也体现了法定代理权这一观点。日常家事代理权最初法律规定是由丈夫委任给妻子的权利，后来发展到法律规定妻子也可委任给丈夫家事代理权，现代法律则强调夫妻双方具有日常家事代理权，这种代理权是法律赋予的，并不是当事人约定的，当事人之间即便有约定，也不能对抗第三人。因此这是一种法定代理权，但是这种法定代理并不是普通民事中法定代理类型，普通民事中的法定代理是为了弥补民事主体行为能力的欠缺而设的。但正如上文所分析，日常家事代理中的“代理”并不是普通民事代理中的“代理”，所以认定日常家事代理是一种法定代理并不与普通民事代理中的法定代理相矛盾。日常家事代理就是婚姻法中所规定的不需要本人授权，而基于婚姻的效力发生的代理，非有法定原因不得限制。

三、夫妻日常家事代理权的内涵

（一）日常家事的内涵

夫妻日常家事是夫妻维持日常生活所必需的生活事务，对于日常家事的理解，学者争议不大，一般认为应包括：“（1）购买家庭必要的日用品；（2）医疗医药服务及必要的保健；（3）家庭娱乐、锻炼及文化消费；（4）个人发展及子女教育；（5）家庭用

---

① 史浩明：“论夫妻日常家事代理权”，载《政治与法律》2005 年第 3 期。

② 史尚宽著：《亲属法论》，中国政法大学出版社 2000 年版，第 284 页。

③ 陈棋炎、黄宗乐、郭振恭著：《民法亲属新论》，三民书局 1987 年版，第 139 页。

工的雇佣决定;(6)基于家庭社交需要向亲友为小额财产赠与或接受馈赠等。”[①]但是,在我国,幅员辽阔,各地经济发展水平不一致,不同民族、不同区域具有各自的风俗习惯,并且婚姻当事人的性格、社会地位、资产、职业、收入和兴趣等方面也各不相同,在立法中对“日常家事”进行列举性规定不切实际,从各国立法例上来看,一般对日常家事的范围进行抽象的原则性规定。同时,又对不属于日常家事的情况作出除外性规定。在夫妻日常生活中,一般认为下列行为不属于日常家事的范围:(1)不动产的处分。在我国主要是指房产及不动产用益物权如土地使用权,由于该类财产价值较大,处分该类财产应该夫妻双方意思表示一致,而不应适用日常家事代理。(2)以分期付款形式购买价值较大的财产。由于分期付款购买的财产价值较大,并且期限较长,甚至长达二三十年,在这种情况下,可能夫妻关系都不存在,但借贷关系还在。(3)与人身密切关联的行为,如继承权的放弃。(4)夫或妻一方生产经营活动行为或数额较大的借贷行为。[②] 日常家事的合理界定,对夫或者妻与第三人进行民事法律行为时是否配偶双方都要承担责任具有法律上的意义,也对如何界定第三人是否属于善意具有法律意义。因此,日常家事的界定要符合现实生活的需求,力求对夫妻及第三人的权利保护达到平衡。

(二)日常家事代理权的行使及限制

夫妻日常家事的代理权的行使主体应是具有合法身份的配偶,无论是以夫或妻的名义抑或以夫妻的共同名义行使都可以。因为日常家事代理权的法律后果是配偶双方对该行为承担连带责任。对于日常家事代理权行使的主体能否适用婚姻外关系之外的人,有些国家法律规定同居关系的人也可部分甚至全部适用日常家事代理权。但我们国家法律对事实婚姻持不支持的态度,因此,在我们国家日常家事代理权适用的对象只能是具有法律承认的婚姻关系的配偶。夫或妻在行使日常家事代理权时,应尽到善良管理人的注意义务。例如,《德国民法典》第1359条规定:“婚姻双方在履行因婚姻关系所生之义务时,相互之间只需尽到其对自己的事务通常所尽到的注意即可。”

在现实生活中,不乏配偶一方滥用家事代理权损害配偶另一方的情形,因此各国民法都有配偶一方对另一方家事代理权进行限制的规定。例如,《德国民法典》

---

① 聂志军:“夫妻财产权利与交易安全之权衡”,载 http://www.110.com/ziliao/article-146025.html。

② 对于夫妻处分哪些财产不属于日常家事的范围,学界一般观点较一致,可参见蒋月著:《夫妻间的权利和义务》,法律出版社2001年版,第161页;史浩明:“论夫妻日常家事代理权”,载《政治与法律》2005年第3期;胡纪平:“论夫妻家事代理权”,载《中南民族大学学报》(人文社会科学版)2004年第6期;马新文:“完善我国日常家事代理制度的法律思考”,载《中州学刊》2007年第5期;曹险峰:“论家事代理权的内涵”,载《甘肃政法学院学报》2008年第5期。

第 1357 条、《日本民法典》第 761 条、《瑞士民法典》第 163 条都规定了对配偶一方滥用家事代理权的限制。但是配偶之间日常家事代理权的限制性规定能否对抗善意第三人应该根据不同情况而定，一般说来，法律应赋予配偶双方对家事代理权有限制性规定的权利，如果配偶之间的限制具备一定的外观，那么该限制性规定对第三人具有效力；如果该限制性规定如果不具备一定的外观，那么不能对抗善意第三人。这是由于夫妻身份及关系的特殊性，夫妻之间的内部约定一般为外人所难知而致，为了维护交易安全，法律有必要如此规定。例如，我国最高人民法院《关于适用〈中华人民共和国婚姻法〉若干问题的解释(一)》第 17 条第 1 款第 2 项规定："夫或妻非因日常生活需要对夫妻共同财产做重要处理决定，夫妻双方应当平等协商，取得一致意见。他人有理由相信其为夫妻双方共同意思表示的，另一方不得以不同意或不知道为由对抗善意第三人。"

夫妻日常家事代理权行使的法律后果是夫妻双方对该行为承担连带责任，也即首先应以夫妻共同财产承担责任，如果夫妻共同财产不足以承担的，则以个人财产承担连带责任。最高人民法院《关于适用〈中华人民共和国婚姻法〉若干问题的解释(一)》第 17 条第 1 款规定："夫或妻在处理夫妻共同财产上的权利是平等的，因日常生活需要而处理夫妻共同财产，任何一方均有权决定。"对于该条款虽然很多学者认为这是间接承认了夫妻互有日常家事代理权，但仍存在不足，主要表现在："一是在用语上未直接使用'夫妻日常家事代理权'一词；二是在内容上对日常家事代理权行使的限制、日常家事代理权对夫妻及第三人的效力等未作出具体规定。"[①]从以上分析看出，日常家事代理权之规定，既是现实生活所需，也是维护配偶权益所需，同时也是维护交易安全所必需，《婚姻法》实有明确规定之必要。我国《婚姻法》只是简单涉及了日常家事代理权，在日常家事代理的具体规定上呈现空白。

四、交易安全与日常家事代理权的契合

在民法上，权利变动的基础是建立在权利确定和意思表示真实的基础之上的，这就要求权利和意思的统一，并且要求权利的实际和外观处于一致，如果权利和外观不一致，权利变动中的一方当事人基于善意和无过失信赖权利外观时，该信赖便具有保护的价值，实际上该信赖机制保护的即是交易安全。夫妻作为利益共同体，基于这种利益的信赖，与之进行交易的第三人的交易安全便应得到法律的保护。而法律正是对通过日常家事代理权制度的设立，强使配偶一方对另一方与第三人

---

① 陈苇著：《婚姻家庭继承法学》，法律出版社 2002 年版，第 164 ~ 165 页。

发生的民事法律行为承担连带责任。因此从交易安全的角度来审视,夫妻日常家事代理制度无疑是具有合理性的,虽然这种制度有可能牺牲夫妻共有人一方的利益。但在市场经济的条件下,人们更倾向于关注动的财产安全。对于静的财产安全,法律赋予了配偶一方对滥用夫妻日常家事代理权的行为向有过错一方进行追偿的权利,以此获得法律上的救济。夫妻财产静的安全由夫妻维护更符合婚姻生活的实际,让第三人去调查夫妻之间具体的财产关系则相当困难,夫妻属于利益共同体,如果双方对财产有约定或者其他情况从而对第三人故意隐瞒,第三人将非常可能无从知晓,在这种情形下,第三人利益可能遭受侵害,交易安全也就得不到保证。通常情况下,夫妻之间可以很清晰地知道自己的财产的来龙去脉,夫妻如何维护其共有关系,如何保护其财产权益,这是夫妻内部事务,夫妻财产组成情况复杂各异,财产形式多样,有共有财产、个人财产;有的对财产进行了约定,有的没有约定,有全部约定,有部分约定等,让第三人去调查夫妻之间的财产关系是什么样的状态和情形显然不合实际,也不符合社会生活习惯。虽然在民法上,对于共有财产的处分,要求共有人具有一致的意思表示,由于夫妻日常家事代理权的设立,便使得与夫或妻进行交易的第三人不必费力地查证配偶另一方是否同意进行交易,交易因此处于一种确定的状态,交易安全得到了维护。因此,日常家事代理权行使时,法律更注重维护动的财产安全是夫妻关系的复杂性这一实际情形所在,符合社会公平正义理念。

就交易环境而言,交易安全是其应当具有的一种确定状态,也即交易者由于对交易行为合法性的信赖,对交易行为效果确定性的正当期待从而进行的交易,交易安全应当获得法律的肯定性评价,否则,交易活动可能会因其具有相当的危险和不确定性从而使得交易者十分谨慎,从而其从事交易的积极性将受到抑制。就夫妻关系而言,这是一种无论是在财产上,还是在利益上都比普通人更为紧密的关系,法律赋予夫妻之间相互的日常家事代理权,除了有助于交易便捷,也是有助于交易安全。夫妻之间对于日常家事代理权的限制约定,除非具有一定的表征,能为外人所识,否则该约定对第三人无效。如果善意第三人的利益得不到法律的保护,与夫或者妻进行交易的第三人就会失去安全感,从而影响交易的进行。夫妻日常家事代理制度的设立价值之一就是通过保护善意相对人的利益来维护日常家事代理制度的信用,进而维护交易安全。"由于家事代理权的存在,第三人不必忧虑与之进行交易的夫妻一方的处分权能问题,而随着交易活动的不断继续,后续的其他第三人也不会因之而导致交易失败,这就是日常事务代理权的主要功能所在。"①如我国

① 曹险峰:"论家事代理权的内涵",载《甘肃政法学院学报》2008年5期。

最高人民法院《关于贯彻执行〈中华人民共和国民法通则〉若干问题的意见(试行)》第89条规定:“共同共有人对共有财产享有共同的权利,承担共同的义务。在共同共有关系存续期间,部分共有人擅自处分共有财产的,一般认定无效。但第三人善意、有偿取得该财产的,应当维护第三人的合法权益;对其他共有人的损失,由擅自处分共有财产的人赔偿。”如我国最高人民法院《关于知用〈中华人民共和国婚姻法〉若干问题的解释(一)》第17条第1款第2项之规定,这些司法解释都是对善意第三人利益保护的规定,对交易安全的维护。

《婚姻法》上设立夫妻日常家事代理权制度,有可能会牺牲真正权利人的利益,但这种利益的牺牲也是在夫或妻与第三人的利益无法平衡的情况下,法律作出的倾斜,夫妻日常家事代理权制度与交易安全的法律价值理念完全契合,夫妻日常家事代理权的本质特征就是使得夫或者妻从事日常家事活动产生的法律后果由夫妻双方承担连带责任,夫妻之间关于日常家事代理权的限制性约定不能对抗善意第三人,这种制度的设立既使得交易便捷得以实现,也使得交易安全得以维护,是民法上社会本位财产法的理念体现。

论民事权利的私力救济

——历史与现实之间

周小明*

一、民事权利、民事权利的救济

从外延观之,民事权利就是财产权和人身权利的总和。然而对其内涵的理解却存在多种观点,第一种观点认为,民事权利是指民事主体为实现某种利益,依法为某种行为或不为某种行为的可能性;第二种观点认为,民事权利是民法赋予当事人的实现其利益所可实施的行为范围;第三种观点认为,民事权利是法律为保障民事主体实现某种利益的意思而允许其行为的界限。第一种定义当为通说,如著名民法学家江平认为"民事权利是民事权利主体为实现某种利益依法为一定行为,或者请求民事义务主体为一定行为或不为一定行为的可能性或者说意志自由"。[①] 笔者也赞成江平所下的定义,因为第二种观点和第三种观点将民事权利界定为行为范围或者行为的界限显然有民事权利产生于法律的思想,这与私权利的存在与行使的标准——法不禁止即自由有巨大的区别,这样很可能得出民事权利是政府授予的观点。

民事权利是所有权利中最基础的权利,在资本主义兴起的阶段,所谓人权基本上就是民事权利,当时诸多宪法性文件宣称的权利——人身、自由和财产等权利都属于民事权利。在社会主义初级阶段,民事权利仍然是所有权利类型中最重要的权利,政治权利和自由以及社会主义国家特别追求的经济、社会文化权利是更高级的权利,但这两种权利都要以民事权利为基础,没有民事权利的发达,则不可能有政治权利和自由,经济社会文化权利的发展也没有相应的依托,有人称人均 GDP 达多少美元才可以谈民主,虽然这种看法是有偏见的,但却说明了民事权利特别是财产权的基础性地位。

民事权利的发达的根本方法是发展经济,丰富社会财富,但是从法学角度而言,民事权利的发达的最重要方法莫过于民事权利的救济。从存在形态而言,民事权利可以分为应有民事权利、法定民事权利和实有民事权利,从大小而言,应有民

---

* 周小明,2010 级外国法律史专业,指导老师:何勤华。现工作于浙江丽水广播电视大学。

① 江平主编:《民法学》,中国政法大学出版社 2000 年版,第 80 页。

事权利 > 法定民事权利 > 实有民事权利，后种权利占据前种权利的比例越大，则表明该国的人权事业越发达，否则表明该国人权事业越不发达。将应有民事权利上升为法定民事权利是一个立法的过程，将法定民事权利上升为实有民事权利是一个执法和司法的过程，广义的权利救济包含了立法、执法和司法，狭义的权利救济不包含立法，仅指执法和司法。

二、私力救济

上述民事权利救济的分析都是在公共权力的视野内进行的，我们忽略了权利救济的源泉——私力救济。人类的文明发展史虽然是一个私力救济衰微和公力救济发达的历史，但是这也说明了公权来源于私权，公力救济起源于私力救济。如果我们不能认识到权利救济的真正的力量源泉，我们就不能真正地认识到公力救济的真正定位。

民事权利是权利中最基础的权利，私力救济是权利中最原始的救济，是故，民事权利的救济便彰显了其在法治中的重要地位。

很多学者都论述过私力救济，但对私力救济进行系统研究的则很少，国内最有分量的有关私力救济的研究当首推徐昕教授的《论私力救济》，但是该书主要是从解构的角度论述私力救济，从法治视角如何建构私力救济则论述较少。

对于私力救济的含义，有制度说、行为说、权利说和措施说。① 不管是将私力救济界定为制度、行为、权利还是措施，只是角度不同，在内容上没太大的区别，将私力救济定义为行为和措施则在角度上也是相同的，将私力救济界定为行为和措施是从客观的角度描述私力救济，而法学不可能不带价值评价，将应有权利上升为法定权利的过程本身就是价值评价的过程，对私力救济的法理评价才是法学角度研究私力救济，所以仅仅将私力救济界定为行为和措施似有不妥；制度说则是从实在法的角度定义私力救济，制度说的缺陷是，依照制度说，若没有相关的私力救济的制度，就会认为人们不拥有这种权利；权利说则突破了实在法的限制，认为权利首先是一种应有权利，其次才是法定的权利，将私力救济的权利从应有权利上升为法定权利可以说是对救济权利的救济，所以笔者同意权利说，私力救济可以被定义为：私力救济是在权利人的权利遭到损害而来不及由公共权力机关和其他社会权威保护时，权利人利用自己的力量保护权利的权利。

① 许娟娟："论私力救济"，载《金陵科技学院学报》（社会科学版）2006 年 9 月。

三、私力救济的历史和存在原因

私力救济是民事权利救济方式中最原始的方式，这种救济方式是国家出现以前权利救济的最主要形式。“古代和中世纪以私力救济为原则，现今以公力救济为原则。”①

在中央集权兴起之前，复仇之风盛行且得到道德的肯定性评价也说明在公力救济发达之前，私力救济的重要地位。所谓“在没有统一且强大的公权力维持社会和平和秩序的历史条件下或具体社会环境中，复仇实际上变成了社会中最根本的制度”。②

曹魏命令禁止复仇，历整个封建社会，国家对于复仇的态度虽有摇摆，但限制是主流思想。

民国民法规定了自助制度，则是从私法典的高度确立了私力救济的地位（自助为私力救济的重要一种）。

西方对私力救济总体上更为宽容，中世纪决斗之风盛行，西方的现代宪法中有明文规定私力救济为宪法权利的，如美国联邦宪法第二修正案规定：“人民保持武器的权利不被禁止。”

在国家出现后的奴隶社会和封建社会，这种原始的权利救济方式仍然盛行的原因有三：其一，国家控制力量薄弱、信息和交通闭塞以及封闭型的农业经济社会使民事权利很难得到公权力的及时的救助。其二，原始的“以牙还牙”、“以眼还眼”的遗风依然存在。其三，封建社会是重伦理轻规范的社会（特别是中国），人们更加重视结果和实体公正，而轻程序正义，因此救济形式是否完全合法和具有正当性往往被人们所宽容，如在中国封建社会法律禁止报复杀人，但是如果报复所追求的正义是“相当大的正义”，如子为父复仇，这种违法的自力救济往往能够得到当局的宽容而获得正当性。

在近现代的资本主义和社会主义社会，社会交流频繁，国家作为一种公共权力控制社会的能力极度增强，因此原则上禁止私力救济，因为私力救济缺乏规范性，往往导致“弱肉强食”，从而缺乏社会评价的正当性，如果放任私力救济可能导致国家和社会秩序的紊乱。但是，是不是公力救济能够完全替代私力救济呢？其实未必如此，公权力本身有它的局限性。一方面是很多权利受到侵犯的时间很短，稍纵即

---

① 赵峰：“私法救济的法理分析”，载《北京理工大学学报》（社会科学版）2001 年 8 月。

② 苏力：“复仇与法律——《赵氏孤儿》为例”，载《法学研究》2005 年第 1 期。

逝,在等待公权力给予救济时可能权利已经无法挽回,或者挽救的费用极大,侵权的及时性和公权力救济的滞后性使公力救济无法完全取代私力救济。另一方面,有可能公力救济(例如司法救济)无法最终实现权利人对正义的期望。我国司法系统不独立,司法不公正已经相当程度地损伤了权利人对公力救济的信心,“法律必须被信仰,否则它形同虚设”。① 这种情况下私力救济的存在甚至盛行就是不可避免的了。还有,权利人选择何种救济形式往往考虑了实现正义的成本与收益,公力救济因为往往要付出经济、时间、心理、伦理等成本而显得成本巨大,经济成本主要包括诉讼费、律师费以及其他申请保全费、差旅费等;时间成本则从为诉讼所投入的时间精力可得知,依照我国《民事诉讼法》,一审的审限是6个月,经过延长可以再增加6个月,二审是三个月,也即依据最正常的审理时间可以是一年多,另外还有可能存在鉴定时间、对方当事人利用生病请假拖延的时间等;心理的成本是权利人卷入诉讼所承担的焦躁、担心等心理负担;伦理道德成本是权利人卷入诉讼所付出的被周围人看成好打官司、六亲不认等不良评价等。

私力救济的存在除了上述的客观原因之外还有其他的道德评价上的正当性原因,笔者认为,私力救济存在的理论正当性是关于权利起源的理论,也即权利是来源于权利主体本身,在资本主义国家则称之为“天赋人权”,因此惩罚侵权人和保护自身权利的私力救济的权利是原始人权的当然内容,美国宪法有关人民可以保持武器的权利的规定应当是这种观念真实的反映,西班牙宪法也有类似的规定。随着国家力量的强大,公力救济在相当大的程度上替代了私力救济,但是国家所享有的保护权利人和惩罚侵权人的权力是人民让渡的,是人民以契约的形式将这部分权利让渡给一个特殊的组织——国家,所以没有以契约形式让渡的部分私力救济的权利人民可以保留。可以这么认为,人权起源说和社会契约说的结合是私力救济在道德上获得正当性的理论来源。

私力救济存在另一个往往被人忽视的原因是,有些权利无法通过公力救济实现救济企图。在立法上,一方面是明确列举和概括列举民事权利的类型,另一方面是规定“法不禁止即自由”的私法原则。这样,只有法律有明确列举的民事权利在公力救济上是可行的,而对于概括列举的权利和法律没有列举的“消极权利”(法所不禁止的自由),公力救济则往往无能为力。对于概括列举的权利,因其内涵极小而外延极大,一方当事人提出的“权利”是否属于法律规定的这种概括列举的权利往往难以判断,例如,人格尊严权一般被认为是一种概括性的人身权,但是其到底包含什么样的利益或者自由,则相当难以判断。如果法律规定的权利类型没有清

① [美]哈罗德·伯尔曼著:《法律与宗教》,梁治平译,三联书店1991年版,第28~43页。

晰的含义,则当事人对于自己的权利的边界的判断也就会模糊,法律就不可能给予人们的合理的预期。消极权利——法所不禁止的自由更是如此,恋爱的利益和自由、休息的利益和自由以及在家里看碟片的利益和自由都无法上升为一个具体的民事权利,因此也无法通过公力救济实现救济企图,唯一的办法只能是私力救济。

在中国这样一个乡土国家,私力救济有存在的广阔的空间。本来按照马克思主义的理解,社会主义社会是消除了政治国家和市民社会的对立的社会,因此国家渗透到社会的任何角落,但是即使在计划经济年代,这也是不可能的。在市场经济年代,国家则退出了很多私人的领域,实际上是默许了政治国家和市民社会的分离与对立。中国的广大农村和政治国家则分离得更远,费孝通的名著《乡土中国》深刻分析了中国农村的社会性质——熟人社会。在熟人社会里的乡村,一方面,乡村远离政治国家,远离国家法,在乡村很少有写明了甲方乙方的书面合同,所以他们不需要合同法;另一方面,乡村也很少有公司、票据等商业行为,因此也与公司法、票据法等法律无缘。另外,因为是熟人,所以更不希望打官司而伤和气,因此在乡土中国里,公力救济适用的空间狭小,而私力救济和社会救济却往往非常发达。

即使有些法律明文列举的民事权利,公力救济对其的救济仍然是苍白的,因为公力救济讲究的是证据,所谓诉讼就是“证据之战”,有些权利的证据的取得是相当困难的,如侵犯贞操权的证据、性骚扰的证据往往是稍纵即逝的,这样的权利受到侵犯,往往无法得到公力救济切实的救济。

在超国家的强制机构产生之前,国家之间的权利救济则基本依靠的是私力救济。因此国家间权利救济的基础就是纠纷双方或者多方之间的经济、军事和政治实力的对比,国家间通过谈判、交涉甚至战争实现私力救济。即使产生了联合国这样的国家间协调机构之后,私力救济仍然是国家间权利救济和纠纷解决的最主要手段。

四、民事权利私力救济的现实法律规制

在实在法上,各国对私力救济的态度有所不同,大陆法系国家原则上禁止私力救济,法律另有规定的则除外。而英美法系国家以承认私力救济为原则,但具体问题具体分析,设计出鼓励、许可、默认、禁止私力救济的类型、范围、标准和条件等。[①] 私力救济的存在即使有其客观原因和理论上的正当性,但是在近现代它必然需要

① 徐昕著:《论私力救济》,中国政法大学出版社 2005 年版,第 362 页。

受到法律的规制，否则会被滥用，造成弱肉强食，破坏法律秩序。但是正如张卫平为徐昕的《论私力救济》所作的《让思维飞翔》的代序中所言，“也许人们更关注如何将私力救济这匹野马加以驯服，实现法律上的建构，但我认为这从根本而言是不可能的，私力救济的基本属性决定了它就是一匹野马，也只能是一匹野马……”但是私力救济的框架性的法律建构是存在的，私力救济的范围在法律上到底包括什么，有不同的观点，笔者认为从广义上说，它包括自助和狭义的排除违法性行为中的正当防卫和紧急避险。

狭义的私力救济是通常所指的排除违法性的行为：正当防卫和紧急避险。正当防卫和紧急避险在刑法中的规定比较详细，并且理论上的探讨也比较多，但是在民法理论中论述较少，且理论上与刑法上的理论基本重合。正当防卫的构成要件包括：(1)权利受到现实的侵犯；(2)侵权正在进行；(3)必须对不法侵害人实施防卫；(4)防卫不超过必要的限度。紧急避险的构成要件包括：(1)须有紧迫危险；(2)须为避免自己或者他人生命、身体、自由以及财产上的危险；(3)须避险行为确属必要；(4)须避险行为带来的损害不超过危险所能导致的损害。

从上述正当防卫和紧急避险的构成要件来看，它们与刑法上的正当防卫和紧急避险是一样的，如果有区别的话主要是紧急避险不需要承担刑事责任，但是民法上的紧急避险并不是完全不承担民事责任的，并且在各国的民法理论和立法上有所不同，一般来说，原社会主义国家的民法均承认其在民法上为抗辩事由，而资本主义国家一般不作为免责的抗辩事由。例如，我国《民法通则》第129条规定：因紧急避险造成损害的，由引起险情的人承担民事责任。如果危险是由自然原因引起的，紧急避险人不承担责任或者承担适当的民事责任。而对于正当防卫来说，刑法上有无限防卫的规定而民法上无此理论和立法规定。

私力救济除了狭义的排除违法性行为中的正当防卫和紧急避险外，还有自助行为，即权利人为保护自己的权利，在情事紧迫又不能及时请求国家机关给予救助的情况下，对他人的财产或自由施加扣押、拘束或其他相应措施，而为法律或社会公德所认可的行为。自助的私力救济是主动地、积极地，甚至事后性地保护自己的权益，与正当防卫和紧急避险有较大的区别。例如，财物已经被侵权人拿走，权利人在事后通过谈判、强制甚至武力来夺回自己的财物。有些国家和地区的民法有自助的规定，如我国台湾地区“民法”第151条“自助行为”规定：为保护自己权利，对于他人之自由或财产施以拘束、押收或毁损者，不负损害赔偿之责。但以不及受法院或其他有关机关援助，并非于其时为之，则请求权不得实行或其实行显有困难者为限。《德国民法典》第229条“自助”规定：为了自助而扣押、损毁或者损坏他人之物的人，或者为了自助而扣留有逃亡嫌疑的债务人，或者制止债务人对有义务容忍的行为进行抵抗的人，如果未能及时获得官方援助，而且如未即时处理则请求权无法行使或者其行使显有困难时,其行为不为违法。另外,如瑞士、奥地利、法国、我国澳门地区等国家和地区民法都有类似的规定。我国民法没有对此作规定,在制定民法典时应当有这个规定。自助的构成要件有:(1)必须为保护自己的合法权益;(2)必须是情况紧急来不及请求公力救济;(3)自助行为的手段不得超出法律、道德所允许的范围;(4)在自助行为后,应及时交由有关当局处理。对于"自助行为的手段不得超出法律、道德所允许的范围"的界定其实是相当困难的,笔者认为最重要的原则有:不得侵犯公共利益原则和权益比较原则。不得侵犯公共利益原则是指首先要求不得侵犯第三方的权益,其次要求实施这种自助行为即使侵犯第三方利益,这种行为被重复的话也不会造成社会秩序的紊乱。权益比较原则是指可以对较小的权益实施强制而保护较大的权益,这点与紧急避险是相同的。需要说明的是,自助所救济的权利应当限于请求权(包括债权请求权和物权请求权),另外实施的方式限于对对方财产、人身自由的扣押和对对方财产的损毁,而不能损害对方的人身,这两点也是自助与正当防卫和紧急避险的区别。①

正当防卫、紧急避险和自助都是法律明文规定的私力救济方式,除此之外还有法律默许的私力救济形式和法律禁止的私力救济形式。

法律默许的私力救济形式首先包含忍受和交涉等,这是从更加广义的角度理解私力救济。忍受就是认为自己不是对方的对手,因此只能依靠忍受权利被侵犯的痛苦,以求自己不会失去更多的权利,所以从最广义的角度而言,忍受也是一种私力救济的形式,当然这是一种消极的、被动的私力救济形式,这种私力救济形式往往会造成法律的被漠视、纵容侵权者气焰,正义往往荡然无存。

交涉则是通过相互之间以实力为后盾的谈判,达成双方能够接受的协议,以实现权利救济。交涉这种私力救济以双方的同意为前提,但是双方能够达成协议的根本原因则是双方背后的法律正义、道德正义等社会正义权威的存在。

有种私力救济处于国家默许和国家反对的边缘地带——自杀。自杀本来是个人行为,不具有法律规制的需要,法律完全可以默许,因为自杀也是一种自由。但是自杀不仅仅是一个个人问题,它昭示着个人危机和社会危机,哲学上而言,"一般人的自杀是向暧昧的世界无意义性边界发起的最后的冲击。既然生没有意义,主动选择死就是有意义的,其意义在于毕竟维护了某种生存信念的价值"。② 通过自杀得到社会的关注而最后实现权利救济,自杀也就具有了私力救济的行事。最近几年,很多农民工以跳楼自杀或者跳楼自杀相威胁来讨薪,就是弱势群体通过特殊的私力救济实现自己民事权利的例子。

---

① 彭庆伟:"试论民事权利的私力救济",载《法学评论》1994 年 2 月。

② 刘小枫著:《拯救与逍遥》,华东师范大学出版社 2007 年版,第 42 页。

最后一类私力救济则是法律明文禁止的——暴力性私力救济(除上述正当防卫、紧急避险和自助外)。国家基本垄断了暴力并且绝对地垄断了集体性暴力,但是仍然有人在特殊的时候挑战这种国家垄断行为。起义就是一种集体性的暴力性私力救济,这完全超越了统治阶级的对秩序的预期,超越了法治的范畴,但是对被统治阶级而言确实是合法的。起义这种大规模的暴力性私力救济,虽然从历史的角度和被统治阶级的角度评价是合法的,但是这种私力救济形式对生产力的破坏是巨大的。中国近代社会的落后从一定程度上说是动乱的结果,是这种暴力性私力救济的恶果。当今执政党提出"稳定压倒一切"的论述都一定程度上反映社会不肯定这种集体性暴力私力救济。

综上,我们的法律必须明确界定哪些私力救济是合法的,哪些私力救济是违法的,对于中间的灰色的地带,立法者则需要根据社会现实,决定是完全将其合法化,还是将其界定为违法,对现在无法界定的中间灰色地带则国家只能对其未置可否。对于合法的私力救济,特别是正当防卫和紧急避险要在民法中完善,对于自助则要设立新的制度。

浅析让与担保立法之可行性

赵　亮*

近年来,在我国的商事实践领域,有一种债务担保制度被越发广泛地加以运用,这种制度就是让与担保。但是,虽然名为担保,这一债务担保制度实质上却并非传统民、商法理论体系下所定义的典型担保制度。根据目前学界的通说,让与担保是指为了使债权人(或第三人)确信债务人能够到期偿还全部债务,由债务人将其在某财产上拥有的某些权利(可以是所有权或其他权益),依民法中权利转让之规定,转让给债权人(或第三人),债务人在债务偿还期限届满时可清偿债务的,债务人可取回担保标的物,否则不能的一种制度。考察当前世界各国的立法,迄今为止尚无为让与担保制度专门立法的先例。但笔者认为我国有对该制度立法的必要性。

一、让与担保的法律构成理论

为给让与担保立法,首先应了解让与担保的法律构成。当前,这方面的主要理论有所有权构成说、担保权构成说、期待权构成说(附解除条件说)等,但争议颇多。关于该问题,笔者的观点如下:

首先,试图在既有的、从古罗马法发展起来的物权和债权制度及学说的框架内,参照典型担保制度的法律构成的演化和构建过程,来建立起与典型担保制度同类的、单一而且自在的让与担保的法律构成,是不可能的。原因就在于以罗马法为发端的近现代传统物权和债权制度体系(为论述方便起见,以下姑且暂称罗马法)的局限性。在这里,所谓局限性,并非指罗马法体系内现有各种制度和有关学说自身的不完善或缺陷,而是指在该体系内虽然各子系统自身发展得已经很成熟,但是这种所谓的成熟也仅限于这些子系统自身的成熟而已;它们之间的关系,直到今天,基本上一直处于数千年来"老死不相往来"的状态——物权就是物权,债权就是债权,所谓"物权债权化"或者"债权物权化",在笔者看来,只是不同之措辞而已,其本质上并未突破罗马法各子系统之间的实质性的、概念性的樊篱,而且也不应该突破,否则罗马法的体系将濒临混乱,甚至崩溃。因此,当让与担保这一以"物权的变

---

* 赵亮,2010 级比较法专业,指导老师:李秀清。现工作于华东政法大学。

动”为手段,来保障“债权的实现”为目的的客观现象出现后,罗马法无法自圆其说——难怪让与担保被称为“私生子”——结果是虽然让与担保确实衍生自罗马法,内在地具有罗马法的基因,但是因为它的基因(构成元素)来自不同的子系统——包括“物权”(包括担保物权)和“债权”体系——结果让与担保却不能“合法地”①归属于任何一个子系统,因为归属于二者中任何一个,都将立即对该被归属的子系统的安全存续提出致命的挑战,即对该子系统的定义造成根本破坏,并要求对该子系统重新认知,进而导致对与其相对的其他子系统的再定义和再认知。这些工作在短期内是殊难实现的。这种局面的结果,就是让与担保难以为罗马法任一子系统所认领,因此也不可能以任一子系统的理论(无论是物权理论还是债权理论)来解释让与担保并为其构建“纯(单一)化”的法律构成。所以笔者认为:前面介绍的以所有权说、质押权说、抵押权说、期待权说等为代表的诸学说之所以时至今日仍被难以解决的理论和操作问题所困扰,其原因就在于此。

那么,究竟应该怎样构建让与担保的法律构成呢?对此,笔者的观点是,如果一定要为让与担保构建一种法律构成的话,那么让与担保的法律构成应该是一种“二元复合型”的法律构成,或者说是物权变动制度和债的制度的组合性构成。也就是在这个意义上,人们才一直认为让与担保其实是一种以非典型担保的方式实现担保目的的法律行为。所以,让与担保同时具有物权变动和债权的发生两种法律制度的法律构成。在现实生活中,这种复合性的法律构成的例子数不胜数,许多民事法律行为的实施其实都是以另一法律行为前提的。比如,甲借给乙 1000 元钱,前提是乙必须为甲修好屋顶;A 公司向 B 公司提供技术支持,前提是 B 公司必须为 A 公司提供信用担保;丙公司和丁公司合资成立公司,前提是丙公司的母公司戊公司向新公司许可使用商标……而且在现实的经济生活中,这种“拉郎配”的现象与日俱增。如果用“法律构成”思维模式来考察这些现象是应该认可还是禁止,结果只能是不当限制了经济生活的多样化和发展。在现实生活中,独立的经济人是很现实的,其拟实施的各种法律行为,只要不违反法律的强制性或禁止性的规定,他(它)们不可能总是先考虑将从事的行为的“法律构成”然后再行动,而是只要能够达到各自的目的,且付出的代价是可以接受的,就值得做。

让与担保就是上述具有复合性法律构成的民事法律行为的范例。它的成熟和运用,体现的是 19 世纪以来随着商品经济的飞速发展民法体系下债的发生这一行为类型作为一种民事法律行为的支柱性范畴的、不可抑制的、急剧而强势的扩张姿态,其本质上体现了经济生活的发展和发达。它通过在一定程度上牺牲传统物权

① 如果用英文表达,在此笔者更倾向于用“legitimately”一词而不是“legally”一词。

理论体系下财产的“静态”的安全价值,来强化财产流转(债权实现)的“动态”的安全价值。在这种情况下,如果还使用旨在保护财产的“静态”安全的、传统的物权法体系来分析和解释旨在强化财产的“动态”的安全价值的让与担保现象,怎么可能解释得通呢?笔者认为,似乎可以这样说更通俗易懂一些:让与担保之名称与其行为本质其实名不副实。称其为“借贷和让与”似更为精确。因为它根本不是“担保”,它只是物权变动行为和债的发生和实现行为之间功利性的、互为条件的组合——它是当事人对债之标的物(金钱)的使用价值与让与担保标的物的交换价值的等价交换行为,其中的所有权让渡行为导致了担保标的物处分权的转移,进而赋予让与担保权人“私的实行”的权利,因此超越了公私(第三人与让与担保当事人之间)利益的分界点,所以为民法的立法价值观所反对和摈弃。这样的结果是让与担保不能进入现有的物权法体系,以免让与担保权僭越公私利益分界线,损害民法的公平正义原则。

明确了让与担保的法律构成理论后,笔者认为还有必要从司法实践的角度对让与担保的操作进行分析,以从法律实务的角度考察让与担保立法是否必要和可行。

二、我国的让与担保法律实务

其实在我国,让与担保问题在司法实践和法律实务中更多的是体现在司法实践中的“强制执行”环节里。所谓“强制执行”,指司法判决执行机关根据权利人的请求,将属于被执行人的财产或权利强行划转使其归属于申请执行人的公权行为。在目前中国的物权法律制度下,对于处于让与担保法律关系下的标的物的强制执行,面临着无法规避的问题。具体来说就是:若被执行人的财产是与第三方(让与担保设定人或让与担保权人)直接相关的让与担保物,那么根据我国现行的法律,该物是否应该被执行呢?对此问题,笔者的看法是:尽管让与担保法律制度尚未纳入我国成文法,但在我国法律、司法解释和司法实践中已经有较充分的法律依据使对让与担保标的物的执行具有一定的可操作性,具体分析如下:

《中华人民共和国民事诉讼法》第220条规定,被执行人未按执行通知履行法律文书确定的义务,人民法院有权查封、扣押、冻结、拍卖、变卖被执行人应当履行义务部分的财产。同时,《最高人民法院关于人民法院民事执行中查封、扣押、冻结财产的规定》第2条第1款也规定,人民法院可以查封、扣押、冻结被执行人占有的动产、登记在被执行人名下的不动产、特定动产及其他财产权。从该两规定及其我国司法实践来看,法院采取执行措施的范围一般应该限于被执行人有所有权的财产。

尽管如此,我国法律和司法实践并未将被执行人在外观上拥有所有权的所有财产都列为可执行财产。《最高人民法院关于人民法院民事执行中查封、扣押、冻结财产的规定》第2条第3款规定:执行机构对于第三人占有的动产,或者登记在第三人名下的不动产、特定动产及其他财产权,第三人书面确认该财产属于被执行人的,人民法院可以查封、扣押、冻结。这说明,在案外的第三人占有或者形式上拥有执行申请人所申请执行的标的物情况下,法院不能直接执行该财产,而是必须经过该等案外人的书面同意。

就上述民事诉讼法和司法解释来看,我国的民事诉讼程序具有其独特而且独立的价值判断和利益平衡机制。也正是因为这个原因,笔者认为,就让与担保的强制执行问题而言,我国的民事程序法在让与担保实体法规范尚未成文化之时,却已经走到了让与担保实体法的前面。

尽管如此,根据笔者的诉讼经验以及让与担保的特点,在被执行财产为让与担保财产情况下,不得不提及一个颇为尖锐的问题,即在让与担保权人在形式上拥有所有权(如通过让与担保合同中的转让条款),并实际占有让与担保物(尤其是缺乏有效公示方式的动产)的情形下,是否也应根据让与担保的法理(依其担保的根本意图)对司法的强制执行力予以限制?对此问题的解析,笔者认为孟勤国教授所著之《物权二元结构论——中国物权制度的理论重构》一书中的观点颇具启发性。该书作者指出:"现代中国物权制度中应有独立的财产利用制度。财产利用制度与财产归属制度相互依存、相互作用,平等共处……客观上存在着利益冲突时,立法应寻找调和的办法,在无法调和的情况下,还必须在权衡利弊得失后作出硬性规定。""对财产利用,现有的法律文明还不能提供比较成熟的内容,他物权的理论和实践不过是一定时代、一定社会对财产利用所作的一些零乱的解释和规定,而中国需要的是一套与所有权系统一样完整的财产利用制度……为此,应该借用和改造大陆法系的占有及其制度。""……占有权绝不只是一个概念或意义不清的表述,而是一种独立的民事权利,一种与所有权并驾齐驱的物权,一种在位阶上仅次于物权的财产利用权利。"① 总之,其认为随着社会、经济和人们对物的本质和价值的认识的深化,对物的所有权和利用权从物的价值实现的角度考察,二者同等重要,因此不必囿于古老的罗马法物权理论,而应突破罗马法传统的物权理论下物权的四个权能的框架,以对于物的实际占有(通常是为了利用的目的)为新的分界线和衡量标准,来构建物权概念的新的外延,并重新界定物之所有权人与非所有权人之间的权利和义务关系。在此基础上,笔者对本段起始时提出的问题提出如下建议:在被执行

① 孟勤国著:《物权二元结构论——中国物权制度的理论重构》,人民法院出版社2000年版,第69、70、79页。

财产为让与担保权人名下之让与担保财产时,若让与担保设定人并未实际占有让有担保标的物,此时可将该让与担保物视同让与担保权人所有的财产,直接予以执行。其理由在于:动产让与担保最显著的特征是物上权利(通常是所有权)的转移,但为了发挥担保物的效用,让与担保设定人常保留对该动产的占有以实现对其的使用权。但是,如果让与担保设定人在所有权已经得以转移的情况下,却并未保留对让与担保物的实际占有(也即丧失了可对其予以利用之根本前提),则可认为其无论对担保物上的所有权或占有权其实皆无一般物之所有权人,或者说物权享有人依常理所应有之特别关注或实际需要。在该情形下,结合前述的物权二元——所有权和占有权并列之理念,可以认为,法律没有必要人为地甚至是过分地维护让与担保设定人对让与担保标的物的所谓"权益"。笔者认为,此时合理的做法应是以让与担保双方对让与担保物所享有的物权的种类(如所有权、占有权)和程度作为进行衡量的量化指标(因为其体现了各方对让与担保物的关切、需求程度),在物权归属的认定上,向同时享有所有权和占有权的让与担保权人倾斜,以此将让与担保物视同为其专属财产,予以直接强制执行。同样的逻辑,若让与担保设定人实际占有让与担保物,则应依照前述其他方式予以处理。当然,这样做的假定性的理论前提是前述的"物权二元结构论",该理论强调了"占有"的重要性,及因其在法律体系中地位的上升而体现的占有法律关系各方对所占有的标的物的关切和需要的程度。但是,笔者认为,至少这样的提议可以为目前解决对让与担保标的物的强制执行问题提供一定的参考。

在破产情况下,让与担保标的物是否应作为破产财产处理,涉及两个问题。其一是一个与上述类似的根本问题,即让与担保关系中的另一方是否可对该物行使取回权。若可以,则该物不得作为破产财产处理;若不可以,则该物应作为破产财产处理。归根结底,其还是确定该物是不是破产义务人的财产的问题。因此,笔者认为,上述关于对让与担保财产强制执行的分析,同样适用于破产的情形。其二是让与担保权与其他担保权之间优先性竞争的问题。笔者认为,基于让与担保方式下权利转移之特性,及其特殊的社会机能,一般情况下似应以让与担保权为最优先为宜。其理由在于,让与担保之所以能够长期存在的一个重要原因,在于其能够以最简洁、经济的方式帮助债权人实现其担保权益——不仅在形式上(权利之完全转移),更是在其所独有的无须再经折价、变价或拍卖而使担保物直接归属于债权人之机制上。虽然目前对该等机制之所谓"违反流质禁止"、"违反善良风俗"之诟病颇多,但是,一旦我国成文法承认让与担保,则应最大限度保留该等机制,方不失让与担保之价值所在。因此,在与其他担保权发生竞争的情况下,赋予让与担保权以最优先性,方符合逻辑。

三、我国让与担保立法的必要性和可行性

在进行了上述理论和实务两个方面的分析之后,笔者拟对我国让与担保立法的必要性和可行性概述如下:(1)为让与担保立法的必要性。从我国社会和经济发展的状态和阶段来看,目前我国完全具备了为让与担保担保制度立法的必要性和可行性。让与担保实践在我们的日常生活和商事实践中已经在发挥独特的作用,并逐渐形成了难以替代的地位,这说明为其立法有现实的必要性。接下来的问题就是,为这种商事实践方式进行立法是否具有可行性。(2)为让与担保立法的可行性。就立法的可行性来看,目前,我国的法制体系已发展得比较成熟,已经形成了完整的社会主义法律体系,在让与担保理论的发展上,完全具有后发优势,可以积极借鉴欧美国家的让与担保理论和司法实践经验。

以下笔者就我国进行让与担保立法的可行性作一简要分析。

(1)符合民法意思自治原则的发展趋势。

让与担保是一种习惯法制度,其自19世纪开始凸显于德国、日本之判例以来,发展甚为迅速。这说明了一个事实,即尽管其存在种种缺陷和不足,但追求经济利益最大化的"经济人"却仍然趋之若鹜。支持其确立的声音从未中断的关键原因在于:虽然让与担保的运用未必是人们理性选择的最佳结果,但这却已然是一个现实而客观的结果。可以说,让与担保在自其产生以来的发展历程中,无时不以经济人"意思自治"为铺路石而蹒跚前行着从未泯灭,但其仍然是在前行着,而且为其照耀的胜利曙光日渐强烈。因此可以说,如人类的各个方面的历史所展现的,人类能动的社会实践活动(由主观能动性引导)推动着理论的发展,而不是相反,尽管理论有反作用,但那终究只是反作用而已,而不是能动性。因此,从辩证唯物主义哲学的角度来看,让与担保制度是否确立,首先还是应根据其是否真正符合民法中的"意思自治",即人的主观能动性的发挥这一根本原则来判断,而应不是削足适履地在现有理论框架下人为地规定其应否生存。举例而言,我们不应要求人的体型必须长得适合衣服的尺寸,而是衣服的尺寸必须适合人的体型;否则,我们就必须设计新的衣服或者修改旧衣服的尺寸和样式,甚至抛弃旧的衣服,这是唯物主义的发展观。

(2)交易风险趋于可控及可接受。

让与担保的一个主要的缺陷就是第三方交易风险的增加。但是,这种风险性已随着社会的发展正在变得越来越可控和可接受。在中国当前的法制环境下,让与担保制度的方便和快捷应成为商业交易中的价值取向,而综合考虑经济发展的

需要和与典型担保制度的比较，笔者认为让与担保的风险性是可以考虑接受的。

(3)与动产抵押制度并存之可行性。

目前，无论在我国学界还是法律实务界，关于让与担保应否纳入成文法之问题，都存在两种截然相反的观点，一种是让与担保应该纳入我国成文法，理由是对我国目前担保制度（尤其是动产抵押制度）构成有益的补充；另一种是让与担保不应纳入我国成文法，理由是其将造成现有物权理论和体系的混乱，尤其是其与我国现有的动产抵押制度雷同。①笔者同意第一种观点，理由如下：

首先，就反对将让与担保成文化的诸学说而言，除了列举让与担保与传统物权制度之间的种种冲突之外，其中有代表性的学说之一是认为让与担保与动产抵押雷同的制度，因此根本没有必要花费高昂的成本来重复设立雷同的让与担保制度或者废除长期以来人们已经习惯应用的动产抵押。但笔者发现该类理论隐含了（包括但是不限于）以下的前提条件：一是让与担保应该顺应现有的、经由罗马法、日耳曼法物权理论发展而来的物权理论体系；二是让与担保实质上是动产抵押；②三是让与担保权是新型担保物权。③笔者认为，在探讨让与担保现象时，上述的前提的设立本身就存在问题，理由如下：

关于第一个前提，即以由罗马法、日耳曼法物权理论发展而来的传统的物权理论体系为前提分析让与担保，目前在学界比较通行的观点是建立在该理论框架内的，即让与担保是一种其手段超过目的且手段和目的又不可分割的法律行为——以所有权的转移来担保债权的实现。可是，在这样的传统的物权法体系下，让与担保毫无疑问必然是一个根本无法解释的现象，这无须持续不断地进行争论。笔者认为，应从哲学的高度看待这一问题。在这个问题上，首先应考虑的，其实并不应是传统的物权法理论是否足以容纳和解释让与担保，以及如何以传统的物权法理论解释让与担保，而是让与担保是否应该用传统的物权法理论予以解释这一更前提性的课题。

关于上述问题，笔者认为，目前，中国学界之所以通行用古罗马法及日耳曼法演化而来的大陆法系物权理论来分析让与担保问题，是因为①从法源上看，中国近现代民事法律体系主要受到大陆法系的典型代表——德国法的影响，因此中国的物权理论受传统的大陆法系影响相当深远；以及②作为大陆法系代表的法国、德国、日本等发达国家都是以罗马法和日耳曼法演化来的物权理论来解释让与担保

① 陈信勇、徐继响："论动产让与担保与动产抵押之雷同——兼评我国民法（草案）对动产让与担保与动产抵押的规定"，载《法学论坛》2004年第4期。

② 同上。

③ 王闯著：《让与担保法律制度研究》，法律出版社2000年版，第179～181页。

的,因此,中国的法学理论和实践界唯其马首是瞻,似在情理之中。其中第②个因素更加直接地对中国学界施加了影响。尽管如此,笔者认为正是这两种因素造成迄今为止大陆法系国家以及中国的理论和实务界在构建解释让与担保的理论体系时陷入困境。

笔者认为,目前检讨这一理论前提是解决问题的关键点之一。解决的办法,或者是在现有的物权理论体系下通过将让与担保定位为与物权无关的法律制度(如列入民法典下的特别法,如债编,予以规范),①或者是大胆地突破传统的物权理论体系框架,创设新的物权类型,赋予让与担保权以物权性。这样做的合理性在于:综观世界各国在让与担保之合法性及其成文化问题上的做法,其各成一家、不乏分歧甚至矛盾。比如,法国有发达的动产抵押制度但却不承认让与担保制度,德国有让与担保制度但却不承认动产抵押制度,而日本却两种制度并存;德、日都未对让与担保进行成文化规制,但是属于普通法系的美国却以法典化方式规制让与担保。发生这一切似乎毫无规律性的现象的原因就在于:这些法治发达的西方国家其实完全是根据自己的具体国情来进行价值判断的,并设计出相应的让与担保制度,其实质上并未因为继承了哪一大法系的传统而削足适履。因此,即使各国的做法之间看似矛盾,却皆有其各自的合理内核。因此,笔者认为,我国在考虑让与担保立法时,应以批判的态度考虑是否应机械性地墨守大陆法系的传统物权理论,应以自己的价值判断为基础来分析是否应采纳让与担保制度,在必要时可不局限于从传统的物权法理论角度思考让与担保问题。否则,我国的法学就只能对他人亦步亦趋,难以对法学的进步作出自己的贡献。

关于前述第二个前提,即以让与担保本质上是动产抵押为前提,从而提出在存在动产抵押的情况下,让与担保根本无须存在的观点。对此观点,笔者认为值得商榷。关于前述第三个前提,即以让与担保权是担保物权为前提来比较让与担保与动产抵押之间的优点和劣势,笔者认为也存在问题。笔者认为,所谓比较,必须在质或量上至少有一个方面是同类,否则不具有可比性。对于让与担保而言,目前对让与担保权本质上是否为担保物权尚未定论,这使得令其与动产抵押进行比较缺乏同质性的基础。此外,二者社会机能之量化比较,亦无权威数据予以参照,各个方面根据对二者应用程度之现实统计数据所作之结论大相径庭(笔者在此仅从宏观角度进行比较)。②因此,将尚未被确认为担保物权关系的让与担保与无疑是担保物权

---

① “动产抵押与让与担保之对比分析”,载 http://www.lawtime.cn/info/lunwen/jjfdanbao/2006102649722_4.html。

② 陈信勇、徐继响:“论动产让与担保与动产抵押之雷同——兼评我国民法(草案)对动产让与担保与动产抵押的规定”,载《法学论坛》2004 年第 4 期。

制度的动产抵押进行比较缺乏符合逻辑的、可信的基础。

在上述分析的基础上，笔者认为，在处理让与担保和动产抵押之间的关系上，有两个问题需要澄清：其一，就目前而言，让与担保和动产抵押缺乏比较的基础（对让与担保的性质的定论，及对其运用程度的充分、权威的数据），因此不宜进行直接比较，并将对二者的所谓“优势与劣势的比较”作为取舍让与担保的决策参照指标。其二，即便前述“比较”可行，似乎仍然难以通过“比较”的方法探求出对让与担保和动产抵押进行取舍的充分理由。笔者的看法是，取舍二者的理由，应通过考察社会发展过程中的独立、平等的经济活动主体的价值选择而发现。从哲学的高度来看，某一事物之能否发生及存续，首先是其外部环境，即除该事物之外的所有其他客观存在的主体和因素互相联系和作用，并有意或无意地进行价值选择的结果（尽管该事物的产生具有偶然性，但本质上是自然历史发展的必然）；在此之后，才进入该事物与其他同类主体之间发生比较优势竞争的阶段。笔者认为，让与担保的发展也必然符合这一规律。具体而言，在目前关于让与担保的理论尚未最终确立、成熟的阶段，我们首先应该考虑和予以尊重的，是其出现并长期存在的客观必然性（在日本，让与担保甚至与动产抵押并存，在美国和我国台湾地区其亦不乏与此相似的发展阶段）。因此，笔者认为，在此前提下，不妨考虑“多做些实事，少谈些主义”，摈弃“鸵鸟主义”和“完美主义”，以阶段性的、社会价值相对最大化（而不是一劳永逸的永久性社会价值最大化）的价值选择为立法原则，在初期，通过民法典之外的、试用性（或期限性）的成文法（至少是司法解释）的方式，认可让与担保的合法性及特殊法的地位，规定其操作方式，使之成为动产抵押之外的一种以担保为目的、作为担保的一种替代行为的法律行为，为民事交易主体提供另一种可供选择的担保性安排，而不受困于让与担保权是否为担保物权或任何其他性质的权利的困境。笔者相信，随着这一制度的应用和实务经验的积累，最终在让与担保和动产抵押之间建立起适合我国国情的恰当关系，只是时间的问题。

除了对将让与担保与动产抵押进行比较的某些前提进行分析，笔者在此还就对两种制度的取舍，从对操作层面的考察，提出如下的观点：目前，我国学界对让与担保与动产抵押制度之雷同性的论述的着眼点，主要在两个方面：其一，二者的法律构成相同，因此不必重复立法；其二，在我国物权法生效后，动产抵押的标的物扩张为所有有价值的财产，因此，让与担保在担保标的物的范围上相对于动产抵押的优势至少在理论上已不复存在。对此两点，已有诸多文章予以论述，笔者亦无异议。①但笔者认为以上观点不构成阻却让与担保制度成文化的充分条件，理由为：第

① 朱传峰：“动产让与担保与动产抵押之比较——兼评我国民法（草案）对动产让与担保与动产抵押的规定”，载《泰山学院学报》2006年第4期。

一点，法律构成相同的制度未必没有共存的必要性，因为其在技术操作层面的差异可以带来不同的操作性价值，而人们在经济活动中适用某种法律制度，其真正关注的，其实并不总是该法律制度的法律构成问题，而是其操作层面的价值。举例来说，就住房问题，为居住目的而通过贷款买房和为居住目的而租赁房屋，在法律构成上都是借用关系，但是为什么人们的选择不同？就是因为两种不同类型的借用关系在操作层面给人带来的使用价值不同：贷款买的房是自己的财产，但是利息高而且不易频繁更换；租来的房不是自己的财产，但是费用相对较低而且更换住地更容易。按照法律构成相同的制度就不应该同时设立的逻辑，是不是说在《合同法》分则里"借款合同"和"租赁合同"不应共存呢？答案不言自明。第二点，认为让与担保规避"流质禁止"原则，因此其损害第三方利益、危害交易安全的观点，本身存在着问题。所谓"流质禁止"，是指在质押情况下，不得事先约定债务不按时清偿时质物自动归债权人所有，否则可能损害第三人利益（如出质人之破产债权人）。而在让与担保情况下，所有权在让与担保设立、生效时便已经转移给债权人。因此，多有学者认为其规避了法定的"折价、变卖、拍卖"程序，而可能构成对第三人（如让与担保设定人之破产债权人）利益的损害。笔者认为，这一问题完全可以通过赋予让与担保权人清算义务和追究其滥用所有权的法律责任的方式得以解决。因此，笔者认为，仅仅是为了第三人的利益——公平的价值，而排斥让与担保，以致牺牲让与担保在交易中的效率价值（当然这是立法价值选择的问题）、牺牲让与担保对债权的更强大的保障价值（来自于对债务人更大的心理压力）、减损"意思自治"原则的立法价值，则在经济活动方式多变、价值观多元化的今天，是与商品经济发展的客观趋势相悖的。

最后，笔者认为需特别指出的是，对于让与担保制度是否应在我国的成文法中予以明文、详细的规定，我国的法学界一直存在很大的争议。而笔者认为，根据我国的经济、社会发展现状，并考虑我国日益蓬勃发展的商业交易的客观需要以及世界发达市场经济国家让与担保学说的发展的主流趋势，尽管让与担保制度目前仍然是一种习惯法上的制度，尚未被世界上主要法治国家的成文法所普遍接纳，但其应在我国的成文法中予以规制的大方向是毋庸置疑的。将让与担保纳入我国成文法，对于我国成文的物权法、对于担保制度本身的建设，将是一个重要的补充，对于我国建立新型、有中国特色、符合我国具体国情和我国市场经济的实际发展需要的担保法律体系，有着深远的意义。

试论环境法上的社会连带责任

郑少华*

社会连带责任,其实广泛地存在于人类社会的各个时期,[①]也就是说,任何社会治理结构模式均离不开连带责任这种责任形态。以环境法领域来说,严格责任、无过失责任、危险责任等归责原则在环境侵权法中的展开及运用;自己责任的社会化、证明责任之客观化、复合污染及责任之分配、社会分担机制之运用等,皆与连带责任紧密相连。但学者们少有从社会连带责任角度对环境法的责任形态进行描述与评论,在本文中,笔者将通过阐述环境法领域广泛存在的社会连带责任,并分析其存在的原因,然后论述环境法领域中社会连带责任之不足及改进的余地。

一、环境法领域中的社会连带责任

社会连带责任,是指从社会建构的角度上说,实因行为人所为,因其无力承担而转由其他人(广义上的社会)来负连带责任。而在环境法上,无论是环境污染的防治,还是自然之保护,由于环境的"公共品"性质,广泛存在社会连带责任之运用。环境法领域的社会连带责任存在下述六种情形:

(一)社会责任之归责原则的兴起,自己责任的社会化与证明责任的客观化过程促使责任由行为人向社会转移

1. 社会责任之归责原则,凸显社会连带责任形式

严格责任、危险责任、无过失责任成为环境侵权法上的归责原则,这种责任状态,笔者将其称为社会责任,是相对于传统侵权法的自己责任而言的,在目前主要国家的环境侵权法中,形成多元归责体系。

严格责任。如美国的《超级基金修正及再授权法》、《有毒物质控制法》、《资源保全与恢复法》、《联邦杀虫剂、杀菌剂和杀鼠剂法》、《安全饮用水法》、《清洁空气法》、《清洁水法》等有关有毒危险物的法律,[②]日本的《公害健康受害补偿法》等都

---

* 郑少华,2001级外国法律史专业,指导老师:何勤华。现工作于上海财经大学法学院。

① 张维迎、邓峰在《信息激励与连带责任:对中国古代连坐、保甲制度的方法和经济学解释》一文中,应用现代激励理论,对连坐制度中蕴涵的激励原理和现代法的连带责任进行分析。参见张维迎著:《信息、信任与法律》,生活·读书·新知三联书店2003年版,第178~251页。

② 新宝:"美国有害物体侵权行为法介译",载《外国法译评》1994年第1期。

体现了严格责任思想。值得一提的是，在我国，学者们多认为《环境保护法》第41条是无过失责任的归责原则。[①] 但笔者认为，无论是从我国《环境保护法》第41条，还是从《大气污染防治法》第46条、《水污染防治法》第55条、第56条及《海洋环境保护法》第43条的具体规定来看，均规定了免责条件。[②] 既然规定了免责条件，因此，不能认为属于无过失责任，而应是严格责任。

无过失责任。《奥地利水权法》第26条规定，“水权人”，即根据官方许可有权使用耗水设备者，只对设备正常运行中导致的、官方在颁发许可时未预见的损害承担无过失责任；[③]1969年《蒙特利尔协议》规定，不管承运一方是否采取了一切必要措施或不可能采取措施以避免损失发生的，承运人都要对损失负责。[④]

危险责任。《德国环境责任法》中特定设备的环境责任即属于危险责任。除了对因不可抗力导致的环境损害不必承担赔偿责任外，即使是合法营运，没有任何过失，设备所有人也应当对其设备所造成的损害负责。在赔偿数额上，基于同一环境影响所导致的人或物的损害，最多只能各赔偿1.6亿马克。换言之，就同一损害事件，最高的赔偿限额是3.2亿马克。[⑤]

严格责任、无过失责任与危险责任作为现代环境侵权法的归责原则，是与连带责任在环境法中的体现与运用紧密相连的。首先，三者均不问行为人是否具有过失，也就是说，即使行为人没有过失，亦得为其危害行为负责。虽然严格责任与危险责任均规定免责条件，但在以过错责任为归责原则的自己责任和免责条件间的“中间地带”，均由行为人承担责任。其次，即使出现免责条件，行为人不负其责，但其损失则由社会分担，亦构成连带责任。最后，行为人对其行为虽有一定的控制力，但非其理性能完全控制之，为实现合理程度上的社会团结，而通过严格责任、无过失责任或危险责任之归责规则，促使行为人与社会为行为人分担非理性所能控制的危险损失。

2. 自己责任的社会化，形成社会连带责任机制

现代环境法，一方面是确立了社会责任的归责原则，另一方面又使自己责任社

---

① 吕忠梅著：《环境法》，法律出版社1997年版；陈泉生著：《环境法原理》，法律出版社1997年版；金瑞林主编：《环境资源保护法》，北京大学出版社1999年版；陈茂云、马骧聪著：《生态法学》，陕西人民教育出版社2000年版。

② 我国环境法所规定的“免责条件”，概括起来有三：不可抗力；因受害人自身引起的；由第三人的故意或过失引起的。

③ 引自［德］克雷斯蒂安·冯·巴尔：《欧洲比较侵权行为法》（下卷），焦美华译，法律出版社2001年版，第510页。

④ 据我国《民法通则》规定，除我国声明保留条款除外，凡签署的条约、公约直接适用之。《蒙特利尔协议》之该项规定，当属我国环境侵权法上的无过失责任之归责原则。

⑤ 王明远著：《环境侵权救济法律制度》，中国法制出版社2001年版，第204页。

会化——通过对传统侵权法上“过失”的重新诠释和调整,加重加害人的赔偿责任和强化对受害人的救济,如“过失的客观化”、“违法视为过失”和“过失推定”等加重的过失责任,是谓“过失责任本身的社会化”。①

所谓“过失的客观化”,即对于行为人造成的损害,不论其主观的个别特性如何、心理状态上能否预见该损害的发生、是否具有欠缺,只要违反了谨慎、明智的“理性人”(reasonable person)在社会生活中的注意义务这一客观的社会准则,除了法定的无责任能力者外,即认为其有过失。②

所谓“违法视为过失”,是指在维持过失责任主义外形的前提之下,将过失的判断标准与加害行为的违法性的判断标准加以混同,违法性存在者,即认为过失亦同时成立。至于其具体的理论类型,则新忍受限度论、信赖责任论和利益衡量论均属之,而尤以新忍受限度论为典型。所谓新忍受限度论,是指因事业活动等引起损害的发生,综合受害人方面所受损害的性质(生命、身体、健康、财产、精神等)和轻重程度,加害人方面加害行为的社会评价(公共性、有用性)——妨害设施状况,遵守行政法规情况以及工厂所在地的状况、场所的常规性、先住后住关系等客观情况,个别地、具体地判定损害的忍受限度,如果认定损害超过了一般社会观念上的忍受限度,就认为加害具有违法性,并不问加害人在主观心理状态上是否具有预见或回避损害发生的可能,而直接认为过失成立,加害人应当负损害赔偿责任。③

所谓“过失推定”,是适用过失责任原则的一种方式,通过将民事责任主观要件的举证负担以否定的形式分配给加害人一方,从而避免了受害人因不能证明对方的过失而无法获得赔偿。在该原则下,如果被告不能证明自己没有过失,法律上就推定其有过失并确认其应当承担民事责任,学说上亦称之为“中间责任”。而其具体形态,分为一般过失推定和特殊过失推定两种。前者是指在某些情况下,侵害他人人身、财产而造成损失的,应负民事赔偿责任,但如果加害人能够证明该损害不是由他的过失造成的,就可以免责;后者是指在某些特殊侵权行为中,法律规定加害人应对其造成他人人身、财产损害的行为负民事责任,加害人仅在能够证明存在法定的抗辩事由,表明自己没有过失时,才能对损害结果不负责任。

自己责任的社会化,其实质是促使那些本来行为人并无过失却承担的风险与责任,由行为人与受害人、第三人共同承担,从而体现了一种连带责任思想。

3. 证明责任的客观化过程,建构社会连带责任体系

在公害的场合下,一般来说受害者相比加害者而言,加害企业一方通常拥有厚

---

① 王明远著:《环境侵权救济法律制度》,中国法制出版社 2001 年版,第 138 页。
② 邱聪智著:《公害法原理》,台湾三民书局 1984 年版,第 185 ~ 187 页。
③ 王明远著:《环境侵权救济法律制度》,中国法制出版社 2001 年版,第 139 页。

实的经济力量和科学知识，而且企业者作为从事危险作业者，本来就负有防止危险的职责，所以构成公害原因的污染物质排放到外界的事实得到证明时，转换因果关系中证明责任的一般原则，企业者一方只要没有积极地证明其行为的无害性，就不能免除其对发生损害的赔偿责任。① 由此实行证明责任的客观化，其主要理论有三：

其一，盖然性因果关系说。指受害人只需证明侵害行为引起的损害可能性(盖然)达到一定程度，即可推定因果关系存在，或证明如果没有该行为，就不会发生该结果的盖然性，便可推定因果关系。② 正如加藤一郎教授倡导的那样："证明程度应视个案情形而定，刑事案件，关涉人权问题，必须以作出不容置疑的犯罪证明为必要。而民事案件，乃关涉使原告或被告胜诉的问题，判断双方当事人中何方的主张为真实，从数学角度看，只要有超过50%以上的盖然性，即可作出结论。"③

其二，疫病学上因果关系说。所谓疫病学上的因果关系，通常是指在满足(1)该因子从发病前已经开始发生作用；(2)该因子的作用程度越明显该疾病的罹患率越高；(3)该因子被消除或者减少的话，该疾病的罹患率或者程度就降低；(4)该因子作为疾病的原因其作用机制基本上可以得到生物学上合理的说明这样四个条件的时候，即使病理学上不能严密地加以说明，也可以肯定因果关系的存在。④

其三，间接反证说。间接反证说乃源于德国民事证据法，在日本害骨痛病和新潟水俣病诉讼中得到运用。⑤ 所谓间接反证，就是指当原告依据间接事实为间接证明时，被告负有间接反证之责。即如果原告能证明因果链中的部分事实，就推定其余事实之存在，除非被告反证其不存在。证明责任之客观化，其实质是通过对"法律真相"的构建，以替代"事实真相"，当"事实真相"与"法律真相"不一致时，就体现了一种连带责任思想：从"事实真相"来说，行为人之行为并无责任，而通过证明责任之客观化构造的"法律真相"，促使行为人与社会分担损失与责任。⑥

（二）复合污染共同侵权行为，体现社会连带共同责任机制

现代公害通常是以多个企业的事业活动为原因而发生的所谓复合公害。例

① ［日］原田尚彦著：《环境法》，于敏译，法律出版社1999年版，第27页。

② 周珂著：《生态环境法论》，法律出版社2001年版，第147页。

③ ［日］加藤一郎编：《公害法的生成与展开》，转引自王明远著：《环境侵权救济法律制度》，中国法制出版社2001年版，第191页。

④ ［日］原田尚彦著：《环境法》，于敏译，法律出版社1999年版，第28页。

⑤ 王明远著：《环境侵权救济法律制度》，中国法制出版社2001年版，第193～195页。

⑥ 上述社会责任的归责原则，自己责任的社会化、证明责任之客观化，并不排斥在社会建构角度上，试图使行为人对其行为负责，而社会并不对行为人行为负连带责任。但就环境污染而言，是通过环境媒介而加害于他者，而环境属于"公共用品"，因此这种社会建构显然不会成功，也就是说，必然会呈现为连带责任。

如,大气污染造成的哮喘病,就是从多个工厂烟囱排放的硫化物相互重合蓄积使大气遭到严重污染,从而成为呼吸器官疾患的原因。这种复合公害发生时,原则上受害者应搞清各工厂对损害发生的原因度,并按其作用度算定损害赔偿,但是,搞清复合公害中各企业对损害发生的作用度的工作,对于受害者来说绝不是一件容易的事。① 何况,限于科技水平带来的不确定性,复合污染与损害的关联度,本来就难以判断,因此,为使对复合公害的受害者的救济容易进行,要求较宽泛地适用共同侵权行为的规定,即要求灵活地运用《日本民法典》第719条"数人因共同的侵权行为给他人造成损害时各自连带负担赔偿之责"的规定,尽量宽泛地认定对受害人的救济。当该条得到适用时,损害赔偿成为造成复合公害的全体事业者的连带债务,因此,受害者不必考虑各个事业者对损害发生的作用比例,而可以对任何一个事业者就损害的全额请求赔偿。共同侵权行为的成立得到认定时,受害者就处于极其有利的地位。②

《奥地利森林法》第53条第2款规定:"倘若导致森林损害的是多个设备,则森林损害推定是源于设备的共同作用,多个设备的持有人仅根据导致损害的份额承担责任;无法确定份额时则平均承担责任。"③

《美国综合环境回应、补偿和责任法》(1980年颁布,1986年修订,以下简称CERCLA)则针对复合污染,从两个方面建立了连带责任:其一,CERCLA通过评估被认为要用污染问题承担责任之工厂的追缴款项来建立一项清理基金,这包括一般公司,但对化学和石油工业额外收费,统一税收对基金亦有贡献。④ 其二,当然,CERCLA的责任体制本身是被设计为不是由纳税人,而是确保由有责任的污染方提供污染清理基金的主要部分,CERCLA区别了四类"潜在责任人":(1)设施的现所有人和经营人;(2)当处置危险物质时,场所的所有者或经营者之任何一方;(3)被第三人安排来处置危险物质的任何一方;(4)任何运送危险物质至处置设施或场所的一方。尽管CERCLA未提到严格的共同的和分别责任(连带),但法院已经把施以的责任解释为严格的、连带的和溯及既往的。⑤ 这样一来,一个危险废物填埋场常常会有数个,甚至数十个、数百个"潜在责任人",而连带责任意味着任何一个"潜在责任人"都有义务承担全部或部分清洁治理的责任。当一个危险废物填

① [日]原田尚彦著:《环境法》,于敏译,法律出版社1999年版,第28~29页。

② 同上,第29页。

③ 转引自[德]克雷斯蒂安·冯·巴尔著:《欧洲比较侵权行为法》(下卷),焦美华译,法律出版社2001年版,第509页。

④ Benjamin Richardson, Environmental Regulation through Financial Organizations, *Kluwer Law International*, 2002. p. 306.

⑤ Ibid., p. 306.

埋场所储存的废物已经混合并且无法辨别是哪一种物质发生泄漏时,美国环保局有权向最具有经济实力的“潜在责任人”追究责任,虽然该“潜在责任人”可能只向该场地运送了极少量的危险物质。连带责任制度已成为美国环保局取得清洁治理受污染土地费用的有利武器,亦被广泛称之为“荷包”做法,即以荷包充足、经济状况良好的“潜在责任人”为目标进行诉讼。与连带责任同时存在的是责任分担权,即任何一个承担了全部清洁治理责任的“潜在责任人”都有权向其他“潜在责任人”进行追偿,要求其承担相应的责任,当然,如果其他“潜在责任人”资不抵债或根本无法确认其他“潜在责任人”,这一责任分担权便只是徒有虚名而已。①

(三)企业污染损害赔偿基金与责任保险制度,发展互利的连带责任机制

企业污染损害赔偿基金,是指由各个具有同样危险的企业按照约定预先缴纳一定的金额,从而建立互助基金,当其中某一企业因环境侵权而被索赔时,首先由该互助基金支付赔偿金,其后再由被索赔的企业逐步将等额的基金返还给该互助基金。如依日本《油污责任油轮船车自愿协定》、《油轮油污责任临时补偿约定》建立的油污企业自愿互助补偿基金,日本煤矿企业依据《煤矿矿害赔偿担保等临时措施法》第4条建立的煤矿矿害事业团的矿害赔偿基金之类。②

环境责任保险是指被保险人依法应对第三人负损害赔偿责任时,由保险人根据保险合同的约定向该第三人支付赔偿金的财产保险类型,在实践中,环境侵权损害责任保险的对象往往仅限于因偶然的、突发性的环境污染事故所造成的人身伤害、财产损害等经济性损失。③

上述两项制度,是充分利用市场机制,使营利主体因营利之目标,而达成互利之社会连带责任体系。

(四)社会安全体制,建立了社会集体连带责任机制

社会安全体制主要包括社会保险、责任集中和国家给付三种形式,④是基于现代社会福利思想、连带思想而建立的损害填补体制,旨在为公民提供最低限度的生活保障,偏重于人身损害的补偿,且限于一定的金额或医疗给付。⑤ 由公害造成疾病、伤残、死亡、丧失劳动能力等,由社会强制保险基金予以支付,以维持受害者及其家属的基本生活。这就是社会保险基金在公害损害补偿中的作用。

所谓责任集中,是指在复数责任主体的场合,法律只规定由其中之一承担赔偿

---

① 赵宇红:“危险废物污染土壤的治理——美国立法给我们的启示”,载《科技与法律》2003年第2期。

② 王明远著:《环境侵权救济法律制度》,中国法制出版社2001年版,第146页。

③ 全国人大环境与资源委员会编译:《瑞典环境法》,中国环境科学出版社1997年版,第111页。

④ 邱聪智著:《公害法原理》,三民书局股份有限公司1984年版,第32页。

⑤ 王明远著:《环境侵权救济法律制度》,中国法制出版社2001年版,第156页。

责任,而其他责任人则不直接对受害人承担损害赔偿责任的制度。

所谓国家给付,即指国家在加害人以及相关的责任保险人、财务保证人无力支付,致使受害人无法获得适当赔偿时,由国家保证给付安全,从而负担部分损害赔偿责任。如《德国原子能法》第36条对于原子能企业者规定一定范围之填补义务,故对于该部分可以事先投保。超过此范围之损害额,则在一定的限度内(1亿马克为限),由联邦负其责任。超过该限度之损害,则任何人都可不负其责。[①]

社会安全体制,是基于社会集体体制,会因责任风险完全集中于某些群体而力所不逮,导致社会"瓦解",建立的集体性社会连带机制,以预防形成整体性社会危机。

(五)国家的连带责任,体现了国际社会合作机制

在国际法上,国家的连带责任主要在两方面得到体现:其一,共同但有区别的责任原则在《联合气候变化框架公约》等国家法律规范中得到体现。这种共同但有区别的责任原则,就隐含了缔约国所承担的连带责任。其二,国际集体救济。如关于核损害赔偿责任的《欧洲布鲁塞尔议定书》等,使原来由个别国家单独承担的超额赔偿责任,转由缔约国共同分担。国家的连带责任之兴起,有利于克服人类社会集体行动过程的"搭便车"与"囚徒困境"之现象,促进国际社会合作机制之形成,以抵御共同的环境风险。

(六)非政府组织的兴起,标志着非政府组织亦成为社会连带责任的一方,促使社会连带责任机制更加完善

非政府组织的兴起,特别是一些针对环境污染与环境破坏提供资金资助的基金或团体,开始成为社会连带责任的一方,体现了非政府组织成为连带责任机制中的重要一环,完善了社会连带责任机制。

二、连带责任在环境法领域运用的利弊考

(一)环境法上连带责任形成的原因

作为社会控制的一种工具,环境法是为克服日趋严重的环境问题而存在的。因此,环境问题的严重性、社会性、积累性、潜伏性等特点,决定了环境法形成的具体路径。详言之,环境法上连带责任之所以形成,必须从环境问题的克服过程中寻找其原因:

1. 对不确定性的克服

人类面对自然的变化,是作为参考者身份出现的。严格地说,从远古以来,历经

① 刘得宽著:《民法诸问题与新展望》,三民书局股份有限公司1980年版,第434页。

对自然的崇拜、对自然的挑战以及与自然的和谐共处等阶段，人类从来没有完全把握住生态系统的千变万化。概因人类理性的有限性所致，因此，人类永远生活在充满"不确定性"的生态系统中。随着科技水平的提高以及人类有能力大规模开发利用自然的社会制度设计能力的提高，这种来自生态的"不确定性"反而在加剧，形成了我们称之为"风险社会"的时代，风险社会就是灾难社会，科技克服了匮乏的问题，却也为人类带来逸出控制的无限危险。①

人类社会的政治和社会行动已开始考虑如何应对"风险社会"。法律发展已开始从财富分配转向风险控制。从某种程度上说，环境法的发展亦是风险控制的法律之一。德国社会学者 Ulrith Beck 认为现代社会中由核能、化学、基因工程为生态污染所释放的风险，已侵蚀了风险计算的四根支柱：(1)风险的全球化以及无从弥补的特性，使得金钱补偿的概念不再有效；(2)对人们可想象的最严重灾变来说，任何预先设计的救援计划都无济于事，因此，预防性监督的概念同样失效；(3)"意外"的发生不再受时空限制，必须面对一波波纠缠不清的破坏性连锁反应；(4)这同时意味着各种标准值、测量程序的无效，风险计算变得相当模糊。②

风险计算，本为法律的可计算性之一的组成部分，其根基之动摇，才使环境法的创新，必须转向风险的趋避与控制，因而，环境损害赔偿的过错原则、环境影响评价等预防性制度的重要性，便开始让位于连带责任等典型的风险分担与控制制度。③

2. 对正义观的反映

责任机制的设计，是社会控制的重要组成部分，必然受到正义观的影响。"在任何一种情况下，社会控制使其有可能为最大多数人做更多的事情。俗话说得好，我们大家都需要地球，我们大家都有谋求满足的许多愿望和要求。我们有那么许多人，可是地球却只有一个。每一个人的愿望不断地和他邻人们的愿望互相冲突或重叠。所以，人们不妨说，这就有了一项巨大的社会工程任务。这就有了一项使生活物资和满足生活在一个政治组织社会中的人们的各种要求和愿望的手段，在不能满足人们对它们的一切要求的情况下，至少尽可能地做得好些。这就是当我们说法律的目的是正义时的意思。我们以为正义并不意味着个人德行，它也并不意味着人们之间的理想关系。我们以为它意味着一种制度。我们以为它意味着那

① 苏永钦著：《走入新世纪的私法自治》，中国政法大学出版社 2002 年版，第 67 页。

② 顾忠华："'风险社会'的概念及其理论意涵"，载《社会学理论与社会实践》(1999)，第 153～154 页。

③ 在古代中国，之所以实行连坐等连带责任，亦因基于当时科技水平及社会控制制度的水平，面临的亦可说是一种"风险社会"。因此，从这个角度来说，笔者不赞成张维迎、邓峰的解说，当另著文予以解说。

样一种关系的调整和行为的安排，它能使生活物资和满足人类对享有某些东西和做某些事情的各种要求的手段，能在最少阻碍和浪费的条件下尽可能多地给以满足。”[①]因此，利益[②]的冲突之衡量，则成为正义观所要处理的法律任务，而责任机制之设计亦是为了完成这项任务而存在。

环境问题——环境污染与环境破坏，皆是伴随着人类科技水平与社会控制水平的提高而大幅增长。也就是说，人类科技水平与社会控制手段的提升，带来了人类物质丰裕的同时，亦带来了环境污染与环境破坏。因此，在设计环境问题克服的责任机制时，亦得考虑利益的平衡，于是，连带责任作为其中一项制度安排，由此具有了正当性。

3. 对污染者负责原则的校正

污染者负责原则，是指“谁使得环境有所负担或污染，其就应支付所造就负担及污染之费用”。[③] 污染付费原则与法理上“谁损毁他人之物则须负损害赔偿之责”乃一脉相承。对环境造成的损害，特别是对现存的损害状态必须负责，并不单单仅限于此原则起源之经济学中“付费”的概念，污染者除必须将其污染排除并回复原状，甚至有可能须负环境法中行政处罚的责任，其事先当然更须预防污染的发生。更进一步要求污染者负有对环境保护适当客观且具有经济价值的责任，并要求污染者更积极地避免对环境的污染、排除对环境所造成的负担。相对于污染者之义务，国家就此原则之适用上可以采取征收费用（包括税收与规费）等措施，来实现此原则。此外，污染者负责原则所表达的最主要内容是环境不再是可任人随自取用及其在毁损时不受制裁之自由财，而是公有财产之一部分的“公共财”，只有付出一定相对的代价始能加以使用，甚至要求使用时应尽可能采取一切措施，避免环境的破坏，倘使无法避免时，则要求行为人须负担为排除此项毁损及破坏所应支付之费用。[④]

然而，污染者负责原则在实践中亦遇到下述不可克服之阻碍，致使其效力无法实现：其一，企业财力不济，特别是依有限责任所建立之公司，当其已陷入破产境地时，又如何能承担污染治理与损害赔偿费用？其二，大量的复合污染，难以分清真正的致污者时，又如何实现污染者负责原则？其三，环境问题发生的潜伏性与滞后性，当污染与环境破坏的严重性完全呈现，已无法再找到污染者时，又如何实施污染者

① ［美］罗·庞德著：《通过法律的社会控制·法律的任务》，沈宗灵、董世忠译，商务印书馆 1984 年版，第 35 页。

② 法律科学中，从耶林以来，前述的这些要求，愿望或需要称为“利益”。

③ 德国联邦政府在 20 世纪 70 年代开始制定环境政策纲领时的对“污染者负责原则”的界定。参见陈慈阳著：《环境法总论》，中国政法大学出版社 2003 年版，第 175～176 页。

④ 陈慈阳著：《环境法总论》，中国政法大学出版社 2003 年版，第 176～177 页。

负责原则？其四，作为一种经济诱因，污染者负责原则试图将所有社会成本“内部化”，然而，实际上，污染所致风险并非可以完全“内部化”，当仍存在一些无法内部化的环境危险时，如何控制与避趋这类危险？唯有以社会连带责任之设计来校正污染者负责原则，方能较稳妥地分担损失与责任。

（二）连带责任在环境法上的不足

连带责任在环境法领域的运用，从各国的具体实践来看，也显露出一些弊端：

1. 连带责任的分配机制不合理

具体来说，就是连带责任的分担畸轻畸重。如对于环境污染损害赔偿问题，一些国家的法律或国际条约规定有最高责任限额，在限额以内，由行为人承担严格责任，而限额以外，意味着要由受害者、第三人（包括国家或其他社会组织）承担连带责任。但是责任限额之规定，实际上很难能有较合理的划定，这就意味着连带责任分配机制很难合理化。以核能损害民事责任为例，就遇到这个问题。1960 年《核能领域第三方责任公约》规定操作者的最大责任限额约为 1500 万美元（每次事故），后该公约 1963 年的补充协议将该限额增至约 1 亿 2 千万美元（每次事故），1963 年《核能损害民事责任维也纳公约》规定操作者的最大责任限额为 500 万美元。但同 1986 年苏联的切尔诺贝利核电站事故造成的空前巨大的损失相比，这些公约规定的责任限额小得微不足道。[①]

2. 连带责任机制之设计，难以达到保护环境、恢复环境之目的

连带责任在环境法上运用，必须致力于环境法之目的。否则，连带责任问题便与环境法上其他制度形成“排异”，无法实现环境法之目的。《美国综合环境回应、补偿和责任法》（CERCLA）实施后，法院解释 CERCLA 的连带责任条款形成了鼓励为修复受污染土地而瞄准最充实的“荷包”之做法。这样一来，就使引起环境污染风险企业的贷款者发现自己完全暴露在承担清理费用的责任面前。[②] 考虑在危险中的金额，民事责任请求中法律抗辩的费用是争议解决中的主要部分就不是不寻常的了。根据一项普遍援引的研究，60% 的 CERCLA 的清场费用是交易成本，主要用于决定责任的诉讼中。基金从环境清除费用转化为诉讼费用已使得超级基金法成为法规之公共选择中引起激烈争议的对象。为减轻连带责任之严格程度，CERCLA 允许责任方从其他责任方寻求在超过“公平份额”之上的费用之分担。但是，这一条款进一步鼓励了高成本的诉讼，并且，如果其他责任方属于无偿还能力者，则该分担条款无任何价值。根据美国银行协会的一项观察，62.5% 的基金和商

---

① 王曦编著：《国际环境法》，法律出版社 1998 年版，第 153 页。

② D. R. Berz, Lender Liability Under CERCLA: In Search of a Deep Pocket, *Banding Law Journal* 4, 1991.

业银行已经拒绝接受可能引起的环境责任的贷款申请或潜在借款,45%的已经因同样的原因而撤回给已知的危险项目(如化学项目)的贷款。[①] 如此一来,非但污染土地得不到清理,而且会使从事危险事业的企业资金匮乏。

三、调和社会连带责任

在环境法上,可持续发展战略之实施,循环型社会之形成,有赖于对连带责任之调和。

(一)个别责任与连带责任

环境权的发展,呈现出的自由权时代—社会权时代—生态权时代的轨迹,实质上是正义观随着社会变迁不断修正之过程。体现在责任机制的变迁上,就是要调和个别责任与连带责任之关系。个别责任,在环境法上,亦应呈扩张趋势:其一,生产者责任,作为生产者对污染与破坏环境之行为,须承担赔偿损失、恢复环境之责任。其二,消费者责任,对消费品回收,再利用之义务;因消费行为导致污染的清污责任。其三,环保团体责任,对环境保护,生态维护之义务。其四,地方公共团体责任,对地方生态系统维护之责。其五,国家责任,基于国民之信托,负有维护境内生态与地球环境之责。其六,人类责任,作为生态系统一分子,对其他物种之侵害,负有赔偿之责,以达维护生态多样性之目的。其七,当代人责任,对后代人有保全地球之义务。由此,个人责任,不唯自然人个别责任,乃是指在法律上的所有独立体,均成为责任主体,构成个别责任之网。

面对个别责任之网,连带责任起联结之作用,形成如下多层次的连带关系:生产者未尽之责,由消费者连带承担责任;消费者未尽之责,由环保团体连带承担责任;环保团体未尽之责,由地方公共团体连带承担责任;地方公共团体未尽之责,由国家承担责任;国家未尽之责,由人类社会承担责任。如此以竭尽人类社会之所能,为后代人保全地球环境,为永续发展提供条件。

(二)法定连带责任与自愿连带责任

所谓法定连带责任,是基于法律规定,强制性的连带责任。对于法定连带责任,各国与国际社会有反思的必要,应以可持续发展正义观重构法定连带责任,对那些涉及进一步恶化生态、减少生物多样性、削弱后代人生存条件之行为,均课以法定连带责任。

---

① Benjamin Richardson, Environmental Regulation through Financial Organizations, *Kluwer Law International*, 2002. p. 308.

所谓自愿连带责任，是指以契约方式，自愿承担的连带责任，环保非政府组织（NGO）的兴起，就是典型的自愿的连带责任方，在环保领域中，社会责任运动的发展，亦是生产者成为自愿连带方的一种表现，各国政府均应鼓励这种自愿连带责任的承担方式，以克服法定连带责任之僵化与不足。

总之，环境法上较理想的连带责任状态，应该是法定连带责任与自愿连带责任的有机调和。

（三）扩大生产者责任与连带责任

在循环型社会中，责任随物资的转移而呈现扩大之趋势，生产者之责任，变成为对产品的整个生命周期负责。因此，原料生产者、销售者及产品生产者、销售者、使用者、消费者都构成责任之一环。连带责任在整个产品生命周期中应有所体现，如此，方能促进物资之循环利用。也许，任何人类社会对生态系统的管理体系都存在巨大的不确定性，连带责任作为其中的一种方式亦不例外。但我们只有选择“边干边学”的态度，“从一个反复的人类实践中学习，以不断加深对生态的理解并不断校正我们的行为，在实践性与规定性层面完善生态管理体系”。[①] 美国超级基金法的实践——法院判例不断在连带责任的严格性方面强化与缓和中反复，[②]亦很好地说明了这一点。

① Bradley C. Karkkainen, Adaptive Ecosystem Management and Regulatory penalty defaults: Toward a Bounded pragmatism, *Minnesota Law Review*, 2003, No. 4.

② Benjamin Richardson, Environmental Regulation through Financial Organizations, *Kluwer Law International*, 2002.

上市公司关联交易制度的演变与比较

夏　雪*

交易(Transaction)作为名词从民法上来说是指双方通过相互让步来防止或解决争端而达成的协议;作为动词是指通过相互让步来解决争端。① 关联交易,作为发生在关联方或关联人之间的交易,必须首先界定什么是关联方。目前,无论是法律界、金融界,还是会计界,对关联方都存在不同的理解和认识。

一、关联交易的界定及相关定义

(一)关联方定义

2006 年《公司法》并未专门规定关联方的定义,但在第 217 条第 4 款对关联关系有所规定,即关联关系是指"公司控股股东、实际控制人、董事、监事、高级管理人员与其直接或者间接控制的企业之间的关系,以及可能导致公司利益转移的其他关系。但是,国家控股的企业之间不仅仅因为同受国家控股而具有关联关系"。从《公司法》的关联关系概念中我们可以间接推导出,公司的控股股东、实际控制人、董事、监事、高级管理人员,以及这些人能直接或者间接控制的企业,就是该公司的关联方,但国家控股的企业之间不因为同受国家控股而成为关联方。由于是推导出来的关联方,相对来说范围就比较窄。但将关联方扩大到实际控制人应该说已充分体现了现代公司法的精神,显示了我国公司法立法上的后发优势。

(二)关联交易的定义和类型

关联交易作为一种行为,财政部 2006 年会计准则界定的关联交易是指"关联方之间转移资源、劳务或义务的行为,而不论是否收取价款"。2007 年证监会的《管理办法》和证券交易所《股票上市规则》(2008 年修订)界定的关联交易是一致的,是指"上市公司或者其控股子公司与上市公司关联人之间发生的转移资源或者义务的事项"。

关联交易的具体类型只在财政部《企业会计准则第 36 号——关联方披露(2006)》和证券交易所《股票上市规则》(2008 年修订)中有规定。这些类型的关联

---

* 夏雪,2002 级外国法律史专业,指导老师:何勤华。现工作于上海市证券交易所。

① Black's law dictionary(seventh edition),West Publishing Co.,1990,p. 1503.

交易以是否与生产经营有关分为日常关联交易和非常规关联交易两种类型。如购买原材料、燃料、动力,销售产品、商品等就是日常关联交易;重大资产购买、出售、担保等就是非常规关联交易。以发生金额大小对上市公司的影响为标准分为一般需予披露的关联交易和重大关联交易两类。由于不以收取价款为交易条件,因此关联交易中不适用民法等价有偿的基本原则。上市公司作为商事主体,其关联交易发生在特定主体之间,为最终从交易中获取自身或利益同盟的利益,其单次的交易更像是为解决最终利益而达成的协议,①这不仅涉及交易相对人的利益和商事活动的繁荣,更关系到市场秩序的稳定。

(三)关联交易的法律特征

作为民事法律主体进行交易应当遵循自愿、平等、公平、诚实信用的原则,这也是一般交易所具有的法律特征。自愿是市场交易的基本准则,是指交易主体得以自由地基于其意志进行民事活动;平等也称法律地位平等,是市场经济的一般特征,作为交易主体享有独立、平等的法律人格,其中平等是以独立为前提,独立以平等为归宿。关联交易作为典型的商事活动,有其自身的特点:

1. 主体的特定性

一般交易的主体都是独立、平等的,交易的发生仅存在于有商业往来的企业之间;交易双方除了单纯的交易,没有其他人事或决策上的关系,更没有控制与被控制的关系。而关联交易的主体具有特定性,只能是与交易有关系的关联方。

根据我国《公司法》推定,或财政部、证监会和证券交易所等相关规定,关联方不外乎是存在关联关系的法人或自然人两类。前者以母公司或控股公司为代表,后者以公司的控股自然人、董事、监事、高级管理人员及其家庭成员为代表。除此之外,相关规定中还存在“潜在关联人”。

2. 交易主体间利益的相关性

一般交易的公平性是为了维系交易各方利益的均衡。而关联交易在形式上表现为一方对资源或利益的索取,另一方则表现为对利益的奉献,如输送利润、提供担保或抵押等。但由于交易各方可能是利益相关的共同体,如在一定时期内,控股股东为支持公司上市将优质资产注入上市公司,或为了上市公司能够扭亏为盈避免沦为“ST”,而替上市公司承担债务与费用,如支付托管费用、资金占用费等。当然,这些“奉献”的长远目标则是控股股东为了能从上市公司攫取相应的利益或避免遭受损失。不过,上市公司也离不开控股股东,如果缺少控股股东的支持,一些上市公司可能会不具备上市资格。

---

① 《牛津法律大词典》,法律出版社2003年版,第891页。

3. 交易双方权利义务的特殊性

一般交易,交易双方权利与义务是对等、有偿的。但在关联交易过程中,由于控制与被控制或影响与被影响的特殊关系,双方的权利义务可以是不对等或显然是不对等的,甚至是无偿的。

4. 交易法律后果的特定性

关联交易还有一个显著特点,是其交易法律后果的特定性。这种特定性表现在关联方在承担民事责任上与一般交易有很大的不同。一般交易,其法律责任均由各方独立承担。但是在关联交易中,交易的法律后果可能会由不该承担的关联人承担。如在一些母子公司中,一些具有控制力或影响力的母公司为了自身的竞争力和经济实力,或者为逃避债务、规避法律,滥用其控制力或影响力,以公司法人人格独立原则把本该自己承担的民事责任强加到其控制的从属公司身上。

二、中国上市公司关联交易法律制度的演变

在我国关联交易法律制度体系中,低层次的部门规章、规范性文件和自律规则在关联交易的规制中发挥了巨大的作用,主要是证监会对上市公司关联交易全方位的行政规制,财政部的财务会计制度规制和证券交易所自律规则的规制。其中证监会的行政规制是核心。关联交易法律制度体系的演进经历了以下三个阶段:

(一)1990 年至 1996 年的缺失阶段

在 1986 年我国市场经济开始起步前,关联交易一直是个陌生的名词,1991 年《外商投资企业和外国企业所得税法》第 13 条仅提到关联企业的名称,未对关联企业作出定义,但在其后颁布的《外商投资企业和外国企业所得税法实施细则》第 52 条,对关联企业进行了列举,即税法第 13 条所说的关联企业:是指与企业有以下之一关系的公司、企业和其他经济组织:(1)在资金、经营、购销等方面,存在直接或者间接的拥有或者控制关系;(2)直接或者间接地同为第三者所拥有或者控制;(3)其他在利益上有相关的关系。

1992 年颁布并于 2001 年修订的《税收征收管理法》第 36 条规定不按照独立企业之间的业务往来收取或者支付价款、费用,而减少其应纳税的收入或者所得额的,税务机关有权进行合理调整。这是对关联交易最早的规制。其重点是防止利用关联交易转移定价,偷税漏税,对关联交易信息披露没有作出具体规定。

1993 年证监会设立。国务院在同年 4 月发布的《股票发行与交易管理暂行条例》中规定了上市公司在年度报告中披露持有 5% 以上股份的股东名单,以及前 10 名最大股东的名单,披露公司董事、监事和高级管理人员简况、持股情况和报酬等

内容,以及公司及其关联人一览表和简况,但只提到关联人一词,前述这些披露并未要求将其作为关联人来披露。

总的来说,1990 年至 1996 年是中国关联交易法律制度缺失的阶段。缺乏关联交易相关定义,规制关联交易相关法律制度尚未形成,相关监管职能尚不明确。

(二)1997 年至 2002 年的萌芽阶段

自 1997 年开始,有关上市公司关联交易信息披露及监管制度逐步进入到一个有法可依的阶段。此后,非公平关联交易行为一直得到监管部门的重点监管。而最早对关联交易进行实质性规制的是财政部的财务会计制度。

1. 财政部会计制度监管

1996 年上市公司"琼民源"利用精心编造的不当关联交易,在 5.66 亿元利润总额中,虚构利润 5.4 亿元,虚增资本公积金 6.57 亿元,[①]并以此作为利好进行自我炒作。该事件强烈震动股市,为规范这种不正当行为,财政部于 1997 年 5 月 22 日颁发了中国历史上第一个具体规范关联交易的企业会计准则——《关联方关系及其交易的披露》。该准则及其指南系统地对关联方的范围进行了界定,以控制、共同控制和重大影响作为判断关联关系的主要依据,同时规定上市公司应在会计报表附注中披露关联方关系以及关联交易,使我国上市公司关联交易行为第一次有了明确的规范,这也是第一部专门针对关联交易及其披露的立法。[②]

2001 年 1 月,财政部对《非货币性交易准则》和《债务重组准则》进行了修订,其核心内容是以账面价值取代公允价值,并且对交易损益的确认设定了一定的条件,从而最大限度地减少了关联方利用资产置换和债务重组调节利润的可能。[③] 另外,《债务重组准则》修订后,虽然切断了上市公司利用债务重组关联交易虚增利润的途径,但却出现了利用债务重组形成的资本公积弥补亏损的现象。[④]

2. 证监会信息披露和公司治理监管

1997 年证监会《公开发行股票公司信息披露的内容与格式准则第 1 号——招股说明书的内容与格式》,首次将关联企业的基本情况等内容列入信息披露的必备内容。1997 年、1998 年、1999 年证监会三次对《公开发行股票公司信息披露的内容

---

① 安刚、林靖:"'琼民源案'庭审纪实",载 http://www.gmw.cn/01shsb/1998 - 11/13/GB/797%5ESH4 - 1308.htm。

② 王小星:"我国上市公司关联交易及其监管研究",南京理工大学 2007 年硕士学位论文,第 27 页。

③ 按照《非货币性交易准则》规定,资产置换差价现金部分不得超过资产价格的 25% 为非货币性交易。

④ 王小星:"我国上市公司关联交易及其监管研究",南京理工大学 2007 年硕士学位论文,第 29 页。

与格式准则第2号——年度报告的内容与格式》进行修订,在“重要事项”中对于重大关联交易事项,予以明确界定,对重大关联交易披露的基本内容和要求呈递增趋势。2001年证监会的《关于上市公司重大购买、出售、置换资产若干问题的通知》,规定了上市公司重大购买、出售、置换资产的内容、实施原则、条件和程序。要求前述重大事项的关联交易应经股东大会决议,关联股东必须回避表决,独立董事就关联资产交易是否有利于上市公司和全体股东的利益要发表独立意见。

3. 证券交易所自律监管

2000年沪、深证券交易所对1998年实施的《股票上市规则》进行了修订,2001年又再次修订。两次修订的《股票上市规则》都明确了关联交易的定义、关联交易披露标准和需要由股东大会审议的标准;确立了关联董事和关联股东回避表决的原则;实行关联交易累计计算原则;明确了关联人包括关联法人、关联自然人和潜在关联人;其中2001年扩大了关联法人和自然人的范围,扩大了的关联事项共有十四项。《股票上市规则》还确立了上市公司董事和监事的承诺和备案制度,强化了董事和监事在信息披露方面的责任,增强了公司在关联交易披露的透明度。

(三)2004年以后的初步形成阶段

2006年,财政部根据我国上市公司关联交易的特点和趋势再次修改了《企业会计准则第7号——非货币性资产交换》、《企业会计准则第12号——债务重组》和《企业会计准则第36号——关联方披露》,此次修订的重点是会计核算采用公允价值作为会计计量,在总结原准则有关公允价值如何取得和确保其可靠性方面,新准则要求在金融工具、投资性房产、长期股权投资、债务重组和非货币资产交易等方面采用公允价值,即约占90%的会计准则条文直接或间接地运用了公允价值计量。① 新的公允价值计量与原来相比,适用范围更广,如金融工具、投资性房产等,这些资产计量一般具有公开市场价格,但对于没有公开市场价格的仍然适用类比和估值方法,这两种方法均依赖中介机构的规范和估值标准和估值程序的科学性,也就是说,关联交易非公允性的倾向依然难以避免。

三、各国和地区关联交易法律制度的比较

(一)美国法律研究院《公司治理原则》对关联交易的规范

作为美国法律重述之一,美国法律研究院(American Law Institute)制定的《公司治理原则:分析与建议》(以下简称《公司治理原则》或PCG)对关联交易中董事

① 余晓璐:“从公允价值的应用看改革开放30年会计变革”,载《上海会计》2008年第6期。

及控股股东的公平义务进行了突破性的规定,体现在其第五部分"公平交易义务",其中的第二章和第三章详细阐述了"董事和高级管理人员的公平交易义务"和"控股股东的公平交易义务"。[①]

美国法律对大股东与公司关联交易规制的态度,与对董事是不同的,这是由大股东地位特殊性决定的。美国绝大多数州对大股东与公司关联交易并未强制要求取得无利害股东的批准,[②]一般可以借助事后的司法公平性审查来谋求救济。鉴于美国对大股东关联交易规制,早期主要起源于董事与公司之间的关联交易,且相关精神是一致的。实践中美国法律对关联交易的态度以及规则的演变经历了三个不同的阶段:

(1)绝对禁止阶段。19世纪末,美国法院认为公司与董事之间发生的关联交易不管对公司是否公平,都可因股东或公司的请求而撤销。Field大法官曾采用这一观点,即"一个人不能在代表自己之同一时间内、为同一件事,又为利益相冲突的他人为代理。当利益发生冲突时,通常其诱惑过于强烈而难以克服,董事应承担的义务可能为利益所牺牲"。[③] 直到1910年,美国大多数法院对关联交易均持这种态度。

(2)事前批准和事后审查阶段。到了20世纪初,一般法则认为如果经过大多数无利害之董事同意,并且如果有人诉讼,法院没有发现任何不公平或者欺诈情事时,该合同即为有效。但如果大多数董事都有利害关系,只要公司或股东有所请求,合同即可撤销,不必考虑是否公平。

(3)进一步放松。1960年之后,美国法律在对待董事、高管和上市公司关联交易问题上变得更为宽松,即不管是否有大多数无利害关系的董事通过,该交易都不会因为股东提起诉讼而自动被撤销,但如果法院发现该交易对公司不公平,还是可以撤销的。这就是现在的公平审查规则。

(二)《德国股份法》对关联交易的规范

德国通过《德国股份法》第15条对关联企业予以了法律界定,关联企业是指法律上独立的企业,这些企业在相互关系上属于拥有多数资产的企业和占有多数股份的企业、从属企业和支配企业、康采恩企业、相互参股企业或互为一个企业合同

---

① 美国法院研究院:《公司治理原则:分析与建议》,楼建波等译,法律出版社2006年版,第3页。

② 王志诚:"控股股东民事责任之法理基础",载王保树主编:《实践中的公司法》,社会科学文献出版社2008年版,第254页。

③ Wardell v. Union Pacific R. R. Co. ,103 U. S. 651(1880),载 http://supreme. justia. com/us/103/651/。

的签约方。[①] 因此，可以认为康采恩是关联企业的一种，也是最为典型的一种。[②]《德国股份法》第18条规定，当两个或两个以上具有法律地位的企业联合起来接受统一管理时，便产生了康采恩，各单个企业为康采恩企业。

德国法律在事实康采恩中，是限制控制企业从事关联交易的，但同时，控制企业还是可以通过补偿的方式安排关联交易。然而，尽管法律上有如此严格的补偿制度，由于查证和确认困难、难以合理评估个别利益和集团利益以及原告举证困难等原因，补偿条款有时难以落实。为了弥补现行法上的不足，德国联邦法院在1985年以"法官造法"方式，建立了"推定的关系企业"理论，将举证责任转移给控制企业，即控制企业只有在能够证明从属企业的损失并非由控制企业行使经营上的控制所致的，才能免责。后来德国联邦法院在1989年Tiefbau案件中，进一步限制了控制企业的举证抗辩，规定除非从属企业的损失并非由控制企业行使经营上的控制所造成的，否则控制企业不可以主张免责。[③] 因此，康采恩法在规避与反规避的较量中，已经逐渐完善，企业集团规避康采恩法的空间和可能性已经或将会越来越小。[④]

（三）我国台湾地区"公司法"对关联交易的规范

我国台湾地区"公司法"中"关系企业"专章主要承袭了德国股份有限公司相关法律对关系企业的规范。我国台湾地区"公司法"依照其第369条之一定义了关系企业，即"本法所称关系企业，指独立存在而相互间具有下列关系之企业：1. 有控制与从属关系之公司。2. 相互投资之公司"。[⑤] 规定方式较为简明，但可以通过后续条文加以规范。

为预防相互投资公司之间产生虚增资本的弊端，对于相互投资公司，我国台湾地区"公司法"明确规定：公司与其他公司相互投资各自达到对方有表决权股份总数或资本总额的三分之一以上的，为相互投资公司。[⑥] 或者，相互投资公司各自持有对方已发行有表决权股份总数或资本总额超过半数，或者相互可以直接或间接控制对方的人事、财务或业务经营的，也可认定为存在互为控制的公司与从属公司。[⑦]

根据"公司法"的要求，我国台湾地区还修订有关系企业合并营业报告书、关系

① 《德国股份法》译文，参考杜景林、卢谌译：《德国股份法》，中国政法大学出版社2000年版。
② 吴越："德国康采恩法与我国企业集团法之比较"，载《法律科学》2001年第2期。
③ 汤欣著：《控股股东法律规制比较研究》，法律出版社2006年版，第64、65页。
④ 吴越："德国康采恩法与我国企业集团法之比较"，载《法律科学》2001年第2期。
⑤ 王文宇著：《公司法论》，中国政法大学出版社2004年版，第574页。
⑥ 我国台湾地区"公司法"第369条之九第1项。
⑦ 我国台湾地区"公司法"第369条之九第2项。

企业合并财务报表和关系报告书编制的相关准则，简称“关系企业三书表编制准则”。该准则规定公开发行公司如果为从属公司，应于每个营业年度终了时编制并披露与控制企业的关系报告书，即关联方关系和关联交易信息披露资料。

四、结　语

关联交易的实质公平是基础和最终目的，这样才可以使各方的利益都不致遭受损害，而形式公平可以保障这种目的的实现，最大限度地过滤关联交易行为潜在的道德风险，还可以在一定程度上消除人们对交易行为公正性的质疑。形式公平未必能够体现实质公平，同样缺少了形式公平也就未必不能体现实质公平。因此判断一项关联交易是否公平的主要依据依然是实质公平，形式公平只是一种手段而已。

从美国实践来看，多数情况下，程序性的公平不是强制性的要求，法院并不会因为缺少程序性公平而视交易无效或者可撤销。相反，即使没有事前披露，甚至没有经过事前的批准，只要能证明交易的结果是公平的，那么交易仍然会被承认。比如，一个案件中，董事与有利益关系的一个合伙组织与其所在公司签订合同，但是该董事没有披露自己在合伙中的利益关系，纽约最高法院认为只要合同的实质是公平的，那么这个交易不会因为没有披露该信息而无效。相反如果被告满足了程序的要求，进行了事前的披露，那么法院则可能不会因为公平的价格出现偏差而否认交易的效力。

由于各种原因，我国很多上市公司在进行关联交易时，大部分形式上完全可以保证公平，但实质上是否公平就不无疑问了。国外通过形式公平原则来实现诉讼法上举证责任的转换与分配，而法院对关联交易的判定最终仍应以实质公平为标准的做法，值得我们借鉴。

论我国合伙企业所得税制的完善
——以域外经验的借鉴为中心

任　超*

合伙企业是人类社会最古老的企业组织形式之一,也是最灵活、最有生命力的企业组织形式之一。在所得税制度方面,相对于公司制实体而言,合伙企业的所得税一般只在合伙人层面征收,而企业本身并不是所得税的纳税主体。这就避免了公司税负中的双重征税问题,极大地降低了投资人的税收负担,从而使合伙企业成为现代社会中最受中小风险投资者青睐的企业组织形式。而在我国合伙企业所得税制度方面,仅《合伙企业法》有一些原则性的规定,笔者的写作目的,即在于分析域外合伙企业所得税制度的基础上,为中国合伙企业所得税制度的修改和完善提供可供借鉴的有助益之参考。

一、我国合伙企业所得税制存在的主要问题

我国新《合伙企业法》第6条规定:合伙企业的生产经营所得和其他所得,按照国家有关税收规定,由合伙人分别缴纳所得税。这一有关合伙企业所得税的专门规定,结束了我国合伙企业所得税制方面基本法律长期缺位的状况,在扩展了合伙企业类型的同时,也使得合伙企业所得税制在新法的框架下得到了整合和统一。①根据新《合伙企业法》,合伙企业所得税制彻底贯彻了“流经原则”,合伙企业在税收中仅起“导管”的作用,其本身并不能成为纳税主体,而合伙人才是真正的纳税人。由此,合伙企业被视为“透明的实体”,其经营所得应分配到各合伙人手中,由各合伙人根据其自身情况缴纳所得税,个人合伙人依据个体工商户所得缴纳个人所得税,法人合伙人依据《企业所得税法》缴纳企业所得税。但是,我国目前尚未出台与新《合伙企业法》的规定相配套的合伙企业所得税实施细则,实务操作的法律依据依然是国家税务总局于2000年颁布的《关于个人独资企业和合伙企业投资者征收

---

* 任超,2003级外国法律史专业,指导老师:何勤华。现工作于华东政法大学。

① 在2000年合伙企业税收制度改革时,根据当时的《合伙企业法》,合伙企业的范围仅限于自然人合伙。由此,新的合伙企业税制只适用于自然人合伙企业。而当时在我国大量存在的,具有合伙企业性质的法人联营企业以及个人工商户与企业联营企业的税务处理却未作相应修改,联营企业依然作为企业所得税主体缴纳33%的企业所得税。这就造成了合伙企业所得税制的混乱。

个人所得税的规定》(以下简称《规定》)。该规定所确定的制度虽然也贯彻了“流经原则”,规定合伙人而不是合伙企业为所得税的纳税主体,但该规定中的很多内容存在较大的缺陷,并且有些已经完全过时。

首先,《规定》确定的纳税主体类型单一,定位也较为模糊。《规定》在合伙企业所得税纳税主体界定方面具有先天的缺陷。从该规定的名称可以看出,合伙企业所得税的纳税主体只能是个人合伙人,缴纳个人所得税。而随着新《合伙企业法》对有限合伙的确认,法人合伙人的法律地位已经确定,也势必会在我国大量出现。因此,依照《规定》的内容,新近出现或将要大量出现的法人合伙人的所得税问题,并无相应的法律加以规制,其并不在现行合伙企业所得税制纳税主体范围内。此外,在现行合伙企业所得税制中,合伙企业仅被视为传导“所得和损失与费用”的“导管”,合伙企业实体本身并不承担相应的税收义务和责任,因而导致合伙企业所得税征收管理中偷、漏税情况严重,并且效率低下。

其次,现行合伙企业所得税制关于所得税税基的确定虽然具有一定的合理性,但仍存在较大的税收漏洞。根据《规定》,合伙企业以每一纳税年度的收入总额减除成本、费用以及损失后的余额作为其生产经营所得,然后再按照合伙协议约定的分配比例确定各合伙人的应纳税所得额(税基)。这种先计算净所得再分配给合伙人的确定税基的方法,可以避免在合伙人之间进行复杂的核算,以确定各合伙人应得的所得和损失,具有一定的合理性。但是,这一确定税基的方法,却有着致命的缺陷,即这种收入成本的分配并没有紧密结合各合伙人在合伙企业中的产权基值和实际经营活动情况,尤其是亏损的分配,它有可能超过合伙人在合伙企业中的产权基值。这种对所有亏损不加区分均给予扣除的做法,会最终导致税款的流失。

最后,我国目前的合伙企业所得税制中尚无明确具体的反避税规则和措施,仅有的相关内容体现在新《合伙企业法》第33条规定的合伙协议不得约定将全部利润分配给部分合伙人或者部分合伙人承担全部亏损以及在《规定》第11条中规定的合伙企业的关联交易应当按照《税收征收管理法》进行限制和调整。前者能够有效防止利用“特殊分配”以规避部分合伙人纳税义务的情形出现,而后者则是一般关联交易反避税规则在合伙企业所得税制中的运用。而对于市场上可能出现的将合伙企业作为避税工具的各种行为,我国现行的合伙企业所得税制依然是无能为力的。

二、合伙企业所得税制的域外经验——以美、德为中心的考察

(一)域外合伙企业所得税制的基本架构

合伙和合伙企业的基本法律概念在普通法制度和大陆法制度中均有体现,但

是含义却不尽相同。在以美国为代表的普通法国家,合伙是多个人之间为了从事共同经营而缔结的一种关系,其本质是协议性的,而非一个独立的主体;而在以德国为代表的大陆法制度一般并不使用"合伙"一词,但是有可以在字面上翻译为"人的联合"或者"人合公司",相当于合伙企业的概念。① 而在合伙企业所得税制的基本架构方面,美、德两国的内容却基本相同,即合伙企业所得在企业实体的层面上是不征收所得税的,合伙企业的收入和损失流通(flow through)到合伙人手中,并在合伙人层面征收所得税。② 合伙企业在此仅被视为一个透明体(transparent entity),从事商业活动的合伙企业并不成为所得税的纳税主体,其生产经营所得的真正纳税者是合伙人;合伙企业就如同一根导管(conduit),合伙企业的收入、费用及损失等都通过这一导管流通到各合伙人手中,并在保持原有所得性质不变的前提下,由合伙人汇总其全部收入、费用及损失后缴纳所得税。如若合伙人是公司法人,则由其缴纳公司所得税;若合伙人为个人,则由其缴纳个人所得税。

域外法律在对合伙企业和合伙人实施一体化的所得税待遇,将合伙企业所得归集为合伙人的所得并征收所得税的同时,在具体适用税法的时候,却存在准实体课税模式和非实体课税模式的区别。

准实体课税模式的代表国家是美国。该模式下的合伙企业税制并没有完全排除合伙企业实体的存在价值,在确定合伙人所得税税基时,混合使用"集合"与"实体"两种方法。③《美国国内收入法典》充分体现了上述两种观点的混合,一方面,合伙企业被视为在一起从事营业的人的集合,这种集合并不组成一个可征税的实体,它的收入和损失传导给合伙人,并在这一层面加以考虑;另一方面,合伙企业被视为独立于合伙人之外的实体,合伙企业的所得、损失和费用等在这一层面进行分项列示。④ 合伙人据以缴纳所得税的收入的性质及其数额的大小,都应当在合伙企业实体层面进行汇总。《美国国内收入法典》第6221~6231节就明确了合伙企业在

---

① [美]维克多·瑟仁伊著:《比较税法》,丁一译,北京大学出版社2006年版,第282页。

② Walter D. Schwidetzky, A Comparison of Partnership Income Taxation In The United States and Germany: A Study In Differences, *The American University Journal of International Law & Policy*, Summer, 1995.

③ William S. McKee et al., *Federal Taxation of Partnerships and Partners* paragraph 1.02 (2d ed. 1990). "实体"和"集合"作为确定合伙企业所得纳税税基的两种不同观点,在承认合伙所得应归集于合伙人,并在该层面缴纳所得税的基础上,对所得归集的方法却有不同的观点。"实体观"认为合伙是独立于合伙人的一种实体。合伙的所得因此应该单独予以确定,然后才能分配给每个合伙人。而"集合观"则认为合伙仅仅是合伙人的一种集合体,每一个合伙人被视为合伙全部资产的部分所有人。根据集合观,合伙不能独立于合伙人而存在。因此没有必要在合伙的层面上确定所得。相反,仅需要将合伙的收益和之处的份额分配给每一个合伙人,税收后果应该按每一个合伙人所分配的收益确定。

④ William S. McKee et al., *Federal Taxation of Partnerships and Partners* paragraph 1.02 (2d ed. 1990).

这一方面的责任,它规定合伙企业要作为一个实体,选择会计方法、提交税务申报表并接受税务审计。① 同时,合伙企业应当用单独的纳税申报表向国内收入局报告合伙企业的收支情况以及这些收支在合伙人之间的分配情况。除此之外,美国财政部也制定了一套非常详细复杂的规章,明确规定了合伙企业所得分配、税前列支、亏损处理等事项。②

而德国则是非实体模式合伙企业税制的代表国家。非实体课税模式下,合伙企业所得税税基的确定采取单纯的"集合"方法。根据该方法,合伙企业并不被视为独立于合伙人之外的实体,它仅仅是反映一种通过契约联系起来的人合关系。因此,在确定所得税税基时,合伙企业不需要单独计算其所得与损失,而是直接将合伙企业的收入和损失在合伙人之间进行分配,就像合伙人直接收到收入和直接发生损失一样,合伙人分配到的不是被汇总后的所得的一部分,而是合伙总收入和总费用中应由其分享的那一部分,然后再由各合伙人计算盈亏,履行纳税义务。换句话说,合伙企业将各项性质不同的收入来源与损失按照合伙协议确定的比例逐项分配给合伙人,各项所得在能相互区分并保持原有性质的情况下在合伙人环节被计算出来并课以所得税。

(二)合伙企业损失和费用扣除范围的限制

税基(征税对象)的范围是任何税收制度中为人们所普遍关注的重要内容,而具体到合伙企业所得税制,亦是如此。但是,在税基确定的方法方面,却存在两种截然不同的做法。以美国为代表的绝大多数国家基本上都采取收入扣除损失和费用的方式;而以德国为代表的小部分国家,合伙企业所得税的税基主要采用资本净值比较的方法来确定,将企业本年度终了时的资本净值与上年度终了时的净值进行比较,如果净值增长,合伙企业就有利润,应当纳税;否则为损失,不缴所得税。③

在采用收入扣除损失和费用方法确定税基时,一般情况下,导源于合伙企业经营的每一项损失和费用,都应当能够被扣除,但是为防止扣除范围不断扩大,防止合伙企业将无涉商业经营的损失和费用列为经营项目,从而达到减少合伙企业所得税数额的目的,各国都会有些许的限制性规则。而美国在《美国国内收入法典》中规定的相关限制性规则,相对来说是较为详细和完善的。而在德国,由于主要采用的税基确定方法是净值比较法,因此在其合伙企业税制中,并没有损失和费用扣除的限制性规则。

---

① Kirk J. Stark & Eric M. Zoit, United States Partnership Taxation: Current Structure and Proposals for Reform, *Bulletin for International Bureau of Fiscal Documentation*, 2000, No. 6.

② Voctor Truronyi, *Taxa Law Design and Drafting*, Washington. D. C., International Menetary Fund, 1996.

③ Gumpel, *World Tax Series: Germany (CCH)*, paragraph 6/1.3b, 1982.

首先,合伙人权益基值规则。权益基值,又称份额基础,是指合伙人在合伙企业中享受权利和承担义务的基础,它是衡量合伙企业中各合伙人相应收益份额以及确定各合伙人纳税义务的重要标准。根据《美国国内收入法典》第722节的规定,合伙人在合伙企业中的权益基值与他向合伙企业出资的财产份额相同。同时,合伙人权益基值也不是一成不变的,它会随着合伙企业额外资产的增加而增加,随着资产的减少而减少。[①] 由于合伙人在合伙企业中的权利义务均以权益基值为判断基础,合伙人在合伙企业经营活动中可能招致的损失和费用的范围,也必须以合伙人的权益基值为基础,合伙人得以扣除的合伙经营损失和费用不得超过合伙人在合伙企业权益中的份额基础。因此,合伙人就合伙企业所得纳税时,损失和费用扣除的最大限额,亦即合伙人当年可扣除的损失不得超出其在合伙企业中的权益基值。合伙人在合伙企业中的权益基值,也不得因损失和费用的扣除而成为负数。当合伙人当年度扣除的损失和费用超出权益基值的限额时,超出部分只能结转以后年度抵扣。

其次,风险规则。根据这一规则,合伙人当年从合伙企业活动中扣除的费用和损失的数额,必须与合伙人在这些活动中所“面临的危险”数量相匹配。[②] 而合伙人所“面临的危险数量”取决于合伙人向合伙企业出资的货币数量和出资财产的份额,以及合伙人在合伙企业中承担的有追索权债务的数量,上述三个方面的总和即为“面临的危险数量”,而这一“危险数量”也就是合伙人当年可扣除的合伙经营的损失和费用的风险限额。一般来说,合伙人可抵扣的“风险限额”基本上与合伙人的权益基值是一致的,唯一的重要区别在于“风险限额”中的债权必须是“可追索债务”,而“不可追索债务”则应计入权益基值而不应计入风险限额,因此风险限额往往低于权益基值。“不可追索债务”是指与各合伙人的个人资产没有实际联系的债务,债权人只能对特定资产提出求偿权而不能向合伙人个人主张债权,有限合伙中有限责任合伙人所承担的合伙债务,即为一种典型的“不可追索债务”。当然,“不可追索债务”在满足一定条件后也可以被纳入“风险限额”中。例如,有限责任合伙人就可以通过连带保证合伙企业债务或者以在合伙企业外持有的自有财产提供担保的方式,将自己置身于“危险”中,从而提高“风险限额”。[③]

最后,消极损失规则。在美国所得税法中,消极收入和损失是指来源于纳税人没有实质性参与的交易和商业行为的收入和损失。《美国国内收入法典》将“实质

---

① 额外的资产增加因素包括:合伙人在合伙企业收入中的份额、财产的增加、免税收入的份额、合伙企业增加的负债份额等。资产减少的因素包括:合伙企业损失份额、投资收回、不可扣除的费用份额以及合伙企业债务份额的减少等。

② I. R. C. section 465.

③ Treas. Reg. section 1. 752.

性参与”界定为固定、持续以及真实的参与,并制定了合伙人“实质性参与”合伙企业经营管理活动的测试基本标准。[①] 合伙人的消极活动所引发的消极损失,只能在其消极活动所取得的消极收入范围内得到扣除,超出部分只能结转以后纳税年度扣除,而不能从积极性活动收入中得到扣除。[②] 因为美国合伙企业法一般不允许有限合伙人参与合伙企业的商业管理活动,因而其所从事的上述活动也就因为不是“实质性参与”活动而成为消极活动,由此活动所引发的损失也只能在消极收入的范围内抵扣。但是,如果合伙人通过应征税交易的方式而转让在消极活动中的收益,该合伙人的消极收入也相应地转变为普通收入,而与此相对应的消极损失的扣除,也就取消限额的限制。

(三)域外合伙企业所得税制的反避税措施

根据1988年版的《国际避税词汇》的界定,避税是指为税收目的,纳税人通过合法的安排减少他的纳税义务。[③] 避税的根本原因在于私法的意思自治和税法的形式理性的矛盾。避税的纳税人,一般都利用私法赋予他的行为选择权,通过一定的筹划,使其交易行为在形式上符合法律规定的适用优惠税收待遇的行为类型,从而达到消除纳税义务的实质结果。一般情况下,由于避税行为除了导致税款征收障碍外,还违反了税收公平原则,因而在没有合理的法律依据时,纳税人的上述避税行为会遭到限制和否定。而应对和限制避税行为的法律技术或措施有很多种,包括税法解释、反避税规则、税务处罚以及对税法进行实体修订以使其不易被滥用等。[④] 而其中尤以司法机关创制的或者由法定的立法机关制定的反避税规则和措施最为常见和重要。笔者以下就对美国和德国的反避税规则和措施进行简单的介绍。

合伙企业所得税的反避税规则,首先应当受制于各国税法领域普遍适用的一般反避税规则(GAAR,General Anti-Avoidance Rule)。而这些普遍适用的一般反避税规则,在美国主要是由美国的司法机关在判例中所形成和确认的。美国的法官们在解释税法方面一直属于激进主义分子,创制了许多反映国会制定所得税法时的预设意图的反避税原则。[⑤] 这些原则是在法院长期的司法实践中逐渐形成的,并

① 合伙人的“实质性参与”活动的测试标准为:(1)每一年度参与合伙企业经营管理活动超过500小时;(2)在当前纳税年度之前的十年间,参与合伙企业经营管理的时间超过一半(五年);(3)在当年纳税年度之前的任何三个年度中,参与了合伙企业的个人服务活动。满足上述三个标准中的任何一个的行为,均为“实质性参与”活动。

② I. R. C. section 469(a-b).

③ 刘剑文、熊伟著:《税法基础理论》,北京大学出版社2004年版,第151页。

④ [美]维克多·瑟仁伊著:《比较税法》,丁一译,北京大学出版社2006年版,第153页。

⑤ 同上,第160页。

适用于所有的税法领域。[①] 而在德国，则主要作为基本法律原则规定在税收基本法中。《德国税收法典》第41条和第42条即为一般反避税规则的相关规定。[②]

而具体到合伙企业所得税领域的反避税规则，则称为"特殊反避税规则"，它是指针对特殊领域的纳税人的避税动机而制定的反避税制度。在美国，特殊反避税规则与一般反避税规则最大的区别在于，它应放在其行政实践的背景中去观察，因为这些特殊反避税规则都是行政机关在打击避税行为的活动中，逐步总结所累积的实践经验而制定的，具有极强的针对性和实用性。而具体承担这一任务的机构是美国财政部，它制定通过了大量的带有反避税规则的行政法规，而这些规则的执行机关则是美国国内收入局。正如维克多·瑟仁伊所说，虽然《美国国内收入法典》中本身也带有一些涉及纳税人避税目的的规定，但更多的反避税规则是行政机关在税务行政实践中，在长期的反避税行动中，经过长时间的经验积累而以行政法规的形式制定的。美国在合伙企业所得税方面的反避税规则，详细规定在财政部的行政法规中。美国财政部规章第701-2节就是有关合伙企业所得税领域的反避税规则的，其内容包括：商业目的原则；[③]实质重于形式原则；[④]经济效果原则。[⑤] 除此之外，财政部规章还明确授权国内收入局对任何滥用合伙交易以规避税收的行为进行调整，规章第701-2(b)节规定：如果合伙的设立或者利用与以减少……税收为主要目的的交易有关……而减税的方式不符合K子章节的意图，那么国内税务局局长可以对交易予以重新定性。[⑥] 而在德国，并没有关于合伙企业所得税的特殊反避税规则，仅在一般反避税规则的框架下打击利用合伙企业的避税行为。

除此之外，美国还有独特的针对个别法律漏洞而制定的各种反避税措施，其与反避税规则最大的区别在于它适用范围较小，仅适用于弥补合伙企业所得税制中的个别制度漏洞，而不会适用于整个合伙企业所得税制度。而由于德国不允许合伙企业特殊分配制度，因此也就避免了以下反避税措施的适用，省却了税法在这一方面的复杂性规定。[⑦]

---

① 美国的一般反避税规则的主要内容有经济实质原则、商业目的原则、分步交易原则、实质重于形式原则等。

② 其中第41条规定，虚假的交易在税收上不予认可；第42条规定，不能滥用法律上的构成可能性规避税法。如果发现有这种滥用，其税收后果将等同于与该经济情况相当的法律构成的税收后果。

③ 即要求每一个合伙交易必须是"为了实质的经营目的而进行"的，否则不产生税法上的效果。

④ 规定任何一项合伙交易的形式必须经受得住法院创制的"实质重于形式"原则的检验，否则该交易形式不被认可。

⑤ 合伙经营的每一合伙人的税收后果以及合伙人与合伙企业之间交易的税收后果，必须准确地反映合伙人的经济协定，并清晰反映合伙人的所得。

⑥ Treas. Reg. section 1.701-702(b).

⑦ 当然，这一简单化的省却，却是以高昂的代价为基础的，因为它失去了建立合伙企业特殊分配制度的机会，而特殊分配制度能够更好地服务于合理的合伙企业商业目的。

首先,美国的特殊分配限制措施,能够防止滥用特殊分配而减少所得税额。根据《美国国内收入法典》,美国合伙企业的合伙人在某些特殊的情况下,被允许进行合伙企业所得和费用的"特殊分配"。[①] 所谓"特殊分配",是指通过合伙协议的方式,不按照通常的分配规则和合伙人权益基值进行收入和损失及费用的分配,而是给予特殊的合伙人一定的倾斜。例如,占有20%份额的合伙人,可以被分配80%的折旧提成等。特殊分配措施对于充分调动合伙人的积极性有着特殊的作用,但是,该措施也极易被滥用,从而变成有些合伙人规避纳税义务的方法。例如,在居民纳税人与非居民纳税人共同投资的合伙企业中,合伙人一般喜欢通过特殊的安排,将来源于国外的收入分配给非居民合伙人,而将来源于国内的收入分配给居民纳税人。由于非居民纳税人仅就来源于国内的收入纳税,上述安排就会导致本应分配给居民合伙人而缴税的一半来源于国外的收入,因其全部分配给非居民纳税人,而导致无法征税。为防止对上述特殊分配规则的滥用,美国财政部出台了相关的反避税措施,规定特殊分配必须具备一定前提条件,方能发生法律效力,即该分配必须对合伙人具有"实质性经济效果",合伙人的资本性账户必须根据特殊分配的数量而相应减少。[②] 由于合伙人的资本性账户决定着合伙人在合伙企业清算时能够获得的财产数量,因而在特殊分配中,它的变化也反映出合伙人承担了特殊分配的经济负担。

其次,美国还存在合伙人关联交易的反避税措施。合伙人关联交易,是指合伙企业的合伙人作为独立的第三方当事人,与合伙企业相互进行交易。在美国,合伙人可以从事这样的交易,将自身的财产出售给合伙企业,合伙企业也可以出售财产给自己的合伙人,并且每方当事人都承认该项交易所产生的任何利润和损失,并给予正常的税收待遇。[③] 但在实践中,可征税的关联交易经常在形式上被设计为可能引发税收豁免的行为,以规避纳税义务。例如,其一,在合伙人作为第三方提供关联服务时,合伙企业不直接支付服务费用给第三方合伙人,而是分配适当数额的合伙企业所得以替代之。第三方合伙人并不会因该行为而造成不同的税收结果,但其他合伙人在合伙企业中收入的份额,则会通过相等的费用扣除而减少,并从而减少纳税数额。其二,在合伙人出售财产给合伙企业的关联交易中,合伙人将该项交易分为合伙人向合伙企业进行财产出资,而合伙企业则对合伙人进行即时的货币分配,以达到避免承认由资产出售所带来的利润。独立地观察,每个步骤都引发税收豁免,但结合在一起观察,出资和分配实质上构成了有效的销售。为避免合伙企业

---

① I. R. C. section 704(b)(2).

② Treas. Reg. section 1. 704 - 1(b)(2).

③ I. R. C. section 707(a) (1).

关联交易被滥用，1984 年《美国税收改革法案》将"伪装销售规则"引入到《美国国内收入法典》中。根据"伪装销售规则"，合伙人为合伙企业执行服务或者转移财产给合伙企业，合伙企业由此向其直接或间接的分配合伙企业所得的行为，被视为发生在合伙企业和第三方合伙人之间的关联交易。而上述关联交易可能成为可课税的事件，而不是根据《美国国内收入法典》第 731 节或第 721 节，成为豁免征税的所得分配或者财产出资。[①]

最后，美国还有合伙企业权益出售时的反避税措施。在美国，合伙人在出售合伙企业权益时，实现的出售所得数额与合伙人在合伙企业中的权益份额基值之间，可能会出现一定的差距，由此也就产生了权益出售所带来的利润或者损失。[②] 当出售数额大于权益份额基值时，就会产生利润，应当归入合伙人所得缴纳所得税；反之，则构成损失，并归入合伙人损失中，可以在纳税时扣除。根据美国法律，合伙企业权益在性质上属于资本性资产，因而，出售它所产生的任何利润和损失在本质上也都是资本性的，而资本性利润在税收方面能够得到优惠的待遇，税率仅为 28%。也正因为资本性收入的所得税优惠待遇，成为人们滥用合伙企业权益收益出售规则，以规避税收的动力。合伙人可以通过在收入聚集前出售合伙企业权益的方式，去努力消除他在合伙企业一般收入中的份额，以出售权益所得的资本性收入替代合伙企业一般收入，从而得到税收优惠。为规制上述避税行为，《美国国内收入法典》第 751 节创设了一项反避税措施，规定以出售合伙企业权益的方式出售合伙企业所固有的一般收入，所产生的利润依然为一般收入，不得享受资本性收入的税收优惠待遇。这一规定可以防止合伙人在合伙企业所得聚集前通过出售合伙权益的方式转变一般收入为资本收益，也可以确保可归因于合伙企业固有资产的利润继续受到相同的一般所得的税收待遇，而该利润是否由合伙企业收集，合伙人是否通过购买合伙企业权益的方式取得，则在所不问。

三、完善我国合伙企业所得税立法的思考

正如上文所述，我国的合伙企业所得税制虽然在新《合伙企业法》的框架下得到统一和整合，但迄今尚未制定详细和完善的细则性的规则，而目前适用的相关规定存在较多的缺陷。笔者认为，我国应当在借鉴域外合伙企业所得税制的成功经验基础上，通过制定《合伙企业所得税实施细则》（以下简称《细则》），尽快完善我

① I. R. C. section 707(a)(2). 至 1992 年，财政部也发布了有关"伪装销售规则"的规章。

② I. R. C. section 1001.

国的相关制度。

第一,税收主体的重新界定。针对新《合伙企业法》已经确认了有限合伙,法人合伙人的法律地位业已确定的情况,应当改变《规定》仅适用于自然人合伙人的状况,制定全新的《细则》,并应当明确规定自然人合伙人与法人合伙人均是合伙企业所得税的纳税主体,合伙企业经营所得通过“导管”流通到合伙人手中,分别缴纳个人所得税和企业所得税。在明确合伙人为合伙企业所得税纳税主体的同时,笔者建议我国也应当借鉴美国准实体课税模式,将“集合”和“实体”两种观点混合使用,在合伙企业层面收集收入和费用与损失的同时,更赋予合伙企业在纳税申报方面更为详尽的义务。究其原因,在于非实体课税模式更能提高合伙企业所得税的征管效率。因为在合伙企业层面计算收入和损失,并由合伙企业负责纳税申报,对于个人所得税纳税申报制度尚未完善,税收征管尚缺效率的我国来说,可以使从源头上掌握合伙企业所得的确切数额,实行源头控制,以避免将合伙企业所得分配给各合伙人后因无法确定相关数额而导致税款流失的情形。

第二,完善合伙企业费用和损失扣除制度。正如上文所述,《规定》所确定的费用和损失扣除制度,最大的缺陷在于它完全忽视了各合伙人在合伙企业中的权益份额和实际经营活动情况,有可能导致税收收入的流失。为避免上述风险,我国应当借鉴美国合伙企业损失和费用扣除限制的规则,构建我国自己的合伙企业所得税成本费用扣除规则。

首先,我国当前应重点建立合伙人权益份额制度。合伙人在合伙企业中的权益份额应以合伙协议所确定的出资份额为基础,并随着合伙人出资财产的增加而增加,它应当成为合伙人在合伙企业中的权益和责任基础,同时也是合伙人的费用和损失扣除的年度最高限额。任何超出合伙权益份额的费用和成本,只能结转以后纳税年度扣除,以保证税收收入在年度之间的平衡稳定。

其次,构建合伙人成本费用扣除的风险限额制度。合伙人所扣除的成本和费用,必须以该合伙人的经营活动所面临的风险额度为限,因为合伙人所取得的收入也是以风险经营活动为前提的。一般情况下风险限额与合伙人权益份额相当,唯有在有限合伙的情况下,有限合伙人所承担的债务由于不可追索的特性,因而应当排除在风险限额之外。因此,随着新《合伙企业法》对有限合伙的确认,我国的合伙企业所得税制也应当明确规定有限合伙人所承担的合伙债务应当排除在扣除限额之外。

最后,建立我国成本费用扣除的消极损失规则。正如上文所述,消极收入和损失是指来源于纳税人没有实质性参与的交易和商业行为的收入和损失。合伙人的消极损失,只能在消极收入的范围内得到扣除,超出部分只能结转以后纳税年度扣除,而不能从积极性活动收入中得到扣除。由于一般情况下有限合伙人不参与合伙企业的经营管理活动,因此其所获得的合伙企业所得就是消极收入,其在合伙企业中成本、费用扣除的限额即为所取得的上述消极收入的额度。

第三,建立我国合伙企业所得税反避税制度。反避税的制度设计,是各国税收法律的重要组成部分。因此,借鉴域外经验构建我国合伙企业所得税反避税制度就显得刻不容缓。

首先,制定我国合伙企业所得税领域的通用的反避税规则。目前的中国,由于尚未制定统一的税收基本法,因而在立法中还没有出现适用于全部税法领域的一般反避税规则。但在《税收征收管理法》和各个税种法中却已经出现了众多的特殊反避税规则。① 因此,笔者建议在起草税收基本法时,应当借鉴德国的经验,以基本法的形式确立一般反避税规则,明确以经济行为的实质后果作为课税的依据。另外,在制定《细则》时,也应当明确制定适用于合伙企业所得税领域的特殊反避税规则。该规则首先应当坚持合伙企业的商业目的特质,合伙企业必须以从事生产经营为目的,任何仅以避税为目的,视合伙为避税工具的合伙企业,其成立和行为均为无效。此外,我国的合伙企业所得税反避税规则还应坚持实质重于形式的原则,并明确否定当事人利用私法所赋予的自由不合常理的选择不合常态的合伙交易形式,以实现规避合伙所得税意图的行为无效。

其次,制定规则防止合伙人关联交易中的避税行为。如上所述,合伙企业关联交易的纳税调整已经在《税收征管法》和《规定》中有所体现。而此处笔者所建议的合伙人关联交易的反避税规则,主要是针对将本应正常纳税的合伙人关联交易,通过形式上的设计伪装成能够获得税收豁免的销售,以躲避纳税义务的行为。② 我国可以借鉴美国的“伪装销售规则”来规制上述行为,可以规定,合伙人为合伙企业执行服务或者转移财产给合伙企业,合伙企业由此向其直接或间接的分配合伙企业所得的行为,被视为发生在合伙企业和第三方合伙人之间的关联交易,并由此不能得到任何的税收优惠待遇。

---

① 例如,在税收征管法中及企业所得税法中。

② 例如,合伙人为合伙企业提供服务或者转移财产给合伙企业时,所产生的利润或损失,均应按照获得正常的税收待遇;但合伙企业可以通过形式上的安排,通过直接或间接的分配合伙企业所得给合伙人的方式,替代正常的交易,从而获得税收豁免。

中国外汇管理立法现状评析

林华昌*

以1980年国务院颁布实施《外汇管理暂行条例》为诞生标志到现在，中国外汇管理法律制度一路缓步前进，形成目前法律文件相对齐全的法规体系。整个发展演变过程，既是新的法规不断出台、补阙补漏的过程，也是法规本身自我更新的过程。当前，“我国的外汇立法发展良好，正在努力为人民币实现自由兑换提供有力的法律环境”。① 一方面做到保障合理的汇率机制，正确引导外汇资源的合理配置，保证充足的国际清偿能力，包括外汇储备和获得国外融资的机会和能力。另一方面保障稳健宏观经济政策的实行，创造一个有利于人民币汇率稳定的宏观经济环境。

中国外汇管理法律制度的发展演进过程表明，其在金融监管法律体系中的地位及其对中国经济发展的促进和保障作用是毋庸置疑的。同时，中国外汇管理法律制度在伴随人民币走向可自由兑换进程而逐步完善的过程中，也呈现出一些立法不足。

一、外汇管理法律缺位

虽然外汇管理法律制度在金融法律领域占据重要地位，但中国外汇管理法律制度的整体法律位阶相对低下。目前，银行业有《中华人民共和国银行业监督管理法》和《中华人民共和国商业银行法》统领，保险业有《中华人民共和国保险法》统领，证券业有《中华人民共和国证券法》统领。在经济面向世界蓬勃发展的今日中国，外汇业务遍及银行业、保险业和证券业，也涉及千千万万家进出口企业和众多涉汇自然人，而外汇领域却不曾有过《中华人民共和国外汇法》或《中华人民共和国外汇管理法》。

新中国成立以来，全国人大及其常委会作为国家最高立法机关，不曾就外汇管理进行专门立法，外汇管理领域长期处于法律缺位状态。比较周边国家，如韩国早

---

* 林华昌，2005级法律文化专业，指导老师：徐永康。现工作于中国人民银行上海总部。

① 杨松：“中国外汇管理立法的现状与前瞻”，载《辽宁大学学报》（哲学社会科学版）1997年第4期。

在1961年就制定了《韩国外汇管理法》，以法律的形式对该国外汇管理的目的、原则、基本制度和法律责任等作出了总括性规定。“该法律虽然比较简捷、笼统，但对外汇管理所涉及的基本问题都做了原则性规定，具有较强的前瞻性，为以后的外汇立法奠定了良好的基础。”①

外汇管理法律位阶的低下使得监管当局在进行外汇管理的过程中时常面临法律依据不足的尴尬。新时期外汇违法、违规行为，经常通过个人人民币储蓄账户转移资金，地下钱庄、网络炒汇等金融外汇违法活动借助个人人民币储蓄账户进行运作的现象尤其突出。现行规定却不支持外汇管理部门检查个人的人民币账户，商业银行也大多对外汇管理部门检查个人人民币账户的行为不予配合。无奈之下，外汇管理人员经常无功而返或以反洗钱的名义请求人民银行反洗钱部门协助调查。因法律缺位导致外汇管理的种种被动状况，亟须全国人大（或其常委会）立法加以改变，以更好地打击金融违法行为，维护国家宏观金融经济的安全。

外汇管理法律制度要发挥更大作用，还取决于相关法律法规的配套和完善。当前与之配套的《外汇银行法》、《外汇市场管理法》、《境外投资法》、《外汇交易法》、《涉外债券法》等仍然处于缺失状态，这在一定程度上制约了我国外汇管理法制的实施效果。② 再比较韩国，该国在不断完善外汇法规的同时，还颁布实施了《韩国出口保险法》、《韩国外资引进法》和《韩国出口自由区设置法》等一系列配套法律。这些配套法律对外汇管理所涉及的具体领域的法律关系主体资格、权利义务、活动方式和范围等都作出了明确规定，从而使外汇管理法规在实施过程中所涉及的其他环节都有相应的法规加以规范和指导，增强了外汇管理法律法规与其他金融经济法规之间的配合，形成互相协调、互相配合的有机整体，有力地保障了外汇法律、法规的顺利实施。

二、规范性文件是调整外汇管理法律关系的重要载体

规范性文件（或称规范性法律文件），是对部门规章以下法律文件的称谓。在中国外汇管理法律制度结构中，规范性文件犹如汪洋大海，行政法规和部门规章只是漂浮在大海上的少数孤岛，法律则像地平线，永远在人们接触不到的地方。外汇管理规范性法律文件是调整外汇管理法律关系的重要载体。因为该载体的特殊

---

① 国家外汇管理局甘肃省分局课题组：“优化当前外汇管理法规体系问题研究”，载《甘肃金融》2007年第9期。

② 邱永红、秦伟宏：“对完善我国外汇管理法律制度的若干构想”，载《宁夏大学学报》1999年第1期。

性,也就容易产生一些问题。

(一)外汇管理规范性文件多,不易理解熟悉

改革开放以来,截至2008年年底,有关部门先后发布过1070个外汇管理法律文件(包括外汇局的批复)。其中有效状态的709个,部分有效的15个,已经失效的346个。以《通知》形式发布的规范性法律文件多达788个,平均每年大约发布《通知》28个。[①] 最早的一个《通知》是1985年2月4日外汇局发布实施的《暂停执行〈关于用留成外汇在国内联合经营生产、贸易、劳务或服务业务的外汇管理试行办法〉的通知》(已失效)。这些通知,尚处有效的有506个,部分有效的有14个,已经失效的有268个。现行有效的最早一个通知是1985年10月11日外汇局发布的《关于境内机构不得直接通过境外外国银行办理进口开证结算业务的通知》,至今已有24年之久。1999年以前发布,至今已经发布10年以上且仍然有效的《通知》有98个,部分有效的有13个,合计111个。[②]

上述数据表明,规范性法律文件的数量在外汇管理法律体系中占了重大比例,是调整外汇管理法律关系的主要载体。外汇管理规范性法律文件数量多且杂,浩如烟海,而且有很多法律条文不易理解,让市场主体产生迷茫和困惑。

(二)外汇管理规范性法律文件或滞后,或朝令夕改

规范性法律文件多,一方面容易造成滞后,另一方面容易导致朝令夕改。

外汇管理领域以《通知》为主要存在形式的规范性法律文件,往往是针对某一问题的专门规范,如《关于在全国实行留成外汇调剂做法的通知》、《关于进一步调整经常项目外汇账户管理政策有关问题的通知》等;有些则是发布某些法律文件的通知,如《关于印发〈银行间外汇市场做市商指引(暂行)〉的通知》、《关于印发〈剩余留成外汇额度收购办法〉的通知》等。在经济金融形势瞬息万变背景下,外汇管理的系列《通知》本身不应有太长的适用时间。同时,外汇管理规范性法律文件的出台,普遍具有"头痛医头、脚痛医脚"的打补丁特性,大多具有很强的时效性,缺乏整体性、前瞻性。客观经济情况一发生变化,就必须出台新的规定加以改变。经常是旧的法律文件还没理解清楚,新的又已公布实施,给人以强烈的朝令夕改的感觉。

---

① 根据《中华人民共和国立法法》规定:行政法规由总理签署国务院令公布;部门规章由部门首长签署命令予以公布。因此,对于未以国务院名义发布,且未经国务院总理签署国务院令公布的法律文件不属于行政法规,对于未经部门首长签署命令公布的法律文件不属于部门规章。以此为判断标准可知中国外汇管理法律制度在发展过程中法律文件的属性。其中,规范性法律文件以"……通知"为典型。在文中统计的1070个规范性法律文件中,有少数应该纳入部门规章范畴。

② 数据来源于《中国外汇管理法律全集》,世图音像电子出版社2009年版。

(三)规范性法律文件的执行力弱

实践中,外汇管理规范性法律文件的执行力有待加强。繁多的规范性法律文件让外汇管理部门的工作人员和行政管理相对人着实不易掌握,外汇局系统内部对同一法律文件也经常存在理解上的差异,法律文件在不同地区的执行力往往大不一样。市场主体在开展外汇业务过程中或者是担心违规,小心谨慎经营;或者是千方百计钻政策法规漏洞,打擦边球开展外汇业务;有的则认为监管资源有限,难以顾及所有市场主体各种业务行为的合规性,索性大胆从事法律文件所不明确或明显属于法规禁止的业务。此外,根据《中华人民共和国行政处罚法》,规范性法律文件没有行政处罚设定权,导致不少违反外汇管理规定的行为找不到相应的行政处罚条款,这进一步加剧了市场主体铤而走险违规经营的侥幸心理,外汇管理规范性法律文件的整体执行力受到一定挑战。

(四)有些规范性法律文件的出台法律依据不足

关于外汇指定银行代位行使外汇局的监管职能问题,存在以下两种代表性观点。

一种观点认为,为适应经济发展需要,外汇局可以“授权”外汇指定银行履行监管职责。笔者认为,这种观点值得商榷。(1)从法律基本精神和我国《行政处罚法》、《行政许可法》等行政单行法的规定看,只有法律、法规才可以对行政机关的授权行为作出规定,规章(包含部门规章和地方政府规章)无授权行为制定权。外汇局对外汇指定银行的授权目前得不到法律、法规层面的支持。(2)根据行政法的基本原则和一般法理,被授权的相应组织应与所授予行使的行政职能无利害关系。外汇指定银行无一例外地以营利为目的,在法律性质上属于企业。受利润最大化目标驱使,银行很难保证所授权力的正确行使。可见,不管从法律依据还是从被授权对象看,“授权说”难以成立。

另一种观点认为,在特殊经济金融形势下,为提高外汇监管效率,外汇局可以“委托”外汇指定银行作出具体行政行为。这种观点同样值得辨析。其一,行政委托是指行政机关把一定的行政职能委托给另一行政机关或非行政机关行使的行为,性质上类似于民法上的代理。被委托的组织通常是行政机关或具有管理社会公共事务的事业组织。《行政许可法》规定:行政机关在其法定职权范围内,依照法律、法规、规章的规定,可以委托其他行政机关实施行政许可。而商业银行并非行政机关。其二,受委托组织所行使的特定行政职能是基于行政机关的委托,而非法律、法规的授权。受托组织行使职能是以委托行政机关的名义,行为所产生的法律责任也由委托机关承担。目前,经常项下很多真实性审核和部分资本项下合规性审核由过去外汇局办理改为银行以自己名义办理,并接受外汇局的监督检查,这种做法与《行政许可法》的规定存在冲突。所以,不论从受委托对象的法律属性还是权力的运行过程看,“委托说”也难以自圆其说。

上述外汇局“授权”或“委托”外汇指定银行办理一些事项具有较强的必要性和合理性,也取得明显成效,突出问题在于法律依据不足。[①] 近年来,外汇局提出了“代位监管”的理念,被代位者是外汇局,代位者是外汇指定银行。这种让市场竞争主体既做“运动员”又做“裁判员”的创新理念,需要进一步取得理论层面的支持。

三、外汇管理法律制度内部协调性不够

恩格斯曾明确地指出,在现代国家中,法不仅必须适应于总的经济状况,不仅必须是它的表现,而且还必须是不因内在矛盾而自相抵触的一种内部和谐一致的表现。中国外汇管理法律制度结构中,内部和谐性需要进一步加强。

(一)法律文件出台时间顺序颠倒

法学理论上,法律是从公布之日起诞生,尚未公布的法律文件,自然不可能作为其他法律文件的制定依据。外汇管理领域,这种以尚未公布的法律文件为立法依据或配套对象的情况却出现过。例如,中央银行于1996年6月18日为了规范外资银行结汇、售汇及付汇业务,促进人民币在经常项目下可兑换,根据《结汇、售汇及付汇管理规定》,颁布了《外资银行结汇、售汇及付汇业务实施细则》,而《结汇、售汇及付汇管理规定》是1996年6月20日发布,发布时间晚于《外资银行结汇、售汇及付汇业务实施细则》。1987年8月17日,外汇总局发布并实施了《外债登记实施细则》(已失效),第1条即规定:为了贯彻执行《外债统计监测暂行规定》,特制定本细则。而外汇总局迟至10天后,即1987年8月27日才发布实施《外债统计监测暂行规定》。中央银行和外汇总局在同一个问题上发生了同样的错误,实在让人费解。再如,2002年9月3日外汇总局发布实施《关于保险外汇业务监管有关问题的通知》,该通知直接说明了发布法律文件的原因,即“为了完善和规范我国保险外汇业务监管,配合《保险业务外汇管理暂行规定》的颁布实施,健全外汇局系统保险外汇业务监管队伍建设”。而外汇总局、保监会是于2002年9月24日才发布《保险业务外汇管理暂行规定》,于2002年11月1日起实施。

(二)法律文件发布主体有待商榷

2008《外汇管理条例》有一些条款设置了除外性规定,如第8条的“……但国家另有规定的除外”,第15条的“……由国务院外汇管理部门规定”,第21条的“……

① 陈小五、林华昌:“外汇管理行政许可若干问题辨析”,载胡平西、郑杨主编:《上海经济改革开放与外汇管理创新》,上海三联书店2006年版,第544~545页。

但国家规定无需批准的除外"等。该等规定为外汇管理部门制定相关法律文件留下了空间。以中国人民银行或国家外汇管理局的名义发布的部门规章或规范性法律文件,可以认定是国家的规定或国务院外汇管理部门的规定,但以国家外汇管理局内设机构发布的法律文件,能否同样认定为是国家的规定或国务院外汇管理部门的规定则值得探讨。

外汇管理法律文件深刻影响着无数涉汇企业或个人,这些法律文件中有不少是以国家外汇管理局内设机构综合司的名义发布的。例如,《国家外汇管理局综合司关于完善企业贸易信贷登记管理有关问题的通知》(汇综发〔2009〕36号),《国家外汇管理局综合司关于完善外商投资企业外汇资本金支付结汇管理有关业务操作问题的通知》(汇综发〔2008〕142号)等。理论上,综合司不具备独立的法人资格,对外不能代表国家外汇管理局,应该不能以自身名义独立对外发布规范性法律文件。

(三)同位阶的不同法律文件对同一个问题规定不一致

对同一个问题,时有发现同时有效的不同法律文件作出了不同的规定。例如,1998年发布的《关于完善售付汇管理的通知》(以下简称《通知一》)规定:"以托收、货到付款方式结算的贸易进口项下,购付汇日期超过报关放行日期90天的,境内机构应当在货物进口后15日内,持进口合同、进口货物报关单(进口付汇核销专用联)、发票到外汇局办理外债登记手续。"2005年发布的《关于加强进口延期付汇、远期付汇管理有关问题的通知》(以下简称《通知二》)规定:"对于货到汇款项下凭进口日期为2005年3月1日以后的进口货物报关单付汇的,进口单位应按合同约定的日期办理购付汇手续。但对单笔报关单未付汇金额在等值50万美元以上(含50万)且预计付汇日期超过报关单进口日期90天(含90天)的进口货物报关单,进口单位应当在报关后60天内,持延期付汇说明函和进口货物报关单、合同等有效商业单证,到外汇局办理延期付汇登记手续。"2005年发布的《关于完善外债管理有关问题的通知》(以下简称《通知三》)规定:"境内机构自2005年12月1日起新签约的进口合同,其未付汇金额在等值20万美元(含)以上,且约定或实际付款期限在180天(含)以上的延期付款,进口企业应在进口报关后15个工作日内到所在地外汇局分支局办理延期付款外债登记。"三部法律文件发布主体均是外汇总局,在一段时间内同时生效过。符合《通知一》规定情况的要办理外债登记手续,符合《通知二》规定情况的是要办理延期付汇登记手续;符合《通知三》规定情况也是要办理外债登记手续。显然,如果对外应付汇金额在50万美元以上的,付汇日期超过进口报关日期90天的,既可以要求企业办理外债登记手续,也可以要求企业办理延期付汇登记手续,尽管延期付汇纳入外债管理大范畴,但两者在业务实践中是有差别的,前者是资本项目,后者则属于经常项目。如果对外应付汇金额在50万美元以上的,付汇日期超过进口报关日期180天的,则三部法律文件均可以适用。

(四)不同位阶外汇管理法律文件之间存在不协调

同位阶法律文件对同一问题的规定存在不一致,不同位阶法律文件对同一问题的规定也有着不协调现象,主要有如下几个方面:(1)部门规章与法律不协调。(2)部门规章与行政法规不协调。(3)规范性法律文件与法律不协调。主要表现为外汇管理个别规范性法律文件与《行政处罚法》和《行政许可法》之间不协调。(4)规范性法律文件与行政法规不协调。(5)规范性法律文件与司法解释不协调。(6)规范性法律文件与部门规章不协调。

外汇管理法律文件,除上述列举之外,尚有一些下位法与上位法不协调的现象。这些现象的发生,除了外汇理立法本身的问题外,与上位法本身存在的局限性也有关联。"大多数法律改革都具有非整体的或不完全的性质,而这恰恰解释了下述事实,即稳定与变化在法律生活中趋向于互相联结和互相渗透。"①从我国外汇管理法律制度发展过程来看,"法的本质与它的真正作用之间是有距离的,法的本质是进化的,但其作用又是保守的。一方面,法律反映变化的社会现实,虽然肯定有差距,但仅从反映现实这一点看,它又是进化的;另一方面,法律作为社会关系的表现方式,它对现行的社会关系起着维护与保护的作用,排斥任何危及现行社会关系的变革,因而它又是保守的。变革和守旧是永远影响法律的现状和法律未来的因素。每当社会经济结构和关系发生变化,法律常常适应这种变化,以便使变化能巩固下来。但是,在保证和捍卫业已取得的进步的同时,法律又成为社会向前迈进的阻力。这种阻力虽然不是不可克服的,但的确会造成延迟。当社会经济关系的新发展越来越清楚,法律与之脱节现象变得越来越突出,以至于在法律出现明显的不足时,法律准则就不再是神圣了。"②从《外汇管理暂行条例》的实施到1997年《外汇管理条例》的制定与修订;从1997年《外汇管理条例》实施,11年后呈现出严重滞后,到再次修订并颁布实施2008年《外汇管理条例》,其过程恰恰反映法律在创制过程中的变革与守旧的两重性。

四、立法技术有待改进

立法技术先进与否直接关系到法律文件质量高低。立法技术先进,法律文件往往可以得到较好的质量保障,反之则保障力较弱。法律用语、立法模式和法律条

---

① [美]E.博登海默著:《法理学——法律哲学与法律方法》,邓正来译,中国政法大学出版社1999年版,第326页。

② 彭虹著:《中国外汇监管法律制度研究》,中山大学出版社2003年版,第65~66页。

文内容的确定性是立法技术的三个重要参数,外汇立法需要在这些方面进一步加强。

(一)法律条文用语不甚规范

准确性是立法语言的灵魂和生命,因而是立法语言最基本的要求。孟德斯鸠指出:"法律用语对每个人都能唤起同样的观念。"①外汇管理的部分法律用语却不能达到这种唤起每个人同样观念的效果。以行政许可为例,外汇管理行政许可的法律用语种类较多,其表述主要有:一是审批,如"……外汇局及其分局具体负责对境内机构借用国际商业贷款的审批、监督和管理";二是审核,如"跨国公司及其境内关联公司办理本通知规定的非贸易项下的售付汇手续时……经真实性审核后,由外汇指定银行为其办理非贸易项下售付汇手续";三是批准,如"资本项目外汇收入保留或者卖给经营结汇、售汇业务的金融机构,应当经外汇管理机关批准";四是核准,如"区内企业需在境外开立外汇账户的,应当按照境外外汇账户管理规定,经外汇局核准";五是登记,如"担保人提供对外提供后,应当到所在地的外汇局办理担保登记手续";六是备案,如"银行授权代兑机构办理外币兑换业务……向外汇局当地分支机构备案……";七是核销,如"对于单笔合同项下核销差额超过等值5000美元且核销差额占合同金额的比例超过2%的进口付汇核销差额报审业务……申请办理差额核销报审手续"。目前对这些法律术语没有在法规层面进行明确界定,容易造成思想认识和行动上的混乱,导致行政许可执行中的偏差。实践中,对外汇管理行政许可究竟应包含那些法律表现形式认识不一;每一种法律表现形式的具体要求和行政责任不明确;不严格区分"审批"、"批准"和"审核"并经常混用,有时还随意自设名称如"报备"等,使得名称的使用有些混乱。

(二)立法模式有待更新

外汇管理惯用的"正向清单"立法模式,有必要改进。"正向清单"是指在立法上采取"说允许做什么"才能做什么的模式,即是在法律法规条文中规定市场主体可以做什么,没有规定的一律不能做。例如,《中国人民银行远期结售汇业务暂行管理办法》规定:外汇指定银行开办远期结售汇业务,其总行应当向外汇总局提出申请,其分支机构应当向当地外汇局提出申请,由其报外汇总局批准后方可开办。立法本意即是只有申请并经同意(授权)后,外汇指定银行才可以办理远期结售汇业务,未经申请或申请但未或批准的,则不能办理远期结售汇业务。再如,《外汇局关于调整部分境外投资外汇管理政策的通知》规定:境内投资者到境外投资所需外汇,可使用自有外汇、人民币购汇及国内外汇贷款。显然,境内投资者只有自有外

① [法]孟德斯鸠著:《论法的精神》(下册),张雁深译,商务印书馆1982年版,第297页。

汇、人民币购汇及国内外汇贷款进行境外投资,才有被批准的可能;境内投资者用境外借款进行境外投资,是不可能被许可的。

法治国家,行政主体及国家工作人员必须牢记两个基本原则:“一是就私法而言,对于自然人、法人或其他组织,法律没有明文禁止的即自由。要对私权做出限制或剥夺,只能谨慎地制定法律。二是就公法来说,对于行政主体的公权力,法律没有明文授权的即为禁止,包括权力的范围和行使权力的方式。”①“因为,法律从根本上说是保障人民权利,限制国家权力的。”②“正向清单”的立法模式,有违当前法治国家的基本精神,应当逐步克服和改变。

① 陈小五、林华昌:“《行政许可法》要义、影响及外汇管理启示”,载《上海金融》2004 年第 12 期。

② 童之伟著:《法权与宪政》,山东人民出版社 2001 年版,第 579 页。

中国技术秘密转移的若干法律问题

黄武双*

在当前社会,经济向知识型发展的背景下,技术秘密转移的问题越来越受到广泛的关注。对于以技术作为发展动力的企业而言,技术秘密转移是其不断提升竞争力的途径之一;对于各国而言,国际间技术秘密转移不仅关系到国内企业的利益保护,更关系到由技术秘密所带来的一国整体利益的保护。尤其对于技术落后的企业和国家而言,技术转让是实现技术进步和经济增长的不可或缺的途径。① 本文中,笔者选择以"中国技术秘密转移的若干法律问题"为主题,也正是基于这一背景的思考。

首先需要指出的是,学界对于"技术秘密转移"的界定一般较为宽泛,包括多种类型。联合国贸易和发展会议起草的《国际技术转让行动守则(草案)》②中指出,技术转让是关于制造某种产品,应用某种工艺或者提供某种服务所需要的系统知识的转让,但不包括只涉及单纯货物销售或者租赁的各项交易。而技术秘密转移仅为其中一类。本文所称的"技术秘密转移",仅指技术秘密转让和技术秘密许可两种类型。

对于特定法律问题的研究,现行法律规范中的相关法律依据无疑可以作为其前提和基础。综观中国现行法律体系,有关技术秘密转移的问题在其中虽然没有统一的规定,但是在各类立法和司法解释中仍然可以一见端倪。例如,《中华人民共和国合同法》(1999年)第18章第3节"技术转让合同"、《药品技术转让注册管理规定》(2009年)、《中华人民共和国对外贸易法》(2004年)、《最高人民法院关于审理技术合同纠纷案件适用法律若干问题的解释》(2005年)、《中华人民共和国中外合资经营企业法》(2001年)、《中华人民共和国中外合资经营企业法实施条例》(2001年)、《最高人民法院关于审理技术合同纠纷案件适用法律若干问题的解释》(2007年)等一系列相关规定都对此有所涉及。上述法律和司法解释正是以下阐述的前提和基础。

---

* 黄武双,2003级中国法律史专业,指导老师:王立民。现工作于华东政法大学。

① 张伟君、单晓光:"知识产权保护对企业技术转让的影响",载《知识产权》2008年第1期。

② 1985年4月5日联合国技术转让国际行动守则第六届会议制定。

一、技术秘密转移合同构成要件的适用规则

（一）技术秘密转让与许可合同的主体资格

从现行法律规定来看，转让与许可合同主体资格的认定规则可以划分为一般规则与药品技术转让特殊规则两类。

1. 一般规则

《关于审理技术合同纠纷案件适用法律若干问题的解释》第 7 条对不具有民事主体资格的科研组织所订立的技术合同作出了两种不同情形的规定：

（1）如果该合同经过法人或者其他组织的授权或认可，那么该法人或其他组织即被视为合同的主体。

（2）如果该合同未经法人或者其他组织的授权或认可，则由科研组织成员共同作为合同主体，同时因该合同受益的法人或其他组织在受益范围内承担相应责任。

相对而言，美国法在同类问题上的规定就显得更为直接。联邦机构可就其拥有的发明进行独占性或部分独占性的授权。只要该授权行为能合理、有效地激励技术商业化获取所需经费，或能促进研发技术之广泛运用，且不能导致市场竞争减缓或违反《竞争法》规定等。①

2. 药品技术转让特殊规则

依据《药品技术转让注册管理规定》第 5 条、第 9 条和第 16 条等相关条文规定：

（1）技术转让方的特殊主体资格——仅持有《新药证书》的技术转让，转让方为《新药证书》所有署名单位；持有《新药证书》并取得药品批准文号的新药技术转让，转让方除《新药证书》署名单位外，还包括持有药品批准文号的生产企业。②

（2）技术受让方的特殊主体资格——第二类精神药品制剂、放射性药品申请技术转让，受让方必须取得相应品种的生产资格。③

（3）其他特殊主体资格——未取得《新药证书》的品种，除转让合同双方必须为符合法定条件的药品生产企业外，还需满足一方持另一方 50% 以上股权或股份或双方均为同一药品生产企业控股 50% 以上的子公司；已经获得《进口药品注册证》的品种，境内药品生产企业可以通过原进口药品注册申请人的转让行为而拥有主体资格。④

① 参见 2000 年《技术移让商业化法》。
② 参见《药品技术转让注册管理规定》第 5 条。
③ 参见《药品技术转让注册管理规定》第 16 条第 2 款、第 3 款。
④ 参见《药品技术转让注册管理规定》第 9 条。

（二）移转技术：既有技术与合法拥有的双重要求

从现行法律来看，技术秘密转移所涉及的相关技术应当符合一般规则与特殊规则两类规定。

1. 一般规则

依据《合同法》第349条[①]以及《关于审理技术合同纠纷案件适用法律若干问题的解释》第22条等条文规定，所移转的技术必须满足"既有技术加合法拥有"的前提条件。

技术秘密转让合同中所谓的既有技术，是指已经完成研发并涉及技术秘密转让的技术成果。如果是尚待开发的技术或者并不涉及技术秘密转让的知识、技术、经验和信息，则不能构成技术秘密转让合同所指向的对象。而合法拥有的技术则包括两方面要求：其一，技术转让合同的让与人应是所提供技术的合法拥有者；其二，技术转让合同让与人所提供的技术应当保证完整、无误、有效，能够达到合同所约定的目标。

2. 特殊规则

当然，即使在满足既有技术与合法拥有双重要求的前提下，我国现行法律也同样规定了禁止转让的例外情形。《药品技术转让注册管理规定》第16条规定，麻醉药品、第一类精神药品、第二类精神药品原料药和药品类易制毒化学品不得进行转让。从其本质而言，这一例外情形所限制转让的对象属于国家管制药品的范畴，因此限制上述对象转移的规定在很大程度上是出于公共安全的利益考虑。

（三）后续改进技术成果的归属

一项技术成果的产生或转让并不是技术研发的终点，企业间技术秘密的转移往往伴随着技术的后续改进。只要与被许可技术相关的任何技术进步，一般都可以认为是改进。[②] 对于以技术作为运营和发展基础的企业而言，受让技术的后续改进是其提升生产和竞争能力的重要途径。在这种背景下，我们将不可避免地面临一个新的问题，即后续改进所产生的技术成果究竟归属何方。关于这一问题的相关规定，可以参见《合同法》第354条和《关于审理技术合同纠纷案件适用法律若干问题的解释》第11条。

1. 有约定从约定

现行法律对后续改进技术成果的归属问题，遵循合同自由原则。而知识产权

---

① 《中华人民共和国合同法》第349条规定："技术转让合同的让与人应当保证自己是所提供的技术的合法拥有者，并保证所提供的技术完整、无误、有效，能够达到约定的目标。"

② 马忠法："论技术转让合同中的技术改进条款"，载《电子知识产权》2009年第11期。

是一项民事私权,其归属应当基于当事人的意思自治而定。① 在技术转让合同中,当事人可以按照互利的原则约定后续改进成果的归属;即使技术转让合同中没有明确约定,仍可以根据《合同法》第61条的达成补充约定。

2. 无约定者归属改进方

在补充约定仍无法达成的情况下,后续改进的技术成果方由改进一方所享有。技术合同无效或者被撤销情况下技术成果归属,与一般情形大致相符。如果技术合同一方当事人因履行合同而完成了新的技术成果,或者在他人技术成果的基础上完成了后续的改进,合同双方可以重新达成补充协议明确该技术成果的归属。只有在补充协议无法达成的情形下,人民法院方可以判决由完成技术成果的一方当事人享有该技术成果。

在这一情形下,原技术成果所有人在其原有范围内对该技术成果所享有的权利并不被忽视。之所以以"无约定者归属改进"方为后续技术成果归属的一项规则,是因为从社会价值角度分析,对现有的技术成果进行实质性的改进对于社会整体技术进步起着积极的作用。②

二、导致技术转让合同无效的部分因素

《中华人民共和国合同法》第329条对这一问题界定较为模糊,主要针对非法垄断技术、妨碍技术进步以及侵害他人技术成果这三类情形加以规制。③ 有关侵害他人技术成果的情形将在之后的部分详细阐述,此处先对非法垄断技术和妨碍技术进步的情形予以解析。

(一)非法垄断技术和妨碍技术进步的判断标准

《关于审理技术合同纠纷案件适用法律若干问题的解释》第10条对非法垄断技术、妨碍技术进步作出了详细界定,可以归纳为以下六类:

1. 限制标的技术的后续改进及使用,即当事人一方不得在合同标的技术基础上进行新的研究与开发、不得使用所改进的技术,或者合同双方交换改进技术的条件不对等,具体包括要求一方将其自行改进的技术无偿提供给对方、非互惠性转让给对方、无偿独占或者共享该改进技术的知识产权;

---

① 梅锋、缪静:"技术开发合同中的技术成果归属及利用分析",载《中国发明与专利》2010年第6期。

② 宋丽琴:"浅议有关后续改进商业秘密的保护问题",载《法制与社会》2009年第12期(上)。

③ 《中华人民共和国合同法》第329条规定:"非法垄断技术、妨碍技术进步或者侵害他人技术成果的技术合同无效。"

2. 限制技术成果的来源,即当事人一方不得从其他来源获得与技术提供方类似技术或与其竞争的技术;

3. 限制标的技术的实施,包括不合理地限制技术接受方实施合同标的技术生产产品或者提供服务的数量、品种、价格、销售渠道和出口市场;

4. 强制性附带条件,即要求技术接受方接受并非实施技术必不可少的附带条件,具体包括购买非必需的技术、原材料、产品、设备、服务以及接收非必需的人员等;

5. 来源或渠道限制,即不合理地限制技术接受方购买原材料、零部件、产品或者设备等的渠道或者来源;

6. 禁止异议,即禁止技术接受方对合同标的技术知识产权的有效性提出异议或者对提出异议附加条件。

当然,《中华人民共和国反垄断法》第55条也对滥用知识产权,排除、限制竞争的行为进行了规制。[①] 因此,技术转让合同一方在实施上述六类行为时,显然也不可避免地落入《反垄断法》第55条所界定的范畴。带有垄断行为性质的技术秘密转让,同样将受到一系列反垄断措施的规制。

(二)各国非法垄断技术和妨碍技术进步标准分类

针对技术转让合同中非法垄断技术、妨碍技术进步的问题,目前各国立法广为采用的认定标准主要有两种:

(1)竞争标准。该标准大多为发达国家所采用,即当某一限制竞争性条款足以影响市场的自由竞争时,其就成为反垄断法所禁止的对象。

(2)发展标准。该标准大多为发展中国家所采用,即通过技术转让审批权来监管技术交易、市场和销售等活动。

中国目前针对限制竞争性条款所采取的认定标准,属于混合标准,即糅合了竞争标准和发展标准。依据《中华人民共和国反垄断法》和《中华人民共和国合同法》等法律规定,一方面,技术转让合同中不得包含滥用知识产权排除或限制竞争的条款;另一方面,部分技术转让合同需要经过审批机构的审批方能认定为有效。

中国将这两种标准加以结合的做法,究竟会对技术秘密转让产生何种影响?其利弊何在?兼顾竞争标准和发展标准,从反对技术垄断、推动社会整体技术进步的角度而言显然具有积极的意义。因为如果强调了垄断权,那么垄断企业就不再去努力开发,其技术就会陈旧,企业本身也会变得孱弱。[②] 但我们同时必须注意到,

---

① 《中华人民共和国反垄断法》第55条规定:"经营者依照有关知识产权的法律、行政法规规定行使知识产权的行为,不适用本法;但是,经营者滥用知识产权,排除、限制竞争的行为,适用本法。"

② 郑成思:"中国知识产权保护现状如何定位",载《人民法院报》2005年2月28日。

技术秘密转让在很大程度上属于私法范畴,需要充分考虑意思自治原则。对技术秘密转让设置过多的审核门槛,无疑会对技术的自由流通造成障碍。而对新技术过度的知识产权保护则亦会引起创新的激励与初始发明人和后继发明人之间的潜在能力的不平衡。[①] 如何在二者之间找到最优的平衡点,实现技术流通和社会利益的兼顾,是值得我们关注的问题。

(三)侵害他人技术成果与合同无效的关系

《合同法》第329条规定"侵害他人技术成果的技术合同无效",值得商榷。

《合同法》第52条规定的无效理由包括:(1)一方以欺诈、胁迫的手段订立合同,损害国家利益;(2)恶意串通,损害国家、集体或者第三人利益;(3)以合法形式掩盖非法目的;(4)损害社会公共利益;(5)违反法律、行政法规的强制性规定。而"侵害他人技术成果"行为损害的是技术合同之外第三人的利益,只有在第三人主张侵权责任的情况下,技术合同的效力才会受到质疑。在《合同法》中作出这种规定,会在某种程度上助长受让人质疑技术合同的趋势,因为从法条表面文义来看,技术合同的受让人或被许可人都可以直接以"侵害他人技术成果"为由主张技术合同无效。

(四)受让人应承担的责任

依据《关于审理技术合同纠纷案件适用法律若干问题的解释》第12条和第13条之规定,(1)善意受让人可以在取得该技术成果时的特定范围内继续使用,但同时应当向权利人支付合理的使用费并承担保密义务。否则,权利人可以请求人民法院判令使用人停止使用。同时,善意受让人无论是否继续使用该技术成果,都应当支付已经使用该技术秘密期间所产生的使用费;而其已经向无效合同的让与人所支付的使用费则应由让与人返还。(2)具有主观恶意的受让人,不但应停止使用技术秘密,还需要承担相应赔偿责任。具体而言,如果当事人双方属于恶意串通,或者一方知道、应当知道另一方侵权但仍与其订立或履行合同的,应当将双方当事人认定为共同侵权。在此情形下,侵权人应当承担连带赔偿责任并履行对该技术秘密的保密义务,已经取得技术秘密的当事人则不得继续使用。

(五)使用费与赔偿额的计算

依据《关于审理技术合同纠纷案件适用法律若干问题的解释》第13条和第17条之规定,衡量使用费的基本标准是权利人通常对外许可该技术秘密的使用费或者使用人取得该技术秘密所支付的使用费。当然仅以此作为唯一标准显然有失公平。法院在认定具体金额的过程中还需要考虑该技术秘密的研究开发成本、成果

---

① 李昌凤:"知识产权保护的平衡机制及其建构",载《理论学刊》2005年第9期。

转化和应用程度以及使用人的使用规模、经济效益等因素的影响。

损害赔偿金可以参照《中华人民共和国专利法》第65条①关于侵犯专利权的损害赔偿额加以确定:将权利人的实际损失、侵权人因侵权所获得的利益、专利许可费的合理倍数以及1万元以上100万元以下四项数额依次排列,如果前一项无法查明则适用后一项的金额。但需要注意的是,损害赔偿金中还有一项特殊规定:如果侵权行为导致商业秘密为公众所知悉,则应以该商业秘密的商业价值确定赔偿数额。这也是充分考虑商业秘密的价值性,避免企业因商业秘密的披露而遭受超出法律救济范围的损失。

三、与技术秘密转移相关的其他合同条款

(一)中外合资经营企业技术秘密出资的规定

目前,以技术秘密出资,尤其是在中外合资经营企业中,较为常见。我国现行立法对中外合资经营企业中技术秘密出资有着较为严格的规定。

1. 所引进的技术必须具有一定先进性

《中外合资经营企业法》第5条、《中外合资经营企业法实施条例》第25条、第41条均对此有所提及。从上述法律条文看,无论是仅要求引进先进技术和设备的笼统规范,还是要求能显著改进现有产品或节约原材料的具体规定,上述条文对于所引进技术的要求可以概括为一点,即必须具有先进性。有意以落后技术和设备进行欺骗而造成损失的,需要承担损失赔偿责任。这一条件是对技术秘密出资的最低限制,也是技术秘密作为出资的实质性要件。②

2. 技术秘密出资所涉技术引进需遵守严格程序

依据《中外合资经营企业法实施条例》第26条、第27条之规定,外国合营者以工业产权或专有技术作为出资,应遵守两个层面的特殊规定。相对于技术先进性而言,程序的严格性可以视为技术秘密出资的形式要件。③

(1)外方合营者与中方合营者签订合营合同时,不但需要满足合同所需条款的

① 《中华人民共和国专利法》第65条规定:"侵犯专利权的赔偿数额按照权利人因被侵权所受到的实际损失确定;实际损失难以确定的,可以按照侵权人因侵权所获得的利益确定。权利人的损失或者侵权人获得的利益难以确定的,参照该专利许可使用费的倍数合理确定。赔偿数额还应当包括权利人为制止侵权行为所支付的合理开支。权利人的损失、侵权人获得的利益和专利许可使用费均难以确定的,人民法院可以根据专利权的类型、侵权行为的性质和情节等因素,确定给予一万元以上一百万元以下的赔偿。"

② 游闪键:"合资企业外方以商业秘密出资的法律问题",载《电子知识产权》2004年第9期。

③ 同上。

一般性要求,还需要提交该工业产权或者专有技术的有关资料、有效状况、技术特性、使用价值、作价协议及其作价计算的根据,以之作为合营合同的附件。

(2)外方合营者以工业产权或专有技术出资的行为,应当报请审批机构批准。审批机构在对该申请进行审批的过程中,对于技术秘密出资有着极为严格的要求。例如,除双方另有协议外,技术输出方不得对输入方出口产品的地区、数量和价格进行限制;技术转让协议的期限一般不超过10年;技术转让协议期满后,技术输入方有权继续使用该项技术;技术输入方有权按自己认为合适的来源购买需要的机器设备、零部件和原材料等。从这些严格的审批条件中显而易见,中外合资经营企业中外方的技术秘密出资受到了极为严格的限定。

(二)进入公有领域后的技术秘密使用费的支付

一旦技术秘密进入公有领域,其使用费应否支付?如果需要,应当如何支付?美国判例法确定了这样一个原则:各州商业秘密法和合同法保护那些重要但未获专利授权的信息,即便这些信息在许可合同终止前或终止后进入公共领域也应受保护。① 这一原则得到了《美国反不正当竞争法重述》②的支持:许可合同中规定即使商业秘密为公众所知,被许可人仍应支付使用费的条款一般是有法律效力且可以执行的。执行这种条款的基础,有时是因为合同当事人对商业秘密可以带来的市场领先价值作了充分合理估计,有时则是为了保护被许可人的良好名声和信誉(不得自食其言)。Universal Gym Equipment, Inc. v. ERWA Exercise Equipment Ltd. 案可以视为美国判例法在这一领域的典型案例。③ 该案的判决结果表明,即使技术秘密进入公有领域,其原所有人仍可以依据技术秘密合同的相关条款而要求合同相对人履行合同义务。这一意见依然成为美国判例法所持的主流意见,只有Luccous v. Kinley、④Atlas Bradford Co. v. Tuboscope Co. ⑤和Shell v. Atco Corp. ⑥等少数几个判例与Universal案判决相左。

但是,依据我国《合同法》可以得出与美国判例法不同的结论:

1. 许可合同终止之前意外泄露导致技术秘密灭失的,在我国即意味着技术秘密许可合同的客体已灭失,许可合同权利义务关系自然也就终止了;从技术秘密灭失时起,被许可人就不负有按约定支付许可使用费的义务,并可以继续使用已进入公

① Melvin F. Jager, David A. Anderson, Protecting Trade Secrets 1989, Practising Law Institute, p. 109.

② 参见美国《反不正当竞争法重述》(第3版)第41节评论。

③ 827 F. 2d 1542 (Fed. Cir. 1987).

④ 417 S. W. 2d 622.

⑤ 378 S. W. 2d 147.

⑥ 207 U. S. P. Q. 126 (Ill. App. 1980).

有领域的信息。

2. 许可合同终止后进入公有领域的商业秘密既不属于合同客体,也不属于许可人的私有财产,被许可人自然可以无偿地继续使用,许可人无权控制这些"商业秘密"。

(三)禁止实施反向工程条款的效力

禁止实施反向工程条款的效力问题在技术移转这一领域具有重要的意义。美国等国在该问题上通过长期的司法实践,业已积累了较为丰富的司法经验。但是在我国现有法律体系下,对该问题的规制尚属于真空地带,既无明确的立法规定,又无诉讼实务定论。

当然,有关禁止实施反向工程条款效力的问题,在美国和欧盟司法实践中亦属难题。尽管在 Davidson & Associates v. Jung① 案等一系列案件的判决中,法院否定了禁止实施反向工程条款的效力,但这并不意味着类似条款的绝对无效。因为,合同自由乃是至上原则,只要合同不违反公共利益通常不应认定为无效。当然从另一方面而言,禁止实施反向工程条款也可能通过滥用其中的知识产权而限制软件产业的合理竞争。② 如果禁止实施反向工程条款致使权利人垄断技术,使得相关技术进步受到阻碍的,可以从损害公共利益的角度认定其无效。

四、针对侵犯技术秘密行为的救济

(一)被许可人的诉讼地位

在针对侵犯技术秘密行为进行救济的过程中,首先必须明确哪一类主体能够提起诉讼以保护自己合法享有的相关权利。有关这一问题可以参考《关于审理不正当竞争民事案件应用法律若干问题的解释》第 15 条之规定。该条规定了三类被许可人可以作为提起诉讼的主体,具体包括:

1. 商业秘密独占使用许可合同的被许可人;

2. 共同提起诉讼的排他使用许可合同的被许可人和权利人,或在权利人不起诉的情况下自行提起诉讼的被许可人;

3. 共同提起诉讼的普通使用许可合同的被许可人和权利人,或经权利人书面授权而单独提起诉讼的被许可人。

简而言之,即只有上述三类主体在技术秘密受到侵害之时有权向法院起诉获

---

① 422 F. 3d 630 (8th Cir.).

② 阮开欣:"软件许可合同中禁止反向工程条款的效力研究——美国法律制度及其借鉴",载《科技与法律》2010 年第 6 期。

得救济,除此之外的其他主体并不拥有提起诉讼的主体资格。

(二)永久禁令期限

既已明确有权请求针对侵害技术秘密行为进行救济的主体资格,那么随之需要探讨的便是法院采取何种途径对权利人所受之损害加以救济。在美国等许多国家,禁令救济(即在特定时间内禁止侵权人继续实施可能侵害他人技术秘密的行为)是较为普遍的措施。早在1886年新泽西州法院审理的Salomon v. Hartz一案中法院就认为,“如果不适用禁令救济,任由被告自由使用和泄露原告的商业秘密,原告的胜诉将变得毫无意义”。①

我国的禁令救济措施也早有体现,主要集中于《反不正当竞争法》中。《关于审理不正当竞争民事案件应用法律若干问题的解释》第16条规定,人民法院对于侵犯商业秘密行为作出停止侵害的民事判决时,停止侵害的时间一般持续到该项商业秘密已为公众知悉时为止。这可以视为是关于商业秘密永久禁令期限的一般规定。

但这也并不排除特殊情形下法院对禁令期限做出的变动。此种变动主要基于当事人双方的利益平衡考虑。如果判决在商业秘密为公众知悉之前停止侵害被认为是明显不合理的,那么法院可以在依法保护权利人该项商业秘密优势的情况下,判决侵权人在一定期限或者一定范围内停止使用该项商业秘密。这是法院在永久禁令期限上所拥有的裁量的权力,其目标在于既保证权利人的合法权利免受侵害,又防止该禁令保护对技术发展造成不合理的限制。

在技术成果对于经济、社会进步日益重要的今天,技术秘密的转移无论从时空范围还是频繁程度而言,都达到了前所未有的高度。同时,技术的进步永无止境,它将随着时间的推移和社会的发展不断深入。因此,技术秘密转移的相关问题在未来较长的时期内都将是学界乃至整个社会所长期关注的重要议题。

在以上就中国技术秘密转移若干法律问题所提出的观点和思考中,笔者试图从当前中国立法、司法实践和理论层面寻找依据,分析其中存在的问题,比较、借鉴各国解决同类问题的做法。希望通过对这一问题的研究,能为技术秘密转移的相关问题提出一些可供思考的路径。

① John Holyoak & Paul Torremans: *Intellectual Property Law*, Butterworths(1995), pp. 13 – 14.

海上货物留置权：在物权法定和合同自由之间

荚振坤*

一、引论：海上货物留置权和法院裁判

海上货物留置权（以下简称货物留置权）是指在海上货物运输中，债权人有权对其因运输而占有的货物进行留置以促使债务人清偿其债权，并在债务人不履行义务时把货物变价、优先受偿的一种特别留置权，是民事留置权在海商法上的特殊表现。① 依法律规定，货物留置权主要包括：（1）海上货物运输合同下承运人为收取运费、共同海损分摊、滞期费、为货物垫付的必要费用及其他费用对债务人货物的留置权（《海商法》第87条②）。（2）定期租船合同下出租人为收取租金或其他合同款项对承租人货物、财产及转租收入的留置权（《海商法》第141条）。（3）航次租船合同，一般适用上述海上货物运输合同的规定；而在提单合并航次租船合同条款时，承运人对承租人之外的提单持有人的货物有留置权（《海商法》第95条）。此外，在拖航合同（《海商法》第161条）、沿海运输合同（《合同法》第315条）等情况下也成立货物留置权。货物留置权是债权人进行自力救济的权利，经常发生在民事活动中。当然，当事人也可以将有关纠纷诉至法院，如债权人依据《海商法》第88条申请法院裁定拍卖货物，或债务人、第三人对留置权有效成立与否及其行使是否适当提出异议。在物权法定原则下，留置权作为一种物权特别强调成文法的规定，尽量规范当事人的行为以维护交易安全，同时，又并非所有关于留置权的规定都是不可以约定排除、更改适用的。这就涉及如何理解物权法定与合同自由两个原则，以及在此之下法院如何裁判的问题。

物权法定主要指物权种类法定、物权内容法定，不允许当事人创设、更改。我国法律明定留置权为一种物权，这是物权种类法定，而在有的国家留置权就不是一种

* 荚振坤，2006级外国法律史专业，指导老师：何勤华。现工作于上海海事法院。

① 但亦有观点认为，我国法上的民事留置权与海上货物留置权的性质完全不同，参见傅郁林："海上货物留置权制度比较研究"，载《民商法论丛》（总第16卷），金桥文化出版（香港）有限公司2000年版。

② 本文引用法律及司法解释条文，凡未特别指明者，均指我国现行法律，如《中华人民共和国海商法》、《中华人民共和国合同法》、《中华人民共和国担保法》、《中华人民共和国物权法》、《中华人民共和国民法通则》，以及最高人民法院《关于贯彻执行〈中华人民共和国民法通则〉若干问题的意见（试行）》、《关于适用〈中华人民共和国担保法〉若干问题的解释》等。

物权。[①] 物权内容广泛,包括成立要件、行使要件、权利人的权利和义务、行使方式等,但是否都要严格依法进行不无疑问。因为法条不可能事事周延,遗漏在所难免;又因为物权法定本为保护交易安全,但该原则本身易于僵化,妨碍交易的灵活顺畅,要求物权的所有内容均依法定只能发展这一缺点,实无必要。但法律的内容哪一部分应法定、哪一部分可以意定补充,应该有个可以掌握的标准,否则又构成对物权法定原则本身的破坏。

为在货物留置权问题上保持裁判的妥当性,法院应当结合两个标准适用法条:一是技术性的标准,即法律解释学的方法。法院应从文义、法律体系等方面综合探究所适用法条的真实含义。二是理论性的标准,即价值判断的方法。对此,笔者提出将物权的性质作为衡量有关物权的法条是否须严格遵循的依据。这是因为法律对物权采取谨慎、严格的态度与每一种物权的性质最有关系,而这些性质或与物权的特殊效力(如变价、优先)有关,或与该物权的构成及区别于其他权利的要件有关,所以相关的法律规定必须遵守。对与物权性质无关的规定当然也要遵守,但应当承认有当事人意思活动的空间。

比如,《海商法》第 88 条规定,承运人根据同法第 87 条留置货物自船舶抵达卸货港的次日起满 60 日无人提取的,可以申请法院裁定拍卖。通行的解释是:依该条规定,承运人不能自行处理留置物,而只能申请法院裁定拍卖;该条的适用范围不仅指无人要求提货的情况,还包括债务人虽要求提货但既未付清费用又未提供担保,承运人因而留置货物、拒绝交付的一切情况。笔者认为这种解释不尽妥当。(1)依文义解释,既然“无人提取”在同法第 86 条与收货人迟延、拒绝提货相并列,在本条中当然只能取狭义解释,而不能将本条的适用扩及一切情况;还有,本条既用“可以”而非“应当”、“必须”,本条当属任意性条款,据此也不能将申请法院裁定拍卖解释为实现货物留置权的唯一途径。(2)依条文的逻辑和体系解释,第 87 条为承运人留置的一般规定,本条明言根据第 87 条,如将本条解释为适用于一切留置情况,“无人提取”的限定岂非多余;从本条第 2 款来看,追偿不足金额、退还剩余金额都是向托运人作出,而排除了有人提货未付清费用的情况;再将本条中无人提取、申请拍卖、上缴国库等联系来看,法条规范的目的实际上是在无人提货时不使承运人获得债权满足之外的利益,而将剩余金额最后确定为国库所有。所以,本条的适用只能限定于无人提货的情形。(3)从物权性质来看,留置权既为物权当有就

---

① 当留置权只有同时履行抗辩权的效力或作用,而不具处分留置物及优先受偿的效力时,为债权性。兼具上述效力时,为物权性。据此,在瑞士、日本、我国台湾地区,留置权为物权。在法国法上,留置权只具债权效力。在德国法上,民事留置权只具债权效力,但商事留置权具物权性。参见傅郁林:“海上货物留置权制度比较研究”,载《民商法论丛》(总第 16 卷),金桥文化出版(香港)有限公司 2000 年版。另见费安玲主编:《比较担保法》,中国政法大学出版社 2004 年版,第 436 页以下。

物处分、变价之权，这是它不同于同时履行抗辩权的根本之处。《担保法》虽于第95条规定，《海商法》等有特别规定的，依照其规定；但《海商法》上的留置权并未脱离整个物权法体系，从《海商法》第88条第2款以拍卖所得清偿保管、拍卖货物的费用和运费及其他费用的规定来看，实际上也未改变留置权的物权效力。所以，不应否认货物留置权为变价权，而仅认其有留置的效力，而应补充适用《民法通则》、《物权法》、《担保法》的有关规定。再者，从以下论述，我们可知留置权实现方式并不反映物权性质，所以即使在货物无人提取时有法定实现方式，仍可以其他方式实现其变价权。

二、海上货物留置权的性质[①]

作为担保物权，货物留置权的性质为：(A)变价权、优先受偿权(《民法通则》第89条第4项、《民法通则司法解释》第117条、《物权法》第230条第1款及第236条第1款、《担保法》第82条及第87条第2款)。变价权与从属性、价值权为担保物权最本质的特征。(B)不可分性，指用于担保的货物一部分灭失，剩余部分仍担保全部债权，而债权一部分受偿，仍可以全部担保物担保剩余的债权(《担保法司法解释》第110条)。作为不可分性的例外，留置财产为可分物的，留置财产的价值应当相当于债务的金额(《担保法》第85条、《物权法》第233条)。(C)附属性、附随性。这是指留置权附属于债权。除债权无效、不成立影响留置权的效力外，债权未到期，债权人也不得行使留置权(《担保法司法解释》第112条前段)。所以，如租船合同规定运费在完成卸货后支付，则运费支付义务在卸货时未到期，债权人对货物无留置权。但债务人明确拒绝履约或偿债能力明显不足等构成预期违约情形的，债权人可不待债权届期而行使留置权(《担保法司法解释》第112条后段)。附随性指留置权随同债权移转。(D)物上代位性。这是指受留置的货物被毁损灭失的，留置权人对因此获得的赔偿款项(价值具体化之现金)可优先受偿。(E)物权性，包括支配性、排他性和请求权。留置权既为价值权、变价权，其效力的重点在于可对货物处分收益(支配性)。留置权在实行时其标的物特定，有留置权担保的债权优先于一般债权(排他性)。因第三人侵权行为致债权人丧失占有的，债权人可本其原先的占有于一定时间内请求返还货物，[②]但超过合理时间不行使请求权的，因占有丧失留

① 关于担保物权及留置权的性质，参见史尚宽著：《物权法论》，荣泰印书馆股份有限公司1979年印刷，第231～234页、第439～441页。

② 《物权法》第245条第2款规定，占有人返还原物的请求权，自侵占发生之日起一年内未行使的，该请求权消灭。

置权也消灭(《物权法》第240条);第三人故意过失侵害留置物的,留置权人有损害赔偿请求权(请求权)。

作为留置权的一种,货物留置权在成立要件方面的性质为:(F)为法定担保物权,即依法律规定而非当事人合意而成立,因而与抵押权、质权不同。至于须具备何种法定条件应结合留置权其他性质来确定。但法律另有规定或当事人另有约定(《担保法》第84条第3款、《担保法司法解释》第107条、《物权法》第232条、《合同法》第315条后段),权利人单方抛弃留置权,以及债务人预先提供担保的,留置权不成立。当事人还可以约定为留置权的成立附设特别条件。(G)就债务人之物而成立。债务人之物不仅指债务人所有及有权处分之物。债权人合法占有债务人交付之物,而不知债务人无权处分该物的,不影响留置权的有效成立(《担保法司法解释》第108条)。(H)以对作为标的物之动产的占有为成立要件。占有指事实上控制,包括债权人及其代理人直接占有和通过他人的间接占有(如承运人通过实际承运人的占有、承运人通过仓储保管人的占有等)。占有也是留置权存续的要件。占有丧失则留置权消灭。占有的取得必须合法。(I)标的物无须可以让与。不过这时债权人仅能留置货物而不能变卖。比如,货物在目的港为限制流通之物,当然不能变卖,但仍可以留置来发挥留置权的部分效力。但货物买卖本身为非法,则留置权不能有效成立。关于效力要件方面,货物留置权的性质为:(J)具两次效力,即留置标的物和就标的物优先受偿。①

关于对标的物占有(H)一点,应予说明的是:(1)占有是一种由法律赋予一定法律利益或法律效果的事实状态。留置权以担保债权为目的当然要以债权的存续为前提,即前述(C),但留置权并不是产生于当事人的合意(与抵押权、质权不同),也不是直接产生于债权,而是产生于占有的状态,债权人是基于占有而有留置权,而不是相反,因为有留置权方可以占有。在传统民法中,涉及留置权的占有指一切情况下的合法占有,不论其是否与所担保的债权产生于同一个合同,先有占有后有合同及债权,或者债权和占有所据的是不同的合同,都可以成立留置权。在这个问题上,我国立法有一个发展的过程。《民法通则》第89条规定按照合同约定一方占有对方财产,对方不按照合同给付应付款项超过约定期限的,占有人有留置权。《担保法》第82条规定债权人按照合同约定占有债务人的动产,债务人不按照合同约定期限履行债务的,债权人有留置权;第84条将上述合同限定为保管合同、运输

---

① 在英国,如果缺乏法定授权,承运人对货物的占有留置权不包括出售的权利。而在美国,承运人可以通过对物诉讼实现其留置权。参见[加拿大]威廉·台特雷(William Tetley)著:《国际海商法》,张永坚等译,法律出版社2005年版,第405~406页。但在英国,留置权合同也可以赋予债权人变卖留置物的权利,此时留置权转化为质押。见许明月著:《英美担保法要论》,重庆出版社1998年版,第246页。

合同等。《物权法》第230条第1款规定，债务人不履行到期债务，债权人可以留置已经合法占有的债务人的动产。所以，依《担保法》，留置权只限于保管、运输等特定合同下的占有，相比于传统民法占有的范围小得多。而依《物权法》，占有不仅未限于保管、运输等特定合同下的占有，而且不限于合同下的占有，所担保的债权也不限于合同之债。因此，有观点认为只有债权人的债权和占有的取得都基于同一合同才产生货物留置权，是不符合《物权法》规定的。因为留置权究系物权，留置权关系为留置权人对留置物所有人的关系，即通过留置标的物"寻找"履约之人，在功能上与英美法上的对物诉讼类似。当然所"寻找"的人并非漫无边际，依我国法应为债务人。留置标的物与债权也并非全无联系，依法律、学说及判例须债权产生于与物有关的法律事实(《担保法司法解释》第109条、《物权法》第231条)，但不限于合同。

(2)担保物权与用益物权在本质上相互区别。担保物权是一种价值权，即利用物的价值以供担保而不是直接利用物本身。现今担保物权法的发展趋势更是在注重其保全债的功能的同时，充分发挥物的效用，所以不移转占有的担保物权(如抵押权)渐成经济生活中主要的担保物权形式，而以占有为前提的留置权一般不在此列。这是因为留置物既被占有，除债权人可因管理而使用外，该物难以被直接利用。笔者认为，为适应物权法发展趋势，可对留置权的占有要件予以变通，即收货人在纠纷发生时将有争执的金额提存，而承运人交付货物，留置权的优先效力及于该金额，这和物上代位(D)的情形一样。提存可以由债权人和债务人双方协议或债权人单方变卖货物后进行(变卖应符合商业合理性)，法院也可以依裁量权或当事人申请作出。这样，货物能尽快得到流转和使用，避免留置货物在事实上的困难、对港口及仓储的压力、船上留置的风险(所以法国法禁止船上留置[①])、货物保存的不易等问题。而且，因合法留置造成货损或滞期虽可由债务人承担责任，但该损失无论由谁负担，对社会来说终属不利益，应当尽量加以避免。当然，提存金额要占用一定资金，这将使提存的适用实际上受到限制。

以留置权性质作为判断物权内容是严格依法定，还是允许双方合意或以一方意志加以改变的标准，主要是将有关问题引向物权本身即质的规定性。当然，何为留置权的性质并非没有争论，但笔者的观点是将一种就物权各个内容分散的、表面的争论转化为更深层的争论或许有更大实益，也有利于法官以尽量少的尺度行使裁判权，保持法的安定性、裁判的统一性和可预测性。

---

① 1966年《关于海上货物运输合同和租船合同的法国法令》第3条规定，"除非承租人已提供担保，在装卸时承租人如未交付租金，出租人得将货物交第三者保管或拍卖，但不得将货物留置于船上"；第48条规定，"即使在未收取运费的情况下，船长也无权将货物留置于船上"。

三、海上货物留置权的一般内容①

货物留置权的成立要件为:(1)须债权人占有一定的动产;(2)须是债务人的动产;②(3)标的物须为动产;(4)占有人须有债权,如实际承运人虽占有货物,但如没有债权,其没有留置权;(5)须债权的发生与动产有关联;(6)须债权已届清偿期。关于(1)、(2)、(3)、(4)项要件,分别直接与留置权性质(H)、(G)、(H)、(C)有关,所以应严格依法定而不容当事人以一方或双方意思加以违反,否则留置权不能有效成立。

关于第(5)项要件,《担保法司法解释》称"债权人对动产的占有与其债权的发生有牵连关系"(第109条),《物权法》称除企业之间的留置外,"债权人留置的动产,应当与债权属于同一法律关系"(第231条)。如前所述,留置权为担保物权,是对物的直接支配和作用,其基于占有而产生,债权并非其产生的直接原因,所以只要求债权与留置标的物之间存有关系,而并不要求债权获得满足与放弃留置之间必须有对待履行关系(这是同时履行抗辩的要求)。留置权所担保的债权也不一定产生于合同。如共同海损分摊虽发生于海上运输中,但并不产生于合同,而是一项法定债权,依《海商法》第87条可以行使留置权。所以,应结合债权的发生与动产有关联这一要件对货物留置权所担保的债权进行界定。依有关法律规定,受担保的债权分别为:合同债权(《民法通则》第89条);运费、保管费及其他运输费用(《合同法》第315条);到期债权(《物权法》第230条③)、主债权及利息、违约金、损害赔偿金、留置物保管费用和实现留置权费用(《担保法》第83条);租金或者合同约定的其他款项(《海商法》第87条:定期租船合同);运费、共同海损分摊、滞期费、为货物垫付的必要费用和其他应付费用(《海商法》第141条:货运合同)等。此外,依合同自由原则,当事人还可约定彼此间的其他权利义务关系。这样,可将货物留置权担保的债权作如下归纳:a. 合同债权如租金、运费、滞期费等,违约金、损害赔偿金是合同债权未获满足的转化,与合同债权具同一性。b. 就留置物所生债权如保管费用、垫付费用、共同海损分摊等,多为法定之债。此外,前述损害赔偿金是指违约致损而言,对于因物的瑕疵所致的承运人履约利益以外的损害(积极侵害债权)也理

① 关于留置权的成立要件及行使要件,参见史尚宽著:《物权法论》,荣泰印书馆股份有限公司1979年印刷,第445~455页。

② 债权人不能留置其虽占有但不属于债务人的财产,否则应当承担损害赔偿责任。参见徐孝先:"'海鲸'轮错扣货损失赔偿案",载《〈海事审判〉精选本》,广州海事法院1999年编印。

③ 法条原文为"到期债务"。值得注意的是,依《物权法》该条规定,只要符合留置权有效成立的其他要件,对留置权所担保债权的范围并无限制。

应赔偿，这也属于就留置物所生债权。c. 留置权实现费用。d. 提单合并租船合同时的债权（详见后文）。国内有观点认为，本航次不得就上一航次的债权留置同一债务人的货物。但笔者认为，参与海上货物运输关系的一般均为商人，本有交互计算的规定；而且，依交易观念如果不同的航次属于同一交易关系或服务于同一交易目的，前后航次相隔时间不长，又不违反商业习惯的，不应当径行否定留置的效力。而依《物权法》第231条，企业之间的留置不受留置的动产与债权属于同一法律关系的限制。可见，在物权关系上并不适用所谓的合同相对性原则。

关于第(6)项要件，已于留置权性质(C)中述及，法定要件一般应予遵守，但有预期违约等特殊情况的并非不可改变，此为未届清偿期的紧急留置权。

货物留置权的行使要件为：(1)留置须不与债权人所承担的义务相抵触(《担保法司法解释》第111条)。承运人不能因留置而不履行运输等义务。[①] 而且，留置一般应在货物到达目的港并做好交付准备时才能行使。(2)留置须不与债务人在交付货物前或交付时所作指示相抵触。承运人一旦接受货物，即被认为接受了债务人的指示。但债务人在交付后无支付能力或无支付能力在交付后为承运人所知的，承运人仍有留置权。(3)须当事人未预先排除留置权行使(F)。(4)债权人在留置货物后应按约定给予债务人履行债务的期间，没有约定或约定不明确的，该期间为两个月以上，不得径行处分留置的货物(《民法通则司法解释》第117条、《担保法》第87条第1款、《担保法司法解释》第113条、《物权法》第236条第1款)。以上行使要件均为消极性条件，与留置权性质无关，所以都可依当事人之间的具体约定来改变。

货物留置权的实现方法。留置权为变价权、优先权，见前述(A)(E)，但以什么方法实现与权利性质关系不大。所以如前所述，除《海商法》第88条申请法院裁定拍卖的方法外，留置权的实现还可以约定的或其他合理的方式为之。[②] 依《民法通则》、《担保法》、《物权法》等的规定，可以折价(或协议折价)、变卖、拍卖。折价或者变卖应当参照市场价格，或以合理价格为之(《担保法》第94条、《物权法》第236条第2款、《民法通则司法解释》第117条)。《美国统一商法典》第7－308条规定，承运人为兑现其留置权而出售货物应以商业上合理方式为之：可在任何时间、地

① 据英国案例，只有在不能在目的港行使留置权或到达目的港会失去对货物的占有等特殊情况下，船东才能拒绝原定航程以行使留置权，否则中途截停船舶是不适当的。参见陈承元："承运人之留置权"，载郭国汀主编：《国际海商法律实务》，大连海事大学出版社1996年版。

② 但也有观点认为，债权人留置债务人货物后，应申请法院保全，或不行使留置权而直接申请法院保全，并由法院将扣押的货物变卖或拍卖，这比债权人自己变卖留置的货物更为妥当。参见李开森："'润达401'轮扣油案中的留置权与诉前保全"，王振义、庞秀华："'东信'轮擅自变卖船载货物索赔案"，均载《〈海事审判〉精选本》，广州海事法院1999年编印。

点，可以整批或分批、公开或私下进行；可以在该种货物之公认市场上以通常方式或时价或其他商业上合理方式进行。而且，即使事实上存在取得更好售价的时间或方式，也不能说明实际的出售不合理。①《海商法》一般涉及商人间的关系，交易方式较民法应更为宽松，应允许通过市场自由进行而以商业上的合理性作事后衡量。

货物留置权的一般内容比较广泛，如留置权人的权利、义务、实行的时间、地点等均属之，限于篇幅不再论及。由上可知，同为留置权内容，有很大一部分与留置权性质关系不大，所以在首先考虑适用法条的前提下，是可以合同自由甚至一方意思补充、排除、变更的。

四、海上货物留置权与合并条款问题

合并条款问题是指：在航次租船运输中，出租人与承租人之间订有租船合同，同时出租人签发提单。依租船合同出租人可以留置承租人的货物；但提单流转到非租船合同一方的第三人手中时，第三人和出租人之间的权利义务关系只能以提单为依据。出租人为不致失去租船合同中的一些权利，就在提单上订入合并条款，并入租船合同的装船、运输、交货、留置权和责任终止等内容，使提单持有人也受租船合同的约束，如提单载明，租约内所有条件、条款和免责均并入提单。依《海商法》第95条，承运人与提单持有人之间的权利义务关系适用提单的约定，但提单中载明适用航次租船合同条款的，适用该航次租船合同的条款。所以，一般认为通过合并条款，出租人可以留置提单持有人的货物。

笔者认为，对上述观点应予澄清。(1)留置权为法定担保物权，见前述(F)，法定要件一旦成就，出租人即享有留置权，即使租船合同没有留置权条款也一样。租船合同仅可以反向地约定留置权不成立，其本身不能作为留置权成立的根据，这样并入租船合同也就谈不上并入了留置权。(2)提单持有人的货物是否受留置，应视留置权是否依法成立和提单持有人应否承担留置权所担保的债务而定。(3)租船合同、提单(通过合并条款)上规定的留置权条款依物权法定根本产生不了物权效力，但也并非完全无效。依合同自由原则法院可以认其有债的效力，即提单并入租船合同仅并入其中(包括留置权条款中)债的内容，当然这需要对合同条款的解释技术。(4)第三人受让提单(并通过合并条款并入租船合同的内容)即认为他接受了其中关于债的约定，尽管双方没有就债的内容进行讨价还价的过程(bargain)而

① 潘琪译：《美国统一商法典》，中国对外经济贸易出版社1990年版，第168页。

只具有形式上的合同自由，但因为各方均为商人，这种形式的自由也足够使条款合并有效。

至于并入租船合同（包括留置权条款）中有关债务承担的约定，应注意：(1)不得与提单内容相抵触，如提单上注明运费预付，此即为最终、绝对的证据，不能并入与之相反的租船合同条款。(2)须以租船合同内容为基础，如在CIF或CFR贸易条件下，租船合同均专门规定运费预付，则收货人货物不因运费问题而受留置。又如，在英美法下，并入滞期费通常即包括装货在内而无须在提单上注明装港滞期的具体情况（我国与之不同），但租船合同明确规定承租人支付装港滞期费的，则装港滞期费不能并入。(3)依债的性质和内容的不同，约定所需的明确程度不同。海上货物运输中的债务分担一般为，托运人负责装港滞期费、速遣费、亏舱费，提单持有人负责卸港滞期费、速遣费，运费的负担则视贸易条件及提单内容等而定。对于提单持有人应负的债务，即使没有并入条款，出租人对依提单所证明的运输合同而占有的货物也有留置权，所以只需用笼统的或普通的条款合并。如果与上述分担作不同的约定，因装港滞期费、速遣费、亏舱费等被认为只与装船有关而与运输、提货无关，按其性质不是提单持有人的固有义务，所以如让提单持有人承担，不仅租船合同上应有明确规定，而且合并条款也要明确，包括在提单上注明装港所用时间、滞期费或亏舱金额等情况。《美国统一商法典》第7－307条规定，承租人以留置权对抗以支付对价取得提单的购买人时，仅限于提单上或有关费率表上注明的费用，如果未注明则限于合理费用。①

合并条款还可并入与留置权条款相关的责任终止条款。责任终止条款的并入必须相当明确。责任终止指承租人于货物装船后对出租人的责任即告终止，这是双方对债务履行的约定，应属有效；而且依共存原则，责任终止与出租人能否对提单持有人的货物行使留置权有关，凡因法律的或事实的原因完全不能或部分不能行使的，承租人责任不能终止。此外，责任终止条款还可以追加条款即确认承租人无论留置权行使与否均负绝对责任的条款，或依其性质留置权不可能发生的条款（如货物卸完后支付运费的条款）而使承租人承担责任。责任终止条款既使得收货人承担了第一位的履约义务，又起到督促出租人行使留置权的作用，因为如怠于行使留置权则在向收货人追偿无效后，也不能向承租人追偿。留置权依法定要件产生，责任终止条款不能影响其成立，而只是从债的角度对履约作出约定，尚不能认其为无效。

---

① 潘琪译：《美国统一商法典》，中国对外经济贸易出版社1990年版，第168页。

我国金融体制之60年变迁回顾

——以银行业和银行法为视角

虞　瑾*

我国当前的金融体系是在基本否定旧中国金融体系的基础上建立起来的,是随着国家政治体系、经济体制的改革不断发展的,并与世界金融业逐步接轨的体系。我国现代金融体系经历了60年之巨变,逐步形成了在金融主体上以人民银行是核心,国有商业银行占据绝对优势的银行业、证券业、保险业共同发展的;在运行机制上以行政主导占明显优势,金融法律体系逐步完善的金融体系。考察新中国成立60年以来金融体系的各项转变,有利于更好地理解我国的金融法律体系,更好地分析中国金融的现在和未来。

一、计划经济下的"大一统"银行体系

1949年之后实行的是社会绝大多数资源为全民所有,政府行使行政管理的权力,支配社会资源,推动经济建设,即所谓的计划经济。如果说计划经济是特定历史时期的特定产物,那么在经济领域中发挥重要作用的金融业也必然呈现出独特的发展形态。

1948年12月1日,中国人民银行在河北省石家庄成立,标志着新中国金融业正式建立。同时改组了旧中国的中国银行和交通银行,1949年10月20日设立了中国人民保险公司,1951年成立了农业合作银行。

随着国家经济的逐步恢复,从1952年开始,中国的银行体系逐渐走向"大一统",表现为银行机构的集中和银行业务的集中。其中银行机构的集中是主要方面,表现为中国银行与中国人民银行国外业务局合署办公;交通银行划归财政部;中国人民保险公司由财政部领导;撤销农业合作银行,成立全行业的公私合营银行总管理处;1954年开始,中国人民银行撤销大区一级的区行,实行垂直领导;1955年和1956年,公私合营银行逐步并入中国人民银行体系。这样,高度集中的银行体系正式形成。

---

* 虞瑾,2006级法律文化专业,指导老师:徐永康。现工作于中国建设银行上海分行。

随着银行机构的集中，银行业务也全部集中在中国人民银行一家之内。中国人民银行既是中央银行又是商业银行，当然主要是中央银行，并且主要发挥中央银行的职能中的前两项，即“发行的银行”和“国家的银行”职能。新中国成立后，货币发行权统一收归中央银行所有，取缔了国民政府时期各类银行形式，或者撤销或者并入人民银行。人民银行从性质上讲是国家机关，承担起与国家财政一起保障经济发展的作用，人民银行还履行商业银行的存款、贷款职能。如此一个泱泱大国只有一家银行履行商业银行的职能，是难以想象的，但结合当时我国特殊的国情，就可以解释商业银行业务长期不发达的原因了。商业银行的传统业务有三项，分别是对个人客户的储蓄业务、对公司客户的存贷款业务以及汇兑业务。新中国成立初期，实行低积累、低消费，柴米油盐都是凭票供应，私有财产权并不明确，人们手中也没有多余的闲散资金，商业银行储蓄业务的客观需求并不大；那个时期的公司客户都是集中在国家重点行业，绝大部分是国有企业，由国家统一安排资金，银行没有选择客户的权利，商业银行的贷款业务本质上是执行国家计划；改革开放之前的商品交换形式简单，由于市场经济没有确立，作为市场主体的企业不仅量少而且资金结算简单，由于政府干预很多企业之间资金往来还执行赊购赊销，商业银行的汇兑业务无用武之地。由此可见，1978 年之前实行的单一制的银行体制是与当时的政治经济体制相适应的。对私有财产的忽视，对市场经济的禁锢，导致了银行业务的单一化。

“大一统”银行体系是我国特殊时代的产物，存在明显的缺陷，出现如银行机构过于单一、信用过度集中、政企不分、整个金融体系相对封闭等问题。但是，对特定时期的产物应当站在历史角度进行客观的评价。“大一统”银行体系是新中国成立后，为了巩固新生政权，发展国民经济而确立的银行制度，是完全区别于自清末设立新式银行以来旧中国建立的银行体系。“大一统”银行体系是适应计划经济的银行体系，而计划经济本身又是适合新中国成立初期国内政治形势的经济体制。“大一统”银行体系与当时经济体制的适应性表现在“大一统”银行体系的两种聚集效应，一是有助于国家集中资源发展经济。在“大一统”银行体系中，全国只有中国人民银行一家真正的银行，使政府能够聚集相对贫乏的社会资源集中投放于最需要之建设行业，保证了在恶劣的国内外政治经济形势下，国内经济的逐步恢复。二是有助于中国人民银行集中力量开展业务。中国人民银行在“大一统”时期本身也积累了丰富的银行经营经验，由于没有其他独立银行形式的存在，当然也没有银行管理之必要，人民银行既是银行制度的制定者也是执行者，既是经济的调控者也是经济活动的参与者。正是“大一统”时期金融是高度集中的，在一家天下的金融体制中需要的只是行政命令、规章制度，金融法律失去了实践需求，这一时期没有真正意义上的金融法律存在。

“大一统”银行体系是我国现代银行体系的一部分，中国人民银行在这个期间积累的丰富的银行资产及银行管理和服务经验是我国现代银行体系宝贵的财富，当时的中国银行、农业银行和中国建设银行虽然没有独立的组织机构，依附于财政部或者中国人民银行，但其仍然参与了包括外汇、农村建设和大型基础建设项目的资金安排，为改革开放后取得独立的银行主体地位奠定了坚实的基础。笔者认为，应当以历史的眼光考察新中国的银行体系，“大一统”银行体系时期是我国现代银行体系的奠基期，没有“大一统”银行体系的发展，也不可能完成改革开放下的银行体系改革。

二、改革开放与二级银行体系的建立

（一）二级银行体系的形成期

这一时期以1984年中国人民银行成为我国的中央银行的改革为标志，改革的重点是恢复原有的专业银行以行使商业银行职能，确立并完善中国人民银行独立的中央银行职能。

改革首先从恢复由中国人民银行和财政部收归管理的原专业银行机构开始。1979年3月13日，中国农业银行正式成立，当时的农村信用社、农村营业所划归农业银行领导，建立自上而下的总分机构。中国农业银行隶属于国务院，接受中国人民银行的管理，其主要任务是统一管理支农资金、办理农村信贷、发展农村金融。1979年，国务院决定将中国银行从中国人民银行中分离出来，中国银行总管理处称为中国银行总行，同时成立国家外汇管理局，两块牌子一套机构。中国银行借助长期经营外汇业务的优势成为国家指定的外汇专业银行，专营外汇买卖，办理国际结算，筹集外资扶持出口产业。同年，国务院决定中国人民建设银行从财政部分离出来，①成立一家独立的银行机构，同时代理行使基本建设财务管理的财政职能。此外，中国人民保险公司也得到了恢复，国务院还相继批准建立中国投资银行、各地的城市信用合作社等银行机构。

中国农业银行、中国银行、中国人民建设银行再加上1984年成立的中国工商银行构成了独立的专业银行体系，专业银行专门从事相关产业的资金服务，在改革初期为活跃市场、融通资金提供了巨大的金融支持。

---

① 1954年国务院在财政部系统内建立了中国人民建设银行，承担保证基本建设资金及时供应和合理使用的职能，虽对外保留建设银行牌子，并没有发挥真正的银行职能，仅为财政部之机构。1978年，国务院批准中国人民建设银行为国务院直属单位，并在全国设立分支机构，加强对基本建设资金的划拨和监督。

1983年,国务院发布了《关于中国人民银行专门行使中央银行职能的决定》,决定中国人民银行自1984年1月1日起专司中央银行职能,同时成立中国工商银行,承接原来由中国人民银行办理的储蓄和信贷业务,使中国人民银行实现了中央银行业务与商业银行业务的分离,过去中国人民银行集金融监管、货币政策、商业银行等职能于一身的高度计划经济的体制终于被打破。这是中国金融体制改革迈出的一大步,为日后市场经济的发展打下了良好的基础。1986年1月7日,国务院颁布《银行管理暂行条例》,进一步明确了中国人民银行是国务院领导的、管理全国金融事业的国家机关,是国家的中央银行。1987年,中国人民银行比较系统地提出了建立新型金融体制改的目标,①建立以银行信用为主,多种渠道、多种方式、多种信用工具筹集和融通资金的信用体系。中央银行业务的一系列改革带动了专业银行业务的多样化,各专业银行全面发展金融同业拆借业务,票据贴现、再贴现业务,国库券转让交易业务等新型业务活动。而《银行管理暂行条例》也成为这个阶段最主要的规范中央银行和专业银行业务的法律规范之一,由于我国市场经济刚刚起步,资金结算活动较为简单,《银行管理暂行条例》也只是粗线条地规范银行的业务范围和业务规则,对很多法律关系和法律原则没有涉及,导致条例本身无法适应不断发展的市场经济活动的需求。

(二)二级银行体系的发展期

这一时期以1994年开始的专业银行向国有商业银行的转变为标志。

1993年12月25日,国务院根据《中共中央关于建立社会主义市场经济体制的若干问题的决定》下发了《关于金融体制改革的决定》(以下简称《决定》)和《关于进一步改革外汇管理体制的通知》(以下简称《通知》),明确提出了金融体制改革的目标,即进一步明确中国人民银行的职能以及实行政策性金融与商业性金融分离,建立以国有商业银行为主体,多种金融机构并存的金融组织体系。改革的目标是分离原有专业银行的政策性业务,组建专门的政策性银行,实现国有专业银行向符合现代银行体制要求的国有商业银行的转变。此外,《决定》和《通知》还提出了建立统一开放、有序竞争、严格管理的金融市场,包括完善货币市场和完善证券市场;改革外汇管理体制,协调外汇政策和货币政策,决定从1994年起实行汇率并轨,建立以市场汇率为基础,单一的有管理的人民币浮动汇率制度等。

1994年,国家开发银行、中国进出口银行和中国农业发展银行三家政策性银行相继挂牌成立。分离了政策性任务的原四大专业银行开始按照计划进行商业化改革,通过加强一级法人体制、建立内部管理和风险控制机制、培育市场经营主体意

---

① 陈慕华:“金融体系的多元化改革”,载 http://active.zgjrw.com/News/20081215/red/291368495500.html。

识、全面改进金融服务理念,向真正的商业银行转化。与此同时,为了保障商业银行业务的不断多样化,国家进一步完善了金融市场,初步建立了以人民币为交易标准的全国银行同业拆借交易网络和以外币为交易标准的全国银行间统一的外汇交易市场,进一步完善了商业承兑汇票贴现市场。

金融体制的改革取得了较大的成效,全国以银行为主的金融机构各项业务得到较快发展,据统计,截至2008年10月底,金融机构人民币各项存款余额达9.3万亿元,各项贷款余额8.3万亿元,国家外汇储备达1437亿美元,分别比1978年增长82倍、45倍和845倍;个人储蓄存款余额5.2万亿元,比1978年增长249倍。已基本形成了由中央银行调控和监督、国家银行为主体、政策性金融与商业性金融分工、多种金融机构合作、功能互补的金融体系。①

1995年我国明显加快了金融法制建设的步伐,相继出台了《中国人民银行法》、《商业银行法》、《票据法》等重要的金融法律,用基本法的形式保障经济体制改革在金融领域的改革成果。

当然,随着金融业的飞速发展,也出现了很多问题,部分金融犯罪问题开始出现,金融风险威胁了国家金融安全。为此,国家采取了加强金融监管与鼓励金融发展并举的措施。1995年6月,全国人大常委会通过了《关于惩治破坏金融秩序犯罪的决定》,政府部门将加强金融监管,防范金融风险作为这一阶段工作的重点之一。

(三)二级银行体系的整顿期

1997年7月,亚洲金融危机的爆发向世界敲响了警钟,向所有沉迷在金融自由化、金融全面开放的发展中国家警示了金融安全的重要性。亚洲金融危机使"一向欣欣向荣的亚洲经济倒退五六年,东亚奇迹黯然失色"。② 我国金融体系虽然没有受到太大的冲击,然而我国金融体系的脆弱性却暴露了出来。为了防止金融危机的发生,深化金融体制改革被提上议事日程。在这样的背景下,1997年11月,中共中央和国务院召开全国金融工作会议,提出用3年左右的时间解决中国金融业的风险问题。由此,新一轮金融体制改革启动,"中国金融业进入了整顿金融秩序,化解金融风险的清理整顿阶段"。③

根据全国金融工作会议的要求,1998年年底,经国务院同意,中国人民银行对管理体制进行了重大改革,撤销了各省、自治区、直辖市分行,跨行政区设立9个分行。到1998年年底,这次管理体制改革收效良好,从组织上较好地解决了中央银行的独立性问题。同时,为了适应银行、证券和保险业专业管理的需要,从1998年起,

① 数据资料来源人民网,载 http://www.people.com.cn/GB/historic/1115/5254.html。
② 黄达编著:《金融学》(精编版),中国人民大学出版社2004年版,第466页。
③ 李利明、曾人雄著:《1979—2006中国金融大变革》,上海人民出版社2007年版,第14页。

中国人民银行相继移交专业监管职能于证监会和保监会，形成了适应我国分业经营模式的分业监管体系，使金融监管更趋科学和合理，为全面防控金融风险，防止风险在不同行业之间的传递起到了良好的制度保障作用。

我国的商业银行脱胎于改革开放后成立的专业银行体系，受长期隶属于国家行政机关的影响，风险管理意识缺乏，内部控制效果不佳，并且还积累了大量的不良资产，暴露出严重的金融风险。1998 年财政部发行 2700 亿特别国债，用于补充四大银行的资本金；1999 年 10 月，成立华融、长城、东方三家金融资产管理公司，专门负责管理由国有商业银行剥离的不良资产。

经过 3 年的努力，到 2000 年年底，国务院和中国人民银行对金融机构的清理整顿工作基本结束，通过此次自上而下的金融改革，进一步改进了中央银行的管理方式和银行监管模式，提高了商业银行的资产质量，培育了良好的金融秩序，建立起了以全面防范金融风险额为主的中央银行—商业银行二级银行体系。

二级银行体系是我国金融体制改革的巨大成果，是根据 1979 年经济领域的全面改革，特别是 1984 年《中共中央关于经济体制改革的决定》所明确的金融体制改革的要求，建立的适应经济体制改革要求的银行体系。二级银行体系是以中央银行为领导，各专业银行各司其职的银行体系，其特点是：中国人民银行专门行使中央银行职能，虽然是政府机关，但保持一定的独立性；各专业银行负责专门领域的金融服务。当然，二级银行体系并不是只存在中央银行和专业银行，从 1986 年开始，交通银行首开按股份制重组先河，进而深圳招商银行、中信实业银行、深圳发展银行、广东发展银行、福建兴业银行等一批商业性股份制银行陆续成立，二级银行体系朝着多元化的深度进一步发展。随着经济体制改革的进一步深化，国内金融环境的不断变化，各专业银行受利益机制的驱使，不断突破专业分工的界限，开始组建各自的信托投资公司、证券机构，并开始出现向房地产、保险等领域的投资，二级银行体系中的专业银行体系进入了混业经营的模式，由于缺乏管理的监督，导致了诸多金融不稳定因素的出现。

二级银行体系是现代银行体系的形成期，中央银行业务改变过去“统存统贷”为更加灵活的贷款控制方式，更加注重通过货币政策的调整达到宏观调控的目的。同时极大地丰富商业银行业务，扩大商业银行的贷款种类，办理各类开发性贷款、固定资产贷款投资贷款；开放商业信用，开展商业票据承兑业务，形成一定规模的商业票据贴现市场，增加个人支票，银行本票等票据种类，活跃了票据市场，建立了城市票据交换中心，搭建了全国统一的支付清算平台。多元化银行体系的建立，培育了中国真正的银行主体——商业银行，虽然这个时期是以专业银行的形式存在，但毕竟获得了独立的身份，可以自主参加市场活动，开展经营业务，其盈利能力和经营管理能力都得到了进一步提升，为建成能够参与国际竞争的现代化商业银行打下了坚实的基础。

二级银行体系还不是完备的现代银行体系,二级银行体系是适应改革开放以来国内形势的变化,适应市场经济体制改革初期的需要而形成的银行体系,为做强做大本国银行业跨出了关键的一步。但二级银行体系还很不完善,与现代银行系统相比"具其形而无其质"。虽然恢复和增设各个专业银行从而形成与中央银行相区别的专业银行体系,基本搭建起了现代银行体系的构架,但存在很多问题,主要是专业银行的业务范围过于单一,其他形式的银行机构相对欠缺,银行业整体抗风险能力还不强,银行监管和管理的布局并不完善,银行监管机关的监管能力较低,专业银行的营利能力和创新机制较差等。二级银行体系还需要进一步完善,其方向是建立适应金融开放和国际竞争的多元化的现代银行体系。

三、金融开放下我国现代银行体系的全面确立

金融开放是我国对于世界贸易组织(WTO)的承诺之一,金融开放意味着"外资走进来"和"中资走出去"双向过程,是指"中国金融市场与国际金融市场相互接轨、融为一体以保证国内外金融资源自由流动的过程"。[①] 如果说1978年之后是以改革开放为中心的政治经济制度的变革,那么随着改革开放的深入,走向国际市场、参加国际竞争、与国际社会逐步并轨的理论受到关注并成为发展的主流,在这个过程中,加入世界贸易组织成为中国政府进一步深化改革的长期目标之一。

中国政府从开始"入世"谈判起,就着手从各个方面完善金融体系和金融法律体系,为加入世界贸易组织做必要准备。1985年5月,中央成立金融工委;11月,成立保险监督管理委员会,对保险业实行专门监督;12月底,国有商业银行与所属信托投资公司、证券公司和其他经济实体彻底脱钩,中央银行不再承担证券业和保险业的监管职能,将证券机构的监管移交给证券监督管理委员会,由证监会单独对证券业实行监管。

中国国内金融市场体制的不断完善和对外开放力度不断加大,使得中国金融服务业与《服务贸易总协定》和《金融服务协议》的要求越来越近。中国为加入世界贸易组织,对国内金融管理模式、金融体系和金融法律都作了全面的调整,特别是法律领域的努力颇显成效,法律框架已基本符合WTO的要求。在金融开放的巨大影响之下,我国以现代银行业为主的金融体系最终建立起来,这个体系从实体上表

① 上海财经大学现代金融研究中心、上海财经大学金融学院编:《2006中国金融发展报告——金融开放与金融安全》,上海财经大学出版社2006年版,第4页。

现为现代银行为主的金融体系，在运行方式上表现为现代金融法律体系的逐步建立，法律体系的建立为我国金融业的长远发展起到了至关重要的指导性作用。

我国现阶段形成的现代银行体系是一个银行机构多元化、银行业务多样化的银行体系；是以中央银行为核心，各商业银行为主体，其他银行形式并存的银行体系；是适应国内经济体制改革要求，适应国际金融形势发展要求的银行体系。

1995 年《中国人民银行法》以法律形式确认了中国人民银行作为中央银行的地位，中央银行制度真正确立。中国的"入世"谈判和巴塞尔协议对中国人民银行的监管职能产生了重大影响，中国银行业的专业化管理已是大势所趋。1992 年 10 月 26 日，中国证监会正式成立，1998 年中央机构改革，撤销原来设立的证券委，其职能划归证监会，同时原来由人民银行掌握的部分证券业管理职能也交给证监会。1998 年 11 月 18 日，中国保监会正式成立，保险业监管职能从中国人民银行分离出去，中国保监会执行对保险业的监管。至此，中国人民银行、中国证监会、中国保监会三大机构并立实施金融监管，形成分业监管体制。2003 年 3 月 10 日，第十届全国人民代表大会审议通过了国务院提交的国务院机构改革方案，成立了银行监督管理委员会，作为国务院直属的正部级事业单位，银监会将整合中国人民银行对银行、资产管理公司、信托投资公司及其他存款类金融机构的监管职能和中央金融工委的相关职能，统一监管银行、资产管理公司、信托投资公司及其他存款类金融机构。中国人民银行 50 多年来集货币政策和银行监管于一身的大一统时代至此宣告结束。

我国商业银行发端于清末国人自办之新式银行，经历了与西方列强之外商银行的竞争，经历了历届国民政府的控制和盘剥，经历了新中国成立初期的停滞，终于随着经济体制改革和金融体制改革得到了恢复和发展。1995 年《商业银行法》明确，商业银行是"以安全性、流动性、效益性为经营原则，实行自主经营，自担风险，自负盈亏，自我约束"①的市场主体。至此，四家专业银行在法律上取得了国有独资商业银行的地位。2003 年年底，国家选择中国银行、中国建设银行进行股份制改革试点，并动用 450 亿美元外汇储备注资，正式开启了改革国有商业银行体制之路。

我国现代银行体系中的其他银行形式主要是广大农村信用社和城市信用社，其中又以农村信用社更具研究价值，农村信用社作为我国面向农村经济的分布最广、实力也较强的金融机构，是我国现代银行体系中不可或缺的部分。

我国加入世界贸易组织、逐步开放国内金融业之后，外资银行再次全面进入中国市场，此时的外资银行与 1949 年之前的外商银行之间有本质区别，这种区别并不是体现在经营业务上，而是体现在法律对它们地位的认可上。1949 年前的外商银

---

① 《中华人民共和国商业银行法》第 4 条。

行是西方列强侵略中国的经济工具，而当前的外资银行是合法进入中国市场，平等参与中国金融业的竞争，没有法律上的特权。

我国现代银行体系的确立为我国银行业的发展提供了按照统一规则发展的平台，创造了公平有序的市场竞争环境，提供了信息和资源互享的机制，不仅有利于单个银行的发展，更加有利于我国银行业综合实力的提高，整体竞争力的增强。我国现代银行体系是符合经济体制改革需要，适应市场经济发展规律，参照国际通行银行规则的多元化的银行体系，我国现代银行体系的发展为我国现代银行法律体系的发展和完善提供了现实基础。

四、我国现代银行法律体系的确立

银行法作为规范银行业行为的法律规范的总称，是随着银行业的产生而产生。1949年之后，新中国自己的银行体系建立起来后，由于其高度的统一性和单一性，我国长期未制定真正意义上的现代银行法，取而代之的是各级机关的行政命令和规章条例，这种行政命令代替法律调整的方式曾一度发挥了良好的金融调控的作用。然而，随着经济体制、银行体系的全面改革，原有的在银行业发挥指导作用的行政命令已经滞后于市场经济所需要的经济规则、交易规则，实践产生了对于法律的强烈需求，制定一整套规范现代银行业的现代银行法势在必行。

我国现代银行法律体系主要是指从1995年颁布《中国人民银行法》、《商业银行法》等基本银行法开始，通过颁布各项银行法律、法律、规章、办法等逐步建立起来的银行法律体系。我国现代银行法体系是独具中国特色的银行法律体系，不同于旧中国建立的法律体系，是独立主权国家为全面发展本国金融，逐步融入国际竞争的银行法律体系。我国现代银行法律体系的根源虽然可以追溯到1949年新中国成立后颁布的一系列银行法律，但从体系上和规范内容上又与其有着极大的不同，主要是形成了以中央银行法为核心，商业银行法为主干，其他银行法律法规为补充的完备的银行法律体系；内容规范更趋合理，符合国际先进的立法经验，通过法律保障了中央银行独立执行货币政策，有效履行货币宏观调控职能；有效确立了商业银行独立法人地位和公司治理结构；全面构建了分业监管、有效控制和防范金融风险的银行监管体系。

1995年到2003年，是我国现代银行法体系全面建立的时期。1995年以来的银行法律法规的制定是建立在全面金融立法的大前提之下的，其立法主旨是建立以银行法为核心、证券法和保险法为主干、其他相关法律相补充的完善的金融法体系。我国自1995年通过了《中国人民银行法》后，随后又相继进行了大规模的金融立法。全国人大先后颁布实施的主体金融法律主要有《商业银行法》、《票据法》、《保险法》、《证券法》等10多部法律。这些基本法律效力位阶高，是指导我国金融主体开展金融活动的主要法律依据，也是国务院、中国人民银行等金融管理部门制定相关法规和配套规定、办法的主要依据，构筑了现代银行法体系的核心部分。

这一期间，如此大范围、高质量的集中金融立法是史无前例的，由此建立起了一个适应改革开放，适应市场经济发展要求的金融法律体系框架，在这个大框架内，最为核心的是银行法律体系。

综上所述，通过10多年的银行立法，我国现代行法律体系的大框架基本构建完成。其中，以中央银行法为主的银行组织法是银行公法体系的核心；票据法等流通法、贷款规则等行为法是银行私法体系的核心，涵盖了我国银行业务的方方面面，使得我国银行法律规范已基本上自成体系，从制度上确定和巩固了我国在银行体制改革和银行业发展过程中已经积累的成功经验，既体现了建立和适应社会主义市场经济发展的银行体制的要求，又解决了当前银行业健康发展的突出矛盾和问题，使改革有法可依，标志着中国银行业已经步入法制化、规范化的轨道。

五、我国现代银行法律体系的新发展

《中国人民银行法》、《商业银行法》自1995年颁布实施以来，对于中央银行各项职能的完善，对于国有专业银行向商业银行的过渡性改革发挥了重要作用，对于股份制银行规范化发展和市场化改革产生了重要的指导意义。进入21世纪以后，随着国际金融环境的变化，以及我国金融改革的不断深化，以《中国人民银行法》为核心建立起来的现代银行法律体系已略显陈旧，无法满足银行业整体发展的需要。为顺应国内金融业发展的特点及专业化分工、分业监管的要求，2003年4月28日，成立了中国银行业监督管理委员会（以下简称银监会），同年12月27日，十届全国人大常委会第六次会议通过了《银行业监督管理法》和对《中国人民银行法》、《商业银行法》两部法律的修改案。这其中，《银行业监督管理法》是中国第一部较系统、较完整的规范银行业监管的法律。可以说，中国银监会的成立，以及《银行业监督管理法》的制定和《中国人民银行法》、《商业银行法》的修改，不但标志着中国银行业监管法律体系的构建步入了一个崭新的发展阶段，也反映了我国现代银行法体系整体步入了一个全新的发展阶段。

修改后的《中国人民银行法》和《银行业监督管理法》通过对银行监管职能的严格分工，实现我国银行监管的专业化和现代化，这是完全符合国际银行监管的要求的，使我国银行体系的构建更加科学，为我国银行业的后劲发展提供了制度上的保证。

现代银行法体系的新发展阶段的另一大亮点是对于《商业银行法》所作的修改。1995年颁布的《商业银行法》为我国商业银行的发展提供了良好的法律保障,特别是适应了当时国内银行发展的状况,但是随着商业银行业务的纵深发展,原有的法律略显陈旧而无法满足进一步发展的需要,为此,2003年在修订《中国人民银行法》的同时,相应修改了《商业银行法》。

回顾1995年制定的《商业银行法》以及后来制定《保险法》、《证券法》的相关规定可见,我国金融体制上实现严格的银行、证券、保险业的分业经营和分业监管。这一制度的确立是总结了我国20世纪80年代金融业和实体产业混业经营出现问题的教训,是考虑现阶段金融管理体制尚未完善、资本市场的法制管理还不健全、商业银行的道德约束和行业规范还未形成的必然选择。然而随着"入世"谈判的成功,金融业的飞速发展,分业经营、分业管理的弊端也将凸显出来,不符合当前国际银行业朝着混业经营方向发展的大趋势。进入20世纪80年代以来,在金融自由化浪潮的推动下,各国已开始重新审视银行业的混业经营问题,20世纪90年代以来,世界范围内混业经营趋势日益明显,很多以往采取金融分业制度的国家纷纷向综合方向转变和发展。比如,日本于1996年开始的金融制度改革的核心就是"放宽金融管制、取消分业经营限制和金融市场准入壁垒,允许银行、证券和保险业相互准入"。[①] 影响最大的是1999年11月4日美国国会通过了《金融服务现代化法案》,该法案废除了《格拉斯—斯蒂格尔法》在美国确立了长达60多年的现代商业银行与投资银行分业格局,允许商业银行、证券公司和保险公司跨界经营,从而使美国金融业迈入了全面混业经营的新时代。从我国金融实践上看,分业经营、分业管理造成金融管理和营业机构重复设置,资金利用率低下,形成重大的资源浪费。此次银行法的修正,为商业银行、证券公司和保险公司混业经营带来了空间,为我国金融业与世界金融市场的接轨做出了准备。

改革开放30年来,我国银行业取得了举世瞩目的成就,现代银行体系基本确立,成功实现了由"大一统"银行体系向现代银行体系的历史性转变。从原来只有中国人民银行一家,发展到现在已拥有近万家法人性质的银行业金融机构。整体实力明显增强。我国银行业资产总量达到了52.6万亿元,比改革初期增长了170多倍。银行业不良贷款率已从原先的30%左右下降到目前的8%,其中已"股改"国有商业银行平均不良贷款率仅为2%左右,已达到或接近国际先进银行的平均水平。到2007年年底,资本充足率达标的银行已有161家,达标银行资产占商业银行

① 慧聪:"日本金融制度与法律的新观念",载《金融法苑》1999年第10期。

总资产的80%。[①] 与此项适应,我国现代银行法体系也全面建立起来,并以此为核心,保险法和证券法也初具规模,现代金融法体系已经成为一个独立的法律部门,成为我国新兴法律的一大亮点。

当然,事物的发展是一个不断前进的过程。我国现代银行体系和现代银行法体系建立时间短,立法经验不足,又面临多变的国际国内形势,现代银行法体系远未完善,必须根据国内银行体系的变化,借鉴国外先进立法经验,结合本国金融资源的状况,不断发展和完善。

① 蒋定之:"银行业成功实现向现代银行体系转变",载《金融时报》2008年4月11日。

著作权转让制度理论学说及其发展研究

段宝玫[*]

一、关于著作权本质的最初学说:精神所有权说

精神所有权说是最早关于著作权本质的学说,它是18世纪初至19世纪流行于英法德美各国的一种在当时占统治地位的著作权学说。它基于自然法的理论,将著作权"视同类似于所有权的构成",认为作者对其思想以及将思想物化的载体均享有所有权,强调原稿与精神著作物之不同。产生精神所有权说的直接动机,在于出版所有权论。在欧洲,出版特权授之于封建君主的有限地域,且往往有一定的期限,因而酿成了出版商排他的出版意识。他们认为,对于印刷出版的作品,应产生一种所有权,这样出版人既可以在更大的范围内自由出版作品,同时也可以对抗擅自复制之人。此即早期的出版所有权论。而后由于封建王朝衰落与市民阶级权利观念的进化,出版商开始主张出版物的垄断性保护不应由国王授予特权才产生,而应基于作者精神所有权的转让而取得。他们试图以自然法思想为基础,对自己的垄断权力赋予更新的理论支持,即以精神所有权学说取代以往的出版所有权主张。十分明显,精神所有权已具有现代著作权的基本含义了,该学说的巨大进步即在于,在认识著作人与著作物之关系时,人们开始把焦点投向以往所未注意过的著作人本身的保护。英国1709年《安娜女王法》,美国1790年著作权法,德国1873年制定的《对文学及科学技术作品的法律》均以之为理论基础,尽管这些法律制定的目的更偏重于保护出版商的利益,但在一定程度上也确定了作者的法律地位。例如,在《英国安娜女王法》中,第1条就开宗明义地规定作者对于是否发表自己的作品有决定权,这可视为是著作权法保护作者人格利益的最初形式。同时,授权印刷和重印图书的专有权第一次被承认属于该书的作者,但同时又规定权利的有限期限,最初期限是14年,如作者仍然在世,可以再延长14年。①

精神所有权理论从产生以来,历经创始期、兴盛期及衰退期,内容不断变化。其说将著作权视作所有权的一种,其内容为思想本身及其载体,因而主张对出版人之原稿让与,非但是有关有体物所有权的让与,而应包含与之相结合之归属于著作人

---

* 段宝玫,2010级法律文化专业,指导老师:徐永康。现工作于华东政法大学。

① Sterling, J. A. L: *World copyright Law*, Sweet & Maxwell, 1998.

所有之所有的权利之让与。不难看出，该理论对保护出版商来说是有利的，通过作品所有权的转让，他们可以全盘接收作者对其作品的权利，从而抹杀作者与作品之间不可分割的人身关系。由于该理论仅仅注重作品的经济权利，从而将著作权客体与所有权客体相混淆，把无形的思想表达与有形的物质载体共同作为财产所有权的客体加以保护，抹杀了作品的特性，漠视了作者的人格利益和精神权利，使著作权转让的同时，精神权利亦被随之转让了（一般署名权除外），如此割裂了作者与作品的天然联系，使作者丧失了对自己人格的控制权和保护权。上述弊端，注定了它必然衰落的命运。

《英国安娜女王法》开世界著作权立法之先河后，随着美国独立战争、法国大革命的胜利及德国资产阶级的形成和发展，特别是资产阶级的法哲学思想不断渗透著作权领域，有力地推动了以英美两国著作权法为代表的普通法系著作权法和以德法两国著作权法为代表的大陆法系著作权法的形成，[①]并走出了各自不同的发展道路。在著作权转让领域，各国亦有着不同的规定。

二、两大法系关于著作权本质的不同认识

（一）普通法著作权法系：商业版权说

普通法系国家的著作权法构筑在经济价值观的基础之上，他们奉行商业版权说，认为著作权的实质乃是为商业目的而复制作品的权利，创作者的权利被表述为Copyright，隐含有“复制权”的原意。普通法系国家认为，著作权是调整贸易、商业和艺术的手段，是作者“为社会服务的报酬”。这种著作权立法的经济价值观将市场经济观点与保护出版业的精神融为一体，旨在激励人们对生产文化产品进行投资，对文化产品的投资者和生产者制造产品而拥有的权利提供保护，以促进本国经济的发展。

受商业版权说的影响，英美著作权立法十分强调著作权保护中的国家利益和社会利益的实用主义特征，立法长期以来基本上是以著作权所有人（非作者）为中心构成，作者的人格利益被排斥于著作权法保护之外，而受到有关隐私权、文书诽谤、反不正当竞争权等方面的普通法的保护。

英美法系国家的著作权法将版权视为一种经济权利，对其予以充分重视，反映在著作权转让领域，即认为著作权作为一种财产，其固有特征便是可由所有人自由

① 史文清、梅慎实：“简述普通法著作权法系与大陆法著作权法系的哲学基础及其主要区别”，载《青海社会科学》1991年第3期。

处分。例如,英国1956年《版权法》第36条规定:“在符合本法规定的前提下,应通过转让、遗嘱安排或行使法律,将著作权作为私人财产或动产进行转移。”美国1976年著作权法第201条规定:“版权所有权可以全部或部分通过任何转让的方式或法律的实施来转移,可以依据遗嘱遗赠或者依据可适用的无遗嘱继承法律作为动产转移。”这些国家规定著作权可以全部转让或部分转让,并规定作品的部分或全部版权转让后,受让人便成为该作品部分或全部版权的合法所有者,可以以自己的名义行使版权,并对侵权行为起诉。

需要指出的是,由于1886年《保护文学艺术作品伯尔尼公约》第6条之二规定缔约国应保护作者的精神权利,因此,普通法系国家为适应著作权保护的国际化要求,也逐渐接受用著作权法保护精神权利,如英国1988年著作权法增加规定了四项精神权利:作者和导演身份权、反对对作品进行损害性处理的权利、反对“冒名”的权利以及某些照片与影片的隐私权。美国1990年《视觉艺术家权利法》规定了可观赏艺术作品作者享有两项排他性的精神权利:作者身份权和保护作品完整权,其内容已并入《美国版权法》第106条A款。但英美法系国家著作权法在规定精神权利的同时,又规定了很多附加条件和例外,并且认为精神权利可以放弃,因此与大陆法系国家相比,在对作者精神权利的保护水平上是较低的。

(二)大陆法系关于著作权本质的不同学说

大陆法系国家著作权立法的哲学基础是精神价值观,它是受法国大革命时代“天赋人权”思想及德国哲学家康德等哲学思想影响的产物。[①]精神价值观认为,作品是作者灵性感受的创作物,是作者思想和愿望的表现形式。一言以蔽之,作品是作者人格的延伸。

1. 人格权说(人格权一元论)(Theory of Personal Right)

随着19世纪德国民法关于人格权理论的发展及其影响的扩大,出现了人格权说这种学说并渐占主导地位。德国思想家康德在《道德形而上学总论》一书中曾从哲学的角度提出,著作权的本质在于禁止他人利用创作者的智力创作物。[②]受康德的影响,德国法学家基尔克在《德国私法》一书中就这一观点进一步阐述为,著作权是一种人格权;作为著作权客体的精神产物构成作者人格不可缺少的一部分;它源于作者的创作活动,并表现其人格的延续。这一学说强调著作权的人格性,精神著作物之受保护乃是为得独创性,而非为得经济上利用性,但它并不否认著作权的财

---

① 史文清、梅慎实:“简述普通法著作权法系与大陆法著作权法系的哲学基础及其主要区别”,载《青海社会科学》1991年第3期。

② Kant,“Elements metaphysiques de la doctrine du droit”,p. 297,转引自刘波林:“著作权合同制度研究”,载《知识产权研究》(第2卷),中国方正出版社1996年版,第70页。

产性,而是将其看成次要,置于第二位。根据这一学说,著作权包含的各种权利均具有人格性,故作者在授予其中任何一种权利时,均不移转著作权的实质成分,而仅移转著作权的行使。作者在生存期间,可以将著作权中可得利用的部分,以出版权、表演权、演绎权等形式移转,这种使用权的让与,笔者理解是作品的许可使用而非转让,著作权主体并未变更。作者死亡后,作品仍是作者精神上的创作物,只是由继承人予以保护而已。

人格权学说,强调著作权的人格利益及其保护,与精神所有权说恰成鲜明的对比,但该学说将著作权的人格利益与财产利益置于不平等的地位,似乎又有漠视著作权财产利益之嫌。但不可否认,该说对于德国的著作权立法具有深远影响,且对以后著作权理论的发展也起了相当重要的作用。

2. 无体财产权说(Theory of Immaterial Patrimonial Value)

这一学说实际上是精神所有权说的一种新形式的延续。主张这一学说的代表人物是德国法学家约瑟夫·科勒(Josef kohler)。科勒认为,著作权是一种适用于智力产物这种无体物的权利,它并不存在于手稿这种有体物上,而仅存在于借助这种有体物来具体表现作者本人思想的无形创作物上。[①] 在他看来,著作人具有无体财产权与个人权两种权利。著作权是无体财产权,即"可在无体物上取得经济利益",而个人权(即著作人格权)独立于著作权存在,不构成著作权的一部分,实际上,他将著作人格权视同一般意义上的人格权,认为作者的著作人格利益仅基于一般意义上的人格权受到保护,故著作人格权系对一般意义上的人格权的额外补充,与著作权人及无体财产权之间并无必然联系,如著作物违反著作人之意思公表时,会成为著作人个人权的侵害,同时也会成为财产权上著作权的侵害。二权利乃并存。

法国著作权立法在一定程度上受无体财产权说影响,其1957年法以"文学艺术产权法"为名,将著作权定义为"由于其创作,作品的作者对该作品享有排他的、专属的无形财产权"(《法国知识产权法典》第L. 111－1条),但立法者认为一般意义上的人格权尚不足以有效地保护作者的著作人格利益,故在立法中仍注意到对著作人格利益的特别保护。

无体财产权说将著作权与一般物之所有权客体加以区分,也注意到了作者的精神权利,即"个人权"的存在,这是其进步之处。但其否认著作人格权是著作权的内容,而明显地拘泥于财产权概念,且将民法上的一般人格权与著作权法上的精神权利混为一谈,忽视了两者在权利产生的依据、权利主体、权利客体、权利消灭的时间以及侵害行为的对象等方面的不同,因此不能揭示出著作权本身的复杂性和著

① kohler,"Urheberrecht an Schriftwerken und Verlagsrecht",1907年,第1页以下。转引自刘波林:"著作权合同制度研究",载《知识产权研究》(第2卷),中国方正出版社1996年版,第71页。

作权制度的本质规律,从而为以后的学说和各国立法所摒弃。

3. 一元说(The Monistic Theory)

主张这一学说的主要是德国学者,也有法国与意大利学者。该说认为,著作权是著作财产权与著作人身权有机结合而成的单一权利,强调著作权的不可分性。一元说的代表人物德国学者 Allfeld 曾有一个形象的比喻,他将著作财产权与著作人身权比做著作权的两个根,著作权本身为单一的干,著作权上的诸机能为枝,这些枝的诸养份须从两方的根或一方的根摄取,以此来说明著作财产权与著作人身权严密结合的一元性。这种一元性表现在著作权的发生、消灭、继承、转让等各方面。

基于这种理论,由于著作人身权不能转让,因而与其紧密结合的著作财产权的转让也应被否定,但这无疑会大大降低作品在经济上的利用。为此一元论者将著作财产权的转让解释为设定移转,从而将著作权转让视为是对著作权所加的一种负担或限制,而与英美等国所主张的承继移转让与(继受取得)相区别。具体来说,首先,著作财产权的受让人放弃权利或受让人死亡而无继承人时,在德国设定移转的理论下,著作财产权会恢复到著作权的圆满状态,复归于著作人;而在英美法之承继移转下,不可能复归于著作人。其次,著作财产权转让后,由于技术的进步等导致产生新的权项,该权利在德国一元论下,会归属于著作人,反之,依英美法,因采承继移转,故转让后著作财产权的主体发生变化,新生的使用权不可能归属于著作人。再次,对侵权人提起异议的权利人,在德国,与受让人无关系的著作人,得以自己的名义提出异议;反之,英美等国异议权人仅限于受让人。最后,著作财产权的再度转让是否须经著作人的同意,依德国法,此种情况还需经著作人同意(德国 1985 年著作权法第 34 条),而在英美等国则不需要。

综上,在德国设定移转之理论下,被转让的著作财产权,是由著作权的母权所派生的派生权,派生权消灭之际,著作权会恢复到以前的圆满状态,成为派生权基础的母权,则常被保留于著作人处。亦即,著作权本身和著作人身权都是不能转让的,著作财产权的各权项可以被设定移转,但这并不导致权利主体的变更,而只是在著作财产权上设定了负担,使著作财产权中的各权项均受到一定程度的限制。据此,笔者认为这种"设定移转"实质上就是著作权的授权许可使用。从德国现行法律来看,是不承认以转让所有权为目的的著作权转让的。

4. 二元说(The Dualistic Theory)

现代著作权二元论学说是受近代无体财产权学说影响并在与一元论的论战中产生和发展起来的。主张这一学说的主要是法国学者,但也有德国与瑞士学者。该学说受"天赋人权"思想的影响,认为著作权首先是一项基本人权,是作者的一项自然权利,作者的创作应当受到精神与物质的鼓励。因此,主张在保护作者经济利益的同时,还应当保护作者的人身权利。这两种权利均源于作者的人格,并在"著作权"这单一称谓下结合为一体;它们尽管不能单独构成著作权,却是性质相异,相互独立,完全可以分离的。该说虽受科勒等人的无体财产权说影响而来,但有很大的不同,根据二元说,作者的著作人格利益基于著作权而不是一般意义上的人格权受到保护。二元说关于著作财产权与著作人身权相互独立,可以分离的思想反映在著作权转让领域,即明确承认著作财产权可以转让,人身权的不可转让性并不影响财产权的可转让性。该说对一元论观点进行了分析,认为:"某权利具有A加B的构成要素时,只强调A来决定权利的性质,或只强调B来决定其性质,都是不科学的。然而一元论只想用著作人格权的不可转让性来决定著作权的性质,就如同借著作财产权的让与可能性来决定著作权本身的让与可能性一样,都是以偏概全。"①

三、我国立法所反映的观念

根据我国《著作权法》第10条的规定,著作权包含人身权和财产权,具体来说发表权、署名权、修改权和保护作品完整权属于著作人身权,复制权、发行权等为著作财产权。因此就著作权的本质来说,在我国没有采行单一财产说的余地。至于著作权的人格权说,在我国也很难成立,根据现行法律规定,著作权并非以人身权成分为主,其中包含的财产权很难与人身权区分主次。著作权属于知识产权范畴,而根据我国《民法通则》的编制体例,知识产权是与财产所有权和与财产所有权有关的财产权、债权、人身权并列的一类民事权利,《民法通则》反映的这种观念,在表面上颇近于所谓的智力权说,②似乎可以认为与无体财产权说同属一种学说。但无体财产权说不承认著作人格权,而将它视同一般民法意义上的人格权加以保护;而从我国《著作权法》第10条的规定来看,著作人身权包含于著作权中,故也很难认为我国著作权立法采行了无体财产权说。

至于我国著作权立法是采行了一元说还是二元说,立法机关没有说明,学界的观点也不尽相同。典型观点有二,一种观点认为,我国著作权法在同一条文内未加分类地列举了著作人身权和著作财产权,且仅规定了作品的使用授权,未明确准许著作权的一般转让,这表明该法像德国立法例一样,就著作权的本质采行了一元

① Vgl. de Boor, *Vom Wesen des urheberrechts*, 1933, S. 26ff.

② 智力权说(Theory of Intellectual Right)是与无体财产权说同属一种的学说,该说认为著作权应称为智力权,为民法体系中与人身权、债权、物权并列的第四类私权。参见 Zivan Radojkovió, Copyright: A General Structural Survey, 载 copyright(*Monthly Review of WIPO*)1965年第3期,第61页。转引自刘波林:"著作权合同制度研究",载《知识产权研究》(第2卷),中国方正出版社1996年版,第71页。

说。另一种观点认为,我国《著作权法》规定著作权包括著作人身权和著作财产权,并未明确禁止著作权的转让,表明该法就著作权的本质采行了二元说。① 如前所述,德国立法例采行一元说,规定著作权限于因遗嘱执行而移转或在遗嘱分配时于共同继承人之间转让,除此以外不得转让。虽然它又基于创设移转理论,规定"用益权经著作人同意得转让",但这种转让与笔者所界定的转让含义是不同的。从我国现行法律来看,虽然《著作权法》及其实施条例就转让问题未做出任何规定,但从其他一些法律、法规、规章的规定可以看出,立法者是明确肯定著作权特别是著作财产权是可以转让的。早在1990年2月2日国家版权局发布的《关于认真执行台港澳版权贸易有关规定的通知》中即规定:"大陆的作者或其他版权所有者向台、港、澳转让版权或授权使用作品,应事先了解对方资信,签订书面合同。一份合同最好涉及一部作品的一种权利,并应明确转让或授权行使的时间、范围,不得一次卖绝版权。"②据此,我国至少允许涉及我国台湾地区、我国香港地区及我国澳门地区的版权转让贸易,只是禁止卖绝版权。又如,《计算机软件保护条例》规定,计算机软件著作权人在软件著作权的保护期内,可以将软件使用权,使用许可权及获得报酬权转让给他人。此外,1995年10月1日起施行的《担保法》第79条规定的"以依法可以转让的商标专用权、专利权、著作权中的财产权出质的,出质人与质权人应当订立书面合同,并向其管理部门办理出质登记。质押合同自登记之日起生效",也清楚地表明了允许著作财产权依法转让的态度。综上,在我国著作权立法没有采行一元说的余地。

① 河山、肖水著:《著作权法概要》,人民出版社1991年版,第63页、第120页。

② 国务院知识产权办公会议办公室编:《知识产权法律法规总汇》,中国法制出版社1995年版。

演员自雇制度研究

翟旭丹*

一、自雇制度

(一)自雇的概念

自雇,或称自雇人士,其工作的雇主就是自己。此类劳务提供者承担商业风险,不受劳动法律所保障,不能享受员工福利、有薪公众假期、工伤赔偿、退休金等。自雇者要申报营业牌照,为其收入申报利得税、营业税。有些自雇人士是自由职业者。[①] 自雇也称为自营就业,劳动者自选项目、自筹资金,独立解决工作场地、生产工具等生产经营方面的问题,在遵守国家有关法律规定的前提下,自主经营、独立核算、自负盈亏,由此获得经济来源维持生计。这里所说的自营就业者既包括个体经营者和那些街头小贩、擦鞋工、理发师、清洁工、家佣等,亦包括自身也工作的非公司性企业的所有者,这种自营就业不仅为自己还为他人创造了就业岗位。[②] 在有的国家自雇就业者还被称为契约劳动者,如日本。

(二)自雇的类型

自雇的类型有很多,根据不同的分类标准会有产生各种不同的分类结果,根据自雇形态和内容,大致可以分为以下几类。[③] 第一,专属企业型。这一类的自雇职业者主要服务对象是一个或者多个企业,如在有线电视收费人、工程设计中的建筑设计师等。第二,委托销售型。这一类的人员受一方或者多方委托从事某种商品或者服务的销售活动,如超市商品促销员。第三,个体经营型。这一类人员在我国就有很多,改革开放以来兴起的个体工商户是这一类型中具有代表性的群体。第四,专家型或者拥有专门的技术、技能,从业时间自由的一类人群,如音乐家、电脑程序员、演艺家、潜水员等。有关自雇制度的分类还有很多,基本都是依照上述分类做一些细化或者扩展,其范围有所扩展,基础的概念的内涵没有根本性的变化。

自雇职业者分布的行业相当广泛,有的和普通劳动关系有相似之处,如专属于

---

* 翟旭丹,2010级法律文化专业,指导老师:徐永康。现工作于华东政法大学。

① 维基百科:“自雇”,载 http://zh. wikipedia. org/wiki/%E8%87%AA%E5%83%B1。

② 李强:“自营就业(self - employment)”,载 http://www. china - ly. com/show. aspx? id = 3684&cid = 121。

③ 田思路、贾秀芬著:《契约劳动的研究—日本的理论与实践》,法律出版社2007年版,第6页。

企业型的。但是更多还是体现在自雇职业者以自身的技术技能进行自我雇佣实现就业,而且工作的时间和地点灵活多变,相区别于传统劳动关系的固定性。

(三)自雇的特点

从自雇的分类中我们可以看到自雇人员和通常所说的雇佣就业有一些不同,有些是自雇制度都有的具有特色的方面。第一,自雇劳动者是在签订雇佣合同之外接受企业、个人或者其他组织雇佣进行工作;第二,企业使用自雇职业者的目的是实现企业的效益的最大化;第三,自雇职业者的工资结构相差较大,工作的层次明显;第四,自雇职业者的工作时间、地点和方式限制性较小;第五,自雇职业者自身的实力和水平是决定其职业内容和方向的决定因素之一;第六,一般拥有自己的工作工具或者器械,甚至有自己的事务所;第七,自雇职业的关系比较复杂,往往有几方关系在其中。

演员的自雇行为也是基于演员本身的特点和就业中的特殊情况出现的新型的就业形式,自雇往往是一种非正规劳动关系,那么不能用劳动关系的理论进行调整,更多的是要靠民事关系进行调整,因为在自雇过程中,完全是一个自由的民事主体,根据自己意愿和需要与合作的对象签订民事合同,而且在自雇执业过程中也是采用风险自担原则,这恰恰和正规劳动关系的中的单位负责劳动者的职业安全和卫生相悖。因此在自雇的行为中是不适用劳动合同关系的,演员的自雇行为的定位应当是在民事合同方面,平等的民事主体之间订立的关于演出等一系列的合同,并且约定在出现侵权等事由时的解决办法,这是演员和影视制作单位之间的平等民事主体之间的关系,区别于现在的劳资关系。

二、自雇制度的产生的问题及解决

(一)缺乏稳定的就业环境

自雇就业与正规劳动关系相对应,就缺少了正规劳动关系中的具有签订劳动合同、有固定的工作地点和工作内容,因此就却缺乏了他雇的形式就业所具有的一些要素,自雇就业关系的稳定性取决于雇主的利益。自雇特点之一就是往往是企业为了实现自身的利益的最大化而在正规劳动关系之外雇佣一些具有相关专业能力和企业需要的人员来进行一些企业需要但是并不一定是非要不可的工作,如现在中小企业中的专门承担运输的司机,司机具有的自己的车辆和驾驶技能,而在中小企业中,为了进行正常的交易必须有一定的运输工具,自己如果购买运输工具还需要聘请专门驾驶的人员,运输工具的每年的固定的花费和其他情况都会增加企业的成本,那么企业就会选择那些具有运输工具的司机进行自雇,在企业需要的时候则进行服务,其他时间企业并不需要为这些人员给付工资、提供保险等,这就大大减少了企业的成本，有利于企业更快的发展。但是从自雇职业者角度来看，企业的需求就是他们的生命，雇主的和他们之间的关系取决于企业在使用这些自雇职业者时是否符合雇主的利益，因此雇主的利益是自雇职业的就业关系稳定的基础。

（二）缺乏有效的就业保障

缺乏有效就业安全保护措施。自雇职业者是自担风险的劳动者，他们为自己在自雇中产生的就业风险做自身担保，不受正规劳动关系的法律保护，不能享受员工所享有的在工伤医疗等方面的优惠政策。自雇就业者在进行自雇就业时，往往会承担企业有意逃避风险和责任的一些工作，有的时候会出现"伪承包"等现象。自雇职业者在工作中面临的人身伤害等问题通常是不能用劳动关系进行解决的，只是适用普通的民事侵权的责任，而且在举证的时候往往出现自雇职业者举证困难的情形，进而处于被动位置，强资本弱劳工的现象在自雇职业者的就业中的基本权益保护方面显得尤为突出，虽然有国际劳工组织关系劳动者就业中的安全卫生的相关公约，但是具体问题的解决还是要靠各国的具体实践，因此自雇职业者的工作中的人身安全保护是自雇制度的缺憾。

（三）自雇问题的解决

自雇职业者面临的工作关系不稳定、收入高低不同、就业安全不完善和社会保障体制不健全是目前的自雇制度的主要问题和缺陷，如何解决自雇过程中产生的问题呢：完善有关自雇的法律建设。目前自雇制度在国际上蓬勃展开，国际劳工组织在历次大会的文件中都强调对自雇就业的支持和保护，并且在世界各地做了广泛的调查。各国在法律中对自雇这种就业形势作了明确的法律规范，美国制定了《公平劳动标准法案》，其中对通过"实际收益"①分析自雇就业者的雇主问题作了明确的规定，并且通过司法判例对自雇这项制度作出了明确法律规定。法国在《法国劳动法典》第六编对记者、模特、艺术工作者的自雇行为作出了详细的规定，内容涉及职业介绍、报酬、休假等有关自雇职业的切身利益关系的内容，但是在一些发展中国家目前还缺少规范自雇就业法律制度，如在我国目前还没有专门针对自雇就业的法律法规，这是我国目前需要完善的地方，也是很多发展中国家在针对自雇就业法律需要完善的地方。

三、演员自雇就业的方式利弊分析

（一）演员自雇的优势

他雇制度在规范演员就业方面表现出了种种不足大于优势的局限性，探索一

① 林晓云著：《美国劳动雇佣法》，法律出版社2007年版，第64页。

种新的适应演员行业特点,建立特殊的就业制度就是当务之急了。在借鉴港台和国外经验的基础上,我们看到了自雇制度对于演员就业还是具有相当大的优势。

第一,明确调整各层次演员的就业方式。演员的各个层次决定了在和剧组进行工作的时候他们所享受到的待遇和维权的力量差别。大牌演员在经纪制度日益完善的基础上,利用经纪公司帮助演员打理一切,经纪公司在本质上就是演员的代理机构。自雇这种形式并不是把演员和剧组、影视制作单位绑定,而是由演员所属的经纪公司进行安排和统筹,为演员的人身和社会保险等事项进行操作,这就形成了演员凭借自身的技能和剧组、影视制作单位进行合作,经纪公司在其中就是一个代理人的角色,避免了把演员和剧组、影视制作单位进行捆绑,造成一种剪不断、理还乱的暧昧关系。剧组和影视制作单位也避免了在演员的使用过程中由于档期、拍摄顺序等造成的合同签订带来的"无固定期限"劳动合同等问题的产生。

第二,自雇制度适应了演员的流动性大的特点。给本身就不属于正规性劳动关系的劳动者就业带来了便利,同时也给用人单位在拍摄的档期、人员配备方面带来了方便,适应了演员职业特点和影视制作过程的特殊流程。

首先,劳动合同的期限。自雇的就业形式本身就是一种脱离正规劳动关系的就业,其自身就是自己的雇主,其工作的雇主就是自己。此类劳务提供者承担商业风险,不受劳动法律所保障,不能享受员工福利、有薪公众假期、工伤赔偿、退休金等,因此也不存在什么签订劳动合同之类的问题。自雇职业者本身最大的优势就是灵活的就业,他们可以从事任何法律认可的行业,也可以从事其本身专业素质和职业素养允许的工作,可以为一个公司或者个人服务,也可以为其他主体服务,在就业的方式和就业范围上都具有巨大的灵活性,这种充分的灵活性就决定了自雇形式不需要具备普通劳动关系所具有的劳动合同以及劳动合同的期限。

其次,社会保障的缴纳。在正常的劳动关系中,用人单位需要为劳动者缴纳社会保险,这对于具有固定场所的劳动者来说是具有优势的,但是就目前实际情况来讲,"在外打工的农民工并不希望把社保缴纳在他们以后养老更本用不到或者说是现在根本不需要这样做的地方",[①]因此新的劳动合同法规定的社会保险的缴纳方式和处罚方法一定程度上说是阻碍了正常的劳动关系对于社会保险的延续。

演员的就业形式是自雇职业者,他们通过经纪公司或者加入的组织进行活动,配合自身的才艺进行工作,影视业的特殊性决定了他们不可能跟着所表演的单位缴纳社保,自雇就业中自缴社保就提供了一条方便之路,例如,在上海演艺工作者联合会的工作内容中就有代理该协会的会员缴纳社会保险,加入该协会的人员可

---

① 叶静漪、周长征主编:《社会正义的十年探索——中国与国外劳动法制改革比较研究》,北京大学出版社 2007 年版,第 106 页。

以根据章程由协会代为处理如缴纳社会保险等一些事宜，协会不断把自己的会员推荐给剧组，使他们就业得到充分保障，社会保险也无后顾之忧。

第三，人身权益的保护。演员在演出过程中人身安全和人格尊严受损害的事情时有发生，如上文列举的演员在演出过程中出现的情况。一旦出现这些情况，如果按照正规劳动关系处理，就会产生很多问题，《劳动合同法》第76条规定县级以上人民政府建设、卫生、安全生产监督管理等有关主管部门在各自职责范围内，对用人单位执行劳动合同制度的情况进行监督管理。在这一条中，法律明确了对劳动者权益保护的监督单位、监督的内容、监督的职责，表面上看似乎是完备的。这样的规定，对于固定的用人单位或者说有固定场所的用人单位是具有相当的规范效力的，但是对于演员就业的保护就变得模棱两可了。演员就业不具有法律实施需要的固定工作场所，因为剧组不可能长期驻扎在一个地方，影视剧的拍摄往往是"麻雀战"的形式，打一枪换个地方，因而演员在演出过程中出现了人身伤害甚至是死亡，往往就会出现"冤无头，债无主"的状况。特别是那些慢性的伤害，在剧组完成拍摄，完成了相关善后事宜之后，就会出现演员求偿无门的情况。如果存有演出地点在国外等情况，更是出现跨国的官司，这对于普通演员来说更是不可想象的成本和负担。

有了相关的维权组织，演员的人身安全维权等方面就显得十分可靠了，他们在演出过程中产生了一些人身安全等方面的损害，也可以通过自身加入的组织或者经纪公司进行协调解决，这是他雇就业形势所不能替代的，给予了演员更充分的保护。

（二）演员自雇的弊端

自雇就业形式符合了演员的专业性、职业性的特点，促进了演员就业，从我国香港地区、我国台湾地区和国外演员的就业发展可以看得出来，演员自雇就业确实为演员本身的特性提供了很好的发挥舞台。但是演员自雇中的一些细节问题值得我们关注，如在演员的自雇过程中与影视制作单位形成的关系是定位在劳动关系还是民事法律关系，并且在这些定位过程中，自雇制度涉及的这些主体是不是属于正常的民事法律关系的范围，在演员的自雇过程中又涉及哪些法律关系，在目前没有一部完整规定演员自雇的法律的前提下，自雇制度对于以上问题的回答能否取得令人满意的答案。此外，在演员的自雇就业过程中，演员个人能力在维权方面如何取得更多帮助，以解决在目前演员就业过程中的维权无门的状况，这也是自雇制度面临的问题之一。

另外，自雇制度本身具有很多缺陷却可以用一些不需要用劳动关系进行强制调整的方法进行合理的解决，对于已经具有的演员在就业过程中出现的法律关系进行明确的梳理，发现其中的民事法律关系更多、更加集中，显然用劳动关系调整是不合适的。因此在结合演员自雇过程中可能出现的问题，采用行业协会的做法就显然具有很大的优势了。

四、完善演员自雇制度的立法建议

(一)完善非正规就业劳动关系的法律制度，为演员自雇就业创造法制环境

演员的自雇就业归根结底是一种非正规就业劳动关系，调整这一类劳动关系需要引入国际劳工组织和其他市场经济国家的就业保护概念。非正规劳动关系的就业保护目的就是保障非正规就业人员的在收入上的稳定和就业环境的安全。随着非正规就业人口的增加，很多国家将非正规就业人员纳入了劳动就业保护的范围内，在国家总体立法中对非正规就业人口进行保护。

回顾我国关于非正规就业人口保护方面的法律法规，主要存在着两种情况，一是从内容上讲，这些调整政策基本上还是迫于形势需要而制定的临时政策，是“头疼医头、脚疼医脚”之举。二是从政策制定的初衷来看，其旨在解决下岗职工或者农民工的问题，缺乏对非正规就业劳动关系调整的共同性的设计。[①] 演员群体的层次性中也包括有上述立法中提到的农民工群体，可见演员的就业也属于非正规劳动关系，我国颁布的关于演员的就业过程中的资格认定、演出许可、考试、行政处罚、行政检查、行政指导和行政命令都体现出了我国在非正规就业立法方面缺乏总体的、共性的框架，没有从总体上对演员行业的特殊性进行规范，有的规定也只是涉及了一些皮毛。

我国目前对于非正规劳动关系方面的法律建设也是目前演员自雇行业的法律规范的写照。在立法上，对于非正规就业这样的行为定位应当清楚，非正规就业过程中产生的权利义务关系应该是建立在民事法律基础上的，在自雇的过程中产生的权利义务关系可以用合同中关于权利义务的关系进行调整，如演员的演出合同就可以用民事关系中的加工承揽合同进行规范等，这些都可以定位在演员自雇这个非正规劳动关系中，从而把非正规劳动关系中的不适用劳动关系的部分用民事法律关系进行调整，完善演员自雇制度。

(二)建立演员自雇社会保障模式

演员自雇属于非正规劳动关系就业方式，因此对于这个群体的社会保障不能套用正规劳动关系的模式，否则会造成“水土不服”。我国对于非正规就业劳动关系的社会保障目前还处于空白阶段，尽管很多省市也出台了相应的有关非正规就

① 石美暇著:《非正规就业劳动关系研究》，中国劳动社会保障出版社 2007 年版，第 288 页。

业的劳动者的社会保障办法，中央也出台了一些政策，如劳动和社会保障部《关于非全日制用工若干意见》。但是综观全国，还没有一部全面规范非正规劳动关系的社会保障的法律，也就是说，演员就业的社会保障基本也是处于空白地位。建立健全演员就业社会保障制度需要从以下几个方面入手：

1. 确立与正规劳动关系不同的社会保障标准

新的《劳动合同法》有关社会保险的内容基本上是高标准、广覆盖的，这是针对有固定劳动场所和固定劳动合同的正规劳动关系的。非正规就业劳动关系或者说演员自雇并不具备这些因素。再则我国目前对于社会保险的定位是在依照迫切程度位置上的，主要有工伤保险、大病保险和养老保险，退休养老保险的替代率的是最高的，并不符合现在的非正规就业的实际情况。因此这个群体社会保障标准应当定位在低标准、广覆盖的基准上，并且有的时候还可以借鉴商业保险的有关规则来灵活规制，避免硬性套用正规劳动关系造成的尴尬。

2. 采用新的分类办法——以劳动关系形式作为区分

现行的社会保障制度是按照正规劳动关系设计的，具有唯一性，而劳动关系可以分为正规劳动关系和非正规劳动关系，因此对于非正规劳动关系的社会保障的处理就要处理"劳动关系的多重性和多样性与社会保险的唯一性的关系"。[①] 正规劳动关系是劳动者和用人单位签订劳动合同之后产生的，因此适用正规劳动关系社会保障，而演员自雇，有的时候可以对比个体经营者或者商业保险的有关规则进行操作。

3. 采取新的保障方式

目前的社会保障的缴纳方式基本是用人单位为员工缴纳，并且缴纳地点一般是员工的就业地点，可以说具有固定性。而演员自雇作为非正规就业劳动关系的一种，不可能像正规就业那样具有固定的工作场所，因此社会保险的缴纳也必须采用新的形式，对此可以参照灵活就业关于社会保险的缴纳方式：

(1) 个人账户为主，社会统筹为辅。演员自雇工作地点具有很大的灵活性，因此需设置社会保险的个人账户。个人账户在全国都可以通行。对于养老保险等一些涉及演员以后长远发展的保险则是采用社会统筹的方法，由国家对个人账户进行统筹管理，由交纳者的平时积累缴纳组成，到了一定年限则可以领取。这样的例子有比较成功的典范，江苏泰州对非正规就业人员的医疗保险进行分类，供非正规就业者进行选择，采用灵活的方式。实施一个月，参保人数就增加了1.2万人。[②]

(2) 采用新的缴纳方式。演员可以自主决定社会保险的缴纳时段，也可以向医

---

① 石美暇著：《非正规就业劳动关系研究》，中国劳动社会保障出版社2007年版，第290页。

② 盛钢："灵活就业人员参保施行三个灵活"，载中国医疗网。

保机构或者税务部门缴费,或者向托管机构或者街道办事处缴纳,如上海演艺工作者联合就帮会员代理缴纳社会保险。

(3)提高统筹层次,建立社会保障的可转移性。现行的社会保障遇到的一个很大难题就是跨省缴费难或者说就是不能缴费,这在《劳动合同法》实施之后更加突出,出现了有劳动者不肯缴纳社会保险的情况。演员自雇同样也遇到这样的问题,虽然通过托管机构代缴或者街道办缴纳未尝不可,但这毕竟是一个不是办法的办法。① 要彻底解决这个正规就业劳动关系和非正规就业劳动关系都面临的问题,社会保障的全国统筹就显得迫不及待了。全国统筹的社会保障体系能够化解各省在社会保险制度上的各自为战,也给演员在各省进行充分就业提供了方便,不必为社会保险的缴纳问题而错失一些好机会。社会保障的社会统筹也可以充分地调动社会保障资金的地区甚至是全国的协调,给演员在就业中以全面的保护,特别是有助于解决演员自雇的流动性带来的社会保障问题。在全社会实行社会保障统筹的情况下,演员的人身伤害等问题,就不会出现因为在不同的省市属于不同的赔偿标准、省情不同而造成的赔偿不合理、增加了社会的不稳定因素等情况。

① 石美暇著:《非正规就业劳动关系研究》,中国劳动社会保障出版社2007年版,第95页。

对民法始于古罗马的质疑

魏　琼*

在我国民法学界，一般认为，民法起源于古代西方，是古代罗马法律文化的遗产。比如，张俊浩主编的《民法学原理》一书明确指出："民法作为法律文化现象，导源于罗马私法。"①国内其他民法学著作和教材，大体上也都持同样的观点。如梁慧星著《民法总论》和王利明、杨立新等著《民法学》，虽然没有明确说"民法起源于古代罗马"，但在其导论和第一章中，在阐述近代民法的历史渊源时，也都各自从古代罗马说起。② 即使有些学者不同意这一主流观点，认为民法的起源还要更早，那也只是将时间前推至古代希腊，如易继明教授就在其一些论著中认为，近代西方民法应该更早地追溯到古代希腊。

应该说，从狭义民法或形式民法（即将民法视为是调整社会平等主体如自然人、法人等之间财产关系和人身关系的法律规范的总称）上来说，近代民法，包括"民法"一语，确实是来自罗马，来自罗马法上的 Jus Civile 一语。然而，"从民法发展沿革上讲，是先有习惯民法，后有成文民法"。同时，只要有民事交换活动，就产生了规范和调整这些活动的规则体系，这种规则体系，就是广义民法或实质民法。如果我们对此理解形成共识，那么距今四千多年前的古代西亚地区，就已经产生了民法——当时该地区就先后颁行了诸多楔形文字成文法典，其中所规定的条文绝大多数是着重于调整这类关系的民事规范。而这些民事规范尽管刑、民不分，诸法合体，但始终调整着人们之间如买卖、租赁、借贷、承揽等各类民商事交往关系，保护着人们对土地、房屋、果园、牲畜等的各种财产权利，规范着人类两性之间的关系以及由这种关系衍生出来的婚姻家庭关系。

笔者针对学术界的上述主流观点，通过对古代西亚地区民事规范的详细解读，试图说明：古代东方（西亚地区），是人类文明的发源地，它凝聚了相当的人力、物力，创造出诸多赖以生存的财富，也促使文字、宗教、王权、法律等得以形成。其中以楔形文字写就的大量法律文集或法典，即所谓"楔形文字法典"，最为耀眼。而在这些法律文集或法典中，就包含着大量的民事法律规范，也孕育了近代民法的胚芽。它比人类的任何一个文明社会的民法都要早，民法起源于古代东方，起源于古代西

---

* 魏琼，2003 级外国法律史专业，指导老师：何勤华。现工作于华东政法大学。

① 张俊浩主编：《民法学原理》，中国政法大学出版社 1991 年版，第 2 页。

② 梁慧星著：《民法总论》，法律出版社 2007 年版，第 1～3 页。

亚(两河流域)地区。

一、在古代西亚地区,存在着大量的民事活动和民事法典

学术界提及古代罗马法是近代民法的渊源,一个很重要的原因,就是认为在古代罗马,出现比较发达的民商事活动以及因此活动产生了成文民事规范乃至民法典。罗马在比较早的时候(公元前3世纪前后),就存在着大量的民事活动,商品生产、商品交换异常活跃。当时,罗马的国土迅速扩大。农业、牧业、手工业以及随之而来的商品经济也得到发展。土地迅速集中,形成了大土地所有制;轮耕制的实行,经济作物(葡萄、橄榄等)的大量种植,牧场的扩大,奴隶劳动从家庭转入生产领域,新的生产工具(宽铧带轮的犁、割谷器、水磨)的出现,提高了生产力水平;各种矿山的开发,众多手工业部门的形成(仅罗马城内,就达80多种),促进了商品生产的发展;各种金属、纺织、陶器、玻璃、香料制品行销西欧各地,四通八达的海陆交通将帝国各部联结成一个紧密相连的整体。商品交换在西面达到英国,东部达到印度和中国,南至非洲,北到北欧;各大城市的崛起,又进一步刺激了消费,反过来促进了商品生产。所有这一切,至公元3世纪达到鼎盛阶段。而在这种活跃的商品交换活动的刺激下,调整、规范这种活动的民事规范乃至民法典就产生了。

公元前451~公元前450年,罗马制定了《十二表法》(Lex Duodecim Tabularum)。该法分十二表,共105条。内容涉及传唤、审理、索债、家长权、继承与监护、所有权、房屋土地和私犯、公法问题等,虽然是一部诸法合体的法典,但主要内容是民事规范。《十二表法》以后,罗马又制定了一系列成文的民事法律,如公元前367年的李锡尼乌斯—赛克斯提乌斯法案(Lex Licinia Sextia),内容为取消平民不能和贵族通婚的限制;公元前326年的波提利阿法案(Lex Poetetia de nexis),主要内容为废除债务奴役制;公元前3世纪初,颁布《阿奎利亚法》(Lex Aquilia),对不法侵害进行损害赔偿的诉权作了规定;公元前2世纪初,制定《阿提里法》(Lex Atilia),规定最高裁判官和过半数的平民护民官可以为无监护人的当事人指定监护人;公元前2世纪中叶,制定《亚提尼法》(Lex Atinia),补充了《十二表法》的规定,承认窃盗物重新回到所有人手中以后,可以成为取得时效的对象;公元前81年,制定《考尔乃里法》(Lex Comelia),规定订立遗嘱能力的丧失,不影响在有能力时订立的遗嘱,同时,还规定了侵害之诉;公元前40年,颁布《发尔企弟法》(Lex Falcidia),规定继承人的特留份为全部遗产的四分之一,这样,遗嘱人所为遗赠,其总数不得超过全部遗产的四分之三,等等。至公元6世纪,在查士丁尼皇帝的领导下,终于实现了民事规范全部成文化的理想,制定颁布了《查士丁尼法典》、《学说汇

纂》、《法学阶梯》和《查士丁尼新律》，虽然这四部法典（至12世纪被称为《民法大全》）中也有一些行政法、刑法的内容，但主体内容是民事规范。

现在的问题是，与罗马一样，古代西亚地区，也曾经出现了大量的民商事活动，也出现了一批成文的民事规范乃至法典，而且其颁行的时间更早。据史料记载，古代西亚地区是人类最早从事商业贸易活动的场所。早在公元前2200年前后，苏美尔社会就已经允许农村土地的买卖了。在拉伽什王国时期，已经有了比较发达的手工业和商业，其对外贸易也很活跃。出土文献表明，进入乌尔第三王朝之后，房屋、果园、奴隶以及牲畜的买卖就已经十分发达，虽然没有直接的考古资料证明此时的土地买卖，但土地出租的现象已经十分普遍。进入巴比伦王国时期，祭司和商人的份地已经可以公开出卖，至于动产包括奴隶的买卖更是十分盛行。古亚述王国从亚述古城到安纳托利亚地区的贸易往来关系曾持续并繁荣了五个多世纪之久，土地、房屋、果园、牲畜以及奴隶都是这一时期商业贸易的重要物品。

与民商事活动相联系，在古代西亚地区，也很早就出现了成文的民事规范，以及比较成熟的民事法典。如公元前18世纪中叶面世的《汉谟拉比法典》（全文共282条，1901年出土），其80%的内容是民事规范、条理比较清晰、用语比较规范、表述比较成熟，其立法技术令人叹为观止——直至它消亡之时，在其他古代文明社会也还没有编纂出类似的成文法典；在古代西亚地区的其他法典，如公元前22世纪的《乌尔纳姆法典》、公元前21世纪的《X法典》、公元前20世纪的《李必特·伊丝达法典》、公元前19世纪的《租牛法典》、公元前18世纪的《俾拉拉马法典》、公元前17世纪的《赫梯法典》、公元前11世纪的《中亚述法典》、公元前7世纪的《新巴比伦法典》、公元前6世纪的《摩西律法》及公元5世纪末的《塔木德》，都是比较成熟的民事法典。在这些法典中，都已经大量地存在了关于民事主体的主张；在保护财产所有权、契约、婚姻家庭关系等方面，已经形成了一整套的制度；在稳定社会经济秩序、保障商品交易能够正常进行方面，已经形成了比较完整的原则体系；在民事交往中，也已经提出了为大家所普遍接受的民事概念用语体系。①

因此，判断民法诞生的标志性要素：活跃的民商事活动和比较发达成熟的民事规范（成文法典），在古代西亚地区都已出现，说民法产生于古代西亚，应该是可以

① 此外，古代西亚地区还存在着大量的民事文献（民事法律文书、信件、教本等），如《苏美尔法律研习本》、《苏美尔亲属法律研习本》、《苏美尔法律样式册》以及古亚述、新亚述的民事文献，希伯来律法典籍中的民事规约，等等。这些文献，均反映出当时的许多民事规则，这些规则混缠在具体的农耕、商旅、家事以及宗教信仰、日常操行等民众生活之中，它们经历了战争与时间的洗礼，在数千年的发展中均未发生太大的变化，在古代西亚社会的同一运行中基本发挥着规范人们民商事行为的功能，足以成为民法起源的又一个重要标志。

成立的。①

二、在古代西亚地区，存在着孕育民法的各种社会历史条件

考察民法的起源，除了证明民事活动的活跃、民事规范（法典）的存在之外，还要参照其他要素，特别是当时的各种社会历史条件。如我们在谈到古代罗马之所以能产生发达的私法（民法）时，就是根据它比较早地出现了财产私有制度、比较成熟的政权组织、比较进步的语言文字以及法律与宗教分离而成为一个独立的领域等历史条件。但是这些社会历史条件，在古代西亚地区，也已经同样存在。比如，与上述发达的商品贸易活动相联系，古代西亚地区各民族国家中，居民个人的私有财产形态已经比较充分、完善。

正如当代学者 E. A. 斯派瑟（E. A. Spelser）在《上古法律和文明》（Early Law and Civilization）一书中所指出的，美索不达米亚文明以"普遍承认私有财产"和重视"在与社会和宇宙的关系中的个人权利"为其特征。

由于古代西亚地区农业不发达，早期居民多以游牧方式为主要生存模式，人们的生活居住地变动性比较大，加上长年征战，王的地位的不确定性，因此，并无古代中国那种"溥天之下，莫非王土，率土之滨，莫非王臣"的强烈意识。社会上的财富可以化为各个等级、各个阶层所私人占有或所有。比如，在古巴比伦时期，王室土地和公社所有土地之间的界限是比较清晰的。王室土地，就是王室的私有财产，它不是那种比较模糊的国家财产。而王室财产之外，就是自由民等级（如公社全权自由民阿维鲁、为王室服役的非全权自由民穆什根奴等）所拥有的财产。又如，在犹太人从巴比伦返回巴勒斯坦定居、重建耶路撒冷的"第二圣殿"时期（公元前538年～公元135年），先知们开始致力于宗教和社会改革，消除不同阶层之间的财产贫富不均现象，创建民族自治共同体。几个世纪以来，通过拉比们的判例及其诠释，不断强化了希伯来律法典籍所宣扬的平等观念。故希伯来社会十分强调平等保护本族人的私有财产，私权观念相当明确。

这样，古代西亚地区社会的私有财产状态，为民事规范在古代西亚地区的诞生、成长与发达提供了坚实的经济基础。需要指出的是，在人类最初的法律文明阶段，与刑法产生的情形相似，民法并不产生于人类自觉的制度创造，而是人类自发

① 迄今考古出土文献业已证明，在这些古代西亚地区的文献中，属于民法范畴的内容特别多。可以说，是苏美尔人、巴比伦人、亚述人、赫梯人以及希伯来人共同缔造了古代西亚地区的民事规范。它对后世的影响力在《圣经》中还可以找寻得到，时至今日，古代西亚地区民事规范甚至借助于希腊法、罗马法以及教会法等，仍间接地影响着西方社会。

的习惯发现，是源于生活的法、被发现的法。古代西亚地区的民事规范就是这样而成为古代社会人类活动的最早制度规则之一。

例如，在古代罗马，诞生了比较成熟的政权组织形态和公民等级。早在王政时期，就有了立法的机构、行政的官员体系以及各种司法组织，罗马特殊的阶层平民（plebeians，源自 plebs“普通民众”一词）参与政治活动比较踊跃。至共和国时代，政权组织形态更加完善，当时的民众大会、元老院、陪审法庭以及内事裁判官、外事裁判官等政权组织异常活跃，罗马公民享受着高度的民主和自由。到帝国时代，虽然皇帝的统治日益专制，但其发达的政权组织和公民所享受的基本权利，与共和国相比没有实质性的差别。至公元 212 年，皇帝卡拉卡拉（Caracalla，211～217 年在位）颁布著名的《安敦尼努敕令》（Constitutio Antoniniana），把罗马公民权授予帝国境内所有的居民。这一切，对保障以私有财产制为基础的民事交往活动的顺利展开，以及民事立法的活跃创造了很好的前提条件。

有趣的是，在古代西亚地区，也拥有比较特殊的政治文明形态。古代西亚地区各个民族，基本上都是游牧民族，以部落迁徙、军事征战为其生存特征。在这种生活模式之下，政权组成形式与传统中国、古埃及等以农业为生活背景的国家有很大的不同。早在公元前 3000 年年末，美索不达米亚平原上作战胜利的部落首领，往往就是新建立的国家或王朝的统治者。为了维护其统治的秩序，满足其官僚政治和行政管理之需，他们必须用各种利益来笼络住手下的亲信和骨干，迅速扩张所占领土，并在这种基础上建立起来一个人口稠密的城市化国家。由此日益成熟的政权，其专制程度都要大大低于中国、埃及等其他东方国家，可以说，古代西亚地区的诸城邦和各民族政权，其专制（或民主）程度大体介于传统中国、古埃及等东方专制国家和古希腊、罗马等西方民主共和国之间。

这一政治状态，在政治文明（或政治生活）上最重要的表现就是在社会上也有一个比较独立的自由民等级。这个自由民等级除了从事国家的行政管理活动以外，还构成了社会上相对自由的、能够进行繁复的经济活动的民事主体。这一主体，其等级色彩不如传统中国、古埃及那么严重，其行为能力的独立性也比古代东方专制国家中的臣民要强得多。希伯来人的自由、平等、独立之情况就不用说了，即使是在苏美尔、巴比伦社会中的自由民各等级的阿维鲁和穆什根奴，其区别也不是绝对的，在一定的条件之下可以相互转换，而此后盛行黩武主义的亚述帝国甚至不存在这种等级划分。这样一种政治状态，无疑也是民法产生和发达的重要社会条件。

再如，发达的语言文字也是民法产生的重要条件。在罗马社会，早期的历史就是一部移民史，意大利的地理环境，易于受到外族的入侵。从公元前 2000 年至公元前 1000 年，原居住于欧洲大陆中部的印欧语系的居民，以及小亚细亚的伊达拉里亚人、希腊人等一股又一股地进入罗马地区，从而带来了语言的交流和丰富、成熟。至公元前6世纪,作为印欧语系一支的拉丁文就成为罗马地区的通用文字,并广泛用于各种正式的场合,如抄写法律、协约和墓志铭等。至公元前5世纪中叶,在制定著名的《十二表法》时,简明扼要、措辞明确、优美流畅的拉丁文就帮助法典更加容易地成为人人遵守的规范。至公元前2世纪共和国末期,发达成熟的拉丁语言,终于帮助罗马法学家创造出了一系列简练、精确的法律概念、原则和制度,并得以传至后世。

据考古学家考证,古代西亚地区最早出现的楔形文字,本来就是和印欧语系属于一个大系统的。这种楔形文字最初是由象形符号演变而来的。早在公元前5000年时,在西亚地区就已经有300多个记号,它们不断地被使用在贸易上,经过了一千多年的打磨,约公元前3500年,楔形文字终于由苏美尔人所创造,并最终定型。随着楔形文字的产生,苏美尔人的心灵也因此变得愈加开豁,民事交往以及商业活动中法律制度的创设也有了可能。公元前2500年左右,楔形文字日趋成熟,它由用芦苇做成的带有三角形笔尖的笔在湿泥板上刻画而成的楔形符号组成。这些楔形符号的意义在于使真实的生活和固定的制度(如圣书、法典和诗歌)永久流传,也使各种独特的民事规范和商业惯例变得更加鲜明。楔形文字成了古代西亚地区人们物质交往和精神交流的主要手段,也成为记载古代西亚各种民事规范的唯一工具,并推动了民事规范的法典化。

最后,宗教的状况对民法的起源也有影响。在古代罗马,虽然早期的法律受到宗教的影响,但后来就与宗教分开了,成为一个世俗的社会领域和完整的体系。其表现为:公元前5世纪中叶制定的《十二表法》,虽有关于宗教的一些规定(如第十表),但整个法典已是一个比较彻底的世俗性法典,基本上摆脱了宗教的影响;公元前4世纪后,平民出身的人也开始能够担任神官。这样,就冲破了贵族—神官—神法与人法的媒介者这种传统体系。公元前198年,执政官阿埃利乌斯进一步以世俗官吏的身份,对法律进行解释、论述,并著书立说,从而使罗马法最终成为一门世俗的学问而摆脱了神学体系。这反过来又促进了法律包括民法成为一个独立的领域。

与罗马的情况相似,在古代西亚地区,虽然宗教在人们的生活中也有很大影响,立法者(如汉穆拉比国王等)在法典的序言中,也都宣称自己是神的代理人,受神的委托颁布法律,统治人民。但我们研读古代西亚地区留下来的各大法典,从最早的公元前2100年前后的《乌尔纳姆法典》,到公元前1930年前后的《李必特·伊丝达法典》,公元前1770年前后的《俾拉拉马法典》,公元前1750年的《汉谟拉比法典》等,几乎无一例外的都是世俗法典。虽然,我们不能说法律与宗教的分离是民法起源的必需条件,但至少是一个重要的条件——我们看古代希腊和罗马,看近代各个民族和国家的民法发达史,应该清楚这一点。因为民商事活动摆脱宗教的束缚,民事规范(法典)成为一个独立的社会领域和成果,有利于民法的进步和发达,已经为世界各个国家、地区和民族法律发展的历史所证明。①

三、古代西亚地区民事规范是古代罗马民法的渊源之一

古代西亚地区,不仅有着活跃的民商事活动,制定颁布了一批成文民法典,是人类最早诞生民法的地区,而且,该地区与古代罗马的民法还有着密切的渊源关系——古代西亚地区的民事规范是古代罗马民法的来源之一。那么,古代西亚地区诞生的民事规范以及民法典,是通过什么途径或桥梁,传入古代罗马,并对其民法产生影响的呢?国外学者的研究表明,这一途径或桥梁,就是古代希腊,就是古代希腊的民事立法。②

据考证,公元前6500年,就有来自古代西亚地区的居民大量迁移到爱琴海诸岛和希腊大陆,带来了发达的西亚农业文化,这些移民仍积极地保持着家乡习俗。至苏美尔人初创文明时期,古代西亚居民已经开始与希腊人建立起了进一步的联系。例如,克里特岛出土了古巴比伦汉穆拉比时代的赤铁矿圆筒印章,表明了:古代西亚地区的苏美尔人、古巴比伦人在民事交往中契约订立、财产转让等法律效力的重要凭证之一——印章,其具体的效用已为古希腊人所认识,并有可能已适用于当时希腊社会商业贸易活动之中。

除了苏美尔、古巴比伦文明的影响之外,古亚述王国在安纳托利亚建立了商业殖民点,拥有完善的组织网络和完备的民事习惯法。古亚述发达的民事规则同样适用于其商业殖民地。而且,大批希腊人很早即从半岛来到西亚,或者定居做工,或者从军,如新亚述帝国军队中就有不少希腊人。正是两地边贸和战争加强了古代西亚法律文明对外传播的力度,因此波及稍远的古希腊。这个离欧洲本土最近的东方国家,其法律文明直接影响了古希腊民族。公元前15世纪前后,赫梯王国颁行的《赫梯法典》是这一时期楔形文字成文法典的代表,该法典中的婚姻及家庭、财产及继承、经商及契约等规则,对古希腊的通商、文字以及法律等产生了间接的影响,

① 至于古代西亚地区的最后一个法律体系希伯来法,虽然是宗教法,但它对该地区民法规范的贡献,主要是继承,而非具体条文和制度的创造。如果说它有一点创造,则主要是民法(契约)理念方面,而这又对希腊和罗马的民法观念的形成和发展产生了影响。因此,说法律与宗教的分离有助于民法的起源和发展,在总体上是说得通的。

② 而古希腊民法对古罗马民法的影响则早已为学术界所公认。例如,古希腊法对民事主体的规定奠定了后来罗马法的人法制度,有关质押及抵押的应用也为后来的罗马法所吸收。"迄今为止发现的最古老的罗马法渊源——《十二表法》表明,古希腊对于罗马文化和文明的影响是不可否认的。西塞罗和盖尤斯的著述都暗示:他们确信,罗马法起草之时,一个立法委员会曾被派往雅典学习希腊法和法律制度,这是一段不争的历史。"参见 Peter de Cruz, *Comparative law: in a changing world*, 2nd ed., Cavendish Publishing Limited, 1999, p. 11。古罗马私法的发达应该有着古希腊民法的贡献。

一定程度上也影响了古希腊早期文明。

此外,通商是古代西亚地区和古希腊文明的共同特征之一,与两河流域楔形文字的产生相仿,作为希腊字母的始祖,古老的腓尼基文字就源自商业。而腓尼基文字和楔形文字同属于苏美尔人的祖先闪米特民族的语言。公元前1000年,腓尼基字母传入希腊后,希腊人借此创造了希腊字母,因此成为希腊、罗马(拉丁)以及后世西方文字的渊源。有了文字才有了西方历史的黎明曙光。从此,西方文明开始学习并赶超了古老的东方文明。

与此同时,公元前5世纪左右,希伯来的重要典籍《圣经》被译为希腊文,预示着一神教在地中海世界的兴起,也意味着古代西亚法的集大成者希伯来法有了一个传入希腊社会的直通桥梁。公元前4世纪中叶,马其顿王国征服古希腊后,又将古老的巴比伦作为帝国的首都,使得巴比伦城成为东西文明融合的中心,由此拉开了古代西亚地区"希腊化时代"的序幕。在社会生活和民事交往中,亚历山大大帝及此后的塞琉古王朝的君主均专门采取措施奖励征服者们与当地人的通婚及其他交往,长久以来根植于古代西亚民众生活之中的民事规范也因此愈加融入到异族征服者的社会生活中。可以说,希腊化时代是架接起古代西亚地区和古希腊、古罗马等西欧国家法律文明的重要枢纽。古希腊法、古罗马法中包含的不少东方法元素大多来自这一希腊化时代的文明碰撞。

这一重要的时期,尽管外来征服者的战争不断蹂躏着西亚地区和古希腊的民众生活,但地区间抑或民众中的商业往来始终未曾中断。① 古代西亚地区楔形文字法典所遗存的民商事规范、汲取了楔形文字法文明成就的希伯来法等开始为西方世界所认知与践行。这可以从一些记载有契约、申请书、诉讼案件记录的羊皮纸和碑文中窥见一斑。诸多的希腊化国家(如埃及的托勒密王朝、叙利亚的塞琉古王朝、小亚细亚的帕拉马王国等)私法方面均适用当地居民的成文法和习惯法。在一定程度上,这也促进了古希腊与古代西亚地区法律制度更实质性地融合。

公元前266年,罗马对居住有部分希腊人的泛希腊地区的征服,使罗马同希腊

---

① 早在20世纪30年代初,美国学者约翰·弗雷德里克·刘易斯(John Frederick Lewis,1885~1932年)夫妇就整理和破译了大量出土于这一时期西亚地区的楔形文字商业文献,它们多是古波斯统治时期的民商事文献,其中波斯阿契美尼德王朝开国之君居鲁士大帝统治时期的文献最多,涵盖的范围十分广泛,具体包括有关某房屋所有权的、某交易中个人义务的、20只小羊羔买卖事宜的、有关某债务奴隶买卖价格条款的、在某阿卡德人法庭上所发生的一次寄存关系、某一项个人的委托、某一房屋的买卖、20名奴隶的租借等。其他波斯国王,如冈比西斯(Cambyses,? ~公元前522年,公元前529~公元前522年在位)、薛西斯一世(Xerxes,公元前519? ~公元前465年,公元前485~公元前465年在位)、阿塔泽克西兹一世(Artaxerxes,? ~公元前424年,公元前464~公元前424年在位)等统治时期的民商事文献也有不少。See Harold G. Stigers, *Neo-and Late Babylonian Business Documents from the John Frederick Lewis Collection*, *Journal of Cuneiform Studies*, Vol. 28, No. 1. (Jan., 1976), pp. 3-59.

文化发生了更为密切的接触,为此后西方民法在古罗马的兴盛奠定了文明基础。尤其是至公元前30年共和国时期,罗马人不仅逐一征服了迦太基、马其顿、希腊半岛和西班牙的大部分地区,而且还迫使古代西亚地区、安纳托利亚等地实际上沦为罗马的附庸。罗马进入帝国时代后,在帝国疆域东部,沦为行省的各地区法律文明的交流有了更为具体的载体——用东方文字(叙利亚文、阿拉伯文和亚美尼亚文)编辑而成的法学典籍,在帝国东部广泛地流传。这些教科书不仅"注意到一些最新谕令所做的修改,有时还考虑到行省法中的规范",[①]并在公元6世纪发展为查士丁尼《民法大全》。

为此,当代美国学者博厄兹·科恩(Boaz Cohen)将这一时期形成的古希伯来口传律法与古希腊—罗马法(Graeco – Roman legal)进行比较研究,发现了在各自的民法中有许多对应的术语和相似的法律制度。要言之,古罗马法与希伯来法发生密切联系主要反映在《耶路撒冷塔木德》之中,在这一典籍中巴勒斯坦耶路撒冷犹太教圣经注释家们对《圣经法典》的编辑与校正而形成的《密西拿》,反映了在古罗马人统治下,两地法律之间的直接交流。诸如,古罗马法中的特有产(peculium)、抵押(hypotheca)、动产遗嘱(will/testament)、买卖文契或账单(bill/bill of sale)等,在希伯来口传律法中均可一一找到。而"庭审备忘录"(bench)、"裁决文书"(table)、"换币官"(money changer)、"银行业者"(banker)等古代西亚地区民事规范中常见的称谓则出现在古罗马民法之中。

通过以上的论述,笔者认为,古代西亚地区的民事规范,不仅是先于古代罗马的人类最早的民法渊源,而且也同时是(希腊)罗马民法的历史渊源之一。我们开展对这一地区民事规范的研究,并质疑古代罗马民法的最早渊源地位,并不是为了标新立异,而是要进一步深入地探讨世界民法之起源、发展、演变的线索和途径,并探索其发展的内在的规律,以更好地理解和把握现代民法的内涵与本质。但这一宏大的工作,仅靠少数学者是无法胜任的,需要我们更多的民法学者和法律史学者的共同努力。本文仅仅是一块引玉之砖,抛出来是为了引起学术界的重视,以便大家一起来开垦这一块处女地。

① [意]朱塞佩·格罗索著:《罗马法史》,黄风译,中国政法大学出版社1994年版,第408~409页。

根据上帝的意志而结合
——希伯来的婚姻家庭制度

徐　菲*

我从你旁边走过,看见你的时候正动爱情……又向你起誓与你结盟,你就归于我。

——摘自《旧约·以西结书》

作为西方文明的一大源头,根植于东方的希伯来法具有很高的研究价值,但国内学术界对这一领域涉及并不多。笔者以《圣经》和被称为"犹太法典"的《塔木德》为主要依据,对希伯来的婚姻家庭制度作了较为全面而详尽的考察,旨在从一个侧面为读者提供了解这一古代法律制度的机会。

一、嫁资制度

早期希伯来法的婚姻也具有买卖性质,并且还具有即时成交的特点,这在《圣经》中有记载,①也是古代社会特别是西亚各国的普遍习惯,②但希伯来法很快就摆脱了这种买卖婚姻的低级形态,发展成为一种具有鲜明特征的要式合同,也即以嫁资制度为核心的婚姻契约。

(一)嫁资制度的起源

嫁资制度产生于公元前2世纪末至公元前1世纪初。当时的希伯来社会由于社会动荡而十分贫穷,很多希伯来男子甚至没有经济能力娶妻生子。于是当时在宗教事务中十分活跃的法利赛派推出了一项旨在既鼓励结婚又限制离婚的新颖的财产制度,即将原来由男方应付给女方父亲的聘礼和应送给女方的礼物,以及女方父亲应送给女方的嫁妆等,以婚姻合同的形式记在妻子名下,作为丈夫财产不可分割的一部分,在妻子被休或丈夫死亡时支付给妻子,以保障女方丧夫或被休后的生活。根据这一制度,结婚时男方和女方父亲可以不用支付现金,而婚后女方的权益

---

* 徐菲,2001级外国法律史专业,指导老师:何勤华。现工作于上海市国资委。

① 《旧约·创世记》第24章第53节,《旧约·创世记》第34章第11~12节。

② 何勤华主编:《外国法制史》,法律出版社1997年版,第11页。

又获得了最大保障。同时,如果男方随意休妻,则必须支付婚姻协议即嫁资协议规定的财产数额给女方。这一有利于希伯来社会稳定和人口繁衍的制度很快就得到了普及。当时女方父亲由于担心将来男方的继承人欺诈丧夫成为寡妇的女方,经常会将聘礼部分(这时已成为"嫁资"的主要部分)一直存在女方的父亲家,以确保这笔财产能最终归女方所有。

嫁资制度规定在《塔木德》中,是一个法令,但这一制度更被认为是对《圣经·旧约》关于丈夫必须供养妻子的规定的解释,所以一些塔木德学者认为它其实就是摩西的法令。根据直接提出这一制度设想的法利赛派领袖西门·本·示他(Shimeon Ben Shetah)拉比的法令,嫁资制度中应由一份书面文件规定嫁资的具体内容,以保证妻子的权利受到法律的保护,并要以丈夫的全部财产作为担保,不得从他的财产中分离开来。随着历史的发展,嫁资协议的内容越来越规范,出现了一些非常流行的标准格式。在犹太人流散世界各地时,著名犹太法学家迈蒙西德(Maimonide)推出的协议格式深受西方法律的影响,直到现代还流行在世界各地的犹太人中。

(二)嫁资的性质

1. 保护女方的权益

嫁资制度是希伯来婚姻法中有关财产权的最有特色的规定,它是在聘礼的基础上演变而来的,但性质已发生了根本变化。聘礼的实质在于买卖关系,在聘礼制度中,女方其实被视为从父家转移到夫家的财产;而嫁资制度不同,其实质在于限制丈夫的休妻权利,同时使妻子在被休和守寡等情况下的生活得以保障,在这一制度中,女方才是嫁资的受益人。

2. 嫁资是一种留置权

嫁资是一项丈夫终身所有财产的留置权,如果在他死后或当他休妻时他没有财产,可以从他曾经拥有但现在是第三人的财产中支付。① 这个规定对休妻自由是个非常重要的限制。那时人们的财富主要是由土地等不动产构成,由于必须用货币来支付嫁资,对一个男人来说得到这样一大笔钱通常是很困难的,所以就会多花些时间慎重考虑休妻的决定。

3. 嫁资的强制性和可转让性

嫁资契约是婚姻关系成立的必要条件,没有嫁资契约的婚姻是不合法的。拉比梅尔(Meir)认为,如果妻子没有嫁资,丈夫就是和妻子待一小时也应被禁止,以免他认为休妻是件很容易的事情。② 即使是强奸者,尽管法律规定他不能休妻,但

---

① Talmud Babli Kethuhoth 82b;Talmud Babli Gittin 48b.

② Talmud Bahli Baba Qama 87a.

也必须给妻子嫁资。有不少拉比认为因强奸者不能休妻,可以不用嫁资。但拉比约瑟·本·犹大(Yose Ben Juda)坚待认为,如果她没有嫁资,丈夫可以让她生活凄惨,用这种方式迫使她申请离婚,从而轻易摆脱她。①

如果嫁资契约丢了,必须再做一份新的。妻子不可出售嫁资契约给丈夫,也不可以免除丈夫支付的义务,但她可以把嫁资契约卖给一个陌生人,使他有权在她丈夫去世或她被休时得到这些财产。②

(三)嫁资制度的主要内容

1. 嫁资的数额

法律规定了嫁资的最低金额,即处女的嫁资数量为200苏(sus)③或相应米纳(mina)④的银子,⑤寡妇或离婚女人再婚时的嫁资则减半。丈夫可以增加嫁资的数量,有的情况下,法庭也会增加嫁资数额作为对丈夫不当行为的处罚。嫁资应用当地的货币支付。⑥

丈夫在休妻时,必须支付全部金额,不能减少。在拉比阿奇巴(Aqiba)判决的案件中,丈夫在嫁资契约中写下400苏。当他休妻时,他拒绝支付全部的金额。他申辩道,他父亲死时留下800苏在他和一个兄弟间平分。如果给妻子400苏,他将陷入贫困。他愿意给妻子法律规定的最低数额200苏。拉比阿奇巴在判决时说:"你必须支付全部嫁资,就算你要卖掉你头上的头发。"⑦

根据《塔木德》的规定,在特定情况下嫁资数额可以增加,如丈夫拒绝和妻子同房又不休掉她,如果妻子不选择离婚而选择继续和他生活在一起,那么作为对丈夫错误的处罚,她的嫁资将每周增加3个第纳尔,直到她的丈夫履行义务为止。⑧

如果嫁资契约包含其他需要丈夫履行的条件,他也应当严格遵守自己的合同义务。比如,一个男人约定将在五年内抚养妻子前夫的女儿,但在期限届满之前就休掉了妻子,则他仍然要忠实地履行合同约定的抚养义务。

2. 嫁资的支付

《塔木德》规定,没有成年的女孩订婚后在婚前被休,嫁资应当支付给她的父亲。但是在她结婚并成年后,她的父亲失去了对她的监护权,如果她被休,则嫁资应

---

① Talmud Bahli Kethuhah 39b.

② Maimanides Treatise Ishuth 1D;L0.

③ 古代美索不达米亚货币单位。

④ 同上。

⑤ David Werner Amram, The Jewish Law of Divorce, Hermon Press. 1975. p. 116.

⑥ Talmud Babli Kethubah 110b; Maimonides' Treatise Ishuth 10:8.

⑦ Talmud Babli Kethubah 65b.

⑧ Talmud Babli Kethubah 63a.

当支付给她本人而不是她的父亲。①

在支付嫁资时，休书将被交叉撕开，法庭在上面写道："我们已撕了休书，不是因为它无效了，而是为了她以后不能再次要求嫁资。这个女人可以再结婚了。"②

由于嫁资制度的目的是保护女方的权益，所有关于嫁资的法律条文基本都有利于女人。一般情况下，嫁资协议在婚礼上宣读后就由女方妥善保管。如果她不慎丢失了嫁资契约，只要持有保存完好的休书，并发誓说嫁资尚未支付给她，法庭有权判给她法律规定的最低嫁资数额，即 200 苏或 100 苏不等。一旦嫁资支付给她，法庭将在休书上注明，免得她以后再要求嫁资。③

但是如果她只有嫁资契约而丢了休书，情况将对她非常不利。这时丈夫只需声明已支付过嫁资，但是丢了收据，女方将无权请求法庭判给她嫁资。也就是说，她丢了休书，他丢了收据，他们两清了。

但上述情况后来发生了变化。在公元 131 年犹太人起义之后，罗马统治者为了摧毁犹太人的国家意志，宣布犹太人给妻子休书是一种犯罪。这使得犹太人在给妻子休书后就将休书销毁，以便不使双方都触犯刑罚。因此，拉比西门本·加马利(Simon Ben Gamaliel)规定，如果仅仅是没有出示休书，妻子并不丧失要求嫁资的权利。④

当丈夫拒绝支付嫁资时，妻子有权向法庭起诉。如果法庭判决丈夫败诉而他不能支付，则他的土地和财产将根据法庭命令公开出售。如果丈夫的财产不够执行，法庭将执行第三人手中丈夫以前曾拥有的财产。⑤ 在丈夫付清所有嫁资之前，他必须要养活妻子。⑥

3. 嫁资的丧失

如果妻子没有履行法定的义务，她就会失去获得嫁资的权利。《塔木德》列举了女方丧失嫁资请求权的多种情况。

如果妻子婚前发了誓要禁欲，但却没有告诉丈夫，或者她有生理上的缺陷却隐瞒了，她便犯了欺诈罪。这种情况下丈夫如果休掉妻子可以不支付嫁资。但是如果妻子的生理缺陷是丈夫通过合理注意可以在婚前发现的，他便不能因此而剥夺妻子的嫁资。⑦ 在任何情况下，丈夫须承担妻子婚前就存在缺陷的举证责任。

---

① Talmud Babii Kethubah 43b.

② Talmud Babli Kethubah 89b; Talmud Babli Baba Mecia 18a.

③ Talmud Babli Kethuhath 51a.

④ Talmud Babli Kethuhath 89a.

⑤ Talmud Babli Gittin 486.

⑥ Talmud Yerushalmi Baba Mecia sub Mishnah 1:5(8a).

⑦ Talmud Babii Kethubah 75b.

通常,如果女方违反民族习惯或传统,将被视为违反《摩西律法》,无论是偶然性的还是习惯性的,她都将失去嫁资。

《塔木德》列举了许多这类妻子违反《摩西律法》的例子。比如,给丈夫上没有向神职人员缴税的食物;没有留出祭品;发誓却不遵守誓言;在月经期间引诱丈夫发生性关系;蓬头垢面出门;在集市上纺羊毛;一见到男人就聊天;在丈夫面前诅咒公婆;在自己家里说话时声音大得总让邻居听见;等等。

另外,在以下情形中女方也将失去嫁资:少女已经被母亲或兄弟许婚,但她成年后拒绝和她的丈夫生活在一起;妻子不能生育是由于婚前就存在的生理缺陷,而丈夫对此并不知道。①

二、继　承　法

(一)基本规定

在希伯来法中,继承并不表示权利和义务的总和,而仅指对死者遗产的继承权利,有继承和遗赠之分。继承人必须按照一定的法定程序行使继承权。律法规定,下列人员既能继承,也能遗赠:父亲之于孩子,孩子之于父亲,以及一父所生的兄弟。下列人员只能继承,不能遗赠:儿子之于母亲,丈夫之于妻子,以及死者姐妹的孩子。下列人员只能遗赠,不能继承:妇女之于其子女,妻子之于丈夫,以及一母所生的兄弟。

死者的儿子们对死者的财产都有继承权,但长子有优先权,他可分得财产的一半,或是其弟的二倍。长子权不能由丈夫对妻、妾或父亲对儿子的好恶而定,只有妻子的头生子拥有法定的长子权。如果死者无儿子,女儿可继承其遗产。但是凡得到遗产的女子,必须嫁给家族中的堂兄或同一支派中的男子,以防家产外流。女婿如果得到岳父家的神像,就可享受与儿子一样的财产继承权。死者如果无子女,其遗产应由兄弟继承,无兄弟者,可由最亲近的亲戚继承。

《圣经·旧约》规定:"人若死了儿子,就要把他的产业归给他的女儿;他若没有女儿,就要把产业归给他的弟兄;他若没有弟兄,就要把他的产业归给他族中最近的亲属。"②

(二)丈夫的继承权

妻子在丈夫去世时可以获得嫁资以保障自己今后的生活,除此之外妻子不再

---

① Talmud Babii Kethubah 68a.

② 《旧约·民数记》第27章第8~11节。

对丈夫的财产享有继承权。相反,如果妻子早逝,丈夫就成为妻子财产唯一的合法继承人。

希伯来法中没有夫妻共同财产的概念。原则上家庭中的财产都属于丈夫,丈夫有法定的义务供养妻子,妻子则按照嫁资协议的规定对丈夫的财产享有留置权。此外,妻子在婚前或婚后获得的财产归妻子所有,属于妻子的个人财产,在离婚时,妻子有权带走这部分财产。妻子早逝则全部由丈夫继承。

在婚姻中妻子有权处置她在结婚前取得的个人财产。① 但是丈夫对妻子在婚姻中取得的财产有用益权,直到婚姻被解除,妻子无权处置这些财产。② 在离婚后,丈夫对妻子财产的受益权没有了,但是妻子对丈夫还保留一定的权利。在他完全支付给她嫁资前,丈夫不得不一直养活她,就像她还是他妻子一样。而如果妻子有任何收益,都属于她自己。③

如果妻子自愿放弃要求丈夫供养的权利,则丈夫也相应失去对妻子财产的受益权。④

(三)长子的优先继承权

长子有权获得比其他儿子多一份的产业,“因为儿子是她力量强壮的时候生的,长子的名分本当归他”。⑤ 对于孪生子的情况,以先出母体的为长子,后出的为次子。长子不仅能够继承比其他兄弟多得多的产业,还拥有承袭父亲权威的优先权。如果某家族的父亲死了,继任的家长应当是他的长子。但是如果长子犯了罪,或是惹父亲生了气,也可能会失去长子的名分。

事实上早期希伯来习俗中长子甚至拥有绝对的继承权。亚伯拉罕的妻子撒拉生了儿子以撒后,就对亚伯拉罕说:“你把这使女和他儿子赶出去!因为这使女的儿子不可与我的儿子以撒一同承受产业。”于是亚伯拉罕只用饼和一皮袋水打发走了夏甲母子。⑥ 后来亚伯拉罕又纳基土拉为妾,并再生了六个儿子。亚伯拉罕“趁着自己还在世的时候,打发他们离开他的儿子以撒,往东方去”,并“将一切所有的都给了以撒”。⑦

与此同时,《圣经·旧约》还明确规定要保护长子的继承权,限制父亲随意剥夺长子的各种特权,如“人若有二妻,一为所爱,一为所恶,所爱的、所恶的都给他生了

① Talmud Babii Kethubah 78a.

② Talmud Babii Kethubah 79b.

③ Talmud Babii Kethubah 80b.

④ Naamani. I. T. ,Marriage and Divorce in Jewish Law,ournal of Family Law,1963(3).

⑤ 《旧约·申命记》第21章第17节。

⑥ 《旧约·创世记》第21章第9~14节。

⑦ 《旧约·创世记》第25章第1~6节。

儿子,但长子是所恶之妻生的。到了把产业分给儿子承受的时候,不可将所爱之妻生的儿子立为长子”。[1]

长子的绝对优先权在古代欧洲也长期存在,其目的就是要保障家族的财力不因众多子嗣的继承而大大削弱。但长幼的绝对不公也必然导致罪恶和犯罪。这种情况在《圣经·旧约》中多有记载,希伯来人的祖先雅各就是用心计骗取了哥哥以扫的长子权。其他幼子取代长子获得继承权的例子还发生在大卫王家族,大卫王本人就是耶西家的小儿子;继承大卫王位的也是他的小儿子所罗门。

似乎长子必须是家中正妻所生;侍妾所生的即便为先,也很容易被正妻所生的小儿子取代。这种情况在亚伯拉罕的妻妾身上就发生了。

如果某家族长子死了,他又未留下后代,继承人就应该由次子接替。

(四)女儿的继承权

在家中没有儿子只有女儿的情况下,女儿拥有继承权。《旧约·民数记》第27章中,西罗非哈的女儿们向摩西申诉:“为什么因我们的父亲没有儿子,就把他的名从他族中除掉呢?求你在我们父亲的弟兄中分给我们产业。”最终,摩西接受了女儿们的请求,晓谕以色列人说:“人若死了儿子,就要把他的产业归给他的女儿;他若没有女儿,就要把产业归给他的弟兄;他若没有弟兄,就要把他的产业归给他族中最近的亲属。”[2]

(五)遗嘱

遗产继承要经过一定的法定程序。长期处于习惯法阶段的希伯来人尚未使用书面形式的遗嘱。凡涉及遗嘱,一般都是父亲临危时将自己对财产分配等后事的决定口头讲给儿子们。《旧约·撒母耳记下》提到亚希多弗因自己的计谋不受重视,回到家后心情郁闷,“留下遗言,便吊死,葬在他父亲的墓里”;[3]《旧约·列王记》叙述大先知以赛亚得知希西家王病危时去看望他,向他传达神谕说:“你当留遗命与你的家,因为你必死,不能活了。”[4]语中“遗言”、“遗命”应当都是口头遗嘱。

---

① 《旧约·申命记》第21章第15~16节。

② 《旧约·民数记》第27章第1~11节。

③ 《旧约·撒母耳记》第17章第23节。

④ 《旧约·列王记》第20章第1节。

从继受到自主创新
——19世纪美国法上共谋与联合限制贸易概念之解说

陈 兵*

一、共谋与联合限制贸易概念的生成——英国普通法的美国化

"共谋"概念在刑事立法中的使用,更多的是用来表述不涉及限制贸易问题的危害公共利益和个人利益的传统自然型犯罪。如科罗拉多州关于共谋的规定,就是指一般刑事犯罪,而没有提及限制贸易问题。① 即使有些州在规定共谋时涉及了共谋损害竞争、限制贸易,也仅仅是共谋这一犯罪内容的一部分,与其他类型的共谋犯罪相并列,如伊利诺伊州1874年法案第46条,将"两人或两人以上共谋与协议,意图损害他人人身、财产或经营活动;损害公共贸易、公共健康、道德、公共政策或公共管理秩序;阻止竞争或导致他人不予竞争等,认定为共谋犯罪"。② 由此,可见共谋问题主要是作为一种刑事犯罪规定在各州刑事立法中,当涉及共谋联合对限制贸易、有损竞争违法予以规制时,更多的是通过专门制定法予以调整。

(一)英国普通法上的共谋与联合限制贸易

根据目前掌握的研究成果和资料显示,英国普通法上具有标志性意义的共谋与联合限制贸易案件是,亨利四世(Henry IV,1367~1413年,在位时间1399~1413年)时期1410年的Gloucester Schoolmasters案。③ 在该案中,格洛斯特(Gloucester)地区某一学校的两名教员向法院提起了侵权诉讼,要求另一名在该地区开设学校的教师赔偿损失。原告在诉讼中主张,被告所开设的学校因其收费标准不同于原告已经确立的教学服务收费标准,侵犯了原告的既有权利。法院拒绝了原告的诉

---

* 陈兵,2006级外国法律史专业,指导老师:何勤华。现工作于吉林大学法学院。

① J. Warner Mills, edited and annotated, *Mills' Annotated Statutes of the State of Colorado*(Revised Supplement), Vol. 3, The Mills Publishing Company, 1904, p. 349. John L. Hopkins, prepared, *The Code of the State of Georgia*, Vol. 3, Clifford Anderson & Joseph R. Lamar., The Foote & Davies Company, 1896. p. 46.

② Merritt Starr & Russell H. Curtis, edited, *Annotated Statutes of the State of Illinois*, Vol. 1, Callaghan and Company, 1885. pp. 767–768.

③ Y. B. 11 Henry IV. f. 47, 1410.

讼请求,认为原告两名教师之间的联合行为涉及了价格固定,是一种对贸易活动的实质性限制。这种限制并没有得到制定法的获准或者行会特权的支持。① 该案较早指出了共谋与联合限制贸易的违法性,但是从判决中可以发现,对当时行会内部的联合限制贸易行为,法律是予以豁免的,这种历史上的局限性,直到英国的行会制度废除后才得以消除。②

17 世纪以来,英国法院运用普通法刑事术语上的"共谋"概念,将私人间通过协议限制贸易的行为宣布为违法的做法,得到了一定程度的发展。1663 年,King. v. Starling 一案中,法院宣布"共谋导致农民遭受贫穷的行为是一种可受刑事处罚的行为,如果关乎到公共利益,则这类共谋犯罪的认定不需要适用'明显行为'标准"。King. v. Norris and Others 案涉及被告联合提高食盐价格,法院认为被告的共谋联合提价行为带有明显的刑事违法性,因此宣布这类协议违法。③ "共谋"概念被适用于商人之间联合提高价格的行为,适用范围进一步扩大。④

进入 19 世纪,随着自由放任主义思潮的影响,英国司法机关逐渐放松了对反联合(anti - combination)政策的执行,普通法上运用刑事共谋原则处理工业联合的做法渐渐退出历史舞台,取而代之的是我们现在广泛使用的垄断概念。

在英国普通法运用共谋概念处理联合问题时,另一类引人注意的案例是劳动者联合拒绝为雇主工作,要求提高工资待遇的案件。这类案件的处理结果,很大程度上揭示了英国普通法上共谋与联合限制贸易概念的狭隘与低效。⑤比较著名的案件是 1721 年 King. v. Cambridge Journeymen Taylors 案。⑥ 该案中,在剑桥城工作

---

① Hans B. Thorelli, *The Federal Antitrust Policy: Origination of American Tradition*, George Allen & Unwin Ltd., 1954. p. 27.

② William J. Haynes, Jr. *State Antitrust Laws*, The Bureau of National Affairs, Inc., 1989. p. 8.

③ King. v. Norris and Others, 1758; 96 Eng. Rep. 1189(1378 - 1865).

④ 18 世纪以前,英国刑事法律上的共谋原则并没有被广泛用来规制商人之间的联合,按照亚当·斯密的解释,这可能是由于商人之间的这种共谋联合安排,作为一种商业秘密不容易被外界发现。但是到了 18 世纪,共谋原则被多次用来打击商人之间的不法联合。See Hans B. Thorelli, *The Federal Antitrust Policy: Origination of American Tradition*, George Allen & Unwin Ltd., 1954, p. 29.

⑤ William Letwin, *Law and Economic Policy in America*, *The Evolution of the Sherman Antitrust Act*, The University of Chicago Press, 1981, p. 46. 这一结果是英国制定法和普通法共同导致的。如相关制定法有,《1548 年法案》规定,工人共谋提高工资或减少劳动时间,将被处以刑事责任。后来在自由贸易理论的影响下——该理论认为,劳动力作为一种贸易要素,应当不受限制地流通,任何限制劳动力自由流通的行为,都是限制贸易行为,出台了《1799 年"联合"问题法案》,该法仅禁止工人联合。翌年,《1800 年"联合"问题法案》,废除了 1799 年法案,但是仍然禁止工人联合。之后,经过了 1824 年议会及其下一届议会,两次议会的反复,确立了十分有限的工人联合权利,直到 1871 年第一部《贸易联盟法案》和《1875 年"联合"问题法案》出台,才确立了工人与雇主享有同样的联合权利,并为这种通过联合形式解决劳资纠纷、改善劳动条件和调整劳动时间的行为提供了合法性。

⑥ King. v. Cambridge Journeymen Taylors, 1721; 88 Eng. Rep. 9(1378 - 1865).

的一群临时裁缝工人被指控"共谋"提高他们的工资,并被法院判定有罪。法院在判决中写道:判决他们有罪并非因为其拒绝工作,而是因为他们"共谋"以提高工资。虽然他们要求提高工资的行为是合法的,但是"共谋"行为却是违法的。这种对工人"共谋联合"行为违法性的认定态度,直到19世纪晚期才得到改变。

总体来说,英国普通法上共谋与联合限制贸易概念的内涵包括,主张限制贸易行为因为其违背公共利益或政策而无效;适用对象为私主体;其行为本身具有违法性。

(二)美国法上的共谋与联合限制贸易

美国法上共谋与联合限制贸易概念源自英国普通法,但是在实际适用过程中,基于时代背景的变迁和本土工业化进程的发展,灵活地转化了英国概念。在这一过程中制定法发挥了不容忽视的作用,主要表现为对联合限制贸易内涵的发展,以及矫正了英国概念适用上的不足。

美国普通法上将"共谋"界定为,两个或两个以上的多数人联合,完成某种非法目的,或者通过某种非法手段达到某一合法目的。这里的非法目的,不仅是刑事法律所界定的违法性,也包括民事法律上所规定的过错,或者民事违法。① 这一概念设计,一方面继承了英国普通法上共谋概念的刑事化特质,另一方面也将其扩展适用于民事方面并得以发展。

实际上,这一时期有关共谋问题的制定法,可能更为清楚地表现了美国法上共谋概念对英国法继受的历史图景。对这一时期各州制定法的考察,笔者发现在涉及共谋问题时,州制定法大致分为两种立法形式,其一,按照原有刑事立法框架设计,置入刑事法律之内,如科罗拉多州、佐治亚州等;其二,除了在刑事立法中规定共谋问题外,还在专门性的规制限制贸易的立法中,强调共谋行为,如阿肯色州1897年《阻止托拉斯和公司联合法案》第3条"禁止任何人共谋限制贸易"、②、加利福尼亚州1893年《禁止妨碍牲畜销售的联合法案》第4条规定"在本州内禁止任何托拉斯、联合或共谋被组织或存在,以阻止任何人或公司从事牲畜销售活动"、③伊利诺伊州1897年《给予个人、合伙或公司间形成普尔、托拉斯和联合以惩处,并规定该类违法案件之证据和诉讼程序的法案(修正案)》第1条"……前述公司、合伙或个人或协会间通过协议或联合固定或限制任何产品之产量或数量之行为,将被认定为

---

① Oakdale Manufacturing Company et al. v. Sebastian Garst. ,18 R. I. 484;28 A. 973;1894 R. I.

② *Public and Private Acts and Joint Resolutions and Memorials of The General Assembly of the State of Arkansas*, Little Rock Printing Co. ,1897. pp. 60 - 62.

③ Charles Fisk Beach, *A Treaties on the law of Monopoly and Industrial Trusts, as administered in England and in the United States of America*, Central Law Journal Company, 1898. p. 623.

共谋犯罪……”①等,后一种做法比较普遍。

这一方面反映了当时共谋限制贸易现象大量出现,成为当时立法主要规制的对象;另一方面,此时对共谋概念的使用已经有别于传统普通法刑事法律概念。共谋概念正在成为这一时期州规制限制贸易违法活动自有的法律术语,极大推动了美国法上共谋与联合限制贸易概念的独立建构。

“联合”通常是指,通过协议的方式将具有竞争关系的当事人联合起来,采取不予相互竞争或联合限产提价等方式,控制市场价格、排除竞争、损害公众自由买卖权。这一时期的州法院往往基于公共利益和公共政策的考虑,宣布其违法。联合与共谋的关系,体现为前者中包含了后者的因素。值得注意的是,此时联合概念的内涵,包括违法行为侵害的客体、行为模式、制裁结果等都与英国普通法传统概念没有实质区别,其仍然是对英国概念的继承,其发展变化主要集中在适用范围上的扩大。

二、共谋与联合限制贸易概念的早期适用

(一)对于劳工共谋与联合提高工资或工作条件案件处理态度

19 世纪下半叶的美国,无论是普通法还是制定法,对于劳工共谋联合提高工资或工作条件的行为,都给予了豁免。但是,这种认识在 19 世纪上半叶并未形成。在这一演进过程中,相对于保守的普通法传统而言,制定法发挥了变革性的作用,灵活地适应了工业化发展进程中保护劳动力以及劳动者、更加有效地利用劳动力价值、保障劳动者的积极性、防止劳动力市场的恶性竞争及由此带来的其他社会反应的要求。

早在 1835 年纽约州的 The People v. Fisher et al. 案中,纽约州最高司法法院在其判决中主张,如果雇主不提高工资,劳动者可以个体行为拒绝为其工作,但是若采取事先共谋联合的方式要求某一确定工资价格,即构成了普通法下“共谋”罪行,将会受到法律制裁。法院认为,被告通过联合的方式要求雇主支付他们每制作一双鞋的某一确定价格,该行为是对贸易或商业的一种损害,构成了共谋犯罪。在判决中,法院还引用了大量英国法院判例来说明“任何贸易或手工业工人通过联合、共谋提高工资的行为的可诉性和当受惩罚性”。②

进入 19 世纪下半叶,美国各州通过颁布制定法,赋予了劳动者联盟或者联合争

① Charles Fisk Beach, *A Treaties on the law of Monopoly and Industrial Trusts, as administered in England and in the United States of America*, Central Law Journal Company, 1898. pp. 614 – 616.

② The People v. Fisher et al. ,14 Wend. 9;1835 N. Y.

取提高工资或改善工作条件行为的合法性。如宾西法尼亚州1872年《救济劳工、工人和临时工人遭受普通法下"共谋"指控的法案》第1条规定:"对于劳工结社争取工资、提高待遇的联合活动,不予遭受普通法下'共谋'规定的指控,免予因'共谋'提起的诉讼。但是,该条不得被用来帮助联合组织的成员从事违反本州宪法的活动;也不得利用该条阻止其他愿意继续从事工作的劳动者的正常工作。"

(二)联合概念适用于当时美国社会主要经济领域

共谋与联合限制贸易这一概念,在当时美国法适用框架下,更多地强调了市场主体间相互联合的行为模式,将共谋作为联合模式中的一个主观构成要素予以认识,将原本独立、完整的"共谋"概念——包括主客观方面,分立成主观方面与客观方面——结合"联合"模式,强调客观行为,发展成了英国法上的共谋与联合限制贸易概念。简言之,英国法上的概念强调其"共谋"因素,而美国法则强调"联合"方面。这种转变可能在实际司法实践中区别意义不大,因为一来确实很难区分,二来也没有很大必要加以区分。但是从构建美国独立的反托拉斯法理论的层面观察,其意义正如前文所提及的,"联合"(combination,在美国法上有些场合也使用consolidate)概念沟通了美国法与英国法的连接,将英国法中关于共谋与联合限制贸易概念引入到了美国,并将其发展。

三、共谋与联合限制贸易概念早期适用的典型违法类型

美国法上的共谋与联合限制贸易概念,如前文所提及,源自英国普通法,经过本土化形成了具有自身特色的内涵。具体表现为,共谋与联合限制贸易在美国法上的发展,更多地倾向于对联合限制贸易的规制,其违法现象之主要的主体是由公司间联合所形成的各种类型、分布于不同行业的托拉斯联合体。但是,从历史发展的角度看,这类托拉斯联合体的出现并非是一种突然的社会现象,在此之前历经了"君子协定"和"普尔"两种相对较为简单的联合限制贸易形式,且在"君子协定"和"普尔"之间也存在类似的前后相继的发展关系。究其原因主要有以下两个方面:

第一,从三种联合的形式及其参与者之间的松散度分析,由于社会经济的发展,工业化进程的深化,对于资本和规模的要求不断提高,联合体参与者之间的关系必须得到进一步强化,松散式的联合越来越不能适应经济发展的现实需要,从"君子协定"到"普尔",最后发展到"托拉斯"联合体,正是反映了这种经济发展上的迫切需求,公司托拉斯的大量出现就是最好的明证。

第二,从联合限制贸易的违法形式的不断转换和规避法律制裁的角度看,法律作为社会关系的调制器,相对于各种社会关系的发生而言具有相对的滞后性,当法

律意识到并对某种关系或行为予以规制时,这种关系或行为可能在形式上发生了转变,以逃脱既有法律的制裁,这样周而复始的循环推动了法律的进步,也导致了违法形式和行为的多样化和复杂化。从“君子协定”到“普尔”再到“托拉斯”这一发展过程,即反映了美国法发展与违法限制贸易行为复杂化之间的这种关系。

当然,需要说明的是,后一种违法形式的出现,并不导致前一种违法形式当然的消亡,两者往往会在较长时间内并存。

基于此,本文的研究对象可分为“君子协定”、“普尔”和“托拉斯”这三种联合限制贸易现象,其中研究重点是“托拉斯”联合限制贸易。

(一)君子协定(Gentlemen's Agreement)

“君子协定”作为一种普通法上古老的联合限制贸易形式,是指竞争者之间通过一种自愿地、非正式地、通常是口头协议的方式,秘密地形成一种松散的联合组织形态,来约束各自的竞争行为,达到限制贸易正常开展的目的。这种形式的限制贸易,通常表现在固定价格、划分贸易区域或分配市场顾客等横向贸易限制上。但是,由于这种联合限制贸易形式的松散性,缺乏对“君子协定”参与者有效的制约机制,没有协调联合行为的执行机构,因此该类限制贸易形式随着工业化的不断发展、市场竞争的加剧,到了19世纪70年代,逐渐被“普尔”这种比较高级、联合度较密切、具有相应执行机构的联合限制贸易形式所取代。这一点可以从各州19世纪70年代开始出台大量规制铁路公司间运费“普尔”的禁止性立法的现象中得到明证。

(二)普尔(Pool)

“普尔”作为一种商业组织形式的出现,是一种基于成员间相互同意为某一确定之目的而联合形成的一种协议安排的结果。在这种协议安排下,各成员仍然保留较大程度的自治权,且各成员处于各自分离的地位,只是在协议范围内,由确定的执行机构负责该组织全部或部分的产品生产、市场份额、销售、利润分配或专利技术分享等联合行为。该执行机构成了“普尔”形式与“君子协定”形式的主要区别,也构成了该种违法联合限制贸易形式的重要识别标准。

“普尔”形式的联合是在1873年经济大恐慌之后大量出现的,大约持续到1887年。如前文所提及,各州纷纷制定相关法律禁止铁路公司间形成这种“普尔”联合,但是铁路公司面对激烈的竞争——这种竞争可能会导致一种毁灭性后果,以及联合可能带来的高额利润的诱惑——仍然广泛使用该种形式。1889年The Texas and Pacific Railway Company,et al. v. The Southern Pacific Railway Company案,就属于铁路公司间“普尔”形式的联合限制贸易。

除了铁路交通领域形成“普尔”联合外,在制造生产领域通常出现的是有关产品产量和价格形成的“普尔”。如1871年宾夕法尼亚州The Morris Run Coal

Company v. The Barclay Coal Company 案就涉及煤炭开采公司之间通过协议限制其供应量,以提高市场价格;1880 年俄亥俄州 The Central Ohio Salt Company v. Stephen H. Guthrie 案,该州最高法院在判决中主张:任何协会组织为实现提升任何大众消费品,如蜡烛等生活必需品之价格和减少该消费品之产量的目的而联合,都是与公共政策相悖的,该联合组织在寻求法院予以保护时,将得不到法院支持;又如,1886 年在火药制造领域,各制造商之间为了寻求消除"违规和未经授权之竞争",相互间通过协议就火药产量和价格问题达成一致,形成火药产量"普尔"。

此外,其他形式的"普尔"还包括参与者之间通过协议方式分配商业贸易利润,如 1889 年肯塔基州 Anderson v. Jett 案,该案中两蒸汽船的自营者通过协议形成"普尔"联合限制运河运输价格,划分各自的净利润分配,以及划分商业贸易地区和市场。例如,1877 年纽约州 John Arnot, Jr. , Respondent v. The Pittston and Elmira Coal Company, Appellant 案,涉及无烟煤的生产销售地域的限制,法院在判决中认为,参与方通过协议划分无烟煤生产销售地区市场,并要求协议各方基于该协议之规定履行义务的要求得不到法院支持;1888 年纽约州 John A. Leslie, Respondent v. Jacob Lorillard et al. , Impleaded, etc. , Appellants 案,该案涉及被告通过协议与其他蒸汽船公司联合划分各自经营区域,以减少竞争。又如,1894 年宾夕法尼亚州 Nester et al. , Appellants v. Continental Brewing Co. et al. 案,涉及通过协议方式形成"普尔",以规定和控制啤酒的销售价格和一定的地域市场划分。

"普尔"形式的联合限制贸易违法现象,由于 1887 年联邦《州际商业法案》的颁布,以及大规模合并的出现,开始有所减少,但是并没有完全消失。例如,1895 年伊利诺伊州上诉法院 American Strawboard Company v. The Peoria Strawboard Company 案,涉及当事人通过合同方式共谋降低硬纸板的产量,以达到价格维持之目的;又如,1900 年纽约州 James v. Cummings, Appellant v. Union Blue Stone Company and Elizabeth Sweeney et al. 案,法院认为任何阻止竞争,控制和限制产量,以增加和维持价格的协议都是违背良好之公共政策的,因此是无效的。但是,由于"普尔"协议存在明显的执行机构,在 19 世纪 80 年代中后期,其违法性与反公众性被各州法院普遍认知,极易识别,加之这一时期大规模兼并现象的出现,"普尔"的利用率逐渐下降,在此背景下,"托拉斯"作为一种隐蔽性更强、更适应大规模化工业生产需求的联合限制贸易形式,孕育而生,并被广泛使用。

(三)托拉斯(Trust)

"托拉斯"作为一种较"普尔"更加紧密的联合形态,其产生基础是 19 世纪下半叶美国现代公司制度的发展和大量工商业公司的建立。美国历史上第一个"托拉斯"联合体是 1882 年出现的美孚石油公司(亦称标准石油公司)。该公司在俄亥俄州通过签订信托协议的方式,约定将其所持有的 40 家公司的股票转让给由洛克菲勒领导的9个受托人,以前的股票持有人收到“信托证书”以代替股票。

在托拉斯协议安排下,成员公司转让其对公司资产或股票的控制权给一个或多个受托人,并从受托人处获得“信托证书”,受托人根据委托人之意愿管理该信托财产。此类联合组织形式,不像“普尔”协议项下,成员之间仅仅是形式上的联合,各成员仍然保留其独立存在体,只是依据协议部分地克制其对公司独立控制权的行使,“托拉斯”协议项下,各成员公司的联合更为紧密,“托拉斯”享有对其成员的完全控制权,是利益的实际联合体。这种联合组织形式有效地促进了公司联合行动,同时也规避了各州当时立法中关于违法“联合”和“共谋”条款对该类联合组织的适用。因此,这种联合形式自其出现之始,便极受欢迎,广为运用,一直持续到19世纪末。在这段时间里,美国社会经济生活的各个领域出现了大量的“托拉斯”联合组织,如1884年的“石墨托拉斯”(Lead Trust),“棉油托拉斯”(Cotton Oil Trust),1887年的“威斯忌托拉斯”(Whiskey Trust),“糖业托拉斯”(Sugar Trust),以及随后在其他行业出现的“托拉斯”联合组织。

“托拉斯”联合组织的大量出现,引起了当时立法机构、司法机关以及学术界的广泛关注,这种关注最早体现在各州立法以及法院判例之中。州层面出现了大量有关反“托拉斯”联合限制贸易行为的立法,州法院所受理的反“托拉斯”联合案件数量也逐渐增多。这一时期的著名案件如1890年纽约州 The People of the State of New York, Respondent v. The North River Sugar Refining Company, Appellant 案,该案中上诉人,通过合伙协议之方式,将纽约州和全美范围内的其他州的大部分炼糖公司,联合起来组建了规模庞大的“糖业托拉斯”联合体,纽约州最高法院在判决中写道:上诉人参加创建炼糖“托拉斯”联合体的行为,违背其公司章程,认定是失败履行其公司义务的行为,基于事实和法律,判决解散上诉人公司。法院进一步宣布,在本州内不允许任何独立、分立之公司通过合伙方式,直接或间接地创建“托拉斯”联合体。该案中所出现的“托拉斯”联合体,被称为“公司合伙型托拉斯”联合体。

四、共谋与联合限制贸易概念生成与早期适用的启示及展开

综观前文对19世纪下半叶美国法上共谋与联合限制贸易概念内涵、适用范围及典型表现形式的分析,我们不难发现在整个共谋与联合限制贸易现象的生成与早期适用过程中,美国自恰地处理了法律概念的继受与创新两者之间的关系。在这一庞大的系统工程中,究其处理或者说选择依据却十分简明,即从切身实际需要出发,“一切从现实中来到实践中去”,从继承的法律资料中,设计出符合自身需要

的法律系统,现实主义哲学观指导了这一时期法律概念生成与早期适用的全过程,为后来美国反托拉斯法的独立发展奠定了坚实基础,并形成了较为清晰的发展框架。

事实上,这一历史进路深刻地印证了马克思主义法学基础理论有关经济与法律的论述。经济基础决定上层建筑,作为上层建筑重要内容的法律体系,其发展变化必然受到经济发展的重要影响,记载并反映其特定历史时期经济活动的主要特点。19 世纪下半叶是美国工业革命,现代公司组织大量出现的时期,经济领域的各行各业都随着工业化的发展,开始了经济增长模式的转型,由简单的商业或农业下的资本需求较少的商业活动逐步转向大机器化、技术型的、资本需求量大的工业活动;由地区性分割市场转向全国性统一大市场;由自给自足的简单经济生活转向社会化程度高、行业分工细的复杂经济生活;由以个人或家庭为主的商贸活动主体转向以现代公司或联合组织等团体为主的市场经济主体。这一系列发生在美国经济生活中的重大转变,反映在规制贸易限制的法律领域,则表现为州法在继承英国普通法传统概念的前提下,各州通过本州普通法的重塑和制定法的创新,构建了适应时代经济发展需求的、具有丰富内涵的共谋与联合限制贸易概念。正如霍姆斯(O. W. Holmers,1841~1935 年)所说:"法律一方面总是从生活中采纳新的原则;另一方面,它又总是从历史上保留旧的原则。"

目前我国《反垄断法》实施不久,有关配套的法律、法规、司法解释等还有待进一步出台。应该说,在将来一段时间内,我们都面临着如何构建适应本国现实发展需要的反垄断法体系的重大课题。我们可以而且也应该很好地学习和借鉴美国反垄断法体系自主构建的成功经验,"一切从现实中来到实践中去",注重实用价值,在能力所及范围内与国际接轨,成为法律公共产品的享用者。正视《反垄断法》的公共服务产品属性,强调以公共利益作为反垄断法律适用标准,将十分有利于我们准确评估法律实施的现实效果和未来有待改进之处。

实际上,就我国《反垄断法》立法内容与目前实施情况看,我们已经在《反垄断法》适用上认可了"公共利益"标准。如《反垄断法》目标中即规定"为了预防和制止垄断行为,保护市场公平竞争,提高经济运行效率,维护消费者利益和社会公共利益,促进社会主义市场经济健康发展,制定本法",强调公共利益作为反垄断法适用的基本目标之一。这一点,在商务部 2009 年 3 月可口可乐公司收购中国汇源公司案(以下简称可口可乐—汇源案)所作的禁止性审查决定中已有反映。"鉴于参与集中的经营者没有提供充足的证据证明集中对竞争产生的有利影响明显大于不利影响或者符合社会公共利益,在规定的时间内,可口可乐公司也没有提出可行的减少不利影响的解决方案,因此,决定禁止此项经营者集中。"

在该案中,商务部作为合并审查机构根据《反垄断法》第 27 条中所列举的六项考虑因素，对可口可乐公司提出对中国汇源公司的收购申请进行了合理性审查。主要表现在，商务部通过对第 28 条的否定性适用拒绝了可口可乐公司针对收购事项提出的救济方案，即在比较了此项经营者集中所具有排除、限制竞争的效果与其可能带来的利益之后，认为此项经营者集中所带来的限制竞争效果明显超过了必要限度，有损于公共利益。

在这里，关键问题显现出来，即如何看待公共利益？有没有较为具体的考衡标准？

对于这一问题，美国法在继受英国普通法的过程中并没有明确地指出何为"公共利益"。这可能是由于判例法体系和当时影响美国的现实主义法哲学的缘故，具体内涵都放置于具体案件中予以解读。但是，我们仍然可以通过案例累积与时代背景的分析，反向界定哪些是违反公共利益的表现——因为公共利益作为一个社会概念本身是具有时代性的，从历史角度言，很难寻找到一个普世的"公共利益是什么"的界定，但是我们却可能找出"什么不是公共利益"的范围。在当时美国法语境下，"控制市场价格、排除竞争、损害公众自由买卖权"即是一种有损公共利益的现象和行为。

通过相似发展阶段的比较——我国目前正处于反垄断法早期发展阶段，我们不难发现，现阶段反垄断法建设与施行的重点在于营造与维护自由竞争的市场秩序，并将这种秩序上升为公共利益的范畴，妨碍这种经济秩序的事态，就是直接违反公共利益。我们正朝着这一方向前行。与此同时，公众交易选择权或者说被扩展意义上的消费者权益则成为反垄断法实施时应考虑的出发点和归宿，即在比较限制竞争的效果与可能带来的利益时，消费者权益可以作为具体指标予以操作，进而建立起一种竞争法适用的消费者标准。

综上，目前我们对公共利益标准在《反垄断法》适用中的表现暂时界定为维护自由竞争的市场秩序与消费者权益。有没有其他具化因素？如何判定某一因素可能成为公共利益的技术和程序是什么？纯粹的规范认定机制能否建立及如何建立？这些都还需要进一步深入分析，同时也有赖于更多反垄断案例的发生与处理，只有在实证研究的基础上才能总结出现实可行的标准和程序。

笔者尝试提出一个有待进一步明确和细化其操作的假设，即公共利益表现为实现《反垄断法》的"公众有用性"，强调法律适用的现实效果，采取动态模式适时调整《反垄断法》适用的价值追求，实现不同社会发展阶段其对公众的有用性。

如何理解和看待公众有用性是一个有待进一步研究和因时调整的问题，因为在不同时期、不同环境下，公众有用性的物化结果，可能会有不同表现方式和载体。在此着重指出的是，我们在关注反垄断法实施的社会绩效的普遍经济指标——消费者剩余与生产者剩余的增加、社会整体福利的提升时，也必须清醒地认识到公众有用性的国家(地区)性和民族性特质。因此,我们在设定和判断《反垄断法》对社会公众的有用性时,不可一味强调与国际接轨,应当在追求普遍标准的同时,“一切从现实中来到实践中去”,因地因时制宜,注意在客观、现实的环境下评估法律实施的社会绩效。

英国地产权登记制度的起源

于　霄*

一、导　　论

英国土地法的发展主要经过了三个阶段,第一个阶段是盎格鲁—撒克逊时期的土地法,第二个阶段是诺曼征服后建立起来的封建土地法,第三个阶段是以 1925 年《财产法》(Law of Property Act)、《土地登记法》(Land Registration Act)等六部法典的修订为起点的现代土地法。盎格鲁—撒克逊时期的土地法是比较原始的土地法,甚至只能称为土地法律习惯,而英国的封建土地法却十分发达,它的持续时间长达 800 余年。时间转入 19 世纪,英国的封建土地法再也无法适应市场发展的需要,人们渐渐意识到改革复杂、保守和落后的封建土地法势在必行。1844 年到 1925 年的英国现代土地法改革清除了英国土地法中的多数封建因素,初步建立了现代土地法律制度。

地产权登记制度的建立是英国现代土地法改革的最重要制度转变之一。在改革之前,英国地产权的权利依据是由地产权人保管的地产契据,而这些地产契据经年累月,包含了各种信托、家产处分契约安排和土地负担。任何一个希望受让土地的人,都必须委托律师进行详细而烦琐的地产权调查,也于是产生了大量的法律费用,花费了很多时间。

为了解决这个问题,约翰·坎贝尔(John Campbell)、大法官克沃思(Lord Cranworth)和贝伦登·克尔(Bellenden Ker)等英国法制改革家就提出对地产权进行登记,而他们所支持的第一种方案是地产契据登记。在 1844 年到 1853 年的激烈讨论中,改革者越来越清楚地认识到,地产权契据登记并不是一个好的方案,因为它登记成本过高,并且对地产权制度没有实际改变,不能解决问题。而从历史的角度上分析,坎贝尔等改革者在国会中桀骜无援,开罪了当权的政治家,也没有真正理解地产契据登记制度并提出可行的方案是地产契据登记改革失败的显在原因。

英国上议院专门研究地产登记改革的特别委员会最终否定了地产契据登记的方案,并且听取了沃尔特·科尔森(Walter Coulson)的建议,决定建立新的委员会来

---

* 于霄,2008 级外国法律史专业,指导老师:李秀清。现工作于华东政法大学。

研究地产权登记实行的细节。[1] 这个新委员会于1857年成立,它就是地产权登记皇家委员会(Royal Commission on Registration of Title)。从此英国土地法改革掀开了新的篇章。

二、孕育之母:1857 年报告

地产权登记皇家委员会最初由12名委员组成,其中有5名委员是特别委员会中投票赞成其成立的委员,而两名投反对票的委员都不在委员会委员之列,所以,对于地产权登记的原则问题,新委员会并不存在争议。皇家委员会在1857年就发布了报告(以下简称1857年报告)。[2] 在提交到委员会的大量方案中,委员们找出了足够的证据支持自己的报告,12名委员中有10人在报告上签字,而在另外两个人中,还有一人被任命为法官无法表决。唯一真正的反对者是罗伯特·威尔逊(Robert Wilson),因为他认为自己从1844年所坚持的方案是完整且可行的,所以,即便报告接纳了其方案中的很多建议,也未能换取他的支持。除威尔逊之外,还有三个委员是有保留地同意报告,其中有两人是特别委员会中支持皇家委员会成立的议员。他们是托马斯·黑德勒姆(Thomas Headlam)和文森特·斯卡利(Vincent Scully),他们因为自己的提案被否定,所以转向反对报告。结果皇家委员会的势力对比情况是:完全同意报告的有理查德·贝塞尔(Richard Bethell)、威廉·库克森(William Strickland Cookson)和W. D. 刘易斯(W. D. Lewis);有保留地同意报告的有黑德勒姆和斯卡利;反对报告只有威尔逊。

皇家委员会最重要的倾向性体现在被它否决的事项上。斯卡利曾提议建立地产法院(Landed Estates Court),其依据的是爱尔兰的经验。他失败了,因为他错误地分析了问题所在。在爱尔兰地产权复杂、债务堆积,也许最好的方法就是让法院提供一个全新的起点,这样登记才能在相对清晰的地产权上建立起来。但是,在英格兰,债务和地产权的复杂性都不是问题,唯一需要的是对地产权进行重新审查。斯卡利的另一个提案是关于土地债券的,皇家委员会认为这是一个垄断方案,剥夺了地产权人原有的选择权。1853年,库克森/布拉提案(Cookson/Bullar Daft Bill 1853)也因为限制了登记产权人原有的交易权而被否定。皇家委员会否决斯卡利提案的另一个理由是他的方案不允许土地抵押登记,而威尔逊的提案则充分地考虑了抵押登记的问题。但皇家委员会也不同意威尔逊让登记官到各教区去调查地

① Report of the Commission on the Registration of Title with Reference to the Sale and Transfer of Land, *House of Commons Papers*(1857, 2nd session), p. 245.

② Ibid.

产权的想法,因为这会使登记在事实上具有强制性。皇家委员会还认为,对地图的苛刻要求也使威尔逊方案的成本过高,并且制作符合登记要求的地图也需要大量时间。此外,皇家委员会也不同意对地产权的边界进行判定,因为他们认为这样会引发大量的纠纷和诉讼,所以,进一步的结论就是登记的地产权也不是不可申诉的。另外,皇家委员会十分支持地产权保证(Guaranteed Title),即用国家保险来补偿登记造成损失的方案。但是,黑德勒姆认为这样做的话,国家就会被牵涉进个人之间的纠纷或金钱投机的阴谋,而这是他所无法接受的。

于是,皇家委员会最终决议的方案是:成立登记处,并且登记处可以在有资格的不动产转让律师的调查后授予有保证的地产权,而它也可以根据库克森的方案授予占有地产权。有保证的地产权需要支付一定的保费,而在登记造成了任何损失后,可以向统一的基金请求补偿。以上所有这些安排都是在自愿的基础上进行的。另外,中心登记处将设在伦敦,考虑中心登记处在确定地产权边界上的困难,登记处在各地设立分支办公室。皇家委员会还强烈地批评了现行事务律师收费制度的不合理,并明确地强调了事务律师的重要性和在此方案中的重大责任,在此基础上皇家委员会建议实行按标的收取律师费的形式。

皇家委员会的主要前提假定是,地产权登记是一个私法的问题,它的根本目的是促进和帮助英国当时法律规定下的土地交易的进行。所以,它就不能对现行通常的交易模式造成困难,并且除了极少数情况外,它也不能改变实体法。另外,自由继承地产权是明显可以登记的,而租赁权、抵押权和信托权如何在皇家委员会勾画的体制内实现依然是个问题。在此,皇家委员会遇到了最大的智力挑战,但最终他们也没有给出明确的答案。另外,在人们一般的认识中,地产契据登记是一种辅助交易的法律,这也就意味着实体法不受登记的影响,可以按照自己的轨迹运行。并且地产契据登记不对地产权的效果和内容进行评价;不管人们想进行什么交易,登记只是保证受让人可以了解到所有有关地产权的信息。在1857年报告中,并没有足够的证据说明地产权登记是否比地产契据登记更具优势。

1857年报告最终要达到的效果是,在登记之后"登记的地产权就代表了自由继承地产权",并且除了租赁权和抵押权外,"它不再分裂出任何其他权利,不会受到任何其他财产权或利益的限制"。[①] 所以,在交易中,信托权只能是与地产权一并转让,或是总体上阻止交易的进行。尽管没有登记,有些权利也可以约束地产权,如占有型租赁,因为这种权利非常显而易见,"并且独立于书面权利,所以它们可以成为

① Report of the Commission on the Registration of Title with Reference to the Sale and Transfer of Land, *House of Commons Papers*(1857, 2nd session), para. 35.

一个例外”。[1] 所有这些实质性条款,都可以很容易地追溯到威尔逊或库克森的提案。

皇家委员会在多数情况下被认为是中立性质的组织,它是各方势力斗争的舞台。而它最主要的成就是创造了一套所有改革者都能接受,至少是大体上能接受的方案。虽然威尔逊拒绝在报告上签字,黑德勒姆和斯卡利也持有一些不同意见,但结果还是令人满意的。当然皇家委员会为取得各方的妥协也付出了很大代价。进一步说,各方妥协达到一致之所以是可能的,是因为皇家委员会的委员既是多样的,又共同为着一个目标而努力,更为重要的是,皇家委员会中包括了来自诉讼律师和事务律师、伦敦律师和地方律师的顶尖人物。他们为改革提供了很多有创造性的帮助。

三、贝塞尔的雄心和他的“完美”方案

1859 年巴麦尊(Viscount Palmerston)出任英国首相,他并没有为克沃思在政府中留下职位,他既没有当上副检察长,也没有再次出任大法官,而担任大法官的是资深改革家坎贝尔。1861 年 6 月坎贝尔去世,克沃思的反对派贝塞尔继而取得了大法官的职位。这一次他没有浪费任何时间,1862 年 2 月他就在国会上提出了他的土地转让提案(Transfer of Land Bill)。令人吃惊的是,这份提案与 1857 年报告完全不同,它细致且激进,即使是地产权登记最坚定的支持者也对提案的可行性抱有怀疑。克沃思利用这个机会将他从前的提案再次提出,虽然此次提案中依然回避了登记并坚持由大法官清理复杂的地产权,但却也新加入了一个步骤,即将大法官的结论性意见——大法官证书——作为地产权的记录,而任何之后的土地交易都必须在此记录上注明方可有效。这样土地受让人就可以免于对地产契据的调查。不甘寂寞的切姆斯福德(Lord Chelmsford)也将副检察长休·凯恩斯(Hugh Cairns)的提案稍加修改后再次推上国会。有人讽刺说,上议院的议员们又开始了一场关于法制改革的战争。[2] 按照正常程序这些提案都要交由一个特别委员会审议,而通过的只有贝塞尔和克沃思的提案。切姆斯福德的提案被否决了。

贝塞尔是个坚定的改革者,但他的改革思想主要是程序法方面而非实体法方面的,如他的离婚法改革和破产法改革。1870 年,他在法学协会(Juridical Society)演讲时表示,不管进行哪个方面的法制改革,他总是希望在尽可能少地改变既有法

---

① Report of the Commission on the Registration of Title with Reference to the Sale and Transfer of Land, *House of Commons Papers*(1857, 2nd session), para. 36.

② Liverpool Law Society, Solicitor's Journal 6(1861 - 2):669.

律的情况下实现法律制度的改革。[①] 土地法改革当然也不例外。对于贝塞尔来说，地产权仅仅是一种证据，一种证明有权行使某种权利的证据。而相对的，他认为库克森的方案是有瑕疵的：一方面，其方案中的登记转让仅为一部分权利人带来了好处，而远非全部人都会受益；另一方面，它又仅仅为了登记的目的人为地制造了一种土地所有权，而将真正的土地所有权留由通知和注意登记来保护。这种方案是不可接受的，因为它改变了实体法。而他对凯恩斯的批评则是，在他的方案中，地产权人只有在保有自由继承地产权五年以上时才能申请获得确认的地产权，而以财产协议为基础的地产权则不能得到确认，除非他们以信托的方式重新签订协议。这个方案会让为地产权人服务的不动产律师束手无策，也会遇到很多的实际困难，如难以找到那么多合适的受托人。

贝塞尔的提案接受的是地产权镜像原则，他的方案真实地反应了土地上既有权利的情况，它主张对所有地产权进行实质性登记，并对抵押权和其他土地负担分别进行登记。他借鉴了皇家委员会的经验，将登记分为两种：一种是占有地产权，另一种是保证地产权。而保证地产权需要地产权人向一个统一的基金支付一定的保费，而基金会对这些地产权的效力作出担保。关于地产权的审查，贝塞尔认为登记处可以自己进行，也可以委托地产审查员进行，如果地产权过于复杂也可以请求大法官帮助审查，大法官在接受了请求后也可以指定不动产律师完成这一工作。在登记处的设立上，他主张开始时设立中央登记处，地方登记处可以之后设立，而律师费用方面，他认为大法官有权力根据标的的价值确定律师费用。

贝塞尔的方案也受到了各方的攻击。首先，有人批评贝塞尔的方案是地产契据登记的复活。他们认为如果信托和财产协议创设的权利都要进行实质登记的话，那么所有的契据就一定都要拿到登记处进行细致的审查。贝塞尔反驳说，登记仅仅针对契据所创设的地产权，而非契据本身，所以登记处没有必要复制并保存契据的内容，一旦地产权登记完成后，契据本身对于登记来说就失去意义了。对于地产权契据是否真的可以像他所说的那样轻易地被抹去，他的反对者表示非常怀疑。其次，有人怀疑在登记事项上是否可以信任大法官，因为大法官并非不动产转让的专家。保守党更倾向于建立地产法院，并任命不动产律师作为法院的领导者。而如果根据贝塞尔的想法，登记是实际权利的镜像，那么登记处的工作会大量地涉及信托，信托则又是大法官的业务领域，这就让问题更为复杂。最后，还有成本的问题。贝塞尔显然仔细考虑过这个问题，所以他主张只建立一个新机构，并不像保守党一样要建立两个。但在机构的人员和薪资水平上还存在很多争论。贝塞尔还放弃了

① Solicitor's Journal 14(1869－70):473.

保险的计划,因为受到了财政部的阻力。选择保证地产权制度,贝塞尔也承受了很大的压力,因为这个制度的建立缓慢而昂贵,并且保证要达到一个什么程度也是一个困难的问题,毕竟达到大法官可以认可的程度是公认不可能实现的目标。

但不管如何,贝塞尔和克沃思的提案走进了下议院,在那里它们将重新接受考验。这次下议院所讨论的问题在未来的50年中将不断地被提起,并且详加分析。首先,为土地划定界线已经不太可能,贝塞尔也不得不承认适当的全国地图并不存在,而即使可以获得这个地图,还会有大量的纠纷等待解决。其次,虽然登记对于地产权人是自愿的,但在登记形成制度之后为了对抗邻里的侵扰、外人的争夺或应从属权利人的要求,登记也近乎是强制性的,这会产生大量的成本。最后,提案中登记官的资格和地位的规定也有些过分。属于政府科层体系的登记处并不应具有司法职权,更不应有立法权力。最好的办法就是将提案制定得更为详细,将登记的细节规则都包含在内。所有上述问题在根本上都没有得到解决。

诉讼律师们不断写文章支持这个方案或那个方案,而律师协会却更加赞成1857年报告,并且表示如果真的要通过贝塞尔的提案,那么也一定要先进行很多的修改。① 法律杂志和律师协会都认为贝塞尔的提案是一个奢侈的方案:一个完美的东西,但普通人远远无法接受,虽然也无法反对。② 但结果是,贝塞尔的提案在借助政府的影响后获得通过,也就是《韦斯特伯里法》(Westbury's Act)。③

四、《韦斯特伯里法》幻境的破灭

贝塞尔的方案最终还是走上了死路。凯恩斯在1868年短暂地接任了大法官一职,再加上事务律师对米德尔塞克斯登记处(Middlesex Registry)低效率、高收费表示强烈不满,于是,1868年一个对贝塞尔方案进行调查的委员会成立了。调查发现,自1862年10月到1868年1月,全英国一共仅有507份地产权登记申请,而其中约半数获得了许可。而收费共计为4800英镑,其中500英镑由土地保障公司(Land Securities Company)支付给了财政部,作为其获得登记服务的费用。④ 如果以此计算登记处的净收入的话,在不扣除地产权审查员费用和地图制作费用的前提下,登记处也需要五年的时间才能支付它一年运作的费用,包括登记官福利特(Follett)的薪水2500英镑、副登记官霍尔特(Holt)的薪水1500英镑和两个职员的薪水650英

① Parliamentary Debates 167(1862,3rd ser.),p. 238.
② Law Times 37(1861):349.
③ 贝塞尔成为大法官之后,被称为"韦斯特伯里勋爵"(Lord Westbury)。
④ House of Lords Papers(1867 - 1868),p. 207.

镑。而制作地图人员的薪水则是由什一委员会支付。诉讼律师乔治·摩根(George Osborne Morgan)讥讽说,登记处院子里的草有一人多高,它也许是大法官法院下最冷清的机构了。① 实际上,从长远来说,任命霍尔特为副登记员是贝塞尔对地产权登记改革作出的最大贡献,而这个贡献并不是因为霍尔特个人,而是因为任命权的行使表明了大法官即使没有现实需要也可以随时任命登记处的副职,而这一事件让财政部印象十分深刻。为了堵住财政上的这个缺口,财政大臣加入了1868年到1870年的皇家委员会,并着手调查《韦斯特伯里法》和提供未来登记改革的一般建议。

皇家委员会的第一项任务,对《韦斯特伯里法》的调查很快就完成了。虽然,贝塞尔尽力辩护,但无济于事,因为失败的原因就在《韦斯特伯里法》之中。比如,为了在没有保险的情况下对绝对效力的地产权进行登记,贝塞尔被迫使用了大法官法院认定"可市场交易的地产权"的标准。而这一标准要求地产权有60年的可追溯依据,并且不能有任何的瑕疵,即使是假定的瑕疵也不可以。这个标准显然是理想主义的,因为20年到40年的地产权一般就可以被认为是完全安全的。并且,地产权人只是关心他们的地产权是否可以安全地交易,根本不会去理会林肯律师学院里到底如何讨论这个问题。再如,《韦斯特伯里法》规定绝对效力的地产权必须有其行使的确定边界,这本来是个很好理解的要求,但却成了贝塞尔的灾难。边界确定后的通知程序本来就已经非常困难,更何况地产权人担心,在他们申请了地产权后会引发邻居的异议,甚至导致不必要的诉讼。最后,皇家委员会总结道,如果这个法案想要达到贝塞尔所承诺的效果,就必然会带来难以想象的时间拖延、程序烦琐和成本浪费。虽然法案实行的时间并不长,并没有充分的证据来支持皇家委员会的结论,但它还是坚定地表明了自己对地产权镜像登记的观点:"有些人认为花费高额成本去搞清地产权根本就没有什么价值,更不用说将以后的所有交易都记录在案了……我们的观点是,不管登记制度实行之后,直接的效果是什么,至少可以确定的是登记所有的地产权交易将会带来沉重的负担,而地产权还会像以前一样的复杂难辨。"②

结果是,这个由律师组成的委员会形成了一致观点,即否定《韦斯特伯里法》,并接受1857年报告。在论证这个结论的过程中,它认为登记是私法,一定要服务于土地的所有者,登记的价值仅限于此,没有其他。那么下一个问题就是确定地产权人的需要:"如果人们希望得到的是廉价而快速的交易方式,而我们却提供了昂贵

① Parliamentary Debates 220(1874,3rd ser.),p. 1246.

② Report of the Commission on the Registration of Title with Reference to the Sale and Transfer of Land,*House of Commons Papers*(1870),paras. 35,57.

并缓慢的法律,无疑人们会拒绝接受,即便我们提供的法律规则更加安全。如果人们对现有的地产权就已十分满意,我们又为什么强迫他们去花钱取得一个绝对效力的地产权?如果人们愿意购买一块没有明确描述和界定的土地,那么我们又为什么一定要让他们浪费更多的成本、时间和精力去完善他们不需要的东西?关于这些问题,我们还没有找到答案。"①

从这个角度看,登记改革所肩负的使命远非如贝塞尔所设计的那样十全十美:"问题是,我们并不要找到一个完美的土地转让制度——准确地记录土地的性质、范围和涉及的利益,以便精确地应对所有的调查和审查;相反,我们要建立的制度,既不能侵害地产权人或土地受让人的现有利益,也不能免除受让人观察土地状态、进行简单调查了解土地占有情况的注意义务,这种制度还要让土地交易变得简便易行,使受让人没有必要去调查衡平权利和那些只有私人文件中才有记载的利益,因为这些权利都不是显而易见的。"②但是,值得注意的是,报告中用了"现有"一词,这表明了皇家委员会接受了当前受让人不受受益人利益影响的观点,并且拒绝接受贝塞尔关于1857年报告建立了"人造地产权"的批评。所以,"当我们说'绝对所有权'或'自由继承地产权'的时候,我们并不是指真实意义上的法律财产,而是指登记的地产权人为了交易的目的,可以代理或直接有权处理所涉及的法律权利和利益。"③

因为绝对效力地产权既不受欢迎,也难以为人接受,皇家委员会得出结论,"地产权登记就像它的名称一样,应当是地产权现状的公共记录"。④ 所以,地产权人不管拥有什么样的地产权,不管是60年的还是6年的,都可以申请登记。接下来受让人可以根据登记的实际情况自行判断。并且,登记会使未来的受让人逐渐摆脱不受登记保护的原有地产权交易的影响,随着时间的推移,受让人可以越来越多地依赖登记上的内容,直到不再进行任何的调查。从这种可能性上说,一种"实际上的绝对效力地产权"也就实现了。这本质上就是1857年报告所认同的库克森方案,它在之后的讨论中逐渐被当做权威观点引用。当然,这个计划的实现也需要时间。

然而,在如何处理《韦斯特伯里法》的问题上,皇家委员会却分化为了两派,一部分人认为应当将法案废除,另一部分人则认为应当将其冻结,所谓"冻结"也就是仅仅将其适用于根据这个法案登记的地产权。报告决定,《韦斯特伯里法》可以与新的法案共存,但是地产权只能由旧法案向新法案单方向转化适用。

① Report of the Commission on the Registration of Title with Reference to the Sale and Transfer of Land, *House of Commons Papers*(1870), para. 63.

② Ibid., para. 64.

③ Ibid., para. 66.

④ Ibid., para. 60.

五、周折之果:《土地转让法》

在1870年到1875年间,随着保守党和自由党律师领袖的妥协,并在律师协会的全力参与下,又一份地产权登记法的草案终于形成。这一进程最早是由哈瑟利(Lord Hatherley)推动的,他在1870年提出了一个提案,主要内容接受了皇家委员会当时的观点,在细节上也结合了1857年报告的一些内容。这份提案成了新的权威,比如,抵押权和长期租赁权应当进行实质性登记成为通说。1873年,哈瑟利的继任者塞尔伯恩(Lord Selborne)制作了提案的修正本,并在凯恩斯的建议下交当时最著名的不动产律师查尔斯·霍尔(Sir Charles Hall)审查。后来霍尔也成了法官。在保守党击败了自由党后,凯恩斯再一次成了大法官,他也比较全面地接受了经霍尔审查的提案。但1874年提案并不像想象地那样顺利通过。提案在1875年重新提出,并在费时长久的讨论之后通过成为法律,这就是《土地转让法》(Land Transfer Act)。虽然,成为法律的过程非常艰难,但是,《土地转让法》通过众多律师的努力在技术细节方面代表了自1844年威尔逊以来土地法改革的最高水平。

因为自由党希望登记改革是强制性的改革,而凯恩斯并不愿意强行反对这一点;塞尔伯恩虽然已经同意建立地区登记处,而凯恩斯却不同意这个观点。于是,事务律师们就面临着工作习惯和方式的重大转变,首先就是效率的下降和时间的延长,特别是对于郡事务律师来说,并且这种强制加集中的方式对他们的收入也是一个很大的威胁。

强制性在此之前并不是一个重要的问题。在19世纪70年代早期,它被提出的时候也只是作为关于土地的一般问题来讨论。而后来,地产权登记问题却被边缘化了。所以,当强制性登记的问题一经提出,便充满了疑问和意见分歧。

强制性的问题最初是由登记处处长福利特作为绝对效力地产权的一种实施方案提出。他认为没有强制性,登记就不会具有效力,并且登记的效力是改革的关键性问题,1875年塞尔伯恩也得出结论:"多给地产权人一个可选择的方案,与强制登记并给予绝对效力地产权的方案有着本质的不同,它们的区别是明显而不可调和的。而我们认为,第二个方案是改革和重建地产权制度的适当方式和机制。"①

凯恩斯支持了皇家委员会关于登记功能的观点,并且在一开始就对塞尔伯恩表示反对。他认为,并没有证据证明强制登记并给予绝对效力地产权的方案可以平稳地运行,而可以确定的是,它在小型交易上会遇到强大的阻力,特别是在没有

① Parliamentary Debates 222(1875,3rd ser.),744.

建立地方登记处的情况下。地方登记处的建立也确实难以实现,因为财政部吸取了《韦斯特伯里法》的教训,不再同意这个方案,除非改革者可以证明它确实是必要的,而这对一个提案来说是一个不可能完成的任务。但是,在1874年凯恩斯接手了塞尔伯恩的提案后,他保留了强制性条款,但作了较大修改。修改后的条款规定,未登记的交易也可以生效,但只具有衡平法上的效力。这样一来,强制性就变得非常温和,以至于没有人会去反对它。

关于地区登记处,实际情况是在当时的情况下根本无法建立。虽然,凯恩斯和其他自由党的反对派都认为地区登记处和强制登记制度是一个问题的两个方面,但也不能否认大多数的律师协会要求建立地区登记处是为了自身利益的考虑。他们的理由是新型的制度只有提高效率,简化审查,才能对市场具备吸引力。他们还主张登记处的工作是行政性的,而非司法性的。他们的建议首先是,复杂的登记审查工作,在伦敦由登记官和他的助手完成,登记官具有司法职位,并领取工资。而地区登记处员工收入以服务费的方式支付,这样财政部就不会坚持反对。其次是,由事务律师来充当地区登记官,那么他们就可以说服他们的同事登记有很多优点,也就可以克服人们不愿登记的惯性。凯恩斯的邮箱里堆满了来自地区事务律师的信件,但他还是无法同意他们的观点。如果是自由党执政,塞尔伯恩也许会说服财政部同意上面的建议,但凯恩斯却坚决不同意地区事务律师充任登记官。因为事务律师一旦任职登记官,就不能从事法律执业工作,实现这一点非常困难,并且事务律师登记官还有可能会滥用他们掌握的信息。另外,他也不同意登记官的职责是行政性的说法,因为登记官在作出登记时要进行司法判断,所以,他们也不能以服务费的方式获得收入。① 理想的状态是,地区登记处以伦敦登记处的模式建立,而这一点财政部是一定不会同意的。所以,结果是虽然《土地转让法》代表了英国法律职业人群几十年的努力,但政治斗争使它终结于一种不太可能成功的制度建构:在伦敦登记处的自愿登记。

六、结　　语

回顾地产权登记改革的历史,可以看出这次改革有多少是基于理论上的推演。地产权登记的起源毫无疑问是基于理论的,因为它是一个建立在大量假定基础上的系统,而不是针对具体问题提出的解决方案。而地产权登记最基本的前提是,土地只是一种财产,与其他的财产没有不同。

---

① Parliamentary Debates 222(1875,3rd ser.),1795.

在地产权登记改革的众多支持者中,库克森是具有不动产业务经验的事务律师,而威尔逊对土地权益并不熟悉。但不管他们是谁,他们大都将提案建立在书本知识的框架之上,并根据他们所熟悉的地产交易对其进行一定的修缮。而各地实际情况与他们的设想大相径庭,现实的打击对于这些提案来说是灾难性的。

与书本知识相冲突的不仅仅是地方地产制度,还有现实的市场。对于贵族来说,合同中的特殊条款是正常的,因此产生的地产权瑕疵也并不是什么大问题,但对于地产权确认来说,这却是一个根本性的阻碍。从理论上说,地产权的确认者与地产权受让人根本不同,因为他们不会也不能承担任何市场风险。他们无法确定合同中特殊条款的真实含义,所以他们只能否定地产权。其次,有些改革者认为,如果土地受让人是基于投机性目的受让土地,并立即分割出售建筑房屋,则登记改革就可以体现出最大价值。因为,在第二次转让发生之前的登记可以为第二受让人节省大量费用。[①] 而他们并没有说明节省的是什么费用,也无法确定第二受让人的律师是否就会信任第一受让人的律师,而不对地产权进行第二次的调查。他们也许根本没有获得这类信息的渠道。地方律师协会掌握着这些信息,但不幸的是,他们总是根据自身的目的而作出不同的论证。

《土地转让法》的颁布和它的内容其实很大程度上是历史的偶然。也许某个历史细节的改变就会使凯恩斯 1859 年的提案或克沃思不设登记处的登记方案成为最终的法律。但不管它给英国改革家留下了多少遗憾,终归还是为 1925 年现代土地法改革树立了第一座丰碑——在英国地产权登记制度建立起来了。

① Liverpool Law Society, Solicitor's Journal 6(1861 - 2):669.

“准合同”理论在英美法律中的发展与适用

陈　融*

古罗马法中已经有“准合同”(quasi ex contractus)概念。它针对那些未经缔约也不属于私犯,但在当事人之间产生了财产的增加或减少的行为,如饲养他人出逃的牛羊、救护他人而遭受损失、为外出的邻居代缴租税、错误偿付了原本不存在的债务等。在社会进化中,衡诸公序良俗,公平原则战胜严格的市民法,上述行为发生的效果被认定为与缔结合同相同,故罗马法文献将此类行为称为“准合同”,使之准用合同的相关规定。① 借用现代法律术语,罗马法中的“准合同”行为可以分为不当得利、无因管理和其他类型。

在现代英美法中,准合同(quasi - contract)理论隶属较宽泛的法律领域,即返还法(laws of restitution)。返还法规定的实体权利填补了界乎侵权法和合同之间的空白地带。在现代英美法中,它常常被贴上不当得利(unjust enrichment)的标签。为了提起返还之诉,原告必须证明被告有不当得利,而且该不当得利以原告的损失为代价,或者基于对原告法律权利的伤害。“不当”包含了价值判断,甚至“得利”的概念也涉及社会标准考量。所以,整个返还法深受社会政策因素的影响。返还法包含了那些创造实体权利和救济的系列法律领域,如准合同、合同解除、推定信托、衡平留置、代位权、补偿等。本文主要在合同法语境下谈论“准合同”理论的成长及运行。

一、“准合同”理论在英国普通法中的起源与发展

英美法中的现代“准合同”理论仍然起源于中世纪的令状制,“债务性承诺之诉”(indebitatus assumpsit)的扩张是“准合同”理论最重要的生成路径。作为英美合同法史上里程碑,1602 年的“斯莱德”Salde 案②实现了对繁杂的合同诉讼形式的统一。该案的判决思路是:债务的实际存在默示了债务人后续的支付允诺的存在,于是“债务性承诺之诉”得以适用。由于法官巧妙地增加后续允诺的法律拟制,为“债务性承诺之诉”的扩张建立了合法依据。Salde 案判决标志着合同诉讼形式的统

* 陈融,2003 级外国法律史专业,指导老师:何勤华。现工作于华东师范大学。

① 周枏著:《罗马法原论》(下),商务印书馆 1996 年版,第 768 页。

② Slade v. Morley(Slade's case),4 Co. Rep. 91a,76 Eng. Rep. 1072(1602).

一,即"债务性承诺之诉"对"债务之诉"的取代,也显示了法律对"默示允诺"概念的认可。"默示允诺"概念扩张适用于很多纠纷,如 A 为 B 付出了劳务,但是 B 没有做出支付允诺,A 可对 B 提起"合理价格支付的承诺之诉"(assumpsit on a quantum meruit)。逐渐地,"债务性承诺之诉"不仅用来强制实施产生于明示或默示合同的债务,也用于那些由法律施加的债务。而法律施加的债务往往不存在合意,而是因为当事人违犯了成文法或风俗习惯的义务。

"账目之诉"(action of account)[①]充分表达了现代的不当得利原则:一个人不能以他人利益为代价让自己不正当获利。在 17 世纪,"债务性承诺之诉" 将这类救济纳入其范围。这样的案件可以分为三类:第一,当合同完全失去了履行前提时,当事人有权收回自己根据合同所做的付出。比如,原告根据房屋租赁协议向被告预付了租金,而被告在租金开始前被剥夺了房产。原告有权收回他的损失。[②] 第二,A 有权收回错误地支付给 B 的金钱。比如,买方对商品作了重复支付,卖方无权保留第二次支付的价金。第三,B 不正当地占夺了属于 A 的金钱或其他财产,A 有权收回。

事实证明,大量涉及法律强加义务的纠纷都通过"债务性承诺之诉"得到有效解决。但是,这类义务得到实施的理论基础是什么呢?后续允诺的法律拟制已越来越不令人信服。布莱克斯通(William Balckstone,1723 ~ 1780 年)在对纷繁复杂的案例进行整理时试图对这一拟制赋予新意,他将那些产生于默示合同的义务和纯粹由法律强加的义务混为一谈,没能提出统一的理论。面对浩繁的案例和规则的不统一,曼斯菲尔德(Mansfeild,1705 ~ 1793 年)承担了对这类救济进行理论阐述的历史重任。在 1760 年的案例中,他提出了关于不当得利的诉讼得以成立的条件,并归纳了此类诉讼的判决原则:"收回不该被合理保留的金钱的衡平法诉讼对社会是有益的,应该受到鼓励……简而言之,这类诉讼的核心是,在特定情形下,被告有基于自然正义和公平所需而偿还已接受的金钱的义务,即便被告没有支付的允诺。"[③] 曼斯菲尔德的阐述开启了现代准合同理论发展的大门。

---

① "账目之诉",普通法中属合同性质诉讼令状的一种,大约兴起于 13 世纪早期,它的使用情形是:被告为了原告利益而从原告那里收取了财产。"账目之诉"包括一个发给地方执法官要求被告出示关于原告金钱的账目开支的命令。如果被告不能证明合理的支付,法庭将做出查账的命令,由法官或者原告指定两个查账员。如果查账员认为某笔钱是应该属于原告的,可以用"债务之诉"予以收回。而且,查账员的裁定不受"债务之诉"中的"宣誓断讼"程序的抗辩,根据 1285 年制定法,查账员可以把被告投进监狱,直到金钱得以偿还为止。在 14 世纪,因为原告滥用虚假查账员等原因,查账员对被告的强制权力渐渐消失。

② Brigg's case(1624),Palmer 364.

③ Moses v. Macferlan,2 Burr. 1005,97 Eng. Rep. 675(1760). See Sir William Holdsworth,*A History of English Law*, Methuen & Co. Ltd. ,Sweet & Maxwell,Ltd,in 16volumes,reprited in 1977,Vol. Ⅷ,p. 97.

曼斯菲尔德把这类案件视为独立于合同法或侵权法的诉讼类型,其中的义务是法律强加的。在"令状制"被取消后,尤其是1852年《普通法程序法》(Common Law Procedure Act 1852)颁布后,这种自然正义的思维模式受到排斥。其原因有二:第一,法律义务受到严格的类型限制,合同性的或侵权性的,必居其一。结果是,准合同义务,因为明显不属于侵权义务,必须归属于合同法。第二,因为对于这类归属于合同法的义务必须有一个法律术语证实其合理性,尤其是19世纪法官在形式主义法学熏陶下拒绝接受模棱两可的自然法概念。于是,准合同义务被套用了法律默示合同(contracts implied by law)概念。① 总之,直到19世纪,英美两国对该理论的发展都很有限。其中一个重要原因是普通法的法官们不情愿用曼斯菲尔德开放而模糊的原则来牺牲普通法的规范有序。而且,人们对于"准合同"(即法律默示合同,implied – in – law)与存在于事实默示(implied – in – fact)的真实合意关系也有混淆。"准合同"理论的目的是阻止不当得利,而不是保护预期利益或信赖利益,因为它追究的是被告出于良心应该做的事,而不是被告事实上的意向。

二、"准合同"理论在美国法中的成长与成文化

19世纪后半期以来,英美两国司法界对于"准合同"理论的态度发生分化。英国尽量地限制该原则的适用,美国广泛地认定不当得利的存在,并将"准合同"理论成文化。

(一)"准合同"理论得到系统阐述

首先,自曼斯菲尔德以后,英国再无开明的法官敢于公开抛弃"令状制"的迂腐残余。其次,就"准合同"救济来说,独立的衡平法院独享管辖权,不必与普通法院产生关系。再次,自然法思想是美利坚合众国的建国理念,据此,合众国缔造者们对于不符合公平正义的先例采取排斥态度,到19世纪末20世纪初,这一情绪有所复活。与此形成对比的是,英国法官却对遵循先例原则(stare decisis)更加固守。最后,新的法哲学思想导致英美两国对先例的分化到20世纪30年代更加显著。主导美国法学界的现实主义法学认为,先例可以存在于浩繁的美国判例,法官必须考虑法律规则的公平性。而英国的分析法学派认为,法律改革及政策考虑是议会的智能,法官的任务是遵守包括先例在内的现有法律。②

① Paul Richard, *Law of Contract*, 5th Edition,《契约法》(第5版)(朗文·培生法学基础系列·影印本),法律出版社2003年版,第364页。

② Kevin M. Teeven, *A History of the Anglo – American Common Law of Contracts*, Greenwood Press, 1990, p. 242.

基于上述理由,在彻底废除"令状制"且普通法院与衡平法院完全合并后,美国法官公开抛弃"默示允诺"的法律拟制,不当得利成为与合同和侵权并列的救济基础和法律分支。19 世纪后半期以来,美国法官通过引用曼斯菲尔德的经典阐述,通过与关于不当得利的衡平救济的类比,"准合同"救济作为金钱损害赔偿的普通法诉讼在持续扩张。

埃姆斯(James Bar Ames)[①]率先将蕴涵在十七八世纪的判例中的不当得利的思想归纳为统一的原则,并对其发展轨迹进行梳理。埃姆斯说,"准合同"本质上是衡平理论,因为它没有当事人的合意也没有约因。但是,"准合同"与侵权法的相同之处是当事人的责任由法律施加,它与合同的相同之处是当事人承担的是严格责任。[②] 五年之后,克伦(Keener)撰文对返还利益救济的合理性进行探讨,他反对为"债务性承诺之诉"添加拟制允诺的思路,为了避免理论上的混乱,他提出用"准合同"概念代替"法律默示合同"。埃姆斯和克伦的共同努力推动了始自曼斯菲尔德的关于"准合同"思想的研究,增强了美国法律人士对衡平理论的认识和接受。福里德曼(Friedman)说,19 世纪的合同法关注达成合同的自由,而 20 世纪的合同法更加注重衡平调整。[③] 美国当代合同法大师科宾(Arthur Corbin)教授也说,现代的衡平法院和普通法院都不会因为返还救济未能得到"承诺之诉"的认可而拒绝对它的适用。[④]

(二)《返还法重述》等成文法对"准合同"救济的确认和推动

在美国,上述理论家的作品延续了 19 世纪法学家对普通法发展方向的主导,这一进程的顶峰应该是《返还法重述》(Restatement of Restitution)在 1937 年的颁布。《返还法重述》的表达与埃姆斯的阐述极为相似:"一个人以他人的利益为代价使自己获取不正当利益,有向他人返还之义务。"以不当得利作为返还救济基础的指导原则得以保留。《重述》中的"返还"术语的含义更加广泛,它不限于关于"准合同"的普通法诉讼的发展,还包括了衡平法领域的强制返还(specific restitution)要素。如同曼斯菲尔德在 18 世纪的首次阐述一样,《返还法重述》的学术成就大大推动了"准合同"理论的发展,为返还救济的扩张提供了清晰的框架,使不当得利成为独立于合同的责任基础。

《返还法重述》使用的"返还"进一步发展了曼斯菲尔德在 1760 年的 Moses v. Macferlan 案阐述的"准合同"责任范围。根据曼斯菲尔德的阐述,被告应该对下列

① 埃姆斯(1846 ~ 1910 年),于 1873 年被任命为哈佛法学院教师,于 1895 年接替兰德尔(Christopher Columbus Langdell)担任哈佛法学院院长,任职直到去世前夕。

② Ames, *The History of Assumpsit—Implied Assumpsit*, 2 Harv. L. Rev. 53, 63 - 69(1888).

③ Friedman, *Contract Law in America*, Madison, 1965, pp. 192 - 194.

④ Arthur Corbin, *Corbin on contracts*, St. Paul, 1950, sec. 1103.

财产负有返还义务:被错误支付的金钱,已经不存在"约因"基础的支付,强迫得来的金钱,敲诈勒索而来的金钱,不当利用原告状况而得来的金钱。① 而根据《返还法重述》,返还救济适用于因误解达成的协议下的利益以及通过不当影响、胁迫或欺诈而得到的好处。实际上,返还救济经常适用于没有强制力的合同所磋商或施加的利益,如不符合《反欺诈法》要求的协议,合同因履行不能而被解除以及合同被违反的情形,甚至违约者也可以请求返还被对方获得的不当利益。

《统一商法典》(Uniform Commercial Code)和《合同法重述》(Restatement of Contract)是美国合同法的重要渊源。《统一商法典》规定违约的买方有权请求返还他所支付给卖方的超过合理赔偿的利益。② 所以,尽管"准合同"理论不是针对违约的救济方式,当合同终止时却常常替代合同损害赔偿救济适用于违约的情形,尤其是较低的合同赔偿金不足以弥补原告的损失时。第一次《合同法重述》规定:免除被告未来的履行义务是公正的,但是被告必须返还已经得到的好处。③ 总之,到20世纪30年代,当有不当利益存在时,法院已经有清晰而系统的原则指导"准合同"理论的采纳和扩张。

三、"准合同"救济的适用

19世纪的默示合同路径早已让位于以不当得利为基础的新原则,且不当得利并不依赖合同的存在。返还救济的诉由明显地包含两个要件:第一,一方当事人提供给对方当事人的好处,即"得利";第二,这份"得利"本身是"不当"的,以原告的损失为代价或伤害了原告的利益。事实上,"准合同"和更宽泛的返还概念现在自成一体,构成了狭窄的合同法与宽泛的义务法(law of obligation)之间的中间领域。"准合同"救济存在于许多场合,较难对其分类。如果按照诉讼标的为划分依据,暂且可以分为:收回金钱的诉讼、收回已经付出的劳务或货物。具体的适用情形如下:

(一)收回金钱的诉讼

一方以为对方会履行合同义务,于是支付了金钱,事实上对方没有履行,一方的付出没有获得任何约因支持,他有权收回付出的金钱。具体来说,合同当事人A方对合同做了支付,若合同事后履行受阻,不论是因为不可抗力还是其他原因,A方

---

① Sir William Holdsworth, *A History of English Law*, Methuen & Co. Ltd., Sweet & Maxwell, Ltd., Vol. Ⅷ, p. 97.

② UCC sect. 2-718(2):卖方因买方违约而正当拒绝交付货物时,买方有权请求无辜卖方返还其付款总额超出以下金额的部分:(a)按照违约金约定条款约定的卖方应得赔偿金额,或者(b)若协议无此条款,买方依合同有义务承担的整个履行价值的20%,或500美元,以数额较低者为准。

③ Restatement of contracts, sects. 347 & 468(1932).

完全没有收到任何约因,A当然有权通过准合同救济收回金钱。但是,如果受诺人A获得了部分约因,那么他不能收回他前期的金钱支付。比如,在一个英国案例中,原告向一个钟表匠支付24英镑作为他儿子为钟表匠当六年学徒的费用。一年之后,制表匠去世,法官判决原告无法要回24英镑,因为他获得了部分约因。①

当然,若一方的履行有瑕疵,违背了合同条款或成文法的默示条款,受诺人要求合同的撤销,部分约因变成了缺乏约因,这时,返还金钱支付的准合同救济也是适用的。比如,买方根据商品目录订购了商品,但是买方送到的货物与目录介绍不符,根据英国1979年《货物买卖法》(Sales of Goods Act 1979)第13条,买方撤销该合同,以缺乏约因(consideration)为基础,收回他预付的金钱。

另外,基于无效合同而支付的金钱也是可以收回的,当然,该规则不是很绝对,在很大程度上取决于合同无效的理由。但是,如果合同因当事人错误而无效,那么当事人是可以收回支付的。假如,支付人对于事实是有充分知情,但是对法律或者支付情形的法律效果有误解,那么,支付人无法收回其支付。这是英国法的一般规则,渊源较早。该规则饱受批评,因为它允许收受人基于支付的错误而获得了本来不该获得的利益。而且,因为事实误解和法律误解之间常常难以区分,该规则常常无法预期。在20世纪90年代初期,该规则在许多法院受到挑战,1994年英国法律委员会(Law Commission)建议取消该规则。1998年,上议院终于在案例中宣布该规则本质上是不公正的,不再是英国法的一部分。②

(二)收回已经付出的劳务或货物:合理价格之诉

Quantum meruit(拉丁语)的意思是应得额、合理价格之诉,具体意思包括:服务的价格,以及在准合同中计算赔偿额的合理数额;合理服务费请求权。*Quantum valebant*(拉丁语)的含义是依其所值,具体意思指货物或原材料的合理价格。与*Quantum meruit*相比,*Quantum valebant*的使用不广,但现在仍作为一种衡平救济方式,用于不当得利返还中。③ 英国合同法学家认为,特定情形使得提供了货物或劳务的一方当事人,有权通过收受合理价格或偿还的方式获得赔偿时,*Quantum meruit*请求权就产生了。④ 不过,美国学者似乎坚持这两个概念的区别,用*Quantum meruit*描述为劳务而提起的返还诉讼。用*Quantum valebant*描述为收回货物而提起的返

---

① Whincup v. Hughes(1871)LR 6 CP 78. 参见Paul Richard, *Law of Contract*,5th Edition,《契约法》(第5版)(朗文·培生法学基础系列·影印本),法律出版社2003年版,第366页。

② Kleinwort Benson v. Lincoln City Council(1998)3 WLR 1095. Whincup v. Hughes(1871)LR 6 CP 78. 参见Paul Richard, *Law of Contract*,5th Edition,《契约法》(第5版)(朗文·培生法学基础系列·影印本),法律出版社2003年版,第369页。

③ 薛波主编:《元照英美法词典》,法律出版社2003年版,第1129页。

④ Beatson,*Anson's Law of Contract*,27th ed.,Oxford University Press,1998,p.610.

还诉讼。① 无论用什么术语表达,收回已经付出的劳务或货物的"准合同"诉讼包含以下几种情形:

1. 因合同效力终止而产生的请求。如果合同明确约定在特定情形下的赔偿标准,一般来说,当约定的事件发生时,法院只是实施这一约定,并无别的选择。不过,有时,因为合同终止存在,导致了合同的明示约定无法实现。此时,合理价格之诉的产生独立于任何允诺或协议的存在。具体情形包括:合同被撤销,合同因无法履行或目的不能实现而落空,合同因一方违约而被解除,或者,一方为达成合同的期望而付出了劳务。在其中第三种情形下,准合同性质的合理价格之诉特别有意义。合同被违反时,非违约方可以选择解除合同,他可以为他履行的劳务提起准合同性质的合理价格之诉,而不是寻求违约损害赔偿之诉。当然,被告的违约必须严重到足以让原告解除合同。而且,违约方不享有这种诉权。

2. 为部分履行而产生的请求。如果违约方部分履行了合同,而对方愿意接受这种履行,那么,非违约方必须以合理价格之诉为基础为部分履行做出支付。对部分履行的接受默示了他会支付合理的价格。该规则也适用于有过错的当事人的履行有瑕疵但非违约方愿意接受该履行的情形。不过,当非违约方失去选择权时,合理价格之诉不适用。

3. 为默示支付义务而产生的请求。当事人在签订合同时,没有对合同的支付做出规定。此时,法律默示了合理价格支付的必要性,合理价格之诉由此产生。在货物买卖合同中,英国1979年《货物买卖法》(Sales of Goods Act)规定,如果货物买卖没有明确约定价格,买方必须支付合理价格。1982年《货物与劳务提供法》(Supply of Goods and Service Act 1982)也有类似规定。有时,当事人可能根本没签合同,F向G交付了货物,当时的情形让F认为G已经允诺支付。那么F足以提起通过返还救济获得这些货物的合理价值。

(三)无合同关系的情形

1. 一个人因他人失误而获益。如A与X签约为X粉刷房屋,可是A在B不知情的情况下粉刷了B的房屋。B的房屋正在挂牌待售中,B因A的粉刷获得了比预期更高的价钱。法院应允许A要求B有返还增加获益。获得救济的价值等同于B增加的房价。当然A在未经B同意的情况下故意粉刷B的房屋,A的返还救济显然被拒绝,因为他只是一个介入他人事务的"好事者"。

2. 因侵权而产生获益。如C公司不正当地使用D公司的商标而获益。D能提起返还救济,即便D不能证明自身的任何损失,但是不当得利可以因C对D的法律

① Claude D. Rohwer & Gordon D. Schaber, *Contracts*,《合同法》(第4版)(美国法精要影印本),法律出版社1999年版,第132页。

权利的侵犯而成立。

3. 为已经付出的劳务。比如,E 昏倒,失去知觉,撒玛利亚中心(Good Samaritan,GS)成员将其送到最近的医院。急诊医生为昏迷中的病人提供治疗,但最终死去。死者在生时接受了一个理性人希望得到的救助,医生提供了社会公认为必须且适当的劳务,医生必须为他的付出获得赔偿,否则,法律就支持了死者的不当得利。

四、"准合同"救济的价值:预期利益、返还利益与信赖利益的比较

通过对历史的追溯,我们已经看到合同救济所追求的三种目的,或者说在保护的三种利益,即预期利益、返还利益和信赖利益。那么,这三种救济基础各自有什么价值呢?

(一)概念阐述:返还利益、信赖利益和预期利益

美国当代法学家朗·富勒(Lon L. Fuller)在《约因与形式》中,将合同责任的实体基础概括为:第一,私人自治原则;第二,信赖利益保护;第三,防止不当得利。① 这三种基础恰好印证了合同法所保护的三种利益。②

1. 返还利益。基于对被告允诺的信赖,原告向被告交付了某些价值;被告未履行其允诺,法院可以迫使被告交出他从原告处接受的价值。此处的目的是防止违约的允诺人从受诺人所支付的费用中获得的利益,更简单地说是防止不当得利。受保护的利益叫做返还利益(restitution interest)。

2. 信赖利益。原告基于对被告之允诺的信赖,改变了他的处境。法院判给原告损害赔偿以消除他因信赖被告之允诺而遭受的损失。此处的救济的目的是要使原告恢复到他作出允诺之前的处境。这里的受到保护的利益叫做信赖利益(the reliance interest)。

3. 预期利益或期待利益。不固守受诺人的信赖或允诺人的得利,法院可以寻求给予受诺人由允诺形成之期待价值,在一个特定履行(specific performance)诉讼中实际强迫被告向原告提供允诺的行为,或者在一个损害赔偿诉讼中,迫使被告支付这种履行的金钱价值。这里的目的是使原告处于假设被告履行了允诺原告应该拥有的处境,保护的利益可称作期待利益(the expectation interest)。

---

① L. Fuller, Consideration and Form,41 Colum. L. Rev. (1941), pp. 799 - 806.

② [美] L. L. 富勒、小威廉 R. 帕克著:《合同损害赔偿中的信赖利益》,韩世远译,中国法制出版社 2004 年版,第 5 ~6 页。

(二)预期利益保护的价值分析

上述三种利益被法律赋予的司法干预必要性并不等同。首先,预期利益为什么要得到保护呢?这一问题可以得到多角度的解释。

1. 非法律的解释。第一,心理学上的解释,即阻止违约给受诺人造成心灵伤害。即便受诺人尚未信赖允诺并由此改变他的处境,但是他已经对允诺形成了内心期待。但是,任何一个法律体系都不会为了满足人们的心理期待而强制实施所有允诺,所以,心理学解释缺乏可操作性。第二,合同意思理论。这是很古典的解释,即合同是当事人自由意思的体现,缔约人在行使自己的立法权,法院对合同的强制实施只不过在执行当事人业已形成的私法。抽象合同自由本身就遭遇了现实破产,以之为基础的解释当然不具有强大的证成力。第三,经济或制度的方法。信用经济对于面对面的即时交易的取代是合同法发展的重要动力。信用经济的实质确保允诺的内容的实现,消除受诺人的疑虑,增强社会成员之间的信用。在信用受到强调的社会里,对具有执行力的允诺的期待就是一种财产,对允诺的违反意味着对受诺人财产权利的伤害。此种解释符合合同法目的从转移财产所有权转向预期利益保护的时代背景。①

2. 法律上的解释。第一,预期利益保护补救和预防因信赖所造成的损失。它提供了一种明确的赔偿标准,该标准最大限度地赔偿原告的信赖损失,即原告丧失其他签约机会。由于对信赖损失往往难以计算,判决期待价值这种直截了当的规则是赔偿这种损失最为有效的途径。第二,法院省却了对实际信赖的证明,它有助于增进社会对商业协议的信赖,并最终促进交易。这一价值反映了法律与社会的互动,即合同法的目的与经济现实需求之间的对应关系。

对当事人预期利益保护有助于商品经济的发展,也强化了这样的观念:合同创设了一项权利,合同主张本身就是一种财产。但是,违约之诉的前提是有效合同的存在。尤其是在“交易约因论”主导时期,有效合同的范围被严格限制。随着商事交往的复杂,合同救济的空白增大,如当事人对非盖印的无偿允诺的信赖而遭受了损失。当事人为拟成立的合同付出了劳务,事后却发现合同没有成立。合同磋商会因缺乏某些法定要件而终止。一方已部分履行,合同因为无法满足某些法定形式要求而没有强制力。所有这些疑难案件,暴露了古典合同法的弊病,也暴露了预期利益保护的不足。

(三)返还利益保护与信赖利益保护的价值分析

英国著名合同法学家阿提亚(Patrick S. Atiyah)认为,古典合同法注重保护期

---

① [美]L. L. 富勒、小威廉 R. 帕克著:《合同损害赔偿中的信赖利益》,韩世远译,中国法制出版社2004年版,第12~16页。

待利益,信赖损失在以市场文化占主流的时代得不到重视,只有在侵权或返还之诉中寻求救济。阿提亚将1770~1870年这100年称作以预期利益为基础的合同救济的黄金时期;1870年以后,以信赖为基础的责任和救济开始受到重视。

1. 返还利益保护具有最强的司法干预必要性。返还利益保护和信赖利益保护的共同基础是实质的公平正义,都是对约因原则(doctrine of consideration)的合同效力基石地位的挑战。基于这两种利益保护的责任具备侵权法的类似特征,都涉及在缺乏合意时对当事人强加法律责任的案例。未完成合同的纠纷往往包含信赖利益和不当得利两方面的因素。返还利益往往是因为原告对被告的信赖而导致的被告获益。不过,二者并不总是一致,返还利益具有最强的司法干预必要性。按照亚里士多德的哲学,正义就是在社会成员之间财富的均衡,如果甲不但让乙损失了一份财产,而且不当占有了那份财产,那么,甲乙之间的差距是两份财产,法律当然要实施矫正正义(corrective justice)。基于同样的理由,富勒把当事人之间的部分履行交易看做是合同救济的典型模式,比如,A把马交给B,以此作为交易的是B允诺给A 10美元。若B失言,从合同责任的实体基础来说,A有信赖损失,B有不当得利。[①] 总之,返还利益救济弥补了双重的不公,即原告的损失和被告的不当获益。

2. 信赖利益保护对返还利益保护的弥补。返还利益保护仍然不能保证公正的实现,信赖利益保护有其存在的价值。违约诉讼中的预期利益赔偿以受诺人的合同预期收益为基础,信赖利益赔偿以受诺人的花费为计算基础,而返还救济的本质是恢复原状,制止不当得利,所以,法院在计算赔偿额时就着眼于被告的实际得利。假如,被告的获益产生并等同于原告因信赖而遭受的损失,那么,返还利益只不过是信赖利益的特例。但是,在原告信赖了被告的允诺但没有使被告"得利"的限度内,信赖利益有独立的价值,返还救济没有成立的基础。当不当得利难以用金钱计算时,当原告对允诺的信赖没有给被告带来获益时,返还利益救济也无能为力。另外,当允诺被原告信赖,允诺引起的合法预期比被告获得的利益大得多时,仅仅是返还利益救济也是不公平的。另外,对于受诺人没有付出约因但遭受了信赖损失的允诺,约因原则不予保护,但当事人可依据允诺禁反言原则获得救济。从合同责任的实体来看,该种情形确实不属于典型的私人自治领域,所以,司法干预必要性低于返还利益救济。

总之,现代及当代合同法的重大发展趋势是增大对返还利益和信赖利益的保护并放松了对预期利益的救济。其中的原因主要是公平正义的衡平理念受到更多的重视,法院开始深入分析当事人利益的公平性从而决定对三大基本赔偿利益的选择。

---

① L. Fuller, Consideration and Form, 41 Colum. L. Rev. (1941) pp. 799-806.

东方民法现代化的移植与转型

——以中韩两国的异同为例

郑现喆*

众所周知，中韩两国都是以东方传统文化为背景，又都处于东亚文化圈，在文化或法律方面有很多相似之处。近代社会以前的中国法律对东亚国家产生了巨大的影响。特别在传统的韩国社会，制定法律时效仿中国的法律已形成惯例。然而到了近代，这种传统的惯例逐渐被对西方法律的移植而取代。这样的过程给两国的法制体系带来很大的变化，特别是随着两国接纳了不同的政治体系，而导致其变化更加剧烈。

而就韩国和中国而言，儒家本土文化的许多思想已经在两国根深蒂固，如果原封不动地移植西方法，不但不能使移植过来的法律在本国立根，推动本国的法制现代化，反而很可能会引起外来法律文化与本国传统文化的激烈冲突。这一点从古代中国的汉文化对周边其他民族强大的同化作用可以得到证实。

观察中国和韩国在西方法律的移植过程中，中国对西方法律的移植是从晚清时期开始被动进行的，到民国时期才实现了一定程度的本地化，形成了类似大陆法制的面貌。直到新中国成立以后，以马克思主义为基础，广泛移植了大陆法律、英美法律、传统法律从而发展形成了自己的法律。相反，韩国对西方法律的移植是从对新生活的追求开始的。因此当时韩国已经具备了西方封建主义末期程度的意识水平，对法律的移植也是自然成型的。最重要的是韩国的民法是移植了法国民法、德国民法、瑞士民法等最典型的民法体系，在判例法方面移植了英美法律。韩国的法律移植是参考了各个国家的民法最终而制定。像韩国这样同时移植多个国家民法的实例在全世界比较少见。它对西方法律的移植不是为了强化自我的内在理论，而是为了政权需要或者说是为了独裁政治背景下的需要。这也是其特别之处。

一、中国西方法移植的历史性过程

中国是一个有着悠久历史、深厚文化传统的文明古国。中国千百年来社会发

* 郑现喆，2005级外国法律史专业，指导老师：何勤华。现工作于华东政法大学。

展过程当中法律不断发生变迁。自秦始皇统一六国、建立中国历史上第一个中央集权的大一统帝国至1840年鸦片战争,中国社会政治、经济、思想观念等都没有发生实质性的变化,因此法律制度也没有取得突破性的进展。鸦片战争爆发后,古老的中华帝国逐渐地丧失了主权的独立和领土的完整,清政府为适应逐渐沦为半殖民地半封建社会的转变,被迫改良法制,修订法律。传统的中国法律制度——中华法系解体,半殖民半封建性质的近代法律制度开始形成。因此,可以说自清末以来,我国的法律在制度层面上已经告别了悠久的中华法系传统,走上了西方法的轨道。[①] 传统的中国法律制度因清末西方列强入侵开始了近代化进程,中国的法律从此进入了一个移植西方法的历史时期,一直延续至今。

(一)晚清[②]法律移植

1840年鸦片战争以后,中国与西方列强签订了不平等条约,并移交了领事裁判权,放弃了司法主权。从那一刻起,直到戊戌变法运动及义和团运动等,清朝廷内忧外患,不得以也加入了变法改革当中,制定和颁布了一系列近代法典和创设相应的法律制度。1902年年初,英、日、美、葡等国在与清廷续订商约过程中表示,中国整顿律例,以期与列强法律改同一律,他们愿尽力协助,以成此举。"一俟查悉中国律例情形以及其审判方法及一切相关事宜皆臻完善","即允放弃其治外法权"。这种列强的许诺,迷惑了清廷,张之洞、刘坤一、袁世凯等人为迎合列强,应付内忧外患,联名奏请要求改良法制。

这期间制定的各种法律主要移植大陆法系中的德国法,原因有如下:[③]

(1)清朝廷派出的考察国外政治的大臣对大陆法极度推崇。考察大臣载泽等在对日本考察之后,即对日本政体大加称赞,而对美国法制则明确向清政府表示难以效仿。大臣戴鸿慈等甚至明确奏请"以取法德国为主改革军政"。(2)当时德国法是欧洲最优秀的大陆法之一。与欧洲其他国家相比,以崇尚思辨理性著称的德国哲学传统,使德国法能在立法技术上坚持严密的逻辑推理,力求精确表达法律术语。(3)德国、日本等大陆法的一些社会情况与中华法系某些传统有相似性。在清政府看来,以德国法为主的日耳曼法系是中华法系的回归,并不违反祖宗之法不可变的遗训,这也是移植德国法的原因。(4)德国的迅速崛起使晚清政府深信移植德国法能使国家强大。到19世纪末20世纪初,德国实现了向工业社会的快速转型,综合国力超过了法、英等老牌资本主义国家,成为仅次于美国的世界第二大工业大

① 贺众:"试论中国的法律移植问题",载 http://article. chinalawinfo. com/Artzele_Detazl. asp?ArticleID=3715。

② 对于"晚清"的时间开端,学界尚有不同说法,详见曹全来著:《西方法·中国法与法律现代化》,限于篇幅,笔者对此不作详细讨论,以1840年开始为晚清的开端。

③ 何勤华等著:《法律移植论》,北京大学出版社2008年版,第115~120页。

国。(5)日本等国移植德国法的成功范例对晚清政府起到了直接示范效果。考察大臣戴鸿慈在奏折中说:"旧本维新以来,事事取次于德,行之三十载,遂致勃兴。"在他奏请以取法德国为主改革军政的奏折中更是突出强调各国效法德国,"详考各国制度,以德国为主,以各国为辅",为此建议晚清政府"妥筹办法"。

(二)传统民法和西方民法的冲突和转型

清末的"法制改革"伊始,有识之士便为清廷编制"大清民律"提出明确的指导思想:第一,"注重世界最普遍之法则";第二,"原本后出最精确之法理";第三,"求最适于中国民情之法则"。① 从我国的法律传统考察,我国属于大陆法系国家,从清末的法律改革到民国时期的民法典,我国所接受的民法原则、民法概念、民法制度等大部分来自于德国、日本。

《大清民律草案》亲属编第 1324 条明文规定,家长为"一家中最尊长者为之",第 1327 条规定"家政统于家长",在婚姻关系中,夫仍然对妻拥有一定的身份权。虽然承认一夫一妻制,但对嫡子、庶子、养子、私生子作等级划分,仍然以尊卑长幼、男尊女卑、亲疏嫡庶等封建伦理精神为基准,继续体现着以义务本位的固有法律传统,没有体现近代资本主义民法的平等、自由精神。如何合理整合固有法和外来法使外来法融入本土,仍然值得深思。

(三)西方民法在民国的转型

辛亥革命后,民主和自由的思潮涌动,民族资本主义获得了迅速的发展。遗憾的是,孙中山先生为领袖的革命党人创立的大好局面为袁世凯等北洋军阀所掌控。尽管后续的北洋政府也不断学习和效仿西方国家,从民法制度层面抑或是民法实质思想上都展开移植,包括《民国民律草案》等的大费周章。然而,限于他们的军政背景和维系统治的需求,都不能使西方民法在中国落脚生根。《民国民法》也不再局限于移植德国法或是模仿日本法,而是考察、比较和利用许多西方国家的民法制度,包括大陆法系、英美法系国家,发达国家、发展中国家,资本主义国家和社会主义国家,兼采众家之长。移植的方法上也不再是囫囵吞枣、照搬照抄,更懂得了如何去取舍、去其糟粕、取其精华。如增加权利质权,与不动产质权和动产质权合并规定为质权一章。重视、分析和甄别是《民国民法》对本国的传统法制的态度,如规定了传统的典权制度,依据中国传统婚姻习惯专章规定了婚约,并在婚姻上采取事实婚主义等。其法律条文的使用也不再那么生硬,别扭,是在领会了相应法条精髓和意旨后用习惯的中文良好表达的专业术语。

梅仲协先生都认为:《中华民国民法》"条文辞句,简洁通俗,且避去翻译式之语

---

① 王敏:"论清末修律的方法与意义",载《南京师大学报》(社会科学版)1997 年第 3 期。

气，为纯粹之国语，此其长处一。按现代各国，民法法典之用字构句，皆有其特殊之点。举例言之，法国民法，辞句典雅，具文学意味，颇堪环诵，唯用字欠确当，易滋歧解。德国民法，字句精确，结构缜密，极合科学方法，然喜用专门名词，不易为一般人所了解，且文句冗长，多抽象规定，非专家不能解释其法意之所在。至若1912年之瑞士民法，其立法上之的技术，则有足称者。辞句确当，极易通晓，条文简洁，而了无挂漏，拣取法德民法之精英，而弃其糟粕，章节井然；眉注清晰，尤属别具心裁。我现行民法，颇具瑞士民法之长处，且避去前此各民法草案之日本语口气，足微立法者之惨淡经营，独具只眼，诚为立法技术上之一大进步也。"①

二、韩国的传统民法和西方民法的移植和转型

今天的韩国和朝鲜在历史上统称朝鲜王朝，为古代中国的藩属国，政治结构采用中央集权制，经济上以农业是主要的税收来源。朝鲜王朝采用儒教思想治理国家，忠、孝被认为是最大的美德。因此，传统朝鲜并没有真正意义上的法治，即使成宗李要在位期间仿照中国六典式立法制定了《经国大典》，但其中的诸多制度并不成体系，主要是为巩固封建统治而服务，与近代法治的理念差以千里。到1910年，日本与韩国签订《韩日合邦条约》，韩国成为日本的一部分，朝鲜王朝灭亡。从这以后，继受德国和法国民法制度的日本，将本国民法制度分阶段适用于韩国，开启韩国的"依用民法"时代。因此，韩国民法从形成开始就深受德国、日本两大大陆法系国家的影响。

（一）民法类型比较考察

1894年的"甲午更张"是韩国历史的一个转折点，其通过日本和德国接受了西方法律文化的影响，结束了对中国法律的继受，开始进入西方法的继受时期。在民法领域颁布了新型的《家契发给规则》、《土地房产证明规则》、《土地房产所有权证明规则》、《民籍法》、《利息条例》、《关于民刑诉讼的规则》等单行法规，这些法律在保留传统法律的基础上作了许多近代化的改革。② 但这些法规几乎都是在日本顾问的主导下以日本法令为模板制定的，在国家主权倾斜之时进行法律近代化的推进，在很大程度上只能是被迫进行，因此充满了矛盾和困惑。同时韩国传统的文化背景必然会与新的制度产生抵触，新型法律的施行与社会法律意识之间存在很大的反差，可见在韩国以日本为媒介间接对德国法进行移植的初期，移植过程与内容

① 梅仲协著：《民法要义》，中国政法大学出版社1998年版，第19页。

② 胡建森、方立新著：《韩国法通论》，杭州大学出版社1996年版，第4页。

都充满了很大的不确定性。

(二)日占时期适用于朝鲜的民法内容

1910年,日本在公布"韩国并合条约"之后强行占领了朝鲜。直到1945年,韩国在日本的强制之下被迫接受西方法。1912年《朝鲜民事令》颁布,构成了日本殖民统治时期的民事基本法令。根据该令,日本殖民统治时代的朝鲜,在财产法方面(即日本民法前三编)基本上是依用日本民法,这就是韩国法制历史上的"依用民法"时代,[①]完全被动适用当时实行于日本的《明治民法典》。当时的朝鲜司法协会作为法条实务家集团,是直接行使法律的主体,其每年都发行"高等法院判决录",每月都发行"司法协会杂志",另外发行了数百本的"法令解说"、"指针书"、"研究书"等司法书籍。[②] 这些著作的影响力非常巨大,通过分析它们,可以了解日占时期的各项法律制度对韩国固有法制产生的影响。

(三)现行《韩国民法典》

1945年日本战败北驱逐出韩国,韩国也结束了被殖民统治的命运。美国对韩国进行军事管制之后到1960年民法典颁布之前,一直沿用的仍然是日本民法的规定,但这时却开始着手《韩国民法典》的准备工作。起草工作由专门成立的"韩国法典编纂部"进行,由美国人查尔斯·劳宾基博士担任起草工作的实际领导人。在过渡政府建立之后,工作改由三名韩国人领导,并成立了新的法律体系编纂委员会。1947年,起草工作正式开始,在起草工作中,美国法继续发挥着重大的作用,并且起草机关频繁更迭,起草工作不时被打断。就韩国学者来说,其主旨始终是希望未来的民法典有自己的特色。

三、中韩民法现代化相同之处

两国推进法制现代化的过程中,对于物权、债权编移植西方先进制度的幅度很大,而亲属与继承编则主要保留本国的传统法制和文化习俗。中国古代并没有物权法体系,存在民间习俗中的典权制度影响较为深远。而西方民法特别是德国民法中的物权理论和法律制度都较为完备。清末修律在物权法领域实则是对西方民法特别是德国民法的整体移植。其他多次的法典更替和法条编撰也是在此基础上,实则主要是移植德国民法所成。同样,使命为处理经济、财务方面的债法在中国也获得了较大的移植和遵守。中国古代亲属法领域礼教和习俗的权威性和影响力

① 苏亦工:"韩国民法典修订之比较研究",载 http://www.511nwen..com/detals/lw20090924il100052473.html。

② 朱芝弘:"韩国民法的继承与创造",载《甘肃社会科学》2008年第3期。

最甚,晚清的修律和法律移植未能改变此等状况,即便是现代中国社会依然存在的大量影响法制观念牢固树立的传统习俗。日本殖民统治时代的朝鲜,至少在财产法方面(即日本民法前三编)基本上是依用日本民法,这就是韩国法制历史上所谓的"依用民法"时代。但在人身法方面,朝鲜的惯习居于主导地位。

两国的法律移植实则都采用潘德克顿式的立法体例,主要分为总则、物权、债权、亲族、继承的架构。它以西方近代民法的基本原则为理论基础,为适应现代工业化社会的需要,同时也注入了现代民法的修正原则。两国都把民法现代化的着眼点都放在民法典编修或民事立法上而不是社会生活本身。政府非常重视法典的编撰,加强自上而下的立法推进工作,但是却忽略了社会生活本身,导致盲目生搬硬套过来的法制未能与社会生活良性互动,冲突重重,最终没有达到设想的效果。两国都是在向欧洲大陆法系的强势民法典,主要是向德国和法国的民法学习。路径上是通过日本或他国,间接地、二次性地学习。

四、中韩民法现代化不同之处

经济社会的发展是促使中国改革法制的根本原因。中国自 16 世纪中叶起,封建社会内部就已经出现资本主义生产关系的萌芽,并在清朝统治期间得到了较快发展,然而,顽固保守的清末统治者为了维护封建的专制制度,继续以严刑峻法推行政治、思想高压政策;严格保护封建地主阶级的财产所有权;在商业上采取重征商税,压制私人商业的发展,限制商品生产和流通,并实行严格的"禁榷"制度;在海外贸易方面亦采取顽固的"闭关政策",如此种种都不能适应现实的需要。而韩国改革法制的根本原因在于日本的殖民统治。因为,韩国的法律在历史上长期受到中国法律的影响,1910 年,日本公布了所谓"韩国并合条约",强行吞并朝鲜。1912 年颁布的《朝鲜民事令》,构成了日本殖民统治时期的民事基本法令。

尽管中国面临着废除不平等条约、收回治外法权的迫切需要,从而构成了推动中国法制改革的直接动因。但是综观《大清民律草案》、《民国民律草案》、《民国民法》以及新中国时期的立法,不难发现,中国的法制现代化进程一直是在国内政府的主导下开展的,主动接触并学习先进法律制度,同时保留了具有深厚文化根基的中国传统法制。而韩国由于受日本的殖民统制,最初只是消极地、被动地接受。即便是独立以后,韩国法律界始终处于一种难以摆脱的矛盾状态之中。

两国法制改革的初始目的迥然不同。晚清政府的变法图强,开启法律移植的初步尝试是为维护其风雨飘摇的腐朽统治,其次才是对外侵的法制捍卫。而韩国则主要是为摆脱日本的殖民统治,快速地建构本国的近代化法制体系。法律移植本身是个中性的概念,移植过来的法律可以作为本国法律渊源的一种,甚至可以说它是一国诸多立法手段中的一种,因此从本质上讲法律移植并无所谓“善”与“恶”的问题。法律移植过来之后,实际起到什么样的效果取决于法律移植之前的调研、论证等准备工作的充分与否和法律移植之后实施层面上的社会环境的构建和相关配套制度的完善。虽然目前各国都已经认识到了法律移植的重要性,对法律移植的研究也在不断深入,但是在后发型法制国家中,在法律移植本身、法律移植的方式、法律移植的后果等方面,仍然有许多值得探讨的问题。因此,中韩两国的民法法律移植还需要两国学者给予更多的关注。

试论大陆法系物权法规则在证券上的瓦解
——兼评证券法财产保护规则的独立性

颜晓闽*

证券法早已成为法学理论的研究热点,其在实践中的重要意义自不待言。尽管如此,这一法律领域的一些基本问题尚有待于厘清,本文所要论述的主题,就是中国目前的物权法理论无法适用于规范证券行为的法律现象及其具体表现形式。笔者希望通过在本文的探究,一方面能够填补法学界目前存在的理论空白、澄清一些误解,另一方面也为将来建立比较完善且具有相对独立性的证券法理论体系提供一定的助力。

首先,笔者将探讨证券市场开始发达时期,因公众持股公司的大量出现而导致的所有权丧失控制力的社会现象,指出公司所有权与公司财富控制力之间的分离是大陆法系物权法律规则所依凭的现实基础消失、证券法财产保护规则诞生的主要原因;其次,笔者将通过分析大陆法系物权法律规则在证券法领域适用中所出现的问题的具体表现,证明证券法的财产保护规则应当是一套与物权法完全不同的规则体系,是为了应对现实需要的必然结果。

一、公众持股公司的兴盛与所有权和控制力分离

(一)所有权分散的历史背景

19世纪下半期,美国出现了一个特有的金融和社会现象,即公司制度由合股公司①为主向公开融资公司②为主转变,公开融资公司是与公开的公司证券初次发行和二次交易市场的相伴随的,到了20世纪初,公开的证券市场成为整个社会的重要组成部分,而持有公司证券的人数占总人口的比例也大幅增加。

第一次世界大战至1929年之间,美国私人公司股票所有(stock ownership)除了在数量上膨胀之外,在分散度上也增长非常明显,美国进入了一个大众持股的时期。笔者将集中讨论公开融资公司中的公众持股公司(Public Holding

* 颜晓闽,2006级法律史专业,指导老师:何勤华、汪康懋。现工作于上海杉达学院。

① Joint Stock Company,是一种划分可转让股份募集资金的公司,不具有法律上的人格。

② Public Corporation,是指通过向不特定的法律主体发行证券作为筹集资金主要方式的公司。

Corporation),所提到的证券一般情况下也指股票,因为公司公开融资的手段非常丰富,其基本形态就包括债券和股票两种,但债券的本质属性是债权债务关系,所以被排除在笔者的讨论之外。

在证券法上,公司的所有权体现在股票尤其是普通股(common stock)上。从定义上来看,普通股就是公司的所有权权益(ownership interests,亦可译成所有者权益)被分割而成的最基本的单位,其基本特征包括两点:一是在公司事务方面不受限制的投票权,二是在公司解散时有权共同获得公司净资产。在公司中的股东数量激增的情况下,公司的财富就分散为众多的所有权,这就更容易出现所有权人由于投票权的限制或者对公司治理的无精力等原因而不能行使或放弃对公司的控制。

(二)公司所有权[①]与控制力(Control)的分离

所有权与控制力的关系,从所有权最初产生到1933年公众持股公司股票为中低收入阶层普遍持有,大致可以分为四个类型,在每个类型之下,不同主体通过不同方式掌握对所有权权益(ownership interest)的控制力。[②]

1. 所有权人控制所有权权益

所有权人同时拥有对财产的所有权权益的控制能力的情况,包括单一所有人财产权和共同共有财产所有权等。显而易见这是最原始的一种类型,单一主体对单一物的所有权即属于此类。所有人对所有财产的处置拥有完全的决策权与落实能力,即完全的控制力。这类所有权与控制力关系若以企业形态出现,或者是中世纪晚期的手工作坊,作坊主在整个经营、生产环节都事必躬亲,或者就是合伙企业,任何合伙人对合伙企业事务都有完全的干预权和经营参与权。

2. 多数所有权权益份额控制所有权权益

所谓多数份额控制力所有权权益,是指在财产的所有人为复数的情况下,某些所有人单纯依赖拥有大多数的财产份额,而获得对财产的所有权权益的控制能力,这一类型实际上可称为是一种特殊的所有权控制,因为没有控制力的所有权人仅仅是被其他所有权权益份额更具优势的所有权人排除而已。这类所有权与控制力关系在现实生活中以按份共有最为典型,若以企业形态出现,则以家族控制型企业为代表。无论在何种情形之下,占大多数财产份额的所有权人对财产的处置拥有完全的决策性与落实能力。

---

① 公司所有权是指公司股东对本公司财产的所有权(ownership),而英美法上的股票所有权(stock ownership)是证券所有权的一种,以普通股所有权为标准形态。普通股作为公司所有权权益的基本单位,代表的是股东对公司财产的按份共有,拥有一定数额的股票所有权就等于拥有相应份额的公司所有权权益。

② Adolf A. Berle Jr. & Gardiner C. Means, *Modern Corporation and Private Property*, The MacMillan Company, 1933, p. 69.

3. 少数所有权权益份额控制所有权权益

(1)少数所有权权益份额利用受普通法规范的方式控制所有权权益

在这一所有权与控制力的关系类型中,任何财产所有人都无法获得该财产的多数份额,但其中某些所有人通过普通法上所允许并加以规范的特定制度,实现了对整个财产的处置拥有完全的决策权与落实能力。这种关系类型若以企业形态出现,就是股票持有分散社会背景下的公众持股公司。

在当时的美国公众持股公司内部治理活动中,最常为使用的是金字塔式控股(Pyramiding)、无投票权普通股(No – voting Common Stock)和投票信托(Voting Trust)。经由这三种方式,大部分公司所有权人失去了对所有权权益的控制:

①金字塔式控股,是指一家公司持有另一家公司大部分的股份,而被持有公司又持有第三家公司的大部分的股份,如此重复,形成一个公司控股链条,而最终位于顶端的第一家公司凭借"杠杆原理"仅需要很少的资金,就可以实际控制位于底端的拥有庞大资产的公司。对于底端公司来说,拥有其大部分财产份额的股东公司并非底端公司的实际控制人。

②发行无投票权普通股。当时的法律允许公司自主发行没有投票权的普通股,通过大量销售这种工具给公众,拥有少数财产份额的所有人亦可以实现决策权和控制公司事务的目的。①

③投票信托,顾名思义,即股东将其对股份的法律权利赋予受托人,股票被以受托人的名义簿记于公司,由受托人获得该股份的投票权,而信托人仍保留英美衡平法上的取得红利和其他公司分配权益的权利。拥有少数公司财产份额的所有权人可以通过这种信托获得对公司事务的实际控制能力。

(2)少数所有权权益份额利用不受普通法规范的方式控制所有权权益

有时,拥有公众持股公司少数所有权权益份额的所有权人可采用非由普通法直接规范的方式对公司事务获得实际的控制能力,比较常见的如投票代理(Voting Proxy)。

投票代理是指股东授权他人为其行使投票权的一种机制,在这一过程中,股东姓名仍然簿记在公司的股东名册之上,因此被代理股东仍是公司的所有权人。这种机制在当时是不受普通法规范的。代理投票必然发生在股东数量众多的公众持股公司,因为在这种公司中,大部分股东对公司事务并不感兴趣,于是有了将投票权交与他人代理的可能;相应地,少数专职于企业经营的股东一方面出于管理公司的意图,另一方面还出于满足章程规定顺利召开股东大会的需要,也会主动向其他

① 另有一种类似的办法是发行超投票权的股票(stock having excessive voting power)。

股东征集代理投票的授权。无论是哪种方式，公司大部分的所有权人都丧失了对财产的控制力。

当代理投票是以征集方式出现时，经常会演变为不同利益集团对公司控制权的争夺，因此代理投票在实际操作实现控制权过程中成本较高。

4. 管理层控制所有权权益

管理层最初是指公司董事，董事被股东选举出来作为公司经营业务的执行者和内部事务的管理者，通过董事会履行其职责。在20世纪初，公司法授予了董事会极大的自由裁量权，故而人们普遍认为董事作为实际控制人应对其管理行为承担最终责任。① 然而在1933年《美国证券法》制定的同时期，已有一些研究发现，董事对公司的控制力正变得极为薄弱，董事会的功能也在发生着实质性的变化。本来由于股份所有权的分散以及企业规模的扩大，股东只能通过董事会间接监督经理人员，但这种监督随着股东之间沟通的减少也失去效力，股东之间的互不认识，导致他们倾向于径直将执行经理人员（executive managers）选入董事会，这样一来，董事对执行经理人员仅有的一点监督也消失了，相当一部分董事成为"不理事的董事"，②有的是因为失去了实际权力，有的是因为忙于其他个人事务，无暇顾及公司事务。③ 因为当时的经理人员不像董事，往往是由非股东担任，所以当他们控制了公司的决策和执行力量之后，公司所有权人与公司财产所有权权益控制力彻底分离了。④

上述四种所有权与所有权权益控制力之间关系类型体现了美国公司融资演化模式发展路径下社会现实的重大变化，而作为历史现实反映的法律，必然会在具体规则甚至原则上也随之发生巨大的变化。随着中国改革开放后的资本市场建设向美国的模式靠拢，中国原有的物权法当然也无法应对现实需要。

---

① H. R. Rep. No. 85,73rd Cong. ,1st Sess. ,5,1933，"诸董事应承担指导责任，并且如果他们各种举动使真正意义上的指导变得不可能，他们应为其失职向未存疑义的公众承担责任。"

② 有关这种现象的例子，参见 William O. Douglas, Directors Who Do Not Direct, *Harvard Law Review*, June, 1934，得克萨斯公司股东调查委员会报告。

③ William O. Douglas, Directors Who Do Not Direct, *Harvard Law Review*, June, 1934.

④ 当然，在后来资本市场的发展过程中，随着新型金融产品和投资方式的出现，公众持股公司投资者的所有权和控制力又在一定程度上出现了靠拢的趋势，如证券投资公司作为持股人，就能够在控制公司大部分股份的情况下保持对公司事务的控制。不过即便出现这种现象，却并没有实质改变所有权与控制力分离的现实，因为一方面，公众直接持股的现象仍普遍存在；另一方面，投资公众对投资公司份额的持有同样又导致了新的所有权与控制力分离的问题。

二、物权人失去权益控制力现象导致大陆法系物权法律规则的瓦解

大陆法系的民法理论认为物权法是一种财产归属法,其目的是保护权利主体对归其所属的财产可以直接支配,对该财产所生之任何利益,在其支配范围内,不仅有排除他人支配之作用,而且他人对此种归属负有绝对不作为义务。[①]

物权法规则可以按照所有权和他物权的分类划为两个部分,但无论是哪种规则,对于作为公众持股公司财产所有权人的股权持有人来说都已经丧失了实际的运用和保护作用。

(一)所有权权能形同虚设

股份所有权分散造成证券市场甚至整个社会丧失所有权权益的所有权人数量的剧烈增长,必然对所有权制度乃至整个物权法律制度的适用性造成强烈的冲击。

所有权制度在19世纪下半期以前的法治国家法律体系中的地位举足轻重,其中在民事法律制度中尤为重要。英美法系与大陆法系在所有权制度虽有较大差异,但不外都认为所有权的内容是对客体的占有、使用、收益及处分的权利是一种对客体的最充分、最完整和最广泛的权利,仅仅在个别的情形下法律才可以对这种支配的范围做出一定限制。除此之外,只有所有权人主动放弃自己对客体的控制,否则他将一直保有对物的完全、永久的支配。[②]

然而,一旦将所有权制度与公众持股公司股东的法律地位相比较,我们并不难发现,在股份所有权分散的社会背景之下,股东尽管仍可以被法律认定为公司财产的所有权人,却同时在法律的默认下完全被剥夺了支配的能力(控制力丧失),这种支配的丧失是有投票权丧失和公司内部信息获得能力丧失两大因素造成的。

我国民法物权理论中的权能,是指所有权人作为的权利或者要求他人不作为的权利,[③]亦有法学家将其等同于对其所有之物实施一类行为或一系列行为的可能性。[④] 在英美法上,所有权在理论上是由一束权利所构成,并不存在所有权权能的概念,取而代之的是所有权权益(interest)的概念,是指所有权人所有获得利益的可

① 谢在全著:《民法物权论》,中国政法大学出版社1999年版,第2~3页。

② 所有权的影响力非常普遍,即使在英国,尽管绝对权利的概念并不多,许多人也可以这样说:“该物是我的,我的产权是绝对的,我可以随心所欲地处置我的财产,只不过在使用时才受到些许限制。我还可以将财产转让给另一人的方式把这些权利授予他人。”[英] F. H. 劳森等著:《财产法》,施天涛等译,中国大百科全书出版社1997年版,第114页。

③ 王利明等著:《民法学》,法律出版社2005年版,第311页。

④ 马俊驹等著:《民法原论》,法律出版社2007年版,第326页。

能。但不论是哪种概念,它都是指向所有权人获得对物能够支配控制的必要构成。

所有权权能作为所有权的内容,包括积极权能和消极权能,所有权人依赖于权能,通过实施相应的权能实现自己权益。所有权权能可能部分受到法定或者约定的限制,但所有权人不可能完全失去,按照所有权具有"弹力性"的理论解释,限制总是具有一定期限的,当期限过后所有权会当然地恢复到期圆满状态,所以在大陆法系物权法理论的潜在思路中,所有权的优越性是始终存在的,而且这种当然的优越性意味着所有权人毫不费力地就能掌控自己的所有权。此外,积极权能即便可以与所有权人分离,其效力仍然是由接受一方正常行使,权能本身不会发生失去功用无法保护权利人的结果。

但在公众持股公司,股东作为股份的持有人对公司财产所有权虽然理论上仍存在权能,但这些权能实际上已经无法行使,无论所有权人意图通过何种权能实现自己的权益,他都会发现自己处于孤掌难鸣的局面,进而出现的情况是,所有权作为一种所有权人依法对自己的物所享有的独占性支配的性质,发生了根本上的动摇。具体的表现形式如下:

(1)占有权能。所有权人在一般情况下总是能够对所有之物享有实际上管领的能力,这被认为是占有权能发生作用的结果,所有权人虽未必客观占据所有物,却对占有该物可以主张权利。但是在公众持股公司,股东既对属于自己的公司财产份额不存在事实上的占有(事实上的占有者是控制人),又不可能行使占有权能,因为股东无权占有与自己股份相对应的已缴纳公司财产,若擅自占有则需对公司承担章程或者法律上的责任。

(2)使用权能。所有权人在不毁损所有物本体或者变更其性质的情况下对物加以利用的权能就是使用权能。在现实中对物的使用需以对物的占有为前提。因此物权人必须实现占有权能才可能享有使用权能,而由于公众持股公司股东对公司财产不享有占有权能,自然也就没有使用权能。

(3)收益权能。收益权能是指收取由所有物产生出来的新增经济价值的权能。大陆法系的民法理论认为,公司股东只有收益权能而没有直接使用权能。[①] 这一判断在公众持股公司成为公司主流种类的社会环境下并不充分。公司股东享有股份红利的分配权这是毫无疑义的,但是在所有权分散的情况下,红利等与股份有关的所有人收益并不是体现为能由所有权人自主支配的权能。所有人固然有权获得收

① 马俊驹等著:《民法原论》,法律出版社 2007 年版,第 329 页。

益，然其所应当获得收益的收取、计量与分配却是由公司控制人决定和操作的。[①] 股东可以向公司要求红利等公司经营收益，但是公司控制人完全可以通过编造盈利不足的假象，向股东少分配甚至不分配红利，股东对此难以察觉，[②]收益权能完全失去其原有的效能。

(4)处分权能。所有权人对所有物的处分可以分为事实上的处分和法律上的处分，前者是使所有物的物质形态发生变化或者消灭，后者则是对物的转让、在物上设定权利或者将物抛弃等。这种权能在公众持股公司上的表现如下：

首先，对于事实上的处分来说，股东未经公司同意做出撤资或者消费公司财产等行为侵害了公司和其他股东的利益，必然是为公司章程或者法律所禁止的。

其次，对于法律上的处分，情况比较复杂，以对物的转让来说，所有权人一般能够以此种方式行使处分，然而在特定情况下，由于控制人的行为而导致公司财务状况恶化使财产份额有价无市，当证券价格剧跌时，所有权人即使转让其证券，也无法避免实际受到的损害，这与处分权能是所有权人把握自己利益大相径庭。

以在物上设定权利来看，情况又有所不同，现实中被设立权利之客体财产，必须具有设定权利之权利人所期望的价值才可能成功，而证券作为公司财产份额（这里不包括投票权权益），其价值高低完全依赖于公司控制人的经营与分配，一旦由于控制人的原因导致证券价值贬低，所有权人想要在证券上设定能由自己控制价值额度的权利是不可能的。

再以财产抛弃为例，股东可以通过抛弃股票的方式抛弃自己的财产，但是这种对自己毫无益处的行为在现实中极少会发生，多数情况下股东会采取的是转让证券的处分行为，这样一来又归入了上述第一种法律处分的情况，在所有权和控制力分离的环境下，股东并不能保证公司控制人没有实施损害自己利益的行为。

(5)消极权能。所谓消极权能，即指法律赋予所有权人排除他人违背其意志加以干涉的能力。按照大陆法系物权法理论，所有权人得在法律规定范围之内，依据自己的物权排除他人对所有物违背其意志而进行的干涉。这包括物上请求权，即物的返还请求权、物的妨害排除请求权、物的妨害预防请求权和附带的不当得利返还请求权。然而，在所有权与控制力分离的公众持股公司，非控制所有权人的消极权能并无用武之地：法律确实授予了所有权人主张请求权的权能，但非控制所有权人对公司财产受到控制人的非法干涉缺乏获得信息的能力，所以极容易处于被蒙

① 应当注意的是，这与所有权人让与收益权能给他人完全不同，因为此时所有权人失去的仅仅是收取全部或者部分收益的权利。而在公众持股公司的情况是，所有权享有获取完整的收益权利却无力运用物权法律规则保护自己。

② 虽然股东在理论上可以在公司经济不善、盈利不达预期时更换公司管理层甚至“用脚投票”，但由于对公司盈利信息的把握绝对不足，所以物权法规则的保护权利人所依据的基础实际已经消失。

蔽状态，法定的物上请求权实际无法起到保护作用。

综合上述五点，可以发现，所有权权能对于所有权与控制力分离背景下的公司股东针对公司财产份额所享有所有权权益不产生任何实际的保障作用。所有权人的全面支配性质已经落入控制力之中，仍将其等同于大陆法系物权法规则中的所有权权能，实属不当。

（二）他物权的虚弱性

根据大陆法系民法理论，所有权是权利人依法对自己所有之物享有的物权，即自物权，也是唯一的自物权；除所有权之外其他物权都是他物权，即权利人根据法律规定或者合同的约定对他人所有之物享有的物权。[①] 所有权与他物权相比，前者是最完整的物权，所有权在合法范围内能够对标的物进行全面的、自主的支配，按照自己的意志对标的物进行占有、使用、收益和处分，并排除他人干涉；后者则是不完整的物权，他物权人只享有某些方面的、特定的支配力，只享有所有权的部分权能，他物权的内容除了受法律限制，还受所有人意志的限制，从这个角度，它有时又被称为定限物权。

由此可见，所有权在理论上对物权权益的实现是优于他物权的。不过，近代以来，随着资本主义经济形态越来越复杂，所有权的这种优先地位已很大程度上让位给了他物权。[②] 即便如此，对于公众持股的股东来说，他物权的保护和所有权一样不可靠。

他物权是可以设定在股份上的，如股份质押，这类他物权的权利人确实在所有权权益的取得上有优先于股东之处。然而，民法理论的这种重大调整在所有权分散的公众持股公司及资本市场，对保护他物权人来说是没有什么意义的。因为他物权的优先性仅仅在于所有权失去了既有的权能，而非他物权超越了所有权本来的全面支配性质，所以当所有权的权能在控制人面前失去了保护所有权人权益作用的情况下，他物权人同样也无法保护自己免遭控制人的侵害。以股份质押为例，若该股份的公司在质押后经营不善，或者公司控制人采用欺骗手法低估了证券的价值，质权人都会受到损害，他和所有权人一样，因为无法实际参与公司事务并且信息获取不畅，无法及时得知自己已遭受侵害而行使请求权自保，所以终不免受到损失。

由此可见，大陆法系的他物权在所有权与控制权分离的背景下，同样无法解决

---

① 马俊驹等著：《民法原论》，法律出版社 2007 年版，第 285 页。

② 具体的表现是由他物权直接对物行使支配，而所有权人仅获得他物权之用益（原来的收益权能）和担保（原来的处分权能）的对价请求权，以债权之形态出现，这被称为所有权之虚有化，或称为物权之债权化。参见谢在全著：《民法物权论》，中国政法大学出版社 1999 年版，第 121 页。

新出现的问题,也无法保护他物权人的权益。

三、总结:证券法律规则与大陆法系物权法律规则之间的独立地位

大陆法系物权法规则通过确定财产归属,并以此归属为依据设定物上请求权保护物权人的权益,这种保护机制的现实基础是物权人可以在法律承认财产归属于其享有的规定下,通过自己对情势的判断决定何时以及如何保护自己的权利。这种法律制度在19世纪末20世纪初美国公众持股公司成为民众财富主要载体和分配工具之时,无法解决新出现的财产保护难题。公众持股公司的普遍出现造成股份所有权的分散,而所有权的分散又导致了所有权对财产全面支配的力量急剧下降至可忽略不计。物权法是以财产全体或者财产多数份额所有权人具有控制力为制度设计之出发点,不可能考虑占财产少数份额所有权人以及非所有权人享有控制权的现实问题,这是由其所诞生的时代所决定的。[①] 在物权法律制度丧失其对非控制所有权人保护可能性的历史发展阶段,证券法律制度的出现正是为了确立一套物权法律制度所不可能预见的全新的财产保护规则体系。在这套体系下,法律保护的已经不是传统意义上的物权人,所有权人已经由资本家变成了投资者。

由此可见,证券法的规则体系是在客观环境变化的现实基础上出现的,其目的就是维护公司财产所有权人对自己份额价值的了解和对公司证券活动的监督,而以公司披露和对证券行为实施监管为核心的证券法律制度的出现,顺应了社会发展的需要,构成了证券法律体系的基本内容。因此,证券法律规则从其诞生之日起,就是独立于大陆法系物权法的新兴领域。

① 这种情况其实不独发生在大陆法系,英美普通法上的财产法制度同样无法应对这一变化,其与因为“经理革命”的影响而带来的财产法变革无论在实践还是理论上都完全属于不同的领域。参见[英]F. H. 劳森等著:《财产法》,施天涛等译,中国大百科全书出版社1997年版,第232页。

试论普通法中投邮主义的适用范围

夏秀渊*

承诺的生效时间在合同法中具有重要的意义,因为依合同法,要约因承诺而使合同成立,承诺的生效时间便是合同成立的时间,承诺一旦生效,合同即告成立,双方当事人就受合同规定的权利和义务的约束。关于承诺从何时开始生效,我国法学界流行的观点是:两大法系存在截然不同的规定,大陆法采纳了到达主义,或称送达主义;普通法采纳了投邮主义,或称为发信主义。① 然而,笔者经研究发现,两大法系在承诺生效时间的制度上并无多大区别,普通法实际上采纳的大都也是到达主义,投邮主义在普通法的契约法中的适用范围极其有限,只是合同承诺中的例外规定。普通法针对合同承诺不同的方式有不同的规定,并不都采用投邮主义。

一、口头送达承诺的采了解主义

所谓了解主义,即只有当要约人真正了解了承诺人的意思表示内容后,该意思表示才能生效。依普通法的规定,双方当事人以对话为要约与承诺时,承诺人的承诺必须使要约人听到后方可生效,从而缔结契约。② 这一原则是由丹宁勋爵(Lord Denning)在 Entores v. Miles Far East Corp[1995]2QB327 一案中确立的。丹宁法官在判决该案时曾举一例说明双方当事人以对话为要约与承诺的生效情形:“假设要约人向河之对岸或隔院之某人高声为要约,要约相对人于大声回答时,适值一架飞机飞过双方之头顶,要约人不能听到或听清其回答之内容,在此情况下,双方自无契约可言。倘对方欲与要约人缔结契约,则必须等到该飞机飞过去之后,再一次大声将其承诺内容说出,让要约人听到其回答承诺内容后,双方方可构成有效之契约。”③因此,在以对话进行要约和承诺时,承诺人的承诺表示必须传达到要约人知晓时,方生效力。“然而,如果承诺既清楚又听得见,而要约人没有听清承诺里说了

---

* 夏秀渊,2007 级外国法律史专业,指导老师:何勤华。现工作于江西财经大学。

① 林嘉主编:《外国民商法》,中国人民大学出版社 2000 年版,第 94 ~ 95 页;王利明、崔建远著:《合同法概论 · 总则》,中国政法大学出版社 2000 年版,第 161 ~ 162 页。我国的法学著作大多持类似观点。

② 本文的契约和合同作同义语使用。

③ 杨帧著:《英美契约法论》,北京大学出版社 2003 年版,第 52 页。

什么，除非要约人对承诺人明确地表明他没听清，否则，合同已成立。”①

以电话方式进行要约和承诺的也是如此。《美国合同法重述》第65条指出，以电话承诺者，与当事人面对面的均相同，适用口头承诺的原则。② 两人通过电话订立合同，如果电话线断线，承诺就未完成，那么承诺人必须打电话给要约人确认他已听到了承诺。③否则，合同不成立。

我国合同法在立法上对口头进行要约和承诺的生效原则未作具体规定。在司法实践中，与普通法基本一致。可见，普通法的口头承诺原则与我国的差别不大。

二、以电传、传真和电子数据交换等即时送达承诺方式的采到达主义

对以数据电文（包括电报、电传、传真、电子邮件）形式订立合同，我国采到达主义。我国合同法第16条规定，收件人指定特定系统接收数据电文的，该数据电文进入该特定系统的时间，视为到达时间；未指定特定系统的，该数据电文进入收件人的任何系统的首次时间，视为到达时间。联合国国际贸易法委员会的《电子商务示范法》第15条第2款规定：“除非发送人与接受人另有协议，数据电文收到时间按下述办法确认：如果接收人为接收数据电文而指定了某一信息系统，以数据电文进入该指定信息系统的时间为收到时间。加果接收人并未指定某一信息系统，则以数据电文进入接收人的任一信息系统的时间为收到时间。”由此可见，我国的合同法与该《电子商务示范法》保持了一致。

在普通法中，由于合同法的判例法传统，对于以电传、传真形式进行要约与承诺订立合同的，在判例中规定得更为具体和严格，要求“当事人间所发给对方之表示必须清楚可读，倘因电波干扰不清时，一方当事人必须通知对方重发其要约或承诺表示之内容。而双方间所发给对方之要约与承诺必须到达对方之机器上并清楚可读方可，否则不生效力。倘甲用电传打字机将其承诺之意思发给要约人乙，适值要约人乙之电传打字机上‘字带’用完，所发来之电文无从阅读及知晓，于此情况下，甲之承诺不生效力。甲之承诺非但须送达至乙电传机上，且须完整可读方可生效，而缔结契约。”④

不同的是，我国的数据电文包括了电报，且实行到达主义，而普通法对部分采

① Ewan McKendric：*Contracts Law*，法律出版社2003年版，第43页。

② ［美］A. L. 科宾著：《科宾论合同》，中国大百科全书出版社1997年版，第65页。

③ ［英］P. S. 阿蒂亚著：《合同法概论》，法律出版社1982年版，第43页。

④ 杨帧著：《英美契约法论》，北京大学出版社2003年版，第52页。

用电报订立合同的则实行发信主义。

20世纪下半期,随着计算机、互联网的出现,形成了一种崭新的商务模式——电子商务,即以计算机自动传输、处理数据电文,进行要约和承诺。对数据电文交换(EDI),“美国法律协会(American Bar Association)有鉴于今日商业社会电脑化之发展及需要,特别成立电子信息机动小组(Electronic Messaging Task Force),以草拟及提供利用电子传输技术而可构成契约关系之范本,称之为‘The Model Trading Partner Agreement’作为实用上之参考”。“美国法律协会电子传输机动小组报告中认为,不论是要约或承诺都采到达主义”。[①] 因此,普通法采用数据电文(包括电传、传真、电子邮件等)形式缔结合同的,承诺方式大都采到达主义。正如英国合同法学者阿蒂亚所言,“按一般规则,最根本的是,承诺应送达要约人。而且,直至要约人已被告知并真正收到承诺之前,合同并未成立。”[②]

三、部分邮递送达承诺方式的采投邮主义

“对于必须将承诺真正送达到要约人手中有一个特别重要的例外,这就是当承诺是通过邮局发送时,这个规则就要变化。在这种情况下,承诺生效的时间是承诺人将承诺书投邮的时间。准确地说,是在信封上贴好邮票,写明地址,投入邮筒之时”。[③] 这就是所谓的投邮主义(或称发信主义、邮寄规则)。投邮主义只是普通法承诺生效制度的例外规定,而不是一般原则。投邮主义后来从信函扩大到电报,因为电报也是通过邮局寄送的。

普通法采发信主义或称邮寄规则(Postal Rule或Mail Box Rule)始于1818年的Adams v. Lindsell之判例。其原因有二:一是在合同的订立过程中,双方当事人中必须有一个人来承担承诺邮件被延误甚至丢失的风险,[④]而由要约人来承担这种风险更为公平。因为普通法固守对价原则,坚持要约人可以不受要约的约束。在其要约被承诺以前,可以随时撤销要约。即使要约规定了承诺期限,也可以在该期限届满以前撤销。这项原则本来就对受要约人不利,如果再采取到达生效原则,这就意味着要约人从发出要约时起到收到承诺时止这段时间内,随时可以撤回或撤销要约,这对受约人来说简直是雪上加霜,极为不利,使他感到交易安全没有保障。为了平衡要约人与受要约人之间的利益冲突,普通法便采用了投邮生效原则。二是在

① 杨帧著:《英美契约法论》,北京大学出版社2003年版,第119页。
② [英]P. S. 阿蒂亚著:《合同法概论》,法律出版社1982年版,第53页。
③ 同上,第54页。
④ [美]A. L. 科宾著:《科宾论合同》,中国大百科全书出版社1997年版,第63页。

于19世纪中叶公众对邮政服务的理解。“那时公众认为,信件一旦寄出,不需邮政系统外的辅助,就会到达目的地,这就导致产生邮递一封信等于送达一封信的观念。在现代社会,这种观念显得可笑;随着即时送达方式的出现,投寄等于送达的观点是不可信的。这也许帮助解释了19世纪晚期法官开始把邮递规则限定在十分狭窄的范围内的原因。”①

由于邮递规则的不尽合理,适用时有诸多限制。美国契约法强调,承诺人的承诺信函,必须贴足邮票,正确书写要约人的地址后,投交邮政机关,才构成有效的承诺,从而缔结合同。② 此外,英美契约法还有一些对邮递规则的限制,例如:第一,受要约人使用邮递方式要有合理的理由;第二,要约人可以通过申明承诺只有实际到达时才有效避免邮寄规则的适用。“广泛的例外说明了支持邮政规则的论据的虚弱。认识到这条规则是产生问题的根源,英国法院选择了扩大这条一般规则的例外的方法”③来尽量减少邮递规则的适用。

“今日之英美国家,由于工商之发达,各种新颖传递工具日新月异,如Telex,Fax等之普遍使用,承诺之采发信主义,已极少被采用。”④

四、结　语

由上文论述可知,依普通法的规定,口头送达承诺的采了解主义,以电传、传真和电子数据交换等即时送达承诺方式的采到达主义,投邮主义只不过是合同承诺中的例外规定,且例外中又有例外和限制。其实,两大法系在承诺生效时间的规定上区别并不大,普通法实际上采纳的大多也是到达主义。毕竟,合同是双方当事人意思表示一致的产物,只有当要约人收到承诺之后,合同才可成立。也只有当双方当事人都清楚地知道合同的存在时,才有可能去履行合同。因此,也只有到达主义才较为合理。我国的法学著作过于夸大了普通法投邮主义在合同订立中的作用和适用范围。在英国,有学者建议,“最好的办法是取消这条规则,用正常的规则来代替它,那就是承诺在要约人收到时生效,同时服从这个条件,即承诺一旦寄出,要约人不能取消要约。”⑤只是由于英美人固守传统的缘故,投邮主义才继续存在至今,但是已成为“博物馆里的物品”,⑥在现实生活中已几乎不起作用了。

---

① [英]Ewan McKendric:*Contracts Law*,法律出版社2003年版,第48页。

② 杨帧著:《英美契约法论》,北京大学出版社2003年版,第53页。

③ [英]Ewan McKendric:*Contracts Law*,法律出版社2003年版,第50页。

④ 杨帧著:《英美契约法论》,北京大学出版社2003年版,第14页。

⑤ [英]Ewan McKendric:*Contracts Law*,法律出版社2003年版,第50页。

⑥ 同上,第48页。

倾销是真的伪问题，反倾销是假的真措施

熊建明*

作为一种经济现象，低价销售某种货物已经有几个世纪的历史；如果这种低价销售因其量大且具有持续性而成为法律规范的对象，那么其与实际相符的内容和名称就会被称为“倾销”；如果它在给消费者带来利好的同时，还给同类货物的国内厂商造成损害，那么具有法律性质的反倾销举措就会出台，其实质内容就是针对低价进口产品征收反倾销税等手段，或者使其价格提升至进口方原有的正常价格，或者使进口商觉得无利可图停止低价进口，因此倾销不论真假，对它的反制措施则是实实在在的。

但这种反倾销举措是否真的能够弥补同类厂商受到的损害，即其救济之法律效果殊值怀疑，而它给出口商和进口商所带来的损害则是实实在在的，同时给消费者造成的短期利空也是可以观察得到的；同时其他厂商低价销售是否以及怎样导致这些同类厂商的损害，无论是在经济上还是在法律上，甚至在常识上都需要认真讨论严肃对待。尽管从文义上理解经济与法律中的倾销似乎并不困难，但在生活中到底如何判断却并非易事。本文就是基于常识视角来探讨此问题。

首先，不管如何界定倾销，低价销售货物是其基本本义，而无论怎样理解低价销售，它总是为了谋取利益应该是有关此现象之共识。有人认为近期一时的低价销售货物是为了将来长期大量高或正常价格销售打基础的，即低价本身不是目的，而是作为一种销售规划的策略行为；该策略构成对其他厂商的不正当竞争并造成了损害，因而需要法律出面予以制止或消除，这是目前反倾销的理论基础。但同样是低价销售，可能本身就是目的，即不是因为有意识地要低价，而是即使按照正常的价格形成机制来衡量，低价才是它的正常价值，高于此低价的销售可能还是不合理的定价；但即便如此，对销售者而言，它同样是正确合理的盈利模式。在本质上这种低价销售方式就是薄利多销。有学者将上述两类低价销售从倾销角度分别定义为真倾销，如前者，和假倾销如后者。

在“薄利多销”的结构中，“薄利”能够存在的前提就是其可以“多销”，而“多销”能够存在的前提是货物数量不仅多而且供应渠道也没有问题，但多销的目的并非薄利，还是在于多销之多利；薄利只能存在于多销行为中，每销售一个最小单位

* 熊建明，2008级外国法律史专业，指导老师：何勤华。现工作于南昌大学。

货物，其获得的单个利润不高，无数个微小利润的销售积累下来就是多销之多利。所以从薄利多销角度来看倾销，应该将无法在数量上实现持续性多销的低价货物排除在反倾销调整对象之外。如果薄利的来源①是每次销售行为中的低价，且此低价并非是与其他销售主体售价比较所形成的，而反倾销反的正是基于市场合理的此低价销售，那么就算它是真的，也是假的真制裁；因为它针对的是不该针对的正常现象，而它意图制裁的对象并不存在，即使存在也是不合理的，是应该由市场本身加以淘汰的，题目中"假的真措施"指的就是这种反倾销举措。

反过来将这种本来就属于薄利多销中正常的低价销售用"倾销"一词来描述，本身就另有目的；有意使其成为伪问题，就是一种对真实情形的扭曲，因而属于题目中"真的伪问题"。说这种伪问题是真的还有一层意义，就是它是真反倾销举措出台的事实与法律依据，因而极其有害。尽管从理论上讲真正的倾销只能源于将低价销售作为暂时性营销手段，而不可能是真正属于薄利多销的低价买卖，但在这个纷繁复杂的贸易大世界里，区分这两种低价才是适用反倾销的关键。表面上看是要求探讨区分技术或规则，实际上是要讨论形成低价的原因，借此原因探索低价销售的类型。

其次，即使生产的货物种类、品质完全相同，由于生产分别位于不同地域进行，以地域为基础的各种自然的、人口与素质的、社会的、政治的、经济的、文化的差异，也会导致其投入的人力与物力不尽相同，表现在货币化的价格上也不可能完全相同。即使都在进口国有意识地采用其正常价格进行销售，也只能将此举看成是有意要掩盖或者忽视此种价格差别。以为只要是生产销售同种货物，都采用的市场化配置资源，最终形成的正常市场价格各地就应该相同，是过分倚重市场拉平差异的功能；因为即使同为市场机制，欧、美、日等发达国家所表现出来的市场特征都不同，怎能要求市场完全消灭价格差异？哪怕将来形成所有货物的全球化生产销售的市场体制，也不能要求所有置身于其中的厂商及产品遵循完全相同的定价体系，而忽略市场容忍并鼓励差异的特性，否则就是市场专制主义，全球化的市场本意必须含有主体多元、利益多样，规则虽然本质相同但其表现形式及作用途径则呈现出万千气象。有时即使能够完全进入全球市场所有角落的货物，也不能不论产地，就一味要求所有进入终端市场的产品其价格完全一样；这就像 NBA 赛场上曾经出现过的中国运动员，如姚明、易建联、王治郅等，尽管他们都是篮球运动高手，且都在 NBA 赛场上尽情施展其才华，但高手与高手还是不一样的，那么衡量其不一样素质

① 薄利来源还有高价销售和正常售价所致，前者是指货物本身的生产制造成本很高，而实际销售价格又不可能定得远远高于此已经很高的总成本，后者是由于竞争激烈或其他原因，销售利润本身难以提高而属于微利之列。

的货币化表现也不可能完全一样。如果要求三人完全一样的市场价格那才是不可能的。市场并不要求价格一体化，只要求形成价格的进路必须以市场配置资源为基础。

同样的情形在来自不同产地的货物销售上也同样适用，货物的先天禀赋不同，价格要素及定价机制当然不同，那么实际呈现出的价格指数当然就该不同。进口国的正常价格反映了进口国生产销售同类货物的禀赋；如果出口商与进口商之间的货物进口贸易不是边境贸易，而是非相邻国间贸易，那么经由出口国出口，然后经过运输加保险，到进口国办完一切海关与税收手续，再加上进口商的预期利润，最终由消费者支付的价格若仍然低于进口国的正常价值，那么有问题的可能就不应该是进口商品，而应该是本土商品。如果认真地对待市场并尊重以市场为基础的产品竞争，那么受到“责罚”的不但不该是进口商品，相反应该将本土产品予以淘汰才算符合市场原理。因为外来的商品照见了本地商品的市场机制值得改进之处及其价值空间。

即使认定这种进口产品构成倾销，那也是该产品内在的价格品质要好于本土产品所致，就好像迈克尔·乔丹打篮球的技术远远超过姚明，是前者适于篮球的素质要好过后者一样；除非不允许进口，否则永远也显示不出二者的差异；但问题在于这种认定是由进口国消费者“用脚投票”来实施的，却将规制的板子打在被认定对象的身上有违公正。因为道理很简单，如果不是进口国对此产品需求旺盛，没有人会大量进口。必须针对进口产品采取反倾销措施固然是一国或地区经济管理权限的表现，但不能因此指责进口产品不符合市场规律。因此要认真地识别现实生活中低价销售货物的行为是否属于反倾销所针对的倾销，恐怕不能单单地只依赖于进口产品的出口价格低于正常价值，这个看似简单实则并不包含实质内容的套话。无论这种销售低价是作为市场竞争的手段，还是其低价本身就是目的，只要这种低价是真实的，即不管是依出口国还是进口国都认可的市场方式所形成的，那么低价本身就具有自然法意义上的正当性与合法性；如果因此低价反而受到反倾销的法律待遇，那么这种反制措施本身的正当性就值得反省甚至应该成为可诉的事项；这就像天生丽质者，面对其先天即有的独一无二之素质，资质平常甚至平庸者不能依自身经历所能够理解的标准来约束之，尤其是人定的标准远远低于此先天素质时更是如此。将这样类型的低价销售视为倾销来反制，实质上就是反市场的贸易保护主义体现。不仅不该鼓励，还该设计相关的规则加以限制。

因此若反倾销中的倾销包含了这种低价销售类型，那么尽管倾销的设计与反倾销举措的运作充满了智识与利益追求，却是典型的违反常识之为。对违反常识的行为就亟须反省与批判。

再次，仅仅通过低价销售之客观事实尚不足以认定在进口国低价销售货物的行为是出口商与进口商合谋占领进口国同类产品市场的策略行为,①更不足以认定它们就是倾销。因为低价与倾销是两种完全不同的情形,即使认定这样的低价销售构成了倾销,但也难以理性地解释其行为动机及目的与手段间的合宜性,因为这样做首先是违反常识的。常识性理由可从三个方面展开,第一,这不是通常所说的投机行为,因为是否能够通过低价策略挤走甚至挤垮进口国所有的同类厂商,是一个极大的未知数,出口商本身不能掌握这种决策所必须依赖的信息总汇,只有进口商才有可能,但进口商如何才能说服出口商听从其冒险性建议,需要极大的利益输送才有可能达到。因为出口商并没有这样的激励基础。第二,它不符合常识,在以进口国既有的市价销售就能得到较好的利益回报,出口商为什么要去冒这样的风险?在低价销售过程中,其本该赚取的利润却由于低价导致流失,那么由谁来弥补,如果整个世界都是出口商的出口地,那么为什么要在一棵树上费如此气力,这些基本的常识性考虑都被反倾销规则的制定者所忽略。第三,如果一切都如策略行为体所愿,独占了进口国国内市场后再恢复甚至大幅度提高价格,消费者会有所反应,其反应会聚在一起就成为政治议题,进而上升到所在国之公共利益,政府这只有形的手是一定会为之有所反应的,其结果就是给策略下的如意算盘设置重重障碍缩减行为者的利益预期,同时价格复原到低价销售之前状态后,同样也会鼓励原先被挤走的进口国国内资本重新进入此同类产品生产领域,因为有利可图,而独占者不能制止他人合法进入。如此多的不确定因素制约着未来收益率,而行动伊始就意味着既得利益的减损,对于理性人来讲,没有人会去冒这样几乎无收益预期的风险。所以无须更多理由论证,倾销是个伪问题是毫无疑义的,但它却被国际社会所重视,所以是个真的伪议题,而反倾销则是真举措,但它针对的就是这种假倾销,因而是假的真措施。

还有,从经济的角度讲,世界经济格局已经从以货物出口为基础的经济联系,进化到以产业分工为界面的产业整合体制。产业的整合就意味着世界贸易是以产业分工为基础,而不再以产品竞合为纽带,因此某个国家某些厂商在国际上基于市场分工而专门生产某些产品供应全球,这就意味着它们的价格就是各国和地区必须参照的正常价格,即其出口到世界各地的价格同时也就是各地的正常价格,其不同地方略有差异只是源自纯粹的成本增减而非出自销售策略。那么倾销就失去了判断基础,反倾销也就成了无根之浮萍。但倾销与反倾销的话语体系从根本上忽视这种不可逆转的世界大势,因而是不可取的。

最后,从利益角度来谈倾销伪问题的真实性和真反倾销措施的虚假性。低价

---

① 事实上即使按照民事诉讼法之民事证据优势原则来衡量,认定此事实也极其艰难,因而结论也是极为勉强的,限于篇幅不便展开。

销售首先极有利于进口国消费者，从而整体改善整个社会以此产品为基础的公共福利，还有利于进口商，他们同样也是进口国政府应该依法保护的利益。至于是否有损于进口国同类产品厂商，则不可仅仅基于其难以降价而导致的库存增加、销量锐减、收益不增就贸然确证。还是以姚明为例，在中国与姚明同时代的篮球运动员中，姚明是鹤立鸡群的佼佼者，那么篮球运动市场化带给姚明的收益是要远远超过其他运动员的，如果为了保护相对于姚明而明显被冷落的他们强行断定姚明的市场化违规，恐怕是没有人信服的。不从消费者视角来考虑低价销售及其货物品质给其带来的效用，而简单地基于销量受影响造成的损失以类比形式认定同类厂商受到损害，是说不过去的，也违反人类交换之天性。即使所谓损害真的存在，也要与进口商和消费者所获利益进行权衡，如果总体福利未至减损而是还有增加，不能"会哭的孩子有奶吃"；仅凭同类厂商的叫苦申诉就终止这种低价进口举动，就可归于选择性执法，而执法也沦落为只为某些利益集团谋利的工具，绝非社会整体之福。也不能"欺负"进口商力量微弱于同类厂商，就不考虑其正当利益诉求，更不能基于集体行动的逻辑，导致消费者大集体相较于同类厂商小集团行动起来更无动力也更乏便利，因而表达利益呼声比较困难，就置之不理其业已存在的广泛利益。因为从本质上看，反倾销措施的发动，是一种旨在保护少数人特权的特殊途径，是对无法组成有效激励下有效行动的消费者群体利益的巨大损害与歧视之举。作为全民政府，有必要反省并批判这种不明智的无效率约束低价销售的法律体制。

司法篇

传统刑事侦查中的“不立案”

——以禁止性要件为研究中心

倪　铁*

在现代中国的刑事侦查启动中,并不是每一个案件来源所提供的犯罪材料和犯罪线索都能通过刑事侦查机关的审核的,如果刑事侦查机关经过初查,认为没有犯罪事实存在,或没有刑事责任需要追究,就不予立案,刑事侦查程序也就无从启动。这里,不立案实质上起到一个犯罪信息过滤器的作用,但传统刑事侦查启动领域中,没有如现代中国刑事诉讼中的“不立案”的程序设置,但它也有自己的刑事侦查启动的过滤机制,这就是传统刑事侦查启动领域中的禁止性要件。

一、案件来源的过滤机制——传统刑事侦查启动中禁止性要件的整体考察

就一般意义而言,传统刑事侦查是为了揭露、惩治传统社会中的犯罪而进行的一系列专门性调查手段以及采取的刑事强制措施,它最首要也最基本的任务就是必须要解决追究犯罪的前期犯罪调查活动。为了保证任务的顺利达成——查明案件事实、收集证据、捕获犯罪嫌疑人,为了恢复社会的安定和秩序,传统社会的刑事侦查启动都关注其及时性、随机性等。但同时,传统刑事侦查也是带有强制性的犯罪调查活动,它会对社会个体的权利构成一定程序上的暂时限制,如果使用不当,可能会贬损传统社会统治当局的权威。因此,不论是中国传统社会形态发展到哪一个阶段,其律令制度都会对启动刑事侦查设定禁止性要件,对刑事侦查启动予以必要的限制,这些限制构成了刑事案件来源的过滤机制。

同时,传统刑事侦查启动也是一个双向互动的过程,它是被害人、犯罪嫌疑人、犯罪知情人等与刑事侦查职能主体之间的相互作用,通过前者的活动,后者获得案件来源,进而决定能否启动刑事侦查。在上述的各种启动传统刑事侦查途径中,无论是被害人的“告报”,还是犯罪嫌疑人“自首”,抑或是犯罪知情人的“告奸”,都为刑事侦查职能官司提供了案件来源材料和犯罪线索,但是它们无法直接、单独地启

* 倪铁,2005 级法律文化专业,指导老师:徐永康。现工作于华东政法大学。

动犯罪调查活动,它必须获得刑事侦查职能官司的查证核实。

犯罪信息通过传统刑事侦查启动的各种途径传递给刑事侦查职能主体,但并不是所有的案件来源都可以通过职能官司的审核,在传统刑事侦查职能主体对案件来源的审查中,有相当一部分案件来源被刑事侦查启动禁止性要件过滤掉,从而造成了“刑事侦查启动不能”的状态。① 传统刑事侦查的“启动不能”,一方面,源自案件来源的信息质量问题;另一方面,它还源自传统刑事侦查启动规范中的禁止性要件;此外,它还与传统政制中的职官绩效激励相关。

在传统刑事侦查启动中,禁止性要件既涉及实体性的要件,也涉及特定的形式要件。在中国传统社会中,各种案件来源必须不能违反特定的实体要件,如事由、特殊身份以及一定的证据等要求,它们也不得违反程序上的禁止性要件,如署名、语词等要求,否则相关刑事侦查职能机构不予启动刑事侦查。虽然,不同时期的王朝对刑事侦查启动规定不同的禁止性要件,但一般来说,历代王朝往往从以下几方面设置禁止性要件:刑事侦查管辖方面、犯罪告举主体方面、犯罪告举客体方面、犯罪告举形式方面等。

值得一提的是,为了防止案件来源的过滤机制造成不可挽回的严重后果,中华帝国的刑事侦查启动机制为紧急事件处理留下了空间,这同现代刑事侦查启动程序中所设置的立案紧急处理机制之原理如出一辙。《唐律疏议》规定:

官司承告,不即掩捕,经半日者,各与不告罪同;若事须经略,而违时限者,不坐。……【疏】议曰:官司承告谋反以下,不即掩捕,若“经半日者”,谓经五十刻,不即掩捕,各与“不告”罪同。“若事须经略”,谓人众既多,须得人兵器仗,如此经略,以故违时限而失罪人者,不坐。②

诸强盗及杀人贼发……官司不即检校、捕逐及有所推避者,一日徒一年。窃盗,各减二等。……【疏】议曰:……“官司不即检校”,谓随近受告官司,不即检校、捕逐,及与随近州、县、镇、戍、府、监等相推,或假以余事辞讫者,一日徒一年。若是窃盗,从“同伍”以下,各减二等。③

对于谋反等重大犯罪的高举,监管官司等负有刑事侦查职能的主体必须及时地检校、掩捕,否则按迟滞的时间不同分别处以不同刑罚。该紧急措施机制一方面弥补了犯罪信息过滤机制形成的漏洞;另一方面它也能有力地提升刑事侦查职能

① 传统刑事侦查的启动不能,正如其在字面意义上所反映的那样:经由传统刑事侦查启动途径来源的各种犯罪信息,但并没有获得刑事侦查职官的认同,或不认为存在犯罪,或认为不应当追究,或基于法外因素的考量,各案件来源所传递的犯罪信息并没有启动传统刑事侦查活动。

② 《唐律疏议·斗讼》第340条,“知谋反逆叛不告”条。

③ 《唐律疏议·斗讼》第360条,“强盗杀人不告主司”条。

机关纠举犯罪的效能。故此，该机制得到帝国各朝的援引，清朝亦规定：①

凡告谋反叛逆，官司不即受理(差人)掩捕者，(虽不失事)杖一百，徒三年。(因不受理掩捕)以致聚众作乱，或攻陷城池，及劫掠民人者，(官坐)斩(监候)。若告恶状，(如子孙谋杀祖父母、父母之类)不受理者，杖一百。告杀人及强盗不受理者，杖八十。

二、传统刑事侦查管辖方面的禁止性要件——禁止越级告举犯罪

对于叛、逆、机密重事等，几乎各王朝都放弃刑事侦查职能管辖、管辖级别管辖的限制，但对于一般犯罪的告举，则设置了相当严格的限制。早在帝国盛世的唐代，其疏议文曰："凡诸辞诉，皆从下始。从下至上，令有明文。谓应经县而越向州、府、省之类，其越诉及官司受者，各笞四十。"②犯罪告举必须向有刑事侦查管辖权的最下级官司进行，越级告举的，要承担笞四十的刑事责任。帝国以后的历代以之为蓝本，并一直都因循该规则。

帝国晚期的明清律令也禁止越诉，规定词讼须自下而上地陈告，州县的刑事案件陈告必须向本管地方官提出。以明清时期为例，《大明律》规定："凡军民词讼，皆须自下而上陈告，若越本管官司，辄赴上司称诉者，笞五十。"③同时代的《问刑条例》对这一条多有展开：④

凡土官门人等，除叛逆机密，并地方重事，许差本等头目赴京奏告外，其余户婚、田土等项，俱先申合干上司，听与分理。若不与分理及阿徇不公，方许差人奏告，给引照回，该管上司，从公问断。若有蓦越奏告及已奏告，文书到后三日，不出官听理，与已问话，不待归结，复行奏告者，原词俱立案不行。其妄捏叛逆重情，全诬十人以上，并教唆受雇，替人妄告，与盗空纸用印奏诉者，递发该管衙门，照依土俗事例发落。若汉人投入土夷地方，冒顶亲属、头目名声，代为奏告，报酬、占骗财产者，问发边卫充军。

各处军民词讼，除叛、逆、机密等项重事，许其赴京奏告，其有亲邻全家被人残害及无主人命，官吏侵盗系官钱粮，并一应干己事情，俱要自下而上陈告。若有蓦越奏告者，俱问罪。除四川行都司所属及云贵、两广各给引照回，若四川其余地方并南北

---

① 《大清律例·刑律·诉讼》第334条，"告状不受理"条。

② 《唐律疏议·斗讼》第359条，"越诉"条。

③ 《大明律·刑律·斗讼》第355条，"越诉"条。

④ 那思陆著：《明代中央司法审判制度》，北京大学出版社2004年版，第154页。

直隶、浙江等处，各递回所司听理。若将不干己事，混同开款奏告者，法司参详，止将干己事件开款施行，明白开款，立案不行。

为事官吏、军民人等，赴京奏诉一应事情，审系被人奏告，曾经巡抚、巡按或两京法司见问未结者，仍行原问各该衙门，并问归结。若曾被人在巡抚、巡按官或两京法司具告，事发却又朦胧赴隔别衙门告理，或隐下被告人奏告缘由，牵扯别事赴京奏行别衙门勘问者，查审，俱将奏告情词，立案不行。仍将犯人转发原问衙门，收问归结。若已经巡抚、巡按官或两京法司问结发落，人犯赴京奏诉冤枉者，方许改调无碍衙门，勘问办理。

三、传统刑事侦查启动主体方面的禁止性要件——禁止特殊群体告举

传统刑事侦查启动主体方面，老、幼、笃疾、妇人、现禁囚及具有其他特殊身份的人群禁止告举犯罪。

首先，为老、幼、笃疾、妇人设置了生理条件上的禁止性要件。《唐律疏议》规定：①

即年八十以上，十岁以下及笃疾者，听告谋反、逆、叛、子孙不孝及同居之内为人侵犯者，余并不得告。官司受而为理者，各减所理罪三等。……【疏】议曰：老、小及笃疾之辈，犯法既得勿论，唯知谋反、大逆、谋叛，子孙不孝及阙供养，及同居之内为人侵犯，如此等事，并听告举。自余他事，不得告言。

宋代有所松动，孤老者可以告举犯罪，太宗雍熙四年(987年)规定："七十以上老人词诉，须令宗族中一人同状，官司乃得受，但如孤老无宗者不在此限。"但随后的帝国王朝仍恢复并加强了唐律对生理上特殊人群的限制，并将限制扩大到了妇女，《大明律》规定：②

其年八十以上、十岁以下及笃疾者，若妇人，除谋反、逆叛、子孙不孝，或己身及同居之内为人盗诈、侵夺财产及杀伤之类，听告。余并不得告。官司受而为理者，笞五十。

帝国统治者为了标榜自己的仁政和"矜老恤幼"，为老、幼、笃疾者规定了特殊的刑罚优待，在特定范围内并不追究这类特殊人群的刑事责任，一旦其诬告难以采取措施来反坐他们，故帝国法律武断地一概禁止他们所为之犯罪告举。而对妇女

① 《唐律疏议·斗讼》第352条，"囚不得告举他事"条。

② 《大明律·刑律·斗讼》第362条，"现禁囚不得告举他事"条。

告举犯罪的限制,则体现了宋以后历朝理学对法律的影响,这也是宋以后明清时代妇女法律地位下降的结果。

其次,对具有特殊法律地位的人——现禁囚不得告举他事。唐律规定:①

诸被囚禁,不得告举他事。其为狱官酷己者,听之。……【疏】议曰:人有犯罪,身在囚禁,唯为狱官酷己者得告,自余他罪并不得告发。即流囚在道,徒囚在役,身婴枷锁,或有援人,亦同被囚禁之色,不得告举他事。又准狱官令:"囚告密者,禁身领送。"即明知谋叛以上,听告;余准律不得告举。

正处于囚禁状态的人,其法律身份比较特殊,除了危及王权的重大犯罪以及虐囚犯罪外,其他犯罪均不可以告举。这一规则被帝国历朝所沿袭,《大明律》亦规定:"凡被囚禁,不得告举他事。其为狱官、狱卒非理凌虐者,听告。若应囚禁被问,更首别事,有干连之人,亦合准首。依法推问科罪。"②

再次,对具有特定亲属关系或人身关系者——禁止服制内亲属、主奴的犯罪告举。一方面,中华帝国的律法早在汉朝就将"亲亲得相首匿"确立下来,禁止近亲属之间的犯罪告举。自唐始,进一步细化这一禁止性的规则,并根据服制之远近确定违反规则之处罚。唐律规定:"诸告祖父母、父母者,绞。谓非缘坐之罪及谋叛以上而故告者。"③"诸告期亲尊长、外祖父母、夫、夫之祖父母,虽得实,徒二年;其告事重者,减所告罪一等;所犯虽不合论,告之者犹坐。"④"诸告缌麻、小功卑幼,虽得实,杖八十;大功以上,递减一等。"⑤明清亦沿袭之。另一方面,自唐代开始,亲属之间的犯罪告举禁止的范围扩展到府主与部曲奴婢之间。《唐律疏议》中的规定尤为典型:"诸部曲、奴婢告主,非谋反、逆、叛者,皆绞;被告者同首法。告主之期亲及外祖父母者,流;大功以下亲,徒一年。"⑥《大清律例》诉讼编之"干名犯义"条也对禁止近亲属间的犯罪告举。

最后,设定了特殊情形的禁止性要件——禁止以诉事而自毁伤者告举犯罪。为了保证帝国的刑事司法的有序进行,律法禁止为了告举犯罪而自毁伤的行为发生。作为帝国模范法典,《唐律疏议》规定:⑦

自毁伤者,杖一百。虽得实,而自毁伤者,笞五十。……【疏】议曰:"邀车驾"以下,诉人所诉非实,辄自毁伤者,皆杖一百。若所诉虽是实,而自毁伤者,笞五十。

---

① 《唐律疏议·斗讼》第352条,"囚不得告举他事"条。
② 《大明律·刑律·斗讼》第362条,"现禁囚不得告举他事"条。
③ 《唐律疏议·斗讼》第345条,"告祖父母父母"条。
④ 《唐律疏议·斗讼》第346条,"告期亲以下缌麻以上尊长"条。
⑤ 《唐律疏议·斗讼》第347条,"告缌麻以上卑幼"条。
⑥ 《唐律疏议·斗讼》第349条,"部曲奴婢告主"条。
⑦ 《唐律疏议·斗讼》第358条,"邀车驾挝鼓诉事不实"条。

宋王朝的律法沿袭唐之制,《刑统》照搬了《唐律疏议》对告举犯罪自毁伤者的禁止性规定。宋哲宗绍圣二年,哲宗感于江南转运副使马碱所言,以诏令的形式规定:“诉事而自毁者,官不受理。”①后来,此制在明清律中湮灭而不查,但其作为中国传统刑事侦查启动的禁止性要件,较有特色,并一度在帝国最强盛时期发挥重要作用。

四、传统刑事侦查启动客体方面的禁止性要件——禁止告举“赦前事”

中华帝国的不少君王以“仁义”自夸,在他们的仁政举动中,“赦”就是很好的工具和手段。按照有关赦免的法律规定:恩赦时,不但已决犯免予处罚,而且对未决犯也免于追究,至于尚未发现的犯罪当然也予一体赦免。故此,帝国禁止告举赦前犯罪,官司不得受理此类犯罪告举,告言者也要被处以反坐之刑。唐律“以赦前事相告言”条禁止告举“赦前事”:②

诸以赦前事相告言者,以其罪罪之。官司受而为理者,以故入人罪论。至死者,各加役流。……【疏】议曰:“以赦前事相告言者”,谓事应会赦,始是赦前之事,不合告言;若常赦所不免,仍得依旧言告。假有会赦,监主自盗得免,有人辄告,以其所告之罪罪之,谓告徒一年赃罪者,监主自盗即合除名,告者还依比徒之法科罪。官司违法,受而为理者,“以故入人罪论”。谓若告赦前死罪,前人虽复未决,告者免死处加役流,官司受而为理,至死者亦得此罪,故称“各加役流”。若官司以赦前合免之事弹举者,亦同“受而为理”之坐。

禁止告举赦免前犯罪,该项刑事侦查启动禁止性的要件充分地体现了对恩赦之君王权威的维持,由于它的维系君王恩赦的功用,得到历代帝王的沿用。帝国末代王朝的清也规定“事在赦前,不准”。③ 并在《大清律例》中以“常赦所不原”条对之予以认同:④

以赦前事告言人罪者,以其罪罪之。若干系钱粮婚姻田土等项罪,虽遇赦免,事页究问明白。

---

① 《宋会要辑稿》三之二十一。

② 《唐律疏议·斗讼》第354条,“以赦前事相告言”条。

③ 《大清律例会通新纂》,第2923~2924页。转引自那思陆著:《清代中央司法审判制度》,北京大学出版社2004年版,第167页。

④ 《大清律例·名例》第16条,“常赦所不原”条。

五、传统刑事侦查启动形式方面的禁止性要件——禁止匿名、称疑告举

传统刑事侦查启动形式方面,禁止告举中匿名、匿年月、语词称疑以及干己辞讼不亲赍等。首先,禁止匿名告举犯罪。传统社会中的刑事司法资源十分有限,犯罪信息的传递和核实需要耗费大量的成本,而匿名告举犯罪极易滋生飞短流长的谣言,不利于帝国秩序的稳定和长治久安,故自帝国建立之初的秦王朝严禁匿名告奸,后世历朝均沿袭之。秦时规定"有投书,勿发,见辄燔之",匿名告举人要被作为罪犯来惩处。唐代以"投匿名书告人罪"律文禁止匿名举告:"投匿名书告人罪诸者,流二千里。"①相比于秦汉时的匿名举告的禁令,唐律中的规定限制更加严格:"绝匿姓名及假人姓名,以避己作者。弃置、悬之俱是,谓或弃之于街衢,或置之于衙府,或悬之于旌表之类,皆为'投匿'之坐。"也不论其所告罪名轻重,一律以"流二千里"罚之。宋时亦重罚匿名告奸,"逻者连得匿名书告人不轨,所涉百余家。……即枭其首于市。"②帝国晚期的《大清律例》亦规定"投匿名文书告人罪":③

凡投隐匿姓名文书告言人罪者,绞。见者即便烧毁,若不烧毁将送入官司者,杖八十。官司受而为理者,杖一百。被告言者,不坐。

清朝的法令中对匿名举告犯罪所配属的刑罚为"绞",告报法司尚处以"杖八十"的刑罚。这些处罚,相比于唐时的"流二千里",清朝对匿名告举犯罪的禁止力度更大,恐吓也更为严酷。

其次,禁止匿年月、称疑告举犯罪。禁止匿年月的规则入律迟至唐时,《唐律疏议》中的"告人罪须明注年月"条载:

诸告人罪,皆须明注年月,指陈实事,不得称疑。违者,笞五十。官司受而为理者,减所告罪一等。即被杀、被盗及水火损败者,亦不得称疑,虽虚,皆不反坐。……【疏】议曰:告人罪,皆注前人犯罪年月,指陈所犯实状,不得称疑。"违者,笞五十",但违一事,即笞五十,谓牒未入司,即得此罪。官司若受疑辞为推,并准所告之状,减罪一等,即以受辞者为首,若告死罪,流三千里;告流,处徒三年之类。即被杀、被盗,为害特甚,或被人决水、纵火漂焚财物,盗即不限强、窃,漂焚不问多少,告者皆须明注日月,不合称疑。推问虽虚,皆不反坐。若称疑者,官司亦不合受理;即虽受理,官司亦得免科。

① 《唐律疏议·斗讼》第351条,"投匿名书告人罪"条。

② 《宋史·王安礼传》。

③ 《大清律例·刑律·诉讼》第333条,"投匿名文书告人罪"条。

大唐王朝严禁匿年月的告举犯罪,“告者皆须明注日月,不合称疑”。对于告举犯罪的,即使署上不实的年月也不处罚,其对告举犯罪的形式性要求极其严格,这在程序观念淡薄的中国传统法律中是极其罕见的。赵宋王朝几乎只字不差地沿袭了唐的这一法条,甚至连处罚也一样:“诸告人罪,皆须明注年、月,指陈实事,不得称疑,违者,笞五十。”①明清亦沿袭之:“状内所告无真正年月日者,不准。”②

再次,禁止虚言、繁文告举犯罪。帝国帝国晚期的明清时代,在唐宋律禁止称疑告举犯罪基础上,律令将告举犯罪的禁止性规范扩展到言词方面,“其陈言事理并要直言简易,每事各开,前件不许虚饰繁文”。③ 在《大清律例》中的“上书陈言”条附例中对“官纠举”的告举言词要求极为严格:

内外大小衙门官员但有不公不法等事,在内从台省,在外从督抚。纠举须要明着年月、指陈实迹、明白具奏。若系机密重事,实封御前开拆,并不许虚文泛言;若挟私搜求细事及纠言不实者,抵罪;惟生员不许一言建白,违者革黜,以违制论。④

最后,禁止干己辞讼不亲赍。帝国早期的刑事侦查启动中,并没有对告报词讼是否本人有特别规范。但是,帝国晚期的律例则严格禁止“无故不行亲赍”的行为,要求军民对于干己词讼必须亲自递送。⑤ 明帝国的《问刑条例》“越诉”条附例规定:“军民人等干己词讼,若无故不行亲赍,并隐下壮丁,故令老幼、残疾、妇女、家人抱赍奏诉者,俱各立案不行。仍提本身或壮丁问罪。”而清代的《大清律例》也明白禁止干己辞讼不亲赍,其律文规定与明代的几无差别。

此外,传统刑事侦查启动领域中此类禁止性的规范还有很多,仅以集数千年帝国法制之大成的《大清律例》为例,刑事侦查启动的禁止性规范涉及:(1)被劾官员奏告以图报复的情形,不得受理启动刑事侦查。“曾经考察,考核被劾人员,若怀挟私念,摭拾察核官员别项赃私不干己事奏告,以图报复者,不分现任去任,文武官俱革职为民,已革者问罪,奏告情词,不问虚实,立案不行。”⑥(2)告举犯罪牵连无辜的情形,不得受理启动刑事侦查。“凡词状只许一告一诉,告实犯实证,不许波及无辜,及陆续投词,牵连原状内无名之人。如有牵连妇女,另具投词。倘波及无辜者,一概不从准,仍从严治罪。”⑦(3)事不干己,而滥行呈控,并具有非法目的,不得受理

① 《宋刑统》卷二十四,“犯罪陈首”条。

② 《大清律例会通新纂》,第2923~2924页。转引自那思陆著:《清代中央司法审判制度》,北京大学出版社2004年版,第167页。

③ 《大清律例·礼律·仪制》第171条,“上书陈言”条。

④ 《大清律例·刑律·诉讼》第332条,“越诉”条。

⑤ 那思陆著:《明代中央司法审判制度》,北京大学出版社2004年版,第155页。

⑥ 《大清律例·名例》第16条,“常赦所不原”条。

⑦ 《大清律例·刑律·诉讼》第336条,“诬告”条。

启动刑事侦查。“凡官民人等告讦之案,察其事不干己,县系诈骗不遂,或因怀挟私仇以图报复,内外问刑衙门,不问虚实,俱立案不行。”①(4)不遵状式及无副状者,不得受理启动刑事侦查。(5)将已结之案翻控者,不得受理启动刑事侦查。(6)报盗窃无出入形迹,及首饰不开明分两、衣服不开明绵绫缎布皮棉单夹者,不得受理启动刑事侦查。(7)被告干证不得牵连多人,如有将无干之人混行开出及告奸盗牵连妇女作证者,除不准外,仍责代书。(8)生监、妇女、老幼、笃疾,无报告者,不得受理启动刑事侦查。(9)无代书戳记者不阅,违式双行叠写,定责代书。②

① 《大清律例·刑律·诉讼》第336条,“诬告”条。

② 《大清律例会通新纂》,第2923~2924页。转引自那思陆著:《清代中央司法审判制度》,北京大学出版社2004年版,第167页。

中国传统调解制度溯源

洪冬英*

任何社会中,对因个人争端而引起的冲突存在着不同的解决途径。诉讼仅是由避免冲突到暴力等诸多可能性的其中一种选择。解决争端方法的多样性,以及任何文化中存在的对这些方法的社会性选择,宣示出有关社会中人们的理想、对自身的认识以及人际关系的特质。它们表明,人们是希望避免冲突抑或鼓励冲突,是压制问题或友好解决问题。在解决争端的过程中,该社会中最基本的社会价值便体现出来。

——杰罗德·思·奥尔巴克

一、调解的历史考察

我们今天所说的调解,在中国古代并没有相同的表达,查阅《辞源》可以看到相近的词语。调和,"和合、协调。《墨子·节葬下》:'是故凡大同之所以不攻小国者,积委多,城廓修,上下调和。'《荀子·修身》:'血气刚强,则柔之以调和。'"调停,"谓居间和解。宋苏辙乐城集后集十三颍滨遗老传下:'自元佑初革新庶政,至是五年矣,一时人心已定,惟之丰旧党,分布中外,多起邪说以摇撼在位。吕微仲(大防)与中书郎刘莘老(挚)二人尤畏之,皆持两端为自全计,遂建言欲引用其堂,以平旧怨,谓之调停。'"①

根据《中国大百科全书》法学卷所载:调解(mediation),双方或多方当事人之间发生民事权益纠纷,由当事人声请,或者人民法院、法庭、群众调解组织认为有和好可能时,为了减少讼累,经法庭或者群众调解组织从中排解疏导、说服教育,使当事人互相谅解,争端得以解决,是谓调解。调解可以分为法庭调解和人民群众调解两种主要形式。② 黄宗智提出"民事调判"的概念,包括官方的审判、民间的调解以及所谓的"第三领域"。其中民间调解是指非官方、非正式的调解。③ 调解作为一种解

---

* 洪冬英,2003级中国法律史专业,指导老师:王立民。现工作于华东政法大学。

① 《辞源》(修订本)(第4册),商务印书馆1983年版,第2905~2906页。

② 张友渔主编:《中国大百科全书·法学卷》,中国大百科全书出版社1984年版,第509页。

③ 黄宗智著:《民事审判与民间调解:清代的表达与实践》,中国社会科学出版社1998年版,第10页。

决纠纷的重要途径在中国的历史源远流长，人们习惯将调解分成官府调解和民间调解。

民间调解可追溯至初民社会。民间调解包括乡里调解、宗族调解、邻里亲友调解等。早在西周时，官府中就设有"调人"、"胥吏"的官职，专司调解，平息诉讼。如《周礼·地官司徒·调人》中记载："调人，掌司万民之难而谐和之。凡过而杀伤人者，以民成之。鸟兽亦如之。……凡有斗而怒者，成之。不可成者，则书之。"当时的做法已是设置专门的职官尽量"谐和"人们之间的纠纷，只有当调解不成的时候才要"书之"上报官府。到秦汉时期，县以下的乡、亭、里设夫，承担"职听讼"和"收赋税"两项职责。"职听讼"即调解民间纠纷。唐代沿袭秦汉制度，县以下的乡里民间纠纷先由坊正、村正、里正调解，调解未果，才能上诉到县府，元代法律明文规定村舍的社长具有调解的职能，《至元新格》规定："诸论诉婚姻、家财、田宅、债负，若不系违法重事，并听社长以理谕解，免使妨废农务，烦扰官司。"《大明律集解附例》载："凡民间应有词状，许耆老里长准受于本亭剖理"，并且在乡一级专门设置了调解民间纠纷的"申明亭"。清代县、乡以下基层组织实行保甲制，设排头、甲头、保正，负责治安、户籍、课税和调解民间纠纷。辛亥革命后，中华民国县以下设区、乡、镇，根据《区自治施行法》规定，区、乡、镇设立调解委员会，其成员由具有一般法律知识和有声望的公正人士担任，由区、乡、镇公民中选举产生。

中国古代民事诉讼起源于西周，诉讼内的调解随着民事诉讼制度一起产生。①在西周时期，就以"狱"和"讼"对刑事诉讼和民事诉讼作了区别。《周礼·秋官·大司寇》记载："以两造禁民讼"，"以两剂禁民狱"，而"讼谓以财货相告者"，"狱谓相告以罪者"。西汉以来，随着儒家思想逐渐向法律领域渗透，法律的儒家化进程也日渐加强，调解在民事纠纷解决中的作用日益得到重视，诉讼调解成为民事诉讼制度的核心越来越明显，汉朝对于民间的争讼，往往采用"德化"，即用道德教化的途径以息事宁人。《后汉书·吴右传》记载吴右任胶东侯相时，"民有争讼者，辄闭阁自责，然后断其讼，以道譬之。或身到闾里，重相和解"。宋元时期，诉讼调解制度得到进一步发展，元朝在法典中专列"诉讼"篇，并将诉讼调解制度称为调处制度，赋予调处制度以法律效力，强调凡是调处结案之诉，当事人不得重新起诉。至明清，调处结案已成为民事诉讼的常用手段，清统治者十分重视诉讼调解制度，康熙皇帝曾把调处息讼与"弭盗"、"完粮"并重，诉讼内的调处由州、县官当堂调处，调处虽不是诉讼的必经程序，但纠纷一经调处结案即具有强制性，所谓"遵命和息"，并须呈具甘结。诉讼调解制度第一次以独立的民事诉讼法条文形式出现，是在国民党政

① 本文官府调解主要指诉讼内调解，下同。

府1935年颁布的第二部民事诉讼中，该法明确规定了法院调解制度，包括：(1)调解事项。分为强制调解事项和任意调解事项，前者如离婚及夫妻同居、终止收养关系等，后者则包括当事人申请，由法院认可的其他诉讼事项。(2)调解期日。调解应于起诉前进行，具体期日由法院确定。(3)调解组织。由当事人各自推举的调解人员及调解法官组成。(4)调解方式。调解不公开进行，不用开庭。(5)调解结果。期日结束仍不能成立调解，转入诉讼程序；调解成立，其效力相当于和解。[①]

作为一种特殊的纠纷解决机制，中国传统的调解制度具有这些特征：第一，调解的适用范围仅限于民事纠纷和一些轻微的刑事案件。众多的史料表明，调解所处理的案件都是民间户、婚、田土、斗殴、相争等一些俗称为“细故”的小事，而十恶、强盗、杀人等重大刑事案件由于其重大的危害性而不适用调解，自有严刑峻法适用。第二，调解所依据的不仅仅是法律，还有乡规民俗、礼、家法等。有学者指出，唐代之前，调解多半是出于宗法伦理道德，强调“礼和”，到了唐代，调解的含义逐步扩大，即从一般的社会秩序上也要求调解或劝和，到了元代就形成了调解或劝和的系统法律，而且司法官吏的法律意识也打破了单纯的伦理界限，更多地从法制上考虑问题。[②] 但总体而言，调解尤其是民间调解还是主要依据礼俗、家法和族规。第三，无论是官府调解还是民间调解，貌似当事人自愿接受，其实都带有强制性，尤其是诉讼调解，它是一种强制调解，不论当事人是否愿意都要接受司法官吏的调解。第四，调解作为一种纠纷解决机制，其实质是淡化纠纷双方当事人的权利义务关系，要求当事人忍让，通过劝和的办法折中妥协地解决私人之间的纠纷，从而达到息事宁人的目的。总而言之，传统的调解如宗族调解、乡保调解、邻里调解、官府调解构成了中国古代独具特色的调解制度，虽然没有形成统一的、系统的典章制度，但“无讼”的指导思想无时无处不在发挥着作用，其中道德因素占了极大比重，各种调解之间、调解与审判之间有密切的联系，它们各司其职、互相补充、互相协调，较好地完成解决平息纠纷、维系社会稳定的任务。

二、调解的成因考察

调解在中国盛行几千年经久不衰，其生命力根植于中国社会的方方面面。很多学者也对调解的成因作了深入而细致的研究，一般把中国传统调解制度的成因归纳成这么几个方面：第一是中国封建社会自给自足的自然经济；第二是儒家文化

---

① 潘度文：“我国民事诉讼调解制度的历史发展及其社会基础”，载《中国青年政治学院学报》2003年第1期。

② 孔庆明等编著：《中国民法史》，吉林人民出版社1996年版，第513页。

倡导的天人合一的和合文化以及由此而产生的无讼观念；第三是充分发达的宗法制度。[①] 而笔者试图稍稍转换一下角度从以下几个方面得到启示：

第一，传统调解是中国古代社会结构的必然选择。

从社会结构的角度考察，中国古代政权未及最基层即中国的乡村。调解作为解决纠纷的途径，其更大的特征在于其自治的性质。按说中国古代社会以其强有力的、大一统的行政控制为特色，老百姓的自治空间很有限，为何调解却成为中国古代解决纠纷的最大特色？这就有必要对中国古代的社会结构作一考察。

中国封建社会延续长达两三千年之久，和世界上其他封建社会作一个对比，最让人难以忘怀的是我国的"大一统"，大一统是我们中华民族的骄傲，也造就了中国人民的大国情结。同时期，世界上绝大多数民族经历的封建社会都是以分裂割据状态存在的，正如有的历史学者用"一条政治上杂乱拼缝的坐褥"来形象地比喻中世纪初期欧洲的政治地图。[②] 如中世纪时期的德国，就有巴伐利亚、奥地利、萨克森、符腾堡、勃兰登堡、科隆、汉堡、纽伦堡、法兰克福等二三十个公国、伯国、侯国、主教国家以及城邦。而在中国，自秦始皇履至尊而制六合，建立了"大一统"封建大国以后，虽然每隔一段时间就要出现分裂和动乱，但是，统一的中央集权的封建大国始终是中国封建社会的主导形式。中国封建大国以她辽阔的版图、众多的人口、灿烂的文明存在了两千年之久！

这种东西方国家结构的巨大差异引起众多学者的研究。一般来讲，封建社会经济是以自给自足的小农经济为特征，一般都缺乏把各个地域联系起来的组织力量，正如马克思对小农缺乏组织联系的特点所作的著名比喻，说他们"便是由一些同名数相加形成的，好像一袋马铃薯是由袋中的一个个马铃薯所集成的那样"。[③] 而在古代中国，在由"鸡犬之声相闻、民至老死不相往来"的一个个分散的宗法村落组成的基础上，出现了独立于农民、农奴、商人、地主、贵族、皇帝的一个特殊的社会阶层，即早在春秋战国时期，我国封建经济结构发生变化，土地可以买卖，政治结构中出现了郡县行政管理制度，并逐步形成了"士"这样一个特殊阶层。"士"作为中国封建知识分子，通常被称为儒生，他们通常来自于地主阶级，当然也有少量来自于农民，他们从小饱读诗书，熟习儒家经典，他们主要是靠所谓的学问而非土地通过科举制度被组织进封建官僚体系中，所以，他们在总人口中所占比例不大，但流动性大，组织能力也相当强。唐诗"少小离家老大回，乡音未改鬓毛衰，儿童相见不

① 如张晋藩先生在其《中国法律的传统与近代转型》中归结于"适应于封闭的小农经济基础和深厚的血缘地域关系；依赖的是宗族势力和专制国家权力；凭借的是礼与法相结合的多种法律渊源，维护的是三纲五常的伦理秩序。"

② 海斯、穆恩、韦兰著：《世界史》（上册），三联书店 1975 年版，第 475 页。

③ 马克思："路易·波拿巴的雾月十八日"，载《马克思恩格斯选集》（第 1 卷），第 693 页。

相识,笑问客从何处来?”十分形象地描写了儒生从小远离家乡而老年落叶归根的复杂心理。中国儒生的游学、游宦生涯,是中国古代社会各个自然村落得以组织起来的“混凝土”。中国封建大国通过控制这些儒生及官僚,依靠官僚搭成从中央到地方的政府机构的框架,借助于统一的文字及相对发达的交通,实现封建国家的统一。

但是,由国家派官僚到各地的深入程度是有限制的。近年来的研究成果所达成的共识,有以温铁军先生为代表,把传统中国概括为五个字“国权不下县”,即国权不下县,县下唯宗族,宗族皆自治,自治靠伦理,伦理造乡绅。在传统中国社会,事实上存在两种秩序力量:一种是“官制”秩序或国家力量;另一种是乡土秩序或民间力量。前者以皇权为中心,自上而下形成等级分明的梯形结构;后者以家族(宗族)为中心,聚族而居形成大大小小的自然村落。每个家族(宗族)和村落是一个天然的“自治体”,这些“自治体”结成为“蜂窝状结构”。因此,传统乡村社会是散漫、和谐的自然社会。皇权政治“在人民实际生活上看,是松弛和微弱的,是挂名的,是无为的”。[①] 而民间纠纷多发生在社会基层,作为国家权力没有渗透到的,以宗族自治作为主要运转的中国乡村社会,在这样的地区里,父权、族权是“地头蛇”遇有民事权益纠纷,双方当事人自然就以调解作为解决纠纷的主要途径——在当地邀集同乡、同族中长辈耆老进行调解、鉴证。《大明律集解附例》载:“凡民间应有词状,许耆老里长准受于本亭剖理。”又如,清代浙江萧山《朱氏家谱》告诫族人:“和乡里以息争讼。……如族中有因口角故及财帛田产至起争端,妄欲涉讼者,家法必先禀明本房房长处理。或处理不明,方许伊赴祠禀告祖先,公议是非,令其和息。”[②]所以,人们自然而然地绕开了法律,诉诸乡村的权威人物,用调解来解决纠纷。

第二,传统调解是中国古代意识形态的价值体现。

从中国古代文化角度探讨,陈顾远先生曾从中国的法制史总结出中国文化的四大精神,即天下为公的人文主义;互负义务的伦理基础;亲亲仁民的家族观念;扶弱抑强的民本思想。彼此间的关系却是浑然一体,相互而成……所以中国文化系以人类幸福为领域,以伦理道德为基础,重视人人对社会的义务,轻视人人对事物的权利;本于人性,出于人情,守亲亲之义,尚中庸之德,达忠恕之道便是。[③] 所以,在这样的文化背景下,当纠纷不可避免地发生,调解就成了解决纠纷的必然选择。

首先如前所述,中国封建社会“大一统”的建构为统治者推行统一的社会文化

---

① 秦晖:“传统中华帝国的乡村基层控制:汉唐间的乡村组织”,载黄宗智主编:《中国乡村研究》(第1辑),2003年。

② (明)王守仁:《王阳明全集》,红旗出版社1996年版,第361页。

③ 《中国文化与中国法系——陈顾远法律史论集》,中国政法大学出版社2006年版,第39~63页。

理念奠定了坚实的物质基础，纵观古代中国，在经历了短暂的春秋战国时期的百家争鸣后，从秦始皇统一中国后在文化思想领域所进行的“焚书坑儒”到清朝皇帝大兴“文字狱”，这强烈地宣示了统治者十分注重在思想文化领域的控制，推行他们所认可的社会价值取向。当然，他们一方面限制不同声音，另一方面不遗余力地推行、宣扬他们精心选中的“儒家思想”——秦汉时期，为了适应政治上“大一统”的需要，儒家董仲舒提出了“罢黜百家，独尊儒术”的主张，并改进和发展了自孔子而始的儒家学说，从此，儒家学说成了封建社会的正统思想和主流文化。当然，这种选择也是根植于中国社会状况的一种必然选择。[①] 儒家提出“德主刑辅”和“三纲五常”等主张成为封建国家的主干原则，强调秩序、追求和谐是其精神所在。由于自上而下的推行和自下而上的自然经济双重决定，和合观便成为中国人非常执著的追求，“家和成事兴”、“和气生财”，无不强调一个“和”字，《中庸》有云：“喜怒哀乐之未发谓之中，发而皆中节谓之和，中也者，天下之大本也；和也者，天下之达道也。”由于儒家文化极力推崇“中”和“和”，所以中华民族一味强调折中与调和，遇事讲求和为贵，和则忍，忍则让，反映在诉讼文化上就是“无讼”。由于传统无讼思想价值的召唤，古代中国社会将许多纠纷排除在司法管辖的范围之外，无讼的理想被化为息讼的努力，法律的适用变为道德的教化，调解被看做是解决争端的最佳选择。另外，这种等级制度的强化，秩序的强调，使中国社会权利意识淡薄，只追求和谐稳定，古代法律的伦理化、道德化使其在调节方式上呈现出“义务本位”的特点——强调个人对家庭、社会和国家的义务，古人认为求“道义”者为君子，求利言利者为小人，人们应“舍利求义”。由于中国的历代统治者们都将秩序放在首要位置，他们通过强大的政治权力控制经济和社会，个人的观念以及个人权利在其中都找不到滋生的土壤，“无论其基本的经济单位如何趋向于个体化或分散，但要求所有个体都顾全在大局并作为一个和谐的集体中的一员来生活却一直被视为不证自明的道理”。[②]

这种文化精神也深深地影响了中国人的为人处世之道。费孝通先生曾以捆柴来比喻西方社会的团体格局，团体是有一定界限的，谁是团体里的人，谁是团体外的人，不能模糊，一定得分清楚。但中国家天下的组织体系以差序格局为特征，最重要的亲属关系就是丢石头形成同心圆波纹的性质。同时，中国传统结构中的差序格局具有很强的伸缩能力，所谓“一表三千里”，在乡下，家可以很小，而一到有钱的地主和官僚阶层，可以大到像个小国。正因为这富于伸缩的社会圈子会因中心势

---

① 说是必然选择，这主要是由中国封建社会自给自足的自然经济和发达的宗法制度所决定的。即使是在百家争鸣时期，虽然各派纷争，但各派在诉讼观上却有着惊人的相似之处，如孔子的“听讼，吾犹人也。必也使无讼乎！”而老子说：“人法地，地法天，天法道，道法自然”，即“天人合一”，法家的韩非子云：“以刑（重刑）去刑（诉讼）。”

② ［日］寺田浩明：“清代民事审判与西欧近代型的法秩序”，载《中外法学》1999年第2期。

力的变化而大小，中国人也特别对世态炎凉有感触。① 为了更好地生存，一方面，国人从就被教育要追求道义，成为君子，克己奉公，学会忍让，以德服人。所谓“以德服人，衷心服而诚服也”。西方人重权利，中国人重道义。故同样为人，西方人在向外争独立平等与自由；中国人则重在己之道义与责任。孔子曰：“为仁由己，而由人乎哉。”曾子曰：“任重而道远，仁以为己任，不亦重乎。死而后已，不亦远乎。”中国人谓此乃德性人生。② 另一方面，中国人十分强调“做人”，对中国人来说在“自己人”之间不要斤斤计较，不应分你的与我的，在“自己人”圈外就无须这样“有心”地去做人，因此也是同样地不讲权利，不过内容却变成了抢在对方之先。③

所以，诉讼使人好讼而无耻，只关注自身利益，从而有损于社会利益，诉讼代表着对人类事务中存在的自然和谐的破坏，诉求于官府不仅耗时费钱，结果不可预测，还往往是一次可耻的痛苦的经历。让·埃斯卡所称：“利用自己的地位，要求自己的‘权利’，这样的做法在中国总是受到鄙夷。在某些方面通过‘让’积累美德之无形资本，从而在今后的其他问题上居于有利地位，这是了不得的艺术”。④

第三，传统调解是中国古代地方官吏解决纠纷的最佳途径。

通过科举制度被纳入中国封建社会的中国儒生，也即中国的官僚，是古代中国大一统社会的混凝土、黏合剂，他们是皇帝统治的工具，“明主治吏不治民”。对他们而言，对皇帝负责是第一位的，因此政绩是他们的目标，父母官是他们的定位，定分止争是他们能力的体现。

春秋战国时期，中国社会经历了极为广泛的变革，至秦汉统一帝国建立，一种多少是新的文明出现了。尽管如此，早期家国不分的传统仍以某种方式延续下来。新的政治哲学把家与国安排在一个同质的序列当中，于是，孝道变成为治国的最高原则，教化则是地方官的基本职责。这种格局一直保持到帝国的终了也没有根本性的改变。⑤

历代统治者极其明确的“无讼”的价值取向使他们大力提倡“息讼”，并且将此作为衡量地方官吏政绩的一条标准。从当权者的角度，历朝历代在追求太平盛世的过程中，为达到“民安其俗、厚赏不行，重罚不用”的目标，竭力将禁止民众诉讼、下降诉讼案件数量作为判断“太平”的重要标准。许多经邦治世方略，都引入“安定”的意识作为目的论证，历史上的文景之治、贞观之治等都充分体现了这一点。

---

① 费孝通著：《乡土中国　生育制度》，北京大学出版社 1998 年版，第 24 ~ 30 页。

② 钱穆著：《晚学盲言》（下），广西师范大学出版社 2004 年版，第 420 页。

③ ［美］孙隆基著：《中国文化的深层结构》，广西师范大学出版社 2004 年版，第 100 页。

④ 转引自柯恩：“现代化前夕的中国调解”，载强世功编：《调解、法制与现代性：中国调解制度研究》，中国法制出版社 2001 年版。

⑤ 梁治平著：《清代习惯法：社会与国家》，中国政法大学出版社 1996 年版，第 7 页。

因此诉讼的数量与繁简是考核官吏政绩的重要标准，州、县官都注意贯彻“调处息讼”的原则，息事宁人，以维护“安定”之秩序。正如孔子所谓“名不正言不顺……民无所措于手足”的针砭，是从民应“安定”的要求出发的。史书中也是不断赞扬那些替纠纷的当事人做“和事佬”，进行调解的官员，这些官员甚至可以包括从华夏文明初期的神话人物以致清朝的士大夫：

舜是古代圣王之一。在登基之前，他是一名官员。历山地区的农民经常为田地争吵，雷泽地区的渔民又有纷争。舜就去这两地与那里的人共同生活，与他们谈心、教育开导他们。一年后，情况完全不同了，这两地的居民都彼此友好，乐于忍让。当时居王位的尧很欣赏舜的这些政绩，最后决定把王位禅让给舜。①

周文王是同朝的贤君。他的治理非常出色，使老百姓能就田地边相互忍让，人们彼此尊重，敬老受幼，有争端的诸侯都到文王那里寻求公断。一次，争端双方到达周国境内之后，被当地百姓间的和睦相让所感动，遂感到羞愧不已，明白到周人会把他们因小事而起纷争视为一种耻辱，因此，他们决定立刻离开，并且彼此和好起来。②

孔子在鲁国当大司寇时就善于劝讼，使人们彼此相让。一次，一位父亲状告他的儿子。孔子让人把他们拘留在一起，三个月后，做父亲的要求撤诉。父子俩相拥而哭，发誓再不兴讼。显然，拘留的目的是使双方就此事冷静下来并进行反省。孔子自己也对自己没能教育好人们而导致这宗诉讼而进行反省。③

韩延寿，西汉时的官员，以德为治，使自己辖区内的诉讼案件大大减少。一次，他碰到兄弟俩为争田地而打官司，韩为此伤心不已，责备自己没能教育好人们，他便称病不办公，闭门思过。当地官员、士绅和诉讼当事人的宗族成员都深为感动，也纷纷责备自己。最后，兄弟俩都后悔自己的做法，他们自行和解，并决心不再争吵。韩氏这才从“病”中恢复过来，并为兄弟俩设宴以祝其和解。④

鲁恭是东汉的官员，他以道德而非刑罚来管治。在一个他前几任官员都没能解决的土地案件中，鲁与双方当事人交谈，向他们解释有关问题的是非曲直。之后，双方撤诉，承认自己的错误，彼此让步。另一案中，一个人借了人家的牛而不愿归还。主人上告，鲁令其归还，但这人仍不从令。鲁叹息道：“是教化不行也。”并准备辞职。人们哭着挽留他，借牛的人懊悔不已，将牛还给原主。⑤

吴佑是东汉的地主官，无论何时，只要有人打官司，他总是先闭门思过，反省自

---

① 《史记·五帝本纪》。

② 《史记·周本纪》。

③ 转引自范忠信、郑定、詹学农著：《情理法与中国人》，中国人民大学出版社1992年版，第181～186页。

④ 《汉书·韩延寿传》。

⑤ 《后汉书·鲁恭传》。

己在教育人民方面的失误之处。然后,他用通俗易懂的方式就有关的道德准则来教育双方"以道譬之",或亲自登门劝说双方和解。在他的治理下,诉讼减少,因为官吏互受,不欺不诈。[①]

仇览是东汉时的乡间小官。有一个叫陈元的人和母亲一起生活,母亲告陈元不孝,仇氏很伤心,认为主要问题在于双方没有受到足够的教化。他向这位母亲指出,作为一名寡妇,把孩子养大成人很不容易,为什么在盛怒之下告儿子这样严重的罪行呢?这位母亲深受感动,哭着离开了。其后仇氏到他们家中与母子同饮,教育他们家庭伦理道德,儿子后悔不已,后来成为一名大孝子。[②]

韦景骏是唐代的县官,也曾处理过一宗母子诉讼案件。韦氏告诉他们:"吾少孤,每见人养亲,自恨终无天分。汝幸在温情之地,何得如此?"他又责备自己,认为这一案件表明自己作为县官的失败。双方当事人感动地哭了,韦氏送给他们一本《孝经》回家研读。母子两人心中懊悔,终于成了慈母孝子。[③]

宋代名儒陆九渊做官时,总是鼓励诉讼双方和解,涉及家庭成员之间的纠纷时,就用儒家道理教育他们。许多案件中,当事人都感动地撕掉状纸,相互谅解。[④]

陆陇是清代的知县。一次,两兄弟为争夺财产,告到他那里,他没有裁定财产权谁属,"但令兄弟互呼"。不到五十遍时,兄弟两人便哭着请求撤诉了。在判词中,陆写道:"夫同气同声,莫如兄弟,而乃竟以身外之财产,伤骨肉之至情,共愚真不可及也。"他命令所争财产由兄长掌管,弟弟应协助兄长。[⑤]

蒯子范,清时知州,碰到这样一宗官司,一人状告他的婶母在他拒绝借钱给她后打他。他身上的伤很轻,蒯子范对控诉者说:"你穷,但你婶母仍跟你借钱,这说明她更穷。如果你打官司,不仅她会受损失,而且你也得呆在城里,打官司需要各种费用,你的田地又会荒芜。为发怒气而影响两家人的生计,何苦呢?"然后他把自己的一些钱借给了这个人,控诉者感动地哭了,撤了诉讼。[⑥]

上述故事因其教育意义以及有关官员的言行值得赞扬和效仿而载入史册。上述官员分别以和民同处、借钱、以自己身世感化、装病甚至不惜以辞职来达到息讼的目的,可见诉讼率低是良好的政绩的重要标志,反映出官员(父母官)在教导人们遵守"礼"方面取得了成功。如果地方官员的辖区内出现少诉讼甚至无讼的情况,他们就会得到上司的赞赏,因为这表明那里的人们和睦相处;反之,高的诉讼率则

---

① 《后汉书·吴佑传》。

② 《后汉书·仇览传》。

③ 《旧唐书·韦景骏传》。

④ 《宋史·陆九渊传》。

⑤ 《陆稼书判牍》。

⑥ 蒯德模编:《吴中判牍》。

反映出有关地方官员在礼教工作上的失败,他们就应主动自责,为什么自己没能保证庶民遵守儒家提倡的“克己”与“礼让”等规范呢?因此,追求政绩就是息讼,就是做好父母官平息辖区内的纷争,不问手段,只看结果,即“太平”,这也造就了中国官吏挥之不去的清官情结,做一个无所不能的清官,是有追求官吏的至高目标。

即使纠纷进入诉讼阶段,也是完全由官吏来操纵的。为政者如父母,人民是赤子,这样的比喻自古以来就存在于中国的传统之中,“父母官”、“亲民官”是对地方官吏的褒称,意味着他是照顾一个地方秩序和福利的总的家长。正如日本学者滋贺秀三先生所说:“知州知县担负的司法业务就是作为这种照顾的一个部分一个方面而对人民施与的,想给个名称的话可称之为‘父母官诉讼’……从父母官型诉讼中产生不出jus、Recht系列的概念来,这对中国来说确实是一种宿命。对于在中国的传统中生活的人们,法律(Gesetz)是容易理解的,而法=权利(Recht)却是一个陌生的概念。”①所以,在诉讼中,老百姓听任官吏操纵是完全应该的。

地方官吏在处理民事案件时的法律依据也是促使调解得以广泛运用的重要原因。其一,中国古代刑民不分,众所周知的《唐律》、《宋刑统》等中华法系的代表均被认为是刑法典,官吏在处理民事案件时的民事法律依据就显得欠缺,而同时有些朝代把儒家经典当做司法的依据,替代法律的作用,最具代表性的是《春秋》决狱。《春秋》经句微言大义,留给司法者进行解释的空间非常大,由此在引经决狱的过程中,官吏的自由裁量权极大,可以根据案件的具体情况进行不同的解释。《春秋》决狱虽产生于西汉,但一直沿用至魏晋南北朝,当汉武帝提倡独尊儒术时,在此以前颁行的法律内容大多不能反映儒家思想的精神,为了弥补这一不足,使国家的法制也能与儒家思想保持一致,便采用了以《春秋》来决狱的办法作为权宜之计。《春秋》决狱至隋、唐时由于礼法结合的过程已完成就退出历史,但这种司法习惯却保留下来并产生深刻影响。传统司法的过程,与其说是一个司法的过程,倒不如说是一个道德说教的过程。其二,在民事法律领域,由于国家颁布的法律极少,相对的民间习惯就发达,当民间习惯成为处理民事纠纷的依据时,调解必然胜于诉讼。民间习惯涉及的恰好是“户婚、田土、钱债”以及日常纠纷一类向为治者轻忽的细微节目。换言之,在“天高皇帝远”的日常生活世界,它们构成了秩序的基础。② 形式上,习惯法表现为“乡例”、“俗例”、“乡规”、“土例”等。所谓习惯法出于自然,这种说法包含双重含义,一是习惯法并非出于立法者(不拘是国家的还是家庭或其他组织的)意志与理性,而是由民间日常生活中自动显现。二是习惯法由“自然”塑造而成,此所谓自然,既指实际的生活秩序,也包括山川风物、民俗人情。但是习惯法最

① [日]滋贺秀三著:《明清时期的民事审判与民间契约》,法律出版社1998年版,第16页。

② 梁治平著:《清代习惯法:社会与国家》,中国政法大学出版社1996年版,第15~16页。

终得以确立和流行,不能没有乡民之公正观念来支持。许多通行习惯中关于利益分配、损害分担的种种规定,乃经过长时期利益冲突而逐渐形成,因此能够在很大程度上表明民众关于"应然"的某些共识。①

第四,传统调解也是中国古代民众的无奈选择。

如前所述,无讼实际上早已成为衡量社会秩序是否走向和谐稳定的基本尺度,诉讼所代表的将是无穷的纷争和对平静恬美的礼制社会的破坏,与无讼相对,频繁的兴讼将势必导致"世风日下","人心不古"。由于统治者不遗余力地宣传与控制,无讼的观念已深入人心。表现在老百姓对待诉讼的态度上就是贱讼、厌讼和惧讼。

贱讼是在无讼与息讼思想的共同作用下反映出的一种具有普遍性的观念,也是封建统治者所刻意营造的一种思想上的倾向。同时也是被人们所普遍接受与认同的观念,其存在于每个人的诉讼观念之中,正如宋代著名诗人陆游曾为其子孙留下告诫:"纷然争讼,实为门户之羞。"②人们羞于诉讼,普遍认为有词讼入官是丢人的事。贱讼观念的主要表现就是对"健讼"、"教唆词讼"行为及"讼师"这一职业存在普遍的反感。正如费孝通先生所描述的:"在乡土社会里,一说起'讼师',大家会联想到'挑拨是非'之类的恶行。作刀笔吏的在这种社会里是没有地位的。"③

厌讼是老百姓在观念上所反映出来的对于官方司法的不信任。前述官方的体制设置以实现息讼的目的,造成人们对于诉讼的信心缺乏,强制的压制诉讼所带来的负面效应,百姓就寻求私力救济。在这样的法律制度下,传统的中国人不愿意出人头地,不愿意充分表现自己,"一忍不为少,百忍不为多",在他们看来,忍让才是无灾无祸的主要源泉。忍让所带来的就是厌讼,虽然人们在饱受不公时也曾寄希望于皇权的庇护,也曾渴望"包青天"的出现,但结果却并不如意。所以,人们总结得出"天下事受得小气,则不致受大气,吃得小亏则不至于吃大亏"的诉讼态度。

惧讼是司法现实留给百姓最深刻的烙印。古代民众不到万不得已是绝不会诉讼的,老百姓习惯于说打官司是"不蒸(争)馒头蒸(争)口气",也体现了对于诉讼的价值定位。配合整个社会所倡导的无讼观,在司法制度方面设置重重障碍,人为地造成不讼或少讼。具体的做法是:其一,规定各种名目的不可起诉或限制起诉,否则,当事人和受案人都要受罚。《唐律疏议·斗讼》"越诉"条讲:"诸越诉及受者,各笞四十。"唐律还规定,因犯除可告发狱官虐待等事外,不可举报其他事;80岁以上的老人、10岁以下儿童和重病都除可告举谋反等罪外,其他的也不可起诉。其二,

① 梁治平著:《清代习惯法:社会与国家》,中国政法大学出版社1996年版,第34页、第53页、第55页。

② 《陆游诸训》。

③ 费孝通著:《乡土中国 生育制度》,北京大学出版社1998年版,第54页。

禁止一些利于诉讼的行为。唐律规定，起诉人指控的事实必须完全真实，不可有疑；帮助他人拟具起诉状，不可与所告事有出入；不可帮助卑者控告尊亲属等；否则，就要受到制裁。《唐律疏议·斗讼》“告人罪须明注年月”、“为人作辞牒加状”和“教令人告事虚”条分别讲：控告他人“指陈实事，不得称疑。违者，笞五十”；“诸为人作辞牒，加增其状，不如所告者，笞五十”；“教令人告缌麻以上亲，及部曲、奴婢告主者，各减告者罪一等；被教者，论如律”。明、清两代还另设“教唆词讼”罪，打击教唆他人进行诉讼的行为。其三，有些规定虽无直言不可诉讼，但其内容足以令不少人望讼却步。如唐律规定，被告、原告和证人都在刑讯范围之内。他们都有被拷的可能。《唐律疏议·断狱》“拷囚限满不首”和“诬告人流罪以下引虚”条讲：受案后，首先拷问被告；在拷问被告“限满而不首”的情况下，就要“反拷告人”，即拷讯原告；甚至还可拷打证人，“即拷证人”。唐后也有相似的规定。这一规定使每个诉讼当事人都有熬受皮肉之苦的可能。在这样的制度下，人们怎会不对诉讼敬而远之呢？①

正如瞿同祖先生在其《法律与人民生活》中所言：……荀子说“由士以上则必以礼乐节之，众庶百姓则必以法数制之”，这理论一方面与教化有关，另一方面又与古代法律的性质有关，因它主要是刑法，犯法便要受刑。……士大夫洁身自好者终身不入公门。实际上，士大夫即使有讼事，也用不着他们亲自出庭。元、明、清法律都规定官吏与齐民因婚姻、钱债、田土等事与平民涉讼，许家人代理，不许用公文行移，违者地方官笞四十。（《元史·刑法志》；《明律例·刑律·诉讼》，“官吏词讼家人代理”；《清律例·刑律·诉讼》，“官吏词讼家人代理”）……人民方面更视公门为畏途，不愿涉讼。到了公堂，不论原被告都得长时间跪在县官面前……此外，胥吏衙役都以讼案为生财之道，一打官司就索取种种规费（陋规）……在这种情况下，平民自然力图避免讼事，免得破财受罪。英国社会学家西比尔·范德斯普伦格尔（Sybille van der Sprenkel）在其书中强调，中国人避免打官司，大多数纠纷都通过调解在法庭外解决。……在一般情况下，尽量争取在衙门以外解决，免得花钱，妨碍作业，采取调停、仲裁、和解的办法，家族成员之间的冲突，首先投告家长，族长，由他们调停，作出仲裁或判决，家族以外的纠纷，通常由邻里、里老及地方绅士调停解决……②有一则宋人判词写道：“打官司有甚得便宜处，使了盘缠，费了本业，公人面前陪下了情，着了财物，官人厅下受了惊吓，吃了捆绑，而或输或赢，又在官员笔下，何可必也。”山东曲阜孔庙碑刻“忍讼歌”中的描述更为生动：世宜忍耐莫经官，人也安然己也安然。听任挑唆到衙前，告也要钱诉也要钱。差人奉票又奉签，锁也要钱开

① 王立民著：《法律思想与法律制度》，中国政法大学出版社 2002 年版，第 62~63 页。

② 瞿同祖著：《瞿同祖法学论著集》，中国政法大学出版社 1998 年版，第 407~411 页。

也要钱。行到州县细盘旋,走也要钱睡也要钱。约邻中证日三餐,茶也要钱烟也要钱。三班人役最难言,审也要钱和也要钱。自古官廉吏不廉,打也要钱枷也要钱,唆讼本来是奸贪,赢也要钱输也要钱。听人诉讼官司缠,田也卖完屋也卖完,衣不充足衣不全,妻也艰难子也艰难。如知讼害非浅鲜,骂也枉然悔也枉然。以上或歌或词,虽皆在劝人息讼,但又从侧面反映了古代司法制度的黑暗以及百姓诉讼付出的高昂代价。司法黑暗使老百姓根本不敢通过诉讼来实现自己的权利。所以,当民事纠纷出现时,就如勒内·达维德所言:“中国人一般是在不用法的情况下生活的,他们对于法律制定些什么规定不感兴趣,也不愿站到法官的面前去,他们处理与别人的关系以是否合乎情理为准。他们不要求什么权利,要的只是和睦相处与和谐。”①这是一种无奈的选择,也是一种理性的选择。

三、对后世的影响

综上所述,传统调解制度构成了中国法律生活中最经常、最主要的内容之一,它是中国古代最具有文化代表性和最富于文化韵味的司法形式,其内涵之丰富与深邃远非其他司法形式可比,它更是中国亘贯古今、具有强大生命力、为世界所瞩目的法律传统。

传统的调解制度,无论是民间调解还是官府调解,它是无讼思想在面临纠纷的反映,也是古代社会人际关系中和谐观的真实内涵。在推崇“礼”的封建社会中,天下大和就应当是父慈子孝、兄友弟恭、夫妻和谐、乡邻相亲的社会,为此就应当防止、排除不孝忤逆、见利忘义等不道德现象,而调解制度则是实现这一理想的社会价值观念最行之有效的司法制度。它确立了对后世中国影响极大的两大原则:

一是“息事宁人”原则。“息事宁人”原则是古代调解的首要原则,也是其首要的直接目标。对于调解者来说,他们的主要目的并不是明断是非,而是平息争端,将大事化小、小事化了,以防矛盾扩大,影响社会安定。事实上,古代调解,所谓“息事宁人”,多半是“和稀泥”,清代名幕汪辉祖曾说:“勤于听断善矣。然有不必过分皂白可归和睦者,则莫如亲友之调处。盖听断以法,而调处以情。法则泾渭不可不分,情则是非不妨稍措。……或自矜明察,不准息销,似非安人之道。”②直至今天,“息事宁人”在社会纠纷解决中也是影响极大。

二是道德教化原则。传统调解制度的基本方法是进行道德教化,古人认为讼

① 勒内·达维德著:《当代主要法律体系》,漆竹生译,上海译文出版社1984年版。

② (清)汪辉祖撰:《学说臆说·断案不如息案》。

之根源在于道德堕落，所以调处息讼的最佳方法便是对争讼者进行道德感化，晓之以理，动之以情，用通俗易懂的方式向老百姓宣讲纲常道德之原理，使其品德由卑劣变高尚，以促使其自觉、自省、自责，从而止讼。这是正本清源的方法。所以，几千年来形成的道德教化、重视道德宣传工作也是我国一大传统。

用历史的眼光来审视传统调解制度，应该说它与其所处的社会相适应，有其存在的合理性。从先秦到清末，传统调解制度都在发挥作用，传统调解制度对社会矛盾的缓和、社会秩序的稳定、当事人讼累的减轻以及邻里关系的协调等方面的作用是显而易见的。它的具体内容和形式尽管有所变化，但它的基本原则和社会效用却始终如一。因为它有利于封建统治阶级意志所体现的社会在既定的框架内发展演变，尽管它所维护的制度秩序却未尽合理。

但传统调解制度的负面影响也是非常深刻的。由于大量的民事纠纷通过调解解决，从而不仅使人们青睐"律学"睥睨法学，而且也使本来已成为实体法的附庸的程序法更不健全。而实体法的正常运行有赖于程序法的健全，但程序法的缺失或是简陋，使实体法不能充分有效适用，对此状况及恶性循环沈家本先生曾指出："举凡法家言，非名隶秋曹者，无人问津。名公巨卿，方且以为无足轻重之书，摒弃勿录，甚至有目为不祥之物，远而避之者，大可怪也。"又说"中国民刑不分由来已久，刑事诉讼虽无专书，然其规程尚互见于刑律，独民事诉讼因无整齐划一之规，易为百弊丛生之府。若不速定专律曲防，事制政本讼理未必可期，司法前途不无障碍。"①另外，传统调解制度自始至终乃是以儒家伦理道德为依据的，这样在调解纠纷的过程中，调解主持者本身的道德修养以及由此产生的威望成为能否解决纠纷的关键因素，从而也使传统的调解制度实质上成为"人治"的工具。一旦纠纷产生，官府调解是"青天老爷为小民作主"，民间调解则是找到家长、族长或德高望重者面前请求"一言定是非"，这种处理方式，显然不是完全的居中解决纠纷，而是调解者的价值观等决定了纠纷的解决，谁更有威信就是谁说了算，这种崇尚"人治"观念的积淀，表现在今日社会就是一些当事人面对纠纷就企望以某些人的"摆平"来解决。

① （清）沈家本撰：《寄簃文存》卷七。

论中国古代传统的“无讼”价值取向及其根源

倪万英*

一、“无讼”——传统法律文化的最高追求

(一)古代神话传说中的无讼理念

在我国传统社会早就有着“鼠雀之讼”的说法,可是根据人类据于自身利益之争讼是不可避免的,“圣人不能使世无讼,而但责人之听讼”。① 在官方话语中的雀角之争、鼠牙之讼,对于平常百姓来说,常常关涉其现实生活的基本依靠或其生活的基本内容。鼠雀之讼尽管在官方和各种教化文书中都被鞭挞,但与百姓生活息息相关,因而,往往成为现实社会一种利益诉求的常态。只是人们在诉求过程中,其利益被讼师、衙吏等恶棍从中瓜分殆尽,从最后讼争的结果来看既伤和气又所得无几。所以民间视鼠雀讼累为倾家荡产之一途,“民间兴讼易倾家,多少银钱暗里花;摆弄身忙劳若草,来回心思乱如麻;哀求书吏呼前辈,遇着差人呼大爷;公得其情诚不忍,穿墉化及鼠无牙。”②地方衙门甚至在大堂上张贴对联,告诫民众不要因为细小微嫌轻率涉讼而自取其辱,“惟民多健讼,雀角微嫌,蝇头细故,必匍匐公庭而后已。”③

与之相对应的“甘棠理念”,则成为后世歌咏的对象,一旦发生诉讼纠纷,人们很快便联想到了召公甘棠树下为民理讼的典故:“昔召公述职,当民事时,舍於棠下而听断焉,是时人皆得其所。后世思其仁恩,至虖不伐甘棠,《甘棠》之诗是也。”④后世人们把那些德泽惠民的官吏,常常比附召公之治,而把他们理讼衡平简洁视为召公甘棠治讼的遗音。

甘棠理念一反法家严刑峻法的主张,基本可以作为儒家仁政思想在官方理讼行为中的具体表现,成为古代理讼思想的一种主流。“卫鞅之无所自容,韩非之不胜其虐,与夫《甘棠》流咏,未或同归。”⑤宋代桂万荣治理狱讼的著作《棠阴比事》不

---

* 倪万英,2005级法律文化专业,指导老师:徐永康。现工作于东华大学法学院。

① (清)伍承乔著:《清代吏治丛谈》卷三“慎刑”。

② (清)陈福龄著:《宦海伏波大事记》之“经理词讼”(何廷珊题诗),民国三年刻本。

③ 民国七年雷瑨《楹联新话》卷二“公署·安宜县署”,同治年间武陵龚淦卿为安宜县令作。

④ 《汉书》卷七十三“韦贤传第四十三”。

⑤ 《晋书·刑法志》。

仅在冠名上直接禀赋于甘棠荫泽，而且理问方法之审慎平和，远非法家惨刻者所能为。到明清时期，刑官常常比况击节，身体力行"召伯甘棠听讼之意"。[①] 甘棠理念甚至演变为一种舆论评价，州、县官吏无不以得到民众比喻为召公甘棠治道而扬扬自得。

"鼠雀之讼"与"甘棠理念"这两个典故看似南辕北辙，实际上却是"异曲同工"。第一，"鼠雀之讼"既表明了诉讼纠纷在百姓日常生活中发生的普遍性和经常性，同时显示出一贯讲究礼仪纲常的官府以及士大夫们对于这些讼争发自内心的一种鄙视。因为，在他们看来，这些讼争仅仅发生于匹夫匹妇在闾巷野民之间，过于琐屑，超出"情理"之外，有时甚属无聊；对于谦谦君子，根本不值得也不会为此呶呶不休，自然会以"情理"化解消弭了。而"甘棠理念"基本代表了官府对于解决讼争的技术层面的一种理想追求。无疑，甘棠之下，官府所面临的诉讼纠纷必然包括了上述"鼠雀之讼"。为了化解发生在平民百姓之间的这些"小民细故"，官府所秉持的根本原则仍是礼义纲常，即以适当的"情理"折服小民的讼争欲望。因此，"鼠雀之讼"和"甘棠理念"皆代表了官方对诉讼的价值评价或者道德评价，而后者代表了官府追求诉讼解决的一种理想状态。第二，在"牧民"思想的指引下，不管是"鼠雀之讼"，还是"甘棠理念"，官方对诉讼的整体认识显示出一种"居高临下"的姿态。我们既无法从中发现官方对于涉讼当事人的尊重和平等的观念，更难看出在纠纷解决过程中有任何的权利和义务的明确分野。然而，我们并不能对此全盘否定，因为我们很难确定当事人通过对"甘棠理论"的追求和践行，究竟使多少"鼠雀之讼"在多大程度上达到了公平、正义的效果或者实现天理、国法、人情的完美结合。[②] 总之，不管是"鼠雀之讼"，还是"甘棠理念"，他们都是神话似的传说，表达了中国传统社会的一种理想，所以，笔者认为它是中国传统法律文化的最高追求。

（二）古代主要思想流派的无讼思想

法律是一种文化，它源于社会文化，反映社会文化。传统的法律文化追求是建立一个和谐、有序、无争的社会，这不仅成为先哲们的政治理想，也是古代官员的办案追求。即使在诸侯混战、百家争鸣的时代，各种思想激烈交锋，但对于诉讼的看法却殊途同归。

中国古代的主要思想流派的道家、法家、儒家等，虽然在治国方略上截然不同，但其最终的社会理想却是相同的，这个社会理想最主要的特征就是崇尚"不争"、"无讼"。道家崇尚自然和谐的境界，向往"小国寡民"的理想社会，提倡"寡欲"、

① （清）方大湜：《平平言》（四卷）卷三"棠阴听讼"，载刘俊文、张忱石、田涛等编：《历代官箴书集成》（第7册），黄山书社1997年版。

② 龚汝富：《明清讼学研究》，华东政法大学2005年博士学位论文。

"无为","使民不争"。法家提出的"以刑去刑",最终目的也是取消刑罚和诉讼。儒家期待的也是没有诉讼、没有纷争,人们和睦相处、情同手足的和谐社会。

孔子曰:"听讼,吾犹人也,必也使无讼乎!"孔子在"听讼"的同时追求"无讼"的目标,"听讼"是实现无讼的一种手段,"无讼"才是听讼的最终目的。在以孔子为代表的儒家眼里,人与人之间相争相讼,是对社会和谐的破坏,而人与人之间和睦相处、无争无讼,才是最重要的和最美好的。孔子的这番话是古代中国人"无讼"理想的经典写照。而中国古代自汉以后,儒家思想占据了统治地位,所以我国的传统社会,实际上是以儒家文化为主导文化的社会,儒家文化崇尚谦让,追求中庸,注重社会的和谐。在这种文化的熏陶下,中华民族养成了调处息讼的传统习惯,无讼于是成了传统法律文化的最高追求。

(三)古代官吏关于"无讼"的理论与实践

息讼止争以至无讼,是古代社会普遍追求的一种治道境界。古代官吏关于"无讼"的理论和实践颇多。南朝时葛洪就有"弭讼"之作,针对当时社会普遍存在的悔婚讼争,提出了息讼之策。唐代武则天曾作《明堂乐章》12 首,其中 1 首就叫《讼息金科》。① 民间家族宗规甚至认为,"绝争讼,便是天堂世界"。② 官方"无讼"的理想,常常见于诸官吏与文人的笔端。"庭无诤讼,里有弦歌"、③"花开时听讼,吏散却成歌"、④"官清讼少,黎民欢乐"、"讼庭有青草,狱吏服儒风"、⑤"讼庭无士子迹"、⑥"临江地僻民不欺,讼庭无人青草肥"、⑦"讼少民还朴,心平政自和"、⑧"讼庭自生芳草,官阁只种梅花"。⑨

为了减少诉讼,封建统治者除制造无讼的舆论外,还从制度上限制民众的自诉权。例如,卑幼不得告尊长、卑贱不得告尊贵;妇女、残疾、废疾人的诉讼权或者是有限的,或者完全被剥夺。正是从稳定社会、巩固国家的政治利益着眼,封建政权支持一切形式的调处息讼,尽管它并不见于国家制定法的条文。有的诉讼当事人,拒绝州县的判决,执意上诉,则被视为"刁民妄滋兴讼成习",先予杖责之后再行审判。

---

① 《旧唐书》卷三〇"音乐志三"。

② (清)周石藩著:《共城从政录》卷一之"劝息讼",参见刘俊文、张忱石、田涛等编:《历代官箴书集成》(第 6 册),黄山书社 1997 年版。

③ "唐故淮南敬奉使检校尚书工部郎中兼御史中丞赐绯鱼袋会稽骆公墓志铭",参见周绍良著:《唐代墓志汇编》,上海古籍出版社 1992 年版,第 2514 页。

④ (明)董份著:《泌园集》卷四"赠钱明府之新建"。

⑤ 《清史稿》卷一百"志七十五·乐志"。

⑥ 《清史稿》卷四九一"列传二百七十八·王汝揆传"。

⑦ 《清江县志》卷二一"艺文",李昌昱:《春游慧力寺有怀施愚山先生》。

⑧ (清)李奎撰:《龙珠山房》卷下"逆朱九疑守宁州"。

⑨ (清)赵曾望撰:《江南赵氏楹联丛话》上卷"题掘港官署"。

至于上诉的结果,在官官相护、官无悔判的传统习俗的笼罩下是不言自明的。[①]

但是,对无讼的祈祷只不过是一相情愿罢了,现实生活中,矛盾无处不在,讼事也是频繁发生而且不可避免的。

总之,息讼是我国传统法律文化中的重要特色。息讼的方式、方法在各地、各衙门各有绝招,具有特别丰富的乡土文化内涵。尽管其中包含各种非正常干预手段和盲目求息的畏累心态,需要全面认识和客观评价。但从整体上来看,息讼有利于降低诉讼成本,缓和社会矛盾,促进社会和谐发展。在传统中国社会的人际环境下,有其积极的一面,这也是它能够植根于传统中国社会的重要原因。息讼所反映的中国法律文化传统,也清楚地表明,民间社会对于诉讼所要达到的是非曲直评判的目标具有相对大的弹性,息讼是诉讼双方利益博弈的一种妥协结果,不能说尽善尽美,但肯定不是最坏的结果。[②]

二、中国传统的无讼思想的根源

(一)经济根源

中华民族生活在一个特定的地理环境之中,它位于东亚大陆的中心,四周是海洋、高原、草原、沙漠和森林,近乎封闭的生活空间和富饶的中原,决定了中华民族的经济以农业为主体,而且是自给自足的自然经济。

因为农业生产是周期较长的生产,因此,农业社会是个力求稳定的社会,而且农业社会内部具有抑制商品经济发展的天然免疫力。

在这种自给自足的自然经济模式下,生产和消费大体上以一家一户为单位存在的,家庭或者家族既是生产单位,又是日常生活管理单位。作为农业生产者的家族或家族之间是彼此孤立、相互隔绝的,他们既然不可能通过平等的经济交换手段来实现自己的权利并进而形成"市民社会",便只能仰赖至高无上的专制王权,从它那里获得安宁和秩序。[③]

这种自给自足的自然经济社会,导致商品经济极不发达,客观上限制了人际间的广泛交往,压抑着人们的社会性要求。与农耕经济相适应的是一种相对封闭的村落社会,很多村落往往由一个家族组成,人们之间存在各种亲缘关系,人们之前的纠纷和诉讼自然很少,即使偶有纷争,也往往由村落或家族内部解决。对于统治者来说,只要人们交足赋税,也就懒得去管百姓间的一般纠纷,这在一定程度上也

① 张晋藩著:《中国法律的传统与近代转型》,法律出版社2005年版,第282~283页。

② 龚汝富:《明清讼学研究》,华东政法大学2005年博士学位论文。

③ 吴勇:"传统无讼思想的产生及其历史根源",载《广西社会科学》2005年第7期。

限制了百姓向官府的起诉。

(二)社会根源

家国一体的社会结构是无讼思想产生的社会根源。我国传统社会历来强调家国一体,即家与国的利益是根本一致、不可分割的。这种观点的渊源是起源于周朝的中国传统宗法制度,它规定着世袭继承制度和血缘系统之间的等级亲疏关系。天子依照宗法制度对同姓子孙、异姓亲属以及有功之臣进行分封,诸侯又对自己的子孙进行分封,嫡长子继承侯国,余子封为大夫,整个社会呈现出金字塔式的结构。封建国家以宗法制为其组织形式,家庭是国家的逻辑起点和缩影,国家又是家庭的延伸和扩大,政权组织与宗法组织水乳交融,宗法与国法并行不悖,家族伦常原则成为人际关系的一般模式,国家与家族之间具有同构关系。

在这种社会关系中,家是国的缩影,国是家的扩张。国家政务好比是家务,皇帝是最大的家长——"君父"。他派出的地方官为各地老百姓的"父母官",治下的民众为"子民"。处理民间的诉讼就像父母申诉子女的不良行为,调停兄弟姐妹间的争执这种家务事,为政如"父母",人民如"赤子"。

在这种社会环境下,一国犹如一家,自然以安定和睦为上,争讼乃是家内不和睦的表现。而家庭、家族内部成员之间有着割不断的血缘亲情,个人之间再大的纠纷和冲突,也应在家庭整体利益面前退居次要地位,关起门来总是一家人。如果以家人为被告而起诉之,则是大逆不道的行为。儒家的无讼思想正是在宗法制度盛行的氛围中得以萌芽和发展的。

不仅如此,宗法时代所提倡的以血缘为纽带的聚族而居和世代毗邻的地域关系,使社会成员如同生活在一个大家庭中,枝蔓相连,很少流动。再加上儒家伦理道德学说的渗透与潜移默化,形成了和睦共处、和谐无争的生活准则。以致发生纷争时人们很少诉诸法律和求助于官府,而且寄希望于纲常礼教的德化作用和族长邻里的调解功能。① 经过这种方法对民间纠纷的过滤,诉诸国法的案件就少多了。

(三)政治根源

在中国传统社会中,对社会和谐和稳定的追求永远是根本目标之一,以无讼为法制建设的价值取向,突出地体现了这一点。由于诉讼所涉及的绝不只是双方当事人个人,而常常是一家一族,甚至更多的人都会被卷入。胜诉者固然得遂己愿,败诉者也绝不甘心,以致有的诉讼延续几代未结。这就造就了社会关系的紧张和社会秩序的动荡,因此统治者宁愿将民间诉讼化解在公堂之外。②

在中国古代的官吏们看来,太平气象远比百姓争讼的是非曲直重要得多。他

---

① 张晋藩著:《中国法律的传统与近代转型》,法律出版社 2005 年版,第 280 页。

② 同上,第 282 页。

们往往运用调解的方法对争讼者进行道德说教、劝和，使之放弃权利要求以息事宁人，从而实现社会的稳定与和谐。当然，我们所说的能够使用调解结案的案件的范围，显然主要指那些能够和解的民事诉讼，或者是属于不告不理的轻微刑事案件，而非刑事重案。

由于诉讼必然要耽误生产，影响生活，甚至造成许多人家破人亡、流离失所。这样既影响国家的赋税收入，而且又可能影响社会的稳定，这是统治者所深忌的。为避免讼累所造成的社会不安定因素，因此奖励息讼、无讼，成为传统社会的统治者维护其统治的手段之一。

而且有些诉讼，由于执法官贪赃枉法、营私舞弊，严重损害了当事人的利益，造成了官与民的尖锐冲突，使固有的矛盾更加激化，从而成为社会动乱的诱因。①

所以，官方总体上的态度是希望百姓安居乐业，不要轻易涉讼，"纳税完粮父老有闲须教子，省钱息讼乡民无事莫来衙。"②官员们在公堂剀切剖析、晓以大义的同时，还倡建"申明亭"、"旌善亭"、"无讼堂"、"省气楼"等风雅之所；而民间从家谱中的"戒终讼"、"息讼歌"等条规歌诀，到了乡村社会"中人劝处"、"茶肆乡评"、"里老剖断"式的讲约教化，甚至众姓合资兴建"息庵"式的义举，无不表达了息讼宁人的现实刻画。

（四）文化根源

中国古代的文化崇尚和谐，在以儒家文化为主导的中国传统文化价值体系中，追求和谐与无讼一直是主流的价值观，以和为贵、厌讼恶争已经成为一种文化性格深深植根于中国人的血脉之中，儒家自孔子提出"无讼"的主张以来，"无讼"、"无争"的和谐社会一直是其追求的最高理想或价值取向。这个社会是"一个没有纷争和犯罪而不需要法律或者虽有法律而搁置不用的社会"。

道家的老子追求"无为"的境界，提出"人法地，地法天，天法道，道法自然"（老子《道德经》第 25 章），其"自然"就是要求人们"无为"，反映在诉讼上就是"使民不争"（老子《道德经》第 3 章）。"争"是万恶之源，为了避免"争"，人们就要"绝圣弃智"、"绝仁弃义"、"绝巧弃利"、"见素抱朴"，"少私寡欲"（老子《道德经》第 19 章），从而才能达到自然和谐的无争的理想境界。③

法家从好利恶害的人性恶的理论出发，认为法律的功能之一就是定分止争，"一兔走，百人追之。积兔于市，过而不顾，非不欲兔，分定不可争也"。他们大多主

---

① 张晋藩著：《中国法律的传统与近代转型》，法律出版社 2005 年版，第 282 页。

② （清）何品玉：《两龙琐志》（共八卷）卷七杂联，光绪二十六年刊本。

③ 李文玲："中国古代的'无讼'理念与现代'和谐'社会"，载《甘肃社会科学》2006 年第 5 期。

张“以刑去刑”,奉行重刑主义,其根本目的还是“无刑”,“无刑”的潜台词就是“无讼”。①

儒家文化一向重视德治,反对严刑峻法,坚持为政以德,主张以德入刑,强调教化对臣民的影响和作用。董仲舒提出的“德主刑辅”主张,意思是法律虽以刑为主,但刑罚只是手段,最终目标是要借助道德教化来实现和谐的无讼世界。统治者深知普遍的和谐与稳定不只是依靠法律与权利义务关系的平衡所能取得的,还需要借助道德教化。因此,大力提倡兴教化、重人伦、厚风俗、明礼仪。在实际的执法施政中积极主张息讼、止讼,以致在古人的心目中,诉讼日益变成为礼所不容、为贤者所不肖的卑鄙行为。

此后,“德主刑辅”成为两千多年中国传统社会立法的主导观念。在“德主刑辅”方针指导下,统治阶级重视官吏德行,主张用教化的方法推行传统道德,最高统治者要求所有官吏都要重视德行。统治者对司法道德的要求主要是:“教化为首,德刑并用,慎狱恤刑。”在“德主刑辅”观念的指导下,“息狱讼”、“求无讼”,不仅成为各级官员首要职责,也成为他们声名和政绩的标榜。一旦有案件诉诸官服,各级官吏总会想出各种办法来息讼。

我国传统法哲学中的价值学说虽然有儒、法、道、墨四家,但汉武帝之后,墨家中绝,法家受到唾弃,道家流传不兴,儒家学说成为封建社会的正统思想和主流文化,因受到独尊而占据了主导地位。作为儒家法哲学最高标准的“和谐”便成为我们整个传统法律文化的最高价值理想,无讼思想正是这一价值取向的结果。

① 李文玲:“中国古代的‘无讼’理念与现代‘和谐’社会”,载《甘肃社会科学》2006年第5期。

无为而治与中国古代民间纠纷解决范式

丁德昌*

一、无为而治的法律理念

无为而治是中国传统思想家所追求的治国理想。《老子》认为,最理想的社会是"天下有道"的社会。道的本质是"自然",老子提出"人法地,地法天,天法道,道法自然"(《老子》第25章)。老子所表述的"道"是客观世界的普遍规律,"道"是永恒的;人们必须按客观规律办事,这也是统治者统治的基本原则,老子强调,"万物无不尊道贵德……夫莫之命,而常自然"(《老子》第51章)。意思是说,世上万物都尊崇道,贵尊德,而道的本质在于顺应自然。这里的自然就是自然而然,不假人为,听任万物自由发展,没有任何强迫的成分,做到"道法自然"就可以天下大治。这里实际上提出了人道与天道和谐的天道和谐观,正如梁治平所言,"天道(自然)和谐的观念,可以说代表了我们传统文化的宇宙观,因此它一旦形成,便对此社会、民族和文化产生深远的影响。"①为了达到"道法自然",统治阶级在治理策略的选择上,就应做到"无为而治","是以圣人处无为之事,行不言之教"(《老子》第2章)。老子说:"为无为,则无不治"(《老子》第3章)。其基本含义一是任其自然,即统治者治理国家应当遵循自然的原则,让人民自我化育、自我发展、自我完善;二是不恣意妄为,要求统治者不轻易扰民,并借以消解他们对人民生活的诸多强制与干预。老子认为,如果统治者超越自然"有为",必然会引发其对个人私欲、权势的无限追求,同时势必榨取庶民百姓的脂膏,威胁人民的自由安宁和生存。政府的职责在于辅助人民,使其充分地、自由自在地活动。如此,人民自然平安富足,社会自然和谐安定。

老子的"无为"并不是什么都不做,而是因任自然,不恣意妄为。在"无为而治"的法律理念中,"无为"是为了达到"无不为"。"无不为"是为了"生育万物",无为政治的终极目的是"无不为"。但是,唯有在上者"无为",才能真正达到"无不为"的治理化境。

无为而治显然是指统治阶级应效法自然,让百姓自由发展,不要过多地干涉人民的生活,正如杜预所说,"上古之政,因循自然"(《晋书·杜预传》)。无为而治的政治主张是要执政者清净,在可以由人民自治自理的领域让其充分发挥主动性、创

---

* 丁德昌,2008级中国法律史专业,指导老师:王立民。现工作于湖南文理学院。

① 梁治平著:《寻求自然秩序中的和谐》,中国政法大学出版社2002年版,第208页。

造性。无为而治目的是要避免矛盾,避免斗争来达到公序良善的社会秩序。无为而治作为道家所主张的一种治理策略,其目的显然不是"无为",而是为了达到"治"的理想的政治秩序,达到"我无为而民自化;我好静而民自正;我无事而民自富;我无欲而民自朴"(《老子》第57章)。"自化"、"自正"、"自富"、"自朴",就是道家心目中理想的"治"的境界。这种境界,实际上就是个人才情得到充分发挥的境界。

同时,老子还提出"治大国若烹小鲜"(《老子》第60章)的思想,前人苏子由解释说:"烹小鲜者不可扰,治大国者不可烦,烦则人劳,扰则鱼烂。圣人无为,使人各安其然,外无所烦,内无所畏,则物莫能侵,虽鬼无所用其神矣。"①"治大国若烹小鲜",强调了统治者应减少对百姓生活的直接干预,让老百姓充分发挥自主性,从而达到"安民"、"顺民"的理想治理效果。

庄子也同老子一样无比崇尚天地自然,认为人不应破坏自然的和谐,天本来就是和谐的整体,应顺应自然万物的本性,听任其自然自在的生长,"无以人灭天,无以故灭命"(《庄子秋水》)。庄子继承了老子的"自然无为"的思想并将其绝对化,追求"天地与我并生,而万物与我为一"的"天人合一"的理想境界。

实际上,主张无为思想,不仅是"出世"的道家,就是主张积极"入世"的儒家也将无为而治作为一种崇高境界的治国理想。在《论语·卫灵公》中孔子多处表达了其"无为"的治国思想,如子曰:"知德者鲜矣","无为而治者其舜也与?夫何为也哉?恭己正南面而已矣"。② 在这里,"知德者鲜矣"的意思是,人们几乎已经不能理解无为而治了。孔子无为的真实内涵在于,君主在政治生活中所承担的功能应该限定在"恭己"的范围内。从消极的意义上说,这一表达的含义可以解释为,政治生活作为一种自然而然的过程,具有自己的活动方式,君主不应该去人为阻碍、设计政治生活的秩序,应该"恭己"而不去干预自发性的社会生活过程。孔子认为,只有尊重这种自发的秩序,"德治"才能实现,而实现"德治"的最高境界正是一种无为之治。"为政以德,譬如北辰,居其所而众星拱之"(《论语·为政》)正是对这种理想境界的描述。从积极的意义上看,具有德性的君主,不仅仅是自己不去干涉社会秩序,而且还通过权力去保护这种秩序,为其提供有利的外部环境,使之能够以自己的方式运行。

对于社会治理过程而言,无为实际上在此也是一种实践方式,它是对于行为范围的限制。然而,在社会生活实践中,君主常常不明白自己所扮演的角色,以至于常常以自己的意志去干涉自发性的政治秩序。所以,孔子发出"知德者鲜矣"的感叹。不仅如此,孔子认为,尊重社会生活中的自发秩序,就是敬畏天命的表现,就是"大哉尧之为军也,尧之为君也!巍巍乎!唯天为大,唯尧则之荡荡乎,民无能名焉"

① 邵汉明著:《中国文化精神》,商务印书馆2000年版,第32页。
② 杨伯峻著:《论语译注》,中华书局1980年版,第162页。

(《论语·泰伯》)。则天也就是法天,以天为法,"天何言哉!四时行焉,百物生焉,天何言哉?"(《论语·阳货》)无为的政治应当以天为法,天不干预百物、四时,而是让四时、百物按照自己的方式运行。

实际上,儒家和道家所主张的无为而治,都是站在统治者的立场或角度而言的,所谓"有为"或"无为"都是统治者的治世手段,但二者的内涵是有重大差别的。笔者认为,儒家的无为而治强调的是一种结果。孔子所说的无为而治,强调的是天下大治的现实状态,是一种天下大治的最终效果。其手段不是"无为"而是"有为";通过"有为"的手段,而最终达到"无为而治"的理想的治理结果,正可谓"有为而进","无为而治"。然而,道家的无为而治强调的是手段与结果的统一。在道家那里,无为而治既是一种手段,又是一种治理效果,即统治者不以扰民政策治理百姓,而是尊重民间的自然秩序,充分发挥民众的自治自理的能力,从而达到天下大治的治理效果。道家则坚持手段和结果都是"无为",完全顺应事物本来面貌,任其自由发展,最终达到无为而治的社会效果。

中国传统的无为而治的政治法律思想对后世历代统治者治理社会理念产生了极为深远的影响。在国家和社会关系特别是在处理和乡村民间的关系上,统治者往往受无为而治思想的深刻影响,自觉尊重民间的自发秩序,最大限度地在事关百姓的日常生活事项上由其自治自理,以期达到社会秩序的和谐。

二、无为而治对传统民间纠纷解决范式的影响

中国古代民间纠纷解决的基本范式,即民间纠纷以民间调解为主,以民间习惯为主要依据,以追求"无讼"为价值理想。简单的民事纠纷案件,官府即使受理了,也往往不予实际审理,而转由民间贤达或绅士调处,或者通过官府与民间的互动来共同予以解决。黄宗智对清代直隶宝坻、四川巴县以及台湾淡水、新竹等地衙门民事案件的研究有力地证明了这一点。梁治平教授认为,这是官方和民间解决纠纷的互动机制。① 由此可以归结出中国古代民间纠纷解决的基本范式包括两个层面,其一是调解为主;其二是诉调结合。在这两个层面中,第一个层面是根本的、主要的;第二个层面是对第一层面的补充和完善。后者表明了当民间调解遭遇国家司法权时,国家司法权对民间纠纷处理的明确态度,即对于民间纠纷的解决尊重和提倡民间调解,即使少量民间纠纷官府立案后也尽可能运用调解方式解决。

中国古代民间纠纷解决范式的形成正是体现了我国传统法律思想精华——无

① 梁治平著:《清代习惯法:社会与国家》,中国政法大学出版社 1999 年版,第 10 页。

为而治的思想,是历代统治者对乡村社会崇尚无为而治的治理理念形成的。无为而治崇尚“无为”,追求“无讼”、“息讼”的治理效果,追求的是一种自然而然的社会秩序。就国家而言,应尊重民间社会自然的和被实践证明的切实有效地解决问题的方式,顺势而为而非逆势而为把国家司法权强行加于对民间纠纷的处理;否则,势必会破坏民间本来较为和谐的社会秩序。因为在一个崇尚“无讼”,以讼为耻的社会,当事人的民间纠纷一旦进入司法程序,不但双方认为是很羞耻的事,而且无论哪方胜诉,双方往往从此成为仇家,邻里关系很难再予以修复,和谐的乡村秩序势必被打破。而在无为而治的治国理念引导下,国家的司法权自觉从乡村退隐,充分发挥民间解决民事纠纷的力量。通过调解的方式去解决民事纠纷,一方面,既满足了传统中国社会“无讼”的心理需求;另一方面,通过这种调解方式,能使纠纷当事方互相妥协、相互让步,妥善解决民事纠纷,从而使被损坏的社会关系得到有效修复,达到乡村社会的和谐与安定,从而为皇权社会的安定奠定基础。

(一)价值理想:无讼是求

建立一个没有纷争、和谐、安定、有序的社会一直是传统社会的理想追求,这种理想反映在法律领域就是——“无讼”。可以说,“无讼”也是中国古代传统司法追求的理想价值目标。在人与人的交往中,应该保持协调一致与和睦相处,“无讼”的法律文化意识正是这一价值取向的重要内容,正如我国台湾地区学者林端所指出的“乡土社会是个‘反诉讼的社会’,因为一切以和为贵,即使是表面上的和谐,也胜过公开实际存在达到冲突”。① 无为而治的法律理念是建立在“道法自然”的自然观基础之上的,认为自然界和人类社会是按其本来面貌发展的。无为而治引导下的司法理念中,“无讼”必然是其价值追求,不仅符合儒家的仁政理想,而且在实践上也为历代统治者所追寻。

《易经·讼》卦辞曰:“讼,有孚窒惕中吉,终凶。”象曰:“以讼受服,亦不足敬也”,“有终极其讼之象,故曰终凶”。把争讼进行到底是与天道相违背的,无论胜诉败诉,皆凶,并且势必导致对和谐的破坏。后世的主流思想家一般都遵循了《易经》对于“讼”的看法。孔子曰:“观讼,吾犹人也,必也使无讼乎!”(《论语·颜渊》)自从孔子提出“无讼”的司法理想,“无讼”一直是中国传统司法的价值理想,表现为“畏法忌诉”、“避罪远罚”、“息讼止争”等。孔子认为,争讼是礼崩乐坏的表现,其结果将直接危及君臣父子、长幼尊卑的宗法等级秩序。为此,孔子主张克己复礼,反对争讼。在孔子看来,司法的终极目的是达到“无讼”。

在传统中国人看来,诉讼是一种破坏社会秩序和谐的极端方式。特别是对于

① 林端著:《儒家伦理与法律文化——社会学观点的探索》,中国政法大学出版社 2002 年版,第 313 页。

被统治者视为“民间细故”的民事纠纷,历代统治者都注重国家“无为”,而重视民间力量,实现对乡村社会秩序的自我修复,从而达到对民间“拱手而治”的社会效果。概言之,无为而治的治国理念主要体现在国家与乡村社会的关系上,国家的司法权力在乡村主要实行的是一种无为而治。在处理民间纠纷中,国家司法权“无为”,而让民间力量“有为”;就国家司法权而言,实行的是“无为”,达到的是“无不为”的治理效果。“无讼”是中国古代正统法律思想的体现,是统治者永久追求的理想统治状态,更是法律的终极价值。

(二)实践方式:调解为主

中国传统社会是一个以血缘为纽带的宗族社会。在一定范围内,人们往往沾亲带故,在温情脉脉的宗族范围,一旦遇到纠纷人们往往不愿通过诉讼的方式去解决,而是寻求更为体面的方式。于是,民间调解便顺应了人们的这种纠纷解决的需求应运而生。中国古文献中有很多通过调解息争的案例,“休河”、“劝世”、“四休”、“和息”等都是这种纠纷解决机制的不同称谓。在传统社会,通过调解处理的案件范围相当广泛,轻微的刑事案件和如户婚、斗殴、田土、钱债等民事纠纷或都在调解之列。黄宗智的研究表明,1949 年前,民间调解在解决民事纠纷中作用巨大。在一个朝夕相处紧密组织起来的社区内维护邻里和族人之间和睦关系是民间调解关注的价值所在。[①] 根据是否渗入国家权力传统社会的调解可以分为三种形式,即宗族调解、乡里调解和官方调解。

1. 宗族调解。宗族调解是指宗族成员发生纠纷以后,当事人往往找宗族中德高望重的族长或乡贤、士绅寻求评理、调处。远在周朝的钟鼎铭文中就有“宗子”纠纷调处的案例记录。在传统社会中,为了融洽宗族关系,维护其共同利益,多数同姓族人都采取集结族居,共同生活在同一个村落里。宗族在传统乡土社会日常生活中有很重要的地位,族长往往由族人从辈长年高且颇有威望者中推举,族长有处理宗族事务的权力,往往把各种乡俗作为族人的最高行为准则。宗族调解往往在族长的主持下进行,族长是家法的执行者,可以根据族规或自己的意志判断曲直,酌定处罚,“家族团体以内的纠纷及冲突应先由族长仲裁,不能调解处理,才由国家司法机构处理”。[②] 族长可以责令赔礼道歉、赔偿损失,加以身体刑、在祠堂打板子、开除族籍、送官究办,甚至有时下令处死。[③] 如果纠纷层次较低,双方当事人或一方往往各自邀请亲友、长辈、乡邻或在当地民众中德高望重者出面说和、调停。这种纠纷解决方式多发生在邻里亲友之间,

① 黄宗智著:《清代的法律、社会与文化:民法的表达与实践》,上海书店出版社 2001 年版,第 62 页。

② 瞿同祖著:《中国法律和中国社会》,中华书局 2003 年版,第 27 页。

③ 瞿同祖著:《瞿同祖法学论著集》,中国政法大学出版社 1998 年版,第 75 页。

调解方式、方法也都较为灵活,一般在一方当事人家或调停人家里,以开会的形式进行。这种调解具有使弱者心平,强者气沮……谊全姻睦的效果。①

2. 乡里调解。它是一种有官方背景、受官方支持的调解形式,可以说是一种半官方性质的调解形式。这种方式主要适用于宗族力量不强的地区或宗族以外的纠纷,常常由里老调停来解决。从周代起,我国就存在乡治组织,周礼中有"六乡六遂";《管子》中有"朝治"与"乡治",秦国在商鞅变法后出现什伍制度。西汉进一步发展,"乡间居民十里为一亭,亭有长;十亭一乡,乡有三老、啬夫和游徼"。其中啬夫"职听讼",大多以验问为手段调处息讼、评断曲直。

东汉延续了该体制,"里有里魁,民有什伍","善恶相告"。唐朝实行乡保制,乡里讼事,则先由里正、村正、坊正调处。宋朝的都保制、明朝的里甲制、清朝的保甲制虽有些微差异,但都是国家的基层组织,保长、里正、乡长等不仅具有催租征税、摊兵派饷的职能,还有一个重要的职能就是调解民间纠纷。在这里,特别值得一提的是,明朝的乡治调处较具特色。明初有里老之制,在乡里设立申明亭,洪武二十七年命有司择民间年高公正理其乡之词讼,与里甲听一里之讼,断曲直,判是非。明太祖在《教民榜文》中规定:"民间户婚、田土、斗殴、相争一切小事,不许轻便告官,务要经本管里甲老人理断。"显然,明太祖把调解作为诉讼的前置程序,凡未经申明厅调解的不得提起诉讼。在实践中调解的办法可谓五花八门,但根本原则是宗法社会的礼让教化,礼让为先、德化为主;根基在于"亲亲"和"尊尊"。在中国古代,历朝官府之所以如此青睐乡治的调处,因为统治者看到乡村保长、里正等一方面在乡村百姓中有一定的威信,其作为调解中间人能获得争端双方的心理认同;另一方面他们生活在民间对当地的风土人情知根知底,有利于争议的调查和解决。显然这是尊重民间纠纷发生机理的顺势而为。

3. 官府调解。这是指由州县官府在诉讼内调处民事纠纷,又可称诉内调处或司法调处。《周礼·地官司徒》属下有"调人"一职,"掌司万民之难而谐和之"。官府调解一般是争议较大,当事人双方难以通过民间调解来解决的民事纠纷。由于我国古代实行的是行政兼理司法的体制,大量民事案件集中在州、县衙门。州、县官府审理民事纠纷时也往往先行调解,如清代陆陇审理"兄弟争财诉讼"一案时,"不言其产之如何分配,及谁曲谁直,但令兄弟忽呼"。"未及五十声,已各泪下沾襟,自愿息讼"。州、县官府在调解中往往不厌其烦地以礼仪劝导,"以礼喻之"。元人张养浩在《三事忠告》中说:"书讼者,诚能开之以枉直,而晓之以利害,鲜有不愧服两释而退之",这是他在审理民事纠纷时以理喻之、促使和解的经验之谈。

① (清)徐栋:《牧令书》(卷十七),载汪辉祖:《治讼》,黄山书社 1997 年版,第 99 页。

官府在审理民事纠纷时之所以先行调解，这不仅由于我国是个礼仪社会，官府对于民事纠纷采取的是息事宁人的态度。同时，州、县官府往往认为诉讼的多发，是民风浇薄、教化有亏的表现，故其在审理民事案件时，往往更像慈爱父母调停子女之间的争吵，而非裁判官严格依法而断。这正如黄宗智所指出的"按照儒家的理论，国法只是广泛道德原则中一小部分的体现，既然国法对民事讨论甚少，这就明白地意味着这类事务应主要由社会的道德原则而非法律来解决，特别是民事纠纷，县官的处理应该本着……'教谕的调停'原则"。

（三）实施依据：民间习惯法

习惯法是深深根植于一个民族的社会生活和民族的精神观念之中，是民族心理的凝结。民间习惯法，是乡土社会同一聚居村落的人们在从事农、林、牧、副、渔生产和生活过程中，经过长年累月的重复和逐渐公认，固定下来并为其世代信仰和遵从的那些群体性习惯、规矩的总和。在无为而治的理念下，在处理民事纠纷问题上国家司法权从乡土退隐，相应的国家法律在处理民事纠纷上也相应退隐。代之而起的是民间习惯法，"在中国乡土社会，真正管用的是国家法之外存在的'另一种活法'，国家法之外的活生生的秩序似乎更能牢牢地扎根于民众，更能有效地作用和规制着这个社会。"中国乡土社会是"礼治"的社会，其社会秩序的形成是靠乡民们在漫长的历史过程形成的世代相传的礼俗，这正如费孝通《乡土中国》所指出的，乡土社会的"规矩不是法律，规矩是'习'出来的礼俗"。"我们可以说这是一个'无法'的社会，如果我们把法律局限于以国家权力维持的规则，但是'无法'并不影响这社会的秩序，因为乡土社会是'礼治'的社会。"民间习惯法的主要内容就是广教化而厚风俗，劝诱人心向善。正如隆庆六年《文堂乡约家法》中所说："乡约大意，惟以劝善习礼为重。"明太祖朱元璋曾颁布《六谕》：孝顺父母，尊敬长上，和睦乡里，教训子弟，各安生理，毋作非为。①各个时代、各个地区的村落习惯法，大多都有这方面的类似规定。

对于违反习惯法引起的民事纠纷及轻微刑事行为，依习惯法，村落组织有完全的调解处理权。对于民事纠纷，则着重调解，主要在于教化民众，引人从善。以明洪武三十一年（1938 年）颁布的《教民榜文》第 2 条规定为例，村落组织的管辖权限包括：户婚、田土、斗殴、争占、失火、窃盗、骂詈、钱债、赌博、擅食田园瓜果等，私宰耕牛、弃毁器物、稼穑等，畜禽咬伤本人、幼私擅用财、子孙违犯教令、师巫邪术、六畜践食禾稼等，水利、亵渎神明等。关于这些行为的处理，一般情况下，村落习惯法规定不许直诉官府，而应先由村落处理。国家制定法通常也规定必须由村落组织调解处理，认可村落习惯法，赋予村落组织执法权，禁止径行诉到官府。

① 张哲郎："乡遂遗规——村社的结构"，载姜义华：《港台及海外学者论中国文化》，上海人民出版社 1998 年版，第 250～251 页。

民间习惯法的实行,主要靠农民对千百年形成的习俗规则的普遍认可,其实施就外力而言靠的是社会舆论以及宗族力量的权威而不是国家强制力。就其内力而言,靠的是农民内在情感、良心的心理认同和以及价值利益取向的共同性。乡村社会的习惯法的存在,以其独有的功能保证了民间的"笃仁、敬老、慈少、礼贤下士"和"忠、孝、信、礼、义、廉、耻"等世风的形成,有利历代思想家和统治者追求的无为而治的理想的治理局面的形成。

三、无为而治理念渗透民间纠纷解决范式原因探析

无为而治的传统法律理念渗透民间纠纷解决范式的原因不一而足,概括起来,笔者认为主要有如下几个方面:

(一)社会和谐的价值考量

中国传统文化的哲学基础是天人合一,其价值目标是追求人与人、人与自然关系的和谐,"古代中国人在整个自然界寻求秩序与和谐,并将此视为一切人类关系的理想"。和谐是中国传统社会与现代社会一以贯之的社会理想和价值追求。和谐社会追求一种天人合一的理想境界,人是社会的主体,和谐社会的核心是人的和谐,社会的和谐必须建立在人的关系和谐基础之上。张中秋先生认为:"对于天道的遵循与认同表现在对秩序的和谐的最终追求中,这种和谐表现于天地万物,一切都是那么有秩序、有规则、自然而然。和谐成了中国古代特有的'自然观'或者说'宇宙观'。"[①]古代中国的文化传统崇尚和谐,正如儒家所说:"礼之用,和为贵"(《论语·学而》)。在儒家看来,和谐是一种至上的理想,"和谐是整个儒家学说的基本格调和主旨所在,也是儒家的境界"。[②] 儒家认为家国一体的社会结构,国政的原型是家务,国法是家规的放大,国家内乱和国民争讼是家内不睦的延伸。因此,一国即一家,以安定和睦为上,解决国民争讼一如排解家庭纠纷,调解为主,辅之以刑,以求和谐。儒家和道家,尽管治国方略迥然不同,但最终的社会理想却是相同的,都希望建立一个各守本分的和谐社会。在中国民间实行的民事纠纷调解制正是和谐传统理念以及无讼理想在司法中的映射和司法实践中的具体产物。

这种和谐思想的哲学基础是天人合一的思想和理念。只有合乎天道规律才是和谐的,人道只有在天道规律的指导下才能获得成功。而天道是无为的,"人法地,

---

① 张中秋著:《中西法律文化比较研究》,南京大学出版社 1999 年版,第 71 页。

② 方同义著:《从天人之际到道学精神》,人民出版社 2003 年版,第 103 页。

地法天,天法道,道法自然"(《老子》第25章),自然是顺势无为的。"道者,同于道",要求统治者依道行事,处事应符合自然规律。如何同于"道",要求统治者"处无为之事"(《老子》第2章)。在这里,老子的"无为"在某种意义上应理解为"无违",即不违背自然的客观规律,不违背道的普遍规律,这样才能做到"无不治"。如能顺应自然,就没有办不好、办不成的事情,治理国家也是如此,正如郭成伟教授所指出的,"中国传统哲学里的天人合一思想反映在法哲学领域,表现为现实社会中的法应当体现自然状态中的自在和谐精神"。[①] 老子站在治世的角度,告诫统治者"以百姓之心为心"(《老子》第49章)。"我无为,而民自化"(《老子》第57章)。治理国家,想问题、办事情只有符合老百姓的心愿,符合自然发展的规律,老百姓才能做到自然归化。

按照天人合一——和谐的理论进路,人们为琐碎的小事或小利发生纠纷压根儿就不该发生。即使发生了,也应该通过和解、调解等方式尽量息讼,从而把纠纷消灭于萌芽状态之中,起到防微杜渐,以免事态的扩大,危害社会的和谐与安定。中国传统的乡村社会在千百年的演变中,有自己独特的自然的社会秩序,存在被埃利希称为"活法"的调整规则——民间习惯法。可以说,在法律上追求无讼,是哲学上和谐的价值追求在司法实践中的反映。

(二)熟人社会的情理需要

中国乡村是以血缘为纽带的自然秩序。我国传统社会是主要靠礼俗维持秩序的熟人社会,"崇尚、重视人情是中国传统法的特色之一"。[②] 传统中国是一个封闭自守的社会,大多生活在乡村的老百姓一辈子"日出而作,日落而息;耕田而食,凿井而饮"(《诗经·击壤歌》)。人们生活在一定的范围和区域内,大家抬头不见低头见,一旦发生争讼当事人更多地考虑的是面子和人情,大家都不因讼结仇,通过调解的方式解决纠纷理所当然是最佳选择。这与西方的法治大不相同,梁漱溟曾指出:"在中国说,本来是一家里的事,不愿到法庭去;在中国人,如果两面一打官司,则彼此便同仇敌一样,有的好几辈人都和解不开。"在古代的民事调解实践中,作为调解的主持人往往利用了当事人的以和止争、委曲求全这种心理,从而使当事人双方各自退一步海阔天空,使纠纷得以成功解决。这正如我国台湾地区学者林端先生指出的,"妥协是维系关系的手段,所以调解制度(调处)成为乡土社会反诉讼的一个主要出路"。

(三)调查取证难的客观要求

证据是司法审判的基础,没有证据或取证困难使司法公正失去根基,司法公正

① 郭成伟著:《中华法系精神》,中国政法大学出版社2001年版,第336页。
② 马小红著:《礼与法:法的历史与连接》,北京大学出版社2004年版,第251页。

也将是一句空话。中国古代由于司法技术较为落后,案件发生后审判官常常面临取证难的问题。在乡土社会取证难的矛盾更为突出,这主要是因为,如前所述,乡土社会是熟人社会,纠纷的发生知晓案情过程的往往是双方的熟人。一方面,乡村百姓认为,一旦出庭作证,势必影响自己和原告或被告的关系。在传统的明哲保身人生哲学的支配下,人们往往不愿为双方中的任何一方出庭作证。另一方面,传统的宗法社会,崇尚"爱有差等"的儒家哲学,即使出庭作证证人也往往出于亲疏远近的不同难以秉持公正之心,根据事实求是的原则予以作证。而在民间调解时,采取的是商谈式解决纠纷的办法,调解的场面往往比较温和,此时即使作证虽然可能得罪一方或双方当事人,但不至于严重影响彼此之间的关系。

(四)诉讼代价过高的现实考虑

诉讼通常都有特定的法律程序,诉讼的程序复杂使有限的司法资源不堪重负。就国家司法权而言,在中国古代行政兼理司法的特定体制下,行政官员往往要应付方方面面的事务,司法审判只是其中之一。民事纠纷在所有的案件纠纷中应是数量最多的,每个州、县每天都会发生大量的民事纠纷,如果一律都由州、县衙门受理,那么有限的司法资源是难堪重负的,或者说根本难以胜任。而民事纠纷在历代统治者看来属于"民间细故",对国家政权和社会稳定影响不大。故而在这个领域历代统治明智地选择了无为而治的策略,主动放权给民间自治自理。就民间而言,从诉讼成本角度分析,人们不愿诉讼而选择调解,一方面,中国古代问官审案动辄用刑,逼取口供,经常受皮肉之苦,令人畏惧;另一方面,"衙门八字开,有理无钱别进来",司法腐败往往使普通百姓对诉讼望而却步。诉讼风险、时间成本和"无讼"心理等,导致在国家司法权对民间纠纷"无为"的情况下,人们理所当然的选择调解作为解决纠纷的主要途径。

四、结　语

历史是一面镜子。中国传统无为而治理念指导下"无讼"的司法原则在走向法治的今天备受诟病和争议。但笔者认为,任何事物都是一分为二的,无为而治理念引导下的"无讼"的司法原则,并在此原则引导下的民间纠纷调解机制,在依法治国的今天,仍然是可资借鉴的珍贵的本土资源。今天我们倡导的无为而治应是一种相对的无为,而并非绝对的无为。在民间纠纷的解决上,国家应在宏观调控的基础上,充分发挥民间的自治自理能力,充分发挥调解的功能和作用。这对于有效地解决社会矛盾,维护和谐的人际关系,进而对于和谐社会的构建,无疑具有极为深远的意义。

儒家民本思想与中国传统司法论析

张　莉*

儒家民本思想在中国传统政治法律思想中具有深远的历史渊源和重要的历史地位。随着儒家思想逐渐成为中国传统法的基本价值取向,传统司法领域也被打上了儒家民本思想深深的烙印,并由此对中国传统司法独特风格的形塑起到重要作用。

一、儒家民本思想的基本内涵

中国古代民本思想的形成,经历了一个长期的历史过程。早在我国商周时代,社会中就有保民、重民的思想,如《尚书·五子之歌》中的"民惟邦本,本固邦宁"。①至春秋战国时期的诸子百家中,虽然都有对民本思想的涉及,②但系统阐述并将民本思想发扬光大的主要是儒家学派。孔子、孟子等儒学大师总结历史经验,以"仁者爱人"和"仁政"理念为核心,提出在政治思想方面,要爱人重民;在经济政策上,要富国富民;在治国策略上,要利民足民;在统治方法上,要施行仁政,取之有度,构建出了独具理论特色的儒家民本思想体系。

受时代政治的要求,在儒家的民本思想中,重点论述了两个问题:民与君的关系及圣贤之君注重民本策略。关于君臣关系,孔子提出"君因于民",《荀子·哀公》引孔子语云:"且丘闻之,君者,舟也,庶人者,水也。水则载舟,水则覆舟。"这一"舟水"之喻,被后代广为征引,如魏徵与白居易之诤谏之词等。孟子则直接喊出"民贵君轻"的口号,《孟子·尽心下》曰:"民为贵,社稷次之,君为轻。故得乎丘民而为天子。"此后,诸儒都以此为标帜,不断对君民关系予以发挥。《荀子·大略》云:"天之生民,非为君也。天之立君,以为民也。"贾谊《新书·大政上》云:"闻之于政也,民无不为本也。""国以民为安危,君以民为威侮。""夫民者,大族也,民不可不畏也。"董仲舒《春秋繁露》云:"天之生民,非为王也,而天立王以为民也。故其德足以安乐民者,天予之;其恶足以贼害民者,天夺之。"此外,唐太宗、白居易、苏轼、范成大、张

---

* 张莉,2008级中国法律史专业,指导老师:王立民。现工作于浙江大学宁波理工学院。

① 朱熹著:《尚书集传·卷二》,世界书局1936年版。

② 如《管子·霸形》言:"夫霸王之所始也,以民为本";《老子》云:"圣人常无心,以百姓心为心";《墨子·节用》中主张君主"爱民谨忠,利民谨厚",置民众利益于首位。

岱、黄宗羲等都在一定程度上秉承了这种思想。

儒家民本思想的要旨是重民抑君,并提出了三个方面的具体要求:利民、教民、恤民。所谓利民,就是要从民之欲,不违民心,毋惧民,勿欺民。《论语·尧曰》:"因民之所利而利之。"孔子把尊重和照顾民利的帝王贵族赞誉为圣人和君子。《荀子·富国》中提出有"下富则上富","以政裕民"的观点。

对于教民,孔子指出"道之以政,齐之以刑,民免而无耻;道之以德,齐之以礼,有耻且格"。反对不教而杀,将"不教而杀"称为"虐政",置于"从政"的"四恶"之首。《孟子·尽心上》:"善政不如善教之得民业。善政,民畏之,善教,民爱之。善政得民财,善教得民心。"之后,《宋书》卷十四:"教者,治化之本,人伦之始。"《二程集·文集》卷九:"生民之道,以教为本。"这些也反复强调教民的必要性。

在恤民上,孔子早有"苛政猛于虎"之说,告戒君主"修己以安百姓"(《论语·宪问》),倡导统治者"节用爱人,使民以时"(《论语·学而》)。孟子则认为,处于"民之憔悴于虐政,未有甚于此时者"的时代,统治者只有"保民而王"(《孟子·梁惠王上》),否则必然"身危国削"。他说:"得天下有道:得其民,斯得天下矣"(《孟子·离娄上》),而如果"暴其民甚,则身弑国亡"(《孟子·离娄上》)。他甚至主张,君主必须"以不忍人之心行不忍人之政"(《孟子·公孙丑上》);否则民众可对残民以逞的暴君"复仇"乃至"放伐"。宋程颐《二程集·遗书》卷二十五云:"民可教也,不可畏也;民可使也,不可欺也。"朱熹也曾说:"天下之务莫大于恤民。"明朝首辅张居正在《请益蜀 积逋以安生民疏》中告诫,统治者要体察民之疾苦,"窃闻致理之要,惟在于安民,安民之道,在察其疾苦而已。"可见,自先秦以来,对"民本"的弘扬和追求是儒家一贯的传统。

儒家的民本思想,既是一种治世的学问,更包含了深刻的文化理念和对人的一种终极关怀。民本思想中处处体现着对"神"的否定和对人的主体性肯定;儒家孔孟的"仁者爱人"和"仁政"主张,通过强调对民众的体恤,既是对国家治理中道德价值的尊重,又含有适度约束权力的民主要求。儒家还通过对人性善的张扬和对犯罪的社会原因的分析,鲜明地指出犯罪原因在于民的"无食"、"无耻",因而反对刑罚报复主义,强调教育和防范的重要性。这些进步的主张,无疑是中国传统政治法律思想中最为光彩的一面。

但同时我们也清晰地看到,在儒家视阈里,"民"从来就不是一个具有完整独立人格的个体,而是始终处于宗法家族链条中的一个组成部分,每个人的主要价值就在于恪守本分,尽己之力来维护宗法伦理等级和谐及达致国家的富强。因此,个人的意志和行为以家族和国家利益为指导。所以,儒家民本思想具有明显的局限性:

其一,儒家所言的"民本"具有极强的工具价值。"民"时常在涉及国家利益时,与"农"、"兵"同列,如《论语·尧曰》载"所重:民、食、丧、祭"及《论语·颜渊》中记,子贡问政,孔子曰"足食、足兵,民信之矣"。之所以要贯彻"以民为本",是因为民被当做一种可利用的政治资源,失去了民,君就无法维持统治。因此,儒家所谓的"民本",不过是对"君本"(或"官本")正统的有限修正,"民本"不过是对统治者的劝诫,其实现的途径和程度都依赖于有道之君的主体自觉,民处于施政的客体位置,民本相对于君本具有极强的被动性,所谓"民者国之本,国者君之本"(《帝范·君体》)也。

其二,儒家思想中的"民",不指单个的人,而是相对于以君主为代表的整个官僚阶层,"民"是一个集体概念。因此,在民本思想中明显缺乏对个体权利的关照,更没有从制度层面落实对个人权利的诉求。正是这两点,造成了中国传统民本思想与强调的人的独立人格和个人人权保障的近代西方民权思想的根本区别。

二、儒家民本思想影响下的传统司法特征

由于儒家民本思想自身具有二重性,其对传统司法也就带来良性、中性和劣性三种影响,使传统司法在司法理念、基本原则、诉讼模式等方面的成果瑕瑜互见。具体说来,民本思想对传统司法的影响表现在传统司法的世俗理性、价值理性高于规范理性、等级特权下的司法温情主义三个方面。

(一)传统司法的世俗理性

中国虽在夏、商时期使用过"天罚"和"神判"的审判方法,但随着儒家民本思想对"神本"思想的批判和取代,儒家倡导的以历史发展客观事实为基础,以人的眼光和人的利益来衡量和把握成败得失的经验教训的理路,作用在司法领域,使传统司法审判迅速脱去神秘主义色彩,走上了完全世俗理性的道路。传统司法的世俗理性可以从三个方面得到论证:

1. 司法依据的世俗理性。自西周时期"悬法象魏"之制始,中国传统司法不仅摆脱了夏、商以来的"天罚"、"神判",而且逐渐建立起高度发达的以成文法为核心,包括各种单行规范(令、科、格、式、例)、法律解释(法律答问)、判例(廷行事、比、故事、断例)甚至儒家经义(《春秋》)等在内的完整而丰富的世俗法律体系。以成文法典范的唐律为例,其以"一准乎礼"、"用刑持平" 为立法和司法指导思想,以《名例》统领全篇涵摄实体和程序各个环节,制定了"官当"、"同居相隐"等具体规范以及"义绝"、"六赃"等名词术语,并用笞、杖、徒、流、死的五刑来维护世俗社会中的等级秩序。在司法审判中必须严格遵守"诸决罚不如法者,笞三十;以故致死者,徒一年。即杖粗细长短不依法者,罪亦如之";"诸断罪皆须具引律、令、格、式正文,违者笞三十……"(《唐律疏议·断狱律》),以此杜绝司法中的神秘主义。明清律中也都

有类似的规定。

2. 审判程序的世俗理性。中国早期审判中，也曾有过借用占卜、神兽獬豸以及水、火等自然力来辨别案件的是非曲直的阶段。但自春秋战国起，从审判机构的设置到整个诉讼程序，都表现出世俗理性的特点，并成为中国传统司法的主导。审判由专审机构廷尉、大理寺、刑部、御史台等主持，审判人员要求具有相应的专业知识、生活经验和逻辑推理能力。庭审中要求“两造俱到”，“有旨无简不听”，重视证据的取得，对现场勘验制作“爰书”，对拷讯有严格的条件限制，审判中法官要“五听”，有利害关系则法官回避，定罪量刑鞫谳分司，审判结束要求读鞫，不服者允许乞鞫，对法官枉法裁判追究“五过”之责。疑难案件进入“上请”、“杂治”、“会审”程序，死刑复奏，对冤案则通过直诉、录囚、御史纠察等途径予以救济，等等。这些都是与世俗审判程序相一致的。

3. 判决的执行具有世俗理性。首先，从判决执行的场所来看，中国古代不仅有监狱而且有发达的狱政管理制度，在历代的法典中都由专章予以规定，如《法经》“囚”篇、《晋律》“系讯”篇、《唐律疏议》“捕之”篇、《大清律例》“捕之”门等，其中对监狱的纪律、囚人的卫生、饮食、就医等都有详明的规定。其次，从判决的执行方式上看，无论是民事案件中的罚、赎、赔偿，还是刑事案件中的墨、劓、刖、宫、笞、杖、徒、流、死，乃至晚清修律中所采用的刑罚，都是由国家官吏负责执行，丝毫不见神秘主义的色彩，这一点也是与宗教裁判惯常采用火刑、动物刑、忏悔赎罪、苦役赎罪等有着明显不同之处。

虽然自汉朝开始有秋冬行刑、明清的“秋审”制度和秋后问斩的“司法时令”说，但此类规定一般只适用于死刑案件，大量的肉刑、徒刑、耻辱刑案件则不受时节限制，而且对死刑中的重大案件如谋反、谋叛、大逆案件的执行“决不待时”，并不受时令限制。因此司法时令并不能从整体上否定传统司法的世俗理性特征。

（二）价值理性优先于规则理性

司法活动的价值理性主要指向司法活动的合目的性，即求善，要求司法的依据和裁决结果符合社会公众的道德标准和心理期待。而规则理性则指向司法活动的合规律性，即求真，包括求案件客观事实的真和适用法律规范的真。传统司法中的价值理性高于规则理性，反映在传统社会里，就是当法律规范违反社会价值准则时，司法官就会以根植于人们内在心理的天然期盼与传统社会生活方式的“情”与“理”为更高阶位的“自然法”修正官方法。

中国传统司法以民本思想为指导，追求和谐为首要目标。儒家所倡导的小农经济下的宗法等级和谐的重要标志是人们各安其事，和睦相处，没有纠纷。相应地，尽快有效平息纠纷、恢复和谐就成为传统司法的首要职责，即所谓“正名分，厚风俗”。然而在以律条、判例、法律解释等为载体的正式规范不仅不足以说服当事人，其相关规定反而有可能成为当事人据理力争的凭借时，法律规范已成为通过司法实现社会和谐的制度障碍，深受儒家文化熏陶的法官就会毫不迟疑地在律令之外寻找更有助于消除争端的方法，通常有效的办法就是借助于儒家经典教义和世代相传的乡里风俗，即“理”与“情”，这一点在《名公书判清明集》等判例集中的大量案例中都有表现。

更重要的是，这种对价值理性的追求并没有因为对法律令的否弃而受到来自官方的否定。实际上，当司法官依据社会之情理对案件进行论证说理时，虽然是以官方法的妥协为代价，但由于这样的判决结果更容易博得民众的广泛认同，司法判决容易执行，反而增强了官方司法活动的合理性与权威性。因此在中国古代，皇家政治权力对这种司法行为的儒家化倾向并不过分地压制，汉朝“引经决狱”、唐朝韩愈等对柳宗元评梁悦案旷日持久的激烈论辩及其对后世的示范意义、传统社会中“复仇”现象的长期存在以及调解制度的发达等都是有力明证。

以下一案发生在清朝乾隆二十七年(1762 年)：

“裴秉若肆意殴逼妻妾仆婢，先后致死七命。苏抚将裴秉若比照杀死缌麻功卑幼一家非死罪二人例，拟绞立决，具题。刑部认为：此等残暴之徒，淫凶不法实出情理之外，仅拟缳首，殊觉法轻情重，若驳令该拟又未免稽迟时日，转使凶徒籍以苟延。应将裴秉若该照光棍例，拟斩立决，迅即正法，以快人心。”(《刑案汇览》)

在这个案子中，最高司法机关的刑部以原判决“法轻情重”而作为改判的理由，正是传统司法中为追求“情罪相当”的朴素正义感不惜牺牲严格规则主义的必然结果，也是价值理性优先于规则理性的典型表现。

(三)等级特权下的司法温情主义

在儒家民本思想倡导下，十分强调慎刑慎杀，反对滥杀无辜。孔子就大力提倡刑罚适中，他说：“礼乐不兴，则刑罚不中；刑罚不中，则民无措手足。”(《论语·子路》)孟子从仁政思想出发，提出“省刑罚”的主张，反对滥杀无辜，他说：“无罪而杀士，则大夫可以去；无罪而戮民，则士可以徙。”(《孟子·离娄下》)孟子认为，要正确施刑，就要做到使受罚者心服口服，甘愿受罚，“王者之民皓皓如也，杀之而不怨，利之而不庸，民日迁善而不知为之者。”(《孟子·尽心上》)荀子虽然隆礼重法，但是他依然主张慎刑，荀子主张：“治之经，礼与刑，君子以修百姓宁。明德慎罚，国家既治四海平。”(《荀子·成相》)汉儒董仲舒将阴阳学说同德刑关系相结合，提出“大德而小刑”，主张慎刑。中国古代很多皇帝也十分重视慎刑，唐太宗曾经对大臣说“死者不可再生，用法务在宽简”，他十分强调慎刑，还亲手创立了死刑三复奏的制度，后又发展到五复奏。清代顺治皇帝也非常重视慎刑，顺治十年(1653 年)六月曾经发布上谕说：“帝王化民以德，齐民以礼，不得已而用刑。法者天下之平，非徇喜怒为轻重也。”(《清史稿·世祖本纪》)

古代的帝王和思想家的慎刑思想为传统司法公允和哀矜折狱提供了思想保障。从汉朝的“春秋决狱”,到《唐律疏议·名例》、《大清律例·名例》中都一以贯之地确定了罪疑从宽,对犯罪中的首从、故意过失、惯犯偶犯区别量刑,对自首或老、幼、孕妇等特殊主体犯罪减免刑罚、死刑复奏、存留养亲等原则,对于违反这些基本原则的则要以“官司出入人罪”、“拷囚过数”、“决罚不如法”等罪责追究司法官责任。

传统司法中的“慎刑”、“恤刑”、“德法并用”原则,一定程度上缓解了传统社会民间的价值规则与官方的紧张。但另外,又对严重触犯儒家道德核心的君臣和家族伦理的“十恶”处以最严厉的刑罚。不仅罪犯本人“为常赦所不原”,还要株连亲属、邻里。此外,由于过分追求被审讯人的主观自觉,在司法中就转化成对口供效力的至上性。因此,虽然传统法制中为防止滥用刑讯,对刑讯的条件、程序、工具、禁用范围和刑事责任等都有明文规定。例如,唐律规定:“诸拷囚不得过三度,总数不得过二百,杖罪以下不得过所犯之数。”但在实践中,这种限制却往往难以奏效。因此,在中国传统司法中呈现出清官、循吏如包拯者也难杜绝使用“大刑伺候”手段的矛盾局面。就其思想根源上探究,正在于儒家思想并不从根本上否认刑讯。这也是儒家民本思想中“民”的主体资格缺失和制度保障缺位的必然结果。

除以上三点外,传统司法还具有判决的不确定性等特点。这从根本上说,还是因为民本思想下,传统司法中追求价值理性高于规则理性,过于注重司法判决的社会认同,由此导致实际操作中,审判依据多元和司法官的司法裁量灵活性大等因素造成的。而这种判决的不确定性,在很大程度上成为消解传统社会法律权威的和规则意识的力量。

三、传统司法的两点启示

无论传统还是现代社会,司法审判都是法律实现过程中至为重要的一个环节,而任何一种司法运作要想确定自身的存在根据,除了具有司法权力的合法性外,还必须得到社会的合理性认同。儒家民本思想是在儒者尊重历史发展客观事实、反对先验“神本”理论基础上确立起来的。这种经验理性的思维方式不仅直接推动了中国传统司法世俗理性的发达,而且促使传统司法较为成功地担当起沟通国家与社会的桥梁作用,在专制社会中建构了一种稳定良好的社会秩序。① 为我们今天的

---

① 司法行为以获得社会认同为其重要目标,以便建立稳定良好的社会秩序。“在某种意义上说,任何一项具体的法律规定都是以全体承认,并无异说为目标,都可能表现为试错、反馈以及无限反复达成的‘合理的合意’。”参见季卫东:“法治中国的可能”,载《宪政新论——全球化时代的法与社会变迁》,北京大学出版社 2002 年版,第 70 ~ 71 页。

法制建设中，提供了必须充分重视法律及其运作的社会认同性的历史论证。

同时，民本思想下的传统司法不能根绝对人的尊严与权利的侵轧，也带给我们深刻的反思：任何先进的思想都不能被教条化地解读。民本思想追求社会和谐，但是通过司法的方式推进社会和谐，不仅要有制度化的保障，该制度应当为民间评判划定最后的边界，不能一味追求社会认同而失去法律的确定性和权威性；而且，该制度规范不能以压制社会矛盾、牺牲个人基本权利为代价换取失去了公平正义基础的和谐，在法治社会，“人永远都是目的，人的身体、尊严和任何基本权利都不应当被当做兜售一种教条的工具。”

中国传统司法解读述评

杜军强*

中国传统的法律制度在近代以前并不对其自身的存在及合理性作出任何解释,带着自身的弊端维持着社会的秩序。但当西方的法律制度在炮火的挟裹下来访时,中国传统法律便不得不在理解交流的意义上重新自我定位,当然,西方人也在试图理解中国传统的法律。然而在社会进化论逻辑的支配下,中西法律相互的理解交流变成了西方法律"文明"对中国"野蛮"的法律的裁断。西方人士和相当部分的中国学人用这一逻辑拷问中国传统司法裁判,一切在新的标准下待价而沽。另一部分学者则强调历史地理解中国传统司法,形成了观点上的对峙。但这两种解读都面临相应质疑,新的解读有待开辟。

一、中国传统司法"批判式"解读

在国外学者关于传统司法的解读中,韦伯与昂格尔关于中国传统司法特征的论述最为引人注目。韦伯通过法律形式主义与中国"家产制"法律的比较以及形式化的司法与中国传统司法的比较来定位中国传统司法裁判——卡迪司法。在韦伯看来,法律的形式主义就是"让法律像一种机制合理的机器那样运作,并且以此保证各个法利害关系者在行动自由上,尤其是对本身的目的行动的法律效果与机会加以理性计算这方面,拥有相对最大限度的活动空间。诉讼成为以和平手段来进行利害斗争的一种特殊形式,使利害斗争受制于确定且不可侵犯的'游戏规则'",① "形式的司法赋予利害关系者借以维护其自身形式上合法利益的最大自由,而由于经济力量的分配原本就不平等——此种不平等借由上述的形式的裁判而合法化,所以,此中自由遂一再产生出破坏宗教伦理,甚或政治理智之实质要求的结果。"② 也就是说,形式的司法严格按照确定不变的法律机制来划分权益、权责界限,他不追问原初的利益状态是否合乎某种原则或理智,只是严格地加以保护。个体也可以根据此种规则来维护实现自己的利益或者为自己的利益进行斗争。而在中国,

---

* 杜军强,2010 级中国法律史专业,指导老师:王立民。现工作于浙江旅游职业学院。

① [德]韦伯著:《法律社会学》,康乐等译,广西师范大学出版社 2004 年版,第 218 ~ 219 页。

② 同上,第 222 页。

韦伯认为,中国法律因为政治的支配形态即家产君主制没有“基于其自身的理性行政利害之所需,或者因为其本身与极为关心法律与诉讼之理性性格的利害关系者的有力团体结为同盟”,[①]所以很难像一种确定的可以计算的机制那样运作,个体可以据此展开有力的维护权益的斗争。中国的司法也难以准确地计算,它要追求的是超越法律的伦理结果或者是实质的要求,而形式的司法在这一点是无能为力的,或者说形式的司法在追求具体的伦理的或者政治理智的结果面前将无法维持自身,[②]中国的司法裁判中“地方性习俗甚至基于‘地方裁量高于一般法’的原则而抵制法律……中国的法官——典型的家产制法官——彻底家父长式地审案断狱,也就是说,只要他是在神圣传统所赋予的权衡余地下,他绝对不会按照形式的规则——‘不计涉及何人’来加以审判。情形大多相反,他会视被审者的实际身份以及实际的情况而定,亦即根据实际结果的公平与妥当来加以判决,这种‘所罗门式的’卡迪裁判也不像回教那样有一本神圣的法典为依据”,[③]也就是认为中国的传统司法就是一种卡迪司法,即注重实质伦理内容,甚至愿意为其背后的伦理打破既有规则进行裁判的司法类型。

昂格尔对中国传统司法的解读并不是直接的,而且在时段上也基本限于春秋至秦朝建立。因为中国法律定型的运动是从汉代开始,到隋唐时最终定型,这当然也决定了司法的转变。但是昂格尔分析的影响力以及理解总体中国传统司法对其理论的依赖是很大的,所以昂格尔关于中国传统司法的理论是必须予以慎重对待的。昂格尔对中国传统法律的解释主要体现在其名著《现代社会中的法律》中,他基本上延续了韦伯对中国传统法律的判断与解说。他认为,我们虽然可以看见中国古代法律的成文化,也可以得出中国古代法律的实在性、公共性,但也不可避免地具有致命性的弱点,即权宜的普遍性和非自治性。“法律的普遍性总是一种权宜之计,用以确保统治者对大众的控制,约束自己的代理人,剥夺政府之外的任何团体的能够使他们抵制国家政策的种种特权。”[④]而法律无法自治则因为在适用法律的机关、裁判的推论模式及职业法律人皆与政策执行中的对应因素无法区分,即“行政命令与法律规则之间并无明确界限,没有摆脱统治者顾问身份的可辨识的法律职业;没有置身于道德和政策之外的法律推理模式”,[⑤]对应到传统司法裁判中就是,司法裁判者可能为了追求行政目标而放弃法律规则,很难以规则为中心进行思

① [德]韦伯著:《法律社会学》,康乐等译,广西师范大学出版社2004年版,第218页。

② 同上,第222页。

③ [德]韦伯著:《中国的宗教　宗教与世界》,康乐等译,广西师范大学出版社2004年版,第215~216页。

④ [美]昂格尔著:《现代社会中的法律》,吴玉章等译,译林出版社1994年版,第98页。

⑤ 同上,第97页。

考，而且裁判者本身就不是专业法官，进入官方机构的诉讼会得出一个什么样的结果恐怕是难以预料的，基本上也认为中国传统司法难以抵制法外的因素介入，难以形成确定的裁判品格，是一种注重实质或伦理的要求的司法类型。

以滋贺秀三为代表的研究中国法的日本学者也在整体的意义上对中国传统司法提出了解释的理论。他们认为，中国传统司法在审理案件时，在重罪案件方面确属依法审判，"但这些所谓的法正是'官僚制的法'，是官僚机关的内部规则，是以皇帝的意志作为唯一源泉并作为制约官僚的手段而建立的法……与国家权力在不同程度上相分离而具有独立地位的法律界精英们从理性的探索中产生出学说、判例，创造并支撑着法这样一种现象在中国几乎找不到"；①而在州、县自理案件方面"只要不极端地背离法律，就没有必要受法律文言的细枝末节所束缚。毋宁说，根据'情理'，融通无碍地寻求妥当的解决就是地方官的职分"，而情理又被解释成"常识性的正义衡平感觉"。② 总之，中国传统司法缺乏独立的法律精英和专门的法律研究，因此形成了司法的非职业化和注重追求实质结果而抛弃规则的特征。

我国学者对中国传统司法理论的解释则是这一认识的延续或中国化。最有影响力的当属著名法学家贺卫方教授对传统司法理论的解读。他认为，"当一个官员判决案件的时候它无须关注此前的判决，严格地追求一种确定性要求是不存在的。相反，官员们关注的是个别案件的解决，把这样一个个别案件顺利地解决了，对他来说任务已经完成了，所以每个案件对他来说是一个个别主义的处理模式，而不能是严格地按照一套规则来处理。"③总体来说，中国传统司法中，审判人员没有专业的法律知识；法律的确定性太差，常有伦理、习惯介入；而且在案件审理过程中可针对不同案件而具体裁判，无须顾及彼此案件之间的连续性与一致性。④

二、对中国传统司法裁判的"理解式"解读

对中国传统司法的理解不是只有"批判式"的解读，还有抛开批判的标准自主地分析传统司法的"理解式"解读。在国际和国内都有很有影响力的著名法学家瞿同祖先生研究发现，司法官员在裁判时都必须严格按照法律的规定作出，"所有判决必须遵从现行律令。皇帝就一个特定案件所发诏谕裁决未被颁布为法律者，不

---

① ［日］滋贺秀三："中国法文化的考察——以诉讼的形态为素材"，载王亚新、梁治平编：《明清时期的民事审判与民间契约》，法律出版社1998年版，第1～18页。

② 同上。

③ 贺卫方："中国古代司法三大传统"，载《河南政法干部管理学院学报》2005年第3期。

④ 贺卫方："中国的司法传统及其近代化"，载苏力、贺卫方主编：《20世纪的中国：学术与社会·法学卷》，山东人民出版社2001年版，第172～213页。

得引作判决依据,违反这一规定的刑责与对罪犯非法加重处刑或减轻处刑的刑责相同,无论是故意还是过失。判决也不得引用未被宣布为成案的判例”,[①]而且还有相关制度制约官员在裁判时援引规则方面的恣意,“在作出判决时,州、县官只能参照适用于该案的一条特定法律或条例;他不得引用两条以上。违反这一规定者,将与故意非法加重罪人刑罚的处罚一样处罚。并且,法律要求州、县官在制作判决时他所依据的法条全文。随意省略者笞三十。”[②]著名法史学家张伟仁认为,当前学界对“卡迪司法”的理解是滞后的,现在的一般观点是卡迪司法并非凭个人意志裁断的,而是受到部族习惯或习惯法的约束,这与韦伯的论述已相去甚远,若还要依旧理解来定位中国传统司法,离题就更远了。中国传统司法是有确定性和可预测性的,中国历史早期就已发达的制定法说明了我们是有规则的,而且大量的诉讼档案说明规则在司法中是得到充分应用的,而在追求正义和法的安定之间是法律发展的一般道理,并不至于造成司法裁判的不确定性。[③] 这则引起了法学家高鸿钧的关注,他详细分析了传统司法的特征,并对主要依靠诉讼档案进行研究的可靠性提出了质疑,再次重申了中国传统司法属于卡迪司法类型,也即注重实质伦理内容类型的司法。[④] 在国外有学者布迪和莫里森等,他们发现“实际上任何一名法官,在任何一段时间,都致力于理解并运用法律条款的真实含义(当然并不总是限于法律条款本身)。与其他任何国家的法官一样,中国的司法官吏也非常注重于依法判案,甚至有过之而无不及”。[⑤] 这应该是可以想见的。从上文提到的瞿同祖先生的研究可知,凡不依法审判的都将面临着处罚乃至处刑的危险,任何常态的司法官吏都会紧密依赖指定的法律,甚至到僵化拘泥的程度。在漏洞填补或实施体现法政策的宽宥中,皇帝对制定法的变动也不是随意的,而是受到司法官吏根据既定的法律规则所施加的制约。[⑥] 总体来看,“清代的刑事程序具有制度化、合理化特点,它已经形成了一些必须遵循的重要原则;至于忽视这些原则而任意断案,这只是极其个别的例外,应该说,对于清代司法程序这一总体评价具有更为重要的意义”。以上的这些理论可以被看做是用理解的眼光去看待中国传统司法裁判的,通过大量的资料典籍考察,得出关于传统司法裁判的一般认识,即认为,传统司法一般是按照律令裁判案件,并且形成了一定的机制,使官员在裁判时不得越过制定法的界限,就连

① 瞿同祖著:《清代地方政府》,法律出版社 2003 年版,第 208 页。

② 同上。

③ 张伟仁:“中国传统的司法与法学”,载《现代法学》2006 年第 5 期。

④ 高鸿钧:“无话可说与有话可说之间——评张伟仁先生的《中国传统的司法与法学》”,载《政法论坛》2006 年第 5 期。

⑤ [美]D. 布迪、C. 莫里斯著:《中华帝国的法律》,朱勇译,江苏人民出版社 2003 年版,第 343 页。

⑥ 同上,第 309 ~ 344 页。

作为有权改变制定法内容的皇帝也不得不面临着合理的追问和制度的制约,从而基本上保证裁判的确定性。

三、两种解读的论辩核心

以上的就是对传统司法进行解读的具有不同倾向的具有代表性的理论。在关于传统司法裁判的解读理论中,持批判观点的理论认为中国传统司法注重具体的实质伦理的结果远胜于对规则的遵守或敬畏的看法相对来说更具普遍性。笔者在梳理关于中国传统司法的解释理论时收集的材料的丰富也说明了这一点,因为材料太多,只能选取具有代表性、权威性的理论。当然,这种解释理论也指出了用形式的司法观点难以解释的中国传统司法的运作中的某些地方,即注重形式的司法裁判在裁判时只是根据既有的规则进行判断,并不把该纠纷的具有实质内容的伦理的因素纳入考虑中,也不在个体间做社会关系意义上的任何区分,个体在法律面前是平等的;而中国传统司法裁判则常常为伦理的实质的内容所累,积极追求制定规则之外的内容,强调待决纠纷中个体的社会角色,个体因为其社会关系意义上的身份不能在法律面前获得平等对待,道德伦理习惯的介入使裁判的逻辑毫无融贯可言,法律推理与道德推理混沌纠缠在一起,无法看到区别于道德推理的法律推理,中国传统司法裁判的诸种特征使社会无法根据既有的规则获得可预测性的确定的裁判。若遇上官吏腐败,可能就是“翻手为云,覆手为雨”,甚至成为常态。

而以理解的视角解读传统司法的理论认为,中国传统司法中司法官吏是严格按照制定法规则作出裁判的,官员在裁判法源的寻找上受到十分苛刻的限制,例律之间也不是可以随便转化的,裁判参照对比的案例必须是已经公布且允许作为可以引用的案例;而且对司法官吏失职或故意不当乃至错误地援引规则裁判施以严厉的刑罚;皇帝作为具有改动既定法律的权力主体也不是很随意地行使制定法的修改权的,常常受到司法制度实践惯例和司法部门的制约;皇帝作为最后裁断机制是不能经常性恣意地改变法律,从而改变裁判的,虽然不是绝对的。总体上可以对中国传统司法裁判做肯定性的评价,而且就“理解式”解读的研究来说可以回答“批判式”解读对司法官吏裁判恣意的疑问。但有一点并未形成一问一答的对应,即“批判式”的解读指出的中国传统司法裁判为什么会区分待决纠纷中当事人的身份,打破规则去追求实质的伦理的目的,道德上的推理与法律上的推理纠缠不清,造成推理上的逻辑欠缺。

通过总结各方观点可以得出,所谓的追求实质的伦理的司法裁判就是司法推理中据以判断的准则及其适用具有开放性,权威性与非权威性并存,准则外部的因素常常损害乃至替代自主性与权威性准则,使自主性与权威性准则常处于一种参照的尴尬地位。所谓严格按照既定准则的司法裁判就是司法推理中据以判断的准则及其适用具有自主性和权威性,排斥外在根据的进入,而且制度设置上也禁止这样的事件发生。由此见之,中国传统司法裁判到底能否给出确定性的裁判,是否可以被预测,主要关系到司法官吏在裁判案件时所适用的准则处于一个什么样的地位,也就是说,为司法裁判寻找的作为依据的法渊源都包含哪些内容,都是否可以在国家制定法的意义上给予评价。显然,关于这一问题的两种解读各执其辞、各据其理,但它们对彼此的质疑都确实存在,那么这些难题和困境到底是什么呢?对这些问题的追问也许可以看到两种解读的盲点。

四、"批判式"解读的难题

现在再次回到前文的"批判式"解释理论。韦伯将中国传统司法裁判与西方的注重形式的司法裁判进行比较,得出中国传统司法并不具备形式性格,裁判在既定规则的内外游走,常常打破规则限制来追求具体的实质伦理的结果,认为,"地方性习俗基于'自由裁量高于一般法'的原则而抵制法律……(中国法官)他们会视被审者的实际身份以及实际情况来决定,亦即根据结果的公平与妥当来裁判"。[①] 不可否认,中国传统司法裁判不可能在自身发展演进时还照顾到韦伯的分类,用现在的眼光看就是中国传统司法裁判无法攀上形式化的司法理论从而证明自己在西方形式法律理论意义上的合理性。

但确也有不如韦伯的描述,地方习俗基于自由裁量高于一般法而僭越法律;所谓端视被审者的身份和案件的实际情况进行以结果为导向的妥当裁判也有待商榷。针对地方习俗高于一般法律的说法,这可以用瞿同祖先生就司法裁判所引规范渊源的考察就可以否定;司法官员自由裁量权并没有大到可以直接用习俗去抵制法律,而且对司法裁判权的限制几近僵死并以罪责加以制约。[②] 至少绝大多数的司法官吏是不会无缘由地顶着被制裁的危险抬高习惯而抵制法律的,也不会因为财货诱惑的原因而冒险为之。韦伯提到的中国司法官员会根据被审者的实际身份及实际情况来决定,正是笔者要着力讨论的问题。中国传统法律由于受到礼的影响甚至主宰,它对人的划分不是单一的,而是分几重的。当然也不是琐碎到逢人必作区分,如果那样的话,个体的不同情况势必消解掉规则本身。礼对人的划分共分

① [德]韦伯著:《中国的宗教 宗教与世界》,康乐等译,广西师范大学出版社2004年版,第215~216页。

② 瞿同祖著:《清代地方政府》,法律出版社2003年版,第208页。

为君臣、父子、夫妇、兄弟、朋友五种,并以此为基础做贵贱、尊卑、长幼、亲疏之间的行为规则拟订。那么在一起案件中,涉案者的身份可能相同,也可能不同;身份不同就会有不同的行为规则,法律以礼为宗并竭力维护礼的权威,"一断于法"的观念已经成了历史陈迹。瞿同祖先生指出,"律既与礼相应,互为表里,所以断讼必以礼为根据,否则便茫然无从。"[①]如果在解读时礼不被纳入观察范围,那么针对礼的规则及其精神在司法裁判中的解读就会出现韦伯的结论。至于提到的以结果为导向的注重实际情况的裁判,也是因为这一缘故。礼所追求的是"君君,臣臣,父父,子子"的世界,礼的根本道理在于义理道德,礼就是以此为宗而形成的规则。如果这一切一概予以忽视的话,那么它一进入司法就会明显地看出司法在追求"实际的结果",以所欲达到的结果来牵制司法裁判。

昂格尔基本上强调了相似的观点,中国古代"没有独立于道德与政策的法律推理模式",[②]即道德与习俗的介入使法律难以自治,很难根据既定规则来预测能否形成确定性的裁判。在昂格尔的解读中,礼所处的地位是这样的,"礼一旦用于描述平民之间或贵族与平民之间的交往时,它的最初含义就混同于更广泛的习惯观念……礼是内在与特定社会状况和地位的习惯性的行为形式……礼不是实在的规则,的确,从某种意义上讲,它就不是规则……(礼)它们不是公共的规则"。[③]礼既不是实在的规则,又不是公共的规则,还混同于习惯,当它出现于司法裁判中时,不得不推出道德习俗混同于裁判推理之中的结论。因此,昂格尔也就对法律也提出了疑问,"法律的普遍性总是一种权宜之计……缺乏自治性"。[④] 因为礼属于习惯,礼对法律的主宰也使法律的普遍性被看做是权宜之计,因为法律的目的是维护礼的权威。如果从"春秋决狱"到"一准乎礼"的法律史指导下进行考察,那么礼在司法裁判的推理中出现并非权益性的因素干涉,也没有不确定的因素,因为我们不需典籍证明就知道礼在中国古代的典章化和明文化。

明显可以看出来,这些解释不论是所谓习俗的介入还是所谓道德因素的介入,同样是因为在礼的解读上出了问题。礼的价值是不同于或者不容于我们现在的或自由主义的价值,虽然我们知道中国古代的法律就是出于礼则入刑,刑律就是要维护礼的价值世界,但是礼蕴涵的价值观念还是被当然地排斥。虽然昂格尔力求中立,而且欲对现代社会进行批判,但"他的研究框架是如此偏向西方自由社会的形式和价值——而他自己有特色地置身其外,以至于这妨碍了他识别中国经验和意

---

① 瞿同祖著:《中国法律与中国社会》,中华书局 2003 年版,第 349 页。

② [美]昂格尔著:《现代社会中的法律》,吴玉章等译,译林出版社 1994 年版,第 97 页。

③ 同上,第 89 ~ 91 页。

④ 同上,第 98 页。

识的能力”。[①] 礼因其所含的价值自然被剔除出阅读范围,从而礼及其所包含的价值内容在司法上的活动,无法在其研究框架内获得解释,这些没名没分的东西就只能是鄙陋原始的道德习惯了,裁判的推理自然是杂糅的。必须争辩的是,任何条件下法律之内都含有价值,哪怕它拒绝任何外在干涉,也不会否认进入规则之内的价值,否则,规则也就不存在了。礼在中国古代法律中的特殊地位,其含有价值也不过是在规则之内,虽然其价值现在颇受微辞,[②]但当时已经通过立法进入规则。以之为据进行裁判并不是道德因素的中途介入,最多只是提前介入(已经规则化了)。比如,法律按服制来定罪,就是强调关系人之间礼上已经规定的关系,或者说,因为当事人之间的关系落入礼上关于人的分类范畴中去,所以他们就受到依据他们的地位而推演出来的规则的约束,“以亲属间的诉讼为例,既以服制为断,于是立法司法皆先明服制,有时因服制不明便无从判决,经礼部议定后才能问罪”。[③] 而且可以肯定的是,这些规则绝不是由法官临时推演出来的,也不是从既定规则之外搬来的,而是法官裁判前已经制定维护礼的律法。这就可以看出道德习俗政策的推理混同于法律推理在这个范围内是不存在的,也就容易理解“互有服制的人之间犯罪较常人不同”的分类处理并不会带来司法上的不确定。因为已经有规则的宣告——虽然是人分属几种关系因而有不同规则,以之为据进行司法裁判,既不是习俗干预,也不是道德介入,而是按照已定的规则处理。

当然,不需争辩但必须指明的是,任何实定法律都有不足之处,难以涵盖情势万千且变化不定的社会生活世界,在其穷尽之处都有可能寻求实质性的判断,将新问题通过司法中的方法尽可能地纳入既有秩序内来解决。任何类型的司法裁判都不可能纯粹到在任何时候只用既定的规则裁判,即使现在的司法裁判也在为实质判断不断探寻方法上的紧箍咒,如法教义学方法论或法律论证理论即是。中国古代法律下的裁判也不可避免地会遇到这样的问题,由于礼和法律的主从关系,礼又以义为本,所以,在规则尽头与“经义决狱”相比反而更具确定性,因为礼的规则就是经义思想的实体化和规则化,所以疑难案件的“引经决狱”并不是裁量上绝对地自由发挥,而是从与规则思想最近的学说中寻找依据,在一定意义上反而有一种规制和约束。

---

① 安守廉:“不可思议的西方?”,载高道蕴等编:《美国学者论中国法律传统》,中国政法大学出版社 1994 年版,第 63 页。

② 哲学界对此就有争论,有观点对儒家主张的价值及其表现形式“礼”的普遍性表示怀疑,但也有坚称应该看到“礼”及其价值的普遍性,不应该用其他价值作为标准进行裁断。具体参见黄裕生:“普遍伦理学的出发点:自由个体还是关系角色”,载《中国哲学史》2003 年第 3 期;郭齐勇、丁为祥:“也谈本相与角色——论儒家伦理道德的特殊性与普遍性兼答黄裕生先生”,载《中国哲学史》2004 年第 1 期。

③ 瞿同祖著:《中国法律与中国社会》,中华书局 2003 年版,第 349 页。

日本的中国法学者在解读时作了区分,发现在重罪案件确属依法裁判行列之中,但在州、县自理中可以做近乎自由的裁断。那么在州、县自理案件中裁判所依据的是什么呢?据该研究称,是“常识性的正义衡平感觉”,即情理,“即使王者遵从的‘礼’,也是体现人情的”,并引汪辉祖言“礼顺人情,情之所不可尽,不能执礼以夺之”加以证明。① 这里存在一个杂糅,首先礼是被当做情理来处理的,而不顾及礼与法律的关系,并以此解释传统司法裁判。根据义与礼的关系来看,所谓的人情不过是义理统摄下的伦常观念,这些观念的具体规则化就是礼。不过可以想见的是,作为规则化的礼会因为时代形势的变化而变得违时逆势,自不能为了固守不合时宜的礼而不顾世事变迁和义理伦常。这里不过是将礼及其思想在同一意义下对待,以情理不作区分地加以概括。那么以情理裁判州、县自理案件就有待商榷了。这些情理仍然可以在中国古代法律之内找到依据,司法官吏据之裁判并非近乎不受限制的自由裁量。至于溢出礼规则之外的内容,归于礼的本源——义理,也是具有限制司法裁判的意义的。

国内的讨论是对这一问题关注的继续,理论脉络上也有连接。有代表性的观点认为,传统司法裁判不能严格按照规则进行裁判,常有伦理习惯介入,也不顾及待裁决案件与以前案件的关联。且不说对司法裁判有着严格限制的一般司法官员,就是可以改变根据其意志改变律法确定具有指导意义案例的皇帝,在做出改变规则的决定时也是多受限制的。② 而伦理习俗的介入都不出上文“批判式”解读所指的范围,所以问题仍然出在片面化解读,有法律而无礼。同样的杀、伤案件却给出不同的结果,不顾及此案与彼案的联系,实在令人愤慨。这其实就是中国近代之前司法裁判最常见的现象:礼分人为五个范畴,由此得出尊卑、贵贱、长幼、男女的行为规则,裁判规则也做如此划分,自然不会相同,而就此以及后面的量刑在古代法律里皆有明文。在严格的制度监督和严厉的刑罚制约下,案件皆以明文处理,疑难案件时附之以义理,案件处理的逻辑与一致性是可以得到保持的。

五、“理解式”解读的困境

以理解的视角和态度来解读中国传统司法,共同的特点即在于过于依照西方

① 滋贺秀三:“清代诉讼制度之民事法源的概括性考察”,载王亚新、梁治平编:《明清时期民事契约与民事审判》,法律出版社1998年版,第39页。

② 在该案中,皇帝欲以批示的形式改变惯常的处理方式也就是既有规定,但刑部极力反对,最后也只好“既无成案,只可照覆”,当然也不是皇帝一定不能修改,乾隆皇帝就曾改变过,但这也足以说明改动是多么的艰难。参见[美] D. 布迪、C. 莫里斯著:《中华帝国的法律》,朱勇译,江苏人民出版社2003年版,第128、200页。

的法律观念来重构中国古代的司法裁判,对礼的重视不够,尤其是在与“批判式”解读的对话上尤其明显。他们只是强调按律令办事,而且通过指出法律对不按照法律裁判的官员施以重大责任,来强调传统司法更多的是按照法律处理案件,并对司法官员以刑罚制裁作为手段进行权力行使的制约。这在解释时就面临一个困境:如果以这种方式进行解读,即使找到了相关的论据,也无法对传统司法裁判中所谓追求具体的实质伦理结果而忽略规则的现象给予说明,自然无法与“批判式”解读形成对话,从而为关注的问题进行争辩。

尽管他们强调法律对司法官员裁判适用哪些规定有十分明确的规定,而且通过刑罚的规定使司法官员在裁判渊源的原因方面负有重大责任甚至面临重大威胁;司法官员在理解既定规则时也力求合于原意,而且即使是皇帝想要改变成案、律例,也要受到很大的限制,遑论受有包括刑罚在内的诸多制约的一般司法官员。但有一个问题,他们没有解释如果将裁判渊源仅仅限定在法律的范围之内,如何理解传统司法对人的区别对待,为什么同样的刑事案件,因为主体的不同,定罪量刑就相去甚远;更有甚者,有的案件在援引法律、律例裁判前,要首先从对各当事人间礼上的关系给予确定。从笔者所搜集的资料来看,很少有关注礼在传统司法裁判中的作用,而在礼法关系上解说中国传统司法裁判规则更是鲜有人为。而这一切在以批判的视角进行观察的人看来却是规则外的因素僭越规则,且不论其属习俗还是道德,都使司法裁判无法预测。也就是说,通过关于传统司法裁判资料的整理分析,我们好像可以得出中国传统司法裁判运作方式上与西方的司法裁判大同小异,从而指明“批判式”解读的不足。这样貌似与西方的裁判模式相似,实际上有重大遗漏,而且也不能说明“批判式”理解所批判的问题到底根源何在。如果能突破法律的吊诡的古今含义变迁,明确礼对法律的主宰地位,那么对“批判性”解读所指向的批评现象就会有一个妥当的解释。当以礼为主、礼与法律结合获得完整的呈现的时候,传统司法裁判的裁判渊源才能被完整地理解,再以此来解释传统司法裁判才不至于以偏概全,获得传统司法裁判内容具有可预测性的结论才是妥当的。

“批判式”解读在思路上就是西式的,以一个外来视角看到了传统司法的独特现象,因为无法在自己的思路上加以解释,所以就只能批判。而“理解式”解读看起来思路上很“本乡本土”,但在思路参照系上还是西方的,所以对传统司法现象的解释并未与“批判式”解读形成对话。形成这一问题的主要原因在于对以礼为主、礼与法律结合的结构在解释传统司法裁判方面的作用没有挖掘出来。虽然这样的法律的目的是维持——人必处君臣、父子、夫妇、兄弟、朋友的位置,必以贵贱、尊卑、长幼、亲属行事,处其位,以其规则行事,以达致有序——这样的秩序,但恢复传统司法的本来面目,正是法律史的任务所在,至于它与现代社会的龃龉,我们把这个理清后,再扬弃也不迟。

中国判决理由的历史分析

胡　桥*

一、问题的提出

判决书是人类司法文明的“活化石”,而判决理由则是判决书的核心。现代世界各国的判决书一般都由主文、事实和理由三大部分构成,判决理由是其灵魂所在。因此,判决书和判决理由是整体与部分的关系。由于判决书有秘密和公开、口头和书面、古代和现代之别。相应的,判决理由也可分为秘密理由和公开理由、口头理由和书面理由、古代理由和现代理由。从本质上讲,判决理由也是一种独立的法律制度。

判决书必须讲明理由,是现代法治国家的一大公理。然而,判决书不讲理或说理不足,却成为目前中国司法判决的一大顽疾。尽管各级法院,尤其是最高人民法院,多年来反复强调并不遗余力地加强裁判文书的说理性,但结果总是收效甚微。这种不讲理或说理不足的判决书,与英、美、法、德等西方发达国家说理透彻、感人至深、洋洋洒洒的判决书形成了强烈反差。难道中国人天生就“蛮不讲理”?事实恰好相反,中国不仅有着悠久的判决说理传统,而且还甚为发达。

众所周知,中国自古就是一个礼仪之邦,崇文尚礼、重视教化是中华民族的文化传统。“有理走遍天下,无理寸步难行”、“通情达理”、“有理有据”等从来都是普通中国人生活的基本信条。五千多年的法制文明历史,为人类留下了无数脍炙人口、优美动人的司法判决。从春秋时期的孔子断案,到西汉的董仲舒春秋决狱,再到唐代工整押韵、重视说理的骈体判决,宋代强调事实、情理分析的散体判决,明清“叙事清楚,说理充分,文理通顺,语言平实”,[①]融情、理、法于一体的判决,直到北洋政府时期的中西合璧、说理充分的判决,还有革命根据地时期讲法论理的判决,这一切无不承继了中华法系的说理传统。

中国古代把判决书称为判词,据学者研究,“中国古代判词产生的时间,当在殷周时代”。[②] 所以,判决理由的历史也应从殷周开始。在汉时,判决理由已作为判词结构的必要组成部分。北宋时,法律明确规定,提供“断由”[③]是判官的法定义务。

---

* 胡桥,2006级外国法律史专业,指导老师:王勤华。现工作于浙江工商大学。

① 汪世荣著:《中国古代判词研究》,中国政法大学出版社1997年版,第36~37页。

② 同上,第25页。

③ 《宋会要辑稿·刑法三·诉讼》。

而在欧洲大陆，判决书必须说明理由，这是十八九世纪以后的事情。对此，法国比较法学家达维德有过详细阐述，他说："今天，这些判决都应说明理由，但判决必须说明理由是新近的事。有很长一段时间大家一致认为判决是行使权力，无须说明理由。判决要说明理由的做法，在意大利从16世纪起，在德国于18世纪逐步确立起来；在这点上，在法国只是在1790年，在德国只是在1879年才作为一项普遍义务强使法官们接受。判决必须说明理由这一原则在今天是极为牢固地树立了。"① 可见，重视判决书的说理并非西方人的专利。

中国古代法律与西方法律不是先进与落后的区别，而是分属不同的法律形态，这是笔者的基本立场。司法说理传统的中断，也许是当前判决书说理水平难以迅速提高的根源所在。因为，历史传统是一种习惯，是一种熏陶，也是一种氛围。离开它，任何制度将失去根基和动力。

为了根治判决书不讲理的现象，回归历史传统，延续文化基因，也许是我们不得不面对的问题。因此，笔者通过对中国判决理由的历史分析，旨在展示和体察中国古代说理传统的特征和风格，借以唤起人们对于古老法律传统的兴趣和回顾，并最终能够弥补传统和现代的裂痕，从而为彻底根除判决书不讲理提供文化基础。

结合中国社会法律发展的不同阶段以及判词的成熟程度，笔者拟将中国判决理由的历史划分为以下三个阶段：(1)夏、商、西周至春秋战国（公元前21世纪至公元前221年）：古代判决理由的萌芽和产生；(2)秦、汉至清末（公元前221年至公元1911年）：古代判决理由的发展、成熟和转型；(3)中华民国至当代（公元1911年至今）：现代判决理由的产生和发展。

本文中的判决理由概念包括两种含义：(1)在形式意义上，它泛指古今对判决进行解释、说明、论证的各种理由。包括秘密理由和公开理由、口头理由和书面理由、形式理由与实质理由、正式理由与非正式理由。(2)在实质意义上，它是对于判决的正当性进行论证的一项独立的法律制度。另外，本文的侧重点在于揭示判决理由背后的意义，而非全面的史料整理和考古。

二、夏、商、西周至春秋战国：中国古代判决理由的萌芽和产生

夏、商、西周是中国奴隶制国家形成和初步发展的时期，作为与国家相伴而出现的法律制度，也处在习惯法阶段。在这个历史阶段，"中国的审判组织和审判制

① [法]勒内·达维德著：《当代主要法律体系》，漆竹生译，上海译文出版社1984年版，第132页。

度尚处在萌芽时期”。[①] 但是，进入春秋战国(公元前770年~公元前221年)之后，公元前536年郑国执政子产铸刑书，开创了制定和公布成文法的先河，沿袭千余年的秘密法制度被改变。从此，法律开始逐渐成文化，审判组织、审判制度、审判技术日趋成熟，司法判决逐步成为一种独立的国家行为，这一切为判决理由的产生提供了必要条件。

(一)古代判决理由的萌芽——夏、商、西周

夏、商时期，中国国家初步建立。那时，政治、法律、道德和宗教等行为尚未分离，司法与行政、军事、宗教等混为一体。没有独立的审判机构，也没有专门的法官。不仅夏王和商王作为最高统治者和立法者拥有最高司法审判权，而且各级贵族、官吏也同时兼掌行政、军事和司法权。这是由当时家族、宗族制国家的实际状况所决定的。

当时的人们，尤其是殷人，非常迷信上天或鬼神。据史载“殷人尊神，率民以事神”，[②]这种对鬼神的迷信，使判决理由显得多余。因为，神是不证自明的，因而也不能被怀疑。故“天罚”、“神判”成为这一时期审判制度的基本特点。所谓“天罚”就是判官代表上天来惩罚犯罪，所谓“神判”就是判官以神的名义来进行审判活动。“天罚”和“神判”或“神明裁判”是原始社会的一种习俗，它是人类社会早期普遍具有的一种司法现象。

传说中国古代最早的大法官皋陶，就通过“神明裁判”的方式来审判案件。皋陶是尧、舜时代的人。起初，他被尧帝封为大理。后来，舜帝也派他“作士”，惩办“蛮夷猾夏、寇贼奸宄”。[③] 皋陶利用“獬豸”来判案，具体做法是：在审判案件时，他就会牵出一头名叫“獬豸”的奇兽，这头兽只长有一只角，它是火眼金睛，能立刻识别出罪犯。当它发现真凶时，就会马上赴过去用角触倒他，被抵触的那个人就是罪犯。作为早期国家的夏、商，在审判活动中，自然要遵循原始部落时期这种“天罚”、“神判”的审判传统。

“天罚”和“神判”都是“天”和“神”的行为，而非人为的活动。因此，这种审判活动自始至终都被蒙上了一层神秘叵测的面纱，它以“刑不可知，威不可测”[④]为基本特征。“天”和“神”的威力就是判决的效力，至于怎样判决、为何判决，只有“天”和“神”知道，无须人明白，当然就不需要阐明理由了。在此，人只是一个被动接受判决的客体，“天”和“神”本身就是理由。这样，判决结果的表达方式也无须选择复

① 何勤华：“秦汉时期判例法的研究及其特点”，载《法商研究》1998年第5期。
② 《礼记·表记》。
③ 《尚书·舜典》。
④ 《左传·昭公六年》孔颖达疏。

杂的文字形式，使用最简单的口头或动作形式就完全足够了。“这种以语言或动作表现出来的对是非曲直评价、判断的结果，由于并不以文字的形式加以表现，因而并不能称其为判词。”[①]可见，夏、商时期，判决活动和判决形式随同判决理由都处在萌芽状态。

然而，没有纯粹的判决理由并不意味着就不存在任何理由的影子。因为，理由是人类不断进化和走向文明的标志。在人类进入社会之前，人们的确不懂得理由为何物。但是，毕竟夏、商时期国家已经建立，法律已客观存在，文明也达到一定阶段。所以，国家和社会活动不可能不讲理由，只不过这种理由是含混不清的，是政治、法律、军事、道德和宗教的混合物，笔者把它称为混沌的理由，真正的判决理由就孕育其中。

虽然夏、商时期的判决理由是混沌的，但是，它起码可以算作判决理由的胚胎。当这种混沌的判决理由以口头或动作形式表达出来的时候，它实际上已承载了判决理由的功能。即作为部族首领或统治者惩罚或杀人的一种幌子或政治借口。

例如，传说禹的儿子启刚取得首领地位时，有扈氏部族不服，启对其发动征讨，并最终打败了有扈氏。启在攻伐有扈氏时发布的军律中称“天用剿绝其命，近予惟恭行天之罚”。[②] 他把发动战争的理由仅用一个“天”字就概括了，至于为什么要以“天”的名义，则根本未提。后来，商汤在灭夏时完全以“天讨”、“天罚”作为旗号，所谓“有夏多罪，天明殛之。……尔尚辅予一人，致天之罚”。[③]

夏启和商汤的讨伐理由可以被看做是一种军事审判理由，原因是，在中国古代法的起源史上，长期流传着“刑始于兵”、[④]“兵狱同制”[⑤]等说法。这表明，军法是当时法律的最早渊源。这样，军事征讨活动已经内含了军事审判的因素。既然存在军事审判因素，则军事审判理由也在其中。

西周集夏、商之大成，政治和法制已日渐成熟，而且国家的基本制度也已定型。在“以德配天”的思想指导下，周公“制礼作乐”，使“礼治”思想成为国家的统治思想。这就改变了殷商时代“迷信鬼神”、“不重人事”的做法，而审判也由过去依靠“神明”转向依靠人定规则，这种人定规则就是“礼”。实际上，“礼”的发现，本身就是“注重人事”的表现。因为，“礼”是一套人为的社会规范体系。既然审判主要依靠的是人定规则——“礼”，那么，判决结果就不那么神圣可信了。判官就必须在判决中对“礼”的精神予以阐发，但这样做的目的不是外人即庶民百姓，而是天子和其

---

① 汪世荣著：《中国古代判词研究》，中国政法大学出版社 1997 年版，第 1 页。

② 《尚书·甘誓》。

③ 《尚书·汤誓》。

④ 《辽史·刑法志》。

⑤ 《汉书·百官公卿表序》应劭注。

他同宗族的人明白他是遵循“礼”的，而且，他做到了“明德慎罚”。这样，判词材料就产生了，它为真正的判词的出现提供了基础。但是，从总体看，判决理由仍处在萌芽状态。

例如，在西周末年的夷厉时期，产生了中国迄今为止所发现的最早的判词材料。这个判词材料铸造在青铜器之上，共157字，记载了牧牛诉𠇷奴隶买卖纠纷一案。[①] 由于整个铭文只是对案件判决和执行情况的记录。所以，汪世荣教授认为，这只是判词材料而非真正意义上的判词。也就是说，判决理由还未完全产生。客观地说，把这段铭文视为判词材料应该是符合当时历史状况的。

由于西周是一个典型的家国一体的宗法国家，故制定礼的目的是约束和教育自己人。这样，在“礼治”之下，对自己人当然要不厌其烦地进行教育，而对敌人或外族人才适用刑罚。所以，西周末年出现上述判词材料绝非偶然。但总的来说，西周的判决理由仍包含在混沌理由之中，还只是夏、商理由的发展。故在本质上，西周仍属于中国判决理由的萌芽时期。

总之，在夏、商、西周时期，中国判决理由开始萌芽，是一种混沌的理由。这种混沌的判决理由呈现出口头性、秘密性、简单性和粗暴性的特点。但它与赤裸裸地、毫无理由地滥杀无辜相比，无疑是一种重大进步。

（二）古代判决理由的产生——春秋战国

春秋战国是中国社会第一次大转型的时期，各诸侯国纷纷制定成文法，以求“变法图强”。尤其是子产铸刑书，李悝制《法经》，以及后来的商鞅变法，使法律由秘密走向公开，由习惯法走向法典法，这一切极大地促进了司法审判的进步，审判制度、审判机构、审判人员、审判技术、审判原则、审判依据、审判目的和审判词已经完全成熟，古代判决理由正式产生了。

古代判决理由之所以能够产生于春秋战国，这完全是当时社会和法律发展的内在要求。概括地说，主要有两大法律需求催生了判决理由：一是春秋时期，形成判例法的需要；二是战国时期，解释法律规范的需要。前者决定判决理由具有“造法”功能；后者决定判决理由具有“释法”功能。

在春秋时期，审判活动依旧沿袭“昔先王议事以制，不为刑辟”[②]及“临事制刑，不豫设法”[③]的古老传统。但此时，判例制度与夏、商、西周时期相比，已有了重大发展。具体表现是，判决必须遵循过去的成例的原则已牢固树立起来。即已建立起一种判例法体系。在审判活动中，为了记录判例，书面判词就必不可少；而为了形成判

① 汪世荣著：《中国古代判词研究》，中国政法大学出版社1997年版，第26页。

② 《左传·昭公六年》孔颖达疏。

③ 同上。

例，抽出办案规则，说明理由更是不可或缺。

儒、道、墨、名、法等“百家争鸣”的结果，促使了中国社会的政治法律思想开始走向成熟。同时，也为判决理由提供了丰富的思想资源。尤其到了春秋晚期，“礼崩乐坏”之后，孔子为了“克己复礼”，建立了系统的儒家理论，使“礼”已从原来形式上的礼仪规则而提升为一种精神原则，即“忠”、“孝”、“仁”、“义”、“恕”等。这些精神原则慢慢地成为全体人民的道德伦理情感，因而，也是判决理由的价值标准。也就是说，由于儒学的产生，使社会上下拥有一套共同的精神原则，而这些原则体现到司法上，就是“德礼教化”，以理服人。例如：

孔子为鲁司寇，有父子相诉，孔子拘之，三月不问，其父请止讼，孔子将子释放。季孙闻之，不悦曰：“是老也欺予，语予曰：‘为国家必以教，’今杀一人以戮不教，又舍之”。冉子以告孔子，孔子慨然叹曰：“呜呼，上失之，下杀之，其可乎？不教其民而听其狱，杀不辜也。三军大败，不可斩也。狱犴不治，不可刑也。罪不在民故也。嫚令谨诛，贼也。今生也有时，敛也无时，暴也，不教而责成功，虐也。已此三者，然后刑可即也”。①

在本案中，孔子作出拘留和释放该子的基本理由是“教化为主，惩罚为辅”。这是一种政治和道德的理由，法律理由微乎其微。由此可知，中国古代判决理由从产生的那天起就体现了道德说教的特点，这种“以德化民”的思想成为后世司法判决的基本理由。这时候，判决必须要讲理由已经既是国家统治的需要，又是社会大众的需要。当判决由秘密转向公开，而且不再只是作为惩罚或威慑的宣言书或决定书，而成为温情脉脉的劝告书时，判决理由就产生了。

战国时期，法律发展的最大特点是成文法超越了判例法的地位，逐渐变成各国的主导法律形式。例如，1975 年 12 月在湖北云梦睡虎地发掘出土的 1155 枚秦墓竹简中，就有成文法的记载。其中，《秦律十八种》最有代表性，它囊括了秦国近 30 种法规的主要内容。“从《秦律十八种》中即可以看出秦代法律规范涉及范围非常广泛，如有关行政组织、官吏选择方面的《置吏律》、《除吏律》等 10 余种，有关经济管理方面的《田律》、《仓律》、《厩苑律》、《工律》、《金布律》、《关市律》等 11 种，还有军事法规等其他内容。”②作为战国七雄之一的秦国，成文法数量就如此繁多，可见，战国时期成文法已发展到何等程度。

当成文法成为最主要的法律形式的时候，它自然是司法判决的首要依据。成文法本身的概括性和稳定性，使其无法适应每个个案。这样，为了弥补成文法的漏洞就必须加强法律解释。在审判中，要对法律规范做出解释，就必须以判决理由的

① 《荀子·宥坐篇》。

② 赵晓耕：“睡虎地秦简中的法律故事”，载《法律与生活》2006 年第 6 期。

形式来缩小或扩大立法原意，直至通过判决理由来“造法”。这样，发达的成文法必然要求有发达的法律解释相适应，而要对个案进行法律解释，就无法离开判决理由这个表达形式。

睡虎地秦简中的《法律答问》，就是秦国法律解释发达的最好证据。“它以问答的形式解释了法律适用、定罪量刑等许多基本理论和制度。从这些法律解释中可以看出秦代刑法中关于法律罪与非罪、罪轻与罪重之间的一系列界限和原则。”①这些法律解释具体到个案，实际就是判决理由。

例如，《法律答问》中记载：

1. 甲偷牛犯罪，他偷牛时身高六尺，被关押一年后（对甲定罪量刑时）再量甲的身高，已到了六尺七寸，对甲应如何处刑？判处刑罚完城旦（一种戍边的徒刑）。

2. 甲年龄幼小，身高不及六尺，他有一匹马自己放牧，该马被别人惊吓乱跑，进而吃了他人的禾稼，问应不应处罚？判处甲不受法律追究及赔偿禾稼。

3. 甲教唆乙盗窃杀人，甲得到赃款十钱，乙身高不到六尺（乙未成年），甲被判处磔刑。

4. 女子甲为人妻，她逃离夫家，被捕获并自首，甲年龄尚小，身高不到六尺，是否处罚？如果甲的婚姻是官府认可的，甲应受处罚；如果甲的婚姻未经官府认可，则免予处罚。②

以上案例虽然只大致叙述了事实和判决结果，并非判词本身，但其中的判决理由已隐含其中。可见，判决理由已是当时社会的普遍现象。

总之，春秋时期，判决理由虽然已经产生，但主要是一种道德理由，其基本功能在于“造法”。而战国时期，随着成文法的发展，判决理由已经完全变成一种实足的法律理由，其功能在于“释法”。但由于这一阶段中国法律尚处于幼年阶段，法律和司法正在成长之中，判词未形成固定文体，判决理由的结构和形式都不稳定。加之，当时战乱频仍，诸侯割据，就更加强化了司法发展的差异性和不平衡性。因此，无论在形式上还是内容上，判决理由都处在产生的初级阶段。

三、秦汉至清末：中国古代判决理由的发展、成熟和转型

在秦汉至清末的两千多年中，是中国古代判决理由的发展、成熟和转型阶段。由于秦朝的历史非常短暂，在此只对以下具有代表性的朝代的判决理由予以具体

① 赵晓耕：“睡虎地秦简中的法律故事”，载《法律与生活》2006年第6期。

② 同上。

分析。

(一)古代判决理由的发展——秦、汉

1. 秦朝:古代判决理由发展的新起点

公元前221年秦始皇灭六国,在中国历史上建立了第一个统一的封建制的中央集权国家。在李斯等法家①人物的倡导下,秦朝继承了商鞅以来的"法治"路线。他们强调"事皆决于法",②使中国第一次走上严格的规则主义道路。但令人惊叹的是,秦朝在重视制定法的同时并没有抛弃判例传统,"廷行事"作为当时法律的一种重要形式,仍发挥着重要作用。所以,从现今角度看,秦朝不仅创造了"兵马俑"等世界奇迹,而且在法制方面也毫不逊色。暂且不提其所制定的多如牛毛的法规,仅凭其流传至今的那些高超、专业的定罪量刑原则,如关于确定责任年龄的原则(以六尺身高为准);关于区分有无犯罪意识、有无故意与过失的原则;关于从重与从轻的原则;关于计赃论罪的原则;关于诬告反坐的原则;关于连坐的原则等,就可知晓其司法发达的程度。

在秦朝,开创了以严格的规则主义为主导,以"廷行事"为辅助的法制系统。此后直至清末的两千多年里,中国社会无不遵循这种"以例辅律"的司法路线。这也是对春秋战国以来的判例法和成文法传统的继承和发展。但随着时间的推移,朝代的更替,成文法典最大的优点反而变成其最致命的弱点,即成文法的稳定性变成一种滞后性、僵化性。这种滞后性和僵化性带来的直接后果是,成文法典的规范形式得以保留,而与之匹配的法律思想却被时间吞噬,于是,出现"形合神离"的矛盾现象。

尽管秦朝至二世已亡,法典的"形"与"神"分离的矛盾并未来得及凸显,但在秦以后的漫长历史里,法典的"形"与"神"的合合分分却从未停止过。重要的是,法典的"形"与"神"周而复始的合分,使造"神"与缓和或消除二者冲突的工作成为必须,而能够担当此任的最恰当的角色似乎非判决理由莫属。然而,秦朝的短命,并没有给判决理由提供这样一个大显身手的机会。对于判决理由来说,秦朝充其量只是其成长生涯的一个新起点。

2. 汉朝:古代判决理由发展的第一座里程碑

汉朝是中国历史上最伟大的朝代之一,尤其在西汉220年的期间里,从经济困顿,国力衰弱,一跃而成为一个国力强盛、疆域宽广的大帝国。这些辉煌成就的取

① "按照章太炎'著书定律为法家'的说法,法家真正的开山祖应数李悝。"转引自张国华、饶鑫贤著:《中国法律思想史纲》(上),甘肃人民出版社1984年版,第173页。魏文侯相李悝制定的《法经》是中国后世各朝法律制度的蓝本,后来的《秦律》就是建立在商鞅所带来的《法经》之上的。

② 《史记·秦始皇本纪》。

得，与汉朝重视法制改革是分不开的。汉朝的法制，实际上是秦朝以成文法为主、以判例为辅的法制传统的继承和发展。

西汉初年，自高祖约法三章，萧何造律到孝文帝时期，省刑除苛，“法简刑轻”，成文法系统运行良好。但从汉武帝之后，为了适应社会经济和文化的发展，法律也迅猛增长，成文法令和决事比数量倍增，尤其是决事比数量与律令数量极不协调，反而出现决事比远远多于律令的怪现象。据《汉书·刑法志》记载，当时“奸猾巧法，转相比况，禁罔浸密。律令凡三百五十九章，大辟四百九条，千八百八十二事，死罪决事比万三千四百七十二事”。到汉宣帝时，经过不断治理，法律之间相互冲突的混乱局面有所改观。《魏书·刑罚志》称：汉宣帝时“于定国为廷尉，集诸法律，凡九百六十卷，大辟四百九十条，千八百八十二事，死罪决比，凡三千四百七十二条，诸断罪当用者，合二万六千二百七十二条”。

决事比喧宾夺主，与律令分庭抗礼的现象，实质就是法律的“形”与“神”、礼与法的相互冲突。这种特殊的社会背景，迫切需要对成文法系统进行改革。这样，判决理由就成为调和礼与法、“形”与“神”冲突的基本工具。

在汉朝，最引人注目的司法改革活动就是春秋决狱和引经注律，这一切使判决理由成为一种必不可少的工具和方法。众所周知，始于汉武帝时期的春秋决狱，其目的在于引礼入法，即法律儒家化，实质上是为了缓和或消除当时法与礼的冲突。而法律思想的冲突其实是冲突的真正根源，只有通过判决理由，对于法律条文进行重新解释，也即作出符合儒家精神的理由，这种紧张状态才会趋于减缓。

汉朝的判词取得了重大进步，“判词中注重有关当事人的身份，注重对行为动机、目的的分析，在判决理由方面重点突出，特色鲜明”。[①] 之所以会这样，是与春秋决狱等司法改革活动密不可分的。董仲舒是“春秋决狱”的急先锋，他说：“古者修教训之官，务以德善化民，民已大化之后，天下常亡一人之狱矣。”[②]可见，“以德化民”是他进行春秋决狱的基本出发点。据此，董仲舒援用《春秋》中所记载的有关判例或某个司法原则成功地对案件作出了示范性的“判决”。

春秋决狱和引经决狱的长期实践，为汉朝法律塑造了新的灵魂。它使汉律中的“形”和“神”分离的局面得到暂时改善，此后，法律不再只是具有强制力的外在规范形式，而成为“形”和“神”的统一体，从而使秦以来日趋僵化的成文法系统恢复了生机。这种重塑法律灵魂的活动都得借助判决理由表现出来，若离开判决理由，儒家精神将难以渗透进成文法的机体。汉朝统治者正是通过春秋决狱和引经注律的

---

① 汪世荣著：《中国古代判词研究》，中国政法大学出版社1997年版，第32页。

② “董仲舒对策”，《汉书》卷五六，本传。转引自瞿同祖著：《瞿同祖法学论著集》，中国政法大学出版社1998年版，第316页。

方法来达到改造法律的目的。而为了使这些改革措施落到实处,就必须挖掘意义,阐述理由,这就极大地促进了判决理由的进一步发展。因此,完善成文法的不足就成为汉时判决理由的基本功能。但由于这时判决理由正处在发展之中,故对理由的论证显得较为简单和概括,也无统一格式的要求。

进一步讲,汉时,古代判决理由无论在形式上,还是内容上都日益走向成熟。原因大致有以下两点:

首先,儒家正统思想的确立,是汉时判决理由发展的思想基础。汉武帝时,"罢黜百家,独尊儒术",使儒家思想跃居正统地位。从此以后,儒法合流,德刑并用,礼法结合,"法律因此发生了重大、深远的变化,礼成为法律的重要组成部分。这过程自魏、晋、南北朝、隋,唐集其大成后便成为中国法律的正统,一直沿用到清末"。①

"儒家认为无论人性善恶,都可以道德教化的力量,收潜移默化之功,这种以教化变化人心的方式,是心理上的改造,使人心良善,知耻而无奸邪之心乃是最彻底、最根本、最积极的办法,断非法律制裁所能办到。"②儒家的这种"力行教化而后诛罚"③的思想,后来被董仲舒糅合"天人感应"、"阴阳学说"及西周的"明德慎罚"思想,发扬光大为"德主刑辅"的思想。随着"德主刑辅"上升成西汉立法、司法的最高原则,道德教化就成为司法的首要任务。从此,这种教化任务自然就落在了判词之上,而判词中的理由部分正是这种教化功能的具体表现。至此,判词的性质也由过去的一般内部公文逐步变成国家一种公开的教化工具。

其次,制定法的"形"和"神"分离是汉时判决理由发展的法律原因。虽然建立在《法经》基础之上的《秦律》被西汉继承了下来,但自从汉武帝后,用来支配秦律的法家思想却被儒家思想湮没了。这便出现一个不协调的局面,国家法律的外"形"是法家的,而其内在的"神"却是儒家的,这等于说与汉《九章律》相匹配的法家思想被人为地挖空了。这样,中国法律在西汉时第一次就成了一个"形"与"神"分离的"空皮囊"。于是,法律主要表现为一个外在的规范体系,这与当时作为国家基本指导思想的儒家思想格格不入,客观上就要求儒家思想和律条必须协调一致,即礼法结合。这样,就必然要求用儒家的思想来填充这个犹如"空皮囊"的法律。

(二)古代判决理由的成熟——唐、宋

唐、宋时期,是中国封建社会最为繁荣发达的阶段,同时,也是中华法系的样板时期。在这个历史期间,中国古代判决理由进入完全成熟的阶段。判决理由呈现出形式完美、内容成熟、功能齐全的特色。唐、宋为后世留下了极为丰富精彩的判决理

① 瞿同祖著:《瞿同祖法学论著集》,中国政法大学出版社1998年版,第401页。
② 同上,第313页以下。
③ 《汉书·循吏列传》。

由史料。

1. 唐朝:集法律、道德和审美于一体的判决理由

在唐代,判决理由达到了"一准乎礼,而得古今之平"[①]的程度,这是其成熟的根本标志。唐时,以礼入法的目标全面得到实现,这就意味着礼与法互为表里,儒、法、道等思想融为一体,并最终以法典形式表现出来。例如,十恶、八议、请、减、官当等儒家原则正式入律。特别是《永徽律疏》的颁布,"最终确立了'德礼为政教之本,刑罚为政教之用'[②]的原则。由于这一原则的贯彻实施,使唐王朝的礼、法结合达到了中国封建时代的高峰,从而结束了起自西汉武帝截止到魏晋南北朝延续了七百年之久的经义决狱。"[③]这样,礼法成为一体,法律的"形"与"神"达到了完美的统一,判决理由也走向了真正的发达和成熟。

在唐朝,由于判词多为骈判,判决理由形式华丽,对仗工整,朗朗上口。尤其是制作判词技术不仅被列为科举考试的科目之一,而且也成为考核地方各级官员的基本依据,这样,判词以及判决理由从司法逐渐进入生活领域。而且,不仅有正式的官方判决理由,还有非正式的民间判决理由。另外,判决理由的功能也有所增加,既有解释功能、教化功能,还有审美功能。

2. 宋朝:道德、情理大于法的判决理由

在宋代,情、理、法的交融为判决理由提供了历史舞台,并最终促进了判决理由的新发展。具体是:

首先,最显著的进步表现为,在判词中说明理由已经法律化、制度化。案件审结后,必须给当事人提供一种书面凭证,上面应记载法官断案的基本理由[④]和事实,这种凭证称作"断由",即判决理由。《宋会要辑稿·刑法三·诉讼》中称:"官司须具情与法,叙述定夺因依(理由),谓之断由。"断由的作用有两方面:一是作为当事人不服判决的凭证;二是作为官府二审的参照依据。

其次,南宋时,以朱熹为代表的理学,"使儒学具备了比其他思想更为完善的理论体系,真正获得独特地位并牢牢统治了封建社会后期的意识形态领域。同时,也使正统法律思想步入了新的发展阶段。"[⑤]理学在法律方面最重要的贡献就是,把过去"礼法合一"的法律分解为天理、国法、人情三个层次,这使中国古代法律渊源从宋以后呈现多样化,而且也使情和理成为古代法律的独特构成成分。从此,在审判

---

① 《四库全书总目·政书类》。

② 《唐律疏议·名例》首疏。

③ 曾宪义主编:《中国法制史》,北京大学出版社、高等教育出版社2000年版,第145页。

④ 我国古代适用法律的根据是情、理、法三个层面,而我们移植了西方法律制度后,把情和理一概否定了,只剩下孤零零的法律规则。

⑤ 武树臣等著:《中国传统法律文化》,北京大学出版社1994年版,第385页。

中首先要判断是否符合天理，然后是国法，最后是人情。

其实，南宋重视情理的做法与北宋有着直接的渊源关系。欧阳修曾说“已有正法则依法，无正法则原情”，[①]情成了弥补法律不足的东西。苏轼说“论法而不论人，则法有不适，无以尽万变之情，任人而不任法，人各有意，无以一成之论”。[②] 正如日本学者滋贺秀三说的，“所谓‘情理’就是中国典型的正义衡平感觉。”[③]为了原情就必须发挥判官的主观能动性，而为了记述判官的主观意见就必须加强判决理由。这样，情、理在判词中的充分运用，不但使判决理由发达起来，同时也促使了判例的成长。

最后，从形式上看，随着民事判决的出现，民事判决理由开始闪亮登场。从此，一改刑事判决理由一枝独秀的局面。另外，宋朝的判决理由和唐朝相比，更注重联系实际。

但是，宋代判决理由在发展的同时，也带来了一系列的负面后果。过于强调道德伦理，导致法律沦为礼教的婢女，这表明唐时礼法一体的均衡状态开始被打破，法律的“形”与“神”又开始了自西汉以后的新一轮的分离，最为显著的是，“神”竟然湮没了“形”，出现了理由代替法律的局面。法律越来越道德化，法律的地位和作用在不断下降。令人惊诧的是，由于判决理由是道德伦理的演艺场，这时判决理由的地位和作用反而显得越发重要。

（三）古代判决理由的发达和转型——明、清

明、清是唐宋制度的延续，其虽处在中国封建社会的后期，但创造的辉煌业绩并不亚于汉唐，法律以及判决理由也不例外。这个时期，中国判决理由已脱去了唐宋华丽的外衣，真正走向了高度发达。但是，从 19 世纪中叶以后，由于西方列强的一步步侵入，中国的领土和司法主权遭到严重损害。为了收回治外法权，清政府被迫于 1903 年任命沈家本领导“变法修律”。从此，古代判决理由的历史轨迹发生转移，并走上了漫长而痛苦的现代转型之路。

1. 古代判决理由的发达

明、清判决理由的发达似乎并非其政治开明、法律进步的结果，相反，却与其政治专断、法律僵化不无联系。因为，明、清的成文法典在形式和技术方面已近乎完美。但是，由于皇帝的自私和专断，无论是明朝中后期，还是清乾隆五年制定《大清律例》以后，都不再修改律文，而以例作为律文的补充，最终都出现“以例代律”、“以

---

① 《欧阳文忠全集·论韩纲弃城依法札子》。

② 《东坡续集·王振大理少卿》。

③ ［日］滋贺秀三等著：《明清时期的民事审判与民间契约》，王亚新、刘荣军译，法律出版社 1998 年版，第 14 页。

例破律”的现象。这表明,明、清的成文法的“形”和“神”也出现了新一轮的重分离。

这时,如果再死守法条不变,的确有悖飞速发展的社会需要。为了弥补法律的“形”和“神”的裂缝,司法官员便通过判决理由将现时的情、理注入具体的判决当中。这样,判决理由就成为装载和表达“情”和“理”这种时代精神的容器和工具。因此,在明、清这种特殊的历史背景下,判决理由的地位和作用显得更加重要。判决理由除保留传统的解释和造法功能外,还承担着和谐的功能。

2. 古代判决理由的转型

清朝既是古代判决理由发展的顶端,同时,也是古代判决理由转型的开端。古代判决理由的转型是中国法律走向现代、走向世界的标志之一。尽管这种转型真正始于1903年,但是,中国和西方国家的法律冲突却由来已久。

1840年后,西方列强凭借洋枪洋炮,撞开中国始终关闭的大门,迫使中华法律传统改弦易辙。终于到1903年后,随着一个个新律的颁布,中国走上了大陆法系的道路。具体到判决理由方面,1907年制定的《各级审判厅试办章程》第一次以法律形式明确规定,判决须说明理由;1911年制定的《大清刑事诉讼律草案》中又进一步规定,若判决不附理由,将“以违法论”处。这一切标志着“礼法时代”的结束,古代判决理由的消亡,同时,也是现代判决理由的历史起点。

四、中华民国至当代:现代判决理由的产生和发展

1903年的“变法修律”只是现代判决理由的起点,尽管这场法制改革运动最终使中国走上了现代法律的道路,但是,由于清朝的迅速灭亡,法制改革事业也随之夭折。因此,现代判决理由的真正产生和发展实际上是1911年以后的事情。1949年以后,中国现代判决理由进入新的发展阶段,但此后随着法律在中国的沉浮,判决理由曾经历了无数磨难和曲折。1978年改革开放以来,现代判决理由才真正步入发展的春天。

在现代中国,判决理由已由古代单一的刑事理由,发展为民事、经济、行政等多种理由。按照历史发展顺序,现代判决理由可分为两个阶段:

(一)北洋政府至南京国民政府时期的判决理由——从传统判决理由走向现代判决理由

从北洋政府到南京国民政府,这是中国现代判决理由的初创和发展阶段。由于这时中国社会的政治法律制度正处在激烈的历史转型时期,判决理由充满了从传统走向现代的时代特色。在这一时期,一批杰出的法官却能够把现代法律与古代传统较好地结合起来,使判决理由呈现出中西合璧的特色。

但是,这一时期判决理由的发展极不平衡,除地区差异外,还表现出"两极端、两张皮"的特点。所谓"两极端"是指既有先进的一端也有落后的一端;所谓"两张皮"就是法律的外形是西方的,法律的思想却是中国传统的。因为,在西方法律居于统治地位的这一时期,法律应该是西方的"形"和西方的"神"的结合物,但由于传统法律文化的本能抵触,使西方法律难以深入中国社会生活的深处。故西方法律在起初只能取得形式意义上的统治。费孝通先生说明了发生这种情况的原因,他说:"现行的司法制度在乡间发生了很特殊的副作用,它破坏了原有的礼治秩序,但并不能有效地建立起法治秩序。"

北洋政府时期是中国法律承前启后的历史阶段。尽管当时的立法数量并不多,大部分法律都承袭了清末所定的新律。但对于判决理由却非常重视,在其颁行的《刑事诉讼条例》中,对判决理由部分作了详细规定。尤其引人注目的是,在当时大理院及高等审判厅,云集了一批既饱受传统教育,又熟知西方法律的高素质法官。他们在新法不完善、旧法不能用的情况下,运用判决理由这个武器较好地解决了中西法律的冲突问题,制作了大量说理充分、中西合璧的判决理由。这些判决理由至今仍不失其深深的感染力,以至于成为北洋政府时期司法的最大亮点。

南京国民政府时期的判决理由是北洋政府的继续和发展。这一时期,现代判决理由的内容、形式和结构都完全法定化、定型化,并取得了实质性的发展。如1935年《刑事诉讼法》第223条明确规定,有罪判决书的理由部分,应根据不同案情,必须记载下列事项:(1)认定犯罪事实所凭之证据及其认定之理由;(2)对于被告有利之证据不采纳者,其理由;(3)科刑时就刑法第57条或第58条规定事项所审酌之情形;(4)刑罚有加重、减轻或免除者,其理由;(5)易以训诫或缓刑者,其理由;(6)谕知保安处分者,其理由;(7)适用之法律。但总的来看,当时"中国正处在从乡土社会蜕变的过程中,原有对诉讼的观念还是很坚固地存留在广大的民间,也因之使现代的司法不能彻底推行"。所以,西方化的法律与中国传统的礼法精神仍在继续冲突与融合中。

然而,在同一时期的革命根据地,判决理由却表现出一副崭新的面孔,集中反映了革命法制的进步精神。

(二)当代的判决理由(从中华人民共和国成立至今)——从行政理由走向法律理由

1949年以后,旧的"六法"体系被彻底抛弃,社会主义法律体系逐渐建立。由于20世纪50年代的"一边倒"政策,使新中国的法律基础完全建立在苏联模式之上。而苏联把法律作为无产阶级专政的工具,强调法律必须服从政治。这样,司法审判机关就变成政法机关之一,而政法机关实质上就是一个普通的行政职能部门。在政治挂帅的前提下,法院失去了司法独立,上级部门和同级领导有可能以各种理由干预司法。于是,司法判决变成了一种行政决定,司法判决理由相应变成了行政决定理由。到了“文革”期间,作为政法机关的公检法也被砸烂了。因此,从20世纪60年代中期到70年代末,判决理由完全成为行政理由。这种行政理由强调效率,忽视公平正义;重视决定本身,忽略理由阐述。这一切是当今判决理由不讲理或说理不足的历史根源。

20世纪80年代后,随着社会主义民主与法制的恢复,尤其是1998年“依法治国,建设社会主义法治国家”的正式入宪,法律或司法的重要性愈日凸显,司法公正被作为人民法院的最高价值目标之一。这样,判决理由的重要地位和作用才得到逐步认识和恢复。然而,渴望理由充分、可信的人们,很快发现身边大多却是不讲理或说理不足的判决书。这样,不讲理的判决书一时间成为众矢之的。这种情况最终促使最高人民法院痛下决心,出台各种措施,要求各级法院必须增强判决书的说理性。但是,冰冻三尺非一日之寒,要彻底治愈这个顽疾似乎还需要一个较长过程。

目前,中国的诉讼法律明确规定,判决书的结构由五部分组成:首部、事实、理由、主文和尾部。但基本部分无外乎是事实、理由和主文三大部分,这与世界各国并没有什么不同。但是,判决理由的说服和沟通功能远远没有发挥出来。因此,判决理由给人的直观印象就是不讲理或说理不足。具体表现是:对事实的认定不加论证,只是对证据的简单罗列,而不说明采信证据的理由,以及不表明证据与案件事实之间的推理过程;没有针对当事人的诉求进行分析说理,而是你辩你的,我判我的;对判决结果以及适用法律,不详加说明之所以这样做的理由。判决理由的这种简单化、程式化、只有共性、没有个性的现象,严重地影响了法院公正司法的形象。从1949年至今,判决理由的发展道路虽然充满曲折,但从行政理由走向法律理由的趋势已成必然。

综上所述,“法治”是现代社会的根本特征,正义、平等、自由、民主、人权是现代社会的基本价值目标。这就决定了现代法律必须以保障大多数人的合法权利为己任,司法必须体现公平正义。然而,司法公正的实现不在于法官的宣告,而在于广大人民的信服。而判决理由既是法院用来装载公正的容器,也是人民用来判断司法是否公正的依据。

在现今世界上,无论是大陆法系,还是英美法系,判决理由都在成为一种典型的法律正当性证明形式,而且,都正在朝哈贝马斯说的“沟通理性”发展,正在成为国家和人民平等沟通的工具。无疑,这也是或正在是中国现代判决理由的发展方向。

五、原因分析

在中国,为什么自古至今判决理由传统经久不衰呢?

第一,从法律本身看,制定法的缺陷和判例传统是判决理由不可或缺的内在原因。

中国“一元法”或制定法的传统决定了判决理由的特殊地位和重要作用。中国从来只有制定法,而无神法或自然法。而制定法是人定法或人意法,它一经制定出来,随着时间的推移,其立法原意,即“神”与“形”就慢慢发生分离,直到最终当法律的原“神”死亡之后,法律就变成一个没有灵魂的“空皮囊”。而法律的稳定性又决定了其不可朝令夕改。故后来的司法者面对这具中看不中用的“僵尸”,只能通过判决理由的方式输入自己当前时代的法律思想,并借此来激活它。故判决理由是活生生的人主宰僵死的规则的表现,是法官个人主观能动性的体现。判决理由的发达程度正是司法重视“人”的程度,也是“以人为本”的必然结果。可见,判决理由的有无或优劣,直接决定了法律能否复活的大事情。因此,判决理由是“活的法”,是法律的“神”,是司法中的“人”。

另外,重视判决理由也是判例制度的需要。从夏、商开始,判例就是中国古代法律的一个基本渊源。秦朝至清末的两千多年间,例始终起着补充和辅助律、令的重要作用。“以例辅律”、“律例并行”从来就是中华法系的传统之一。几乎在每个朝代的后期,都出现了“以例代律”,甚至“以例破律”的现象。可以说,中国古代法律史就是一部律和例的上下沉浮史。由于判决理由是判例制度的载体,也是形成判例的工具。因此,没有判决理由,就不可能有判例制度。

第二,重视判决理由是中国古代社会结构的产物。

西汉至清末的两千多年间,称其为礼法时代也许较为得当。礼法时代和费孝通先生讲的乡土社会形成对应,也即礼法社会就是乡土社会。在这种社会里,其社会结构呈现为“差序格局”状态。“在差序格局中,社会关系是逐渐从一个一个人推出去的,是私人联系的增加,社会范围是一根根私人联系所构成的网络,因此,我们传统社会里所有的社会道德也只在私人联系中发生意义。”

“差序格局”中的人都是有着千丝万缕关系的“熟人”,而“熟人”之间的关系只能依靠礼俗来保障。“维持礼俗的力量不在身外的权力,而是在身内的良心。”也就是说,乡土社会的治理工具主要是礼——这种使人内心信服的传统规则,而非法律——这种外在的强制规范。礼是给自家人用的,而法律是用来对付外人或敌人的;礼是目的,而法律是工具;礼是积极的调整,而法律是消极的防御。一句话,礼是第一位的,而法律是次要的。所以,“差序格局”的社会结构使道德教化成为必须,而判决理由为道德教化提供了场地和方法。可见,这种特殊的社会结构决定了判决理由的重要地位。

第三,重视判决理由是人文主义传统和道德教化的必然结果。

中国自古以来就重视人文精神,能写一手好文章从来都是最为荣耀的事。而所谓好文章肯定情真意切,文采飞扬,感人至深。尤其是自唐代开科取士以来,制作判词的水平成了检验人文素养的又一试金石。人文主义传统追求情理交融,它随着那些通过科举制度而选拔出的各级官员,顺利地进入司法领域。因此,人文主义传统是判决理由产生的一个摇篮。

从政治需要看,判决理由是道德教化的基本手段。在古代,"一个负责地方秩序的父母官,维持礼治秩序的理想手段是教化,而不是折狱。"在司法中要实现"教化"的目的,就必须讲理,必须做说服教育工作,更为重要的是还必须把这种说教合理地表达出来。进一步说,"注重教育、息事宁人,也是司法中温情主义的表现之一。在审判中,法官并非简单地使用刑法手段,而是极力运用教育手段来达到'无诉'的目的,遇到母亲告子不孝或母子相讼的案件,法官不是立即惩办儿子,而是用儒家经典加以开导,使儿子深深自责,并终于变成孝子"。[①] 这样,判决理由就成为一种必不可少的说教工具。因此,要"以理服人",以教化为主,便成为各级判官的政治责任。

无论是古代还是现代,法律的教化作用总是不可缺少的。国家要求法律不但能解决纠纷,而且还要防患于未然,"禁恶于未萌",这就需要通过判决理由来表达此种政治目的。国家将赞成什么、反对什么以及打击谁、保护谁的政策通过判决理由公之于众,促使人们知晓并信服这些规定,从而自觉地调整其行为。这样,法律的作用扩大了,即由消极的惩罚扩展到积极的调整,法律与道德从而结合起来。

西方的主流法律思想强调法律与道德的区别,而中国古代却往往把道德和法律混为一谈。在西化程度越来越加深的当今世界,中国古代的这种道德教化思想似乎都成了糟粕。所以,我们自然要像西方一样只重视法律的解决纠纷的功能,而有意弱化其教化的功能。殊不知这种做法恰恰限制了法律的功效,因为,法律与道德本来就是唇亡齿寒的依存关系,绝对地割裂二者的关系等于扼杀其生命力。

第四,从公平正义的表现形式看,判决理由是现代司法公正的具体化。

一般地讲,司法公正只是一个高度抽象的价值形态。在诉讼中,当事人不仅要实现利益上的目的,还要寻求尊严、感官及参与等心理上的满足。这就要求法院必须把正义合理地表达出来,必须让其能看到、听到、触到。

---

① 武树臣等著:《中国传统法律文化》,北京大学出版社 1994 年版,第 755 页。

但是，如果不涉及自身利益，谁都可以泛泛而谈正义。然而，对于每个当事人来讲，正义又都是具体的、明晰的。一个法官在判决案件时不可能各打五十大板，也不可能不分青红皂白地让另一方败诉，更不可能想当然地瞎判一通，他必须让别人明白而不是他本人明白他是怎么判的以及为什么这样判。法官"不仅要主持公正，而且要人们明确无误地、毫不怀疑地看到是在主持公正，这一点不仅是重要的，而且是极为重要的"。① 而把怎么判及为什么判表达出来的过程就是正义具体化的过程，也就是判决理由发挥作用的过程。

进一步说，判决理由是说给别人听的，它旨在通过交流、沟通而使人信服，从而将司法正义送到每个人的心中。故判决理由既是正义具体化的工具，又是正义具体化的载体。失去它，正义将无法表达，判决就没有了灵魂。因此，判决理由是司法正义的具体化，是司法变迁和社会进步的标志，是国家与社会进行理解、沟通和对话的桥梁。

六、结　　论

从中国判决理由的历史变迁中，起码可以挖掘出以下结论：

（一）判决理由是一个制度建设问题

古代说理传统的形成不是偶然的，它是对制定法缺陷进行弥补的一项具体制度。只要"制定法"存在一天，其"形"与"神"分离的矛盾就会持续一天。因此，要求判决书讲理绝非权宜之策，"还应该确立判决理由高于实质判断的原则"。② 此外，还应把判决理由作为衡量判决质量高低的硬性指标。而且关键是把这一切做法要规范化、制度化，否则，判决书不讲理的现象将难以根绝。

（二）判决理由是一个法官独立问题

凡古今中外优秀的判决理由，都是法官个人独立思考的结果。若法官不独立，而是受制于他人，则理由只能是一种外在的标签，而非法官个人真情、智慧的表达，故要么会装腔作势，要么会不讲理，要么会说理不足。因此，当法官实际上被当做行政官员对待的时候，判决书不讲理就是一个难以避免的惯常现象。

（三）判决理由是一个法律方法问题

中国目前对于判决理由的研究尚未走出落后的困境。实际上，判决理由是一个重要的法律方法或法学方法问题，而法律方法研究早已成为当代大陆法系的一

---

① ［英］丹宁勋爵著：《法律的训诫》，杨百揆、刘庸安、丁健译，法律出版社 1999 年版，第 10 页。

② 季卫东著：《法治秩序的建构》，中国政法大学出版社 1999 年版，第 142 页。

门显学,它是对于概念法学的一种超越,旨在寻求客观规范与主观价值的水乳交融。但是至今,能够熟悉并运用法律方法理论的人却寥寥无几。

而"日本在1910年前后就开始重视判决理由及其研究,许多学者热衷于以'判例批评'的方式对判决理由进行法解释学上的分析和批判"。[①] 令人惊奇的是,由判决理由引起的这场研究运动,竟然改写了日本的法学历史。判决理由成了日本走出概念法学泥潭的跳板,成了激活日本法律解释学的导火线。

"日本的法学发展的历史表明,在概念法学和经验法学之间寻找出路的努力导致了判例研究热,而对于判决理由的分析又使法律解释学别开生面,走进一个新的全盛时代"。[②] 法律解释学的发达正是司法成熟的标志,也是判决理由兴盛的表现。

(四)判决理由是一个历史传统问题

判决书不讲理其实又是一个历史传统问题,因为,每个人包括法官都不可能脱离特定的历史文化传统。因此,必须正确对待中国传统法律制度。

曾几何时,我们把国家和民族的一切希望都寄托在移植西方法治体系之上,而对于传统法制唯恐抛弃得不干净。钱穆曾说:"今天我们却把历史切断,一概想模仿外国制度,明明知道这一制度与现实不配合,却想推翻现实来迁就制度,而美其名曰革命。其实革命的本质,应该是推翻制度来迁就现实的,绝非是推翻现实来迁就制度的。我们此刻,一面既否定了传统制度背后的一切理论根据,一面又忽略了现实环境里面的一切真实要求。所以我们此刻的理论,是蔑视现实的理论。而我们所想望的制度,也是不切现实的制度。"[③]

总之,现在唯有恢复和发扬我们的说理传统,判决理由才会找到赖以生存的社会基础和文化环境。但恢复传统不能是复古、倒退,必须要立足于现代法律,而且关键是要实现中西法律的转换和融合。而要实现这一切,就必须以多元的法学形态理论[④]作为基本立场。只有从法学形态理论出发,才能承认中国古代法学(律)形态的客观地位,从而避免一元的"西方法律形态论"的弊端。改变过去只要出现与西方法律不对称的情况,就想当然地以为是落后或野蛮的表现,而应该把这种情况视为两种不同法学(律)形态的正常反映。这样,研究中国古代法律,就不会是一种"自疟"或"自毁"。一部中国古代法律史,就不会变成一部衰落史或落后史,而是一部法律发展史或变迁史。

---

① 季卫东著:《法治秩序的建构》,中国政法大学出版社1999年版,第229页。

② 同上。

③ 钱穆著:《中国历代政治得失》,三联书店2001年版,第54页。

④ "所谓法学形态,是指法学的具体表现形式,或法学之内部结构的组合形式,也就是说,作为一门学科,一种学术,一种社会现象,法学是由各种要素组合而成。"参见何勤华著:《中国法学史》(第1卷),法律出版社2000年版,第27~36页。

中国传统社会治安思想研究及展望

——以盗贼治理为考察对象

王瑞山*

中国古代社会中历代帝王考虑最多的事情莫过于其统治的长治久安,故中国古代历史可称之为一部"治安"史。思想也称观念,思想是人们对事物的理性认识,治安思想就是对治安的本质、治安的实现、治安的阻却因素及克服等问题的理性认识。对于治安问题发生原因与对策的思索成立历代统治者和思想家所关注的重要问题。先秦儒、法、墨、道面对战乱纷争的社会现实从人性、经济、社会、法制等多角度、多层次对社会治安问题进行分析并提出相应的对策,秦汉以降的历代统治者和思想家也对社会长治久安进行了不懈的思考,此中有争论与传承,有创新与发展,并形成独特的中国传统治安文化。其中,盗贼是传统社会中治安治理的核心,笔者拟对现有研究成果进行梳理,廓清研究进路和框架,以盗贼治理为考察对象,简论中国传统社会治安思想研究的展开。

一、关于中国传统社会治安思想的主要研究成果

中国传统社会治安思想是治安学与法律史学的交叉领域,国内外关于治安思想的专门研究不多。[①] 囿于笔者所见,[②]主要体现在以下几个方面:

---

* 王瑞山,2009 级法律文化专业,指导老师:徐永康。现工作于华东政法大学。

① 国外有关于中国传统社会思想的著作,如美国汉学家本杰明·史华慈(Benjamin I. Schwartz)的《古代中国的思想世界》(哈佛大学 1985 年出版)、日本岛田虔次的《中国思想史的研究》(京都大学 2002 年出版)等,但很少有著作涉及中国传统社会治安思想,有些关于中国传统社会或近代治安事件的描述和剖析,主要是集中在中国农民起义和农民运动的具体事件或现象的分析,如裴宜理(Elizabeth J. Perry)的《社会盗匪活动再探——中国土匪白朗个案》,魏菲德(Frederic Wakeman, Jr.)和卡罗琳·格兰特(Carolyn Grant)编的《中华帝国晚期的冲突与控制》,亨利·兰斯伯格(Henry Landsberger)的《乡村抗议——农民运动与社会变迁》,而且主要是从历史学角度进行研究,重在史实的挖掘和现象的客观呈现,其中对这些事件的处置反映了当时统治者一定的治安思想。

② 关于民国时期的著作,笔者查阅了北京图书馆编、书目文献出版社 1990 年版的《民国时期总书目》(1911—1949),除了一些政治思想史方面的著作,如陶希圣的《中国政治思想史》(1 ~4 册)、杨幼炯的《中国政治思想史》等,更无专门论述治安思想方面的著作。新中国成立以后的治安思想史著作除本文所引介外,更无所见,根据徐中玉先生为《先秦治安思想论稿》所作《序》的相关论断,即"这样的梳理工作几十年前虽有人做过一些,但非常粗浅且中断已久"。可见,在《先秦治安思想论稿》之前治安思想研究状况。

一是以“治安思想”为题名的研究成果。从著作来看，以“治安思想”为题名的专门著作只有一本，即《先秦治安思想论稿》（刘挺生著，文汇出版社 2000 年版），更多的中国传统社会治安思想的研究散见于治安史著作，现有治安史（或警政史）著作中涉及中国传统社会治安思想的有《中国治安制度史》（朱绍侯主编，河南大学出版社 1994 年版）和《中国治安史》（陈鸿彝主编，中国人民公安大学出版社 2002 年版）。《先秦治安思想论稿》主要对先秦著作中的治安思想进行了研究，该著共分十章，对十部先秦著作的治安思想进行了考察，分别为“《尚书》：从测人到测天”、“《论语》：道之以德，齐之以礼”、“《孟子》：以不忍人之心行不忍人之政”、“《荀子》：节奏陵而文，生民宽而安”、“《墨子》：尚同为政，故天下治”、“《老子》：治人事天莫若啬”、“《庄子》：大顺群生，不治天下”、“《商君书》：法任而国治”、“《韩非子》：因道全法”、“《管子》：本治乱之所生，知得失之所在”。《中国治安制度史》在每一章第一节概述该时期（或该时期统治阶级）的治安思想（或治安理论），分别有：夏、商、西周的治安思想概述，春秋时期的治安思想，战国时期的治安思想，秦朝“专任刑罚”的治安理论，汉朝“礼法统一”的治安理论，（三国两晋）治安思想的演变，南北朝的治安理论，隋朝、唐朝、宋朝、元朝、明朝、清朝皆以“统治阶级的治安思想”为题。该书对治安思想的介绍，除先秦时期对各思想家或思想流派的治安思想进行概括介绍，秦以降均以不同时期整体治安思想进行概括介绍。但该书为制度史，对治安思想的介绍比较简略，又由于系多人分章编写，仅对所撰写时期的治安思想作一般考察和概括。《中国治安史》是在一些章节中零星出现以“治安思想”为题名的内容或相关内容，其中，第二章第二节“子产的大治安思想与实践”、第四节“商鞅的治安实践与治安思想”；第三章第一节“先秦民本思想的治安学价值”、第四节“兼爱与尚贤：墨子的治安方略”；第七章第二节“唐代的治安思想与治安宣教”。该书名为治安史，涉及治安思想史与制度史，对治安制度的介绍选择了更为灵活的方式，凸显了不同时期的治安特点，但关于治安思想的研究很少，只涉及个别人物和个别朝代。从论文来看，通过中国学术期刊网检索，剔除重复者，以“治安思想”为题名、关键词的有 10 余篇，主要有：郭绍林的《唐代统治阶级的治安思想》（载《唐都学刊》1993 年第 5 期），刘挺生的《从测天到治人——〈尚书〉与中国古代治安思想探源》［载《华东师范大学学报》（哲学社会科学版）1999 年第 2 期］、《道之以德 齐之以礼——且看〈论语〉如何治天下》（载《上海公安高等专科学校学报》1999 年第 2 期）、《治人事天莫若啬——〈老子〉治安思想探微》（载《合肥学院学报》2000 年第 2 期）、《大顺群生 不治天下——〈庄子〉治安思想》（载《平顶山师专学报》1998 年第 5 期），陈鸿彝的《先秦法家治安思想述略》（载《江苏公安专科学校学报》1999 年第 5 期），高晓波的《明代治安思想的走向和特点》［载《宁夏大学学报》（人文社会科学版）2007 年第 4 期］；等等。

二是治安思想相关研究。从著作来看，关于中国传统社会治安思想的相关研究有《中国警政史》(万川主编，中华书局2006年版)、[1]《社会治安防控经略》(金其高著，群众出版社2004年版)和《中国社会治安防控》(金其高著，中国方正出版社2004年版)。《中国警政史》从第二章起，从西周到新中国，每个时代警政内容中均有一部分警政思想。该书除战国至唐朝(包括唐朝)各朝分别以学派或人物来简要介绍警政思想外，如战国时期介绍了“儒家对良好社会秩序的憧憬”、“墨家对社会祸害的强烈抨击”、“道家对构筑和谐社会的向往”，三国时期的警政思想仅介绍了“曹操的警政思想”、“诸葛亮的警政思想”等，而西周、春秋及唐以后各朝代均从整体上简单概括。该书虽把警政思想定义为“关于警政的性质和职能、警政机构设置、警政职权划分、警政措施选用等问题的观点、理论和学说”。[2] 但从警政思想的具体介绍中，与此定义不太吻合，且概括简单。《社会治安防控经略》中以专章“社会治安防控史略”考察中国传统社会治安思想，该章分两节，第一节“传统社会治安防控大略”概括了“诸物合一”、“建立正统”、“消极平衡”、“德刑相悖”、“伦理治安”、“修性自防”等“中国封建社会关于防控社会治安、解决社会治安问题的宏观安排”；第二节“历代名家治安防控韬略”以“儒墨法道治安防控韬略”、“秦汉以降名家治安防控韬略”两个部分来概括中国古代治安防控思想。上述两节的内容在《中国社会治安防控》分别以第四章“中国传统社会治安防控举措”、第五章“中国传统社会治安防控思想”的形式出现，其中，第五章以“中国历代名家社会治安防控思想”代替了“历代名家治安防控韬略”，因两著为同一人所撰，说明了作者认为“韬略”即“思想”，两者均为治安思想的内容。从论文来看，以“犯罪预防思想”为题名、关键词的论文有9篇，主要有：程维荣的《海瑞的犯罪预防思想》(载《法学》1987年第5期)，张生的《略论朱元璋犯罪预防思想》(载《中央政法管理干部学院学报》2001年第5期)，杨永林的《〈管子〉犯罪预防思想浅析》(载《管子学刊》2003年第4期)，崔永东的《帛书〈易传〉与帛书〈德行〉中的犯罪预防思想》(载《政法论坛》2001年第2期)，郑颖慧的《论朱熹的犯罪预防思想》(载《池州师专学报》2006年第2期)，刘洪霞《〈管子〉犯罪预防思想研究》(西南政法大学2007年硕士毕业论文)，贾剑虹的《先秦儒家和法家关于犯罪预防思想比较研究》(安徽大学2002年硕士毕业论文)，等等。还有一些解决治安问题的具体治安思想：如《简论诸子百家的廉政思想》[赖红卫，载《成都大学学报》(教育科学版)2008年第11期]、《〈管子〉廉政

① 根据该著第19页关于“警政”的释义，即“所谓警政，是指按照统治阶级意志所规范的，由国家警察机构具体实施的，围绕维护国家安全和社会治安秩序等内容展开的一系列管理活动。”可见，警政是现代国家行政的组成部分，用警政一语考察古代社会相关管理内容，即国家力量实施的，维护皇权安全和社会治安秩序的管理活动。

② 万川主编：《中国警政史》，中华书局2006年版，第10页。

思想探析》(巩曰国,载《山东理工大学学报》(社会科学版)2008 年第 6 期)、《〈论语〉中的富民思想浅析》(董建锋,载《中共山西省委党校学报》2006 年第 3 期)、《简论中国古代富民思想》(林正同,载《中国农史》1997 年第 4 期),等等。这些思想内容都是消除传统社会治安问题、维护政治稳定和社会安宁为己任,应属于中国传统社会治安思想的内容。

另外,中国政治思想史、中国社会思想史、中国法律思想史皆有相关内容涉及治安思想的研究。

二、中国传统社会治安思想内容述评

这里以中国传统社会治安思想现有研究成果(以著作为主,论文为补充)为基础,考察其对中国传统社会治安思想的总结,按历史分期从夏、商、周至清末进行梳理其内容和主要元素。

夏、商、西周时期,中国传统社会治安思想之萌蘖。《中国古代治安制度史》(朱绍侯,1994 年)对夏、商、西周时期的治安思想概括有"明刑弼教"、"上下有序"、"明德慎罚";《先秦治安思想论稿》(刘挺生,2000 年)以一章的内容对《尚书》的治安思想进行了探析,根据《尚书·周书·立政》有关记载指出中国传统社会治安思想之滥觞起自商代。[①] 同时,认为"'天命'、'德政'、'民众'支撑起一个完整的治安思想框架"、"在这个治安思想框架体系中,'敬德'是关键","'敬德'已包含了顺应人的合理要求,维护人的基本权益,用文明训化野蛮,用社会的人规约自然的人的意义。要做到这一点,就要求以'治人'为中心建立起自觉的政治规范,包括执政的规范与社会的规范。'敬德'的地位决定了前者起着领导作用,也确立了中国古代治安思想对象化的路径"。[②] 并总结"'以德配天'就是借天之力对统治者的政治行为加以道德化的规范",主要包括"德政"、"明政"、"勤政";"执政的规范化,保证了治安的工作母机正常有效地运转,把整个社会推上了规范化的轨道,构成了以秩序为中心,以刑教为两翼的社会治安基本格局"。[③]《中国警政史》(万川,2006 年)仅概括

---

① 《尚书·周书·立政》载"亦越成汤陟,丕厘上帝之耿命,乃用三有宅,曰三有俊,克即俊。"传曰:"汤乃用三有居恶人之法,能使就其居言服罪。"疏曰:"汤既为王,乃用有三有居恶人之法,能使各就其居处,言皆服其罪也。"商朝在建立之初,就在商邑和各地推行限制'恶人'自由而迫使其服罪的方法,以维护商朝的社会秩序,这与夏朝一味杀戮的方法相比,显然有所进步。接受异己完整的生命形式,又采取专门手段对其行为方式加以管治已体现了一定程度上自觉的治安意识。换句话说,中国古代治安思想就此萌蘖。

② 刘挺生著:《先秦治安思想论稿》,文汇出版社 2000 年版,第 9 页。

③ 同上,第 13 ~ 14 页。

了西周的警政思想，即“西周统治者一方面继承商朝的‘君权神授’思想……另一方面又大力宣传‘皇天无亲，唯德是辅’，提出了以德配天、明德慎罚的统治思想”。可见，现有成果明确了两点：一是夏、商、西周时期是中国传统社会治安思想雏形时期；二是夏、商、西周时期社会治安思想的主要内容是明德慎罚。

春秋时期的治安思想，突出的特征是富民思想和以法防罪。《中国古代治安制度史》（朱绍侯，1994年）概括了管仲、子产、孔子的治安思想。管仲的治安思想有两个特点：一是“认为改善人们物质生活水平，是实现社会治安的基本条件”；二是“根据人们好利恶害的本性，主张通过厚赏重罚的方法，维持社会治安”。子产治安思想最主要的方面，就是他的“宽猛相济”的主张，宽即“为政必明德”，以教化为主，使民守法知礼，是稳定社会秩序的主要手段；除德教外，还应辅以刑罚。该著还认为：“子产的‘宽猛相济’的思想对后世治安思想的发展产生了重大影响。儒家将宽严相济发展成德主刑辅；法家由此得出‘爱多者则法不立’，成为实行严刑峻法的理论基础”。[①] 孔子的治安思想主要有：“正名”，以法律维护等级名分；“为政以德”，用礼义规范约束民众，用道德教化民众，维护社会秩序；以刑辅德教。《先秦治安思想论稿》探析了《管子》和《论语》的治安思想。《管子》中提出了“富国安民”、“利民富民”以除“民怨”的治安思想。《论语》提出“礼”、“仁”为治安的精神，“教化为主、刑罚辅之”为实现路径。还分析了《论语》中孔子关于君子、小人的论断，“区别不同矛盾，从统治者与被统治者两个方面入手，加以分别治理”。《中国警政史》（万川，2006年）认为，“春秋时期，西周流传下来的‘守礼’、‘施德’的警政思想仍然存在”，“代表新兴地主阶级的‘重法’、‘严刑’的警政思想已经萌芽”，“总之，春秋时期的警政思想充分体现了从‘礼治’到‘法治’的转化”。也有论文分析管子的“富民防罪”、“教化防罪”、“以法防罪”的思想。[②] 可见，春秋时期所产生的治安思想，主要是前代治安思想的继续，随着社会政治经济形势的发展，特别是私有制的发展，应对广大“民”的要求和统治者之间的矛盾，产生了教化和刑罚之外的治安思想，即富民；随着物质财富的集聚，如何利用财富，调节经济生活的法的出现，丰富了以法防罪的内容。

战国时期，治安思想进一步多样、具体。战国是中国传统社会思想大发展时期，出现了百家争鸣的局面，为后世留下了宝贵的精神遗产，其中也包括丰富的治安思想。《中国古代治安制度史》（朱绍侯，1994年）从儒、道、墨、法四个学派分别考察了其治安思想。其中，以孟子、荀子为代表的儒家“继承并发展了孔子以仁、礼伟核心的思想”，主张“正名分”、“以刑辅德，注重教化”；以老子为代表的道家主张“无

① 朱绍侯主编：《中国古代治安制度史》，河南大学出版社1994年版，第24页。
② 刘洪霞：“《管子》犯罪预防思想研究”，西南政法大学2007年优秀硕士论文。

为”的治安思想，要求统治者废除暴政苛刑、与民休息，要求民众“见素抱朴，少私寡欲”、“绝圣弃智”、“绝仁弃义”、“绝巧弃利”，以达“盗贼无有”的状态；以墨翟为代表的墨家主张“兼相爱”、“交相利”的治安思想，区别于儒家建立在等级秩序基础上的“仁者爱人”，“兼爱”是平等地去爱一切人，“交相利”是“兼相爱”的基础，并主张用刑罚手段保护私有财产，惩罚犯罪；以商鞅、韩非为代表的法家提出以“法治”为核心的治安思想，认为法律可以有效地禁止犯罪、“定分止争”，而人人“好利而恶害”只能通过法令赏罚来因势利导，实行法治要“明法”、“壹法”，以法为教，严刑重罚，达到“以刑去刑”。《先秦治安思想论稿》大部分篇幅集中在战国时期的著作，其中，《孟子》的治安思想“从人性本善处罚，建立仁政统治，确立民贵观念，强调制民之产，注重养性修身，最终落实到一个基本点，就是不断提高民众的道德水准，弃恶扬善”；①《荀子》认为人性本恶，但人性可以通过“礼”的教化和修身而改变或节制，当“礼”不能被严格遵守时，“起法正（政）以治之，重刑罚以禁之”，即礼、法并用，并强调民的重要性，“庶民安政，然后君子安位”；《墨子》提出了“尚同”、“尚贤”来治理国家，并以“富贵以道其前，明罚以率其后”厚赏重罚的策略来实现，同时提倡“兼相爱”、“交相利”来调和阶级矛盾与人伦关系，“尊天”、“事鬼”来扬善抑恶；《老子》的治安思想在宏观上确立了“道”的规律性地位，在“道”的指引下，主张“无为”而治，并于微观中建立了具体的操作机制与程序，即“清静可以为天下正”；《庄子》确立了人在安民治国中的主体地位，与老子主张的“无为而治”相比，庄子彻底地否定了“治”，提出了“不治天下”，否定人的社会性，构建“至德之世”；《商君书》认为“利天下之民者莫大于治”，但治的途径是法治，“法成了高于一切的治国安民的绝对本体”，以法设立赏罚，推行“赏一而罚九”和轻罪重罚，“藉刑以去刑”，提倡民的“愚”和“壹”，以利统治；《韩非子》强调了“人情”和“法治”，与商鞅相比，明确了立法和执法的原则，提出了治安中的“法、势、术”三位一体的思想。《中国治安史》（陈鸿彝，2002 年）也论述了商鞅“以刑去刑和弱民愚民的治安思想”。关于战国时期的思想研究成果丰富、透彻，有些思想为当世和后世所用，如商鞅在秦国执政变法，他的治安思想也大都付诸实施了，“行之十年，秦民大悦，道不拾遗，山无盗贼，家给人足。民勇于公战，怯于私斗，乡邑大治”。② 这一时期的治安思想较之春秋时期的治安思想，有了明显的区别，主要体现在：一是思想内容更为丰富，除了原因不断调整的德刑并用思想外，出现了“无为而治”、“兼相爱”、“任法而治”等治安思想，为后世治安思想提供了更多的选择要素；二是随着政治经济形势的变化，特别是更为复杂化的倾向，治安思想的内容趋于具体、完备、综合，如法治思想，形成了立法、执法

① 刘挺生著：《先秦治安思想论稿》，文汇出版社 2000 年版，第 47～48 页。

② 《史记·商君列传》。

的一系列原则，以及法、术、势的结合。

秦朝治安思想的典型特征是专任刑罚。《中国古代治安制度史》(朱绍侯，1994年)认为秦王朝的治安思想的基础是"性恶论"，通过"贵法"和"明法"推行法治，主张"重刑"和"壹刑"来预防犯罪，政治上推行"明君独断"和"专任狱吏"。之所以如此，是因为"从商鞅变法起，法家思想就在实际上被确认为秦国封建统治的指导思想。在秦统一的过程中，这种力量造成了秦国政治上、经济上和军事上的巨大优势，在与东方六国的斗争中发挥了巨大效应。秦王朝建立后，秦始皇继续把它作为立国之本而全盘接受下来，用以指导治安实践，作为镇压人民反抗的理论，并进一步使之恶性发展，终于把它推向极端"。《中国警政史》(万川，2006年)介绍了李斯的治安思想，即以郡县制代替分封制，建立中央集权，焚书坑儒，统一思想，厉行法治。可见，秦朝的法治实践证明了治安思想与政治经济条件的结合，虽是同样的法治思想，在秦统一六国前的商鞅变法时期能够发挥很好的作用，并取得了"山无盗贼、家给人足"的效果，而在秦统一后，依然推行法治，却很快灭亡。究其原因，有人认为，"秦始皇统一中国后，既没有满足人民休养生息的意愿，也没有把主要精力放在发展社会生产力上，而是频繁地大搞非生产性工程建设和军事行动，破坏了社会经济的正常运行，使占人口大多数的农民无法生存下去。农民奋起反抗，又受到残酷刑罚的镇压"。①

汉代治安思想的突出特征是"礼法统一"。借鉴秦朝的灭亡教训，虽然从制度上继承秦制，但治安思想却"经过了一个对先秦诸子百家的比较、选择、融合、淘汰的过程，在西汉中期，才完成了自己的治安理论建设"。②《中国古代治安制度史》(朱绍侯，1994年)把汉朝的治安思想称为"礼法统一"，其过程包括汉初"无为而治"的治安思想，代表人物是陆贾；西汉前期"刑德并举"的治安思想，代表人物是贾谊；西汉中期以后"德主刑辅"的治安思想，代表人物是董仲舒；东汉"礼法统一"的治安思想，代表人物是王充等人。《中国警政史》(万川，2006年)认为"两汉时期的警政思想，经历了前后不同的两个发展阶段。前期以陆贾、贾谊为代表，主张文武并用，德刑相济，明法慎刑。西汉中期以后，由于'罢黜百家，独尊儒术'，警政思想儒家化，其代表人物是董仲舒"。并重点介绍了贾谊的治安思想，主要"民本思想"、"礼法兼治的思想"和"维护中央集权的思想"；董仲舒的治安思想，主要有"大一统的思想"，"教化为主、刑罚为辅"的思想，"选贤举能治理国家"的思想。《中国治安史》(陈鸿彝，2002年)认为，秦汉时期"统治阶级实现了治安指导思想的明晰化，完成了从秦始皇'为治惟法'论到汉代'儒表法里'论的力量转换，这标志着封建治安

① 朱绍侯主编：《中国古代治安制度史》，河南大学出版社1994年版，第83页。

② 同上，第124页。

事业的理论自觉”。[①] “以贾谊为代表,设计了一套‘儒表法里’的治安术,后来又得到董仲舒的理论阐释,成了汉家一代的治安指导思想,收到了明显成效”。该著引用了《春秋繁露·保位权》的论断来说明董仲舒“公然把法家的‘势利’概念引入了‘仁义’说教,此之谓‘儒术’”,即“民无所好,君无以权;民无所恶,君无以畏也。无以权,无以畏,则君无以禁制也。无以禁制,则比肩齐势而无以贵矣!……故圣人之治民,使之有欲,不得过节;使之敦朴,不得无欲。”进而指出,“从此,法学经典,法律条令,披上了儒学的外衣,人们力求用儒学语言去表述法学要求。什么‘德主刑辅’论、‘出礼入刑’论,不过是它的变通说法而已。”[②]可见,汉朝是中国传统社会治安思想大发展的时期,融合儒、墨、道、法等学派的治安思想,生成了“儒表法里”的治安思想。然而,上述所引著作除《中国古代治安制度史》对东汉的“礼法统一”稍作展开外,其他鲜有提及。从总体上来看,从“引经决狱”到“礼法结合”,标志着汉朝治安思想趋于成熟。

三国两晋时期治安思想延续了德主刑辅的基调,但分裂的社会现实让统治者强调用法来维护社会秩序,促进了礼法的结合。《中国古代治安制度史》(朱绍侯,1994 年)总结了三国时期“拨乱之政,以刑为先”的治安思想,代表人物是曹操、诸葛亮,曹操主张“治定之化,以礼为首;拨乱之政,以刑为先”,但是,在还没有“治定”的“拨乱”阶段,曹操认为当务之急是“以刑为先”;诸葛亮初入益州,针对刘璋父子治下“威刑不肃,蜀土人士专权自恣,君臣之道渐以陵替”,遂主张“科教严明”、“威之以法”来恢复社会秩序。魏晋时期,受玄学思想影响,出现了“任其自然,废礼去刑”的治安思想,如魏末的嵇康、东晋的张湛;而东晋律学家刘颂针对当时治安形势提出“打击豪强”、“恢复肉刑”的治安思想,西晋律学家张斐主张“礼治为上,刑罚为辅,由礼入法,巩固封建统治”;东晋鲍敬言提出“无君论”的思想,葛洪主张“严刑峻法”。《中国警政史》(万川,2006 年)概括了曹操、诸葛亮、杜预、张斐、葛洪的治安思想,区别前述,强调了杜预的“纳礼入律、礼法合一”的治安思想,张斐“以礼率律”的治安思想,并认为葛洪的治安思想主要是“仁、刑的结合”和注重预防的思想。《中国治安史》(陈鸿彝,2002 年)概括了曹操、诸葛亮、杜预、张斐、葛洪的治安思想,较为简略,强调了诸葛亮的处理民族关系的思想,对杜预、张斐则倾向于律学贡献。可见,三国时期的治安思想是以礼法并用为基础,行法治纠正“礼义”之偏,以适应“乱世”;两晋时期的治安思想,更多是对法的关注,以礼入律,催生了礼法的统一。同时,代表门阀士族利益的玄学思潮也影响到治安理论,出现了‘任其自然,废礼去刑’的治安思想”。

---

① 陈鸿彝主编:《中国治安史》,中国人民公安大学出版社 2002 年版,“引论”,第 7 页。

② 同上,第 99 页。

南北朝时期治安思想的突出特征是宗教思想对治安的影响。《中国古代治安制度史》(朱绍侯,1994年)主要概括了陶弘景、寇谦之的道教思想,道安、慧远、僧肇、竺道生的佛家思想,这些思想在维护社会统治方面起到了巨大作用,也被统治者所重视并利用;同时,也阐述了以范缜为代表的反佛人物的禁佛思想,苏绰为代表的儒学思想。苏绰继承了汉儒的"德主刑辅"的治安思想,提出了"先治心"、"敦教化"、"尽地利"、"均赋役"、"擢贤良"、"慎狱讼"六个方面的举措,把儒家思想具体化。《中国警政史》(万川,2006年)概括了北魏孝文帝的治安思想,主要有"齐之以礼、示之以法"和"慎刑恤刑"的思想,"特别强调和重视礼教的教化作用"。可见,较之以前诸代,南北朝时期的治安思想又多了宗教的元素,形成宗教与儒术并用的状态。宗教一定程度上起到了使民众面对剥削和压迫安于现状,而不是奋起反抗,这有利于统治秩序的稳定。宗教作用的体现也为后世儒家思想吸收宗教思想提供了条件。

隋唐治安思想突出特征是"刑礼道迭相为用"。《中国古代治安制度史》(朱绍侯,1994年)分别总结了隋朝和唐朝的治安思想,其中,以关于隋文帝的相关记载,总结隋朝的治安思想主要有三点:"皇权至高无上"、"教化和刑律相参为用"、"平恕思想";把唐朝的治安思想总结为三个方面:"贵仁义、贱刑罚"、"利用佛教的劝善弥祸功能"、"注意缓和阶级矛盾",论及的人物主要有唐太宗、魏徵、陈子昂、唐玄宗、白居易等。《中国治安史》(陈鸿彝,2002年)认为,"唐代开国君臣都是主张实行宽政的",重点介绍了白居易的"刑礼道迭相为用"的治安思想,而且指出,"以'刑礼道迭相为用'的理论为标志,我国古代的治安思想也发展到它可能实现的健全程度"。《中国警政史》(万川,2006年)也分别总结了隋朝和唐朝的治安思想,其中,隋朝部分主要概括了隋文帝"执律修德,慎狱恤刑"的治安思想;唐朝部分总结了李世民"用法务在宽简"和"据理论情,恤刑慎杀"的思想,柳宗元"罚务速而后有惩"的观点,白居易的"刑礼道迭相为用"、"肉刑可废不可复"、"犯罪源于贫穷"的思想,韩愈"德礼为先"而辅以政刑的思想。可见,隋统一纷乱的南北朝时期,重新恢复了大一统的统治秩序,为后来的唐朝提供了基础和借鉴。唐朝的治安思想较之以前更为成熟,在"礼刑"结合的同时,融入宗教的因子,符合了唐朝经济社会发展所带来的复杂社会矛盾的要求。

宋朝治安思想的特征是守内虚外,加强国内治安控制。《中国古代治安制度史》(朱绍侯,1994年)认为,"由赵匡胤开始并贯穿整个宋代的治安思想,其基本精神就是通过强化中央集权来稳定国内大局","宋朝统治阶级治安思想的另一重要内容是'事为之防,曲为之治'",即制定法律束缚人们的手脚。《中国警政史》(万川,2006年)概括了宋朝"守内虚外"、"重惩盗贼"和"保甲"联防的治安思想。可见,上述关于宋代的治安思想研究内容比较简略,主要是对两宋治安实践的总结,有着强敌压境的宋朝治安形势与唐朝差别较大,城市经济文化生活比唐代更为活跃,社会面的治安问题增多,农民起义此起彼伏,在不断加强教化的同时,加强了社会控制,针对盗贼现象,采用了"严打"战略和"保甲"联防思想。但针对宋朝的治安问题做出思考的思想家来看,这些概括是远远不够的,如范仲淹、李觏、王安石等的以"礼制、富强"的治安思想,朱熹的"德礼政刑、刑以弼教"的思想,等等。

元朝的治安思想强调异族控制。《中国古代治安制度史》(朱绍侯,1994年)认为,元朝的统治者推行民族歧视的思想,对汉人、南人严加防范,以维护其统治。《中国警政史》(万川,2006年)认为元朝附会汉法,推行民族歧视分化政策,形成了"以儒治国、以佛治心"的文治思想和"依法办事"的法治思想。可见,元朝是中国历史上经济文化比较落后的游牧民族统治经济文化相对比较先进的中原地区,只有学习原中原地区的治理思想,思想上的贡献乏善可陈。

明朝的治安思想进入中国古代治安的集大成时期。《中国古代治安制度史》(朱绍侯,1994年)认为,明时期的治安思想主要有:得到继承和发展"传统民本思想","礼法兼施"的思想,"居安思危、处乱思治"的思想;其中论及的主要代表人物有朱元璋、邱浚、张居正、王守仁、海瑞等。《中国警政史》(万川,2006年)总结了明朝的"以民为本"、"礼法兼治、世轻世重"、"居安思危、处乱思治"等治安思想,主要以朱元璋的言论为考察对象,提及的人物有邱浚、王守仁等。有些论文也论及上述人物的治安思想。可见,现有研究成果重视明初朱元璋的治安思想的研究,以及明中后期一些思想家和大臣的治安思想,这些思想的元素已不再新鲜,如法(刑)、礼(教化)、民本(富民、安民)、预防(忧患意识)等,而是综合运用上更为娴熟,进入了"中国古代治安的集大成时期"。①

清朝的治安思想以"民族分治"、"宽严相济"为特征。《中国古代治安制度史》(朱绍侯,1994年)把清朝的治安思想概括为"因地制宜的民族分治思想"和"以宽严相济抚治臣民"的思想,主要以康熙、雍正、乾隆等皇帝为代表,并认为,"与明代相比,清代统治阶级的治安思想有两点特别突出:一是对各民族实行分治的政策;二是对人民群众实施宽严相济的控制手段"。《中国警政史》(万川,2006年)对清朝的治安思想概括的相对详细,分为三个时期:入关初期主要是"满汉分治"、"力行保甲"和"恤民"的思想;康乾时期主要是"弥盗安民"、"整合治安资源"和"限制异端"的思想;嘉道时期主要是"查办鸦片"、"申严保甲"和"管理流民"的思想。代表人物是以清朝皇帝为主。

---

① 陈鸿彝主编:《中国治安史》,中国人民公安大学出版社2002年版,第204页。

三、中国传统社会治安思想研究的特点

首先，从研究进路上来看，现有中国传统社会治安思想研究成果主要有几种形式：一是按照历史分期的方式，即一般把中国传统社会分为夏、商、西周、春秋、战国、秦、汉、三国、两晋南北朝、隋、唐、北宋、南宋、明、清等若干时期，研究者概括该时期的治安思想。其中，每个时期的治安思想，或是总体概括，或是介绍几个人物的治安思想，虽然是对时代中的主要治安思想进行概括，却是个人思想的汇合、集中。上述著作中《中国古代治安制度史》和《中国警政史》即属于此种，论文中如《明代治安思想的走向和特点》等。二是按照人物或集体的方式，即概括一个人的治安思想，或一个集体的治安思想，这个集体通常是一个思想流派或统治集团。其中，个人往往是思想家、皇帝或官吏，上述所列学术论文题名中已有体现；集体多是学派或统治集团，如《先秦法家治安思想述略》、《唐代统治阶级的治安思想》；在著作中一个时代的治安思想概括中也有体现，如《中国古代治安制度史》在将春秋时期治安思想概括为“管仲的治安思想”、“子产的治安思想”和“孔子的治安思想”三部分；将战国时期的治安思想概括为“儒家的治安思想”、“道家的治安思想”、“墨家的治安思想”、“法家的治安思想”；等等。三是按照传统社会中的著作的方式，如《先秦治安思想论稿》每章皆以先秦著作为题，其他也有诸多学术论文如此，如上文所列《〈管子〉犯罪预防思想浅析》、《帛书〈易传〉与帛书〈德行〉中的犯罪预防思想》等。以著作为考察对象，主要出现在先秦一些无法确证其作者或时代的著作，虽著作以某位古人为题名，但其并不一定为该古人所撰，或其中关于该古人的言论并非真实，后人自然不能就一定把该言论或著作所表达的思想安放在这个古人的头上，笔者认为还是以著作为考察对象比较客观。

其次，从研究内容上看，主要特点：一是突出了中国传统社会治安思想的主要元素。教化（或曰德、礼）、刑罚（或曰刑、法）、富民等要素就像是一味味“中药材”，各时期统治集团根据治安形势开出不同的“药方”，以期江山永固、社会安定。如西周的“明德慎罚”、“明刑弼教”，秦“专任刑罚”，西汉前期的“刑德并举”、西汉中后期“德主刑辅”、东汉的“礼法统一”，三国时期“拨乱之政，以刑为先”，隋朝的“教化和刑律相参为用”，唐时“贵仁义、贱刑罚”，宋时“重惩盗贼”，明时“礼法兼施”，清时“宽严互济”，等等。二是社会治安问题要素管理中集中在对“民”的考察。虽然有多人从人性的角度分析人之为恶的原因，如荀子、韩非子、董仲舒、韩愈、朱熹等，并提出相应的对策（多以教化应对，“化性起伪”），更多的是分析社会治安问题发生的社会原因。囿于中国传统社会生产力低下，社会以自给自足的小农经济为基础，

民不聊生会导致诸多社会治安问题，最为典型的就是“盗贼”，所谓“王者之政，莫急于盗、贼”。中国传统社会治安思想中对治安问题原因的揭示即主要考察民不聊生的原因，并提出应对之策，以民为本、爱民、富民，惩治贪腐、打击构成治安思想的重要内容。三是研究内容比较简略，而且没有明确框架和边界。囿于研究成果较少，大部分内容见于制度史的研究，内容较为简略。有些内容在治安思想、政治思想中均有反映。上述治安思想研究内容，如西周的明德慎罚，商鞅的法治思想，孔子的礼治与正名、富民足君、先德后刑，荀子的富国富民，老子的无为，贾谊的以民为本，董仲舒的德刑论，贞观时期的国以民为本等，这些思想在中国政治思想史中皆有论述。[①] 这对中国传统社会治安思想的深入研究是不利的，对中国治安思想史的研究也是不利的，如何厘清研究的进路，显得尤为重要。

最后，从分析框架上来看，第一，现有中国传统社会治安思想主要是针对关于治理天下、如何使民安而不乱的对策，但缺乏对治安问题发生的具体背景和原因的考察。随着社会的发展，中国传统社会不同朝代，或者同一朝代不同时期，土地制度、经济政策、统治结构等都可能发生一定的变化，其所出现的治安问题也呈现出不同特点，尽管可能都会导致社会秩序的破坏，甚至政权的颠覆。传统社会中思想家基于一定的社会背景提出的治安策略，并不适合于任何时代，所以考察治安思想的具体背景就尤为重要。第二，对中国传统社会治安思想的分析缺乏明确的框架。传统社会治安的主体是皇权统治集团，立法、行政、司法集于皇帝和各级行政长官，社会治安与国家政治密不可分，如何把社会治安思想与政治思想、社会思想区分开来，形成专门性的话语，难度较大，所以，现有治安思想研究成果中只是一些与“治”、“乱”、“安”、“危”有关的古人言论的分析，缺乏明晰的分析框架。第三，现有的治安思想研究成果中，《中国古代治安制度史》和《中国警政史》主要是考察制度史，对思想的考察是为制度考察的先导，然制度是治安实践中的实物，是思想的具体化，所以，两著作比较注重思想与实践的联系，所考察的治安思想多集中与制度有关的范围。治安思想转化为治安实践的途径往往是被统治集团采纳，在其治安制度中得以体现的，而有些人的治安思想并未进入考察者的视野，如东汉王符、唐朝陆贽、宋朝李觏、清初王夫之等，很少见于前述研究成果。

四、中国传统社会治安思想研究展望——以盗贼治理为对象

第一，中国传统社会治安思想的研究对象。传统社会中治安的概念，一般是指

① 刘泽华：《中国政治思想史集》（第1、2卷），人民出版社2008年版，从两册书目录中皆能查到相关内容。

政治稳定、社会安定。① 分析使社会"治安"的方式有两个方向，一是正向的建构，其内容是国家和社会制度（包括社会改造），这应该属于政治学的范畴；不同个人和集体（包括阶级、阶层、学派）等围绕这些制度行程的理想、理论和策略应该属于政治思想的范畴。如《韩非子》关于"治安"的论断，"今上急耕田垦草以厚民产也，而以上为酷；修刑重罚以为禁斜也，而以上为严；征赋钱粟以实仓库，且以救饥谨、备军旅也，而以上为贪；境内必知介而无所懈，并力疾斗所以禽（通'擒'）虏也，而以上为暴。此四者所以治安也，而民不知悦也。"他将民应该"悦"的"治安"的包括四个方面，即"耕田垦草"来增加百姓收入、"修刑重罚"惩治违法犯罪、"征赋钱粟"来社会救济和军事保障、"并力疾斗"对付外敌。可见，"治安"包括社会经济发展、政治建设、法制建设、社会保障、犯罪惩罚等多个方面。二是逆向的实现，即治安问题的排除，抑制和消除使政治不稳、社会不安的因素，这属于治安学的范畴。如贾谊的《治安策》实为"治不安"之策，所指称的汉朝面临的危机主要包括诸侯王威胁中央统治、匈奴外患、经济危机、太子教育乏力、重刑罚轻礼义、政制纲常紊乱等。这些关于"不安"的论述，说明古代"治安"概念的外延是相当宽泛的，围绕"治安"所建构的知识体系也是非常庞大的。这里试图对中国传统社会治安研究内容作出政治学和治安学两种不同的进路，也许是一种徒劳，因为即使是当代，治安也是国家政治职能的一部分。中国传统社会没有今天这么详细的学科分类，有些内容可能出现在两个领域中，但学科分类的意义在于明确研究对象，甚至独特的研究方式，治安学的研究进路则是典型的"问题对策"型的模式。同时，学科的区分有利于符合借鉴的功利目的。

第二，中国传统社会治安思想的研究内容。前文已述，现有中国社会治安思想的研究成果中，或以时代历史分期为展开方式，或以著作为展开方式，个人治安思想成为最基本的考察形式。对传统社会个体的治安思想来讲，是思想主体对治安问题的表现、原因和对策的认识。治安问题的表现可分不同的层次，可从宏观、中观、微观来考察，从一国整体治安形势和突出治安问题到一地整体治安形势和突出治安问题，再到一个具体的治安问题。无论如何，皆可考察其问题的要素，即人（主要是行为人）、物（主要是目标物、工具物）、事、时、空，这些要素如何结合才导致治安问题的发生，构成治安问题发生的机制，如何发生则构成对治安问题原因的分析，根据治安问题表现和原因的分析，才能提出相应的对策，从表面上或从根本上

① 金其高教授认为，"社会治安，古代指政治清明、国家昌平、社会安定。治，对乱而言；安，与危相对。"参见金其高著：《社会治安防控经略》，群众出版社 2004 年版，第 16 页。熊一新教授认为，"古代的'治安'有两层含义：一是指稳定国家的政治局势，缓和统治阶级内部的矛盾，防止内讧；二是指安定民众，缓和阶级之间的冲突，维持正常的社会民生，防止社会动乱，保持久远的社会安定。"见熊一新主编：《治安管理学》，中国人民公安大学出版社 2005 年版，第 2 页。

消除和限制这些治安问题的发生,包括同类问题的再次发生。个人对这些内容的看法构成其治安思想,智者见智、仁者见仁,面临同样的治安形势,或对同一种治安问题,可能会有不同的治安对策,也就形成不同的治安思想。所以,治安思想的内容应该包括治安问题的表现、原因和对策。对盗贼的考察自然不会超出这个框架,但也不一定严格遵循这种三段论,只是论述的内容要符合这种逻辑。另外,从考察对象的范围看,社会治安思想的考察范围除治安实践外,还包括未付诸实践的治安理论。因为治安思想的形成是源于对现实治安问题的思考,是与作者生活的时代背景结合紧密,而其提出的治安对策无论科学与否,除非个别帝王,往往不一定被现实所采用,即不一定转化为治安实践。所以,对中国传统社会治安思想的考察应该不局限转化为治安实践的治安思想,还应该包括一些未付诸实践的治安论断的考察,无论其是否得到现实的验证,都足以后世的借鉴,尽管这可能被人称为"只是思想家的思想史或经典的思想史"。①

第三,以盗贼治理为考察对象的中国传统社会治安思想研究。盗贼治理是中国传统社会治安治理的核心。在诸多古代统治者和先贤的论述中,特别是关于治安战略的分析框架中,往往用"盗贼"作为一个词来称谓犯罪问题,并把抑制盗贼问题作为统治者为政第一要务。《墨子》云:"若使天下兼相爱,国与国不相攻,家与家不相乱,盗贼无有,君臣父子皆能孝慈,若此则天下大治",这里直接用"盗贼"指代犯罪问题,并指出若盗贼无有,则天下大治,说明盗贼之治是天下大治的关键。《韩非子》中论及盗贼是当时立法的重罚对象,即"重一奸之罪而止境内之邪,此所以为治也。重罚者盗贼也,而悼惧者良民也"。②《晋书·刑法志》"悝撰次诸国法,著《法经》。以为王者之政,莫急于盗贼,故其律始于《盗》、《贼》",强调了抑制盗贼在统治中的重要性。秦汉继承了《法经》关于盗、贼立法的模式,后世立法对于盗贼则更加细致。唐贞观十一年,侍御史马周上疏陈时政曰:"臣窃寻往代以来成败之事,但有黎庶怨叛,聚为盗贼,其国无不即灭,人主虽欲改悔,未有重能安全者。"③北宋欧阳修曰:"臣谓夷敌者皮肤之患,尚可治;盗贼者腹心之疾,深可忧。"④都说明了宋时虚外守内的治安策略,也反映了当时盗贼问题的严重性。南宋朱熹从历史的角度对盗贼现象作了战略的总结,曰:"试观自古国家倾覆之由,何尝不起于盗贼。"⑤同时,中国传统社会中衡量一个人的政绩,盗贼治理是一个重要方面,如《韩非子》

① 葛兆光著:《中国思想史·导论:思想史的写法》,复旦大学出版社2010年版,第13页。
② 《韩非子·六反》。
③ 《贞观政要·贪鄙第二十六》。
④ 《续资治通鉴长编·庆历三年》。
⑤ 《朱子大全·上宰相书》。

云:“子产退而为政五年,国无盗贼,道不拾遗,桃枣荫于街者莫有援也。”①《国语·晋语》记载,范宣子执政时期,“于朝无奸行,于国无邪民,于是无四方之患,而无外内之忧”。汉时,贾山以秦为例,向孝文帝论治乱之道,史称《至言》,称赞文帝时,“刑轻于它时而犯法者寡,衣食多于前年而盗贼少,此天下之所以顺陛下也。”贾山所称颂的就是中国传统社会的盛世之一“文景之治”。唐兢称赞贞观之治“商旅野次,无复盗贼,囹圄常空,马牛布野,外户不闭。”可见,盗贼少也是当时统治稳定的重要表现,也是天下大治的标志。

第四,盗贼治理的本质是治民,民之为盗的原因在于穷困。中国传统社会中“盗贼”是一种宽泛的犯罪概念,其指称的犯罪问题主要包括三种,一是“窃盗”,即一般盗窃,如今日之盗窃;二是强盗,如今日之抢劫;三是反民,即指与政府对抗、意在推翻统治者的行为,如今日之危害国家安全或颠覆国家政权行为。三种行为没有不可逾越的鸿沟,古人已认识到,其是同一类行为的不同程度的表现而已,即“夫穿窬不禁,则致强盗;强盗不断,则为攻盗;攻盗成群,必成大奸。”历代思想家或统治者认识到,民的贫困是盗贼发生甚至国家倾危的主要原因。《管子》指出贫穷是发生盗、贼的直接原因,即“民偷处而不事积聚,则囷仓空虚。如是而君不为变,然则攘夺、窃盗、残贼、进取之人起矣”。西汉贾谊曰:“且试观事理,夫百人作之,不能衣一人也,欲天下之无寒,胡可得也?一人耕之,十人聚而食之,欲天下之无饥,胡可得也?饥寒切於民之肌肤,欲其无为奸邪盗贼,不可得也。”西汉董仲舒把因贫致盗作为一般规律来总结,云“大富则骄,大贫则忧。忧则为盗,骄则为暴。此众人之情也。”②东汉王符曰“孔子称庶则富之,既富则教之。是故礼义生于富足,盗窃起于贫穷,富足生于宽暇,贫穷起于无日。”③宋时欧阳修言“臣又闻,衣食不足,虽尧、舜在上,不能使民不为盗贼。”④宋苏轼散文中记述了他“自钱塘移守胶西”所见:“始至之日,岁比不登,盗贼满野,狱讼充斥,而齐厨索然,日食杞菊。”⑤南宋朱熹总结了盗贼发生的根源,即一般人民因贫饥谋生不易,不惜铤而走险,遂以偷盗、杀人越货来获取生存资源。并以历史中几次农民起义为例来劝诫,指出,“盗贼发端,何尝不生于饥饿?赤眉、黄巾、葛荣、黄巢之徒,其起事可见也。”⑥明海瑞认为“广寇大都起于民穷”。⑦ 清康熙帝也认为社会治安的好坏,取决于民生的安定与否,当湖广道监察

① 《韩非子·外储说左上》。
② (宋)苏舆撰,钟哲点校:《春秋繁露义证·度制》,中华书局1992年版,第227页。
③ 《潜夫论·爱日》。
④ 《续资治通鉴长编·庆历三年》。
⑤ (宋)苏轼撰,孔凡礼点校:《苏轼文集·超然台记》,中华书局1986年版,第351页。
⑥ 《朱子大全·上宰相书》。
⑦ 《海瑞集·应付册式》。

御史李时谦条奏弭盗事宜时，他指出“朕就根本处言之，若果家给人足，孰肯为盗。”①前文已述，盗贼可以发展成为影响一个地方的犯罪势力，甚至成为对抗官府、改朝换代的力量，直接威胁统治阶级利益。民是中国传统社会的基础，是赋税徭役的承担者，在社会生产力不发达的传统农业社会，民一旦被盗贼侵害，将严重影响其生活甚至生存，这将威胁中国传统社会中统治者的利益源头。民是盗贼的直接受害者，又是盗贼的来源群体。民是盗贼的来源，往往是天灾下的饥民、不堪忍受压迫的“刁民”、缺乏生活来源的流民等，所以，盗贼治理的本质是治民，盗贼的有无和多少反映了民的生活状态，是中国传统社会治安的“晴雨表”。

第五，中国传统社会治安思想的内容是民贫的原因和抑制对策。民贫的原因有多方面：一是自然灾害下的小农经济。中国古代经济基础薄弱，使广大农民的抗灾能力较弱，一旦发生水旱自然灾害，则民生大困。欧阳修曰：“若水旱之后，盗贼滋长，世之常也。”②清康熙帝也认为：“且善良之民，屡遭水旱，迫于衣食，亦为道矣。”在以小农经济为主、生产力较为低下中国传统农业社会，“‘千年田换八百主’，首当其冲者就是自耕农，偶然的天灾人祸都会给他们带来严重的打击，他们每日每时还会受到地主豪强的排挤。”③失去土地这个最基本生产资料的农民面临的便是饥饿，为了谋生，有的成为富人的农奴，有的成为被雇佣者，但由于工业的不发达，更多的则是成为盲流，以行乞诈骗、偷盗、卖淫等不正当手段谋生，甚至啸聚山林，打家劫舍，或参加暴动、对抗朝廷。二是以皇帝为首的统治集团的剥夺是民众贫困的主要原因。《老子》云：“民之饥者，以其上食税之多，是以饥。”由于统治者对民众剥削无度，“必厚作敛于百姓，暴夺民衣食之财，以为宫室台榭曲直之望、青黄刻镂之饰。”造成百姓民不聊生、困苦不堪，忍无可忍往往就会铤而走险以身试法。唐太宗李世民认为，“民之所以为盗者，由赋繁役重，官吏贪求，饥寒切身，故不暇顾廉耻耳”。明太祖朱元璋告诉他的臣下说：“民窘于衣食或迫于苛政则逃，使衣食给足，官司无扰，虽驱之使去，岂肯轻远其乡土。”④明丘浚曰：“按盗贼之起，盖有所因也。自秦始皇以来，所以劳民力，苦民心，费民财，戕民命者，非一日矣。民无以为生，举手动足，何者非杀身之地，使有一隙生路，民亦不寻死矣。不得已而死中求生，此胜广之徒所以造乱也。”即索民过重，使民不能承受，只能选择反抗。三是官吏不贤、贪污贿赂、施行苛政，导致民生凋敝，激发民变或起义。西汉董仲舒曰：“重以贪暴之吏，刑戮妄加，民愁亡聊，亡逃山林，转为盗贼，赭衣半道，断狱岁以千万数。”⑤东

① 《清圣祖实录》卷一四一。

② 《续资治通鉴长编·庆历三年》。

③ 王学太著：《中国流民》，中华书局（香港）有限公司 1992 年版，第 19 页。

④ 《明太祖实录》卷二〇八。

⑤ 《汉书·食货志（上）》。

汉王符曰:“郡县所以易侵小民,而天下所以多饥穷也。”宋朱熹指出,“今之监司,奸赃狼藉、肆虐以病民者,莫非宰执、台谏之亲旧宾客。”[①]海瑞指出,“民穷之故多端,大抵官不得其人为第一之害”,“民间困苦日甚一日,第一是官吏贪污”。[②] 明丘浚总结民众犯罪、造反起义的原因,以为“民之所以为盗,不在朝廷则在官吏”;犯法“非迫于不得已,则陷于不自如”;“盗寇之生发,固有民穷而为之者,亦有官吏激发而致之者”。[③] 四是地主、豪强对民众的兼并、掠夺,使之无“立锥之地”、困苦不堪,走上盗贼之路。东周以降,社会组织发生变化。秦汉时,大地主及大工商皆极跋扈。[④]董仲舒云,“至秦则不然,用商鞅之法,改帝王之制,除井田,民得卖买,富者田连阡陌,贫者无立锥之地。”[⑤]王莽行王田之诏曰:“汉氏减轻田租,三十而税一,常有更赋,罢癃咸出,而豪民侵陵,分田劫假,厥名三十,实什税五也。”[⑥]仲长统揭示汉末豪强兼并情况,曰:“豪人之室,连栋数百,膏田满野,奴婢千群,徒附万计。”[⑦]唐中叶以后,藩镇割据,竞行剥民之政,豪强乘之兼并,故宋时农民,困苦殊甚。宋淳祐六年,殿中侍御史兼侍讲谢方叔言:“豪强兼并之患,至今日而极,非限民名田有所不可,是亦救世道之微权也。”朱熹注《孟子》时指出,“此法(笔者注:此法为孟子所论之井田制)不修,则田无定分,而豪强得以兼并,故井地有不钧(笔者注:应为均);赋无定法,而贪暴得以多取”。可见,中国传统社会中民众贫困的主要原因是以皇帝为首的官僚和地主集团的无休止的剥夺所致,这也是中国传统社会一对难解的矛盾,如何缓和这个矛盾,取得相对的平衡,成为核心话题,众多思想因时而生,成为中国传统社会治安思想的重要元素,也是中国传统社会治安文化的组成因子,主要包括重民富民的思想、重视教化的思想、减轻剥削的思想、任贤使能的思想、法治清平的思想、抑制豪强的思想、居安思危的思想、保甲联防的思想、综合治理的思想等。这些思想在现有中国传统社会治安思想研究成果中皆有提及,但缺乏系统的、深入的治安学研究,特别是如何与中国传统社会特定治安问题和治安形势相结合,以及该思想在历史长河中的发展演变,需要进一步的研究。

---

① 《宋史·朱熹传》。
② 《海瑞集·应付册式》。
③ 《大学衍义补》。
④ 吕思勉著:《中国制度史》,上海三联书店 2009 年版,第 49 页。
⑤ 《汉书·食货志》(上)。
⑥ 同上。
⑦ 《昌言·理乱》。

包山楚简司法术语集释数则

王　捷*

前　言

1986 年出土于湖北省荆门市包山 2 号墓的竹简有字简共 278 枚(以下简称司法简),内容多为墓主邵𬀩担任楚国左尹时的案卷记载,是楚国怀王时期的司法政务档案。包括了处理实际政务记录和完整的司法案例。包山楚司法简系当时处理司法实务的真实记录,是原始的档案文件,并非单纯法律令文书或著述,相较睡虎地秦简、张家山汉简实为经过处理的司法范式而言,包山楚司法简内容更接近真实的历史。但研究包山楚司法简的困难则更多:一方面,因为包山简属于出土古文书,相对出土古书可以与传世文献相互印证而得较为准确解读而言,出土古文书缺乏古今之间的中介,且其属于当时的官方档案文书,具有司法文书的专业性,其解读更加困难;另一方面,楚文字的解读本身就比秦汉文字更为困难。因此,要通过包山楚司法简来研究战国时期楚国司法制度乃至楚法制就需要准确释读简文,其中的专门术语更是我们了解当时司法运作实态的必要桥梁。包山楚司法简中涉及的术语有地名类、职官类、司法类等,笔者拟对司法类术语进行集释,语料采自于案卷简①部分,以便于进一步的研究。

案卷简属于整理者[即湖北省荆沙铁路考古队,其整理结果见于《包山楚墓》(上、下)及《包山楚简》二书,下文中凡出于此者,简称为整理者]所归纳的无篇题的第二组简(简 120~161)。整理者认为这组简文的内容以杀人案较多,经济案件亦占一定比例,"还有关于裁定土地界限与'䞣田'继承权的详细记载","是一些案件的案情与审理情况的详细记录,以及呈送给左尹的情况汇报"。② 即这组简文也是

---

* 王捷,2009 级中国法律史专业,指导老师:王立民。现工作于华东政法大学。

① 司法简的案卷部分系为无篇题简,共计 42 枚(简 120~161),整理者认为是一些案件的案情和审理情况的详细记录,以及呈送给左尹的情况汇报,参见湖北省荆沙铁路考古队:《包山楚简》,文物出版社 1991 年版,第 10 页。李零先生将其称为"案例",参见李零:"包山楚简研究(文书类)",载《李零自选集》,广西师范大学出版社 1998 年版,第 141 页。葛英会先生认为:以此组简文与疋狱简文对照……可知两者显然分属两类不同功用的文书……可将这组简文拟名为"狱要"。参见葛英会:"包山楚简治狱文书研究",载《南方文物》1996 年第 3 期。陈伟先生将其列为"案卷","案卷"之名与简文内容更为契合,本文从其名。参见陈伟等著:《楚地出土战国简册(十四种)》,经济科学出版社 2009 年版,第 53 页。

② 湖北省荆沙铁路考古队:《包山楚简》,文物出版社 1991 年版,第 10 页。

关于狱讼的记录。从包山楚简全部内容来看,案卷简应是最为详细记录当时楚国诉讼审判情况的记录。

一、简 120 ~ 123 郑俸窃马杀人案释文

简 120 ~ 123 整理者将其编为一组简,较为完整地记载了郑俸窃马杀人案审理始末。笔者按整理者的释文,[1]经与陈伟等著《楚地出土战国简册(十四种)》中关于包山简相关部分释文对校,释读简文如下(其中图片字形依整理者之字形及原简文图片描绘,文中阿拉伯数字为简号):

周客监　迈楚之戢(岁)亯(享)月乙卯之日,[2]下蔡蕁里人舍(余)鼲(猬)告下蔡䢵执事人、昜城公兼睪。鼲(猬)言胃(谓):郑鼲𥨭(窃)马于下蔡而儥之于昜城,或(又)杀下蔡人余睪,少(小)人命为訾(枅)以传之,昜城公兼睪命倞郑、解句,[3]传郑俸得之。(简 120)亯(享)月丁巳之日,下蔡山阳里人郑俸言于昜城公兼睪、大□尹屈[illegible](𨗨)、郫昜莫嚣臧厷(献?[4])、舍(余)羍。俸言胃(谓):小人不信窃马,小人信[illegible](与)下蔡人关(问)里人雇女返、东邗里人埸贾(贮)、荑里人竞不割(害),[illegible](并)杀余睪于竞不割之官[5],而相[illegible]弃之于大路,竞不割不至(简 121)兵焉。[6] [illegible](丫、孔[7])(执)埸贾,里公郑[illegible]、士尹紬缜返丫,言胃(谓):埸贾既走于前,丫弗及。丫执雇女返,加公臧申(中)、里公利𥫗(臤)返丫,言胃(谓):女返既走于前,丫弗及。丫(执)竞不割,里公(吴)□、亚大夫鄃(宛)乘返丫,言胃(谓):不割既走于前,丫弗及。丫收郑俸之□(孥),加公戌、里公余(简 122)□返丫,言胃(谓):郑俸之□既走于前,丫弗及。郑俸未到[illegible](断),有疾,死于宥。雇女返、场贾、竞不割(害)皆既盟。

---

① 湖北省荆沙铁路考古队:《包山楚简》,文物出版社 1991 年版,第 25 页。

② 整理者将此句读为"周客监　迈楚之戢(岁),亯(享)月乙卯之日",陈伟等著释文断为一句,二者文义上无出入,本文从陈伟等人的释文。

③ 整理者将"倞郑、解句"连读,认为解句系解开枷锁,释放之意,刘信芳释"倞"为"黥",认为"倞郑解句"系将本案被告郑俸被处以黥刑并解押至拘所,陈伟等认为"解句"系人名,本文从后者,因明显此时郑俸未到案。

④ 原释文为"厷",陈伟等:"今按看红外影像,认为实为'犬'。下部从'贝'从'犬',与'献'字一种写法相同。因疑上部为虎形之讹,字应释为'献'。"陈伟等著:《楚地出土战国简册(十四种)》,经济科学出版社 2009 年版,第 59 页。

⑤ 官,原指"史事君也"(《说文解字》卷十四,𠂤部)本义指"官署",此处用作"居所"之意。

⑥ 此处"兵焉"整理者缺释,刘信芳释为"弃",陈伟等依据红外影像认为:"上部大致可见到左侧笔划,应非弃字所有,当是'斤'。不致兵,没有用兵械,即未动手杀人。"参见陈伟等著:《楚地出土战国简册(十四种)》,经济科学出版社 2009 年版,第 60 页。

⑦ [illegible],整理者释为"孔",陈伟等释为"丫",详见下文。

（简 123）

上列释文中涉及了多个当时所用的司法专业术语，包括“告”（1 例）、“阩”（1 例）、“传”（2 例）、“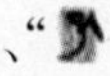”（12 例），“”（2 例），“”（1 例），“断”（1 例），“盟”（1 例）等，上述术语字词如有古文字中常见的“告”字，也有但仍有未尽者，比如“”为本组简所仅见，其出现频率达 12 次也最为频繁，值得深究。笔者不揣简陋，对上述司法术语认为有必要汇释以明了其意义者（包括：“阩”、“”、“”、“断”、“盟”）汇释如下文，以便于我们了解郏窃马杀人案所见的楚国司法运作实态。

二、“”字汇释

在案卷类中，简 122 和简 123 大量出现了“”字，简 122 凡有十见：

简 123 凡有二见：

整理者：释为“孔”，[①]但未说明其在简中含义。

刘信芳：包简又省“”作“子”。[②]

陈伟：释读为“孓”，并指出该字是与简 80 之字意义相同，系的简写。[③]

按：简 122、123 之出现 12 次，写法、形状较为一致。关于四种用例：

1.“执”，[④]共 3 例，简 122：“执场贾”、“执雇女返”、“执竟不割”。其意为发拘捕文书以拘捕某人到案。

2.“返，谓：……”共 4 例，整理者句读为：“返。孔谓”，但整句意义仍相近。其意为回复上级。

3.“收郏𠈭之□（孥）”，共 1 例，其意为根据命令的要求将郏𠈭的家室收监。

4.“……既走于前，弗及”，共 4 例，均在“返”里所用，其应是公文固定

① 湖北省荆沙铁路考古队：《包山楚简》，文物出版社 1991 年版，第 25 页。

② 刘信芳：“楚简文字考释五则”，载《于省吾教授百年诞辰纪念文集》，吉林大学出版社 1996 年版，第 188 页。刘先生在该文中还指出：包山简中与“子”有关之用例的辞例有从竹、从纟、从羽，说明同是信物之子，因用途不同而形制有异。

③ 陈伟等著：《楚地出土战国简册（十四种）》，经济科学出版社 2009 年版，第 60 页。

④ 執，《说文》：“捕罪人也。”（卷十，幸部）楚简中用如：（1）拘捕，扣留；（2）连接；（3）执行；（4）名词“執事人”之结构。参见谭步云：“先秦古楚语词汇研究”，中山大学中文系 1998 年博士学位论文。

格式用语，可解释为“拘传文书未到之前（弗及），某人已经逃跑（既走于前）。”①

从简文整体内容和字形来看，整理者释为“孔”，应是认为二字字形相似之故。陈伟等后释为“孓”，认为同“芓”。因“”在包山简中仅见于简 122、简 123 中，出现次数达 12 次之多，是郑𠒼窃马杀人案的关键性术语，其该做何解，对于我们理解本案及本案所体现的当时楚国办案程序至关重要，故需详考。

整理者所定“孔”字之义：“孔”字，从本义为乳穴，至为“通”、“空”、“甚”等各义，②若放入上述简文中看，文义不通；再者，金文的“孔”字为“孔”和楚系文字的“孔”字在其他简帛字例中为“孔”，均与包山简的“”字形不同。可见，整理者释为“孔”恐不妥。

再考释为“孓”字之义。陈伟认为“”字与简 80 等所用“芓”字同义，系后者之简写。③ 因此需先考察“芓”字，在包山楚简中出现在简 80、简 85、简 90、简 125、简 148、简 150 中，其字形如下：

简 80 简 85 背 简 90 简 125 背 简 148 简 150 背（红外释出）

用例则为：

“既发芓，执勿佚”——简 80。

“既发芓，将以廷”——简 85 背。

“言复（信）芓，言胃（谓）”——简 90。（以上三简出自疋狱简）

“既发芓，廷疋阳之酷官之客。”——简 125 背。

“客发芓”——简 148。④

“客发芓”——简 150 背。

---

① 刘信芳认为，“既走于前，子弗及”应是“人犯已事先向官府自首，未及持子捉拿”。恐不是简文原意。参见刘信芳：“楚简文字考释五则”，载《于省吾教授百年诞辰纪念文集》，吉林大学出版社 1996 年版，第 188 页。

② 李圃主编：《古文字诂林》（第 9 册），上海教育出版社 2004 年版，第 450 ~ 452 页。

③ 整理者释“芓”为“竽”，无释义。参见湖北省荆沙铁路考古队：《包山楚简》，文物出版社 1991 年版，第 25 页。

④ 陈伟认为简 148 字很少，难以与其他简书连读，也许属于篇题。参见陈伟：《包山楚简初探》，武汉大学出版社 1996 年版，第 10 页。刘信芳认为简 148 与简 147 二者长度不同（一为 64.5 厘米，另一为 68.5 厘米）差距甚远，故二简是否相次，尚有疑问。参见刘信芳：《包山楚简解诂》，台湾艺文印书馆 2003 年版，第 150 页，转引自陈伟等著：《楚地出土战国简册（十四种）》，经济科学出版社 2009 年版，第 71 页。

需要注意，𥫩与至少有以下不同：其一，上述简80等中的“𥫩”之字形构造的下部“”与简122、简123的并不相同；其二，上述简80等中的“𥫩”之用例多固定为“发𥫩”之格式，且多置简首，应是属名词，陈伟认为可能属于篇题。与前述简122，简123之“”字用例比较，显然各为格式不同之术语。可见，二字之联系，唯两字在简中的意义相近，均可释为“命令文书”之意而已。

那么“𥫩”与“孓”能否认为是通字同义？我们再看“孓”之本义。

孑”、“孓”本一字且义同等说法出自汉及以后之字书《说文》、《广雅》等。如《说文》云：“孑，孑，无右臂也。从了，乚象形。居桀切，孓，孓，无左臂也。从了，丿象形。居月切。”甲骨、金文、出土战国文字（除包山简122、简123）至今释读出来的均未见“孓”字，先秦传世典籍《诗》、《左传》、《孟子》均用“孑”，而非“孓”，故“孑”、“孓”本一字且义同的根据并不十分充分。关于“孑”字，与简122、简123之“”意义有关的是《左传·庄公四年》记载：“楚武王荆尸，授师孑焉，以伐随。”①《左传》此处所载“授师孑焉”之“孑”注者引扬雄《方言》载：“孑者，戟也。”认为“孑”即楚语之“戟”。《左传》此处所载为刘信芳释包山简80等六简（如上文所列）之“𥫩”的依据，②其将此字释为“𥫩”，认为“𥫩从竹作，应为一种以竹为杆，用作授以使命的信物，𥫩之用例，与汉代的节颇为相似。”并认为“司法官府填发的𥫩可以理解为符节之类，其上系帛幅‘纟孑’。”③汤馀惠释“”为𥫩，“疑即简札之本字”。④ 李零则认为“𥫩”是传票或者逮捕证一类的东西，此物一经发出，则立即拘捕，不得有失，或传被告到庭。⑤ 需要注意的是，在简122、简123中，若

---

① 《左传·庄公四年》（十三经注疏本）。

② 刘信芳：“楚简文字考释五则”，载吉林大学古文字研究室编：《于省吾教授百年诞辰纪念文集》，吉林大学出版社1996年版，第188页。

③ 此处关于上述所引《左传》所载“荆尸”，杜预所注为“陈兵之法”，查“尸”字来源：商代甲骨文写作“尸”，金文作“尸”，楚文字作“尸”，《说文》云：“尸，陈也，象卧之形，凡尸之属皆从尸。”“尸”字象形为人曲卧，似人屈肢而葬的形状，杜预所注源于《尔雅释诂》与《方言》，系秦后小篆通行后之书，与春秋战国时代已经相去远矣。从睡虎地秦简之日书、包山简等处用例看，“荆尸”是为楚历月名之一。参见李学勤：“《左传》‘荆尸’与楚月名”，载《文献》2004年第2期。

④ 汤馀惠：“包山楚简读后记”，载《考古与文物》1993年第2期。但赵平安指出：“孑截古音虽然很近，但迄今未见通假的例证。……‘札’的本义是‘牒’（《说文》木部），亦即书写用的小而薄的木片，当文书读是由这一意义引申出来的。我们调查表明，在先秦时代，札达主要用法除了本义外，还是‘铠甲的叶片’，或‘疫病’、‘灾荒’等，绝少表示‘文书’的意思。从现有的材料来看，当‘官文书’讲则是汉代以后才有的用法。包山简是战国时代材料，以汉之‘今’律战国之‘古’，显然是不够妥当的。我们认为，这个字应隶做笆……包山简中‘笆’应当读为记，记指官方文书。”赵平安：“试释包山简中的‘笆’”，载李学勤、谢桂华主编：《简帛研究二〇〇二、二〇〇三》，广西师范大学出版社2005年版。

⑤ 李零：“包山楚简研究（文书类）”，载《李零自选集》，广西师范大学出版社1998年版，第139页。

依陈伟等意见,将释读为“孓”,为简85等之“”之简写,即为“拘传文书”之意,则简122、简123二简可以读通,较之整理者将之释读为“孔”较为佳。

但若“”为“”简写,我们应该注意到,简122、简123所用之“”达12例之多,但此“”字也仅仅在简122、简123中出现,且其他简即便是同属于案卷简的简125背、简148、简150均是“”( )字,为何简122、简123是如此特例?

一种原因是由于简文122、简123的书手和其他简的书手非同一人,写字习惯不同,但此原因是为推测,并无更多其他证据支持。另一种原因应该是简122、简123的“”字和其他简出现的“”字并非同字简写之关系,简122、简123之“”字应是它字,不过其义类同“”( )而已,此理由可以从“孓”出现的时间得到论证,“孑”出现的时间要早于“孓”,先秦传世典籍均用“孑”,未见用“孓”,甲骨、金文、出土战国简帛文字等均未出现过“孓”,《说文》、《尔雅》等字书方见载孓字,故“孓”应可能是在秦以后方才出现。

综上,整理者释为“孔”。陈伟等释为“孓”,均有疑问。简122、简123的字应是其他字,但从简文整体文义来看,为“拘传文书”之意则是目前为止能够接受的。但简122、简123之具有司法上专用的文书之意,属于司法术语,而简80等之则是普遍意义上的公文,意义较前者为宽泛。

三、“丯”、“𥇾”、“”(盟)汇释

(一)丯

在简121中出现两次:

“倴言胃(谓):小人不信𥽍(窃)马,小人信丯(牙)……而相丯弃之于大路,竞不割不至兵焉。”

整理者:释为丯,未说明理由。在丯之前的字释读为“信”,认为:信,借作身,亲自之意。①

陈伟等:未释出,径为简文“”。

张守中:释为,认为属于存疑字。②

① 湖北省荆沙铁路考古队:《包山楚简》,文物出版社1991年版,第47页。

② 张守中著:《包山楚简文字编》,文物出版社1996年版,第237页。

周凤五：根据上下文意推测，似是“牙”字，读为“与”。①

谭步云：字书不见“丯”字，据《郭店》简，殆即[小皃]的省写。读为“辩”。“信丯”，相当于后世的“申辩”。②

按：“丯”字之义，应从简文上下来看，被控窃马的下蔡山阳里人郏[亻夆]向官府的易城公等人陈述。从简120至简123的整体来看，简121中两次用“丯”，如谭步云所言为“申辩”之意在第一个用例“小人信丯”中文意可通，但在第二个用例“而相丯弃之于大路”中不通。张伯元老师认为，此字疑释读为“会”，是“合”之意，此说可以使简文文义通顺，可供参考。

另外，在包山简中有“辩”字，在董莲池《释包山楚简中的“辩”字》一文有详细考释，但该“辩”字形与简122、简123出现的“丯”不同，应不属于同一字。

（二）[目幵]

“[目幵]”见于简120之“小人命为[目幵]以传之”句内。

整理者：未隶定，描为为“[幵目]”，无考释其义。③

何琳仪、刘钊：均释为[目幵]。暗中观察之意。刘钊认为：疑简文读为“契”。④

陈伟：“意思是说暗中观察。张家山汉简《奏谳书》简210～211有言开言同谦（廉）问不日作市贩，贫急穷困，出入不节，疑为盗贼者。‘言开’盖读为[目幵]。”

《说文解字》：“[目幵]”蔽人视也，从目，“干干”声，读若携手，一曰直视也，又苦兮切。[幵目][目幵]目或在下。（《说文解字》卷四）严可均曰：此校语也。彼所据《说文》正本作“[目幵]”，或作“[幵目]”，故附记云：[目幵]目或在下。或者犹言一本也。后人错解。遂据增一重文也。（马叙伦：《说文解字六书疏证》卷七）⑤

按：在简文中，“[目幵]”系案件提告人余猬的陈述提及的“小人命为[目幵]以传之”，此句如将“[目幵]”认为系暗中观察之意，则此句应是“余猬被令暗中监视郏[亻夆]勿使其脱逃，以拘禁之”。即此简的“命”字此时为动词，是“被命令”之意。如将“[目幵]”字释读为书契之“契”字，则如广濑所释读的该句含义为“小人我请求写书契逮捕郏[亻夆]”，⑥但“命”在先秦时期并无以下向上请求之意，故不可取。也有人认为此句是说“余猬

① 周凤五：“楚简文字琐记（三则）”，载《简帛研究汇刊》（第1辑），台湾文化大学史学系2003年刊本，第10页。

② 谭步云：“先秦古楚语词汇研究”，中山大学中文系1998年博士学位论文。

③ 湖北省荆沙铁路考古队：《包山楚简》，文物出版社1991年版，第25页。

④ 何琳仪：“包山楚简选释”，载《江汉考古》1993年第4期。刘钊：“包山楚简文字考释”，载《出土简帛文字丛考》，台湾古籍出版公司2004年版。转引自陈伟等著：《楚地出土战国简册（十四种）》，经济科学出版社2009年版，第58～59页。

⑤ 李圃主编：《古文字诂林》（第3册），上海教育出版社2000年版，第794页。

⑥ 广濑薰雄著：“包山楚简中所见之‘盟’”，曹峰译，载李学勤、谢桂华主编：《简帛研究二〇〇二、二〇〇三》，广西师范大学出版社2005年版。

要求将郑俸施以黥刑并拘禁之”。[1] 应是将眀的异形[illegible]误认为是黥刑的原因。

(三)[illegible],附:[illegible](断)

“[illegible]”出现在简 123:“场贾、竞不割(害)皆既盟。”包山简其他有:

(1)受期简:九月癸卯之日不将[illegible]大司败以[illegible](盟)[illegible]之·里之敦無有李[illegible],阱門又敗。秀不孫。—— 简 23

(2)案卷简:(執)事爲之 136 [illegible](盟),囗凡二百人十一人。既盟……陰之正既爲之盟□。——简 136、简 137、简 137 背(简 131 ~ 139 之舒庆等杀人案)

(3)同 2:命□上之戠(識)獄爲陰人余力呈[illegible](盟)其所命於此箸之中,以爲□。——简 139 背面

(4)卜筮祭禱記録简:由攻解於[illegible](盟)。——简 211

从上所列可见,“盟”字在包山简中应用极为广泛,不仅限于司法简,这和“盟”这一形式在重鬼神的楚国极为受到重视有关,学界对“盟”的解读的相关成果极多,此处不展开。[2] 对包山简中出现的“盟”在诉讼中的功能,广濑薰雄的考证较为全面,其主要观点是:

第一,西周金文中和诉讼相关的是“誓”,作用是为终结诉讼。而在包山楚简中的诉讼案件中不用“誓”,而用“盟”,包山楚简的诉讼中用“盟”也与春秋时期的“盟”不同。盟是下“断”之前的前提条件、必要手续。

第二,包山楚简的诉讼案件的“盟”的主体如简 131 ~ 139 之舒庆等杀人案不是案件当事人而是第三人,简 120 ~ 123 的郑俸窃马杀人案是共犯雇女返等三人,简 23 的是相关官吏,即“盟”的主体不是案件当事人,而是第三人。按:笔者不同意此观点,因为简 120 ~ 123 的郑俸窃马杀人案中的共犯在法律意义上即为案件当事人,而非第三人。

第三,盟辞内容是为确定所争执的事实是否确凿无疑,即通过“盟”这一程序来确定什么是真话(事实),而不是证明参与“盟”者所说的是真话。故而“盟”、“证”

① 南玉泉:“楚国司法制度探微”,载《政法论坛》(中国政法大学学报)2000 年第 4 期。

② 关于盟誓研究的概况,可参见吕静著:《春秋时期盟誓研究:神灵崇拜下的社会秩序再构建》,上海古籍出版社 2007 年版。该书的第一章第二节之“国内外关于盟誓功能研究的回顾”及第二章之“春秋以前的盟誓及其形态的考察”介绍了关于盟誓研究的较为全面的情况,关于“盟誓”的法功能,该书亦有专节研究,可参见该书第六章第二节“盟誓中法功能的体现”。

在诉讼中是同一意思，而非陈伟所认为的“盟”、“证”是两个阶段，先“盟”后“证”。[①]

本文在此关注的是“盟”在已经构成司法中固定的程序的情形下有无固定的司法术语表达之，即简123的“既盟”是否属于固定的司法术语。[②] 回答此问题，可以从以下考虑：其一，上述简文看，仅有简123和简137中有相同的表达式——“既盟”，其他用例均不同，故需要看此二简是否系相同意义。其二，观察简123的实体看，此处“雇女返、场贾、竞不割（害）皆既盟”与前句“郑俸未到剸，有疾，死于㝅”之间有很长的空白，应是“雇女返、场贾、竞不割（害）皆既盟”是对本案的最终处理结果，即被告人郑俸未等到案件开庭，即在拘留场所死亡，后来雇女返、场贾、竞不割就归案并以盟的方式结案。再看，简137的“既盟”，其仅仅是表示前述的“凡二百人十一人证人”“既盟”，[③]二者意义显然不同，故不能认为“既盟”为固定表达式的司法术语。在此需要提及的是，陈伟先生认为：简123之“既盟”的“盟”也许读作“明”，明有审察之意。“既盟”是说他们被判无罪。[④]

附：（断）

简123：“郑俸未到剸，有疾，死于㝅”，既意为被告人郑俸没有到审判的时候，有病，在拘留场所里死了。

整理者：“剸”，未释义。

陈伟：释为“断”，是为官府作出的裁决之意。[⑤]

从简文来看，此字应是司法术语，其意为庭审、判决。若释为“断”，其可能有断案，认定之意。从简文131～139的舒庆等杀人案的简文中也多次见到此字的

---

① 参见广濑薰雄著：“包山楚简中所见之‘盟’”，曹峰译，载李学勤、谢桂华主编：《简帛研究二〇〇二、二〇〇三》，广西师范大学出版社2005年版。

② “既盟”在传世典籍中多有见，如广为引用于解释先秦“盟”在司法中作用的《周礼·秋官·司盟》中就有记载：“凡邦国有疑会同，则掌其盟约之载及其礼仪，北面诏明神。既盟，则贰之。……凡盟诅，各以其地域之众庶共其牲而致焉。既盟，则为司盟共祈酒脯。”其并非固定术语，其含义是“盟”已完成。《墨子·明鬼下》亦有载：“昔者，齐庄君之臣有所谓王里国、中里徼者，此二子者，讼三年而狱不断。齐君由谦杀之恐不辜，犹谦释之。恐失有罪，乃使之人共一羊，盟齐之神社，二子许诺。于是刭羊出血而洒其血，读王里国之辞既已终矣，读中里徼之辞未半也，羊起而触之，折其脚，祧神之而槁之，殪之盟所。”此处即为“盟”是司法官在查明案件事实过程所用的程序。

③ 李零认为简120～123及简130～139之“既盟”的“盟”是“起誓”之意，参见李零著：《李零自选集》，广西师范出版社1998年版，第142～143页。

④ 陈伟著：《包山楚简初探》，武汉大学出版社1996年版，第143页。

⑤ 同上，第146页。

用例。[①] 如简 135 背之“君命兼爲之剸”、简 137 背之“其余執將至 而剸之”。

结 语

根据前述汇释,将简 120~123 语译如下:

周客监 逅楚之岁享月乙卯之日,下蔡荨里人余猬告至下蔡的𨱦执事人和昜城公兼睪处。余猬告称:邾𠐰在下蔡窃马,然后将马卖到昜城,且邾𠐰又杀了下蔡人余睪,小人受命暗中监视他以便将他抓拿。昜城公兼睪命令倞邦、解句将邾𠐰拘捕到案。(简 120)

亯(享)月丁巳之日,下蔡山阳里人邾𠐰到案后,向昜城公兼睪、大□尹屈𨗳、郫昜莫嚣臧献、余奉等辩称:小人没有窃马,小人和下蔡人关(问)里人雇女返、东干⻏里人埸贾、荑里人竞不割等三人共同在竞不割经营的作坊里将余睪杀害,然后将余睪的尸体弃之于大路,竞不割没有(简 121)亲自动手杀人。[②]

于是发拘捕命令抓拿埸贾,里公邾□、士尹紬缜回复称:埸贾在拘捕令到之前已经逃跑了。发拘捕令抓拿雇女返,加公臧申、里公利臣又回复称:女返在拘捕令到之前已经逃跑了。发拘捕令抓拿竞不割,里公□□、亚大夫肙⻏(宛)乘回复称:不割在拘捕令到之前已经逃跑了。颁下命令将邾的家室收监,加公戍、里公余(简 122)□回复称:邾𠐰之家室在命令到之前已经逃跑了。

后来邾𠐰因病死于囚禁的场所,没有最终定案判决。雇女返、场贾、竞不割(害)三人都以通过“盟”的方式了结本案。(简 123)

根据上列译文,我们可以看到当时楚国的司法审理程序中关于起诉人、案件管辖地、犯罪嫌疑人的辩解及其效力、案件的结案方式等内容。由于本文仅对案卷简

① 该案共包括 9 枚竹简、8 份文件,陈伟先生认为是该墓出土官府文书中篇幅最长、结构最为繁复、对揭示楚国司法制度最为重要的一组。先后已五次撰文解读该案:“包山楚司法简 131~139 号考析”,载《江汉考古》1994 年第 4 期;《包山楚简初探》第二章第二节,武汉大学出版社 1996 年版,第 31~33 页;“楚国第二批司法简刍议”,载中国社会科学院简帛研究中心主编:《简帛研究》(第 3 辑),广西教育出版社 1998 年版(该文将江陵砖瓦厂 370 号楚墓所出简书复原为二件诉状,证实了对于 132~135 号简性质的判断);“包山竹简所见楚国的宛郡”,载《武汉大学学报》1998 年第 6 期(该文将 131~139 号简所见的“肙(从⻏)公”读为“宛公”,将“悁”字读为“怨”,从而使原先讼狱处置中有郡级官员参与的推测具体化);“包山楚司法简 131~139 号补释”,载陈伟著:《新出楚简研读》,武汉大学出版社 2010 年版。

② 李守奎认为,本段大意是“邾𠐰的申述,说自己没有窃马也没有杀人,并说他知道杀人者是应女返、场贾和竞不害三个人。”此处释文与其不同处在于邾𠐰是否承认自己参与共同杀人,其关键在于对简中“□”字的释读,本文赞同张伯元老师的意见,即□字释读为“会”,是“合”、“共同”之意。参见李守奎:“包山楚简 120~123 号简补释”,2009 年 8 月 1 日首发于复旦大学简帛文献与古文字研究中心网站,网址:http://www.gwz.fudan.edu.cn/wodig.asp? Src_Child=22。

涉及的诸多案件中的一例进行分析，故不能在此对于上述所涉及的楚国司法程序实态进行总结性概括。但是，包山简中仅案卷类简就有简120～123之郑俸窃马杀人案、简124、简125正背之酷官黄齐等二人死亡案（有涉及“竽”）、简126～128正背之阳氏父子同室（同居共财）案、简129、简130正背之左司马迪贷金案，简131～139之舒庆等杀人案等，其中所出现的专业术语也更多，相信随着我们对包山简的解读日益深入，我们可以对楚国司法审判制度的运作实态得以深入了解，并将归纳出对楚国司法制度的规律性认识。

唐律中的量刑机械化及其程序补救

——以一例"斗杀"案为中心的分析

李耀跃*

一、明晰的杀人案与仁恕的裁判官

莫诚案是发生于唐代柳宗元任柳州刺史期间(公元815～819年)的一桩命案,案情在柳宗元所作的《柳州上本府状》标题下注中作了交代:"莫诚救兄莫荡,以竹刺莫果右臂,经十一日身死,莫诚禁在龙城县。准律,以它物殴伤二十日保辜内死者,依杀人论。"①

从寥寥数字的注文中可以了解到,该案发生在柳州下辖的龙城县,涉及莫诚、莫荡与莫果三个当事人,结合该文其余部分可知,其中莫诚与莫荡系亲兄弟。莫荡与莫果发生争斗,莫诚为帮救哥哥,在慌乱中,用竹子刺中莫果右臂,十一天以后,莫果死亡,莫诚则被收押在龙城县。

对于莫诚行为结果的定性,应当援引《唐律疏议·斗讼》"保辜"条:"诸保辜者,手足殴伤人限十日,以他物殴伤人者二十日,以刃及汤火伤人者三十日,折跌肢体及破骨者五十日","限内死者,各依杀人论"。② 莫诚以竹刺伤莫果,属于"以他物殴伤",应适用二十天的保辜期,十一天后莫果死亡,是在"限内死者",因此,准律,"依杀人论"。对于行为性质的定性,则莫诚是在争斗中刺伤莫果,属于"元无杀心,因相斗殴而杀人者",准律,"诸斗殴杀人者,绞"。③ 本案的最终结果,因相关史料缺乏,无从查考。在此,我们仅以柳州刺史这一审级为视角来展开讨论。

对于莫诚案的事实认定和法律适用,柳宗元并无异议。上述分析也表明,这是一桩事实确凿并于法有据的案件,或许应该就此结案了,但柳氏这篇打给上司桂管观察使裴行立的报告却"节外生枝",为莫诚法外求情。确切地说,这篇《柳州上本府状》是一个求情状。

---

* 李耀跃,2010级中国法律史专业,指导老师:王立民。现工作于华东政法大学。

① 《柳宗元集》卷三十九"柳州上本府状",中华书局1979年版,第1024页。

② 《唐律疏议》,刘俊文点校,法律出版社1999年版,第420页。

③ 同上,第419页。

柳氏说道:“窃以莫诚赴急而动,事出一时,解难为心,岂思他物。救兄有急难之戚,中臂非必死之疮,不幸致殂,揣非本意。按文固当恭守,抚事亦可哀矜。断手方迫于深哀,周身不遑于远虑。律宜无赦,使司明至当之心;情或未安,守吏切惟轻之愿。况俟期尚远,禀命不遥。伏乞俯赐兴哀,特从屈法,幸全微命,以慰远黎。则必阖境荷慈育之恩,岂惟一夫受生成之赐。傥以律文难变,使牒已行,则伏望此状便令废格。轻肆尘黩,惶战交深。谨录状上,奉听处分。”①

在这个报告中,柳氏引经据典,列举了莫诚“情有可原”的理由:第一,莫诚在“兄弟急难”之时,忙乱之中,刺伤他人,本无杀人的故意;第二,刺中手臂一般本不会发生死亡的结果,被害人却不幸身亡,莫诚行为方式本身也反映出其本没有追求杀人的心态;第三,柳氏本着“哀矜折狱”之心,请求“屈法”以“幸全微命”。

在法律与情理之间徘徊,柳氏始终认为莫诚依法当死,于情却罪不至死。这个矛盾,体现了中国古代司法官对法与人情的态度与取舍,柳氏重视“孝悌之意”,崇尚“宽刑”的态度具有中国传统法的特质,②但笔者还想做进一步的追问,在司法中出现这样矛盾的原因是什么?

二、狭隘的报应刑与量刑机械化

“杀人者死,伤人者刑”作为符合大众接受能力的报应主义刑罚观一直在中国古代占据着主导地位,“杀人偿命,欠债还钱”的俗语更是将血和债联系在一起,相互印证,相互说明,二者都是公理,国家所作的只是代表被害人将血债追偿罢了。如果国家没有履行这种代为追偿的责任,则“盖其冤抑沉痛而号无告也”,③这种情况下,正如以柳宗元为代表的儒者所认为的那样,受害人特别是被杀之人的卑亲属的复仇是符合礼制的。因此,我们甚至可以说,国家不仅仅是在行使刑权力,也是在履行替弱者复仇进而恢复原有秩序的义务。

为了有效解决问题,法典制定了详细的量化标准。《唐律疏议》“斗讼”篇详细列举了不同行为及结果所对应的刑罚:“诸斗殴人,折齿,毁缺耳鼻,眇一目及折手足指,若破骨及汤火伤人者,徒一年;折二齿、二指以上及髡发者,徒一年半”;“诸斗殴折跌人肢体及瞎其一目者,徒三年;辜内平复者,各减二等”;“诸斗殴杀人者,绞。

① 《柳宗元集》卷三十九“柳州上本府状”,第1025页。

② 陈登武著:《从人间世到幽冥界:唐代的法制、社会与国家》,北京大学出版社2007年版,第192页。

③ 《柳宗元集》卷四“驳复仇议”,第103页。

以刃及故杀者,斩"。① 每一个危害结果都有一个相应的"价值相等"的报应刑。当然,我们并不排除这种详细价目表的立法方式具有的一定程度上威慑作用,而具有"使得潜在的犯罪人不得不在心理上对犯罪的利弊得失根据舍小求大、趋利避害的功利原则进行权衡基础上,因恐惧而不敢外化为犯罪行为"②的效果,但从"疏议"中我们看到的则更多的是报应主义色彩:其对上述毁人耳鼻、眇人目解释道:"问曰:人目先盲,重殴睛坏;口或先哑,更断其舌;如此之类,各合何罪?答曰:人貌肖天地,禀形父母,莫不爱其所受,乐天委命。虽复宿遭痼疾,然亦痛此重伤。至於被人毁损,在法岂宜异制。"③之所以对诸如此类的伤害行为处以刑罚,还在于"人貌肖天地,禀形父母,莫不爱其所受,乐天委命"的被害人"痛此重伤",这正是一种报应刑主义的刑罚观表现。

笔者在肯定报应刑主义为社会秩序和人类道义带来公正的同时,也在唐律更多关注结果,有行为有结果就有责任的犯罪构成中看到了其局限性。中国古代定罪量刑采客观刑主义,有结果即有责任。虽然从汉代开始的原心论罪已经关注行为人的主观恶意,但所谓"原心"与近现代刑法理论中的主观方面不同,正如董仲舒在《春秋繁露·精华》篇中对春秋决狱的解释:"必本其事而原其志,志邪者不待成,首恶者罪特重,本直者其论轻",在定罪量刑中人们关注更多的是激起和推动犯罪人实施犯罪行为的内心起因,其是对于"犯意"即行为动机和目的的关注,是为了贯彻道德主义下的善恶理想,以达到以刑弼教的目的,与现代刑法理论上的区分故意、过失并不相同。唐律"斗杀"的规定中,对于因斗而导致的一方死亡的结果根本不问行为人的故意与过失,实际上相当于后世所谓的未必故意,成立杀人罪的唯一条件是伤害行为与死亡结果之间存在发因果关系,④这种因果关系的判断标准之一就是"保辜"。"杀人偿命"这个"公正交换"的价值法则,在唐律"斗杀"中体现明显。唐律似乎是为了追求对行为的精确分析,而专门设立了斗杀的罪名以与故杀等杀人行为相区分,但行为的多样性又使这种追求成为徒劳。根据唐律规定,"斗杀"是指"因事而杀",即本无害心,因相斗而杀人,⑤但在相斗过程中,对于头、胸等部位的攻击与对于臂、腿等部位的攻击而导致死亡的情形显然并不相同,但唐律对"斗杀"却设定了唯一的法定刑——绞。这对于受害人来说,可谓"公道",但在社会一般观念看来其是否应当受到剥夺生命的"报复",却在有些情形下不无可探讨

① 《唐律疏议》,第415~419页。

② 有关功利主义刑罚观,参见高铭瑄主编:《刑法学原理》(第3卷),中国人民大学出版社1993年版,第52~53页。

③ 《唐律疏议》,第418页。

④ 蔡枢衡著:《中国刑法史》,中国法制出版社2005年版,第149页。

⑤ 《唐律疏议》,第419页。

之处。

“莫诚案”的处理中，上述问题便得到了凸显。应该说，柳氏的这篇报告中有关莫诚“情有可原”的理由，不仅仅是遵循了传统文化下的因重孝悌之义而宽刑的逻辑，也是对犯罪人行为社会危害性的学理分析。在此，笔者试图从更为全面的报应刑主义立场展开探讨，这将使笔者不至于将分析思路偏离当时社会太远，因为作为该案重要裁判者之一的柳氏虽然在其他场合的论述中不乏预防主义的见解，如其认为“圣人之为赏罚者非他，所以惩劝者也”，[①]但预防主义主要是出于整体的刑事政策的考虑，具体到个案刑罚适用，则正如该文所体现的，柳氏只是在因循着报应刑主义的思路对案情进行了探讨。

报应刑观念不外乎三个理论基础：社会的、刑法的和道义的。首先，在刑罚的社会和刑法报复意义上，莫诚因斗而杀人，是对于社会秩序和刑罚权威的违犯，理应受到相应的报复，但这种违犯却事出有因，是为解救长兄于危难之时。这种对于社会秩序的侵害却正是为了维护更高的社会秩序理想。孔子在评论私斗之人时认为：“一朝之忿，忘其身以及其亲，非惑与？”[②]孟子则说他们：“好勇斗狠，以危父母。”[③]可以看出，斗殴之理应处罚不仅在其对于他人的危害，还在于对己身特别是己亲的危害，而对于己身己亲的危害则涉及对儒家更深层次的社会理想秩序的破坏。儒家理想最重人伦与孝悌，甚至将其作为社会秩序的基础。莫诚为救兄长而破坏了法律所维护的社会秩序，却使人伦秩序、孝悌之意在相当程度上得到了保障乃至彰显，因此，报应之下仍有酌情予以一定程度宽宥的因素。其次，在刑罚的道义报复意义上，莫诚又并不具有严重的“恶”。在主观心态上，莫诚在“兄弟急难”之时，是在忙乱之中将人刺伤，并没有杀人的故意；在行为方式上，莫诚用竹子刺中的是莫果手臂，这一般本并不会导致死亡的结果，也就是说，莫果的死亡并非莫诚行为的必然结果。可以说，虽然莫诚的行为造成了剥夺别人生命的严重结果，但基于报复主义的分析，却具有某种程度甚至很大程度上的可宽宥之处。然而唐律所奉行的狭隘报复刑主义却未能对致人死亡的行为作出不同分析和区别对待，只能准律得出“诸斗殴杀人者，绞”的唯一结论。

三、“罪刑法定”下的守文与权变

将罪名剖析分解、层层细化，进行细致分类，并课以确定唯一刑罚的“绝对刑主

① 《柳宗元集》卷三“断刑论下”，第90页。

② 《论语·颜渊》。

③ 《孟子·离娄下》。

义”作为中国旧律的一个基本特征,[①]虽然在一定程度上防止了官司的擅断,却也带来了定罪量刑的机械化,使现代法律实践看来属于裁判官自由裁量的量刑范畴,被作为“没有裁量余地的法律解释使用问题而展开繁冗琐细的议论”。[②] 审理案件的官吏只能严格地对照法律挖掘案情而不能根据犯罪情节作出任何选择与变通,但人类认识、预见未来的局限性却无法保证案情各异的个案在僵化的法典中找到完美的对应,这便使有关法律如何适用和变通的问题凸显出来。

早在西晋时,律学家刘颂就提出了在君主、大臣和普通司法官吏的职权之间作出区别的所谓“主者守文”、“大臣释滞”、“人主权断”[③]的主张:对具体案件,普通司法官吏必须做到严格依照法律审判;对于少数法律没有明文规定的案件,由中央大臣行使法律解释权;至于超出法律之外的“非常之断”、“出法赏罚”,则“唯人主专之,非奉职之臣所能得拟议”了。唐代司法制度遵循了这种司法权划分理念,相关法律对官吏审判活动作了严密的规定。在法律适用上,司法官在查清犯罪事实的基础上,必须明确具体地引用律、令、格、式正文,严格地依照法律规定的刑罚裁判;在司法程序上,则对重罪裁判层层把关,“犯罪者,徒以上县断已定送于州”,由州、府复审,而州、府只能对徒刑以下的罪案作出判决,流刑以上案件,州、府断定后还须逐级上报,因此,有观点将当时司法裁判分为“决”与“断”,即“长官有权判决的,则依法决之,长官无权判决的,则依法断定,送上司复审”,[④]在这个意义上,我们甚至可以说柳氏在本案中只是一个“审断官”。

本案当事人莫诚涉及的是死罪,应该是先由犯罪发生地的龙城县审理完毕后上报到州,再由州刺史柳宗元“审断”后转呈给上司裴行立,如此依次审转至中央的大理寺并由皇帝最终裁决。如上所述,对于法律所规定的绝对刑,裁判官审理案件时只能无条件地严格遵守。柳氏作为审转制度中的一环,职责只在于“依法断定”,即进一步查明事实,并作出与法律的精确规定相一致的裁判意见,而没有任何的自由裁量权。

不过,这种严格的“罪刑法定”只是对官吏的司法活动有约束力,是君主有效控制官吏以防止官吏罪刑擅断并巩固君权的重要手段。虽然这种“罪刑法定”主义的出发点和落脚点有其重视民命一面,却与近代西方为保护私权反对司法上的罪刑擅断而提倡、确立罪刑法定主义不同,其更多关注的是君权。[⑤] “罪刑法定”主义虽

---

① 戴炎辉著:《中国法制史》,台湾三民书局股份有限公司2000年版,第30~31页。

② [日]滋贺秀三:“中国法文化的考察”,载滋贺秀三等著:《明清时期的民事审判与民间契约》,王亚新、梁治平编,法律出版社1998年版,第12页。

③ 《晋书·刘颂传》,另参见杨鹤皋著:《中国法律思想史》,北京大学出版社1988年版,第270页。

④ 童光正:“唐宋‘四等官’审批制度初探“,载《法学研究》2001年第1期,第99~100页。

⑤ 蔡枢衡著:《中国刑法史》,中国法制出版社2005年版,第123页。

然严厉制裁官吏“出入人罪”，整个司法体系却支持君主“法外开恩”。君主总揽司法大权，拥有特事特办、法外施恩的权力，正所谓“事有时宜，故人主权断”，因此，法律虽然刚性甚至僵化，却绝不是在任何情况下都一成不变的，当适用中出现问题时，“不能自专”的柳氏可以（也只能）求助于上级直至政治最高层，由皇帝通过“屈法”来寻求本案公正的合情、合理、合“法”实现。

论明清调解制度及其在基层社会治理中的作用

翟　芳*

一、明清调解制度的内容与特点

明清调解制度作为封建调解制度的一部分,其特征反映了整个封建调解制度的状况,但更多的是体现其在调解的范围、调解的依据、调解的方式、调解的主体等各方面走向成熟和完备的特征。

关于中国传统调解制度适用的范围,笔者认为,明清调解的范围较前代更为广泛。《教民榜文》第2条详细列举了里老可以进行调解的案件种类:户婚、田土、斗殴、争占、失火、窃盗、骂言、钱债、赌博、擅食田园瓜果等、弃毁器物稼穑等、畜产咬杀人、六畜践食禾稼等、均分水利。这些属于以往各代调解的范围。可以说,明代乡里调解的主要范围仍为户婚、田土等民间细故及一些轻微刑事纠纷。《清律》中规定:"凡,和奸;杖八十;有夫者,杖九十。刁奸者,杖一百。"[①]通奸、强奸案件在明律、清律中都属于严重的刑事犯罪行为。但据学者考察,对通奸、强奸、诈骗等在律令中都加以严惩的严重刑事案件存有调解案例。[②] 究其缘由,通奸虽属重罪,然事关伦理纲常,若运用法律制裁,不免会伤亲亲之和,故以调解解决更为合适。

明清调解的依据包括礼、家法族规、乡规民约等。明清是专制主义集权制的顶峰,"礼"是最主要的调解依据。"礼"既为社会民众所熟知,又被儒家官员所推崇,以之进行调解,有利于实现息讼目标。如明代海瑞提出的办案原则"如兄弟相争,与其屈兄,宁屈其弟;贫富相争,与其屈贫民,宁屈富民;若事在争言貌,与其屈乡宦,宁屈小民,以存体也"[③]即体现了这一点。家法族规是调解的另一重要依据。"宗法观念是在共同血缘关系的基础上形成的精神信条。家法族规则是族内成员必须遵守的行为规则的法律化,它是族长、家长用来调处、裁判族内民事纠纷的法律依据。"[④]乡规民约也是重要的调解依据,"体现乡邻成员共同意志的乡规民约,既是道

* 翟芳,2007级法律文化专业,指导老师:沈国明。现工作于中国海洋石油(中国)有限公司。

① 薛允升著:《唐明律合编》,法律出版社1999年版,第521页。

② 四川省档案馆主编:《清代巴县档案汇编》,档案出版社1991年版,第151页。

③ 《海瑞集》,中华书局1962年版,第119页。

④ 张晋藩:"中国古代民事诉讼制度通论",载《法制与社会发展》1996年3期。

德信条、生活准则,也是调解乡邻纷争的‘法规’”。①

调解主体是指主持调解的调解人或组织。根据调解的种类不同,有不同的调解主体。在民间调解中,宗族是最主要的调解主体。在乡里调解中,调解主体是基层里保。明初乡里调解的主体为里长、里老。明代乡里设立“申明亭”作为里老调解的处所。《教民榜文》第3条规定:“凡老人里甲剖决民讼,许于各里申明亭议决。”清代初期延续明代的里甲制,《大清律例》明确规定,“凡各处人民,每一百户内议设里长一名,甲首一十名,轮年应役,催办钱粮,勾摄公事”,“甲凡十人,岁役里长一人,管摄一里之事。城中曰坊,近城曰厢,乡里曰里”。雍正时期开始赋役制度变革,清政府废除里甲制,保甲逐步取代了里甲的功能,里长、里老的调解权责也随之转移给了保甲。明清的另一个变化是乡约的兴盛。乡约在明清时期成了重要的纠纷调解主体。明世宗嘉靖初年,礼部正式檄文全国,明确提倡地方推行乡约,“嘉靖间,部檄天下,举行乡约”。②并规定由约正进行民间细故的调解,解决纠纷。清代延续明代的乡治传统,强化乡里管理。乡约在明清时期成了重要的纠纷调解主体。乡约的主要职能是使“一约之人,朝暮相劝,彼此相规,大家晓些道理,守些法度,都成好人,说好话,干好事,生为有德之人,死为无罪之鬼”。③随着乡约的兴起,乡约与保甲配合,共同构成了明清的乡里调解系统。

州、县官也是调解主体之一。明代县级官府的司法权为:笞罪可自决;杖罪申详州、府断决;徒、流经州、府送省级机关断决;死罪层层上报中央刑部审核。④清代也是管辖杖刑以下的犯罪。因此,基本可以说州、县管辖的大多为民间细故之类的犯罪。由于古代社会的行政司法合一性,司法行政化特征明显。州、县官作用司法官,对于本级管辖的案件很多会采用他们所熟知的儒家伦理观念进行调解,以达到息讼的目的。因此,州、县长官等地方官员成为官方调解的主要主体。

二、明清调解制度在基层社会治理中的作用

第一,调解作为一种解决纠纷方式,符合“无讼”的价值取向,有利于实现社会

---

① 张晋藩著:《中国民事诉讼史》,巴蜀书社1999年版,第126页。

② 叶春及著:《惠安政书》卷九“乡约篇”,福建人民出版社1987年版,第328页。

③ 吕坤著:《实政录》卷三“查理乡甲”,中华书局2008年版,第1~5页。

④ 《明史·刑法志》:“洪武初决狱,笞五十者县决之,杖八十者州决之,一百者府决之,徒以上具狱送行省。”洪武元年颁布的《大明令》,刑令。《大明令》规定:凡犯罪,六十以下,各县断决;八十以下,各州断决;一百以下,各府断决,徒、流以下,申闻区处。洪武三十年的《大明律》卷28,刑律十一。《大明律》规定:“凡狱囚鞫问明白,追勘完备,徒、流以下,从各府、州、县决配。至死罪者,在内听监察御史,在外听提刑按察司,审录无冤,依律议拟,转达刑部定拟奏闻回报。直隶去处,从刑部委官,与监察御史,在外去处,从布政司委官,与按察司官,公同审决。”

和谐。

社会纠纷解决方式是多元的,西方重视以法律明断是非,东方更希望以相对"缓和"的方式解决纠纷。传统文化中的"合和"文化思想不仅为历代统治者也为普通老百姓所推崇备至。人们更希望通过相对缓和的方式而不是剑拔弩张、对簿公堂的方式来解决纠纷。依靠"强制手段",即使解决了纠纷,当事者并不认为是最好的结果。而调解的方式却可以实现"无讼"、"和谐"的目标。

"无讼"、"和谐"是儒家历来追求的最高境界,明清时期的统治者们也继承了这个传统,如明朝统治者通过颁布上谕,来倡导息讼的思想。洪武二十八年,朱元璋"置民百户为里",将人民百户编为一里。洪武三十年,朱元璋颁布了"洪武六谕",要求人民"孝敬父母,尊敬长上,和睦乡里,教训子孙,各安生理,毋作非为"。①清代历任皇帝也都在自己的圣谕中宣扬了息讼的思想。如顺治的《圣谕六条》、康熙的《圣谕十六条》、雍正的《圣谕广训》都含有息讼的内容。

对于普通民众来讲,由于长期处于封闭的自给自足的小农经济环境中,相互之间的和睦相处是至关重要的,诉讼本身意味着矛盾和冲突。选择调解则能修复相互之间的和谐关系、增强家族成员间的凝聚力,"传统调解能恢复当事人对自身价值、潜能及力量的信心,尤其是解决问题和处理人际关系的能力。因此,调解不仅对人际关系有复合的作用,而且能朝积极方向改变当事人,有助于当事人更好地做人,有助于其个人和道德的成长。"②相反,人际关系如果紧张,矛盾就会复杂化,社会也无法和谐。

由上可知,无论是统治者还是民众都信奉"厌讼、耻讼"的观念,主张尽量避免用诉讼的手段解决冲突。可以说,"法律根植于文化中,它在一定的文化范围内对特定社会在特定的时间和地点提出的特定要求产生反映。"③在不同的文化背景下,解决纠纷的机制和方式是不同的。总体而言,调解较之公断,更加符合中国古代社会统治者的追求,符合社会普遍心理,能够更好地实现社会和谐的目标。

第二,节约了国家的司法成本。从制度经济学的角度来看,统治者总是希望能够进行较小的投入,而获得最大的社会治理效益。由于传统国家民事纠纷解决的司法成本过大等原因,使得民众更愿意依靠调解制度来解决纠纷。统治者也乐于减少国家司法成本,依靠非正式制度来节约其统治成本。因此,国家法中表现出了对于民事纠纷解决机制的供给不足的特色。从司法成本来看,民事诉讼成本过高,当事人诉权受限过多,促进了调解制度的广泛适用。诉讼障碍体现在以下几方面:

---

① 《明太祖实录》,卷二五五。

② 陈弘毅著:《法理学的世界》,中国政法大学出版社2003年版,第202~203页。

③ [美]罗伯特·F.尤特:"中国法律纠纷的解决",周红译,载《中外法学》1990年第2期。

首先,在起诉主体资格上有限制。清代《大清会典事例》明确规定:"其年八十以上,十岁以下,凡笃疾者,若妇人,除谋反、叛逆、子孙不肖,或已身及同居之内为人盗、诈、侵夺财产及杀伤之类听告,余并不得告,官司受而为理者,笞五十。"这种对诉讼主体资格的限制,使当事人在很多情况下并不能行使诉权,只能通过寻求诉讼外的调解作为救济途径。其次,在起诉时间上的限制。清代规定,"每年四月初一至七月三十日,时正农忙,一切民词,除谋反、叛逆、盗、贼、人命及贪赃坏法等重情,并奸牙铺户骗劫客货,查有确据者,俱照常受理外,其一应互婚田土等细事,一概不准受理。"①即便在允许起诉的时间段中,也并非随时都可起诉,如清朝各地州、县官府都规定有定期的"放告日"。这样,在民事纠纷的多发期,恰恰不能及时起诉。人们便寻求及时解决纠纷的办法,用调解替代诉讼。再次,诉讼程序上的限制。主要表现在起诉文件的限制、刑讯合法化等诸方面。《大清律例》规定:"代人捏写本状,教唆或扛帮赴京及赴巡抚、巡按并按察司官处,各奏告叛逆等级机密,强盗、人命重事,不实并全诬十人以上者,俱问发边卫充军。"这样便无形中又增加了起诉的成本和困难。清代的刑讯也很常见。如乾隆二年广东海关监督郑伍赛密奏滥用笞杖的情况:"下贱皂役止知图财,罔顾天理更比比皆是,遂其欲,责宜重而返轻:拂其意,责宜轻而独重。诚所谓有钱者生,无钱者死,爱之欲生,恶之欲死,高下随便,操纵自如。弊难摇举,势难禁遏,往往见行杖之下,立毙人命。"②最后,诉讼的费用越发增多。清代诉讼"要交纳挂号费、传呈费、买批费、送稿纸费、出票费、铺堂费(即开庭费)、踏勘费、结案费、和息费、规费等各种费用,原、被告还可能受胥吏差役的勒索敲诈。"③当事人不堪重负,诉讼费用往往高于争议的标的额。

因此,人们害怕采用国家法规定的诉讼途径,如明代王士晋在《宗祠条规》就劝诫本族子弟,"盖讼事有害无利:要盘缠,要奔走;若造机关,又坏心术;且无论官府如何廉明,到城市便被歇家撮弄,到衙门便受胥皂呵斥;伺候几朝夕方得见官。理直犹可,理曲到底吃亏;受笞杖,受罪罚,甚至破家,妄身辱亲,冤冤相报害及子孙。"④这表明了普通民众在不能有效行使诉权的情况下,更多地依赖调解解决纠纷的原因所在。

相应的,在民事纠纷解决机制的国家制度供给方面表现出了不足。《大清律例》共有律文436条,90%的律文均是对一般社会成员犯罪及处罚的规定,有关维护封建伦理秩序的律文仅40条左右,这里面包括了涉及婚姻、继嗣、尊卑关系等有关

① 《大清会典事例》卷八一七。

② 郑秦:"清代州县审判试析",载《清史论丛》(第8辑),中华书局1991年版,第194页。

③ 瞿同祖著:《瞿同祖法学论著集》,中国政法大学出版社1998年版,第408页。

④ 范忠信著:《中国法律传统的基本精神》,山东人民出版社2001年版,第239,343~244页;胡旭晟著:《解释性的法史学》,中国政法大学出版社2005年版,第389页。

民事方面的内容,在数量上约占总律文的1%。①与此相对应,明清律所规定的法律责任和制裁方式也相对单一。对于户婚、田土、钱债等民事法律关系的调整,同样使用刑事法律关系的调整方式,即以禁止性、惩罚性的方式来规范调整。②

这样一来,一方面,人们害怕民事纠纷刑事责任性所带来的后果。如果将发生的民事纠纷进入诉讼程序,那么就将面对败诉后承担刑事责任,接受刑罚处罚的后果。这种诉讼成本对于解决民事纠纷来讲实在是太大了。但如果通过调解来解决纠纷显然要比诉讼的风险小得多,这在一定程度上促进了调解制度的广泛适用。另一方面,由于明清时期商品经济的发展,民事纠纷日益增多,国家法仍然固守其刑法性,并不去主动调整这些日益增多的新的民事关系,这样必然造成国家法跟不上社会需求,即法律滞后。那么民事纠纷当事人便开始越来越多地寻求国家法以外的解决途径,依靠民间法来进行调解便是一个选择。

第三,宗族调解有利于统一社会思想。对思想文化实行全面、严密的控制,是封建皇权专制统治的题中应有之义。皇帝不仅要在政治上独揽大权,还要在精神上做臣民的领袖和控制者。明清时期中央集权制度走到了末期,社会思想控制更为严格。统治者以调解的形式宣扬、传播儒家的仁、义、礼、智、信等封建伦理和封建政府的基本主张。随着调解的案件数量增多、传播范围扩大、影响增大,这种“现身说法”的方式更有利于实现社会思想控制的目的。

由于传统社会是家族社会,任何人不可能离开宗族而单独存在,现以宗族调解为例来说明。宗族作为调解的重要主体,国家给予了认可和支持,“为了维护封建王朝的统治,统治阶级把维护家庭秩序的职责交给无数个大大小小的家长、族长。国家巧妙地赋予家长、族长以‘半立法权’和‘半司法权’以换取他们对王朝的效忠。”③清代的族正制更是体现了皇权对宗族调解的鼓励。雍正四年,在“严饬行保甲”的同时,“又议准聚族而居、丁口众多者,择族中有品望者一人立为族正,该族良莠责令查举。”④乾隆二十二年为了力行保甲制,乾隆要求督抚就“如何设法编查”等问题具奏,结果“议准”族正条例,在全国推行。⑤ 这样一来,各地均设立族正。同时,政府承认族正具有调解息讼的权力。如广东规定,“合族子姓俱听族正副约束,

① 张中秋著:《中西法律文化比较研究》,南京大学出版社1999年版,第91页。

② 例如,《大清律例》第95条典买田宅规定:“凡典买田宅不税契者笞五十。”第97条荒芜田地规定:“凡里长部内,已入籍纳粮当差田地,无故荒芜及应课种桑麻之类而不种者,俱以十分为率,一分笞二十,每一分加一等,罪止杖八十。”第149条违禁取利规定:“凡私放钱债及典当财物每月取利并不得过三分,年月虽多不过一本一利,违者笞四十。”第151条规定:“若于官私他内掘得埋藏之物者,并听收用,若有古器钟鼎符印异常之物,限三十日内送官违者杖八十其物入官。”

③ 武树臣著:《中国法律思想史》,法律出版社2004年版,第260页。

④ 《清会典事例·户部·保甲》。

⑤ 《清朝文献通考》卷二三、卷二四“职役”;《事例》卷一五八,“户部·户口·保甲”。

有事不法听族正副教训,不从禀究。遇有两姓互争田土、钱债、丧葬、婚姻及一切口角微嫌失误,许两姓之族正副公处,处断不明,将两造情事,据实直书,粘连各原词禀官剖断,毋许两姓凶械伤弊人命。"①

由于宗族的血缘性特色,宗族内的很多事务都具有宗法化的性质。宗族调解的运用,实际上是家族组织对家族成员的行为按照社会所倡导的意识形态和伦理规范进行指导、约束和制裁,使家族成员能够在最大限度上遵从社会所倡导的价值观念和行为规范,达到思想的统一。

而宗族调解的依据大多是国家的圣谕,调解实行的过程也即统治阶级思想意识形态的传播和确立过程。统治阶级通过宣讲圣谕等方式来确保其对家法族规思想的指导,"谱列家咸、家礼、庭训,立宗法实伸国法也"②。如明代高攀龙把明太祖的圣谕六条录于家训之中,"人失学不读书者,但守太祖高皇帝圣谕方言:'孝顺父母。尊敬长上,和睦乡里,教训子孙,各安生理,无作非为',时时在心上转一过,口中念一过,胜于诵经,自然生长善根,消沉罪过"。又如安徽《潜阳呈氏宗谱》,"录御制十六训前者,欲子孙共遵圣论也"。而安徽桐城苍基《王氏宗谱》,不仅录"圣谕六条"原文于谱,甚至连"六条"的注解也都一一敬录。③

加上宗族调解离不开整个社会思想控制的大背景,封建统治者对宗族调解的认可是在一定的限度之内的。更多的也是利用宗族调解达到教化思想的目的,宗族调解的产生和发挥加剧了这种思想控制,起到了统一思想、禁锢思想的作用。可以说,宗族调解是封建专制主义思想控制的重要手段之一。

三、明清调解制度在基层社会治理中发挥作用的原因分析

首先,既有调解组织形式的完善。明清时期,里甲制度的发展越来越完善,其调解功能更加齐全、明显。里甲的实行,"将本来属于国家权力的部分审判权、行刑权,正式下放给地方社会的权力阶层,较之官府和法律的裁断,人们更看重由共同体和长老实行的调停和制裁。"④这样一来,里甲制越发达,调解功能的发挥就越发加强。到了清代,政府通过明确宗族与保甲并列的地位,避免基层社会固有权力体系与保甲制的对立,对保甲制进行了强化。雍正四年(1726年),《大清律例》中规

① 《广东清代档案录》,"户役·田宅·山坟"。

② "桐城麻溪姚氏族谱",转引自刘广安:"论明清的家法族规",载《中国法学》1988年第1期。

③ 郑定、马建兴:"论宗族制度与中国传统法律文化",载《法学家》2002年第2期。

④ [日]滨岛敦俊:"明代判牍",徐世虹译,载滋贺秀三编:《中国法制史基本资料研究》,巴蜀书社1999年版,第200页。

定了宗族与保甲相并列:"地方有堡子大村,聚族满百人以上,保甲不能编查,选族中有品望者立为族正,若有匪类令其举报,徇徇情容隐,照保甲一体治罪。"乾隆年间进一步在全国推广,以族正制和保甲制相结合。乾隆二十二年(1757 年)制定保甲法,规定保正甲长由"该地士民公举诚实、识字及有身家之人承充","一切户婚田土催粮拘犯等事另设地方一名承值"。[①]咸丰初年再次以立法形式规定:"凡聚族而居,丁口众多者,推择族中有品望者一人为族正,该族良莠责令察举。"[②]这样一来,保甲被与基层乡村社会固有的权力体系结合起来,保甲寓于宗族之中,使保甲借助宗族的势力能够更有效地发挥作用。族长、族绅或是里甲、保甲长,这实际上恰恰是强化了里甲、保甲的作用。

其次,新兴组织形式的兴起。新兴的民间自治组织使得调解越来越广泛,扩大了调解的主体范围。如何在中央集权体制下更好地实现对社会的调控,而不过分增加政府的成本,那么利用社会力量来进行社会控制便是一个很好的选择。这些地方自治组织本身都具有调解息讼的功能,地方自治组织越发达,调解制度就越完善。明代中叶以后兴起的地方乡约组织,在很多方面替代了衰敝的里老职能。乡约通过教化、调解起了息讼的作用,实现了对地方的治理。如万历年间吕坤在山西举行的乡甲约,便具有"和处事情,以息争讼"的功能。在嘉定南翔镇,"明时设约正、约副,不独讲解乡约,凡地方事,得行调处,并许指报"。[③] 到了清代,乡约的职能主要是宣讲朝廷颁布的各种圣谕、圣训。康熙十八年(1679 年),浙江巡抚陈秉直注释《圣训十六条直解》一书,奉旨颁行。雍正二年(1724 年),增颁《乡约法律》21 条。清代康熙、雍正以后,在全国范围内推行"乡里约"制度,规定每乡分设约正和约副。对于约正、约副,"给以冠带,待之礼貌","量给廪饩",负责宣讲《圣谕广训》,管理乡间事务。

最后,国家鼓励士绅"调解"。在明清时期,"士绅"已经成为一支重要的地方力量。国家利用各种方式拉拢他们,鼓励他们进行调解。由于乡土社会的产出有限,中央政府不能为地方官僚机构提供足够的社会保障。国家的正式权力只到县一级为止,县以下主要依靠非体制性的权力进行治理。士绅成为一股重要的地方治理力量。正如费正清所讲:"在过去的 1000 年里,士绅越来越多地主宰了中国人的生活,以致一些社会学家称中国为士绅之国。""在 100 年前就已超过 4 亿人口的一个国家里,正式皇帝官员不到 2 万名,带功名的士绅却约有 125 万之多。"他们是农民

① 《皇朝文献通考》卷十九"户口考",卷二五"职役考"。

② 《户部则例》卷三"保甲"。

③ 张承先:《南翔镇志》卷十二,载《中国地方志集成 · 乡镇志专辑》(第 3 册),江苏古籍出版社 1992 年版,第 527 页。

的真正主宰者。

对于士绅在地方乡土社会治理中的作用,国家加以鼓励和支持。第一,国家通过科举制度,将他们吸纳到统治体系中。他们并不属于国家的正式官僚体系,但却因为国家赋予的功名等特殊地位而在乡村社会发挥特殊的影响力。第二,法律保护士绅免受平民百姓的冒犯,以确保其特殊地位,"吏卒骂举人比照骂六品以下长官律杖七十,如果骂常人则笞责十下"①。在诉讼过程中,士绅也拥有特殊的权力。可以不直接出庭听审,而由奴仆代替出庭。与朝廷官员涉讼享有同等的待遇;平民也不得要求士绅出庭作证。② 第三,给予士绅经济上的优惠。如雍正五年(1727年),明令保甲内绅衿免充杂役。乾隆元年(1735年),重申此令。上谕称:"至于一切杂色差徭,绅衿例应优免,乃各省奉行不善,竟有令生员充当总甲图差之类者,殊非国家优恤士子之意,嗣后举贡生员者该行免派杂差"。③由于士绅的特殊地位,只有他们才有资格在调解纠纷时充当百姓和官员的中介。士绅是"乡土社会的法律人",担当调解人,集中执行调解的功能。"纠纷调解能为他们带来'面子'。调解纠纷的成功率越高、圆转的面子越大,乡绅在乡里的地位和威望也就越高。"④另外,由于士绅没有法定收入来源,调解纠纷是他们收入来源的重要途径,所以他们很乐意调解纠纷。据张仲礼考证,"有些绅士以裁断纠纷和调解诉讼案件为业,从而获得固定的收入,这样的收入也许可以叫作'聘用费'。这种绅士出面来排难解纷的事例在宗谱和方志中比比皆是,致使人们会得出这样的恶结论,即绅士要比知县裁断更多的纠纷。"⑤

四、结语:对后代的几点启示

结合明清调解制度,对当今调解制度的进一步完善提出几点建议:

首先,要建立、健全、完善基层调解组织。从明清的调解制度来看,调解组织的发展、壮大,对于促进调解的发展起了巨大的推动作用。因此,我们今天要发展调解制度,首先要解决基层调解组织的问题。这是调解制度规范化、制度化、科学化、常规化的基本前提。笔者认为村委会、居委会、消协、妇联等都可以成为未来的调解组织,对于此类调解组织的调解功能,国家法律应该予以明确授权。

---

① 《大清律例汇集便览》卷二九。

② 《大清律例汇集便览》卷三〇。

③ 《皇朝文献通考》卷二五,"职役考"。

④ 刘晔:"治理结构现代化:中国乡村发展的政治要求",载《中国政治》2002年第2期。

⑤ 张仲礼著:《中国绅士的收入》,上海社会科学院出版社2001年版,第44页。

其次，明确、规范调解依据。从明清调解制度来看，明清调解的依据包括礼、家法族规、乡规民约等，依靠这些规范进行调解的结果均为有效。那么我们当今调解制度的建立，也应该明确国家法律之外的如法律原则、法律规则、公序良俗等其他社会规范，是否可以作为调解的有效依据。尤其是当国家法律与这些规范发生冲突，而当事人又愿意接受这些规制进行调解时，应明确这些规制在有限冲突的范围内，可以有效。

再次，明确界定调解范围。从明清调解制度来看，明清国家法律明确规定了调解的范围。我们在建立当今调解制度时，也应该以此为鉴，明确规定可以适用调解的案件性质及范围，并相应制定一个可操作性强的标准。明清调解中对于轻微刑事案件，甚至重大刑事案件均可以调解。我们今天可以将调解的案件性质扩大到轻微刑事案件，允许一些非故意轻微刑事案件调解。对这部分犯罪适用调解以经济惩罚形式替代和减轻刑事制裁，有利于使受害人获得经济补偿，化解社会矛盾。

最后，确定调解的效力。从明清调解的效力来看，明清调解制度具有优先性，加上调解主体的权威性及官府对宗族调解的调解结果及处罚决定一般予以认可，使得调解结果具有强制性。那么当今调解制度的建立也应该明确调解的效力与时效问题。

清代基层长官司法角色分析

张海峰*

清代基层长官身兼行政司法,行政以税收为主,司法以审判为要。司法审判是朝廷考核、民间评价基层长官的一个主要标准。清代基层长官的司法职能主要有两个方面:一是侦查和初审境内发生的刑事案件;①二是全权处理基层境内的"田土、户婚、斗殴细事"②等民事案件。其实,基层长官能"判出即行"的案件只是轻微刑事案件和民事案件,审判权有限。不过,由于他们直接面对基层百姓,判决就必须直面现实的百姓生活,判决的合理与否以及能否得到有效的执行,关系基层长官教化养民的职能能否实现。基层长官司法职能的行使对百姓的影响丝毫不亚于行政职能,无怪乎有人认为"与其说古代地方官是以行政兼司法,还不如说是司法兼行政"。③ 因此,对清代基层长官司法角色的分析,有助于我们了解清代及至中国古代基层司法运作的现实。

清代基层长官对由他审理的轻微刑事案件和民事案件,具有唯一的决定权。他负责从侦查、审判到执行的全过程,从现代意义上来说,是公、检、法一人独当,责任重大。那么基层长官是如何实现这样的重任,又有哪些因素保证了他能实现这样的重任呢?下面,笔者就进行详细的分析:

清代基层长官在审理刑事案件的过程中,同时担任着侦查破案的重任,侦查破案与审判同时进行,一俟案件侦破,马上判决。那么基层长官又是如何来破案的呢?就刑事案件的审判而言,最难最关键的就是侦查破案、寻找证据。清代基层长官大都科举出身,④自幼饱读诗书,但并无破案的知识和经验,又缺乏科学的侦查手段,对他们来说,破案凭的是直觉、简单的推理、巧妙的智慧。

直觉破案。西周时期,从事司法实践的人就曾总结出了一套用察言观色来进行审讯破案的"五听"方式,即辞听、色听、气听、耳听、目听。⑤ 历代司法人员大都推崇直觉破案,以法官明察、直觉来代替细致、艰苦而又单调的调查取证,严密推理的

---

* 张海峰,2009级中国法律史专业,指导老师:王立民。现工作于杭州市滨江区检察院。

① [美]布迪·莫里斯著:《中华帝国的法律》,朱勇译,江苏人民出版社1995年版,第114页。

② 张晋藩著:《中国法制史》,中国政法大学出版社1999年版,第371页。

③ 郭建著:《古代法官面面观》,上海古籍出版社1993年版,第15页。

④ 清代职官制除科举外,还有捐纳、荫生等制度,但以科举为正途,基层官员的出身主要是科举。

⑤ 《周礼·秋官·小司寇》,参见杨天宇撰:《周礼译注》,上海古籍出版社2004年版,第514页。

侦查方法。所谓“凡察狱者,或以气貌,或以情理,或以事迹,此三者皆足以知其冤否也。”①郑国子产就曾因路遇妇女“不哀而惧”,而将其审讯,最终发现该妇女谋杀亲夫。② 清代基层长官在破案审判实践中,也常以直觉为依据。据载,“公(海盐令王临亨)履前案良是,而讶其貌,很鞫之,则前案悉伪也。三人伏辜。”③此案件得以侦破,全在于县令“讶其貌”的直觉而已。《鹿洲公案》中也有“思后生少年,诡谲不可问,唯萧福成年以老成,犹有朴直之气,特呼上堂语之”④等凭直觉推进案情的记载。

推理破案。单凭主观直觉,太过任意,容易造成冤假错案,一些断狱高手就运用简单的推理来破案。《三宄盗尸案》便是典型。县令(蓝鼎元)并不轻信王士毅一面之词——“天万嫡妻许氏妒,以药鸩阿雄至毙”,而是“澄心静气,鞫知阿雄病痢两月,并唤当日医家问,灼无可疑。孰视许氏,腹大如牛,三四人扶掖蹲踞,则九年蛊病,含悲凄婉,亦非复妒悍鸩毒人也”。在排除了许氏下毒之后,通过调查邻居等认为王士毅可能偷尸后,“夫讯之,果服”。在“咸以为果完结也”时,县令注意到,审讯时,“再诘其(王士毅)移居(尸首)何处,及指讼师姓名,皆支吾,不以实告,恐有从旁窥伺者”,就嘱咐衙役“问潮客王士毅投宿几日,寓何房舍,舍中一人,缚以来”。果然,衙役于客栈擒获讼师王爵亭,但他“若为弗知也者”,县令“度代书认保之处,士毅不能独行。密唤代书及保家讯问,俱称此人(爵亭)同来则有之。爵亭尚不承招。给笔纸令书供词,则字迹与原状若合符节。”至此,爵亭“真情毕吐,供称系老讼师陈伟度指画奇计”。“弋获伟度前来”,(伟度)则“切切鸣冤”,爵亭指证后,“尚哓不服”。及至县令巧妙地获取了“(伟度)与二王共坐饮食”的口供,后又调查证实“伟度爵亭共宿三夜”,“其为同谋主使无疑”,“爰行夹讯,伟度始供与天万因祖屋变化,有睚眦之仇,藉此播害泄愤是实”。⑤ 至此,陈伟度因睚眦之仇泄愤,指使二王偷尸一案终告破结。这里,县令通过审慎析疑,层层深追,查出偷尸人王士毅,同谋王爵亭,主谋陈伟度,推理不可谓不缜密也。

取巧破案。清代基层科举出身,知识智慧并非泛泛,在审判案件的过程中,经常凭他们的智慧“巧判”。还有官员利用普通百姓惧怕鬼神,相信因果报应的心理,以他们之智,对民众之愚,装神弄鬼,获取口供。

清代基层长官侦查破案的手段主要就是以上三种,但是这三种手段往往联合

---

① (宋)郑克:《折狱龟鉴·王利》,见《疑狱集·折狱龟鉴校释》,杨奉琨点校,复旦大学出版社1988年版,第111页。

② 《韩非子·难三》。

③ (清)赵吉士:《寄园寄所寄》卷一,黄山书社2009年版,第31页。

④ (清)蓝鼎元:《鹿洲公案》之“蜃楼可畏”、“三宄盗尸案”。

⑤ (清)蓝鼎元:《鹿洲公案》“三宄盗尸案”。

使用,并不截然分立。直觉、推理、巧妙三者相互结合,体现了基层长官侦察破案时的合理性,但是,清代判决案件时,当事人的口供是定案的重要根据。同时,清代基层官员审判案件,对于证据已经有明确规定。“凡人命重案,必须检验尸伤”,填写部颁“尸格”;“鞫审强盗,必须赃证明确”,“事主呈报盗案失单,须逐细开明”。① 这样,受制于当时的侦察技术条件,基层官员在获取证据,特别是口供方面,刑讯仍然是当时主要的获取证据和口供的手段。他们可以凭直觉、推理、巧妙来断案,但“刑讯”、“夹讯”不可或缺。基层官员在审判过程中扮演着侦查角色,与现在的公、检机关相比,显然缺乏程序性和科学性,但囿于科学侦查手段条件的限制,基层官扮演的侦查破案角色在那个时代已经相当难得了,至少是合格的,否则,社会的稳定就难以维系。

侦查破案是清代基层司法职能的一个重要方面,但并不独立,它附属于基层的审判职能。基层司法兼具现代意义上的公、检、法。起诉职能在清代基层既没有特殊的机关行使,也没有特殊的程序体现,一旦境内发生刑事案件,基层长官就必然介入,将其视为受理的案件,然后进行侦查审判。侦查破案是清代基层司法审判的第一阶段,第二阶段便是判决。清代基层长官有权判决的案件中涉及侦查破案的并不在多数,对于民事案件的审判,基层官员很少主动搜集证据,凡涉及“田亩之界址、沟洫、亲属之远近亲疏”,举证责任一般在当事人双方。就基层司法而言,审判才是根本。

基层官员被称为“父母官”,一方面体现了与普通百姓之间关系的亲近紧密,另一方面也表明了在老百姓心目中享有的权威。父母对于子女享有“居高临下”的管教权,当子女发生纠纷,父母有权进行赏罚,究其原因是中国人的观念中,父母的地位对于子女来说是至高无上的,所谓天下无不是的父母。② 基层官员又何以能在老百姓心目中树立起如此至上的权威呢?一方面,基层官员的权力是皇权的延伸,中国自古皇权不下县,基层官员是皇权在基层的代表。他们教化养民,负责一方生灵,行使司法审判之权,是以其所在的阶级所拥有的强大的经济实力和政治机器为后盾的。军队、监狱等暴力工具掌握在他们手中,代表统治阶级利益的法律也掌握在他们手中,所谓“法者,编著之图藉,设之于官府”。③ 面对以如此强大的力量做后盾的基层官员,普通百姓又焉能不表示服从其管理教化呢?民间一旦有了纠纷,当他们以自己的途径无法解决时,就会自觉诉诸官府,他们相信,官府有绝对的力量来帮助他们解决纠纷。另一方面,基层官员大都通过科举取试,得以步入仕途。他们

① 《大清律例·刑律·诉讼》。

② 刘星著:《中国法学初步》,广东人民出版社 1999 年版,第 8 页。

③ 《韩非子·难三》。

自幼饱读诗书,深明人伦大义。在普通老百姓眼中,读书人在各个方面都令人尊重佩服,尤其是在"学而优则仕"的年代。被誉为"至圣先师"、"素王"的孔子,是读书人;"亚圣"孟子,是读书人;历代文官,大多也是读书人。清代基层官员在文化积累、身心修养方面固然达不到孔孟的高度,但相对于普通百姓而言,他们掌握的知识信息量,对人伦纲常的熟悉理解,处理事件纠纷的能力,已经令老百姓望尘莫及了。普通百姓常以读书来划分愚智,基层官员在他们眼中就是智者、能者,是受人尊敬的"父母官"。自视为愚笨小民的普通百姓又怎么会不服从比他们聪明的人的管教呢? 一旦发生纠纷不能解决时,老百姓自然会想到官府,他们认为,基层官员有足够的智慧帮他们解决纠纷。可见,基层官员的权威一方面来自统治阶级的强力保障,另一方面来自知识强理的支持,基层官员在审判中的角色是强力与强理的结合。

基层官员在审理案件时,国家制定的法律是其断案的主要依据。基层的权威以统治阶级的强力为保障,国家制定法是维护统治者利益的有效工具,基层长官审判时,必然要遵循国家的法律,维护其背后统治集团的利益,借以树立和维护自己的权威,否则他赖以存在的强权基础就会受到动摇。清朝有关法律对官员审判案件时必须严格遵循法律作了明确规定:"凡断罪,皆须法律,违者笞三十。"[①]"官员承问引律不当,将应拟军流以下之人错拟斩绞者,府基层官降三级调用。"[②]律例是官员审判案件时的主要标准,在律例的关系上,虽然出现律没有被严格遵守,甚至出现以例代律、以例破律的情况,[③]但例的出现是对律的不足的弥补而已,两者在功能和本质上是一致的。从《刑案汇览》、《吴中判牍》等案例汇编来看,清朝官员在判决书中经常出现的用词便是"依……律"、"查律载……"、"依例……",在律例没有明文的情况下,基层官员也可以严格依律例来类推比照,如"但查律例内,并藉妄治罪专条,例得比照引用"。[④] 清代基层官员在审判刑事案件时,国家制定的法律是得到贯彻和适用的,对于清代民事案件的法律适用,学者有争议。有人认为:"在纠纷解决中,首先依据的是情,其次是理,最后才是法,这是中国自古以来的传统。"[⑤]也有

---

① 《大清律例·刑律·断罪引律条》。

② (清)祝庆祺、鲍书云等编著:《刑案汇览(三编)》(第2卷),"金刃伤深透内不得照破骨论",北京古籍出版社2004年版,第595页。

③ [美]布迪·莫里斯著:《中华帝国的法律》,朱勇译,江苏人民出版社1995年版,第62~63页;参见高道蕴等《美国学者论中国传统法律》,中国政法大学出版社1994年版,第59页。

④ (清)全士潮、张道源等编著:《驳案新编》卷五"擅用'赦'字'世表'字样拟徒",法律出版社2009年版,第2009页。

⑤ [日]滋贺秀三:"清代诉讼制度之民事法渊源的概括性考察",载王亚新等译,《明清时期的民事判决和民间契约》,法律出版社1998年版,第24页。

学者认为“在所有案件(民事)中有百分之八十七都是通过法律加以解决的。”①通过对清代案例的研读分析可以看出,民事案件给了基层官员结合情理、相机自主判决的很大的空间,法官的判决中也蕴涵着很浓的天理人情观念,但是这些判决是在不损害国家法律的权威性前提下作出的。诚如有学者认为的,从清代民事诉讼的审判实际来看,律例还是主要依据。②

诚如前面所言,民事案件的审判在结合情理方面给了基层官员很大的空间,也给了科举出身的基层官员以实践自己理想的空间。科举出身的基层官员深受儒家“礼治”的影响,“礼,经国家,定社稷,序民人,后嗣者也”;③“礼者,定亲疏,决嫌疑,别异同,明是非者也”;“分争辩讼,非礼不决”。④ 基层官员在民事审判中,礼是非常重要的一条标准。基层长官对于礼的运用,并非以礼来否定法,而是对法起一种补充、辅助的作用。即使是统治者也认为“德礼为政教之本,刑罚为政教之用,犹昏晓阳秋相须而成者也”。瞿同祖先生就认为“其实礼与法都是行为规范,同为社会约束,其分别不在形式上,也不在强制力之大小……礼未尝不可以法律制裁来维护推行,而无损其为礼。”⑤以礼补法,在基层民事判决中经常出现。如:

谢登科控戚徐有才往来其家,与女约为婚姻,并请杖杀其女。余曰:“尔女已杀人乎?”曰:“未”。乃召徐至,则一翩翩少年也,断令出财礼若干,劝谢以女归之。判曰:城北徐公素有美誉,江南谢女久擅才名。既两美之相当,亦三生之凑合。况律虽明设大法,礼犹贵顺人情。嫁伯比以为妻,邔夫人权衡允当,记钟建之负我,楚季芈从一而终。始乱终成,还思补救。人取我与,毕竟圆通。蠲尔嫌疑,成之姻好,本县亦决人也,尔取诹吉待之。⑥

这里县令没有强制推行国家的强制性法律,而是根据情礼来撮合徐谢的婚姻。所谓“律虽明设大法,礼犹贵顺人情。”基层以情曲法,引经据典,让谢登科成全女儿的婚姻,俨然是一位深通情礼的长者、智者,而非铁面无私的法官,当然背后隐有统治集团的强力支持。

民事判决顺应礼仪人情是儒者出身的基层官员的理想,“无讼”的境界同样为他们所追求。孔子就曾提出“听讼,吾犹人也,必也使无讼乎!”历代统治者都非常向往“无讼”的境界,“在儒家理想的支配下,贵和持中,贵和尚中,成为几千年来中

---

① 黄宗智著:《民事审判与民间调解:清代的表达与实践》,中国社会科学出版社 1998 年版,第 78 页。

② 何勤华:“清代法律渊源考”,载《中国社会科学》2001 年第 2 期。

③ 《左传·隐公十一年》。

④ 《礼记·曲礼上》。

⑤ 瞿同祖:《中国法律与中国社会》,中华书局 1981 年版,第 321 页。

⑥ (清)蒯德模:《吴中判牍》之“徐有才私与谢女约婚案”。

国传统文化的特征，‘无讼’一直是执政者追求的目标。”①清代基层官员在民事案件的审判中同样实践着“无讼”的价值追求，因为他们深信“教化已成，人心已正，只要心术不变，便可永不为恶，所以教化可以一劳永逸，垂垂永久，使社会长治久安，不像法律只有短暂的功效。”②以陆陇其为例，他任知县时，每次审案前都要讲一段话：

尔原、被非亲即故，非故即邻，平日皆情之至密者也，今不过为户婚、田土、钱债细事，一时拂意，不能忍耐，至启讼端。殊不知，一讼之兴，未见曲直，而吏有纸张之费，役有饭食之需，证佐之亲友必须酬劳，往往所费多于所争，且守候公门，费时失业，一经官断，须有输赢，从此乡党变为讼仇，薄产化为乌有，切齿数世，悔之晚矣。③

基于这种价值理念，陆陇其在一兄弟二人争财产的案件审理过程中，运用非正常的程序，“不言其产之如何分配，及谁曲谁直，但令兄弟互唤，此呼弟弟，彼呼哥哥。”“未及五十声，已各泪下沾襟，自愿息讼。”陆陇其在判词中写道：“夫同气同声，莫如兄弟，而乃以身外之财产，伤骨肉之至亲，其愚，真不可及也……所有产业，统归兄长管理，弟则助其不及，扶其不足……从此旧怨已消，新基共创，勉之勉之。”④

陆陇其通过审判前的晓之以理，审判时的动之以情，目的就是“调处息争”，维持乡里亲邻的和睦相处关系，保持社会的稳定。在科举出身的基层长官眼里，“理想的社会必定是人们无争的社会，争讼乃是绝对无益的事情，政府的职责以及法律的使命不是协调纷争，而是要彻底消灭纷争。”⑤

基层官员在审判过程中，国家权力保障的强力与知识智慧支持的强理合一的角色，体现得非常清楚。前者正襟危坐，高高在上，遵循国家法律，可以一言定乾坤；后者动之以情，晓之以理，喻之以事，循循善诱，成为领路人。前面分析的基层长官的侦查破案角色，同样是强力与强理合一的角色。“夹讯”、“刑讯逼供”是强力的表现，用权术破案是智慧强理的体现，两者合二为一，便是基层侦查破案时的角色。清代基层司法角色特征，一言以蔽之，便是国家强力与知识强理的有机统一。

清代基层官员“强力”与“强理”相结合的角色，使他能够应付突发的刑事案件和日常的民事案件，行教化养民之责。但是有的学者对基层官员兼司法（公检法）的能力产生怀疑，他们认为“正规学校的教育和考试都不重视法学，当时直接从事

---

① 张晋藩著：《中国法律的传统与近代转型》，法律出版社1997年版，第277页。

② 瞿同祖著：《中国法律与中国社会》，中华书局1981年版，第288页。

③ （清）吴炽昌：《续客窗闲话》卷三，载周红兴主编：《中国历代法制作品选读》（下册），文化艺术出版社1988年版，第263页。

④ 《绝妙判决书》，陆稼书等，海南国际新闻出版中心1993年版，第18页。

⑤ 梁治平著：《寻求自然秩序中的和谐》，中国政法大学出版社1997年版，第217页。

法律工作者的官吏、书役等人所需要的法律知识,大都由自修、历练而得。"①"长于政教者未必能深通法律,长于治狱者未必为政事之才,一心兼营,转致而无成就。"②据此认为"在中国古代社会里赃官黑吏充塞,吏治腐败,政治黑暗……小民百姓对于清官得祈求事一种无谓得心里'幻想'……小民百姓处于孤立无援的境地。"③但是,笔者通过对清朝基层审案判决的研读认为:基层官员具有足够的智慧和美德作出符合天理人情国法的判决。④

一方面,基层官员本身具备了出任司法官的法律方面的才能。以基层长官未受过系统的法律教育来否定其主持司法审判的能力,这一点是站不住脚的。近现代以前,各国司法都未曾独立,行政官员行使司法审判权是通例。学者们以今日司法运作的系统化、规范化和职业化来否定清代基层兼具司法行政、独任司法,并不合理。⑤ 再就清代基层官员而言,他们所具备的法律知识足以应付当时发生的刑民案件。证据有三:一则清代基层官员并非不研读法律。中国自唐代以来就开始以"判"作为铨选官吏的考试内容之一。"凡试判登科谓之入等",甚拙者谓之"蓝缕"。选未满而试文三篇,谓之"宏辞",试判三条,谓之"拔萃",中者即授官。⑥ 明代科举考试,第二场有判语,以律条为题,其文亦四六,而以简当为贵。⑦ 清代由长期担任基层长官的蒯德模、樊增祥等撰写的《吴中判牍》、《樊三判读》等专著的出现,足以说明清代基层官员对于司法审判是比较熟悉的。二则清代基层官员科举出身,四书五经烂熟于心,礼仪纲常信手拈来。礼仪纲常与清朝法律之间的关系是非常密切的,"礼"到底是原有的社会秩序,它和原有的和谐相辅相成,而这些恰是国家法"生长"依赖的土壤条件。⑧ 礼法之间是互通互补的,熟谙礼制的基层官员,即使没有系统地研读法律,对于法律核心精神的把握大致是不差的。他在审判案

① 张伟仁:"清代的法学教育",载贺卫方编:《中国法律教育之路》,中国政法大学出版社 1997 年版。

② 沈家本著:《历代刑法考》(卷四),中华书局 1985 年版,第 7 页。

③ 徐忠明著:《法学与文学之间》,中国政法大学出版社 2000 年版,第 7 页。

④ 苏力认为马锡五审判"由一个有足够魅力的集裁判官,政治家于一身的人,依据其个人的美德和智慧作出符合天理人情国法的决定",在司法没有独立,司法运作没有达到制度化、职业化之前,这种由政治精英以多重身份出现的审判是非常正常的。详见苏力:"乡土社会中的法律人",载《法制与社会发展》2001 年第 2 期。

⑤ 苏力认为"在人类历史上普遍存在过的司法行政不分的现象并非是一种愚昧的体现,相反可能是人们面对相对简单的社会管理和政治任务而表现出来的一种实践智慧。"参见苏力著:《法治及其本土资源》,中国政法大学出版社 1996 年版,第 133 页并注 6。

⑥ 《新唐书·选举》(卷四五)。

⑦ (明)吴纳:《文章辨体序说·判》,见《文章辩体序说·文体明辨序说》,于北山点校,人民文学出版社 1998 年版,第 55 页。

⑧ 刘星著:《中国法学初步》,广东人民出版社 1999 年版,第 26 页。

件时，有时并没有法律上的依据，但是依据人情、礼义作出的判决，其核心精神并不违反法制，反而是弥补了法制的疏漏。三则基层官员“学而优则仕”，他们是当时社会的精英分子，并非泛泛之辈，无论在才能还是品行上，他们对于天理、国法、人情的把握足以使他们处理各种疑难纠纷。清代基层审判中民事案件具有非常重要的地位，它是基层官员与地方社会直接接触的关键领域，①对于民事案件的判决往往涉及天理、国法、人情三者的统一。封建基层大堂常挂有“天理国法人情”的匾额，民间争讼，非常重视情礼法的结合，“致讼之道，有三要诀，曰情，曰理，曰法。我人既能于兴讼之先，平心静气，目冥然而思之。度情，情不虚，度理，理不亏，度法，法不犯。三者既真，则小获全胜。”②基于对情理法的协调统一的理解，基层长官的判词中也常出现“酌以人情参以法意”、“情法两尽”、“非惟法意之所碍，亦于人情为不安”这些话。情理法三者结合的判决足见基层对于审判技巧的娴熟。

另一方面，如前所述，清代法律对司法官审案时的要求使基层长官遵循和维护法律成为可能。《大清律例·刑律·断罪引律条》明确规定：“凡断罪，皆须具引律例。违者，笞三十。若数事共条，止引所犯罪者，听。其特旨断罪，临时处治不为定律者，不得引比为律。若辄引至罪有出入者，以故失论。”“承问各官审明定案，务须援引一定律例。若失引一例，复之不便照此例治罪，更引重例，及加‘情罪可恶’字样坐人罪者，以故入人罪认。”“凡律令记载不尽事理，若断罪无正条者引律比例，应加应减，定拟罪名，议定奏闻，若辄决断，致罪有出入以故失论。”可以说，清代法律对于司法人员的出入人罪的规定是相当详细的。此外，朝廷考绩制度中，基层司法方面的成绩也是一个重要的内容。西周就有司法官的“五过”之罪，秦汉以来，司法官“失刑”、“纵囚”、“出入人”都会受到法律的制裁。清代的职官监察制度中同样包括对基层审判职能的监察。在这样严格的制度范围，基层官员对法律的遵循是严格的，他们不会因为钱粮细故影响自己的仕途升迁。对此，黄宗智先生有独到的见解：身为基层官僚的基层官员必须在既有的制度里循规蹈矩，以免危及自己的仕途，在这种情况下，大多数基层都会选择依照法律来审判。基层是第一审级，他的判决会面临当事人上诉的可能，所以最为稳妥的办法，就是尽量根据律例来断案。③有学者同样认为“尽管囿于体制，清代的冤假错案不少，但就司法官员的主观愿望而言，出于对自身利益的考虑，他们在适用法律时一般是认真的、仔细的，应当是清代司法运作的主流。”④

① 徐忠明著：《思考与批评》，法律出版社 2000 年版，第 174 页，注 1。

② 李永祥等编：《刀笔精华》，山东友谊出版社 2000 年版，第 118 页。

③ 黄宗智著：《民事审判与民间调解：清代的表达与实践》，中国社会科学出版社 1998 年版，第 18、106 页；参见徐忠明著：《思考与批评》，法律出版社 2001 年版，第 175 页。

④ 何勤华：“清代法律渊源考”，载《中国社会科学》2001 年第 2 期。

从上面的分析,我们可以看出:清代基层司法官强理与强力相结合的角色,在自身能力素质的培养和外部力量对其行为的约束及规范两方面都有制度的保证——科举制和考绩制。虽说科举制存在种种弊端,但是只要基层长官能够坐到审案的大堂之上,就必然具备一定的知识积累,懂得儒家的人伦纲常等基本规范,有能力解决社会的种种纠纷。同时,由于考绩制度的存在,基层官员为了保住自己现有的社会经济地位,就不得不严格遵循国家法律的有关规定,依据法律来审判案件。这样,清代基层长官对司法审判权的合理行使就获得了制度上的支持。再者,清代基层司法审判的实践也表明:由基层独任的司法审判模式能够审断刑民案件,维持一方治安,实现中央政府对地方的有效管理。

中国19世纪基层司法文化中的“抑讼”与“厌讼”之辨

——以《汝东判语》文本为中心

李孝猛*

引　言

中国传统的司法文化在19世纪中叶以前,已经独立自主地持续发展了两千余年,并且逐渐形成了一套完整的司法理念、司法技术和司法原则,只是到了晚清时期(19世纪中叶之后),中华民族不仅在政治上遭到西方国家的蛮横压迫,而且在文化方面也受到西方世界的强烈冲击。从司法文化来看,这一时期的司法文化较之中国古代传统司法文化已开始出现引人注目的变化。因此,笔者认为,研究传统司法文化似宜先研究晚清时期的(即19世纪的)司法文化。盖因中国传统司法文化至清王朝已经成熟,并可视为中国传统司法文化之最后代表;同时,晚清时期的传统司法文化又在西方司法文化的冲击之下开始走向解体。因此,在这种意义上,晚清时期的司法文化既意味着中国传统司法文化的死亡之开始,又意味着中国近代司法文化之再生。故研究晚清时期的司法文化对于我国当代司法改革有着特殊的理论和实践意义。

本文主要运用的资料是:19世纪中国基层司法官吏董沛的一个判语集——《汝东判语》。《汝东判语》是中国19世纪即清朝末年江西省东乡县知县董沛(名觉轩)收集自己任上所处断的案件编纂而成的判例集。全书共六卷,前五卷皆是案例汇编,最后一卷即第六卷是“杂文”(其实是知县发布的告示、饬令等地方政府法律性质的文件)。全书一共收集了142个判语,主要是基层地方官吏司法权限范围内的“自理案件”,具体包括轻微的刑事案件、民事案件以及一些治安案件。

《汝东判语》有一个清朝刻本,根据其自序性质的“题辞”,可以知道清刻本产生于光绪九年二月。还有一个复本,复本比刻本多一个薛福成写的序。本文的研究即是以清刻本作为文本。刻本尚未有学者标出句读。国内也尚未有学者对《汝东判语》做过研究。

---

* 李孝猛,2001级法律文化专业,指导老师:徐永康。现工作于上海市工商管理局。

笔者相信,运用法社会学、法文化学和历史学的方法对一个文本进行研究,或许更有助于我们对19世纪中国基层司法文化的认识和理解。当然,笔者同时也非常清醒地意识到,如果对自己的研究方法不时时保持警醒和反思,那么,很有可能陷入一种危险的境地——像"瞎子摸象"一样,只要摸住了象的尾巴或耳朵就固执地以为自己知道了整只大象的模样。因而笔者首先必须声明,作为一种文本研究的方法,不可避免的缺陷是:(1)通过文本本身来研究中国19世纪的基层司法文化而得出的结论极有可能是不全面的,因为文本所记载的内容毕竟只是当时清王朝众多州县中的一个(当时,清王朝管辖了大约1500个县和县级地区如州等)。[①] 这就意味着,把对一个县的司法文化的研究结论推而广之总不是那么谨慎。(2)文本内容的真实性是否绝对可靠仍然令人感到不安。笔者在研究文本的过程中不止一次向自己提问:这个文本是否真实地记载了当时的司法情况?文本的作者是否为了某种个人的目的而美化或者歪曲了事实?也许笔者这种担心并不是多余的,因为在研读《汝东判语》的过程中,笔者明显地感觉到前三卷与后两卷的措辞和文风有着很大的不同。(3)毫无疑问,《汝东判语》中记载的案件只是一个纠纷的片段,也就是说,在董氏处断案件之前,纠纷是否已经经过亲族调解,或者在董氏处断之后,诉讼两造是否又去上控,这些具体情节,我们并不十分清楚。尽管这样,笔者仍认为对《汝东判语》的文本研究是有意义的,因为:(1)当时除西藏、蒙古等少数民族地区外,清政府统治的大部分地区特别是汉族地区的司法机制、制度和观念等,本质上应该具有同一性,尽管在具体的细节方面可能会有许多的差别。因而可以说,研究《汝东判语》而得出的结论大致上应该可以反映当时的基层司法文化状况。[②](2)我们当然可以断论,《汝东判语》不可能绝对真实地记载当时东乡县的司法状况,但是,我们也不能凭此而断定《汝东判语》完全就是文人墨客想借此青史留名而吟咏或杜撰的产物。一般而言,《汝东判语》中的基本案情应该是真实的,因为董氏审理的案子与同时代的其他官吏相比,并无特别光怪陆离之处,无非是那些田土、户婚、继承和钱债纠纷案件。我们不能排除的可能是,董氏是否为了显示其包括司法才能在内的才华而对其处断案件的方式和手段有夸大之处。但是,即使是这样,我们仍可通过其对案件的处断,从一个侧面来认识和理解当时的基层司法文化之

① [美]费正清编:《剑桥中国晚清史(1800~1911年)》(上卷),中国社会科学院历史研究所编译室译,中国社会科学出版社1993年版,第28页。

② Henry Mcaleavy 曾经说过:"中国的广阔使人易于想象每一地的习惯都与其他地区极不相同。事实上,中国人自己从非常古老的时期以来就一直观察他们各地的差异。但是关于这一点,应该忠告外国人注意不要陷入过分的强调。我们的注意力与其放在中国文化的多样性上,还不如说应当放在其统一性上。" See Henry Mcaleavy, *China Law*, *in An lntroduction to Legal Systems*, Compiled by J. Duncan and M. Derrett, London: Sweet&Maxwell. 1968, pp. 110 - 111.

可能。基于这种认识，在本文中，董氏只是一个被研究的文化符号，而这个符号在一定程度上反映了中国19世纪基层司法官吏的形象。

在法律学界，有一个被普遍接受的观点，那就是古代中国的司法官吏都有压制人们诉讼行为的倾向，并列举诸多朝代有关“抑讼”的法律规定，甚至还追根溯源地指出其理论基础是孔夫子的“必也使无讼乎”的“无讼”思想；而民众则普遍厌恶诉讼，是因为思想上受到儒家的“和为贵”以及礼制的影响，现实中又受到官府的压制。[①]但是，这种传统的似是而非的观点是否存在“表达与实践”的背离呢？至少，到了19世纪的中国，人口众多，商品交易增多，人口流动相当频繁，难道这种情况一直没有改变吗？本文主要利用《汝东判语》来研究19世纪中国的诉讼观。

如果坚持说古代中国司法官吏抑讼，那么，这个观点即使不是错误的，至少也是片面的。一个明显的事实是：对于刑事案件，特别是重罪案件，任何一个古代司法官吏都不会也不敢“抑讼”。[②]如果说古代中国的民众“厌讼”，那也是不全面的，对于那些身负冤仇的人们来说，希冀“青天”、告官伸冤是他们孜孜以求的事情，特别是那些损失巨大的受害者，绝对不会轻易甘于忍辱含垢地生活。

其实，任何一个国家和社会，都不希望看到过多的纠纷和争端，也不愿看到过于频繁的违法犯罪现象，因为这样的国家和社会不能给予人们安全感、秩序感。而对于遵奉儒家学说的古代中国来说，更是如此。

一、民间的诉讼观

笔者将以《汝东判语》为文本，首先考察民间的诉讼态度。

判断民间是否“厌讼”或“避讼”，笔者认为有三个标准：一是诉讼数量之多少；二是诉讼标的之大小；三是上诉次数之多寡。如果这样，笔者认为，在19世纪的中国，民间的态度不再是“厌讼”、“避讼”。就连《汝东判语》的作者也在“题辞”中承

① 孙立娟：“儒家道德观与诉讼文化”，载陈鹏生等主编：《儒家思想与现代道德和法治》，吉林人民出版社1998年版，第312～316页。

② 美国汉学家欧中坦曾非常精彩地分析过清王朝的上诉制度，他说“当我们重新来总结清朝的上诉制度时，人们必定疑惑，一个国家意识形态厌恶诉讼的社会，能否完善一种鼓励诉讼的制度。的确，地方官用监禁和拖延的恐吓来劝阻人们不要卷入诉讼，因为地方官难逃干系。如果他的辖区内有太多的未决案，便没有干好工作。但是，如果他执行法律果断而公平，反而不当地激励着人民向他提出他们的问题一一寻求解决。”这实事求是地揭露了清王朝对于诉讼的矛盾态度。同时，欧中坦还向我们揭示了19世纪的中国社会有着数量惊人的上诉案件。这倒向我们描述了另一幅当时社会的诉讼图。参见欧中坦：“千方百计上京城：清朝的京控”，载高道蕴等编，谢鹏程译：《美国等者论中国法律传统》，中国政法大学出版社1994年版，第472～509页。

认:“摄邑东乡,毫无善状,惟词讼较多,手自裁判,不敢不尽心也。”①一个地方官吏如果有勇气坦承自己治下“毫无善状,惟词讼较多”,那么,从儒家“以德化天下”的立场上讲,无异于承认自己做“父母官”的失败。但当时名臣薛福成在序中却称赞董沛有“古循吏之遗风”,可见,董氏在当时地方官中应该算是“名吏”了。也许,“惟词讼较多”就是19世纪中国社会在法律背景上的缩影。

在古代中国,一般而言,如果诉讼两造是为了一点鸡毛蒜皮的小事而告官,特别是在当事人双方是亲邻关系的情况下,那么不仅官府,而且民间也难以接受。令人感到惊奇的是,《汝东判语》中却出现了这种情况,且并不罕见。例如,有一则这样的案例:沈小元与沈金生是亲戚,为了一只黑猫,两人先是吵架,既而打架,最后到县衙门去告状,要求司法官吏将黑猫判给自己。基层司法官吏对这种为小事而兴师动众的告官行为大为不满,故在判语中写道:

“区区一黑猫耳……所值几何?而族属之间乃以是构衅耶?始而詈,既而殴,终而讼,变本加厉。胡不念祖一脉之亲而为此纷扰也?唐说部有两妇争猫之讼,猫儿猫儿数语贻笑至今,堂堂男子,竟寻彼妇之辙,吾未如之何矣!”②

司法官吏的意思很明显:为了一只黑猫争吵打架告官,实在不值得;亲属间如此更是不对;两个男子汉如此做则是天大的笑话了。这一方面固然表明了司法官吏的“息讼”立场,但另一方面却恰好说明了当时民间的诉讼心理。费正清在谈到晚清时期的中国社会时说:“中国在19世纪经历了一出完全的悲剧,成了一次确是巨大的、史无前例的崩溃和衰落过程。这场悲剧是如此缓慢、无情而又彻底,因而它就愈加痛苦。旧秩序为自卫而战,它缓慢地退却……”③那么,此时的中国民众的诉讼心理是否因旧秩序开始崩溃而有所改变呢?司法官吏对民众的肆意兴讼行为已经感到既是无可奈何又是气急败坏——“吾未如之何矣!”

还有一则案例也颇有意味:危光奎状告其弟,说其弟借其一个火盆一直未还,要求司法官吏判决令其弟返还。但司法官吏认为危光奎是乘人之危进行诈骗:

“一火盆也,曰左则左,曰右则右。并非炉鼎可比,安放祠庙之中,日日不动者也。尔家火盆重至百斤,实所罕闻。尔虽武士,恐未必如取如携也。无据之词,凭何取信?且即使实有此盆,借与尔弟,事在同治辛未,既称家传重器,理应当即索回,何以相隔十余年,直待尔弟身故之后方始控追?有是理耶?一片荒唐,不合,特斥。”④

为了一个火盆,也挖空心思向司法官吏告状,由此可见,至少民间也并不是提

① 《汝东判语·题辞》。

② 《汝东判语·沈金生呈词判》。

③ [美]费正清编,中国社会科学院历史研究所编译室译:《剑桥中国晚清史(1800~1911年)》(上卷),中国社会科学出版社1993年版,第4页。

④ 《汝东判语·危光归呈词判》。

“讼”色变。还有民众为一件小事产生纠纷而告宫的案例,见《汝东判语·邹淡仁等控判案》:

“墙屋之侧穴地,以为储积之所,东乡居民户户有之。东家之西即西家之东,本无所谓干碍也。惟青囊家言既有气脉来龙之说,则族邻同住,休戚一体,相关既称彼此有妨,即将窟穴一律填塞,冀免事端,亦无不可。乐广清、邹淡仁各家新窟据供已尽填。着毋庸再议。邹尚云家原有旧窟,已历百余年,既凭中证公论另开一穴作抵,着于旧穴三百步内,择觅妥地,开掘新窟,归邹尚云承管,即将旧窟照填,永杜衅隙。此后均不准于逼近之处,再行开添,以照族邻和睦之宜。”

仅仅为了空穴来风的“气脉来龙”之说,邹尚云竟然要求司法官吏判决将“东乡村民,家家有之”的“储窟”全部填塞;而毫无真凭实据的司法官吏竟然又应允了这种请求。在《汝东判语》中,此类“户婚、田土、钱债、继承”之外的细小民事纠纷并不少见。故笔者虽然不敢妄下结论说民众“健讼”或“好讼”,但是,如果说民众“厌讼”,那总是不全面、不真实的,至少在《汝东判语》中不是这样。

其实,有不少的资料也能证明在有些清一代民间并不“厌讼”,甚至有些“健讼”。清朝名吏蓝鼎元曾在福建潮阳任知县,在论及当地民风时,他说:“余思潮人好讼,每三日一放告,收词状一二千楮,即当极少之日,亦千二三百楮以上。”①如果不是夸张的话,那么潮人打官司的兴趣实在令人惊异。清朝名吏汪寿辉在说到其在湖南宁源县受理“民事细事”官司时,称自己每天收到两百多件词状。②而在湖南湘乡县,三八告期中每次递交的呈词不下三四百份。由此,我们也可以估算,这些州县一年间约收受了14,400~19,200份呈词。③而这种情况,绝不是为福建、湖南两省所独有。曾任山东邱县代理知县的张琦,声称自己在一个月的任期内就收到了诉讼文书两千余份。④因此,董沛在《汝东判语·题辞》中说自己“摄邑东乡,毫无善状,惟词讼较多”,这既是实际情况,又有些无可奈何。在这一点上,也许正如黄宗智先生所言:“大量平民百姓为了解决纠纷和保护自身的利益而打官司。”⑤

《汝东判语》所反映的情况不仅是“打官司”的民众不少,而且也逼真地记录了“打官司”的民众是如何锲而不舍地通过官府来追求或保护自己的利益。一种常见

① 蓝鼎元著:《鹿洲公案·五营兵食》,群众出版社1985年版,第5页。

② 汪寿辉:《病榻梦痕录》卷下,乾隆五十二年(1787年);也可参见《汪龙庄遗书》,台湾华文书局1970版,第420页。

③ 《湖南省例成案·刑律诉讼》卷八:“告状不受理,代书每词给钱十文。”“查看得湘乡县禀请添设代书一案,缘乡邑民好健讼,词状繁多,三八告期,每次不下三四百张。”

④ 徐珂:《清稗类钞·狱讼类》,“张翰风治狱得民心。”台湾“商务印书馆”1967年版,稗二五,第174页。另外,《清史稿》卷四七八,据张琦传,张在一年多的任期内,结案两千余件。

⑤ 黄宗智著:《民事审判与民事调解:清代的表达与实践》,中国社会科学出版社1998年版,第165页。

的现象是不少“打官司”的民众在未获得自己的利益情况下，往往会一而再、再而三地呈词，要求司法官吏“公正”处断。如：

《汝东判语·刘金元呈词判》一案中，刘金元和刘坤元本是族亲，却为争产一事互讼多年，“词已成帙”。事由很简单：刘金元之父生两子，一子为金元，另一子开元早夭。而其父现已亡故。金元之母违礼擅为殇子开元立继子刘早兴。早兴即为刘坤元之生子。刘早兴既立为开元之继子，刘坤元却插手刘金元之家事。帮助刘早兴和刘金元争田产、山塘。刘金元不服，便呈词告状。司法官吏认为刘金元和刘坤元本是侄叔族亲，事情又极细微，故要求二人回族中调解。并说明，如果二人不满调解，允许其亲族亲自呈词。结果，亲族的调解并未成功。族人刘裕行就把情况呈明给司法官吏，但司法官吏还是要求其亲族公正之人调解、妥处。并称，如果二人仍旧固执已见，准再次告官。纠纷好像就这样平息了。但是，过了数年，刘金元再次呈词。司法官吏只好“事既到官，惟有遵照定例，饬令更正。”即要求刘早兴归宗，田地和山塘返回刘金元家作为祭祀刘父之祀产，“坤元父子不得再言有份”。这个案子具有典型性。刘金元为了自己的“权利”，与刘坤元父子打了数年的官司，其中曲折情节，所耗钱财和精力，笔者自不可知。但是，从司法官吏的判语来看，刘金元为了自己利益，确实从未退缩和容让。而其对手刘坤元也是奉陪到底，直到两次调解无效，司法官吏最终判其败诉为止。可见，刘坤元父子又何曾有过“畏讼”情形？

还有一个周黄两家互争基地的案子。其基本案情是：周锦才与黄福寿因为一块叫“麦园墟”的基地而争吵不已，最后诉诸于官府。这样两家打官司从县衙到州府再到省院，一共打了六年。但是，尽管这场“马拉松”式的官司最后以黄家得到基地而告终，可周家一直不服。事隔多年，积头饶永和妄图与周家霸占黄家基地，便又向县街呈词，要求县衙把基地判给周家。其理由是：曾经作为府县证人的积头饶松林是冒充的，因而袒护黄家，府县也被其蒙蔽。并称“麦墟园”和“荷堂冈”是两地（但府县早已查明实为一地）。县衙司法官吏认为“管业必凭旧卷”断案，而黄家有旧约，且“麦墟园”和“荷堂冈”实为一地，而饶永和妄称呈刁，凭空砌词，故驳回其要求。饶永和还是不甘心，又拿出了“百余年白头帖”（属无效管业凭证），并说据藩库鳞册上的登记，“麦墟园”应该属于周家。司法官吏“细阅周家旧卷，县控府控省控不下数十词，亦绝无曾经查看鳞册之语。”因而责问饶永和“至藩库鳞册，无论现在有无，总是官府典守重地，绝无外人敢于擅入，周锦才何等人物，乃能赴库查看？”并质问饶永和，如果周家查看了，又是何年何月？与何库吏同往？鳞册又置于何架存藏？又一次斥责了饶永和的“信口胡谈”。至于事后究竟如何，笔者不得而知。但是，为了自己的利益，周、饶两家打了一场旷日持久的“赊本”官司，这种心理与行为不仅不同于传统观点，而且也不同于官府所希冀的“息讼”。这种情形在《汝东判语》中并不少见，董氏常常为了平息纠纷而不得不作出好几个判语。当然，笔者并不由此而得出大清一代有“好讼”之风，至少从《汝东判语》来看，当时的民众并不像人们所说的那样“畏讼”或“厌讼”。

二、司法官吏的诉讼观

一般而言，任何国家、社会和个人都不希望自身处于一种矛盾重重、纠纷不断、官司连连的环境之中。古代中国社会也是如此。甚至可以说，古代中国社会这种表现更为突出，官方和民间都追求一种“自然秩序中的和谐”。[①]但这并不意味社会中就不存在纠纷和矛盾，也不意味官方对民众之间因纠纷而致的损害从不救济。那么，19世纪中国基层司法官吏对于诉讼的态度又如何呢？传统的观点大都认为官府十分厌恶民众之间互讼，特别是亲族乡邻之间“打官司”。因为这样会危及温情脉脉的小农社会秩序，更会冲击皇权。所以，官府的一贯态度是“抑讼”。或许这种观点原则上并未错。但是，这绝不意味着官府“并不是在查清事实，辨明是非的基础上，依法解决争讼，而是皂白不分，息事宁人式的‘和稀泥’”。[②]

笔者认为，判断司法官吏是否“抑讼”，要从三个方面来看：一是司法官吏是否随意拒绝受理案件；二是司法官吏对原告的态度；三是司法官吏对整个案件的处理。

对于第一个方面而言，即司法官吏是否随意拒绝受理案件，笔者在上一节已作了研究。从《汝东判语》来看，司法官吏受理了大部分案件并作了处断。但是，司法官吏运用其拥有的自由裁量权，把不少的案件发回亲族中调解，但一般同时声明，如果调解不成，可再次“呈词”。另外，司法官吏也拒绝受理一些案件：一是不符合诉状形式要件的案件；二是从呈词中可以明显看出是原告证据不足或自相矛盾，无理取闹的案件。因此，就受理的层面而言，尚难看出基层司法官吏“抑讼”的特征。

可以肯定地说，在《汝东判语》中，司法官吏对于那些因“事极细微”而同新族、邻里打官司的原告一般都没有什么好声气。如在刘金元和刘元坤争产一案中，司法官吏两次令二人调解息讼，但未成功，后来尽管司法官吏最终成功地处断了这场

---

① 梁治平先生认为，古代中国法律的“法意”，即法的精神是追求“一种自然秩序中的和谐”，并且这种追求不仅表现在立法方面，而且也体现在司法的过程中。具体内容可参见梁治平著：《寻求自然秩序中的和谐》，中国政法大学出版社1996年版。特别是第八章“无讼”。法国著名比较法学家勒内·达维德在谈到古代中国法律时也说，他们处理与别人的关系以是否合乎情理为准则，他们不要求什么权利，要的只是和睦相处与和谐。

② 孙立娟认为，司法官吏为了“无讼”，经常不顾原则地“和稀泥”。参见孙立娟：“儒家道德观与诉讼文化”，载陈鹏生等主编：《儒家思想与现代道德和法治》，吉林人民出版社1998年版，第316页。但是，在研究判语集和官府档案之后，笔者认为这种观点不够谨慎。

讼争,但是,司法官吏仍认为二人为亲族,“启此讼端,地下有知,必当悔恨。”而对那些不守礼法,编造证据,妄言情节,蒙蔽官府的原告,司法官吏更是深恶痛绝。如在《陈协恭续呈判》中,陈协恭尽管作为原告赢了官司,但在呈词中称“继祖母”为“继婶”,司法官吏斥其“尔虽蠢然一村农,究竟年近周申,何于长幼名分毫不知晓?岂非人头畜鸣耶?此等匹夫犹敢争产,殊不知耻。”但是对于那些有理有据的原告,司法官吏脸色尚算温和。如《汝东判语·熊简俚呈词判》中,司法官吏认为熊简俚不应该随便控告其尊亲尊长:“熊育青等为尔期亲尊属,隶名学官,应知礼法。尔宜委曲亲商,以尽卑幼之道,何得遂行呈控。”但在了解事情真相之后,司法官吏在《汝东判语·熊为详等呈词判》中又批道:

“熊简俚率行呈告,即谕以卑幼之道,无非为名教纲常关系极重,务使家庭骨肉式好无尤。庶足以力挽浇风,共尊正轨。然岂独责熊简俚一人耶?然熊育青等再不尊,则是蔑视亡兄,欺压孤侄不逊之罪。”

必须注意的是,基层司法官吏除了有权审理“自理案件”中的民事案件之外,还有权力处断一些轻微的刑事案件和治安案件。对于这些案件,司法官吏很少要求当事人调解。相反,司法官吏在查清案件真相之后,一般会依照律例处断。故就这部分案件而言,几乎不存在什么官方“抑讼”之说。如《汝东判语·高麟呈词判》、《汝东判语·何操氏呈词判》等。另外一个比较明显的现象是,对于乡邻和亲族之间的民事案件,司法官吏总是要求调解。①而对于那些非乡邻、非亲族之间的案件和相当一部分轻微的刑事与治安案件,司法官吏罕言调解。可见,基层司法官吏因诉讼两造之间关系的不同以及案件性质的不同,其对待“官司”的态度也不一样。

三、结　论

首先,从《汝东判语》来看,在19世纪晚期的清代,传统的观念所认为的“官方抑讼”、“民间厌讼”,已经有了较为明显的改变。

其次,官方并不一味地“抑讼”,但是,准确地说,基层司法官吏常常忍不住追求儒家的“无讼”理想。因此,在司法审判中有时并不严格地分清诉讼两造的权利和义务,而是力图劝诫两造“息讼”。但是基层司法官吏并不是无原则地“和稀泥”。

---

① 德国著名比较法学家K.茨威格特和H.克茨在谈到古代中国的调解时说:“中国的皇帝及其政府倒是很乐意接受这种情况,因为它意味着绝大多数这类纠纷都在地方社区范围内依据取决身份的传统行为规范加以‘自行解决’,也意味着个人依附于其所在的狭小的范围之内,又意味着国家政权在很大程度上可以从民事法律领域的司法和礼法中解脱出来。”参见[德]K.茨威格特等著:《比较法总论》,潘汉典译,贵州人民出版社1992年版,第621页。这种观点不仅符合古代中国统治集团的实用主义策略;而且从《汝东判语》的相关内容来看,也很准确。

谁是谁非,基层司法官吏会非常清楚明白地指出来并加以训斥。只是对那些事极细微而诉讼两造又是亲族乡邻关系时,基层司法官吏才会要求两者回家调解,从而达到“息讼”之目的。但同时,如果诉讼两造对调解结果不服,基层司法官吏往往会允诺其再次呈词。而对那些非亲族乡邻关系的两造或所争并非细微事情的两造,基层司法官吏一般并不要求两造调解而往往自己作出处断。很少见到基层司法官吏“抑讼”之举措。如果一定说有的话,那么基层司法官吏对那些捏造事实诬告或无理多次缠讼的当事人从来都是毫不手软地进行打击。

最后,中国19世纪晚期的民间已少有传统所谓“厌讼”、“避讼”心理,相反,民众常常为了自己的利益而打官司。毫无疑问,因为诉讼成本和民间调解的问题,许多纠纷在民间解决了,但是,这并不意味也并不说明当时的民众有“厌讼”心理。从《汝东判语》来看,民众会为了自己的利益甚至很小的利益向官府呈词,甚至打一场历时数年的“马拉松”官司;有的民众则不辞辛劳地“呈词数十”,由县而府、由府而省地级级上控。

清末检察厅批词研究

谢如程*

批词作为清末检察厅的重要业务文书,能生动具体反映检察厅的执法办案情况,①有较高研究价值。笔者主要以《各省审判厅判牍》中记载的清末检察厅批词等为基础,对清末检察厅的执法实践及理念、批词文书的风格规范等相关问题进行研究。据《各省审判厅判牍》“凡例”介绍,该书编纂于宣统三年即1911年(辛亥年)冬,成书于1912年(壬子)春,故搜集的司法批词和判词都为宣统年间京师和各直省省城商埠各级审判检察厅的推事和检察官所作。该书收录了审判厅、检察厅批词、判词共400多个,由于宣统年间审判厅、检察厅的存续时间也不长,从最早的京师审判厅成立时间光绪三十三年即1907年至宣统三年即1911年清室灭亡,也就三四年时间,批词数量不可能很多,故此中的检察厅批词应该能比较全面地反映当时检察官执法的实际情况。《各省审判厅判牍》共有检察厅批词90则,笔者根据案件的种类、制作批词的检察厅级别、所属地方等,选择若干比较有代表性的批词,对其作专门研究。②

对清末检察厅批词的逐一分析

一、京师总检察厅批赵韩氏遣抱周庆云呈(批词一)

所控各节,前经本厅明晰批示在案。兹据复以全家被杀、威逼完案,来厅具控。查该氏一家被杀五命,系在光绪二十六年,其报官系在二十八年,领银完案系在三十年。如果五命实被所控之赵清和等残害,该氏疾首痛心,自应早求昭雪迨具结以后。如果出于县厅威逼,亦应即时上控,以求平反。乃事隔三年然后报官,案完七年又须申理,即便事氏患病属实,亦岂不能遣抱呈词?今已多年已结之案,意图翻异,难保非被人唆使所致。且新章“凡州县已结不服案件,应控由高等审判厅再审”,本

---

* 谢如程,2004级中国法律史专业,指导老师:王立民。现工作于杭州师范大学法学院。

① 学界有人认为,清末设置新式法制的变法并未实施,清朝即告覆亡(参见陈卫东著:《刑事二审程序论》,中国方正出版社1997年版,第10~11页)。这是不确切的。在这里中所引用的检察厅批词,特别是批词二、批词十六,就可以实例对此观点进行商榷。

② 《各省审判厅判牍》之“凡例”;并参见李启成著:《晚清各级审判厅研究》,北京大学出版社2004年版。

厅未便违章受理。所控仍不准行,原呈发还。

由上可知,首先,京师总检察厅严格依法办理案件,对新章规定不能越级受理者即不受理。其次,反映出该检察厅能较好地运用被害人诉讼心理知识,进行逻辑推理,指出"全家被杀三年后才报官、案完七年后又申诉"的不合情理,其推理过程是比较严密的。最后,对于此呈诉,总检察厅对作出发还原呈之处理决定,并进行了充分说理,是司法透明、司法公正,尊重当事人权利的体现,反映出其依法办案、尊重人权的执法理念。

二、京师总检察厅批彭尧遣抱彭積躬呈(批词二)

查新近诉讼办法,凡经各省高等审判厅判结之案,如有不服,应呈由该省高等检察厅,声明不服理由,照章上告。该检察厅即行查明期限,检齐卷宗,咨呈本厅送院。该职不服该省高等审判厅判决,遣抱来京呈控。殊与定章不合,仰即回本籍赴该检察厅上告。如恐已逾定限,即由本厅行文该厅从宽收理可也。

此批词反映京师总检察厅严格依程序法规定,不越权受案,并且,批词还反映出总检察厅为解决讼争,非常有人情味地告知其应赴原籍检察厅呈控。此外,京师总检察厅对其承诺可行文该本籍检察厅在受理期限问题上从宽掌握,应该说这也是尊重当事人已经呈控之事实,并不违章。①

三、京师总检察厅批僧人徹与呈词(批词三)

查阅呈词,语多支离,且妄用代奏体例,更属不合。复讯据该僧人面诉各节,大意不过勒捐庙产致令失业等情。但据千间二山内藏五寺,究竟寺产所值几何?曾否认捐?有无准数?且土官借政府之势压逼勒捐,究系官绅何人?曾否在本地方控过有案?俱漏未声叙。本厅拟难准理。仰仍回本省该管衙门控告,毋得来京越诉。原呈发还。

该批词以反问句指出呈词所述事实不清,不足以证实应由总检察厅办理,故将此呈诉发还原省该管衙门控告。

四、京师总检察厅批王正云呈词(批词四)

该民人所控族兄王松岭霸宅不还、反呈凶各节,业经该县断结,其如何判断之处,原呈未经声叙明晰,无从悬揣。惟该省高等审判厅业经成立,县断如有不服,尽可向该厅控诉,毋庸来京渎陈。所请着不准行。

批词简短,指出对无充足理由之申诉不予受理。

五、京师高等检察厅又批李可珍呈词(批词五)

所控各节,显系因兄弟各争财产致酿事端。本厅未便据一面之词该行准理,且

---

① "直隶高等审判厅批词-批清苑民妇唐高氏词"中审判厅对此类情形视作未逾期,参见《各省审判厅判牍》批词类,第19页。

案经该省高等审判厅批讯，自应静候判结，毋得来京妄渎。原呈掷还。

对于仍在诉讼之中的案件诉请，并不具有申诉理由，京师高等检察厅故不予受理。该批词非常有特色的是其有丰富的感情色彩，其用了“原呈‘掷’还”这一表述。其中的“掷”形象地表达了京师高等检察厅对此等无理之申诉的拒绝态度。由于人的情感性，这一表述应该有良好的效果。

六、浙江高等检察厅批山阴傅厅氏（批词六）

此案业经本厅一再照会山阴县迅予断结去后，原差周渭欲索厚规方肯传集，情果非虚，殊属胆玩已极。案悬五载，该民人负累已重，差役复呈威勒索，益加之厉。殊失立法保护人民之至意，抑亦良有司所不忍闻矣！仰候再照会山阴县，迅照本厅前批酌量办理，以清积案而免拖累。并严讯该差周渭有无勒索情形，按律严办，毋稍枉纵。状抄发。

此批词清楚反映出：(1)当时司法腐败情形：司法官吏索贿及办理案件久拖不决达五年之久。(2)浙江高等检察厅前次照会催令竟无效果，反映检察厅执法之实际权威不尽如人意。(3)检察厅维护司法公正之立场鲜明，并要求严查渎职司法官吏，这是值得肯定的。(4)“案悬五载，该民人负累已重，差役复呈威勒索，益加之厉。殊失立法保护人民之至意，抑亦良有司所不忍闻矣！”批词以感叹句阐释法理，对民众充满同情。

七、浙江高等检察厅批上虞莫周氏（批词七）

此案前经上虞县牒请，将莫显庭羁押于年。业批确讯，究断在案。兹据该氏呈状及黏抄辩诉各节，仰候移绍兴府，希饬上虞县迅即按照原被控诉各词秉公逐一研讯究断，毋稍枉纵。状黏均抄发。至该氏前奉各批，查系在高等审判厅具控，本厅无此案卷，着并告知。

此批词系浙江高等检察厅催促下级要迅速办案形成，也从另一侧面反映出当时的司法积案情况。

八、浙江高等检察厅又批会稽鲁沈氏呈词[1]（批词八）

此案已据会稽县牒报“鲁安生因行窃拒捕，被追失足落河溺毙”等情到厅，业批拘传倪长有、黄金龙暨死亲人证到案，研讯确情，录供详报在卷。兹据状各情，候咨呈提法司核饬讯办可也。

该批词可谓程序上的“结案批词”，是浙江高等检察厅办结案件之后等候提法司指示所作，反映出检察厅执法过程中的不独立情形。

九、浙江高等检察厅又批嵊县刘郭氏呈词（批词九）

查部章，非经府厅州县讯结之案，本厅不能提讯。所呈该县延搁等情是否属实？

[1] 《各省审判厅判牍》之批词类，第18页。

仰候呈请提法司核办可也。

此批词全文仅数十字，非常简短，表明了浙江高等检察厅坚持不超越法定程序越级提审之正确立场。

十、直隶高等检察厅批深泽县民人马廷贵呈[1]（批词十）

据呈，刘五喜等既经该县先后拘传管押，果系札死尔兄真正凶犯，何以两年有余尚未究办？此中有无别情？姑候行县作速提集犯证，切实究讯录复，尔即回县静候可也。

该批词虽然篇幅不长，反映的信息却很丰富，值得一评：(1)直隶高等检察厅对下级为期两年之久的“司法拖拉”，却并未采取有力措施，只是要求当事人“静候”，令人遗憾。(2)此中直隶高等检察厅的逻辑推理存在问题：犯罪嫌疑人被关押两年仍未被当地司法衙门作确系凶犯之认定这一情况，与该犯罪嫌疑人并不是真正凶犯这二者之间并无必然之逻辑联系。由于完全可能存在当地司法机关司法腐败，有罪不判的情况，所以不能仅因犯罪嫌疑人被当地官府关押多年而迟迟未作出凶犯认定，就排除此犯确为真凶的可能。令人感到遗憾的是，直隶检察厅却如此推测，甚至认为已押嫌疑人不是此案凶犯，有主观臆断之嫌。或许，直隶高等检察厅的观点是符合事实的，是根据其经验作出的判断。但无论如何，这种推理过程是有缺憾的，因此，该检察厅以书面形式将仍属于猜测范畴的观点写入批词这一司法文书之中，反映其司法不够严谨，值得商榷。比较理想的做法是，直隶高等检察厅应依职权要求该管地方检察厅尽快查实案情，尽快结案，同时要求来访者积极提供线索并等候处理结果，而不能仅仅是要求来访者回家等候，消极听候官厅通知。

十一、直隶高等检察厅批吴桥县曹九有呈（批词十一）

现获之宋水头、刘富头两名，系尔父被扎案身死内真正贼犯，该县何致延搁年余迄未详办？所呈殊难率信，姑候行县查复核夺。

此批词与批词十类似，更充分地反映直隶高等检察厅在主观上从不怀疑下级官府的执法正确性，往往单方怀疑呈诉的可靠性。作为负有监督职责的上级检察厅，这一立场并不公正，其司法理念存在偏差。

十二、直隶高等检察厅批完县民人沈旦子呈（批词十二）

尔妻既不安于室，私行逃走，该县判离未为不允。惟呈称二月逃去，八月生子，乃系尔家血脉。究竟是否属实，姑候行县查复再行核夺。

此为直隶高等检察厅过问民事诉讼所作批词。批词反映直隶高等检察厅对“十月怀胎”科学知识的掌握和运用，认同二月逃走八月所生子乃为原夫之亲生。

① 《各省审判厅判牍》批词类，第44页。

此外，批词反映高等检察厅尽管认同来访者之推理，但仍要求其服从程序法律规定，由该管县司法衙门办理，表明了检察厅尊重程序的理念。

十三、直隶高等检察厅批任邱县张阑芬续呈（批词十三）

此案迭经提讯，限令尔自行来厅，禀覆核夺在案。今届限，并不照办，率以一纸渎陈，复又匿不到案，足微情虚规避。姑再宽限七日绘图宗图呈案验看，倘届限仍复逾达不到本厅，定将此案照注章销，不准再控。著即遵照。

此案中，尽管控告人拒不到厅提供此案的关键证据，但检察厅仍从解决讼争之角度，再宽限其七日为举证期限，此举富有司法之人情味，适合于中国人情社会之国情，也有利于案件的公正办结。推测该检察厅之意即为："本检察厅做到了法定义务及按情理所推定之义务，你再不来被控告、举证，将注销案件，不准再控，这是公平合理的。"反映出检察厅有在司法过程中注重人情道理的理念和倾向。

十四、直隶高等检察厅又批雄县文生孙国桢续呈①（批词十四）

此案本系民事，嗣因孙大秃殴伤尔子，兼及刑事。兹据呈称已经该县判决，将大秃处十等罚，按律科罪。是刑事已经完结，毋庸呈渎。至孙永田等所争地基各节，系属民事。究竟该县如何判断，本厅无从悬揣。候行该县录复，再行核夺。该生回籍静候可也。

本批词反映出该高等检察厅的工作责任心较强，对于属于辖区内县级司法机关正在处理的案件，也据法说理作出一定的解释。

本案中，高等检察厅对于下级机构正在处理的案件并不随意表明意见，而是要求申诉者安心等候处理，也反映出其充分尊重下级司法机构工作的理念。实际上，这种姿态对当事人能起到的一定的心理安慰作用，也有助于维护基层司法机关的形象。这种上下级关系处理模式是比较理性、比较成功的，值得肯定。

十五、贵州高等检察厅批绥阳县民吴华章上诉李作舟强奸幼女一案（批词十五）

该民之女被李作舟诱去强奸，据称已成，但经官传讯时，已否验明供词，均属含混。案关生死出入，未便据一面之词遽予准理。原判李作舟罚款充公是否公平，候文行绥阳县查明案情，覆到核夺。该民着回州候案，勿得逗留滋累。

此批词表明贵州高等检察厅办理此案之慎重，其并不以一面之词作出认定。

十六、贵州高等检察批清镇县民钟克典上诉陈凤昌霸妻毁房一案（批词十六）

陈凤昌诱拐汝妻，既在清镇县控告周子成烧毁汝之草房，因何又在贵筑呈诉？虽据称住所乃清镇，插花必有专管之官。控告既歧，事实未必尽真。且烧房已隔月余，如系贵筑辖地，当时为何不赴地方检察厅呈诉？种种支离，殊难凭信。查所诉诱

① 《各省审判厅判牍》批词类，第44页。

拐烧毁均陈凤昌等所为，应由原控之清镇县并判。如有不服，再行依法递控，毋得越渎。

此案中，检察厅运用情理推断认为控诉不合理。因为有不合情理之事亦有可能发生，因此其推断固有可取一面，但也可能出偏差。该批词反映出检察厅重视程序法则，并不因控诉而改变程序法。该高等检察厅的运用"常人受损后会尽快报官"的情理，对该呈控中的反常现象提出质疑，有一定的说服力。

十七、贵阳地方检察厅批魏守贞呈词[①]（批词十七）

查：呈控案件，必经该管官判决，不服者始能提起上诉。尔母究因何故身死，该贞女既未当时控请定番州诣验讯断，事后违例越诉，未便照准。惟讯据该贞女控称因母死棺歛未得亲见，心有不甘。并因产业兴讼，经州断结转回途中被龙发林拦殴，控州不究，始行上诉，并非呈控命案等语。果如所供，仰即照供另呈核夺。

从批词中看出，可能存在州厅有案不查处的司法渎职情况。此呈实质上是因基层司法不作为导致请求上级检察厅保护人身权而引发。贵阳地方检察厅认为此为正当要求，故不予驳回，而是另呈核夺。这是正确的，是检察厅全面履行职能的表现。该地方厅并未对下级厅有案不究的渎职情况进行表态，有失公众之合理期望。最好的做法是在允许被害方另行呈供的同时，在批词中一并表明"对所反映控州不究等情，饬员严查，如确系实情，定将法办。如实无其事，纯属恶意捏造者，亦将法办。"

十八、贵阳地方检察厅批冯正忠呈词[②]（批词十八）

命案以伤痕见证为凭，不能托诸空言。尔妹尸身如果经县验明委因陈仲香威逼投水身死，该县何以不为按律究办？前据具呈到厅，曾经明晰批示，既不知省悟，必欲缠讼。仰即明列见证，出具"如虚反坐"甘结以凭，移县查提质究。

由于可能存在初级检察厅包庇犯罪人而故意不查处的情况，故不能以"该县何以不按律究办"之情况去推定该死亡事件非为命案。从批词看来，该地方检察厅的推定有先入为主之弊，其逻辑并不正确，反映出其在理由不充足情况下怀疑控告不实之执法理念偏差。

十九、梧州地方检察厅批苏钟氏续辩黄梁氏呈诉拐案未结一案[③]（批词十九）

你子苏守植有妻娶妻，经审判厅判决，处你子九等罚，你媳陶氏离异归宗。业经伊母陶陈氏具结领去。所请给领碍难照准。你子罚金仍须依限完缴。如果无力，亦须赴厅候改折工作。本厅执法不能少徇摘录审判厅判词，仰即只遵此批。查律载，

---

① 《各省审判厅判牍》批词类，第45页。

② 同上，第45页。

③ 同上，第33页。

将亲女卖与人作使女，名色骗财之后设词托故公然领去者，照本律加一等徒一年，赃重者仍从重论。媒人同谋、邀抢者同论。又，再若有妻再娶妻，处九等罚后，娶之妻离异归宗。此案陶陈氏既将亲女亚日抵与黄梁氏，共得银一百二十元，复设计商由胡陈氏骗诱价卖所得财礼银一百两，虽已抵偿胡陈氏债务，究与陶陈氏自得无异，应准窃盗赃以一主为重，计赃银一百两折库平银八十九两有奇，应照骗财后设计领去者计赃从重论例，处徒二年半。胡陈氏引诱陶亚日出嫁，显系同谋媒合，虽无邀抢重情，亦应照媒人同谋例，与陶陈氏同罪。至苏钟氏价娶陶亚日为媳，讯系明婚正娶，并无串诱强娶情事，着予免议。惟苏守植有妻更娶妻，应依律处九等罚，离异归宗。又黄梁氏附带私诉，仍追陶陈氏履行债务。判结。

该批词中，检察厅严格执行审判厅判决确定执行事项，绝不打折扣。同时兼顾对审判厅判决的说理，力图使人信服。

二十、苍梧初级检察厅批张达才呈诉梁啟棠等断业强赎一案[①]（批词二十）

状悉。查田土既经断卖，万无再有备价取赎之事，况又系买于道光年间者耶。此案其中必有别情，非将原契抄呈，无从断定该梁啟棠等是否抢割田禾。总以此田是否绝卖为断。首抄契补呈来案，以凭核办。仰即知照。

本批词是初级检察厅参与处理民事争议而作，该检察厅注重证据，不随意作出决定，反映其注重证据的科学司法理念。

二十一、苍梧初级检察厅又批陈朝宁辩诉李元恺呈诉挟嫌架题登门殴伤一案[②]（批词二十一）

辩悉李元恺调戏妇女。如果不虚，自应严惩，以免浇风。惟呈系一面之词，非传尔姪媳范氏暨尔叔婆周氏来案证明，则尔已犯殴打平人之罪。本厅姑再限三日勒缴范周二氏来案听讯，以凭核办。

该案是正当防卫还是殴打他人？仍有疑问，故应传证人查证。这一处理表明了检察厅重证据之司法理念。

二十二、苍梧初级检察厅又批钟莠芝呈诉开场聚赌有碍地方一案[③]（批词二十二）

案查梧州各项赌博，业经官绅合议，一律禁止。所有人民均须安分守法，不可违犯。其从前之以赌博营利者，亦须各自改图正业，免于法网。本厅固所祷祝以祈者也。兹该民等诉称赌徒开场聚赌有碍地方，邀请出示严禁各等情来案。可见官绅有禁赌之名，地方尚未获禁赌之益，自应严行查缉，尽法惩治，戒赌风以安闾阎。惟查尔等词内并未指定赌徒姓名，本厅无凭藉办。尔等既为安靖地方起见，着一面访查

① 《各省审判厅判牍》批词类，第34页。

② 同上，第34页。

③ 同上，第34页。

真正赌痞，一面密禀来厅。本厅定即严缉此愍不畏法之徒，送审重究也。事关人民公共安宁，除另出示晓谕外，着即知照。

这是检察厅对控告赌博个案中的答复批词。在此个案批词中，检察厅态度鲜明地表达了打击赌博犯罪之立场与决心，为今天之罕见，也反映出其为民众执法之基本立场。

另外值得指出的是，从该批词看来，尽管该初级检察厅打击赌博犯罪的愿望非常强烈，但其仍表明将依法打击，并坚持重证据之理念，而不是情绪至上，冲击法律理智，这充分反映其法律理念高于情绪冲动的实际情况和重证据的理念。

二十三、苍梧初级检察厅又批宋象齐续诉聂亚德拐匪在押查确续呈一案①（批词二十三）

查尔媳覃氏不守妇道，无耻淫奔，案经审判厅讯明判决，将奸夫聂亚德照例处罚工作，情罪原已相当。兹尔复谓聂亚德先奸后拐，究竟得之传闻，毫无实据，何能坐以拐罪勒令悬缉？本厅调查此案卷宗，查该乡自治局绅先后禀复有案，咸称尔媳覃氏确非聂亚德诱奸拐逃，审判厅据证定罪，本厅又饬警查缉尔媳，未获到案执行，是已无枉无纵可言。尔何必虚捏情词，又行兴讼耶？总之，尔媳覃氏妇道有亏，在逃属实。候本厅严密侦获，定罪执行后再传尔子到案具领，彼时去留之权，尔父子为证。现在无庸哓哓。着即知照。

该批词反映检察厅办案重事实，重证据，对于一面之词，因有关当事人未被查获质证，故不轻易下结论。同时，该批词非常注重说理，能用情理说服申诉者。此外，检察厅在批词中承诺严密侦获，全面履行职能，这对树立检察厅司法权威、维护社会稳定有积极作用。

二十四、苍梧初级检察厅又批黄温盛呈诉梁国初等富豪不仁按业谋断案②（批词二十四）

据尔所诉，尔父入赘冼承贤家。是冼承贤一人，独招尔父为婿，双方结约。亦是尔父与冼承贤二人发生效力，与冼叙贤等绝无关系，纵谓叙贤无嗣，尽可由伊自行择继，更可由亲属妥商承嗣。尔是他族，既无血统之可言，又无亲属之可议，尔父何得擅将叙贤屋地按抵别人？尔父既仅借梁福干银三元，何至肯以价值百余两之屋地山据行按抵所借？既微所抵极重，尔父虽愚，未必至此。尔今又将与绝无关系之冼帝贤所遗屋地卖与林玉堂，荡人产业，何贵异子频乱人宗？林玉堂与尔授受不明，亦将为尔是问。该林玉堂既知梁国初与尔轇轕未清，故敢买受，亦近串同，尤为不合。不准。特斥。

---

① 《各省审判厅判牍》批词类，第34页。

② 同上，第34页。

该批词系苍梧初级检察厅参与继承案件所作,其运用情理进行分析,逻辑也很清楚。批词中,检察厅对于不合情理之诉请予以驳回,维护了正义。另外,该批词对不准呈诉使用了“斥”一词,驳斥的情感色彩明显,有父母官、家长式管理者的语气。

二十五、梧州地方检察厅批潘黎氏呈诉黎福礼等逆子串陷族亲一案(批词二十五)

家庭小故,动辄构衅,似此浇风,实不可长。所诉嗣子不甚尽职,如果属实,自当与族老劝谕教诲。李寿林等身厕绅耆,亦负有责任,何必哓哓渎诉?至潘福录、潘福滔等被防勇解县,此中必有原因。该犯现尚未移解过厅,何得遽来取保?殊属冒昧。此斥。

此案表明了该地方检察厅注重绅耆在化解矛盾的作用。其批词劝说性强,并以“斥”字表明对不当诉讼的厌恶情感与否定性结论,包含有强烈的情感。

二十六、云南初级检察厅批孔庆元呈诉朱明清放纵牛马践食皇粮一案(批词二十六)

畜产践食苗种要求赔偿,不得作刑事告理。

这是所发现的最简短的清末检察厅批词,仅有十余字。其形式上简洁,无可厚非。但其内容上有所欠缺,除大多数批词所有的不引用法条之不足外,还有说理不充分的缺陷。

二十七、云南初级检察厅批李华呈诉李森等倚势朋殴一案(批词二十七)

据呈堂弟殴兄,邀凭族长并携宗簿或宗图呈厅听候核示。

该批词反映了云南初级检察厅充分注重利用宗族力量,解决法律问题。

二十八、贵阳地方检察厅批刘谢氏呈词(批词二十八)

查此案前据刘陈氏具控到厅,当以所控各情事涉暧昧,批斥未理。兹据呈诉各节,亦属见理不明。该氏子死媳孀,成婚未久,青少年守节,情至堪怜,待遇不可过薄。如果逾垣推爱,人岂无心,乃称尔媳透漏家财,又谓尔媳不应受产,均非情理。家庭变故,每因小忿而成,应自妥为理处。所控并非刑事,本厅原可不阅,惟不欲尔等失和,故特明白批谕。尔其思之。

这是很有特色的批词:(1)该检察厅明知自己对非刑事之纠纷无法定管辖权,仍然予以管辖且作出批词,这说明检察厅为了维护社会稳定,对工作范围可行使一定的自由裁量权,体现了其作为国家官厅机构对民众有管理权的一般属性。(2)该批词没有任何处理结论,只是一篇完整的劝告和睦相处的情理文书。

清末检察厅批词的说理方法与风格

从《各省审判厅判牍》看来,因刑事案件起诉权均由检察厅行使,故起诉一类的批词和起诉文书均由检察厅作出。相比之下，审判厅所作的批词多为民事案件。检察厅批词主要解决的是以下两类程序问题：一是驳回起诉；二是对投诉、管辖方面的错误予以纠正。就以上二十八个批词而言，其适用的对象比较广泛，有的是针对当事人的，有的是发给有关检察厅的。批词的内容也十分丰富，有的涉及民事案件，有的是刑事案件，有的是案件尚未发生，只为预防犯罪、警告犯罪所制发。

从案件处理的程序上看，有的批词所解决的问题是尚未进入法定处理程序的案件有关问题，有的则是在案件处理过程中的，还有的则是在案件处理完毕之后对申诉进行解说处理的。应该说，这些批词能在一定程度上反映检察厅的执法情况。

一、关于批词未引用具体法律条文

批词是检察厅重要的司法文书之一。在《各省审判厅判牍》成书的宣统年间，当时检察厅办案的法律依据已经有不少。程序法方面主要有：《法院编制法》、《各级审判厅办事章程》、《大清现行刑律》中的程序法条、《大清刑事民事诉讼律草案》中的程序法原理；[①]实体法方面则有《大清现行刑律》和《大清新刑律草案》。[②] 而以上引用的二十八个检察厅批词中，仅有批词十九引用了法律条文，但这是检察厅"本厅执法不能少徇摘录审判厅判词"所致，并非真正为检察厅所引。检察厅批词真正引用具体法律条文的，则没有一个。作为重要的执法机构，其重要司法文书未引用法律条文，不能不格外引人注意。

(一)批词不引用法律条文现象，与"法外办案"的传统习惯有关，与我国古代判词的制作传统有关

早在春秋时期，尽管奴隶制法有一定的秘密性，但法律文书也曾明确引用法条，如《左传》就记载了这么一则法律文书："三人同罪，施生戮死可也。雍子自知其罪而赂以买直；鲋也鬻狱；刑侯专杀，其罪一也。已恶而掠美为昏，贪以败官为墨，杀人不忌为贼。《夏书》曰：'昏、墨、贼，杀'，皋陶之刑也，请从之。"[③]这对普及法律教育公众有积极意义。但是，随着我国社会进入封建时代后，受汉代儒家经义、宋代理

① 李启成著：《晚清各级审判厅研究》，北京大学出版社2004年版，第136页。另外，从有关资料看来，清末审检厅还可以引用日本法对案件作出裁决，也就是说"司法移植可以弥补单纯章法移植所产生的漏洞。"参见张德美著：《探索与抉择——晚清法律移植研究》，清华大学出版社2003年版，第305页。

② 《大清新刑律草案》在当时实际上已经施行。理由是宣统年间的《上海地方检察厅收状处规则》(见《各省审判厅判牍》之章程类)就已经规定："本厅凡左列刑事诉状均得收受之：一、依于刑律草案罪该徒刑以上者；二、依其他法令罪该罚金二百元以上，或监禁三年以上者。"可见，刑律草案的法律效力已经在事实上得以认可并已经细化为地方检察厅开展业务工作的依据。

③ 周红兴主编：《中国古代法制作品选读》(上册)，文艺出版社1988年版，第11页。唐文著：《法官判案如何讲理》，人民法院出版社2000年版，第47页。

学及各代道德作为断狱依据的影响,司法文书中不写法律条文现象经常出现,[①]明清时代也不免受此影响。

(二)批词不明确所依据法条现象,与司法官员的素质有密切关系

尽管在历史上,唐代及清代等均明确制作判词"诸断罪皆须引律、令、格、式正文,违者,笞三十"。[②] 但由于司法官吏职业素质不高,品行低劣,往往故意不明确适用法律,以便于制造出入人罪,操纵司法,从中获利。[③]

(三)检察厅批词未明确引用具体法律条文,与批词这一文书的在诉讼上的狭小适用范围有关

批词与判词虽然在古代均被称作"判词",但实际上两者仍有区别。批词更加类似于"看语",即自己无权作出实体上的处断,仍需转呈其他检察厅或审判厅处断的文书。判词则多为"审语",即为对案件作出实质性处理所适用的文书。[④] 由于中国重实体轻程序的立法和司法传统,检察厅批词很少引用甚至不引用本应明确写明的程序法条文。

(四)检察厅批词很少引用或不引用具体法条,与当时的立法水平和执法目的也是大致相适应的

清末当时的立法并不完善,民众的许多权利义务,往往仍依"理"而定,这就增加了引用具体法律条文的难度。同时,"多理少法"有一定的"神秘主义"色彩,与司法机构长官形象相吻合,与解决冲突、维系稳定的执法目的也基本适应。

二、关于检察厅批词的说理方法

法律文书要说理,正如人要吃饭否则就会饿死一样,是一个非常简明的基本道理。如果作为裁决人类纠纷的司法环节仍不说理,就有实行暴政之嫌。[⑤] 从总体上看,清末检察厅批词在说理方面有较好的表现,基本上做到了说理充分。其说理所

---

① 唐文:《法官判案如何讲理》第二章"中国裁判文书说理的发展变化及其启示",人民法院出版社2000年版,第49页、第62页等。

② 《唐律》之"断狱","断罪引律令格式"条;《大清律》之"断狱","断罪引律令":"凡官司断罪,皆须具引律例。违者笞三十。"

③ 另外,在业务素质方面,从清初起,统治者在选士时就不重视判词,乾隆时期又正式取消了科举考试中的判词一项,这一做法也是造成清末存在批词不引用法条的质量问题的原因。参见吕伯涛、孟向荣著:《中国古代的告状与判案》,商务印书馆1995年版,第157页。

④ 王又槐:《办案要略》。

⑤ 谢如程:《论法治的实践理性》,中国法制出版社2004年版,"论司法文书"篇,第65页;严久:"简论加强法律监督说理",载《人民检察》2006年6月(上)。另外,法国于1810年就颁行法律规定:"不包括裁判理由的判决无效。"参见沈达明著:《比较民事诉讼法初论》(下册),中信出版社1991年版,第246页。美国联邦法院法官中心的《法官写作手册》则说道:"司法判决的任务是向整个社会解释,说明该判决是根据原则作出的好的判决,并说服整个社会,使公众满意。"转引自刘莉、孙晋琪:"两大法系裁判文书说理的比较与借鉴",载《法律适用》2002年第3期。

采用的主要方法有：

（一）以事理说理

即以社会或事件发展变化的一般道理进行说理。如批词一，京师总检察厅根据人命案被害人家属一般会迅速报官、判决不服会及时申诉的规律，对"乃事隔三年然后报官，案完七年又须申理"的"一家被杀五命"案所提出的新控，认为是"意图翻异，难保非被人唆使所致"，以此作出"不准此控"的决定，有一定的说服力。又如批词十一，直隶高等检察厅根据一般情况下人命案件办理较快之司法规律，作出批词，由此怀疑呈控不实。再如批词十二，直隶高等检察厅根据"十月怀胎"之事理常识，采纳呈控人"惟呈称二月逃去，八月生子，乃系尔家血脉"之说，要求有关机构再行复查。

（二）以情感说理

即以人情、正义、仁爱等心理进行说理。清末检察厅往往在坚持一定事实的基础上，充分运用情感语言进行说理，试图使人心服。如在批词六中，浙江高等检察厅对久拖不决之事批曰："案悬五载，该民人负累已重，差役复呈威勒索，益加之厉。殊失立法保护人民之至意，抑亦良有司所不忍闻矣！"此议论发自肺腑，非常感人。又如在批词二十四、批词二十五中，检察厅甚至使用了"斥"一词，情感意味非常强烈，力图使被"斥"者认识到自己之呈诉确实不当。①

（三）以法理说理

即以对法律的理解及适用原理、规律的认识进行说理。尽管清末检察厅批词未明确引用具体法律条文，但也有个别批词运用法理对当事人进行说理。如批词二中，京师总检察厅对新近诉讼办法的规定进行详尽解释，对不符合法律的来京控告作出不予受理的决定。又如批词九，浙江高等检察厅对嵊县刘郭氏呈词作处理时，就引用了部章的有关规定进行说理，"查部章，非经府厅州县讯结之案，本厅不能提讯"。

尽管未见清末关于要求检察厅法律文书应做到说理充分的法律规定，但由于一般民众不熟悉法律规定，所以这一做法是良好的普法手段，从阳光司法、文明司

① 当然，"以情入理"的做法，不仅清末检察厅采用，当时的清末审判厅也是经常采用的，《各省审判厅判牍》。中多有此例。如《各审审判厅判牍》判牍三"钱债门"所记载的梧州地方审判厅案——职官亏空公款借债不偿案，就以"友情"入判决。全文是："据原告严莫阶供称，前浙江玉环同知骆子卓亏空公款，无力赔缴，于光绪三十三年（1907年）四月初五日，请凭钱恭伯、潘仲舫、严子文等，向伊借去店本英洋一千元，立有借约……请求损害赔偿本无不合。惟严莫阶从前慨然以千元巨款济骆子卓之急，交谊不为不笃。今虽远道索偿，而骆子卓景况欠佳，本息偿还一时尚难办到。若复备列他项费用，丝线计较，负担过重，于事实究属难行。应判令骆子卓按照原约本息银限期清偿，以息讼端而全友谊。严莫阶追债来桂不无损失，即以柳府所用之款作为川资。严莫阶不得格外要求，骆子卓亦不得再求减少。判决完案。"司

法的角度看,是值得肯定的。

三、关于检察厅批词的基本内容

检察厅批词是否有确定的内容组成和结构安排？尽管并未发现清末关于检察厅批词应如何制作、其内容组成及次序安排的资料,但从以上28个批词来看,清末检察厅批词并不是随意制作的,不管该批词的行文篇幅如何,都有一些确定内容。这些内容包括:

(一)对呈诉内容的概括

如批词二十七,云南初级检察厅将李华呈诉李森等倚势朋殴一案的呈诉被概括为"堂弟殴兄"四个字,其要求追究行凶者责任之意思,自然包含在其中。

(二)案情分析与说理

不管呈诉所涉及的是实体问题还是处理程序问题,其中绝大多数的批词有"说理内容"。而对于案情分析,则视情而定。有的批词面对的是较为复杂或不同常理的呈诉,此一类型的检察厅批词往往进行了较为深入的案情分析、说理。如批词二十三等。有的批词分析案情和说理则显得非常简单。

(三)检察厅处理意见

在概括呈诉内容、分析案情的基础上,检察厅批词往往最后对呈诉作出明确的处理意见。由于批词所解决多为解决案件是否受理、何处受理、催促办理、处理申诉等问题,所以批词的最后处理意见多为"听候核示"一类。

根据以上分析,尽管未明确清末检察厅批词制作的具体的要求,但其基本上由以上三块内容组成,这一内容组成,已经有现代司法文书的雏形。

四、关于清末检察厅批词的行文与修辞风格

(一)行文简洁、精练

如云南初级检察厅对李华呈诉李森等倚势朋殴一案所作的批词,用了25个字,就清楚地表明了检察厅的处理意见,"邀凭族长并携宗簿或宗图呈厅听候核示"。又如直隶高等检察厅就吴桥县曹九有呈所作的批词十一和浙江高等检察厅对嵊县刘郭氏呈词所作的批词,均只有几十个字。最短的批词二十六,由云南初级检察厅就孔庆元呈诉朱明清放纵牛马践食皇粮一案所作,仅为17个字,"畜产践食苗种要求赔偿,不得作刑事告理"。其他批词,篇幅长的也不过四百余字,行文非常简洁、精练。

(二)内容生动、明确

清末检察厅批词并未因用词简洁而影响其质量,其行文生动形象、内容明确。仍以最短的云南初级检察厅批词为例,其"畜产践食苗种要求赔偿"的案情表述,行文非常生动,意思明确,使人立即掌握了此案案情。又如批词二十一,苍梧初级检察厅对陈朝宁辩诉李元恺呈诉挟嫌架题登门殴伤一案批曰,"姑再限三日勒缴范周二氏来案听讯,以凭核办。”要求当事人举证的意思非常明确易懂。

(三)语言平实

与运用比喻、对偶等修辞方法的许多古代判词相比,①清末检察厅批词修并不华丽,其多用平实语言文字表述,少用比喻等修辞技巧。前文所引二十八个批词中,除了运用问句对当事人呈诉进行分析以及使用少量感叹句以发表议论、表达情感外,并未运用比喻、夸张等方法。

(四)多用劝说者语气

清末检察厅批词往往透出采用行政长官之家长式管理者的劝说语气。如在贵阳地方检察厅批刘谢氏呈词的批词二十八中,该检察厅如同家长一般对呈诉人进行劝导,讲解“家庭变故,每因小忿而成”的道理,“本厅原可不阅,惟不欲尔等失和,故特明白批谕以,尔其思之”。② 这一风格应该说与行政官兼理诉讼的传统有关,因为行政长官是百姓的“父母官”,其处理各种纷争自然有家长式姿态。由于这种传统风格有一定的延续性,所以清末的新式审检实践也继承了这种风格,其检察厅批词等司法文书就会采用“劝说者”语气。

五、关于检察厅批词的延伸功能

批词往往只能解决案件的一些程序问题,这是由《法院编制法》明确规定的清末检察厅职责所决定的。但也有值得研究的其他情况。如苍梧初级检察厅所作的“赌博打击宣言”批词(批词二十二),就非常有特色的。只因钟莠芝呈诉开场聚赌有碍地方一案,检察厅就制作了此批词,态度鲜明地表达了打击一切赌博犯罪之立场与决心。

作为维护社会治安、打击犯罪的检察厅,以适当的方式表示对违法犯罪表示愤怒,正是检察机关“人化”或“人格魅力”所在,是司法机关应有的“品性”。而从职权范围来看,检察厅负责指挥司法警察,有侦查犯罪、公诉犯罪等职责,是维护社会治安秩序的重要机关。其结合办案和民众申诉,以批词形式作出严厉打击某类犯罪的表态,对预防犯罪是有积极作用。因此,尽管《法院编制法》及《检察厅指挥调度司法警察章程》等法令未对此进行明确,但认为这是检察职权的自然延伸,也并无不妥。

六、对清末检察厅批词的总体评价

经以上梳理可以看到清末检察厅的批词有一些显著表现:在内容上,有法理,

① 如宋代胡石壁所作判词中,运用了夸张、对偶等手法:“一勺之粟,不敢以自饱;一缕之丝,不敢以为衣。”(《名公书判清明集》卷六,《户婚门·赎屋》)。

② 日本学者滋贺秀三将中国传统法官活动的基本方式定位于“父母型诉讼”,即法官为政如人父母。这是客观的。参见[日]滋贺秀三等著:《明清时期的民事审判与民间契约》,法律出版社 1998 年版,第 16 页。

有情理,但很少引用甚至不引用法条,呈"多情理少法条"之现象。在行文风格上:简洁、生动;有情感、有劝说性。其行文不仅是以法律上的裁判辅助人员之语气,更多的是以行政长官之家长式管理者语气。在形式上,有一定的规范性、统一性,表现为内容组成确定、内容次序确定(案件来由、争议焦点、事实证据及分析、法理情理阐述、处理)。在功能与作用方面,批词有一定的解决纠纷功能;同时,检察厅批词又是宣讲法理情理的良好介质,对预防类似违法事件或争执再次发生有重要意义,是维护社会秩序的重要工具之一。

由上分析,还可从批词中看出检察厅有反对机械执法而注重执法的社会效果的倾向,更有维护长久和谐稳定之意图。另外,"批发呈词,要能揣度人情物理,觉察奸刁诈伪,明大义、谙律例,笔简而赅、文明而顺。"①清末检察厅的批词基本做到了这一点,其用语简练,逻辑性强,表达之意思非常明晰,反映出制作批词的清末检察官有较高文字表达水平。

另外,就清末检察厅批词,尽管其"少法多理"风格与"多法好讼"相比,前者有利于提倡宽容、诚信、和谐,也益于减少诉讼消耗。但由于"少法多理"的批词缺乏必要的法律依据作支撑,不利于准确司法和透明司法,不利于积累司法经验供以后执法参考,也不利于法律普及。更容易导致对执法者个体素质形成过强依赖,容易引发因人而异、办案缺乏标准甚至一手遮天的司法黑暗。"少法多理"的司法实践还是法律道德化的"帮凶",也会阻碍立法技术的进步和立法水平的提高,对此弊端应有足够的认识。②

① 王又槐:《办案要略》之《论批呈词》,华东政法学院语文教研室注译,群众出版社1987年版。

② 西方伊斯兰的"卡迪司法",同案异判,曾引发混乱。我国台湾地区张伟仁先生撰文认为,中国传统司法不属于"卡迪司法",而是基本上依据法律和先例判案。高鸿钧学者撰文与之商榷,认为贺卫方教授提出的"法官任意翻云履雨"的措辞尽管有些夸张,但仍是存在的(张伟仁:"中国传统的司法和法学"、高鸿钧:"无话可说与有话可说之间——评张伟仁先生的《中国传统的司法和法学》",载中国人民大学复印报刊资料:《法理学法史学》2006年第12期)。应当说,高、贺两位学者的观点较为客观,司法官滥用自由裁量权等现象确实不容忽视,不管是过去还是现在。

近代宁波司法制度的变迁

邹剑锋*

一、审判、检察制度的变迁

(一)审判、检察体制的沿革

清朝末期,清政府迫于内外压力,改革司法制度,实行司法独立。1906年,清政府进行了变法修律,司法方始独立。1910年12月颁布了《大清新刑律》,实行四级三审制,有辩护、陪审、会议等制度。刑罚中以死刑、无期徒刑、有期徒刑、拘留、罚金取代原来笞、杖、徒、流、死,同时还取消了"官秩"、"良贱"、"服制"在刑罚适用上的差别。

清宣统二年(1911年)一月,宁波地方审判厅及检察厅在城内湖西偃月街成立;宁波商埠初级审判厅暨检察厅,也同时在府前成立。四月,经呈报浙江提法司批准,拨款三万,将清光绪三十三年(1907年)由提督吕本元创办的巡警学后改作随军学堂的县治西侧小教场之地,整修改建,作为宁波地方审判厅暨检察厅厅址。原湖西偃月街厅址改为宁波商埠警察厅厅址。11月5日,辛亥革命光复宁波。宁波军政分府执行部取代宁波地方审判厅暨检察厅,由范贤方任部长。

民国元年(1912年)五月,宁波军政分府执法部改名为浙江第四地方法院暨检事厅。同时设置鄞县法院暨检事厅。宁波境内机构始有"法院"之名。民国二年(1913年)二月,浙江第四法院暨检事厅,改名为浙江第四地方审判厅暨检察厅。三月,鄞县县法院检事厅,改为鄞县初级审判厅暨检察厅。随后,奉浙江司法筹备处命令,浙江第四地方法院暨检事厅改为浙江鄞县地方审判厅暨检察厅。七月,浙江第四地方审判厅暨检察厅,改为鄞县地方审判厅暨检察厅。实行四级三审制。① 民国三年(1914年)二月,奉部令,绍兴、台州、温州、丽水四个属地之29个县的上诉、抗告案件,即第二审民、刑各案,概归浙江鄞县地方、初级审判合厅暨检察厅受理。民国七年(1918年)至民国十四年(1925年)审结一审、二审刑事案4350件、民事案6018件,对刑事发案中以鸦片烟毒罪、窃盗强盗罪、杀人伤害罪及赌博罪为多的刑事案犯科刑处罚,及对民事案中建筑、人事、金钱、土地、粮食、物品、证券、船舶八类

---

* 邹剑锋,2004级中国法律史专业,指导老师:王立民。现工作于浙江万里学院。

① 宁波法院志编撰委员会编:《宁波法院志》,第7页。(未正式出版)

案件的审判。[①] 北洋政府执政期间，鄞县地方审判厅暨检察厅于1918年至1925年共受理刑事案件3905件，平均每年收案488件。其中1919年收案350件为最少，1923年受理629件为最多。审理办结3892件，占受理数的99.66%。其中作有罪科刑3733件，占95.91%；作无罪处理的81件，占2%。

我国的检察制度肇始于清末，在清德宗设检察厅之前，无所谓检察制度。当专制时代，以朕即国家，各级地方官吏都兼理司法，史乘所载，虽谓侍御史职司纠举百僚，推鞫狱讼，监察御史掌分察百僚，巡按郡县，纠司刑狱。其时检察、审判权集于一身。清光绪三十二年（1906年）九月二十日，谕刑部改为法部专任司法，大理寺改为大理院，专掌审判。大理院在京直辖审判厅、局有三：（1）京师高等审判厅；（2）京师城内外地方审判厅；（3）京师分区城谳局。自大理院以下各审判厅、局，均附设检察局，各须设有检察官。光绪三十三年（1907年）奏准法院编制法，规定各级审判厅设置各级检察厅，地方审判厅、高等审判分厅及大理分院，分别设置地方检察分厅、高等检察分厅及总检察分厅。自此，在中国的历史上形成了审判权和检察权的分离。清宣统元年（1909年）十二月二十八日颁布法院编制法，其中规定各级审判衙门分别配置检察厅，其管辖区域与各级审判衙门同。初级审判厅置检察官一员或两员以上，地方及京师检察厅各置检察长一员，检察官两员以上；总检察厅，设厅丞一员，检察官两员以上。清宣统二年（1910年）十二月，在湖西设立宁波地方审判厅暨检察厅；在府前街设鄞县处级审判厅暨检察厅，实行司法独立。宣统三年（1911年）辛亥革命时，宁波地方审判厅暨检察厅改称宁波军政分府执法部，撤销鄞县初级审判厅暨检察厅。[②]

民国元年（1912年）五月，宁波军政分府执法部改名为浙江省第四地方法院暨检察厅，以旧附属为管辖区域。新设鄞县县法院暨检察厅，以县属为管辖区域。民国二年（1913年）裁撤鄞县初级审判厅暨检察厅，改称浙江省鄞县地方审判厅暨检察厅。首任检察厅检察长金兆銮，字小甫，系浙江金华人，于民国二年六月到职。民国三年（1914年）一月，浙江鄞县地方审判厅暨检察厅，又改称为鄞县地方初级审判合厅及检察合厅。同年七月复称鄞县地方法院及检察处。首席检察官沈秉德，系吴县人，于民国三年六月任职至民国八年九月止。受理绍兴、台州、温州、丽水第二审案件。民国九年（1915年）六月二十日，司法部呈准政府将法院编制法分别修正刊行，至民国五年（1916年）二月二日，又加以修正，其修正之点有三：（1）删除关于初级审判、初级审判厅之规定。（2）删除各省提法使监督本省各级审判厅及检察厅。（3）总检察厅厅丞改为检察长，各级审判衙门、各级审判厅分置之典簿、主簿、录事，

---

① 宁波法院志编撰委员会编：《宁波法院志》，第1页。

② 丛培松：《新中国成立前宁波检察史》。（手稿）

均改称为书记官长、书记官。①

民国十六年(1927 年)十月一日,国民政府成立。国府明令裁撤检察厅,改审判、检察厅为法院而附设检察处,于各级法院内设置首席检察官一人,检察官若干人,仍旧行使检察权,办理检察事务。民国二十四年(1935 年)七月,设浙江省高等法院第三分院暨检察处,检察处首席检察官系季赓扬,字允承,浙江省金华人。受理鄞县、慈溪、镇海、奉化、象山、余姚、宁海、南田、上虞、嵊县、新昌、临海、黄岩、天台、仙居的第二审案件。设鄞县地方法院暨检察处,首席检察官宋绍英,字峙青,系浙江省绍兴县人。②

(二)法院的组成与裁决

法院由院长、看守所、刑事简易庭、刑庭、民事简易庭和民事执行庭组成,还包括书记室,辖购物科、统计科、会计科、纪录科、文牍科(缮印股、收发股、文卷保存股)等。③

在浙江鄞县地方法院作出的判决中,我们似乎可以看出一些充分的说理,其判决不可谓不公允,也不可谓不专业。宁波地方法院有推事、检察官、书记官等约 50 人。书记、录事、承法吏(后称执达员)、法警及看守等将近百名。挂牌的律师最多时也曾超过百名。此外讼师、讼棍到处都有。“多数法官在分配到手一件案件后,首先关心的是有无受贿机会。比较安分的,静候律师、土豪劣绅前来请托说项;性格急躁的,就派人登门勾搭,甚至亲自出马联系。1936 年间,事务所来了一个不速之客,竟是新到的推事徐潼。他接到审理承办的一件土地所有权争执的讼案,特来嘱我向当事人说项,如能送他 100 元大洋,保证胜诉。该案原告拥有完整的土地所有权证件,按理是必胜的,无须贿赂法官,当时我为这个推事所的大胆作为咋舌,答应转告当事人,当事人深恐推事故意颠倒黑白,硬背诈去 100 元。这是个别的例子,但是,当时也可见法官面目的一斑。”④

那时大部分律师,除了对诉讼委托人进行诓骗敲诈,对法官过手贿赂、中饱分肥外,还有两种业务:一是受任企业或个人的常年法律顾问。该业务由老律师竺景松在宁波首创。所谓常年法律顾问,对有财有势的企业或个人,目的在于拉拢和宣传;对有财无势的,却是为了“打油丰”,捞钞票。二是律师信。凭借律师名义,代表诉讼委托人,致信企业或个人,限期到律师处完成某些义务,否则,就要向法院起诉。有这样内容的信件被称为“律师信”。律师信的目的,无非是对害怕打官司的人进

① 丛培松:《新中国成立前宁波检察史》。

② 同上。

③ 宁波市档案馆旧 164 号档案。

④ 方中:“国民党统治时期的宁波司法界”,载宁波市政协文史资料委员会编:《宁波文史资料》(第 15 辑),1994 年版,第 28 ~29 页。

行讹诈。当然,也有少数是保障正当权利而充任常年法律顾问和为平息讼争而写律师信作为警告的律师。①

旧社会的法律是保卫统治阶级利益、镇压欺凌人民的工具。宁波司法界也不例外,以保卫土豪劣绅和老板的利益为己任。那时,宁波有个专事拆城镇河、修建马路的城河委员会,半官半绅性质,主要负责人是“西王”陈如馨。他凭借这个机构,进行敲诈勒索、强占侵吞以及偷工减料等手段大发横财。有个俞国光,在苍水街建造了光裕里大批房子。陈如馨知道其有财无势,就以城河委员会的名义,指摘光裕里房子侵占公地,要俞拆屋清丈,让还公地,接受处分。俞只得挽钱庄业孙性之向陈说项,公开向陈主管的宁波救济院捐赠3000元,暗中送陈2000元,所谓公地,就不必让还了。柳汀街21号房子前有一条小河,经城河委员会派人填平后,通知21号房东承买,估价200元。其实按时价为30元左右。房东不愿吃这个亏,城河委员会扬言要卖给别人,堵住21号房子出路。这样房东只好央人向陈如馨求恳。结果奉送陈100元,又以40元买下这块地。诸如此类敲诈勒索,不胜枚举。因此,几乎天天有人向法官控告陈如馨。陈如馨有个原则,凡是有财有势的,不去撩拨;吃过他亏的,全是有财无势或无财无势的平民百姓。法院王秉彝院长也示意法官,控告陈如馨的案件,必须找到法律根据,否则不予起诉或不予受理;如有凭有据,就通知陈如馨自行处理解决。②

另外,有两种诉讼,保证原告胜诉。一是银行钱庄或大商铺的索欠诉讼,不问是否重利盘剥,或影戤虚构,法院总是根据原告的账册,判令被告如数清偿。还有一种是地主追索欠租和撤佃诉讼,佃户总是被判败诉。至于一般律师,原本依赖土豪劣绅、地主老板介绍讼案为生,当然要尽力保卫这些“恩公”。有个孙信赠律师,为了发展业务,拜流氓金廷荪作干爹。后来孙大律师当上鄞县参议员,每天还到金公馆去侍候干爹。由是可知旧时宁波为豪绅老板的卖力程度。③

(三)检察机关的组成、职能及工作

清光绪三十二(1906年)年九月二十日,谕刑部改为法部专任司法,大理寺改为大理院,专掌审判。自大理院以下各审判厅、局,均附设检察局,各须设有检察官。与刑事有提起公诉之责,可请求用正当之法律,监视判决后正当施行,均须承差若干人,掌送诉讼人提起控禀,并办理审判衙门署已审决之案件。清光绪三十三年(1907年)十月二十九日准奏,《高等以下各级审判厅试办章程》第四章各级检察厅

① 方中:“国民党统治时期的宁波司法界”,载宁波市政协文史资料委员会编:《宁波文史资料》(第15辑),1994年版,第29页。

② 同上,第30页。

③ 同上,第31页。

通则,第97条之规定:检察官统属于法部大臣,受节制于其长官,对于审判厅独立行使职权包括:刑事提起公诉;收受诉状请求预审及公判;指挥司法警察官逮捕犯罪者;调查事实搜集证据;民事保护公益陈述意见;监督审判并纠其违误;监视审判之执行查核审判统计表等。①

国民党政权的检察机关采取了大陆法系国家的司法体制,将检察机关设立在法院内。它的职权,主要是对刑事案件进行侦察,提起公诉,并协助自诉和担当自诉。②

浙江鄞县地方法院检察处系统(1927～1941年)由检察处首席检察官,刑事执行处:配置检察官、检察吏,侦查处:配置检察官,书记室配主任,官兼并置书记官,总务科主任、书记,文卷保存股、会计股、统计股、文股组成。③

其时,地方法院配置首席检察官一员,检察官若干员,依法令之规定独立行使其职务,检察官之职权包括:(1)依照刑事诉讼法规及其他法令所规定实行搜查处分提起公诉,实行公诉并监察判决之执行。(2)依照民事诉讼法规及其他法令所定为诉讼当事人或公益代表人实行特定事宜。

首席检察官归最高法院首席检察官及高等法院首席检察官指令、指挥、监督。首席检察官对于该院检察官及办理检察事务直属机关有指挥监督权。首席检察官对于看守所由检察官羁押之被告人等事宜有指挥监督权。④

1918年至1925年,宁波地方法院检察处共办结第一审案件7303件,其中起诉送公判的3397件,送预审525件,不起诉2753件,移送起诉108件,中止392件,其他121件。其中办结控诉案件(二审)768件,送审465件,移送他管157件,中止20件,其他109件,未结1件。办结其他之事件1345件,其中送审22件,移送他管6件,其他1317件。⑤ 另外,当时的检察机构还负责对于律师的惩戒等司法行政事宜。

从检察机构的组织系统、职能、检察官的职权及办理的案件可以看出,检察机构作为近代法制变迁的产物在宁波近代的变迁进程中,已经基本上逐渐成为近代司法体制不可或缺的组成部分。

---

① 丛培松:《新中国成立前宁波检察史》。

② 宁波市档案馆旧164号档案。

③ 同上。

④ 同上。

⑤ 丛培松:《新中国成立前宁波检察史》。

二、律师制度的变迁

(一)律师制度的形成

民国初年,宁波城区已有律师挂牌执行业务,并于1913年初冬成立鄞县律师公会。到1934年宁波成立宁绍台二审机关——浙江宁波中级法院后,宁波的律师界进入旺盛时期,在城区挂牌营业的律师多达150余人。并购买呼童街56号房子作为律师公会办公场所,第一任会长为黄荣昌律师。其后骆璜、王清正相继担任会长。①

律师都经法政大学法律系毕业,并在全国律师资格会考中取得证书,才可挂牌执行律师业务,老律师大都毕业于杭州浙江公立法政学堂,年轻的多毕业于上海法政大学。当时的执业律师年龄差距较大,分元老派、少壮派,有八十高龄的何锡冕老律师,是甬上闻名的寿星律师,年轻的如毛翼虎、何瑞芝、董川如、柳璋等。一般说来,律师家境富裕,才能进入法政学堂读书,但也有不少律师出身贫寒。如叶廷鳌读法政学堂时,靠勤工俭学得以毕业,新昌籍的黄荣昌是依靠妻家出资才完成学业。可知律师家庭出身也是比较复杂的。②

(二)律师的业务

律师常年法律顾问是执行业务的基本收入,其次是办理讼案。宁波人在外经商致富发迹后,多在家乡开店置产传给下辈,由此引起不少财产继承纠纷案件。律师办案费用以案件大小而定,大的案件一年只要承办一二件,就足够全年开销。如丁继仑律师由同学童乡苏介绍,接办上海董氏姐妹的慈溪父母遗产案,收入达几千元(银元)。张坤镛律师也因接办一件财产继承案,得到一笔巨资,连他家的佣人阿苏都分得一枚金戒指。③

一般律师承办的讼案和他的籍贯有关联。如丁继伦是镇海县三山乡人,其兄丁甲生是当地乡长,所以他接办的讼案大多来自镇海柴桥区。张坤镛律师是慈溪人,慎康钱庄和天宝绸布庄请他担任常年法律顾问。④

(三)律师公会⑤

鄞县律师公会设立于鄞县地方法院所在地,会员得依律师章程之规定在通常

---

① 俞学欧:“解放前宁波律师界一瞥”,宁波市政协文史资料委员会编:《宁波文史资料》(第15辑),1994年版,第36页。

② 同上。

③ 同上,第37页。

④ 同上。

⑤ 宁波市档案馆旧13号档案。

法院及特别审判机关执行律师职务。律师公会会员除遵守律师章程外,须遵守律师公会会则。

律师公会以具有律师章程规定之资格,领有律师证书并经登录者得入律师公会为会员。凡入会者,除应交验证明资格之文件,填具入会愿书外,须纳入会费国币大银圆二十元,每月纳经常费国币大银圆二元,其不纳经常费至三个月以上者,认为退会并报告各级法院。退会后复入会者,纳入会费国币大银圆十元,其所欠退会以前之经常费并须同时补缴足额。由律师公会填给入会证书登记于会员名簿,并报告各级法院。凡会员欲退会者,须具事由报告律师公会。下列事项之一者,经总会或常任评议员会之议决,令其退会:(1)任有俸给之公职者;(2)自请撤销律师登录而未报告退会者;(3)法律上规定不许当律师者;(4)因惩戒受停职或除名之处分者;(5)违反律师章程及公会则者;(6)有精神丧失之状况者。

律师公会设会长一人,主持公会一切事务,副会长一人辅佐会长办理会务,会长有事故时副会长代行之;常任评议员八人,议决会中一切进行事宜;书记一人,缮写函牍,记载稿件;会计兼庶务一人经理收支杂务等事。职员除书记会计由会雇佣外,其余均由会员中选之,前项书记会计得由一人兼任。职员之选举用记名连记法,以得票多数者,为当选票数同者,以抽签法定之。职员除书记会计外,任期均为一年,但得连选连任。

律师公会定期召开临时总会及常任评议员凡开会时均以会长为主席,会长有事故时以副会长代理之。定期总会于每年3月、9月各举行一次,召集之办法在开会两星期前通告各会员并登报广告。于必要时经会员15人以上之提议或常任评议员会之决议得以专函通知召集临时总会。常任评议员会每月至少举行一次,于会期前三日专函通知。常任评议员会非有常任评议员过半数出席不得开会。总会常任评议员会之会议均依多数取决,开总会时应先期邀请所在地地方法院首席检察官莅会,并将律师章程规定各款事项报告于所在地地方法院。

律师公会会员之职务包括:(1)为原告办理诉讼事件之职务:①缮具诉词及搜集各项证据检送法院;②代理或辅佐原告到庭办理诉讼事件;③开庭时原告申诉后,当庭质问原告及其证人,责诘其证据不充分时,应查明再行复问原告及其证人;④被告或其律师申辩后可将被告及其律师申辩之理由向法院解释辩驳。(2)为被告办理诉讼事件之职务:①缮具诉词详细申辩并检齐有益于被告各证据呈送法院;②代理或辅佐被告到庭辩论或到庭为被告辩护;③原告及其证人陈诉后,可将被告辩词说明理由或同被告之证人当庭辩论;④原告及其律师申诉后,可将原告及其律师申诉之理由向法庭解释辩驳。(3)律师公会会员除前条规定之事件外,并得办理下列事件:①代理法律行为(如执行遗嘱、保管财产、清算经租一切信托事件之类);②证明契约、遗嘱等法律文件;③代撰契约及其他一切法律文件;④办理仲裁或和解事件。

律师的权利义务包括:律师公会会员于所承办各法院案件之文卷,得抄阅或摄影但以经法院许可者为限。律师公会会员得通知监狱或看守所于接见时间内接见并询问所承办案件内之被押人。律师公会得请求法院通知会员出庭时于开庭前三日将通知书送达到所,但临时委任者不在此限。律师公会得请求法院指定律师休息室,并为必要之设备。律师公会会员受委托所具之书状或言词辩论理由书,除留稿存查外,须备同式缮本两份,以一份送致法院,一份送致当事人。为各种契约之证明或代撰时须备具同样之书式三份送致双方当事人,并留存一份备查。书件须签名、钤章并于骑缝及有添注涂改处钤章。不论何种事件受委托后,遇有应守秘密者,须严守之。律师公会会员对于法院指定辩护事件,不得无故推诿,如确有事故不能承办时,至迟须于开庭前一日辞复,以便法院改指,但临时有特别事故发生不及托人代理者不在此限。律师公会一切事宜,会员均有维持之责。

律师公会会员承办各项诉讼事件或非讼事件,得向委任人收取公费,其办法如下:诉讼事件有分收办法和总收方法两种收费方法,由当事人自择以契约定之。律师公会会员因公费自行提起诉讼时,其公费以委托他律师之必要公费为限,由相对人负担。法院指定辩护案件不得收取公费。

律师公会会员还必须遵守职业道德:(1)律师公会会员办理案件,应听当事人自由委任或选任,不得唆讼僭越;(2)律师公会会员收受公费须遵照总工会则办理,不得滥行收纳;(3)律师公会会员既受一方委任,即不得再受他方之嘱托;(4)出庭辩论不得稍存偏僻,并涉及无关本案之别情;(5)会员并延聘人及书记均不得沾染嗜好。

律师公会通过颁发入会证书等方式加强会员管理。在入会证书中,对律师姓名、年龄、籍贯、登记号进行详细记载,既是律师会员权利的凭证,也是律师管理的工具。

(四)律师对近代宁波法制变迁的推动

1. 参与法制的形成过程

在宁波近代,律师通过律师公会就法律文件在司法适用中出现的问题或疑问积极地向有权机关提出意见,并且得到积极回应,以非常积极而又专业的姿态参与到法制的形成过程中来。

2. 推动法学研究的深入

鄞县律师公会成立了司法研究委员会,并订立了议事细则。会议席次于每年首届开会时抽定之。开会由主席查到会人数已过二分之一宣告开会,逾原定时间五分钟,不足前项人数时即宣告延会。会议时委员因事退席或会场发生事故,主席得宣告中止。会议时不得有两人以上同时发言,如有此种情形,由主席指定先后依次发言。开议后经过两小时,主席得为十五分钟休息之宣告。议事毕,由主席宣告散会。议案应先期印刷,分送各委员,但临时提出之议案情节简单者不在此限。议案经总工会认为应审查者,得发交各该组审查员,审查会非有半数以上之出席不得开议具议事以多数表决。讨论不得涉及议题之外。各委员讨论既毕,由主席宣告终局,但有异议时应付表决。主席不得关于表决之数,但可否同数时,取决于主席,凡表决后再就本问题发言及请求变更。

3. 进行贫民救助

贫民救助会由中华民国律师协会各会员公会征求各该公会同情于贫民会宗旨之律师组织之,分别定名为某某律师公会法律扶助会。贫民救助会以对于贫苦民众无偿予以法律上之扶助为宗旨。

贫民救助会会的职能包括:(1)为贫民解释法律疑问;(2)为贫民证明法律关系;(3)为贫民办理有正当理由之诉讼事务。

贫民救助会的纪律要求:(1)贫民救助会会员与请求扶助人接谈时,不得涉及法律范围外之任何事务;(2)贫民救助会会员对于应予扶助事件应为善良管理人之注意;(3)贫民救助会会员对于任何扶助人不得明示或暗示其为违反真正实施之任何行为;(4)贫民救助会会员如因当值应请求扶助之人法律顾问或法律关系之证明及为办理诉讼事件者,不得再受对造人请托;(5)贫民救助会会员对于请求扶助人不得收受或要求任何报酬。会员如违背纪律有前条情事之一者,适用各该管律师公会惩戒规制。

凡因贫苦请求贫民救助会给予扶助者,应取具地方自治团体或慈善团体或该管职业团体之证明书为证明。

4. 进行法制宣传

律师吴复礼就继承问题作播音演讲,时间是1月17日下午5时至5时40分。吴律师强调"今天我来讲《继承问题》,因为政府规定节目是法律常识,所以我讲的继承问题也只是法律上关于继承问题的一些基础知识,至于理论方面,恕不论述。"因此,可以看出,律师进行的主要是一种法制宣传工作。

在整个宁波近代法制变迁进程中,律师一直是一股推动力量,因为一方面,他们所受到的良好的法学和法律教育使他们可以很好地运用法律,并对法律的变迁和发展作出实际的推动。其中,不可忽视的一个动因在于,律师这个群体是近代法制变迁的受益者,他们是职业法律人,通过提供法律服务谋生是一个基本的生存样态。因此,总体上来说,他们是宁波近代法制的一股推动力量。

英租威海卫时期的诉讼制度及现实思考

邵宗日*

英租威海卫时期，殖民者在法制层面上建立了相对完善的诉讼制度，主要包括刑事的和民事的，其内容主要规定在《1901年枢密院威海卫法令》之中。司法实践中，英威殖民当局又及时根据现实需要对诉讼制度进行适时的调整。英租时期的诉讼制度基本上适应了殖民统治的需要，同时大量的社会纠纷能得以较为有效地解决也维护了租借地内的社会稳定，客观上有利于民众生活的安定。时移世易，当前威海的诉讼制度早已褪去了殖民色彩，并且作为我国诉讼制度实践缩影之一，无论从法制层面还是实践当中都取得重大成就。当然，我国当前所建立和实践的诉讼制度同样也存在相应的问题。尽管英租威海卫时期诉讼制度运行的社会环境等在今天已经有了翻天覆地的变化，但当时的一些做法依然值得我们今天思考和借鉴。

一、英租威海卫时期诉讼制度的基本内容及改革情况

英国在其租借威海卫期间建立起了相对完善的诉讼制度，其内容主要规定在《1901年枢密院威海卫法令》（以下简称《法令》）之中。该法令可以视为英租威海卫时期的一部宪法性法律文件，它分为六大部分，共87条，其中有三部分共69条的内容都是关于司法和诉讼制度的规定，而关于刑事和民事诉讼制度的内容又占了60条。由此可见英威殖民当局对诉讼制度及诉讼活动的重视。

法院的设置和法官的任免等问题与诉讼制度密不可分。根据《法令》的规定，威海卫设立一个高等法院和在租借地内的任何一个地区设立地方法院。威海卫高等法院的上诉法院为香港最高法院。在管辖上，所有在威海卫租借地的人民之间以及在威海卫租借地内发生的刑事、民事案件，均由高等法院管辖。在法官等人员的任免上，高等法院的法官由英国国王任命，该法官应为英格兰、苏格兰或爱尔兰律师公会的会员。在任命法官之前，高等法院应由行政长官掌理。此后，由行政长官或法官或行政长官与国王任命的法官共同掌理。地方法院的法官由殖民部大臣任命。至于法官之外的其他人员的任免，《法令》第15条规定，行政长官可根据国务大臣的指令以及本法令的规定，随时任命其认为合适的人员担任登记员、书记

* 邵宗日，2005级外国法律史专业，指导老师：何勤华。现工作于威海市环翠区法院。

员、法警、翻译及其他法院职务，确定其职责并可将该任命的人员解职。①

英租威海卫时期的诉讼制度主要由刑事诉讼制度和民事诉讼制度两部分组成。其制度内容具体而完备，但限于篇幅和写作重心，笔者仅对刑事和民事诉讼制度的基本内容作简要的介绍。具体而言，英租威海卫时期诉讼制度主要包括以下几点：

(1)法院的管辖。高等法院可做出当时在英格兰具有刑事管辖权的任何法院可以做出的任何刑罚。而地方法院不得做出入狱期限超过12个月的刑罚，也不得作出罚金超过400元的处罚。并且，叛国罪、强奸罪等犯罪地方法院无权审理，除非经过高等法院书面指示同意。当事人对高等法院的判决不服的，可以向最高法院上诉。民事案件的管辖除遵守前述的管辖原则外，《法令》还规定了几种特殊案件的管辖权及相应的规则，如对破产案件的管辖、对处于威海卫租借地内的船只及人员的海事管辖权等。

(2)诉讼程序的启动。一项刑事诉讼可由检举人控告启动，也可由法院自行动议通过签发传票或者拘捕令启动。区别在于如果属于法院签发拘捕令的情形，除非法院提出要求，控告人无须宣誓。刑事案件中被拘捕的被告人应在拘捕之后四十八小时内提交法院审理，除非有例外的情况阻止将其提交法院。任何一项起诉申请可以通过口头方式向法院提出。法院应根据确定好的日期开庭审理案件，一般情况下，开庭应该公开进行。

(3)审理程序和审判制度。审理程序上分为简易程序和普通程序两种类型。"在英国，简易审判制度是指由治安法院依照简易程序所进行的审判。它们主要对轻微罪行使管辖权，其司法权力是有限的，且不能创制先例。然而它们审理了刑事案件的绝大部分(大约97%)，是普通民众直接面对的法院。"②简易审判的程序大体包括受理简易起诉书、被告人出庭答辩和判处刑罚等阶段。英租威海卫时期适用简易程序审理刑事案件的标准是根据犯罪可能判处的刑事处罚而定，即如果法院认为该犯罪将受到六个月以下的监禁或者100元以下的罚款的处罚，该案件应以简易程序进行审理。在威海卫的司法实践中，绝大部分案件都通过简易程序得到了处理，普通程序的适用情况则比较少见。但是，叛国、谋杀、强奸等犯罪不得以简易程序审理。所有的民事诉讼均应以简易程序审理并判决。

而《法令》规定的审判制度主要有四种：一是独任审判制和合议审判制。即最高行政长官和法官，或者各自独立审理案件，或者由二人共同审理案件。二是协助

① 张建国、张军勇主编：《英租威海卫史料汇编Ⅰ威海卫法令》，中国国际广播出版社2006年版，第8页。

② 齐树洁主编：《英国司法制度》，厦门大学出版社2007年版，第555页。

审判制。当案件当事人有一方为华人时应由至少两名陪审员组成的陪审团协助审判。三是会审制。即高等法院在每区应有会同审判权。四是巡回审判制。即“高等法院得视事实之需要,在该地任何地点开庭。”①

(4)关于上诉。当事人对所有判决都可以提起上诉。刑事诉讼中,被告人提起上诉后,地方法院应延缓已提起上诉的判决的执行,并将被告人送押,或者入狱看管、允许保释或者支付罚款的保证金。如果当事人对民事判决不服,在提供法官认为合适的担保及支付合理的费用后可以提起上诉。但在高等法院作出判决之日起三个月后不得再提起上诉,除非经过高等法院批准。

(5)诉讼费用的承担。刑事诉讼中,法院可判令罪犯支付全部或者部分诉讼费用,具体金额在判决中确定。如果法院认为该诉讼属于无理取闹或者微不足道,可判令控告人支付诉讼费用以及被告人的全部或者部分费用。

此外,法令还规定了刑事诉讼中的保释、搜查、刑罚的执行等相关制度。值得一提的是,英租威海卫时期,英威殖民当局还将陪审制度移植到威海卫的司法审判中,为此颁行了《1905年陪审团条例》。在这一条例中,对陪审员的资格、选任以及在审判中的作用等都作了较为具体的规定。

在建立起较为完善的诉讼制度之后,英威殖民当局也非常重视在司法实践中根据现实的需要对诉讼制度进行调整或改进。这些调整主要表现为以下三个方面:

一是地区法庭的设置。英威殖民当局于1906年将威海卫划分成南北两大行政区,并都设置了独立法庭,分别审理各自辖区内的民事和刑事案件。1916年又设置正、副华务司两职。诉讼案件分别由两个华务司审理,其中正华务司审理民事案件,副华务司审理刑事案件。不仅如此,为了方便诉讼,正华务司每年还要安排一定的时间在南区设立巡回法庭。

二是诉状的书写、收费和递交方面的调整。提交诉状是受理案件的必经程序,也是中国的传统做法。英国人延续了这一做法并通过发放执照的方式对诉状书写人进行规范,每份诉状可收2元的书写费。后来由于书写人借机向当事人索取财物或挑起诉讼,1907年取消了这一制度。但允许当事人当堂口头陈述案情的做法又加大了地方法官的工作量,为此英威殖民当局又恢复了诉状递送制度,并由政府确定的专人代写诉状,每份诉状收取1元(1913年后增加到3元)书写费。状纸也是政府规定的统一格式,由政府统一印制。

在诉状递交的方式或途径方面,最初诉状是交给地方法官的职员,后来发现职

① 王饶:“英租威海卫司法体制初探”,载《环球法律评论》2005年第5期。

员中有受贿、索贿现象，便取消了这一做法。此后，不论是在地方法官住处还是在法庭，所有诉状都由被告亲自交给地方法官。并且为了鼓励那些不敢公开上诉或不敢控告本村某些颇有影响力的人或家族的冤屈者向法庭合理起诉，时任正华务司长官的庄士敦还在南区法庭附近路边上设置了上锁的诉状箱。

三是重视并提高民间调解在诉讼程序中的地位。英威殖民当局治理威海卫初期，为了体现“父母官”的关爱之情，对中国传统的案件审理方式进行了改革：地区法庭不仅每天都开门办案，而且不收取任何费用。尽管这受到了威海卫民众的欢迎，但它一方面严重增加了地方法庭和法官的负担，另一方面也损害了既有的乡村秩序维护机制的核心——村董的权威。对此，当局及时作出调整，将村董的调解作为民事诉讼的前置程序，即规定所有到法庭诉讼的民事案件，当事人必须持有村董出具的证明，证明该案已经过村董的调处。

二、英租威海卫时期诉讼制度的实践及评价

英租威海卫时期所建立起来的诉讼制度在司法实践中充分地发挥了其功能，甚至在很大程度上鼓励了租借地民众的诉讼热情，出现了所谓的“健讼”现象。如在英威殖民政府一份报告中是这样描述威海卫民众对于诉讼的热衷：“此地的人们肯定乐于上法庭。他们把上法庭看做像去剧院或其他什么地方一样的轻松愉快。一个受到伤害的丈夫会步行20英里去告诉法官他无能去控制他妻子，一位受委屈的庄稼人会不辞劳苦地走10多英里去告诉法官，他的邻居偷了6把属于他的草并请求大人帮助他。”①

就刑事诉讼而言，法院审理的威海卫当地居民的恶性刑事案件非常少，其中，赌博、自杀等案件占了不小的比例。绝大多数刑事案件都由地方法院审理，高等法院审理的案件则相对较少。如1905年高等法院总共才审理了三起刑事案件，其中有两起属于过失杀人。② 1907年高等法院也仅审理了一起案例，即身为英船司炉的被告被控告为过失杀人，经审理宣告该被告无罪。③ 而发生在1912年的由高等法院审理的“王连喜案”则非常详细地反映了英租时期威海卫的刑事诉讼审判情况。

1912年2月7日，一个名叫谢锁的中国人吃过早饭后不久即突然呕吐不止，并在当天下午2时左右死亡。谢锁的亲属向温泉汤地区法庭法官报案。温泉汤地区法庭法官于2月8日进行了调查并勘查了证据，随后受命将尸体运送进行尸检。经

---

① 威海市档案馆档案：《骆克哈特任职期间的工作报告》，档案号：229－001－0037。

② Weihaiwei Report for 1905. 威海市档案馆档案：《年度报告》，档案号：229－001－1421。

③ Weihaiwei Report for 1907. 威海市档案馆档案：《年度报告》，档案号：229－001－1422。

上海市市政检验室检验得出最终结论:谢锁死于砒霜中毒。证人证言进一步证明砒霜是由王连喜或谢刘氏投入谢锁所吃早饭中的。其中谢刘氏是死者之妻,王连喜则是死者的女婿。随后二人出庭受审。在法庭受理案件后的几个星期里,威海卫地方官员和治安官员一直在收集死刑审判的证据,并于4月27日将该案移送审判,并随案移送全部支持和抗辩死刑的全部证据。本案报告于4月30日移送公诉人,由公诉人向威海卫高等法院通过提交公诉意见书的方式提起公诉。本案由威海卫高等法院的法官波恩法官主审,两位中国陪审员协助审理。公诉由上海的埃里斯先生担任,埃里斯先生以皇家律师的身份出席审判。两被告无辩护人。案件审理持续了两天。威海卫地方卫生官穆安特博士、上海的E.O.威廉森先生等出示了证据,后者是化学分析师,正是他检验了死者的胃容物。死者死亡时在场的死者之亲戚和邻居也提供了证据。两刑事被告未能提供任何证据,但是他们均否认他们有罪。主审法官和两个陪审员一致认定两被告有罪,并据此作出死刑判决。判决作出后,主审法官于9月7日将该判决随同审理报告一并报送威海卫行政长官审查批准。最终行政长官批准了王连喜的死刑,但是考虑到本案女被告的相关情况(正处于怀孕期间),行政长官未批准该女被告的死刑判决,而是减为监禁刑。后王连喜于10月5日被执行绞刑。女被告谢刘氏则被送往香港服刑。①

该案从发生到审理,经历了报案、勘验、侦查、移送起诉、审判以及判决的执行等程序,完整地再现了刑事诉讼制度运作的全过程。由此我们可以窥见甚至惊叹一百年前英租威海卫时期刑事诉讼制度的完善及其有效的运转情况。

而法院审理的民事案件都是比较琐碎的,纠纷内容"主要涉及土地所有权、违背合同、收养、遗产、祭祀、宗族财产的管理和所有其他因中国人之间复杂的人际关系而导致的五花八门的问题。"②在诉讼方式上殖民当局也进行过有益的探索和实践,如庄士敦经常独来独往地在租借地的各个地区巡游,调查民情,努力掌握第一手的资料。他很快就融入到了威海卫的社会当中,受到了社会各界人士包括普通老百姓的认可和信任。甚至夫妻之间的争吵、婆媳不和、邻里纠纷等琐事都会找到他。在1904年他上任的当年,境内商绅就为其赠送卷轴,誉为"父母官"。③ 在处理威海卫的民事纠纷过程中,庄士敦曾别出心裁地在靠近村庄的野地里搭起一面帐篷,在帐篷中专门受理人们的纠纷和争讼,这种做法曾传为一时美谈。④ 庄士敦的努力也收到了相应的成效,以至于在庄士敦离职后的一年里,民事案件相比较与庄

① 威海市档案馆档案:《王连喜凶杀案》,档案号:229-001-1479。
② Weihaiwei Report for 1907. 威海市档案馆档案:《年度报告》,档案号:229-001-1422。
③ 邓向阳主编:《米字旗下的威海卫》,山东画报出版社2003年版,第38页。
④ 梁月昌著:《英舰驶进刘公岛——英租威海卫解读》,中国文史出版社2005年版,第160页。

士敦在任的最后一年减少了许多。这在英威殖民政府的一份报告中有所记载,“1919 年审理的民事诉讼案件总计才 151 件,1918 年达 187 件,而 1917 年为 215 件。”①

诉讼与调解是中国古代社会纠纷解决的两种主要机制,二者的关系用经济学的术语来讲就是互为替代品。但如果这两种机制都运作不畅,那么就会造成官府案件积压拖讼、民众纠纷解决成本高昂、社会矛盾激化等情形出现。如在英国租借威海卫之前,境内大部分地区的案件由文登县审理,而文登县的管辖范围是租借地的近 3 倍,审理案件的法院只有一个,开庭时间也只有 6 天。工作效率很低,积压案件很多,一般的案件县衙是无暇顾及的。不仅如此,诉讼费用高昂,老百姓打官司要缴纳 10 种不同的昂贵费用。所以大量的案件通过亲戚、长辈或村董等“说和”解决,但一旦事情解决成功,当事人还要请调解人吃饭或送一些酒和食品进行答谢。②就诉讼机制而言,便捷、公正、合算是民众对通过官方诉讼解决纠纷的最主要期待,但正如有学者在分析晚清积案成因时指出的那样,在政法合一的社会状况之下,兼管行政与司法事务的一身数任的地方官的办案效率本来就是极为低下的。③ 不仅如此,老百姓还要负担昂贵的诉讼成本(包括明示的和隐形的成本)以及对案件审理结果公正性的忧虑。总之,英国人来威海卫之前,中国的官府及诉讼机制的运作并没有更好地满足民众的这些最基本的期待。

英租威海卫期间不仅建立了相对完善合理的诉讼制度,并根据诉讼实践的需要对有关制度进行调整和完善,而且在诉讼活动中许多裁判者既维护制度的严肃性,保证诉讼的公正进行,又注重对中国传统诉讼方式和技巧的吸收,注重结合中国人的心理并引用中国传统经典文献中的语句。如庄士敦曾在其书中写道:“无论作出民事还是刑事判决,我经常从儒家经典著作或者圣谕那儿摘抄一些恰当的文句,目的是针对眼下的案件所争论的问题给我的听众以一点道德训教。”④

不可否认,英租威海卫时期的诉讼制度带有浓厚的殖民色彩,一切制度的设计和实践最终都要服务于其在威海卫的“租借”目的和利益,并且也不排除殖民者在诉讼过程中对当地民众态度蛮横、无视其合法权益的现象存在。但总的来看,英租时期威海卫的诉讼制度同时又具有很强烈的现代性色彩,而且制度的设置与实践也在很大程度上满足了威海卫当地民众解决纠纷的机制需要,对调处民间纠纷、惩治犯罪和维护社会治安起到了相对积极的作用。尤其与当时存在的中国传统正式

① 威海市档案馆档案:《1919 年度部门工作报告》,档案号:229 - 001 - 0053。
② 邓向阳主编:《米字旗下的威海卫》,山东画报出版社 2005 年版,第 47 页。
③ 赵晓华:“晚清的积案问题”,载《清史研究》2000 年第 1 期。
④ Reginald F. Johnston, *Lion and Dragon in Northern China*, Oxford University Press, 1986, p. 123.

的官方诉讼制度相比,它更好地满足了民众对诉讼这种纠纷解决机制的两种最主要的价值需求——公正和便捷。

三、英租威海卫时期诉讼制度的现实思考及借鉴

英租威海卫时期与当前我国的诉讼制度所存在的差异是全方位的,二者无论在制度性质、内容还是实践目的等方面都有着极大的甚至是根本的不同。从性质上看,英租时期的诉讼制度带有浓厚的殖民色彩,这也决定了其实践的主要目的在于维护英国殖民者在威海卫的殖民利益,而当前威海所实行的诉讼制度是我国社会主义诉讼制度的有机组成部分之一,其目的则在于解决纠纷、惩治违法,通过对人们合法权益的维护构筑和谐社会。内容上,英租时期的诉讼制度主要移植于英国本土所实行的诉讼制度,只是根据威海卫的实际情况和需要稍作调整,尽管总体上属于现代诉讼制度的范畴,如较为严格的诉讼程序、证据制度和陪审制度等,但是与当前威海的诉讼制度相比,前者显然不够详备精致,许多制度在运作中也存在很大差异。尽管存在极大的差别,英租时期和当前的诉讼制度并非完全没有可比性,毕竟那些区别主要是静态方面的,而诉讼制度的最大意义在于其运作所带来的社会效果。而对诉讼社会效果的强调也正是英租时期和当前实行于威海的诉讼制度所共同的追求之一。

当前我国的司法制度和诉讼实践基本上满足了民众对正式纠纷解决机制的需要,大量的纠纷或案件都通过诉讼活动得以处理,在保障权利、维护社会稳定方面发挥了应有的作用。但是我们同样也意识到,当前我国诉讼制度及诉讼实践中依然存在许多问题,无论是宏观体制还是微观制度层面的,都在很大程度上阻碍了诉讼制度功能的有效发挥。结合英租时期的诉讼实践,笔者将当前我国诉讼实践中存在的比较典型的问题列举如下四点:

一是诉讼费用或成本较高。这里指的诉讼费用或成本是从当事人的角度而言的,它主要包括案件受理费、律师代理费以及其他费用和支出等。当前,诉讼成本不仅种类名目繁多,而且几乎每一项的收费数额都不低。如据统计,超过85%的当事人会委托代理人参加诉讼,而相当一部分不请律师的人也主要是因为经济原因。再如鉴定费,在诉讼中涉及专门问题需要鉴定的情况越来越多,而鉴定费用的昂贵已成为一个不争的事实。一件最普通的文字鉴定收费都在千元以上,至于对产品质量、火灾原因、录音等较为疑难的鉴定,收费动辄都在万元以上,让人望而却步。除此之外,当事人为诉讼而牵涉耗费的时间与精力,因诉讼而扩大的损失或丧失的机会等都是无形的,也是当事人必然要承担的诉讼成本。

二是案件庞杂致使法官和法院不堪讼累。如贺卫方指出的那样，在一个追求法治的社会中，以法院为中心的司法体系之所以重要，首先是因为法院位居纠纷解决体系的中心。[①] 显然，当前我国法院承担了大量的社会纠纷或案件的解决任务。仅2008年，最高人民法院受理案件10,553件，审结7725件，同比分别上升29.53%和24.20%；全国各级法院受理案件10,711,275件，审结、执结9,839,358件，同比分别上升10.91%和11.17%。[②] 因此，在当事人抱怨诉讼成本高昂、法院门口难进的同时，我们的法院和法官却也在承受着繁重的诉讼审理压力，这种状况尤其值得我们重视和反思。

三是诉讼活动中的调解机制运作存在不少问题。在我国的民事诉讼的调解过程中，法官担任着调解人和裁决者的双重角色，由于目前法院仍存在以结案率、上诉率、调解率的高低论政绩的现象，且存在严格的错案追究责任等。这样，法官基于多方面的考虑便会首先选择结案快、风险小、可规避法律问题又省时省力的调解诉讼模式，从而以手中的裁判权压制当事人，强迫其接受调解。[③] 这显然违背了自愿调解的基本原则。

四是诉讼的社会公信力与亲和力有待进一步提升。诉讼的社会公信力与亲和力是密切相关的，都是司法公信力的重要表现。“从受众心理角度看，司法公信力是社会组织、民众对司法行为的一种主观评价或价值判断，它是司法行为所产生的信誉和形象在社会组织和民众中所形成的一种心理反映”。[④] 在当前我国社会转型过程中，先前供给司法权力及权威性的一些意识形态资源已经失去或部分失去了说服力，加之司法体制、程序设置等不尽合理，极个别司法者人品不尽如人意，诉讼或司法不能充分满足社会对司法的需要，从而影响了社会公众对司法的认同，也导致诉讼的社会公信力与亲和力降低。

笔者认为，英租威海卫时期的诉讼制度对完善当前我国的诉讼制度具有重要的借鉴意义，其具体可从以下几个方面来认识：

首先，降低诉讼费用或诉讼成本问题。诉讼成本的高低不仅体现为诉讼费用的数额大小，还与诉讼的便利程度和效率高低密切相关。所以英威殖民当局通过减少和规范诉讼收费、设置较为便利的诉讼途径以及提高诉讼效率等措施的采取，有效地改变了原来民众因诉讼成本高昂难以通过诉讼解决纠纷的局面。在一份年

---

① 贺卫方著：《司法的理念与制度》，中国政法大学出版社1998年版，第104页。

② 最高人民法院工作报告——2009年3月10日在十一届全国人大二次会议上，载http://news.xinhuanet.com/newscenter/2009-03/17/content_11024682.htm。

③ 王效贤：“我国民事诉讼调解制度存在的问题及其完善”，载http://article.chinalawinfo.com/Article_Detail.asp?ArticleID=41581。

④ 关玫著：《司法公信力研究》，人民法院出版社2008年版，第41页。

度报告中,英威殖民当局是这样描述其诉讼费用改革所带来的变化:“诉讼费用大多产生于没完没了的休庭,迫使当事人住宿的住宿费,证人住在衙门客栈的费用,法庭审理费,以及合法的与不合法的其他费用。当中国人意识到按英国的规定,从授权的法庭那里获得公正的和有效的判决是免费的,或只有极小的极微薄的一点固定收费时,他们就将好几年里积压的诉讼案都拿到这里来处理。”①

可见,诉讼成本在很大程度上关系民众选择诉讼方式来解决纠纷的倾向性,换言之,诉讼成本是影响民众诉讼偏好的重要因素。但由于诉讼费用的变动容易引发诉讼实践形成“两难困境”,即收费过高民众不愿或难以选择诉讼导致诉讼机制不畅,而一旦诉讼费用过低民众又会将大量的甚至是琐碎的纠纷都拿到法院来处理而导致司法负担过重。这已被英租威海卫时期的诉讼实践所证实。因此,如何进行诉讼费用制度改革,规范诉讼收费包括其他相关费用,提高诉讼效率,既能有效降低当事人的诉讼成本,又能避免法院诉累是我们必须予以重视和解决的问题。当然,诉讼费用制度并非解决这一问题的唯一症结,而构建多元的社会纠纷解决机制,尤其是非诉机制是走出上述“两难困境”的必然选择。

其次,诉讼中调解机制的定位及运作问题。诉讼与调解既是可以相互替代又是可以进行互补的两种纠纷解决机制。英租初期,英威殖民当局的司法者过于追求纠纷的诉讼解决,忽视了调解的功能,结果引发了案件的急剧膨胀,法院难以承受,而调整的结果是将调解作为诉讼的前置程序。对此,我们可从这样几个角度来反思和借鉴这一做法:(1)诉讼不是解决社会纠纷的唯一机制,并且也无力垄断社会纠纷的解决,调解等非诉机制不可或缺;(2)将调解作为诉讼的前置程序在英租时期是可行的,但当前却不能采用,这有违直接诉讼的原则,是对当事人诉讼权利的限制;(3)应提升社会调解的地位而不应对司法调解作出硬性要求,增强调解应用的社会性的实质是对某些社会权威的尊重,同时也是对作为公权力的司法的一种监督和制约,诉讼不能解决所有纠纷意味着司法并非解决社会纠纷的唯一权威来源。

最后,要增强司法诉讼的社会公信力与亲和力。而如何才能让司法诉讼活动具有更大的社会公信力与亲和力呢?英租威海卫时期的诉讼活动至少给我们提供了两点借鉴:一是诉讼应该便捷高效,易于民众参与并裁决及时;二是司法诉讼要公正,包括程序和结果两方面的公正。具体而言,一方面要畅通民众进行诉讼的途径,充分赋予民众诉讼权利的同时更要保障这些权利能够便捷有效地实现,完善诉讼审理的简易程度并加大其运用力度,及时对案件作出裁决。法官审理案件过程

① Weihaiwei Report for 1913. 威海市档案馆档案:《1913 年年度报告》,档案号:229-001-0026。

中既要依法定程序进行，也要注意根据案件实情灵活把握审理方式和审判技巧；在法律的适用上，既要考虑国家法律的规定，也不能忽视当地的风俗习惯。另一方面要保证司法诉讼的公正性，不枉法裁判，实现司法诉讼的社会控制功能的同时，满足人们对司法诉讼公正性的期待和要求。如有学者指出的那样，“司法社会控制功能的实现过程一方面体现了社会正义，另一方面正是因为对司法公正的结果追求才使整个社会自觉接受司法的控制。”[①]总之，便捷和公正恰是提升或增强司法诉讼社会公信力与亲和力的内在价值要求。

① 关玫著：《司法公信力研究》，人民法院出版社2008年版，第119页。

上海会审公廨中外审判官裁判冲突研究

洪佳期*

一、中外审判官的设立与裁判权力的变迁

（一）会审公廨审判官的设立

会审公廨的成立虽然与领事裁判权在中国的确立密不可分，但上海租界华洋杂居格局的形成发展、外人对租界独立于中国政府的控制及利益之追求更是其建立的内外因。可以说，会审公廨的成立是当时上海的中外两股力量博弈之结果，因此，审判官的设立、职权等有其特殊的交涉经过和协定。

会审公廨前身是1864年5月1日设立的“洋泾浜北首理事衙门”，其成立“毫无条约或任何地方官厅协议之根据”，①它是以驻沪领事团和工部局为代表的外人，为租界内华人管辖权问题和排除上海地方官员对租界事务干预之间的矛盾所提出的一种新的解决方式。

1864年2月15日，领事团举行会议，计划在租界内设立一个违警法庭（Municipal Police Court），专门受理租界内华人轻微犯罪案件，审判员由领事团任命，推荐权与供给薪俸则属工部局，②但遭英国领事巴夏礼（Harry Smith Parks）反对而作罢。之后，巴夏礼提出另一计划，即设立一个由华官主持的司法机构，处理租界内华人违法案件，凡案关外人利益时，得由外国领事参加审理。认为此计划之优势在于与条约精神一致。经各方商议，初设一公堂于英领事馆内。具体商议过程因资料缺乏，已不可考。1864年5月1日，上海道台应宝时委派华官一名前往租界至英国领事馆，会同英美副领事正式开庭审理，该混合法庭（Mixed - Court）称为“洋泾

---

* 洪佳期，2002级中国法律史专业，指导老师：王立民。现工作于华东政法大学。

① 梁敬錞著：《在华领事裁判权论》，商务印书馆1930年版，第104页。

② A. M. Kotenev, Shanghai: *Its Mixed Court and Council*, North - China Daily News & Herald, Limited, 1925, pp. 47 - 49.

浜北首理事衙门”。[①]该衙门的首任理事是陈宝渠,[②]首任陪审官则由英国副领事阿拉白斯特(C. Alabaster)担任。

该衙门华官由上海道台委派,带有随意和暂时性,中外双方就此继续商议,1866年11月15日,英国公使阿礼国(Rutherford Alcock)致函英国驻沪领事文察斯德(C. A. Winchester)称,针对任命一位中国长官以主持理事衙门的建议,已与北京政府初步谈妥,但对偿付额外费用的最佳办法和调整其与道台关系的行政上的细节有待商定。[③]1868年8月9日,曾国藩派前海防同知陈福勋携木质关防驻扎,专门办理华洋交涉事件。[④]暂时性的“委派”变为长期性的“驻扎”。

1867年文察斯德与上海道台应宝时重行商定法庭组织,上海道台提出草案十款,[⑤]经英领同意后,由双方分别呈请北京总理衙门及各国驻华公使核准,法国以该章程第5条与法租界司法习惯不合,拒绝加入,决定于法领署内另设会审公廨。英美两国公使因本国政府训令不便反对,唯要求修改章程。历时两年,1869年4月20日正式公布修改后的章程十条,称为《洋泾浜设官会审章程》,声明效力一年。[⑥]“上海公共租界会审公廨”正式成立。

章程第1条规定,由上海道“遴委同知一员,专驻洋泾浜”,受理租界内相关案件。会审公廨既然名为“会审”,则必然设置与中方谳员(Magistrate)同等地位的外籍陪审官(Assessor)。章程第2条规定,“凡遇案件,牵涉洋人必应到案者,必须领事官会同委员审问,或派洋官会审”。因此,在不考虑那些由谳员独审的案件,会审公廨审判官包括了谳员和陪审官。

(二)中外审判官群体映像

1. 中方谳员

1911年之前,会审公廨谳员由上海地方政府委派,初为一名,后来因诉讼案件

---

① 此法庭初始规模甚简,中国同知一员会同外国副领事一员,在英领事馆内问案,有时于英领事馆草地上设一案治事。参见丁榕文:“上海公共租界之治外法权及会审公廨”,载《东方杂志》第12卷第4号。

② “洋泾浜北首理事衙门”存在期间,华官除首任理事陈宝渠外,还有其他官员担任审判官,但因资料缺乏,不知其名。North China Herald(《北华捷报》)在有关案件记载中只记录华官的姓及官厅名或官名,如“Chu, Hai – fang – ting(海防厅)”、“Wang Wei yuan(委员)”等。

③ 上海市档案馆编:《工部局董事会会议录》(第3册),上海古籍出版社2001年版,第549页。

④ 汤志钧编:《近代上海大事记》,上海辞书出版社1989年版,第249页。

⑤ A. M. Kotenev, *Shanghai: Its Mixed Court and Council*, pp. 67 – 68. 其内容与1869年的章程相比,基本相同。在梁敬錞看来,此“洋泾浜设官会审章程,亦不过就当时侵略后之情势,予以厘定而已”。参见其著《在华领事裁判权论》,第101页。

⑥ 事实上,该章程一直有效,直到1927年会审公廨被收回。但在具体实施方面已发生较大的变更,如判决的权限、拘提被告的权限等。

日增,开始增加副谳员。[1] 1869～1911年间会审公廨谳员约有十六名。一般说来,谳员下有二至三名副谳员(参见文后所附"上海公共租界会审公廨1869～1911年历任谳员表")。谳员的更换相对外籍陪审官来说并不频繁。如会审公廨谳员陈福勋曾对英国副领事达文波(A. Davenport)说:"道台委派我试办一年,而现在已七年,然而自我到公廨后,贵国领事已调换二十余员。"[2]会审公廨1869～1883年间,仅陈福勋一名谳员;1883～1911年间更换谳员比较频繁,这与谳员个人因素及办事能力相关,但更主要的是以工部局为代表的外人对会审公廨的日渐控制,及与会审公廨自身管辖权之间的矛盾冲突所致。作为法庭主体的谳员成为矛盾焦点,频繁的更换也在情理之中。1911年之后,因外人的完全控制,担任会审公廨的谳员比较稳定。

根据章程规定,谳员由上海道台委任,"同知"职衔,官制在知县之上。但实践中担任会审公廨审判工作的官员,职衔往往同于知县,[3]甚至是知县佐吏在庭审判。这为外人所不满。其任职时间、升迁也异于其他的同职衔官员。两江总督刘坤一曾上奏朝廷,认为"上海会审公廨委员,既非实缺,无俸满升调之期",主张"自到差之日起,扣足六年,期满办理无误,照出洋异常劳绩项目保奖,其廉俸等项,仍不照实缺开支。倘有办理不善,声名平常者,仍随时撤换参办"。之后允许"六年期满后,仍照原衔升转"。[4]

谳员的选任条件没有特殊的固定标准。与当时其他官员相比,谳员一般要熟悉当时"夷务",至少要了解西方习俗以及如何与洋人打交道,对通商方面也要具备一定常识。[5]关䌹之的出任与其精通英语、对西学颇有所知等不无关系;而陈福勋对洋务的留心及实践也是被选任谳员的重要原因。但除此之外,似乎与传统官员的选拔相差不大,对谳员的法律知识及司法实践无相关要求。不过,考虑到公廨审判

---

① 1905年外国领事提议修改会审章程,包括谳员之外增添一名副谳员,虽遭上海道台反对,但实际上因诉讼案日多,仍增加了一名副谳员。参见史梅定主编:《上海租界志》,上海社会科学院出版社2003年版,第280页。根据《申报》记载,早在1886年因案件甚多,谳员不堪重负,道台委派县署官员帮审,有的官员在帮审一段时间后被委任正式谳员一职,如宋莘乐。参见《申报》,上海书店1987年版,1886年4月2日,影印本[28]504。

② 《申报》1875年1月18日,[6]57。另外如1877年1月至1877年7月期间,英美陪审官就各有三人,中方谳员一直是陈福勋一人。参见Law Report, *North China Herald*, January July, 1877。

③ 如一些谳员被称为"大令"、"明府",即为知县之尊称。

④ (清)朱寿朋编,张静庐等校点:《光绪朝东华录》(第1册),中华书局1958年版,第989页。

⑤ 英国总领事在1891年度上海贸易报告中,指出当年由于蔡汇沧谳员因病休养使审判一再拖延,而他的临时代理人因对欧洲习俗和上海经商的一般情况缺乏知识,致使除了最简单的民事案件外,对任何案件都显得不能胜任。参见李必樟译编,张仲礼校订:《上海近代贸易经济发展概况:1854～1898年英国驻上海领事馆贸易报告汇编》,上海社会科学院出版社1993年版,第769页。黄承乙在任职之前是个茶商。参见Law Report, *North China Herald*, November, 14, 1883。

事务与县衙审案有所不同这一事实,从上海县衙调派来会审公廨进行帮审的县尹等较低职别的官员,一般要等他们熟悉审判,并与洋人打交道一段时间以后,才会委任其为正谳员。

1911 年至 1927 年会审公廨被收回前,会审公廨中方审判官由正会审员(Senior Magistrate)和副会审员(Assistant Magistrate)组成。正会审官为关絅之,代表会审公廨之权,主持廨内行政事项。副会审官前后共有六名,即余应望、李修梅、陆绍宗、孙调鼎、邵树华、韩宗潮。[①]正副会审员均由领事团推举,推荐曾任法官者及有法律经验者。以上所选的会审员或者是从法政学校毕业,或曾担任实践审判,或两者兼具。不过对孙调鼎的任命,却引起一些争议。[②]至于薪金问题,初始谳员由上海道委派,薪金自然由中国政府支付,但 1911 年之后,会审公廨由工部局接管,领事团、工部局立即采取措施,将会审公廨瘫痪后停发的薪金发给会审公廨的华籍工作人员,以排除上海总商会的干预。[③]审判员的薪金发放归属权可以左右其在审判中的立场,对于这点,是当时上海总商会及驻沪领事团都心知肚明之事。

2. 外籍陪审官

会审公廨之所以引发当时国人的激烈情绪以及后人的研究兴趣,在很大程度上是因为陪审官的存在。无论是今人还是当时人,都认为在会审公廨审判上起实质作用的是这些陪审官。如何看待这些人?"他们不是真正的法官,即使他们看起来是法官,甚至他们相信自己是法官。"[④]作为一个群体,他们具有一致性,即都是为维护其本国人利益而被委派到会审公廨与中方官员进行"会审"的审判官,但因各自所在国在租界的势力、利益差异以及个性方面的因素,仍呈现出一定的差异性,而且他们审理的并不仅仅是直接涉及本国人利益的案件,加之需要维护租界社会的共同秩序、某种程度上追求法律公正等多种因素作用,不仅使会审公廨的审判更为复杂,对这一群体的评价难以简单论断。

按照条约与规章,凡是涉及以有约国人为原告的案件以及涉及外人利益的案件相关国皆有权派员进行观审、会审。会审公廨的外籍陪审官在数量上要比中国

---

① 余应望为首席副会审官,国立法政学校优等毕业,曾任沪南第一初级审判厅监督推事。李修梅为二席副会审官,曾在江苏任县知事,1917 年任职。陆绍宗为三席会审官,日本法政大学法学士,曾任上海地方审判厅实习推事,1919 年任职。孙调鼎为四席会审官,前江苏候补县知事,奉贤县知事,1924 年任职。邵树华为五席副会审官,1924 年任职。韩宗潮为六席副会审官,1924 年任职。参见上海市档案馆藏,卷宗号 Q179-4-8。

② 参见上海市档案馆编:《工部局董事会会议录》第十八册,第 619 页。工部局认为会审员人选在形式上要做到公正(如与正会审员关絅之没有关系纠葛),尤其是由陪审官们推荐,则自然无碍。

③ 上海市档案馆编:《工部局董事会会议录》第十八册,第 578 页。

④ Teemu Ruskola, Law without Law, or Is Chinese Law an Oxymoron?, *William &Mary Bill of Rights Journal* [Vol. 11:655 2003], p. 11.

审判官多得多,更换也较为频繁。陪审官一般分为两类:常任陪审官与临时陪审官。前者是指每周固定时间进行陪审的外国官员,后者是指凡是涉及本国人的相关案件才去会审公廨参与审理的官员。常任陪审官除了英、美两国陪审官与会审公廨相始终外,其他国家陪审官不尽相同。在早期仅由英、美两国陪审官组成,英国陪审官一周四次,美国陪审官(总领事或其翻译员)一周两次;①后来则增加了奥地利国领事担任陪审官(星期六为其轮值日);后又改为英国、美国、日本、意大利四国陪审官轮流陪审,其值日的次序是英国领事为星期一、星期三、星期五,美国领事为星期二、星期四,日本领事与意大利领事为星期六,人数是美、英各二人,日、意各一人。自1911年以来,华人民事案件亦开始由领事团推选领事官或副领事官充任,其任期为一年。俄国人民刑事案件自1924年5月30日中俄协约订立后与华人民事案件一律办理。智利国因条约上无领事裁判权,智利领事屡次派员来会审公廨陪审,但都被会审官拒绝,呈报交涉署有案,故亦照华人民事案件办理。德国人民刑事案件自1924年11月起由领事团选举欧战时之中立国领事而能德语者陪审。其余外人为原告之案件以该管领事官或副领事官陪审。②

在陪审官轮值时,若是因为有事未能出庭参与审判,则有以下几种处理方式:一是由中方谳员独审,这类情况并非少见,③当然这可能都是有关华人之间的案件或巡捕房解送的琐案,若是外人为原告的案件或者牵涉外人利益的案件,则不会让谳员独审,往往推迟审理,直至有权会审的陪审官到堂审判。二是陪审官未至,捕房各案改日再解讯。④三是由他国官员代行其责。

至于陪审官的资格,起初并无限定,一般都是由各国的领事或副领事担任,有的陪审官对华文华语皆熟悉,有的不懂,则在审理案件时配一个翻译。至于是否熟悉中外法律、有无法律实践并无相应规定。⑤因此出任陪审官的领事或副领事们十之八九不是出身于法学院,也没有司法经验,他们不但不熟悉中国法律(恐怕也不愿熟悉中国法律),甚至对自己国家法律也不见得熟悉。在审理案件时不仅不适用中国法律,对自己国家的法律也摒弃不用。同一案情同一犯罪,甲国领事判决不同

① A. M. Kotenev, *Shanghai: Its Mixed Court and Council*, p. 54.

② 上海市档案馆藏,卷宗号Q179-4-8。

③ 《申报》1885年7月2日,[27]8;1885年5月9日,[27]236。

④ 《申报》1886年3月28日,[28]474。

⑤ 被选担任陪审官是因为其对中国的了解,而不在于其是否有法律知识或司法资格。See Westel. W. Willoughby, *Foreign Rights and Interests in China*, Baltimore Maryland: The Johns Hopkins Press, 1920, p. 54.

于乙国领事的判决，即使是同一领事对类似性质的案件判决出入也甚大。①不仅在审理华洋案件时"因华洋法律歧异，审判时每难遵循一定之法律标准"，而且"判决之前后矛盾，领事之倔强跋扈，层见叠出"，这一切皆因"唯视领事临时之意旨为准"。②究其原因，也许如曾任上海公共租界会审公廨书记官的俄籍人郭泰纳夫一语道破：外籍陪审官不是法官，甚至不是会审官，其责任是在于保护外国人利益，而不是为了正义。③ 1911 年之后才明确规定陪审官由领事团推举曾受法律教育并通华文的领事官或副领事官担任。

谳员与陪审官这两个特殊的群体，各自拥有多大的裁判权力？其权力又是如何脱逸章程的发展？裁判权的变迁是当时中外力量博弈之表现，而这亦是中外双方审判官裁判冲突的主要前提。

（三）中外审判官裁判权力的变迁

《洋泾浜设官会审章程》规定了中外审判官的权限，但形势的发展使得双方裁判权力不断发生变化。章程规定，中方谳员的裁判权限是审理租界以华人为被告（无约国人同于华人）的民事、刑事案件，刑事案件仅限于"枷杖以下罪名"，若"华人犯案重大，或至死罪，或至军流徙罪以上"，则由"上海县审详办"，命案归"上海县相验，委员不得擅专"。而陪审官的权力，章程第 2 条规定，凡是"牵涉洋人必应到案者，必须领事官会同委员审问，或派洋官会审"；第 3 条规定，"凡为外国服务及洋人延请之华民"，如果涉讼，则"至讯案时，或由该领事官，或由其所派之员，准其来堂听讼"。凡案件不牵涉洋人，则由中方谳员"自行讯断，各国领事毋庸干预"。若是"无领事管束之洋人与华人互控案件"，谳员自行审断，但要邀请一外国官员陪审。

中外审判官权限之争早在洋泾浜北首理事衙门时期就已产生，时任陪审官的阿拉白斯特及麦根（J. Marcham）在该法庭记录中曾有"华官希图减陪审官权限，要求于法章内，注明判案之权，须完全由华官执行，实则陪审官对于判决一途，异常注意，皆与华官共同执行"等语。④会审公廨成立并已制定章程，但如一个外国学者所言："在一个为外国贸易和居住保留的地区内一定不会承认一个受羁绊的管辖权。"⑤驻沪领事与工部局董事们认为谳员的职位低、陪审官裁判权力的有限、管辖

① "司法部对上海租界会审公廨调查报告书"，载《法律评论》合刊，1924 年 5 月 10 日，转引自马长林："晚清涉外法权的一个怪物——上海公共租界会审公廨剖析"，载《档案与历史》1988 年第 4 期。不过，应指出的是：《北华捷报》记载的一些案件里，某些陪审官判决并非如此，因篇幅及资料所限，留待以后探讨。

② 王德昭编著：《各国在华领事裁判权制度》，独立出版社 1943 年版，第 36 页。

③ A. M. Kotenev, *Shanghai: Its Mixed Court and Council*, p. 94.

④ 夏晋麟编著：《上海租界问题》，中国太平洋国际学会 1932 年版，第 40 页。

⑤ F. L. Hawks Pott, *A Short History of Shanghai*, Shanghai Kelly & Walsh, Limited, St. John's University 1928, pp. 67 – 68.

权的限制等，导致居住在租界内的外国侨民对会审公廨的批评：处罚的不足直接鼓励了犯罪，陪审官的权轻和谳员的职卑阻碍会审公廨作出合理判决，从而影响租界的治安，损害居民利益。这些对会审公廨指责为报刊及英国商业部（the British Chamber of Commerce）宣扬和支持。①不仅如此，驻沪领事和工部局董事们不断通过修订章程以及具体实践，扩张陪审官的裁判权力（当然，从某种意义上说也扩张了中方谳员的裁判权限，毕竟形式上判决是中外审判官共同作出的）。

1875年，驻沪领事团召集会审公廨外籍陪审官开会，磋商改良会审公廨之法，英国副领事认为会审公廨根本问题在于"除非根本改正法章，于陪审官以较大之权限，并制定中国新刑法，而公布之"，否则会审公廨难有改良之希望。② 1879年北京公使团（包括英国、美国、秘鲁、意大利、日本等国公使）会议，讨论了条约口岸的司法管辖问题。美国公使西华德（George. F. Sward）提交改革会审公廨备忘录，要求保证谳员的同知官衔，避免上海知县的干涉，外籍陪审官应在审判中实践修改的程序规则等。③ 1898年，一些居沪外国人开会讨论修订会审公廨章程，起草了19条规则，并提交给英国总领事。④ 1905年上海领事团再次请求修改会审公廨章程，会同商决续订11条，由北京公使团照会中国外务部提议修改。这一章程虽未得到中国政府的正式同意，然而实际上大体已依此办理。⑤ 1905年因"大闹会审公廨"案件，中外双方几乎剑拔弩张。迫于当时社会压力，1906年3月，各国使团与中国外务部订立协定，重行按照1869年《洋泾浜设官会审章程》，会审公廨对刑事案件仅有监禁60日的权限。但遭上海领团坚决反对，诉讼程序悉照原状，刑事判禁期为5年。1911年，辛亥革命爆发，上海道台避居租界，谳员席卷资金逃逸，会审公廨处于瘫痪的状态，驻沪领事团及工部局趁机接管了会审公廨。"会审"范围从刑事案件延伸到民事案件，从华洋案件扩张到了纯粹华人案件，会审公廨游离于中国司法机构之外，直至1927年的收回。

中外审判官裁判权力相较原章程来说，都已发生很大的变化：(1)陪审官的裁判权力不断扩张，"会审"范围从华洋混合案件扩张到纯粹华人案件，包括民刑案件；刑事案件的审限也远脱逸章程的规定；陪审官的审判意见往往占主导地位，谳

---

① William Crane Johnstone, *The Shanghai Problem*, Stanford University Press, Stanford University, California, 1937, pp. 139 - 140.

② 夏晋麟：《上海租界问题》，第42页；A. M. Kotenev, *Shanghai: Its Mixed Court and Council*, pp. 77 - 78.

③ William Crane Johnstone, *The Shanghai Problem*, p. 142.

④ A. M. Kotenev, *Shanghai: Its Mixed Court and Council*, pp. 103 - 104.

⑤ 具体内容参见法权讨论委员会："上海会审公廨概述"，载《东方杂志》第20卷第20号，第125~126页。另外，当时上海地方官员对此提出修改意见，参见上海市档案馆藏，卷宗号Q187 - 1 - 1208，第33~40页。

员视其脸色行事。(2)谳员的裁判权力日渐萎缩,虽然在形式上因会审公廨管辖权已超出章程所规定,权限也发生"水涨船高",但实质上权力不断萎缩,不仅因陪审官的权力扩张,而且还因工部局的控制(陪审官也在一定程度上受限于工部局),如审判权受工部局委派督察员的监督,工部局对被告的提传、对犯人的羁押以及判决执行权的侵占等。

中方谳员与外方陪审官组成会审公廨的审判官,共同行使审判之权。1869 年《洋泾浜设官会审章程》规定双方裁判权,但随着领事团和工部局对会审公廨审判的日益控制,谳员裁判案件的权力不断受限制,陪审官不仅不限于"陪审",而且在审判中占主导地位,谳员作出判决时往往要"商之",须与陪审官意见一致。甚至巡捕视陪审官的判词为有效,否则不予执行。英国副领事兼陪审官卜勒特在记录中:"公堂判决,由谳员及陪审官共同行之,若双方意见有不同时,判决即为无效,惟实际上判决之权,类皆为陪审官占夺,盖陪审官之判词,巡捕即视为有效,如判执行。"① 陪审官的意见占主导地位,其原因并不仅仅是巡捕或工部局的原因,还有较为复杂的因素夹杂其中,如中方谳员的退让、对相关法律的不懂等,而且也并非完全由陪审官控制,双方因裁判而发生的或冲突或和谐,因时、因人、因案皆有所不同。②

二、中外审判官裁判冲突的主要表现及解决方式

会审公廨之所以被称为"混合法院"(mixed court),其重要原因是审判官由中外双方官员组成,尽管所有案件的审理均由两者会审是在 1911 年之后。中外审判官在会审公廨的地位、审判中所起的作用、对审判结果的影响等方面,不同时期的具体表现不尽相同。

(一)冲突的发展

中外审判官之间关系复杂多变,合作与交恶并存,貌似敦睦和谐却蕴藏矛盾冲突,这些主要体现在双方"会审"的裁判之中。因资料的零碎和缺失,若想准确、完整、深入地研究双方裁判关系,并非易事。笔者尽可能在有限的资料基础上勾勒出中外审判官"会审"而表现出的复杂关系,尤其是两者间的矛盾冲突。

---

① 夏晋麟编著:《上海租界问题》,第 52 ~ 53 页。

② 也许须指出的是,陪审官之间、陪审官与工部局之间也存在矛盾,不仅是各自代表的国家利益不同或者与工部局代表的租界利益不同,还会仅因法律观念的不同产生冲突,当然它与中外审判官之间矛盾冲突相比要微弱得多、发生的频率也要少些。可参见上海市档案馆编:《工部局董事会会议录》第 16 册,第 595 页;第 19 册,第 581、583、626 页。但这不是本文论述重点,当著文另论。

会审公廨，早已远离了我们一般人的视野，但历史的记载却给后人以追寻的可能。透过当时媒体显示的图像与文字，中外审判官之间的关系似乎表现出从和谐向逐渐交恶发展的趋势，从陈福勋与陪审官的多年合作，到黄承乙因与英陪审官龃龉不断而很快离任，从几任谳员的"唯唯诺诺"到关絅之的"怒发冲冠"；震惊全国的案件也"此起彼伏"，如1903年的"苏报"案、1905年的"大闹会审公廨"案、1925年的"五卅惨案"，会审公廨日渐成为全社会的焦点，中外矛盾趋向白热化。但历史是多质态的，中外审判官在长期"会审"的关系上，表现出合作、融洽的另一面，虽然这并不意味着双方的"和谐无间"。

中外审判官相处比较友好或平和体现在多方面。如双方来往的友好姿态，如新任谳员到任时，往往会先拜访各国领事，自然包括陪审官，而有的陪审官在到任时亦会拜访，谳员则回拜。①这是官场应酬，但同时也是初次相识的机会。有时中国官员还邀请"驻沪英美德奥等国领事官到署饮宴，是亦欢联与国之道也"。②中外政府官员的相处融洽也有利于审判官之间在裁判方面的合作。而双方相对和谐期间，会审公廨的审判工作就会比较顺利，外国领事们与上海地方政府也能保持相对的友好关系。更主要的是，在对案件的调查、审判方面，双方也表现出合作的姿态。从《申报》对会审公廨审理案件的零碎记载中，我们常可以看到，中方谳员往往在作出判决前"商之"陪审官，而在《北华捷报》记载中，我们同样可以看到，陪审官往往也在与谳员商议后做出某种裁决。

双方的合作、平和注定不能长久。随着国际法观念的增强、民族意识的发展，外人逐渐控制下的会审公廨，已不仅仅是一个租界内的司法机构，它更成为一个国家主权丧失的标志，一个民族屈辱的象征。此种状态下的会审公廨，犹如不断充气的轮胎，迟早会发生爆裂。尽管中外审判官双方关系需要长期合作，并一度平和相处，但终因中西法律观念在审判方面的矛盾、华洋居民在租界内不平等以及国家主权的被侵犯等，致使各种矛盾纠葛，会审公廨的审判已不再是纯粹的司法活动。双方在合作中酝酿着矛盾，只是具体表现的形式及激烈程度均有所不同，并在某些因素的诱导下，矛盾演变成激烈的冲突与对抗。

（二）冲突的主要表现

中外审判官因裁判发生的冲突或矛盾，其表现多样，程度不一。

首先，冲突程度较轻、比较柔和的是反对对方的判决意见，表现为口角之争，言语有欠礼貌、风度。其具体发生原因主要有：案件审判程序的意见不一致，反对判决

---

① 《申报》1885年8月1日，[27]188。而逢长至令节，各中国官员循例拜贺，西官亦至华署恭贺令节，而公廨亦停办一日。参见《申报》1885年12月21日，[27]1058。

② 《申报》1885年9月19日，[27]490。

过轻、过重等。比较常见的是外籍陪审官不满中方谳员的判决，认为判决过轻、过重或应改判。如在一个偷窃案件中，徐再三被控偷窃英国牢狱内羊肉、野鸡之类，钱和尚被控收买羊肉，谳员陈福勋判责一百板，枷示两礼拜。但英国副领事达文波表示反对，认为必须监禁三个月，期满后遣送回籍。其理由是租界内"小窃自日多一日"。陈反驳，认为依照大清律例，此判已从重。达文波则说："租界窃贼轻判在外国新闻纸已言之不可胜数，并准备以后工部局拟不将人犯押至公堂，而自行发落。"最终案件折衷处理："徐姓荷校两月，责百板。"① 对于租界内"层见叠出"窃案的判罚，双方常因尺度不同而发生矛盾。1876 年 8 月的一起偷窃案件，案情清楚，中方谳员陈福勋想宽大处罚，但陪审官认为对惯犯必须重罚。双方争执不下，陈福勋讽刺道：要么你干脆把罪犯勒死算了。陪审官达文波则回答：我并不想勒死罪犯而是要公正处罚，只是希望你能公正地审理本国人。②

其次，冲突程度略重的是反对另一审判官的判决意见，在裁判过程中不欢而散，负气不出庭参与审判。此类冲突比较频繁地发生在黄承乙任职期间(1883 年 11 月 ~ 1885 年 6 月)，他与英国陪审官翟理斯(H. A. Giles)副领事之间屡次发生裁判中断事件，翟理斯"以太守明斥其非，心有不服，往往盛怒以立向外走出"，导致巡捕房所解送的案件不及审完又带回。按照当时规定，若是案件"未经审断，尚待商榷者"，另择下次该陪审官会审之日，仍再行复讯。复讯之日翟理斯不出庭，案件则由黄谳员一人独审。1883 年 4 月 29 日早堂，黄谳员与翟理斯"竟至为洋药局巡丁一案，揎臂大闹，信口谩骂，致成两不相下之局"。③最后，以黄承乙的去职为结束，不过翟理斯也另换他人。④这是自会审公廨成立以来审判官冲突比较严重、持续时间较长的一次。

与此相似的是，美国陪审官以拒绝参与"会审"案件进行威胁，逼谳员就范。如 1910 年 2 月 4 日美国陪审官就以在会审公廨监所不公正地关押一个为美国人雇用的买办 Shi Kuo – yung 为由，拒绝出席陪审，直到此犯人被带到会审公廨或从监狱中释放。谳员与道台商议后，没有答复。陪审官见没有释放此犯，遂拒绝继续审理当天的案件，离开了会审公廨，而助理陪审官早已离开。最后谳员不得不妥协。1910 年 10 月美国陪审官再次拒绝审理直到谳员同意其要求，只不过这次是因当地

---

① 《申报》1875 年 1 月 18 日，第 838 号，[6]57。

② *North China Herald*, August 19, 1876.

③ 《申报》1885 年 5 月 31 日，[26]813。

④ 当时调厦门副领事佩福来来沪，以接替翟理斯副领事。这在中方人士看来："中西会审官小有龃龉，中国既将华官调开，英国自应将英员调去，此正以见英署钦差之调度有方，相接以礼，中英睦谊从此益敦矣。"参见《申报》1885 年 8 月 1 日，[27]187。

华报对他与宝颐(副谳员)就 Li Chun - lai 案言论予以不恰当的报导。①

最为严重的冲突则是裁判的中止,双方不可调和的矛盾致使会审公廨的一度关闭,停止一切审判活动。如大闹会审公廨案发生后就曾短暂地关闭公堂。不过,这在会审公廨历史上也是极为少见的。在此之前,也曾因会审公廨女犯监所问题,谳员拒绝出庭审判,领事团与道台进行交涉,最后公廨重新恢复案件审理。②

冲突表现不同,程度不一,解决也不限于单一方式。

(三)冲突的解决方式

第一,裁判发生矛盾冲突,中外审判官双方直接进行协商,最终达成妥协,或者以一方的让步而解决。如上述因判罚尺度不同而发生的矛盾,自会审公廨成立以来就已逐渐显现,双方往往以一种妥协、折中判刑的方式解决,这比较常见,尤其是一些裁判巡捕房解送的违警案件。虽然,实际上常以谳员的退让、同意重罚为解决。③当然,我们也不可因此进行判断的绝对化。如1877年5月17日审理的一起案件,一马夫偷了另一马夫内有32元、一张10两的银票及价值21元衣服的盒子。陈判该犯杖责200,枷号3个月,然后监禁3个月。其处罚不可不谓重。④这在一定程度上反映了谳员对于盗窃等琐案的判决具有随意性的特点。

第二,双方冲突比较严重时,陪审官以拒绝出席参与审理案件等方式以威胁或迫使谳员妥协,直到谳员答应其主张或要求。另外,还通过双方各自的上级进行交涉,以缓和双方矛盾、解决问题。如1884年秋冬之后,黄承乙谳员在与翟理斯发生裁判冲突时,就选择"往赴正领事愬告,并以其情达之道宪","屡经劝解",之后双方"和颜悦色,并无争执",直至发生"洋药局巡丁一案",双方再次爆发冲突。

比较突出的就是"大闹会审公廨案"发生,会审公廨停止一切审判活动后,道台与工部局、警备委员会等进行商讨,达成一致意见,并与领事团代表会晤,继续协商,以达成谈判结果。闭庭几日后,会审公廨重新审理案件。

当然,并不是很严重冲突才会诉诸各自上级协商解决,即使是中外审判官在判决细节上出现不同意见,也会一致同意交由双方上级解决。⑤ 因为领事团指示陪审官,中外审判官裁判一致才是会审公廨良好运作的保障。

---

① A. M. Kotenev, *Shanghai: Its Mixed Court and Council*, pp. 157 - 158.

② 上海市档案馆编:《工部局董事会会议录》第15册,第692页;第16册,第581、584页。

③ 如仍是达文波参与会审的一起盗窃案件,一个人顺手牵羊地从一商店盗走数目极少的一点现金,只是这人以小偷小摸而出名。陈准备轻罚,但遭反对,最后施以重罚,枷号3个月。参见 *North China Herald*, August 26, 1876。类似此裁判结果的案件不在少数。

④ 此案虽然涉及当事人是受雇于外人,但陪审官未参与审理。参见 *North China Herald*, May 19, 1877。

⑤ *North China Herald*, September 5, 1900.

如果不仅审判官之间发生冲突，而且在各自其背后的中外政府双方矛盾也无法调和，那么就会导致会审公廨的一度关闭，直至政府双方协商解决。不可否认，这已远超出裁判范畴，体现了“帝国之鞭”与“寡头之链”[①]之间的一种力量博弈。

考察完中外审判官裁判矛盾冲突的主要表现和解决方式，仍不可忘记的是，双方并非总是剑拔弩张，大多时候双方是以貌似敦睦合作显示。即使是矛盾冲突不断，其产生原因也呈现出很大差异。

三、中外审判官裁判冲突原因分析

（一）中外（审判官）法律观念的差异

中外审判官之间的法律观念差异是造成双方裁判冲突的原因之一。双方审判官的法律观念、文化分歧促使审判中矛盾与冲突的发生。尤其是一些不涉及政治的普通案件中，双方争端矛盾的焦点在于适用法律及程序上。而外籍陪审官或多或少地在审判中尽力使会审公廨西方化，尽力平衡中外之间不同的法律观念及司法实践，[②]也是造成双方矛盾的因素。

首先是法律适用的不同。按照章程，会审公廨审判适用中国法律判决，但外籍陪审官往往主张适用西方法律。西方法律体系非常重视程序，英美法系奉行“程序先于权利”的原则，而中国传统法律则不同，追求实质正义要超过形式正义。尤其是两个不同的法律体系所适应的是不同的经济形态及社会需求。西方法律体系是建立在市场经济基础上，商品经济发达，自罗马时期就建立起以私法为核心的法律体系，契约观念深入人心，法律亦有较完备的制度规范。与此相对的，中国传统法律是适应自给自足的农业经济，面对的是一个熟人社会，其私法并不发达，民事行为仍以刑法手段调整。如1883～1884年时为谳员的黄承乙与陪审官之间发生很大的分歧，起因即是在审理一起案件时对“买办”的法律地位界定问题，关键在于买办是否应承担保人责任。而当时传统法律对“中介”、“保人”等无明确规范，明清时期，“保人主要是借贷、租佃契约中的附署人”，“保证契约的履行”，但“保人负担连带责任是由民间惯例决定的”，何种情况下保人无条件代为履行，则无明确规则可循。[③]“买办”也不同于传统的“保人”，虽然两者有相似性，同属一种“经济上的媒介人

① 在此借用杨湘钧在其专著《帝国之鞭与寡头之链——上海会审公廨权力关系变迁研究》（这是近年来继澳大利亚学者史蒂芬斯之后研究会审公廨的又一本重要著作）中的两个概念。

② William Crane Johnstone, *The Shanghai Problem*, p. 145.

③ 叶孝信主编：《中国民法史》，上海人民出版社1993年版，第535～536页。

物”。[①] 因此，双方在界定“买办”法律地位及承担的责任时产生分歧。

其次是刑罚观念上的不同。如对苦役及监禁刑罚的适用，外人认为“由于实行了露天轻度劳动和较长期监禁的制度，会审公廨在处理刑事案件上有了很大的改进”，但这遭到上海地方官员的很大阻力，“中国人在思想上还没有透彻地认识到改造堕落者和使做坏事者获得新生的概念，他们对刑罚的思想是完全与报复和抵罪联在一起的”。[②]

但不可忽视的是，中外双方审判官之间的矛盾冲突，并不尽然是因中西法律差异造成的。尤其是在一些案例中，我们可以很容易发现陪审官并不必然是西方法律体系的代表，反而违背了法治的精神。如在 Mun. Police v. King and anr. 的案件中，谳员与陪审官将法无明文禁止的律师行为认定为犯罪；而在 Vinogradoff v. China Merchants Steam Navigation Co.（招商局轮船公司）一案中，法庭认定原告（被告的雇员）所受伤害系自己的过错造成的，但判无责任的被告（雇主）支付钜额赔偿。[③]一英国陪审官承认，其作出判决依据的是他自己内心的正义而不是法律原则。[④]在一些盗窃等刑事案件中，陪审官的表现也似乎与西方法治精神相违背。[⑤]这问题的背后在于更深层次的原因，即利益取向。

（二）双方立场与代表利益的不同

会审公廨的中方谳员与外方陪审官虽然共同审理案件，但各自立场及代表的利益不同。会审公廨是中国政府因形势所逼，在租界内设立的一个司法机构，随着外人企图控制会审公廨的步步紧逼，中国官员，包括上海道台或者会审公廨谳员的上级，则想利用谳员减少外籍陪审官的影响，并达到其政治目的。而工部局不满意中国人的干涉，尤其是刑事案件。[⑥]甚至认为会审公廨对于严重犯罪的处罚未判重刑，仅判以轻微的有期徒刑，是租界内发生“犯罪浪潮”的重要原因。[⑦]陪审官的立场代表了租界内的外人，不仅要维护其各自国人的利益，还得维护这一外人居住区的秩序。正因立场利益不同双方发生矛盾甚至酿成冲突几乎是不可避免的。

---

① 杨联陞：《中国文化中报、保、包之意义》，中文大学出版社 1987 年版，第 108 页。

② 李必樟译编、张仲礼校订：《上海近代贸易经济发展概况：1854 ~ 1898 年英国驻上海领事贸易报告汇编》，上海科学院出版社 1993 年版，第 419 ~ 420 页。

③ Thomas B. Stephens, *Order and Discipline in China—The Shanghai Mixed Court* 1911 – 1927, pp. 89 – 90.

④ Teemu Ruskola, Law without Law, or Is *Chinese Law* an Oxymoron? *William &Mary Bill of Rights Journal* [Vol. 11 :655 2003], p. 10.

⑤ 如对于屡犯盗窃的处罚，陪审官主张加重惩罚，而谳员却认为“夫屡犯而置诸重典者，亦须视其案情何如耳”。参见《申报》1875 年 1 月 19 日，[6]61。这并非个案，参见《申报》1875 年 1 月 18 日，[6]57。

⑥ William Crane Johnstone, *The Shanghai Problem*, p. 145.

⑦ 上海档案馆编：《工部局董事会会议录》第 19 册，第 523 页。

以会审公廨中国谳员而论，由于其所处的特殊地位，决定其在会审公廨内举步维艰。虽然会审公廨中国谳员与外籍陪审官在1875年以前就有摩擦，只是两者意见不同互相冲突的时候却不多，但自1875年之后，中国谳员的地位就更是异常困难。一方面要秉承上司之旨意，为国家争体面，为条约争效能；而另一方面一旦行使职权，又得受工部局的限制。因此"谳员所处之地位，进退维谷，直似前有猛虎，后有豺狼，动辄获咎"。①中方谳员之所以会处于如此尴尬境地，其原因有三：一是会审公廨谳员的职别低，由上海道台委派，决定其必须听上海道台的命令，而这最为外人所抵制。②二是谳员的职责是管辖租界内华民，而工部局是租界内实际的行政管理机关，租界内的一切居民均须遵守其制定的规章制度等，两者之间必然发生诸多矛盾，在会审公廨里即表现为代表租界内华人利益的谳员与代表外国利益的陪审官们之间的矛盾。③三是随着国门的逐渐打开，中外交流日益频繁，国家、民族观念在国人心中日益增强，会审公廨已不仅仅是审理案件之所，还是与外人争夺法权之所，谳员担任的责任更重。

外籍陪审官在审判时，往往以进步法律的代表者或"审判公正者"自居，但其代表居住在租界的外人利益。自会审公廨建立之始，几乎租界内的外人均对此不甚满意，认为会审公廨最大的问题是不独立，依附于上海县署，成为其傀儡。这至少有两点不利：一是该公廨权限只能"了结枷杖之罪，遇有中外要案，欲依罪重惩办，必须解送县署候办，其如何办理，无所藉以悉知，恐与西人相干之事则有从轻发落者"。二是会审华官职权小，"遇有案内声势稍大之人，必有仅看人不看罪而照办之处，以至巡捕有枉拉之失也"。④其实质是担心因此侵害了租界内外人在华利益。工部局认为自己担当"保护租界内中国居民免受中国旧的司法审判效率低的侵害"的重责，⑤为防止上海县署干预租界内居民的自由，采取各种方法以控制会审公廨的运作及审判活动。⑥这些很大程度必须通过陪审官予以实现，中外审判官的裁判冲突也就更为复杂。而认为外国人对会审公廨审判权力的逐渐侵夺，是完全建立在

---

① 夏晋麟编著：《上海租界问题》，第43～44页。

② 而且因为谳员的级别低，权力小，在遇到比自己职位高的官员是诉讼当事人的时候，很难做到公正，甚至是不受其威胁。因此这常为外人希望改革的地方之一。如英国领事麦华陀（W. H. Medhurst）在1874年度贸易报告中提出会审公廨迫切需要做到的三点，其中之一即是"会审公廨应较能独立和正直地执行有关的公职"。参见李必樟译编：《上海近代贸易经济发展概况：1854～1898年英国驻上海领事贸易报告汇编》，上海科学院出版社1993年版，第357页。

③ 不过应指出的是，租界内华人利益与外人利益并非始终处于对立，同样存在共同利益。

④ 《申报》1875年1月18日，[6]57。

⑤ A. M. Kotenev, *Shanghai: Its Mixed Court and Council*, p. 85.

⑥ 如拒绝引渡犯人、拒绝由公廨监禁犯人、拒绝向公廨解送案件以及委派警察在公廨值勤，以监督公廨的审判活动等。参见上海档案馆编：《工部局董事会会议录》第16册，第622、652页。

外国人对中国司法实践的不满意,[1]这并不是事实的全部。

(三)双方地位不对等与固有偏见

在中国近代史上,中外双方地位的不对等而产生的视差,或者说双方存在对对方的固有偏见,也是造成会审公廨中外审判官裁判冲突的重要原因之一。英国领事曾在1874年、1875年度上海贸易报告中坚持认为,在中国人为被告的案件中,中国官员未尽力公正处理案件,"他们着手处理这类讼案时,总是一开始就对外国人具有强烈的偏见;在诉讼过程中,为了适应他们为之辩护的问题的需要,还极力设法改变和歪曲最明显的证据,以致他们的行动实际上是在保护其人民免受审判"。"道台虽然异常明智而且精通洋务,但对条约义务却易于采取一种歪曲了的、有偏见的观点,因而在一切案件中,只要被告是中国人这一事实,就足以使他确信他有为被告辩护的责任而不再采纳公正不阿或实事求是的考虑,也不管所有证据是与此背道而驰的。"[2]

这种偏见在一定程度上导致中外审判官裁判发生矛盾。如一起某广州人被控严重伤害他人的案件,陈福勋谳员主张将犯人移交给县署审理,但遭陪审官强烈反对,其理由是前几天一犯人被控非法藏有武器,移交县衙审判,但过了一两天又在租界里见到他。[3]最后谳员默认陪审官的做法,当堂由三个衙役对犯人进行重杖300(每人一次杖二十,直至完成杖数)。在另一起案件中,陪审官明白地告诉被告辩护律师,谳员对具体法律技术(legal technicalities)一无所知,你只要拿出理由即可。陪审官在庭审中对谳员的漠视和轻视,从心理上说,也会成为双方爆发裁判冲突的"隐患"。

(四)审判官个人特质影响

无论是中方谳员还是外籍陪审官,其个人品质、性格等因素也会成为双方裁判发生冲突的原因之一。

在会审公廨谳员中,任职最长的当数关絅之,从清末到民国曾经四任此职,前后近二十年,也最为后人敬仰,个性最为突出。在1926年会审公廨收回交涉将有结果之际,关絅之将其任谳员多年来"关于主权事实条分缕析,著之于篇",名为《会廨补阙记》。[4]较详地阐述他与各国领事交涉会审公廨相关事务。尤其是1905年"大闹会审公廨案",关絅之对陪审官英国副领事德西门的针锋相对、寸步不让,更使他

---

① Albert Feuerwerker, *The Foreign Establishment in China in the Early Twentieth Century* (Ann Arbor: Center for Chinese Studies, University of Michigan, 1975), p.20.

② 李必樟编译、张仲礼校订:《上海近代贸易发展概况:1854~1898年英国驻上海领事报告汇编》,上海科学院出版社1993年版,第356页、第395页。

③ *North China Herald*, November 26,1874.

④ 上海市档案馆藏,卷宗号Q179-4-6。

成为会审公廨与外人抗争的英雄。

陈福勋任职将近十七年,仅次于关絅之。外人对他的评价总的来说,比较肯定。"尽管他偶尔因'有时反复无常的判决'而遭到批评,但基本因他尽量对每人公正的正直心而受人尊敬,因此他的退休也就让上海的英美居民感到遗憾。"①因此,他与陪审官之间的关系较为融洽。一如当时英国陪审官在其致北京使团的报告中所说:"幸当时道台所派往会审公廨之第一任委员并无中国旧官僚傲慢习气,因轻视西人之故,遂在整顿紊乱不堪中国司法制度上加以种种之阻挠也。"②即认为陈福勋并无外人所不满的"旧官僚习气"及"鄙视西人",陈福勋与陪审官基本采取合作态度,中外双方之间关系趋于缓和,但正如前述,双方之间在裁判尺度等方面仍存矛盾。

同样,陪审官的个性也是可能产生裁判冲突的原因。前文言及的翟理斯脾气就比较暴躁,被认为在裁判中比较偏信"西人之言,意有所偏则语多执拗,情有所遏则全易嚣陵,并坐堂皇,固非故意与太守相难也"。③

四、结　　语

通过对会审公廨中外审判官的设立、双方裁判权力的变迁,尤其双方裁判冲突的表现及解决、冲突背后的原因分析,也许能够得出以下的结论。

会审公廨在近代社会的特殊地位已远超出其所本身的司法机构性质,谳员与陪审官的"会审"权限、裁判权力由章程所定,但在驻沪领事团与工部局日益加强对租界控制的同时,早已脱逸于约章之外。谳员和陪审官各自背后所支撑力量的博弈、消长,促使双方关系更为复杂,合作与交恶并存,貌似敦睦和谐却蕴藏矛盾。在裁判中,双方冲突表现复杂多样,解决方式不一,而冲突的原因既有中西法律观念之间的冲突,亦有会审公廨背后深层的社会政治原因,还有审判官自身的个性差异使然。因此,中外审判官之间的裁判冲突并不仅仅是法律技术层面的差异,也不单纯是法律观念的巨大差异,它更多地包含了非法律因素。

尤其是,会审公廨处于一个剧烈变迁的社会,许多涉及中外当事人之间案件的审理已不仅仅属于裁判是非、解决纠纷的范畴,它很大程度变成中外关系的纠结,甚至牵一发而动全身。正是以上的诸多因素决定了谳员或陪审官无法成为一切案

① Motono Eiichi, H. A. *Giles versus Huang Chengyi: Sino—British Conflict over the Mixed Court*, 1884 - 85, p. 138.

② 上海市档案馆藏,卷宗号 Q187 - 1 - 1208。

③ 《申报》1885 年 5 月 31 日,[26]813。

件的中立裁决者,他们之间也无法保持审判合作者的和谐关系,这使考察会审公廨的审判变得更为复杂,而予以中立客观的评价也就更非易事。

附表:

上海公共租界会审公廨1869~1911年历任谳员表

谳员	任职时间	籍贯	副谳员或帮审委员	备注
陈福勋	1869~1883年11月	浙江钱塘(今杭州)人		在其多次出差公干期间,曾由谢湛卿刺史、张秀芝司马暂行其责
黄承乙(字芝生)	1883年11月~1885年6月			任职之前曾是茶商
葛绳孝(蕃甫)	1885年6月30日~1885年9月7日	浙江慈溪人		为代理谳员
罗嘉杰(少耕)	1885年9月7日~1886年6月			虽然9月7日接印,但因生病,实际上是9月15日正式办公。1885年11月26日~12月11日由王雁臣代理
蔡汇沧(二源)	1886年6月23日~1894年2月8日	浙江德清人	宋莘乐	在未上任之前及多次生病期间均由宋莘乐代理、襄谳
宋治芳(莘乐)	1894年2月9日~1895年8月1日		郑翰生	
屠作伦(兴之)	1895年8月2日~1897年7月25日			
翁笠渔	1897年7月26日~1897年10月26日			
张赓三	1897年10月27日~1898年6月18日		郑翰生	郑翰生同时兼任法租界会审公廨谳员
郑翰生	1898年6月19日~1899年4月10日		刘穆庭(亭)	郑翰生初始为代理谳员,后升为谳员
翁笠渔	1899年4月11日~1900年1月12日		张柄枢	假冒"祥茂"肥皂案

续表

谳　员	任职时间	籍　贯	副谳员或帮审委员	备注
张柄枢	1900年1月13日~1903年5月22日		魏莼坞（担任襄谳前是浦东保甲总巡）	在张柄枢生病的一段时间由魏莼坞代理
孙士鏻(建臣)	1903年5月23日~1903年10月13日			1902年9月17日~1903年5月曾担任法租界会审公廨谳员
邓鸣谦	1903年10月14日~1904年2月2日		何吉生、王松丞	
关炯(絅之)	1904年2月3日~1904年3月17日	湖北汉阳人		
黄耀宿	1904年3月18日~1905年3月17日		王松丞、孙耳山	
关炯(絅之)	1905年3月18日~3月29日	孙耳山		
屠作伦	1905年3月30日~4月		孙耳山	
关炯(絅之)	1905年7月7日~1907年10月		孙耳山、王松丞、宝颐	在关絅之前往东三省，则由宝颐暂理
宝颐	1907年10月18日~1911年			期间王松丞、德胜臣曾到差视事

注：本表是笔者主要根据《申报》内记载有关会审公廨零星资料所制作。有几点需说明：

1. 本表按各谳员上任时间顺序排列，有的谳员不止一次任职，如屠作伦、翁笠渔及关絅之。

2. 表内“任职时间”一栏，是从谳员的接印到离任。其起始时间为谳员正式接任时间：《申报》内皆有记载，但离任时间无法确定，本表基本上是按继任者接篆时间的前一天。

3. 襄（副）谳员任职的时间与谳员并非一致，有时正谳员只有一人，而副谳员往往两名，甚至三名。襄谳员在晚堂审理案件较多，另外，在正谳员公干或身体不适等情况下亦代替出庭审判。而一些襄谳员在审判一段时间后升为正谳员，如宋治芳、郑翰生等。

会审公廨司法审判权的攫取与让渡

——会审公廨移交上海总商会调处民商事纠纷的分析

王红梅 *

一、攫取与让渡的对立——攫取的过程与让渡的事实

会审公廨司法裁判权的演变,已有诸多论述,几乎研究上海租借制度及会审公廨制度的论著,都进行相关的论述。① 其大致分为三个阶段:1864 设立的洋泾浜北首理事衙门,一般均视为会审公廨的前身。1869 年依据《洋泾浜设官会审章程》的规定,改洋泾浜北首理事衙门为会审公廨,会审公廨制度化。根据现有学者的观点,这两个时期,会审公廨已通过各种手段获得了对无领事裁判权的外国人和一些华人案件的审判权。1912 年辛亥革命爆发之际,会审公廨正廨员宝颐弃职逃跑,租借趁局势混乱,全面接管了会审公廨,至此,在中国境内,不仅使享有领事裁判权的外人不受中国之司法管辖,租借内纯粹华人民刑案件领事也有权过问,出现"外人不受中国之刑章,而华人反就外国之裁判"的怪现象。

但是,外人对纯粹华人民事案件的裁判权的取得,则始于 1912 年外国领事团接管会审公廨以后。1864 年成立洋泾浜北首理事衙门以后,纯粹华人民刑事案件,仍然由华官审理。根据 1869 年《洋泾浜设官会审章程》的规定,对洋人雇佣和聘请的华人诉讼,领事官或领事所派之员,得到堂听讼,即观审,外人方得染指华人案件。1912 年 1 月 2 日,比国总领事兼领袖领事 D. Libert 通告工部局,领事团已议决公廨内华人民事案件亦由外领陪审,并任命出席华人民事案件之陪审官三人,并制定华人民事诉讼章程十款……是年八月十六日,公廨检查处并通知公廨登记之各律师,于 1914 年 9 月 16 日起,该程序法适用于华人民事案件,自是公廨内一切纯粹华人案件,无论民刑,领事均有过问之权,原由中国谳员独审的华人民事案件,也变成了会审。

从 1864 年洋泾浜北首理事衙门成立,至 1914 年外人完全获得华人民事案件的

---

* 王红梅,2006 级外国法律史专业,指导老师:王立民。现工作于盐城工学院。

① 相关著述较多,不一一列举,比较易得的资料有,徐公肃、邱瑾璋著:"上海公共租界制度",载(上海史资料丛刊《上海公共租界史稿》,上海人民出版社 1980 年版。今人论述以其叙述为蓝本的较多);王立民:《上海法制史》(上海人民出版社 1998 年版);杨湘钧:《帝国之鞭与寡头之链——上海会审公廨权力关系变迁研究》(北京大学出版社 2006 年版)。

审理权限，历经了50年。但是，对华人民事案件的审理权限完全取得以后，会审公廨却将一些民事案件移交商会处理。

据笔者的统计，从1913年1月至1917年12月31日，上海总商会共受理商事纠纷119件，其中由会审公廨移交上海总商会处理的案件40件，约占34%。具体案件见下表。

1913～1917年会审公廨移交上海总商会处理的案件统计

编号	时间	事由	处理结果
1	1913年1月	廨移华利公司股东卫之山等账款涉讼由	移结
2	1913年3月	廨移王子云控金静生图赖福裕公栈房盘价由	理结，复廨销案
3	1913年3月	廨移恒丰裕股东浦祯祥股账纠葛案	移结
4	1913年4月	廨移韩永源控陈履昌冒用宏茂昌牌记由	移结
5	1913年4月	廨移天成靛庄梁梯生冯礼堂等账股纠葛由	移结
6	1913年6月	廨移薛宝润与沈云峰互控欠款由	移结
7	1913年6月	廨移席如云禀控严蟾香，追索正德德森两庄股本垫款等银由	未见有记载
8	1913年10月	廨移歌舞台杨价人控账房舞弊由	移结
9	1913年10月	廨移茂泰丝纱号股东马之骏金雨莲涉讼移理由	理结，销案
10	1913年11月	廨移叶万康等控郭子炎管理鸣盛梨园账目不清由	理结
11	1913年11月	廨移中华民报馆宣告破产以偿欠款由	已结
12	1913年12月	廨移金福基控郯荣堂结欠同泰升货价洋三千零二元由	移结

续表

编号	时间	事由	处理结果
13	1914年2月	王庯盦诉合立一亨运煤公司被莫访梅丁夔生等吞没股款由解移会查账复核由	移结
14	1914年4月	解移奚荣根诉周锦松合做棉纱生意取去田单现洋饰物，希将案内紧要问题调查并将账目核明见复由	未见记录
15	1914年4月	解移陈福荣与股东沈杏村等账款纠葛案	移结
16	1914年4月	解移协安丝厂经理张少泉呈诉礼和、华纯新两丝厂经理张锡生沈子康违章增价由	移结
17	1914年5月6日	解移叶美甫控徐采臣等不付垫款由	移结
18	1914年5月7日	解移丁夔生朱祖甫互控案	移结
19	1914年5月7日	解移徐全贵诉汇通公司陈丽清等将伊经理辞歇请追薪水及损失洋元由	移结
20	1914年5月7日	解移进益洋行控顺兴昌前充买办经购丝茶账目不符移会会同丝茶两业董查对账簿由	移结
21	1914年5月13日	解移王庯盦诉合立一亨运煤公司无故停业又不将账交查由	移结
22	1914年5月14日	解移安记等十五户诉萃元糖行主陈立生倒闭卷逃查阅账户有欠户九家请照账追缴移会查复由	移结
23	1914年6月2日	解移倪宝田控胡子宗等不交清账吞银一案移会核算由	移结
24	1914年9月3日	解移沈惠昌控沈贸堂合包工程不理亏银并强搬木头由	移结
25	1914年9月14日	叶美甫控徐采臣等不付垫款由解移会核理见复由	移结

续表

编号	时间	事由	处理结果
26	1915年1月22日	殷佩之诉黄子谦股开钱庄亏空银两廨移查账由	移结
27	1915年3月7日	吴荣根与周锦松互控在廨廨请调查见复由	移结
28	1915年3月24日	廨移日商吉隆伊藤等行控来余号周启动姚明生定纱欠银移送泰亨源账簿四本请核查见复由	移结
29	1915年6月24日	廨移浙江银行诉孙问清不理抵款请会清算实欠复廨由	已结,销案
30	1915年10月9日	廨移陈太庚控李焕初不分盈余一案请算明账目见复核断由	未结
31	1915年10月17日	廨移张秀山控荣杏苑合伙昧良不理亏欠一案请查明账目见复核断由	查结
32	1915年11月19日	廨移陈太庚控李焕初不分盈余案请查账见复核断由	已结
33	1915年12月31日	廨移吴春林诉黄少怀经理舞弊一案请查算见复由	移结
34	1916年1月27日	廨移同益转运公司控杨永屯溺职清吞案移会查账由	移结
35	1916年4月1日	廨移姚毓蘅与毛诚哉股开裕丰米行账目纠葛请算账理处由	复结
36	1916年4月24日	廨移吴庆云诉王鹿萍不付厂租由	移结
37	1916年5月8日	廨移朱志成诉郭宪章不交定货由	理结
38	1916年5月8日	廨移包其亨诉唐鹤卿不交定货由	与上一案有牵连

续表

编号	时间	事由	处理结果
39	1916年11月10日	廨移怡记纸号欠款倒闭移会查账由	移结
40	1917年3月2日	廨移余发海味行控陆槐庭揭欠货银移会查账案	移结

说明:(1)该表中的资料是笔者根据"上海总商会议事录"整理而来。该议事录共5册,记载1912年至1928年上海总商会的各项会议记录和办事报告。所有商会调处的案件,在每年的办事报告中有记载。但是1912年和1918年办事报告缺,1919年3月以后上海总商会办事报告格式修改,找不到相关记录。因此,笔者选取1913年至1917年办事报告中的记载整理。

(2)1914年5月4日以前商会处理的案件,都没有时间记载,该表中的日期是笔者根据办事报告中的记载推断而来。1914年5月4日以后始有详细的年、月、日时间记载。

在上述列举的40个案件中,各种原因引起的钱债纠葛有21件,约占53%,请求查账的案件有17件,约占43%。另各有一件破产案件、商店牌号侵权案件。在这些案件中,会审公廨交与商会查账的案件,在性质上可以归为司法协助。但其他交与商会处理的案件,却是由商会自主调处,调处有效后,商会去函公廨予以销案,如表中所列"廨移王子云控金静生图赖福裕公栈房盘价由"、"廨移茂泰丝纱号股东马之骏金雨莲涉讼移理由"等案,原被双方接受商会调处后,商会即要求会审公廨销案。从这一过程看,会审公廨将这些案件移交商会处理,是将案件的裁判权完全交给了商会,因此,笔者以司法权"让渡"一词来为"廨移"的这些案件定性。

二、攫取和让渡的统一——租借秩序的维护

从萌芽状态的北首理事衙门至1927年会审公廨被收回,六十多年的时间里,随着国人民族意识的增强,会审公廨备遭国人的谴责,在1905年黎王(黄)氏案和1925年"五卅惨案"等事件中,会审公廨更成为民族情结宣泄的舞台。会审公廨的存在是外国对中国司法主权的侵犯,国人在"落后就要挨打"的感叹中,承受着丧权辱国的沉重。但是,从会审公廨处理的大量案件来看,确实又维护了租借这一"国中之国"的秩序。会审公廨对租借司法权的巧取豪夺,始终是为这一国中之国的秩序稳定服务的。会审公廨让渡其华民案件的司法裁判权,也是通过对社会资源的利用而谋求租借内社会纠纷的有效解决,在维护租借秩序上,"攫取"和"让渡"实现了统一。

如果我们仔细分析会审公廨攫取司法裁判权的背景则不难发现,每次会审公廨司法裁判权的扩张,都与当时的社会动荡有关,而这些动荡则直接影响了租借的

秩序稳定。1853 年小刀会起义后,大量华民的涌入,打破了租借“华洋分居”的格局,太平军进攻上海后,流入租借的华民人数更是迅速增加,1865 年,租借华人已达 90,587 人,人口的增加,使租借内的各种纠纷增加,“据英国外交公报记载,仅 1855 年,由英国领事署审处的华人案件就达 500 余起”,如此多的纠纷,在租借“以治安(秩序)为最高指导原则的思维下”,不断攫取司法裁判权,通过司法途径维护租借的秩序是必然的选择。

但是,1864 年的北首理事衙门和 1869 年的会审公廨成立时,为什么外人没有直接获得租借内完全的司法裁判权,而只对无约国人和少数洋人雇用的华人案件的审判权采取会审的方式呢?这可能和英国政府对租借自治的态度有关。上海租借 1853 年成立工部局时,英国政府认为中英之间的任何条约都没有规定租借有自治的权利,反对这种自治组织的成立。“工部局虽成立,但英国政府欲严守条约之义务,致此‘独立自治区’之情形为该政府所不悦。数月之后彼等已闻上海租界内之市政组织理应取消。一八五五年五月 Sir John Bowring 训令领事 Alcock,嘱转达中国政府谓英国并不赞助此种自动之组织”,1862 年,西人将上海改为“自由市”的新提议,也遭当时的英领 Medhurst 和英公使 Bruce 的反对。因此,当 1864 年上海领事团会议中,有人提议组织“违警法庭”,欲使租借裁判华民案件合法化时,遭到英领巴夏礼的反对,其理由也是因为相关的条约没有这方面的规定。为了解决租借内的司法问题,巴夏礼提议设一由华官主持的司法机构,即洋泾浜北首理事衙门。

但是,租借的发展却没有按照英国政府恪守条约规定的原则发展,加之中国官员的无知和国力衰弱,租借最终发展成为一个“国中之国”的特殊政体,而主宰这一发展进程的是创造上海的人——那些“大班”们,最初他们成立了以工部局董事会为核心的行政体制,以纳税人会议为主体的立法体制,在领事裁判权的依托下,建立了以领事法庭为主的乱中有序的司法体制,按照外人三权分立的模式,建立了自己的自治国。但面对租借内日渐增多的华人,不能获得对华人完全的司法裁判权,始终是其实现完全自治的缺憾,因此,辛亥革命时期上海的动乱,为其获得华人案件的司法裁判权提供了契机,毫不犹豫地攫取完全的司法裁判权终于为租借完全自治弥补了缺憾。

前文指出,租借以维护“治安”即租借的秩序为最高指导原则,司法裁判是维护治安的强有力保障,但是,会审公廨自身的办案能力却不能满足租借当局维护社会秩序的要求,尤其是会审公廨人员的缺乏,使其难以处理租借内庞杂的案件。会审公廨成立后,处理的案件包括治安事件在内的大量案件。美国律师钱皮 · S. 安德鲁在《1906 年的上海:会审公廨》一文中,描述了其亲历会审公廨一天轮轴转式的审讯,法官一天审讯了十多个案件,涉案内容庞杂,如敲诈勒索、拐卖妇女、越狱、叛逆、偷窃、卖妻为奴、绑架等刑事案件,调戏妇女、非法经营鸦片等治安案件,还有用开水烫死活鸭、佩剑入租借、持照人力车晚九时在芝罘路揽客等违反行政命令的案件。如此庞杂的案件，依靠几位中国廨员和一名外国会审官来审理，是有相当难度的。

按照《洋泾浜设官会审章程》有关会审公廨人事的规定，中方廨员由上海道“遴为同知一员专驻洋泾浜，管理各国租借内钱债、斗殴、盗窃、词讼各等案件”。原在北首理事衙门就职的陈福勋续任第一任廨员，中方审判官一直为一人。不过根据《申报》记载，1895 年因“会审公廨事件繁冗，道宪刘康侯观察，深虑宋莘乐通判一人难以兼顾，特委洋务提调郑翰生大令兼办帮审事务”。1905 年，“外国领事提议修改会审章程，包括在廨员之外增添一名副廨员，遭上海道台反对。但实际上因诉讼案日多，仍增加了一名副廨员”，副廨员称为襄廨，1905 年后会审公廨的中方审判员为正、副廨员各一人。

1911 年 11 月，外国领事团宣布接管会审公廨以后，立即着手组织的变更。1911 年以后，会审公廨“初设正会审官一名，副会审官两人，后设副会审官四人。至 1923 年，正副中国会审官已达七人之多”。虽然增加了几位会审官，但“1913 ~ 1926 年间，在公廨的中国诉讼保持在每月 1700 件，每年 32,000 件”，如果这个数字真实的话，每天平均也有 50 多件案子，审理的数量仍是惊人的。

会审公廨人力的限制严重影响了案件的审理效率，此时，会审公廨很自然地会寻找其他可供利用的司法资源，而上海总商会经历了清末的理案处至民初的商事公断处的发展后，调处商事纠纷的组织日益规范化和制度化，成为民间调处商事纠纷的优质社会资源。

三、上海总商会——会审公廨可资利用的优质司法资源

1904 年商会成立之初，商会即有调处商事纠纷的功能，上海等地的商会建立了调处商事纠纷的常设机构理案处、评议处等，名称虽然各不相同，但与中国古代的民间调解相比，这些机构已是商会的常设机构，并制定了相应的办事规则，清末商会的商事纠纷调处，开始了规范化和制度化的发展。1913 年，北洋政府司法、工商两部颁行了《商事公断处章程》，各地商会又建立了商事公断处，商会调处商事案件纳入了国家司法法制化的轨道。

1904 年商部奏准颁行的《商会简明章程》，谕劝各地创办商会，该章程第 15 条规定，“凡华商遇有纠葛，可赴商会告之总理，定期邀集各董秉公理论，以众公断，如两造不服，准其禀地方官核办”。这一规定为商会对民商事纠纷的调处提供了法律依据。无论是“商务繁富之区”的商务总会还是“商务稍次”之商务分会，都将此项权利列入章程之内，对商会的理案调处职能作了明确的规定。

当时成立在上海的上海商务总会，在制定的《上海商务总会暂行试办详细章程》第4条规定："维持公益，改正行规，调息纷难，代诉冤抑，以和协商情。"1905年，上海商务总会增设了理案、中证议董，后又设理案处，有理案员5人，专事调处商事纠纷，并制定了专门的理案章程，规范其商事调处活动。

包括上海商务总会在内的各地商会，大都附设专门调处商事纠纷的机构，虽然机构名称各不相同，但和中国古代的民间调解大不相同，这些调处机构已经是规范化和常态化的专门机构，不是专为调处某一个案件临时组成的，有专职的评议员或理案员专事调处纠纷，并且制定了专门的理案章程，明确规定理案员的职责和理处程序。正是由于商事纠纷调处活动的规范化和常态化，才使商会的调处活动颇见成效。

民国成立后，上海商务总会改为总商会。但是，商会调处商事纠纷的功能不仅没有因为改组而弱化，反而随着清末司法改革的推动，而纳入了司法改革的轨道。付海晏在《商事公断处：司法改革中的社会资源——民初商会附设商事公断处与纠纷的解决》一文中指出，民国成立以后，以司法独立为号，司法部虽然希望援引清末法制改革后实行的四级三审制的现代司法制度，但是由于经费和人才不足，不得不规定在未设法院的地方一律由县知事兼理司法，实际上恢复了清末修律前的地方司法制度，使得民国司法裁判体制呈现新旧杂糅的特征：既具有按司法独立精神而创立的现代法院及审级；又有类似前清州县自理词讼之县知事兼理司法事务。但是，即使这种新旧杂糅的司法体制，也不能适应当时司法实践的需要。官方司法改革中倚重经验丰富的商会，并通过立法将商会调处商事纠纷纳入法制化轨道。1913年《商事公断处章程》的颁布即是官方对商会调处商事纠纷的法制化设计。

1913年1月28日，北洋政府司法、工商两部会订颁布《商事公断处章程》，该章程共7章39条，对商事公断处的组织、权限、公断程序等作了明确的规定，该章程总则规定："商事公断处附设于各商会"，商会设立商事公断处有了国家制定法为依据。商事公断处与理案处相比而言，更加规范化，并且纳入了法制化的轨道，远非清末《奏定商会简明章程》寥寥数语的规定可比。

《商事公断处章程》颁行以后，各地商会陆续成立了商事公断处。上海总商会于1913年3月从商会议董中，选举公断处职员27人，其中1人为处长，其余26人从事评议和调查工作。经商会常会多次讨论后，1913年11月《上海总商会商事公断处办事细则》通过，共7章37条，内容是总则、公断处之规定、职员之组织及职务、争议人与有关系人之规定、争议及公断必要之规定、公断之权限及程序、公断处规则。

上海总商会商事公断处的组成人员，都是从商会会董中选举产生，而这些会董都是来自上海各行各业商界的头面人物。1904年成立的上海商务总会，"通过对会费数额的等差，把会员限制在一部分经济实力相对较强的大的行帮和大中型企业的代表，排斥了居更大多数的小行帮及小企业入会"，从《上海总商会史》一书中对商会组成人员的分析可见，上海商务总会可以说是一个"贵族商会"，1912 年虽有一些改变，但"贵族商会"的性质并没有改变。在中国传统的"熟人社会"里，商事公断处成员的在行业中的特殊地位，使他们在调处商事纠纷中，可以利用自己的威望，促成当事人之间纠纷的和解，像虞洽清这样"不特商界中有势力，就是官场中也通声气"的人，多年被选为公断处职员。因此，公断处成员中的"人力资源"优势不可忽视。

上海总商会商事公断处规范化与法制化发展，以及宏商巨贾在调处商事纠纷方面所具有的优势，使商会成为优质的民间司法资源，即使是当时上海地方审判厅和江苏高等审判厅，也有案件移交商会处理。如 1914 年 4 月即有"地方审判厅移请调处陈煜明诉陆福生图赖米款由"一案移交商会处理。有意思的是，"陈履昌与韩荣源争牌缠讼一案"，在一审和上诉时，都在商会商事公断处调处过，可见，官方的司法组织对商会商事公断处的倚重。1913 年 4 月，廨移"韩永源控陈履昌冒用宏茂昌牌记"一案，交商会处理。陈履昌与韩永源互争宏茂昌袜店牌号，前清宣统元年九月十三日就由商会议结此案，两造各无异言，陈履昌继续使用宏茂昌袜店牌号。但民国元年，"韩氏昆仲率领无类，抢去招牌，又在白玉楼纠众攒殴"，陈履昌受伤并气愤而眼目失明。1913 年 4 月韩永源忽又翻控，诉至公廨，公廨移送商会调处，商会感到"殊可骇异，兹准廨移，调阅原理议案，合将理结情形明晰移复，并将理案原簿一并移送查核"，至 1913 年 6 月，"陈履昌函称，韩荣源在公堂意图翻案，无可借口，乃以本会理案簿为假造等情，殊属谬妄，当即备函致廨，请查照本会理劝情行核断，并斥韩荣源健讼之咎"，会审公廨依据商会的证明，维持商会的调处结果。后韩荣源不服公廨判决，1914 年 12 月，又上诉至上海地方审判厅，而该厅又转请商会调处，商会拒绝调解，将该案移还审判厅核判："此案辗转翻供，由廨而厅，是法律既穷于判决，岂评议所能收效果？"一直到 1916 年，双方恩怨未了，韩永源指控陈履昌指使吴彩臣妄图挟弹杀害他，买凶杀人，公廨欲将陈某收押。如此纠葛数年、有着深仇大恨的案件，尽管商会拒绝调解，但这种"难案"，会审公廨和上海地方审判厅的初始意向都愿意移交商会调处，对商事公断处调处案件还是相当看中的。

上文分析，笔者所举廨移商会处理的 40 个案件中，请求查账的案件有 17 件，约占 43%。廨请商会查账，在性质上可以归为司法协助，但仍不失为对商会中有效社会资源的利用。清末民初，中国没有施行统一的会计制度，各家店号记账各有格式，遇有纠纷，查清账目非常困难，"关于商事上之争议及商业债务纠葛，欲证明事实，辨别曲直，自以清查账目为最要之根据"。商会中的会董都是商界高手，在理清账目方面有优势。"中西官厅以商会之查复视为一种最有力之证据，是非曲直由是而定。内地法院及英法两公堂凡关于账目纠葛而有疑义之案移交商会清查者日多”，上海商会为应对日益增多的查账案件，时任公断处处长的张知笙便在民国五年二月十二日的会董常会上书面提议在商事公断处之下设立查账处，常会公决同意，不久即通过了由张知笙拟定的《上海总商会公断处查账处章程》，该章程共 4 章 16 条，内容包括总则、查账处之组织、查账员之选任、查账员之职务等。随即总商会聘请专业人员为查账员，专事接受当事人及裁决机关的委托，办理有关账务复查，提供相关证明。民国十四年五月，总商会会董常会通过《理账规程》10 条，函告各业、银行公会以及地方审判厅和租界会审公廨参照实行。商会为司法机关提供查账协助的工作成为一种专业规范的活动。

四、结　　语

会审公廨是中国殖民地半殖民地社会特殊的司法现象，多年来国内学者的研究，多集中在特殊的历史时期会审公廨对中国司法主权的掠夺，在传统的“压迫者——被压迫者”的对立史观的解释之下，很难解释会审公廨在司法审判权上的攫取和让渡。会审公廨的存在是列强对中国司法权的掠夺，这一事实是不容怀疑的。更让人感叹的是，租借的发展，是一帮来上海淘金的商人在没有任何条约的保护下，蚕食中国的主权逐步建立起来的自治领地，可见当时清政府的无能和官员的无知。

但是，会审公廨成立以后，处理了上百万的各种案件，在维护租借秩序上，还是起到相当大的作用的。如果我们从社会治理的角度分析，上海租借的创立者们，为了维护租借的秩序，调动了一切可资利用的社会资源，会审公廨在人员缺乏而又亟待处理大量案件时，让渡民商事案件的司法裁判权，将一些案件移交商会处理，在租借内建立起多元化的纠纷解决机制。会审公廨司法权的攫取与让渡，在维护租借秩序上实现了价值目标的统一。

租借内建立起的这种多元化纠纷解决机制，即使在市场经济较为发达的当今中国也有借鉴意义。目前我国各地都建立了商会，但商会在调处商事纠纷上的功能并没有充分发挥，通过立法，对商会商事纠纷调处进行法制化引导，充分利用社会中优质的司法资源，及时解决商事纠纷，可以为建立和谐社会奠定良好的社会基础，也是我国建立多元化纠纷解决机制的理智选择。

论上海公共租界审判权力变迁

姚　远*

一、上海公共租界内由外人独立掌控的审判机构及权力

基于当时中国与各国列强签订的不平等条约,在上海租界内陆续设立了一些审判机构,这些审判机构设立的法律基础在于领事裁判权,其审判管辖也在领事裁判权内,主要有各国的领事法庭和由工部局建立的领事公堂。

(一)各国的领事法庭

领事裁判权在上海租界的发展以领事法庭(Consular Courts)为表现。领事法庭根据与中国签订的不平等条约而设立,享有领事裁判权的人们在中国境内为民刑事诉讼的被告时,不论原告为谁,案件均由该国法庭依该国法审理,不受中国法庭的管辖。① 这些领事法庭从细分上来说,又可以分为四种:特设正式法庭、由领事组织法院、由公使或使馆馆员组织法院及特设审判官。

鸦片战争后,英、法、美等20国②通过不平等条约在中国取得领事裁判权后,分别在中国建立领事法庭,以处理涉及本国国民的刑民事案件。审理的主要案件包括:同国籍的外人案件;不同国籍但两造均为有约国的外人案件;华人为原告,有约国民为被告的华洋混合案件;在中国政府服务的外人的民刑案件;受某有约国永久或暂时保护的侨民发生的案件。

在拥有领事裁判权的20国中,英美两国则在设立领事法庭之后,另外特设正式法院。而以公使或使馆馆员组织法院的情况非常少,由领事组织法院为多数情况。意日两国特设审判官。③ 在此20个领事法庭中,德国、俄国领事法庭在第一次世界大战期间取消。1934年1月德国、奥地利、匈牙利、俄国、墨西哥五国废除领事裁判

---

* 姚远,2007级中国法律史专业,指导老师:王立民。现工作于华东政法大学。

① 徐公肃、邱瑾璋著:“上海公共租界制度”,载《民国丛书》,第四编第24册,上海书店根据中国科学公司1933年版影印,第127页。

② 此20国为:英国、美国、法国、德国、俄国、比利时、丹麦、意大利、日本、巴西、荷兰、挪威、西班牙、葡萄牙、瑞典、瑞士、秘鲁、奥地利、匈牙利、墨西哥。资料来源:《上海租界志》,上海档案馆编,上海社会科学院出版社2001年版,第293页。

③ 参照《列国在华领事裁判权志要》,“法权讨论会”编,《法学评论》第140、147、148期,1926年3月,参见何勤华、李秀清主编:《民国法学论文精萃》(第6卷),法律出版社2004年版,第307~308页。

权,还有 15 个国家保留有领事裁判权。① 在上海公共租界设立的领事法庭中,英美两国先后改组设立特种法院。

上海租界的领事法庭在司法的过程中,最初由各领事署自设法警,以管理本国侨民,执行法庭拘提等。在工部局巡捕房成立后,改由巡捕执行,只有日本始终由其自己的警察执行。② 各国的领事法庭在管辖权的限制方面都有明确规定,一般来说,都无权审判重大的刑事案件。如在租界内犯下重大刑事案件,大多需要押送至海外的本国法院审判。③

而事实上,无论是 20 国领事法庭,还是英美两国在华的特设法院,都是在含有领事裁判权条款的不平等条约的基础上设立的。虽然签订条约的基础是不平等的,但作为独立主权的政体,仍然要为这些不平等的条约负责任。这些条约便成为领事法庭存在的理论基础和法律依据,这些法庭在这一时期可以说是尚属本分,它们在此阶段严格按照领事裁判权的内涵和外延的要求执行领事裁判权。在这些法庭中一些法庭伴随着条约的失效而被取消,英美两国的特别法庭专项审理以英美人为主的案件,但不论领事法庭还是英美特设法庭,都对纠纷的程度有所限制。

(二)难以为继的领事公堂(Courts of Foreign Consul)

领事公堂系根据 1863 年《土地章程》(Shanghai Land Regulation)于 1882 年设立,在章程的第 27 款中明确,“凡控告公局及其经理人等者,即在西国领事公堂投呈控告,系于西历年首有约各国领事会同公议,推有几位,名曰领事公堂,以便专审此等控案。”领事公堂每年由领事团选出领事三人组成,至 1931 年 5 月时改为五人。设书记官一人。公堂主要受理以工部局为被告的民事案件。

领事公堂与领事法庭的主要区别在于设立依据,领事法庭的设立是解决一个有条约国的国民在中国租界内的民刑事纠纷。领事公堂是在工部局成立后设立的,由于工部局是一个各国人民共同组织的行政管理机构,不受任何一国的领事法庭管辖。然而工部局也是可以成为民事被告的机构,因此当工部局成为民事被告时也必须有一审判机构予以管辖,领事公堂作为此种情况下的混合法庭应运而生。

然而领事公堂的设立于法无据,处于一种尴尬的法理地位上,工部局的各位董事都有其所在国的领事裁判权的权力,但是作为一个民间的特定行政事务管理机关,虽然其设立后各有约国、无约国和中国均对其接纳,但其毕竟是一个民设机构,没有专门的条约对其约定,而且随着华董的加入,工部局并没有因此而放弃其手中的领事裁判权,相反的,工部局在行政和司法事务的管理上变本加厉地运用领事裁

① 史梅定主编:《上海租界志》,上海社会科学院出版社 2001 年版,第 292 页。
② 同上,第 294 页。
③ 同上。

判权，这使得领事公堂成为一种处境尴尬的审判机关，而且领事公堂的尴尬的法律地位使得它在审判时所依据的法律选择尤为艰难。在此种情形之下，许多案件都尽可能地分散到各领事法庭、英美特设法院或设立在租界内的名义上没有领事裁判权的审判机关审判。

由此可见，在根据条约而形成的拥有领事裁判权的审判机关中，因其属于专属管辖的特别审判机关，因此在审判过程中尚不存在由于对管辖权属而产生的主权纷争，这些审判机关的审判权限仅集中于领事裁判权限定的范围内。

二、上海公共租界内审判主权被侵蚀

租界内依据不平等条约的领事裁判权而设立的审判机构仅限于对有约国的国民解决相对简单的纠纷，而对于租界地理范围内无约国和中国本国国民的纠纷没有权力解决。因此，对于无约国和中国国民在租界地理范围内的纠纷也需要有解决的机制。而许多事实上跨越领事裁判权的审判行为都是在这样的审判机构中产生。东西方对审判权力的争夺在这里发生得更加密集和尖锐。

（一）案件审判权的初步丧失

在《上海土地章程》中，明确了在租界内犯罪的管辖和司法依据。租界内犯罪管辖除享有领事裁判权国人民为被告之案件外，均移送上海县府，由上海道①管辖。而在案件审判的司法依据上，在《上海土地章程》的条款中则明确了“照例办理”，此中的“例”即为按照《大清律例》办理，可见在《土地章程》签订之初，仅局限于将租界土地租赁给洋人居留，并不涉及在此土地内的司法权问题，司法权仍属中国所有，租界内发生的纠纷仍依旧由中国法律管辖。

道光二十六年(1846年)，由于租界事务日益繁重，由江苏督抚会奏移驻苏松海防同知至上海县内，设一专门理事衙门，有理事委员②若干人，专理华洋诉讼事件。凡有上海县向租界内传提人犯，均由其管理，凡华人官员至租界拘拿人犯，无须通知租界当局。

由此可以看出，至此阶段，虽然已经设立租界，但是租界的司法权尚完全由我国政府控制，不受外人干涉。

---

① 所谓“上海道”或“上海道台”仅为别称，此职位的正式称谓为“分巡苏松太兵备道”，监督管理苏州、松江、太仓两府一州的地方行政事务及军事力量，其地位高于府衙。雍正八年(1730年)，随着松江地区港口地位的重要性日益突出，苏松太兵备道官衙整体从苏州移驻上海，“上海道”的别名才由此而来，而且比正式官名叫得还响亮。因此，在本文中仍沿用“上海道”这一称谓。

② 上海档案馆，Q180－1－2，第2页甲面。

至咸丰三年(1853年),太平军起,上海县被太平军攻陷,中国官吏弃职潜逃,许多华人因避祸逃入租界。于是,英、法、美三国领事代理地方的治安管理,订立了华人居住条例,规定:英、法、美三国领事可自行处理租界内所有刑事轻微案件及违警案件,唯有情节较重者送上海县审办。至此时,英、法、美三国开始不满足于仅管辖本国人的纠纷,由于感受到其在租界内的行为无法管理,对违法事件难以掌控,同时由于清政府官员在法律适用及案件审理上与其格格不入。他们开始将手伸向租界内的华人及无约国人,试图通过扩大审判管辖,来扩大控制其在租界内的影响,增加其在租界内对行政管理的掌控力度。

同治元年(1862年),英领致上海道函中有:"历年以来,本领事馆与贵官廨早经谅解,凡贵国官廨对于居住租界内之华人行使管理权时,须先经本领事同意。"①

同年,上海道与美领署订立美租界章程,其中第3条明确规定:"有拘票者,必须由美领事签字方可在租界内拘捕。"无约国人民,凡事均应受美国领事的处置。至此,1846年设置的理事委员在租界内迳提犯人之权完全丧失。

(二)从"洋泾浜北首理事衙门"开始正式丧失纠纷解决权

同治二年(1863年),英、美、俄、葡、法五国领事团集议,在租界内设立警务厅,由工部局推荐中国承审官办理违警案件,由于在语言上的诸多障碍,致使案件在翻译、供词、证据、传证租界内人犯等皆有困难。同年,英国领事巴礼主张组设华洋会审机关。次年(1864年),上海道于5月1日起派同知一人,"每晨赴英领事馆,与英领事组织法庭,称曰洋泾浜北首理事衙门。内设违警庭,审理界内一切违警事件;刑庭,审理洋原华被及无约国为被告之刑事案件。后又添设民庭,审理洋原华被及无约国人民为被告之民事案件。由英美派领事观审。彼时判决之权操之中国委员,陪审领事如有不服,得上诉於上海道。如此种案件与外人利益有关,则由领事会审,但该理事衙门所审理之民刑事案件,仅限于轻微之案件,重大者仍送上海县审办。"②

洋泾浜北首理事衙门由此设立,理事衙门是第一个在租界内实行中外会审的混合法庭。主要审理三类案件:华人与无约国人的违警案件;洋原华被及无约国人为被告的刑事案件;洋原华被及无约国人为被告的民事案件。凡陪审领事对原判决有不同意见时,可以上诉至上海道衙门。1869年公共租界会审公廨设立,洋泾浜北首理事衙门完成了其过渡阶段的历史使命,被裁撤。

至此时,外人开始正式地,并且光明正大地将手伸向租界内全部纠纷的解决权上。

① 上海档案馆,Q180-1-2,第2页甲面。

② 同上,第3页甲、乙面。

(三)几乎沦为外国法院的会审公廨

1869年4月20日《上海洋泾浜设官会审章程》公布,成立了上海会审公廨(The Mixed Court),取代洋泾浜北首理事衙门。依照此章程于公共租界内设立司法机关,建立正式法庭,即"会审公廨",又称"会审公堂"。管辖以租界范围内民事钱债交易及刑事窃盗斗殴等为限。《会审章程》对会审公廨的人员任用、管辖范围、审判权限、会审制度等均有明确规定。

会审公廨的审判权限包括钱债、交易等方面的民事案件,以及斗殴、盗窃等刑事案件,"发落枷杖以下罪名"。罪至军、流、徒以上的案件及人命案,仍归当地的中国官府审断。如果案件涉及"有约国"外人,谳员须与该国领事官或他所派出的官员共同审理"会审"。如"无约国"外人涉讼,该谳员可"自行审判",但须邀一名外国官员"陪审"。审判中给外人酌拟的罪名,应该报上海道等上级官员核查,并与一名领事"公商酌办"。如果是外人雇用、延请的华人涉讼,领事官或其所派的官员可到场"听讼"。

在会审公廨成立后,列强不满足于既得的特权,千方百计地逾越《洋泾浜设官会审章程》的规定,撇开章程,擅自扩大会审公廨的管辖范围,进一步侵夺中国在这些租界中的司法权。通过多次交涉,会审公廨扩大了审判权限,获得判处5年以下徒刑的权力,而在事实审判上甚至擅自判处无期徒刑。到了辛亥革命期间,驻沪领事团非法接管上海公共租界、法租界的会审公廨,使这两个中国法庭与中国的司法体系完全脱钩,处于驻沪领事团的控制之下。在此期间,这两个会审公廨有权审判任何案件,甚至死刑案件。而华人的民事案件也须洋人陪审,公廨判决,并不得上诉。至此,会审公廨已经完全脱离了领事裁判权的意义,几乎成为了一个外国法院了。

《会审章程》使得外国领事在上海租界内取得会审权的司法机构合法化,也就是赋予了会审公廨以合法的地位。会审公廨虽为中国政府设在上海租界内的地方司法机关,但租界当局在会审公廨内派驻外国领事观审会审,对同时涉及华洋的争讼案件,领事不能劝息的,由中国地方官与领事会同审理,被告所属国的领事或官吏得在法庭上观审,以便监督诉讼进行。如观审员认为办理不当,可以逐条辩论,并得添传复讯,承审员对观审员应当以礼待之。[1] 在这样一种情况下,一方面外国领事越来越积极地参与到诉讼中,并从观审、会审的位置渐渐地开始主导诉讼;而另一方面中国审员在各案件的审判中,由于语言和审判程序的差异,逐步放弃了在审判中的主导地位。由此,虽然中方称这些领事为"陪审",但实际上,他们更是"主

---

① 叶祖灏著:《废除不平等条约》,台湾中正书局1967年版,第42页。

审"。外国领事对于公廨内一切民刑案件都享有观审和会审权。钱端升对此作过一番评论:"虽中国地方官力求公允,而外官吹毛求疵,尽力发挥私意,必达其意而后快。名为华官审理,外官观审,而实等于外官主审,华人备位而已。"①

"会审公廨的生成,即已超脱于中外'国与国'约章乃至领事裁判权的解释范围,实际上更偏向于一个上海租界自治政体与界外帝国政体的'地方代理人'相互妥协后的法制产物。"②章程原定有效期为一年,却一直延续至临时法院成立。

三、中国收回被侵占的审判主权

(一)通过临时法院的建立开始试图收回被侵占的审判权

上海临时法院是会审公廨移沪就地交涉的直接产物,1926年8月31日江苏省政府与驻沪领事团领袖领事美总领事克银汉赴交涉公署签字,中方代表丁文江、许沅二人在协定条文上签字盖章,并交换相关照会。9月25日,领袖领事美国总领事克银汉再度赴交涉公署和丁文江、许沅二人商议协定的正式公布问题。经双方议定,9月27日,协定向社会公布,全名为《收回上海会审公廨暂行章程》。该章程共计9条,改会审公廨为临时法院(先译为临时法庭,正式换文时改为临时法院),并定于次年元旦为双方正式交接日期。任命会审公廨检察员惠勒为新法院的书记官长。1926年11月中旬,孙传芳、陈陶遗委任原山西高等审判厅厅长徐维震为临时法院筹备主任,会同丁文江、许沅二人筹备收回公廨各种手续及接洽事宜。③

1927年1月1日,中外双方在会审公廨原址举行交接仪式,临时法院正式成立,由徐维震担任院长,胡饴谷、谢永森、徐谟、吴经熊等9人为推事。至此,长达15年的收回会审公廨交涉终于拉下帷幕,临时法院名义上收回了长期游离于中国政府之外的会审公廨。上海公共租界临时法院,专门审理租界内发生的属领事裁判权案件之外的各种刑民事案件和违警案件。

临时法院设立后在司法审判上,对于租界内纯粹华人间的民事案件由临时法院单独审理。领事观审会审的权限受到一定的限制,然而临时法院在其实际运作中难以达到建立的根本目的。作为试图收回领事裁判权而长期交涉的产物,临时法院建立之初的目的是收回会审公廨。费成康先生在这个问题上认为:"根据这一章程,中国虽然收回了在上海公共租界内的一些司法权,但是该章程尚未能恢复到

---

① 钱端升著:《钱端升学术论著自选集》,北京师范学院出版社1991年版,第438页。

② 杨湘钧著:《帝国之鞭与寡头之链》,北京大学出版社2006年版,第217页。

③ 邓克愚、顾高地著:《列强在上海侵夺我国司法权的史实》,中国文史出版社1992年版,第42页。

《洋泾浜设官会审章程》规定的状况，外人仍把持了比接管该公廨前更多的侵略权益。"[①]因此，在临时法院存在的3年多时间里，法权问题仍然是比较严重的。在司法行政及司法管辖权问题、领事观审会审等问题上表现得尤为突出。

在会审公廨中表现尤为突出的观审会审问题上，在临时法院设立后，变化却也并不很大，这点可以从《收回上海会审公廨暂行章程》中看出。其第1条丙款规定："凡与租界治安直接有关之刑事案件，均得由领事派委员一人观审。"又戊款规定："凡初审时领袖领事派员观审之案件，上诉时该领袖领事得另派员观审……至华洋诉讼之刑事案件，亦照同样办法，由领事易员出庭。"按照这两款规定，不仅仅与外人有关的华人案件领事有观审和会审权，即使是纯粹华人间的诉讼，以及无领事裁判权国和无国籍的外人案件，领事也有观审和会审权。可见与《洋泾浜设官会审章程》相比，临时法院领事观审会审的权限扩张之大，较会审公廨有过之而无不及。

对于临时法院在独立审判等方面的作为，民国时期著名学者邱培豪指出："公共租界，则有直接听命于江苏省政府而间接受领团牵制之临时法院。一个独立国家领土内，司法事权如此四分五裂，受外人侵略，真为世界各国，闻所未闻，而由此种法权旁落的怪现象，所生种种恶果，当地我国行政机关办事之受其障碍，国民权利之被其剥削，实际固已难枚举。五卅喋血未干，而租界上我国独立自主之法院，迄今尚不克实现，民刑案件审理之受外领干预也如故，法庭判决执行之受捕房阻扰也又如故，凡稍有血气之同胞，宁不为之同声一哭。"[②]邱培豪对临时法院的不满在当时的社会颇有代表性。

（二）江苏上海第一特区地方法院与全面收回领事裁判权

按照《收回上海会审公廨暂行章程》的规定，上海公共租界临时法院于1929年12月31日有效期满，1929年5月8日，国民政府外交部与驻华公使讨论上海公共租界司法机关设置办法，前后讨论28次，至1930年2月签订了《关于上海公共租界内中国法院之协定》。按照协定，1930年4月江苏上海特区地方法院改组成立。作为国民政府司法机关，负责审理公共租界内发生的刑民事案件以及违警案件。1931年8月1日，法租界设立租界特区地方法院。由此，公共租界的江苏上海特区法院更名为"江苏上海第一特区地方法院"，以示区别。法租界特区法院定名为"江苏上海第二特区地方法院"，管辖法租界内相关民刑事案件。

《关于上海公共租界内中国法院之协定》有效期限为3年，经过3次有效期延展，至1941年12月太平洋战争爆发，第一、第二特区法院被日伪占领，并被汉奸接管，1942年，日伪政权将两个特区地方法院合并为上海地方法院。1943年，国民党

---

① 费成康著：《中国租界史》，上海社会科学院出版社1991年版，第153~154页。

② 邱培豪："收回临时法院问题"，载《社会科学杂志》第2卷第1期。

政府外交部长与各国公使协商希望战后收回各租界的同时收回相关司法机构，得到各国公使的同意。1945 年，日本投降后，国民党政府司法行政部接收上海各级法院组织，并派查良鉴为上海地方法院院长。由此上海的各级法院收回了独立司法权。

从临时法院的存在可知，所谓收回会审公廨不过是名义上的收回，充其量不过是会审公廨在公共租界内的过渡替代机关。在临时法院成立的三年内，租界内的审判状况并没有什么太明显的改观，特区法院是在临时法院改组的基础上成立的，依据中外双方签订的《关于上海公共租界内中国法院之协定》，于 1930 年 4 月 1 日在公共租界内设立特区地方法院及其上诉院江苏高等法院第二分院。和临时法院相比，特区法院挽回了一系列失去的审判权，但是特区法院并没完全摆脱租界当局的牵制。

在改组法院的过程中，领事观审会审的问题是重中之重。王宠惠在关于上海公共租界法院交涉情形的报告中提道："从前上海临时法院承会审公廨之弊，每有外国官员列座法庭与我国法官抗衡，甚至侵越权限，当堂发表反对法官之言论，其有损法院威信，莫此为甚。"[①]因此在该问题上，中方主张完全收回，绝不让步。谈判伊始，中国代表提出领事观审会审于"条约上并无明文规定，力主取消"。[②] 外国代表主张"对华洋诉讼案，凡有直接各侨民者，不论民事、刑事，须由关系国领事承审"。[③] 经过双方代表的激烈交涉，最终，建立了特区法院。虽然说特区法院有效地挽回了领事裁判权在租界司法上的影响，但在另一方面，由于特区法院与租界的千丝万缕的联系，使特区法院无法完全彻底地摆脱领事裁判权在审判上的影响。

特区地方法院有着那个时代租界地中国法院的典型特点，它在中国司法体系和外国政治控制的夹缝中寻求生存，在努力保有中国的主权和司法基本制度的基础上，还要尽可能地适用租界地国家的政治习惯。与此同时，第一特区法院还有着其他租界法院，譬如，法租界法院，所没有的典型特点，这就是，上海公共租界法院是一个在英美共管租界中设立的法院，它在长期形成演变过程中，不可避免地受到英美国家法律的影响，因此具有一定的英美法系特征。

① "王宠惠等关于上海公共租界法院交涉情形的报告"（国民政府行政院档案），中国第二历史档案馆编：《中华民国史档案资料汇编》第五辑第一编外交（一），江苏古籍出版社 1994 年版，第 57 页。

② "临时法院会议继续讨论双方提案"，载《申报》1929 年 12 月 14 日。

③ "临时法院会议外委允向本国请示"，载《申报》1929 年 12 月 13 日。

四、结　论

传统中国在审判上一直沿用有罪推定的模式，在这种模式下，审判的目的一是为了惩罚，中国古代“刑”与“法”的造字含义便告知这一点。另外，傅柯指出“惩罚权是君主对其敌人宣战权利的一个层面”，①因而在传统中国司法中，对审判的强调和注重，不仅仅是对百姓的惩戒意义，更多的是国家宣示主权的一种方式。审判作为司法权的重要部分，对于一国主权而言，其意义及价值是不言而喻的。

纵观整个上海百年租界，审判机构在各种纷繁复杂的政权斗争中，始终处在斗争的漩涡内，在旧制度与西方政权的权力角逐中沉浮。从常规意义的结论中，或者殖民主义罪孽深重，或者殖民主义从某种意义上推动了中国法制近代化的进程。然而，在广袤的中国大地上，在几千年帝制传统的国家，区区弹丸之地的租界内的审判机关，即便其司法程序再先进，从形式上说，很难对数千年的中华法制形成深远的影响。

然而在实际应用上，恰恰是强加在这弹丸之地的司法制度却对中国法制产生了巨大的影响。殖民主义在侵蚀中国司法主权的同时，加速了中国传统司法行政合一体制的瓦解，在为了保全爱新觉罗氏的统治地位为目的而进行的清末司法改革开始了司法与行政的剥离。这种剥离是体面且缓慢的。然而当殖民者占领租界，并以自己熟悉的生活模式、行政格局来管理租界时，他们迫切希望通过在租界内建立一种自己熟悉的模式来管理控制租界内的一切。此时，与传统行政权密切相关的司法审判权逐步被殖民者重视起来，他们通过强力手段，试图在租界内建立一个似乎表面上公允无私的审判机构，这一过程，强行加速了司法与行政的脱离进程。这一在外力作用下的脱离是屈辱且痛苦的。

正是由于中国当时统治集团对租界内案件审判的忽视，使殖民者在侵夺中国司法审判权初期的进程异常顺利。直至民国初建后，对于新建国家独立主权的要求才开始关注了租界内审判权的回归问题，而此时，租界内审判权几乎为列强掠夺殆尽，重新强调争取原本属于自己的审判权是漫长而复杂的过程。然而这一漫长的过程却从客观上加速了司法独立的进程。

在租界这样一个既特殊又敏感的区域内，存在于审判机关内的不同的权力的纷争、竞逐与纠缠演绎出当时统治集团在外部强权势力的影响下，即渴望独立掌控政权，又希冀依赖外部强权势力的纠结心情，而正是这种纠结的心情，决定了中国

① 傅柯著：《规训与惩罚——监狱的诞生》，刘北成、杨远婴译，桂冠图书公司1992年版，第46页。

在百年近代化的过程中,在政治上不停的往复,既渴望学习西方的政权管理模式,又难以舍弃继承数千年的传统方法。

在司法审判上,伴随着体制的弱政治性,使得其较政权行政体制更明确地显现出这种矛盾,而传统与现代的“拉锯战”在此处表现得更为尖锐。正是这种既渴望更有效更独立的审判模式,又惧怕这种公平与民主;既渴望传统独裁的审判模式,又止步于那种拖冗与混杂,使这一时期的传统审判制度在这种矛盾又复杂的心情中往返前进,中国的政治逐步由传统开始走向现代。

可以说租界审判权被侵蚀以及回归的过程,是一种历史的“暗合”,其背后的客观必然性是难以用制度架构来进行解释的。也许这正是二律背反规律在中国历史上带来的必然结果。

教育刑理念的彰显与背离:近代中国假释制度考论

王素芬*

近代刑罚体系改革,以自由刑为中心的刑罚体系替代了封建制五刑体系,这一转化为刑罚执行制度的近代转型奠定了基础。所谓刑罚执行,即行刑,是指有关司法机关将刑事判决所确定的刑罚付诸实施的刑事司法活动。刑罚执行是刑事司法活动中的最后一个阶段,因此,行刑法律的运作机制如何,直接关系刑罚功能和刑罚目的能否最终实现。近代的行刑制度主要包括杂居制、分房制、阶级制、假释制、囚人自治等多种,但由于假释制度集中体现了行刑法律机制的运作状况和特点,因此,笔者以假释制度为基点,通过对假释制度的考察来揭示近代狱制转型初期行刑法律的运作机制,以此透视近代中国法律与道德之间的关系,以为当下中国法治建设提供些许借鉴。

一、假释制度在近代中国的初见

假释,又名假出狱,或称为附条件释放,为行刑阶级制中的最后一个阶段。是为了鼓励服刑人改恶向善而采取的、对于被监禁的执行自由刑的犯人,在刑期未满而使其具结遵守一定的条件而提前释放的一种制度。这一制度从世界范围来看经历了从恩典到权利的转化,中国自近代以来的立法也逐渐确立了这一充分体现教育刑理念的行刑制度。

中国法律的近代化始于晚清的变法修律。基于收回治外法权的压力,以沈家本为核心的修律大臣聘请日本法学专家①相继来到中国协助晚清政府修律,其中冈田朝太郎博士主要协助起草新刑律。假释制度最早即出现于这一立法之中:假出狱者乃既经入狱之人,其在执行之中,尚有悛改之状,姑予以暂行出狱之法,以奖其改悔也。本制以使人迁善为宗旨,故执行刑法之时倘其人有改过迁善之实,即不妨暂令出狱。② 本着如此的立法宗旨,《大清新刑律》第十三章用了两个条文列明了假

* 王素芬,2003 级外国法律史专业,指导老师:何勤华。现工作于辽宁大学法学院。

① 他们分别为冈田朝太郎、松冈义正、志田钾太郎、小河滋次郎。

② 《大清刑律草案》第十三章《假出狱》的案语。

出狱。[1]

1907年10月，沈家本将《大清刑律草案》上呈，清廷分发各地要求督抚们签注意见，朝臣多数认为，聘用日本博士冈田朝太郎所起草的刑法将历代旧律、大清条例一概废除，全依日本法修订，名曰新刑法，不唯文义名词尽仿外洋，并举历代之服制名分礼教一扫而空。因此，草案一出，举国哗然，各省督抚，群相诟病，纷纷奏参。于是即引起了著名的“礼法之争”。[2] 礼教派与法理派争论的核心在于：鉴于当时中国的国情，应以资产阶级法律原理原则为主要指导思想，还是应以封建礼教为主要指导思想来制定新刑律；新刑律的精神应该是国家主义还是家族主义；原有的“国粹”如“干名犯义”、“犯罪留存养亲”、“亲属相犯”、“故杀子孙”、“杀有服卑幼”、“妻殴夫夫殴妻”、“犯奸”、“子孙违犯教令”等维护传统礼教的法律条文，要否全部列入新刑律之中。这场斗争在中国近代法律史中书写了重要的一页。假释制度在新刑律中的确立虽然未曾引起轩然大波，但考察那一段历史可知，其最终的确立其实也遭遇了一些小小的坎坷。

在关于新刑律的各省督抚的奏折中，关于假释制度的争议主要集中于三方面：其一，指责语言问题，主要为名词晦涩难懂；其二，认为当时的人民仍然崇尚报复主义，感化未入民心，这样新刑律规定犹豫行刑、假出狱等“恐于今日人民情势未能适合”；其三，指责轻纵囚犯，被判无期徒刑的罪犯还能被释放出狱，实有放纵罪犯之嫌疑，主张将无期徒刑恢复适用无期流刑。

持前一种反对意见的是两广总督张人骏，他在奏折中称，刑律草案参互考订具见苦心。唯中外风俗异，宜文词各别，专事仿效窒碍滋多。如下列举了诸多实例，其中之一即关于假出狱的。其言称：正文义法律者所以范围天下，必须官民共喻，然后共知遵守。今草案悉仿东瀛日本，名辞新异，语复拗折，如所谓行为结果、执行、身份、地位、著手之属，皆中国街巷俚俗之谈。又如犹豫行刑、假出狱与夫精神疾病之类以特议。一代之宪章乃全袭他人之文法，似非政体所宜，且更订刑律期与各国政治归于大同，今专仿东瀛实与欧西迥异，非独中国臣民素所未习，凡通商诸国亦无一与之同文。与其效法一国而令各国莫能相通，何如能用中文，而另备译本。因此，如上的语言用法应当予以修改。

---

① 该法第66条：凡受徒刑之执行者有悛悔实据时，无期徒刑逾十年后、有期徒刑逾刑期二分之一后，由监狱官申达法部得许假出狱。但有期徒刑之执行未满三年者不许假出狱；第67条：凡假出狱者如有下列情节之一即停止出狱，出狱中日数不算入于刑期：(1)假出狱中更犯罪受宣告拘留以上者；(2)因假出狱前所犯罪受宣告拘留以上者；(3)因假出狱前所受宣告应执行拘留以上者；(4)犯假出狱管束规则中应停止出狱之条项者。

② 关于“礼法之争”的详细内容，参见李贵连：“清末修订法律中的礼法之争”，载《近代中国的法制与法学》，北京大学出版社2002年版，第110～136页。

可以看出,这种反对意见主要针对的并非假出狱"制度"本身,它主要借助于"假出狱"、"犹豫行刑"这样一些典型的源于日本的名词,来指责新刑律单纯地抄袭日本的做法令人无法忍受,显然是"醉翁之意不在酒"。不容否定,此种意见应当说还是有一定道理的。因此,我们可以看到宪政编查馆所出的《修正刑律案语》中的第十三章名为"暂释",并在案语中进一步指明:"原案篇目作假出狱,略与暂释相似,是以(之)改从今名。"①1912年3月11日公布的《临时大总统宣告暂行援用前清法律及暂行新刑律令文》又进一步调整,其所确立的《暂行新刑律》中的法律用语又作了相应的变更,从形式上吸收了前清大臣的意见,尤其是对于该意见中着重指出的《大清新刑律》第十二章"犹豫行刑"调整为《暂行新刑律》的第十二章"缓刑",《大清新刑律》第十三章"假出狱"及《修正刑律》中的"暂释"调整为《暂行新刑律》的第十三章"假释",从而一定程度上实现了法律用语的本土化,当然实质内容仍然是仿行于日。

反对假出狱的第二种主张是安徽巡抚冯煦所奏,他认为:中国传统旧制法律兼惩戒报复,如秋审制度等又参用感化主义。当其时的东西各国的确皆取感化而不用报复,新刑律草案即以此为圭臬。但当时"议法律者多认为新刑律不用惩戒而专欲以感化为能恐于今日人民情势未能适合"。② 其中的第十二章犹豫行刑、第十三章假出狱各条皆偏重感化主义,二者以情相感收效必多,然均与中国的民情不符。尤其是提法司未改、审判厅未立、巡警未能普及、监狱未能改良,亦必迟之数年始能施行。因此,要否规定如上的犹豫行刑、假出狱等制度"宜斟酌"。③ 这一反对意见主要针对的是新刑律的立法宗旨问题,认为在惩戒报复主义深入民心的情况下,清末立法采感化主义显然有悖民情,因此诸如假出狱、犹豫行刑等制度不应当规定。而且,当时的国情是,与感化主义配套设施均不具备,即使立法中规定如上的制度,实行感化主义也是不可能在近期实现的,因此还不如暂不规定为宜。

第三种反对假出狱的奏折为河南巡抚吴重熹所奏。他在《奏签注刑律总分则草案》中提出三项主张:流刑暂缓废止;比附未可删除;罚金不合定为主刑。④ 其前一主张暂缓废止流刑主要即针对假释制度而言。吴在奏折中称:"总则主刑之种类死刑之下直接徒刑,分有期无期。俱禁之狱,定其劳役。其无期徒刑监禁逾十年以上仍许假出狱。此系采用日本最新学说,第查日本旧时刑法徒流人犯不分,无期有

① (清)沈家本等编:《修正刑律案语》,修订法律馆清宣统年间印行。

② (清)刘锦藻撰:《清朝续文献通考》,"刑制六",卷二百四十七,台湾新兴书局1965年影印本,第9925页。同时亦可参见宪政编查馆所编《刑律草案笺注》,1910年印行。

③ 宪政编查馆编:《刑律草案笺注》,1910年印行。

④ 《大清新刑律》首次确定刑罚分为主刑、从刑两种,主刑为死刑、徒刑(包括无期和有期)、拘役、罚金,从刑为略夺公权及没收。

期移居岛地，后经停止。中国腹地诸省生齿日繁，罪人日增，边省户口畸零，地多遗利。”[①]并认为在徐世昌奏明东三省仍需军流人犯移以实边的情况下，据中国的情状仍应保留军流刑制，而不应设“假出狱”制度。

上述三种针对假出狱所提出的反对意见的奏折，都应当被视为在“假出狱”的名义下，实质不仅仅在于反对假出狱，更主要在于对大清新刑律立法技术、立法方法过于抄袭日本的不满；在于对新刑律抛弃报复主义而全面奉行感化宗旨的不满；在于对新刑律废除旧有的五刑体系而采取轻刑化趋势的不满。最终目的当然均在于维护封建的纲常礼教，维护这些人所属的特权阶层的权属与法统，归根究底也是在附和礼教派的主张。在这场论争中，御史胡思敬更是一针见血地指出了法理派进行“修律”旨在收回领事裁判权只是痴人说梦、自欺欺人。他在奏折中指出，中国欲收回领事裁判权应“内政修、兵力强”，这样不仅区区裁判权能够收回，就是各口商税各埠租界且当次第磋商，挽回已失之利。而如果内政不修、兵力窳败，如故一切，则所失将更为惨重，财政、路政、矿政皆受人干涉。其实，外国人深知我国刑律自为统系，万不能轻议更张，“改同一律”以收回领事裁判之权“姑为是言词谢我耳”，并且他认为“宪政馆诸员亦自知领事裁判权决无收回之望，各国刑律互相歧异改同一律之理不过藉此欺我”，[②]因此，冒昧修改刑律是于事无补。可见，胡思敬更是从根本上否定了新刑律，甚至是整个修律的活动。

历史已经证明，在这场“礼法之争”中，礼教派的观点是不无道理的，他们的“立论比沈家本等要高明”。[③]但法理派的主张终因适于世界刑制发展之大势而取得了“表面上”的“胜利”，《大清新刑律》终于于1911年1月公布。假出狱制度也便“顺理成章”地得以确立，成为1911年6月制定的《大清监狱律草案》中监狱行刑的立法基础，并进而成为其后刑事立法的基础。

中国行刑制度近代转型过程中，假释制度的初见当于晚清修订新刑律之时。正如上文所述，其时关于新刑律之中要否规定假释制度也曾出现激烈的争论，但其争论主要掩含于声势浩大的礼法之争中，而主要是一些较为宏观方面的探讨，直至民国时期才真正形成切入假释制度本身的争论。反对本制度者主张：犯人改悔，未易考察，虽暂时许其出狱，亦难保无弊端。而赞同本制度者则认为，假释制度的存在有诸多益处：可以为在狱赏罚之具；可以改良犯人；可以补救长期自由刑之弊；可以知犯人有无累犯恶性；可以验科刑轻重之是否得当。[④] 两种学说比较权衡，因于利

① 该签注奏于1909年5月14日，详见宪政编查馆编《刑律草案笺注》。

② （清）刘锦藻撰：《清朝续文献通考》，“刑制七”，卷二百四十八，第9935页。

③ 李贵连著：《沈家本与中国法律现代化》，光明日报出版社1989年版，第151页。

④ 胡长清：“假释制度比较论”，载《法律评论》第115期（1925年9月）。

多害少，因此，假释制度在中国不仅在立法中得以确立，且在理论中也渐趋认可。

二、民初所确立的假释制度面面观——比较视点的考察

在《大清新刑律》制定之前，世界范围包括法国、德国、英国、美国等二十余国相继在立法或者在行刑实践中采用了假释制度，①尤其是作为近邻的日本在1908年10月1日的新刑法中又以三个条文(第28～30条)规定了"假出狱"。清末修律所聘请的外国专家均为日本人，再加之万国监狱会议的促动，在《大清新刑律》中规定假释制度几乎是必然的。在"礼法之争"中虽有一些"重臣"提出反对意见，但终因立法派占据主流而使得假释制度在中国的立法中得以确立。1912年的《暂行新刑律》沿袭上述的规定。下面以《暂行新刑律》、《监狱规则》为基础，对于假释制度予以评介。

《暂行新刑律》第66条规定：受徒刑之执行而有悛悔实据者，无期徒刑逾10年后，有期徒刑逾1/2后，由监督官申达法部，得许假释出狱。但有期徒刑之执行未满3年者，不在此限。该条明确了假释的概念：对于受徒刑执行的受刑人，在符合一定条件的情况下，经法定程序可以附条件提前出狱的一种刑罚执行制度，同时也阐明了假释适用的具体条件。

依各国立法例，关于假释适用的条件问题主要集中于两个方面：时间的要求和身份的限制。前者包括：其一，无期徒刑能否适用假释；其二，对于短期自由刑适用假释是否规定排除。就前者而言，日本、匈牙利、奥地利等国，对于无期徒刑适用假释，近代中国亦采用此例，而法国本国的无期徒刑囚人及移民地无期徒刑囚人不适用假释，移民地徒刑之囚人依1854年之法律得免拘禁。另一种模式即为德国、瑞士各联邦、丹麦、荷兰、意大利等国，采用更为严格的限制——对于无期徒刑的服刑人排除适用假释。其实，对于无期徒刑的服刑人适用假释的排除与限制从法理而言不尽合理。因为，假释制度的设立本身即着眼于未来而不是既往，是为了鼓励服刑人改恶迁善，而对于他们在监服刑期间的"悛悔实据"的认可。就此而言，近代中国行刑制度中假释的规定——对于有期徒刑与无期徒刑者一体适用——是较为合理的。

---

① 依据《大清刑律草案》的记载，在《大清新刑律》制定之前，世界各国确立假释制度的时间与方法依次如下：英国1853年8月20日以单行法；塞尔维亚1869年5月22日单行法；瑞士多数州1870年以降；德意志1871年1月1日刑法第23条；丹麦1873年2月13日单行法；克洛亚1875年4月22日单行法；美国各州1877年以降；匈牙利1878年5月刑法第48条以下；荷兰1881年3月3日刑法第15条以下；日本1882年1月1日刑法；法兰西1885年8月14日单行法；意大利1890年刑法第16条以下；葡萄牙1893年7月6日监狱则第8条以下。

对于第二方面——短期自由刑能否适用假释的问题，总体有三方面的规定：第一种情况，假释不适用于短期自由刑者。此例为多数国家采用，但各国的具体限制又有所不同，如用具体时间限制适用：丹麦规定7年以上的有期徒刑始能适用假释，荷兰、意大利限定3年以上的有期徒刑者适用，墨西哥、葡萄牙等限定2年以上的自由刑，德意志、奥地利限定为1年以上的自由刑；另一种做法是用执行刑期的比例来限制假释的适用，如法国未满六月的囚人需受3个月以上之执行，其他囚人，需受刑期1/2的执行。第二种立法例规定假释适用于短期服刑人。如日本对于短期自由刑的服刑人适用假释不作限制。

各国关于适用假释的总体要求均为囚人的悛悔，但同时又设身份的限制，此问题主要集中于所犯某些特定之罪不适用假释（如意大利刑法规定妨害司法行政信教公安亲族风纪秩序身体等罪）、外国人不适用（如匈牙利）、累犯不适用（如匈牙利、塞尔维亚、意大利）及曾经取消假释者不复适用（如荷兰、墨西哥）。

近代中国行刑制度转型之时，关于假释的适用在立法上未设身份与经历的限制，即无论是原犯何种罪种、不分外国人与本国人、是否为累犯、是否适用过假释等一体适用，而仅从最短刑期上有所要求——有期徒刑3年以上才可能适用假释。同时在具体适用时还要符合经过刑期的标准——有期徒刑经过1/2，无期徒刑经过10年。这一规定就当时的国际立法状况而言，还是较为宽松的。

近代行刑制度既赋予了受刑人提前出狱之可能（规定了假释制度），对于确有悛悔之受刑人在符合一定条件下可以附条件地提前出狱——假释。同时为了更好地约束假释者的行为，并进一步促使其服从规范，还规定了撤销假释的条件。总体而言，各国关于撤销假释均有所规定，但具体的规定方式及内容又略有差异。法国、德国、英国、荷兰、葡萄牙、墨西哥等国家采取概括性规定法；日本、匈牙利、意大利则将撤销假释的情况具体列于法律中，如《日本刑法》第29条第1项规定，下列场合，得取消假出狱：(1)假出狱中更犯罪被处罚金以上之刑者；(2)就假出狱前所犯之它罪被处罚金以上之刑者；(3)假出狱前就他罪被处罚金以上之刑而应执行其刑者；(4)违背假出狱取缔规则者。如上日本刑法关于撤销假出狱的规定最为显著的一点即为，上述条件是得撤销假出狱，也即可以撤销当然也可以不撤销，而非应撤销。至于在上述情况下是否撤销则需有权机关视具体情形而定，也便意味着撤销假出狱的概率相对降低。

《暂行新刑律》关于假释的撤销体现于该法第67条：凡假释出狱而有下列情形之一者，撤销其假释，其出狱日数不算入刑期之内：(1)假释期限内更犯罪受拘役以上之宣告者；(2)因假释前所犯罪而受拘役以上之宣告者；(3)因假释前所受拘役以上之宣告而应执行者；(4)犯假释管束规则中应撤销之条项者。

对比《暂行新刑律》与日本刑法关于撤销假释的规定可见，我国近代行刑制度——假释撤销的列举条件与日本的相同。区别仅在于日本撤销假出狱为可能撤销的条件,而在《暂行新刑律》中则为必然的撤销条件。也就是近代行刑制度转型之时,仅从假释撤销的情形而言,更多地受到日本的影响,但规定又略有不同,中国对于假释撤销条件的规定偏于严苛,没有采纳日本的"得"撤销,而一律规定为"应"撤销。

通过如上阐述可以看出,作为中国近代行刑制度的假释,在其最初确立时似乎主要移植于日本刑法,但通过如上对比则反映出近代中国假释制度的立法,也主要是以日本为参照,折中各国立法而完成。退一步而言,这一立法过程中即使较多移植于日本,其实也不必过多指责。在笔者看来,无论是法律继承还是法律移植,均相对于立法而言,或者说都是置于立法这一场域。没有立法的实际需求,二者皆不存在。[①] 而如果从立法的需求来思考继承或移植,我们又看到二者均具有相当的合理性,尤其是在中国近代法律转型、狱制转型之时。

传统的中国法律在向前发展之时,突然被要求改变方向,而且要在极短的期限内达到一定的"发达"程度。旧有的本土资源的确也有可以利用的内容,但委实数量太少,微乎其微。在立法技术不甚发达的情况下,通过移植的途径完成立法过程,实现预期的目标,应当是较为合理的选择。"综观人类文化的产生和发展,不管是任何一个历史时代,也不管是任何民族,各种历史的和现实的文化,都是人在生存中,依据其本身实际的和可能的能力,为了生存的需要而建构出来的"。[②] 从社会学角度而言,法律是文化的一部分,它的产生与发展当然受时代的制约,是进行立法的这样一个国家、一个民族,依据这一国家、这一民族自身实际的和可能的能力,为了生存的需要而建构的。在这一建构过程中,当法律继承事实上不可能时,法律移植则为必须。至于具体的移植内容,也同样受到当时诸多条件的制约。体现在如上关于假释制度的规定中,有源于日本的,有源于德国的,也有近代中国在立法过程中自创的。但总体上还是符合当时的世界潮流的。那么,也便意味着单纯在立法上来衡量,还是应当肯定,中国近代行刑制度——假释,在一定程度上的确达到了"模范列强"的标准,也在一定程度上满足了立法的政治诉求。这样的法律制度在法律实践中的运作情况如何,是否也呈现为广为人们所诟病的与社会实际"貌合神离"的状态,则仍需详尽考察。

---

① 在此意义上笔者完全赞同刘星教授所言"法律移植的实质在基本层面上和广义立法是同一的"的观点。参见刘星:"重新理解法律移植——从'历史'到'当下'",载《中国社会科学》2004年第5期。

② 高宣扬著:《布迪厄的社会理论》,同济大学出版社2004年版,第29页。

三、近代刑罚实践中假释制度的实然性考察

1913年北京监狱服刑人贾万和适用假释出狱为中国假释制度收实效之首例，至1936年止，全国被假释人数统计在5000余人。假释适用的效果总体是值得肯定的。如作为中国假释第一人的贾万和，因其在监"习籐竹业有年"，假释后即以做籐器为生，毫无越轨行为。也有个别因假释期间违反假释管束规则，或再犯罪受有期徒刑以上宣告而被撤销假释者，但总体所占比例较少，约为2‰。可见，假释制度在民国时期的适用成效还是比较显著的。

假释制度在中国的最初适用，在肯定其所取得的成效的前提下，还必须看到，假释的总体适用率极低。在25年左右的时间内共假释5000余人，[①]平均每年假释250人。考虑近代转型之始假释适用率较低——如对于原判或改处无期徒刑者根本就没有适用的可能，其后相继有所增加，现以1936年为例来大致考量全国监狱适用假释的情况。

监狱人犯假释及撤销假释人数

监狱	在押犯总数	假释人数			撤销假释人数
		总计	无期徒刑	有期徒刑	
总计	9753	621	23	598	21
江苏		184	5	179	4
浙江		109	8	101	9
安徽		73	4	69	1
江西		6		6	
湖北		37		37	3
四川	410	11	1	10	
河南	732	23	1	23	1
山东	3387	56	1	55	1
山西	2073	31	1	30	
陕西	1255	30	1	29	
甘肃	304	30		30	

① 孙雄著:《监狱学》，商务印书馆1936年版，第141页。

续表

监狱	在押犯总数	假释人数			撤销假释人数
		总计	无期徒刑	有期徒刑	
福建	193	1		1	
广西	1305	8	1	7	
察哈尔		18		18	3
绥远	36	1		1	
宁夏	58	3		3	

资料来源：本表的制作系参照《民国监狱资料选》（下）之《监狱内部状况》（第226～228页）及《人犯假释及撤销假释人数》（第298～300页）两份表格综合之结果。上述二表格则是分别根据各省高等法院初编1936年司法行政统计、各监狱年报表填载。

通过上述统计数字，我们可以看出近代假释实践的特点：

第一，假释适用率较低。1936年，全国服刑人假释适用的比率，因江苏等省的在监人犯数量未做统计，暂以四川、河南等十个省的情况大致衡量。这十省服刑人总计9753人，上述十省适用假释共212人，撤销假释为5人，假释比例约为2.17%，尚不足22‰；撤销假释占适用假释的比例约为2.36%。按照上述自适用假释直至1936年的统计数字"25年左右的时间内共假释5000余人，[①]平均每年假释250人"的水平来衡量，这里所统计的1936年假释适用率应当是比较高的——2.17%，但这一数字同时表明，即使国际监狱会议已经多次探讨假释的适用问题，而且在1910年的华盛顿会议时就已经提出"假释权利说"，主张对于更多的符合条件的服刑人适用假释。但实际上中国自近代以来直至1936年，对于服刑人假释的适用率还是比较低的，假释仍然仅仅为主权者对于少数服刑人的恩典。

第二，撤销假释比率极低。通过上表可以看出，1936年各监狱假释人犯共621人，而撤销假释者只有21人，比例约为3.38%，尚不足假释总数的4%。可见，近代中国适用假释的比例较低，但一旦适用，则假释后的受刑人大多均能够改过图新，不致再犯罪或者违反假释保护管束规则的规定。

第三，假释与赦免、减刑适用率相较显著为低。减刑是民国时期疏通监狱的一个主要途径。不仅在《奉天监狱档案》中已有所反映，[②]而且在其他监狱的文件中也有诸多的体现，如《江苏第二监狱呈办大赦减刑并送清册请察核由》中称，"此次应

① 孙雄著：《监狱学》，商务印书馆1936年版，第141页。

② 《奉天监狱档案》共834卷，现保存于辽宁省档案馆。

行减刑提前赶办裁定送监，综计已送裁定赦免者五人，减刑者四百四十六名……"①据此，可以大致不错地判断，近代中国行刑制度转型以来，减刑的适用更易于被监狱所选择，从而因为减刑的存在而一定程度地影响了假释的适用率。

第四，假释适用的对象较为广泛，有期徒刑和无期徒刑一体适用。上述表格显示，对于有期徒刑的服刑人适用假释率要远远高于无期徒刑者。而对于无期徒刑的服刑人适用假释率固然较低，但并非不存在。行刑实践中，对于符合条件的无期徒刑者并不排除假释的适用。事实上不仅通过上述数据能够反映出在近代中国监狱对于无期徒刑服刑人可以而且实际上已经适用了假释，《奉天监狱档案》第296卷较为全面地记载了对于1910~1920年改处无期徒刑的富成申、于清明适用假释的材料，及湖北第一监狱对于原判无期徒刑的苏环琴、赵华三假释的相关文件。

四、立法与司法：飘忽于报复惩戒与教育复归之间

从总体的发展趋势来看，近代中国的立法对于假释制度的规定显示出在向着轻缓的方向发展，最为明显的即为适用假释条件的限制在放松。《大清新刑律》及1912年的《暂行新刑律》均规定，凡无期徒刑执行逾10年，有期徒刑逾1/2，而有悛悔实据，得许假释出狱，但有期徒刑执行最少须经过3年，1928年刑法对于有期徒刑执行的最低刑期缩短为2年，②1935年刑法进一步缩短为1年。③ 但这种对于假释适用的限制条件仍有过于严苛与机械之嫌，尤其是由各国立法例来看，上述期间，多有缩短的趋势，如日本刑法，有期徒刑只须执行刑期已逾1/3即可，如受刑人为未满18岁的少年，依照该国少年法第58条规定，被判无期徒刑者只须执行7年，被判有期徒刑者，只须1/3，即可实行假释。该国学者并且主张如上的规定应当适用于成年人，以便符合刑罚由报应主义至目的主义、由客观主义至主观主义的发展趋势。

清末虽然在立法中出现了较为现代的旨在矫正服刑人的假释制度，但从未得到应用。其后假释的行刑方法虽然被付诸实践，然而适用率很低，而且其适用的目

① 河南省劳改局编：《民国监狱资料选》（上），河南省开封新新造纸印刷厂1987年印，第587~588页。

② 该法第93条规定，受徒刑之执行，而有悛悔实据者，无期徒刑逾10年后，有期徒刑逾1/2后，由监狱官呈司法部，得许假释出狱，但有期徒刑未满2年者，不在此限。

③ 该法第77条所规定的假释适用条件，对于有期徒刑者必须是刑期逾1/2，且实际执行已满1年者。

的往往更主要是为了疏通监狱。① 但即便是旨在疏通监狱,我们仍然可以看到,监狱主动选择对服刑人适用假释的还是较少,而更倾向于大量适用赦免、减刑。甚至,为了疏通监狱,1920 年政府还专门颁布了《改正疏通监狱惩罚办法》共 7 条,对于"凡判决刑期或残余刑期在 6 个月以下者,除依从前疏通监狱暂行办法折赎外,准用掌责处分",在一定范围恢复了肉刑。

该规定出台的目的在于疏通监狱,在当时新监不足、旧监改造未能深入、监狱拥挤不堪的情况下,政府采取诸多途径疏通监狱似乎没什么不能理解的。但该疏通办法的出台的同时却折射出当时所践行的教育刑刑罚理念未能深入人心。关于疏通监狱的办法,未能考虑与促进罪犯悔罪相结合,而是简单地采用了近代以前的体罚办法。这一恢复肉刑的办法出台,并不能简单地理解为当时的政府不重视罪犯改造,而是诸多问题的反映:近代狱制转型不彻底,而传统的刑罚观念却根深蒂固。当遇到困难而又没有外力逼迫时,人们的习惯性做法是后退而非向前。当其时,新刑法早已规定了假释制度,而且这种刑罚变更方式的运用有利于促进服刑人悛悔,有利于服刑人回归社会。但是,当时这些制度未能被广泛采用。在监所拥挤不堪时,要么适用掌责或折赎罚金,使部分受刑人提前出狱;②要么大量赦免、减刑,一定程度缓解监狱人满为患的现状,甚至还有人主张增设流刑以疏通监所。③

通过近代行刑制度的典范——假释——的立法与实践,我们可以发现,假释制度的一些可资借鉴之处:

第一,总体发展趋势趋于轻缓。第二,立法上着眼于未来,实行给出路的刑事政策,对于无期徒刑、有期徒刑一体适用,不设对于累犯、重刑犯等特别排除规定。第三,假释适用规定了最短刑期的限制,有可能考察是否"悛悔"。第四,近代行刑实践中关于假释适用时,对于无期徒刑转为有期徒刑(要么是被赦免,要么是被减刑)之后适用假释的具体做法,④考虑的是"有利于服刑人"。这一做法较好地体现了近代教育刑的宗旨——有利于服刑人复归社会。第五,假释适用的档案资料显示,对于假释的适用相当注重事后监督考察问题:委托当地警察部门,同时要有保人(永

---

① 如在 1931 年 6 月司法院核准的《苏省监犯疏通办法》(共 7 条)中的第 3 条强调:新旧监狱一律厉行假释。1932 年 2 月部训《训令各省高等法院院长首检切实疏通监狱以免拥挤由》指示:对于未决各人犯合于缓刑及假释或保释条件者,务须切实奉行以期疏通。上述文件内容均意味着,无论是司法部还是监狱,皆视假释是疏通监狱的一个主要途径。

② 《奉天监狱档案》第 283 卷中 1920 年 12 月 31 日的《疏通监狱办法》显示,对于原判有期徒刑 1 年以上未满 3 年者已执行 1/4、原判有期徒刑 3 年以上 5 年以下者已执行 1/3,即可折赎罚金;有期徒刑 6 个月至 2 年的依保释条例准其改则罚金;有期徒刑 6 个月以下适用掌责。这样意味着被判处较低刑期的有期徒刑服刑人很快就可以通过掌责或折赎的方式提前出狱。

③ 《增设流刑与疏通监所》,《大公报》1928 年 3 月 16 日。

④ 河南省劳改局编:《民国监狱资料选》(上),1987 年版,第 586 页。

受人或称承受人)多名。[①] 假释的事后监督实质意义重大,几乎决定了假释制度适用的成败。

当然,通过实践的考察也同样发现近代行刑制度——假释在立法与执行中存在一定的问题,甚至有些方面与复归理念有所背离:

首先,立法的缺欠:未明确假释期间。近代中国的刑事立法中从未规定关于假释考验期的问题,更为准确地说是未规定无期徒刑假释考验期。但实际上,近代行刑实践中对于无期徒刑服刑人的假释也同样要填具"某某监狱假释监犯假释期间行状调查表"的,其中的一项"假释期间"从某年起至某年止中要注明考验期间的起与止。当然,有期徒刑假释的考验期易于确定,为尚未执行的刑期期间,[②]而无期徒刑假释期间则未标注。

其次,司法执行中突破立法规定,适用假释更为严苛。近代行刑实践适用假释的档案资料显示,在适用假释时反复强调"在监人犯如果确知悔悟,及经过刑期三分之二或二分之一者",其中的"三分之二"[③]并没有相应的法规或者司法解释予以支持。当其时的正式立法中只规定了有期徒刑实际刑期经过 1/2、无期徒刑经过十年,但在司法执行中却有变更的做法,从而对于假释适用的条件呈现更为严苛。

再次,原判或改处无期徒刑的服刑人适用假释极少,与相关的立法精神相悖。《暂行新刑律》明确规定,有期徒刑、无期徒刑在符合假释条件的情况下一律平等适用。而《奉天监狱档案》则显示,假释监犯固为刑事政策之一端,若办理失当易启犯人之侥心,稍有不慎,流弊滋多,据呈各犯有因奸杀人者有伤人致死者,案情极重、恶性必深空言悔悟,有何确证?与其滥竽出监而害及社会何为依法执行而导之改悔。况所称悔悟云者均系纸上空谈,毫无实绩。因此对于此次监狱提出的假释申请,检察厅"为慎重狱政起见,未便照准",一概予以驳回。[④] 但近代中国并非绝对排除无期徒刑的假释适用。就是此时以"所称悔悟云者均系纸上空谈毫无实绩"为主要理由而未准假释的案件,尤其是针对其中的两名无期徒刑受刑者,相隔两年之后,监狱再次向检察厅提出对他们适用假释时,顺利地通过了。后一次得到批准适用假释比照前次的显著区别只在于实际在监经过时间增加了两年,但是悛悔实据却未

---

① 《奉天监狱档案》中关于服刑人假释的案卷主要包括第 19 卷、第 21 卷、第 287 卷、第 296 卷、第 683 卷。在这些假释的案卷中,每名适用假释的服刑人均有 3 ~ 8 名保人的保证。这些保人可为家属、亲属、朋友,或者也可以是乡正、村甲,甚至实在找不到其他保人时,关于管狱员也可以作为假释者的保人。

② 此点是可以确定的。从假释理论而言,近代行刑制度转型之初,关于假释的性质通说认为假释是刑罚执行方式的改变,即为刑罚方式的变更,假释期当然算入刑期。因此,假释的考验期也就是剩余的刑期了。

③ 《奉天监狱档案》第 19 卷、第 21 卷、第 287 卷、第 296 卷、第 683 卷。

④ 《奉天监狱档案》第 287 卷《王海亭等假释卷》。

见“实绩”较前次突出,难道最终对于这两名改处无期徒刑者适用假释更主要考虑的是经过的刑期足够长了吗？针对无期徒刑适用假释的前一次的未被“照准”与后一次的批准显然表明近代中国假释适用的审查标准较为粗糙,存在诸多不尽合理之处。

最后,差别待遇,眼光向后。从《暂行新刑律》中对于假释的规定及其后的修订来看,假释的适用对象是有期徒刑与无期徒刑一体适用,而没有对于原来所犯罪行的考虑。而且,从立法规定来看,假释制度本身即着眼于未来:“给出路”。但通过适用假释的实践来看,真正执行起来却并不尽然。单就奉天监狱适用假释的案件而言,1914 年 10 月 2 日高等检察厅为了督促假释而令监狱《饬查在监人犯如有改过迁善须照假释条款详解由》,①但该检察厅的指令中对于适用假释的服刑人又做出了明显的限制——除强盗杀人以外。这就使得奉天监狱在对于服刑人适用假释时必然要考虑不能单纯从服刑人的刑种——有期徒刑、无期徒刑,经过的刑期是否符合法律规定,而且还必须要考虑服刑人所实施的犯罪行为——排除强盗、杀人等。这样的指令既体现了在适用假释时的差别待遇,又体现了此指令实质通过服刑人已然之罪推定未然之行为的做法。上述检察厅未予“照准”监狱对于 8 名服刑人的假释申请更是毫不避讳这种“眼光向后”的判断:各犯有因奸杀人者、有伤人致死者,案情极重、恶性必深,空言悔悟,有何确证?②

对于近代中国法律与道德之间的关系问题,蔡枢衡先生曾有精到的评述:“清季以还,起草、修正、公布、施行(新法律),并经一再改正,已有数十年历史。而法律自法律,社会自社会。在乡村及带有地方性质之都会中,新法律还不若旧道德之深入人心,为一般所重视,为大众所服从。”③事实上,假释制度在行刑实践中的适用也正说明了,虽然近代行刑实践中实际上对于多名服刑人适用了假释,而且也取得了良好的效果,但是民众的法律情结也许更多的还停留于“报复惩戒”,而“教育刑”理念仍然未能深入人心。这同时也说明,制度的指令性运作也许能够实现,但法律观念、法律文化的转型实在是任重而道远。刑罚观念实质是建立于社会心理基础之上的,而社会心理的转变是一个极其漫长的过程。因此,近代中国行刑制度的近代转型也必然是一个艰难而痛苦的过程。

---

① 《奉天监狱档案》第 814 卷。也正是按这一指令的要求,奉天监狱在 1915 年 10 月对于服刑人首次适用了假释。

② 《奉天监狱档案》第 287 卷。

③ 蔡枢衡著:《中国法理自觉的发展》,清华大学出版社 2005 年版,第 81 页。

论近代中国的少年感化院

张东平*

一、少年感化院的创设

近代少年感化院的创设是效法西制的结果。发源于西方国家的感化院模式,在清末民初被嫁接到中国传统的行刑机体之上,少年感化教养制度的引进与实践推进了近代监狱的行刑变革。

西方感化院模式在清末民初始受国人关注,一些有识之士积极译介荷兰、英国、美国、法国、日本等国家的感化院制度,加速了中国近代感化院的初创。在英国,感化院出院者3/4,习艺院出院者5/6,皆能奏感化之效。考其施行感化以后的犯罪统计,禁锢囚减少32%,惩役囚减少54%,仅少年犯一项,在1869时为10,314人,至1891年减少至3855人,其感化成绩可见一斑。① 清末监狱改良派有见于感化院的独特优势,誉其为"预防犯罪、正本清源之道",并"应请由法部或民政部先行创设感化院于京师,以为之倡"。②

1908年,安徽巡抚札饬藩司奏设创立感化院。"盖国家无不可化导之人民,家庭无不可教育之子弟。本部院师前贤之遗意,仿列国之成规,拟创办感化院一处,附设于工艺厂,以为倡导",③并议订章程一并札发:(1)感化院暂就工艺厂附设一处,为各府厅州县之模范。(2)感化院经费暂由司库筹拨。(3)感化院专收在皖本省或外省幼年子弟入院。(4)凡幼年子弟其年龄在13岁以上、20岁以下而有下列事由之一者得令入院:由地方官或警察官调查该管内有并无亲长及家族管理之人,而以又有游荡及乞丐或滥交之行为呈送院者;由亲长或家族呈送入院者,但由家族呈送必经该管地方官之认可始令入院;由地方官或警察官裁判该管内犯轻罪以下之幼年子弟,原令入习艺所而该管地方或未设习艺所,或已设习艺所未设伦理各科因呈送入院者;由习艺所期满而呈送入院者。(5)凡幼年子弟不过20岁但入院后始过20岁者仍得留院。(6)凡在院者由感化院长随时指定规约,通知该管地方官或警察

* 张东平,2006级法律文化专业,指导老师:徐永康。现工作于上海政法学院。

① 王元增著:《监狱学》,京师第一监狱1924年版,第357页。

② "法部奏派赴美万国监狱改良会徐谦等回京报告摺",载薛梅卿等编:《清末民初改良监狱专辑》,中国监狱学会1997年印行,第53~54页。

③ "安徽感化院之创立",载《东方杂志》1908年第9期。

官得令出院及退假出院,及退假者如违背指定规约仍得由该管地方官或警察官复送入院。(7)感化院长有管理在院者及退假者之权,除刑罚不适用外,察其行为何如得随时处以相当之管束。(8)在院者之亲长及家族对于在院者不得更行管理之权,但在院者所有财产应由呈报目录于该管地方官或警察官,仍得令妥善管理。(9)地方官或警察官如遇该管内有本章程第 4 条第 1 项之幼年子弟得随时留置之,但留置期不得过 5 日,以上必须呈送入院。(10)凡有教养在院者责任之人应随时缴纳在院教育、医药、饮食、衣服等费,倘不按期缴纳得由感化院长通知该管地方官或警察官按数征收在院等费,若由该管地方官或警察官调查为无故不缴纳时得处以相当之罚,但实系不能缴纳者,亦得由感化院长免除其半数或全数。(11)在院者之亲长或家族得随时呈送出院愿书于感化院长,若亲长或家族呈送出院愿书而感化院长不认者,必经过半年以后始令出院。① 该安徽感化院章程设定了收容范围、程序、管理及经费等规范,可谓是拟定了近代最早的感化院的开办纲要。

民国以后,感化院设办的努力尝试未有中断。"幼年者,于身体发育、精神作用皆不完全,不幸而犯罪,既不加以惩治,自必施以教育。此感化学校之不可以不亟设也。"②据 1915 年的史料,山东"以学校教育只能造就良家子弟,若夫失业少年、游手间民,既非学校所能容纳,又为乡间所患苦,自非设法化导,何从使之迁善远罪?于是有感化院之筹办……各道奉饬皆在筹划创办之中,尤以东临道之进行为最速。现已择定东关民地两处,备价购回,从事建筑,大约明春即可招收院生。"③然而,尽管这些地方感化院的筹划较早,但最终均未实际落成,因而"我国在民十以前,尚无感化机关之设立"。④

直至 1922 年,北京香山慈幼会为教育不良儿童而设立香山感化院,其感化方法以佛法为中心,虽不免偏重宗教色彩,但却成为近代中国感化教育之发轫。同年 2 月 20 日,民国北京政府司法部颁布了《感化学校暂行章程》。次年,司法部筹设感化教育机构,乃商诸香山感化院,合组为北京感化学校,校址在宣武门外下斜街,占地 14 亩,令各省新监幼年犯一概移送该校施行感化,德知兼施,教以普通小学课程与工业训练。此可谓为近代中国官方感化机构的肇始。根据该暂行章程规定,感化学校设立之目的在于"预防幼年犯罪或再犯"。未满 16 岁之幼年犯而被认为可施感化教育者,以及未满 12 岁不守家规,经其父母请求入校者(此项学生应由其父母缴纳补助费),经司法部核准皆得收入感化学校。感化学校设校长 1 人,教员 4 人,

① "安徽感化院之创立",载《东方杂志》1908 年第 9 期。

② 黄鸿寿:"中国宜亟设感化学校论",载《江南警务杂志》1910 年第 6 期。

③ "各省纪闻:鲁省创设感化院",载《教育周报》1915 年第 111 期。

④ 赵琛著:《少年犯罪之刑事政策》,商务印书馆 1939 年版,第 196 页。

医士2人,工师每科1人,每50名学生设保姆1人,并设庶务、会计各1人。感化学校学生每日受教不得少于4小时,作工时间亦同,并且设定4年毕业,但成绩不良认为应延长学期者,或者品行极坏认为不能感化者得延长期间。男子年龄已满18岁,女子已满16岁者,或者学生系由其父母送入感化学校,后经其父母请求领回者,得先令其出校。可见,北京感化学校与普通学校颇为相似,其在实质上就是一种特定类型的少年感化院。

至南京国民政权建立后,感化院的开办规模继续扩大。1929年,广州市政府认为该市儿童向来失于教育,以致近年来儿童犯罪者日见其多。国家虽有法律制裁,然并不因此而减少,且未成年儿童犯罪在法律上亦多不为罪,即使略予处分亦必极为轻微,未必足以惩儆,故拟于市内筹设市立感化院一所,专收容此项犯罪儿童,此外可一并收容一般低能儿童施以相当教育,俾收感化之效,一俟觅得相当地点即可着手筹备。① 其他各省区也积极力行少年感化教育,将感化院的创办一并列为监狱改良的总体规划。根据1935年司法行政部统计室关于各省保安处分执行处所的调查,感化教育机关已有44所,其中公立25所,私立19所。

1935年以后,感化院成为重要的保安处分执行处所,但当时全国感化院的开办规模仍属有限,已有的感化院数量不能满足各地执行"感化教育"处分的需要,司法当局遂力促各地设办。只是限于经费困窘,各省感化院的实际开办困难重重。有人指出,在保安处分执行处所中,除医院、戒烟所各省市大都原已设立不生问题,游民习艺所(或贫民工厂)及精神病院之类各省市间有设备不妨就近移拨外,唯独感化院中国以前从未办过。并且,财政困难为各省普遍现象,省市当局绝不肯在支绌之秋为司法上额外支出,故各省感化院之成立遥遥无期,似不如由司法行政部统筹,每三四省成立一感化院,而不必各县市一律成立,每省亦无须必成立一院;至于开办经费则由司法收入项下开支,择一适当地点收容此数省之少年犯较为切实可行,否则各法院只有以保护管束代之,而刑法规定将等同虚设。② 由此推知,近代感化院的开办规模远未达到在各地普及的程度。

二、感化院的教养制度

近代少年感化教养之实施,主要包括三个方面:生产技能之磨炼,养成少年独立经营生计的能力;道德判断之教养,养成其精确判断是非善恶的能力;道德品性

① "广州将设立犯罪儿童感化院",载《法律评论》1929年第16期。

② 胡绩:"保安处分宜设法促其实现案",载河南省劳改局编:《民国监狱资料选》(上),河南省文化厅批准印刷1987年版,第317页。

之陶冶,养成其趋善避恶努力向上的品性。

(一)感化院的收容对象

根据 1911 年《大清新刑律》,凡未满 12 岁人之行为不为罪,但因其情节得施以感化教育;未满 16 岁者得减本刑一等或二等。该立法实际上确认了少年司法保护原则。到民初之时,则有违警教养之法。未满 15 岁之触犯违警律者,因其无责任能力,法律上无犯罪受罚之条,按律科刑殊为严酷,第无亲属或抚养人为之管束,必将放僻邪侈;唯有置之于感化院,寓劝于惩,循于善诱,促其潜移默化,养成健全人格。① 1928 年《中华民国刑法》规定:未满 13 岁人之行为不罚,但因其情节得施以感化教育,或令其监护人、保佐人缴纳相当之保证金,在 1~3 年内监督其品行;13~16 岁人之行为得减轻本刑 1/2,但减轻本刑者因其情节得施以感化教育,或令其监护人、保佐人缴纳相当之保证金,在 1~3 年内监督其品行。可见,对少年犯除规定不罚或减刑外,以感化教育或监督处分作为补充或辅助。由于"现行法对于少年犯及精神病人虽有感化教育,监督品行,及监禁处分之规定,然嫌范围太狭,本案特增设保安处分一章。"②为此,1935 年刑法以专章规定了保安处分。根据 1935 年刑法规定,因未满 14 岁而不罚者,得令入感化教育处所施以感化教育;因未满 18 岁而减轻其刑者,得于刑之执行完毕或赦免后,令入感化教育处所施以感化教育,但宣告 3 年以下有期徒刑、拘役或罚金者,得于执行前为之。感化教育期间为 3 年以下。若 14~18 岁之人于刑之执行前令入感化教育处所者,依感化教育之执行,认为无执行刑之必要时,得免其刑之执行。具体而言,受感化教育处分者包括三类对象:

(1)14 岁以下不受任何刑罚者。"不罚幼年人之行为者,因加之以刑罚而不能收消灭犯罪、减少犯罪之效果,反有助长犯罪之虞,故不以刑罚处遇之,非谓幼年人无社会的危险性也。既有社会的危险性,自必设法防卫社会,而感化教育制度尚焉。"③对于未满 14 岁的少年,法官是否应令其入感化教育处所,与犯罪情节轻重无关,而取决于其是否有适当人的管束。若有子弟而无父兄之教育,或有父兄而不知教育者,均视为无适当管束之人,故有感化教育之必要,否则无须宣告感化教育处分。感化教育处分期间最高为 3 年,法官在此限度内依其社会危险性的大小酌定处分期限,并于处分宣告时即时执行。如处分执行尚未终了,而其社会危险性业已消除,则由检察官声请法院裁定免除余期执行;反之,亦可声请法院就 3 年以下期限内酌量延长,而延长次数不限,直至犯罪之虞消弭为止。

(2)14~18 岁之人于刑罚执行前令入感化院者。因减轻其刑所宣告之刑罚为

---

① 珏斋:"论中国宜推广感化院之制度",载《浙江警察杂志》1914 年第 8 期。

② "中华民国刑法修正案要旨",载翁国梁:《中国刑法总论》,正中书局 1970 年版,第 282~283 页。

③ 王觐著:《中华刑法论》,姚建龙校,中国方正出版社 2005 年版,第 522 页。

3年以下有期徒刑、拘役或罚金者，得于刑罚执行前施以3年以下之感化教育处分，且于宣告后即时执行。不过，此种情形下的感化教育处分虽可在刑之执行前为之，但亦可在刑罚执行完毕或赦免后为之，具体由法院酌情选择决定。若依处分执行情况，在处分执行期满前即认为无执行刑罚之必要者，由检察官声请法院裁定，得免其刑之执行；若在感化教育执行完毕之时，有无必要再执行刑罚，则由法院自主决定。

(3)14～18岁之人于刑罚执行完毕或赦免后令入感化院者。因未满18岁而减轻其刑者，在其刑罚执行完毕或赦免后，其社会危险性未必消除，所以仍可施以3年以下之感化教育。此种情形的感化教育非即时执行，而属刑罚执行后之保安处分。不过，"若对于此等犯人，宣告年限较长之徒刑(有期徒刑之年限，得至十五年)，则犯人开始受感化教育之时期，已超过其青年时代甚远。盖依刑法之规定，犯人虽至三十余岁，仍得令其入感化院，受感化教育也。"①但也有观点认为受感化教育的年龄不宜过大，"二十岁以上的人，感化不易收效"。②

对于后两种情形，仍有几个问题需要理清：其一，未满18岁人犯罪但不减轻刑罚者，不得施以感化教育处分。申言之，新刑法规定14～18岁之犯罪得减其刑，而非必须减刑；如法官酌情认为未满18岁之人应负全责，则不得为保安处分之宣告。其二，对于未满18岁而减刑之人是否应施以感化教育处分，则由法官于裁判时一并宣告，否则仅宣告刑罚。如若仅宣告刑罚，但在刑罚执行中遇到赦免，而又有追加保安处分之必要时，只能由检察官声请裁定。其三，在刑罚执行完毕或赦免后，如认为无执行感化教育处分必要时，得由法院决定免其执行。

(二)感化院的建筑构造

感化院规模的适度控制，有助于感化院功效的更好发挥。有学者指出，"欲使救济儿童事宜发生效能，限制收容儿童人数实为一必须之中心问题。在良好院所，最多仅应收容一百儿童，并以忍耐之方法予以感化，其成殊效较志愿同时救助千万儿童及予以此众多儿童同一之保证者为善。在人数限止之情形下，所有经费及劳力均其益，反之，在人数无限止之情形下，儿童毫无所益，日将变为完全及确定堕落之儿童。"③有鉴于此，感化院规模当有一定限制并无争议，但其容额大小却有不同主张，有的认为感化院以人数200以上、250人以下为定例，④有的认为应以容纳250～300人为准，200人以下之组织恐其经常费用太高，300人以上之组织又恐因

① 宝道："对于少年犯人感化院组织意见书"，载《现代司法》1935年第3期。
② 马宗荣："'感化院'的实际设施"，载《教育与民众》1931年第4期。
③ 赖班亚："对于儿童法院及感化院之意见"，载《现代司法》1936年第7期。
④ 孙雄编：《监狱学》，商务印书馆1936年版，第204页。

人数过多而难有适当管理。①

感化院收容之幼童虽非有真正自由，但亦不致视为囚禁之犯，其更适宜称为寄宿感化生。感化教育之处所不仅迥然相异于监狱，且其地址也应与监狱完全隔离。为节省经费或便利管理起见，曾有人主张将少年感化机构与监狱设施在同一监区毗邻设置，此种办法虽属无奈却并非良善之举。在构造设施方面，感化院“其建筑须极朴素，不必如监狱之严重坚固，以农业为主要之感化院，宜有附属空地，为耕作场所，以工业为主之感化院，宜设相当之工场，为习艺之用。”②另有观点认为，“建造感化院舍，当使之富于审美性，以唤起被感化生的兴趣。”③由此，感化院的内部构造应包括：(1)礼堂、独省房；(2)课堂；(3)运动场、体育馆、医院；(4)农场、肥料屋、仓库；(5)工厂；(6)办公厅；(7)家庭舍、④浴室、游泳室、熏蒸室；(8)职员住宅；(9)饭厅；(10)校园；动物园；娱乐室。这些设施对辅助与促进感化效果而言是必要的，同时其建造及相应设备的添置尚需符合少年生活的特点。其中，礼堂作为实施集会训育之所，当注意庄严化、清洁化。因感化生过多不易管教，故课堂不宜过大，且其所置桌椅宜粗杂坚固。体育馆的地板与四壁，也宜注意坚固，各种健身器械宜齐备。浴室与游泳室因对感化生的卫生影响颇大而亦应置备，并且为防传染病宜置熏蒸室以备熏蒸其衣服之用。动物舍则可活泼儿童精神，而且可提供勤劳练习之机会。此外，在家庭舍的周围及礼堂、教场、职员住宅的附近可设置花坛，以增加自然风致，渲染感化氛围。

（三）感化院的师资要求

感化院担负着少年感化教育之使命，因而其师资素质有着特殊要求。有学者援引日本国立感化院附设社会事业职员养成所的开设课程，比照说明感化事业人员应具备的专业素养，其开设科目包括：社会问题；教育事业（贫儿教育、盲儿教育、聋哑教育、白痴教育和吃音矫正）；儿童保健（儿童问题、育儿法、幼儿教育和儿童保护的实际）；儿童劳动问题；感化教化（感化教育原理和感化教育行政法）；教育及病理学（教育原理、教育思潮、教学法和教育卫生及病理）；心理及精神病学（儿童研究、精神病学和变态心理及犯罪心理）；伦理学及国民道德；统计学；木土、缝纫、机

① 宝道：“对于少年犯人感化院组织意见书”，载《现代司法》1935 年第 3 期。

② 孙雄编：《监狱学》，商务印书馆 1936 年版，第 204 页。

③ 马宗荣：“‘感化院’的实际设施”，载《教育与民众》1931 年第 4 期。

④ 同上。家庭舍，即普通学校的寄宿舍，每栋只能收容 10 人为合度，每栋之端设置职员居住的家庭长室，与家庭舍相联络，且点散式的家庭舍，较之集中式者为佳。每舍中置职员 3 人，其中家长 1 人，保姆 1 人，副保姆 1 人。家长代父，掌监督与教育之责；保姆代母，掌慈育兼及炊事与其他杂务。不良少年多乞食浮浪之徒，不宜养成其使用夫役的生活。炊事等务，当令其轮班为之。家长居于别室，但与彼等于同一食堂内共同饮食。

械和实习。[①] 可见,感化事业涉及儿童教养、保健、劳动、心理与卫生等多个领域,感化院职员应具有综合性的学科知识。

感化教育是一种专门教育,故感化院职员因职责所系而应不同于监狱狱吏。"感化院中之职员,不应由曾在监狱服务之人员中选任。盖监狱长官及看守,既已受其职业上之陶养,势必将感化院,于无形中改成一种监所。果尔,则与设立感化院之初衷,完全相左矣。故此等人员,若由教育界服务之人员中选任之,更为相宜,惟有更应特别注意者,则以教育青年犯人使之为善,较之教育温和与诚实之儿童或青年,更感困难也。"[②]

(四)感化院的教育方式

1. 教学编级

受感化少年既属不良分子,有违法之虞即送之而来,改过罪除即领之而去,感化人数的多寡难以固定,因而学级编制难点较多。民国时期的北京感化学校收容少年之年龄原定为10~16岁,但在特别情况下收容之学生幼者仅7岁,长者至21岁。除受感化少年的年龄悬殊以外,其教育程度也明显不齐:低者多不识字,高者为中学二、三年级程度,甚至尚有大学预科生。而如果"人各一级"个别施教,则因限于人财两力实难做到。为方便教学起见,该学校将感化生划归为初级部、高级部和补习部。前二部均系复式分级,其中初级部分为1~4年级,高级部分为1~2年级;而补习部则针对专事作工及中等教育程度以上者,按程度及人数随时分班,至于采取单式或复式分级则不一而论。在工读时间分配上,初级班每日上课及作工均为4小时;高级班每日上课5小时,作工3小时;补习班注重时间自主分配,每日上课、作工各自为2~8小时,但亦有专门做工或练习事务者。各级工读及场所更换的规则为:此级午前在工厂做工,午后在讲室听课;彼级午后在工厂做工,午前在讲室听课,交互为用,各不相扰。此外,初级班的修业年限为4年,高级班2年毕业,补习班则视各级人数之多寡、程度之高低随时而定。[③] 应当说,针对感化生的年龄层次、教育程度及技能高低等而分类施教,符合少年教育的特点和规律。

2. 教学方法

针对少年感化生认知事物与接受知识的特点,有学者主张感化院中的教学可采纳以下方法:其一,分团法,即将原有学级改换其组织,根据优劣重组成小团体。该方法旨在发扬幼童个性,培养健全人格,其优点在于划一教学与个性教育。北京感化学校曾采用此法,即把相同学年的幼童区分其能力优劣,各组成一学习团体,

---

① 马宗荣:"'感化院'的实际设施",载《教育与民众》1931年第4期。

② 宝道:"对于少年犯人感化院组织意见书",载《现代司法》1935年第3期。

③ 中伦:"北京感化学校概况",载《化育》1928年第2期。

并授以同一教材,并在训练时亦使用分团教学。其二,设计法,意指自主、自由之教育,即集合幼童围绕某一中心事实搜求研究,使其自主发明一种学理与方法。此法包含文学、技术等各学科知识,依据某一中心目的为无形之联络而得结果,其材料纯由幼童自身需要自求得之,因而可促进知识与学业切实见诸应用。其三,道尔顿制,即将教室改为作业室,将课程列成大纲按月分配,教师则从旁指导,而任由感化生每月签订工约自由学习,将每次所得成绩记于日程表,经相当考验及格再另换工约;作业室则依各科性质分别设置各种图书标本供参考之用。该方法注重自习作业,其优点在于注重实践操作,同时打破了钟点制。其四,书院私塾制,即对不做工感化生每日课余兼采旧时书院私塾的方法,由教员按其程度之高低,授以经史子集等国学常识,或指导算术、习字及阅书方法,并特别注重自修及个人训练,以希冀养成独立求学、做事之能力。①

3. 教学训练

少年感化教育还应结合社会现实,强调务实精神。因教学与训练关系甚密,如无实际训练,教学效果必将大打折扣;况且感化生本属品性恶劣少年,如若不加训练而一味偏重教学,必有失感化宗旨。所以,少年感化院除教材选择应以感化生个性为标准外,其教导学生亦应随时随地,不宜限于教室,且宜给感化生相当之参考书使得自由研究;感化生所作笔记亦详加批正,使知研究结果,且宜使其所知者见诸实践,使其所学者应用于社会。为此,北京感化学校采取教育稳健主义,不仅对新旧教学方法舍短取长、兼收并蓄,而且尤重实地练习以期致用。况且,感化生大多既缺乏家庭教育,更缺少亲友训管,不知揖让进退之礼仪,不合视听坐作之姿势,而"教育之目的不在知识之注入,而在恶习之改善;改善恶习之方法虽多,要以日常上课时为切近易行"。② 因而宜在上课时对感化生的身体姿势劝加矫正,力求使其养成良善的行为习惯,并使其对日常课业注重守时、恭谨、秩序、缜密的美德。

4. 教学考查

为督促感化教育力求实效,对感化院的感化成绩设置一定的考试与考查措施是必要的。有学者建议,"应于各个感化院内,设立考试及奖励委员会,其委员则由常与青年犯人接触之感化院院长与各部主任,外加教授一二人,高等与地方法院之代表若干人充当之。"③也就是说,对不良少年感化状况的考查,宜采取集体评判的方式以求全面、准确。在考查方法上,北京感化学校采用的方法包括口试、笔试、查看笔记及考查作品,其中笔记包括听讲笔记与阅书札记两种。对平时考试而言,口

① 中伦:"北京感化学校概况",载《化育》1928 年第 2 期。

② 同上。

③ 宝道:"对于少年犯人感化院组织意见书",载《现代司法》1935 年第 3 期。

试于每日上课时随时进行，笔试则每月至少一次，且考试功课范围以每月授课为主，时间在1小时以内，而对考试的宣布至早在举行前1日。而对学期考试而言，则于每学期终了时举行，并且考试功课以本学期为范围，不得另加限制；考试时间在放假前2周以内，考试科目时间表宜于放假前2周开始宣布；各科试验时间由各级主任及本级教员酌定，在试验前概不停课以免旷废学业。不难看出，北京感化学校的成绩考查办法已相当精细。

(五)感化院的教育内容

少年感化教育的内容包括德育、智育、体育及职业训练等方面。在赵琛看来，“德育方面，除授以三民主义之精神要旨，及古圣名贤之言行外，对于新生活运动之原理，尤应特别加以说明，使其尊重中国之固有道德。”①有观点认为，不良少年的德育实为智育、体育与职业教育综合作用的结果。感化院的德育宜另行组织功课及讲演会实施，对于新生活原理应特别加以解释，并且少年德育不应过于注重宣教，如道德功课过多反使其心生厌倦。感化院的德育应注意院内环境与个别谈话，感化人员更应以身作则，致力于改善受感化人的生活条件。感化院的智育应依普通学校程序实施之，对幼年感化人仿照公立学校授以国民初级教育，对年龄较大的青年则施以补习教育。并且，图书馆是促进智育的重要补助，故而慎选各种书籍组成一个图书馆亦属重要。图书馆内不仅应置备教育用书，还应置设关于趣味游戏的图书，以免受感化少年枯于读书反致厌倦。在体育方面，应依普通学校的运动程序以及受感化少年的年龄实施之。体育运动有助于培养自主、公平以及精干的精神特质，且运动对于改善少年操行、激发工作兴趣尤属可贵鼓励；禁止参加运动对于懒惰或操行不良的少年则亦属有效惩罚。因此，感化院应设有足够大的运动场，以使受感化少年皆有运动机会。②

感化院之教育亦应重视勤劳习惯的陶冶与职业技能的训练，务使受感化人将来足以独立谋生。感化院的职业教育，既可教以农事劳作，亦可施以工业训练。前者主要是种植栽培蔬菜、果树、观赏植物以及饲养家畜等，而后者则主要是金属小细工、电镀、西洋洗濯、制版、油漆、裱装、纺织、裁缝、木工等。然而，如果说将混迹于

---

① 赵琛著：《少年犯罪之刑事政策》，商务印书馆1939年版，第199页。新生活运动是1934年以后国民政府在南昌发起的所谓重整道德、改变社会风气的公民教育运动，意图通过复兴礼、义、廉、耻这些传统美德，来克服社会陋习，凝结民族信念。尽管新生活运动总体上并未对普通民众生活产生持久性的影响，但其对国民生活的详尽指导规范却被融入到监狱机构的感化精神之中。监狱机构被施以军事化管理，被感化人的衣食住行均要符合秩序和清洁规定，日常生活生活艺术化、生产化、军事化，在一个政府、一个主义和一个领袖之下，绝对统一，绝对团结，绝对服从命令，就好像躯干笔直预示着道德上的正直，一个好的姿势可以提升民族精神一样。

② 宝道：“对于少年犯人感化院组织意见书”，载《现代司法》1935年第3期。

都市的不良儿童置于空旷农场的确实现了境遇转换的话,那么这种转换可能仅是形式上的生活环境的改变,而没有触及感化教育所借以的受感化人心灵与人格的改善。诚然,外在环境的变化可以影响人的性格和秉性,或许农场劳作可以收到陶冶性情的些许效果,但是习得农业技能的受感化人在回归城市生活时,其谋生自营的能力似仍无用武之地。因此,受感化人究竟适合何种职业训练,应于入院时根据考察情况因人而异。换言之,在使少年入某种工场或操某种工作之前,当通过种种考察与测验以确定其有何种自然倾向,而更适合从事何种职业。若受感化少年依其本性操之喜好职业,则较之其所厌恶者进步更快。由于受感化少年多来自社会底层,故职业训练应多采择简单易行之事。更重要的是,应竭力使其意识到劳动维持生活的重要意义,逐渐养成良好的勤劳性情。①

依据感化教育的内容和范围,北京感化学校在考虑年龄差别、人数变化等因素的基础上,结合学级编制的要求,拟定了小学及中职课程分配表,从而规范了少年教育科程。不难看出,小学课程的安排从低年级到高年级呈现循序渐进的次序,且从读法、算术、历史等基础科目逐渐过渡到书法、国学、外国语等较高程度的科目。与小学课程相比,中职课程的设置属于较高层级,但高级科目的排列亦为由浅入深,与感化生教育程度的逐渐提高相适应。尤其是小学科目及中职科目均统一设置了工艺及音、体、美教育课程,这对促进不良少年的感化效果而言实有裨益。

(六)感化院的训育管理

无论何种少年感化机构,其秩序保障与纪律维持均以训管为必要。“盖因训管不良,非第不能教学;且徒授以知识,而不绳以纪律,则知识反足为作恶利器也。”②少年训育管理的目标在于使感化生在身体方面养成早起早睡、好运动、节饮食之习惯;在道德方面养成勤劳、节俭、诚信、谦和、守法、服从、整饬、廉洁、负任与合作之习惯;在知识方面养成阅读书报杂志、作日记劄记及研究一切学术之习惯;在娱乐方面养成爱好自然美景及欣赏音乐、美术、文学之习惯。③ 然而,“所谓训管,既非空谈仁义道德所能济事,尤非任意鞭扑所能成功;必也察其个性,因材施教,以身作则,使之默化,始克奏效。”④因此,受感化少年的训育管理应注意:(1)个性调查。因感化生心性不同、境遇各异,而如划一陶冶必不合宜。故为教师者,对感化生须有详密调查和明确识见,然后方可因势利导、恰如其分,以浓厚情感借收训练之效。(2)课余指导。对感化生的训练应随时随处进行。如若仅恃讲室训话,必致一暴十寒,难收

① 宝道:“对于少年犯人感化院组织意见书”,载《现代司法》1935 年第 3 期。

② 中伦:“北京感化学校概况”,载《化育》1928 年第 2 期。

③ 同上。

④ 同上。

持续之效。故为教师者,宜具恳挚心情与敏活眼光,随时随地予以指导、鼓励或训诲,日久不懈则结果自良。(3)以身作则。因幼童模仿性很强,故为教师者,苟素行不谨而于讲书、训话时喋喋不休,则必无效益。倘以自身言行为模范,以真挚精神使之诚中形外,则感化生自可被感化于无形。

此外,少年训育管理亦离不开种种制裁措施。依据感化教育的本旨,对顽劣少年的惩戒仍旨在警示管束、以折其心,非谓严刑峻法、仅服外表,因而少年感化机构中的罚则实际上应是尽量少用的;其制裁方法虽并非完全抛弃使用独居或体罚手段,但仍以使用剥夺违纪少年所应享受利益的方法更为妥善。例如,对行为或做工不善的少年,取消其游戏与休息时间以及集体娱乐的机会,或临时给予工作较重、生活单调的特别处遇以示惩戒。[①] 值得一提的是,有学者在研究民国时期的北京感化学校时,为其设计了集个体训管、集体训管、奖励与惩罚等为一体的训管方法,其既较为具体,又颇为实用,对北京感化学校的少年感化应当是很大的推动。从不同品性少年的类别化处遇,到几乎可以利用各种场合实施的集体训诲,再到把握少年心理活动基础上的心理学辅导,都足以表明20世纪20年代末的不良少年训管方式已经有了很大发展。

(七)释放与出院保护

受感化教养的不良少年,如其悔过迁善、恶性消除则自当出院释放。有观点认为,感化院中的不良少年如查明性行确有改善状态的,可令其出院而委托于善良的家庭学习职业教育,或许其请假退院,送回保护人的家庭教养。但即使感化生出院,院方仍应负后续教养之责,而应以通信或访问方法,详查感化生出院后的状况,并给予适时的指导、激励与慰藉,以持续贯彻感化教养的趣旨。[②] 这是因为,如同一般罪犯出狱后可能受到社会歧视一样,受感化少年亦会有此遭遇。比如,某少年在受较久时间的感化教育后,当其欲谋求小职员或任何其他职位时,结果往往因其曾禁闭于感化机构而遭拒绝;即使向雇佣方保证该少年已行改善,雇佣方仍愿将职位予以他人,因为其他可供选择的雇工数量甚多。由此,一些社会组织对感化教育在很大程度上仍不信任,如此一来,即便少年感化显有成绩,所有努力亦恐毫无益处。更何况受感化少年若回到原来的不良家庭或恶劣环境中,抑或因孤立而不能维持生计,复将堕落于有害处所,习染于恶劣群体,其再陷入法网则必无疑问,而之前的一切感化工作势必付诸东流。[③] 所以,受感化少年的出院保护有重要意义,应如同出狱人保护一样对其进行指导、帮助和保护。

---

① 宝道:"对于少年犯人感化院组织意见书",载《现代司法》1935年第3期。

② 马宗荣:"'感化院'的实际设施",载《教育与民众》1931年第4期。

③ 赖班亚:"对于儿童法院及感化院之意见",载《现代司法》1936年第7期。

古代雅典的陪审法庭及其评价

孔　晶*

一、雅典陪审法庭概况

雅典的司法体系非常发达完善,就连法庭的分布也非常讲究。“不知名的古代法庭位于不知名的地方”,①但作为雅典民主政治重要组成部分的陪审法庭则位于市政广场。② 德摩斯梯尼在其演说中提到,位于大柱廊的战神山议事会③经常驱赶聚集在市政广场的无秩序的民众。④ 因此,“从一开始阿果拉(市政广场)就与司法机构连在一起。早在荷马时期就在阿果拉审判过案例”。⑤

在古代雅典,不同的案件有不同规格的陪审团,成员人数从200到1000甚至5000不等。在亚里士多德所处的年代,雅典标的金额不超过1000德拉克马的私诉案件由201名陪审员审理,标的在1000德拉克马以上的案件则由401名陪审员审理。而一些非常重要的政治案件,如违法法案指控诉讼等,则由数个501名陪审员名单组合成的陪审团进行审理。⑥ 另外陪审团的规模还有1001人,1501人,2001

* 孔晶,2007级外国法律史专业,指导老师:何勤华。现工作于南京海关。

① 解光云著:《古典时期的雅典城市研究》,中国社会科学出版社2006年版,第100页。

② 同上。举行审判的地点在不同时期随案件的不同而不同。在雅典,民众大会、集市或阿雷奥帕古斯山,以及普尼克斯山(Pnyx)是有关政治和法律事务的主要场所。公民大会通常是在普尼克斯山上举行的,在那里,伯里克利和其他著名政治家用雄辩的口才,感动了公民大会的代表;在那希腊温暖的蓝天之下的广场上,在每个公民都是立法者的场合,在黑压压的人群之前,政治演讲的伟大艺术,在世界历史上第一次获得了发展。另一座阿雷奥帕古斯山,是奉献给传奇英雄奥雷斯特斯(Orestes)的,在早期,这里是专门用于审理某些特定的杀人案件的。在传奇故事中,奥雷斯特斯故意杀害了他那与人通奸的母亲,因此遭到审判;主控官是福瑞斯(Furies)或阿维杰斯(Avengers);雅典娜女神主持审判,她明白地宣称她自己准备投票支持奥雷斯特斯。陪审员最后判他无罪,出于感激,奥雷斯特斯为司法建立了一个纪念坛。这里,曾一度是雅典的最高法院,也曾经是一百个由雅典娜女神任命的成员组成的元老院所在地。雅典娜的任命词说道:“这个法庭,是我所在的这块土地的庄严的、廉洁的、永不睡眠的守护者。”参见[美]威格摩尔:《世界法系概览》(上),何勤华等译,上海人民出版社2004年版,第253页。

③ 解光云著:《古典时期的雅典城市研究》,中国社会科学出版社2006年版,第100页。

④ 解光云著:《古典时期的雅典城市研究》,中国社会科学出版社2006年版,第100页。

⑤ *Iliad* XVIII. 497 ff. ; cf. *Iliad* XI. 807. *Odyssey* XII. 439. 转引自解光云:《古典时期的雅典城市研究》,中国社会科学出版社2006年版,第100页。

⑥ Demosthenes, 24. 9, Demosthenes Ⅲ, C. A. Vince&J. H. Vince (trans), Loeb Classical Library, 1926, p. 377. 转引自胡骏:“雅典司法制度初探”,华东政法大学2006年硕士学位论文。

人,2501 人等。[①] 有时,某些案件甚至会使用由 6000 名陪审员组成的大陪审团。例如,公元前 415 年,里奥格拉斯对斯庇西波斯的起诉案件就由六千名陪审员一起审判。[②]

在古典时期的雅典,任何 30 岁以上,不负国库债务的雅典全权公民均可被选为陪审员。每个地区部落以抽签方式各选出六百名陪审员,这样,10 个部落共可选出 6000 人,任期 1 年,不得连选连任。亚里士多德在《雅典政制》中称:"凡年满三十岁以上,不曾欠国库的债和不曾失去公民权利者,皆有充任陪审员的权利。"[③]6000 名陪审员按 510 人一组分为若干组,轮流审理各类案件。每一陪审法庭的陪审员的人数都为单数,以避免判决投票表决时出现平局情况。[④] 每年选出的 6000 名陪审员必须前往雅典东南方阿德托斯(Ardettos)的山上进行如下宣誓(the Heliastic Oath):"我将根据雅典人民和五百人议事会制定的法条和法典进行投票,对于法律没有规定的地方,我将依据最公正的观点进行裁决。"[⑤]在每次审判前,参加审判的陪审员也要进行类似的宣誓:"我将根据公民大会和议事会通过的法律和法令进行表决,法律没有规定的地方,根据我的正义感,毫无偏爱和敌视;我将只根据指控的事实进行表决;我将同样听取原告和被告的陈述,毫无偏私。"[⑥]

可以这么说,按照梭伦的定制,雅典城邦的司法审判职责完全是由一批没有受过任何法学训练的非专业人士来承担的。正如后面我们将看到的那样,雅典陪审法庭的首席法官和陪审员从全体适格公民中抽签选出,任何公民都可以向法庭提出诉讼,并不一定需要自己的利益受到损害,而被告可以自己决定如何应诉。虽然在诉讼过程中,有一些法官负责前期的诉讼程序,但在审判过程中,首席法官并不能干预陪审团的判断,也不能主导审理进程,更不能对适用法律作出解释,他更像是一位公民集会的主持人,而在当时,也没有现代意义上的上诉。与现代不同,雅典的陪审法庭不但认定事实,还认定法律。在审判结束后,所有的陪审员鱼贯而出,在离开时用鹅卵石往罐子里投票,按照少数服从多数的原则进行表决。在雅典,陪审法庭是最高司法机关,掌控着几乎所有的司法权限。而执政官和其他官员可以担

---

① [古罗马]普鲁塔克著:《希腊罗马名人传》(上册),陆永庭、吴彭鹏等译,商务印书馆 1999 年版,第 494 页。

② 胡骏:"雅典司法制度初探",华东政法大学 2006 年硕士学位论文。

③ [古希腊]亚里士多德著:《雅典政制》,日知、力野译,商务印书馆 1959 年版,第 66 页。

④ 解光云著:《古典时期的雅典城市研究》,中国社会科学出版社 2006 年版,第 115 页;孙道天著:《古希腊历史遗产》,上海辞书出版社 2004 年版,第 84 ~ 85 页。

⑤ Demosthenes Ⅰ, J. H. Vince(trans), Loeb Classical Library, 1930, p. 569. 转引自胡骏:"雅典司法制度初探",华东政法大学 2006 年硕士学位论文。

⑥ Demosthenes, 24. 149 – 151, Demosthenes Ⅲ, J. H. Vince(trans), Loeb Classical Library, 1935, p. 469. 转引自胡骏:"雅典司法制度初探",华东政法大学 2006 年硕士学位论文。

任陪审法庭的负责人,但不得充任法官或陪审员,但也有一些例外,如将军可以参与军事案件的审判,执政官可以参与宗教案件的审判,低级官员可以参与如市场管理等方面纠纷的处理。①

陪审法庭每次开庭,所有6000名陪审员都必须到法庭所在地参加抽签,大约有1/10的候选人能参与当天案件的审理,未被抽中的候选人则无功而返,等待下一审判日。② 陪审法庭每次庭审的时间也因案件的不同而有所区别。一般来说,私诉案件的审理时间较短,给予双方当事人陈述辩论的时间也因案件标的金额的不同而有所差异;公诉案件的庭审时间较长,通常要进行一整天,死刑案件则要超过一天。③

为了让全体公民都积极地亲历和感受城邦民主政治生活,雅典实行"公职津贴"制。例如,人民出席公民大会常会,每次与会领取一德拉克马的津贴,一次最高会议则领取九奥波尔;④议事会议员,每日给薪五奥波尔;凡担任主席者,另加膳费一奥波尔;九执政官每人每日亦得四奥波尔以为膳费,并备有一个传令官和一个吹笛者;萨拉密斯执政官则一天领取一德拉克马。竞技裁判官在赫卡托谟拜温月(阿提卡的第一月,即公历7月至8月。)中,当泛雅典娜节日,自该月4日以后,在普律塔涅翁吃饭。驻提洛的近邻同盟代表人每天从提洛同盟领取一德拉克马。所有派往萨摩斯、斯库洛斯、勒谟诺斯或伊谟布洛斯的官吏亦能领取津贴以为膳费。⑤ 需要指出的是,担任陪审员也是被支付报酬的,该制度的目的是为了让广大平民都能参与陪审法庭的审判工作,最初,伯里克利规定每一诉讼日支付两奥波尔(约等于当时雅典一人一天的生活费),公元前425年左右克里昂又将其增至三奥波尔,虽然金额不高,但它可以使社会最底层获得生活必需费用,在某种程度上也可以降低社会动乱的危险,维护城邦的稳定。⑥

根据记载,伯利克里头一个使陪审法庭的陪审员成为有给职。⑦ 亚里士多德在《雅典政制》和《政治学》中记载了伯利克里建立了陪审员给薪制度,并将其作为一

① [美]威格摩尔著:《世界法系概览》(上),何勤华等译,上海人民出版社2004年版,第224页。

② [古希腊]亚里士多德著:《雅典政制》,日知、力野译,商务印书馆1959年版,第65~66页。

③ 同上,第69页。

④ 奥波尔(obol),雅典货币单位,相当于人民币的"角",在古希腊,1塔兰特合60迈那,1迈那合100德拉克马,1德拉克玛合6奥波尔(约为0.718克白银)。当时一个城镇居民一年的吃穿费用大约是120德拉克马。参见[美]斯东著:《苏格拉底的审判》,董乐山译,三联书店1998年版,第95页。

⑤ [古希腊]亚里士多德著:《雅典政制》,日知、力野译,商务印书馆1959年版,第65页。

⑥ M. H. Hanson, *The Athenian Democracy in the Age of Demosthenes*, Blackwell, 1991, p. 223. 转引自解光云著:《古典时期的雅典城市研究》,中国社会科学出版社2006年版,第120页。

⑦ Plato, Gorg. 515 E; Ath. Pol. 27, 4; Pol. 1274, a, 8; Beloch, II, 1, p. 155; Grote, Ⅳ, p. 69; v, p. 213. Stanley Barney Smith, The Establishment of the Public Courts at Athens, *Transactions and Proceedings of the American Philological Association*, Vol. 56, (1925), Published by The Johns Hopkins University Press.

项蛊惑人心的策略。[①] 亚里士多德曾说过,伯里克利之所以这么做,主要是为了与客蒙的财富相对抗。当时,客蒙拥有足以使自己成为僭主的大地产,所以他首先在一般公务上作风很豪华,同时又供养许多和他同一村社的人;任何一个属于拉客阿代村社的人,如果愿意,每天都可以到客蒙家来,免费领取一份相当不错的伙食,而且他的田园没有围墙,任何人都可以从中取食蔬菜果品。与之相比,伯里克利的资财不足以供给这样的挥霍,所以他就听取俄厄阿的达摩尼得斯(伯里克利所施行的政策,据说很多是由这个人建议的,后来他也因此而被放逐)的劝告,既然他的私人财产无法与客蒙相提并论,就应该将国库资金取之予民,用之于民,以抵消客蒙私人捐赠的影响,因此他制定了陪审法庭给薪的办法。普鲁塔克也援引了亚里士多德的记述,并对其表示了赞同。[②] 现代学者或多或少遵循了亚里士多德和普鲁塔克关于伯利克里创立公职人员给薪制度动机的解释。伯利克里出于政治私利制定这样一种方针,是具有高度可能性的。然而,假如我们不试图对伯利克里的动机进行进一步的分析,仅仅停留在表面的话,我们将会是轻率、不明智的。斯坦利·巴尼·史密斯认为真正的原因是必不可少的司法制度以及对公民为城邦事务所花费的时间和劳务提供补偿性福利津贴。[③] 哈里森也认为假如更为贫穷的雅典公民将会参与审判的话,报酬是更为关键的因素。[④] 同时,我们也不能精确地确定伯利克里制定陪审员给薪制的时间,但可以肯定的是,他在自己政治生涯的早期就设立了这一制度。[⑤] 因为年代学的原因,学者推测在公元前 462 年埃菲厄尔特改革后不久陪审

① Aristotle, Ath. Pol. 27.3 - 4 (cf. Politics 1274a8). Alan L. Boegehold, John Mck. Camp II, Margaret Crosby, Mabel Lang, David R. Jordan, Rhys F. Townsend, The Lawcourts at Athens Sites, Buildings, Equipment, Procedure, and Testimonia, *The American School of Classical Studies at Athens*, Princeton, New Jersey 1995.

② Plutarch, Perikles 9.4 - 5. Alan L. Boegehold, John Mck. Camp II, Margaret Crosby, Mabel Lang, David R. Jordan, Rhys F. Townsend, The Lawcourts at Athens Sites, Buildings, Equipment, Procedure, and Testimonia, *The American School of Classical Studies at Athens*, Princeton, New Jersey 1995.

③ Stanley Barney Smith, The Establishment of the Public Courts at Athens, *Transactions and Proceedings of the American Philological Association*, Vol. 56, (1925), Published by The Johns Hopkins University Press.

④ Harrison, 1971, p. 49. Alan L. Boegehold, John Mck. Camp II, Margaret Crosby, Mabel Lang, David R. Jordan, Rhys F. Townsend, The Lawcourts at Athens Sites, Buildings, Equipment, Procedure, and Testimonia, *The American School of Classical Studies at Athens*, Princeton, New Jersey 1995.

⑤ 根据文献得出的推论是他的对手是客蒙:Beloch, II, 1, pp. 153 ff. Stanley Barney Smith, The Establishment of the Public Courts at Athens, *Transactions and Proceedings of the American Philological Association*, Vol. 56, (1925), Published by The Johns Hopkins University Press。

员开始被支付报酬。① 韦德·格雷(H. T. Wade - Gery)接受了普鲁塔克主张的日期,也就是埃菲厄尔特改革之前的某个时间,而普鲁塔克的信息来源于瑟俄彭珀斯(Theopompos)。②

某些批评家指责说,伯里克利的这一做法败坏了陪审法庭的风气,因为普通的人比高尚的人,对于抽签担任陪审员职务,总是更加在意,而且也就在这之后不久,有组织地贿赂法官的行为也开始出现了;史料记载,安匿托士(Anytos)在其于皮罗斯作战失利之后,第一个贿赂陪审员(皮罗斯,即 Navarino 在伯罗奔尼撒西岸,公元前 425 年为雅典所占有,但在公元前 409 年又为斯巴达所夺回。安匿托士,苏格拉底的一个起诉人,奉命率 30 艘三列桨舰赴援,但以气候不佳,不能绕过玛利阿海角)。他因皮罗斯失守而遭到指控,不得不接受陪审法庭的审判,但他因贿赂法庭而被判无罪。③

雅典陪审法庭自创立以来,其职能与威权日增,至伯里克利时代,陪审员又可以领取津贴,所以亚里士多德颇以为然地说:"史迹的变迁到这样,这不是梭伦当初所能料想到的。"④确实,正如前文所述,陪审法庭在雅典城邦的政治架构中掌握了相当强大的独立司法权能,能有效地制衡立法权与行政权,它是雅典司法体系中的最高审级,具有终审权。原则上,任何雅典公民未经陪审法庭审判不得被处以死刑。五百人议事会作出的刑事判决须经陪审法庭核准才能发生法律效力。与现代法官的权能不同,九执政官中的司法执政官无权干预陪审法庭的审理进程,他只能在审判过程中充任主持人的角色,并起到有限的监督作用。雅典陪审法庭的陪审员人数高达六千人,从十部落中以抽签方式选出,每部落六百人,任期一年。陪审员人数如此众多,再加上其任期较短,使得雅典公民当选甚至一再当选陪审员的可能性大大增加,这也是雅典直接民主原则的体现和保证。⑤

---

① Rhodes 1981, pp. 338 - 340; Hignett 1952, pp. 342 - 343; Thucydides, commentary 1. 112. 1, p. 328. Alan L. Boegehold, John Mck. Camp II, Margaret Crosby, Mabel Lang, David R. Jordan, Rhys F. Townsend, The Lawcourts at Athens Sites, Buildings, Equipment, Procedure, and Testimonia, *The American School of Classical Studies at Athens*, Princeton, New Jersey 1995.

② H. T. Wade-Gery, "Two Notes in Theopompos, Philippika, X," AFP59, 1938[129 - 134], pp. 131 - 134. Alan L. Boegehold, John Mck. Camp II, Margaret Crosby, Mabel Lang, David R. Jordan, Rhys F. Townsend, The Lawcourts at Athens Sites, Buildings, Equipment, Procedure, and Testimonia, *The American School of Classical Studies at Athens*, Princeton, New Jersey 1995.

③ [古希腊]亚里士多德著:《雅典政制》,日知、力野译,商务印书馆 1959 年版,第 32 页。

④ [古希腊]亚里士多德著:《政治学》,吴寿彭译,商务印书馆 1997 年版,第 107 页。

⑤ 孙道天著:《古希腊历史遗产》,上海辞书出版社 2004 年版,第 84 ~ 85 页。

二、对陪审法庭制度的评价

在现代人看来，雅典陪审团实际上只是一个民众会议，任何案件法律和事实两方面的问题都由充任陪审员职务的没有受过任何专业训练的普通公民决定。今人自然会怀疑这种审判机构在具体案件中所做的判决是否符合正义观念和法律规定。

确实，同立法和指控程序一样，雅典陪审法庭的审判方式也具有非常明显的非专业性特征。汉森曾评论说，“在雅典，一个案件就像是一部有 3 个角色的戏剧，这 3 个角色都是业余的，他们是提出诉讼的公民、准备案件和主持法庭的法官以及听取案情并做出裁决的陪审员。”①雅典陪审法庭的陪审员都是从适格公民中抽签选举产生的，没有受过任何职业训练，不具有任何专业法律知识；与现代法官不同，古代雅典法官只能主持法庭审理进程，无权干涉陪审团的审判，也无权对法律问题进行解释说明。因此，尽管雅典陪审员们都宣誓保证自己将严格依据法律和事实对案件进行判决，确保自己公正无私，但实际上，这些陪审员很难不受自身观念和外界舆论及环境的干扰。②

例如，在德摩斯梯尼的一篇演说词中，斯提法诺斯遭到了他人的指控，控诉人这样说道：“这个家伙没有一笔收入可以摊得上台面，因为他不是一个正经的演说家，而只是一个靠告密勒索他人的人。他紧靠讲台而坐，大呼小叫，为榨取钱财而提出控诉、罗织罪状，将他人的提案占为己有。”于是，斯提法诺斯被送上陪审法庭接受审判，“斯提法诺斯是个不走运的家伙，因为当时一个帖萨利暴发户从海上侵袭了比雷埃夫斯港，在这群情激愤的时刻，他最终被判处死刑。”③

在古典时期的雅典，即使案件没有相应的法律依据，也不影响陪审团作出判决。④ 就如一位当事人在雅典陪审法庭上所说的那样：“雅典人啊，你们发誓要根据法律作出你们的判决……你们还立誓，如无法可循，要尽自己的判断作出最好的决定。”⑤可见，雅典陪审团在审判过程中具有很大的灵活性，这也许有利于在特定案

① M. H. Hanson, *The Athenian Democracy in the Age of Demosthenes*, Blackwell, 1991. p. 180. 转引自胡骏：“雅典司法制度初探”，华东政法大学 2006 年硕士学位论文。

② 胡骏：“雅典司法制度初探”，华东政法大学 2006 年硕士学位论文。

③ 同上，第 35 页。

④ 李桂英、蔡连增：“古代雅典的陪审法庭与民主政治”，载《宁波大学学报》（人文科学版）第 17 卷第 3 期。

⑤ Demosthenes. Demosthenes I. The Loeb Classical Library, 1953, p. 569. 转引自李桂英、蔡连增：“古代雅典的陪审法庭与民主政治”，载《宁波大学学报》（人文科学版）第 17 卷第 3 期。

件中实现公平和正义,但从总体上看,这种灵活性严重削弱了社会对已确立规则的尊重,不可避免地要妨碍一种真正的和长久的法律制度的发展。① 正如梅因所说:"一个社会对于某些特殊案件,为了要得到一个理想的完美的判决,就毫不迟疑地把阻碍着完美判决的成文法律规定变通一下,如果这个社会确有任何司法原则可以传诸后世,那它所能传下来的司法原则只可能仅仅是包括着当时正在流行的是非观念,这种法律学就不能具有为后世比较进步的概念所能适合的骨架。充其量,它只是在带有缺点的文明之下成长起来的一种哲学而已。"②威格摩尔认为导致这一后果的主要原因是:(1)缺乏职业的法官团体;(2)陪审团规模大体与立法团体一样;(3)缺少另一独立团体,维护既定法律,对陪审团或立法者予以钳制。③

但是,无论我们对雅典陪审法庭的实际司法价值和作用做出何种评价,其鲜明的民主特质却是毋庸置疑的。因为在古典时期的雅典,这种由普通民众组成的陪审法庭有权对案件法律与事实两方面的问题作出最终的裁决,这可以被视作是雅典城邦直接民主政体的表现形式。亚里士多德对他所处的那个时代有如下见解:"民主政治已使自己成为一切事物的主人,通过在民众大会上,在法院里的投票,来管理一切。在那里它拥有最高的权力。"④

李桂英老师和蔡连增老师认为,虽然与公民大会相比,雅典陪审法庭有一定的"代议"色彩,其"直接民主"的程度有所降低,但是,以下三项制度保证了雅典陪审法庭组成人员的广泛性和陪审员在雅典公民中的代表性,从而保证法庭作出的判决合乎全体或大多数公民的意志,因而具有正当性:(1)陪审员的选举方式很民主。任何三十岁以上、不欠国家债务、具有完全公民权的雅典公民都能进入每年更新一次的陪审员候选名单,而陪审员当天能否参加案件审理,以及被指派到哪个法庭审理哪个案件,都在案件审理当日由抽签决定。(2)陪审员津贴制的建立使雅典贫民实际参与审判成为可能。(3)陪审团人数众多,少则201人,多则1001人、2001人,某些特别重要的案件甚至会使用6000人的大陪审团。⑤

可以说,抽签制使雅典陪审法庭的民主性和代表性成为现实。不过,抽签制的缺陷也是非常明显的,因为它并不是一个选贤尚能的制度。⑥ 苏格拉底认为"用抽签的办法来选举国家的领导人是非常愚蠢的,没有人用抽签的办法来雇用一个舵

---

① [美]威格摩尔著:《世界法系概览》(上),何勤华等译,上海人民出版社2004年版,第245页。

② [英]梅因著:《古代法》,沈景一译,商务印书馆1959年版,第43~44页。

③ [美]威格摩尔著:《世界法系概览》(上),何勤华等译,上海人民出版社2004年版,第245页。

④ 同上,第244页。

⑤ 李桂英、蔡连增:"古代雅典的陪审法庭与民主政治",载《宁波大学学报》(人文科学版)第17卷第3期。

⑥ 同上。

手、建筑师、吹笛子的人或任何其他行业的人，而在这些事情上做错的话，其危害是要比在管理国务方面轻得多的。”①亚里士多德也认为，在梭伦为雅典所作的政体设计中，“亚留巴古布利”（元老院）保全了寡头作用（尚富政治），“执政人员的选举规程”着重才德标准（尚贤政治），而“公审法庭”则代表大众的意志（民主政治）。实际上元老院和执政人员选举法为雅典旧制，梭伦在其改革时只是予以因袭，但他规定全体公民都有权参加陪审法庭陪审员的选举，这确实是向雅典政治生活中引入了民主精神。后世的一些批评者对梭伦的责难也恰恰在于此点，他们说梭伦把审判一切案件的权力交给这些由拈阄法②复选出来的平民法官所组成的法庭，实际上就消灭了另外的两个因素。③ 确实，用抽签方式选出的陪审员大多是普通的雅典公民，他们不是专职法官或职业法学家，不一定能够很好掌握现行法律的内容和精神。因此，雅典陪审团所关注的往往是当事人的政治背景、形象和态度，以及言行举止，而不是法律问题和案件本身，苏格拉底审判，很大程度上就体现了这一点。由于苏格拉底经常用他那反讽式的语言令很多雅典人陷于尴尬的境地，这使得苏格拉底在审判中处境危险。因此，陪审法庭作为雅典城邦民主政体的基础和重要组成部分，既有优点，也有缺点。④

① [古希腊]色诺芬著:《回忆苏格拉底》，吴永泉译，商务印书馆 1984 年版，第 8 页。

② 吴寿彭先生认为，拈阄复选的制度使“平民”不论任何资格，只凭机会，就可当陪审员来投票裁决案件；这些案件却包括贵族富室（“勋阀”和“财阀”）的利益，也有军政人员（“才德”）的被控事项。这样就使资产和才德两要素都向“人数”（即“平民”）低头。参看《雅典政制》章 9。[古希腊]亚里士多德著:《政治学》，吴寿彭译，商务印书馆 1997 年版，第 106 页。

③ [古希腊]亚里士多德著:《政治学》，吴寿彭译，商务印书馆 1997 年版，第 105～106 页。

④ 李桂英、蔡连增:“古代雅典的陪审法庭与民主政治”，载《宁波大学学报》（人文科学版）第 17 卷第 3 期；胡骏:“雅典司法制度初探”，华东政法大学 2006 年硕士学位论文。

司法主权与欧陆民族国家的肇建

——以中世纪中后期的法国为中心

陈　颐*

公元843年,查理曼帝国三分,整个西欧再次陷入混乱,开始了封建化的进程,这一进程在12世纪到达顶峰,各级封建主各自为政。按埃利亚斯的说法,当离心化的趋势到一定程度,必定会反弹,逐渐走向新的垄断独占机制。① 问题是,这一新的垄断和独占机制在多大的范围内有望获得成功。这一成功很大程度上取决于两个因素,其一,必须占有一定数量级的人口、地域和资源,才有可能抗衡政权对内对外的军事压力;其二,必须建立其有效的常规治理,以充分维持对资源的占有、利用。在中世纪后期的背景下,这两种因素通常是相互冲突的,即地域、人口过大将直接削弱统治的有效性,并且事实上将无法应对内部诸侯的分离势力,最终将有可能走向分裂;而如果地域、人口太小则不足以应对外部军事压力,势必迟早会被较大的政权单位所吞并。因此,中世纪后期的特定历史背景所提出的挑战就是如何找到并建构起一个在地域、人口上合适的政权规模,它既能够保持对外的竞争力——不至于被轻易吞并,又能够维持内部的统一——不至于分裂。这一政权规模就是欧洲历史上民族国家的雏形。如果再把问题分解,关键之处也许并不在于对外军事压力的问题,因为如果从整体而非个别国家的背景来看,在同一层面上相互竞争的政权之间理论上不大会有很大的规模差距,换句话说,在技术上,在一个相对较长的历史期间中,只要有一个类似规模的政权得以存活下来,那么这一规模就是有效的。因此,严格意义上关键之处应该在于政权规模内部的竞争而非外部的竞争。即能够实现有效治理的地域和人口规模的极限究竟有多大(能够维持统治而不受制于内部的分裂和叛乱),这在很大程度上取决于统治技术的进化。

---

* 陈颐,2002级外国法律史专业,指导老师:何勤华。现工作于华东政法大学。

① [德]诺贝特·埃利亚斯著:《文明的进程:文明的社会起源和心理起源的研究(第2卷)社会变迁·文明论纲》,袁志英译,三联书店1999年版,第74页。需要说明的是,这一反弹始自重建或恢复普世帝国的努力。一则是罗马教会。公元11世纪中叶,罗马教会开始了被后世称为"教皇革命"的改革运动,教皇势力在格利高利七世到英诺森三世时期盛极一时。另一则是神圣罗马帝国。公元962年,奥托一世加冕为神圣罗马帝国皇帝,在11世纪后半叶开始复兴的罗马法学说中,神圣罗马帝国被视为覆灭的西罗马帝国当然的继承人。至14世纪初年教皇的"阿维尼翁之囚"(1308~1378年)以及1356年确定皇帝选举制的《金玺诏书》的颁布,在西方世界建立普世政权的努力已经彻底破产。其原因一方面在于二者之间的相互竞争;更重要的也许是他们的历史命运使然,无论是罗马教会还是神圣罗马帝国都无力掌控足够的资源和治理技术来削平所有的地方势力,他们也未能建立起自己足够稳固强大的政权基础,足以全面对抗收编各种离心势力,他们只能通过策动不同的离心势力之间的争斗来维持一种大致的均势。

一、领土扩张与统治技术问题

统治技术的进化可以有很多内容,最主要的可以有这么几项:统治领域内的军事武力垄断,有效的财政体系,专业化的官僚系统以及领域内统治者统治合法性的理论和仪式建构。显然这几个方面的内容又是相互交叉、相互影响乃至相互建构的。① 在这几项内容中,笔者将关注后两项内容,即专业化的官僚系统以及统治合法性的理论和仪式建构。正是这两项内容构成了常规治理的核心。

对于中世纪中期的封建君主们来说,在理论上他只是最大一个封建领主,在自己的领地内,他与一般的诸侯无异,在王国层面上,他的象征意义远超过他的实际治理能力。理论上,诸侯们宣誓向他效忠,向他纳贡,需要时为他提供军事支持;他则为诸侯们提供军事保护,召集诸侯显贵会议裁决诸侯之间的争端。然而,如埃利亚斯所说,中世纪的忠诚并不如想象的那么完美,效忠首先是基于实力的考量,换言之,国王周围的大诸侯们时时刻刻都准备取代国王,吞并国王的领地。② 对于国王来说,在中世纪中期的特定背景下,他还得面对来自罗马教皇和神圣罗马帝国皇帝的干涉。因此,他必须树立自己在领域内的权威地位,将教皇和皇帝的权威排除在领域之外,同时又必须将自己的权威深入到诸侯们的领地之内。这一进程的结局直到 17 世纪最终宣告完成。③

就中世纪中后期的法兰西王国而言,经过卡佩王朝历代国王们的艰苦的努力,法兰西王国的统治区域从于格·卡佩(987 ~996 年在位)时期切实拥有的不过是狭长的法兰西岛(Ile-de-France),至腓力四世(1285 ~1314 年在位)时代扩张至大体与现代法国相当的统治版图,④初步完成了领土扩张的进程。

领地扩张开始逐步地把统治技术问题推向了前台。对卡佩王朝的君主们来说,名义上拥有的土地和权利⑤与实际上可以支配的资源完全是两回事。在这里,

① Joseph R. Strayer, *On the Medieval Origins of the Modern State*, Princeton University Press, 1973.

② [德]诺贝特·埃利亚斯著:《文明的进程:文明的社会起源和心理起源的研究(第二卷)社会变迁·文明论纲》,袁志英译,三联书店 1999 年版。

③ 在 17 世纪,教会成为王国的教会,在国王的控制之下;神圣罗马帝国的皇帝已彻底成为虚衔,并且通常只与德意志有关;国内不再有诸侯,只有廷臣和官吏;除了国王,王国内的所有人在国王看来并无区别,他们一律只是臣民;甚至连国王也不再是活生生的效忠对象,而是抽象的国家的代理人。

④ 张芝联:《法国通史》,北京大学出版社 1989 年版,第 50 ~61 页;Robert Fawtier, *The Capetian Kings of France: Monarchy & Nation* (987 – 1328), trans. by Lionel Butler & R. J. Adam, MacMillan & Co. Ltd., 1960, pp. 156 – 168.

⑤ 用吕西安·费弗尔的话说:"领地不是土地,而是各种权利的组合。"转引自[法]雷吉娜·佩尔努著:《法国资产阶级史(上册):从发端到近代》,康新文等译,上海译文出版社 1991 年版,第 4 页。

卡佩王朝的君主们站在了两个截然不同的世界的交会点。或者他们仍然与他们的前辈们一样,将扩张的领地再度分封出去,通过册封新的领主对抗旧有的领主以维持和平与均势;或者他们索性开创一个全新的时代,将所有的王室领地甚至效忠于王室的诸侯的领地全部纳入国王的直接管理控制之下。在这样一个可以和我们历史上礼崩乐坏的时代等量齐观的时代,为了领地和王位,儿子可以起兵反抗父亲,幼弟可以设计囚禁兄长,而诸侯们从来都是朝三暮四并且随时准备取代封君自立。卡佩王朝的君主们想来对他们的时代上演的种种戏剧有着刻骨铭心的记忆。因此,前一种方式的风险显而易见。然而直接施行第二种方式则又不存在任何可能性。因为专业化的军队还未出现,国王仍然必须借助于贵族、骑士这一军事阶层的力量来维持统治、抵御外来的军事压力;因为专业化的官僚队伍还未出现,国王仍然必须借助于层层分封通过领主们的治理来获取境内的稳定和财政收入;因为货币经济的时代尚未发达,国王唯一能够用于支付贵族、骑士以及官僚的酬劳也只能是土地了。这就是晚期卡佩君主们进退两难的困局,也是中世纪晚期欧洲主要国家的困局。在此后的历史进程中,这一困局还将以不同的形式不断重演。

摆脱这一困局,当然需要建立一个能够有效施行常规治理并能渗透到诸侯领主领域之内的权力机构。而权力机构的建构和正式运作首先需要在观念上承认国王在王国之内拥有合法的统治权,从而树立君主权威,进而将君主塑造成为王国领域内具有实质权力且内涵上至高无上的统治者。

然而,对封建晚期的卡佩君主们来说,他的统治权威始终面临各方的挑战。其一,在领域内,直接封臣对他的效忠被想象为契约关系,封臣的效忠与封君的保护是相互的,封臣认为封君行事使之受到伤害,他可以通过反叛提出正式抗议,撤回对领主的效忠。① 因此,直接封臣始终存在着反叛的可能。其二,在领域内,"封臣的封臣不是封君的封臣",这一原则意味着国王无法通过动员间接封臣获得政治上的支持。其三,格利高利七世教皇(1073～1085 年在位)开始的教皇革命直接对君主在领域内的统治力提出了挑战。教皇对君主领域内教会领主的领地、上层教士的支配权对君主始终构成了威胁。其四,神圣罗马帝国皇帝由于罗马法的复兴以及教会理论的支持,也始终成为君主在领域内享有独断权威的障碍。

与此同时,可以发掘出来并建构君主统治合法性的资源也相当有限,大体上,这些资源包括:其一,基督教王权神圣的观念。按照基督教的理论,国王是上帝在世间的代理人,反抗国王在此意义上无异于反抗上帝的权威。因此,借助于教会的支

① S. H. Cuttler, *The Law of Treason and Treason Trials in Later Medieval France*, Cambridge University Press, 1981, p. 5.

持,通过塑造国王神性的形象来建构君主权威也是中世纪君主可以倚重的资源之一。[①] 法国每一新国王继位时在兰斯大教堂举行的涂油礼正是这一理论的形象展示。其二,罗马法中统治权的观念。严格来说,罗马法复兴之初,各国君主并不持欢迎态度,因为注释法学家们对罗马法的注释始终拘泥于文字,并将古老的文献直接与现实一一对照,罗马法中的罗马皇帝们的统治权在注释法学家那里被直接赋予了神圣罗马帝国的皇帝们,而君主们的权力则被视为类似于行省总督的角色。只是到了13世纪下半叶,新一代的罗马法学家们提出了著名的格言"国王是其王国内的皇帝"(rex est imperator in regno suo)的时候,罗马法才成为塑造君主权威主要的持续不断的资源。这一格言意味着,在一个特定地区存在着独立于皇帝的政治权力,这一权力超越于社会团体和个人全体的权力之上。在马萨卡尼(Aldo Mazzacane)教授看来,这甚至是政治体开始成长为国家的第一个转折点。[②] 然而,对于13世纪的卡佩君主和他的臣民来说,上述两种资源尚嫌过于超前;并且,上述两种资源也未能指出王权统治切实的权力运作基础。因此,君主们必须找到一种能够被强大封建体系接受且又能够为未来君主在王国领域内行使独断统治权提供扩展空间的理论体系。

二、中世纪统治的司法特征:国王作为法官

在封建社会中,世俗政府的统治方式"特别被限制在一个新模式中,它成为本质上是'司法'的执行者"。司法成为"政治权力的核心形态——其特点正如封建政治实体的真正性质那样"。[③] 这一统治模式的确立除了当时的技术和资源尚不足以支撑现代式的行政之外,主要原因有二:其一是中世纪的法律观念;其二则是封建体制本身所含有的互惠契约式的要素。

在中世纪的观念中,法律是世界秩序的一部分,它是不可改变的。它来自于上帝的意志,只有"上帝才是所有法律的渊源"。所有人,无论是统治者或是臣民,邦国还是市镇,都有同等的义务去维护它。在这里,"公正"(equity)和"永恒"(eternity)可能只是一回事,永恒的必是公正的,公正的必源自永恒;在这里,古老的法律是合理的,合理的法律是古老的。因此,在中世纪的观念中,并不存在创制法律

① 当然,王权与基督教会(尤指罗马天主教会)之间的关系错综复杂,其中,政治实利无疑是最重要的因素。

② Aldo Mazzacane, Law and Jurists in the Formation of the Modern State in Italy, *The Journal of Modern History*, Vol. 67, Supplement: The Origins of the State in Italy, 1300 – 1600 (Dec., 1995), S68.

③ [英]佩里·安德森著:《从古代到封建主义的过渡》,郭方、刘健译,上海人民出版社2001年版,第156页。

的问题，只有发现既存的法律的问题；并不存在所谓法律规则的首次运用这样的问题，因为法律是古老的，古老的法律才是真正的法律，真正的法律是古老的法律。在这里，新法律的执行根本不可能，所有的立法或法律改革都被设想为对被破坏的古老良善的法律的修复。同时，任何人，无论是一般民众还是国家的最高权威人物，他们制定的法律如果与良善的古老习惯相冲突，而这一习惯又能够被德高望重的证人的证言或者王室宪章毫无疑义地证明，那么这些新创制的法律就根本不是法，而是不法(wrong)。此时，任何懂法之人，包括有权有位者与普通人等，都有义务去恢复古老的良法。① 甚至，在中世纪的观念中，法律被视为人类社会的精神基础，也是国家存在的基础；在这里，法律是第一位的，而国家是第二位的，法律高于国家，国家源自法律，为法律而存在，并且仅仅是执行法律的工具。并且，法律被视为至高无上的，国家也不得改变，国家改变法律的行为就如弑母(matricide)。② 而对于一般民众而言，实证法和理想法(ideal law)并无区分。在他们看来，法律是庄严的、纯洁的、朴素的，是一个庞大的整体，它就如正义(righteousness)，是上帝的侍女，是上帝赋予每个人的；在他们看来，法律就是正当、公正和合理。与其说神法、自然法、道德法超越于实证法之上，还不如说所有的法都是神圣的、自然的、合乎道德的、实存的。③

在这样一种法律观念中，人们的习惯是上帝法的具体表达，统治者只有和共同体中最年长者或最优秀的人物协商，才能发现在当下多样的环境下人们应当遵循的古老习惯，并将之运用于手头的案件。统治者功能只是从源自上帝的普遍的自然法——它们常常通过不同的人群的习惯表达出来——中发现特殊的法律规则。④ 因此，正如麦基文教授所说，"中世纪'统治'主要是一个解释性的行为(an act of interpretation)，在这里，我们所谓的'行政'和'立法'部门服从于我们所谓的'司法'部门。"⑤在这一时期里，政治权力完全被看做是解释与运用现存法律的单一"司法"职能。⑥

除了法律观念上的原因外，这一"司法统治"模式也与封建体制本身所隐含的互惠契约式的意味有关。封建契约本质上被视为一个庇护—效忠契约，即领主为

---

① Fritz Kern, Kingship and Law in the Middle Ages, Basil Blackwell, 1939, pp. 150 – 151.

② Ibid., pp. 153 – 155.

③ Ibid., pp. 152 – 153.

④ William E. Brynteson, Roman Law and Legislation in the Middle Ages, *the Journal of Mordern History*, Speculum, Vol. 41, No. 3 (Jul., 1966), p. 420.

⑤ Charles H. McIlwain, *The Growth of Political Thought in the West From the Greeks to the End of the Middle Ages*, 1932, p. 284.

⑥ [英]佩里·安德森著：《从古代到封建主义的过渡》，郭方、刘健译，上海人民出版社 2001 年版，第 156 页。

附庸提供庇护以换取附庸的臣服和效忠。领主所提供的庇护包括两种:其一,在附庸受到外部侵犯时给予军事支持,保护附庸不受侵害;其二,调处附庸之间的内部争端,对附庸之间的争讼作出公正裁判。附庸对领主的义务则有服役、陪审和援助。因此,战争和司法构成了封建统治的基本内涵。当然,尽管战争在这个时代异乎寻常的普遍,但战争始终只是社会治理控制的非常规方式,因此尽可能地以和平的方式调处附庸之间、附庸与领主之间的纠纷成为封建治理控制的常态。各级领主法庭构成了日常社会治理的核心。在领主法庭中,领主主持法庭,附庸有义务出席法庭参加陪审,并且附庸有权只接受与他同一等级的贵族的审判。[①] 对于处在封建体制顶端的国王来说,正是召集直接封臣审理附庸之间的争讼,才得以彰显他在国内政治——而非他自家的庄园治理——中的地位。在这一意义上,我们同样可以说,司法是"政治权力的核心形态"。

显然,这一"司法式"的统治模式并未提供给国王至高无上的垄断权力,按照佩里·安德森的说法,毋宁是,这一统治模式恰恰验证了封建统治的分散化。在这一统治模式中,"整体而言,他与人民没有直接的政治接触,因为对他们的司法是通过无数层的分封制而归附施行的。"[②]由于中世纪特定的法律观念——法律乃是一种神圣秩序以及中世纪司法式的治理模式,国王权力和地位只能从司法活动中得以凸显,其核心乃是将国王塑造为王国内独一无二的、有权裁断一切纠纷的大法官。被援引来论证和建构作为法官的国王这一观念和制度的资源主要有三个方面:其一,中世纪的"国王和平"观念;其二,国王是上帝在人间秩序的维护者这一基督教观念;其三,封君司法权。正是这三者塑造了神性的法官国王的观念。

"国王和平"的观念源自早期蛮族王国。根据这一观念,王国的和平乃是国王的和平。国王的首要任务就是维持王国的和平与秩序。因此,当和平遭到危险或有可能被破坏时,国王有权单独自由决定而无须受制于他的那些"天然的顾问"(natural counsellors)的同意与否的羁绊。[③] 正是在"国王和平"的观念下,借助于概括性的"刑事管辖权"的名头,国王得以不断侵蚀许多组织良好的封地并且其合法性完全不受质疑。这种维持秩序和平的工作可以解释路易九世的许多措施,而这是这些措施构成了旧制度的基础。这些措施与社会的封建概念完全对立,它与封建法几乎毫无关系,无须同意,也无须解释。[④]

---

① 丛日云著:《西方政治文化传统》,大连出版社 1996 年版,第 413 ~ 414 页。

② [英]佩里·安德森著:《从古代到封建主义的过渡》,郭方、刘健译,上海人民出版社 2001 年版,第 154 ~ 155 页。

③ Walter Ullmann, *Principles of Government and Politics in the Middle Ages*, Methuen & Co. Ltd., 1961, p. 195.

④ Ibid., pp. 194 – 195.

当“国王和平”的观念最终引申出“国王是王国的监护人”(keeper of the kingdom)以及国王是王国公共福利的当然代表时,国王的官员和法学家就得以直截了当地宣称国王拥有在整个王国之内的至高的司法权。借此,他们发明了各种手段侵夺领主法院和教会法院的司法管辖权。这些手段中最主要是所谓“王室事由”(royal causes)制度。王室的官员们以“王室事由”为名,将此前由教会法院审理的大量各不相同的案件也囊括到王室法院的管辖权之内。①

国王作为上帝的人间秩序维护者的观念同样也为王室司法权的扩张提供了充分的理由。其一是赋予了民众越过领主直接向国王提出控告的权利。国王的官吏们也将这一权力用到了极致。因为,这意味着,除非当事人宣称案件隶属他们的领主法院管辖,否则国王可以在任何案件中将任何人传唤到王室法院。一旦被传唤的当事人默示接受了王室审判,无论他承认指控还是否认指控,他都不得再向其他法院申诉。诉讼一旦开始就必须进行下去直到结束。② 其二,将国王视为上帝在人间的代理人也赋予了国王介入教会法院管辖的事务的权利。王室官员们由此特别创造了“恩典”(privileged)的理由,即在一些特别严重的案件中,如果王室法院给予的惩罚轻于教会法规定的刑罚,那么神职人员将由王室法官审判,除非后者被迫将案件移送教会法院。有关恩典事由的清单,一如王室事由清单,也一直不断地在增加。从而进一步削弱了教会法院的管辖权。③ 对封君司法权的阐释最终引申出了上诉制度。④ 至路易九世正式取消司法决斗,以向王室法院起诉作为替代后,上诉制度基本成型。

此外,借助于封君的权力,国王还保留了全部或部分赦免对犯罪者的惩罚或以相对较轻的刑罚来替代的权力,他甚至有权取消案件从而阻止或停止控诉。在前一种情形下,他将发出恩赦诏书(letters of remission),在后一种情形下,他将发出案件废止诏书(letters of abolition),前者代表着他恩赦的权力,后者象征着他特赦(amnesty)的权力。在中世纪晚期,颁发恩赦诏书和案件废止诏书的权力本质上是属于国王个人的特权,由国王保留,该权力并不属于国王官吏或司法官僚,除非国王以特定的形式授予。1401 年 3 月 13 日查理六世的训令授予大法官(Chancellor)在国务会议(council)中颁发所有恩赦诏书和废止诏书的权力。同样的特权也被授予了国王的大领主,有时也包括伯爵和男爵们。但这不意味着承认那些并不拥有采邑的领主也拥有“高级正义”(high justice),除非他们已经拥有这一特权,无论是

---

① A. Esmein, *A History of Continental Criminal Procedure*: *with Special Reference to France*, trans. by John Simpson, John Murray, Albemarle Street, W., 1914, pp. 51 - 52.

② Ibid., p. 51.

③ Ibid., p. 52.

④ Ibid.

赐予的还是惯例的。[①] 麦基文教授也证实在十一二世纪的欧洲各国,尽管在国王的法院之外,有很多其他法院。但臣民的权利最终可以通过王室令状得到保护,臣民可以司法不作为或司法过错为由要求将案件移交王室法院审理。[②]

最后尚须提及的是,随着罗马法的复兴,法国法学家们最终发明了法国国王是"他的王国内的皇帝"这一公式,从而将罗马法上皇帝的威权赋予了法国国王。也由此引申出意义深远的叛逆罪或煽动叛乱罪(冒犯君主罪 lèse - majesté)概念。借由这一概念,理论上证明了王权的神圣不可侵犯,在制度上,其意义更为深远,它意味着国王可以此为由介入王国的任何一个角落、任何一个臣民而不受制于层层分封的封建结构的限制。

国王司法权的运作或者说王国的"司法治理"当然也有赖于一个稳定的、专业的机构支撑,因此,从 13 世纪中期开始,在中央,逐渐从御前会议中分化出了巴列门法院;在地方,则是国王任命的大司法官(bailli)或司法总管(sénéchal)。[③]

严格来说,通过上述资源的应用,大体上至 14 世纪前后,国王在理论上已经基本确立了超越于地方领主的对臣民的治理,即国王对普通民众的权威不再限于其自有领地之内,而得以深入其封臣的领地之内。在这一意义上,近代国家开始初露端倪。

应该说,中世纪后期新兴王国的治理权力最终都可追溯到"作为法官的国王"这一观念上,不仅现代意义上的行政权力的运作通过司法的方式来解决,甚至是所谓的"立法"也同样附属于司法。[④] 对中世纪的人来说,每一个国王首先是法官。阿尔瓦鲁斯(Alvarus,1280 ~ 1352 年)在其 1332 年完成的著作(*De planctu*)的第 1 卷第 53 节写道:"王权首要的和最高的行动就是审判。"他进一步写道,裁决是宣告何为公正的权利,因此,审判是为了宣告法律(judge is to declare the law)。在中世纪,立法附随于司法。用一个世纪后库萨的尼古拉(Nicholas of Cusa,1400/1401? ~ 1464 年)的话说:"立法的权力依赖于司法的权力"。[⑤] 一直到 16 世纪初,人们仍然普遍认为国王本质上是一个法官。国王立法更大程度上被视为符合至高的公正

---

① Carl L. von Bar and others, *A History of Continental Criminal Law*, trans. by Thomas S. Bell and others, Little, Brown, and Company, 1916, pp. 196 - 197.

② Charles H. McIlwain, *Constitutionalism: Ancient and Modern*, Cornell University Press, 1947, p. 85.

③ [法]雷吉娜·佩尔努著:《法国资产阶级史(上册):从发端到近代》,第 169 ~ 171 页。"bailli"通常译为"大法官",但该译法与"Chancelier"(大法官)相冲突,由于 bailli 通常是司法性的,且法国南部地区与北部地区职司相同的"sénéchal"通译为"司法总管",因此,本文统一将"bailli"译为"大司法官"。

④ Charles H. McIlwain, *The Growth of Political Thought in the West From the Greeks to the End of the Middle Ages*, pp. 284 - 286.

⑤ Ibid.

(highest equity)的理想司法的一部分。[①] 只是从博丹或差不多从博丹的时代开始,国王才首先成了立法者(law - giver),这一基本的治理格局方才被"立法控制的行政治理"所取代。

三、司法主权的确立及其意义

"作为法官的国王"的观念的确立尽管提供了新兴王国急需的整合手段,但国王对国内司法权的垄断尚需通过制度、机构、人员的发展、扩张逐步取代领主法庭、市镇法庭乃至教会法院。更为迫切的则是将帝国皇帝以及罗马教皇的权威从国内政治中排除出去,确立国王在国内政治中的至高地位。

根据《国法大全》(*Corpus Juris Civilis*),理论上皇帝是欧洲法定的最高统治者和至高无上的帝王,所有的国王都在皇帝之下。《学说汇纂》(D. 14. 2. 9)和《查士丁尼法典》(C. I. 1. 1)都声称,皇帝的这一至上权威不可转让、不可分割:皇帝就是法律与正义的人格化,每一个人类生灵都服从于他的意志。这一普世的至上权威也得到了教会法解释者的确认。教令集的评注者约翰内斯·托顿尼库斯(Johannes Teutonicus)宣称,皇帝的至上权威源自法律,皇帝的司法管辖权凌驾于每一个国王,除非他能够证明已被皇帝豁免。在实践上,这一皇帝至上论意味着:第一,冒犯君主罪并不包括反抗国王,如法国或西班牙国王;第二,只有皇帝有权颁布有普遍约束力的法律规则,即据说,他的法律在法国与在德国土地上具有相同的拘束力;第三,创设公证人——他们受托起草具有完全法律效力的文件——是皇帝独有的特权;第四,宣布私生子的合法化是皇帝独有的特权;第五,对国王的裁决不服的,可以向皇帝上诉。这五项内容并未穷尽被认为属于皇帝的法律和政治上的至上权力,只是这五项是最常见的讨论的主题。[②]

显然崛起中的各世俗君王并不甘心承认他们作为帝国皇帝的从属地位,而帝国皇帝也无力通过武力征伐使自己成为事实上的各王国的最高统治者。然而最终占据上风的是教会法学者贝尔纳杜斯(Bernardus)的评注。他的评注区分了国王对于皇帝的"事实上"(de facto)和"法律上"(de jure)的独立。被他所首次引入的这一区分,成为坚定的神圣罗马皇帝的拥护者的核心观念。贝尔纳杜斯宣称,理论上,

---

① William F. Church, *Constitutional Thought in Sixteenth - Century France: A Study in the Evolution of Ideas*, Cambridge, 1941, pp. 210 - 213, etc. ,转引自 A. London Fell, *Origins of Legislative Sovereignty and the Legislative State*, Vol. I, Oelgeschlager, Gunn & Hain, Publishers, Inc. ,1983, pp. 9 - 10。

② Walter Ullmann, The Development of the Medieval Idea of Sovereignty, *The English Historical Review*, Vol. 64, No. 250 (Jan. , 1949), p. 3.

每一个王国和国王,每一个民族和省份,都依赖于帝国的政治和法律结构,尽管,事实上,一些国家和地区并不承认帝国的至上权威。就这些不承认帝国权威的一方来说,他们拒绝承认的行为并未改变他们在理论上、法律上和政治上的从属地位。贝尔纳杜斯这一区分影响深远,帝国的拥护者们热切地利用了这一区分。甚至连巴尔多鲁(Bartolus)也附和了这一区分。他在讨论《学说汇纂》(D. 49. 15. 24)时宣称,任何拒绝承认皇帝的至上权威的人都是异教徒。①

因此,法国的法学家和政治作家必须作出反击。他们拒绝了"事实上"和"法律上"的区分,他们或显白或隐晦地主张法国国王法律上的独立,法国君主的地位无论在事实上还是在理论上都不在皇帝之下这一观念在法国取得了压倒性的地位。②在英诺森三世(1198~1216 年在位)于1202 年颁布的 Per Venerabilem 教令中,法国公然地并正式地要求拒绝承认世俗事务上的上级权威。此后,英诺森四世(1261~1264 年在位)进一步赋予法国君主真正的法律的和政治的独立。他声称,不仅皇帝和教皇有权创设公证人,其他拥有至高权力的国王也有权建立公共公证人(public notaries)制度。③

教会法学者圭多·德·贝西奥(Guido de Baysio)在注释教令集时,将英诺森四世的主张又推进一步,他主张皇帝固然拥有普遍的司法管辖权,但国王在其王国内拥有同样的权力。他主张,皇帝所拥有的,国王在其王国内同样拥有。在其王国内,国王享有和皇帝同样的法律和政治地位。圭多以法国国王为例来阐述他的观点。在圭多看来,法国国王拥有了超过任何王国之内的居住者的至高权力。④

此后,法国法学家圭勒穆斯·杜兰杜斯(Guilelmus Durandus)在 *Speculum Judiciale* 中开始将国王与皇帝地位平等的观念运用于法律实践。他提出了这样一个问题,一个男爵反抗国王是否构成冒犯君主罪,他对此给出了肯定的答复,理由是"法国君主是其王国之内的皇帝"(rex Franciae est princeps in regno suo)。他的回答不仅给出了一句名言,而且也非常清楚地将国王视为"最高权力者、至尊者"(majestas)。所有这些,肯定都已违反了《国法大全》中载明的实证法。另一个与主权问题关系密切的问题是,是否可以对国王的裁决提出上诉,国王的裁决是终审裁决还是可以允许向皇帝提起上诉。就此杜兰杜斯声称"法国王廷的裁决是不可上

---

① Walter Ullmann, *The Development of the Medieval Idea of Sovereignty*, pp. 4–6.

② Ibid., pp. 7–8.

③ Ibid., pp. 8–9.

④ Ibid., pp. 9–10. 雷吉娜·佩尔努也指出:"对于法学家们,如彼埃尔·杜布瓦来说,仅宣布'国王享有最高裁判权'……使他'在自己的王国享有至高无上的特权'还远远不够,他们甚至想使法国的国王成为皇帝的代替者"。参见[法]雷吉娜·佩尔努著:《法国资产阶级史(上册):从发端到近代》,康新文等译,上海译文出版社 1991 年版,第 156~158 页。

诉的最终裁决"(a sententia lata in curia Franciae non appellatur)。①

法国国王本人也非常明确地意识到这一问题,1254年,法王路易九世就罗马法的适用写下了这样的话,罗马法的适用并不因为被迫而适用,仅仅是因为他不愿意改变古老的公认的习惯而已。这段话可以清楚地反映国王并不认为自己在法律和政治上要臣服于皇帝。在1259年的裁决中,我们可以发现法国主张法律独立的也许最早的实践。这一裁决之所以引人注目是因为涉及了冒犯君主罪。一位男爵被控冒犯君主罪,被国王的判决剥夺了特权地位。在这份报告中,法学家们的意见成为国王判决的基础,他们认为国王可以成为这类犯罪侵犯的对象。法国法学家让·德·布兰诺也在他的*Tractatus de Actionibus*中主张,男爵反抗国王即犯了冒犯君主罪。②

14世纪初,法国著名法学家约纳斯·法贝尔(Johannes Faber)给出了法国独立的法律证明。在*Breviarium in Codicem*中,他怀疑皇帝是否能够从"普通法"(ius commune)中推演出他作为普世帝王的地位。法贝尔相信皇帝的至高无上的权威仅限于那些遵从他的法律的地区。法贝尔提出了一个一般性的论断:无论谁占有一片特定的领域经过足够长的时间就有权获得承认并拥有与皇帝一样的权力。另一位13世纪晚期的法学家彼得鲁斯·雅各比(Petrus Jacobi)则声称,法兰西王国并非帝国的臣属,而是帝国的盟邦。③

从14世纪开始,法国的法律家不再满足于申言法国的主权和独立,而是进一步试图证明帝国并不存在主权,帝国本身就是多余的,从而彻底摧毁皇帝介入法国内部事务的权力,彻底将皇帝排除出法国国内政治。14世纪初,一本题为*Rex Pacificus*的匿名小册子主张法国国王基于长期和平的占有已经拥有了特定领域(王国)内所有的至上权力。而在题为*Quaestio in Utramque Partem*(约1302年)的小册子声称,只要研究一下历史,就可以信服法国不仅在事实上而且在法律上也独立于帝国,因为法国从未臣服于皇帝或任何其他人。在同一文本中,作者大胆地宣称,法国是一个"帝国"(imperium),在中世纪的术语中,这一概念意味着至上的、不受控制的、独立的权力。除了历史的理据外,作者也采纳了法律的视角。在引述英诺森三世的有关教令时,他反驳道,王国的独立是一个已经转化为习惯法上的权利的事实,这一事实连皇帝也从未怀疑,教皇也一向公认。因此,小册子宣称,国王和皇帝是欧洲共同体(European commonwealth)之内的平等伙伴。所有皇帝凭他的地位所能享有的特权和权利,法国国王同样能够享受。这本小册子随后部分依据历史部

① Walter Ullmann, *The Development of the Medieval Idea of Sovereignty*, p. 10.
② Ibid., p. 11.
③ Ibid., p. 12.

分依据法律否认了皇帝普遍的统治霸权(universal overlordship)。[1]

最后,巴黎的约翰(John of Paris)在 *De Potestate Papali et Regia* 中断然否认了普世帝国的可能性。从亚里士多德关于人天生渴望过共同体的生活这一公理出发,巴黎的约翰认为,这种渴望出自人的本性,而非出自神法。为了过上和平繁荣的生活,共同体有必要选出他们自己的首领(superior)。约翰的基本主张是,世俗权力远比精神权力复杂,在结构上差异更大,更多样化。基于这一理由,认为世俗事务应当像精神事务那样具有普世性的观念并不明智。在随后的论述中,约翰主张,不像精神事务,整个世界的世俗事务由一位最高统治者治理是不可能的。因为精神权力可以通过言辞用同样的方法让它的教义和戒律影响每一个人,圣言的权力(the power of the word)远比武力更易于传播。因此,约翰从法律与命令的执行上从现实的角度讨论整个问题。但是他进一步强调,由于不同的气候和地理环境,人们的生活模式各有不同,因此不同的人民采用不同的政府形式乃是明智之举,适合于一国的制度,未必适合于另一国。依循这一理路,巴黎的约翰否认皇帝的统治可以带来永久的和平。他得出结论:由于在边远地区执行普世帝王的政令困难重重,也出于为应付紧急事变以及不同民族的特性——由于气候的差异、地理位置的区别以及特殊的社会环境所造成的根本差异——而调整政府的必要,几个王国来统治比起一个帝国的统治对这个世界更为合适。[2] 至此,巴黎的约翰完成了政治法律思想的一个决定性的进步,他坦然正视了领域王国(regional kingdoms)的统治者对最高权力的表达。至此,法国基本完成了法国国王拥有与帝国皇帝一致的主权者的地位

① Walter Ullmann, *The Development of the Medieval Idea of Sovereignty*, pp. 13 – 16; [法]雷吉娜·佩尔努著:《法国资产阶级史(上册):从发端到近代》,康新文等译,上海译文出版社 1991 年版,第 152 ~ 154 页。

② Walter Ullmann, *The Development of the Medieval Idea of Sovereignty*, pp. 16 – 17.

的论证。帝国皇帝不仅在事实上，而且也在理论上也被彻底排除出了法国国内政治。①

法国国王与帝国皇帝的主权者地位之争，更多的是理论上的，而法国国王与罗马教皇之争则更为实际、更为直接，罗马教廷在法国国内巨大的利益和力量是法国国王必须尽快解决的问题。因此，尽管历史上法国王室与罗马教廷关系密切，罗马教廷的援助一向都被视为法国国王得力的政治资源，但路易九世的孙子腓力四世毫不犹豫地将罗马教廷在法国的势力全部控制在王室所能容忍的范围之内。这一事件即是史上著名的法王腓力四世与卜尼法八世教皇(1294～1303年在位)之争。

其时，卜尼法八世教皇梦想着复兴教皇至上论，刚上台便自诩道："我为教皇，我即恺撒"；而在腓力四世身边的法学家们正力图将罗马教会纳入世俗政权的控制之下，更为重要的是，对于新兴君主而言，确立君主在国内的主权者地位不仅要将帝国皇帝彻底排除出国内政治，同时也必须将教皇也从国内政治中彻底根除，因此，法王与教皇的争执只是时间问题。

1295年，腓力四世下令直接向享有免税特权的法国教会征税，引起卜尼法八世教皇强烈反对，卜尼法八世教皇于1296年2月颁发《教俗敕谕》宣称，教会一向拥

① 需要说明的是，最终从理论和实践中摧毁帝国大厦的则是那不勒斯人。那不勒斯的注释法学家马里努斯(Marinus)在Constitutiones Utriusque Siciliae中毫不含糊地坚决宣称，那不勒斯国王是其王国之内的皇帝，他有权与皇帝一样在任何事务上制定法律，甚至可以对抗罗马法的效力；国王还有权赋予私生子合法地位，拥有自己的国库，他进而否认人们可以将王廷裁决的案件上诉到皇帝那里，因为国王就是最高法官(supreme judge)，在他之上没有任何世俗的上司；国王的权威绝不低于皇帝的权威，区别仅仅是名义上的不同。那不勒斯教授安德烈斯·德·伊塞尼亚(Andreas de Isernia)重申，每一个国王都是他自己王国里的帝王，他们与罗马皇帝拥有同样的权利。这些权利包括了最高的政治和法律权力。他进一步宣称国王拥有发动战争的权利，如果是发动战争反对皇帝，那也不是反叛，而不过是主权统治者之间的征战而已。创设地方行政长官以及其他公共官员亦非皇帝的特权，国王在其王国领地之内同样拥有这样的权利。在那不勒斯学者手中，皇帝仅仅不过是特地领域内的国王而已。就权力的范围，皇帝与国王并无任何区别，仅仅是各自受限于各自的版图而已。最后，在罗马教廷的法律顾问奥尔德拉杜斯·德·蓬特(Oldradus de Ponte)手中，这场以主权观念的为内容的思想运动最终形成了它的结论。奥尔德拉杜斯引用西班牙的民法、法国的民法，作为每一个特定的国家有其作为这个国家的市民发的特定的法律的例证，在这里，奥尔德拉杜斯真正理解了主权国家的本性——而不仅仅是主权君王(sovereign prince)。与此同时，在亨利七世皇帝(1308～1313年在位)与那不勒斯国王罗伯特(Robert of Naples)之间争执中(亨利七世指控罗伯特犯有冒犯君主罪，后者声称他同样是主权者，不在任何人之下，因此，他不受任何地位相同者传讯和审判)，亨利七世皇帝未能使那不勒斯国王罗伯特屈服，这一事件是皇帝拥有高于国王和诸侯的普世权威这一理论的最后一次实践，自此，帝国的普世统治权成为旧梦。克莱门特五世教皇就这一事件颁布的著名的Pastoralis cura教令，简洁地表达了当时流行的政治思想。通过这一教令，罗马教廷概括性地宣称国王无论在事实上还是在法律上都独立于皇帝，不仅法国，那不勒斯国王也同样是其国内至高无上的领袖，从而正式否认了神圣罗马帝国拥有超越于各王国之上的至高权力。参见Walter Ullmann, *The Development of the Medieval Idea of Sovereignty*, pp. 1－3, pp. 17－23, p. 33各页；波伦那的评注法学家这一争论的贡献参见[英]昆廷·斯金纳著：《现代政治思想的基础》，段胜武、张云秋、修海涛等译，求实出版社1989年版，第5～10页。

有至上权力，任何人未经教皇同意，无权向教职人员征税，凡违背此谕者，一律受“绝罚”被革除教籍。腓力四世针锋相对，于同年8月17日下令，严禁法国金银财币出境，驱逐教皇在法国的财政特派人员，甚至不允许教皇使臣入法境。9月20日，教皇再次发布通谕，重申二月《敕谕》。腓力四世再次拒绝通谕，联合教皇政敌，反对教皇。1297年，卜尼法八世被迫发表妥协声明，不再禁止法王向法国教会征税，同时把腓力四世祖父路易九世封为圣徒。1300年，腓力四世支持教皇政敌意大利科伦纳家族反对教皇，试图接管教皇的世俗权力，教皇震怒，于1301年派法国南部巴米叶地区主教伯尔纳·塞森为特使前往抗议，腓力四世指控塞森犯下叛国罪，加以软禁，并拟交世俗法庭审理。教皇闻讯，于同年12月4日、5日连发三道谕令，谴责腓力四世，撤销法王向国内神职人员课税之权，命令法国主教到罗马开会研讨法国教会处境问题，甚至准备传讯腓力四世到罗马。腓力四世大怒，将教皇谕令投入火中，并下令禁止法国主教前往罗马；并颁布一系列敕令指出“愚蠢得出奇的僭位者——教皇”应服从法王权威，宣布无论是世俗还是宗教事务，法国绝不听从任何外国人的摆布。腓力四世周围的法学家同时广造舆论，宣称早在基督教会出现以前，高卢地区已有王国存在，所以世俗政权应领导神权。1302年5月10日，腓力四世在巴黎圣母院召开法国历史上首次三级会议，争取国内舆论支持。会上大法官以腓力四世的名义，引用大量圣经词句，论证王权早于教会神权，并向全国发出号召，为了王国的自由和独立，不惜一切代价，甚至付出身躯和一切财富对抗教皇。会议的贵族和市民代表一致表态坚决支持国王，一些高级教士也上书卜尼法八世，希望教皇不要滥用神权。①

教皇反映强烈，于同年11月18日发布著名的《至一至圣教谕》。此谕将格里高利七世教皇以来的“教权高于王权”的理论系统化和完整化，明确提出“两把刀”的理论。即基督把两把刀都授予了教会，一把刀由教会直接使用，另一把是世俗统治者按照教会的意旨去使用。教会权力凌驾于尘世权力之上，君王和将领只有根据“教士的意图和得到教士的许可”才能使用世俗权力。谁要对抗教皇的权力，谁就是对抗天主。教谕最后宣称：“每个受（天主）造的人，只有服从教皇才能得救。”法王收到教谕后，立即召集会议讨论，宣布卜尼法八世犯有异端罪和道德堕落罪，并取消教皇在英法之间充当仲裁人的资格。卜尼法八世派出法籍枢机主教勒穆瓦纳作为教皇钦使，赴法国向腓力四世当面抗议，准备对法王处以绝罚，同时表示，如果法王接受由教皇行使对法国教区和采邑的管理权和教权至上理论为内容的“十二条件”，则可以免去对法王的绝罚处分。腓力四世断然逮捕教皇钦使并以叛国罪

① 刘明翰著：《罗马教皇列传》，东方出版社1995年版，第87~89页。

论处。同时决定，由他这个“世人”亲自召开和主持宗教会议，审判“不被世人审判”的教皇卜尼法八世。1303 年 6 月，腓力四世在卢浮宫举行秘密会议，对卜尼法八世提出了包括异端、渎圣直至鸡奸、腐化在内的 29 条罪状，并决定公审背叛上帝的卜尼法八世。会上派遣了以法国副首相、法学家威廉·诺加雷为首的使团出使意大利，联合科伦纳家族共同对付教皇，传讯卜尼法八世，抢先下手。1303 年 9 月 7 日，科伦纳家族的打手、暴徒在法国的示意下闯入教皇在意大利南部小镇阿南尼的夏宫驻地，将卜尼法八世痛殴，百般凌辱，随之将他囚禁在科伦纳家族的卡达尼宫，逼他辞职，并不断戏弄。3 天后，教皇被救出。1 个月后，教皇郁郁而终。① 法王腓力四世与教皇卜尼法八世的斗争落下帷幕，从此罗马教廷不再对法国构成威胁。

卜尼法八世死后，本笃十一世（1303～1304 年在位）教皇在位仅 9 个月，在位期间颁布教谕谴责了在阿南尼城凌辱卜尼法八世的主犯，同时陆续取消了前任针对腓力四世的各种谕令。本笃十一世死后，由于腓力四世的插手，法籍波尔多大主教伯特朗·德·戈特成为新任教皇克莱门特五世（1305～1314 年在位）。克莱门特五世对腓力四世言听计从，同意法王对法国教会领地和教产征收什一税；并修改《至一至圣教谕》，于 1311 年颁布《荣耀君王》通谕，承认世俗王国是上帝直接设立的，法国如同旧约时代的以色列一样，乃是上帝的选民。教皇自动把法国教会置于王权之下，公开声明“两把刀”的说法是错误的。完全抛弃了“教权至上”方针。1307 年，腓力四世与克莱门特五世密谋后，以传播异端、道德败坏为由，决定取缔圣殿骑士团，二者瓜分了圣殿骑士团的财产。1309 年，在腓力四世的胁迫下，克莱门特五世将罗马教廷迁至靠近法国的阿维尼翁小镇，开始了“阿维尼翁之囚”（1308～1378 年）。自克莱门特五世之后，接连六位教皇都是法国人。② 罗马教廷也陷于长期的衰落之中，从此未再能够复原，再也无力与世俗君主争雄。③

此后不久，帕多瓦的马西利（Marsilio de Padua，1290～1343 年）在腓力四世的法学家们的基础上，从理论上全面解除了教权对新兴君主国世俗权力的限制，将罗马教廷从国内政治中彻底驱逐出去。马西利首先批判了教会的豁免权和司法权。马西利写道，按照圣保罗的学说，“在上有权柄的，人人当顺从他。因为没有权柄不是出于神的”，“所以抗拒掌权的，就是抗拒神的命”。他认为这一信条的言外之意就是说教会的任何成员都不能自称有在法庭上受到特殊对待的权利，因为“人人如此，概莫能外”，都要“服从世俗法官或统治者的强制性制裁”。他坚持，基督慎重地

---

① 刘明翰著：《罗马教皇列传》，东方出版社 1995 年版，第 90～92 页；[法]雷吉娜·佩尔努著：《法国资产阶级史（上册）：从发端到近代》，康新文等译，上海译文出版社 1991 年版，第 155 页。

② 刘明翰著：《罗马教皇列传》，东方出版社 1995 年版，第 93～100 页。

③ Elizabeth M. Hallam, *Capetian France*, 987 – 1328, London & New York: Longman Group Limited, 1980, p. 282.

排除了“他的使徒、追随者及其后人、主教和僧侣”行使任何“强制性权力”的可能性。因此他断言，基督所创立的教会根本就不能被视为一个司法团体，而只可能是一种会众组织，是一个信仰和祈求基督之名的全体教徒的自愿结合体。这就意味着按基督的意图，任何教会人员所能够行使的唯一“职权”，只是“教导世人与身体力行”。这一权利显然未准许他们“对任何人实施强制”。这样，马西利对教会豁免权和司法权的批判最终成为不折不扣的教会公治理论。马西利宣称：“虽然罗马或其他地区的主教自认为有高于任何统治者、任何公社组织、任何个人的绝对权力，但他们的这种要求是不恰当的和错误的，有违于，更确切地说是对抗圣经中的教导和人类的愿望。”马西利进一步断言，任何教会成员都没有资格凭借其教职“行使强制性司法权”。管理基督教社会可能需要的无论何种强制性权力理所当然地都必须交由“虔诚的人间立法者”单独行使——马西利这一用语指的是各王国和城市共和国的最高世俗权力。他首先提出，教会内部的“人事任免与审批权，一切教职——包括‘罗马教皇’自己的职位——的设立权”只能全部授予“虔诚的人间立法者”，只有他们才有权“任命教士和其他圣职人员”。“组织教徒大会，使其能如期召开，隆重举行，圆满结束”，这种权力完全属于“虔诚的人间立法者”。正是他们，也只有他们才有权“召集或下令组织这样的会议，任命和指派参加会议的适当人选，贯彻会议的决议和法令，任命和指派参加会议的适当人选，贯彻会议的决议和法令，并依此惩治获罪之人”。他宣称业已证明，在各独立王国或城市共和国内，唯有人间立法者才合法地拥有全部“强制性司法权力”，并据此管辖处置“全体世人，不论其地位如何”。由此，马西利将俗权从教会残余影响下彻底解放了出来。①

至此，无论从实践上还是理论上，法国的新兴君主们都成功地将帝国皇帝和罗马教皇的权力彻底地驱逐出了国内政治，真正成为国内至高无上者，新兴君主的主权地位得以确立。新兴君主可以不再仰赖于封建契约关系获得诸侯的认可，不再仰赖于复杂的司法技术刺破层层领主的司法管辖权下达一般民众，而得以直接诉诸主权者的权力和地位，实现真正意义上的国家治理而非领地治理。

最后需要指出的是，在中世纪后期，新兴君主的主权权力的内容、权力的行使仍然是司法式的；新兴君主与皇帝、教皇们的争执也是在司法管辖权意义上并且集中在司法管辖权上展开的。这也正与前文所述以国王作为大法官的身份实现国内整合相一致。在这一意义上，我们将 13 世纪末 14 世纪初崛起的新兴君主的主权称之为司法主权。尽管从 20 世纪 60 年代开始，以布赖恩·蒂尔尼(Brian Tierney)为代表的学者开始主张在中世纪与近代之间并不存在人们想象的那么巨大的断裂，

① ［英］昆廷·斯金纳著：《现代政治思想的基础》，段胜武、张云秋、修海涛等译，求实出版社 1989 年版，第 20～22 页。

立法主权不应仅仅是近代的事物,而应当追溯到13世纪,他认为,13世纪开始,君主们就已经有大量的立法实践。① 然而,这些立法实践始终限于日常政令以及司法、习惯汇编的性质,也始终未能脱离神法、自然法的羁绊,无论是理论上还是实践上,立法权始终未曾为君主们垄断,一直要到博丹的时代,立法权才从理论和实践上为君主们所垄断,通过立法的治理才成为国家治理的基本方式。

四、司法主权的实践:巴黎巴列门的建立

司法主权的论说为新兴君主国提供了统治合法性的论证,然而,这一论证必须借助于一整套的高度组织化的力量的实施,新兴君主国才有可能真正成为一个新兴君主们可以有效控制的统治单位,新兴君主国才得以完成国家整合。在中世纪后期的法国,这一整套高度组织化的常规治理机构乃是各种王室法院。一方面,御前会议更大程度上只是一个中央决策机构,它的决策很大程度上依赖于各种王室法院的常规治理将之贯彻实施;另一方面,如前所述,在中世纪中后期的政治观念和实践中,国王的权力并不是一个主动性的管理的权力,更大程度上是经由被动性的司法事务的处理来实施他的统治,几乎现代观念中的所有纯粹的行政事务,都是经由王室法院来管理的。② 正是在这一意义上,近代国家建构的进程是一个司法史的进程,而非政治史的进程。③ 在这些王室法院中,巴黎巴列门居于核心地位。一方面,相对于王室法院中的其他法院如审计法院(the Chambre des Comptes)、间接税法院(the Cour des Aides)和货币法院(the Cour des Monnaies),唯独巴黎巴列门的管辖权几乎涉及所有统治领域,而其他王室法院的管辖权远为单一和专门化;④另一方面,相对于各省巴列门和最高委员会(supreme councils,这些最高委员会完全

---

① Brian Tierney, The Prince is Not Bound by the Laws. Accursius and the Origins of the Modern State *Comparative Studies in Society and History*, Vol. 5, No. 4 (Jul., 1963), pp. 378-400.

② J. H. Shennan指出,"法国国王的政治和行政职责只有在他的司法权威的背景下才能理解。他的首要职责是成为国家的首席法官:他的权威的充盈和局限都源自这一基本事实。"J. H. Shennan, *The Parlement of Paris*, 2nd ed., Sutton Publishing Ltd., 1998, p. 151.

③ G. Astuti, *La formazione dello Stato moderno in Italia* (*Turin*, 1967), pp. 3 ff.,转引自Aldo Mazzacane, Law and Jurists in the Formation of the Modern State in Italy, *The Journal of Modern History*, Vol. 67, Supplement: The Origins of the State in Italy, 1300-1600 (Dec., 1995), S63。

④ 其中,审计法院是有关国王财政案件的最高审级、间接税对有关公认的赋税如人头税(taille)和盐税(gabelle)缴付纠纷案件的申诉作出裁决,货币法院审理有关伪造货币或货币贬值的案件。1497年从国务会议中分离出来的大法院(the Grand Conseil)大致相当于一个权限争议法庭,主要裁决王室法院之间的管辖权纠纷以及巴列门已显示出不公正的迹象的案件。J. H. Shennan, *The Parlement of Paris*, pp. 79-81; John P. Dawson, The Codification of the French Customs, *in Michigan Law Review*, Vol. 38, No. 6 (Apr., 1940), p. 769.

就是巴列门但不以巴列门为名)，巴黎巴列门始终保持着牢不可破的优越地位，不仅仅是因为它的资历(它比各省巴列门中最早设立的图卢兹巴列门还早一个半世纪)、它所管辖的地域范围庞大(几乎涵盖了整个法国中北部)，也因为它拥有对特定案件(如涉及国王专属权利 the king's rights of régale 的案件)的专属管辖权，因为持有加盖国玺的王室特权状(royal letters of committimus)，特权人士有权也愿意将案件直接提交到巴黎巴列门，也只有在巴黎巴列门王亲显贵们才可以凭借其头衔坐在法官席上。① 很大程度上，巴黎巴列门的运作足以成为中世纪后期法国国家治理的典型，因此，下文的叙述将围绕着巴黎巴列门展开。②

传统上，中世纪的国王们不能独自履行职责，而应该在采取任何重大决定前寻求僧俗两界大贵族和王室高官的建议。早期卡佩王朝的会议，是由被统治者召集起来的大诸侯组成以支持王室政策的。从这些早期会议中最终产生了全国三级会议(the Estates - General)和显贵会议(the assemblies of Notables)。由于这些大型、正式的且日趋特别的集会并不能最便利地为君主提供建议，③因此，从腓力二世时代开始，国王大大地依赖于御前会议治理。御前会议只包括部分的封建领主，可以毫不夸张地说，御前会议的主要事务控制在训练有素、精通法律的常任官员手中。这些官员隶属于王室。御前会议的权力正是国王自身的权力。在13世纪，通常御前会议是法国统治的神经中枢。他们总是能够为一系列不同的事务——如财政、司法或行政——提供建议。并且，按照沃尔特·厄尔曼的说法，在任何意义上，御前会议首先是法院。④

随着王室领地的扩大以及国王声望的提高，御前会议处理的事务有了相当的增长并且更为技术化。御前会议的机构因此出现了相应的变革，尤其在司法事务方面，变得更为专业化。这一变化在路易七世时代已露端倪。大领主们，无论是世俗的还是神职的，都不再有时间和兴趣——在很多情形下——也不再有能力去处理那些复杂的书面和口头证据，新的诉讼程序尽管取代了直截了当的司法决斗，但还远不能令人满意。法律变得更为公正，但也变得不太容易被非专业人士理解。在路易九世于1226年登基时，王廷(court)的司法事务变成两个方面：王室重臣、大领

① J. H. Shennan, *Government and Society in France*, 1461 - 1661, George Allen & Unwin Ltd., 1969, p. 45.

② 法国学者雷吉娜·佩尔努也曾明确指出，“在把法国变成集权国家的机构中，首先应该提及的是巴黎最高法院……它是君主行政制度的支柱。”[法]雷吉娜·佩尔努著：《法国资产阶级史(上册)：从发端到近代》，康新文等译，上海译文出版社1991年版，第283页。

③ J. H. Shennan, *The Parlement of Paris*, p. 156.

④ Walter Ullmann, *Principles of Government and Politics in the Middle Ages*, Methuen & Co. Ltd., 1961, pp. 194 - 195.

主和高级神职人员继续宣告判决，但真正的工作逐渐由下级官员，大部分是熟悉必要的法律知识的教士来完成。这些人被称为"王室调查员"，他们形成了一个固定的委员会，成年工作并追随国王左右。王廷的其他一些成员开始倾向于在一年的四个最主要的节日（圣诞节、复活节、圣灵降临节、万圣节）中出现。①

在路易九世治下，由于他漫长的统治期间以及他的无与伦比的威望，诉讼案件和上诉案件大量增长，王廷因此出现了激烈的变革。统治事务渐趋复杂和专业化，使得国王事实上已无法亲自处理统治的各项事务，尤其是在最主要的司法领域，不再是简单地决定被告的罪与非罪，它开始成为有其独特的程序的专业领域，需要专业知识的介入。国王不再能够充分地掌理司法。② 因此，在13世纪末，法国出现了被称为巴列门（Parlement）的专门司法机构。它开始永久性地建在巴黎国王随后腾出的一个王宫——司法宫（Palais de Justice）。从一开始，法国巴列门就是一个法院，由熟悉法律的人组成，他们的任务是以国王的名义为国王的利益掌理司法。③

巴列门从御前会议中独立出来的过程是细微的，不易察觉的。从现有的记录来看，尽管路易九世统治期间，王室法院的组织经历了重大的变革，但仅仅是在他的儿子，腓力三世统治期间，王室法院的轮廓才得以浮现。1278年1月，一系列法令试图控制巴列门的程序。这些法令明白宣布巴列门不再陪同国王巡游全国，开始永久性地驻守巴黎的斯德岛（Ile de la Cité）的王宫。事实上，从1254年到1302年间总共69次开庭期中，巴列门只有两次在国王远离巴黎的驻地开庭。在这些法令中提及的Chambre pour pledier首次暗示了大法庭（Grand' Chambre），巴列门的中枢法庭，长期以来它都被冠以原始的申诉庭（Chamber of Pleas）的称呼。每一个案件从这里开始并最终由它以公布判决（decree）的方式结案。除非涉及事项异常重大或者牵涉的当事人地位非同一般，此时，裁定由全体大会作出。无论如何，全体大

---

① J. H. Shennan, *The Parlement of Paris*, pp. 13－14. 本文对早期巴列门的叙述不得不大量依赖于申南的著作。申南对早期巴列门的叙述则在很大程度上来自于C. V. Langlois的*Les Origines du Parlement de Paris*一书。

② 从1253年的一份告示所附录的法官名单中，我们可以发现法律专家开始主宰了司法活动。这份名单包括了五位拥有王室调查员（magister）或者调查法官（maître）（该词本意可用来称呼任何教会法或罗马法的毕业生）头衔的教士，他们都拥有罗马法和教会法学位，很可能出自奥尔良、昂热、蒙彼利埃或兰斯四所大学之一。另有五位与司法行政关系密切的世俗官员，三位分别来自卡昂、奥尔良和埃唐普的大司法官，两位巴黎的王室领地总管（prévôts）。约有三分之二高级教士，如布尔日大主教和埃夫勒主教都是从调查法官（maîtres）开始他们的职业生涯的。路易九世时期流传下来的名单大抵如此。从这些记录看，国王的首席司法顾问的名字反复出现，神职中如斯蒂芬·德·蒙福尔（Stephen de Montfort，奥尔良圣埃尼昂教堂主事）和欧德斯·德·洛依斯（Eudes de Lorris，昂热大教堂主事），世俗中如杰弗里·德·夏普尔（Geoffrey de la Chapelle）以及著名的法学家皮埃尔·德·丰托内（Pierre de Fontaines，韦尔芒图瓦的大司法官）。J. H. Shennan, *The Parlement of Paris*, pp. 14－15.

③ J. H. Shennan, *The Parlement of Paris*, pp. 3－4.

会有权作出终局裁决。无论如何,在专业化的巴列门内部,为应付大量涌入的上诉案件和规模巨大的书面证据,巴列门内部开始出现进一步分工的需要。在这里出现了未来的调查庭(Enquêtes)的萌芽。最后,1278 年的法令也提到了建立诉状审理庭(Requêtes)的可行性,根据规定,公正的诉求应当在司法宫的大厅(the Great Hall)由特定的调查法官审查,根据情况决定将之提交国王或者移送案发地的大司法官。由于每一个原告在案件提交法庭前必须要获得传唤对方当事人的许可,因此每一个案件都从获得必要授权的请求。由于这些请求越来越多,巴列门不堪重负,出于效率的考虑,巴列门从内部委派一些人(最初是两人)特别负责必要的初步审查。腓力三世 1278 年的法令有着非常重大的意义,它展示了尚未完成建构的巴列门的未来发展,从中我们第一次发现了巴列门未来的组织结构,它的永久性的法庭,大法庭、调查庭和诉状审理庭。①

1291 年的法令确认了从法院成员中委派人员组成调查庭和诉状审理庭。一些法官被任命去查验每次调查的文件,然后起草一个简明的案情摘要,从而简化了法官的工作。调查庭真正的裁决由两个单独的委员会作出,每一个委员会由四名法官(Conseiller)组成,每个委员会每周碰头一次。这些人并非巴列门的全职成员,因为除非被召集,他们不得进入申诉庭。1291 年的法令进一步发展了独特的调查庭,这八名法官仍由法院委派,但由于他们的特殊的职能,他们的内部合作更为密切。此外,国王特别指定了诉状审理庭的三位法官,在巴列门开庭期(in session)的每一日在司法宫大厅的一个角落就座,让所有潜在的原告可以接近。正如负责诉状审理庭的法官一样,调查庭的法官也非单独的法庭的成员。②

通常认为腓力四世第二个法令颁布于 1296 年。原先规定的设立两个独立的委员会审查书面证据的方式仍然无力应对迅速增长的案件,因此新的法令要求调查庭在巴列门(这一时期巴列门一年召集两次)召集前几个星期在巴黎集会。在分派部分成员到首都之外的其他地方执行特别司法任务后,留守的成员负责审查书面证据,在下一个开庭期前作出裁定。1296 年的法令也提供了更多的关于调查庭法官的细节。他们由巴列门从官员中推选产生两位,共同审查在调查过程收集的大量文件,他们必须是有学识的神职人员。在处理重大事务时,他们必须指定至少一位巴列门的成员协助,事实上,他们自己仍然不是法官。自从调查庭获得独立的存在,法令规定,任命两名神职人员和两名世俗人员在两名公证人的协助下审理诉讼请求。③

---

① J. H. Shennan, *The Parlement of Paris*, pp. 15 – 17.

② Ibid., pp. 18 – 19.

③ Ibid., pp. 19 – 20.

申诉庭本身,或简称为大法庭,至少到调查庭独立出去以前,由全体巴列门成员组成。巴列门的成员名单往往单独列出,通常包括直接封臣、高级教士、骑士和一般神职人员。1296 年的法令开始试图界定哪些人有权利参加巴列门的法庭审理。这一法令也描述了巴列门自身最终从御前会议(curia regis)中分离出来。根据这份法令,国王的国务会议的成员不再参与巴列门的审判活动,除非他们隶属于明确列举的例外名单。①

最后,为解决案件的初步审查问题,腓力四世建立了独立的诉状审理庭,在巴列门整个开庭期持续运作。他委任 9 位法官,在两位主教的领导下,专任诉状审理庭的工作。这一法令未标注日期,但不早于 1307 年。这一法令也包括了申诉庭的成员名单,其中包括 2 位高级教士、2 位贵族,11 位神职人员和 11 位世俗人员。②

至此,在腓力四世时代,巴黎巴列门已经成为高度专业化的以审判为主要任务的庞大的王权机构。在巴黎巴列门中,其中最重要的是由教士和国王亲近的骑士组成的主法庭或称审判庭;他们当中有 4 名法官专门负责成文法区并组成成文法法庭,审理法国南部成文法区的案件。审判权归主法庭或称审判庭,但它的工作先由调查庭和诉状审理庭预先准备。大部分送呈巴黎巴列门的案件都需要首先经过调查,而诉状审理庭则负责接受告状人向国王司法机构递呈的状纸。其中,审判庭的人员只是在开庭或年终审判时定期地履行职责,但调查庭和诉状审理庭的法官们则是常设的、领取俸薪的专职人员。③

此后,巴黎巴列门的各项制度逐步得以稳固下来。在大胆腓力时期,巴黎巴列门的开庭期逐渐确立为一年两会期制,即万圣节和圣灵降临节,这一做法持续到了 1291 年腓力四世时期。此后与英格兰的战争使得巴列门的会期减少为一年一次。直至腓力五世(1316 ~ 1322 年在位)统治期间,巴列门的开庭期最终减为一年一次,会期也延长了,从第一年的 11 月初持续到第二年的夏天,此后再无变化。④ 从路易九世时代直至腓力四世统治早期,巴列门的成员并不固定,国王们每年提出一个新的成员名单,尽管有许多名字年复一年地重复出现,但却没有终身任命。但在 14 世纪初,腓力四世建立了年度花名册制度,不仅巴列门的各个法庭,也包括其他司法委员会,他们的成员都从王室法官中产生。这是法律体系迈向更高程度的组织化的重要一步,也使得法院成员的界定更为精确。⑤

---

① J. H. Shennan, *The Parlement of Paris*, p. 20.

② Ibid., pp. 20 – 21.

③ [法]雷吉娜·佩尔努著:《法国资产阶级史(上册):从发端到近代》,康新文译,上海译文出版社 1991 年版,第 170 ~ 171 页。

④ J. H. Shennan, *The Parlement of Paris*, pp. 21 – 22.

⑤ Ibid., p. 22.

随着巴列门的发展,其内部组织的等级化也开始出现。需要有人来宣布裁决,宣布申诉庭听审案件时辩论程序的开始,以及调整法院的日常活动。在腓力四世时代,1296年的法令中已经出现了院长(presidents),在巴列门的每个开庭期,至少有两位院长出席会议,一位高级教士和一位直接封臣,他们从总共六人的(三位神职人员、三位世俗人员)的名单中产生,其职责包括监督报告人(rapporteurs)、任命官员执行与调查庭有关的外省调查事务、分配法官的职责。①

此外,在腓力四世统治时期,大司法官和司法总管被排除在巴列门之外。② 理由是因为在由大司法官辖区上诉到巴列门的案件中,大司法官被认为习惯于帮助法院对上诉的有效性作出决定。换句话说,他协助通过他自己的裁定。国王司法的公正和上诉的价值由于这些官员的出席而将受到重大威胁。1296年,腓力四世禁止所有的大司法官作为巴列门的成员出席审判。最后,到腓力四世时代,尽管君主仍然是巴列门的首脑,国王本人已经很少出席巴列门的审判活动。③ 国王的缺席使得巴列门的日常运作更加常规化,进一步稳固了巴列门的地位。

在腓力四世死后,卡佩王朝只延续了13年,其间在腓力五世(1316~1322年)统治期间,巴列门有了较为显著的发展。例如,从1318年开始,巴列门每年只有一个开庭期,从每年的11月12日(圣马丁节庆典之后)开始直至第二年夏天的某个不确定的日期结束。这一做法一直持续到了旧制度结束。另外,巴列门的成员的稳定花了更多的时间,尽管巴列门已经获得了它自己的风格和它自己的特性,法官们也拥有了团队精神(esprit de corps),对其成员的精确界定的要求也更加明显。1316年6月,国王指定了申诉庭的29名成员,但同年12月,成员已经增加到了35名。3年后,根据1319年12月的法令,国王仅仅指定了22名法官、12名世俗人员、8名神职人员和2位院长,并不包括大法官和圣丹尼斯(Saint - Denis)修道院的院长(腓力曾作为额外成员提及)。最后在1345年,伐卢瓦的腓力六世任命了15名神职人员、15名世俗人员以及3位院长组成了它的申诉庭。这一数字保持了相当长时间

① 但J. H. Shennan认为,尽管腓力四世时期的院长们都是神俗两界的显贵,领导法院的日常运作绰绰有余,但在法律事务上,他们必须给法律专家们让位。这些法律专家[典型如巴尔伯(Renaut Barbou)和杰弗里·德·夏普尔之类的人物]才是后来院长们的真正先驱。J. H. Shennan, *The Parlement of Paris*, pp. 22 – 23.

② 在路易九世和他儿子的治下,大司法官曾引人注目地出现在法院中。雷诺·巴尔伯最初出现在法院中是鲁昂的大司法官身份,皮埃尔·德·丰托内则是韦尔芒图瓦的大司法官,他曾是路易九世关系最密切的法律顾问。最著名的例外是菲利普·德·博马努尔(Philippe de Beaumanoir),那个时代最伟大的法学家,他继承了丰托内在韦尔芒图瓦的职位后来成为了博韦的大司法官,他从未成为巴列门的成员,尽管他也因为职位的关系参加了一些涉及他的司法管辖区的案件处理的庭审。J. H. Shennan, *The Parlement of Paris*, p. 23.

③ J. H. Shennan, *The Parlement of Paris*, pp. 23 – 24.

的稳定。[①] 但调查庭和诉状审理庭成员数的变化非常之大,几乎得以成倍增长。到1715年,调查庭有5个分庭,诉状审理庭有2个分庭。在14世纪上半叶,特别是调查庭获得了更积极的肯定。最初,调查法官与为案件审理准备书面证据的报告人有所区分。腓力四世死时,后者仍然不是调查庭的成员,但在1336年巴列门法院成员的名单上,二者之间并无区分,这一合并得到了1345年法令的确认。根据该法令,调查庭的成员固定为40人,并对其成员不作任何区分。[②]

1328年,腓力四世的侄子伐卢瓦伯爵继位,建立伐卢瓦王朝。他于1345年3月颁布的法律,被后世巴列门的法官们认为是永久性地建立巴列门法院的最后贡献。确实,从那时开始,早期巴列门法院的一些不稳定的特征就再也没出现。[③] 到了查理五世(1364~1380年在位)统治时期,法官们不再举行惯例上一年一度的宣誓,而被初次进入巴列门的一次宣誓取代,巴列门才真正从传统意义上的"会议"概念转变为"机构"的概念,视巴列门为永久性机构的新概念最终形成。[④]

最后需要提及的是附设于巴列门王室法律大臣(Gens du roi)的形成。从13世纪末开始,由于国王已经不再经常出席巴列门,因此,在国王为一方当事人的案件中,他开始雇用一名法律代理人或者检察官为其利益服务。最初他选择的律师通常还有其他当事人,并且其提供服务仅限于某一特定案件的持续期间。到了1323年,国王的利益要求在巴列门有一位永久性的代表,他设立了总检察长(Procureur - Général)职位。总检察长除了在法律诉讼中代表国王,总检察官还需要维持公共秩序。随着国王权利和影响的巨大增长,总检察长也势力大增,开始有能力采取积极的行动对抗强大的地方利益并履行国王长期以来理论上拥有的最高法官的角色。为此,他不仅在物质上需要大量的帮助,在案件辩论中他也同样需要专家协助,因为他的首要任务是在法庭审理前进行调查。因此,他仰赖于一名辩护律师在他的案件中在巴列门出庭。1330年左右,巴列门开始出现两位常任的雇员,到1375年,他们的职位开始正式确定下来,到15世纪初,他们获得了总辩护人(Avocats - Généraux)的头衔。这三个人合起来被称为王室法律大臣("国王的人",Gens du roi)。[⑤] 附设于巴列门的王室法律大臣的出现,意味着国王个人权威与国家权威某

---

① 这一数字并不是绝对的,主要是院长的人数增加超出了法官(counsellor)人数的比例。以1715年路易十四死时为例,巴列门大法庭仍然只有33名法官但却有9位院长。J. H. Shennan, *The Parlement of Paris*, p. 25.

② J. H. Shennan, *The Parlement of Paris*, p. 26.

③ Ibid., p. 25.

④ Ibid., p. 29.

⑤ 总检察长的职位始终只有一人,但总辩护人在18世纪增加到了三人。J. H. Shennan, *The Parlement of Paris*, pp. 43 -46.

种程度上的分离,而这也正是新兴君主国实现常规化治理的要求。

五、司法主权与民族国家的肇建:巴黎巴列门的实践

马萨卡尼指出,政治体开始形成为国家的进程中有两个转折点。第一个转折点发生在13世纪下半叶,标志是“国王是其王国内的皇帝”(“Rex est imperator in regno suo”)这一格言的出现。第二个转折点是在14世纪末,巴尔杜斯(Baldus)进一步将君主领地中的人们视为一个司法单位(juridical unit)。[①] 不过巴尔杜斯的理论概括要比法国人的实践晚了近百年。巴黎巴列门从其建立之时起,就致力于推行国王的司法主权,通过对国王的司法主权的实践和展开实现新兴君主国的国家整合。对于巴黎巴列门来说,这一进程集中体现在建立以巴黎巴列门为核心的王室法院强大的排他管辖权体系以及王室法院尤其是巴黎巴列门对政治事务的介入上。

(一)司法统一国家

国王司法主权首先必须在管辖权问题上得以落实,然后,司法主权才能够成为国家建构整合的力量。因此,新兴的君主们首先必须将他的王室法院管辖权扩张到整个王国、扩张到王国的每一个人,然后他才能利用他的王室法院系统整合国家。君主们及其周围的法律家们几乎动用了一切可能的力量来扩张他的管辖权,最终限制、削弱、取代原有的各种共同体(包括封建领地、自治城市和教会)的管辖权。

对于从封建社会中破茧而出的新兴君主国而言,封建领主是对君主最直接的威胁,因此将王权直接深入封建领主们的领地之内,并最终取而代之,乃是新兴君主们扩张管辖权的第一步。从国王代表公共福利或者说国王是“王国的监护人”(keeper of the kingdom)的观念出发,巴黎巴列门宣称国王拥有在整个王国之内的至高的司法权。由此,他们发明了各种手段侵夺领主法庭的管辖权。这些手段中最主要包括所谓“王室事由制度”(cas royaux)、“恩典事由制度”(institution de cas privilégiés)、“辖区管辖制度”(institution de cas de ressort),等等。巴列门的管辖范围从传统意义上的冒犯君主罪、[②]伪造王室印玺以及降低王室货币的成色等罪名扩张到了包括各种类型的私战、高利贷、拦路抢劫和所有有关贵族授封、非婚生子女

---

① Aldo Mazzacane, *Law and Jurists in the Formation of the Modern State in Italy*, S68.

② 需要说明的是,从最初意义上,冒犯君主罪(lese - majeste)仅仅指存在直接效忠关系的下级领主对上级领主的反抗,其核心是对直接效忠誓言的违反,而非后来罗马法学家们所指称的任何臣民对君主的冒犯。S. H. Cuttler, *The Law of Treason and Treason Trials in Later Medieval France*, pp. 4 - 5.

认领、商业贸易以及王国安宁的各种事务。[①] 从13世纪开始，王室法院的法官开始插手各自治市镇的各类案件，并最终剥夺了市政当局的司法权。[②]

尽管对于中世纪后期新兴的君主们来说，教会裁判所的管辖权对王室法院管辖权构成了巨大的挑战，[③]但巴列门还是成功地将教会法院的管辖权从纯粹世俗的事务中驱逐出去，进而侵入教会法院管辖权的固有领地，并最终使得教会的司法管辖权从属于国王的司法管辖权。[④]

在王室法院管辖权扩张的历史进程中，上诉制度扮演着更为关键的角色。从13世纪末开始，法学家们就宣称，所有的司法权均源自国王，所有的领主司法权均源自国王的分封或间接分封，国王自身的司法权不源自任何人。[⑤] 上诉制度的发展，使得王室法院的司法活动超出了王室领地的边界。[⑥] 更为重要的是，上诉原则的确立进一步强调了国王权威的唯一性以及领主法院在司法上对王室法院的依附。正如马克·布洛赫所指出的，一方面，君主的权力只有通过巡回法庭或固定代表构建起的完善的组织系统，把自己的控制力扩展到整个国家，才能成为司法制度中的决定性因素；另一方面，上诉制度的实践则矫正了曾使司法权分散到众多人手中的封建化的进程，再次把一种统一的因素导入于司法组织中。[⑦]

---

① J. H. Shennan, *The Parlement of Paris*, pp. 78 – 79; A. Esmein, *A History of Continental Criminal Procedure: with Special Reference to France*, p. 51;［法］卡斯东·斯特法尼、乔治·勒瓦索、贝尔纳·布洛克著：《法国刑事诉讼法精义》（上），罗结珍译，中国政法大学出版社1999年版，第73页。

② ［法］雷吉娜·佩尔努著：《法国资产阶级史（上册）：从发端到近代》，康新文等译，上海译文出版社1991年版，第121～122页，第127页。

③ 在13世纪，教会的裁判所（officialités）可以裁决各种案件，并不限于纯粹的精神事务或教会事务，他们从世俗法院攫取了有关教会声称拥有所有权的有关土地或财产案件的管辖权、教会为一方当事人的有关封建义务的案件的管辖权、教堂或修道院内发生的暴力犯罪案件的管辖权、当事人任何一方以誓言宣示将信守义务的世俗人士之间的契约案件的管辖权。此外，在13世纪前半叶，通过在教会裁判所前宣誓作为确认契约的手段的习惯日益增多，也导致了教会司法权的扩张。最后，教会法院完全控制了有关异端、巫术、寡妇和私生子、婚姻、教会规章以及牧师们之间的纠纷案件的管辖权。J. H. Shennan, *The Parlement of Paris*, pp. 79 ~ 81.

④ 从14世纪开始，巴列门断言其自身对有关有俸圣职（benefices）、异端、亵渎问题的权威；声称如果案件不是主要涉及婚姻的有效或无效问题，但也与之密切相关的如合法性、通奸、分居等问题，应由巴列门审理。巴列门拥有登记有关婚姻的教规和条例的权利，并对这些教规和条例的有效性加以直接控制；巴列门也控制了在洗礼、婚姻、葬礼中支付给僧侣的费用纠纷的管辖权；获得了对所有涉及寡妇及其子女福利案件的审理权。在遗嘱案件中，巴列门也成为了最终仲裁者。巴列门甚至可以审理所有涉及教士权利、特权、免税和豁免的案件，而教会法院仅保留了与信仰、圣礼的安排直接相关的案件管辖权。J. H. Shennan, *The Parlement of Paris*, pp. 81 – 82, pp. 171 – 174.

⑤ A. Esmein, *A History of Continental Criminal Procedure: with Special Reference to France*, pp. 51 – 52.

⑥ J. H. Shennan, *The Parlement of Paris*, p. 58.

⑦ ［法］马克·布洛赫著：《封建社会》（下卷），李增洪、侯树栋、张绪山译，张绪山校，商务印书馆2004年版，第602～604页。

借由高度技术化的管辖权争夺,以巴黎巴列门为中心的王室法院系统实现了将王权扩张到王国之内的每一个地方、每一个人的目标。在这个意义上,卡内冈教授用于评论19世纪法国的一段话,除了"公民自己的"这一限定词之外,完全适用于十五六世纪的法国。卡内冈称:"在绝无可能上诉至法国之外的更高一级法院这个意义上,这一体制是封闭的:公民被他们自己的法律和他们自己的法官限制在他们的'主权的'民族国家之内。"①也正是在这一意义上,中世纪晚期国家建构的进程是一个司法史的进程,而非政治史的进程。②

与此同时,作为国家的首要法院,巴列门最重要的贡献无疑是通过日常司法将法国法律遗产中的各种因素融合到一起,包括教会法、罗马法以及习惯法,为此它建立了一整套判例体系(a corpus of jurisprudence)以及一整套正式的法律规程与程序。所有这些成就都极大地促进了国家的统一与稳固。③

不仅如此,巴列门的日常司法活动对社会和国家整合的意义也同样突出。比如,巴黎巴列门在百年战争行将结束时公布的两个判决,就非常清楚地表明了"微不足道的司法裁决"所可能产生的重要作用:

1436年,法军将英军赶出了巴黎,第二年年初,巴列门被召集起来审理一位法国姑娘和一个英国士兵之间的纠纷。两人已订婚并将要结婚,女方不顾父母反对仍然决定追随她的未婚夫。巴列门要求女方父母阻止女儿私奔,否则将处以罚金。此后不久,英国士兵起诉请求允许他与姑娘结婚并带走他的新娘。巴列门拒绝了英国士兵的请求,其理由仅仅是因为双方当事人的祖国正处在交战状态。

1436年巴黎解放前夕,一位年轻的巴黎妇女嫁给了一位与英国关系密切的意大利商人,该意大利商人在英军撤出巴黎时随同撤到了鲁昂。在丈夫的请求下,这位巴黎妇女与其丈夫一同撤退。后来,他们在巴黎的所有财产都被没收。这位巴黎妇女的母亲成功地把案件提交到了巴列门,她辩称她的女儿仅仅是服从教会法的规定,与其丈夫共进退。总检察长则驳称:公共利益优先,并且该妇女与其丈夫和英国人共进退已经构成了叛逆罪,应当把她归入国王未来的敌人之列。巴列门同意了总检察长的意见。④

---

① [比]R. C. 范·卡内冈著:《欧洲法:过去与未来——两千年来的统一性与多样性》,史大晓译,清华大学出版社2005年版,第28页。

② G. Astuti, *La formazione dello Stato moderno in Italia* (*Turin*, 1967), pp. 3 ff., 转引自 Aldo Mazzacane, Law and Jurists in the Formation of the Modern State in Italy, S63.

③ J. H. Shennan, *The Parlement of Paris*, p. 4.

④ Ibid., pp. 157 – 159.

在巴列门作出这两项裁决之后,法国人就再也无法在与英格兰的战争中保持中立了。国籍此后成为每一个卷入其中的人必须彻底考虑的问题。而这些,对于"国家"的成长来说是至关重要的。国家的构成不仅是要有被统治的成员,还要有依附于国家并对国家表示忠诚的"公民"。

(二)司法总理行政

巴列门远不仅仅是国家的首要法院,在1789年前,司法、行政和警察权并不分离,巴列门在后两个领域也负有与司法领域同样重要的职责。巴黎巴列门作为中世纪晚期"君主行政制度的支柱",①它的所有行政事务的核心可以概括为根据国王的利益,维持法律,防止任何对现存秩序的攻击。几乎凡是涉及对法律和现存秩序足以产生重大影响的领域和事件,都可以发现巴列门的行政和警察权力的存在。

以巴黎巴列门为例,他们的工作包括维护和保养公共道路、公共纪念碑和喷泉、桥梁、沿河的码头;负责首都的供应,负责屠夫、鱼贩、内脏供应商和食盐分销商的管理;②通过多种方式制止频繁发生的违法行为,包括禁止决斗和运送武器、训诫夏特莱(châtelet,巴黎王家总管 prévôt of Paris 附属的初级裁判所)的警长(lieutenant)及其属吏、强制宵禁等;组织捐款以减轻穷人的负担,帮助穷人的孩子得到工作;管制卖淫、游民以及公共演出(无论是宴会演出、节日演出还是剧院演出)。在公共秩序的名义下,巴列门同样也监督监狱、医院、集市和行会。③ 巴列门对行会的管理包括工资和工作时间的控制、监督所有行业和职业、裁决不同行会或不同城镇的同类行会之间的争端、解决工人和雇主之间的纠纷以及外国商人之间的商业纠纷。教育(特别是高等教育)的管辖权也在15世纪由宗教当局转到法院的手中,所有涉及以大学为主体的案件都由巴列门直接审理,巴列门还要确定大学讲座的时间和日期、考试的方法,许可教学活动的展开,核准课程内容,颁布条例处理学生和老师们的不正当、不诚实的行为,也试图阻止教授们出售他们的教职、将学位作为经济利益的回报,阻止学生们在考试中作弊、不恰当着装以及进入赌博场所,等等。巴列门同时也是书刊审查者,所有有关宗教主题的书籍如未经巴列门的核准,不得向大学申请出版许可。④

自15世纪中叶开始,巴黎巴列门一直行使着巴黎监管者的角色,由巴黎市民选举产生的巴黎市长也开始接受了作为巴列门下属的地位。在一些危机时期,巴列门也接掌了巴黎的市政管理。巴列门监督市政选举,密切监督城市财政,经常审查

---

① [法]雷吉娜·佩尔努著:《法国资产阶级史(上册):从发端到近代》,康新文等译,上海译文出版社1991年版,第283页。

② J. H. Shennan, *The Parlement of Paris*, pp. 87 – 89.

③ Ibid., pp. 90 – 93.

④ Ibid., pp. 94 – 96.

市政当局的账目以及国家支出和岁入。[①] 巴列门在巴黎所拥有的所有权力同样适用于它的管辖区内所有其他城镇。[②] 直到 17 世纪,随着警察总长和总督(intendants)的设立,大量原由巴列门掌控的行政权力受到了严重侵蚀,[③]巴列门才开始逐渐接近于现代意义上的纯粹的司法机构的形象。

巴列门的另一主要行政职责是监督行政、管理其他王室官员。在十四五世纪,巴列门获得了任命、监督司法属吏——大司法官和司法总管、巴黎王家总管——甚至级别较低的如附属于市政裁判所的宪兵、律师的权利。在任命一些重要的王室官员时,巴列门有义务审查候选人的生活、道德、能力和宗教信仰;这些官员也必须出席巴列门的正式授职仪式。[④]

以巴黎巴列门为中心的王室法院系统在司法、行政、警察领域的日常运作,构成了新兴君主国常规治理的核心,这一经由本质上属于司法式的常规治理,使得新兴君主国在相当程度上摆脱了君主个人意志的反复无常,使得"国王的专断意志和反复无常不得不限制在很小的范围内,出了这个范围,他得仅仅以公共利益为依归,并让自己的行为与普遍的愿望而非与个人的一时兴致相吻合"。[⑤] 这一以巴黎巴列门为核心的常规治理体系,在相当大的程度上促成了"一种新的权力体系和政治秩序的出现。它以国王为权力中心,把原来分散的地方主义权力聚合起来,形成一种整齐、有序、非个人的(或抽象的)权力体系。这种权力体系将封建主义的权力义务变成了君臣关系,私人权力变成了公共权力"。[⑥]

(三)司法整合国家

在很大程度上,由于巴列门是除了国王之外新兴的法兰西王国唯一重要的政治机构,[⑦]并且也由于新兴君主国的治理和决策本质上仍然是司法性的,因此,巴列

① J. H. Shennan, *The Parlement of Paris*, p. 89.

② Ibid., pp. 89 - 90.

③ 关于警察总长的职权,参见沈汉著:《西方国家形态史》,甘肃人民出版社 1993 年版,第 179 页;关于总督的职权,参见[法]托克维尔著:《旧制度与大革命》,冯棠译,桂裕芳、张芝联校,商务印书馆 1992 年版,第 77 ~ 78 页。

④ J. H. Shennan, *The Parlement of Paris*, pp. 96 - 97.

⑤ Jean Brissaud, *A History of French Public Law*, trans. by J. W. Garner, Little, Brown, and Company, 1915, pp. 334 - 335.

⑥ 丛日云著:《西方政治文化传统》,第 436 页。

⑦ 尽管三级会议在特定时期也拥有相当强大的政治力量,但历史上法国的三级会议的召开的次数非常有限,难以成为有效的常规力量。从 1302 年第一次召开全国等级会议开始,14 世纪为 13 次,15 世纪 8 次,16 世纪 5 次,17 世纪 1 次。1614 年后,等级会议几乎被完全遗忘。Jean Brissaud 指出,全国等级会议始终没有能够成为正式的统治机构,它的召集是间断性的,没有自治,它只扮演了次要角色,通过特定的非常规的方式,部分地参与财政事务。Jean Brissaud, *A History of French Public Law*, pp. 360 - 361. 此外如显贵会议、全国宗教会议等也只是在特殊时期国王需要时才召开。

门获得了相当可观的政治权威，并在事实上也利用其政治权威进一步促成了新兴君主国的国家整合。

从很早的时候开始，巴列门的法官们就开始裁决政治纠纷。1312 年，那慕尔伯爵将他与伐卢瓦的查理——腓力四世的兄弟——的纠纷提交到了巴列门；1342 年洛林公爵和他的连襟的纠纷也同样交由巴列门裁决。① 法国宗教战争时期，巴列门也扮演了重要的角色。在战争之初，天主教和胡格诺教派的领袖们仍然都将巴列门视为仲裁者，向它申诉。在查理九世(1560～1574 年在位)麻烦不断的统治期间，即便国王自身的作用也受到侵犯时，争执各方的领袖们甚至国王也在征询巴列门的观点。②

而当王室权利被让渡或王室部分领地危在旦夕时，法官们也总是试图介入。1370 年，巴列门反对查理五世将特权授予安茹公爵；1442 年至 1444 年长达两年的时间内，他们又坚决抵制将部分王室领地移交给里什蒙的王室总管的王室特许状；1472～1473 年，他们试图阻止路易十一(1461～1483 年在位)将普瓦图的土地授予菲利普·德·科米内(Philippe de Commines)作为他为国王服务的回报。尽管一些国王如路易十一对巴列门的此类意见很少采纳，但他们仍然秉着忠于国王的精神，尽可能地维护国王的领地。③

在王国陷入危局时，巴黎巴列门经常被推到政治前台，被赋予了超群的政治功能。在查理六世(1380～1422 年在位)治下，由于其心智不足以行使统治权，国王个人权力的衰微，巴列门代替国王裁决的情形愈加明显。④ 当 1411 年内战爆发、王权崩溃时，巴列门确实成为了这个国家唯一的合法权威的来源。⑤ 1525 年帕维亚的惨败，法兰西斯一世成为查理五世皇帝的俘虏，法国君主的暂时缺位，使巴列门再次获得了展示它在国家的重要地位和特权的机会。巴列门组织国家的共同防卫，同时它也代表了王国法律和秩序的唯一渊源。⑥

---

① J. H. Shennan, *The Parlement of Paris*, p. 156.

② Ibid., pp. 211－212.

③ Ibid., pp. 158－159.

④ Ibid., pp. 161－162.

⑤ 不过，不久之后，巴列门还是附和了 1420 年 5 月查理六世和亨利五世签订的《特鲁瓦条约》(The Treaty of Troyes)。根据该条约，王太子被剥夺了法国王位继承权，法国王权将由英国国王及其继承人继承。尽管在经历了长年的战争后，任何可能永久解决争端的机会都值得考虑。然而，《特鲁瓦条约》毫无疑问违反了公认的父位子承的传统。由于该条约试图推翻上述规则，因此它违反了法律，这一条约所带来的任何可能的利益也无法改变该条约违法的基本事实。巴列门由于其未提出任何异议就登记了该条约而尤应受到指责。J. H. 申南指出，由于巴列门未能做到这一点，它损害了君主政体的声誉和权威，也贬损了它自身作为国王正义的维护者的地位。此后，1418 年勃艮第公爵无畏约翰控制了首都以后，他将他的一批支持者塞进了巴列门的法官队伍，巴列门的信誉受到了严重的打击。一些前巴黎巴列门的法官们在普瓦提埃建立了第二个巴列门效忠于查理七世。从 1418 年直到 1436 年，巴列门一直处于分裂状态，直到查理七世最终获得了战争的胜利，两个巴列门才得以重新合二为一。然而，巴列门的信誉由于分裂以及合法君主的胜利受到重创。J. H. Shennan, *The Parlement of Paris*, pp. 162－165.

⑥ J. H. Shennan, *The Parlement of Paris*, pp. 197－198.

此外,在法国王权与教皇的对抗中,巴列门坚定地支持国王的高卢教会自主(Gallianism)政策以对抗教皇。甚至在国王屈服于政治形势试图与教皇妥协时,巴列门仍然矢志不移,从而最终帮助王国将教权囊括在王权之中,彻底实现了王国的对外独立,也在相当程度上消弭了王国之内借用教权危害,甚至分裂国家的各种危险。

早在16世纪,埃隆(Du Haillon)就曾写到,巴列门已成为臣民服从国王命令的纽带。[①] 在稍晚一些时候,法国法学家卢瓦佐(Charles Loyseau)也指出:法兰西如果没有巴列门,就会像意大利和德意志一样成为一个分崩离析的国度。正是通过巴列门这一中介,法国国王才得以将他们所继承的零碎的土地整合成为一个单一的王国。[②] 也如申南所指出的,巴列门法官们角色的真正意义在于他们象征着王室权威超越了相互冲突的习惯法,超越了封建法院和教会法院,超越了它自身的无法无天(lawlessness itself)。[③] 可以说,正是经由以巴黎巴列门为中心的王室法院体系的努力,新兴的君主国才真正成为一个统一的常规治理国家而非封建王国。在这一意义上,中世纪晚期以来的国家建构进程是一个司法史的进程,而非政治史的进程。[④]

六、结　　语

近代民族国家从封建欧洲中脱颖而出是个迷人的问题。在公元1100年的时点上看,代表埃利亚斯所谓的新的垄断独占机制更多地倾向于罗马教皇和神圣罗马帝国皇帝所代表的帝国形态以及即将诞生的商人城市共和国形态,欧洲走向民族国家机制的前景并不明朗。欧洲的诸王名义上拥有的领地成为实际统治的区域,尚须经历漫长的历程。在这一历程中,源自于中世纪早期的王权的司法特征转化为了司法主权的叙事,从而确立了国王在其领地内的至高无上的地位(尽管很大程度上也许只是象征性的);而随之王权的司法主权特征的强化,专业化的司法机构及其官僚形成了王国治理的常规力量,王国也因此成为了一个真正统一的王国——马萨卡尼所谓的一个“司法单位”。至此,欧洲民族国家的建构初步成型。[⑤]

---

① J. H. Shennan, *The Parlement of Paris*, p.218.

② Ibid., p.85.

③ Ibid., p.147.

④ G. Astuti, *La formazione dello Stato moderno in Italia* (Turin, 1967), pp.3 ff., 转引自 Aldo Mazzacane, *Law and Jurists in the Formation of the Modern State in Italy*, S63.

⑤ 至于欧洲民族国家治理方式从中世纪中后期的司法主权的治理向立法主权的治理的转变,已超出本文叙述的范围,可参见陈颐著:《立法主权与近代国家的建构——以近代早期法国法律为中心》,法律出版社2008年版。

马克思、恩格斯论司法独立

胡玉鸿*

在人类司法的发展史上,没有哪一种法律理念像“司法独立”那样,推动着司法的法律化、职业化进程;也没有哪一种制度的建构能像“司法独立”那样,锻造着法律运作的政治空间与专业意蕴。那么,革命导师们又是如何看待“司法独立”的呢?在以往,人们多囿于“议行合一”的理论框架,自然就推出马克思、恩格斯他们反对司法独立的结论;或者,虽然承认马克思主义法学论著中也有司法独立的理论阐释,但在具体分析时却又多语焉不详。实际上,在马、恩的著作里,特别是他们早期的著述当中,蕴涵着极为丰富的司法独立思想。笔者通过马克思主义法学的学习,择取“司法独立的缘起”、“司法独立的依据”、“司法独立的基础”、“司法独立的内容”、“司法独立的价值”五个方面,分析马克思、恩格斯有关司法独立的论述,以求教于学界同仁、名流方家。

一、司法独立的缘起:“人类对自身的恐惧”

司法独立源于国家权力的内部分工,而关于权力分工的理论源头,恩格斯用“人类对自身的恐惧”一语加以概括。这是恩格斯在研究英国宪制的著作中,借用宗教术语对分权理论所作的一种形象表述。恩格斯指出:“如果说国家的本质像宗教的本质一样,也是在于人类对自身的恐惧,那么,在君主立宪国家特别是英国这个君主立宪国家,这种恐惧达到了最高点。”①人们“恐惧”什么呢?恐惧于人类社会出现过的政体类型所无法避免的专制。应当说,“政体”的设定虽然与社会经济基础的具体状况密切相关,然而它更融合着人类的政治智慧与政治意识,是人们一种经探讨、比较、综合之后所进行的政治设计。而在英国人看来,无论是纯粹的君主政体、贵族政体,还是民主政体,似乎都无法避免专制的“恐怖”,并且,上述三种政体“哪一种也没有能够维持多久”。在这种情况下,人们不是怀疑国家制度本身的“不合乎人性”,相反,“人们却用不道德的仅仅是国家的形式这种想法来安慰自己;他

* 胡玉鸿,2002级法律文化专业,指导老师:徐永康。现工作于苏州大学法学院。

① 恩格斯:“英国状况 英国宪法”,载《马克思恩格斯全集》(第1卷),人民出版社1956年版,第681页。有关资料的引用,如有新版本的,采用新版本的翻译,即《马克思恩格斯选集》第2版以及笔者见到的《马克思恩格斯全集》第2版中已经出版的部分;如无新版本的,仍采用中文第1版的翻译。

们从上述的前提做出结论:三种不道德因素的协作就能得到一个道德的产物,于是他们就创立了君主立宪政体。"[①]也就是说,英国式的君主立宪制是人们试图将以前三种政体中的"不道德因素"加以协调、消解、平衡,从而形成的一种新的政治类型。这种政体的第一个原则就是"权力均等",即我们今天所言的权力分立。恩格斯认为,这一原则"最透彻地反映了人类对自身的恐惧"。[②] 在权力分立体制之下,司法权作为一种单独的国家权力类型而处于与立法权、行政权并列的地位——虽然英国实际上并非纯粹的权力分立体制。按照恩格斯的理解,这种权力分工源于人类反对自身的一种努力,即人类对于自己所创立的国家政治制度充满着猜忌与戒心;为了防止可能出现的专制、独裁,人们就设想通过一种国家政体形式的塑造,将国家权力分解成由不同主体掌握的权力,从而防止权力的集结而导致对人民权利的危害。

可以说,恩格斯虽然并不认为国家本身是符合人性的制度建构,但对国家制度之下的权力分立却有着非常精确的把握。姑且不论有关英国君主立宪政体的源头考察是否符合历史真实,然而其中关于权力分立,包括司法独立的来源,是因为"人类自身的恐惧"的论述,应当说,抓住了权力分立原理的实质。不错,权力分立的经验基础正是以往政体的缺陷所提供的警示,它表明集权必然导致专制这样一种无法避免的事实。英国学者维尔在追溯权力分立的渊源时,也得出了与恩格斯几乎相同的结论。维尔指出,"在目睹了国王与国会的斗争,逐渐意识到任何一种专断统治都可怕之后,人们的心目中现已具备了纯粹权力分立学说的一切要素"。[③] 这就是说,"恐惧"的心理成为权力分立制度的理论渊薮。实际上,人们探讨为何要进行权力分立的理由,也主要就是从防止权力的专断这一角度来进行的。早在17世纪,英国的学者萨德勒就于其所著的《王国的权利》一书中明确指出,政府的三种权力,即立法权、司法权和行政权"应当握于分别的主体手中;因为依据自然法则,如果立法者成为那些违反了他们法律的人的法官,立法者看来就是他们自己事业的裁断者,而我们的法律以及大自然本身都非常想避免和厌恶这种行为,因此看来也禁止立法者和法官如此行为……"[④]从这个意义上而言,要避免统治者的独断专行,就必须将权力交由不同的机关和人员来行使,建立权力分工的政治体制。

专制政体对于人民的最大危害,莫过于扼杀人民的自由,用统治者的意志来代替人民的判断。三权分立理论的著名倡导者与奠基人孟德斯鸠,正是从保障人民

① 恩格斯:"英国状况　英国宪法",载《马克思恩格斯全集》(第1卷),人民出版社1956年版,第681页。

② 同上。

③ [英]M. J. C. 维尔著:《宪政与分权》,苏力译,三联书店1997年版,第41页。

④ 同上,第42页。

自由这一角度,论证权力分工之必要性的。在孟德斯鸠看来,立法权、行政权、司法权任何形式的集结,都是专制的统治,甚至会出现“恐怖的暴政统治”,[①]因而,从维护人民自由的角度而言,只有将国家权力交由三种不同的机关而执掌,才能够防止因权力集中所带来的危害。同样,美国政治家麦迪逊“人非天使”的人性预设以及“以野心对抗野心”的著名论断,也可以理解为恩格斯所述观念的最好注脚。麦迪逊指出,如果人人都是天使,那么政府将会是多余的,然而实际情况是,人们并非天使,因而必须建立辅助性的预防措施,使得“防御规定必须与攻击的危险相称。野心必须用野心来对抗”。[②] 由此可以看出,权力分工的必要性在于:第一,国家与政府本身就是一种对人性而言“最大耻辱”的制度建构,因为这种制度奠基于人民无法自己管理自己,也即无法自治的假设基础之上;第二,对他人野心的恐惧,也即人类固有的对他人不信任的心态,迫使人们必须设定用“野心对抗野心”的权力分立体制,从而使得权力不可能出现垄断或者“一边倒”的情形;第三,即使“人民主权”的理论能够成立,那也至多只具有理论的意义。不错,“依靠人民是对政府的主要控制”,但人民不可能集体行使权力来管理国家,因而必须有“辅助性”措施加以保障,这就是权力分立的制度建构。

实质上,强调权力分立、反对集权也是恩格斯早年的基本主张。在写于1842年的《集权与自由》一文中,恩格斯就指出,极端形式的集权,“乃是国家超越了自己的范围,超越了自己的本质”,因为国家“永远不会占有整个人类在其活动和历史发展中理所当然拥有的权力,即为了整体而牺牲个人的那种权力”。[③] 然而国家“集权”本身,就是将本应属于人民的权力窃为己有。即使承认集权是国家本身的基本规律,但是,“国家集权的实质并不意味着某个孤家寡人就是国家的中心”。[④] 并且,即使在集权体制之下,司法权也“绝不应当同中央发生关系”,而应当独立地存在,直接由人民保管和掌握。[⑤] 正因为如此,在恩格斯看来,法国基佐内阁式的那种集权体制是不合理的、专制的统治,因为它意味着“人民主权的原则、自由出版的原则、有陪审员参加的独立的司法的原则、议会政体的原则,在法国实际上已被废除”。[⑥]在这里,恩格斯将“有陪审员参加的独立的司法原则”作为自由政体的基本标志,表

---

① [法]孟德斯鸠著:《论法的精神》(上),张雁深译,商务印书馆1961年版,第156页。

② [美]汉密尔顿、杰伊、麦迪逊著:《联邦党人文集》,程逢如等译,商务印书馆1980年版,第264页。

③ 恩格斯:“集权和自由”,载《马克思恩格斯全集》(第41卷),人民出版社1982年版,第393页、第394页。

④ 同上,第393页、第397页。

⑤ 同上,第396页。

⑥ 同上,第393页、第394页。

明了他对司法独立原则的心仪。[①] 在此后于1847年撰写的《普鲁士宪法》一文之中，恩格斯仍然对于司法独立这一原则的确立，在推翻封建专制制度，以及帮助资产阶级获得国家政权方面所具有的重要意义给予了高度的评价，他说："尽管普鲁士宪法本身是不足道的，但是，它给普鲁士以及整个德国开辟了新的时代。它标志着专制制度与贵族的垮台和资产阶级获得政权；它给运动打下了基础，这个运动很快就会导致资产阶级代议制度的建立，出版自由的实现，法官独立审判制度和陪审制度的实行，甚至很难预料这个运动将如何结束。"[②]这就表明，司法独立本身是资本主义制度区别于封建制度的主要标志，而这一原则的确立以及相关制度的建构，也必将推动资产阶级民主制度的纵深发展。

二、司法独立的依据："国民的直接所有物"

司法为什么能够独立？这涉及司法独立的依据问题。在这一方面，恩格斯认为，司法权是"国民的直接所有物"，因而必须由国民通过自己的陪审员来实施这一权力。这是恩格斯在1842年《〈刑法报〉停刊》一文中，对司法权性质的基本定位。

首先，恩格斯认为，司法独立是政治设计的基本规律。针对当时的《刑法报》提出的一个重要论点，即"任何一个有行政权的部门都不应当直接交给人民，因而审判官的职权也不能交给人民"，恩格斯进行了有力的驳斥。恩格斯指出，"如果司法权不是与某种行政权完全不同的东西，那本来也不坏"。但问题是，司法权与行政权在职能范围与行使方式上都存在着天壤之别，因而在民主制国家，也就是"确实实现了各种权力分立的国家"里，"司法权与行政权彼此是完全独立的。在法国、英国和美国就是这样的"。为什么要把行政权与司法权绝对分开呢？关键就在于"这两种权力的混合势必导致无法解决的混乱；这种混合的必然结果就是让人一身兼任警察局局长、侦查员和审判官"。[③] 也就是说，如果行政权与司法权混合在一起，那么就会出现同样一个人既是告发者、侦查者又是审判者的状况，显然这违反了司法公正的基本精神：任何人不得作自己案件的法官——侦查者、告发者的角色本身，就隐含着"利害关系"在内，因而，如果再由他们自己来作出案件的裁决，自然就不会有公正的结果。

---

① 英国学者菲利浦斯认为，恩格斯所列举的四个原则也是"被公认为欧洲大陆19世纪中期的自由主义纲领。"参见[英]保罗·菲利浦斯著：《马克思恩格斯论法和法律》，禄正平等译，西南政法学院国家与法的理论教研室1985年编印，第31页。

② 恩格斯："普鲁士宪法"，载《马克思恩格斯全集》（第4卷），人民出版社1958年版，第40页。

③ 恩格斯："《刑法报》停刊"，载《马克思恩格斯全集》（第41卷），人民出版社1982年版，第321页。

巧合的是，这一时期的马克思也是本着这一精神来批判专制制度下的司法制度的。马克思指出，书报检查制度“本质上是建立在警察国家对它的官员的那种虚幻而高傲的概念之上的。公众的智慧和善良意志都被看做甚至对最简单的事物也是无能为力的东西，但对于官员们来说，却连不可能办到的事情也被认为是可能的”。这就是专制制度的“痼疾”，它将权力高度集中，把本来应当分离的权力也混合在一起。表现在刑事诉讼当中，就是“法官、原告和辩护人都集中在一个人身上”。[①]构成一种专断式的“三位一体”的诉讼结构。马克思认为，这种集中是和心理学的全部规律相矛盾的。[②] 因为当法官和代表行政权的书报检查机关具有共同的利益基础时，法院不可能作出“超越自我”的判决，心理学的规律不会允许“自身反对自身”。这种体制表面上而言只是法官与书报检查官角色的混同，但实质上则是行政权对司法权的剥夺，因为在书报检查制度之下，检查官的指控就是一切，法官实际上无从作出自主的判断。总之，马克思也同恩格斯一样，认为没有独立的司法就不会有公正的司法，这正如他在为出版自由而进行的论辩中所言的，合理的司法体制应当是：“独立的法官既不属于我，也不属于政府。”[③]

其次，司法独立的合法性基础在于它是“国民的直接所有物”。恩格斯在《〈刑法报〉停刊》一文中写道：“司法权是国民的直接所有物，国民通过自己的陪审员来实现这一权力，这一点不仅从原则本身，而且从历史上来看都是早已证明了的。”[④]这一思想在恩格斯的《集权和自由》一文中也有所反映：“司法权绝不应当同中央发生关系，而应当属于人民，属于陪审法庭。”[⑤]就结论而言，恩格斯非常明确地将司法的独立性提炼了出来，然而由此也就产生出这样一些问题：(1)司法权和行政权、立法权究竟有何不同？(2)为什么只有司法权才是“国民的直接所有物”而其他权力不具有这种性质？(3)国民通过自己的陪审员行使司法权力，这究竟是一种社会权力还是国家权力？

关于司法权和行政权、立法权的差异，恩格斯主要是立足于集权体制下国家职能的不同而进行辨析的。恩格斯认为，只要存在着国家，每个国家就会有自己的中央，每个公民也只是因为存在权力集中的中央才履行自己的公民职责。那么，“集

---

① 马克思：“评普鲁士最近的书报检查令”，载《马克思恩格斯全集》(第1卷)，人民出版社1995年版，第133页。

② 同上。

③ 马克思：“第六届莱茵省议会的辩论(第一篇论文)”，载《马克思恩格斯全集》(第1卷)，人民出版社1995年版，第181页。

④ 恩格斯：“《刑法报》停刊”，载《马克思恩格斯全集》(第41卷)，人民出版社1982年版，第321页。

⑤ 恩格斯：“集权和自由”，载《马克思恩格斯全集》(第41卷)，人民出版社1982年版，第396页。

权”式的“中央”从事的又是什么样的活动呢？恩格斯回答道：“集权的活动必然应当是有普遍意义的，它的管辖范围和职权就应当包括一切被认为是有普遍意义的事情。”[1]这就是说，对于中央而言，它所管辖的范围与职权的对象是那些“有普遍意义的事情”，按照恩格斯的列举，这些事项包括：颁布法律，统率管理机关，任命国家官吏，等等。在这里，恩格斯实际上受着“政治国家”与“市民社会”两分法的政治学思潮的影响，[2]认为国家承担的职能主要是政治意义上的，属于一种普遍性管理活动；相反，市民社会则是人们的一种自我管理的组织形式，按照恩格斯与马克思所合著的《德意志意识形态》的话来说，是一种“直接从生产和交往中发展起来的社会组织”。[3] 司法权不属于国家而属于市民社会，因为该种权力只是“涉及这个或那个人的事情”。[4] 具体说来，司法活动仅涉及个别公民之间的权利与义务的争执，它并不像立法和行政管理活动那样，属于一种宏观决策与社会调控的国家活动形式，具有普遍而广泛的意义。换句话说，司法所针对的是具体的个案，而立法与行政管理则是对社会事务进行普遍的规制与调整，因而司法权与立法权、行政权在本质上存在着差异。立足于这一角度，恩格斯认为所有案件都应当由独立的陪审员而不是“领取国家薪俸的国家官吏”来进行审判。[5] 这正如“恺撒的归恺撒，上帝的归上帝”那样，行政权可以由国家来行使，司法权则必须由人民来掌管。

那么，为什么只有司法权才是“国民的直接所有物”呢？所谓“国民的直接所有物”，可以理解为宪政意义上的人民的保留权力，即不属于国家而是由人民直接掌握和行使的权力。早期的恩格斯已经具有浓烈的“人民主权”意识，而按照人民主权的观念，国家权力归全体民众所有，因而无论是立法权、行政权还是司法权，都应当属人民主权的范围。那么，把司法权单独分立出来而归为“国民的直接所有物”的理论依据何在呢？恩格斯从权力集中（“集权”）与权力分工之间的辩证联系论述了这一问题。在恩格斯看来，“集权是国家的本质，国家的生命基础……没有一个国家可以不要集权，联邦制国家需要集权，丝毫也不亚于已经发达的集权国家。”[6] 也就是说，为了国家的正常运转，必须将某些权力集中起来，而这些权力就是行政

---

① 恩格斯：“集权和自由”，载《马克思恩格斯全集》（第41卷），人民出版社1982年版，第396页。

② 这也是马克思所持的观点。在马克思看来，“由于私有制摆脱了共同体，国家获得了和市民社会并列并且在市民社会之外的独立存在。”参见马克思、恩格斯：“德意志意识形态”（节选），载《马克思恩格斯选集》（第1卷），第132页。

③ 马克思、恩格斯：“德意志意识形态”（节选），载《马克思恩格斯选集》（第1卷），第131页。

④ 恩格斯：“《刑法报》停刊”，载《马克思恩格斯全集》（第41卷），人民出版社1982年版，第396页。

⑤ 恩格斯：“齐格弗里的故乡”，载《马克思恩格斯全集》（第41卷），人民出版社1982年版，第143页。

⑥ 恩格斯：“集权和自由”，载《马克思恩格斯全集》（第41卷），人民出版社1982年版，第396页。

权，它的管辖范围和职权“包括一切被认为是有普遍意义的事情”。集中起来的权力由国家（或人民）任命的官吏来行使，而司法权由于只“涉及这个或那个人的事情”，因而必须由国民直接行使。显然，在恩格斯的观念之中，行政权属于政治权力的范畴，而司法权则属于社会权力的范畴，是一种人民自治型的权力范围。同样可以作为证据的就是，在马克思看来，行政权是一种外在的强制而非国民的自治。马克思指出：“在议会中，国民将自己的普遍意志提升为法律，即将统治阶级的法律提升为国民的普遍意志。在行政权面前，国民完全放弃了自己的看法，而服从于他人意志的指挥，服从于权威。和立法权相反，行政权所表现的是国民的他治而不是国民的自治。”①这话用在行政权和司法权的区别上也是正确的，因为行政权体现为一种管理，必须借助国家的强制来保证国家意志的实现；而司法权则是人们之间社会纠纷的解决，因而可以归诸人民自治的范围。

把司法权定位在“国民的直接所有物”，也与“同类人”审判的传统司法理念有关。“同类人”审判的观念是人类历史上根深蒂固的一种理念，按照这一主张，人们选择的裁决者首先必须是自己的同类人，这是裁决所必需的信赖以及裁决本身具有权威的基础。这一观念也是陪审制度的滥觞，并在日后的法律思潮中仍保持着旺盛的生命力。已故著名学者龚祥瑞先生指出，“在西方资产阶级革命时期，许多启蒙思想家都肯定陪审制度，并赋予它以新的意义，强调每个人都有权由‘和自己同类的人’来审讯，甚至提出‘人民代表参加审判’的口号，企图以陪审制作为从封建主手里夺取司法权和保障新生资产阶级利益的一种手段。”②恩格斯也就是从这一角度来就司法权的性质进行重新的确定。在恩格斯的理解当中，所谓“案件”本身就是涉及具体的人们之间的权利与义务，因而这种权力也就应当由人民自己来直接掌握。人民的代表理解人民的需求，人民的代表也能够考虑人民的整体利益，只有这样的审判人员，才有望公正地解决具体案件。显然，这一思想的实质，就在于打破精英阶层、有产阶级对司法的垄断，保证普通民众在自身所熟悉、理解的法官面前有表达自己意见的机会。恩格斯在回顾陪审制度的发展史时就专门指出：“在古代的陪审员法庭里，根本没有法律专家，法庭庭长或审判官根本没有表决权。判决是由陪审员独立做出的。”③排除法律专家的制度设计，正是由案件当事人的“同类人”进行裁判的制度安排，也是“人民自治”的一种表现形式。正因如此，马克思、恩格斯都坚决主张法官必须由人民直接选举，对人民负责，受人民监督。在阐述马

---

① 马克思：“路易·波拿巴的雾月十八日”，载《马克思恩格斯选集》（第1卷），人民出版社1995年版，第674页。

② 龚祥瑞著：《西方国家司法制度》，北京大学出版社1993年版，第147页。

③ 恩格斯：“马尔克”，载《马克思恩格斯全集》（第25卷），人民出版社2001年版，第575页注①。

克思所总结的巴黎公社的经验时，恩格斯指出："公社采取了两个可靠的办法。第一，它把行政、司法和国民教育方面的一切职位交给由普选选出的人担任，而且规定选举者可以随时撤换被选举者。第二，它对所有公务员，不论职位高低，都只付给跟其他工人同样的工资。"①这就是保证"同类人"审判的基本措施。

当然，司法权虽然存在着与行政权职能上的区别，然而司法权并不能完全归之于社会权力的范畴。即使以恩格斯所推崇的陪审制度而言，在实施最为完备的英、美等国，也只是用人民的权力来牵制法官对司法事务的垄断，而并非用人民的判断来代替法官的判断。严格说来，司法并非是适宜于一般大众的职业，法律专家的素质也无法完全倚赖民主的选拔制度而获得。正如汉密尔顿所言，"由于人类弱点所产生的问题，种类繁多，案件浩如瀚海，必长期刻苦钻研者始能窥其堂奥。所以，社会上只能有少数人具有足够的法律知识，可以成为合格的法官。"②否则，"常人的推理"或"社会的良心"这类名词，只会湮没法律职业的权威与尊严。因此，完全地把司法权从政治权力的范围中剔除出去而作为由人民直接行使的社会权力，这本身就会危及到司法权的生存。实际上，此后的恩格斯也对自己的这一观点进行了修正。在写于1844年的《英国状况 英国宪法》一文中，恩格斯就明确承认陪审法庭的政治性质："陪审法庭就其实质来说是一个政治机关，而不是法律机关；但是，既然一切法律设施本来都具有政治性质，那么陪审法庭也就体现了司法制度的真正本质。"③自然，这话也可用来表达恩格斯对法庭政治性质而非法律性质的不满，但在阶级社会中，司法制度本身属于国家制度的一个重要组成部分，自然必须体现一定阶级的利益，为一定的阶级服务。这正如恩格斯自己所指出的："有产阶级，即土地贵族者和资产者，不仅靠资本对劳动的剥削，而且还靠国家的力量，靠军队、官僚和法庭。"④

三、司法独立的生存基础："自由的国家"

（一）司法独立与自由国家的一般联系

司法独立是人类为实现司法公正所追求的制度安排，然而，司法独立并非一种

---

① 恩格斯："《法兰西内战》1891年单行本导言"，载《马克思恩格斯选集》（第3卷），人民出版社1995年版，第13页。

② ［美］汉密尔顿、杰伊、麦迪逊著：《联邦党人文集》，程逢如等译，商务印书馆1980年版，第395～396页。

③ 恩格斯："英国状况 英国宪法"，载《马克思恩格斯全集》（第1卷），人民出版社1956年版，第697页。

④ 恩格斯："致国际工人协会西班牙联合会委员会"，载《马克思恩格斯选集》（第2卷），人民出版社1995年版，第639页。

超历史的客观存在，它必须受制于相应的政治、经济和文化条件。马克思针对普鲁士政府的司法决定，指出："普鲁士又十分幼稚地声明，如果把诉讼公开，就是把普鲁士官员的声望和威信置于危险地位。这确是又一次坦率的自白。……普鲁士不可能做到公布和公开，因为自由的法庭和不自由的国家是互不相容的。"[①]在这里，马克思将司法独立（即"自由的法庭"）的存立基础定位在"自由的国家"这样一个条件之上。

对自由的追求，既是马克思思想的起点，也是马克思思想的终点。[②] 在早年相关论著中，马克思就对"理想国家"进行了定位："国家是一个庞大的机构，在这里，必须实现法律的、伦理的、政治的自由，同时，个别公民服从国家的法律也就是服从他自己的理性即人类理性的自然规律。"[③]在这样一种国度里，自由成为人们基本的特质，人们对法律的服从也就是遵从自然的理性。著名的《共产党宣言》更是将未来的共产主义社会设想为"自由人的联合体"，在那里，"代替那存在着阶级和阶级对立的资产阶级旧社会的，将是这样一个联合体，在那里，每个人的自由发展是一切人的自由发展的条件。"[④]那么，"自由的国家"与权力分立、司法独立又存在着何种关联呢？马克思认为，专制制度下统治者将国家及其权力视作私有财产，因而不可能出现为保障自由而进行的权力分工与权力制约："官僚机构掌握了国家，掌握了社会的唯灵论实质：这是它的私有财产。官僚机构的普遍精神是秘密，是奥秘。"[⑤]这样的一种制度之下，要把权力分配给其他阶级来行使，或者要将独裁的权力交由其他人来行使，这是不可想象的。然而，只有分权才会有司法独立存在的可能；而也只有司法独立才能打破权力垄断。正因如此，是否能够进行独立而公开的审判，是区别民主政体与专制政体的标志。恩格斯指出："在通行英吉利法的地区，审判员集议机构的每一个成员必须在公开开庭时单独提出自己的判决并陈述其理由；不经过选举、不公开进行审理和表决的行政集议机构，主要是普鲁士的制度，在

---

① 马克思："致阿·卢格"（德勒斯顿），载《马克思恩格斯全集》（第27卷），人民出版社1972年版，第423页。

② 这正如公丕祥先生所言："马克思是人类文明社会自由观念发展史的集大成者。"参见其所著：《马克思法哲学思想述论》，河南人民出版社1992年版，第205页。尹树广先生也指出："马克思一生的思想具有高度的一致性，他的全部追求在于真正实现人的普遍自由。"参见尹树广著：《晚年马克思历史观的变革》，黑龙江人民出版社2000年版，第243页。

③ 马克思："《科伦日报》第179号的社论"，载《马克思恩格斯全集》（第1卷），人民出版社1995年版，第228页。

④ 马克思、恩格斯："共产党宣言"，载《马克思恩格斯选集》（第1卷），人民出版社1995年版，第294页。

⑤ 马克思："黑格尔法哲学批判"，载《马克思恩格斯全集》（第1卷），人民出版社1956年版，第302页。

大多数其他国家里是没有的。"[①]在恩格斯的心目中,通行英吉利法的地区也就是实行立宪政体的地区,而德国的普鲁士还没有完全消除专制制度的痕迹,法官在其中没有单独表述自己的意见并陈述自己理由的权利。因此,司法是否独立,不仅涉及案件的判决是否能达到公正的效果,更主要的它是衡量一种政体是民主政体还是专制政体的"试金石"。

同样,不自由的国家也强烈反对陪审法庭的独立裁判。恩格斯认为,由人民参与的独立的陪审法庭——"自由法庭"——与资产阶级维护私有制的意愿是不相符合的,因而也就成为资产阶级必欲除之而后快的制度障碍。恩格斯指出,对于资产阶级而言,"陪审员的自由法庭当然不合他们的心意。因为自由法庭不仅会使他们丧失司法职权,而且会使法律的神圣的字面意义,即死板和抽象的法面临危险。而这个法无论如何不应当被破坏。它是他们的帕拉斯神像。"恩格斯举例言道,在法国或英国,如果陪审员作出了有利于被告的裁决,资产阶级老爷们就会惊恐万状,"于是他们郑重地宣称:请看,陪审法庭的后果如何——财产和生活本身的安全失去保障,非法行为合法化,公然宣扬犯罪和革命!"[②]由此看来,人民直接参与审判,这不仅使资产阶级无法独占司法权,同时也使得维护资产阶级利益的法律可能无法执行。这正如马克思在"新莱茵报"审判案中,作为原告向陪审法庭所提出的那样:"诸位陪审员先生,你们的职责恰恰就是要在过时的律令和社会的迫切要求的斗争中讲出自己有分量的话。那时你们的任务就是要超过法律,直到它认识到必须满足社会的需要为止。这是陪审法庭的最高尚的特权。诸位先生,在这种情况下,法律的文字本身就便于你们执行这个任务。你们只是应当根据我们的时代、我们的政治权利、我们的社会要求来解释它。"[③]显然马克思的这一呼吁,对于强调本阶级的统治与利益的资产阶级来说,是再危险不过的了。

(二)人民主权:司法独立的理论证成

确立了权力分立的必要性,肯定了司法独立的内在价值,那么,司法独立的政治基础又是什么呢?马克思认为,人民主权学说为权力分立,从而也为司法独立提供了理论基础。"在民主制中,国家制度本身就是一个规定,即人民的自我规定。在君主制中是国家制度的人民,在民主制中则是人民的国家制度。"[④]显然,不是国

---

① 恩格斯:"反杜林论",载《马克思恩格斯选集》(第3卷),人民出版社1995年版,第453页。

② 恩格斯:"《刑法报》停刊",载《马克思恩格斯全集》(第41卷),人民出版社1982年版,第321~322页。

③ 马克思、恩格斯:"'新莱茵报'审判案"(马克思的发言),载《马克思恩格斯全集》(第6卷),人民出版社1961年版,第274页。

④ 马克思、恩格斯:"共产党宣言",载《马克思恩格斯选集》(第1卷),人民出版社1995年版,第281页。

家制度创造人民,而是人民创造国家制度。因此,马克思明确指出:"人民是否有权来为自己建立新的国家制度呢?对这个问题的回答应该是绝对肯定的,因为国家制度如果不再真正表现人民的意志,那它就变成有名无实的东西了。"①因而,按照自由的要求,人们可以凭借经验和智慧而非任何先在的原则,来重塑国家制度。代表人民行使定规立制权限的国民议会,也只能本着人民的意愿来行事:"国民议会本来没有任何权利——人民委托给它的只是维护人民自己的权利。如果它不根据交给它的委托来行动——这一委托就失去效力。到那时,人民就亲自出台,并且根据自主的权力来行动。比如说,如果某一国民议会把自己出卖给某一个叛变的政府,人民就必须把两者——既把政府,也把国民议会一起赶走。当国王实行反革命的时候,人民完全有权利用革命来回答它。"②代议机关的权力既然来自于人民,就必须体现人民的意愿,否则,人民就可以行使革命权、起义权,来收回委托的权力。

本着这一立场,马克思认为,即使是资本主义国家的代议机关,如果它能体现人民的意志而确立权力分工的国家制度,也同样是可以得到无产阶级的支持的。马克思指出:"无产阶级当然不会对等级的权利发生任何兴趣。但假如议会能够提出实行陪审制、实现法律面前人人平等、废除徭役、实现出版自由、结社自由和真正的人民代议制的要求,假如议会能同过去一刀两断,根据目前的需要,而不是根据旧的法律制定自己的要求——这样的议会是可以指望得到无产阶级最热情的支持的。"③上列各项制度构造,都是现代权力分工制度所具有的基本内容。尤其是陪审制、法律平等,更是与司法独立的理念密切相关。无产阶级之所以支持这样一种制度架构,个中的关键就在于,这种制度本身相对于封建专制制度而言是一个历史的巨大进步,对于无产阶级争取合法权利,维护自己的正当利益,也是有着非常重要意义的。如果资产阶级顺应历史潮流,在代议机构中将上述各项主张得以落实,那就是真正体现了人民的主权。同样,资产阶级代议机构之所以有权确认司法独立的原则,本身又是以"人民主权"的理念作为支撑的。"人民主权"是将人民的意志置于国家制度的顶端,所有的制度建构,只有体现了人民的愿望与要求,才是合法的、正当的。司法独立本身有利于人民权利与自由的维护,因而代议机关对此原则加以确立,正是顺应民心的必然产物。

---

① 马克思:"黑格尔法哲学批判",载《马克思恩格斯全集》(第1卷),人民出版社1956年版,第316页。

② 马克思:"对民主主义者莱茵区域委员会的审判",载《马克思恩格斯全集》(第6卷),人民出版社1961年版,第305页。

③ 马克思:"'莱茵观察家'的共产主义",载《马克思恩格斯全集》(第6卷),人民出版社1961年版,第215页。

（三）阶级分权向职能分权的过渡：司法独立的政治前提

司法独立得以存在，还必须是确立了民主制度，即完成了阶级分权之后，再实现职能分治的结果。“分权”从历史发展的脉络而言，是一种由“阶级分权”向“职能分权”的过渡。“阶级分权”强调的是不同的阶级、阶层应在国家政权中都有着一定的比例，防止某一阶级（阶层）独揽国家大权；“职能分权”则是强调由不同的机构来担负不同性质的国家权力，是一种民主制度基础上的内部权力分工。马克思、恩格斯回顾权力分工的历史时指出：“在某一国家的某个时期，王权、贵族和资产阶级为夺取统治而争斗，因而，在哪里统治是分享的，哪里占统治地位的思想就会是关于分权的学说，于是分权就被宣布为‘永恒的规律’。”①在这样形式的国家里，“国家内部的一切斗争——民主政体、贵族政体和君主政体相互之间的斗争，争取选举权的斗争等，不过是一些虚幻的形式——普遍的东西一般说来是一种虚幻的共同体的形式——在这些形式下进行着各个不同阶级间的真正的斗争……”②必须注意的是，马克思、恩格斯在这里所言分权实质上是“阶级分权”，即不同的阶级要求在国家生活中应有与自己地位相称的权力分配，因而这种分权体现了“不同阶级间的真正斗争”。

“阶级分权”只发生于资产阶级国家政权的初创时期。当国家制度上已经排除了封建贵族的绝对地位，逐步确立了资产阶级的统治地位和建立了资产阶级的民主制度之后，分权就以一种“职能分权”的形式出现。恩格斯指出：“屈韦特尔先生和国家法的其他大哲学家们以极其虔敬的心情把这种分权看做神圣不可侵犯的原则，事实上这种分权只不过是为了简化和监督国家机构而实行的日常事务上的分工罢了。也像其他一切永久性的、神圣不可侵犯的原则一样，这个原则只是在它符合于现存的种种关系的时候才被采用。例如，在君主立宪政体中，立法权和行政权都交错在国王身上；在议院里，立法权是和对行政权的监督交错在一起的；等等。”③可以说，恩格斯的这一观念是对他与马克思合著的《德意志意识形态》一书中有关观点的重要补充：第一，突破了仅在“阶级分权”层面上进行分权学说研究的局限，肯定了“职能分权”的意义，即在这种体制中，通过将不同性质的国家权力授予专门的机构来予以行使，从而实行国家管理日常事务上的分工。第二，分权原则只是在它符合于“现存的种种关系的时候”才能被适用。这既有国家所处的物质生活条件，也包括民主制度的水准。第三，职能分权还必须是宪法意义上的权力分工，即通

① 马克思、恩格斯：“德意志意识形态”（节选），载《马克思恩格斯选集》（第1卷），第99页。

② 同上，第84页。

③ 恩格斯：“7月4日的妥协会议”，载《马克思恩格斯全集》（第5卷），人民出版社1958年版，第224～225页。

过宪法的明文规定来确定不同机关的特有权限。例如,恩格斯针对普鲁士权力分工的现状,就尖锐地指出:"难道普鲁士真的存在着……宪法意义上的分权吗?现存的分权难道不是有限的、残缺不全的、适应绝对的官僚君主政体的分权吗?"[①]可见,分权必须是宪政意义上的分权,而不能是借分权之名行专制之实的分权。

"职能分权"的理论一旦得以成立,就为司法独立奠定了相应的理论前提,否则,只限于"阶级分权"这一层面,难以说明司法权必须独立于立法权、行政权的理论原因。

(四)权力界限的明晰:司法独立的制度基础

较为明晰的权力界限,是司法独立的制度基础。经典的分权学说,特别是孟德斯鸠的理论,是将国家权力区分为立法权、行政权、司法权三个部分,这一观念预设的前提就是:权力与权力之间可以找出区别的标准,从而使三种权力赋予三个不同的部门行使,因为权力分工的直接目的就是防止权力之间的相互僭越。

如前所述,恩格斯将司法权的性质定位在"涉及这个或那个人的事情"之上,简单地说,即针对具体的个人和具体的案件所作的决定;而行政权则是关系到"有普遍意义的事情"。正是从这个角度进行分析,恩格斯将行政权归结为一种政治权力,而把司法权排除在"中央政权的管辖范围"之外。[②] 应当说,恩格斯这一观念有着极深的黑格尔理论的痕迹。在《法哲学原理》中,黑格尔把司法、警察和同业公会归诸于市民社会,在黑格尔看来,"司法应该视为既是公共权力的义务,又是它的权利,因此它不是以个人授权与某一权力机关那种任性为根据的。"[③]在这里,司法权作为一种公共权力,存在于市民社会之中;它不同于处理"普遍事务"的行政权力,后者存在于国家管理领域。同样,行政权作为政治性权力,更多地体现了制度的"任性",而不像司法权那样作为公共权力,必须以公共的理性法则作为其生存的基础。黑格尔还具体地分析了司法活动的特性,认为审判行为作为法律对个别事件的适用,可以分为两个方面:一是"根据事件的直接单一性来认识事件的性质";二是"使事件归属于法律下"。[④] 因而,恩格斯将司法权定位在"涉及这个或那个人的事情"之上,也是承继黑格尔的理论,将法律执行中个别性事务的调整归诸于司法权之下。实际上,恩格斯的观点与其所处时代的德国知识界的共识也是一脉相承的。据我国台湾地区学者林永谋先生的考证,当时的德国学界及司法界人士,普遍

① 恩格斯:"7月4日的妥协会议",载《马克思恩格斯全集》(第5卷),人民出版社1958年版,第225页。

② 恩格斯:"集权和自由",载《马克思恩格斯全集》(第41卷),人民出版社1982年版,第396页;恩格斯:"《刑法报》停刊",载《马克思恩格斯全集》(第41卷),人民出版社1982年版,第321页。

③ [德]黑格尔著:《法哲学原理》,贺麟译,商务印书馆1961年版,第230页。

④ 同上,第233页。

把司法作为维系个人自由的基本手段,因而"司法被定位于保护个人自由之机关,国民要求司法独立于行政之外"。[①]

马克思则通过法官(代表司法权)与检查官(代表行政权)之间的区别,在司法权与行政权的界限上进行了一个初步的确定:"书报检查官除了上司就没有别的法律。法官除了法律就没有别的上司。法官有义务在把法律运用于个别事件时,根据他在认真考察后的理解来解释法律;书报检查官则有义务根据官方就个别事件向他所作的解释来理解法律。独立的法官既不属于我,也不属于政府。不独立的书报检查官本身就是政府的一员。法官最多可能表现出个人理性的不可靠,而书报检查官所表现出的则是个人品性的不可靠。在法官面前受审的是新闻出版界的一定的违法行为,而在书报检查官面前受审的却是新闻出版的精神。法官根据一定的法律来审理我的行动;书报检查官不仅惩罚罪行,而且他自己也在犯罪。"[②]在马克思看来,行政与司法的差异主要表现在:(1)执法依据不同:行政以行政命令作为工作指针,强调对上司的服从,而司法则以法律为唯一准绳,法官只服从法律的规制。(2)工作职责不同:行政是以官方的指令来理解法律,而司法则是通过法官的良心来解释法律。(3)独立程度不同:行政以下级服从上级为原则,必须听从政府的指挥;而司法则实行独立,"既不属于我,也不属于政府"。(4)执法立场不同:行政既可以根据行为人的行为来确定法律责任,也可以根据当事人的思想来科以罪责;而司法则必须考虑现实的行为,不能追究行为人的思想意识。(5)执法的自由度不同:法官强调的是"罪刑法定",法无明文规定不得处罚;而行政官更倾向于对法律的扩张解释,尽可能地入人于罪。

自然,马克思以上所言未必反映了行政权与司法权的全部区别,并且这一立论是就特定场合的人员(书报检查官与法官)进行比较,因而还有许多不够确切的地方。但无论如何,在马克思的观念当中,行政权与司法权之间存在着较为清晰的界限,这就使司法独立有了基本的制度基础。

四、司法独立的内容:法院独立、陪审法庭独立与法官独立

(一)法院独立

这是指法院作为一个机构的独立。当然,必须注意的是,在马克思、恩格斯所使用的语汇中,"法院"与"法官"几为同义词,言及法官独立的地方,也大多就是从法

① 林永谋:"德国陪审、参审采行之理念上观察",载《法令月刊》第46卷,第1期。

② 马克思:"第六届莱茵省议会的辩论(第一篇论文)",载《马克思恩格斯全集》(第1卷),人民出版社1995年版,第180~181页。

院独立的角度而言的。[①] 例如恩格斯所言:"这个运动很快就会导致资产阶级代议制的建立,出版自由的实现,法官独立审判制度和陪审制的实行,甚至很难预料这个运动将如何结束。"[②]这里所言的"法官独立审判制度"既可以指法官个人的独立问题,也可以同时指法院的机构独立问题。

马克思、恩格斯关于法院独立的论述,主要是从批判资产阶级司法的不独立来进行的。在革命导师看来,充斥着法庭的是私人利益和阶级利益的衡量,资产阶级国家机器之一的法院只能是忠实地执行镇压人民、压迫人民的法律,因为在资本主义制度下,不可能存在着真正"自由的法庭",[③]因而法律中虽然规定了分权的措施并承诺保障司法独立,然而实际上却往往是"让人一身兼任警察局长、侦查员和审判员",[④]难以做到司法公正。根据马克思、恩格斯的论点,司法独立的模式可以分解为形式独立与实质独立两个方面:

一是形式独立,即法院独立于行政机构和立法机构。司法权与行政权的混合"势必导致无法解决的混乱",[⑤]因而应当在审判机构的设置中剔除行政的因素,防止"三位一体"诉讼结构的出现;[⑥]就司法与立法的关系而言,固然要强调依法判案,然而,法院也并非立法机构的附庸或者仅为机械的法律宣示者,在司法过程中,法院可以根据自己对法律的理解,赋予法律以新的意义。在法律与社会现实发生矛盾时,马克思要求法庭要"超过法律,直到它认识到必须满足社会的需要为止",[⑦]恩格斯也认为,审判人员可以不依赖传统的审判实践解释法律,而按照他们的健全理智和良心的启示去解释法律。[⑧] 法院的独立还包括独立于社会,即不受社会舆论的约束,从而理智地、独立地作出法律上的判断。在《英国状况 英国宪法》一文中,恩

---

① 这在今天的西方法律文献中也是如此。然而,"法院独立"与"法官独立"严格来说也是存在着差异的:第一,法院独立强调的是"机构的独立",即审判机构独立于其他国家机构和社会组织;而法官独立则重在"人的独立",其存在于法院内部,即应当保证审理案件的法官有独立作出判断、裁决的权力。第二,法院独立是法院作为一个国家机构的固有形态,而法官独立则依赖于具体的个案审理,如果不参加案件的审理,则不存在独立的问题。第三,法院独立依赖于国家的宪政制度,受组织法的调整;而法官独立则主要是一种身份上的保障,如非经法定不得免职、解职、调离等。

② 恩格斯:"普鲁士宪法",载《马克思恩格斯全集》(第4卷),人民出版社1958年版,第40页。

③ 马克思:"致阿·卢格"(德勒斯顿),载《马克思恩格斯全集》(第27卷),人民出版社1972年版,第423页。

④ 恩格斯:"《刑法报》停刊",载《马克思恩格斯全集》(第41卷),人民出版社1982年版,第321页。

⑤ 同上。

⑥ 马克思:"评普鲁士最近的书报检查令",载《马克思恩格斯全集》(第1卷),人民出版社1995年版,第133页。

⑦ 马克思、恩格斯:"'新莱茵报'审判案"(马克思的发言),载《马克思恩格斯全集》(第6卷),人民出版社1961年版,第274页。

⑧ 同上,第280页。

格斯指出,英国法院的判决,往往是"迁就社会舆论的结果",然而按照法律,"政府根本不一定要顾及舆论"。[①] 在资本主义制度之下,主流的社会舆论往往也就是有产者的舆论,而"穷人、贱民、无产者"却只能承受着"法定野蛮行为的全部重压",失去了法律上的基本公正。[②] 法院的形式独立也包括司法权专属的内容,也就是说,如果本应由法院行使的权力而交由其他部门行使,这就无疑侵犯了法院的独立。在谈到书报检查制度时,马克思指出:"假如书报检查受普通法庭的支配(诚然,这在还没有客观的书报检查法以前是不可能的),那么它就只可能有暂时忠诚的性质。可是,最恶劣的手段却莫过于把书报检查又交给书报检查机关去评判,例如,把它又交给某一个总督或最高书报检查委员会去评判。"[③]这就使司法权的固有范围受到行政权力的不当侵蚀。在关于林木盗窃法的辩论中,马克思又就军队的刑事诉讼权进行了抨击,认为:"有人把对猎区警察和森林警察的监督和使用不仅变成了军队的权利,而且变成了军队的义务,虽然刑事诉讼条例第 9 条只提到官吏要受国家检察官的监督,因此,国家检察官可以直接追究官吏的刑事责任,而军队则不能这样做。上述规定既威胁着法庭的独立,也威胁着公民的自由和安全。"[④]在马克思看来,军队行使司法追诉权,不仅使得法院独立没有保障,公民的自由和安全也因为"特种法庭"的存在而遭受威胁。

二是实质独立,这意味着法院在作出判决时,应当没有外在的先决条件而可以自由地作出判断。如果强调某些利益、某些人物是法院特别要加以保护的,一旦超越这个界限判决就可能失去合法性基础的话,那么这同样意味着审判是不独立的。因为"独立"本身就意味着没有任何羁绊,法院可以按照自己对法律的理解,作出符合法定形式的任何判决。恩格斯曾举例言道:"治安法官也好,陪审员也好,他们本身都是富人,都来自资产阶级,因此他们都袒护自己的同类,都是穷人的死对头。"由此可见,如果法院、法官把维护本阶级利益放在优先位置考虑的时候,审判的独立性就根本不存在。在这里,司法成为维护一己私利的工具,"独立"的后果只是使得法院能更放心大胆地冒天下之大不韪。这正如马克思针对"科伦共产党人案件"所指出的那样,"被告们所体现的手无寸铁的革命无产阶级站在由陪审法庭所代表的统治阶级面前;因此,这些被告的罪是老早判定了的,因为他们是站在这样一种

① 恩格斯:"英国状况 英国宪法",载《马克思恩格斯全集》(第 1 卷),人民出版社 1956 年版,第 702 页。

② 同上。

③ 马克思:"评普鲁士最近的书报检查令",载《马克思恩格斯全集》(第 1 卷),人民出版社 1995 年版,第 134 页。

④ 马克思:"第六届莱茵省议会的辩论(第三篇论文)",载《马克思恩格斯全集》(第 1 卷),人民出版社 1995 年版,第 272 页。

陪审法庭面前……这样一来，在莱茵普鲁士还存在的那种对陪审法庭的迷信就一扫而光了。显而易见，陪审法庭是特权阶级的等级法庭，建立这种法庭的目的是为了用资产阶级良心的宽广来填补法律的空白”。[①] 显然，要真正地使法院做到“实质独立”，就必须排除阶级利益、私人利益对法院的影响，否则，司法独立只会成为偏袒、不公的温床。

（二）陪审法庭独立

虽然各国所实施的陪审体制不一，在陪审员的数量、职权以及法律地位等方面也有着不同的规定，然而，其基本目的则是相似的，即以普通民众代表“社会良心”参与法庭审判，从而防止官僚制下的法院滥用自己的权力。在马克思、恩格斯的著作中，它们或称为“陪审员”，或称为“陪审法庭”、“陪审团”。马克思、恩格斯认为，要使陪审法庭真正起到制约法院权力的作用，就必须保证他们的独立地位，以使其“不偏不倚”的形象得以维持。

陪审法庭的独立，首先是审理职权上的独立。在德国的司法制度中，陪审法庭与其他类型的法庭（如“违警法庭”）有着明确的职权分工，属于陪审法庭审理的案件，不得由其他法庭来行使审判权，也不得因同一事实再次提交其他法院审判。然而1849年发生的“拉萨尔案”所出现的结果是，“为了同一篇演说，拉萨尔既被送交陪审法庭审判，又被送交违警法庭审判。如果陪审员把他开释，他还要受到违警法庭的审判。”[②]统治者一方面必欲置革命人士于死地的意图昭然若揭，另一方面，则是通过司法上的掣肘，来限制陪审法庭的权力。对此，马克思指出，拉萨尔案的重要性就在于，它让人们注意到这样一个事实，即“陪审法庭处理政治犯罪的特权是否要同一切所谓三月成果遭到同样的命运，领取薪俸的法官今后是否还可以把不领取薪俸的陪审法庭任意贬到空头法庭的地位，就是说，如果陪审员认为某一事实不是政治犯罪或违法行为，那他们是否可以把这一案件立即作为普通的违法行为交给违警法庭审理”。按照马克思的理解，政治犯罪由陪审法庭进行审理，这是根据法律规定由陪审法庭行使的一项特权，杜塞多尔高等法院的决定，违反了“一事不再理”的诉讼原则，同时也使得违警法庭直接将陪审法庭架空，使其所作判决在实际后果上毫无意义。显然，用马克思的话来说，这就是把陪审法庭“任意贬到空头法庭的地位”，与法治的要求明显背离。实际上，在政治案件中，资产阶级司法机构经常使用这样一种方法，即把本应由陪审法庭审理的案件交给其他法庭审理，保证政府对判决结果的控制。

---

① 马克思：“揭露科伦共产党人案件”，载《马克思恩格斯全集》（第6卷），人民出版社1961年版，第535～536页。

② 马克思：“拉萨尔”，载《马克思恩格斯全集》（第6卷），人民出版社1961年版，第319页。

陪审法庭的独立,还必须是相对于法官的独立。在英美陪审制下,陪审团负责裁决事实,而法官则是负责适用法律。恩格斯在考察英国的法制状况时指出,“人们甚至要求法官不管怎样都要采取某种特别方式尽量不影响陪审员的判断,不暗示陪审员如何裁定,也就是说,法官必须按照为做结论所要求的方式来说明前提。”①应当说,这是陪审制度得以正确运作的前提。遗憾的是,资本主义制度之下“所谓不偏不倚的陪审团”是难以实现的,在实践中,“法官十分明显地授意陪审员应做出怎样的裁定,而唯命是听的陪审员也照例是规规矩矩地做出这样的裁定。”②显然,陪审法庭如果不能独立于法官,那么,由人民参与司法审判,从而以人民的良心与判断来牵制法官权力的滥用,就会成为一句空话。因而,在陪审法庭中,应当明确法官与陪审员各自的审判权限,使陪审制度真正名副其实。

陪审法庭的独立,特别是陪审员的独立,还应当是相对于政府的独立。在法理上,陪审员的角色是不屈从政府的社会善良人士,“他们不依赖有人员配备权的刑事司法体制当局的恩惠而求生。不像职业法官,他们没有兴趣因职业升迁而屈从于政治干预。因此,他们没有屈从于腐败或滥用刑事程序的动机。”③正因如此,马克思、恩格斯特别强调陪审员的非政治性,以此来作为他们独立于政府的基本条件。在前引有关“拉萨尔案件”的评论中,马克思就将是否“领取薪俸”作为法官(代表国家官吏)与陪审员(代表社会民众)的基本区别之一,并且认为领取薪俸的法官“在政治审判案中会保护任何东西,只是不保护被告的利益”。正因为如此,在“新莱茵报”审判案中,马克思对陪审员说道:“诸位陪审员先生,一般说来,如果你们要像检察机关所解释的那样,把关于诽谤的第367条运用于报刊,那么你们借助刑事立法就可以把你们在宪法中所承认的和通过革命才取得的出版自由取消。这样你们就是批准官员的恣意专横,给官方的一切卑劣行为大开方便之门,专门惩罚对这种卑劣行为的揭露。既然如此,何必还要虚伪地承认出版自由呢?”④显然,在马克思看来,如果陪审员判决被告有罪,那就是与政府沆瀣一气,审判员也就再也不是代表人民而是代表政府了,这样,陪审员的角色就由“善良百姓”而蜕化为官僚政客之流了。

那么,怎样在制度上保持陪审员相对独立于政府呢?这就涉及陪审员的产生

① 恩格斯:“英国状况 英国宪法”,载《马克思恩格斯全集》(第1卷),人民出版社1956年版,第698页。

② 同上。

③ 宋冰编:《读本:美国与德国的司法制度及司法程序》,中国政法大学出版社1998年版,第176页。

④ 马克思、恩格斯:“‘新莱茵报’审判案”(马克思的发言),载《马克思恩格斯全集》(第6卷),人民出版社1961年版,第274页。

问题。在马克思、恩格斯看来,政府控制陪审法庭的主要方式,就是对陪审员实行"资格限制"以及由政府来挑选陪审员,使之成为贯彻政府意志的工具。马克思认为,陪审员挑选中的"蒸馏"过程,不仅使陪审员失去了代表性,同时也使司法独立名存实亡:"在这样组织起来的陪审法庭上,那些公开反对特权阶级和现存国家政权的被告要是不直接落到自己死敌的手中,那简直是奇迹了。"①恩格斯也通过对英国实际情况的考察,认为资本主义制度下陪审团的"不偏不倚"纯属虚构。恩格斯指出,在英国,"陪审员必须具备一定的资格",而其实质就是限制普通民众参与陪审法庭,因此"所谓'不偏不倚的陪审团',根本是胡说"。② 由此看来,取消陪审员的资格限制以及挑选程序的客观、公平,就成为陪审制度能否真正独立于政府,从而以人民的权力制约法院权力的关键。

(三)法官独立

马克思指出:"法官除了法律就没有别的上司。法官有义务在把法律运用于个别事件时,根据他在认真考察后的理解来解释法律……独立的法官既不属于我,也不属于政府。"③在这里,马克思明确提出了"法官独立"的要求。在马克思看来,法官因法律和案件而存在,是联系案件与法律的中介。法官除了服从法律之外,没有任何别的需要信奉的外在权威。

法官不是政府的工具,这是法官独立的第一层意思。马克思对普鲁士法律制度的批评,其中之一就是"由于法官处于依附的地位,资产阶级的司法本身也就成了依附于政府的工具,就是说,资产阶级的法纪本身已让位于官吏的专横"。④ 这里所言"官吏",指的就是政府(或行政机关)。法官受制于政府,资产阶级所标榜的"法纪"自然也就荡然无存了。因而,保持法官独立于政府的地位,是良性的司法体制所必需的制度建构。但是,政府往往不甘于在司法上的沉默,而是通过各种途径试图影响司法。马克思指出,在德国,这主要是政府以所谓"违反职责"为由,来对法官进行惩罚,这些措施包括"警告、罚款、强迫调任他职或者甚至带有侮辱性地撤销其司法职务"。马克思嘲笑道:"这样的事,不用说向英国人解释清楚,就是要使

① 马克思:"对哥特沙克及其同志们的审判",载《马克思恩格斯全集》(第6卷),人民出版社1961年版,第151页。

② 恩格斯:"英国状况 英国宪法",载《马克思恩格斯全集》(第1卷),人民出版社1956年版,第697页。

③ 马克思:"第六届莱茵省议会的辩论(第一篇论文)",载《马克思恩格斯全集》(第1卷),人民出版社1995年版,第180~181页。

④ 马克思:"普鲁士反革命和普鲁士法官",载《马克思恩格斯全集》(第6卷),人民出版社1961年版,第167页。

他们大致相信,也是很难的。"[1]更为严重的是,政府司法大臣甚至违反法律规定施加压力,通过法院用"道德压力"来迫使自己的一些政治上受到损害的同行辞职。马克思认为,这些法院把每个政治观点不合乎它们的普鲁士王国的"荣誉"标准的人都从自己的队伍中排挤出去,其后果就是使法院变成"军官联合会",与司法独立本身所要求的法官独立,可谓有天壤之别。

法官也应当相对独立于法院,这是法官独立的第二层意思。恩格斯指出:"在通行英吉利法的地区,审判员集议机构的每一个成员必须在公开开庭时单独提出自己的判决并陈述其理由;不经过选举、不公开进行审理和表决的行政集议机构,主要是普鲁士的制度,在大多数其他国家里是没有的。"[2]在这里,恩格斯将法官"单独提出自己的判决并陈述其理由"作为法治的标志,而把将法官仅视为数量上的一个单位而没有独立判决权和陈述权的法院戏称为"行政集议机构"。在这样一种机构里,法官成为一种"无面目的法官"。[3] 因此,恩格斯认为法官的终身制同代议制、出版自由、公开审判、陪审制一样,是资产阶级在夺取国家政权中所提出的进步措施,它也同样代表农民和小土地所有者的利益,因为这是"摆脱封建制度的残余"的唯一可取之道。[4] 同样,马克思也赞赏当时德国的这样一条法律原则:只有根据法庭的判决,才能撤换法官或免除法官的职务。[5] 在马克思看来,对于违法失职的法官,法院必须根据法庭裁决,才能予以撤换或免职。这种决定不能受到政府压力的影响,否则法官就难以以独立的角色和"诚挚的理解"而执行法律,法官独立也就成为一句空话。

法官还必须独立于自我。"即使法官是自由的时候,他也仍然不是完全自由。他不得随意创新,他不是一位随意漫游、追逐他自己的美善理想的游侠。他应从一些经过考验并受到尊重的原则中汲取他的启示。他不得屈从于容易激动的情感,屈从于含混不清且未加规制的仁爱之心。他应当运用一种以传统为知识根据的裁量,以类比的方法,受到制度的纪律约束,并服从'社会生活中对秩序的基本需要'。"[6]美国著名法官卡多佐的这段名言,深刻地道出了一个在制度框架下的法官形象:他不是随意所之的游侠和感情冲动的常人,而必须受制于原则、纪律、知识和

---

① 马克思:"福格特先生",载《马克思恩格斯全集》(第14卷),人民出版社1964年版,第687~688页。

② 恩格斯:"反杜林论",载《马克思恩格斯选集》(第3卷),人民出版社1995年版,第453页。

③ "无面目的法官"是借用强世功等先生之语,参见强世功、赵晓力:"双重结构化下的法律解释——对八名中国法官的调查",载梁治平编:《法律解释问题》,法律出版社1998年版,第237页。

④ 恩格斯:"普鲁士宪法",载《马克思恩格斯全集》(第4卷),人民出版社1958年版,第40页。

⑤ 马克思:"普鲁士反革命和普鲁士法官",载《马克思恩格斯全集》(第6卷),人民出版社1961年版,第167页。

⑥ [美]本杰明·卡多佐著:《司法过程的性质》,苏力译,商务印书馆1998年版,第88页。

社会秩序,并且在这样一个给定的框架内理解法律、解释法律和适用法律。当马克思提出"独立的法官既不属于我,也不属于政府"时,个中的"我"也包括法官本人在内,他应当超脱生活、经历、教育背景所加诸于他的"前见",用一种冷静、理智、客观的态度审视具体的个案,而不应当掺杂个人的情感、好恶和价值观念。马克思指出,如果审判程序受私人利益支配,那么,就只能是采取"秘密的程序,这样才至少不致引起和滋生任何危险的、自满的幻想"。① 这里所讲的"私人利益",除了可以理解为法官本人的私人利益之外,也包括法官所不应考量的其他私人利益。如果法官只以私人利益作为判决的标准,那么它就摆脱不了"自我"的阴影,也失去了法律赋予法官独立地位的根本目的。这正如波斯纳所言:"法官希望独立就像学者希望得到确定的学术职位一样。法官不想成为有权势者的仆人。但如果独立性仅仅意味着法官按照他们的意愿来决定案件而不受其他官员的压力,这样一个独立的司法机关并不显然会以公众利益为重;人民也许仅仅是换了一套暴政而已。"②正因如此,除了克制个人的习性束缚之外,超脱于私人利益的羁绊,就成为法官能否真正独立的标志。马克思讽刺地说,对于贪得无厌、到处钻营的私人利益来说,"审判形式是迂腐的法律仪式所设置的累赘而多余的障碍。诉讼只不过是一支负责把敌人押解到牢狱里去的可靠的护送队,它只是执刑的准备。"③而这些正是在设计司法独立时应当尽可能地避免的。

五、司法独立的价值:审判自由

司法独立的价值何在?按照马克思的看法,非常明确,这就是"审判自由"。马克思指出:"如果法院遵循它自己固有的法规而不遵循其他领域(如宗教)的规律的话,审判自由就是审判自由。"④

按照马克思的理解,"行业自由、财产自由、信仰自由、新闻出版自由、审判自由,这一切都是同一个类即没有特定名称的一般自由的不同种"。⑤ 也就是说,审判自由也同其他类型的自由一样,属于自由的各种形式中的一个类别。与单个人的

---

① 马克思:"第六届莱茵省议会的辩论(第三篇论文)",载《马克思恩格斯全集》(第1卷),人民出版社1995年版,第288页。

② [美]波斯纳著:《法理学问题》,苏力译,中国政法大学出版社1994年版,第8页。

③ 马克思:"第六届莱茵省议会的辩论(第三篇论文)",载《马克思恩格斯全集》(第1卷),人民出版社1995年版,第286页。

④ 马克思:"第六届莱茵省议会的辩论(第一篇论文)",载《马克思恩格斯全集》(第1卷),人民出版社1995年版,第190页。

⑤ 同上。

行为自由不同，审判自由又是因其专业性而依附于一定行业的自由形式。“法官的行业是法律，传教士的行业是宗教，家长的行业是教育子女……”[①]不仅如此，马克思还认为，任何行业都有着“行业的本性”，而这是所有从事这一行业的职业者都必须予以服从的。否则，他就脱离了行业的特性，而成为行业的背叛者。什么是行业的本性呢？马克思解释道：“行业的本性是按其生命的内在原则不受阻挠地形成起来的。”[②]在这时，行业本性由于体现了行业“生命的内在原则”而具有神圣性，是衡量一切职业者是否具有从业资格的标准；行业本性也是“毫不受阻挠地形成起来的”，同时也就拥有传统上的权威性。如果审判自由要能够得以成立，那就必须遵循它自己“固有的法规”，而不是从其他规律中寻找生存的根据。在这里，马克思实质上提出了“审判自由”这一范畴的性质以及范围问题。

那么，什么又是审判自由所应遵循的“固有的法规”呢？笔者的理解，这可以包括两个方面：一是法律；二是行业规范。

马克思将法律视为法官的唯一上司，而从应然的意义上而言，“法律是肯定的、明确的、普遍的规范，在这些规范中自由获得了一种与个人无关的、理论的、不取决于个别人的任性的存在。法典就是人民自由的圣经。”[③]在这里，马克思将法律的基本价值定位在自由层面，法律必须是“人民自由的圣经”。然而，法律并不会自动地在社会生活中实现，“要执行法律就需要法官。如果法律可以自行运用，那么法官也就是多余的了。”[④]因而法官就承担起将静止的法律规定适用于具体的个案的职责，“把单一的现象归结为普遍的现象”，实现法律与案件的连接。法律以自由为基本价值，而法官又必须拥有审判自由，在这里，如果说法律是“肯定的”规范的话，那么，审判自由就是用一种职业自由来保障法律自由的实现，是一种“肯定之肯定”。这也就意味着，审判自由并非一种具有“元价值”性质的自由，它只是为保障作为“人民自由的圣经”的法律的实现而存在；同样，衡量审判自由是否正当，其标准就在于审判自由是否能够真正实现人民的自由。“哪里法律成为实际的法律，即成为自由的存在，哪里法律就成为人的实际的自由存在。”[⑤]所谓“实际的法律”，既包括法律属于应然意义上的“良法”，同时又在具体执行中释放出其蕴涵的自由价值。从这个意义上说，严格执行了法律同时又保障了人们自由的审判自由才是真正的

① 马克思：“第六届莱茵省议会的辩论（第一篇论文）”，载《马克思恩格斯全集》（第1卷），人民出版社1995年版，第191页。

② 同上，第190页。

③ 同上，第176页。

④ 同上，第180页。

⑤ 同上，第176页。

自由,否则,这种自由严格说来就是"任性",是一种"伪善"。

从行业规范,或者说职业规范的角度而言,审判自由又是必须遵循职业规范的自由。职业规范可以包含技术规范与职业伦理两个基本方面。"技术规范"是法律适用时的具体技术,如法律注释技术、解释技术、推理技术、利益衡量规则等,它既是以往审判过程中的经验归纳,也是法官在作出判断时必须遵循的技术规程。例如,在法律解释时,通过什么方法来明确某一法律条款的意义,就必须采纳为法官群体所共同遵循的技术规则来予以确定。正如涂尔干所言,包括法律在内的职业群体,都构成了"界限明确的实体,不仅具有自己的统一性,还有自己的特殊规定,而且专门机构也会遵照指令保证这些规定得到强化"。[①] 否则,作为一个行业就可能会因离经叛道者的泛滥而有分化、解体的可能。当然,纯技术规则不具有更多的人文意义,我们在此可略而不论,关键的是法官作为法律职业共同体中的一员,应当遵循经历代法官所锤炼出的职业伦理规范,使法律在解决具体案件的同时,能提升民众的道德价值。

就司法所追求的目标来说,是为了实现法律上的公正,而作为审判这样一个职业,就有着许多必须为法官所共同遵守的伦理准则,这是任何形式的审判自由所无法逾越的。例如,在对待被告的问题上,马克思就提出了法官重要的职业伦理准则——适合于被告公民的权利、生活条件和所有权:"国家对于被告享有某种权利,因为国家对于这个人是以国家的身份出现的。因此,就直接产生了国家的义务,即以国家的身份并按照国家的方式来对待罪犯。国家不仅有按照既符合自己的理性、自己的普遍性和自己的尊严,也适合于被告公民的权利、生活条件和财产的方式来行事的手段,国家义不容辞的义务就是拥有这些手段并加以运用。"[②]这里所言的"国家",完全可以用"法官"或"法院"来置换。国家对于诉讼当事人,即使是涉嫌犯罪者,仍然要表现出自己的"理性"、"普遍性"和"尊严",换言之,国家如果用非理性、个别性甚至"下三滥"的手段来对付被告,则国家行为就失去了基本的道义基础,而法院、法官也就配不上它们的称呼。同样,马克思、恩格斯著作中多次言及的法律上的"公正"、"不偏不倚"等,也可以视为对审判自由的一种伦理限制。实际上,"任何职业活动都必须得有自己的伦理",[③]法律活动更不例外,在此可以举一个有代表性的例子,即美国律师协会拟定的"司法行为守则"。在该守则中,将法官的

---

① [法]爱弥尔·涂尔干著:《职业伦理与公民道德》,渠东、付德根译,上海人民出版社2001年版,第10页。

② 马克思:"第六届莱茵省议会的辩论(第三篇论文)",载《马克思恩格斯全集》(第1卷),人民出版社1995年版,第261页。

③ [法]爱弥尔·涂尔干著:《职业伦理与公民道德》,渠东、付德根译,上海人民出版社2001年版,第17页。

职业准则列举为五项:法官应当坚持司法操守和独立性;法官在从事各种行为时应避免不正当或不正当的表现;法官应公正和勤奋地履行司法官的义务;法官应如此行动即应努力减少其司法外的行为与司法义务的履行之间相互冲突的风险;法官或司法官候选人不得从事不适当的政治活动。[①] 这些准则,完全可以用来诠释马克思、恩格斯所要求法律机构的"公正"与"不偏不倚"。

从上述分析可知,所谓审判自由是指法官于个案审理中,在遵循法律和职业规范的前提下,进行理性的自主判断的权力。之所以作如是界定,是考虑以下因素:第一,马克思认为,"法官最多可能表现出个人理性的不可靠",这说明马克思将"理性"作为法官行为的基本标准,而这种理性是"不同于人的自然本能,反映着客观理性的人类普遍的、公共的理性";[②]马克思明确指出,"自由的首要条件是自我认识",[③]"自我认识"就是"理性"的题中之义。[④] 第二,"自由"的本质在于自为地判断。正如学者在诠释马克思"自由"思想时所言,"人的自由在于:在为他所设定的许多可能的情境中,自觉地选择一种可能性。那种选择是他自己本质的一个独特的和不可还原的表现"。[⑤] 第三,"判断"则是马克思对法官的角色定位,"法律是普遍的。应当根据法律来确定的案件是个别的。要把个别的现象归结为普遍的现象,就需要判断。判断是件棘手的事情。要执行法律就需要法官。如果法律可以自行运用,那么法官也就是多余的了。"第四,判断是一种"意志自由"意义上的判断,而这种"意志自由"仍然必须以相关的认识能力与外在条件作为基础,也就是说,是否"自由"并不是一种是否"任性"的同义语,而在于是否能契合社会情形与具体实践。恩格斯在谈到"自由"与"必然"的关系时,明确指出:"意志自由只是借助于对事物的认识来作出决定的能力。因此,人对一定问题的判断越是自由,这个判断的内容所具有的必然性就越大;而犹豫不决是以不知为基础的,它看来好像是在许多不同的和相互矛盾的可能的决定中任意进行选择,但恰好由此证明它的不自由,证明它被正好应该由它支配的对象所支配。因此,自由就在于根据对自然界的必然性的认识来支配我们自己和外部自然……"[⑥]用来解释我们的主题,也就意味着"审判自

① 王利明著:《司法改革研究》,法律出版社2000年版,第531~555页。

② 陈学明:"马克思早期法哲学观初探",载中国法学文集编辑组编:《中国法学文集》(第1辑),法律出版社1984年版,第93页。

③ 马克思:"第六届莱茵省议会的辩论(第一篇论文)",载《马克思恩格斯全集》(第1卷),人民出版社1995年版,第139页。

④ 陈学明:"马克思早期法哲学观初探",载中国法学文集编辑组编:《中国法学文集》(第1辑),法律出版社1984年版,第93页。

⑤ [美]悉尼·胡克著:《对卡尔·马克思的理解》,徐崇温译,重庆出版社1989年版,第153页。

⑥ 恩格斯:"反杜林论",载《马克思恩格斯选集》(第3卷),人民出版社1995年版,第455~456页。

由”必须体现为“知”的能力与决断能力。

接下来的问题是,司法独立与审判自由存在怎样的一种关系?如前所述,马克思他们已经将“司法独立”作为司法的法律特质与基本保障,而“独立”本身就包含“审判自由”的意蕴在内,那么司法独立与审判自由是否为一种重叠的价值架构呢?不是!虽然说司法独立是审判自由的前提,即就依附于政治体制之下的法官而言,没有法院的独立就不会有审判自由,然而,是否有司法独立就会有审判自由呢?这倒未必。司法独立表示的是法院与其他国家机构之间的关系,而审判自由则更多地体现为法官与法院(即职业者与其单位)之间的关系;同时,从前述的司法的“实质独立”这一角度而言,如果法院或者法官无法超脱自我,那么真正意义上的司法独立也是不可能的。更为主要的是,司法独立只是一种制度的安排,从价值上而言它可以说是中性的,而审判自由则体现为一种对“善”的追求。正如马克思所言,“对人来说,只有是自由的实现的东西,才是好的。”这样,自由并不仅仅是为了实现“善”而存在,并且也就是“善”本身。在谈到出版自由时,马克思指出,“从观念的角度看来,不言而喻,新闻出版自由和书报检查制度的根据是完全不同的,因为新闻出版自由本身就是观念的体现、自由的体现,就是实际的善;而书报检查制度是不自由的体现,是假象的世界观反对本质的世界观的一种论战,它只具有否定的本性。”在这里,出版自由本身即是一种不需要其他外在价值即可证成的“实际的善”。在这里,“自由”与“善”的价值互置,形成了马克思自由观的基本特质,把这一观念用于审判自由的场合,也就意味着:一方面,审判自由对于法官而言,既是为其作出合理判断提供的一种保障,使其可以不受制度和同僚的压力而做出违背自己良心的判决;另一方面,这种自由又预设法官为理性的主体,是一个不受个人好恶而能超脱“小我”、维护社会公共利益的公职人员。① 同时,就个人而言,独立性也并非就是自由,只有真正体现了人类理性的行为才是真正的自由。马克思谈到,应然意义上的国家将使它的成员“成为国家的成员;把个人的目的变成普遍的目的,把粗野的本能变成合乎道德的意向,把天然的独立性变成精神的自由;使个人以整体的生活为乐事,整体则以个人的信念为乐事。”②在这里,个人天生的独立性和与生俱来的本能,在审判自由的背景之下,转变成为“精神的自由”和“道德的意向”。

自然,审判自由也并非一种孤立的存在,它与其他种类的自由一道,形成自由

① 正如美国联邦最高法院法官弗兰克所言,“作为法官,我们既不是犹太教徒,也不是非犹太教徒;既不是天主教徒,也不是不可知论者。……作为最高法院的一个法官,如果我把个人的政策好恶写进宪法,我认为是不正确的,不论那是我多么珍爱或多么厌恶的意见。”([美]亨利·J. 亚伯拉罕著:《法官与总统——一部任命最高法院法官的政治史》,商务印书馆 1990 年版,第 206 页。)

② 马克思:“《科伦日报》第 179 号的社论”,载《马克思恩格斯全集》(第 1 卷),人民出版社 1995 年版,第 217 页。

的网络与自由的整体。马克思指出:“自由的每一种形式都制约着另一种形式,正像身体的这一部分制约着另一部分一样。只要某一种自由成了问题,那么,整个自由都成问题。只要自由的某一种形式受到指责,那么,整个自由都受到指责,自由就只能形同虚设,而此后不自由究竟在什么领域内占统治地位,将取决于纯粹的偶然性。不自由成为常规,而自由成为偶然和任性的例外。”①将这段话用来拆解“审判自由”就可以看出:第一,审判自由是以其他自由的存在为前提的,社会上普遍缺乏自由,也就不会有审判自由,或许这也正是马克思言及的“自由的法庭和不自由的国家是互不相容的”之真义。同样,当审判自由受到压制时,也就意味着其他自由受到排斥。例如,没有审判自由,就不会有法律上的契约自由,也就不会有财产自由。第二,审判自由也不会成为法官放任的自由,因为在其他种类的自由的制约之下,审判自由本身就必须尊重其他类型的自由。例如,马克思所极力鼓吹的出版自由,就可以成为限制法官用卑劣的动机或私人利益的衡量来摧毁司法公正的武器。马克思指出:“在报刊这个领域内,管理机构和被管理者同样可以批评对方的原则和要求,然而不再是在从属关系的范围内,而是在平等的公民权利范围内进行这种批评。”②自由之间的这种相互联系与相互制约,保证着自由成为一种为社会所普遍认同、接受的价值,也促成着社会“共同善”的实现。

审判自由也并非是无限制的自由形式。“自由的每一特定领域就是特定领域的自由,同样,每一特定的生活方式就是特定自然的生活方式。”如果说自由的形式之间存在互相制约这一关系的话,那么审判自由即使以其他自由为前提,也不能成为压制其他自由的手段。马克思指出,人们在论述自由时,往往只看重自由间的相同形式而忽视它们之间的区别,“以至把一定的种用作衡量其他一切种的尺度、标准、领域”,这就有可能导致对其他自由的压制。马克思指出,“如果一种自由只有在其他各种自由背叛它们自己而自认是它的附庸时,它才允许它们存在,这是这种自由气量狭窄的表现。”自由的国家和自由的政治体制之下绝对不能允许这样一种以牺牲其他自由为代价的“自由”。同样,对于审判自由而言也必须设定相应的限制,防止它成为强制其他自由臣服的手段。因此,审判自由并非武断的自由、专制的自由。正如恩格斯所指出的:“……在刑法典里则不容许有这种含糊的概念,不容许有这种进行主观臆断的自由,尤其是在必然会出现政治观念分歧的地方,在法官不是陪审员而是国家官吏的地方,更不容许有以上那样的概念和自由。从司法机

① 马克思:“第六届莱茵省议会的辩论(第一篇论文)”,载《马克思恩格斯全集》(第1卷),人民出版社1995年版,第201页。

② 马克思:“摩泽尔记者的辩护”,载《马克思恩格斯全集》(第1卷),人民出版社1995年版,第378页。

关的许多实例中,可以最好不过地证明,对法律的这种批评是对的,指责它混淆了概念也是有根据的。"①在此,恩格斯以刑法的适用为例,说明了"主观臆断"对公正裁判的危害。同样,马克思也指出:"我的公开行动愿意听从世界、国家及其法律的评判,但是它却被提交给隐蔽的纯否定的势力审判,这种势力不能被确立为法律,它怕见阳光,而且不受任何普遍原则的约束。"②所谓"普遍原则",即指广为人们所承认、接受的基本法律原则。在这里,马克思将"普遍原则"作为牵制审判权的一种重要形式,审判自由必须受普遍原则的评价与检验。

六、小　　结

以上分五个方面介绍了马克思、恩格斯他们有关司法独立的论述,那么,革命导师的思想给我们以怎样的启示呢?

第一,权力分立以及权力分立体制下的司法独立是实现司法公正的基本前提。司法独立是在国家权力进行内部分工的基础上,赋予司法机关以独立的政治地位。虽然从社会发展的终极目标而言,国家、法律制度可能都会因"不合乎人性"而走向消亡,但在现有的体制框架之下,保持司法的独立地位、克服司法权与其他形式权力的混杂以及其他权力对司法权力的僭越,才能够真正体现这样一种"国民的直接所有物"类型权力的意义。自然,有了司法独立不一定就有司法公正,但没有司法独立则绝对不会有司法公正。因而,即使在社会主义国家,着力加强司法独立的制度建设,也是决定司法能否达到公正的基本内容。另外,司法独立虽然仅就法院而言,但如果将"司法"作为一个处理纠纷、审理案件的整体阶段和连续过程,那么,在司法独立的基础上还必须形成司法分立的良性体制。起诉人、审判人与辩护人的角色必须进一步明晰化,法院只能专司审判,而不得行使其他法律角色的权力。

第二,司法独立既包括外部的独立也包括内部的独立;既包括机构的独立也包括人员的独立。从外部独立而言,司法机关(法院)必须独立于立法机关和行政机关,保持政治、法律上的不容其他机关介入的权力界限与事务范围;从内部独立而言,司法独立意味着不同性质的法院、法庭有着不同的权力分工,尤其是陪审法庭作为人民直接行使司法权的组织形式,应当有着专门的权限范围和权力行使原则。从机构和人员的角度看,司法机构作为一个整体,与其他国家机构存在着权力分工

---

① 恩格斯:"普鲁士出版法批判",载《马克思恩格斯全集》(第41卷),人民出版社1982年版,第326页。

② 马克思:"第六届莱茵省议会的辩论(第一篇论文)",载《马克思恩格斯全集》(第1卷),人民出版社1995年版,第181页。

与权力制约的关系;同时,法官、陪审员虽然附着于法院而存在,然而其独立的地位仍然必须有相关的法律规定来作为保障。法官是法律的具体运作者和执行者。自然,"如果法律可以自行运用,那么法官也就是多余的了",但问题是法律不会自动运用,因而必须有法官的建置;同样,要保证法律正确地施行于实际的案件当中,保持法官的独立判断就是个关键。因而,没有审判人员的独立,就无法完整体现司法独立的内容。

第三,马克思、恩格斯对司法独立的分析,主要是从政治而非纯法律事务的角度而进行的。司法独立源于"人类对自身的恐惧"而作的政制安排,司法独立又只能在"自由的国家"中才有立足的余地。同样,在司法独立与政治的关系上,马、恩也为我们提供了一个新的分析视角。在当代学界,一提起司法独立,似乎就意味着司法与政治的完全绝缘,然而这种理解是否正确呢?没有政治、社会地位的法院不可能担当施行法治的使命,因而,法院得以介入国家的政治、经济、社会、文化生活,是法院凸显其地位的标志,也是法院权威性的保证。对于"司法独立"、"司法中立"等口号不能作片面的理解,如果认为法院与政治、社会相脱离就是所谓的独立与中立,那只能是使法院自绝于社会。在这方面,马克思、恩格斯既主张司法不应当成为政治的附庸,立法和行政不得动用国家的政治资源来干预司法的独立运作,但另一方面,他们却也主张司法应积极地介入政治,从而发挥司法在平衡国家权力结构、保证民主制度全面落实以及维护公民基本人权方面的作用。

第四,我们以往对司法独立的研究,在很大程度上均是将其视为司法公正或法治的基础价值来看待,但必须注意的是,司法独立只是实现司法公正乃至法治的手段,而非司法公正以及法治价值的圆满体现。司法独立关注的是一种制度建构,换句话说,它只是为司法公正和法治的实现提供了一种外壳,其内在价值还是"审判自由"。这就意味着,司法独立的存在主要是用来抵御来自司法外部的干扰,而司法公正和法治的实现则有待于审判自由的落实。只有在审判人员超越了"小我"的羁绊,兢兢以公平、公正为务时,才可能达到司法公正的效果,也才可能真正地体现法治的要求。正是从这个意义上,司法独立的形式独立与实质独立分别构成了司法独立的骨架与血肉。必须指出的是,有关"审判自由"的论述,在我们当前的法学研究中还是十分薄弱的,由此导致只见制度("司法独立")不见人("法官")的学术偏向,忽视了法官角色在司法制度中的重要意义。德沃金尝云:"法院是法律帝国的首都,法官是帝国的王侯……"①因此,忽视"王侯"的研究,就难以真正从理论的深度明确司法过程的性质,也难以厘清法官在作出司法决定时的各种因素的内在

① [美]德沃金著:《法律帝国》,李常青译,中国大百科全书出版社1996年版,第361页。

衡量。

此外,正如本文序言中所说,“议行合一”原则的无限延伸,曾是导致否定马克思、恩格斯主张权力分立以及司法独立的理论渊薮。然而,马克思所总结并为恩格斯所赞同的有关巴黎公社“议行合一”原则,只是特定条件下的理论主张,并不能用作否定革命导师的分权理念和司法独立的根据。有关这一问题,不少学者进行了探讨,童之伟先生的《“议行合一”说不宜继续沿用》一文,更是直接从法学的角度对此进行了有理有据的分析。① 在此,仅提出以往研究中未涉及的几个问题,作为马克思、恩格斯重视国家权力的分工以及支持司法独立的论据。

首先,分权是具有绝对必要性的制度设计。马克思认为,“为了自由的利益”,就必须有一种“十分必需的分权和权力互相监督”的制度安排,这是确保“立宪原则”得以实现的需要。② 虽然这一原则常被用来作为打压其他国家机关的借口,但并非这一原则就没有存在的价值。在谈到“分权”的历史意义时,马克思指出:“中央集权的国家政权连同其遍布各地的机关,即常备军、警察局、官厅、教会和法院——这些机关是按照系统的和等级的分工原则建立的——起源于专制君主制时代,当时它充当了新兴资产阶级社会反对封建制度的有力武器。”③这也说明,如果没有“系统的和等级的分工原则”,就没有可能摧毁封建专制制度,从这个意义上说,“分权”代表着社会进步的发展趋势。在谈到巴黎公社的“伟大社会措施”时,马克思也将“用严惩的办法禁止雇主们以各种借口对工人罚款以减低工资”这一措施纳入其中,因为“雇主们在这样做的时候集立法者、审判官和执行吏于一身,而且以罚款饱私囊”。④ 这也同样表达了立法权、行政权与司法权必须分开的思想理念。

其次,马克思、恩格斯对资产阶级制度下分权制度的批判,主要是有关行政集权问题。在谈到无产阶级的历史使命时,马克思指出,就是“把国家这个阶级统治的工具,也就是把集权化的、组织起来的、窃据社会主人地位而不是为社会做公仆的政府权力打碎。”⑤这种“政府权力”一是使行政权成为架空立法权、司法权的集权形式,破坏了分权制度;二是由社会的公仆异化为社会的主人。恩格斯也对这一现象提出了严厉的批评,在谈到德国宪法时,恩格斯指出:“帝国宪法,以交给人民及其代议机关的权利来衡量,纯粹是1850年普鲁士宪法的抄本,而1850年宪法在条文里反映了极端反动的内容,根据这个宪法,政府握有全部实权,议院连否决税收

---

① 童之伟:“‘议行合一’说不宜继续沿用”,载《法学研究》2000年第6期,第48~57页。

② 马克思:“危机和反革命”,载《马克思恩格斯选集》(第1卷),人民出版社1995年版,第314页。

③ 马克思:“法兰西内战”,载《马克思恩格斯选集》(第3卷),人民出版社1995年版,第52页。

④ 同上,第64页。

⑤ 马克思:“《法兰西内战》初稿”(摘录),载《马克思恩格斯选集》(第3卷),人民出版社1995年版,第94页。

的权利也没有,这个宪法在宪制冲突时期证明,政府可以对它为所欲为。"①实际上,资产阶级国家并未按照自己所标榜的"三权分立"原则来建构政权组织形式,往往是行政权过分庞大,而立法权只是作为一种陪衬而成为一种装饰品。在谈到法国宪法时,马克思指出:"总统不仅同样通过实行普选权而获得批准,并把分配在国民议会各个议员身上从而百倍分散的全部选票集中于一身,而且,总统还掌握着全部行政权,而国民议会则只是作为一种道义力量悬浮在行政权之上。"②宪法的措辞同样反映了强行政与弱议会的特色,在法国宪法中,"一个是立法议会,一个是总统。只要把宪法浏览一遍,就可以看出:只有那些确定总统对立法议会的关系的条文,才是绝对的、肯定的、没有矛盾的、不容丝毫曲解的。……这样,宪法就把实际权力授给了总统,而力求为国民议会保留精神上的权力。"③在这样一种宪法之下,国民议会代表人民行使立法权的国家机关,实际上只是成为行政权的附庸。特别是在阶级矛盾激化的时候,行政权强化的趋势就更加明显,而作为制约行政权而存在的立法权就只有在行政权的进逼前步步退缩。马克思指出:"由于存在着无产阶级起来造反的危险,联合起来的统治阶级已在残酷无情地大肆利用这个国家政权作为资本对劳动作战的全国性武器。但是,统治阶级对生产者大众不断进行的十字军讨伐,使它不仅必须赋予行政机关以越来越大的镇压之权,同时还必须把它自己的议会制堡垒——国民议会——本身在行政机关面临的一切防御手段一个一个地加以剥夺。"④从而分权原则所寄寓的权力分工与权力制约的理念也丧失殆尽。

再次,马克思主要是在特定的环境中批判分权制度,这就是"革命"这一事关政权得失的时期。马克思认为:"在革命之后,任何临时性的政局下都需要专政,并且是强有力的专政。我们一开始就指责康普豪森没有实行专政,指责他没有马上粉碎和清除旧制度的残余。正当康普豪森先生陶醉于立宪的幻想时,被打垮的党派就在官僚机构和军队中巩固他们的阵地,甚至敢于在各处展开公开的斗争。为了协商宪法而召集了国民议会。它和国王是平权的。在一种临时局面下有两个平等的权力!正是康普豪森先生想借以'拯救自由'的这种分权,正是临时局面下的这种分权状态,必然会导致冲突。"⑤这也说明,分权制度本身存在于和平时期,是对国

---

① 恩格斯:"1891 年社会民主党纲领草案批判",载《马克思恩格斯选集》(第 4 卷),人民出版社 1995 年版,第 410 页。

② 马克思:"1848 年至 1850 年的法兰西阶级斗争",载《马克思恩格斯选集》(第 1 卷),人民出版社 1995 年版,第 417 页。

③ 马克思:"路易·波拿巴的雾月十八日",载《马克思恩格斯选集》(第 1 卷),人民出版社 1995 年版,第 599 页。

④ 马克思:"法兰西内战",载《马克思恩格斯选集》(第 3 卷),人民出版社 1995 年版,第 54 页。

⑤ 马克思:"危机和反革命",载《马克思恩格斯选集》(第 1 卷),人民出版社 1995 年版,第 313 页。

家内部权力进行的一种制度分工；然而，在政权尚未稳固就进行权力分工，这只会使“江山易主”。从这个意义上说，在政权刚刚创建时期，主要的任务就是要实现“专政”；而巴黎公社之所以失败，按照马克思的总结，在很大程度上也就是对敌人姑息养奸，而未实现彻底的无产阶级专政。

总之，马克思、恩格斯的著作中并未排除分权的合理性与进步意义，相反，他们却常常认为一个国家的政权组织形式必须实现适度的权力分工与权力制约。以此为准据，司法独立也就是分权体制下的应有之义。

英国检察制度在近代的发展

解 锟*

一、英国皇家检察长的设立

英国在1879年《犯罪起诉法》(the Prosecution of Offences Act 1879)公布之前,尽管英国已经有皇家检察总长和皇家副总检察长,以及后来逐渐发展起来的财政律师行使非常有限的检察机关的职能,但是始终没有一个公诉机关将案件起诉到法院。这个问题早已引起了关注,许多学者认为在英国缺乏一个向苏格兰一样的检察长是英国刑事司法制度中的一个反常现象。

19世纪初,英国就开始了对这一制度的改革。首先在1827年增设了追究破坏王室利益以外案件的检察官。这样检察机构的职能冲出了长期以来的只为王室利益而运行的范围,开始从国家利益的角度活动。①

在1845年一些负责刑事案件的法官在发表的公报中曾用文件说明当时没有专门的机关负责起诉这种现象的缺点。该报告中指出"由于国家缺少这方面的经费和劳动力,不能对案件进行努力的、正直的和充分的调查,不时有一些控告进行得松垮无力,不能令人满意。而依赖私人主持控诉,则为行贿、共谋与非法妥协大开方便之门",同时他们还指出"克服这种缺点,直截了当的办法就是任命检察官。"②这个建议在1854年由一位下议院的议员提出法案,在英格兰一度出现了设立检察机关的可能性。但是由于当时的皇家检察总长对此提出了异议,这个法案被撤销了。设立公诉制度的尝试在1855年彻底失败了,直到1871年才再次被提出来。③ 1873年议会终于接受了这项动议,并根据1879年《犯罪起诉法》设立了皇家检察长一职,成为英格兰和威尔士检察制度发展过程中重要的转折点。

在1879年的《犯罪起诉法》的序言宣称:"要求检察长……提起的诉讼案件如:受国务大臣之命迄今一直为财务部法务官受理的案件,以及财政部法务官认为采用一般的方式起诉已不足使之得到适当处理的其他案件。"因此,皇家检察长最初

---

* 解锟,2007级外国法律史专业,指导老师:何勤华。现工作于上海人民出版社。

① 任允正、刘兆兴著:《司法制度比较研究》,中国社会科学出版社1996年版,第5页。

② [英]里约翰·J.爱德华兹著:《皇家检察官》,中国检察出版社1991年版,第304~305页。

③ David Friedman:Making Sense of English Law Enforcement in the 18th Century,载http://www.daviddfriedman.com/Academic/England_18thc./England_18thc.html。

只不过是接替了财政律师的部门职能。就连内政大臣在对首任检察长的任命通告中也声称"这并非要用新制度代替现行制度,只是用新制度补充现行制度而已"。[①] 该法在英国的历史上第一次设立了检察长一职,在英国的检察制度史上具有开创性的意义。

同时该法还赋予了皇家检察长的职责和权限,即进行从事刑事诉讼,给警察署长、司法职员及其他人在实施与刑事诉讼有关的行为时提供建议和帮助。[②] 但是在皇家检察长之下没有地方的检察官,地方的检察职能仍然保留在警察机关。[③]

皇家检察长与皇家检察总长的关系在1879年《犯罪起诉法》中也有涉及,该法第2条规定:检察长要在"皇家检察总长的监督下"进行工作,并在"特殊的案件中",接受皇家检察总长的指示。

内阁首相在1880年任命John Maule为第一任检察总长,他仅仅负责为数甚少的特别重大的或疑难的案件,但是一旦起诉的决定被做出,处理起诉的事宜就由财政律师来处理。这个政策一直持续到1986年。[④]

1897年《犯罪起诉法》设立的检察长一职是英国检察制度发展过程的一个关键性环节。尽管这样,皇家检察长在最初的一段时间里发展还是很不顺利,尤其是在1884年至1908年之间还出现暂停履行起诉职能的情况。[⑤] 这是因为在1884年的《犯罪起诉法》中规定重新组建财政部法务官署,由其处理刑事案件和民事案件。自1879年《犯罪起诉法》中确立的检察长的职能就由合并后的该署负责。作为一个独立部门的检察长便在这项改组中消失了,直到1908年的《犯罪起诉法》中才得以恢复。[⑥]

二、英国皇家检察长的发展

1907年的《刑事上诉法》赋予了皇家检察长开始在上诉案件中进行辩护的权力。[⑦] 1908年《犯罪起诉法》将财政律师和皇家检察总长的职能分开。Charles

① [英] 里约翰·J.爱德华兹著:《皇家检察官》,中国检察出版社1991年版,第327页。

② 何家弘著:《中美检察制度比较研究》,中国检察制度出版社1995年版,第61页。

③ 载http://papers.ssrn.com/sol3/papers.cfm? abstract_id=821547。

④ 相关资料参见英国皇家检察署的官方网站。载http://www.cps.gov.uk/about/history.html。

⑤ Christopher Frazer: Dear incoming DPP, London and Oxford. The Lawyer June 9, 1998.

⑥ [英]里约翰·J.爱德华兹著:《英国总检察长政治与公共权利的代表》,王耀玲等译,陈天中译校,中国检察出版社1991年版,第332页。

⑦ 相关资料参见英国皇家检察署的官方网站,载http://www.cps.gov.uk/about/history.html。

Mathews 被任命为第一位领导这个独立部门的皇家检察长。① 新的法案继续保留了英国个人自诉传统的同时，授权检察长可以在诉讼的任何阶段接管私人或警察起诉的刑事案件。

1908 年的《犯罪起诉法》授予了皇家检察长新的权限。该法规定："不得妨碍任何人提起或继续进行任何诉讼，但检察长在任何阶段都可承接他认为适合于他办理的诉讼。"而检察长干预诉讼的权利在 1897 年的《犯罪起诉法》第 6 条中则规定，即如果检察长干预或撤销某一案件的诉讼，应允许自诉人向法院提出，使该诉讼由检察长或自诉者本人恢复并继续下去。由此可见，在 1908 年之后皇家检察长拥有了对案件的更大的控制权、监督权，自诉案件随时会由于皇家检察长的干预而适用公诉程序。1908 年对皇家检察长的规定是在综合 1879 年和 1884 年《犯罪起诉法》基础上所做的规定，既保留了 1884 年《犯罪起诉法》中检察长所具备的咨询和起诉的双重功能，又恢复了 1879 年《犯罪起诉法》中皇家检察长所具有的独立地位。1879 年至 1908 年间，是近代英国皇家检察长真正建立的时期，也是英国检察制度的重要发展阶段。

在 1908 年《犯罪起诉法》的基础上，1946 年的《犯罪起诉条例》将检察长和总检察长的关系更加细化了，该法规定"检察长就所有的案件决定是否提起诉讼，包括选派和训练律师在内，都要服从总检察长的指导。"②这一规定将皇家检察长以前向皇家检察总长和内务大臣同时负责的双重责任彻底改变了。同时该法还进一步明确了检察长和警察之间的关系，③列举了一些警察机构有能力起诉，但必须向检察长报告的案件。

在此基础上，英国于 1962 年对警察机构进行了改革，警察机构被建议应当有自己的起诉律师部门，事实上只有其中一部分的警察机构设置了他们自己的起诉律师部门，而有些警察机构则继续使用私人律师事务所的律师。因此警察机构并不需要强制遵守律师的建议。④ 同年，英国成立了一个关于警察起诉的皇家改革委员会，该委员会经过调查后认为，"在一些大城市中，是使用拿工资的律师从事警方的起诉工作，但在其他地方……是由专职的警方起诉人担任的。"⑤这些表明在英国各

① 相关资料参见英国皇家检察署的官方网站，载：http://www.cps.gov.uk/about/history.html。

② [英] 里约翰 · J. 爱德华兹著：《英国总检察长政治与公共权利的代表》，王耀玲等译，陈天中译校，中国检察出版社 1991 年版，第 48 页。

③ 英国关于检察长和警察的相互关系最早规定在 1879 年《犯罪起诉法》和 1884 年的《犯罪起诉法》中。

④ 相关资料参见英国皇家检察署的官方网站，载 http://www.cps.gov.uk/about/history.html。

⑤ [英] 里约翰 · J. 爱德华兹著：《英国总检察长政治与公共权利的代表》，王耀玲等译，陈天中译校，中国检察出版社 1991 年版，第 111 页。

地的警察进行的起诉工作都是不一样的,因此该委员会建议每个警察局都应当成立专门负责起诉的律师部。警察机关内部起诉律师部的建立为英国后来建立专门的检察部门奠定了坚实的组织基础。

1970 年,法学家国际委员会英国分部批判了警察机构在公诉程序中的作用。该小组在报告中指出:由同一个机构同时履行调查和公诉的职能有可能损害司法利益。这种双重的角色使得他们在对犯罪嫌疑人起诉时有失公正。[①] 到 20 世纪 70 年代末,随着起诉律师的人数和影响力的不断增长,他们对由警察负责起诉越来越不满,并在起诉律师协会的领导下发起了一场抗议运动,建议取消警察刑事诉讼的权力,并将这种权力移交给地方起诉律师。这一改革方案受到了当时皇家检察长的反对,他认为这一改革方案过于激烈,"一个多世纪以来,英格兰和威尔士的绝大多数刑事诉讼都是由警方负责提起的,而在我看来,像起诉律师协会倡议的那种如此激进的变革——将会在实际上导致取消公民自诉的权利——只有在公众对现有的这一安排表示不安,或者有更多的滥用职权的案件作为根据之下,才能被证明有理,但是,我知道现在还找不出这些根据,因此,我不能支持要求这种变革的建议。"[②]1979 年出任皇家检察长的哈弗斯也不赞成这种改革的方案,他认为起诉律师不应当参与警察机构的调查活动,诉讼的最终决定权仍然保留在警察机关的手中。

因此,1979 年《犯罪起诉法》废除了 1879 年的同名法律,但是并没有对英国的检察制度做出大的变革,1979 年《犯罪起诉法》第 2 条宣布:皇家检察长的任务是在皇家检察总长的指导下提起诉讼和向警察机关提供咨询和帮助。皇家检察长的责任并没有发生多大的变化,既未扩大也未收缩。皇家检察长在从事这两项活动中要受到皇家检察总长的监督。该法同时授予了皇家检察长接管刑事诉讼程序并自由裁量处理的权力,该权力同样适用于私人起诉。

在 1978 年 Cyril Philips 的领导下建立起来的皇家刑事诉讼事务局(The royal communication on Criminal procedure)认为英国当时现有的检察制度存在很大的问题,这些问题包括:第一,由负责侦查案件的警察来决定起诉是否是不适当的;第二,全国各地不同的警察在决定是否起诉某人时一直在适用不同的标准;第三,个别警察起诉了太多的弱性案件(证据不充足的案件),有时甚至与他们律师的意见相左,结果导致法院宣判无罪(即无罪的判决)的比例很高。[③] 针对这些问题,该委员会提

---

① Catherine Euiott and Frances Quinne: *English Legal System*, 2004 (5th editor), printed in Great Britain by henry. lng. Ltd. ,at the dorset press. p. 322.

② [英] 里约翰·J. 爱德华兹著:《英国总检察长政治与公共权利的代表》,王耀玲等译,陈天中译校,中国检察出版社 1991 年版,第 119 页。

③ [英]加里·帕顿:The History and Department of the Prosecution System in England and Wales,载王晋、刘生荣主编:《英国刑事审判和检察制度》,中国方正出版社 1999 年版,第 49 页。

出建议认为:一个统一的全国性的制度,形成一个单独的中央级的部门,即内阁部长一级向议会报告工作;一个非中央级的体制,即地区高级起诉人作为独立的负责人(以国家名义)由国家法律官(检察长)指定;一个完全地方化的体制,即每个警察管区设立一个皇家检察官对该地区所有的案件负责。①

紧接着在该委员会 1981 年的报告中和随后的三个批评刑事司法系统的报告中认为:警察不应该同时负责调查案件和决定是否起诉。负责调查案件的警察并不能公正地决定是否提起诉讼;不同的警察机构使用不同的起诉标准;警察的起诉会使得大多数的轻微案件被起诉到法院,导致判决无罪的案件百分率高。同时该委员会建议政府把建立一个独立的检察机构的草案提交国会。法院过高的无罪判决率与英国薄弱的检察机构有关。②

这样的变革对英国的司法制度来说是一场不小的变革,因此在短暂的拖延之后,经过皇家刑事诉讼事务局的调查和论证,它的建议与政府的《关于在英格兰和威尔士设立独立的检察机关的白皮书》(1983 年)(White Paper An Independent Prosecution Service for England and Wales)一起发表,这份白皮书表明:政府倾向于建立一个国家机关,有很多的下属分支机构。大部分的案件应该在地方机构被解决而不至于被拖延。③

这些建议最终被 1985 年《犯罪起诉法》(The prosecution of Offence Act 1985)所采纳。皇家检察院(Crown Prosecution Service,CPS)于 1986 年 1 月 1 日在英格兰和威尔士作为一个负责起诉的机构而正式开始行使他的职责,吸收了以往检察长的职能和已经存在的警察机构的律师起诉部门,皇家检察长成为了公诉机关的首长,英国的检察制度才出现了实质性的变化。

三、结　　语

英国近代检察制度的发展始终是围绕着皇家检察长的变化而发展的。英国皇家检察长由内政大臣从执业不少于 10 年、业绩卓著的律师中选任,他通过自己的职员或者偶尔情况下通过财政律师提起诉讼。④ 皇家检察长自设立以来,起诉的案件主要来源于三种渠道:一是来自警察部门,二是来自政府部门,三是来自个人投诉。

---

① 中国政法大学刑事法律研究中心组织编译:《英国刑事诉讼法》(选编),中国政法大学出版社 2001 年版,第 44 页。

② The prosecution of crime, 载 http://papers. ssrn. com/sol3/papers. cfm? abstract_id = 821547。

③ 相关资料参见英国皇家检察署的官方网站,载 http://www. cps. gov. uk/about/history. html。

④ Denis Keenan: *Smith and Keennan' English Law*, Great Bratain at the Bath Press, p. 45.

检察长起诉的案件主要包括以下几种:(1)谋杀案;(2)制造假币案;(3)欺诈性破产诉讼案;(4)破坏选举法犯罪案;(5)大多数非预谋杀人与杀人未遂案;(6)销售危险品和淫秽作品案;(7)政府雇员进行的偷窃或类似犯罪案;(8)较严重的性侵犯案;(9)一些较为严重的人身伤害案,尤其是用火器进行的人身伤害案;(10)性质特别恶劣的夜盗和抢劫案;(11)商业欺诈案,特别是被欺诈方无钱聘请律师时,或者因为欺诈行为非同寻常以及受骗人数众多,为保护公共利益而必须进行起诉的诈骗案;(12)地方当局成员侵占公共资金的犯罪案。① 检察长的起诉职能要在皇家检察总长的监督下才能进行。有些案件必须由皇家检察总长的同意方可起诉,包括《1936 年公共秩序法》(Public Order Act 1936)、《1971 年绑架罪法》(Hijacking Act 1971)以及《1978 年反恐怖主义法》(Suppression of Terrorism Act 1978)等法律规定的犯罪。而在决定是否提起诉讼时,皇家检察总长的基本职责在于权衡国家及公共利益因素。然而有一种理念确实需要得到确认,即皇家检察总长决定的作出必须建立在准司法性而非政治性的基础上。②

尽管英国根据 1789 年的《犯罪起诉法》设立了皇家检察长一职,但是在 1985 年根据《犯罪起诉法》成立皇家检察署之前,英国并没有真正意义上的独立的检察机关,是世界上为数不多的允许警察机关起诉而不是由专门的机关起诉的国家之一。20 世纪 70 年代,英国检察体系不独立,检察权过于分散,同时警察机关负责侦查和起诉工作存在很大的弊端,这些引发了英国法学界对是否仿效大陆法系国家建立统一的检察机关负责起诉的争论。并且皇家检察长领导一个很小的律师团队,在接管所有警方起诉职责时面对巨大的职责扩张又显得力不从心。

从上述英国检察制度发展的脉络来看,英国对检察制度的改革选择了一条比较保守的中间道路,就是在保持传统的诉讼制度的基础上,首先设立一个检察长,并在此基础上进一步推动英国检察制度的改革向前发展,英国皇家检察署也就应运而生了。

---

① Maurice Sheldon Amos, British Justice: *An Outline of the Administration of Criminal Justice in England and Wales*, London: Longmans Green & Co. , 1994, p. 30, 转引自程汉大、李培锋著:《英国司法制度史》,清华大学出版社 2007 年版,第 392 页。

② Statement by the Prime Minister to the House of Common, February 16, 1959, 转引自齐树洁主编:《英国司法制度》(第 2 辑),厦门大学出版社 2007 年版,第 487 页。

司法的大众化与平民化
——英国治安法官制度管窥

刘显娅*

在英美法系中，治安法官是指英国自中世纪以来，授权主要审判轻微刑事案件或民事案件的一种地方基层司法文官。①现代治安法官的任务主要就是从中世纪最初的“治安法官法”所赋予他们的任务发展而来的。他们通常为不具有职业法官资格的非专业人员，在自愿的基础上无偿地利用自己的业余时间大致独立地进行案件的审理和判决，在法律知识和法律程序等问题上有一位书记官②为他们提供咨询和指导。

一、治安法官的产生与发展

（一）治安法官的产生

在英国，个人安宁的法权观念早已有之，在盎格鲁—撒克逊时代，所有自由人均享有不受他人侵犯的人身和家庭安宁权。国王作为最高领主和国君，其个人安宁权的外延自然比普通人宽泛得多。随着王权的不断神化，国王的人格尊严和政治权威不仅被神化而且得到了王国法律的保护，并形成了“王之安宁”的神圣司法观念，起初只限于特定时间、地点、个人的凶杀、抢劫等刑事案件。③到了12世纪，随着国王、国君角色的逐步增长和王权的日趋强大，“王之安宁”管辖的范围迅速扩大，几乎囊括了所有危害国家、社会和基督教会安全的刑事犯罪，“王之安宁”具有了普遍的效力，并成为高度“社会安宁”之后盾。

“王之安宁”的理论与实践，最终导致封建私家司法权网络的破除，将王国内的主要刑事案件乃至民事诉讼视为破坏王国统治秩序的罪行划为“王座之诉”的范

---

* 刘显娅，2005级外国法律史专业，指导老师：何勤华。现工作于上海市立信会计学院。

① 姜椿芳主编：《简明不列颠百科全书》（第9卷），中国大百科全书出版社1986年版，第451页。

② 书记官具有法律资格，一般是出庭律师或事务律师，负责治安法院日常事务工作和为治安法官提供指导、法律咨询，是治安法官的顾问、良师和指导者，还负责治安法官在职责履行方面的培训等，是治安法院内举足轻重的人物。1994年司法首长引入后，书记官的行政职责发生了重大变动，书记官演化成为职业性的法律顾问。

③ Douglas. D. C. & Greenaway. G. W. , *English Historical Documents*, V. 2, London, 1953, pp. 399－400.

围，由王廷审理，国王是司法权唯一源泉的观念日益流行。布莱克顿在《英国法律与习惯》一书中明确指出，国王是所有世俗案件的正当法官，只是由于司法权日益集中于国王手中，使担负繁重行政管理任务的王廷越来越不堪重负，才不得不将这一权力委托给某些法官或官员行使罢了。治安法官之职的设置正是这一政治背景下的产儿。

理查德（1189～1199 年在位）即位不久就发生了被称为灾难性的约翰叛乱，宰相胡伯特·瓦尔特成功地镇压了约翰叛乱，建立了王国的新秩序。这得益于 1195 年法令中一项重要新机制的运用，法令规定每个百户区内由 4 个骑士召集本区内所有年满 16 周岁及以上者在他们面前发誓，绝不当反叛者、抢劫者、盗贼以及教唆犯，协助郡守逮捕犯人，维持地方治安。每个百户区负责召集的 4 个骑士就被称为治安官，他们是治安法官的前身，经过进一步革新演化成了治安法官。

13 世纪骑士进一步被政府利用，不仅协助巡回审判、听审裁判（ Oyer and Terminer）、清监（ Gaol Delivery ）等工作，而且也履行治安官的相关职责。爱德华三世即位后颁布了 1327 年法令，规定每郡分派品行良好的懂法的人士维持治安；[①] 次年治安官便获得惩罚犯人的权力；1330 年法令又赋予治安官单独接受个人报案或大陪审团的起诉状，暂时拘押犯罪嫌疑人和将其交付巡回法庭的权力。从此，治安官获得了部分司法权。1338 年 2 月的治安委任令授权治安官审理重罪和侵权罪，不久"justices de la Pees"（治安法官）一词出现，[②] 但这并不意味着治安官永久转化为治安法官，这期间治安法官和治安官没有严格的区分，二者可以通用。后来由于治安官司法职能的进一步扩大，治安法官的名称逐渐流行。尤其是 1361 年法令明确了治安官的司法职责，使治安官的工作重点从军事事务转向了司法事务。[③] 这一年，治安官名称发生了决定性的改变，最终被治安法官所取代。

1361 年法令后，治安法官开始了司法权的扩张，并在此后很长一段时间内处在一种特殊的位置。对刑事案件的处理有明显增加，其职权甚至很多涉及社会经济事务，但都是通过司法程序来完成的。1461 年法律更是规定，郡守无权逮捕犯人和收取罚金，应将案件转移到治安法官那里，这样治安法官成为地方上的最高执法官

---

① Bertram Osborne, *Justices of the Peace* 1361 – 1848, the Sedgehill Press Shaftesbury, Dorset, 1960, p. 3.

② Sir William Holdsworth, *A History of English Law*, Methuen & Co. Ltd. and Sweet&Maxwell Ltd., I, 1956, p. 26.

③ S. H. Bailey & M. A., LI. B., *The Mordern English Legal System* (fourth edition), London, 2002, p. 209.

员和代理人。[①]

治安法官是通过委任状来任命的，主要由骑士、乡绅、缙绅兼职出任。1439 年的议会法案规定担任治安法官者每年应有 20 英镑以上的土地收入。委任状一般一年一发，上面写清任命的治安法官的姓名和职权。1362 年法令明确规定：治安法官每年开庭 4 次，第一次在显现节（Epiphany ），第二次在圣米伽勒节（Mid Lent）周内，第三次在圣灵降临节和洗礼节（Pentecost&S. t John Baptist）宴会之间，第四次在米迦勒节（S. t Michael ）8 天内。[②]一般没有间断，只是在 17 世纪的革命年代里有些例外。总体而言，基本上是每 3 个月开一次庭，并成为定制，因此被称为季审法庭。

（二）治安法官的发展

1485 年亨利·都铎伯爵登上英国王位，建立了都铎王朝。都铎政府从一开始就注意到治安法官的妙用，有意启用乡绅担任治安法官。所有治安法官不领薪水，作为义务兼职者为国王、政府和地方履行职守，从而以低廉的代价营造了一套比较切实可行的地方管理体制。

都铎王朝各代君主不断颁布有关治安法官的法令，赋予治安法官新的角色和职能。据统计，截止到伊丽莎白在位末年（1603 年），英国议会起码颁布了 309 项法令，以加强和阐释治安法官的地方治安管理和司法职能，使地方上大大小小、方方面面的事务尽归治安法官之手。治安法官的行政司法体系发生了很大的变化，尤其是其行政职责得到了前所未有的扩张，季审法庭与其说是审理案件的场所，不如说是召开行政会议的场所，治安法官成为中央与地方联系的桥梁。正如 17 世纪科克所说："治安法官是平静王国的次级政府，不是基督教世界的一部分。"[③]但值得注意的是，治安法官行政权的扩张是以行政司法化为基础的，即一切行政管理和行政问题的解决最终是通过司法手段来实现的，从本质上来看还是没有与其基本的起初的司法职责相脱离。

随着斯图亚特专制王朝的建立，中央加紧了对地方的管理与控制，治安法官制度将面临新的考验。内战爆发前，英国国内较为和平，治安法官的工作在大部分时间里仍按规则进行。内战爆发后，他们的工作总的说来没有像以往那样被组织起

① Sir Thomas Skyrme, *History of Justices of the peace*, *Barry Rose and the justice of the Peace Chichester England*, 1994, p. 115.

② Bertram Osborne, *Justices of the Peace*1361 – 1848, the Sedgehill Press Shaftesbury, Dorset, 1960, p. 5.

③ Sir William Holdsworth, *A History of English Law*, Methuen & Co. Ltd. and Sweet & Maxwell Ltd. , I, 1956, p. 286.

来,有时会被公开的战事所打乱。①内战结束后,随着专制独裁的终结和民主议会的建立,国家发生了戏剧性的变化,开始了共和国政府时期,治安法官的权威在其发展史上却出现了一个低谷。然而复辟时期治安法官的热情又得到了恢复,热切地希望重建他们往日的权威,回到治安法官掌握地方政权的时代,在很大程度上他们的希望得以实现。"光荣革命"后治安法官的权力更是达到了顶峰。因为内战和革命后没有触动传统的治安法官地方管理体制,而王权的倾覆和式微、枢密院的衰落、星法院的废除又减弱了中央对地方的控制,增强了地方上治安法官的自主管理能力,治安法官除受王座法院颁发的特许状限制之外,不再受中央的行政监督。甚至有英国学者认为,那时治安法官几乎不受中央控制,季审法庭治安法官甚至拥有了部分的立法权。②

到19世纪20~30年代工业革命接近尾声,英国政治、经济、社会发生了显著变化。可是作为一个新的现代国家,英国在都铎时期确立的中央政府管理体制没有大的改变,治安法官制度的缺陷也更为明显,公众迫切要求通过法律和政府迅速改革地方政府和司法制度以适应新的社会、经济条件,治安法官制度无疑再一次经受了考验。

19世纪是英国地方政府改革的黄金时期,1888年法令规定了英格兰和威尔士现代地方政府的职能,用选举产生的咨议会代替了郡治安法官家长式的统治,治安法官很大一部分行政权转到了选举产生的咨议会手中,③唯一保留的行政功能就是颁发酒类饮料经营许可证。治安法官呈现出完全不同于以往的新形象:行政权的丧失,司法权的新界定。在其行政权削弱的过程中没有看到治安法官整体努力抵制移走他们的一些主要的行政职权的行动,而是接受已经出现的一些救济性质的举措,结果治安法官在改革的浪潮中不仅幸存下来,而且扩大了即决审判权,其司法权有了更多的保障和权威,进而发展成20世纪治安法官司法权的基础。从此以后,治安法官制度得以逐渐走上正常的发展轨道,并一以贯之。现今英国政府在治安法官的培训、信任度、司法程序、判决的执行等方面不断采取措施加以改进,治安法官制度日趋完善,英国有97%的刑事案件是由治安法官审理的。治安法官制度

---

① EstherMoir, *The Justice of the Peace*, Middlesex: Penguin Books Ltd., 1969, p.72. 沃里克郡治安法官的书记官曾记载,1642年10月,当治安法官托马斯·霍尔特爵士和约翰·莱尔进入季审法庭会议大厅还不到一小时,罗奇福德勋爵就带领800个士兵闯入了沃里克城,震耳欲聋的鼓号声使法庭无法工作,只好把会址迁往斯旺。此后该郡季审法庭有3年未举行过会议。

② SirThomas Skyrme, *History of Justices of the peace, Barry Rose and the justice of the Peace Chichester England*, 1994, pp.481-482. 治安法官主要通过两种形式介入立法工作:一是影响甚至要求议会通过有关的措施;二是他们在地方事务上创设一些全新的法律。

③ Sir William Holdsworth, *A History of English Law*, Methuen&Co. Ltd. and Sweet&Maxwell Ltd., I, 1956, p.292.

已成为英国一道耀眼的风景线。

二、英国治安法官的选任

(一)治安法官的任职资格

在治安法官诞生之初,国王往往任命富有且懂法的人担任治安法官,没有明确规定治安法官任职资格,1439 年议会法案规定担任治安法官者每年应有 20 英镑以上的土地收入,[①] 1732 年提高为 100 英镑,1906 年最后取消了治安法官的财产资格。大法官官邸部(Lord Chancellor Department)文件中"怎样成为治安法官"陈述道:大法官应该考虑候选人的个性适合程度,而不应将种族、性别、婚姻状况、性观念、政治联盟关系、宗教信仰作为衡量标准,也不应受制于办公对身体条件的要求和是否残疾。治安法官来源于一个较大的背景范围,不论性别、年龄、职业、种族、资历,只要对公共事务有兴趣,带有普通意识、正直诚实,有能力听取各方的争辩,做出公正、合理的判决,便可以向顾问委员会领取申请表格,提出书面申请。当然,他们必须有可靠的时间从事这一重要工作。具体来讲,申请者必须符合以下条件:

第一,国籍、住宅方面。不论年龄、残疾、性别、婚否、性观念、种族、宗教、社会背景甚至是否是被告,每个人都有平等的机会。大不列颠国籍不是必备条件,但一般需在申请的特定地区方圆 15 英里以内生活或工作。有一定的社区知识,关注社区问题,对所申请担任治安法官社区的历史、文化、现状有一定的了解。一般需要在该地区居住至少 12 个月以上。但被大法官任命的治安法官必须宣誓效忠伊丽莎白二世女王及其后继者,依法治国。大法官不任命来寻求庇护的候选人担任治安法官。

第二,年龄和身体方面。申请者必须身体健康,年龄在 21 ~ 65 岁之间,不排除不影响审判的残疾人。治安法官顾问委员会欢迎、鼓励没有人帮助就能履行其职责的残疾人提出申请,大法官将从其他方面综合考虑。如果健康状况影响其完成治安法官分内的职责,那么即使不是残疾人也不得被任命。

第三,资格和品质方面。对申请担任治安法官的人不要求有任何正式的学历资格,也不要求有任何先前的法律教育经历和实践经验,书记官会就法律和程序方面向其提供指导和帮助。但以下六种品质是必需的:[②](1)有好的性格和品性,性情温和,不急不躁,沉着冷静,正直诚实,尊重和信任他人,能与人和睦相处,受到社区

---

① Bertram Osborne, *Justices of the Peace*1361 – 1848, the Sedgehill Press Shaftesbury, Dorset, 1960, p. 12.

② S. H. Bailey & M. A. ,LI. B. ,*TheMordern English Legal System* (*fourth edition*),London, 2002, p. 211.

居民和工作同行的普遍认可。(2)有一定的理解和交流沟通能力,能够理解文件精神,识别鉴定相关事实,紧随证据有效地与各方进行交流,明察事理,理解他人。(3)有很强的社会责任感和浓厚的社会意识,认识到所要担任工作的重要性,乐于奉献,欣赏和接受法治。(4)成熟、有较强的正义感,秉公办事,伸张正义,不向邪恶低头,敢于主持公道。(5)有较好的逻辑推理、思维能力和理智的判断力,重视双方的辩论,能根据事实做出合理的决定、公正的判决。(6)诚实可信,愿意遵守忠诚的誓言,并能够履行自己担任治安法官的时间保证的承诺。

第四,时间方面。申请者在申请时必须承诺每年提供26~35个半天的审判服务,并另外有时间接受培训。作为一个治安法官,被要求每年至少有26个半天(10:00~13:30时)和4个整天审案。宪法事务部秘书和大法官则希望治安法官每年参加35个半天的审理。[1]一般来说会提前安排好执勤的时间表,在紧急情况下也有可能发生变化。治安法官也要接受培训、列席法院旁听、参加会议讨论、参观监狱的安置或作为治安法官委员会成员从事更多的庭外工作,这些培训主要是在治安法官工作时间之外。如果一个治安法官有较多的业余时间,那么他可以自愿地审理更多的案件,额外地接受或加入家庭和青少年专门小组,颁发执照等。

以上四个方面中的第三个方面是治安法官任职条件的核心,强调的并非是治安法官人选的学识、经验,而是一种"理念"。理念是西方思想史上非常重要而又非常古老的一个范畴,一般理解为理性的观念,这里尤指法律理念、司法理念。它与司法公正互为表里,缺乏正确的司法理念容易导致司法不公,而司法不公是错误的司法理念的外在表现形式。过去人们谈起法官的素质,更多涉及的是法官的法律知识、受教育程度和业务能力,极少谈到法官的司法理念。其实与知识、学位、办案经验相比,司法理念是根本的东西。在很多情况下法官仅仅掌握已有法律条文还是不够的,社会生活不会按照法律的假定去运行,案件也不会按照法律的"规范"而发生。可以说法官永远会面对法律供给不足的困难,他在运用法律条文以外,必须运用自己的法律理念、司法理念,正确地行使自由裁量权。同时由于司法的事后性、救济性,决定了法官面对的永远都是已经发生了的事情,他无法使时光倒转,重现昨日情景,必须通过证据来查找案件事实的每个片段,再将所有片段依法律逻辑联系起来,以重组案件"事实"。这就是法官在诉讼中的主要任务。因此,逻辑和证据是法官思维的两个特色,在第三方面中的第五点予以强调实在是值得称道。第三方面的第六点强调的是誓言。发誓在古代就是对上帝作出保证的一项十分严肃而神圣的活动;忠于信守是当时社会的最高道德准则,也是国家法律的明确要求。早期

---

① 载http://dca.gov.uk/magistrates.htm。

的《阿尔弗雷德法典》就规定："人人都应自尊自重，恪守誓言。"[①]如果发伪誓、作伪证，则是十恶不赦的弥天大罪，即将道德也纳入了治安法官的任职条件。

总而言之，申请者只要具备以上条件就可以自己提出申请。治安法官的任职条件非常抽象、简单，即只要具备一般正常思维、道德的人都够资格，这有利于司法的民主化、大众化，为广大民众参与司法打开了一条通路，并使社会与司法统一起来。

（二）治安法官的排他性资格限制

总体而言，治安法官包括非常广泛的职业人群，没有具体的职业、学历要求，但有些人是被取消申请资格或不会被任命的。他们是：正在或最近退休的警察（被解雇两年后方可任命）或服务于警务领域的公务人员及其配偶、朋友；特种警役部队成员及其配偶、朋友；交通监管人员及其配偶、朋友；有血缘或亲密关系的人已经就职于警官、特种警役、交通监管职业或有血缘或亲密关系的人已可能被委任为治安法院的治安法官；国王或女王陛下部队的全职人员；未偿清债务的破产者；本人或其配偶、朋友犯有某项严重的罪行或数项轻罪；议会成员或作为一个未来的上议院候选人或一个领薪的全职政党代表，他的选区在他可能被任命为治安法院法官的区域内。除了以上人员外，本人或其配偶、朋友的工作或社区活动与治安法官的职责很明显不相容的人也被排除，如皇家检察署、监狱管理处、缓刑部、治安法院服务处、青少年犯罪管理处等部门的工作人员。

虽然并不因申请者特殊的职业或其配偶、亲戚职业的关系必然取消其申请资格，但在任命时会予以考虑。总之，"凡其职务或工作可能与治安法官之职责相抵触或不协调之任何人"都不得担任治安法官，近亲属也不得同时在同一个治安法院内出任业余治安法官。[②]这些排他性限制条件符合回避制度的原则，有利于保障治安法官的中立性。

法官是问题的裁判者，人们对作为裁判者的法官总是寄予希望，希望他们切实地实现法律的正义。而要实现法律正义的追求，法官就必须保持中立，即不偏袒当事人双方中任何一方的中立，对双方当事人的主张或请求予以同等重视，对当事人的合法意志予以充分尊重，尽量不让个人的价值取向、情感产生偏异倾向。美国学者戈尔丁也指出中立应包含三个要求：一是任何人不得做自己案件的法官；二是结果中不能包含纠纷解决者个人的利益；三是纠纷解决者不应有支持或反对某一方

① 程汉大著：《英国政治制度史》，中国社会科学出版社 1995 年版，序言第 32 页。

② ［英］马赛尔·柏宁斯、克莱尔·戴尔著：《英国的治安法官》，李郝译，载《法学译丛》1990 年第 6 期。

的偏见。[1]这样的中立才是公正的中立,才具有正义的普遍价值。中立对于法官而言是必须做到的,这是他的职业身份的必然。然而,法官也是社会人,与普通人一样,也存在着社会关系、传统、信仰、偏见及自身意识等因素,法官并不一定比其他人更能摆脱这些因素对裁判过程的影响。而作为裁判者,法官的偏见和臆断会妨碍他公平地对待当事人各方,公平地处理纠纷。由此形成了司法的回避制度,尤其强调法官不能与案件有利害关系。[2]正如美国大法官弗兰克福特曾指出的:"任何人无论其职位多高,或者其个人动机多么正当,都不能是他自己案件的法官。这是法院的职责所在——如果可以允许某个人为他自己确定法律,那么也可以允许每个人这样做。那首先意味着混乱,然后就是暴虐。"[3]当当事人双方与法官是陌生人的关系时,对于陌生人之间的纠纷进行裁判,法官自然更易于做到公正。法律制度中的回避制度恰是要根除熟人之间难以做到中立的弊端。有利害关系或其他关系就可能影响审判的公正,熟人之间更多依赖的是人情关系,人情关系可能就是对制度的否定。治安法官选任的这些限制性条件正是保障治安法官司法中立的回避制度的体现,有利于治安法官的司法公正。也正是因为治安法官的司法公正,提高了治安法官判决的可接受性,而令社会大众能够信任季审法庭、小审法庭的判决乃至英国的整个法律体系。

(三)治安法官的任命

在过去几个世纪中,英国的治安法官都是先由各郡的副郡长提出相当的人选,然后经大法官提名,由英王加以任命的。为了改善提名办法,扩大治安法官人选的范围,1910 年根据皇家治安法官选举委员会的建议,英国政府采取了一种新的办法,即设立治安法官顾问委员会,由顾问委员会提名治安法官向大法官推荐。

在英格兰和威尔士大约有 100 个这样的顾问委员会,每个顾问委员会都负责某一特定区域。委员会成员大多数是治安法官,但非治安法官也占了委员会的 1/3。每个委员会都至少包括一名来自各主要政党的成员,还应该包括一些无党派且很有声望的人士。为了使顾问委员们免受压力和游说,委员们的名字一般都被保密,只有秘书的名字和地址被公开。但到 1988 年大约一半的委员公开了身份,1992 年委员们已全部公开其身份。

---

① [美]戈尔丁著:《法律哲学》,齐海滨译,三联书店 1987 年版,第 240 页。

② 例如,英国 1852 年的迪姆斯诉大金克森运河所有人案,首席大法官拥有被告运河公司的股份,他所作出的一项命令因此被最高法院推翻。而英国 1924 年的国王诉苏塞克斯法官案,体现了任何人都不能充当自己案件的法官的更高要求。在该案中,由于在治安法官们休庭合议时,有一名兼职的法庭职员参与了讨论,而该职员是与该案诉讼结果有利害关系的律师,因此治安法官所作出的判决被宣布无效。

③ [美]诺内特、塞尔兹尼克著:《转变中的法律与社会》,张志铭译,中国政法大学出版社 1994 年版,第 75 ~ 76 页。

由法令所规定的唯一正式任命条件是被任命者必须居住在被委任区域的15英里以内。具备任职资格的申请者可以自荐,也可以由任何个人或组织推荐给顾问委员会。对有意担任治安法官的人员一般要求其在获得工作或居住的地区填写一份完整的申请表,但不是每个申请者都会有机会面试,也不是每个面试者都被任命。所有获得面试资格的申请者必须经过两个阶段的面试:第一阶段主要测试申请者的个性是否适合;第二阶段主要通过至少两个案例的讨论来测试申请者的司法能力。一旦挑选出适合的申请者,顾问委员会就必须根据职位的空缺数和需求数,并从性别、种族、地理分布、职业和政治属性等方面对任命事宜广泛地加以考虑。

治安法官的任命虽然受到了各种各样的谴责和非议,但可以肯定的是英国现代治安法官的任命已有了很大的改观:代表的人群越来越多,治安法官的任命方法已不把政治上的偏私好恶包括在内:在考虑治安法官的人选时,工人和其他人一样列在被考虑的对象之内。1919年开始妇女也可以申请,尤其是治安法院的少年法庭要求开庭时至少有一名女性治安法官,越来越多的女性被任命为治安法官。①

三、治安法官的职责

作为治安法官,要以一种特殊的方式服务社区,弘扬法律的权威。经过几个世纪的发展演变,治安法官的职责已由司法兼理行政的地方长官转变为专理司法的司法人员。其主要职责为:

(一)刑事职责

"二战"后的初期英国仍像中世纪一样有三个层次的刑事法院,从高到低分别为巡回法庭、季审法庭和小审法庭。几乎所有的刑事案件都首先在小审法庭进行,95% ~97%的案件由小审法庭完全处理,小审法庭没有陪审团的参加,治安法官扮演了法官和陪审员的双重角色,既决定案件的事实问题,又作出判决。

除极少数例外(如重大欺诈案件),一般的刑事案件最初都由治安法官审理。按照英国犯罪的分类,治安法官审理刑事案件的职权也分为三种情况:

对于即决犯罪,不需要陪审团参加审判,通常由三名治安法官组成合议庭,通过制定时间表,决定保释金、听证,分析每个案件的证据,然后作出判决。如果一个被告被认定犯罪,他们会作出最适当的判刑。治安法官可以进行缺席判决,但不得在被告人缺席的情况下对其判处监禁或拘留。

---

① 妇女相对于男性的比例稳定上涨,从1947年的1:3.5到1996年的1:1.1和2001年的1:1.04。参见S. H. Bailey & M. A., LI. B., *The Mordern English Legal System* (*fourth edition*), London, 2002, p. 212。

对于可起诉可不起诉的犯罪,既可由治安法官在治安法院审理也可以在刑事法院审理,但只有被告人同意选择采用即决审判时才能由治安法官审理。当然被告一般都会选择由治安法官在治安法院审理,因为治安法官的审理较为迅速、处罚较轻,而且不服治安法官判决者还可以上诉至刑事法院。

对于只可起诉的犯罪,原则上只能由刑事法院在陪审团参加的情况下进行审理,但1952年开始给予了治安法官在治安法院刑事预审的权力,治安法官具有了部分的审判权。但治安法官主要是对犯罪进行预审,以确定是否需要立案。因为自英国废除大陪审团制度后,审查起诉的任务便历史性地落到了治安法官的身上。

对于上述三类犯罪,治安法官在其职权范围内对已经定罪的人可以处以6个月的监禁,也可以处以不超过5000英镑的罚款。对于数罪的情况,治安法官最多可以判处12个月监禁或不超过每罪5000英镑的罚款。此外,治安法官对成年人的判决还可以包括无罪释放、附条件释放、缓刑、社区服务令和赔偿令。为了保护未成年人的利益,治安法官还组成了少年法庭,专门审理未成年人的犯罪。

治安法官除了在治安法院从事即决审判和预审之外,还可以在刑事法院作为法官参与刑事案件的审判,但在法律问题上治安法官要始终听取并接受职业法官的指导和建议。

(二)民事职责

治安法官也审理不少民事案件,尤其是涉及家庭和儿童事务方面的民事案件。主要包括:司法分居、抚养费支付、私生子女生父确认令、未成年人监护、收养令以及与案件审理有关的命令等。

1989年的《儿童法案》扩大了治安法官在少年法院(以前的未成年人法院)对17岁以下未成年人的管辖权。根据1989年的儿童法及其1991年的修订本,原来的当地主审法庭的名称改为家事庭,而受过专门训练的治安法官被编入家事法官名单,遇有案件需要审理时即从此名单中抽取相应数量的治安法官组成审判庭审理。他们有权决定并强制执行因家庭破裂而必需的日常开支,也可以发布保护儿童及成人的命令,但是他们与郡法院与高等法院的最大不同在于无权宣告离婚。[①]根据1989年《儿童法案》,治安法院内的家事庭与高等法院、郡法院分享儿童案件的管辖权,具体划分根据案件的复杂程度决定。他们可以作出一系列有关儿童的命令,如保护或者监护命令、收养命令等。

(三)行政职责

从20世纪开始,治安法官几乎就没有保留什么行政职责,主要履行一些批准酒

---

① S. H. Bailey & M. A., LI. B., *The Mordern English Legal System* (*fourth edition*), London, 2002, p. 69.

类、赌博的许可和续签、处理社区收费(水、电、煤气)的执行和大量行政性决定的上诉(如拒发宠物店执照、驾驶执照等)事宜。这种情况至今也没有什么改变,但关于各种各样的延伸治安法官批准各类许可证的责任的建议不断有人提出来。

四、结　　语

不可否认,英国的治安法官制度存在着一些弊端,也遭到了一些非议,但公众并没有取消治安法官制度的观点,治安法官制度事实上已成为英国一种非常快速、便宜、行之有效的审判制度,为英国廉价而迅捷的司法体制之基础。虽然治安法官属于非专业的人士,不具备严格司法意义上的法官的含义,但治安法官制度已成为英国审判制度的基石。这从在英格兰和威尔士治安法官审理了97%的刑事案件以及对其他3%的案件的初步审查即可得见。因此有学者称,如果仅由为数不多的职业法官来支撑英国的刑事审判制度,这种制度准会即刻陷于瘫痪状态。

正是因为实行治安法官制度,根据案情的繁简和罪行的轻重在职业法官和治安法官之间进行了合理的分工,由这一大批治安法官分担了大量的简单案件的审理工作,使英国的职业法官有精力专注于那些案情重大或真正有法律争议案件的审理,真正体现了职业法官的价值,使英国成为法官精英化、职业化的典范。同时治安法官制度又从治安法官的选任资格、职责的划分等方面为民众参与审判打开了一条通路,使得司法大众化、平民化,进而促进了司法的民主化,即公正的实现并不完全为职业法律人士所垄断。正如托马斯·斯基尔姆所声称:“通过公民的参与,业余治安法官制度反映了非司法人员对司法的参与这一英国传统。这种业余治安法官的制度使公民确信法律是自己的法律,而且它是由像自己一样的公民来加以实施的,他并不是专属于律师所有的深不可测的领域。”

总之,治安法官制度一方面促进了司法的大众化、平民化,另一方面又促进了法官的精英化、职业化。在我国不断完善人民陪审员制度和法官制度的今天,不失为一种借鉴。

司法能动与司法自制之间

——罗斯福新政与联邦最高法院司法理念的变迁

蔡东丽*

美国历史上的每一个时期都有其独特的司法主题和法律理论。1929 年的经济危机使美国社会的各方面发生了巨大的变化,罗斯福总统为应对经济危机而实施的新政是美国历史上的一次重大改革运动,它打破了许多旧制度,树立了新的规范,在这一时期,美国社会许多传统的东西都经历了一次革新的洗礼。作为美国社会制度和政治制度的三大支柱之一的联邦最高法院在新政时期也经历了一次"宪法革命",①最高法院最初想维持旧的自由放任的理念并在司法过程中采取司法能动的姿态,但最后在与政府的斗争中改变了不合时宜的观念转而回归司法自制。新政时期美国最高法院的转型是美国宪政史、司法史上的重大事件,作者试图挖掘这一司法理念转变的过程,并归纳总结其原因与意义。

一、新政初期的联邦最高法院:妥协与自制

从 19 世纪末 20 世纪初以来,美国出现了一种改革发展的潮流,主张扩大中央政府的权力,改善中下层劳动人民的生活境况,清除社会经济发展中的弊端,伸张人民的基本权利,被称为"进步主义思潮",随之在各州相继发起了一系列进步主义运动,在工资、工时方面保障工人福利、进行立法,联邦政府也积极参与到进步主义改革运动中来,试图改变传统的限权政府观念,扩大政府管理公共事务和市场经济的权能。20 世纪初的西奥多 · 罗斯福政府改革运动、伍德罗 · 威尔逊的新自由运动都是在政府改革方面的具体实践。

这一社会发展趋势在联邦最高法院的司法实践中也反映出来,最高法院在一系列案件中受到挑战,要求承认联邦和州政府对经济放任和垄断企业的管制,承认政府制定的工时、工资立法,保障工会的权利,由政府为人民提供福利保障。20 世纪初以来,涉及劳工立法、劳资关系、政府管制社会经济等方面的案例在联邦最高法院不断出现并受到审查。

---

* 蔡东丽,2004 级外国法律史专业,指导老师:何勤华。现工作于华南理工大学法学院。

① William E. Leuchtenburg, *The Supreme Court Reborn: The Constitutional Revolution in the Age of Roosevelt*, Oxford University Press, 1995, p. 99.

美国宪法的第十四修正案第1款规定了正当法律程序,这一条款成为联邦最高法院解决以上问题的根据,20世纪初开始发展为"实质性正当程序",在1873年屠宰场案①和1876年芒恩案②中,斯蒂芬·菲尔德法官所发表的异议首次确立了"实质性正当程序"的观念。30年后,1905年洛克纳③案中鲁佛斯·佩卡姆法官在判决意见中正式将"实证性正当程序"确立为一项审查法律是否违宪的重要依据。在洛克纳案中,奥利弗·温德尔·霍姆斯法官发表了著名的异议,也是在30年后经过宪法革命,霍姆斯的异议成为主流司法理论。

在"实质性正当程序"确立后的30年间,最高法院由于人事和社会情况变化的影响,对维护契约自由还是保障公共福利、保护私有财产、自由市场还是政府管制等问题没有一个定论,法官们之间的意见也不统一,作出的判决随着社会、政治、经济情况而有变化,支持旧观念和新观念的判决时有作出。总体上说,直到新政前期,联邦最高法院所秉承的主流司法理念是支持传统的契约自由和自由市场经济理论,反对政府扩大干预的权力。20世纪初的这些问题一直延续到1929年经济危机发生后的罗斯福新政时期,并成为阻碍新政进行的重大宪政问题。

新政在思想渊源上继承了20世纪初以来的进步主义思潮,由于社会所面临的危机,30年以来所未决的宪政问题面临着最后的决断,这关系到整个国家的生存问题,这种状况也预示着,新旧宪政理论间的冲突和变革已经是不可逆转的了。

1933年富兰克林·罗斯福宣誓就职后,敦促国会出台了一系列紧急立法,就社会经济中的紧急情况制定对策。新政初期整个美国经济形势十分危急,金融、工业、农业等各个产业部门面临崩溃的危险,国家的存亡到了紧急关头。在这种形势下,任何传统、原则和规矩都不得不向中央联邦的紧急应对危机的权力让步。由于社会大环境所迫,司法部门不得不对行政部门的应急措施作出一定的让步,联邦最高法院也不例外。因此,在1934~1935年间联邦最高法院在行使司法审查权时是出于克制和容忍的态度的。

1934年住宅建设和贷款协会诉布莱斯德尔案④中,最高法院赞成以政府干预经济管制的方式来对抗大萧条。该案以5:4表决维护了明尼苏达州的一项州法,该法允许法院在经济危机期间暂停信贷公司因房地产抵押贷款人不能支付分期付款而取消贷款人赎回权的做法。休斯法官在意见中以紧急状态和有限的契约自由为依据,支持明州立法的合宪性。九位大法官中对此案持肯定态度的有斯通、布兰代斯

① Slaughterhouse Cases, 83 U.S. 36 (1873), see http://laws.findlaw.com/us/83/36.html.

② Munn v. Illinois, 94 U.S. 113 (1876), see http://laws.findlaw.com/us/94/113.html.

③ Lochner v. New York, 198 U.S. 45 (1905), see http://laws.findlaw.com/us/198/45.html.

④ Home Building and Loan Association v. Blaisdell, 290 U.S. 398 (1934), see http://laws.findlaw.com/us/290/398.html.

和卡多佐这三个坚定的“自由派”,以及立场不太坚定的罗伯茨法官和首席法官休斯,持反对意见的法官仍占到4位,他们为随后对政府管制行为的对抗埋下了伏笔。1934年纳比亚诉纽约州案①中,最高法院再一次以5:4判决支持这项州管制价格的立法,5位法官认为契约自由并不是绝对的,任何有损“公共利益”的商业和产业都应受到州的管制,牛奶业在无秩序竞争中面临着严重的危机,政府出面维护这一产业是合乎正当法律条款的行为。1934年的这两个案件表明最高法院在新政初期对政府干预经济行动是支持的,但是在新政初期经济萧条的情况下,持这种态度是最高法院不得已的选择,最高法院的每一个支持新政的判决都做得很勉强,大多数案件都是以5:4的分裂票裁决的。起到关键性作用的是立场不太坚定的,被划为中立派的两位法官查尔斯·休斯和欧文·罗伯茨,他们中的任何一位转变立场都可能影响最终的判决结果。这也为1935年后联邦最高法院转变态度坚决反对新政措施埋下了引子,在此之上,最终引发了司法部门与行政部门之间的冲突,造成了一场宪法危机。

二、新政中期的联邦最高法院:能动的危机

1935~1936年间,联邦最高法院向新政以及新政立法发起了激烈的反击,虽然这一时期的判决仍然是以5:4分裂票做出,法院中的多数派却已经倒向了反对新政立法的立场。首席法官休斯和罗伯茨法官一反新政初期对新政立法和措施的妥协态度,开始反对政府扩大干预和管制经济的权力,常用的武器是十四修正案中的正当程序条款和对商事条款进行的约束性解释。这一时期联邦最高法院全面否定或者限制新政立法的案件主要有巴拿马案、铁路退休金案、谢克特案、巴特勒案等典型案例,旨在为实施新政而制定的政府管制社会经济立法和建立福利社会的做法没能得到联邦最高法院的支持,法院的司法能动主义达到一个新的高峰。

1935年1月7日,在巴拿马精炼石油公司诉瑞安案中,否决《全国工业复兴法》的一部分,认为行政机关禁止在州际贸易中超出定量运输石油僭越立法权。1935年5月6日,在铁路退休金案中,宣布最初的《铁路退休金法》违宪。1935年5月27日,在黑色星期一判决的三个案件中,认为《全国工业复兴法》的一个重要部分违宪,其非法授予立法权给总统以及工业和贸易委员会;否决允许延期偿还抵押贷款的《破产法》的一部分;否决总统有权任意撤换联邦贸易委员会委员。1935年12月9日的霍普金斯联邦储蓄与贷款协会案中,认为联邦《住宅所有人贷款法》允许州建

① Nebbia v. New York, 291 U. S. 502 (1934), see http://laws.findlaw.com/us/291/502.html.

筑和贷款协会不经过州的同意转换成联邦建筑和贷款协会,违反宪法第十修正案侵犯了保留给各州的权力。①

1936年1月6日巴特勒案否决了1933年《农业调整法》的几个部分,其试图调节州农业产量。紧接着在1月13日里柯特米加工厂案中判决将被扣押的根据《农业调整法》征收的加工税返还给加工者。1936年4月6日琼斯诉证券交易委员会案中,限制证券交易委员会强制要求申请登记的成员提供信用记录的权力。1936年5月18日在卡特案中,否决1935年《烟煤法》的几个部分。1936年5月25日阿什顿案中,否决1934年5月24日修改的《破产法》。②

1935~1936年间,联邦最高法院也有极少数支持新政立法的判决,如在1936年2月17日的阿什旺德案③中,支持阿拉巴马电力公司将运输线以及某些不动产出售给联邦田纳西流域管理局,并允许田纳西流域管理局随后将威尔逊大坝生产的多余电力出售给阿拉巴马公司。1935年2月18日的三个黄金条款案中,支持国会的立法和联合决议建立一个新的货币体制,赞成废除合同中的黄金条款。

到1936年年底,联邦最高法院相继作出了几项支持国会立法的判决。如在1936年12月7日的美国电话电报公司诉美国案中,联邦通讯委员会根据1934年《通讯法》发布一项命令,要求建立一个统一的电话公司财务系统,这一规定得到了联邦最高法院的支持。在同一天的兰迪斯诉北美公司案中,最高法院从法律程序上去掉了执行1935年《公用事业控股公司法》的障碍。在1936年12月21日的美国诉柯蒂斯—赖特公司案中,萨瑟兰法官认为在外事领域将立法权授予行政机关代理是合宪的,总统在这一对外领域拥有完全和充分的权力。这说明,联邦最高法院对政府权力的审查并非持全盘否定的态度,在少数领域仍然会作出肯定的判决。④

---

① 所提及的案例:Panama Refining Corporation v. Ryan,293 U. S. 388 (1935); Railroad Retirement Board v. Alton R. Company,295 U. S. 330 (1935); Schechter Poultry Corporation v. United States,295 U. S. 495 (1935); Louisville Joint Stock Land Bank v. Radford,295 U. S. 555 (1935); Humphrey's Executor v. United States,295 U. S. 602 (1935); Hopkins Federal Savings & Loan Associations v. Cleary,296 U. S. 315 (1935)。

② 所提及的案例:U. S. v. Butler,297 U. S. 1 (1936);Rickert Rice Mills v. Fontenot,297 U. S. 110 (1936); Jones v. Securities and Exchange Commission, 298 U. S. 1 (1936); Carter v. Carter Coal Corporation,298 U. S. 238 (1936); Ashton v. Cameron County Water Improvement District No. 1,298 U. S. 513 (1936)。

③ Ashwander v. Tennessee Vally Authority,297 U. S. 288 (1936), see http://laws. findlaw. com/us/297/288. html.

④ 所提及的案例:American Telephone & Telegraph Company v. U. S. ,299. U. S. 232 (1936);Landis v. North American Company,299 U. S. 248 (1936);United States v. Curtiss-Wright Export Corporation,299 U. S. 304 (1936)。

1935～1936 年间,联邦最高法院的法官们使用司法审查权推翻国会立法和行政措施的次数已经大大超越以往,而且还大有彻底扼杀新政改革的气势。司法能动主义达到了一个新的高峰,由此引起司法部门的权力凌驾于立法权之上,这是一个危险的信号,历史上每当司法审查权过分行使时,总是伴随司法威信受到损害的结局。这一时期的联邦最高法院也开始进入一个新的动荡时期,那就是司法权与国会立法权和行政权之间发生冲突的时期。

1935～1936 年是联邦最高法院推翻新政立法的高潮时期,但在 1937 年后,联邦最高法院所作出的一系列推翻新政立法的裁决后来又被法院在其他案件中纠正过来。例如,在 1935 年的艾西万德诉田纳西流域管理局案①中,联邦最高法院只认定出售威尔逊大坝生产和经营的电力合乎宪法。后来 19 个公用事业公司又于 1936 年 5 月控诉田纳西流域管理局,要求颁布禁令,禁止该局除威尔逊水坝外再在其他地方生产和出售电力,联邦最高法院还是站在了公司一方,判决它们胜诉。但是从 1937 年 3 月起,联邦最高法院开始转而支持新政立法,在 1939 年 1 月的田纳西电力公司控告田纳西流域管理局一案②中,联邦最高法院确认了该局的合法性,并进而判决私营公司无权抱怨政府的竞争。③ 另外,1938 年美国诉伯金斯案④中,法院维持了 1938 年城市破产法,尽管该法与 1934 年在阿什顿案中被否决的成文法有相似之处。在 1940 年的阳光烟煤公司诉阿德金斯案⑤中,联邦最高法院批准了 1937 年烟煤法,该法与 1936 年卡特诉卡特烟煤公司案中被推翻的烟煤法相似。

三、1937 年宪法革命:冲突与转折

1936 年是美国总统大选之年,罗斯福因为在第一任期中获得出色政绩而以绝对优势获得大选的胜利。借助大选胜利的威势,罗斯福随即于 1937 年 2 月 5 日向国会提出法院填塞计划(Court - packing Plan),要求联邦法院法官若已经在法院服务 10 年且年满 70 岁,如果 6 个月内不自动退休,则由总统另外增派一名新法官进

① Ashwander v. Tennessee Vally Authority, 297 U. S. 288 (1936), see http://laws.findlaw.com/us/297/288.html.

② Tennessee Electric Power Company v. Tennessee Valley Authority, 306 U. S. 118 (1939), see http://laws.findlaw.com/us/306/118.html.

③ 刘绪贻:"田纳西流域管理局的性质、成就及其意义",载《美国研究》1991 年冬季号。

④ United States v. Bekins, 304 U. S. 27 (1938), see http://laws.findlaw.com/us/304/27.html.

⑤ Sunshine Antbracite Coal Company v. Adkins, 310 U. S. 381 (1940), see http://laws.findlaw.com/us/310/381.html.

入法院。[①] 罗斯福提出此计划的目的是试图以此控制联邦最高法院的人事,将支持政府和新政的人送入最高法院,消除最高法院对新政的司法障碍。但这一计划不仅没有取得预料的效果,反而在罗斯福领导的民主党内部造成分裂,削弱了支持新政政府的力量,损害了罗斯福在人们心目中的地位。正当该提案遭到来自各方面的阻力悬而未决之时,最高法院却在 1937 年初突然转变了立场,从西海岸旅馆公司诉帕里什一案开始,相继支持了政府的劳工立法和福利立法。这一历史事件就是美国宪法史上著名的"1937 年宪法革命"。

罗斯福在 1937 年 2 月 5 日宣布的司法改革计划在宪法史上具有十分重要的意义,虽然它试图控制联邦最高法院没有成功,但最高法院在这一风波中适时地改变了它的司法理念。法院填塞计划虽然没有成功,联邦最高法院的表现却达到了罗斯福想要的结果。最高法院在 1937 年帕里什案、劳工系列案、社会保险法案中相继表现出支持新政立法的姿态,后来罗斯福任命的法官进入联邦最高法院使得其司法理念实现彻底转变。

从 1937 年年初,联邦最高法院就开始支持新政立法,在 1937 年 1 月 4 日的肯塔基马鞭马轭公司诉伊利诺伊斯中央运输公司案中,支持国会调节州际贸易的权力,肯定其对各州进口囚犯制造的货物施加一定的限制是合理的。1937 年 1 月 11 日美国诉休德森案中,对国会立法就银条转手的收益征税有一个 35 天的回溯期表示支持。1937 年 3 月 1 日在霍略克水力公司诉美国写字纸公司案中要求修改一项规定以黄金支付的合同条款,以符合 1934 年黄金储备法。1937 年 3 月 3 日在辛辛那提肥皂公司诉美国案中,支持国会立法对第一个国内椰子油加工者征收货物税。3 月 29 日,除了帕里什一案的判决外,在另外三个案件的判决中,联邦最高法院也判决新政立法有效:松赞斯基诉美国案支持国会根据 1934 年 6 月 26 日的《全国火器法》对火器制造商征收执业税;赖特诉大山信托公司文顿分部案中认为 1935 年 8 月 28 日修改《破产法》的佛莱泽 - 雷蒙克法是有效的;弗吉尼亚铁路公司诉同盟案中支持《铁路劳工法》的有关规定,要求州际铁路路线与其雇工进行集体谈判。1937 年 4 月 12 日在一系列劳工关系案中,肯定了《全国劳工关系法》的合宪性。1937 年 5 月 17 日的安尼斯顿公司诉戴维斯案中,支持 1936 年《税收法》第 7 条有关将根据《农业调整法》所征税款归还给农业加工者的程序性规定。1937 年 5 月 24 日在涉及《社会保险法》的三个案例中分别支持国会有权在《社会保险法》中规定支付养老金的条款、支持该法对雇主征税的规定、支持阿拉巴马州对《社会保险法》的

① Gregory A. Caldeira, FDR's Court - Packing Plan in the Court of Public Opinion, see http://psweb.sbs.ohio - state.edu/faculty/gcald/PDF/Caldeira_1999.PDF.

补充立法。①

1937 年以后，政府对经济的管制问题已经不再是联邦最高法院争议的主要问题，随着支持新政派法官的增多，对新政社会、经济立法持支持态度的法官成为多数派，他们一致推翻了许多旧的先例并扩展了联邦管制权力的新领域。在 1938 年电力债券和股份公司诉证券交易委员会中维持了 1935 年《公用事业控股公司法》；在 1940 年美国诉阿巴拉契亚公司案中支持联邦对非可航水域的管制；在 1941 年美国诉达比木材公司案中推翻地方贸易对州际贸易影响是"直接"和"间接"的区分，扩大了联邦根据商事条款管理地方生产、贸易的范围；在 1942 年威卡特诉菲尔伯恩案中，即便是生产小麦供自己消费也在联邦的管理范围之内，法院对商事条款的解释发生了巨大的改变，使得政府的调控权大大扩展。② 在 1939 年的库瑞诉沃勒斯案中，首席法官休斯直率地说："本质上，国会被授予充分的权力，国会在使用这一权力时应当审慎，国会可以挑选行使管制权的对象和地点，可以考虑并衡量相关的形势和需要而不受技术性要求的限制。"③

最高法院在 1937 年以及其后的年头里作出了一系列判决，有力地支持和肯定了罗斯福所推行的新政政策，同时对美国的二元联邦制作出了新的解释，极大地扩充了联邦政府的权力。这些判决使联邦政府在管理商业和经济方面的权力不断加强、扩大，联邦政府对于以前无法进行管理的诸多领域，如劳资关系、社会保障、物价控制等领域都获得了进行管理和调控的权力。过去的州权理论和实质性正当程序的理念已经被完全抛弃，它们不可能再被用来限制联邦的管理权。新政时代的判决体现了自由竞争式资本主义与国家宪政主义理论与思想的较量，最终国家宪政主义取代了旧的自由竞争式资本主义，1937 年后联邦最高法院再也没有作出对新政立法不利的判决，法院为政府在社会、经济领域的管制权打开了大门，美国社会

---

① 所提及的案例：Kentucky Whip & Collar Company v. Illinois Cent. R. Co.，299 U. S. 334（1937）；United States v. Hudson，299 U. S. 498（1937）；Holyoke Water Power Company v. American Writing Paper Company，300 U. S. 324（1937）；Cincinnati Soap Company v. United States，301 U. S. 308（1937）；Sonzinsky v. United States，300 U. S. 506（1937）；Wright v. Vinton Branch of Mountain Trust Bank of Roanoke，Vaginia，300 U. S. 440（1937）；Virginian Railway Company v. Federation，300 U. S. 515（1937）；Anniston MFG. Co. v. Davis，301 U. S. 337（1937）；Chas. C. Steward Machine Corporation v. Davis，301 U. S. 548（1937）；Helvering v Davis，301. U. S. 619（1937）；Carmichael v. Southern Coal & Coke Company，301 U. S. 495（1937）。

② 所提及的案例：Electric Bond & Share Company v. Securities and Exchange Commission，303 U. S. 419（1938）；United States v. Appalachian Electric Power Company，311 U. S. 377（1940）；United States v. Darby，312 U. S. 100（1941）；Wickard v. Filburn，317 U. S. 111（1942）；Wickard v. Filburn，317 U. S. 111（1942）。

③ Currin v. Wallace，306 U. S. 1（1939），see http://laws. findlaw. com/us/306/1. html.

开始进入一个联邦和州对商业和经济进行大幅度、全面管理和管制的时代。①

联邦最高法院的转变是社会发展的必然要求,而政治上的压力和自身人事的改变是直接促使其转变的因素,其认清了自身的司法角色,从司法能动主义的立场回归到司法自制。与此同时,最高法院的人事开始发生变化,雨果·布莱克代替四大骑手之一的威利斯·范德万特成为罗斯福第一个任命到联邦最高法院的法官,他不仅是政府社会、经济立法的坚定支持者,还是一位顽强的"捍卫人权的斗士"。②由于最高法院的法官相继退休或去世,罗斯福后来接连获得八次提名的机会,将支持新政并同情下层劳动人民的法官送入联邦最高法院,从而彻底改变最高法院的倾向,为最高法院关注新的司法主题奠定了基础。因此从1937年以后,联邦政府经由商事条款使其管制经济的权力达到了前所未有的地步,对公民权利的保护也开始重视起来。

四、新政后期的联邦最高法院:回归自制

20世纪30年代的新政改革使联邦政府干预经济的权力极大扩展,同时也扩展了联邦政府对公民自由和公民权利干涉和保护的范围。新政后期,尤其在罗斯福填塞法院事件结束后,联邦政府在国民经济中发挥了越来越重要的作用,联邦政府管理经济的权力和对公民权利与自由的干涉和保护大大扩张。与此同时,最高法院回归到司法自制的立场,逐渐放弃对经济领域的实质性正当程序的司法审查,将注意的重点转向对公民权利的保护方面,并开始注意对民权领域的司法审查权的行使。

20世纪30年代后期联邦政府对公民自由和公民权利进行管理最重要的宪法依据是宪法第十四修正案。新政后期,联邦最高法院的最新动态就表现在它对宪法修正案作出了新的解释,大大扩展了联邦对公民权利的保护范围。通过一系列判例,对公民权利和种族平等问题作出积极的回应,将《权利法案》中的公民权利变成同时受宪法保护的、免予联邦政府和州政府侵犯的公民宪法权利。③ 在20世纪以来涉及言论、出版自由等第一修正案上的公民权利等案件的基础上,将《权利法案》纳入第十四修正案的正当程序条款保护的范围,以此扩大对各州公民权利的保护,这表现在表达自由、刑事诉讼中被告的权利、宗教自由和黑人争取平权等各个

---

① 王希著:《原则与妥协:美国宪法的精神与实践》,北京大学出版社2005年版,第351页。

② see http://www.infoplease.com/cig/supreme - court/willis - van - devanter - 1902 - 1932.html.

③ William E. Leuchtenburg, *The Supreme Court Reborn: The Constitutional Revolution in the Age of Roosevelt*, Oxford University Press, 1995, p. 140.

方面。

早在20世纪初期，在第一修正案的言论、出版自由等方面，霍姆斯法官在1919年申克诉合众国案中提出的“明确和当前的危险”原则为联邦最高法院树立了界定表达自由的标准，在随后的20年代，对该标准的使用有所修正，作出了新的阐释并进一步发展了第一修正案中和平集会的权利。同时，联邦最高法院在20年代末到30年代间也开始经由1931年的斯特龙伯格案和尼尔案、1936年格罗斯坚案、1937年德琼基案逐渐将第一修正案对表达自由的保护经由第十四修正案适用于各州。

1937年波尔克案中，卡多佐法官发表的意见为将《权利法案》的其他内容纳入第十四修正案提出了基础理论，开启了全面纳入的进程。1938年卡罗林案为法院在公民权利领域进行司法审查提供了理论依据，它的第四脚注(Footnote 4)①说明联邦最高法院可以利用第十四修正案来保护公民的权利。②

另外，在20世纪30年代，对各州刑事诉讼被告权利的保护也有所发展。对贫穷被告的司法援助来源于第六修正案中规定的律师权，1932年鲍威尔案确认了死刑案件中的被告享有律师权，1936年格罗斯坚案确认刑事诉讼中获得律师帮助的权利由第十四修正案中的正当法律程序保障，1938年的约翰逊诉泽伯斯特案将这一权利扩大到非死刑案件中。但是这一权利没有在联邦最高法院得到最终的确认，到1963年的吉迪恩诉温赖特案中才最终确定下来。③

同时，对刑事诉讼中的证据规则也有所发展，1934年布朗案排除了非法获得的证据，1934年斯尼德案虽然没能保障被告观看现场的权利，但是其提出了程序性权利的观念，推动了程序价值的发展。④

在各州的宗教自由方面，1934年汉密尔顿案中卡多佐法官的异议提出第一修正案保护的免予联邦侵犯的宗教自由由第十四修正案保护免受各州侵犯，首次提出将第一修正案对宗教自由的保障纳入十四修正案中。⑤ 但其意见没有完全确定下来，直到20世纪40年代后才开始对宗教自由进行深入研究、全面的保护。

---

① 斯通法官在这个脚注中指出，司法部门有必要对某些法律和政府政策进行严格审查，法律产生的过程可能并不是完全民主的，某些法律的制定可能是在排除某些社会群体参与情况下进行的，法院应该采取更能动的态度进行司法审查。第四脚注此后经常为最高法院判案所引用，为法院在民权领域采取司法能动的立场提供了依据。

② 任东来：“改变美国宪政历史的一个脚注”，载《读书》2005年第9期。

③ Powell v. State of Alabama, 287 U. S. 45 (1932); Grosjean v. American Press Company, 297 U. S. 233 (1936); Johnson v. Zerbst, 304 U. S. 458 (1938); Gideon v. Wainwright, 372 U. S. 335 (1963).

④ Brown v. State of Mississippi, 297 U. S. 278 (1936); Snyder v. Commonwealth of Massachusetts, 291 U. S. 97 (1934).

⑤ Hamilton v. Regents of the University of California, 293 U. S. 245 (1934), see http://laws.findlaw.com/us/293/245.html.

在黑人平等权方面,20世纪30年代保障黑人权利未成为联邦最高法院司法的目标,虽然在受教育领域有一定的发展,但没有推翻这一领域的种族隔离制度,只是为后来推翻这一制度树立了有效的先例。

因此,20世纪30年代对公民权利保护的发展主要体现在第一修正案的表达自由方面,法院采取能动的立场将其全面纳入十四修正案,用以保护各州公民的表达自由不受侵犯。刑事诉讼被告的权利在律师权和证据规则上有一定的发展,第五、六修正案的规定只有很少一部分纳入第十四修正案。对各州公民宗教自由的保护处于萌芽阶段,还未受到法院的重视。对黑人平等权的保护已经开始运用第十四修正案中的平等保护条款承认黑人在受教育权方面的同等权利,但也只是处于初级阶段,尚未进入大规模确认公民权利的时期,这些都为60年代的民权运动做好了准备。随着法院在公民权利领域的关注越来越多,更多的民权案件上诉到法院,司法主题的转变推动了法院进入一个全新的阶段。

五、反思与结论

20世纪30年代,联邦最高法院在经历罗斯福新政,尤其是1937年宪法革命的过程中,起初想维持旧的自由放任的司法理念,最后在与政府的斗争中转变了它的司法观念。可以说,特殊的历史时期和社会环境促成了联邦最高法院司法理念发生了这样的变迁:一方面,对宪法中商事条款的开放性解释扩展了联邦管制商业活动的权力;另一方面,对宪法第十四修正案正当程序条款的理解从实质性转向程序性解释,司法审查的重点逐渐转向公民权利领域。因而从新政后期开始,联邦最高法院对政府的社会经济立法不再审查,对公民权利逐渐重视,最高法院在司法观念上经历了从司法能动到司法自制的回归。需要着重指出的是,在公民权利领域,却又渐渐显现司法能动的趋势。

美国在建国之初,联邦最高法院的权力、地位远远不及立法机关和行政机关。制宪先贤专注于限制立法和行政权力,在宪法中以大量的篇幅规定行政权与立法权,对联邦最高法院的规定则非常笼统,既没有明确规定联邦最高法院高于各州法院,也没有明确地指出最高法院对国会立法的司法审查权。汉密尔顿就曾说过:“司法部门既无军权,又无财权,不能支配社会力量与财富,不能采取任何主动行动”,是“分立的三权中最弱的一个”。①

---

① [美]汉密尔顿、杰伊、麦迪逊等著:《联邦党人文集》,程逢如等译,商务印书馆1980年版,第391页。

只是在第四任首席法官约翰·马歇尔的领导下,联邦最高法院才争取到司法审查这一重要权力,确立并巩固了司法部门在美国三权分立体制中不可或缺的重要地位。马歇尔在马伯里诉麦迪逊一案中宣布:立法机构不得随意立法,只有最高法院才是一切与法律有关问题的最终裁决者。宪法高于一切法律,最高法院拥有对宪法的最终解释权。司法部门有权判定立法机关和行政机关的立法、行政行为和命令是否违宪。

美国宪法的制定者们在制定宪法的时候就认识到一部宪法不仅要满足当前的社会需要,而且要满足于未来社会发展的需要。因此他们在修宪的过程中采用了一种弹性的方式来进行规定,使后来者能从中发现适合解决问题的方法。① 这一方式就是没有规定诸多的繁冗细节,而是集中于规定国家的基本原则,如联邦二元制度、三权分立原则。宪法授予国会的权力是逐条列举的,还有其他"必要和适当的权力"。如何随着时代的变化解释这些权力,就交由联邦最高法院来决定。

在1819年的麦卡洛案中,首席法官马歇尔指出,宪法只是给出联邦政府结构及权力的总纲,列举了其最重要的职责,而它的其他权力则可以"根据这些职责的本质推导出来"。最后,他得出一个著名的结论:"我们绝不能忘记这是一部需要我们解释的宪法。"②可以说,宪法变化常常不是修正案的产物,而是解释的结果,它导致对旧的条款的新的理解。③ 马歇尔在麦克洛诉马里兰一案中还指出,"关于授予权力范围的问题将持续存在,只要我们的体制存在。"定义国会列举的权力最困难的工作是关于宪法第8部分第1条第3款中的商事条款,这一条款授权国会"调节与外国的商事活动,各州之间的商事活动以及与印第安部落的商事活动"。同时,根据宪法所规定的国会在行使所列举职权时享有制定"必要的和适当的法律"的权利,保障了联邦权力有一定的伸缩性。

除此以外,还有些宪法条款的规定也具有相当的弹性,这使得个人可以在广泛的范围内行使其天赋的权利,并且与社会需要保持一致。政府也可以在适当的范围内合理地行使宪法所授予的权力。对这些宪法条款如何解释,判断个人行为或政府行为是否符合宪法的精神,是联邦最高法院的职责。

例如,各州限制公民在第一修正案中的宗教、言论、出版自由是否是违反联邦宪法的行为?各州不给死刑案件的被告提供律师帮助、联邦干涉各州内企业与工人签订契约、政府管制工业生产量是否违反了第十四修正案中的正当法律程序造

---

① M. Ramaswamy, *The Creative Role of the Supreme Court of the United States*, Oxford University Press, 1956, p. 9.

② McCulloch v. Maryland, 17 U. S. 316 (1819), see http://laws.findlaw.com/us/17/316.html.

③ Cass R. Sunstein, Reply – Lochnering, 82 Texas Law Review 65 (Novermeber, 2003).

成对生命、自由、财产的剥夺？这些都不得不由最高法院来最后裁定。

早期联邦最高法院就经济的自由发展就已确定了初步的标准，在保障商业自由发展的同时，作出了有利于政府扩大管制权力的解释。

1819 年的达特茅斯诉伍德沃德案①确立了法人财产权的地位，使私人团体、民间组织获得宪法的保护，免予政府的政治干预，极大地限制了各州的权力，促进了商业发展，为 19 世纪晚期美国工业化时代的"自由放任"奠定了坚实的法律基础。但到 20 世纪初期，企业法人以契约神圣来损害个人权利的现象日益增多，使得最高法院也开始注重对契约自由加以一定的限制。

1819 年的麦卡洛诉马里兰案的判决意见中，马歇尔提出了解释宪法的"默许权力理论"（implied powers doctrine）。他认为，尽管宪法所规定的联邦权限中没有建立银行这类法人社团的内容，但与宪法的前身《邦联条例》中邦联所授权力都要"确切表述"不同，它没有排除"附带的或默许的各种权力"。鉴于宪法第 1 条第 8 款授权联邦政府通过"执行其上述权力所必要和适当的一切法律"（史称"必要和适当条款"，necessary and proper clause），第二合众国银行的建立和存在合乎宪法。

马歇尔在麦卡洛一案中对"必要和适当"条款的广义阐释，为联邦调控权力的扩充提供了宪法依据，从而使现代政府对经济的全面干预成为可能。马歇尔在麦卡洛案中对宪法宽泛的解释使得联邦政府的权力可以随着社会的需要根据这一"必要和适当"的条款来通过新的法律，不断扩大其管理权限。政府对经济生活的干预最终在新政时期达到顶点。此后，联邦政府介入美国社会生活的各个方面，从福利保障到科教文卫，从个人权利到团体利益，处处都受到政府的管理。

在 1824 年的吉本斯诉奥格登案中，联邦最高法院界定了联邦政府管理州际贸易的权力，该案直接关系到对国会权力范围的理解这一重要问题。马歇尔指出，"商务"不仅是"买卖"或"物品交换"（the interchange of commodities），它更是一种流通（intercourse），对商业应从宽解释为包括所有的经济交流和交换。这为美国未来商业的发展提供了一个自由的空间和牢固的法律保证，并大大扩充了联邦的权力。

在 1904 年的北方证券公司诉美国案中，最高法院修正了在 1895 年奈特案中的立场，指出反托拉斯法适用于任何一种联合或联合的企图，国会有权通过反托拉斯法，这并不妨碍契约自由。这一案件使得联邦政府建立起监管大公司活动的权威。

另一方面，联邦最高法院对宪法同一条款的解释不是恒久不变的，它可能在司法能动与司法自制之间徘徊，导致对同样的规定有不同的解释。随着社会的发展，

① Dartmouth College v. Woodward, 17 U. S. 518 (1819), see http://laws.findlaw.com/us/17/518.html.

国家权力与公民权利之间的关系问题有了新的变化,这些问题都需要联邦最高法院来解决。美国宪政虽然规定了联邦最高法院的司法审查权,但这一权力的行使也有其限度,从而出现了界定司法角色的问题。联邦最高法院的司法角色通常在司法能动与司法自制之间徘徊,在何时采取何种姿态,是美国宪政中一个不变的主题。正如麦克洛斯基所说,宪法的含义从来没有一锤定音,司法的使命从来没有一劳永逸,自我角色定位的磨难从来没有一蹴而就,对最高法院权威的挑战从来没有一刻停息。①

在1905年到1937年之间,宪法文化经历了一场真正的革命。1905年的洛克纳案和1923年的阿德金斯案在法院看来,政府的治安权应当受到限制,无论它包括什么都不包括规定最低工资或最高工时的权力。② 这种思想在后来的一些案子中,尤其是新政初期的一些案子中起着重要作用,最高法院对这些案件的裁决不仅否决最低工资和最高工时立法,而且还否决了一系列试图保护工人和下层劳动人民的其他措施。

在英美普通法系中,制度创新的基础,并非尽善尽美的宪政理论或立法,法规或制度的演变和创新,主要是基于司法实践以及司法经验和惯例的积累和发展。③ 1937年后联邦最高法院就是通过一系列新的判例,实现了宪政的革新。联邦最高法院重新解释了第十四修正案中的正当程序条款以及宪法第1条第8款中的商事条款,承认了联邦政府在管制经济方面扩张性的权力,并且支持国会行使征税权促进福利社会的建设。同时,罗斯福通过对新法官的任命,加强了联邦最高法院在保护个人(非经济)自由方面的角色。④ 1937年后联邦最高法院基本上退出了社会、经济立法领域的司法审查,从司法能动主义的立场回归司法自制。伴随着在社会、经济立法领域司法能动主义的消逝,联邦最高法院开始更多地在公民权利领域行使司法审查权。第十四修正案中的正当法律程序条款和平等保护条款被用来开创了一个全新的时代,它们在实现表达自由、刑事诉讼被告的权利、宗教自由、种族平等方面发挥了巨大的作用。

考察这一时期美国最高法院司法理念变化的原因有以下几个方面:美国社会、经济的发展、国内外形势的变化促使了最高法院司法理念的变迁;最高法院在美国法律传统中的地位使它在经受考验的同时能进一步发展;最高法院对自身角色有

① [美]罗伯特·麦克洛斯基著,桑福德·列文森增订:《美国最高法院》,任东来、孙雯、胡晓进译,中国政法大学出版社2005年版,第172页。

② Cass R. Sunstein, Reply – Lochnering, 82 *Texas Law Review* 65 (Novermeber, 2003).

③ 任东来著:《美国宪政历程:影响美国的25个司法大案》,中国法制出版社2004年版,第38页。

④ Michael Comiskey, Can a President Pack – or Draft – the Supreme Court? FDR and the Supreme Court in the Great Depression and World War Ⅱ, 57 *Albany Law Review* 1043 (Fall, 1994).

了正确的认识——从司法能动转变为司法自制；最高法院自身人事的改组也对其司法理念的变迁有影响。

回顾与反思新政时期美国最高法院的司法理念的转变，对我们建设中国的法院体制和宪政民主有十分重要的借鉴作用和意义。

首先，建设和谐社会需要法院考虑社会的需要，跟进社会形势。当前中国正在建设和谐社会，社会各方面都以此为目标建设和发展，法院作为司法系统的重要机构之一，对于促进社会和谐起着十分重要的作用。法院在行使其职能时，应考虑社会的发展和需要，与社会时代发展的潮流相一致，跟进社会形势，解决当前十分迫切的社会问题，如农民工权利、房屋拆迁以及个人隐私权等问题，从而尽可能充分地满足社会需要，促进和谐社会的建设。

其次，国家体制中应当确保司法部门的独立地位。我国的国情、民情与美国不同，美国法院系统在国家的三权分立体制中具有独立的地位，对行政权、立法权起到十分有效的制约，是社会冲突有效的调节器。而我国的国家体制中司法部门的地位不够独立，我国司法机关的权限相对弱小，行政机关的权力过大，导致公民权利的保障机制不够完善，公民权利容易受到侵犯。

最后，当前我国的社会形势与美国20世纪初期相似，有很多相似的社会问题，如何解决经济发展与保护公民权利之间的关系，司法部门在解决这一问题时扮演什么样的角色？从新政时期联邦最高法院的变化可以借鉴解决当前问题的途径。

在社会的发展和政治体制的运作中，司法部门永远是一个极为重要的参与者。若要使法院能够成为推动社会进步的动力，切实地履行其所肩负的维护社会公正的职责，司法部门就应以务实的司法理念为指导，更多地关注社会现实，而不能仅仅拘泥于僵化和过时的司法原则。霍姆斯说，我们也需要学会超越我们自己的信念，让有序的法律变化去废除我们曾经珍视的东西。[①] 唯有如此，司法机关才能真正成为宪政法治和社会公正的守护神，社会的民主化与法治化才能真正地实现。

如何解决经济发展与保护公民权利之间的关系，一方面，要为经济发展保驾护航，注意产权保护、维持正常的经济秩序和经济需求；另一方面，防止经济发展过快或不均衡，以至于影响或侵犯公民权利。我国法院所扮演的角色与美国法院不同，不存在所谓司法能动主义之说，法院的作用相反是发挥得不够充分，因此，我国法院应当发挥更积极、能动的作用。

① Sheldon M. Novick, ed., The Collected Works of Justice Holmes: *Complete Public Writings and Selected Judicial Opinions of Oliver Wendell Holmes*, University of Chicago Press, 1995, Vol. 3, p. 507.

司法克制理论的内涵及其现实意义

马　聪[*]

奥利弗·温德尔·霍姆斯是20世纪美国著名的大法官之一。在他任职美国联邦最高法院期间,因提出的一系列异议在后来都得到了认可,他的法律思想被誉为确立了美国最高法院20世纪法哲学的航程。在洛克纳诉纽约州一案中,霍姆斯的异议在后来逐渐上升为确定的学说。霍姆斯在该案中提出了他著名的司法克制理论。他认为,法官不应该评判其所依据的法律的优劣,也不应评判立法依据的经济理论的好坏。法律背后的经济理论应该是立法者而不是法官首先考虑的问题。

一、洛克纳诉纽约州案(Lochner v. New York, 198 U.S. 45, [1905])

(一)案情介绍

为了维持面包工厂的清洁及健康的作业环境,纽约州议会1897年制定的劳动法对工厂内的排水、换气等设备作了规定,同时也对劳动者的劳动时间规定了上限。该法的第110条规定:"不得要求或准许任何劳动者,在饼干、面包或者是蛋糕的制作过程中,一周工作超过60小时或者是一天工作超过10小时。"当纽约州一位名叫约瑟夫·洛克纳(Joseph Lochner)的面包店老板第二次违反这项规定时被起诉,纽约州法官判处了他50美元的罚款。这位面包店老板不服,提出上诉,而州的上诉法院(Court of Appeals)和州的最高法院也都支持了对其有罪的判决。最后,他上诉到联邦最高法院,声称纽约州的劳动法对面包厂工人工作时间的限制违反了合众国宪法第五修正案和第十四修正案的正当法律程序条款。

他的律师在庭上指控纽约州此项法律过分偏袒劳工,声称依联邦宪法第十四修正案条款的规定,人人皆享有平等的法律保护,各州不得任意剥夺此一平等权利。因此,其对这项法律提出质疑,因为它违反了正当程序,同时也并非治安权的合理运用。① 此外,洛克纳的律师又从宪法第十四修正案引申至第十五修正案,即未经正当法律程序,各州不得剥夺任何人的生命、自由以及财产等权利。洛克纳和面

---

* 马聪,2004级外国法律史专业,指导老师:何勤华。现工作于华南师范大学法学院。

① Lochner v. New York, 198 U. S. 45 (1905), see http://caselaw. lp. findlaw. com/scripts/getcase. pl? court = US&vol = 198&invol = 45.

包工人签订契约是宪法所赋予的契约自由,纽约州议会的该项法律显然已剥夺了他的契约自由,并连带剥夺了他对自己财产的控制权。

(二)最高法院意见——对契约自由的侵犯

联邦最高法院代表多数意见的佩克汉姆(Peckham)大法官站在"契约自由说"的立场上,宣判纽约州的立法因为超越了权限、违反了美国宪法而归于无效。以佩克汉姆为代表的最高法院的多数意见认为,根据宪法第十四修正案,在雇佣契约中,无论是劳动力的买方或卖方都具有同等的权利。

纽约州制定的劳动法是对劳资双方认为最合适而同意的劳动条件下签订契约权利的违法介入,完全是对个人权利的多余干涉。他们认为:"纽约州没有理由以工作时间之限制去干涉面包业者人身自由及自由签订契约之权利。"[①]这位大法官认为面包工人对于自己的权利自然懂得如何去维护,他们也能关照自己,用不着州议会来越俎代庖。鉴于此,纽约州1897年制定的劳动法违反了合众国宪法。因此,最高法院取消原判决,退回县法院重新审理。[②]

(三)霍姆斯大法官的异议——司法克制理论的提出[③]

与此相对,奥利弗·温德尔·霍姆斯(Oliver Wendell Holmes Jr. ,1841~1935年)等三名法官持反对态度,认为佩克汉姆等多数法官滥用了宪法修正案的自由条款,纽约州立法的出发点是要保护工人的身体健康,维护公众的利益和社会的正义。霍姆斯认为,"本案是根据我们国家大部分人都不认同的一个经济理论进行判决的。"[④]这个理论就是赫伯特·斯宾塞(Herbert Spencer,1820~1903年)的社会静力学理论,即受自由竞争经济思想支持的契约自由理论。而自由竞争经济思想只是形形色色的经济理论或原则中的一个。霍姆斯既没有解释也没有详细描述他的这一指控。相反,他接着指出以经济理由为依据的这个决定与他有关司法职能的观念是不一致的。霍姆斯强调:"光靠抽象的命题不能判决具体的案子。这个判决

---

① Lochner v. New York, 198 U. S. 45 (1905), see http://caselaw. lp. findlaw. com/scripts/getcase. pl? court = US&vol = 198&invol = 45.

② [日]藤仓皓一郎、木下毅、高桥一修、樋口范雄主编:《英美判例百选》,段匡、杨永庄译,北京大学出版社2005年版,第151~152页。

③ "司法克制"是后人对霍姆斯观点的总结,霍姆斯本人并未提出。

④ Lochner v. New York, 198 U. S. 45 (1905), see http://caselaw. lp. findlaw. com/scripts/getcase. pl? court = US&vol = 198&invol = 45. 佩克汉姆大法官的思想深受赫伯特·斯宾塞"自由放任思想"(laissez-faire)的影响。赫伯特·斯宾塞曾经劝告政府不要干涉商业,他认为社会自身具有自我调整的功能,假如让每个人对于商品之制造、买卖以及劳务之出售等都能尽其所能地去力争上游的话,社会本身一定能够自我调整到尽善尽美的地步。反之,如果政府对于那些处于劣势的人提供协助,势必使这些受到帮助的人失去创造和自力更生的动力,久而久之养成依赖性。

基于比清晰的大前提更为微妙的判断或直觉。"①他认为,法官们个人的观点不应当取代立法机关的判断。

霍姆斯的异议接着直接抨击了当时占主导地位的把法律和自由放任主义相提并论的观念。霍姆斯把这种观念称作是对斯宾塞首要原则的解释:"公民做自己想做的事情的自由以不干涉其他人同样这么做的自由为限",但是这一自由会受到"学院的纪律、邮局、每一个从他那里拿走钱的州或地方机构"的干预,不管他喜欢与否。如果"仅凭联邦宪法第十四修正案中的'自由'一词去阻碍大多数意见的结晶,则'自由'本身即已受到曲解和滥用。"②霍姆斯认为,"宪法的制定是由各种不同理论汇合而成的,它并不意图体现一种具体的经济理论,无论是家长制的(paternalism)、公民与国家有机联系的理论还是自由放任(laissez - faire)主义的理论"。③

根据霍姆斯的理论,如果将契约自由视为一种不可管制的权利,等于把一个由某个特殊经济理论中衍生出来的权利变成了美国公民的一种宪法权利,等于把雇主拥有的在劳力市场中的那种不合理的竞争优势变成了他们的一种受联邦宪法保护的权利。④ "除非可以说一个理性的、公正的人必然会承认,该案所提出的法律将侵犯我们的民族和法律传统所承认的那些基本原则。……一个有理性的人将会认为这项制定法是一项保护身体健康的正当措施。"⑤

这一命题支持着霍姆斯处理司法审查的一般进路。因此,他认为纽约州此项法律应被视为大多数人的意见(the will of the majority),并没有抵触联邦宪法,洛克纳的财产权并没有受到剥夺。宪法第十四修正案并未肯定斯宾塞的自由放任的经济学说,立法机关有权制定这类法律。⑥ 他的异议,认可劳动时间规则和劳动者健康之间的合理性关联,暗示了今天的双重标准论。⑦ 当时,其余各位大法官的意志已定,霍姆斯自知无法改变他们的初衷。他发表这些意见主要是针对将来,以待后来者,希望后世的人能够改正现在的错误。他的这一番意见,终于成为后来社会改

① Lochner v. New York, 198 U. S. 45 (1905), see http://caselaw. lp. findlaw. com/scripts/getcase. pl? court = US&vol = 198&invol = 45.

② Ibid.

③ Ibid.

④ David Luban, Justice Holmes and the Metaphysics of Judicial Restraint, 44 *Duke Law Journal*, 1994.

⑤ Lochner v. New York, 198 U. S. 45 (1905), see http://caselaw. lp. findlaw. com/scripts/getcase. pl? court = US&vol = 198&invol = 45.

⑥ 沈宗灵著:《现代西方法理学》,北京大学出版社 1992 年版,第 278 页。

⑦ [日]藤仓皓一郎、木下毅、高桥一修、樋口范雄主编,《英美判例百选》,段匡、杨永庄译,北京大学出版社 2005 年版,第 153 页。

革者的武器,为日后大规模的社会管理立法奠定了理论基础。

二、司法克制理论的内涵

洛克纳案被认为是最高法院史上最不光彩的判决。当评论者讨论这个案件的时候,他们多用它来说明20世纪法哲学方面发生的巨大变化,即见证了霍姆斯在洛克纳案的异议上升为确定的学说。洛克纳案之后,很多保护劳工的立法相继出台。

(一)法官不应评判其所依据法律的优劣

如果说佩克汉姆在洛克纳案中的意见代表的是一种19世纪晚期的法哲学观念的话,那么霍姆斯的意见则代表一个即将到来的法律时代。尽管佩克汉姆和霍姆斯大法官都阐明了一种合理性的检验标准,但二者在运用合理性标准的方式上还是有着根本的不同。佩克汉姆的法律意见表明,被质疑的法律的合理性必须作为客观事实由法官根据自身独立的判断来确定。在判定洛克纳案的法律无效时,最高法院实际上用自己的判断代替了立法者的判断。他自己独立地判定,该法律与治安权可以合法地实现的任何社会目标之间没有合理的关系。作为要由法官加以确定的一种客观标准,有关合理性的解释渗透在洛克纳案的法律意见中。洛克纳案中最高法院实际上是根据它本身对这样的立法是否可取的判断作出的。这种方法与霍姆斯的司法克制学说是完全不一致的。[①]

霍姆斯自己曾经写道:"就经济方面来说,我对管制劳动时间……是非常怀疑的。"[②]但是,根据他的司法审查理论,他个人的观点和法律是否可取是不相关的。霍姆斯在1923年的一起案件中这样表述:"评判的标准不在于我们是否认为该法律是为了公益的,而是一个理性的人是否会合理地持有那种信念。"[③]如果一项法律的"性质和影响"是"有争论的,那么立法机关有权作出自己的判断,而且就立法机关已经决定的问题来说,法官们个人的观点不应当取代立法机关的判断。"[④]

根据佩克汉姆的进路,法律是否可取是作为客观事实由最高法院根据独立判断来决定的。对霍姆斯来说,一个更为主观的标准更为合适:理性的立法者是否会认为该法律是达成预定目标的合理的方法?用霍姆斯的一位主要的司法信徒——法兰克福特(Felix Frankfurter)大法官的话来说:"当一个人在履行自己的司法职责

---

① Lochner Era Jurisprudence: The Peril Of Class, see Http://History. Binghamton. Edu. see http://www. law. gmu. edu/assets/files/publications/working_papers/03 – 18. pdf.

② 1 Holmes – Laski Letters 51, Howe Ed. 1953, 转引自[美]伯纳德·施瓦茨著:《美国最高法院史》,毕洪海、柯翀、石明磊译,中国政法大学出版社2005年版,第216页。

③ Adkins v. Children's Hospital, 261 U. S. 525(1923), see http://www. answers. com.

④ Hebe Co. v. Shaw, 248 U. S. (1919), see http://supreme. justia. com/us/248/297/.

的时候,他自己关于法律明智还是邪恶的观点应该被完全排除在外。我们自己朝向该方向的最好的法律意见,就是立法者能否明智地制定这样的法律。"①

(二)法官不应评判立法依据的经济理论的优劣

佩克汉姆和霍姆斯之间的另一个基本分歧是,最高法院在审查洛克纳案时依赖的是经济理论。洛克纳案中最高法院以不合理为由推翻了纽约州的法律,因为多数大法官不认可州立法机关据以行事的经济理论。这正是霍姆斯大法官所反对的司法审查进路。据他的英国朋友弗里德里希·波洛克(Frederick Pollock)说,霍姆斯这里所说的是"把社会或经济学说教条化不干美利坚合众国的事"。② 在该具体案件中,或许会存在对管制性的法律提出质疑的经济方面的主张。不过,对霍姆斯来说,这些主张适合向立法机关提出,而不是向法官提出。③ 霍姆斯关于该案是"根据经济理论判定"的断言,是20世纪最高法院审查管制行为进路的开场序曲。

正如半个世纪后霍姆斯的立场已经获得公认之后最高法院所述,法院"以不明智、没有远见或不符合某一特定学派思想为由推翻州的法律、管制商业和工业条件的法律是不合适的。"④即便法官不同意有关立法的经济理论,这也不是法官应该干预的。"立法机关将亚当·斯密(Adam Smith,1723~1790年)、赫伯特·斯宾塞还是约翰·梅纳德·凯恩斯(John Maynard Cairns,1883~1946年)或其他某些人作为教科书与我们无关。"⑤

然而,在佩克汉姆大法官看来,那恰恰是进行审查的法院所应该关注的。如果法律建立在法官们认为不合理的经济理论上面,那么法官就应该裁定法律无效。毫无疑问,佩克汉姆至少认为洛克纳案中纽约州劳动法那样的法律是不合理的。因为该案的法律违反了他法哲学赖以建立的基础:法律的目的是为了保障市场的自由运作和签订契约的自由。⑥ 按照他的理解,法律所保护的"自由包含了人类有权自由享有造物主赋予的权利,这种权利只服从必要的限制"。这同样是对赫伯特·斯宾塞首要原则的一种解释。但是洛克纳案中纽约州的劳动法明显违反了这一原则。

从更为宽泛的视角来看,霍姆斯对佩克汉姆的观念进行批评显然是正确的。

---

① 法兰克福特大法官在 West Virginia Board Of Education v. Barnette 319 U. S. 624, 647 (1943) 中的异议。

② Pollock, Mr. Justice Holmes, 44 *Harvard Law Review*, 1931.

③ David Luban, Justice Holmes and the Metaphysics of Judicial Restraint, 44 *Duke Law Journal*, 1994.

④ Ferguson v. Skrupa, 372 U. S. 726 (1963), see http://supreme. justia. com/us/ 372/726/.

⑤ Ibid.

⑥ Oliver Wendell Holmes: The Path of The Law, 110 *Harvard Law Review*, 1997.

正如霍姆斯曾经指出的那样，法官作为经济学家将不可避免地把自己的经济学观点写进宪法，而他们通常是以“50年前盛行的经济学理论”[①]为基础的。因此，霍姆斯对他的法官同事们的告诫至今依然能起作用，即宪法“并没有赋予我们将自己的经济观点纳入宪法的自由处理权”。[②]就像霍姆斯在他第一份最高法院的法律意见中指出的那样，“否则，一部宪法不是体现比较基本的权利规则……而是会变成一套特定……经济学观点的狂热支持者，那绝不能被认为无论何时、无论何地、无论何人都会认为正确的东西”。[③] 法律背后的经济理论仍然应该是一个立法者而不是法官首先考虑的问题。如果立法者具有理性的根据，法官的职责就是“执行即使我认为在经济学方面存在错误的法律”。[④]

霍姆斯曾说：“法官往往是天真、头脑简单的人。”[⑤]这对于像佩克汉姆一样用自己的经济学观念作为法律指南针的法官来说尤为适用。洛克纳案的结果实际上是将宪法作为对“适者生存”之法律的认可。只有当法院采用霍姆斯的进路，并且抛弃法官的经济学主张可以超越立法者据以立法的理论这一看法，才能够避免前述结果。今天，就像霍姆斯的时代那样，对法官来说可取的立场是，即便“作为一个政治经济学家来说，我应该同意批评该法律，但我仍然不愿意承认我自己有权以此推翻立法，除非我认为不可能存在正直的或者非常接近于正直的意见分歧。”[⑥]

霍姆斯在洛克纳案中的法律意见可能是他曾经有过的最著名的异议。卡多佐大法官曾这样说：“马修·阿诺德（Matthew Arnold，1822～1888年）在一个著名的段落中告诉我们，我们要记住能够区分诗歌写作中之真金和合金的几个诗句。对于那些检验法律的人来说，霍姆斯在洛克纳案异议中闪烁着光芒的警句可以起到同样的作用。”[⑦]正如波斯纳总结的那样，它可能不是“一份好的法律意见。但它是过去100年中最伟大的法律意见。用一般的标准来判断它是无的放矢。这是一部华章巨篇”。[⑧]

---

① Lochner Era Jurisprudence：The Peril Of Class, see Http://History. Binghamton. Edu. see http://www. law. gmu. edu/assets/files/publications/working_papers/03－18. pdf.

② Baldwin v. State Of Missouri, 281 U. S. 586 (1930), see http://supreme. justia. com/us/281/586/.

③ Otis v. Parker, 187 U. S. 606 (1903), see http://supreme. justia. com/us/187/606/case. html.

④ Oliver Wendell Holmes：The Path of The Law, 110 *Harvard Law Review*, 1997.

⑤ Holmes－Laski Letters 51, Howe Ed.

⑥ Commonwealth v. Perry, 155 Mass. 177, 123 (1891)，又参见霍姆斯著：《法律的生命在于经验——霍姆斯法学文集》，明辉译，清华大学出版社2007年版，第278页。

⑦ *Selected Writings Of Benjamin Nathan Cardozo*, Edited By Margaret E. Hall., Fallon Law Book Co., 1947, p. 81.

⑧ ［美］理查德·A. 波斯纳著：《法律与文学》，李国庆等译，中国政法大学出版社2002年版，第285页。

三、司法克制理论产生的社会历史背景

(一)自由放任的经济理论受到挑战

本案的判决体现了自由放任的经济理论,是实体正当程序论中有名的案例。产生该解释的社会背景,是南北战争后的资本主义的迅速发展和其弊病的明显化以及纠正弊病的革新主义的动态。19 世纪 90 年代,美国成为世界第一工业国的同时,劳资之间的不平等地位日益突出。工业化带来了数量不断增长的城市雇佣劳动者,这些人依靠着工厂雇佣和工资而维持生计。工人依赖他的工作,并且他们个人也没有权力去影响他们的工资、工时或其他雇佣条件。如果他拒绝有关条件,另一个劳力还正等着这份工作。[①] 因此,工厂检查法、安全设施、健康保护措施以及针对工业事故灾难的保险成为当时摆在工人面前的首要需求。为此,制定了很多规定公益事业费用的经济立法、有关劳动时间或最低工资以及保护工会活动的劳动立法。

自由放任的主张是英、法、德古典自由主义传统的重要组成部分,其创始人是 17 世纪 18 世纪处于上升时期的资产阶级商人、企业家,它主要通过英国社会学家赫伯特·斯宾塞(Herbert Spencer,1820 ~ 1903 年)影响美国。[②] 在学术领域,自由放任学说的捍卫者来自大学里的经济学家和道德哲学家。其代表人物有威廉·萨姆纳(William Graham Sumner,1840 ~ 1910 年)、约翰·贝茨·克拉克(John Bates Clark, 1847 ~ 1938 年)、伯吉斯(John W. Burgess)。法学界的学者们更是坚信"自由放任"的理论。法学界流行的信念是:宪法以个人的天赋权利为前提,旨在限制国家的权力;"自然法"高于宪法;个人的财产权高于国家的警察权。美国宪法第五修正案及第十四修正案的正当法律程序条款,就是自由放任理论在法律领域的最好载体。它禁止联邦或州不经过"法律上的正当程序"(Due Process of Law)剥夺公民的生命、自由和财产。最高法院在很长时间里把该条款解释为程序规定。

然而,当"自由放任"神话所描绘的自由、平等与和谐的竞争美景与现实生活中弱肉强食、贫富悬殊的"丛林社会"之间的反差无法用任何想象力来填补时,神话的破灭时刻也就到来了。[③] 从 1890 年开始,正当法律程序条款成了审查社会经济立

---

① [美]斯坦利·I. 库特勒编著:《最高法院与宪法——美国宪法史上重要判例选读》,朱增汶、林铮译,商务印书馆 2006 年版,第 134 页。

② 斯宾塞的《社会学原理》于 1865 年在美国出版,影响深远。而且,1882 年斯宾塞本人到美国讲学,进一步推动了其学说在美国经济学、政治学界的普及。参见孙有中著:《美国精神的象征——杜威社会思想研究》,上海人民出版社 2002 年版,第 300 页。

③ Dollar, Charles M. Ed.: *American*: *Changing Times*, Wiley, 1979, p. 206.

法的实体是否适当的根据。① 19 世纪 90 年代到 20 世纪 30 年代，最高法院以实体的正当法律程序原则为根据，把很多规定最高工时或最低工资的州或联邦的社会经济立法判决为违宪。最高法院的这种做法激起了大众的愤慨，主张有必要对这样的行为进行规制的呼声越来越高涨。

对自由放任主义、敌视政府管理进行最猛烈抨击的是赫伯特·克罗利(Herbert Croly)、沃尔特·韦尔(Walter Well)、沃尔特·李普曼(Walter Lippmann，1889～1974 年)等政治学家。克罗利指出，人们公认的美国政治传统，是不相信政府管理而在经济事务中实行极端自由放任主义的杰斐逊传统；相反，主张强有力的政府管理的汉密尔顿传统，由于在公众的头脑中被认为等同于上层阶级的特权，未予足够的重视。正是这种错误的观念造成目前弊病丛生。在一个必然出现大工业、大金融的时代，杰斐逊传统的这种不干涉和放任自流的政策，只能把国家带到一种同样不可避免的毁灭之途——特殊利益集团的权力扩张和广大群众的处境日益恶化。因此，改革者们必须放弃浪漫的杰斐逊观念，而代之以州和联邦在所有经济战线实行积极广泛干预的纲领。这首先意味着改革者必须放弃对于阶级或特殊利益立法的敌视。当前重要的任务首先是确定什么是“国家利益”，然后通过计划和立法加以实现。因此应该提倡一种“新国家主义”，吸引“最杰出的才智之士”，在调和有计划而积极的政府管理与民主传统的工作中进行领导，以适应民主所避免不了的新形势。②

此外，韦尔和李普曼也都以实用主义为指导，呼吁国家干预。韦尔认为，一个民主国家不能允许大多数人遭受屈辱和剥削，因为这些人最终会诉诸暴力并可能摧毁社会。人们不转而求助于法律、政府和国家，新的民主便不会到来。李普曼补充了克罗利尤其是韦尔的论点，赞成用实用主义的方法对待政治，认为必须实行民主集体主义。他说，自由并不是没有计划或不受政府控制，也不是无政府主义的代名词，“清静无为和软弱政府，那是对自由主义的曲解。能干的自由主义者一向关心法律的制定，关心权利和义务的明确规定……”③从 19 世纪后期开始到 20 世纪初，这种要求也反映到州和联邦的议会，以及最高法院的少数意见中。④

(二)新个人主义的价值观念浮出水面

美国 19 世纪中叶以前的“旧个人主义”的直接源头是欧洲的启蒙运动。美国

---

① [日]藤仓皓一郎、木下毅、高桥一修、樋口范雄主编：《英美判例百选》，段匡、杨永庄译，北京大学出版社 2005 年版，第 163 页。

② 克罗利的理论，对西奥多·罗斯福(Theodore Roosevelt，1858～1919 年)总统执政时期的国家政策产生了重大影响。

③ Dollar, Charles M. Ed.: *American: Changing Times*, Wiley, 1979, p. 168.

④ 而随着最高法院构成的微妙变化，即使是同样类型的案件，曾经是少数的意见，到后来的案件中却成了多数派的意见。

的开国元勋们继承了启蒙运动的这一精神遗产；而后来的超验主义思想家爱默生(Ralph Waldo Emerson,1803～1882年)、亨利·戴威·梭罗(Henry David Thoreau,1817～1862年)以及华尔特·惠特曼(Walt Whitman,1819～1892年)等人进一步将这种桀骜不驯的个人主义推向顶峰。

"旧个人主义"的核心是自由放任主义,具体表现为:强调政府不应干涉人们的生活,强调个人权利和人身自由的不受侵犯,提倡个人主义和自由企业,经济领域内则表现为经济个人主义,反对政府干预。① 这种维护现状的传统保守思想,不遗余力地为不受约束的资本主义和大企业的统治辩护,鼓吹宪法是富于"灵感"的文件,最高法院是"审判"的解释者,铁路建筑者、金融家和工业巨头对国家的进步有功。然而,正是这种哲学,成为"南北战争后一个时期内不断上升的资本家的一种度身定制的哲学",②得到了垄断资本家的极力拥护。于是,在"社会进步"的名义下,经济领域内的战争、贫困、剥削以及苦难,所有这一切都成了名正言顺的事情。③

美国人的这种强调个体、自由和权利的自由主义传统,与广大移民的积极进取精神相对应,对于推动北美大陆的大规模开发和美国的迅速崛起,曾经起到了有益的、值得肯定的作用。而当这种价值观念恶性发展,造成了社会财富分配的不均衡,社会各种矛盾日益尖锐,已经威胁到经济发展和社会稳定的时候,一种新的价值观念就又呼之欲出。

因此,在20世纪初,就出现了一种新个人主义的价值观。这种价值观重视人与人之间的交流,重视人与人之间的合作。个人的自由只有在与他人的联系、交流与合作中才能得到最大的实现。新个人主义不再把政府作为异己的压迫力量加以敌视,而是把它当做一种必要的人类组织形式,用来服务于个人自由发展的根本目的;它不再把人生视为一场残酷的生存斗争,把他人视为必须征服的对象,而是把社会视为一个有机的共同体,强调全体社会成员合作运用智慧、运用科学技术来解决共同体所面临的问题,从而不断丰富共同体生活的意义,并最终实现每一个人的自由发展。④ 霍姆斯在本案中的异议正是体现了这种新个人主义的价值观。

---

① 这种哲学,以美国传统的个人主义信仰为基础,以古典经济法则和社会达尔文主义作为其理论依据。参见 Wiebe, Robert H.: *The Search For Order*, 1877－1920, New York, Hill & Wang, 1967, p. 25。

② Faulkner, Harold: *The Decline Of Laissez Faire*, 1897－1917, Harper & Row, New York, 1951, p. 13.

③ 刘绪贻、杨生茂总主编,余志森主编:《美国通史·第4卷·崛起和扩张的年代》,人民出版社2002年版,第250页。

④ 斯宾塞的《社会学原理》于1865年在美国出版,影响深远。而且,1882年斯宾塞本人来美国讲学,进一步推动了其学说在美国经济学、政治学界的普及。参见孙有中著:《美国精神的象征——杜威社会思想研究》,上海人民出版社2002年版,第299页。

四、对完善我国司法程序的指导意义

从上述案例可以看出，在20世纪初期，新、旧两种法理思想并存于美国最高法院，这实际上代表了当时美国司法界存在的两种不同的宪法观。旧宪法观坚持维护自由竞争式的资本主义秩序，捍卫私有财产权，限制国家在经济管理和调节社会关系中的作用。而霍姆斯等人则倡将法律看成是流动的，不是一成不变的。主张要让宪法对变化了的社会条件作出反应。正如霍姆斯所说，美国宪法如同人的生命一样，是一种"试验"(experiment)。言外之意，法律不是一堆僵硬的、丝丝入扣的逻辑推理，而是一种不断积累的并能及时回应现实要求的经验。这是一种现实主义的法学观。①

霍姆斯大法官的司法克制理论对完善我国司法程序具有很强的指导意义。在司法实践中，对法官自由裁量权的合理限制一直是困扰司法界的一个难题。过分限制法官的自由裁量权，会使法官在处理司法实践中出现的一些难以预料的情况时缺乏灵活性而无从下手；而过分扩大法官的自由裁量权又会使司法实践中的司法擅断增加而冤假错案出现的比率增加。司法克制理论对合理限制法官的自由裁量权无疑具有很好的借鉴价值。司法克制理论认为法官不应评判其所依据法律的优劣，就为法官自由裁量权的行使作了适用范围的限制；而法官不应评判立法依据的经济理论的优劣，又为限制法官自由裁量权的行使提供了理论依据。霍姆斯等人提倡的法律现实主义(legal realism)，确立了美国最高法院法哲学的未来航程，同时也为我国的司法改革提供了可兹借鉴的宝贵经验。

① 霍姆斯是现实主义法学的奠基人。现实主义法学，也叫实用主义法学，泛指以实用主义哲学作为其哲学基础的法学流派。它兴起于美国19世纪20～30年代，是一种比较激进的法学思潮，以反对传统法学，提倡立足现实而得名。霍姆斯首先将实用主义哲学应用于法学研究，反对理性法与自然法的形而上学，重视法院判决方法，并以此种经过实际验证的判决法理作为法律认识的对象。

美国集团诉讼的要件、类型、运作机制及其修正

潘申明*

一、要件与类型

(一)集团诉讼的共同要件

美国《联邦民事诉讼规则》第23条自1966年修正以后(以下简称1966年《规则》第23条),就在(a)款规定了集团诉讼的四个基本共同要件,该四个要件对于(b)款所有三种类型的集团诉讼均适用。

1. 人数过多以至于进行共同诉讼为不可行

根据1966年《规则》第23条规定,人数过多以至于无法进行共同诉讼时才能进行集团诉讼,但是,该规则并未明确多少人数才算过多。在实务中有16个成员以下的集团不被法院认为不足以进行集团诉讼的个案,[①]也有25个成员的集团曾被认定为足以构成人数过多致共同诉讼不可行的个案。[②] 由于在司法实践中,多数情况下,成员的人数多半是数百人以上。所以,这一要件一般不会成为实务中的困扰。

2. 共同问题(commonality)

1966年《规则》第23条第(a)款第(2)项规定,集团成员必须有法律上或事实上的共同问题。该要件在起诉之初,对集团下定义时即须解决,因为如果当事人各自法律或事实上之理由不相同,集团诉讼根本无法进行。共同问题要件在解释和适用上,可能会遭遇某些困难。为解决该困难,法院在实务上发展出一个"共同行为过程"(common course of conduct)的理论。

---

* 潘申明,2006级外国法律史专业,指导老师:何勤华。现工作于宁波市北仑区检察院。

① Hyde v. First & Merchants Nat'L Bank. 41 F. R. D. 527(W. D. Vd. 1967)(4 members), Brooks v. Briley, 274 F. Supp. 538, 11 FedRServ. 2d 478(M. . D. Tenn. 1967)(7 members), Rippey v. Denver United States Nat'L Bank, 260 F. Supp. 704(D. Colo. 1966) (8 members), DeMarco v. Edens, 390 F. 2d 836(2d Cir. 1968) (16 members). 但也有人认为13人即足够的,参见Dale Elecs., Inc. v. R. C. L. Elecs., Inc., 53 F. R. D. 531., 534 – 536(D. N. H. 1971), See Note, "Defendant Class Actions," 91 Harv. L. Rev. 1978, p. 633。

② Philadelphia Elec. Co. V. Anaconda Am. Brass Co., 43 F. R. D. 452, 463(E. D. Pa. 1968).

3. 请求或抗辩的典型性(typicality)

1966年《规则》第23条第(a)款第(3)项规定代表当事人之请求或抗辩,必须为集团全体成员请求或抗辩的典型。其第(a)款第(2)项着重于全体集团成员间所存在的客观关系,避免因成员间利益互相矛盾致集团诉讼的目的无法达成。其第(a)款第(3)项和第(a)款第(4)项则着重于代表当事人与未出庭之成员间的主观关系,主要在于保护未出庭当事人的利益。

4. 代表之适当性

1966年《规则》第23条第(a)款第(4)项规定代表当事人能公平适当地维护集团全体之利益。其第(a)款第(3)项要求代表当事人必须与集团全体成员间存在相同或类似的利益,本款则更进一步要求代表当事人必须能公平适当地维护集团全体之利益。

代表当事人是否具有适当性,法院应考量三个方面的因素,①(1)代表当事人本身的问题,除了其请求或抗辩的典型性外,必须有相当的重要性,足以确信其将尽力维护自己及其他成员的利益。代表当事人本身的动机也须考量,如果其动机纯粹是为了贪利或报复其他不正当的动机,是否足以适当公平地维护其余成员的利益,即很有怀疑之处。(2)代表当事人所委任的诉讼代理人是否具备足够的经验学识及诉讼技巧,以及诉讼代理人的动机也一并考虑。(3)如果诉讼进行中发现代表当事人不具有适当性,法院可以依据该规则第(d)款第(3)项给予的条件,更进一步赋予法院裁量权,以保障未出庭成员的利益。

(二)美国集团诉讼类型

1966年《规则》第23条就是为改进1938年《规则》第23条的弊端,依据效果进行分类,首先由(a)款规定了适用于所有类型集团诉讼的四个基本共同要件,其次在(b)款分别详列了三种不同类型集团诉讼的特别要件,最后在由(c)款第(3)项规定其判决的不同效果,这一分类一直延续至今。

1. 23(b)(1)类型的集团诉讼

23(b)(1)类型的集团诉讼,因集团成员如个别诉讼时,所造成对集团对方当事人或集团其余成员的不良影响,而区分为(A)、(B)两种次类型。23(b)(1)(A)是对集团对方当事人的影响,23(b)(1)(B)则是对集团其余成员的影响。

(1)第一种23(b)(1)(A)类型

23(b)(1)(A)类型集团诉讼成立的条件是,"一个集团的不同成员如分别起诉或被诉,可能使裁决之间不一致。而这些裁决之间的变化将为对方当事人确立多

---

① Cound et al., *Cases and Materials on Civil Procedure*, 3rd Ed, 1980, p. 581. 转引自郭杞堂:"美国集团诉讼制度之研究",台湾文化大学1989年硕士学位论文。

个不相容的行为标准”。

同时必须注意的是，在23(b)(1)(A)类型中，成员个别诉讼的可能性必须存在。由于集团对方当事人产生不一致行为标准的危险，系以成员个别诉讼的可能性为前提，如果集团成员多系小额债权人，不愿或无资力个别起诉，对方当事人当然不致有面临不一致行为标准的危险，从而也排除了23(b)(1)(A)类型适用的必要性。

(2)第二种23(b)(1)(B)类型

23(b)(1)(B)类型的典型适用是债务人资产有限，不足以满足所有债权人的请求，即所谓“有限资力”的情形。其成立条件是“针对个别集团成员裁决将实际处分不是个别裁决当事人的其他集团成员的利益，或者将实质上阻碍他人维护自己的合法权益”。

23(b)(1)(B)类型的危险，在于成员个别起诉的裁判结果，将损及其余成员的利益，与23(b)(1)(A)类型的影响对方当事人的利益很不相同。其立法着眼点不是防止裁判的矛盾或歧异，而在于防止少数成员侵害多数成员的利益，所以不以个别诉讼之可能性存在为必要。

2. 23(b)(2)类型的集团诉讼

根据2007年美国联邦民事诉讼规则第23条第(b)款第(2)项之规定，“如果集团对方当事人以普遍适用于集团的理由作为或不作为，以至于将该集团作为一个整体作出终决性禁令或相当的宣示性救济的判决是适宜的”，则允许提起集团诉讼。23(b)(2)类型的集团诉讼其成立有两个特别要件：一为集团对方当事人有普遍适用于集团的理由作为或不作为；二为对集团全体赋予终局的禁止性救济或相当的宣示性救济为适当。

所谓的“普遍适用于集团的理由”只需影响及于集团全体即可，无须直接对集团全体为或不为一定之行为。而所谓“终局的禁止性救济”是指该禁止性救济须为终局的，仅中间性的，随时得于终局裁判前修正或撤销的禁止性命令，不属于有终结该事件的确定效力。

所谓的“相当的宣示性救济”，指该宣示性之救济须为禁止性救济之基础。例如，宣告(确认)某契约义务不存在，仅系请求损害赔偿之基础，不能算是“相当的宣示性救济”，但是如果是宣告某制定法的条款违宪的宣告性判决，因可作为其后的禁止性命令之基础，可以称得上是“相当的宣示性救济”。

依据23(b)(2)类型提起集团诉讼，并非仅限于寻求禁止性或相当的宣示性救济，且同时赋予寻求赔偿性之救济的也属适当。

23(b)(2)类型的集团诉讼在美国适用最多、最广泛的是人权案件，但在1966年《规则》第23条出台前，公众并不能依据1938年《规则》第23条的规定提起人权集团诉讼。即便是1964年《人权法》制定当时,立法者都未能认识到集团诉讼会在人权诉讼中扮演如此重要的角色。1966年《规则》第23条修正时,立法者在立法说明中,特别提到人权案件为23(b)(2)类型的适例,终于引起学者和实务界的注意。①

3. 23(b)(3)类型的集团诉讼

依据2007年美国联邦民事诉讼规则第23条第(b)款第(3)项之规定,"法院认为对于集团成员的共同的法律或事实问题优先于涉及影响个别成员的任何问题。而且集团诉讼优越于其他任何可行的方式更能公平、有效地解决争议",可以提起集团诉讼。23(b)(3)类型集团诉讼的立法目的是为了"达成时间、精力及费用的经济性,并促进判决的一致",以及"照顾弱小者"。

据此,23(b)(3)类型的集团诉讼其成立的第一个特别要件是共同问题须优先于个别问题。如果影响个别成员的问题太多,并掩盖了共同问题,则集团诉讼的一次性解决纷争,防止裁判歧异的功能将丧失殆尽。

23(b)(3)类型的集团诉讼其成立的第二个特别要件是集团诉讼较其他方法在公平有效地解决争端上,更具卓越性。即集团诉讼必须是较其他方法更能公平有效地解决争端。其他解决争端的方法,可能是共同诉讼(joinder)、合并审理(consolidation)、参加诉讼(intervention)、示范诉讼(test case)、代表人诉讼以及行政措施等。

在审查23(b)(3)类型集团诉讼的两个特别成立要件是否符合时,法院的决定应当考虑下列几点:(A)"通过在分别诉讼中个别起诉或防御时集团成员的利益",因为如果成员具有异于其他成员的特别理由,并必须为个别裁判时,其加入集团的积极性肯定不高。而且,此种个别利益越强烈,集团诉讼共同问题的优先性及解决争端的卓越性即相对降低。(B)"集团成员已经提起或被提起的任何与争议相关的诉讼的范围和性质",如果该已分别进行中的诉讼,范围及性质差异很大,则所涉成员必定不愿意加入其后的集团诉讼。此时,则集团诉讼非但不具备共同问题的优先性,甚至也无解决争端的卓越性。(C)"将诉讼请求集中到某个特定法庭的优、缺点"。而且(D)"管理集团诉讼可能存在的困难"。

二、运 行 机 制

(一)管辖金额的限制

限制"管辖金额"的理由,依据国会立法的理由说明,一方面在于不能因为太高

---

① Developments in the Law – Class Actions, 89 *Harv. L. Rev.* 1976, p. 1325.

以至于联邦法院成为大企业的专用法院，另一方面也不能太低而使联邦法院浪费时间在琐碎事务的审理上。① 美国联邦法院对于民事诉讼的管辖，限于该诉讼标的系由联邦宪法、法律或条约所生的争议或当事人之间具有不同的州籍的，且其请求的金额除了诉讼费和利息外，必须超过一定金额，最初在1789年定为500美元，1887年定为2000美元，1911年增为3000美元，1958年增为10,000美元，现为75,000美元。根据2005年《美国集团诉讼公平法》，如果争议的总数超过500万，个别原告集团成员的诉讼请求不再需要达到75,000美元的要求。

在实践中，经常会遇到原告请求额虽然未达到管辖金额限制，但集团成员请求额合计可以达到管辖金额的情形。对于此类情形，是否符合管辖金额，美国联邦法院开始的认识并不一致。1967年Alvarez v. American Life Ins. co. 案②和1968年的Gas Serv. Co. v. Coburn③一案中第五和第十巡回法院分别呈现出不同的态度。1973年最高法院在Zahn v. International Paper Co. ④一案中，对管辖金额作了更进一步的限制。该案中原告系Vermont州Orwell张伯伦湖(Lake Champlain)畔的业主代表其余200名湖畔业主向被告公司起诉请求赔偿因污染张伯伦湖致其产业受损，由于被告公司为纽约州一公司，依不同州籍的管辖向联邦地方法院起诉，代表原告等所主张的金额虽均超过10,000美元，联邦地方法院却认为其余之集团成员所受的损害未必均超过10,000美元。所以，不准集团诉讼的成立。最高法院在该案中重申Snyder案的判决，强调个别请求额不能合计的原则，并非基于旧法的分类，而是法院在旧法制定前的司法解释，此解释不因修正后的第23条有所不同而因之有所改变，并进一步认为依修正后第23条第(b)款第(3)项所提起的集团诉讼即使原告代表当事人合于管辖金额，也不能使其余不合乎管辖金额的集团成员搭乘便车，必须每一原告成员均合乎于管辖金额，其管辖才能算合法。为此引发的学界对联邦法院管辖金额的猛烈抨击，认为此与修正后的第23条保护小额债权人的立法精神相违背，必将迫使大部分消费者诉讼和环境保护诉讼到各州起诉，而多数州对此类集团诉讼的规定，远不及联邦立法宽松。⑤

但是现在已经逐渐明确，应当每个已确定的原告与被告之间的争议标的达到

① S. Rep. No. 1830, 85th Cong., 2d sess., 1958, pp. 3-4.

② 375 F. 2d 992 (5 th Cir. 1967).

③ 389 F. 2d 831 (10 th Cir.) cert. Granted, 89 S. Ct. 232 (1968), rev'd, 89 S. Ct. 1053 (1969).

④ C.f. Zahn v. International Paper Co., 414 U.S. 291, 94S. Ct. 505, 38 L. Ed. 2d 1973, p. 511.

⑤ Cound et al., *Cases and Materials on Civil Procedure*, 3 rd Ed. (1980). 应当说明的现在绝大部分州已经采联邦同样的立法，要说有差异可能也只是各州法官的经验要较联邦法官差些。

75,000 美元。[1]

(二)集团诉讼成立的裁定

根据2007年修正后的美国联邦民事诉讼规则第23条第(c)款之规定:"在一个人作为集团代表起诉或被诉后,在一个切合实际的较早的时间里(at an early practicable time),法院必须通过裁定方式决定是否确认某个诉讼是否集团诉讼。"

确认集团诉讼的裁定必须阐释该集团,集团诉讼请求、争点或抗辩,并必须根据第23条第(g)款之规定任命一个集团顾问。但在终局裁判前,确认集团或否认集团的裁定可以被改变或修正。

在此过程中,法院应着重调查以下三个方面:(1)原告诉称的集团是否存在;(2)各起诉原告是否适格;(3)是否符合联邦民事诉讼规则第23条第(a)款所规定的要件,如果符合则属于第(b)款中哪一类型的集团诉讼。注意法院在审查集团诉讼是否能够成立时,不应对集团诉讼的诉讼请求是否能够成立等实质性内容进行审查。即在裁定集团诉讼是否成立时,主要问题不在于原告之诉是否有理由,而在于第23条的要件是否符合。根据第23条第(c)款第(4)项的规定,合适的时候,一个集团可以被细分为几个子集团,根据规则每个子集团被作为一个集团来对待。

(三)集团顾问或中间顾问的任命

根据第23条第(g)款第(1)项规定,如果进行集团诉讼,则除非制定法已经任命集团顾问,否则确认集团的法院必须任命集团顾问。又第23条第(g)款第(3)项规定,在法院决定是否确认某诉讼为集团诉讼前,法院可以任命一个中间顾问以代表潜在的集团。

法院在任命集团顾问时必须考虑的因素有:(i)在诉讼中工作顾问已经做的在确认或者调查潜在诉讼请求方面的工作;(ii)顾问在处理集团诉讼或者其他复杂诉讼方面的经验,以及诉讼中所主张的诉讼请求类型;(iii)顾问在法律应用方面的知识;以及(iv)顾问在诉讼中履行代表义务的资源。同时可以考虑任何与顾问公平和充分代表集团利益的能力有关的事项。如果更多的充分的申请者寻求任命,法院必须任命能力最强的申请者去代表集团的利益。

法院可以裁定潜在的集团顾问提供与任何有关任命和提交律师费和非税成本的事项信息。对集团顾问的任命裁定可以包括有关规则第23条第(h)款下的律师费或者非税成本的条款以及其他可以进一步与任命相关的裁定。

---

① Gibson v. Chrysler Corp., 261 F. 3d 927, 938 (9th Cir. 2001), cert. denied sub. Com., DaimlerChrysler Corp. v. Gibson. 534 U. S. 1104 (2002). The rule regarding individual amounts in controversy also was altered, without regard to the passage of CAFA, in Exxon Mobil Corp. v. Allapattah Servs., Inc., 545 U. S. 546, 559 (2005) (holding that supplemental jurisdiction sometimes can be asserted over smaller claims so long as one plaintiff satisfies the amount – in – controversy requirement).

(四)对集团成员的通知

根据现行美国联邦民事诉讼规则第23条之规定,对于依据23(b)(1)或23(b)(2)确认的任何集团,法院可以指导以合适方式通知集团;但对于23(b)(3)类型的集团,法院必须指导根据情形对集团成员进行最佳的通知。包括对所有能通过合理努力确认的集团成员进行个别通知。根据立法委员会解释,之所以作出区别对待的目的是为了给予23(b)(3)类型集团成员一个退出集团的机会。

由于以下几个原因可能导致相对于23(b)(3)类型的集团诉讼而言,23(b)(1)或23(b)(2)类型通知必要性要小。首先,在23(b)(1)或23(b)(2)类型的集团诉讼中没有声明除外(request exclusion)的权利。这两类集团诉讼的特征可能会降低正式通知的必要性。而且,提供通知的成本可能阻碍本来就是为了寻求损害赔偿的集团诉讼。法院在衡量了通知可能花费的费用(可能会阻碍集团成员法律救济)与通知带来的利益之后,可能不会再指导进行通知。

法院在指导确认23(b)(1)或23(b)(2)类型集团诉讼下的通知时,必须根据23(c)(2)(A)的规定本着考虑周全和灵活性相结合的原则去拓展通知的方法。通知可以给成员提供参与的机会,通过通知使成员达到相当的数量可以保护全体成员的利益。通知也可采用非正式的形式,如在许多集团成员可能到访的地方粘贴一个简单的告示,用以指示可以了解更详细信息的地方,就已经足够了。法院应当考虑通知的成本和并不昂贵的通知方法可能达到的效果。

如果一个23(b)(3)类型的集团与一个23(b)(2)集团相关联,根据23(c)(2)(B)的通知要求必须符合23(b)(3)类型集团诉讼的要求。

集团确认通知上的措辞应该平实,为了便于集团成员之间沟通,应采用易于理解的语言。但是对于本身不是律师的集团成员来说要对通知所提供的信息要做到准确和不费力地理解并不容易。事实上的不确定性、法律上的复杂性、集团诉讼程序的复杂性提高了障碍程度。为此,美国联邦司法中心创制了图解式清晰的通知格式为相类似的集团诉讼提供帮助。

通知必须是通过平实的、容易理解的语言清楚和简明地阐明,内容包括:(i)诉讼的性质;(ii)被认可的集团的定义;(iii)集团的诉讼请求、争点或防御;(iv)如果集团成员明智,将会通过律师出面;(v)集团中的任何成员声明除外的,法院将把他排除出集团;(vi)声明退出的时间与方式;以及(vii)根据规则23(c)(3)规定,集团裁决对集团成员的约束力。

对于通知义务主体,开始颇有争议,在School Dist v. Harper & Row Publishers Inc.一案中,法院认为通知的内容应由法院来决定而不能由与诉讼具有利害关系的当事人来拟定。但是,在Brennan v. Midwestern United Life Ins. Co.一案中,法院认为通知的内容应由原告拟具,不过必须经法院核准后才能发出去。笔者认为

Brennan 案的见解比较可取。

（五）调解、自愿撤诉或者和解的监督

集团诉讼虽然是一种复杂而又冗长的诉讼，但在实务上经历自起诉至裁判的完整程序是不常见的。大多数案件在联邦地方法院提起集团诉讼后，在进行实体理由的裁判前，即已撤回或达成和解。在传统的原、被告对立的二元式诉讼构造下，和解是很受鼓励的制度，当事人可以在诉讼终结前的任何时间，自由地达成和解。但在集团诉讼中，因为大多数当事人是依赖代表当事人来进行诉讼的，本身不能直接控制诉讼的进行，却必须受到诉讼结果的拘束，如果无限制地允许代表当事人与对方当事人和解，在所谓的"敲诈诉讼"情形下，难免会影响大多数成员的利益。集团诉讼的各有关参与者之间，可能存在种种利益上的冲突，集团对方当事人与集团之间存在利益冲突，集团代表当事人与其余成员之间、集团的诉讼代理律师与集团之间、集团各成员之间都可能存在利益上的冲突。在各种利益的冲突下，集团诉讼的和解即可能产生不公平、不适当的结果，1966 年《规则》第 23 条第（e）款的规定就是为保护集团成员的利益而设定的，法院应该成为集团成员利益的保护者。

经 2007 年修正后的美国联邦民事诉讼规则第 23 条第（e）款规定"经过法院核准，一个经过确认的集团的诉讼请求，争点或者抗辩可以被调解，自愿撤诉或者和解"。法院在核准撤回或自愿撤诉方案的过程中，"必须指导以合理方式通知所有可能受方案约束的集团成员"，"如果方案将约束集团成员，法院只有经过听证或者判定它是公平、合理和充分时方可以核准"，"如果集团诉讼已经被根据 23（b）（3）规定确认，法院可以拒绝核准调解，除非他能给原先有机会声明除外但是没有声明的集团成员个体提供一个新的给声明除外机会"。而且"寻求核准的当事人必须签发一个申明确认任何与提案相关的协议"，如果法院只是根据（e）部分核准，则任何集团成员可以拒绝该核准，拒绝的撤回必须经过法院核准。

但是，对于集团诉讼成立前的和解或撤回，是否应适用 23 条第（e）款法院准许及通知的规定，学界和实务界均颇有争论。一种意见认为根本不应准许撤回或和解，因为法院在完成调查前，尚不能充分地了解代表当事人的适当性，其利益是否与集团成员有冲突，更不能掌握足够的资料来判断和解条件是否公平允当。另一种意见则认为调查程序本身即非常困难，而且耗时经年，当事人如能尽早和解，无论对法院或其自身均可节省精力，不应借口应先行调查成立要件而剥夺其和解的权利。

（六）胜诉赔偿金的分配

美国集团诉讼司法实践中，许多涉及损害赔偿的案件，在进行实体裁判前即已撤回或达成和解，赔偿金额和分配方法均可依据所达成的协议进行。但是，如果集团诉讼未能迅速达成和解，则法院不单是在裁判时要面对这一问题，依据第 23 条第

(c)款第(1)项的规定,决定集团诉讼是否成立之时,即应充分考虑该问题。

在23(b)(3)类型的集团诉讼中,法院对于赔偿金额的决定与分配,所可能采取的方法,依据实体法的规定,可能有下列几种方式:

(1)将集团成员的损害赔偿金额在集团诉讼中一并解决,分别列出。此种方式只能是针对集团成员非常确定,而且,均已参加诉讼当中来的情形。

(2)将多数人损害赔偿之诉,分解为责任确认和损害赔偿金额确认两个阶段,集团诉讼只解决责任问题,而对每个集团成员的损害赔偿金额,由各集团成员分别向法院提起。

(3)概括的以集团成员所受损害综合计算赔偿总额,代替个别请求的计算方法。而分配的方法,法院可以视情形命令被告在法院的监督下,直接分配给原告各成员(主要适用于被告与原告还有继续交易的场合)或命令被告将赔偿额提交法院。出于保护受害者与抑制侵权损害者,在美国集团诉讼实务采纳较多的是:依据Cy Press原则,将该剩余赔偿金分配给所谓的"次佳者"(next - best)。[①] 根据该原则,法院分配集团诉讼胜诉后剩余赔偿金可能采取三种方法:①基于已经请求赔偿的成员与未请求损害赔偿的成员均系受有相同或相似损害的人的考虑,将剩余赔偿金分配给其他已请求损害赔偿的成员;②基于政府的"一般监护"地位以及无人承认的遗产归国库的理论,将剩余赔偿金上缴国库;③分给相关的大众消费者。这三种方案中,第一种方案可能使代表当事人尽量不让其他成员得到适当的通知,存在道德风险,法院一般不予采纳。第二种方案中关键是上缴国库后的使用,如果不做用途上的限制,完全用于一般公众,则变成了税金或者罚金。第三种方案的弊端是可能是真正的受害者(未领取损害赔偿金,也未再进行交易的)并未受益或者受益过多(领取了损害赔偿金并继续再交易的),以及使原先并未受损害的新加入者获得利益。三种方案共同的好处是可以使侵权人不因为损害赔偿金分配上的困难而不当地获利,从而增加了侵权成本。[②]

笔者认为,以上以三种方案均未尝不可,但是否最适合案件的处理,应由法院结合具体情形来作出判断。

(七)判决效力

关于集团诉讼判决的效力,并非从一开始就是扩展到未参加庭审的集团成员的。1938年美国联邦民事诉讼规则第23条并未作明文规定。根据以往民事诉讼

---

① Cy Press原则本是法院在解释以遗嘱捐赠财产给公益团体时所运用的一种原则。当遗嘱原先的捐赠目的不能达成时,如遗嘱人的原意曾有概括的捐赠财产予其他同类公益团体的意思时,法院应尽量寻找与遗嘱人原先意思最相近的公益团体,使之成为受赠的对象,也即应将该遗嘱财产转给"次佳者",以免该遗产不能用于公益的用途。

② Damages Distribution in Class Actions: The Cy Press Remedy, 39 *U. Chi. L. Rev.* 453, 1972.

既判力理论,判决效力只能及于实际到庭参加诉讼的人,但在实务中,对于拟制的集团诉讼,如果有利于集团一方的,有时法院会允许缺席成员加入,以免除其不受判决拘束的危险,但这种"单向参加"的做法,在当时就很受批评。① 1966 年美国联邦民事诉讼规则第 23 条修正后,集团诉讼判决的效力及于 23(b)(1)或 23(b)(2)类型的集团的全体成员。对于 23(b)(3)类型的集团,则只要未声明除外的,均受集团诉讼相关裁判约束。

2007 年修正后的美国联邦民事诉讼规则第 23 条第(c)款第(3)项的规定,"无论对集团是否有利,在一个集团诉讼中裁决必须(A)针对任何经确认的 23(b)(1)或 23(b)(2)类型的集团,包括和描述那些法院发现成为集团成员;以及(B)针对任何经确认的 23(b)(3)类型的集团,包括和详细说明或者描述哪些依据规则 23(c)(2)指示通知、没有声明除外的成员,以及法院发现而成为集团成员的"。

(八)申请退出和反对机制

拟制的集团诉讼虽然在 1938 年美国联邦民事诉讼规则第 23 条中已经创设,但是,根据当时的规则,在集团成员的确认上采取申请加入(opt - in)的方式,否则不受集团诉讼判决效力的所约束。这一规定使得小额债权人基于诉讼成本考虑或信息不对称,不愿或无法参加到集团中来。集团诉讼的效用就得不到很好的发挥。

1966 年美国联邦民事诉讼规则第 23 条修正,将集团成员的确认采取申请退出(opt - out)制度,使得拟制集团诉讼中,小额债权人无须积极作为就可成为集团成员,受集团诉讼判决的约束,集团诉讼才从此遨游大海。在集团诉讼和解方案中,如果表示反对,则该集团成员可以不受该和解方案的约束。

在集团诉讼中,从申请退出和反对的绝对数和百分比可以看出申请退出机制和表示反对机制对法院评估集团诉讼双方和解方案的影响。事实上,在群体性诉讼中,申请退出和表示反对的比例和数量都是很小的。群体申请退出,不同意集团顾问将给集团诉讼协商双方自愿和解方案造成很大的威胁。从实际调查情况来看,申请退出的成员占全部成员的 0.1% 或 0.2%。而集团成员申请退出的比例在 7.5% 甚至更低。从收集的 205 个案例中,集团成员反对的百分比是零。②

从联邦集团诉讼程序的演进及实务的发展,可以看出集团诉讼判决的外部效力,从犹豫到勇往直前的迈进,从限制到扩张的趋势。但是,关于判决的内部效力,即判决的既判力的主观及客观范围,如何在后诉的"附随审查"中决定的问题,实务与学界讨论并不多。

---

① 张文郁:"集体诉讼制度之研究",台湾辅仁大学法律学研究所 1987 年硕士学位论文。

② Theodore Eisenberg, Geoffrey Miller, The Role of Opt - Outs and Objectors in Class Action Litigation: Theoretical and Empirical Issues, 57 *Vanderbilt Law Review*, 2004, p. 1529.

(九)律师费和非税成本

根据第23条第(h)款规定,在一个已确认的集团诉讼中,法院可以根据法律或者当事人协议裁定合理的律师费和非税成本。在此过程中可进行以下程序:

(1)一个请求裁决的诉讼请求必须依据规则54(d)(2)的动议,根据(h)款规定,优势是法院设定标准作出。动议的通知必须为所有当事人服务,作为集团顾问的动议,必须通过合理的方式指导集团成员。

(2)支付费用的一个集团成员或一方当事人可以拒绝动议。

(3)法院可以举行一个听证会,必须发现事实和阐明他的法律结论。

(4)法院可以根据54(d)(2)(D)的规定将报酬数额相关联的争点送交一个特别的法官助理或治安法官来处理。

三、集团诉讼公平法对集团诉讼制度的修正

(一)立法背景

《美国集团诉讼公平法》(The Class Action Fairness Act of 2005,CAFA)是经美国国会参议院、众议院讨论通过,于2005年2月18日颁行的。① 根据该法前言规定,该法就是"为了修正那些运用到州际集团诉讼中的程序,以确保集团成员和被告获得更公平的结果,以及其他目的"。它主要是针对20世纪90年代普遍认识到的"集团诉讼机制的滥用"(abuse of the class action device)。② 特别是国会调查发现虽然集团诉讼已经是"司法体制中重要的和有价值的组成部分",集团成员经常"极少甚至没有从集团诉讼中获取利益",而同时集团顾问和个别原告(isolated plaintiffs)则获得不正常的巨额的回报。③ 更进一步的是,集团诉讼公平法出台以前的集团诉讼机制,很容易出现集团成员利益被集团诉讼原告方律师"出卖"的情况,这些律师可以搜索出那些"对州外的被告表示出歧视的"和"使关系到国家重要性的案件排除在联邦法院之外"的州法院。④ 国会认为这是对多元化司法管辖权和不同州的诉讼当事人之间的不公平⑤。对集团诉讼中"具有合法诉讼请求的集团成员和负责任的被告"造成损害。⑥

---

① Pub. L. No. 109 - 2(S 5).

② Pub. L. No. 109 - 2 § 2(a)(2), 119 Stat. 4 (Feb. 18, 2005)(codified as amended in various section of 28 U. S. C.).

③ Pub. L. No. 109 - 2 § §2(a)(1),2(a)(3).

④ Pub. L. No. 109 - 2 § 2(a)(4).

⑤ Ibid.

⑥ Pub. L. No. 109 - 2 § 2(a)(2)(A).

2005 年《美国集团诉讼公平法》的制定主要目的有:(1)给被告提供没有歧视的联邦法庭;(2)确保合法的集团诉求得到更公平的赔偿金以确保集团成员和被告获得更公平的结果。[①]

(二)适用

根据2005 年《美国集团诉讼公平法》规定,只有在2005 年2 月18 日或之后提起的诉讼,被告才能依据《美国集团诉讼公平法》寻求联邦司法管辖权。[②] 由于在文字上使用的是"提起"(commence)而非"系属"(filed)。所以,对于那些在这之前起诉,但是仍未裁决的集团诉讼案件(pending actions),移送到联邦法院管辖的是否构成提起诉讼(commenced)很有争议的。在实践中:(1)移送本身不构成"提起"(constitute commencement)。法院方面否认被告在2005 年2 月18 日后将案件移送到联邦法院构成提起一个新的联邦诉讼(commences a federal action for purposes),从而可以适用《美国集团诉讼公平法》(CAFA)。(2)增加一个被告可能构成一个新的诉讼。(3)增加新的诉讼的请求可能构成一个commence。(4)替代一名有名原告并不构成提起一个新的诉讼(commence a new suit),除非新的当事人寻求独立的权利。(5)集团定义的修正并不构成"提起"(commence)一个新的诉讼。[③]

1. Prime Care of Northest Kan., LLC v. Humana Ins. Co. 案[④]

该案中,2005 年2 月14 日,原告 Prime Care of Northest Kan.,在美国堪萨斯州(Kansas State)法院提起集团诉讼,随后,又数次修正诉状(petition),以使称呼正确和明确。2005 年4 月22 日,州法院允许他们离开对起诉书进行第五次修改。在修改时,原告将 Humana Insurance Company、Coventry Health & Life Insurance Company、United Healthcare Insurance 作为被告。州法院也明确认为修正后的诉状溯及第一次提交诉状的时间。一个月后,被新增加的被告依据§1453(b)移送(remove)该案件至联邦地区法院,原告则要求发回重审(remand)。原告认为由于该案在《美国集团诉讼公平法》(CAFA)生效以前提起的,所以不适用《美国集团诉讼公平法》,要求移送的被告则回应,该案在第一次被增加到诉状时,等于提起了一个新的诉讼,所以应该认定为在《美国集团诉讼公平法》生效一个月后才提起诉讼。联邦地区法院认可了原告要求发回重审的请求,后要求移送的被告提起上诉。

2. Progressive West Ins. Co. v. Preciado 案

该案中,原告 Progressive West Ins. Co. 提起诉讼后,被告提出交叉诉讼,认为基

---

① Pub. L. No. 109 -2 § 2(a)(2)(A).

② CAFA § 9.

③ Schorsch, 417 F.3d at 751("Amendments to class definitions do not commence new suits").

④ Prime Care of Northest Kan., LLC v. Humana Ins. Co., 447 F. 3d 1284, 1289 (10th Cir. 2006).

于州不公平的竞争法制的商业行为不公平,要求适用《美国集团诉讼公平法》(CAFA)。此案中,原告 Progressive West Ins. Co. 作为州法院诉讼的原告以及交叉诉讼的被告,并不符合可以根据《美国集团诉讼公平法》(CAFA)主张移送给联邦地区法院的主体资格。

(三)联邦司法管辖权的扩张——管辖与案件移送制度的修正

《美国集团诉讼公平法》主要做了两件事情:其一是拓展联邦法院对州际集团诉讼的司法管辖权;特别是在联邦法院审核一个集团诉讼的要求和将一个集团诉讼转向联邦法院的程序一样,比以前放松了。其二是美国集团诉讼公平法为集团诉讼双方和解方案确立了更为严格的详察程序。

1. 管辖制度

为了扩张联邦法院的司法管辖权,《美国集团诉讼公平法》对联邦司法管辖权和案件移送作出了新的规定。以前,联邦法院对于一个集团诉讼具有司法管辖权,或者是联邦法律必须在争论之中(be at issue),或者必须是(1)在每一个已确定的原告和被告之间具有"完全不同"(complete diversity)的公民身份;而且(2)每一个已确定的原告之间的争议标的达到75,000美元。[①] 根据《集团诉讼公平法》,只要争议的总数超过5,000,000 美元,个别原告集团成员的诉讼请求不再需要达到75,000 美元的要求。

根据《美国集团诉讼公平法》规定,联邦法院对于是否最终行使管辖权设置了更进一步的规则,联邦法院的管辖权可以区分为强制性、自由裁量性质、除外管辖制度三种。

必须由联邦法院强制管辖的情形为,在假定的集团中有 100 个或者更多成员或者只有 1/3 或者更少的集团成员在法院所在州,而且没有各种除外条款的适用(如证券欺诈和股东代位诉讼不受该法调整[②])。

联邦法院可以自由裁量是否实施管辖权的情形为,如果超过 1/3 且不足 2/3 的

---

① Gibson v. Chrvsler Corp., 261 F. 3d 927, 938 (9th Cir. 2001), cert. denied sub. Com., DaimlerChrvsler Corp. v. Gibson. 534 U. S. 1104 (2002). The rule regarding individual amounts in controversy also was altered, without regard to the passage of CAFA, in Exxon Mobil Corp. v. Allapattah Servs., Inc., 545 U. S. 546, 559 (2005) (holding that supplemental jurisdiction sometimes can be asserted over smaller claims so long as one plaintiff satisfies the amount - in - controversy requirement).

② 38. U. S. C. § 1332(d)(2)、(3)、(4)、(5)、(9). 涉及州和政府官员的也排除适用,参见 28. U. S. C. § 1332(d)(5)(A)。根据 28. U. S. C. § 1332(d)(9)的规定,仅仅涉及 1933 年证券法、1934 年证券交易法或者根据州法律的公司治理的诉讼请求的集团诉讼不由联邦法院管辖。股东代位诉讼必须由州法院管辖。

原告在法院所在州,而且主要被告也在法院所在州时,①法院必须考虑以下因素后才能决定是否行使管辖权:(1)所主张诉讼请求是否涉及国家或州际的利益;(2)所主张的诉讼请求是否适用诉讼最初提起地的所在州的法律或其他州的法律;(3)所提起集团诉讼是否存在规避联邦司法管辖权的情形;(4)法庭所在州是否与集团、被告或者所宣称的损害之间存在明显的连接点;(5)法庭所在州的原告方集团成员在数量上是否大大地超过其他任何一个州;(6)在前3年中是否有一个或者更多的提出类似诉讼请求的集团诉讼被提起。②

根据除外管辖规定,联邦法院应当拒绝管辖的情形为:(1)超过2/3的原告在法庭所在州;(2)或者(a)所有主要被告都是法庭所在州;③或(b)至少一个被追索可观救济款的被告在法庭所在州,而且(i)由于所有被告的违法行为遭受的主要损害结果地在法庭所在州;(ii)前3年没有一起针对本案任何一个被告的类似的集团诉讼被提起。④

美国国会制定《集团诉讼公平法》的目的是扩大联邦法院司法管辖权,但是司法部(the judiciary)还是坚持认为联邦司法管辖权还是太有限。

2. 案件移送

与联邦法院司法管辖权变化相联系的,有关案件从州法院向联邦法院移送的程序也开始松动。例如,对于不同州籍的当事人的诉讼,一个被告要对案件进行移送原先必须得到所有被告的同意,⑤而《美国集团诉讼公平法》取消这一要求,只要任何一个被告同意而非全部被告同意。⑥ 一个非集团诉讼对案件移送有一个绝对的截止期限:如果案件移送理由明显的为诉讼提起后30天内,如果不明显的,在得到通知后30天内,但是不能超过诉讼提起1年时间的限制。⑦ 而集团诉讼没有一年时间的限制。

《美国集团诉讼公平法》中有关司法管辖权设置和案件移送的新规定,不仅适

---

① 28. U. S. C. §1332(d)(3). 这通常被称为"公平利益"(interest of justice)不适用集团诉讼公平法司法管辖权。This is commonly referred to as the "interests of justice" exception to CAFA jurisdiction. See Julia B. Strickland、Lisa M. Simonetti、Stephen J. Newman、Stroock & Stroock & Lavan LLP: 2007 OVERVIEW OF THE ACTION FAIRNESS ACT, PLI Order No. 11372 July 12 - 13, 2007 p. 2.

② CAFA §4(a)(2); 28 U. S. C. §1332(d)(3)(A) - (F).

③ 28. U. S. C. §1332(d)(4)(A). 这通常被称为"住所地州争议"(home state controversy)不受集团诉讼公平法司法管辖。This is commonly referred to as the "home state constroversy " exception to CAFA jurisdiction.

④ 28. U. S. C. §1332(d)(4)(B). 这也被称为"地方争议"(local controversy)不受联邦集团诉讼公平法司法管辖。This is commonly referred to as the "local controversy" exception to CAFA jurisdiction.

⑤ United Computer Sys., v. AT & T Info. Sys., Inc., 298 F. 3d 756, 762 (9th Cir. 2002).

⑥ CAFA §5(a); 28 U. S. C. §1453(b).

⑦ 28. U. S. C. §1453(b).

用于集团诉讼，而且对不是集团诉讼的“群体诉讼”(即 mass action，指因为共同的法律或事实问题，涉案人数达到 100 人的诉讼)也适用。① 但是由于非集团诉讼的“群体诉讼”仍然要求每个原告的争议标的额超过 75,000 美金，②所以，群体诉讼条款是否会在实践中扩张联邦法院的管辖权，形势并不明朗。③

3. Miedema v. Maytag Corporation 案④

2005 年 10 月，消费者 Leslie Miedema 在佛罗里达州法院起诉美泰克公司(Maytag Corporation 一烤箱和炉灶的制造商，年销售额达 47 亿美元的家用及商用电器企业集团，总部位于美国爱荷华州的牛顿)，主张美泰克公司设计和制造的各种各样的“灶台/烤箱”(ranges/ovens)所有门锁(latch)的装配存在瑕疵，使热气可以从箱体内部逃出来并损坏灶台或者烤箱的其他组成部分。而且，Leslie Miedema 提出她是代表“她自己以及所有其他和她具有类似情形的美泰克公司灶台或烤箱的消费者”，依据 Fla. R. Civ. P. !. 220(b)(2)或(b)(3)提起一个州范围的集团诉讼。Leslie Miedema 提出原告的集团成员包括佛罗里达州所有购买过美泰克公司(Maytag Corporation)灶台或烤箱的消费者(purchasers of Maytag ranges/ovens, in the State of Florida)，而且认为整个集团至少数千个。美泰克公司(Maytag Corporation)则援用 28. U. S. C. § §1332,1441,1446,1453 的规定，向佛罗里达法院提出应该将案件移送给联邦地区法院。理由是根据《美国集团诉讼公平法》的规定原告 Leslie Miedema 和被告美泰克公司(Maytag Corporation)属于不同的州，假定的集团(putative class)数千名原告的争议总额也超过了 5,000,000 美元。被告为了证明自己的观点，提交了信息分析师 Jodi Jarrett 的一份声明，Jodi Jarrett 在声明中声称原告 Leslie Miedema 所描述的灶台和烤箱在佛罗里达州被告美泰克公司(Maytag Corporation)共销售了 6729 个，这些灶台和烤箱的总价值为 5,931,971 美元。原告 Leslie Miedema 要求发回重审，因为美泰克公司(Maytag Corporation)提交的 Jodi Jarrett 证据并不足以证明联邦地区法院对案件具有司法管辖权。Jodi Jarrett 的声明并没有明确 6729 个灶台或烤箱是否每一个都包含这种瑕疵，美泰克公司所谓的总价值又是怎么算出来的。美泰克公司反对此项动议，认为争议数额确定上的模糊性正是因为原告民事诉状的范围所导致的。联邦地区法院裁定就该问题进行了额外的阐明，指出根据《美国集团诉讼公平法》，对于法院管辖有不同意见的当事人一

① 28. U. S. C. §1332(d)(11)(B).

② Ibid.

③ Julia B. Strickland、Lisa M. Simonetti、Stephen J. Newman、Stroock & Stroock & Lavan LLP：2007 OVERVIEW OF THE ACTION FAIRNESS ACT, PLI Order No. 11372 July 12 - 13, 2007 p. 3.

④ Miedema v. Maytag Corporation, 450 F. 3d 1322 (11th Cir. 2006).

方承担对司法管辖权的证明责任。[1]

(四)有关和解的新规定

集团诉讼对有关消费者诉讼权利法案和双方自愿和解问题作了新规定。《美国集团诉讼公平法》中实施的一个新规则是对于赠券和解(coupon settlement)的,因为赠券和解(coupon settlement)经常遭受批评,认为集团成员不愿意以赠券形式救济,这样的和解协议通常是给集团成员提供很小价值的补偿,被告最终付出的要远远小于和解协议面上的价值,虽然律师费是按照和解协议面上的价值计算的。《美国集团诉讼公平法》的具体做法如下:(1)计算律师费的方法要比偶然发生的案件(contingency cases)更严格。律师费的计算必须建立在集团成员获得救济的基础上。否则,律师费只能按照律师的工作时间来计算,同时考虑案情的复杂程度和其他计费因素(lodestar factors)。法院也会听取有关律师费用合理性与否的专家意见。(2)如果双方和解协议牵涉的赠券(coupons),法院必须举行一个听证会,以确认该和解协议是否"公平、合理,对集团成员是否充分"(fair,reasonable and adequate for class members)。(3)法院可自由裁量把没有请求支付的赠券捐献给慈善组织或政府机关。

《美国集团诉讼公平法》中还涉及一个"负价值"和解,虽然在现实中是非常少见的。例如,在一个州法院。代表银行储户的集团诉讼,和解协议的公告显示对于集团成员只能获得不到9美金的赠券,以至于几乎没有人去兑现他们的诉讼请求,或者尽量避免受该和解协议的拘束。当要支付律师费时,很多集团成员将出现胜诉却倒欠钱的情况。为避免这种情况的发生,《美国集团诉讼公平法》规定只有有证据证实对于集团成员的非经济利润实质上要高于经济损失时,才能允许和解协议导致集团成员经济损失的情况发生。

《美国集团诉讼公平法》另设规定不允许法院核准那些对本州居民优于州外居民的和解协议。该法还创制了一系列和解协议公告程序。被告必须在向法院提交和解协议草案后10日内通知合适的联邦和州管理者(如果集团成员遍布50个州,就要通知50个州)。[2] 法院不能在履行通知义务后90日内同意任何双方自愿和解协议。

《美国集团诉讼公平法》要求美国司法会议提供一份有关该法对联邦法院的影

---

① Alba Conte and Herbert B. Newberg: 1 *Newberg on Class Actions* § §1:1 (4th ed.), pp. 68 – 69.

② 被告履行通知义务必须向管理者(regulator)提供:起诉书副本、安排的听证会的通知、申请或最终集团通知、有关和解的任何草案和最终定稿、集团顾问与被告顾问之间的任何协议,任何与和解、判决、驳回撤诉有关的书面司法意见,分布在各个州的集团成员数量的合理估计以及他们对和解资金的合理份额的估计。如果可能,被告还必须提供分布在各州的集团成员的姓名给各州"合适的州官员"(appropriate State official)。

响的报告,并就如何最佳操作以确保双方自愿和解协议(settlement)和律师费报酬的公平性。2006 年 9 月美国联邦司法中心向司法会议提交了第二份中期报告。这份报告提到在《美国集团诉讼公平法》施行以后,提交和移送到联邦法院的集团诉讼案件大幅度增长。从原先的每工作日 10.48 件增长到每工作日 11.96 件。增长部分主要就是依据州法律提起的诉讼(原先这部分案件不属于联邦法院管辖),由此提高了依据州法律提起诉讼的案件在联邦法院总案件数中的百分比。所以,《美国集团诉讼公平法》显然对移送或提交联邦法院的案件的性质产生了立竿见影的效果,该法在实践中立即产生的影响是不管某个诉讼是否依据该法提起,联邦法院都会根据该法常规性地详察提交上来的集团和解方案。

论人身保护令状在美国的确立与发展

屈文生*

在今日之美国,人身保护令状已被视为保障公民不受非法羁押之"法盾"(legal shield)。[①] 它还被称为美国宪法中最重要的一项人权。[②] 在保护公民不受非法羁押方面,它的主要价值在于:它不但为审判程序前的被告人提供了及时救济,它还为已经定罪的州罪犯(state prisoners)就未解决的联邦问题上诉提供了一条重要的路径。州罪犯在穷尽州法院的全部上诉程序后,还可以在联邦地区法院申请人身保护令。这就是所谓的"附诉"(collateral attack)[③]制度。倘若联邦地区法院驳回州罪犯的申请,他还可向联邦上诉法院提出上诉,直至联邦最高法院。[④] 因此,公民利用人身保护令状特权可免受警察、监狱等机构的非法侵害与羁押。在体现人权价值方面,它之所以被称为写入联邦宪法中的一项"最重要"的人权,是因为人身保护令状是其他多数人权的保障与基石。联邦宪法中的人身保护令条款是最强有力的武器,它是1791年修正案中众条款得以实现的基础,这些条款包括——公民获大陪审团起诉的权利、不受双重危险的权利、未经法律正当程序公民自由不受剥夺的权利、快速审判的权利、公开审判的权利、知悉指控性质的权利、对质不利证人的权利、传唤己方证人及获得律师帮助的权利,等等。[⑤] 虽然人权的定义可以从要素、资格、利益、主张以及意志等角度给予解释,但世所公认,人身自由权和生命权、健康权以及财产权等一起构成现代人权的最古老和最核心的内容。[⑥] 因此,人身保护令救济制度对于人权特别是公民宪法权利的保障具有根本性意义。

---

* 屈文生,2006级外国法律史专业,指导老师:何勤华、李秀清。现工作于华东政法大学。

① *Harvard Law Review Association*, Book Note, A Constitutional History of Habeas Corpus by William F. Duker, 95 Harv. L. Rev., p. 1186.

② Zechariah Chafee, Jr., The Most Important Human Right in the Constitution, 32 *Boston University Law Review*, 1952 (2), pp. 143 – 161.

③ 《元照英美法词典》(第244页)将此短语翻译为"间接攻击"、"附带攻击",是为直译,不能达意。贺卫方先生在《美国法律辞典》的译者序中也曾专门提及此词,他认为应将此短语翻译为"附诉"。参见[美]彼得·G. 伦斯特洛姆著:《美国法律辞典》,贺卫方等译,中国政法大学出版社1998年版,译者序言。

④ Cary Federman, *The Body and the State: Habeas Corpus and American Jurisprudence*, State University of New York Press, 2006, p. ix.

⑤ Zechariah Chafee, Jr., The Most Important Human Right in the Constitution, 32 *Boston University Law Review*, 1952 (2), p. 144.

⑥ 邓智慧:"人身保护令与人权保障——以刑事诉讼为主视角",载《中国法学》2004年第4期。

一、人身保护令状写入美国联邦宪法的渊源

根据美国学者查菲(Chafee)及麦克菲利(McFeeley)等学者的研究,美国的国父们之所以将人身保护令状中止条款写入宪法,至少有以下几大渊源:

(一)英国的人身保护法实践

1679 年英国《人身保护法》通过后,现代形式的人身保护令状即"解交审查令"(writ of *habeas corpus ad subjiciendum*)成为保护英国臣民自由之最为有效的武器。它为因受非法刑事指控而被羁押的臣民提供了一种救济,人们可通过申请这一令状请法院对监禁的合法性进行迅速的司法调查;同时,它还为那些处于羁押中等待审判的犯罪分子尽早得到审判(speedy trial)提供了保障。①

以最终转化为"塞尔登案"(Selden)的"达内尔案"(Darnel)等为代表的一系列案件证明,人身保护令状在英国已成为"任何被羁押之人最高程度的救济"、"受英王特殊命令……任何以莫须有之罪名而被拘押之人的唯一救济"。

众所周知,美国法从一开始就受到英国法的影响。伴随英国在北美殖民地的确立,英国普通法也被带到北美殖民地。17 世纪初,"英国臣民在移居这些不隶属于文明国家的领土时,就把普通法一起带过去了"。② 不仅如此,根据 1608 年加尔文案(Calvin' s Case)确立的原则,英国法律在英属殖民地是自动生效的。

由此可见,人身保护法在英国的实践及其在美国的移植无疑是美国宪法中人身保护令条款的渊源,甚至是最重要的渊源。

(二)第一届大陆会议上发表的《告魁北克人民书》

1774 年 9 月 5 日,除佐治亚外,北美 12 个殖民地的代表在费城召开了第一届大陆会议(Continental Congress),通过了"宣言"并建立大陆协会。1774 年 10 月,制宪会议为号召法裔加拿大人加入他们的队伍,向魁北克民众发表了《告魁北克人民书》(*Address to the People of Quebec*),③其中一项重要的权利就是"人的自由"(liberty of the person)。《告魁北克人民书》称:"任何臣民被逮捕或监禁的——即便是因政府的命令(而被限制自由)——均可以依本法立即从法官处获得一道称为'人身保护令'的令状",签发此种令状乃法官分内之事,故任何非法羁押都能得到及时纠察与补救。这一全面精确的论述被视为美国宪法中人身保护令条款的第一

---

① Neil Douglas McFeeley, The Historical Development Habeas Corpus, 30 *Southwestern Law Journal*, 1976, p. 589.

② [法]勒内·达维德著:《当代主要法律体系》,漆竹生译,上海译文出版社 1984 年版,第 372 页。

③ 更多资料称这一文件的英文名为:"Letter to the Inhabitants of the Province of Quebec"。

大渊源。

（三）早期制定的州宪法

1776年，殖民地数州制定了州宪法。但第一个将人身保护令状写入州宪法的是北卡罗来纳州，时间是在1776年12月。在北卡罗来纳州的这一版宪法中，对人身保护令状有如下的规定（未规定人身保护令的中止）："任何自由民之自由被限制的，均有权获得救济，以调查该限制自由行为是否合法，如果违法则撤销之。公民的这一权利不得被拒绝或拖延。"

此后，佐治亚在1777年宣布："人身保护令法的原则"将是其宪法的一部分；1789年，《佐治亚州宪法》规定："所有人都有获得人身保护令状的权利。"①宾夕法尼亚在其第二部宪法即1790年宪法照录了费城会议（Philadelphia Convention）上制定出的合众国宪法中的这一条内容，文字完全相同。②《马萨诸塞政府结构》（*Massachusetts Frame of Government*）（1780年）和《新罕布什尔政府结构》（*New Hampshire Frame of Government*）（1784年）中亦有人身保护令状中止的规定，但内容不尽相同。

其余六州在早期州宪法中并未就人身保护令状权利进行规定。但正如美国学者查菲（Chafee）所言："虽然这些州在各自州宪法中对人身保护令状并未提及，但这并不代表人身保护令状在这些州不被看重，事实上，由于它早已在各殖民地得到了稳固的确立，人们甚至觉得没有重申其重要性的必要。"③

（四）1787年《西北准州地区条例》

虽然《邦联条例》（*The Articles of Confederation*）对人身保护令只字未提，但是1787年的《西北准州地区条例》④（*Ordinance of* 1787 *for the Government of the North-west Territory*）中有这样的规定："上述地区之民众享有人身保护令状特权"，"永远不得更改，除非经过民众共同同意"。

（五）殖民地宪章

因为大部分宪章的颁行是在1679年《人身保护法》颁布之前，所以各殖民地宪章（charters）中均无明确提到人身保护令状。但是，殖民者一定将这一普通法权利带到了美洲，它一定是英国殖民者向殖民地人民宣告的重要权利之一。

---

① All persons shall be entitled to the benefit of the writ of habeas corpus. Georgia Constitution (1789), Article IV, section 4.

② Pennsylvania Constitution (1790), Article IX, section 14.

③ Zechariah Chafee, Jr., The Most Important Human Right in the Constitution, 32 *Boston University Law Review*, 1952 (2), p. 146.

④ 更多的学者将之翻译为《西北法令》、《西北条例》、《西北土地法》等，但严格讲，上述译法都不够精确。

美洲殖民地人民获悉与他们志同道合的约翰·威尔克斯(John Wilkes)在提出人身保护令状申请后成功地从"伦敦塔"(Tower of London)中被释放后,他们在深感欣慰的同时,亦进一步认识到人身保护令状对于保护公民不受非法羁押的重要价值。

(六)法学家著述

随着英国和殖民地之间定期航运的频繁,大量普通法书籍和法律报告传入北美。到18世纪中期,许多普通法经典之作摆放到了殖民地律师们的书架。如爱德华·科克的《英国法概要》和《案例报告集》、布莱克·斯通的《英国法释义》以及弗朗西斯·培根的《英国普通法原理》等。① 这些都为人们了解英国普通法原理、概念和程序提供了极大方便,从而为英国普通法在殖民地的传播提供了思想基础。② 而在上述大量名著中,以科克、布莱克斯通为代表的法学家们对个人自由的保护推崇备至。虽然殖民地人民,特别是宪法的起草者们未必能够认同布莱克·斯通关于人权的全部论述,但是他们对布氏称人身保护令状为"英国宪法之屏障"(great bulwark of the Constitution)的论述十分赞同。因此,法学家著述无疑也是美国宪法中人身保护令条款的渊源之一。

在接下来的部分,笔者将要回顾人身保护令状写入美国联邦宪法的过程以及人身保护令状写入宪法后在美国200余年的发展简史。

二、制宪会议代表对人身保护令状问题入宪的意见

《美国联邦宪法》以及作为《宪法》有机组成部分的《权利法案》规定了类似英国的"人身保护令制度"。《宪法》第1条第9款第2项规定:"人身保护令之特权不得中止,唯在发生叛乱或受到侵犯而出于公共安全必需时不在此限。"③这就是美国宪法中赫赫有名的"中止条款"(suspension clause)。这一宪法性规定将人身保护令的中止作了严格的限定。

因为人身保护令状无论在英国本土的历史还是北美十三个殖民地的历史上都有着良好的实践传统,而英国史毕竟也是北美殖民地的历史,所以,考虑它在整个

---

① 刘艺工、王继忠著:《外国法律史》,中国人民大学出版社2008年版,第178页。

② 到1833年斯托里(Story)在《美国宪法评注》中说"今日之法学的全部架构都站在了普通法的原始基础之上"。Neil Douglas McFeeley, The Historical Development Habeas Corpus, 30 *Southwestern Law Journal*, 1976, p. 590.

③ 也有人翻译为:"人身保护令特权除遇内乱或外患在公安上要求必须停止情况外不得停止之。"参见[美]汉密尔顿、杰伊、麦迪逊著:《联邦党人文集》,程逢如、在汉、舒逊译,商务印书馆2006年版,第457页。

历史上一直扮演着真正“自由大令状”的角色,因此,人身保护令条款的入宪本身不会有太大的阻碍。

但是,制宪会议的代表们知道,人身保护令状是可以被中止的,在英国的历史上,它的确被中止过。就在 1688 年“光荣革命”(Glorious Revolution of 1688)迫使詹姆斯二世逃亡法国、威廉接受《权利法案》接任英国王位、百年来因宗教和专制引起的动荡终于结束的数月之后,新任国王威廉建议应将人身保护令中止三个月的时间,因为“在一些阴谋集团中不少人仍然拥护詹姆斯二世,他们在密谋反抗政府”;因为集团中的一些人“已经被捕并已监禁了起来”;因为剩余的反政府分子“也有可能会被逮捕与监禁”;因为“如果这些人万一被释放,则我们的安全、政府的安全、人民的安全将失去保障”。英国议会最终同意了英王威廉的提议,将人身保护令中止了三个月。但英国在这之后,并未再度同意国王再将人身保护令状中止三个月的提议,这大概是因为国会听取了罗伯特·纳皮尔(Sir Robert Napier)的建议。①

制宪会议的代表们也深知,人身保护令状已不仅在刑事领域有妙用,它甚至已经延伸进入了公序良俗的领域甚至是道德的范畴。在独立战争爆发前夕,1772 年发生在英国的著名案例“萨默塞特案”(Sommersett's Case)是证明这一观点的最佳例证。

詹姆斯·萨默塞特(James Sommersett②)的人生经历堪称传奇。他是一名黑人奴隶,原本出生在非洲,1749 年,他被一名奴隶主贩到了弗吉尼亚。后又在弗吉尼亚被卖给了一位名叫斯图尔特(Stewart)的英国人。斯图尔特是一位驻马萨诸塞工作的海关官员,他先将萨默塞特带到了马萨诸塞,后于 1769 年将他带回了英国。被带到英国后,萨默塞特于 1771 年 10 月寻机逃跑,但不幸又被斯图尔特的人抓了回来。③ 萨默塞特被逮回之后,斯图尔特决意不再继续使唤这名有过逃跑经历的奴隶,于是他又将萨默塞特交给了约翰·诺尔斯(James Knowles),一位做轮渡生意的人,他们打算用轮船将他带到牙买加(Jamaica),然后再将他卖掉。④

他们将萨默塞特用铁锁链绑在了泰晤士河上一艘名叫“安妮 & 玛丽号”(The Ann and Mary)的轮船上,等待轮船的开航。幸运的是,当时伦敦已有一个基督教废奴主义组织,他们同宾夕法尼亚贵格会教徒(Pennsylvania Quakers)有着密切的信函

① James Robertson, Quo Vadis, Habeas Corpus? 55 *Buff. L. Rev.*, 2008, p. 1072.

② 也拼为 Somerset。

③ 英国法上曾有两种(可能不止)与奴隶有关的令状。F. W. Maitland, *Equity Also the Forms of Action at Common Law: Two Courses of Lectures*, Cambridge University Press, 1929, p. 331.

④ William M. Wiecek, Somerset: Lord Mansfield and the Legitimacy of Slavery in the Anglo - American World, 42 *The University of Chicago Law Review*, 1974, p. 102.

联络。这一废奴主义组织的核心人物是格兰威尔·夏普(Granville Sharp),一名圣公会高派信徒(High Church Anglican)。夏普一行人从英国王座法院首席大法官曼斯菲尔德勋爵(Chief Justice of King's Bench Lord Mansfield)处申请到了一道人身保护令状,并竭力释放萨默塞特。这就是"萨默塞特案"的由来,它是英美废奴运动史上最为著名的一则案例。①

为成功释放萨默塞特和推动废奴事业,夏普还邀请到当时英国最为著名的高级律师威廉·戴维(William Davy)和约翰·格林(John Glynn),出庭律师詹姆斯·曼斯菲尔德(James Mansfield)和弗朗西斯·哈格雷夫(Francis Hargrave)。在众人的努力下,曼斯菲尔德勋爵于1772年6月22日在威斯敏斯特宣判:"我不能说英国的法律准许或认可这样的案件;因此,这名黑人必须被释放。"②美国的建国之父们对于人身保护令在普通法上的历史、地位及作用十分清楚。因此,在制宪会议上,就人身保护令状条款的起草而言,制宪会议的代表们所讨论的焦点在于人身保护令状的权利是否要中止这一问题。关于此点,共有两种不同意见。

(一)人身保护令状特权不得中止

南卡罗来纳制宪代表查理·平克尼先生(Charles Pinckney)建议:"在新成立的国家中,人身保护令状的特权与益处应能(使人民)得到迅捷、极大地享有:立法机关不得中止这一令状,除非情况极为紧急,即使如此,也不得超过限定的(若干个)月。"③这则建议没有经过辩论就顺利进入了"细致委员会"(Committee on Detail)。在1787年8月28日星期二的第三阶段制宪会议上,平尼克强调继续实行人身保护令做法的必要性,并提议"不得暂停颁发人身保护令,除非情况危急,即使情况危急,暂停时间也要限制,不得超过十二个月。"④只是,在8月28日,不知何故,文本中再未出现"立法机关"字样。

同样是南卡罗来纳的拉特里奇先生主张宣布"人身保护法不得违反"。他还认为,没有必要在同一时间,在所有的州宣布暂停人身保护法。威尔逊先生则发言:怀疑是否有暂停人身保护法的必要,因为,现在颁发人身保护令的权力在法官手中,实际上,大多数都是收监,或允许保释。

---

① George Van Cleve, Somerset's Case and Its Antecedents in Imperial Perspective, 24 *Law & History Review*, 2006, pp. 601-602.

② James Robertson, Quo Vadis, Habeas Corpus? 55 *Buff. L. Rev.*, 2008, p. 1072. William M. Wiecek, Somerset: Lord Mansfield and the Legitimacy of Slavery in the Anglo-American World, 42 *The University of Chicago Law Review*, 1974, p. 86.

③ Stephen I. Vladeck, The Suspension Clause as a Structural Right, 62 *University of Miami Law Review*, 2008, p. 283.

④ [美]麦迪逊著:《辩论:美国制宪会议记录》,尹宣译,辽宁教育出版社2003年版,第627页。

（二）人身保护令状特权可有条件地中止

宾夕法尼亚代表古文诺·莫里斯先生提议:“申请人身保护令的特权不得暂停,除非有的地方出现叛乱和入侵,公共安全要求,方可暂停。”事后证明,古文诺·莫里斯的提议得到了制宪会议大多数代表的认同。

（三）表决结果

会议一致同意古文诺·莫里斯动议的前一半:“申请人身保护令的特权不得暂停。”对“除非”以后的部分表决,新罕布什尔赞成,马萨诸塞赞成,康涅狄格赞成,宾夕法尼亚赞成,特拉华赞成,马里兰赞成,弗吉尼亚赞成,北卡反对,南卡反对,佐治亚反对。七邦赞成,三邦反对,会议通过古文诺·莫里斯先生动议的后一半。①

制宪会议在第三阶段辩论结束后,形成一个小结。美国宪法的雏形已在这一时候形成,这一版本的宪法共计23条,而人身保护令状条款则在第11条第4款第2项,照录如下:“不得中断申请人身保护令的特权;但遇到叛变和入侵、公共安全需要时例外。”②

在制宪会议第四阶段第一天即9月11日,宪法成稿形成,此时展现在我们眼前的宪法已由第三阶段的23条调整为7条。人身保护令状条款被调整至第1条第9款第〈(a)〉项。文字稍有变动,照录如下:“不得中止申请人身保护令的特权,发生叛乱或入侵、公共安全需要时例外。”③

（四）宪法文本中最终的人身保护令状条款

9月11日星期二的制宪会议上,文字排列和风格委员会的报告尚未完成,需要等待。因此接下来休会。9月12日的制宪会议上,文字排列和风格委员会主席约翰逊博士向会议作了摘要报告,发给每位代表一份报告印刷件。9月17日宪法获得通过,制宪会议结束。宪法文本的内容在最后一个星期内仍有多处变动,但关于人身保护令条款的内容,代表们并无争议。只是在宪法的最后版本上,在项的文字的排序上,并未采用第三阶段中使用的〈(a)〉、〈(b)〉、〈(c)〉……最终宪法文本的结构包括“序言”(Preamble)、“条”(Article)、“款”(Section)和“项”,“项”前不标任何数字。

《美国联邦宪法》于1787年9月17日通过,但是直到1789年3月4日第一届国会开会之日才正式生效,这中间实际上还经历过一段漫长而有意义的辩论时期。

在1787~1789年宪法正式生效前的这段辩论中,“联邦派”和“反联邦派”同样就人身保护令状条款有过辩论,但他们的焦点是——人身保护令状权利作为公民

---

① [美]麦迪逊著:《辩论:美国制宪会议记录》,尹宣译,辽宁教育出版社2003年版,第627页。
② 同上,第722页。
③ 同上,第733页。

的基本权利之一，是否也同“权利法案”一样不写入宪法正文的问题；而人身保护令状条款的文字本身并不是相关辩论的重点。

为更好地理解这一问题，我们有必要先做个铺垫。《美国联邦宪法》草案通过后，一方面是反联邦派(Anti – Federalists)的反对呼声，另一方面是联邦派的支持意见。而在反联邦派的“遗留的反对意见中，最堪重者，乃认为制宪会议草案的内容未列入人权法案”。① 但是，作为联邦派的汉密尔顿则断言：“人权法案，从目前争论的意义与范围而论列入拟议中的宪法，不仅无此必要，甚至可以造成危害。人权法案条款中包括若干未曾授予政府的权力限制；……既然并未授权政府如何限制出版自由，则何必声明不得限制之？……由于鼓吹人权法案者的盲目热情必将使持建设性权力论者得到许多把柄。”②

有了上述背景，我们就更容易理解了。就人身保护令状条款而言，反对者认为，将人身保护令状权利条款写入宪法，势必会像联邦派担心的一样，写入宪法的权利成为美国公民唯一享有的权利。因为诚如联邦派所言，联邦政府的权力应该明确限定在联邦宪法文本规定的范围之内——这也是联邦宪法第十条修正案的内容：宪法未授予合众国也未禁止各州行使的权力，由各州各自保留，或由人民保留。③ 对此问题，联邦派的回答是：由制宪会议提出的联邦宪法与纽约州宪法一样，实际上包括了许多此类支持各种特权及权利的条款。确立人身保护令、禁止追溯既往内容的法律及授予贵族爵位等规定，似为对自由与共和政体更为切实的保障。

至此，人身保护令状条款成功写入宪法，并成为写入《美国联邦宪法》之中的唯一一种普通法令状。

(五)人身保护法在《权利法案》及美国其他法律中的体现

制定于1791年的《权利法案》即是《美国宪法修正案》的前10条。《权利法案》中的前8条即美国宪法前八个修正案中确立的23项权利中，有12项涉及刑事程序。其中第4条明确规定：“人民有保护其身体、住所、文件与财产之权，不受无理搜索与扣押，此为不可侵犯之权，除有可能之理由，以宣誓或代誓宣言确保，并详载指定搜索之地、拘捕之人或扣押之物外，不得颁发搜查状、拘票或扣押状。”④此其一。

① [美]汉密尔顿、杰伊、麦迪逊著：《联邦党人文集》，程逢如、在汉、舒逊译，商务印书馆2006年版，第427页。

② 同上，第429～430页。

③ 1789年9月25日提出，1791年12月15日批准。

④ 陈光中著：《中国刑事诉讼程序研究》，法律出版社1993年版，第107页。

1789年《司法法》(*The Judiciary Act*)规定联邦法院有"调查拘押理由的权利",[①]"签发人身保护令状,以及制定法没有明确规定的、与法律习惯和原则相一致的其他有助于实现管辖权的令状。"[②]由此为联邦法院创设了向受联邦监禁(federal custody)的罪犯签发人身保护令状的权力。此其二。

此外,根据美国《联邦刑事诉讼规则》的规定,无论是持法官签发的合法令状实施逮捕的警察,还是实施紧急逮捕的警察和民众,都必须在"无不必要拖延"的情况下,将被逮捕者立即送往"最近的"法官处,由法官对嫌疑人实施初次聆讯(first appearance)。这种初次聆讯,保持了开庭的形式,由负责逮捕的警察或检察官出庭提出控告,并解释实施逮捕的理由,法官要告知嫌疑人享有的权利,并就其是否允许保释作出裁决。一般而言,除非涉嫌特别重大的犯罪(如谋杀等),一般均可获得保释。当然警察或检察官也可以就保释提出异议申请,法官就是否羁押问题作最终裁决。[③]

三、人身保护令状在美国:历史考察

根据美国学者费德曼(Federman)的论述,人身保护令状在美国的发展史可分为五个时期。分别是,第一时期:1789~1863年;第二时期:1867~1915年;第三时期:1923~1953年;第四时期:1963~1979年;第五时期:1986年至今。[④]

(一)第一时期:1789~1863年

南北战争前,法院只能在审判之前签发人身保护令。而且人身保护令的签发只能用于质疑"作宣判的法院"(committing court)。理解这一时期人身保护令的关键不在于《联邦宪法》第1条第9款——"人身保护令中止条款",而在于1789年的《司法法》(*Judiciary Act*)。该法授予联邦最高法院大法官和联邦法院法官向"因或依联邦名义而被羁押之人"[⑤]签发令状的权力。这一规定因而意味着只有依联邦法律而被羁押的罪犯才可以申请人身保护令,它将州罪犯排出了可申请人身保护令的范围之外,1833年"巴伦诉巴尔的摩案"(Barron v. Baltimore, 1833)便是例证。

---

① 1 Stat. 73, 81-82. 原文是:to inquire into "the cause of commitment". 转引自:Steven Semeraro, A Critical Perspective on Habeas Corpus History, TJSL Public Law Research Paper No. 04-22, 2004 Research Paper Series, p. 10.

② James Robertson, Quo Vadis, Habeas Corpus?, 55 *Buff. L. Rev.*, 2008, p. 1073.

③ 陈瑞华著:《刑事诉讼的前沿问题》,中国人民大学出版社2000年版,第293~294页。

④ Cary Federman, *The Body and the State: Habeas Corpus and American Jurisprudence*, State University of New York Press, 2006, p. ix.

⑤ ...in custody under, or by colour of the authority of the United States...

此外,1859 年的"艾布曼诉布思案"(Ableman v. Booth, 1859)禁止州法院向联邦罪犯和逃亡的奴隶签发人身保护令。①

(二)第二时期:1867 ~ 1915 年

在 1867 年,国会通过了人身保护令法案,旨在将申请权扩大至州罪犯。该法案赋予联邦法院向"在所有违反宪法的案件中任何一位自由被限制之人"签发人身保护令的权力。② 但是,国会担心的是,最高法院可能会因州罪犯的人身保护令上诉权而推翻"重建法"(Reconstruction Laws)并颠覆国会部属的战后民权方案。在 1868 年,国会中止了法院对于人身保护令的上诉管辖权,到 1885 年,这一权力得到了恢复。在 1886 年的"罗亚尔单方诉讼案"(Ex parte Royall, 1886)中,最高法院要求州罪犯在联邦地区法院"攻击"(attack)对他们的有罪判决前,要穷尽一切可能的上诉途径。直到 20 世纪,最高法院一直尊重州法院的判决。在 1915 年的"法兰克诉马格努姆案"(Frank v. Magnum, 1915)中,联邦法院拒绝了被告人的人身保护令申请,原因是被告人已在州法院实现了其通告及听证的正当程序权利。自罗亚尔案以后,联邦法院一直遵照根植于普通法传统中的正当程序,并一直尊重州的法律。③

(三)第三时期:1923 ~ 1953 年

在 1923 年的"摩尔诉登普西案"(Moore v. Dempsey, 1923)中,联邦最高法院大法官奥利弗·温德尔·霍姆斯(Oliver Wendell Holmes)代表多数意见,签发了人身保护令并宣布,如果州上诉法院在没有调查的情况下即驳回了被告人的"联邦诉求"(federal claim),则被告人的正当程序权利不算得到实现。摩尔案并未推翻法兰克案这一先例,但是它将人身保护令申请同 1868 年第十四宪法修正案联系到了一起,正当程序的内涵已发生了变化。在 1953 年的"布朗诉艾伦案"(Brown v. Allen)中,尽管联邦法院拒绝了被告人的人身保护令申请,但该案认为,联邦法院在接到"人身保护令上诉申请"(habeas appeals)时有义务对已由州法院判定的宪法性诉由(constitutional claims)重新进行判定。④

(四)第四时期:1963 ~ 1979 年

布朗案打破了州法院终局定罪及量刑的裁判权。在 1963 年的"费伊诉诺亚案"(Fay v. Noia)中,最高法院依人身保护令复议,裁定罪犯未能遵守州诉讼程序要求的上诉时间限制的,不构成其申请联邦人身保护令救济的阻碍。该案还明确

---

① Cary Federman, *The Body and the State: Habeas Corpus and American Jurisprudence*, State University of New York Press, 2006, p. ix.

② Ibid., pp. ix – x.

③ Ibid., p. x.

④ Ibid., p. x.

指出人身保护令的价值在于“为社会不能容忍的限制(人身自由)提供迅速而有效的救济”。[①] 大法官威廉·布伦南(William Brennan)认为人身保护令状为“法律正当程序权利被拒绝者获得补救提供了解决方式”。在接下来的六年中,沃伦法院(Warren Court)利用人身保护令诉求(habeas claims)扩大了被告人及已决犯的正当程序权利,有关已决犯权利的保护,1963 年的“吉迪恩诉温赖特案”(Gideon v. Wainwright, 1963)是最好的例证。但是在 1969 年的“考夫曼诉美国案”(Kaufman v. United States, 1969)中,大法官雨果·布莱克(Hugo Black)在反对意见(dissent)中发出质疑,他认为罪犯的罪过应是决定在第四修正案基础上签发人身保护令救济的一个因素。在 1976 年的“斯通诉鲍威尔案”(Stone v. Powell)中,大法官刘易斯·鲍威尔(Lewis Powell)也支持布莱克的立场,并认为与罪过无关的(nonguilt - related)第四修正案人身保护令诉求破坏了州政府惩罚已决犯的权力。斯通案认定,假使州法院已经对被告人的全部联邦诉求做出了全面公正的审理,则再无必要对州罪犯的诉求进行联邦人身保护令复议。[②]

(五)第五时期:1986 年至今

伦奎斯特法院(Rehnquist)的人身保护令法哲学的特征在于,为维护联邦制,最高法院对人身保护令上诉的次数做了限制。在 1991 年的“科尔曼诉汤普森案”(Coleman v. Thompson, 1991)中,大法官桑德拉·戴·奥康纳(Sandra Day O’Connor)拒绝了人身保护令申请,并宣布“这是一起有关联邦制的案件”,“联邦法院要尊重州法院及州法院诉讼规则”。伦奎斯特法院还作出过一些重要的决定,比如说新近宣布的宪法性规则是否在人身保护令上有溯及力,见 1989 年的“蒂格诉莱恩案”(Teague v. Lane, 1989)以及 1991 年的“彭里诉莱奈夫案”(Penry v. Lynaugh, 1991)。这些判决要求联邦法院在人身保护案件适用州法院审判时已存在的法律标准。这些裁定的目的在于限定人身保护令同正当程序间的关联,并限制州罪犯的联邦人身保护令救济。

1996 年,美国国会通过立法确认了联邦最高法院在这之前采用的对人身保护令状的限制原则。[③] 在这一年,国会通过了《反恐与死刑绩效法》[④](*Antiterrorism*

---

① Fay v. Noia, 372 U. S. 391, 401 - 02, 83 S. Ct. 822, 9 L. Ed. 2d 837 (1963). 转引自邓智慧:“人身保护令与人权保障——以刑事诉讼为主视角”,载《中国法学》2004 年第 4 期。

② Cary Federman, *The Body and the State: Habeas Corpus and American Jurisprudence*, State University of New York Press, 2006, p. x.

③ Steven Semeraro, Two Theories of Habeas Corpus, 71 *Brooklyn Law Review* 2006, p. 1276.

④ 本词条的翻译,参见赵秉志、郑延谱:“中美两国死刑制度之立法原因比较”,载《现代法学》2008 年第 2 期。另有学者将之翻译为《反恐与有效死刑法》,参见[美]黄锦就、梅建明著:《美国爱国者法案:立法、实施和影响》,蒋文军译,法律出版社 2008 年版。

and Effective Death Penalty Act,AEDPA),该法案是对许多最高法院人身保护令裁决的法典化。《反恐与死刑绩效法》禁止联邦法院因人身保护而推翻州法院的判决,除非该判决“有悖于明确制定的联邦法,或是对联邦法的不合理适用”。另外,它还规定,州罪犯可以在一年内申请联邦人身保护令,并限制二次或连续多次的申请。联邦最高法院在 1996 年的“费尔克诉特平案”(Felker v. Turpin)中维护了《反恐与死刑绩效法》中有关连续多次申请人身保护令的禁止性规定。[①]

① Cary Federman, *The Body and the State*: *Habeas Corpus and American Jurisprudence*, State University of New York Press, 2006, p. xi.

论美国陪审团的运作

郭光东*

一项诉讼制度如若要在实践中良好运作，必然需要一套行之有效的规则设计。而由普通人组成的陪审团参加的审判，无疑需要更多、更细致的程序规则。“像我们其他人一样，陪审员也免不了会受恐惧、偏见、慌乱等情绪的影响。当然他们可以尽力克服这些，但他们需要帮助，需要无偏私的法官和公正的程序规则，否则，不公正就会随之而来。”可以说，陪审团之所以能历数百年而不衰，除了深厚的社会、文化和法律基础支撑之外，陪审具体制度的精心设计，也是其具有持久魅力的重要原因之一。①

本文将探讨那些引导陪审团良好运作的具体程序规则，论述这些规则究竟是如何保障陪审团发现真实和实现正义的。笔者将以美国为例展开论述。而之所以以美国为例，不仅是因为“美国保留了古典陪审制的主流”，②更是因为“陪审制度在美国远比英国更富有生命力”。③ 据估计，现在全世界由陪审团进行的审判，刑事的不少于90%，民事的几乎毫无例外，都发生在美国。每年接近一百万美国陪审员参与大约十万起刑事案件的审判工作。④ 因此，以美国为例探究陪审团的运作规则，相信具备一定的样板、典范意义。

美国作为联邦制国家，陪审程序规则自然在联邦与各州之间、州与州之间不尽相同。⑤ 但大体而言，当有下述共同特征：(1)刑事案件与民事案件均有陪审团审判；(2)陪审团系以任意性手段选出的非法律专家组成；(3)陪审团系由比较多的陪审员人数组成；(4)陪审员不采任期制，每审理一个案件后，陪审任务即终了；(5)陪审团的裁决原则上采行全员一致通过制或采行特别多数决制，此乃基于案件的真实发现与一般的政治决断并不相同，真实发现的重要性不容被妥协；(6)陪审团评

---

* 郭光东，2001级外国法律史专业，指导老师：何勤华。现工作于《南方周末》报社。

① 王新：“西方国家陪审制度透视”，载《中央政法管理干部学院学报》2000年第3期。

② [美]H. W. 埃尔曼著：《比较法律文化》，贺卫方、高鸿钧译，清华大学出版社2002年版，第157页。

③ [法]勒内·达维德著：《当代主要法律体系》，漆竹生译，上海译文出版社1984年版，第399页。

④ [美]H. W. 埃尔曼著：《比较法律文化》，贺卫方、高鸿钧译，清华大学出版社2002年版，第157页。

⑤ 除路易斯安那州之外，所有州均有关于陪审团审判的宪法保障。参见[美]哈泽德等著：《美国民事诉讼法导论》，张茂译，中国政法大学出版社1999年版，第132页。

议过程中,法官并不加入;(7)陪审团本身仅作事实上的判断。在民事案件中,由于损害赔偿金额的计算并在事实部分处理,因此,陪审团对此也一并裁决。在刑事案件部分,陪审团基本上不作量刑上的判断。在探究美国陪审团审判的具体规则进行之前,有必要先论述若干较宏观的共性问题。

一、适用陪审团的案件

根据宪法的规定以及由历史上形成的惯例、陪审团本身的特性所决定,并非所有案件都使用陪审团审判。

(一)刑事案件

首先,由于陪审团仅裁决事实问题,即被告人有罪与否的问题,因此,只有在被告人不认罪、作无罪答辩的情况下,才使用陪审团审判。在美国,90%的刑事案件是通过"辩诉交易"解决的,①而能达成交易的前提,就是被告人已认罪。

然后,在被告人不认罪的刑事案件下,也并非全部使用陪审团。美国联邦最高法院在判例中确认,根据联邦宪法通过前就适用的普通法规则,如果被控以最高刑为6个月以上监禁的罪行时,被告人就有权要求陪审团的审判。该规则在各个州也同样适用。不过,最高法院也承认,即使量刑可能低于6个月,但犯罪非常严重,也会导致陪审团审理。②

又由于接受陪审团审判是被告的权利,而不是案件审理的法定程序,所以,《联邦刑事诉讼规则》第23条允许被告人在经法院批准和政府检察官同意的情形下,以书面的形式放弃这一权利,而仅仅由法官对案件进行审判。③

(二)民事案件

美国民事诉讼程序最为显著的特征就是陪审制。其他任何法律体系都没有在民事案件中作为常规而使用陪审团,就是其他大多数普通法法系国家也只在特殊类型的民事诉讼中使用陪审团,如名誉毁损之类的案件。例如,在加拿大和澳大利亚,民事陪审团的使用已经大大降低了;在英国,它已经实际消失了,虽然那里正是这个制度的源头。④ 与此相反,在美国的民事案件中,陪审团审理不仅受到宪法保障,还经常得以采用并且有较强的普遍性。陪审团审理是通常的审理形式,也是未

---

① 丁以升、孙丽娟:"中西陪审制度适用范围比较研究",载《法学》2002年第11期。

② 李学军主编:《美国刑事诉讼规则》,中国检察出版社2003年版,第409页。

③ 丁以升、孙丽娟:"中西陪审制度适用范围比较研究",载《法学》2002年第11期。

④ [美]史帝文·苏本、玛格瑞特(绮剑)·伍著:《美国民事诉讼的真谛:从历史、文化、实务的视角》,蔡彦敏、徐卉译,法律出版社2002年版,第232页。

使用陪审团审理的模范，绝非宪法上的遗俗。①

由于历史上的普通法与衡平法的区分以及衡平法院发展中积累的惯例，衡平法的诉讼从不使用陪审团。因此，美国联邦宪法第七修正案对民事案件中的陪审团审判的保障有如下规定："在普通法的诉讼中，争执价值超过20元者，由陪审团审判的权利应予保留。凡经陪审团裁决的事实，除非依照普通法规则，合众国的任何法院不得重新审查。"各州宪法中相应用语大体与此类似。②

该修正案从未再被修改。但是，第七修正案仅在普通法方面的诉讼中保障了陪审团审判权，并且规定，"由陪审团审判的权利应予保留"。这导致在大量的案件中，美国联邦最高法院不得不解释什么叫做对于普通法方面的诉讼"保留"陪审团审判权，并由此发展出两种检验标准。第一种是，考察是否在英国或在1791年的美国原告在该类案件中被授权陪审团审判，因为1791年是修正案生效的时间。这被称为历史性检验。在较近的案件中，一些大法官认为，救济的类型是最重要的用于检验案件是否是一个"普通法方面的诉讼"的方法。如果所寻求的主要救济是金钱损害赔偿这种传统的普通法救济方法，而非属于衡平领域的强制令救济，则大法官将授予陪审团审判权，即使在这方面的历史性证据非常模糊。③

没有陪审团陪审的审判称为"法官审判"(bench trial)或"法院审判"(court trial)，但也同样遵从陪审团审判的程序。法官审判程序与陪审团审判程序最主要的差异在于与陪审团有关之程序步骤会被省略，且律师为了迎合法官会修改其辩论的方式。

二、法官与陪审团的分工

在美国的审判中，法官是个裁判。通常法官不询问问题。对抗制的好处就是由当事人来控制美国的诉讼程序，由律师来决定提出什么证据。

根据对抗制，陪审团功能与法官功能明确区分。"'对抗制'所表达的裁判哲学坚持一方面把律师的任务与法官的任务分开，另一方面又把法官和陪审员两者的任务分别开来。"④区分法官和陪审员的任务，其意义在于合理而有效地发挥各自的功能，并且能够相互发生一定的制约作用。简单地说，陪审团负责案件事实的判断，

① ［美］哈泽德等著：《美国民事诉讼法导论》，张茂译，中国政法大学出版社1999年版，第132页。

② 同上，第133页。

③ 马歇尔大法官所代表的多数意见。参见［美］史帝文·苏本、玛格瑞特（绮剑）·伍著：《美国民事诉讼的真谛：从历史、文化、实务的视角》，蔡彦敏、徐卉译，法律出版社2002年版，第242～243页。

④ ［美］哈罗德·伯曼编：《美国法律讲话》，陈若桓译，生活·读书·新知三联书店1988年版，第36～37页。

法官负责审判中的法律问题。但二者之间是相互协作而不是截然分开的。处理这一案件有关的法律规则的宣布,是属于法官的工作。决定受到争辩的证据哪一种属于真实,是属于陪审团的工作。这两件工作的进行如下:法官向陪审员发出指示,即申述可适用的法律规范。他还把证供复述一遍,以逻辑方式安排,指示陪审团裁决需解决的主要矛盾或怀疑之点。听完法官指示之后,陪审团即退出法庭,进入另一室内,秘密讨论这一案件。法官不得进入评议室,也不得在案件审理的任何时间私下与陪审团或任何单独的陪审员作任何联络。当陪审团获得裁决时(典型的裁决必须是全体投票赞同),即回到法庭宣布,不加解释或辩明:就刑事案件应判明是国家或被告胜诉;在民事案件内是原告或被告胜诉,如果原告胜诉则言明须赔款额。①

陪审团负责判断证言的真伪,确定案件事实情况,应当说,这是普通平民根据其常人的理性所能做而且能够做得好的事情。当事实判断中有疑难或者涉及法律适用问题时,法官在不侵犯陪审员独立判断能力的前提下,可以对其做适当指导。法官与陪审团之间对审判任务的分工负责,以及他们之间的相互制约与配合,应当说是形成一种良性审判机制的必要条件。

从机制上来看,事实问题通过证明加以解决,而法律问题则通过审查法律来解决。但是,法律问题和事实问题之间的区分,在很大程度上是人为的。例如,在一桩涉及建筑合同的案件中,争议问题可能是建筑工作是否根据可予接受的标准而完成。这一问题可被视为一项法律问题(在合同请求中,承诺人必须证实己方的履行),也可视为一项事实问题(可接受的履行是建筑市场实际通行的标准)。然而,在美国诉讼程序中,这一区别界定了法官与陪审团的不同角色。如果某问题被识别为法律问题,该问题的解决就在于法官;如果被识别为事实问题,则该问题的解决就在于陪审团。不过,法官也决定在诸如证据开示和管辖异议等各种先决问题之中产生的事实问题。②

三、审判中的陪审团

在审理开始之初,陪审团坐定于陪审团席后,法官通常先为案件确定方向。法官介绍当事人及其律师,叙述案件的主要问题,略述陪审团、法官及律师的职责。陪

① [美]哈罗德·伯曼编:《美国法律讲话》,陈若桓译,生活·读书·新知三联书店1988年版,第24页。

② [美]哈泽德等著:《美国民事诉讼法导论》,张茂译,中国政法大学出版社1999年版,第72~73页。

审团会被告知，其职能是按照法官有关法律方面的指示对案件事实作出裁决；律师的陈述既不是法律，也不是证据，而只是提交证据的方式；在所有证据被接收并有机会对证据进行内部讨论之前，陪审员应当保留自己的结论：陪审员不应与外人讨论案情，在评议案件之前，也不应相互讨论案情；陪审员应当公正对待所有当事人。通常，陪审员都十分严肃地承担上述职责。

（一）开场陈述

在法官介绍完后，双方的律师即对陪审团作开场陈述（Opening Statements）。开场陈述的目的，在于让双方的律师概述案件的事实，并且向陪审团介绍其主张或抗辩。系争案件里的证据并不会在陪审团面前以一目了然的年代次序排列的方式呈现，反而是依照证人作证的次序杂乱无章地呈现。因此，开场陈述是案件双方的律师对陪审团清楚说明案件来龙去脉的机会。当然，双方律师将各有不同的版本要陈述。但是律师在开场陈述里担负的任务，仅止于陈述案件的来龙去脉，而不能夹杂任何辩论。

（二）呈现证据

双方律师的开场陈述结束后，审判最重要的部分开始，即双方律师各自以最有利己方的方式来呈现证据（Proofs）。民事诉讼原告的律师或刑事诉讼的检察官先上场呈现“原告的案件”（Plaintiff's case）或刑事诉讼中“政府的案件”（Government's case）。然后被告的辩护律师呈现“被告的案件”（Defendant's case）。被告的辩护律师呈现被告的案件后，原告的律师或检察官则再呈现原告的“反驳案件”（Rebuttal's case）。

双方律师必须确报所需证人的出席和取得所需的适当文件。这通常可由双方律师向法院书记员申请要求证人出庭的“传票”（subpoena）而完成。因为双方律师已经借由非正式的方式（如和证人交谈，雇用私家侦探）及正式的审判前“证据开示程序”（discovery）调查过案件，因此双方律师知道要传唤哪些证人及要提供哪些证据。

呈现证据的双方律师有三个主要任务：（1）呈现证人的证词；（2）呈现文件或其他实体证据；（3）提出对证据的异议及反驳对方律师对证据的异议。

（三）直接裁决的动议

在民事诉讼原告的律师或刑事诉讼检察官呈现证据后，且在被告律师呈现被告案件前，被告辩护律师可以根据原告或检察官的证据，向法官提出“直接裁决的动议”（motion for a directed verdict）。

在刑事案件里类似直接裁决动议的“无罪开释裁决的动议”（motion for a judgment of acquittal），可在检察官呈现证据后提出。被告辩护律师向法官提出直接判决的动议，是以原告或检察官未能提供让陪审团做出对原告或检察官有利裁决的充分证据的理由,请求法官驳回诉讼(dismiss the case)。

在双方律师呈现所有证据后,被告辩护律师有权向法官再度提出直接裁决的动议或无罪开释裁决的动议。这让法官在陪审团评议之前,有最后的机会确认陪审团有充分的证据可以判决案件。

(四)结辩陈词

双方律师都"停止作证"(rest their case),也就是说双方律师都已经呈现其所有证据之后,双方律师可以开始进行"结辩陈词"(closing arguments)。在结辩陈词时,双方律师可在法庭上直接对陪审团演说,以说服陪审团作出对其有利的判决。结辩陈词,无疑是法庭律师在案件审判中做的所有事情里最受人瞩目的,但不见得是最重要的。如果证据无法说服陪审团,即使再精彩的结辩陈词也挽救不了案件。

(五)法官给予陪审团的指示

在双方律师呈现所有证据及结辩陈词之后,法官会给予陪审团适用于系争案件的法律"指示"(jury instructions),而这些指示有时被视为法宫对于陪审团的"训谕"(charge to the jury)。这些指示会包括有关请求索赔或起诉罪名的实体法,如具有拘束力的契约的构成要件,或谋杀罪的成立要件。在某些特定的案件里,许多法官给予陪审团的指示是经过该州最高法院正式批准的定型化指示或范本指示。然而法官给予陪审团的定型化指示或范本指示并不一定涵括案件中涉及的所有法律,因此律师也必须向法官提出其建议的书面指示。

(六)陪审团的评议和裁决

陪审团的评议是秘密进行的,并且通常会有法警或其他正式的法院官员保证没有人来打扰评议,在评议期间,陪审员会被提供膳食直至评议终了。由于评议秘密进行,且每一位陪审员皆十分独特,因此大众对于评议的过程了解不深。然而,根据对于虚拟陪审团的观察和某些陪审员撰写的陪审经验,可以综合出对陪审团的描述。

在陪审团评议的某段时期,通常是评议刚开始时,陪审团便进行暂时性投票,以决定分歧的程度。暂时性投票结束后,陪审团便进行讨论,然后再进行投票,直到陪审团全体同意或意见僵持不下。

在陪审团评议时双方律师除了出庭和辩论任何的追加指示或辩论在评议中发生的其他问题,双方律师已大致完成其任务。然而,败诉的一方有权"要求陪审员各自回答其裁决结果"(poll the jury)。因此法官会要求陪审员各自回答其是否真正赞同陪审长在法庭上朗读的裁决。偶然会有陪审员突然开口反对该裁决,则法官会要求陪审团继续评议,以解决这个问题,但是如果有必要,法官会宣布未裁决的审判,下令选拔新的陪审团重新审判案件。

（七）审判之后的补救

陪审团的裁决是对事实的认定，而不是判决。区别在于，陪审团的裁决是有关结果应当如何的结论，而判决则是法院审理争议的官方行为。陪审团裁决的用语为“我们陪审团发现……”，判决的用语为“特此作出判决……”。

不过，在进行上诉之前，不同意陪审团裁决的一方当事人可以请求原审法院做出补救行动，实际上，在进行上诉之前，往往规定要请求此类救济。补救行动可能涉及审理中的程序性错误或支持裁决的证据的不充分性。通过申请重新审理或申请不顾陪审团裁决而作判决，提出对此类补救的动议。

侦审体制改革研究

郭春莲*

刑事侦查模式,是指侦查主体进行侦查活动时所采用的程式。刑事侦查模式在整个刑事诉讼活动中占有十分重要的地位,因为其是一个国家刑事侦查活动的中心环节,而"整个刑事诉讼程序犹如一座大厦,侦查程序则如同这座大厦的地基,如果侦查程序的构造不合理、不坚固,那么整个刑事诉讼程序就有可能发生偏差,甚至导致出入人罪"。因此作为一个国家侦查制度核心内容的刑事侦查模式,构建是否合理对于侦查效力和侦查质量意义重大。目前国际上存在两种侦查模式,即一步式侦查和两步式侦查,但以采用后者的居多。笔者在综合分析我国刑事司法现状后,认为目前我国的侦查模式只能采用侦审分离的两步式工作模式。

一、侦审分离工作模式在我国延续了七十多年,积累了丰富的历史经验

新中国的预审制度渊源于革命根据地时期的司法制度。1931 年 11 月,中华苏维埃共和国成立,选举产生中华苏维埃共和国中央执行委员会,其下设国家政治保卫局,内设侦查部(含侦查、检查)、执行部(含执行、审讯、看守)和政治保卫队(特务队、警务队)。1932 年 1 月 27 日,中华苏维埃共和国中央执行委员会发布了《中华苏维埃共和国政治保卫局组织纲要》,明确规定:"国家政治保卫局的工作原则,应分侦察与执行两个工作系统,从此分开,不相隶属"。这是我国在法律上第一次明确规定侦察、审讯工作分离。1933 年国家政治保卫局编写的《审讯术》具体讲述了侦察和预审的区别、审讯工作的性质、审讯人员的条件和审讯工作的方法。其中指出:"一案的全部是侦查、检查、审讯三部门工作的总和。侦查、检查是要用秘密的方式,搜索犯人抽象的与具体的犯罪证据,审讯则是用公开的方式把侦检两部门已发现之事实和未发现的犯罪,直接从犯人口中探讯出来。"

我国侦审分离工作模式在公安部前身——国家政治保卫局中开始形成并一直沿用到新中国成立。新中国成立初期,虽然在公安部没有单独设置预审机构,只在政保局设立了预审处(后成为公安部的直属处,再后才单独设局),然而从大区公安

* 郭春莲,2004 级中国法律史专业,指导老师:王立民。现工作于上海市浦东新区公安局。

部直到省级公安厅、局，专、市公安处、局，县（市）公安局，城市公安分局都分别设立了执行处、科、股，执掌预审、看守职能，侦审是分立的，如上海解放初期，市公安局的预审业务分别由社会处（政保处）、刑警处（治安处）设立专职机构承担，1955年2月，市公安局专设政保七处（预审处）受理市局各业务处侦破的重大案件，各分县局则在新中国成立初设立的联合办公室审讯机构基础上成立预审科。“文化大革命”中林彪、江青反革命集团“彻底砸烂公、检、法”，预审同其他公安业务一样，遭到了严重破坏。但粉碎“四人帮”后，随着公安工作的恢复，预审机构也逐渐得以恢复。1979年7月公安部召开的第三次全国预审工作会议恢复和加强了预审机构，同年颁布了《预审工作规则》，明确我国的刑事侦查分为侦查、预审两个阶段，由侦查和预审两个部门衔接进行。前一阶段的任务是收集、调取有关证据材料，揭露、证实犯罪并查获犯罪嫌疑人，当收集到一定的证据，犯罪嫌疑人已经确定，需要加以控制的，即依法采取强制措施。至此案件便转入下一个阶段，移交预审部门进一步审理。预审部门的工作从依法拘留或逮捕犯罪嫌疑人开始，到侦查终结为止，其任务是准确、及时地查明被告人的全部犯罪事实、追究其他应当追究刑事责任的人；查明被告人有罪或者无罪、犯罪情节轻重，正确地认定犯罪性质和罪名；注意检验核实侦察所获得的罪证材料是否确凿，保证不放纵敌人，不冤枉好人。

我国侦审分离的工作模式一直沿用到1997年，伴随着1996年刑事诉讼法的修改，公安部面对新的形势，在石家庄召开了“全国刑事侦查工作会议”，决定改革我国沿袭了近50年侦审分立的工作体制，实行侦审一体化这一全新的工作体制。即将过去预审中审讯犯罪嫌疑人、移送起诉等职能并入侦查部门，实行立案、侦查、审讯犯罪嫌疑人，移送起诉一体化运作，统一由侦查部门行使上述职权。侦审一体化制度推行9年间，各种争议从未间断，有赞成的，有反对的，也有持折中观点的，公安实践部门在具体执行过程中也是各行其是，如上海在侦审合一改革过程中，就采用了三种模式：一是从立案到报捕到移送起诉全部一体化操作，由侦查人员独立完成，不设中间环节；二是从立案到刑拘对报捕、移送起诉等工作均由侦查人员操作但在刑拘、报捕、移送起诉、取保候审等重要环节，由专职审核人员负责全面审核，对定性证据认定评价、犯罪情节的确认、法律文书的制作等均提出审核意见；三是在部门内专设预审人员，负责审理犯罪嫌疑人被采取刑事拘留强制措施后的办案工作。北京则是仅将预审部门编制撤销，侦查仍分侦查和预审两个阶段。2005年北京、天津又重新恢复侦审分离工作模式。

从侦审分离的历史沿革来看，公安机关内设预审部门在我国有70多年的历史，其在深挖破案、相互配合、监督等方面已积累了丰富的办案经验。1997年刑侦体制改革，初衷是好的，但是因为1996年刑事诉讼法改革仅牵涉审判领域，对整个侦查和起诉程序改动很少，因此在大法未作修改情况下，取消预审对侦察的监督作用，取消预审对案件的把关作用，结果导致刑事案件质量呈下滑趋势，如上海 1998 年 1～10 月份，刑事拘留提请批准逮捕率下降了 8 个百分点，检察院审查起诉时作出退回补充侦查的决定的占移送起诉总数的 5%，而前年同期仅为 0.12%。[①] 南昌市东湖公安分局 1997 年度报捕刑事案件 154 起，批捕 147 起，批捕率为 95%，移诉时退回补充侦查的案件仅 18 起；1998 年度报捕刑事案件 253 起，批捕 199 起，批捕率为 79%，移诉时退回补充的案件有 77 起。[②] 案件质量下降、深挖破案数减少也是侦审体制改革在全国一直未得到真正贯彻执行、各地自行其是的关键原因。

二、在我国目前的诉讼构造体系下，侦审分离工作模式有助于促进司法公正

刑事诉讼的目的是为了解决人们之间利益冲突，惩治犯罪、消除社会混乱，确保社会中绝大多数成员的生命财产安全。为了完成发现案件事实真相的目的，刑事诉讼法赋予侦查机关刑事强制权，但是法律与权力的关系是政治社会产生以来始终困扰人们的一个问题。正如美国法学家埃尔曼教授所言："法律永远是部分原则加部分权力。如果法律要完成其目标，便必须以权力为支持，但是不受制约的权力却极易由于其反复无常而漠视正义与安全的要求。"[③]侦查权在所有国家权力中是最易侵犯公民权利的，如果其滥用，不仅会使无罪的人受到刑事追究，侵害公民的人身权、财产权甚至生命权，而且还会动摇社会正义的基础，影响公民对法治的信仰。因此世界各国都制定了一系列的程序规则，防止警察权滥用。

引进外部监督机制，实行司法审查。在制约警察刑事侦查权方面无论是大陆法系国家还是英美法系国家，都实施的是司法审查机制，即让法官以第三者的身份介入侦查过程，有效地制约侦查机关的权力，确保犯罪嫌疑人权利的行使。把审判结构中的那种"三方组合割据"引入侦查中，让法官的权力触须探入侦查阶段，由法官来监控侦查人员的行为。例如法国，根据《法国刑事诉讼法典》第 41 条、第 122 条规定，刑事拘留的批准权由检察官或预审法官签发，拘留最长期限为 72 小时，逮捕由预审法官签发。美国、英国除特殊情况无证逮捕外，批捕权都由治安法官决定。

部分国家侦查模式采用两步式侦查。在侦查模式上，部分国家采用两步式侦查进行制约，避免侦查过程中的执法不严和舞弊现象。如法国，侦查工作分为初步侦查和正式侦查两个阶段，初步侦查是在司法警察发现或接到发生犯罪报告后，应

---

① 王寿芝、王正平："上海公安侦审合一现状、问题及对策"，载《东方刑侦》1999 年第 1 期。
② 揭萍："侦审合一实践中存在的问题及对策研究"，载《江西公安专科学校学报》1999 年第 3 期。
③ [美]H. W. 埃尔曼著：《比较法律文化》，三联书店 1990 年版，第 93 页。

当迅速通知检察官，同时开展初步的侦查工作，包括寻找证人、被害人，开展询问工作；抢救伤员；现场勘查；对犯罪嫌疑人的初步讯问、拘留；扣押、搜查等。经初步侦查认定构成犯罪，预审法官根据检察官的公诉书或附带民事诉讼赔偿的原告的请求，开始预审即正式侦查。正式侦查中预审法官成为侦查工作的主要负责人，检察官、司法警察都必须听从其调遣和指挥，预审目的是在初步侦查的基础上，查明案情，认定犯罪事实，查明被指控的嫌疑人的行为是否违反刑法。意大利也是实施两步式侦查，只是正式侦查的负责人是检察官。日本的初步侦查往往由案发地附近的治安警察或巡警负责，重大案件由警察机构中的专案队负责，初步侦查的内容包括保护现场、抢救被害人、询问证人和被害人、处理紧急情况等。初步侦查后一部分案件移交刑警进行后续侦查；另一部分移交检察院中的侦查人员继续侦查。

在我国的刑事诉讼构造中，目前只有在审判阶段实行的是对抗式审判机制，法官居中裁判，控辩方互相辩论、互相制约。而在侦查诉讼构造中仍接近于职权主义模式，注重维护社会利益，发现犯罪事实，并且职权主义色彩比大陆法系国家更为强烈。根据《刑事诉讼法》的规定，侦查阶段只有逮捕才需检察院决定，且批捕在1996年刑事诉讼法修改后条件放宽，审查批捕也只限于书面审。对于最高期限长达37天的刑事拘留，无任何外部监督机制，由公安机关自行决定，而这是与国际社会普遍的司法审查机制相违背的。因此在目前的刑事诉讼构造下，虽然审判阶段进行了较大程度的改革，但是侦查阶段外部监督制约机制薄弱，要保障犯罪嫌疑人权利，确保无罪的人不受刑事追究，防止侦察机关权力滥用，就必须健全公安机关内部侦查监督机制，实行两步式侦查模式。因此侦审分离的工作模式正是在侦查程序中设置第二道程序制约侦察机关权力有力措施，根据《预审工作规则》，预审部门的一大工作任务就是检验核实侦察所获得的罪证材料是否确凿，保证不放纵敌人，不冤枉好人。但1997年侦审合并恰恰是把预审这一监督功能取消，在目前我国刑事诉讼法未作修改，侦查程序还处于内部封闭状态，律师司法救济权薄弱的情况下，将侦察和预审合并，整个刑事案件从立案、拘留、批捕、起诉都由侦查民警一人办结，极有可能导致错案发生。我国虽然在刑事诉讼中确立了“无罪推定”原则，即任何公民在未被法院定罪前在法律上都是无罪的，但是侦审合并后，从心理学角度来说，当某人被办案民警锁定为犯罪嫌疑人后，那么办案民警就是带着“有罪推定”思想的。在整个侦查程序中，必然会采取一切侦查措施去证明他就是罪犯，而很少能自我纠错。因此，在目前我国的侦查诉讼构造下，要确保司法公正，只能建立两步式侦查的工作模式。

三、从维护社会稳定，减少司法成本的角度出发，必须实施侦审分离的工作模式

公安部虽然在1997年侦审体制改革中，提出将侦察、预审合二为一，可以减少诉讼环节，提高侦查效率。但是受制于我国的刑事侦查现状，美好的愿望并未得到美好的结果，如上海1998年1～10月，刑侦部门刑拘犯罪嫌疑人比前年同期增幅达36.6%，但刑拘与逮捕数之比为1∶0.58，比前年同期的1∶0.66相比，下降了8个百分点，①这说明对犯罪嫌疑人刑拘后的审讯查证工作质量不高，或者说未能围绕提请逮捕的条件去展开工作，以致抓住了人却不能送上法庭，不能追究犯罪嫌疑人的法律责任，最终让犯罪分子逍遥法外。而这也严重浪费了司法资源。分析原因，除侦查人员素质不高外，侦察和审讯工作性质不一是主要原因。

侦察的目的是查获罪犯，但犯罪发生于过去的时空，罪犯在犯罪之后常常采取各种掩盖措施来错误引导侦查人员的视线，因此侦察的高效推进对于确保刑事诉讼控制犯罪目标的实现具有极其重要的意义。法国著名侦查学家艾德蒙·费加尔常说："侦查工作的头几个小时，其重要性是不可估量的，因为失掉了时间，就等于蒸发了真理。"②因此侦察强调的是迅速、高效，要求侦查员在短时期内凭借现场勘查的痕迹、群众的走访等确定犯罪嫌疑人。而审讯目的是进一步收集证据，主要依靠犯罪嫌疑人的口供，全面审核，为批捕、起诉做好准备。审讯是预审人员与犯罪嫌疑人的正面对抗，要完美地实现侦查讯问的目的，就必须做好充分的准备，要熟悉案情、了解犯罪嫌疑人的性格特点，制定审讯提纲，选择合适的时间地点，在审讯过程中不断调整提纲，寻找突破口。而这都意味着预审工作需要大量的时间，预审人员需要掌握丰富的心理学知识、法律知识，做到知己知彼才能百战百胜。因此侦察工作的快和预审工作的慢形成鲜明的对比。但是侦审合并后，虽然侦察警力增加了，但是随着刑事案件的高发，特别是一些重特大案件发生后，需要集中警力破案，侦查人员往往顾了侦察就顾不上预审。特别是有些案件在审讯过程中已经快突破嫌疑人心理防线，但因有新的案件需要侦察，而耽误了最佳审讯时间，使得犯罪嫌疑人有心理调整的时间，影响了后续工作。在这种情况下，侦查人员压力很大，一起案件未结，一起案件又起，只能马虎进行讯问、查证，来不及弄清全案，就草率结案移送检察院起诉，导致在投入了大量的人力、物力、财力，抓获犯罪嫌疑人后，因后续取

① 王寿芝、王正平："上海公安侦审合一现状、问题及对策"，载《东方刑侦》1999年第1期。

② ［俄］拉·别尔金著：《刑事侦察学随笔》，李瑞勤译，群众出版社1986年版，第69页。

证工作未到位只能到期放人。这不仅严重浪费了司法资源,还影响诉讼公正。

而侦审分离,将侦察和预审分开,可以根据工作性质不同培养各自领域的专家,过去我们曾有一批预审专家,破获过多起重大案件。特别是侦察和预审分开后,侦察人员可以专心破案,无后顾之忧,可以投入全部精力在抓获犯罪嫌疑人上,从而保持其高度的机动能力与战斗性,提高侦破效率。预审部门则可在侦察部门工作的基础上,发挥专业优势,通过对已拘留、逮捕人犯有准备的正面审讯,查清其犯罪事实,收集确实、充分的证据,并深挖犯罪,查破积案,从而保证案件质量。

侦审合并是我国侦查模式最终追寻的目标,为了达到这一目标,最终实现绝大多数民警既能侦又能审,笔者认为如实行侦审分离,不能简单地因循守旧,而要有所创新。可先实行三分制,即预审员由三部分人员组成,1/3 为预审专家,1/3 为侦察人员,1/3 为深挖扩案人员。通过以老带新的方式,3 年轮换,最终实现侦审合并。

论我国社区矫正惩罚机制的完善

刘　强*

我国社区矫正的试点中有一个突出的问题就是尚没有建立起适合国情的社区矫正惩罚机制，该问题如果不认真加以研究和解决，势必成为我国社区矫正发展的障碍。

一、我国社区矫正惩罚机制的运作背景

社区矫正的试点和推进是我国刑罚制度运作的一项重大改革，是适应国际刑罚趋于轻缓的潮流而作出的选择。但是，在注意到一种倾向时我们也需要注意可能掩盖着的另一种倾向，即在发展一种轻缓的刑罚制度时不应忽视其惩罚的功能。目前，我国对此存在的模糊认识包括：社区矫正的基本形式如缓刑假释等是否应视为刑罚的方法？是否具有惩罚的功能？如何对社区矫正对象进行惩罚？惩罚的目的是什么？如何建立社区矫正的惩罚机制？有许多人认为对犯罪的惩罚至少意味着"坐牢"（监禁），如果让犯罪人在社区中服刑，那么等于没有使其受到应有的惩罚。甚至认为，对犯罪人判处缓刑就相当于无罪释放。在劳动人事部的文件中指出："缓刑不是一种刑罚，而是被判处拘役、三年以下有期徒刑的犯罪分子，根据其犯罪情节和悔罪表现所规定的考验期。"①有的学者认为，缓刑是有条件的不执行刑罚，所以，缓刑不是刑罚的执行。在对非监禁刑的管理上，由于各种原因，一些地区对于缓刑、假释和管制人员的管理，基本上处于放任自流的状况。由于以上的认识和实践，因此，非监禁刑往往被排斥在刑罚的概念之外。②

在对社区服刑人员的管理中，社区矫正试点前是由公安机关管理，虽然公安机关具有一定的强制力和威慑力，但由于工作繁忙，对这些人员的管理基本上是流于形式。在社区矫正的试点中，司法所工作人员承担了管理任务，但由于缺乏执法经验，又没有法律的授权，不能行使一些强制性的措施，影响了社区矫正的惩罚功能的发挥。在上海，社区矫正的实际执行主体是社会工作者，他们奉行的是平等、尊

---

* 刘强，2005级外国法律史专业，指导老师：何勤华。现工作于上海政法学院。

① 劳动人事部《关于被判处有期徒刑缓刑的退休人员的退休待遇问题的答复》，1983年3月9日。

② 陈兴良："宽严相济刑事政策研究"（上），载《法学杂志》2006年第1期。

重、接纳的原则,大多数工作人员出校门时间不久,缺乏工作经历、没有执法经验。一些服刑人员利用这一现状钻空子,他们不按时汇报和递交书面报告,尽可能逃脱社区服务的劳动或者弄虚作假,脱离限制活动范围,工作人员实在没有办法就去找民警,但民警的出场毕竟是有限制的,因此,在执法中出现了许多不严肃的问题,社区矫正的惩罚功能大打折扣。另外,在我国有的社区矫正试点省市,确立了一些不利于严肃执法的对工作人员的考核标准。例如,社区矫正工作者管理的服刑人员如果被收监,那么将会增加工作人员年终考核的负面打分并要承担连带的责任。这种规定导致尽管社区服刑人员违反监管规定情节比较严重,但矫正工作者因为怕自己受到影响,而尽可能不让其收监。结果给社区服刑人员造成了一种误导,即使违反了一定的监管规定,也不会受到了相应的制裁,因此,违反监管规定的现象有所增加,对社区服刑人员管理的强制力越来越淡化。

问题存在的原因之一是我国的刑法相对缺乏对非监禁刑的惩罚性的规定。如我国刑法对缓刑人员规定了四方面的义务(刑法第75条),这些义务不涉及惩罚性和补偿性的内容,犯罪分子实际上没有受到任何实质性的制裁。[①]同时,由于我国长期以来对非监禁刑适用的比例很低,缺乏对非监禁刑惩罚机制的研究。在试点中,对于出现的问题不能及时采取有效的应对措施。目前我国有很多人包括一些领导难以接受扩大社区矫正的重要原因之一是我国的社区矫正(非监禁刑的执行)在实际运作中明显缺乏惩罚功能。因此,目前亟须尽快对社区矫正中的惩罚问题达成共识,并在实践中采取相应的措施,这是我们搞好社区矫正试点和在全国推进的前提条件之一。

二、建立社区矫正惩罚机制的必要性

在我国建立社区矫正的惩罚机制,首先涉及对非监禁刑惩罚属性的认识;同时需要对国外社区矫正惩罚机制形成的过程的了解;进而看到我国的不足。这样,可以为建立适合我国国情的、公正合理的非监禁刑惩罚机制奠定基础。下面,笔者试通过比较的形式加以说明。

(一)社区矫正的惩罚属性

在我国社区矫正的五种形式中:管制是主刑之一,剥夺政治权利是附加刑之一,缓刑、假释、监外执行是刑罚的具体运用。在美国,没有管制刑和剥夺政治权利

① 刘志伟、左坚卫:“徘徊在公正与功利之间的我国缓刑”,载李希慧、刘宪权主编:《中国刑法学年会文集》(2005年度)(下册),第759~769页。

刑,但有对资格的限制和剥夺;没有监外执行,对于类似我国监外执行的对象一般纳入假释的范围。

在美国,社区矫正的惩罚属性已成为不争的事实。他们把社区矫正也称为社区的制裁(community – based sanctions),除了缓刑、假释外,还包括罚款、赔偿、社区服务等措施。①社区矫正的定义是"罪犯在社区中服全部或部分判决的非监禁的制裁"。②除少数具有对公众的危险性或者实施了严重的暴力犯罪者被判处监禁外,对于大多数罪犯而言,法院给他们选择了社区的制裁。对于缓刑来说,既是一个判决又是一种状态,作为判决,意味着允许犯罪者继续居住在社区,但要对他们提出警告,限制他们从事任何可能的犯罪,缓刑判决也可包括让罪犯向受害者支付赔偿或提供无偿的社区服务作为犯罪的补偿的内容。另外,往往还要求缓刑者参加矫正项目,来解决有可能导致他们重新犯罪的实际问题;作为一种状态,是指当罪犯证实他们在社区能够保持良好的生活状况,那么,监禁的判决可以暂缓。但对他们要进行广泛的监督,包括居住、生活、工作和休假等。在英国,对非监禁刑的执行并不称为"社区矫正",而是称为"社区惩罚"(community penalties)。

在社区中对罪犯的惩罚是基于道德和社会的需要。在美英的解释中,他们往往借助哲学家康德和社会学家德尔凯姆的理念来帮助人们理解社区惩罚是道德和社会的需要。惩罚的道德基础是:只有通过对惩罚的实施来表明社会对某些行为的禁止。康德认为,道德的地位是非常重要的,他提出的告诫是:如果社会不能有效地惩罚犯罪者,那么等于在参加或帮助犯罪。惩罚有助于将守法的人与犯罪的人划清界限并对守法的道德给予肯定的评价。社会需要惩罚有更多的在实践方面的理由,德尔凯姆认为,在对清教徒社会有关惩罚的分类研究中,有人展示了早期美国社会通过公开的惩罚来界定和解释道德的行为,在社区需要生存和发展时,确立道德的行为对于保持社会的一致性将扮演重要的角色。当社区通过共同的力量来惩罚犯罪时,分享共同价值的意义将成为社区统一性的一个部分。德尔凯姆将此称之为集体的善恶观,即对社区的规范形成肯定的和共同的价值取向。③因为惩罚具有在道德和社会上的重要性,如果一些犯罪者不能得到应有的惩罚,那么公民就会感到忧虑和不安。

在社区中惩罚的必要性还表现为对犯罪人和潜在的犯罪人具有一定的威慑功

---

① Branham, Lynn S. and Michael S. Hamden. 2005. *The law and policy of sentencing and corrections.* Thomson/West. p. 3.

② Cromwel, Paul F., Rolando V. Del Carmen, al. 2002. *Community-based corrections.* Wadsworth/Thomson Learning. p. 7.

③ Clear, Todd R. and Harry R. Dammer, 2000. *The offender in the community.* Wadsworth/Thomson Learning. p. 30.

能。至于社区惩罚的形式和惩罚的程度在世界各国存在着争议,但惩罚的基本属性是不可否认的。

缓刑、假释虽然不是刑法中的主刑或附加刑,但是,它们属于刑罚的具体运用,在我国是由法院作出的判决和裁定,应视为延伸的刑罚方法和措施,属于非监禁刑的范围,当然属于刑罚的执行并带有惩罚的性质。

在我国社区矫正中忽视刑罚的惩罚属性的另外一个原因是我们在翻译这一概念时的局限性。对于中文而言,"惩罚"和"矫正"是截然不同的两个概念,类似我国监狱行刑中"惩罚"和"改造"的关系。但在英文中,被翻译成"矫正"的单词"correction"则兼有矫正与惩罚的多重含义。[①]但按照英译汉的习惯,我们往往是在英文单词的诸多含义中选择一个词来进行表述,因此,我们在选择矫正时,就把"correction"中的另外一个关键的含义"惩罚"的意思遗漏或是忽略了。另外,"corrections"在美国、加拿大、澳大利亚、新西兰等国家刑事司法执法领域中已经成为一个约定俗成的专有名词,其定义为"对被控告和认定有罪的刑事犯罪人负有责任的不同的项目、服务、机构和组织"。[②]换言之,它是对整个刑事执法活动的一个概括性的称谓。而英国对社区的刑罚执行统称为社区惩罚,"惩罚"(penalty and punishment)在英语中并不包括矫正和更新的含义,但在实际运作中,英国也采取了类似美国的矫正和更新的措施,在进一步的表述中,他们将社区惩罚称之为"社区的惩罚与更新"(community punishment and rehabilitation)。[③]因此,"社区矫正"的中文翻译与"community corrections"的实际含义并不是非常吻合的,准确的翻译应该是"社区的惩罚与矫正"。

就像监狱的功能是惩罚和改造罪犯一样,社区刑罚执行也包括惩罚与改造的基本职能。在我国香港特别行政区,对"Corrections"一词的翻译是"惩教"而不是"矫正"。例如,他们对管理服刑人员的机构称之为"惩教署"(Correctional Services Department,CSD)而不是"矫正署",[④]应该说是比较确切的,希望我国在使用该词时认真推敲,避免由此产生对工作的误导。在社区矫正试行阶段事实上已经产生了误导,许多工作人员认为对社区服刑人员的管理主要是矫正而忽视了社区刑罚执行的惩罚功能。

(二)我国社区矫正在惩罚机制上的缺陷

我国社区矫正在惩罚机制上的缺陷主要是缺乏与其他惩罚措施的衔接,具体

---

① 新英汉辞典编写组编:《新英汉词典》,上海译文出版社 1985 年版,第 259 页。

② Clear, Todd. R. and George. F. Cole. 1994. *American Corrections.* International Thomson Publishing. p. 528.

③ Justice for all. p. 108.

④ 载 http://zhidao. baidu. com/question/97780218. html。

表现为监禁刑执行与非监禁刑执行、非监禁刑执行与行政处罚的执行在惩罚力度上使人难以接受。首先,用监禁刑与缓刑比较:两个罪犯的犯罪情节和危害相近,均被判处两年有期徒刑,一个在狱中执行,另一个在社区执行。狱中罪犯除人身自由受到限制外,还要有每周6天、每天8小时的强制性劳动,另外在通讯、接见、生活费的使用等方面均有严格的限制,承受了较大的痛苦与损失。而缓刑人员,基本上跟无罪公民享有同样的权利,仅有非常少的一点限制。可见,两者受到的惩罚程度过于悬殊。其次,用缓刑与劳动教养比较:判处缓刑的人员已构成刑法中的犯罪;而劳动教养对象,虽然也有犯罪的行为,但属于刑法中的"情节显著轻微危害不大的",不构成刑法中的犯罪。因此,劳动教养是由公安机关给予的行政处罚。按照罪责刑相适应的理论来推论,应责大重罚,责小轻罚。但事实上则恰恰相反。如果不是从"刑事"和"行政"的性质上加以区分,而是从表象上观察对比,劳动教养和监狱基本上没有明显的区别。劳动教养人员也需每周6天、每天8小时的无偿劳动,基本上与社会隔离,家人的接见和在劳动教养所中的活动区域都要受到限制,同时,必须参加劳动教养所组织的一些矫正项目。事实上,有的劳动教养人员受到的惩罚甚至要重于监狱的犯人,如城市的监狱一般都是工业生产,而劳动教养农场由于从事农业生产,条件艰苦,一般劳动强度较大。而且与监禁刑不同的是,劳动教养人员没有"缓教"(类似缓刑)和"有条件的解教"(类似假释)的制度。

同时,我们的社区矫正缺乏类似国外的不同形式的、针对不同的犯罪和个人危险性程度的制裁措施。

另外一个突出的问题是对于缓刑、假释人员违反监管规定收监的法律条款难以落实。在我国目前社区矫正试点中,一些省市比较注重对服刑人员开展一些矫治项目包括心理矫治,也积极为社区服刑人员提供一定的帮助,但是往往不能形成对服刑人员的严格管理。这里的原因是多方面的,其中的一个重要原因是:我国刑法在1997年增加了对于缓刑和假释人员如违反监督管理规定,情节严重的,应当撤销缓刑,执行原判刑罚的规定。但在实际运作中,由于这项规定比较原则,最高人民法院也没有相应的司法解释,因此,这项新增的规定实际上形同虚设。由此产生的后果是,少数服刑人员借此钻法律的空子,影响了整个监管秩序的不规范。这一点在笔者调研的各省市中均有普遍的反映。下面对这个问题给予进一步的说明:

世界上大多数国家对于缓刑、假释人员在缓刑、假释考验期内收监的规定可分为犯罪收监和非犯罪收监两类:犯罪收监是指对于在缓刑、假释考验期内犯新罪或发现漏罪的,按照刑法数罪并罚的原则,撤销缓刑、假释,收监执行;非犯罪收监是指对于在考验期内,违反法律、行政法规或者执行部门有关监督管理的规定,情节严重但尚不构成犯罪的,撤销缓刑、假释,收监执行。由于缓刑、假释都是要求犯罪人有条件地在社区中服刑,因此,对违反社区服刑有关规定的人员予以收监,是强化社区矫正管理的重要法律手段。现在世界上许多国家(地区)为便于管理,除了犯罪收监外,采用了非犯罪收监的措施。根据美国的联邦刑事执法研究所的矫正年报统计:在2000年,缓刑假释人员共有231万人,其中缓刑有183万,假释有48万。被收监的缓刑假释人员共有203,697人,占缓刑假释总人数的8.8%,其中缓刑人员有47,085人,假释人员有156,612人;在缓刑假释收监人员总数中,因犯罪收监的有63,854人,占总数的2.7%,非犯罪收监的有139,843人,占总数的6.1%,[①]在非犯罪收监的人员中,违反监管规定的占有较大的比例。

我国1979年《刑法》确定了缓刑假释制度,但在《刑法》中仅做出了对缓刑、假释人员犯罪收监的规定(第70条和第75条),而没有非犯罪收监的规定。这种情况的负面作用是:如果缓刑、假释人员在社区中不重新犯罪或被发现漏罪,那么对于他们出现的违反监管规定的行为,即使是情节严重也无能为力。尽管1979年刑法颁布后,对缓刑、假释适用的比例很低,但由于公安机关在管理中缺乏相应的制度,因此存在着较多漏洞。这样,不仅增加了缓刑、假释人员在社区中重新犯罪的概率,而且不利于保持良好的监管秩序,降低了非监禁刑的惩罚功能。随着这些问题的进一步突出和暴露,在1994年12月《中华人民共和国监狱法》第33条中,做出了对"假释人员违反监督管理规定但尚未构成犯罪的予以收监"的规定,试图弥补《刑法》规定中的不足,但法律仍没有对缓刑人员违规收监的规定。直到1997年《刑法》修改,才明确在刑法典中增加了对缓刑和假释人员违反监督管理规定收监的条款。

但此后由于"对违反监督管理规定,情节严重"的界定并不十分清楚,而且对缓刑、假释的适用比例仍然较低,因此,对违规收监的新条款并未得以适用。我国目前对缓刑、假释人员的收监比例是很低的,在适用对象中,大部分是在考验期内重新犯罪如盗窃、诈骗、抢劫等,较少是因为违反法律、行政法规(如有的因嫖娼、诈骗等但尚不构成犯罪的)被收监,基本上没有单纯因违反监管规定而收监。这样,在对缓刑、假释人员的管理中,事实上有一种误导,只要他们不犯罪,即使不能按时报告、即使有时脱管、即使不参加一些活动也无妨。在部分司法、执法人员中也错误地认为:对于违反监管规定的罪犯,是不能予以收监的,因此,他们对一些难管犯感到无能为力。在社区矫正试点中,有的社区矫正工作者一次又一次地对服刑人员进行家访,服刑人员以推脱、回避和撒谎的形式拒绝与工作人员见面,而工作人员仅试图以情感人,却不能恰当运用《刑法》规定的强制手段。有的缓刑假释人员长期外出不归,脱离监管数月之久,但对这些人尚未能给予收监处理,破坏了社区矫正执

① Camp, C. and G. Camp (2001). *The Corrections Yearbook*, 2001. The Criminal Justice Institute, Inc. pp. 198 – 199.

法的威慑力和影响力。

以上情况表明,我国社区矫正的惩罚力度是偏弱的,这对于社会公众来说会感到法律的不公平;对于重罪轻罚的犯罪者而言,容易产生侥幸心理;对于轻罪重罚的劳动教养人员来说,容易增加其不平衡和反社会的心态,对于缓刑、假释者的犯罪被害人而言,往往会感到法律缺乏应有的报应性和公正性。在笔者的调查问卷中,社区居民对于需要增加对社区服刑人员的惩罚力度的态度是非常明确的。当问到是否赞成社区服刑人员参加社区公益劳动时,有70%的人赞成,有25%的人无所谓,有5%的人不赞成;当问到是否需增加社区服刑人员对犯罪被害人的经济补偿时,有63%的人赞成,有18%的人无所谓,有19%的人不赞成;当问到对有一定人身危险性的社区服刑人员是否需要限制他们晚上必须在家中时,有77%的人认为需要,有14%的人无所谓,有9%的人认为不需要;问到社区服刑人员多次违反监管规定但并未重新犯罪,您认为应给予何种处罚时,有65%的人认为应该收监;等等。因此,笔者认为,就总体而言,对于社区矫正的惩罚力度必须要有适当的增加,从而确保我国惩罚机制的公平、递进和衔接。

三、我国社区矫正惩罚机制的构建

(一)明确惩罚是社区矫正的基本任务之一

明确惩罚是社区矫正的基本任务之一是构建社区矫正惩罚机制的前提。这一点在对我国监禁刑执行的规定中是非常明确的,《中华人民共和国监狱法》第1条中开宗明义:"为了正确执行刑罚,惩罚和改造罪犯,预防和减少犯罪,根据宪法,制定本法。"如果在这一表述中将"惩罚"二字去掉,这势必会影响监狱行刑中基本任务的完成,也会造成对监狱行刑的性质在理解上的偏差。社区矫正同属于刑罚执行活动,因此,行刑的性质和任务是一致的,虽然在社区执行的惩罚力度一般低于监狱,但不能因此而淡化这一基本功能。

有观点认为:社区矫正作为"非监禁刑罚执行活动"的本身就包含了"惩罚"的含义,但在事实上,很多人的理解并非如此,认为社区矫正就是对罪犯在社区中的改造、矫治。在笔者的问卷调查中,在问到什么是社区矫正时,有65%的人认为是对社区服刑人员进行矫治,有15%的人认为是对社区服刑人员提供帮助,认为让刑事犯罪人员在社区服刑的只有19%,认为是对社区服刑人员进行惩罚的只有1%。这种倾向,在很大程度上影响了非监禁刑功能的有效发挥。在社区矫正试点的实践中,一些工作人员只知道对罪犯进行教育改造和提供服务,而不知道如何通过严格的管理对其进行惩罚。这是目前我国社区矫正试点和推进中一个方向性的偏差。

（二）对我国社区矫正惩罚机制的构想

建立我国社区矫正的惩罚机制，主要是通过法律和行政的措施，适当增加在社区中的刑罚方法和措施，增加在刑罚执行中的管理项目，完善在惩罚中有关程序的规定，健全社区矫正的执法队伍。结合我国学者的研究，笔者认为，具体可从立法、司法、执法三个方面来考虑：

1. 立法方面

（1）适当增加犯罪者经济的负担。主要表现为以下三点：①赔偿。直接补偿因犯罪而给犯罪被害人所造成的损害。过去我国的刑罚比较注重从国家角度对犯罪的惩罚，相对忽视被害人应有的损失补偿（包括精神损害补偿），今后有必要增加让犯罪人向被害人经济补偿的义务。补偿的额度可参考民法的损害赔偿数额。②向国家和有关公益事业等支付一定的钱款。例如，有的国家和地区让社区服刑人员交纳一部分管理费，通过适当增加服刑人员的经济责任，从而减少国家的刑罚成本。③社区服务。社区服务既具有一定的改造功能，同时具有惩罚的功能。一般是无偿劳动，并具有强制性。在一些国家和地区，由于服刑人员不能提供足够的赔偿和罚金，又没有其他挣钱的机会，因此，通过社区服务来作为赔偿或罚金的替代，按照每小时应支付的报酬积累，以完成赔偿或罚金的任务。

（2）针对特定的对象适当增加禁止性规定。社区服刑人员有不同的犯罪背景，因此，需要针对不同对象规定一些特殊的应当遵守的禁止性条件。建议将“剥夺政治权利”改为“资格刑的限制与剥夺”，资格刑可包括现在的政治权利的内容，也可以包括其他有关的权利与资格，主要是针对犯罪人的具体情况和特点，对可能引起犯罪的权利和资格进行限制或剥夺，但对每个人限制和剥夺的内容可有所不同。因此，参照国外立法中的有关规定，在我国立法和管理条件中可考虑增加一些规定，区别情况加以适用：如在一定条件下禁止其出入特定场所和与特定人员来往；对于因醉酒而实施犯罪者，规定其不得进入酒吧等娱乐场所；对因某种瘾癖而犯罪的人，应督促其戒除瘾癖；必须切实履行宣告判决中附带民事诉讼所确定的赔偿义务；必须履行除判决之外的法定义务，如以合法的收入赡养老人、抚养子女、扶助家庭成员等；对于在从事职业活动中犯罪的人，应加强职业教育，或者禁止从事该职业活动；限制与可能诱发犯罪的某些不良群体和个体交往；要求一些人从事一定时间的无偿社会公益劳动等。只有结合缓刑人员的特定情况来完善缓刑的命令性规定和禁止性条件，才能实现刑罚个别化，达到更好的司法效果。①

---

① 魏东、唐丹、魏英：“中国缓刑的实证考察与完善”，载李希慧、刘宪权主编：《中国刑法学年会文集》（2005 年度）（下册），第 803 ~ 835 页。

(3)适当增加监管的措施。我国刑法中已有对于社区服刑人员监督考察的规定,1998年公安部发布了《公安机关办理刑事案件程序规定》,对社区服刑人员在监督考察期间应遵守的规定作出了进一步的要求,学者对此的评价是:对考察监督的规定过于原则,缺乏应有的规范标准,体现不出刑罚性质。[①] 2004年,司法部又作出了《司法行政机关社区矫正工作的暂行办法》,但在监督考察的措施的改进方面仍然比较缺乏多样性、强制性方面的规定。

鉴于我国监管的形式过于单一,既不能较好完成惩罚的任务,也不利于社区的安全防范。因此,需要逐步增加监管措施:①在社区中增加中途住所,即对危险性相对较大的服刑人员,让其晚上在中途住所居住,白天在社区参加劳动,在住所对其进行定期或不定期的检查(包括毒品和酒精),并安排参加一定的矫治项目。②可参照国外的做法建立日报告中心,日报告中心不仅是让服刑人员汇报情况,而且在中心组织一定的活动和对服刑人员进行一定的检查。③对服刑人员活动范围可灵活把握,不一定局限于所居住的市、县,必要时可限制在更小的活动范围甚至仅限制在家中,类似国外的家中监禁。对有的服刑人员可采取宵禁的办法,如要求其晚上7点至第二天早上7点必须在家中。④工作人员并不是消极地等待服刑人员的报告,他们也需要不定期地到服刑人员的家中、工作场所进行检查,掌握服刑人员的活动情况。⑤有的国家为保证监管的有效性和强制性,对社区矫正工作者配备一定的警械具,如手枪、手铐、催泪器等,并赋予社区矫正工作者在自己的管理对象的违法行为达到一定程度时,可行使逮捕的权力。这些措施,值得酌情借鉴。随着社区矫正适用范围的扩大以及国家经济实力的提高,也可以考虑逐步使用现代化的设施如采用电子监控等形式。

立法方面的具体操作需要从两方面着手:一是对我国刑法进行修改,适当增加和调整有关社区的刑罚方法和刑罚的具体运用措施;二是制定有关的社区矫正的法规,类似我国的监狱法一样,规定在行刑过程中有关的细化的强制性措施,以保证社区矫正中惩罚任务的实现。如果《社区矫正法》还不够细化,那么还需要制定社区矫正工作管理细则和针对地方特点的地方性的社区矫正立法。

2. 司法方面

司法方面是指人民法院在适用社区刑罚和决定撤销缓刑、假释时需转变观念,适当增强惩罚的力度。最高人民法院院长肖扬在2007年1月召开的全国高级法院院长会议上指出,要重视依法适用非监禁刑罚和运用非刑罚处罚方法,该依法从轻的一律从轻处理。[②]笔者认为,肖扬的讲话是根据我国宽严相继的刑事政策,配合社

---

① 储槐植、陈敏:“改善社区司法”,载《中国监狱学刊》2000年第6期。

② 吴兢:“刑事审判‘宽严相济’保障人权”,载《人民日报》2007年1月8日。

区矫正试点和推进而向各级法院提出的要求。但是，扩大社区矫正的适用对象，并不等于在社区矫正这一刑法执行的过程中，对服刑人员的惩罚力度和管理措施越轻越好。而是鉴于我国长期以来对非监禁刑的执行过于轻缓的现状，为配合社区矫正的试点和推进，通过判决和裁定，一方面，扩大社区矫正的适用范围，另一方面，在现行刑法没有修改的情况下，利用现有的法律规定，对社区服刑人员给予应有的惩处措施。例如，在适用缓刑时，可根据情况酌情判处罚金和赔偿，当缓刑、假释人员在社区服刑时违反监管规定情节严重，尽管没有重新犯罪，没有违反治安处罚法的行为，但是，为有利于保持良好的社区矫正管理秩序，法院应考虑对少数违反监管规定严重者及时收监。

在当前，司法配合社区矫正的一个重要方面是确立违反监管规定收监的标准。这里需要重点明确监管规定的内容是什么？违反监管规定达到什么程度可以收监？

(1)监管规定的内容

我国《刑法》所指的“监管规定”是指对缓刑假释人员的监督考察的有关规定。《刑法》第75条指出：“被宣告缓刑的犯罪分子，应当遵守下列规定：(一)遵守法律、行政法规，服从监督；(二)按照考察机关的规定报告自己的活动情况；(三)遵守考察机关关于会客的规定；(四)离开所居住的市、县或者迁居，应当报经考察机关批准。”《刑法》第84条对假释人员有同样的规定，所不同的只是将“考察”二字换成“监督”二字。从目前的情况来看，这样的规定不仅比较原则、模糊，而且所涵盖的内容是欠缺的。

国(境)外有关“监管规定”的情况是：各国和地区对于缓刑、假释人员犯罪收监都有明确的规定。少数国家和地区仅对犯罪收监，如奥地利、我国香港地区、我国台湾地区；多数国家和地区除犯罪收监外，同时对违反监管规则和有不良行为尚不构成犯罪的予以收监。如日本规定了对“没有遵守应该遵守的事项的”予以收监；德国规定了对“严重的或持续的违反指示，或者持续的脱离考验帮助者的监督和管理，并且因此使人们有理由担心他将重新实施犯罪”的收监；瑞士规定了“被附条件释放者不顾主管机关的正式警告违背有关指示，屡次逃避保护监督或以其他方式滥用对他的信任的”的收监。①

对于违反“监管规则”收监的国家(地区)中，又分为两种情况：一种是单纯违反监管规则的，如韩国规定了对“违背有关假释监视规则的”，可以撤销假释；意大利规定了对“违反管制规定的义务”的收监。另一种违反“监管规则”，不仅包括监督

① 戴海琼：“国外(地区)假释有关规定汇总”2003年，上海大学法学院社区矫正研究中心资料。

的规则，而且包括罪犯参加矫正、更新的活动及承担其他责任的状况。如我国澳门地区规定了对“明显或重复违反所命令履行之义务或所命令遵守之行为规则，或重新适应社会之个人计划”的收监。美国有更为详尽的规定，如美国法律协会对缓刑对象提出的“监管规则”是：①与监督的项目采取合作的态度；②承担家庭的责任；③保持稳定的工作（禁止从事某些特别的职业）；④参加规定的教育和职业训练；⑤接受可能的医疗和精神病治疗；⑥保持居住在指定的区域内或特定的机构；⑦限制与一定人员（如过去的犯罪团伙成员）的接触或经常到一些非法的地方去；⑧赔偿由于犯罪造成的损失。另外还有一些特别的规定，如要求滥用毒品的缓刑人员参加咨询会议、进行尿检，要求对配偶实施伤害的缓刑人员参加与家庭暴力有关的矫治项目。美国联邦对假释人员提出的“监管规则”有：①假释人员在回到自己所在的社区3天之内应当向当地的假释或缓刑管理人员报告，并出示自己的假释证书。②如果假释人员在从监禁的条件下释放后的3天内不能向假释证明书上指定的工作人员报告的，应该向所在地的其他缓刑工作人员报告。③假释人员在改变自己的居住地以后应及时报告监管人员。④在每个月的第一天到第三天之间，应向监管人员递交一个全面的真实的文字报告（包括在假释的最后一天）。⑤假释人员不能从事任何违法行为，也不应与有犯罪行为的人和有犯罪前科的人交往（除非得到监管人员的许可）；假释人员如果被逮捕或者被执法人员讯问后应该马上与监管人员取得联系。⑥在假释期间，不得参与法律执行部门或情报部门的工作。⑦假释人员应在最大能力范围内维持自己的工作，以此来提供对家庭的经济帮助。如果改换工作应及时向监管人员报告。⑧不能超量饮酒。不能购买、销售、拥有、使用和管理大麻、麻醉剂或其他被禁止的有危险的毒品（医生的处方除外），不允许到违法毒品的销售集散地。⑨假释人员不能拥有火器或其他危险武器，在没有得到监管人员的许可的前提下，假释人员应该参加社区处遇中心的处遇项目。[①]

通过比较，可以看出：我国《刑法》对缓刑、假释人员的监管规定所限定的范围比较窄，仅仅限于对其部分活动的监督考察，未能包括服刑人员在社区应该参加的重新适应社会的矫正和更新活动，没有包括应该履行的一些其他义务如承担家庭的责任和对被害人进行赔偿等。目前我国的社区矫正试点，已对服刑人员的要求有所扩大，因此，有必要对刑法中监管规定的内容进行补充。

另外，我国《刑法》在监督管理规定之前附上“国家公安部门”的定语需要修改。现行《刑法》把公安机关作为对缓刑、假释人员进行监督考察的执行主体，但从世界各国的实践来看，对于非监禁刑的执行（社区矫正）基本上都不是由公安人员执行。

① 刘强著：《美国社区矫正的理论与实务》，中国人民公安大学出版社，2003年版，第58～59页，第104～105页。

在《社区矫正试点通知》的文件中已明确了社区矫正试点由司法行政机关牵头组织实施、公安机关配合的格局。从发展趋势来看,执法的主体将逐渐转为司法行政机关。从目前而言,司法行政部门已做出了相关的监督管理规定,因此,监管规定不应仅限于公安机关的有关监管规定。从各国有关社区矫正的法规来看,在涉及违反监管规定的表述中,多数国家并不提出违反哪个部门的监管法规,这样的处理比较妥当。事实上,监管规定往往并不是出自一个部门。

(2)对撤销标准的程度把握

对于"违反监管规定情节严重的"如何把握?需要有一个量化指标,没有量化指标,会造成在司法执法中的混乱和不公平。但如果要求我国《刑法》确定一个全国通用的量化指标,难度是很大的。因此,从实际出发,具体的量化指标可由各省、市、自治区和各地区根据本地的情况制定。

根据上海社区矫正的实践和通过与社区矫正工作者交换意见,笔者认为在上海地区对缓刑、假释人员违反监管规定撤销的量化标准是:缓刑、假释人员脱管时间达2个月以上的,或经常不服执法人员的依法照章管理,经3次(含3次)以上警告无效的,执法人员应提出撤销缓刑、假释的建议。当然,在确定撤销标准的程度时,应由当地的公、检、法、司几家有关人员共同讨论,基于对缓刑、假释人员管理的实际情况,达成共识后确定统一适用的量化标准。在制定量化标准并可征求社区居民和服刑人员的意见。

这里,需要补充的是,目前,一些国家对缓刑、假释的撤销并不意味着服刑人员一定要返回监狱。例如,美国一些州由于监狱过于拥挤,因此采取了一些替代收监的惩罚方式,如宣告已服假释期的作废,或改变原来监管的条件,增强控制的选择,如增加毒品测试,增加报告次数,实行电子监控,安置服刑人员在社区的中途训练所或居住中心等。我国也有学者提出:如果法官确信犯罪人将不再违背缓刑考验义务的,也可以不撤销缓刑,而适用延长考验期限,增加考验义务、罚款等方式。①目前,上海在社区矫正的实践中也制定并实施了有关行政奖惩的措施,笔者认为这些提议和实践是很好的,这可以在撤销和不撤销之间有一个惩罚的递进机制。当然,这种惩罚的递进机制的确立,还需要在扩大社区矫正的实践中不断加以摸索。司法方面的配合对社区矫正惩罚机制的形成具有重要的意义。

3.执法方面

从我国社区矫正的试点和推进的实践来看,为有利于惩罚机制的构建,我们不仅需要科学设置有利于完成刑事执法任务的社区矫正管理机构,而且需要建设一

---

① 刘强著:《美国社区矫正的理论与实务》,中国人民公安大学出版社2003年版,第58~59页、第104~105页。

支高素质的、专业化的社区矫正执法队伍。同时,在试点阶段应赋予这支队伍应有的执法权,在目前的试点中,形成了公安机关是执法主体、司法行政机关是工作主体的格局,这一模式的最大缺点在于:现行法律赋予执法权的工作人员不具体管理社区矫正工作,而具体管理社区矫正工作的又不具有执法的权力,这样不仅不利于有效地开展工作,导致工作推诿、扯皮,而且不利于体现社区矫正作为执法工作的严肃性。特别是在上海,实际承担社区矫正工作的是社会工作者,社会工作者虽然在社区矫正工作中可以扮演积极的和重要的角色,但他们并不具有刑事执法的属性,这样的工作分工不利于社区矫正惩罚功能的有效发挥。

如何建立一支专业化的执法队伍?美国的实践可供参考:美国矫正协会对于缓刑、假释工作者的准入资格提出了如下的标准:“至少需要有学士学位或者具有完成了一个职业的发展项目,这个项目包括与缓刑假释工作相关的经历、训练和学院的学分足以说明其学习的程度相当于学士的学位。”① 事实上,美国所有的缓刑和假释机构均要求申请人至少应具有学士学位,该学位的专业一般是:刑事执法、社会学、心理学、社会工作。一些用人单位要求具有在相关领域的研究生学历或从事咨询工作的经历。在美国,社区矫正工作者的准入标准一般都高于公安和监狱警察的标准,公安和监狱警察的准入学历标准在绝大部分州是要求具有高中学历。

对缓刑、假释工作者个人的素质要求主要可表现为以下四个方面:(1)基本知识。缓刑、假释工作者应该对刑事法律、警察的工作、法院和矫正的体系、社会学、心理学的知识有一个基本的理解和领悟。在一些司法区,特别是联邦的缓刑,由于白领犯罪的数量有所增加,当安排工作人员进行判决前的调查和监管时,要求工作人员具备一定的网络、安全、会计和银行业务的知识。(2)个人的素质。缓刑、假释工作者需要具备一定的能力来应对各种不同的罪犯,应对他们有时的欺骗和公开的敌意。并能通过适当的方法来行使权力,与其他工作人员能较好地配合工作,能够通过有条理的和适当的方法来组织工作和准备文字的报告。(3)承担责任。缓刑、假释工作者必须勇于承担责任,这种责任是基于在处置罪犯时与其他部门打交道时产生的,并应该严格执行法律和遵守规则。(4)处理好外部关系。缓刑、假释工作者必须能够有效地应对不同类别的机构及个人的关系,通常可分为两部分:一部分是刑事司法执法的范围(警察、检察官、法官和矫正工作者),另一部分是社会服务的范围(处遇、福利、就业和教育)。这些机构往往对罪犯会有不同的态度,工作者必须对此予以适当的处置。

对缓刑和假释工作者的选择程序一般需要通过类似于公务员选择的程序。主

---

① Abadinsky, Howard. 2003. *Probation and Parole: Theory and Practice*. Upper saddle river, NJ: prentice Hall. p. 340

要有三种制度:打分制度、面试制度和结合制度。打分制度是申请者需要符合该任职的最低质量要求,即要求通过一个综合的书面测试。如果能够通过最低分数线将被列入候选人名单。有些用人单位的打分,除基于书面测试外,还结合申请者教育和工作经历的背景综合打分来决定取舍。对这种制度提出的批评是书面的测试并不能决定候选人是否能成为一个优秀的工作者。面试制度是指申请人需要符合用人单位的最低要求。申请者不需要进行书面考试,但他们需要经过用人单位的面试。在这种制度下,用人单位有非常大的灵活性。结合制度是将以上两种方法结合使用,申请人首先需要通过书面的资格考试,书面考试通过后,将被列入候选人名单,然后通过用人单位的面试决定取舍。

由于社区矫正工作具有一定的风险,因此,为了保护社区的安全及工作人员自身的安全,目前美国的一部分州授权社区矫正工作者在工作时携带武器。根据不完全的统计,在被调查给予回答的15个缓刑机构中有6个机构的缓刑工作者准予携带武器,其中的2个机构授权在转运缓刑人员和实施逮捕时准予携带武器;在16个予以回复的假释机构中有12个机构授权假释官携带武器;在29个予以回复的缓刑和假释合一的机构中有25个机构被授权携带武器。[①]对于非政府组织中的社区矫正工作人员,由于在工作分工时一般承担对社会危害性较小的社区矫正服刑人员的管理,因此他们一般不佩带武器,工资待遇略低于属于政府或法院系统的社区矫正工作人员。

由于社区矫正工作具有一定的风险,同时又具有较强的专业性,因此他们的工资收入往往高于监狱警察(穿制服的矫正工作人员),根据2001年的统计,缓刑工作者工资幅度(年收入)是在2.89万~5.15万美元,假释工作者的工资幅度(年收入)是在3.15万~4.77万美元,缓刑假释工作者是在2.67万~4.95万美元,三者的平均年收入是2.84万~4.96万美元。[②]而监狱警察的平均年工资幅度是2.36~3.82美元。[③]

以上可见,为加强社区矫正设置执法队伍的建设,美国对社区矫正工作人员的准入标准和工资待遇方面都给予了充分的考虑。对于保证社区矫正工作的执法力度是非常重要的。目前我国没有必要照搬这一模式,但是应该充分考虑根据我国国情设立社区矫正工作者的准入标准、明确执法的权限,并确立相应的工

① Camp, Camille Graham and George M. Camp. 2002. *The Corrections Yearbook*. Criminal Justice Institute, Inc. Middletown, Connecticut. p.203.

② Ibid., p. 226. 补充说明:缓刑管理者(administrator)的平均年收入是9.59万美元,假释管理者(administrator)的平均年收入是8.19万美元,缓刑假释结合的管理者平均年收入是8.5万美元。

③ Camp, Camille Graham and George M. Camp. 2002. *The Corrections Yearbook*. Criminal Justice Institute, Inc. Middletown, Connecticut. p.168. 监狱长的平均年收入是7.03万美元。

资标准。

总之,我们需要通过以上三方面的努力,逐步构建适合我国国情的社区矫正惩罚机制。当然,建立社区矫正的惩罚机制应基于法制化的基础,增加惩罚力度并不意味着对社区服刑人员的惩罚具有任意性。在增加惩罚力度的同时,要切实保障服刑人员的合法权益。

(三)在我国尽快建立社区矫正惩罚机制的路径

在我国尽快建立社区矫正的惩罚机制,主要涉及对现行法律和有关制度的修改和完善。笔者认为可分三步走:

(1)在现行刑事法律没有修改的情况下,制定地方性的管理制度。我国人口众多又是统一法律的国家,刑事法律修改的难度之大和时间之长是可以想象的,因此,在社区矫正试点中,我们不应该消极等待,而应该创造条件,推行改革。例如,上海在试点之初,增加了社区服务的内容。当时遭到了少数服刑人员以及业内人士的反对,认为缺乏法律依据。但是,在得到公众认可的情况下,上海很快将此作为一项制度确立下来,并作为对服刑人员奖惩的依据之一。另外,在浙江、上海等省市的管理中,基于对服刑人员的风险评估,对其分别予以严管、中管和宽管,有区别地增加了惩罚的力度。国外对于服刑人员权利的限制可分为两种情况:一种是法官在判决时作出;另一种是执行部门在执行时作出,社区矫正机关有权根据服刑人员的实际情况而决定对其权利在一定范围内的限制和剥夺。例如,在美国,社区服务可以是法官作出的判决,也可是社区矫正机关提出的要求。因此,在我国现行刑事法律不够完善的情况下,作为社区矫正管理机构仍然可以做出一些有关的规定。

(2)建议全国人民代表大会授权试点省市的地方人民代表大会制定暂行的地方性法规。笔者认为在社区矫正试点阶段建立惩罚机制能获得法律保障的最佳选择就是全国人民代表大会授权试点省市的地方人民代表大会制定暂行的地方性法规。立法法第65条规定:“经济特区所在地的省、市的人民代表大会及其常务委员会根据全国人民代表大会的授权决定,制定法规,在经济特区范围内实施。”根据这一规定,全国人民代表大会授权试点的地方人民代表大会制定社区矫正的暂行规定,允许对现行的法律有所突破,但前提是需要与中央的指导思想和宪法的精神相一致,暂行规定仅适用于试点的范围内。同时,全国人民代表大会和国家的职能部门对地方的社区矫正暂行规定给予一定的监督和指导。类似我国立法机关授权经济特区可以制定尝试性的地方性法规一样。

(3)通过试点经验的积累推动国家的立法。在经过试点省、市、自治区积累一定经验的基础上,在国家有关职能部门的积极协调和配合下,全国人民代表大会和常委会根据相对成熟的经验,制定全国性的法律或者通过法律修正案。全国性的有关社区矫正的法律可以制定得原则一些，允许各省、市、自治区根据国家的法律再制定一些适合本地区的地方性立法，这样可兼顾各地的差异而制定适合本地区的有关规定。这样的路径可以提高效率，少走弯路，避免大范围内的失误。

保安处分制度的预防犯罪价值探究及其本土化构建设想

虞 浔[*]

预防犯罪直接标志着对人们、社会和国家进行超前保护,以免受犯罪侵害。当历史上出现第一部刑事法律和由此得以明确界定的犯罪行为时,不仅惩罚措施,而且预防活动就已开始在国家生活中出现。一切刑事科学,都是围绕预防犯罪和减少犯罪而展开和存在的。长久以来,预防犯罪就是世界范围内的"老大难"问题,如何有效预防犯罪,减少刑罚适用,实现积极预防,早已成为各国政府和法学界关注的问题,考察世界各国立法,可以发现保安处分作为一种预防性、保护性的处分措施,已被广泛运用于对犯罪的防治,"也是被资产阶级学者公认为最为有效的犯罪预防措施"。①

一、保安处分隐含预防犯罪的深层价值

(一)保安处分的源流

保安思想是人类最古老的法律思想之一,对保安处分的形成具有不可忽视的作用。但保安处分作为一种系统的理论则是近代的产物,它是伴随着资产阶级刑事社会学派和人类学派理论的勃兴而发展起来的。

为了预防犯罪,保卫社会安全,在刑罚之外设置并适用保安措施在古罗马就有其萌芽。在古罗马法中,就有关于"在疯狂病发作的状态下,杀害其生母的成年人,应如何处分"的问题。② 因为疯狂者缺乏受刑能力,因而需要采取保护、医疗等监护手段。"这种以防卫社会为目的,有别于刑罚的监护措施,实际上初具现代保安处分制度之雏形。"③

中世纪的《加洛林纳刑法典》第176条规定:"对一定的人预想实施犯罪行为而

---

* 虞浔,2010级中国法律史专业,指导老师:王立民。现工作于中共上海市政法委员会。

① 陈兴良主编:《刑种通论》,人民法院出版社1993年版,第568页。

② 甘雨沛、何鹏著:《外国刑法学》(下册),北京大学出版社1985年版,第599~600页。

③ 陈兴良著:《刑法哲学》(修订版),中国政法大学出版社1997年版,第467页。

又缺乏使其不实施犯罪的保障场合,科以不定期的保安监置。"[①]德国的古斯拉法律则规定"无意识的犯罪者科以保安拘禁"。这些成文法典的相关条文规定,奠定了保安处分的初步框架。

18 世纪末,德国学者克莱因首次提出系统的保安处分理论,认为一切刑事立法唯一正当的根据就是"公众安宁幸福",为此,在对犯罪分子实施刑罚制裁以外,有必要根据行为者的犯罪危险性,设立相应的保安处分。但是他的理论与当时盛行的报应主义和自由主义思想并不契合,甚至还存在一定的抵触,因此并没有广泛流行,产生深远影响。刑事人类学派鼻祖龙勃罗梭首创"天生犯罪人说"和"犯罪人定型说",认为某些人犯罪不是基于意志自由,而是由于禀性上的机能使然,必须采用保安措施使之隔离社会,不能为害。进入 19 世纪末,德国学者李斯特借鉴克莱因的保安处分理论,于 1882 年在"马尔布赫大学提纲"中提出"刑法的目的思想",认为刑法的目的在于保卫社会安全,"凡对社会有危险的人,都应当在他需要的长时期内使之没有进行为害的可能"。即凡对社会有危险的人,不待其实施犯罪,便采取措施即保安处分。意大利学者菲利从社会防卫论和保护刑论出发,提出社会责任论,认为一个人即或在法律上尚未构成犯罪的责任,而在其确定有实施犯罪行为的危险时,就已经成为社会上的危险者,应作为社会防卫的对象,对之采取保安处分。

在上述学者的理论影响下,著名刑法学家斯托斯主持制定了 1893 年《瑞士刑法草案》(斯托斯法),这个草案将保安处分与刑罚并列规定在刑法典中,形成了二元主义立法模式。随后,意大利著名刑法学家菲利起草了 1921 年《意大利刑法典草案》,将刑罚与保安处分合二为一,称之为统一的制裁概念,形成一元主义立法模式。此后,世界各国纷纷在一元主义或二元主义立法模式的指导下,在刑法或单行刑事法中规定保安处分。比较著名的立法有:1927 年《瑞典关于常习犯人的立法》、1927 年《日本刑法修正案》、1929 年《荷兰常习犯人法》、1930 年《意大利刑法典》、1933 年《波兰刑法典》、1933 年《德国刑法典》、1933 年《德国危险常习犯人及保安处分法》、1935 年《西班牙流浪人及嫌疑犯处分法》、1937 年《瑞士刑法典》、1926 年《苏俄刑法典》、1924 年《苏联各加盟共和国刑事立法基中原则》,这充分说明保安处分已经跨越地域的限制和社会制度的差异,挣脱了刑法传统原则的束缚,走出了消极惩罚和事后补救的局限,在更高层次上实现控制和预防犯罪的目标,成为 20 世纪最有特色和活力的刑法制度之一。

(二)保安处分是适应预防犯罪要求的产物

关于保安处分产生的原因,有学者认为是:"作为现在刑罚制度基础的根本原

---

① 甘雨沛、何鹏著:《外国刑法学》(下册),北京大学出版社 1985 年版,第 599 ~ 600 页。

理,是很不完全的,在这种原理之下,把最危险的犯人,置于刑法领域之外,以致犯罪,尤其是累犯激增,少年犯罪也非常严重,加以行政制度的缺陷,迫使刑事司法有根本变化的必要,有采取新的方法,以防卫社会预防犯罪的必要,这就是保安处分成立的原因。"①"犯罪法进化的倾向,是由刑罚至保安处分。"②

通过考察保安处分的出现、变化和发展的经历,了解它在特定历史条件下的承接与演变、沿袭与改革的过程,可以发现,保安处分的产生,是受到下列几个因素的作用。

保安处分有其特定的调整领域,弥补了刑罚的不足。刑罚报应主义以社会道义的责任论为其立论基础,对于不具有责任能力或不符合责任形式要件的行为,刑罚不加以调整,以致许多对社会最危险的人,没有受到刑罚控制,某些特殊的犯罪人,由于存在缺陷,单纯处以刑罚,也不起作用。对于这些刑罚失效的群体,保安处分恰能够弥补刑罚的不足,触及刑罚所不能触及的领域,在行为人具有社会危险性的前提下,予以特殊处理,起到预防犯罪和保卫社会安全的作用。

保安处分是行之有效的预防犯罪手段。随着经济的发展,社会治安日渐趋于严峻,出现了犯罪率居高不下、累犯、青少年犯罪增加的问题。虽然各国均曾采用加重处罚、严厉打击、对犯罪行为"零容忍"的多种举措,犯罪浪潮却仍有越演越烈之势,不得不另辟蹊径,辅以保安处分。实践证明,隔离、教育、改善的保安处置方式确比单纯的惩罚更加有效。

最后,刑法体系中的短期自由刑,对于预防犯罪实是有害无利。这已成为各国公认的事实,但对于轻微违法犯罪者,固不容置而不问,也不宜施以缓刑,放纵违法。此时,保安处分则足以取而代之短期自由刑。

总之,由于以道义责任论为基础的报应主义已不能适应社会形势的需要,以社会责任论为基础的目的主义继之而起,促进了保安处分的产生。目的主义的中心就是国家对犯罪人的科刑,不是对恶行的报应,而是由于预防再犯、防卫社会的需要,故一方面把扰乱社会安宁的人隔离于社会之外,另一方面对这些人加以教化,使之改过从善,适应社会生活。刑法思想的改变,决定了对不适于刑罚制裁或仅加以刑罚制裁仍不能有效果的犯罪人,有施以保安处分的必要。

---

① 林纪东著:《刑事故策学》,台湾"国立"编译馆1969年版,第302页。

② [日]牧野英一著:《刑法》,转引自林纪东著:《刑事政策学》,台湾"国立"编译馆1969年版,第319页。

二、保安处分的概念界定和种类

什么是保安处分？这是个很重要而又很复杂的问题。参考多家观点，可以总结归纳认为保安处分可以分为行政法上的保安处分和刑法上的保安处分两大类。

行政法上的保安处分，是指为了维护社会的安宁秩序而作出的行政处分。凡是依据行政保安权，对于特定人或特定物，所处以一定处分均为行政法上的保安处分，如对严重酗酒烂醉者的管束，对于管制刀具凶器的扣留。

刑法上的保安处分可以分为广义和狭义两种。广义的保安处分，指刑罚之外，用以补充刑罚或代替刑罚的各种措施。如改善处分、教育处分。它不以是否有犯罪行为为处分的条件，对于有危险性的人即可施行；不一定由法院宣告，也可由行政机关宣告。狭义的保安处分，指刑罚之外，用以代替或补充刑罚的措施，但它受到法律规定的必须以犯罪行为为原因，以防止特定人的危害性为目的，由法院宣告，处以剥夺特定人自由的限制。

就通行理论学说而言，保安处分可以概括为：是对于有犯罪行为或类似行为的特殊危险性的人，为了防止发生危险，侵害社会秩序，在通常刑罚以外，将其隔离或治疗，以预防犯罪，防卫社会的措施。

综观世界各国的保安处分立法，可以归纳出保安处分的几种典型种类：

伴随剥夺自由的隔离处分。这是一种长期拘禁难以改过的惯犯，以取得隔离效果为目的的保安处分。德国的保安拘禁（《德国刑法典》第42条）、英国的预防拘禁（《英国刑事裁判法》第21条）、日本的预防处分（《日本刑法修正案》第126条、第139条）等即属于此。

伴随剥夺自由的改善处分。把精神失常者收容进疗养或护理设施（《德国刑法》第42条，《瑞士刑法》第14条、第15条）；把酒精中毒或由麻醉药物造成的中毒者收容进禁断设施；收容进劳动所。

通过限制自由的处分。这是具有不伴随剥夺自由，仅通过限制自由来达到不给犯罪行为以机会这一目的的保安处分。它包括：（1）禁止行使职业（《德国刑法典》第42条第96号）；（2）限制居住（《瑞士刑法典》第16条）；（3）禁止出入饮酒店（《英国刑法》第215条）；（4）驱逐出境（《瑞士刑法典》第42条）；（5）取消担任官职的权利；（6）剥夺亲权；（7）保证善行；（8）吊销驾驶执照。

三、我国关于保安处分的立法状况

我国是否存在保安处分?从我国现有刑法理论及立法来看,其中均未使用保安处分的概念,但是我国实际上存在着一系列目的、功能、适用条件与西方保安处分极其相似的规定,只是没有冠以"保安处分"的名称。据此,有学者将它们称为"保安性措施",[①]也有学者认为"在我国现行法律体系之中,没有保安处分之名,但却有保安处分之实",[②]"在我国,保安处分实际上已默默存在并发挥了重要作用"。[③] 虽然我国没有典型意义上的保安处分制度,但保安处分在我国刑事法体系中却早已存在,只是由于它没有独立的体系特征,散见于各个层次的立法中不被人们认识或重视而已。

我国保安处分的立法可分为两个层面,即刑事法意义上的保安处分和行政意义上的保安处分。

(一)刑事法中关于保安处分的规定

《中华人民共和国刑法》第17条规定:"因不满十六周岁不予刑事处罚的,责令他的家长或者监护人加以管教;在必要的时候,也可以由政府收容教养。"这是关于责令管教和收容教养未成年人的原则规定。《刑法》第18条规定,精神病人造成危害结果不负刑事责任,"但是应当责令他的家属或者监护人严加看管和医疗;在必要的时候,由政府强制医疗。"从而确立了强制医疗处分的基本制度。《刑法》第35条规定,"对犯罪的外国人,可以独立适用或者附加适用驱逐出境",明确了驱逐出境处分。《刑法》第64条规定,"违禁品和供犯罪所用的本人财物,应当予以没收",这是没收罪物处分的法律根据。2008年6月1日施行的《戒毒法》第32条规定,公安机关可以对涉嫌吸毒的人员进行必要的检测,对拒绝接受检测的,可以强制检测;第33条规定,对吸毒成瘾人员,公安机关可以责令其接受社区戒毒;第38条规定,对吸毒成瘾人员可以强制隔离戒毒,从而针对吸毒群体,构建了一整套检测、控制、治疗的强制性制度。在单行刑事法律中,1990年《全国人大常委会关于禁毒的决定》第8条规定,吸食、注射毒品成瘾的,除了依前款处罚,予以强制戒除,进行治疗教育,强制戒除后又吸食、注射毒品的,可以实行劳动教养。1991年《全国人大常委会关于严禁卖淫嫖娼的决定》第4条、第7条规定,对于卖淫嫖娼的,一律强制进

---

① 陈兴良主编:《刑种通论》,人民法院出版社1993年版,第556页。

② 赵秉志:"中国刑法修改若干问题研究",载《法学研究》1997年第5期。

③ 邓又天、邓修明:"论保安处分的限制适用",载《廉政建设与刑法功能》,法律出版社1991年版,第312页。

行性病检查,对患有性病的,进行强制治疗,旅馆业、饮食服务等单位对发生在本单位的卖淫嫖娼活动放任不管的,由工商行政主管部门吊销营业执照。上述立法涉及了强制戒除、强制治疗、剥夺资格等多种表现形式的保安处分规定。

(二)行政规章中关于保安处分的规定

这一类意义上的保安处分在我国社会主义法制建设的不完善阶段,曾经大量存在,随着我国依法治国方略的全面推进,越来越多地涉及限制人身自由、剥夺财产权益的措施被废止,或者经过法定程序纳入了刑事法的范畴之中。综观我国的法制体系,有1982年国务院转发的《劳动教养试行办法》确立的劳动教养,1981年国务院批转教育部、公安部、团中央《关于办好工读学校试行方案的通知》中确立的工读教育,1983年公安部等七单位发布的《关于做好有违法或轻微犯罪行为青少年教育工作的几点意见》,1994年中央综治委等六部委局制定的《关于进一步加强对刑满释放、解除劳动教养人员安置和帮教工作的意见》中确立的社会帮教制度,1982年国务院颁布,后在2003年广州"孙志刚"事件后被废止的《城市流浪乞讨人员收容遣送办法》中规定了对城市流浪乞讨人员采取的收容遣送制度。

四、我国保安处分内在的结构矛盾冲突

(一)保安处分与刑法人权保障精神的基础价值冲突

1997年颁布的新《刑法》第3条规定:"法律明文规定为犯罪行为的,依照法律定罪处刑;法律没有明文规定为犯罪行为的,不得定罪处刑。"第5条规定:"刑罚的轻重,应当与犯罪分子所犯罪行和承担的刑事责任相适应。"这两条总则中的条文,标志着罪刑法定原则和罪刑相适应原则在我国刑法中的确立。

古罗马法中早已有"无法律即无刑罚"的格言,贝卡利亚从刑罚权来源出发,得出"只有法律才能为犯罪规定刑罚"①的结论,这部法律就是刑法。罪刑法定原则是资产阶级在反对封建专制和司法擅断的过程中产生的,这反映在刑事法律,表现为强调司法上的人权保障,必须是司法机关严格依照事先制定并实施的法律的明文规定来定罪量刑,不能超越法律规定,更不能无法就定罪量刑。② 罪刑法定包括对刑事立法和刑事司法两方面的要求。只有法律才能规定罪与罚。"只有依照行为人行为时的法律,才能对行为人的行为定罪量刑并对行为人判处刑罚。行为人行为时的法律没有规定其所实施的行为是犯罪的,法院必须驳回控方的起诉,不得定

---

① [意]贝卡利亚著:《论犯罪与刑罚》,中国大百科全书出版社1997年版,第8页。

② 苏惠渔主编:《犯罪与刑罚理论专题研究》,法律出版社2000年版,第58页。

罪量刑,这是罪刑法定原则最为基本的含义。”①

罪刑相适应原则在刑法基本原则中仅次于罪刑法定原则。“罪刑相适应原则在罪刑法定原则的前提下,实际上对罪刑关系的等衡和统一起着相应的调节作用,从而使刑罚对犯罪的惩罚能够体现着公正公平的价值。”②可以有效地把国家刑罚权限制在必要的范围内,从而避免一切过于严厉的刑罚,以实现刑罚的公正。“罪刑相当原则同罪刑法定原则一样,具有保障人权的功能,并与罪刑法定原则以及其他重要原则相互结合起来实现这一重要功能”。③

保安处分以刑罚目的论和社会防卫论为基础,从犯罪者出发,提出国家对一切犯罪都应采取积极的态度,强调刑法的促进功能,对犯罪者尽可能地多施用感化教育,不用或少适用刑罚,重视刑事政策和行政处遇措施,否定自由意志是犯罪恶源,否定犯罪的社会报复观念的合理性,“在社会自身防卫的前提下,以个别预防、矫正教育犯罪人的名义扩大个人的刑事责任,事实上造成了国家刑罚权的扩张和对公民个人权利的侵犯,尤其是出现一元论后,刑罚大有保安处分之势,更是构成了对人的权益的强制剥夺。”④这与罪刑法定原则的精神内涵背道而驰,长此以往,不免动摇罪刑法定原则的基础,影响刑法对人权的保护。

保安处分将社会危害性大小作为配刑的依据,摒弃了犯罪恶害性作为量刑的根据,很可能造成重罪者轻刑而轻罪者重刑的利害颠倒情况。因而保安处分虽然在处分的分配上有其人道、宽容的一面,但也摒弃了配刑的等份性原则而有失之公正的一面。这种对客观主义矫枉过正的主观主义刑事思想一旦失控,就易表现为对人权的践踏和对法制的破坏。在“二战”期间,德国纳粹恶意利用这种刑事思想,将“危险性”、“劣性”作为种族杀戮的借口而大肆适用保安处分,给历史留下了惨痛的一页。⑤ 这是对罪刑相适应原则的背离。

我国现行法律体系中存在的各种保安处分,是基于重在保护国家利益和社会利益,以期达成最大化的社会利益的前提下制定的。个人利益只是在配合前两者的巩固及保障的情况下才被提及,凸显了忽视个人权益的立法考虑。这种立法思想不可避免地带有深厚的过分偏颇的国家主义色彩,在深层意识层面与罪刑法定、罪刑相适应原则有着不一致性,其人权含量必然引人担忧。这种倾向一旦超过必要限度,势必导致人权保障的缺乏,造成这一制度的非正义。例如,我国曾经广泛使用的收容审查制度,不仅在刑事诉讼法规定的逮捕制度之上屋上架屋,形成重叠,

---

① 曲新久著:《刑法的精神与范畴》,中国政法大学出版社 2000 年版,第 359 页。

② 杨兴培著:《刑法新理念》,上海交通大学出版社 2000 年版,第 37 页。

③ 曲新久著:《刑法的精神与范畴》,中国政法大学出版社 2000 年版,第 425 页。

④ 陈兴良著:《刑法哲学》,中国政法大学出版社 1992 年版,第 461 ~462 页。

⑤ 杨春洗著:《刑事政策论》,北京大学出版社 1994 年版,第 415 页。

而且任意剥夺人身自由，十分不利于人权保障，与联合国刑事司法准则严重不符，最终于1996年被停止使用。[①] 所以，我国保安处分应该重视协调与刑法人权保障精神的关系，掌握好各自的底线，在保持自身特色的同时，积极吸收对方的合理内涵，促使自身朝着合理化、科学化的方向不断完善。

(二)保安处分与刑罚的定位性质冲突

对于保安处分与刑罚的关系，在刑事立法与刑法理论上存在一元论与二元论之争。一元论认为，刑罚和保安处分都普遍地采用剥夺或限制自由的方式，都以强制性为特征，对于同一种犯罪既可以适用刑罚，也可适用保安处分，两者只有量的差别，而无质的差别，而且两者在手段和功能上有趋于统一的可能性。二元论认为，保安处分与刑罚在性质上不能相提并论，刑罚之目的在于报应，通过惩罚使之感到痛苦使社会正义天平恢复平衡，消除其再犯意念，并阻止旁人陷其覆辙；而保安处分以保卫社会安全为主旨，目的在于事前预防、个别预防，重在消除人身危险性和积极主动的预防，因此二者在本质上不容合一。这是现代刑事立法上的主流。

我国刑事立法奉行二元论，"我国刑法的任务可以概括为一句话：惩罚犯罪，保护人民"。[②] 这反映出我国刑法是对报应理念和预防观念的拆中和调和。但由于这两种观念本质上的对立并未能得到圆满的解决，因而在实践中存在着难以克服的困难。如果说刑罚的本质是报应，是对犯罪者施以的惩罚，而且是一种痛苦的惩罚。而保安处分中的劳动教养、收容遣送也有剥夺或限制自由的痛苦，甚至痛苦的程度比某些刑罚(如管制)的痛苦还要强烈。因此二元论虽将刑罚与保安处分加以区别，但实际上两者界限是难以划清的。

刑罚与保安处分关系的界定，应当立足于刑法目的的二元性。刑法的目的既非像报应论者主张的纯然是报应，也不是预防论者主张的完全是预防，而是报应与预防的统一。刑法本身具有报应与预防两种功能，因此，保安处分与刑罚既不是相互对立的二元论，也不是完全融合的一元论，而是在预防的基础上的相互借鉴、吸收。即将某些保安处分引入刑罚体系，建立保安刑，使之与传统的刑罚方法中的生命刑、自由刑、财产刑和资格刑相并列，以补充强化刑罚体系的预防功能，尤其是个别预防功能。这种保安刑与一元论形异实同，与二元论实异形同，是特定意义上的保安刑。"由此把刑法意义上的保安刑从保安处分中独立出来，纳入刑罚体系，而将行政法意义上的保安处分仍旧保留，从而科学地确定刑罚和保安处分的关系，跳

① 陈光中、[加]丹尼尔·普瑞方廷主编：《联合国刑事司法准则与中国刑事法制》，法律出版社1998年版，第476页。

② 王作富主编：《刑法》，中国人民大学出版社1999年版，第10页。

出一元论与二元论之争的窠臼。”①

五、我国保安处分的现实反思及本土重构

(一)阻碍我国保安处分发展的症结所在——以劳动教养为例

落后的立法思想导致我国保安处分立法质量不尽如人意。长期以来,我国理论界总是将保安处分作为资产阶级随意镇压劳动人民的法律制度而予以批判和否定,评价这一制度时往往缺乏客观、冷静的科学态度,没有形成完备的保安处分理论体系和合理的立法思想。由于缺乏完整、科学的立法思想支撑,我国的保安处分散存于法律、法规、条例、通知、批复、纪要、办法、意见之中,数量不少,但由于建立时均出于一时一地的考虑而各行其是,缺乏通盘考虑,其适用的条件、方法、后果也没有统一规定,造成保安处分的目的与手段不相协调,各种保安处分之间也缺乏有机联系,难以组成一个合理完善的系统。在1997年修订刑法之前,是否在新刑法中建立保安处分制度,理论界,实际部门形成了赞成、反对、暂缓建立的三种观点,立法部门考虑到这个问题比较复杂,修改刑法时间紧,来不及研究解决,考虑以后制定单行法律来解决。② 这充分说明了我国立法思想的滞后和保守。

虽然保安处分理论上是从预防犯罪的角度出发,但由于我国保安处分概念在立法上的欠缺和理论上的模糊,在实际运用中仍受传统刑罚思想的影响,仍以剥夺、限制自由、强制劳动改造为内容,与保安处分的基本内涵相背离。如我国的劳动教养制度着眼于被适用人已然的危害社会的行为,强调强制性的劳动教育改造。这种单一的手段不仅与保安处分应有的内容相违背,而且使劳动教养实际上成为变相的刑罚,背离了设立这一制度的初衷。

在实体上缺乏完备科学的表现形式和内容。我国的保安处分大多数没有全面、详细的法律规定,被零散地规定在刑法、行政法规和规章甚至党内文件之中,许多保安处分措施没有上升到法律的高度,可控性不强,有的甚至完全依赖政策来指导,在实践中随意性较大。由于规定的松散和概括,在具体适用上也难以操作,如责令管教、责令严加看管“在实践中并没有能够充分起到预防危害社会行为发生的作用,形同虚设”。③ 而且某些保安处分还存在方法上的交叉和前后内容的不协调甚至矛盾。另外,限于我国的国情,现有的保安处分在内容上较重视隔离排害的功能,而对于改善回归功能重视不够,并且手段上也存在着过分单一的缺陷。即始终把

---

① 陈兴良著:《刑法哲学》,中国政法大学出版社1997年版,第474页。

② 周道鸾、单长宗、张泗汉主编:《刑法的修改与适用》,人民法院出版社1997年版,第20页。

③ 陈兴良主编:《刑种通论》,人民法院出版社1993年版,第559页。

劳动改造和思想文化教育作为保安处分主要甚至唯一的手段,忽视了医学、精神病学、心理学以及其他自然科学和社会科学的手段,内容上的单调和贫乏影响了我国保安处分实施的效果,使之往往远离了设立时所预期的目标。

在程序上缺乏监督和制约。“程序保证公正,程序的正义总是被与通过程序而达到的结果正义联系起来考虑,为了实现实体的正义,必须不断地改善程序。”①程序是民主的基础,是制约权力的屏障,也是通往权利的桥梁。我国的保安处分在立法上多为实体性规定,程序性规定极少而且十分简单,散见于各实体性规定之中。实体法与程序法的失衡大大影响了实体法效力的发挥和司法补救功能,助长了权力的膨胀。我国的保安处分由政府主要是公安机关决定,“在西方国家,保安处分在其萌芽时期属于一种行政处分,由政府主要是警察机关决定其适用,但到后来,西方国家认识到保安处分直接关系到公民的基本权利与自由,应当由法官代表国家或人民,而不是由警官或检察官代表政府决定其适用。”②由于我国保安处分远离了司法程序,缺乏强有力的制约机制,基本上都由保安处分决定、执行机关进行自我监督,没有形成公、检、法三机关之间的相互制约监督制度,使得所谓的法律监督没有真正落到实处。从权力的构成和分配来说,这种没有制约的权力是危险的。

(二)完善我国保安处分的重构设想

俗话说:“对症下药”,在找出我国保安处分的症结之后,紧接着的就是对其进行改造完善。

1. 转变立法思想,更新观念、适应社会发展需要

要扭转我国保安处分滞后于国际刑事立法潮流的滞后局面,首先要转变旧的立法思想,克服思想上的保守性,纠正思想认识上的偏差和不足,充分吸收、借鉴、消化西方保安处分的先进理念,以及刑罚报应论中一般顽防和刑罚目的论中个别预防的合理内核。根据我国的实际,树立起全新的适合我国国情的立法思想、实现可行性和超前性,现实性与预见性并重和有机结合。

2. 优化我国保安处分法律系统

我国虽有大量涉及保安处分的法律法规,但却没有将之系统化、配套化,因此必须通过“废、改、立”的方式完善法律规范,优化法律系统。首先,废止不利于保安处分长远发展的部分法律法规,为保安处分发展预留法律创设空间,如我国已经废止收容审查、收容遣送制度。其次,对现行保安处分规范中不适应发展要求的内容

① [日]谷口安平著:《程序的正义与诉讼》,王亚新等译,中国政法大学出版社 1996 年版,第 251 页。

② 陈光中、[加]丹尼尔·普瑞方廷主编:《联合国刑事司法准则与中国刑事法制》,法律出版社 1998 年版,第 478 页。

进行全面或部分修改,改变目前法律规范概括性强的现状。通过修改使规范不断细化,增强其可操作性和实用性,如对劳动教养制度的不断完善。最后,加快制定符合国际发展趋势的保安处分措施,填补法律空位,如西方各国普遍采用的"善行保证"制度,我国却没有规定。应当在立法中借鉴西方国家的先进经验,结合国情对发达国家保安处分制度中符合我国实际需要的保交处分措施进行移植以缩短立法周期,充实我国保安处分法律系统。

3. 推进我国保安处分的司法化进程

保安处分关系到公民的人身自由及其他重要权利,是对公民人身自由及权利的实体性处分,必须将之置于法律的监督之下,纳入司法程序,通过公正的审判和程序来决定。考虑到我国的现状,可以规定将刑事法意义上保安处分和行政意义上的某些严重限制或剥夺人身自由的保安处分,如劳动教养,无条件地由法院通过司法程序决定,而其他保安处分的决定权归公安机关行使,但批准权应属人民法院,同时还应报人民检察院备案监督。保安处分由行政性质向司法性质转变,也是法治发展到一定水平的必然要求。

综观世界各国的刑事立法,基本趋势是立法上注重刑罚的轻缓和多元,司法上予以个别化,行刑上予以社会化、开放化,以适应惩罚、教育和预防犯罪的需要。我国严峻的犯罪形势迫切要求更加充分、广泛地吸收各国的有益经验,特别是保安处分这一充盈生命力的预防犯罪措施,相互切磋交流,接轨而进,构建具有中国特色的保安处分制度,更好地实现预防犯罪的目的。

中国律师的职业定位

张进德*

拉班回答雅各说:"这女儿是我的女儿,这些孩子是我的孩子,这些羊群也是我的羊群,凡在你眼前的都是我的。我的女儿并她们所生的孩子,我今日能向他们做什么呢? 来吧! 你我二人可以立约,作你我中间的证据。"雅各就拿一块石头立作柱子,又对众兄弟说:"你们堆聚石头。"他们就拿石头来堆成一堆,大家便在旁边吃喝。拉班称那石堆为伊迦尔撒哈杜他,雅各却称那石堆为迦累得。拉班说:"今日这石堆作你我中间的证据。"因此这地方名叫迦累得,又叫米斯巴,意思说:"我们彼此离别以后,愿耶和华在你我中间鉴察。你若苦待我的女儿,又在我的女儿以外另娶妻,虽没有人知道,却有神在你我中间作见证。"

——《旧约·创世纪》

一、序　言

卢梭有言:"人是生而自由的,但却无往不在枷锁之中。"①它全然道出了灰色的理论和常青的生命之树。纵观人类获取自由的历史,从来都是"为权利而斗争"式的,而不是"天赋人权"式的。在以践行法治抑或诉求法治为主旋律的当今世界,对每一个政府的约束与限权恰是法治的应有之义。在这些没有硝烟的战争里,律师承担了在司法体系中制衡国家权力的重要角色。诚如哈佛法学院的艾伦·德肖微茨教授所言:"认真负责、积极热心的辩护律师是自由的最后堡垒——是抵抗气势汹汹的政府欺负它的子民的最后一道防线。"②自从以这样的名义现身于世的那一刻起,律师便也代表法律同社会订立了一纸正义的契约。这是一项无上荣光却也无限艰巨的事业,为求"担道",它必要生得一副铮铮"铁肩"。

律师是西方社会的舶来品,在中国早些时候是一直未曾有过的。古代中国社会却也存在另外一种角色,那就是命运多舛的讼师。他们专以教唆、包揽词讼为事,从中牟利。历来他们都是被作为国家司法秩序和乡土社会礼治的对立面,是社会

---

* 张进德,2007级外国法律史专业,指导老师:何勤华。现工作于上海政法学院。

① [法]卢梭著:《社会契约论》,何兆武译,商务印书馆2003年版,第4页。

② [美]艾伦·德肖微茨著:《最好的辩护》,唐交东译,法律出版社1994年版,第482页。

的赘疣和不安定因素。[1] 于是,普通民众大都会称其为"讼棍",国家立法多半也会对其明令禁止。当然,古时的讼师并非一概是贪利兴讼之徒。[2] 不过,这一特殊群体基本上是没有任何像样的社会地位可言的。

西人的律师也并不就是个向来畅行其道的角色。在历史上的专制时期,律师不存在独立自主的社会地位,甚至还会遭到政府的迫害,扬言"杀光律师"的莎士比亚就是生活在那样的时代。即便在今天,律师职业也是受到了不少的非议和误解的。有人便以"迷失的律师"为题去批判这一职业的发展状况,[3]也有人去谴责冷酷的律师"撕毁了社会与法律所订立的契约"。[4] 批判和谴责绝非空穴来风,这一容易招惹是非的职业的确需要反思。然而,法治社会里必须要为律师留得重要的一席之地,因为"一个国家是否有真正的自由,试金石之一是它对那些为有罪之人、为世人不耻之徒辩护的人的态度"。[5] 但律师也要避免落入"迷失"和"毁约"的困境,其独立自治的社会地位和法律地位应当受到严格的保障和规制。

二、中国律师的职业化

有了职业化,律师独立才成为了可能,反观中国律师制度发展的历史更是如此。于国家权力尤其行政权力而言,律师角色应该称得上是个"异端"了,它只有在以限制公权为己任的法治理念里才能寻得一方生存的土壤。实际上,律师制度当然也是法治的必备元素,法治理念与律师制度几乎是同时从西方世界漂洋过海来到这里。但是,在我们这个有着悠久的行政治国传统的国度里,却素来强调横向和纵向的高度统一与和谐。因此,自打有了律师,这个角色就一直处于风雨飘摇之中。

1954 年 9 月,新中国颁布了第一部宪法,律师角色在其中得以醒目的标示,规定了被告人可以委托律师为自己辩护。自此,社会主义中国的律师制度开始稚嫩生长。但是好景不长,在 1957 年的反"右"斗争中,律师工作被当作为"坏人"说话的职业,首当其冲,遭致毁灭性打击。绝大多数律师被打为右派,律师制度因此而夭折。十年"文化大革命"的动荡时期,民主与民权惨遭肆意践踏,律师制度随着公、检、法机关一同被彻底砸烂,冤假错案大量出现,我国处于一个没有律师的特殊

① 梁治平著:《寻求自然秩序中的和谐》,中国政法大学出版社 2002 年版,第 225 页。

② 郭建著:《师爷当家》,中国言实出版社 2004 年版,第 265 ~ 266 页。

③ [美]安索尼 · T. 克罗曼著:《迷失的律师——法律职业理想的衰弱》,周战超、石新中译,法律出版社 2002 年版,第 1 页。

④ [美]理查德 · 卡伦伯格著:《毁约:哈佛法学院亲历记》,胡正勇、林正译,世界知识出版社 2003 年版,第 306 页。

⑤ [美]艾伦 · 德肖微茨著:《最好的辩护》,唐交东译,法律出版社 1994 年版,第 482 页。

时期。

从20世纪80年代始，我国的律师制度才又重新得以稳定下来。然而，那时的《律师暂行条例》首条便把律师定位成"国家的法律工作者"。律师作为司法行政机关的内部在编人员，在民众观念里也是"为人民伸张正义、维护国家利益与公共秩序的革命干部"。[①] 律师同公、检、法人员一道，构成了执行和捍卫法律的国家机器。于是，律师的独立性便也丧失殆尽。

事实上，在法治的语境里，律师制度的灵魂要求律师首先要独立于国家权力。对此，美国法学家戈登有一段话倒是个颇为精确的注解：[②]

律师应当享有像一个男爵那样的封建权力中心，他们既不依附于执政官也不依附于法官，在某些方面，律师比公诉人或警察享有更广泛的权力。他们被希望甚至被鼓励利用法律的每一个漏洞，利用其对手策略上的每一个错误和疏忽，以及利用法律或事实的每一个解释为当事人辩护。这种制度的导向是，维系保护权利程序的完整性比定罪或执行实体法更为重要。

在诉求法治的大背景里，一声"自负盈亏"的号角吹响了律师职业化的进程。这在中国也就是20年前的事。直至1996年的《律师法》才以国家立法的形式将律师职业重新定位为社会法律服务者，这一为制衡公权、保障私权而生的角色才开始慢慢长出了一副稚嫩的脊梁。律师的职业化，极为明确地体现为一个去行政化的过程。它摇身变为了一种社会公共职业，端的不再是公家的饭碗。然而我们需要注意的是，目前律师的去行政化还只是表层体制上的，尚处于一种在路上的状态，并未达成一个彻底的结果。

律师同行政机关还有着千丝万缕的联系，司法行政机关和律师的关系就是其中最为显现和紧要的一种。前者对律师行业负有监督管理的职能，这种关系很大程度上妨碍了人们长期以来一直吁求的行业自治。一个浅白的逻辑便是，有如此"人在屋檐下"的附属关系当道，每遇处于行政管理之下的普通公民甚或律师本人从法律上向司法行政机关的利害诉求，广大律师却也难以面对更遑论去合理解决了。当然在多方呼吁争取之下，司法行政机关也开始放权给作为律师自治组织的行业协会。但是，基于各地律师协会同司法行政机关之间诸多剪不断、理还乱的关系以及律师协会内部的半行政化管理，中国律师的去行政化还有一段很长的路要走。

---

① 冯象著：《政法笔记》，江苏人民出版社2004年版，第164页。

② [美]罗伯特·戈登著：《律师独立论——律师独立于当事人》，周潞嘉等译，中国政法大学出版社1992年版，第13~14页。

三、律师职业的商业化

在律师的职业化进程中,同时伴随了不可或缺的商业化因素。对律师的职业化和独立来说,商业化既是朋友,又是敌人。

商业化将律师事务推向了市场。在这个大浪淘沙的世界里,万物讲求有偿和竞争的秩序。“仓廪实而知礼节,衣食足而知荣辱。”不菲的收入使得律师有了赖以生存的基础,也挺直了职业的腰杆,同时吸引了诸多普遍意义上的社会精英加入此种行业。优胜劣汰的规则又加快了律师行业的新陈代谢,法务市场的客户选择也在一定程度上保障了这一行业的客观自律功能。这一切都为培育律师独立提供了优良的土壤,上述欣欣向荣的局面也正是我们愿意看到的。

然而,商业化于律师职业而言确乎是把“双刃剑”。市场上的商人就是要追求最大化的利益,律师行业也存在同样的现象,这在世界各国似乎都是个不容回避的问题。如美国学者 Thomas Lewis Ingram 便曾戏谑言称:“这一片贝壳给你,那一片贝壳给他,但中间的蠔肉却是律师的费用。”[①]这种唯利是图无疑会败坏律师形象甚至严重至令其丧失本初的职业信仰,背叛每一名律师入行时都会作出的对于社会正义的允诺。金钱往往会侵蚀律师的独立地位。这一“法务市场中的二律背反”可以说是律师职业最易陷入的困境了。[②] 对此,美国联邦最高法院前首席大法官伦奎斯特曾经作过极具启发性的描述:律师职业是由商人和神职人员组成的微妙混合体,前者以追求利益的最大化为目标,而后者则完全漠视利益上的诉求。[③] 可见,这种天然的矛盾素来便是难以调和的。对于律师中少数金钱至上的极端形象,妒恨和唾弃的冲动情绪与国家权力施以律师市场的强制打压都不是好的办法,非但无济于事,且恐会令律师步入比以往行政化更甚的不独立的泥淖。

对此,笔者主张国家立法的宏观引导和规制,反对微观的伦理上的制约与束缚。从一个大的视角将律师的商业化程度限定在一个必要的范围,同律师作为社会公共职业的特殊信仰形成基本的平衡。另外,律师职业的自治与自律应该同时得到强调。其中包括行业协会在理念上的宣示以及行业组织内部的相互影响,还有律师惩戒制度的行业自主化,譬如,由行业协会主持召集相关国家行政机构人员、律师和其他人员等成立相关的惩戒委员会,而不能由国家公权机构把持,对律

---

① 陈新民选译:“箴言·谐语”,载《律师文摘》2002 年总第 1 辑,时事出版社 2002 年版,第 227 页。

② 季卫东著:《法治秩序的建构》,中国政法大学出版社 1999 年版,第 242~247 页。

③ William. H. Rehnquist, The Legal Profession Today: Dedicatory Address, 62 Ind. L. J. 151 (1987).

师执业过程中的错乱行为加以惩治,其中的重大违法犯罪行为自又是另当别论。律师个体的努力当然也是不可或缺的。在每一个体的身上,神职人员的虔诚理应得到凸显,相反商人的拜金气息却应受到抑止。这样的气质应当融入律师形象的血液之中。

律师业界有一种自以为是但极具代表性的论调,认为律师提供的是一种作为商品的技术层面的法律服务,当然要有金钱的回报。也有不少人作出如下貌似准确的解读:实际上律师就是主观为自己,客观为社会。这样的论调有着深刻的道理,并且在中国律师独立发展的初期也发挥了不俗的正面效应。然而,律师职业的自我认识绝不应仅限于此,每一名律师都不应将目光聚焦在只具备感官刺激价值的金钱之上。从长远看去,如此的低级追求只会导致律师职业的自我毁损,而绝非蓬勃发展。这一职业应当放宽自己的视界,技术型服务的认识禁锢理应在一定程度上得以冲破,还有更大的事业等着律师去做,那就是为国民争取国家政治层面上的宏大正义。这一点有理由成为律师职业的品格和理想。以广泛参与公益诉讼和法律援助为突破口去提升律师群体对公益事业的热情倒是个不错的切入点。

人们常津津乐道于国外律师的政治地位之高,一些国家的领导人都是律师出身。而这种状况,其实同律师职业以及律师个体对政治理想的孜孜追求是紧密相关的。律师在日本等诸多发达法治国家都享有“在野法曹”的社会地位,而在笔者看来,对于国家的正义事业而言这一职业应当是超越了在野“法”曹的意义。耶鲁法学院的克罗曼教授在《迷失的律师》一书中以美国律师为蓝本用全书的篇幅重新提出并试图复兴一种律师政治家的理想。[①] 而在中国,我们要从零开始去塑造这种律师政治家的理想,律师群体完全可以而且应当具备这一义不容辞的雄心。[②]

四、律师与委托人的关系

中国的律师独立纵当置身于职业化的宏大语境,另外,却也离不开职业技术操作层面的具体设置。如何处理律师与委托人的关系,便是其中首当其冲的一个问题。

委托人作为律师的衣食父母,其法律利益必须得到最为充分的代理或辩护。换一种角度考量,其实这也正是律师制度设立的根本意义。因此在现代法治国家,律师职业伦理的核心便是奉行“党派性忠诚原则”,即为最大限度确保委托人的合

① [美]安索尼·T.克罗曼著:《迷失的律师——法律职业理想的衰弱》,周战超、石新中译,法律出版社2002年版,全书。

② 贺卫方:“律师的政治参与”,载《律师文摘》2002年总第1辑,时事出版社2002年版,第19页。

法权益而奋斗。从极端处讲,此种伦理的理想境界是为维护委托人合法权益而不惜以天下为敌。[1] 委托人利益被放在了首要的位置,当然有一条底线便是在法律规定的范围之内。在律师的行为规范上,由此衍生出严格禁止利益相反行为、为委托人保守秘密、对拒绝代理和辩护的严格限制等系列制度。从理念到制度、技术,上述都应当成为中国律师职业的一个努力方向。

基于律师职业的这种似有冷淡国家立法和社会公共秩序之嫌的特殊伦理,律师群体极容易陷入激烈的是非之争和遭到民众的误解,在刑事辩护领域尤其如此。德肖微茨教授曾有感而发:"刑事辩护的律师往往容易被人混同于他的被告人。"[2]刑事领域的被告人往往被认为是十恶不赦的,为"坏人"辩护的律师也总是背负了反面的道德名声和形象。这实在是个不小的误会。服务委托人是律师的天职,而其中为刑事被告人辩护的意义又尤为重大。正如林肯总统所言:"为人类自由而战的麻烦是,你得花很大气力和时间去为那些狗杂种们辩护,因为专制的法律最初的对象总是这些社会渣滓。但如果你想制止专制压迫,你就得在一开始就制止它。"[3]实际上,涉入两难处境的律师对委托人的忠诚也绝非彻底的臣服,而是保持着很大程度的独立。"当事人用金钱换来的忠诚是有限的,因为,律师的职业人格中还有为公共事业作贡献的成分。"[4]社会舆论无疑应当对律师这种难掌分寸的独立给予最大限度的理解。

即便惹至天下人骂声一片,律师也应当牢记自己的职业伦理,并对其抱以信徒般的独立而坚定的信念。于是,我们反对为了迎合民众的所谓道德良知,律师拒绝为委托人代理辩护;我们反对为了配合国家惩治犯罪的所谓高尚事业,律师向法庭揭露委托人的条条罪行;我们反对为了呼应旁听者们的所谓热情反响,律师当庭便背叛自己的委托人,转而站到了对方当事人的一边。也许,律师担负的是"一个人的战斗"——当然至少是两个人,你也一定要独立地将战斗进行到底。

律师之独立于委托人,是在忠诚前提之下的独立。从功利的角度分析,这种独立也有着不可小觑的必要性。律师与委托人保持谨小慎微的独立关系,不轻信其陈述的内容,不与其产生情感方面的联系,不将其意见当做最终诉由,这有助于律师保证客观地分析和解决问题的能力。此外,律师开展业务的效果也会得到维护。律师应当独立于委托人的利益,否则若过分保持一致的话,那么在为情况完全相反的委托人进行代理或辩护时,律师除了在辩才上因其将死变活、颠倒黑白而赢得几

① 季卫东著:《法治秩序的建构》,中国政法大学出版社 1999 年版,第 244 页。

② 陈兴良主编,陈瑞华等副主编:《法治的言说》,法律出版社 2004 年版,第 294 页。

③ 孙国栋主编:《律师文摘》2002 年总第 1 辑,时事出版社 2002 年版,第 21 页。

④ [美]罗伯特·戈登著:《律师独立论——律师独立于当事人》,周潞嘉等译,中国政法大学出版社 1992 年版,第 17 页。

多掌声之外,其可信度却是大大地降低了。律师同委托人之间的独立,应当是作了下述逻辑的技术处理。律师将立法条文和法律理论仅看作为像电话号码簿那样的纯粹工具,只求正确运用法律而不关心委托人援引法律的目的。若委托人利用律师提供的技术性帮助去从事或者消解违法活动,只要律师没有参与即不必为之负责。委托人有自我选择的自由,也应当有自我约束和自我担责的能力。而对律师的评价重点应当放在是否为委托人提供正确法律信息的方面。①

五、律师与公、检、法机关的关系

作为法律职业共同体中一个较为瞩目的群体,律师与其他法律人尤其执掌国家权力的那部分法律人存在着千丝万缕的联系。为律师独立而呐喊,务必要探究律师群体同后者之间的独立关系。特别是在中国,在司法体制改革渐行渐远的今天,律师之独立于公、检、法三机关的问题显得极富特色并且亟待解决。无论如何鼓吹律师的独立地位,这一群体绝对不可能是个闭关自守、自娱自乐的角色,它必然生活在被赋予强势话语权的公、检、法机关的巨大影响之下。纵论当今的情势,约束国家机关的权力并增进律师的权利保障似乎正是问题的实质所在。

我们知道,在早先的律师制度里,律师被当成一个辅佐法官的角色,在一定程度上为法官出具参考意见,令法官兼听则明。甚至有时还可以细致教育被告人,敦促其坦白认罪,能够"起到公检法人员所起不到的作用"。② 这其实是在很大程度上混淆了律师跟法官的职能划分。在律师职业化已久的今日,这种混淆还在一定程度上存在着。依律师法之规定,委托人利用律师提供的服务从事违法活动或者委托人故意隐瞒与案件有关的重要事实的,律师有权拒绝辩护或者代理。而在法治国家里,律师的这种拒绝恰如出租车司机拒载般违背职业伦理。如此规定便是向律师施加了这样的义务:要认定委托人目的是否违法和探究案件事实的真相。这无疑是让律师变成了裁判者的角色。实际上,律师的行为客观上也许是会起到辅助法官的作用,但这不能成为律师制度设立的基本初衷。因此,律师独立于法官,首先要从角色定位上彻底独立,不管是在法律的制度还是观念里。

作为一项独立的职业,律师理应在法官面前显现出职业的自信,而有时候我们看到的却是无奈甚至是附从,这与法官审判权过大以及随意性过强不无关系。我们常常会看到这样的景象:律师提出的正当的请求,如回避、立案、阅卷、重新取证

① 季卫东著:《法治秩序的建构》,中国政法大学出版社1999年版,第245页。

② 李国机著:《李国机律师案例选》,同济大学出版社1996年版,第17页。

等,遭到了法官的无理或者理由不充分的拒绝;律师在法庭上滔滔不绝地阐述发言,受到了法官的轻视、充耳不闻甚至是任意打断;律师费尽气力认真准备的代理辩护意见,换取的却是法官无语的评价,在最终的判决中也是置若罔闻。① 在一些案件的诉讼过程之中,律师的角色形同虚设。有些律师开始顺应这样的形势,观念发生畸形的转变,“打官司就是打关系”的所谓定律开始在业界流传开来。当然,这些并没有成为非常普遍的现象,却也容不得我们忽视。于是,笔者主张以“正当程序”的名义去制约法官的审判——法官对于每一项裁决都应当给出充分的理由,并应由法律规定充分的救济手段;律师的努力应当受到足够重视与合理的评复,并且在说理透彻的判决书中得到完全的准确展现。

刑事辩护其实是最能体现律师之本初价值的一个领域,人们已经开始认识到这一观点。诚如陈瑞华教授所言:“律师的使命在刑事诉讼中比其他任何诉讼形态中更能体现出他维护正义、维护人权的使命。”②然而,对如此认识的关注程度还远远不够,尤其在律师群体本身那里,尤其对那些整日穿行于跨国公司的高档写字楼之间的律师们而言。在许多法治国家早已实现刑事诉讼强制辩护即百分之百辩护率的今天,中国的刑事案件辩护率却是持续低下,甚至愈渐低下。③ 纵然律师自身的认识以及刑事辩护经济效益相对不高等理由应受责难,但辩护的制度环境才是主要原因。“辩护难”的声名在我们这个国家已经远播,在法律界似乎更是尽人皆知。除去上述律师之不独立于法官的原因,更甚者却是起因于律师之不独立于公安、检察机关。

2002 年秋,北京律师协会联合北京零点市场调查与分析公司曾经对律师参与刑事辩护的状况作出了全面的调查。在律师辩护遇到的困难中,调查取证难和律师会见难以绝对高的比例位居前两位。④ 时至今日,此种状况并未得到实质上的改善。我们期待制度的革新,我们期待律师同检察机关、公安机关地位对比的相对均衡。基于此,我们主张打破公、检机关对刑事案件调查取证权的垄断,确认并保障律师的同一权利,且赋予律师对侦控方取证时的在场监督权;我们主张在刑事立案后律师与公、检机关的同步介入,而非目前在侦查阶段的非律师身份介入;我们主张切实保障律师同刑事被追诉人的会见、通讯权和不被监听权,反对侦控方的过多在场干涉和通过录音、录像等监控设备的干涉;我们主张对律师申请取保候审、变更强制措施的请求务必要有一个明确的合理的答复;我们主张严格维护律师的阅卷

---

① 姜涛、许兰亭:“诉求的归宿——我国律师刑辩意见采纳情况之报告”,载陈瑞华主编:《刑事辩护制度的实证考察》,北京大学出版社 2005 年版,第 126 页。

② 陈兴良主编:《法治的使命》,法律出版社 2003 年版,第 307 页。

③ 张志铭著:《法理思考的印记》,中国政法大学出版社 2003 年版,第 44 页。

④ 陈瑞华主编:《刑事辩护制度的实证考察》,北京大学出版社 2005 年版,第 254 页。

权,甚至借助立法督促控方通过证据开示程序主动向律师出示证据材料。总之,我们主张在刑事诉讼中严防公权力的肆虐,保障律师私权利的畅行,而很多时候又是通过私权对公权的限制。

当律师同公、检、法机关发生关系尤其在刑事辩护过程之中,让律师战战兢兢难谈独立的一个久久挥之不去的苦痛情结,便是《刑法》第306条规定的律师伪证罪。罪名本身尚无太大的漏洞,但对犯罪主体仅限于律师而不及同理的警察、检察官、法官,这不由得令人产生些许的隐忧。担忧也在现实里频频发生:有的律师刚走出法庭大门甚至在法庭之上就遭到了逮捕;有的律师在为他人辩护时却致深陷囹圄无力为自己辩护;有的律师不敢赴异地办理刑事案件,即使去也要自费带上媒体记者一同前往。当然,律师受到刑事追诉的理由有多种,伪证却是最值得重视的一项。让我们再一次呼吁取消或者修正这样的歧视性立法。我们主张加强律师的自治,在由律师自治组织成立的惩戒机构对律师作出剥夺职业资格等处罚之前,律师不应当被推上刑事法庭。否则,在巨大的刑事风险面前,中国的律师群体实难表现出堂堂七尺男儿的自信和独立。

作为近年来司法改革极为瞩目的一大成果,国家司法考试在2002年开始走上了历史的舞台,法官、检察官、律师和公证人等法律职业者的准入门槛终于得以统一。一方面,法官和检察官的职业出身不再杂乱无章,被统一纳入了法律专业的制约之下;另一方面,在国家司法考试背景的浸染下,不同的法律职业者逐渐地开始以相通的视角去观察和思考问题。无疑,这些都为律师地位的提升提供了一定的基础性保障。2007年,《律师法》进行了局部的修订,其中第37条专门赋予律师一项庭审言论豁免权:"律师在法庭上发表的代理、辩护意见不受法律追究。但是,发表危害国家安全、恶意诽谤他人、严重扰乱法庭秩序的言论除外。"自此可见,进步的曙光开始展现出来。让我们期待着,律师的从业环境将会得到更为深入的优化。

六、结　　语

一国的法治事业,离不开由整个法律职业共同体引领下的全体国民的共同打造。在这一共同体之中,律师是个矛盾重重、个性鲜明的群体,它经常被推上各种社会矛盾冲撞的风口浪尖。但无论何时,请诸位一定记得律师作为"民权保障先锋"的角色,广大律师更应当深深铭记在心。律师职业应当是自律的、自治的、自立的、自强的。他们都应当坚守同社会订立的那张"正义的契约",永远等待着正义的来临,就如庄子笔下那个"尾生抱柱"的故事,直至凶险的河水没过了自己的生命。每一名律师都拥有一颗独立的良心,它时刻警示着拥有律师这一崇高头衔的那个人,要为社会正义和人类自由而存在。每一名律师都不应丧失那种与生俱来的怀疑的品格,拿挑剔的眼光去看待周围的世界,以增强这个社会向前的动力和活力。可是,每一名律师同时又要成为国民的表率,尊重国家的现行立法,绝不跨越半步雷池,如同信仰自己的良心那般去信仰法律。

在庞大的“法律帝国”里,律师应当同其他法律人一道,完成这份未尽的事业,以使法律职业共同体熠熠生辉。与此同时,律师群体更应当准确寻求自己的独立定位,力求成为“法律帝国”中贵族阶层的一员。为了达到这样的目的,我们在此呼吁:

这个古老而又伟大的国度里的所有律师——无论是穿梭于乡间小路上的遥远山村的低矮茅草房里的农村律师,还是生活在钢筋水泥中的现代都市的高档写字楼里的城市律师;无论是在刑事法庭上执著探索的辩护律师,还是在跨国企业里埋头苦干的公司律师;无论是刚刚走出法学院的初出茅庐的年轻律师,还是已经博取大名利的久经沙场的资深律师——

以正义与法律的名义,坚定自己的职业信念!

仲裁机构性质和定位的完善

袁忠民*

仲裁机构作为市民社会实现自我治理的一种社会组织,其民间性是国外(主要为民主法治国家里)仲裁机构的一个根本特征。仲裁机构业务范围的圈定、仲裁员的选任、仲裁程序和仲裁规则的确定以及仲裁机构的发展目标等,都是在民间性这一本质特征的基础上,由仲裁机构依据国家的民商事法律,通过市场规律来操作、调整和完成的。可以说,从仲裁机构产生的一开始,它就和市民社会的发育、商品经济的发展以及信用机制的完善等紧密地联系在一起。没有市民社会,也就不会有仲裁机构。

一、仲裁机构属性的转向与回归

关于仲裁机构的性质存在多种理论,主要有司法性质说、混合性质说、准司法性质说、民间性质说。

关于司法性质说,认为仲裁机构是国家司法系统中除法院外的第二套司法组织,因为仲裁机构的权力来自当地的法律,仲裁裁决与法院判决具有同等意义,如果没有法律的授权,仲裁机构就不能进行相应的仲裁活动,仲裁员所作的裁决也没有法律效力。法国学者克莱因(Klein)认为:"只有国家才能行使审判权,因此,如果法律允许当事人提交仲裁,那么仲裁机构只能是执行公共职能。由此得到的逻辑上的结论就是,仲裁裁决是具有与法院所作判决同等意义的决定。"①

但是现在大多数学者已经意识到过分强调仲裁机构的司法性必然忽视当事人的意思表示,最终强化司法对仲裁的干预程度,其结果必然使仲裁机构失去了与法院的区别。既然与法院没有区别,那么仲裁机构存在的意义何在?显然这种理论有着不能弥补的缺陷,大多数学者对此理论并不赞成。

关于混合性质说与准司法性质说。混合性质说认为仲裁机构存在司法性质,因为仲裁机构毕竟不能超越现有的法律;同时承认仲裁机构的民间性,承认仲裁源

---

* 袁忠民,2002 级法律文化专业,指导老师:徐永康。现工作于上海市虹口区国资委。

① 全国人大常委会法制工作委员会民法室、中国国际经济贸易仲裁委员会秘书局编著:《中华人民共和国仲裁法全书》,法律出版社 1995 年版,第 4 页。

于当事人的意思自治。在我国一般强调其中的司法性质，而将混合理论发展为准司法性质说。

除了现代法律禁止的原始自力救济，任何救济方式都离不开法律的制约，不能因此认为所有的救济方式均有司法性。[①] 法律虽然对仲裁机构的设立、受理案件的条件等作出了规定，但并没有对仲裁机构本身赋予什么权力，真正赋予仲裁机构权力的是当事人的意思合意。法律所赋予的是仲裁庭作出的裁决本身的效力，因此法律给予裁决可强制执行的效力，但这并不改变仲裁机构的民间性。关于民间性质说，认为仲裁机构作为解决争议的机构，最初建立源于民间，是各种行业协会或商会建立的，并在适应解决纠纷的需要而自发产生和发展起来。仲裁属于"私力救济"的范畴，而非"公力救济"的手段。[②]

仲裁机构作为市民社会实现自我治理的一种社会组织，其民间性是国外（主要为民主法治国家里）仲裁机构的一个根本特征。仲裁机构业务范围的圈定、仲裁员的选任、仲裁程序和仲裁规则的确定以及仲裁机构的发展目标等，都是在民间性这一本质特征的基础上，由仲裁机构依据国家的民商事法律，通过市场规律来操作、调整和完成的。可以说，从仲裁机构产生的一开始，它就和市民社会的发育、商品经济的发展以及信用机制的完善等紧密地联系在一起。没有市民社会，也就不会有仲裁机构。

但是，我国的仲裁机构与国外相比，其产生发展历程与组织结构等方面，均存在着显著的差异。即使至今，"我们现有的仲裁机构都是依法由政府法制部门来组建，并在其具体领导下运作的；并不是与国际接轨的民间机构。甚至还有极少数的政府法制部门一套班子两块牌子的形式，不在少数的是政府分流人员，安排干部、离退休人员的所谓事业单位。而相当数量的仲裁机构的委员会组成人员清一色政府官员，或以政府官员为主。这些政府官员在各仲裁机构委员会中任主任、委员、秘书长。他们的权威不是来自对市场经济最活跃的细胞——企业家的道德号召力或者说具有高超的经营才能，或者说对市场交易中发生的各种民商纠纷的洞察力和感知的敏感性，也不是来自法律界（法律人）的普遍认同，而是以政府行政权力的权威（或者说国家机器的强制力尚方宝剑——魔杖）而当然地进入各个仲裁机构的委员会的。从社会经济生活的法律上说，仲裁机构处于国家机器——政府行政权力与市场的交叉连接带上。它一方面与市场有着千丝万缕的联系，另一方面又在政府的领导控制下"。[③]

---

① 宋连斌著：《国际商事仲裁管辖权研究》，法律出版社2000年版，第14页。

② 谭兵主编：《中国仲裁制度的改革与完善》，人民出版社2005年版，第37页。

③ 闻思修："中国仲裁事业的民间化进程思考"，载 www. China – Arbitration. com。

以这样的方式组建仲裁机构,以这样的人士充任仲裁员,以这样的机制管理仲裁机构,我国仲裁机构的素质和竞争力也就不难想象。在中国加入世界贸易组织、承诺开放中国服务市场的时候,国内仲裁业和仲裁机构以致普遍发出了一种“狼来了”的惊呼,其惶恐和困惑,折射出的正是对民间化和市场化的忧虑与惊怕。但是,民间化和市场化作为一个不可逆转的历史趋势,注定了我们除了直面这一现实,并积极进行自我创新、自我提升、自我发展之外,不可能永远寄希望于国家行政的支持和庇护。

二、仲裁机构属性回归的条件

我国的现实条件具备了仲裁机构向民间化的转变。

首先,伴随着市场化过程和经济的迅速发展,中国客观上已经催生了一个从事工商业生产和交换的新兴阶层,即市民阶层。而市民阶层正是构成市民社会的基本主体。所谓市民社会,指的是在市场经济条件下,按照市场原则能够独立自主地从事商品生产与交换的“市民”所构成的一种社会关系。市民社会至少有以下几个基本的特点:(1)在没有国家直接干预的情况下,市民社会能够承担培育市场、发展经济的责任;(2)市民社会是高度发达的契约社会,摆脱了传统社会中公民对政治国家的身份依附关系,同时契约也意味着平等和协商;(3)市民社会是自治社会,其完善和独立的生存模式,能够培养市民阶层的自治精神。仲裁制度和仲裁机构正是契合了市民社会的上述特征,才得以迅速成长起来。从我国清末民初仲裁制度和仲裁机构的建立,就可以很清楚地看到这二者之间的紧密联系。当时,由于“洋务运动”的兴起,工商业生产出现了一个较大的飞跃,与此同时,各地商会组织也纷纷组建。根据“有关商会的研究表明,商会独立于国家以及在发展契约性规则方面都显示出极强的市民社会特征。如就独立性而言,清末朝廷的商部无权干涉商会领导人的选举及其内部运作。商会的独立活动领域,包括独立的经济活动、独立的政治活动、独立的司法活动,商会能独立拟订商法,拥有独立的舆论工具。”①这里,独立的司法指的实际就是仲裁,是商人们根据行业惯例、商事习惯和职业道德等,在商会组建成立的“商事裁判所”内“和平处理商业上之纠葛,以保商规,息商累”的争议解决方式。② 在现阶段的市场体制、法治背景下,我们更有理由相信,如果“健全的、法治的市场经济中的民间性的商会完全是自治性的群体,他们就有强烈的根

---

① 刘斌:“略论市民社会的建构”,载 www. fsx. com. cn。

② 郑成林:“清末民初商事仲裁制度的演进及其社会功能”,载《天津社会科学》2003 年第 2 期。

据法律以及在法律的许可的范围内依据行规、商业惯例和职业道德伦理来解诉纷争,他们就必然要以自治的民间性的仲裁机构来规范这些活动。”[①]

其次,伴随着政治体制的改革,政府的职能逐渐由过去的全面管理转向以提供公共服务为主,这就意味着政府必然要有一个放权让利的过程。在传统的大一统体制下,政府是一个“无限”和“万能”的政府,社会事务的方方面面皆由其主导、推动,但结果是,政府管得越多,社会越没有活力,人民的自主精神和自律意识也越差。政治体制改革的目的,就是要改变这种高度集中的但同时又是僵化的、无效率的管制体制,实现“社会的归于社会”,以释放民间的活力、创造性和自组织能力。政府的放权让利,当然也包括对社会争议解决机构和解决权力的高度垄断,具体说来,在仲裁领域,就是要做到这两个方面:一是行政机关全面放弃过去对仲裁机构的包办,而把这一本来属于市民社会的自治方式交还于市民社会本身。除了对仲裁机构的成立提供应有的财政支持外,行政机关不再对仲裁机构的管理制度、人员聘任、设置模式、运作程序等横加干涉。仲裁法第14条规定:“仲裁委员会独立于行政机关,与行政机关没有隶属关系。”这就以法律的形式明确了行政权力在仲裁领域的退让。二是司法机关承认仲裁机构这一民间组织在解决纠纷方面的有效性,并给予它应有的协助和支持。作为诉讼外最重要的替代性纠纷解决机制,仲裁对于缓解司法压力、节约司法资源、有效发挥司法职能,具有无可替代的重要意义。仲裁法确认了司法机关在协助仲裁方面具有保全证据、保全财产和执行仲裁裁决的义务。随着司法体制改革的不断深入,可以设想这样的协助只会进一步扩大。从权力的下放到对权力的承认,都有助于仲裁民间性和自治性的强化。

最后,随着我国加入世界贸易组织,在国际贸易和国际贸易的争端解决方面,必然面临着如何与国际游戏规则接轨的现实压力。在世贸组织体制下,仲裁是一种与专家程序并举的争端解决手段,即“在出现一成员方认为其按有关协议所直接或间接地获得的利益正被另一成员采取的措施所损害的情况”,双方通过协商、调解、斡旋等不能解决这类争议时,任何一方可要求诉诸专家程序或达成仲裁协议提交仲裁。仲裁具有自愿性、独立性和终局性的特点,因而成为成员国的企业和公民解决争端选择的主要方式。在这样的一种情形下,那些信誉卓著、办案质量好的仲裁机构,就会对当事人解决争议具有很大的吸引力,反之,独立性差、规模小、信誉不良的仲裁机构,则会在市场竞争中被无情地淘汰。我国仲裁机构要应对这种挑战和压力,除了整合现有的仲裁机构,首先需要的就是对仲裁制度和仲裁机构进行正确的理解与定位,简言之,即实现其组织性质的民间性转向与回归。

---

① 闻思修:“中国仲裁事业的民间化进程思考”,载 www. China – Arbitration. com。

三、仲裁机构功能的重新定位

从组织学的角度讲,事物的性质通常决定了事物的功能。仲裁机构的民间性这一特征,决定了它的功能只能是通过调解和仲裁活动,客观公正地处理当事人之间发生的民商事争议。当然,这一功能的实现,也必须契合法治的基本要求。

自有人类,就有争议,而有争议也就有争议的解决机制。在政治国家产生以前,人们之间解决争议的方式主要包括自决和和解。自决是最原始的“私力救济”,它把争议的解决委诸双方的体力较量,执行的是“最有力者制定规则”的基本原则,因此,在自决中,体现的与其是说争议双方的共同意志,倒不如说它片面地表达了强者的欲求。所以,一旦文明程度提高,建立起了政治共同体的时候,自决就很快被禁止。与此不同,和解却始终贯穿于人类社会历史之中,及至今日,仍然存在着其广阔的适用空间。和解重视争议双方的意思表示和协商能力,有助于当事人通过交流和争辩达成对于争议的解决方案。但是,和解的进行,缺乏稳定、理性的程序操作,因而双方讨价还价也极易演变为强者意志对于弱者的片面强加,弱者虽然有意见表达的自由和参与的权利,但在这种背景下,得到的也仍然是一种“廉价的正义”。[①]不仅如此,和解的结果也取决于双方的道德认同,如果当事人一方不履行和解方案,则和解也就归于无效了。

诉讼正是为了弥补上述争议解决方式的缺陷,才逐渐确立和发展起来的。在诉讼中,和平、安定和理性的程序,能够最大限度地避免“最强者制定规则”的野蛮逻辑。同时又由于它是以国家强制力为后盾的一种争议解决机制,因而,司法的裁决结果可以得到有保证的执行。诉讼是最正规、最完善、最有效的争议解决机制。不过,诉讼的缺点也是非常明显的。首先,它的程序烦琐、严格,为了顾及程序的正当性,常常不得不牺牲效率和经济原则。这包括当事人和国家为了解决争议而支付的财政和费用,以及在遵循程序公开原则下,当事人商业秘密和个人私密公布后可能承受的间接损失等。其次,当事人在诉讼中缺乏自主性。虽然民事诉讼普遍实行当事人主义原则,程序的推进基本上由当事人以直接、言词方式主导进行,但是对于管辖法院、审判员和程序形式等,当事人却基本上没有选择的自由。最后,诉讼的结果常常以“非黑即白”的司法判决出现,不利于维系当事人之间的友好关系,而商业习惯却常常着眼于“买卖不成仁义在”的长远利益考虑,因而当事人对于诉讼

---

① [日]棚濑孝雄著:《纠纷的解决与审判制度》,王亚新译,中国政法大学出版社2004年版,第47页。

存有本能上的心理排斥。

在对于诉讼的上述弊端“理性”评价的基础上，市民阶层尤其是商人群体普遍选择了仲裁这样一种争议的解决机制。与和解相比，仲裁远较其正规，它不仅强调裁决的客观、公正，而且一裁终局的特征赋予其极高的效率；与诉讼相比，仲裁则较为灵活，富有弹性，同时亦能发挥当事人处理自己事务的意思表示与实际效果。所以，虽然机构化的仲裁制度开始才短短一百余年，但其风行之快，波及之广，确实可以称得上“异军突起”。据资料统计显示，当今世界500强企业，基本上都是把仲裁作为解决其争议的方式。①

各国司法机关对于仲裁机构解决争议，普遍经历了一个从消极承认、积极监督到实行协助的过程。对仲裁的消极承认与积极监督，源于司法的这样一个偏见，即作为民间性的组织，仲裁机构是不可能帮助当事人获得正义的实现的。但是，仲裁的发展历史恰恰表明了一个相反的趋势：当事人在仲裁中不仅能够解决争议，而且也可以获得正义。所以，在现代社会出现了所谓的“诉讼爆炸”现象、而司法机关又面临着案件大量积压的现实压力下，承认并协助仲裁机构解决争议，就成了司法机关现实而明智的选择。只要司法机关能够从程序和部分实体方面对仲裁机构和仲裁活动进行最终的、有效的监督与制约，仲裁就不可能成为争议当事人规避国家法律、违反公共秩序的“合谋”。在这种情况下，仲裁机构不仅能够帮助当事人解决争议，又可以帮助司法机关减轻审判的压力，司法机关何乐而不为呢？在英美等国，法院甚至干脆就将仲裁机构是为一种“准司法机构”，而仲裁员作为“准司法官”，也享有与法官基本上同样的责任豁免权利。

我国仲裁机构在传统的计划体制下，从人事到财务等方面都依赖于行政机关，而仲裁机构也基本上归口工商、劳动等部门管理，因而，仲裁（涉外仲裁除外）与其说是一种纠纷解决机制，还不如说就是国家行政的一种治理方法和治理手段。仲裁机构的裁决，也不具有终局的法律效力，当事人不服裁决时可以申请二次仲裁，对二次裁决不服还可以诉诸法院审判。② 这种体制设计和运作模式，不过是我国传统体制弊病的一个缩影罢了。

在社会流动加快、经济飞速发展的今天，我国的司法机关也面临着案件积压严重的现实问题。如何化解这些纠纷，实现社会的稳定、有序与和谐，是一个全社会都需要认真思考的问题。可以说，加快司法改革，提高诉讼效率，在方便人民“接近司法”、维护司法公正的同时，积极寻求诉讼外的替代性纠纷解决机制，是解决这一问题的根本途径。“及时妥善解决多发的民事纠纷，其根本在于实现纠纷解决途径的

---

① 刘国昌：“加入 WTO 对仲裁的影响”，载《法制日报》2000 年 5 月 10 日。

② 参阅 1980 年工商行政管理总局发布的《关于工商行政管理部门合同仲裁程序的试行办法》。

多元化，即不仅依靠司法诉讼解决纠纷，同时应广泛建立协商、调解（包括人民调解、行政调解以及各种行业性或纯民间性的调解）、仲裁等社会机制，以此从量上分流诉讼和法院的压力，从质上改善纠纷解决的效果，达到当事人之间的双赢互利和社会与共同体、自治的协调发展，解决社会转型期纠纷多发、社会冲突加剧、法律规则滞后、缺漏，道德失范、社会凝聚力和自治能力低下、司法资源缺乏、纠纷解决成本过高等问题。纠纷解决机制的多元化在一定意义上起着优化和合理使用司法资源、保护司法，促进社会可持续发展和纠纷解决机制生态性平衡的作用。因此，社会应积极倡导各种非诉讼纠纷解决机制的多元化发展。”①目前常设制度的审判外纠纷解决机制，主要包括仲裁、人民调解、行政调解等，而民商事仲裁以其合意性与强制性兼备的“准司法裁判”优势，在审判外的纠纷解决机制中，无疑始终居于显著的地位。

① 范愉等：“为不同纠纷寻求不同出口”，载《法制日报》2004年3月25日。

附录

华东政法大学法律史专业博士点招生十周年名录

（2001～2010年）

姓名	年级与专业方向	指导老师	单位
郭光东	2001级外国法律史	何勤华	《南方周末》报社
曲　阳	2001级外国法律史	何勤华	华东政法大学
李秀清	2001级外国法律史	何勤华	华东政法大学
郑少华	2001级外国法律史	何勤华	上海财经大学法学院
朱晓喆	2001级外国法律史	何勤华	华东政法大学
徐　菲	2001级外国法律史	何勤华	上海市国资委
刘晓雅	2001级外国法律史	何勤华	华东政法大学
沈大明	2001级中国法律史	王立民	上海交通大学安泰管理学院
陈柳裕	2001级中国法律史	王立民	浙江省社会科学院
孟祥沛	2001级中国法律史	王立民	上海市社会科学院
陈灵海	2001级中国法律史	王立民	华东政法大学
杨正鸣	2001级中国法律史	王立民	华东政法大学
李孝猛	2001级法律文化	徐永康	上海市工商管理局
刘守刚	2001级法律文化	徐永康	上海财经大学
姚秀兰	2001级法律文化	徐永康	深圳大学法学院
陈　颐	2002级外国法律史	何勤华	华东政法大学
占茂华	2002级外国法律史	何勤华	上海政法学院
冯引如	2002级外国法律史	何勤华	华东政法大学
高　尚	2002级外国法律史	何勤华	安徽大学法学院
汤　唯	2002级外国法律史	何勤华	烟台大学法学院
王兰萍	2002级外国法律史	何勤华	商务印书馆
吴旭阳	2002级外国法律史	何勤华	厦门大学法学院
季立刚	2002级外国法律史	何勤华	复旦大学
夏　雪	2002级外国法律史	何勤华	上海市证券交易所
洪佳期	2002级中国法律史	王立民	华东政法大学

续表

姓名	年级与专业方向	指导老师	单位
方立新	2002 级中国法律史	王立民	浙江大学光华法学院
周伟文	2002 级中国法律史	王立民	华东政法大学
孙加峰	2002 级中国法律史	王立民	上海市恒泰律师事务所
孙维飞	2002 级中国法律史	王立民	华东政法大学
袁忠民	2002 级法律文化	徐永康	上海市虹口区国资委
胡玉鸿	2002 级法律文化	徐永康	苏州大学法学院
龚汝富	2002 级法律文化	徐永康	江西财经大学
黄大赛	2002 级法律文化	徐永康	西南政法大学
裘　索	2002 级法律史	童之伟	上海市锦天城律师事务所
苏彦新	2003 级外国法律史	何勤华	郑州大学法学院
王素芬	2003 级外国法律史	何勤华	辽宁大学法学院
杨积讯	2003 级外国法律史	何勤华	中国计量学院法学院
魏　琼	2003 级外国法律史	何勤华	华东政法大学
任　超	2003 级外国法律史	何勤华	华东政法大学
廖初民	2003 级外国法律史	何勤华	绿地集团
孟　红	2003 级外国法律史	何勤华	东南大学法学院
陈　融	2003 级外国法律史	何勤华	华东师范大学
王铁雄	2003 级外国法律史	何勤华	上海海事大学
姚建龙	2003 级外国法律史	何勤华	华东政法大学
张海斌	2003 级外国法律史	何勤华	上海外国语大学法学院
高　珣	2003 级中国法律史	王立民	华东政法大学
吕　利	2003 级中国法律史	王立民	上海师范大学
郑　取	2003 级中国法律史	王立民	上海市工商行政管理局虹口分局
黄武双	2003 级中国法律史	王立民	华东政法大学
洪冬英	2003 级中国法律史	王立民	华东政法大学
曲玉梁	2003 级中国法律史	王立民	华东政法大学
袁兆春	2003 级中国法律史	王立民	曲阜师范大学
许　莉	2003 级中国法律史	王立民	华东政法大学

续表

姓名	年级与专业方向	指导老师	单位
魏淑君	2003 级法律文化	徐永康	中国浦东干部学院
韦 浩	2003 级法律文化	徐永康	上海市工商行政管理局
杨成炬	2003 级法律文化	徐永康	安徽大学法学院
卞 琳	2003 级法律文化	徐永康	华东政法大学
潘小军	2003 级法律文化	徐永康	华东政法大学
夏 菲	2004 级外国法律史	何勤华	华东政法大学
马 贺	2004 级外国法律史	何勤华	华东政法大学
李求轶	2004 级外国法律史	何勤华	浙江省融合律师事务所
韩 强	2004 级外国法律史	何勤华	华东政法大学
马 聪	2004 级外国法律史	何勤华	华南师范大学法学院
冷 霞	2004 级外国法律史	何勤华	华东政法大学
张玉堂	2004 级外国法律史	何勤华	华东政法大学
蔡东丽	2004 级外国法律史	何勤华	华南理工大学法学院
王 沛	2004 级中国法律史	王立民	华东政法大学
王月明	2004 级中国法律史	王立民	华东政法大学
邹剑锋	2004 级中国法律史	王立民	浙江万里学院
谢如程	2004 级中国法律史	王立民	杭州师范大学法学院
郭为禄	2004 级中国法律史	王立民	华东师范大学
郭春莲	2004 级中国法律史	王立民	上海市浦东新区公安局
周卫平	2004 级中国法律史	王立民	东华大学
刁振娇	2004 级法律文化	徐永康	华东政法大学
唐红林	2004 级法律文化	徐永康	上海对外贸易学院
张益刚	2004 级法律文化	徐永康	曲阜师范大学
胡照青	2004 级法律史	孙潮	上海市人民政府法制办
芦 琦	2004 级法律文化	郝铁川	上海电视大学
朱淑丽	2004 级法律文化	沈国明	上海市社科院法学所
曹呈宏	2005 级外国法律史	何勤华	浙江省检察院
邵宗日	2005 级外国法律史	何勤华	威海市环翠区法院

续表

姓名	年级与专业方向	指导老师	单位
邓继好	2005 级外国法律史	何勤华	华东政法大学
刘　强	2005 级外国法律史	何勤华	上海政法学院
刘显娅	2005 级外国法律史	何勤华	上海市立信会计学院
荆月新	2005 级外国法律史	何勤华	山东师范大学政法学院
郭延军	2005 级外国法律史	何勤华	上海交通大学法学院
陈郁如	2005 级外国法律史	何勤华	华东政法大学
郑现喆	2005 级外国法律史	何勤华	华东政法大学
林安民	2005 级中国法律史	王立民	福建闽江学院
蒋冬梅	2005 级中国法律史	王立民	上海市出版印刷高等专科学校
姜茂坤	2005 级中国法律史	王立民	小松(中国)投资有限公司
张　彬	2005 级中国法律史	王立民	上海海事大学
饶传平	2005 级中国法律史	王立民	华中科技大学
穆中杰	2005 级中国法律史	王立民	河南工业大学
林华昌	2005 级法律文化	徐永康	中国人民银行上海总部
倪　铁	2005 级法律文化	徐永康	华东政法大学
倪万英	2005 级法律文化	徐永康	东华大学法学院
吴旅燕	2005 级法律史	童之伟	上海政法学院
曾　坚	2005 级法律史	沈国明	上海财经大学法学院
刘志欣	2005 级法律史	孙潮	上海第二工程技术大学
于晓青	2005 级法律史	郝铁川	华东政法大学
陈　兵	2006 级外国法律史	何勤华	吉林大学法学院
果海英	2006 级外国法律史	何勤华	首都师范大学
胡建会	2006 级外国法律史	何勤华	上海市信访办
荚振坤	2006 级外国法律史	何勤华	上海海事法院
陈婉玲	2006 级外国法律史	何勤华	华东政法大学
胡　桥	2006 级外国法律史	王勤华	浙江工商大学
潘申明	2006 级外国法律史	王勤华	宁波市北仑区检察院
屈文生	2006 级外国法律史	何勤华、李秀清	华东政法大学

续表

姓名	年级与专业方向	指导老师	单位
李　婧	2006 级中国法律史	王立民	华东政法大学
王亚军	2006 级中国法律史	王立民	安徽大学法学院
王红梅	2006 级中国法律史	王立民	盐城工学院
黄爱武	2006 级中国法律史	王立民	华东政法大学
练育强	2006 级中国法律史	王立民	华东政法大学
张东平	2006 级法律文化	徐永康	上海政法学院
虞　瑾	2006 级法律文化	徐永康	中国建设银行上海分行
蓝　涛	2006 级法律文化	徐永康	上海戏剧学院
杨　辉	2006 级法律文化	徐永康	华东政法大学
阎　锐	2006 级法律文化	沈国明	上海市人大法工委
穆伯祥	2006 级法律史	郝铁川	天津财经大学
叶　芳	2006 级法律史	孙潮	上海市锦天城律师事务所
胡　骏	2006 级法律史	童之伟	华东政法大学
颜晓闽	2006 级法律史	何勤华、汪康懋	上海杉达学院
侯　勃	2007 级外国法律史	何勤华	华东政法大学
解　锟	2007 级外国法律史	何勤华	上海人民出版社
孔　晶	2007 级外国法律史	何勤华	南京海关
夏秀渊	2007 级外国法律史	何勤华	江西财经大学
张进德	2007 级外国法律史	何勤华	上海政法学院
蔡　迪	2007 级外国法律史	李秀清	浙江万里学院
姚　远	2007 级中国法律史	王立民	华东政法大学
聂虎臣	2007 级中国法律史	王立民	南昌大学法学院
沈　阳	2007 级中国法律史	王立民	华东政法大学
张周国	2007 级中国法律史	王立民	上海应用技术学院
栾时春	2007 级法律文化	徐永康	华东政法大学
钱泳宏	2007 级法律文化	徐永康	郑州轻工业学院政法学院
徐少辉	2007 级法律文化	徐永康	上海市金融办公室
尹伟琴	2007 级法律文化	徐永康	杭州师范大学法学院

续表

姓名	年级与专业方向	指导老师	单位
翟　芳	2007级法律文化	沈国明	中国海洋石油(中国)有限公司
熊建明	2008级外国法律史	何勤华	南昌大学
焦应达	2008级外国法律史	何勤华	内蒙古大学
任海涛	2008级外国法律史	何勤华	华东师范大学
赵笑君	2008级外国法律史	何勤华	福建师范大学法学院
王笑红	2008级外国法律史	何勤华	上海三联书店
陈晓聪	2008级外国法律史	何勤华	华东政法大学
翟冠慧	2008级外国法律史	何勤华	华东政法大学
于　霄	2008级外国法律史	李秀清	华东政法大学
张　莉	2008级中国法律史	王立民	浙江大学宁波理工学院
张维新	2008级中国法律史	王立民	湖南文理学院
王晓峰	2008级中国法律史	王立民	新疆大学法学院
丁德昌	2008级中国法律史	王立民	湖南文理学院
周登谅	2008级法律文化	徐永康	华东理工大学法学院
肖秀娟	2008级法律文化	徐永康	华东政法大学
孙建伟	2008级法律文化	沈国明	华东政法大学
李明倩	2009级外国法律史	何勤华	华东政法大学
王伟臣	2009级外国法律史	何勤华	华东政法大学
方　堃	2009级外国法律史	何勤华	华东政法大学
王海军	2009级外国法律史	何勤华	华东政法大学
张　婷	2009级外国法律史	何勤华	华东政法大学
穆红琴	2009级外国法律史	何勤华	华东政法大学
欧　扬	2009级外国法律史	李秀清	华东政法大学
王　捷	2009级中国法律史	王立民	华东政法大学
周会蕾	2009级中国法律史	王立民	华东政法大学
于鹏飞	2009级中国法律史	王立民	无锡市人民政府法制办
张海峰	2009级中国法律史	王立民	杭州市滨江区检察院
李远明	2009级法律文化	徐永康	华东政法大学

续表

姓名	年级与专业方向	指导老师	单位
刘承涛	2009 级法律文化	徐永康	温州大学瓯江学院
王瑞山	2009 级法律文化	徐永康	华东政法大学
吴　玄	2010 级外国法律史	何勤华	华东政法大学
熊玉梅	2010 级外国法律史	何勤华	江西财经大学法学院
周小明	2010 级外国法律史	何勤华	浙江丽水广播电视大学
方　砚	2010 级外国法律史	何勤华	华东政法大学
赵　亮	2010 级比较法	李秀清	华东政法大学
汪　强	2010 级比较法	李秀清	华东政法大学
李耀跃	2010 级中国法律史	王立民	华东政法大学
谢　舟	2010 级中国法律史	王立民	湖州师范学院
虞　浔	2010 级中国法律史	王立民	中共上海市政法委员会
杜军强	2010 级中国法律史	王立民	浙江旅游职业学院
段宝玫	2010 级法律文化	徐永康	华东政法大学
翟旭丹	2010 级法律文化	徐永康	华东政法大学
王丹丹	2010 级法律文化	沈国明	云南财经大学

后　记

自2001年起,10年来,华东政法大学法律史专业已经招收了180位博士研究生,本书出版的就是这些学生的论文(因某种原因,本书实际收录论文为174篇),由于各位作者选择的都是自己感觉比较满意的成果,因此,本书的质量还是比较高的。

由于容量巨大,故本书出版时分为三卷。中卷收录的是私法篇和司法篇,两者各收录论文36篇,总共收录72篇。这些论文,大部分是博士论文中重要章节的摘要,但也有一些是作者创作的其他成果,如沈大明、孙加锋、韩强、方砚、熊玉梅、任超、黄武双、荚振坤、段宝玫、翟旭丹、魏琼、杜军强、王捷、胡桥、李耀跃等的论文。不管是哪种类型,这些论文都是从各个角度,围绕中外历史上的有关私法和司法的基本问题,发表了各自独到而精辟的见解。

10年来,各届博士毕业生各奔东西,每天在为实现自己的人生价值和梦想而拼搏,工作变动不定,加上还有一些从国外(境外)来求学的博士生毕业后已经回去,故在这次编辑论文集时,我们没有能够联系到所有的毕业生,对于联系不上的学生,我们在他们所通过的博士论文中摘录部分最精彩的章节,或者对其在其他刊物上所发表的论文作些许编辑后录入本书。我们这么做的想法是尽可能多地收录各位毕业生的作品,以体现人人参与华政法律史专业团队建设的精神。做这项摘要和编辑工作的博士生和硕士生主要有:吴玄、何元龙、王思杰、纪宗猛、胡志勇、佟思进、沈群、林海、黄晓鸽。

在本书编辑过程中,参与论文收集的同学为:方砚、王丹丹、段宝玫、杜军强、汪强5位博士生;参与论文校对、编辑的有方砚、吴玄、王丹丹、段宝玫、杜军强、汪强、李耀跃、翟旭丹8位博士生,以及何元龙、王思杰、纪宗猛、胡志勇、佟思进、沈群、林海、黄晓鸽、刘宗帅、肖瑜10位硕士生。论文集初稿完成后,由李秀清教授统一核稿、审阅,之后分别由吴玄(负责上卷)、杜军强(负责中卷)和汪强(负责下卷)进行最后的编辑整理。

应该说,本书是一项集体完成的成果,是一种华政法律史专业团队精神的体现。正是这种团队精神,激励着华政法律史学科继续努力、不断创新,以取得更大的成绩。当然,尽管我们都已经非常努力了,但仍有可能存在一些问题和缺陷,此点,恳请广大读者予以谅解并给予批评指正。

本书的出版,也得到了法律出版社沈小英分社长以及陈妮、杨红飞和孙北梅编辑的全力支持和帮助,他们高效且认真敬业的劳动,使本书增色不少。在此,对他们以及上述为本书的编辑出版作出贡献的博士生和硕士生,表示我们诚挚的谢意。

何勤华
于华东政法大学
外国法与比较法研究院
2011 年 7 月 7 日

图书在版编目(CIP)数据

法律史的世界/华东政法大学法律史研究中心编.
—北京:法律出版社,2011.8
ISBN 978-7-5118-2393-9

Ⅰ.①法… Ⅱ.①华… Ⅲ.①法制史—世界—文集
Ⅳ.①D909.9-53

中国版本图书馆CIP数据核字(2011)第160228号

责任编辑/孙北梅 装帧设计/李 瞻

出版/法律出版社 编辑统筹/财税出版分社
总发行/中国法律图书有限公司 经销/新华书店
印刷/北京彩虹伟业印刷有限公司 责任印制/张宇东

开本/720毫米×960毫米 1/16 印张/50.75 字数/1053千
版本/2011年9月第1版 印次/2011年9月第1次印刷

法律出版社/北京市丰台区莲花池西里7号(100073)
电子邮件/info@lawpress.com.cn 销售热线/010-63939792/9779
网址/www.lawpress.com.cn 咨询电话/010-63939796

中国法律图书有限公司/北京市丰台区莲花池西里7号(100073)
全国各地中法图分、子公司电话:
第一法律书店/010-63939781/9782 西安分公司/029-85388843 重庆公司/023-65382816/2908
上海公司/021-62071010/1636 北京分公司/010-62534456 深圳公司/0755-83072995

书号:ISBN 978-7-5118-2393-9 定价(全三卷):353.00元

上海市人文社科基地华东政法大学外国法与比较法研究院建设项目
国家重点学科华东政法大学法律史学科建设项目

华东政法大学
法律史硕士点招生三十周年　博士点招生十周年文丛

法律史的世界（下）

华东政法大学法律史研究中心/编

法律出版社
LAW PRESS·CHINA

总 序

1981 年,经国务院学位办批准,华东政法大学开始招收第一届法律史专业硕士研究生;2001 年,又开始招收第一届博士研究生。至今已过去了整整 30 年,我们为国家培养了 244 位硕士和 180 位博士,这一批高层次的法律人才,现分布在全国各地,工作在法学教育、法学研究、法律实务及其他各个领域,为我国的法治建设、理论研究和社会经济发展做出了重要的贡献。

为了纪念华东政法大学招收法律史专业硕士研究生 30 周年和博士研究生 10 周年,同时,为了让本专业团队在法律史研究方面的成果保留下来,为以后的学科发展做一些学术积累,经过商议,我们尝试编辑出版三个系列的著作。

第一系列是出版本学科之奠基人王召棠、徐轶民和陈鹏生三位教授的法学文集。自 1981 年本学科获准招收硕士研究生后,三位教授培养了一批又一批法律史专业的研究生,为学科的发展壮大做出了巨大的贡献。在此过程中,他们著书立说,出版和发表了大量有重大学术价值的研究成果,我们将其收集汇编,以三本法学文集的方式予以出版,在彰显他们业绩的同时,方便读者查阅、引用以及研究。

第二系列是出版自 2001 年本专业招收博士生以来一直工作在教学和科研第一线的三位中年老师何勤华、王立民和徐永康的文集。华东政法大学法律史博士,主要出自此三位老师的门下。这三本文集收录的有已经出版和发表了的作品,也有部分新创作的论著,虽不是系统的专著,但将分散出版和发表的文章按相关专题汇集在一起,可以为读者阅读和引用提供方便,这既是一个纪念,也是一种学术的积累。

第三系列是出版本专业新人即硕士和博士的论文集。考虑硕士人数比较多,且刚从本科上来,成果不是很多,故这次编集仅收录已经毕业的硕士的论文(主要是硕士毕业论文)。这些论文由于是在学校全脱产的状态下,花费 3 年时间潜心学习、研究完成的,故基本上具有较高水准,有些已在核心刊物上公开发表。现将其汇编在一起,分为上、下两卷,取名《法律史的成长》。

本专业的博士,因其学习时间相对较长,且是在硕士毕业之基础上进入博士生的学习,发表的成果相对较多。因此,这次收集论文时,不仅包括已经毕业的,也包括了在读的博士生的成果。我们让每位博士选择一篇自己认为比较满意的文章(不管是新作,还是已经发表的文章),予以汇集出版。这些论文基本上都发表在中文核心期刊,有些还是权威期刊上,具有相当的学术理论价值。由于字数比较多,文集分为上、中、下三卷。经过大家讨论，书名定为《法律史的世界》。

这次纪念活动，也得到了本专业博士后流动站研究人员的认同和追捧，他们也希望能够加入进来，有一个展示自己成果的平台。华东政法大学法律史专业自2003年开始招收博士后，至今已经培养了39位博士后（大部分已经出站）。他们每人精选了一篇自己的得意之作，编成一本文集。由于博士后大部分都是跨学科、跨专业的，除了法律史之外，还有各部门法的，以及文、史、哲、社、经、管的，因此，将此文集定名为《法史学与社会科学》。

出版上述三个系列12本文集，对我国法律史学科的发展，具有很重要的意义。学术要靠积累，也要靠经常性的梳理，而将分散的论文汇编在一起，对学术积累和学术发展是有价值的。到目前为止，在国内学术界，还没有一个学科或专业做过这一工作。而我们这么做，对学说史的梳理和研究意义尤为重要。我们这一代人，年龄尚不算大，完成硕士论文、博士论文，或出版、发表一些论文、文章的时间也不太长，但现在为了做进一步研究，想找一本（篇）出来翻阅查看，有时却发现已经很难，家里找不到，甚至图书馆里也没有。此时，往往会埋怨自己，当初为何不把它们汇编在一起呢？因此，编纂上述三个系列的论文集，史料价值也是不容忽视的。

参与上述文集的整理、编辑、校对的，主要是华东政法大学法律史专业的青年老师和博士生、硕士生，由于他们辛勤的、出色的劳动，使得各个系列的文集能够顺利出版。因为在每一卷的序或者后记中，我们对做出贡献者会有专门的说明，故这里就不再一一列举了。

在华东政法大学法律史专业硕士点招生30周年、博士点招生10周年之际，我们出版12本学术文集，感到十分欣慰。华东政法大学法律史学科这30年的发展，事实上也是我国法学乃至整个社会科学30年发展的一个缩影，它表明，随着我国经济腾飞、社会进步，学术研究也获得了迅速发展，虽然这种发展中还隐含着不少问题和缺陷，但毕竟我们的学术成长已经步入了正常的轨道。

当然，上述各文集的出版，只能说是向国内学术界同行以及广大读者做出的一份初步报告，我们的研究还在继续进行，文集中如有错误和缺点，也恳请读者诸君批评指正。

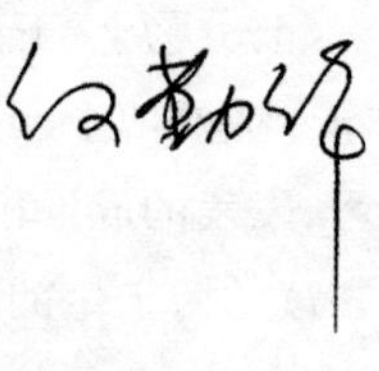

于华东政法大学

2011年8月15日

目 录

法律文化篇

法史人物　学术思想篇

附　　录

法律文化篇

“狱刺”背景下的西周族产析分
——以琱生器及相关器铭为中心的研究

王　沛*

关于西周时期家族财产的占有与传承问题,传世文献记载十分简略。《礼记·大传》中说:“别子为祖,继别为宗,继祢者为小宗。有百世不迁之宗,有五世则迁之宗。”从这段记述可知,宗族发展到一定阶段后就会分衍。那么,宗族在分衍过程中是否涉及财产析分?若涉及,其具体情形又是如何?有无相对稳定之规则?对于这些问题,后人难知其详。所幸的是,传世琱生二簋和新出土的琱生尊铭文,为我们了解西周族产状况提供了重要的线索。传世久已的五年、六年琱生簋,因铭文涉及西周晚期家族财产分配而引人注目。但由于“文字奇古,不能尽晓”,①就其要旨,学者们分歧很大。2006 年 11 月 8 日陕西扶风五郡西村又出土了琱生大口尊两只,②所载内容介于前述二簋之间。三者相连,共述一事,遂使其意渐趋明朗,一起完整的西周案例呈现在了今人面前。目前学界对琱生诸器铭文的考释仍有争论。笔者认为,琱生诸器铭文中的“狱刺”问题乃是了解篇章性质的关键所在。若和其他反映西周家族、世系的金文相联系,我们便可获知西周族产传承、析分方面的若干信息。

一、琱生器铭及诸家解说的分歧处

笔者先在前人研究的基础上,将铭文释文整理如下:③

五年琱生簋:

隹五年正月乙丑,琱生又(有)事,召来合事。余献妇氏以壶,告曰:以君氏令曰,余老止,公仆庸土田多諫,弋白氏所从誥。公宕其三,女则宕其二;公宕其二,女则宕其一。

余惠鼂于君氏大章,报妇氏帛束、璜。召伯虎曰:余既嗾,厌我考我母令,余弗敢

---

* 王沛,2004 级中国法律史专业,指导老师:王立民。现工作于华东政法大学。

① 孙诒让语,参见《古籀余论》卷中之“召伯虎簋第二器”。

② 两尊形制、纹饰、大小、铭文基本相同。相关出土情况可参见宝鸡市考古研究所、扶风县博物馆:“陕西扶风五郡西村西周青铜器窖藏发掘简报”,载《文物》2007 年第 8 期;宝鸡市考古队、扶风县博物馆:“陕西扶风县新发现一批西周青铜器”,载《考古与文物》2007 年第 4 期。

③ 详细的释文考证,笔者另著有《琱生三器集释》,即将出版。

𦣞。余或至我考我母令。琱生则堇圭。

五年琱生尊：

隹五年九月初吉，召姜以琱生䌛五𥂕壶两，以君氏命曰：余老之，我仆庸土田多𧦝。弋諸，勿吏散亡。余宕其三，女则宕其二。其兄公，其弟乃。余𪓑大章，报妇氏帛束、璜一，有司眔𧦝，两屖，琱生对扬朕宗君休，用乍召公𬯀𪔂。用祈𢆶录𢦏屯灵冬，子孙永宝用之享。其又乱兹命，曰：女事召人，公则明亟。

六年琱生簋：

隹六年四月甲子，王才莽。召伯虎告曰：余告庆！曰：公𠂤稟贝用狱諫，为伯有𦣞有成，亦我考幽伯幽姜令。余告庆！余以邑𧦝有司，余典勿敢封。今余既𧦝有司，曰：𠩺命。今余既一名典献，伯氏则报璧。琱生奉扬朕宗君其休，用作朕烈祖召公尝簋，其万年子孙宝用，享于宗。

铭文联读后，学者们由对“刺”（諫、𧦝）、“狱刺”、“有司”的理解不同而产生的分歧主要表现为：

（一）认为案件记录的是召氏家族的分家过程，内容并不涉及诉讼。徐义华先生认为，五年琱生簋中“公仆庸土田多諫”的“諫”当通作“刺”。《释名》云：“书称刺书，以笔刺纸简上也。”在铭文中，諫指的是文书，即记载土地、人口的文书，如地契、户册之类。“公仆庸土田多諫”，乃是详细登记土地、人口，为分家做准备。至于六年琱生簋中提及的“狱刺”之“狱”，徐先生则据《说文》解释为“确”，表示确定、落实。[①] 铭文中的“君氏”，是宗君的变称，召氏的族长，召伯虎之父。“有司”是指朝廷的官吏，六年琱生簋所谓“余以邑讯有司”，是说召伯虎将要分配的田邑交给有关官吏去审查。[②] 铭文不涉及诉讼，在琱生尊出土前便有学者持此观点，如王玉哲先生指出，琱生簋铭文为琱生记述召氏宗族对其土田产品的分配问题，是本族内部的事务，并没有扩大到诉讼上去。[③] 三铭联读后，仍有学者持此观点。[④]

（二）认为案件所记为召氏处理仆庸田土分配的事迹。李学勤先生认为，五年琱生簋中所说的“公仆庸土田多諫”，“諫”当释作“諌”，其含义是“扰乱”，仆庸土田之乱，是因为其归属不定，多有疏于管理，故而酿成狱讼的情事；“弋伯氏从諧”中的“諧”当读作“诉”，《说文》云：“告也”，此句是指小宗琱生随宗子召伯虎将仆庸土田有乱之事诉于王朝“有司”。铭文中的“君氏”为召伯虎的祖母，财产分配方案由君氏确定，而结果有利于琱生，这是出于宗子召伯虎的“让德”。琱生在分配到田邑之

---

① 《说文解字》：“狱，确也。”

② 徐义华：“新出土‘五年琱生尊’与琱生器铭试析”，载《中国史研究》2007年第2期。

③ 王玉哲：“《琱生簋铭新探》跋——兼论本铭无关诉讼问题”，载《中华文史论丛》1988年第1期。

④ 陈昭容等：“新出土‘琱生尊’及传世‘琱生簋’对读”，载《古今论衡》第16期。

后，将其事禀报朝廷“有司”，此即六年琱生簋中所说的“余以邑讯有司”。①

（三）认为案件反映的是琱生与他人，或是同召伯虎之间的土田纠纷。辛怡华、刘栋等先生撰文指出，誎即“刺”，是侦查、调查的意思。《周礼·秋官·大司寇》云：“一刺曰讯群臣，再刺曰讯群吏，三刺曰讯万民。”“公仆庸土田多誎”，是说和琱生有密切关系的“止公”所拥有的田人之数多次遭到司法方面的调查。② 琱生向其大宗召氏家族和朝廷“有司”送礼之后，琱生一方胜诉。③ 陈英杰先生认为，在召伯虎以宗族名义处理琱生之土田问题时，琱生向召伯虎父母行贿。最终，召伯虎按照其父母的意见处理案件，而“有司”也被迫听从了召伯虎的方案。王占奎先生也认为铭文事关召氏家族内部土田仆庸纠纷。④

需要指出的是，在琱生尊出土之前，很多学者都均认为“狱誎”和狱讼有关。例如，朱凤瀚先生便认为，“誎”或作“啧”，杨倞曰：“啧，争言也”，⑤而《说文》云：“讼，争也”，故“狱刺”犹“狱讼”也。

从各家观点可以看出，“狱刺”两字释义之分歧，导致了通篇铭文理解的不同；而对“有司”的解说则较为一致，学者们普遍将其看作朝廷中负责相关事项的官员。笔者认为，所谓“狱刺”，事关狱讼，但这是作为纠纷解决背景出现的，为另一事件；纠纷解决过程中，并无国家权力的介入，“有司”亦非指朝廷之官员。此案件反映的是西周时代的大家族因外部危机而明晰内部土田关系之行为，以下对此试作分析。

二、“狱刺”与“有司”

六年琱生簋中的“狱刺”之“狱”，即狱讼之狱，而五年琱生簋中的“刺”和六年琱生尊中的“宷”，均为“狱刺”之省称。徐义华先生据《说文解字》将“狱”解释为

---

① 李学勤：“琱生诸器铭文联读研究”，载《文物》2007 年第 8 期。王辉、陈昭容等先生的观点与之类似，但将“刺”解释为怨责。王辉先生认为怨责发生在公族内部，并通过重新分配财产权利加以解决；而陈昭容等先生为怨责发生在琱生小宗内，作为大宗的召伯虎帮助琱生解决其纠纷。参见王辉：“琱生三器考释”，载《考古学报》2008 年第 1 期，以及陈昭容等：“新出土‘琱生尊’及传世‘琱生簋’对读”，载《古今论衡》第 16 期。

② 辛文怀疑，“止公”可能是琱生之父的别名，而“止公”之所以被诉，则是由于“弋伯氏”纵容下属告发的结果。参见辛怡华、刘栋：“五年琱生尊铭文考释”，载《文物》2007 年第 8 期。在琱生尊出土后，更多的学者倾向认为，铭文中的“止公”之“止”和“弋伯氏”之“弋”均为虚词，无意，故并无上述两人存在。

③ 辛怡华、刘栋：“五年琱生尊铭文考释”，载《文物》2007 年第 8 期。对“刺”的解释并见林沄：“琱生簋新释”，载《古文字研究》（第 3 辑），中华书局 1980 年版。

④ 陈英杰：“新出琱生尊补释”、王占奎：“琱生三器铭文考释”，均载《考古与文物》2007 年第 5 期。

⑤ 《荀子·正名》“啧然而不类”注。

“确”,表示确定,并引毛传说“狱,埆也,崔云,埆者,埆正之意,有确正之意”,不妥。“狱”在西周金文中共出现过3次,除了六年琱生簋以外,还见于蔡簋和冉盨。后二器铸造年代分别为夷王和宣王,与琱生簋年代接近。在二器中,“狱”都和“从”联系,做“从狱”,即“纵狱”之意,①指处理狱讼时“非执中用法之道也”。② 从传世文献来看,较早期的文献中,“狱”都为狱讼之意。如《周礼·秋官·乡士》中“而狱讼者”、《左传·襄公十年》中“坐狱于王庭”、《国语·周语中》中“夫君臣无狱”等均如是。即使古人释“狱”为“确”,也多从狱讼角度出发。如《释名·释宫室》中说,“狱,确也,言实确人情伪也。又谓之牢,又谓之圜土,又谓之囹圄”。前引毛传的解说,出现在《诗经·召南·行露》的“何以速我狱”中。孔颖达疏引郑异义驳云:“狱者,埆也。囚证于埆核之处,《周礼》谓之圜土。”故“狱”的确关乎狱讼,而非如徐先生说“不涉及诉讼事件”。

琱生三器中都出现的“刺”(諌、[illegible]),其含义均当指国家机关的调查。五年、六年琱生簋中,“刺”写作“諌”,《广雅·释诂》云:“諌,书也”,王念孙疏证曰:“諌,通作刺”,由此可知“諌”和“刺”可通;五年琱生簋中所说的“仆庸土田多諌”,在五年琱生尊中作“仆庸土田多束”;由此可知“諌”和“束”可通。③ 有学者释“諌”为“誎”,读作扰乱之“扰”,或者将“束”读作“柔”,表示嘉善的意思,④这使文句内涵更显迂回,似可不必。在西周古文中,“刺”有责怨之意,⑤也有侦讯之意。如果做责怨来解释,“公仆庸土田多諌”,可解释为召公家族内部土田有纠纷而各方相互责怨;要解释为侦讯,则是说国家机构对召公家族的土田纠纷进行调查。本文之所以不认为“狱刺”是召氏家族内部之土田诉讼,是联读三铭前后文,并且合释“狱刺”的结果。在合释狱刺之前,先将文中的人物关系作一说明。铭文中琱生和召氏家族的关系如下:⑥

召公(祖)——…|…——君氏(幽伯,夫,宗君)——召伯虎
|　　妇氏(幽姜,妻,宗妇)
|
|…——寛仲(夫)——琱生
琱妘(妻)

① 释文参见郭沫若著:《两周金文辞大系》,103、141。

② 杨树达著:《积微居金文说》之“冉盨跋”,中华书局1997年版,第123页。

③ 段玉裁云:“朿,今字作刺,刺行而刺朿废矣。”可知,朿、刺本为一字;又因铭文中“朿”通“諌”,这也可以证明刺、諌、朿三字相通。参见段玉裁:《说文解字注·朿部》。

④ 李学勤:“琱生诸器铭文联读研究”,载《文物》2007年第8期;陈英杰:“新出琱生尊补释”,载《考古与文物》2007年第5期。

⑤ 《诗经·大雅·瞻卬》:“天何以刺”,毛传云:刺,责也。

⑥ 关于琱生的父母,参见琱生鬲及函皇父簋铭文,《殷周金文集成》00744、04141。

有学者认为君氏是召伯虎之母,而妇氏是召伯虎之妻,不确。孙诒让说:"君氏则似召伯之母,犹《春秋》隐三年经'君氏卒',《左传》以为隐公母声子。"[①]君氏在公羊、谷梁传中作"尹氏",不是隐公母,而是"天子之大夫也",对此林沄先生早已撰文指出。[②] 召伯虎为君氏之子,而琱生则为召氏之旁支,琱氏之甥。[③] 召伯虎、琱生均为西周后期的重要人物,但从前两铭文来看,[④]召伯虎尚非宗君,故此二人当年岁并不很大。

"狱刺"为何会发生?不得而知。但狱刺关乎召氏宗族的土田,而召氏土田内部管理存在混乱,大宗小宗之间权限不明,这确是显而易见的。对于"狱刺",君氏一再强调召伯虎和琱生要保持一致,这从前两铭的"弋伯氏从许"、"弋许"中可知。弋,即式,劝令之词,义同于应、当。从,听从、顺从的意思。有学者将"誥"解释为"许",而"许"、"诉"声钮韵部俱不同,不当相通。"许"常出现在包含有诉讼内容的铭文中,如五祀卫鼎铭文中有"厉乃许";曶鼎铭文中说:"限许曰";鬲攸从鼎铭文中说:"弗能许鬲从",等等。杨树达先生释鬲攸从鼎时说:"此责卫牧之弗能许,知许为诉讼之恒用语也。"[⑤]由此可知,"许"为西周时期诉讼中的惯用语。召伯虎、琱生立场一致,这就排除了召伯虎、琱生之间发生"狱刺"纠纷的可能,故"狱刺"当指国家机关的讯问。此次"狱刺"的发生,使宗君召公准备重新整顿、理清内部土田关系,而目的则是"勿使散亡"召氏家族的仆庸土田。家族内部的土田关系调整,不涉及国家权力机关,这从铭文中"有司"的身份可得到证明。

自孙诒让以来,几乎所有学者都认为,琱生诸器中的"有司"是指周王室的官吏。而笔者认为,此处之"有司",乃是召氏家臣;由此进而看出,琱生诸器铭文的主旨在于召氏宗君在确定大小宗间财产之归属,并勒铭为记。

在西周金文中,"有司"并不局限于王室之官吏。所谓"有司",就是掌事之人的统称。[⑥] 金文和传世文献中都有"三(参)有司"的称呼,指司徒、司马、司空,"三有司"非王室所专有,诸侯、邦君、王畿贵族等也设"三有司"。琱生铭文中的"有司",可能主要为召氏之司徒。对此,我们可从散氏盘铭文中得到印证。

《周礼》中司徒为地官,《尚书》中司徒为"农父"。[⑦] 西周期、中期的金文中,此

---

① 孙诒让:《古籀余论》。

② 林沄:"琱生簋新释",载《古文字研究》(第3辑)。

③ 张亚初:"西周铭文所见某生考",载《考古与文物》1983年第5期。

④ 前两铭文中的宗君和妇氏,在第三铭中被称其父母为"我考幽伯幽姜",可能已去世。但西周时"考"不一定指亡父,而谥号亦有生称,故此推论并不绝对。

⑤ 杨树达著:《积微居金文说·鬲攸从鼎跋》,中华书局1997年版,第12页。

⑥ 张亚初、刘雨著:《西周金文官制研究》,中华书局1986年版,第57页。

⑦ 参见《周礼·地官·司徒》及《尚书·酒诰》。

类职官就写为“司土”，主要管理土地。散氏盘中记录矢、散两族“踏履田地”，封土起界，参与者中便有“矢人有司”之“凡十又五夫”和“散有司十夫”，此均非王室有司，而是土田纠纷之双方的家臣，而“正履矢舍散田”的诸有司中亦有“司土逆寅”。

琱生铭文中的“有司”非指王室官职，也可以从文中措辞反映出来，尤可注意者，是召伯虎所言的“讯”字。金文中，“讯”作噝。左为口，表示审讯，右作绳索反绑俘虏之形，为会意字，本为审问战俘的意思。在文献中“讯”常和“执”连用，如不其簋铭文中有“女多琴折首执讯”；《礼记·王制》云，“出征执有罪反，释奠于学，以讯馘告”；《诗·大雅·皇矣》说，“执讯连连”，等等。此中“执”为拘捕之意，“执讯”即捉到俘虏加以审讯。由此引申，诉讼案件中司法官员的讯问、调查也用“讯”。在五祀卫鼎铭文中，执政大臣(正)讯问邦君厉时，便使用此词——“正迺(乃)讯厉曰：汝贾田否”。从这里可以看出，“讯”的主语必定是审判官，而“讯”的宾语，则必定是俘虏、罪人或者当事人。

再来看琱生诸器文中的“讯”。调生诸器中的“讯”分别出现在五年琱生簋和六年琱生簋中，写作“余既讯”(五年琱生簋)、“余已讯有司”(六年琱生簋)、“今余即讯，有司曰……”(六年琱生簋)主语均是召伯虎，而宾语明显为“有司”。如果有司为王室的官员，或者是审判官员，作为当事人的召伯虎反而将其“讯”之，岂不太为滑稽了？从“讯”必然是上对下的模式而言，铭文中的“有司”只能是召氏家臣。其职责为管理土地田籍，即“司徒”之属。在家族内部土田变更时，作为家臣的有司要记录在册，并进行相应之管理。

邦君之属亦有“有司”，这在金文中并不少见，学者们为何会在琱生诸器中将有司释作王室官吏呢？① 这恐怕和召伯虎在西周晚期地位较高，且召氏家族本来就以担任司法官而闻名于世有关。召伯虎即西周时代有名的召穆公，《史记·周本纪》中说其在厉王时即为大臣，后来又辅佐宣王。召伯虎的祖先召公奭曾听讼于甘棠之下，功名显赫。② 杨树达先生认为，古人世官世职，故召伯虎亦以狱讼之事有功，“而受命作伯也”。③ 杨树达先生因为没有联读三器，故提出六年琱生簋是歌颂召伯虎为周王司狱讼而功成不居的事迹；后来的学者又辗转认为铭文事关召伯虎把持狱讼而偏袒琱生。若以召伯虎为司法官，则其讯王室有司亦无不可，而现在联读铭文后可知，召氏自身为案件之当事人，若讯王室有司就不可了。

新出土的琱生尊铭文又有“有司眔[illegible]，两辟”之语，对这句话的理解大致有三种

① 朱凤瀚先生在考证琱生簋铭时曾经指出，贵族封土上亦设有司，但继而又说明，琱生簋中的有司，应是指王朝所辖的有司。参见朱凤瀚：“琱生簋铭新探”，载《中华文史论丛》1989 年第 1 期。

② 《诗经·召南·甘棠》中有记载。

③ 杨树达著：《积微居金文说》，中华书局 1997 年版，第 246 页。

不同意见,其一认为,"辟"是"璧","罘[illegible]"可训为"暨锡",此文的意思是琱生送给了有司官员两件玉璧。① 其二认为"辟"通遅,为舒迟、娴雅之意,当同下一句连读,即"遅琱生对扬朕宗君休",意为娴雅的琱生赞美感激朕宗君的美德。② 其三认为,"辟"即辟法,"两"指双方。《周礼・春官・大史》云:"若曰齐乱则辟法,不信者刑之。"贾公彦疏:"辟法者,辟,开业;法则约剂也。"此处指召姜与琱生审核确认管理记录的文书。③ 笔者认为,前两种说法都有欠妥之处,尤其是将辟字与下句相连,则难以解释"盥两"的含义。辛怡华等先生将"盥"训为"登",怀疑其可通"灯",同时也指出这会导致上下行文关系不明。④ 笔者认为,罘,通逮,金文常见,尤其是在"约剂"的执行过程中,⑤是及、到之意,这里指到场、参与。[illegible]当释作"盥"。"盥"在金文中作"[illegible]",为洗手之形,下有接水的器皿,这是从旁边观看后得出的形象;"[illegible]"为从上向下看的形象,也就是盥者本人所看到的形象刻画。接水的器皿实不在字中部,而在字下部。盥,指盥祭。《易・观》云,"盥而不荐";李鼎祚《集解》引马融曰:"盥者,进爵灌地,以降神也。"此为分配仆庸土田时的仪式,有相关家臣(有司)参加。两,双方,指召氏大宗和琱生小宗,召伯虎是否在场不得而知,但召氏大宗的妇氏召姜在场。犀,即辟。《周礼》虽云"辟法",然而西周金文无"辟法"之连用,"辟法"为战国用法。贾公彦疏分释"辟"、"法",非是。辟,治理的意思。《尚书・金縢》"我弗之辟";陆德明《释文》:"辟,治也";《左传》文公六年:"辟刑狱",杜注:"辟,犹理也";《玉篇・辟部》:"辟,理也"。两辟,是说召伯虎、琱生双方共同处理了仆庸土田的分配事情。全句的意思是,召氏公族的相关管理者(有司)参与了盥礼,召氏大小宗双方共同完成了田土的交接认定。

三、"立氏"与族产析分

通过对"狱刺"、"有司"的辨析,铭文性质基本明了。为了进一步分析,笔者将其大意翻译于下:

五年琱生簋:

---

① 李学勤:"琱生诸器铭文联读研究",载《文物》2007 年第 8 期。

② 辛怡华、刘栋:"五年琱生尊铭文考释",载《文物》2007 年第 8 期。

③ 徐义华:"新出土'五年琱生尊'与琱生器铭试析",载《中国史研究》2007 年第 2 期。

④ 辛怡华、刘栋:"五年琱生尊铭文考释",载《文物》2007 年第 8 期。辛文将"有司"解释为周王朝的办案人员,推测"帛束、璜一"及"登两"都是给负责办案的"有司"所贿赂的礼物。若以西周礼器之功用来看,将自家行贿之事堂而皇之的铸于鼎彝,并用来祭祀先祖,实在是难以理解的事情。

⑤ 如在裘卫盉铭文中,众执政大臣令三有司"罘受田",即到场交付田地。释文参见"陕西省岐山县董家村西周铜器窖穴发掘简报",载《文物》1976 年第 5 期。

周宣王五年正月己丑这天，①琱生有关于仆庸土田之事，召氏大宗来协同处理此事。琱生献给妇氏一只壶，召伯虎之母（妇氏、召姜、幽姜）传达的召伯虎之父（君氏、宗君）的旨意说："我老了，我们召氏公族的附庸田土多次遭到侦讯，希望琱生您听从、应承召氏家族（对仆庸土田）的（如下）安排：公家（召氏大宗）占有三份，您就占有两份；公家（召氏大宗）占有两份，您就占有一份。"我（琱生）献给（君氏）大璋，献给妇氏帛束、玉璜。召伯虎（作誓言）说："我已经讯问过（负责土田之家臣）了。听从我父母的命令，我不敢违背。我能够贯彻执行我父母的命令。"于是琱生献以玉圭。

五年琱生尊：

周宣王五年九月初吉这天，召姜（妇氏）送给琱生[illegible]（丝织品）五寻、壶两只。（召姜）以君氏的名义发布命令说："我老了。我们召氏公族的附庸土田多次遭到侦讯。（你要）应当答应（我），不要让召氏公族的财产（仆庸土田）散失。我（召氏大宗）占有三份，你（琱生）占有两份。作为兄长的召伯虎要公正，作为弟弟的琱生要遵从（兄长）。"我（琱生）献给（君氏）大璋，献给妇氏帛一束、璜一只。召氏公族的相关管理者（有司、家臣）参与了盟礼，召氏大小宗双方共同处理了这件事情。琱生感激并赞扬我的宗君的美德，制作了此尊以祭祀先祖召公，用来祈求福禄、长寿善终，子子孙孙永远珍藏使用，享祀先祖。如果谁敢违背这个命令，说"你在役使召人"，君氏将会明察惩罚。

六年琱生簋：

周宣王六年四月甲子这天，周天子在葊地。召伯虎对琱生说："我来向您通报喜事！您为狱刺之事缴纳了费用，而我（召伯虎）将此事处理完毕，狱刺均已平定，惟我父母幽伯、幽姜之令是听。我来向您道喜！我将田邑（分割、交接）之事讯问了相关管理人员（有司、家臣），我已经（将土田变更）登录在册，尚未敢封疆划界。现在我已经讯问过了（有司、家臣），有司（家臣）们说：'听从您的命令。'我将所有土田变更事项都一一记录于文书之中，呈送给您（琱生）。"召伯虎向琱生赠送了玉璧，琱生感激并赞扬我的宗君的美德，制作了祭祀我们显赫始祖宗召公的尝簋，子子孙孙都将珍藏使用，享祀于宗庙。

从铭文中可以看出，召氏大宗和小宗的财产归属十分明确。那么，以召伯虎为代表的大宗和以琱生为代表的小宗之间关系远近如何？族产析分又达到何种程度？琱生铭文自身难以发现更多的信息。而将三器置之于西周时代的金文网络中，或可推测大致梗概。

---

① 本文将作器年代定在周宣王时，原因参见王沛：《琱生三器集释》，即将出版。

琱生诸器中的琱生、召伯虎都属于召氏家族，铭文中所说的“朕剌（烈）祖召公”即第一代召公，名奭，是周之支族，为三公之一。周初分封，“别子为祖”，继承制度的政治性、政策性很强，召公奭诸子可能各有封地，与西周中后期不同。从大保簋、梁山七器、北京琉璃河出土的克罍等青铜铭文，我们可以看到早期召氏家族的构成状况：①

召公奭

|

燕侯克　召伯父辛　另一子

|　|　|

燕侯旨　伯宪　伯龢

|

（……召伯虎）

《史记·燕世家》中说，“封召公于北燕”，实际上是其子克就国，而召公本人留在畿内，另外一子继承其位为召伯。而该子未必是嫡长子，正如周公的长子伯禽在鲁国就封，畿内周公的继任者并非长子一样。故大小宗之别，不能从分封的第一代来看，族产继承析分之常态规则，要从分封之后来考察。而从分封之后的诸小宗分衍中，如下现象尤其引人注目。

首先，小宗从大宗中分衍出去，并不需要“五世”。从现存金文较完整的世系资料可以看出，两到三世便可分出一支小宗。西周时期家族分衍，新设家室是以“立氏”方式完成的。② 立氏通常要伴随土地的分割，以之为新家室的经济保障。对此，古籍中称为“胙之土而命之氏”。③《左传》中对新氏族的取名解释得很详细，如“诸侯以字为谥，因以为族”、“官有世功，则有官族”，等等，④但是从金文中看，“行辈”为氏，也即以“伯、仲、叔、季”为氏名者更为普遍，⑤这使我们能直观小宗衍生的状况。兹举数例以为说明。

---

① 这个世系图采用了任伟先生的观点，参见任伟：“西周早期金文中的召公家族和燕君世系”，载《中国历史文物》2003 年第 1 期。另外朱凤瀚先生和李学勤先生绘有不同的世系图，虽有差异，但不影响本文的观点。参见朱凤瀚：“房山琉璃河出土之克器与西周早期的召公家族”，载《远望集》，陕西人民美术出版社 1998 年版；李学勤：“克罍克盉的几个问题”，载《第二届国际中国古文字研讨会论文集》，香港学问社有限公司 1993 年版。

② “氏”在金文中作根须分衍的形象，而且与“支”字声纽相通，意义相近。王文耀先生认为，“氏”的初意就是支根，遂借支根的“氏”表示受土的姓氏。参见王文耀：《殷周文字声类研究》，上海辞书出版社 2004 年版，第 41 页。

③ 《左传·隐公八年》。

④ 同上。

⑤ 《白虎通·姓名》曰：“以时长幼，号曰伯仲叔季也。伯者，子最长，迫近父也。仲者，中也。叔者，少也。季者，幼也。”

畿内井氏是周王后裔，采邑井邑位于陕西宝鸡附近，距离琱生诸器出土处不远。[1] 传世和近来出土的井氏家族铜器很多，而始祖井伯后，叔、季各支相继兴起，金文中井氏各支名称出现的时代分布如下：

成康之际：　井伯
昭王、穆王时：　井伯　|——奠井叔
懿王时：　井叔————|
孝王、夷王时：　井叔　|——丰井叔
　井叔
　井季
厉王时：　井季

《通志·氏族略》说“周公第四子受封于刑”，为第一代井（刑）侯，封在畿外，从麦尊铭文可知，这发生在成王后期，而第一代畿内井伯该井侯之子。井叔为“叔”，故为小宗，其首次出现在懿王时，故至少在此前即已立氏。井叔为第一代井伯之后代，参考同期周王世系，最多间隔三世。井叔、井季为父子关系，[2]年代当在孝王、夷王时，故井季立氏时代间隔亦也为三世左右。[3] 五世之中，叔、季等小宗都分衍出来，而且井叔氏自身又分为了两支。作为井氏小宗，井叔的地位却十分显赫，屡屡作为王朝重臣出现于西周金文中，[4]并有自己族氏之墓地，数世井叔家族合族而葬，[5]小宗的相对独立性可见一斑。

从1974年陕西扶风强家村出土的虢季氏诸器也能看出家族析分约发生在两到三世：

虢叔氏——|——历代虢叔
　|——虢季易父——寛公——|——历代虢季
　|——幽叔——德叔——师丞[6]

虢叔氏延续二至三世后，分出小宗季氏；季氏延续两世后，又出现小宗之分支

① 曲英杰：“散盘图说”，载《西周史研究》（《人文杂志》丛刊第2辑），第325页。

② 孝、夷时器井叔簋中，井季称井叔为“文考”，所以知道二者为父子关系。

③ 畿内第一代井伯为周公旦之庶孙，与铭文中出现的第一位井伯活动时间相去不远。

④ 井叔首度出现于金文，便是作为是受理曶、限纠纷之裁判大臣的身份，参见曶鼎铭文。

⑤ 张长寿：“关于井叔家族墓地——1983～1986年沣西发掘资料之一”，载《商周考古论集》，文物出版社2007年版，第328～332页。

⑥ 本世系图依据朱凤瀚先生之研究，详见朱凤瀚：《商周家族形态》，天津古籍出版社2004年版。虢季易父时始从虢叔氏分立，是朱凤瀚先生的拟测。对强家村铜器世系的不同意见可参见周言：“也谈强家村西周青铜器世系问题”，载《考古与文物》2005年第4期。

叔氏。[①] 虢季虽为小宗,地位却十分显赫,这从陕西宝鸡出土的虢季子白盘铭中有充分体现。

2003 年陕西眉县杨家村发现的单氏家族窖藏中,有记载八代族谱的逨盘。逨为小宗之后,族谱世系清楚地表明了其小宗分支的来源:[②]

单公——|——

|——公叔——

|——新室仲——惠仲盠父——零伯——懿仲——

| ——? |——龚叔——逨

根据铭文所列与单氏列祖对应的周王世系,单公为文王、武王时人,可能为第一代单公。[③] 至成王时,已经分出叔氏小宗(公叔),康王时,叔氏又分出"新室"——仲氏,与前代均为一世就发生了小宗分衍。前列谱系中,"新室"二字尤值重视。"室"在金文中有族产的意思,其中包括动产、不动产以及隶属的民庶等。《左传》中常出现"分室"、"兼室"的记载,"室"就是贵族的家产田邑。尹姞鬲铭文中有"穆公作尹姞宗室于繇林",伊藤道治认为,可以理解为把繇林作为族产而赐予,宗室,即以宗庙为中心的族产。[④] 称为"新室仲",也意味着仲氏新获族产而取得独立的地位。这个世系图中,仲氏绵延四世后分出叔氏小宗(龚叔),但这四世过程中可能还有其他小宗分衍,只不过非逨之直系祖先,所以未列。比如,仲氏第三代以称为"零伯",而未依惯例称为"某仲",也许就是因为零伯诸弟之仲、叔、季者又有分衍出去的,故表明"行辈"(伯)以记之。[⑤] 如此推论成立,单氏家族每一至二世便有分衍,与战国后的分家模式已经十分类似了。

其次,分衍立氏后的小宗,在经济上具有一定的独立性。前述井叔家族墓地自成一体,便是反映之一。文献中说,"溥天之下,莫非王土",而在金文资料中可以发现,非但大宗可以交换买卖田土,甚至小宗也可以同别的宗族交换田土。例如,清代陕西出土的曶鼎记载,[⑥]在饥荒之时,匡季的下属盗去曶地粮食十秭。曶向东宫提出控告,匡季提出用"田五田、众一夫、臣四夫"予以赔偿,但是遭到曶的拒绝,曶要

① 但虢季易父生活在昭王时(参见吴镇烽、雒忠如:"陕西扶风强家村出土西周铜器",载《文物》1975 年第 8 期),第一位虢叔是周文王之弟,与武王同时。比照周王世系,大致为三世而分。另外,虢叔氏中还分出来有虢仲氏,虢仲氏又分出来有虢叔氏,此叔氏子自非文王之子的虢叔了,而和正文列表中的德叔、幽叔一样,都是小宗之叔氏分支。

② "陕西眉县杨家村西周青铜器窖藏发掘简报",载《文物》2003 年第 6 期。

③ 这与文献记载有出入。《通志·氏族略》曰:"单氏,周氏卿大夫,成王封蔑于单邑,故为单氏。"

④ [日]伊藤道治:"裘卫诸器考",张长寿译,载《考古学参考资料》(第 5 辑),文物出版社 1982 年版,第 42 ~ 43 页。尹姞鬲铭文释文参见《殷周金文集成》(第 1 册),中华书局 2007 年版,第 695 页。

⑤ 如《左传·僖公四年》中就有名"叔孙戴伯"者,"叔孙"为氏名,戴伯为叔牙之长子。

⑥ 曶鼎铭文之著录可参见《三代吉金文存》、《两周金文辞大系图录考释》、《殷周金文集成》等。

求必须赔偿粮食——“必唯朕禾是偿”。最后东宫进行了裁判,匡季赔偿曶“田七田,人五夫”,明年再偿还“禾十秭”。

案件的当事人匡季,因其排行为“季”,故属匡族之小宗。对于匡氏家族,我们了解很少,①而匡季可以转让自己的土地(即所谓“田五田”、“田七田”)给曶,②这说明分宗立氏后的小宗在经济上具有相当独立的地位。难怪召氏宗君会叮嘱小宗琱生“勿使散亡”宗族的仆庸土田,琱生的确是有能力导致这些土田散亡他处的。

大宗族财产的析分,通常发生在小宗立氏时,这也就是所谓“胙之土而命之氏”。但是在西周宗法制度下,类似王朝分封的行为也会发生在家族里,这也导致族产的析分。这就是《礼记·礼运》中所说的:

天子有田以处其子孙,诸侯有国以处其子孙,大夫有采以处其子孙,是谓制度。

这种析分不仅发生在两代间,还发生于同辈中。㝬簋铭文就反映了大宗宗君对诸弟的土田分封:

㝬拜稽手,休朕匋君公白(伯)易阙臣弟匋井五,量;易甲、胄、干、戈。③

“井”为田亩单位,④兄长赏赐田地、甲胄干戈,形式上是一种政治行为。而宗法制下的小宗因其臣属身份,在这种政治行为中获取财产,客观上加速了族产析分的进度。依照《礼记》的话来说,这种类似“大夫有采以处其子孙”的行为,也是“制度”。

归纳出上述两条西周宗族与财产分衍的特征后,我们再来看琱生三器。从琱生鬲可知,琱生的父亲名叫宽仲。金文中还有其他宽仲、宽伯的记载,不知与此宽仲的关系如何。⑤ 因其名中有“仲”,所以他是召氏小宗中的仲氏成员。我们不能肯定此仲氏为召氏大宗何种层级中分出来的小宗,因为西周宗族两三世便会分出小宗,而该小宗两三世后又会再分出小宗。从召伯虎和琱生对财产份额的划分来看,比例相差不大,似乎暗示两宗分离不远。即使以最近关系来推测,召伯虎和琱生为同一个祖父,至琱生时,已距离上次立氏析产过了两世了,而新的析产又将展开。从琱生尊铭文中我们还发现,厘清土田关系后,原来大宗的一些属民划分到琱生处,这些属民却已认为他们是“召人”,而非琱生之人了。故琱生还要搬出召公的命令来

---

① 懿王时器中有匡卣,其铭文中有人名“匡”。据郭沫若先生考证,此“匡”即曶鼎中的匡季。参见郭沫若:《两周金文辞图录大系考释》,释93。

② 这种土地转让是通过官方(东宫)允许的,因而是完全合法、正当的。

③ 释文参见《殷周金文集成》(第3册),中华书局2007年版,第2351页。

④ 《司马法》佚文云:“一里为井。”

⑤ 1995年河南三门峡出土的西周晚期之追夷簋中,追夷之父为宽仲。但作器者墓葬规格较低,非高级贵族。参见三门峡市文物工作队:“三门峡市四十四号墓的挖掘”,载《华夏考古》2000年第3期。宽伯为西周早期人,参见《殷周金文集成》05297。

对他们进行威慑,说“其又乱兹命,曰:女事召人,公则明亟(殛)”,立氏析产后的大小宗互不认同,由此可见。这也从另一角度体现出了小宗的之独立性。

四、结　语

琱生三器铭文中提到,召氏宗族在“狱刺”中最后取得了胜利。代表召氏公族处理狱刺的是宗君召伯虎,对于狱刺活动中产生的相关费用,却是召伯虎和琱生共同承担的。召伯虎还对琱生所负担的狱刺费用之使用作了说明:“公毕稟贝用狱誎,为伯有黹有成”。此类细节都意味着召氏宗族对外具有整体性,而在族内,经济上的区分已然十分明确。近代“分家”式的继承方式,[1]虽然是在战国以后形成的,但于西周时就已具备初步之形态了。只不过这种分家是以“立氏”的形式出现,而立氏并非每代进行而已(立氏间隔为两至三世)。立氏后的小宗,在经济上具有一定的独立性。我们可以明显感觉到宗君在财产划分上的权威,可是这种权威必须建立在公正的基础上。六年琱生尊铭文中强调“其兄公,其弟乃”——兄长要公正,弟弟要遵从,用意大概如此。而“规则”因素,也自然蕴涵其中。

① 俞江:“论分家习惯及家的整体性”,载《政法论坛》2006年第1期。

春秋时代诸侯君位继承的程序

欧 扬*

一、继承人的确立和废黜程序

(一)身份继承人的确立程序

诸侯和卿大夫的继承人,其继承人身份的确认必须要经历一定程序。诸侯继承人的确立程序就是"立太子"。值得注意的是,这里所说的"太子"并非是与生俱来的身份。即使是诸侯正妻的长子,要成为太子也要经历一个确立的程序。

《春秋经·桓公六年》记载,"(鲁桓公之太子)子同生",而不是记载"世子同生"。杜预认为:"不称大子者,书始生也。"也就是子同出生之时的身份还是公子,一定要在册立为太子后,才能在史册上书为太子,即使公子同作为正妻的长子,在出生以后用太子礼制。①

确立太子的程序可分为两步:第一,在诸侯国内公开举行确立太子的仪式,这种仪式既体现了太子身份授予的仪式的神圣性,又有一种公告的作用,从而在国内确立太子的身份和地位;第二,以外交人员"行人"将本国确立的太子人选通告周王室和其他诸侯国,使本国太子的身份为周王确认各国所知,这样太子在外交活动中就可以享有诸侯国的卿大夫以上的地位。

(二)身份继承人的废黜程序

继承人的身份是可以废黜的。《左传·闵公二年》的记载,"(晋献)公曰:'寡人有子,未知其谁立焉!'不对而退。见太子。太子曰:'吾其废乎?"②《国语·晋语一》里相关事件的记载是"(晋献)公将黜太子申生"③。可见太子身份可以由国君按照一定程序废黜。

相应的废黜太子程序主要分为两步:第一,将已确立的太子,按照一定的程序公开废黜其太子的地位;第二,以外交人员将此事宜通告周王室和各诸侯国。

---

* 欧扬,2009 级外国法律史专业,指导老师:李秀清。现工作于华东政法大学。

① 杨伯峻著:《春秋左传注》,中华书局 1990 年版,第 114 页。

② 同上,第 269 页。

③ 徐元诰著:《国语集解》(修订本),中华书局 2002 年版,第 256 页。

二、继承的程序

新君继承国君身份有三个主要的程序，第一是旧君去世后的新君确立程序，不被确认为新君人选，无从谈起继承；第二是旧君的葬礼，在旧君葬礼后，旧君正式成为“先君”一员，而新君开始可以被称为君，反之在旧君葬礼前去世的新君，在史册上甚至不能称为国君；第三是旧君逝世翌年的新君改元即位，改元即位后的新君有了自己的纪年，从此摆脱了旧君的阴影，而没有等到新年改元即位就去世的新君，在史册中没有自己的纪年，在诸侯谱系中也不算在“先君”之行列，不是完全意义上的国君。只有经历了以上三步骤的继承人，才能在当时和后世成为完全意义上的诸侯国君。清代梁玉绳指出：“（先王）始死则正嗣子之位，即殡则正继体之位，逾年正改元之位，三年正践祚之位。”梁玉绳此处的说明对诸侯即位程序的探讨有一定的借鉴意义。

第一步，旧君去世后的新君确立程序。众所周知，旧君去世，国君之位空缺，对于国家和诸侯家族来说，最重要的事宜就是将新君人选确立下来，并以一定的仪式向诸侯国内外公告已确立的新君。这一套仪式就是新君确立程序。这个程序是一个必经的程序，新君都未确立，也更无法进行接下来的即位程序了。

在实际层面的确立新君程序的实现，在旧君去世前已经立太子的情况下，太子的新君地位被确立顺理成章，可以说这样的确立新君程序仅仅是一个形式而没有实质性成分。而另一种情况，如在旧君突然去世没有太子或者旧君战场被俘虏或者旧君被国人驱逐的情况，确立新君的程序就不仅仅是一个走过场而已的形式，其实质性凸显，不仅统治集团内部对新君人选展开讨论，国人势力也在“询立君”制度下对新君人选发表意见。

各诸侯国使节来通告其国君的更替，说明了国君人选的确立，是新君确立程序中将新君人选向诸侯国外公布的程序。《左传·隐公七年》对当年经文中“滕侯卒”的记载做出解释道：“不书名，未同盟也。凡诸侯同盟，于是称名，故薨则赴以名，告终、称嗣也，以继好息民，谓之礼经。”此处滕国的赴告鲁国，通告本国旧君去世新君人选。《左传》指出这是诸侯国之间交往的“礼经”，杨伯峻指出“礼经”是比较重要的礼的意思。“告终称嗣”，其前提就是新君地位的确定。[1] 换一个角度讲，某国“告终称嗣”的使节来赴告了，就说明该国新君的人选已经确定。《左传·文公十四年》记载的齐懿公即位的例子即是如此，在齐懿公的君位历时多月终于为国人确定后，

---

① 杨伯峻著：《春秋左传注》，中华书局1990年版，第53页。

齐国赴告使节出发"告终称嗣",鲁国得到通告,其史书根据此通告记载齐国旧君被弑的事件。①

在《春秋经》和《春秋左传》中有关新君确立程序的记载的考证如下:

《春秋左传》的编纂成书较晚,而《春秋经》所据的鲁史原文年代较早,因此"即位"在《左传》中的用法不是指新君在新年的改元即位,而旧君去世后确立新君身份的程序称为"即位"。例如,《春秋经·隐公四年》记载:"冬十有二月,卫人立晋。"当年卫国的公子州吁弑卫桓公而自立为君,卫人杀州吁。在此次动乱后,卫国人立公子晋为君。此事件《左传》记载为"冬十有二月宣公(公子晋)即位",此处的"即位"意思就是新君确立,而不是改变纪年的仪礼。孔颖达认为《左传》此处即位仍可以即位改元之礼来解释,孔颖达说:"贼讨乃立,自继前君,故不待踰年(即位)也。"这个解释是错误的,卫宣公继承卫桓公,然而卫桓公是当年被弑,当年卫国的纪年方式是卫桓公十六年,卫宣公不能在当年行改元之礼。② 类似的例子很多,如《左传·文公十四年》记载:"夏五月,(齐)昭公卒,(其太子)舍即位。"③又如《春秋经·庄公六年》记载:"夏,六月,卫侯朔入于卫。"④出奔数年的卫惠公再入卫国执政。同年《左传》记载:"夏,卫侯入,放公子黔牟(卫惠公于鲁桓公十六年出奔后,被确立的卫侯黔牟)于周,放甯跪于秦,杀左公子泄、右公子职,乃即位。"此处《左传》的"即位"只能理解为重新行国君之政治,与即位改元之礼无关。⑤《左传》这类"某即位"的用法可与"某立"的意思等同,如前所述"位"的古字就写作"立"。如《左传·桓公十二年》:"秋九月丁亥,(郑)昭公奔卫。己亥,厉公立。"又如《左传·僖公二十三年》:"九月,晋惠公卒,怀公立。"《左传》这类的"某即位"或"某立"可以说是"不可一日无君"意义上的新君确立,与《春秋经》所记载的即位改元之礼不同。又见《春秋经·定公元年》记载:"夏,六月,癸亥,公(去年去世的鲁昭公)之丧至自乾侯。戊辰,公(鲁定公)即位。"此例是《春秋经》记载鲁国新君即位在时间上的一个特例,《春秋经》记载的其他七次鲁君即位时间都在旧君去世的下一年的正月。关于这次特例,杜预和孔颖达引《礼记·王制》指出此处记载的"公即位"与旧君丧礼中的"殡"有关。《礼记·王制》载:"天子七日而殡,诸侯五日而殡。"杜预和孔颖达因此认为定公于殡讫而即位。杨伯峻更指出殡讫即位是西周以来的古礼,《尚书·顾命》记载的周成王死到周康王即位,除去死日当天,正是七日。而从昭公之丧至鲁到鲁定公的"即位"有六日,除去丧至的当日,正有五日。鲁昭公已经于去年去世,

① 杨伯峻著:《春秋左传注》,中华书局1990年版,第606页。
② 同上,第38页。
③ 同上,第603页。
④ 同上,第167页。
⑤ 同上,第168页。

但于新年改元之时，鲁昭公之丧尚不在国都，即位改元之礼无法完备。因此新年正月改元之时《春秋经》不书即位。而鲁昭公之丧至，国君身份继承程序的礼节得以齐备，因此《春秋经》记载了这次殡讫即位。《春秋经》记载的鲁君即位只鲁定公一次不是在正月，而《左传》对"即位"这个词的用法，在时间上和改元已经无关，应该都是指类似上例鲁定公那样的五日殡讫即位。《春秋经》与《左传》在"即位"这词的不同用法最明显的例子是在前述的《春秋经·隐公四年》的记载："冬，十有二月，卫人立晋。"而《左传》对相同事件的记载为："冬，十二月，(卫)宣公(即公子晋)即位。"《春秋经》书"立晋"，表示新君确立的人选是公子晋，不是记载一个继承程序。而《左传》的记载直接书"宣公即位"，"即位"在此是复述经文的记载，看不出有继续特定程序的意思。又见《左传·庄公三十二年》："八月癸亥，公薨于路寝。子般即位，次于党氏。"《左传》这些记载都没明确的记日，不能确定为记录殡讫而即位的仪式。如果认定这些即位记载就是确立新君人选的意思，那是可以说得通的。前述及的《左传·文公十四年》："齐人定懿公，使来告难，故书以九月。"左传解释在七月齐国公子商人(即齐懿公)弑君自立之后，九月齐人终于定其国君之位。齐国来告旧君去世新君即位的使节九月到达鲁国，因此《春秋经》书："九月，齐公子商人弑其君舍。"可见确立新君人选是一个重要的政治性程序，齐懿公在被国人确立为君之后，其国君权力才能正常行使，因此通告诸侯的使节才能出发。

第二步，新君于旧君葬礼后，旧君入"先君"行列，新君正式称"君"。旧君葬礼是在君位继承程序中起着重要作用的步骤。葬礼的起源在于人们死后有灵的认识，死后有灵的观念带来一定的规范，在旧君葬礼之前，旧君仍然称"君"，仍然是名义上的君主。该旧君只有在葬礼之后，灵牌入宗庙与祖宗相伴，才算加入了"先君"的行列。在旧君葬礼前，已确立的新君不称"君"而称"子"。这个"子"可能来源于新君是旧君"太子"。在旧君安葬成为一位先君后，新君才可称"君"。旧君葬礼程序是诸侯即位的不可缺少的程序。名分在春秋时代乃至整个中国古代在相当重要，新君如果没有在旧君葬礼后称君，而是在旧君葬礼前就去世，那么其在史书上就不被称为君主，在诸侯正规家族谱系中就没有位置，如下文所说的鲁庄公的太子般，已为确立为新君，却在旧君庄公的葬礼前被杀，子般因此就不在鲁国君主世系表中，可见此步骤之重要性。相关例子见下文考证。

旧君逝世而未葬，仍然称"君"，葬后才可称"先君"。这种称谓习惯无论在国内礼仪还是外交领域都是如此。《左传·桓公十八年》记载鲁桓公薨于齐国，鲁人告于齐："寡君畏君之威，不敢宁居，来脩旧好。礼成而不反，无所归咎，恶于诸侯。请以彭生除之。"鲁国人不以外交辞令"先君之好"之类称呼已薨逝的鲁桓公，而是与在世时一样称"寡君"。[①] 另有例子,晋文公薨逝,《左传·僖公三十二年》记载,"庚辰,将殡于曲沃,出绛,柩有声如牛。卜偃使大夫拜,曰:'君命大事,将有西师过轶我,击之,必大捷焉'"。此处卜偃仍称"君命",而不称"先君之命"。[②]《左传·僖公三十三年》记载,晋国诸将佐对是否兴师进攻秦师的讨论,其中栾枝说:"未报秦施而伐其师,其为死君乎?"杨伯峻赞同惠栋的说法,认为此处"死君"是对已死未葬的晋文公的称呼。此处也不将晋文公称为"先君"。[③] 晋文公在秦晋殽之战后安葬。根据《左传》等先秦古籍明言春秋礼制,旧君安葬之前新君虽已执政,但是不可称"君"的,只能称为"子"。例如,《春秋经·僖公九年》记载:"夏,公会宰周公、齐侯、宋子、卫侯、郑伯、许男、曹伯于葵丘。"《左传》对经文为何不按宋国君主爵位书为"宋公"时解释道:"九年春,宋桓公卒。未葬而(宋国新君)襄公会诸侯,故曰'子'。凡在丧,王曰'小童',公侯曰'子'。"[④]新君在旧君未葬时称"子"的情况在《春秋经》中还有例子。《春秋经·定公四年》:"春,王二月,癸巳,陈侯吴卒。""三月,公会刘子、晋侯、宋公、蔡侯、卫侯、陈子、郑伯、许男、曹伯、莒子、邾子、顿子、胡子、滕子、薛伯、杞伯、小邾子、齐国夏于召陵,侵楚。""六月,葬陈惠公。"可见陈惠公二月卒,三月新君陈怀公会诸侯,经书"陈子",六月陈惠公安葬。新君所称"子"的意思和摄政有关,有一个例子可供比较。《春秋经·僖公二十八年》记载之著名的践土之盟。"五月癸丑,公会晋侯、齐侯、宋公、蔡侯、郑伯、卫子、莒子,盟于践土。"杜预解释:"卫侯出奔,其弟叔武摄位受盟,非王命所加,从未成君之礼,故称子而序郑伯之下。"孔颖达解释为"《周礼·典命》云,'诸侯之適子,誓於天子,摄其君,则下其君一等。未誓,则以皮帛继子男。'叔武是卫侯之弟,未得从世子之法摄位受盟,旧无正礼,其班位高下出于主会之意,以其非王命所加,使从未成君之礼,故称子,而序于郑伯之下。盖晋文之意使然。"杨伯峻赞同孔颖达的解释。[⑤] 在此处值得注意的是,各诸侯国是不以国君的礼仪对待参加盟会的卫侯之弟。但在记载上的称谓"卫子"。可见称"子"也有摄位不为君的情况。在《春秋经》中同样称"子",有可能新君称"子"是表明新君摄位,所以不用国君之礼节的意思。虽然实际上新君已经执政,但名义上的君仍然是已死的旧君。旧君于葬礼后成为先君一员,新君名正言顺称孤道寡"成君之礼"。新君在旧君葬礼前称"子",如果旧君未葬,新君已经去世,史书在这种情况下也书"子"。从字面上看不出其国君的身份。例如,《春秋经·庄公三十二年》:"八月,癸亥,公(鲁庄公)薨于路寝。冬,十月,己未,子般(鲁庄公的

① 杨伯峻:《春秋左传注》,中华书局1990年版,第152页。
② 同上,第489页。
③ 同上,第497页。
④ 同上,第325页。
⑤ 同上,第450页。

太子般)卒。”[①]第二年《春秋经·闵公元年》:“夏,六月,辛酉,葬我君庄公。[②]”根据《左传》记载,鲁庄公薨,太子般立为新君,当年十月为庆父所杀。庆父立庄公之子启方为新君,是为鲁闵公。新君子般在旧君鲁庄公安葬以前就被杀,《春秋经》不记载其君主身份,记载“子般卒”。同上文中举出的会盟时称“子”的情况存在一定的联系。类似的例子还有《春秋经·襄公三十一年》:“夏,六月辛巳,公(鲁襄公)薨于楚宫。秋,九月癸巳,子野(鲁襄公之子)卒。……冬,十月癸酉,葬我君襄公。”[③]此例情况与上例类似。另一个例子稍有不同,《春秋经·文公十八年》:“春,王二月丁丑,公(鲁文公)薨于台下。……六月癸酉,葬我君文公。……冬,十月,子(鲁文公的太子恶)卒。”旧君文公已葬,新君之死仍然沿用“子”的称呼。《左传》指出经文于此事有所隐晦,而杨伯峻指出这个例子也说明了《左传·僖公九年》:“凡在丧,公侯曰‘子’”制度的存在。

第三步,新君在旧君去世的第二年的一月改纪年而即位的程序。春秋时代各诸侯国都以其国君在位年而纪年,如鲁隐公二年、晋文公三年等。在旧君去世的那年,纪年方式已经确立,如鲁隐公去世的那年,在此年开始之时,纪年方式确立为“鲁隐公十一年”。虽鲁隐公在此年中去世,鲁桓公在此年中被确立为新君,但“鲁隐公十一年”这一年初确立的纪年方式沿袭不改。而在下一年的一月,已确立为新君的鲁桓公就举行改元即位仪式,宣告以自己在位年的纪年方式开始启用,当年就为鲁桓公元年。这一改元即位程序也相当重要,很多确立的新君没有举行改元即位礼而去世,没有以其名号命名的纪年,那么其作为君主的地位在中国古代传统的编年史中就不作记载。而拥有了以自己在位年为纪年方式的新君,可以说在其本国编年史中必有其位置,成了完全意义上的国君。

关于诸侯“即位”,杨伯峻指出,通行本《春秋左传》等先秦古籍中的“即位”一词,原来皆写作“即立”。据钱大昕考证,通行本“即立”都改作“即位”是魏晋经学家的所作所为。[④]“即立”在周代青铜器铭文中是一个常见的词汇。例如,元年师兑簋铭文中有:“惟元年五月初吉甲寅,王在周,各康庙,即立。”又如谏簋铭文中有:“惟五年三月初吉庚寅,王在周师录宫。旦,王各大室,即立。司马共右谏入门立中廷。”[⑤]根据刘雨《近出殷周金文综述》等资料辑录的西周青铜器金文出现“即立”的情况,可明显看出西周金文“即立”有一定的格式。[⑥] 最典型的是四十二年逑鼎的铭

① 杨伯峻著:《春秋左传注》,中华书局1990年版,第251页。
② 同上,第256页。
③ 同上,第1183页。
④ 同上,第81页。
⑤ 晁福林著:《先秦社会形态研究》,北京师范大学出版社2003年版,第465页。
⑥ 刘雨:“近出殷周金文综述”,载《古文字研究》(第24辑),中华书局2002年版。

文,相关部分为"唯卌又二年五月既生霸乙卯,王在周康穆宫。旦,王各大室,即立"。本句可分为若干部分,第一部分是时间,本句中为"唯卌又二年五月既生霸乙卯",有纪年有纪月有月相有纪日。第二部分是"王"在某宫庙,本句为"王在周康穆宫"。第三部分是王"格"大室而即立,"格"字有的学者释读为"各"字,《尔雅》"格,至也"。本器金文第三部分为"旦王各大室即立"。用现代汉语说这个"即立"的格式的话,就是某年月日,周王在某宫庙。清晨周王来到大室,即立。在"即立"之后,金文就会记录在场的王臣以及周王的册命或赏赐等。前述二十余篇出现"即立"的金文,都严格地遵守这个格式。值得注意的是,这二十余个"即位"格式句的第一部分时间的纪年,有"元年"有"十又一年"有"卅年"有"卌又二年"等。无论何年都可有"即立"。总结本段,西周金文的"即立",是周王就其位的意思,这是在周王行使天子权力的仪式性行为,并未有后世的初登君主之位的意思。"即立"一词在通行本《春秋经》和《左传》中作"即位"。《春秋经》这部编年史记载了从鲁隐公到鲁哀公十二位鲁侯在位时代的大事。《春秋经》在这十二位鲁侯中的七位的元年记载了,"元年春王正月,公即位"。一次记载鲁定公元年"夏六月戊辰,公即位"。而在鲁隐公、鲁庄公、鲁闵公以及鲁僖公四公的元年,《春秋经》书"元年春王正月",不书"公即位"。而在前述这八次"公即位"之外,《春秋经》再没有"即位"一词的出现。对《春秋经》的书"公即位"现象自古以来有很多讨论。根据上述特点,杜预认为《春秋经》的"公即位"是记录新君的即位之礼,孔颖达等人赞成此说。杜预和孔颖达以此观点解释四公缺书即位的原因。《左传》解释鲁隐公缺书即位是"摄也",杜预认为其"假摄君政,不修即位之礼"。鲁庄公缺书即位,《左传》解释为"文姜出故也",杜预认为鲁庄公因此不行即位之礼。鲁闵公缺书即位,《左传》解释为"乱故也",杜预分析为"国乱不得成礼"。鲁僖公缺书即位,《左传》解释,"公出故也",杜预认为"即位之礼有阙"。有必要讨论《春秋经》书"即位"的含义,初步分析可得出以下特征。第一,《春秋经》的八次"公即位"记载,时间七次在"元年春王正月",也就是鲁国新君纪年的第一年春天一月。例外是《春秋经·定公元年》:"夏,六月,癸亥,公(上一年去世的鲁昭公)之丧至自乾侯。戊辰,公(鲁定公)即位。"鲁定公的六月即位是一次特殊情况,前文已经讨论过。可以看出"公即位"与新君纪年有一种密切的关系,即新君纪年的开始与"公即位"在时间上是相同的。第二,《春秋经》缺书"公即位"的四位鲁侯,《春秋经》的纪年以其纪年。例如,鲁隐公的即位缺书,但《春秋经》在其在位时期仍以"隐公某年"的方式纪年。第三,《春秋经》记载的新君"即位"时间不是确立新君或新君实际开始执政的时间。旧君薨逝,新君确定,并在当年实际执政。但要到翌年也就是以新君纪年的第一年正月"即位"。第四,《春秋经》书鲁侯的"即位",不受旧君是否安葬的限制。例如,鲁僖公于三十三年十二月十一日逝世。半个多月过后新年正月,鲁文公"即位",当年纪年为文公元年。文公元年四月，鲁僖公葬礼。

在此对诸侯即位程序作一个总结，《春秋经》的“即位”与新君改元有密切的关系，可以说是新君即位改元之礼。杨伯峻从鲁国制度的基础上推而广之，他认为春秋时代的礼制就是新君在旧君去世的翌年正月改元即位。杨伯峻举了《春秋公羊传·文公九年》的记载：“不可一日无君。缘终始之义，一年不二君，不可旷年无君。”杨伯峻举的这句话还需要解释。“不可一日无君”说的是旧君逝世后，诸侯国必须立即确立新君，新君确立后执政，这是说诸侯即位程序中的第一个步骤新君人选的确立，在这个程序中要尽量减少旧君去世新君未确立的空白期，目的是保证国家安定。后一句话“缘终始之义，一年不二君，不可旷年无君”，是指诸侯即位的即位改元程序，因为每一年都需要有统一的纪年方式，不应该一个年份有两个君主的纪年，旧君去世当年的纪年方式仍称“旧某君某年”，新君在下年元月改元即位，新年的纪年方式就是“新某君元年”，体现了纪年方式的“缘终始之义”。

另外可以做比较的是，卿大夫身份继承称“嗣立”或者“嗣位”。

卿大夫嗣位程序大致分为三步，第一步，卿大夫家族内部确立嗣子人选；第二步，卿大夫向国君报告嗣子人选，由国君批准；第三步，被继承人去世或者退休，嗣子接受卿大夫的爵位，并被国君授予其家族世代担任的公职。

卿大夫家族的存在，有赖于其能否世代为诸侯之臣。只有卿大夫家族的族长被诸侯任命为臣，其家族才能存在。可见诸侯之命是卿大夫嗣位最重要的程序。例如，《左传·定公元年》：“子家氏未有后，季孙愿与子从政。”当时鲁国的子家氏家族的族长子家羁随鲁昭公流亡在外。这里的意思是子家羁回到鲁国担任诸侯国的官职，作为贵族家族的子家氏才能继续存在下去。

中国先秦犯罪思想初探

冯引如*

作为一门现代意义上独立的学科,犯罪学产生于19世纪中期的欧洲大陆,是研究犯罪现象、犯罪原因及犯罪预防的科学,20世纪开始在中国传播。可以说,其是来自西方的“舶来品”,在中国的历史并不长。但是,在中国从来就不缺少关于犯罪问题的认识和思考,在中国古代思想家们的著作中,有着不少关于犯罪的思考和论述。虽然由于历史条件的限制,它们只能称为有关犯罪学的思想或观念,而且也不是现在西方犯罪学的思想渊源,但这些思想观点,是中国历代思想家对中国社会的思考和总结。中国自古即“礼仪之邦”,中国社会很早就建立在“礼”的基础之上。犯罪作为社会现象的一部分,对其研究也不可能离开“礼”的视野。无论是其关于犯罪的概念,犯罪的罪名确定,犯罪的原因还是对犯罪的防止都反映出当时的社会构成、政治体制、哲学思想、法律制度等各方面的情况,与中国的礼仪文化密不可分,是中华文化优秀传统的一部分,也是我们理解和吸收西方犯罪学思想的文化遗产和基础。只有在认真梳理我国传统犯罪思想的基础上,我们才能更好地运用现代犯罪学理论,来解释和研究解决发生在中国这片土地上的犯罪问题。因篇幅原因,本文只就先秦犯罪思想做简单论述。

一、中国古代的犯罪概念——出礼入刑

(一)犯罪概念与“礼”——犯罪概念伴随着“礼”的产生而出现

在人类社会的最初形成时期,是没有犯罪的概念的。夏代和商代盘庚以前的时期,奴隶制国家还处于初级阶段,还保留着氏族部落联盟的明显痕迹,氏族内部的分化还没有达到激烈的程度。这个时候的社会矛盾,主要是各氏族部落之间的战争,以及伴随战争而产生的。王命作为夏代法律的主要表现形式,主要是围绕战争。《尚书·尧典》中,只有“奸”,“讼”记述,没有“罪”的记录。

盘庚迁殷以后,由于生产力的提高,奴隶的使用更加广泛,再加上与外族的战争,贵族和平民,奴隶主和奴隶,商统治者和异族的矛盾日益加剧。《左传》昭公六年曰:“夏有乱政,而作禹刑。”《尚书·盘庚》中篇说:“兹予有乱政同位,具乃贝

* 冯引如,2002级外国法律史专业,指导老师:何勤华。现工作于华东政法大学。

玉。……乃有不吉不迪,颠越不恭,暂遇奸宄……"《尚书·汤誓》王曰:"……非台小子敢行称乱。有夏多罪,天命殛之。"就有了"罪"的出现。但这些"罪"的含义比较笼统,与"乱政"等通用,还没有形成后来犯罪的概念。

周在取代了殷的统治后,实行土地奴隶主国家所有制,建立了宗法等级分封制度。① 并汲取了殷天神崇拜的宗教思想,顺应历史变动的需要,强调"以德配天",把重点转向了人事,在继承改造殷商文化时,创造出了一整套包括政治、道德、宗教、礼仪、经济和日常生活的规矩习俗在内的礼乐德治的典章制度。② 王国维说:"中国政治与文化之变革,莫剧于殷周之际。"③这是一种新文化,其基本形式就是详尽、系统和严密规范全部人事的周礼。对这种制度——周礼——的违反,就被看做"犯罪"。④

因为周礼的核心是宗法制,就其本质来说,礼就是西周宗法制度、宗法文化的形式规定。⑤ 它源于父系氏族社会晚期的血缘家族制度,是由习惯而经统治者认可的行为规范。礼通过分封制的发展而确定了周王朝国家制度,政体形式,宗周与邦国以及邦国与邦国关系的原则和规则。在宗法制盛行的周代和春秋时代,宗法之礼完全取得了国家权力的保障,具有以国家系统暴力为后盾的强制性,从而成为民族团体内权力和财产的分配,婚姻,家庭及继承的原则和规则,还部分地代替了相当于后世的国家刑事法律的功能,有力维护了社会秩序。在周代,除礼以外并不存在独立的法律体系,或刑法体系。无论是周代文献中反映出来的周礼,还是《礼记》,都包含了不少相当于后世刑法的原则和规则。法在礼中,礼在法中。礼既是体现等级关系的标志,又是社会道德观念,还是法律权利和义务的基本内容。违背了礼仪伦常,在法律上成为"元恶大憝"。

(二)犯罪概念与"刑"——犯罪的范围由"刑"确定

中国古代有两个"刑"字。一个是作"型",为模范,榜样,典范,准则,常规等。这实质上就是礼。另一个就是"禹刑""汤刑""九刑"的刑,为罚罪,仅指刑罚。这个刑与辟同义,合称"刑辟"。违背了"型"法,即礼法,就"入乎罪",于是有刑有辟,

---

① 宗法制度,就是尊祖敬宗之法。它是以男性为中心,以血缘关系为纽带为特点的原始社会末期父系家长制长期发展演变而来的。它要求在家庭中或宗族中严格遵守尊卑等级关系,维护家长或宗族长的统治权威,将伦理关系和生产关系结合起来,使之制度化。进入阶级社会,宗法制便与"家天下"的国家政权结合起来,成为西周的立国之本。

② 有关"周礼"的记载和著作,流传下来的主要有《周礼》、《礼记》和《仪礼》。

③ 王国维著:《观堂集林·殷周制度论》。

④ 因为"中国奴隶制时代,刑法和刑罚是没有科学划分的,且多规定了刑,很少规定罪"。比如说《尚书·吕刑》,就刑论刑,对于在什么情况下才应该用刑,没有具体的记载和规定。但,在《周礼》中规定了应当处刑的犯罪问题。

⑤ 杨适著:《中西人论的冲突》,中国人民大学出版社 1991 年版,第 25 页。

有罚罪的细则。总之,刑作为罚罪之法,并不在礼的系统之外。如果套用现在刑法观点的话,对“礼”的违反就是现代意义上的犯罪,对这一行为的惩罚“刑”就是现在意义上的刑罚。

“礼”具有法律规范和道德规范的双重性。也就是说,并不是所有的礼都是法律,也并不是所有的违礼都是犯罪。只有违反了相当于法律规范的礼才是犯罪。在所有的违礼行为中确认哪些属于犯罪,对礼的法律性与道德性进行分辨,是靠失礼之后是否入刑来决定的。也就是说,刑确定了道德和法律的分离,违礼即给予制裁的就属于犯罪。违礼入刑的行为就是犯罪。

1. 西周早期——议事以制

在西周时代,每一种礼的规范并未同某种制裁方法固定地联系在一起,对一种违礼行为给予何种制裁,并无事先规定,而是由最高统治者根据自己对该行为的社会危害性的认识,在该种制裁方法中任意选择一种。“临事制刑,不豫设法”,“议事以制,不以刑辟”。[①] 即当犯罪发生后,首先要议其“罪名”,再根据罪名议其刑名。这是一种依犯罪的具体情节度量其轻重而适用法律的罪刑原则和制度。不以刑辟,是不预先规定罚罪之法——“刑”。刑的规定是有的,而且是常刑,只是犯罪后处何种刑,需要“议”而定,不是固定不变的。

这些对犯罪行为的裁判是由最高统治者亲自实践的,一方面,不存在有形的客观标准;另一方面,对每一犯罪和犯人的裁判,只对该犯罪及犯人具有约束力。这种裁判的性质,既不是立法,也不是司法,仅仅是些个别独立的命令;既反映了当时法律的随意性,又反映了奴隶主贵族在法律上享有着特权。

从以上我们可以看出,在西周,作为人们行为准则的礼已经确定下来,对违礼的惩罚——刑罚——也已经早已存在,但是违礼和刑罚之间的具体相对应关系却还没有最后确定下来。我们也可以说,确认犯罪行为的标准在当时还没有固定下来,统治者还在“议事以制”的过程中摸索“违礼入刑”的标准,犯罪概念还没有最后确定。

2. 春秋战国——以罪统刑

春秋战国是我国奴隶社会向封建社会转变的时期,随着社会经济政治的深刻变化,“礼崩乐坏”,“议事以制”的方法不再适应当时的社会发展的需要。新兴的地主阶级开始对旧制度进行改革:公元前 536 年郑国子产“铸刑书于鼎,以为国之常法”公元前 513 年晋国“宣子于是乎始为国政,制事典,正法罪,辟狱刑……”公元前 407 年魏国李悝“集诸国刑典,造《法经》六篇……”[②]通过对违法行为和所对应刑罚

① 《左传·昭公六年》。
② 《唐律疏议·名例疏》。

的确定和公布，道德与法律分立，罪名与刑罚结合，法律从原来的道德习俗与法律混为一体、法与刑分立的“礼法”形态，逐步变革为道德与法律分立、法与刑统为一体的“法律”形态。这种法律形态直接告诉人们：“违了什么礼，犯了什么罪、受什么刑的统一规尺，人们都知道这个全社会都必须遵从的统一规尺，相争和侵害的是非曲直和后果都以此衡量。”①平民以刑书为据可以知道自己的行为究竟是不是犯罪。犯罪概念从此明确。

成文法的公布，试图克服礼的随意性与贵族政体下的等级性，做到客观、准确、公平。但是我们不得不看到，这种努力并没有得到完全的胜利。礼本来是西周以来维护贵族宗法等级制的各种典章制度和调整贵族内部关系的各种行为规范、礼节仪式的总和。它是宗法制度和等级制度结合的产物。春秋战国时期，为了适应新的历史形式，礼被改造为维护封建官僚等级制度的新礼：取消了旧礼中除君主嫡系以外各级贵族的世袭制并将原来的等级制度变为非世袭的官僚等级制度。但等级宗法伦理的实质并没有改变。整个社会生活仍然强调以家族为本位，以家长制为核心的宗法关系。虽然土地私有制的发展引起了周宗法贵族制的瓦解，但这种瓦解主要表现为西周宗法贵族内部分化、纷争和权力重心下移的过程。虽然瓦解了宗法人伦制度，但并没有摧毁宗法人伦基础。结果，这场社会大变动的结果不是消灭贵族宗法制而是重建新的贵族宗法制，即皇族大一统中央集权专制制度。贵族制度赖以建立的宗法人伦，等级制度没有瓦解消灭，只不过改变了西周分封制的简单形态，在新的形态中更加得到了强化。实质上犯罪的确定仍然是“礼”，但只是过去“国”、“家”合一的一元化的“礼”变成了紧密结合的“国”、“家”相分的二元化的“礼”；这一部分礼已经分离出来，正式与刑结合。因为道德和法律原本就统一在“礼”中，他们的根据和标准仍然是等级制度的“礼”。

二、中国古代犯罪行为的划分——“礼”理念的反映

中国古代最早并没有具体的罪名，对犯罪行为只作原则上的规定，罪名的规定比较笼统。一般先拟罪名，再归类定罪。商朝的罪名大多在统治者颁布的“誓”、“诰”中出现，如“不从誓言”、“不吉不迪”、“颠越不恭”、“暂遇奸宄”、“不有功于民”等。《尚书吕刑》中还列举出“寇贼，鸱义，奸宄，夺攘，矫虔”等犯罪。② 西周规定：“毁则为贼，掩贼为藏，窃贿为盗，盗器为奸，主藏为名，赖奸为用，为大凶德，有

① 杨一凡主编：《中国法制史考证》甲编卷一，中国社会科学出版社2003年版，第348页。
② 《尚书》。

常无赦，在《九刑》不忘。”①贼，藏，盗，奸等，皆为临时所定之罪名，归为“大凶德”。随着社会关系的逐渐复杂，社会矛盾的进一步突出，犯罪行为越来越多，对犯罪行为的法律规定也越来越详细。其他在史书中提到的罪名还有反叛罪（见小盂鼎铭）、不从王征罪、不征贡赋罪、逃避关市之税罪、宄贾罪、诬告罪、违约罪、多虐庶民罪、违抗王命罪，不肖不友罪、行伪而坚，假于鬼神疑众、作淫声罪，破坏法制罪、寇攘奸宄罪，杀越人于货罪、群饮罪、降敌匿奸、弃灰于街、无验而坐、殿上之禁、假门逆旅、率民不作，等等。这些罪名几乎包括了违反和破坏各种社会秩序的现象的行为，并对其进行了分析和概括。既然中国古代的犯罪概念以“礼”为基础，罪的定义以“违礼”为标准，那么犯罪行为也可以说是严格以“礼”理念为标准来划分的，犯罪的严重性也是根据“礼”理念来确定的。这就使中国法把所有的社会矛盾、民事纠纷、家庭关系都纳入了刑罚惩罚的范围，把“犯罪”的概念扩大化了，“泛道德主义”演变成为“泛刑罚主义”，与之相对应，所有“犯禁”的行为都演变成了“犯罪”。根据对“礼”所维护的目标——封建宗族社会等级制度——的破坏程度，我们可以把中国古代犯罪类型大概分为对王权统治的犯罪、对宗族体制的犯罪和对封建社会经济秩序的犯罪。

（一）对王权统治的犯罪

西周封建宗族社会的政治中心是以周王室为主的奴隶主贵族，王权作为封建礼制最为尊崇的权力，也是“礼”首先所要维护的。凡是危害奴隶主国家主权，侵犯奴隶主贵族的权益的行为，特别是侵犯国王的权力和利益的行为，都被法律规定为最严重的犯罪。

1. 关于危害最高统治者人身安全及权威的犯罪

“溥天之下，莫非王土；率土之滨，莫非王臣。”②从奴隶社会开始，奴隶主统治阶级的最高代表——君主，就被看做“至高无上”的“天子”，对“天子”的侵犯，无论是对活着的君主的至高无上权威的侵犯，还是对死去君主尊严的侵犯，都是侵犯了“上天”，要受到法律的严惩。在古代关于危害最高统治者人身安全及权威的犯罪主要有：

不敬罪。《礼记·王制》：“山川神祇，有不举祭者为不敬，不敬者，君削以地。”

谤王罪。《史记·周本纪》：“国人谤王……王怒，得卫巫，使监谤者，以告则杀之。”

违抗王命罪。《国语·周语上》：周宣王时，樊仲山文曰：“犯王命必诛，故出令不可不顺也。”

---

① 《左传·文公十八年》。

② 《诗·北山》。

为王制棺椁违制罪。天子崩,《礼记·檀公》:"虞人致百祀之木可以当棺椁者,斩之,不至者,废其祀,刎其人。"

2. 关于危害王权统治的犯罪

间谍罪。《说文》:"军中反间也。"《周礼·夏官》:"环人巡邦国,搏谍贼。"《周礼·秋官》:"掌斩贼谍而搏之。"

邦诬罪。《说文》:"加也。"《正韵》:"诬,诈也,蔑也,谤也。"《国语·周语》:"其刑矫诬。"即以诈用法曰矫,加罪无辜曰诬。这里指诽谤周王朝。这种诽谤并不仅限于对国王,铭文中还存在下级奴隶主被指控为诬告上级奴隶主。

有破律乱政罪。《礼记·王制》:"折言破律,乱名改作,执左道以乱政,杀。"就是说以旁门邪道以扰乱周王朝的政事,都是死罪。

变礼易乐罪。《礼记·王制》:"变礼易乐者为不从,不从者君流"。

变革制度罪。《礼记·王制》:"革制度衣服者为畔,畔者君讨。"西周所谓的制度极广,朝聘、礼、乐、婚、丧、衣服、器皿等都有严格的等级规定,这些规定在形式上巩固和强化了宗族社会的等级制度和各等级之间的权利义务,是奴隶主贵族统治阶层的利益在社会生活中的表征。对这些制度的破坏,就意味着对统治者的反对,要受到严厉的制裁。

暴乱罪。《周礼·秋官司寇·禁暴氏》:"庶民之乱暴力正者,挢诬犯禁者,作言语而不信者,以告而诛之。"就是指平民或奴隶起义军所进行的革命战争。

3. 官吏犯罪

"明主治吏不治民。"官吏作为国王统治百姓的代表,其所作所为都很重要。由于官是私有制社会的产物,因此随着官的出现,不可避免地滋生出利用权力牟取私利的贪污现象。在国家机器中,官是执行国家职能具有人格的重要工作。为了发挥官的治国理政驱民的作用,首先要治官。察之以廉,绳之以法。在中国古代最早的犯罪中,很多都是专门针对官吏规定的。《尚书·伊讯》:"制官刑,儆于有位。曰:敢有恒舞于宫、酣酒于室,时谓巫风。敢有殉于货色、恒于游畋,时谓淫风。敢有侮圣言、逆忠直、远耆德、比顽童,时谓乱风。惟兹三风十愆,卿士有一于身,家必丧;邦君有一于身,国必亡。臣下不匡,其刑墨。"也就是说,要制定《官刑》来警戒百官。《官刑》上说,敢有经常在宫中舞蹈、在房中饮酒酣歌的,叫做巫风。敢有贪求财物女色、经常游乐田猎的,叫做淫风。敢有轻视圣人教训、拒绝忠直谏戒、疏远年老有德、亲近顽愚童稚的,叫做乱风。这些三风十过,卿士身上有一种,他的家就一定会丧失;国君身上有一种,他的国一定会灭亡。臣下不匡正君主,就要受到墨刑。

另外,还有侵削众庶罪。《周礼·秋官司寇·土师》:"水虞、渔师收水泉池泽之赋,毋或敢侵削众庶,兆民以为天子取怨于下,其有若此者,行罪无赦。"意思就是官吏要是借征收赋税之机侵害百姓,有敲诈勒索的行为,使平民怨恨以为天子所为,要处罚。

失农时罪。《礼记·月令·仲冬六月》:"乃劝种麦,毋或失时,其有失时,行罪无赦。"

对担任司法官的官员还规定,执法一定要谨慎使用刑罚,不可故意出入人罪,更不能借司法之名"多虐庶民"。

4. 军事犯罪

作为依靠强大武装力量建立起来的国家,夏商周为了保证战争的胜利,非常重视军法。临敌作誓是其主要的军事法形式,另外,还有专门掌管军事的官员,以军事号令的形式传达王令、指挥军队并兼管军中的赏罚。在"誓"里,颁布了战时纪律,规定,有的还出现了约束战士和平民保证作战物资供应的内容。违反这些规定,都是严重的犯罪。

不从王征罪。《尚书·甘誓》:"左不攻于左,汝不恭命;右不攻于右,汝不恭命;御非其马不正,汝不恭命。用命,赏于祖;弗用命戮于社。予则孥戮汝。"《尚书·费誓》也规定诸侯对周王承担从征和接受军事调遣的义务,否则,则以论处。

违抗将帅命令罪。《周礼·秋官·士师》:"逆军旅者与犯师禁者,戮之。"就是违抗将军命令和乱其阵势者,都要遭到诛戮。

匮乏军备罪。就是军需供应有所匮乏,为严重犯罪。"用戎我惟征徐戎,峙乃糗粮,无敢不逮,汝则有大刑。"《史记·鲁周公世家》:"鲁人三郊、三逐,峙乃刍茭,无敢不多,汝则有大刑。"

5. 赋税犯罪

周朝建立分封制度,周王把土地授给诸侯封邦建国,诸侯再把土地授给大夫建立采邑。但是全国最高土地所有权属于周天子,各诸侯国对周王室负有若干义务,保证这些义务的履行就是维护宗法社会的政治和经济基础。所以不履行义务的诸侯等就要受到削地以致灭除之罚。这其中缴纳贡赋尤为重要。它既是诸侯的经济义务,同时也反映出其对周王的忠诚程度。《尚书·洛诰》:"汝其敬识百辟享,亦识其不享。享多仪,仪不及物,惟曰不享。惟不役志于享。凡民惟曰不享,惟事其爽侮。"

而市场的税收,作为国家财政收入的主要来源之一,是巩固统治政权的重要方面。对此规定,方国臣民从事商业贸易,也必须要向周王室缴纳关市之征。商贾们为了逃避市税而逃入蛮夷地区从事非法贸易活动的,按宄贾罪论处。《周礼·地官司徒之职》:"司货贿之出入者,掌其治禁,与其征廛。凡货不出于关者,举其货,罚其人。"

(二)对宗族体制的犯罪

既然犯罪概念是以礼为基础的,罪的定义是以违礼为标准,而礼作为宗族社会等级伦理的规范,最根本的内容就是以血缘家族为基础的人伦尊卑等级秩序就是封建伦理。封建伦理等级关系既是统治阶级的根本利益,又是基本统治秩序,对其的侵犯就是对封建统治阶级根本利益的侵犯。

先秦思想的基本出发点不是公民,而是家庭。不是以公民为基本单位的个人权利本位,而是以家庭为基本单位的人伦道德义务本位。他们不是将个人与国家直接挂钩,而是将家庭作为个人联系国家和国家联系个人中介。家庭是一个血缘共同体,它的维系不是靠法律,而是靠自然血缘基础上的人伦情感和道德义务。礼法在这里具体落实为家族宗法伦理。因为家国相通,维系家庭的血缘心理情感和伦理道德规范也可以扩而广之适用于治国。父权,夫权是礼制的重要内容。最早的罪就是对中国宗族伦理的破坏。破坏王权,父权,夫权就是侵犯了"尊尊亲亲"的伦理关系,破坏统治秩序。

所以在中国先秦时期,孝就成为伦理关系中最基本的一条,非孝不仁,非孝无礼。在宗法等级制度下,子孙必须恭谨孝顺,不得对父母,祖父母有不逊侵犯的言行,否则就触犯了礼教孝道,不孝成为非常严重的罪行。《孝经·五刑章》:"五刑之属三千,而罪莫大于不肖。"《尚书·康诰》:"元恶大憝,矧惟不孝不友。"《礼记·王制》:"宗庙有不顺者为不孝,不孝者,君绌以爵。"就是说首恶为民所恨者,其最甚者为不孝不友。

《周礼·地官司徒之职》列举的八种罪行中就有一半以上是关于宗族伦理的:"以乡八刑纠万民。一曰不孝之刑,二曰不睦之刑,三曰不姻之刑,四曰不弟之刑,五曰不任之刑,六曰不恤之刑,七曰造言之刑,八曰乱民之刑。"即不孝于父母,不尊敬尊者,男女不以义交,不尊敬兄长,不以信义对人,居父母丧不忧,制造谣言,聚众叛乱。

此外还有杀亲罪。"凡杀其亲者,焚之;杀王之亲者,辜之"等。

(三)对封建社会秩序的犯罪

从夏、商到周,礼的体系越来越完整,内容从最早的祭祀随着社会的发展而不断扩大,人们长期生活中自然形成的风俗习惯也成为礼制的渊源,人们生活的各个方面都无不处在礼制之下。这一新的秩序就是礼的具体体现,任何对其严重侵害都被囊括在犯罪的概念里。

对社会秩序影响最严重的就是对人生命财产的侵犯。所以盗窃罪从来都是统治者重视的犯罪行为。《尚书·康诰》:"凡民自得罪,寇攘奸宄。"《尚书·吕刑》:"罔不寇贼,鸱义,奸宄,夺攘,娇虔。"《尚书·费誓》:"无敢寇攘"。寇,暴乱为害、群行攻劫曰寇,劫夺曰寇。攘,窃取曰攘。寇攘罪就是强盗罪和窃取罪,后来通为盗贼。《法经》:"王政之道,莫急于盗贼。"

杀人罪。《周礼·秋官司寇·掌戮》"凡杀人者,剖诸市,肆之三日。"

其他犯罪类型还有聚众出入罪。《周礼·秋官司寇·禁暴氏》:“凡国聚众庶,则戮其犯禁者以徇;凡奚隶聚众而出入者,则司牧之,戮其犯禁者。”

淫朋阿比罪。《尚书·洪范》:“凡厥庶民,无有淫朋,人无有比德。”就是说凡是平民奴隶,禁止成群结伴,组织邪党,游手好闲,私相比附。

迷信蛊惑罪。《礼记·王制》:“假于鬼神,时日,卜筮以疑众,杀”。

淫声、异服、奇技、奇器罪。《礼记·王制》:“作淫声、异服、奇技、奇器,杀”。

三、中国古代对犯罪原因的认识——礼崩乐坏

(一)犯罪的外因:上层统治者对礼的破坏

中国古代思想家们很早就看到了上层统治者在社会犯罪中的责任,认为为政者的不良行为一方面给百姓做了榜样,影响了社会道德风气的变坏;另一方面为政者对百姓的大肆掠夺又直接决定了平民百姓的生存环境,贫穷造就了百姓犯罪的直接原因。

1.“君子之德如风,小人之德如草。”“君君臣臣父父子子”,在中国传统思想对上下等级身份的义务权利相互关系中,更强调上级的义务和作用。其中的根本原因就在于规范人们思想和行为的“礼”是建立在以血缘为基础的宗族社会。这样的社会,一方面强调等级,另一方面也强调人与人之间的亲情。等级的不平等渊源于人与人之间的亲疏,来源于长辈对晚辈的爱护和教育。

而在朝代更替的历史长河中,上层统治阶级却往往成为破坏礼仪的代表。《尚书·吕刑》:“若古有训,蚩尤惟始作乱,延及于平民,罔不寇贼,鸱义,奸宄,夺攘,矫虔。”这里就指出平民犯罪的根本原因是蚩尤作乱。《尚书·汤誓》:“余一人有罪,无以万夫。万夫有罪,在余一人。”《论语·尧曰》:“百姓有过,在予一人。”《论语·颜渊》记载有季康子担心盗贼之事,孔子说:“苟子之不欲,虽赏之不窃。”直接指出,下边多“盗”是上边多“欲”逼出来的。在《论语·子张》中孔子说道:“其身正,不令而行。其身不正,虽令不从。”“上失其道,民散久矣。如得其情,则哀矜而勿喜”。也就是说,庶民犯罪是由于为政者不施仁政。当为政者从统治阶层内部颠覆了礼的基础,破坏了社会秩序的时候,百姓的犯罪自然必不可免。

2.人们常说:“饥寒起盗心。”《孔子·灵卫公》:“小人穷斯滥矣。”《孔子·宪问》:“贪而无怨难。”《孟子·藤文公上》曰:“民之为道也,有恒产者有恒心,无恒产者无恒心。苟无恒心,放僻邪侈,无不为己。及陷乎罚,然后从而刑之,是罔民也。”《管子·八观》:“民奢则用费,用费则民贫,民贫则奸智生,奸智生则邪巧作。”都认为人民生活的安定是第一位的,“贫”、“穷”是导致犯罪和社会动乱的一个基本原

因。在统治者的暴政下,人民生活不安定,人民的物质生活条件得不到起码的保障。在生活基本保证都不能满足的情况下,人们无从教化,更不可能知礼守礼,自然丧失了善的本性。这才是社会犯罪的基本原因。

(二)犯罪的内因:人性趋利的本性与礼的距离

荀子认识到,无论为政者的政治如何正确,却总免不了有犯罪发生,因为"人之性恶,其善伪也。""饥而欲食、寒而欲暖、劳而欲息、好利而恶害,是人之所生而有之;是无待而然者也;是禹、桀之所同也。"从性恶论出发,荀子进一步阐述:"人生而有欲,欲而不得,则不能无求;求而无度量分界,则不能不争。""势位齐而欲恶同,物不能谵则必争,争则必乱,乱则穷矣。先王恶其乱也,故制礼仪以分之,使有贫富、贵贱之等,足以相兼临者。"①

这里,私有制产生后有限的物质和人无限的欲望之间存在不能弥补的鸿沟,人的自然本性和社会的礼的规范发生了冲突,犯罪不可避免。

四、中国古代对犯罪的预防——以"礼"去之

因为犯罪的概念是以礼展开,"礼者,法之大分,类之纲纪也。"②礼作为支配一切的基本原则,应当受到法律的严格保护。"不教而杀谓之虐"。滥施刑罚,罪及无辜,反会危害统治。所以预防犯罪也围绕礼下工夫。从犯罪产生原因的两方面为起点,先秦思想家们对犯罪预防的思考也可以概括为两方面,一方面是从外部创造一个礼仪的社会,让人们有一个知礼、学礼、守礼的环境;另一方面是在人们心里灌输礼仪的信念,让人们从内心自觉地遵从礼仪的规定。

(一)犯罪预防的前提:仁政富民

既然犯罪的产生在很大程度上是由于贫穷,所以改善人们生活水平,创造一个安定富裕的社会环境,让百姓安居乐业是犯罪预防的前提。只有在满足了人们的基本生活条件后,人们才有条件学习礼仪,得到教化,遵守礼仪。

因此,孔子主张先使老百姓"富"起来,即能维持起码的物质生活,再施以德教。③

管子也把道德和物质生活条件联系起来,提出"仓廪实则知礼节,衣食足则知荣辱。"④"凡治国之道,必先富民。民富则易治也,民贫则难治也。……民富则安乡

① 《荀子·王制》。
② 《荀子·劝学》。
③ 《论语·子路》。
④ 《管子·牧民》。

重家,安乡重家则敬上畏罪,敬上畏罪则易治也。民贫则危乡轻家,危乡轻家则敢凌上犯禁,凌上犯禁则难治也。”①

孟子具体阐发了孔子“富之”、“教之”的主张:首先要让老百姓每家都有一定的“恒产”,做到“仰足以事父母,俯足以畜妻子,乐岁终身饱,凶年免死亡”,即有基本的物质生活保障。其次在此基础上,“驱而之善,故民之从之也轻”,也就是说,老百姓会很容易听从礼仪教化了。②

荀子也说:“不富无以养民情,不教无以理民性。”③

(二)犯罪预防的基础:内在教化

但是在宗法社会的古代中国,富民不是政治家们的最终目的,富民本身也并不足以起到预防犯罪的作用。在他们的心中,让人民“富之”的目的是“教之”。只有“礼”才能促使人们从“善端”到“善”的发展,从“不善”到“善”的转变。只有丰衣足食的人们在接受了礼仪的教诲,自觉克服了他们人性的弱点之后,犯罪才可能从根本上消除。

“性相近也,习相远也。”④在人性问题上,孔子把“性”与“习”区分开来,从理论上否认了天生的圣人和罪犯,否认犯罪与人性之间有必然的联系;强调了在道德品质和文化修养方面后天的培养、学习,即“习”才是决定人的行为的根本因素。这样,犯罪与否就是每一个人可以选择,可以通过自身的行为来决定的;在这一过程中,教育的能动性就显现出来。“教之”才成为可能。所以孔子一向主张为政者修德正身,以道德礼教来感化人民。“道之以政,齐之以刑,民免而无耻。道之以德,齐之以礼,有耻且格。”⑤礼是教育人民的手段,也是教育人民的目的。教育的最终结果不仅是在形式上消灭犯罪,而且让民众“有耻且格”,从内心没有犯罪的冲动。

孟子持“性善论”的观点,认为“恻隐之心,人皆有之;羞恶之心,人皆有之;恭敬之心,人皆有之;是非之心,人皆有之。恻隐之心,仁也;羞恶之心,义也;恭敬之心,礼也;是非之心,智也。仁义礼智,非由外铄我也,我固有之也。”⑥可是孟子尽管主张人生来就具有先天的伦理道德观念,即人生性善良,但他并不否定后天的修养在形成这种道德观念的过程中所起的作用:“人之有是四端(仁义礼智)也,犹其有四体也……凡有四端于我者,知皆扩而充之矣,若火之始然,泉之始达。苟能充之,足

① 《管子·治国》。
② 《孟子·梁惠王上》。
③ 《荀子·大略》。
④ 《论语·阳货》。
⑤ 《论语·为政》。
⑥ 《孟子·告子上》。

以保四海;苟不充之,不足以事父母。”①也就是说,人与生就所具有的“善”只是“善端”,即“善”的萌芽,要是其发展成为真正的“善”,还需要后天的努力。这种努力,指的就是“明人伦”,“中之以孝悌之义”。他说,“人伦明于上,小民亲于下”,如此,社会可安定,犯罪可消弭。这种教化,其实是宗法伦理道德教育,就是礼的培养。

荀子却认为“人之性恶,其善也伪”。“人之性恶”是说,“性”是人与生俱来的生理欲望,人为了满足各自的生理方面的物质需求和欲望,必然会犯罪,呈现出恶的特征。但这句话更重要的却是“其善也伪”。所谓“伪”,是人为的意思,在这里是指后天形成的伦理道德规范,② 也就是礼。也就是说,人的自然本性虽然“恶”,但是,只要注重后天的修养,遵守礼仪法度,这种“恶”的自然本性是可以改变的,即是可以变性恶为性善。只有当人们通过礼的学习,改变了生性的“恶”,自然也就杜绝了犯罪的发生。

从以上分析可以看出,孟、荀其实是殊途同归的。荀子所谓“人性恶”与孟子的“人性善”论并不构成真正的矛盾。荀子所谓“人性恶”可以称为“成人性恶”,而孟子的“性善”论则可以称为“性善端”说。荀子从政治社会的经验立场看问题,看到的是各种欲望在人们的社会生活中所扮演的重要角色。他所谓的人性恶是指被贯穿人生始终的欲望,而这种欲望如果得不到合理的规导,人们只是被动地受欲望的支配,社会生活秩序就会受到干扰,甚至破坏。这就是所谓的恶。③ 孟子并不否认人性趋恶的可能性,而这恰恰被荀子作为自己人性论的逻辑前提,论证了礼仪法度在人性走向善的过程中的意义。

礼教用鼓励的手段使人们从被动守法变为主动循礼。孔子说:“其为人也孝弟,而好犯上者,鲜矣;不好犯上,而好作乱者,未之有也。”④礼教筑起了预防犯罪的精神防线。对违法者施以惩罚,对循礼者予以表彰和鼓励是中国传统法的独特之处,这一特点将惩罚犯罪与预防犯罪合为一体,将善良风俗的培养、维护、与法的制定、遵守合为一体;将道德的戒律和法律的严禁合为一体,使法更具效力。⑤

当前我们正在努力创建一个和谐的社会环境,犯罪问题成为我们必须正视和解决的。而社会是历史的反映,中国社会的问题必须从中国历史中去寻找答案。我们的古人、我们的祖先留给了我们那么多的文化遗产,中国传统中对犯罪的认识、对人性的关注、对礼仪的重视、对道德的维护都那么具有借鉴意义。“只有民族的,才是世界的”——这句话是那么广为人知,但却又是那么难以被人真正的理解。

---

① 《孟子·公孙丑上》。

② 傅云龙著:《中国哲学史上的人性问题》,求实出版社 1982 年版,第 15 页。

③ 赵明著:《先秦儒家政治哲学引论》,北京大学出版社 2004 年版,第 39 页。

④ 《论语·学而》。

⑤ 马小红著:《礼与法:法的历史连接》,北京大学出版社 2004 年版,第 155 页。

析孔氏家族宗族法对当时国家政权的影响

袁兆春*

人类社会进入国家状态的第一个社会组织就是家族。中国的封建社会就是一个以血缘为纽带、以地缘为基础、以家庭为其基本结构式的社会,它从原始社会末期的父系家长制家族,发展到明清时期聚族而居的封建型家族。而产生于夏、形成于西周的宗族制度又严重影响着中国封建社会的家族制度,并进一步形成了宗族法。所谓宗族,是指"由男系血缘关系的各个家庭,在宗法观念的规范下组成的社会群体"。[①] 封建家族的宗族法,就是指封建社会的大家族为了调整家族内部的各种社会关系、维护家族秩序而制定的一系列家规、家训式的道德规范,它主要集中规定在家训、家谱之中。但到明清时期,由于家族组织的进一步发展,宗族法在内容与形式上都已经具备了法律规范的基本要求,其内容涉及家族组织生活的一切领域。

一、孔氏家族宗族法概述

汉武帝"罢黜百家,独尊儒术",使孔子思想成为封建社会的统治思想,其后对孔子后裔"恩渥备加,代增隆重",绵延达2000余年,从而使孔氏嫡裔子孙特别是坐落在山东省曲阜的衍圣公(孔府)成为"与国咸休"、"同天并老"的圣人之家,以孔府为代表的孔氏家族遂成为中国封建社会中一个特殊的社会阶层。孔氏家族也因此号称"天下第一族",其内部关系及其与当时封建国家政权的关系都具有特殊性,这种特殊性集中反映在孔氏家族宗族法——祖训与家规的内容之中。

在孔府所存万余份明清档案及孔氏族谱等材料中,有许多孔氏家族内部制定的族训家规,孔府以此严格约束着孔氏族人的言行,其内容涉及当时社会生活诸方面。孔氏家族的族训家规基本上分为三部分:《原颁条例》,即孔府所颁布的《祖训箴规》;居住在山东曲阜以外地方的孔氏族人所自订家规;孔氏家族修谱时所订立的条规、行辈。其中,后两部分是前一部分的补充性规定,孔氏族人对这些规定都不得触犯。

---

* 袁兆春,2003级中国法律史专业,指导老师:王立民。现工作于曲阜师范大学。

① 冯尔康等著:《中国宗族》,浙江人民出版社1994年版,第10页。

（一）《祖训箴规》

居住在山东曲阜的衍圣公，是孔氏全家族的大宗主，它不仅是孔氏正宗嫡传，也是官府的化身。例如，明政府于洪武十年（1384年）授衍圣公光禄大夫（正一品），百官朝会时居文臣之首；清政府授衍圣公一品顶戴及其他一系列特权。孔府为加强对全部孔氏族人的管理，于明万历十一年（1853年）颁布了具有纲领性质的族规——《孔氏祖训箴规》，[①]计有十条，其基本内容为：春秋祭祀、谱牒家规之设、崇儒重道、孔氏子孙优免差徭与正供国课、婚姻嫁娶、孔氏子孙出仕、族长的设立、对孔氏裔孙的从业要求（如男不得为奴，女不得为婢，勿甘为下人等）。它具有总体的指导作用，各地孔氏族人须严格遵守，孔氏各支族管理机构也有义务保证它得到贯彻实施。

（二）寓居曲阜外地孔氏族人自订之家规

流寓曲阜外地的孔氏族人，依据《祖训箴规》的精神及其自身的具体情况，分别制定了一些于本族内有效的更细致入微的族规、家规或家训。但这些家规必须呈报曲阜的衍圣公之后才能具有规范效力，实际上它仍是代表孔府对孔氏家族宗族法制度的维护。在这些家规中，以《福建建宁巧洋孔氏家规十二条》、《湖北枝江县孔氏族规》（十则）、江苏《丹阳孔氏天启族谱家规纪》（八项及其十五条细则）、《江西临川孔氏支谱家规条规》（二十条）、孔氏南宗衢州《孔氏家规》（明正德年间官修，七条）等为典型代表。[②] 上述家规规定的基本内容有：作兴文学、恪守祭事、培植祭产、护理祠墓、惩治不率、禁止词讼、严防乱宗、屏绝邪教、节制财用、慎藏谱籍、义同居、立房长、贵教子、正婚姻、禁赌博、诛不孝、除淫乱、禁僧尼道师、禁拖欠钱粮、禁结交恶党等。

（三）孔氏族人修谱时所定之条规及行辈

孔氏家族的家谱，在我国历史上是延续时间最长、内容最为丰富的族谱，堪居私人家谱之冠。孔府历代修谱时对于入谱条件都作了严格的规定，如明代天启（1622年）修谱时规定："义子不能入谱"。[③] 清乾隆修谱时规定，"以义子承祧者、以赘婿奉祀者、再醮带来之子承祀者、流入僧尼者、干犯名义者、流入下贱者"，皆不许入谱等。[④]

孔子后裔为使其族属代代不乱、长幼有序、老少尊卑各有条理，还建立了统一的姓氏行辈制度。根据1937年孔德成主修的《孔子世家谱》载：在孔德成修谱之

① 山东省曲阜市孔府博物院所存孔府档案（以下简称《孔府档案》）1114之一。

② 分别参见《孔府档案》1115之5、1123之1、1055、1099之1、0736之18。

③ （明）孔宏颙主修：《孔氏家谱》序。

④ （清）孔尚任主修：《孔子世家谱》。

前，孔氏行辈已编列到了第105代。其中，明代钦赐二十辈；清代又赐十辈，孔府在乾隆九年规定：凡不依“世次随意妄呼者，不准入谱”。①

二、孔氏家族宗族法对当时国家政权的积极影响

本文在此依据上述孔氏家族宗族法的基本内容，分析说明其对当时国家政权政治、经济、法律、文化等方面的积极影响。

（一）在政治方面，宗权是当时国家政权的补充，也是封建统治的主要支柱

孔氏家族作为当时国家基层社会生活组织的一个组成部分，与当时国家政权相结合的出发点就在于其组织结构与社会的等级结构相吻合，从而使宗族中的上层成员成为等级社会政权的统治基础；同时，宗族把族众组织成一个有严格等级结构的群体，也就有了为等级政治统治服务的可能性。宗权为政治统治服务的具体内容有许多，如孔氏家族宗族法中所规定的维护尊长权力、表彰忠孝子孙、保护公有族产；宗族组织与政府的里甲制度互相配合以及为维护其既得的政治、经济利益，极力维护稳定的政权、反对社会动荡等内容。这些都说明了宗权在维护封建社会的专制制度、实行封建统治方面的积极作用，从而弥补了当时国家政权的某些薄弱环节。

（二）在经济方面，宗族经济是当时国家经济的主要组成部分

封建经济的繁荣发展离不开封建大家族经济的繁荣发展，这在自给自足的经济状态下尤为明显；宗族经济的繁荣又是基层社会民心稳定、社会发展、政治稳定的必要前提条件，如孔氏家族宗族法中许多督促其族众完纳国家赋税、祭产及族产等方面的规定。

同时，各大家族的公有族产作为弥补国家、社会救济不足的有效办法，也可以解决许多的社会问题，有益于抚育儿童、赡养老人、照顾鳏寡孤独及残破家庭，使贫穷族人基本上能够生活下去，这对于缓和社会生活矛盾、稳定社会经济秩序就显得更为重要了。

（三）在法律方面，宗族法是当时国家法律的有效补充

宗族法的这种补充作用主要表现在以下四个方面：

1. 从孔氏家族宗族法的处罚体系看，它规定了包括身份制裁、经济制裁、身体制裁直至剥夺生命的一整套处罚体系，它所规定的处罚方法包括有训斥、赔礼、记过、停（革）胙、罚布（谷、银）、笞责、责令改嫁、不准入谱、不准葬入孔林、驱逐境外、

---

① 《孔府档案》0737之3。

鸣官、拘押、枷号示众、处死等26种之多。其强制性在得到国家法的认可之后，就补充了当时国家法律处罚体系中的不足之处。

2. 从孔氏家族宗族法的内容来看，它既有刑事方面的规定，又包括了关于婚姻、家庭、立嗣、继承、亲属、所有权、债权、交易、租赁等各种民事关系的规定。而封建社会的统治者也特别重视宗族法对民事关系的调整作用，允许族长处理诸如分家析产、婚丧嫁娶、立嗣继承、族产经营等事项，各州县官也常将一些投诉到官衙的民事纠纷批转到宗族内处理。其主要原因，就在于封建社会法律中有关民事关系的规定相对少些，其中对财产关系的规定尤其少，而宗族法在这方面却能起到强有力的补充作用。

3. 从司法审判的角度分析，自宋徽宗始，历元、明、清，州县官皆亲自坐堂审案，但实际上并不能对其辖区内的各类纠纷案件进行妥善的法律处理；而大宗族却能以其严密细致的宗族法调整其族内的各种关系，由宗族组织直接处理族内纠纷，承担了族内绝大多数纠纷的法律调整任务。因此，宗族法既为封建国家地方政权的行政与司法合一创造了有利条件，同时也弥补了当时国家司法力量的不足，将社会矛盾与冲突消灭在萌芽状态。

4. 儒家重视以礼治天下，孔氏家族宗族法更重视礼的作用、礼的教育以及礼的维持，强调"以罚示惩"，惩罚犯者，威慑余众，特殊预防与一般预防相结合；宗族法还利用宗族内部同族共宗的血缘关系，注意并重视教育感化作用，坚持惩罚与感化两手并用，从而迫使全族成员一体就范，在这方面也就弥补了封建国家法律的不足。

（四）在文化方面，孔氏家族宗族法主要表现为社会教育作用，为当时基层社会成员提供了一种精神寄托

由于孔氏家族是中国封建社会中的一个典型家族，在其自身发展、完善的过程中，对同一时代甚至后期的其他家族的发展、完善也起到了示范作用，成为其他家族对族人进行儒家伦理教育的楷模，这种教化作用促进了基层民众正统政治观、伦理观的形成，并由此产生了极大的社会影响。例如，宗族举办私学、以族产资助教育、教学中以儒家传统伦理思想为主，从而促进了我国封建社会社区文化的形成与发展；同时又反对族人介入以下的社会病：赌博、贩卖或吸食鸦片等毒品、酗酒、溺婴、信从歪门邪道等。这就使儒家的意识形态经过孔氏家族，渗透到全社会的每一个家族及其成员，达到了封建社会教化的目的，成为维护基层社会程序、促进社会稳定的一个重要因素。

由于孔氏家族宗族法的上述诸种积极功能，从东汉明帝、东汉章帝、北魏孝文帝、唐高宗、唐玄宗、后周太祖、宋真宗、清高宗（先后六次）到蒋介石，都屈尊降贵亲临孔庙祭孔，这一方面说明了封建国家加强了与各大家族的联系，以及对大家族的控制；另一方面也说明了封建统治者明确承认了宗族法的社会效益，更多地利用宗族法去稳定其社会秩序。

三、孔氏家族宗族法对当时国家政权的消极影响

孔氏家族的宗族法虽然有以上诸种积极功能，但在其形成与发展的过程中也产生了多种消极因素，这主要表现在以下四个方面：

1. 由于宗族法特别强调族权、父权、夫权，它们是中国封建专制政治的一个组成部分，所以，宗法思想如家长制、保守主义、独断专行，就成为我们中华民族的一种精神负担，从而部分阻碍了历史的顺利发展。

2. 由于宗族中的族产实行公有制，这就逐渐地在广大族众中产生了大锅饭思想，妨碍了族众个人充分发挥他们的积极性、创造性去创造财富，不利于个体（家庭）经济的顺利发展。

3. 因宗族法特别强调家族、宗族派系、族与族之间的关系等，这种狭隘的、保守主义的宗族文化教育，妨碍了人们之间的正常交往，极易促成小团体主义、保守主义、地方主义的形成和发展，并导致宗族之间的武装械斗，从而破坏了地方社会秩序与治安。

4. 宗族中族长权力的行使，又与当时国家的地方政权产生矛盾，并在实际上造成了宗族法破坏国家地方司法权的局面等。例如，发生在乾隆六年的曲阜衍圣公孔广棨与曲阜知县孔毓琚互诉案，①就充分说明了当时的清政府虽厚待孔子后裔，但碍于孔氏大家族在地方上的势力不断增大，不得已又设法对其加以约束的情形。

四、宗族问题在当代社会的主要表现及对策

值得注意的是，在目前，我国的经济体制改革已使农民生活水平大大提高。但农民在富裕之后却寻根续谱、祭祀祖宗、修建祠堂，在一村一乡中形成了以宗族关系为纽带的“家天下”。例如，有些地方的乡长、村长同时就是他所在大家族中的族长；族规就是“国法”，族长就是“法官”；私设公堂、草菅人命的事经常发生，以至于出现了有事不找政府找族长、一些基层政权实际上已被宗族控制的不正常现象；宗族内部组织包庇本族的犯罪成员、犯罪组织及阻碍公务的事件也经常发生；武装械

① 中国第一历史档案馆编选：“乾隆六年衍圣公与曲阜知县互诉案”，载《历史档案》1995 年第 3 期。

斗更是屡禁不止，等等。1978～1990年的12年间，湖南省发生百人以上的宗族械斗事件1000余起，打死1200余人，打伤5000余人，造成直接经济损伤6000余万元；广西壮族自治区1989年发生群众械斗492起，其中大多数为宗族所操纵；1990年2月13～18日，浙江省天台县、苍山县发生了一起宗族械斗，并发展成为打、砸、抢的严重犯罪事件，造成死3人，伤72人，经济损失30多万元；①山东省西部的赵庄村，有1300余人，因宗族势力的阻挠，自1993年起连续三年未交公粮和提留，其他工作也无法正常开展，②等等。

在现代社会欲克服宗族法的不利影响及其缺陷，应从以下三个方面着手：首先，各大家族要适应当代社会的发展，进行自我改造，克服传统的家长制和小团体主义的弊端，使其宗族组织逐渐走向现代化。从而得到健康发展，为社会所接受。其次，从国家政权的角度来看，各地方政权机关应该高度重视宗族的消极因素。主动地协调工作，克服家族与基层政府间的种种矛盾，化消极因素为积极因素，引导家族发挥其在经济建设中与社会稳定中的作用，为国家的政治稳定、社会安宁与经济发展服务。最后，在进行社会主义市场经济建设的同时，应加大力度进行与之相适应的社会主义精神文明的建设，使物质文明与精神文明建设同步进行，提高人民群众的知识水平，从而消除其意识中的不健康因素，使宗族组织及其族规的各种积极功能充分地发挥出来，为我国的市场经济建设服务，为国家的政治稳定、社会安定、经济发展服务。

① 牛连水著：《邪恶·隐私·暴行》，光明日报出版社1993年版，第95页。

② 赵念民、姜玉泰："不可忽视的渗透"，载《大众日报》1996年9月27日。

秦简"葆子"新探

吕　利*

"葆子"一词,见于睡虎地云梦秦简之《秦律十八种》和《法律答问》。自秦简问世以来,引起许多专家学者的关注。秦简整理小组谨慎地提出"疑即任子"之说。此后,有引述又有新说。据曹旅宁先生的统计,围绕"葆子"或"葆"字,主要有以下几种观点:第一,指任子,即官吏得任子弟为郎官的制度;①第二,指人质,援引《墨子》一书中《备城门》、《号令》、《杂守》诸篇中"葆"字用法,认为褒即质,"葆子"即"质子";②第三,指庸保;③第四,认为是担保和保证;④第五,认为是世官制的遗存。⑤其中第一、第五实为引述整理小组"任子"说;第三、第四是对居延汉简中出现的"葆"字的解释。因此,综合起来,到目前为止影响比较广泛的是"任子"和"质子"两说。曹先生本人也从人质和郎吏制度的角度对之进行考察,认为"葆子"是一种身份的特称,是享有减免刑罚特权的特殊政治人物,其渊源来自于近侍集团特殊的政治作用和古老的习惯。⑥

笔者认为"葆子"一词既然是作为法律概念出现在法律条文中,应当有更明确的指向。本文试图从法律规范的形式和制度的内在逻辑出发,并对照相关文献,提出一种新的假设:"葆子"或为秦二十等爵制之第二等——"上造"之别称。

一、形式上的考察

关于"葆"的含义,整理小组注:"葆,通保。葆子,疑即任子。"并引用了《汉书·

* 吕利,2003级中国法律史专业,指导老师:王立民。现工作于上海师范大学。

① 高敏先生认可这一主张(高敏:"关于汉代'任子'制度的几个问题",载《秦汉史论集》,中州古籍出版社1982年版,第272~292页)。栗劲先生虽然存疑,但基本也将其归入"任子"一类,认为其是一种变相的官职世袭制度,在讨论"罪刑中的等级身份观念"时把葆子归入与"百姓"相对的"官吏",属于"尚未出任官职就享有不受肉刑及赎刑等法律特权"的人(参见栗劲:《秦律通论》,山东人民出版社1985年版,第231页、第512页)。

② 张政烺:"秦律'褒子'释义",载杨一凡主编:《中国法制史考证》甲编卷二《战国秦汉法制考》,中国社会科学出版社2003年版,第99~106页。

③ 裘锡圭:"新发现居延汉简的几个问题",载《中国史研究》1979年第4期。

④ 李均明:"汉代屯戍遗简'葆'解",载《文史》第38辑。

⑤ 黄留珠著:《秦汉仕进制度》,西北大学出版社1985年版,第12页。

⑥ 曹旅宁著:《秦律新探》,中国社会科学出版社2002年版,第34~44页。

哀帝纪》"除任子令"及其注释。有"应劭曰:'吏二千石以上,视事满三年,得任同产若子一人为郎'。……师古曰:'任,保也'。"整理小组虽然只是有保留地提出这一观点,但对后人就该问题的理解显然起了奠基作用。上述五种观点至少四种都是从字义出发的。但笔者认为,既作为法律概念出现在国家制定法中,法律规范的外在形式也是值得关注的。

"葆子"第一次出现,是在《秦律十八种·司空律》"居赀赎责"条,该条规定:

有罪以赀赎及有责(债)于公,以其令日问之,其弗能入及赏(偿),以令日居之,日居八钱;公食者,日居六钱。居官府公食者,男子参,女子驷(四)。公士以下居赎刑罪、死罪者,居于城旦舂,毋赤其衣,勿枸椟欙杕。鬼薪白粲,群下吏毋耐者,人奴妾居赎赀责(债)于城旦,皆赤其衣,枸椟欙杕,将司之;其或亡之,有罪。葆子以上居赎刑以上到赎死,居于官府,皆勿将司。所弗问而久□(繫)之,大啬夫、丞及官啬夫有罪。居赀赎责(债)欲代者,耆弱相当,许之。作务及贾而负责(债)者,不得代。

同为"居赀、赎、责"人员(即人身拘系于官府,以劳役抵偿罚金、赎金或官府债务的人),身份不同待遇迥异,包括居作的内容、场所、衣着、是否施加械具、有无监司,等等。根据其待遇和身份的对应关系,"居赀、赎、责"的主体大体可以分为三个类别:第一,公士以下;第二,以列举的方式,明确规定为鬼薪白粲、群下吏毋耐者、人奴妾;第三,葆子以上。如果按照其待遇从低到高重新排列,其顺序应该为:鬼薪白粲、群下吏毋耐者、人奴妾;公士以下;葆子以上。根据张家山汉简《二年律令·户律》有关规定,"公士以下"作为一个类的划分具体应该包括群体应为:公士、公卒、士伍、庶人、司寇和隐官。当然根据刑罚等第,司寇、隐官之下还应该有隶臣妾、城旦舂两项归入第二大类,但简文没有列出。究其原因,应在于二者本身已经是丧失人身自主权的官府刑徒和贱役,即使被处罚金,也和一般居作不同,而应采取系城旦舂的方式,别条另行规定。"葆子以上"还可参见秦简《法律答问》:

葆子以上,未狱而死若已葬,而□(甫)告之,亦不当听治,勿收,皆如家罪。

笔者认为,寻求"葆子"的本义,"以上"二字不可忽略。在中国法制史领域,有这样一个现象,即在中国古代律典中,有一些共同的关键字眼,对于适用律条有重要意义。古代从事法律工作的人员早已注意到这一事实,至晚从元明开始就有一些律学著作将这些字眼专门列出。反映在明清律典中,在《名例律》律首有所谓"例分八字",又称"律母"。这些字为"以"、"准"、"皆"、"各"、"其"、"及"、"即"、"若"。① 此距秦汉律自然甚远,字意、用法或有变迁,但这类字眼中的相当一部分在睡虎地秦墓竹简和张家山汉简中使用频率也很高,在秦汉律典中堪称"律母"。并

① 郭建、姚荣涛、王志强主编:《中国法制史》,上海人民出版社2000年版,第287页。

且在秦汉帝国初期,这样一个把社会中的每一个生物的人都要一丝不苟地纳入一个从低到高的身份等级序列中的社会,[①]"以上"、"以下"之类的字眼对法律条文的构造显得尤其重要。因为不仅人有等级之分,等级与等级之间待遇有别;刑罚亦有等级,且要在不同等级的人之间做适当的配置。"以上"、"以下"之类的概念对法律文本的理解和适用有重要意义,在秦汉律中当处于律母的地位,断不可视而不见。

这里既有"以上"字样,说明"葆子"作为身份,并非独立于一般等级序列的某一特殊身份群体,或者说是被单独列出给予特殊待遇的某一类人,而是从属于某个垂直等级序列中的一个分子。

这一等级序列,具体到秦汉国家初期(官、爵两种秩序并存,爵本位向官本位过渡的时代),在国家秩序层面,只有两种可能:第一,爵制;第二,区分官吏等级的"秩"。后者的层级关系于秦汉时期习惯上用"石数"来表示,而非具体的职官名称或种类,如"六百石以上"、"二千石"等。而律文中,"葆子以上"显然又与"公士以下"相呼应、衔接。放之二十等爵系列中,应相当于"上造以上"。"葆子"理解为爵名,似乎更为妥当,级别应相当于"上造"。

另外,以秦汉帝国初期的身份社会为背景,上述主体划分方式符合秦律的表达习惯;并且二十等爵爵名之外尚有别称的现象在秦简中已有先例。这点,见于《秦律十八种》之《传食律》:

御史卒人使者,食粺米半斗,酱驷(四)分升一,采(菜)羹,给之韭葱。其有爵者,自官士大夫以上,爵食之。使者之从者,食糲(糲)米半斗;仆,少半斗。

不更以下到谋人,粺米一斗,酱半升,采(菜)羹,刍稾各半石。宦奄如不更。

上造以下到官佐、史毋(无)爵者,及卜、史、司御、寺、府,糲(糲)米一斗,有采(菜)羹,盐廿二分升二。

这里出现了两个概念——"官士大夫"和"谋人",整理小组以为均表爵称,虽然《商君书·境内》、《汉书·百官公卿表》和《二年律令》中并没有这样的爵名。其中"官士大夫",整理小组注为,"指秦爵第五级大夫和第六级官大夫";而"谋人",注释曰:"据简文当为秦爵第三级'簪袅'的别称。"爵制及相关爵名,战国时期各国制度不一,《商君书》及其他传世文献所载也有出入,虽然汉承秦制,《二年律令》提供了完整的爵制名称和序列,但并不排除由于地方习俗或者古老惯例等原因导致的某些别称。"葆子"一名的出现或属此类。

① 该序列的基本形态可以参见张家山汉简《二年律令·户律》。

二、法律制度的内在逻辑考察

秦汉二十等爵中,“公士”、“上造”为最低的第一、第二级,虽然只有一级之差,但在法律上,尤其是在量刑方面判然有别。爵有减免刑罚的属性,很多时候专指“上造”以上的有爵者,在秦律中尤其如此。例如秦律规定:

有兴,除守啬夫、假佐居守者,上造以上不从令,赀二甲。(《秦律杂抄·除吏律》)

有为故秦人出,削籍,上造以上为鬼薪,公士以下刑为城旦。(《秦律杂抄·游士律》)

许多证据显示,秦代有爵者免“刑”(肉刑)的特权,始于上造一级。[①] 对于应当处以肉刑或城旦刑的此类人,依汉《二年律令·具律》的规定,一律改处“耐以为鬼薪白粲”刑。律文如下:

上造、上造妻以上,及内公孙、外公孙、内公耳玄孙有罪,其当刑及当为城旦舂者,耐以为鬼薪白粲。

通观《二年律令》,鬼薪白粲刑也仅适用于上述人等。秦简中“葆子”适用“鬼薪白粲”,并且排除肉刑的适用。这见于《法律答问》中有关“葆子”诸条,虽律简错落,但内容基本一致:

“葆子狱未断而诬告人,其罪当刑为隶臣,勿刑,行其耐,有(又)毄(系)城旦六岁。”可(何)谓“当刑为隶臣”?“葆子□□未断而诬告人,其罪当刑城旦,耐以为鬼薪而鋈足”。耤葆子之谓殹(也)。有收当耐未断,以当刑隶臣罪诬告人,是谓当刑隶臣。

与此相类似的一条是关于“臣邦真君长”的,“鬼薪”的适用主体直接限定为“爵当上造以上”:

可(何)谓“赎鬼薪鋈足”?可(何)谓“赎宫”?臣邦真戎君长,爵当上造以上,有罪当赎者,其为群盗,令赎鬼薪鋈足;其有府(腐)罪,【赎】宫。其他罪比群盗者亦如此。

“葆子”和上造及上造以上的有爵者享有同等待遇。其他少数民族属邦的君

---

① 汉《二年律令·具律》规定:“公士、公士妻及□□及行年期以上,若不盈十七岁,有罪当刑者,皆完之”,即公士也可免除肉刑,与秦不同。秦律如前引《游士律》所规定:“公士以下刑城旦。”可见,秦时有爵公士者并不能免予肉刑。另外,秦汉律之差异还表现在“城旦”刑的适用上,秦律“爵上造”或“葆子”排除肉刑,凡肉刑皆改以“鬼薪”,但不排除“城旦”或“系城旦”,如《法律答问》规定:“上造甲盗一羊,狱未断,诬人曰盗一猪,论可(何)殹(也)?当完城旦”。至汉,《二年律令·具律》进一步排除了城旦舂刑的适用。

长,也严格要求有上造以上爵位才可有此待遇。这是葆子与上造的又一关联。

三、字源的考察

古代“葆”、“保”二字通用,没有疑义。如前文所示,整理小组把“葆”解释为“保”、“任”;又据《墨子·号令篇》有“葆宫”,葆即“质保”;[①]传世文献和出土资料中因多见“庸保”,“保”又成为雇佣劳动者的一种名称。居延汉简也多次出现“葆”字,裘锡圭先生在相关研究中也对“葆”字字义进行了列举,有以下几种:(1)《方言》三有“保佣谓之甬”,郭璞注:“保,言可保信也。”(2)《说文》:“保,养也。”《国语·周语上》有“事神保民”,韦昭注:“保,养也。”(3)“保”即“担保”,“保”是因为欠人钱财“作抵押担保从事劳役的人”。(4)保即“保举及保释的意思”。[②]足见“保”字意义之丰富,但这些是否能够覆盖“葆”字所能够表达的全部意义?至少在理解“葆子”一词的含义方面,似乎还有些隔膜。

“保”或“葆”在铜器铭文中也有使用,并且用法比较固定,值得重视。比如,流传至今的两汉时期的铜镜,铭文中也常出现“保”或“葆”字。其中现存较早的一面纪年镜为王莽始建国二年禽兽简化博局镜(公元10年),作铭文如下:

唯始建国二年新家尊,诏书数下大多恩,贾人事市,不躬啬田,更作辟雍治校官,五谷成熟天下安,有知之士得蒙恩,宜官秩、葆子子孙。[③]

另外,更早的青铜礼器铭文也往往用一固定句式作结尾,就是“子孙保用”。上述镜铭应是这一古老习惯的延续。

上古时代,人们制作各种彝器是关乎其信仰的,尤其是祖先祭祀。《礼记·祭统》说:“夫鼎有铭,铭者自名也。自名以称扬其先祖之美,而明著之后世也。……论课其先祖之有德善、功烈、勋劳、庆赏、声名,列于天下,而酌之祭器,自成其名也,以祀其先祖者也。”既是庙堂之器,本身就被赋予了某种祖传的神性,况且本意也是记述先人功业、荣耀,期望能够同家族血脉一体传承。在这样的背景中,我们可以更明确地得知“保”的本意。“保”字从“玉”,与“宝”相通,又或有手抓之形,无不表达同样的意思——珍视之、贵重之、守护之、子孙相续地传承之。容庚《金文编》未收录“葆”字,但王莽始建国二年镜铭“葆子子孙”中的“葆”字清晰可见,且司马迁《史记·留侯世家》有“取而葆祠之”,裴骃集解引徐广曰:“史记珍宝字皆作‘葆’”,可见当时“葆”字使用之广泛。

---

① 陈直著:《居延汉简研究》之十六“葆宫与直符制度”,天津古籍出版社1986年版,第59页。

② 裘锡圭:“关于新发现的居延汉简的几个问题”,载《中国史研究》1979年第4期。

③ 刘永明著:《汉唐纪年镜图录》,江苏古籍出版社1999年版,第3页。

"保"在铜器铭文中除"子孙保用"固定用法外,还用作保子孙、保社稷,如《戎生编钟》中的"畯保子孙"和《楚公逆编钟》中的"保厥大邦"。[①]"保"与子孙、社稷及宗庙礼器相连,家国相续、接续传承的意义相当明显。"葆子"之"葆"从这一层次理解,似乎更能伸张它的本意。"子"作贵族男子的尊称也比较常见。同时,"葆子"为"上造"的可能性也变得更大。

秦居宗周故地,虽长期以来被东方六国视为夷狄,但周文化的遗风必定还在。也许我们可以从"上造"一词本身的含义出发来理解"葆子"之含义和由来。"上造",刘劭《爵制》解释为:"二爵曰上造,造成也。古者成士升于司徒曰造士。"[②]颜师古注:"造,成也,言有成命于上。"[③]"上造"作为爵名显然与古代制度中的"造士"有关。"造士"之说,见于《礼记·王制》,具体内容:

命乡论秀士,升之司徒,曰选士;司徒论选士之秀者而升之学,曰俊士;升于司徒者不征于乡,升于学者不征于司徒,曰造士。乐正崇四术,立四教,顺先王诗书礼乐以造士,春秋教以礼乐,冬夏教以诗书。王大子,王子,群后之大子,卿、大夫、元士之适子,国之俊选,皆造焉。凡入学以齿。

"造士"既是名称,也兼指遴选、培养的方法与程序。造士以上,尤有"进士":

大乐正论造士之秀者以告于王,而升诸司马,曰进士。司马辨论官材,论进士之贤者进于王,而定其论。论定然后官之,任官然后爵之,位定然后禄之。

"造士"可"造"之对象主要为王太子、王子、卿大夫士等贵族的嫡子,除此以外,必经层层拣选——所"谓国之俊选"。所选之人,即与王太子、王子、卿大夫士之嫡子为伍,已经入于贵族阶层。"造士"的产生,虽有"俊选"之说,其中嫡传世袭的本义更为浓厚。由此,我们不难看出贵族爵位是如何在相对封闭的圈子内传承的。"造士"须造就、培养,"葆子"之葆释为"养",似乎可取,但又不完全。家族以及附着于家族之上的社会关系的传承,寄予个人身上,这才是"葆子"。由此扩大而形成的一个群体,又关乎国的存续,故国家"保之"、"养之",给予特殊的教育、训练和待遇。颜师古所谓,"造,成也,言有成命于上","葆子"既受王命,自然在国中有特殊地位。

如果说《礼记》、《周礼》之类的书,成书较晚,不足为凭的话,那么出土的秦青铜器铭文还可提供一些佐证。20世纪初,甘肃礼县红河乡出土的秦公簋有铭作"咸畜胤士";1978年在宝鸡县杨家沟太公庙出土的秦公钟有"戾龢胤士,咸畜左右"。[④]

① 刘雨、卢岩著:《近出殷周金文集录》(第1册),中华书局2002年版,第41页、第237页。
② 《后汉书·志·百官志》注。
③ 《汉书·百官公卿表》。
④ 卢连成、杨满仓:"陕西宝鸡县太公庙村发现的秦公钟、秦公镈",载《文物》1978年第11期。

另外,《考古图》所录秦公钟(镈)铭亦有"咸畜百辟胤士"。《说文》曰:"胤,子孙相承续也。""胤士",郭沫若先生认为是"俊士",陈直先生认为是"父子承袭之世官",[①]李零先生认为是"世袭的卿僚",[②]黄留珠先生把它和葆子一起视为秦世官制的证据。[③] 笔者认为黄留珠先生关于世官制的论述,对理解"葆子"是有助益的,但还是有隔膜。上古时代虽然也存在某种形式的官爵合一,但官(职司)与爵(身份)还是有区别的。从子孙相续的角度而言,此处说是"卿、大夫、士"贵族身份的世袭似乎比官职的世袭更妥帖。西周春秋以来,在宗统制国家中决定一个人地位的,不是官职,而是"身份"——爵位。管仲相齐,权高位重,但相对国、高两氏,仍自称"贱有司"。[④]"贱有司"应是管子对自己职官的谦称。直至秦汉帝国初期,从《二年律令》的相关记载来看,充其量处在爵本位向官本位的过渡时期。因此,"胤士"肯定不是指"有司"或者巫、卜、史、祝之类的畴官,而是泛指卿大夫士之类的世代流传相袭之贵族身份。上述铭文皆出自秦公器,是以国君名义所做的秦国公室重器,颂扬祖先功德的同时,强调自己已经做到"胤士咸畜"。历代秦公皆作此铭,几成定式。可见,畜养"胤士"是国君的最重要的职责之一,既是祖先所托,也是维系家国存续的关键。"胤士",从贵族身份的子孙相续来理解,与"造士"之说相合,《礼记》所述并非空穴来风。

《二年律令》之《傅律》和《置后律》表明,"上造"是可以通过世袭获得的爵位身份,并且一般仅限于嫡子。只有在无嫡子的情况下,才考虑其他儿子。爵位身份的传袭制度中,作为爵名的"上造"与家族中"子"的身份之间的关联显现出来了。由此,也可略窥作为爵名的"葆子"一词的渊源。

仕官和爵位身份的世袭虽有一定的关联,但确实是两种途径、两个制度。认为"葆子"与"任子"、"郎吏制度"是一回事,明显不妥。在世袭社会,各级贵族家中嫡子与嫡子以外的儿子地位悬殊极大,如上述引文所示,能够入学被造的除王太子、王子以外,卿大夫士之家仅有嫡子。在家族主义构造的家际社会中,作为独立的个体的人是不存在的,出现在王面前的只有家长。嫡子是正妻所生的儿子,未来家长所从出,无论是在国朝抑或在家中都有特殊地位。《周礼·夏官·司马》"诸子"的职掌规定:"诸子掌国子之倅,掌其戒令与其教治,辨其等、正其位。"郑氏注曰:"国子者,公卿大夫士之副二;位朝位也"。贾公彦疏:"国子为副代父者也"。"国有大事,则帅国子而致于太子,唯所用之。若有兵甲之事,则授之车甲,和其卒伍,置其有

① 陈直著:《读金日札、读子日札》,中华书局2008年版,第68~69页。

② 李零:"春秋秦器试探",载《考古》1979年第6期。

③ 黄留珠著:《秦汉仕进制度》,西北大学出版社1985年版,第9页。

④ 《史记·周本纪》。

司,以军法治之,司马弗正”,“凡国正弗及”。这里“国子”是嫡长子,出身卿大夫以上家庭的话,可以直接“造士”,成为一家一族的“宗”、“君”。① 并且在国家的政治生活中有独立地位。根据《二年律令·傅律》的规定,拥有高爵的贵族除立“后”外,其他一定范围内的儿子也可获一些低级爵位,但如果所获爵位是“上造”以上的话,原则上只能是嫡子;只在没有嫡子的情况下才可以考虑其他儿子。其他儿子怎样呢?《周礼·夏官·司马》称他们为“庶子”,归于司马管辖,规定:“司士掌群臣之版,以治其政令。岁登其损益之数,辨其年岁……周知……卿大夫士庶子之数。”贾公彦疏:“庶子,其支庶宿卫王宫者。”另外,《地官·司徒》小司徒有:“国之大事致民,大故至余子”。其注文引郑玄的说法,认为:余子即“卿大夫子当守于王宫者”。卿大夫之余子因不能承嗣,也无法获得爵位身份,在宗法时代家国一体的社会秩序中就没有独立的政治和社会地位,要想不湮没在家族之中,需要寻求其他仕进之路,以取得禄位。“宿卫王宫”、委身于王,充当王的近卫侍臣,的确是最接近权力核心也是最容易获得荣誉和尊宠的路径。这一点在《战国策》“触龙说赵太后”一事得到证实。触龙幼子虽然才15岁,但触龙感到自己年事已高,希望在其还活着的时候为儿子的前途早做安排,其方法就是请求太后允许他的儿子“补黑衣之数,以卫王宫”。由此,我们可以发现“任子”、“郎吏制度”的渊源。它所指向的无非是一种职位或者说是任职途径,是职业性的。有此资格的人,绝非能够自然衍生出免刑等特权。相反地,特权来自于另一个途径,贵族世袭的有爵者或通过“造士”产生的逐级向上的有爵者。“上造”是享有该特权的最低一级的人员,他们通常来自于爵位贵族的家庭,并且是家中正妻所生的儿子,即嫡子。

四、最后一个排除任子、朗吏制度的理由

如果“任子”确如应劭所言,为“吏二千石以上,视事满三年,得任同产若子一人为郎”,那么截至汉《二年律令》时期,秦汉律简中除“以爵减、免、赎”外,并未规定为“吏”者在处刑方面享有什么特权,当官为吏者本人倘无爵位,尚无此项权利,何况“任子”、子弟为郎者?

《二年律令·具律》规定了两种免刑待遇:其一,上造、上造以上妻及一定范围内的皇亲、诸侯王亲,此类人可以免予肉刑和城旦舂刑,改行“耐为鬼薪白粲”刑;其二,公士、公士妻以及年七十以上、十七以下者,也可以免予肉刑,即犯罪当刑的话,

---

① 除下文所列外,嫡长子在家庭中的尊贵地位体现在丧服制度中。古代服制规定:承嫡的夫妇如果不幸而丧长子——嫡长子,要为他服丧三年,与子为父、诸侯为天子所服同等。原因是:“重其当先祖之正体,又以其将代己为宗庙主也。”参见《仪礼·丧服》。

法律规定“皆完之”。免刑之普遍原因为“有爵”,其次是优遇皇亲国戚和尊老爱幼,独不见官吏有免刑之说。秦汉帝国初期,承商鞅变法确立的法家精神:“一赏”、“一刑”、趋民耕战,“农战”——富与贵所从出,除此以外别无他途。从军功而取得的爵位备受尊崇,爵可以免罪、可以为官,“爵”是秦汉时期定罪量刑时必须考虑的。依照西嶋定生的考察,“刑罚减免,作为爵的本质机能是爵本身固有的属性”。[①] 而官职,至少在那个时代,从国家制定法来看,显然尚不具备这一机能。传世文献中纵或有规定优待官吏者(如高祖七年春“令郎中有罪,耐以上先请之”),也只能从反面证明当时国家正式的法律典章并无此文,并且“请”仅仅是程序性的规定,结果不得而知,和律典中直接规定减免尚有巨大差别。

葆子得免予“刑”(肉刑),具备爵的一般属性;在量刑方面享受上造以上有爵者所享有的特权;在秦简关于“居赀赎责”的规定中,存在“公士以下”与“葆子以上”的对应关系;“葆子”之“葆”字的核心构造为“从人从子”,有“保”、“宝”、“养”的意思,同时与卿大夫士等爵位身份、世系的传袭有关。综上所述,“葆子”有可能是二十等爵中的第二级上造的别称。

---

① [日]西嶋定生著:《中国古代帝国的形成与结构——二十等爵制研究》,武尚清译,中华书局2004年版,第329页。

中国古代自然灾害的法律规制及其思想基础

李远明*

近年来,突发事件的频繁出现,成为社会各界普遍关心的问题。① 何谓突发事件?学者见仁见智。根据《中华人民共和国突发事件应当法》的界定,所谓突发事件,是指"突然发生,造成或者可能造成严重社会危害,需要采取应急处置措施予以应对的自然灾害、事故灾难、公共卫生事件和社会安全事件"。可见,所谓突发事案件,乃是相对于常规事件而言,睽诸人类历史,应该说这是一个从古延续至今的问题。本文以中国古代的自然灾害的发生及其治理为中心,对中国古代有关自然灾害的立法、法律救济程序和方式及其思想基础等方面予以初步分析。

一、自然灾害治理的立法

中国是一个疆域辽阔的大陆性季风气候国家,地理环境复杂,地质形态多样,自然灾害时有发生,尤其是在生产力水平相对较低的古代社会,自然灾害发生的概率非常频繁。早在先秦时期,中国史籍就有关于自然灾害的记载,如《诗经》云,"天降丧乱,饥馑荐臻","旱既大甚,蕴隆虫虫"。②《尚书》载:"洪水滔天,好好怀山襄陵。"③《孟子》中也有尧舜时期洪水泛滥,百姓居无定所,尧使大禹治水的说法。④从司马迁的《史记》开始,历代正史中的帝王《本纪》、《五行志》及《列传》,关于自然灾害的记录史不绝书,洋洋大观。有人做过统计,从公元前1766年到公元1936年的3700年间,中国共发生水、旱、蝗、雹、疫、地震、霜、雪、风等灾害5258次,平均每6个多月就有一次,以至于西方有学者称我国为"饥荒的国度"(The Land of Famine),⑤虽然有些言过其实,但也可以看出中国古代社会自然灾害的频繁度和对人民生活的影响之大。下表是根据研究古代自然灾害学者的统计频率改编而成:⑥

---

* 李远明,2009级法律文化专业,指导老师:徐永康。现工作于华东政法大学。

① 如近年来发生影响巨大的上海静安大火事件、玉树地震、汶川地震、南方雪灾、"非典"事件、禽流感事件、三鹿奶粉事件以及屡禁屡发的矿难事件等。

② 《诗·大雅·云汉》。

③ 《书·皋陶谟》。

④ 《孟子·滕文公下》。

⑤ 邓云特:"中国救荒史",载《邓拓文集》(第2卷),北京出版社1986年版,第9页。

⑥ 段伟:"秦汉社会防灾减灾制度研究",首都师范大学2005年博士学位论文,第14页。

朝代 \ 灾情	水灾	旱灾	地震	蝗灾	瘟疫	风灾	冰雹	霜雪	总计（次）
秦汉	114	113	117	68	42	40	37	40	571
魏晋南北朝	134	137	93	31	34	87	53	22	591
唐	214	125	62	35	16	63	37	16	568
明	196	174	165	94	64	97	112	23	925
清	208	240	221	94	74	191	161	104	1293

应当指出的是,上表的统计数值不一定能够完全符合历代自然灾害的实际情况,如明清时期自然灾害的频率就远比其他时期频繁,这可能与史书记载的详略和统计方式的差异有关,但大体可知整个中国古代自然灾害发生的情况。

故而,历代政府都对自然灾害的治理非常重视。早在《周礼》中就载有治理自然灾害的措施,[①]《管子》中提出了灾后蠲免赋税的主张,[②]根据《睡虎地秦墓竹简·秦律十八种》的记载,秦代似乎已经有灾害防治的立法,[③]汉代以后,对自然灾害的治理逐渐走向制度化、法制化和程序化。[④] 东汉初年,水旱蝗虫为灾,谷价腾跃,人用困乏,光武帝下诏:"命郡国有谷者,给禀高年、鳏、寡、孤、独及笃癃、无家属贫不能自存者,如《律》。"[⑤]虽然我们不能确切知道此处其具体为《律》,但从所引诏书的内容来看,大体可以推测汉代法律中有关于灾害救济的法律规定。唐代是我国古代法制化的高峰,著名的《唐律》代表了唐代法制文明的程度,其中就包括了关于自然灾害的详细立法规定。《唐律疏议·户婚律》云:

诸部内有旱涝霜雹虫蝗为害之处,主司应言而不言及妄言者,杖七十。覆检不以实者,与同罪。若致枉有所征免,赃重者,坐赃论。

【疏】议曰:旱谓亢阳,涝谓霖淫,霖谓非时降霣,雹谓损物为灾,虫蝗谓螟虫蟊贼之类。依令:"十分损四以上,免租;损六以上,免租、调;损七以上,课、役具免。若桑麻损尽者,各免调。"其应损免者,皆主司合言。主司,谓里正以上。里正须言于县,县申州,州申省,多者奏闻。其应言而不言及妄言者,所由主司杖七十。其有充使覆检不以实者,与同罪,亦合杖七十。若不以实言者上,妄有增减,致枉有所征

① 《周礼·天官·大司徒》载:"荒政十有二,聚万民。一曰散利,二曰薄征,三曰缓刑,四曰驰力,五曰舍禁,六曰去几,七曰眚礼,八曰杀哀,九曰蕃乐,十曰多昏,十一曰索鬼神,十二曰除盗贼。"

② 《管子·大匡》载:"岁饥不税,岁饥驰而税。"

③ 《睡虎地秦墓竹简》(平装本),文物出版社 1978 年版。转引自刘俊文著:《唐律疏议笺解》,中华书局 1996 年版,第 987 页。

④ 陈业新:"两汉荒政特点探析",载《史学月刊》2002 年第 8 期。

⑤ 《后汉书·光武帝纪》。

免者,谓应损而征,不应损而免,计所枉征免,赃罪重于杖七十者,做赃论,罪只徒三年。既是以赃致罪,皆合累倍而断。

问曰:有应得损免,不与损免,以枉征之物,或将入己,或用入官,各合何罪?

答曰:应得损免而妄征,亦准上条"妄脱漏增减"之罪:入官者,做赃论;入私者,以枉法论,至死者加役流。

相对于唐代以前的立法,无论从立法的内容,还是法律形式和法律解释上,都是一大进步。后世法律大体延续了唐代的做法而且有所发展,如《大明律》规定:①

凡部内有水旱霜雹,及蝗蝻为害,一应灾伤田粮,有司官吏应准告而不即受理申报检踏,及本管上司不与委官覆踏者,各杖八十。若初覆检踏官吏,不行亲诣田所,及虽诣田所,不为用心从实检踏,只凭里长、甲首朦胧供报,中间以熟作荒,以荒作熟,增减分数,通同作弊,瞒官害民者,各杖一百,罢职役不叙。若致枉有所征免粮数,计赃重者,做赃论,里长、甲首各与同罪。受财者,并计赃以枉法从重论。其检踏官吏,及里长、甲首失于关防,致有不实者,计田十亩以下免罪,十亩以上至二十亩,笞二十,每二十亩加一等,罪止杖八十。若人户将成熟田地移坵换段,冒告灾伤者,一亩至五亩,笞四十,每五亩加一等,罪止杖一百。合纳税粮,依数追征入官。

相比《唐律》的规定,显得更加具体而有所变化,如在追究官员的法律责任的同时,也从立法上打击人民"冒告灾伤"的行为。《大清律》也有规定的相同。

从以上征引法典的规定可知,中国古代关于自然灾害的法律规制一脉相承,延绵不断,而且越往后法律规定得越详细和具体,反映了中国古代历朝统治者通过立法的手段加大了对于自然灾害的治理,其中的法律规定极具中国特色。

二、自然灾害的法律救济

以下将通过法律救济的程序、法律救济方式和相关的法律责任三个方面,探讨中国古代对自然灾害的法律规制。

(一)法律救济程序

中国古代对自然灾害的法律救济程序,大体经历了从简单到复杂、从任意到规范的过程,反映了统治者认识的深化和立法上的逐步成熟。

1. 报灾

先秦时期有无报灾的制度,史料阙载而不得而知。秦代法律似乎就有了灾情报告制度,《睡虎地秦墓竹简·秦律十八种》中记载有:"雨为澍(澍),及诱(秀)粟,

① 《大明律》,怀效锋点校,法律出版社1999年版,第54页。

辄以书言澍（澍）稼、诱（秀）粟及豤（墾）田暘毋（无）稼者顷数。稼已生后而雨，亦辄言雨少多，所利顷数。早（旱）及暴风雨、水潦、蚰虫、群它物伤稼者，亦辄言其顷数。近县令轻足行其书，远县令邮行之，尽八月□□之。”从上述的记载来看，秦代关于报灾的规定已经比较详细。到了汉代，政府规定了灾害逐级上报制度，从地方郡县层报至中央政府。《后汉书》记载：“自立春至立夏尽立秋，郡国上雨泽。若少，郡县各扫除社稷；其旱也，公卿官长以次行雩礼求雨。”①唐律规定，每逢灾害，地方政府都应当逐级如实上报，由里、县、州直至中央朝廷。《唐律疏议·户婚律》“部内旱涝霜雹”条明确规定：“主司，谓里正以上。里正须言于县，县申州，州申省，多者奏闻。”为了防止民间或秋诉夏涝，或冬诉秋旱，灾害情况经久无从核实，宋代特别规定了报灾的时间限制。宋太宗淳化二年（991 年），“诏荆湖、江、淮、两浙、四川、岭南管内州县诉水旱，夏以四月三十日，秋以八月三十日为限。自此遂为定制”。② 到了南宋，孝宗淳熙年间颁有关于报灾、勘灾的令、敕、格、式，重申诸官私田受灾，夏田四月、秋田七月、水田八月，经县申报，至月底终止。诉在限外不得受理。突发性灾伤，不拘月份，自被灾后限一月内上报。《大明律》除了规定正常的报灾程序外，还规定了禁止无灾冒告灾伤行为。③ 大清律与明律同。

2. 勘灾

所谓勘灾，即核实受灾的真实情况，包括受灾的范围和程度，以便中央政府据此采取相应措施处理灾后救济事宜。据学者研究，此项程序，在汉代就已经比较规范了。④ 具体人员情况，大体而言，西汉时期多由朝廷临时派遣中央官员到地方查勘灾情，东汉时期则多由地方官员（如二千石）来执行。唐代对于地方汇报的灾情，即遣朝官充任使者前往覆检核实，然后据查实之情况决定减免课役。比如，唐玄宗开元四年五月，山东诸州大蝗，遣谏议大夫韩思复“检视蝗虫所损之处，桓具实奏”；⑤开元十四年，遣御史中丞宇文融检覆水旱灾情。⑥ 宋代在勘灾方面的规定比前代更为细密。据《宋史·食货志》载：“令佐受诉，即分行检视，白州遣官覆检，三司定分数蠲税。”南宋孝宗淳熙年间，法律规定：州官接到诉灾伤状后，当日差通判或幕僚官于一日内起程，赴受灾之处依次亲验存苗、灾伤亩数，将验过村、户姓名、应放分数注籍申州。经核对后，乃将应放租税数额张榜晓示。凡违制者，按其情形依

① 《后汉书·礼仪志》。

② 《宋会要辑稿·刑法三》。

③ 《大明律·户律·田宅》“检踏灾伤田粮”条。参见《大明律》，怀效锋点校，法律出版社 1999 年版，第 54 页。

④ 陈业新：“两汉荒政特点探析”，载《史学月刊》2002 年第 8 期。

⑤ 《唐会要·螟蜮》。

⑥ 《旧唐书·玄宗纪下》。

法处罚。诉灾伤状及检覆灾伤状均有定式,须逐项填报。其勘灾程序的细密,令人惊叹。明代法律在继承前代的做法外,还特别强调覆检官员要亲力亲为,不能只听地方官员的书面报告。[①] 洪武二十六年(1393 年)下诏曰:"凡各种田禾遇有水旱灾伤,所在官司勘踏明白,其实奏闻,仍申合于上司,转达户部,立案具奏,差官前往,所覆是实,将灾人户姓名、田地顷亩、该征税数目造册缴报本部立案,开写灾伤缘由,具奏。"[②]

(二)法律救济方式

自然灾害发生后,统治者派遣中央官员或责令地方官员勘灾赈灾,往往会通过减免赋役等经济上的手段达到救灾防乱的目的。除此以外,还经常会采取一些法律上的救济方式,如皇帝下诏罪己、官员问责、大赦及录囚省刑等方式,已达到争取官僚民意、平息民愤、维持统治合法性的效果。

1. 皇帝下诏罪己

在中国传统社会里,皇帝身居九五之尊,地位至高无上,正如《唐律疏议·名例律》"十恶"条所云:"王者居宸极之至尊,奉上天之宝命,同二仪之覆载,作兆庶之父母。"而能够通过下诏罪己,通常要具备两个条件:一是在社会上发生重大之事件(包括自然事件和社会事件);二是皇帝通常把重大事件认为是自己的过失而反躬自省。两个条件中,尤其以第一个为前提。有学者认为,皇帝下罪己诏的情形主要有四类:第一类是灾异,第二类是政治过错,第三类是自谦自省类,第四类是登基改元。其中灾异类罪己诏最多,占到全部罪己诏的 45.1%。[③] 可见自然灾害对皇帝罪己诏关系之大。因自然灾害而引起最高统治者反躬自省的做法,在中国有着悠久的历史。据《吕氏春秋》记载,商汤时,连年大旱,五谷不收,商汤乃自责曰:"余一人有罪,无及万夫,万夫有罪,在余一人。无以一人之不敬,使上帝鬼神伤民之命。"[④] 这也成为后世君王罪己诏的滥觞。有学者认为,中国历史上严格意义上的最早罪己诏是汉文帝前元壬戌年,即公元前 179 年颁布的。汉代也是帝王下罪己诏最多的朝代,好大喜功的汉武帝晚年因悔过所下的《轮台罪己诏》,可谓人尽皆知。有学者统计过,两汉君主因灾害而下的罪己诏共有 30 次,其中西汉 16 次(其中文帝 1 次、武帝 1 次、宣帝 2 次、元帝 7 次、成帝 2 次、哀帝 2 次、新莽 1 次),东汉 14 次(其中光武帝 2 次、章帝 1 次、和帝 3 次、安帝三次、顺帝 4 次、桓帝 1 次)。[⑤] 例如,宣帝本始

① 《大明律·户律·田宅》"检踏灾伤田粮"条,参见《大明律》,怀效锋点校,法律出版社 1999 年版,第 54 页。

② (明)申时行等修:《明会典·户部·灾伤》,上海古籍出版社 1989 年版。

③ 萧瀚:"'罪己诏'与中国古代政道",载北大法律信息网。

④ 《吕氏春秋·顺民篇》。

⑤ 陈业新著:《灾害与两汉社会研究》,上海人民出版社 2004 年版,第 198 页。

四年(前70年),关东四十九郡同日地动,或山崩,坏城郭室屋,杀六千余人。宣帝下诏:"盖灾异者,天地之戒也。联承洪业,托士民之上,未能和群生。曩者地震北海、琅邪,坏祖宗庙,联甚惧焉。其与列侯、中二千石博问术士,有以应变,补联之胭,毋有所讳。"①章帝建初元年(76年),山阳、东平地震。章帝下诏自责曰:"朕以无德,奉承大业,夙夜傈傈,不敢荒宁。而灾异仍见,与政相应。朕既不明,涉道日寡;又选举乖实,俗吏伤人,官职耗乱,刑罚不中,可不忧与!"②唐代因自然灾害而下罪己诏的也不少,如唐太宗、唐文宗、唐德宗等皇帝。开成四年(839年),久旱无雨,唐文宗下诏,甚至提出要退位让贤:"朕为人主,无德及天下,致兹灾旱,又滴见于天。若三日不雨,当退归南内,更选贤明以主天下。"③贞元元年(1153年),雪灾、火灾、蝗灾、旱灾接踵而来,唐德宗罪己:"忧心如焚,深自刻责,得非刑法蚌缪,忠良郁湮,暴赋未镯,劳师靡息。事或无益,而重为烦费;任或非当,而横肆侵盂。"④唐代以后,宋元明清历代统治者遇到自然灾害时,仍然延续着汉唐时期下罪已诏的做法,兹不一一列举。可以说,皇帝因自然灾害而下诏罪己的做法,成为中国古代社会法律救济的一种重要方式,其实质上是最高统治者通过自贬自责的带头表率作用,从而赢得官僚士大夫和民众信任,维持其政权合法性的手段,是极具中国传统特色的法律救济表达方式。

2. 官员问责

官员问责包括两种情况:第一种情况是指官员因发生自然灾害而代替皇帝承担责任,这在早期的历史中特别是汉代时期较为盛行,带皇帝受过的官员一般为丞相或三公等级别的高级官员。例如,汉元帝时的丞相于定国、汉成帝时的丞相薛宣、汉哀帝是丞相孔光等皆因灾而被罢免,成为皇帝的"替罪羊",汉成帝时期的名相翟方进还因灾被皇帝责令自杀身亡。第二种情况是指在灾害治理过程中故意或过失违反救灾法律法律而承担的法律责任,这种情况在唐代以后成为常态。历代法律基本上都会规定灾害发生后官员如果不按照法律规定的程序报告灾情(瞒报或所报不实)和不积极救灾,就要承担相应的法律责任。汉代时,曹褒"坐上灾害不实免",⑤司隶校尉鲍昱因救火迟缓而被免官。⑥ 桓帝时,"以司徒椽清诏使冀州,廉察灾害,举奏刺史、二千石以下,所刑免甚众,弃官奔走者数十人。"⑦

---

① 《汉书·睦两夏侯京翼李传》。
② 《后汉书·章帝纪》。
③ 《旧唐书·文宗纪》。
④ 《旧唐书·德宗纪》。
⑤ 《后汉书·曹褒传》。
⑥ 《后汉书·鲍显传》。
⑦ 《后汉书·第五种传》。

到了唐代，法律明确规定了官员在报灾、覆检过程中违反法律应承担的法律责任。《唐律疏议·户婚律》"不言及妄言旱涝霜虫"条云："诸部内有旱涝霜雹虫蝗为害之处，主司应言而不言及妄言者，杖七十。覆检不以实者，与同罪。若致枉有所征免，赃重者，坐赃论。"根据"疏议"的解释，承担法律责任的主体，从最底层的里正、县官、州官到覆检的各种中央官员；承担的法律责任的情形包括不言或妄言灾情、覆检灾情不实、致枉法征免赋役等方面，唐律在量刑上都规定得非常清楚，周密翔实。睽诸唐代史实，这方面具体的实例不少。典型的事例如唐代宗大历十二年(777年)十月，京畿水旱，渭南县内水旱损田3000余顷，县令刘藻隐匿灾情，当报不报，覆检官员分巡御史赵计附和刘藻覆检不实，直到代宗派侍御史朱敖再覆事情才真相大白于天下，刘藻和赵计皆因此而获罪。① 宣宗时，鉴于某些地方政府奏报不力，还特意重申："自今已后，所在时雨稍想，有伤农亩，即仰长吏当时闻奏，如涉隐蔽，必节级处分。"②

《大明律》详细规定了官员在报灾、初覆检踏中的法律责任。《大明律·户律·田宅》"检踏灾伤田粮"条详细列举了官员在灾害发生后"应准告而不即受理申报检踏"、"不与委官覆踏"、"初覆检踏官吏不行亲诣田所"、"不为用心从实检踏，只凭里长、甲首朦胧供报"以及因此导致灾害不实、征免不当等应受的处罚。③ 皇帝多次下诏强调各级官员要按照法律程序办理灾害事件，否则将予以严惩，明代史料中有这方面大量的记载，④如洪武十年(1377年)，户部主事赵乾被派往荆、蕲等处赈灾，因不认真对待拖延救灾时间致使老百姓多有饿死者而被处死。⑤

3. 大赦

现代意义上的大赦概念，"通常被理解为一种宽免理念，在形制上则是由国家元首或最高国家权力机关以法律、政令等形式对特定时期，对全部或大部分或一部分特定的犯罪人或不特定的犯罪人已判定之罪或正在追诉之罪予以免罪和免予刑罚或免予追诉尚未定狱之罪的政令、法律、政策或措施。"⑥在中国古代，大赦的内涵和外延要比现代宽泛和复杂得多，除了狭义上的大赦外，还可以包括赦、常赦、曲赦、特赦、恩赦、别赦、德音等赦免形式，是指统治者因某种特定的原因通过下诏的方式赦免有罪者的一种"德政"行为。据学者估计，中国自秦至清2000多年中，大赦了

---

① 《旧唐书·代宗纪》。案件详细过程参见刘俊文著：《唐律疏议笺解》，中华书局1996年版，第989页。

② 《全唐文·大中改元南郊赦文》。

③ 《大明律》，怀效锋点校，法律出版社1999年版，第54页。

④ 肖发生、方志远："明前期荒政中的腐败及治理"，载《北方论丛》2007年第1期。

⑤ 《明太祖实录》，中央研究院历史语言所1962年影校本。

⑥ 陈云生："重识被遗忘60年的大赦制度"，载《法学论坛》2009年第5期。

超过1200次。大赦的原因有很多种,如皇帝登基、改元、册后、立太子及其他节日庆典、祭祀等,因发生灾异而大赦也是其中重要的原因。早在先秦时期的文献中,就已出现关于赦免罪过的说法,沈家本根据《文献通考》和《管子》的记载,认为春秋战国时期已经有了大赦之法,《史记》中第一次出现"大赦"的字样,但这只是偶尔发生的事情,没有证据表明先秦时期大赦已经制度化。

汉代大赦频繁,凡践阼、改元、立后、建储、大丧、帝冠、郊、祀明堂、临雍、封禅、立庙、巡狩、徙宫、定都、从军、克捷、年丰、祥瑞、灾异、劭农、饮酎、遇乱等皆大赦。因灾大赦也成为经常性的事情,统治者经常因为发生自然灾害而下诏大赦天下。例如,汉武帝元光四年(前131年),"五月,地震,赦天下"。本始四年(前70年),"夏四月壬寅,郡国四十九地震,或山崩水出",汉宣帝下诏大赦天下。[①] 初元二年(前48年),"间者岁数不登,元元困乏,不胜饥寒,以陷刑辟",汉元帝下诏大赦天下。[②] 汉安帝永初四年(110年),"夏四月,六州蝗。丁丑,大赦天下"。[③] 汉灵帝熹平四年(175年),"夏四月,郡国七大水。五月丁卯,大赦天下"。[④] 据学者研究,"灾异之赦几乎占了整个汉朝赦免总数的三分之一"。汉代以后,因灾大赦或减罪的记录没有这么明显,但仍时有记载,如《隋书·文帝纪》载:开皇"十五年正月,以旱灾,大赦"。唐代大赦比之汉代有过之而无不及,有学者统计后认为唐代近289年中大赦达180多次,[⑤]虽然最多的是因祭祀和政治的原因,但灾大赦仍然是其中重要的一种。《唐书·太宗纪》:贞观二年(627年)三月,"以旱蝗责躬,大赦"。《唐书·高宗纪》:咸亨元年三月,以京师旱,"大赦,改元"。《唐书玄宗纪》:开元十九年(731年),"九月,以久雨降囚罪,徒以下原之",天宝六年(747年),"七月,以旱降死罪,流以下原之"。《唐书玄宗纪》:乾元二年(759年),"三月,以旱降死罪,流以下原之"。《唐书·代宗纪》大历七年(772)五月,"以旱,大赦"。宋代发生灾害时,史书中虽不直言大赦,但实际上是上采取大赦的方式,且多以减免刑罚为主。《宋史·太宗纪》:太平兴国"八年(983年)八月,以大水故释死罪以下"。《宋史·真宗纪》:咸平"二年(999年)闰月,以久旱不雨,诏天下系囚非十恶、枉法及已杀人者,死以下减一等"。《宋史·仁宗纪》:天圣"四年(1026年)六月,京师水,降天下囚罪一等,徒以下释之"。庆历"八年(1048年)十二月,以霖雨为灾,颁德音,改明年元,减天下囚罪一

---

① 《汉书·宣帝纪》。

② 《汉书·元帝纪》。

③ 《后汉书·安帝纪》。

④ 《后汉书·灵帝纪》。

⑤ 陈俊强著:《皇恩浩荡——皇帝统治的另一面》,台湾五南图书出版有限公司2005年版,第51~79页。关于唐代大赦的具体情况,另可参见陈俊强:"试论唐代大赦的内容和效力",载《法制史研究》2001年第1期。

等，徒以下释之”。《宋史·神宗纪》：“熙宁元年（1068 年）正月，以旱，减天下囚罪一等，杖以下释之。”《元史·成宗纪》：“大德六年（1302 年）三月，以旱、溢为灾，赦。八年正月，以灾异故，诏天下恤民隐，省刑罚。”《续通考》：至大二年（1309 年）“十月，以饥疫旱蝗相仍，大赦”。明清以后，因灾大赦的情况明显减少，特别是民间发生灾害时大赦的情况正史各帝纪中几乎看不到，只有因皇宫等发生火灾或出现异常天象时大赦，如《明史·太祖纪》载：洪武“十三年（1380 年）五月甲午，雷震谨身殿。乙未，大赦”。英宗正统十四年（1449 年）六月，南京宫殿发生火灾，大赦。天顺元年承天门火灾，大赦。孝宗成化十一年（1475 年）十二月，清宁宫火灾大赦，等等。这可能与明清以后统治者减灾方式的变化有关，具有象征性的大赦不再是重要的方式，而代之以具体务实的赈灾手段。

4. 录囚

录囚是古代司法上有关督办滞案、纠正错案、平反冤狱有关的一种重要制度，汉代称录囚，唐宋多称为虑囚。《中国大百科全书》认为，录囚是“中国封建时代一种由君主或上级长官向囚犯讯察决狱情况，平反冤狱，纠正错案，或督办久系未决案的制度，亦称虑囚”。唐代颜师古的解释是“省录之，知其情状有冤滞与不也。今云虑囚”。《礼记·月令》中就有“仲春之月，命有司，省囹圄，去桎梏，勿肆掠，止狱讼”的记载。西汉武帝时，“诸州常以八月巡行所部郡国，录囚徒”，[①]录囚成为正式性的制度，主要是平反冤假错案，但还没有与灾害联系在一起。明帝时，录囚开始出现在皇帝的诏书中。和帝时，开始将录囚作为消减灾害的手段。《后汉书》卷四《和帝纪》永元六年（94 年）：“秋七月，京师旱。……丁巳，幸洛阳寺，录囚徒，举冤狱。收洛阳令下狱抵罪，司隶校尉、河南尹皆左降。”魏晋南北朝期间，史籍记载也屡见不鲜，如《晋书·武帝纪》载：泰始“五年正月丙申，帝临听讼观，录囚徒，多所原遣”。《晋书》卷一百五《石勒载纪下》云：“时大旱，（石）勒亲临廷尉录囚徒，五岁刑已下皆轻决遣之，重者赐酒食，听沐浴，一须秋论。”《隋书·刑法志》载隋文帝：“每季亲录囚徒，尝以秋分之前省阅诸州申奏罪状。”

到了唐代，因灾录囚更多。学者统计唐代因灾录囚的次数不一，但所占录囚总数的比例都接近或超过 1/2，从两《唐书》帝王纪及《册府元龟》的记载来看，因旱灾而录囚的记录尤其多。例如，《唐书·高宗纪》载：永徽元年（650 年）七月，“以旱虑囚”。开元二年（714 年）四月，因发生旱灾，唐玄宗“令给事中杨虚受往江东道安抚存问，观察疾苦，详理冤滞”。长庆四年（824 年）六月旱灾，穆宗“虑囚徒之中，或有冤滥，宜令御史中丞、刑部侍郎、大理卿同疏理，决遣讫奏闻”。唐宋以后，录囚还往

① 《续汉书·百官志》。

往与统治者的仁政恤刑联系在一起,历来为后世艳称的唐太宗"录囚"即一例。史籍中屡见因旱灾而减刑之记载,如,《新唐书·肃宗纪》乾元二年(759年)三月,"丁亥,以旱降死罪,流以下原之;流民还者给复三年"。《新唐书·代宗纪》大历十二年(777年)六月,"丁未,以旱降京师死罪,流以下原之"。《新唐书·宪宗纪》元和四年(809年)闰三月,"以旱降京师死罪非杀人者"。《新唐书·僖宗纪》乾符三年(876年)二月,"丙子,以旱降死罪以下"等。

与前代相比,宋代因灾虑囚(有时称"理囚"、"系囚")通常与罪行减等密切相关,"天子岁录京师系囚,钱内则遣使。往往杂犯死罪以下第降等,杖笞释之,或徒罪亦得释"。[①] 例如,《宋史·太宗纪》载:"至道元年(995年)二月,以旱虑囚,减流罪以下。"《宋史·真宗纪》:"咸平元年(998年)正月,彗出。二月,虑囚,老幼疾病,流以下听赎,杖以下释之。二年闰月,以久旱不雨,诏天下系囚非十恶、枉法及已杀人者,死以下减一等。"宋仁宗"乾兴元年(1022年)五月乙亥,录囚,杂犯死罪递降一等,杖以下释之"[②],宋神宗熙宁"三年(1070年)八月,以旱,虑囚,死罪以下递减一等,杖笞释之"[③]。一直到南宋孝宗、宁宗,屡见因"淫雨"而命中央和地方州县"系囚"的记载。[④] 明代,在录囚、虑囚的基础上逐渐形成录审制度,据《明史刑法志》记载:"会官审录之例,定于洪武三十(1397年)年。"此项制度即与灾异有关,"明英宗正统六年(1441年)四月,以灾异频见,敕遣三法司官详审天下(刑)疑狱",沈家本对明代审录制度大加赞扬,他认为与唐宋时代录囚(虑囚)相似,二者的区别在于前者五年一定例,后者则因事而施而已。要之,都体现了统治者的恤刑仁政思想。

三、自然灾害法律规制的思想基础

从上述可知,古代中国对自然灾害的法律规制主要通过皇帝下诏罪己、官员问责、大赦和录囚等方式。那么,其法律规制背后的思想是什么呢?下文将从天人合一思想和以人为本思想两个方面进行简要考察。

(一)天人合一

"天人合一"思想是古代中国对自然和人事之间关系的独特宇宙观和认识论,其产生和演变是由特殊的地理环境、经济基础及其文化传统决定的。有学者认为,

---

① 《宋史·刑法志》。

② 《宋史·仁宗纪》。

③ 《宋史·神宗纪》。

④ 《宋史·孝宗纪》、《宋史·宁宗纪》。

这一思想表明人与自然的辩证统一，“既包含着人对自然规律的能动地适应、遵循，也意味着人对主宰、命定的被动地服从崇拜”。[①] 早在先秦时期，古代中国人就认识到自然界与人事的关系。《礼记·表记》中说：“殷人尊神，率民以事神。”可见殷商时期人与“天”的密切关系，这从大量出土的甲骨文中举凡田猎、农事、出征、祭祀都要占卜的记录得到印证。西周春秋时期，强调“以德配天”，开始通过统治者的人格修养把自然灾异与人间的福祸联系起来，《尚书·召诰》说：“惟王其疾敬德，王其德之用，祈天永命。”《左传·宣公十五年》载：“天反时为灾，地反物为妖，民反德为乱，乱则妖灾生。”

汉初时人已经把人间政事善恶与天道联系在一起，董仲舒吸收阴阳五行学说提出天人感应理论，将天人合一的思想系统化并在汉代以后逐渐制度化。“臣谨案《春秋》之中，视前世已行之事，以观天人相与之际，甚可畏也。国家将有失道之败，而天乃先出灾害以谴告之，不知自省，又出怪异以警惧之，尚不知变，而伤败乃至。以此见天心之仁爱人君而欲止其乱也。”[②]根据董仲舒的说法，天是有人格意志的最高主宰，如果违反了天的意志和目的，必然使阴阳失调，五行失序，引起上天的震怒，出现各种灾异，以示谴告和惩罚。反之，如果能够顺从天意，实行德政，就可以减少和免除灾异带来的损失。这种理论虽然遭到后人的批评，但在一定程度上通过天谴的方式也起到了对君权的抑制作用，对汉代及其以后的各朝统治者产生了很大的影响，成为历代应对自然灾害的思想基础。作为汉代国家宗教的经学全书《白虎通》[③]说：“天所以有灾变何？所以谴告人君，觉悟其行，欲令悔过修德，深思虑也。”[④]就是这种理论的官方表达。

故而，人间出现的诸如地震、日食、月食、水旱等自然灾害，被认为是由于统治者德行有亏的体现，或是牢狱中囚犯有冤情而形成冤气，打破阴阳二气的平衡，所以皇帝要么应该主动下罪己诏承认错误，或者通过录囚的方式解决淹滞刑案和平反冤假错案以调和阴阳，消除灾害。汉宣帝因地震而大赦的诏书中就说道：“‘盖灾异者，天地之戒也。朕承洪业，奉宗庙，托于士民之上，未能和群生。乃者地震北海、琅邪，坏祖宗庙，朕甚惧焉。……被地震坏败甚者，勿收租赋。’大赦天下。”[⑤]唐德宗贞元三年，京师地震连续不断，皇帝对宰臣说：“盖朕寡德，屡致后土震惊，但当修政，以答天谴耳。”[⑥]

① 李泽厚著：《中国古代思想史论》，人民出版社1985年版，第319页。
② 《汉书·董仲舒传》。
③ 张荣明著：《中国的国教：从上古到东汉》，中国社会科学出版社2001年版，第271页。
④ 陈立撰：《白虎通疏证·灾变》，中华书局1994年版，第267页。
⑤ 《汉书·宣帝纪》。
⑥ 《新唐书·德宗纪》。

西汉发生著名的东海孝妇冤案，导致“郡中枯旱三年”，后任“太守杀牛自祭孝妇冢，因表其墓，天立大雨，岁孰”。[①] 东汉时上虞也发生了几乎同样的冤案，“自是郡中连旱二年”，经过“刑讼女而祭妇墓，天应澍雨，谷稼以登”。[②] 东汉时，录囚逐渐与灾异联系起来，时人认为灾荒特别是旱灾形成是由于冤狱，录囚能减少冤狱，从而削减灾害。关于天人合一思想与自然灾害的关系，也体现在历代正史中的“五行志”中。《晋书·五行志》对灾异评论说：“综而言之，凡有三术。一曰，君治以道，臣辅克忠，万物咸遂其性，则和气应，休徵效，国以安。二曰，君违其道，小人在位，众庶失常，则乖气应，咎徵效，国以亡。三曰人君大臣见灾异，退而自省，责躬修德，共御补过，则消祸而福至。”《新唐书·五行志》说：“若政得其道，而取不过度，则天地顺成，万物茂盛，而以安乐，谓之至治。若政失其道，用物伤天，民被其害而愁苦，则天地之气诊，三光错行，阴阳寒暑失节，以为水旱、蝗螟、风雹、雷火、山崩、水溢、泉竭、雪霜不时，雨非其物，或发为氛雾、虹蜺、光怪之类，此天地灾异之大者，生于乱政。”

直到宋代，天人合一的思想仍然是对灾害的治理的主要理论，南宋时学者楼钥对宋光宗说：“夫天人之间，相去不远，太戊称宗，实由拱桑之祥，宣王复古，厥有云汉之诗。罪已而兴，谅非虚语。遇灾而惧，适为盛德。臣愚欲望陛下，深求其故，俯询愚言，宽民力，录囚徒。凡可以应天者，务求其实，则治道日举，圣德日新，上答天心，下遂人欲。”但至宋代以后，特别是明清时期，对于因灾而大赦、录囚等做法，许多重视人事而不太诉诸天道的官员和思想家多持批判的态度，反对统治者不加区分地实现大赦，认为这种做法实际上使得有罪者轻易免予处罚，被害者冤屈无从申诉的境地。他们从儒家仁政恤刑和民本的思想出发去理解大赦和录囚，这是宋代以后理性主义人本思想在灾害治理上的体现。

（二）民本思想

民本思想在中国有着悠久的历史，滥觞于西周初年。一般认为，“民本”一词来源于伪古文《尚书·五子之歌》“民为邦本，本固邦宁”一语。[③] 西周杰出的思想家、政治家周公旦看到了商纣王自恃天命不恤人民的力量而亡国的事实，提出了“人无于水监，当于民监”[④]和“敬德保民”[⑤]的思想，开怡重视人民的力量。所以《尚书·泰誓》说：“天视自我民视，天听自我民听。”“民之所欲，天必从之。”《尚书·皋陶谟》：“天聪明自我民聪明，天明威自我民明威。”故而，为君者要重视“养民”，“是故

---

① 《汉书·于定国传》。

② 《后汉书·孟尝传》。

③ 夏勇：“民本与民权——中国权利话语的历史基础”，载《中国社会科学》2004年第5期。

④ 《尚书·酒诰》。

⑤ 《尚书·康诰》。

明君制民之产，必使仰足以事父母，俯足以畜妻子，乐岁终身饱，凶年免予死亡”，①“岁虽凶败水旱，使百姓无冻馁之患，则是圣君贤相之事也”。② 这种重民的观念反映到法律上，就是要求统治者要存仁政之心，以德礼为先政刑为辅，故孔子曰，“为政以德，譬如北辰，居其所而众星拱之”，“道之以政，齐之以刑，民免而无耻；道之以德，齐之以礼，有耻且格”。③ 在听讼、断狱时要顺从天象慎刑赦过，《易经·解卦》云：“象曰：雷雨作，解，君子以赦过有罪。”《易经·中孚卦下》曰：“君子以议狱缓死。”《论语·子路》云：“先有司，赦小过，举贤才。”

汉代在武帝时期接受儒家学说作为治理国家的政治理念以后，民本思想在政治上也得到了体现。汉武帝元狩元年（122年），因淮南王刘安谋反和发生雪灾，大批百姓冻饿而死。武帝为此下诏罪己：“朕闻咎繇对禹，曰在知人，知人则哲，惟帝难之。盖君者，心也，民犹支体，支体伤则心憯怛。日者淮南、衡山修文学，流货赂，两国接壤，怵于邪说，而造篡弑，此朕之不德。《诗》云：‘忧心惨惨，念国之为虐。’已赦天下，涤除与之更始。”④永光二年（前42年）春二月，汉元帝下诏：“今朕获承高祖之洪业，讬位公侯之上，夙夜战栗，永惟百姓之急，未尝有忘焉。然而阴阳未调，三光晦三昧。元元大困，流散道路，盗贼并兴。有司又长残贼，失牧民之术。是皆朕之不明，政有所亏咎至于此，朕甚自耻。为民父母，若是之薄，谓百姓何！其大赦天下。”东汉和帝永元十二年（100年）发生旱灾，和帝下诏：“今春无澍雨，黎民流离，困于道路。朕痛心疾首，靡知所济。‘瞻仰昊天，何辜今人？’”⑤

汉代以民本思想为指导，通过罪己诏、大赦、录囚及追究官员违法行为等方式奠定的治理灾害模式，影响了唐代以后的各朝。不过，相对于汉唐时期注重天人感应理论，宋代以后民本思想在治理灾害中的指导作用更为明显，这是宋代以后宋明理学理性主义兴起后天道观影响减弱重视人事的结果。从北宋名臣欧阳修、王安石、司马光、苏轼、曾巩、吕祖谦等论述中，我们可以看出宋代以后民本思想在灾害治理中的重要性。到了南宋，产生了中国古代第一部荒政专书《救荒活民书》，该书作者主张“厚下”恤民，以“仁政”减灾，系统地阐述了从上到下各级官吏应履行的救荒职责，提出人主当行六条、宰执当行八条、监司当行十条、太守当行十六条、牧令当行二十条。⑥ 明太祖朱元璋是开国皇帝中对君民关系认识比较清楚的一个，他在救灾

① 《孟子·梁惠王上》。
② 《荀子·富国》。
③ 《论语·为政》。
④ 《汉书·武帝纪》。
⑤ 《后汉书·和帝纪》。
⑥ 李向军：“试论中国古代荒政的产生与发展历程”，载《中国经济史研究》1994年第2期。

时说:“君天下者不可一日无民,养民者不可一日无食,食之所恃在农,农之所恃在岁。”[1]“朕为天下主,凡吾民有不得其所者,皆朕之责。”[2]正因为这样,洪武十年(1377年),因延误赈灾的户部主事赵乾被杀,朱元璋的理由是其“不念民艰,坐视迁延,自去年十二月至今年五六月之交,方施赈济,民饥死者多矣。夫民饥而上不恤,其咎在上;吏受命不能宣上之意,视民死而不救,罪不胜诛。其斩之,以戒不恤吾民者”。[3] 其专制皇权思想体现无遗,但同时也是民本思想的表现。明代理学家丘浚在批评大赦过滥时说:“人君为天之子,奉天之祀则当理天之心,以惠天之民,天之民不得已而误入于罪,赦之可也。不幸而为,人所害焉,为天子者不能恭行天讨,使天之民冤苦莫伸,岂天意所欲哉?”其中天意与民心的转换颇可玩味,这可以看做是宋代以后学者中具有代表性的言论。

① 《明太祖实录》卷二三。
② 《明太祖实录》卷一二四。
③ 《明太祖实录》卷一一二。

对中国早期佛教的介入型规范方式研究

——以梁武帝制荤腥戒为例

谢 舟*

自汉明帝永平年间佛法西来之后,①佛教逐渐为中土所接纳和传播。早期历代皇权对佛教是比较宽容而且开始试图对佛教加以控制。南梁时期,一方面把尊崇佛法推到了极致,另一方面也开始尝试制定和改革佛教僧侣规范,来实现世俗皇权对佛教的控制。发生于天监年间②的梁武帝制荤腥戒正是早期皇权试图改革佛教的内规范,③来确立皇权在佛教内权威的一次努力。文章为此分析梁武帝制荤腥戒事件,进而希望能客观揭示和评价早期皇权对控制佛教的努力这一历史。

一、梁武帝制荤腥戒的原因:皇权与权威的渴望

(一)皇权试图借助佛法教义来控制社会

佛法西来,首先就是由统治者所引进的。经过两汉、三国和魏晋,佛法始终为士大夫所参省传扬,并逐渐同中国本土的道家玄学甚至儒家思想相融合。佛法在南北朝时期成为一世显学。这一段历史时期内,多位统治者看重佛法,并热衷于佛教教理传扬于俗世,用以安世济民。佛教教义中的"无为"、"善行"、"戒律"等基本要义,深入统治阶层之统治要诀。梁武帝更是将佛法治世发挥到了极致。不仅亲自身受菩萨戒,更是影响贵族士大夫阶层以遵循佛法为热,甚至以佛法教义直接敕令治下百姓,不许用三牲祭祀宗庙鬼神,试图改变中国传统。

(二)佛教僧侣拥有过大的独立性

早期佛教为统治者所引入,主要是在士大夫这样的贵族知识阶层范围传扬,出家僧侣多交游于皇亲贵胄,这使佛教僧侣一开始就拥有较为尊崇的社会地位。而

---

* 谢舟,2010 级中国法律史专业,指导老师:王立民。现工作于湖州师范学院。

① 虽然佛教何时传入,众说纷纭,但汉明帝永平年中,遣使往西域求法,是为我国向所公认佛教入中国之始。参见汤用彤著:《汉魏两晋南北朝佛教史》,武汉大学出版社 2008 年版,第 13 页。

② 梁武帝制荤腥戒的具体时间未见时间记载,但有学者考证推论发生于梁武帝天监十七年(518年)至普通四年(523 年)之间。

③ 内规范,即指佛教内部经律论中用以规范僧侣行为的戒律及其原理规则。由此,历代世俗法对佛教规则而言为外规范。

早期传入印度佛教中的“平等”、“唯佛”观念也使僧侣有所依恃，而敢于藐视皇权。从魏晋起，多个统治者都试图规定僧侣同朝廷的尊卑礼俗，但几乎都失败了。佛教僧侣为何可以不守朝廷礼制，晋释慧远在其所著《沙门不敬王者论》中详细论说了出家僧侣不必跪拜当世人王是基于两个理由：一是从僧人追求普度众生之义，功比王侯来证明无须向俗世人王致敬；二是佛法大义超脱自然人伦，不同世俗同流合污，所以无须向俗世制度低头。

另外，早期佛教寺院僧侣不受国法制约和户籍管理，从接受权贵和富有阶层的供养到自营自生，相当长一段时间里头不需要尽对国家的任何义务。其独立性可见一斑。但这种独立性，给以农业立国的中国王朝带来了崇慕奢靡及小民借以逃避农耕编制，导致劳动力逸散的忧患。南梁循吏郭祖深就为此忧心忡忡，在其舆榇诣阙上封事中就提道：

都下佛寺五百余所，穷极宏丽。僧尼十余万，资产丰沃。所在郡县，不可胜言。道人又有白徒，尼则畜养女，皆不入贯人籍，天下户口，几亡其半。而僧尼多非法，养女皆服罗纨，其蠹俗伤法，抑由于此。

佛教寺院僧侣的资财颇丰，其富足生活，足以引起当时世人的侧目和向往，不利于朝廷的王道教化。而僧尼蓄徒，侵蚀了户编农民，大量劳动力脱离土地，放弃耕种，动摇了国家农耕的根本。当时情形，亦有大量狡猾豪强之徒避入寺院，逃避国法追究的现象。凡此种种，使统治者深感不安。

（三）佛法权威引起皇权的不安

早期传来佛教经义，藐视人王，而强调佛法的“天上地下，唯我独尊”。加之初来之时，与中国原有黄老之说相表里，提倡“无为”和“唯一”观念。所以在保有教义和僧侣独立性的基础上，当然会挑战世俗权威。前述《沙门不敬王者论》中就提及了世俗统治者不过是顺从自然人伦的，而佛法是超脱自然的，世俗人王不能免除生死轮回，而修佛之人的最终目的却是超脱六道，自然佛徒高于人王。而人王也只有在佛为转轮法王时，才有统治的依据。

梁武帝时期，对这种佛法权威态度谦卑。虽然，大多僧侣交游皇家，服务于统治，但佛法凌驾于皇权之上的理论，使有些佛教僧侣凭此偶有冒犯皇家尊严的事件出现。梁武帝时期，就发生过释智藏冒犯御座的事件。

而佛教对世俗名教的冲击，动摇传统统治之基，也引起了统治阶层的不安。时臣荀济上书梁武帝，认为宣扬佛法，有损儒家名教。

（四）梁武帝个人佛圣人王的渴望

梁武帝萧衍采用制荤腥戒这种变革佛教戒律内规范的方式，而不是采用类似北魏国法外部规制的方式，也有梁武帝个人原因。

萧衍青年时期身为“竟岭八友”，深受儒道思想教育熏陶，当政后舍道事佛，受菩萨戒，[1]从此尊崇佛法，畅扬佛教。同北朝统治者大修佛寺，到处立碑造像，定规寺院僧官，给予僧侣特权不同，萧衍笃信佛法，亲力亲为，数次舍身同泰寺，并深究佛法经义，多次为佛经作注作释，带动南梁士族广研佛法，并致力于将儒道思想同佛法思想结合起来，创新"神明成佛"论。如此深明佛教义理的君王，在其性格中一方面儒家及君权思想根深蒂固，另一方面佛菩萨性格也在其数十年如一日，遵守戒律，笃信礼佛中表露无遗。

萧衍注意吸收佛教中有利于济世安民的内容来作为维护君权统治的工具，宣扬佛教意识形态，并且亲身垂范清规戒律，对当时社会的示范意义自不待言。而忠孝等儒家传统思想的暗示，使萧衍诚心礼佛的另一层意图是忏悔不忠和恪守孝思。[2] 基于这种儒家积淀，中国传统的蔬食文化，被他拿来同佛教戒律中的杀生戒所结合，重新界定杀生戒而成了荤腥戒。

二、梁武帝制荤腥戒：皇权的小心翼翼

因为担心遭到佛教僧侣的反对，梁武帝制定并推行荤腥戒的过程是经过精心策划和具足了理论论证功夫的。包括宣布荤腥戒的仪式，专门作《断酒肉文》来进行义理论证，其后又针对不同意见进行辩驳。末了还亲谕内臣，作《与周舍论断肉敕》再次强调荤腥戒的重要意义。而佛教方面的反对声浪是由当时以精研戒律闻名的庄严寺法超、奉诚寺僧辩、光宅寺宝度三僧和僧正慧超、法宠为代表来提出的。论战主要是以佛教经义为依据展开的，但梁武帝在其间已不时透露出皇权国法欲作用佛门的愿望。

（一）两篇文告和制荤腥戒的论证进路

梁武帝没有采用简单宣布规则然后用国法强制推行的做法。他引经据典，用佛教义理，并掺杂其他儒法思想，花费了大量篇幅文章详细论述了荤腥戒及其合理性和重要性。目的就是要说服众僧侣接受荤腥戒，方便推广实施。基于他深崇佛法的菩萨性格，可以推断他深知信奉的力量好过外在的强制。所以他作了《断酒肉文》[3]和《与周舍论断肉敕》。

《断酒肉文》依《广弘明集》中呼告语"弟子萧衍，敬白诸大德僧尼、诸义学僧尼、诸寺三官"分为四节。第一节是论证的主要部分，首先叙述了作《断酒肉文》的原

① 梁武帝受菩萨戒的时间考证，是在其统治早期，即天监三年，还是在统治中期，即天监十四年？当今学者各有争论，据较新考证，应为天监三年。但梁武帝改信佛法事实无疑。

② 可以参见梁武帝《孝思赋》及《净业赋》文。

③ 颜尚文有猜想，《断酒肉文》非萧衍亲手所作，而是他意旨，由法云润笔。

因:匡正佛法。其次以出家人食酒肉同外道者相比较出家人犹嗜饮酒、啖食鱼肉,是则为行同外道,而复不及;和同在家人相比较,众生以罪业因缘,故受此恶触。此非正真道法,亦非甘露上味,云何出家僧尼犹生耽嗜?分别都列举出了九不如。再次,列举了不断一切肉的佛教业障,尤其指出食肉者断大慈种这一严重后果,经言:食肉者,断大慈种。随后列举了食肉者的因果报应,特别举例父母亲属因果轮回来说明报应之重,“暂争舌端一时少味,永与宿亲长为怨对,可为痛心,难以言说”。最后说明了食肉对佛教修行的障碍,凡啖食众生,是一切众生恶知识,是一切众生怨家。如是怨家遍满六道,若欲修行,皆为障难。

第二节萧衍取例北山蒋帝,说明去杀得就蔬食,北山蒋帝,犹且去杀。……一日北山为蒋帝斋,所以皆请菜食僧者,正以幽灵悉能鉴见。

第三节梁武帝亲做表率,同众僧尼共同起誓,并申明若有违背必将遭致处罚的严重后果。弟子萧衍,于十方一切诸佛前,于十方一切尊法前,于十方一切圣僧前,与诸僧尼共申约誓。……不如法者,弟子当依王法治问。

第四节则是辩驳了僧尼蔬食畏难之理由,指出蔬食是可行的,诸僧尼必信佛语,宜自力励。若云菜食为难,此是信心薄少。……凡不能离鱼肉者,皆云:菜蔬冷,令人虚乏;鱼肉温,于人补益。作如是说,皆是倒见。今试复粗言,其事不尔。

第二次法会论战,收录在《断酒肉文》后,则是针对反对者提出的“三净肉”可食和为医病和其他原因食肉的论断进行批驳,指出须戒食一切肉。《与周舍论断肉敕》则共计五段,在文中分别批驳了法宠、僧辩的反对理由,并再次重申了食肉杀生,触佛教戒律,断佛家修行的道理。

萧衍定荤腥戒的整个论证总体思路是由外围及核心,由知到行,由面到点,并巧妙地从戒食一切肉引到了蔬食规则上。而且在论证上明以佛教经义为理论依据,其实也暗藏了不少中国传统的儒家思想在内。

1. 萧衍据以论说的主要戒律就是佛教五戒“杀戒、盗戒、淫戒、妄戒、酒戒”中的杀戒。但论证开始并非直指杀戒,而是批评当时出家僧尼食酒肉的行为,把食酒和食肉捆绑在一起来说明食酒肉行为有碍于出家人的身份和名誉。可推断,这里有借酒戒杀威之意。其后才援引《涅槃经》、《楞伽经》来论述核心问题——不得食一切肉。

2. 从论证顺序来看,《断酒肉文》首先是义理论证,从理论上说明需要断一切肉,才能正心正信修行,不种恶因得报应。其次落实到行动上,萧衍同众僧尼共申誓,断食一切肉,并从信心和身体健康方面来说明断食一切肉是可行的。而且言明违反的处罚,警戒僧尼,完成了由知到行的论证。

3. 用南山蒋帝的事例作为承接。这一转承,巧妙地采用中国传统祭祀中的蔬食观,[①]扩及了佛教僧侣日常进食行为中。论证最终指出了不得食酒肉,只能食蔬果的这一行为规范。

4. 引经据典,佛儒结合,演绎论说,重点论证,是全部论证的最大特色。整个论证过程明引佛经。第一次法会一开始就是讲《大涅槃经》部分并做解释,其后《断酒肉文》中又数次引用《大涅槃经》、《楞伽经》,第二次法会又读释《楞伽经》和《央掘摩罗经》。采用这些经义来作证自己论证在佛法上的合理性和权威性。

其时,佛教戒律方传译来中土不久,[②]僧侣对戒律的翻译多限于小乘部众律论,歧义较多。所以梁武帝萧衍能得以引经注律,以基本五戒中的杀戒为基础,利用佛经经义的不食不净肉的理论原意作扩充解释,把因为戒杀生而不食肉的内涵扩展到戒食一切肉之上。并着重对佛经许可的几种食肉特如"三净肉"做了批驳。由于经注不足,梁武帝更是得以援引儒家的一些思想来演绎自己的主张,如父母亲长因果报应、北山蒋帝鬼神祭祀,等等。而定蔬食规则,更是中国文化的义理,非梁武帝所独具匠心。[③] 所以整个过程,佛儒交融,让僧尼无法抗拒,让普通民众也深受感悟。这其实又是中国传统的教化为先,刑罚为后的思路方法。

(二)国法代行佛法的处置方法

《断酒肉文》有三处提到了违背荤腥戒规的处置法。

其中第一节首次谈及守戒要求及处罚:

今日大德僧尼、今日义学僧尼、今日寺官,宜自警戒,严净徒众。若其懈怠,不遵佛教,犹是梁国编户一民,弟子今日力能治制。若犹不依佛法,是诸僧官宜依法问。

第三节誓约一开始便言及处罚并申明重惩大僧首领:

若为外司听察所得,若为寺家自相纠举,不问年时老少,不问门徒多少,弟子当令寺官集僧众、鸣揵槌,舍戒还俗,着在家服,依《涅槃经》还俗策使。

唯最老旧者、最多门徒者,此二种人,最宜先问。何以故?治一无行小僧,不足以改革物心。治如是一大僧,足以惊动视听。推计名德大僧,不应有此。设令有此,当依法治问,其余小僧,故自无言。

第三节并在自己的誓约中重申对犯戒的处罚并严令执行,禁止隐匿:

弟子萧衍虽在居家,不持禁戒,今日当先自为誓,以明本心:……僧尼若有饮酒、啖鱼肉者,而不悔过,一切大力鬼神亦应如此治问。增广善众,清净佛道。若

---

① 在《断酒肉文》中出现的多是"蔬食"而非"素食"。从严格意义上来说,"蔬食"与"素食"还是有差别的。结合当时历史文化条件,"蔬食"更契合梁武帝原意。而其他学者所述"素食"更接近现代意义,较不符合当时语境。所以本文题定"荤腥戒"而非"素食制度"也有这层考虑。

② 佛教戒律传入中国,通说是始于三国时代的曹魏嘉平二年(公元250年)。参见劳政武著:《佛教戒律学》,宗教文化出版社2001年版,第63页。

③ 郭祖深就有建议"婢唯著青布衣,僧尼皆令蔬食"。

未为幽司之所治问，犹在世者，弟子萧衍，当如法治问，驱令还俗，与居家衣，随时役使。……若有犯法破戒者，皆依僧制，如法治问。若有容受，不相举治者，当反任罪。

从如上论述中，可以看出梁武帝处罚方法的几个特点：

1. 佛法先于国法的一般原则

白衣僧正之争的教训使萧衍认识到皇权暂时还不能凌驾于佛法之上，佛教内部事务还是首先让佛教中僧官依佛法处置为妥。所以在处置中都还是首先要求僧官首领自己约束，警戒辖下众僧尼，对破戒的僧众首依僧制处罚。只有僧官未治时，才动用国法来处理。

2. 重治佛教长老首领和反坐是核心

梁武帝在这里应用了中国法律中重惩监临主守的思路。强调诸大德义学僧官的首长责任。分别在第一处和第二处中都提及了要首先重处佛教首领来以儆效尤。而第三处末尾提及要对隐匿者反坐其罪。这两点都反映了梁武帝用世俗刑罚思想介入佛教中治理佛教事务的企图。当然也可以大胆猜想，梁武帝重治佛教长老首领的内心中，有报白衣僧正之争失败的一箭之仇的意思。

3. 脱离佛门是首要条件

梁武帝清楚佛教僧侣享有佛法的庇护，所以在用国法处置之前必须让其首先脱离佛门。在三处处罚的论述中都有若有犯戒则驱离佛门的规定。第一处首提视犯戒者为梁国编户一民，国法就可以管辖了；第二处梁武帝显现本意，僭越僧正代行僧职，驱离犯戒者舍戒还俗。第三处梁武帝把自己同鬼神幽司裁判等同，对在世犯戒者，勒令还俗，与居家衣。这三处递进，也反映了梁武帝欲为佛圣人王的心态。皇权对佛教的介入之急，可见一斑。

4. 依国法却融入佛经来处置是基本方法

《断酒肉文》及其他文告史料中并未详细记载依国法如何处置的。整篇《断酒肉文》反映的还主要是梁武帝欲获得对佛教僧侣的管辖权的这一史实。但文中也有只言片语提及了处罚方法。分别在第二处提及依《涅槃经》还俗策使；第三处提到与居家衣，随时役使。可猜想，处罚方式可能还首先是依据佛教方式，其次才或是罚做官私奴婢，服苦役等种方式。可见梁武帝对佛教僧侣还是比较敬重而首先依其属人法的。

（三）荤腥戒的佛律之悖与僧侣的反驳

第二次法会全因僧侣有言佛律中无断肉之事而起。所以尽管梁武帝为论证荤腥戒做足了论证工夫，但是从僧言可以看出，他的论证还是有瑕疵的。而这些瑕疵也成了僧侣反对立论之处和二次法会论战的焦点。

从佛教戒律来看，首先，整个佛教戒律的根本精神是“诸恶莫作，众善奉行，自净其意;是诸佛教”。其重心在于“自净其意”,也就是说所有戒行,强调的是内心反省和遵守,是道德律居于首位。虽然佛陀定戒律也有团结僧团,号召世俗信众和保证佛法流传的目的在内。但缘于佛教的修行方式是自度然后普度。而自度的“戒、定、慧”三学,戒行仅仅是基础。所以可以说佛法并不刻意强调外在制约和强制遵守,犯戒的处罚多是忏悔,最重也就是逐出寺院。而梁武帝用世俗法来看待戒律,强调外在的强制力,此其悖一。

其次,佛教戒律并非是严格一体毫无例外的,反而是容许有相当例外的。而梁武帝禁断一切食肉,无有例外,此其悖二。

再次,佛戒中不食一切肉,是从大乘经义上说的,而戒律中并无,而只有戒杀律。所以佛陀所言不食一切肉,是为了禁杀的。而且从律论中来看,禁杀初始是禁杀人身,后才及于一切动物生灵。并且论杀重在主观犯意的追究上。虽后世经论有将之扩大的趋势,但也莫衷一是,不有定论的。而梁武帝的荤腥戒则演绎杀戒为一切肉食戒,明显扩大了戒律范围;而且从外在行为推论犯意,无视佛教基本世界观,此其悖三。

最后,佛戒有轻重,虽然当时还未有律论论证佛戒之“性戒”与“遮戒”的问题,但就以五戒或僧尼戒律而言,只杀戒、淫戒是最重戒,其他几戒程度较轻,酒戒是最轻戒。而梁武帝即便视酒戒也罪莫大焉,更创肉食戒,动辄国法对待,夸大其词,此其悖四。

所以当时研习佛教戒律的僧侣对梁武帝的荤腥戒有反对也就理所当然了。

其一,第二次法会论战中三僧都有提及次第修行的问题。

法超奉答:……先明断十种不净肉,次令食三种净肉,未令食九种净肉。如此渐制,便是意欲永断。僧辩也是同一看法:教有深浅,阶级引物。若论啖三种净肉,理当是过,但教既未极,所以许其如此。而宝度也持此意。所以反对不分人等一概禁绝。

其二,律师持方便法门之意。在谈及三律师是否有食肉行为时,除法超不食外,另外二僧为疾病故,开方便法门有暂食行为,而僧辩律师在为徒众讲律时,也为众徒开了方便法门,若约教解,不全言不许。若论其意,未常开许。所以反对毫无特例一律遵守。

其三,律师严格奉守律言。在辩论三净肉中“市鱼肉”行为时,僧辩持律见而反对用原理来扩大解释。问:以钱买鱼肉,是疑非疑?答:若理中理,自是疑。……问:今所问事中是疑不?答:若约教非疑。……问为自死名作死,为杀名作死?答:此旨是理中言。约教辩,只得如此。

其四,坚持经律有别。律师认定经律虽然同源,但是毕竟有所差别。宝度就认为:若律中事是优波离所出,经事悉是阿难所出。……只言经中有明戒处。愚谓应相关涉。所以不能引经当律。

其五,众律师谨守忏悔法,认为犯肉食,忏悔即可。法宠答到:恳恻至心,是为忏悔。若能忏悔,是大丈夫。……经有成文。耆婆云:汝有惭愧,故罪可灭。惭愧即是清白法。……经又道惭愧为上服。潜台词就是无须其他追究方法了。

可见梁武帝所制荤腥戒立论视角还是有从世俗观念来考虑论证的,于佛法戒律上论说并非是无懈可击。但二次法会的论证梁武帝采用的是义理辩论,并非使用皇权和法统进行威压。虽然反对僧侣还是忌惮萧衍的皇帝权威的,但也能据律力争,表达反对见解。这也与梁武帝的个人修为崇德尚佛密切相关。

三、制荤腥戒的评价:皇权治理佛教的成功之作

以今天来看,梁武帝所制荤腥戒的规则得到了遵守。虽然后世佛教经典并未将梁武帝制定的荤腥戒纳入经律文义当中,但荤腥戒作为一个事实上的习惯法已经为之后历代出家僧侣所奉行不讳。并非仅仅如此,通过荤腥戒,世俗皇权权威首次几乎未受到反抗的深入佛教秩序内部,开创了皇权成功治理佛教的重要先例。

(一)治理佛教的规则发展的起始

中国古代从来就是世俗法的国家,世俗统治者必然要学会控制宗教,并尽量利用宗教来为已服务。佛教也不例外。自汉以来,随着佛教在中国逐渐广泛传播,佛教信众包括僧侣和居士群体已经成了一个重要的社会群体,而佛教意识形态,也逐渐渗透到了中国传统统治思想中。如何驯服和改造早期佛教,成了汉后唐前历朝历代统治者孜孜不倦,努力探索的目标。而梁武帝制荤腥戒为这种探索提供了成功开始。

1. 创造了介入式的治理模式

荤腥戒的成功固然是特定历史条件和环境下,特定因素凑聚作用的结果。试想若无自魏晋以来的士大夫对佛学研究的热衷,无魏晋以来的崇佛风俗,无南梁的礼佛局面,尤其无梁武帝萧衍的深研佛学精义,而又深明儒道的融会贯通,制荤腥戒是无法可想的。

梁武帝制荤腥戒,世俗皇权主动介入到僧侣管理内部。并创新佛戒,将世俗律法思想融合进佛教戒守中,取得了良好效果,树立了对佛教的世俗权威。这种成功方式前无古人,当为中国佛教治理历史上的一大创举。

2. 为后世朝代治理佛教提供了好的借鉴

历朝历代统治者在治理佛教时莫不是遵循南北朝时的治理思路而来的。虽然从表面上来看,历朝历代统治者多采用的是类似北魏的外部规范方式,多制度僧团

组织机构、僧侣与世俗关系法制，僧侣内部规则则基本交由僧侣自治。历朝统治者中也不少类似梁武帝皈依佛门崇信佛教的，但再也未能如梁武帝萧衍般能革新佛法，将统治思想贯彻到佛门内部的。但历朝统治者凡是崇佛尚教的，都至少能够在外部支持佛教僧侣开创发展中土佛教经戒，①并予以国法的认可。可以说，或是梁武帝的这种介入式治理的思路启发借鉴之下，各代统治者虽己不能，但也支持能者所为的，尽量参与到佛门内部治理当中去，积极推动了佛教内部规范的进步与发展。

（二）佛教汉化与世俗化的起始

从中国佛教发展史角度而言，佛教传来中国及其后的发展就是“脱印入中”、“儒道佛融合”和“人间佛教”的转型发展过程。从早期佛教的“自由”、“独立”到后来向世俗皇权“致敬”，最终完全融入中国古代社会，自成汉传佛教一体。梁武帝的制荤腥戒事件无疑对促成早期佛教的这些转化起到了很大的推动作用。

1. 自始佛教戒律逐步中国化

梁武帝在制述过程中用其本身的儒道等中国传统思想来注释此荤腥戒，实际上是开始用中国世俗文化改造佛教戒律规范。从后来中国佛教戒律仪程规范的发展来看，大量吸收了中国世俗礼仪道德，发展到唐宋时期，从印度佛教戒律仪程的“简陋”转变到“繁密”，从印度佛教戒律执行的“严峻”转变为中国式的“融通、宽泛”。这中间未始没有梁武帝的起始之功。

2. 佛法逐渐向皇权低头

荤腥戒制定整个事件对佛教的另外一个影响是，通过制定荤腥戒，梁武帝成功的，在遭到最小反抗的情况下，使僧侣在一定程度上承认了世俗皇权的一定权威。虽然在世俗法国家，宗教服从于世俗律法是迟早的事情。但是在梁武帝制荤腥戒前，佛教僧侣还是成功地保证了拒皇权于佛门之外。此后，佛法逐步向世俗低头，逐步丧失了超然地位而自认为中国社会中的一阶层。但换个角度看，更好地融入了中国社会，获得了佛教在中土的广为传播，中土自己的佛教体系也得以开创和发扬光大。这未尝不是佛祖乐见的一大幸事。

① 中国佛教在印传佛教戒律基础上发展出了自己的一套大乘佛教的戒律制度。这一发展自释道安定制“三例”开始，后至百丈禅师“禅门清规”，中国佛教的戒律制度基本定型。

门第与户籍：魏晋与隋唐时期受教育资格与权利的嬗变

芦 琦*

一、魏晋南北朝受教育资格与权利的"士庶有别"

魏晋南北朝时期，封建地主阶级在官吏选拔与学校教育方面由于实行了重家世、重门第、严士庶、轻才德的"九品中正制"与士庶户籍管理制度，因此，通过对庶族地主从政为官愿望与要求的限制打压，以满足世家大族对选官制度的操纵与垄断，使贵族士族子弟享有受教育和优先选官的双重特权在制度上得到根本保障。

魏晋南北朝时期，尤其在南朝，尽管有士户、吏户、百工户等不同人口，但除了不入民籍的僧道、奴隶外，国家只对"士户"和"庶户"两类正式户籍进行登记。"士人的户籍就称为'士户'，籍注中要注明家庭身份是'士'；而非士人出身的其他民众，如非士族地主、自耕农等，则统属于庶籍，籍注中要注明为'庶'。吏户、百工户等还属贱户类，尚不是国家编户齐民的对象。"①该时期的"士户"即士族籍，通常见之于把持仕途或居于官宦之家的豪强大族。由东汉末年四方名士转变而来的魏晋士族，一则因所授官籍而出任大官僚，但若其子弟不再为官，则其名籍则不保；二则因其祖上出自名门，则其子弟即可入士籍。士籍实际上是西周世卿世禄制的翻版，而官籍则是官员任命制的产物，两者有所不同。随着"九品中正制"的创设及其对"士户"社会身份的强化认可，魏晋南北朝时期的士族门阀制度最终将选官任用与入学受业的标准定格在唯门第论的垄断政治的高度上。

"九品中正制"作为创设于曹魏、完备于西晋、鼎盛于东晋、渐衰于南北朝的一种官吏选拔制度，最初沿袭了东汉以乡里评议方法作为对地方士人入仕的孝廉察举传统，儒家的道德行为标准似被看重，但在中正品第的过程中，才德标准逐渐被忽视，家世则越来越重要，甚至成为唯一的标准，直至西晋时终于形成了"上品无寒门，下品无势族"的局面。史书载，魏初之中正官，州为州都，郡国为中正。"魏司空陈群，始立九品之制，郡置中正，评次人才之高下，各为辈目，州置都而总其议。"②

---

* 芦琦，2004级法律文化专业，指导老师：郝铁川。现工作于上海电视大学。

① 姚秀兰："论传统社会户籍身份法律制度"，载《河北法学》2005年第8期。

② 《太平御览》卷第二百六十五引《傅子》。

根据士人的家世和行状综合作出的评定即定品，其中又包括确定品第、升品与降品。品分为上上至下下九等。一品无人能得，形同虚设，故二品实为最高品。三品西晋初尚可算高品（上品），以后降为卑品（下品）。这里的品是“中正品”，不同于官品。

张旭华教授认为，魏晋时期，由于门阀制度的形成以及士庶等级界限的严格区分，上品与下品同社会等级制度结合得愈来愈紧密，其间的差别日益明显。上品的含义也随之发生了质变，即由单纯评定人才优劣的一级乡品等级称谓蜕变为代表着士族的社会地位的身份等级的标志，成为辨别士庶分野的界标之一。魏晋时期的上品绝非是一个简单的人才等级概念，而是具有双重的含义：第一，上品是代表着门阀士族社会地位和身份等级的政治标志，是区分士庶的重要界限；第二，名列上品的门阀士族并非地位相当，而是照样存在等级高下之别。① 因此，结合该时期对“士户”与“庶户”的严格编户管理，联系魏晋南北朝的官学教育现状，以西晋为例，可见在“高门子弟，耻非其伦”②的太学之外另外创办西晋国子学的做法，表面上在于“贵贱士庶，皆须教成”，但其最终目的是维护门阀士族的利益和尊贵。南齐曹思文有评价曰：“太学之于国学，斯是晋世殊其士庶，异其贵贱耳。”③同样，西晋高门望族子弟对察举制不屑一顾，他们多凭借九品中正制即能由吏部直接铨选入仕，且其比例之高令人咋舌。④ 贬值了的察举制在事实上已成为下层士人及蜀吴士人入仕考选的方法，但两晋时期秀才与孝廉举而不就者比例的日趋增高，⑤使门阀士族控制仕途发展的弊端昭然若揭。所谓“高门华阀，有世及之荣，庶姓寒人，无寸进之路。选举之弊，至此而极”。东晋“臣强主弱”的政治格局则导致了学校教育的衰败以及察举制的形同虚设。

在魏晋南北朝时期，因十六国和北朝的各政权具有少数民族统治的性质，故严“士”、“庶”之别的受教育资格设定与权利授予的做法，连同九品中正制对士族门阀制度的特别强化作用主要在两晋与南朝时期凸显。尽管如此，在曹魏、南北朝等前后各时期，仍可看到对寒门庶族权利的相关保护规定，如南梁武帝诏令曰：（能通经者）“寒品后门，并随才试吏，勿有遗隔”⑥等。因此，可以认为，魏晋时代确立了中国

① 张旭华：“魏晋时期的上品与起家官品”，载《历史研究》1994年第3期。

② 《三国志·魏志·刘馥传》。

③ 《南齐书·礼志上》。

④ 从有关史料中可考的西晋入仕的192人中，直接入仕者占56人，到东晋则有所发展，入仕的200人中直接入仕者占118人。两者比例分别高达30%与56%。

⑤ 据考证，西晋一朝，秀才47人，孝廉50人，合计为97人，其中举而不就者26人，占26.8%。东晋一朝，秀才19人，孝廉8人，合计为27人，其中举而不就者13人，占48.1%。参见阎步克著：《察举制度变迁史稿》，辽宁大学出版社1997年版，第194页。

⑥ 《梁书·武帝纪》中有记载，诏令发布时间为天监八年（509年）。

封建历史上的门第特权观念,而世家大族子弟所享有的受教育和优先选官的双重特权升成为一种封闭型的强大世袭特权。但是,隋唐科举制的兴起,终于宣告了以品第打压天下英才的专制时代的终结。

二、隋唐科举制对门第特权的破除及其寒士权利的实现

自隋炀帝大业二年(606 年)始置明经、进士二科开始创立的科举制度,是一种根据应试考核成绩来选拔人才的取士制度。这种以摒除门第特权而另辟考试蹊径的取士之法成为中国古代人才选举制度中的一次历史性革命。清代名臣张之洞认为:"取士之法,自汉至隋为一类,自唐至明为一类,无论或用选举,或凭考试,立法虽有短长,而大意实不相远。汉魏至隋,选举为主,而间用考试。唐宋至明,考试为主,而亦参用选举。"①由此,隋唐科举制的实施,成为寒门庶族与豪门士族展开公平竞争、以真才实学跻身政治舞台并直至实现自身教育仕进权的深刻历史进步。

对于广大寒士来说,科举制赋予他们的权利是全方位与革命性的,其建立基础在于对"尊世胄,卑寒士,权归右姓"②的九品中正旧制的颠覆与官宦世族特权的扫除。例如,不分门第高下与出身贵贱面向全社会公开招考的制度授予了寒门百姓以平等竞争的考试机会。允许士人自由报考的"投牒自进"③(自举、自应)方式,不分贫富贵贱、不设门第限制(除工、商外),使参政权向平民开放,为不同社会阶层的流动提供了法律上的可能。此外,科举考试选拔人才时"一切以程文为去留"的能力与才识考量标准,结束了势家豪门对于入仕参政特权的垄断局面。如果说察举制和九品中正制带有浓厚的贵族性和特权性,科举考试则显示出其强烈的平民性与公正性特点。但是,由于新制度对旧制度的宣战必将遭遇传统特权势力的抵制和反对,所以,庶民寒士的权利是在经过力主科举与反科举的相左思潮斗争与抗辩过程中曲折实现的。例如,唐代历史上曾出现过三次影响较大的反科举思潮,第三次发生在唐武宗(841 ~ 846 年在位)时期。时任宰相的李德裕就是反对寒士经由科举步入朝廷的急先锋。他公然宣称,"然朝廷显官,须是公卿子弟",其理由在于他们"少习其业,目熟朝廷事,台阁之仪不教而自成,寒士纵有出人之才,固不能闲习

---

① 《皇朝蓄艾文编·江鄂都会奏变法自强第一疏》。

② 《新唐书·柳冲传》。

③ "投牒自进",是指唐代乡贡考生可以"怀牒自列于州县"。(《新唐书》卷四十四《选举志》。)"牒",是指应试者的家状,包括籍贯、父祖三代名讳、年龄、相貌、所习本径等,只要德行无缺,名实相符,一般皆准许其报考。参见刘海峰、李兵著:《中国科举史》,中国出版集团上海东方出版中心 2004 年版,第 83 页。

也”。[1] 赤裸裸地要求回到贵族门阀政治的时代去。其实，关于科场内寒士与子弟奖抑去留的激烈辩论的发生，在此前曾经出现过短暂的升寒门、抑子弟的现象，即武宗皇帝担心权势之家“朋比贵势，妨平进之路”[2]而影响其政治统治，才对子弟有所裁抑。由此看来，唐代的科举考试中多数情况下公卿子弟仍占上风。

尽管存在以上优点与不足，我们仍可看到，自隋唐开始，包括学生在内的儒士们，获得了除学校受教育权之外的另一项权利，即以科举入仕的权利。首先，在隋炀帝大业三年（607年）所定科举十人中，“文才秀美”者即成为日后进士科“随才升擢”的标准。其次，唐代武德四年（621年）诏令[3]诸州学士及白丁，有明经、秀才、俊士、进士资格者，通过州、县地方预试，合格者每年十月赴朝廷应试。再次，科举考试分地方与中央两级定期进行，自由报考，以考试结果定去留。但是，乡贡考生应在有户籍的本州郡应试。根据开元十九年六月敕规定：“诸州贡举皆于本贯籍分信明者，然依例不得于所附贯，便求申送，如有此色，所由州县即使催科不得递相容许。”最后，唐代的考试主要有常科和制科，另有武举等衍生形式。常科每年分科定期举行，制科由皇帝下诏临时举行。常科的考生可以是中央和地方官学的学生，也可以是社会上自学成才的人；制科的考生可以是常科及第的人，也可是庶民寒士。常科的科目多达十几科，众科之中以进士科最贵。常科考试意味着科举取仕成为长期化的国家选官制度，唐代仅进士科及第者就达6000人以上，占唐代最杰出的历史人物很大一部分。这说明科举制在唐代的太平盛世中得到了相当的发育，而寒士入仕中举也得以通过平权化的考试制度设计而顺利实现。

从科举入仕的具体数字来看，在隋代统治的30多年中，经过科举考试而录取者寥寥无几，秀才及及第者不过十余人而已。唐代的科举制得以充分孕育发展，逐步形成了一套完备的选拔人才的制度，成为当时领先于世界各国的选士制度。尽管如此，从考试中举的具体人数来看，并未能达到制度设计所预期的效果与目的。例如，唐太宗李世民执政之时出现了历史上著名的“贞观之治”，在科举取士方面开始增加进士的录取人数，由唐高祖时的平均每科进士仅4.4名增加到每科为10.25名。[4] 而据《新唐书·韩思复传》，贞观前后35年间，全国入仕人数为14,774人，其中由科举入仕者5580人，占1/3以上。[5] 这一数字表明，多数官位仍由门阀士族及

① 《旧唐书·武宗纪》。

② 同上。

③ 《唐摭言·杂记》载：“高祖武德四年四月十一日，敕诸州学士及白丁，有明经及秀才、俊士、进士明于理体，为乡曲所称者，委本县考试，州长重覆，取上等人，每年十月随物入贡。至五年十月，诸州共贡明经一百四十三人，秀才六人，俊士三十九人，进士三十人。”

④ 刘海峰、李兵著：《中国科举史》，中国出版集团上海东方出版中心2004年版，第70页。

⑤ 孙成城著：《中国教育行政简史》，地质出版社1999年版，第22页。

皇亲国戚子弟以出身、用荫获取。因为从现有的史料记载来看，隋代的中央官学培养学生才980人，而唐代主修经学的中央官学学生每届只在2100人左右，地方官学在府、州、县三级所招收的学生上限每届在80人、60人、40人左右。在生员名额稀缺有限的情况下，庶民子弟希望通过与贵族官僚子弟的公平竞争而经由官学挤入仕进通道，这种愿望事实上很难实现。不过好在历史已经向我们证明，历朝各代有作为的官吏，基本上都是通过科举入仕而实现其宏图大志的。

三、"崇圣尊儒"礼法政令下的唐代儒士受教育权利

遵循"一准乎礼"的引礼入法原则，唐代教育立法以"崇圣尊儒"的文教政策为指引，通过将该政策的思想精髓全面融入教育立法的全部过程中，再以如《唐六典》、《大唐开元礼》等综合性行政法典或单列的令、格、式，但主要是"令"的形式对教育及管理制度作出具体规定，以完成对官学学生受教育权利的相关法律设定。

因为，素以周详完备著称而于后世的唐代法律，主要由律、令、格、式等形式组成，但其各自定位与功用皆有不同。"凡律以正刑定罪，令以设范立制，格以禁违止邪，式以轨物程事。"而且"令者，尊卑贵贱之等级，国家之制度也；格者，百官有司所常行之事也；式者，其所守之常法也；凡邦国之政，必从事于此三者。其有所违反及人之为恶而入于罪者，一断于律。"由此看来，唐代的教育立法或者说教育法令应属于行政法规范畴，它们主要分布在令、格、式中，特别是用于"设范立制"的"令"中。而将那些因严重违反法律须追究刑事责任的一部分制裁措施又主要归入"律"中。但总体而言，与教育有关的法律规定大多见散见于各类"令"之中，如祠令、学令、禄令、医疾令、假宁令、衣服令等。

立足于重振儒术的基本出发点，唐代围绕立学、释奠、崇圣、教化等主题逐步发展起尊孔子为先圣、兴儒家之教化的文教政策。首先，在唐高祖李渊于公元624年颁《兴学敕》以要求"敦本息末，崇尚儒宗"的基础上，唐太宗李世民以房玄龄等朝臣提出的"武德中，诏释奠于太学，以周公为先圣，孔子配享。臣以周公、孔子俱称圣人，庠序置奠，本缘夫子。……伏请停祭周公，升夫子为先圣，颜回配享"。[①]的奏疏为据，于贞观元年（628年）诏令立孔子为先圣，以颜回为先师，并永为垂制。虽唐高宗曾以《永徽令》恢复旧制，但"正孔子为先圣，加众儒为圣师"的独尊孔子之制终究得以创立。其次，立学必先释奠，释奠必遵礼仪的制度由此形成。《礼记》云："凡

① 《唐会要·褒崇先圣》。

学,春官释奠于其先师,秋冬亦如之。”“凡始立学者,必释奠于先圣先师。”[①]根据贞观之治确立的有关释奠孔宣父、行乡饮酒礼的规定,不仅可见之于唐令的祠令、学令中,而且其具体释奠仪式均被详细载入《大唐开元礼》的规定中。“立学为重,故及先圣”,这种“崇圣尊儒”的政策强调教育与政治的结合,并确立了孔子在教育领域作为圣人的崇高地位。最后,修孔庙、订经典、施教化,也成为振兴儒术的重要举措。例如,唐高祖李渊在开国之初即“宣令有司在国子学立周公、孔子庙各一所,四时致祭”。[②] 唐太宗李世民于贞观四年(630 年)诏令各州县学皆立孔子庙。据两唐书、《唐六典》、《通典》等记载,每年国子监春秋两次祭祀孔子时,场面宏大、观礼者众。唐太宗时,参加祭祀和观礼的人数曾多达8000余人。这种活动让乡民识廉耻,知敬让,起到了儒学所倡导的“化民成俗”效果,实现了立孔庙以令民众观礼的政治教谕目的。贞观十四年(640 年),唐太宗诏令孔颖达会同诸儒编订《五经正义》并以此作为科举考试的标准;唐玄宗时制成《大唐开元礼》,用儒家教条来整顿礼仪,颁布《求儒学诏》以鼓励人们读经习礼、涵养德性。综上看来,唐代“崇圣尊儒”政策的形成与发展,与其教育功能的政治定位密切相关,也与教育活动的全面入礼与入法密不可分。这种引礼入法、礼法结合的重教尊师的社会氛围,非常有助于形成符合统治者教育培养目标的受教育权利制度设定。例如,释奠礼活动的举行,就自然衍生出学生的相关义务与权利:开学典礼(释奠孔宣父)举行时学生须向教师“行束修礼”,而皇帝或皇太子的亲临释奠又将辅之以对学生的视学奖励。例如,唐太宗释奠时“国子祭酒以下及学生高第精勤者加一级,赐帛有差”。[③] 事实上,关于学生的受教育权利的设定,是由分布在唐代有关学校建制与教育活动管理等各项制度规定所共同组成的。鉴于完备周详的唐代法制做到了与设范立制的儒家礼教的充分融合,但若律令有所框范,则权利义务即有所归依。

以唐代的中央官学六类学生为例,他们除享有按照各自等级身份分别进入国子监、太学、四门、律学、书学、算学受业学习的基本权利外,还享有如朝参皇帝、着官服、休假、免费食宿等权利,入学弘文与崇文二馆的贵族子弟还可享有荫例授官等特权。

例如,关于朝参皇帝的权利。弘文、崇文生及国子监学生可以享受到与其他文武官员一样的按时朝参皇帝的待遇。将这种只有重臣才能享有的特殊待遇授予贵族学生,表明其地位的尊贵。《仪制令》:“诸在京文武官职事九品以上,朔望日朝。……其弘文馆、崇文馆及国子监学生,每季参。”在享有着官服权利方面,根据

① 《礼记·文王世子》。
② 《登科记考·武德二年》。
③ 《旧唐书·太宗本纪》。

《大唐开元礼》规定，“学生之服，其服青襟服。”唐代《衣服令》还对学生官服着装作出了具体规定：“黑介帻，簪，深衣，青襟，领，革带，袜履。未冠者，双童髻，空顶黑介帻，去革带。国子、太学、四门学俊士，参见服之；律书、算学士、州县学士则黑介帻，白群襦。”由此可见，隋唐经学学生的地位之高而使其获准取得一定的品官级别，而从学生着官服的颜色可知其官职相当于八品或九品官员。此即“冠冕制度，以备令文……三品以上服紫……八品、九品服青”。[①] 在享有免费食宿权利方面，唐代实行廪祠制度。即官学学生可以免费住宿及在国家所立食堂免费就食。唐代在各衙门设立食堂，学生向其他政府官员一样享受庖厨。关于休假权，每旬给假一日……每岁五月有田假，九月有授衣假，二百里外给程。

四、魏晋南北朝至隋唐时期儒士受教育权利的嬗变

从总体上说，沿着从魏晋南北朝到隋唐的历史发展脉络，立足于对儒士这一独特主体的受教育资格与权利的纵向考察，我们不禁会发现一个非常符合历史唯物主义辩证法的有趣结论：历史从禁锢中走来，向开放中走去；被社会制度限制了的权利，总会由其他管道（如私学与实科教育）找寻到另一种自由，而科举与官学的“二律相反”却正成就了其共生和谐。

作纵向观，魏晋南北朝时期的门第特权虽然阻碍了广大庶族士人教育仕进权利的获得与实现，但它直接催生了隋唐时期“去特权化”的科举考试制度的创设，赋予了所有社会成员以考试方式选举入仕的资格与权利。一方面，作为具有高度垄断特权的九品中正封建士族门阀制度，最终逃脱不了由盛极走向衰亡的历史发展规律。作横向考察，魏晋南北朝时期官学教育的时断时续及其为特权阶层服务的消极特点。另一方面，却为私学的繁荣发展提供了大有作为的机遇与可能，经由这一渠道，儒士们的受教育权利可能得到一定满足与实现。作横向观，隋唐，特别是唐代，科举考试资格的开放与选举制度的发展，并不能在官学教育方面对受教育资格作出的尊卑有序、等级森严的特权化设定以及“以礼入法”的受教育权利赋予有所撼动。毕竟起步期的科举制度不足以对统治阶级的根基产生实质性的不利影响。但是，自唐代开始，门第特权已让位于户籍特权，如标注官籍或儒士身份的官户、衣冠户等。此后的科举考试与生员入学都不得不重新就范于“四民社会”的职业身份与户籍限制。但无论采用何种标准，封建社会作为等级特权社会的阶级属性终究不会改变。

---

① ［日］仁井田升著：《唐令拾遗》，长春出版社1989年版，第385～386页、第914页。

对于儒士人群来说，在由魏晋南北朝向隋唐的社会变迁过程中，私学作为一种推动受教育权利实现的巨大力量不能不被提及。例如，魏晋南北朝在我国教育史上处于“继汉开唐”的过渡历史时期，以官学为主线的学校教育始终未能摆脱风雨飘摇的中衰命运，而绵延不绝、燎原发展的私学以及家学等“旁门左类”却引导着魏晋南北朝逐渐形成了多元化教育与各民族教育大融合的兴盛发展格局。因此，可以说，在中央官学不起主导作用的近400年时间内，广大社会民众的受教育权利在魏晋南北朝获得了相对自由的发展与具有知识多样化的个性实现。几乎所有的史料记载及相关研究都揭示了一个共同的事实，即贯穿整个魏晋南北朝时期的私人讲学的发展与繁荣，是维系历经400年动荡灾难而保持传统学术文化的真正奥秘所在。一方面，一批批的私学大师隐居山中聚徒讲学、前赴后继；另一方面，千千万万的莘莘学子负笈千里，求师问学，学成之后还乡授业，这已成为该时期的一大文化景观。从此意义上说，私学教育，是在更广泛、更平等的权利主体方面促成魏晋南北朝的儒士受教育权利实现的最有效的手段与保障力量。

隋唐私学，同样对受教育权利的社会化实现起到了极有力的推动作用。以唐朝为例，由于等级制教育是严格受到法律保护的，只有达到一定官位品阶的官僚子弟才能进入各级官学接受教育，如果没有私学的开放与发达，中小地主阶层以及自耕农子弟就很难享有进入学府接受良好教育的资格与权利。因此，突破传统等级制观念的私学，其教师或来自世儒与致仕官员，或可以官学与私学两种不同身份的兼职教师面貌出现，或其教师游学四方、遍布京城及各地，或其学生来自五湖四海、回到四面八方，加之促进了私学繁荣发展的科举制也为受教育者的出路等问题奠定了客观保障。因此，顺应了社会发展与变化的隋唐私学，在中国封建教育史上第二次打破了“学在官府”的传统局面，将孔子“有教无类”的教育思想卓有成效地贯彻于社会实践。① 另外，以医学、律学、算学、天文、兽医等为代表的实科类教育的兴起，在传统儒家经学教育之外，为下级官吏与庶民子弟提供了旨在接受职业技能教育的专科学习机会，这不仅拓宽了隋唐庶民受教育权利的实现道路与空间，而且这也标志着中国古代职业教育的起步比起欧洲的同类学校教育要早1000年左右。

① 宋大川、王建军著:《中国教育制度通史》(第2卷),山东教育出版社2000年版,第108页、第426页。

论《晋书·刑法志》的“法律儒家化”主题

张维新*

唐代以前,有关西晋历史的私人著述有20余家,以南齐臧荣绪所撰110卷《晋书》最为著名。唐太宗在位期间认为旧有各家“制作虽多,未能尽善”,于贞观20年下诏命令房玄龄、褚遂良、许敬宗等人监修,以臧荣绪版本为蓝本,参考其他版本史料,一改司马迁、班固私家修史模式,开创官家主持修史,专家集体撰写之先河,历时两年修成130卷《晋书》,一般题作房玄龄等撰。《晋书·刑法志》共14,000余字,模仿《汉书·刑法志》的撰写体例,选材广博,内容翔实,凸显“法律儒家化”主题。

“法律儒家化”是中国古代法制史学史研究中一个十分重要的主题内容。所谓“法律儒家化”,简单地说,就是糅合儒、法学说,用儒家理论去理解和解读法家思想,用儒家的“礼、德”精神指导和贯穿于国家的立法、司法及其法学研究之中,这就是中国的“法律儒家化”。一般认为,汉武帝重用董仲舒“罢黜百家,独尊儒术”标志着中国法律儒家化的开始,到唐高宗任用长孙无忌等人编修《唐律疏议》制定一准乎礼标志中国法律儒家化完成,其间经历了一个漫长的历史过程,魏晋时期正是这一儒家化过程的非常重要的承前启后阶段。《晋书·刑法志》主要从立法历史、司法历史与法学研究历史等不同层面和角度,记载了两汉、魏晋南北朝时期“法律儒家化”的发展路径及其转型,具有重要的法制史学价值和意义。

一、记载远古至魏晋的立法编修历史,从立法层面凸显“法律儒家化”主题

《晋书·刑法志》记载了历代法制的立法与编修历史,上溯秦汉以前之上古法制,并论述礼刑关系、刑法之社会功能以及犯罪心理,下及后汉至魏晋时期的法律演变与重要刑事政策之珍贵史料。

从《晋书·刑法志》中可以看出历史上几次重要的修律情况,它首次记载战国时魏国李悝变法,“悝撰次诸国法,著法经”李悝著《法经》六篇,都是有关罪名的规定,由于“王者之政,莫急于盗贼”,所以《法经》开始两篇为“盗”、“贼”篇;最后一篇

* 张维新,2008级中国法律史专业,指导老师:王立民。现工作于湖南文理学院。

是“具律”,用以加减刑罚,相当于现代法律的“总则”篇。《晋书·刑法志》记载了战国时期我国第一部成文法典即李悝《法经》的篇目及其概况,对东汉、魏、晋三代法制刑政的演变历史作了较为详细的论述,弥补了《后汉书》无《刑法志》编目与《三国志》没有“志”类篇章的缺漏,填补了其间法制史记载与法制史学史研究的空白。

据《晋书·刑法志》记载,如果说《魏律》“集罪例以为刑名,冠于律首”是中国古代立法技术上的一大进步,那么,《晋律》贯彻了晋初“务从简约”的立法思想,对汉魏旧律进行了大刀阔斧的删改,“将《魏律》的《刑名》改为《刑名》、《法例》两篇列于律首”同样是立法技术上的又一大进步。正如《晋书·刑法志》所言,《晋律》最大的特点是“蠲其苛秽、存其清约,事从中典,归于益时”。与旧律相比,它在篇章体例的设置更趋完善,在文字的简明上更显科学。“它对旧律的删繁就简是中国法制史上法条由繁入简的一个典型,这也是封建立法史上重大转折。《晋律》通过《刑名》篇,显示其律文丰富之内涵,以其多重意义弥补条文数量不足而造成的法律空白。”①显然,“在《晋律》失传的情况下,《晋书·刑法志》是了解和研究晋代法制发展历史的唯一系统性史料。”②

不仅立法及其编纂上删繁就简的趋势体现了中国“法律儒家化”的路径转型,而且《晋书·刑法志》通篇记载了历朝历代所表达的“德与刑相辅相成、不可偏废”的观点。譬如,其所记载的“传曰:‘齐之以礼,有耻且格。’刑之不可犯,不若礼之不可逾”、“不刑,则罪无所禁;不制,则群恶横肆”,是强调了礼(德)的重要,也表明了刑(法)的无奈。因而,德礼与刑法便不可避免地成为统治阶级治国治民的“两手”政策,并被提炼为高度哲理性的认识。譬如,“建邦立法,弘教穆化,必随时置制,德刑兼施”、“礼以训世,而法以整俗,理化之本,事实由之”、“礼以崇善,法以闲非,故礼有常典,法有常防,人知恶而无邪心”等精辟之言在《晋书·刑法志》中随处可见。

毋庸置疑,《晋书·刑法志》在立法历史及其编修历史的选材取舍态度,既真实再现了两汉、魏晋南北朝时期中国人对法律的主流观念是“儒法结合、以儒为主”,真实记载了“法律儒家化”的路径转型,也表达了《晋书·刑法志》及其撰写者们遵循班固所撰《汉书·刑法志》“德主刑辅”、以儒为正宗的法学世界观与法制史学史价值观。

---

① 华志强:“《晋书·刑法志》述评”,载《皖西学院学报》2006 年第 12 期。

② 高潮、马建石主编:《中国历代刑法志注译》,吉林人民出版社 1994 年版,第 51 页。

二、记载自汉至东晋的重大法制事件,从司法层面凸显"法律儒家化"主题

有学者经过精心研究后得出结论说:"《晋书·刑法志》详细记录了中国古代法学领域若干重大问题的争论实况,为我们了解中国古代法学的发展提供了生动的例证。这些问题有复仇的存废、赦刑的当否、法律的稳定性、法的进化论以及肉刑的复废等。"①笔者十分同意这一观点。同时,从法制史学史角度思考,又何尝不是如此呢?因为以上每个问题的历史渊源与发展脉络在《晋书·刑法志》中有大幅记载。尤其值得重点注意的是,关于肉刑存废论与"《春秋》决狱"问题,在该志中记载更是周密细致,认真阅读此志,就会对两汉以来法制史上以肉刑存废论为主调的司法改革的演变历史,有详尽的了解和清楚的认识。

(一)关于肉刑存废论的记载与论述

《晋书·刑法志》用宏大篇幅记载和论述了自汉文帝废除肉刑以来直至魏晋时期朝臣与知名儒士围绕是否应当恢复肉刑展开的历次激烈论争。据记载,汉文帝第一次对肉刑作出否定评价并力主废除肉刑。自汉以来,历代鼓吹恢复肉刑之人层出不穷,前后不下数百人,论争言辞之激烈,次数之率多,规模之宏大,持续时间之长久,实属法制史上之大事件。

就史籍所见,自汉末以迄东晋末年的200多年间,公开主张恢复肉刑并先后展开五次激辩,前后共有十次,《晋书·刑法志》几乎都有记载,构成了较为完整的肉刑存废论的法制史学史。究其论争背景,无不与创建新王朝有着密切的关系,有其深厚的社会基础与思想根源。肉刑恢复论者的理由有三:其一,大多持"法先王"的论调,认为肉刑乃古代圣王之制而理当恢复;其二,鉴于汉末以来的动乱环境,需要用重典以治乱世;其三,对罪犯施以肉刑可以绝其为恶之具,对于社会可以威慑他人,有杀一儆百的预防功能。针对肉刑恢复者的言论,肉刑废除论者提出的理由主要有三:其一,治国治民之根本在于礼教而不在刑罚,应当是德主刑辅,目的在于教化;其二,肉刑废除早成事实且由来已久,再恢复肉刑将会导致社会动荡不安;其三,最有力的反驳,就是肉刑残害身心,更难改过从善。

必须说明和澄清的是,肉刑之残酷,自是毋庸讳言,那么,恢复论者是否比较主张严刑,而废除论者则比较主张宽仁呢?这似乎不能一概而论。阅读《晋书·刑法志》不难发现,部分恢复论者如曹魏的钟繇和李胜、西晋的刘颂以及东晋初的卫展,

① 何勤华著:《中国法学史》(第1卷),法律出版社2007年版,第339~340页。

主张恢复肉刑的目的,其实是要取代死刑,可谓“化尸为人”,以生易死,无疑是矜恤人命,对人命的尊重。反观废除论者中,不少是认为死刑较诸肉刑,更能达到诛除妖逆的效果。譬如,东晋初年周顗等反对恢复肉刑的理由,正是由于肉刑太轻,不足以惩奸,他说:“方今圣化草创,人有余奸,习恶之徒,为非未已,截头绞颈,尚不能禁,而乃更断足劓鼻,轻其刑罚,使欲为恶者轻犯宽刑,蹈罪更众。……不如以杀止杀,重以全轻。”从这个角度来看,废除论者其实是认为肉刑还是太轻了!当然,也有部分废除论者,如孔融、夏侯玄等,不是从统治角度或社会整体治安着眼,而是从受刑人个人的角度出发,抨击肉刑不仅不能“止人为非”,反而“适足绝人还为善”,从人的生存价值思考问题,这无疑是一种难能可贵的进步观点。

总的来说,无论是肉刑恢复论者,还是肉刑废除论者,其根本目的是一致的,那就是如何能够更好地治国治民,稳定社会秩序,加强封建专制统治。因此,汉末魏晋天下纷扰,政权林立,肉刑因过于残酷,主政者往往为了顾及国家形象,不愿敌对阵营借此攻讦,肉刑始终无法恢复。更重要的是,毕竟是废除肉刑代表了法律进化的正轨,因而,即使后来甚至于唐宋时代,依旧有许多主张恢复肉刑的论调,但肉刑终究无法再登上法制历史的舞台。

(二)关于“《春秋》决狱”的记载与论述

“《春秋》决狱”是汉代断狱的一种方法和制度,亦称《春秋》折狱、经义折狱、引经决狱。即除依照法令断狱之外,还直接引用儒家经典《春秋》作为审判的依据。其出现有着深厚的理论基础和现实基础。自战国后期便开始流行一种观点,那就是《春秋》可以用来作为评判是非最高标准的说法;而且,根据谶纬之学,《春秋》本来就是为汉代法制所用而生的。这样,“《春秋》决狱”的出现就有了理论基础。同时,随着社会形势的不断变化,西汉初期所奉行的黄老之学已经不再适合统治阶级的需要,当然也就越来越不适用法律建设的需要。这样,“《春秋》决狱”的出现就有了现实基础。与此同时,《春秋》的种种“微言大义”体现了孔子的政治观念和理想,具有治理国家、整肃社会的作用,儒家(特别是公羊学派)认为法律上的种种问题理所当然地可以在其中找到答案。

“《春秋》决狱”的倡导者是公孙弘和董仲舒,其中,董仲舒所起的作用相当大。董仲舒利用自己较高的儒学声誉和社会地位,首先从《春秋》里寻找理论依据,用“圣人”名义修改与经义相抵触的法律,决断案件,从而使“《春秋》决狱”制度逐渐形成。以《春秋》解释现行的法律,并直接用于指导审判,既符合地主阶级的利益,又适应了当时的政治趋势和君主的要求,因而得到了最高统治者的肯定。于是,“《春秋》决狱”之风盛行。“《春秋》决狱”除“原心定罪”(又称“论心定罪”或“原情定过”)的突出特点外,另一个显著特点是亲亲得以相匿。所谓“亲亲得以相匿”,又叫“亲亲相隐”,是指亲属之间除谋反、大逆罪外,可以隐匿其犯罪行为,不受法律严惩或减轻处罚。这条刑罚原则是儒家思想法律化的结果。

为了指导决狱之事，董仲舒还写了《春秋决事》一书。此书的影响极大，为当时的审判实践广泛引用，以至于董仲舒老病致仕以后，朝廷每有政议，则派遣专人亲至其居所，问其得失。《春秋决事》共收录判例232例。该书已失传，但我们从《晋书·刑法志》得知其史料的真实记载。据《晋书·刑法志》应劭奏表中记载："夫国之大事，莫尚载籍。载籍也者，决嫌疑，明是非，赏刑之宜，允执厥中，俾后之人永有鉴焉。故胶东相董仲舒老病致仕，朝廷每有政议，数遣廷尉张汤亲至陋巷，问其得失，于是作《春秋折狱》二百三十二事，动以经对，言之详矣。"又如《晋书·刑法志》在解释"亲亲相隐"这一原则的重要性时就说："相隐之道离，则君臣之义废；君臣之义废，则犯上之奸生矣。"这是董仲舒在朝廷支持下毅然"舍律就经"，以儒家经义作为司法审判的准则，将儒家精神贯穿于司法活动中，是迈向"法律儒家化"的又一重要方案。可见，"《春秋》决狱"得到官方的支持，标志着儒家对司法领域的渗透已获得成功，并具有很大的历史影响。

《晋书·刑法志》还收录了自汉至东晋众多法学者的专论，其中，刘颂的《法论》和张斐的《律注表》是代表作，代表着魏晋时期两种不同的司法观点，与"《春秋》决狱"具有极大的关系。刘颂批评"自近世以来，法渐多门，令甚不一"的现象，并提出罪刑法定的原则，"律法断罪，皆当以法律令正文；若无正文，依附条例断之；其正文条例所不及，皆勿论"；他强调法律一经制定，就必须严格执行，指出"法轨即定则行之，行之信如四时，执之如金石，群吏岂得在成制之内，复称随时之宜，傍引看人设教，以乱政典哉"。如果我们用现在的法言法语来分析的话，在刘颂看来，法律具有统一性和确定性，法律完全排斥法官的自由裁量权。与刘颂相反，张斐则主张"律不可以一体守"，"或化略以循常，或随事以尽情"，即认为法官应当灵活适用法律，针对特殊案件可以采取衡平的方法自由裁量，努力做到法、理、情的统一。"《春秋》决狱"实质上也是给司法者以广泛的自由裁量权。"可以断言到了汉末，中国司法制度走到一个岔路口，刘颂和张斐则代表了两种不同的发展方向。'《春秋》决狱'原则的运用是经学与法制的结合，它使得司法机构儒家化，这在一定程度上缓和了阶级矛盾，稳定了社会秩序。"①

三、记载魏晋南北朝的法学研究的历史，从法学研究层面凸显"法律儒家化"主题

（一）真实地记述了律学的研究历史，揭示儒家"德主刑辅"的精神实质

正如当代著名法学家何勤华先生所言："法学的昌盛，需要一种比较系统完备

① 华志强："《晋书·刑法志》述评"，载《皖西学院学报》2006年第12期。

的法学世界观的指导,而在中国古代特定的社会条件下诞生的律学,它的发展也需要一种适应中国学术和思想的实际的法学世界观的指导,而这种世界观就是儒家思想。在魏晋南北朝时期,儒家思想对立法、司法、法律解释以及法律体系和法学体系的影响,比汉代更加广泛、深入,并且出现了制度化的倾向,从而最终为唐律的'一准乎礼'打下了基础。"①为此,《晋书·刑法志》将儒家的"亲亲"、"尊尊"、忠孝伦理思想,引入到法律研究领域,将儒家学说的真谛提炼为"尊卑叙,仁义明,九族亲,王道平也",②而且常常直接引用儒家经典作为阐述法律问题的出发点和理论根据,从多方面翔实地记述了中国古代尤其是魏晋南北朝时期律学的研究历史。

1. 从立法史学角度考察历代法典的演变历史

《晋书·刑法志》并非简单地记载历代刑律的规定,而是把刑法的立法和编修宗旨,放在刑法制度演进的历史长河中进行再现和考察,并首次记载了战国时期我国第一部成文法典——《法经》的篇目及其概况,首次完整地展示了魏晋时期法典编纂体系的重大转型及其创新,精心组织丰富的法制史料,成功地运用议论,揭示出所载史实的实质意义,揭示儒家"德主刑辅"的精神实质。

2. 从法律诠释史学角度考察秦汉以来法律的不同解释

《晋书·刑法志》展现了魏晋南北朝时期法律诠释学的繁盛风貌,重点登载了晋代著名律学家张斐的《律注表》部分内容,是法制史上唯一留存下来的魏晋时期法学家的作品;其论述了魏晋时期律学研究的深度层次,而且详细记载了张斐对20个重要法律名词术语的明确而精密的诠释,③使其在具体指导司法实践的同时又促进了律学的研究,其中多数概念被后来的《唐律疏议》所吸纳,具有重要的法学价值。

3. 从法律研究方法论角度介绍了汉代以来律学研究方法多元化趋势

从《晋书·刑法志》所记载的律学研究内容,我们会发现,魏晋时期律学的研究不仅地位提高,硕果累累,而且研究视野更加开阔,研究方法更加理性和多元。例如,"后人生意,各为章句。叔孙宣、郭令卿、马融、郑玄诸儒章句十有余家,家数十万言。凡断罪所当由用者,合二万六千二百七十二条,七百七十三万二千二百余言,言数益繁,览者益难。天子于是下诏,但用郑氏章句,不得杂用余家。"所谓"章句",就是用儒家经典中的典型案例、儒圣先哲的处事原则及其言论作为根据,来解说和诠释法律术语与法律条文,尤其多用"《春秋》笔法"的研究范式。这种用经学注释

① 何勤华著:《中国法学史》(第1卷),法律出版社2007年版,第313页。

② 何勤华:"历代刑法志与中国传统法律文化",载《河南省政法管理干部学院学报》2003年第2期。

③ 高恒:"张斐的《律注要略》及其法律思想",载何勤华编:《律学考》,商务印书馆2004年版,第117~140页。

律著的方法在汉代是最主要的研究方法。随着汉律章句“言数益繁,览者益难”,在曹魏政权时期,魏明帝下诏“但用郑氏章句,不得杂用余家”,“这一规定,不仅从法律上明确认可了儒家思想对司法实践的指导作用,而且也使原来私人对法律的注释上升为具有法律效力的官方司法文件”。[①] 魏晋时期,在“辨明析理”的玄学学风背景下,律学研究一改汉代的简单举例论证研究方法和“章句”研究范式,而偏重于从理性的逻辑思维角度界定法律名词术语的内涵与外延,阐明法律条文在司法实践中的普适性及特殊性关系,从而使得魏晋律学研究进一步朝着理性化、逻辑化和系统化的方向转型。

(二)真实地记述了司法学的研究历史,诠释儒家“法、理、情相统一”的司法理念

司法学属于现代社会中兴起的一门新型边缘法学学科,它是法律学与另外学科互动而成的一门交叉学科,其包括的领域很广泛,如司法口才学、司法逻辑学、司法语文学、司法心理学、司法社会学,等等。虽然这是一门新兴学科,但其中一些内容,如司法心理学、司法社会学等,都在我国古代有相应的法学形态存在,甚至有专门的总结和研究成果出现。

通过转录张斐的《律注表》,《晋书·刑法志》对中国古代的审判心理研究成果作了比较详细的阐述。在我国古代已然有关于审判心理之术的专门研究与总结,最早可上溯至西周时期的“五听”审判之术;汉代以后,由董仲舒创建的“原心定罪”司法审判原则固然是使法律从属于伦理道德,但从司法审判心理角度来考察人的行为动机,也不无其合理性。张斐阐发了这个原则并予以新的内涵,他引用《易·系辞》中的一句话,“近取诸身,远取诸物”,借此阐述在司法审判过程中,不仅要判断犯罪者的心理状态,观察行为人的表情,还要收集一切相关证据,查明犯罪事实,才能够定罪量刑。在此基础上,张斐总结说,“论罪者务本其心,审其情,精其事”,不仅保留了重视人的行为动机的积极因素,又扬弃了仅凭经义之微言而论罪的消极因素,形成了新一套司法心理学理论。

与此同时,《晋书·刑法志》还借张斐之言,总结了新一套司法社会学理论。张斐提出:“夫理者,精玄之妙,不可以一方行也;律者,幽理之奥,不可以一体守也。”张斐引用《易传》中的辩证思想,“夫刑而上者谓之道,刑而下者谓之器,化而裁之谓之格”,形象地把“理”与“律”的关系比作为“道”与“器”的关系,言下之意是说前者乃超然于体形之外的内在绝对精神,而后者则为绝对精神之派生物与外在载体,至于“格”,则是根据千变万化的社会现实与具体变化的灵活性(“化而裁之”)而制定的临时性法律规定。张斐认为,“道”(理)是大象无形、永恒不变的,是贯穿于法律

① 何勤华著:《中国法学史》(第1卷),法律出版社2007年版,第316页。

的灵魂,是法律所必须遵守的最高准则;而“器”(律)与“格”(临时性法律规定)则是属于在“道”(理)支配下调整各种社会关系的各种法律法规,是“道”(理)的外在表现形式。二者的关系表现为,外在因内在不同而不同,外在因内在变化而变化。因此,他主张司法者应当灵活适用法律“或化略以循常,或随事以尽情”,在《律注表》中,张斐对《晋律》的解释始终贯彻了他提出的“慎其变,审其理”的理想,指出“律”是变通之体,蕴涵着内在之“理”。很显然,张斐要求司法官在审判案件和具体适用法律条文之时,必须根据封建统治阶级的道德标准和利益,对犯罪行为审慎地加以辨别,探究其深藏之理义,灵活变通地斟酌法律之运用,努力做到“法、理、情”三者的有机统一。

(三)真实地记述了法制史学的研究历史,展示儒家传统法律文化的发展脉络

《晋书·刑法志》记载了丰富而珍贵的法制史料和法制史学研究成果。《汉书·刑法志》是中国古代第一部系统的专门法制史或法制史学史著作。《晋书·刑法志》在撰写范式和编排体例上仿照《汉书·刑法志》,不仅记载了上古以来法律制度尤其是刑法制度的形成与发展的演变历史,而且也记载了历朝历代对法制史研究的突出成果。值得一提的是,《晋书·刑法志》还记载了唐代之前法制史上所发生的一些重大法律事件,保存了一些原始的珍贵法学研究材料与法制史学研究成果,如李悝的《法经》、张斐的《律注表》、刘颂的《法论》等。它第一次记载了关于李悝的法律研究成果《法经》的出台情况及其篇目与内容。

《晋书·刑法志》以“正史”为视角,以展示儒家传统法律文化特质为宗旨,以整理中国古代法制史为线索,对秦汉至魏晋南北朝时期法律的立法历史、司法历史及法学研究历史等内容,进行了系统梳理和详细记述,明确指出了我国早期法制的承继关系,把握法制历史发展脉络,为后世研究提供了极为珍贵系统的法制史学史资料。

故此,《晋书·刑法志》应运而生后,即备受关注,影响巨大,诚然,也许它有编排时间仓促、语句深奥晦涩或内容上有纰漏等各种不足之处,但用历史的眼光来看待它时,即使在现代学者看来,“《晋书·刑法志》仍是‘二十五史’《刑法志》中文字最好、学术价值高的一部法学专著,也是研究中国古代法制史必读的一篇佳作”。[①]“《晋书·刑法志》仍是一部极具学术价值的文献,是研究中国古代法学的必读书,尤其是对于东汉和魏晋时期的法学,具有不可替代的特殊价值。”[②]

① 华志强:“《晋书·刑法志》述评”,载《皖西学院学报》2006年第12期。

② 何勤华著:《中国法学史》(第1卷),法律出版社2007年版,第345页。

论中国传统社会户籍法律制度与宗族

姚秀兰*

“宗族与家庭是中国传统文化中最富有特色之处。在数千年的历史变迁中，家族以血缘关系为纽带，并通过与地缘关系的结合，演化出种种再生形态，形成一个从家庭到宗族不断分化整合的系统，渗透于民间基层社会的政治、经济、文化生活中，对传统中国的社会变迁、经济变迁、文化变迁予深刻影响。”①对此，外国学者指出：“家庭一直不仅被看成道德秩序的基础，还被看成政治秩序的基本单位。因此，无论纳税、产权的支配、法律和秩序的维护，一直是家庭的责任而不是个人的责任。……因此，在探讨中国的社会和经济经验时，必须将对家庭实质的讨论放在首位。”②户籍制度的研究也是如此，并且户籍与宗族家庭具有天然联系。因为户籍制度本身就是以家庭为基本单位的人口调查登记制度，其立户规则、编户形式，无一不是以家庭为前提。户籍制度还涉及家庭规模、家庭内部成员的关系等诸多方面，这些对宗族家庭的发展及稳固均具有重要影响。从某种意义上说，户籍制度促进和加强了宗族家庭的建设和发展。

一、宗族式户口编审形式为宗族组织的发展提供了良好的外部环境

将户口以一定的组织形式，依一定程序加以编造成册，即户口编审形式是户籍制度中的一个重要内容。从西周时期的“六乡六遂”，到秦汉的“乡亭”、隋唐的“里保”，直至明清时期的“里甲”、“图甲”和“保甲”，户口编审一直是以乡里组织为基准。但秦汉以后，乡里组织与宗族势力日益融汇，③使得户口编审也渗入了浓郁的宗族家庭色彩，有时按宗族的方式来编制人户户籍。例如，北魏初年实行的“宗主督护”式户口编审方式，就是将人户依据血缘关系分族定户，族长之下的同族人形成定居单位，从事农业生产活动。族长为宗主，同族人为宗子，宗子向宗主缴租纳

---

* 姚秀兰，2001级法律文化专业，指导老师：徐永康。现工作于深圳大学法学院。

① 郑振满著：《明清福建家族组织与社会变迁》，湖南教育出版社1992年版，第1页。

② [英]莱芒·道逊著：《中华帝国的文明》，金星南译，上海古籍出版社1994年版，第163页、第164页。

③ 赵秀玲著：《中国乡里制度》，社会科学文献出版社1998年版，第180页。

税,不直接承担国家赋税。又如明清时保甲制户口编审形式,有的保甲编户与乡约结合在一起,明清徽州“文堂陈氏乡约既是依地缘关系又是依血缘关系组成的,在组织上与宗族结合在一起。将本宗十七甲排年分贴为十二轮,一月一轮,一年轮完”。[①] 清代也有一甲人户全部或基本上属于同一宗族的情况,如南海县沙丸堡十图十甲,甲内78户,全部都是该堡甘蕉乡的蒲氏宗族。即使是在20世纪30年代,“后夏寨,村落划分为3大块,称为‘牌’,每‘牌’中多数居民属同一宗族”。[②] 总之,这种宗族式的户口编审形式是宗族势力向乡里社会渗透的结果,但这种结果反过来又为宗族家庭的发展提供了广阔的空间,更为宗族势力逐渐政治化提供了合法的途径。例如,杜赞奇指出,1929年以前,后夏寨村公会是由3牌(族)口头推举代表(亦即牌长)组成。从代表的推举上可以看出,村公会是由宗族组织操纵的。因为,在宗族式户口编审形式下,宗族家庭的内聚力得到了充分的利用,一荣俱荣,一损俱损,促使宗族家庭更加团结,齐心协力,向外拓展。同时,乡里职权也逐渐为宗族势力所操控,乡官等职位或由族长充任。他们“一方面是本族族长,是家族的统治者;另一方面又代行乡里政权组织的职能,督责赋役,有的同时还是朝廷的封疆大吏”。[③] 或“从适当的宗族中挑选”。宗族势力成为游离在封建国家与百姓之间的一股力量,它或是与封建国家一起,驾驭百姓;或是封建国家的对手,荫冒人户,侵蚀封建国家的利益。

二、合户及户籍的世袭化不仅强化了宗族组织,并使宗族组织发生了变异

众所周知,户籍制度产生的主要目的是封建国家的赋役需求,因此户籍一开始在封建国家便是征派赋役的财政单位,而不单纯是反映人口的信息单位。因而赋役需求必然会影响封建国家户籍政策,户籍政策的变化又影响家庭发展的形态和方向。在唐朝两税法之前,封建赋役主要以人丁为主,重丁口而轻田产。在这种赋役体制下,户的数量和户的规模都直接影响赋役数额,因此,战国时秦国便推行分户的小家庭政策,规定,“民有二男以上不分异者,倍其赋”;“令民父子兄弟同室内息者为禁”。[④] 以一家一户为立户原则,户籍中登载的户与现实中的家庭是对应的。

---

① 陈柯云:“明清徽州宗族对乡村统治的加强”,载《中国史研究》1995年第3期。

② [美]杜赞奇著:《文化、权力与国家——1900~1942年的华北农村》,王福明译,江苏人民出版社1996年版,第96页。

③ 徐扬杰著:《中国家族制度史》,商务印书馆1935年版,第86页。

④ 《史记·商君列传》。

但这种家庭模式到汉朝时发生了变异。随着儒家学说"独尊"地位的确立,"孝、尊"被大力推行,而父子兄弟同居共籍便视为孝行之一得到官方的提倡,百姓的推崇。因此,一方面出现了父子兄弟累世同居的大家庭,诸如樊重三世共财、蔡邕三世不分财;①另一方面又受秦朝遗风影响,成年兄弟仍允许分异,法律并不禁止。例如,《史记·平准书》载,武帝时,卜式"以田畜为事。亲死,式有少弟,弟壮,式脱身出分,独取畜羊百余,田宅财物尽予弟"。但这种情形只维持了汉一代。至魏晋时期,随着儒家伦理道德的深入人心,法律儒家化也不断深入,曹魏政权在修订新律时便废除了秦汉时父子分异的制度。《晋书·刑法志》载,魏文帝制新律18篇,"其序略曰:……改汉旧律不行于魏者皆除之……除异子之科,使父子无异财也"。从此以后,法律禁止父子别籍异财,父子兄弟同居共籍成为合法行为。同时魏晋又实行"户调",按户征收,人们为了逃避户调,也不得不合户共籍。以致魏晋时期累世同居之户数额大增,北朝时竟有"百室合户、千户共籍"的情况。② 这些血缘同居之家,人口动辄上百,门派房分、上下亲疏,有一套严格的封建家长式管理制度,实则就是封建宗族家庭。

虽然累世同居的合户极易发展为封建宗族家庭,但这种累世同居之家在封建社会各朝代并不普遍,只以典型个案存在于文献典籍中。这是因为,一方面,累世同居之家不适应封建个体经济发展的要求,同时"家务繁剧,难以统理",③"众业经久,内有分法琐碎,人事浩繁,难以清白"④等,不得不分家析产。另一方面,同居共籍也极易荫冒户口,损害封建国家赋税收入。所以,封建国家在继续推行"父母在子孙不得别籍异财"的同时,又不得不对合户的范围加以限定,并严禁"相冒合户"。例如,《隋书·食货志》载,隋文帝统一全国后,针对各地在户口登记中有不少人诈冒以规避赋役,遂下令核实户口。"高祖令州县大索、貌阅,户口不实者,正长远配。而又开相纠之科,大功以下,兼令析籍,各为户头,以防容隐。"依隋唐五服亲,即是指堂兄弟辈以下亲必须另立户籍,不得合户。又《唐律疏议·户婚律》规定:"诸相冒合户者,徒二年;无课役者,减二等(注:谓以疏为亲及有所规避者)。主司知情,与同罪。即于法应别立户而不听别,应合户而不听合者,主司杖一百。"疏议解释曰:"依《赋役令》,'文武职事官三品以上,若郡王期亲及同居大功亲,五品以上及国公同居期亲,并免课役。'既为同居有所蠲免,相冒合户,故得徒二年。无课役者,或藉资荫赎罪,事既轻于课役,故减二等,得徒一年。注云'谓以疏为亲',律令所荫,

① 《后汉书·樊宏传》;《后汉书·蔡邕传》。
② 《魏书·高祖纪上》。
③ 栾成显著:《明代黄册研究》,中国社会科学出版社1998年版,第422页。
④ 同上,第423页。

各有差等,若以疏相合,即失户数;规其资荫,即失课役。如斯合户,得此徒刑,若蠲免更多,或假荫重者,各依本法,自从重论。……'应别',谓父母终亡,服纪已阕,兄弟欲别者。'应合户',谓流离失乡,父子异贯,依令合户……"从这段解释中可知,隋唐时期,"同居"与"户"已成为两个法律概念,"同居"是指同居所,共财产的法律事实;"户"则为户籍法律上的课税对象。同居不一定同户,同户也不一定同居;一家也不一定为一户。依据《唐律疏议·户婚律》"子孙别籍异财"条的规定,唐朝同居合户的范围仅限于直系尊亲属在世的四辈,即曾、高祖父母;祖父母;父母、子孙,他们必须同居同户,不得"籍别财同"或"籍同财异"。只有在父母等尊亲属死亡并服丧期满后,子孙方可以别籍同财或别籍异财。而对于"文武职事官三品以上,若郡王期亲及同居大功亲,五品以上及国公同居期亲",即使同居也不得合户。这也表明,秦汉以降,封建国家一直处于两难的尴尬境地:一是随着封建社会小农经济的发展,析产分户的小家庭是必不可免的发展趋势。面对民间析户成风,封建国家不得不顺应。但封建国家又担心析产分户所带来的家庭不稳定性而造成人户流失,不仅影响赋役来源,也影响封建社会秩序的稳定性,从根本上动摇封建社会的统治基础。因此,封建国家对析产分户加以限制,规定了"分户"的种种条件。同时,又大力提倡同居共户,旌表累世同居之大家族,如《南史·孝义》载:"元嘉七年(430年),南豫州举所统西阳县人董阳三世同居,外无异门,内无异烟。诏榜门曰:'笃行董氏之间'。蠲一门租布"。又《隋书·孝义传》载:"郭儁字弘文,太原文水人也。家门雍睦,七叶共居,犬豕同乳,乌鹊同巢,时人以为义感之应。……汉王谅为并州总管,闻而嘉叹,赐兄弟二十余人衣各一袭。"试图借用宗族之力量维系家庭的稳定性。二是累世同居共户毕竟也会造成封建国家实际控制的人户数额减少,导致赋役流失,尤其是诈冒合户、荫冒人户现象的出现,更侵蚀了封建国家赋税利益。所以封建国家在旌表累世同居之家时,同样不得不限定"应合户"的范围。最终产生了析产共户的宗族家庭形态:一个总户头下子孙业已分产分居,形成了经济上各个独立的子户,但在官府的册籍上仍登记为一户而未正式分别立户。①"户"逐渐演变为宗族组织的代名词。

"析产共户"的宗族家庭形态在明清时大量存在。例如,栾成显先生在其《明代黄册研究》提到的徽州文书《万历九年清丈二十七都五图归户亲供册》中的王茂、金万政、王齐兴、朱洪、朱学源等户。郑振满先生在其专著《明清福建家族组织与社会变迁》中指出,明清福建许多宗族组织都是在明中叶以后发展起来的,永春县桃源康氏、惠安县龙山骆氏等。刘志伟先生在其《在国家与社会之间——明清广东里甲

① 栾成显著:《明代黄册研究》,中国社会科学出版社1998年版,第192页。

赋役制度研究》一书中也提道:“同一血统的多个家庭合为一户在明代是一种正常而合法的现象。”这种现象“到明中后期,更成为普遍现象”,如中山小揽的何氏九郎族、顺德县李氏族等。

这一现象的发生与明清户籍制度的变质和赋役制度的改革有密切关系。关于此,刘志伟、郑振满两位学者分别从不同角度进行了深入细致的论证。刘志伟从赋役制度与里甲户籍制度的互动关系中论证了明清赋役制度改革对宗族组织形成的影响。尽管两税法后,封建赋税不再以人丁为主,而开始重田产,并且税、役分立。但这种改革并不彻底,明初赋役仍是“赋中有役,役中有赋”,赋役编派总是以“凡赋役必验民丁粮多寡、产业厚薄以均其力”为原则。[①] 因此,明初实行里甲编户,并设立军户、匠户、灶户等专业户籍,规定,“人户以籍为定”;“军、灶、匠役永充”,建立了一种“以人统地、以地统人、画地为牢”的社会秩序,固定各色人户,保障赋役来源的稳定性。对于明初里甲户籍与赋役关系,刘志伟有精辟论述。他指出:“明初建立的赋役制度的整体架构,是建立在比较健全的里甲体制上的。第一,无论田赋的征收,还是差役的佥派,都是以编制在里甲户籍之中的人户为对象;各种赋役名目,虽然征派的方法和原则不同,但实际上都以里甲户为供纳赋役的基本单位。第二,各户的人丁财产,均以黄册所登记的为依据,因此对于政府来说,在黄册中登记的‘户’,其内涵就是一定的人丁事产的集合体,这种人丁事产的集合体,才是明代赋役真正的赋税客体。第三,所有赋税和差役的佥派,都是通过里甲系统来进行的。第四,里甲户负担的赋税和应充差役,都在里甲户籍中登记,并固定下来,里甲户应负担的田粮额,是纳官田之赋还是民田之赋、田赋交纳时上纳的仓口,等等,均以里甲黄册登记为依据;里长、甲首、畸零带管户的编定,决定了它们在差役负担上的区别;民户、军户、匠户、弓兵皂隶铺兵户、站户等户籍名色,也都分别按照明初编派的差役来划分。”[②]这表明里甲户籍是赋役制度的基础,要保障赋役来源的稳定性,就必须使黄册登记的内容尽量与现实中的家庭相吻合,并保持里甲户籍健全。但明中叶以后,随着封建私有经济的发展,土地兼并的激烈,出现了人在此图、地在彼图,人地分离的现象;而役无定额,随意征敛也导致民户流亡、隐匿,或“兄弟叔侄划分为二户三户,或三姓五姓十姓合为一户”。[③] 原有的里甲秩序被打破,户籍编审流于形式。在这种情形下,为适应里甲户籍的变化,明英宗正统年间以后,各地相继推行赋役改革,从“均徭法”和“均平法”到“赋役折银”、“一条鞭法”,直至“摊丁入地”。

---

① 刘志伟著:《在国家与社会之间——明清广东里甲赋役制度研究》,中山大学出版社1997年版,第119页。

② 同上,第88~89页。

③ 宋昌斌著:《中国古代户籍制度史稿》,三秦出版社1991年版,第197页。

其改革的基本倾向是,“将以户为单位,按人丁事产多寡的等级佥派轻重不等的差役的办法,改为将差役折算为货币(银),依照确定的比例税率,分别按丁、田(粮)征派。随后又逐渐将丁的负担转摊入田粮之中。从而实现了等级性的‘户役’[1]向土地税的转变”。但赋役制度的变革又导致里甲户籍发生了变化。刘志伟认为:“赋役改革对里甲制中‘户’的影响,首先表现为‘户’由一个计税单位变成一个单纯的税额登记单位。过去,‘户’在财政中有着特别重要的地位。它不但作为纳税和承担差役的主体,而且也是一种课税客体,是课税对象的一种计量单位。‘户’的规模,‘户’的数量,都直接影响到赋役的数额。但在‘户役’分解为‘丁银’与‘地银’之后,直接以丁、地为课税对象,‘户’便不再具有计税单位的意义和功用。因此,一条鞭法改革以后,‘户’的数量就不再具有实际的财政意义,‘户’变为仅仅是征税环节上的一个登记缴纳单位。清代的编审完全放弃了‘户’的统计,就充分证明了这一点。随着‘户’在税收制度中的地位和功用的改变,在户籍中作为一个登记单位的‘户’的规模大小,就不再同赋役负担轻重相联系,不管是数十丁、数百顷为一户,还是单丁数亩为一户,反正是以丁、田(粮)为计税单位,按固定税率计征,每一课税单位的赋税负担都不受‘户’的形式和规模的影响。这样一来,对于政府来说,重要的只是能否通过‘户’有效地进行赋税征收,对于人民来说,重要的只是希望通过拥有户籍来确认自己的社会地位,通过在户内承担一定的纳税责任来保障自己土地所有权的合法性 。只要官民双方都能达到各自的目的,‘户’由何种规模和形式的社会群体拥有和支配都是无关紧要的了。于是,‘户’不代表一个现实生活中的家庭的现象,就获得了合法化的可能性,从而也就有可能在更广泛的范围内成为普遍的事实。”这段话高度概括了户籍中的“户”由“家庭户”演变为“宗族户”的经济根源。同时也说明,当“户”演变为土地和纳税额的登记单位后,“户”便可能成为多个纳税人共同支配的一种资源,这时候的“户”已不是真实的家庭,而是纳税人依一定社会关系组成的社会群体,即宗族组织。因此,在清初图甲系统中,官府户籍册上登记的“户”,常常就是一个一个的宗族组织。

关于这一点,郑振满又以明清福建家族组织的发展演变为线索,从家族组织的角度进行了研究。他将宗族组织分为继承式宗族、合同式宗族和依附式宗族三类。继承式宗族组织是以血缘关系为基础,族人的权利义务取决于各自的继嗣关系,往往采取分家不分祭、分家不分户或分家不析产的方式,对宗祧、户籍及某些财产实行共同继承,使分家后的族人仍可继续保持协作关系,从而也就促成了从家庭向宗族组织的演变。合同式宗族是以利益关系为基础,族人的权利义务取决于既定的

① “户役”是指以户为单位,按人丁事产多寡的等级佥派轻重不等的差役。

合同关系的宗族组织。依附式宗族是以地缘关系为基础，族人的权利义务取决于相互支配或依附关系的宗族组织。[①] 这三种宗族组织在发展过程必然会发生相互转换：继承式宗族组织有可能会发展为合同式或依附式宗族组织；而合同式宗族组织也有可能发展为继承式或依附式宗族组织。[②] 引发宗族组织形式转换的原因是什么呢？笔者认为，除自然竞争的生物性规律外，根本的社会因素还在于国家的户籍、赋役政策的演变，如基于血缘的继承式宗族组织的形成，就是析产不分户的结果。郑振满以福建军户家族组织的形成及演变对此作了有力的论证。

他认为，"里甲户籍的世袭化与里甲之役的定额化，必然导致家族组织的强化"。[③] 如前所述，明初强调人户以籍为定，尤其是军、匠、灶户等专门为官府提供特种劳役专业户籍，役皆永充，子孙不许分户异籍，表明户籍一开始是世袭性的，尤对专业户籍而言。例如，明景泰二年(1451年)奏准："凡各图人户，有父母俱亡而兄弟多年各灶者；有父母存而兄弟近年各灶者；有先因子幼而招婿，今子长成而婿归宗另灶者；有先无子而乞养异性子承继，今有亲子而乞养子归宗另灶者；俱准另籍当差。其兄弟各灶者，查照各人户内，如果别无军、匠等项役占、规避、窒碍，自愿分户者，听。如人丁数少及有军、匠等项役占、窒碍，仍照旧不许分居。"[④]在这种户籍制度下，军户必须世代充军服役，子孙为了共同承担有关义务，势必形成以家族为本位的赋役共同体。例如，永春县军户荣房郑氏、福州军户郭氏、永安县军户余氏等家族的形成。《荣房郑氏族谱》记载，从明初至明末，郑氏的历年军役由派下各房轮流承担，而不服役者则必须逐年"贴解军装盘费银"。建阳军户李氏于宣德年间分家析产后，提留部分田产作族产以供役用。"外有田地五十四亩，充作军庄，永作军前盘缠，轮流各房收官。"永安县军户余氏，明初编为甲首户，差役同样由全体族人共同承担。"六甲现役，祖制分作三股轮充：仲荣公房与子信公房一次；仲敬公与均禄公房一次；仲达公房与子九公房一次；周而复始。"这些族谱的记载表明了这样一个事实：在承担既定军役的前提下，军户家族户籍的管理与赋役征派在很大程度上是由家族组织自行管理。只要军中有人服役，官府对军户人丁增减并不过问，说明官府对军户户籍实际上失去了控制。例如，《福州郭氏支谱》载：吾宗之军，始于人房祖建公代役泽郎寨弓兵。……永乐三年(1405年)，建公病故，营无次丁，发册行勾。惟时荧公孱弱，地房尾公拈阄赴补，合族嘉其义举，津贴以壮行色。尾公入伍后，擅改军名郭建为贵轻。至永乐十四(1416年)年，尾公回籍置办军装，公议纠银五拾

---

① 郑振满著：《明清福建家族组织与社会变迁》，湖南教育出版社1992年版，第62~63页、第81页、第103页。

② 同上，第107页、第249页。

③ 同上，第248页。

④ 《大明会典》卷二一，《户部六·户口二·撰造黄册》。

两,令尾公手立收约,再不来祖家取逃盘缠,尾公遂携胞弟贞公入陕。贞公之孙彪公、玉公、英公入籍西乡,枝条蕃衍。嘉庆元年,尾公曾孙雄公同军伴游江、张风歧回闽探亲,其时,我族屡被里书籍词补勾,生端忧害,雄公以西陕现有余丁,无容行勾本籍,赴县呈明,经领执照。万历乙亥年,雄公曾孙鸠宇贸易建阳,因便省祖,族中公醵一十一金以赠。四年后复来一次,后遂不复至矣。

封建国家对于不准分户的军户户籍都已失去控制,那么,对于原则上并不限制分户的一般民户户籍又如何呢?郑振满依据大量福建明清族谱的记载论证道:明中叶前后,由于里甲之役烦苛,民间往往花分子户以避重役,或隐匿户口,户籍编审流于形式。各地遂对里甲户籍实行定额管理,即将有关赋役由里长及甲首阶层实行定额承包,基本上不再依据各户人丁事产的变化进行定期的户籍编审。这样,里甲户籍及赋役负担都相对固定和稳定,里甲组织变成赋役的承包单位,因而民间在分家时一般也就不再分别立户,而是由派下子孙共同继承原来的里甲户籍,并分担有关义务。因此,明中叶以后,福建的里甲户籍,往往成为家族组织的代名词,甚至"每一甲为一姓所据"。[①] 这一情形在珠江三角洲也有发生。依据日本片山刚的研究,珠江三角洲宗族的宗、门划分与相当于里甲的图甲制的划分完全重合。

郑振满认为:"户籍的世袭化和赋役的定额化,不仅强化了家族组织,而且使某些家族组织发生了变形。"[②]他指出,明代福建养子之风的盛行,与户籍的世袭化和赋役的定额化有密切关系。在人丁稀少之时,收养子入籍以帮门户,养子与亲子共同继承户籍,形成依附式宗族组织。反之,在血缘关系紧密的族人之间,如果分立若干不同的户籍,却有可能导致家族组织的分化或解体。[③] 这说明户籍的继承与分立对家族组织的形成及发展具有不可或缺的作用。

三、户籍为宗族组织内部的稳定提供了合法依据

宗族家庭,人口众多,事务繁杂,如家族内部各成员的关系、户籍继承及义务分担等。为共同管理宗族事务,保持宗族家庭的稳定,进而维护整个社会秩序的稳定,不仅宗族家庭内部采用了一定的方式、制定了一定规则来理顺宗族内部关系,如家法、族规;合同、协议等。而且封建国家也建立了一套封建社会的伦理纲常,来维护以家长、族长为中心的统治秩序,如"亲亲、尊尊"的礼制原则,长子继承制度等。如

① 郑振满著:《明清福建家族组织与社会变迁》,湖南教育出版社 1992 年版,第 245 ~ 248 页。

② [美]杜赞奇著:《文化、权力与国家——1900 ~ 1942 年的华北农村》,王福明译,江苏人民出版社 1996 年版,第 94 页、第 251 页。

③ 同上,第 94 页、第 252 页。

果借用现代法律分类方式进行分类的话，家法、族规、亲尊原则等可以说是属于实体法的范畴。众所周知，实体法上各种权利义务的实现有赖于程序法。例如，长幼次序名分的确定，是亲亲尊尊原则实现的基础；归宗入籍，是家法族规得以适用的前提。归宗入籍以及长幼名分确定的依据虽然是基于出生或收养的法律事实，但这种法律事实一经载入户籍簿册，又可成为反证，即成为固定人们社会身份和社会地位的法律凭证，也就是界定人们享有某种权利，履行某种义务的法律依据。举例来说，甲、乙、丙是父子关系，甲为父亲，乙为长兄，丙为弟。甲、乙、丙的父子关系是法律事实，这种法律事实一经登入户籍簿册，就从法律上将甲、乙、丙在家庭中和社会上的身份、地位确定下来，甲是父亲，有家长权，可全权代表家庭处理一切对外事务；乙是长子，在父亲离世时继承父权；而丙作为次子，其地位只能在乙之下。总之，户籍中的户名登记、出生登记、身体状况登记、婚姻状况登记、子女登记、财产登记等，这些事项的登记载册，都是界定人们履行各项义务的法律依据。对于单个家庭，户籍簿册登记的户名通常是家长，实际上是以法定形式确认了某人具有家长权，固定了他在家庭及社会中的身份和地位。对于宗族，户名通常是宗族姓氏，户籍簿册的记载是宗族身份的标志，也是区分他族的法律凭证。因此，户籍簿册中关于人户状况的各项人事登记具有程序法的功用，是界定人们身份，履行各项义务的法律依据，从而也为宗族组织内部秩序的稳定提供了法律保障。

所以，从这个角度来看，户籍制度不仅为宗族组织的外部发展提供了条件，而且也为宗族家庭内部的稳定提供了法律依据。

在正常情况下，封建国家利用户籍这一杠杆，控制、调节宗族家庭，再利用宗族组织一损俱损、一荣俱荣的连带责任，达到控制全社会的目的。但当宗族组织过于强大时，对中央集权又是一个潜在的威胁，随时可能导致分裂、割据的局面。历史上曾发生多次地方割据导致政权分裂、崩溃的事件，无一不与宗族势力过于强大有关。福建总督曾在1817年向皇帝呈上的奏折中描写该省“处于混乱和失控状态；盖因人们残忍、好斗、好争执的性格，他们形成拥有武装的宗族；一起战斗，通过武力与地方政府对抗……”因此，封建国家一直在户籍与宗族之间寻找一个平衡点，试图运用户籍与宗族的互动作用，控制宗族组织，进而控制社会。

吏治法律文化现代化及其中国语境

杨成炬[*]

一、吏治法律文化的概念

(一)吏治的概念

"官吏"一词由官与吏组成,虽然常连在一起使用,但两者的含义还是有区别的。例如,清朝的官和吏,经过吏部或兵部铨选而任命者叫官,不需要经过两部铨选而任事者叫吏。① "学而优则仕",只有做官才能出人头地、体现人生价值的观念,称为"官"本位观,而不称为"吏"本位观,是因为官区别于吏;对官吏的录用、考核与管理,一般称为"吏治",而不称为官治,是因为"吏"有广义与狭义两种,广义的吏便包含了官。两者的区别只有相对的意义,且各个时代都有所变化,一般民众对官和吏的区别不是很在意,所以常常"官"、"吏"连用,以区别于那些没有官品和秩禄的人。官分文、武,但是科举制度建立后,社会逐渐养成"重文轻武"的风气,武官不受重视,没有文官地位尊崇。武官属兵部,文官(中下级)属吏部,由不同的部门管理。本文所说的"吏治"也取普通的含义,专指文官的考录与管理。

吏治的实质是治吏,以官吏为治理对象,是对文官队伍的内部管理,以实现执政者的社会治理目标。吏治,《辞海》解释为"官吏治事成绩",《现代汉语词典》解释为"旧时指地方官的作风和成绩"。谈论吏治的制度问题时,一般集中于选贤任能的官吏选拔与考核制度方面,即吏治内容主要集中于各个时期的官制之中;谈论吏治的腐败问题时,一般也集中于指用人腐败,即违反官制规定而进行的任人唯亲、买官卖官现象,如江泽民在谈到吏治腐败时就是在"用人腐败"这一层面上说的。②

---

* 杨成炬,2003 级法律文化专业,指导老师:徐永康。现工作于安徽大学法学院。

① 日本京都帝国大学法科大学长织田万博士在分析清国行政法时认为:"清国法少用官吏之语,常称官或官员。盖吏之语有二义:一与官同义而并用者,例如,大学士尚书督抚等称为大吏是也。一与官区别,二者不可混用。官自一品至于未入流,依吏部又兵部之铨叙,其他一定之方法,由皇帝所任命者也。吏即吏员之义,内阁之共事及内外各衙门之书吏等服卑役者,皆属之。"参见织田万撰:《清国行政法》(下卷),郑篪、陈与年、梁继栋合译,上海广智书局光绪三十二年版,第 1 页。

② 江泽民说:"历史上的腐败现象,危害最烈的是吏治腐败。由于卖官鬻爵及其带来和助长的其他腐败现象,造成了'人亡政息'、王朝覆灭的例子,在中国封建社会是屡见不鲜的。这种历史的教训很值得我们注意。"

吏治的研究既是重大的政治课题,也是重大的法律课题,可以分别从政治学视角与法学视角予以透视,但更多的是两个视角的综合。近现代以来,许多政治问题逐渐纳入法制的轨道,政治问题法治化在民主宪政国家成为一个发展趋势。法律视角的吏治就是吏治的法律制度与吏治的法律实践的综合,如果可以用一个概念来概括这一制度与实践的综合,我们将名其为“吏治法律文化”。

(二)吏治法律文化的概念

吏治法律文化,在词语结构上是吏治与法律文化两个概念的组合,在内涵上强调了吏治的法律属性。“吏治”是个独立的概念,“法律文化”也是个独立的概念,两个独立概念组合成一个联合概念,在理论上是可行的。例如,“行政法律文化”是一个联合概念,甚至“法律文化”也是一个联合概念。吏治法律文化是将法律文化这一宽泛内容限定于吏治这一领域,或者是将吏治这一内涵丰富的概念限定于法律文化的范围,是关于官吏治理方面的法律文化。但是,吏治法律文化的研究范围又不限于吏治本身的制度性内容,因为制度性的吏治本身主要限于各种文官制度,文官制度更多侧重于内部行政法律关系,而诸如政治体制、经济体制和社会文化环境等外部因素,一般不直接体现于各种官制中,但这些外部因素会直接影响或决定吏治法律文化的方向和主要内容,从而进入吏治法律文化的研究视野,甚至成为研究的重点内容。

借用刘作翔先生关于法律文化概念的论证逻辑:“①文化包括法律→②文化中有法律→③文化中的法律→④法律是一种文化→⑤法律文化”,[①]我们也可以论证吏治法律文化这一概念:法律文化包括吏治→法律文化中有吏治→法律文化中的吏治→吏治是一种法律文化→吏治法律文化。我们可以在“法律文化”概念的前面,增加一个适当的限定词,如“行政法律文化”、“吏治法律文化”,以限制法律文化的研究领域,深度挖掘这一较为具体领域的法律文化内容。

(三)概念的意义

吏治法律文化属于法律文化的实证研究,是运用法社会学的研究方法,对吏治问题从法律文化的角度进行深度透视。与吏治的一般研究相较,吏治法律文化的视角研究具有下述意义:

1. 有利于开展吏治的课题研究

由于吏治涉及的范围很广,我们在研究吏治的法律问题时一般只能选择其中的某个方面如官吏考选制度等作为自己的研究对象。这类研究在吏治的某个具体方面做出自己贡献的同时,也存在只见树木不见森林的缺陷,使读者不能从宏观上

① 刘作翔著:《法律文化理论》,商务印书馆1999年版,第31页。

把握吏治的整体状况。以官吏考选制度为例,我们在了解某个时期的考选方式以后,能否把握这个时期的吏治状况呢?即使在官吏考选这一环节,介绍了考选的各种制度以后,我们也不能说“官吏的入口”就是如制度那般规定的,因为制度的表达与实践往往是不一致的。

2. 有利于把握吏治发展的一般规律

社会发展的规律性也会体现于吏治中,吏治的发展规律主要不是体现于文官制度的细枝末节中,而是体现于文官制度背后的政治体制与吏治思想中。一国的吏治要与该国的政治制度相适应,吏治要体现执政者的社会治理理念,其中政党制度与宪政体制对于研究现代社会的吏治具有特别的意义。

(四)吏治法律文化现代化的一般理论

文化没有统一定义,文化现代化也没有统一定义。根据经典的现代化理论,文化现代化是从传统文化向现代文化的转型,是文化分化、世俗化、理性化和商品化的过程。①

官吏在传统吏治和现代吏治中所处的地位和扮演的角色是不同的。传统吏治时期,相对于民言,官吏是“分身之君”,君主神圣,官吏也神圣,官贵民贱,“升官发财”,官吏是权力、身份和财富的象征;官者,管也,官吏是社会的管理者,不是服务社会的公仆。相对于君主而言,官吏是奴仆,由君主的仆人转换而来的,只需对君主负责,忠君是传统吏治的第一要求。现代吏治时期,人民主权思想深入人心,人的主体性意识提高,义务本位转向权利本位,君主神圣变为帝制非法,民主共和或君主立宪政体成为社会治理的主要合法方式;官吏也是一种职业,是由人民授权的、从事公共事务管理活动的公职人员而已,他们的权力来源于人民,权力行使受人民的监督,权力行使的目的是为人民服务,即官吏须对人民负责,忠于人民(或者通过执政党),这是现代吏治的第一要求。《布莱克维尔政治学百科全书》认为:在许多发展中国家,文职人员的产生可能追溯到很早的时期,那时,国家官员都是君主或统治者的奴仆,过了一段时期,他们成了大臣们的仆从;到了现在,他们成了王国或国家的职员,或许是官吏从传统转向现代的最简洁的概括。

法制现代化不仅是传统法制向现代法制的一种运动,也是传统的法制观念、价值体系和行为方式向现代转变的运动,作为制度灵魂的观念,在法制现代化中处于优先地位。② 中国法制现代化不是传统法律历史正常演进的结果,而是肇始于鸦片

① 中国现代化战略研究课题组编:《中国现代化报告 2009:文化现代化》,北京大学出版社 2009 年版,第 6~8 页。

② 陶广峰:“法律现代化与意识形态化色彩:我国法律变革研究历程中的一个现象分析”,载《中国法学》2003 年第 4 期。

战争之后，因为社会和政治危机不断加深，使得我国处于“原有文化根基失落”、“迫切需要意识形态”的时代，因而从时间上大致可以将中国法制现代化分为清末法制变革、民国法律发展与当代中国依法治国三大阶段。

二、与相关概念的比较

（一）吏治法律文化与政治文化

政治文化，在狭义上指的是“界定政治行为发生的环境的经验信念、政治态度、表征符号和价值的系统”；在广义上指的是“政治思想、政治意识、政治心理、政治情感的总和”。① 吏治，历来都包含政治的因素，受政治文化影响甚巨，近现代也不例外，吏治法律文化的现代化与政治文化的现代化是息息相关的。

特别是近代以来，民主法治逐渐深入人心，许多政治目标需要借助法律才能得以实现，政治的法治化是一种发展趋势，吏治法治化也是时代的必然。“制度好可以使坏人无法恣意横行，制度不好可以使好人无法充分做好事”，法治化进程中的吏治理论与实践，更多地需要借助于吏治法律文化的研究视角，才能得以展现。

（二）吏治法律文化与官文化

几乎所有的社会变革都要以相应的文化变革为先导，吏治法律文化变革乃至取代官文化也是社会变革的必然。

（三）吏治法律文化与廉政文化

吏治的目标是实现执政者的政治诉求，选贤任能、德为才之率等选官标准都是围绕吏治目标而展开的。“明主治吏不治民”指的是执政者不能直接治理社会，而是通过官吏的中介作用达到社会治理的目的。如果官吏能而不贤、有才而无德，即使短期取得了一些政绩，也因败坏了社会风气、堕落了社会道德而最终毁了社会治理的根基。朝代的更替、国家的覆灭无不与官吏腐败有关，所以反腐败是吏治的重要内容，反腐败的直接目标就是实现官吏的廉洁从政，廉政文化应运而生。

廉政文化是“关于人们对廉政的意识、行为规范、信仰和与之相适应的生活方式、社会评价的总和，是以廉政为思想内涵、以文化为表现形式的一种文化，是廉政建设与文化建设相结合的产物”。② 廉政文化包括三个层面：一是精神层，包括廉政的认识程度、廉政的思想素质、文化素质、生活观念、价值取向等。二是制度层，包括廉洁从政的法律法规、规章制度、行为习惯等。三是物质层，包括廉政教育场所、廉

① 王邦佐等编：《中国政党制度的社会生态分析》，上海人民出版社2000年版，第23页、第264页。

② 王文升主编：《廉政文化论》，中国方正出版社2009年版，第3页。

政文化景观、廉政主题等。历史上的清官之所以受到民众的喜爱,不在于他们的才能大小,而主要在于他们的廉洁形象。无欲则刚,清官因廉洁而敢于刚正不阿乃至无所畏惧(既不畏惧犯上直谏,也不畏惧弹压民意),此即为古语所言的"吏不畏吾严,而畏吾廉;民不服吾能,而服吾公。廉则吏不敢慢,公则民不敢欺"、"公生明,廉生威"。

廉政文化与吏治法律文化有许多内容是交叉的。廉政文化可以纳入吏治文化的范畴,廉政文化中的制度层内容可以纳入吏治法律文化的范围,如近年来在中央层面上要求建立健全惩治和预防腐败体系的各项制度,要求各级领导干部特别是高级干部要坚决执行中央关于报告个人经济和财产,包括收入、住房、投资以及配偶、子女从业等重大事项的规定,出台《中国共产党党员领导干部廉洁从政若干准则》,提出"8 大禁止"、"52 个不准"等。① 而廉政文化的精神层与物质层则需要区别对待。精神层面与物质层面的廉政文化,如果建立在廉政制度上或者属于廉政法律观念性质,则可以纳入吏治法律文化,否则,它们只能属于吏治文化的内容。例如,宣扬官吏的遵纪守法形象,对前来办事的群众从不吃拿卡要以及防腐拒腐的典型事迹,此类廉政文化当属吏治法律文化;让官员旁听职务犯罪审判过程,到监狱听取已服刑的腐败分子现身说法,定期召集领导干部的配偶,教育她们如何做好腐败预防的"贤内助"等一类廉政文化活动也当属于吏治法律文化的范畴。

(四)吏治法律文化与行政文化、行政法律文化

行政文化生成于行政活动之中,它是文化在国家行政管理活动中的一种特殊形式,是行政物质文化、行政规范文化和行政意识文化有机结合的整体,是政府官吏或公务员所应共同信守的行为模式、生活方式及价值观念。一般公民介入政治、行政体制中,成为政府组织的成员,他(她)的存在形式就会发生一定的变化:"一方面,由于成为公共权力的执掌者和行使者,其政治角色的内在规定显然与一般公民有了差别;另一方面,既然进入政府组织,就不可避免会受到'行政文化'的影响和作用。"②

行政文化的载体是"政府人",吏治法律文化的载体也是作为官吏的"政府人"。正如行政分为内部行政与外部行政,行政文化中"向内"的、以官吏为研究对象的法律文化部分,就属于吏治法律文化;而行政文化中"向外"的、以行政主体与行政相对人间法律关系为研究象的法律文化部分,就属于行政法律文化。

行政法律文化是法律文化的一个部分,特指人们关于行政法律的制度、实施机构以及行政法律观念和行政法律实践活动的认识总和。关于传统行政法律文化的

① "官员财产申报公示是反对腐败的一项重大举措",载《光明日报》2010 年 3 月 15 日。

② 葛荃:"行政文化与行政发展管见",载《中国行政管理》2007 年第 9 期。

内容范围,范忠信教授认为主要由制度与思想两大块组成,“传统中国的行政,有一套发达的制度;与这套制度相关,有一套发达的思想体系。二者结合起来就是中国传统行政法制文化”。[①] 中国传统行政法律文化的主要特征体现在:(1)源远流长的行政法律规范及行政管理制度;(2)综合为治,伦理道德化的行政理念;(3)家国本位,公权化的价值取向;(4)君主专制,集权化的统治方式。[②]

行政法律文化侧重于外部行政行为,主要发生于行政主体与行政相对人之间的行政法律关系领域,与行政法学关于“行政”的概念内涵相吻合,突出了权力的“外向”特征。例如,范忠信教授在论及中国行政法制文化中的“行政”含义时,认为要理解中国历史上的所谓‘行政’概念,关键要把握其三重含义。第一,‘行政’就是执掌权柄;第二,行政就是把君主的旨意(政令)推行于百姓;第三,行政就是‘为民父母’护育人民。这种意义上的行政,实际上包含中国古代国家机器的全部活动,特别是以百姓为直接对象的活动。

三、吏治法律文化现代化理论的中国语境

公务员制度不是从来就有的,没有西方宪政民主政体的发达,就不会有公务员制度,这也是为什么许多国家实行公务员制度,而效果悬殊的主要原因,即各国宪政水平差异所致。没有引进中国的科举选拔人才的技术条件,西方也不会有公务员制度,这也是西方宪政发达而仍实行政党分赃制的原因,即技术条件欠缺所致。没有市场经济的发达及职业选择的多元化,也不会有彻底的公务员制度,这也是发展中国家难以进行职位分类的原因,即商品经济程度不同所致。

(一)党管干部的中国语境

中国不是多党制国家,只能实行以某个政党为领导的多党合作制度,这是历史告诉我们的结论。孙中山先生的联俄、联共、扶助农工的政策中,联共不是让共产党与国民党平分秋色式的共坐江山,联共只是借助共产党的力量,以便国民党能取得全国政权。作这样的推断,是有理由的:传统社会认为,天无二日,国无二君,一山不能容二虎。政党制度取代君主制度,是时代的一大进步,这种进步在中国的主要表现是君主个人专制集权不存在了,但不能排除代替君主制的政党专权。而一个专制政党,如果其内部不能实行政治民主生活,那么政党专制就有可能演变成个人专制,与君主专制没有本质上的区别。

---

① 范忠信:“中国传统行政法制文化研究导论”,载《河南省政法管理干部学院学报》2008 年第 2 期。

② 焦利:“中国行政法律文化的传统及现代价值”,载《山东社会科学》2003 年第 2 期。

其后,日本对中国的威胁,已上升到最主要矛盾。为抗击强敌,单靠一方力量不能取胜,国亡后,政党也难以生存,国共两党才有联合的必要性与紧迫性。西安事变只是联合抗日的偶然事件,不是蒋介石个人不想抗日,而是国民党这个主体认识到不联共抗日,其结果则是国将不国、党也将不党了。同样,当日本的亡国威胁减小乃至不存在时,国共两党或者刀兵相见,进行鱼死网破式的战争;或者,一方自动交出政权,从此不再有夺取政权的奢望,也可平安无事。抗战结束后的重庆谈判,是自动交出政权的方式。但是,如果双方都想获得全国政权,重庆谈判就显得多余,第三次国内革命战争就不可避免,直到一方失败,无力问鼎政权,大规模战争才告结束。

所以,以西方话语为标准衡量中国政党制度的优与劣,是没有多大意义的,因为中西方政党产生的路径不同。如果说多党制下的各政党本质是相同的,我们就不能推断出"一党制是劣等的政治",因为本质相同的多党制也能实行专制,衡量优劣的标准是看该政党是否做到了邓小平所说的"三个有利于",而不是根据能够执政的政党数量多少;如果说多党制下的政党为获得选票而改善治理方式,我们也不能推断出"一党执政就不想争取民心",因为获得民众支持、改善领导方式的最终目的是巩固自己的执政地位。

当然,我们不得不承认,一党制下,执政党改善治理方式的压力远远小于多党制下的压力,这要依靠执政党的自觉及改革的努力程度,但是,比较多党制下选民投票的去留决定,这种自觉及努力程度都是有待提高的。正是从这一意义上说,执政党有意识地加强同其他党派的接触,让其他党派越来越多地参政议政,就显得尤为重要。

(二)公务员制度与一党执政

我们没有多党制,自然不会有西方的政党分赃制。西方的政党轮流执政带来行政的不稳定和低效率,而稳定、专业化的公务员队伍,正是为了克服政党轮流坐庄、恩赐分赃所带来的消极后果。在中国,不会发生这种现象,是否意味着我们没有实行公务员制度的必要性?如果是为了借鉴公务员的考试选拔人才制度,不如恢复传统科举考试方式(仅仅是方式,而不是考试内容),从前面的几章内容分析,我国的公务员所采用的考试制度也的确相似于科举制度;如果是通过公务员的分类以加强官吏队伍的专业化建设,以提高行政效率,倒不如说官等的划分、领导与非领导职务的划分更似传统品位分类。

无论民国还是当代,都不存在分赃的政党制度前提,这里我们强调的是不存在政党把赃来"分",而是由执政党一党"独享"胜利果实,就政治发展而言,重要的不是政党的数量而是政党制度的力量和适应性。政治稳定的先决条件在于有一个能够同化现代化过程中所产生出来的新兴社会势力的政党制度。这样,我们就能理解民国或当代录用公务员的条件设置:党员是公务员录用的条件之一或录用的优先条件;也能理解许多人特别是青年人积极入党的动机。至于其他政党的参政议政,则是执政党的自觉行为,不是“分不分”的问题,这也是某些职位录用公务员时有意识地要求非执政党党员参与的原因。

西方多党制下的分赃是公务员制度产生的诱因,我们不存在分赃现象,能否说我们实行公务员制度就没有必要了呢？当然不是。美国行政学者怀特说,当代人事制度有两大支柱,一是选拔人才;二是职位分类,二者缺一不可。作为当代人事集中表现的公务员制度,就是通过选拔来保证官吏的素质,通过分类来保证官吏的专业水平,以收到人员稳定、行政高效的目的。克服“分赃”不是最终的目标,它只是提高行政效率的一个步骤。所以,我们没有西方政党分赃的历史事实,并不表示我们不具备实行公务员制度的条件。实行公务员制度的条件是一个国家或地区的宪政民主水平、市场化的发达程度,而不是多党制或分赃制。

(三)党治的历史根源

西方的政党制度背景下所推行的政治与行政分离理论有其历史根源,即政治价值多元论,而我国自政党制度以来所推行的“党治”理论也有其历史根源,即政治价值一元论。

政治家的高瞻远瞩、符合社会正义的设想、目标,需要官吏去实施,而官吏同样也肩负政治、历史使命。传统社会的官吏主要由“士”构成,“士志于道”(《论语·里仁》),这是孔子最早为“士”立下的规定,而其弟子所倡导的“士不可以不弘毅,任重而道远。仁以为己任,不亦重乎？死而后已,不亦远乎”(《论语·泰伯》)的思想,在天下无道的时代,更是激起无数士人“为民请愿”的情怀。随着科举制度的建立与推行,“士”变成官僚阶层的主流,直接进入权力世界,士大夫的观念也演化成官僚的行为,“先天下之忧而忧,后天下之乐而乐”的范仲淹式风范,也成为官僚阶层所效仿的榜样。[①]

“严格地说,古代中国甚至没有可以相对于政治而言的行政概念”。[②] 科举是官吏录用的正途,参加科举者为具有一定社会地位的知识人(士),他们由巫、史、祝、卜之类延续而来,在其原初时期就不是独立的社会力量。在春秋战国的礼崩乐坏时期,知识人几乎是包括各色人物甚至“引车卖浆者流”、“鸡鸣狗盗之徒”的群体。在儒家思想地位确立后,知识人的群体结构才变得比较单一。儒学提倡积极地入世,目标是“致君于尧舜”、“代圣贤立言”,而原先的“民为贵,社稷次之,君为轻”的信条逐渐淡化了。儒学是知识人学习的内容,注重人文素养,缺少专业化与技能训

① 余英时著:《士与中国文化》,上海人民出版社 2003 年版,引言。

② 任爽、石庆环著:《科举制度与公务员制度:中西官僚政治比较研究》,商务印书馆 2001 年版,第 95 页。

练。在农业社会中,这种知识就是一种奢侈品,不曾有多大的用处。拥有儒学知识的读书人没有其他职业可以选择以供养生计,除了参加科举成为政治的附庸力量。君主集权力于一身,是最大的官僚,是政治与行政的总代表,"对于专制君主来说,控制官员首先意味着选拔适合自己需要的人才;而对官员来说,被专制君主控制首先意味着必须使自己适合专制君主的口味"。这样的社会传统,哪里还需要政治—行政的分离呢?

四、党管干部的历史路径

(一)党管干部的理论形成①

新中国的干部管理体制——由"一揽子"集中统一管理转变为分部分级管理,逐步形成了高度集中的人事管理体制。

建立了中央和各级党委分管各级干部的制度,即所谓的"分级管理"。分级管理制度主要是指按照党和国家机构的设置,从中央到省、地(市)、县,根据干部的岗位和职务,实行分级管理。凡担负全国各个方面重要职务的干部,均由中央管理;其他干部,则由中央局、分局及各级党委管理。在党政机关中,上级一般要管下两级机构中担任主要领导职务的干部。

(二)党管干部的制度历史

在当代,公务员是干部的一部分,公务员制度也是干部人事制度的一个组成部分,"党管干部"是我们坚定不移的人事原则。党管干部包括了党管公务员,即党组织拥有公务员从录用到退出的最终决定权。党管干部原则是执政党加强执政地位的最主要措施之一,也是我们党从正反两个方面得出的一条宝贵经验。从正面的经验上说,在革命战争年代,我们就实行了由党组织考察任命干部的制度,保证了革命在全国的胜利;在新中国成立后的内忧外患中,我们也坚持了党管干部这一经验,保证了政权的稳定,创造了改革开放的安定社会环境。从反面的教训上说,在民国时期,国民党虽然打出"党治"的旗号,但未能在人事制度上予以贯彻执行,导致国民党党组织缺少向心力而涣散无力。

国民党的成员原先主要由少数知识精英组成,只有非常有限的群众基础,绝大多数社会民众并不了解国民党,这可以从孙中山的多次革命失败和鲁迅的作品中可窥一斑。北伐胜利前后,经过改组后的国民党成为执政党,由封闭型的精英式政党转变为一个以大众为基础的现代动员型政党,大批中小知识分子涌入国民党和

① 本节写作中的部分内容由安徽大学法理学2008级研究生王自同学参与完成的,特此注明。

共产党内。这些知识分子有革命的热情,但缺乏坚定的革命信念。他们加入政党是为了捞取政治资本,当共产党被国民党屠杀时,他们选择国民党就是必然的了。然而,他们毕竟是“中小”知识分子,不如“大”知识者明了党义,不如大知识者受政府器重。他们虽然加入党籍,可党籍没有带给他们多少实际的好处,除了喊一喊“三民主义”的口号外,他们难以在官吏场上获得什么好处,因为传统社会的用人规则还在起着相当的作用,用人只问乡不乡、亲不亲、派不派的,不问你有无多少才能。在这一时期,经济也不发达,分工还不明显,职业的多元化发展也未形成,这些中小知识分子除了走官场之路外,也无多少其他的选择。在牢骚、失望之余,他们就把目光投向了国民党在大陆时期的冤家:共产党,国民党不仅失去了这些人的支持,而且培养了掘墓人。

实际上,即使民国时期国民党能够稳固自己的一党执政,即使实行党管官吏的制度,国民党也难以树立自己廉洁、高效的良好形象。姑且不论当时的国内外环境的影响,仅仅以人事制度而论,由于党员队伍的庞大及官吏职数的限制,只有少数党员成为官吏,大多数已经入党的党员不可能在官场上谋求职位。党员不能从党组织获得实际的利益,入党也不是出于他对党的宗教情结,这时就会产生对党组织的不满和怨恨。已经在官场上获取职位的党员,就会把党员身份看做一种特权,加之一党执政的制度设计,难以有党外监督,在有宗法社会的现实环境中,就会产生既缺乏组织内省,又少外部监督且容易拉帮结派的普遍现象。官场上的党员不能有廉正、高效的形象,社会民众对党组织的热情就会减退甚至转移热情。民众对党员形象的不满与不屑,自然也影响入党与准备入党的人员,党员们往往会隐藏自己的党员身份,认为成为党员是一件不光荣甚至有点可耻的事情。在此社会观念中,那些继续准备加入党组织的人,看中的只是将来可能的政治利益,根本就不会有对党主义的忠诚。

所以,在中国一党执政的社会制度下,一方面扩大其他党派对执政党的监督和参政议政的程度,从外部促使执政党遵章守制就成为必要;另一方面不要盲目扩大党员的队伍,不要认为党组织的成员越多政权就越稳固,关键在于官场上的党员社会形象是否良好,否则,党员越多影响就越恶劣。在党管干部原则下,人事制度的好坏直接决定于党的领导水平的高低。一党执政国家,不加强执政党的领导水平、不改善执政党的领导方式,不注重民主宪政建设,公务员制度就难逃传统官僚制的灾难命运。

“律师”一词的生成与演变

邓继好[*]

一、中国古代的“律师”与“讼师”

“律师”一词汉语中古已有之，只不过是一个宗教用语，与法律不相干。例如，《涅磐经·金刚身品》：“能否佛法所作，善能解说，是名律师。”即把能善解佛教戒律的人称为“律师”。《唐六典·祠部郎中》：“道家修行有三号，其一曰法师，其二曰威仪师，其三曰律师。”在此“律师”意为道家修行的品号之一。可见，在中国古代，“律师”是指那些修行得道的高级神职人员。

而在中国古代，也的确存在着从事与现代律师工作相仿的人员，如春秋战国时郑国大夫邓析助人诉讼，就颇有点现代律师的味道。这就是说，从提供法律服务这个意义上来讲，中国古代也存在过“律师”，只是没有这个称谓而已。对于这样一些为他人提供法律服务或帮助的人，不同历史时期有着不同的称谓，到了宋朝逐渐趋于一致，即使用“讼师”一词。《名公书判清明集》中就有“讼师官鬼”、“哗魁讼师”等词语。明清时期，讼师替人写状助讼已成为非常普遍的社会现象。但由于讼师被认为是挑唆兴讼的罪魁祸首，与当政者希冀社会稳定的愿望不相符，因此成为官府压制打击的对象。例如，唐律中就有关于“作辞牒诉状”行为的处置，《唐律疏议·斗讼》：“诸为人作词牒，加增其状，不如所告者，笞五十；若加增罪重，减诬告一等。”明律中也规定：“凡教唆词讼及为人作词牒增减情罪诬告人者与人同罪，若受人愚而不能申冤教令得实，及为人出写词状而无增减者，勿论。”因此，这些讼师的社会形象也就并不鲜亮，甚至被人侮称为“讼棍”。例如，《儒林外史》第40回就有这样的词句：“沈大年又补了一张呈子，知县大怒，说他是个刁健讼棍。”

虽然讼师所做的工作与现代律师相似，但两者社会地位和生存状态相去甚远，不可同日而语。从实质上来看，古代“讼师”所指称的仅为那些专门替人写诉状打官司的人。[①] 而更为重要的差异是，中国古代的讼师一直没能获得合法的诉讼地位，他们仅限于在法庭以外代书诉状，不能直接会见被告人，更不能出庭参与庭审。

---

[*] 邓继好，2005级外国法律史专业，指导老师：何勤华。现工作于华东政法大学。

① 陈景良：“讼学与讼师：宋代司法传统的诠释”，载《律师文摘》（第4辑），时事出版社2002年版，第20页。

直至清末，也不曾有相关法律对讼师的法律资格和诉讼地位作出过规定。

二、中国人对现代律师的接触与认识

现代意义上的律师和律师制度起源于17～18世纪的西方国家。1787年《美国宪法修正案》第6条规定：在一切刑事诉讼中，被告人有权由律师协助其辩护。1808年法国《刑事诉讼法典》规定了辩护原则和律师制度。① 随着西方国家用坚炮利舰打开东方国家的大门，伴随着西方文化，西方律师的概念和制度也进入了东方人包括中国人的视野。

中国社会接触到现代意义的律师当在清末，而接触的途径是多样的，主要有以下三种：

1. 租界内的领事法庭和租界外的会审公廨

自鸦片战争之后，西方列强在中国割地赔款，划定租界，进而攫取了领事裁判权。率先在其租界内设立司法机构的是英国，其设立的领事法庭负责审理在中国境内的英国人作为被告的诉讼案件，并依据英国法律对案件进行审理。而依据英国的法律，就允许当事人聘请律师作为诉讼代理或出庭辩护。随后其他国家设立的领事法庭中也引进其本国的律师制度。正如有学者指出的那样："在率先对在华的本国公民进行司法管辖的英国租界内的司法机关中，英国人最早进行了律师辩护制度。……随后，律师从租界的领事法庭，走入会审公廨，参与审理纯属中国国民之间的案件。"②到了19世纪70年代，会审公廨在审理中外国民混合案件中，已明确涉讼当事人，无论是原告还是被告，无论外国国民还是中国国民，都可以聘请律师，出庭辩护，或作为诉讼代理。③

律师从租界领事法庭走向会审公廨，从仅为有约国国民案件提供法律服务到为会审案件提供法律服务，扩大了律师与中国社会的接触面，使得中国民众能够实践性地接触和认识律师，切实地将"律师"的名与实联系起来。

2. 出国留学生

1847年，在中国从事教会教育的美国传教士布朗因病提前归国，带了几名学生赴美留学，开创了中国学生留学的历史。在这几名中国的第一批留学生中就有后来被称做"留学生之父"的容闳。在美国留学7年回国之后，容闳致力于中国留学

---

① 王申著：《中国近代律师制度与律师》，上海社会科学院出版社1994年版，第3页。

② 何勤华、李秀清著：《外国法与中国法——20世纪中国移植外国法反思》，中国政法大学出版社2003年版，第485页。

③ 费成康著：《中国租界史》，上海社会科学出版社1991年版，第146页。

计划,并得到了洋务派人物曾国藩和李鸿章的赞同,自1872年至1885年先后组织向海外派出四批,共209名留学生。虽然选派的初衷是学习西方的先进科学技术,但踏入西方国家的留学生不可避免地呼吸着"自由空气",一些人逐渐改变了原先的认识,对西方的先进思想和政治制度有了更强烈的兴趣,如伍廷芳就进入英国伦敦的林肯法律学院系统地接受西方法学教育。该学院与内殿、中殿和格雷等学院并称为英国四大法学院。伍廷芳在这里通过阅读判例汇编、法律书籍,参加模拟法庭,接受了系统的英国式的法律训练,并通过考试获得律师证书。在英国留学的严复更是留学生中的佼佼者,通过接触英国社会,对西方的政治思想和制度有着深刻认识,回国后并积极介绍和传播西方的社会政治学说。

这些留学生长期学习生活在英、美等西方国家,与置身其中的社会处于零距离接触,对西方的社会制度和社会事物有着直接的切身感知。当时西方独特的律师辩护自然也给他们留下深刻印象。回国之后他们积极投身清末变法改制之中,主张在中国建立起西方的社会制度,以富民强国。

3. 清廷的出洋使臣

在晚清西法东渐,变法改制过程中,有一个特殊群体也作出了自己的历史贡献,这就是中国早期的出洋官员们。

1866年,清政府派出由斌椿率领的观光团随同英国人赫德考察欧洲。虽然这不是一个正式的外交使团,其主要任务也仅限于游历和收集外国资料,但却开创了清政府遣派官员出访的先河。此后,清政府于1868年派遣了由美国人蒲安臣率领的正式使团出使欧美,1870年派遣中国人崇厚率领的使团赴法,1875年8月派出了第一位驻外使节郭嵩焘驻英。郭嵩焘的派驻揭开了中国与外国互派使节,拉开现代国家关系的序幕。此后中国陆续派遣驻美国(1875年12月)、西班牙(1875年12月)、秘鲁(1875年12月)、日本(1876年9月)、德国(1877年11月)、法国(1878年2月)、俄国(1878年6月)等公使以及驻旧金山(1875年)、檀香山(1879年)、纽约(1882年)、小吕宋(1887年)、韩国各重要口岸(1900年)等领事。

这些出洋和驻外使臣,都充分利用出使的机会,积极观察和了解外国社会,并大多予以了书面记录,为我们今天了解中国人如何走向世界留下了宝贵的历史材料。其中值得一提的是驻日参赞黄遵宪。在任驻日参赞期间,黄遵宪广泛搜集日本的典章史籍,详细了解明治维新期间日本移植西方法律的情况,撰写《日本国志》一书,其中就有介绍日本法律制度的内容。后他又出任驻美国旧金山总领事、驻英公使馆二等参赞,进一步研究西方的政治、法律,为中国人了解西方法律制度乃至律师制度做出了贡献。

后来,清政府派送考察团的举措从自发到自觉,更加具有目的性。自1905年开始,清廷先后多次委派大臣出使欧洲各国及日本,专门考察政治及法律制度。1910

年,朝廷再次委派京师高等检察厅检察长徐谦、奉天高等审判厅厅丞许世英等出使欧洲各国,专门考察司法制度。考察团回国后,撰写《考察司法制度报告书》,其中“法部制度”一章中就论及了律师制度。“一律师制度也。欧美虽法派不同,要使两造各有律师。无力用律师者,法庭得助以国家之律师。盖世界法理日精,诉讼法之手续尤繁,断非常人所能周知。故以律师辩护,而后司法官不能以法律期两造之无知。或谓我国讼师刁健,法律所禁。不知律师受教育与司法官同一毕业于法律。其申辩时,凡业经证明事实,即不准妄为狡辩。是有律师,则一切狡供及妇女、废疾之紊乱法庭秩序在我国视为难处者,彼皆无之。因律师之辩护而司法官非有学术及行公平之裁判,不足以资折服,是固有利无弊者也。”①

当然,除了上述三种主要途径外,中国人对律师这一社会事物的接触和了解还有其他途径,如通过来到中国的外国人,特别是传教士对外国法律制度的介绍和传播,通过出国游历的文人商贾的接触感知等。总之,在清末,中国人对现代律师的接触和认识途径是多维度的、立体式的,而不是单一的、平面式的。

三、现代“律师”一词的生成

中国人对于现代律师这样一个新事物如何称谓,经历了感知、理解、整合和定型的过程,前后经有70年左右。

最早使用“律师”来称呼出庭代理诉讼、替人辩护的人的书面记载出现在1832年。是年,由马治平②英著、马礼逊③中译的《大英国人事略说》首先在《广州记事报》(*The Canton Register*)上刊载,随后又被印成单行小册子,由东印度公司大班林赛(H. H. Lindsay,即胡夏米)乘“阿美士德号”在中国沿海广为散发。其中在介绍英国法律制度时,使用了“律师”一词:“照英国法律,不分内外人色,其加害于外国人,或于英民者,治其罪同为一例,皆准上衙自白其理,亦准给律师为助远客之意。”④

---

① 徐家力著:《中华民国律师制度史》,中国政法大学出版社1998年版,第16~17页。

② 马治平(Charles Marjioribanks,1794~1833年),父亲为世袭男爵,国会议员。1811年经担任东印度公司董事的伯父引介马治平进入该公司,并于1812年来到中国广州任职,1831年任英国广州商会特选委员会主席,1832年回到英国接任父亲的国会议员之职,并从人道和维护正常国际关系的角度反对鸦片贸易。

③ 马礼逊(Robert Morrison,1782~1834年),来到中国大陆的第一位基督新教传教士,1813年创办了中国第一份月刊《察世俗每月统记传》(*Chinese Monthly Magazine*),1823年编辑出版了《华英字典》,翻译刊印了第一本中文《圣经》,为中西方文化的交流做出了重大贡献。

④ 关于《大英国人事略说》的全文,参见中国第一历史档案馆编:《鸦片战争史料》(第1册),上海人民出版社1987年版,第118~120页。

此后“律师”一词开始获得普遍接受,逐渐为更多人所使用。1877 年,刘锡鸿在《英轺私记》中对 3 月 13 日参观伦敦法庭所见作记载时使用了“律师”:“其推鞫之法,两造各请律师六人代质。刑司据台上坐,律师环台下坐。台上有所诘驳,则台下检案卷起立辩答,无跪审刑讯之事。综计通国大律师六百人,小律师一千二百人,皆考试其律学之差等而拔置之。盖恐民愚不克自达其情,故代以律师也。”[①]郭嵩焘在 1877 年 11 月 18 日的使英日记中也使用了“律师”一词:“如力者,地方良民也,为今律师代质所自始。”[②] 1879 年薛福成在《筹洋刍议》中,建议“聘请外国律师,参用中西律例”,与列强商谈治外法权问题。[③] 曾纪泽在 1879 年 5 月 14 日的日记中记载:“公法之始,根于刑律;公法之书,成于律师。”[④] 1883 年 1 月 20 日,清驻美国旧金山总领事黄遵宪给驻美国大臣郑玉轩的禀文中,也有这样的用例:“现据律师商榷,设法出票另拿一未遵新例之人,令其入监拘押,律师即为是人修辩驳词寄呈华盛顿。”[⑤] 1894 年马建忠在《拟设翻译书院议》中也说:“前者郭侍郎出使,随往英法。暇时因举曩所习者,在法国考院,与考其文字格致两科,而幸获焉。又进考律师之选,政治之选,出使之选,亦皆获焉。”

到了光绪末年,“律师”一词还出现在了世俗小说中,如写于 1898 ~ 1904 年间的《二十年目睹之怪现状》第 30 回:“就是从前派到美国去的学生,回来了也不用,此刻有多少在外头当洋行买办,当律师翻译的。”[⑥]可见“律师”一词已深入百姓生活,成为大众耳熟能详的词语。

当然,除了使用“律师”一词外,在这一时期人们对现代律师的称谓还有“法家”、“法师”、“辩护士”、“律士”等,也有沿用旧称“讼师”和“状师”的。

1849 年,林鍼在《西海纪游草》使用“法家”:“同行云:‘此处有鲁姓,为花旗法家第一,苟得其片言只字,何患不完璧归赵?’”[⑦]

1862 ~ 1864 年,丁韪良在翻译《万国公法》时使用了“法师”:“依古时法师所论,公法出于理,而万国之服化者无不遵守。则公法有二源,即理与例焉。”“盖此国若有所讨索于彼国,总效庶人之控告,先请法师平理而后行。”“有英国法师以普君

---

① (清)刘锡鸿撰:《英轺私记》,湖南人民出版社 1981 年版,第 117 页。

② 钱钟书主编:《郭嵩焘等使西记六种》,生活 · 读书 · 新知三联书店 1998 年版,第 140 页。

③ 郭建:“从讼师到律师”,载《律师文摘》(第 1 辑),时事出版社 2002 年版,第 235 页。

④ (清)曾纪泽撰:《使西日记(外一种)》,湖南人民出版社 1981 年版,第 83 页。

⑤ (清)黄遵宪:“上郑玉轩钦使禀文 · 上郑钦使第三十四号”,载《近代史资料》(总 55 号),中国社会科学出版社 1984 年版,第 67 页。

⑥ (清)吴趼人撰:《二十年目睹之怪现状》(上),人民文学出版社 1959 年版,第 223 页。

⑦ (清)林鍼、斌椿、志刚等撰:《西海纪游草　乘槎笔记 · 诗二种 初使泰西记 · 航海述奇 · 欧美环游记》,岳麓书社 1985 年版,第 45 页。

不准其民还债，诉于英国君主……"①

1876年，郭嵩焘在《伦敦与巴黎日记》中使用"讼师"，并对英国的barrister和solicitor进行了音译："西洋听断，两造均有讼师代之陈辩事理，曰巴立西得尔。又有探事者曰梭立西多尔，以供奔走之役。……讼师经过考试乃听上堂，即巴立西得尔是也。"②

1894年，黄庆澄在其《东游日记》中就借用日语中的"辩护士"来称呼律师，并明确说明辩护士就是指律师，"广潡君充藏，东国辩护士也（辩护士即律师）。"③"辩护士"一词也就被引入中国，为一些人所使用。

1905年，戴洪慈在12月19日的日记中使用"律士"："按察司必特（Bette）、卜忌利大学总理威罅（B. I. Wheeter）、士丹佛大学总理乔顿（D. S. Jordan）及大律士挨列枢（Irish）、华商代表伍盘照以次演说。惟挨律士力持公理，隐讽禁工之非，听者咸抚掌不置焉。"④

这种多个词语共时的现象是新词语生成的普遍规律。总体来看，"律师"使用的最为普遍，但其他称谓也同时存在，甚至是一个人同时使用这几个词。例如，1894～1899年任驻英使官的宋育仁在其《泰西各国采风记》中对英国的律师与中国的讼师作比较时就同时使用了"律师"和"律士"。他在《西方律士非中国讼师》中详细阐述："刑名官由律士出身。……皆命于国家，而进于学校。由学校考成律师，或由官举为刑司、季审等官，或由民举为各邑审事官，皆必采听其人在学校资望，以为严格，或竟由学校推举为国家律士。"⑤又如，上述戴洪慈的日记里，除了使用"律士"之外，也使用了"律师"。前引其同月30日的日记写道："福为名法律家，我国使馆延为律师，年致薪俸四千元。"⑥在稍后1906年2月19日的日记中还使用了"辩护士"："午一时，往观裁判所，此普鲁士王国裁判，属之内部，柏林只此一所，自高等法堂至小法堂皆在焉。先观小法堂，上坐者五：中为正法官，次为陪法官二人，又次则书记官一人、政府所派检查官一人。旁一栏设有几，被告者坐之。面法官者，为辩护士位。"⑦1906年4月12日的日记又再次使用"辩护士"："二时，游大审院。此德意志帝国最高法堂也。设法律大臣一人，陪审官十二人……前立辩护士二人，为原、

① ［美］惠顿著：《万国公法》，丁韪良译，上海书店出版社2002年版，第4页、第11页、第101页。

② （清）郭嵩焘撰：《伦敦与巴黎日记》，岳麓书社1984年版，第491页。

③ （清）罗森等撰：《早期日本游记五种》，王晓秋点，史鹏校，湖南人民出版社1983年版，第268页。

④ （清）戴鸿慈撰：《出使九国日记》，湖南人民出版社1982年版，第69页。

⑤ 钱钟书主编：《郭嵩焘等使西记六种》，生活·读书·新知三联书店1998年版，第351页。

⑥ （清）戴鸿慈撰：《出使九国日记》，湖南人民出版社1982年版，第79页。

⑦ 同上，第123～124页。

被告代表,而原、被告并不到。凡力不能延辩护士者,可由国家特派。"①

那么"律师"一词作为法律用语是到什么时候确定下来的呢?应当是在1906年沈家本、伍廷芳拟订《大清刑事民事诉讼法草案》时。该草案第4章第1节的标题即为"律师"。在此节中共用了九个条文对律师参加诉讼进行了具体规定,其中第1条就开宗明义规定:"凡律师,俱准在各公堂为人辩案。"至此,"律师"一词正式进入国家法律文献作为法律术语被确定下来。

四、"律师"含义的演变

在清末,中国人对律师的认识是从诉讼案件中得来的,这也就造就了当时对律师的认识也仅限于诉讼代理和出庭辩护。1906年3月沈家本、伍廷芳拟定的《刑事民事诉讼法草案》完成,在说明的奏折中,沈、伍二人对应尽快效仿西方设置律师制度作强调时指出:"律师,一名代言人,日本谓之辩护士。盖人因讼对簿公堂,惶悚之下,言语每多失措,故用律师代理一切质问、对诘、复问各事宜。"

而且这一认识一直持续到民国。例如,1912年3月,内务部警务司长孙润宇在给孙中山大总统设立律师制度的建议文中认为:"盖有律师,为诉讼人攻击、辩护,事事依据法律,绅既无所容其觖望,官也不能稍有徇违。而自起诉、检查一切手续,皆有律师为之前导,不致仍前无所适从。"从中可以看出,对律师的理解仅限于诉讼业务,并无非讼业务的概念。1912年9月北洋政府正式公布了《律师暂行章程》,这是中国第一部专门的律师法。这一章程对律师职务的规定也明确地说明了当时对律师的理解也仅限诉讼业务范畴。章程第14条规定:"律师受当事人之委托或审判衙门之命令在审判衙门执行法定职务并得依特别法之规定在特别审判衙门行其职务。"而1937年的《律师章程》,1940年的《律师法》对律师职务的规定与1912年的《律师暂行章程》基本一致,对律师的业务规定并无突破。这就是说,从清末至民国,律师的工作空间限于审判机关之内,从事的业务限于诉讼,法律并没有赋予律师从事其他非讼业务的合法地位。

新中国成立后,在废除了国民党的以六法全书为核心的旧法体系基础上,开始着手建立新的社会主义法律体系。1954年的《宪法》和《人民法院组织法》规定了当事人享有委托他人代为辩护的权利,这为律师制度提供了前提条件。而此时人们对律师的认识也不再局限于诉讼业务。1956年3月召开的一次律师工作座谈会的内容可以说明这一点。这次会议上,人们认为"律师的工作任务主要是对公民、

① (清)戴鸿慈撰:《出使九国日记》,湖南人民出版社1982年版,第205页。

机关、企业和团体给予法律上的帮助,保护他们的合法权益。律师的具体业务是解答法律询问和提供法律意见;代写诉状、申请书和其他法律文件;参与诉讼,担任刑事被告人的辩护人和民事原、被告人及其他利害关系人的代理人;在司法管理机关的指导下宣传法律、法令。"①

1980 年 8 月 26 日颁布了《中华人民共和国律师暂行条例》,这是新中国第一部关于律师制度的法律。与清末民国时期的相关法规相比,可以看出此时人们对律师的认识有了很大的变化。首先,《律师暂行条例》将律师规定为国家法律工作者,这与《律师暂行章程》规定的自由职业者有着明显的不同,带有鲜明的时代色彩。其次,律师从事的业务突破了诉讼范围,与清末民国对律师活动仅限于诉讼之中不同。《律师暂行条例》第 26 条具体规定了律师的六项业务,其中有三项是非讼业务,即"担任法律顾问"、"接受非讼当事人委托提供法律帮助或担任代理人"以及"解答有关法律询问、代写其他文书"。

1996 年 5 月 15 日《中华人民共和国律师法》颁布时,律师被界定为"依法取得律师执业证书,为社会提供法律服务的执业人员",较为恰当地反映了现代律师的身份属性。

2002 年,中国首届司法考试举行,律师与法官和检察官的任职资格终于得到统一,这对于律师的社会形象产生了积极的影响,有利于改变传统"讼师"在人们心目中留下的不良印记,也使得中国的律师制度能进一步满足建设法治国家的需要。随着社会的发展,中国律师的业务不断拓展,已深入到社会生活的众多方面,不再局限于诉讼活动。作为社会法律工作者的中国律师,也必将在法治国家、公民社会的建设中发挥重要作用。

① 徐家力、吴运浩编著:《中国律师制度史》,中国政法大学出版社 2000 年版,第 180 页。

救生不救死之说的缘起与流行

蒋冬梅*

所谓救生不救死，是相对于杀人者和被杀者而言的。纪昀《阅微草堂笔记》中有一则言及于此，说是佐幕者相传有四救口诀，"四救"，即"救生不救死，救官不救民，救大不救小，救旧不救新。"为何"救生不救死"？因为"死者已死，断不可救；生者尚生，又杀以抵命，是多死一人也，故宁委曲以出之。而死者衔冤与否，则非所计也"。① 救生不救死之说在清代相当流行，是胥吏办理人命官司的秘诀。实际上这种做法从宋代以来就很突出，影响很大，在一定程度上弱化了杀人者死的原则。故笔者认为，对救生不救死之说的产生原因及流行情况作些梳理和探讨是必要的，有助于法律文化的反思和重建。

一、福报观念的影响

在奉行杀人者死的古代中国，为何会产生救生不救死的说法与做法，究其原因，主要是福报观念与佛教的影响。

福报的观念，中国人自古就有。祸福报应，大致是说，鬼神能为祸福，以报应人间善恶。佛教传入后，受佛教因果报应观念的影响，通俗的说法即是，善有善报，恶有恶报。《春秋》里就有这方面的观念，如"恶恶止其身，善善及子孙"；"多行不义，必自毙"等。相信祸福报应与古人的天道、鬼神观念有关，在古代中国人看来，冥冥之中，鬼神是存在的，而且是神明的，对人间是非善恶他们是会干预的，干预的结果是让行善作恶的人，各自得到应有的福佑与灾祸。其实这不过是人间的公平正义观念的曲折反映，是人们朴素善良的愿望，我们今天仍祈求好人平安，应该说，心情是一样的。只是今天更注重制度的安排与现实的约束，而不是寄希望于虚无缥缈的鬼神。但是鬼神的无边法力，仍是人们心中挥之不去的阴影。

人是理性的，精于算计，既然古人认为有如此这般的鬼神，有如此这般的报应，人们就应该多行善，不作恶。北魏高允每谓人曰："吾在中书时有阴德，济救民命，

* 蒋冬梅，2005 级中国法律史专业，指导老师：王立民。现工作于上海市出版印刷高等专科学校。

① （清）纪昀撰：《阅微草堂笔记》"姑妄听之"（四）。

若阳报不差,吾寿应享百年矣。”①足见当时的人们确有此信念。事久弊生,既然行善有善报,善可以抵消恶,后来的人们不免要“用心”去行善,要为行善而行善。

问题在于,哪些行为是行善,哪些行为是作恶,单从行为上,能否将两者截然分开?比如,杀人无疑是作恶,但司法官吏判杀人者死,算不算是杀人作恶?也许不算。在这种情况下,如果司法官吏为该死的杀人者开脱罪责,使之免予一死,这算不算行善呢?不管我们认为该不该算,从前的司法官吏似乎普遍认为,应该算。杀人者依法当死是该得的报应,这是一回事;但司法官吏让杀人者不死,就等于救了杀人者的性命,这是另一回事。司法官吏既救了别人的性命,当然就积下了莫大的阴德,渴望得到福报。

佛教传入后,这种想法更进一步,一方面认为救下死刑犯人是积德;另一方面认为依法处死罪犯也是作孽,这样一来,司法官吏为自己将来的报应考虑,往往计较所谓的“福孽之辨”,这就直接影响到他们的司法行为。这种情况在宋代已非常明显,如下史实足以证明。

都曹翁彦深上言:伏见淮东十一州军,政和六年、七年坐杀人而死者才十有二人,刑几措矣。然计二年之狱,盖一百三十二人,而独此十二人者死。问之有司,则曰:“不死者,有情理者也。”自五帝、三代至于汉、唐,未有杀人不死之法。……今之官吏,外希雪活之赏,内冀阴德之报,递相驱煽,遂成风俗,一作奏案,无敢异议。胥吏乘之,奸弊万态,文致情理,莫可究诘。谳状径上,不由宪司。其就东市者,大抵贫民耳!②

据翁氏所说,当时,在一些地方,杀人者不死是普遍现象,在杀人者中占90%以上,杀人者死反倒成为特殊情况,不到10%。为什么会出现如此突出的杀人者不死的现象,翁氏认为,原因有二:一是朝廷“慕刑措之虚名”;二是官吏“外希雪活之赏,内冀阴德之报”。于是,“胥吏乘之,奸弊万态,文致情理,莫可究诘”。这说明,当时的官吏的确相信,使当死之犯人存活下来,是积阴德的事。

洪迈《容斋随笔》曰:“耿延年提点江东刑狱,专务全活死囚,其用心固善。然南康妇人谋杀其夫甚明,曲贷其命,累勘官翻以失入被罪。”③此记载可印证翁氏所言。竟有司法官员“专务全活死囚”,足见为杀人当死者开脱,确实已在司法中成为“风气”。

司马光也曾注意到类似现象,曾上言曰:“刑部奏钞兖、怀、耀三州之民有斗杀者,皆当论死,乃妄作情理可悯奏裁,刑部既引旧例贷之。凡律、令、敕、式或不尽载,

---

① 《魏书·高允传》。

② (元)马端临撰:《文献通考·刑考六》“刑制”,卷一百六十七。

③ (元)马端临撰:《文献通考·刑考九》“详谳”,卷一百七十。

则有司引例以决。今斗杀当死，自有正条，而刑部承例免死决配，是斗杀条律无所用也。”（《宋史·刑法三》）司马光谈的是斗杀的情况，在兖、怀、耀三州，有斗杀而按律当死者，有司则“妄作情理可悯奏裁”，刑部即“引旧例贷之”，以至于斗杀律条废置不用。

朱熹也认为这种现象与司法官吏的福报观念有关，他说：“今之法家，多惑于祸福报应之说，故多出人罪以求福报，夫使无罪者不得直，而有罪者反得释，是乃所以为恶耳，何福报之有？”①

虽然朱熹不以为然，但他的批评也无济于事。此后，司法官吏往往仍受这种观念左右，包括一些清明正直人士。汪辉祖《学治说赘》中有如下议论：

州县一官作孽易，造福亦易……果尽心奉职，昭昭然造福于民，即冥冥中受福于天；反是则下民可虐，自作之孽矣。余自二十三岁入幕，至五十七岁谒选人，三十余年所见所闻牧令多矣。其于阳谴阴祸亲于其身，累及子嗣者，率皆获上峻民之能吏，而守拙安分，不能造福，亦不肯作孽者，间亦循格迁官。勤政爱民，异于常吏之为者，皆亲见其子之为太史为侍御为司道。天子报施捷于响应。是以窃禄数年，凛凛奉为殷鉴，每一念及，辄为汗下。②

据汪氏所言，其所见所闻证明官吏的行为是会种下祸福之因的，有什么因就必有什么果，报应会毫厘不差，近则报诸官吏自身，远则及于其子孙。尽管有“能吏”不在乎，但报应是一定的。不过，汪氏并不主张枉法，只是认为要谨于杀人，不能果于杀人，不能滥杀无辜，发挥的是福报观念的正面约束作用。

二、佛教的影响

佛教对古代中国社会的影响广泛而深远，触及社会各阶层人们的思想观念。佛教是古印度文明的产物，东汉末年，开始传入中国内地，到南北朝时，已成为中国人普遍接受的信仰。张中行先生认为，一个重要原因可能是它填补了本土没有宗教的缺欠。宗教虽说是虚幻的，但它使人内心有依托感，甚至陶醉感，如得福，相信是神灵所赐；受苦，相信是神意安排的、该受的磨炼，总之是相信背后有全能可靠的支柱。因此，佛教的传入，“佛、菩萨就真给无数人供应了精神需求，活着自己念佛，像是真正减了苦，死了请和尚念佛，像是真正往生净土了”。③

不过佛教作为一种外来宗教，能为中国人普遍接受，还在于它的一些观念与中

① （明）丘浚撰：《大学衍义补·慎刑宪》“存钦恤之心”，卷一百一十二。
② （清）汪辉祖撰：《学治说赘》“福孽之辨”。
③ 张中行著：《禅外说禅》，黑龙江人民出版社1991年版，第91页。

国人原来的想象有契合之处，如鬼神能为祸福报应之类，与佛教的六道轮回、①因果报应，就容易合拍。佛教的中国化及其与道家、儒家的融合，正是佛教为中国人接受的方式或途径。“佛教思想，隋以前多与道家融合，如也尚玄谈；隋以后兼与儒家融合，如也讲忠孝。”并且逐步向世俗靠近，最突出的是，由“重视解脱变为重视福报。”②

佛教最使一般人动心的是因果报应，受此影响，乐善好施、广种福田之类，人们都勉力践行。与以前相比，“对现世生活抱了一种虔诚、一种谨慎、一分小心，也对来世幸福怀了一线希望、一种幻想，以及一丝警觉”。③ 反映到文学艺术上，因果报应几乎成为主旋律，即使官府所修的正史，也不乏相关的记载。

佛教为首的戒律是不杀生，出家人吃素不吃荤，“走路不丧蝼蚁命，爱惜飞蛾纱罩灯”。以此推知，信奉佛教，似乎必然反对杀人，即使是杀人凶手，也不得被杀，即使是有刑罚权的国家，也不得杀人。一般认为，佛教不杀生的戒律对藏族法律的影响很大，藏族刑罚以赔偿为主，对待杀人，主要是以赔命价的方式了结，佛教的影响是至关重要的因素。中国内地也深受佛教影响，佛教对某些传统法律观念与制度也有一定的影响，如“十直日”禁止行刑等，但对死刑并未构成什么威胁，也没有人以此质疑杀人者死。

南朝梁武帝笃信佛教，其在位时，频频大赦。据沈家本考证，梁武帝在位四十八年，凡赦三十七，赦死罪以下三，曲赦十三。④ 如此频繁的赦免罪犯，以至于法度废弛，这不排除佛教对他的影响，但他并没有质疑杀人者死，更没有宣布废除死刑，他宽恕的对象往往只是皇亲国戚，因此，秣陵老人拦道指责他：“缓于权贵，而急于黎庶。”

佛教对杀人者死影响并不直接，或许元代法律最能说明问题。元代是蒙古族入主中原而建立的政权，蒙古族原本同周边的其他少数民族一样，杀人可以赔偿了事，并不信奉杀人者死。并且，蒙古族信奉藏传佛教。可是，元朝建立后，在法律制度上尽管保留了不少原来的习俗，却放弃了杀人赔偿的制度，而遵循杀人者死的中国传统法律原则，以至于在赦免罪犯时，通常是其他死罪可赦，杀人则往往不赦。

不过，元代对死刑犯很少执行，从这方面看，佛教不杀生观念的影响还是明显的。其实，面对杀人者，不杀生观念会感到两难。按佛教的戒律，杀生是第一大戒，包括飞蛾、蝼蚁等一切有生命的对象，都不能使其丧生，更不必说是人，因此，杀人者

① 所谓六道轮回，即不灭的灵魂根据生时种下的不同业因，相应地由六种道（即地狱道、饿鬼道、畜生道、阿修罗道、人间道和天上道）转生。

② 张中行著：《禅外说禅》，黑龙江人民出版社1991年版，第91~92页。

③ 葛兆光著：《古代中国文化讲义》，复旦大学出版社2006年版，第88页。

④ （清）沈家本撰：《历代刑法考》（二），中华书局1985年版，第601页。

罪大恶极,不可饶恕。但是,如果杀人者该死,因而杀死杀人者,这同样是杀人,同样是杀生。

藏族传统的做法是赔偿而不抵命,目的是少杀人。为什么在乎少杀人,佛教方面的理由就是要慈悲为怀,以利于修成正果。在他们看来,在杀人者已经杀了人的情况下,如果再杀死杀人者,则必定多杀一人,所以,更好的选择是杀人者不死。当然这只是一方面,一般人乐意接受赔偿,不排除现实功利的考虑。

在一定文化背景中,不杀生可以抑制杀人,排斥杀人者死。但杀人者死是传统中国根深蒂固的原则,早已深入人心,它不受佛教观念的直接影响,也是可以想象的。

宋人笔记《唐语林》记载,唐朝中期,杭州刺史为一件杀人案,去请教高僧道钦,刺史问,杀人犯证据确凿,是杀死他还是免他一死为好?道钦的回答是,“活之则慈悲,杀之则解脱”。这个回答非常机智,虽然,两者的主体不同,“活之”是刺史“慈悲”,“杀之”是罪犯“解脱”,但这一两可的回答,都符合佛教的教义,即“不杀生”,更何况是人;但“人生是苦海”,死了则脱离苦海,到达彼岸,也没什么不好。

如此说来,按佛教的逻辑,死刑并不是很严厉的刑罚,而在财富创造能力极有限的时代,物质总是匮乏的,赔偿性惩罚往往使人倾家荡产,从这种意义上说,赔偿,尤其是巨额赔偿,可能是更严厉的惩罚。因此,生活中有“让你死,便宜了你”的说法。即如此,则藏族的命价习俗同样是最大限度地对杀人者实施惩罚。

应该说,佛教不杀生的观念也一度影响过内地一些人的死刑观,唐玄宗曾有过废止死刑的尝试,天宝六年(747 年)诏曰:“朕承大道之训,务好生之德,于今约法,已去极刑。义罪执文,犹存旧日,既措而不用亦恶闻其名。自今以后,所断绞、斩者宜削此条,仍令法官约近例详定处分。”[①]此诏明言,“已去极刑”,并希望消除刑律中的绞、斩条文。去极刑的原因是什么?诏书中说得很简明,即“务好生之德”。这是本土的习惯说法,传统文化中有一句古老的名言是,“天地之大德曰生”。考虑到唐朝佛教盛行,唐玄宗的做法受其影响,是完全可能的。加上本土原有的类似思想,也就更容易接受。

但唐玄宗的去极刑是有名无实的,或者说,名大于实。据《通鉴》载:“除斩、绞条:上慕好生之名,令应绞、斩者皆重杖流岭南,其实有司率杖杀之。”[②]这表明,唐玄宗确实一度废止死刑,代之以流刑(流岭南)加重杖,但有司执行的情况实际是,重杖处死。说到底,在当时,一般人还是不认可废止死刑。

---

① (清)沈家本撰:《历代刑法考》(二),中华书局 1985 年版,第 947 页。

② 同上,第 52 页。

三、救生不救死做法的流行

在福报观念与佛教相关思想的共同作用下,逐步形成了救生不救死的说法。救生不救死之说在清代相当流行,这方面的记载时有所见。至于它最初出于何时何人,则未见相关记载。上文表明,面对死罪犯人,救命、救生的做法,几乎一直为宋以后的一些执法官吏所践行。

按佛家的说法,“救人一命,胜造七级浮屠”。佛法是普度众生的,自然不得歧视罪人。但是,按传统观念,对已死者或受害者,也得有个交代。因此,司法官吏对于挽救死囚犯尤其是杀人犯性命的行为,还得有个自己满意的说法。这个说法便是“救生不救死”。人死不能复生,死了的,已经没法救了,而死罪犯人,按法律是死路一条,能见死不救吗?如果救了,不就积下大阴德了吗?

救生不救死的说法,其实是自相矛盾的,考虑生者是在积德,不考虑死者却又是在损德,但这并不影响司法官吏对它的信仰。信仰原本是不讲道理的,重在虔诚地信,所谓信则灵。茫茫宇宙人生,人类未知的东西太多,盲目的信仰总会有它的地盘。

救生不救死之说,与人们心目中的公平观念是有明显冲突的,因此,在正直人士看来,它不过是一种歪理邪说。方大湜在《平平言》中申明:“因奸致死人命必应拟抵,切不可听救生不救死之邪说,致死者含冤地下。”①

陈宏谋也曾对此说法加以驳斥,针对有司曲意成全冒用“留养”之徒,他说:“乃有狡黠之徒畏罪规避,诈称亲老丁单,妄希留养。听者不察,或意存姑息,有心开脱。……或谓此等事可种阴德也。不知杀人之人幸逃法网,则被杀之人含冤地下。为生者计,独不为死者计乎?余谓此等事不但无阴德,且恐有冥谴。”②

尽管如此,救生不救死的做法仍相当流行,其影响不限于佐幕者,还包括直接的司法官员,以及各种有关人员。在清代的官方文献以及皇帝谕旨中,也能看到对这种说法的批评,并足以证明其流行的情况。嘉庆皇帝曾指陈承祀、留养之利害,其中即提到救生不救死之说。嘉庆六年五月十三日谕③:

……盖法律务在持平,生者固当加之矜恤,死者尤不可令其含冤。倘情真罪当,必为宽宥,如世俗鄙论所云救生不救死之说,以为积阴功,试思死者含痛莫伸,损伤阴德,孰大乎是?嗣后问刑衙门,总当详慎折衷,勿执存宽存严之见,遇有关承祀、留

① (清)方大湜撰:《平平言》卷三,载《牧民宝鉴》。

② (清)陈宏谋撰:《饬各属办案条件檄》,载《牧令书辑要》(七),《刑名》(上)。

③ (清)沈家本撰:《历代刑法考》(四),中华书局1985年版,第1799页。

养者，尤当核其所犯情罪，果有可原，实在别无次丁，或有子息而尚未成丁，与定例相符，量为定拟，庶几无枉无纵，刑协于中，共襄明允之治。

法律规定，符合留养、承祀条件的杀人者，不用抵命，因此，救生不救死的说法，对这类案件，大有影响。嘉庆皇帝专门为此申明利害，可见当时救生不救死的说法与做法，是业内共知的、流行的。虽然，具体办案人员利用此说法，另有所图，故意不严格按照规定的条件，但负责的官员则受此说法影响，明知有诈，却不加追究。

嘉庆皇帝的劝谕也并没有转变司法官吏的信念，道光皇帝不得不重申这一番道理。道光二十七年，即将赴四川按察使之任的张集馨请训时，道光帝在对张氏的嘱咐中，亦言及于此。大意是说：汝到任时，要自拿主意，不要听劣幕救生不救死之说。彼等有何学识，不过以积德行好之说劝人，不知死者含冤，凶徒漏网，才是真正的造孽呢！①

清代中后期，故杀案件大多依斗杀认定，救生不救死之说的影响实为重要原因。据沈家本考证："嘉庆以后，日趋于宽，有明是故杀而以斗杀定案者，一则惑于救生不救死之说，一则必须取起意致死之供，司谳惮其难也。"②于是，"近百十年来，斗殴案内，情节稍有可原者，秋审俱入于缓决。是从前之应以故杀论者，今俱不实抵矣。每年此等案件，入情实者，不过十之一二"。③

另外，救生不救死的影响，从各省上报的秋审案中也可看出。按刑部要求，各省应将上报的秋审案分为情实、缓决、可矜和留养承祀四类，但各省在上报时，往往把一些依法应入情实的案件，以缓决上报。所以，刑部秋审时，不得不将许多报上来的缓决案件改为情实。嘉庆六年广东秋审人犯册，经刑部改缓决为情实的有 17 件，而广东省对刑部的改判无异议。嘉庆皇帝在审阅嘉庆十年秋审人犯册时，发现由刑部改情实为缓决的只有 3 件，而改缓决为情实有 83 件，由此告诫各省督抚臬司，不得受救生不救死的影响，判案须依照正律，不得援引其他条款迁就定拟。④

当然，正直的官员还是有原则的。张集馨本人认为不应一味"救生"，而应区别"斗杀"和"谋杀"。斗杀激于一时之愤，彼此互相斗殴，不知谁死，代为开脱，于情于法都没有妨碍；而谋杀出于蓄意，曲法开脱，就不能为死者雪冤。汪辉祖很重视救生，认为"求生"是千古法家之要诀，但他是有原则的，介于可生可死之间的案件，才为其求一线生机。

---

① 林乾著：《清代衙门图说》，中华书局 2006 年版，第 186 页。

② （清）沈家本撰：《历代刑法考》（四），中华书局 1985 年版，第 2081 页。

③ 同上，第 2068 页。

④ 林乾著：《清代衙门图说》，中华书局 2006 年版，第 187 页。不过，司法官吏乐于改重为轻，也与司法责任的规定有关。按规定，失入的处分远重于失出，所以，司法官吏宁可失之于轻，不能失之于重。

上述表明,福报观念及救生不救死之说对司法官吏及刑幕之流影响很大,为了积阴德,获福报,他们大都倾向于救生不救死,因此,救生不救死的做法曾相当流行,实为业内的"潜规则",这就在一定程度上消解或弱化了杀人者死的原则。

乡土社会中的制定法、习惯及潜规则探析

——以一起林地纠纷案为分析视角

穆红琴*

一、澄清几个概念

(一)乡土社会

一提到乡土社会,人们很自然地会想起费孝通先生在《乡土中国》中的描述:“乡土社会是安土重迁的,生于斯、长于斯、死于斯的社会。不但是人口流动很小,而且人们获取的资源的土地也很少变动。在这种不分秦汉,代代如是的环境里,个人不但可以信任自己的经验,而且同样可以信任若祖若父的经验。一个在乡土社会里种田的老农所遇着的只是四季的变换,而不是时代的变更,一年一度,周而复始,前人所用来解决生活问题的方案,尽可以抄袭来做自己生活的指南。愈是经过前代生活中证明有效的,也愈值得保守。于是‘言必称尧舜’,好古是生活的保障了。”从这些描述里我们可以看出乡土社会是对一种社会状态的表述。它本身不带有阶层的划分。而保持这样一种生活状态的,只有乡村。因此乡土社会是抽象意义上的乡村的代名词。

费孝通先生通过当年的考察所描述的乡土社会的情景,虽然人们读起来觉得很熟悉,但长期专注于乡村调查研究的贺雪峰则认为,今天的乡村已经不再是原来意义上的乡土社会,它的变化很大。他先后提出或者关注的一些试图描述或理解当前乡土中国的概念有:权力结构的模化、半熟人社会、社区记忆、村庄精英、派性、人际关系理性化、社会关联、村庄权力结构等近10种。也就是说,今天的乡土社会远比以前复杂,而且地区差异明显,整体上很难把握。因此,本文所提到的乡土社会中的一个案例,也就是在这样的大背景下发生的。

(二)法律

众所周知,法律的概念本身也有狭义与广义之分。狭义仅指全国人大及其常委会所制定的法律。广义则除了上述狭义的法律之外,还包括各种规范及规章。当然,法律也可能被宽泛地理解为一种“使人类行为受规则统制的事业,它包括那种

* 穆红琴,2009级外国法律史专业,指导老师:何勤华。现工作于华东政法大学。

直接出自社会生活的活生生的秩序”。[①] 本文所采用的概念是指现行有效的广义的法律。

(三)习惯

什么是习惯?似乎很难给习惯下一个确切的定义。[②]《现代汉语大词典》说:习惯,指由于长期反复的练习而形成的行为。又指习俗,风尚。可见,按照汉语的通常理解,习惯仅指习俗,并不等同于习惯法。

在现行的法律条文中,涉及少数民族的法律都规定了各民族有保持风俗习惯的自由。比如,我国《宪法》第4条规定:“各民族都有使用和发展自己的语言文字的自由,都有保持和改善自己的风俗习惯的自由。”另外,《民法通则》第142条涉外部分规定:“中华人民共和国法律和中华人民共和国缔结或参加的国际条约没有规定的,可以适用国际惯例。”该条确定了国际惯例法律渊源地位。[③] 此外,我国《合同法》和《物权法》对习惯在民事审判中的作用作出了明确规定。《合同法》第22条规定:“承诺应当以通知的方式作出,但根据交易习惯或者要约表明可以通过行为作出承诺的除外。”除此以外,还有第26条、第60条、第61条、第92条及第136条都规定了交易习惯的法律效力。《物权法》第85条直接规定:“法律、法规对处理相邻关系有规定的,依其规定;法律、法规没有规定的,可以按照当地习惯。”但是我国《民法通则》并没有直接确立习惯的法律渊源地位。《民法通则》第6条规定:“民事活动必须遵守法律,法律没有规定的,必须遵守国家政策”。接下来的第7条原则性地规定了民事活动必须遵守社会公德。在此情况下,司法实践中,有些地方法院为了统一民事审判的尺度,创造性的制定了一系列将善良风俗引入民事审判工作的指导意见。这些指导意见自身即为实践中的做法。[④]

在学术界,则存在着习惯与习惯法不分的情形。有的学者甚至将两者等同。例如,有人认为:“仔细分析,所谓的习惯法并不是法,而是习惯,或者说,就是社会中通行的具有普遍性、权威性的习惯做法……总之,习惯和习惯法只是一种不同的称

---

① 梁治平著:《清代习惯法:社会与国家》,中国政法大学出版社1996年版,第1页。

② 《不列颠简明百科全书》说:习惯,法律中指长久以来适用于许多人、某特定地区或群体的古老惯例,通常具有法律效力。在英国,可溯源到盎格鲁—撒克逊时期,当时大多数影响家庭权利、所有权、继承权、契约和个人暴行的法律都由当地习惯形成。诺曼的征服者大多承认习惯法的效力,并将其纳入他们的封建制度中。到了13~14世纪,由王室授予英国法律法定的权威,“王国领域内的各种习惯”就成为英国的普通法。

③ 国际惯例与习惯的区别与联系,是国际法学生的基础知识。按照通说,惯例具有法律效力,而习惯并无此特点。

④ 对于江苏省姜堰市人民法院的做法,理论界有支持也有反对的。支持的认为是对风俗习惯的尊重,反对的认为这是法官造法的一种行为,而法官的天职不是“立法”,何况何为善俗,何为恶俗,标准很难掌握。我们将在后面进行讨论。

谓而已,在我眼里,两者是没有多少区别的。”①也有些学者认为:“习惯是一种为传统、历史和社会所支持的惯行,它之所以成为法律的渊源,是因为它可以弥补成文法的缺漏,甚至纠正成文法的不足。然而,我们很难说在社会上通行的习惯中,哪些是法,哪些又不是法;换言之,只有那些为法官采择作为判决依据的习惯,才由此而拥有了法律渊源的地位。”②对此观点,西方学者也有类似论述,如 Paul. Bohannan 一方面承认法与习惯之间的密切联系,另一方面又强调习惯并非即是法律,也不可能自动上升为法律。③

笔者赞同后一种观念,即习惯并不等同于习惯法。能上升到法律高度的习惯必然经过了中间环节,也就说经过了审理这个程序后由法官予以适用。④ 换句话说,只有正式成为法的渊源的习惯才能称为习惯法。这和《中国大百科全书·法学》中对习惯法的界定相同。该书第 87 页写道:“习惯法指国家认可和国家强制力保证实施的习惯。是法的渊源之一。”而大量存在于少数民族地区的风俗习惯,并非全都有可能被国家认可。当然,在某些少数民族地区,纠纷的解决并不必然诉诸现行的法律设施,即通过法院这个国家机器来解决。一旦依照风俗习惯解决的结果或者过程与制定法相违背,制定法一定会介入。从这个角度来看,少数民族地区的风俗习惯并不能称为法,习惯法一说有欠妥当。笔者认为,对于少数民族地区的风俗,用习惯来代替习惯法一说似更为恰当。⑤

因此,本文所探讨的习惯,是通常意义上的风俗习惯,即在某一地区或特定人群中被大量运用的行为,在纠纷的解决中起着一定作用,或者决定性作用,包括有可能与制定法规定相抵触的行为。

(四)潜规则

潜规则这个说法并不是一个法律概念,而带有一定的文化色彩。《现代汉语大词典》里并无“潜规则”一词。可见这一说法并非古已有之。但在我国古代有类似的表达。例如,明清时的典籍上叫“陋规”或“常例”,不过主要是指官场上的送礼之风。⑥ 至于现代何时出现潜规则这一说法,已无从考证。从法学文献来看,大多数人认为是吴思在《潜规则——中国历史中的真实游戏》一书中首次提出的。吴思认

---

① 田成有:“‘习惯法’是法吗?”,载《云南法学》2000 年第 3 期。

② 李可著:《习惯法——一个正在发生的制度性事实》,中南大学出版社 2005 年版,第 10 页。

③ 梁治平著:《清代习惯法:社会与国家》,中国政法大学出版社 1996 年版,第 144 页。

④ 我国并非判例法国家,因而法官在判例中所确认的具有法律效力的习惯并不必然地被参照适用。但通过最高院的司法解释要求各级法院参照适用确是实践中的通常有效的做法。

⑤ 笔者的这一观点是建立在本文所采用的现行的广义法律的基础上,如果从宽泛意义上来理解法律,即将法律理解为一种活生生的秩序,则习惯法这一说法有了存在的空间,梁治平老师《清代习惯法:社会与国家》一书即采用了这一理解基础。

⑥ 陈建贞、董国庆:“司法潜规则”,载《法治研究》2008 年第 2 期。

为:“中国社会在正式规定的各种制度之外,在种种明文规定的背后,实际存在着一个不成文的又获得广泛认可的规则,一种可以称为内部章程的东西,恰恰是这种东西,而不是冠冕堂皇的正式规定,支配着现实生活的运行”。① 这种客观存在地对我们的现实生活具有很大程度的实际支配意义的“内部章程”称为“潜规则”。

关于这一点,黄宗智先生提出了“国家与社会之间的第三领域”这一说法,指出在制定法与民间习惯法之间存在着解决纠纷的第三领域。但在喻中看来,黄宗智的“第三领域”概念过分宽泛。它基本上是指通过官方与民间博弈与互动的方式解决纠纷,它也许可以算作一种制度,甚至是国家规定的制度与民间生成的制度之外的第三种制度,但要把这种解决纠纷的方式上升到与国家制定法、民间习惯法并列的高度,则不甚恰当。因为,制定法与习惯法不但是解决纠纷的途径和程序,而且还有其相对确定的实体内容,即权利义务或权力责任方面的具体规定,依赖这些规定,可以明确地解决争议双方或多方之间的是非、得失、进退、罪与非罪等之类的问题。而黄氏所谓的“第三领域”,强调的仅仅是官方程序与民间程序的结合,既不是一种独立的解纷程序,更没有权利义务方面的实体内容。②

关于潜规则的性质,有些学者认为,潜规则除了隐蔽性、功利性、欺骗性以外还有违规性的特点。③ 另有学者认为,“潜规则”是指人们为了达到某种目的,采取一些流行于某个行业中,通过口耳相传的潜在非法或者不当手段,直接指引人们行为的“规则”。它可以分为两类:一类是法律规避型。即有法律的明确禁止性规定,但仍然违法而行;另一类是法律空缺型。即在法律上并没有明确地界定现行的行为是合法或者是违法,但从常识的角度看,这此行为都是与法律的基本精神相悖的。④

二、以乡土社会中的一起林地纠纷案为分析视角

(一)案情简介

本案发生在我国南部省份崇山峻岭的一个村庄中。为叙述的方便,我们称为A村。该村四周大山环抱,人口大约为五六百人,村民都为汉族。仅有一条公路通往镇上和县城。村民主要靠水田和种植林木为生。近年来兴起人工养殖木耳,需要以木材作为材料,因此自家种植的山木便因之而日益昂贵起来。本案的纠纷便产生在这样的背景之下。

---

① 吴思著:《潜规则:中国历史中的真实游戏》,云南人民出版社2000年版,第96~124页。

② 喻中:“制定法与习惯法之间的潜规则——可供阅读的另类秩序”,载《现代法学》2001年10月。

③ 赵达军:“论潜规则及其治理对策”,载《湖南行政学院学报》2009年第1期。

④ 陈仲:“‘潜规则’的法理学分析”,载《消费导刊》2009年第4期。

农户甲与农户乙两家所拥有的林木紧邻。其中有一处林木，在甲、乙的祖辈时期属于甲的祖辈所有，后在甲的祖辈与别人发生纠纷时，乙的祖辈作为秀才在其请求下，为其写了要求官府公断的文书。甲的祖辈无以为报，便将自家的山木送给乙的祖辈作为报酬。自此世代相传。等到了甲这一辈时，因林木的价值日益升高，甲便想要回来。而乙自然不同意。并拿出了请上辈人写的证明书（乙的父辈为防止纠纷，请同村的知情长辈写了证明书）。但甲对此并不认可。甲为要回林木，自2005年起，每年春节前即前往村主任家讲理，并在村中扬言要乙家好看。但每次都是讲讲而已，村长劝上几句即不了了之。乙家也对此不予理睬。直至2008年春节前夕，甲又故伎重演，但不同的是，甲带领同族的人抬着观音菩萨的塑像放在乙家门口，说要观音娘娘评评理。引来全村人观看。乙回骂之后闭门不出。但此次甲并未罢休，带领家族的男人抄起木棍冲进乙家，将乙家的锅碗瓢盆砸烂，并砸伤了乙致其昏厥。乙的同族人虽也在现场，但除个别人外大多未回手，并立即报警。该镇的派出所民警很快到了现场。简单了解情况后，声称回所里处理，便要走人。此时，乙的侄子拦住了民警。乙的侄子职业为律师（为叙述方便，且因为此人在本纠纷解决中的重要作用，我们以下称他为丙）。丙要求民警进行现场笔录，并要求保护现场，提取证据。此后民警按丙的要求作了现场笔录，提取了证据，并随同甲及同族人、丙及其同族人前往村主任家调解（乙已被同族人送往县医院救治）。调解未果。丙认为甲及同族男人持棍进屋打砸物品并打伤乙，已经触犯了《治安管理处罚条例》，要求民警立案并下达处罚裁定书。民警以证据不足拒绝。后丙通过关系将此案上报了公安系统的领导，要求该派出所民警依法办事。后派出所在此压力下，作出了行政处罚决定，裁定甲及主要打人者行政拘留5天。但是2010年春节前夕，甲又前去村主任家扬言要再次到乙家讲理。丙闻听后，通过当地做混混的朋友威胁甲，如果再闹要他好看，至此，甲不再找乙闹事，纠纷平息。

（二）案件分析

本案是发生在乡土社会中的真实案件。在该案件中，我们看到了习惯的作用，制定法的作用，还有潜规则在其中所扮演的角色。

1. 习惯的作用

（1）村主任家

从纠纷发生的一开始，我们就注意到了“村主任家”这一特定场景。甲无论什么时候总是要在村主任家评理。显然，甲希望能通过村主任家这一特殊的场所向乙传递这样的信息：我是认真的，并非随便讲讲。同时，村主任作为国家权力在乡土社会的最末端，在乡土社会中仍然有一定的威慑力。朱苏力教授就曾感叹执行庭的法官在乡村执行时，进村后得先找村主任，否则很有可能被村民打出门。由此可见，到村主任家评理，一定程度上系传统习惯所起的作用。这一点在史料中可以找到佐证。比如,梁治平老师的《清代习惯法:社会与国家》一书中写道:“从巴县地方档案中看,民间纠纷常先提请当地有关人,以说理方式解决。”①

(2)观音菩萨评理

本案中还有一处引起了我们的格外注意。甲及其同族人竟然抬出观音菩萨塑像并请她来评理。这一现象无疑是古代神明裁判这一传统习惯的延续,也可以认为是神权法思想在现代乡土社会中的体现。A 村的村民均为汉族,这说明神权法思想并非少数民族特有的现象。古人相信神明裁判,最早源于夏商。而夏商距今至少有 5000 年之久。同时,观音菩萨属于佛教中众神之一。而佛教在两汉之际踏入中国,东晋时勃兴起来,隋唐时达到鼎盛。② 距今也有 2000 多年的历史了,可见宗教在人们生活中的烙印之深。在本林地纠纷中,观音菩萨这一神仙的出场,也与 A 村的大环境有关。A 村村民逢年过节有拜神的传统,而且因为地处山区,故神仙众多,除了观音菩萨外,还有土地神、山神等。每家每户必须带着食物点心等前往神庙前拜神,除了供奉礼物,烧香磕头外,每户还必须在神庙前燃放鞭炮。同时,还有每户轮流坐庄请和尚前来作法的传统。可见,村民心中对于各路神仙仍然心存敬畏。而在外读书或工作的子孙回家,也照拜不误。不信鬼神的现代人在神像前也不敢造次,可见当地的传统习惯早已从儿时起深入了他们的骨髓。这才有了本案中请观音菩萨前来评理的一幕。

2. 制定法的作用

(1)守法意识

本案中甲乙同族人的做法也是值得关注的一个现象。宗法制起源于氏族公社,盛行于西周,以后一直附着于整个封建制度。③ 因而从古至今,同族人的关系总是非常密切。古代皇帝动辄灭九族,更厉害的还要灭其十族。④ 但在现代的乡土社会,经过“文化大革命”的政治冲击后,传统的宗族制已经日益瓦解。据有学者在江西等宗族重建较为成功地区的调查,宗族经济特别是族田和族产已绝无仅有,宗族组织即使还有族长房长,也大都缺乏权威且不理族事。与宗族经济和宗族组织的消失相关,当前宗族的内聚力主要来自一致对外。特别是相邻两族之间有山权、水权之争而发生宗族械斗时,可以显示出宗族的凝聚力。⑤ 本案中的 A 村显然也处在这样的状况下,由甲带领同族人前来闹事可见一斑。

---

① 梁治平著:《清代习惯法:社会与国家》,中国政法大学出版社 1996 年版,第 148 页。

② 王立民著:《古代东方法研究》,北京大学出版社 2006 年版,第 72 页。

③ 方光华著:《宗族文化的标本——江村》,合肥工业大学出版社 2005 年版,第 36 页。

④ 明成祖朱棣杀了方孝孺后,仍不解心头之恨,下令灭其十族。

⑤ 贺雪峰著:《乡村治理的社会基础——转型期乡村社会性质研究》,中国社会科学出版社 2003 年版,第 31 页。

(2)执法过程

从结果上来看,本案虽然最终依照制定法得到了解决,但是从民警赶来处理之时起,在执法过程中存在着违反法律规定之处。根据《公安机关办理行政案件程序规定》第154条的规定,公安机关调解处理案件,必须查清事实,收集证据。这一规定说明,收集证据是公安机关的义务,而非当事人的义务。未做笔录,未对现场进行保护或者取证的情况下便要走人,说明在乡土社会执法过程中,执法者严格执行法律的意识不强。本案的特殊之处,恰恰在于律师丙的在场。正是知晓法律的丙要求民警依法定程序处理。反观民警的做法,他最终并没有与丙站在对立面,或者对丙不予理睬。这一现象表明,制定法在乡土社会的执行过程中,律师这一法律人特殊身份对于促进纸质的法律成为实践中起作用的做法,有着不可忽视的作用。而执法者在律师的监督之下,考虑到不严格执法的后果,被迫按照法律的规定执法。可见,执法的过程并非仅仅是执法者的事。在乡土社会中尤其如此。假设本案发生时丙并未在场,恐怕没有什么人能制约民警的执法行为。而丙所占的优势,除了对法律的熟知外,还有一定的社会地位。假如丙系法律系的学生,尽管他可能在法律专业知识上占有优势,但民警很有可能对他不予理睬。在相对封闭的乡土社会中,外来的特殊力量可能更容易起到关键性作用。

3. 潜规则的作用

在本案中关系因素是潜规则的主要内容。关系作为社会文化的一种,具有深厚的社会基础。在汉语中,“关”的意思是“大门、出口”,“系”则指“联结、联系”。关系即人与人之间的相互联系。在中国社会,人际关系具有重要的地位。在法律领域,常有“人熟好办事”、“打官司就是打关系,没有关系输官司”、“打官司就是打关系,打官司就是打权势”等说法,“官司未进门、关系找上门”、“案件一进门、两头都找人”的现象普遍存在;在出现纠纷或权益受损时,人们往往设法找“关系”、走“后门”。[1] 一些调查报告为这种现象的普遍提供了佐证。2006年7月7日重庆三峡学院政治法律系三下乡小分队在重庆武隆江口村进行社会调查,调查中有一问为:“你认为我国的司法现状如何?”100%的农民被调查者表示:打官司就是打关系。律师李轩在《制度缺损与观念抵牾:当代中国律师业的两大难题》中认为,就业内而言,打官司就是打关系成了大家彼此心照不宣的事实。可见关系因素在中国社会纠纷解决机制中之重要。

由此可见,关系不仅存在于普通民众的心里,更存在于法律专业人士的心里。就像在梁漱溟先生在《中国文化要义》中所指出的:“在社会与个人的关系上,把重

① 高其才:“中国法律适用中的关系因素——文化视角的实证分析”,载《云南大学学报》(法学版)2009年第3期。

点放在个人者,是谓个人本位;同在此关系上,放在社会者,是谓社会本位。诚然,中国之伦理只看见此一人与彼一人之相勺关系,而忽视社会与个人相互间的关系……这就是,不把重点放在任何一方而从乎其关系,彼此相交换,其重点实在放在关系上了。伦理本位者,关系本位也。"①正因为有这样深厚的传统文化基础,所以本案中关系因素起到了关键性的作用。无论是律师丙,还是派出所民警,都是浸淫在中国传统文化中的普通人。尽管丙已经经过了系统的法学教育,并成为一名法律职业者,而派出所民警自身就是执法者,就但在本案中仍然无法摆脱传统的关系观念,可见在法治社会中,要使潜规则退出历史舞台,我们还有很长的路要走。

4. 三者关系

(1)传统习惯与制定法

传统习惯与制定法之间,在本案中存在着某种暗合。如我国1998年颁布的《村民委员会组织法》第2条第2款规定:"村民委员会办理本村的公共事务和公益事业,调解民间纠纷,协助维护社会治安,向人民政府反映村民的意见、要求和提出建议。"该条规定了村委会负有调解民间纠纷,协助维护社会治安的职责。本案中甲未必明了村委会的职责,但却出于习惯找村主任解决纠纷。说明制定法以法条的形式确认了习惯的效力。与此类似的还有《公安机关办理行政案件程序规定解读与适用》第156条规定:"对因邻里纠纷引起的治安案件进行调解时,可以邀请当地人居住地的居(村)民委员会的人员或者双方当事人熟悉的人员参加帮助调解。"本案中派出所的民警未必知道制定法赋予了他们确定调解场所或要求有关人员参与调解的特殊权利,但是他们按照习惯在村主任家进行了调解。可见立法者在制定法律时直接吸收了普遍遵行的习惯。

因此,传统习惯具有参差不齐,先天不足的弊端,制定法在考虑到传统习惯时也应当注意克服这些弊端。

本案中,制定法直接吸收了传统习惯的做法,但还有很多习惯并没有在制定法中体现。法官想要适用传统习惯,常常存在一定的困难。甚至在有些情况下,根本无法适用。法官审案的目的,并不是要用冰冷冷的法条去规定当事人的行为,而是应当平息纠纷,妥善平衡利益,因此,在习惯法面前,法官的智慧受到了很大的考验。这也可以看做传统习惯的一大贡献。

(2)制定法与潜规则

制定法与潜规则之间,应当区别对待。制定法与良性潜规则没有冲突,但劣性

① 梁漱溟著:《中国文化要义》,学林出版社1987年版,第93页。

潜规则则是违反制定法的。同时制定法对于某些潜规则是明令禁止的。比如制定法禁止律师向当事人声称自己在司法部门有着怎样的关系等。而本案中的良性潜规则反而使无法实行的法律得以实现。但潜规则无论是良性的还是劣性的,都很难成为法律渊源。相反,随着法律制度的日益健全,无论是良性的还是劣性的潜规则,一旦失去了生存的土壤,将会自然消失。

当然,我们在探讨这个问题的时候,也应该意识到社会问题的复杂并不能简单地靠法律来解决。法律中心主义在现实生活中是站不住脚的。信访机构的出现就是对这一现象最好的注解。尽管有人批判这一机构,认为这样将使法律日渐边缘化,但是在我国目前司法权还位取得完全独立的地位,行政权仍然最大的情况下,由行政机构来解决一些纠纷似乎更能起到定分止争的作用。可见在中国目前的情况下,法律在社会中所发挥的作用很有限。

(3)习惯与潜规则

而习惯与潜规则之间,类似善良风俗性质的习惯存在着成为法律渊源的可能性。潜规则更深层面上属于文化现象,属于人的心理意识领域。习惯也属于文化现象的一种,但更多地属于个人的外在表现。两者在社会中有着千丝万缕的联系,在现实中并不易做明显的区分。与制定法的地位相比,习惯的地位要远高于潜规则。习惯对制定法有着补充作用,有可能被吸收;但潜规则的盛行却使法律日益边缘化,两者地位迥异。

以上对当前潜规则现象的分析可谓入木三分。同时,也深刻的揭示出了潜规则与习惯的最大区别,即前者属于文化心理层面,而后者则属于行为文化层。它们在当前社会纠纷解决中都发挥着各自不可替代的作用。

三、反　　思

(一)法律作用之反思

从法理上来看,法律的作用被归结为指引作用、评价作用、教育作用、预测作用和强制作用。从本案的情况来看,法律的教育作用、预测作用和强制作用都有所体现。但是习惯和潜规则的出现又提醒我们,仅有法律是不够的。以本文中的案例为例,站在最深层来分析,尽管派出所最终做出了行政处罚决定,也对甲行使了拘留的处罚,但在甲的内心深处,是否真的就认为自己错了,对这种处罚结果认同吗?后续的观察表明甲向上一级行政机关提出了行政复议申请,答案不言自明。在解决社会矛盾和纠纷方面,没有完美的法律。一种处罚也好判决也罢,很难使当事双方皆满意。因为每个人对公平与正义的理解并不相同。就像一位检察官在周模英故意杀人案[1]的起诉书中所说:“周模英的遭遇,固然是她个人的悲剧,但何尝又不是这个社会、这个时代的悲剧?周模英站在法庭上接受审判,固然是法律的胜利,但是我们不能漠视隐藏在背后的社会原因和背景,我们不能忘记站在她身后的那些挣扎在社会底层,为生存而苦苦呻吟的人们,他们的苦难和命运。这也是法律应有的良知。”[2]在这里我们看到了法律人对于法律作用的思考。法律不应当仅仅被机械地认为是惩治犯罪的工具,一件悲剧的发生总是使我们不由思考其背后的深层原因。这反映在本案中也是同样如此。为什么世代居住同村的乡邻之间会发生这样的纠纷?固然有历史的原因,但现阶段物质的不发达也是爆发这种冲突的不可忽视的因素。像这样的纠纷,在农村并不在少数。法律如果是社会的医生,除了如何对症下药以外,在如何防止疾病的发生方面,应当发挥更大的作用。

(二)非乡土社会之反思

本文将一起发生在乡土社会中的林地纠纷案作为观察物放在显微镜下放大,分析了制定法、习惯与潜规则在其发生,发展到解决整个过程中的作用。这只是一个普通的案件,但引起我们思考的是,乡土社会中的司法情况可见一斑,那么,非乡土社会呢?在非乡土社会中,制定法是否占据着比在乡土社会中更高的地位?风俗习惯是否很少?潜规则是否更少地出来兴风作浪?

在这里我们注意到,喻教授认为,市民社会里的“市民”一词,容易被人误解为“城市居民”。笔者赞同这一观点。市民社会这一概念经历了长期的演变过程,在古代,市民社会经常指的是政治共同体或城邦国家,与它对应的是自然社会或野蛮社会。近代以来,市民社会被用来专指从封建专制制度束缚下解放出来的市民阶层的关系。在现代,它体现着在市场经济条件下独立自主的个人之间的各种人身和财产关系。因此,从这个意义来看,乡土社会和市民社会的概念角度不同,没有包含关系,也不是非此即彼。所以,与乡土社会对应的社会不能简单地称为市民社会。

而“公民社会”一词,显然带有很强的政治色彩,不似乡土社会这样与政权基本无关。因此,也不能与之对应。

通过上述的分析与辨别,笔者认为既然市民社会和公民社会都无法与乡土社会对应,则不妨用“非乡土社会”一词来指代乡土社会以外的社会生活状态。乡土社会是乡村的代名词,那么非乡土社会就是非乡村生活的代名词。在我国目前的城乡二元体制下,在越来越多的农民工进入城市生活的情况下,非乡土社会指的是

---

① 2005年12月7日,江西女子周模英因贫困及丈夫的冷漠在广州市天河区东圃的一处河涌亲手溺死了自己9个月大的三女儿。

② 石扉客:“女囚和她的检察官”,载《南都周刊》2010年第44期。

在乡村以外的地方生活，流动性大，独立意识强，以小家庭为单位的生活状态。它既包括城市居民，也包括农民工这样的非城市户籍居民。从地域上看它既包括各种大中小城市，也包括县城。当然，我们应当注意的是，无论是乡土社会还是非乡土社会的划分，都没有清晰明显的界限。只是学者为了研究的方便，而人为地进行理论上的区分。

在这样的区域进行生活生产的人们中，制定法无疑占据着比乡土社会更核心的地位。同时因为流动性大，而且存在历史又没有乡土社会那么长，所以世代口耳相传的风俗习惯也没有乡土社会那么多，目前存在的应该也是先辈系农民时所流传下来的，随着现代意识的增强，这些习惯在慢慢地消失。同时也因为制定法带来的现代法治观念的影响，这些习惯也越来越没有生存的土壤。比如，在赡养问题上，女儿出嫁就不再承担赡养父母的义务这一乡土社会根深蒂固的观念，在非乡土社会里，随着独生子女政策的施行，人们的观念已经发生了根本的转变，女儿养老成为再正常不过的事情。

与习惯地位不同的是，潜规则在非乡土社会里盛行更甚。笔者认为，这一现象和潜规则和习惯的特点不同有关。如本文前述，潜规则和习惯最大的相同是都属于文化范畴，而最大的不同则是习惯属于行为文化层，潜规则属于心理文化层。心理层面价值观的改变比行为的改变更难。因此，无论在乡土社会还是非乡土社会，潜规则都很盛行。

上述评论非常精辟地道出了中国知识分子中相当一部分人的心态及形成原因。由此我们也不难想象在权力欲望支配下的某些知识分子，对于潜规则是怎样的得心应手。当然我们也不能否认在知识分子阶层中，仍然有一部分人坚守着自己的责任。而且，我们也不能把“内分泌失调”这种现象都归结到某些知识分子身上，不过不可否认的是，知识分子作为社会的精英阶层，对社会的发展及价值导向有非常重要的引导作用。现代非乡土社会知识分子发出的声音太小，是潜规则比在乡土社会更为盛行的原因之一。

四、结　语

本文通过对一起林地纠纷案的动态分析，对制定法、习惯及潜规则在A类乡土社会中的相互作用作了简单的抽象性概况，并在此基础上对制定法的作用以及非乡土社会的情形进行了反思。因资料及笔者学识之限，只能就此一社会现象从法律的角度作一不成熟的归纳，至于这三者未来的发展方向如何，对乡土社会向真正的法治社会发展有着怎样的建议等问题，并非仅靠这一案件就可以掌握其脉络，并能针对立法,司法,执法提出可操作的建设性意见。这一目标的达成非得有扎实的第一手田野调查资料,并通过大量的有代表性的案例及与这一问题相关的问卷调查等资料,及深厚的法律,文化等理论功底才可实现。期待有更多的人投身于这一实证研究领域。

皖南教案的法制分析

——以一种法律的眼光解读

郑 取[*]

导 言

1858年(咸丰八年),清政府与俄、英、美、法四国订立的《天津条约》正式给予了外国人在内地传教的权利。至此,外国传教士在中国境内的传教活动始告合法。此后,西方世界明显加强了对中国的宗教输出,传教活动日益频繁。由于政治、经济、文化等诸多因素的交相作用,西方宗教在传播过程中与中国本土民众产生剧烈碰撞,激发出了以"教案"为代表的冲突表现形式。近代教案,从1861年(咸丰十一年)贵州发起反洋教的事件起,中经1870年(同治九年)的天津教案及1895年(光绪二十年)福州古田教案,到1908年(光绪三十四年)的江西赣州教案为止,前后历经数10年之久,地域遍及中华各地,予中国近代史有重大之历史影响。诸多近现代学者对此问题颇为留意,已完成了大量的著作、论文,教案之于后世可谓意义无穷矣!

深入接触皖南教案的过程是一个意义不断展开的过程。首先,选题时希望借助皖南教案所要反映的一些理论问题不断有新的证据出现,论证的力度不断得到加强。其次,随着案内外材料的逐渐累积,笔者发现皖南教案绝非是一个简单意义上的司法个案,绝非是一个仅由奏折文字就能反映客观真实的历史事件。奏折许多部分之间出现相互矛盾的现象,为此笔者在第三章专辟"'狱讼自有定章'的质疑"一节予以专门探讨。显然,皖南教案的背后隐藏着不为人知的历史真相。最后,在揭示皖南教案可能被湮没的历史真相问题上,对法官意图的揭示无疑是一个很好的切入点。在这一层面的分析中,笔者又细分了为何思、如何思、思如何等具体问题。通过这些问题的嫁接,笔者与当时的主审法官沈葆桢完成了一次精神对话。在"视阈融合"中,笔者进入沈葆桢当时的心境,努力体验时人的主观感受,并力图将体悟的法官意图表达出来,以此完成了双向交流的最终旨趣。

---

* 郑取,2003级中国法律史专业,指导老师:王立民。现工作于上海市工商行政管理局虹口分局。

一、皖南教案的缘起及其发生

在中华帝国的地图上,安徽一省被长江、淮河两条大河横亘而过,其区域自然地划分为了淮北、江淮、江南三大地区。由于安徽别称为"皖",所以江南地区又被称为"皖南",寓意"安徽的江南"之义。

有清一朝,皖南地区设置了"四府一州"的建制:太平府、池州府、徽州府、宁国府以及广德直隶州。皖南地区地理位置优越,山水相依,民康物阜,商品经济发达,历来是江南地区重要的经济、文化中心。与此同时,皖南地区也是一个"多事之地"。19 世纪中叶,发生在太平军和湘军之间的那场著名的拉锯战就几乎将皖南地区付之一炬。1876 年 7 月间,广德州、宁国府的地界上又发生了一起大规模的反教事件。这一事件波及大半个江南地区,震动清廷,撼及中外,史称"皖南教案"。

经典史学理论一再告诉我们,历史事件的表象背后,一般都蕴涵着深刻而复杂的社会因素;正是这些因素相互影响,交相作用,才催生了历史事件的出现。无疑,这一方法论分析框架是适用于皖南教案的。

(一)天主教传入宁国府

太平天国革命时期,由于太平天国领导人受西方基督教一神化理论影响甚深,因此定都南京之后,其在意识形态领域内加速推行一神化的进程。太平军旗帜所指,所有泥胎木偶为之一扫而空。像观音菩萨,名之曰观音该杀,座像被毁,香火断绝。东海龙王则被称为"东海老妖",与旧约中的撒旦(蛇)挂上了钩,龙王庙遂成了首先要捣毁的对象。主掌地狱的十殿阎王,也被视为阎罗妖、妖鬼头,东岳庙因此也不能幸免。① 对此,曾国藩曾不无辛酸地指出:

> 粤匪焚郴州之学官,毁宣圣之木主,十哲两庑,狼藉遍地。嗣所过郡县,先毁庙宇,即忠臣义士,如关帝、岳王之凛凛,亦皆污其宫室残其身首。以至佛寺、道院、城隍、社坛,无庙不焚,无像不毁。斯又鬼神所并愤怒,欲雪此撼于冥冥之中者也。②

太平天国的这一系列措施,客观上为天主教在皖南地区的势力扩张起到了推动作用。"太平军所到之处,庙宇、寺院均遭破坏,寺庙珍宝抢劫一空,佛教、道教受到了猛烈的冲击,僧侣们也无影无踪了。在许多地区,这反而为天主教的宣传福音扫清了障碍。"③

---

① 张鸣著:《乡土心路八十年》,上海三联书店 1997 年版,第 72 ~ 73 页。

② 《曾文正公全集·讨粤匪檄》。

③ [法]史式徽著:《江南传教史》(第 2 卷),上海译文出版社 1983 年版,第 125 页。

1862年,天主教传入建平县(今郎溪县)毕桥镇,两年后传入广德州月湾。1864年,法籍传教士雷公到宁国县东岸乡布教。1868年,江南教区派法籍传教士金式玉、韩伯禄到宣城县水东镇传教。当时,广德的月湾、宣城的水东、宁国的河沥溪,以及宁国府署驻地宣城城关,并称为皖南四大传教中心。[①]

到处有人召唤我们,到处有人献给我们房屋充作圣堂……我们毫无困难地就拥有了四十至五十个距离适当的公所,每个公所拥有一千至几千名望教者。……这地区是我们的,他们教外人不能不到我们这里来;十年之后,我们能有八万名教友。[②]

(二)1876年的剪辫恐慌

1875年,南京正南门外一座被太平军破坏的大桥正在被修理。这时一个幽灵开始在南京上空盘桓。南京百姓中间开始流传这样一个谣言:建造大桥需要有一种特殊的桥桩,必须有一定数字的灵魂支撑桥面石头的重量。于是就要处死一百至一百五十名本城的男孩,否则护桥神就不能保证大桥的牢固。时隔不久,又有一个更令人恐慌的谣言开始传播,“说有恶鬼拿着剪刀飞驰天空,专剪行人发辫,妇女不梳辫子也能豁免,恶鬼会剪去她们旗袍的下摆或裙子的扣带,这些恶鬼附在纸人身上,由行妖术者抛向天空,伤害人命。”[③]

一批一知半解的读书人是方统领的得力助手,他们拿着牌位到处分送,凡接受牌位的便认为已背教训服了;不接受的,便认为是坚持反抗,并按具体情况分别作出判决。

……其中最凶恶的敌人是绅士何渚,他是方统领手下最凶狠最得力的干将。他出生河南,对来自湖北的移民十分憎恨,特别是其中的教友。[④]

1876年7月7日,广德直隶州的建平县(今郎溪县)出现了剪辫事件。新来的河南籍客民阮光福[⑤]的辫子被人剪去。当天,村民易景怀等人便出动追拿剪辫疑犯,途中却被欧村教堂的传教士白会清驰马阻拦,争斗之后,易景怀等将白会清捆送至县衙。此事发生后不久,天主教神父黄之绅[⑥]便出面干预,手持名片将白会清索回。而这一情形无疑进一步加深了建平民众对天主教的怀疑。7月11日,阮光

---

① 宣城地区地方志编纂委员会编:《宣城地区志》,方志出版社1998年版,第739页。

② [法]史式徽著:《江南传教史》(第2卷),上海译文出版社1983年版,第219页。

③ 苏萍著:《谣言与近代教案》,上海远东出版社2001年版,第171页。

④ [法]史式徽著:《江南传教史》(第2卷),上海译文出版社1983年版,第225~229页。

⑤ 阮光福,河南光山人,1876年来到建平县务工。由绅董余应龙推荐至同为绅董的吴永庭处帮工。

⑥ 黄之绅,江苏海门人,1854年被派往意大利那不勒斯圣家修院学习神学,回国后,先后在湖北传教多年,后因熟谙湖北方言而被派到宁国府,在客民中传教。

福和安定山等其他八名帮工一起在欧村附近的田里褥草,谈起剪辫之事,一致认为是教堂所为。此时正巧欧村教堂里的另一位传教士杨琴锡路过听到,便大为光火。双方当场发生争执,“互詈而去”。不肯善罢甘休的杨琴锡随机将此事报告了黄之绅。当天傍晚,黄之绅骑骡,杨琴锡带路,领着20多名教徒,将阮光福、安定山二人强行捉入教堂。7月12日,阮光福、安定山二人的雇主吴永庭来到教堂,请求放人,并甘愿赔礼道歉。但哀求许久,黄神父坚决不允。这一事件使得建平民众积聚已久的畛域矛盾和文化仇恨得到了合并宣泄的机会,民众的情绪急剧膨胀,这时建平县颇具影响力的绅董何渚迅速出面组织……

一场针对天主教会的狂风暴雨即将倾泻而下。

(三)皖南教案的发生

7月13日清晨,七八百名持刀拿棒的村民将建平县的欧村教堂团团围住。不久,便冲入了神父住院。这时,神父黄之绅正在神父住院里念日课经,准备举行弥撒,因此当场被人发现,刀棒相加,“毙于群箠”。另一位教士杨琴锡则在教堂的对面被焚尸剉骨。白会清亦被当场抓获,但由于与何渚相识,经何渚劝解才被众人放走。

接着,村民开始四处寻找阮光福、安定山二人的下落,但遍寻无果。不过村民在教堂的一个箱子里却发现了九幅纸剪的天神像和一绺头发,[①]这些证物似乎更确实了先前天主教剪人发辫的猜测。另外,村民又从女校里找出了胡宋氏、谭兰英、李再姑、戴贞姑、刘三妞等妇女,而女校的位置居然与神父住院在同一个围墙里。理直气壮再加上一定程度上的“臆想”使得村民的愤怒达到了极点,随后欧村教堂被彻底洗劫一空并部分拆毁。教堂设立的女校也被一把大火所吞噬。

星星之火,势成燎原。7月15日至23日,汹汹难遏的村民乘势拆掉、烧毁了广德、宁国、宣城40处天主教所有的教堂、学校和神父住院,处死了8名天主教徒。7月24日,以宣城县监生胡秀山为首的数百人又乘势焚毁了当时皖南最大的传教据点——宣城县水东镇的宁国府总教堂。

二、皖南教案的法律处理

从1876年8月初起至1877年10月20日,皖南教案完成了它的法律处理过程。在这一过程中,出现了“督抚直接定拟奏报结案”、“就地正法”、“专摺具奏”、“总理

① 法国传教士认为这一绺头发是何渚私自塞入的。参见中国第一历史档案馆、福建师范大学历史系合编:《清末教案》(第4册),中华书局2000年版,第373页。

衙门介入”等新情况,使之与我们通常所谓的逐级审转复核制存在着鲜明的不同。而这些司法特点无疑加深了皖南教案的个案意义。

(一) 审前程序

皖南教案发生后,在华天主教会通过三种途径向中国官方做出了反映。第一,江南教区耶稣会长高若天向法国驻上海总领事葛笃提交此案的报告,葛笃立即向上海道台,再由上海道台转两江总督沈葆桢,提出了“强烈抗议”。第二,通过驻北京法国代理公使罗凯特向总理衙门发出照会。第三,要求安徽巡抚裕禄派出三名官员作为三名全权代表,并派一队官兵护送他们的教士一起去宁国府处理教案。其中,第二种途径正式启动了皖南教案的司法程序。总理衙门在接到法国代理公使的照会后,当场答应要有效地保护宁国府的神父和教徒,并发文给两江总督沈葆桢要求审理此案。1876 年 8 月初,沈葆桢正式审理此案。

沈葆桢受理此案后,根据入教者的指控和地方官员的初禀,派出正定镇统兵吴长庆赶往宁国府,缉捕被告何渚父子。但“旋据禀称,何渚已于闰五月二十三日黎明赴县禀案,闻奉查拿,自愿前来金陵,随即带同余应龙、吴永庭、何大田投到,其子何炳三亦遵提前来”。[①] 何渚等人来到南京之后,也递交了诉状,反控神父黄之绅犯有霸占田产、干涉民教诉讼、迫害乡民、侮辱妇女、包庇行剪辫妖术的白莲教徒等十大罪状。

批示做出以后,何渚等人随即被拘押至江宁府监狱,直至该案全部了结。

(二) 审理程序

1. 审讯阶段

从 8 月下旬起,皖南教案的审讯阶段正式开始。按照“据供以定案”的审判原则,清代审判官员十分重视口供,几乎是“无供不能定案”。这里的“供”指原被告和证人的陈述,其中以被告的自白(招)最为重要。清律第 31 条附例规定:“内外问刑衙门审办案件,除本犯事发在逃,众证明白,照律即同狱成外;如犯未逃走,鞫狱官详别讯问,务得输服供词,毋得节引众证明白即同狱成之律,遽请定案。”[②]因此,沈葆桢首先拷讯何渚、余应龙、吴永庭、何大田等人,“臣饬司道隔别研讯”。[③] 讯问的结果是:“据供实未纠人滋事,惟变起仓促,罪无可归,身充董事,情愿就戮。至所控黄

---

① 中国第一历史档案馆、福建师范大学历史系会编:《清末教案》(第 2 册),中华书局 2000 年版,第 139 页。

② 《大清会典事例》卷七三九。

③ 《六部处分则例》对督抚刑讯犯人作了专门的规定:“各省督抚遇有重大案涉疑难应行提审要件……俱率同司道等亲行研讯,不得谨委属员承审。”转引自那思陆著:《清代州县衙门审判制度》,文史哲出版社 1989 年版,第 181 页。

之绅、杨琴锡各劣迹并非污蔑,矢口不移。”①

2. 死刑审拟

9月末,沈葆桢向清最高统治者呈递《两江总督沈葆桢奏匪徒传习邪术现筹查办情形摺》,表达了自己“无论民教一律严惩”的处理态度。10月1日,清最高统治者明发了此摺:

上谕:光绪二年八月十四日奉上谕。沈葆桢奏匪徒传习邪术。现筹查办情形一摺。据称安徽江苏等处。均有纸人剪辫等事。叠经获犯。讯供正法。而此风仍复未熄。以致讹言四起。民情惊扰。并有牵涉教堂等语。此种邪术仍内地奸人所为。殆即日白莲教之流。竟敢到处肆其鬼蜮伎俩。摇惑人心。恐至酿成事端。且该等匪一经获案。往往诡托天主教。以图幸免。犹易启中外之衅。著沈葆桢吴元炳裕禄严饬各该地方官认真盘查。获犯严惩。毋任匪踪混迹。并晓谕居民不得捕风捉影。擅害无辜。其有牵涉教堂之事。尤须妥为剖晰。毋致因疑生事。②

3. 堂断

1877年1月31日,两江总督沈葆桢主持了宣判仪式,对本案作出了正式的法律处理。《两江总督沈葆桢奏报研讯皖南教堂滋事确情分别示惩摺》一摺叙述了有关处理的大致内容。虽然黄神父的名字没有写上判决书,而事实上,他的传教先生被判处死刑以及他的马夫判处徒刑,都作为他的同犯而定罪;这是要人们知道,总督是把黄当做首犯来对待的。还有两名可怜的无声无息的配角,作为抢劫水东神父住院的罪犯而同时斩首;这便是南京总督对付法国公使的抗议的答复。

(三)奏报程序

清朝经由地方督抚审理的司法案件,一般都以“专本具题”或者“专摺具奏”的形式完成奏报程序。

“督抚以通本具题,经通政司至内阁,经其票旮入呈御览,奉旨后由内阁批红,经都察院各科抄出,分送到有关各部院——大致而言,平常死罪或有关人命的流徒案件发三法司拟议;凶残犯上之案,为了不使久稽显戮,便径交刑部拟议,以求速决;复杂之案或发刑部、三法司与其他机关会议;特重之案则交九卿或内阁、军机处、王大臣等会议。各该官司议毕,或请如督抚所拟,或请加以驳还更正,皆以部本经内阁票旮入呈御览,奉上谕或依议,或径加改正,皆下内阁,由各省提塘官抄出,经驿传至

① “两江总督沈葆桢奏报研讯皖南教堂滋事确情分别示惩摺”,载中国第一历史档案馆、福建师范大学历史系合编:《清末教案》(第2册),中华书局1998年版,第139页。

② 台湾地区“中央研究院”近代史研究所编:《教务教案档》(第3辑)(一),台湾地区“中央研究院”近代史研究所1975年版,第82页。

省，或再审，或执行。”①

（四）抚恤银的给发

无疑，本案判决中涉及对人处罚的部分在宣判之后和奏报之前已执行完毕，如胡秀山、陈士柯、白会清等犯被立予正法；何渚、余应龙等人以及陈炳发、郎贻富、何正喜等一干证人被当庭释放等。但是判决书中发放抚恤银两一项却是在奏报程序之后才予以执行的。

由于判决书和批示只是原则上同意发放抚恤银两，因此许多发放的具体细节还需要中法双方进一步磋商。1877 年 3 月，两江总督沈葆桢派出代表与教区代表金式玉神父就此问题进行会谈。针对教区代表开出的损失估价表，中方代表提出了三点不同意见：第一，只能赔偿被抢的教产，水东总堂、住院等建筑物的建造费用不应包括在内；第二，不同意将几块买主不明的土地纳入教区损失的范围；第三，不同意赔偿中国教徒的损失，认为教徒是中国人，应由他们自己向地方官员提出请求。在“毫无结论的厌烦的争论持续了两个月之久”后，两江总督和法国公使各自出面对有关问题作了协调。中国方面接受了教区代表对水东总堂、住院等建筑物估价，同意将其建造费用纳入赔偿的范围。教区方面则放弃了对几块买主不明土地的赔偿请求。但双方在中国教徒损失一项上并未达成一致，中国方面始终拒绝此项由法方提出的赔偿要求。除咨明总理衙门、户部查照外，所有筹拨关税给发教案抚恤银两缘由，谨会同督臣沈葆桢附片具陈，伏乞圣鉴。谨奏”。10 月 20 日（光绪三年九月十四日），清最高统治者批示：“该衙门知道。”至此，皖南教案的法律程序始告终结。

（五）皖南教案的司法特色

笔者还发现，一个新的政府机构——总理衙门已经介入了皖南教案的司法处理过程。这种介入是全面的、有影响的。例如，本案是由于总理衙门在接到法国代理公使的照会后，发文给两江总督沈葆桢要求审理此案而提起的；在案件事实查明后，沈葆桢随即就将有关内容咨呈了总理衙门；在向清最高统治者呈递摺、片之前，沈葆桢业已将本案的供给录咨呈了总理衙门，并由总理衙门将摺片的摘录和本案的供给照会了法国使臣白罗呢，等等。而这些情形也是宏观图景所没有描绘的。

用宏观图景去映照一个微观个案进而发现一两个“例外”，或许并不足为奇，但是当诸多的“例外”出现并对宏观图景颇具颠覆意味时，皖南教案的司法特色无疑得到了深刻的凸显。

① 那思陆著：《清代州县衙门审判制度》，文史哲出版社 1989 年版，第 188 页。

三、湮灭的历史意义

皖南教案的处理结果,后人都赋予了积极意义,诸如《清史稿》作者认为"皖南教案,华教士诬良民重罪。亲讯得受其受枉状,反坐教士,立诛之,然后奏闻,洋人亦屈伏";①当代学者则认为沈葆桢在处理教案的过程中,善于利用各种矛盾,抓住有利时机,作出维护我国司法主权的司法判决,沈葆桢的爱国立场,将为后人所称道。

笔者认为,如果仅仅将皖南教案视为一个社会事件,那么上述评议无疑都无可厚非。但是,如果我们将皖南教案提升至司法个案这么一个高度,那么就必须相应地转换一下视角,就必须将法官意图、判决结果、社会效果这三层架构联系在一起分析,才有可能真正揭示其个案意义。

(一)"狱讼自有定章"的质疑

对于皖南教案个案意义的思考,笔者是从"狱讼自有定章,非教士所应干预"一句开始的。1877 年 2 月 10 日,针对法国传教士的"哓渎",沈葆桢在向清最高统治者呈递的《两江总督沈葆桢奏陈皖南教士叠请雪冤情形并请将摺片登录送法使片》中做出了"狱讼自有定章,非教士所应干预"这样的表态。联系《两江总督沈葆桢奏报研讯皖南教堂滋事确情分别示惩摺》中"从来办民教互争之案者,无不曰持平,然持平易,得情难,不得情则所语持平者,欺人之语耳"一段,似乎可以得出这样的结论:皖南教案是一个审判官员在调查案件事实的基础上,适用中国律例进而导出判决结果的司法过程。换言之,这是一件法律机器在司法人员输入案件事实和法律原文之后自动吐出司法裁决的近乎于标准的法制"模本"。而前文第二章中沈葆桢适用就地正法例处决胡秀山、陈士柯、白会清三人;刑具的使用符合清律第 396 条附例规定;专摺具奏行为遵照清律第 411 条附例规定实行等情形似乎也在某种程度上为这一推论提供了证明。

(二)儒学危机中的法律困境

此外,基督教与儒学在男女关系、仪式节文等问题上也存在着较大差异。基督教文化与儒学一样具有指导和支配人生和社会的性质和能力,而上述与儒学的差异,无疑又加深了其异质的吸引力。此外,在坚持基本内核和教义不变的前提下,基督教还在传播的形式上作了部分修正,使之更符合中国的实际情况。比如,用儒学的术语来解释基督教,积极宣扬西方的艺术和科学,等等。这一系列因素都促使部

① 《清史稿·沈葆桢传》。

分中国民众对基督教产生兴趣：

天主教在中国经历了漫长的时期后，已在中国社会中牢固地扎下了根。感人的仪式标志着不同的阶段：皈依者先是成为崇拜者，接着变成宣教者，最后接受洗礼。节日和礼拜、家庭祈祷、道德行为说教、教堂的自给自足都把信徒吸引到天主教团体之中。①

在传播基督教文化的过程中，西方传教士大肆攻讦儒学。比如，传教士梁发在《劝世良言》一书中大肆抨击儒学的偶像崇拜："既如儒教亦有偏向虚妄也，所以把文昌、魁星二像立之为神而敬之，欲求其保庇睿智开广，快进才能，考试连捷高中之意。然中国之人，大率为儒家读书者，亦必立此二像奉拜之，各人亦都求其保佑中举、中进士、点翰林出身做官治民亦。何故各人都系同拜此二像，而有些自少年读书考试，乃至七八十岁，尚不能进黉门为秀才呢？还讲什么高中乎？难道他不是年年亦拜这两个神像吗？何故不保佑他高中啊？由此推论之，亦是儒教中人妄想功名心切，遂受惑而拜这两个偶像。"②

（三）真正的法官意图

在中兴名臣之中，沈葆桢是比较有特点的一位。其务实的作风历来为人所称道。郭嵩焘在给李鸿章的信中就畅评时人道："往与宝相论今洋务，中堂（李鸿章）能见其大，丁禹生（丁日昌）能至其精，沈幼丹（沈葆桢）能尽其实，其余诸公在位竟无知者。"作为洋务运动的主要推手之一，沈葆桢对西方文化并非一味排斥，如其对西洋科学技术的引入、吸收就持一种积极的态度；但在价值观层面，其对儒学传统却一直笃行不已。

在教案中，控方的构成主体无疑是西方传教士，但其背后通常有其国籍所在地政府的大力支持。其政府不仅负责有关教案的交涉事宜，而且还动辄推行炮舰外交，公然进行赤裸裸的武力讹诈。曾国藩、李鸿章办理天津教案之所以不力，一个重要的外部原因就是当时美国、英国、法国、俄国、西班牙等西方七国联合一致对清政府施压，形成了聚合效应。此外，英国、法国等国还陈兵舰于渤海口岸，进行武力恫吓。强大的外部势力迫使曾国藩、李鸿章不得不予以妥协，从而不能真正公正决案。而处理皖南教案时的外部形势，则显然宽松了许多。首先，由于法国教堂的传教士、教徒涉嫌"剪辫"活动，事关中国政府内政的核心利益，因此，西方列强内部出现了不同的声音。皖南教案发生后，上海英租界出版的英文报纸《字林西报》便开始大肆攻击天主教传教士，认为他们卷入当地的政治活动，是引起宁

① ［美］费正清、赖肖尔著：《中国：传统与变革》，陈仲丹等译，吴世民等校，江苏人民出版社1996年版，第322～323页。

② 顾长声著：《传教士与近代中国》，上海人民出版社1981年版，第70页。

国府惨案的主要原因。"上海的英文报纸正在大肆攻击天主教,使神父们感到十分难受。"因此除法国以外的其他西方国家并未联合一致对清政府施压。其次,19 世纪 70 年代,法国对外在普法战争中失败,国内又爆发"巴黎公社"革命,因此,元气大伤,国际地位一落千丈。而当时的中国在进行洋务运动之后,国力有了一定的提高。中法双方力量的此消彼涨使得法国政府处理教案问题时便多有顾忌:"法人会议曰:'今之中国,非复十年前之中国矣。制造皆宗西法,而酌为变通,其林明敦枪队,操演纯熟者计六万人,诚劲敌也。遇有两国交涉事务,须揣度情理,毋与为难。'"①

沈葆桢在审理皖南教案过程中运用的司法技术也是值得一书的。为了强调黄之绅等人死有余辜以及何渚等人打教行为的正当性,沈葆桢花了大量的司法资源调查黄之绅的品德问题。个人的道德品质问题原本并非是以往教案的审理重点,也并非是一个纯粹的法律问题。但在那个强调"修身为本"的特殊年代里,个人的道德问题却足以决定事件本身的是非曲直,足以影响社情民意的流向。因此,沈葆桢特意花了不少的精力来查证黄之绅的私德问题。他先后传讯了多名女性证人,并竭力将审理的重点导向黄之绅的品德问题。一个横行乡里、玩弄女性的恶棍形象便跃然纸上,其被"毙于群箠"也就理所当然、民愤使然了。

(四)湮没的历史意义

通过皖南教案的审理,沈葆桢不仅罕有地确认了西方传教士的罪错,释放了被西人一致指控的乡绅领袖,而且在事实上肯定了打教行为背后的文化动因,可以说基本实现了自己的保教意图,达到了"以法护礼"的客观效果。对此,朝野上下心照不宣地一致称誉,以致若干年后《清史稿》的作者仍然念念不忘,"皖南教案,华教士诬良民重罪。亲讯得受其受枉状,反坐教士,立诛之,然后奏闻,洋人亦屈伏"。文化反思之后,西方传教士还进行了一定的制度规制。从这时期起,教区对接受望教者,便采取了严格的制度,这制度一直沿袭到今天。

结　语

皖南教案是在中国传统法制的框架下,历经审前程序、审理程序、奏报程序和抚恤银两的给发四个阶段才得以完成的。当然在这一过程中出现的四个与传统"逐层审转复核制"不同的例外,即"督抚直接定拟奏报结案"、"就地正法"、"专摺具奏"、"总理衙门介入"四个新情况,也是不容我们忽视的。

---

① (清)陈其元著:《庸闲斋笔记》卷八。

皖南教案的法律意义主要有两部分组成。第一部分是主观意义,即通过皖南教案的审判,主审官员沈葆桢实现自己“以法护礼”的保教意图。第二部分是客观意义,即皖南教案的判决客观上引发了西方传教士的一次文化反思,并对《传教章程》中“奉教者必查明来历身家”条作了正面的制度回应。

由一例民国时期的移植法与民间习惯冲突展开的思考

魏淑君[*]

在中国法制现代化的进程中,法律移植成为建立与完善中国法律制度体系的常态,虽然我们一刻也没有放弃将法律移植与中国国情相结合的努力。由于移植本身必然带来的当期的"水土不服"问题,因此,是完全的移植西方法律制度,还是迎合本土的习惯遗存,今天仍在以"法律移植还是本土资源"的形式争论着,而相同的争论自中国移植西方法律制度之始就已经展开。今天,当我们拨开历史的尘烟,审视历史上曾经发生的有关移植法与民间习惯之间冲突的争论和结果时,从中可以得到许多启示和共鸣,这应该是对于现代人的主要意义了。

一、一幅有关移植法与民间习惯冲突的鲜活历史画面

1929年(民国十八年)12月26日诞生了中国历史上正式颁行的第一部民法典——《中华民国民法》(该法于1931年,即民国二十年七月一日,施行)。该部民法典师从大陆法系,法典中移植自大陆法系民法制度的内容俯拾皆是,是一部典型的移植法,但同时,该部民法典也照顾了本国的实际情况,将本土的一些习惯制度吸纳其中,其中最典型的就是广为学者津津乐道的"典"制度,该制度就是立法者在移植西方民法制度的同时,对"本土资源"的迎合。但这部民法典毕竟整体上是"移植物",它与土生土长于传统中国的民间习惯或者惯行,在很多方面难以协调,冲突在所难免。因此,《中华民国民法》的颁行,极大冲击了中国固有的商业习惯,而中国传统社会的民间商业习惯不可能随着一部民法出现,瞬间自我调整,长久交易习惯巨大的惯性必将与刚刚出台的制定法产生许多方面的冲突。

作为当时中国经济中最活跃的一个集体——商人及其组织——商会对这种冲突最为敏感,同时由于在那个"重商"的年代,商人利用其自身组织——商会,掌握了相当大的话语权,于是,他们对新民法给其带来的困惑和不习惯,以及对旧有商事习惯的依恋统统化作民法修改建议,或呈请政府有关部门,或在新闻媒体公开表

* 魏淑君,2003级法律文化专业,指导老师:徐永康。现工作于中国浦东干部学院。

达。其中一个至为典型的例子就是发生在20世纪30年代初期,各地商会和业者强烈要求对《中华民国民法》第681条关于合伙股东的"连带责任"的条文进行修改,即将中国商人一贯遵循的"合伙股东(即合伙人)按照合伙协议约定的比例分担民事责任"的商业习惯,代替舶自西方的"合伙股东承担连带责任"的新式制度。[①]

1933年(民国二十二年六月二十五日),上海市商会根据第四次会员大会议决案,向立法院提出修正现行民法中关于合伙股东之责任的呈文。历史的烟云早已将1933前后的这一群情激扬的修改移植法的运动湮没。但这幅历史的画面却在不断撞击我们的思绪,给我们带来许多的启示和共鸣。

二、迥异于西方法律文化的礼法文化:传统中国合伙习惯生成的制度文化环境

合伙是一种古老的经营方式或经济组织形式。国内有人考证,我国春秋时期就已经有合伙的雏形。[②] 但是合伙在我国究竟始于何时,现在尚难以断定。在现存史料中,明确指明为合伙的,似在唐代。至明代时期,合伙已经成为一种普遍的经营方式,而且,合伙在这个时期还进入了社会规范化时期,明代万历年间以后还出现了统一的合伙契约文书。[③] 在西欧古罗马时期,合伙已经成为一种相当成熟的个人经营联合体,并由法律固定下来。合伙之所以比较早地在人类社会较广泛的范围内,被人们所发明并使用,主要还在于它是人们从最古老的个人独资经营向联合共同经营过渡中最易发现和采用的组织模式。合伙具有较强的适应性,即使在现代企业制度(以有限责任、法人治理等为特征的公司制度)全球盛行的今天,合伙仍保持了较强的生命力,成为公司型经营组织的有益补充。

同样是合伙这种所谓"古典企业组织形式",传统中国社会的合伙与西方前资本主义社会的合伙,其生存的制度文化环境有很大的不同。所有权、债权等民法的基本要素自罗马法以来就一直延续不断地在西方社会生活中生存着、发展着,绵延不绝的民法传统为公司组织以及公司制度的产生和发展提供了适宜的环境。根据社会学家韦伯的观点,中国没有一种有利于资本主义发展的形式法律,所以中国的传统社会是无法演进到资本主义经济社会里去的。抛开韦伯的观点正确与否不

---

① 关于这次有关合伙责任的民法条文修改建议以及当时争论的内容,参见[日]土肥武雄著:《合伙股东民事责任研究》,李培皋、叶致中译,中国政法大学出版社2004年版(《合伙股东责任之研究》一书原文载"满铁调查月报"第16卷第1~3号,李培皋、叶致中翻译后,1936年由上海市商会发行出版,2004年7月,该书的点校本由中国政法大学出版社出版)。

② 方流芳著:《个人合伙》,法律出版社1986年版,第3~4页。

③ 杨国桢:"明清以来商人'合本'经营的契约形式",载《中国社会经济史研究》1987年第3期。

谈,但有一点是可以肯定的——中国传统经济社会中的秩序以及维持这种秩序所依赖的社会规范,显然不能适应现代工商经济的发展。

作为在传统中国社会广泛采用的生产经营组织形式——合伙,一开始就带上了传统中国社会的一些特点。由于缺少可供普遍遵循的、全国性的、调整财产关系的法律规范,民间社会组织经营首先也只能在熟识的人之间联合开展。以家或家族作为维系经营关系的纽带是最可靠的,因此合伙一开始就具有家庭经营、家族经营的特点。而后,随着合伙经营规模的发展和社会经济发展的需要,仅仅靠一个家庭或家族已经难以满足合伙经营发展所需要的资金财力、经营管理的需要,合伙成员开始向家以外的其他人扩展,并逐渐形成了熟识人(非本家人)之间的合伙。仍旧是由于缺少普遍遵循的法律规则,超出"家"范畴的合伙人范围的扩展也还是限于熟识人范围内,这一方面是由于于熟识人中寻找合伙人可以减少交易成本,另一方面熟识人之间的交易习惯是约定俗成的,并有熟识人社会内的潜规则来约束熟识人彼此的信用及行为,这对合伙关系的确立以及合伙经营的维持至关重要。正是在这样的背景下,我国传统社会的合伙逐步发展并成为明清后期主要的经营组织形式。而这种合伙生存的法律环境却是:缺少全国统一的产业行政机构负责对民间经济行为的调控、管理;缺少明确的财产权利边界的界定;缺少市场交易普遍遵循的法律规则。正是在这样的背景下,合伙组织只能由一种一定范围内(一定狭窄地区范围内或一定行业范围内)的商业习惯来自我规范,这种习惯规范却过分地依赖传统,保留了很多地方特点和过去的痕迹,因此不可避免地带有一定的秘密性、[①]地区性。而且习惯的内容同样也不够确定,界限不够明晰,更缺乏适度的抽象性和系统性。传统商业习惯的这些特征恰恰与现代商业所要求的交易信息公开,交易规则统一、明确等基本的法律制度环境是迥然而异的。

在"西法东渐"的过程中,虽然诸如公司等现代的企业组织模式被引入我国,但合伙作为我国本土产生的经营组织形式仍在广泛的经济领域中被采用。即使在《中华民国民法》颁布后,合伙仍然广泛地被当时的商人在各行各业所采用。但他们并不习惯《中华民国民法》给他们带来的合伙运作规则,或者说刚刚"移植"来的民法与我国商人长期在传统的社会秩序中形成的商业习惯产生了冲突。这突出地表现在,当合伙人在合伙清算后,合伙全部财产难以偿付债权人债务时,《中华民国

---

① "合伙组织中最大的缺陷,就是中国商界从古以来的秘密主义。在中国之传统的道义观念维持商人间信用的过去,秘密主义的确使往来上的融通性大而且敏,而得以发挥充分的机能。但随着资本主义经济的发达,所谓经济人的纯粹商人之本来姿态渐渐明了化,因而往来上的概念常为现实的利益所支配,于是从来的秘密主义反而成为阻滞,并诈害(合伙债权人及一般社会)往来的便利与信用的基础的东西了。"上述观点参见[日]土肥武雄著:《合伙股东民事责任研究》,李培皋、叶致中译,中国政法大学出版社 2004 年版,第 212 ~ 213 页。

民法》规定的全体合伙人"承担连带责任",这与商界习惯遵循的合伙股东(合伙人)"承担按股分担责任"显然存在较大的分歧。

三、历史对传统中国合伙习惯之取舍:合伙责任分担立法原则的三次变迁

中国传统社会中的合伙是纯粹民间自治的经营组织形式(因为没有系统的国家制定法可以援引),而当中国步入工商社会以后,特别是进入民法规范的社会以后,合伙便走入现代意义上的国家法律的规制范围内。特别是在随着"民法的商法化"的演进,"促进交易"、"保护交易安全"、"偏重对债权人利益保护"、"公示主义"等商法理念大行其道,并有效地保护并促进商事活动的背景下,原来商事主体所习惯的绝对契约自由原则也受到限制。《中华民国民法》就是在这样的世界立法潮流中出台的。为了偏重对债权人的保护、促进交易,该法规定,在合伙财产不能清偿全部合伙债务时,全体合伙人承担连带清偿责任,即合伙股东承担无限、连带责任。

所谓合伙债务,是指合伙以自己的名义,在合伙存续期间对外所负的债务。综观各国合伙立法,均没有关于合伙人出资总额和合伙财产总额的最低限制,合伙对外开展业务很大程度上依靠全体合伙人的个人信用集合作为担保(而公司制法人却有法定最低资本的限制,而这种最低注册资本制构成了对公司制法人对外开展业务的基本信用担保)。另外,合伙人对合伙的出资方式多种多样,除了金钱、实物、专利技术、专有技术,还可以以合伙人的劳务、管理经验以及其他技术工艺作为投资,并享有合伙的权益比例,而后者并不能用以清偿合伙债务。并不限于以上的种种原因,世界各国关于合伙债务清偿责任的法律条文,均从保护债权人利益的角度出发,规定合伙债务,不仅要以合伙财产,而且要以合伙人个人财产承担清偿责任,即通常所说的合伙债务清偿的无限责任。法律关于无限责任的规定,扩大了清偿合伙债务的财产范围,把合伙人个人财产作为合伙债务清偿的担保,这对债权人债权的充分实现是有利的。

但是,随之而来是合伙人之间对于合伙债务的分担问题,即合伙人对合伙债务是连带承担无限清偿责任,还是按照各自在合伙中的权益比例或约定比例来承担自己项下的无限责任。对于这个问题,根据各国立法规定,有分担主义和连带主义两种立法取向。

根据分担主义,则有分担无限责任的规定。所谓分担无限责任,就是合伙债权人求偿债权时,对于每一个合伙人仅能就其出资比例或损益分配比例请求清偿,要

求其承担无限责任。日本和法国是实行分担无限责任的典型代表。日本民法规定，各合伙人就合伙债务，仅就其分担部分负清偿的无限责任，原则上依分担损失的成数定之；合伙之债权人，当其债权发生之际，不知合伙人分担损失之成数时，对于各合伙人，得就其均一部分，而行权利。①

根据连带主义，则有无限连带责任的规定。所谓无限连带责任，就是合伙债权人，对于合伙债务，可以对合伙人中的一人或数人或其全体成员，同时或先后请求清偿债权的全部或一部，合伙人中的一人如果被请求清偿全部合伙债务时，即应清偿全部债务，不得以有其他合伙人为由主张按其各自分担部分清偿。德国、瑞士、美国民法及我国台湾地区的“民法”（沿袭中华民国时期的民法）中都有关于合伙人无限连带责任的规定。

自“西法东渐”，中国开始移植、引进西方民法制度，至《中华民国民法》颁布实施这段时间，关于合伙人责任承担的立法沿革大体经过了以下几个阶段：首先，大清民律第一次草案［宣统三年（1911 年）编纂］第 2 编债权第 828 条规定：“合伙财产不足偿还合伙之债务者，各合伙人须依分配损失之成数，担负其不足额。前项情形，合伙人中有无力完缴其担负额者，须由他合伙人平均分任其担负额。”其次，民律第二次草案［民国十四年（1925 年）编纂］债编第 686 条规定：“合伙财产不敷清偿合伙之债务者，由各合伙人按照分配损失之成数，负担其不足额。前项情形，合伙人中有不能缴纳其负担额者，他合伙人应分担之成数，无特别订定者，以各自出资额之比例定之。前项分担者有求偿权。”最后到了民国十九年（1930 年）五月［民国十八年（1929 年）十一月二十三日公布］施行的现行民法，更在第 681 条规定，“合伙财产不足清偿合伙之债务时，各合伙人对于不足之额，连带负其责任”。②

大清民律草案基本上是学习德国、日本等国民法拟就的，关于合伙股东责任的规定基本上抄袭日本民法。然而中国当时本土的民间习惯却与大清民律第一次草案之间存在较大的差异。中国当时本土的民间习惯为：“关于合伙债务，合伙人仅按照合伙契约规定的损失负担的成数或合伙人的出资比例负担责任，关于其他无资力合伙人的负担部分，有的不负担任何责任，其损失完全转嫁给债权人去负担（上海商界的习惯），并没有关于债权担保的观念；有的只有按合伙契约上规定的损失负担的成数或股东的出资额，去分配其他无资力合伙人所应负担的

① ［日］土肥武雄著：《合伙股东民事责任研究》，李培皋、叶致中译，中国政法大学出版社 2004 年版，第 65～66 页。

② 目前我国《合伙企业法》的规定与该法完全相同。

部分。”[①]正是这样的民间习惯在当时的盛行,大清民律第一次草案拟订后,一系列的判例表明,“要彻底地实行第一次民律草案的主张,是极感困难的”。[②] 而采取了“按股分担”的方法,可达到这样一种效果——即一方面尊重旧习惯,另一方面又有保护债权人之实。正是这种思想促成了民国十四年编撰的民律第二次草案摒弃了日本民法关于合伙人对其他无资力合伙人所应承担部分的“平均分担主义”改为“按股分担主义”。为了强化交易信用,保护债权人利益,中华民国十八年颁布的民法干脆引入合伙人对外承担连带责任的原则。正是这一规定与各地的“按股分担主义”(按股分担责任)产生了冲突。各地商人借助商会呈请政府修改民法关于此条之规定,力陈合伙人承担连带清偿责任种种弊端,主张将其改为“按股分担责任”。

清末民初,在学习、移植西方法律制度,以图中国步入现代国家发展轨道的过程中,为了做好史无前例的“变法运动”,当时的立法者对“各省习惯”和“各国成例”几乎给予了同等的重视。清末和民初发动的两次大规模的关于中国民间民商事习惯调查的运动,便是为当时民商事立法做准备而由国家统一发起的。但民国时期人们反思清末民初立法的得失,依然认为,清末立法对本国的民间习惯未能给予足够的重视。[③]虽然,民国十八年颁布的《中华民国民法》,其总则第1条直接规定:“民事法律未规定者,依习惯,无习惯者,依法理。”便是当时立法对民间习惯重视的明证。但即便如此,《中华民国民法》仍与当时的民间习惯存在许多冲突的地方。本文第一部分所述及“合伙股东应按股分担民事责任”的商界修法建议,就是这一冲突的表现。

因当时民国民法对于合伙人的责任,采用连带责任制,与惯行的民间商业习惯

---

① 传统中国对于债务的清偿,传统上采取严格的制裁主义,甚至有商人债务累及亲族的习惯,特别是以亲族为基础进行合伙经营时,共同的经营危险一般由全体成员共同承担。这可以称为“共同经营合伙事业之连带义务”。然而后来由于合伙事业在发展的过程中,商人们担心商业的往来上自己应负责任的增大,为了逃避这种责任,以致不欲对外(非血族的他人)有连带责任的观念,而渐渐倾向于利己排他的“分担责任”。即关于合伙债务,合伙人仅对于对外对内的合伙契约上规定的支付分担成数负担责任,关于其他无资力合伙人的负担部分,毫无负担其责任的必要,其损失完全转嫁给债权人去负担([日]土肥武雄著:《合伙股东民事责任研究》,李培皋、叶致中译,中国政法大学出版社2004年版,第32页)。从亲族经营合伙经营时具有共同经营的连带义务,到超出亲族以外的各合伙人经营合伙事业彼此却没有的连带义务,这种变化概因:中国传统社会系家族为基础的社会,亲族内部彼此熟识,并有共同熟悉的族内规矩可供遵守,共同的习俗圈减少了合伙人之间关系的不确定性,利于减少共同经营的风险,因此亲族合伙人之间具有连带对外承担义务的基础。而超出亲族以外的合伙人之间由于没有共同的国家法可供依据,也没有共同的族内规矩约束彼此,各异族合伙人之间便不具备对外连带承担义务的基础。为了减少共同经营人之间关系的种种不确定性,各合伙人之间便明确彼此对外的义务,不再彼此相互担保。在家族伦理法则盛行,而国家统一制定法缺失的传统中国社会,经济生活中的这种变化便是自然而然的了。

② [日]土肥武雄著:《合伙股东民事责任研究》,李培皋、叶致中译,中国政法大学出版社2004年版,第33页。

③ 胡旭晟:“二十世纪前期中国之民商事习惯调查及其意义”,载《湘潭大学学报》1999年第2期。

产生了冲突,以各地商会为代表的经济界一齐反对民法该项规定,①不断地向立法院提出修正该条法规的要求。根据本书提供的历史资料,当时反对合伙人承担连带清偿责任的理由主要有:(一)如果合伙事业失败,股东就有倾家荡产的危险。因惮于此,社会上将人人自危而不敢投资合伙,合伙组织将绝迹于市场,直委整个商业于绝境;(二)从债权债务的同等保护来看,违反立法上的衡平的意义,及社会上公平的观念(债权债务同等保护便是"王道";偏重对债权人的保护便是"霸道",便是违背"公序衡平"的社会观念);(三)限制了资产富裕的股东对合伙事业的投资;(四)合伙内部关系,外部不得而知,少数股东可借"连带责任"夸大自己的信用,贻害他人。② 事实上,根据现代诉讼法原理,特别是法经济学的一般理论的见解,合伙人承担连带无限责任还有一个弊端,即增加了社会的诉讼成本。因为,在合伙债权人凭借连带责任原则,根据自己主张清偿方便的原则,仅向其中有资力的其中某一个或某几个合伙人要求清偿后,超出合伙契约约定自己应当承担责任比例后的合伙人,还需要继续向其他没有承担或没有完全承担自己本应当承担一定比例的合伙人进行追偿。事实上,"按股分担"与"连带责任"的取舍,与立法的价值取向紧密相连,前者有利于合伙组织,而后者体现了对合伙债权人债权实现的保护,并进而促进市场交易。

四、移植法取代传统中国的商事习惯:传统中国走向现代工商社会的必然选择

为消除或缓解由于合伙组织中合伙人之责任的问题,当时民法采用的连带责任主义所产生的与习惯的抵触冲突,当时的工商界提出两种对策:或以向来的习惯尊为唯一的标准;或对当时民法的该项条文施以必要修正。更有人基于当时民间商业习惯中合伙人相对按股分担民事责任,"没有减轻债务人之责任的长处,而有不能保障债权等弊害"。③ 提出吸收盛行于上海商界的习惯——绝对的按股分担主义(即合伙破产时由各股东就合伙债务,按其出资额的比例,分担无限之责任,而对

① 值得注意的是,提出反对"连带责任"的代表人是当时的商人团体——各地商会,在当时公司组织还不甚盛行,合伙组织大行其道的年代,这些商会便主要是各地合伙企业的联合体。不同的利益群体在立法过程中总是站在自己的利益角度讲话,并作出利己的立法建议,这当然是可以理解的。但是当时社会的强势声音却只能来源于这些合伙商人,因为他们是富于组织的,商会就是他们的代言人。各地商会通过正式渠道将对国家法律的修改意见有组织、有计划地反映到各级国家机关,或者通过新闻媒体公开商会的立法建议,博取社会的关注。实际上,在现代国家立法上,也存在这样的不同利益群体在国家立法时为各自本位利益的博弈。

② [日]土肥武雄著:《合伙股东民事责任研究》,李培皋、叶致中译,中国政法大学出版社 2004 年版,第 41 ~ 45 页。

③ 同上,第 138 ~ 139 页。

比例以外的债务,完全不负责任),在公司条例中增设“分担无限公司”(或比例无限公司)的公司形式。然而,反对增设“分担无限公司”的主张也大有人在,并认为,“分担无限公司”也可能会与“无限公司”一样虽然立法中采纳,但实际经济生活中鲜有采用,徒有虚名。根据史实,民国政府并未对民法中关于合伙人的连带责任规定给予适时的调整、修改,同时公司法中也从未增设“无限分担公司”。以今人的眼光来考量,合伙作为原发于我国本土的经营组织,由于赖以发生和发展的土壤在民国前后已经发生了很大的变化,社会借以组织经营的机构已经有股份有限公司、无限公司等公司制的组织模式。而这些组织模式更适于集合社会资金、组织大规模的工商经营,而建立在熟识人签订合伙契约基础上的合伙,更多的是一种带有“秘密性”的“人合组织”,利用这样的组织模式去组织大规模的现代工商经济显然不适合。而公司制企业,特别是股份公司是“资合公司”,人与人之间的熟识与否已经不重要,它强调的是一种资本的聚合,一种共同经营目标的认同,而非首先是对参与投资人之间彼此的认同。显然,脱壳于旧式经营环境的中国传统商人对于新式企业之公司的组织,理解得不够,并且因一部分大股东家族的支配的利益垄断,及因股东参加事业的经营失败挫折等,也在于因为对于公司制度不熟练、不信用之故,而保守地不欢喜依据外来的新组织的原故。① 由此可见,在中国近代由农耕社会向工商社会过渡、通过引进现代法律来统一社会规范(民商事生活规则仅为其中的一部分)的过程中,法律适当超前,引导社会向现代工商经营方式转变也应当是其功能之一。民国政府已经通过颁布公司法为当时的工商界提供了股份有限公司和无限责任公司等先进的企业组织模式,如没有一定的方式的引导,习惯旧有经营方式的中国商人怎能贸然采用新的经营组织模式?根据现在的理解,一旦民法限制了合伙契约的绝对自由,规定了合伙人对外承担连带无限责任,中国的旧式商人也许在被动中会尝试新式的经营组织模式——公司。②

---

① [日]土肥武雄著:《合伙股东民事责任研究》,李培皋、叶致中译,中国政法大学出版社 2004 年版,第 222~223 页。

② 另外,我们还应当看到,当时的商界之所以要求修改民国民法中合伙股东承担连带无限责任条款,主要原因还是希望工商企业投资者尽量承担较小的经营风险,但当时的无限公司等无限责任的公司组织形式无法为工商企业投资者提供理想的降低投资风险的机制,因此无限公司不能为当时工商界认同,而承担有限责任的股份有限公司却不适合组织中小工商企业。因此能提供一种有限责任的、适合组织中小工商企业的公司组织形式在当时立法上的缺失,不能不说是商人纷纷选择合伙来组织中小企业的重要原因之一。而我国对有限责任公司形态的引进却走了一段弯路。1904 年(清朝光绪年间)的《公司律》共规定了四种公司形态中,其中的“合资有限公司”就是在 1982 年《德国有限责任公司法》的影响下设定的,这种“合资有限公司”实际上就是有限责任公司。但民国三年(1914 年)颁布的《公司条例》却将“合资有限公司”删除,这与当时的公司法立法潮流不符。民国十八年(1929 年)颁布的《公司法》也并没有将迎合中小企业的具有封闭特点的有限责任公司列入法定的四种公司组织形态中。直到民国三十五年(1946 年)国民政府修改《公司法》,才增设了有限责任公司形态。

令人深思的是,当时工商业者的代表为了摆脱民法所定“连带责任”给合伙人带来可能的负担加重,而建议修改民法关于合伙的有关规定,以传统的“按股分担”取代“连带责任”,直接将中国民间的习惯引入民法,并辅之以对合伙的工商登记制度,公开合伙的内部事务,修正中国民间习惯的缺陷。这种尝试,仍可以认为是对合伙这种经营组织模式的习惯上的推崇,是对旧有习惯的留恋,并希望以现代的手段对其进行改造,但是,合伙显然已经不能支持现代工商经济发展的需要,公司此时应当作为主角登上中国经济发展的历史舞台。

因此,可以作出这样的结论:发生在我国20世纪初的这场移植法与民间习惯的冲突,其背后则是公司与合伙谁将以主角的身份站在中国即将大规模发展的工商经济的历史舞台上之间的斗争,这种斗争当然是发生在当时中国商人内心里的利弊权衡之间的,这场斗争最终以中国商人的理性选择得以终结。中国最终走入了公司主导社会经济的时代。

乡村治理的困境与突破

——从经济能人向霸痞经济人的蜕变谈起

张益刚*

所谓的"霸痞经济人"是指以一个或几个骨干分子为主,利用某种优势,经常性地从事某一类违法活动,以追求某种非法利益或在某一行业获取垄断利润的组织或者群体。霸痞经济人往往存在于经济相对比较发达的村镇,影响范围基本局限在本乡本土,人员结构并不复杂,具有明显的宗族特点或者乡亲熟人层面。"出了城墙之外,统辖权威的有效性便大大地减弱乃至消灭。"①它的发展进路基本上是这样的:经济致富后进入地方权力系统,利用合法的权力身份,组建谋求"快速致富"队伍,以恐吓威逼手段为主,采取"非暴力"措施,渗透在娱乐、餐饮、矿产开采、农副产品收购、建材供应等行业门槛不高的领域,追求某种非法利益或者垄断利润。这些非法利益或者垄断利润并非为某个人或者某几个人所独享,而恰恰是在这种经济人利益共同体中分配,从而使得霸痞经济人的具备一定的群众基础。这种经济人的利益顶端在生活中一般同时具备两种身份:一种身份是经济实体的所有者或者实际控制者,另一种身份是公共权力系统中的一分子,这种特殊身份使某些人不仅具有乡村老百姓所需要的道德权威,同时具备老百姓在经济发展中不可缺少的经济"领头雁"的功能。在乡村中的表现形式更多的是经济能人与村官身份的结合。

一、霸痞经济人的生成背景

发展经济,共同致富的时代呼唤,为经济能人走向政治舞台吹响了前进的号角。"出一个能人,兴一门产业,富一域地方。"塑造一支新型农村干部队伍已成为时代的必然要求,而致富能人和致富带头人正是农村先进生产力的代表。② 甘肃省在农村组织实施了以"把党员培养成致富带头人,把致富带头人中先进分子培养成党员,党员带领群众共同发展,党组织带领致富能人不断进步"为主要内容的"双培双带"工程。不仅大大改善了党员队伍结构,提高了党员队伍的素质,而且使越来

---

* 张益刚,2004 级法律文化专业,指导老师:徐永康。现工作于曲阜师范大学。

① [德]马克斯·韦伯著:《儒教与道教》,洪天富译,江苏人民出版社 1993 年版,第 110 页。

② "老区'富人治村'现象解读",载《瞭望》2004 年第 25 期。

越多的先富群体走上了村的领导岗位。该省庆阳市卅铺镇15个行政村中,目前有6个村的村党支部书记个人资产在50万元以上。[①] 在吉林省白城市,市委制定了《关于大力选拔致富能人型村干部的意见》、《关于大力培养选拔致富能人入党的意见》,重点在选人用人机制上下工夫。2003年致富能人型村党支部书记有582名,占总数的63%。2002年,白城市共发展农民党员1327名,其中,致富能人1120名,占80%以上。[②] 在江苏省射阳县,县委《关于大力推进"双强"村干部队伍建设的实施意见》明确提出:"没有10万元,不能当村官。"全县共有258个村,目前已有250个村配备了这样的"村官"430名,其中担任村党组织书记的有160名,他们当中个人资产达千万元的有47人,百万元的有78人,最少的不低于60万元。[③] 在"以经济建设为中心"的年代,一批通过合法经营和诚实劳动而首先致富的能人往往得到政府的充分关注,并且能够获得一定的政治荣誉,这恰为他们进入乡村权力系统提供了一条捷径。一些致富能人为了进入村干部群体,甚至不惜巨资通过多种方式以树立形象,如出资办学、铺路修庙等。另外,广大农民也迫切希望致富能人能够带领他们一同致富。这样,在村干部换届选举时,那些致富能人就比较容易进入领导班子。据统计,浙江省黄岩市813个村中,有61名厂长(经理)被选为村委会主任,有的甚至是自己出差在外,在不知情的状况下当选的。福建省武平县在1994年村委会换届选举中,当选的村委会主任有67.7%为经济能人。[④]

中国历史上就有专家治国的传统,三皇五帝便是很好地说明。所以日常生活中组织者、领导者的位置往往是某些领域的强势人物,老百姓似乎心甘情愿地接受,组织考察、选拔这样的人物走上政治舞台的前沿当然也无可厚非。现实中尤其是在社会转型中的经济能人,有意识或无意识在改革的浪潮中成为弄潮儿,其非凡的经济才能、鲜明的经济色彩、雄厚的经济基础,使得他们自然而然取得农村"领头羊"的地位,生活是现实的。随着改革开放的深入,农村社会中农民阶层的分化,农村中特别是城乡结合部的乡镇或者是乡镇政府所在地的村域,由于其独特的地理枢纽之便、狭小区域范围的政治经济集中之优势,往往使得某些经济能人具备了迅速利用经济和社会资源优势崛起的条件。富必通官,孔老夫子的认识犹如现实。快速致富的经济能人们,在"海选"中有了一展雄姿的政治舞台,参与村庄治理的阶层角逐,通过民主选举或任命等方式进入村庄公共权力组织,逐渐形成一股影响和左右村庄治理的重要力量,对农村治理与社会和谐发展产生着深刻的影响。正如费

① "老区'富人治村'现象解读",载《瞭望》2004年第25期。
② "能人治村在白城",载《吉林日报》2003年9月13日。
③ 郑燕峰:"射阳'10万元村官'富干部带领村民致富",载《中国青年报》2003年10月8日。
④ 徐勇著:《中国农村村民自治》,华中师范大学出版社1997年版,第157页。

孝通先生所说的,拥有权力和财富、植根于土地的乡绅阶层,连接了以家庭为单位的社会成员与国家,充当了乡村的治理者。而现在,在农村所形成的新利益群体——乡村富人,他们在掌握着农村社会财富的同时,也日益掌握着农村政治权力。"干部群体'富人化'"和"权力系统运作'经济化'"的现象普遍存在。

乡村社会群众经济利益的关联性使得经济能人向霸痞经济人蜕变拥有了"扯虎皮、拉大旗"的群众基础。费孝通在《乡土中国》中曾有精辟地描述:"人们喜欢的是从权力得到的利益。如果握在手上的权力并不能得到利益,或是利益可以不必握有权力也能得到的话,权力引诱也就不会太强烈——权力之所以引诱人,最主要的应当是经济利益。"①经济能人的本质是以追逐利润为本位的,也是以此发家的,所以只要达到经济利益、只要能快速达到经济利益,途径方法倒是另当别论。宁要贪污犯,不要大笨蛋。这曾经是20世纪90年代个别地区老百姓的心里写照,只要能给老百姓带来实惠,能带来眼前利益,老百姓就认为其"有能力、有作为、有前途",而不会在乎这些钱是否来得正当。是走私?是黑市交易?是敲诈?是垄断?是卖地?是暴力?在我们进行新农村调查时遇到过很多案例。所谓靠山吃山、靠水吃水,靠企业吃企业、靠事业吃事业。只要是属于我的一亩三分地,在经济能人的背景下,无论企事业单位,还是国有私有,要打此路过,留下买路钱,没有钱通路,啥事都难缠。逐渐地,当地经济能人成为号令一方的家长,从合法致富经济能人变为非法致富的霸痞经济人。

精英外流,难以形成乡村多元制约机制,为经济能人向霸痞经济人的蜕变让出了发展的空间。精英群体外流,难以进入地方建设的主流,新农村建设的"管理民主"难以实现。农村的行政管理机构的组成人员的素质随着乡村精英的外流将不得不降低,将直接危及农村干部后续队伍的培养和使用。众所周知,按照我国村委会组织法的规定,村委会的干部人选范围是有"属地"条件的,外村人员能力再高条件再好也不能进入本村的行政管理机构,这种制度性的规定迫使村委会的被选举人只能是"矬子里面拔将军",因为打工的不回家、大学毕业的不回乡、当兵复员的想进城。我国的农民阶层自古就有胆小怕事、忍字当头、事不关己、漠然置之的习惯心理,只有在他们走投无路时,通过某种理想目标和组织形式才能将激发他们改变命运的勇气。在当前,我们看到,恰恰是由于缺少了对农民的有效组织和动员,才又使得一家一户小生产下的农民,自善自保意识凸显。分散生产、以个体形式存在的农民,无力抗衡霸痞经济人的组织形式。因此,不发动农民、不形成有效的农民组织,就会给那些"霸痞经济"以填补中间组织真空、自行坐大的可乘之机。当然,由

---

① 费孝通著:《乡土中国》,上海人民出版社2006年版,第50页。

于农村集体经济实力不是一朝一夕就能发展壮大起来的,目前还不具备以利益激励农民参与公益组织的能力,农民自发有效的组织还难以建立,这时,就得充分发挥党政、司法力量,对畸形发展的霸痞组织予以全方位打击、制裁,给合法经营的中间组织留出发展空间并予以积极的鼓励、培育和壮大。

乡村权力系统制约的制度性症结,也为经济能人向霸痞经济人蜕变提供了似乎正常的权力管道。目前我国的村官本身素质就有待提高,文化层次低、民主观念缺失、法制观念淡薄,特别是当“官”动机不纯、特权思想严重。在基层农村,大权集中在村党支部书记和村委会主任等个别人手中,大小事他们说了算。从法院审理的案件看,犯罪的村官往往对本村的经济建设都作出过一定的贡献,时间一长,居功自傲、严以律人、宽以待己,“我的地盘我说了算”。这是村级领导自身素质难以改变的自律问题。从外部制约看,也存在外部监督严重滞后问题,从制度层面放纵了这些人胡作非为。首先,乡村内部制度制约缺位。众所周知,农村中的财务问题一直是老大难。在村企一体的地方表现要好一些,因为还有企业制度多少有所制约,但是在众多或者说大多数的农村财务管理混乱,没有财会制度、没有财经纪律、财务管理没有分工,加之农村干部变动交接不清、缺乏会议记录、档案不全、收支不规范,致使农村干部在经济上很容易犯罪。其次,从上到下的监督缺位。按照《审计法》的规定,村委会属集体经济组织,不属于国家审计机关的审计范围,致使各级审计机关开展村级财务审计时师出无名。

二、霸痞经济人的危害性

我国是农业大国,目前全国总计有68万个行政村、9亿农民、500万名包括村党支部书记和村主任在内的“村官”。村干部拥有一定的权利,管理农村的公共事务,并在一定范围内代替政府行使国家的管理职权。有人说,基层干部的腐败,是最具有离心力的腐败。由于“村官”是国家庞大行政机器中的“末梢神经”,直接面对着基层的农民,其一言一行直接关系党和政府的形象,因此“村官”虽小,然而一旦发生蜕变,其危害性却极大。“一个社会不能将乡村有效地整合在社会体制内,必然会累及其社会稳定。”①

首先,误导是非观。“霸痞经济人”的存在是向社会宣示“恶”的力量的生命力,在农村更多的是带来一股歪风邪气,向人们展示了利用暴力发财致富的便捷性,宣

① 王沪宁著:《当代中国村落家族文化——对中国社会现代化的一项探索》,上海人民出版社1991年版,第263页。

示了青少年向往的武力、威风，直接腐蚀了一批农村青少年的心理，混乱了是非观、荣辱观，必将对建设社会主义新农村带来长期的危害。尤其是该种经济滋养的是一小部分好逸恶劳、对社会有长期危害性的村霸地痞和帮派团伙，其中的帮派团伙一旦获得强大的经济势力，难免不发展成带有黑社会性质的违法犯罪组织。从当前的农村政权组织来看，在换届选举过程中，也时常感觉到这些霸痞的影响。他们有的破坏选举，妄图自身当选；有的用经济手段贿选，个别的也确实如愿当选，当选不上的，就时时刻刻给基层政权出难题、对着干。

其次，危及农村基层政权稳定性。“霸痞经济”一旦做大，势必要进入基层政权层面，为其寻求政治保护。从当前少数地方换届选举中出现的霸痞干预、操纵选举来看，这一势头已经出现。当然也不乏个别霸痞在当权以后，迫于形势，确实能收敛一阵，给村民带来一点实惠，如果就此洗心革面，真心实意拥护党的领导，带领农村群众致富、守法经营，则其“原罪”也并非绝不可恕。怕的就是走到一条结党营私、侵害群众、与人民为敌的反面道路上去。当下，如果“霸痞经济人”得不到有效治理，则必然影响农村基层政权稳定。

最后，降低政治认同度。在我国乡土社会，其内部规则的运行是以民间权威的多元化为支撑的，特别是家族权威、能人权威，而民间权威是乡土社会内部规则的执法者，是乡土社会内部规则合法化的权力支撑。“一方面基于国家期待和权力网络的驱使负有宣传国家政策、法律的职责；另一方面受抽象的社会文化传统实际生活场域支配，又趋向于地方性、习惯性的方式使纠纷按照当事人及其共同体满意的方式得以解决。”①

“霸痞经济人”的长期存在，尤其是作为乡土社会中内部规则运行的执法者面貌，使得广大农民对基层政权的信任度受到极大冲击，甚至动摇对党和国家的信任，使得党的农村政策的落实遭遇很大的不确定性，从而危及社会稳定的根本基础。而反观官方的社会管理组织：对农村霸痞的打击、治理，目前主要依靠基层公安局、派出所和有关的工商、税务行政管理部门。从治安环节来看，由于农村霸痞的分布极其分散，有的团伙跨乡镇、跨县区，有的据点设在城里，使得以地域治安管理为特征的派出所难以全面掌握霸痞团伙的成员组成情况和行踪。更由于霸痞团伙平时表现主要是搞一些非法经营活动，表面上看属于工商、税务行政管理的范畴，只要不涉及“打砸抢”，派出所也无法出面干预，造成公安与工商、税务职能管理上的模糊地带（对于痞霸，工商、税务行政管理人员更感头疼，并不敢上门催费征税）。霸痞团伙只在矛盾激化的场合才有可能孤注一掷，选择某一不确定地点，兴师动

① 翁开心：“乡土社会中的国家法与民间法”，载《民间法》（第1卷），山东人民出版社2002年版。

众，群殴群斗，发案极其突然、隐蔽，有时候等到公安局、派出所前去处理时，团伙已逃之夭夭，给事后的调查取证、准确打击带来很大困难。从掌握的不太全面的情况来看，霸痞团伙中的骨干分子大多受过多次的劳动教养、治安拘留甚至刑事制裁，其主观恶性很深，只要团伙不散，其解除劳教、拘留或刑满释放后，仍会积极归伙，而且手段变本加厉。这暴露了当前法律的矫正、教育措施效果不足，治标未治本，没有起到使违法犯罪分子改过自新的作用。

三、霸痞经济人的治理困境与突破

"韦伯意义上的形式合理性并不是正当统治的充分的合法性基础，正当性信念本身不具有合法化能力，合法性必须建立在一种价值合理性基础上的普遍共识之上。"①乡村社会内部规则和外部规则因为具有不同的价值合理性基础造成了内部规则和外部规则在纠纷解决中的冲突。

首先，合法身份的迷惑性。我们可以从已经侦破的许多案件中得到启发，为掩饰自己的行为，除了寻找外在的保护伞外，许多已被缉拿归案的黑恶势力都有寻找"红色外衣"的经历。手中有钱，就再想权，或人大代表，或政协委员，或干脆自己混入基层政权。沈阳的黑社会老大刘涌最看重的是人大代表；广东潮阳的张桂溪是潮阳市的人大代表、1998 年的全国人大代表；赖昌星谋到了福建省政协委员的头衔；河北的"黑老大"杨树宽是市政协委员；江西的"黑老大"熊新兴是政协委员；北京的"黑老大"房广成则是通州区梨园镇副镇长。而农村中的"霸痞经济人"的身份更多地表现为村中的"能人"、"致富人"，甚至在村委会或者农村自治组织中具有一定的职务，有一定的经济头脑，有一定的经济活动能力。他们在当地属于小有名气或者大有名气的人物，在农民生活中确实发挥了一种加速农村资源流转的作用，农民从中有一定的受益。

其次，组成人员地缘性、分散性特点，使得霸痞经济人往往形成本区域的权威和崇拜，也容易躲避司法机关的打击。"霸痞经济人"的构成中，多以本地辍学青少年为主，年龄在二三十岁左右，大多未受过良好的家庭教育、学校教育和成人教育。几乎每个村都有一至两个"村痞"，他们有的自行其是，以在村里"当老大"为荣；有的与临近其他村的霸痞相互勾结，在乡镇驻地和集市转悠，寻机谋取非法利益。这些人虽然也有冲突，但现实中更多地服从于某几个人，形成跨越乡镇的霸痞团伙，

① ［德］尤尔根·哈贝马斯著：《合法化危机》，刘北成、曹卫东译，上海人民出版社 2000 年版，第 129 页。

在霸痞经济人的领导下垄断一方行业的经营。在具体的事务性纠纷中,出头露面的都是一些小喽啰,坐镇后台遥控指挥的霸痞经济人则静观其变,或坐享其成,或出手捞人。即便有人受到司法打击,也只是一些直接参与者,难动根本。

最后,行为的非暴力性,也是规避刑事法律的打击的主要手段。在霸痞经济人的组织下,经济活动发生变化:从原来的游手好闲、偷鸡摸狗的小打小闹转向以长期非法经营、谋取垄断利润为主要目的经济活动。组织机构上,从最初无所事事、寻衅滋事的"散兵游勇"状态逐步发展到成帮派、有分工、以谋取非法利益为主要目的,并与城区霸痞头目有密切联系的经济活动组织。势力大的还成立了自己的公司,在合法的招牌下干着欺行霸市的买卖。染指的行业涉及农村经济的方方面面。他们妄图垄断本村或周围农村的生猪、鸡蛋、茶叶、树木等农副产品及矿产品的收购、加工、开采、销售,享受利润"大头"。强迫交易以及收取保护费等方式,是霸痞经济人获得财富直接路径。打听到哪个村庄要拍卖林木、矿砂等资源的,即组织大批人马入村"竞买",以其声势逼迫村委会压价出售给他们。在农产品收购时节,他们入村入户自行定价,在他们购足之前,其他人不得同时出价购买。抢劫、盗窃方式获取财物,价少而风险高,多为霸痞经济人所抛弃,在不得已情况下才采取此等下策。利用地理位置优势,强买强卖、强迫他人接受服务来获得财富。这种犯罪方式,由于没有明确的规定,查证范围广,取证较难,打击力度一直不大。

"在一定范围内,影响村治面貌的是村庄治理精英与非治理精英之间的关系状况。"[①]目前的关键是,不能让以个别形式存在的霸痞相互勾结形成霸痞团伙,不能让霸痞团伙发展成为有强大经济实力支撑的黑社会组织,不能让农村霸痞左右农村的政权建设和经济发展进程。"作为现代化推进的'国家政权建设'过程就是国家将其权力的触角伸入社会基层的过程,而法律实际上也是伴随着国家权力而进入乡土社会的。在这一过程中,国家的治理权力和法律权力是平行推进的。"[②]在乡村治理中,政府的权力优势不可或缺,应整合力量,分类处理:对已形成的"霸痞经济人",要采取以打为主、辅之以拉、分化瓦解、多管齐下的方针加以治理。除此之外,地方政府还应当在新农村建设中培植乡村精英力量,对霸痞经济人形成有效的制约力,以此保持乡村的长治久安。

"以打为主",即对于那些已带有黑社会苗头的霸痞团伙必须坚决进行打击,这些霸痞团伙的头目一般都受过刑事制裁,主观恶性较重,年龄都比较大,具有一定的反侦查经验,他们一旦有了经济实力,势必要渗透、干预和左右基层政权,形成危害一方的恶势力组织,到那时再给予打击必然要付出更大的政治社会成本,应提早

---

① 贺雪峰:"缺乏分层与缺失记忆村庄的权力结构",载《社会学研究》2000年第2期。

② 强世功著:《法制与治理——国家转型中的法律》,中国政法大学出版社2003年版,第234页。

行动，消除隐患。

“辅之以拉”，即对于有些已经通过各种手段担任基层村组织负责人或注册成立公司、企业的，要通过正规的党的、行政的、法律的管理程序和手段，迫使其走正道。

“分化瓦解”，就是通过治安、刑事打击，将团伙头目绳之以法，摧毁其赖以存在的经济基础，起到“树倒猢狲散”的效应。

“多管齐下”，就是要动员基层党委政府，公安、派出所，人民法院和人民法庭，工商税务等党政、司法、经济管理部门，各司其职、相互配合，形成强大合力，从各个方面对霸痞团伙进行打击、制裁，实施综合治理，挫其锐气，伤其元气，使其难成气候。在此基础上，积极培育合法的中间组织，并以强大的政权、司法力量为其保驾护航，使霸痞势力再无可乘之机。公安机关、司法机关在打击霸痞违法犯罪的同时，不能就案办案，要顺藤摸瓜，发现存在聚众斗殴、漏税以及偷逃税费构成犯罪的，要算总账，实行数罪并罚；需要给予并处罚金、没收财产的，要坚决并处。在日常的工商、税务征收和处罚过程中，工商、税务部门要敢于以硬碰硬，公检法当好后盾，及时施以援手，让霸痞感受到民主专政的强大威力。在各个村居，要选用能人担任村委组织负责人，积极发动群众力量制约霸痞。要进一步加大基层警力投入，给辖区内的霸痞建立档案，并建成全市范围内公安系统、工商税务系统对“霸痞”信息资源的共享机制，在霸痞内部发展线人，在各个村居发展治安联防员，为准确打击霸痞违法犯罪提供信息和线索。

打击是治表的手段，只能对已经显现的霸痞现象予以治理，但“霸痞经济”的产生是一个复杂的社会问题，对此应采取标本兼治的方法。从治本来看，需要加快农村经济发展，加快农村城镇化进程，加大农业增收力度，增加农民就业机会，消化大量的农村富余劳动力；要加快农村医疗卫生机制、国民教育机制、农村成人教育、培训机制改革，让农民看得起病、上得起学、就得了业，减少必需的家庭支出成本，增大净收益，从而使每个农村家庭有能力让子女完成从农民到大学生再到公务员、企业职工的角色转变，在每一个阶段上消化掉一批闲散农村青少年；要改变重打击制裁、轻教育矫正的思想。从实际应对来看，如何有效地培植地方的精英群体，改变地方经济能人不受约束的畸形发展是现实问题。

管理民主，依靠的是地方精英群体，其存在既是对地方治安的有效支撑，也是对霸痞经济人的制约力量。

精英，从其字义理解就是精华之意，乡村精英，我们通俗的理解，就是在乡村中无论智力、年龄、能力处于优势的一类群体，文化水平相对较高，市场经济意识相对超前，个人特长相对明显，富有创造精神和民主观念，懂经营、善管理、会交际。乡村精英是农村中的人才，是新农村建设中的主力军，是农业科技的尝试者和倡导者，是乡村管理的中坚者,是乡村文明的坚守者,是地方稳定的支撑者。目前乡村的实际治理困境有多方面因素,首先,应当治理和强化地方基层组织的执政能力,其软弱无力导致经济能人不断向霸痞经济人蜕变,当用钱和拳头能够更快完成财富积累的时候,正当经营致富反而成为一种讽刺。其次,乡村精英人物流向大中城市,村中剩下一些老弱病残和妇女,使得经济能人的话语权越发膨胀,使其行为越发不加收敛,肆无忌惮,社会自我发展的民间平衡被打破,也加速了霸痞经济人的力量扩充。

由此,政府主动引导、适当分流乡村精英是一项"润物细无声"的基础工作,既是经济发展中的人力资源的调配过程,也是实现"管理民主"这一目标的人才的积累措施,更会真正培育民间的制约力量,让社会的正气得到民众的认可和支持。所以说,虽然人口流动是自然的市场过程,但也绝不能听之任之的无序流动,政府是应当也有能力做好引导工作的。乡村精英的根据地是乡村,离开了乡村进入城市很难成为城市精英。解决乡村精英外流问题的思路还应该着眼于农村本身。基层政府更应该靠"内核"吸引有志青年回乡创业。城镇化进程是乡村精英一展身手的过程,政府以合适的项目吸引、以适量的资金支持、以技术信息的帮扶,促使乡村精英们扎根农村、积蓄发展能量;政府培训、协调筹建农村中的经济组织,为他们的规模发展、持续发展、健康发展提供智力支持与法律服务,减少行政性羁束,最终培育地方特色经济,实现发展生产、生活宽裕的目标。农村剩余劳动力流向城市寻找生机和出路,既能开阔视野、强化本领,又能增加家庭收入,改变单纯依靠农业收入的被动局面,这是有利的一面。但在中国这样一个农村人口占绝对数量的国家,劳动力的市场不是一个供求平衡的市场,而是明显的一边倒的"买方市场",每个城市吸纳劳动力的数量、每个企业接受的务工人员都有一定的限制,特别是从农村流向城市的务工人员,年轻、有朝气、有力气,但是与城市化进程匹配所需的文化水平、与企业熟练工人所要求的技能水准还有一定的差距,所以大量的农村青年流到城市后在用工方面受到歧视,待遇不能保证,并且由于企业原因造成的人身伤害很难完善解决,无奈之下从城市再回到农村,某种意义上,又加重了农村的负担。因而,农村精英群体外流,不利于农村生产可持续发展,不能从根本上解决农民问题。农村中的青壮年在城市的企业中为别人打工,农村中老人妇女成为农业战线的主力,他们在家勉强糊口还说得过去,要说农业新技术、产品新品种、管理新手段则离他们是比较遥远的事情,原因很简单,文化程度低、接受能力差、开拓意识薄,这种现状与新农村建设的可持续发展是不相适应的。

从社会治安的角度看,农村中的青年精英流入到城市,只有老人、妇女、儿童留守大本营,村落虽然完整,社会安全其实相当脆弱。从内部治理看,没有优秀人才的支撑,村务管理属于"武大郎开店",缺乏生机,没有活力,陷于低层次的重复;从外部看,老人、妇女、儿童“看家护院”,无异于一座玻璃城堡,无人能守。正是在这样的环境下,与城市相比,农村的刑事案件率不断上升,除了农村基数较大外,农村中青壮年流失在外,使得罪犯很少在第一现场束手被擒,犯罪的成本明显低于城市是其重要原因。

乡约文明,是遏制霸痞经济人活动的精神力量,同样需要地方精英的传承和弘扬。地方精英群体的存在,能够保持家庭控制的有序性,减少对乡风文明形成的冲击力。作为家庭中的一员,离开家庭孤身创业,虽然带来一定的家庭收入,但是对于父母的赡养、夫妻之间的关怀与约束、子女的教育以及地方的安全稳定都会带来影响。孝道认同度降低。“百善孝为先”,孝道是中国几千年来作为传统美德被时时地地传颂与提倡。传统的农业社会,家庭成员日出而作,日落而息,在共同的劳动中,家长基于劳动的优势、家长的权威、传统的力量取得子女的认可和尊重,子女以不断地问安、始终地服从、努力地侍奉作为回报父母的养育之恩,成为修身持家的道德规范。可是,事到如今,机械化已为农民挣脱土地束缚插上了腾飞的翅膀,离开“面朝黄土背朝天”父式背景,昂首走入试图改变命运、充满喧嚣的城市。成年子女的“新生活运动”,年老的父母们无悔无怨,甚至把子女偶尔的问候、旋风般的来来回回当做晚年生活的希冀所在,完全不顾年老衰弱的身体依旧在田间地头穿梭,试图以忙碌的劳作掩饰晚年寂寥的心情。而作为子女漂流在外,奔波于城市与乡村之间,在城市的狭小空间中寻找生存余地,受制于学历、技术等条件,自己的生活保障也是差强人意,不经意间,忘却了子女赡养老人的责任,即便意识到问题的严重,但是时空的距离难以弥补和慰藉老人的精神孤独,或许只能用过年过节的大包小包安慰老人,也安慰自己。此外,在家庭教育中的表象更为直接。农村中精英群体的外流带来的直接影响就是“老龄化、妇女化、儿童化”现象,在家庭教育中受到伤害最重的也是带有未来意义的就是儿童的教育。父母或父母一方流动到城市,农村中的“留守儿童”明显增多,而在农村中,这种背景下的家庭教育只能依靠孩子的爷爷奶奶或者姥爷姥姥,众所周知的“隔代爱”又让众多的独生子女成为家中的“武松”、社会的“老虎”。爷爷辈疼爱有加,放纵溺爱过分,从严施教不足,一旦养虎为患又难以控制。所以,许多外出务工家庭子女上学时学习自觉性差,在家里无法无天,辍学后无事可干。从法院少年审判庭的案例可看出,涉及犯罪的青少年往往没有很好的家庭教育背景;从现在农村中的落后少年看,辍学在家、父母离异、生活无着的群体是主要来源。这也为农村稳定带来了隐患。

论"抑商"下的徽商崛起

王亚军*

明清时期,国家立法再次回归"重农抑商"的传统轨道上。此时徽商何以能够崛起,历史学界和经济史学界对此问题研究较多。本人结合历史学界和经济史学界的研究成果,从法律社会史的视角对徽商崛起的原因进行法律的诠释。

一、"新四民论",为徽商崛起提供了主观条件

程朱理学将正统儒家法律思想进一步哲理化,成为官方主流的法律思想。明清徽商将理学思想进行整合,形成了"新四民论",视"四民异业而同道",实现"儒贾相通",为徽商的崛起提供了主观条件。经商乃是治生手段的思潮下,徽商借助于理学中"人欲"的双重解释,将理、欲相通引申到士、商关系的解释中,对传统"儒贾观"、"本末观"加以系统改造,整合出"新四民论",并从不同的角度论证其合理性:"贾儒相通"体现了名与利的相通。虽说"儒为名高,贾为厚利",①儒、贾两者所追求的目标不一致,但作为"治生"手段而言,实质上应该是一致的。"儒贾相通"体现了义与利的相通。孔子曰:"君子喻于义,小人喻于利。"士人重义,商人重利,两者的追求是对立的。但徽商认为,士商仅仅在于职业上的不同,"贾而好儒"的徽商同样可以做到重义。从商是为了求利,但徽商的信条是:"职虽为利,非义不可取也。"②以义为利,以书生之道行商,不仅有利于维护自己的商业信誉,而且也有助于在人格上取得与重义的士人平等的社会地位。徽商一再强调:"士商异术而同志,以雍行之艺,而崇士君子之行,又奚必缝章而后为士也。"③"儒贾相通"表现或仕或商,皆可以实现"大振家声"的目的。在徽商看来,读书与经商在孝悌上是相通的,经商发达后,为宗族不遗余力地修缮祠堂做贡献,此举与读书做官一样是光宗耀祖的体现。"儒贾相通"体现在"弃儒归贾"或"弃贾归儒"是可以相互转化的。深受"官本位"传统文化的影响,读书进仕是封建社会中每个人的最高价值追求,只要家庭条件尚可,本人资质尚好,一般从小就从事儒业,专注苦读,以求步入仕途。明清

---

* 王亚军,2006级中国法律史专业,指导老师:王立民。现工作于安徽大学法学院。

① 《阳明全书》卷二五。

② 《汪氏统宗谱》卷三。

③ 《汪氏统宗谱》卷一一六。

时期,社会并没有为士人步入仕途提供有效的手段支持。进仕的名额并没有随着人口的激增而有所增加,考取功名的机会相应变小。当然读书是要有一定的经济基础为保障的,如果连吃饭生存都成问题的话,读书就难以继续了。徽州地狭人稠,欲“治生”,唯有选择经商。徽人走上了经商之途,治生的问题解决了,年轻时曾经有志于儒业者,复又“弃贾归儒”。正是凭借着徽商整合出“儒贾相通”的“新四民论”,符合官方主流思想的认可,造就了徽商迅速崛起。

其一,在“儒贾相通”的商文化熏陶下,在徽州地区形成了贾与儒的良性循环。徽商在经商致富之后,通过延师课子科举考试或捐纳买官途径步入仕途。徽人在全国各地为官很多,这对于徽商而言,无疑是一个无形的官场政治保护伞,对于徽商经商的好处是难以尽述的。其二,在“儒贾相通”的商文化熏陶下,造就了集贾、儒于一身的徽商具备了封建社会下的良性的竞争机制。明清时期,随着商品经济和社会分工的不断发展,商品与货币的运动也日益错综复杂。只有具备较高文化素质的徽商,才能够在商业活动中准确地分析市场形势,在取予进退之间做出正确判断,以获得厚利。其三,自身具有较高儒学的修养,也有助于徽商攀援封建政治势力。徽商四大产业的主干是经营盐业,盐业是国家专卖的重要商品,其利润最厚,获取食盐的专卖权理所当然成为诸多商帮竞相追逐的目标。唯独徽商受到官府的青睐,长期垄断经营两淮盐场的专卖。原因是多方面的,但其中最重要的因素是徽商善于利用儒学作为与官府的黏合剂,这是其他商帮无法比拟的。

二、“恤商”的商业立法,为徽商崛起提供了客观条件

随着商品经济的不断发展,因商品流通扩大引起的商业税剧增,国家财政对商业的依赖性越来越强,完全抑制商业发展业已不可能;伴随着社会人口的激增,土地资源显示出大量短缺的迹象,举国人口“务农”已经不再现实了。明清统治者有意无意地逐步改变了以往重农与抑商并行的政策,在“重农”的同时,不再提及抑商,而是开始注重加强对市场秩序的监督管理的立法,在一定程度上商业发展创造了条件。

1. 推行“恤商”政策,减轻商业税

随着商品经济的发展,商业在国家经济中地位大大提高,明清统治者都一度放松了对商业发展的重重遏制,尽力推行一些“恤商”政策,减轻商业税。明太祖朱元璋在建国之初,推行“便商”之法,“凡商税,三十税一,过取者以违令论”。[①] 洪武元

① 《明太祖实录》卷一四。

年(1368 年)诏令,“田器等物不得征税”;洪武十三年(1380 年)令,“军民嫁娶丧祭之物,舟车丝布之类皆勿税”。明成祖继续推行轻税护商政策,永乐元年(1403 年)定制:“凡军民之家,嫁娶丧祭,时节追送礼物,染练自织布帛,及买已税之物,或船只车辆,运自己物货,并农用之器,各处小民挑担蔬菜,各处溪河小民货卖杂鱼,民间家园地塘采用杂果非兴贩者,及民间常用竹木蒲草器物,并常用杂物,铜锡器物,日用食物,俱免税。”①永乐十年(1412 年)又下令:“各处巡按御史及按察司官体察闸办课程,凡有以该税钞数倍增收,及将琐碎之物一概勒税者,治以重罪。”

清人入关后继续实行“恤商”政策,减轻商人的税赋。顺治初年,在全国设常关13 处,规定各省关税,船不抵关,货不抽税,并且针对明末滥征私税弊政,先后制定了《芜湖等关抽分例》、《闽浙收税例》等地方性税则,整顿税吏,减轻商税,使商业得以在战乱后步入正常发展的轨道。康熙五年(1666 年)刊刻《关税条例》置于各省关口,“严禁各关违例收税,及迟延措勒之弊”,严禁地方官滥收私派,并针对各关征税超额,主管官员可以加级记录而导致各关违例任意征税的弊端,指责说:“重困商民,无裨国计。朕思商民皆我赤子,何忍使之苦累。今欲除害去弊,必须改辙易弦,所有见行例收税溢额即升加级记录,应行停止。”②雍正虽坚持士农工商分等级的观点,但在位期间不仅制定《各关征税则例》,颁行天下,并下令废除传统的商人“当官”制度,主张官府所需物品,应照时价向商贾购买:“各省大小以衙门,遇有公事需用物件,无不出自民间。在洁己爱民者给发官价采买,仍不累及小民。而贪鄙之员,则恣行科派……即发官价,亦必低渐抑扣,十不偿五。……敕令各省督抚,严行禁止。”

康熙、雍正时期的“恤商”立法多为表面举措,并无多少实际社会效果。真正落实“恤商”立法,为商业发展真正提供便利条件的,应该是在乾隆时期。乾隆元年(1736 年)重新制定《各省税课则例》,设立“纳税串根”和“造报底册”,既避免对商人重复征税,又能够杜绝商人脱漏税。将各省应纳课例,“刊刻木榜,大书设立关口,使商贾一目了然”。乾隆十三年(1748 年),又制定《广东太平关收税则例》,对95 种货物重新确定征税比例,如玉器者收课银 4 分,未成器每斤仅收 1 分 7 厘,税率折合仅仅数十百分取一,普遍采取“薄征”来恤商,客观上保护工商业的进一步发展。

2. 加强市场管理的立法,规范牙行制度

牙行,是指在封建社会中为买卖双方磋商贸易,从中收取佣金的店铺,简称为行栈。它会聚百货、评议货物价值,联络客商和铺户,代客纳税,是沟通交易的中介

① 《明会典》卷三五。
② 《清朝文献通考》卷二三。

机构,其在传统商业贸易中起到了非常重要的中介作用,官府自然而然加大了对牙行制度的监督和管理。

朱元璋为了防止牙行诓骗商民,令“天下府州县镇店去处,不许有官牙、私牙……敢有称系官牙、私牙,许邻里坊厢拿获赴京,以凭迁徙化外。若系官牙,其该吏全家迁徙;敢有为官牙、私牙,两邻不首,罪同”。①但随着商品经济不断发展,该法律规定很难在实际生活中推行。于是,《大明律》首创了牙行、埠头的管理法规,规定:“凡城市乡村,诸色牙行,及船埠头,并选有抵业人户充应。官给印信文簿,附写容商船户,住贯姓名,路引字号,物货数目,每月赴官查照。私充者,杖六十,所得牙钱入官。官牙、埠头容隐者,笞五十,革去。”②

清律沿用明制,对牙行、经纪制度相关问题进一步规范化。乾隆四年(1739年)定例:“民间行户,地方官于请领牙帖时查其为人诚实,家有产业者,取具邻保甘结,方准给帖承充。其素无赖,毫无产业者,不许滥给。仍将承充牙行经纪姓名,按季册报布政司存查。如有滥行给帖,以致吞欠客本,即行揭报,将滥给之地方官,照滥给牙帖例,降一级调用。”③对于地方官滥给牙帖而上司失察者,规定上司要承担连带责任,其上司罚俸禄一年,司道罚俸禄六个月。上司如果徇纵者,则降两级调用。

另外,为了防止牙行借助官府势力把持行市,保障正常而有序的商业贸易活动,明清律明令禁止官员、士绅经营商业,充当牙行,以防止他们利用自己的特殊身份垄断市场,损害市场的公平交易原则。

3. 不断完善盐法,为徽商的崛起提供了便利条件

盐是人们日常生活必不可少、需求量极大的消费品。历代王朝无不实行榷盐专卖制度,由官府垄断食盐的贸易。明清时期,随着人口的激增和盐业生产的进一步发展,盐的供销量与日俱增,盐课的收入越来越高,已经成为国家财政收入的重要组成部分。为了保障国家盐课收入,国家不得以被迫让渡盐商一部分利益。在这种形势下,能够与官府结合的盐商,凭借着盐业的垄断特权,成为封建社会商业中获利最多的一个行业。聪明又善于经营的徽商自然不会放过这一牟利的行业。但徽州盐商的成功不是一蹴而就的,而是经历了漫长而曲折的过程,善于把握国家盐法变革的有利时机,从而走向了成功。

洪武三年(1370年),明王朝实行“开中法”的食盐专卖制度,但是“开中法”规定了商人运销食盐必须经过“报中”、“守支”和“市易”三道法定手续,也就是由官

① 《古今图书集成·食货典》卷三二二。

② 《大明律》。

③ 郭成伟、田涛点校:《明清公牍秘本五种·钱谷指南》,中国政法大学出版社1999年版,第416页。

府出榜招商，由商人向九镇输纳粮食等军需物资，凭借供应各镇物资多寡来换取官府发放的盐引。商人持有盐引到指定的盐场守候支盐，再将食盐运到指定的地区销售。虽然当时的商人饱受报中、守支之苦，但获得食盐的合法经营权后，竟可以以高于购价数十倍的价格销售，获利非常可观。由于当时招商报中地点，多处于远在千里之遥的西北边塞。山高路远的自然屏障，使得内地的徽商此时尚无法与地处西北边陲的山西晋商一争高低。明朝中叶，“开中法”规定的以军需物资交换盐引的报中办法饱受商人的诟病，加之地方豪强凭借自己的特权强占盐引，使得商人手中的盐引多数不能按时支取，困于守支，大大挫伤了商人报中的积极性，再者，“开中法”严禁余盐私卖的禁令被打破，出现了享用食盐专卖权的“内商不能速售，边商之引又不贱售”的尴尬局面。“开中法”无法继续实行下去，变革盐法成为历史必然。成化、弘治年间的盐法变革，为徽州盐商的崛起提供了法律制度上的最佳时机。

第一，禁止买卖盐引的禁令放宽。明初规定在报中环节，商人必须本人亲自到指定盐场支取盐引，不允许他人代支，从而严禁盐引私自买卖的活动。但是，明朝中叶，随着官场的腐败之风盛行，豪强非法强占盐引、把持盐利的弊端愈演愈烈，最终造成部分盐场无盐支给报中的商人。甚至有许多盐商守支多年至死而领取不到盐，不得不由子孙代为守支。代支先例一开，商人将盐引转卖与他人代支的做法随即产生。这就为身处内地而财力雄厚的徽商提供了便利，无须长途跋涉运粮赴边，或在边塞募人耕作支边换取盐引。第二，“开中折色法”的出台。为了进一步消除盐商转运边境之苦，提高盐商报中的积极性。弘治五年（1429 年），户部尚书叶淇实行“开中折色法”，将已经存在的纳银办引的习惯上升为一项法律制度，具体办法为：盐商纳银于盐运司，由盐运司发放盐引。再以盐商所缴纳的银两拨付给九镇边塞，用以采购军需物资，让盐商免除了赴边纳粮之苦。“开中折色法”使地处扬州（两淮盐运司所在地）不过百里的徽商经营盐业，获得了地利之便。第三，余盐开禁。盐场灶户按照规定足额上缴灶课后，所剩之盐为余盐。余盐不允许私藏，应悉数上交官府，由官府按量付与工本钱，私卖余盐者治罪。随着生产技术的进步，灶户生产的余盐量激增，官府付与的工本钱有名无实。灶户为了改善生活，多私下交易余盐；盐商也希望多收购余盐获取更多利润，于是余盐私自买卖的情况多有发生，屡禁不止。明政府逐渐放宽余盐买卖的禁令，允许盐商在守支不足数量之时，可以“买补余盐”抵数。余盐买卖的开禁，使得善于经营的徽商直接与灶户交易成为可能，便利用垄断特权，通过预付款压价购盐，从中谋取更多暴利。万历四十五年（1617 年），为了进一步克服盐引壅滞的弊端，明政府采纳盐政大臣袁世振的建议，实行纲运制。纲法的推行，使得大批重视血缘亲族关系的徽州盐商在宗族势力的支持下获得了累世专享行盐专卖的垄断特权。

满人入主中原之后，废弃明朝的“开中法”不用，而全面推行纲法。为了强化盐商世代享有垄断利益，顺治十七年（1660 年），清王朝在纲法的基础上，创立了公垣制度，规定将各盐场设置公垣，有专职官员启闭。令所有盐户将生产的食盐悉数上缴入库。商人持盐引到指定的公垣买盐。凡是在官府指定的公垣之外存放、交易食盐皆治罪，此举彻底杜绝了私卖食盐的现象，确保食盐专属于官府授权的盐商运销，为徽州盐商世代占窝行盐，把持食盐专卖牟取暴利提供了便利条件。

明清时期，无论是减轻商业税和牙行制度的改革，还是盐法专卖制度的演变，事实充分证明了统治者开始不自觉地注意从法律角度来维护商人的合法权益。虽然在主观上，政府维护扶持商人的目的，是出于维护社会安定，调解官与商、商与商、商与民之间在经济活动中的矛盾，但政府的"恤商"政策及政策法规等制度安排方面的诸多变化，客观上有利于商品经济的发展和商人社会地位的提高，这也正是徽商崛起不可缺少的法律制度环境。

三、徽州宗族法的完善，为徽商崛起提供了社会条件

徽商能够迅速崛起，还有一个重要社会条件不可或缺。徽州地区强大的宗族势力，不断完善的宗族法，为徽商提供了强有力的支持。徽州历来以宗族势力强盛著称，宗族法也非常完善，明确规定以族产为强大后盾，在经济上全力支持族人积极参与经商。因徽州处在山区，地狭民稠，不能以务农作为治生唯一手段，很多宗族法明文规定，本族子弟践商立业，可以从宗族公产中获得一定补助，以作求师和缠旅的费用。当然，宗族法规定以族产资助族人立业谋生，"既能减轻日后赡贫济急的负担，也能进一步体现宗族共同体的社会职能，与每一成员加强感情上的交流。而且，对于宗族来说，这也是一种投资。族人一旦经商获利，发迹起家，无论在道义上，还是根据宗族法的规定，他都有义务割产捐族，以报初始接济之恩。……在宗族看来，商人纳钱捐官，与科举入仕一样，亦可以光宗耀祖，振兴门庭。这也是宗族积极支持族人经商事贾的一个重要原因"。①

1. 在宗族势力支持下，徽商易于在各地建立区域性或行业性的市场垄断地位。徽商自古以来就有举族迁徙经商的传统，外出经商，在当地市集城镇站稳脚后，其族人和乡党随之而来。婺源籍商人程栋在湖北汉口"颇得利，置产业"，"凡亲友及同乡这，借住数月，不取伙食，仍代觅荐生业"。② 黟县籍商人朱承训在江西吴城镇，

---

① 朱勇著：《中国法律的艰辛历程——清代宗族法研究》，黑龙江人民出版社 2002 年版，第 219 ~ 220 页。

② 《婺源县采辑》。

对“乡人觅业而来,与失业而贫者,因材推荐”。[①] 使得族人乡党势力不断扩大,依靠庞大宗族势力的人、财、物的大力支持,把持某一行业的全部业务,建立区域性或行业性市场垄断,从而达到排斥竞争对手的垄断目的。

2. 在宗族势力支持下,徽商依附于封建政权,借助政治势力的庇护,垄断特殊商品的专卖权。“中国商人的心理状态……从事创新的企业、为新产品争取市场的推动力,不如争取垄断、通过买通官方取得市场控制权的推动力来得大。中国的传统做法不是造出较好的捕鼠笼来捕捉更多的老鼠,而是向官方谋取捕鼠的专利。”[②]美国费正清一语道破了在传统官本位的封建体制下,商人想要谋求发展,必须不遗余力地寻求官府的鼎力扶持,形成垄断性经营地位,才能够获得巨大成功。

通过延师教子科考或捐纳入仕,使大量徽籍子弟任职于政府的官僚集团,充当政治代理人,促成徽州盐商成为“官商”, 帮助其在竞争中击败了晋商,垄断了利润最大的两淮盐场的食盐专卖权。除了占据地理上就近的便利条件以外,最主要的原因就是徽商善于借助宗族势力,通过“业儒”的手段,与封建政权建立了良好的关系,特别是在“康乾盛世”时期,两淮盐业兴旺发达,盐政事务繁多,官府经常聘请有文化的盐商充当盐政官员的助手,精通儒学的徽州商人不可避免就会受到官府的器重和青睐。

综上所述,明清时期的徽商能够在“抑商”主流意识下的社会中崛起,主要取决于徽商将传统理学整合,形成“新四民论”,将商人文化符合官方主流意识;统治者为了保障国家财税来源,颁行一系列“恤商”的商业立法;徽商身后强大宗族势力以宗族法明确支持经商的措施等诸多条件。但“成也萧何,败也萧何”,促成徽商崛起的法文化因素同时也使徽商身上被深深烙上了浓厚的封建色彩,同时造就了徽商“低下的社会地位、动摇的经济地位、懦弱的政治品格”,“使商人难以形成一支独立的政治力量,更难以把握自己的命运,他只有逢迎、依附、仰攀封建政治势力,才能在忍气吞声中求得发展”。[③]

---

① 《黔县三志》。

② [美]费正清著:《美国与中国》,张理京译,世界知识出版社 1999 年版,第 46 页。

③ 张海鹏、王廷元著:《徽商研究》,安徽人民出版社 1995 年版,第 334 页。

温州商会生成的内在历史逻辑

刘承涛*

温州民营经济名扬天下，温州的民间商会也声名显赫，是当代中国民间团体发展的一个难得的窗口。所以研究温州商会的生成路径，特别是追溯近代以来温州商会的发展历史在学界也日渐红火起来，研究成果不断推陈出新。但是很多研究并没有真正解释清楚清末民初和当下温州商会发展的内在历史逻辑是什么。本文通过钩沉晚清温州商会史料和进行实证调查当下温州商会后认为，不论是晚清还是当系，温州商会制度生成的真正力量是当时商人的现实、文化需求和他们行动逻辑展开的必然结果。

一、清末民初温州商会回眸

根据《孙衣言孙诒让父子年谱》的记载，“光绪三十年（1904年），春夏间，瑞安筹设商会”，“秋，县商会筹备就绪，各业商董选齐，推公（孙诒让）为总理，于七月二十一日正式开办”。① 这是有关温州商会成立的最早记载。当年九月初十（10月8日），知府“照会开学务处及商务会议”，“十月初四（10月31日），署温处道程恩培开商务会议，全郡总理举瑞安王小牧（岳崧）先生”。②“卅二年正月廿二日（1906年2月15日），浙江抚院咨报农工商会，奏准札派王岳崧为温州商务分会总理，会址设在府城殿巷城隍庙后宫花园内”。③ 这一事件也标志着温州商会正式成立。④

温州商会初创时，主要为“酱园业、银钱业、布业、典当业、药业、木业6个行业，后又陆续加入了瓯绸、山货、南货、鱼行、广货等业”。⑤ 据学者统计，“入会商号高达

---

* 刘承涛，2009级法律文化专业，指导老师：徐永康。现工作于温州大学瓯江学院。

① 孙廷钊编：《孙衣言、孙诒让父子年谱》，上海社会科学院出版社2003年版，第325页。

② 曹一宁：“永嘉县商会的缘起与发展”，载《云南财贸学院学报》（社会科学版）2007年第5期；胡珠生著：《温州近代史》，辽宁人民出版社2000年版，第219页。

③ 曹一宁：“永嘉县商会的缘起与发展”，载《云南财贸学院学报》（社会科学版）2007年第5期；“农工商部光绪卅二年奏准办理各类农场公司事统计表”（商类），载《历史档案》1992年第1期。

④ 关于温州府商会的成立时间，邱百川先生在《温州商会之创立与沿革》中则认为温州商会成立于光绪廿七年（1901年）左右，参见邱百川：“温州商会之创立与沿革”，中国人民政治协商会议浙江省温州市委员会文史资料委员会编：《温州文史资料》（第3辑），浙江人民出版社1987年版，第157页。

⑤ 潘新新：“温州商会参与城市公共管理的个案研究”，重庆大学2007年硕士学位论文。

840户”,也吸引了当时各大主要行业参与。在《温州商会试办章程》第1条中明确规定:“开办之初借郡城城隍庙暂用,现于府前仓后街建造会所以资办公。本会设总理一员,议董十六员,复就各商家行业之大小公举业董以专责成,贸易大者业董二人,次者业董一人,其小者可并归别业董事兼理。凡商务交涉事宜,无论宁帮、闽帮、台帮、处帮、本帮、总宜和衷商榷,不得稍分珍域。”

当时商会的组织、办事机构比较健全,各机构也配有专人负责主持事务:“商会内部设总理一人,各业董事有议董、业董之分,议董十六人,不论总理或议董任期均为一年;除上述人员之外,还设文案、调查、收支、庶务、书记、号房、司阍、勤杂等,各司其职。”①为保证商会“保卫商业,开商情”的目的,对总理、议董、业董均规定了一定的任职资格;同时也严格规定了商会经费和财务制度:“本会经费由商家自行乐输,就贸易之大小,助捐费之多寡,毫不苟派”。“一切薪水等项现均撙节开支,每届年终分列四柱开具细账,榜贴门首,以供众览,次年用度即于本年预算列表,使岁出岁入一目了然。”这也说明了新诞生的温州商会完全是一个商人民间自治机构。围绕章程中保卫商业、开商情的宗旨,甫一成立的温州商会职能主要有调息纷难、代诉冤抑,以和协商情,调查商务、注重商学,以开启智识。正是这些急需调息的纠纷、冤抑和紧迫的商情使得晚清温州的商人必须组织起来,成立属于自己的团体。

二、晚清温州商会生成的现实动力

(一)温州近代地方工商业发展

从有文字的历史记载来看,温州的发展相对于几千年的中国厚重历史来说,是较晚的。不过,可能与地处我国东南沿海有关,其一直以来就有我国东南手工业和工业的名城之誉;“重商”和“功利”的“瓯越”区域文化特征明显;②这种文化显然与重义轻利、崇农贱商的传统中原文明不同。

地志上的记载印证了这一判断,温州人“能握微资以自营殖”、“人习机巧”、“民以力胜”。《宋书·地理志》记载,温州人“善进取,急图利,而奇技之巧出焉”。“其货纤靡,其人多贾”③,“一片繁华海上头,从来唤作小杭州”,是当时温州繁荣商贸的写照。温州历史上除了是青瓷发祥地之一外,造纸、造船、丝绸、绣品、漆器、鞋革也有一定影响。南宋时一度成为朝廷对外通商的口岸:“1132年(南宋绍兴二年),设

① 曹一宁:“永嘉县商会论述”,浙江大学2007年硕士学位论文。
② 冯兴元:“市场化:地方模式的演进道路”,载《中国农村观察》2001年第1期。
③ 程俱撰:《北山集》卷二二《席益差知温州制》。

置市舶务,专司对外贸易”,①“辟有‘来远峰’、‘待贤蜂’,接待贡使和外商,同日本、高丽、印度、阁婆(爪哇)等地均有商船往返”。②

温州的商业和经济有其自己独特的地域性,这一点宋人亦有交代:“温居涂泥斥卤,土薄艰艺,民勤于力而以力胜,故地不宜桑而织红工,不宜粟麦而粳稻足,不宜漆器而漆用备。”至元代,温州郡城“百货所萃,廛氓贾坚,咸附趋之”,乃至明清,其百货、手工业和商业的发展更是辐射华夏。有宋以来,温州更是充分利用浙南闽北沿海的港口区位优势,一度是该区域商品集散市场。③ 清乾隆年间,浙江巡抚方观承奏:“温州府为闵浙商贾丛集之地,烟户繁多,米粮不通外贩,易形绌乏,去冬粮少价昂,士民请通乍浦海运。臣以为海禁所关,未便暂驰。”

这个奏折一方面反映了温州商业和贸易历史传承之深;但在另一方面如很多学者所指出的那样宋后人均占有土地资源较少;地处东南一隅,与全国政治、经济、文化中心相距较远,缺乏大都市的辐射,这也体现了温州工商业自古以来就受中央政权的影响相对要少,自治成长的痕迹明显,不然巡抚方观承没有必要为温州单独上奏。

晚清以降,温州的民间商业活动更是趋于活跃,其中又以中药业、南货业、绸布业、酱酒业为主。④ 清光绪二年(1876年),《中英烟台条约》的签订是温州商业发展的一个转折点。根据当年中英签订《烟台条约》的规定,“在湖北宜昌、安徽芜湖、浙江温州、广东北海四处,添开通商口岸”,温州辟为通商口岸,因海港优越,交通便利,中外商贾来温经商者日渐增多,商业日臻繁盛。从此,温州正式被对外开放。为推销商品,外国商人纷纷在温设立洋行、公司等机构。“时在温设立的洋行、公司有英国的怡和洋行、麦克浦洋行,美国的美孚火油公司、中国肥皂公司,英国的亚细亚火油公司,日本的东洋堂、广贯堂。此外,还有英美烟草公司,英瑞炼乳公司。”⑤

当然,温州被辟为对外通商口岸后,大大方便了温州与国内特别是周边地区如宁波、台州、福建等地商人间的商业交流。比如,温州商业中,为宁波人所经营的有,“药业有大生、香山、庆徐、三宝、乾宁等;钱庄有怡生、资源、镇丰、永康、乾泰、恒生、统益、森康、统华、茂生、镇泰、衍一、乾丰、万生、恒祥、久康等;官银号有裕通;花纱业

---

① 曹一宁:“永嘉县商会论述”,浙江大学2007年硕士学位论文。据《宋会要辑稿》载,熙宁十年(1077年),温州六场务(在城、瑞安、永安、平阳、前仓、乐清)的商税是全国平均数额的两倍,高达约41,985贯。

② 曹一宁:“永嘉县商会论述”,浙江大学2007年硕士学位论文;温州词典编委会编:《温州词典》,复旦大学出版社1995年版,第2页。

③ 陈安金等:“近代温州商会兴起探析”,载《浙江社会科学》2010年第4期。

④ 徐顺平著:《温州历史概述》,新新出版社2004年版,第36页。

⑤ 曹一宁:“永嘉县商会论述”,浙江大学2007年硕士学位论文;徐顺平著:《温州历史概述》,新新出版社2004年版,第37页。

有通久、施怡兴、元通、皋记、元大；南货业有老杨春、新杨春、新德记等”；福建人所经营的有，“东门行缪玩盛、纯记、翁美兴、朱泉盛、陈万隆、金豫泰、金沉记、陈元记等。湖州人开设金三益”；台州人开设了“协义、协茂、协亨、协泰、协记、梁协顺等布庄。其他如菜馆、纸、药栈、烟土等，也有外省及外县人来经营”。① 这些从一个侧面也说明了清末前期温州繁荣的商业是靠温州本地商人和旅温的外地商人自主创造的，与清政府的行为关系不大。

这个转折点还有一个值得关注的地方是，温州商人自身创办的新式企业接踵出现。“1893 年温州创建第一个茶厂，拥有女工三百多人。至光绪三十年（1904年）温州的茶厂增到十四家”。② “1904 年 4 月孙诒让应永嘉孙坑族众要求，集股万元组织富强矿务公司，试图开采铅矿”。“1904 年先后新设企业有项湘藻和孙诒让在瑞安设立的大新轮船股份公司，永、瑞、平三县绅商集资创办东欧通利公司，李墨西在瑞安创办的太久保罐厂。1909 年温州东门外江西栈创立蓁康玻璃厂，1910 年郑恻圣创办振亚肥皂公司。”③这些新式企业也是催生晚清温州民间商会的重要因素。

（二）近代西方商会制度的影响

众所周知，传统中国并没有商会，19 世纪中叶，鼓吹西学、热心救国的知识分子和沿海地区的中国商人，他们“新天下耳目，开天下风气”，“见闻既广，扬激有权，先知先觉”，④因而从自身的经历和见闻中要求清政府效行泰西成例，组织商人团体，以设立商会为宗旨，以通达官商之情，庶几上下并力、银不外溢为要义。⑤ 比如在外国商人在温州取得通商的权利后，凭借雄厚的资金和先进的技术，特别是其较为优越的企业组织形式，在温州商贸活动快速发展起来；当然，本身有着良好的商业传承的温州商人和企业也奋起直追，所以晚清时期，温州的中外商业竞争氛围，显得格外的激烈。

在这种形势下，为便于本国商人在温州商业竞争中取得先机，来华的外国商人先后将本国商会组织机构引入中国，通过自主管理、自立发展的商会形式，达到“保卫商业，开商情”，而以集体力量参与中国商业竞争之目的。⑥

---

① 曹一宁：“永嘉县商会论述”，浙江大学 2007 年硕士学位论文；邱百川：“温州商会之创立与沿革”，载中国人民政治协商会议浙江省温州市委员会编：《温州文史资料》（第 3 辑），浙江人民出版社 1987 年版，第 156 页。

② 徐顺平：《温州历史概述》，新新出版社 2004 年版，第 37 页。

③ 曹一宁：“永嘉县商会论述”，浙江大学 2007 年硕士学位论文；胡珠生著：《温州近代史》，辽宁人民出版社 2000 年版，第 223 页。

④ “梁志文致汪康年函”，载《汪康年师友书札》（2），上海古籍出版社 1986 年版，第 1826 页。

⑤ 汤志钧：《戊戌时期的学会和报刊》，台湾“商务印书馆”1993 年版，第 434 页。

⑥ 曹一宁：“永嘉县商会论述”，浙江大学 2007 年硕士学位论文。

长期以来的官商隔阂,使传统中国"商人视衙门为畏途,见官如见虎,若遇见贪暴之官吏,往往借端生事,商民告苦无门" 只得利用我国古已有之的行会、公所、会馆来维系自身的商业活动。但是随着这一时期本土新式工商业的日臻发展,行业间的有序竞争和长远发展问题日益变得重要,加上耳濡目染身边外国商人抱团经商的成功事例,从维护自身利益出发,新式工商业者要求建立自身商业组织的愿望日益迫切。所以,成立一个有利于工商业发展的团体为当时温州的商人的自觉共识,是时事之所需。

1904 年,晚清政府先后颁布了中国商人成立民间商会的法律——《商会简明章程》和《商会章程附则》。《商会简明章程》颁布后 3 个月内,上海商人原有的自治组织——上海商业会议公所改组成立上海商务总会,即 1904 年 5 月制定了新章程,宣告改组成立。[①] 上海商务总会成立后,全国各地先后成立近 350 多所商会组织。

晚清温州的商会的生成逻辑与上海商会的产生逻辑一样,也是商人们从自身的经历和见闻中,认识到组织的重要性和必要性。据虞和平先生初步统计,"1904 年中国第一个本土商会产生之前,外国工商业主已陆续在各重要通商口岸设立 6 个洋商会。与温州港口同属东部沿海港口且与温州国有航线直接往来的上海,除 1847 年成立的洋商会之外,又分别于 1903 年成立了意大利商会,1905 年成立的英国商会与美国商会,1916 年成立的法国商会,1917 年成立的俄国商会,1919 年成立的日本商会,1920 年成立的挪威商会,1922 年成立的荷兰商会与比利时商会以及 1923 年前成立的德国商会等 10 个国家的商会"。[②]

如上所述,在华外商通过组织各自的商会"保卫商业,开商情",形成了一股比较强大的阶层势力,非常方便而有力地与晚清政府和商界交涉商务,相对有效地维护了其商会成员的在华利益。温州商人因温州有国内航线到上海和国际航线通往英、美、日等国,更是"见闻既广,扬激有权,先知先觉",[③]对各国在华商会的惊人力量,"对商会的功能作用感受更为直接……在该因素影响下,组织温州商会提上了议事日程"。[④]

所以从晚清温州商会成立的直接驱动力量来看,也是商人们自己的经历和见闻中自发酝酿的,是其行动逻辑的展开,不是作为国家的清政府理性设计的结果。

---

① [美]陈锦江著:《清末现代企业与官商关系》,中国社会科学出版社 1997 年版,第 234 ~236 页。

② 曹一宁:"永嘉县商会论述",浙江大学 2007 年硕士学位论文;虞和平:《商会与中国早期现代化》,上海人民出版社 1993 年版,第 63 页。

③ "梁志文致汪康年函",载《汪康年师友书札》(2),上海古籍出版社 1986 年版,第 1826 页。

④ 曹一宁:"永嘉县商会论述",浙江大学 2007 年硕士学位论文。

三、温州传统商业文化遗绪是晚清温州商会生成的内在力量

对晚清中国商会的发轫,很多研究都归根于晚清实行的新政,本文通过实证研究后认为,这一说法失之偏颇,没有真正弄清商人行动与国家政策的逻辑关系。就晚清温州商会的产生而言,表面上看上去是清末新政、特别是"商战"所促成的,实则是温州文化遗绪和商人自我理性选择的结果。

温州自宋代兴起的永嘉学派,他们以叶适、陈亮为代表,鼓吹"通商惠工"、反对"空谈心性"、批判"抑末厚本"传统儒家思想、主张"功利与仁义并存"。因此,他们又被称为"事功派"。反对空谈虚无缥缈的心性,追求工商价值,一直是温州文化中一股源源不断的活水。

叶适在《上宁宗皇帝札子》中曾说:"民计每岁种粮之外,余米尽以贸易。"特别是儒家的"重义轻利"、"以义抑利"之说,一直为叶适所批判,他主张提倡"以利和义",并认为"昔之圣人,未尝吝天下之利"。[①] 在叶适看来,"义"和"利"是一体两面的问题,没有本质上的对立;不然"既无功利,则道义者乃无用之虚语耳",[②]准确的做法应该是"崇义以养利,隆礼以致力",[③]所以要"以利和义",不应该"重义轻利"。叶适还系统地批判了重农轻商的传统,提出"抑末厚本非正论":"《书》'懋迁有无化居',周讥而不征,春秋通商惠工,皆以国家之力扶持商贾,流通货币,故子产拒韩宣子一环不与,今其词尚存也。汉高祖始行困辱商人之策,至武帝乃有算船告缗之令,盐铁榷酤之入,极于平准,取天下百货自居之。夫四民(士、农、工、商)交致其用,而后治化兴,抑末厚本,非正论也。"

永嘉学派重视工商的思想在叶适之后得到了进一步的传承和发展,其学生陈耆卿在《嘉定赤城志》中更是提出,士农工商"此四者皆百姓之本业,自民生以来,未有能易之者也"。又晚清温州誉为"东瓯三先生"[④]的陈虬和宋恕也分别提出了"齐商力、捷商径、固商人、明商法"和"减税振商,集股振工,薄赋振农"的"三业论",在我国近代商业史上产生了较大的影响。

温州历来重视工商的文化遗绪,深深地滋润着瓯越的广袤山山水水,工商业的种子也一直潜伏在温州人的心田里,一旦条件、气温适宜,就可以迅速地成长起来。所以,晚清重商新政,乃至一个多世纪后大陆的开发开放政策,也许只是充当了加

① 叶适撰:《水心先生剔集》卷三《官法下》。
② 叶适撰:《习学记言序目》卷二三《汉书》。
③ 叶适撰:《水心先生别集》卷三《士学上》。
④ 19世纪末,温州出现"东瓯三先生"是陈虬、宋恕、陈黻宸。

速适宜条件和气温来临的角色。

四、当下温州商会生成的逻辑

从20世纪80年代兴起的温州民间商会发展逻辑,仍然不外乎是商人现实需要和行动,即商人们以营利为目的的自治行动成就了当下的商会制度。这一点我们还可以从社会资本的角度进行阐释。

的确,迄今学者对社会资本的界定存在颇多争论,一个完全统一的社会资本定义尚未获得共识。但是我们还是可以依据科尔曼的研究,大致描绘出社会资本概念概貌:其系指一种在行动者之间所继承的社会关系结构。根据科尔曼、普特南和布迪厄的研究,社会资本基本上可以概括为两种类型:第一,社会资本是具有主观性质网络(科尔曼和普特南);第二,社会资本是人际和资源嵌植(embedded)于其中的网络(布迪厄)。真正使社会资本理论在民间社会团体得到开创性应用的是普特南。在普特南之前,社会资本一般只是运用在社会学和经济学领域上,普特南的《使民主运转起来》(*Making Democracy Work*)一书的发表则使社会资本全面进入了经济学、政治学乃至法学的视野。我们知道,人类需要社会和国家等形式的群体,一个很重要的因素的人类生存必需的公共物品非个人所能独创;但是在大型群体中,因为是一个陌生人社会,又很容易造成"搭便车"的困境。为此,社会科学家们想出了各种办法来解决这个问题。知名学者奥尔森就是其中突出的一位。

奥尔森在其《集体行动的逻辑》一书中就曾提出,只有通过强制和选择性诱因的方法,方可克服大型的陌生社会在集体行动中的"搭便车"现象。不过,这两个方法,理论上来推演虽然可行,但是现实生活中其实施成本非常高昂。为此很多学者提出,在大型群体中,如果有机制让成员间有更多沟通,增进相互间的了解,建立共同的信念和身份,使得大家有一种稳定而持久的交往网络,则可减少甚至避免"搭便车"的现象,乃至促进相互的合作。①

奥尔森理论中大型群体或者说社群概念仍然还有模糊之处,如社群与社会、个人和国家的关系是什么?在他之前的法国著名社会学家涂尔干早已作出了精细分析。"涂尔干把原先的'个人与社会'的结构改换成'个人、次级群体与国家'的结构,在社会中的团体、群体(如职业群体、法人团体)身上见证有机团结。他说,社会不等于乌合之众,次级群体是构成我们社会结构的基本要素,'如果在政府与个人

① 邱海雄、陈建民主编:《行业组织与社会资本——广东的历史与现状》,商务印书馆2008年版,第16~17页。

之间没有一系列次级群体的存在，那么国家也就不可能存在下去。如果这些次级群体与个人的联系非常紧密，那么它们就会强劲地把个人吸收进群体活动里，并以此把个人纳入到社会生活的主流之中。’”[①]普特南正是创造性地整合了涂尔干和奥尔森理论资源，通过重新界定社会资本理论，成功解决了现代工业生产导致的大型陌生人社会的集体行动的难题。

普特南认为，通过一种市民参与的网络，特别是由市民自主组成的涂尔干意义上的次级群体，如合作社、商会等社团，将促进陌生的大型群体中成员的合作：

“（一）因为当大量的市民参与这些社团，市民之间有持续性的交往，就形成‘重复博弈’之局，倾向考虑长远利益而非短期的好处；（二）互惠交换的规范亦必须在稳定和重复不断地交往中慢慢形成，社团能提供这样的环境；（三）社团亦提供沟通的媒介，特别是个别成员过往诚信表现的信息，将有助人们选择合作伙伴，继而促进合作；（四）社团提供一种集体的记忆，将以往一些缔造公共物品的成功经验累积传递下来，有利改进集体行动的策略。”[②]

正如陈建民、邱海雄先生所指出的那样，普特南的上述理论对诸如商会等社会团体（社团）与政治经济发展关系的解释可作如下表达：“社团（商会）→ 沟通合作 → 平等交换规范 → 互信 → 社会资本 → 政经发展。”[③]

依据台湾学者陈汉宇[④]的整理介绍，20 世纪 80 年代温州民营经济起飞以来，温州产业集群的效应使得产业间的同质性比例相当高，这样一方面使得以家庭为基础的温州众多中小企业的生产和交易成本偏高，另一方面也使得中小企业在发展的过程中，为了获利可能有更大的冲动去突破原有的行业规则，造成恶性竞争的情形。因此当温州个体民营经济发展到这个阶段后，迫切需要建立行业性组织来规范同行竞争，防范不正当竞争行为，进而建立一个公平合理的市场秩序。这里面更深层次的原因是，温州经济起飞关键是国家没有政策和法律束缚，民间能够在一个几乎完全是自发的市场中创业。这种完全放任式的发展模式，在主要以个体和家庭为中心的发展起步时期，能显现出巨大的优势和能量，这也是温州模式在初期能迅速成长起来的原因。但是在发展了一段时间后，这种其他地区不曾有的先发优势，能很快被逐渐模仿开来，而且其本身的过于放任的缺点也束缚了其进一步向纵深发展。

这里所说的先发优势，主要是一种社会经济生态，如刚开始温州个体民营经济

① 高丙中：“社团合作与中国公民社会的有机团结”，载《中国社会科学》2006 年第 3 期。

② 黎珍：“社会资本与民族地区基层民主建设”，载《前沿》2010 年第 2 期。

③ 邱海雄、陈建民主编：《行业组织与社会资本——广东的历史与现状》，商务印书馆 2008 年版，第 20 页。

④ 陈汉宇：“超越温州模式：以商会为主体的经济导向统合主义”，台湾大学 2007 年硕士学位论文。

一般以家庭为单位经营,以村和镇等区域为联系,呈现一种"聚落经济"的发展模式。① 这种模式在个体民营经济起步的20世纪80年代,展现了非常强劲的发展动力。但是随着经济规模的扩大,"聚落经济"模式逐渐趋于瓦解,原来这种完全以个体和家庭为中心的发展路径越来越显现出其内在的弊端。这种弊端最极端的表现就是温州一度出现"假冒伪劣产品满天飞",温州产品等于伪劣产品的代名词。这种情形的产生,就是上述奥尔森所说的"搭便车"的原理所造成的。

温州民营经济刚开始起飞的时候,这些个体民营经济者(个体商人)由于处在"聚落经济"环境下,基本上是一个熟人社会圈。在熟人圈子里,要做出偷工减料、降低产品质量等损害整个商业圈利益的行为,很容易被发现,可能需要付出的社会成本太高,所以一般都能"正派"经营。但是随着"聚落经济"模式越来越松散,经营活动圈越来越大,慢慢呈现出上文所谓的大型群体经济环境,因为这样的环境本质上是一个陌生人社会,这时实施不当行为被发现和被惩罚的概率极低,这样就必然造成"搭便车"的困境,假冒伪劣产品四处横行就不奇怪了。如何解决此类"搭便车"现象的困境呢?上文提到奥尔森的思路是,通过强制和选择性诱因的方法。这两种方法看起来可行,但在当时温州整个社会经济大环境中却有诸多无法实施之处。

首先,温州先发优势日渐衰落之时,包括浙江在内的全国各地相关的经济、财产权保护与界定的法律法规并没有同时完备起来,当地政府也并没有多少经验去维护和发展这种以民间为主体的经济。换言之,商人和民间企业在没有政府依靠的情况下,根本没有力量和组织去强制各个经营者履行合法经营、维护基本行业信誉的义务,更没有对违法者实施制裁的相应物质手段。很多法制环境较好国家和地区的经验也证明,一味依靠强制暴力来打击"搭便车"者,成本非常高昂,效果也不见得最优。

其次,选择性诱因其实就是强制的反面——奖励,即对那些遵守行业规则、行业信誉,尤其是对此有贡献的经营者成员给予奖赏。但是随后很多学者经实证调查后发现,这样的办法在实践中的作用很有限。也就是说,奥尔森的模型和对策只有在"囚徒困境"而且是"一次博弈"中效果很显著。但是人类的商业活动强调的是长期和稳定的交往关系,是"重复博弈"的状态,②对此奥尔森的处方就很难有用武之地了,所以温州商人们必须寻求其他途径,以解决这种无序竞争最终将可能导致的双输局面。

---

① 陈汉宇:"超越温州模式:以商会为主体的经济导向统合主义",台湾大学2007年硕士学位论文。

② 邱海雄、陈建民主编:《行业组织与社会资本——广东的历史与现状》,商务印书馆2008年版,第16~17页。

另外，我们还可以以新制度经济学的角度来补充说明温州商人当时为什么必须依靠自身的力量去解决上述难题。制度经济学派理论的主旨是，明确的私人化的产权的界定和安排，是经济持续增长的关键和动力。“国家在当中扮演的角色是制度和组织的界定和提供，而其存在的两个目标：第一是规定竞争和合作的基本规则，即在要素市场和产品市场上界定所有权的结构；第二是在产权结构的框架内通过输出国家公共产品，提供公共供给，降低形成契约的交易成本，以使社会产出最大化从而增加国家税收。第一个目的在于确立一套保证统治者利益收入最大化的规则，而第二个目的则在实现完全有效率的产权，进而使社会产出最大化。”在当时公有经济一统天下，要国家充当私有产权界定这个公共产品的提供者，甚至惩罚“搭便车”者的角色，显然是不现实的，这一点精明的温州商人们不会不明白。

既然依靠国家和政府的力量无法奢望，商人们必然把目光投向自己所在的网络社会，即利用已有的社会关系网络和关系资本，充分运用社会团体力量维护会员利益，在合作中展开竞争。为什么组建这样的社会团体可以弥补公共产品供应不足，而又能促进陌生的大型群体中成员的合作呢？

简言之，如上文普特南所言，就是在有持续性的交往成员里组织社团，即形成“重复博弈”之局，因为这样大家都会倾向考虑长远利益而非短期的好处；这样的社团也可以逐渐创造出互惠交换的规范和稳定及重复不断的交往环境；而且如果这样的社团有一定的组织架构和机关的话，将有能力和动力将社团成员间的成功交往经验累积起来，形成一种集体的共同记忆传递下来，最终达至社团成员间形成良性互动，不断改进集体行动的目的。①

这样就回到了上述陈建民、邱海雄先生所指出的那样：“社团（商会）→ 沟通合作 → 平等交换规范 → 互信 → 社会资本 → 政经发展。”②

所以，我们从这个角度观察当代温州商会的兴起，可以发现温州商会制度形成，是在原本没有清晰的产权体系和国家公共产品的供给条件下，商人们通过反复沟通试错过程中完成的，其完成的这种社会关系网络及其资源，就是普特南所谓的社会资本。换言之，温州商会制度的成立其内在主导因子是商人间建立了持续交往的社会网络，通过这个网络获得了沟通与合作的平台，由这个平台发展了互惠和互信的交往规范，最终达至了“双赢”的结果，同时也促进了整个温州经济社会的发展。很显然，温州商会这一发展路径是自生型的，与国家干预无关。

当然，做出这一判断，我们并不是说要抹杀前面提到过的温州文化传统和文化

① 黎珍：“社会资本与民族地区基层民主建设”，载《前沿》2010年第2期。

② 邱海雄、陈建民主编：《行业组织与社会资本——广东的历史与现状》，商务印书馆2008年版，第20页。

制度的因素。悠久的重商血脉和温州人吃苦耐劳和勇于创新的精神,以及彼此间亲族的密切互动都让自愿性商会的出现成为可能。①

五、结　　语

我们不否认中国近代商会的出现与清政府的劝办与扶持有关,但是我们认为,一味地将清末商会及其他形式商人社团的产生完全抑或主要归因于清政府实行重商的政策是不可取的,也没有实证史料支持。全面地看,温州商会的兴起是近代民族资本主义发展的自然结果,当然有政府自上而下的扶持等诸种因素,但更主要的还是商人自身有设立商会的愿望和诉求。

当下温州民间商会的生成经历,也不是政府法律和政策的产物,而是温州商人为维护自身的长远利益,在经过多方博弈后行动的结果。

① 陈汉宇:“超越温州模式:以商会为主体的经济导向统合主义”,台湾大学2007年硕士学位论文。

民国时期恐怖活动的表现形式与特点

杨正鸣*

一、民国时期恐怖活动表现形式

从理论上概括恐怖活动的性质,首先应当认清民国时期恐怖活动的表现形式,然后方便于对其性质进行提炼与归纳。

在民国时期,恐怖活动的表现形式非常复杂,呈现多样化样态,相对典型者为:

第一,暗杀。暗杀是最古老和最传统的恐怖活动形式。公元前44年,古罗马统治者朱利乌斯·恺撒(Julius Caesar,C.)被刺,就是历史上的著名事件之一。在中国古代史上最有名的暗杀事件当推荆轲刺秦王。然而,该事件并非特例,因为汉朝的司马迁在撰写《史记》时,特别写了一篇《史记·刺客列传》,说明刺客在当时不仅活跃,而且有一定的影响和地位。[①] 在漫长的历史发展过程中,这样一种暴力形式始终存在。到民国时期,暗杀仍然是恐怖分子的常用手段。例如,1925年8月20日,廖仲恺偕夫人参加国民党中执会第102次会议时,在广州中央党部门口遭暴徒枪击逝世。凶手当场被捕。事后由汪精卫、许崇智、蒋介石等组成特别委员会进行查处,查明主谋是朱卓文、胡毅生、林直勉等人,系国民党右派所为。

第二,绑架。绑架又称绑票,是指用强力把人劫走,[②]与绑架密切相关的词汇还包括劫持人质。绑架可以分为狭义绑架与广义绑架两种。根据郝宏奎教授的说法,广义绑架行为就是指将他人非法劫持离开其住所或所在地,或置于行为人的控制之下,使其失去行动自由的行为;而狭义绑架行为则是以暴力、胁迫、麻醉或者其他使人不敢反抗或者不能反抗、不知反抗的方法,挟持他人离开家庭或处所,转移到其他地方予以拘禁,使他人处于行为人的实力控制之下的行为。此处的绑架是狭义的理解,即需要完成三个连续的动作:非法劫持、转移、拘禁,达到的结果是控制绑架对象。依照广义绑架的定义,以下两种情况都被视为绑架行为:一种情况是行为人完成两个连续的行为即非法劫持和转移,达到行为对象失去行动自由的结果;另一种情况是只需行为人完成一个行为,即对行为对象非法劫持,使之置于自己的控

---

* 杨正鸣,2001级中国法律史专业,指导老师:王立民。现工作于华东政法大学。

① 《史记·刺客列传》。

② 《现代汉语词典》,商务印书馆1983年版,第34页。

制之下,达到使其失去行动自由的结果,并不要求行为人转移行为对象。它包括《现代汉语词典》中绑架和劫持这两种含义。①

绑架作为恐怖活动的形式之一由来已久,据《史记·刺客列传》记载,荆轲刺秦王失败后,遗憾地说:“事所以不成,以欲生劫之,必得约契以报太子也。”意思是说想劫持秦王为人质,逼迫秦国对燕国做出让步。同时,《史记·刺客列传》也记载有成功的劫持事件。春秋时期齐桓公在与鲁庄公一次“峰会”上,被鲁国的曹沫持匕首劫持。在这种情况下,齐桓公不得不许诺,“尽归鲁王侵地”。在民国时期,劫持人质,绑票异常活跃,有土匪绑票外国人的,有军统特务绑架富商的,有帮会绑架自异己的,也有日本人绑架中国爱国人士等。临城劫车案、荣德生绑架案等均中外有名。

1923年5月6日凌晨,山东建国自治军孙美瑶部在津浦铁路沙沟、临城(今薛城)车站间拦劫了由上海开往北京的京沪特别快车,当场绑架了200余名旅客,其中欧美籍旅客30余人被押往抱犊崮山麓的巢云观作为人质,并以此逼迫围剿所部的政府军撤退。劫车事件发生后,英、美、法、意、比5国驻华公使先后向中国政府提出强烈抗议,5月9日,5国公使限北京政府在3日内将被劫外侨全部救出,否则每隔24小时须赔款若干。北京政府原拟派兵追剿,但孙美瑶以杀掉外侨相威胁,迫使北京政府派山东督军田中玉、省长熊炳奇等与孙美瑶代表举行谈判,并于12日在枣庄附近的十里河达成协议:围剿抱犊崮之政府军撤回原地;北京政府招编孙美瑶部并付款8.5万元。协定签字后,被劫外侨全部被释放,孙部亦于6月27日被改编为山东新编第一旅,孙美瑶任旅长,旅部设枣庄。12月19日,孙美瑶被新任兖州镇守使张培荣在枣庄诱杀,孙部亦大部遣散。

第三,爆炸。爆炸是从19世纪末开始出现的恐怖活动方式。从国外与民国时期情况来分析,后果惨烈。据记载,1893年11月8日,一名西班牙无政府主义者在巴塞罗那一家剧院向观众投掷了两枚炸弹,炸死22人,炸伤50人。1894年2月,在巴黎又发生了一系列无政府主义者制造的咖啡馆和街头爆炸事件。据考证,1947年在巴勒斯坦发生了第一起汽车爆炸事件,而恐怖分子第一次在飞行途中炸飞机则是1955年。② 民国时期,爆炸惨案相当多,有的惨不忍睹,1941年的银行惨案就是其中之一。1941年年初,汪伪中央储备银行上海分行职员先后遭到重庆政府特工的袭击与暗杀,汪伪“七十六号”特工总部决定报复。3月22日夜,汪伪特工袭击中国农民银行的职员宿舍,造成6人死亡,5人重伤。次日凌晨,又包围中国银行职员的集体宿舍,抓走无辜职员近200人,并将其中3人枪毙。同时又将两颗大型定

① 郝宏奎著:《绑票犯罪案件侦查与处置要略》,群众出版社2004年版,第4页。

② 王逸舟主编:《恐怖主义的溯源》,社会科学文献出版社2002年版,第3页。

时炸弹在中央银行两个办事处引爆，造成14人死亡，多人重伤。

第四，劫持交通工具。劫持交通工具往往以劫持飞机、公共汽车、火车及轮船为主。从目前的考证来看，世界第一起劫持飞机事件发生在1931年。[①] 中国在民国时期没有劫持飞机案例，我国劫机事件发生在解放以后，但民国时期劫持火车、汽车、轮船事件时有发生，前面提到的“临城动车案”就是劫持火车的一个典型案例，而劫船事件则屡有发生。例如，美国人阿利霍·利利乌斯（Aleko. E. Lilins）在《我与中国海匪同航》一文中叙述道：“在过去10年中，平均每年有3艘是挂英国或其他国旗的船只被土匪打劫，至少有多少中国船员和帆船遭其攻击，则不得而知。”[②] “1924年10月3日，Ning Shin号汽船遭遇海匪抢劫。如往常一样，船行五亚湾，船载华物计有30箱银条，重达9.7万两（1924年时一两银子约合34美分）。这些白银被运送上岸，由海匪们瓜分一空，此事使香港当局大吃一惊，广东官员们立即响应，开始包围这伙海匪。”[③]土匪在三湘四水中抢劫客轮、行船，也是胆大心细，轻车熟路。1919年10月27日，一艘名叫恒安轮的客船由株洲开往湘潭，船驶至湘潭下湾地方时，“忽来灰衣客七人。荷枪立河畔，高声呼停轮，该船答以此处向不停轮。七人说，若不停，将开枪轰击。该轮惧，遂停。七人登轮，恣意搜括。搭客有携洋圆铜圆数千数百者，女客有携首饰多件者，都被夺去……适来一舟，七人即携所劫登舟，忽哨一声，扬帆驶去”。[④]

第五，武装袭击。这种恐怖活动方式是用冲锋枪等自动枪向人群扫射，有时是无辜的群众，所以这种恐怖活动具有杀伤力度大，危害大等特点，民国时期这类事件比较频繁，有土匪袭击村社，烧杀抢。

二、恐怖活动的性质认定

探讨民国时期恐怖活动的性质，首先要对恐怖的概念作一些研究，“恐怖”主要是一种心态。《辞源》解释恐怖的意思是“极度恐惧”。《现代汉语词典》对“恐怖”解释是“由生命受到威胁而引起的恐惧”。在英语里，“恐怖除了有与汉语相同的意思之外，还包括：恐怖统治”意思。所谓“恐怖统治”，是指“无情地处决威胁革命政权之人”。从这两种语言的词义来说，“极度害怕”可以说是“恐怖”基本的和普遍的意义。从这个含义出发，“恐怖活动”实际上就是指人感到极度害怕的行为，或者说

① 王逸舟主编：《恐怖主义的溯源》，社会科学文献出版社2002年版，第3页。

② 徐有威、[英]贝思飞主编：《洋票与绑匪》，上海出古籍出版社1998年版，第267~268页。

③ 同上。

④ 彭先国著：《民国湖南土匪史探》，岳麓书社2002年版，第28页。

是使人感到生命受到威胁的行为。[1] 民国时期土匪绑架、特务暗杀、帮会劫持人质、日本侵略者的屠杀,都使人们感到极度的恐惧,生命严重受到威胁,所以笔者认为所有这些均为恐怖活动。

民国时期恐怖活动的界定是一个复杂问题,必须从恐怖活动实施的行为主体、目的、手段和对象方面来加以分析。

(一)恐怖活动的主体

恐怖活动的主体,即恐怖活动组织者和策划者。包括个人、集团和国家。民国时期恐怖活动主要是有组织策划的活动,如军统特务组织、汪伪特工组织、土匪、帮会等。当然,需要指出的是,这些组织有些并不是严格意义上的恐怖组织,只是这些组织从事在特定的时候会从事恐怖活动,是与恐怖活动有牵连的组织。个人从事恐怖活动相对较少,当然也有国家从事恐怖活动的,比较典型日本侵略者,就属于国家恐怖主义。有人认为,战争与恐怖活动不能相提并论,这个观点大部分人持赞同意见。但是,尽管战争目标——主要是军事目标与恐怖主义目标——非军事目标,如无辜平民等是有区别的,然而日本侵略者不但袭击军事目标,而且对无辜平民进行袭击屠杀,并且造成骇人听闻的"南京大屠杀"事件,这是地地道道的国家恐怖主义,是最严重的恐怖活动。

(二)恐怖活动的目的

对恐怖主义目的理论的研究,中外学术界均存在恐怖主义政治理论说。大部分人认为恐怖活动以政治目的为主,其他社会目的为辅。事实上,这是现代恐怖主义目的理论。传统的恐怖活动既有政治目的,也有经济目的,同时还具有社会或其他目的。从民国时期的恐怖活动来看,有的纯粹是为了政治目的,如暗杀政府要员,屠杀民众;有的则仅仅是为了经济目的,如绑架索钱;也有的兼具经济目的与政治目的,如土匪绑架洋人,一是为了钱财,二是为了招安,三是为了扩大影响。

(三)恐怖活动的手段

民国时期,恐怖分子通常使用暴力手段,如暗杀、绑架、劫持交通工具、武装袭击等,实施对社会的破坏活动,从而对人们的心理产生强力的震撼作用。对在恐怖活动的两个方面——暴力性和破坏性有了清楚的认识后,"我们也必须因它而作相应的调整,从传统意义上的强调恐怖主义概念的暴力要素的不可缺性,改为强调恐怖主义概念的暴力性要素的不可或缺性"。[2]

(四)恐怖活动的对象

民国时期,恐怖活动的对象极其广泛,既有人也有物(设施),往往政府要员,洋

---

① 王逸舟主编:《恐怖主义的溯源》,社会科学文献出版社 2002 年版,第 5 页。

② 胡联合著:《第三只眼看恐怖主义》,世界知识出版社 2002 年版,第 9 页。

人与党派领袖等成为恐怖活动特定的对象，而与此同时更多的是恐怖分子滥杀无辜，侵害不特定的多数人的生命和财产。对恐怖活动的行为人来说，侵犯谁并不重要，重要的是实施侵犯能使社会引起恐怖的效果，恐怖问题专家布赖恩·詹母斯、克里啸等人指出，"恐怖主义是戏剧"、"恐怖主义针对的是看戏的人，而不是戏中实际的受害者"，它的目的是"杀一儆百"。①

综上所述，民国时期恐怖活动虽然与现代恐怖活动有一些区别，但也是一脉相承，其恐怖活动主要是指个人、集团或国家为实现其目的，对不特定多数人的生命、健康或财产使用暴力手段，制造恐怖气氛，威胁社会的一种活动。

三、恐怖活动的分类

民国时期恐怖活动的分类，可根据不同角度进行。这里我们主要是根据恐怖活动的实施者、活动动机和目的加以分类，将其分为土匪型恐怖活动、帮会型恐怖活动、日本侵略者的恐怖活动，邪教型恐怖活动、军统的恐怖活动、极端民族主义型的恐怖活动等。

(一)土匪型恐怖活动

土匪是民国时期的一个严重社会问题，它人数众多，全国约有 2000 万人；分布极广，遍布全国各地；拥有自己的领地与武装；成分也相当复杂，有各种类型的土匪。土匪为了生活，进行强行劫持或窃取他人财物。有部分土匪从事恐怖色彩的活动，如临城劫车案等。因为是土匪实施的恐怖活动，所以称之为土匪型的恐怖活动。

值得强调的是，并不是土匪或者土匪的组织就是恐怖组织，这点上与真正的恐怖组织是有区别的，只是部分土匪组织实施恐怖活动，而且这个"部分"也不带有专门化的特点，除了实施恐怖活动，还实施其他刑事方面的活动。

(二)帮会型恐怖活动

民国时期帮会，是在封建社会逐渐面临解体的历史条件下产生的游民结社，在中国沦为半殖民地半封建社会以后空前发展起来。其数量之多、人数之众、蔓延之广，在世界历史上也是罕见的。② 失业游民以帮会组织为凭借，通过暴力掠夺的方式以解决自己的生计问题，但在打击地主富商的同时，也对民众的生命财产造成了严重的危害，部分帮会成员铤而走险，实施绑票、暗杀的恐怖活动。

(三)军统的恐怖活动

军统全称是军事委员会调查统计局，是国民党的特务组织，其前身是 1934 年 4

---

① 王逸舟主编：《恐怖主义的溯源》，社会科学文献出版社 2002 年版，第 5 页。

② 周育民、邵雍：《中国帮会史》，上海人民出版社 1993 年版，第 1 页。

月由军委会密查组改组的复兴社特务处，任务是反共和打击一切反蒋势力，戴笠系该组织负责人，主要对共产党员、进步人士和革命青年，采取侦查、监视逮捕、屠杀，采取“宁可错杀一千，不可放过一个”的政策。先后暗杀大批著名人士，许多暗杀的恐怖活动，震惊中外。

（四）邪教型恐怖活动

中国历史上的邪教，在不同时期，有不同称谓。在元、明时期称之为“左道乱正之求”；清代称之为“邪教”；民国期间，国民党政府称之为“会道门”或邪教；新中国成立初期，政府称民国的会道门组织是“封建迷信的非法的社团，且常为反动分子操纵利用，进行各种反革命活动，在过去抗日战争中及解放战争中，都曾发生破坏作用……”①会道门组织利用道内经文教唆道徒组织暴乱，制造谣言恐吓群众，引起社会的恐慌。

（五）极端民族主义型的恐怖活动

由于历史积怨造成对其他民族的仇恨，对独立或自治前景的向往以及宗教背景、民族主义容易激发非理性的偏执的民族情绪，在用和平手段实现目的无望，这种情绪就会促成极端民族主义组织从事恐怖活动。我国在民国时期，最突出这方面问题是“东突”，“东突”分裂主义最初出现是 19 世纪末 20 世纪初，是由英、俄等帝国主义一手造成的。所谓“东突厥斯坦”，并不是一个纯地理名称，而是 19 世纪帝国主义列强推行殖民主义政策和极端民族主义的过程中出现的。他们把俄罗斯的中亚地区称为“西突厥斯坦”，把中国的新疆称为“东突厥斯坦”。“东突厥斯坦”体现了帝国主义和其他反动势力阴谋将我国新疆（西域）地区从中华民族分裂出去的侵略意图，带有明显的肢解我国领土之意。

1933 年 11 月，在英国和土耳其支持下，沙比提大毛拉、穆罕默德·伊敏等在喀什建立了“东突厥斯坦伊斯兰共和国”，仅存 82 天，这是分裂势力在新疆首次公开打出“东突厥斯坦独立”的旗号。1944 年，新疆北部爆发了巩哈（今尼勒克）县暴动和伊宁县暴动，进而成立了“东突厥斯坦人民共和国”，后来称之为“三区革命”。虽然 1945 年后期，阿合买提江等掌握了三区革命领导权后，逐步纠正了一些包括分裂在内的错误，但以推翻国民党汉人统治为主要内容的“民族解放运动”的口号和“东突厥斯坦人民共和国”的旗帜一直沿用到 1949 年 10 月。此外，“三区革命”始终受到泛突厥主义和泛伊斯兰主义的影响。直到新中国成立，“东突厥斯坦共和国”、“民族解放独立运动”的政治思潮和“泛突厥主义”、“泛伊斯兰主义”的意识，在“三区革命”部分成员中仍有相当的影响和市场。

---

① 《华北人民政府解散既有会道门封建迷信组织的布告》1949 年 1 月 4 日。

四、恐怖活动的基本特点

民国时期的恐怖活动形式多样，比较复杂，有些方面特征模糊，透过恐怖活动的现象，归纳与提炼出一些恐怖活动的基本特点，对于我们认识民国时期恐怖活动有很大益处。

（一）一般有预谋

实施恐怖活动的人或组织，在作案前都有一个较长时间的酝酿、预谋和准备过程，包括准备实施恐怖活动的武器，如何制订较为严密周全的计划等，并以静制动处于秘密状态，以便造成案件突发性，使社会难以防范，如土匪选择绑架"洋票"（外国人）时，对绑票对象的活动范围、活动方式、活动路线进行深入的了解，或者对他们进行跟踪了解，同时制订计划，准备武器，分布兵力，有的还设想好与政府谈判的要求等。因此，土匪往往获得"成功"，军统暗杀也是如此，特务们往往对暗杀对象首先进行深入的了解，了解他的居住地方，行走路线，并选择暗杀地点，暗杀以后，如何隐蔽逃脱，如何毁灭证据等，几乎每次暗杀都有"行动计划"。

（二）恐怖活动的有组织性

恐怖活动一般个人实施较少，大部分都是有组织的活动，具体表现为，组织的严密性、多样性、秘密性和目的性。

1. 组织的严密性。民国时期，恐怖活动实施组织一般组织形式上较稳固，等级森严，核心骨干有分工，内部有纪律，有的组织吸收成员有一套严密的程序和规定。例如，帮会组织，有帮规约束帮会成员，入帮有一定的仪式和条件，青帮立有十大帮规。[①] 通过十大帮规，青帮形成了一套虚构的家族制度，师祖即为家长，"不拜师，不能进家里"，师父之德犹如父母。同时，违反帮规，将受到严厉的处罚，轻则责罚誓戒，或请家法重打，重则出帮，不许再进，甚至残伤肢体，以致处死。

2. 组织形式的多样性。民国时期从事恐怖活动的组织，五花八门，各种各样，呈现出结构复杂和多样性的特点，如既有黑社会型的组织青红帮，也有邪教组织会道门，还有军统特务组织和众多的土匪组织。这些组织实施恐怖活动时，行动秘密，往往实施暗杀，袭击无辜群众和爱国进步人士，其中还有绑票外国洋人索取财物等。

3. 组织成员的稳定性。实施恐怖活动的组织成员之间联系密切，有起领导和骨干作用的，有起具体实施作用的，还有起掩护作用的，尤其是组织的骨干分子基本

① 青帮立有十大帮规：一不准欺师灭祖；二不准藐视前人；三不准扒灰捣扰；四不准奸盗邪淫；五不准江湖乱道；六不准引法代跳；七不准绞乱帮规；八不准以卑为尊；九不准开闸放水；十不准欺软凌弱。

固定,如军统特务,组织成员不但是有稳定性,还要专门给予训练,举办许多秘密的训练班,训练分前、后两期,前期是入伍生训练,后期是各种技术训练。入伍生训练主要是对学生灌输法西斯思想,强调绝对服从、铁的纪律、效忠领袖、不成功便成仁等,要学生摒弃个人感情、欲望、意志,成为国民党法西斯统治的驯服工具。技术训练是为了使学生掌握特工技能,如息烽班有情报、行动、警政、外事和电讯5个技术系。情报系培养情报人员,要求掌握掩蔽自己的本领,尽量做到一般化、合法化、社会化,善于迎合各种各样的对象,搜集所需要的情报。行动系专门培养执行逮捕、暗杀、爆破的行动人员,要求巧妙运用瞒天过海、围魏救赵、借刀杀人等三十六计。警政系专门培养从事秘密工作的警政人员,主要是刑事警察。外事系培养对外国人进行特务活动的专门人员。电讯系专门培养掌握秘密收发报技术和侦破敌台技能的人员。秘密通信、密电码学、擒拿术、拳术、手语等,则为各系学员的普修科目。①

4. 成立组织的目的性。实施恐怖活动的组织成立目的性非常明确,虽然严格意义上来讲,民国时期的恐怖活动组织行为与现代恐怖组织是有区别的,现代恐怖组织专业化更强,有的就是专门从事恐怖活动的组织,如拉登的基地组织,而民国时期从事恐怖活动组织,有的并不是专门从事恐怖活动的,只是兼而有之,有的是以其他犯罪活动为主,恐怖活动只是偶尔为之。同时民国时期从事恐怖活动的组织之间,内容、目标、影响均不相同,但是这些组织的成立,都有它的目的性,如军统主要任务是打击共产党和爱国进步人士,土匪主要是勒索和抢劫财物,会道门主要是通过所谓教义来煽动暴乱或者残害教徒,汪伪特工主要是打击反日的爱国人士。

(三)作案的连续性和残忍性

民国时期恐怖活动不断,具有连续性的特点,同时恐怖活动又非常残暴,骇人听闻。

1. 残忍性。恐怖分子为了制造人心惶惶的恐怖气氛,其手段极为残忍,暴力性极强,对公民的人身和财产安全构成了极大威胁。民国时期暗杀事件一直不断,许多暗杀事件震惊中外,有的还牵连无辜平民;土匪的抢劫烧杀也是非常恐怖的,有时一个村庄房子被烧光,人全部被杀死,同时他们还劫持外国人质,扣押人质,人质的生活也是非常惨淡的,尤其值得一提是"南京大屠杀"之类的事件,这种近乎以病态而为的恐怖活动,杀人如杀鸡一样,把小孩用刺刀挑起,用刀刻人的器官等,其残忍度已超过了极限。

2. 连续性。恐怖分子由于作案心理强化,为达到目的便不择手段,进行连续作案。甚至有的无论目的实现与否,他们都会连续作案。连续的恐怖活动会造成社会

① 陈楚君、俞兴茂编:《特工秘闻》,中国文史出版社2001年版,第176~177页。

的不稳定。

（四）侵害目标的双重性

恐怖活动打击的目标或多或少具有某种象征性价值，[①]“恐怖主义比较高的有效性，是由于它的象征性。因此，恐怖分子常常企图使其选择目标的象征价值最大化”。[②] 从很大程度上讲，“恐怖分子的真正目标不是受害者而是公共意见”。[③] 恐怖活动侵害目标具有双重性，表现在以下两个方面：

一方面，侵害目标的确定性。恐怖分子往往攻击某些特定的目标，由于这些目标代表着恐怖分子所仇恨和要打击的群体或事物，他（它）们的身份、地位具有某种代表性，因而攻击他（它）们自然具有相当的象征性，特别是攻击爱国著名人士，既能起到某种直接作用，而且又具有很强的象征性。例如，著名宋教仁被刺案。

另一方面，恐怖活动侵害目标又具有不确定性，他们往往将平民与民用设施作为打击目标，如日本人的南京大屠杀事件等。这种任意滥杀，制造恐怖气氛，往往使人们更恐慌，因为它涉及面广。由于人们往往倾向于得到与自己类似的人认同，打击名人要人未必能使普通人感到恐怖，而打击平民或民用设施，却往往使民众感到不安全，人们不但为自己的安全担心，而且会为自己的家庭、亲属、朋友的安全担心，担心他们成为恐怖分子滥杀对象，从而加剧社会的恐慌。

（五）恐怖活动时机的选择性

恐怖活动行为人在什么时间、什么地点实施犯罪并不是随意的，他们总是选择在最合适时机实施恐怖活动而又能造成巨大影响的时间和场所。并力图在最短时间内完成恐怖活动。他们一般为增强恐怖气氛，扩大影响，造成重大损失，多选择在一些重大事件和重要活动以及重要场所。例如，宋教仁案，袁世凯就选择在宋教仁要出任内阁总理时，为了阻碍革命党人掌权，而采取暗杀行为。另外，选择时机上还要注意自身的隐蔽，或者嫁祸给他人，来逃脱自己的罪责。1913 年 5 月，袁世凯为转移全国对刺杀宋教仁案的注意，阴谋制造假案陷害国民党人。他指使手下收买叛徒周予儆，自称“女子暗杀团团长”，向北京地方检察厅自首，说奉“血光团团长”黄兴之命，进京进行政治暗杀。袁并下令逮捕国民党议员谢持，指为血光团团员。北京司法机关还煞有介事地票传黄兴到庭对质，以抵制上海法庭传讯刺宋主谋赵秉钧，从而进一步暴露了袁世凯想嫁祸于人的目的。

（六）恐怖活动的多样化

民国时期恐怖活动呈现多样性的特点，有暗杀，爆炸，放火，暴乱，投寄匿名恐吓

---

① 恐怖活动的象征性指任何人、任何物对于恐怖活动而言都有可能具有不同程度的某种政治、经济或文化象征价值。

② 胡联合著：《第三只眼看恐怖主义》，世界知识出版社 2002 年版，第 235 页。

③ 同上。

信，绑架人质，投毒，等等，这是指实施恐怖活动的多样性，另外其实施主体也呈现多样性，有国民党军统特务，有众多的土匪，有黑社会帮会组织，有日伪特工组织，有日本侵略军，还有邪教等，由于他们各自实施恐怖活动的动机各异，所以其打击目标或者对象也呈多样性。有著名人士，有的平民百姓有外国人质等。

论共和国法学会组织的特色

穆中杰*

法学会组织是个舶来品,它是西法东渐的结果之一。从其最初起源来讲,法学会组织是法学研究者、法律工作者为了法学研究的共同目标而自发组成的民间的群众性组织。经过东西方法文化激烈碰撞后,它在我国生根、成长,表现出中国独有的特点。

一

1949 年 6 月 17 日至 21 日,新政治协商会议第一次筹备会议召开,会议确定筹备工作的重心之一就是:“推动并促成全国社会科学、自然科学、教育、新闻等人民团体的筹备工作。”①在毛泽东的倡议下,同时为了扩大群众基础和加强对马克思主义法学研究,1949 年 6 月,董必武、林伯渠、沈钧儒、谢觉哉等 90 余位社会知名人士发起成立了新法学研究会筹委会,并与新政治学研究会筹备会、社会科学联合会共同成为发起成立全国政协的单位之一。1951 年一二月间,林伯渠在召开的社会科学学会负责人座谈会上曾建议,新法学会和新政治学会合并,并得到与会多数人的同意。同年 11 月,董必武和林伯渠邀请沈钧儒、王昆仑等人集会再次协商把两会合并成立中国政治法律学会。是年 11 月底 12 月初,新政治学会和新法学会两筹委会分别召开会议通过了合并另成立中国政治法律学会的决定。1952 年 2 月 23 日,董必武就此问题向中共中央报告。7 月,在政务院政法分党组干事会第十七次会议上确定:在第二次全国司法会议后,接着召开中国政治法律学会成立大会。

1953 年 4 月,由董必武牵头,在新法学研究会筹委会和新政治学研究会筹委会的基础上,合并成立了中国政治法律学会,通过了会章,大会推举董必武任会长,沈钧儒、张志让、谢觉哉、王昆仑、柯伯年、钱端升等任副会长,并在上海等地设立了 6 个地方分会,宣告了共和国第一个全国性法学学术团体的正式诞生。此后,中国政治法律学会分别于 1956 年、1958 年、1964 年又召开三次会员大会。在此期间,上海等地成立了地方法学会组织,使共和国地方法学会组织有了新的发展。中国政治

---

* 穆中杰,2005 级中国法律史专业,指导老师:王立民。现工作于河南工业大学。

① 林伯渠:“中国人民政治协商会议的筹备工作报告”,载《新华月报》1949 年第 1 期。

法律学会"为废除伪法统,建立新法制,制定新中国第一部宪法,作出了重大的贡献"。①"文化大革命"期间,受当时全国整体形势的影响,中国政治法律学会也不可避免地受到冲击,被迫中断活动。

1978 年 12 月,党的十一届三中全会明确提出了加强法制建设方针:"为了保障人民民主,必须加强社会主义法制,使民主制度化、法律化,使这种制度和法律具有稳定性、连续性和极大的权威,做到有法可依,有法必依,执法必严,违法必究。"②在此前后,上海市法学会等地方法学会组织相继恢复活动或者成立,全国性法学会组织的恢复重建工作逐渐提上日程。在邓小平和彭真的共同倡议下,1980 年 6 月,成立了以杨秀峰为主任的筹备委员会,并决定把中国政治法律学会更名为中国法学会。1982 年 7 月,中国法学会召开恢复重建后的第一次会员大会,邓小平和彭真一起接见了成立大会的全体人员。③ 在社会各界和广大法学法律工作者的支持下,到中国法学会成立 50 周年的 1999 年,"已有 236 个地方法学会,16 个学科、专业、专门研究会,10 多万会员,会聚了我国法学界、法律界的人才,在国家政治生活、经济生活、社会生活中发挥着越来越大的作用"。④

二

共和国法学会组织是以法学研究为主要内容的人民团体和学术团体,它是在实现人民当家作主的历史条件下成立并发展的。因此,它有着自己的时代特色。这种特色首先表现为高举马克思主义法学大旗。共和国时期的法学研究方向是由共和国的社会主义性质决定,它是社会主义文化和中华文化的重要组成部分,必须以当代中国的经济、政治、文化、社会为研究重心,肩负着为中国国家建设提供法学理论支撑和法律智力服务的历史任务。这种历史任务在新中国成立之初就已经凸显出来。

1949 年 2 月,中共中央发布具有重要历史意义的《废除国民党的六法全书与确立解放区的司法原则的指示》。该指示精神后来在《共同纲领》中体现为,"废除国民党反动政府一切压迫人民的法律、律令和司法制度,制定保护人民的法律、法令,

① 任建新:"在探索中国社会主义民主法制建设道路上前进"(1999 年 11 月 30 日),载《政法工作五十年——任建新文选》,人民法院出版社 2005 年版,第 526 页。

② "中国共产党第十一届中央委员会第三次全体会议公报"(1978 年 12 月 22 日通过),载《三中全会以来重要文献选编》,人民出版社 1982 年版,第 11 页。

③ 《邓小平年谱(1975 ~ 1997)》(下),中央文献出版社 2004 年版,第 832 页。

④ 任建新:"在探索中国社会主义民主法制建设道路上前进"(1999 年 11 月 30 日),载《政法工作五十年——任建新文选》,人民法院出版社 2005 年版,第 527 页。

建立人民司法制度”。[①] 这在实际上确立了共和国法制建设的基础和出发点，其精神也是法学工作的指导方针，表现的突出之点就是新法学与旧法学之争。[②] 新法学不同于旧法学的最重要之处是它坚持马克思主义在法学研究领域的指导地位，这也就成了区分新法学会与旧法学会的最重要之处。

1953 年 4 月成立的中国政治法律学会明确在章程中把学习和研究马克思主义法学作为它的首要宗旨："团结全国政治法律工作者学习与研究马克思列宁主义关于国家与法律的理论，批判资产阶级反人民、反科学的政治法律观点，弘扬中华人民共和国人民民主制度与革命法制的精神，进行全体国民应遵守国家法律的宣传教育工作，以推进国家建设。"[③] 1982 年 7 月在北京成立的中国法学会宗旨之一，就是开展马克思主义法学研究，团结全国各民族法学工作者、法律工作者，坚持四项基本原则，坚持理论联系实际，贯彻"百花齐放、百家争鸣"的方针，开展马克思主义法学和我国社会主义法制理论与实践问题的研究，为建立高度文明、高度民主的社会主义现代化国家服务。[④] 1991 年 5 月，陈丕显在中国法学会第三次会员代表大会上作了《法学研究必须坚持马克思主义指导》的讲话。他认为要繁荣法学研究，使法学研究更好地为加强社会主义民主和法制建设服务，为促进改革开放、经济建设和社会发展服务，首要问题就是必须坚持以马克思主义为指导，为此就要学习和运用马克思主义的法学理论，来阐明我国社会主义民主和法制建设中的实际问题，就要坚持以党的基本路线为指导，但强调坚持马克思主义的指导，并不是要把马克思主义创始人在一定历史条件下的某些论断都当成解决当代一切问题的现成药方，还必须进一步倡导理论联系实际的作用。[⑤]

在法学研究领域坚持马克思主义法学的指导地位，是与共和国坚持马克思主义在各个领域中的指导地位密切相关的。进入 21 世纪以来，党和国家领导人继续强调用马克思主义指导法学的研究和发展，"希望大家坚持用马克思主义的立场、

① "中国人民政治协商会议共同纲领"，载《建国以来重要文献选编》，中央文献出版社 1992 年版，第 5 页。

② 关于新法和旧法如何划分的问题，较多的同志认为新法就是社会主义的法，旧法则是非社会主义的法。有些同志认为笼统地说旧法、新法是不清楚的，应分古代法、资产阶级法、社会主义法。个别同志认为我国法的历史可分为三个阶段，即戊戌政变以前的法是封建的，以后是模仿资本主义的，新中国成立以后才有社会主义的法律。另一些同志认为法与法律思想本身应区分开来，旧社会的法律都是旧法，但资产阶级社会也有统治阶级与工人阶级二种人，反映了两种思想，属于资产阶级法律思想这部分才是旧法。

③ "中国政治法律学会章程"（1953 年 4 月 22 日），载《政法研究》1954 年创刊号。

④ 陈丕显："法学研究必须坚持马克思主义指导"，载《上海法学研究》1991 年第 3 期。

⑤ 同上。

观点和方法来指导哲学社会科学的发展”。[①] 2003年11月5日,时任会长的任建新在中国法学会第五次会员代表大会上的讲话中指出高举马克思主义法学大旗是中国法学会组织的主题。他说:“高举马克思列宁主义、毛泽东思想和邓小平理论伟大旗帜,全面贯彻‘三个代表’重要思想和党的十六大精神,与时俱进,开拓创新,进一步团结动员广大法学工作者和法律工作者,为繁荣法学研究,推进依法治国,促进社会主义物质文明、政治文明和精神文明的协调发展,全面建设小康社会,夺取中国特色社会主义事业的新胜利,提供强有力的法学理论支持和法律服务。”[②]

三

共和国法学会组织的第二个特色就是政治统率法律。从法学会组织的性质和领导组成来看,法学会与共青团、工会、妇联等群众组织一样,都属于人民团体范畴。法学会会长等领导成员的产生也有一个政治决定程序。比如,1961年上半年,上海社联党组向中共上海市委宣传部提出了建议谢邦治等6人为上海市政治法律学会正副会长人选的报告。7月17日,中共上海市委宣传部将市委同意谢邦治等6人为上海市政治法律学会正副会长候选人的通知下发给上海社联党组[文号:沪委宣(61)字第2028号]。[③] 这个论断我们还可以从有关领导的讲话或著述中窥到。1998年5月15日,任建新在中国法学会机关的讲话中谈道:“我们中国法学会,是得到中央领导同志直接关怀的社团。去年中国法学会召开第四次会员代表大会之前,中央书记处直接听取了中国法学会的汇报,对换届选举和今后任务作了明确的指示。”[④]即使是理事候选人也要经过一定的审批程序。比如,1959年12月9日,上海社联党组在《关于改组上海法学会、改选第二届理事和建议调整学会分党组成员的报告》中,就提出了理事候选人,报中共上海市委组织部、宣传部审批。[⑤] 1961年11月30日,上海社联在向有关部门汇报1961年年会准备工作情况时请示:“各学会理事候选名单和个别确需要更动的会长秘书名单拟汇总后提请社联党组和宣传

---

① 江泽民:“考察中国人民大学时的讲话”(2002年4月28日),载《江泽民论有中国特色社会主义》(专题摘编),中央文献出版社2002年版,第278页。

② 任建新:“团结奋进 继往开来 努力开创法学研究工作新局面”(2003年11月5日),载《政法工作五十年——任建新文选》,人民法院出版社2005年版,第548页。

③ 上海市档案馆档案,案卷编号:C43—1—113。

④ 任建新:“认清形势 抓住机遇 开创法学研究工作新局面”(1998年5月15日),载《政法工作五十年——任建新文选》,人民法院出版社2005年版,第518页。

⑤ 上海市档案馆档案,案卷编号:C43—1—58。

部审定。”[①]1979 年上海市法学会召开第三次会员大会之前，曾专门向有关部门请示。[②]

从法学会组织的成立基础和名称来看。在全国范围，共和国第一个全国性法学会是共和国领袖（即使在 20 世纪 80 年代恢复重建时也是政治决策层发挥了关键作用）的倡议下，在新法学研究会筹备会和新政治学研究会筹备会的基础上合并成立的，其全称是中国政治法律学会；地方性法学会组织的情况也基本相似，以上海市法学会为例，根据陆定一的讲话精神，1962 年 1 月 27 日理事扩大会议上讨论通过的新《章程》将会名改为“上海市政治法律学会”。这些与清末民国时期直接以“法学会”命名的法学会组织是明显不同的。

从法学会组织的宗旨和活动来看。中国政治法律学会的前身新法学研究会筹委会和新政治学研究会筹委会在成立之初，就积极参加国内政治活动，与社会科学联合会一起曾是发起成立全国政协的单位之一。合并成立之后的中国政治法律学会宗旨之一就是直接与国际政治密切相关，“致力保卫世界人民民主自由及民族独立的原则，联合国际民主法律工作者，促进世界和平民主运动”。[③]比如，1952 年中国政治法律学会筹委会曾支持国际民主法协调查团赴朝鲜调查，揭露美帝细菌战的罪行。1964 年中国政治法律学会又以国际民主法协团体会员的名义，声援和营救被巴西当局非法逮捕的 9 名同胞。中国政治法律学会还先后参加亚洲法律工作者会议和第一届和第二届亚非法律工作者会议，声援亚非人民的正义斗争。董必武曾把法学会组织看做对敌斗争的一个阵地，他主张建立法学界的反帝统一战线，认为：“参加到国际民主法协去，就是参加到一个反对帝国主义的战线。”[④]上海市法学会在 1959 年年会的工作总结中也把坚持政治挂率作为开好年会的另一关键，“根据当前理论战线的形势和我们理论队伍的学术思想倾向，提出年会的中心目的和要求是：学习、研究和宣传毛泽东思想，贯彻和保卫党的总路线，并以听取和讨论政治报告为中心环节，使年会充满浓厚的政治空气，有了明确的方向”。[⑤] 法学会的这种功能也是我国历史上法学会的同类组织所不具备的。以 1898 年成立的公法学会为例，它的宗旨在于探讨国际公法：“此会专讲公法之学，凡自中外通商以来所立约章，以及因应诸务，何者大弊？何者小疵？何者议增？何者议改？皆须细意讲求，不

① 上海市档案馆档案，案卷编号：C43—1—108。

② 上海市档案馆档案，案卷编号：C43—3—18。

③ “中国政治法律学会章程”（1953 年 4 月 22 日），载《政法研究》1954 年创刊号。

④ 董必武：“建立法学界的反帝统一战线”（1952 年 10 月），载《董必武法学文集》，法律出版社 2001 年版，第 144 页。

⑤ “上海法学会 1959 年年会工作总结”，上海市档案馆档案，案卷编号：C43—1—723。

可稍涉迁就,尤不可故立异同,庶为将来自强之本。”①

从法学会组织编辑出版的刊物来看。法学会组织编辑出版的刊物多以“政法”命名或多刊登政治方面的文章,这在共和国法学会组织早期历史上特别明显。中国政治法律学会于1954年5月创刊出版的会刊《政法研究》(1978年复刊时改为《法学研究》)、1956年1月创刊出版的《政法译丛》等法学期刊均以“政法”命名,间接体现了法学会组织的政治统率法律的特点。这种特色还体现在这些刊物的内容上。我们以《政法译丛》为例,其选题标准的就是“尽量选用对于我国当前政治任务参考意义较大的文章”。② 我们再看以《法学》为名的上海法学会会刊,该刊刊登的内容也有很大比重属于政治方面的。这些与清末民国时期法学会主办的《法学会杂志》、《法政介闻》、《法学论丛》、《法学杂志》、《法学月刊》、《法学季刊》等在名称上就有着明显的不同。

此外,从法学会组织的活动经费和人员来看也是如此。法学会机关的主要活动经费来自于政府拨款、法学会机关工作人员的管理与任用列入公务员管理序列。1957年2月27日,上海市编制委员会通过上海市哲学社会科学学术委员会筹备委员会为法学会下达了编制的文件。③ 根据上海市委政法委员会领导小组办公室沪委政法〔1983〕33号文,上海市机关管理局拨给上海市法学会编制20名,所需经费由地方财政解决。④ 1983年5月25日,安徽省编制委员会、省财政厅、司法厅联合发出《关于下达司法行政系统编制分配方案的通知》,明确分配给安徽省法学会行政干部编制5名。中国法学会、各地地方法学会工作人员的招聘都按照《公务员法》执行。这些情况与清末民国时期法学会组织的经费来源、工作人员的聘用是不同的。民国时期的中华法学会一切费用开支及刊物编纂者费用由会员年费中支付,如果不够的话,不足部分则向社会募集。⑤ 1970年在我国台湾地区成立的“中国比较法学会”经费来源也主要是入会费、年费和捐赠等。⑥

① “公法学会章程”,载《中国国际法年刊》(1998年),法律出版社2002年版,第110页。端木正认为这个公法学会还提倡扩大有关国内外政治时事外交的学习。这与笔者所说的政治统率法律是不同的。

② 《政法译丛》1956年1月创刊号。

③ 沪编〔1957〕发字第0018号,1957年2月27日,上海市档案馆档案,案卷编号:C43—2—2。

④ 沈国明主编:《探寻法治的岁月:上海市法学会50年》,上海人民出版社2006年版,第635页。

⑤ “中华民国法学会概况调查”,上海市档案馆档案,案卷编号:Q78—2—15876。

⑥ “‘中国比较法学会’章程”(1970年)。该学会在20世纪90年代末更名为台湾法学会。笔者2007年5月1日~6月30日在台湾地区研修期间,曾专门访问过该法学会,发现该法学会工作人员仅有1名。

四

新中国成立前夕,毛泽东与黄炎培关于历史周期率的对话揭示了民主与法制将在共和国的历史上扮演最重要的角色,也预示着服务社会主义民主与法制将是法学会组织的基本职责。实践证明,共和国法学会组织把探寻民主与法制、推进国家法制建设作为自己的基本职责和首要任务。

中国政治法律学会在积极参与1954年宪法的制定,参与社会主义民主与法制初创时期各项工作的同时,还针对新中国成立以来法制建设中存在的若干重大理论问题提出了颇有见地的观点:在立法问题上,提出社会主义国家必须依法办事,依法办事必须制定内容较具体细密的刑法典、民法典等专门法典;在党法关系问题上,提出党不应该直接向人民发号施令,不能以党代法,党的活动必须合法化;在法的继承性问题上,提出坚持法律的阶级性不能否认法的继承性;在法的职能上,提出法律的职能应该由强调镇压转向组织经济和文化生活。此外,法学界还对政策与法律的关系、法律与政治的关系、无罪推定、法律监督、司法独立、法律教育等问题进行了深入讨论。对这些问题的争鸣,应当说对于推进我国的民主与法制建设都是十分必要的。①

党提出建立社会主义市场经济体制以后,法学界通过法学会组织提出了"市场经济就是法制经济"、"建立社会主义市场经济法律体系框架"等建议,为加快立法、加强执法、逐步形成有中国特色社会主义法律体系做了许多工作;同时还发起关于"依法治国,建设社会主义法治国家"的大讨论,对依法治国基本方略的形成和提出,做了大量的宣传舆论工作;《中国法学》、《民主与法制》、《中国法律年鉴》、《法学杂志》、《法学论坛》、《河北法学》、《上海法学研究》、《东方法学》等法学会主办的刊物,对加强民主与法制的宣传都起到积极的引导和推动作用。由上海市法学会和华东政法学院在1979年8月创办的《民主与法制》,逐渐引起全国性影响,据报刊市场调查,到1999年,该刊在北京和上海均被列为最有影响力的刊物之一。②

1999年11月,时任中国法学会会长任建新在中国法学会成立50周年的大会上把法学会探寻民主法制建设过程作了如下总结:健全的民主与法制,是社会主义的一个基本特征;民主与法制是相辅相成的统一体;一个国家的民主法制建设道

---

① 沈国明、王立民主编:《二十世纪中国社会科学·法学卷》,上海人民出版社2005年版,第420~422页。

② 任建新:"认清形势 抓住机遇 开创法学研究工作新局面"(1998年5月15日),载《政法工作五十年——任建新文选》,人民法院出版社2005年版,第520页。

路，包括对民主法制的本质、内容和形式的认识，都是由本国的国情和社会制度所决定的，并且都是随着本国经济文化的发展而发展的；民主法制建设作为上层建筑的重要组成部分，是为经济基础服务的，不存在脱离现实政治和经济的抽象的单纯的法律；依法治国，建设社会主义法治国家，是党领导人民治理国家的基本方略。①

五

共和国法学会组织的第四个特色是继受苏联法学经验是其早期主要活动内容之一。新中国成立初期，受我国全面学习苏联建设社会主义经验的影响，对苏联法学的翻译和继受成为法学会组织的主要活动内容之一。中国政治法律学会在章程中把“介绍苏联法学理论及政治法律工作的先进经验”作为其宗旨之一。② 法学会主办的法学期刊上都把介绍苏联法学列为重要内容。比如，中国政治法律学会主办的《政法研究》创刊号明确约稿内容之一，就是关于苏联政法实际工作和理论研究的介绍。它创办另一刊物《政法译丛》也是学习苏联法学经验的需要，1956 年是“我国发展国民经济第一个五年计划进入第四个年头的一年，经济建设工作的发展，要求我们要更多地学习苏联社会主义建设的先进经验。我们从事政法工作的人，当然也需要更多地学习苏联在政治、法律科学和实践中的先进经验。《政法研究》篇幅有限，又是双月刊，容纳不了更多的翻译文章，创刊《政法译丛》就可以较好地完成这一任务”，其主要内容是“选译苏联和人民民主国家报刊的关于国家和法的理论、法学各部门的问题研究、政治法律工作先进经验等方面的论文；此外对苏联党和政府有关法律问题的文件，以及国际民主法学家的重要论文，亦拟根据我们的党是需要，选择采用”。③ 上海市法学会与华东政法学院合办的《法学》也在征稿中把介绍苏联法学列入其中显著位置。事实表明，法学会主办的这些刊物都刊登了许多苏联法学方面的文章。

关于继受苏联法学经验，上海市法学会首任会长雷经天曾经明确指出：“由于我国马列主义法学是完全新建立的，过去没有基础，首先就要学习苏联先进的经验。在学术上我们吸收了苏联研究的最新成就，同时也总结了本国革命法制实践的经验，但是总结得不够。”④从某种意义上来说，这是对法学会学习和借鉴

① 任建新：“在探索中国社会主义民主法制建设道路上前进”（1999 年 11 月 30 日），载《政法工作五十年——任建新文选》，人民法院出版社 2005 年版，第 528 ~ 530 页。

② “中国政治法律学会章程”（1953 年 4 月 22 日），载《政法研究》1954 年创刊号。

③ “《政法译丛》将于明年一月创刊”，载《政法研究》1955 年第 5 期。

④ 雷经天：“捍卫马列主义法学，驳斥右派分子的谬论”，载《法学》1957 年第 5 期。

苏联法学经验的反思，但从另一方面来看，继受苏联法学经验的确是共和国法学会组织的特色，与清末民国时期法学会的学习借鉴大陆法系、英美法系有着根本上的不同。

文本叙述与续解:探寻乡土社会的法律史

龚汝富*

从10年前我到婺源图书馆复印明代讼师秘本《珥笔肯綮》开始,我便有了收集江西地方法律文献的嗜好。像淘宝客一样,徜徉在古玩市场,在那破旧不堪的黄色古籍中寻觅着濒临毁灭的散落文书,偶然收获一次惊喜,也许能填补上十次的失落。像田野考古者一样,流连在乡村破宅陋巷之间,咨询村老宿学的故什,不经意之间也常有意外的答案。当然,我把更多的时间花在地方档案馆的文献查阅上面,常识告诉我们,法律的经典故事总是在形成讼案之后才会更加生动的。个案、文本与当事人之间,到底演绎着什么样的真实故事,这些故事本身给乡村民众带来了多大的影响,又是如何考验着人们做出更加理性的选择。多年来,我一直在思考和求证一个有趣的话题——一个与我的法律史教学和研究息息相关的话题:乡土社会的法律史到底与自己在课堂讲授的法律史有多远?走在远去的忽隐忽现的乡土田野,从收获的文本入手,对照我们熟悉的规则话语,并联系特定历史的时空环境,文本叙述才显得鲜活和富有个性,而乡土社会的法律史,正是以无数个文本故事甚至尚未形成文本的故事所构成。我们有幸阅读到的讼案只是乡土社会法律事实中的沧海一粟,而且这些个案本身所承载的信息仍然只是事件发展到某个阶段的结果,只有将其置于更为广阔的历史背景下继续解读,才能更加接近事实真相。

一、王子将法律文书背后的软肋

江西新建县大塘镇王子将村,是藏书家、新风楼主人王咨臣先生的故里。老先生去世后,我与其哲嗣王令策先生仍保持非常好的关系,令策兄将新风楼收藏的一些法律文献借给我复印保存,如杨晓亭《劝戒实录》、熊守谦《清代刑律案例钞存》、程鉴光编《霞山观诉讼案件汇钞》等,都是记录新建县的事例和案卷,具有较高的学术价值。2001年1月,令策兄告诉我说他们老家王子将村保存了一批契约文书,他可以带我去看看,兴许会很有研究价值。初次拜会村里保管家谱和契约文书的老先生,他从楼上拿来一个长方形小铁盒,里面有个红绸布包。老先生慢慢打开层层叠叠的包裹,展现在我们眼前的是一沓契约文书和一本烧掉了边沿仅存芯子的诉

* 龚汝富,2002级法律文化专业,指导老师:徐永康。现工作于江西财经大学。

讼抄卷，以及一些犯约、误葬字约、甘罚约、调解书等杂件。我们把这包文书逐一摊开摆放在地板上，仔细检对，发现这些珍贵的文献资料记录了王子将村从明代万历十七年（1589 年）到 1987 年之间的形成历史，及其与周边李、熊、傅、朱、张、邓等各姓民众之间的矛盾纠葛。草草翻阅契约和诉讼文书，了解到王氏先民王子将公原是江西余干人，万历年间到南昌做生意发达了，便在南昌城北的麦园置产，不久往北转移到赣鄱商道上的大塘地方。因为是外来移民建村，王氏家族一直是在土著各族的夹缝中生存发展，与周边各家族发生利益冲突，纠纷不断。老先生对这些祖上传下来的宝贝特别珍视和警觉，认为矛盾远未结束，这是后人扳本（翻案）的命根子，因而我不敢贸然提出拍摄的要求，此后我们只好多次到村里抄录文书。我认为这些保存完整的法律文书是研究家族成长与地方社会变迁的好素材，而且纠纷一直相伴而行，深入研究下去一定饶有兴趣。

当我将文献整理完成并撰写《从明清诉讼文书看王子将村土地产权的形成历史》一文时，我告诉令策兄从这些法律文书中了解到的实际情况，可能对王氏家族“扳本”的期待带来致命打击，因为对照契约和诉讼文书，我发现王氏在扩张家族产业的过程中没有完全按照市场规则进行，特别是与熊、傅等姓之间的几宗置产活动，甚至存在权力寻租的黑幕，疑点重重。例如，咸丰九年（1859 年）傅美鸿等所立《杜卖庄屋基地及各处该分柴山树木荫塘文契》，卖给王氏家族五项产业，时值价银八两。傅氏所附该产上手契，即乾隆四十九年（1784 年）傅衡万卖产给族侄傅雨山《杜卖庄田庄地柴山文契》记载的产业完全相同，而当时“卖得时值纹银伍百壹拾贰零贰钱”，同一宗产业何以在 75 年后，价格竟然跌落 60 多倍？在傅、王两家交易背后，是否真正存在彼此心知肚明的“对价”，只有交易双方当事人清楚。不过，我们检读残破不堪的诉讼文本，里面抄录熊、傅、邓、朱等家族控诉王氏“代有书蠹”、“身充臬宪吏科”、“家富十万，财势两赫”的不平之鸣，以及王氏后人一度想烧毁这些记录先人“罪迹”的控诉抄卷，不难推断确实存在权钱交易甚至逼勒成交的可能性。笔者查阅光绪年间的《王氏族谱》，发现王氏虽为人丁单薄的外来移民家族，但科举业绩却在大塘地方非常不俗，虽然进士罕见，但举贡生监却代不乏人，这些子弟钻充衙门书吏，转而在地方衙门居间斡旋，形成对四邻各族的压迫之势，对于王氏家族在地方发展起到了特别关键的作用。因为令策兄的请求，我的文章没敢拿去发表，后来放在拙著《清代江西财经讼案研究》中出版也隐去了真实人名、地名。其实，无论历史上的产权纠纷如何展开和演变，今天融入集体所有制内的土地产权，已经抹去了各宗族姓氏的色彩，这些保存下来的“变天账”实际上没有多大的现实意义，但是，对于我们关注经济与法律历史的探索者来说，这些保存特别完整而内容却又伤痕累累的法律文书，是我们了解乡村社会财产形成及权力话语的最原始的资料。

契约是中国传统社会产业交易的凭证，也是最基本的产权证书，所以民间保存大量的契约不足为奇。但是,许多家族或家庭保存的契约文书往往与一些诉讼抄卷放在一起,说明他们曾经经历过产权纷争,并诉诸官府请求公断,这些抄卷就是从当时衙门里抄录出来的诉讼卷宗,包括诉讼双方的告、诉词、官方批示、判决以及相关证据材料。赢了官司的一方,常常会通过修谱、修志、修祠等机会把县爷府尊的判决刊刻下来,向世人展示其产权合法性和官方裁判的权威性。而输了官司的一方,往往并不承认理亏和败诉,他们认为没有赢得官司的真正原因是自己没有足够的财力和人脉资源去摆平官府,保存诉讼抄卷的根本目的,实际上是寄望于子孙后代有朝一日发达了,能够把这官司扳回来。王子将村保存400年的一系列契约文书及相关诉讼抄卷,并不是孤立的社会现象,而是中国传统地方社会各宗族、家庭之间势力此消彼长的一种常态。

二、朱保长日记中的法律故事

2002年11月,我在上海图书馆阅读到清末铅山县令陈元焯在1907年刊刻的《鹅湖判事》,里面谈到铅山县永平、河口二镇许多故事,前者是历史上有名的永平铜矿所在地,而后者是明清时期江西四大商埠之一的河口镇。因为经济非常繁荣,所以利益角逐便接踵而至,唯利是图的财产讼案也特多。当我写完了一篇评述《鹅湖判事》的文章送给《赣文化研究》之后,心中特别神往充满商业气息的河口码头,相信那里一定可以寻找到一些别具商业社会特色的法律文书。我先向铅山县原政协主席汪华光先生打探地方有关的文献信息,他对铅山的历史文化了如指掌,不仅非常热情地答复了我的每个问题,而且在不久之后竟然给我寄来几本手抄本的复印件,如祝云连《商牍往返集》和潘彬《剡中治案记略》(潘彬另有光绪十四年嵊县刻本《剡中治略》),都是特别有趣的法律史文献,这更加激发了我的兴趣热点。2003年5月,南昌大学江右文化研究中心郑晓江教授邀请我随同他们到铅山县鹅湖书院去开讲会,重温朱子辩学遗韵,我心怀异图,满口应承前往。除了游览鹅湖书院和拜祭稼轩(辛弃疾)墓之外,他们开讲会时我便溜出去拜访文物收藏者刘军等人,因为有汪华光先生的介绍,我们很快成了要好的朋友。刘军带我在河口镇上到处转悠,让我领略河口码头往日的辉煌和社会变迁的历史沧桑。随后他带我到收藏室看看,我仔细翻阅每本发黄的草纸文书,寻觅心里期待的"商业社会"的诉讼文本,可到最后我什么诉讼文本也没有找到。正在沮丧之际,顺手翻到一本字迹精妙的日记本,我略微阅读几页内容,发现是一本保长日记。当时我已经关注到近代江西乡村社会的义图、保甲、宗族之间的纠纷形态,觉得这本保长日记也许有利于我解读档案文献中的某些疑惑。刘军先已声明他不转让这本书法精品,我只好仔仔细细复印一本带回家中，连同夹杂在日记本中的几张有关辞职和挽留的请愿草稿纸，也都复印夹带其中，保存原样。

其实，这个文本与其说是日记，倒不如说是一个文墨应酬的记事本。它没有明确日期，只是把自己每次书写的各种应酬文书汇集在一起，有的是自己职责范围内的事情，也有一半内容是帮人代书，更准确一点说，它就是一个草稿本。略过前面一部分缺页的商务应酬文书，把它比较完整的部分整理出来，约有32,000多字。据文本内容可知，这本日记的作者是铅山县河口镇二十一保保长朱彬，他在1939~1949年间长期担任该保保长，其中部分内容还记载作者与未婚妻鲍美凤女士商量结婚的来往书函。想到我校国贸学院朱美娥教授正是河口镇人，我向她打探日记作者是否为她熟悉的宗亲。天下无巧不成书，她父亲名字就叫朱彬，也是当过保长的，她母亲也叫鲍美凤，她父亲还写得一手好字，新中国成立以后逢年过节一直帮别人写对联，是地方上有名的书房先生，在土改、反“右”和“文化大革命”中并未受到激烈的冲击，可谓善始善终。

这本日记反映了作为民国政权在基层的代理人——保长的日常工作内容，如保务汇报、登记户口、统计灾伤、催征税款、募集国债、分发救济、分派食盐、租赁公产、摊派壮丁、修筑公路、安装电灯、禁烟造产、排演戏目、调解纠纷等。从这些公务应酬文字中可以看出，作者是一个办事非常谨慎细微且有公道策略的人，全然没有电影《抓壮丁》中王保长的贪婪和无耻，这也许是他能够长期担任保长的主要原因吧。当然，日记中还有大量文字记录的却并不是保务公差，朱保长的私事也记录不少，他也搞私下经营，如柳木合作社和合作茶社，他都有抽头股份。他还是一个特别有生活情趣的人，如设计安装电话、电灯，撰写爱情采茶戏（荤段子），搭配画眉描目的颜料，品评各种时髦的香料品牌，甚至设计本人中英文名片，都记载在案。作为民间书房先生，日记还记录了保长助人为乐的一些庶务应酬，如帮人代写向各“宝号”（商铺）讨债要货的信函，替乡亲给在外经商从军的儿子、女婿写信，帮人撰写婚书、请柬以及购买屋宇地基、租赁商铺、商借贷款、订立保险的合同文书。另外，还有许多诉讼状稿。特别值得一提的是，这些呈递到河口地方法院和江西省高等法院第四分院（驻河口）的控辩、声请、上诉各状，均落款“具狀人某某某”、“撰狀律師某某某”，“律師魏琛、王時亮”等，说明保长平日里没少给乡亲起草诉讼文书。当他在茶社赌博抽头分润被告刑拘时，也亲自操刀撰状，引用刑法第28条和第268条以自辩清白，法理与事实论述清清楚楚，却谦称“雖無法律常識，尚知尺寸自守”，也可窥见民国成立以来，律师制度虽已确立，但在设有高等法院分院的重要商埠——河口地方，民间代撰词状的“土讼”仍然存在，甚至有文化的保长也身兼其任，其他落后地方的“土讼”影响应该更大。保长日记中夹杂的几页辞职报告和民众挽留请愿书，也是特别富有社会内涵和诉讼策略的宝贵材料。我曾在阅读和研究万载、宜丰等县保甲纠纷案卷时,遇到一个特别不解的现象:民众向县政府、县参议会告发保长的检举揭发材料,与保长辞职报告及同保其他保民挽留保长的请愿书,在时间上基本上都是同步投递的,甚至辞职报告及挽留请愿书还先于检举揭发材料送达地方政府。看到保长起草的辞职报告和保民挽留他的请愿书,就豁然明白了:保长获悉保民要告发自己时,往往采取以退为进的辞职伎俩,自诉保务维持艰难,奉公守法难免得罪保内刁民,与其招致人言汹汹,不如辞职让贤于那些觊觎者。与此同时,安排亲信将请愿书抄录一遍,到各家各户找人按手印或盖章,造成全体保民坚决挽留的舆论态势,从而达到先发制人的诉讼效果。

三、寻找"土讼"黄诚卿

黄诚卿,不是什么著名的历史人物,更不是我的乡邑先贤或亲戚。我知道这个名字并努力寻找他,源于我对民间讼师的研究兴趣。在 2007 ~ 2008 年间,我从南昌市滕王阁文物市场先后购得五个诉讼稿本,案发时间为清末民初,跨度 20 多年,五本字体完全相同,非常精美,而且稿本大小形制及内芯也毫无差别,可以认定为一个人记录的诉讼抄卷。粗略翻阅稿本内容,发现这些抄卷是江西省安义县黄洲乡圳溪村雷湖自然村黄氏家族的诉讼文献,在其中两本尾页注明黄氏"如心堂裔诚卿谨录"、"诚卿谨识",说明这五个诉讼稿本是一个叫黄诚卿的人所为。从诉讼用语及文本叙述口吻来看,并非每个案件都涉及其本人,哪他为什么要记录这些讼案,他到底是一个什么样的人呢? 我的直觉告诉自己,这个坚持 20 多年关注家族事务并记录族内纠纷讼案的人,很可能就是一个地地道道的民间讼师。我一直认为,明清时期,中国乡村社会活跃着一些代撰词状、指导诉讼的讼师,并不都是像宋士杰、谢方樽、诸福宝那样的职业讼师,他们在官方话语和民间教化中都被定格为借讼渔利、教唆词讼、包揽诉讼的恶棍,是诈害良善的恶讼师。然而,大多数讼师都是蒙馆塾师或者民间主持红白喜事的书房先生,他们有着正常的职业和生活来源,偶尔受托乡愚,依口代书诉状,就像代撰契约、信函和婚书一样,都是义不容辞的情谊嘱托。近代律师制度诞生后,乡村社会仍然活跃着许多"土讼",他们承续着传统讼师指天画地的夸饰伎俩,又夹杂着公平正义与民主民权等时代话语,补充着律师这一职业群体在乡村社会的空白。黄诚卿就是这种人,他记录了自己经历过的家族内外的诉讼案据,其中许多的控辩诉状也都出于他的手笔,从维护一个家族的荣誉与利益而言,他是一个仗义执言、敢于担当的文胆斗士。显然,记录这些讼案不仅仅为了炫耀他自己奔波劳神的丰功伟绩,而是留待将来重修家族谱牒时不失依据,同时也警示后人处事务必周全,"案本留存,差堪作证,有谋贻后,慎始敬终,泪笔以述,毋忘大憾，后人鉴此，幸其审诸”（引自《金钩地案》末尾结语）。笔者阅读到许多江西民间的家谱、宗谱和族谱，不少谱牒的卷首、卷尾（卷末）所记载的山场坟地讼争的“案据”、“案录”，都来源于诉讼抄卷，有的还将县爷府尊的判决像圣旨一样用框格固定下来，大有铸定千秋铁案的气魄。

五本诉讼稿本的封面都明确书写了题名，分别为《宋滋生占圆通寺案》（扉页名《宋树德势占圆通寺案》）、《金钩地案》、《各案集录》、《笃斋十弟身故继承案》、《兰产继案》。《宋滋生占圆通寺案》记录清末宣统二年（1910年）安义黄氏与奉新宋氏两个家族之间为争夺圆通寺庙产而引起的讼案。黄、宋两族隔河相望，黄氏在黄家洲街后圆通寺下面有水口庵及水口庵净业院两宗共44亩族产，奉新宋埠乡绅宋树德（即宋滋生）负责清理奉新宋埠及安义南乡废弃庙产以兴办林场为名，将黄氏在圆通寺的族产标牌圈入清查之列，黄氏遂控告宋树德“恃势强占”。因宋树德弟宋育德官翰林，其子宋名璋又是江西省咨议局局长，所以黄宋两族之间的诉讼角逐异常激烈，黄氏最后哀求县衙出面以县志所载为界，勿为外县所夺，但终无下文，最后不得不在宗祠鸣锣核丁，宣誓准备战斗，在地方绅士杨小园、刘莲仙二位老监生的斡旋调解下，宋氏放弃了圈占，两族同归于好。《金钩地案》记载1921～1923年间黄氏族众内部为金钩地墓穴发生的讼案。金钩地原为圳溪北首黄氏新老两陈基的众山，光绪年间让与雷湖村黄琴堂安葬其父小舫公，双方立有让约，载明墓地宽五尺长三丈，后来新陈基黄之宜妻刘氏亡故，其叔黄道普怂恿将侄妇葬入小舫公墓边，黄自忻、黄自恪、黄自忭等以祖墓被侵害为由控县，要求黄之宜将刘氏迁葬别处，县知事判决小舫公之子孙出钱帮助迁葬刘氏。由于黄道普从中阻梗，扦葬一波三折并不断酿成新的纷争，案中生案，民事诉讼继酿成刑事诉讼，以致最终两造筋疲力竭。《各案集录》记载了四个案子：一是为姻伯解鸣欣代笔，起诉德安王继曾吞骗商本一案（1907年）；二是黄自忻、黄自恪、黄自忭等告黄家洲七坊村杨悦顺烟馆窝盗案，要求铲除危害；三是帮古和禄代笔，状告张汉诰拐带民妇并波及其父张肇发一案；四是代族兄黄自恺控诉黄鲁平等瓜分黄氏耕乐公祠下育婴善会财产案（1923年）。这四个案子仅保留了原被告状词和官方判决，内容相对简单。《笃斋十弟身故继承案》记载1926年作者十弟黄自慥身故后，弟妇解氏在黄鲁平、黄有典、黄衿生、黄润生等从中唆使下，舍亲立疏，瓜分侵吞财产，最后是弟媳解氏取得胜诉。《兰产继案》则是黄自恪、黄自忭兄弟辩驳黄有典等控告其企图瓜分兰生遗产一案，因其阻止族众为堂兄黄自恺已夭折的继子黄兰生再立继承人（1928年），最后也是黄有典及其背后推手黄鲁平取得胜利。从购得诉讼状稿之后，我就怀疑这五本诉讼稿本未必是黄诚卿留下的全部状稿。但仅就这五本诉讼稿本详加分析，已足以说明民间土讼存在事实及其活动的基本特点。如撰状时要知彼知己，拿不准时“定要请大笔墨”。对方“往县干大手笔汪师爷”之后，即派人“往县找风”（打探消息）。

对方递状之后要“设谋抄案”，县爷批状之后，要及时“托内手抄回”。对决处于劣势时，主张“讼不宜结，必要和解方好”，自己占上风甚或势不得已时，“过堂一战，以决雌雄”。[①] 诉讼稿本中交错使用新旧时代的两种话语，在法律与人情中折冲樽俎，周全自身的维权策略。

因为诉讼稿本所载案件有明确的人物和地点，也即以安义县黄洲镇圳溪雷湖村黄氏家族为中心，便可寻找到主人公乡绅黄诚卿。2009 年 8 月 23 日，笔者在省文化厅干部、安义族弟龚位维的带领下，找到了圳溪雷湖村。黄氏家族接待我们的是 76 岁的家谱保管黄凡仁老先生，他明白我们的来意之后，将《罗田黄氏十五修族谱》全部从楼上搬下来，放在餐桌上供我们查找。在我查阅族谱的时候，黄凡仁先生在旁边自我介绍说他是黄自恪的孙子，黄诚卿好像也是祖上“自”字辈的人。有了他的提示，我很快就从家谱中找到了黄诚卿，他正是黄自恪（黄维新）的胞弟，“（黄）律新，派名自忭，字悦心，别字诚卿，行和六七，习五经，县立小学教员讲习所毕业”。黄凡仁老先生得知黄诚卿就是黄自忭，便告诉我说自忭的孙子黄少凡就在南昌，可以从他那里了解更多的信息。半月之后，74 岁的黄少凡竟然主动与我联系，对我收集到他祖父的资料表示惊奇和感慨。他说到祖父辈的情况显得特别自豪，他们本是一个书香门第，祖父遗留大量的书籍和字画，祖父日记本都有一大摞，但他们都看不懂是什么内容，所以在“文化大革命”期间都烧掉或当废纸卖掉了。诚如我猜测的那样，黄诚卿就是一个以乡村小学教师身份活跃在地方人际圈中，积极干预家族内外讼事的典型土讼乡绅，在他孙子看不懂的那一大摞日记中，估计远远不止这五本诉讼稿本。

四、“著名土劣”张师铭兄弟的穷途末路

在我老家江西省宜丰县档案馆保存的民国档案中，有一本长达 260 多页的案卷是关于我外叔祖父周金安在 1940 年犯渎职罪的案卷。从我孩提时期开始，就从母亲那里获得了大量关于外叔祖的“辉煌”故事：骑着白马，挂着怀表，别着驳壳枪，回家休假，若村愚吵架闹腾到他的休息，他的一声枪响，上千人的牌楼老屋村竟然鸦雀无声。……土改镇反，已经归隐在中学从教两年的外叔祖还是没有躲过人生大限，成为县里第一批被枪毙的人。我苦命的母亲一直生活在祈祷外叔祖庇佑的精神世界中，她对我最大的希望就是像外叔祖那样成为一个有头有脸的人。但我读大学之后，发现叔外祖是我们革命的对象，是历史罪人。后来，我成为史学研究生

① 均引自《金钩地案》。

了，出于探究先人历史的好奇心，我开始寻找外叔祖的相关记载，于是我看到了这个难得的卷宗，了解到一个真实的外叔祖。再后来，我成为研究法律史的博士和教授，我理解的外叔祖实际上就是他那个时代的乡村能人，能说会道，区长能当，教书也行，喜欢包揽呵斥，似乎没有他摆不平的事情，往坏里说就是一手遮天的土豪劣绅，最后卷入人际恶斗，自然难逃厄运。与此同时，我还阅读到其他武断乡曲的土劣案卷，看到外叔祖同时代的那批能人的生活点滴，试图从更广阔的历史背景下去解析社会基本秩序的价值维护及其土劣分子触犯众怒的悲剧结局。

从传统宗族社会过渡到近代地方乡村自治，在政府权力积极介入并借助乡村民选制度的逐渐推进过程中，来自宗族和乡绅的社会影响力仍是左右地方权力架构的重要因素，因而民国时期惩治土豪劣绅成为国共两党共同的政治使命。以往我们较多地注意到大革命时期共产党“打土豪，分田地”的历史，而对国民党地方政府惩治土豪劣绅的实践几乎没有给予应有的关注，容易使人产生一种错觉，似乎国民党政府自始至终就是土豪劣绅的总后台。殊不知民国政府早在1927年就颁布了《惩治土豪劣绅条例》，并成立特别刑事法庭专门审判土豪劣绅案件。虽然后来特别刑事法庭一度取消，甚至土豪劣绅罪已不再是一个正式的罪名，但是地方政府为了惩治那些身后有着家族背景或地方势力而难以取证具体犯罪事实的敌对分子，土豪劣绅罪仍然是一个特别适用的口袋罪。笔者在宜丰县档案馆看到1943～1945年的两个卷宗记录的一个特别有趣的案件，双库乡（今双峰乡）第四保保民控告本保国民学校校长张师铭及其弟张玉书、张奇峰横行霸道、鱼肉百姓的种种恶劣罪状，尤其张师铭被县长王赞贤冠以“著名土劣分子”，“惟查该民平日武断乡曲、欺压善良、阻挠政令、破坏公益种种恶迹不胜枚举，若不从严法办，实不足以儆奸恶而靖地方”，发动乡保民众积极揭发，以便司法机关收集证据后加以严惩。经过张氏族董会和族长张孕毛等反复呈请，在监所羁押11个月的张师铭因病保释回家。可不久之后，第四保保长熊欢光又率保民再度控告张氏三兄弟“恶劣杀伤后母”，张氏三兄弟再度受到追诉。

该案爆发，因16岁的保民李长生揭发张师铭奸占拐带他的童养媳杨及娥而起。乡愚佃农李长生虽然是目不识丁的粗人，但是帮他写状的却是高手。一纸状子《呈为奸占拐带、荼毒弱小、蹂躏备至，恳恩作主，以保蚁命而维风化事》直接投递到县长王赞贤手里，“民保有庆父，现充本保国民学校校长张师铭，衣冠禽兽，利欲熏心，专事奸占，横行乡里，人人侧目。前年充保长时，藉势在篾子棚强占袁根林之妻，在乌石槽强奸张荷生之妻，在塘埂上强奸陈樟发之妻，强奸不已，且令其亲夫明许出入，嗣以颜面有碍，亲夫未遂所愿，无端架祸，铁蹄难伸。结果陈樟发迁避于李家坪，张荷生迁避于黄冈之将候，袁根林迁避于天宝之石井，此种兽行，妇孺皆知。……此外，在保横行之事，如强借乡仓谷，强收代役金，包庇兵役，挟持保长，无恶不作。似此恃强威迫，奸占拐带，何以为人师表！迫不得已，惟有叩请钧长察核，立拘到案重办，以保蚁命而维风化。如有妄控，请派员密查，自甘反坐”。张氏三兄弟在地方上算是见过世面的人，张师铭是小学校长，张玉书当过保长，张奇峰曾在铜鼓县政府当过文书，他们对突如其来的保民控诉，并不认为有多大的罪过，却敏感地把这种控诉归结为保内矛盾斗争的结果。张师铭被拘后，呈状承认与杨氏存在通奸情事，但否认强奸、奸占和拐带等罪名，因为杨氏既未离婚，也未离家，夫妻吵架出走到她姨母家，李长生也是心知肚明。李长生出头告状，固然有夺妻之恨，但实际上背后有保长熊欢光在怂恿推动，借机报复。作为保学校长，张师铭没有把自己与保长熊欢光的个人恩怨，纠结到张玉书与熊欢光前后任保长之间的斗争角逐中，而是强调自己因为主持公道得罪了保长。“窃职自充任本保国民学校校长以来，即与教员胡绿波在校认真教学，从未稍涉外事。惟本校设有民众代笔问事处，每遇民众请求书写稿件，莫不立予应付。”他还承认保民熊退明、李会成向县政府告发保长熊欢光贪污渎职、征兵不平、卖放壮丁等罪行的状子，正是自己代做的，也是为了替保民伸张正义。面对来自县长钦点重惩的“著名土劣分子”，张师铭大为抱屈，“民在地方既未尝与人构讼不休，亦从无讹诈勒索或侵占他人财产利益等劣迹与事实，在政府也从无其他案件可稽，今乃欲以著名豪劣定为罪案，未审是否有被害人告诉，有无事实证据”。案卷文本没有反映出最终定论和结局，但无论他们兄弟如何辩诉，一时间他们都已成为乡保民众的众矢之的，却是不争的事实。

在我阅读这些控辩状词时，不仅强烈感受到近代社会转型时期，民间诉讼对决在新旧两种话语中交叉运用的妙趣，而且领略到了乡村社会传统绅士独霸舆论的优势正在发生变化。国家公权力下移的过程随之以大量家族公产卷入地方慈善和教育事业，族权式微是大势所趋，倚仗宗族势力垄断地方资源显然与现代国家在基层的权力架构发生冲突，而惩治土豪劣绅的根本目的在于从政治待遇上界定乡绅之间的优劣差别，进而摧毁对抗基层政权和危害乡村民众的恶劣势力。当国民教育日益普及，或多或少给乡村民众灌输了一些民主民权的新观念，也有利于瓦解传统士绅对乡村社会的实际控制力。只要构成对近代社会组织和基本秩序的冲击，任何不可一世的乡村士绅都难免遭到时代的唾弃。2010 年 7 月 22 日，笔者同宜丰中学校友邬文辉律师到双峰乡拜会学长张学文，他从深圳跑回老家来建别墅，我们就是去欣赏他的杰作的。看到他父母都是 80 多岁的老人，我突然又好奇地问到民国年间备受争议的张氏三兄弟，有缘天地真小，张氏三兄弟竟然是张学文父亲的亲叔叔。张老先生告诉我说，张氏原是四兄弟，他父亲 19 岁时因为修谱与同安乡鹅井张氏族长发生口角，被对方一掌打死，后来父辈就剩张师铭等三兄弟了。他们家族在地方上也是地道的书香门第，兄弟三人也都有文化，都是能说会道、能文能武的人物，保长、乡长让他们三分，后来惹了很久的官司，家族破败了。众所周知，进入民国以来，传统乡村社会的乡族自治已不复存在，日益完备的基层组织系统其神经末梢已渗透到社会的每个角落，传统乡村士绅的权威被国家在基层政权的代理人所取代，乡村士绅若不能积极融入新的组织系统，放弃固有的文化话语权和资源垄断权，就会异化为近代乡村政权的潜在敌人。张氏三兄弟的人生悲剧，也许能够折射出近代乡村士绅武断乡曲，抗拒基层组织和破坏乡村新秩序的必然命运。

如何解读收集到手的散落文书及阅读到的案卷文献背后的社会内容和法律事实，是我一直在不断思考的难题。对比事实本源，我清楚自己看到的只是微乎其微的丁点素材，但这些来自现实生活中第一手材料可以帮助我们矫正以往法律史研究中拘泥法律条文本旨的刚性判断。现实生活中的平民百姓，他们了解法律知识、维护合法权益甚至运用法律武器，未必完全获益于苦读法律典籍。以笔者多年从事收集地方法律文献的经验判断，明清律例法典民间罕有收藏，但涉及权益诉求的法律文书却并不少见，其中以契约文书和诉讼抄卷为最普通的形式，而教唆词讼的讼师秘本只是一种非常态的夸张形式。我一直确信传统中国社会似乎存在一个民间法律知识供应系统，通过简化律例法典内容编辑出各种普及法律知识的读本，民众借助这些功能各异的读本，再复制出自己所需要的诉诸权益的法律文书，这便形成民间社会最肥沃的法律知识土壤。在这一过程中，所有粗通文墨的乡村百姓都可能开展自我维权行动，传播民间所需要的合乎情理的法律知识，而擅长刀笔者则可能服务更多的人，成为一种仕宦之外、耕读之余的乡村法律工作者。他们之中也因为个人品格和生计状态不一，走出各自不同的法域人生，朱彬、黄诚卿、张师铭就是典型，他们都曾帮助乡村百姓打理诉讼事务，是乡村社会的士绅贤达和业余法律工作者，他们不同的人生结局，或许诠释了传统法律职业者的存在状态及其在社会转型中的路径选择。而这些正是笔者所关注的乡土社会的法律事实及其变迁历史。

法的实施与主体认知
——合作社法律文化的价值与影响

陈婉玲*

法的实施既依赖于国家的政治、经济、社会环境,也依赖于法文化的构建与传播,尤其当法的实施需要主体的积极参与时,法文化的培育与建立就是不可或缺的前提条件。民国《合作社法》是世界合作社运动发展的产物,也是民国政府受三民主义治国纲领和民间合作社运动的驱使,积极推行和发展合作事业的结果。从形式上看,民国《合作社法》堪称体例完整、内容系统、结构严密、制度科学,但在当时特殊的社会政治经济条件下,其并未在改良社会、改善民生的现实土壤中取得实效。这表明民国《合作社法》的创制只是从意识形态上完成了立法目的的本土化过程,即以"民生主义"的实现作为《合作社法》的立法追求,而法的形式结构和实质内容却热衷于盲目的生搬硬套。由此我们获得的基本结论是:《合作社法》的施行必须以正确的主体认知为前提,必须构建外国先进的合作社法律制度与中国传统社会"个性"相结合的合作社法律文化。在中国特殊的农业、农村和农民环境下,重视合作社及其社员主体地位的哺育与培植,把合作社法律文化作为加强合作社法实施的基础条件,才能真正实现《合作社法》的价值和效率。

一、小农社会与主体地位缺失

法在农村的推进程度,往往取决于农民这一生活在农村最基层的最大群体能够在多大程度上了解、认同乃至接受法律的调整。合作社制度是市场经济和社会物质交换的必然产物,只有具有独立"经济人格"和公民意识的个人,才会为维护其经济自由和市场竞争的平等性而组织起来。民国《合作社法》的实践证明:小农社会中农民缺乏积极参与的主体意识,这直接导致农民自觉组织合作社的主动性不足,合作社法律制度在农村的推行缺少扎实而必要的逻辑起点。1934 年年底,浙江省建设厅合作事业管理处对各县合作社考核,考核内容分为 18 项,包括社中设备是否完备、合作主义是否理解透彻、合作精神是否充分、社员是否忠诚、社员增减趋势、

* 陈婉玲,2006 级外国法律史专业,指导老师:何勤华。现工作于华东政法大学。

识字社员多少、会议是否遵守章则、职员是否尽职、有否发生纠纷、有无及如何簿记、每个社员平均公积金、社员股金数、营业资金多少、营业盈亏、公益金处理、报表以其他文件是否准确及时、社员平均储蓄、借款户借款用途及是否延期。满分为100分，但考核的结果大部分不及格。其中对合作主义理解一项，误解的占14%，人云亦云的占39%，不明白者占37%，理解透彻者只有10%；而对是否有合作精神的调查结果也相当令人诧异：自私自利无合作精神的占15%，社员之间有你我之见者占53%，相亲相爱的占32%。1934年《合作社法》颁布之后，合作事业开展的最大障碍仍然是"民众缺乏合作知识"，占到所有困难原因的42.6%。[①]结果证明了主体认知不足对合作社的影响，即合作社主体——社员，尤其是农民知识文化程度以及对合作精神和合作理念的了解、理解程度是合作社及其相关法律制度得到贯彻落实的主要影响因素。

法的形成前提是法律需求，从民国合作社运动始于民间知识精英的倡导和践行的现实来看，民国《合作社法》的法律需求来自于知识分子的期待，而不是合作社主体——经济弱者的诉求。一个基本的事实是在经济落后、文化贫瘠的广大农村社会，合作社主体——农民对合作社组织的认知程度和主动诉求远远不如知识分子。从理论上看，"合作社的产生方式可以分为自组织和被组织两种方式，自组织的合作社往往具有更强的生命力，被组织的合作社往往发生变异和走向衰败"。[①]虽然我国传统文化包含着大量的合作思想，也存在各种民间传统的劳动互助习惯，但是，自给自足的小农经济传统过于强大，农民主体性地位及其权利观念缺失阻碍了中国合作社"自组织"的生成。

首先，传统的小农经济生活、生产方式抑制了农民自组织的冲动。民国时期，中国农业商品化程度极其低下，除了棉花、蚕丝等少数农产品用于纺织等工业原料之外，绝大部分农产品用于农村和农民自给，没有组织规模化、系统化生产、销售的必要，农业生产所需要的种子、肥料、饲料等直接取于自家土地，很少向外购买，"至于新式农具的购买和使用更谈不上"，这也就是为什么以华洋义赈会等民间组织以及政府均把缺乏生产、开发功能而仅仅具有救济功能的信用合作社放在首位的重要原因，真正体现合作组织效率优势的农业生产合作社却发展缓慢。合作社作为一种舶来品，是西方市场经济发展过程中，经济弱势的个体"主体权利"觉醒的产物，其前提是商品经济和社会交换关系的发达。民国时期的农民是小农经济的主体，虽然遍布中华大地，人数众多，范围广泛，但却处于市场的边缘，其生产、生活几乎尚未遭受商品经济浪潮的侵袭。他们并未如欧洲农民那样经历"羊吃人"、"机器吃

① 石秀和、陈阿兴："自组织与被组织——试论我国供销合作社组织变迁、经验及创新"，载《商业时代》2002年第21期。

人”的血的洗礼，他们的农民身份没有受到威胁、他们的权利意识没有彻底觉醒，这决定了他们的主动性只在于家庭生产和生活，精耕细作、自给自足维持着简单的生活和再生产，因此，联合起来进行经济权利抗争的客观诉求并不强烈。

其次，传统的“群体”本位形成的路径依赖限制了农民自主、自助、自救个体意识的形成。民国时期传统文化造就的群众组织形式和资源依然是各种显性和隐性的家族、宗法组织，个体融于群体之中，由亲缘关系构建的宗法社会抑制个体意识的滋长。“当农民有什么需求的时候，首先求助于各种宗法文化的诠释和宗法组织的力量”在宗法社会的构造里，成员之间权利、责任、义务的确定，主要不是通过法律或明确的规章制度建立的，相互之间的信任也主要不是通过法律来保证，而是通过习惯或传统得以确定，经济生活也不例外。确切地说，小农经济条件下农民社会的权责构造以宗法关系为维系的基石，缺乏以契约关系为纽带进行权责分配的合作传统。

最后，传统的“义务本位”意识导致农村自组织习惯淡薄。传统的“家国一体”观使义务本位深入中国社会整个肌体，如王亚南所说，“中国自来就不许让人民具有什么基本的权利观念，所以他们对于任何自身权利被剥夺、被蹂躏的实施很少从法的角度去考虑其是非”。重复漫长的季节更替和长年累月的艰辛劳作以及自然环境对农业生产丰歉的决定作用使农民形成了极强的忍耐力和宿命观，安分守己、逆来顺受的农民习性根深蒂固。民国期间，农村社会的“精神破产”更使农民积极向上的主观能动性丧失。中西方政治、经济、文化传统的强烈碰撞，导致传统文化和社会生活发生急剧变化，保守封闭的思想眼界和贫瘠枯乏的文化修养使农民失去了对变革的价值判断，陷入迷茫以致沉寂；而不断的天灾人祸的打击更使无助的农民颓废、麻木，意志消沉。

总的来说，商品生产者自由个性的觉醒、经济理性的成熟和作为契约主体的独立人格的存在，是合作社组织行为赖以发生的“主体性”性因素。[①] 合作社主体的差异性使西方合作社法律制度在中国小农社会无法获得农民的“肺腑之声”。

二、当前农村合作社制度推行的障碍依然是主体认知残缺

从历史的角度来看，民国时期合作社主体认知缺失的状况，即使在今天的农村社会也没有质的变化。诚如苏力所言：中国的问题仍然主要是农村问题。新中国实行的以均田制为特征的土地改革，从 1950 年 6 月到 1952 年 9 月，仅用了两年的时

① 赵泉民：“对 20 世纪中国合作经济困境的比较经济社会学分析”，载《学术研究》2005 年第 8 期。

间，摧毁了长达两千多年的封建土地所有制，农民按人均取得所分土地的所有权，实现了“耕者有其田”。3亿多农民获得了4666万公顷的土地和其他生产资料，其中，占人口52.2%的贫雇农占有47.1%的耕地，占人口39.9%的中农占有44.3%的耕地，占人口5.3%的富农和占人口2.6%的地主分别占有6.4%和2.2%的耕地，从根本上改变了土地分配严重不均的状况，为解放和发展生产力创造了条件。农民主体地位在新中国得到了前所未有的彰显。但是，人民公社运动和集体经济的发展路径却使其再次跌入丧失自我的深渊，陷入“集体利益”的群体牵制之中，合作社及农民处于“主体性灭失”状态。

家庭联产承包制为合作社制度在农村推行提供了基础和条件，这是因为农民及农户取得了独立经营的主体地位，并为农民生产积极性注入了有效的催化剂。然而，承包经营跨越式地直接把农民及农户推向险象环生的市场，沦为市场竞争的弱势群体。虽然分散经营的农户不再以小农经济为生存机制，但是，环境的变迁却迫使他们必须从传统“生存理性”转向现代“发展理性”：①他们不仅要关心产品的生产，而且要关心市场的需求、原料的采购及产品的销售。面对这种“发展理性”需求，“单打独斗”的农民及农户根本无力承受来自市场的多元化风险。因此，为最大限度地满足个体利益追求并减少市场风险，我国现阶段的广大农村对于结成“利益共享、风险共担、互助互利”的利益共同体有着强烈的诉求，合作社组织在解决“小农户”与“大市场”矛盾中大有作为。

为适应农村经济发展的需要，我国于2006年颁布了《农民专业合作社法》。这部法律最突出的亮点是解决了合作社的主体性建构问题，赋予农民专业合作社的法人资格，农民专业合作社作为一类市场主体，依法开展的一切生产经营活动受法律保护；同时，明确并保障了农民的民主权利和合法利益，规定农民专业合作社对由成员出资、公积金、国家财政直接补助、他人捐赠以及合法取得的其他资产所形成的财产，享有占有、使用和处分的权利。针对农民专业合作社的弱者联合的性质，《农民专业合作社法》还规定了国家支持农民专业合作社建设与发展的一系列优惠扶持政策，赋予农民专业合作社一些特殊的权利，包括农业和农村经济建设项目可以委托有条件的有关农民专业合作社实施、财政资金补助、税收优惠、信贷支持等。

从性质上来讲，《农民专业合作社法》既是一部主体法，也是一部促进法。作为主体法，它明确了农民专业合作社独立的市场主体地位，国务院新闻办公室2008年2月28日发表了《中国的法治建设》白皮书，确立了《农民专业合作社法》市场主体法的制度性质，其宗旨在确认各类市场主体的合法地位，保障其公平参与市场竞

---

① 赵泉民：“农民的市场主体地位：实现农民组织化的基点”，载http://www.sddx.gov.cn/001/001013/001013001/921522206166.htm。

争;作为促进法,它通过一系列措施推动农民在家庭承包的基础上自愿、自发地组织合作社,合作社通过服务将原本分散经营的农户组织起来,把同类产品的生产与销售等各环节衔接起来,形成规模经济效应,解决千家万户生产与千变万化市场的有效对接问题,实现农民增收、农业发展和农村稳定的政策目标。

虽然,《农民专业合作社法》为农村合作社的发展提供了较好的法律环境,但其实施的效果却并不明显,一个重要的原因在于合作社的市场主体独立性观念并未深入人心、深入基层,农民作为合作社的主体并不能掌握和利用合作社拥有的制度优势和权利资源。刘纪荣在调研活动中,"不时就当地人询问对农村合作社的了解情况,不少人的回答是'不太了解',当问及农民专业合作社是一种什么样的组织时,更多人的回答是'不清楚',村里的农民对此更是不知所云"。① 农民关于合作社的认识与民国时期的调查结论如出一辙。人们对合作社问题的调查还发现,现行合作社极少数由农民自发组建,绝大部分合作社都是依托外部力量(包括龙头企业、政府农机部门、供销社、贩销大户等)而建,合作社通常被政府主管部门、少数大股东、经营者所控制,中小农户处于依附地位,对合作社的认同度较低,入社的积极性不高。"农民合作起来的组织没有农民的自觉参与,而大多只是地方政府的一相情愿",同时,与历史上合作社被赋予过多的"政治功能"相左,现行合作社被赋予过多的"经济功能"——实现农业现代化,应对经济全球化。合作社的"经济目标"存在一个明显的悖论:农民在现代社会处于边缘化过程,农民生活被认为是"可耻的",地方政府、社会以及农民本身对合作社本质有限的认知使之无法实现被赋予的"经济目标",合作社的本质由此遭到质疑,所谓的"为农服务",究竟是"为农民赚钱,还是赚农民的钱"?而所谓的支农则究竟是"支持农民,还是支持农业资本家,是支持农民中的少数大户,还是支持众多的小农"?

总之,我国农村合作社的设立和发展,虽然获得了丰厚的法律制度支持和保障,但上自各级政府,下到农民,对合作社及其社员主体地位认知的缺位或者错位已经成为《农民专业合作社法》有效实施的现实障碍。

三、弱者的武器:合作社法律文化的构建

《农民专业合作社法》要在现实社会中取得良好的社会实施效果,依赖于"人人为我、我为人人"的合作社理念的普及,依赖于互助互利的合作精神的贯彻,同时还

---

① 刘纪荣:"《农民专业合作社法》实施中的新情况和新问题——基于皖北某地农村合作社的调查报告",载 http://www.sdxm.gov.cn/art/2008/1/29/art_4694_71486.html。

依赖于农民对自身主体地位的认知。要解决这些软环境问题,构建健康、正确的合作社法律文化就成为先决条件。把外国先进的合作社法律制度与中国传统社会"个性"相结合,认真审视和解决法的普适性与本土资源的对抗关系,在合作社法移植时"让受移植法律经过合理处理与嫁接能渗入到移植国国民的血液当中,进而得到有机的整合",①这是合作社法取得预期效果的必要条件。"中国的法治之路必须注重利用中国本土的资源,注重中国法律文化的传统和实际",正如何勤华教授所言:"任何国家的法律发挥其内在的价值、功能和社会作用,必须与其本国(本地区、本民族)的政治、经济、文化、历史传统以及风俗习惯密切结合,成为该国法律文化的一个组成部分,为人们所接受并自觉遵守。"②

现实的问题是我国对于合作社性质和作用的认识,无论是理论界、政府部门还是普通民众,都还相当模糊和混乱,自觉或不自觉地把合作制等同于集体制,以传统的思维、观念对待和处理合作社事宜。因缺乏合作社法律文化的构建、普及以及农民缺乏自身的主体认知,合作社作为市场主体仍在一定程度上停留于法律层面,政府、社会、农民因对合作社理念缺乏足够的认识,合作社在参与市场经济、改善农村社会等方面的功能还没有充分发挥。《农民专业合作社法》的有效实施必须构建和普及合作社法律文化。

合作社法律文化作为一种法律文化,本身就是一种非常复杂的社会文化现象。虽然人们对法律文化的界定莫衷一是,诚如著名法理学者张文显教授认为,"法律文化的主要内容是社会成员对法律的认知、评价、心态和期待的行为模式";③而卓泽渊教授认为,"法律文化是指一个民族在长期的共同生活过程中所认同的、相对稳定的、与法和法律现象有关的制度、意识和传统学说的总体"。但我们认为合作社法律文化,主要是指包含合作社价值、功能、作用在内的一系列主观观念形态以及合作社运行机制、权利义务在内的一系列客观规定性,它是支配合作社法律实践活动的价值基础,只有在社会上形成广泛的合作社法律文化氛围,使政府、社会以及合作社成员养成合作社价值的共同认知,才能使合作社的法律制度得到确实的推行。

构建农村合作社法律文化,必须解决合作社主体认知问题。必须重视对合作社主体——农民的自我权利认知的塑造和培养,这是发展农民专业合作社的关键。目前,农民对法律认知能力的有限性和法律作为认知客体的专门性之间的冲突急

① 肖光辉:"法律移植及其本土化现象的关联考察——兼论我国法的本土化问题",载何勤华主编:《法的移植与法的本土化》,法律出版社 2001 年版。

② 何勤华:"法的国际化和本土化",载《长白论丛》1996 年第 5 期。

③ 张文显:"法律文化的释义",载《法学研究》1992 年第 5 期。

需通过法律文化的传播来解决，没有良好的法律认知，生成法律信仰也就无从谈起。“法律上规定的权利，如果缺乏农民的积极作为，那么很可能只是纸面上的条文。”农民作为合作社法的最重要的主体，却不能从根本上认识自己在合作社法上的地位和权利，合作社法也就形同虚设了。“中国农民的天然弱点在于不善合，他们只知道自己的眼前利益，但看不到长远利益，更看不到在长远利益基础上形成的各农户间的共同利益。因为看不到共同利益，所以不能在平等协商基础上建立起超家庭的各种经济形式的联合体。或者说，村民间的共同利益在客观上是存在的，但在主观上并不存在，因而他们需要有‘别人’来替他们识别共同利益并代表他们的共同利益。”正因如此，合作社作为超血缘、传统、亲缘的“地缘”组织，必须通过法律文化的灌输才能让农民自愿地联合。合作社在中国依然是一个新生事物，因为不了解合作社能为他们带来什么样的利益，不了解立法为他们设计的制度的优越性所在，农民缺少自发组织的激情，甚至产生误解，如农民担心“参加合作社可能引发土地的间接丧失以及土地的不断兼并”。这与政府对合作社法律文化的构建、宣传不力有直接的关系。

端正政府部门以合作社为主体的认知态度尤为重要。《农民专业合作社法》要求各级政府必须制定合作社发展战略，采取措施扶持、支持农村兴办各种专业合作社。但有些地方政府或基于政绩考虑，忽视对合作社发展的内在动力和需求，忘记其“服务”职能，把合作社异化为其管理的客体；或只考虑本地农民进入市场的组织化程度，忽略农民参与的可行性和自主性，使合作社的设立空有政府的激情、少了农民的积极参与。因此，政府必须尽快转换观念，摆正位置，尊重合作社及其社员的独立自主权和控制权，少干预合作社的运行，多提供优质服务。政府必须认识《农民专业合作社法》的出台，在于通过承认合作社的法人地位赋予，实现对农民——人数众多的弱者联合组织的政策扶持，是解决“三农”问题、改善农村生活条件、构建和谐社会的基础。政府并不是合作社的主人，农民才是真正的主角。

总之，合作社法律文化的构建需要全社会共同的努力，只有通过多种形式、多种渠道对合作社理念的宣传和灌输，才能使合作社制度深入人心，才能使合作社真正的“由民众的肺腑中迸发出来”，才能实现《农民专业合作社法》促进农业和农村经济发展的立法目标。美国耶鲁大学教授詹姆斯·C. 斯科特以“弱者的武器”为议题，考察了以马来西亚乡村社会为代表的处于社会底层的东南亚小农为保护自己的利益所做的平凡的反抗活动。合作社是农民走向市场，维护权益的“弱者利器”。只要构建良好的合作社法律文化氛围，只要农民切实了解合作社的本质以及合作社的运行机理，只要农民对合作社的主体地位有充分的认知，处于市场经济弱者地位的农民，就能够自主、自发地联合起来，以合作社为“武器”，从容应对外部的大市场、大社会，就能够在市场经济中实现自己的经济利益，改善农村社会的生存和发展环境。

“同而不继”到“和而不同”
——全球化背景下中国法律文化发展的思考

唐红林*

自20世纪60年代末“罗马俱乐部”针对各国经济往来频繁，国际分工日益细化紧密而带来的环境恶化、核威胁等危及人类共同命运的全球问题，不同民族、不同国家、不同学科都在重新思考全球经济一体化这一趋势所带来的挑战，寻求融入全球化的途径和各自发展的道路和模式，西方强势文明的冲击并植入其他弱势文明。90年代以后，学者越来越反对由西方发达国家价值观主导下的世界文明体系，转而提倡各种异质文明共存的多样化的统一。

中国作为世界不可缺少的一分子，不可避免地要面对世界日益发展的挑战。自1840年鸦片战争以来，被动接受西方文明的改造，沦落为西方资本主义文明体系的附庸。经过一百多年的痛苦抉择，不断调整自身的经济、政治、文化体制，新中国的成立给予了中华民族一个新的发展机遇和契机。在滚滚的全球化进程中，积极面对世界的经济政治社会主义市场经济进程，推动多样化统一的世界文明体系，成为中国现代化进程中不可回避一体化，正确评价自身的传统法律文化，实现整体的创造性的转变以适应中国的课题。本文老调重弹，拟从全球化背景下法律文化发展的规律和要求来探索中国法律文化发展的途径和方向。

一

（一）全球化的历史审视和发展趋势

自19世纪40年代“由于机器和蒸气的应用，使分工的规模已脱离了本国基地的大工业完全依赖于世界市场、国际交换和国际分工”，①生产力的迅速发展，促进了世界各民族国家的联系，“过去那种地方的和民族的自给自足和闭关自守状态被各民族各方面的相互依赖所代替了”。② 两次工业革命推动了资本主义在全世界的统治力量，随着血与火的进程，资本主义的文明也被“推销”到世界各地，“消灭了以

* 唐红林，2004级法律文化专业，指导老师：徐永康。现工作于上海对外贸易学院。

① 《马克思恩格斯选集》（第1卷），人民出版社1972年版，第254～255页。

② 同上，第167页。

往自然形成的各国的孤立状态”,[1]破坏被侵略国家地区的文明正常的发展过程。被迫改造自身的传统文明,接受资本主义发展模式,成为西方发达资本主义国家发展的资源供应和投资市场,丧失了本国文明发展的自主权。

两次世界大战的爆发,摧毁了西方发达资本主义精心组织建立的殖民地帝国主义秩序和模式,独立的民族国家抛弃原有的强加的不适应本国实际和发展规律的文明模式和制度,希求自主的移植世界先进的文明资源,探寻适应符合本国特点的发展模式。但是战后的发达资本主义国家放弃了原先赤裸裸的武力征服和经济掠夺,而采用温柔隐蔽的经济利诱和文化渗透的方式,迫使新兴的民族国家重新屈从于西方价值观主导下的世界模式。导致落后国家建立和发展本国文明模式,片面追求与发达国家经济和政治体制的一致,抛弃传统文化精华,移植的先进制度文化又千疮百孔,“水土不服”,达不到预想的目的,反而阻碍了本国经济的发展,甚至出现了传统文化的“整体复古”的逆流。20 世纪 90 年代以后,世界政治局势向多极化发展,新兴工业化国家和落后国家地区竭力打破束缚自己的世界旧秩序,但经济和政治融合却始终没有因此而停止,各种经济政治力量分化整合,区域化的融合正在兴起,如欧盟、东盟、非统、北美自由贸易区等,寻求在地域上的统一。全球的经济重心也由欧洲、美洲等发达国家转移到了亚太地区等发达和发展中国家的结合区域上来。西方文明也在审视发展过程,重新阐释基本内涵。妄图借经济实力,按资本主义模式,实现经济政治一统的“西方中心论”已经破灭,世界呈现着一幅丰富多彩的画面。以各种文明融合为主题全球化运动蓬勃发展,多种文明借鉴和参与为主旨,主张全球的融合,以经济发展和新科技革命为动力,以寻求不同文化背景下的价值的普适性。[2]

(二)全球化背景下法律文化发展的调整和方向

“一切社会变迁和政治变革的终极原因,不应当在人们的头脑中,在人们对永恒的真理和正义的日益增进的认识中去寻找,而应当在生产方式和交换方式的变更中去寻找,不应当在有关的哲学中去寻找,而应当在有关的经济学中去寻找。”[3]经济的变革促进了上层建筑的革新,经济是不断进步的,那么上层建筑也应不断地在原有的基础上迈进。经济基础的改变有自身生产力不断积累的缓慢演进和外来

---

① 《马克思恩格斯选集》(第 1 卷),人民出版社 1972 年版,第 51 页。

② 此种观点成为国内和国外学者的共识,世界的全球化的进程也证明了西方经济和政治文明模式并不是世界的唯一选择,反对绝对的同一,反对西方中心论,抛弃以西方文明模式为标准的偏见。但这不表明要完全排斥西方文明的合理成分,而全面恢复传统,这是极端的狭隘的民族主义。西方文明中的商品经济、民主政治和法治文明等基本内核经过了历史考验,仍是全球融合的基点和方向。各种文明取长补短,相互借鉴,尊重传统文明,建立适合本国实际的文明模式。

③ 《马克思恩格斯选集》(第 3 卷),人民出版社 1972 年版,第 424 ~ 425 页。

先进生产方式对原来的本国落后的生产方式的冲击而发生的激烈变革两种方式，这也就导致了法律文化的改革也有内部自身的温柔的变革和外界异质先进文明的激烈而引起的内部改变两种。[①] 从世界近代历史发展历程来看，更多地表现为西方法律文化的冲击导致了落后地区的法律文化的转变。落后国家在学习西方发达资本主义的经济模式，追求经济发展的同时，不得不移植西方法治文化来改变本国的法律文化以适应经济发展的要求。但“人们永远不会放弃他们已经获得的东西，然而这并不是说，他们永远不会放弃他们在其中获得一定生产力的那种社会形式。恰恰相反，为了不致丧失已经取得的成果，为了不致失掉文明的果实，人们在他们的交往方式不再适应于既得的生产力时，就不得不改变他们继承下来的一切社会形式”。[②] 利用和借鉴先进的法律文化对本国传统法律文化的改造和转型，剔除其落后内核，填充法治因子，实现传统法律文化的现代化，这是必然选择，历史也证明了这是一条正确的途径。

西方法律文化作为一种强势法律文化，随着资本主义的经济扩张步伐而弥漫到世界各地，其提倡的“法律平等”、“法律至上”、“契约精神”等为内核的法治理念以及完备的法律体制冲击着被侵略国家地区的弱势法律文化。在这种情况下，弱势法律文化没有过多选择的余地和借鉴模式，任由西方殖民地国家肢解组合，经历了磨合和转变过程，但也凸显出法律文化的差异和转型的方向。强势法律文化妄图彻底排斥或吞并弱势法律文化，在理论上这是不切实际的，在实践中也无法操作，必然失败。强势法律文化作为一种外因，只有融入本国的实际中，满足本国的经济政治发展状况，才能发挥其强大的活力。“特定民族和社会的内部要求，内在矛盾是各种异质文化发生影响和冲击的主要原因。”“各种外来法律文化是法律文化冲突的外因，它通过内因起作用。”[③]强势法律文化诱发了弱势法律文化的变革，促进了转型过程，昭示了发展方向。

但弱势法律文化本身固有的传统并非陈旧的、腐朽的老一套，其本身也有适应现实的合理成分，在强势法律文化的强大压力下，丧失国家经济和政治主权的前提下，弱势法律文化成为其附庸。如果没有彻底改造完成强势法律文化所依附的经济和政治体制土壤和环境，强势法律文化难以长久在落后国家存在，也无法形成稳定的制度和民众的自觉心理，待到强势法律文化随着经济政治的统治优势的丧失或消退，弱势法律文化的转型也失去了动力和方向，重新回到起点。所以在新的环

① 这两种变革方式所带来的表现归结为外来先进制度文化与落后制度文化的冲突与内部先进制度文化和落后的观念文化两种，在此笔者着眼于落后国家在遭遇西方先进发达国家的冲击和侵入时所面临的突出矛盾，在外部先进异质法律文化对内部传统法律文化的现代化转型的影响。

② 《马克思恩格斯选集》(第3卷)，人民出版社1972年版，第321页。

③ 刘作翔著:《法律文化理论》，商务印书馆1999年版，第21页。

境中，一项外国的设计常常被加以彻底的改变，结果与其意图相反，引进的法律制度实质上继续依照其先前的传统行使职能。但是在某些情况下，一般认为，这种情况较为少见；新的立法所精心设计的冲击却可以打破传统，使法律制度从一个族类走向另一个族类。[①] 但这种法律文化的移植往往会走向“形式主义”，并不能完全融入和打破原来的传统法律文化。近代英国改造印度的传统法律，移植本国法律，造成了在公法上适用宗主国的法律和原则和在私法仍保留了古老的印度教种姓法共存的局面，而且这种局面在印度独立之后仍没有改变。[②] 强势法律文化极大地破坏了弱势法律文化所依赖的经济和政治现实基础，为移植创造了条件，但并不能因此全盘移植，那只会导致强势法律文化的生命力减弱，直至僵化。所以利用弱势法律文化的合理精华，寻找传统向现代转型的价值取向和强势法律文化的相通的基点，减弱强势法律文化的融入本国体制的阻力，发挥其强大的推动力，“实际上，一个社会实现现代化的能力所受的限制只能来自以下两个方面即现代化以前的形式和现代形式的生命力。传统的因素，如英国的大宪章或日本的王位，可能是完全适应现代化的”。[③] 造成这种局面的根本原因是人不可能洗脱自己民族经历千百年而沉积形成的民族心理和习惯，只要它符合社会发展合理性，就会一直以表现为某种规定而生存下去，“只要宇宙还存在神秘性，只要人类还在其中寻找秩序，只要他们还好奇地希望认识它，那么他们就会创造、完善和依赖于传统。……只要人类还需要规则、范畴和制度，只要他们还不能即兴创造，或不只是只在某个场合才需要它们，那么他们就将坚守着传统。”[④]所以传统不可能在历史中完全消失得无影无踪。移植强势法律文化于落后国家的过程，不是不加咀嚼和区别地全盘引进和刻意模仿，而是重视传统的精华和合理形式，发挥其适应本土的优势，以本国发展状况和经济需要为根本出发点的现实需求，而不应超越现阶段的实际，盲目追求先进国家的模式而违反客观规律，人为地整体地抛弃和忽视传统的作用，得到的结果可想而知，传统的精华得不到发扬，先进的强势法律文化的巨大推动作用大打折扣，甚至出现两败俱伤的局面。

时至今日，经过几个世纪的磨合，产生于古罗马希腊并由近代西方发达资本主义经济扩张运动而推动的，剔除和剥离了强加于其上的资本主义意识形态和阶级价值观，融合和尊重其他民族传统精华的法治精神成为当今全球化背景下的法律文化发展的主流和中轴线。移植和建立适应各国实际的法治，摒弃绝对同一模式，

① [美]亨利·埃尔曼著：《比较法律文化》，贺卫方译，三联书店1990年版，第28页。

② 何勤华主编：《外国法制史》，法律出版社1997年版，第53～57页。

③ [美]布莱克著：《日本和俄国的现代化》，周师铭等译，商务印书馆1993年版，第22～23页。

④ [美]希尔斯著：《论传统》，吕乐、傅铿译，上海人民出版社1991年版，第429页。

废除落后的生产方式，培养和创立法治所依赖的市场经济和民主政治基础，[①]探索传统法律文化的现代化转型途径，建立自身独立的适应全球化发展的法律文化体系，“随着社会经济文化的发展，交往的日益频繁，历史上存在的国家、民族以及地域间的堡垒，会越来越打开，从而使法律发展的历史个性逐渐减弱。但是，法制现代化的历史运动并没有因此而变成呆板划一的群体的堆积”，法律的发展方向和目标应是“一个具有许多规定和联系的丰富的总体”。[②] 从世界整体上来看，全球追求和努力到达共同的法律文化目标就是要抛弃“法律同一论”和“西方中心论”的窠臼，倡导各国独立发展的前提下，根据本国经济政治实际基础上的移植先进法律资源，改造本国传统落后法律观念和制度，保留各种法律文化的合理价值，达到整体和价值内核上“和”的法治，反队和排斥不切实际的“同”的道路和模式。[③]

二

（一）中国传统法律文化的审视和转型的有利条件

中国传统法律文化[④]是以自给自足的小农经济为基础，宗法血缘等级为纽带，集体主义本位三位一体，以儒法两派理论糅合为中心，维护封建君主专制立法权力，倡导“德主刑辅”、“明刑弼教”治国之策，追求“无讼”的天下大同的伦理型“人治”法律文化。“数千年来，中国只有一种法律，那就是‘刑律’（并非正好就是今人所谓的‘刑法’），此乃道德之器械，它以内在的道德评判与外在的刑罚等级相配合，构成一张包罗万象的大网，其中无所谓民事和刑事，私生活与公共生活，只有事之

① 市场经济和民主政治的合力才能产生法治文明。这是诸多学者考察了西方法治文明的发展历程和中国的法律变革的经验教训而得来的。参见公丕祥：“中国法律文化现代化的概念、分析工具论纲”，载《南京社会科学》1990 年第 1 期；郝铁川著：《儒家思想与当代中国法治》，河南大学出版社 1994 年版；何勤华等编著：《中西法律文化通论》，复旦大学出版社 1994 年版。

② 《马克思恩格斯全集》（第 46 卷），人民出版社 1972 年版，第 38 页。

③ 这与西方鼓吹的“法律全球化”理论是迥然不同的，“法律全球化”是指这种法律来自于“不受任何国家控制的经济或政治势力”，是“超国家的法律”，是“独立于国家之外的立法过程”，即由所谓的“私政府”制定的适应日益发达的经济生活给世界各国主体之间的各方面交往的普遍规则。这以美国威斯康星—麦迪逊大学的特鲁伯克力为首的 4 个学者就以美国为首的发达资本主义国家领导的世界经济和政治全球化过程和现状合作撰写的法律发展趋势的研究报告提出了这种主张。参见沈宗灵：“评‘法律全球化’理论”，载《人民日报》1999 年 12 月 11 日。

④ 有学者主张中国的传统法律文化大体可分为两个部分，一个是中国封建法律文化；另一个是从前苏联移植过来的全盘抄袭的维辛斯基式的法律文化。参见何勤华等编著：《中西法律文化通论》，复旦大学出版社 1994 年版，第 328 页。在此笔者将中国的传统法律文化规定为产生于夏商，迄于晚清修律（甚至可延长于 1949 年中华人民共和国成立）的在中国占统治地位的农业社会的封建法律文化。

大小，刑之轻重。”[①]这种传统的法律文化内在精神表现为法律在“天人合一”的基础上，按宗法等级为本质的“礼”为行为标准和指导标准，并非判断是非曲直的准则，只是定分止争的工具，“凡听五刑之讼，必原父子之情，立君臣之义权之”。[②] 诉诸法律在宗法农业社会中被认为是无奈之举，如果不符合“三纲五常”和乡规民约，裁判并非能够得到自觉履行，法律诉讼的繁多而且被认为是官吏治理能力鄙陋的表现，“无讼”是法律追求的目标。全社会向往的不是那些照本宣科的俗吏，而是熟谙法例，精通宗法情理的清官明君。整个传统文化呈现出礼法合一的道德唯上的情、理、法。法律臣服于礼的束缚和控制。外在表现为皇帝遵循体现宗法等级为核心的“天理”，掌握立法权力，言出法随，司法权成为行政权的附庸，权利义务是以社会和家族为单位设定的。法律渊源众多，体系完备，各朝都重视立法修律，法律的编排结构稳定也不断发展。[③] 这种法律文化适应中国农耕社会宗法血缘经济结构的要求而产生和发展，也随着封闭的中国自然经济的没落而走向僵化。

1840 年的鸦片战争，轰开了封闭的了几千年的封建大门，震惊了昏睡的天朝上国，坚船利炮，先进的“淫巧技器”和价廉质高的商品撞击着中国的僵化的封建经济政治体制，“天朝帝国万世长存的迷信受到了致命的打击，野蛮的闭关自守的与文明世界隔绝的状态被打破了，开始建立起联系”。[④] 近代资本主义的兴起，“把一切民族甚至最野蛮的民族都卷到文明中来了”，摧毁落后的生产方式，推行资本主义模式，“按照自己的面貌为自己创造出一个世界”。[⑤] 发达的资本主义文明模式的侵入结束了中华法系的命运，迫使其不得不走上了近代转型的道路，脱离了自我封闭发展的孤立状态。从“中体西用”、戊戌变法、辛亥革命到《六法全书》的废除，中国人学习近代资本主义模式和体系改造传统法律文化过程可谓艰辛，努力可谓巨大，虽然建立了一整套法律设施，但这只是“形式上的近代化”，只不过将西方的法律制度视为医治中国旧律的良药，认为只要在中国建立与西方相类似的法律体系，这就可以实现法律的近代化了。[⑥] 这是中国人的天方夜谭，历史也无情地证明了这个梦

① 梁治平编：《法律的文化解释》，北京三联书店 1994 年版，第 422 ~ 423 页。

② 《礼制·王制》。

③ 关于中国传统法律文化的内在精神和外在表现，学者已有大量卓有成效的专著和文章，入木三分，分析透彻。参见张晋藩著：《中国法律的传统与近代转型》，中国民主法制出版社 1996 年版；张中秋：《中西法律文化比较研究》，南京大学出版社 1999 年版；范忠信：《中西法律文化的差异与暗合》，中国政法大学出版社 1999 年版；武树臣：《中国传统法律文化》，北京大学出版社 1994 年版；[美]金勇义著：《中国与西方的法律观念》，陈国平等译，辽宁人民出版社 1989 年版；[日]滋秀贺三著：《中国家族法原理》，张建国、李力译，法律出版社 2003 年版。

④ 《马克思恩格斯选集》(第 2 卷)，人民出版社 1972 年版，第 2 页。

⑤ 同上，第 255 页。

⑥ 郭成伟、郭瑞卿：“中国法律近代化的总结——中国法律的变革与外来法律资源的本土化”，载《人大复印资料》(法理学、法制史)2003 年第 2 期。

想的破灭。近代中国的法律文化并未根除中国封建传统文化所赖以生存的小农经济以及腐朽的专制统治结构，也未培养其法治所需要的市民社会的构架，而且连西方法治的基本的"法律平等"都未赋予人民，何以奢谈法律文化的根本转型，西方的法治精神只能成为宗法等级束缚下的"四不像"的畸形，传统法律文化和西方法治处于一种抑制的不死不活的状态。

即使近代的中国法律传统文化得以成功，也是将主导权拱手交给了西方帝国主义，成为其殖民文明体系下的一分子，沦落为西方殖民法治的"试验田"。但不可否认的是，近代的法律文化转型是在西方法治文明冲击下的"理性回应"，[①]动摇了封建传统法律文化的所奉为圭臬的万世不更的宗法等级观，引进了西方民主政治观念和先进的生产方式，孕育了强大的革命精神，坚定了整体抛弃封建传统法律文化的决心，为以后引进马克思主义的法律观打开了局面。同时中国传统法律文化中所表现出来代表自身经验总结的制度和体制（如调解制度，重视综合治理，预防犯罪理念等）在以后的法律发展中依然发挥其合理性，也能够融入将来的新的法律文化的肌体中，焕发新的活力，也为世界法律文化提供了可供吸收借鉴的资源。近代的法律文化的转型实践所带来东西法律文化的碎片，提供了一片适应时代潮流，自主改造传统法律文化和引进西方法治文化重新组合的新天地。

（二）中国现代法律文化发展的定位及方向

1949 年中华人民共和国的成立，废除了旧中国的封建法统，在面对西方帝国主义对新生独立政权的封锁和排斥，全面引进吸收苏联为模式的社会主义法律观，改造传统封建法律文化义适应社会主义的经济和政治模式的发展需求，开创了自主的接触、移植、融合世界法律文化的新局面。经历了一段对社会主义的片面认识而导致的法律阶级统治片面论，对传统法律文化的整体消灭而带来的国家阵痛期之后，走向了正轨。20 多年的摸索和对近代历史的客观总结，认识到要实现现代化，法律制度是保证完成政府的社会经济目标所绝对必需的、不可或缺的工具，必须建立对基本准则和法律规则的编纂和法律职业共同体的造就，需要对社会主义法制重新加以阐释。[②]

中国共产党作为中国的执政党，社会主义建设事业的领导核心，通过几十年的执政摸索，遵循客观规律，坚持了改革开放的正确的路线，借鉴一切人类创造的先进文化成果和结晶，特别是西方发达资本主义国家的先进模式和经验，始终坚持法

① 德国思想家马克斯·韦伯在《儒教和道教》一书中断言儒家伦理文化无法生成出资本主义与现代化工业的同时，指出儒家伦理虽不同于新教的"宰制型"的理念精神，但儒家具有其内在的适应性，对外部文化的挑战能作出"理性的回应"。

② ［美］亨利·埃尔曼著：《比较法律文化》，贺卫方译，三联书店 1990 年版，"中文版序言"，第 4 页。

治精神。在十四大确定了"建设有中国特色的市场经济体系"，十五大提出了"依法治国，建立社会主义法治国家"的战略，十六大明确了建设"政治文明"，使中国社会主义法治社会的框架和内涵逐渐明晰，实现传统社会向现代社会的根本转型。"传统社会向现代社会转变的更替，它的政治特征，乃是从集权政治向民主政治的演变。自然经济与商品经济，集权政治与民主政治是两种不同的法律体系。它们分别构成了传统社会的经济结构和政治结构的基本内容。发展商品经济，建设民主政治，两者共同汇合为当代中国社会改革与发展的主旋律。法律文化的现代化，乃是这一主旋律的强劲回音。因此，离开现代化和民主政治的发展去寻找中国法律文化现代化的动力，是徒劳无益的。"①真正把握了建设法治文明的主动权，独立自主地发展自己的法律文化，充分发掘传统法律文化的精华，其根本的动力来自于商品经济和民主政治建设所形成的强大合力，特别是商品经济的推动作用。所以面对落后的经济生产方式所带来的诸多问题都必须从其根本原因着手加以根本性的改革。

但是，中国还没有完全清算和根除传统法律文化中的"人治"观在现今社会中的影响，行政权干涉立法司法权的独立，以行政处罚替代刑事罪罚的现象屡见不鲜。但这些消极因素即不能阻碍中国义无反顾的现代化进程，也不能代表中国传统法律文化一无是处。恰恰相反，真是在移植西方法治和传统法律文化转型的冲突进程中，两种不同的法律文化表现了各自的优劣，坚定了中国传统法律文化转型中的取舍。"现代化首先意味着对传统的突破和否定，由此而表现了历史发展中间断性或阶段性。但是，另外，充分发展了的现代化还内在地包含着对传统中积极因素的肯定和发掘，体现了历史发展中的连续性或一体性。"②而且传统并非只是过去的经验，"传统之中包含着某种东西，它会唤起人们改进的愿望"。③ 对传统法律文化剥离其落后和腐朽的内核，汲取其合理形式，填充其现代法治的内核，这样传统法律文化的精华才能在现在法治社会中继续存在，发挥其活力，融入建立社会主义法治的巨大工程中去。

中国的社会主义法治建设不可能孤立于勃兴的由于经济全球化支撑的法治洪流，学习其他同属中华法系的国家地区成功示例具有不可多得的终南捷径。东亚大部分国家和中国具有相似的法律文化，社会各个方面在近代资本主义全球扩张过程中都遭受了巨大的挑战，面临着带有极重西方资本主义色彩的法治观念的冲击，在丧失了政治主权的前提下，接受西方资本主义的耳提面命，被动地模仿西方

① 公丕祥："中国法律文化现代化的概念分析工具论纲"，载《南京社会科学》1990 年第 1 期。

② 李秀林著：《中国现代化之哲学比较探讨》，人民出版社 1990 年版，第 5 页。

③ ［美］希尔斯著：《论传统》，吕乐、傅铿译，上海人民出版社 1991 年版，第 286 页。

模式改造自身的传统法律文化,失去了自身发展的动力。在获得独立后,排斥外界的种种干扰,积极参与到世界不断演进现代化的过程中,创立了独树一帜的传统法律文化转型模式,领悟和发展现代法治的普适性,取得了可贵的经验。"从某种意义上说,法治所表现出来的人权保障的价值要求是对不同民族与不同文化的平等保护和尊重,法治的普遍性与文化的相对性是互为统一的,尊重文化的相对性价值是法治应有的理论风格与价值需求。"①在尊重法治的基本精神和内涵下,以文化平等和相互汲取融合的原则改造儒家以及其他法律文化以适应现代法治的成功模范。中国要建立自己特色的社会主义法治,同样要面对儒家为主的传统法律文化的改造,正确理解社会主义的本质和要求,建立融社会主义、传统儒家法律文化的精华与现代法治的一体的法律文化成为中国法律文化的通天大衢,这种模式已经深深嵌入了中国现代化的发展躯体上,内化为适应经济全球一体化趋势下的中国法律文化,并在市场经济和民主政治的土壤中发芽、开花、结果。

三

世界经济的融合促进了不同法律文化的融合,法律文化的统一也促进了经济的发展。欧洲各国经济的发展融合,民族认同感的增进,国家地理边界的消退,以及历史上几千年的磨合等诸多因素促进了彼此的法律文化的融合,先进欧洲又走在统一的道路上,但不能因此断言其中的法律文化的同一,还是存在诸多差异。法德两国虽同属大陆法系,具有相同的法律起源和法律运作体系,但这二者也是有明显区别的,即使以后欧盟的成立,颁布了统一的在欧盟地域施行的欧盟法之后,依然会存在。毕竟法律文化是与各种的民族形成、法律传统、地理环境相联系的。② 法治文明之所以长盛不衰,成为人类法律文化永恒的奋斗目标,就是在于它能够和各国的实践相结合,尊重平等,反对模式的同一化。任何不遵循客观规律和各国实际,排斥商品经济和民主政治建设,那么任何法治的蓝图都是幻想。一个国家的法治要想融入国际社会,也必须建立在本国传统法律文化的转型和移植法治的动态平衡,相得益彰。

面对的世界不可阻挡的法治文明,中国传统法律文化的转型同样离不开借鉴

---

① 韩大元著:《东亚法治的历史与理念》,法律出版社2000年版,第25页。

② 正如孟德斯鸠所言的法律的形成是和一个国家的地理及其他人文环境有关的(参见[法]孟德斯鸠著:《论法的精神》,张雁深译,商务印书馆1961年版,第6页);也如萨维尼所言的一个民族的法律不可能和其他国家一致的,是"民族精神"的产物([德]萨维尼著:《论立法与法学的当代使命》,许章润译,中国法制出版社2001年版);黑格尔所持的国家的一切产物都带有"民族的特色"([德]黑格尔著:《历史哲学》,王造时译,三联书店1956年版,第194页)。

他国的经验和范例,合理和完美地将优秀的传统精华嫁接在现代法治文明的大树上,才能结出具有自身特色的法治之果。正如一个著名的断言:“在比较法学者看来,中国的法律制度仍然是独特的,但是这种独特性不再由于像以往那样孤立地寻找解决其问题地乌托邦式方案所导致,而是因为它为了实现现代化高效率和公正地全面目标,而博采西方、日本的民法、苏联法律以及中国传统法律等因素并将其融为一体。”①

① [美]亨利·埃尔曼著:《比较法律文化》,贺卫方译,三联书店1990年版,“中文版序言”,第7页。

“监督”考

曹呈宏*

汉语“监督”一词在现代使用较为广泛,并不局限于法律和法学领域,日常生活中也常用。现代意义上的“监督”有两种含义,是指“察看并督促”,也指“做监督工作的人”。① 在法律的意义上,现代“监督”一词的用法,存在三个方向的监督:自上而下的监督、自下而上的监督、平级的监督。以《中华人民共和国宪法》为例,宪法文本上出现了18处“监督”,三个方向的监督均有体现。自上而下的监督,如第3条规定:“国家行政机关、审判机关、检察机关都由人民代表大会产生,对它负责,受它监督。”第127条规定:“最高人民法院监督地方各级人民法院和专门人民法院的审判工作,上级人民法院监督下级人民法院的审判工作。”自下而上的监督,如第27条规定:“一切国家机关和国家工作人员必须依靠人民的支持,经常保持同人民的密切联系,倾听人民的意见和建议,接受人民的监督,努力为人民服务。”平级的监督,如第129条规定:“中华人民共和国人民检察院是国家的法律监督机关。”第91条规定:“国务院设立审计机关,对国务院各部门和地方各级政府的财政收支,对国家的财政金融机构和企业事业组织的财务收支,进行审计监督。”汉语“监督”一词和监督权力的起源和流变是什么样的?本文拟对此作一探讨。

在我国的古文字中,“监”字出现得很早,在甲骨文中即已出现,写作“”或“”。其形象一边是一个器皿,另一边跪着一个面朝器皿的人(后一种写法右边则是一个“女”字,指女人),人头上是一只大眼睛(目)或者容颜(后一种写法,以圆代表。一短横代表器皿中有水,水下有映照出的容颜),表示人(或姑娘)利用皿中的水照照自己的模样,所以“监”的本义为临水自照。② 到了金文里,监字写作“”,③人的眼睛的形象变大了,而且移到了“皿”的上方。在小篆中,监字的写法是“”,此时“目”已伪变为“臣”字,“人”也跳到了“皿”的上方,以更符合汉字方块形体的

---

* 曹呈宏,2005级外国法律史专业,指导老师:何勤华。现工作于浙江省检察院。

① 《现代汉语词典》,商务印书馆2005年第5版,第663页。

② 中国社会科学院考古研究所编辑:《甲骨文编》,中华书局1965年版,第355页。左民安著:《细说汉字——1000个汉字的起源与演变》,九洲出版社2005年版,第406页;谢光辉主编:《汉语字源字典》,北京大学出版社2000年版,第75页;谷衍奎主编:《汉字源流字典》,华夏出版社2003年版,第550页。

③ 容庚编:《金文编》,中华书局1985年版,第582页。共收录殷周金文上的11种写法,大同小异,本文录其一种。

要求,也正因如此,导致了东汉许慎写《说文解字》时对“监”的本义的错误解释,他认为“监,临下也。从卧,䘓省声。”①由于许慎是以小篆的字形为基础解释字的本义的,“因形见义”,而近现代以来,地下陆续出土了甲骨文、金文,“尤可考订许氏原文之失”。②“监”的本义并不存在居高临下之意,许慎的错误已经为现代一些学者明确指出。《现代汉语词典》以“从旁察看”为监字的第一义项,当是取监字的本义。③

“督”字出现得较晚,在小篆中写作“”,字形与今天的写法已经非常相近了,《说文解字》解释为:“督,察也,一曰目痛也。从目,叔声,冬毒切。”④也就是察看的意思。虽然督字的出现较晚,但其组成部分却都已在甲骨文中出现。上半部“叔”字甲骨文中写作“”,金文中写作“”,出土的战国青铜器纹样上,“叔”字是一个人弯腰拾取东西的样子。⑤《说文解字》:“叔,拾也。从又尗声,汝南名收芌为叔。”⑥尗即豆菽之“菽”的本字,是豆类的总称。现在我们所熟悉的“伯仲叔季”之“叔”则反而是叔字的假借义,是后起之义了。下半部“目”字在甲骨文中写作“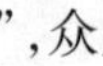”,众所周知就是一只眼睛的形象,不需分析,一目了然。目的本义就是“眼睛”,引申为“看”。所以“督”字是个从叔声的会意字,是从“叔”的本义“拾取豆子的果实”和“目”的本义“用眼睛看”而来,要拾就得细细地看,督就指察看,并无现代所用的“督促”之义。⑦

“监”和“督”这两个词义相近的单音词连在一起,作为一个双音词“监督”来使用,最早见于东汉。《周礼·地官·乡师》有云:“大丧用役,则帅其民而至,遂治之。”郑玄注:“治谓监督其事。”唐贾公彦疏:“云‘治谓监督’者,谓监当督察其事。”⑧“监督”一词在正史中最早出现是在《后汉书·郑孔荀列传》:“臣闻古之遣将,上设监督之重,下建副二之任,所以尊严国命,谋而鲜过者也。”⑨两者比较当以郑玄的注为早。因郑玄为东汉人,生于公元127年,卒于200年。他注《周礼》的时间是在因“党锢之祸”被禁锢期间,从公元170年开始到184年解禁。而《后汉书》的纪传作者范晔是南朝刘宋人,生于公元398年,卒于445年,其写作《后汉书》是在被贬为宣城太守后,也即432年开始的。所以郑玄注中出现“监督”一词,要比范晔

---

① 《说文解字》,中华书局1963年版,第170页。

② 同上,前言,第3页。

③ 《现代汉语词典》,商务印书馆2005年第5版,第662页。

④ 《说文解字》,中华书局1963年版,第72页。

⑤ 左民安著:《细说汉字——1000个汉字的起源与演变》,九洲出版社2005年版,第57页。

⑥ 《说文解字》,中华书局1963年版,第64页。

⑦ 吴润仪编:《汉字详解字典》,四川人民出版社2001年版,第175页。

⑧ 《周礼注疏》,北京大学出版社2000年版,第341页。(清)孙诒让撰:《周礼正义》(第3册),中华书局1987年版,第825~826页。

⑨ 《后汉书·郑孔荀列传》。

书中出现“监督”一词早 248 ~275 年。目前有观点认为“监督”一词最早出现于《后汉书·荀彧传》,此说不准确。①

与“监督”一词用法相近的还有“监察”一词。例如,上《说文解字》的解释就是“督,察也”,《辞源》对“监察”的解释也是“犹监督”。② 可见监督与监察在我国古代是被作为同义词使用的,除了用于官名等专用名词外,大多数场合均可互换通用。所以在追溯监督权的历史演变时,应该注意历史典籍所记载的监察与我们今天用于行政监察之监察是不同的,历史上的“监察”一词等同于监督,其外延要比今天的行政监察广泛得多。

古汉语的发展规律是从单音词发展到多音词,在“督”字出现之前的殷周时期,古人仅以“监”表示从旁察看的监督之义,而且这个“监”也是官名。在《史记》中即已记载了黄帝“置左右大监,监于万国”。③ 当然,由于年代久远,目前关于黄帝时期的历史,尚无确切的文物予以证实。有出土文物证实设监进行监督的,目前最早可追溯到殷商时期,在殷墟卜辞中出现商王令某人监某地的记载,④周灭商后,对设监一事可能进一步予以推广。在出土的周朝金文上已经有“仲幾父使幾使于诸侯诸监”的记载,其他铭文也有提到“监”的记载。这说明周王在诸侯国是设置有监加以监督的。周王朝在处理地方与中央的关系上是采用分封诸侯的封建制,所谓“列爵曰封,分土曰建”,⑤封建的本义是指“封土建国”、“封爵建藩”,早期的封建制出于夏朝,商、周均沿袭。不过夏、商的封建还是氏族封建,周朝的封建制则发展到比较完备的子弟封建,逐步进入一姓(异姓辅佐)掌控天下的政治格局。周初的封国数

---

① 持“监督”一词最早出于《后汉书·荀彧传》的观点的法学论著,如蔡定剑著:《国家监督制度》,中国法制出版社 1991 年版,第 1 页;邵爱红:“试论古代监察制度与当代检察制度的渊源联系”,载《犯罪研究》2002 年第 6 期,第 76 页;谢如程:“关于检察机关民事诉讼同步监督权的思考”,浙江省人民检察院 2005 年度检察理论年会论文。从引文内容来看,这很可能是由于作者们所使用的《辞源》版本较老导致的。但《辞源》并没有表示这是最早的“监督”一词出处。《辞源》系商务印书馆出版的工具书,于 1915 年出正编初版,该版中对“监督”的解释仅释为“官职名称”一个义项(即现版本的第二义项)。1931 年 12 月出续编初版,该版中补充了“监督”的“监察督促”义项,作为第二义项,但该版中的例句则举了《后汉书·荀彧传》,引文到“臣闻古之遣将,上设监督之重,下建副二之任”为止,未列《周礼·地官·乡师》的郑玄注。1939 年 6 月,正续编合订本一版。1981 年 12 月出修订一版,在修订一版中,已经将“监察督促”作为第一义项,将“官职名称”作为第二义项。此修订版已经列入了《周礼·地官·乡师》的郑玄注,同时也在此后列《后汉书·荀彧传》,且引文到本句末:“臣闻古之遣将,上设监督之重,下建副二之任,所以尊严国命而鲜过者也。”该引文与中华书局版的《后汉书·郑孔荀列传》原文对照脱漏一“谋”字,且句读不同。中华书局版为“所以尊严国命,谋而鲜过者也”并刊唐朝李贤等注曰:“左传曰:‘谋而鲜过,惠训不倦。’”可见应以中华书局版之《后汉书·郑孔荀列传》为是。而且《后汉书》并无《荀彧传》,而是将郑太、孔融、荀彧三人共作一传,为《郑孔荀列传》,故《辞源》引也不确定。

② 《辞源》(修订本),商务印书馆 1981 年版,第 2191 页。

③ 《史记·五帝本纪》。

④ 张亚初、刘雨著:《西周金文官制研究》,中华书局 1986 年版,第 49 页。

⑤ 《皇朝文献通考》卷二四六,《封建考》。

量其说不一,在数十到数百之间。① 那么周王是如何控制这众多的同姓和异姓诸侯的?金文材料说明主要是设监来进行监督。但毕竟金文字数都较为有限,只能给我们传递只言片语的信息,至于具体的监督方式、监督者的法律地位如何等问题,则无法进一步表述了。因此我们虽然可以确定在商、周时期即已经出现行使监督权的职位,却难以进一步分析其权力的具体内容。

从"监督"这一双音词的用法上看,开始应只是通过同义词并用的方式,从单音词演化为双音词,这是我国语言文字发展的普遍现象。从词义上看也可以认为在原始的"察看"的基础上,增加了少许"督促"的意义,因为虽然监督者在当时的责任主要是根据职务的需要到现场察看了解情况并向派遣者汇报,但我们难以设想一旦情况有所不妥的话,他们在现场会一言不发,不提出一些意见建议。当然,他们的意见建议并不一定对现场的官员具有约束力。《周礼》中乡师的职责是掌管其分工所管之乡的教育(按二人共治三乡编制),并且负责监督各级乡吏的工作。其中遇到天子、王后、太子去世,就要率领所管之乡的民工前往服役地点,并监督他们的服役。贾公彦疏的"监当督察其事"主要还是应从监督的本义来理解,就是在现场从旁观察掌握情况,而并不是直接地调度指挥,因为调度指挥是职位比乡师高的大司徒的职责。如上所述,《周礼》中的乡师并非专司监督职责的官员,说明在《周礼》的成书年代或所指的年代,监督职责并未从其他行政职权中分化独立出来,成为一项专门的国家权力。关于周礼的成书年代,历史学界争论颇多,自汉及今,意见分歧,约计有八种:周公手订说、西周说、东周说、春秋说、战国说、周秦说、汉初说、刘歆伪造说。时代的跨越千年有余。时至现代,多数学者认为《周礼》既非周公之作,也不是刘歆的伪书,其真实作者已难以考证,所以把注意力转向成书年代,有钱穆、郭沫若、杨尚奎、顾颉刚、朱谦之、洪诚、陈连庆、彭林等纷纷作文考证,但也难有一致的结论。至今仍争论不断,但基本上集中于东西周之交和战国成书之说。② 但无论《周礼》成书于东西周之交还是战国,学者们大都承认作者(们)是运用了大量的周朝文献的,书中所记载的职官制度既有大量地保留了西周的历史实况,也有一些理想化的创造。此点得到了出土文物的证实,经与出土青铜器上的铭文分期整理对比,《周礼》在主要内容上,与西周铭文所反映的西周官制有许多一致或相近的地方。具体说来,据对照考证金文材料,《周礼》中涉及具有监督职责的"乡师"的职责与西周中晚期金文中的"邑人"相似,《周礼》中

① 冯天瑜著:《"封建"考论》,武汉大学出版社 2006 年版,第 9~27 页。

② 张国安:"《周礼》成书年代研究方法论及其推论",载《浙江社会科学》2003 年第 2 期;杨天宇:"略述《周礼》的成书年代与真伪",载《郑州大学学报》(社会科学版)2000 年第 4 期;孙景坛:"《周礼》的作者、写作年代及历史意义新探",载《南京社会科学》1997 年第 10 期;吕友仁:"《周礼》概说",载《河南师范大学学报》(哲学社会科学版)2001 年第 1 期。

"小宰"的职责与金文中的"宰"相似。[①] 因此我们可以认为虽然《周礼》的成书年代不在西周，但除了上述由周王派往各诸侯国进行监督的"监"外，在西周时期的周天子的政权中，我国已经有了司职监督的官员。但这种监督的权力并不是独立的，而是分散的、附属的，在不少的官职设置中，都有着对特定情况和特定人员的监督，虽然"监督"一词在郑玄所注《周礼》中仅被用在乡师一职上，但从《周礼》的内容来看，其他不少官职（如小宰、宰夫，后文有述）设置其实均负有某种监督的职权内容。而对金文的研究也更印证表明，周的省（眚）史、司士均具有监督职权。[②]

上述殷、周派往诸侯国的"监"是否专司监督，目前难以确定。而周天子政权中的各负有监督职责的官员却又不是专司监督的。有据可考的专司监督的职权，产生于军事战争的需要，最早始于东周时期。据《史记》记载，齐景公以田穰苴为将军，"将兵扞燕晋之师。穰苴曰：'臣素卑贱，君擢之闾伍之中，加之大夫之上，士卒未附，百姓不信，人微权轻，愿得君之宠臣，国之所尊，以监军，乃可。'景公许之，使庄贾往"。[③] 对于这个"监军"一职，唐太子李贤的写作班子注《后汉书·郑孔荀列传》时，引用了史记的这段记载，并认为"即监督之义也"。从《史记》的这段记载来看，可以分析这个专门派往军中司监督之职的监军的职务特点。首先，这是临时委派的，并非常设官职。其次，这个监军所要监督的对象其实不是代表国君监督出门在外的"一把手"将军，以确定其是否忠诚，而是监督军中的其他军官和士兵，使他们服从将令，树立将军的权威的。这从田穰苴请求设置监军的理由是由于自己出身低微，威信不足以服众，才愿得宠臣来任监军可以看出。最后，在监军与将军的关系上，将军具有绝对的权威，可以对监军生杀予夺，而看不出监军对将军存在居高临下的权力。事实上这个庄贾还未出兵就因迟到而被田穰苴斩了立威，连齐景公派使者要来特赦也来不及。田穰苴还把齐景公使者的仆人也斩了并破坏了使者的车辆立威。此后，监军一职逐渐发展并有所变化，汉武帝时置监军使者。东汉魏晋都有监军使者，简称监军，也称监军事。隋末有时以御史充当监军，唐玄宗时以宦官为监军，[④]明朝又以御史为监军，清朝不设。历代监军的职权，主要是代表中央专司监督，但在曹魏，有以监军直接领军的，曹魏之前和唐以后，监军都是在军队中专司监督职权。而且后世的监军的监督对象有了重要的变化，不但帮助在外的将军监督军中的军纪，而且还代表中央（皇帝）对将军本人的行为进行监督。例如，《后汉书》记载，马援从壶头（山名）攻打下隽（县名）不利，皇帝就派虎贲中郎将梁松责

---

① 张亚初、刘雨著：《西周金文官制研究》，中华书局1986年版，第112页、第117页、第140页。

② 同上，第32页、第38~39页。

③ 《史记·司马穰苴列传》。

④ 《文献通考·五九职官·十三监军》。

问他,并且充任监军。恰好马援病死了,梁松与马援有宿怨,“遂因事陷之。帝大怒,追收援新息侯印绶。”①

由此可以归纳中国历史上的监督权的发展,先由萌芽状态的“监”和常设的但非专职的如“乡师”、“小宰”等官员,以及专职的但临时设置的“监军”等官员并存。而最终发展到独立的、常设的、专职的行使监督职责的官员,则是秦朝的台谏制度。这也是监督权的最重要的成熟形态。

台谏制度包括御史制度和谏官制度。这两者在《周礼》所记载之年代开始具体化,在秦朝完成制度化,大行于汉以后。《周礼》记载小宰担任常设的监督职责,“小宰之职,掌建邦之宫刑,以治王宫之政令,凡宫之纠禁”。郑玄注:“纠犹割也,察也,若今御史中丞。”②这就明确把小宰比作御史了。当然,小宰还有其他许多职责,所以说此时的监督权虽然是常设的,但并不是独立的、专门的,没有从其他权力中分立出来。而且,《周礼》中的宰夫一职,也较明显地具有监督权的属性。“宰夫之职,掌治朝之法,以正王及三公、六卿、大夫、群吏之位,掌其禁令。”③可见,此时的监督权也是分散的,不同的官员都可能具有某方面的监督职权。当然,《周礼》里也提到御史一职,不过这个御史跟监督权无关,应是史官。而秦朝的御史却不是史官,而是专门独立行使监督权的官员,这是秦朝一大创举。自秦以后,监督权从其他权力中独立出来,并且相对集中地行使了。秦置丞相、太尉、御史大夫分掌行政、军事、监督以来,中央国家机构的权力配置,形成了行政、军事、监督三大系统鼎立的格局。《汉书》记载:“御史大夫,秦官,位上卿,银印青绶,掌副丞相。”④此后直至清朝,历代均设有御史(名称有所不同,但大都含有“御史”二字)。但其中值得一提的是西汉时的监督权制度颇具特色,在一定程度上恢复采取了多元监督制。不过与古典的多元监督相比,西汉的多元监督却是专职而非兼职的,这是西汉监督制度的一个特色。西汉除了御史掌监督权外,另有两个职位也专司监督:一个是司直;另一个是司隶校尉。司直属于丞相(请注意此“司直”一官职,近代“检察官”由此而来,后叙)。而司隶则无所属,可谓直隶天子,但其仅设置于京畿。二者皆创设于武帝时。⑤ 这样一来,御史可以纠劾御史已如上述,而司直、司隶与御史三者之间,又得互相监督。例如,“司隶校尉王尊劾奏:‘衡(丞相匡衡)、谭(御史大夫张谭)居大臣位……罪至不道。”⑥“丞相司直緐延寿奏:“……案望之(御史大夫萧望之)大

① 《后汉书·马援列传》。

② 《周礼注疏》,北京大学出版社2000年版,第63页。

③ 同上,第77页。

④ 《汉书·百官公聊表上》。

⑤ 同上。

⑥ 《汉书·匡张孔马传》。

臣……受所监赃二百五十以上，请逮捕系治。”[①]秦和西汉的御史还兼副丞相职，平时辅佐丞相治理国事，东汉以后的各朝代都不再兼，监督权与行政权完成分立。御史的职权用西汉朱博的话说是“典正法度，以职相参，总领百官，上下相监临”，[②]就是监督官的官。但各朝代职权或大或小不很一致，主要任务是监督百官，也有其他与监督有关的相应职权，以调节国家机构的正常运转，防止官吏渎职失职，保证帝王政令的实施。自秦至清，行使监督权的御史组织独立于行政权之外，御史官员则秩卑权重，这成为中国古代监督权制度的显著特点。

据我国台湾地区学者归纳我国历朝御史的职责主要是九项：一是建议政事，这在宋初以前主要是谏官的职责，但宋真宗后御史兼有此权。二是谏正君过，其职权归属和演变与上同。三是封驳诏书，此权西汉时原属丞相权力，后几经演变，经南朝梁陈由御史行使，经唐发扬，直到清末改。四是纠弹官员，史称纠察百僚。这是御史的主要职权，而且历代御史的纠弹范围并不仅限于官吏的职务言行，往往明定得察及豪宗大族和妖猾盗贼等。五是参与或复核审判，御史被视为法吏虽然是从唐朝开始，但秦汉以来大抵均有参与或复核审判之权。六是政务审核，史称受公卿奏事或分察百司，明清这方面的权力特大。七是财务审计。八是人事考核，史称对官吏的考课或课第。九是侍班及纠议，史称侍左右和监威仪。

谏官则历代名称很多，如谏大夫、谏议大夫、议郎、给事中等，其职责主要是对皇帝谏诤，就是监督皇帝的官。同时也兼管对百官的纠劾，这部分职责与御史有些重合之处。很显然，对皇帝的谏诤属于自下而上的监督，有时候是需要冒着生命危险的。

从历史上看，御史行使职权时可以直接拘捕犯人，这充分说明了古代御史具有现代所说的侦查、逮捕权，而不仅仅是调查权（当然，在古代没有这样细致的区分）。以御史制度成熟定型的唐朝为例，唐御史台是受理讼案、拘捕犯人、审讯犯人三位一体的政权机构，而且还设置了专门的监狱（看守所）。唐初御史台本不设狱，如需留讯犯人，则寄拘于大理寺。贞观二十二年（648 年）李乾祐任御史大夫时，上奏要求在御史台中设东西两狱。理由一是囚自大理来往，滋其奸故。也就是来往押解容易给囚犯以接触外界的机会，从审讯心理等方面也使囚犯减少了孤立感，增强了抵抗心理。二是案事入法，多为大理所反。也就是翻供严重。于是“别置台狱，有所鞫讯，便辄系之。由是自中丞、侍御史已下，各自禁人，牢扉常满”。[③] 崔隐甫上奏取消，后来怕泄露狱情，又恢复了，一直沿袭到唐末。有论者认为：“御史台设狱，保证

---

① 《汉书·萧望之传》。

② 《汉书·薛宣朱博传》。

③ 《旧唐书·良吏下》。

了司法审判的保密性和独立性,亦增强了御史台的地位。”①这种将职务犯罪侦查权赋予监督权机关是具有内在必然性的。其合理性来自于对官员实施有效监督的需要,是直接服务于皇权统治的。君主设独立监督权的主要目的,在于为其耳目,以监察行政官吏,防止官吏违法滥权。所以如果将职务犯罪侦查权设于行政权之内,则彼此利害关系一致,官官相护,殊背其设官分职之本旨。此后宋太祖将中央监狱整个从大理寺移归御史台管辖,称为“台狱”,至神宗时恢复大理寺狱,形成大理寺狱与御史台狱并存的局面。后大理寺狱的存亡有所反复,但无论如何案情重大者,仍须送“御史台(狱)推究”。② 后金、元、明皆因之。明朝改御史台为都察院,为最高监督机关,仍下设监狱,负责侦查职务犯罪。直至清朝监狱才由刑部总管(满人特别监狱除外)。

当然,“人主之患,在于信人”,虽然古代担任御史的人一般都是皇帝所信任且性格刚正耿直、素有清望的人担任,皇帝借此来监督控制臣下,但大臣不可信,御史监督官员又如何可赖?所以今人所谓的“监督监督者”的问题同样摆在了古人面前。古人并未因噎废食地取消监督权了事,而是设计了一系列巧妙的机制来解决这一问题。否则的话,我们同样可以追问“谁来审判审判者”、“谁来行政行政者”,国家权力就无法建立。

具体办法:一是使监督者具有很强的独立性。这种独立性体现在机关的独立和个人的独立两方面。从机关的独立来说,御史机关不仅独立于行政机关,而且上下级之间也是独立的。从个人的独立来说,同一机关内的御史,虽然以大夫为台主,但对下属监督权的行使,不得指使或干涉。御史不但得以独立查办和举劾百官的职务犯罪,即使其直属长官如有不法之处,亦可单独劾奏。御史们的品秩虽有高低之分,但监督权的行使则一。只有唐朝一个短暂的历史时期,“武后长安四年,御史大夫李承嘉尝召诸御史责之曰:‘近日弹事,不咨大夫,礼乎?’众不敢对。监察御史萧至忠进曰:‘故事台中无长官,御史人君耳目,比肩事主,得各弹事,不相关白。若先白大夫,而许弹则可,如不许弹,则如之何’”?诸御史实际上都不听李承嘉的,后来于德宗建中元年,明令撤销关白之制,“建中元年三月令御史得专弹劾,不复关白于中丞大夫”。③ 此后代代相传,御史均得各自个人独立办案(当然,自愿的联合办案在所不论)。

二是监督者互相监督。由于各御史的监督是个人独立的,所以就相当于设置了许多个独立的监督机关,这些监督者就可以互相监督,甚至下级也可以监督直属上级,历朝均如此。例如,西汉孙宏当御史中丞时,御史大夫翟方进想提拔他的名叫

① (清)赵钺、劳格撰:《唐御史台精舍题名考》,张忱石点校,中华书局1997年版,“点校说明”,第4页。

② 《宋史·刑法志》。

③ 《唐会要》卷六一。

隆的秘书做侍御史,孙宏就上奏说隆这个人以前办事轻慢,不宜执法近侍。①

三是西汉时采取了多元监督制。此点已如前述。

随着辛亥革命的胜利,皇帝制度灭亡了,谏官制度自然也随之消亡了。但监督权则保留了下来。孙中山先生创立了"五权宪法",继承中国自古以来的御史制度,将监督权作为一个独立的国家权力,由监察院行使(包括审计权、弹劾权、纠举纠正权等很重要的监督权组成部分,但是却只有调查权,有关部门必须配合,却无刑事侦查权)。但目前的我国台湾地区监督权则通过修"宪"被弱化了,"国民大会"经修"宪"取消后,"监察委员"改为需要由"总统"提名、"立法院"通过,因此监督权并没有发挥应有的作用,甚至在陈水扁的第二任"总统"任期内"监察委员"由于"总统"的提名一直未获"立法院"通过,所以已经从 2005 年 2 月 1 日起一直空缺,直至 2008 年 8 月 1 日由马英九"总统"提名选出的新任"监察院院长"王建煊与"监察委员"正式上任,空缺达三年半之久。这说明监督权一旦受制于行政权、立法权,极有可能步履维艰甚至丧失功能。这是个值得研究和反思的宪政问题。

新中国成立后,监督权并没有直接仿照御史制度设立,而是仿照苏联模式设立,由检察机关行使。需要特别指出的是,新中国的检察制度,与清末修律以来直至中华民国(及其后我国台湾地区)的检察制度虽然名称相同,但实质已有所不同,需要引起注意。"检察"一词早在汉朝即已使用,是查看、考察之意,与"监督"的本义是同义词。例如,汉朝新汲令王隆撰、汉胡广注的《汉官解诂》即说到郡太守的权力包括"检察郡奸,举善黜恶,诛讨暴残",②而东汉末曹操的《收租调令》中:"郡国守相明检察之。"均用此义。到唐朝则唐太宗李世民对黄门郎王硅说:"国家本置中书、门下以相检察,中书治敕或有差失,则门下当行驳正。"③从旁监督之意昭然。而清末修律仿照西方建立检察制度时,却不是用其本义。光绪三十二年(1906 年)九月二十日,军机处、法部、大理院会奏核议大理院官制摺中认为:"远师法德,近仿东瀛,其官称则参以中国之旧制,亦既斟酌中外得所折衷。查推官之名肇自有唐,相传

---

① 《汉书·杜周传》。

② (清)孙星衍等辑:《汉官六种》,周天游点校,中华书局出版 1990 年版,第 20 页。(以下简称今版)另笔者藏有旧线装书《汉官六种》,为"上海中华书局据平津馆本校刊","桐乡 陆费逵总勘"、"杭县高时显、吴汝霖辑校"、"杭县 丁辅之监造"之版本,分为"册一、册二"两册,但未明出版年月。[以下简称旧版。中华书局成立于 1912 年 1 月,由陆费逵(伯鸿)先生在上海创办。新中国成立后,1954 年 5 月,中华书局实行公私合营,总公司迁至北京。故应可推定该旧版出版于民国时期。]在该旧版第 6 页,本文所引之句为"检举郡奸",而非用"检察"一词。但考虑到今版系以用包括平津馆本在内的现存五种版本汇校而成(见今版之"点校说明"),而旧版仅据平津馆本校刊,故以今本之点校较为全面精善。况且,"检举"一词在古文中乃是"推荐,荐举"之义,是褒义词,与今义并不相同,故亦断无"检举郡奸"之理。故本文从今版为正。

③ 《资治通鉴·唐纪八》。

甚古,然历代皆属外僚,不系京职。考宋时大理有左右推事之称。拟改推官为推事。司直官称,亦缘古制,惟名义近于台谏,拟改总司直为总检察厅丞;改司直为检察官。”检察官由此得名。虽然在此官制定名时,已经参酌了中国旧制,也考虑到了检察官之来由的司直一职“近于台谏”,但具体的职权上,则斟酌上是旧瓶装新酒,承继了西方大陆法系国家检察官制度,基本不是履行监督权的。至民国,监督权的沿袭已如前述,专门由“五权”中的监察权来行使,而检察制度仍如清末修律之旧。但新中国的检察制度则不然,取消了民国政府的独立监察权设置,明确检察机关为法律监督机关,虽然直接仿照苏联模式,用的却是“检察”的本义。

期间从1957年反“右”斗争开始到十年浩劫结束后的十一届三中全会的近20年,监督权受到了极为严重的干扰,甚至实际上已不存在。从1978年拨乱反正及1982年立宪至今,各项监督权制度得以重构恢复或部分恢复。目前的制度是专司监督的权力被分割成由检察机关行使的法律监督权(包含职务犯罪侦查权等)、由隶属于行政机关监察部门行使的行政监察权、由隶属于总理的审计部门行使的审计权。但是御史监督权中的弹劾权则又没有授权给上述三个机关中的任何一个,而由人大直接行使。因此可以说御史制度所集中行使的监督权被分散了,并且由于监察部门和审计部门隶属于行政机关或行政首长,而弹劾权又属于人大,因此在一定程度上可以认为监督权被附属化了。尽管如此,我国宪法将检察机关定位为法律监督机关,从而确立了人大之下的“一府两院”体制,明显不同于以美国为代表的“三权分立”体制,是极具中国特色的。其独立于行政、司法机关的监督机关的权力配置,是具有深厚的历史渊源的。

总之,监督权作为一项国家权力,在中国经历了从临时的、分散的、附属的到常设的、集中的、独立的过程,当代又成了分散的、一定程度上附属的权力。也是“分久必合,合久必分”。而相对于自古以来的行政权和现代独立出来的司法权来说,监督权从来没有过凌驾于其上的历史和现实。尤其是当代我国内地的检察机关行使的法律监督权,无论从宪法权力配置上还是权力的实践运行上,均以其程序性而不存在凌驾于法官之上的可能性。一些学者的所谓检察官成了“法官之上的法官”①的担心是没有法律和事实依据的,也是多余的。正如“监督”的本义那样,这项国家权力只是“从旁察看”,并引发相应的程序。这些相应的程序在古代主要表现为向皇帝奏事和弹劾,在现代主要表现为引发刑事诉讼(检察机关的外部监督)或在行政权内部进行行政处理(行政监察部门的行政权内部监督)。任何力量合则力强,分则力弱,由于行政监察、审计权隶属于行政权内部,而弹劾权则属于人大且缺

① 陈兴良:“从‘法官之上的法官’到‘法官之前的法官’——刑事法治视野中的检察权”,载《中外法学》2000年第6期。后成为流行语,有时被人用在检察监督权上,有时被人用在人大的监督权上。

乏可操作性的程序,罕见运用,所以目前我国由检察机关行使的法律监督权,从对行政权、司法权的外部监督权配置上基本可以说是自秦朝以来2000多年最弱的时期(只有与中华民国的监察院的权力比较,各有所强弱)。这样的从分到合,又从合到分的权力结构的利弊得失,以专门的国家监督权对国家公权力行使恰当的监督制衡的度如何把握,当可从历史的、宪政的等多种角度另行分析。

古代越南的法律制度研究
——从上古至南北朝时期

栾时春*

越南位于中南半岛的东部,南面和东面临南海,与我国的海南、南海诸岛遥相为邻,西与柬埔寨、老挝毗连,北与我国的云南、广西、广东三省接壤。在东南亚诸国中,它是和我国接触最早、关系最密切、历史文化相互交融的国家。

越南史籍称自己为神农氏的后代,①我国的古籍多称在神农氏之世,就已"南治交趾"。作为神农后裔的泾阳王及其王国"文郎国"在我国古籍中没有记载,也无遗迹可考。安阳王蜀泮灭掉文郎国建立瓯雒国在我国史籍中有据可查,蜀王子为当时比较发达的蜀国王室后裔,其统治雒越期间对越南的发展作出了重大的贡献,史籍对安阳王的称颂多指筑城、制弩、畜马和衣着等,对制度上的描述较少,从现有的史料可知当时蜀泮对瓯雒的治理仍采取将统治权委于若干雄王的方式。秦始皇虽在现在的越南北部设立象郡但并未有实际统治,直到赵佗击败安阳王建立包括秦时象郡的南越国,南越国的政治制度仿秦汉建立,汉高祖十一年赵佗接受南越王封号成为南越王,南越国对汉称臣,中间虽有反复但一直维持到汉武帝元鼎六年,之后一直到宋时越南都是我国的郡县。

一、文朗国与瓯雒国时期的法律制度

早在5000年以前越族人散居于西起四川长江流域以南的直至红河三角洲地区,统称为"百越"。百越有五大支系,分别是东越(又称东瓯)、闽越、南越、西越(又称西瓯)和雒越。居住于浙江一带的越族人被称为东越,居住在福建境内的越族被称为闽越,居住在广东境内的越族被称为南越,居住在西江流域的越族被称为西越,居住在红河流域的越族被称为雒越。其中部分西瓯人与雒越人的后裔构成了今日的越南重要的民族成分京族、芒族和岱侬人。

* 栾时春,2007级法律文化专业,指导老师:徐永康。现工作于华东政法大学。

① 《大越史记外纪全书》卷一,鸿庞纪称:"泾阳王,讳禄续,神农氏之后也。"并称神农氏三世孙帝宜,南巡五岭,遇,与婺仙女结为夫妇,生泾阳王,泾阳王取洞庭君女生貉龙君,貉龙君娶妪姬,生百男,长者为雄王,雄王继承了泾阳王的王位。

今日的越南是由雒越人所在的红河流域一带,加上占城国、真腊国的一部分组成的。越南史学界认为,越南国家的历史可以追溯到公元前2809年,最早的国家是文郎国和瓯雒国。

(一)文郎国、瓯雒国的概况

文郎国是传说中的越南最早的国家,历史上是否存在文郎国在史学家中间存在争议。越南的史籍《越史略》记载:"昔黄帝既建万国,以交趾远在百越之表,莫能属焉,遂界于西南隅,其部落十有五焉。"而神话传说古书《岭南摭怪》列传卷一,《鸿庞氏传》曰:"妪姬与五十男居峰州(今白鹤县),自相推服,尊其雄长者为主,号曰雄王,国号文郎。东夹南海,西抵巴蜀,北至洞庭湖,南至狐狲精国(今占城)。"上述记载中文郎国的疆域非常辽阔,违背史实,有的学者质疑文郎的存在,"中国的史籍从未提到过文郎国",[①]而越南在公元13~14世纪时才有自己的史书,故了解越南的古代史需要借助于我国的史籍。"文郎国"一词最早出现在唐杜佑的《通典》卷一八四《峰州》中"峰州(原注:今理嘉宁县)",古文"郎国"(原注:有文郎水)。14世纪末期,越南最古的编年史《越史略》,根据杜佑的话,编造了"文郎国"。15世纪末越南的《岭南摭怪》和《大越史记全书》又根据中国古籍关于炎帝神农的传说、"百越"之说及少康封庶子越的记载和唐传奇《柳毅传》故事,编造了炎帝神农氏四世孙泾阳王娶洞庭女,生百男,封长子为雄王,创立文郎国,领有15部,传世2600余年的传说,把它写进越南正史之中,[②]H. 马司帛洛又指出:这些名字(指十五部名)是由越南创造出来的。他推断说:越南史学家们从传说中选择了一些地名,而每人又随心所欲地选择了15个名字以凑成袭传所指的15部之数。因此"文郎国"实际上只能是诸部落中的一个部落"文郎部落联盟"。[③] 纵然如此,我们还是能够从这些传说中了解"文郎国"的习俗、习惯。

瓯雒国通说认为是蜀王子泮灭文郎国后建立的,"后蜀王子将兵三万讨雄王,灭之"。[④] 蜀泮即是安阳王,公元前316年蜀国亡于秦国,蜀王的后代南迁,其幼子(或孙)泮称王越南,通观越南古代史可知瓯雒国并非比文郎国更先进的社会制度,瓯雒国与文郎国之间的战争是部落之间的战争,瓯雒国的社会制度应该与文郎国社会制度基本一致。

(二)文郎国、瓯雒国时期初具法律雏形的习惯

关于文郎国、瓯雒国制度,我国典籍的记载较少,从现有的描述中我们可以发

---

① [越]陶维英著:《越南古代史》,刘统文、子钺译,商务印书馆1976年版,第178页。
② 同上,第123页。
③ 同上,第127页。
④ 成书于5世纪的《南越志》已经失传,仅部分内容保留在《太平寰宇记》卷一七〇。

现文郎国、瓯雒国还未能形成系统的法律制度,仅存在一些大家共同遵守的习惯。

1. 文郎国、瓯雒国的社会制度

文郎国、瓯雒国的社会制度为向等级制度演化的部落制度。文郎国的部落首领为雄王,这已被学界所认可,并且认为雄王可能是“雒王”的讹称。雒王以下设雒侯、雒将。根据《岭南摭怪》的记载,雄王置庶子为“相”,称为雒侯,可见雒侯是一个直接辅助雒王的官职。雒侯之下是雒将,《交州外域记》载:“县多为雒将,雒将铜印青绶。”这里的县并非我国郡县制的县,而是对部落的一种称呼。瓯雒国消灭文郎国后,并未改变这种部落制度,越南史学家明铮也持此观点。这种部落制度直至秦在雒越地置郡县时才有比较明显的改变。

文郎国作为部落联盟其内部雒王与雒将的关系限于史料我们无法臆断,仅知雒将的部落酋长身份被雒(雄)王用铜印青绶的形式确认,但根据原始社会末期部落制度的原则,安阳王时期的瓯雒国,雒将对雒王应该会有一定的臣属、朝贡及在部落联盟受到威胁时听从指挥的义务。但该部落联盟内部的关系仍然较为松散,雒王与雒将之间仍然没有形成严格意义上的臣属关系。

2. 文郎国、瓯雒国的土地制度

文郎国、瓯雒国的土地制度为原始公社的公田制度。据《交州外域记》所载,“交趾昔未有郡县之时,土地有雒田,其田从潮水上下,民垦食其田,因民为雒民”。交趾未有郡县时即包括了文郎国、瓯雒国时期。可见此时已有可供耕种的田地称为雒田,雒为姓氏,是雒越人的氏族和部落的姓名。综上可知,当时的田地是部落的公有土地,在部落中,每一个成员都可以分到土地耕种,以维持生计。这是原始公社社会的公田制度。雒越人所耕种的土地被统一称为雒田,而雒是部落的名称,结合当时的生产力条件,土地私有的条件还不具备,可知认为雒田采用原始公社的公田制是成立的。

雒田的耕种方法采用的是“水耨”的方法,在潮水上涨之时,将水引入田中,使田里的杂草耨烂,将土壤软化,再行耕种,当潮水退下时,根据土壤的用水量再将水放出。从水耕的方法上可以看出人们逐水而耕,耕种方法虽然在当时比较先进,但不足以产生私田。

3. 文郎国、瓯雒国的家庭、亲缘制度

文郎国、瓯雒国未形成文明的家庭、亲缘制度。瓯雒国在公元前 214 年被秦所灭,在此之前文郎国、瓯雒国都是比较落后的原始公社制度,从东山文化出土的文物,以及对这些文物的分析研究资料,我们能够推断越南在赵佗于公元前 179 年征服瓯雒之前,仍然处于新石器时代,由于人们使用工具的落后,该阶段的越南并未形成父权制的氏族社会。因为在父权社会里,家族分为内亲和外亲两个系统,内亲系统要比外亲系统庞大,联系也比外亲系统紧密一些。为了维持父系氏族社会的家族系统,继承的原则自然形成了嫡长子继承制,如父母去世,长子负责祭祀父母并照顾家庭,从整个系统来看就是嫡长子负责祭祀祖先并维护氏族家族系统。

但是从史料的记载来看,文郎国、瓯雒国显然没有发展到父权氏族的阶段,应处于母系氏族的末期。例如,从《后汉书·南蛮传》记载的内容,我们能够看出当时的雒越之地,并未形成有序的家族制度,造成“长幼无别”、“不识父子之性,夫妇之道”的原因可能是社会正由母系氏族向父系氏族的过渡,在这种情况下难以形成体现家庭关系、亲缘关系的习惯制度。“无嫁娶礼法”就是指还没有实行“一夫一妻”的婚姻制度规矩和礼俗,而“各因淫好”则指原始社会的群婚制遗俗;由于群婚遗俗的存在,就必然存在“知母不知父”和父子观念的不明确现象,因而说他们“不识父子之性”。

二、南越国时期交趾、九真郡的法律制度

根据史料记载,秦始皇在公元前214年平定岭南后,设置桂林、南海、象三郡,其中象郡通说认为包括了今天越南北部和中部。[①] 虽然在三郡县分设守令部辖,但实际上仍是“自据一隅,事同化外”,直接的统治权仍委诸当地的部落首领,因此这一时期象郡的制度并未发生变化,对该时期的习惯制度不另作考察。公元前207年,赵佗“击并桂林、象郡,自立为南越武王”。赵佗消灭瓯雒国以后,在那里设置了交趾、九真二郡,即“越王令二使者典主交趾、九真二郡民”。[②] 越佗本身为汉人,其当时是在屠睢被杀,秦人击岭南越人失败以后作为尉将谪戍越的。因此南越国的政治制度在很大程度上受秦政治制度的影响,汉初赵佗又接受了汉朝的册封,成为汉朝的诸侯国,上述两者导致南越国逐渐仿照秦汉制在当地建立起一系列制度。

(一)法律的选择适用

南越国早期对交趾、九真郡的统治采取“雒将主民如故”的原则,因此在法律制度的选择上交趾、九真两郡更多的还是适用其已经形成的习惯。第三代南越王婴齐仍“犹尚擅杀生自恣”,“惧用汉法”,直至第四代南越王赵兴才“除其故黥、劓刑,用汉法”,表明南越国的法律在很长一段时期很大程度上保留了越人的习惯。

(二)刑罚措施

笞刑,据越王墓出土的木简记载:“大奴虏　不得鼠　当笞五十。”[③]

---

① 也有学者认为象郡是指今天的广西西部和贵州的南部。

② 《水经注》卷一四。

③ 广州文物考古研究所等:“广州市南越国宫署遗址　西汉木简发掘简报”,载《考古》2006年第5期。

南越国存在肉刑，“除其故黥劓刑，用汉法，比内诸侯”。汉武帝元鼎四年时，谕南越王、王后比内诸侯时，要求其不再使用黥、劓等肉刑。黥刑是刻划犯人的面部并染以墨色的一种刑罚。劓刑是割掉犯人鼻子的刑罚。这两种刑罚始于我国的夏朝，至汉文帝时废除。肉刑以消灭、折磨肉体为特征，源自于“刑起于兵而用于兵”的思想，它消亡的根本原因在于社会的进步。汉武帝元鼎四年，谕南越五、五后比内诸侯时，要求其不再使用黥、劓等肉刑。南越国在元鼎六年被灭。由此可推知，南越国存在肉刑，其肉刑“用汉法，比内诸侯”。

（三）司法机关

南越国的政治体制，在很大程度上沿袭了秦汉之制。类似西汉王朝，也是推行郡国并行制，越佗就在交趾地区分封了一位“西吁王”，在郡国之上则为赵氏的王朝和王室，在基层令是县的最高长官。由君主专制制度所决定，南越的中央司法机构，至少是由王、丞相、御史等组成；在地方，郡、县的行政长官均兼理司法。

1. 中央司法机构

南越王在实行专制统治的过程中，必然拥有最高立法权和司法审判的最后决定权。丞相是由南越王直接任命，南越王始终置一丞相，由吕嘉担任。吕嘉先后事过四位南越王，其在南越国的地位举足轻重。其在南越的地位不可能仅限于“宣明教化，通达幽隐”的作用，应具有一定的诛罚之权。

御史，应为御史大夫的简称。南越国的御史曾由“平”担任。其职掌与西汉中央御史大夫同。而西汉的御史大夫主要职掌是律令、户籍等文件，并负有监察中央百官之职。中尉，《百官表》称“中尉，秦官，掌徼循京师”，如淳注：“所谓游徼，徼循禁备盗贼也。”南越国的中尉曾由“高”担任。居室，南越国的居室的职掌与汉制同，广州出土的南越国墓葬的陶罐上有“居室”戳印，汉朝的居室，又称居室令，是执掌诏狱的主要官员之一，同时也主管一部分陶器等的监制。内史，南越国的内史曾由“藩”担任。根据《汉书·何武传》载：“往者诸侯王断狱治政，内史典狱事。”

2. 地方司法机构

南越国地方官职中具有一定司法职能且可考者有假守、郡监、令等。假守，根据《百官公卿表》其职掌为“治其郡”；郡监又称监察史，根据《百官表》“掌监郡”；令为治理一县的最高长官。

（四）实行秦朝的户籍制度

我国在秦朝时就已开始实行严密的编户制。根据《水经注》卷三七，《叶榆河》条引《交州外域记》所载：“……路将军到合浦，越王令二使者赍牛百头、酒千钟及二郡民户口簿，诣路将军。”根据这段引文可知，在南越国当时已经建立了户籍制度。由于赵佗是在秦始皇三十三年（前 214 年）屠睢与越人战失败后，作为谪戍领导者守备岭南，自此再未回中原。可见赵佗的南越国成立于汉初，其在南越国实行的户籍制度应以秦汉的户籍制度为参考。南越国的户籍制度具体如何实施限于史料无法考证，但我们可以从秦朝的户籍制度窥见一斑。

根据现有的史料在秦献公时期已有户籍制度，“（献公）十年为户籍相伍”。①到秦孝公商鞅变法时，已确立了以“什伍”为基础的户口编制制度，以实行什伍连坐制度。“什伍”组织系统是五家为“伍”，十家为“什”，“什”以上为“里”。秦朝以立户的条件，户口登记的必备项都有规定。秦朝的户籍制度为秦朝征发徭役、课税提供了基础，也是禁止任意迁徙，抓捕逃犯，加强皇权管理的手段。但越氏对交趾、九真的统治，应仅派出使者典主二郡，未实行直接统治。故此时南越国治下的交趾、九真两郡的户口制度不像秦时那样完备，如不应存在特殊户籍，户口的登录、迁徙等规定也不会如秦般严格。

（五）王位继承制度

南越国的王位是世袭的，由赵佗一家的男系子孙相传，原则上由每代王的长男继承，如若王的长男不能继位，可以由孙子嗣立。南越第二代王赵胡就是赵佗的孙子。汉初内地诸侯王，也行世袭制，父死子继，兄终弟及，同产子也得以为嗣。南越王位继承制，与汉制大致相同，又稍有差异。南越行太子制。广州的越王墓出土了“泰子”金印，“泰”通“太”，“泰子”即“太子”，可见南越国实行了预立太子制度。帝之母称太后。尊称王妻为后。南越王的妾称为夫人，广州越王墓出土了“左夫人印”、“泰夫人印”、“口夫人印”、“右夫人玺”。据《汉书·外戚传》载：“汉兴，因秦称号……嫡称皇后，妾皆称夫人。”南越国循汉制可见一斑。

三、汉在交趾、九真、日南三郡的制度

（一）法律制度

在汉朝对交趾、九真、日南三郡实现统治后，汉朝并未用汉律对三郡实行统治，三郡实际上相当大的法律自治权。根据薛综上疏时所言，“自臣昔客始至之时……交阯糜泠、九真都庞二县，皆兄死弟妻其嫂，世以此为俗，长吏恣听，不能禁制”。根据薛综的生平我们可知其“昔客始至之时”约为东汉桓帝。可见在汉武帝实现了对越南北部的管辖之后，由于越南北部地处边远，汉并未对其实施全面、深入的管理，一直到马援平定二征后，仍是“条奏越律与汉律驳者十余事，与越人申明旧制，以约束之”。②

① 《史记·秦始皇本纪》。
② 《后汉书》卷二四。

《汉律》对交趾三郡的作用,或许仅在太守监察县令(通常为雒将)时适用。由于汉袭赵制,即让各雒将统率旧有部落(置为县)并继续承授世袭权位照旧辖治人民。雒将对于治下平民的统治显然是依旧俗,而汉朝政府对此也持默认态度,直到马援平定二征,明确了越律在交趾三郡的法律地位。遗憾的是由于此时三郡尚无自己的文字,因此越律不是成文法律,而是一些风俗习惯总和,其内容仅能从我国典籍关于交趾三郡的点滴记载中偶拾。

马援在交趾除了重新审核交趾三郡的行政区划外,还委派汉朝官吏到各县去接替各雒将雒侯担任县令。[①]

(二)司法机构

汉朝的地方司法机构,基本上分为州、郡、县三级。西汉在三郡设太守处理郡内的日常政事,同时刺史监察各郡,王莽之前刺史监察各郡时,并未常居郡治,而是从每年的八月巡行所属郡,次年初尽诣京都奏事。在东汉中兴后,置计吏例,刺史不再自诣京师,而是常居治所,即使是家中丧事亦不得弃职。各太守经常要派一掾吏人员向刺史报告郡中一切一务,则刺史再举计吏一人代表本人向朝廷奏事。郡太守的职掌包括赏罚、司法、监察等司法权。汉朝派往交趾的太守也享有司法权。“王(征侧)苦太守苏定绳之以法”,[②]苏定“建武初,守交趾”,故太守有司法权。

(三)建立婚礼制度

“延乃移书属县,各使男年二十至五十,女年十五到四十,皆以年齿相配。其贫无礼聘,令长吏以下各省俸禄以赈助之。同时相娶者二千余人。”[③]至此交趾、九真、日南三郡氏族社会的习俗已经逐渐让位于父权家族与婚礼制度。

(四)司法概况

“汉时法宽,多自放恣,故数反违法。”[④]汉朝对交趾三郡没有实际、有效的统治,仍然保留着“以故俗治”的统治思路。因此汉朝的法律制度并没有在交趾三郡得到有效的贯彻和执行。

(五)土地制度

在秦置象郡,赵佗置交趾、九真二郡,西汉初置交趾、九真、日南三郡时期的前后,在今越南北部有两种社会制度并存——原始农村公社制和封建郡县制,与之相适应的是农村公社的土地公有制和封建郡县下的封建国有土地制。

(六)赋税制度

当汉武帝平定南越割据政权之后,在这一地区设立交趾部,置郡县,在今越北

---

① 余富兆著:《越南历史》,军事谊文出版社 2001 年版,第 27 页。

② 《大越史记全书》外纪卷三。

③ 《后汉书》卷七六。

④ 《三国志》卷五三。

置三郡二十二县。初期,汉王室鉴于它地外边远区,是“蛮夷”居住之地,对之实行一些缓和的治理政策。“汉连兵三岁,诛羌,灭南越,番禺以西至蜀南者置初郡十七,且以其故俗治,毋赋税。”①经过王莽改制,改变了对边疆少数民族的政策。到东汉时,政府开始对已成“老郡”的交趾三郡征收赋税。

东汉马援平定二征起事后,历史发展有了重大的变化。在交趾地区废除雒侯、雒将制,马援大军南下千余里,“所过辄为郡县”,大举“犒赏军功”,所有将士“许以列土之封”;在三郡完全推行“调赋”,初定“什五税一”;废除“贡物制”,广行“赋税制”,由汉室官员直接行使对土地的所有权。但是东汉对交趾三郡徭役的制度的执行相对较宽松,刺史甚至可以因势免除徭役。灵帝初贾琮为交州刺史时曾“招抚荒散,蠲復徭役”。

四、三国两晋南北朝时期交州的制度

三国两晋南北朝时期,各封建王朝对交趾三郡开始有了实际、有效的统治,三国时期交趾三郡属于交州,②交州属于孙吴政权管辖。在孙吴的末期,曾在交趾增设武平和新昌两郡,并九真分设了九德郡,交趾三郡变为交趾、新昌、武平、九真、九德、日南六郡。孙吴时期,在交州任命刺史,各郡任命太守。现在深受越南人民推崇的士燮就曾先后任日南太守、交趾太守,交趾三郡变六郡的推动人陶璜曾任交州刺史。南北朝时期,南朝各代治下的交州,在南宋时期,交州置交趾、武昌、九真、九德、日南、义昌、宋平七郡,由交州刺史统辖。南齐时期,南齐王朝又改义昌为新昌,仍为七郡,由交州刺史直接掌管各郡太守。在梁朝和陈朝时期,又新置兴州、爱州、德州、利州、明州等,仍由交州总辖。在大州内增设行政区划,既易于治理,又可在乱世时防范,便于加强统治。

由于三国两晋南北朝时期对交州有实际有效的统治,因此该时期交州的法律制度与三国时吴国、晋、宋、齐、梁、陈等国的法律制度无异议,只是统治者从统治的需要,有时对交州偶有赦免行为,如晋武帝下令赦免交趾、九真、日南三郡,五年内不再动刑罚,并惩治违令者。史云:“泰始七年(271 年),诏交趾三郡、南中诸郡,无出今年户调。”

---

① 《史记》卷三〇平准书第八。

② 公元226年,士燮卒,孙权“以交阯悬远,乃分合浦以北为广州……交阯以南为交州”。此时的交州即为交趾三郡。

五、林邑国的制度

林邑国在公元2世纪末建国，到17世纪末叶，才被越南全部吞并。根据《晋书》的记载，林邑国在建国之前是汉朝日南郡的象林县，在东汉末年，县“功曹”子，区连，杀死县令后自立为王，子孙相承，自孙权以来，不朝中国，至晋武帝，太康年间始来贡献。因“林邑少田，贪日南之地”故历史上林邑屡犯日南甚至九真。林邑国“自晋至隋仍之。唐时，或称占不劳，或称占婆，其王所居曰占城。至德后，改国号曰环。迄周、宋，遂以占城为号，朝贡不替”。占族语言上属于马来·波利尼西亚语系，信仰印度教和佛教，普盛行种姓制，林邑国出现于历史时已建立——印度王朝或印度化之王朝。林邑国的政治制度受印度影响较深。

（一）身份法

林邑社会采用印度奴隶制时期的种姓制度，四大种姓分别为婆罗门、刹帝利、吠舍和首陀罗，该四大种姓与印度的种姓名称及地位相同，婆罗门的地位最高，刹帝利的地位仅次于婆罗门，吠舍是第三等级，首陀罗的地位最低。据占碑文志，昆建陀跋摩一世云：罪无过于杀婆罗门者。在统治阶层内也“惟以婆罗门刹帝利二种人为大臣”。

林邑国君的侍臣有刹帝利、婆罗门、博士、太史、仪师等。“其王或以兄为副王，或以弟为次王。设高官凡八员，东西南北各二，分治其事，无奉禄，令其所管土俗资给之。别置文吏五十余员，有郎中、员外、秀才之称，分掌资储宝货等事，亦无资奉，但给龟鱼充食及免调役而已。又有司帑廪者十二员，主军卒者二百余员，皆无月奉。胜兵万余人，月给粳米二斛，冬夏衣布各三匹至五匹。”①王在听政时“子弟侍臣皆不得近之”，②并且其王专制，有生杀任免之权。

在身份继承上，最重要的王位继承方面，采取父死子继，子以嫡出者为贵。通过上文我们可以推知，林邑国在王位继承上并未采取嫡长子继承制。王太子被称为瑜婆罗阇。继承王位的前须由大人会议认可。如国王的势力较强但无子嗣时，可以由外族王子为嗣王。第一任国王释利魔罗王区连的后裔无嗣就是由其外孙范熊代立。由外族王子为嗣王也须要由大人会议认可。

（二）刑罚制度

林邑国没有成文的刑法，对于犯罪者的惩罚主观随意性强，并且刑罚较重，“国

① 《宋史》第四八九卷。

② 《晋书》卷九七。

不设刑法，有罪者使象蹋杀之”。[1] 对于犯罪者佩戴枷锁。“小过以四人拽伏于地，藤杖鞭之，二人左右更互捶扑，量其罪或五六十至一百。当死者以绳系于树，用梭枪舂喉而殊其首。若故杀、劫杀，令象踏之，或以鼻卷扑于地。象皆素习，将刑人，即令豢养之人以数谕之，悉能晓焉。犯奸者，男女共入牛以赎罪。负国王物者，以绳拘于荒塘，物充而后出之。”

林邑国对于轻罪者，施以鞭刑，行刑时，由四个人将犯罪人拽倒在地，行刑人共两人，分立左右交替捶扑，视罪行的轻重由五十到一百不等。死罪的行刑方式有两种，一种是将犯罪者绑在树上，用梭枪舂喉殊首；另一种是用专门豢养的象蹋杀。林邑国也对通奸行为进行惩罚。另外根据碑文还可以发现林邑国在刑罚制度上还存在没收财产刑和自由刑。

（三）林邑国的婚丧嫁娶制度

在婚姻制度上，与我国同姓不婚相区别的是，林邑国实行的同姓为婚，这与他们实行种姓制有关系。在嫁娶时时间、聘礼、仪式均有一定的要求。“嫁娶必用八月，女先求男，由贱男而贵女也。同姓还相婚姻，使婆罗门引婿见妇，握手相付，咒曰‘吉利吉利’，以为成礼。”[2]林邑国的嫁娶选择八月，先由媒人代男方向女方赠送金银手镯，酒两壶，鱼数头等聘礼并送至女方家中。结婚当日，女方结婚当日需“著迦盘衣，横幅合缝如进栏，首戴宝花”，女方先请一个婆罗门，将女方送到男方家中，男方先净手，婆罗门对双方送上“吉利”祝福的同时，将女方交与男方手上，婚姻仪式才算完成。

在丧葬制度上，林邑国也不“入土为安”而是“燔尸中野”。国王死后七天举行葬礼，有官职的人死后三天举行葬礼，平民死后一天举行葬礼。“皆以函盛尸，鼓舞导从，舆至水次，积薪焚之。收其余骨，王则内金甕中，沉之于海，有官者以铜甕，沉之于海口；庶人以瓦，送之于江。男女皆截发，随丧至水次，尽哀而止，归则不哭。每七日，然香散花，复哭，尽哀而止。尽七七而罢，至百日、三年，亦如之。”

---

① 《南史》卷七八。

② 《梁书》卷五四。

《罗斯法典》中“命金”制度探析

王海军*

俄罗斯民族和俄罗斯国家均起源于欧洲的东部,最终散布在广大的俄罗斯平原上,古罗斯是现代俄罗斯国家的前身,俄罗斯民族是东斯拉夫人的一支。公元8~9世纪,东斯拉夫人的部落联盟发展成了公国,其中最大的是诺夫哥罗德公国。公元882年,诺夫哥罗德公国的王公奥列格率兵南下征服基辅,随后征服东斯拉夫人的西南群体和东南群体,形成了以基辅为中心的古罗斯国家,也称“基辅罗斯”。在罗斯的历史发展过程中也形成了许多的法律制度,其中最重要的就是《罗斯法典》。《罗斯法典》又称《罗斯真理》,是俄罗斯最古老和最重要的法律汇编,其制定于公元11~12世纪,其中分为《简编〈罗斯法典〉》和《详编〈罗斯法典〉》两大部分。《简编〈罗斯法典〉》中又分为《雅罗斯拉夫法典》和《雅罗斯拉维奇法典》两部分,共计43条。详编《罗斯法典》共有121条,后69条又称为《摩诺马赫法规》。其中有许多制度值得研究,命金制度就是其中之一。命金又称“血钱”,是犯罪者交纳给王公一定数量金钱的经济制裁。在性质上是一项刑罚,是对于某些犯罪行为的惩罚方式,但按照一般刑罚理论来说,刑罚对于侵害人身或者是生命的行为应当适用死刑或严酷肉刑,但《罗斯法典》中却规定以金钱来进行惩罚,由此看来这是一个比较特殊的制度,值得了解和研究。

一、命金的适用范围

法律惩罚性的规定,都需要在一定的范围内起作用,即并非所有违法行为都适用一种惩罚方式。命金既然是一种承担罪责的方式,就意味着其适用于法律规定范围内的犯罪行为。在其字面上也可以理解出这层意思,“命”所表达出的含义就是与身体健康或者是生命有关系的犯罪行为才可以处以命金。通过对《罗斯法典》中规定进行分析,就可以清楚地了解命金的适用范围。

(一)故意杀人

在《罗斯法典》中,涉及故意杀人的条款,除废除某些条款后的新规定之外,都适用于命金。法典中对此的规定共计19条。被害者主要为王公的总管、税吏,马厩

* 王海军,2009级外国法律史专业,指导老师:何勤华。现工作于华东政法大学。

长、庄头、田畯、契约农、马夫、伙夫等，甚至是具有奴隶身份的乳母和保育员和一般奴隶。这些在《罗斯法典》中都有详细阐述和规定。具体而言，在《简编〈罗斯法典〉》中有 8 条，如第 20 条规定："如果某人故意抢劫杀害总管，而维尔福没有追查捕捉凶手。那么，被害人的尸首所在的维尔福，必须交纳命金。"[①]以及从第 23 条到第 27 条，都是规定有关故意杀人应当承担命金的条文。[②] 在《详编〈罗斯法典〉》中的规定有 11 条，如第 11 条规定："如果是王公的勤务，或马夫，或火夫被杀害，那么，是四格里夫纳。"第 12 条规定："总管基温和马夫基温被杀害，那么，八十格里夫纳。"[③]还有几条也是相似规定，只是被害对象不同。《罗斯法典》中许多有关故意杀人而处以命金的规定前后有很多相似之处，这是因为之后制定的法律规定在一定程度上继承前面法典的内容。但是这也可以看出，对故意杀人处以命金是法律的明文规定，并且存在时间很长。

（二）血亲复仇

血亲复仇是一种古老的习俗，渊源与氏族制度。在中古时期长期流行，直到十五六世纪，西欧仍存在这种的习俗。在罗斯社会血亲复仇也很盛行，甚至很长一段时间都没有消除。在《雅罗斯拉夫法典》第 1 条就规定："如果某人杀害了他人，被害人的兄弟可以为他复仇；子也可以为其父；父也可以为其子；或者是侄子为其伯叔；外甥为其舅父，向凶手复仇。"同时也出现了它的替代物——赔偿金，即"如果没有复仇者，凶手赔偿被害人四十格里夫纳"。[④] 可以看出这个时期还没有完全废除血亲复仇的习惯，但是已经将其亲属的范围作了严格限制，并且规定了可以用金钱来替代。但只是用金钱来赔偿被害人的家属，并非我们所说的"命金"。雅罗斯拉夫死后，他的三个儿子及臣僚进行了聚会商讨，为了完全废除血亲复仇，于是制定了法律条文，规定代之以金钱赎罪，包括命金和罚金，并同时允许雅罗斯拉夫时期存在的具有私人性质的赔偿制度——头金存在。[⑤] 这样以金钱赎罪就成了惩罚由于血亲复仇而杀人的惩罚方式，即以命金和罚金、头金来取代以往的赔偿金。虽然同时存在罚金和头金，但是也规定了可以适用命金，这也表明了血亲复仇在命金的

---

① 王钺译注：《〈罗斯法典〉译注》，兰州大学出版社 1987 年版，第 22 页。

② 第 23 条规定："马厩长在放马时被遭到杀害，命金是八十格里夫纳，"第 24 条规定："王公的庄头和田畯被杀害，命金是十二格里夫纳。"第 25 条规定："王公的契约农被杀害，命金是五格里夫纳。"第 26 条规定："斯麦尔德和霍洛普被杀害，命金是五格里夫纳。"第 27 条规定："如果奴隶身份的乳母或奴隶身份的保育员被杀害，命金是十二格里夫纳。"

③ 王钺译注：《〈罗斯法典〉译注》，兰州大学出版社 1987 年版，第 56 页。

④ 同上，第 1 页。格里夫纳（гривна），古代罗斯作为货币适用的银锭。四十格里夫纳相当于 8.19 公斤白银。

⑤ 头金，与命金的性质完全不同，头金是属于私人赔偿性质，由凶手个人支付给被害人亲属的赔偿费，带有古老的赔偿制度的痕迹，并且头金的数额非常有限。

适用范围之内。

(三)伤害行为

对于伤害行为,法典中的大部分规定都是科以罚金。例如,《摩诺马赫法规》的第67条规定:“如果某人的胡须被他人拔掉,而且提供出实物和不止一个证人,那么,处以凶手十二格里夫纳的罚金。”第68条规定:“如果某人的牙齿被他人击落,满嘴是血,又提出不止一个证人。那么,凶手应交纳十二格里夫纳的罚金。”[①]诸如此类伤害行为的犯罪,在法典中有许多,但其中有一部分是以命金来惩罚犯罪者的。《雅罗斯拉夫法典》第6条规定:“如果某人砍伤他人的脚,或者使受害人成为残废。那么,受害人的儿子可以为其父复仇。”有关学者都认为这个条款第5条“如果某人致伤他人的手,使手断落,或丧失机能,凶手应支付四十格里夫纳”为一个条款,应当合并起来理解,所以第6条其实明显遗漏了“或者凶手交纳四十格里夫纳”这句话。[②] 适用命金的规定显而易见。在《详编〈罗斯法典〉》也有规定:“如果伤害他人胳膊,断落或萎缩;或者伤害腿脚;或者弄瞎眼睛;或者割掉鼻子。那么,交纳半个命金——二十格里夫纳。”。[③] 这条规定不仅规定了伤害行为适用命金,也可以证明为何《雅罗斯拉夫法典》中第6条遗漏了那句话。与《雅罗斯拉夫法典》中的规定相比,这里已经不允许受害人的亲属来复仇了,因为随着王公权力的加强和法律制度的完善,已经完全废除了血亲复仇的规定,代之以命金。

(四)其他情况

除了以上三种行为适用命金之外,还有其他的情况。在《详编〈罗斯法典〉》和《简编〈罗斯法典〉》有两条较为相似的规定,就是以上所讲范围以外的情形。《雅罗斯拉维奇法典》第38条规定:“如果某人把盗贼打死在自己的院落、仓房或者畜棚里,不承担任何责任。盗贼若被活捉,天亮后须押送到王公庭院。可是,人们若发现盗贼是被捆绑着打死的,则应为死者支付命金。”《详编〈罗斯法典〉》第40条也规定:“如果,犹如就地弄死只狗。如把盗贼扣押到天亮,送交王公庭院;如盗贼被打死,而其他人发现是被捆绑着,那么,为此支付十二格里夫纳。”[④]这两条的规定情形虽然是杀人行为,但命金的交纳与否是有条件的,区分了对待夜间进入院落、仓房或畜棚的盗贼的不同方式,方式的不同会引起不同的法律后果。其中,法律规定对待这种盗贼主人可以实行正当防卫,即当场打死并不负责任。但不能打死已经被捆绑即丧失反抗能力的盗贼,否则就要交纳相应的命金。这种视情况不同而规定

① 王钺译注:《〈罗斯法典〉译注》,兰州大学出版社1987年版,第101~102页。

② 同上,第8页。

③ 同上,第65~66页。

④ 同上,第36页、第76页。

是否交纳命金的条款,与以上所讲的杀人,伤害是有一定区别的。这个规定其实受到了罗斯引入东正教后传入《圣经》的影响。在《圣经·旧约全书·出埃及记》第22章记载:“人若遇到贼挖窟窿,把贼打了,以至于死,就不能为他有流血的罪。若太阳已经出来,就为他有流血的罪。贼若被拿,总要赔还。若他一无所有,就要被卖,顶他所偷之物。”仔细体味两者的内容,可以发觉其中有着内在的关系。但是也可以看出,两者有所不同,这是因为《罗斯法典》将《圣经》的内容罗斯化,这样更有利于适用于古代罗斯社会的具体情况,如规定必须将罪犯押解到王公庭院——王公法庭的所在地。①

二、命金数额

《罗斯法典》中规定的“命金”,既然是一种以金钱来抵罪的方式,就必然会产生数额多少的问题。按照分析法律的一般方式,有关这种金钱数额是一个较不重要的部分,但是我们在此并非单纯阐述数量,更为重要的是其中反映出的社会身份等级。按照法典中的规定,命金数额是不定的,按照不同的情况规定的数额也不同。其中主要的依据就是死者生前的身份。

《雅罗斯拉维奇法典》第19条规定:“如果某人故意杀害总管,凶手必须交纳八十格里夫纳,作为命金,而其他人不应帮助凶手。王公的税吏被杀害,也必须交纳八十格里夫纳。”第22条规定:“杀害王公的基温,命金是八十格里夫纳。”第23条规定:“马厩长在放马时遭到杀害,命金是八十格里夫纳。”②其中总管是王公的代理人,对封建庄园的生产和生活全面负责,而税吏是王公派往各地进行征税的人员,“基温”是参与管理王公经济的特权仆役集团。这些人如果在被杀害后的命金是80格里夫纳,这是最高的命金数量,在当时是一笔很大的数字,约合16.38公斤的白银。因为这些人都是王公的主要随从即高级依附者,与王公的经济利益相关,所以不仅是单纯的人身依附关系。这样看来,这些人如果被杀害,那么命金达到最高标准也是很正常的。此外,王公的勤务、马夫、火夫被杀害,命金也有40格里夫纳。如果地位和身份稍微低些的人,相同情况下就没有这么多命金了。《雅罗斯拉维奇法典》第24条规定“王公的庄头和田畯被杀害,命金是十二格里夫纳。”第27条规定:“奴隶身份的乳母或奴隶身份的保育员被杀害,命金是十二格里夫纳。”《详编〈罗斯法典〉》第15条规定:“男工匠和女工匠被杀害,那么,十二格里夫纳。”③其中庄头

---

① 王钺译注:《〈罗斯法典〉译注》,兰州大学出版社1987年版,第137页。

② 同上,第21页、第24页。

③ 同上,第25页、第28页、第59页。

是王公村庄的管理人,而田畯是王公的农业监督,从身份上看属于非自由人,工匠则属于非自由人或半自由人,均为一般依附者。当然还有更低的。《雅罗斯拉维奇法典》第25条规定:"王公的契约农被杀害,命金是五格里夫纳。"《详编〈罗斯法典〉》第16条规定:"斯迈尔德和霍洛普被杀害,命金是五格里夫纳。女奴被杀害,六格里夫纳。"①契约农是与封建主订立契约的农民,斯迈尔德和霍洛普为接近奴隶的阶层,这些人都是罗斯社会最底层的人,王公最为低级的依附者。他们被杀的命金少得可怜。在这里有一点值得注意,就是前面提到的具有奴隶身份的乳母和保育员被杀害,其命金高于同是奴隶身份的斯麦尔德和霍洛普,这是因为乳母和保育员是负责照顾封建主子女的专业人员,虽然是奴隶,但是与封建主有一种特殊关系,所以其命金比一般奴隶要高。

除此之外还有一条关于盗窃者被捆绑打死的命金规定,"支付十二格里夫纳",按照以往的规定,应当按照死者生前的身份来确定命金数额,而此条却只交纳12格里夫纳。这是因为即便被打死的盗贼是自由人,但是一旦为盗,就失去了自由人的身份,法律也就不会考虑其生前的身份,而全部规定12格里夫纳。

可以在这些规定中发现,死者的身份是界定命金数额的标准。其中与王公经济利益密切相关的高级依附者命金最高,而一般依附者就减少了许多,至于具有农奴性质的低级依附者则更少。这种命金数额的多少与死者身份成正比的状况,深刻的体现出了人与人之间的不平等,性命的价值是与身份之间的关系。《罗斯法典》将罗斯社会身份等级通过命金数额的规定表现得非常明显。

除了以身份来确定数额外,还有其他的标准,即根据情况来分别规定命金数额。其第27条规定:"如果伤害他人胳膊,断落或萎缩;或者伤害腿脚;或这弄瞎眼睛;或者割掉鼻子。那么,交纳半个命金——二十格里夫纳,而受害人因致残得到十格里夫纳。"②从中可以看出,虽然处于命金,但和故意杀人犯罪的命金数额是不同的,如法条中规定的是半个命金,这也体现了杀人和伤害这两种行为在命金制度上的差异,即按照侵害人身权利的轻重和性质区别对待。

三、与命金有关的问题

(一)免交命金的规定

法典在规定了适用命金的范围之外,还规定了一些例外,即免交命金的情况。

---

① 王钺译注:《〈罗斯法典〉译注》,兰州大学出版社1987年版,第26页、第59页。

② 同上,第66页。

第一种是有关诬告的“命金”。《详编〈罗斯法典〉》第18条就规定：“如果某人受诬告科以命金，那么，若提供七名证人，免交命金。相反，被告是瓦良格人或其他外国人，(是两名)证人。”①但是在这种情况下，也要支付一定的费用，其中包括被告支付给法庭工作人员1格里夫纳的感谢费和9格里夫纳的辩护费，同时原告也要支付1格里夫纳的感谢费。第二种是被害人无法辨认。《详编〈罗斯法典〉》第19条规定：“对于无人认领，且又无法辨认的骷髅和尸体，维尔福不交纳命金。”②这种情况下由于被害人不能被辨认，无法得知其被害人身份，当然也没有原告会提出诉讼，在当时的罗斯刑事案件是以原告人提起诉讼为前提的。这样当然不会涉及交纳命金的问题。同时这点涉及了维尔福交纳命金的规定，这与一般情况悬案未破需要维尔福集体承担命金的规定有所不同，关键在于被害人是否被认出。第三种是对凶手处以死刑。《雅罗斯拉维奇法典》第21条规定：“如果某人盗窃母牛时，把总管杀死在畜棚，马厩，或牛舍，那就如同打死死狗一样，处死凶手。杀害基温的情况也依据此法惩处。”这条规定的意思，就是当场抓获了这个杀死总管或基温的人，不必押送王公法庭审判，而允许庄园自行处治，杀死盗贼，不必负法律责任，不必支付命金。③这个规定的立法目的其实与当时社会的情况相关，据编年史记载，在1068~1071年起义人民活动非常频繁，杀死王公的总管和基温的案件频发，王公法庭由于社会动乱已经无暇审理案件，无奈之下就将此等权力下放给庄园主，形成了庄园私设法庭来审理犯罪者的状态，对于起义人民的杀人行为，庄园主也采取了处死凶手的严厉方式。最后一种情况是没收财产、处以流行。《详编〈罗斯法典〉》第7条规定：“如若某人无任何争执而袭击杀害对方，那么，其他人不准为凶手交纳命金，而是把凶手连同妻子和孩子交付审判，判处流刑，财产没收。”这是一条有关故意杀人的规定，按照一般理解应当支付命金，但是此条却规定“判处流刑，没收财产”。其实这与东正教教会法和拜占庭法律有很大的关系。俄罗斯有学者认为“从这个规定中看出了希腊、罗马法律制度的影响。这种新的惩治手段——流放和没收财产，显然是来自拜占庭。”“没收罪犯的全部财产，全家流放到边远地区是‘教会法律’的烙印。”④这个例子说明了《罗斯法典》中的有些规定是受教会法律影响的。

这些情况均为交纳命金的例外情况，在同样的情形下是否交纳命金的规定并不一致，但并非是这个制度的矛盾，而是由于《罗斯法典》的几个部分是在不同时期制定颁布的，历史的发展及社会经济、政治情况的变化导致了法律修改，形成了前

---

① 王钺译注：《〈罗斯法典〉译注》，兰州大学出版社1987年版，第60~61页。瓦格良人，原指斯堪的纳维亚半岛的诺曼人，“瓦格良人”是斯拉夫人对他们的称谓，意为“商人”。

② 同上，第61页。

③ 同上，第23~24页。

④ 同上，第52页。

后不一致的状况。

（二）集体承担命金

按照法典中对命金交纳的规定，是凶手因犯所规定的罪行所要负担的刑罚方式，理应由凶手自身来承担，但是通过对整部法典的观察和分析，发现其中有一部分内容却是集体承担命金的条款。

《雅罗斯拉维奇法典》第20条规定："如果某人故意抢劫杀害总管，而维尔福没有追查捕捉凶手。那么，被害人的尸首所在的维尔福，必须交纳命金。"《详编〈罗斯法典〉》第3条规定："如果某人抢劫杀害王公的人，而凶手未抓获。那么，被害人的头所在的维尔福，交纳命金八十格里夫纳。"只是由于命金数量有时过大，"有的维尔福交纳悬案命金要数年才能付清"，在这种情况下，可以分批交纳。法典还规定即使在维尔福内发现了悬案的凶手，维尔福也必须继续交纳命金，凶手除承担头金之外，只需再交纳自己分摊的那一部分命金即可。有些特殊情况下的杀人情况也是如此，《详编〈罗斯法典〉》第6条规定："如果某人与他人发生争吵，或在酒宴上当众杀死对方，维尔福同样应资助凶手交纳命金。"这种是集体承担命金的方式，来源于维尔福成员之间的连环保制度。这种制度的根源于氏族社会成员之间的互助义务。据摩尔根研究："氏族社会中，个人安全完全依靠他的氏族来保护。……在氏族成员中，亲属的团结是互相支持的一个有力因素。""氏族成员在他们处于忧患困难之时彼此相互援助。……如果被判偿付的人将因受罚而陷于贫困，则亲属为他分担。"同时法典中也有一个明确规定，表明维尔福要为凶手承担命金是"因为他（凶手）也为别人承担过命金份额"，在自己遭受命金惩罚时，其他人也要向当初他为别人承担份额一样来资助他；反之，如果维尔福里的某人并未承担过因悬案的命金份额，那么当他自己成为凶手时，维尔福的其他人也不能帮助他分摊，只能由凶手自己去承担所有命金。其实从这个规定可以看出，维尔福的连环保制度已经开始遭到破坏，由于维尔福内部开始出现贫富分化，较为富有的成员在需要交纳命金的情况下已经不需要其他成员的资助而完全可以独立承担，这样在其他人受到命金惩罚时他自然也不会去承担；较为贫穷的成员，由于无法去承担他人命金的分摊份额，当他受到惩罚时大家也自然不会去资助他。由此也可看出这条规定是在当时社会经济以及基层组织发生变化的基础上制定的。

（三）命金的征收

命金是归属于王公的，受害人或者家属有时只能得到很少的一部分补偿，所以命金是王公的经济来源之一，征收也是主要由王公或其代理人完成的。由于命金是一种财物的支出，并且数额往往较大，一般的被征收者都无法全部付清，即使有力承担也往往不愿意主动交纳，所以大多数情况下是需要专门的征收者用暴力强制来完成，王公也通过各地区巡回审判的方式来征收命金。其中有一个对于命金征收者待遇的规定显得很突出。《雅罗斯拉维奇法典》中规定:"一周内供应命金征收者麦芽七桶,公羊一只或者一大片肉,或者二诺卡达。而星期三是一列查那和三块干酪。星期五也是如此。面包和黍米按需要供应。每天供应两只鸡。允许命金征收者在马厩内寄养四匹马,并要得到充足的饲料。"这是征收者在为大公征收命金的过程中的生活待遇,即食品的供应和为其服务的方式。同时还有一定的报酬,但这种报酬是不固定的,因征收命金的数额变化而变化。"如果命金是八十格里夫纳,那么,命金征收者得到十六格里夫纳十库纳十二维科士,并且预先支取洗尘费一格里夫纳。"①这些规定的目的并非是征收者应当享有的,而是王公对于其代理人即命金征收者非常了解,只有在这种优厚的待遇之下,他们才能尽心为王公办事,达到自己顺利增加财政收入的目的。同时也规定了获取食物的具体数量和"每一地方征收命金期限不得超过一周"的时间限制,以及报酬的计算标准,通过立法将他们加以限制,防止其任意妄为。

从王公征收命金的方式以及对命金征收者的规定中可以看出,当时命金征收的阻力和困难,需要用非常规的手段和较为有力的助手去完成,同时也会发现这个制度可能已经不被社会所接受了。

四、命金制度的变化

命金制度与其他法律制度一样,都是随着历史和社会的发展而有所改变。其中包括命金数额、存废的反复以及最后的废除,当然,这与当时的许多因素相关。

(一)数额的提高

《雅罗斯拉夫法典》中对于杀死王公重要的助手如审判官、审判执行官的命金只有40格里夫纳,而之后的《雅罗斯拉维奇法典》,在命金的数额上有一个增加,即对杀害王公的某些高级依附者的凶手应当支付的命金数额比以前有所提高。突然提高命金数额是有其特定原因的,直接渊源的法律规定是《雅罗斯拉维奇法典》的第23条规定:"马厩长在放马的时候被杀害,命金是八十格里夫纳。"这个条款的规定又是直接和一个历史事件相关。1068年,人数众多的波洛夫齐人大举进犯罗斯国土,罗斯王公失败而逃回基辅,基辅也爆发起义,大公伊兹雅斯拉夫逃往良霍(波兰),持续到第二年,伊兹雅斯拉夫返回基辅途中,途经沃伦地区的多罗戈布城,在这里他的马厩长在放马时被杀,他决定以"八十格里夫纳"的命金惩罚多罗戈布人。这一事件也作为判例载入后来制定的《雅罗斯拉维奇法典》,并成为王公提高某些

① 王钺译注:《〈罗斯法典〉译注》,兰州大学出版社1987年版,第39页、第53页。

人命金数额依据和先例。罗斯王公对其某些高级依附者被杀害成倍地提高命金数额,可以看出当时的社会动荡给立法者带来的压力,也反映出了历史事件的发生给王公们的修改法律的促进作用。

(二)存废的反复

命金制度曾经在罗斯经过了一个反复,这与东正教的影响分不开。根据罗斯的习惯法,对杀人者是不判处死刑的,而是向凶手征收命金,可是拜占庭法律是要对杀人凶手判处死刑的。当时的主教是拜占庭人,他们要求按照拜占庭法律处死杀人者,弗拉基米尔大公一度接受了这个建议。据编年史记载,当时盗贼逐渐增多起来,抢劫之风在罗斯国土上越来越盛。看到这种情况,主教们就问弗拉基米尔大公为何不惩处这些盗贼,大公回答是因害怕触犯教规,而主教们却说:“你应遵守上帝的教导,惩罚恶人就是施惠善人。必须惩处盗贼,当然是在通过侦破之后。”①于是弗拉基米尔下令废除对抢劫杀人者征收命金的制度,改判死刑。但是后来主教们就又对弗拉基米尔提出:“我们要经常打仗,如果我们有命金收入,可用它得到武器和马匹。”弗拉基米尔表示“是那么回事儿。”②就这样因为要增加财政收入来应付战争的需要,大公又听从了主教们的建议,恢复了征收命金的制度。从命金制度的废除又恢复的反复可以看出,教会力量在其中所起到的作用,不仅仅是可以提出立法建议,而且从很大程度上这种建议可以左右大公立法的方向和法律的内容。这个存废的反复也反映出了,对于命金制度立法者是随着一定的情况而变化的,虽然当中有外来因素,但更重要的是对社会情况的了解。

(三)部分的废除

命金制度经过了一定的变化和反复,最终还是被逐渐废除了。在《罗斯法典》的最后一部分《摩诺马赫法规》第 89 条中就规定:“霍洛普和女奴被杀害,无须偿付命金。可是,如果他,无罪被杀害,那么,应就霍洛普或女奴隶被杀害,向主人赔付身价,并且向王公交纳十二格里夫纳的罚金。”这一条的规定与以往的规定不同,由于《摩诺马赫法规》编纂和成文的时间比前三个部分晚,所以这个法典中的内容是前三部分的修改和补充。按照这样理解,这部法规汇总的规定完全可以说明这个时期命金制度有的部分已经被废除了,形成了新的规定。但这里并非完全的废除,因为第 88 条关于丈夫杀害有罪的妻子时还是需要交纳命金的。所以应当说这个时期只是部分的废除。从第 89 条的规定中还可以看出,虽然不交纳命金,但是凶手也不会当然免责,因为如果在霍洛普或女奴隶无罪被杀害的情况下,凶手要赔付相当于“物”的赔偿金,同时要交罚金。这也是代替命金的另一种惩罚方式,只是没有突破

---

① 王钺译注:《〈往年纪事〉译注》,甘肃民族出版社 1994 年版,第 228 页。

② 同上,第 229 页。

金钱的范围。

命金制度在罗斯法典各个部分的规定都有一定的变化,也是因为这几个部分都是在不同时期完成的,而且具有继承和发展的关系,所以沿着时间顺序观察就可以明白地了解该制度的变化情况。而其中的各种变化,也都表明了各个历史环境和条件对法律制度的影响,同时也是当时社会经济和政治情况的及时反映。

五、结　语

法律规定不仅显示出了一个国家或社会对于人们行为的规范,也从一个层面反映出了历史的发展和社会变迁。《罗斯法典》作为俄罗斯古代时期的一部重要法律汇编,其中的法律规定也就是当时社会和时代的最真实写照,同时也是反映当时社会的重要史料之一。通过对命金制度的考察和分析,可以了解当时罗斯国家对于某些犯罪的惩罚方式,并且从中可以体现出社会的阶层等级分化、经济和政治的各种情况。严格来说,整部《罗斯法典》中的内容以及变化,都可以反映出相应的情况,命金制度只是其中的一个视角和个例,但是也可以从中体会出历史问题及时代的特征。

衡平法与法律的发展

张　婷*

对衡平法及衡平法院的关注和考察,源自于对司法改良途径的探索。笔者曾经对实践中出现的各种诉讼欺诈现象(也有学者称诉讼诈欺)进行研究后发现一个问题:我国缺乏一种对制定法漏洞进行补救的事先的程序性机制,使在法律真空地带,司法实践处于一种具有相当大的不可预知性的无序状态。现有的制度性修复,只能以立法形式进行,而这种事后的、延迟的制度修复方式,远远无法满足司法实践中解决问题的需要,远远落后于社会对司法正义的需求。衡平制度,作为适应社会发展推动法律向前发展的柔性的、发展的、灵活的技术性手段之一,可以起到解释和修正法典的作用,促进法律的发展,以弥补制定法所具有刚性的固定的机械的缺陷。

一、衡平法与衡平法院

各国法院在司法实践中都遇到过这种难题:在具体个案中,法院根据现有法律规定,既无法解决新问题也无法给当事人提供充分权益保护。在横向比较各国诉讼制度对此类问题的处理和对策上,我们发现了一个重要的诉讼程序:衡平法诉讼程序。实行法官独任制和重新审理的上诉制的衡平法诉讼程序,以注重具体案件的准确性,法官享有较为宽泛的自由裁量权为其显著特征。它在救济方法上与普通法互为补充,提供普通法所不能提供的应有救济。衡平法,将司法难题纳入诉讼程序创制实体规范的机制,力图给当事人提供一个充分保护其权益的有效途径。

1. 衡平法和衡平法院的出现

由于14世纪后期,英国的普通法院的令状和诉讼形式趋于固定化,发展的余地极为有限,难以满足社会发展的需要,衡平法院和其判例制度相继出现,以给予正义的愿望以救济。衡平法并不是抽象的正义、公允的正义,而是衡平法院所作出的全部判例的总称。19世纪英国学者亨利·梅因,在其经典著作《古代法》中将衡平(Equity)归于法律用以适应社会的手段,使法律和社会相协调的媒介。他认为衡平是指,“同原有民法同时存在的某一些规定,它们建筑在各原则的基础上,并且由于

---

* 张婷,2009级外国法律史专业,指导老师:何勤华。现工作于华东政法大学。

这些原则所固有的一种无上神圣性,它们竟然可以代替民法”。它能“公开地、明白地干涉法律”。但是,它又和“立法”不同,这是发生在它之后的另一种法律改进的媒介,其不同之点在于它的权力基础并建筑在任何外界的人或团体的特权上面,甚至也不建筑在宣布它的官吏的特权上面,而是建筑在它原则的特殊性上面,这些原则,据说是一切法律应该加以遵循的。

衡平法经过长达六七个世纪的发展,现在人们已经很难说清法院最初是如何获得衡平管辖权的。衡平法的权限和范围一直以来都是人们争论的中心,但是时间却已经牢牢地确定了它不可取代的地位和作用,而且随着时间的流逝,衡平法的管辖权的界限在很大程度上得到了修正和确定。

衡平法院(Chancery Court of Equity)是指主要依据衡平法行使权限的特别法院,以区别于普通法院。英国的枢密院(King's Council)是衡平法院的雏形。当越来越多的纠纷不能诉诸普通法院来解决时,当事人就向国王的大臣和顾问组成的班子——枢密院提出请求,由枢密大臣听审,至14世纪,通过向国王呈递请愿书寻求作为恩赐的救济已经非常普遍,此类事项被呈递给枢密院或者议会的特别会议。[①] 大约在14世纪至15世纪两个世纪的时间,[②]逐渐发展成为独立的法院处理案件,即衡平法院。

现在,在英国衡平管辖权是既定的,属于最高衡平法院,它与普通法院有着明显区别。而在美国,有些州的衡平法院与普通法院有明显的区别,有些州的法院承担着双重职责,同时适用衡平法和普通法,尽管两者的适用程序和形式并不相同。美国的联邦最高法院和巡回法院被授予行使衡平权利,起到了衡平法院的作用。联邦最高法院和巡回法院根据不同的程序和判决事项,决定适用不同的程序和规则,究竟是普通法还是衡平法规则和程序。在纽约、弗吉尼亚和南卡罗来纳州,衡平

---

① J. H. Baker, *An Introduction to English Legal History*, 3d ed., 1990, pp. 112 – 113.

② 这段概括的时间是目前学界比较统一的认定,具体的时间仍存在一定争论。See 3W. Blackstone, *Commentaries*, p. 51; D. M. Kerly, *Historical Sketch of the Equitable Jurisdiction of the Court of Chancery*, Cambridge, 1890, p. 35; Joseph Story, *Commentaries on Equity Jurisprudence, as Administered in England and America*, Vol. I, chapter II (the origin and history of equity jurisprudence), 1886, pp. 43 – 45; Thomas Duffus Hard, *The General Introduction to the Close Rolls*, 1833, p. 116; George Spence, *The Equitable Jurisdiction of the Court of Chancery*, Vol. I, 1846 – 1849, p. 344; William S. Holdsworth, *A History of English Law*, 3th ed., Vol. I, 1945, p. 404; Dicey, *Privy Council*, 1887, pp. 16 – 17; The History of the Equitable Jurisdiction of Chancery before 1460, *Bulletin of the Institution of Historical Research*, xlii, 1969, pp. 129 – 44; N. Pronay, *The Chancellor, the Chancery, and the Council at the End of the Fifteenth Century, in British Government and Administration*: Studies Presented to S. B. Chrimes(ed.), H. Hearder and H. R. Loyn, 1974, pp. 87 – 103; M. Beilby, *The Profits of Expertise: The Rise of the Civil Lawyers and Chancery Equity, in Profit, Piety and Professions in Later Medieval England*, M. Hicks(ed.), 1990, pp. 72 – 90; P. Tucker, The Early History of the Court of Chancery: A Comparative Study, *The English Historical Review*, V. 115, 2000.

法院是另外设立的,拥有自己的法官和行政人员。但在美国的绝大多数州法院和联邦法院,这两种权限集中于同一法院。不仅如此,不同的州对衡平法的权限和程序的规定各有差异,康涅狄格、纽约、新泽西州、马里兰、弗吉尼亚和南卡罗来纳州的法院享有充足的衡平法的权限,而缅因、马萨诸塞、宾夕法尼亚州的法院只享有较为有限的权限。

2. 衡平法院的管辖权(衡平管辖权)

衡平法院的管辖权与普通法的管辖权有本质的不同。对权利行使和不公正的救济可以分为两类:普通法院的救济和衡平法院的救济。由前者保障的权利称为法定权利,由后者保障的权利称为公正权利。普通法救济的是被认识到、规定在法律条文中的明确的权利,衡平法救济的是依据公平、正义的法理和天赋人权的思想必须被捍卫的却无明确法律规定的权利。普通法是按照法律事先规定好的程序进行,最后给出一个支持或驳回被告诉讼请求的判决。只有在一些案件中,管辖权的规定得到满足,普通法根据事件的紧急情况给予救济。而在很多案件中,一个单一的判决没有考虑实施的条件和进行具体的安排,对于一方当事人来说是不能实现完全的正义的(will not do the entire justice)。对双方当事人权利作一些修正、限制、特殊调整是必需的,无论这种修正、限制、调整是暂时的还是永久性的。在一些案件中,普通法无法达成上述目标,普通法的诉讼形式和判决形势并不适合此类案件。根据我们的法律无法得到适当的救济以实现完整意义上相对当事人的权利。这些既定的诉讼形式不受限于我们的法律,它们存在于民法里,当事人只能根据它们的立法原意来适用他们。当普通法院不能给予适当的救济时,英格兰和美国的法律都授权向衡平法院或类似衡平法院的司法机关进行申请,这些机构的救济模式不受狭隘的法规所限制,当有权利需要被救济时给予所有的当事人以救济,并根据不同的情况调整救济方式使其适应于具体的环境。

对于衡平法院最一般的解释就是,当一个案件在普通法院得不到清楚的、充分的和完整的救济时,衡平法院就对此拥有管辖权。也就是说,救济必须是充分的,因为如果它不能保障当事人应享的权利,那么衡平法院就对此享有管辖权;救济必须是完整的,即它必须达到法律上的完全的目标,必须触及现在乃至将来整个的危害、保障当事人的完整权利。衡平法院和普通法院的管辖权有着重叠之处,但衡平法院的有些管辖权是独有的。当所需救济的权利完全是法律上的种类时,衡平法院和普通法院共同对此享有管辖权。但是,有些时候需要比普通法院能够提供的更为有效的其他帮助,以解决具体案件的问题、确保完全的矫正。在一些判例中,法院原先拒绝给予完全的矫正,现今准予矫正,但是管辖权在法律没有提供救济的当时已经行使过,现在管辖权也不应被放弃。共同行使管辖权最为常见的情形发生在财务、车祸、离婚扶养金、欺诈、错误、合伙诉讼中,在衡平法院能够得到更为完整和有效的救济。尤其是在欺诈、错误和意外的案件中，普通法院不能也不会提供任何矫正，而在其他案件中，普通法院即使能够提供救济，也经常不能提供完美的救济。衡平法院的管辖权基本上体现在以下方面：第一，根据公理正义去除法律规定的缔结合法合同的障碍以促成问题解决的公平决定；第二，防止一方当事人在庭审中不正当的要求权利和提出主张；第三，它可以命令通过当事人宣誓方式揭露事实，那些事实是他知道会对其他当事人的权利具有实质性意义的但是普通法院不能命令当事人去揭露的；第四，它对那些可能在法庭审理之前有丧失危险的与权利和主张有关的证人证言加以固定；第五，它保障处于争议之中的未决财产的安全；第六，它抵制抑制或取消欺诈的判决；第七，它颁布禁令防止浪费、防止损失不可挽回、保障既定的权利、防止恶意诉讼的烦扰或者命令归还所有权证书；第八，它禁止一方当事人为逃避诉讼的目的而离开该国；第九，当财产处于可能被滥用的危险时，它有权任命财产的保管人，或者命令交出不正当获得的有价证券；第十，它制止违背道德良心和公平正义不正当的行使法律权利；第十一，它有权颁布一个有关具体履行合同义务的命令；第十二，在许多存在不恰当的执行方式的案件中，它完善、改革和调整执行方式，使其符合当事人的真正意图；第十三，它在契约和有价证券遗失的场合给予救济；第十四，大多数信托案件归其管辖。总之，衡平法院在许多领域有着独有的、排他的管辖权，所有它行使衡平权利的情况是这些权利在普通法院法律还未被承认的场合。衡平法院独有的管辖权广泛行使，超过普通法院给予救济的领域。在所有要求衡平管辖权介入的场合，衡平管辖权的基本原则是“寻求公正的人必须公正行事”。[①] 因此，如果一方当事人要求特定的高利贷债息的偿付，除非该当事人诚实地将不含高利债息的应付款带上法庭，否则，衡平法院不会判决。以上的归纳也只是一种关于衡平管辖权的概括的、不完整的描述，公正地说，想要精确界定衡平法院的独有管辖的界限，或者将有关的衡平管辖权的原则一一列举都是不可能的。

3. 衡平法的基本准则

作为一种为救济普通法之不足而产生的法律体系，衡平法在其自身的运行中，形成了一些独特的准则或格言，[②]其重要者如下：(1)平等即衡平(equality is equity)，即对同一类人应给予相同的待遇。(2)衡平法追随法律(equity follows the 1aw)，这里的法律，指的是普通法。意指衡平法并不推翻普通法，它应尽量追随普通法的原则，仅对其加以补充和修改而已。(3)衡平法不允许有不能救济的过错

① The Electric Law Library's Lexicon on Chancery, Court of Equity.

② 关于衡平法格言的综合性阐述，具体可参见[美]罗斯科·庞德著：《法理学》(第3卷)，廖德宇译，法律出版社2007年版。

(equity will not suffer a wrong to be without a remedy)。意即衡平法在理论上不受管辖权的限制,只要是公民民事权利受到侵害并在普通法上得不到救济,或虽有救济但当事人仍感到不公正时,衡平法就可给予救济。(4)衡平法依良心行事(equity acts on the conscience),意指衡平法处理案件时,凭借的是大法官的良心,是按照社会的公平和正义来审理案件,作出判决。(5)有求于衡平法者须为衡平之事(he who seeks equity must do equity),意为按照衡平法的“公平”原则,享有衡平权利的人,在请求法院保护这一权利时,他自己的言行也应合乎“公平”、“正义”的要求。(6)衡平法将应为者视为已为(equity looks on as done that which ought to be done)。意为按照合法有效的契约,当事人将需做而尚未做的行为,衡平法推定它已经完成。该准则的目的在于强调订立的契约(包括协议)必须得到履行,以维护契约的神圣性。(7)衡平法助勤不助懒(Equity aids the vigilant,not the indolent)。意为请求衡平法救济的人,如不及时起诉或采取其他法律手段,衡平法院就不予受理,否则就损害了他人的利益,有失公平。(8)衡平法可以对人为一定行为(Equity acts in personam)。意为衡平法代表了对人的诉讼程序,可以通过强制手段迫使当事人为一定行为。这一准则在于与普通法的对物程序相区别,体现了衡平法的特色。(9)衡平法重意思轻形式(Equity looks to the intent rather to the form)。该准则是衡平法的基本准则之一,强调了衡平法应探求案件的实质内容而后再顾及形式,而不像普通法那样仅顾形式而不顾案件的实质。(10)衡平法不做徒劳无益的事(Equity does nothing in vain)。即衡平法的管辖权以其完整性为基础,因此,它不会发出一项无用或无法履行的命令。①

在弥补普通法之不足的过程中,衡平法院除了形成上述一系列的格言之外,也创设了许多新的权利和救济方法,如信托(源自中世纪的受益制)、衡平法上的赎回权、衡平租赁(普通法只承认三年以上的租赁,衡平法则将条件放宽)、强制已履行部分契约之当事人履行完契约、发布各种禁令(如义务性禁令、禁止性禁令、预防性禁令等)、特别履行、纠正、撤销、返还等。②

二、衡平法院与普通法院之间的对抗与冲突

在衡平法的发展历史上,衡平法和普通法有过激烈的冲突并以两种法院相对立的方式表现出来,最后以衡平法院的管辖权和衡平法效力优先地位的确立为结

① D. K. Metcalfe, General Principles of English Law(1976), pp. 32 – 34, International Encyclopedia of Comparative Law, Vol. 2, p. 83, Oxford Companion of Law, pp. 426 – 427.

② 由嵘主编:《外国法制史》,北京大学出版社 1991 年版,第 471 ~ 472 页。

局。普通法院主张严格规则主义的司法原则,认为法官应受法律的约束,法官必须在法律的范围内严格司法;而衡平法院主张司法能动主义的司法原则,认为对于某些疑难案件需要一种比法律规则所能提供更具衡平形式的司法形式,法官具有超越法律条文的独特的自由裁量权。

出于人们对诉讼程序简化的要求,于1873年通过《英国最高法院审判法》才结束了衡平法与普通法并行的双轨制历史,1875年生效的《英国司法法》将普通法院与衡平法院合并,但衡平法原则与精神在现代英国法中仍起到鼓励法官创立新规则与救济手段的重要作用。同样,美国于1884年完成了衡平法院和普通法院的合并。美国联邦法院于1822年、1842年、1912年制定了《衡平法诉讼规则》(Rules of Equity),供联邦法院在解决衡平法诉讼案件时适用。为了促使联邦法院使用统一的民事诉讼程序规则,1934年美国国会通过了《授权法》(Enabling Act),授权联邦最高法院有权制定在本法院系统内适用的民事诉讼规则,即产生了1938年的《联邦民事诉讼规则》(Federal Rules of Civil Procedure)。将普通诉讼规则和衡平诉讼规则合并起来。原来的衡平法诉讼程序和普通法诉讼程序为统一的诉讼程序所取代,但是衡平法的诉讼程序在绝大多数方面取代了普通法的诉讼程序,成为现代诉讼程序的本体。①

三、关于衡平法的启示

衡平法的出现、与普通法院之间的对立冲突和最终取得胜利的过程值得我们深思。这涉及形式正义与实质正义的相互关系,法院和法官的职权作用,法院与衡平权,法院与民事诉讼四个问题。

(一)程序的形式性和实质性

程序的形式性和实质性何者重要?在法律实践中,所有实体的最后实现都是通过程序获得,没有程序保障的实体无法实现法律的意图。但是,程序制度设计上的缺陷责任不应由个人承担,人民有权获得他应享的权利,法律应该为权利提供保障和救济。程序最终应为权利保障而服务,而不是相反。在某些特殊的个案上,在程序出现漏洞被人为所利用,而法律条文对此毫无作为时,程序的形式性应让步与程序的实质性,人民有权请求法院超越法律条文本身以社会公平和正义之法理作出适应具体情况的裁判,以满足公众对公正的企望。

(二)法院和法官的职权作用

作为正义的世俗象征——法院和法官,他们有权而且也责无旁贷地履行着施

① 汤维建著:《美国民事司法制度与民事诉讼程序》,中国法制出版社2001年版,第274页。

与公正和正义的神圣职责。法院和法官绝不应只是一部毫无生气的执行操作命令的法律机器,它们是法律问题的最早发现者和法律内容的充实者和完善者。法官应享有在一定条件下超越法律条文字面本身,符合法律原意的自由裁量权。在法律的空白和边界,法院和法官是能动的、积极的真理探求者。

法律领域中,我们过于强调规则和制度的遵守性,忽视了人的能动作用。我们在进行任何法律立法活动时,都是对未来的生活情况的一种拟制,而这种拟制与现实的发展能有多大的相符性和覆盖率,实在是值得怀疑的。10 年前、5 年前甚至是 1 年前制定的法律能够预料到的真实情况的百分比究竟能达到百分之多少?恐怕即使是先知也无法全面而准确地预料到所有的情况。基于这种模糊的认识和不精确的估计而做出的立法能够自然而然地接近正义的程度,更是不可想象。规则是必要的,而矫正也必然的。制度和规则应予以强调,而人的积极主动性对于正义的接近和获得也是不可忽略的,制度和规则应给活生生的人留下发展创造的合理空间,而不是禁止个人能动性的发挥。制定法的机械性、固定性、滞后性的弱点,是我们改良司法的主要动因,也是支持衡平法律存在和发展的合理理由。

英国法学家梅因(H. J. Maine)的《古代法》中有过这样的论述:作为适应社会的变动、推动法向前发展的手段,首先使用法律拟制,其次是使用衡平法,最后是使用制定法。首先用法律拟制的方法在不知不觉中尽量使其适应新的社会需要,其次是用衡平法缓和法的严格性,最后用制定法明确地对法实行改革。这是英美法系发展的定律。这说明了单纯地严格适用法律并不能保障正义的最终获得,普通法的法律条文是刚性的、固定的、机械的,需要衡平法这种柔性的、发展的、灵活的手段为补充以取得矫正的正义。衡平法作为法律推动的重要手段,理应获取到相应的地位。衡平作为一种科学的造法技术,作为法律革新的量变手段,推动和促进着新旧法规的更替的质变过程,量变—质变—量变的过程循环不息,推动事物本身的更新和进步,使法律更好地适应社会需求的发展。条文是静止、凝固、暂时、相对的正义,而真正的正义之河,永远不会停止和枯竭。从法院和法官手中流淌出来的,应该是也可以是源源不断、奔腾涌动的正义之泉。

对于中国法律发展来说,司法能动主义(也有学者称为司法积极主义①)一向是充满诱惑的禁地,法院是法律的适用者和遵守者的定义,使我们在提出有效解决司法实践问题弥补法律缺陷的措施上踌躇不前。可以说,无法从根本上解决制度性缺陷,是我国法律理念的滞后性,司法功能的狭小性所决定的。因此,改变传统的司法权观念,由严格规则主义向司法能动主义转化,在法律的范围内赋予法院和法官

① 季卫东:“最高人民法院的角色及其演化——另类分权制衡与司法独立的悖论”,载 http://www.civillaw.com.cn/weizhang/default.asp? id = 21463。

更大的自由裁量权,承认并赋予诉讼法的能动功能,是中国司法制度发展的必然趋势。

(三)法院与衡平权

衡平权的实质,在于法院自由裁量权的理性获得。我国的诉讼制度,是不允许法官(或法院)在法律条文规定之外行使司法权的,因为司法立法是被严厉拒绝的概念。但如果说我们不否认司法解释、推理等这些形式在实质上改变法律,具有司法立法的创造性因素,那么,在法律规定的范围下赋予法院有节制的衡平法上的纠正权,才是一种理性的态度。在法律的发展过程中,实体法的构建、法典的修正和完善是其中的一种手段,而司法过程中的发现矫正补充,更是推动法律发展不可或缺的重要手段。司法过程中的衡平,是客观对主观的检验和校正。寻找到真正的法律,寻找到真正的客观规律,离不开司法过程。

我国是一个崇尚成文法的国家,但是我国现代法制建设起步较晚,成文法体系尚不健全,立法技术落后,致使现有的法律规范远远不能适应社会现实的需要,加之我国正处于大变革时期,因此,我国的司法机关显然比两个法系的那些成文法已经高度发达的国家都更需要种种辅助性的立法手段。应该说,我们实际上正处于一个司法界大显身手的时代。[①] 那些关于我国属大陆法系和英美法系的协调和冲突问题的担心,并不能构成借鉴衡平制度的根本性障碍。衡平法虽属判例法,但在技术上是可以整合的,并不存在衡平法因为属于判例法而无法和我国实践相结合的问题。法律不仅是一种观念的产物,更是一种科学的产物。符合事物发展普遍规律的,就应当是立法和司法过程中被普遍承认和接受的。

当然,法院或法官的这种衡平权力,应当审慎行使,即应当受到限制:其一,只有在法律规定的真空地带时行使;其二,必须从立法背景、立法成因中推出该结论是在当时立法中遗漏的应包含在内或排除在外的情形;其三,若适用实在法规则会导致一种被绝大多数有理性的人完全无法接受、完全不合理的结果;其四,此权力由最高人民法院统一行使。

衡平权,这种法院享有的权力在当今的中国法律上还没有明文的规定,建议提起宪法修正案赋予最高人民法院在不违背立法的基本精神的基础上的对现行法律的漏洞加以修正的权力。当然为了保证权力不被滥用,该修正案还应包括法院行使此项权利的条件的限制性条款。如何创制一套相应的规则和制度,确保衡平权合理有效地发挥作用是其中的重点,这就是中国的衡平规则的起草。首先,应确定衡平法的优先效力,即当衡平法与普通法相抵触时,应优先适用衡平法。其次,衡平

① 杨一平著:《司法正义论》,法律出版社1999年版,第253页。

权的实施主体为最高人民法院,以保证衡平权的谨慎行使及法律的统一性,避免被滥用。最后,请求衡平管辖权的条件,是现有法律或法院无法充分、完整地保障当事人正当权利。这种作用与再审有类似之处,但其救济的范围和作用远大于再审。它给予当事人事前、事中的及时救济,它可以超越现有法律的局限给予当事人公正的救济。

(四)衡平与我国民事诉讼法的发展

从我国的民事诉讼法发展的状况来看,我国民事诉讼法的主宰思想仍是"程序工具论",处于程序法发展的初级阶段,尚未成为推动民事实体法发展的促进力量。诉讼法的相对不发达与轻视法官地位、自由裁量权的缺失状况有关,诉讼法的机械和僵化使司法主体的主观能动性难以发挥,进而限制了诉讼法及相关实体法的发展。

"法律必须稳定,但不能一成不变。"静和动是物质存在的两个要素,这一对矛盾之间相互依存、相互斗争的过程,奇妙地构成了事物的生长历程。法律如何生长、发展、充实壮大,并保持其旺盛的生命力,就在于对作为静的法规和作为动的衡平两者之间关系恰到好处地把握。衡平作为法律革新的量变手段,推动和促进着新旧法规的更替的质变过程,量变—质变—量变的过程循环不息,推动事物本身的更新和进步,使法律更好地适应社会需求的发展。

有人质疑衡平是否会威胁到法律的稳定性。因为他们坚守这一信条,法律的改进方式只应严格限于立法,其改革权限只属于立法机构。历史证明,法规作为一种改良工具,其作用是"有条件的和临时的"。立法机构能够根除除痼疾,纠正某个由来已久的错误,消除一些得到明确断定的罪恶,它们蔑视那些较微弱的补救、区分和法律推定,这在司法过程中屡见不鲜。但是,法规永远是远远落后于社会需求之后,而"人民幸福的或大或小,完全决定于"社会需求和法律之间"缺口缩小的快慢程度"。衡平所进行的探索性的和不确定的摸索,在某种程度上不可避免,是新法规内容的试错阶段。但这种试错阶段是完全有必要的,而且应当保证它在不动摇法律稳定性的前提基础上谨慎地进行。这种权利最适宜由法院行使,而不是其他什么机构,因为"法典之后的解释、修正,将规则、原则是用于不断变化的复杂实践,需要法官的创造性工作"。①

对于中国法律发展来说,司法能动主义一向是充满诱惑的禁地,法院是法律的适用者和遵守者的定义,使我们在提出有效解决司法实践问题弥补法律缺陷的措施上踌躇不前。可以说,无法从根本上解决制度性缺陷,是我国法律理念的滞后性,

---

① [美]本杰明·内森·卡多佐著:《法律的生长》,刘培峰、刘骁军译,冯克利校,贵州人民出版社2003年版,第72页。

司法功能的狭小性所决定的。因此,改变传统的司法权观念,由严格规则主义向司法能动主义转化,在法律的范围内赋予法院和法官更大的自由裁量权,承认并赋予诉讼法的能动功能,是中国司法制度发展的必然趋势。

笔者认为,现存的诉讼程序及救济制度非常机械和僵化,难以全面适应各种案件的解决。需要存在一种全新的、灵活的程序机制——衡平,对法律的机械性、固定性和滞后性的缺陷进行弥补和矫正,以促进法律的生长。作为立法的辅助司法技术——解释、推理、衡平,它们的作用在现今中国并未引起理论界的足够重视。实际上,这些司法技术随着时间的推移,积累而形成一种法律规范补充体,使法律在不断地适应着具体社会需求的过程中得到了促进和发展。正如民事诉讼中的当事人合并制度的出现,是衡平法上对诉讼制度漏洞的一种补正和完善的结果,在整个我国民事诉讼制度已经全面建立的今天,尤其需要有一个衡平的注意,对这些已有的制度进行及时的纠错和防漏补缺。创制建立固然重要,然而更为重要的是,建立以后的不断深入研究及修正,使争议的目标得到真正的落实和体现。

在美国的诉讼法发展史中,衡平法作为弥补普通法机械僵化难以适应所有案件解决的缺陷、不足,对忽视的、遗落的正义愿望的救济手段,与普通法之间不断地冲突,并最终获得优势,反映了诉讼程序的形式性和技术性让位给了诉讼程序的实质性和伦理性①这一历史趋势,进而也指明了中国的诉讼程序的发展方向,最终会从注重社会整体的多数的正义的价值目标走向切实保障个案正义和防止单个争议愿望的落实的诉讼目标。

衡平制度实际上是诉讼(程序)法发展到发达阶段的里程碑式的标志,诉讼法作为程序法推动实体法发展的独立价值,前所未见地凸显出来。人们隐约听见了司法现代化进程中那激动人心的号角的召唤声,回荡在中国广袤的东方苍穹之中。

① 关于诉讼程序的形式性和技术性以及诉讼程序的实质性和伦理性,详见汤维建著:《美国民事司法制度与民事诉讼程序》,中国法制出版社 2001 年版,第 274 页。

“同途殊归”还是“殊途同归”？
——兼评《中国传统衡平司法与英国衡平法之比较》

冷　霞*

一、引　　论

许多学者对中西法律进行比较的时候，往往会作出这样的一个界定，即两者之间的差异多于共性，冲突多于一致。这样的一种先见固然有助于在不同的法律传统之间比较差异，却也往往导致过于强调差异而忽略某些共性之处。就英国法的具体例子而言，英国普通法的司法传统、职业化的法律人团体、其王在法下的宪政理念对于王权的限制都令学者们津津乐道，并以此与中国古代的传统法律进行对比，从而得出中英两国古代法从细微制度到基本精神迥然不同这样的结论。也有少数学者注意到了英国法中除普通法外的另一个重要渊源——衡平法，并将其与中国古代传统法律进行比照。例如，中国政法大学的顾元博士就在其论文《中国传统衡平司法与英国衡平法之比较》中将英国法中的“衡平”概念用于中国传统司法，并将英国衡平法与中国传统司法“原情审断”的方式进行比照，从而得出“从‘同途殊归’到‘殊途同归’”的结论。顾元博士跨越中西法律传统进行探索的勇气令人钦佩，对于中国古代衡平司法的细致研究令人赞叹，但可惜的是，他对作为中国衡平司法参照项的英国衡平法的理解却存在一定偏差，并由此影响其论文结论的可靠性。笔者拟对此进行分析，进而提出本文对英国衡平法特质及其成因的理解，并在此基础上对中国古代衡平司法与英国衡平法进行比较。

二、同途还是殊途

顾文从哲学基础、基本价值、法律职业三个方面对英国衡平法与中国古代衡平司法进行比较研究，认为虽然两者在基本价值理念上而言具有相似性，都具有庞德所言之“法的自由主义阶段”的大多数特征，是大致处于同一发展阶段和水平上的相似类型的法律状态，但在哲学基础和法律职业两个方面却表现出较大的差异。

---

* 冷霞，2004级外国法律史专业，指导老师：何勤华。现工作于华东政法大学。

但笔者认为,这一判断过于绝对,忽视了英国衡平法本身所经历的历史变迁,事实上,无论是在哲学基础还是在法律职业方面,英国衡平法都曾经表现出与中国古代衡平司法非常相似的特性。

(一)英国衡平法的哲学基础:从经院主义到经验主义

根据顾文的论证,判例法制度是英国衡平法的特征,而判例法的哲学表现是经验主义,[①]因此英国衡平法以经验主义为其哲学基础。但笔者认为,英国衡平法的哲学基础并非自始至终建立在经验主义基础上,而是经历了从经院主义向经验主义的变迁。

对于英国衡平法中的先例原则的确立时间这一问题,我们可以从两个方面考察,其一是英国衡平法判例集的产生时间,其二是大法官及其助手们在司法实践中接受先例原则的时间。

至18世纪,尽管单个判例并未被赋予强制约束力,但判决系列的强制力开始被强调。例如,在1728年,主事官杰基尔(Jekyll)曾提道:"大量的或者说一系列的先例将会并且必然束缚后续判决,但是单单一两个判决并不能够确立法律从而约束一个法院在未来的判决。"大法官哈德威克(Hardwicke,1737~1756年)在"伊夫林诉伊夫林案"(Evelyn v. Evelyn)中也采取了这样的观点,即两个先例并不拥有必然的约束力:"当在这一点上存在两个判决的时候,他不会迅速地推翻它们。"事实上,尽管他遵循先例,但同时也认为如果必要他也可以不遵循。在他看来,一两个判决只具有说服力。[②] 尽管此后大法官有时甚至也依靠单个先前判决,但必须符合两个条件,其一为该判决是一个古老的判决,其二为已经形成了相关实践习惯。[③]

到19世纪初,单个的先例而非系列判决本身就具有约束力,衡平法的先例规则和普通法在实践上没有什么不同。埃尔登大法官说:"本院的原则应是已经解决了,即使颁布的确定原则如同普通法的原则一样统一,但是应注意这些原则应依个案情况而适用。我不能同意本院的原则随每一位大法官继任而变动的说法。当我离开这个位置时,我的所做所为如果只是使衡平法随大法官的脚步而改变这一指责成立,那么除此之外,什么也不能比这更使我痛苦。"[④]

总之,衡平法的先例原则在16世纪末17世纪初萌芽,17世纪下半叶初步形成,至19世纪才最终成熟。如果说判例法制度是经验主义的具体表现,那么经验主义作为英国衡平法的哲学基础也不会早于这个时期。

---

① 谢晖:"判例法与经验主义哲学",载《中国法学》2000年第3期。

② [英]温德尔:"衡平法中的先例",载《法律季刊评论》1941年第226期。

③ 同上。

④ 毛国权:"英国法中先例原则的发展",载《北大法律评论》(第1卷)1998年第1辑。

既然如此，在17世纪之前的衡平法的哲学基础又表现为何种面目呢？对此，诺曼·多伊（Norman Doe）指出，在中世纪"良心构成了大法官管辖权的基本权威"。①

大量早期呈递给大法官的请愿书表明，在16世纪之前的大法官法院的诉讼中，人们最为通常的做法是以"良心"之名请求大法官的救济。这些用法在请求国王或者大法官干预，尤其是授予传票的请愿书中频频出现。②

而大法官在坐堂问案的过程中也是基于自身对良心的理解来进行审判。正如1491年，大法官默顿（Morton）大主教在解释他所授予的一个救济时所说的："每部法都应当与神法相一致；我清楚地知道一个遗嘱执行人欺诈性地误用了货物并且没有进行赔偿，将会在地狱中受谴责，而对此予以救济，如我所理解的，是与良心相一致。"③

显然，此时的衡平法强调的是大法官以所谓"国王的良心"行使司法管辖权，在个案中实现特殊正义，通过法官自由裁量权的运用来实现一般法律所无法实现的个案公正，从而对普通法的僵化予以弥补。它没有明确的规则，强调的是"良心"，而非先例。

就哲学基础的视角而言，英国衡平法中这一"良心"原则是建立在中世纪的经院主义哲学的基础之上，良心概念本身就是经院主义哲学家们关注的对象，被赋予了浓厚的宗教色彩。

"良心"一词源于拉丁文conscientia（con：with；scire：to know），意思是和另一个人一起知道的隐秘之事。它表示对于对错的一种内在的了解或认识，对于人们行为的正确或错误的道德感：它是一种人类和神一起分享的知识。如福蒂斯丘（Fortescue）在1452年所解释的，"良心来自con he，合在一起，它们的意思是"和神一起知道"；也就是说，尽一个人的理性所能的知道上帝的意愿。④

因此，在中世纪的思想中，关于良心的讨论直接聚焦于个人的道德生活。理论家将良心分为两个部分：良知（synderesis）和心知（conscientia）。著名的经院主义哲学家托马斯·阿奎那认为，良知是人们对于自然法主要原则的先天知识；当个体将

① ［加拿大］丹尼斯·R.克林克："当代加拿大衡平法之'未经检验'的良心"，载《麦吉尔法律杂志》2001年第46卷。

② 在威廉·佩利·拜尔通编纂的《大法官法院案例选》中，此类例子随处可见。例如，在第123号案件中，大法官法院被冠以"良心法院"（court de conscience）的称谓，第138号案件中，使用conscience and lawe；第143号案件中使用right faith and good consciens以及good faith and consciens；第121号案件中使用ley et conscience以及ley，reson et bone conscience；第143号案件中使用the lawe of consciens等用法。See William Paley Baildon，Select Cases in Chancery（A. D. 1364 to 1471），London，1896.

③ William S. Holdsworth，*A History of English Law*，Vol. V，London，1945，p. 222.

④ Norman Doe，*Fundamental Authority in Late Medieval English Law*，Cambridge University Press，1990，p. 133.

良知适用于具体情况的时候,他将此称为心知。因此,良心是对一个特定行为的一个判断行为,该特定行为源自人类对自然法主要原则的先天认知。当个体违背了他们的良心的时候,那么就违反了神法。在阿奎那看来,良心是对个体的约束,如同人们为统治者的命令所约束那样,通过神裁的威胁来应对不服从的行为。

除阿奎那外,其他中世纪经院主义哲学家还将良心与神法、理性法联系起来。例如,皮科克(Pecock)将"良心法"等同于"理性法",将理性法当然的视为与神法相一致;并且他使用良心来处理实证法未曾涉及的案件。此外,加布里埃尔·比尔(Gabriel Biel)也持有类似的观点,他认为良心是神法的"使者":"良心事实上如同法律的命令","宣告一些行为应当被完成,或者本应被完成,或者被避免,或者本应被避免"。[①] 显然,在经院主义哲学家看来,良心不仅是个体的道德判断,还与神法紧密相连,甚至被直接与神法等同。

而当主要由神职人员担任的大法官们将"良心"原则借用大法官法院中时,并未改变对它的这种理解,并在此基础上确立、发展了大法官法院的衡平管辖权,创造了衡平法。

比如,大法官法院提供用益制的救济是因为此类案件往往是由于作为受托人的被告违背了他与出托人之间私下的约定,违背了出托人对他的信任而导致的。至15世纪末,律师们已经清楚地认识到,大法官法院授予救济是基于一种关于合法的具有约束力的信赖。举例而言,在"里德诉卡佩尔案"(Rede v. Capel)中,默顿大法官指出了该法院就普通法没有给予救济的事项进行干预的数个典型的例子。被告的律师莫当特(Mordaunt)对此评价到,大法官法院干预这些案件的理由是它们都涉及"信任"。[②] 而这样的一种"信任"恰恰是"良心"的衍生物,我们也可将其追溯至教会法上的"背信"(the fidei laesio)。

也正是基于良心,大法官法院对普通法不提供救济的简单契约予以救济。针对普通法上简单契约无法得到救济的状况,[③]大法官基于宗教上的良心,将诺言必须被遵守,否则违背诺言就是教会法上可以处罚的罪孽的这样一种理念带到了大法官法院。他们认为,只要符合正派和诚实的标准,并且被诚实交易,契约就必须被遵守和实施。[④] 比如,"在1467年大法官法院所审理的案件中,被告的辩护律师试

---

① Norman Doe, *Fundamental Authority in Late Medieval English Law*, Cambridge University Press, 1990, p. 134.

② Paul Vinogradoff, Reason and Conscience in Sixteenth-Century Jurisprudence, *Law Quarterly Review* Vol. 24, 1908, p. 381.

③ 盖印合同之诉仅仅在契约为书面并且盖印的情况下才可用;金钱债务之诉仅仅适用于某些特定种类的经签名盖章等手续而生效的契约,并且由于其他原因而无法解决问题的诉讼。

④ William S. Holdsworth, *A History of English Law*, Vol. I, London, 1945, pp. 455 – 456.

图争辩说，原告没有小心地遵循关于契约中所规定的规则，如果他由此遭受损失，完全是由于他自己的愚蠢。大法官斯蒂林顿(Stillington)主教授予原告一张传票，并且通过一句经典法谚‘上帝担任愚蠢者的律师’证明其行为的正当性。该格言无疑充满了宗教气息，并且它为大法官法院打开了这样一条道路，即寻求各种外部的交易规则，以纠正由那些利用他人的智力弱点、不充分的知识或者偶然的疏忽的有技巧的卑鄙小人所犯下的违法行为”。

此外，也正是基于良心，大法官法院始终关注对穷人的救济。例如，在1575年的“丹尼尔诉杰克逊案”(Danyell v. Jackson)中，免除了诉讼费用，考虑到原告的年龄、贫穷以及淳朴，他是“一个非常贫穷的男孩，衣衫褴褛，赤裸着双腿，并且不到12岁”。1597年的“尼古拉斯诉达顿案”(Nicholas v. Dutton)中，在大法官哈顿(Hatton)的提议下，被告给了原告100镑，“不是基于原告拥有的任何权利或者衡平，而是因为原告的贫穷”。1608年的“思罗格莫顿诉洛金案”(Throgmorton v. Loggen)中，格里姆斯顿(Grimeston)主事官驳回了关于在一份诉答文书中缺乏确定性的异议，他的理由之一为，“在衡平法院，穷人和对普通法无知之人的权利将要被考虑”。在1608年的“威尔基诉达格特案”(Wilkey v. Dagge)中，主事官廷德尔(Tynadal)对于他在一个被没收的抵押的案件中给予救济的理由在于，原告是一位穷人，“并且据可靠消息被告们是刁钻之人，利用他们的优势地位欺凌他们贫穷的邻居。由此我认为救济贫穷的灵魂并且制止普通法上的所有诉讼是好的衡平”。

如果将英国中世纪衡平法与中国古代衡平司法相比，我们可以发现两者在这方面非常类似。例如，中世纪的大法官并非基于先例原则进行衡平司法，而是基于颇富宗教意味的“良心”原则实现衡平，这与中国古代的“春秋决狱”基于以“三纲五常”为核心的儒家经义实现衡平不乏相似之处。又如，此时的衡平法也尚未使个案的判例成为普遍适用的规则，使之连接成为一个整体，而是与中国古代的司法官一样其着重点仍然只是基于抽象原则针对个案的公道和合理解决。因此，如果同样套用哈耶克关于人类哲学的二分法来进行区分的话，可以说，英国中世纪衡平法绝非建立在进化论的经验哲学的基础之上，而是与中国衡平司法的思辨主义儒学一样建立在构建论的先验哲学的基础之上。只是当进入17世纪，随着先例原则在衡平法中逐渐形成之后，英国衡平法的哲学基础才转变为英国当时盛行的经验主义哲学。

(二)英国衡平法的法官:从非职业化到职业化

对于构筑英国衡平法的职业团体，顾文作了这样的描述:“衡平法是衡平法院大法官司法活动的产物。早期的大法官主要是由国王身边器重的大臣担任，后来，随着英国法官日益从王权中外化出来成为一个相对独立的职业群体，衡平法院的法官也和普通法法院的法官一样从优秀律师中挑选。而律师很早在英国就成为一个相对独立的职业法律家阶层,共同的教育背景、从业经验以及思维模式,使英国的法官与律师较早就成为一个法律共同体,他们(尤其是法官)对于判例法体系的形成和发展起到了至关重要的作用。中世纪的英国法官不仅对于制定法缺乏兴趣,甚至因制定法常与专制君主的意志相联系而予以敌视。"

在亨利八世统治时期任命普通法律师出身的托马斯·莫尔(Thomas More)担任大法官之前,大法官一职通常由高级神职人员来担任,仅有极少数例外情况。从具体的数据统计来看:自14世纪至16世纪初亨利八世统治时期的沃尔西大法官这230年左右的时间中共产生大法官72任,其中仅9任大法官由世俗之人担任,其年限总和不超过20年。①

从这些大法官的知识背景来看,尽管有学者认为教会出身赋予大法官应有的学识,他们往往在牛津或者剑桥接受大学教育,其中,教会法和罗马法是相当多的高级神职人员所精通的科目。因此,此时的大法官"必须熟悉教会法和罗马法,并且英格兰的普通法也是非常必要的"。② 但实际上,这是一种相对夸张的描述。

埃弗里所作的一个简单的统计可以让我们更为清楚地看到这一点:从1396年埃德蒙·斯塔福德(Edmund Stafford)担任大法官开始到1532年托马斯·莫尔被任命为大法官,在这136年中担任大法官一职的18个人几乎都是主教或大主教,有几名甚至是红衣主教。就教育背景而言,这18人中,在大学中4人研究神学,5人研究罗马法,4人研究罗马法和教会法;有4人将自己关于罗马法和教会法的文本遗赠给许多图书馆;5人对教会中的法律程序尤为熟悉,包括英国教会法院和罗马法院。③ 显然,这18人中,真正同时精通罗马法和教会法,并且熟悉法律实践之人不超过一半。

更值得注意的是,在这136年的18名大法官中,精通罗马法与教会法之人在时间段上并非均衡分布的。15世纪中期以前只有一位大法官具有教会法院的实践经验。④ 因此,此时的大法官大多还只是法律的门外汉,称不上专家。事实上,由于此时大法官作为仅次于国王的第二号行政管理者、咨议会的领袖,其政治地位突出,行政角色凌驾于司法角色之上,因此在选任大法官一职时往往从大法官法院本身

① Timothy S. Haskett, The Medieval English Court of Chancery, *Law and History Review*, Vol. 14, 1996, fn. 6.

② F. W. Maitland, *The Constitutional History of England*, Cambridge, 1908, p. 225.

③ Margaret E. Avery, The History of the Equitable Jurisdiction of Chancery before 1460, Bulletin of the Institute of Historical Research 42, 1969, p. 130.

④ Mark Beilby, *The Profits of Expertise*: *The Rise of the Civil Lawyers and Chancery Equity*, *in Profit, Piety and the Professions in Later Medieval England*, ed. M. Hicks, Gloucester, 1990, p. 75.

的下级官员[①]以及与作为文秘署的大法官法院有着密切关联的财政署、高级官员、御玺大臣,甚至宫室官员中提拔,[②]选拔标准也更偏重其经长期的行政历练而获得的行政管理的能力和经验,并不特别重视其司法能力及经验。事实上,精通法律从未作为任命一名中世纪大法官的必要条件,而且即便大法官的任职者具有一定的法律知识,真正具有法律实践经验之人少之又少。

只是在15世纪中叶往后,随着大法官的司法职能日益突出,大法官候选人的法律学识才获得重视。在15世纪中叶,相继有两位极负盛名的罗马法学家被任命为大法官,一位是罗马法博士罗伯特·斯蒂林顿(Robert Stillington),另一位是他的继任者,同为罗马法博士的劳伦斯·布思(Lawrence Booth)。此后,1483年上任的拉塞尔(Russell)博士本身是一位非常博学的律师,而亨利七世时期任命的默顿博士则是牛津大学罗马法学院的首席负责人。[③]

大法官法院内部的官员们经历了同样的变化。直到兰开斯特末期,大法官法院的班子仍与其他的中世纪的行政部门类似,文书们大多由神职人员担任,他们按照资历的顺序缓慢地升迁,有时候会因为特别的能力、庇护人或者运气而获得快速的提升。以大法官法院中地位仅次于大法官的主事官为例,在当时仍然是由下级有能力的文书晋升而来,很少有罗马法律师参与大法官法院的秘书处的活动。但自15世纪中叶开始,这一状况发生了改变。至亨利七世初期,大法官法院的主事官们就大多由罗马法学家来担任。[④] 至17世纪的前30年,大多数主事官已经由普通法律师充任。[⑤]

总之,尽管普通法法官早在14世纪就实现了职业化,形成了法律职业共同体,但大法官法院的职业化过程却至少在15世纪中叶才开始启动。中世纪的大法官法院更多地表现出行政特质而非司法特征:作为大法官法院核心的大法官本身就是兼理行政与司法的官员——他既掌管国玺,协助国王处理国家的行政事务;也坐堂听审,充任大法官法院的唯一法官。但这两种特质并非并重,重行政经验轻司法能力的选拔标准使由此产生的大法官行政性强于司法性。而大法官领导下的大法官法院在中世纪长期充任中央文书机构的事实使其中充斥着具有丰富经验的行政官

---

① 如卷宗主事官。

② 英国中世纪的中央行政机关,主要有文秘署(即大法官法院)、财政署、锦衣库、宫室四个,它们彼此之间权限不明,互相重叠,也互相争夺。

③ N. Pronay, *The Chancellor, the Chancery, and the Council at the End of the Fifteenth Century, in British Government and Administration: Studies Presented to S. B. Chrimes*, ed. H. Hearder and H. R. Loyn, Cardiff, 1974, p. 92.

④ Ibid., p. 91.

⑤ Amala D. Kessler, Our Inquisitorial Tradition: Equity Procedure, Due Process, and the Search for an Alternative to the Adversarial, *Cornell Law Review*, Vol. 90, No. 93, p. 1200.

僚。直至16世纪末17世纪初,普通法律师才成为大法官法院的主宰,他们所履行的职责也由中世纪行政、司法杂糅的模糊状态转变为承担日益明晰的司法职能。也正是在此时,英国衡平法才与普通法渐行渐近,原为普通法特征的先例原则方得以在衡平法中确立。

因此,如果说17世纪之后由普通法律师担任的大法官及其下属官员属于专门性、精英化的法律职业性集团,与中国传统社会的司法官有着很大的差异,那么在此之前,尤其是15世纪中叶之前,由神职人员所担任的大法官及其下属官员们却与后者有着更多的相似之处:两者同属国家行政官僚系统中的一员,不具备专门的司法能力,崇尚高洁的人格和伦理品行。总之,他们都不是职业化的司法精英,而是非职业化的行政官僚,这种共同的身份也就赋予英国中世纪衡平法与中国古代衡平司法共同的特质——行政性特质。

三、殊归还是同归

基于以上讨论,笔者认为,英国衡平法在其发展的早期走着与中国古代衡平司法非常相似的道路,表现出类似的特质:英国中世纪衡平法的宗教性和行政性,恰恰对应着中国古代衡平司法的伦理性及行政性。但与中国古代衡平司法一直保有其特性不变有所不同的是,自16世纪末17世纪初开始,英国衡平法逐渐为普通法同化,早期的宗教性和行政性逐渐为世俗性和司法性所取代,先例原则也逐步确立,至此,英国衡平法才具有顾文所概括的“以经验主义为哲学基础”及“由职业化的普通法律师担任大法官”的特点。

那么为何非常相似的英国衡平法与中国古代衡平司法会走上迥然不同的道路呢?或者说,为何英国衡平法会发生这样的转变呢?

笔者认为,对这一问题的解释不应从英国衡平法自身与中国衡平司法的差异来寻找原因,这两者的相似性大于相异性已然得到了论证,而应当从这两者所面临的截然不同的政治和法律背景入手。

如果说英国早期衡平法宗教性特质的产生及淡化肇因于国王在与教会力量进行的合作与斗争,其行政性特质产生变化的动因则在于国王与议会、普通法职业共同体等世俗力量的斗争、合作。

1. 行政性特质的产生

一般认为,衡平法产生发展的直接原因在于普通法本身固有的缺陷无法满足社会发展的需要,无法调整因为社会经济的发展而产生的新的经济关系、社会关系。但笔者认为在其背后有着更深层次的原因,即国王赖以伸张王权、加强其统治的渠道发生了变化。

自诺曼征服以来,诺曼及安茹朝前期的国王主要通过构建统一的普通法法院、发展通行全国的普通法来加强王权对于全国的统治。这一方式是相当成功的,也由此在英格兰造就了当时欧洲最为强大的王权。

但是,国王扩张王室法院的司法权以加强王权的方式在亨利三世时期遭遇了重大挫折。1258 年,在武装贵族的压力之下制定的《牛津条例》明确禁止大法官未获国王及咨议会之首肯而签发新的令状,这导致普通法从此无法根据社会的需要同步发展。尽管 1285 年《威斯敏斯特第二条例》对此予以修补,允许签发类案令状,但这没有从根本上改变普通法法院司法管辖权受限制的事实。[①]

与此同时,脱离御前会议独立发展的普通法法院也日益表现出不受国王任意控制的迹象。从当时法学著作的思想转变来看,12 世纪末,亨利二世时期的摄政官格兰维尔所著的《英国的法律与习惯》一书尚认同罗马法的观点,认为国王是一国之内的最高统治者,主张绝对的君主制;13 世纪中期以后布拉克顿在其著作《论英格兰的法律与习惯》中已然主张国王也应该遵守法律。据说,17 世纪初柯克与詹姆斯一世国王抗争时引用的名言——"陛下虽高居万人之上,但却在上帝和法律之下"也来自布拉克顿。[②] 从当时的法律实践来看,法官们为了坚持正义,时常违背国王的指示。英国学者特纳在《格兰维尔和布拉克顿时代的英国法官》一书中,曾对 12 世纪后期到 13 世纪中叶几十位著名法官的司法实践进行过系统研究,他得出结论说:"这时,法官们正在形成一种严肃的责任感,即不顾国王的意愿,对所有人公平执法。尽管他们总是致力于保护国王的利益,但他们感到,作为国王的代理人,保持高水准的司法是他们的义务。"[③]这种严肃的责任感使法官们在实践中致力于维护自己独立司法、捍卫正义的权力。例如,亨利三世统治早期,国王咨议会出于政治原因推翻了巡回法院的一项判决,巡回法官们立即联名上书抗议,指出:"既然我们是你们选择的——而不是我们自己选择的——法官,既然你们命令我们为了国王和王国的安宁而进行巡回审判,那么,为所有人伸张正义,对富人和穷人一视同仁,绝不考虑个人利益,就是正当的和值得尊敬的。……根据我们的理解,我们没有做任何令国王或者好心人不快的事。因此,你们这样做对于国王的尊荣和我们的声誉都是不利的。"[④]1234 年又发生了类似的事件。这一年,国王亨利三世以特别命令的方式,将休伯特·德·博格逐出法律保护之外,法官威廉·雷利代表法庭宣布国

---

① W. Barbour, Some Aspects of Fifteenth Century Chancery, *Harvard Law Review*, Vol. 31, 1917 - 1918, p. 834.

② 李红海著:《普通法的历史解读——从梅特兰开始》,清华大学出版社 2003 年版,第 334 页。

③ 程汉大著:《英国法制史》,齐鲁出版社 2001 年版,第 340 ~ 341 页。

④ 程汉大著:《英国法制史》,齐鲁出版社 2001 年版,第 341 页。

王的命令是无效的，最后，雷利和法庭获得了胜利。①

此外，作为英格兰普通法法院系统中最高法院的议会也表现出权力扩张并且制约王权的倾向。对此有学者总结说，在爱德华三世去世之前，议会基本上是从属于王权的一个法庭，所以应该把议会称为“国王的议会”。而在那之后，议会抗衡国王的能力增强，议会有时游离于王权之外，变得不十分驯服，国王和议会经常处于对立状态，所以两者的关系变为“国王与议会”。②

总之，普通法法院和议会表现出来的独立倾向及对王权的挑战都意味着国王在传统上主要通过发展王室法院的管辖权、构建通行全国的普通法来加强对国家的控制的方式已经行不通了。

面对这一困境，英国国王没有坐以待毙，而是通过建立新的统治机构的方法完成了治理方式的转变。这个新的统治机构就是咨议会。

自亨利三世开始，咨议会就成为英格兰政府的核心机构，它既是国王的咨询机关，也是一个执行机关，履行着立法、行政、司法等多方面的职能，国王借由它来实现对于国家的掌控。因此，在很大程度上，咨议会的权力扩张可以被视为王权的扩张。为了对此予以遏制，议会曾多次试图夺取、限制国王对咨议会的控制权。③ 但是，由议会决定咨议会成员名单，咨议会成员向议会宣誓之事只是偶然发生，多发生在王权衰微、国王病重或尚未成年的情况下，而且这也无法阻止国王日后撤换他们。总体而言，一旦国王有能力执政，咨议会的任免权就掌握在国王的手中，咨议会是国王控制的执行其个人意志的中央政府的核心管理机关。这一论断可以从 1423 年后，没有任何有关咨议会的立法通过，咨议会也没有再在议会宣过誓这一事实中得到支持。

因此，我们可以认为，尽管存在一些例外，咨议会通常都处于国王的全面控制之下，它是伸张王权的工具，而非表达贵族利益的渠道。在普通法法院和议会日益独立的背景下，咨议会代替这两者成为国王伸张王权的新渠道，并且与这两者展开

---

① 程汉大著：《英国法制史》，齐鲁出版社 2001 年版，第 341 页。

② 刘新城著：《英国都铎王朝议会研究》，首都师范大学出版社 1995 年版，第 116 页。

③ 如爱德华二世时期，部分贵族不满国王宠信加维斯通，迫使国王颁布 1310 年法令，宣称由于咨议会成员建议不当，致使王国治理无方。该法令要求咨议会成员的任命要经贵族的建议和同意，在议会中由国王指定。但 1311 年法令从未得以实行，并经国王努力，于 1322 年被宣布无效。在爱德华三世时期，国王为获得议会的税收支持，被迫承认任命咨议会成员应由大贵族同意，这一规定经 1341 年议会通过成为法令。但国王不久即通知各地郡长，宣布废除这一法律。此后，在 1376 年、1378 年，议会两次违背国王意愿，依议会要求改组咨议会。1386 年，议会对支持国王的咨议会提起弹劾。1401 年，下院提出，咨议会成员应在议会提名和任命，亨利四世表示赞同，这一提议在 1404 年付诸实施。1422 年，亨利六世继位时不满周岁，当时组成政府的 17 名咨议会大臣也是由议会任命的。参见马克垚著：《英国封建社会研究》，北京大学出版社 2005 年版，第 267～270 页。

了激烈的竞争。

作为实现国王特权的机构，与其他机构相比，咨议会具有独特的优势，一方面，它的司法和行政职能紧密结合到前所未有的程度；[①]另一方面，咨议会行使的是国王保留的常规法律体系之外剩余的司法管辖权，包括普通法不能有效解决的案件，超过普通法管辖范围的案件，事关国王利益的案件以及法律本身有错误的案件。[②]因此，咨议会在实现其司法权的时候能够不受普通法的那些程序束缚，使用一些以国王特权为支撑的理念和程序。比如，在行使司法管辖权的时候，咨议会由国家政策而非任何固定的法律原则所引导。咨议会的司法程序简单灵活，它不要陪审团，法官通过纠问的方式来发现事实；咨议会能够迫使被告作出对自己不利的证词；咨议会能够下令拷打。[③] 比起普通法院来说，通过赋予司法管辖权某些行政特质，咨议会的权力更大，也更有效率。

但是，咨议会通过这些不同于普通法的理念和程序实现司法权导致了议会和普通法的猛烈攻击。

一方面，议会和普通法法院否认咨议会拥有纠正一般普通法法院的判决的权力。当1365年咨议会推翻了巡回法院的判决的时候，民事高等法院不承认这一撤销，指出咨议会没有权力推翻普通法法院的判决。但是咨议会仍然试图纠正，1402年，议会颁布了制定法，宣称咨议会无权纠正普通法法院的法律中的错误。[④]

另一方面，议会和普通法法院也对咨议会作为初审法院的管辖权长期争斗。早在1331年，议会就试图通过制定法来界定所有普通法法院的诉讼。这一制定法此后在1351年、1354年、1363年、1368年重申，所有这些制定法都抑制咨议会的初审管辖权，并且赞同普通法法院的程序、起诉书以及起始令状被认为是唯一认可的法律程序。但是由于这些制定法并未能够有效实施；至15世纪，下院仍然不断请求国王中止咨议会的司法管辖权。[⑤]

在这个过程中，随着咨议会事务的增加，咨议会的司法管辖权大多被转移给大法官，从而实现了大法官法院的独立，也使大法官法院取代咨议会也成为普通法法

① A. T. Carter, *A History of English Legal Institutions*, Butterworth & Co, London, 1906, p. 137.

② Ibid., p. 478.

③ Colin Rhys Lovell, *English Constitutional and Legal History: A Survye*, Oxford University Press, 1962, pp. 215 – 216.

④ Bryce Lyon, *A Constitutional and Legal History of Medieval England*, W. W. Norton & Company, 1980, p. 614.

⑤ Ibid.

院和议会抗议的对象。①

在这场争斗中,最值得关注的是国王的立场。我们可以看到,尽管自理查德二世开始直至亨利六世,议会下院对于大法官法院以及咨议会侵蚀普通法法院管辖权的行为的抗议之声不绝于耳,但在这一次次攻击中,除少数特殊情况外,国王始终站在咨议会和大法官法院一边,坚持咨议会或者大法官法院签发传票令状审理案件的行为属于国王的特权,不应被剥夺。可以说,正是在国王与议会之间的不断斗争中,大法官法院的衡平管辖权不断发展扩大。

2. 行政性特质的转变

尽管咨议会和大法官法院获得王权的支撑,但是议会和普通法职业共同体的抵抗仍是不可忽视的力量,并且随着都铎王朝时期外部政治大环境的变化,国王不得不随之进一步调整他的统治方式,改变他对普通法与衡平法两者的既有立场,并最终导致衡平法行政性特质的转变。

在都铎王朝,由于玫瑰战争对于封建大贵族阶层的重大打击以及宗教改革所提供的契机都使政治英国的政治大环境发生了改变,国王伸张王权的渠道再次发生了变化:他不再借道兼具立法、司法和行政权力的咨议会,而是通过枢密院实现行政权,通过议会实现立法权,通过特权法院实现司法权。

首先,枢密院取代咨议会成为国王统治的得力工具。亨利七世时期的咨议会仍是一个综合性机构,而且受着相互倾轧的贵族宗派集团的支配,松散无力,缺乏效率,已经无法满足国王的统治要求。亨利七世主要依靠咨议会中的少数王室官员和顾问人员处理政务,这些人作为咨议会的"核心组织"成员,常伴王驾,协助国王处理各种大事,是咨议会中最为积极活跃的部分。至16世纪30年代,通过亨利八世的首席秘书克伦威尔的政府改革,咨议会中的这个核心机构最终演变为都铎王朝的正式中央行政机构——枢密院。② 由此,枢密院取代咨议会成为都铎王朝进行专制统治最得力的御用工具。

其次,国王与议会亲密合作,实现宗教改革,达到彼此双赢的目的。都铎时期,

---

① 在此,需要纠正国内学界对大法官法院权力来源的一个误解。许多论著在谈论大法官法院衡平管辖权的源头的时候,大多采取这样的论述:"……依普通法得不到保护的当事人,就按自古形成的习惯直接向国王请求裁决。最初国王总是亲自审理这类案件,但终因不堪重负而将此重任转交给大法官。"这一描述虽不算错,但失之简单,因为它省略了衡平司法权交接过渡的关键一步。事实上,国王首先将此权交给咨议会,此后随着职能的进一步分工,大法官从咨议会手中接过其享有的司法管辖权,从而形成大法官法院。因此,咨议会而非国王是大法官法院衡平管辖权的直接源头。也正因如此,议会抗议的对象往往是咨议会和大法官法院,甚至在早期主要针对咨议会。正是由于咨议会与大法官法院在这一问题上无法作彻底的切割,因此本文也将此类抗议看做议会对大法官法院管辖权扩张的抗议。

② 于民:"在中世纪和近代之间——论都铎中央政府的过渡性特征",山东师范大学2000年硕士学位论文。

尤其是亨利八世时期，国王与议会的关系进入蜜月阶段。尽管亨利八世性格暴躁专断，但由于他和议会在反对教皇、建立高效政府等重大问题上立场一致，两者互相利用，关系空前和谐，国王的要求大多数都能得到议会的支持。1529 ~ 1536 年，"改革议会"连年召开，打击天主教会的议案提交议会后总是畅通无阻，便是说明国王与议会关系融洽的典型。① 尽管此后自玛丽女王开始，国王与议会之间的冲突日渐频繁，但是，根据 20 世纪下半叶英国都铎议会史的主流观点来看，16 世纪议会与王权关系的主流乃是合作，冲突只是偶然的，议会是国王实现统治，伸张王权的又一个重要工具。②

最后，司法权仍然是实现王权的一个重要方面。自亨利八世开始，由于认识到罗马法对加强王权的价值，国王大力支持对罗马法的研习，并且根据罗马法的原则和精神，针对特定领域的诉讼设立了一系列特权法院，包括处理刑事案件的星室法院、小额债权法院、海事法院以及最高委员会法院。此外，还有为加强对北部和西部以及威尔士边境的控制而设置的北部委员会、威尔士委员会以及西部委员会。这些法院实质上是国王特权的表达，造成了王权的过分膨胀。诸多特权法院由于始终处于王权之下而未能成长为具有独立司法权的机构，而是沦为执行国王意志的工具，其中最具代表性的就是臭名昭著的星室法院。③

四、结　　论

综上，笔者认为，英国衡平法在早期表现出宗教性和行政性的特质，与中国古代衡平司法的伦理性和行政性特质非常相似，是为"同途"，但两者最终走上了不同的发展道路，是为"殊归"。

衡平法的宗教性特质的产生及变化源自王权与教权之间的合作与冲突。王权与教权的合作使大法官法院的衡平法蒙上了宗教的色彩，具有宗教性的特质，也正是在王权与教权的一次次冲突中，随着教会法在英国社会的影响被一步步削弱，原本由教会法院审理的案件纷纷涌向与教会法院较为相似的大法官法院，致使其案件数量剧增，实现了衡平法对教会衡平法的取代，但与此同时，随着普通法律师取代神职人员成为大法官法院的法官，衡平法的宗教性特质也日趋减弱。

如果说，普通法作为英国法的主体，被视为英国制约王权的法律传统的代表，

---

① 阎照祥著：《英国政治制度史》，人民出版社 1999 年版，第 108 页。

② Amala D. Kessler, Our Inquisitorial Tradition: Equity Procedure, Due Process, and the Search for an Alternative to the Adversarial, *Cornell Law Review*, Vol. 90, No. 93, p. 1200.

③ 张乃和主编：《英国文艺复兴时期的法律与社会》，黑龙江人民出版社 2007 年版，第 122 页。

那么,衡平法作为英国法的补充,却表现出依赖王权、捍卫王权的政治含义。大概是出于价值取向的选择,英国早期衡平法所代表的这种英国法中的亚传统一向不为人们所重视和宣扬,甚至为人们所误解。本文通过对英国早期衡平法的考察表明英国法律传统的丰富性,其中除了我们一向投以较大关注和热情的被视为缔造了英美法系的法治精髓的普通法外,还存在更接近东方古代传统,具有行政性及宗教性特质的衡平法,尽管衡平法的这两大特征随着普通法与衡平法的竞争中普通法的最后胜利而消失。总之,在东西方的法律文明之间差异固然存在,但共性亦不容我们忽视,对于这种共性的探讨可以使我们进一步关注文明之间交流融通的可能,也可以使得我们通过对其同途殊归之命运的考察更深刻地认识两者之间真正的差异所在。

印度教法的世俗化分析

廖初民*

虽然从1955年5月开始至1956年12月,印度教法相继颁布,但这一过程并非属于"法典化"的过程,因为其缺少一些传统法典的基本特征,主要是印度教法中的一些重要方面仍未能在实质上通过立法方式进行认可。但即便是部分内容也已经对整个印度社会产生了巨大影响:法典化与改革过程中的高峰,通过议会立法,印度本土的古老法律体系(dharmasastra)加速其瓦解的过程。对其成就,英国学者甚至认为,印度的这次立法试验并不比拿破仑法典颁布更逊色,也可与美国法中的改革勇气相媲美。① 印度国会颁布"印度教法律"因为其激进变革的努力而获得了广泛赞誉,虽然这其中也与前辈们在属人法中的长久努力有关。我们完全可以理解,当时的"印度教"还包括大量不同习惯与文化传统的宗教,适用该法律的人数当时不少于4亿人。②

一、法典颁布的目的

这次立法之所以成为可能,并非是因为大部分人都同意法典化的建议或者经过与大多数人的协商,而是因为在国会成员中大部分人出于追求正义的目的。这些法律都是在议会中获得多数人同意而得以颁布的,原因主要在于占优势的政党——国民议会党,被要求致力于印度教法的改革,大多数人都倾向于通过国家统一立法的形式进行确认,当然各邦立法可以作出补充。由于许多印度教徒都感到法律改革是需要的或是不可避免的,而公众接受这些法律不是因为他们已经完全相信它们,而是因为他们相信它们是重要的才去认真适用。以此,印度也才能实现稳定发展的目的,而对广大印度教徒而言,只有让他们习惯于接受法院的判决并认为对他们而言是最好的裁定,也才能实现宪法所确立的世俗化目标。

---

* 廖初民,2003级外国法律史专业,指导老师:何勤华。现工作于绿地集团。

① Ved P. Nanda, Surya Prakash Sinha, *Hindu Law and Legal Theory*, Dartmouth Publishing Company Limited Aldershot, 1996, p. 265.

② 陈君峰主编:《印度社会述论》,中国社会科学出版社1991年版,第127页。

应该说，印度宪法提出制定统一的民法典是这些法律得以颁布的直接原因。[①] 但不仅如此，此前的印度教法表现出与世俗社会极大的不相融合，受时代变化的促使也是其得以制定的原因之一。当时印度教法的滞后性主要表现在以下几方面：(1)认可种姓制度，这与整个国家的民主性要求不符合，因此需要废除；(2)将女性置于无行为能力人的地位；(3)习惯或其他规则允许大量的财产由唯一的人继承；(4)允许家长任意处置财产；(5)一些与时代的发展不相符"古老的传统"存在；(6)各地区法院所作出的判决中存在明显的冲突；(7)广大印度教徒缺乏司法独立的认同感。

这些法律的制定工作在1951年后半年就开始了。虽然一开始的阻力非常大，主要认为由立宪委员会所制定的印度宪法中确立的颁布统一民法典的计划并不能完全代表印度教徒的意见，甚至出现任何人都可以从中找出疑惑的理由。然而，当时尼赫鲁坚持认为要制定法典，并主张单独提出议案。4年后《印度教婚姻法》的成功制定终于实现了当时立宪者们的立法构想。

二、印度教法典的世俗化举措

(一)取消种姓制度

印度教法总的精神是要达到取消高等种姓地位的目的。无论该目的准确度如何，必须肯定。"法典"消除了种姓制度在家庭法律事务中的种种规定，并达到过去盎格鲁—印度教法所采用的种姓概念的保护程度，而所有这些有关种姓的规定在新制定的印度教法典中都被废除了。

种姓特征最突出的领域是婚姻方面。在此前，孟买仍规定了不同种姓之间结婚的障碍。但自印度独立后这一法律上的障碍就被消除了，1955年《印度教婚姻法》的颁布是其重要标志。在众多的种姓中，首陀罗(sudras)被授权由其私生子作为继承人，只要他们是出生于其父亲非法同居期间即可。与婚生儿子相比，享有其一半的继承份额；与寡妇、女儿或者是女儿的儿子相比，他们只能获得一半的不动产。这一特权在1956年印度教继承法中废除了。无论儿子是否经过合法的收养程序或举行过收养仪式，在首陀罗家庭中这些仪式并不特别要求，因此收养实际上非常容易证明。这一不正常情况被1956年《印度教收养及扶养法》修改。此前根据一些高等法院的判决，首陀罗被收养的儿子与亲生儿子地位平等，尽管被收养的高

① A. Gledhill, *Constitutional and Legislative Development in the Indian Republic*, 20 B. S. O. A. S., 1956, p. 267.

等种姓的儿子仅享有亲生儿子 1/4 的继承份额。这一特权也被该法所取消了。该法还规定可以收养属于其他种姓的儿子的权利。继承妇女的个人独立财产,不同种姓的规定是不同的,婆罗门妻子所生的儿子将排除其他种姓妻子所生儿子的继承权:这一规则没有引起太大的注意,因为不同种姓之间的婚姻,除了根据习惯特别允许外,在 1949 年以前通常是不可能的,但在 1949 ~ 1956 年间由于种姓原因而歧视的案件就受此规定的约束。所有这些可能性都随着 1956 年《印度教继承法》的颁布而终止了。

种姓间的区别仍然会被关注,主要是在继承方面。此前,通常而言一个宗教上的苦行修道者,除非习惯法所允许。是否某个人已经实际上成为苦行修道者是一件非常重要的事情,因为这等于这个人已经死亡,其财产要进行继承。印度教继承法中的"最高利益影响"的规定表现为使得此前的法律未涉及,与此前法律的不协调性表明,在高等种姓人中,苦行修道者或其亲属都有特权,对那些已经去世的人的财产进行处分,但不包括那些遁世的人。而且,前面规则中"转世"也将在婚姻中适用,如果其在一开始仪式举行前,尽管苦行修道者可能收养男孩直至其结婚,这并不表明根据印度教收养与扶养法,该收养成立。因为该法规定,如果习惯允许,男孩超过 15 岁仍可以被收养。所提到的习惯必须要证明,通常也仅能从与种姓有关的方面去证明。

(二)性别平等

在印度独立前,印度女教徒的法律义务非常多。削减这些义务开始于 1937 年(个别地区如 Baroda 及 Mysore 还要更早一些),孟买在印度独立时颁布了涉及结婚与离婚的一些立法,马德拉斯则在印度独立后颁布了相关法律。对古老法律进行抨击的首要原因就是涉及女性的婚姻与财产权利。除了在母系时代外,男子都有权娶多个妻子,而女子则禁止拥有多个丈夫。根据《印度教婚姻法》的规定,一夫一妻制在全印度推行。[①] 离婚可以基于各种理由提出,包括丈夫的遁世、通奸、皈依其他宗教。法定分居也可以居于以下原因提出:遗弃、虐待、精神错乱或者是通奸行为。妻子可以获得独立的居所及扶养费用。盎格鲁—印度教法对妻子比较照顾,规定了扶养内容,但是除了以上提到的地区之外,离婚通常不适用于大部分"再生"种姓,妇女提出恢复配偶生活的请求并不能完全得到确认。现在配偶的任何一方都可能要求在其财产之外支付诉讼成本及临时扶养费用。

在对未成年人的监护方面,母亲此前习惯于对其未成年子女行使监护职责,但如果父亲已经确定其他人作为遗嘱监护人,则母亲将丧失监护权。同样,母亲如果

---

① Naseem Akhtar, *Family Law on Divorce and Judicial Separation*, Deep & Deep Publications Pvi. LTD., New Delhi, 2003, p. 12.

通过遗嘱确定监护人的权利则不被允许。这些异常的规定随着1956年《印度教未成年人与监护法》的颁布而消除了。但是父亲作为监护人的总的特权仍然保留。

此前,非婚生的女性未成年人没有继承权,也没有要求抚养的权利。根据《印度教继承法》规定,非婚生女儿可以作为合法的继承其母亲的财产,根据印度教未成年人与监护法的规定享有被抚养的权利。此前,女性既不能收养,除了印度北部的个别地方外,也不能被别人收养。但《印度教收养及扶养法》规定了未婚妇女、离婚妇女及寡妇的收养权利,而且未成年女性也允许被收养。被收养的未成年人,不论男女,都被认为是合法的子女,地位平等,几乎没有例外。

在所有的法律规定中,继承法清楚地揭示了现在与过去的对比。此前,儿子可以继承其父亲的财产,但女儿不可以;女儿可以继承其母亲的财产。大量的习惯中都排除了女性继承人。印度教法的不同派别在规定女性的亲属关系时并不相同,主要是确定这些女性亲属是否可以作为继承人。例如,在马德拉斯邦,直到1929年,姐妹间才被排到第499位的继承顺序,但是在当年继承法颁布后,其顺序就排到了第13位,在祖父之后。[①] 在同样的法律下,当事人在印度北部根本就不能继承,除非当地习惯允许。寡妇通常被习惯排除在外,直到1937年,在英属印度期间,寡妇被允许取得未分割的家庭共有财产的部分。[②] 但是即便是女性被允许继承,也仅限于不动产方面,严重影响了其处分继承权的自由度。甚至是某个女性继承另一女性的财产,并享有绝对的财产继承权,也仅限于继承部分不动产。枢密院曾经提出,已婚或守寡妇女提出继承财产时,她仅可以主张部分不动产,而不是绝对的不动产;相同法院的古老裁定是,法律的假设给妇女留有遗产,不涉及名目,就是部分而非全部的不动产。

在此两方面,印度教法典是一项进步,即女性被认可具有与男性一样的继承权,所有由女性继承的财产都是完全属于她的财产,除非遗嘱或承诺或法律有其他的规定。但这一规定具有追溯力,因此受限制的不动产非常接近于过去的规定。一方面,女性仍然受到歧视。与财产相联系的女性继承人,如果她比母亲的姐妹更疏远,将会通过男性而推进获得继承权,因为对女性的偏见仍然存在。另一方面,这种歧视将平等适用于同族的男女方。在选择方面表现得不是很公平,就父亲的父亲与母亲的父亲,或者儿子的女儿的儿子与女儿的女儿的儿子之间而言。虽然女性没有什么缺点,但性别间的歧视仍然存在,并表现出失去理性——一旦家庭成员通过婚姻方式连接起来就已经认可在选择家庭成员方面相互间就不存在公正可言。

---

① Ved P. Nanda, Surya Prakash Sinha, *Hindu Law and Legal Theory*, Dartmouth Publishing Company Limited Aldershot, 1996, p. 271.

② Dipankar Das Basu, *Hindu Law*, Alia Law Agency Allahabad, 2001, p. 307.

此前，没有儿子的印度教徒在未经其妻子同意的情况下就可以收养儿子，并可以用送养的方式将其儿子送给他人收养；但妻子在未经丈夫同意的情况下却不能从事该行为，除非丈夫患精神病，妻子才可以自由决定是否送养儿子。按照孟加拉法律的规定，女性继承人如果不贞节的话是不具备继承人资格的，但同样的情况却不适用于男性继承人。该规则的前一规定已被废除了，性别的歧视随着《印度教收养与扶养法》的颁布而消除；后一规定则在《印度教继承法》中将之取消了。但是，这里仍要指出的是，丈夫无权处分去世妻子的不动产之外的财产，在离婚诉讼中丈夫从妻子那里获得了生活费后只要他再与其他女人交往则将丧失该费用。

（三）打破不可分割不动产的规则

研究法典化历史的人员或许会注意到，“现代化”通常意味着对原有体制的抛弃，在继承领域就是试图保持财产不被分割而由代表人继承。近年来印度出现大量关于涉及不可分割不动产的世袭例子。但在实践中，通过各种方式，大量的不动产已开始分割（马德拉斯邦因为通过制定法律保护而例外）。作为立法的举措，《印度教继承法》规定，所有的不动产，除了可以忽略不计的，都根据通常法律的规定进行继承，因而就成为可以分割的财产。这样，盎格鲁—印度教法律中一些过去很重要的内容就被删除了。然而，分割被认为是一种潜在的风险，主要是担心会对农业生产带来影响，因而，《印度教继承法》同时也规定，地方立法中关于阻止农业财产进行分割不受本法的影响。

（四）财产权自由处分

1925 年英国财产法颁布的显著特征就是赋予各主体自由处分其财产的权利受到法律的保护，受此影响，印度教法典的首要目标就是要消除此前享有任意处置财产权的障碍。此前，局外人与实际占有人之间的转让非常有限，大部分家庭都处于几代人共同共有家庭财产的状况，大量实例中，个人仅可以居于有限的理由而处分财产。现在的家庭变得更小，自由的法律尺度允许出于投资的目的而部分处置财产，出让这些财产的可能性也被后来的法律所认可，主要是体现其市场价值。基于这些原因，限制所有权原则或者个人决定对不属于其共有的或不完全是共有的财产进行投资的限制权利都被废除了。女性继承人对不动产的所有权受到限制，却有可能要承担此前男性所有权人所欠的债务，但却没有限制其继承人，或出于保护财产本身的目的，这在法律规定上是少见的。印度教继承法已经确保了大部分继承案件中女性继承人的财产权益与男性继承人一致，但仍存在家庭共有财产的负责人制度。该负责人有权为了家庭利益处分共有财产，但如果出于其他目的则要受到限制。只要家庭男性成员未独立出去，都无权处置家庭共有财产，该项财产处置权的限制也适用于受让人，因为该受让行为并未获得法律许可，也未得到家庭成员的认可。

印度教法典以下列方式处理了这些问题：就马拉巴邦（Malabar）的共有家庭而言——也就是说，在此类家庭中母系占主导——共同共有已被取消，共同租佃在实际上被取代，因为家庭成员中无论何时去世，其财产都分割了，正如独立财产一样，在家庭成员已有多人去世后，其以前的共有状态就被完全改变了。由于涉及印度教法中米塔克斯拉（Mitakshara）所适用的大量共有家庭，《印度教继承法》规定，如果家庭成员中所有的亲属有一人健在，则去世的成员的财产份额将被继承，正如通过遗嘱确定继承份额一样。结果是，米塔克斯拉共有家庭财产的增值部分并不多，这项制度逐步消亡，就家庭负责人的权利限制问题也一样因为该项制度而消亡。

印度教法中一个奇怪的规定是，赋予未成年人的监护人自由处置被监护人财产的权利，只要该处置行为是为了被监护人的利益即可。事实上，监护人的权利受到严格限制，其转让财产的行为在许多年后仍可能会受到检举，原因是所称的必要性并不存在，受让人对此事实并没有足够的注意。《印度教未成年人与监护法》致力于取消事实监护人制度。为了出让未成年人的财产，监护人必须由法律授权，但该项权利即便是法定监护人及遗嘱监护人都在一定程度上减少了。

（五）消除滞后的宗教陋习

盎格鲁—印度教法已经去除了古印度教法的基本特征，但是一些具有古老特征的规定仍保留下来，主要是妇女的不动产受限制，一夫多妻的合法化等，这些规定都已被《印度教收养与扶养法》所取缔，私生子不享有被抚养的权利的规定也被废除。① 所有这些取消的规定都期望取消共有家庭制度，但是消除这些规定的目的不是很简单。按照原有的习惯，14～15 岁的男子就可以收养儿子，或者同样年龄的女子也可以收养比其年龄还要大的男子，男子收养儿子不用征得其配偶的同意，所有这些规定都在《印度教收养与扶养法》中消失了。孤儿可以被收养，私生子也应同样对待，这些在印度教收养法中得到认可。根据《印度教收养与扶养法》规定，孤儿经过法院的许可可以被收养，私生子也一样，但必须经其母亲的同意。私生女不能得到家庭共有财产的抚养的规则是一项古老的规则，也同样被该法所废止。

男子的儿子，儿子的儿子，以及儿子的儿子的儿子都有义务为其先辈偿还债务，只要他们没有法律上及道德方面的污点，并将其财产纳入到家庭共有财产中——该制度不具备充分的可诉性，运行得并不规则，因而很早就有观点认为应将之取消。尽管如此，现在印度教继承法规定家庭共有财产将会持续消失，因此为其先辈偿还债务的义务就间接地消失了，由此常常出现的荒谬的情形让众多印度教徒产生了对印度教共有家庭的存在的法律条件的怀疑。

---

① Sodarshan Dhar, M. K. Dhar, *Evolution of Hindu Family Law*, Deputy Publications, Delhi, 1986, p. 26.

(六)确定法律规则的具体内容

英国人统治印度时就试图将印度法律规定明确,试图实现没有人可以将之从国家规定中偏离出去的目的。但这一过程随着实践逐渐淡化,主要是各高等法院之间的不同观点令人吃惊,需要弥补的缺陷太多。比如,一位再生等级的不贞洁的妇女是否可以合法收养儿子从未解决;一个男子虽然聋哑,但没有不可治愈的疾病,是否可以收养也仍未解决;家庭共有财产的管理人出于不正当的目的而转让家庭财产是否无效也未作规定;在一个人出生几年后处分其财产是否可以提出疑问,虽然在他出生前,有两个人可以提出疑问,但两个人现在先后去世了,这也没有规定;是否不可克服的不一致可以成为婚姻无效的理由也未规定,甚至存在对法律渊源应包括哪些方面,如何弥补这些缺陷等都有疑问。

大量未解决的问题仍旧存在,其中一些阻止了早期英国人对印度教法的管理,其中一些则在英国人结束对印度的统治之前通过立法形式固定下来。印度教法典的目标就是要实现世俗法典的确定性与统一性目标,并期待在最高法院作出对法典模糊性的解释。

(七)统一立法

印度教法的每一部分在个别案件中都可能由于习惯的适用而被取消,结果就成了法律规则的拼凑物,即便是在英属印度时期。印度一些邦已颁布了属于它们自己的印度教法典,其他一些地域狭小、资源匮乏的邦则适用古老的印度教法,这在英属印度时期已经荒废了。一些比较发达的邦则走在改革的前列,但还有一些邦,如马拉巴已经在一些不可调和的法律中将母系或其他分散的系列编撰成法典。在旁遮普邦,习惯具有最高地位,不管它们是否适用于印度教徒、穆斯林教徒或者是基督教徒,因为这些习惯都从农村人口中形成并发展而来,其生活方式并不完全与宗教有关。

对"印度教"进行定义一直是困难的,因为印度教缺乏信条与等级,出于适用属人法的目的,法律一直将个人视为是印度教,一方面假定他们不是穆斯林教徒、拜火教徒、基督教徒或者犹太教徒,另一方面假定他们也不是土著居民,假定后者被界定为按照印度教徒的生活方式生活的部落。印度教法典规定,任何不归属于其他宗教的居民都应遵守本规定,除非是表列部落,如 Bhils, Garos, Santals, Gonds 等。一开始试图将取消所有与"法典"主要规定相关的习惯并没有完全得到执行。Malabar 习惯在很大程度上已经被废除,但一些与不动产世袭、分割的原则相背离的做法已经允许在受马拉巴体系管辖的人中适用。婚姻与收养受益于一些仍保留的习惯,甚至允许禁止结婚的亲属间缔结婚姻,也将允许 15 周岁以上的人被收养或者是已婚的人收养。尽管如此,许多权利现在已适用于那些以前不能行使的主体,例如离婚,此前这些人在双方同意后就可以离婚,现在通过一定的让步而保留了该项权利。[①] 受教育的权利都已经反弹，尤其是在那些受教育程度低的群体中，他们倾向于缓慢的变化，统一化的政治目标实际上并没有按照所预期的立法目标那样有效的实现。

三、印度教法典世俗化的局限

虽然立法者通过不懈的努力已将宗教性的法律逐渐淡化为世俗化的法律，但这一努力是不可能一蹴而就的，就印度教法的世俗化而言，还存在相当的局限性。

(一)一些古老的宗教特征仍得以保留

如果收养人已有儿子或孙子，或者如果是女性被收养，有女儿或孙女的情况下，收养都是不可能的。政府不能像正当取得个体的财产，直到大量的家族法令被终止。如果某个印度教徒改变其宗教，大量的不一致意见就会出现。他有可能被其妻子申请离婚，也有可能丧失被扶养的权利，还有可能不能收养小孩、养小孩，丧失成为监护人的资格。更为重要的是，这类人被剥夺继承其近亲属的财产的资格。虽然更容易判断，但相同的古老程度可以与古老的财产规则相比较，例如，已经去世的儿子的儿子的妻子，要求在不动产之外享有财产。站在自己角度考虑问题的个人想法在过去受到鼓励，但显然是过早地否定了早婚的人的扶养权，没有判断其生活状况，并因为再婚而受到社会偏见的阻碍。

(二)古老的法律特征随意嫁接在外国法律的实践中而显现出不协调

在英属印度期间，大量的英国法被介绍进来，其中在《印度教婚姻法》中比较明显，大量参照了英国婚姻法的规定。即便是《印度教继承法》，如共有(commorientes)假定的规定，就从英国法移植过来的。在对《印度教收养与扶养法》的解释中，法院在处理扶养纠纷时，所采取的方式就参照了英国及其他联邦国家有关家庭保护的法律规定。《印度教未成年人与监护法》参照了英国1890年监护法的规定，但其基本精神仍与印度古老的规定相似，虽然有部分例外。这些立法由于没有做到与原有立法的充分衔接，而体现出极大的不协调性，这也很大程度上影响了其被遵照实施。

(三)法律的专业性特征仍旧不强

印度教法中大体仍保留了以前惯有的独立性，在收养、继承、离婚等方面，国家的强制力作用要远比其他国家小。虽然新法律体系的主要趋势是将更多的涉及财

① Naseem Akhtar, *Family Law on Divorce and Judicial Separation*, Deep & Deep Publications Pvi. Ltd., New Delhi, 2003, p. 216.

产方面的问题引入到法院中处理,并突出更多的事情交于职业律师处理,但实际上对财产的处置仍倾向于简单,与过去一样对印度教家庭生活中的事情并非寻求法院的制裁。虽然法定监护人在处置未成年人的不动产时偶尔也需咨询其他人的意见,但这也只是停留在形式上的,未成年人的财产权仍未能获得相对的独立。在继承方面,虽然原告的不动产分割请求须得到满足,但前提必须是分割并没有减少不动产的价值。总之,印度教法的改变绝不能冒犯群体的利益,因为大多数人认为只有这样才与印度迈向世俗化、现代化的趋势一致。

(四)法律的规定脱离了实践而被搁置

在法典制定过程中,国会通过的法律的文本,此过程中花费了大量的时间及不同人的努力,其中一些已被适用,大量的细节被纳入文本中。由《印度教继承法》所提出的问题之一已被完全认同,但大多数高等法院的做法却不一样,一些还根据该法第 73 条进行修正。此处不一一列举其中的错误,其中一些非常明显,还有一些则被司法解释所抵消了。不仅印度制定了印度教法典,其他国家如巴基斯坦、缅甸、马来西亚以及东非等通过吸收印度教法中一些成功做法而颁布自己的法律,但在印度教法通过司法实践的正确适用后所体现出来的优点得以充分展示还需要一段时间。

东亚近代法制史上的两次大论争
——清末“礼法之争”与日本“法典论争”的比较

孟祥沛*

中国和日本在19世纪末20世纪初各自开展了一场以引进西方发达国家法律制度为主要内容的轰轰烈烈的法制变革运动。然而,具有东方传统的中、日两国,在引进西方法律制度的过程中,尤其是在对外来法制大量吸收而尚未充分消化的近代化前期,都不可避免地出现了外来法制与本国传统之间的冲突,并由此引发立法中的激烈争论。这种冲突和争论,在我国清末主要体现为“礼法之争”,在日本主要表现为“法典论争”。

一、清末“礼法之争”

1906年,由修订法律大臣沈家本主持起草的中国近代第一部诉讼法草案《刑事民事诉讼法》告成。该草案引进西方的罪刑法定、公开审判等诉讼制度,特别是规定了陪审制和律师制度。草案交发各大臣讨论时,遭到激烈反对,“各督抚多议其窒碍”。① 对朝廷有举足轻重影响的内阁大学士张之洞认为,该草案背离中国立国之本的纲常礼教,“袭西俗财产之制,坏中国名教之防;启男女平等之风,悖圣贤修齐之教”,②不宜颁布。草案遂被搁置。

不久,围绕新制定的《大清新刑律》草案,出现了更为激烈的论争。这部完成于1907年的新刑法草案,尽管起草中吸收了一些中国旧律的内容,出台后仍遭猛烈批驳。以张之洞为首的学部指责该草案与君臣之伦、父子之伦、夫妇之伦、男女之别、尊卑长幼之序相悖,力主按礼教原则重加修订。沈家本等人据理力辩,反复强调西方法制的先进性和仿效西方法制修律的重要性。后人将以张之洞为首的一派称为“礼教派”,将以沈家本为首的一派称为“法理派”,将两派之间围绕立法问题所进行的争论称为“礼法之争”。论争的结果是,修订法律馆和法部对《大清新刑律》重新修订,加重了对礼教犯罪的处罚,并增加了体现礼教原则的《附则》5条后,才作为修

---

* 孟祥沛,2001级中国法律史专业,指导老师:王立民。现工作于上海市社会科学院。

① 《清史稿·刑法志一》。

② 《张文襄公全集》卷六九。

正案奏交资政院审议。但论争并未就此结束，资政院审议前后，又出现了以资政院钦选议员劳乃宣为主的礼教派对修正案的驳难，认为修正案将礼教各条作为附则是本末倒置，要求将旧律中礼教条款直接列入新刑律。对此，以沈家本为首的法理派与礼教派再次展开了激烈的争论。直至清朝崩溃，双方意见也未统一，该草案也因而未能通过施行。

二、日本“法典论争”

1890年，日本明治政府公布了两部经元老院和枢密院审议通过的法典，一部是委托法国法学家保阿索那特[①]主持起草的民法典，该民法典定于1893年1月1日起实施，史称“旧民法”。另一部是委托德国法学家罗埃斯勒[②]主持起草的商法典，该商法典定于从1891年的1月1日起实施，史称“旧商法”。然而，早在1888年，当民法典草案在元老院审议时即遭一些人的责难。他们说这一草案“扩张使个人得以独立的私权”，“与我国今日之家族相反而互不相容”，主张对其加以修正，要求强化户主权、亲权和夫权。1889年5月，以东京大学法律系毕业生为主体的法学士会发表了要求“旧民法”延期实施的文章《关于法典编纂的意见书》，首开“法典论争”的先声。“旧民法”和“旧商法”刚一公布，法学士会立即发表《新法典概评》一文，以传统主义和国家主义为标榜，反对权利本位的民法典，由此形成一股由法学界和政界人物组成的反对实施的力量，号称“延期派”。“旧民法”和“旧商法”的支持者则结成法治协会、明法会等，针对延期派的主张加以反击，开展法典拥护运动，主张“旧民法”和“旧商法”应如期实施，这批人被称为“断行派”。日本法制史上有名的“法典论争”[③]由此展开。

1892年，随着延期法案被提交第三次帝国议会，论争的舞台也由社会移至议会。贵族院敕选议员村田保以“旧民法”和“旧商法”紊乱伦常、与习惯相悖、与其他法律矛盾等理由提议对两法典重加修订，延期施行。贵族院以压倒多数通过此提案，同年11月，《民法、商法施行延期法》公布，论争由此画上句号。

---

① 保阿索那特（G. E. Boissonade de Fontarabie 1825～1910年），日译ボアソナード，法国法学家，曾任法国巴黎大学教授，1874年被日本聘为司法省法学校的司法官，参与民法典等各种立法活动，对明治初期日本法制的确立起了很大作用。

② 罗埃斯勒（Roesler Karl Friedrich Hermann 1834～1894年），日译ロェスレル或ロェスラー，德国法学家，经济学家。1878年被日本聘为外务省顾问，对于明治宪法的制定起很大作用，并参与商法起草，1893年回国。

③ 法典论争，部分学者亦称为“民法典论争”或“商法典论争”，但因其论争主要围绕“旧民法”可否实施展开，故多被称为“民法典论争”，或被通称为“法典论争”。

三、"礼法之争"与"法典论争"发生的社会背景

清末"礼法之争"与日本"法典论争"都发生在两国法制近代化的初期,其面临的社会背景有着非常相似的一面。

第一,中、日两国当时都严重存在着社会政治、经济的发展与传统法制间的尖锐矛盾,这种矛盾促使两国必须进行法制改革。

中国自16世纪中叶起,封建社会内部就已经出现资本主义生产关系的萌芽,这是中国社会开始向近代转变的标志。然而,顽固保守的清末统治者为了维护封建专制制度,继续以严刑峻法推行政治、思想高压政策,严格保护地主阶级的财产所有权,严格维护封建的等级制度和满人特权地位,在刑罚上使用种种残酷的刑种,在商业上采取重征商税,压制私人商业的发展,限制商品的生产和流通。同时,清末法律在体例上民刑不分、诸法合体,不能适应现实的需要……种种迹象都表明:已经发展到了中国封建专制制度极致的清末法律制度严重阻挠和限制了资本主义生产关系萌芽的进一步发展。新出现的社会经济关系,必须要有新的法律规范加以调整,所以说,清末社会经济关系的巨变和资本主义生产关系的产生,是清末法制改革的根本原因。

明治维新以前,日本的法律制度属于深受中国传统法律影响的典型的封建法制。在体例上,诸法合体、民刑不分;在内容上,以法律形式维护天皇为中心的中央集权制度,确立和推行封建土地所有制,保护封建财产所有关系,承认并保护封建等级制度,确认封建家长制度,男尊女卑,并且实行严酷的刑罚。锐意走发展资本主义道路的明治政府正是在这样一种背景下开始进行法制改革的。

第二,中、日两国都面临着废除不平等条约、收回治外法权的迫切需要,这种需要推动两国实施法制改革。

中国自1842年鸦片战争失败之后,被迫同西方列强签订了一系列不平等条约,割地赔款,丧失关税主权。尤其是西方列强借口清朝法律的野蛮落后,攫取了在华的领事裁判权。"终晚清之季,在中国享有此特权的国家,遍及欧、亚、美三洲,共计18国之多。"①

日本所面临的情况与中国清政府大同小异。"日本从1853年被美国培里舰队首先敲开大门,到1868年明治政府成立后的15年中,英、美、俄、法等列强强迫使日

① 吴颂皋著:《治外法权》,商务印书馆1929年版,第183~188页。此18国为英国、法国、美国、挪威、俄罗斯、德国、荷兰、丹麦、西班牙、比利时、意大利、奥地利、秘鲁、巴西、葡萄牙、日本、墨西哥、瑞典。

本签订了不同各类的片面最惠国不平等条约25个。”[①]通过这些不平等条约,西方列强在日本取得了片面最惠国待遇,享有治外法权,日本的关税不能自主,列强还享有在日本设立租界的特权等,日本面临着沦为半殖民地的危机。

明治政府上台后,迅速把修改不平等条约、收回治外法权列入重要议程。1872年,岩仓代表团一行在旧金山向美国当局提出修约,而美国以“日本司法不够完善”为由予以拒绝。接着,日本与其他西方列强的谈判也连遭失败。日本的当权者逐渐认识到,要取消治外法权,废除不平等条约,本国必须具备比较完善、能为西方列强所认可的近代化法制体系。由此,废除不平等条约、收回治外法权亦是促使日本进行法制改革的直接动因。

然而,即使同属东方国家,即使同处于法制近代化的初期,即使都存在着上述推进法制改革的两大因素,中、日两国所处的社会背景仍有着很大的差异,而这些差异正是造成中国“礼法之争”与日本“法典论争”种种不同表现的原因。

第一,中、日经济发展的程度明显不同。直至19世纪末20世纪初,清王朝统治下的经济模式,主要仍以自给自足的小农经济为主。封建的生产关系依然占据绝对优势,资本主义生产关系非常微弱。日本情况则明显不同,明治政府上台之后,采取各项政策大力发展经济,为资本主义工业化创造条件。日本在1886年以后,近代工业出现了“勃兴”局面,并于明治20年代末30年代初确立了近代工业生产的统治地位。

第二,中、日统治集团法制改革的目的迥然不同。1900年的义和团运动以及继之而来的八国联军入侵,是中国近代社会的转折点。在内外交困的情况下,清政府不得不作出改良政治的决定。所以,就清政府而言,法制变革并不是顺应历史潮流、追求进步的自觉行为,而是腐朽落后的封建统治者为苟延残喘、迫于帝国主义的军事压力和资产阶级革命形势的蓬勃发展所做的自救行为。“改革的目的毋宁说是为了保卫清政府不受汉人与外国人两者的攻击。换言之,改革是为了保住清王朝。”所以,它“只需要保持改革的门面,而对实际内容则毫不关心”。[②] 与之形成鲜明对照的是,明治维新之初,日本天皇即于1868年4月发布《维新政体书》,为社会经济和政治法律制度的改革确立了基本原则。随之而来的,是一场以“殖产兴业”、“文明开化”、“富国强兵”为三大口号,以政治、法律、经济、军事等为基本内容的自上而下的全面改革。可以说,日本的改革一开始便把目标定在国家的现代化上,政府上下孜孜以求的是与西方列强的共同发展。明治政府这种推行改革的主动性和对改革结果的热切期盼态度,远非落后、保守的清末统治者所可比拟。

---

① 伊文成、马家骏主编:《明治维新史》,辽宁教育出版社1987年版,第685~698页。

② [美]费正清著:《剑桥中国晚清史》(下卷),中国社会科学出版社1985年版,第474页。

第三,中、日国民思想意识和法律观念不尽相同。日本在19世纪70年代末到80年代初,曾掀起了一场波及全国上下的"自由民权运动",自由民主思想深入人心。加之日本在法制改革中奉行的是全面革新的策略,在"脱亚入欧"的口号下,广泛宣扬和传播西方的法治主义观念,这就为近代法制的建立奠定了坚实的思想基础。环顾19世纪末的中国,数千年的封建专制统治制度仍在苟延残喘,儒学在人们思想中依然占据统治地位,宗法等级制度顽固不化,家族本位、义务本位观念牢不可破,个人权利长期被漠视、被践踏,奴化思想深入人心。广大臣民对中国封建传统妄自尊大,对西方法治主义茫然无知。

第四,中、日司法人才的培养和准备有所不同。相比于日本,中国对外派遣留学生起步较晚,而且专业种类狭窄,基本局限于应用技术方面,研究社会科学的留学生直至清末变法之后才逐渐增多。清末大规模修律时,国内懂法之人寥寥无几。清末在司法人才准备上的不足给法制改革造成了先天的不可弥补的欠缺。日本在制定和通过民法典时,法学已成为一门显学。政府为了吸引人才,甚至规定帝国大学(现在的东京大学)法学院的毕业生可免试进政府机关做官,于是出现了"法科万能"时代。日本先前派遣出国学习法律的学生遍布法、德、美、英等国,这批学生陆续回国,对日本法制的近代化起了重要的推动作用。留学归来的学生和国内培养的法学人才成为日本法制改革中丰富的人才储备,他们在"法典论争"时已成为法学界的主力。

四、"礼法之争"与"法典论争"爆发的必然性

清廷在为挽救其统治而不得不进行的法制改革中,一方面派沈家本、伍廷芳,将一切现行律例,按照交涉情形,参酌各国法律,悉心考订,妥为拟议,务期中外通行,有裨治理。另一方面又颁旨严正指出,"良以三纲五常,阐自唐虞,圣帝明王,兢兢保守,实为数千年相传之国粹,立国之大本。今寰海大通,国际每多交涉,固不宜墨守故常,致失通变宜民之意;但袛可采彼所长,益我所短,凡我旧律义关伦常诸条,不可率行变革,庶以维天理民彝于不敝"。[①] 既要迎合西方列强的要求并参照西方近代法制进行修律,又要保存"数千年相传之国粹",这不能不说是当权者给立法者布置的一道难题。在这样的情况下,沈家本提出修订法律的指导思想:"折衷各国大同之良规,兼采近世最新之学说,而仍不戾乎我国历世相沿之礼教民情",[②]此话

---

① "修改新刑律不可变革义关伦常各条谕",载故宫博物院明清档案部编:《清末筹备立宪档案史料》,中华书局1979年版,第858页。

② 《大清光绪新法令》(第20册),《修订法律大臣沈家本等奏进呈刑律分别草案折》。

讲来容易,却难以贯彻实行。西方近代法制的基础是自由、民主、平等和法治,这与三纲五常等封建礼教传统完全背道而驰,所以在引进西方近代法制的过程中,资本主义法制与封建礼教必然会发生矛盾和冲突,“礼法之争”的爆发是历史的必然。

至于日本“法典论争”的爆发,则有更复杂的历史原因:

1. 日本“旧民法”制定之前曾经存在的民法典立法原则的分歧成为“法典论争”的先兆。日本民法典编纂始于1870年。时任文部大辅的江藤新平①认为,为了与西方列强相对抗,建立完备的近代法制乃当务之急。他在指令箕作麟祥翻译《法国民法典》时,甚至说,“尽速译之,误译无妨”,②这句当时广为流传的名言相当典型地代表了明治政府引进西方法律的迫切心情,体现了由修正不平等条约的立法动机导致的对立法速度的片面追求。

2. “旧民法”和“旧商法”在立法本身存在的缺陷是导致“法典论争”爆发的直接起因。以“旧民法”为例,该法典主要由外国法学家主持起草制定,对日本社会所固有的民事习惯和法律传统未能给予充分重视;编制体例不合理,既有实体法规定,又有程序法规定,既有私法内容,又有公法内容;用语晦涩难懂,且列举了很多没有必要的定义、说明和事例等,使条文琐碎,丧失了法典的体裁;与“旧商法”系分头起草,故而相重复和抵触的地方颇多……这些缺陷招致反对派激烈的批判。同时,“旧民法”在起草时,仅仅参照同系谱的荷兰、比利时、意大利等国的民法典,而对当时欧洲立法中最进步、体例最合理的德意志民法第一、第二草案,以及运行多年来颇具特色的英美法系的法学理论却少有关注,因此,反对者认为其对近代新的、进步的法理和立法理论的吸收不充分,甚至有些地方与现代法理背道而驰。

3. 日本不同法学流派的存在为“法典论争”的爆发提供了条件。1872年司法省的明法寮(后来称司法省法学校)开始招收法学专业学生,讲授法国法。1874年保阿索那特就是被聘为该校的教师,讲授自然法学。该校和其后成立的主要讲授法国法的东京法学校(现在的法政大学)、明治法律学校(现在的明治大学)一起,形成法国法学派的中心,推崇自然主义法学。从明治初年到明治中期,法国法学派人才辈出,著述丰富,并作为日本正统法学派在学术界占据重要地位。日本民法学从诞生时起,就孕育着英、法两派的分歧和斗争,这为其后“法典论争”的爆发提供了条件。当时各法学校的发展演变如下所示:

法国法系学校:

△明法寮(1871年)→司法省法学校→合并入东京大学(1885年)

---

① 江藤新平(えとうしんぺい,1834~1874年)是明治初期政治活动家。1871年后历任文部大辅、左院副议长、司法卿等职,对司法制度的近代化做出很大贡献。

② 原文为“誤訳も亦妨げず、唯速訳せよ”,参见穗积陈重著:《法窗夜话》,第208~209页。

△明治法律学校(1880年)→明治大学(1903年)

△东京法学校(1881年)→和佛法律学校(1888年)→法政大学(1903年)

英国法系学校:

△东京开成学校(1874年)→东京大学(1877年)→帝国大学(1886年)→东京帝国大学(1897年)→东京大学(1949年)

△英吉利法律学校(1885年)→东京法学院(1889年)→东京法学院大学(1903年)→中央大学(1905年)

4. 反欧化风潮的存在加速了“法典论争”的爆发。明治政府上台后,希望通过政治、经济改革使日本成为发达资本主义国家,与西方列强共进退。正如福泽渝吉在其《脱亚论》中宣称:“我国不可犹疑,与其坐等邻邦(指中国)之进步而与之共同复兴东亚,不如脱离其行伍,而与西洋各文明国家共进退”。[①] 因此,作为日本脱亚入欧的重要一环,法典编纂为明治政府所倚重,而同时亦自然而然地遭至传统主义者的强烈反感。

5. 复杂的政治斗争进一步推动了“法典论争”的发展。1890年,日本由于内相品川弥二郎干预议会选举,从而引发了议会内大规模的反政府运动。当时的政府迫切希望“旧民法”和“旧商法”能顺利实施,由此导致法典实施问题成为议会内政治斗争的延续,许多反对派并非出于法律原因而是出于政治目的反对两法典的实施。最后,由保守派、复古主义者和自由民权运动的民党所组成的联合反政府阵线在议会中占据上风,促成了延期派的最后胜利。

上述五要素的结合,导致日本“法典论争”的爆发成为不可避免。

五、“礼法之争”与“法典论争”的相似处

清末“礼法之争”与日本“法典论争”都反映了外来的西方法在中国和日本这样的东方国家本土化过程中与本国原有法律传统之间的矛盾冲突,因此,作为东亚近代法制史上的两次大论争,“礼法之争”与“法典论争”不仅在论争内容上有诸多相似之处,而且,“法理派”与“断行派”、“礼教派”与“延期派”的许多观点也不乏相同或相似之处。

杨度认为,新刑律与旧律根本不同之处,就是“精神上、主义上之分别”,即旧律依据家族主义,新律依据“个人本位”的国家主义。他考察封建国家的内部结构后指出:“阻碍国家进步者莫如封建制度,阻碍社会进步者莫如家族制度……非二者

---

① 《时事新报》1885年3月16日。

尽破之,则国家社会不能发达。”①

针对杨度观点,劳乃宣首先提出:“法律何自生乎?生于政体。政体何自生乎?生于礼教。礼教何自生乎?生于风俗。风俗何自生乎?生于生计。”农桑、猎牧、工商三种形式的“生计”,即经济类型,产生三种不同类型的风俗、礼教和政体,从而产生家法、军法、商法三种不同类型的法律。他由此得出结论,只有维持家法制度,才能致天下太平,“一切法律皆以维持家法为重,家家之家治,而一国之国治矣”,所以,“风俗者法律之母也,立法而不因其俗,其凿枘也必矣”。②

针对穗积八束等的攻击,“断行派”认为必须适应时代的变化而打破旧例。这种立法主张又与沈家本、杨度等法理派的观点不谋而合。

六、“礼法之争”与“法典论争”的相异处

中、日两国近代立法中出现的论争,尽管有诸多相似之处,但更值得注意的则是“礼法之争”与“法典论争”的诸多不同。

1. 论争的主体

从论争主体的身份来看,清末“礼法之争”的双方,主要是朝廷官吏。法理派的代表人物主要有沈家本、杨度、汪荣宝等,礼教派的代表人物主要有张之洞、劳乃宣、刘廷琛等。在这些人物中,沈家本在修律期间先后出任刑部左侍郎、大理院正卿、法部右侍郎、修律大臣等职;杨度是宪政编查馆特派员;汪荣宝是清廷民政部参议;张之洞以湖广总督参与清廷政务处事宜,并任督办商务大臣、体仁阁大学士等职,调北京后以军机大臣兼管学部,是慈禧太后最为信任的汉族大臣之一;劳乃宣是宪政编查馆参议、政务处提调、钦选资政院硕学通儒议员,后又任京师大学堂总监督;刘廷琛为大学堂总督。虽然参加论争的还有个别在华外国人,如日本人冈田朝太郎、德国人赫善心等,但论争双方主体都为高层士大夫则毋庸置疑。相比之下,日本“法典论争”中,延期派的核心是以东京大学法学部和英吉利法律学校为主体的英国法派;断行派的核心则是以和佛法律学校和明治法律学校为主体的法国学派,论争的主体是大学教授和法学学者,同时许多政治家、法官和律师都参加了进来。有人说,“‘旧民法’实施延期的一个很重要的原因就是当时日本法学家的活跃”,③此话不无道理。从论争主体的学历来看,“礼法之争”中的论争主体,无论是礼教派,还是法理派,均出身于中国古代传统的封建儒学教育,此种教育与西方现代高等教

① 《资政院议场速记录》第23号。

② 劳乃宣:《桐乡劳先生遗稿卷二·新刑律修正案汇录序》。

③ [日]广中俊雄、星野英一编:《民法典の百年》,有斐阁1998年版,第11页。

育自不可同日而语。虽然沈家本号称学贯中西,但毕竟缺乏在国外直接接受法学教育的言传身教和对西方法律制度的切身体会。两派之中,接受过现代高等教育或有过海外留学经历的人可谓凤毛麟角。日本法典论争中,延期派的核心组织是法学士会,主要由东京大学法律系毕业生[①]组成;断行派的核心组织则为法治协会和明法会。其中,法治协会是1891年春当法典问题渐趋激化、为与法学士会相抗衡而以明治法律学校为中心结成的支持法典即时实施的团体;明法会是1891年以和佛法律学校为中心结成的以法律经济研究为目的组织。这三个协会的成员基本都受过现代高等教育,其中还有不少成员本身就是大学教授和法学学者,有过海外留学经历的亦不在少数。从论争主体的人数上来看,日本法典论争的参与者要远远多于清末礼法之争。仅以法典论争中断行派的核心组织之一法治协会为例,其会员超过1500名,遍及全国各地。而礼法之争的参与者,不外乎朝廷官吏,论争的涉及面根本无法与日本法典论争相比。

2. 论争的焦点和双方的论据

清末"礼法之争"中,法理派主要是从西方现代法学理论中寻找根据;礼教派则主要是从体现中国传统思想的"国学"中寻找支持。两派所运用的是近乎对立的法律理念——中、西法律理念,礼教派以"国学"为据所反对的,正是法治派以"法学"为据所倡导的。双方分歧正如当时《法政浅说报》所说,"新刑律为采取世界最新之学理,与我国旧律统系及所持主义不同,故为我国礼教派反对"。[②] 例如,张之洞针对新律有关民主平等的内容指出:"知君臣之纲则民权之说不可行也,知父子之纲则父子同罪免丧废祀之说不可行也,知夫妇之纲则男女平权之说不可行也。"否则"纲纪不行,大乱四起"。[③] 劳乃宣指出:"修律则专主平等自由,尊卑之分、长幼之伦、男女之别一扫而空之。不数年而三纲沦,九法幸攵,纲纪法度荡然无存,一夫振臂天下土崩,而国竟亡矣。"[④]一言概之,即新律为祸乱之源,纲常为治国之本。值得注意的是,法理派既从西方现代法学理论中寻找根据,同时也不忘从传统"国学"中谋求支持。例如,1910年10月,宪政编查馆将《修正刑律草案》核订后的《奏为核订新刑律告竣折》中强调"新刑律依'根本经义'、'推原祖制'而制定",就显示了这一点。与此相应,礼教派的立论根据主要是但也并不仅限于"国学"。论争的复杂性

---

① 东京开成学校于1877年与东京医学校合并后称东京大学,1886年又改名为帝国大学,1897年改称东京帝国大学,1949年与旧制的第一高等学校、东京高等学校合并后成立现在的东京大学。法学士会即由原东京大学法律系和改名后的帝国大学法律系的毕业生结成的组织,其目的是促进日本法学的进步和发达。

② 陶广峰:"清末民初中国比较法学的产生",载《法学研究》1998年第1期。

③ (清)张之洞撰:《劝学篇·变法》。

④ 劳乃宣撰:《桐乡劳先生遗稿卷一·论古今新旧》。

可见一斑。

“法典论争”中,延期派不仅批评“旧民法”对日本固有风俗习惯未能很好考虑和继承,反而破坏了本国的淳风美俗,还指出“旧民法”条文存在立法技术欠缺、内容与商法不统一等许多不足。例如,1892 年 4 月在议会即将审议“旧民法”应否延期实施的前夕,穗积八束等十余人联名发表《延期实施法典意见》,指出“旧民法”七大罪状:(1)“破坏伦常”;(2)“缩减宪法上的命令权”;(3)“违背预算原理”;(4)“缺乏国家思想”;(5)“搅乱社会经济”;(6)“变动税法之根源”;(7)“以威力强制推行学理”。① 断行派亦不示弱,岸本辰雄、熊野敏三等联名发表《法典实施断行的意见》,更从九大方面对《延期实施法典意见》详加反驳。可见,日本“法典论争”所涉内容的深度和广度要远远超过清末“礼法之争”。

3. 论争的载体

根据现存资料来看,清末“礼法之争”中,双方的争论形成文字材料的,主要表现在一些奏折和公函之中。例如,《大清新刑律(草案)》公布后,遭到朝廷官吏的极力反对。署邮传部右丞李稷启奏《署邮传部历丞李稷劝奏新纂刑律草案流弊滋大应详加厘订折》,指责新律违反了“立国之根本”;各地官吏亦竞相上折表示反对。面对责难,沈家本的答复与辩驳亦主要体现在奏折和部分公函之中。例如,针对劳乃宣《修正刑律草案说帖》,沈家本奋力反击,撰写《书劳提学新刑律草案说帖后》。这些奏折和公函虽然不多,但已成为今日研究礼法之争的重要史料。

4. 论争的实质

清末“礼法之争”中,双方都不绝对主张礼教或法理。尤其是法理派,虽然要求用西方法律的原理和原则制定新刑律,但他们都是封建官吏,他们的思想并未完全脱离封建礼教。所以,有学者认为“这场论争,并不反映地主阶级反动派和资产阶级革命派之间的根本分歧,而是体现了在皇权专制之下清末统治集团内部保守派和革新派之间的认识差异”。② 也有学者认为,可以把这次论争归结为“从文化上说,是外来法文化与传统法文化之争(或者说,是工商文化与农业文化之争);从制度上说,是旧法与新法之争;从思想上说,是家族伦理与个人自由权利之争(或者说,是国家主义与家族主义之争)”。③

关于日本“法典论争”的实质,学者各抒己见,主要观点有:(1)穗积陈重等认为,“法典论争”体现了自然主义的法国法学派与历史主义的英国法学派的对立,与

① 原载于《法学新报》第 14 号,转引自大竹秀男、牧英正主编《日本法制史》,青林书院 1985 年版,第 353 页。

② 叶孝信主编:《中国法制史》,北京大学出版社 1996 年版,第 374 页。

③ 李贵连著:《沈家本传》,法律出版社 2000 年版,第 297 页。

德国爆发的法学家萨维尼[1]和蒂鲍[2]间的争论几无二致。(2)平野义太郎等认为,论争体现了自由主义与半封建的专制主义、改进论与保守说的对立,即法国民法的资产阶级自由主义和半封建的淳风美俗的旧习惯主义在观念上的对立。(3)中村菊男等认为,论争的实质并非是观念的对立,而是有两层含义:一方面体现了法国法学派与英国法学派的对立,另一方面特别体现了功利的派阀的对立,加之在改正不平等条约等问题上政治立场的不同而使问题政治化;(4)远山茂树则排除单纯的观念对立的公式化理解,认为论争同解散议会的藩阀政府与在野党间激烈的政治斗争、政府法典编纂意图与改正不平等条约的关系、家长制及强调忠孝道德的趋势等问题密切相关,所以应从政治史角度把握论争全貌及其历史意味。

5. 论争的结局和影响

清末"礼法之争"以法理派的退让和妥协告终,究其原因主要是:其一,正统法律思想根深蒂固。其二,法理派的思想具有内在的妥协性。法理派代表人物长期受传统礼教的熏陶,思想深处除了具有进步的一面以外,又具有传统的羁绊。其三,法律总是"由一定物质生产方式所产生的利益和需要的表现",在当时十分孱弱的资本主义条件下,向保守势力退让是不可避免的。从历史角度来看,虽然这场论争客观上对传播近代法律思想起到了一定的积极作用,但由于论争的范围有限,加之清朝的快速覆亡,其对后来近代法制的影响不可高估。

但是,对"法典论争"的作用,同样不可过分夸大。例如,"旧民法"在争论中最遭人批评的,即是其人事编部分,甚至当时有这样的流行说法:"人事编使民法延期,民法使商法延期。"然而,"旧民法"被延期后日本政府迅速编纂并通过的明治民法典仍然根据近代法的原理规定了家族制度,虽然在法典论争中疾呼"民法出则忠孝无"的穗积八束转而对明治民法大加批判,明治民法典仍然几乎不费吹灰之力便得以在两院顺利通过。毕竟,法典论争并不是一场纯粹的学术上的争论,政治斗争的影响显而易见。

---

① 萨维尼(Friedrich Karl von Savigny,1779～1861年),德国法学家,历史法学派主要代表。曾著有《论当代在立法和法理方面的使命》一书,以反驳海得尔堡大学教授蒂鲍的思想,认为法律不是理性的产物,而是世代相传的民族精神的体现。

② 蒂鲍(Anton Thibaut,1774～1840年),德国法学家,著有《德意志国一般民法之必要》一书,力倡编纂民法典之重要性。

法史人物　学术思想篇

“儒法合流”的伟大践行者
——论诸葛亮法律思想的渊源及成因

王晓峰[*]

一、法家对其法律思想的影响

(一)管仲法律思想对诸葛亮的影响

1.严明赏罚

管子“劝之以赏赐,纠之以刑罚”,[①]特别是其在执法过程中,力求公正严明,他“夺伯氏姘邑三百,饭疏食,没齿无怨言”。[②]齐国大夫伯氏虽受到管仲的严格处分,采邑被夺,素食粗饭,但至死没有怨言。这一事例成为我国古代秉公执法的光辉典范,更是诸葛亮学习的楷模。诸葛亮认为,乱世执法,必须严格坚持“赏善罚恶”的思想。他说:“赏罚之政,谓赏善罚恶也。赏以兴功,罚以禁奸,赏不可不平,罚不可不均。”[③]“赏加于无功者离,罚加于无罪者怨。”[④]诸葛亮挥泪斩马谡并重用王平的事迹充分说明了诸葛亮“赏善罚恶”的执法原则。

2.因时制律,审时立法

管仲“修旧法,则其善者,而业用之”。[⑤]从商鞅到韩非都是主张因时制律、审时立法,诸葛亮接受了这种观点,并在负责制定《蜀科》时加以运用。《蜀科》是诸葛亮在汉代旧律基础上斟酌损益而成,其并没有照搬《汉律》,一是旧律繁密难以尽采;二是由于世易时移,许多律条已不合时代要求。《蜀科》基本上保持了汉律的体系,但在新形势下和特定的地区(蜀)加以执行,又不全同于汉律。在关于立法就应从严还是从宽的问题上,诸葛亮与代表益州地方势力意见的法正发生了争执。法正认为孔明“刑法峻急”,主张从宽。而诸葛亮却认为,应根据不同的形势,制定不同的法令。这种从宽立法的思想不能用于东汉末年以来法制松弛、政治昏庸的益州。为了纠正刘焉、刘璋父子长期统治所形成的政荒民慢的局面,就必须从严立法而临

---

* 王晓峰,2008级中国法律史专业,指导老师:王立民。现工作于新疆大学法学院。

① 《国语·齐语》。

② 《论语·宪问》。

③ 《诸葛亮集·赏罚》。

④ 《诸葛亮集·自勉》。

⑤ 《国语·齐语》。

之以"威刑"。所以诸葛亮驳斥其"君知其一,未知其二"。而这些都体现了诸葛亮深受"历法以时而定,制令各顺其宜"①的法家思想的影响。

(二)商鞅法律思想对诸葛亮的影响

1."明法"的观点

商鞅治秦十分强调"明法"的重要性,认为:"法制明则民畏刑,法制不明,而求民之行令也,不可得也。"只有"明法"则"国治而地广,民强而主尊"②为了"明法",商鞅曾"徙木示信"。诸葛亮亦主张"明法",街亭之败,挥泪斩马谡时说:"孙武所以能制胜于天下者,用法明也。"

2.重刑主义的观点

商鞅主张采用厚赏重刑的政策,认为"刑罚重其轻者,轻者不至,重者不来,此谓以刑去刑"。③ 即对轻罪施以重刑,是人不敢以身试法,所以连轻罪也不会发生。反之,"国刑不可恶,而爵禄不足务,此亡国之兆也"。④ 所以,"去奸之本,莫深于严刑"。⑤这就是商鞅"以刑去奸"为目的的重刑主义理论。诸葛亮治蜀的"刑政严峻",是针对益州长期在刘璋父子统治下的政令废弛情况而发的,显然亦受到商鞅重赏重刑政策的某些启示。开始人民不太习惯,但行之即久,民心悦服,"终于邦域之内,咸畏而爱之"。但是,他们的不同之处在于:孔明执法虽严峻,并未以酷刑治狱。他还接受了《易经·系辞下》中变通的观点:"变通者,趋时者也。"主张审情度势灵活运用,不拘泥于常法而有所变通,这亦体现了道家思想对其的影响。对于一些介于可杀不可杀、可判刑不可判刑之间的犯罪者,往往根据犯罪者的态度及具体情况灵活处理。陈寿称其"服罪输情者,虽重必释;游辞巧饰者,虽轻必戮"。⑥ 给予充分肯定。

3.反对无故赦免

商鞅认为必须坚决执法,才能"明法"、"贵法"。否则,法律不被严格遵守国家就不能有效的治理。因此,"刑重而必得",⑦才能使犯罪者无侥幸之心,未犯者有怀刑之惧。因此,不论贵贱,触犯法禁者,坚决绳之以法,绝不以任何形式加以赦免。诸葛亮执政12年,从未进行过大赦,然而政通人和,民乐其业。其卒后,刘禅在20余年内先后大赦8次,平均每3年一次,政局却日益昏乱,法纪日趋废弛,最终并未

① 《商君书·更法》。
② 《商君书·君臣》。
③ 《商君书·勒令》。
④ 《商君书·算地》。
⑤ 《商君书·开塞》。
⑥ 《三国志·蜀志·诸葛亮传》。
⑦ 《商君书·赏刑》。

能挽救蜀国的灭亡。可见法家的反对赦宥、坚决执法比起儒家的三宥三赦更具合理性和科学性。

(三)申不害、韩非法律思想的影响

1. 术治思想

申不害虽然也重视“法”的重要性,但他更重视如何驾驭群臣之术,其术治思想主要是为了加强封建君主专制制度。这一思想对诸葛亮的影响主要表现为,诸葛亮为刘禅所抄《申子》全文,鼓励刘禅学习“术治”,希望其能从中获得启发,能够辨明奸伪,以达到“亲贤臣远小人”之目的。申不害虽是术治的倡导者,却“未尽于术”。韩非进一步提出要加强对各级官吏进行考核、严明赏罚的主张:“因任而授官,循名而责实,操杀生之柄,课群臣之能。”①即量才录用,因职授官,循名责实,从严课督。在这一点上,法家与儒家没有本质区别,都是为了维护封建君主专制制度,维护君主的权威,如儒家的举贤任能,因才器使。孔明在用人方面,则是德才并举,“外举不避仇,内举不避亲”,但是要求经过实践考验,确有才干,且是志虑忠纯之士。这反映了孔明用人既讲究要具有法家实干才能,又要具有忠于汉室、正直可靠、廉洁奉公、具有儒家气质的“贞良死节之臣”。这体现了孔明治民治国法儒并重,取长补短,而不拘泥于哪一家哪一派的实用主义思想。

2. 循名责实,严格执法,无所偏私

韩非的循名责实的思想在孔明身上更是得到很好的体现。他认为要对各级官吏经常不断地进行考察,因为客观事物总是不断在变化,个人的思想也往往会受到各种影响而发生变化。考察的根据就是所担任即必须完成的任务,进行审查。由于他细心谨慎、反对浮夸、公正严明,遂使蜀汉境内,“善无微而不赏,恶无纤而不贬”。对于自己的工作同样按照循名责实的精神从严要求。例如,在街亭战败后,尽管责任由马谡来负,但孔明从严律己,仍从《春秋》责帅的角度追究己责,请求自贬三等。这虽然体现了儒家思想对他的深刻影响,但从执法严明,“刑过不避大夫,赏善不遗匹夫”②的法家原则来说,又是对法家思想的坚决贯彻。当然,韩非的法制应依时而变化,以法治国等思想的影响也是不言而喻的。

从以上的论述中可知,诸葛亮的法律思想与先秦法家思想的密切联系。但其对于管子、商君、申子、韩非等法家人物的思想并不是全盘接受,而是结合自己所处的时代,根据当时军事政治斗争的需要而有所选择,融会贯通,独成体系。

---

① 《韩非子·定法》。

② 《韩非子·有度》。

二、儒家对其法律思想的影响

倘若认为诸葛亮的法律思想仅是受先秦法家的影响，而认为其属于法家，则显然是片面的。其受出身、家世、学习、修身、经历及所处时代的影响，从儒家学说中汲取了大量的营养，孔子、孟子、荀子的著述中，有不少的积极因素为其所吸收。譬如，儒家的“德治”、“仁政”、西周以来被儒家吸收并上升为“以民为本”理论的重民等思想，都有机地组成诸葛亮法律思想的重要部分。

（一）民本思想的影响

民本思想萌芽于西周时周公提出的“明德慎罚”思想。到春秋时期，重民思想又有进一步的发展。管仲认为：“政之所兴，在顺民心；政之所废，在逆民心。”[①]孔子吸收并发扬了这种思想，提出：“君者，舟也；庶人者，水也。水则载舟，水则覆舟。”[②]告诫统治者，为政必须要重视民心向背，人民的力量既能载舟，也能覆舟。因此，孔子的“德治”、“德主刑辅”的思想正是基于此提出来的。孔子的重民思想后来经过孟子、荀子、董仲舒等人加工、改造，和封建纲常礼教融为一体，从西汉起，被封建统治者奉为正统，在法律思想领域中长期处于支配地位。由此可知，重民思想并不是儒家的专利，法家的管仲、子产亦很重视民心向背问题对维护统治阶级的重要性，只不过是以孔孟为代表的儒家善于吸收其他诸子百家的精华，并将其系统化、理论化，汉以后儒家又被尊为封建正统思想，影响深远而已。

诸葛亮的民本思想包括三个要素：其一，“以安民为本”。诸葛亮在《隆中对》提出的北伐胜利的条件是：“内修政理”、使人民安居乐业，然后率师北伐，“则百姓敢不箪食壶浆以迎王师者乎”？[③]这正是孟子所讲的仁义之师必胜的观点。其二，存恤百姓。诸葛亮批评刘璋治理时期的益州“民殷国富而不知存恤”。所谓存恤，即慰问救济之意。当时蜀中豪强凭借权势，欺压良善。故孔明修明法制，锄强扶弱；严肃政纪，黜退贪渎。史载“罚二十以上”的案件，他都亲自披览，目的是减少冤狱，存恤百姓。同时还常到各地“录囚”，自是为了政清狱平，使民安其业。其三，重视农业生产，采取安抚流亡，打击豪强，轻徭薄赋，闭关息民，养育民物等措施，以求安定民生，恢复国力。

（二）德主刑辅思想的影响

儒家在民本思想基础上，提出了“德治”、“仁政”思想，其基本原则就是重视道

---

① 《管子·牧民》。

② 《荀子·哀公》。

③ 《孟子·梁惠王》（下）曰：“以万乘之国伐万乘之国，箪食壶浆以迎王师，岂有他哉？避水火也。”

德教化,先德后刑,反对不教而杀;主张宽猛相济、[1]刑罚适中,反对滥用刑罚。诸葛亮吸收借鉴了其中很多的积极因素:其一,教刑并重,以教为先。孔明虽然执法如山,但却反对不教而诛,十分重视教化。如果仍然有人"作奸犯科",以身试法的话,则"不从令者诛之"。[2] 他还明确提出为政之道应"以教令为先,诛罚为后"。[3] 同时要求各级执法官员必须以身作则,然后才能"正己教人"。最后,当教化无效时,必须"无党无偏",依法究办。通过法律的严肃性、公正性,来教育广大臣民。其二,实行德治,兼用威刑。诸葛亮鉴于刘璋父子统治益州时,"文法羁縻,互相承奉,德政不举,威刑不肃"。[4] 既不能实行德政以惠民,又不能用法令的威力来整肃不正之风,他深深地认识到为政过宽则民慢,过严则民残,故须宽猛相济,才能政通人和。诸葛亮入蜀后,实行的"刑法严峻",其实就是对刘璋统治时期政宽民慢的现实情况而发的。结果出现了政治清平,域内大治,"耕战有伍,刑法整齐"[5]的安定局面。其三,约法省刑,反对滥刑。诸葛亮虽"刑法严峻",但并非是滥用酷刑,而是有罪必究,有法必行。主张审情度势灵活运用,不拘泥于常法而有所变通。此外,前述"罚二十以上"的案件,孔明都亲自披览,他还常常亲自录囚,都体现了他慎重狱讼的态度,反映了儒家思想对他的深深影响。

(三)为政在人,贤人治国思想的影响

儒家主张,为政在人,贤人治国,认为只有仁者才能当政。首先君主要是仁者,当权者要严于律己;其次当权者要能尊贤使能,破格用人,远离奸佞。诸葛亮辅弼刘禅,并亲自抄写"申、韩、管子、六韬"诸书让他阅读,其目的就是希望他能够成为一位英明有为的中兴之君,任用贤良,远离奸佞。在发现人才方面,他鼓励群下推荐文武之才。用人唯贤,"外举不避仇,内举不避亲",而且重真才实干,而且在用人方面对思想品质要求相当严格。对自己则严格要求,以身作则,起到表率作用。孔明身居相位,自知责任重大,以身作则,尊法执法。如街亭之败,他没有诿过于人,而是主动承担责任,自贬三等。他对于自己的过错从不文过饰非,而是主张"明罚思过",并敦促左右僚属"勤攻吾之阙",以便随时改正。

(四)忠君孝悌思想的影响

这表现在以下两方面:一方面,忠君思想对他的影响。长期以来,人们有一种误

---

① "宽猛相济"的思想确是春秋时期,法家的代表人物之一子产首倡的,后来被儒家所继承,这说明了诸子百家我中有你,你中有我,互相借鉴融合的特点,而他们的区别是,各自论述问题的侧重点不同,对问题的重视程度不同而已。

② 《诸葛亮集·文集·斩断》。

③ 《诸葛亮集·文集·教令》。

④ 《诸葛亮集·文集·答法正书》。

⑤ 《诸葛亮集·附录·述佐篇论》。

解:认为封建时代倡导的“君臣、父子,夫妇”的三纲为儒家所独有。事实上,法家崇尚三纲并不逊于儒家,尤其在强化封建专制君权方面则有过之而无不及。“臣事君,子事父,妻事夫,三者顺则天下治”。① 旗帜鲜明地把三纲作为治理好国家的要领。但到两汉时期,随着儒家思想正统地位的确立,忠君孝亲的观念逐渐浸润到社会各个阶层,由三纲扩大到兄弟、朋友之间的关系,则被称为五常,继而形成了封建社会所习称的伦常之道。诸葛亮出身于奉儒守官之家,再加上本人的贞亮忠节之性,忠君思想表现得很强烈。他力图通过《蜀科》的制定厉行法治,倡导尊主忠君之道。另一方面,孝悌思想对他的影响。对孝悌的标准,法家和儒家是有很大区别的。儒家特别重视孝道,“今之孝者,是谓能养。至于犬马,亦皆能养,不敬,何以别乎”?因此,孝不仅是能养亲,而且是要尊亲。但法家的观点却不同。“家贫则富之,父苦则乐之。”②法家尽孝的目的是改变父母生活状况,尊敬与否不需考虑。法家还认为忠孝不能两全,二者是对立矛盾的。这一孝悌思想对诸葛亮影响也很大,如后主刘禅即位,孔明即上表追尊刘禅生母为昭列皇后,借以弘扬孝道,希望以孝教民,上行下效。诸葛亮早年无子,据儒家“不孝有三,无后为大”的说法,他乃过继其兄的次子诸葛乔为嗣,以示恪尽孝道,不绝先人之祀。另外,他对兄长诸葛瑾很尊敬,现存文集中保留最多的书信就是《与兄瑾书》,共有9篇。这些情况都表明诸葛亮的孝亲思想是很强烈的。

综上所述,可以全面了解诸葛亮的法律思想是将法家与儒家思想有机结合起来,“礼法并用”,“威德兼施”。即把“厉行法治”与道德教化有机糅合。他对法家的重刑思想进行了扬弃,对触犯刑律者坚决处理,决不宥赦,但又参酌态度,量刑轻重。对于酷刑,他更是心存“仁爱之心”,深受儒家慎刑思想的影响。此外,他又不赞同儒家的“教化万能论”,而是法治与教化并重,舍弃谁也不行,二者是相辅相成,都是治国不可缺少的手段。

三、诸葛亮法律思想形成的原因

正如古今中外任何一位事业上有所建树、有所作为的人士一样,诸葛亮的思想和行动必然要受到自己所处时代条件的制约,要受到他所继承的历史传统的影响。因此要探寻影响其法律思想形成的原因就要深入了解其活动的历史空间背景、家庭出身、教育状况、成年后的发展道路等因素。

① 《韩非子·忠孝》。

② 同上。

（一）受其活动的历史时空的影响

汉初虽然采取了黄老之术以治民，武帝又罢黜百家，独尊儒术，但在治国方面并未全用儒术，而是兼采各家之长。例如，汉宣帝自幼师受《诗》、《论语》、《孝经》等儒家经典，儒家思想习染至深。但他即帝位后“信赏必罚、综核名实”，①显然具有法家色彩。并称“汉家自有制度，本以霸王道杂之，奈何纯任德教”！②即汉王朝治国治民的办法就是：霸道、王道、道家交杂而用。东汉的光武帝亦是如此。这对关心政事、复兴汉室的诸葛亮来说自然是启迪很深。东汉末年自董卓倡乱以来，群雄割据互争雄长。在这样一个动荡不安的社会，所有思想禁锢都大大松弛。英雄豪杰各逞才智，尽展雄图，促使思想界趋于活跃。除了儒学仍被奉为官学外，法、道、墨、兵、名、纵横等各家，在新的历史条件下又获得发展。在争战激烈的时代，对人才的要求是以“识时务”能解决现实问题为主要考虑的。因此，这一时期的政治家，都力求博览群书，从中汲取教益。东汉后期以后，儒学信仰日渐失效，儒学与谶纬神学结合导致其思想深度减退，失去了作为信仰所应有的吸引力和感召力。儒学的日益封闭化和功利化，使其生机和活力被窒息，由此造成人们对它的崇拜和热情丧失。加之，汉末社会动乱无序，人的生命有如草芥，儒学信仰的物质基础丧失，使儒学的价值准则在民间已丧失了说服力和约束力。③ 因此，信仰开始出现多元化、世俗化，当时的儒生开始从诸子百家的学说中寻找更多的养料，这是诸葛亮的儒法结合的法律思想形成的思想基础。

（二）诸葛亮家世的影响

诸葛亮，字孔明，籍贯是徐州琅邪郡阳都县，出身诸葛氏世家大族。琅邪在春秋时属于齐地，其自幼年起，思想感情和个人气质方面就受到父母之邦的“齐文化”的深刻影响和熏陶。而这一影响一直到诸葛亮成年，他在隆中耕读十年期间，一直“自比管仲、乐毅”。此外，诸葛亮自称是西汉诸葛丰之后。诸葛丰为西汉司隶校尉，以刚正廉洁，坚决执法，做事果断，雷厉风行，即使权贵犯法也敢于检举弹劾而受到时人赞誉和景仰。因此诸葛亮虽出生在一个深受儒家思想影响的“奉儒守官之家”，然而在有官宦仕途经历的祖先中，却在司法工作中表现出执法者的法家气质。加之诸葛氏累代所受的儒家思想教育，使得对子弟的品德要求很严格，如诸葛瑾在忠君孝亲、友于兄弟等方面均恪遵不渝，其思想作风是“非道不行，非义不言”。④ 这都反映了诸葛氏家族重视封建伦理纲常的“家风”。因此，可知从诸葛亮年幼时期，

① 《汉书·宣帝纪》。
② 《汉书·元帝纪》。
③ 孔毅：“汉晋之际儒学信仰的危机与演化”，载《云南社会科学》2005年第5期。
④ 《三国志·吴志·诸葛瑾传》。

中国古代对整个中国封建社会的法律思想产生了巨大而深远影响的两大理论学派:法家、儒家,已经开始对其产生深刻的影响。这对后来诸葛亮的政治生涯及法律思想的形成都有重要的影响。

(三)其人生经历的影响

诸葛亮跟随叔父诸葛玄流寓襄阳,投靠刘表门下。刘表在政治军事上虽无建树,但他重视和发展文化教育事业、保存和抢救了大量文献典籍,功不可没。孔明学业的大进,见识的成长,都得益于这一时期。初来襄阳就在刘表开设的"学业堂"中学习,其内容自然是儒家经典。后来得恩师司马徽的器重,激励他能够突破儒家经典的范畴,广泛学习诸子百家的学说来充实自己,以便实现拯世济民的抱负。这为诸葛亮以后的学习道路指明了方向。诸葛玄病逝后,诸葛亮开始了隆中十年边耕边读的生活。在此期间,诸葛亮除研习儒家经典外,在此期间也读了不少有关法家、兵家、纵横家及道家之书。这对孔明后来走向仕途成为一代杰出的政治家、军事家奠定了基础。诸葛亮胸怀大志,在隆中时常"自比管仲、乐毅",乃是他希望出将入相建功立业思想的具体反映。这种政治思想的形成不是一朝一夕之功,而是与家庭教育、社会影响,尤其是自己长期的生活体验、求学论道、反复思考分不开的。

四、结　　语

综上所述,诸葛亮虽然受的是正统的儒家思想的教育,一生志向和毕生奋斗目标就是实现儒家学说所培育的政治理想和恢复汉王室的正统皇权。但是其并不拘泥于儒家一种学说,而是博采众家之长,比较而言,为实现其目标的过程中,其手段和措施,受法家的影响最深,以图霸业可成,汉室可兴。其法律思想是兼采儒、法两家之长而和谐的加以统一,而且这种统一是和东汉末年社会实际和蜀汉立国铲除诸侯割据大治巴蜀南中的需要实践相结合而形成的,是灵活运用法、儒两家的治理方式的结果。如果当时的社会形势和环境有所不同的话,作为政治家的诸葛亮可能会采取截然相反的治理手段,因此这又显示了浓烈的法家的实用功利主义色彩。因此,诸葛亮法律思想的形成的原因,受到他所继承的历史传统的影响,受其家庭出身、教育状况、成年后的发展道路、活动的历史空间背景等因素的影响,离不开其所生活的时代条件的制约。

所以,诸葛亮的法律思想体现了自汉代引礼入法以来,诸子思想互相渗透、互相补充、互相借鉴的发展趋势。而对其法律思想,最重要的影响就是儒法思想的合流、交融。正是儒家思想对诸子思想特别是对法家思想的吸收和借鉴,才使得儒家思想不断地完善、发展、创新,最终成为中国古代封建法律思想的正统。而诸葛亮正是这一思想形成过程中的伟大的践行者之一,他不仅将儒法思想有机和谐地统一在一起,而且将这种思想与东汉末年社会实际和蜀汉立国铲除诸侯割据大治巴蜀南中的需要实践相结合起来,是灵活运用法、儒两家的治理方式的结果。诸葛亮这一法律思想在实践中的运用、发展、完善,为后世礼法结合的完成,为中华法系的最终形成,提供了理论依据和实践参照。

耶律楚材的法律思想探析

焦应达*

耶律楚材是蒙古帝国初期杰出的政治家、思想家。他生活在一个风云变幻的时代,在蒙古国由奴隶制向封建制转化的过程中发挥作用。目前,对耶律楚材在政治、宗教、处世哲学、诗歌、音乐、史学、天文、医学等方面的思想都有研究,但对其法律思想的研究并不多。耶律楚材在蒙古帝国确立和完善各项制度并逐渐接受"汉化"的过程中,对汉法的推行发挥了极其重要的作用,并深刻影响了元代的政治、经济和文化。耶律楚材的法律思想既积极吸纳汉族的先进法律文化又尊重民族法的风俗与习惯,体现了汉法与少数民族法的融合与创新。为元代以少数民族入主中原后政治的稳固、经济的发展、法制规划与初创都做出了重要贡献。

本文试结合耶律楚材的事迹对其法律思想进行探讨,以就正于方家。

一

耶律楚材生于金章宗明昌元年(1190 年),卒于蒙古乃马真后三年(1243 年)。蒙古汗国大臣。字晋卿,号玉泉,法号湛然居士。出身于契丹贵族家庭,世居金中都(今北京),是辽太祖耶律阿保机的九世孙。在金朝时考中进士科,授予开州同知。蒙古军攻占燕京后辅助成吉思汗,曾随其西征。窝阔台汗继位后,倡议朝仪,以尊汗权。窝阔台三年任中书令。积极实施"以儒治国"的文治方案,力主让新兴蒙古贵族采用汉族传统思想和制度治理中原,为后来忽必烈建立元朝奠定了基础。耶律楚材在成吉思汗、窝阔台两朝任事近 30 年,多有襄助之功。脱列哥那皇后称制时渐被排挤。

耶律楚材的思想主要是受儒学和佛教的影响而形成。耶律楚材生活的时代正是中原文化与北方少数民族文化相互碰撞融合的时代。从总的趋势看,北方契丹、女真族已在很大程度上汉化,蒙古族也随其进入中原而接触汉文化。北方少数民族进入中原的过程,同时也是他们逐渐接受汉文化的过程。辽、金在治国中,十分重视儒学。辽太祖曾问侍臣:"受命之君,当事天敬神。有大功德者,朕欲祀之,何

* 焦应达,2008 级外国法律史专业,指导老师:何勤华。现工作于内蒙古大学。

先?”太祖长子,耶律楚材的八世祖耶律倍对曰:“孔子大圣,万世所尊,宜先。”[①]太祖大悦,建孔子庙,春秋释奠。经过辽朝统治者的大力提倡,契丹各个阶层普遍汉化。耶律倍是契丹皇族中最早接受汉文化的人之一。“通阴阳,知音律,精医药、砭焫(注:丙字上有草头)之术。工辽、汉文章。”[②]他对中原文化十分推崇,在治理东丹国时,“一用汉法”。表明耶律倍对中原汉文化的仰慕和认同。耶律倍之后,其子孙世代为官,且不断汉化。灭辽的女真人也主动接受汉文化,十分推崇儒学。金熙宗亲祭孔子庙,退谓侍臣曰:“孔子虽无位,其道可尊,使万世景仰。大凡为善,不可不免。”[③]世宗“方兴儒术”,章宗时“诏修曲阜孔子庙”。[④] 在契丹、女真贵族中,有很多人掌握了较高水平的汉文化,接受儒家思想。

耶律氏家族世代浸染汉文化,到其父耶律履时,耶律氏已变成汉化程度极高的契丹士大夫家族。耶律楚材就是在这样的家族文化中成长起来的,“三岁而孤,母杨氏教之学。及长,博极群书,旁通天文、地理、律历、术数及释老、医卜之说,下笔为文,若宿构者”。对耶律楚材思想影响较大是其母亲。耶律楚材母亲是汉人名士杨云之女,她精通琴棋书画,对年幼的楚材诲育备至。楚材自幼就受到儒家思想的熏陶,系统地学习并接受了儒家思想。“昔年学道宗夫子,盈科后进如流水。”[⑤]“尚记承平日,为学体自强。经书兴我志,功业逼人忙。”[⑥]“远袭周孔风,近追颜孟迹”。[⑦]他的理想是按照儒家的学说来治理天下,耶律楚材后来的言行表明他是一个典型的坚守儒家正统思想的士大夫。

耶律楚材思想的另一文化背景是佛教。13 世纪初期佛教在北方发展迅速,契丹、女真人普遍接受汉文化的同时也受到佛教的影响。契丹人很早就接受了佛教,辽太祖对佛、儒兼收并蓄,既建孔庙又建佛寺,辽代多个帝王都重浮屠,保存至今的辽代佛塔也比较多。女真人进入中原后对佛教推崇有加,在统治者的提倡下,佛教在民间广泛流传,后才因其势过大稍作限制。“闻愚民祈福,多建佛寺,虽已条禁,尚多犯者,宜审约束,无令徒费财用。”[⑧]耶律楚材生活在儒、道、释三教合流的时代,其家族受此影响不可避免。耶律楚材其父耶律履别号忌言居士,楚材自己法号湛然居士,多半与笃信佛教有关。楚材曾说:“余幼而喜佛,盖天性也。壮而涉猎佛

---

① 《辽史·义宗倍传》。

② 同上。

③ 《金史·熙宗纪》。

④ 《金史·章宗纪》。

⑤ 《湛然居士文集》卷二《用前韵感事二首》,谢方点校,中华书局 1986 年版。

⑥ 《湛然居士文集》卷一二《再和世荣二十韵以寄薛玄之》,谢方点校,中华书局 1986 年版。

⑦ 《湛然居士文集》卷一四《子铸生朝润之以诗为寿余因继其韵以遗之》,谢方点校,中华书局 1986 年版。

⑧ 《金史·世宗》。

书,稍有所得,颇自矜大。”[①]但正如与耶律楚材交好的澄公和尚所言:“昔公位居要地。又儒者多不谛信佛书。惟搜摘语缘。”[②]耶律楚材最初演习佛经只是基于爱好,多一点谈资而已,从泛泛涉猎到后来真正钻研佛教与时代变乱更替有重要关联。1214年金中都被蒙古大军包围,此时耶律楚材留守中都,城内粮食断绝,援军不至,内外交困。从中都被围开始耶律楚材经历了痛苦的思索,他看到金国的败落和蒙古的强盛。报国无望的苦闷使他开始从禅宗中寻求慰藉,“及遭忧患以来,功名之心,束之高阁,求祖道愈亟”。[③] 耶律楚材专心向当时著名的佛教大师万松学习,万松儒、释兼备,“有万松老人者。儒释兼备。宗说精通。辩才无碍。君可见之。予既谒万松。杜绝人迹。屏斥家务。虽祁寒大暑。无日不参。焚膏继晷。废寝忘餐者。几三年”。[④] 这是耶律楚材佛教思想形成的重要阶段。

耶律楚材生活在一个儒、佛、道三教合流至为明显的时代。在这样环境下成长起来的耶律楚材“与同时代的许多人一样,自然是儒、佛、道思想兼通”。[⑤]“就耶律楚材的思想倾向而言,实际上仍然是主张以佛教为本位的三教合一,即以佛教兼容儒道。”[⑥]耶律楚材的思想中体现了儒学和佛教的双重影响,我们看到在他身上体现更多的是当时文人士大夫阶层普遍的矛盾心态,他们对儒学理论体系的缺陷深感忧虑,但由于阶级和时代的局限,他们不可能彻底否定儒家思想,于是试图从佛道思想中吸取合理成分,以弥补其缺陷,从而稳固儒家思想文化长期以来的正统地位。正如他们在政治制度上竭力维护中央集权制一样,在意识形态领域内,不能容忍新宗教、新思想的出现,使之影响儒家文化的统治地位。耶律楚材对道教的排斥集中体现在他对丘处机及全真教的非难上,丘处机死后不久他著《西游录》,公开表示对全真教的不满。在耶律楚材看来,修养心性要重释,治国要重儒,积极入世,在行动上遵循儒家的济世安民之道。耶律楚材出儒入释,出释入儒,都要因境遇而定,从楚材的实际行动看儒家思想的成分更多一些。耶律楚材法律思想的背景就建立在上述思想的基础之上,研究一个时代的历史必须注重那个时代的精神,研究一个历史人物的思想也脱不开时代的背景。耶律楚材是汉化的少数民族,他的法律思想在很大程度上体现了汉族的法律文化,这为后来元朝制定法律奠定做了必要的铺垫。

---

① 《湛然居士文集》卷一二《琴道喻五十韵以勉忘忧进道并序》,谢方点校,中华书局1986年版。

② 《大藏经·诸宗部五》,从容录重刻四家语录序:《万松老人评唱天童觉和尚颂古·从容庵录序》。

③ 同上。

④ 同上。

⑤ 刘晓著:《耶律楚材评传》,南京大学出版社2001年版,第236页。

⑥ 同上,第238页。

二

耶律楚材的法律思想主要体现在他的治国方略当中。金章宗以疑狱数事策问,策试17人中楚材"所对独优,遂辟为掾",[①]可见其对法律的精通。但他最初见用于元太祖成吉思汗并不是因为他精于法律,"最主要的原因是因为他深谙星历卜筮之术"。[②] 在成吉思汗的眼中,与战功卓著的武将比起来儒者的分量要轻一些。耶律楚材自己也意识到在这戎马倥偬的时代一时难以施展才华,"浪迹西游岁月深,临风谁识湛然心",[③]便是他那时的心情写照。但成吉思汗曾因楚材精湛的占卜术而谓太宗曰:"此人,天赐我家。而后军国庶政,当悉委之。"这为耶律楚材在后来太宗朝当政奠定了基础。成吉思汗在即汗位之前"订立完善和严峻的法令",后出征花剌子模前再次重申"在他们中间对(自己的)领导规则、律令和古代习惯重新作了规定",[④]总体来说此时法制比较粗糙残暴。在窝阔台汗时,耶律楚材官至中书令,他的政治法律主张及其实践在引导蒙古政权建立各种规章制度逐步走向汉化方面起到重要作用,对蒙古立国中原功不可没。

耶律楚材的法律思想中对汉法的吸纳主要体现在以下几个方面:

(一)强调以儒家思想作为制定法律的基础

成吉思汗为巩固刚刚占领的以燕京为中心的广大地区,广纳贤才。太祖定燕后在行宫召见耶律楚材,在交谈中,成吉思汗提起辽国为金所灭亡的旧事,说道:"辽、金世仇,朕已为汝雪之。"耶律楚材应对道:"臣父祖尝委质事之,既为之臣,敢仇君耶!"他阐明自己的立场,不以旧日王孙自居,强调君臣父子的儒家纲常,深得太祖赏识。同时也表明耶律楚材受儒家文化影响之深,这在他成为元代重要的政治人物之后就不仅是用儒家思想约束自己品行与修养的问题,而是逐渐转化为可以践行的制度。

蒙古将士以弓马横行天下,对文臣儒者并不在意。军中有西夏人常八斤因善造弓而得成吉思汗重视。他因此而自矜,讥讽耶律楚材道:"本朝尚武,而明公欲以文进,不亦左乎?"耶律楚材对曰:"治弓尚须弓匠,为天下者岂可不用治天下匠

---

① 《元史·耶律楚材》。

② [法]勒内·格鲁塞著:《成吉思汗》,谭发瑜译,国际文化出版公司2006年版,第231页。

③ 《湛然居士文集》卷四,《和博窅韵代水陆疏文因其韵为诗十首》,谢方点校,中华书局1986年版。

④ [波斯]拉施特主编:《史集》(第1卷·第2分册),余大钧、周建奇译,商务印书馆1997年版,第272页。

耶。”[①]耶律楚材明确指出,管理一个国家需要会治理国家的儒者,而不是能征惯战的武将。耶律楚材以儒家思想治国的理论,在成吉思汗攻打花剌子模的西征军中第一次提出,得到了成吉思汗的重视。随着金朝的灭亡,“蒙古人开始意识到他们自己的法律——成吉思汗的札撒——在管理一个定居的社会时作用有限”。[②] 于是决定适用金朝在唐律基础上编纂而成的《泰和律》,金朝汉化的程度较深,其法律比较完善且适用于中原地区。成吉思汗认识到儒家思想是有利于统治中原地区的,而有较高儒学造诣的耶律楚材正是蒙古人所需要的治理天下的人才。但“耶律楚材的头脑中还酝酿着更宏大的计划,这就是他希望能够导致最终在中国北部完全恢复儒家模式的政府”。[③]

耶律楚材在元太祖、太宗时期倡导的重要治国理念就是建立正常的封建秩序,推行中国封建社会长期实行的儒家统治思想,以利于蒙古政权的巩固。蒙古建国初期,上层贵族中许多人根本不重视文化思想的传播和利用。在1226年成吉思汗对西夏的战争中,攻下重镇灵武后,“诸将争取子女金帛,楚材独收遗书及大黄药材”[④]令蒙古诸将不可思议。耶律楚材收集户籍账簿等遗书则反映了他对建立正常统治秩序做了充分的准备。窝阔台汗八年耶律楚材请立编修所于燕京,经籍所于平阳,编集经史。由于耶律楚材的大力提倡和宣传,儒家的纲常礼义思想逐渐受到重视。但国家所收藏的典籍甚少,而燕京曾为辽金都城,是文人荟萃之地,典籍收藏甚丰,为了传播儒家思想文化,耶律楚材两次回到燕京收集儒家典籍。在窝阔台汗时期耶律楚材又多次提出“制器者必用良工,守成者必用儒臣”,在耶律楚材等人的建议下,蒙古政权又在1233年至1236年三年间,两次敕修曲阜孔庙。[⑤] 耶律楚材反复提出这个理论,是因为这是中国封建社会长期积累的统治经验,是经实践检验行之有效的。

(二)制定法度,慎刑恤民

蒙古族进入中原的初期,没有成文法。“元初未有法守,百司断理狱讼,循用金律,颇伤严刻。”不断地开疆扩土使得蒙古人一时无法制定出合乎中原地区的法律。“帝自经营西土,未暇定制,州郡长吏,生杀任情,至孥人妻女,取货财,兼土田。”由于国家没有统一的规章制度,随意征收赋税人,兼并土地,甚至杀人越货。城中富户,多被闯入家中洗劫一空。凡不肯予财物者,均被杀害,百姓惶惶不可终日。虽有

① (元)陶宗仪撰:《南村辍耕录》,中华书局2004年版,第21页。

② [德]傅海波、[英]崔瑞德编:《剑桥中国辽西夏金元史》,中国社会科学出版社2006年版,第391页。

③ 同上。

④ 屠寄著:《蒙兀儿史记》,中国书店1984年版,第369页。

⑤ 《元史·太宗》。

负责治安的官员,也无法制止这些巨盗。针对这种情况楚材上书奏请对州县豪强之势进行限制。耶律楚材为使蒙古贵族建立起稳定的统治秩序,建议太宗定法度,确立慎刑恤民的政策,制止和减少杀戮。

蒙古统制范围扩大到中原以后,刑事案件大大增加,情况也复杂得多,耶律楚材提出"条便宜一十八事颁行天下","请各路设长吏牧民,设万户总军,使势均力敌,以遏骄横"。[①] 当时燕京的最高行政长官石抹咸得卜极为贪暴,杀人盈市。"楚材闻之泣下,即入奏",请朝廷限制州郡长官的权力。如果没有朝廷的正式文书,地方官不得擅自征发百姓出徭役;囚犯当处死者,必须得到朝廷的批准,以免滥杀无辜,凡有违背者,将处以死罪。社会秩序逐渐安定。

耶律楚材意识到,要做到慎刑,仅有立法是不够的,还必须要统一司法,刑赏归朝廷。天下新定未有号令之时,司法权由各个军事将领掌握,生杀任意。当时"中原甫定,民多误触禁网,而国法无赦令",加上朝廷用非其人,天下罪囚必多冤枉。为了改变这种情况,耶律楚材请求下令:"应犯死罪者,具由申奏待报,然后行刑。"因此议请肆宥,始定赦宥之制。

"恤民"思想在耶律楚材政策中也有明显体现。元太宗曾有旨:"居停逃民及资给者,灭其家,乡社亦连坐。由是逃者莫敢舍,多殍死道路。"楚材认为"民皆陛下赤子……奈何因一俘囚,连死数十百人乎"?"帝悟,命除其禁。"况且"中原之地,财用所出,宜存恤其民"。这些建议大多得到太宗的支持,从而有利于保全劳动力,促进社会经济的发展。耶律楚材不仅惩办豪势之家,使百姓的生活安宁,贪暴之风得以稍稍抑制。更重要的是,他首次提出在国家管理中强化中央政权的作用,建立规范的国家制度,限制地方权力,用统一的制度、法律管理国家,对后来元朝的统治巩固有重要意义。耶律楚材的远见卓识,尽管不能完全在实践中付诸实施,但它却为元朝建立健全封建法制奠定了初步基础。

(三)废除屠城旧制,反对滥杀无辜

蒙古族最初兴起时并无完整的法度,成吉思汗时代戎马倥偬,无暇关注具体法律的制定,但法制总体比较粗疏残酷,"谁个胆敢反对他(成吉思汗),他就执行他颁布的札撒和法令,把此人连同他的部属、子女、党羽、军队、国家和土地,统统消灭干净"。[②] 依蒙古旧制:凡大军攻打城邑时,敌方如发一矢一石,即视为抵抗大军。城破后全城人杀无赦。在这条政策下,蒙古军队屠城无数,对当地经济发展和人民生命财产都造成极大危害。在汴京城破之前,蒙古大将速不台奏报,汴京城抗拒日久,

① 柯劭忞撰:《新元史》,中国书店影印1998年版,第556页。

② [伊朗]费志尼著:《世界征服者史》(上册),J. A. 波伊勒英译,何高济译,商务印书馆2004年版,第25页。

军中死伤颇多。一旦城被攻克,将士欲屠此城。按旧制,此番要求合情合理,窝阔台汗并未表示反对。耶律楚材得知消息后,急驰入宫。他见到大汗说:"将士暴露数十年,所欲者土地人民而耳。得地无民,将焉用之!"窝阔台汗犹豫不决之际,耶律楚材又说:"奇巧之工,厚藏之家,皆萃于此,若尽杀之,将无所获。"大汗深以为然,此后蒙古军队改变屠城之制,统治政策发生了变化。由于耶律楚材的谏言,使当时从各地避战祸涌入汴京的士绅百姓147多万人免予兵燹,皆得保存。进入汴京后,耶律楚材又奏请选取儒、释、道、医、卜等人,散居河北各州郡,由官府供应日常生活所需。此后屠城政策被放弃,忽必烈攻取江汉诸城,以此为例。这项政策的实施,保存了大量的科学技术人才和文化思想方面的人才,在当时产生了巨大的影响,这不仅巩固了中央政权统治,而且还保护了大量劳动力,有利于社会的生产发展。

12世纪末至13世纪初,蒙古族正处在奴隶制形成阶段,这一时期调整人们活动的行为规范是蒙古民族世代相沿的习惯法。这些习惯法内容规定简单、野蛮而又残酷,阶级社会形成后又成为统治阶级进行统治的工具。族内纠纷允许同态复仇。对于王公贵族则维护其特权地位。主人对奴隶有生杀予夺之权,王的亲族及功臣享有"赦九罪而不惩"的特权。耶律楚材主张变革旧的习惯法,反对滥杀,因时制宜,建立封建法制。

近代学者王国维对此大加赞扬,喟然有微管之叹:"蒙古之制,凡攻城而抗拒者屠之。故蒙古入中原所屠名城不可胜计。……加以蒙古入主中夏,武人专横,其君臣又绝不知有治民之术,若此时无文正人之类,正有不知其何如者。"①

(四)强调人才是执法公正的重要保障

蒙古征服中原地区后出现的问题是如何对这个文化先进的地区进行治理。耶律楚材上奏说:"天下虽得之马上,不可以马上治。"他深知要统治中原非用中原的制度不可,而熟谙汉法统治之道的是汉儒士。于是他在得势之时大力保护汉儒士并引荐他们进入仕途。1230年耶律楚材在中原辖区设十路,每路都任命正副课税使,皆由儒士担任。后来其中著名并且作用较大的是张文谦等人。张文谦任中书左丞,"建立纲纪,讲明利病,以安国便民为务"。主要参与赋税之务,又"以乙未岁户帐为断,奴之未占籍者,归之势家可也,其余良民为奴之理,议遂定,守以为法"。②防止了大量人民沦为家奴的情况出现。为避免各州郡的官员贪污受贿使其新政失败,耶律楚材特地挑选汉人、女真人中的儒者为课税使,如陈时可、赵昉等皆忠厚长者,也是国中最优秀的人才。另外还有许多人才,诸如董文用致力于地方行政的规范化;赵良弼乃是当时的大将,东征西讨;窦默在文化教育方面有一定的作为,曾任

① 《王国维文集》第四卷中《耶律文正公年谱余记》,中国文史出版社1997年版,第364页。
② 《元史·张文谦传》。

翰林侍讲学士,对皇族内学风大盛有极大的影响。

耶律楚材目睹了蒙古人不能更有目的地利用人才而给社会造成的损失,在1237年失势于窝阔台汗后他仍然致力于以儒生致仕的努力。为此他在寻求大汗许可后举行整个北方文职人员的考试,以此作为使中国的知识分子恢复他们以往在政府中的地位的手段。4000多人参加了考试,但使他失望的是,只有少数成功的候选人被派去担任实际职务。1238年建议在户籍制度中加上"儒户"这一项。这个新的户籍类别给了儒士和佛教徒、道士类似的优待,直至元朝灭亡,这一规定一直在起作用。耶律楚材的意图是利用这个特殊的户籍分类作为起步,然后系统地以这些受到保护的文人来充实整个政府的行政管理机构。事实上他没有成功,后来政府各部门主要是畏兀儿人和突厥斯坦人,但他为此所做的种种努力仍然在元初政治法制建设中起到了重要的作用。

(五)不畏强暴、秉公执法

耶律楚材变革旧法,推行汉族的封建法制,必然要触及统治阶层的利益,一些蒙古贵族守旧势力和西域商人公开反对。尤其是在不改变蒙古族落后的法律传统,封建法制就不能建立的时候,这种斗争是相当激烈的。在这种情况下,他不计较个人的得失,敢于坚持司法原则。他在《陈时务十策》中强调指出,治国必须"信赏罚,正名分",秉公执法不计私仇,不徇私情。"睦亲之义,但当资以金帛。若使从政而建法,吾不能徇私恩也。"①史载,咸得卜与楚材有旧怨,曾诬陷"'耶律中书令率用亲旧,必有二心,宜奏杀之。'宗王遣使以闻,帝察其诬,责使者,罢遣之。属有讼咸得卜不法者,帝命楚材鞫之,奏曰:'此人倨傲,故易招谤。今将有事南方,他日治之未晚也'"。② 楚材不计私仇的宽厚长者风范和秉公执法的精神深得太宗赏识。后太宗曾听别人谗言,误抓楚材,待弄清事实后下令释放,楚材不肯解缚,并义正词严地说:"陛下初令系臣,以有罪也,当明示百官,罪在不赦。今释臣,是无罪也,岂宜轻易反覆,如戏小儿。国有大事,何以行焉!"③在皇帝面前尚且如此坚持,足见楚材重法、护法的决心与勇气。

在成吉思汗时代蒙古族完成从原始部落向奴隶制国家的过渡,给功臣以各种特权,规定有大功之臣百次犯罪不罚,因此诸王将、僧侣无视法律,州郡长吏,生杀任情。当时的燕京的最高行政长官石抹咸得卜为太保明安之子,因承袭父职,自恃世族勋戚,无所顾忌。值耶律楚材到燕京收集文化典籍,得知此事原后立即将此事奏报监国拖雷。拖雷收到奏章后派中使豁尔赤塔察尔会同耶律楚材驰驿燕京,认真

---

① 《元史·耶律楚材》。

② 同上。

③ 同上。

审察。"燕多剧贼,未夕,辄曳牛车指富家,取其财物,不与则杀之……楚材询察得其姓名,皆留后亲属及势家子,尽捕下狱。戮十六人于市,燕民始安。"①这充分展现了耶律楚材不畏强暴、违法必究、执法必严的法制精神。太宗死后,皇后乃马真氏称制,崇信奸臣奥都剌合蛮,政事混乱。皇后让奥都剌合蛮拿着御宝空纸,自行其是,反对者,断其手。对此楚材坚决反对,他说:"事若合理,自当奉行,如不可行,死且不避,况截手乎。"②再次体现了耶律楚材不畏权贵以身护法的决心。

(六)削弱地方势力,加强中央集权

蒙古国以前并没有正式的君臣之礼。忽里勒台大会实际上是部落联盟的议事会议。大汗相当于部落联盟的首领,虽然拥有至高的军事权力,但在礼仪上与各部落酋长仍然以兄弟相称,不存在严格的君臣上下之分。拜汗礼的实施是对中原礼制的继承,它表现了大汗至高无上的地位和不可超越的权力。这种制度在元朝灭亡蒙古人退回草原后,也仍然保存着。在制定朝仪时,耶律楚材首倡君臣跪拜礼方显大汗的尊严,用以增强汉权。为此耶律楚材劝说察合台,"王虽兄,位则臣也,礼当拜。王拜,则莫敢不拜"。③ 察合台以行礼的方式承认窝阔台大汗的地位,也打消了其他王公的觊觎之心,有利于安定团结。察合台"率皇族及臣僚拜帐下",恭贺大汗即位。实质上,定朝仪的目的仍然是加强以大汗为首的中央集权制。

秦汉以来中央与地方的关系一直存在着矛盾。要巩固一个地域广阔的封建王朝,必须有切实可行的行政制度以便于中央对地方的控制。耶律楚材深谙此理,因此一直致力于维护中央集权的统治。但蒙古诸王中有不成文的规定,取天下者,各分土地,安享富贵。分封制的结果造成了"一社一民,各有所主,不相统属"的分裂局面。改变裂土分民的分封制,维护国家统一。太宗还把分封制度推广到中原汉地。耶律楚材建议太宗说:"裂土分民,易生嫌隙。不如多以金帛与之。"④这个建议最初得到太宗的首肯,直接导致其后赋税政策的实施。遗憾的是,耶律楚材的这个努力也没能很好的贯彻,窝阔台汗自己成为削弱中央集权的始作俑者。

三

综上所述,我们以历史的眼光去审视耶律楚材的法律思想及其实践时就会发现,他的卓越的见识与能力引导蒙古统治者看到了汉文明的优越,通过实践传播的

---

① 《元史·耶律楚材》。
② 同上。
③ 同上。
④ 同上。

儒学"汉法"在蒙古国向元朝过渡过程中所起到重要作用,符合历史发展的趋势,保护了中原传统文化,有利于中原社会生产的恢复和发展,使蒙古粗陋的法制得以发展成长,有力地推动了蒙古法制封建化进程,为元朝统治奠定了基础。窝阔台曾对耶律楚材有过相当中肯的评价:"非卿,则中原无今日。朕所以得安枕者,卿之力也。"[①]应该说,耶律楚材法律思想能够被元朝的统治者采纳并在各项制度中见诸实施深刻反映了少数民族文化对汉族文化兼收并蓄的态度。

遗憾的是,在耶律楚材的有生之年,他的许多建议和构想都没有得到有力的贯彻和实施,其原因与其说是个人政治生涯的悲剧毋宁说是时代的悲剧。蒙古铁骑军事上所向披靡,但其后的政治统治则充分暴露了落后性。在中原地区"胡化"与"汉化"的冲突从未停止过,在这场冲突中,历史的退步危险已有端倪。"大蒙古国时代是以草原为重心,汉地不过为一殖民地,其时政治完全为蒙古人与西域人所主宰,汉人影响不大。……源自草原的制度与观念未被根除,而与承袭自中原的各种制度相互抵牾,冲突不断,以致元朝未能成为一个真正的中原政权。"[②]著名蒙古史学者萧启庆认为元代这种"内北国而外中国"的政权特质是其速亡的原因。在这样的大背景下理解耶律楚材法律的思想与实践可以更好地观照其作为历史人物的时代感、使命感,以及个人在大的历史潮流中做出选择时所持有的价值取向和勇气。耶律楚材的法律思想及其践行印证了孟德斯鸠的论断:"中国并不因为被征服而丧失它的法律。在那里,习惯、风俗、法律和宗教就是一个东西。人们不能够一下子把这些东西都给改变了。改变是必然的,不是征服者改变,就是被征服者改变。不过在中国,改变的一向是征服者。"[③]但征服者接受被征服者文明的磨合是一个痛苦、曲折的过程,耶律楚材可谓躬逢其时。

从微观来看,耶律楚材的法律思想及政治措施的实施与窝阔台汗的全力支持分不开的,其权力的基点是皇帝的信任。即使在耶律楚材的事业与声望如日中天的时候,反对者的声音也是不绝于耳。当他失信于当权者的时候,其政治影响力就日渐淡出元代的政治舞台,代之以元代称之为"色目人"的西域人。他的痛苦与时代的痛苦相交织,这样的悲剧在中国少数民族政权的发展中有许多,具体到耶律楚材则是蒙元前期儒学汉法与游牧文化碰撞所导致的。中国历史上又一次民族文化大融合在这样无可回避的冲突与抉择中到来,耶律楚材的作为起到了承上启下的作用,在后来蒙古进一步的汉化中基本上沿袭了他走过的道路,蒙古法制的封建化进程也在这个框架下继续前行。

---

① 《元史·耶律楚材》。
② 萧启庆著:《内北国而外中国》(上册),中华书局 2007 年版,第 10 页。
③ [法]孟德斯鸠著:《论法的精神》(上册),张雁深译,商务印书馆 1961 年版,第 314 页。

沈家本与中国近代法治文化

陈柳裕*

归安沈家本先生(1840～1913年)系清末民初法学大家,中华法系承先启后的伟大人物。其人其事构成了中国近代法治文化史上极其宝贵的精神财富,以至于今人研讨中国法制近代化的起源及其发展轨迹时,不能不论及沈家本。然而,尽管后人对沈家本作出了高度评价,却未曾就沈家本对中国近代法治文化的贡献作过全面系统的梳理。本文拟在总结我国既有沈学研究成果的基础上,概述沈家本对中国近代法治文化的贡献,以缅怀这位伟大的浙籍法学家。

一、集成中国传统律学

律学是以业已制定的法律为依据,以准确、统一、适用法律为目的,经考证、分析、注解等方式,注释律文、阐发律意的学术活动。它是为了使制定法得到贯彻实施而对其进行注解、诠释,并进而形成的学术研究领域。中国古代律学自秦商鞅"改法为律"为其肇始,2000余年来绵延不绝。及至清代,因从雍正五年(1727年)颁行《大清律例》起,律文便被确认为子孙世代遵守的成法,不再修改,只是因时制宜,随时纂例,加以小注,来补充和修改律文的不足,即所谓"律设大法,例顺人情",故而使中国传统律学达致鼎盛,涌现了诸如王明德、沈之奇、蒋廷锡、万维瀚、吴坛、全士潮、刘衡、祝庆祺、薛允升、赵舒翘等律学大家。而较诸上述世所公认的律学大家,就对传统律学的继承、总结,以及评判、超越而言,沈家本又显然更胜一筹,堪称近代研究和改革传统律学"第一人"。

沈家本深厚的律学功底,与其长期任职于刑部的经历是分不开的。自同治三年(1864年)"援例以郎中分刑部",及至光绪十九年(1893年)八月外放天津知府,沈家本历任刑部直隶司主稿、陕西司主稿、奉天司主稿兼秋审处坐办、律例馆帮办提调、协助提调、管理提调等职,长期的刑部文案生涯,使沈家本得以有充分的时间精研律例。在此期间写就的大量律学著作,如《学断录》(1卷)、《旧钞内定律例稿本》(6卷)、《刺字集》(4卷)、《压线编》(1卷)、《律例杂说》(1卷)、《刑法杂考》(1卷)、《律例偶笺》(3卷)、《驳稿汇存》(1卷)、《雪堂公牍》(1卷)、《奏谳汇存》(1

---

* 陈柳裕,2001级中国法律史专业,指导老师:王立民。现工作于浙江省社会科学院。

卷)、《秋谳须知》(10卷)、《刑案删存》(6卷)和《文字狱》(1卷)等,不仅为沈家本获得"以律鸣于时"的美誉奠定了基础,更为沈家本日后成为中国传统律学的集大成者奠定了深厚的学术基础。学人是这样评论沈家本的上述著作的:"在这些著述中,沈家本以其扎实的经学功底,严谨的考据学风,历尽艰辛,将大量的史料汇集一处,分门别类,从字义到音韵,从条文沿革到字句的变化,逐条考释订正,得出了许多前人未及而令人信服的结论。"①

沈家本之所以能成为传统律学的集大成者,更源于其对传统律学的长期不懈研究。在任天津知府和保定知府期间(1893~1900年),沈家本不但根据自己亲历的办案经验,撰成《补洗冤录四则》对出版于南宋理宗淳佑七年(1247年)的宋慈(1186~1249年)所著传统律学名著《洗冤集录》进行补订,而且还汇集道光十八年(1838年)起至同治十年(1871年)止经过刑部驳议的案件凡1186件,编成律学巨著《刑案汇览三编》(124卷)。即使是在主持晚清10年修律工作期间,沈家本还花费了大量精力对传统律学进行梳理和研讨,完成了《刑制总考》(4卷)、《刑制分考》(17卷)、《赦考》(12卷)、《律令》(9卷)、《狱考》(1卷)、《刑具考》(1卷)、《行刑之制》(1卷)、《死刑之数》(1卷)、《唐死罪总类》(1卷)、《充军考》(1卷)、《盐法、私矾、私茶、酒禁、同居、丁年考》(合1卷)、《律目考》(1卷)、《明律目笺》(3卷)、《明大诰峻令考》(1卷)和《历代刑官考》(2卷),并最终构成了《沈寄簃先生遗书》甲编中的主要部分。

沈家本的律学代表作,系其晚年完成的著作《汉律摭遗》(22卷)。定稿于1912年秋的《汉律摭遗》,对法律的篇目律条、渊源流变乃至适用得失等,进行了全面系统的研究。它纵横比较,评论得失,尤其是比较了汉律与唐律两者用刑之轻重得失,以及两者的法条和结构,具有如下几个显著特点。一是材料翔实。该著作在充分吸收杜贵墀著的《汉律辑证》、张鹏一著的《汉律类纂》等研究成果的基础上,"目之可考者,取诸《晋志》;事之可证者,取诸《史记》及班、范二书;他书之可以相质者,亦采附焉"。② 在写作《汉律摭遗》过程中,沈家本引用《史记》、《汉书》、《后汉书》的相关记载、《周礼》的各种注本,以及《说文》、《盐铁论》等对汉律进行复原;引用《周礼》、《尚书》、《左传》、《公羊传》、《国语》和《战国策》等对汉律进行溯源;引用《唐律疏议》、《晋书》、《北堂书钞》和《太平御览》等考察汉律对后世的影响。其所辑取的文献材料,几乎涉及了经史子集以及历朝历代编纂的有文可考的全部法律文献。二是论证缜密。在写作《汉律摭遗》过程中,沈家本充分发挥了自少即"于《周官》多

① 李俊:"论沈家本对传统律学的继承与发展",载《政法论坛》1998年第6期。

② (清)沈家本:"汉律摭遗自序",载《寄簃文存》卷六,第23页。本文所引《寄簃文存》,均据中国书店1990年影印的《沈寄簃先生遗书》。

创获”的古文字考证功力和渊博的文史知识，以大量经过甄别、考析的材料为基础，对汉律进行缜密的分析、论证。三是大量采用比较研究的方法。沈家本继承了薛允升撰《唐明律合编》的比较研究法，在撰写《汉律摭遗》过程中，不论是对汉律的溯源，还是探求汉律对后世的影响，都采用了比较研究的方法，尤其是为了说明汉律的巨大影响，常常将其与魏晋律、唐律进行比较。特别值得强调的是，他还将比较研究的视野扩展到中外比较的层面上，以期从中找到汉律与现代法律之间的相通之处。例如，在讨论汉代对“狂易杀人”的处理规定时，沈家本提到了古人所记载的东汉陈忠“狂易杀人，得减重论”的建议，并与外国法律联系起来：“按：人至病狂而改易其本性，则凡病中之所为皆非出于其本性，故虽有杀人之事，亦得恕之。近日东西国学说并持此论，其刑律中有精神病不为罪之文。陈忠之减重论，实为今法之权舆。”①正是因为沈家本从钩沉史料入手，引经据典、旁征博引、追本溯源，并注意运用比较研究的方法，对古代律典的源流及其在后世的流变进行全方位的研讨，又注意探究它与近代各国法制之间的相同之处，才使得其律学成就远远地超越了同时代的律学研究水平。②

沈家本之所以成为中国传统律学的集大成者，除上列外，尚有一项值得特别说明，那就是：沈家本在从事律学研究的过程中，始终坚持了对传统律学的扬弃。中国传统律学的立论基点，是首先肯定现有律例、现行法制的合理性，以此为前提，再从律条与司法的错杂处着手，探求司法持平之道。即使是被后人同视为中国传统律例之集大成者的薛允升也不例外。沈家本与他们的区别则在于，他较多地直批《大清律例》规定之不当，尽管他也以儒家经义、先贤圣意为立论之基础。且不论诸如《律例偶笺》等书，通篇汇集了沈家本对《大清律例》所列轻重失衡、繁简不当或者应存应废之条目的批判意见，在10年修律期间，沈家本对于《大清律例》的尖锐批判锋芒，更是随处可见。从一定意义上说，正是因为在修律期间蕴涵于大量奏稿、论说、序跋中的删除“凌迟、枭首、戮尸、缘坐、刺字”等重法、禁止刑讯、削减死刑、禁革买卖人口和蓄养奴婢、化除满汉畛域、改革死刑行刑旧制、改革秋审制度、废除比附、主张司法独立、改变传统律典的结构、改革狱政制度等思想，造就了沈家本在中国

① （清）沈家本：“汉律摭遗·贼律三”，载《汉律摭遗》卷五，第13页。本文所引《汉律摭遗》，均据中国书店1990年影印的《沈寄簃先生遗书》。

② 有清一代，学者在汉律的辑佚和考证工作上下了不少工夫，也作出了显著的成绩，如杜贵墀所著《汉律辑证》、张鹏一所著《汉律类纂》、薛允升所著《汉律辑存》等均为学术界所推崇。但论及清代最优秀的汉律研究著作，当推沈家本的《汉律摭遗》。今人甚至这样写道：以沈家本的《汉律摭遗》为代表的汉律研究，“是汉律研究的一个里程碑，已达到了难以逾越的高度。如果没有新材料的出现，后来的研究者将很难在整体上超越他”。（参见张全民：“试论沈家本汉律研究的特点”，载《现代法学》2004年第3期。）

历史上“空前绝后的律学大家”地位。

二、创设中国近代法律体系

光绪二十六年(1901年)十二月初十,流亡在西安的慈禧太后以光绪皇帝的名义颁布《饬内外臣工条陈变法》,就此拉开了晚清变法修律的序幕。及至光绪二十八年(1902年)二月初二,当光绪谕令袁世凯、刘坤一和张之洞“慎选熟悉中西律例者,保送数员来京”时,沈家本和伍廷芳一同成了袁世凯、刘坤一和张之洞会保举荐的人选。无疑,正是因为沈家本使中国传统律学研究得以向纵深发展的学术成就,不仅奠定了他中国传统律学的集大成者地位,而且也使他得以有机会出任晚清修律大臣,主持晚清修律大业。

长期以来,传统中国的法典在编纂形式上采用“诸法合体”的模式,发展到明清时期又形成了律、例并行的体制,这样,晚清修律前的国家法在整体上是律、例并行,具体编纂又是“诸法合体”、民刑不分的。自光绪二十八年(1902年)四月初六光绪皇帝下谕着沈家本和伍廷芳一同主持修订法律工作,到宣统三年(1911年)二月二十二日清廷命“法部左侍郎沈家本回任,以大理院少卿刘若曾为修订法律大臣”10年间,沈家本领导修订法律馆除削删旧律、翻译各国法律和法学著作、派员考察日本法制和主持民商事习惯调查以外,制定了大量近代法典,在打破中国固有的法典编纂形式和清代的律例并行体制的同时,初步建立起了较为完备的近代法意义上的法律体系,为当代中国(包括大陆和我国台湾地区)以及民国时代的法律体制奠定了基本框架。①

(一)改造《大清律例》,制定近代意义上的刑法典

学术界普遍认为,从20世纪初开始的清末修律,使中国法制的发展离开了传统的轨道,标志着中国法制近代化的开端。由于在中国传统的诸法合体的法律体系中,刑法一直占据了主导地位,所以,中国法制近代化的过程,理所当然地首先表现为中国刑法的近代化过程。而正是在沈家本手里,中国刑法开始了其近代化转型。

修订法律馆成立以后,沈家本即督同下属人员对《大清律例》进行修订。光绪三十一年(1905年)三月十三日,沈家本和伍廷芳共同向光绪皇帝上《奏请先将律例内应删各条分次开单进呈折》,恳请将《大清律例》中“定例系一时权宜,今昔情形不同者;或业经奏定新章,而旧例无关引用者;或本条业经赅载,而别条另行复叙者;或

① 苏亦工:“谈谈沈家本”,载渠涛主编:《中外法律文献研究》(第1卷),北京大学出版社2005年版,第339页。

旧例久经停止，而例内仍行存载者”，综计344条，一概删除，[①]并最终获清廷“全行照准”。而由沈家本主持起草并颁行于宣统二年(1911年)八月二十九日的《大清现行刑律》，则删除了吏、户、礼、兵、刑、工六律律目，并将原《大清律例》中纯属民事的部分条款分出，不再科刑，以示民刑分立；在刑制上，废除了凌迟、枭首、戮尸、缘坐、刺字等中国封建法律中最野蛮、最残酷、最落后的部分，并采用罚金、徒、流、遣、死，取代原有的笞、杖、徒、流、死。[②] 沈家本对中国刑法近代化的直接贡献，更是集中体现为起草制定了中国近代史上第一部专门的刑事法典:《大清新刑律草案》。最终颁行于宣统二年(1911年)十二月二十五日的《大清新刑律》，打破了历代采用的诸法合体的法典编纂形式，采用西方近代的刑法体例；在移植西方近代刑法基本制度的同时，确立了近代刑法的三大基本原则，即罪刑法定原则、罪刑相适应原则和刑罚人道主义原则。学术界对《大清新刑律》给予了高度评价:“无论内容和形式，都是中国传统刑法的质的飞跃，体现了新的刑法文明。”[③]

(二)主持起草了《大清民律草案》，初步建立起了近代民商法体系

清末从《大清现行刑律》将原《大清律例》中纯属民事的部分条款分出并不再科刑民事，到制定《大清民律草案》，是中国法制走向近代化的重要里程碑。光绪三十三年(1907年)十月初二，沈家本等人向清政府上《奏谨拟修订法律大概办法折》。在该奏折中，沈家本等人提出了以下思路，“应以编纂民法、商法、民事诉讼法、刑事诉讼法诸法典及附属法为主，以三年为限”，[④]并且说明起草时应遵循的方法，即通过翻译、派员出国考察、聘请外国法律顾问等，先了解各国最新法学及现行法制，再体察中国情形，斟酌编辑，使之融会贯通。尽管获准拟订的《大清民律草案》的总则编、债权编和物权编的实际起草人是日本法学家松冈义正，亲属法编的实际起草人是章宗元和朱献文，继承法编的实际起草人是时任修订法律馆纂修的高种和陈箓，但《大清民律草案》的四项立法指导思想，即“原本后出最精之法理”、“注重世界最普通之法则”、“求最适于中国民情之法则”和“期于改进上最有利益之法则”，则是由沈家本亲自确定的。正是由于《大清民律草案》在起草之初既注重采用世界各国最精确之法理，“义取规随，自殊剽袭”，又注重世界最普通之法则，“凡能力之差异，

---

① (清)沈家本撰:《沈家本未刻书集纂》，中国社会科学出版社1996年版，第383页。

② 由于诸如“民刑分立”原则的确立，本身就蕴涵着一种固有权力关系瓦解的趋向，所以，假如将《大清现行刑律》放置于晚清法制改革的背景中考察，创新之处自然不能简单予以否定。也正因为此，《大清现行刑律》被学者视为“中国自魏李悝以来直到沈氏最新最进步”的一部法典。参见杨鸿烈著:《中国法律发达史》，上海书店1990年影印本，第872页。

③ 张晋藩:“沈家本法律思想综论”，载《沈家本与中国法律文化国际学术研讨会论文集》，中国法制出版社2005年版，第18页。

④ (清)朱寿朋编，张静庐等校点:《光绪朝东华录》，中华书局1958年版，第5765页。

买卖之规定,以及利率、时效等项,悉采用普通之制”,力求做到“以均彼我,而保公平”,加之深谙大陆法系法律制度和立法精神的松冈义正博士等人的艰苦努力,草成于宣统二年(1910年)十二月的《大清民律草案》,断然采用欧陆民法典编制方法和法律理念,并几乎涵括了当时所有大陆法系国家最先进的民事法律制度,进而揭开了中国民法独立发展历史的新的一页。诚如梁慧星先生所说:“通过这一民法典草案,大陆法系民法尤其是德国民法的编纂体例及法律概念、原则、制度和理论被引入中国,对现代中国的民事立法和民法理论产生了深远的影响。”①

中国近代民事立法自草创之初,即采用民商分立模式。而这是与沈家本分不开的。在沈家本与俞廉三议复朱福诜奏请的上奏中,他们这样写道:“自法国于民法外特编商法法典,各国从而效之,均别商法于民法各自为编。诚以民法系关于私法之原则,一切人民均可适用。商法系关于商事之特例,惟商人始能适用。民法所不列者,如公司、保险、汇票、运送、海商等类,则特于商法中规定之。即民法所有而对于商人有须特别推行者,如商事保证签约利息等,亦于商法中另行规定。凡所以保护商人之信用而补助商业之发达,皆非民法之所能从同。”②总体而言,沈家本对于近代商法的贡献并不明显,但也并非一点没有。由商部拟订并于光绪三十二年(1906年)四月上奏清廷的《破产律》,即系商部会商沈家本和伍廷芳的结晶。由修订法律馆所聘请的日本法学家志田钾太郎和松冈义正分头起草完成的《大清商律草案》(志田案)和《破产律草案》,尽管最终未获通过,但无疑也是沈家本对中国近代商法的贡献。

(三)创制了近代意义上的程序法

传统中国关于诉讼程序方面的法律规定,散见于刑法典之中,虽有诉讼法规存在,却无诉讼法之专名。③ 而沈家本对程序法的重要性显然有着较为深刻的认识,他曾这样说道:“法律一道,因时制宜。大致以刑法为体,以诉讼法为用。体不全,无以标立法之宗旨;用不备,无以收行法之实功。二者相因,不容偏废。”④沈家本对创设近代程序法制度的贡献,集中表现在他为催生中国近代程序法律制度而制定的三个法律文本草案,即《大清刑事民事诉讼法草案》、《大清刑事诉讼律草案》和《大清民事诉讼律草案》。

由沈家本主持起草,完成于光绪三十二年(1906年)四月初二的《大清刑事民事

---

① 梁慧星著:《民法总论》,法律出版社1996年版,第17页。

② “修订法律大臣沈家本等奏议复《朱福诜奏请慎重私法编别选聘起草客员折》”,载《政治官报》光绪三十四年十月十五日,第373号。

③ 民国学者徐朝阳先生在研究中国古代诉讼法时就曾这样感叹道:“至重且要之诉讼法,不克及早独树一帜,不亦可慨乎?”参见徐朝阳著:《中国古代诉讼法溯源》,商务印书馆1934年版,第5页。

④ (清)朱寿朋编,张静庐等校注:《光绪朝东华录》,中华书局1958年版,第5504页。

诉讼法草案》,是中国历史上第一部专门的诉讼法草案。该草案打破了民刑诉讼程序混杂编排的传统格局,将诉讼规则分为三个不同的部分:刑事规则、民事规则和刑事民事通用规则,并在中国历史上首次将民事案件和刑事案件的审理程序予以分离。在《大清刑事民事诉讼法草案》因张之洞等人反对而被搁置以后,沈家本又组织力量分别制定《大清刑事诉讼律草案》和《大清民事诉讼律草案》。最终完成于宣统二年(1910 年)十二月二十四日的《大清刑事诉讼律草案》和《大清民事诉讼律草案》,尽管因清室倾覆而不了了之。但前者引进了西方近代诸如民刑分理、审判公开、原被告诉讼地位平等、辩护制度、陪审制度等一系列诉讼原则和制度,昭示着中国近代法制开始与世界先进的刑事诉讼法制接轨,是中国刑事诉讼法走向近代化的开端;后者根据"列国之成规"、"最新之学理"、"斟酌中国民俗"而逐一研求而成,是中国立法史上的创举。

(四)编订了中国近代史上第一部法院组织法

光绪三十二年(1906 年)七月十三日,清政府颁布预备立宪先行厘定官制的上谕,由此拉开了晚清官制改革的序幕。同年九月二十日,清廷公布厘定官制的改革方案,将刑部改为法部,专任司法;大理寺改为大理院,专掌审判,调沈家本为大理院正卿,沈家本由此成为"中国第一任最高法院院长"。在任大理院正卿期间(至光绪三十三年四月十二日止),修订法律馆的工作仍然由沈家本主持。为便于大理院的筹设,沈家本利用修订法律大臣的职权,迅速组织修订法律馆的法律草拟人员,编制完成了《大理院审判编制法》,于光绪三十二年(1906 年)十月二十七日上奏清政府并获得批准。作为法院组织法,该法在明确大理院的最高审判权,初步拟定大理院的设置和组织章程的同时,在中国近代立法史上创下了三个首次:(1)第一次对司法独立有了明确的法律表述。该法第 6 条规定:"自大理院以下及本院直辖各审判厅司,关于司法裁判,全不受行政衙门干涉,以重国家司法独立大权,而保人民身体财产。"(2)首次从法律上确定了民刑案件分理原则。该法第 3 条规定:"自大理院以下,各审判厅局均分民事刑事二类为审判事。"(3)在中国历史上首次确立了中国近代意义上的检察制度,规定在各级审判厅内附设检察厅。在《大理院审判编制法》的基础上,沈家本还组织修订法律馆人员,以日本《裁判所构成法》为蓝本,"考古今之沿革,订中外之异同",编纂完成了中国历史上第一部全面、系统的各级审判机构组织法——《法院编制法》[颁行于宣统元年(1909 年)十二月二十八日]。自此,中国封建的司法制度基本上得以废除,司法从属于行政的局面得到较大改观。

除上述外,沈家本还会同民政部共同制定《大清违警律》并最终得到清廷下谕颁行,拟订了《禁烟条例》[颁行于宣统元年(1909 年)十二月二十四日,附在《大清新刑律》后]和《大清国籍条例》[颁行于宣统元年(1909 年)闰二月初七],组织日本法学家小河滋次郎拟订了《大清监狱律草案》(最终未颁行)等,并为适应变化了的社会、经济形势的需要,提议制定或者参与制定了“伪造外国货币治罪专条”、“贩卖吗啡治罪专条”等一系列新的单行刑事法规。

沈家本所创设之近代法律体系,最终被南京临时政府所沿用。袁世凯于民国元年(1912 年)三月十一日就任中华民国临时大总统的当天,就发布了 5 项临时大总统令。其中之一,即《关于暂行援用从前施行之法律及新刑律之规定》,宣布:“现在民国法律未经议定颁布,所有从前施行之法律及新刑律,除与民国国体抵触各条,应失效力以外,余均暂行援用,以资遵守。”旋由参议院议决:“所有前清时规定之《法院编制法》、《商律》、《违警律》,及宣统三年(1911 年)颁布之《新刑律》、《刑事民事诉讼律草案》,并先后颁布之禁烟条例、国籍条例等,除与民主国体抵触之处,应行废止外,其余均准暂时适用。”

三、开拓中国近代法学

中国近代法学为 19 世纪的中国社会所孕育,经过戊戌变法维新运动的胎动而降世于 20 世纪初。大凡学人,无不首肯沈家本先生在耄耋之年追述中西法学的不同发展而提出的下述见解:“(吾国)近今十年来,始有参用西法之议。余从事斯役,访集明达诸君,分司编辑,并延东方博士相与讲求。复创设法律学堂,造就司法人材,为他日审判之预备,规模略具。中国法学于焉萌芽。”①并一致公推沈家本为 20 世纪中国近代法学的开创者。

近代法学是伴随着法学近代化过程而产生的。学术界通常认为,法学近代化是自中世纪后期开始的波及整个世界的一场法学变革和进化运动,它又特指法学的(自由)资本主义化,即法学作为一门学术,具有了自由资本主义时代的发展水平和特点。为此,我们可以将近代法学的产生标志大体概括为以下六个方面:其一,形成了系统齐全的近代法律体系;其二,形成了近代资产阶级的法学世界观;其三,形成了门类齐全、系统发达的各个部门法学;其四,出现了使法学成为一门发达的科学形态所必需的法哲学、法律史学、比较法学等基础法学;其五,普及了法学专业教育;其六,形成了专业的法学家阶层。② 上述前三个方面,尤以第一个方面即近代法律体系的产生为前提,沈家本在促进中国近代法律体系产生领域所作出的贡献,上文已经作了阐述。这里仅介绍沈家本在后三个方面中的贡献。

(一)沈家本在法律史学和比较法学等基础法学领域作出了突出贡献

沈家本对法学研究极为重视。沈学研究大家李贵连先生曾谓:沈氏之所以于

---

① (清)沈家本:“法学会杂志序”,载《寄簃文存》卷六,第 36 页。

② 何勤华:“中国古代法学的死亡与再生”,载《法学研究》1998 年第 2 期。

1908年前后写作《法学盛衰说》一文，盖“在于引起国人，特别是当权者重视法学对国家治理的作用，进而重视法学的研究”。[①] 尽管从现有资料看，最早倡言发明中国法学、建设中国法学者，是梁启超先生发表于清光绪二十四年(1898年)二月《湘报》第5号上的《论中国宜讲求法律之学》，[②]但沈家本这篇不足1600字的短文，迄今仍被公认为是强调法学研究的必要性和重要性的经典之作。它通过对中国古代法学自唐虞至清代兴衰历程的探索和分析，通过对法学与政治之间关系的分析研究，得出结论说：“自来势要寡识之人，大抵不知法学为何事，欲其守法，或反破坏之，此法之所以难行，而学之所以衰也。”他呼吁开法学研究之风，“俾法学由衰而盛，庶几天下之士，群知讨论，将人人有法学之思想，一法立而天下共守之，而世局亦随法学为转移”。[③]

沈家本认为：“吾国旧学，自成法系。精微之处，仁至义尽，新学要旨，已在包涵之内。乌可弁髦等视，不复研求？”[④]他十分注重对中国古代律学的总结，从而对中国法律史学作出了杰出贡献。一是刊刻和整理了大量法学古籍，如《唐律疏议》(兰陵孙氏影印元泰定本)、薛允升著《读例存疑》、《内外服制通释》(绣谷吴氏旧钞本)、元代东原郄氏韵释王增亮增注《刑统赋解》(毗陵董氏钞本)、元代孟奎著《粗解刑统赋》(璜川吴氏钞本)、《别本刑统赋解》(从璜川吴氏钞本《粗解刑统赋》分出)、元代沈仲纬著《刑统赋疏》(江阴缪氏钞本)和《无冤录》等。这些法律古籍具有极高的学术价值。例如，据藏书大家田涛先生言，其中的《无冤录》一书，“后人多以为据朝鲜抄本而成，实则为出于明洪武时之朝鲜旧刻本”。“此书一出，纠正了嘉庆时清人姚鼐《宋元检验三录》中‘平冤录’之枉说，恢复了元代王与《无冤录》的本来面目。”[⑤]二是凭借其深厚的朴学功底和严谨的考据方法，出色地完成了对浩如烟海的法学文献的训诂和辨正。沈家本所著《历代刑法考》一书，计78卷，120余万字，对中国传统法的各个方面进行了全面、系统的考释，且几乎涵盖了清王朝以前的整个中华文明史，在中国法学史上具有重要地位。它被何勤华先生称誉为中国近代第一部通史性质的刑法史作品，是中国近代法律史学形成的标志之一；是中国历史上第一部近代型的刑法史著作，在系统整理我国刑法史方面是一次创举。[⑥]

沈家本主张用新的法理去阐发旧的理论，新旧学说相互交融，将中外法学汇于

① 李贵连著：《沈家本评传》，南京大学出版社2005年版，第313页。
② 李贵连著：《近代中国法制与法学》，北京大学出版社2002年版，第182页。
③ (清)沈家本：“法学盛衰说”，载《寄簃文存》卷三，第43页。
④ (清)沈家本：“法学名著序”，载《寄簃文存》卷六，第32页。
⑤ 田涛：“枕碧楼印象”，载田涛著：《第二法门》，法律出版社2004年版，第215页。
⑥ 何勤华著：《中国法学史》(第3卷)，法律出版社2006年版，第425~426页。

一炉。“就前人之成说而推阐之,就旧日之案情而比附之,大可与新学互相发明。”①这既是沈家本为改造旧律所设想的方法和路径,也是他治学的一个基本原则。正是因为沈家本时刻注意寻找中西法律所共有的精神,于传统中发掘“新理”,他对传统法律的变革便不再局限于一事一制或一款一项,而是从条文深入到体系,再深入到观念,直至学理的改造;他发现了中西法学各自的长处:“中学多出于经验,西学多本于学理。不明学理则经验者无以会其通,不习经验则学理亦无从证其是。经验与学理正两相需也。”从而成为中国近代比较法学的开拓者。

(二)沈家本开创了中国近代法学教育的先河

晚清时期,尽管先有京师同文馆因其所聘请的英文教习美国传教士丁韪良(W. Matin,1827~1916)于1867年教授他所翻译的《万国公法》而开始引入西方法律教育,又有创办于1895年10月的天津北洋中西学堂(不久改名为天津大学堂,1903年改为北洋大学堂)自办之初即设有“法律学门”,但中国近代第一所中央官办法律专门学校,当属沈家本和伍廷芳共同倡议设立的京师法律学堂。

对于正式开学于光绪三十二年(1906年)九月的京师法律学堂,身为管理法律学堂事务大臣的沈家本倾注了大量心血。他不但亲自审定或制定学堂规章制度、安排教学计划、审定课程设置方案,而且亲自延聘教员。例如,陕派律学家吉同钧,即因对《大清律》素有研究,“尤精此学”而被沈家本力主聘为“大清律例”一门的主讲。冈田朝太郎、松冈义正、小河滋次郎、志田钾太郎、岩井尊文和中村襄等京师法律学堂的外籍教员,亦均由沈家本亲自聘请。据《清史稿》记载,从光绪三十二年(1906年)起到宣统三年(1911年)止,京师法律学堂创办仅几年,“毕业者即近千人,一时称盛”。需要特别说明的是,京师法律学堂的授课内容,在当时即被刊刻成讲义,如由汪庚年编辑、京师法学编辑社于宣统三年五月发行的《京师法律学堂讲义》(计22种),以及熊元翰、熊元襄、熊元楷三氏所编的《京师法律学堂笔记》(由安徽法学社于宣统三年印行,计22种)等。而这些中国近代最早和最为系统的法学教材的产生,自然也是与身为管理法律学堂事务大臣的沈家本分不开的。

对西方法律的长处与中国传统法律的弊端都有较真切体认的沈家本,对于法律人才的培养有极其清醒的认识。在与伍廷芳一同上奏于光绪三十一年(1905年)三月二十日的《专设法律学堂折》中,他不但急切地向清政府建议在京师开设专门法律学堂,以培养法律人才,而且对其意义作了细致而具体的阐述:(1)因缺乏谙熟外国法律之官员,以致教案频发。“当此各国交通,情势万变。外人足迹,遍于行省,民教龃龉。方其起衅之始,多因地方官不谙外国法律,以致办理失宜,酿成要

① (清)沈家本:“刑案汇览三编序”,载《寄簃文存》卷六,第18页。

案。"(2)收回司法主权,修订法律,同样必须广储人才。"查照通商条例,议收治外法权,尤现在修律本意,亟应广储裁判人材,以备应用。"沈家本同时强调:"将来铁轨四达,虽腹地奥区无异通商口岸,一切新政,如路矿、商标、税务等事,办法稍歧,诘难立至,无一不赖有法律以维持之。"①

京师法律学堂"以研修专门法律实务,培养各级司法官员"为办学宗旨,它的成立,宣告了清代正规学校教育不重视法学时代的结束,改变了明代以来以"讲读律令"和"刑名幕友的培训"的方式进行法律人才培养的基本模式,在中国近代法学教育史上具有重大意义。不仅如此,沈家本还奏请朝廷"在各省已办之课吏馆内,添造讲堂,专设仕学速成科","课程一切参照大学堂章程法律学门所列科目,及日本现设之政法速成科",②由此拉开了晚清大规模开展法学教育的序幕。

(三)沈家本对职业法学家阶层的形成作出了不懈努力

法学的兴盛离不开法学研究主体的学识、品格及其社会政治地位。由于在中国近代以前,法律从来没有被视为独立的科学,在法家的思想体系中,法律是专制政权的附庸,而在律学家的思想体系中,律学又是经学的附庸,故而古代中国从来就没有产生职业法学家阶层。但沈家本显然为中国近代职业法学家阶层的产生作出过贡献。其突出表现有二:其一是力主设立律博士一职。在沈家本看来,魏晋以来至元代所设"律博士"一职,与中国古代法学的兴盛有密不可分的关系。"魏晋以下,流派递衍,至是而集其成。此法学之所以盛也。"③他呼吁朝廷在官制中增设律博士一职,"律博士一官,其所系甚重,而不可无者也",因为"法律为专门之学,非俗吏之所能通晓,必有专门之人,斯其析理也精而密,其创制也公而允。以至公至允之法律,而运以至精至密之心思,则法安有不善者?及其施行也,仍以至精至密之心思,用此至公至允之法律,则其论决又安有不善者?"④按照李贵连先生的说法,沈家本此举,旨在"从中央官僚的编制上,呼吁给法学家一个位置,以便这些法学家专力现代法的研究",因为"在官制改革,移植西方法律以改造中国旧法的时代,沈家本希望在中央官制中设置律博士,这种律博士显然已不是古代的律博士,而是现代法学家"。⑤ 其二是襄助创办北京法学会。北京法学会是中国近代第一个全国性且活动较经常的法学学术团体,由沈家本在修订法律馆任职期间的属下汪有龄、熊煜、王克忠、江庸等人发起创办于宣统二年(1910年)十一月。为推动先进法律思想的传播,沈家本虽然当时已经年逾古稀,但仍欣然出任北京法学会首任会长,并捐资

① 《东方杂志》1905年9月23日第8期。

② 同上。

③ (清)沈家本:"法学盛衰说",载《寄簃文存》卷三,第42页。

④ (清)沈家本:"设律博士议",载《寄簃文存》卷一,第37页。

⑤ 李贵连著:《沈家本传》,法律出版社2000年版,第375页。

为之助。不仅如此,在北京法学会因辛亥革命爆发、清朝随之覆灭而无形解体以后的民国元年(1912年)十月二十日,沈家本又召集章宗祥、汪有龄等人,重开大会于北京化石桥专门学校,致力于该法律人共同体的重建。北京法学会成立以后,创办了《法学会杂志》,"由深通中西法学之会员担任纂述。每期择最重要之问题,求学理上实例上之解决,引起国民法学研究之兴味";"设立法政学校(即朝阳大学),分设法制经济各科,设立专门大学,各级延聘中外教员,养成专门人才";"设立法学讲演会,联系法界有关系之人,分门担任,以图法律思想之进步"。[①] 它对于中国近代职业法学家阶层的形成,产生了重大影响。

四、结　束　语

法学历来不为中国政界所重。"纪文达编纂四库全书,法令之书,多遭摒弃",[②] 以至于"四库书浩如烟海,禆官小说悉入搜罗,独法家之书所录者寥寥可数"。[③] 这种情势,至晚清始有改变。而中国近代法治文化的生成,虽然不能完全归功于沈家本一人,但称沈家本为"中国近代法治文化之创始人",当不过分。尽管"就法律学说或者学术的引介"以及法学思想而言,沈家本远在梁启超之下。[④]

另需指出的是,对沈家本在中国法治文化方面的功绩,应当作事实求是的评价。针对学术界日益随意夸大沈家本修律贡献的现状,笔者认为有以下三点值得强调:

第一,晚清变法修律是一个宏观工程,沈家本虽然在中国传统律例的改造、近代刑法典、民法典、民事诉讼法典、刑事诉讼法典、法院组织法和国籍法等一系列重要法典的制定等问题上作出了杰出贡献,但对于近代宪政制度建设,以及行政法等部门法领域,沈家本的贡献几乎没有或者说贡献甚少。而沈家本领导或者参与制定诸如《大清商律草案》(志田案)、《破产律草案》(松冈义正起草)、《大清监狱律草案》等法典,因最终并未得到颁行而客观上限制了这些法典的实际作用;若干法典如《大清国籍条例》等,则系融合晚清外务部等部门各大臣要员聪明才智的结果;而《大清违警律》和《大清破产律》,则系由民政部和商部为主制定,沈家本只是"会同制定"。

---

① 《法政杂志》1912年10月10日第2卷第4号。

② (清)沈家本:"法学名著序",载《寄簃文存》卷六,第32页。

③ (清)沈家本:"薛大司寇遗稿序",载《寄簃文存》卷六,第16页。

④ 有关沈家本与梁启超法学成就之比较,参见范忠信:"认识法学家梁启超",载范忠信选编:《梁启超法学文集》卷首,中国政法大学出版社2004年版;郑秦:"沈家本修律的历史环境及其再评价",载法大沈家本法学思想研讨会编:《沈家本法学思想研究》,法律出版社1990年版。

第二，沈家本是中国近代法律体系的奠基人，但并非创始者。早在19世纪七八十年代，中国近代的一些先知先觉者，如王韬、马建忠、薛福成、陈炽、郑观应、何启、胡礼垣等人，就提出了改造旧律例、制定商律等主张。光绪二十四年(1898年)正月，康有为则旗帜鲜明地提出要建立新的法律体系："今宜采罗马及英、美、德、法、日本之律，重定施行，不能骤行内地，亦当先行于通商各口。其民法、民律、商法、市则、舶则、讼律、军律、国际公法，西人皆极详明，既不能闭关绝市，则通商交际，势不能不概予通行。然既无律法，吏民无所率从，以致更滋百弊。且各种新法，皆我所夙无，而事势所宜，可补我所未备，故宜有专司，采定各律以定率从。"①从一定意义上说，沈家本只是将康有为等人的观点加以系统化，通过深沉的笔触论证制定各种近代法的合理性和必要性，并将其付诸修律实践而已。同时，我们也应该注意到，中国历史上第一部具有近代法意义的大法，是由载振和伍廷芳领衔的商部最终拟订完成于光绪二十九年(1903年)十二月的《钦定大清商律》(包括商人通例9条和公司例131条)，申言之，清末大规模修律的序幕并不是由沈家本拉开的。

第三，光绪二十八年(1902年)四月初六，清廷任命沈家本为修律总纂时，也同时任命了伍廷芳。光绪三十三年九月初五日，清廷下令修订法律馆正式脱离法部，并下谕著沈家本充任修订法律大臣时，同时任命的尚有俞廉三和英瑞。伍廷芳、俞廉三和英瑞三人中，英瑞在被任命为修订法律大臣后旋即因病故而未就职，但伍廷芳和俞廉三两人却与沈氏共同参与变法修律多年。前者于光绪二十九年(1903年)十一月以后以外务部右侍郎兼修律大臣的身份，开始实际参与修律事宜，至光绪三十二(1906年)年四月离开修律舞台。后者自光绪三十三年(1907年)九月以侍郎充修订法律大臣后，于宣统三年(1911年)二月才被免职。也就是说，晚清10年修律期间，尽管只有沈家本几乎从头至尾以修律大臣身份参与晚清变法修律，而伍廷芳和俞廉三两人亦长期厕身其间，为此，沈家本以修订法律馆的名义完成的大量奏稿，沈氏所提出的各种法制改革措施，以及被时人表述为由沈家本所制订的诸多近代法典，其实也集聚着伍廷芳和俞廉三的诸多血汗和功绩。②

① (清)康有为："上清帝第六书"，载翦伯赞等编：《戊戌变法》(第2册)，神州国光社1953年版，第200页。

② 有学者甚至认为，自光绪二十九年(1903年)十一月至光绪三十二年(1906年)四月，伍廷芳与沈家本联袂主持修律工作的两年多时间里，伍廷芳的作用居于主导地位而沈家本只是发挥了次要的作用。参见苏亦工："重评清末法律改革与沈家本之关系"，载韩延龙主编：《法律史论集》(第1卷)，法律出版社1998年版，第203页。

吴经熊在密歇根大学法学院

李秀清*

近代中国,法学人才辈出。这其中,有一个名字恐怕很难被遗忘,那就是吴经熊(1899~1986年)。在这么一段时期里,如20世纪二三十年代,在学术研究、法律教育、立法及司法实务等领域所取得的成就和赢得的声誉,几乎无人能及,甚至可以说,他是那时期中国最著名、最杰出的法律人,即使在此不用"之一"两字,可能也不致有何不妥。但由于各种原因,在曾经不短的时期里,大陆学界差不多遗忘了近代数十年中国法学曾繁荣异常的史实,法学领域的学术史动则以"新中国"为起点,一切皆是"新开端"、"新制度",于是乎,即使对曾叱咤风云如吴经熊者,也很少有人提起。

值得庆幸的是,最近10多年来,法史学界的众多学人,开始倾心于过去不怎么屑于一顾的近代法领域,法理及比较法学界在探讨法学教育变革、法律移植、中西法律交通史等课题时,自然也离不开对近代法数10年变迁的关注。于是,"北朝阳、南东吴"的称谓,及王宠惠、吴经熊、杨兆龙等人的名字,终于走出了多年的历史封沉。其中,对于吴经熊的学术理路和人生历程的研究,在吴氏自传体灵修著作《超越东西方》的汉语译本出版(2002年)之后,更是接二连三地问世。近七八年来,我的部分兴趣在于梳理中国近代移植外国法,故而对于有关这样一位确可称得上博古通今、学贯中西,并有着不平凡的、丰富多彩的人生经历的前人之论著,自然不可能不注意。不过,我从来未曾想过,自己会为他写些什么。2006年10月,我有幸作为福布赖特研究学者,来到密歇根大学(以下简称密大)法学院的所在地,位于美国北部的小城安娜堡市。这是吴经熊首次海外学习的地方,也是他数度出国访学经历中,唯一为获得学位而生活过的地方。随着翻阅资料的增多,使我渐有写作此文的决意,而生活、学习于那个小城、那个校园一年之后,亦觉有完成此文的义务。本文虽有瞎凑热闹之嫌,但绝无滥竽充数之实。

一、东吴法科毕业后赴密大法学院继续深造

吴经熊在东吴大学法科(简称东吴法科)毕业之后,能获得机会,赴密大法学院

---

* 李秀清,2001级外国法律史专业,指导老师:何勤华。现工作于华东政法大学。

留学深造，这首先还得从两校的历史及彼此关系说起。

密歇根大学是美国较早与中国建立联系的大学之一。在其第一届，也即1845年毕业的11名学生中，有一名为Judson D. Collins（1823～1852年）的毕业生，毕业两年后，受美国卫理公会教派指派，以传教士身份来到中国福建，他应该是第一个到达福州的西洋传教士。尽管我们对于早期传教士在华活动自有评判，但在美国，他被认为是来华传教士的先驱，也因此成为密大早期的著名校友之一。而曾任密大校长长达38年（1871～1909年）之久的詹姆斯·安吉尔（James B. Angell，1829～1916），曾于1880年至1881年担任过美国政府派驻中国的大使，因这一关系，密大当时在中国极为知名。在他回国之后，一些中国学生赴密大留学。尤其是在安吉尔及其他有识之士的努力下促使美国政府归还了多收的庚子赔款后，赴美求学的中国学生日益增加，去密大学习者亦随之增多。据估计，1911年至1917年间，在密大的中国留学生就约有50～70人之多。①

密大法学院创建于1859年，初期举步维艰，但仍不断得到发展，逐步取得骄人的成就。尤其是1910年起，贝茨教授（Henry M. Bates，1869～1949）就任院长之后，进行了一系列的改革，最重要者如：1910年，开始授予J. D.，即通常所说的法律博士（Juris Doctor）学位；1915年法律系升格为法学院；同时，为实现建立国际知名一流法学院的目标，邀聘若干国际法和比较法专业的教授，课程设置、法律图书馆藏书也均显示出此特色。至1920年，在经过60多年发展之后，密大法学院不仅已享誉美国，而且也有了良好的国际声誉。由于自身的发展，也因为密歇根大学与中国已形成密切联系的氛围和传统，它自然也成为当时中国的法学院毕业生们赴美深造的心仪去处之一。1909年至1918年间，就有12名中国学生在法学院就读。②

民国初期，中国法政学校众多，许多私立大学（学院）和教会大学也设有法律系（法科），法学教育似乎仍延续着清末最后十数年的盛况，尽管政府时有相关的整顿法令出台。③ 东吴法科无疑是其中办学最有特色、发展最为迅速者之一。

东吴大学是美国监理会④来中国，特别是上海及其周围地区从事传教活动的产物，于1901年正式成立于苏州，同年获得美国监理会本部所在地田纳西州政府的注

① Nancy Bartlett (editor), "The University of Michigan and China: 1845 - 2006", Bentley Historical Library, The University of Michigan, p. 6.

② 据统计，1896年至1958年间，法学院的留学生中，来自中国的最多，有28名。若仅从数字上看，并不多，但在这一时间跨度内，法学院招收的留学生共161名，他们分别来自40个国家，除中国留学生最多外，其他较多的依次是21名来自德国，14名来自加拿大。Elizabeth Gaspar Brown, "Legal Education at Michigan: 1859 - 1959", The University of Michigan Law School, 1959, p. 693.

③ 王健：《中国近代的法律教育》之"第三章 法律学院"，中国政法大学出版社2001年版。

④ 即"Methodist Episcopal Church (or Mission), South"，是卫理公会（The Missionary Society of the Methodist Episcopal Church）的一个分支，是美国新教来华传教活动的主要教派。

册。因此，从一开始，如同其他教会大学一样，就具有创办者教派所在国的深深烙印，包括师资、课程及管理模式等。1915 年，在同样由该教派创办的上海中西书院并入东吴大学的基础上，于上海昆山路成立了东吴法科，它有一个响亮的英文名——The Comparative Law School of China，由来自田纳西州的律师兼传教士、时在大学总部任教政治学的兰金(C. W. Rankin)先生主持，并得到上海法律界中外人士的广泛支持。从其英文名就可知道，东吴法科的主要目的是培养精通“比较法”的人才，具体要求学生学习和掌握世界主要法系的基本原则。但由于主持人兰金，及大多数兼职任教的教授自身都具有英美法的学习背景，因此讲授内容主要侧重于英美法，而且除与中国法有关的用汉语外，其他课程均用英语教学。同时，从设立伊始，就效仿当时美国著名法学院已普遍确立的做法，至少须已有两年大学学历者才能入学，采取学分制，学制也为三年。开始时招生不多，能顺利毕业者则更少。第一届毕业生 7 名，于 1918 年获得法学学士(LL. B.)学位，第二届仅 2 名，第三届为 8 名。但由于学生勤奋努力，教育管理有方，因此很快便赢得了较好声誉。又因其与美国有如此深厚的渊源关系，于是得到了包括密大在内的美国一些著名大学法学院的承认和支持。① 其中，若干学生在毕业并获得法学学士学位后，经推荐赴美国的这些法学院直接攻读硕士或博士学位。第三届的 8 名毕业生中，就有 6 位在美国取得了学位。②

吴经熊即是东吴法科的第三届毕业生。他于 1917 年 9 月 12 日注册，1920 年 6 月 1 日毕业。在进东吴法科读书之前，他曾在上海沪江大学读过科学，在北洋大学学过半年的法律。而且自 6 岁起，他就在私塾老师的指导下习读四书五经，9 岁上小学时就开始学习英语，在位于开放口岸宁波的中学时代所接受的教育又深受西方的影响，故而在入大学之前，吴经熊就已有了中西学两方面的良好基础。尤其是英语，按他自己所言，“从一开始就喜欢英语”，觉得“记英语单词要比记忆汉字省力得多”，“对英语是一见即爱”，经常“用英语思想，却用中文感觉”。③ 有这样的基础，使得其在就读于大多数课程以英语教学、以英美法为重的东吴法科后，很快就

① 曾在上海档案馆查阅过《私立东吴大学法学院历史事实考证书》(1915 ~ 1952 年)(档号为 Q245 -1 -1)，其用词和口吻有很深的时代烙印，现在读来让人忍俊不禁。比如，其中写道：“在一九二七年大革命以前，东吴法学院所开的课程，完全是英美帝国主义的法律课程，没有一门中国法律课程。课程讲授完全用英语，研究内容则更是英美的例案。除正课外，校长还经常请一些‘美国学者’到校讲演，借以深入灌输帝国主义的政治思想。同时美帝国主义为了在东吴法学院毕业生中深造一些为他们服务的奴才，美国各大学对东吴法学院的毕业生就大开方便之门。凡是东吴法学院毕业的学生，可以免试入美国各个大学，用不到一年的时间便可以得到法律博士学位。”此段描述并不完全属实(尤其是最后一句，后文的阐述将会涉及)，不过，却也可帮助我们从另一角度了解东吴法科早期的成功及其与美国的密切联系。

② 王国平编著：《东吴大学——博习天赐庄》，河北教育出版社 2003 年版，第 54 ~ 55 页。

③ 吴经熊著：《超越东西方》，周伟弛译、雷立柏注，社会科学文献出版社 2002 年版，第 46 ~ 48 页。

显示出了他的潜质和优势。其学籍记录①显示，他在三年中学习了40多门课，有一半以上的课程取得了90分以上的优异成绩。作为班级中年纪最小者，他却从1917～1918学年第二学期起，担任班长(monitor)直至毕业，并以总评成绩90.25分，荣获该届毕业生中唯一的“最优生”(First Honor)。②

如此看来，因密大法学院良好的国际声誉及其与中国的密切关系；东吴法科既是美国基督教派在上海及其周围地区传教的产物，由基督徒、美国律师主持，并以美国的法学教育为模式，刚创立不久却已声名鹊起；吴经熊学养深厚、成绩优秀、热心班务，等等，诸种主客观因素的综合，使吴经熊成功获得了赴密大法学院深造的机会，游学海外的崭新历程随之开启。

二、一个学年即取得法律博士学位

1920年夏，刚从东吴法科毕业、才21岁的吴经熊，登上了美国“南京号”轮(S. S. Nanking)，开始其首次海外之旅。漫长的海上航程并没使他感到无聊困顿，茫茫浩瀚的太平洋也并无让他觉得颠簸劳累，离乡别亲也没有引起多少伤感愁绪，他反而觉得“自由快乐，如鸟在天，如鱼在渊”。③ 这不仅是一位狂热基督徒的喜悦，也是一个对生活、对前程充满了期盼的世俗青年的纯然感受。

吴经熊以“John Wu”的名字，于1920年10月5日在密大法学院注册，1921年6月30日毕业，获得了法律博士学位。因获得这一学位，他才有了其后紧随其一生“吴博士”、“Doctor Wu”的称呼，尽管功成名就之后他还另获得了若干著名大学荣誉博士的称号，但那毕竟仅是“荣誉”而已，只是后续的锦上添花。

当今美国的主流法学院，主要有三种学位，即J. D.、LL. M.(法学硕士)及S. J. D(或J. S. D.，法学博士)。其中，攻读后两者的基本上是留学生。法学硕士学位一般是已完成一个学年的学习并顺利获取足够的学分者才能获得。法学博士学位则常是在美国的法学院获得法学硕士学位者，经申请并获准，按要求在导师的指导下，在一年内选修足够的学分(有的法学院并无此要求)后，继而花上二三年或更长时间，完成一篇学位论文后，才能获得。法律博士学位则是最主要的学位，也可以说是最具美国法律教育特色的学位，不仅申请攻读的人最多，而且申请资格和程序也

① 感谢苏州大学孙伟博士惠寄这一珍贵的吴氏学籍记录。原文除中文名字和中文家庭地址外，其他各栏目皆为英语。

② 根据《东吴大学法学院第一届至第十一届学生成绩及有关材料》，在东吴法科的前四届毕业生中，每届均只有一名最优秀的学生获得此荣誉。参见孙伟的“吴经熊与东吴大学”(最初投稿版)，该文经修改后发表于《华东政法大学学报》2008年第1期。

③ 吴经熊著：《超越东西方》，周伟弛译、雷立柏注，社会科学文献出版社2002年版，第73页。

比较复杂。随着美国高等教育国际化进程的推进,每年赴美攻读法学硕士和法学博士学位的国外留学生不断增多,但是即使现在,攻读法律博士学位的留学生仍然人数有限。申请资格条件较高且程序复杂、三年学制需要高额费用、法学的社会科学属性和美国法律的应用性特征,如此种种都意味着攻读并获取法律博士学位远非易事。即便是美国学生,以一年时间拿到著名法学院的法律博士学位都绝无可能。至于母语为非英语的留学生,这更是天方夜谭了,除非他恰好达到什么特别的要求。

当吴经熊于1920年秋注册入读时,密大法学院只授予两种学位,即法律博士学位和法学硕士学位。① 如前所述,法律博士学位的授予始于1910年。法学硕士学位的授予则更早,始于1890年。初期规定,申请法学硕士学位者,必须从所列举的课程中至少选择三门,在教授的指导下学习和研究,并需经常向教授报告自己学习研究计划的进展情况,必要时还应参加考试,以确定他们的学习和研究能力,最后还须提交已被确认选题的一篇论文。

当吴经熊就读时,密歇根大学的法律博士学位授予已在本大学或其他得到承认的大学获得学士学位,并在法学院就读了三个学年,或在其他被承认的法学院学习了一年,再在本法学院学习至少两年,在完成了规定的基本学分,而且至少3/4的课程取得特别优异成绩者。这是一般情况。

同时,法学硕士学位被授予给那些已获得本大学或被承认的其他法学院所授予的法学学士学位,且在取得该学位的法学院学业成绩已达到很高水准,并且根据要求在本法学院完成了第四年学习任务并取得足够学分的学生。而作为例外,对于其中成绩特别优异者,授予法律博士学位。②

由此可知,吴经熊仅用一个学年的时间,若是取得法学硕士学位,那是一般情况,而能取得法律博士学位,则是例外。也就是,他从受密大法学院承认的东吴法科毕业并取得法学学士学位,且学业优秀,达到申请资格,并顺利注册攻读法学硕士学位,③终因成绩特别优异,被授予法律博士学位。

根据在密大法学院查找到的其学籍记录④可知,吴经熊是作为法学院三年级,也就是毕业班的学生入学就读,既然他已经在上海的东吴法科学习了三年,因此这

---

① 密歇根大学法学院的另一学位,即法学博士学位(S. J. D.),开始于1925年。

② Elizabeth Gaspar Brown,"Legal Education at Michigan:1859 - 1959",The University of Michigan Law School,1959,pp. 746 - 747.

③ 2007年9月28日,笔者在密歇根大学的本特雷历史图书馆(Bentley Historical Library)查找到吴氏的档案卷,其中一张浅绿色的,即是吴经熊填写的交纳10美元毕业证书费(diploma fee)的卡片,"学位"一栏上是手写的"J. D. or LL. M."。

④ 2007年10月3日,曾在位于密歇根大学法学院Hutchins Hall之300室的学籍档案室(Records Office)查找到"John Wu's Record",对于至今也不知其名的那位女性工作人员的热情、专业的服务,我一直心存感激。

就是相当于根据要求应该完成的第四年学习。在这一学年中,他攻读五门课程,即政治理论(Political Theory)、宪法(Constitutional Law)、国际法(International Law)、罗马法(Roman Law)及法理学(Science of Jurisprudence),共取得20学分。其中,前三门都为两个学期的课,学分依次为4分、6分和4分,后两门均只是一个学期的课程,罗马法是该学年上学期,即第五学期上的,法理学是下学期,即第六学期上的,学分各为3分。在1912年至1925年间,法学院规定的一个学年的基本要求是,完成4~6门课,并取得20~24学分。因此,若仅描述至此,修了5门课,取得20学分,吴经熊也只是完成了基本的学习要求而已。而令人称奇的是,其五门课程的成绩全部为"A",因此他在两个学期内共获得了8个"A"。按照当时(现在通常也是)的成绩评定级别,分为A、B、C、D、E五等,其中A是优秀,即Excellent。对于当时教授给分的准确情况,现在很难获知,但根据自己在那里访学一年期间的侧面了解,及向写此文期间来访我校的法学院前院长圣安东尼教授(Theodore St. Antoine)征询而知,得优秀者(现在包括A+、A、A-在内)一般不会超过所有选课者的1/5。有一门课获得优秀,一般学生已觉欣喜,所有五门课全部获得优秀,而且是一位中国的留学生,实在不易,确足以让人称奇。因此,作为成绩特别优异者,吴经熊最后取得法律博士学位。

吴经熊并非东吴法科毕业生中第一位前往密大法学院攻读学位的,早其一年,第二届毕业生王傅璧即赴那里读书,并获法学硕士学位。[①] 吴经熊也不是那一年唯一去该法学院攻读学位的东吴法科毕业生,同班同学中还有陈霆锐和陆鼎揆。同学三人,均只用一个学年获得了法律博士学位。后两人所选修的具体课程及成绩尚不得而知,但可以推测的是,他们也都属于成绩特别优异者。1920~1921学年,密大法学院的外国留学生只有5位,三年级的学生共有98人。因为有深厚的学养基础,接受过真正与美国法学院接轨的完整的英美法学习训练,三位黑头发黄皮肤的青年才俊,在法学院里个个出类拔萃,该是何等引人注目。这不仅是当时东吴法科的骄傲,也是当代我们这些以法律为业者的自豪。不过,环顾周围,看今思昔,不免也让人心生往昔不再的感慨。

话说回来,吴经熊学业优异并顺利获得法律博士学位,可能还得益于生活环境适宜、日常心情舒畅及人脉关系广泛。初到密大法学院后,尽管其基督教的兴趣和信仰渐渐淡化,且也反感于年轻人的拜金主义,并曾有过"这就是华盛顿、林肯和爱

---

① 王国平编著:《东吴大学——博习天赐庄》,河北教育出版社2003年版,第55页。需说明的是,本人曾在本特雷历史图书馆查阅过一本名录册,名为"Catalogue of Graduates, Non-Graduates, Offices, and Members of the Faculties: 1837-1921",找到了其中第614页的陈霆锐(Ding Sai Chen)及第615页的陆鼎揆(Ting Kwei Loh)、吴经熊(John Wu)的信息,但也许由于我的疏忽,并没有看到王傅璧的名字。

默生的美国吗"的怀疑,但总体上言,吴经熊的读书生活不仅十分顺利,也非常惬意。在此,摘录其如下回忆为证:

我待在安亚伯市(Ann Arbor)的日子是我一生最快乐的时期之一。我的老师亨利·巴特斯(Henry M. Bates)主任、若瑟·达克(Joseph H. Drake)和爱德华·迪坚逊(Edwin Dickinson)教授,对我个人感兴趣。他们是如此忠心耿耿地善待我,而我是如此废寝忘食地忙于研究,以致我抽不出时间来害乡愁病……达克教授称我为"奇才",巴特斯主任则常问我,"你又在白热地工作"?安亚伯市确有某种如家似归、温暖舒适的东西,其居民也温和有同情感。那儿也有不少中国学生,校园里有家不赖的中国餐馆。我的房东哈钦森太太(Mrs. Hutchinson)对我也很好。有一次,她对我接电话的傻样大笑了半天。有人要跟我通电话,她叫我过去,我放声喊了5分钟的"哈喽",却什么也听不到。她下来看发生了什么事,发现我在对听端发话,听的却是说话的一端!这是我第一次与电话打交道。①

引文中所说的亨利·巴特斯主任,也就是前文已提及的1910年起任法学院院长的贝茨教授,他是吴经熊的宪法老师,爱德华·迪坚逊是其国际法老师,若瑟·达克是其法理学老师。吴经熊在毕业之后能立即顺利申请到国际和平卡内基基金②的资助,并成功选择赴巴黎大学访学,就是得益于迪坚逊首先推荐。贝茨院长、达克教授,及其政治理论老师克拉内(Robert T. Crane)等共同参与推荐。③ 因此,这也从侧面印证了吴氏在安娜堡学习时受到教授们器重的这些回忆并非虚言。而且,只有对那段经历有着美好回忆的人,才会在多年之后,以如此温馨的口吻,重提在异域生活中出过的这种大洋相。

三、处女作发表于《密歇根法律评论》

吴经熊在密大法学院一个学年的学习生活中,不仅以优异成绩完成了所选课程的学习并顺利获得法律博士学位,而且还在1921年3月号的《密歇根法律评论》上发表了其处女作——《中国古代法典与其他中国法律、法律思想资料辑录》(以下简称"资料辑录")。④

---

① 吴经熊著:《超越东西方》,周伟弛译、雷立柏注,社会科学文献出版社2002年版,第94~95页。

② 即Carnegie Endowment for International Peace。

③ 参见"John C. H. Wu:An Autobiographical Sketch",载"东吴年刊:吴经熊像、序言及题辞"(1930年),上海档案馆,档号为Y8-1-206-4。

④ 即"Readings from Ancient Chinese Codes and Other Sources of Chinese Law and Legal Ideas",Michigan Law Review,Vol.19,1921,pp.502-536。以下所涉该文的具体内容,均依据此原作,并同时参见田默迪的《东西方之间的法律科学——吴经熊早期法律哲学思想之比较研究》之"第二章第一篇法学论文"。

在美国，自哈佛大学法学院的一名学生于1887年发起了第一家由学生管理和编辑的刊物——《哈佛法律评论》以后，一些著名法学院也开始效仿，冠有“法律评论”的杂志相继问世，并发展至今成为比“专家法律刊物”更能代表美国法学研究水平的刊物。《密歇根法律评论》创刊于1902年，按时间先后，在美国现在数百种同类名称刊物中位列第六，当属元老级的法律评论。不同的是，从其创刊到1940年，它并非完全由学生，而主要由法学院的教授管理和编辑，但其所刊载的文章质量及其在学界的声誉并不因此处于劣势，那是因为从其创刊起，支撑它的就是一个著名的、有较强实力的法学院团队。

吴氏就读那里时，该杂志在学年期间(头一年10月至翌年6月)，除开学初的10月份外，其他每月一期。每期通常除“编务杂记”、“最近重要决定”及“书评”外，所刊专业论文不过三四篇。就吴经熊刊登了处女作的第十九卷(1920~1921学年，共8期)而言，担任主编的是法学院著名的埃格勒教授(Ralph W. Aigler, 1885~1964)，①副主编共5人，其中就有上文已提及的贝茨院长及法理学达克教授，同时由教授们任命的21位学生也参与协助编务。编辑部阵容不可谓不强。

再从此卷刊登的文章作者来看，第1期的作者之一是美国西北大学法学教授、美国分析法学家代表人物考克雷克(Albert Kocourek, 1875~1952年)，第3期的作者有威斯康星大学法学院教授Oliver S. Rundell和密大法学院教授John B. Waite，第4期的作者有前已提及的法理学教授达克。与吴经熊同在第5期发表文章的是匹斯堡大学法学院的George J. Thompson教授。我们姑且不论吴氏之文在选辑中国古代法典和法律思想资料上是否完全妥当，翻译是否完全妥帖，阐述逻辑是否十分严谨，学术观点是否均新颖有据，即使仅仅从作为一个刚到美国不久的中国留学生，在这种档次的杂志上发表论文，与美国著名大学法学教授们的名字一起出现在同一本刊物上言，也不得不令人感叹，吴经熊真乃“人中之龙”！② 况且，吴氏此文本身尚有诸多可圈可点之处。

“资料辑录”选辑、翻译并介绍了中国古代的若干法律文献，其中相当一部分属由作者新译。吴氏所言的“中国古代”，是指公元前2255年至公元630年。该文洋洋洒洒35页，且并非完稿，文末尚有“未完待续”(to be continued)字样，不仅翻译了中国古代各主要文献中的法律典籍、主要人物的法律思想，且作了分析，从而描述了中国古代法律的沿革轨迹及详尽图景，并介绍了血亲复仇、连坐制度及刑罚目的

---

① 埃格勒教授于1907年毕业于密歇根大学法学院，1910年任副教授，1912年升任教授，直至1954年退休，他是著名的财产法和商法专家。参见Allan F. Smith, “Ralph W. Aigler”, Michigan Law Review, Vol. 63, 1964, pp. 2-4。

② 吴树德先生的《温良书生　人中之龙》，此为《法律哲学研究》(吴经熊著，清华大学出版社2005年版)之“序”。

等方面专题。在翻译和阐述中，还不时说明选择某文献的原因，介绍某些文献的历史背景及作者的思想，就某些特别难懂的词汇进行解释。因此，从行文形式到阐述分析，都属一篇名副其实的学术论文。

在文章正文七个部分之前，有一引言性的叙述。在第一自然段，吴经熊开门见山地写道：

随着当今法学界对于普遍的法学观念的研究兴趣不断浓厚，法学观念影响的时空越久越广，似乎其就越有权威。正如国际法必然比民法更加合乎人的理性，我们也可以说，包含一切时代的法律比某一时代的法律定更深居于人性。比较法学的范围包含了整个人类历史的法学观念，故而不能忽略任何能让我们领略古代世界法律观念的材料。

这一有如宣言性的表述，已间接表达了他对于中国古代法律文明的自豪。而紧接着的第二段最后一句所说的"本文所含的中国法的翻译，则是一个在真正中国环境中成长的中国人的翻译"。这既隐含表述了即使是著名学者如威格摩尔(John H. Wigmore,1863～1943年)关于中国法的翻译也尚有待商榷之处，而且也直接明白地表示出对于中国法的翻译和阐述，由真正生于斯长于斯的中国人，如他吴经熊者担当更为合适之意，从而显示出其作为一个中国学者，愿与西方学者就中国古代法律文明进行学术上对话和交流的信心。

"资料辑录"其他部分的内容也显示出作者具有博览群书的视野和架沟中西、求同存异的努力。比如，他把考克雷克教授关于法律发展的三阶段论运用到中国古代的法律史，提出中国古代法律思想有与西方相似的法学派别，将罗马法的准则与中国古代法则进行比较对照，认为中国法律思想足以接受西方近代法的理论和原则，强调法律精神的重要性，等等。因此，此文的发表对于介绍中国法律文明，让西方主流学术圈了解中国古代法典和法律思想，无疑有不可否认的学术价值。而且，此处女作的发表，不仅显示出吴经熊的学术潜质，也同时为他在密大法学院所已树立的成绩特别优异的形象增色，并为其后的学术发展奠定了基础，尽管吴氏本人后来对此文并不十分满意。

这一处女作的另一重要意义在于，它是吴经熊和霍姆斯法官(Oliver W. Holmes, Jr. ,1841～1935年)，一个刚刚步入法律界的中国青年学子和已是耄耋之年的美国著名大法官之间后来长达十数年的学术交流和忘年之交的媒介。就是在此文发表之后，"因为我(吴经熊)曾多次听教授们以最褒扬的口吻提及大法官霍姆斯，便给他赠送了一份《评论》的复印本。同时给他写了一封信告诉他这件事"。①

① 吴经熊著：《超越东西方》，周伟弛译、雷立柏注，社会科学文献出版社2002年版，第92页。

从此,一来二往,一个至今仍让人津津乐道的国际学术佳话开始登场,①并由此进而引出了吴氏与施塔姆勒(Rudoif Stammler,1856~1938)、庞德(Roscoe Pound,1870~1964)、威格摩尔等学界大师级人物之间更多更精彩的故事。

四、斯人远去而余影犹在

1920年吴经熊来到安娜堡,次年学成赴欧洲,后又数度到美国多所大学从事研究或任教,但都没有再回到密大法学院学习或任职。不过,在离开之后,吴经熊仍经常与院长贝茨教授及其他教授保持信件联系,他们对他的欣赏和赞誉并没有因为他的离开而终止。②

岁月流过80多年,而斯人亦逝20余载了。当我来到他生活学习过的这座法学院时,依旧能感觉到他的余影。或许是因为他的杰出的学业成就,他的丰富多彩的法律人生涯,或许还因为他的跨越法律与宗教的人生体验,他的超越东西方的学识和影响,使他当之无愧地成为法学院的著名校友。他在那里所产生的影响及获得的赞誉,至今几乎无人能望其项背。

如前文言,我在密大本特雷历史图书馆查阅到吴氏档案,尽管只是几张卡片及有关其翻译《圣经》等宗教活动的数份报道,在法学院的学籍档案室查到了他的学籍记录单。而在法律图书馆,吴氏的中英文著作全能够觅到,或作为作者或作为顾问而印有其名的《法学季刊》(China Law Review)也悉数在馆。也许可以说,在图书馆能找到他的档案和在法学院能找到他的学籍记录单,除能说明密大的档案和学籍管理完善之外,并不能说明其他,但是,事实是,80多年前的其他毕业生在历史图书馆中有档案的只是少数,在法学院也并非都能找到那时所有毕业者的学籍记录单。也许可以说,在法律图书馆能查阅到吴氏著作和印有其名的《法学季刊》,除能说明其馆藏丰富,及民国时期的东吴大学法学院与密大法学院联系密切(况且这种密切的关系或许更应归功于刘伯穆先生)③之外,也并不能说明什么,但是,法律图

---

① 关于吴经熊与霍姆斯之间的交往,学界多有论述,在此不必赘言。他们之间的若干通信,吴氏《超越东西方》一书中多处引用。部分信件的中译本还见之于《湘江法律评论》(第2卷)(湖南人民出版社1998年版)的"吴经熊与霍姆斯通信选"(郭兰英译、李嘉熙校)。

② 在贝茨院长于1924年5月26日给当时哈佛大学法学院院长庞德的一封信中,特别提到吴经熊,赞誉他"有特别的才干"。庞德在同年6月2日的回信中,对吴经熊更是欣赏有加,称赞他"在每件事情上都显示出真正的才能。我相信他会有辉煌的未来"。感谢密大法学院法律图书馆馆长伊尔女士(Margaret A. Leary)于2007年12月4日寄来这两封信的复印件。

③ 即从密大法学院毕业的William W. Blume,在1921年至1927年间,任东吴法科第二任教务长,离任后回密大法学院任教授。

书馆却没有收藏同时期问世、在国内学界比吴氏之论著影响大得多(包括同样曾在那里学习过的作者所完成)的其他论著。

而当吴氏于1986年逝世后不久,密大法学院的内刊《Law Quadrangle Notes》对此有专门的报道。其1986年春季号校友纪念栏目中,登载了吴经熊于该年2月在台北去世的消息,称他是“杰出的学者、政治家和哲学家,出类拔萃的文化人”,①并附有其晚年的照片。次年,该刊春季号又刊载了他与霍姆斯法官之间的若干通信,并配有两人的照片(其中,吴经熊的那张是其在密大法学院时的学生照),最后还列出了吴氏发表的主要英文论著名称。

即使现在,“John Wu”这个名字在密大法学院仍常被提及。法学院中只要对中国近代以来的法律有点兴趣者,或者对于密大法学院与早期东吴大学的交往历史有所了解者,无不知道这位杰出校友。比如,我所认识的前文已提及的圣安东尼教授,及法学院副院长高丹女士(Virginia B. Gordan)、法律图书馆馆长伊尔女士等都知晓他,而我的合作教授、中国法专家郝山教授(Nicholas C. Howson),更是常以吴经熊的成功激励我。倘若这些尚嫌不足,那么译自法学院“中国法研究”项目网页上可供随时查阅的一段话,当可作为佐证:②

> 在美国所有的法学院中,就与中国的相互交流看,或许密歇根大学法学院拥有最丰富的历史。……在1859年至1959年的百年间,法学院来自中国的留学生较任何其他国家的为多,其中最著名者之一即是吴经熊——1946年《中华民国宪法》的主要起草人和与霍姆斯大法官有长期密切友谊的中国学者,作为当时密大法学院与东吴法科交流的一部分,他来此就读深造……

能在密大法学院留有如此深刻的痕迹,有这样长久的影响,也只有兼具卓越天分、万丈雄心、才高八斗如吴经熊者才能做到,他确可配称是少年得志,沐浴欧风美雨的真正成功者。不管法律足或不足以慰藉心灵,③能视法律为自己的偶像,且有这么一段后人长期难以超越的成功经历,如此的人生,足够让人敬慕不已的了。

至此,行文字数已以万计,但对于吴经熊在密大法学院留学一个学年的各方理路是否已梳理得充足、清晰,实在没有自信。尽管无数次来往于曾留下吴氏足迹的小城安娜堡的街区小巷,找寻过他曾安顿居住过的两个处所,不经意间说不定在法律图书馆里亦曾翻阅过他浏览过的书籍,还曾先后走过他曾短期访学逗留的西北大学、哈佛大学的校园,并在回国途经檀香山时也没有忘记直奔他曾任教多年的夏

---

① Law Quadrangle Notes, Spring 1986, The University of Michigan Law School, p. 24.

② 载 http://www.law.umich.edu/centersandprograms/chineselegalstudies/Pages/default.aspx。

③ 许章润著:《法学家的智慧》,清华大学出版社2004年版,“第三章　当法律不足以慰藉心灵时”。

威夷大学一游,所有这些,都因对他的无比敬意,及由此而起的试图阅读其学术人生的强烈愿望。不过,因时空相隔,由于本人学力和视野所不逮,因此,再怎么尽力也无法真正描述此位“John Wu”在密大法学院——其人生重要驿站的生活、读书的全貌,更多的文字也不能深入阐述所蕴涵的其他与此相关的更多、更深层次的理论问题。所以,就此打住,乃为上策。

试论沈钧儒的人权法律思想与实践

肖秀娟*

一、沈钧儒作为中国近代法学家的历史地位

沈钧儒,字秉甫,号衡山,1875 年出生于江苏苏州,原籍浙江嘉兴,是中国近代著名的法学家和政治活动家。沈钧儒于 1904 年中清光绪进士,曾签刑部(1906 年改法部)主事。由于受变法图强思想的影响,于 1905 年至 1907 年留学日本,进东京私人法政大学速成科。回国后从事立宪运动。1911 年参加辛亥革命,次年参加中国同盟会,之后先后参加过讨伐袁世凯、反对北洋政府、反对蒋介石专制独裁的活动。1928 年后长期在上海担任律师工作,抗日战争期间从事救国运动。新中国成立后,沈钧儒历任中华人民共和国最高人民法院院长、全国人大常务会副委员长、政协副主席、中国政治法律学会副会长,以及中国民主同盟副主席、主席等职。① 在半个多世纪的政治生涯中,沈钧儒积极参与近代中国的宪政运动、从事司法制度改革和法学教育研究,对中国近代学和法学的发展作出了巨大贡献。

学术界对沈钧儒先生宣传较多,对其学术思想研究不够,有学者从史学角度研究其宪政思想和法治思想及相关实践活动,尚没有见到专门研究其人权法律思想的相关文章,故本文拟对沈钧儒的人权法律思想作些探讨。

二、沈钧儒人权法律思想的主要内容及实践

在人权法的理论上,"人权"是一个很宽泛的法律概念,涉及公民的生命和人身安全、公民权和政治权利以及经济、社会和文化权利、妇女和儿童的权利等内容,充分实现人权是人类实践活动的理想和目标。沈钧儒历经清末、民国和新中国三个时代,始终深切关注着中国人权的状况,并为实现和发展人权作出了不懈的努力,其人权法律思想的主要内容体现在保护妇女和儿童的财产权和教育权、司法公正、整顿监狱、冤狱赔偿、用法律保障人权五个方面。

---

* 肖秀娟,2008 级法律文化专业,指导老师:徐永康。现工作于华东政法大学。

① 何勤华著:《中国法学史》(第 3 卷),法律出版社 2006 年版,第 639 页。

(一)重视妇女和儿童的财产权和教育权

倡导妇女经济独立和家庭以儿童为中心,沈钧儒的这一人权法律思想发端于20世纪20年代,并在其以后的社会活动中不断发展。自1920年12月至1922年3月,沈钧儒写了《家庭新论》的长文,在《中华新报》上连载,提出了建立以儿童为中心的新家庭的观念,重视妇女教育,以促进妇女经济独立,实现男女平等权利,并最终有利于儿童的权利实现。沈钧儒认为,在家庭和社会中,就彻底改变妇女的不平等和从属地位,要做到这一点,只有实现妇女的经济独立,实现男女在财产权利上的平等,并提出了实现妇女经济独立的办法。这一观点在当时还是有相当的新意和价值,在《家庭新论》编辑出版成书时,当时的社会名流蔡元培、张季鸾、朱希祖、林志钧为该书作序称赞。

此后,沈钧儒多次撰文呼吁要保护妇女儿童的权利。1934年2月,沈钧儒以上海律师公会常务委员的身份,联名其他律师呈请立法院,"制定保障儿童法律以培国本由";①1937年9月沈钧儒撰文建议国立省立专门以上各学校及中学应一律准予免费入学。新中国成立后,沈钧儒担任最高人民法院院长职务,仍然关注妇女儿童的权利保护问题,1950年5月沈钧儒在中央人民广播电台作《保证执行我们的婚姻法》的演讲,宣传男女权利平等、保护妇女儿童合法利益的新民主主义婚姻制度。1953年10月中国人民政治协商会议第一届全国委员会第三次会议上,沈钧儒先生作了《加强人民司法建设,巩固人民民主专政》的专题报告,要求"运用人民司法工作的力量,保障妇女的人权与自由,并给予侵害妇女利益的罪犯以必要的惩罚与教育"。②

(二)提倡司法公正

沈钧儒认为司法是保护人民权利的最后一道屏障,因此司法公正是人权保障的重要环节。司法公正以司法独立为前提,要做到司法公正,必须推崇司法独立。只有实现司法的独立性,才能保证法律的权威性和司法的公正性。沈钧儒像许多走向世界的近代知识分子一样,服膺于西方三权分立的政治理念与政治原则,认为三权分立"为各国通行之制度,即为将来立宪之本源,今行政各部方始更革,若开设国会以为立法机关,则司法旋可完全独立"。③ 民国初年颁布的《临时约法》固然贯穿了三权分立思想的主线,然而,在北洋政府统治下,举国上下的司法程序常常受到军阀的直接干预,立法、行政、司法大权常见集于独裁者一身。独裁者为了保持既成统治,随意将司法权授予法院以外的行政机关,妨碍司法独立。沈钧儒在1944年

① 周天度编:《沈钧儒文集》,人民出版社1994年版,第213页。

② 同上,第660页。

③ 同上,第28页。

正式向国民政府提出："凡一般人民只有唯一的司法机关得加以逮捕拘禁。倘非司法机关，不论任何机关都没有对人民逮捕拘禁之权，如其有之，即属非法。"①针对军事机关干预司法的做法，他也公开表示反对，认为"在司法以外公开承认军事机关也可以逮捕拘禁人民，公认法权之分裂杂乱，与今政府五权分立精神根本有所抵触"。② 由此也可以看出沈钧儒的人权法律思想与民主宪政法治等内容之间存在着有机联系。

1946年旧政协会议后，沈钧儒在上海出席团体欢迎大会上讲道："人民得不到自由，不能对政治有所发言；解放人民，有自由可言。……假使人民得不到自由和保障，那么民主的基础就不稳固。一切政治基础是要建筑在老百姓身上。无论在政治社会各方面和舆论方面，对于中国民主前途，人民基本自由，大家来推动，才能够得到确实的保障。"沈钧儒认为有了自由和人权保障，才可能实现民主政治，而司法公正是实现自由和人权保障的必要手段。

此外，沈钧儒还认为律师制度是法治建设的重要内容，是促进司法公正的重要手段。1942年7月他在为《重庆律师公会会刊》撰写的发刊词中说："窃惟国家颁设律师制度，其目的在扶持弱小，以保障人民之权益，辅助法院，以导纳社会于轨物。其任甚重，其业至崇，非如负贩，图以营利为目的；非如讼师，专以刀笔为能事也。然则为律师者，必须崇尚德义，砥励廉隅，精研法理，谙练实务，而后可以胜任愉快，克尽厥职。"③

（三）保护囚犯的合法权利

1920年9月，沈钧儒出任护法军政府总检察厅检察长。他在任内，亲自到监狱和看守所视察，对狱内虐待犯人等弊政恶习深恶痛绝，尤其不能容忍把青少年罪犯和成年罪犯关押在一起，认为如此，非但不能制止犯罪，更能成为罪犯"制造厂"。④在视察广州地方看守所时，发现该所房屋设施很差，卫生条件不好，要求所长进行改良，并派出检察官、书记官各一名，会同该所所长"切实筹划，拟具办法，呈厅核夺"。为了整顿监狱秩序，改善罪犯的基本生活和居住条件，保障罪犯基本的人权，沈钧儒发布了以下三道命令：(1)监狱内未成年犯人应与成年犯分开关押；(2)应改善监狱卫生和居住条件；(3)对罪犯中麻风病人应予隔离。⑤

沈钧儒在从事律师职务期间，也非常关注监狱犯人的生活条件和待遇，1934年3月，沈钧儒联合上海律师公会其他两名常务委员到函中华民国律师协会，就安徽

① 周天度编：《沈钧儒文集》，人民出版社1994年版，第482页。
② 同上，第483页。
③ 同上，第472页。
④ 周天度、孙彩霞著：《沈钧儒传》，人民出版社2006年版，第52页。
⑤ 同上，第53页。

第一监狱内囚犯反映的受到非法虐待一案请求律师协会办理维护犯人合法权利。

(四)冤狱赔偿

为使人民的权利有所保障,沈钧儒大力倡导冤狱赔偿运动,倡言人民的权利,揭露了国民党政府司法制度的反动和腐败。

1933年6月,沈钧儒在全国律师协会第五届代表大会上,代表上海律师公会,提出了《请立法院即行颁制冤狱赔偿法案》。提案指出:若无冤狱赔偿,“一则何以维护法律衡平正义之主旨?再则何以完成法律安定社会、发展共同生活之使命?三则何以克尽法律保障人权之原意”?以后,他在参与起草的上海律师公会宣言中又指出:“吾人以为健全国家,必须保障人民,宪政实施在即,苟无冤狱赔偿制以为之辅,则所谓人权保障,仅属粉饰文明。人各不能保其生存权利,尚有何安内攘外之足云?”在沈钧儒的积极推动下,1934年全国律协第六次代表大会决定组织冤狱赔偿运动委员会,沈钧儒是41人委员之一,并作为主席,在1935年分别主持了第一次和第二次冤委会会议。5月5日,在苏州召开的第一次冤委会通过了《赔偿法草案》,并发表宣言,还决定在每年6月由各律师公会举行冤狱赔偿运动。在1935年和1936年的6月,沈钧儒在上海主持举行了两届冤狱赔偿运动周的活动。

(五)用法律保障人权

沈钧儒认为法治建设的核心是宪政建设,而推行宪政,就是为了从制度上保障人民的权利。通过召开国会,制定宪法,以限制和规范当政者的政治行为。沈钧儒等早年从事君主立宪的政治改革,把召开国会作为立宪派奋斗的中心目标,认为通过国会可以革除封建专制的积弊。在反对国民党一党专政的独裁斗争中,结束国民党的所谓训政,实行宪政,召开国民大会,也是沈钧儒为保障人权提出的斗争口号。在当时具有积极的政治意义,而且在这场民主运动中提出了法治建设的基本方向。

法治的根本精神是保障人民的民主权利。推行宪政,就是为了从制度上保障人民的权利。1908年4月,沈钧儒写了《论预备立宪要旨》,指出立宪政体最为重要的内容是,第一是人民参政权。人民参政权的前提,是人民要有结社、集会、言论、出版之自由。“人民日思自由,而政府加以压制,川壅而溃,横决可忧……自国家百年计之,则正人民不能自由之为病也。”①

《中华民国训政时期约法》和《抗战建国纲领》都对人民身体自由及言论出版结社集会之权利等方面有着明确的规定,而实际情况远非如此。有的人本未犯罪,却横遭逮捕,有的则因误判而锒铛入狱,这显然属于专制独裁式的非法行径,是对人

---

① 周天度编:《沈钧儒文集》,人民出版社1994年版,第34~35页。

权的严重践踏。沈钧儒严重指出,欧美各国对此“或定有专条,或著成判例,盖皆已实行,而我国素付阙如”,他作为上海律师公会的负责人,见此景况不免情感之激发,为正理而呼吁。他主张“联合各界,一致促成政府完成冤狱赔偿法规,使与宪法同日施行,以健全国家之组织”,①呼吁“切实保障抗日民众团体及言论出版,非依法律,不得解散封闭扣押没收。禁止发售之书报杂志,须公布其名称及禁售之理由,并允许当事人有申辩之机会”,对于“无法律权限或无法律原因滥施职权而拘禁处罚人民及妨害人民行使权利者,应依《刑法》严予处罚”。② 抗战期间,沈钧儒还到重庆组织平正律师事务所,为受迫害的人民、抗日军人家属和进步书刊进行辩护。作为律师,他清醒地认识到自己的重要职责,时刻为保障人权而奔走呼吁:“国家颁设律师制度,其目的在扶持弱小,以保障人民之权益,辅助法院,以导纳社会于轨物。其任至重,其业至崇。”③其积极维护人权、坚持人道主义的情怀由此可见一斑。

为了推动人权保障运动,真正实现人民的各项民主权利,沈钧儒提出了《切实保障人民权利案》。抗战爆发,国共两党的统一战线得以实现。国民党政府同意设立国民参政会,以听取各党各派的意见。1938 年 7 月 6 日,国民参政会第一次大会上,沈钧儒提出了《切实保障人民权利案》。他指出:“本席所见,有毫无罪嫌之人民亦遭逮捕,有无法律根据之机关亦执行拘捕禁押之权,因而人民有忽然失踪者,有受刑拷打者,有已判决徒刑而又遭杀戮者,此皆确有事实可证。至若结社集会、言论出版、则时受限制,书报刊物,常被没收。立法原系保障人权,执行乃多违反法律本意,致使人民与政府之意见,未能完全沟通,政党派别,亦当难免隔阂。至于以前因政治见解不同而致遭羁押者,其羁押原因早经消失,中央宽大为怀,予以开释者固属甚多,惟尚有迄今仍在禁锢中者,致令一部分才智之士,未由参加神圣之抗战,似有损中央德意已也。”并提出了 11 项补救改正办法。该提案得到了许多参政员的赞同,包括中共参政员在内共有 41 人列名联署。提案不仅在参政会获得通过,而且经政府通令全国遵行。虽然在实际上,国民党并未将国民参政会的决议放在眼里,也没有真正实施该法令,但这一提案成为国家正式法令,对国民党政府还了起到了一定的约束和限制,而且,在我国人权保障运动史上具有重要意义。

实行民主宪政、以法治国,才能实现司法独立和司法公正,保障人民的各项民主权利和自由,这就是沈钧儒人权法律法律思想的简要概括,体现了沈钧儒的政治抱负。尽管他的人权法律思想没有多少原创性可言,但在专制独裁的民国时期,恰恰是他和许多有识之士的奔走呼吁组成了近代中国社会人权保障运动史上不可或

---

① 周天度编:《沈钧儒文集》,人民出版社 1994 年版,第 241 页。
② 同上,第 370 页。
③ 王申著:《中国近代律师制度与律师》,上海社会科学院出版社 1994 年版,第 166 页。

缺的强音。

三、沈钧儒人权法律思想的形成原因

沈钧儒先生在近代中国专制独裁的社会制度下，先后提出了多项人权保障法律思想，并为之付出了一生的政治实践，体现了他爱国爱民的伟大情怀和强烈的社会责任感，其人权法律思想至今仍有可反思和借鉴之处。沈钧儒的人权法律并非凭空而来，而是与他生活的时代以及人生经历有着密不可分的联系。

沈钧儒的人权法律思想最早可上溯到20世纪初。1904年日俄战争爆发，小国日本击败了大国沙俄，这在中国朝野引起强烈震动。许多仁人志士以为，日本打败沙俄的实质是立宪打败专制，学欧美就不如径直学日本。正是在这股热潮的推动下，沈钧儒于1905年东渡扶桑，走进东京私立法政大学速成科。由于刻苦努力，其学习成绩十分优异。有位日本学者对其赞誉有加："沈钧儒在入法政大学速成科以前，便已在中国考取了进士，故虽然是短期，但其成绩却是意外的良好，比三年制的正科更为优异。"[①]在日本学习的过程中，沈钧儒接受了系统的法律思想教育，初步具备了国际法、宪法、刑法、民法等法律学知识，树立现代西方文明的法律观念，萌生了民主自己的人权法律思想。

沈钧儒为争取人民民主权利，积极地投入政治活动，并成为著名的政治活动家，并在数十年的政治活动中不断完善人权保障法律思想。由于中国社会的半殖民地半封建性质，救亡图存、争取民权是中国人民的两大基本要求，而人民要救亡图存又必须首先争取民权，作为法学家，沈钧儒政治斗争的基本内容就是争取民权。作为一个著名的政治活动家，沈钧儒在清末时担任过浙江省咨议局的副议长，辛亥革命后，曾担任浙江省警察局局长和教育司司长，国会参议院候补议员、议员，广州军政府总检察厅检察长，国会参议院秘书长，国共合作的大革命时期，担任过浙江临时省政府政务委员兼秘书长。在大革命失败后，沈钧儒决定离开政界，从事法律教育和律师工作，直接以法律为武器，不屈不挠地进行争取民权的斗争。沈钧儒先生正是用行动实践着自己的人权法律思想。

---

① [日]实藤惠秀著：《中国人留学日本史》，谭汝谦、林启彦译，三联书店1983年版，第61页。

英国法史学的“汉马克拉维”
——梅特兰的生平、志业与史观

陈灵海*

1906年12月6日，时任剑桥大学唐宁英国法教授的弗里德里克·威廉·梅特兰(Fredrick William Maitland,1850~1906年)最后一次离开剑桥，踏上赴加纳利岛(Canaries)过冬的瑟瑟行程。途中，他被流感和肺炎病毒击倒，于20日清晨在岛上的拉斯帕尔马斯市(Las Palmas)的一家旅馆中逝世，次日被安葬在那里的英国公墓。① 有感于梅特兰对英国法史学所作出的无与伦比的贡献，笔者撰写了这篇文章，简要介绍梅特兰的生平、主要成就与历史观。

一

对梅特兰了解稍少的人可能会认为，像波洛克爵士(Sir F. Pollock,1845~1937年)②那样将梅特兰奉为英国法史学中的一座难以逾越的高峰，或许有过喻之嫌。但是，当我们深入了解梅特兰的作品及其贡献，我们就会同意，即使像美国历史学会前会长斯凯勒(R. L. Schuyler)那样，将梅特兰称为“历史精神的化身”，也并不算溢美之词。③ 英国史学史学者古奇则将梅特兰称为19世纪“最杰出与最有创见的历史家”。④

自格劳秀斯以来，法学界不到而立之年即携重头作品耀世而出者，一直不乏其人，而早年的梅特兰，却像许多籍籍无名的中下层贵族那样，徘徊于没落的边缘。他

---

* 陈灵海，2001级中国法律史专业，指导老师：王立民。现工作于华东政法大学。

① S. F. C. Milsom, “Maitland, Frederic William (1850 - 1906)”, *Oxford Dictionary of National Biography*, Oxford University Press, 2004, http://www.oxforddnb.com/view/article/34837.

② 弗里德里克·波洛克，英国著名法史学家，曾任牛津大学Corpus法理学教授(1883~1903年)，《法学季评》(*Law Quarterly Review*)编辑。他除了与梅特兰合著《爱德华一世之前的英国法》之外，还著有《合同法原理》(*Principles of Contract*)、《斯宾诺莎：生平与哲学》(*Spinoza, His Life and Philosophy*)、《侵权法》(*The Law of Torts*)、《普通法中的继承》(*Possession in the Common Law*)、《法理学初步》(*A First Book of Jurisprudence*)等。

③ R. L. Schuyler, The Historical Spirit Incarnate, *American Historical Review*, vol. LVII(1952), p. 303.

④ [英]乔治·皮博迪·古奇著：《十九世纪历史学和历史学家》，耿淡如译，商务印书馆1989年版，第622页。

的父亲约翰·戈汉姆·梅特兰(J. G. Maitland,1818~1863年)是一名律师,就像后来梅特兰的经历一样,执业很不成功,并且英年早逝。父亲去世后,梅特兰跟祖父萨缪尔·罗菲·梅特兰(S. R. Maitland,1792~1866年)一起生活。祖父是一名牧师,同时也是一位历史学家,在此期间,梅特兰受到祖父的历史学思想、观念和方法的影响。早在他在剑桥大学攻读道德哲学时,他参加论文竞赛的题目就是"自由和道德的历史纲要",显示出他虽然尚未踏入历史学的大学,却已拥有了看待社会政治问题时异于常人的历史眼光。

直到34岁时(1884年),梅特兰才将法史学研究确定为其终身为之奋斗的事业。正如波洛克在评价梅特兰时所说的那样,尽管梅特兰在法史学方面的工作时间并不长,但是"也许有人,但绝对不会太多,能像梅特兰那样在22年时间内完成如此令人震惊的著作"。波洛克又说:"能以如此高的质量完成这些著作,更是我闻所未闻。"①就在这对学者来说短短的22年间,梅特兰共完成各类著述82种,包括主要著作如《爱德华一世之前的英国法》、讲义如《衡平法》、演讲如《为什么英国法律史还没被写》以及塞尔登协会丛书等诸多作品,总计超过1000万字。他不但精通拉丁语,整理了许多拉丁文法律史料(如《布拉克顿笔记》),而且精通法语,他与波洛克通信时,时而用法语、时而用英语,就好像用的是同一种语言似的。② 他还精通德语,而且水平相当高,他于1900年翻译的祁克(O. Gierke)的《中世纪政治思想》(*Political Theories of the Middle Ages*)至今仍是该书最经典的英译本。③

令人遗憾的是,从19世纪90年代中期起,梅特兰就陷入了健康危机,他的胸肺功能非常虚弱。在给朋友的信中,他不止一次流露出这种担忧,说自己不知道还有多少时间可以工作。从1898年起,他每年都必须到加纳利岛上一个名叫泰尔德(Telde)的小镇上过冬,以避免寒冷潮湿的天气进一步威胁他的健康。这个岛隶属于西班牙,据去过那里的波洛克回忆,梅特兰所住的房子位于小镇中央,那里的环境非常优美,梅特兰拥有一个不错的花园,种着各种植物。

处身于大西洋小岛明媚阳光中的梅特兰,当然不会忘记这些优渥生活并不是来自于学术,而是得益于祖父留给他的不动产。虽然英国的贵族传统保持得相当完好,但像梅特兰家族那样,祖孙三代均在剑桥接受教育并以律师为业、均著书立说且入选英国皇家学会、均在《国家传记辞典》留有传记的,恐怕也不是很多。当然,如果与来自奥匈名门达尔堡家族(Dalbergs)的阿克顿勋爵(Sir J. E. E. D. Acton,

① Sir Frederick Pollock, Frederic William Maitland, in V. T. H. Delany (edited): Frederic William Maitland Reader, p. 34.

② C. H. S. Fifoot (edited), The Letters of Frederic William Maitland, in Jan. 1881, p. 7, p. 222.

③ O. F. von Gierke, *Political Theories of the Middle Ages*, translated and introduced by F. W. Maitland, Cambridge University Press, 1900.

1834～1902年)相比,[1]或者与出身英国望族的波洛克爵士相比,梅特兰的出身仍是再平凡不过了。可以说,很大程度上正是因为梅特兰在法史学界的显赫地位,才使梅特兰家族更多地为人所知。

除了作为法史学家外,作为教师的梅特兰也受到高度的尊重。他教授的课程总量不算多,但范围非常广泛,包括合同法、侵权法、不动产法、衡平法、宪法史、法律史概论等,如果不考虑一些新兴法学部门的话,几乎涵盖了英国法的全部。[2] 梅特兰对授课非常重视,备课极为认真,哪怕每年冬天要远离剑桥,他也没有忘记利用暑假,补完那些本该在冬天完成的课程。[3] 不过,梅特兰始终对教学工作对时间的耗费保持警醒,他曾向波洛克抱怨说,"连续几个星期的备课花去了太多的时间",并举例说,许多很有才华的教师因为将身心投入到讲座课(lecture)和辅导课(tutorial)中,失去了写作大部头作品从而更为人所知的机会。对此,评论家波拉德(A. F. Pollard)甚至说,梅特兰过于认真地准备他的课程"完全是在浪费他的天才"。[4]

梅特兰不但泽被后世,开创了英国法史学的崭新时代,而且光耀了家族的门庭。他有两个女儿,次女弗蕾德贡德(Fredegonde Maitland,1889～1949年)是一位诗人,出版过《梦与旅行》等诗集,后来嫁给了经济学家杰拉德·肖夫(G. Shove)。[5] 长女埃芒加德(Ermengarde Maitland,1887～1968年)则为塞尔登协会作过题为"孩子眼中的梅特兰"的报告,让人们了解了这位大师在家庭生活中的形象。[6] 梅特兰的妻子名叫弗罗伦丝(Florence),梅特兰去世后的第八年(1913年),她改嫁给了《物种起源》的作者查尔斯·罗伯特·达尔文(C. R. Darwin,1809～1882年)的第七个儿子——植物学家弗朗西斯·达尔文爵士(Sir F. Darwin,1848～1925年)。

二

梅特兰的贡献,主要是以《爱德华一世之前的英国法》为代表的一系列著作和论文。《爱德华一世之前的英国法》无疑是梅特兰的代表作,虽然作者是由他与波

① 阿克顿勋爵(Sir John Emerich Edward Dalberg Acton,1834～1902年),英国历史学家,曾任剑桥大学钦定现代史教授(1895～1902年),他策划并启动了著名的《剑桥近代史》的编辑工作。

② H. E. Bell, Maitland, *A Critical Examination and Assessment*, London: Adam & Charles Black Limited,1965, p. 140.

③ Ibid.

④ Ibid.

⑤ 载 http://fredegond-shove. biography. ms/。

⑥ 载 http://www. geocities. com/edgarbook/names/e/ermengard. html。

洛克联署,而且波洛克为第一著者,但实际上其中的大部分内容是由梅特兰完成的,而且,梅特兰甚至对波洛克完成的部分不甚满意。《爱德华一世之前的英国法》是一部总论性作品,其贡献之大,即使后来牛津维纳里安教授霍兹沃兹(W. Holdsworth)完成16卷本的大部头《英国法律史》后,仍然承认凡欲了解早期英国法律史者,梅特兰的这本书仍是必读之经典。

为什么是"爱德华一世之前"呢?梅特兰解释道,自爱德华一世(Edward I, Longshanks,1272~1307年)改革之后,英国法在六个世纪的发展中,保持了如此良好的连续性,以至于之后的每一部分的发展,对今天的英国人来说都不会遗忘。英国法没有因为大规模继受罗马法而遭致湮没,因此,即使经历了数个世纪,它们仍不会全然地游离出(utterly outside of)当代律师和法官的认识之外的,因此,英国法史学家完全没有必要像他们的德国同行研究中世纪德国法那样,从泥土中将他们的中世纪法重新挖掘出来。直到布莱克斯通(Sir W. Blackstone,1723~1780年)的著作,仍然每每要求读者返回中世纪,而且即使到现在,英国的法院和法官仍然会为了解释法案而追溯到爱德华一世时代。①

包括《爱德华一世之前的英国法》所包含的丰富内容和深刻剖析在内,梅特兰对英国法史学的开拓性贡献可大致概括为以下八个方面:

一是爱德华一世时期的议会备忘录(Memoranda de Parliamento)。1893年,梅特兰编辑出版了《1305年2月8日威斯敏斯特议会记录》,并为之撰写了长达72页的导言。② 在《爱德华一世的英国法》中,极少提到议会问题,正是这篇导言,挑战了当时英国史学界以威廉·斯塔布斯(W. Stubbs)的《宪政史》(*Constitutional History*)为代表的关于英国议会起源问题的正统观点。尽管此后,梅特兰几乎不再对这一主题感兴趣,没有再触及这一主题,也尽管梅特兰去世之后,麦基尔韦恩(McIlwain)、鲍德温(Baldwin)、波拉德(Pollard)等后起历史学家进一步论证了这个问题,但梅特兰的绝大部分观点仍然是正确的,而且,正如法史学家海伦·卡姆(H. Cam)指出的那样,如果梅特兰有什么差错的话,那只是因为他过多地强调了他所看到的那些资料所反映的时代特征。③

二是普通法法院的起源。梅特兰关于英国普通法法院起源的论述,主要集中于他在塞尔登协会编辑的第一部作品《王室法院诉状选》、上文提到的《威斯敏斯特

① Pollock and Maitland, *The History of English Law before Edward I*, Vol. 1, p. civ.

② F. W. Maitland (edited), *Records of the Parliament Holden at Westmister*, on the 28th Day of Februry, 1305, London: Eyre and Son, 1893. F. W. Maitland, *Introduction to the Memoranda de Parliamento*, in H. D. Hazeltine, G. Lapsley and P. H. Winfild (edited): Maitland, Selected Essays, Cambridge University Press, 1936, p. 71.

③ James R. Cameron, *Frederick William Maitland and the History of English Law*, pp. 46-47.

议会记录》的导言以及《爱德华一世之前的英国法》第1卷第6~7章中。梅特兰之前，传统观点认为，普通法法院的起源于亨利二世时期(Henry II，1154~1189年)的1178年诏令，这一观点的支持者，前有爱德华·科克(Sir E. Coke，1552~1634年)，后有布莱克斯通，包括不少与梅特兰同时代的学者。但梅特兰争辩道，直到“失土王”约翰时期(John the Lackland，1199~1216年)，上述的起源才真正开始，而且，直到亨利三世(Henry III，1216~1272年)时期的1234年，普通法法院(Court of Common)才第一次从王室法院(Court of King's Bench)中区分出来。

三是英格兰的教会法。梅特兰对中世纪英格兰的教会法有极为浓厚的兴趣，1896~1901年间，他四次在《英国历史学评论》(*The English Historical Review*)上连载其论文“英格兰的教会法”①。1898年，他出版了《英国圣公会中的罗马教会法》。② 梅特兰之前的通说认为，英国教会法院中的罗马教会法，就如同美国或爱尔兰判例在当代英国法院中的地位一样，只是参考性的，并不具有制定法的地位。但梅特兰认为，这种观点是不具有权威性的，他以充分的证据证明，尽管人们并不承认罗马教会法的合法地位，但实际上它们早已融入了英国教会法院的条规之中。这一观点甚至得到了当时最权威的教会法学家斯塔布斯主教(Bishop Stubbs)的认可，后者在演讲中多次提醒人们要充分尊重梅特兰的结论，因为它们确实是充分的证据加上严密的论证的产物。③

四是市镇和自治市镇(Township and Borough)。市镇史研究是梅特兰的重要贡献之一，这些研究的成果主要包括：1897年福特讲座(Ford Lecture)“市镇与自治市镇”、《末日审判书及其他》的部分章节、《爱德华一世之前的英国法》的第3章，以及发表在1896年《英国历史评论》上的书评“自治市镇的起源”。④ 但是，很大程度上，由于时代过于久远，语言的变迁又掩盖了许多事实的真相，使梅特兰对市镇史的研究成果需要相当程度的修正，有一些甚至是错误的。梅特兰熟知欧洲大陆学者的市镇史研究成果，但他认为那些在大陆促成自治市镇的因素并不能在英国发现，因此，大陆学者的论证并不能适用于英国市镇史。在《爱德华一世之前的英国

---

① F. W. Maitland, Canon Law in England, *The English Historical Review*, Vol. 11, No. 43 (1896), pp. 446-478. Vol. 11, No. 44 (1896), pp. 641-672. Vol. 12, No. 48 (1897), pp. 625-658. Vol. 16, No. 61 (1901), pp. 35-45.

② F. W. Maitland, *Roman canon law in the Church of England: six essays*, London: Methuen Press, 1898.

③ William Stubbs, *Seventeen Lectures on the Study of Medieval and Modern History*, 3rd, Oxford: Clarendon Press, 1900.

④ F. W. Maitland, *Township and Borough*, Cambridge University Press, 1898. F. W. Maitland, *Domesday Book and Beyond*, Cambridge University Press, 1897. F. W. Maitland, The Origin of the Borough, *English Historical Review*, Vol. XI, 13-19.

法》中,梅特兰指出,早在诺曼征服之前150年的不列颠法律中,市镇就被区分为三类"burh"、"port"、"moot-stow of a shire",其中"burh"是后来自治市镇的主要起源。然而事实情况远比这复杂,"burh"一词本来就是从大陆德语中引入的,在不列颠岛曾有250个村落不采用"村"(hamlet)的提法,还有各种"burgh"、"borough"或"bury",它们都与"burh"含义相近,甚至一座被栅栏围起来的大房子,有时也会被称为"burh"。正如传记作家卡梅伦指出的那样,任何历史学家都戴着一副过于现代的眼镜,却总缺乏一副历史的眼镜,他们在发现史实的过程中,或多或少带着自己的目的进入历史,或者只是在寻找证明他已有的假设的东西,在这点上,梅特兰亦莫能外。①

五是村庄的起源(Origin of the Village)。在《末日审判书及其他》、《爱德华一世之前的英国法》以及论文"英国村庄的命名"中,梅特兰阐述了他所认为的关于英国村庄起源的观点。② 他认为,诺曼征服之前,自由的、无领主的村庄的存在,在英国已经是一个很平常的现象,就像那些顺从于某位领主的村庄的存在一样平常。在那里,没有法院、没有头人、没有长官、没有长老,完全信赖于自然的自治。梅特兰说:"古代农业社会的自治技能是一直被我们低估的。"③在这些关于封建主义起源与含义的讨论,以及关于原始日耳曼民主在英国的自生自发过程的论证,都体现出梅特兰极为浓厚的"日耳曼主义"的情怀。④ 他站在威廉·斯塔布斯一边,反驳"罗马主义"的主要代表弗里德里克·西伯姆(F. Seebohm)在《英国村庄共同体》(*The English Village Community*)中的观点。但是,正如折中派的维诺格拉道夫后来总结的那样,梅特兰的日耳曼主义和希伯姆的罗马主义都有"过犹不及"之嫌,这些内含的"主义"很大程度上成了他们发现更真实的历史现象的阻力。⑤

六是英国法的渊源。梅特兰认为,尽管罗马人曾经征服不列颠岛,但几乎没有任何"可以看到的法律方面的影响(visible influence)",直到诺曼征服之后的一段时间里,英国的法律模式仍然是古盎格鲁—撒克逊式的。⑥ 1066年诺曼征服之后,虽然建立了属于王室的法院,但仍然试图用英国法统治英国,直到近一个世纪之后,人们才形成了这样的印象:从那个讲法语的被称为王室法院的地方,可以获得正义

① James R. Cameron, *Frederick William Maitland and the History of English Law*, pp. 83 – 85.

② F. W. Maitland, "The Surnames of English Village", Coolected Papers, Vol. II, pp. 90 – 93. "surname"本意是"姓",梅特兰在这里意指一个村庄是被叫做"vill"、"villa""、villein"、"villani"、"villata"还是其他名称,因此"surname"在这里是"叫法"的意思,相当于某村是被叫做"李村"、"李庄"、"李囤"还是"李里",故姑且译作"命名"。

③ F. W. Maitland, *Township and Borough*, p. 25.

④ H. A. L. Fisher, *Frederick William Maitland: A Biographical Sketch*, pp. 94 – 95.

⑤ James R. Cameron, *Frederick William Maitland and the History of English Law*, p. 100.

⑥ F. W. Maitland, The Materials for English Legal History, Collected Papers, Vol. II, p. 20.

的、高效的、统一的和隶属于中央权力的救济。因此,从法律史意义上甚至可以说,诺曼征服并不发生在1066年,而发生在1166年前后,[①]换句话说,英国法的真正构建,始于格兰维尔(Glanville,? ~1190年)和布拉克顿(Bracton,? ~1268年)。梅特兰说:"格兰维尔的作品受到了罗马法的影响,布拉克顿的作品则受到了罗马法的深刻影响。"[②]但是,1895年,当梅特兰专门就布拉克顿的笔记和中世纪意大利著名罗马法学家阿佐(Azo)的著作进行对勘时,他发现,梅因此前的说法,"布拉克顿的作品的所有形式和1/3的内容来自于《国法大全》",其实并不准确。[③] 梅特兰指出,在布拉克顿的作品中,来自《国法大全》的甚至不到1/30,而来自阿佐的则多于1/15。但是,布莱克顿显然并没有真正受过罗马法的训练,尽管采用了罗马法的框架,但他所描述的是建立在王室法院诉讼形式和规则的真正意义上的英国法,因此,布拉克顿是"中世纪英国法学的王冠和鲜花"(crown and flower of English medieval jurisprudence)。[④] 正如霍兹沃兹总结梅特兰的观点时所说的那样,"布拉克顿处在这样一个时期,英国法正从由那些了解一些教会法和民法的人发展,转由那些了解一些律师行和法庭中通常适用的那些知识的人发展转变"。[⑤] 也正是这种转变,使得英国法在16世纪真正面对罗马法复兴的冲击时,由于普通法法院的长期运作和由律师学院完成的法学教育而幸免于被彻底地改变。[⑥]

七是爱德华二世时期(1307~1327年)的年鉴。尽管1898年起,梅特兰就因健康原因不得不在加纳利岛过冬,但他对整理法律史料的热情并没有被阻止。1904年,他出版了塞尔登协会丛书第19卷《爱德华二世年鉴2 &3(1308~1310)》,次年,他又出版了丛书第20卷《爱德华二世年鉴3(1309~1310)》。这是梅特兰生前出版的除其好友的传记《莱斯利·斯蒂芬生平与信件》外最后两部大部头作品。尽管如此,他的工作仍远未完成,1907年,塞尔登协会的特纳(G. J. Turner)完成了梅

---

① F. W. Maitland, History of English Law before the time of Edward I, Vol. I, p. 84.

② F. W. Maitland, The Materials for English Legal History, Collected Papers, Vol. II, p. 32.

③ F. W. Maitland, *Selected Passages from the Works of Bracton and Azo*, London: Selden Society, 1895.

④ James R. Cameron, Frederick William Maitland and the History of English Law, p. 126. 在《布拉克顿和阿佐》中,梅特兰得出三点结论,首先,布拉克顿从罗马法学中获得的东西,比此前梅因所说的少得多;其次,布拉克顿并不是一位训练有素的罗马法学家,他只是知道罗马法,但并不十分精通和崇拜,以至于有意将罗马法搬运到英国法之中;最后,只有在英国法的既有判决中无例可循的时候,布拉克顿才会求诸于罗马法,因此他只是将罗马法当做许多可供使用的资料中的一种而已。

⑤ Sir William Holdsworh, *History of English Law*, Vol. II, p. 244.

⑥ F. W. Maitland, Records of the Honourable Society of Lincoln's Inn, Collected Papers, Vol. III, p. 79.

特兰的未尽工作，出版了《爱德华二世年鉴 3&4(1310)》。[①] 如前所述，梅特兰的全部研究时间只有22年，除了极个别时段(如晚年编辑斯蒂芬的传记)的例外，完全是一个整体，但是，如果把这22年分为两个阶段的话，那么，前期他尤其注重爱德华一世时期在英国法发展中的重要意义，后期，则注重爱德华二世及之后的发展状况。

八是伊丽莎白一世时代(Elizabeth I, 1558～1603年)的宗教政策。1898年，梅特兰受阿克顿勋爵之邀，参与后者主编的《剑桥近代史》(Cambridge Modern History)的编写工作，同时承担一些评审工作。但是，很大程度上因为梅特兰早在1896年就开始研究英国教会法院中的罗马教会法问题，因此，阿克顿委托梅特兰撰写的章节，并不是梅特兰最拿手的法律制度史，而是"英国国教的确定"(The Anglican Settlement)。起初，梅特兰想向阿克顿提议，等他写完这一节，可以继续写"罗马法的继受"(Reception of Roman Law)，但是他猜测，阿克顿之所以请他，除了因为看重他的史学功底外，也是希望撰写者对于其所撰写的部分内容没有太多的成见或偏见。于是他放弃了这一提议。[②] 不过，这次编写经历也给梅特兰带了一件副产品，那就是1900年发表于《英国历史评论》的长文"伊丽莎白时代拾遗"。尽管关于伊丽莎白时代宗教政策的情况已经广为人知，但梅特兰还是发掘出不少之前人们并不知道的情况，如人们通常认为教皇Pius IV曾三次努力使伊丽莎白回心转意，但其实是四次。令人感到惊讶的是，梅特兰竟然把广受尊敬的伊丽莎白的行为称作"泼妇行径"(a shrewd meneuver)，但他的这种观点还是得到了后世许多知名历史学家如布莱克(J. B. Black)的肯定。[③]

关于梅特兰的贡献，不同学者曾从不同角度作出过评价，其中，牛津大学维纳里安教授戴雪(A. V. Dicey, 1835～1922年)的评价被认为是最具代表性的。他说，梅特兰的贡献至少有如下三个方面：一是他使人们相信，法律对历史的贡献，可以像历史对法律的贡献一样多，梅特兰之前，法律史在历史中的地位被过于低估的，以至于即使是最优秀的历史学家，也对这项对历史影响深远的事物知之甚少，正是梅特兰恢复了法史学作为法学中不可或缺的一个部门学科的重要地位。二是使法律成为一种文献，使法学著作成为一种"著作"而不仅仅是学徒手册。梅特兰之前，

① F. W. Maitland and G. J. Turner(edited), *Year Books* 3&4 *Edward II* (1310), London: Selden Society, 1907.

② P. N. R. Zutshi(edited), The Letters of Frederic William Maitland, Vol. II, p. 15.

③ James R. Cameron, *Frederick William Maitland and the History of English Law*, p. 162. 按：伊丽莎白一世于1559年恢复《至尊法案》和《统一法案》，修订1552年版《公祷书》，确立圣公会主教制。1563年将《四十二条信纲》修改为《三十九条信纲》，作为英格兰国教会的正式信条。伊丽莎白在教义上容纳某些新教观点，而在组织制度、礼仪等方面尽量保留天主教旧制，从而避免了法国、德国发生过的宗教战争。但加尔文派新教徒不满足于伊丽莎白"不彻底的改教"，要求清除国教会中的天主教残余，发起了以"纯洁教会"为号召的清教徒运动。参见《中国大百科全书·宗教》，中国大百科全书出版社1988年版。

只有布莱克斯通和梅因试图在这点上获得成功，但他们的成功都非常有限，并且没有直接的继承者，而梅特兰则在这点上获得了成功。三是梅特兰向人们展示了他不同于布莱克斯通和梅因的地方，他既是一名渊博的历史学家，同时是一名渊博的法学家，这使他可以做到许多单纯历史学家或单纯法学家难以做到的事，将法律史料和历史学方法完美地结合起来，从而使人们可以站在他巨人的肩膀上认识这个国家曾经出现过的法律的样态。①

三

与大多数英国上层人士一样，梅特兰为人和蔼，擅长交际，善于通过学术研究活动结交其他一流学者。例如，1892 年，他读到了黑斯廷斯·拉什道尔（H. Rashdall，1858～1924 年）关于中世纪大学史的著作，非常感兴趣，立刻将自己的阅读笔记寄给了拉什道尔，并与之建立了深厚的友谊。

梅特兰的一生都是在剑桥、伦敦和加那利岛度过的，尤其是剑桥。他的终身密友，除了书籍，就是那些与他通信的朋友们，包括阿克顿勋爵、维诺格拉道夫、波洛克、塞耶（J. B. Thayer）、②洛克（B. F. Lock）、③普尔（R. L. Poole）、④斯蒂芬（L. Stephen）⑤以及他的妻弟菲舍尔（H. A. L. Fisher）⑥。晚年，他还曾与美国联邦最高

① A. V. Dicey：Maitland's Services to Law，in V. T. H. Delany（edited）：Frederic William Maitland Reader，pp. 30－31.

② 詹姆斯·B. 塞耶（James Bradley Thayer，1831～1902 年），美国著名证据法学家，曾任哈佛大学 Royall 教授（1873～1893 年）、Weld 教授（1893～1902 年），著有《证据法判例集》（*Cases on Evidence*）、《宪法判例集》（*Cases on Constitutional Law*）、《普通法证据初论》（*A Preliminary Treaties on Evidence at the Common Law*）等。

③ 本杰明·F. 洛克（Benjamin Fossett Lock，1847～1922 年），伦敦林肯律师学院出庭律师，曾在塞尔登协会任职（1895～1913 年），后担任法官。

④ 雷金纳德·L. 普尔（Reginald Lane Poole，1857～1939 年），英国历史学家，牛津默德林学院教员，曾任《英国历史评论》（*English Historical Review*）编辑，著有《插图本中世纪思想史》（*Illustrations of the History of Medieval Thought*）、《12 世纪的财物署》（*The Exchequer in the 12th Century*）、《教皇法庭史讲演录》（*Lectures on the History of the Papal Chancery*）等。

⑤ 莱斯利·斯蒂芬（Sir Leslie Stephen，1832～1904 年），英国文献学家，剑桥三一学堂教员，著有《欧洲的运动场》（*The Playground of Europe*）、《在图书馆的时间》（*Hours in Library*）、《18 世纪英国思想史》（*History of English Thought in the Eighteenth Century*）、《一个传记作者的研究》（Studies of a Biographer）、《英国的功利主义者》（*The English Utilitarians*）等。

⑥ 赫伯特·A. L. 菲舍尔（Herbert Albert Laurens Fisher，1865～1940 年），英国历史学家，牛津大学新学院教员，后曾任谢菲尔德大学副校长（1912～1916 年）、英国教育委员会主席（1916～1922 年）等职。曾著有《中世纪的帝国》（*The Medieval Empire*）、《梅特兰传》（*Frederick William Maitland：A Biographical Sketch*）。

法院大法官霍姆斯(O. W. Holmes)通信,不过并不涉及法律问题,而是为他编辑的《莱斯利·斯蒂芬:生平与信件》一书向霍姆斯索借斯蒂芬的信件,①按照米尔松的说法,这可以算是梅特兰22年紧锣密鼓的学术生涯中唯一一次"离题"(the only digression)。②

也许正是得益于善于交游这一品质,梅特兰后来创建塞尔登协会的工作不但没有遇到太多阻力,而且得到了相当多的友人的支持,包括英美两国各级法院的法官和伦敦的四大律师学院中的导师和律师的资助。值得一提的是,协会还得到了英国王室的鼎力相助,维多利亚皇后是协会的第一位资助者。③

塞尔登协会是一个纯学术协会,创建于1887年。④ 在创建过程中,梅特兰起到了绝对的核心作用,正如波洛克毫不夸张地赞喻的那样:"梅特兰是塞尔登协会移动的灵魂(moving spirit)"。⑤ 塞尔登协会的名称,来自梅特兰崇敬的17世纪英国著名历史及语言学家、律师约翰·塞尔登(J. Seldon,1584~1654年)。协会的目的,是整理和出版与英国法律史相关的资料,包括法律思想史、法律职业、法院和其他法务部门、法官和律师,甚至包括法官和律师的服饰和肖像,并将它们印制成书,以供当代的历史学者、法律学者或其他研究者使用。塞尔登协会的创建,体现着梅特兰隐含着的政治和道德思考:英国是世界上唯一一个将自己的法律史料保存得如此完好的国家,经由这些史料,人们可以发掘出许多重要的财富,这些财富是前人积累的无意识产物,但对当代人来说,可以更好地理解当前所处的生活状况、政治制度和社会条件。

梅特兰从1895年开始直到去世,一直是该协会的学术总监,并为之付出了极多的心血。作为一名学者,梅特兰拥有令人艳羡的组织才华和美妙的外交辞令,在日后的100多年间,塞尔登协会能得以持续和成功,很大程度上应归功于梅特兰在创业阶段打下的良好基础。1895年,B. F. 洛克加入塞尔登协会,协助梅特兰工作,并与梅特兰结下深厚友谊,但是,有一次,梅特兰过于细致的工作激怒了他,他谴责梅特兰同意接纳玛丽·比特森(M. Beatson)篇幅过长的《自治市镇惯例》,梅特兰虽然明显被冒犯了,但他温文尔雅地答复了洛克,向他解释了原因,使两人的友谊得到

---

① C. H. S. Fifoot, *The Letters of Frederic William Maitland*, Cambridge University Press, 1965, pp. 317–318, p. 358, p. 381.

② S. F. C. Milsom, Maitland, *Cambridge Law Journal*, 60(2), July 2001, p. 270.

③ See http://www.selden-society.qmw.ac.uk/.

④ Paul Christianson, "Selden, John (1584–1654)", *Oxford Dictionary of National Biography*, Oxford University Press, 2004, http://www.oxforddnb.com/view/article/25052.

⑤ Sir Frederick Pollock, Frederic William Maitland, in V. T. H. Delany (edited): Frederic William Maitland Reader, p. 26.

了良好的维续。①

梅特兰的友善态度和斡旋能力,不但为塞尔登协会赢得了经济上的灵活性,而且也拥有了越来越多的朋友、拥护者和后来人。大西洋彼岸的霍姆斯大法官也由此知道了梅特兰,1888 年,他在给波洛克的信中提道:"如果我认识梅特兰的话,我会给他写信。如果有机会,请向梅特兰先生转达我的意见:对于解决那些具有哲学上的重要性的问题来说,他的法律史研究是真正科学的、精确的。"②在 1907 年撰写的梅特兰纪念文章中,霍姆斯说,梅特兰广博的知识和深刻的洞察力,不仅通过他卓著的表达能力展现给世人,而且还为后人树起了一盏法律史学的智识明灯。③

著名法官伯克利(H. B. Buckley,1845 ~ 1935 年)曾于 1916 ~ 1918 年担任塞尔登协会副主席。④ 著名法学家温菲尔德爵士(Sir P. H. Winfield)也曾于 1944 ~ 1946 年间担任塞尔登协会副主席。⑤ 还有著名历史学家埃尔登爵士(Sir G. R. Elton,1921 ~ 1994)曾在塞尔登协会担任主席。⑥ 更为引人注目的是,梅特兰之后两位最重要的英国法史学家维诺格拉道夫(P. Vinogradoff)、⑦普鲁克奈特也曾分别在塞尔登协会任职,1907 年,维诺格拉道夫继梅特兰之后,担任塞尔登协会的学术总监。⑧ 1937 ~ 1946 年,以《普通法简史》蜚声学界的普鲁克奈特担任协会学术总监一职。⑨ 他们都为塞尔登协会持续传承梅特兰所倡导的历史文献整理工作作出了重要的贡献。当然,谁也不会忘记,如今洋洋 118 卷、被世界各大图书馆视若珍品的"塞尔登协会丛书",就是从梅特兰编辑的第 1 卷《王室法院诉状选(1200 ~ 1225)》和第 2 卷

---

① P. N. R. Zutshi (edited), *The Letters of Frederic William Maitland*, Vol. II, Seldon Society, 1995, p. 13.

② DeWolfe Howe(edited), *The Pollock-Holmes Letters*, ? 1942, Vol. I, p. 36.

③ V. T. H. Delany(edited), *Frederic William Maitland Reader*, Oceana Publications, 1957, p. 40.

④ D. E. C. Yale, Buckley, Henry Burton, first Baron Wrenbury (1845 – 1935), *Oxford Dictionary of National Biography*, Oxford University Press, 2004, http://www.oxforddnb.com/view/article/32158.

⑤ S. J. Bailey, Winfield, Sir Percy Henry (1878 – 1953), rev., *Oxford Dictionary of National Biography*, Oxford University Press, 2004, http://www.oxforddnb.com/view/article/36976.

⑥ Patrick Collinson, Elton, Sir Geoffrey Rudolph (1921 – 1994), *Oxford Dictionary of National Biography*, Oxford University Press, 2004, http://www.oxforddnb.com/view/article/54946.

⑦ 保罗·维诺格拉道夫(Sir Paul Vinogradoff,1854 ~ 1925 年),俄裔英国历史学家,曾继波洛克之后担任牛津大学 Corpus 法理学教授(1903 ~ 1925 年),著有《英格兰的农奴》(*Villainage in England*)、《采邑的成长》(*The Growth of the Manor*)、《11 世纪的英国社会》(*English Society in the Eleventh Century*)和《历史法理学概要》(*Outlines of Historical Jurisprudence*)等,他是历史法学派的代表人物之一。

⑧ Peter Stein, Vinogradoff, Sir Paul Gavrilovitch (1854 – 1925), *Oxford Dictionary of National Biography*, Oxford University Press, 2004, http://www.oxforddnb.com/view/article/36664.

⑨ S. F. C. Milsom, Plucknett, Theodore Frank Thomas (1897 – 1965), rev., *Oxford Dictionary of National Biography*, Oxford University Press, 2004, http://www.oxforddnb.com/view/article/35544.

《领主法院诉状选(亨利三世和爱德华二世期间)》起步的。[①] 另外,第4卷、第8卷、第17卷、第19卷也是由梅特兰编辑的,还有第22卷、第27卷等是他生前未完成编辑,他去世后由特纳(G. H. Turner)等人续成的。

四

尽管塞尔登协会的创建相当程度上反映了梅特兰的法律和历史观,但是,任何人,如果想要将这种法律和历史观划入到某个法学或历史学流派,都会遇到前所未有的困难。当梅特兰从容地游弋于属于不同流派,甚至可能相互冲突的史学方法时,他不但不会受制于这些方法本身,相反,他会完全超越原来的方法框架,用丰富的素材使这些方法比它们在前人那里更熠熠生辉,从而使这些方法所属的学派也反过来从他那里儿受益,汲取到新的养料。

然而,梅特兰毕竟是一位法史学家,只要承认这一点,就不可能回避下面这个问题:如何在历史学科大师如林的名人廊中确定属于梅特兰的一席之地?在笔者看来,梅特兰史学中特别值得注意的乃是如下三点:

一是史料还原论。提到史料还原,很容易让人想到兰克学派(Lanke School)。以利奥波德·冯·兰克(L. von Lanke,1795~1886年)为创始人的兰克学派是西方史学史上最重要的流派之一,他们要求"小心翼翼而又大胆地从特殊推出一般",坚决反对"从一般推出特殊"。19世纪80年代,兰克学派的影响已经波及不列颠。梅特兰显然读过兰克的著作,他的在《伊丽莎白时代拾遗》(Elizabethan Gleaning)一文中谈到伊丽莎白一世与教皇保罗四世的关系时,就曾两次提到兰克。[②] 不过,这两处都只是附带地提到而已,而且,在梅特兰的其他作品中,再也没有发现任何对兰克史学的引证或评论,这似乎证明,梅特兰受到兰克的影响相当有限。

确实,梅特兰较少谈及史学的具体方法和观念,但对于兰克的下述主张,他必定持肯定态度:"也许有人认为,历史应当判断过去、指导现在、构想未来,但事实上,历史除了告诉真相(how it really was),不承担更高尚的职责。"尽管从未在任何场合流露这种态度,在主持塞尔登协会的英国法律史料整理工作时,梅特兰事实上已将兰克的原则直接运用于其中。塞尔登协会成立之前,相对于其他国家,英国的法律史史料保存相当完好,但远没有达到被系统整理的地步,既难以阅读,也易于

---

① F. W. Maitland (edited), *Select Pleas of the Crown(A. D. 1200 - 1225)*, Seldon Society Series Vol. 1, 1887. F. W. Maitland, (edited): *Select Pleas in Manorial Courts(reigns of Henry III and Edward I)*, Seldon Society Series Vol. 2, London: Seldon Society, 1888.

② F. W. Maitland, Elizabethan Gleaning, in Collected Papers, Vol. III, pp. 165 - 166.

损毁。正是梅特兰及其主导的塞尔登协会的早期工作,成为一个重要开端,英国法律史学界开始全面整理原始资料,将它们转化为对普通研究人员来说也是可利用文献。

尽管梅特兰为学生讲授过许多法律类,而非历史类课程,但他显然认为,就史料而言,是法律史为历史学提供素材,而非相反。在他看来,史料是还原历史的最佳,甚至唯一途径,而法律史料恰恰是还原政治史、经济史和社会史的极佳素材,其重要程度,值得专门史家为这付出毕生的精力和才华。在一封写给牛津历史学家史密斯(A. L. Smith,1850 ~ 1924 年)的信中,梅特兰表达了他对于这些原始文献的无与伦比的热情:"我敢说,大量英国教会法院的文献资料应当仍然被保存着,只是我不知道它们被保存在哪里。如果有一天你正好发现它们的藏身之处,请你一定记得这里的塞尔登协会,如果我们能看到一套新编的《教会法院诉状选》,那该是多么美妙的事。"①

除了兰克之外,在梅特兰的作品中,较多被提及的历史学家有斯塔布斯、祁克、梅因以及萨维尼。越是对史学方法有较多论述的学者,他引述越少,反之,越是通过史料本身还原史实的学者,他引述越多。他并不迷信任何一派,也更不像兰克那样有意识地创建某种学术方针,而从这些前辈历史学家那里分别汲取养料,形成自己的学术风格。

表 1　梅特兰作品引述

	斯塔布斯	祁克	梅因	萨维尼	兰克
《英国法律史》(2vols)	0	0	0	1	0
《英国宪政史》(1vol)	0	0	0	0	0
《论文选》(3vols)	18	6	6	5	2
《书信集》(3vols)	16	11	7	4	0
合计	34	17	13	10	2

除了从前辈学者那里继承和学习,梅特兰的历史技艺几乎都是从他对历史探索的如火热情中培养起来的。他曾对历史学家乔治·尼尔森(G. Nelson)说:"最令人高兴的事莫过于'发现',任何有助于《布拉克顿笔记》编辑工作的一小点点证据,都会令我兴奋莫名。"②梅特兰相信,过去时代的法律应当尽可能被放到它所处时代的语境下去研究,而不是从研究者本人的立场出发,否则,其结论必然只是些歪曲的幻象(distorted vision)。法史学既不应该是说教的,也不应该是功利的,其唯一的

① P. N. R. Zutshi(edited),*The Letters of Frederic William Maitland*,Vol. II,p. 13.

② Ibid. ,p. 162.

功用,正如他在致戴雪的信中所言,是“展示每个时代都拥有一种权力,用这种力量,型构它们那个时代的法律。”①

二是日耳曼主义。除了法律史料还原论,梅特兰的著述中还隐藏着一种深深的、不易发现的日耳曼主义情怀。这种情怀在字里行间很少轻易展现,却在梅特兰的生活中流露出来。他多次到德国访学,在那里居住。他的两个女儿,一个叫埃芒加德,另一个叫弗蕾德贡德,据梅特兰说,这两个名字都取自《布拉克顿笔记》中的中世纪日耳曼语。在一封写给维诺格拉道夫的信中,梅特兰曾半开玩笑地说:“(竟然给女儿起这么怪异的名字,)你说我是不是从日耳曼学校里毕业的!”②

梅特兰法史学中的日耳曼主义,与萨维尼(F. von Savigny,1781~1861年)为代表的德国历史法学派有着千丝万缕的关系。1878年前后,为了准备《英国宪政史》的课程讲义,梅特兰先阅读了斯塔布斯的《宪政史》(*Constitutional History*),继而读到了萨维尼的《罗马法的精神》(*Geschichte des Römischen Rechts*)。尽管梅特兰用一句“我完全信赖萨维尼”来描述他当时的感受,③听起来似乎语焉不详,但梅特兰后来承认,正是萨维尼开启了他的视野,在这种视野中,法律应当被这样看待:它们是人类生活的产品、人类需求的表达、社会意志的宣告,因此对于法律的理性视角,只有从历史的高度看待法律,从《十二铜表法》(Twelve Tables)到《德国民法典》,再到登载在早报上的法官报告。④ 梅特兰发现,在一个宏伟的框架下,萨维尼为人们展示了一条法律发展之路,这个框架是将拉丁和条顿民族文化的兴起作为西欧国家的组织发展的一部分。

梅特兰对萨维尼的评价之高,到了令人惊诧的地步,他甚至没有说萨维尼是“19世纪的阿佐”,而是说阿佐是“13世纪的萨维尼”。⑤ 他一度怀着狂热的崇拜,试图翻译萨维尼的作品,但是,这些翻译并没有完成,也没有任何未完成稿被出版。1900年,他突然转向了祁克。对此,费弗特评论道:“梅特兰对祁克非常钦佩,正是从祁克那里,他感受到中世纪法人格问题的理论诱惑。”⑥此后的4年间,梅特兰不但翻译了祁克的《中世纪政治思想》并为之撰写了导言,而且连续发表了四篇讨论法人格问题的文章。梅特兰认为,萨维尼关于法人格的“拟制理论”(Fiction Theory)虽然颇具吸引力,却无法放之四海而兼准,因为这种拟制是由国家完成的,

---

① P. N. R. Zutshi(edited),*The Letters of Frederic William Maitland*,Vol. II,p. 105.

② C. H. S. Fifoot(edited),*The Letters of Frederic William Maitland*,Cambridge University Press,1965,p. 60.

③ P. N. R. Zutshi(edited),*The Letters of Frederic William Maitland*,Vol. II,p. 55.

④ H. A. L. Fisher,*Frederick William Maitland*:*A Biographical Sketch*,p. 19.

⑤ Ibid.

⑥ C. H. S. Fifoot,*Frederic William Maitland*:*A Life*,p. 150.

究其实质仍是一种“特许理论”(Concession Theory),使法人成为国家主权的某种创生物,而只有由拜塞勒(Beseler)提出、由祁克发展了的现实主义理论,才更具有“哲学上的真实性、方法上的可靠性、道德上的正当性、法典和判例中的合法性、历史上的确定性和真正的日耳曼风格,或者说唯有日耳曼才有的风格”。[①]

梅特兰对萨维尼和祁克的态度,与其在《爱德华一世之前的英国法律史》中所主张的观点是一脉相承的。在梅特兰看来,德国和英国这两个日耳曼国家由于对待罗马法的不同态度,不但走上了不同的法律之路,并且型构了不同的国家形式。在《爱德华一世之前的英国法律史》的长篇序言中,梅特兰宣称:盎格鲁—撒克逊法律几乎纯粹是日耳曼式的。即使凯尔特的习惯在条顿征服后尚有留存,它的痕迹也已无从寻索。也没有证据足以证明,罗马制度在条顿人入侵之后曾经延续下来,或对英国法的形成与发展产生过实质影响。在早期的盎格鲁—撒克逊文献中,一切罗马的东西都局限于宗教的范围。

梅特兰从萨维尼那里获得了深邃的历史视角,得以将视线放诸于日耳曼民族的不同支派在面临异文化冲击时所表现出的不同态度。作为日耳曼民族的德国民族已经罗马化了,作为日耳曼文化的德国文化已经半拉丁化了,唯有不列颠岛的盎格鲁—撒克逊民族才得以抵御住罗马法的同化,得以保持“荷戟独彷徨”的自由灵魂,并承担起日耳曼文化世世传承的历史使命。

三是自由史学观。除了祁克之外,对梅特兰影响最大的史学家非阿克顿莫属。阿克顿是著名的保守派自由主义者,以知识丰富、藏书无数以及担任女王私人顾问而知名。1895 年,阿克顿被聘为剑桥大学钦定近代史教授,次年,剑桥大学出版社理事会(梅特兰是理事之一)希望由阿克顿主持,利用他私人馆藏的法国地方史、意大利和西班牙教会史、基督教社团史资料,编写一部近代史。阿克顿与梅特兰商议撰稿人选,并请梅特兰撰写第二卷中的一章“英国国教的确定和苏格兰改革”。

阿克顿对梅特兰非常器重。他曾经说:“我们剑桥有三位历史学家:梅因、赖特福特(Lightfoot)和梅特兰。”[②]但从梅特兰给阿克顿的信中看,梅特兰的自信心略显不足,他写道:“尽管我无法拒绝您的邀请,因为在您的主持下工作,将自己的工作成果交由您来修订,那将是一件多么伟大、荣誉和愉悦的事。但是,对于我的无知程度,您肯定也知道个八九不离十,我几乎没听说过有过那么一位伊丽莎白女王!事实上 30 岁之前我没有读过任何历史著作,除了一些哲学史,那些不能算是历

① The New Theory was to be philosophically true, scientifically sound, morally righteous, legally implicit in codes and decisions, practically convenient, historical destined, genuinely German and perhaps exclusively Germanistic. See O. F. von Gierke: Political Theories of the Middle Ages, translated and introduced by F. W. Maitland, Introduction, pp. xl – xli.

② H. A. L. Fisher, *Frederick William Maitland: A Biographical Sketch*, p. 174.

史。……也许我需要花4年时间来阅读伊丽莎白及教会方面的资料,因此对您来说,即使由您自己来写这一章,也比您教我该读哪些资料、该怎么写来得省事。”①

1898年10月,梅特兰开始到加纳岛过冬,启程前,他交出了第一稿,并于次年对该稿进行了修订。此前,他对与他一起参与撰写《剑桥近代史》的其他史家(阿克顿除外)却颇有些微词。例如,在致杰克逊的信中,他说:“《剑桥近代史》肯定是一本很奇怪的书。我看到的许多章节,风格上都是大不相同的,难以想象它们竟然是出自同一本书。我不知道阿克顿勋爵在面对这些风格难以协调的章节时,是怎么保持他那从容不迫的风度的。”②但是,在与阿克顿交往的过程中,梅特兰对阿克顿的看法也有了转变,他对阿克顿越来越多地表示钦佩和赞美,阿克顿不为事易时移、不为外界因素而改变的自由思想深深地打动了梅特兰。已经站上史学高峰的梅特兰进一步意识到,即使是苍白的史料,也可能因为利用方法的不同而变得失去自由,从而某种偏见的支撑。唯有内心真正的自由,才能确保其史学成果的无偏无错。③ 1901年,在一封致波洛克的信中,梅特兰这样表达他对梅因的看法,“你提到了梅因。我倒是不太愿意谈梅因。我读了一些他的作品,一些他记忆中很确信的东西,在他读过的或引证的书中,竟然难以找到或根本没有。他关于‘同父异母或同母异父关系’(half-blood)在诺曼底法中的位置的论述,在我看来仅仅是臆测,与当时的习惯正好相反”。

然而,不幸迅速袭来,1902年6月,梅特兰与阿克顿不断成长的友谊被阿克顿因心脏病逝世而打断,《剑桥评论》(*The Cambridge Review*)随即发表了梅特兰为阿克顿撰写的讣告。随后,在给普尔的信中,梅特兰说,在提升历史学的地位这方面,阿克顿做得比任何人能做得都要多。如果我们能早10年拥有他,他能够为我们贡献的甚至更加无法估量。这种评价远远超过了他对另一位著名史学权威梅因(Sir H. J. S. Maine,1822~1888)的评价。梅特兰发现,梅因的一些理论,看起来雄心勃勃,一旦放到证据的显微镜下,就立刻变得不那么站得住脚了,如他关于法律发展的结论是错误的、不可接受的。④ 梅特兰认为,梅因过多地受制于他先前已经设定好了的结论,依此寻找资料,他的研究就变得不再自由了,当然免不了被结论所束缚,从而无法用更全面的史料审慎地考验其结论的可靠性。

1902年10月,首相巴尔弗(Arthur James Balfour)给梅特兰写信,请他接任阿克

---

① C. H. S. Fifoot, *Frederic William Maitland: A Life*, Harvard University Press, 1971, pp. 214-215. P. N. R. Zutshi (edited): The Letters of Frederic William Maitland, Vol. II, p. 122.

② C. H. S. Fifoot (edited), *The Letters of Frederic William Maitland*, Vol. I, Cambridge University Press, 1965, pp. 211-212.

③ H. A. L. Fisher, *Frederick William Maitland: A Biographical Sketch*, p. 19.

④ Peter Stein, *Legal Evolution*, Cambridge University Press, pp. 106-109.

顿的钦定教授职位，但梅特兰谢绝了。他说，我有许多理由，每一条都是充分的，但只需一条就够了，由于身体原因，我每年都要离开英国去加纳利过冬，这使我只能做很少量的工作。为此我甚至两次辞职唐宁教授席位。因此我这样一个"非法教授"，已无能力再去承担主持我们正在崛起的历史学科的重任。但您的美意我将没齿难忘。[①] 同年稍晚些时候，这个讲席被授予的《思想自由史》的作者、英国实证主义历史学家、剑桥历史学派重要代表人物柏里（J. B. Bury，1861 ~ 1927 年）。梅特兰不像梅因这么热衷于过去，也不像柏里那样强调"历史是一门科学，不多也不少"，他怀带着一种异乎寻常的开放的、公正无偏的心态，超然于宗派或政党的偏见之外。梅特兰应该会把自己归入自由联合主义者（Liberal Unionist），尽管他的思想的独立性其实与党派所要求的忠诚和限制相去甚远。他曾对大学教育、南非战争、自由贸易等政治问题感兴趣，有时也发表意见，但并不多，并且绝不涉及党派问题，这与他在教学中体现出来的特点毫无二致，清晰，明确，斩钉截铁。[②]

五

最后解释一下本文的标题。"汉马克拉维"是贝多芬第 29 号钢琴奏鸣曲的曲名。"汉马克拉维"的原意是"椎子琴"。这首奏鸣曲难度极大，要求演奏家进行单人双手四独立声部的演奏，据说迄今未有钢琴家能够独立完成。贝多芬创作这首曲子，就是为了那些技术越来越好的钢琴家们"五十年里都有事可做"。将梅特兰称喻为"英国法史学的'汉马克拉维'"，不是因为梅特兰热衷钢琴音乐，也不是因为他去世时的年龄正好是贝多芬创作"汉马克拉维"时的年龄，而是因为梅特兰曾被称为"历史学家中的历史学家"（historian's historian），而这首"汉马克拉维"恰恰是"钢琴曲中的钢琴曲"。他们拥有某些共同点：体系丰厚完整，内容博大精深，无论铿锵处电闪雷鸣，抑或轻柔处如诗如画，都能成一家之言，当世同侪罕能相匹。

梅特兰的女儿厄门加德曾回忆说，梅特兰确实精通音乐，并且终身保持着这一爱好，每天，只要梅特兰在家，总能听到他哼着莫扎特、贝多芬、勃拉姆斯或舒伯特的曲子。1893 年，梅特兰曾代表剑桥音乐协会（Cambridge Musical Society）邀请俄国音乐家柴可夫斯基（P. Tchaikovsky，1840 ~ 1893 年）到剑桥访问。在致柴可夫斯基的信中，梅特兰还请柴可夫斯基"无论如何也要在他家里住一晚"，以便向他请教一

---

① C. H. S. Fifoot, *Frederic William Maitland: A Life*, p. 268. P. N. R. Zutshi (edited), *The Letters of Frederic William Maitland*, Vol. II, p. 18 – 219.

② H. A. L. Fisher, *Frederick William Maitland: A Biographical Sketch*, p. 175.

些音乐方面的知识。[1] 1873 年，梅特兰曾独自在慕尼黑(Munich)、波恩等地小住，欣赏舒曼、瓦格纳等人的音乐作品，甚至成了瓦格纳迷(Wagnerian)。在伦敦期间，他也是圣詹姆斯音乐厅(St. James' Hall)的常客。[2] 波洛克曾说，梅特兰不但喜欢音乐，而且对音乐知之甚多。[3]

梅特兰的文章读起来引人入胜，就像贝多芬的作品一样，似乎作者就在听者的身旁，对着听者说话。他经常使用长句，但语意通畅，很容易读懂。厄门加德还曾回忆道，"他写作或准备讲义时，总是一边写，一边嘴里大声朗读，好像不用看，只用听似的"。[4] 在这种行云流水的风格中，我们可以找到与"汉马克拉维"的乐风颇有相通之处。梅特兰并不是完美主义者，他的作品有一种类似口述作品的清新风格，因为他主要是依靠大量阅读之后的记忆，常常落笔如飞，纸上生风。这一点，普鲁克奈特曾不无妒忌地说，他的作品很适合阅读，但并不很适合推敲。[5] 这其实与梅特兰并没有经过正规的历史学训练有关，他在大学里念的是道德科学，在律师学院学的是法律。除了对《爱德华一世之前的英国法》外，梅特兰对自己的许多作品也不甚满意，他曾说："我的《末日审判书及其他》其实是一本远未完成的书，尽管我希望能有两至三年的时间对它进行大幅修改，但我又不愿意在如此偏远的题目上花上这么多时间。"[6]

无论如何，虽然梅特兰的生命是短暂的，他只活了 56 岁，而且直到 34 岁，他才真正开始他的法律史工作，但他留给英国法史学界的神奇著作，绝大部分将拥有漫长的生命，就像贝多芬的"汉马克拉维"一样，总能令一代代后人产生浓厚的兴趣，"五十年里都有事可做"。22 年对一位学者来说，毕竟太短了些，更何况，在生命的最后 8 年中，他必须到加那利岛去，那里有阳光，有花园，有音乐，但没有图书馆。

---

① P. N. R. Zutshi(edited), *The Letters of Frederic William Maitland*, Vol. II, pp. 57 – 58.

② H. A. L. Fisher, *Frederick William Maitland: A Biographical Sketch*, Cambridge University Press, 1910, p. 21.

③ Sir Frederick Pollock, *Frederic William Maitland*, in V. T. H. Delany (edited), *Frederic William Maitland Reader*, p. 26.

④ Ermengard Maitland, *F. W. Maitland: From a Child's Eyes*, London: Seldon Society, 1957, p. 8.

⑤ S. F. C. Milsom, Maitland, *Cambridge Law Journal*, 60(2) July 2001, p. 265.

⑥ P. N. R. Zutshi(edited), *The Letters of Frederic William Maitland*, Vol. II, p. 233.

布莱克斯通与美国财产法个人绝对财产权观

王铁雄*

一、引　言

英国近代著名法学家威廉·布莱克斯通(William Blackstone,1723～1780年)著有重大而影响深远的四卷本《英国法释义》(*Commentaries on the Laws of England*,1765～1769年)。在其《英国法释义》第1卷中,他在吸收前辈们的自然法思想的同时,系统地提出了他带有英国化特色的自然法学说。他将自然法描述为由造物主制定的并赋予人类理性以探寻的特定的永恒不变的人类行为规则。① 英国牛津大学研究员麦克伊对布莱克斯通的自然法学说,给予了中肯的评价。他指出:"布莱克斯通很好地总结了自然法学说。他说,'这种与人类同时产生的并由上帝亲自支配的自然法,其效率当然高于任何其他法。它在整个地球上,在所有的国家,在任何时候,都具有约束力。任何人类法如要与它相抵触,都是无效的;而人类法中那些被认为是有效的法律规则是从这个原始法中直接或间接地吸取其力量和全部权威的',这就导致这样的结果:一个法官根据他本人具有的自然法理性知识,甚至可以驳回在他们国家的土地上的确定的法律——明确规定和正式实施的法令,或者是明显相关和无人反对的先例——并且宣称这些明显的法律不是法。"②

同时,布莱克斯通的自然法学说充分地继受了洛克的个人自然财产权理论,他的《英国法释义》代表了从哲学上和法律上对于普通法私人财产权利的合理辩护。③ 并且,与洛克相比,布莱克斯通则已经证明了财产权是一种永恒的自然法所赋予个人的绝对的权利,而这部自然法与上帝的意志是完全一致的。④

布莱克斯通不仅认为财产权是每个人享有的绝对自然权利,而且,与其前辈自然财产权理论家们一样,认为这种绝对财产权来源于"占有"。但为什么"占有"的

---

* 王铁雄,2003级外国法律史专业,指导老师:何勤华。现工作于上海海事大学。

① generally William Blackstone, *Commentaries*, *On the Laws of England* (1765～1769) Vol. Ⅰ, of the Rights of persons(1765), The University of Chicago Press, 1979, pp. 39–40.

② 张文显著:《二十世纪西方法哲学思潮研究》,法律出版社1996年版,第39页。

③ Miller, *The Life of The Mind in America*, *From The Revolution to The Civil War*, Harcourt Brace Jovanovich Publishers, 1965, p. 224.

④ Ibid.

行为可以被赋予排他性的支配权利呢？关于这一问题存在两派理论之争：一派是以格劳秀斯与普芬道夫为代表的同意理论，即财产权的产生是基于明示或默示的普遍同意；[①]另一派是以洛克为代表的劳动价值与征服理论，即劳动就产生财产权，无须同意的必要性。[②] 布莱克斯通尽管没有完全明晰他自己的理论，但他主要继承了洛克的一些观点，[③]认为“财产权是来自独立于法律制度的自然法则”[④]。并主张财产权的产生是基于劳动—占有理论（Labor-Occupancy Theory）。

布莱克斯通这种基于融入劳动的占有即产生个人绝对的自然财产权利的理论，对维护当时英国臣民的财产权利免受来自封建国王和政府专断行为的侵犯起到了重要作用。尤其对于当时作为英国殖民地的美国的财产法自然权利理论的形成具有重大而深远的影响，并直接培植了美国财产法理念中的个人绝对财产权观。

二、布莱克斯通关于自然法与绝对财产权利理论

布莱克斯通在《英国法释义》第一卷的开头部分就提出了他对自然法的初步叙述：[⑤]一般而言，法律就是由某一地位较高者规定的一种行为规则。因此上帝在创造宇宙时就像制造钟表者设计其钟表装置一样将“行为规则”铭刻于万物之上。生物有他们自己的法则，而这同样源于上帝之手。[⑥] 关键在于上帝的规则具有“固定和不变”的特性。另外，从更严格意义上说，法律是人类行为的规则。“人，作为造物主创造出来的一种生物，更作为纯粹的一种依附性生物，不可避免地受其创造者所设定的规则的控制。”[⑦]而这种体现造物主的意志的法律便被称为自然法，因为对上帝而言，正如他在创造万物并赋予其运动天性的同时即建立了若干规律，作为这种运动万世不易的规则，同样，当其创造人类，并使人们在一生中可依本身的自由意志支配自己行为时，也为人性制定了特定的永恒不变的法律，以便人类的自由意

---

① Stephen Buckle, *Natural Law and the Theory of Property*: *Grotius to Hume*, Oxford: Clarendon Press, 1991, pp. 42, 96.

② Ibid.

③ William Blackstone, *Commentaries*, *On the Laws of England* (1765 – 1769) Vol. Ⅱ, of the Rights of Things (1766), The University of Chicago Press, 1979, Introduction to Book Ⅱ, Ⅴ.

④ Robert P. Burns, Blackstone's Theory of the "Absolute" Rights of Property, 54 *University of Cincinnati Law Review*, 1985, p. 68.

⑤ generally William Blackstone, *Commentaries*, *On the Laws of England* (1765 – 1769) Vol. Ⅰ, of the Rights of persons (1765), The University of Chicago Press, 1979, pp. 39 – 40.

⑥ Ibid.

⑦ ［英］威廉·布莱克斯通著：《英国法释义》（第1卷），游云庭、缪苗译，上海人民出版社2006年版，第51页。

志在一定程度上受到规范和限制。与此同时,造物主还赋予人类理性以探寻这些法律的本质意义。

由于上帝不仅具有无限力量而且具有无限智慧,因此上帝仅制定了与公平正义相联的法律,这些法律在任何人类社会明确的规范出现之前即已作为事物的本质而存在。造物主后来的所有神启皆与之相符。只要这些法律是指导人类行为所必需的,上帝就会赋予人类探寻这些法律所需的理性。但是,形而上学的鸿篇巨制对于人类洞悉上帝的法则来说并不是必需的,因为上帝仁慈的赋予了人类能够在追求自己幸福的过程中发现法则的能力,造物主将法律的永恒正义与每个个人的幸福如此密不可分地交织联系在一起,以至于后者如不服从前者便无法实现;而若前者被不折不扣地遵守则后者必然会实现。而且,至少在英国,永久法则在国内法中得以体现。

布莱克斯通界定了两类权利:绝对权利(Absolute right)和相对权利(relative rights)。绝对权利是每一个人作为一个特定的个体而不是作为社会的一员所享有的与其相关并属于他的权利。相反,相对权利是指当人作为社会的一员,与其他社会成员发生千丝万缕的联系时,这种身份赋予他的权利。相对权利是在国家和社会形成之后才产生的。尽管相对权利数量上更多,但是绝对权利明显占有更高的地位。布莱克斯通认为社会的首要目标必须是保护个人享有永恒自然法赋予他们的绝对权利。总的来说,这些绝对权利包括人类的自然自由(natural liberty),即人类的天赋自由权。这种天赋自由权实际上就是按照个人认为适宜的方式行事,除了自然法之外不受任何约束和控制的权利。但是,即使是绝对权利也不是神圣不可侵犯的权利,任何人一旦踏入社会,就必须部分地放弃他的天赋自由权;并且强制自己遵循他所处的社会认为合宜并采纳的各种法律。

因此,英国人的绝对权利尽管源于上帝的法则,却"总是与政府的形式同步发展的。虽然这些权利会遭受一些波动和变故,但却总是以人性为基础的,这也是这种权利杰出的一个方面"。①历史上,议会已经证明是反对行政权力侵犯的绝对权利的守护者。在布莱克斯通引用的八个历史事件中,这些权利遭受了来自行政部门的攻击时,议会都是以肯定地宣称英国人的权利予以回击的。② 因此,法律所规定的绝对权利要么是公民天赋权利中未被放弃的部分,即各种社会法律没有要求个人为了公众利益而必须牺牲的权利,要么是社会允诺给予个人的特权,以代替他们所放弃的天赋权利。尽管这些自然权利是属于世上每一个人与生俱来的权利,

---

① generally William Blackstone, *Commentaries*, *On the Laws of England* (1765 ~ 1769) Vol. Ⅰ, of the Rights of persons(1765), The University of Chicago Press, 1979, pp. 39 – 40.

② Ibid.

但布莱克斯通却特别强调它们是英国人民享有的权利。在所有的绝对权利中，最基本的是人身安全权（personal security）、人身自由权（personal liberty）和私有财产权（private property）。

因此，布莱克斯通的绝对权利观念可以分为三个命题：(1)绝对权利基于自然法则；(2) 为了文明社会的福祉，绝对权利有可能会因制定法所强加的必要的牺牲而予以剥夺；(3)绝对权利在立法机关认为明智的程度上以某种制定法的形式予以保护。

绝对权利并不将个人与所有的政府行为完全割裂开来，仅仅是用以对抗政府的专断行为（arbitrary action）而已。甚至生命或者肢体也可能会因为"最高需要"经过正当的法律程序被剥夺。同样的，个人自由的绝对权利也会"因为正当法律程序"和"充足的理由"而被剥夺。尽管监禁本身就是一种严重的制裁，《大宪章》（*the Magna Carta*）仅仅禁止未经司法审判或不依据国家法律而强加的对自由的剥夺行为。

《英国法释义》第1卷的下一个部分，即第一章，经常被人用来强调说明布莱克斯通具有财产权的绝对主义者倾向。布莱克斯通将财产的绝对权利界定为个人自由使用、享有以及处分其全部获得物的权利，除了受本国法律的限制之外，不受其他任何限制或者削弱。布莱克斯通所声称的私有财产权的自然基础是超出任何人想象的一种假设。财产权是一种民事制度，但具有某种可能的尽管不完全的自然基础。因而，按照布莱克斯通的诠释，《大宪章》规定："未经与其地位相当之人的判决或不依据本国法律，不得侵占或剥夺任何自由人所拥有的自由保有的不动产权、自由权及免税权。"

米勒（Miller）引用了这部分来说明布莱克斯通认为普通法的财产权是如此神圣以至于不允许任何征用权（eminent domain）的行使。布莱克斯通提出了一个假设的例子：

法律对私有财产权的保护是如此严密，以至于不能允许对私有财产权的哪怕是最轻微的侵犯，甚至哪怕这种侵犯是出于整个社会的共同利益的考虑。举例来说，假设横穿一片私人土地修建一条新路可使极大范围内的公众受益，然而在未得到土地所有者的许可之前，法律将不会允许任何个人或团体这么做。

尽管准许修建这条公路在某种意义上非常符合公共利益，但是公共利益最为注重的其实仍是对国内法赋予每个人的个人权利的保护。可是，当公共利益面临危险的时候，"只有立法机关才能进行干预并强迫个人顺从"。立法机关当然绝不会是运用专制的手段强行剥夺臣民的财产，而是通过对其所遭受的损失进行完全对等的补偿。在其后的征用（condemnation）中，立法机关所代表的公众其实是被视为个人，以个人的身份与财产所有者个人进行交易："而立法机关所做的其实是强迫所有者以合理的价格转让其财产；事实上，立法机关这么做已经是在最大限度地行使其权力，因此在行使过程中总是慎之又慎。而且也只有立法机关才可以像这样将权力发挥至最大。"

布莱克斯通接下来举了许多其他的例子来说明公共需要必须让位于个人神圣不可侵犯的私有财产权。这些除了不得逼迫公民为了公共利益而放弃个人利益外，还包括未经议会同意英国臣民免予交税及未经议会同意禁止征收土地或者捐税。布莱克斯通特别提到有些国王已经滥用了这些豁免权，而实际上，行政不法行为就似乎始终是对其所界定的权力的滥用。与之相比，议会通过同意则可以赋予类似的财产权征收(takings)的合法性。

三、布莱克斯通关于财产权利的起源与劳动—占有理论

布莱克斯通根据17世纪著名法学家马修·黑尔(Matthew Hale)设定的计划完成了《英国法释义》第2卷，称为"物权"，亦即"财产权"(the rights of things, jura rerum)。采用"财产权"这种表述的意思是指：一个人能够取得的存在于某个与其人身没有关联的外在物上的各种权利。本卷的主题即是财产法(property law)，使用"财产法"的考虑主要是便于涵盖将所有对财产的权利都包含在内的财产权。以此区别于与人身相关的对人的权利。在本卷中，布莱克斯通特别关注财产权利，他一开篇就将财产权定义为"一个人在完全排斥任何他人权利的情况下，对世间外部事物所主张与行使的独有的和专断的支配权"。自从他那个时代以来，他这一关于财产权是作为"独有的和专断的支配权"的定义一遍一遍地被引用。① 甚至麦迪逊在他的关于财产权的短文中也断章取义地引用这一著名的定义。② 从他们的角度来说，现代的法学家经常提到这一定义，无论他们对这一定义是同意还是反对。总之，布莱克斯通一开篇就表明了财产权的性质，紧接着对财产权的起源及其产生的理论进行了探究。

在《英国法释义》第2卷的第1章中，他对财产权的起源与基础进行了深入的探究。一开始，布莱克斯通就提到英国人是如何天真地保护他在自己财产上的"独有的和专断的支配权"，但在被要求为其所拥有的财产权提供一个合理的正当的理由的时候，他们显得很胆小，同时，也很少有人会费劲去探究财产权的起源与基础。

---

① Carol M. Rose, Canons of Property Talk, or, Blackstone's Anxiety, *Yale Law Journal*, December 1998, p. 601.

② James Madison, Property, Nat'l Gazette, Mar. 27, 1792, reprinted in 14 The Papers of James Madison 266 Robert A. Rutland et al. eds., 1983.

布莱克斯通说,尽管我们对占有感到满足,但似乎我们不敢回头探究是通过什么方式取得占有的,似乎担心我们的所有权上会有瑕疵。布莱克斯通说:我们倾向于满足于法律所作出的对我们有利的规定,而不去探究这些法律本身得以建立的原因或权限。对于普通的人来说,要求他们简单的遵守法律已经足够;但是法律不仅是应实践操作所需而产生的,而且也是一门理性科学。深入探究这些构成社会有机组成部分的制定法的基础和根据绝不是不必要和无意义的。

布莱克斯通认为,所有有关财产的权利都可追溯到造物主最初给予人类的礼物,这个礼物让地球成为"所有人类的共同财产"。因此,当财产是共有的时候,占有和使用就产生一种对物品的临时的权利。但是随着人类数量、技能、野心的增加或膨胀,对"财产"的支配和对物品的使用就成为了社会的必需。所以,布莱克斯通认为,为了使个体所付出的劳动如建造房屋、种植庄稼变得有价值,一项永久的财产权利而非仅仅是临时的用益物权就成为必要。因而,这种永久财产权产生的理论就可归结为:占有者在任何先前人类共有的物品上融入了自己的劳动就完全允许被给予最公正的、最合理的排他性财产权利。而文明社会也及时地给予个体财产权利以保护。

但仍存在一个问题,即财产权应如何实际地被赋予,或者说是什么赋予了一个人对于一块先前属于所有人共有而不属于某人特有的土地享有永久保有该土地的排他性财产权呢?正如我们已经论述到的,占有产生出对于土地的临时使用权,所以一致意见认为,占有也同时将产生出对土地实体本身永恒财产的原始权利,这种权利排除了除所有人之外的其他人对物的使用。如前所述,在关于为什么占有能产生出这种权利并赋予某一个体这种绝对的财产权问题上,自然法学者们论述各有不同。格劳秀斯和普芬道夫坚持认为:占有之权利是基于所有人类的共同默示同意之上的,第一个占有者应该成为所有人;而巴比拉克(Barbeyrac)、提留斯(Titius)、洛克及其他学者则认为,并没有所谓的同意,事实上也不需要;仅仅是占有这一行为本身,因付出了一定的劳动,就产生出了对财产的绝对权利。因此,无须任何同意或协议,便从占有者自身的劳动这一自然正义原则本身就能完全地获得排他性的财产权利。布莱克斯通认为,这是学者之间太过于"学究而形而上"的争论。他的观点仅仅是强调在最初的财产权产生过程中,占有起着一个核心的作用。即每个人都将他自己认为于他最有利的某地占为已有并融入自身的劳动,只要该地当时尚未被其他人占有,那么他就享有对该地的排他性财产权。实际上,布莱克斯通是继承了洛克的理论,只是将洛克的劳动价值理论改造为自己的劳动—占有理论,他们都排除了在私有财产权产生过程中基于同意的必要性。

简而言之,布莱克斯通看起来预想了一个在文明社会形成之前就已经存在财产权利的原初时期。也就是说,财产权利不是由社会所创造的,而是基于需要才由人类的占有和劳动行为所产生的，而社会是保护财产权利的。

四、布莱克斯通与美国财产法理念中个人绝对财产权观的培植

如果说，洛克的抽象个人自然财产权理论在他们那个时代占据统治地位，那么，布莱克斯通的《英国法释义》在继承洛克个人自然财产权理论的基础上具体发展出的个人绝对财产权观念与“独有的和专断的支配权”主张则是那个时代的一贯特征。随着布莱克斯通的《英国法释义》传播至美洲大陆，其个人绝对财产权观念就成为18世纪美国财产法的理论来源和中心特点。显然，在财产法理念上，美国建国者们所采纳的主要就是布莱克斯通的个人绝对自然财产权理论，因为他们把这一理论以征用权条款形式写入了权利法案中。[①] 即美国联邦宪法第5修正案规定：“没有合理之补偿，私有财产不得为了公共用途而被征用。”事实上，由于在英国“土地是稀缺资源”，“土地是财富和社会地位的基础”，[②]而在美国，“则有大量的土地且没有封建制度的过去”。[③] 因此布莱克斯通不受限制的绝对财产权理论在美国比在英国有更大的适用空间，并现实地对美国财产法自然权利理论的形成产生了巨大而深远的影响，且直接培植了美国财产法理念中的个人绝对财产权观。

从1607年第一批英国人在弗吉尼亚的詹姆士顿开始定居起，[④]陆续从英国舶来的移民把英国的法律制度和法律思想带到了北美殖民地。[⑤] 布莱克斯通的《英国法释义》也远渡重洋传播至北美大陆，当时的美国学者甚至把《英国法释义》视为“法律圣经”。[⑥] 事实上，在18世纪美国财产法理念上，人们普遍遵循的就是布莱克斯通在《英国法释义》中提出的绝对财产权概念，即认为财产权是对“世间外部事物”的“独有的和专断的支配权”。在涉及土地的权利时，则遵循的是布莱克斯通在《英国法释义》中的普通法格言：即“拥有土地的所有者，拥有天空”（Cujus est folum, ejus est usque ad coelum）。也就是说，在法律意义上，土地是一个上限和下限

① Richard A. Epstein, *Takings: Private Property and the Power of Eminent Domain*, Harvard University Press, 1985, pp. 16, 29.

② Lawrence M. Friedman, *A history of American Law*, 2nd ed. Simon and Schuster, Inc. 1985. p. 59.

③ *Land Law and Real Property in American History*, Edited by Kermit L. Hall, Garland Publishing, Inc., 1987. IX.

④ ［美］因斯蒂图特编：《美国法律整编》（第4册，财产法），法治斌译，司法周刊杂志社1987年版，第3页。

⑤ ［日］高柳贤三著：《英美法源理论》，杨磊、黎晓译，林向荣校，西南政法学院法制史教研室科研处编译室1983年编译，第124页。

⑥ ［美］卡尔文·伍达德：“威廉·布莱克斯通爵士与英美法理学”，张志铭译，载《宪法的政治理论》，三联书店1997年版，第76页。

都无穷尽的概念。这种绝对财产权是一种类似于主权的一样的东西，使得土地所有人有权力(power)禁止任何侵扰其安宁享受权(quiet enjoyment)。因此盛行于美国财产法理念中的绝对财产权观念主要就是来自布莱克斯通的一系列理论。① 在18世纪，这种自然权利理论与绝对财产权观念进入了美国人的初级教科书，并在全美各大法学院中大行其道。

可以说，18世纪美国财产法理念中个人绝对财产权观的培植主要来自于对布莱克斯通绝对自然权利理论的继受，而这种继受又主要源于对他的著作的广泛阅读和美国的法学教育模式。据说在美国革命时期，布莱克斯通在1765年至1969年间第一次出版的《英国法释义》，在美国销售的册数，几乎与英国一样多。而1784年，美国法官塔平·里夫(Tapping Reeve)在康涅狄克州的利兹菲尔德(Litehfield)创立美国历史上第一所法律学校，它实施的讲义就是模仿了布莱克斯通的著作体系。② 18世纪的美国律师们也就是在布莱克斯通思想的培育下成长起来的。

所以说，将个人自然权利理论和绝对财产权利观念传播到美国应归功于布莱克斯通的《英国法释义》。《英国法释义》的美国版于1771~1772年出现于费城，是足本。该书一出版就极其畅销，其中被事先预订的就有1400册。美国革命前，在大西洋这一边就已卖出大约2500册《英国法释义》。③ 布莱克斯通的影响在美国革命前那场辩论的后期广泛传播，可由杰斐逊的话加以印证。杰斐逊曾提道"一帮年轻的法学家"，受到"布莱克斯通甜言蜜语的曼斯菲尔德主义"的蛊惑"……开始滑入托利主义"。正如美国学者布尔斯廷所评价的：

布莱克斯通是为任何有文化者都能掌握其法律传统的庞大纲要提供手段的第一个人。因此，这种布莱克斯通热(该书18和19世纪在美国多次重版)既反映了法律知识在美洲之受人欢迎，也反映了其欠缺薄弱。布莱克斯通之于美洲法律恰如诺亚·韦伯斯特的蓝皮识字课本之于美洲文化。只要四卷《释义》在手，任何人，无论多么远离古老的专业的中心，远离法院或立法机构，都能成为业余律师。对于正在发展的美利坚人，无论其为雄心勃勃的边远地区居民或是颇有抱负的政治家，布莱克斯通都是天赐神物。④

事实上，布莱克斯通阐述绝对财产权观念的《英国法释义》在19世纪已经成为

---

① [美]罗斯科·庞德著：《普通法的精神》，唐前宏、廖湘文、高雪原译，夏登峻校，法律出版社2001年版，第104页。

② Sir William Holdsworth, *A History of English Law*, Vol. Ⅺ, Methuen & Co Ltd and Sweet & Maxwell Ltd, Third Impression, 1977, p. 277.

③ [美]爱德华·S. 考文著：《美国宪法的"高级法"背景》，强世功译，三联书店1996年版，第88页。

④ [美]丹尼尔·布尔斯廷著：《美国人——殖民地历程》，时殷宏等译，上海译文出版社1997年版，第266~267页。

美国律师与法官的权威教材，对《英国法释义》进行解释的过程则是美国社会一体化进程中的一部分。[①] 美国历史上第一个设立法律教授职位的威廉·玛丽学院的第二任教授塔克（St George Tucker），在1803年就出版了布莱克斯通《英国法释义》的美国注释版（附有详细的笔记和相关参考资料）作为学生的教材。1826～1830年肯特模仿布莱克斯通《英国法释义》的体系，出版了四卷本《美国法评注》（*Commentaries on American Law*）。被当时的学者认为是布莱克斯通著作的"美国版"。[②] 斯托里也模仿布莱克斯通的《英国法释义》，从1832年到1845年出版了9种著作。而且，在19世纪，布莱克斯通发展出的绝对财产权观念早已进入到了美国人的初级教科书并达至顶峰，对美国人个人绝对财产权观念和个人主义精神的形成产生了深远的影响。在全美大多数一流的法学院中，法学教育同布莱克斯通分离那只是当代的事。在许多州的律师资格考试中仍然要求测试这些老套的法科知识。

因此，在19世纪的美国财产法理念中，布莱克斯通的个人绝对财产权观念畅行无阻并达到登峰造极的地步，以致发展出权利滥用理论。

在19世纪初，美国有关私有财产的法律的作用，主要是保证私有财产不受其他人的侵犯。在支配着肯特称为外部我的和你的物质观念的法律原则中，所有者被赋予了实际上不受控制的对财产的使用和处置的支配权。这个时代的美国法院在提到财产时，使用的就是过去在布莱克斯通的笔下表达过的用语："独有的和专断的支配权。"一位权威的作者说，尽管布莱克斯通的定义显得"有点夸张了……但毫无疑问，它大体上是正确的"。同样的观点也被法官们所采用：一家法院说，布莱克斯通的定义"阐明了财产权的实质性特征"。[③]正是财产一词，表明了不受限制地对物的占有、享用和处分的权利。

当时的法律仅仅根据所有者的意志来确认和对待财产。一个人取得、使用和处置财产的权利，受到了前所未有的保护，或者说这种保护是自美国法律将无所不包的财产权视为自由社会的一个基本方面以来所未曾达到过的。"自由意味着一个人使他自己达到最高和最佳境界的权力……而私有财产则是自由的实现。"财产变成了自由的一种必然结果；没有它，法律本身是不可思议的。从这种观点出发，法

---

① Nolan, Sir William Blackstone and the New American Republic: A Study of Intellectual Impact, 51*New York University Law Review*, 1976, pp. 767－768.

② Albert W. Alschuler, Rediscovering Blackstone, 145 *University of Pennsylvania Law Review* 1, November, 1996, p. 6.

③ 伊利著：《财产、契约与财富分配的关系》（第1卷），第105页。转引自［美］伯纳德·施瓦茨编：《美国法律史》，王军等译，中国政法大学出版社1990年版，第143页。

律的基本目标成了“维护私有财产权”。①

当时的一篇论文提到了罗马法关于财产权的定义:财产权是使用和消费一件物品的权利(Dominium est jus utendi et abutendi re)。“有人说,它意味着,财产权包含了使用或者滥用一种物品的权利。所以,它实际是主张把糟蹋物品的权利包括在内的财产权。”尽管对于这种所谓的权利滥用理论的效力,法学家们进行过多年的争论,但在美国财产法一个有关“刁难人的栅栏”的典型案例中,美国的法官对在刁难人的栅栏案中提供补救普遍持否定态度。用霍姆斯的话来说:“一个人拥有在自己的土地上建造栅栏的权利,愿意造多高就造多高,不管它可能把它的邻居的光线和空气挡住多少。”一个人按照他的意愿去使用他的土地的权利与恶毒的动机无关。“个人自由的理论和一个人对其财产的个人支配权的理论使他能做使其他人厌烦的事。……除了会失去每一个思维正常的人所希望的邻人的尊敬外,对此不会有什么惩罚。”对当时的大多数法院来说,甚至“只是为了损害别人而使用自己财产的权利也是……为了各种不同的目的而确立的权利的一种或多或少必要的附属权利。”法官霍姆斯提到了“被告出于恶意而建造一道栅栏的权利具有准附属权的性质”,但这并没有改变以美国的普通法为依据的这种权利的存在。

在19世纪美国财产法理念中,这种“权利滥用”理论的例子,更早的学说与地面水的使用有关。这里我们又可以从马萨诸塞州看到相邻地面所有权人使用地面水权利的极端个人主义的典型解释。如果这样的争执交由法国法官审理,他会认为使用自己的财产而损害他人是反社会的行为,应予以制止。而19世纪美国的法律工作者肯定会引用布莱克斯通的话冷冷地答道:“公共利益并不比保护私人权利更重要。”因此,被这个时代的美国法官们奉为圭臬的就是布莱克斯通的个人绝对自然权利观念。

五、结　　论

布莱克斯通的自然法学说在继受洛克的个人自然财产权理论的基础上,进一步证明了财产权是一种永恒的自然法所赋予个人的绝对权利,而这部自然法与上帝的意志是完全一致的。其充分阐述个人绝对财产权观念的《英国法释义》代表了从哲学上和法律上对于普通法私人财产权利的合理辩护。布莱克斯通不仅认为财产权是每个人享有的绝对的自然权利,而且,与其前辈自然财产权理论家们一样,

① 伊利著:《财产、契约与财富分配的关系》(第1卷),第614页。转引自[美]伯纳德·施瓦茨编:《美国法律史》,王军等译,中国政法大学出版社1990年版,第144页。

认为这种绝对财产权来源于“占有”。并进而在主要继承了洛克的观点的基础上，主张财产权的产生是基于劳动—占有理论。布莱克斯通的这种基于融入劳动的占有即产生个人绝对自然财产权利的理论，随着英国殖民者远渡重洋来到北美殖民地，对当时美国财产法自然权利理论的形成具有重大而深远的影响。并在这块尚未驯服的大陆发出的挑战下，不断培植出了美国财产法理念中的个人主义绝对财产权观。正如布尔斯廷所说，通过法律观念和法律术语播及山林原野，布莱克斯通为造就领导新大陆的自强不息者作出了很大贡献。

在整个十八九世纪，布莱克斯通在洛克个人自然财产权理论的基础上发展出的绝对财产权观念都为美国财产法理念所继受并予以发展，而且对美国法律生活产生了深远影响。对其《英国法释义》进行解释已成为美国社会一体化进程中的一部分。美国这一时期财产法理念主要是培养人的进取精神，体现了对个人自我主张最大限度保障的工具主义价值观。① 法律的主要目标是保护个人财产权。所以，大法官斯托里断言：一个自由政府的基本准则应当是把私有财产权视为神圣不可侵犯的权利。肯特则认为，法律要注重保护对既得财产拥有的权利，更要注重保护获得财产的权利。尤为具体地反映了这一时期布莱克斯通的个人绝对财产权观念对美国法官们的深刻影响。随着赫伯特·斯宾塞的进化观和自由放任主义深入人心、社会达尔文主义唱响美国大地，到19世纪最后25年，美国财产法理念将布莱克斯通的个人主义绝对财产观念推向了巅峰。

在布莱克斯通个人主义绝对财产权观念的影响下，在美国财产法理念中，形成了保障个人权利、允许个人最大限度地追求他们的利益的个人主义自然财产权理论基础。所以说，美国法律思想的独特之处在于个人主义的极端性，对个人利益和财产采取不妥协的坚持态度而成为法理学的焦点。尽管20世纪以来，在美国财产法理念中，更加关注财产权的社会价值，个人被要求承担很多不断进化的社会价值观的责任。但对个人利益的保护始终是美国财产法的目的。个人绝对自然权利理论传统作为美国财产法固有的特征，在现代美国财产法理论和审判实践中，担负着与公共权利原则相平衡的功能，始终保护个人权利免受非法侵犯，并同时促进个人和社会福利的最大化。② 因此，在美国财产法理念发展的全部过程中，个人绝对自然财产权理论传统始终是美国财产法的理论基础。

---

① ［美］霍维茨著：《美国法的变迁》（1780～1860），谢鸿飞译，中国政法大学出版社2004年版，第40～42页。

② Terry W. Farzier, *Property Ecological Integrity Within The Balancing Function of Property Law*, Environmental Law Northwestern School of Law of Lewis & Clark College, Spring, 1998, p. 85.

边沁法学之复兴:文本与文献问题综述

张玉堂*

一、边沁法学著述的文本问题

对任何一位经典作家或权威学者的研究,大都要面临几个方面的问题或难题。其一,不少学者都曾有过主要学术观点渐次发展甚至是明显转变的情形,如苏格拉底、柏拉图、黑格尔、拉德布鲁赫等人就是典型的例子。其二,是在被研究对象的文本中所表达的或表现的思想、观点与被研究对象本人之实际持有的思想、观点之间是否一致的问题。① 其三,有些学者喜好使用"春秋笔法"来表达隐晦的观点,如列奥·施特劳斯所说,不少古典学者都有两种写作艺术,一种是"俗白教导",另一种是"隐晦教导"。② 其四,还有个阐释学上的基本难题,即对相关问题的展开与阐释,究竟要侧重于被阐释者的角度还是要侧重于研究者的角度。任何对经典作家及其理论的学术(史)研究,都必须兼顾这些视角,根据自己的研究目的审慎选择研究的立场、方法和文本。

但是,除了上述常规的考量之外,在边沁法学的研究上,还面临着额外的困难与特殊之处。尤其是作为研究对象的边沁文本,几乎给所有的边沁研究都带来相当的困难与挑战。其原因主要在于:

其一,边沁的作品在表达上缺乏可读性。边沁既注重体系,又极其关注细节,这使得他的著述总是充斥各种琐碎而冗长的分析,时常令普通人难以卒读,即使是专业的研究者,也要耐着性子仔细研读才能理清其中的头绪。

其二,边沁的作品在用语上含混难懂。边沁极其追求表达的准确,因而经常生造一些新术语,但大多数时候他又不得不依赖更流行的通用术语。有时候,对某些通常用词用语他还会予以特别界定,以使之具有他所规定的含义。这样,在他的著述中,日常概念与生字新词或是老词新义总是错落参差,更增加其文本的晦涩与含混,非反复比对不能了然其语义。

---

* 张玉堂,2004 级外国法律史专业,指导老师:何勤华。现工作于华东政法大学。

① 例如,罗素就很怀疑培根是否真的相信后者自己所宣称的"启示真理",参见[英]罗素:《西方哲学史》(下卷),何兆武、李约瑟译,商务印书馆 1963 年版,第 63 页。

② 甘阳把施特劳斯的这个观点分析得非常简明易懂,参见[美]列奥·施特劳斯:《自然权利和历史》,彭刚译,三联书店 2003 年版,译者序。

其三，边沁的很多作品都是由他人编辑出版的，这类作品中都或多或少的留有极难辨识的编辑、裁剪痕迹。边沁生活简单，笔耕甚勤，“惜阴如命……在半个世纪中，他经常每天写作 8 到 10 小时。早晨一起床，他就把笔拿在手里。每天写的手稿平均有 10 至 15 对开页”。[①] 但是，这位作者的主要兴趣就是把他所想到的任何新思想或新观点赶快写下来，至于将其整理、校对、出版，对他而言简直是浪费时间。边沁的已出版作品，除了极少数重要作品是由他自己亲自负责，其他大都是经他人之手整理、编辑、出版的。这些人主要是些在他的身边先后出现且极富才智与奉献精神的助手或信徒，如罗米利、杜蒙、密尔父子、约翰·鲍林等人。[②] 这些人在其与边沁的关系、自身的学养、编辑的态度乃至编辑的文风等方面均有所不同，他们各自所编辑的文本便也因此存在相当的差异。

其四，边沁的著述除了少量已经出版的以外，大多还未被整理出版，仍以手稿形式躺在博物馆里。边沁一生笔耕甚勤，死后留下大量未刊手稿。在他 1832 年辞世以后，重新编辑、修订其已出版作品以及整理出版他那数量庞大手稿的工作，都是在最近 50 年才刚刚起步，尤其是他所遗手稿的整理出版工作，至今仍远未完成。

边沁一生所写的手稿非常多，他死后，这些手稿大部分收藏于伦敦大学学院，很小一部分收藏于大英博物馆。[③] 前者收藏大概占其全部手稿的十之八九，共计有 174 盒、约 60,000 多页，[④]要不是有些手稿被边沁自己销毁，保留下来的手稿将还要更多。全部手稿大概有 3000 万字，所有已经公开出版的大约 600 万字，仅及其全部手稿之 1/5。[⑤]

边沁的手稿，从形式上看，大体有三类：一是他本人手写的原稿，二是他手写原稿的打印件，三是他手写原稿的抄录件。从内容上看，又有未经整理而相对粗糙的原始初稿或草稿（边沁称为“原料”）和经过删减整理顺序相对完善的成稿两类，后者一般都会被打印或抄录、转录保存。边沁有个习惯，他的手写稿一旦打印出来，他就会销毁原来的初稿（底稿）。当然，也非绝对如此，有时候边沁会利用未销毁的原稿当做草稿纸，在其背面空白撰写新内容。是以，在边沁死后，整理出版他的手稿一

---

① ［英］边沁著：《政府片论》，沈叔平等译，商务印书馆 1995 年版，蒙塔古“编者导言”，第 17 页。

② 个别情况下，有些人出版了他的手稿，他自己甚至都不知道，更别提他是否会同意编辑对那些手稿的修改了。

③ L. J. Hume, Revision In Bentham Studies. In The Bentham Newsletter, Number 1, May 1978, p. 4. 因大英博物馆图书馆 1973 年 7 月并入新成立的英国国家图书馆（大英图书馆），故在有的文献中，说该部分边沁手稿收藏于后者之中，其实是同一批手稿。

④ 载 http://www.benthampapers.ucl.ac.uk/。

⑤ H. L. A. Hart, *Essay on Bentham: Studies in Jurisprudence and Political Theory*, Oxford University Press, 1982, p. 41.

直是一项相当艰巨的工作。尤其是,这种工作在相当长时间里都未得到重视。

边沁去世后,在其门徒兼遗嘱执行人[①]约翰·鲍林的主持下,从1838年到1843年间,6年间出版了11卷的《边沁全集》(最后两卷为边沁的传记和通信集)。这个全集主要根据鲍林及相关选编者的意愿选入边沁部分已出版著作和部分手稿,并且在这两方面都有重要的遗漏,此外,该版本还存在大量的文字和编辑方面的错讹。但是,无论如何,鲍林的版本还是提供一个边沁研究的重要基础,整个19世纪,人们大都依靠鲍林的版本来研究边沁。

法国学者哈列维[②]是第一个依据边沁手稿进行研究的边沁研究者,此后是奥格登(C. K. Ogden),[③]但他们都只利用了一小部分手稿而已,鲍林的版本仍然是最主要的参考文本。

1939年,哥伦比亚大学教授查尔斯·沃伦·埃弗雷特(Charles Warren Everett)在整理边沁手稿时,偶然发现一本从未出版的法理学著作抄本。经过仔细研究,埃弗雷特教授正确地判定这是《道德与立法原理导论》的后续之作,经他整理编辑,于1945年由哥伦比亚大学出版社以《法理学的界限》(*The Limits of Jurisprudence Defined*)为名出版。此书在1970年经H. L. A.哈特(1907~1992年)重新整理编辑,由阿瑟隆出版社(Athlone Press)以《论一般法律》(*Of Laws in General*)为名再次出版。另外,鲍姆加特(David Baumgardt)在1952年出版了边沁的一些手稿,但一样存在不少文字方面的错讹。[④]

总之,在20世纪50年代之前,对边沁原稿的编辑整理工作并未系统展开,尽管人们已经意识到边沁手稿是鲍林版本之外的重要的研究资料,但对其引用仍然仅限于学者们个别和零星的进行。自20世纪50年代开始,在边沁研究上迫切需要更加系统可靠的文本支持,以便摆脱存在明显缺陷的鲍林版本的束缚,重新校订已经出版的作品、系统整理出版边沁手稿已势在必行。

正是在这种背景下,伦敦大学学院于1959年成立边沁委员会,开始系统整理手稿和重新编辑出版边沁的著作。因手稿数量实在庞大,手稿中时常出现顺序不明、缺损、抄录转录错误,再加上边沁本人表述的重复和前后不一致等因素,致使委员会的工作在成立后数年间进展甚微,多数最初成员的黯然退出更使得这项工作几

---

① 边沁生前自己亲自指定鲍林为其死后的遗嘱执行人,授权鲍林在其死后继续整理出版其著作。

② 哈列维在1900~1901年间出版了其三卷本的《哲学激进主义的兴起》,参见[法]埃利·哈列维:《哲学激进主义的兴起》,曹海军等译,吉林人民出版社2006年版。

③ Jeremy Bentham, *Bentham's Theory of Fictions*, edited with an introduction and notes by C. K. Ogden. first published in 1932. Kegan Paul, Trench, Trubner & Co Ltd..

④ David Baumgardt, *Bentham and the Ethics of Today*, with Bentham manuscripts hitherto unpublished, Princeton University Press, 1952.

乎难以为继。

这种情形不久即得以改变,在哈特等知名学者的推动下,伦敦大学学院 1968 年改组了边沁委员会,并在它下面成立新的边沁研究中心,除了兼职研究者以外,更配备专职的研究人员和工作人员,专门负责整理手稿以及校订已出版边沁著作的工作,规划重新编辑出版一套新版的《边沁全集》(*The Collected Works of Jeremy Bentham*),以取代鲍林的版本。

新版《边沁全集》最初规划出版 40 卷,后改为 70 卷,其中著作集约为 30 卷,通信集约为 40 卷。在边沁委员会和边沁研究中心的主持下,在 1968 年至 1982 年间,首先由阿瑟隆出版社出版新版著作 8 卷、通信集 5 卷、法理学论文集 3 卷。1983 年起,《边沁全集》的出版改由牛津大学出版社负责,从 1968 年到 2009 年,至今已经出版 27 卷,其中著作 15 卷,通讯集 12 卷。[①] 目前这项整理出版工作仍然在继续进行之中。

就已经出版的边沁著述而言,鲍林版的全集编辑的很差,比如,哈特抱怨说,《道义论》(*Deontology*)是鲍林文本中最差的部分,帕雷克(Bhikhu Parekh)也以此为例说它根本不能和古德沃斯(Amon Goldworth)编辑的版本相比。[②] 鲍林版本存在的一些问题,多数是编辑者的态度、眼光或能力的问题。

若以编辑者是否尊重边沁手稿的原貌而论,鲍林的版本尽管不很理想,杜蒙的版本就更差,更加不可靠了。杜蒙对此倒也并不掩饰,公开表达他要改写边沁著作的意见。[③] 他经常删减甚至自行增补整句、整段文字。帕雷克指出,“他有时关心的不是编辑大师的作品而是要传播自己的思想,他使文本中多了不应被接受的自由观点。他删除了那些他认为无关紧要的细节、精细复杂以至于晦涩含糊的观点,他改编边沁的想法,加进一些新的论述,删除对他而言模糊和重复的部分”[④]。因此,杜蒙的版本是边沁所有作品中最不可靠的,与边沁本人的原始表达之间距离最远。但是,由于他有把边沁思想表述得简单易懂和使用更流行语言的能力,甚至边沁本

---

① 从边沁委员会成立至今,边沁研究的历任主席或主编(中心主任)分别为:J. H. Burns (1961 – 1979),J. R. Dinwiddy (1977 – 1983),F. Rosen (1983 – 1994),F. Rosen and P. Schofield (1995 – 2003),P. Schofield (2003 –)。

② Bhikhu Parekh (ed.), Jeremy Bentham, Critical Assessments, Routledge Press, 1993. Vol Ⅰ. Introduction, xxiv.

③ [英]边沁:《立法理论》,李贵方等译,中国人民公安大学出版社 2004 年版,理查德 · 海泰斯的“英译者前言”和杜蒙自己写的“民法典原理”的“导论”,第 112 页。

④ Bhikhu Parekh (ed.), Jeremy Bentham, Critical Assessments, Routledge Press, 1993. Vol Ⅰ. Introduction, xxiv.

人在抱怨他的同时[1],也会接受他的改动。比如,边沁甚至主动促成对杜蒙的法语版转译回英文版,并且一字未改。公正地说,边沁晚年在欧洲以及拉美等地所获得的广泛声名,几乎都仰赖于杜蒙所编辑的那些相对简明易懂、表达流畅的版本。

大约在1824年年底或1825年年初,多少受到他与杜蒙关系闹僵的影响,边沁把他关于司法证据方面的手稿从杜蒙处讨回,然后交由小密尔重新编辑出版。相比杜蒙,密尔所编辑的版本虽然也有对原稿的添加、删减和压缩,但却比前者要可信得多。虽然面临着所有边沁作品编辑者都会碰到的困难,而且还要更大,但密尔还是尽力按照边沁的思想原貌来展现他的作品,哪怕在有些地方稍显烦琐和不那么流畅易懂[2]。密尔编辑的成果就是1827年出版的五卷本《司法证据的理性》(*The Rationale of Judicial Evidence*)。

这里,我们或许得解释一下,何以边沁会放心地把自己的手稿交由他人编辑出版。的确,边沁和很多思想家都不同,他们总是说得多、写得少,但边沁有很多主题要说,他不愿意被任何一个困住。他总是急不可耐地进入下一个主题。他认为他的基本思想是人人都懂的,自己的观点让信徒们去广泛地解释、展开和传播,他不追求作为作者的那种虚荣心,也不怕被误解和歪曲。[3] 边沁甚至明确说,只要符合或有利于功利原理,他的分类表是可以开放给大家来修改的。[4] 当然,按密尔所说,重要的著作他总是自己出版。

表达边沁法学思想方面比较重要的已出版著作及其版本情况,这里且作一个概要介绍:

1.《对评论的评论》(*A Comment on the Commentaries*)和《政府片论》(*A Fragment on Government*),前者写于1775年,主要评论布莱克斯通的《英国法释义》一书的导论部分,后者系取自前者的一个部分,其内容均为批评布莱克斯通的法律观点,并表达边沁自己对政府和主权的观点,初步展现他的功利原理和分析法学的基本观点。《政府片论》首版于1776年,系由边沁自己匿名出版,它是边沁重要著作中发表最早的一部。该书现有商务印书馆1995年中文译本,系译自1891年英国历史学家蒙塔古编辑的重印版。另外,《关于评论的评论》一书,埃弗雷特教授在

---

① 边沁晚年与杜蒙发生不和,关系转淡,在强烈的不满情绪中,边沁甚至夸张地说,杜蒙对于我的想法一个字也没理解。参见[英]边沁著:《政府片论》,沈叔平等译,商务印书馆1995年版,蒙塔古"编者导言",第16页。

② 密尔对自己编写困难和编写宗旨有着具体的表述,详情参见[英]约翰·穆勒著:《自传》,郑晓岚、陈宝国译,华夏出版社2007年版,第84~86页。

③ 他说"不管对原理的细节提出何种修改,只要同原理有关的规定在字面上固定下来,这种修改便可以轻而易举地在随后发表的一个改正版上做出"。参见[英]边沁著:《道德与立法原理导论》,时殷弘译,商务印书馆2000年版,第53页。

④ John Bowring, *the works of jeremy bentham* Vol. X, Edinburgh, London, 1843, p. 521.

1928 年编辑过一个版本。在新版《边沁全集》中，该书有伯恩斯（J. H. Burns）和哈特编辑、由阿瑟隆出版社 1977 年出的新版本，内容上则是把这两部分合编在一起，名为《关于评论的评论及政府片论》（*A Comment on the Commentaries and A Fragment on Government*）。①

2.《道德和立法原理导论》（*An Introduction to the Principles of Morals and Legislation*），它是边沁为其体系化的功利主义法律（法典）理论所写的一个导论，集中阐述功利原理的内容及其在立法和道德中的具体运用，它是边沁自己最为看重的作品。该书写成于 1780 年，首版于 1789 年，也是边沁亲自出版的最重要著作之一，在新版《边沁全集》中，亦有伯恩斯和哈特编辑、由阿瑟隆出版社 1970 年出的新版本。商务印书馆 2000 年中文版系据哈特版的 1982 年修订版译出。

3.《论一般法律》（*Of Laws in General*），该书系边沁最为系统的法理学专著，探讨了法理学的诸多基本理论，是一部比约翰·奥斯丁之《法理学的范围》成书时间更早、内容更丰富、思想更具原创性的分析法学奠基之作。此书的发现表明，边沁比奥斯丁更有资格宣称自己为分析实证法学的鼻祖。

该书手稿边沁在 1782 年就已写成，但他似乎还想修改它，可惜后来就一直拖延，不仅边沁在世时未能出版，甚至在其死后，也一直没有人注意到深埋于其浩瀚手稿中的这部系统法学著作。100 年后，幸亏埃弗雷特教授慧眼识珠，该书才得以面世。其首版由埃弗雷特编辑并于 1945 年出版，名为《法理学的界限》，其后在新版全集中，又由哈特 1970 年以《论一般法律》为名重新编辑出版。

"上海三联法学文库"于 2008 年组织出版了译自哈特 1970 版本的中译本，②但该中译本很不理想。例如，它未翻译哈特本人的编者序言，而是将密尔 1839 年写的《论边沁》（*On Bentham*）一文放在前面作为该书序言，不夸张地说，密尔的论文其实和边沁的正文几乎风马牛不相及。而且，密尔的那篇文章国内早有多个译本问世，重复译出实属浪费。哈特在 1970 年版的编者导言中，详细介绍了他和伯恩斯的版本与埃弗雷特版本之间的差异及其原因，它不仅仅是编辑技术上的分歧，还有对边沁法学思想体系的总体判断作为前提，自然有很大的学术意义和参考价值，不知译者为何略去不译。当然，即使略去哈特的这个导言（它对编辑细节的交代太过繁复）也不是不可以。就妥当性而言，译者完全可以翻译哈特针对此书所写的一个单

① Jeremy Bentham, *A Comment on the Commentaries and A Fragment on Government*, edited by J. H. Burns and H. L. A. Hart, The Athlone Press, 1977.

② ［英］边沁著：《论一般法律》，毛国权译，上海三联书店 2008 年版。

篇评论文章，来充作该书的序文，[1]该文首次发表于1971年，后全文收入哈特1982年《边沁研究文集》（系该书之第5章）。[2] 此外，该中译本未注出原文页边码，还把附录，尤其是论题索引给省略了，致使在检索论题与查对原文方面极为不便。至于该译本在译文表达方面，似亦有见仁见智之处，故不赘言。

另据最新资料显示，边沁的这部重要著作在埃弗雷特和哈特之后，又即将有最新版本问世：由边沁研究中心现任主任兼《边沁全集》现任主编斯科菲尔德（T. P. Schofield）编辑整理，新版将更名为《法学刑法分支的界限》（*Of the Limits of Penal Branch of Jurisprudence*）。[3]

4.《立法理论》（*Theory of Legislation*），该书首版是1802年的法文版（*Traités de legislation civile et pénale*），由杜蒙把边沁的英文手稿编辑并翻译为法文在巴黎出版。1825年，由理查德·史密斯（Richard Smith）以此名称将该法文版转译为英文，在英国首次出版。尽管这本书在欧洲大陆、拉丁美洲、南非、俄罗斯等地影响很大，但是现在国外比较重要边沁研究者几乎很少引用它。[4] 他们中的大多数不信任边沁著作中的这个"杜蒙通俗版"，因为他们想看边沁用自己的话来表达的边沁思想，而不想看用杜蒙的话来表达的边沁思想，尽管二者之间的差异非常之小，尽管杜蒙的表达更加流畅、更具可读性。

5.《谬论大全》（*The Book of Fallacies*），原为边沁未写完的部分手稿，首版收于鲍林版第二卷中；1932年由奥格登（C. K. Ogden）参考手稿重新编辑，并以《边沁的虚构理论》（*Bentham's Theory of Fictions*）为名出版。或许因为边沁的语言理论和哈特自己语义分析进路不谋而合，故哈特对边沁的虚构理论非常推崇。的确，虚构理论乃边沁功利理论和法律分析理论的重要基础。

6.《司法证据的理性》（*The Rationale of Judicial Evidence*），该书最初由杜蒙在1823年用法文在欧洲大陆出版，名为《司法证据论》（*Traité des preuves judiciares*），

---

① 从该文内容上看，哈特主要分析了《论一般法律》的版本背景，并主要就该书所体现的边沁法学学说，比较全面并高度地评价了边沁在分析法学上巨大贡献，那是奥斯丁完全不可比拟的。该文哈特写于1971年，简直就是哈特针对该书所补写的一个真正的序言！

② H. L. A. Hart, *Essay on Bentham: Studies in Jurisprudence and Political Theory*, New York: Oxford University Press, 1982. Acknowledgements and Chapter Ⅴ.

③ Malik Bozzo-Rey, Publicity and Nomography: Bentham's School of Legislation, In Journal of Bentham Studies, Number 12, 2010, p. 1.

④ 很多学者都表示不愿意引用杜蒙代替边沁所说的话，他们都希望直接援引边沁自己的原始表达，对此可以参见现任边沁研究中心主任兼新版全集主编菲利普·斯科菲尔德的观点。See Philip Schofield, *Utility and democracy: the political thought of Jeremy Bentham*, Oxford; New York: Oxford University Press, 2006. Preface, ⅵ. 不过，考虑到该书的中译本在我国还是有一定影响的，加之杜蒙版本的这点差异对我们所要讨论的主题影响基本不大，本文对该书还是予以适当引用——大多用于对我们提出的既有边沁观点提供某种例证或进一步的阐释。

但是有诸多与英国法律有关的内容，特别是杜蒙认为大陆读者不感兴趣的部分都被他删除了。1825年杜蒙把该法文版转译为英文版在伦敦出版，名为《司法证据论》(*A Treatise on Judicial Evidence*)。后来边沁把手稿全部交给小密尔，要求后者重新整理再版。经小密尔参考边沁的全部手稿，精心编辑，以现名于1827年重新出一个新的英文版。①

7.《宪法典》(*Constitutional Code*, *Vol* 1)，这是边沁晚年最重要的政治和法学著作，原计划要写三卷，但最终并没有真正完稿他就去世了。第一卷在边沁生前即公开出版，即为1830年出版的 *Constitutional Code for use of all nations and governments professing Liberal opinions* (Vol 1, London, R. Heward, 1830)一书。后来鲍林版参考手稿，分3册将其编为该全集第九卷，名为《宪法典》(*Constitutional Code*)。在新版《边沁全集》中，于1983年由罗森(F. Rosen)和伯恩斯(J. H. Burns)主编出版《宪法典》(卷一)(*Constitutional Code*, *Vol. I*)。②

以上就是迄今为止与边沁之法学理论有关的重要文本，无疑，边沁还有众多这里未列出的与法律有关的著述，但相对而言，其主要的、目前可资参考的研究文本就是这些，它们都是边沁研究者们需要认真关注的研究材料。

二、边沁法学之研究的历史及其文献综述

边沁自其青年时代起，很早就产生了对法学和立法科学的兴趣，直至其以84岁高龄去世时，他所关注的第一重点依然是立法科学。诸如哲学、政治、道德、逻辑、语言、教育、经济学、宗教等领域，只是因为边沁要在他的立法科学中涉及，而不得不去触及的领域。③

边沁一生，从未动摇过自己的研究兴趣，更未想过要在法学或立法科学之外的其他领域有所建树，在他看来，那是别人的事，哪怕他已经就某个问题有所开创。例如，在对意志逻辑的探讨中，边沁意识到自己已触及逻辑学的一个特殊领域，换言之，一个新领域，但他明确地说，“事实上我只想对此题目作绝对必要的探索，以找

① John Stuart Mill, *The Rationale of Judicial Evidence*, 5 volumes, London, Hunt & Clarke, 1827, Preface.

② 罗森(F. Rosen)指出，新版主要的改变是，把鲍林版的第二部分作为《宪法典》之正文，其中，第二部分的第1章至第9章为正文第一部分，第10章和第11章为第二部分，第12章起为第三部分。原来的第一大部分新版本编辑认为其主要是《宪法典》的“导论”，且其中有些部分不应收录。而对正文部分，则在文字及标点上多有订正。See F. Rosen, The Constitutional Code: The New Version. In The Bentham Newsletter, Number 2, March 1979, pp. 40－43.

③ [英]边沁著：《政府片论》，沈叔平等译，商务印书馆1995年版，蒙塔古“编者导言”，第24页。

到所需材料来完成手头实际的工作,而无意挖得更深:我满足于打开矿口,把采矿的事留给别人去做"。①

按此来说,关于边沁的研究理应以其法律和立法理论为主要研究对象,但是,因为边沁的系统法理学著作一直深埋于他的手稿中,所以一直以来人们对他的关注反倒集中于他的功利主义理论——那是他为自己的立法理论和分析法学所确立的伦理和哲学基础。而分析法学之创始人的美誉,一直被人们毫无保留地赋予了约翰·奥斯丁。② 直至边沁的《论一般法律》被发现,并在其去世一个多世纪之后的横空问世,边沁这才开始分享奥斯丁独享已久的学术荣光。

人们对于边沁在法学上之重要性的认识与评价,除了上述这个因素外,或许还存在另外一个因素。那就是,边沁对英国普通法的批评有点过火,尤其是他言辞激烈地批判英国职业化的法律人和程式化的司法程序,这使他受到来自法律界人士的指责与抵制。不少英国法律人对边沁颇有微词,认为他没有真正参与法律实务,其实并不能体会普通法的真谛和这种制度的真正优点。③ 在这种舆论的影响下,不少人宁可将边沁视为一个法律改革家,而不愿承认边沁是一个真正的法律人或法学家。

对边沁法学思想之研究,大致存在两个不同的时期,一是"二战"之前的边沁研究,主要从功利原理本身及其对立法政策的影响方面为主,来阐释边沁的法学学说;二是"二战"以后,尤其是当《论一般法律》一书被发现以后,人们开始真正系统研究边沁的分析法学和实证主义思想。

这两个大的时期,具体的看,大致又可被划分为四个前后相继的发展阶段。

第一阶段,是边沁尚在世的阶段。在这个阶段中,边沁研究主要是在边沁的信

---

① [英]边沁:《道德与立法原理导论》,时殷弘译,商务印书馆2000年版,第367页,脚注。

② 对于奥斯丁为何会取代边沁而对英国法律人和分析法学产生更大的影响,特维宁指出,对这种不寻常的取代有若干解释:"奥斯丁更多地同情普通法,对法律职业较少批判,比他的老师更少危险的激进性。悲观者或许会接着说他的一般观点都是既容易理解又容易批判。"参见[英]威廉·特维宁著:《想象边沁著:一个纪念》,周国兴、李燕涛译,载邓正来主编:《西方法律哲学家研究年刊》2007年卷,第199页,注48。

③ 对此,蒙塔古援引过一位英国法官的话:"边沁过于敏感,而且也过于激愤,以至于无法认识自己所攻击的制度的基本优点。显然,他对于法律本身并没有精通——通过单纯的理论研究是达不到这一点的。"蒙塔古在指出并赞赏边沁作为一个伟大法律改革家的勇气时,似乎对斯蒂芬法官的这个评价也颇有同感。参见[英]边沁著:《政府片论》,沈叔平等译,商务印书馆1995年版,蒙塔古"编者导言",第58页。不过,如果说边沁对普通法的批评的确是有点过火,那么,我们同样可以公允地说,斯蒂芬法官对边沁的这种绝对消极的评价同样过火——边沁并没有完全否定普通法的优点和价值。波特斯马和特维宁等人的研究均可证实这一点。See Gerald J. Postema, *Bentham and Common Law Tradition*, Clarendon Press Oxford 1986. and John Dinwiddy, *Bentham: selected writings of John Dinwiddy*, edited by William Twining. Stanford University Press. 2004, Introduction, p. 8.

徒和边沁的批评者之间展开的，一方要传播、解释、捍卫边沁的思想，另一方则是针锋相对的批评。总体上看，因为这是和边沁同时代的研究，而且已经如此久远，当时探讨的很多话题，现今大都已不再具有学术价值。当然，也有少数仍然被现在的学者记住的、确有价值的例外，比如，和边沁同时代的弗朗西斯·普赖斯（Francis Place），在他给约瑟夫·休谟（Joseph Hume）的信中，就曾涉及一个功利主义的难题，即如何用看待多数决定的问题（休谟当时的答案是：多数暴政很难避免）。①

第二阶段，自边沁 1832 年去世至 19 世纪末。这个阶段的边沁研究有两个特征，一是参考文本上，主要依赖边沁已出版的单行本著作和鲍林出版的《边沁全集》，基本没有人直接引用边沁的手稿。二是此阶段之边沁研究，大多受到密尔《论边沁》（1839）一文的影响。一个典型的例子是，鲍林版第一卷有一篇由约翰·伯顿撰写的长达 83 页的编者导言，该导言分为十个部分洋洋洒洒介绍了边沁的生平及其学说，但在后世，除极少数学者（如哈里森）外，很少有人引用伯顿的这篇长文。

受益于密尔的归纳和修正，边沁所开创的功利主义思想体系得以更加系统、清晰和成熟，其影响力也随着密尔的影响力持续扩散。但是，和前一阶段一样，密尔眼里的边沁主要是功利主义原理的创始人，而他的法学思想，则不是密尔关注的重点。同样，密尔对边沁的批评和对他的肯定与赞扬一样，也同样影响巨大。有些学者如哈特，就不太认同密尔对边沁的一些批评，哈特认为密尔的批评误导了不少人对边沁的判断。②

这个阶段中，还要一提的重要边沁研究文献，是英国历史学家蒙塔古在 1891 年编辑《政府片论》时所撰写的“编者导言”。在这篇长文中，蒙塔古对边沁的立法理论和政府理论（尤其是主权理论）做了相对比较全面和中肯的评价。蒙塔古赞同英国法律人的说法，认为边沁对普通法的批评过于严厉，有失偏颇；边沁的很多建议的确改善了英国法律制度，但远没有取而代之。蒙塔古指出，“功利原则的价值不在于创造方面，而在于批判方面，它的价值在于作为一种检验标准，而不是作为一种胚芽”，③因此，边沁关于理想法典的梦想尽管很诱人，但基本不可能实现。

第三阶段，是 20 世纪初到第二次世界大战之间，大致为 1901 年哈列维出版《哲学激进主义的兴起——从苏格兰启蒙运动到功利主义》到 1945 年埃弗雷特编辑出版《论一般法律》这段时间。这一阶段的边沁研究之特征是，在鲍林版之外，个别研究者开始注意到边沁手稿的重要性，并开始越来越多地研究、引用手稿。

① Bhikhu Parekh (ed.), *Jeremy Bentham, Critical Assessments*, Routledge Press, 1993. Vol Ⅱ. pp. 329 – 336.

② H. L. A. Hart, *Essay on Bentham: Studies in Jurisprudence and Political Theory*, New York: Oxford University Press, 1982, p. 4.

③ ［英］边沁著：《政府片论》，沈叔平等译，商务印书馆 1995 年版，蒙塔古“编者导言”，第 44 页。

《哲学激进主义的兴起》一书篇幅很大，详细介绍了边沁主义及其学派的形成，该书英译者林赛评价它的主要学术价值在于：哈列维有力地论证了自然科学的原则和方法可以应用于人和社会的信仰是如何影响边沁主义者的，以及，他对古典经济学家的功利主义成分的分析。哈列维自己则说，功利主义不仅仅是一种道德学说，它更欲建立一种为法律惩罚理论提供数学基础的法律科学，他的任务就是完整、准确地展示这个道德学说的知识，①即这个学说的整个形成过程及其实践上影响。另外，哈列维和蒙塔古一样，都认为边沁更重视安全而忽视自由。

1932 年，奥格登（C. K. Ogden，1889 ~ 1957 年）参考手稿编辑《边沁的虚构理论》（*Bentham's Theory of Fictions*）一书。② 该书正文分为两部分，分别为边沁虚构理论概述和特别问题，正文前面是由奥格登撰写的编者导言，有 140 多页，几乎和正文一样长。在导言的最后一部分，奥格登仔细分析了边沁的法律虚构理论，这为哈特后来的分析提供了一个良好的基础。

埃弗雷特教授除编辑出版《法理学的界限》（1945 年）外，还编辑了《关于评论的评论》（1928 年），他也是这个阶段中一位主要的边沁研究者。

第四阶段，1945 年（“二战”结束）至今。在该阶段，随着伦敦大学学院边沁委员会和边沁研究中心的相继成立，以及，对边沁手稿的不断整理、挖掘和出版，加之对边沁那些已出版著作的重新修订、编辑、再版，边沁研究逐渐到达一个前所未有的高峰。“如 Quentin Skinner 及其他一些学者所说，边沁研究可望成为 21 世纪英美法学界的显学。”③

在这个阶段，随着边沁著述的新文本不断被发掘，搜集整理工作不断取得进展，专门的边沁研究机构和专业的研究期刊也相继创立。研究边沁的热潮从英国伦敦大学学院这个边沁研究重镇也在逐渐向世界其他地方扩展，比如，美国杜兰大学在 1979 年就和伦敦大学学院达成协议，要复印后者所收藏的全部边沁手稿，以便在前者建立美国边沁研究的文献资料中心。④ 在研究人员方面，以哈特为代表的一大批重量级学者，相继投入到对边沁的关注和研究中，出现了一大批高质量的研究成果。

---

① ［法］埃利·哈列维著：《哲学激进主义的兴起》，曹海军等译，吉林人民出版社 2006 年版，第 1 页。

② 此外，奥格登还编辑过《边沁的立法理论》（1931 年），分别参见 Jeremy Bentham，*Bentham's Theory of Fictions*，edited with an introduction and notes by C. K. Ogden. first published in 1932. Kegan Paul，Trench，Trubner & Co Ltd. 和 Jeremy Bentham，*The theory of legislation*，edited with an introduction and notes by C. K. Ogden. London：K. Paul，Trench，Trubner & Co. Ltd. ，；New York：Harcourt，Brace and Company，1931.

③ 载 http：//www. benthamism. cn/article/Details. asp？NewsId = 8&classid = 9。

④ J. R. Dinwiddy，The Bentham Project，In The Bentham Newsletter，May 1978，p. 32.

1978年,边沁研究中心创立并发行边沁研究的专门刊物《边沁研究通讯》(*The Bentham Newsletter*)年刊,主要是定期报道边沁研究中心的工作进展情况,发表相关的短讯、评论、书评、论文、边沁研究资料索引等。至1988年,该刊总共发行12期(1979年发行两期),自1989起,《边沁研究通讯》和《密尔研究通讯》(*The Mill Newsletter*)合并为新刊物《功利》(*Utilitas*:*A Journal of Utilitarian Studies*)。到1997年,两刊又重新分离,原《边沁研究通讯》更名为《边沁研究期刊》(*Journal of Bentham Studies*)并在边沁研究中心的支持下继续出版,到2011年为止已经出版12期。[①]

在这个阶段;比较重要且与本文主题有关的研究文献有:马克(Mary P. Mack)的《边沁:思想的奥德赛,1748～1792年》(1962年);[②]莱昂斯(David Lyons)的《基于被治者的利益:边沁之功利及法律哲学研究》(1973年);[③]休谟(L. J. Hume)的《边沁和政府》(1981年);[④]哈特的《边沁研究文集》(1982年);[⑤]哈里森(Ross Harrison)的《边沁》(1983年);[⑥]罗森(F. rosen)的《杰里米·边沁和代议制民主:宪法典研究》(1983年);[⑦]波特斯马(Gerald J. Postema)的《边沁与普通法传统》(1986年);[⑧]丁文迪(John Dinwiddy,1939～1990年)的《约翰·丁文迪边沁研究文选》(1989年/2004年);[⑨]帕雷克(Bhikhu Parekh)主编的四卷本《杰里米·边沁:评论文集》(1993年);[⑩]以及最新的边沁研究成果,伦敦大学学院边沁研究中心现任主任兼新版《边沁全集》现任主编斯科菲尔德(Philip Schofield)的《功利与民主:杰里米·边沁的政治思想》(2006年)。[⑪]

在这些作者中间,最重量级的学者当属分析法学大师哈特。哈特在边沁法学

---

① 载http://www.ucl.ac.uk/Bentham-Project/。

② Mary P. Mack, *Jeremy Bentham*: *A Odyssey of Ideas*, 1748 – 1792, Published by Heinemann Educational Books Ltd. ,1962.

③ David Lyons, *In the Interest of the Governed*: *A Study in Bentham's Philosophy of Utility and Law*, Oxford University Press first published 1973.

④ L. J. Hume, *Bentham and Bureaucracy*, Cambridge University Press 1981.

⑤ H. L. A. Hart, *Essay on Bentham*: *Studies in Jurisprudence and Political Theory*, New York: Oxford University Press, 1982.

⑥ Ross Harrison, *Bentham*, (*King's College*, *Cambridge*), Routledge & Kegan Paul 1983.

⑦ F. Rosen, Jeremy *Bentham and Representative Democracy*: *A Study of Constitutional Code*, Oxford 1983.

⑧ Gerald J. Postema, *Bentham and Common Law Tradition*, Clarendon Press Oxford 1986.

⑨ John Dinwiddy, *Bentham*: *selected writings of John Dinwiddy*, edited by William Twining. Stanford University Press. 2004.

⑩ Bhikhu Parekh(ed.), Jeremy Bentham, *Critical Assessments*, Routledge Press, 1993, Vol Ⅰ – Ⅳ.

⑪ Philip Schofield, *Utility and democracy*: *the political thought of Jeremy Bentham*, Oxford; New York: Oxford University Press, 2006.

研究中的重要性,并不仅仅依靠他学术权威的身份,更主要的在于他在边沁研究上的全情投入。基于对边沁的崇拜,哈特自1968年从牛津大学退休至其1992年去世期间,可以毫不夸张地说,他的晚年只有一件事,即专事边沁研究。哈特曾经非常自信地说,他所读过的边沁著述或许比其任何一个英国同行都多。①《边沁研究文集》是一本法理学论文集,收集了哈特此前20年间的重要边沁研究成果,包括对边沁作为分析实证主义法学之真正先驱的理论贡献、边沁法律思想的来源、边沁法律结构理论、边沁的主权理论、边沁对法律虚构的批判等方面的全面分析。从这本书中可以看出,哈特或许是所有边沁研究者中对边沁肯定最多同时批评最少的人,哈特对边沁在法学上贡献的肯定极大地改变了人们对边沁的传统看法。这本论文集就其所关注的话题、探讨的深度以及影响之广泛等方面而言,至今仍然是边沁法学研究最重要的成果之一。

和哈特一样集中从法学的视角研究边沁的学者,还有波特斯马。在他同样影响极大的《边沁与普通法传统》一书中,波特斯马把对边沁法律思想的研究置于两个重叠的视角之中,即在权威与理性的关系框架中,来考察构成英国法律两大传统即分析实证主义和普通法理论之间的关系。波特斯马的基本结论是,边沁的法律思想深受大卫·休谟法律思想的影响(后者的法律思想过去未得到应有关注),边沁若要保持其功利的实践哲学和实证主义的法律概念之间的绝对协调统一,就必须放弃他对实证主义立场的解释和坚持。波特斯马对边沁法学思想研究之深度和观点之新颖,使其成为哈特之外最重要的边沁法学思想研究者之一。

在他们之前的马克和莱昂斯对边沁研究的主要特点分别在于:马克对边沁前期思想发展的研究细致而全面,如她自己所言,希望是画一幅边沁的逼真的肖像画,而不是一幅抽象夸张的漫画。她的研究固然涉及法律方面的问题,但主要是对边沁功利思想的分析更多。莱昂斯的书分为两部分,分别研究了边沁的功利理论和法律思想,其核心研究成就在于,莱昂斯在边沁的私人伦理和立法艺术之间提出一种二元标准说,他认为边沁在私人伦理中主张的是个人利益至上,主要依靠古典经济学的利益的自然同一手段来自发调控,在立法领域则是公共利益至上,主要依靠立法手段来进行人为的调控,从而塑造一种利益的人为同一。莱昂斯的二元标准说激起热烈的争论,影响很大。②

---

① 哈特说:"边沁的著作卷数实在是太多,光是他已经出版的著作就差不多有600万字,而我真正读过的不会超过一半;尽管如此,我仍然确信,这已经远远超过我的许多英国同行们所读过的量。"See H. L. A. Hart, *Essay on Bentham: Studies in Jurisprudence and Political Theory*, Oxford University Press, 1982. p. 41.

② John Dinwiddy, *Bentham: selected writings of John Dinwiddy*, edited by William Twining, Stanford University Press, 2004, p. 134.

和哈特一样，L. J. 休谟和罗森都曾做过新版《边沁全集》的主编，因此对边沁研究也是颇有心得，引领一时之潮流。他们的这两本书都比较关注边沁的政府理论，都以边沁后期的思想尤其是《宪法典》为研究核心。丁文迪也是做过新版全集主编的边沁研究者，可惜英年早逝，他因病于 1990 年去世，终年仅 51 岁。丁文迪的这本选集是近年来研究边沁法学的权威著作之一，1989 年由牛津大学出版社首版，2004 由斯坦福大学出版社再版，该书涉及边沁法学的诸多重要领域，在边沁研究中也有相当的影响。

至于帕雷克的四卷本文集，则主要收集自 20 世纪 50 年代至 20 世纪 90 年代初期边沁研究的重要论文，论题分别涉及边沁思想的各个具体领域如哲学、法学、伦理学、政治、经济等，在第三卷中收有 23 篇专门论述边沁法律思想的论文，像哈特、L. J. 休谟、丁文迪、罗森、莱昂斯、波特斯马以及现任边沁研究中心主任兼新版全集主编的斯科菲尔德等人的文章均有收录。在论文方面，值得一提的还有 L. J. 休谟在 1978 年《边沁研究通讯》第一期上的论文《边沁研究中的修正主义》，休谟概要地回顾了 20 世纪六七十年代中，基于新文本新材料所产生的边沁研究的一些主要成果，并做了简要的分析评价。①

最新的研究成果是由全集现任主编斯科菲尔德的书提供的。该书虽然主要以边沁政治思想的发展为主题来进行研究，但涉及诸多法律问题，如自然法和自然权利、宪法、宪政民主、法典化等。斯科菲尔德认为，功利原理是边沁所有学说的基础，但它还有一个更为根本性的基础，即边沁关于真实和虚构实体的理论。斯科菲尔德的基本立场是：边沁的哲学始于经验世界，但这也就是他全部的世界了，因为在边沁看来，所有抽象观念最终都可以还原到经验事实上，所以，他对真实世界进行解释其实就是在对道德进行解释。

除了上述我们已经列举并简要评析的文献，此外尚有一些近几年才出版的新著，以及数量更加庞大的单篇论文，其中有一些也有相当参考价值，但限于篇幅，兼虑及本文之研究目的，此处不再一一罗列。

就英语世界的边沁研究文献而言，除了我们上面已经提及的部分，尚有众多相对分散，但并非不重要的研究。许多重要学者在其学术体系中均涉及边沁极其功利思想或（和）法律思想，如罗尔斯、诺齐克、拉兹、德沃金、波斯纳等人都把边沁之思想当做其重要批评对象。另外在 W. 弗里德曼、丹尼斯·劳埃德、韦恩·莫里森等人的法理学教材中，以及诸如罗素的《西方哲学史》、索利的《英国哲学史》、萨拜因的《政治学说史》中，对边沁的功利主义和法学思想亦有不同程度的涉及，且都有

① L. J. Hume, Revisionism in Bentham Studies, *The Bentham Newsletter*, May 1978, pp. 3 – 20.

一定的参考价值。

至于国内的边沁研究，较早期的重要著述，是梁启超在1902年写的介绍边沁思想的论文《乐利主义泰斗边沁之学说》，[①]从其文后所附参考资料看，他对边沁的解读完全依靠日本学者的研究成果。但是，即使依靠的全部是二手资料，梁启超还是比较准确地概括出边沁的主要思想，并对边沁在政府、主权、议会改革等方面的观点进行了卓有见地的评论。[②] 该文言简意赅，至今读来仍不失其教益。国内现在公开发表的边沁研究文论，居然多有不及梁先生百年前之应时短文者，实在令人感慨。

或许是受中国传统文化"义利之辩"的影响，"功利"、"功利主义"这种语词，在汉语中始终具有一种相当负面的意味，自梁启超以来，鲜有学者再去专门关注边沁及其法学。[③] 百余年来，大陆学界对边沁的研究，多以关注其功利主义思想为主，对其法学学说则少有系统深入者。受限于资料的贫乏，大陆学者的关注也多集中于边沁的立法理论、法典编纂思想、惩罚理论等具体的点上，或者，仅仅将边沁作为功利主义法学流派之创始人来从流派角度进行笼统地介绍和评价。

这种研究总体上看存在两个缺点，一是对边沁原著的关注面不够宽，迄今为止总共才翻译了四本；二是对国外重要的边沁研究二手资料基本很少参考，翻译更是一本都没有（仅据笔者个人所见）。因此，国内对边沁的分析实证主义法学还缺少真正系统的介绍和深入研究。

所幸，近几年这种情形有了明显改观，国内学界对于功利主义、分析法学、实证主义思潮乃至边沁本人的研究兴趣日渐浓厚起来，隐然暗合于国际学界的这股边沁研究复兴浪潮。最典型的表现是出现了一些与边沁法学有关的研究著作，[④]和一

① 梁启超："乐利主义泰斗边沁之学说"，载范忠信选编：《梁启超法学文集》，中国政法大学出版社2000年版，第29～45页。

② 比如，在立法所涉及的公共事务或政治事务领域里，功利原理提供的标准是社会利益或公共利益；而在私人伦理所涉及的私人生活领域里，功利原理提供的标准则是个人的最大幸福，问题是，当这二者发生冲突时，应当如何解决？梁启超敏锐地意识到，此问题实乃"边沁学说全体之死活问题也"。但时至今日，国内诸多讨论边沁功利主义的研究，都没有能够在这个问题上有所深入思考，很多人甚至根本没意识到这个决定边沁功利主义之生死存亡的问题。参见梁启超："乐利主义泰斗边沁之学说"，载范忠信选编：《梁启超法学文集》，中国政法大学出版社2000年版，第37页。

③ 民国时，学者严恩椿曾经翻译过一本专述边沁及密尔父子政治思想的书，这是很少的例外。参见[英]戴卫孙著：《功利主义派之政治思想》，严恩椿译，商务印书馆1934年版。本书英文原版为：William L. Davidson, Political Thought in England: The Utilitarians from Bentham to J. S. Mill, Williams And Norgate, London, 1915.

④ 徐爱国著：《分析法学》，法律出版社2005年版，第2章第2节"边沁的分析法学"，第18～33页。杨思斌著：《功利主义法学》，法律出版社2006年版，第2章"边沁的功利主义法律思想"，第40～97页。

些资料视野明显拓宽的期刊论文。①

特别值得一提的是，这两年大陆已有研究者创建了专门的边沁研究中文网站，该网站以译介、传播边沁的政治法律思想为己任，并勉力提供一些边沁研究方面的资讯。② 另据悉，法律出版社拟组织和编辑一套《边沁政法文库》译丛，可以想见，该译丛的出版必将大大提高国内一直落后的边沁研究水平，并将成为推动我国法学研究和法律实践的又一新动力。

当然，与任何其他经典学者一样，关于边沁的研究文献虽说不上汗牛充栋，其数量也相当可观。从对其本人著述的整理和编辑到系统或专题性的思想学说研究，从其个人传记到其通信手稿，数量或许可以多到任何研究者都无法遍览其全貌，更不可能有时间真正去全部消化它。何况，边沁的手稿和新版全集仍然在出版中，按其规划至今只不过刚出版了1/3而已。可以说，当今之边沁研究的资料，没有最新，只有更新。从研究之苦而论，实乃所有边沁研究者之一大痛事，但从研究之潜在价值而论，亦可谓一大幸事哉！

---

① 徐同远："边沁的功利主义理论和分析法学思想"，载《比较法研究》2008年第6期。［英］威廉·特维宁："想象边沁：一个纪念"，周国兴、李燕涛译，载邓正来主编：《西方法律哲学家研究年刊》2007年卷，第189～214页。李燕涛："人民是我的恺撒——纪念边沁诞辰260周年"，载邓正来主编：《西方法律哲学家研究年刊》2008年卷，第247～261页。

② 载：http://www.benthamism.cn/。此网站为北京大学翟小波博士所建，更为令人欣慰的是，小波博士还于2009年成功加入伦敦大学学院的边沁研究中心的研究团队，能够有机会接触到边沁的手稿并与边沁研究重镇的学者们一起共事，长远看，这一事件必将有力推动国内的边沁研究尤其是边沁法学的研究。

飞跃:从孟德斯鸠到威格摩尔

——法律“系统”进化论的诞生

赵笑君*

一、进化论的源起与法律“系统”进化观念的萌芽

(一)进化论的源起概述

古希腊时期,出现了历史上第一个具有选择进化观念的先哲——古希腊哲学家、生理学家恩培多克勒,他认为自然界中的物质包括水、气、土、火四大要素,它们通过“友爱”(结合力)和“憎恨”(解离力)这两种敌对力量的作用,逐渐形成地球上的一切生物。① 另一位古希腊哲学家亚里士多德则认为自然是一个连续体,无机物为其低级阶段,它们无机物通过变形成为有机物,有机物转变为生命,生命再从原始的柔软物向上演化为最完善的形态,甚至还可以继续发展更高级的生命形态。②

启蒙运动时期,在教会“不变论”自然观统治千余年后,德国哲学家康德和法国天文学家拉普拉斯分别于1775年和1796年各自独立提出了太阳系起源和星云假说,这种关于天体演化的理论包含了进化思想。③

此后,法国生物学家拉马克在1809年发表的著作《动物学的哲学》中系统地论述了生物进化的问题,提出了终极目的论或称直生论,认为生物进化有一个既定的路线和方向而不论外界环境如何变化,此观点揭示了包括人类在内的一切物种都是从其他物种传言下来的原理。④ 他认为生物进化是方向性、直线阶梯式的,有一个既定的路线和方向而不论外界环境如何变化。

上述代表人物的观点重在解释“何谓进化”,那么进化的路径又如何呢?一些哲学家将进步的路径描绘成起伏不定的波线,还有的则描绘成有角度的回转线。维斯将进化过程视为回到起点的圆形,每次沿着同样的路径重新开始,重复着同一圆圈。格里夫则视其为螺旋形,不断攀升但转回到起点的上方的同一位置上。歌德

---

* 赵笑君,2008级外国法律史专业,指导老师:何勤华。现工作于福建师范大学法学院。

① 吴丕:《进化论与中国激进主义》,北京大学出版社2005年版,第17页。

② 同上。

③ 同上,第18页。

④ Review on Zoological Philosophy, Shirley A. Roe, *Journal of the History of Biology*, Vol. 18, No. 2, 1985, pp. 292–293.

认为用上升的螺旋形(上升之时其曲线变宽)能最好地表现事物的发展。歌德的比喻正如作家皮卡德所言:“看来比其他类比都更为贴切,特别是在法律领域,既考虑到了纷繁复杂的史实变化,同时有标明了注定的方向。”①

通过几位代表人物的观点可以看出,在社会科学借助进化论研究法律发展之前,哲学和自然科学领域对于“进化”的理解其实颇为简单,即“进化”就是上升式的运动,路径不过两条:简单的直线形上升与复杂曲折的曲线或螺旋形上升。所有这些观点都有两个共同点,即这一时期进化理论的两大特点:其一,宏观地粗线条描述事物的发展,重点落在研究大趋势,而忽视微观层面的研究,即事物内因之间的互相作用以及内外因之间的作用;其二,将进化的方向简单地定义为“单项上升”模式。

截至启蒙运动晚期,即在进化理论全面作用于法律研究之前,哲学和自然科学领域的进化理论由于上述两大特点导致“单项上升”简单进化模式的普遍运用,这一模式解释林林总总的自然现象尚属蹩脚,直接运用到法律现象研究时,则漏洞百出。直到孟德斯鸠《论法的精神》的问世,才出现了对一种能够修补粗糙进化假说的新理论的萌芽——法律“系统”进化论。

(二)孟德斯鸠的革命性理论假说——法律“系统”进化观

孟德斯鸠在《论法的精神》中写道:法律应该和国家的自然状态有关系;和寒、热、温的气候有关系;和土地的质量、形势与面积有关系;和农、猎、牧各种人民的生活方式有关系。法律应该和政制所能容忍的自由程度有关系;和居民的宗教、性癖、财富、人口、贸易、风俗、习惯相适应。最后法律与法律之间也有关系,法律和它们的渊源,和立法者的目的,以及和作为法律建立的基础事物的秩序也有关系。应该从所有这些观点去考察法律。这些关系综合起来就构成所谓的“法的精神”。②

孟德斯鸠理论假说之所以可谓之“革命性”,乃是他取得了两大突破:

1. 微观要素的全面发掘。较之早期的进化理论重在研究“大势所趋”,孟德斯鸠更关注于自然与社会双方面对法律的影响,他发现法律受到自然与社会五大方面的影响,而我们所常见的成文法或者判例法不过是所有者这些要素因果作用的结果。而法律研究重要的不是结果而是过程,而且这一过程并不简单,相反它充斥着众多要素作用力之间的相互博弈(尽管当时并没有成熟的“博弈”理论)。在大致划分为五大方面的基础上,孟德斯鸠又列举出了 20 多种影响法律发展的要素。这是第一次对法律进化微观层面进行全面分析的伟大尝试。

---

① Planetary Theory of The Law's Evolution, John H. Wigmore, Evolution of Law V3: *Sources of Ancient and Primitive Law*, p. 536.

② [法]孟德斯鸠著:《论法的精神》(上),商务印书馆 1961 年版,第 7 页。

2. 以系统统一所有微观要素。认识了众多微观要素,那么所有这些要素之间又是出于何种状态呢?孟德斯鸠根据这些要素所属领域的不同,把它们分成五大方面:国家的自然状态、土地状态、人民生活方式、自由程度、文化状态,而这五个方面又互相作用并综合构成"法的精神",实际上这是有五个子系统构成的一个大系统。

那么孟德斯鸠的这次伟大尝试确实与"系统科学"理论超越时空地不谋而合吗?

(三)系统论的基础观点与法律"系统"进化观的暗合

系统具有普遍性,它是物质存在的普遍形式。系统概念真正作为一个科学概念进入到科学领域,还是20世纪20年代以后的事。20世纪40年代,在美国工程设计中应用了这一概念。到了20世纪50年代以后,才把系统概念的科学内涵逐步明确,并在工程技术系统的研究和管理中得到了广泛的应用。

何谓"系统"?如果撇开一切具体系统的具体形态和形质,可以发现所有系统具有以下几个共同点即系统的同构性:①(1)系统是由两个以上的要素(部分、环节)组成的整体,单个要素不能构成系统,世界上的一切具体事物、概念、现象都可以构成系统。作为构成系统的要素可以是单个事物,也可以是一群组成的小系统。(2)系统的各要素之间、要素与整体之间,以及整体与环境之间存在一定的有机联系,从而在系统内部和外部形成一定的结构和秩序,可以把环境看成是系统所属的更大的系统。(3)系统整体具有不同于各个组成要素(部分)的新功能。没有同意功能的要素集合体就不是一个系统。如果所有的要素任意堆积,就不构成系统,只有当它们按照一定关系组合起来时,才能构成系统,故而每一系统其特定功能。(4)系统和要素的区分是相对的。一个系统只有相对于构成它的要素而言才是系统,而相对于由它和其他事物构成的较大系统而言,则是一个要素(或称子系统);相应地,一要素只有相对于由它和其他要素构成的系统而言,才是要素,而相对于构成它的要素而言,则是一个系统。这样,就显示出系统具有层次性或等级性。

根据以上系统的共同特点可以给系统下一个简明的定义:系统是由两个以上可以相互区别的要素构成的集合体;各个要素之间存在一定的联系和相互作用,形成特定的整体结构和适应环境的特定功能;它从属于更大的系统。和这个定义相类似,贝塔朗菲把系统确定为"处于一定的相互关系中并与环境发生关系的各组成部分(要素)的总体(集)"。② 我国科学家钱学森则主张"把极其复杂的研究对象称为系统,即相互作用和相互依赖的若干组成部分合成的具有特定功能的有机整体,

---

① 邹珊刚、黄麟雏、李继宗等编著:《系统科学》,上海人民出版社1987年版,第47~48页。

② [美]贝塔朗菲:"普通系统论的历史和现状",载《科学学译文集》,科学出版社1981年版,第315页。

而且这个系统本身又是它所从属的一个更大系统的组成部分”。①

综上所述,孟德斯鸠的时代虽然没有系统理论,但是由于系统具有普遍性,它是物质存在的普遍形式,由于系统本身的这种客观存在,它必然会被人们所感知所发现,只不过是“自发”与“自觉”,“萌芽”与“成熟”之间的差别而已。正因为孟德斯鸠的理论假说特点符合现代系统论的基本观点,故而我们完全可以称为法律“系统进化”观的萌芽。不过嗣后法律进化论在相当长的时期内并没有继续沿着孟德斯鸠的轨迹向前发展,而是继续着眼于“宏观的单向性上升运动”。

二、渐进式法律进化理论的发展与高潮——从萨维尼到梅因

有关“单向性上升运动”的宏观描述在历史法学派两位代表人物萨维尼与梅因身上体现的非常突出,两者的观点是一种典型的渐进式法律进化理论。

(一)萨维尼的“有机进化的法哲学”

英美法中关于社会多样性的法律进化理论渊源可以追溯至19世纪德国“历史法学派”的奠基人——弗里德里希·卡尔·冯·萨维尼。历史法学派反对法哲学研究以自然法学说的抽象思维为依据,认为法哲学应当研究法律的历史基础。萨维尼自1810年起至1842年一直担任柏林大学的罗马法教授,他撰写了大量关于罗马法历史的著作,但是他对英美法哲学最主要的影响乃是一篇初创历史法学派的论文,即发表于1814年,后于1831年译为英文的名作——《论立法与法学的当代使命》。②

萨维尼所倡导的是一种“有机进化的法哲学”,这一观念在英美法律师中取得了共鸣。他们把萨维尼的理论视为对民法典主义的反驳,而为普通法辩护。然而,萨维尼的观点实际上并非是普通法方法简单的概括。他的目的在于反对所有的德意志邦国效法被推翻的拿破仑政权制定一部统一的民法典。萨维尼认为当时的德国“不具备制定一部万世皆准的法典的条件”。通过对罗马法史的借鉴,萨维尼指出:一个法律系统只有在经过了数个历史阶段的发展之后,才能达到一个适合法典编纂的条件成熟时期。故而在萨维尼看来,19世纪初的德国法学发展尚没有达到一个成熟的阶段,无力成功地编纂法典。

尽管作为前达尔文主义者,萨维尼在对进化论的理解之中还缺乏“自然选择”这一观念,但是他的“法律发展阶段论”却是建筑在对自然进化论有意识的类比基

① 钱学森著:《论系统工程》,湖南科学技术出版社1982年版,第10页。

② The Evolutionary Tradition in Jurisprudence, E. Donald Elliott, *Columbia Law Review*, Vol. 85, No. 1, 1985, pp. 38 - 94.

础上的。近代以来,社会达尔文主义广为人们所接受,依据该理论,在所有社会之初人类均处于原始兽性的状态,进而逐渐进化到"忍受存在"阶段,最后发展到现今的文明高度。萨维尼反复使用这个用以描绘法律变化的德文单词就是"发展",结合他著作的上下文可以进而解释为"进化"。①

萨维尼的理论之革命性就在于他否认法律源于统治的目的性创制,而是由民族的共同精神进化而来。然而,依照现代的标准,萨维尼的著述乃是一种无望的隐喻且有欠科学。萨维尼对于进化机制的问题回答得很模糊,而事实上,这才是法律进化这一概念的实质之所在。

(二)梅因与"渐进式进化论"假说

萨维尼对于法律制度的历史分析法得到了亨利·詹姆斯·萨姆那·梅因爵士的发扬和升华,梅因爵士最负盛名的著作《古代法》发表于1861年,仅比达尔文的《物种起源》晚出版两年。梅因的著作是否确实受到达尔文的影响,这还不过是一种推测。无论怎样,梅因的"法律发展的阶段论"还是比较谨慎的。梅因认为所有的"进步的社会"必然经历过数个连续阶段的发展。其中每一阶段均有前一阶段演化而来,并同时为下一阶段的进化奠定了基础。

梅因坚称理解法律进化的关键在于"法律概念的早期形式",它们之于法学家的重要性如同"地球固体外壳"之于地质学家,其隐含了嗣后法律所呈现出来的所有形式。根据梅因的观点,法律最初的雏形乃是以国王判决为依据的。但是由于这些判决彼此之间并不存在"有条不紊"的体系性联系,所以梅因认为不能把它们定义为真正的法律,而只不过是命令罢了。

英雄时代之后,历史发展至"贵族政治",由于"国王的权力被贵族议会所篡夺",源自于英雄时代的王权并逐渐取而代之。在这一时代,以"成体系的规则"为内涵的法的概念诞生了,"合法寡头政治"主张垄断法律知识,并要对决定争论所依据的各项原则有独占的权利。由贵族统治又发展到了"习惯法时代",最后就演进到了"法典时代"。

梅因思想中的进化论倾向在他的"族长理论"中也可见一斑,该理论认为国家起源于家族。梅因主张"最年长的男性家长""在他的家族中拥有绝对的权力"。社会构成并非是简单的个体集合,而是"许多家族的聚合",先聚合成氏族或家族,最后再聚合成部族。因此,梅因从法律拟制的角度提出"允许家属关系的人为构建",而这种"拟制亲属"观念却为"社会契约与现代国家"理论播下了种子。梅因沿着习惯与法律形式演变的轨迹求索,最终提出了他最著名的理论——法律的进化猜想:

---

① The Evolutionary Tradition in Jurisprudence, E. Donald Elliott, *Columbia Law Review*, Vol. 85, No. 1, 1985, pp. 38 – 94.

从身份到契约。

梅因著作中的某些理论是经得住时间考验的。例如，他敏锐地洞察到法律拟制对法律变化的促进作用，这其中的智慧之光在今天看来仍如同当年一样璀璨明亮。另外，从今天的角度而言，梅因过于笼统粗浅的"泛进化论"观点——所有的社会均由家族演化为个体，从身份演变为契约，从刑事立法演化到民事立法——又显得那么过于单纯、幼稚。

梅因明确地指出，"所有社会机制均属于印欧血统"这是"几乎可以肯定的"。① 换句话说，梅因很难想象"人类社会不经历同样的阶段性发展就能够演化出不同的发展轨迹"。② 尽管梅因强调经验主义与从多元文化中寻求证据的重要性，但是他仍然没有充分领悟达尔文的进化观，并借鉴它用以解释人类种群中的特征多样性。梅因的思维仍停留在庸俗进化论，或是胚胎学上的机械发展观上，这完全是赫伯特·斯宾塞的进化论观，而不是达尔文的。③

而且，梅因和萨维尼一样，在描述法律变化的模式时对促成变化的过程鲜有关注。例如，关于英雄时代到贵族政治的自然演进过程，梅因只叙述了"where"，却没有说明"how"——"怎样演变"和"why"——"为什么会演变"，所以说进化机制与具体进化过程在梅因的法律进化观中尚属空白。

尽管存在有这样或那样的缺点，梅因的方法依旧极大地影响了 19 世纪末 20 世纪初的英美法学者。到了 1890 年，波洛克这样总结道："社会进化论不过是一种研究事实本质的历史方法，而这种历史方法恰恰是以进化的观点来观察已知的社会与制度。"④至此，梅因将简单的"单项上升"进化模式发展到了极限，同时其论著之中诸多硬伤也暴露了此模式的致命缺陷，人们已经意识到客观的法律进化其复杂程度远非几条简单的公式所能涵盖，而且正是由于对法律进化复杂性的认识才使得学者们的研究重点和兴趣发生了重大转折——更多的人将目光投向具体的法律演化过程而不再是方向和结果。

---

① H. Maine, *Ancient Law: Its Connection with the Early History of Society and its Relation to Modern Ideas* (Beacon ed. 1963) (1st ed. London 1861), p. 118.

② F. Pollock, *Sir Henry Maine and His Work*, *Oxford Lectures and Other Discourses*, 1890, Oxford Press, p. 147.

③ J. D. Y. Peel, *Herbert Spencer: The Evolution of a Sociologist*, 1971, pp. 141 – 146.

④ F. Pollock, English Opportunities in Historical and Comparative Opportunities, *Oxford Lectures and Other Discourses*, 1890, pp. 37 – 41.

三、宏观与微观的重新统一——威格摩尔与“法律行星系统进化论”假说

20世纪初在充分吸收和反思大陆和英国法律思想的基础上,美国法学开始以批判性的姿态登上法律思想史的历史舞台。这在法律进化理论上就表现为对宏观的“单向性上升”与“阶段式递进”进化模式的批判,其代表人物是约翰·亨利·威格摩尔,他从微观视角创立的“法律行星系统进化论”则为当时的法律进化理论注入了一股新的生命力。

(一)威格摩尔的鸿篇巨制——三卷本《法律进化论》

1915~1918年间威格摩尔与他的同事阿尔伯特·柯克里克发表了长达2100页,共三卷本的论文集——《法律进化论》。他们受梅因法律进化观之启发,欲遵循普遍法律观念的演化足迹追根溯源。

头两卷搜集了主要的法源,而在第三卷——法律发展的构造影响,两人提出了一种法律进化的综合性理论。数节导言论述了“法律进化及其研究方法的标准”,他们的研究便由此入手。接着,他们搜集了数篇论述法律受其外部环境因素影响的论文,这些因素包括地理、经济、种族、宗教、政治等诸如此类的物质力量。书中收录的由比利时法学教授埃德蒙·皮卡德撰写的《法律进化的要素》一文,阐明了柯克里克与威格摩尔法律进化论的实质。此文辨别列举了10种推测出来的导致法律进化的因素,包括种族、环境、外族的入侵、伟大法学家以及人口密度。和先前未深受达尔文影响的学说理论不同的是,该学说与达尔文的“生物多样性环境决定论”如出一辙。比如,文中关于环境对法律发展的影响部分就从引用达尔文的“丛林中植物的趋光性”理论开始,来论证法律发展众多因素中的“地理因素必要性”。

在第三卷的其余篇幅中,柯克里克与威格摩尔搜集了更多的论文进一步详尽了皮卡得的理论。这其中很多文章预言了一些主题,这些问题直到近来才被置入“社会生物学”领域内得以重新发掘和探索。一篇名为《鸟、四足、鱼类动物中财产权的自然之源》文章论述了动物领域一种类似于人类财产权的占有归属权的演化。另一篇则近似于现代“互利主义”理论与“合作进化学说”。1/3的文章预测了法律进化的经济理论,它们认为法律进化是减少集团内部冲突更加有效的机制。[①]

第三卷最后一部分最为引人注目的便是威格摩尔自己的论著——《法律进化

① Planetary Theory of The Law's Evolution, John H. Wigmore, Evolution of Law V3: *Sources of ancient and Primitive Law*, p. 537.

行星说》。威格摩尔以他的“行星理论”回应梅因以及其他“谬误者”，因为他们把法律进化这一概念简单地定义为所谓的“阶段式的递进”。威格摩尔坚决反对这种法律进化观点，并以遗嘱转让规则为相反的例证用以证明法律体系并非锁步式地前进，甚至也不会向同一方向按部就班地阶段性进化。为了修正梅因的原始进化模型，威格摩尔的“法律进化行星说”采用了“行星运动相互间的万有引力”学说来类比法律进化的动力。

威格摩尔强调法律规则表现的仅仅是竞争性社会力量所达成的暂时性的“平衡”。他总结道：要解决法律进化规则的问题，首先必须全面分析各种隐藏在法律背后的社会力量，当然这些潜在力量也因不同的时间和空间而异。[①] 据此，威格摩尔认为我们不能指望法律总是沿着单一的路径进化，通过对梅因理论的批判可见一斑。

关于“婚姻制度的进化”，梅因和持相同观点者认为“经历了多配偶制的群婚到一夫一妻制”。威格摩尔则认为此模式“忽视了相反的局部变化……因此无法再现事实的全貌”。对于梅因以及其他法律进化阶段论的弱点，威格摩尔指出：这些观点无法描述引发运动的外部因素；比如说，地方经济资源的贫乏会导致一夫多妻制的不可能，或者地方道德戒律也会使得一夫一妻制不可行；因此，这种抽象式的进化公式就成了“谬误”。[②] 在威格摩尔看来，正确的法律进化研究不能简单地定义和普遍化为一种法律变化的抽象模式；而必须将法律的变化与引发此变化的地方环境条件相联系。他也不相信法律进化意味着一种规范式的演进。相反，法律进化不过是法律在不断适应外部环境的变化。

（二）“法律行星系统进化”假说

最终，威格摩尔的“法律行星系统进化”假说取代了梅因的“渐进式进化论”。

首先，该假说把一个法律观念或是法律制度类比成一个行星系，而所有能够确定的对此观念或是制度产生影响的各种要素则类比为星系中的行星，这些要素互相之间普遍存在的作用力类比为行星之间的“万有引力”，所有作用力的合力方向即是这个法律观念或法律制度的运动方向，由于合力的方向是无法预测的，所以最终的运动发展方向也是无法预知的。由此可以证明，梅因和其他持“法律渐进进化论”观点的学者企图用一个普遍的进化公式涵盖一切的进化模式只能是徒劳无功。[③]

---

① Planetary Theory of The Law's Evolution, John H. Wigmore, Evolution of Law V3: *Sources of Ancient and Primitive Law*, p. 537.

② Ibid. p. 538.

③ Ibid.

其次,威格摩尔进一步提出,上述这些法律观念和法律制度行星系本身又是更大的系统的组成部分,而这些更大的系统又是在其他力量的左右下展开运动的。利用这一类比学说,威格摩尔至少证明了在一个系统整体进化运动之下,内部各要素之间的相互作用与博弈的复杂性不亚于真正的天体行星系,而且可能较之还要复杂。①

四、结　语

威格摩尔的行星类比学说可能会因为它过于机械性而震惊许多现代读者,但是他的法律进化观却令现代人瞠目！就其对环境变化的作用的重视程度而言,他是位真正的达尔文主义者,而萨维尼和梅因则不是。而且,他的法律进化观把演化视为各种力量作用之暂时性平衡的结果,以及把法律系统置入一系列更大系统之中的观点,都使得他的"法律进化行星理论"与进化的现代数学模式相一致。但是,与前人一样,威格摩尔对于"环境因素究竟如何塑造了法律"这一问题仍然言之甚少。

不论怎样,威格摩尔在他的时代取得了超越时代的成就。威格摩尔的相关论著均在1917年左右出版,此时系统概念作为一个独立的学科理念尚未进入科学研究领域,他却借助已有的天体物理学中的"行星系"概念实现了一次跨学科的类比尝试,最终在法学史上人们第一次看见了一个立体的法律进化模型——原来精深的法律一直像浩瀚的宇宙那样充满了激烈星体碰撞和永恒的运动。

总而言之,法律实证主义者将法律视为统治者主观意志的产物,这无异于法律上的"创造论"。而"社会"进化论者对法哲学最主要的贡献便在于他们提供了与此不同的另外一种解释。通过对社会与文化因素的关注,他们为现代法社会学、法经济学以及法人类学奠定了基础。而更为重要的是,威格摩尔的"法律行星系统进化"假说在法律进化论学说史上第一次有机地在一个模型中将影响法律的微观要素与法律的宏观运动方向相结合,为后世从宏观和微观双方面综合、有序、全面地解释法律,修订立法提供了科学标准。

① Problems of the Law's Evolution, John H. Wigmore, *Virginia Law Review*, Vol. 4, No. 4, 1917, p. 262.

耶林的思想转型与现代民法社会化思潮的兴起

——一个初步的思想史考察

朱晓喆*

德国法律史家弗朗茨·维亚克尔(Franz Wieacker)指出在近代私法史上,欧洲私法的思想基础曾经呈现不同的面目,在中世纪是查士丁尼法典的启示,在16世纪人文主义时代是古希腊罗马的古典作品,在十七八世纪的理性法时代是自然秩序的社会法则,在19世纪是历史主义法学(Historical Jurisprudence)。① 继历史法学衰落之后,从19世纪末到20世纪初,由于欧洲的社会巨变导致法律思想统一性的瓦解,欧洲私法亟须一种新的理论作为思想基础。恰在此时,德国法学家鲁道夫·冯·耶林(Rudolf von Jhering,1818~1892年)发生了一次思想转型,对概念法学进行批判并提出了目的法学,从而开启了利益法学、社会学法学、自由法学等"民法社会化"②的法学思潮,奠定了现代民法的思想基础。

一、耶林思想转型的历史背景

19世纪初,随着拿破仑的战败,德意志的民族主义一时高涨,以蒂堡(F. J. Thibaut,1772~1840年)为首的一些德意志法学家主张按照《拿破仑民法典》模式制定一部统一的民法典。但是,历史法学派的开创者萨维尼(F. C. von Savigny,1779~1861年)却认为当时德意志的法学和法学家不足以担纲制定民法典的任务。在《立法与法学的当代使命》这本小册子中,萨维尼指出法律起源于民族精神,而并非人类理性的建构,仓促地制定民法典必然经不起历史的检验。他主张在深入研究古典罗马法的基础上,总结罗马法的规律,为当代的立法提供可靠的学理基础。③

---

* 朱晓喆,2001级外国法律史专业,指导老师:何勤华。现工作于华东政法大学。

① Franz Wieacker, *A History of Private Law in Europe*, With Particular Reference to Germany, translated by Tony Weir, Clarendon Press, 1995, p. 445.

② 谢怀栻教授认为近代民法到现代民法的发展趋势是从个人本位、权利本位到社会本位,并将其概括为"民法的社会化"。(参见谢怀栻著:《外国民商法精要》,法律出版社2002年版,第17页。)本文赞同并借鉴谢怀栻教授关于现代民法发展趋势的概括。

③ 关于萨维尼的历史法学思想,参见[德]弗里德里希·冯·萨维尼著:《论立法与法学的当代使命》,许章润译,中国法制出版社2001年版;林端:"德国历史法学派",载《台大法学论丛》(第22卷)1993年第2期。

萨维尼身体力行,在八卷本的《现代罗马法体系》(1840~1849年)中力图重新奠定德国私法学基础,清理和建构民法的基本概念、体系和原理。这一项工作,随着萨维尼的得意门生普赫塔(Puchta,1789~1846年)的加入,更加朝着抽象化、概念化的方向迈进。普赫塔认为私法学应建构一个精确的概念金字塔,即从一个最高的基本公理(或抽象概念)开始,层层演绎,即可获得一个逻辑完满的概念体系。[①] 并且这种概念体系还可以衍生法律规则、弥补法律漏洞,即"将实证条文回溯到其原则和基本概念,并经由演绎,从如此寻得的体系学说去填补漏洞"[②]。历史法学由此转向了"概念法学"(Bergriffs jurisprudenz,conceptual jurisprudence)。由于普赫塔及其之后的概念法学以查士丁尼法典中的《学说汇纂》(Digest)为研究基础,所以又称为"学说汇纂法学"或"潘德克顿法学"(Pandekten,即Digest的希腊语)。

普赫塔之后,最有影响力的潘德克顿法学家当数伯恩哈德·温德沙伊德(Bernhand Windscheid,1817~1892年)。温德沙伊德视罗马法的现代化为己任,提出"纯化"罗马法的主张。他认为,今人应当清理流传至今的罗马法中陈旧和坏死的部分,"将罗马法按照民族意识标准进行衡量,排除与其作为德国法相抵触、相矛盾的部分"。再将纯化过的罗马法与日耳曼法糅合为适应当今需要的德国法。在《潘德克顿教科书》这本并再版数十次的教科书中,温德沙伊德成功地实现了这一任务。[③] 随着温德沙伊德参与制定《德国民法典》,潘德克顿法学决定了《德国民法典》的基本内容和结构体系,这只要表现在以下几点。

其一,潘德克顿法学隐含着法律实证主义的前提。19世纪早期的历史法学派对于法律的渊源是否应包括习惯法、民众法律意识尚存在争议。然而潘德克顿法学家相信法律可以从抽象的法律体系、概念和原则中演绎出来,解决案件的规则不是任何外在的社会考虑,而仅仅是制定法本身,制定法具有绝对的权威,如温德沙伊德在《潘德克顿教科书》中写道:"立法是当代最具深远意义的法源。习惯法相对于成文法只居于从属地位。"[④]其二,潘德克顿体系决定了民法典的基本结构。19世纪初,德国法学家海瑟(A. Heise,1778~1851年)在《普通民法体系大纲:为潘德克顿讲授之用》一书中把私法分为六个部分:第一编"一般理论"、第二编"对物权"、

① Franz Wieacker, *A History of Private Law in Europe*, With Particular Reference to Germany, translated by Tony Weir, Clarendon Press, 1995, p. 317.

② [德]Helmut Coing:"鲁道夫·耶林的法律体系概念",吴从周译,载《法学丛刊》2000年总第180期。

③ [德]米夏埃尔·马丁内克:"伯恩哈德·温德沙伊德——一位伟大的德国法学家的生平与作品",田士永译,载郑永流主编:《法哲学与法社会学丛刊》(第6卷),中国政法大学出版社2004年版,第462~465页。

④ [德]霍尔斯特·海因里希·雅科布斯著:《十九世纪德国民法科学与立法》,王娜译,法律出版社2003年版,第77页。

第三编"债权"、第四编"亲属支配权"、第五编"继承权",以及第六编"回复原法律状态"。[①] 除了第六编之外,海瑟的体系基本被潘德克顿法学接受和发展,并决定了《德国民法典》五编制的结构。[②] 其三,潘德克顿法学决定了民法典的抽象性、封闭性。潘德克顿法学将民法建构为一个抽象的概念体系,并希望其独立于社会和政治的影响。一位批评者对此尖刻地说道:法律实证主义制造了"一个机械的、在道义上被阉割了的法律体系"。[③] 温德沙伊德则辩解说,立法时常要考虑伦理、政治和经济的因素,但是这不关法学家的事情,法学只是为立法提供科学的基础知识。其四,潘德克顿体系包含着一个主观权利体系,私权的保护被视为民法的首要任务,因而它必须贯彻私法自治原则和自由主义思想。温德沙伊德说:"法律为每一个意志创造了一个他人的意志不得入侵的主宰领域。法律首先是对人们自由的确认而不是限制自由。"[④]潘德克顿法学家把自由意志论带入了民法典。

二、耶林向目的法学的转型与自由意志论的批判

1. 与概念法学决裂

鲁道夫·耶林出生于1818年,在他求学时代,历史法学和潘德克顿法学处于鼎盛时期,因而耶林深受概念法学影响,其前期作品《不同阶段发展中的罗马法精神》(三卷,1852~1865年,1878~1888年)属于典型的概念法学研究。在这部著作中,耶林把法学区分为"较低层次的法学"(niederer Jurisprudenz)和"较高层次的法学"(hoeherer Jurisprudenz)。所谓较低层次的法学就是对法律的"解释",它的任务在于说明法律条文,排除其逻辑矛盾,消除模糊与不确定性,使立法者的意思显露出来。[⑤] 在耶林看来,法学研究不能停留于"较低层次",而应该以法律概念和规则为基础,建构(Konstruieren)出来一个体系。耶林提出通过三个阶段来完成概念体系的任务,即分析(Analyse)、总结(Konzentration,或集中)和建构(Konstruktion)。所谓分析,是将法学研究的素材还原成最简单的基本成分,即分解为法律概念元素;所谓总结是指发现法律概念或法律规则的上位概念或上位原则,从而实现简化法

---

① Arnold Heise, Grundriss eines Systems des Gemeinen Civilrechts zum Behuf von Pandecten-Vorlesungen, Heidelberg 1807.

② 薛军:"略论德国民法潘德克顿体系的形成",载《中外法学》2003年第1期。

③ Michael John, *Politics and the Law in Late Nineteenth-Century Germany: The Origins of the Civil Code*, Clarendon Press, Oxford, 1989, p. 85.

④ Ibid.

⑤ [德]Helmut Coing:"鲁道夫·耶林的法律体系概念",吴从周译,载《法学丛刊》2000年总第180期。

律;所谓建构,是指以实证法为素材,定义某种法律构造,赋予其相应的法律效力,如根据主体、客体、内容和作用来界定一项主观权利(如法定继承权),并能够将其与其他的法律构造相区别(如法定继承权与遗嘱继承权的区别)。由此得出的概念体系无逻辑矛盾、符合美感的要求,并且还具有生产性的功能(根据体系衍生新的规范)。① 由此衍生的法律规范,"不要期待它有任何的实际效益,它正是为它自身而存在,它的存在是因为它不能不存在"。②

概念法学的失误在于将它试图完全删除法律的目的性要素,以概念逻辑取代社会生活本身。正是耶林自己意识到了这一致命弱点,大约从19世纪60年代开始,耶林逐渐放弃了概念法学,转而注重法律的目的和利益因素,并最终成为概念法学最尖锐的批判者。

2. 自由意志论的批判(一):"利益说"和法律的目的

19世纪德国主流的私法学认为权利的本质是权利主体的自由意志(free will)。自由意志说来源于德国古典哲学家康德和黑格尔。在康德和黑格尔的哲学中,人类作为主体在道德领域中根据自己的意志进行自由选择,正如重量是物体的根本规定一样,自由就是人类意志的本质规定,自由意志是一个无条件的、绝对的假设。③ 例如,所有权被认为是主体与客体之间的意志关系,康德说:"无论是什么东西,只要我根据外在自由法则把该物置于我的强力之下,并把它作为我自由意志活动的对象……而且,我依照可能联合起来的共同意志的观念,决意把一物变成我的,那么,此物就是我的。"④黑格尔也说:"人有权把他的意志体现在任何物中,因而使物成为我的东西。……每一个人都有权把他的意志变成物,或者物变成他的意志,换句话说,他有权把物扬弃而改变为自己的东西。"⑤

自由意志论成为19世纪权利理论的根基。萨维尼在《现代罗马法体系》一书中将权利界定为"个人意思支配的领域",他说:"如果我们考虑一下包围或者充满我们现实生活的法律状态,我们首先就会发现其中各个人都有一种权力(Macht):

---

① [德]Helmut Coing:"鲁道夫·耶林的法律体系概念",吴从周译,载《法学丛刊》2000年总第180期;另参见[德]米夏埃尔·马廷内克:"鲁道夫·冯·耶林:生平与作品",田士永译,载郑永流主编:《法哲学与法社会学论丛》,北京大学出版社2005年版,第325~327页。

② [德]格尔德·克莱因海尔、扬·施罗德著:《九百年来德意志及欧洲法学家》,许兰译,中国政法大学出版社2005年版,第124页。

③ [德]康德著:《实践理性批判》,韩水法译,商务印书馆1999年版,第1页;[德]康德:《法的形而上学原理》,沈叔平译,商务印书馆1997年版,第50页;[德]黑格尔著:《法哲学原理》,贺麟、张企泰译,商务印书馆1996年版,第11~12页。

④ [德]康德著:《法的形而上学原理》,沈叔平译,商务印书馆1997年版,第72页。

⑤ [德]黑格尔著:《法哲学原理》,贺麟、张企泰译,商务印书馆1996年版,第52~53页。

他的意思支配的一个领域,我们同意该支配。这种权力,我们称为该人的权利(Recht)。"①在此基础上,温德沙伊德对主观权利进行了系统的阐释。他把主观权利分为两类:第一类是所谓的意思力(Willensmacht),即要求与权利人相对的特定人为或不为一定行为之权利,即请求权;第二类是指无涉于他人的意思支配(Willensherrschaft),即权利人的意思可以形成、变更或消灭上述请求权,如所有权人有出让其所有物的权利,债权人转让其债权的权利,合同解除权、终止权,等等,可见属于这一类的权利主要是支配权、形成权。温德沙伊德最终对权利提出如下的定义:"权利是某种由法律秩序所赋予的意思力(Willensmacht)或意思支配(Willensherrschaft)。"②

耶林对自由意志论提出辩难:如果说权利是主体的自由意志,那么有些民事主体并不具有意志能力,为什么法律也认可其享有权利呢?例如,由于无行为能力人不能自由地决定自己的意志而法律不承认其意思表示的有效性。但不可否认即使没有意志能力的未成年人和精神病人也享有权利,这又如何解释呢?也许有人认为,无行为能力人可以由他的监护人代为表达其意志,但如此一来,权利不是应归属于监护人了吗?自由意志说由此露出了破绽。而耶林认为,权利的本质就是"法律所保护的利益"。就无行为能力人来说,法律之所以赋予无行为能力人以权利,是因为利益应当归属于无行为能力人,而不是归属于监护人。虽然未成年人不具有意志能力,但他们可以享受某种受法律保护的利益。他们的权利并非是基于自由意志,而是法律应保护他们的利益。③

"利益说"不仅解释了未成年人为何能够享有权利这样的细节问题,在耶林的整个理论脉络中,利益说与法律目的论紧密相连。耶林在《法律的目的》(1877~1883年)中论述道:无论私法还是公法都要保护个人利益,这一点没错,但是人类不能仅限于个体的存在,他还要为了永久的目的而结成共同体进行社会生活,作为强制性社会规范的法律必须确保和维持社会生活状态(the conditions of social life)。④换言之,维持社会的存续是法律的最终目的。基于社会的需要,法律可以对个人权利进行限制,耶林列举了大量的罗马法以及现代社会中法律对私人权利(例如父母

① [德]弗里德里希·卡尔·冯·萨维尼:"萨维尼论法律关系",田士永译,载郑永流主编:《法哲学与法社会学论丛》,中国政法大学出版社2005年版,第2页。

② Bernhard Windscheid, Lehrbuch des Pandektenrechts, Erster Band, Literarische Anstalt, Frankfurta. M., 1900, achte Auflage S. 138.

③ Munroe Smith, Four German Jurists: Bruns, Windscheid, Jhering, Gneist, in A General View of European Legal History, New York, AMS Press, Inc., 1967, p. 138.

④ Rudolf von Jhering, *Law as a Means to an End*, Translated by Isaac Husic etc., Boston, The Boston Book Company, 1913, pp. 330, 345.

对子女的权利、合同和遗嘱自由、私有财产的处分权)的限制现象,说明了私人权利必须服务于社会目的。

事实上,耶林的观点早在1872年在奥地利维也纳发表的演讲《为权利而斗争》中已经形成。在这篇演讲中,耶林提出为权利而斗争两点意义:一方面,权利是个人在社会中的生存条件,个人主张权利犹如生物在自然界的自我维护本能,因此为权利而斗争就是为了自己在物质上和精神上的生存和发展而斗争、是对自己的义务;另一方面,具体权利是根据抽象的法律而得到,权利由法律赋予生命,但抽象的法律并不能自我实现,必须依靠权利人主张他的权利,才能表明其存在。因此,个人主张权利的意义远远超过了维护其自身利益,他同时维护了法律的尊严,履行了自己对社会的义务。权利人从利益这一低层次的动机出发,通过主张权利,维护自我生存的人格,进而维护了作为社会生存条件的法律,并最终实现了正义。① 可见,耶林对权利的认识是一以贯之,即私人权利最终要服务于社会的目的。

3. 自由意志论的批判(二):占有理论

在19世纪,自萨维尼以来,占有就被视为一项独立于一般物权以外的法律制度。就占有的原初含义来说,它只是一个事实,萨维尼说:"占有在我们看来仅是对物事实上的支配(dominion),因此,其是非法律(non-legal condition)状况,完全与法律无关。但是,占有可以针对某些对物的侵扰而得到保护,而因为此种保护,就确立了有关占有的取得和丧失的法律规范,仿佛它是一种权利。"②自罗马法以来,占有必须具备两个要素:"占有体素"(corpore possidere)和占有心素(animus possidendi),③前者是指占有人对标的物实际的控制和支配状态,后者则是指占有人将标的物作为自己的物加以支配,即占有人具有"支配意图"(animus domini)。④ 如果没有占有心素,那么对于物的支配仅仅构成单纯的"持有"(detentio),如受寄托人或质权人对于寄托物或质物的支配控制就是持有。⑤ 占有心素反映占有人的主观意志状态,换言之,只有能够具备占有意志的人才能取得占有,因此,在萨维尼看来,那些无法产生意志的人就不能取得占有,如法人是法律拟制的人,没有意志所以不能取得占有;精神病人、未成年人如果没有监护人的准可(auctoritas curatoris),

---

① [德]鲁道夫·冯·耶林著:《为权利而斗争》,郑永流译,法律出版社2007年版,第12~36页。

② [德]弗里德里希·卡尔·冯·萨维尼著:《论占有》,朱虎、刘智慧译,法律出版社2007年版,第21~22页。

③ 黄风编著:《罗马法词典》,法律出版社2001年版,第201页。

④ [德]弗里德里希·卡尔·冯·萨维尼著:《论占有》,朱虎、刘智慧译,法律出版社2007年版,第190页。

⑤ 黄风编著:《罗马法词典》,法律出版社2001年版,第89页。

不能独自取得占有。[①]

那么,如何解释法律必须保护占有这种事实状态呢?萨维尼首先提出"非法暴力说",即"必须绝对保护占有人以对抗暴力(violence);暴力一旦发生,即是非法"。萨维尼解释说:在侵害占有中,并没有独立的权利受到侵犯,"但却发生了不利于此人(占有人)的事实状况变化,存在于针对个人的暴力行为之中的非法行为的后果可以这样被完全消除,即这只能通过回复原状或者对于暴力所延伸到的事实状况的保护而得到实现。这就是占有诉讼的真实基础"[②]。萨维尼之后的德国法学家,更强调用占有心素来解释法律对占有的保护,如冈斯(Gans)认为法律对占有的保护实质上就是对占有人占有意志的保护,即使它可能是非法的。[③] 温德沙伊德强调意志在占有中的地位,他指出:将物作为自己的物占有是占有意志的实现,法律之所以保护它是因为"意志在占有中使自身实际发生效力,而不论其内容是否具有正当性"。布恩斯(Bruns)也说:"个人在占有中实现的支配意志,除了服从法律之外,不必屈从于任何他人的意志……占有保护的基础就在于占有意志本身。"[④]

耶林对这种以自由意志论为基础的占有理论提出质疑,他指出,如果在占有中的现实占有意志都应受到尊重和保护,那么为什么法律要强迫通过暴力侵犯他人占有的人必须向原占有人恢复占有并赔偿损失,即一个人的意志要屈从于另一个人?可见法律并不保护所有的占有意志,有时法律承认和保护它,有时又不能满足它,因而不能从占有意志本身来理解法律为什么保护占有。[⑤] 耶林在早期作品《占有保护的基础》(1868 年)中提出自己的看法,他认为对占有的保护其实就是为了所有权人的利益,因为占有人通常都是所有人,所有人无须证明他的权利存在,即可通过占有得到法律保护,由此占有就是所有权的外部防御措施,保护占有就是为了更圆满地保护所有权。当然,占有制度也可能保护了非所有权人,但这正是该项制度的代价。[⑥] 在其后期作品《占有意志》(1889 年)中,耶林将传统的以占有意志为基础的理论称为"主观说",根据主观说,原告要在占有之诉中获得救济,必须在诉讼中证明他主观上的占有意志,但证明一个人主观意志状态是困难的。耶林指出,占有人的占有意志可以通过外在的客观事实表明,其中最为重要的事实就是形成

---

① [德]弗里德里希·卡尔·冯·萨维尼著:《论占有》,朱虎、刘智慧译,法律出版社 2007 年版,第 192 ~ 193 页。

② 同上,第 33 页。

③ 同上,第 36 页。

④ Munroe Smith, Four German Jurists: Bruns, Windscheid, Jhering, Gneist, in A General View of European Legal History, New York, AMS Press, Inc., 1967, p. 143.

⑤ Ibid., p. 145.

⑥ Ibid.

占有的占有原因(causa possidendi),如继承、遗赠、买卖或赠与,等等。通过占有原因表明的占有意志被称为“典型的意志”(typical will),它区别于纯粹主观的无法证明的占有意志,以此来解释占有人应受法律保护的原因就被称为“客观说”。如果提起占有之诉的原告要获得法律保护,则必须在诉讼中证明其占有原因,如果被告提出原告是非法占有人(如盗贼)或者承租人、受寄托人,那就要由被告承担举证责任。可见,在占有之诉的举证责任分配中,根本无须诉诸抽象的占有意志。①

4. 自由意志论的批判(三):缔约过失责任学说

1861 年,耶林在其主编的《耶林法学年刊》上发表了《缔约上过失,契约无效与不成立时之损害赔偿》一文,奠定了现代大陆法系缔约过失责任制度的理论基础。自罗马法以来,因缔约一方当事人的过失而导致契约不成立或无效,相对人是否以及如何提出损害赔偿,至耶林时代尚未形成统一的理论。概念法学固守于违约责任和侵权责任的二分法,虽然缔约一方因信赖契约有效成立而遭受损失,但由于没有契约关系的存在,即不能获得契约法的救济。如果当事人转而寻求侵权法的救济,侵权法在举证责任、诉讼时效、赔偿范围方面对受害人都较为不利。耶林认为法律应直面这种社会现象,承认缔约过失一方应向相对人赔偿信赖利益的损失,其理由在于:“从事契约缔结的人,是从契约交易外的消极义务范畴,进入契约上的积极义务范畴,其因此而承担的首要义务,系于缔约时须善尽必要的注意。法律所保护的,并非仅是业已存在的契约关系,正在发生中的契约关系亦应包括在内,否则,契约交易将暴露于外,不受保护,缔约一方当事人不免成为他方疏忽或不注意的牺牲品!”②因此,当事人因自己过失致使契约不成立或无效,对信赖其契约有效成立的相对人,应赔偿基于此项信赖而生的损害。

应当指出,耶林的缔约过失责任理论不仅发现了一项法律制度,更为深刻的是,这一学说还打击了自由意志论。19 世纪契约法的理论基础也是自由意志论。例如,黑格尔认为契约是两个具有自由意志的主体“由于依据共同意志并在保持双方权利的条件下将所有权由一方移转于他方”,通过契约,权利人扩展了自己支配财产的自由领域,即“可以通过他人的意志,也就是在共同意志的范围内占有财产”。③ 萨维尼将契约定义为“两个人或多个人之间协商调整他们之间法律关系的

① Munroe Smith, Four German Jurists: Bruns, Windscheid, Jhering, Gneist, in A General View of European Legal History, New York, AMS Press, Inc., 1967, pp. 148 – 150.

② [德]耶林:“缔约上过失,契约无效与不成立时之损害赔偿”,转引自王泽鉴主编:《民法学说与判例研究》(第 1 卷),中国政法大学出版社 1998 年版,第 89 页。

③ [德]黑格尔著:《法哲学原理》,贺麟、张企泰译,商务印书馆 1996 年版,第 48 页、第 80 页。

意思表示的联合”。[①] 1881 年《瑞士债法典》第 1 条规定:“契约于双方当事人意思表示明确一致时成立。”1896 年《德国民法典》在总则部分确立契约概念的基础就是意思表示,双方的意思表示一致即形成契约。既然契约是当事人意思表示一致的结果,那么,如果没有形成有效的意思表示一致,则合同不成立或不生效,如果一方当事人因过失造成对方损失,相对方也就不能通过契约法获得救济。但缔约过失责任制度将缔约当事人之间的权利义务关系扩张到了契约关系之外,换言之,即使没有意思表示一致,但当事人根据法律和诚实信用原则,应相互负担照顾、保护、协助、注意等义务。可见,契约法上的债权债务关系,并不必然以双方的自由意志为基础,它可以建立在“社会接触”的基础之上。这一思想为后来的德国民法学家进一步发挥,20 世纪君特·豪普特(Günter Haupt)教授甚至提出“事实上契约关系”,认为纵无缔约行为及契约上之意思,也可以直接由客观的社会关连而产生法律关系。[②]

三、耶林作为现代民法社会化思潮的发端

通过以上的学说梳理,可见耶林的理论旨趣一方面在于对概念法学和自由意志论进行批判,另一方面主张在法律中引入社会目的因素的考量。正是在这个意义上,耶林成为 19 世纪末到 20 世纪初欧陆民法思想转型的关键人物。耶林之后,许多西方法律思想家进一步展开法律社会化问题的探讨,并形成现代民法社会化的理论思潮。

1. 耶林与社会功利主义、利益法学

耶林之前的近代欧洲法律思想家,要么认为法律是先验自然法的复制品(自然法学),要么将法律的起源诉诸模糊的民族精神(历史法学),要么将法律视为主权者的命令(分析法学),均未能触及法律的利益本质。而耶林则以现实主义的眼光审视法律的实际效用,将法律和权利的本质界定为调整人与人之间利益关系的工具。罗斯科·庞德因此将耶林划归社会功利主义学派。功利主义(utilitarianism)最早发端于英国法学家杰利米·边沁(Jeremy Bentham,1748 ~ 1832 年)和约翰·斯图亚特·穆勒(John Stuart Mill,1806 ~ 1873 年),功利主义者从人类趋利避害的本性出发,认为法律秩序的目的是最大多数个人的最大幸福,其实现的途径就是留给每

---

① Konrod Zweigert, Hein Kötz, *An Introduction to Comparative Law*, Volume II: The Institutions of Private Law translated by Tony Weir, North-Holland Publishing Company, 1977, p. 5.

② [德]汉斯·多勒(Hans Dölle):“法学上之发现”,载王泽鉴主编:《民法学说与判例研究》(第 4 卷),中国政法大学出版社 1998 年版,第 11 页。另参见王泽鉴:《事实上之契约关系》,载王泽鉴主编:《民法学说与判例研究》(第 1 卷),中国政法大学出版社 1998 年版,第 104 ~ 123 页。

个人以最大的自由活动空间并使每个人在最广泛的范围内享有自决权。[①] 就法律与利益的联系这一点来说,耶林无疑是一个功利主义者。但是我们又必须将耶林与英国的功利主义区别开来,因为后者的出发点仍然是抽象的个人,即认为个人是自己福利的最佳判断者,法律的目的是实现个人利益的最大化,它仍然未与19世纪的个人主义脱离干系。而耶林则认为法律的终极目的是保障人类生存的社会条件,个人权利和利益必须服从于这一目的,他的视角已经转向了社会整体的一面。

另外,耶林以利益作为法律目的导向的思考直接促成了利益法学的诞生。[②] 20世纪初德国法学家菲利普·黑克(Philipp Heck,1858~1943年)提出了"利益法学"理论,他指出:"立法中的斗争不是为了准确地定义概念或前后一致地运用已确定的定义,而是为了保护各种利益。……从历史的角度看,法律是利益的产物。"[③]黑克将这一观点的原创者归于耶林。黑克的利益法学继承了耶林对概念法学的批判精神,而且比耶林更为实在地将利益分析运用于法律规范的来源、法官裁判案件以及法学的建构等问题的分析上。

首先,概念法学认为法律概念体系具有生产性,抽象的概念体系可以产生新的法律规范。而黑克认为,法律反映了生活利益,利益才是法律的来源,因为"每一个法律命令都决定着一种利益冲突,都建立在各种对立利益之间的相互作用之上","对每一个法律规范都要分析该规范所决定的利益冲突"。[④] 黑克以《德国民法典》中的土地债务负担为例,指出这一制度的建立并非基于债权与物权的概念区分的考虑,而是基于对持续之债反复进行给付进行担保的需要而形成的。

其次,概念法学认为法官就是运用概念进行计算的机器,至于判决结果的社会妥当性则非所问。概念法学也承认法律有漏洞,但以为通过概念体系可以弥补法律漏洞。黑克对此批评说,法律的正确性必须通过它的结果,即法院判决及其在生活中的效果来证明,如果认为法官是法律适用的机器,就削弱了法官的责任意识。黑克主张法官首先应受法律约束,但必须承认制定法有不够完全、逻辑矛盾的缺陷,"现代的立法者意识到法律的这种缺陷,因此期待法官不是依循字句,而是合乎利益要求地服从法律……对有瑕疵的命令予以纠正。换言之,法官不仅要适用具体的法律命令,也要保护制定法认为值得保护的利益的整体"。当法律出现漏洞时,法官应分析具体案件的利益情况,运用"同样的利益冲突作同样的判决"以及法

---

① [美]罗斯科·庞德著:《法理学》(第1卷),余履雪译,法律出版社2007年版,第102~103页。

② [德]米夏埃尔·马廷内克:"鲁道夫·冯·耶林:生平与作品",田士永译,载郑永流主编:《法哲学与法社会学论丛》,北京大学出版社2005年版,第322页。[葡]叶士朋著:《欧洲法学史导论》,吕平义、苏健译,中国政法大学出版社1998年版,第207页。

③ [德]菲利普·黑克:"利益法学",傅广宇译,载《比较法研究》2006年第6期。

④ 同上。

官站在立法者的角度对利益冲突作出评价的方法,来弥补法律漏洞。①

最后,概念法学同时负担分类、整理、解释现有规范和创造新的规范的任务,其混淆了"发现规范"与"整理规范"两项工作,概念僭越了其应有的地位,造成过渡的"概念崇拜"。黑克认为,法律规范来源于生活需要,法学的第一项任务是通过利益分析、法社会学研究和法律事实研究,从具体、真实的生活出发获得法律规范。然后,法学的第二项任务才是对法律概念和体系进行整理,其目的也仅止于对法律进行概观和说明,而并非将其作为新的概念和规则的起点。因此黑克说:"将概念整理为体系应该是研究的结尾而非研究的开端。"②

无论是社会功利主义还是利益法学都说明从耶林开始,欧陆法律思想家开始摆脱历史法学派浪漫的"民族精神说",也放弃了潘德克顿法学虚构的概念体系"生产性",转而关注法律起源的社会动因和法律实在的利益内涵。

2. 耶林与社会学法学的兴起

耶林的思想包含着法律与社会的关系问题,但他尚未来得及完全展开。20世纪初的一些法学家,沿着耶林的思路,进一步拓展法律与社会的研究,并兴起了社会学法学思潮。社会学法学(Sociological Jurisprudence),简言之,就是指法律的制定和适用,由社会整体出发,注重社会利益,以纠正近代法律的个人主义、只注重维护个人权利之弊端。

在欧陆方面,法国法学家狄骥(Léon Duguit)无疑是最为突出的社会学法学的开拓者。狄骥对以主观权利为中心的法律观予以全面的批判。首先,针对温德沙伊德将权利定义为"由法律所保障的意志力"(Willensmacht,或意思力)。狄骥与耶林一样批判了自由意志权利观,但狄骥也明确否认耶林的"利益说"。狄骥认为利益是一种主观评价,"只有每个人的自觉意志才能作出评价。因此,如果没有精神上的利益,换言之,如果没有为主体的自觉意识自由评价为利益的一种要素,便不可能有主观权利也没有法律的保护。可是,任何法律规则都不是根据具有精神上的利益才决定一种主观权利的存在"。③换言之,离开主体意志,无法界定利益,也就没有主观权利,利益说又回到了主体的意志领域。在此基础上,狄骥更为深刻指出意志说的错误根源在于个人主义法律观。启蒙运动以来的法律哲学家认为人是自由的、独立的个体,个人的权利先于社会而存在,权利是个人意志所固有的能力和性质,从而法律规则都建立在个人主观权利之上,为了保护个人权利而存在。④ 这

① [德]菲利普·黑克:"利益法学",傅广宇译,载《比较法研究》2006年第6期。

② 同上。

③ [法]莱昂·狄骥著:《宪法论》(第1卷),钱克新译,商务印书馆1962年版,第206页。

④ 同上,第147~148页;[法]莱昂·狄骥著:《法律与国家》,冷静译,辽海出版社、春风文艺出版社1999年版,第229~230页。

种个人主义的幻想在狄骥的时代已经被社会学大师涂尔干(Emile Durkheim)彻底击碎,涂尔干认为个人的本质和个性由社会所决定,在传统社会集体意识决定了个人意识(机械团结),在现代社会随着劳动分工的发展,人们相互依赖程度更高,社会凝聚力也越强大(有机团结)。①

瓦解个人主义之后,狄骥认为主观权利只不过是从社会生活以及法律规范中产生出来一种法律地位,根据这种法律地位,个人可以向国家机关的"依法申诉"来保障其利益。② 例如,债权人可以根据合同要求国家机关公职人员强制债务人履行债务而保护其利益,但法律并没有赋予债权人的意志高于债务人的意志。③ 同理,财产所有权人享受财产的利益是一种事实状态,当受到他人非法干涉的时候,所有人以依法申诉的方法排除他人的妨害,因而所有权的行使和保护并不需要意志的参与。④ 狄骥进一步指出,财产既然是一种法律地位,它的所有者必须履行和完成法律授予给他的社会职能。

与狄骥相比,耶林还算是一个传统的法学家,因为他还没有否定私权的必要性,甚至还想努力弥合个人权利与社会目的之间的距离。而狄骥将主观权利定义为法律地位,权利的目的在于完成一定的社会职能,从而走向了极端的社会本位立场。

耶林的思想与罗斯科·庞德在美国开创的社会学法学也有理论牵连。庞德将社会学法学的特点概括为:关注法律的实际运作而非法律的抽象内容;法律应当服务于社会目的;注重从社会功能的角度理解法律规则。⑤ 庞德通过研究发现自19世纪末开始,西方法律呈现社会化的发展趋势。例如,劳工赔偿法、工厂法、安全设施法、住宅法和社会保障法等新兴的立法将人的尊严视为法律的首要价值;在私法领域,法律禁止财产权利的滥用、对契约自由的限制、无过失责任的产生、保护家庭中儿童的受抚养教育的利益、更多地承认群体和团体的利益,等等。庞德指出,这场变

① [法]埃米尔·涂尔干著:《社会分工论》,渠东译,生活·读书·新知三联书店2000年版,第90~91页。狄骥非常认同涂尔干的学说,并将其作为理论基础。参见[法]莱昂·狄骥著:《宪法论》(第1卷),钱克新译,商务印书馆1962年版,第63~64页。

② [法]莱昂·狄骥著:《宪法论》(第1卷),钱克新译,商务印书馆1962年版,第222页。在该著作的中文版中,钱克新先生将Anspruch翻译为"依法申诉"(参见该书第318页)。德文Anspruch一词现在通常翻译为"请求权",意为要求他人作为或不作为的权利。温德沙伊德在发明Anspruch这一概念时,将其中的"诉权"(要求法庭保护其权利的可诉请性)排除出去,而仅保留其实体权利的含义,如债权请求权、物权请求权。(参见金可可:"论温德沙伊德的请求权概念",载《比较法研究》2005年第3期。)因此Anspruch原指当事人之间的法律关系,而狄骥此处却将Anspruch中要求国家机关保护其权利的诉权因素重又引入,以论证权利并非当事人之间的意志关系。

③ [法]莱昂·狄骥著:《宪法论》(第1卷),钱克新译,商务印书馆1962年版,第316页。

④ 同上,第319~320页。

⑤ [美]罗斯科·庞德著:《法理学》(第1卷),余履雪译,法律出版社2007年版,第237~238页。

革始于法理学上对权利与利益关系的重新界定，即权利是法律所保护的利益，但个人利益不应高于社会利益，相反，个人利益一般是借助赋予其效力的社会的力量才具有重要的价值，因而法律对个人利益的强调逐渐过渡到对社会利益的关注。[①] 庞德在论述法律社会化问题时，大量引证耶林的理论，说明耶林关于社会利益的思想影响了庞德。

3. 耶林与反概念主义的法学思潮

概念法学把法律想象成一个封闭的、自洽的逻辑体系，根据它产生的制定法就是全部的法律渊源。19 世纪《德国民法典》的制定者也需要一部统一的、明确的制定法。因而在 19 世纪后半期，原先被历史法学派认可的习惯法和学说法很快遭到了遗弃。在民法典的制定者看来，习惯法具有不确定性，只有得到制定法认可的习惯，才能成为法律规范；[②]法律学说虽然对法律发展和立法起到影响，但也不能径直作为法官裁判案件的依据。耶林尖锐地批评概念法学失去社会目的的指引，一味追求逻辑完满和形式主义，忽略了法律的社会生活因素，终将使法律脱离社会现实。在这条批判的道路上，耶林不乏后继者，尤其是弗兰西斯·惹尼(Francois Gény，1861～1959 年)、欧根·埃利希(Eugen Ehrlich，1862～1922 年)开创的自由法学运动更鲜明地高举起反概念主义、反形式主义的理论旗帜。

1889 年，法国法学家惹尼发表了《实证私法上的解释方法与法源》(Methode d'Interpretation et Sources en Droit Prive Positif)，提出"自由的、科学的探寻法律"的观点。惹尼认为制定法、学说、司法判例和习惯都是法律渊源，而且法律并非总是逻辑完满，总会出现法律漏洞，此时法官必须超越制定法，自由地探寻裁判的规则，因而司法决策过程是一项创造性的活动。但是法官又不能主观任意地塑造规则，他必须根据客观的社会事实、需要、价值和事物的本质创造规则，由此法官在特定的案件中就成为立法者。其实，这样的司法决策过程并非新鲜事物，法院早已如此行事，只是当前的法学应承认法官的创造性而已。[③] 基于这一观念，惹尼非常青睐当时正在制定中的《瑞士民法典(草案)》，与法国和德国的民法典相比，这部草案并没有打算深入全部私法关系的每一个细节，而只是简洁地勾画了私法制度的基本方

---

① [美]罗斯科·庞德著：《法理学》(第 1 卷)，余履雪译，法律出版社 2007 年版，第 355 页。

② 《德国民法典》的草案曾经规定："只有当制定法参引习惯法时，习惯法性质的法律规范才有效。"[德]霍尔斯特·海因里希·雅科布斯著：《十九世纪德国民法科学与立法》，王娜译，法律出版社 2003 年版，第 128 页。

③ James E. Herget, Stephen Wallace, The German Free Law Movement as the Source of American Legal Realism, *Virginia Law Review*, Vol. 73, 1987, March, pp. 410－411.

向,这种明智的"有所不为"的立法技术上授予法官补充制定法漏洞的权力。① 总之,在萨尼看来,成文法必须明确自身的限度,立法者必须衡量"成文法可为自己要求什么?它应放任什么生活活动"?② 在成文法没有给予规范的地方,正是科学的自由的探讨的余地和开拓其他法源的领域。③

1903 年,奥地利法学家欧根·埃利希发表了《自由的法之发现和自由法学》,批判法典至上的观念,主张在现行法没有明确规定的情况下,可以用"自由的法之发现"来替代。④ 在 1913 年出版的《法律社会学的基本原理》中埃利希进一步指出:法学研究的对象不能只局限于制定法的法条,制定法只是全部法律渊源的一部分。此外,在社会生活中还存在着大量的"活法"(living law)。活法存在于现代社会的法律文件(legal documents)之中,如法院的裁判文书、各种各样的商业文件、合同书,法学家可以通过社会调查的方法获取这些文件,从中总结法律生活的真实面貌。另外,抛开书面的法律,对社会、商业、习俗、各种社会团体的法律生活的直接观察也可以发现活法的存在。⑤

1906 年,赫尔曼·康特洛维茨(Hermann Kantorowicz,1877 ~ 1940 年)模仿耶林的"为权利而斗争"发表了《为法学而斗争》一文,将自由法学运动推向高潮。康特洛维茨指出,传统的司法模式将法官当做机器,送入案件事实,通过纯粹的逻辑推论,法官即可给出确定的结果。但事实上,很多案件在法律上是得不到解决答案的。在实际的案件裁判过程中,法官往往是先形成决断,然后再去寻找法律依据,论证结果的合法性。而且,直接影响案件后果的并非法律推理,而更重要的是案件的社会背景、当事人的利益状况及其对裁判的期待,以及裁判的社会效果,等等。由此可见,法律并不需要逻辑建构,而只需要法官认清案件的心理的、社会的因素以及普通百姓的法律意识。⑥ 这种毫无拘束的自由法观念,彻底动摇了概念法学的根基。

在英美法系,哈特曾经对比霍姆斯与耶林,发现 20 世纪初美国现实主义法学家

---

① [法]弗朗索瓦·萨尼:"现代民法典编纂的立法技术",钟继军译,载徐国栋主编:《罗马法与现代民法》(第 2 卷),中国法制出版社 2001 年版,第 204 ~ 205 页。例如,《瑞士民法典》第 1 条规定:"(2)无法从本法得出相应规定时,法官应依据习惯法裁判;如无习惯法时,依据自己如作为立法者应提出的规则裁判;(3)在前一款的情况下,法官应依据公认的学理和惯例。"该条非常契合萨尼的上述思想。

② [法]弗朗索瓦·萨尼:"现代民法典编纂的立法技术",钟继军译,载徐国栋主编:《罗马法与现代民法》(第 2 卷),中国法制出版社 2001 年版,第 208 页。

③ 王伯琦著:《近代法律思潮与中国固有文化》,清华大学出版社 2005 年版,第 274 页。

④ [德]格尔德·克莱因海尔、扬·施罗德著:《九百年来德意志及欧洲法学家》,许兰译,中国政法大学出版社 2005 年版,第 124 页。

⑤ Eugen Ehrlich, *Fundamental Principles of the Sociology of Law*, translated by Walter L. Moll, China Social Science Publishing House, 1999, p. 493.

⑥ James E. Herget, Stephen Wallace, The German Free Law Movement as the Source of American Legal Realism, *Virginia Law Review*, Vol. 73, 1987, March, pp. 412 – 414.

对概念主义、形式主义的批评,与耶林对概念法学的批评如出一辙。只不过前者将他们的非难加诸美国的法官和法律实务家身上,而后者批评的对象主要是法学家和立法者。① 法律现实主义的核心观点是法律不等于纸面的规则,而是具体存在于法官对案件裁判的结果之中,因而法律存在极度的不确定性,根本无法通过概念和形式来预测法律结果。② 这与自由法学也具有极大的相似性。研究者发现,20 世纪初欧陆的自由法学思想,通过庞德、阿尔伯特·考克瑞克(Albert Kocourek)、约翰·格雷(John Gray)以及本雅明·卡多佐(Benjamin Cardozo)等人的介绍和传播输入美国法学,促进了美国法律现实主义的发展和繁荣。③ 如此便不难理解耶林以及自由法学运动与美国法律现实主义之间的雷同。

4. 耶林与法学自然主义

法学自然主义(legal naturalism)是指"将法律视为社会事实现象,将法学视为事实科学,其方法就是对事实进行因果解释"。④ 自然主义方法源自近代自然科学,如物理学、生物学、心理学通过对客观事实的因果关系分析,以发现自然规律。法国思想家奥古斯都·孔德(Auguste Comte,1798~1857 年)首先将它引入社会科学领域,主张模仿自然科学的方法,对社会现象进行经验的观察,即可发现人类社会的因果规律。用这种方法获得的知识就是实证的知识。⑤ 在社会科学上,这种方法论又被称为实证主义(positivism)。自孔德以来,19 世纪的社会科学逐渐受此方法论的影响,如斯宾塞、边沁、密尔等。耶林很快对此作出响应,从概念法学向目的法学转向中,他放弃纯粹的法律逻辑分析方法,也没有沿袭自然法学的先验论,而是尝试着从法律所产生的社会基础的角度来解释法律,他认为"法与伦理只是被当做有因果关系所确定的事实,而不是被当做规范来研究"。⑥ 耶林在后期的研究,如《罗马法进化史》(1894)、《印欧人类史前史》(1894)更加注重历史的维度。在他看来,法律史不仅仅是描述性的,它不能满足于告诉我们发生了什么、有什么变化,它还

---

① [英]H. 哈特:"耶林的概念天国与现代分析法学",陈林林译,载邓正来主编:《西方法律哲学家研究年刊》,北京大学出版社 2006 年版。

② [爱尔兰]J. M. 凯利著:《西方法律思想简史》,王笑红译,法律出版社 2002 年版,第 347~348 页。

③ James E. Herget, Stephen Wallace, The German Free Law Movement as the Source of American Legal Realism, *Virginia Law Review*, Vol. 73, 1987, March, pp. 426-428.

④ Franz Wieacker, *A History of Private Law in Europe*, With Particular Reference to Germany, translated by Tony Weir, Clarendon Press, 1995, p. 446. 叶士朋赞同维亚克尔关于法学自然主义的定义,并总结其核心是"法始终是一个社会事实,只有从它们与有关社会关系的角度才能予以研究"。[葡]叶士朋著:《欧洲法学史导论》,吕平义、苏健译,中国政法大学出版社 1998 年版,第 207 页。

⑤ [美]梯利著:《西方哲学史》,葛力译,商务印书馆 2000 年版,第 553 页。

⑥ [德]格尔德·克莱因海尔、扬·施罗德著:《九百年来德意志及欧洲法学家》,许兰译,中国政法大学出版社 2005 年版,第 230 页。

必须揭示发生和变化的原因,即"为什么",并且最终要说明前后事件之间的因果关系。①

法学自然主义用社会事实来说明法律产生的因果性,以社会经济原因来说明法律的目的性。在这一意义上,凡是对法律现象进行事实研究和致力于发现法律目的的法学都运用了自然主义的方法论。例如,法律史和比较法对文献的考证和法律制度的介绍;犯罪学视犯罪为被决定的社会现象,力图借因果性的手段来预防和对抗犯罪;欧根·埃利希认为社会生活中存在大量的"活法",应对其进行事实研究;莱昂·狄骥将权利视为一种社会功能,社会整体的目的决定了法律和权利;菲利普·黑克的利益法学主张法律是利益冲突的反映,将法律置于立法者分配利益的目的支配之下,在维亚克尔看来,这些法学研究都可以归入法学自然主义之列。②

法学自然主义的积极意义在于澄清许多形而上学的法学思考所不能解决的问题,为合理地制定和适用法律确定了事实前提,如立法者决定通过加重交通肇事者的惩罚来缓解交通事故问题,则必须以社会事实来说明这样的手段对交通安全的影响究竟如何。③ 但法学自然主义的危险在于它放弃了对法律正义的探索,以目的论和因果关系取代了价值判断和价值追求,而目的本身的合理性是需要结合各种社会因素予以考量,否则法律将沦为仅仅是实现某种目的的工具。

四、结　语

德国学者魏德士(Rüthers)说耶林是一个"过渡型"的理论家,④此言一语中的。耶林从早期概念法学的追随者,到目的法学的开拓者,的确经历了较为复杂而漫长的思想转型。本文以耶林为起点,展示了从目的法学到社会功利主义、利益法学、社会学法学、自由法运动以及自然主义法学方法论等多维的理论谱系;这一方面说明耶林的思想遗产具有丰富的阐释空间,另一方面从宏观思想史的线索看,它们综合反映了现代民法社会化思潮的兴起,因此,将耶林的转型视作这一法学思潮的开端,无疑是最为恰当的概括。

---

① Munroe Smith, *Four German Jurists: Bruns, Windscheid, Jhering, Gneist*, *in A General View of European Legal History*, New York, AMS Press, Inc., 1967, p. 183.

② Franz Wieacker, *A History of Private Law in Europe*, With Particular Reference to Germany, translated by Tony Weir, Clarendon Press, 1995, pp. 450 – 457.

③ Ibid., p. 451.

④ [德]魏德士著:《法理学》,丁晓春、吴越译,法律出版社2005年版,第234页。

卢曼《法社会学》述评

曲　阳*

针对法来说,本质性的强制状态是对预期选择的强制。而对特定的行动采取强制,只是作为预期选择被强制的结果,虽至关重要但却极少发生。①

尼古拉斯·卢曼(Niklas Luhmann,1927~1998年)是当代德国著名社会学家、法社会学理论家。他成名于与同时代的另一位大理论家、有“当代黑格尔”之誉的、哲学社会学大师哈贝马斯的论战。在论战中,卢曼展露出极高的理论素养及其对现实社会的深切关怀,而这些表现与他的经历密切相关。卢曼1927年出生于德国吕讷堡(Luneburg)。1946~1949年在弗莱堡大学攻读法律学,德国发达的法学教育为卢曼打下了深厚的理论根基。毕业后即跨入社会的大门,他前往尼塔萨克森州从事行政实务工作,这项工作极大地丰富了卢曼的社会阅历,深化了他对社会现实的体验,并由此萌生了新的知识追求。1960~1961年卢曼赴美国哈佛大学深造,师从20世纪社会学理论的领军人物帕森斯,钻研社会学理论。回国后,历任施派尔行政大学研究员(1962~1965年)、多特蒙德社会调查局主任研究员(1965~1968年),并以社会学家身份活跃于理论界。1968年比勒费尔德大学建成,卢曼自此担任该校社会学教授。②

卢曼具备法律家的素质及经验,并有横跨学科的广博学识,其研究涉及法律、行政、政治、道德、宗教、社会理论等广泛的领域,著述颇丰,是一位极富创见的学者。缘其对法社会学理论的不凡建树,卢曼在当今欧洲大陆法社会学界业已取得首席地位。

卢曼的法社会学理论,主要集中在其代表作《法社会学》(Rechtssoziologie,1972年)一书中。该书从社会学一般理论的立场出发,尤其是以作者独特的进化——系统理论为方法论,阐明“法是什么”的命题。

一、卢曼的社会学理论

在《法社会学》一书的分析框架中,我们可以发现卢曼的三种理论取向:系统理

---

* 曲阳,2001级外国法律史专业,指导老师:何勤华。现工作于华东政法大学。

① ［德］卢曼著:《法社会学》,［日］村上淳一、六本佳平译,岩波书店1977年版,第113页。

② 同上,日译者后记。

论、功能理论、进化理论。而这三者之间不是彼此封闭的，它们在卢曼的理论框架中顺理成章地融合成一个独特而自洽的体系，显示出高度的理论综合。其中系统理论占据主导地位。

作为帕森斯的弟子，卢曼的学说与帕森斯的理论多存在渊源关系，他承认社会系统学说来自帕森斯。帕森斯对系统的描述是详尽精致的，系统的各部分之间是相互依存的，因此一个部分的变化会对其他部分产生影响，而且系统进行自我维持，呈现均衡趋势。然而，卢曼并没有囿于帕森斯式系统理论的框架，他的系统研究关注系统的自我再生性和复杂性，并把系统理论与进化理论进行巧妙的结合，创立了独特的进化——系统理论。

卢曼认为社会学不应把人看成受因果支配的客体，而应考虑到人的主体性。因此，卢曼社会学分析的起点定位于主体迄性的现象学考察。现象学在德国的知识史上源远流长，其始祖胡塞尔认为，现象学就是指现实世界是由感知构成的。在现象学中，现实只能是显像（appearance）和经验，我们唯有通过我们的感知才能把握现实。所以，体验和行为就显得异常重要。卢曼指出，把对体验及其象征性表现的分析归属为心理学性质的问题是一个重大误解，当把体验和行为放到诸种社会系统的功能性及结构性语境中进行分析考察时，那就是社会学研究。

在这个研究领域里，应该找到由法来满足的独自的秩序要求的根源，同时要寻求法所形成的原初结构及其过程的基础，在此领域所预设的问题及处理问题的机制，关涉着人类和世界之间的关系进行有意义的架构。①

从以上论述中可以看到，厘清卢曼方法论的基础性前提——现象学立场，是解读本书的关键所在，卢曼以系统理论为方法论的法社会学分析，就是从这里起步的。卢曼认为，一切现实，都是从数不清的可能性之中，在不确定的情境下被感知的，是选择的结果。并且，这种选择是在各种不同层次的系统当中形成的，即生物体、个体心理系统、社会系统等诸系统，依据各自的关联性基准，采撷无限可能性中的一部分，纳入系统内部。环境（外界）无限的复杂性就被有选择地缩减，向有限的复杂性演变。当然，在纷繁多样的系统里，成为社会学研究对象的，是社会系统。（体验和行为的）复杂性的缩减在暂时性社会接触、抽象的准据集团、组织、制度、地域社会、整体社会（Cesellgchaft）等各种不同存在形态的社会系统中，是通过意义的同一性而实现的，在这种意义的同一性中，体验与行为的可能性之关联被认同，岂至于进行选择，没有进行选择的其他可能性——依然存在——也被作为可能接受的东西得到维持。这样，环境的复杂性尽管被限定，同时作为选择的对象被维持下

① ［德］卢曼著：《法社会学》，［日］村上淳一、六本佳平译，岩波书店 1977 年版，第 35 页。

来。把握这种系统理论的前提,首先应从其系统关联及系统规定性的角度来理解。人的社会行为,在终极意义上是与其他行为主体之间的互动行为。恰恰在理解互动行为当中,主体间性的原理得到了贯彻,各主体在面对其他主体时,应意识到自己同样也是其他主体所审视的客体。从上述观点中,就引出社会关系的"双重偶然性"这一基本问题。社会规范及法在解决这一基本问题上发挥着重要功能,是一切社会系统所不可欠缺的构成要素。卢曼指出:"人类的共同生活,都直接或间接地带有法的性质。作为社会构成要素的法,与知识一样,会渗透到社会的每一个角落,欠缺法律的社会是不可想象的。"①

二、法社会学的古典主题:社会与法

20 世纪 60 年代初卢曼在哈佛留学时,接受了帕森斯的结构功能主义学说。帕森斯认为,如果社会作为一个系统想继续存在下去,它就需要一定类型的结构发挥功能性作用。对帕森斯来说,社会的结构是由系统的所有需要决定的。

卢曼的功能理论与帕氏学说也有不同。在卢曼看来,把系统同特定的结构连接,认为维持其结构的是系统构成部分的功能这一思考方式,是不可取的。他认为维持特定结构的想法,依然属于恣意的目的设定之列。相反,卢曼是把结构形成本身作为缩减环境的复杂性这一系统功能的充足来理解的。卢曼对比帕森斯的结构—功能分析,把这种彻底的功能追求称作功能—结构分析。卢曼认为在此所设定的思维角度是克服环境复杂性的终极课题,系统必须凭借提高自身复杂性(或者增加与环境的无关联性)这样的结构变化,来适应环境复杂性的增大。

社会系统的结构具有调整系统复杂性的功能;相反,系统的结构也存在依赖系统复杂性的一面。卢曼指出:"从这一意义上说,社会结构的形态与复杂性的程序是互为条件的。"并认为,在简单社会,法依传统而定,是比较具体的规范。伴随着社会向具有更高复杂性的方向发展,法也逐渐变得抽象起来。为了适应各种不同的境况,法的概念和解释获得了弹性(灵活性),法终于不得不演化为依决定可变更的法,即实证法(Positives Recht)。卢曼主张,必须在这种相互依存关系上做文章,深入考察研究作为社会结构的法与作为社会系统的整体社会的课题。

① [德]卢曼著:《法社会学》,[日]村上淳一、六本佳平译,岩波书店 1977 年版,第 1 页。

三、社会进化的结晶:实证法

卢曼认为,进化理论不应是依据单纯因果过程对历史的构想,也不应是把进化视为“进步”的道德范畴的解答。达尔文式的生物体自我分化或将生存竞争作为唯一选择要因的进化观念已经受到普遍指责,至少在社会领域是说不通的。“现在的进化理论必须以系统理论的诸种观念为根据……才能说明问题。”①新近的进化理论已经阐明:考察进化现象应以社会系统的复杂性,以及诸种系统与环境的关系为出发点。而制约进化的因素恰恰要在这些关系中获致,分化和生存竞争之类只是这一基本思考的一个侧面。

就整体社会系统来看,形成其环境的是自然界、其他整体社会,还有多种多样的社会子系统和社会成员的心理系统,这样的环境不断增加复杂性,迫使整体社会系统不断进行结构变化。那么,这种结构变化只能是社会的进化。因而,卢曼的系统理论与整体社会的进化理论密切相关。当然,这里的进化理论并非确定了一定方向的、必然的、单线的普遍发展,而是与能够适应复杂性增大的结构不可逆转的稳定化这一意义上的进化观念相关联的。

在这样的进化过程中,法作为社会系统的构成要素,伴随整体社会复杂性的增大而呈现出各种不同的形态。卢曼以相对发展程度为标准,把法区分为原始的法、前近代发达文化的法和实证法三种形态。② 法的进化发展的顶点就是实证法。进入19世纪以后,在世界历史上,法的发展经历了一次重大的转变,法的变更是作为法本身的一项内在要素通过日常的立法手段予以完成。这种在原理上可加以变更的法,即实证法。

法的形态发生根本变化,总是以社会结构变化为前提条件,即由社会结构的变化来促进,使之成为可能。进入近代社会后,社会复杂性急剧增大。而社会复杂性增大最终导致整体社会系统的功能分化,功能分化形成了种种社会子系统,为解决各种特殊的社会问题提供了可能。法的功能发生分化,使立法成为必要。

立法并不是近代社会的发明,而在以前的社会就早已成为制定法律的手段。但是,这种法律制定追求的是政治目标,在很多场合下并不存在本来的立法目标。立法权限在政治斗争中被行使,立法成为政治斗争中针锋相对的武器,作为立法之法的地位是脆弱的。立法受到如此限制,客观上说,是由于当时并不存在进行有意

---

① [德]卢曼著:《法社会学》,[日]村上淳一、六本佳平译,岩波书店1977年版,第152页。

② 同上,第166页。这种划分并非按客观年代排列,因此,即使是现存社会的法,视其发展程度,也可能归属为前近代发达文化的法或原始法。

义地选择任何可能性的制度和决定过程。法律只能凭借法以外的根据才能具备法的性质。

无论在什么样的场合,法律规范具有正当化的可变性被限制在很狭窄的空间。因而,法结构的变化务必要跨越很高的门槛。妥当的法在原理上被看做是不可变的。“立法尽管被允许,但法在整体上是因真理、神圣的规训和传统而获致妥当的古老法律,并非被制定出来的、随时可变更的实证法。”①

进入19世纪后,立法这一制定法律的形式成为国家生活的日常事实,并有为立法而设定的程序。庞大数量的法律成为必要,被生产出来。古老的法素材被再检讨、编纂,并被赋予法律的形式,但是,这项作业既不是单纯为了审判上的实用,也不是为了使人们容易识读法律,而是被制定出来的可以变更的东西。这样,法的实证化伴随着整体社会系统的功能分化而展开,二者之间存在着直接或间接的依存关系。

卢曼指出,促使近代产业化社会的法凸显如此特征的现象,即法的实证性(Positivitat)问题,一直为法社会学所忽略,从未正面检讨过。② 所以,十分有必要阐明法的实证性这一事实。卢曼认为,实证性的概念包含如下属性:“即法不仅是由决定而被确定(被选出)的,还是凭决定(不确定性、可变性)而获致妥当。”③将法重新编入实证性范畴,显著增大了法的不确定性和复杂性。其结果是满足了功能分化社会对法的需求。法的实证性所具有的历史性新要素,即法变更的合法化。实证法是被任意决定的,但并不是任意决定的。因此,法是否具有妥当性是被决定的,但法并不是无中生有被创造出来的。决定的功能并不是法的创造和法的生产,而在于选择规范使其具备作为内含约束力的法才有的象征性权威。

精确地说,所谓实证法就是在“确定”即“决定”成为法的基础之后才可论及的实证性。而且,“确定”是顺应着自己的选择性本身为法的稳定化所利用的程度,才能成为法的基础。“实证法并不是因为获得了上一级规范的承认才妥当,而是因为自己的选择性发挥了整合性确定功能才妥当。”④这样,法的实证性,在终极意义上,只能理解为法的被高度化的选择性。法的实证性不是从宪法中产生的,也不是从同某种根本规范的理论关联中产生的,而是从社会发展中产生的。适应近代产业化社会不断增加的复杂性,法的功能发生分化,日益实证化。由此洞察法现象可以获得全新的理解,得出法律进化的动力源于社会不断增进的复杂性的结论。

---

① [德]卢曼著:《法社会学》,[日]村上淳一、六本佳平译,岩波书店1977年版,第216页。

② 同上,第26页。

③ 同上,第231页。

④ 同上,第222页。

四、结　　语

在《法社会学》一书中，卢曼以社会学家的视角，讨论了法与社会关系的一些基本问题。其突出的贡献在于法形成的原理说以及对于实证法的精辟分析，他从社会关系形成过程中不可或缺的行动预期的确定性保障要求中，推导出法所固有的功能，并理论化为“规范的行动预期整合一般化”。法的特质并非行动强制，而是要求预期强制。另外，卢曼针对依决定可变更的“实证法”，从面临高度复杂性演变的结构适应这一立场出发，阐述了条件程序的形式、立法与审判的分化与联系、不断的法变更、与民主主义政治的联系、法的妥当原理与正当性的结构等种种问题。这项作业以近代法和现代法为对象，试图在理论上把握其错综复杂的诸多问题。以上两项突出贡献是卢曼通过对古代的法和前近代发达文化的法进行富于启迪性的历史考察而显现的。这样，卢曼就用极其抽象的语言为我们描绘出一幅人类法律文明演进的图景。

出于理论建构策略的考虑，卢曼在本书中首先设定了一系列命题，制作了配套的分析装置，进行预备性考察，使其理论阐释呈现高度的抽象性，使读者不易把握其理论的要领，一些隐晦的社会学、生物学、心理学等诸概念、术语的使用，也增加了阅读难度。尽管如此，卢曼对法社会学课题的实质性分析还是极具启发性和现实性。例如，有学者利用本书中“预期结构”的原理，论证法律试行中法律反思机制的问题。[①] 总之，卢曼的法社会学理论从系统理论角度出发，对法与社会的关系作出了新的诠释；[②]他学说中提出的有价值的观点，有助于我们对法律规范作用的认识；[③]他所创立的进化——系统理论，对丰富法社会学研究的方法论作出了巨大的贡献。[④]

① 季卫东著：《法治秩序的建构》，中国政法大学出版社 1999 年版，第 181 页。

② 张乃根著：《当代西方法哲学主要流派》，复旦大学出版社 1993 年版，第 164 页。

③ 沈宗灵著：《现代西方法理学》，北京大学出版社 1992 年版，第 374 页。

④ 何勤华著：《西方法学史》，中国政法大学出版社 1996 年版，第 486 页。

威廉·斯科特对两部菲律宾早期法典的考证

果海英*

一、两部"早期法典"曾经的价值

前西班牙时期的菲律宾史料很是缺乏,自然这一时期的法制史材料也没有太多的遗存,更不要说成文的法典。《卡兰提奥法典》和《马拉塔斯法典》的出现给几乎处于黑暗状态的前西班牙时期的菲律宾史,特别是法制史带来了一抹亮色。

《卡兰提奥法典》(*Code of Kalantiaw*)是在20世纪初期为人们所知道的。1913年,《菲律宾的新生》(*Renacimiento Filipino*)①上发表了一篇介绍前西班牙时期未公开的菲律宾史料的文章,谈到西内格罗省(Occidental Negros)②的一个叫何塞·E.马科(Jose E. Marco)的人手中有西班牙传教士的手稿,手稿上记载有国王卡兰提奥制定于1433年的成文法律。

当时担任菲律宾国家图书馆馆长詹姆斯·A.罗伯逊(James Alexander Robertson,1873~1939年)③意识到了这些文件的价值,通过努力于次年将手稿收藏到菲律宾国家图书馆。罗伯逊认为这些手稿是"稀有的、真实的和非常有价值的",因为其中记述的早期菲律宾社会的情况是当时其他材料中没有的。1917年,罗伯逊在《历史上的太平洋》一书中发表了《早期菲律宾人的社会结构和法律思想,以及近来发现的一部前西班牙时期的菲律宾群岛的刑法典》(Social Structure of, and Ideas of Law among, Early Philippine People; and a Recently-Discovered Pre-Hispanic Criminal Code of the Philippine Islands)一文。在这篇文章中,介绍了《卡兰提奥法

---

* 果海英,2006级外国法律史专业,指导老师:何勤华。现工作于首都师范大学。

① *Renacimiento Filipino*,是菲律宾一新闻周刊,出版于美国占领菲律宾早期,现已停刊。

② 位于内格罗斯岛的西部和北部。

③ 詹姆斯·A.罗伯逊,美国历史学家、档案学家、翻译家和文献学家,因对菲律宾史和史料的贡献而闻名。他与Emma Helen Blair合作主编了《菲律宾群岛》(*The Philippine Islands*,1493~1898年)。1910~1916年担任菲律宾国家图书馆馆长,为近代菲律宾国家图书馆的首位领导者和菲律宾图书馆学之父。

典》,并发表了法典的英文译文。①

《马拉塔斯法典》(*Code of Maragtas*, *Maragtas Code*),在菲律宾最早为人们知道是在1938年2月20日。当时,在《论战》(*El Debate*)②上发表了一篇名为《马拉塔斯法典》(El Código de Maragtas)的文章。该文的作者吉列尔莫·圣地亚哥—奎尼奥(Guillermo Santiago-Cuino)称这个法典是直接翻译自“古代菲律宾文献”。这些古代文献是他在一位主教的陪伴下在玛德亚斯(Madyaas)山上发现的。③

这两部法典的出现,对菲律宾早期史和法制史来说意义重大。16世纪中叶以后长期的外国殖民统治,导致菲律宾人对自己的历史尤其是早期历史所知甚少,两部法典的出现为菲律宾人寻回自己历史的热切努力提供了珍贵的资料。关于前西班牙时期的法律发展,菲律宾自己的文献也一直是空白。要了解那时的菲律宾法,只能依靠西班牙人留下的文献。两部法典的发现,为了解前西班牙时期的菲律宾法提供了更为直接和确实的材料。因此,此后关于菲律宾法的书籍和文章往往把它们作为菲律宾早期法律发展的重要成就提及,认为它们是硕果仅存的菲律宾早期成文法。例如,在梅尔基亚德斯·J. 甘博阿(Melquiades J. Gamboa, 1896 ~)所著出版于1955年《菲律宾法导论》(*An Introduction to the Philippine Law*)指出:前西班牙时期的菲律宾法不都是不成文的,有部分法律是成文的,现存的两部法典可以证实这一点。班乃岛的大督苏马贵耳(Sumakwel)在公元1200年和1212年颁布了《马拉塔斯法典》。也是在班乃岛,以颁行者的名字命名的《卡兰提奥刑法典》,颁布于1433年。④

格雷戈里奥·F. 赛义德所著《菲律宾共和国:历史、政府与文明》的1963年版中也指出:“在前西班牙时代以前的菲律宾,现在所知最早的成文法典是马拉塔斯法典。这是在古代班乃岛的一部纪年史《马拉塔斯》第五章中找出来的。它也称为《苏马贵耳法典》,因为据说其作者是苏马贵耳大督。”⑤“在古代菲律宾第二个最老的成文法是卡郎提奥法典,这是在1433年大督卡郎提奥所写的。这一法典是在

---

① 发现《卡兰提奥法典》的详细情况,William Henry Scott, *Prehispanic Source Materials for the Study of Philippine History* (Revised Edition), Quezon City: New Day Publishers, 1984, pp. 107 – 110。罗伯逊发表的《卡兰提奥法典》英文译文,见 H. Morse Stephens and Herbert E. Bolton (eds.), *The Pacific Ocean in History*, New York: The Macmillan Company, 1917, pp. 185 – 191。

② El Debate,是在美国占领期间继续出版的西班牙语报纸。

③ William Henry Scott, *Prehispanic Source Materials for the Study of Philippine History* (Revised Edition), Quezon City: New Day Publishers, 1984, p. 100.

④ Melquiades J. Gamboa, *An Introduction to the Philippine Law* (6th edition), Manila: The Lawyers Co-operative Publishing Company, 1955, p. 79.

⑤ [菲]格雷戈里奥·F. 赛义德著:《菲律宾共和国:历史、政府与文明》,吴世昌译,商务印书馆1979年版,第95页。《马拉塔斯法典》条文见第95 ~ 97页。

1614年西班牙萨拉戈萨的马塞利诺·奥菲拉弄到的，后来由拉法埃尔·穆维埃多·伊·萨马尼夫译成西班牙文。"①

特别是《卡兰提奥法典》在菲律宾引起了人们更多的关注。就在罗伯逊文章发表的同年，霍苏埃·索库亚(Josué Soncuya)在他出版的书中用6章讨论了《卡兰提奥法典》。欧弗罗尼奥·M.阿利普(Eufronio M. Alip,1904~1976年)在其《菲律宾文明(西班牙征服前)》中也专门对这一前西班牙时期的法律遗存予以介绍。②菲律宾学校的历史教科书也把卡兰提奥和他的法典作为前西班牙时期历史的一部分予以讲述。从20世纪上半叶开始，《卡兰提奥法典》成为菲律宾人历史包括法律史的重要组成部分。艺术家用油画的形式表现法典颁布的历史场景，国家举行专门的庆典、发行邮票来纪念法典和它的制定者。甚至在巴坦(Batan)地方，③人们为卡兰提奥这位菲律宾伟大的立法者专门建立了博物馆，修建了卡兰提奥的圣祠，《卡兰提奥法典》也被刻在黄铜纪念牌上供人们瞻仰。④ 1966年，菲律宾政府还向西班牙政府要求归还据说由马西利欧·奥尔菲亚(Marcelio Orfila)的后代保存的法典原件。⑤

二、威廉·斯科特关于两部法典的考证

20世纪前半期，《卡兰提奥法典》和《马拉塔斯法典》曾一度被视为西班牙殖民者到来前菲律宾群岛成文法的珍贵遗存。但20世纪60年代末，美国历史学家威廉·亨利·斯科特对两部法典的真实性提出了质疑。

---

① [菲]格雷戈里奥·F.赛义德著:《菲律宾共和国:历史、政府与文明》，吴世昌译，商务印书馆1979年版，第97页。《卡兰提奥法典》条文见第97~101页。

② Eufronio M. Alip, *Philippine Civilization* (Before the Spanish Conquest), Manila: University of Sto, Tomas Press, 1936, pp. 82-84.

③ 为菲律宾米沙鄢群岛中部班乃岛上阿克兰省(Aklan)内一城市。

④ 卡兰提奥圣祠的介绍，载 http://www. globalpinoy. com/ch/ch_category. php? category = museums&name = Kalantiaw%20Shrine&table = ch_museums&startpage = 46&endpage = 60。菲律宾国家图书馆收藏的法典手稿中并没有显示该法典和阿克兰的巴坦之间有任何联系。但1917年，Soncuya在他的书中推断卡兰提奥是为阿克兰制定该法典。1956年在阿克兰建省时，Digno Alba宣布卡兰提奥的政府建在巴坦。这样，卡兰提奥的博物馆就顺理成章地建在了巴坦。William Henry Scott, *Prehispanic Source Materials for the Study of Philippine History* (Revised Edition), Quezon City: New Day Publishers, 1984, p. 132.

⑤ William Henry Scott, *Prehispanic Source Materials for the Study of Philippine History* (Revised Edition), Quezon City: New Day Publishers, 1984, p. 132.

(一)威廉·亨利·斯科特其人①

威廉·亨利·斯科特(William Henry Scott,1921～1993 年),杰出的美国历史学家和人类学家,首屈一指的菲律宾社会和文化史学者,他在早期菲律宾社会和吕宋岛北部的民族学研究方面作出了巨大的贡献。

1921 年 7 月 10 日,斯科特出生于美国密歇根州底特律的一个机械师和轿车贸易商家庭,受洗时起名为亨利·金·阿伦斯(Henry King Ahrens)。1939 年中学毕业后,他做过几年零工,并把自己的名字改为 William Henry Scott。第二次世界大战期间,1942 年到 1946 年在美国海军服役。1946 年 7 月,他受雇于圣公会在中国的传教团。此后几年,他在中国教授英语,到各处旅行,并在上海的圣约翰大学、扬州的马汉(Mahan)中学和北京的燕京大学等处学习汉语。

1949 年,斯科特回到美国进入耶鲁大学,于 1951 年在那里获得中国语言文学学士学位。朝鲜战争期间,又被美国海军召回服役 18 个月。1953 年,被美国圣公会任命为在俗传教士。当时他希望能先前往日本教书,然后再回中国去,但他最终接受了菲律宾一个空缺的教师职位。1954 年 1 月,他来到菲律宾高山省(Mountain Province)的萨加达(Sagada)。此后,他在这里居住了 40 年,一直到去世。②

1957～1958 年,斯科特完成了哥伦比亚大学教会史硕士研究生课程的学习。1968 年,他在菲律宾圣托马斯大学(The University of Santo Tomas)取得历史学博士学位。他曾到欧洲和美国的档案馆进行过研究。从 20 世纪 60 年代后期到 1986 年,斯科特在菲律宾三一学院、圣安德鲁神学院、圣托马斯大学和菲律宾大学等处讲授教会史、中国史、菲律宾史、人类学及相关课程。他能熟练地使用从事研究菲律宾史研究必不可少的英语、西班牙语,还掌握汉语,这使他能够阅读有关菲律宾的

---

① 本部分内容主要参考了以下文献:(1) Bonifacio S. Salamanca,“Foreword”, in William Henry Scott, *Prehispanic Source Materials for the Study of Philippine History*(Revised Edition), Quezon City:New Day Publishers,1984, pp. Ⅴ－Ⅵ.;(2) Jesus T. Peralta,“Introduction”, in Jesus T. Peralta(ed.), Reflections on Philippine culture and society: festschrift in honor of William Henry Scott, Quezon: Ateneo de Manila University Press,2006;(3) Harold C. Conklin,“William Henry Scott: A Biographical Note and Bibliography”, in Jesus T. Peralta(ed.), Reflections on Philippine culture and society: festschrift in honor of William Henry Scott, pp. 15－38. Bonifacio S. Salamanc,菲律宾大学(蒂利曼分校)历史学教授,20 世纪 70 年代初斯科特进入菲律宾大学马尼拉学院(U. P. College Manila)任教时他为该院院长。Jesus T. Peralta 为《对菲律宾社会和文化史的思考:威廉·亨利·斯科特纪念文集》的主编,画家、摄影家、作家和社会科学家,在菲律宾国家博物馆工作并担任领导职务,与斯科特是熟识的朋友。Harold C. Conklin 为美国耶鲁大学教授,美国国家科学院成员,人种科学领域的世界级权威。他曾在东南亚特别是菲律宾进行了广泛的人类学和语言学方面的田野研究,与斯科特教授有长达四十年的交往。

② 高山省,位于菲律宾北吕宋中部的一个内陆省份,首府是邦都克(Bontoc),地处科迪勒拉山脉中央,马尼拉以北 396 公里,当地居民以土著少数民族居多。萨加达为该省内一市,境内有著名的洞穴和悬棺。

中文原始文献。

斯科特是一位多产而严谨的学者,一生发表了170多篇文章、10本著作和9本与他人合作的论文集,还翻译了大量以前未公开出版过的西班牙文献。他的著述多是关于吕宋北部科迪勒拉山区菲律宾土著人的研究成果。这些作品都简单明了、通俗易懂,往往让读者爱不释手。《菲律宾史研究中前西班牙时期的原始材料》和《发现伊戈罗特人:西班牙人与吕宋北部异教徒的接触》①是斯科特的代表性作品。在这两本著作里,他都有一些新的发现,也纠正了长期存在的一些错误认识。这也是斯科特研究的一个特点:发现和指出错误,在此基础上开展研究活动。

斯科特是位历史学家,但他对20世纪菲律宾的社会和政治生活也给予了充分的关注。他对不公正和偏见的犀利抨击,导致其在1972年马科斯政府实施军事管制后被控为颠覆分子并遭监禁。后在朋友、学生、同事的帮助与自己的巧妙辩护下,才被无罪释放。

1993年10月4日,斯科特在马尼拉去世,走完了他72年让人充满敬意的非凡一生。他被安葬在他一直生活并深深热爱的地方——萨加达。1994年,因其在菲律宾史教学和研究上的杰出贡献,雅典耀大学(Ateneo De Manila University)把Tanglaw ng Lahi Award追授给他。斯科特最后的一本书——《巴朗圭:16世纪菲律宾的文化和社会》也在这一年出版,②为他作为一个历史学家和人类学家的生涯写下了华美的最后一章。

(二)斯科特对两部法典的考证

在《菲律宾史研究中前西班牙时期的原始材料》一书中,斯科特向我们展示了他对《卡兰提奥法典》和《马拉塔斯法典》这两部重要的前西班牙时期历史文献的考证情况。

《菲律宾史研究中前西班牙时期的原始材料》由圣托马斯大学出版社出版于1968年,该书是斯科特以他提交给圣托马斯大学的菲律宾史博士学位论文为基础完成的。1984年,经作者修订后由新天出版社(New Day Publishers)再版。

斯科特教授的这本书并不是阐释前西班牙时期菲律宾历史的著作,而是对当时菲律宾史学界中使用的前西班牙时期的原始材料的研究,这些材料来自于人类学、考古学、地质学、历史学、语言学、古文字学和古生物学等不同的学术领域。通过对这些材料的研究,不仅可为所知甚少的前西班牙史发现更多的细节,也可以发

① William Henry Scott, *The discovery of the Igorots: Spanish Contacts with the Pagans of the Northern Luzon*, Quezon City: New Day Publishers, 1974.

② William Henry Scott, *Barangay: Sixteenth-Century Philippine Culture and Society*, Manila: Ateneo de Manila University Press, 1994.

现、剔除那些虚假的材料。[①]

斯科特的研究对辨明前西班牙时期菲律宾人自己的原始材料作出了不可替代的贡献。而对法制史研究者来说,他对《卡兰提奥法典》和《马拉塔斯法典》的研究特别值得关注。斯科特也因在这本书中揭穿了伪造的《卡兰提奥法典》而知名。

1. 对《卡兰提奥法典》的考证

1914 年,罗伯逊馆长从何塞·马科手里获得了记载有《卡兰提奥法典》的帕冯(Pavon)手稿,手稿名为《内格罗斯岛的古代传说》(Las antiguas leyendas de la Isla de Negros, *The Ancient Legends of the Island of Negros*)。作者帕冯是派驻菲律宾西内格罗的一名西班牙神父。手稿皮面装帧,分为两卷,共 600 余页。《卡兰提奥法典》出自该书的第一卷,作者声称它来自于 1433 年的一份手稿。帕冯手稿的价值主要在于提供了内格罗斯岛早期历史难得的材料,尤其是其中对《卡兰提奥法典》的详细记载第一次让人们看到了前西班牙时期菲律宾的成文法律。

但对手稿与《卡兰提奥法典》价值的讨论都必须以它们在历史上曾经真实存在为前提。然而,斯科特在《菲律宾史研究中前西班牙时期的原始材料》一书中对手稿与法典的考证,为我们揭穿了一个行骗老手持续半个世纪之久的谎言。斯科特主要从以下几个方面分析了手稿存在的问题:

首先,关于手稿的来源问题。手稿流传有序是判定其真实性的有力依据。从手稿的记载看,该书完成于 1839 年,而马科是在 1914 年将手稿捐献给菲律宾国家图书馆。这部半个多世纪前的手稿是如何被马科拥有的呢?关于这一问题没有其他记录可资利用,只能依据马科本人的说法。1954 年,马科说他的这些手稿是从一个修道院的厨师手中得到,而这个厨师是在 1899 年希马麦兰(Himamaylan)[②]发生抢劫时趁乱偷来的。但他的这一说法和他本人 20 世纪 50 年代早期的说法相互矛盾。当时,马科说自己的父亲参与了那次抢劫,并搬走了一个以为装着贵重物品的大箱子,后来才发现里面存放的是文件。[③]手稿就是在这只箱子里发现的。由于马科前后的说法不一,因此,手稿没有一个令人信服的来源。

其次,关于手稿作者的考察。经斯科特考证,帕冯确有其人。此人在菲律宾最早被提及是在 1839 年宿务修道院的一个名册中。1842 年,帕冯负责希马麦兰教区的工作,接替 1811 年起就在此地任职的吉列尔莫(Guillermo)。帕冯神父于 1849 年

---

① Preface to the 1984 Editiob, in William Henry Scott, *Prehispanic Source Materials for the Study of Philippine History* (Revised Edition), New Day Publishers, 1984, p. Ⅷ.

② 属于西内格罗省的市。

③ William Henry Scott, *Prehispanic Source Materials for the Study of Philippine History* (Revised Edition), New Day Publishers, 1984, p. 119.

转任到希尼加兰(Ginigaran)教区。① 1865~1866年,他来到宿务。1883年,可能因为转任他处或死亡,他的名字从宿务教区的教会记录中消失。但手稿的内容却显示,作者帕冯早在1830年7月17日就在希马麦兰教区修道院居住,《内格罗斯岛的古代传说》完成于1839年8月1日。这和1842年帕冯才到希马麦兰教区担任教职的官方记录相互矛盾。此外,手稿里还提到,帕冯1788年时和塞蒂恩(Setién)神父在西班牙的塞维利亚是同学。但马科发表于1912年的文章中却说塞蒂恩神父是1779年的一本菲律宾游记的作者。②综上,名为帕冯的神父确有其人,但这个官方记录中的帕冯神父来到菲律宾的时间和在希马麦兰教区工作的时间与手稿作者在菲律宾活动的时间无法重合。所以,他肯定不是手稿的作者。但除了这个帕冯外,在菲律宾再也找不到其他名为帕冯的人的记载。这样,由马科捐献的这部记载有《卡兰提奥法典》的手稿的作者身份又是一个谜。除了手稿本身这个孤证,没有其他材料证明此人的存在和他是谁。而他和塞蒂恩神父的同学关系与马科1912年文章的矛盾,更让人不能不对手稿作者帕冯产生疑问。

最后,帕冯的这部两卷本的手稿中还有很多明显的时代错误。例如,作者在1839年8月1日把他的书献给西班牙国王,但此时西班牙并没有国王而只有女王。③在谈到菲律宾日历中的11月份时,帕冯说人们认为这个月份不好,因为空气中充满了腐烂的微生物。最初严肃地讨论传染性微生物能够通过空气传播是在1850年,而"微生物"这个词本身是从1878年才开始使用。帕冯在1839年完成的书稿中使用10年后的理论和更晚出现的专业词汇,实在是匪夷所思。斯科特在书中还指出了手稿中存在的其他一些时代错误。④如果手稿确为1839年写就,这些时代错误实在很难解释。

此外,斯科特还专门对手稿中和《卡兰提奥法典》有关的问题做了研究。帕冯的这个手稿是《卡兰提奥法典》唯一的出处,然而分析手稿中和法典有关的内容却有让人不解之处。第一,和法典有关的时间。手稿中对法典实施时间的标注是:"in use in 150 since 1433。"根据该手稿中惯常采用的日期缩略方法,"150"应该是"1150"的意思。这样,上面这句话的意思应是"在1150年使用从1433年以后"。⑤

---

① 位于西内格罗省境内。

② William Henry Scott, *Prehispanic Source Materials for the Study of Philippine History* (Revised Edition), New Day Publishers, 1984, p. 119, p. 122.

③ 1833年,费迪南德七世去世后,伊莎贝拉二世登基成为西班牙女王,在位35年。

④ 关于这些错误,请参见 William Henry Scott, *Prehispanic Source Materials for the Study of Philippine History* (Revised Edition), New Day Publishers, 1984, pp. 122-123。

⑤ William Henry Scott, *Prehispanic Source Materials for the Study of Philippine History* (Revised Edition), New Day Publishers, 1984, p. 132.

如此的时间标注是荒谬的,无法合理地解释。但还有较之更为荒谬的。根据手稿中内容,卡兰提奥修建城堡的时间为 1433 年,但书中却又称提及这一事件的是 1137 年的一份材料。① 第二,法典的内容。法典规定了 36 种违法行为,对这些行为由 15 种肉刑和死刑来惩罚。这些惩罚措施不仅多难以理解和执行,而且从其严酷程度上看根本就不可能是前西班牙时期菲律宾人的法律。因为从早期来到菲律宾的西班牙人的描述看,当时最严重的违法行为都可以用支付罚金或债务奴役予以解决。而且,就整个法典的规定来看,它更像是一个有足够权力的中央政权颁布的,而当时在菲律宾群岛并没有统一的中央政权,只有规模不大的巴朗圭。②第三,关于法典的下落。根据手稿的记载,该法典于 1614 年在班乃岛一个统治者处发现,1839 年时法典的原件还为西班牙萨拉戈萨(Zaragoza)的马西利欧·奥尔菲亚所有。可是,1966 年菲律宾向西班牙政府要求马西利欧·奥尔菲亚的后代归还法典原件时,当地警察当局在萨拉戈萨根本找不到马西利欧·奥尔菲亚家族。③

综上可知,马科提供的载有《卡兰提奥法典》的手稿是没有任何价值的伪造物。在菲律宾历史上,从没有一个统治者叫卡兰提奥,卡兰提奥的所谓法典不早于 1914 年何塞·马科把自己的作品兜售给菲律宾国家图书馆。斯科特通过对各种材料的深入挖掘和研究,终于在半个世纪后把这个并不高明的骗局戳穿。④

2. 对《马拉塔斯法典》的考证

上文已谈到,《马拉塔斯法典》在菲律宾最早出现于 1938 年 2 月 20 日吉列尔莫·圣地亚哥—奎尼奥在《论战》上发表的名为《马拉塔斯法典》(El Código de Maragtas)的文章中。作者声称,这个颁布于 1212 年的法典是直接翻译自“古代菲律宾文献”。这些古代文献是他在一位主教的陪伴下在玛德亚斯山上发现。⑤在《菲

① William Henry Scott, *Prehispanic Source Materials for the Study of Philippine History* (Revised Edition), New Day Publishers, 1984, p. 132.

② 马来人来到菲律宾后分散生活在可通航的河边或沿海的开阔地带,一定数量的家庭生活在一起组成规模不等的小村落,称为“巴朗圭”。

③ William Henry Scott, *Prehispanic Source Materials for the Study of Philippine History* (Revised Edition), New Day Publishers, 1984, p. 132.

④ 实际上,除了记载有《卡兰提奥法典》的帕冯手稿外,从 1912 年开始一直到 20 世纪 50 年代,马科为菲律宾贡献了多份“有价值”的史料。但经考证,这些材料不是没有史料价值就是伪造的。1955 年,马科还帮助《马拉塔斯》的作者蒙特克拉罗的“孙女”蒙特克拉罗女士和芝加哥大学菲律宾研究计划做成了《马拉塔斯》手稿的买卖。但经古文字专家鉴定,该手稿是明显而且拙劣的伪造品。后来还发现,当地的邮政系统根本查不到蒙特克拉罗女士这个人。而芝加哥的一名年轻的博士申请人不够谨慎地使用了这一文件,发表了一篇名为《作为历史文件的〈马拉塔斯〉》的披露性的文章。William Henry Scott, *Prehispanic Source Materials for the Study of Philippine History* (Revised Edition), New Day Publishers, 1984, p. 102. 就种种事实不难看出,马科是一位非常勤奋而且不放过任何机会的作伪老手。

⑤ William Henry Scott, *Prehispanic Source Materials for the Study of Philippine History* (Revised Edition), New Day Publishers, 1984, p. 100.

律宾史研究中前西班牙时期的原始材料》一书中,斯科特教授向我们展示了他对这样一部"前西班牙时期的重要历史文献"的考证情况。

斯科特从法典发现者圣地亚哥—奎尼奥身上进行调查。圣地亚哥—奎尼奥虽然声称这部法典来自古代菲律宾文献,但是他却没有提供法典的出处。而经过斯科特的考证,在当时存在的古代菲律宾文献和其他时期的菲律宾文献中都找不到这部法典。不过,斯科特却发现一位叫特奥多罗·阿贡希洛(Teodoro Agoncillo)的人记录的一件事,为判断这个法典提供了可能。这就是发生于原菲律宾国家语言学院的海梅·德贝拉(Jaime de Veyra,1873~1963年)和圣地亚哥—奎尼奥之间的冲突。对于海梅·德贝拉质问他为什么要在这些文件上撒谎和这些文件到底在何处,圣地亚哥—奎尼奥没能给出一个解释。所以,从法典的最初发现者圣地亚哥—奎尼奥来看,这部法典没有一个可以被证明的真实来源。

1907年,佩德罗·阿尔坎塔拉·蒙特克拉罗(Pedro Alcantara Monteclaro,1850~1909年)把Hiligaynon和Kin-iraya这两种米沙鄢人(Visayan)的方言混合在一起写成了一本书,书的名字叫《马拉塔斯》(*Maragtas*)。该书后来又分别于1929年和1957年出版了第二版和第三版。《马拉塔斯》主要是关于后来从婆罗洲来的移民的情况的记述。

该书的作者佩德罗·阿尔坎塔拉·蒙特克拉罗,生于怡朗(Iloilo,伊洛伊洛)的米亚敖(Miag-ao)。[①] 他本人在反对西班牙殖民者的革命和美国入侵中,因领导能力和外交才能而成为当地的英雄。在美国占领该地区期间,他担任联络官,并且是米亚敖的第一任市长(1901~1903年)。他也因是一个本地语言和西班牙语的诗人而为人所知。另外,他有少数米沙鄢语的歌曲流传下来。

作者自述,其写作《马拉塔斯》的目的是向读者展示班乃岛最早居民的历史。为了表明自己写作此书时的严肃态度,他特别指出自己写作这本书并非是凭空想象,而是搜集了一些书面和口头的材料。其中引人注意的是作者提到他从城里两位老人处找到的文件。他在书中很详细地叙述了找到这两份材料的经过和它们的状况,他还仔细地记录了他首次抄录它们的确切日期。但是,作者没有表明也没有暗示这两份材料被记录在《马拉塔斯》中。实际上,文件内容也不可能出现在书中,因为作者说这两份文件已让岁月磨蚀得无法阅读。因此,作者对这两份材料的描述,可能只是想表明写作这本书态度的严肃认真。在后记里,他也谈到,他的文件没有给他提供关于过去事情的清楚和完整的资料,他不得不去咨询城里的每一位老人。该书的出版者也指出:"根据作者所言,《马拉塔斯》所包括的事实不应该被认

① 怡朗省,位于米沙鄢群岛中部。米亚敖是属于怡朗省的一个市。

为全是准确无误和真实的,因为他的很多材料与我们从老人那里听到的不一致。”①因此,通过对《马拉塔斯》一书的作者和书籍本身的仔细研究,斯科特指出,《马拉塔斯》是一个业余作者所写关于班乃岛早期历史的原创性作品,其中保留了人们对一些真实事件的记忆。但已经没有办法确定这些事件本身发生的具体时间,或者确定哪些是历史事实,哪些是在一代代口头传承中的渲染和发挥的成分。斯科特的研究让我们知道,这本书实际上是一部以传说为基础的文学作品,而不是严谨的学术著作。它讲述的故事也许很动听,但没有证据证明其真实性的内容只能是故事,而不能作为信史来看待。

《马拉塔斯》第五章中,记述了从婆罗洲来的移民的语言、贸易、服装、习惯、婚姻、葬礼、计时技术和历法等内容。在其所述的社会习惯中,谈到了对四种行为的惩罚:过于懒惰不工作的人如果不思悔改将会被驱逐,去和尼格利陀人生活在一起生育混血后代;一夫多妻制一直采用,直到人口控制成为必要,那些太穷而供养不起的孩子会被溺死;通奸会被处以死刑或剥夺继承权;窃贼的手指会被砍掉。②在《马拉塔斯》中,作者没有提供任何材料或线索来证实这些习惯的真实性,也没有把这些内容说成是法律。当然,更没有出现“法典”的称谓。

这本书的名字“马拉塔斯”,是蒙特克拉罗用来作为西班牙语“历史”(Historia)一词的对应词,是作者的一个创造。一直到今天,这个词也只是和这本书相关时才为人们知道。没有证据显示,“马拉塔斯”一词曾经在1907年蒙特克拉罗这本书以外被发现。因此,在1907年蒙特克拉罗的《马拉塔斯》出版之前,班乃岛不可能出现名为“马拉塔斯”的法典。圣地亚哥—奎尼奥给自己在玛德亚斯山上“发现”的法典取名《马拉塔斯法典》,应该是受到了蒙特克拉罗《马拉塔斯》一书的启发。③从以上的分析可知,这部所谓班乃岛的前西班牙时期的法典,被斯科特确定为最早出现在20世纪40年代也是顺理成章的了。

斯科特的研究成果公开出版后,从20世纪70年代开始,一些菲律宾史和法律史的著述不再提及这两部法典。例如,1975年出版的特奥多罗·A.阿贡希洛(Teodoro A. Agoncillo,1912~1985年)的《菲律宾简史》(*A Short History of the Philippines*)和1976年出版的佩费克托·V.费尔南德斯(Perfecto V. Fernandez,1931~)的《前征服

---

① William Henry Scott, *Prehispanic Source Materials for the Study of Philippine History* (Revised Edition), New Day Publishers, 1984, p. 96.

② Ibid., pp. 99-100.

③ Juan C. Orendain博士把《马拉塔斯》中关于当地人习惯的这些记述命名为“Code of Sumakwel”。因其是从婆罗洲来的移民的大督之一——Sumakwel统领的人们的习惯。See William Henry Scott, *Prehispanic Source Materials for the Study of Philippine History* (Revised Edition), New Day Publishers, 1984, p. 100.

时期的菲律宾习惯法》(*Custom Law in Pre-Conquest Philippines*)等书。不过,把两部法典视为真实的存在而在自己的研究中使用的情况也还存在,如1993年发表的《1986年菲律宾宪法的起源》一文。[①] 2001年出版的《菲律宾司法制度》(*The Philippine Judicial System*)一书中,也有"菲律宾人的所有古代成文法都没有留下来,除了来自于班乃岛的《马拉塔斯法典》和《卡兰提奥法典》"的内容。[②]直到2003年时,有研究者在撰写关于菲律宾法律研究的基本信息的文章中还称"《卡兰提奥法典》和《马拉塔斯法典》是仅有的前西班牙时期成文法的遗迹"。[③]

查阅我国研究者的著述,可以发现学界对斯科特教授关于两部法典的研究成果关注很少。前文已提及,金应熙教授主编、出版于1990年的《菲律宾史》已谈及这两部法典的问题并详细指明了可参阅文献,其中就列有斯科特教授的《菲律宾史研究中前西班牙时期的原始材料》一书。但学界似乎并没有给予太多的注意。笔者检索后发现,我国研究者在2000年以后发表的论文中还时有提及这两部法典,把它们视为真实的文献,并作为自己文章的论据使用。也许我国学界应该对斯科特教授关于这两部法典的研究给予必要的关注,以避免把自己的研究建立在伪造或缺乏可靠来源的材料之上。

三、影响法律史研究的因素

1. 史料在法律史研究中的作用。对于法律史研究来说,没有材料研究就无法进行。《卡兰提奥法典》和《马拉塔斯法典》充满戏剧性的骗局是一个很好的个案,生动地说明了这一问题。从法典刚刚"发现"时菲律宾人对自己早期法律成就的骄傲到被指为伪作后历经近半个世纪还不忍丢弃,不能不让我们对史料的价值生出深切的感触。当然,两个法典的故事也提醒我们,挖掘材料的同时,也要细心研究、辨析真伪。[④]

---

① Mark Stevens,"Origins of the 1986 Philippine Constitution",at Industrial Coll of the Armed Forces Washington dc,July 21,2010.

② Raul C. Pangalangan (Ed.), The Philippine Judicial System, Chiba-shi: Institute of Developing Economies (IDE),JETRO,2001,p. 1.

③ Antonio M. Santos, Philippines: Basic Information for Legal Research in the Philippines, in Doing Legal Research in Asian Countries: China, India, Malaysia, Philippines, Vietnam, Chiba-shi: Institute of Developing Economies (IDE),JETRO,2003,pp. 99 – 100.

④ 史料对法律史研究的价值在世界其他地区也可以找到例证。如古代印度缺乏相对可靠的官方史书,其古代法律史的研究只能依赖宗教典籍、文学作品和民间传说或其他国家的古代文献。这种史料的限制,导致我们今天对印度古代法律史无法深入而清晰地了解。楔形文字法的情况更能很好地说明这个问题。如果不是美国苏美尔学家S. N. 克莱默博士1952年在伊斯坦布尔古代东方博物馆找到了载有《乌尔纳姆法典》的泥板,我们的法律史教科书上就不会有这部迄今发现的人类最早成文法典的内容。

2. 史料之外的因素对法律史研究的影响。法律史研究是学术工作,但从《卡兰提奥法典》和《马拉塔斯法典》的变迁中可以看到,法律史研究有时也会受到学术之外的因素的影响。从上文斯科特对两部法典的考证可以看出,马科等人的骗术并不高明,有很多明显的错误和相互矛盾之处。但它们为何能成功地欺骗人们达半个世纪之久呢?甚至在斯科特教授通过翔实的材料、严谨的推理,无可辩驳地揭露了两部法典并非真实存在后的几十年中,还不断有菲律宾学者在自己著述中使用这两部法典的材料。现在浏览菲律宾"文化和资讯"官方网站依然可以看到,为"卡兰提奥"和其"制定的"法典所建圣祠并没有因为史学界断定《卡兰提奥法典》为伪作而关闭,还在每天迎接着游客的参观。①出现如此状况的原因,不能不引起我们的深思。

在西班牙人300多年的殖民统治中,对菲律宾群岛的历史没有给予太多的关注。因此,那时的菲律宾史研究没有太多的成果,特别是关于西班牙人殖民前的历史多有空白。19世纪末,当美国人开始在群岛的统治后,来自美国人和菲律宾人的共同推动使菲律宾史的研究蔚然兴起。美国人对菲律宾史的关注,主要是为了更好地实施统治,需要对菲律宾这块新占领的殖民地有更多了解。而菲律宾人经过反对西班牙殖民统治和菲美战争的洗礼,民族自豪感逐渐生发和高涨,自然对自己的历史会有更多关注。在这样的背景下,一些美国和菲律宾学者怀着极大的热情投入到菲律宾史研究中,当然其中也有如马科和圣地亚哥—奎尼奥这样的投机者。而这导致20世纪的菲律宾史研究既成果丰硕,同时也错误频出,甚至是骗术当道。

《卡兰提奥法典》和《马拉塔斯法典》这两部前西班牙时期的伪法典的出现,和20世纪初以来菲律宾的社会背景有直接的关联。它们是对菲律宾人渴求了解自己的历史,尤其是处于黑暗状态的早期历史的回应。也正是在这种渴求之下,一些学者疏失了学术研究中应有的严谨性,也为作伪者提供了机会。斯科特的成果发表后,菲律宾史的著述中还频频出现两部法典的内容,这其中应该还是和学术之外的因素有关。当骗局已经成为国家历史的一部分,成为学生们熟记心间的内容,成为学者们苦心研究的成果的一部分时,人们又怎么能把它们马上抛开?即使揭穿骗局的证据无可辩驳。卡兰提奥圣祠今天还在接受着世人的膜拜,也不是因为对学术研究成果的无知或无视吧?

---

① 载http://www.pia.gov.ph/philinfo/phmuseum.htm。

瞿同祖与《汉代社会结构》

周登谅*

一

《汉代社会结构》是一部运用社会学的方法研究汉代社会各个阶层的地位、权利、关系及其对社会运作的实际影响的著作。如果将本书与《中国法律与中国社会》作个比较的话,我们可以发现两书存在着诸多的相似。瞿先生在《中国法律与中国社会》一书中主要阐述了五个问题:家族、婚姻、阶级、巫术与宗教、儒家思想与法家思想。这种分析问题的结构和方法也被他用在了两汉史的研究中,于是在本书的本论中我们看到了类似的结构安排:亲属、婚姻、阶级、豪族。

当然,两书在结构安排和内容上也存在一些差异,一是关于"妇女地位"的专门论述,这在《中国法律与中国社会》中只是散见于"婚姻"、"阶级"的论述中。二是关于"巫术与宗教",在魏特夫所撰写的本书(《汉代社会结构》)前言中,魏氏提到瞿先生已经收集了汉代宗教与风俗的资料,并且他预期瞿先生会根据其收集到的资料"将会完成一篇极具启发性的关于秦汉宗教的专题论文,而关于风俗习惯的资料也将会变成一篇同样具有启发性的关于秦汉民俗的专题论文"。①但在本书中却没有关于"巫术与宗教"的阐述,同时魏氏所预期的那两篇论文也始终没有面世,这不能不说是一桩悬案。三是关于法律思想,《中国法律与中国社会》一书中详细阐述了儒家思想与法家思想对中国古代社会与法律的影响,而《汉代社会结构》则未对此问题有过论述,其原因大概在于后者的研究对象偏重于社会结构和社会运作。另外,从史料处理方法来看,《中国法律与中国社会》引用了大量的古代法典文献作为证据来说明中国古代的社会结构,而《汉代社会结构》在法律文献的引用上非常稀缺。但是,在史料的引用上《汉代社会结构》则延续了前者的风格,即对古代典籍的融会贯通和旁征博引。

尽管如此,我们仍然可以作出这样的判断,即《汉代社会结构》与《中国法律与中国社会》是同一类型的著作。这主要基于如下几个理由:

第一,研究对象均指向中国古代社会和法律,只是前者集中研究两汉时期的社

---

* 周登谅,2008 级法律文化专业,指导老师:徐永康。现工作于华东理工大学法学院。

① 瞿同祖著:《汉代社会结构》,邱立波译,上海世纪出版集团 2007 年版,第 2 页。

会与法律问题，后者将其研究视野拓展至一个更为广阔的时空，即秦汉至晚清变法以前的中国社会。前者具有某种“断代史”的风格，后者则具有“通史”的风格。

第二，相近的结构，两书都对家族、亲属、婚姻、阶级展开了详细的阐述，而这些内容均构成了它们的主要内容，只是侧重点有所不同而已。实际上，这种结构安排在瞿先生的很多著作中都有体现，早在其第一本著作《中国封建社会》中就已经使用类似的结构来分析封建社会的基本特征，诸如封建阶级的构成、各阶级的权利、祭祀、婚姻、丧葬等。而在这种风格和方法影响下的结构安排成熟于《中国法律与中国社会》，并进一步运用于《汉代社会结构》。在下文中，笔者将通过对本书与《中国法律与中国社会》中若干问题的比较、归纳和分析来揭示这种结构安排的价值。

第三，相同的研究方法，二者均采用社会学的方法研究社会史和法律史。与传统的法律（制）史著作所不同的是，瞿先生的这两本书，尤其是《中国法律与中国社会》，并没有采取梳理历代法律制度的起源、发展及流变的方法来研究传统社会中的法律，而是将侧重点放在了法律制度运作的社会时空的研究上。具体来说就是，法律得以有效运作的社会结构是怎样的，社会各阶层的地位及其权利（特权）是如何确定的，亲属制度、婚姻制度的功能是怎样的，这些又是如何制约法律的运作的。这正是瞿先生关于“法律是社会的产物，应当在一定的社会背景下，理解法律的意义和作用”的观点在本书中进一步的论证和发挥。仔细研读就会发现，本书实际上延续了瞿先生以往的法律史研究风格，即“为了全面地理解中国古代的法律传统，至少有几件事情是必须做的：一是研究古代社会结构对于法律的影响；二是研究儒家意识形态对于法律的影响；三是研究法律的实效”。[①]可以说，这种研究风格贯穿于瞿先生研究生涯的始终。

在作出这样一个判断后，来看一下本书的结构安排。本书分为两大部分：第一部分为本论，第二部分为资料编。

在本论中，共有五章，具体言之：第一章，亲属。这一章中包括十个问题，依次为家庭结构与规模、宗族、继承、收养、家族与宗族的权力模式、家族的法律职能、家族的经济职能、家族的教育职能、家族的宗教职能以及家族的军事职能。第二章，婚姻。主要涉及结婚年龄、婚姻与家庭、婚姻对象、离婚、再醮（再婚）、纳妾。第三章，妇女地位。作者阐述了妇女的家庭地位、社会地位和政治地位。第四章，阶级。依次包括皇室与王室、贵族、官员、宦官、平民、客、奴婢、奴婢的社会地位、奴婢的解放和朝廷的政策。第五章，豪族。作者分别考察了两汉时期豪族的基本情况，西汉时期主要阐述了旧家族、皇族、外戚、官僚、富商、游侠、对豪族的控制。东汉时期主要

① 瞿同祖著：《汉代社会结构》，邱立波译，上海世纪出版集团 2007 年版，第 426 页。

阐述了豪族的扩张、外戚、官僚、宦官、富商、游侠。

在资料编中,则是作者在写作过程中所援引的文献资料,这些文献被分为三组:一是亲属与婚姻;二是阶级;三是豪族。

这样一种结构安排和内容有助于我们从家庭结构和社会等级的角度较为全面地了解两汉的社会史。由于史料缺乏的缘故,瞿先生对于两汉法律的直接援引较少,更多的则是对家庭结构、家族功能、阶级划分等问题的分析,但这并不影响我们基于此来理解法律在当时的社会是如何运作的。这正是瞿先生所一贯主张的法律是社会的产物,必须要到社会的具体运行中去理解法律的研究方法的一种体现。

二

对于瞿先生的这部《汉代社会结构》,西方学术界既有人作出高度的评价,如有人指出该书是中国现代学术最佳成就的一个主要范例,它对一个复杂而重要的课题做出了卓越的综合分析。也有人在肯定的同时提出委婉的批评,如有人在肯定瞿先生通过发掘大量以前汉学家所忽视的社会史资料,对汉代社会结构作了全面的论述外,也指出该书的优点和缺点同样明显,"一方面是大量的第一手资料,一方面是缺乏理论的热情","历史学家感到这本书缺乏历史年代感,或者说缺乏事件的连续性;社会学家感到定义或分类的模糊不清;汉学家觉得汉代社会史的研究应该紧密联系前汉帝国时代与此后汉王朝的发展"。而瞿先生自己的评价则是:我个人对这本书的评价一般。但不管怎样,《汉代社会结构》在两汉社会史的研究中所取得的成果是无可置疑的。

与此同时,国内学者对该书也做出了较高的评价。例如,胡志宏在其《西方中国古代史研究导论》中对通过对艾博华的《传统中国的社会流动》、何炳棣的《明清社会史论》①以及瞿先生的《汉代社会结构》进行比较的方式,做出了这样的评价:

如果说何炳棣的《明清社会史论》在艾博华士、农、工、商各阶层一般研究的基

① 艾博华的《传统中国的社会流动》全面地分析了传统中国士、农、工、商各阶层,开社会流动研究的先河,但不免有些失之于浅白。何炳棣全面地继承了艾博华的成果,他敏锐地认识到若要把社会流动趋势揭示得更明晰、更深刻,必须把研究的焦点集中到某一个最有活力、在传统的社会结构里处于关键位置的阶层。艾博华描述的农、工、商的上升表明他们无力突破旧的社会结构框架,如商人致富但也难以获得政治舞台上的权力,况且封建社会的基本经济结构并不利于大商人的经济活动,但是科举制给士阶层带来了合法的向上流动的渠道。基于此种基本认识,何炳棣大胆地设想文人士子的流动趋势即社会总的流动趋势,并从这一点人手展开研究,完成了《明清社会史论》,该书的一大特点在于用社会学、人类学的概念分析史料并辅以数量统计的方法研究明清的社会史。参见胡志宏著:《西方中国古代史研究导论》,大象出版社 2002 年版,第 84 页。

础上选择士阶层作为更集中的焦点描绘了传统中国后期流动中的冲突和无出路的困境的话,那么瞿同祖的《汉代社会结构》则从艾博华的研究回到皇帝制度初期一般的静态的社会结构研究,因此可以把《汉代社会结构》当做一部西方汉学的基础理论研究力作。中国学者读起来会感到比较浅显,但是它以不同政治地位的等级组成社会结构的基本框架,对于惯用经济上的阶级关系分析古代封建阶级关系的中国学界而言,仍然有较大的参考价值。对初入汉学的学者来说是一部精练、准确的教科书,两汉时期的史料显然特别适合从政治等级的角度对帝国初期的人群进行清理、归位。①

然而,本书为何能够获得如此赞许?又为什么被指斥为缺乏理论热情、缺乏历史年代感、定义或分类模糊不清?这些评价是否公允?我们应该如何解读这本著作?带着这些问题,笔者试着从对本书若干问题的归纳与分析中探究其价值和意义。

(一)亲属与家族

我们知道,家庭或亲属关系构成了每个人生存的一部分,这在中国传统社会里尤为重要。一个人自出生以后便被家庭与亲属关系所定义,这决定了其在家庭甚至宗族中的身份与地位,进而影响继承、收养、丧葬、祭祀等重大问题,同时还会直接影响到亲属间犯罪的界定与刑罚的确定。对这样一个问题的认真关注有助于我们认清特定社会中亲属关系对于个人生活方式及社会运作的影响。无论是《中国法律与中国社会》还是《汉代社会结构》,瞿先生在研究中国古代社会时均选择亲属制度作为研究的出发点,显然这不是一种巧合。

在《汉代社会结构》中,瞿先生指出:家是秦汉社会基本的社会与经济单位,它是这样一种社会组织,其成员共同居住在同一个门户里面,并且以某种形式参与经济生产方面的协作。中国的亲属制度是父系的,也就是说,在计算宗族的时候,只从父亲这一方面算起。实际上,这可以算做《中国法律与中国社会》在亲属问题研究上的一种延续,在该书中瞿先生开宗明义地指出,“中国的家族是父系的,亲属关系只从父亲方面来计算,母亲方面的亲属是被忽略的,她的亲属我们称为外亲,以别于本宗”,同时他结合历代文献中的案例对父权做了详细的阐述和论证。在《汉代社会结构》中,瞿先生将关注的焦点集中于汉代的家庭结构和宗族规模上,这是其亲属制度理论在社会史研究中的具体运用。如果说《中国法律与中国社会》是对中国传统社会的亲属制度作了一般性研究的话,那么《汉代社会结构》则突出了汉代社会中亲属制度的若干特点,这表现在以下几个方面:

---

① 胡志宏著:《西方中国古代史研究导论》,大象出版社2002年版,第87页。

第一,就家庭结构而言,汉代沿袭了秦律中关于"民有二男以上倍其赋"和"禁止父子兄弟同室内息"的规定,其结果是无论富人还是穷人都倾向于他们的成年的儿子单独居住,这在一定程度上限制了家庭的规模,故而汉代早期的家庭结构被描述为"一夫挟五口,治田百亩",这与汉以后的家庭结构形成鲜明的对比,特别是自唐代至清代,这种离开父母单独居住的行为极易遭到法律的制裁。例如,《大清律例》第87条就规定:"凡祖父母父母在,子孙别立户籍分异财产者,杖一百。"

值得指出的是,这项法律在汉律中保留了近400年,直到曹魏时期才被废止。对于这样一种被沿用且长期保留下来的法律,势必会对当时人们的社会生活产生重大影响,这表现为儿子成年以后便会离开父母自立门户单独居住,对此瞿先生提供了大量的史料予以佐证,如果说瞿先生所援引陆贾、陈平等人的例子似乎过于典型的话,那么居延出土的汉代简牍文献中的所记载的卫戍部队和前线军官的家庭成员的档案则颇具说服力,由此我们可以较为明晰的看到汉代的家庭结构对于家庭规模的直接影响。

第二,就继承制度而言,瞿先生总结了秦汉时期的继承形式与规则,重点探讨了权利与特权的继承问题,并指出了特权继承与财产继承的差异。中国传统社会在进入帝制时代后,皇权的唯一性与不可分割性成了维系帝国存在的一个关键问题,故权利与特权如何继承就显得格外重要,秦汉时期沿袭了周代的嫡长子继承制,无论是皇室还是王侯都严格遵循这一规则。但在财产的继承上则不受嫡长子继承制的制约,也就是说,包括嫡长子在内的所有兄弟都可以分到财产,而且一般是依照财产均分的原则来处理的。另外,妇女则不享有继承世袭名号和家庭财产的资格,妆奁是其唯一可能获得的部分家庭财产,至于妆奁之数量则取决于父兄之意志。关于继承问题,瞿先生在《中国法律与中国社会》中鲜有论及,但这并不意味着它在传统社会并不重要,相反这事关宗族、帝国的延续和稳定,因此本书关于此问题的论述可以看做是作者完成了一项传统社会研究的未尽事宜。

第三,就收养制度而言,瞿先生指出对于传统的中国人来说有男性后裔是极其重要的,他承担着祭祀祖先和延续香火的使命,一个人如果只有女儿就会被看做是无后,因此在自己生养儿子无望的情况下,只好采取收养的办法来延续香火。基于"神不歆非类"[①]的观念,收养的最主要的原则是被收养人和收养人须出自同一个宗族。尽管收养常常是一种不得已而为之的做法,但却事关宗族的延续,它对于家庭结构的完善、家族的延续、继承与祭祀的有效展开都具有重要意义。

第四,就家族的功能而言,瞿先生认为汉代的家族主要承担了法律职能、经济

① 当时的人们普遍认为,死者的灵魂不会接受出自异姓的、与之没有血缘关系的人的祭祀,收养外姓人为子会给本家带来不同的血统。收养外姓人为子在人们的观念中是不合适的,有时甚至是违法的。

职能、教育职能、宗教职能以及军事职能。值得指出的是,瞿先生所受的学术训练主要来自20世纪三四十年代著名的"功能学派",早期功能主义的核心主张是:任何一种社会或文化现象,无论是抽象的社会制度、思想意识、风俗习惯等,还是具体的物质现象(如工具、手杖、器皿等),都具有一定的"功能",即都有满足人类实际生活需要的作用;而每种社会或文化现象与其他现象都互相关联、互相作用,都是社会或文化整体中不可分割的一部分。[①]瞿先生实际上正是运用了功能主义的观点来分析汉代家族的功能。例如,他在分析家族的法律功能时指出,"从功能上讲起来,一个家族应该就是一个自治的单位,每个家族都应该在内部维持一种秩序",[②]这种功能分析法显然有助于我们较为全面地认识家族的功能。在汉代社会中家族的功能是非常突出的,无论是社会秩序的维护,还是社会生产的发展,抑或是在每个人学习扮演社会所要求于他的角色的过程中,家族的主导作用显而易见,总之每个人的生存都受到家族的影响和制约。

(二)婚姻与妇女地位

关于两汉的婚姻制度,是瞿先生关于传统中国社会婚姻制度研究的延续,在《中国法律与中国社会》中他依次探讨了婚姻的意义、婚姻的禁忌、婚姻的缔结、妻的地位、夫家以及婚姻的解除等问题,可以算做是中国传统社会婚姻制度的一般理论,在《汉代社会结构》中并没有使用太多的篇幅来探讨婚姻制度的一般理论,而是结合大量的史料较为集中地谈到了汉代的结婚年龄、婚姻对象、离婚、再醮(再婚)、纳妾等问题。就婚姻而言,瞿先生仍然运用功能主义的分析方法,指出家族利益是婚姻的关键所在,结婚当事人的个人感情是根本无暇考虑的。用《礼记·昏义》的说法就是:昏(婚)礼者,将合二姓之好,上以事宗庙,而下以继后世也。在婚姻关系中,男女双方并无自主权,而是一种基于"父母之命,媒妁之言"的结合。这样,由家长所支配的婚姻制度在维系家族利益,尤其是传宗接代方面承担了极为重要的功能,并与继承、祭祀、收养等制度产生联动效应。

就妇女的地位问题,瞿先生另辟专章加以讨论。在《中国法律与中国社会》中,瞿先生曾结合大量的刑律及案例论证了传统社会中夫妻不平等的事实,揭示了在夫权控制下的妇女的家庭地位。而《汉代社会结构》则更为系统地论述了妇女的地位问题,瞿先生从社会史的视角分别阐述了妇女的家庭地位、社会地位及政治地位,较为全面地揭示了妇女在汉代社会生活中是如何服膺于当时的宗法制及各种社会规范。这样一种研究可以看做是对《中国法律与中国社会》的一种突破和

---

① 孙国东:"功能主义'法律史解释'及其限度——评瞿同祖《中国法律与中国社会》",载《河北法学》2008年第11期。

② 瞿同祖著:《汉代社会结构》,邱立波译,上海世纪出版集团2007年版,第32页。

完善。

(三)阶级

对于阶级问题的研究,实际上早在瞿先生的第一本著作《中国封建社会》①中就曾针对封建制下的阶级问题有过颇为详细的阐述,然后在其传世之作《中国法律与中国社会》中又针对进入帝制时代的传统中国社会的阶级问题有了更为系统化的研究,而《汉代社会结构》则是其阶级问题研究的延续和升华。关于阶级的存续,瞿先生的观点是这样的:封建社会中贵贱之对立极为显著,为封建关系所必具之基础,但贵贱的对立并不曾因封建组织的解体而消失,士大夫与庶人的分野自周代以迄清末的3000年间一直似为社会公认的,只不过两种对立的阶级以另一种姿态出现而已。②基于此,瞿先生从生活方式(饮食、衣饰、房舍、舆马)、婚姻、丧葬、祭祀等方面对帝制时代的中国社会的阶级进行了总括式的描述。

我们知道,在中国历史上秦帝国只是昙花一现,真正实行帝制并就社会形态之转型进行探索和发展的当属汉王朝。从社会史的角度来看,汉代在社会组织与社会结构的转变上进行了长期的摸索,从早期采取局部封建制到后期加强中央集权,不同阶级所处的地位、所享有的权利(特权)及其对社会的影响显然发生了一些变化。在《汉代社会结构》中,瞿先生依次探讨了皇室与王室、贵族、官员、宦官、平民、客及奴婢的社会地位与权利,前四个阶层构成了汉代的特权阶级,后三者能否取得一定的权利甚至转变为特权阶级的成员则往往取决于其从事的职业、接受的教育、财产状况、机遇等因素。这样一种以静态分析为主的社会等级分析有助于我们较为深入地认识汉代的社会结构,包括各个阶层的地位、权利、相互关系及其对社会的影响,实际上这对我们认识汉以后的历代王朝都有借鉴价值。

(四)豪族

在对汉代的阶级问题作出分析后,《汉代社会结构》使用较多篇幅描绘了汉代社会里六种类型的豪族:战国时期的旧家族、皇族、外戚家族、官僚家族、富商家族和游侠家族。其中前四种类型家族构成汉代的统治阶级,享有政治权力,前五种类型家族拥有财富,可以左右其他人的生活。游侠则是依靠体力上的优势控制别人的行为乃至生死。作为一种非官方的强制力,游侠往往成为王侯将相所极力争取的对象,因而他们也被列入“豪族”之中。豪族拥有诸多的特权,支配着汉代的国家与社会,具有非常重要的影响力。

---

① 本书系瞿先生就读于燕京大学时的硕士学位论文,最早由商务印书馆于1937年出版,它较为系统地阐述了封建制下的阶级的一般情况,包括阶级的划分(贵族、平民、奴隶)、贵族的特权、平民之义务权利、各阶级之礼仪的不同等问题。参见瞿同祖著:《中国封建社会》,上海世纪出版集团2005年版,第5章和第6章。

② 瞿同祖著:《中国法律与中国社会》,中华书局2003年版,第149页。

汉代社会的一个重要特点是,尽管统一帝国已经形成,但各种豪族并未丧失社会影响力,皇权与各豪族之间的矛盾非常明显。豪族在社会上的大量出现无疑会威胁朝廷的政治安全,于是朝廷就采取了各种各样的措施来遏制其影响,将豪族迁至京师或陵邑、惩治豪族是比较常见的做法。不难发现,在统治阶级内部也存在大量的分歧,传统中国社会在进入帝制后的初期仍处于治理模式的探索阶段,各种势力为了维护自身利益的最大化而展开激烈的斗争,这样一种社会结构增加了动荡的可能性。因而,对于帝制中国而言,国家的统一只是社会稳定发展的必要条件,而不是充分条件。瞿先生对豪族的研究,揭示了汉代社会结构尤其是政治权力结构的特点,为我们理解传统中国社会由封建制向帝制迈进以及帝制的变迁提供了重要的方法和思路。

综上,瞿先生《汉代社会结构》一书的特色在于运用了其所擅长的结构功能分析法来研究汉代社会,是继《中国法律与中国社会》之后的又一部杰出的法律社会史著作。然而,正是这样一种全新的研究方法,如瞿先生所言"以社会学研究方法来探究历史中的中国法律与中国社会,对历史学、法学与社会学三方面,都是一个新的出路",[①]但同时也会遭遇种种尴尬,如前文所提到的西方学术界对于该书的批评,"缺乏理论的热情、缺乏历史年代感、定义或分类的模糊不清"等。

显然,这些批评是可以理解的,既然要将法律史与社会史结合起来研究,就无法回避各个学科的特点,以各个学科的眼光来看就容易看到它的一些不足之处,如历史学家认为该书缺乏年代感、社会学家感到该书定义模糊不清。在笔者看来,这些批评固然具有一定的道理,但似乎都有偏颇之处,因为该书虽然运用了社会学、历史学的方法来研究中国社会和中国法律,但不应忘记这些方法早已被融合在"法律社会史"的范畴内,既然如此就不应再以单调的历史学或社会学的眼光来审视该书,它的价值不在于书写年代感明晰的历史,也不是创造一套新的社会学概念,相反,如果作者为了迎合历史学或社会学的某种价值规范来写作该书的话,相信该书的学术价值将会大打折扣。另外,关于该书"缺乏理论的热情"的评价,笔者也难以苟同,因为就写作宗旨而言,作者是要通过探讨汉代的社会结构来揭示帝制中国的社会是如何运作和发展的,而不是要创造一个理论体系,对于理论热情的苛求至少有些不合时宜。

---

① 林端著:《儒家伦理与法律文化——社会学观点的探索》,中国政法大学出版社 2002 年版,第 138 页。

三

就该书而言,最为突出的特点便是通过对汉代的社会结构的研究来揭示其对社会运作的影响,当然也包括对于法律的影响。瞿先生通过对亲属、婚姻、妇女地位、阶级、豪族的介绍和分析,向我们展示了一幅极为生动的汉代社会图景,尽管他在书中较少直接论及汉代的法律是如何具体运作的,这或许是因为唐以前王朝的法典鲜有留存,但他借助其他史料对当时社会结构的分析已经为我们理解汉代法律提供了相当深刻的社会背景。

该书的另一个特点在于全书的结构安排,除了第一部分的本论外,第二部分的"资料编"援引了大量的史料作为本论的论证依据,这样的结构安排在同类的著作中并不多见。在笔者看来,"资料编"的学术价值丝毫不亚于本论的内容,这是因为:(1)就"资料编"的内容和结构而言,它包含了史料和注解两个部分,前者是瞿先生为了研究汉代社会史所研读的各类典籍中的记载,所涉及的典籍主要包括《史记》、《汉书》和《后汉书》。由于所选用资料相当繁杂,故瞿先生采取分类和加标题的方式,将这些资料共分为三类,一是亲属与婚姻,二是阶级,三是豪族,同时给每个部分中的每一则具体的史料加上一个小标题,如"三族之罪"、"禁止父子同室内息"、"自立之家"、"兄弟均分财产"等,然后在每一则史料末尾注明出处,这样读者在阅读时就能够清楚地知晓该段史料的出处和主要内容。后者(注解部分)最大的特色在于援引了大量的其他史料与前者的内容相印证,我们可以看到包括《唐律疏议》、《宋刑统》、《资治通鉴》、《续汉志》、《汉旧仪》、《礼记》、《三国志》、《白虎通》等在内的史料,为我们理解《史记》、《汉书》和《后汉书》中记载的事件、可能存在的疑难问题提供了很好的解释。同时我们可以发现,大量注解的内容要远远多于正文。例如,"三族之罪"条,正文只有一句话,即"(秦文公)二十年,法初有三族之罪",注解中则详细引证了大量史料来论证"三族"的真正内涵,当中首先罗列了历代大儒的观点,然后结合《史记》、《汉书》及《九朝律考·汉律考》中所记载的史实及律法进行分析进而作出判断,整个注解大约用了将近600字的篇幅,但通过阅读我们从中获益良多,对"三族之罪"的来龙去脉及其本质内涵有了较为深刻的了解,这种做法在资料编中处处可见。(2)就"资料编"与本论的联系而言,我们可以发现"资料编"绝不是简单的史料堆砌亦非孤立的存在。首先,它是瞿先生在博览群书之后围绕他所关注的家族、阶级、豪族等问题加以整理与归类的成果进而形成有机的整体,看似简单的标题与史料的组合,实际上却能反映出他深湛的古文功底以及对史料的高超的驾驭能力,这为我们研究汉代社会史乃至法律史提供了翔实而又可靠的资料。其次,它与本论之间具有密切的前后呼应关系,通过阅读我们可以看到本论里在很多问题的讨论中,瞿先生会在段落中恰当的地方指明可以参阅"资料编"某一部分的第几段资料,而该资料正是他进行论证时所依据的史实或律法,这样我们在阅读过程中常常会有这种感觉,即本论中由于某种原因无法详细介绍或论证的内容,只要仔细阅读其所指引的"资料编"的相应内容(包括注解)就会觉得豁然开朗甚至可以发现更多的有价值的东西。

可见,"资料编"极大地拓展了读者阅读和思考的空间,呈现在我们眼前的不再是尘封已久的枯燥历史,而是生动而又富有启发性的材料。这也是该书的第一个贡献。

该书的第二个贡献在于通过对汉代社会结构的研究为我们探究汉代的法律思想和法律制度提供了翔实的社会史依据。我们知道,由于种种原因汉代的法典几乎没有流传下来,我们对于汉律的了解仅止于刘邦的"三章之法",到萧何作《九章律》,再到叔孙通作《傍章律》十八篇,但是在张家山竹简出土(1983 年 12 月至 1984 年年初,湖北江陵张家山)前,无人知晓《九章律》和《傍章律》的实际内容,更不用提通过这些法典来探究汉代的法律思想。该书的成书早于张家山汉简的出土,也就是说,瞿先生在写作该书时(1945 ~ 1955 年)也无法获知《九章律》和《傍章律》的内容,因而他也无法引用汉简的资料来说明问题,那么这是否意味着对于汉代的法律思想我们根本无法触及呢?答案是否定的,至少在一定程度上,瞿先生的著作从社会史的角度为我们提供了颇为有力的依据。

关于奴婢问题,瞿先生在"阶级"一章中有较为详细的阐述,特别是奴婢的社会地位问题,他指出,"在法律上,奴婢不是自由的,他们要么是国家的财产,要么是私人的财产……(奴婢)可以出卖,也可以作为礼物转让给别人,他们的义务就是服从"。[①] 对此,他列举了"陈平以奴婢为礼"、"临邛中多富人"加以佐证。同时他也指出汉律禁止主人随意杀死奴婢,违者将受处罚。例如,《汉书》中就记载过有两个侯曾因杀害奴婢被削夺国土。又如,汉宣帝在位时丞相魏相的妻子涉嫌妒杀傅婢,时任京兆尹的赵广汉"遂自将吏卒突入丞相府,召其夫人跪庭下受辞",[②]可见当时法律对这一问题的规定甚严,即便是丞相的妻子也不能够逍遥法外。也就是说,主人只有获得地方政府同意才能杀死自己的奴婢,[③]这可以与前文《二年律令》中《贼律》的规定相印证。

可见,瞿先生卓越的考辨和整理工作已经为我们提供了翔实的资料来探究汉

① 瞿同祖著:《汉代社会结构》,邱立波译,上海世纪出版集团 2007 年版,第 156 页、第 157 页。

② 同上,第 157 页。

③ 在获得同意后究竟是主人亲自执行,还是由官府执行,目前尚无史料印证。

代的法律思想。这正体现了他所主张的法律是社会的产物的观点,那些史料中并未写明"法律"二字,但我们却能借助其解读出法律的精神。另外,特别值得强调的是,不能脱离社会现实来研究法律思想,脱离了社会背景的解读往往有失全面。

该书的第三个贡献在于,对汉代的阶级问题作出了颇具新意的描述。与以往马克思主义理论中较为单调的统治阶级和被统治阶级、革命阶级和反动阶级的划分所不同的是,该书的阶级划分是韦伯式的,其所使用的"阶级"概念主要是指一种社会身份的团体,侧重点是社会意义的而非经济意义的。瞿先生指出,"汉代社会存在许多阶级,每个阶级就是这样一群人,这些人出身于身份或者——借用马克斯·韦伯和其他一些社会学家的术语来说——等级地位(status position)大体接近的家族"。那么阶级是如何划分的呢?瞿先生列出了四项评价标准:一是职业标准,将脑力劳动者和体力劳动者区分开来,前者具有较高的社会地位,后者则成了下等人的营生;二是受教育的程度,这与第一项标准密切联系,只有受过教育、具备专门知识,才能成为从事脑力劳动的上等人;三是财产因素,因为财产可以决定一个人有多少可供选择的机会,从而在一定程度上决定他的等级地位;四是政治权力标准,政治权力与社会地位以及财富的分配之间有着密切的共生关系,政治权力的获取可以提高社会地位,同时能迅速带来财富。另外,在社会等级体系中,家庭是比个人更为重要的基本单位,一个人获得高等级身份,他的家庭和家族其他成员都会分享他的声誉。基于上述标准,瞿先生指出汉代社会中存在的阶级包括:皇室与王室、贵族、官员、宦官、平民(士、农、工、商等)、客以及奴婢。关于各个阶级的社会地位、权利及相互关系问题前文已有阐述,这里不再赘述。总之,瞿先生基于身份或等级地位的阶级研究有助于我们较为全面地把握当时的社会结构,进而有助于我们深刻地理解汉代的社会性质及相关问题,这在法律社会史的研究中颇具典范意义。

最后,不妨再对瞿先生的研究生涯做个简单的回顾:早年间他在燕京大学求学,所接受的是社会学与人类学的训练,但他的兴趣却不是在当代的社会,而是中国的传统社会;在国内求学及从教期间阅读了大量的古典法律文献及西方社会学的经典著作;在极其艰苦的条件下,完成了传世之作《中国法律与中国社会》的写作,后应邀赴美从事社会史方面的研究,该书便是在此期间完成的;归国后正逢"文化大革命",先生选择了淡泊与沉默,除了与夫人合译《艾登回忆录》外并未做过任何研究;"文化大革命"结束后再度出山,主要从事清律方面的研究和写作。他的研究领域,横跨社会学、人类学、法律学、历史学和政治学等学科,这种超强的学科整合能力加上他的勤奋与好学使其研究成果独树一帜且影响深远,特别是他对于法律史学研究的贡献是非常突出的,由其所开创的"法律社会史"将传统法律史的研究推到了一个新的高度。①但是,在面对所取得的成就时,瞿先生却表现得相当低调,尤其是在回国后几乎过着隐士般的生活,林端教授在写瞿先生的访问记时用的标题就是“由绚烂归于平淡”,且不论是因为性格使然抑或是其他外部原因造成的,瞿先生的勤奋、认真与低调却是我辈读书人的极佳榜样。就该书而言,在经历了半个多世纪的辗转与沉寂后又得以呈现在我们面前,尽管它在学术界的影响不及《中国法律与中国社会》那样惊艳,瞿先生自己对其的评价亦是一般,但笔者以为也许绚烂之后的平淡才是最值得回味的。而我们所要做的,就是站在巨人的肩膀上继续努力和拼搏。

① 瞿同祖著:《清代地方政府》,范忠信、晏锋译,法律出版社2003年版,附录六。

法治理念一个甲子的轮回

——读《中国法学家访谈录》

王兰萍*

近日读《中国法学家访谈录》,[①]竟不能释手亦不能释怀。不是因为叙述妙趣横生、妙语连珠,而是那一个个浮现在眼前的法学家身影,他们中间有我仰慕很久至今已不再有机会拜见的法学大家,也有30年前在母校法学院大礼堂开设讲座的法学前辈,以及与我同辈但现已是法学殿堂里熠熠生辉的法学栋梁。这一个个身影引我沉思,那一段段实录带我回望,一个甲子:当代中国法治理念的轮回。回顾一个甲子的法治历程,法学家的期待与国家的命运休戚相关。那些法学家,曾经历曲折,在访谈中真实回顾中国法制的过往,眺望当代法治建设远景与期待。

一、从"砖瓦论"到"右派"

曾几何时,我们的法学家怀揣报效祖国、期盼国家政治昌明的夙愿,以火热之心、赤子之诚投入到新中国事业的建设中,不曾想在20世纪50年代却连遭挫折,然而,他们在严酷的境遇里却更加坚韧,这就是法学家"右派"。

1949年2月,新中国成立初期的指导性文件《废除国民党的六法全书和确定解放区的司法原则的指示》发布。1952年,司法改革,以改造旧法统、改造旧司法机关与人员为主。法律界掀起批判"砖瓦论"(也称"旧法可用论"、"砖瓦可用论")的风潮。所谓"砖瓦论",即把法律的大厦推倒以后,原来的旧砖瓦还是可以用来建新房。因提出"砖瓦论"遭受牵连的一批人中的代表人物是贾潜(1903~1996年)。他毕业于朝阳大学,在延安革命根据地时曾任审判员,1949年新中国成立后任最高人民法院审判庭长。当时,他写了一篇文章,说"旧法"好比一个大厦,大厦可以拆掉,但是大厦拆掉以后,原来的砖瓦在盖新房时是不是可以用用,还非常谨慎地说,把那些砖瓦消消毒,能不能再用?消毒也不行,即便是再消毒,也是原来的砖瓦,这就是"砖瓦论"的由来。司法改革后,为了填补司法人员空缺,大批老干部、军人被吸收进司法工作队伍。这些干部不懂法,外行接管司法工作,不知道如何司法,造成了

---

* 王兰萍,2002级外国法律史专业,指导老师:何勤华。现工作于商务印书馆。

① 何勤华主编:《中国法学家访谈录》(第1卷、第2卷),北京大学出版社2010年版。

很多冤假错案。当然究其原因，除不懂法外，当时确实没有司法依据，真所谓无法司法。改革之后形成一种新型司法体制，各种司法机关，从高到低依次是：公安、检察、法院、司法行政机关。审判实务出现两个偏差：重刑轻民、重实体轻程序，甚至认为程序是琐碎的，是刁难人民群众的手段，是捆绑无产阶级专政的坏东西，完全否定诉讼法的价值。

1957年，在“反右”的运动中，新闻与法律两界是重灾区。最高人民法院副院长张志让(1894~1978年)、北京司法局局长楼邦彦(1912~1979年)、北京政法学院钱端升(1900~1990年)、复旦大学杨兆龙(1904~1979年)都成了赫赫有名的大“右派”。新中国法学教育的金招牌——中国人民大学法律系，教师不足百人，“右派”却占了50%以上。上海的知识分子，学法律的基本上都是“右派”。典型的“反右”言论有：依法治国、法律至上，政策不能代替法律。当时党的政策至高无上，法律算什么？有提案说：要罪刑法定，须尽早制定刑法典，被指责为“攻击无产阶级法制”；讲“无罪推定，是为罪犯开脱，为反革命分子服务”；认为“党对立法工作重视不够”，“立法太迟缓”，因而重提“旧法有的可用”，毕竟“恶法胜于无法”；上课讲“《德国民法典》是当今世界上最完备的民法典”，而因这法典是德国法西斯时期的民法，所以是给德国法西斯招魂。“右派”言论涉及部门法的，首当其冲是刑法，而理论法学，主张法律的普世价值与继承性都是最致命的“右派”话语。在政治与法律孰重孰轻的关系上，提依法治国，进而提出检察院的法律监督职能，把法律置于政治之上，是当时是不可能做到的。在那个法律虚无主义盛行的时代，法律彻底沦为“婢女”！选专业学法律，简直是在“刀尖上跳舞”。法治是数千年人类文明发展的结晶，继承性是法律普适价值之本，然而60年前，就是那么一句话，却酿就诸多苦楚，不少法学家“右派”没有等到平反，就郁郁而终！如何看《六法全书》？新中国在治国理念上需要思想统一，做法之一就是废除国民党《六法全书》。为此，毛主席写了一篇政论文，某些省以经典范文名义编入小学课本(20世纪70年代我上小学如是)。小学课本的教化作用至广、至深，乃至于废除《六法全书》的负面文化影响延及至今。今天，一个甲子过去，国共关系化冻，两岸开始直航，并正在谈判签署ECFA(两岸经济合作框架协定)，逐步频仍的文化关系里，这一话题也就不解自开。孰不知？废除《六法全书》是为稳定新政权而不得已的权宜之策。当时，一些比较负责的干部肯定，国民党《六法全书》有些还是有用的，以前有的解放区里也适用过。有法学家回忆：我在复旦读书，上海解放后组织派我到中级法院刑一庭工作，我跟的那个法官是旧法人员，他抽屉里就放一本《六法全书》，常常拿出来看，做处理案件的参考。虽然旧法不用了，但是审案终归要参考法律，新中国成立初期几乎没有法律，法官有时难免会翻《六法全书》。可见，《六法全书》的适用价值是客观的，也是不容抹杀的。

苏联法学如何对待法律继承性问题。1950年下半年，苏联专家来中国人民大学法律系传授马克思主义法学。按照苏联法律理论，法律有一定继承性，不应完全否定。列宁认为：在制定《苏俄民法典》的时候，凡是西欧各国法律中保护劳动人民利益的，要加以借鉴采纳。《苏俄民法典》就是参照《德国民法典》制定的，连法典的体系都是德国法的五编制体系。否定法律的继承性，其实已经歪曲了马克思主义法学。再则，恩格斯晚年在历史唯物主义的通信中，一再提到，法律继承性是法的相对独立性的重要表现。从这个意义上说，重提法律继承性是还原马克思主义法学的本来面目。

很久以来，凡梳理中国法学发展脉络万万不敢上探清末、民国，学术发展梗阻于两个结点：一是清廷腐朽没落，二是废除《六法全书》。结点所致的负面观念不是一时可以消弭的。伴随法律学术视野与学科领域的不断拓展，两岸的法律学术交流频繁推进，现在有条件系统梳理史料，尤其对清末、民国留下的法律遗产进行全方位整理，《六法全书》应当与《大清新法令》一样，作为具有里程碑意义的珍贵法律文献，须与新中国法学接续研究，最终回归中国法的现代脚本之列。

二、蹉跎岁月法学家侧影

1978年改革开放之前，新中国法学无独立的学科地位。岁月蹉跎，心灵深处那份对法治理念的坚守支撑着法学家们，他们不沉沦而有所为。

（一）法律实践非常重要

宪法学家许崇德：召开全国人民代表大会（1954年）前，1953年夏，搞第一次普选试点工作。按照选举制度，全国人大代表从下面一级级选上来。所以，首先须进行基层选举。基层选举是普选、直接选举。那时颁布了《选举法》，邓小平同志做《选举法》的起草报告。我参加了宣传《选举法》、贯彻选举政策的工作。当时任务很明确。为实行普选建立基层人民代表大会，然后，基层人民代表选举县人大，县人大选举省人大，省人大再选举全国人大。第一次普选中央派一批人组成工作组赴山东泰安、广饶两县试点。那时，百姓文盲多，选举大会是举手选举而不是秘密投票。选举周期较长，普选一期两个月。在登记选民环节，从给妇女起名，到给农民宣讲选举是什么，政策如何，《选举法》的内容是什么，我经历了普选的全过程。

1954年春，我到宪法起草委员会秘书处（毛泽东是主席，田家英是副秘书长）工作，分到资料组，主要工作是收集国外各国的宪法，编辑宪法专业名词解释供领导人参考。宪法草案出台，交全民讨论，历时三个月，各省人民讨论的材料送交宪法起草委员会。我们先对原始材料进行分类，最后编成了16本讨论意见集。9月，全国人民代表大会召开后,我转到人大工作。我亲历了新中国第一部宪法的制定过程,感悟到法律实践很重要。

(二)马克思主义法学

法理学家孙国华:新中国成立前,在国统区讲授马克思主义法律观的法学家有:何思敬(1896~1968年)(在中山大学),李达(1890~1966年)(在武汉大学)。在反"右"期间,马克思主义法学也不是不发展。八大政治报告后,董老(董必武,前清秀才,留学日本)发言,要求加强人民民主法制,提出人民民主法制中心环节是"依法办事",要做到"依法办事"就要"有法可依"、"有法必依",实际上就是要搞"法治"。鉴于此,1957年中国人民大学法律系自编《国家与法权理论》教材,将董老的加强人民民主法制专门提出来,并且又补了一句"违法必究"。所以,"违法必究"在中国由中国人民大学法律系在那个时期最早提出的。可惜那教材没有派上用场,反"右"开始了。

(三)无声的积累

环境法学家马骧聪:1958年,中国社会科学院法学所成立。幸运的是,它没有遭并撤,一直被保留下来了。当然,"文化大革命"前仅有的独立成果是张有渔所长的《法学基本知识讲话》、《宪法基本知识讲话》。那时写文章限制很多,行文须谨慎,著作的篇幅就不能多。20世纪60年代初,接受中央主管政法的领导指示,编译《外国法学研究资料》("文化大革命"中断),主要译介苏联、东欧的法学,还翻译了苏联法学名著《国家与法的理论》。1972年从"干校"回来,重新恢复编译外国法资料工作,出版《外国法学动态》(后改为《外国法译丛》),逐步接触到国外环境资源保护的知识信息。这些都成为改革开放后我致力于环境保护法律研究宝贵的资源。

(四)歪打正着

法律史学家王召棠:1958年华东政法学院停办后,华东政法学院、上海财经学院、复旦大学法律系、中国科学院上海分院经济和历史所几部分合并,成立了上海社会科学院,设法政研究所,我们法制史教师主要从事古籍整理与研究。当时按领导指示,为抢救古代法学遗产,聘请古籍专长的唐律专家李良、历代刑法志专家高其迈。我和叶孝信拜其为师,共同完成了《唐律疏议注释》和《历代刑法志注释》,张企泰依据拉丁文翻译《罗马法》,叶孝信主持《中国国家与法权史资料汇编》三卷本,以及《辞海》条目200个。1972年上海社科院合并到复旦大学,我到国际政治系讲授法国政治,编著了《法国政府机构》,1978年后我招收的第一个硕士研究生是法国政府方向的。

(五)提议起草民法典

民法学家王家福:1978年以后,依法治国提升为国策,是否起草民法典?伴随改革开放,国家的工作重点转到经济建设上来,民法地位日益凸显。《中国法学家访谈录》披露了一些鲜为人知的细节。“有同志写信给中央,信中建议不要制定民法典。胡乔木同志将信转交我们法学所讨论,要求我们研究一下信中的意见是否正确,我们立即组织了研讨,一致认为信中的意见不正确,并写信给中央,提交报告,建议制定民法典。不料,该报告被中央采纳,并成立了以杨秀峰(1897～1983年)同志为组长、陶希晋(1908～1992年)同志为副组长的民法起草组(当时孙亚明所长也参加了领导工作),全国优秀学者共同参加民法典第三次起草工作开始。”

20世纪80年代初期,“当时我们已经进入了以经济建设为中心的新时期,但计划经济的思想仍占主导地位,加之我组织翻译的苏联法学家拉普捷夫的《经济法总论》在中国法学界产生的效应,法学界对民法和经济法地位问题发生严重分歧。论战主要涉及传统民商法的地位是否牢固,经济法是否作为一个独立的法律部门等”。

这场论战几近白热化,最后由政治家定调。1984年、1985年,民法草案出台第四稿,在讨论时出现大民法典还是小民法典的激辩。民法、经济法两边学者各不相让。有人主张民法就是解决民事关系、婚姻和继承关系的,不包括经济关系。还有人疑惑搞不搞民法典?民法典到底成熟不成熟?时任中央政法委书记彭真确定了两个基调:第一,要搞一个统一的民法,不搞经济法,民法和经济法不是双轨,不是一边搞民法典,一边搞经济法典;第二,暂时不搞民法典,先搞通则。基调制止了民法、经济法的论争。最后,民法通则起草领导小组选了四位专家,除我和江平外,还有中国人民大学佟柔(1921～1990年)、北京大学魏振瀛。1986年民法通则颁布。

通观《中国法学家访谈录》入选的法学家,分1935年之前出生的、1936至1948年出生的,1949至1960年出生的、1960年以后出生的四类。法学家侧影仅仅是这个群体里个别法学家法律人生的点滴与片段,对于老法学家而言,这样的法律经历有一定的普遍性,他们都曾是蹉跎岁月的亲历者。没有法治的年代,尚存法治的信念与无言的追求,这需要的绝不单是勇气与胆量,而是刻骨铭心的国家大爱与崇尚正义的无限情怀。

三、期待的法学教育

访谈录第一卷,采访的法学家均出生于1935年之前,他们在民国时期接受了系统的法学教育,有些毕业于东吴法学院或朝阳法学院。世事沧桑,求学的那段往事成为他们心中的一隅绿地。

(一)南东吴北朝阳

1900年的苏州,美国基督教卫理公会传教士创办了东吴大学,创办伊始并无法科。1915 年,政治学教授、美籍律师查尔斯·兰金(Charles W. Rankin)在上海虹口建法学院(The Soochou University Law School),聘请租界的律师和法官义务教授法律,同时又获得美国驻华法院(会审公廨)法官、罗马法与比较法学家罗炳吉(Charles Sumner Lobingier,1866~1956 年)的帮助。① 学院实行"双轨制",既讲授中国法,又讲授外国法,尤其重视英美法教育。教员除外国法官、律师外,也有中国法律界的名流,如曾任司法部长的王宠惠(1881~1958 年)、董康(1867~1947 年)均兼任教授,吴经熊任院长。教学内容偏重比较法,很多课都直接用英文,素有中华比较法律学院之美誉(Comparative Law School of China)。

私立朝阳大学(亦名朝阳法学院)建于民国元年(1911 年)。当年,汪有龄(1876~?)、江庸(1878~1960 年)等人为落实办学计划奔走各方,黄群(1883~1945 年)、蹇念意(1876~1930 年)两人赞助,法学会会员亦捐资相助。学院以研究法学为重心,首任校长共推汪有龄,选址于北京朝阳门海运仓,故而得名,并象征着"一代青年如旭日东升的朝气"。"南东吴、北朝阳"或"无朝不成院",形象地说明了两所法科大学的地位,它们是旧中国法律家的摇篮,堪称民国法学教育的两盏明灯。

(二)中国法学教育百年

中华人民共和国成立初期,百废待兴。从 20 世纪 50 年代模仿苏联法学教育模式,"文化大革命"时期开展政策教育,到改革开放、法治国策确立,至今已有 30 余年,法律学科体系逐步完善,前后整整一个甲子的历程。可谓洗净铅华、无限清丽。

中国人民大学法律系是苏联模式的代表。20 世纪 50 年代法学课程有:国家与法权理论、国家与法权历史、国家法(宪法)、刑法、民法、国际法 6 个学科,外加刑事政策、民事政策教育。"文化大革命"期间法学教育被政策取代。今天,中国法学教育已推广普及 13 门主干课,包括法理、宪法、行政法、刑法、刑事诉讼、民法、商法、民诉、中国法制史、经济法、环境法、国际法、国际私法。虽然,法律学科体系基本健全,但是,仍存有法学教育断层带来的隐性问题,法学与文史哲相比差距十分明显。完善法律学科体系、拓展研究的深度仍然是法学家翘首期盼的。

中国近代法学教育,始于 1862 年清政府在北京设立的教授培养西文翻译的同文馆。从 1867 年 12 月,同文馆聘请丁韪良(W. A. P. Martin,1827~1916 年)开设国际法,到 1895 年北洋大学法律科,开设法律通论、罗马律例、英国合同法、英国罪犯律、万国公法、商务律例等,再到清末"新政"时期(1901~1911 年),光绪三十一年(1905 年),伍廷芳(1842~1922 年)、沈家本(1840~1913 年)奏请皇上在京师开设法律学堂,此后各地纷纷建立法律学堂,即便是地处偏远的甘肃,1909 年也建立了

① 王健著:《中国近代的法律教育》,中国政法大学出版社 2001 年版,第 237 页、第 246 页、第 254 页、第 190 页、第 253 页。

法政学堂(兰州大学前身)。法律学堂开设的课程有:大清律例及唐明律、现行法制及历代法制沿革、法学通论、经济通论、国法学、罗马法、刑法、民法、宪法、商法、民事诉讼法、刑事诉讼法、裁判所编制法、国际公法、诉讼实习、行政法、监狱法、大清公司律、国际私法、财经通论、大清破产律。清末的法学教育是中国近代的第一个高潮。

与清末法学教育相得益彰,国家的立法成绩斐然。按《大清光绪新法令》和《大清宣统新法令》的统计,截至1911年闰六月,钦定法律法规达2000件,涉及宪政、外交、官制、任用、民政、财政、实业、交通、司法、旗务、藩务、统计报告、官报、会议等类别。这些分门别类的立法把中国古代正统的、律例体系的法,与西方法治理念引进后的近代法截然分开,实现了从传统到近代的转型,开中国法治国家之先声。

辛亥革命一声炮响,清王朝已成旧制。民国政权确立伊始,即发布大总统令:除与当今国体不符之法令外,前清法律一律继续有效。政权更替之时,民国政权以发布总统令来稳定社会,在国家治理方式上没有突破中华法统而一切重新开始,试图以法律稳定缓和改旗易帜后可能发生的社会动荡。仅就法律教育而言,民国与清末一脉相袭,而且民国时期法学教育有大发展。

例如,1927年,具有教会背景的东吴大学按照南京政府要求华人担任校长的规定,校董事会推举盛振为(1900~1997年)担任了第一位华人教务长,吴经熊(1899~1986年)担任法学院院长,顺利完成了外国人办学的华人化。1922年,以"将外国法的原理介绍给中国,并使外国了解中国法原理"为宗旨,东吴法学院创办了中英双语刊物《法学季刊》(1930年中文刊名为《法学杂志》)。东吴法学院培养了大批法官、律师和法律教师,1946年毕业生达1200多名。国际法院大法官李浩培(1906~1997年)、倪征燠(1906~2003年)早年均就读于东吴法学院,他们都是新中国杰出的国际法大家。

同样,1923年朝阳法学院同学会也创办了连续刊物《法律评论》(周刊),成为当时著名的法律期刊。1938年,因抗战迁往成都,1941年又迁到重庆。即便在战争中朝阳法学院依然坚持办学,学生达2000人。与东吴法学院不同,朝阳在学术风格上注重大陆法传统,法典教育尤为突出,"当时不少同学熟悉《六法全书》,有的同学甚至能倒背如流"。1946年,抗日战争结束学院转回北京,1949年新中国改朝阳法学院为中国政法大学,1950年又并入中国人民大学法律系,朝阳法学院使命告终。

除法律教育外,民国法律书籍出版繁荣。例如,上海商务印书馆出版的大学丛书(法学类)、法政丛书、实用法律丛书、新时代法学丛书等专书。吴经熊作序,东吴毕业生郑兢毅编著的《法律大辞书》(上下及补篇),释义简明,法律分类齐全,兼顾理论法学与部门法学,仅就编纂水准而言,今天的法律工具书也望尘莫及。

新中国成立后,如何创办自己的法律教育,的确是摆在国家领导人面前的难题。1949年5月,国家在朝阳法学院的基础上办了中国政法大学,任命华北人民司法部长谢觉哉(1884~1971年)为校长,毛主席为学校题写校牌,开学当天,朱德(1886~1976年)、董必武(1886~1975年)等高级领导人到场讲话。1950年3月,中国政法大学和华北大学合并成立中国人民大学,1952年院系调整,全国大学法律系均撤销,只保留了中国人民大学法律系和中央政法干校。

1978年以后,法治国家被提上国家的议事日程,中国人民大学法律系和中国政法大学(1984年前为北京政法学院)、华东政法大学等法律院校恢复了勃勃生机。改革开放初期,法学家大胆提出增加涉及西方国家、国外法律的课程,并要求定为选修课。江平回忆:民法专业开设罗马法(在我留苏时,莫斯科大学开罗马法,学拉丁文)和西方国家民商法。这些课由我开,可没有教材,我就从苏联带回的一些书或老书里整理出讲稿。庆幸的是,这时外国法作为知识介绍给学生无须再加上"批判"二字了。学术自由,让学者轻松上阵,干劲倍增。

改革开放30年,已是今非昔比。今天仍然活跃在法学教育战线上的法学家,如从东吴走出的潘汉典、从朝阳走出的孙国华、从莫斯科大学走出的王家福、江平等。他们有民国时(留苏时)法学教育扎实的功底,有历次政治运动的磨砺,治学严谨、敢于担当,有法学家固有的贵气,虽逾古稀依然自强不息,言传身教,忙碌于法学教育与法治战略的研究中,他们对当代中国法学有深刻思考。

(三)反思

法的和谐价值。过去,我们法学观上有些简单否定,现在有些简单拿来、简单肯定。法律学术应有总的价值观,马克思主义基本原理不能丢。我主张按照以前苏联专家的意见,搞法理的人既要搞法律基本理论,又要搞一门部门法学作为第二专业。现在西方都在讲"社会本位",为什么还要重提那些与"个人本位"相应的"权利本位"?应当重视权利,尊重和保障人权,但也不能把个人权利绝对化而不顾社会利益、社会责任。我认为法律最适合在和平条件下解决矛盾,是调解矛盾的一种手段和方法,鉴于此,我思考:和谐社会呼唤"和"的法哲学、法的和谐价值等问题。

通史向部门法律专史转变。对于有的政法院校有意压缩法制史课时,应如何看待法律史学科的未来?"法制史学科存与废,那是无稽之谈,问题是我们现在的中外法制史研究目的、内容、体系的组织确实存在不少问题,不是一两个专家就可以解决的,而是需要有计划地专题讨论。"要解决通史研究简单宏大而资料不够翔实,学科体系30年不变,不讲求及时吸收史学研究,特别是专史研究的新资料来研究法律史问题,等等,反映出法律专门史空白多,有待拓展研究;更新学术方法,特别要大力倡导实证法,用新史料,用足史料,小心求证,而不是笼统演绎。

立足本土法学。尽管,法学教育显性繁荣,法学书籍品类繁多,但是,"中国法学受西化影响,有很多文章我读不懂,作者随意创造名词。因为都是从国外的一些书上看来的,中国没有相对应的词,所以,就编造了很多生僻、奇怪的词"。简单化的拿来后患无穷。搞法学万万不能离开马克思主义,马克思主义法学需要加强。

期待法学总体提升。法学总的形势是好的,但法学离未来中国政治民主期待的理论基础尚有相当距离,要求精研、强调成果质量。“法律学生也好,法律著作也好,都是过滥、缺乏精品。法律精品,律师中的精品,法学著作精品,法律学者中的精品,在国际上真的拿得出去的应该说相当之少。”这都是中国法学发展中的问题,也是法学家们忧患所在。

《艰难与希望:中国法律制度史讲课实录》读后

钱泳宏*

当学问一旦被倾注了心血和热情,著书立说便可流传于世,宛如经千锤百炼磨砺成钢的宝剑,定能出类拔萃。2008 年 12 月,人民出版社正式出版的《艰难与希望:中国法律制度史讲课实录》(以下简称《讲课实录》)就是这样一本著作,它没有高深的哲理,亦无抽象的说辞,它以讲课实录的方式在艰难的法律史教学之路上播种着希望,这本书的出版堪称万众瞩目的法史福音。

《讲课实录》的著者是丁凌华教授,他长期从事中国法律史学的教学和研究工作,现任华东政法大学法律学院法制史教研室主任兼中国法律史学会常务理事。他对中国法律史的研究颇有建树:有专著《中国丧服制度史》;主编《中国法律思想史》、《中国法律制度史》,参与编写《简明法制史词典》、《中国古代法律三百题》等;担任国家重点项目《中国法制通史 · 隋唐卷》副主编;发表论文《宗祧继承论》、《家族主义法渊源略论》等 70 余篇。丁凌华教授长期开设中国法制史、中国法律思想史、中国古代家庭法、中国民法史、中国法制史研究、中国法律思想史研究及中国法律史史源学等课程,他的众多学生互相传阅其上课讲授的精彩内容与语录,并自称为他的"粉丝"而建立"丁香社"。丁凌华教授在书中开篇也坦诚地讲到他"好为人师"、热爱教学,这恐怕也是他出版这本《讲课实录》的原因之一吧!

《讲课实录》按照丁凌华教授课堂讲授《中国法制史》的全程口语式录音整理而成,从绪论、夏商法律制度到西周、春秋战国、秦、汉、魏晋南北朝、隋唐、五代宋元、明清时期的法律制度到古代民事法规、晚清法律制度的变革、中华民国时期的法律制度、革命根据地时期的法律制度,全书总共 17 讲。《讲课实录》以讲课实录体模式撰写,是对《中国法制史》课程的另一种独特解读。它以每一讲的内容作为标题,教材中的章、节标题则在全文中以黑体字标出,在目录中还罗列了该章节的主要内容,以便于读者查寻。正如该书的主标题"艰难与希望"一样,丁凌华教授在历经对中国法律制度史 20 余年教书与科研的艰难探索后,毫无保留地把自己的学术成果和研究心得奉献给读者,同时尽量介绍与吸收学术界的新观点和新成果,加以融会贯通,精心提炼,从而使得本书内容显得丰实饱满,蕴藏着大量难得的信息和真知灼见,体现了当代中国法律制度史研究的前沿水平,开拓了《中国法制史》教科书的

* 钱泳宏,2007 级法律文化专业,指导老师:徐永康。现工作于郑州轻工业学院政法学院。

发展方向，使无数中国法律史学者，尤其是青年学者看到了中国法律制度史研究的希望之曙光。

近日，我认真拜读了丁凌华教授的《讲课实录》，下面仅从三个方面进行简要总结，权且算作管窥之见。

一、法学教科书的理性回归：讲课实录

"实录"一词原本是指符合实际的记载。但从史学研究的内容角度来看，实录是古代官史史料的一大总汇，它吸纳了历朝官方从中央到地方的原始档案等史料，进行"编年附传"式的编纂与改造，形成古代最重要且篇幅最大的官史著作，然后又为国史、纪传体史书等的修纂所采择，在古代官史史料的流程中，实录起了承上启下的作用。即实录"就像一个巨大的高原湖泊，承接雪峰融化的涓涓细流，经过汇集的蓄势之后，向下游奔涌而去，又成为穿行在较低地势中的河流之源"。[①]始于萧梁的实录体史书，至《唐实录》始蔚然成风，及至清末。"实录虽是史料性史书，但并非简单的史料汇编，而是有一定编纂体例，倾注了史家史意的史学著作。"[②]它以编年顺序为叙事的基本线索，相机切入人物传记，经过精心处理和融会，形成了新的"编年附传"式的体裁——实录体。由此可见，史学研究中已有"实录"的先验。客观地讲，正是官修实录才真正展现了几千年来中华文明史的本源。

丁凌华教授的《讲课实录》经由全程口语式录音整理而成，是对大学课堂讲课情景的真实记录，就其对法律制度史知识的讲解与传递而言，虽然与实录体史书不同，但却传承了实录的衣钵，亦体现了实录的精髓。回顾中外先贤的哲学经典，自《论语》到《理想国》，孔子的儒家思想和柏拉图的哲学思想虽未见于等身著作，但这些出自教学现场的问答实录，其真知灼见中流淌的文明和教化却能流传千古。如今高等法学教育林立，加之信息技术发达，出版业兴盛，大批学者著书立说，多有大成之作，但往往囿于既定篇章结构的逻辑要求，极缺融会贯通的生动语言。因此，多数教科书的功用几乎成了基本学科知识的目录检索工具，大学生毕业时也往往视教科书为首选的抛弃书籍，但是他们却会保存下来许多教师的个人讲义。这些讲义虽然没有精美的装帧和印刷，却凝练了授课教师生动的语言和真知灼见。我们再读先贤的高论，就会发现他们皆是教学的集大成者，后世流传下来的不正是他们传道授业的讲课实录么？因此，"讲课实录"才是教科书的本源和归宿。高等法学

---

① 谢贵安著：《中国实录体史学研究》，武汉大学出版社2007年版，第37页。

② 同上，第38页。

教育只有抛弃旧有模式的禁锢,促成法学教科书向“讲课实录”模式的理性回归,才能真正实现面向21世纪的改革目标。

如今,丁凌华教授开创性地引入“讲课实录”模式撰写中国法律制度史,读来犹如醍醐灌顶,亦如身临其境,其通俗生动的文字间闪现着诸多的精金美玉。作者追求的也恰恰是杨翼骧先生“尽心育后学、胜著等身书,为人做‘教书匠’者,幸莫大焉！福莫大焉”的无私精神。[①]

二、法学方法论的传承发扬:探究历史本源

钱穆先生说:“研究制度,不该专从制度本身看,而该会通着与此制度相关之一切史实来研究。这有两点原因,一因制度必针对当时实际政治而设立而运用。单研究制度本身而不贯通之于当时之史事,便看不出该项制度在当时之实际影响。一因每一制度自其开始到其终了,在其过程中也不断有变动,修改。历史上记载制度,往往只举此一制度之标准的一段落来作主,其实每一制度永远在变动中,不配合当时的史事,便易于将每一制度之变动性忽略了,而误认为每一制度是凝滞僵化,一成不变地存在。”[②]《讲课实录》以不同时期不同类型的典型历史作为筋骨脉络,又以不同类型历史人物的活动作为血液精神,字里行间贯穿着历史的分析方法,以探究历史的本源。《讲课实录》还关注法律制度在各个朝代不同背景下的新变化与新动向,赋予法律制度变迁鲜明的时代气息。如此一来,跨越千年的中国法律制度史变迁虽千头万绪,但作者纲举目张而不失要领,旁枝斜出,收放自如,多线条、多角度地展示了中国法律制度史的绵长历史和丰富内涵。

在第五讲汉代法律制度的一开始,作者就引用清朝人赵翼《廿二史劄记》中所用的“布衣将相”来形容汉朝统治集团的一个很明显的特征。接着他又用大量笔触生动地讲述了汉初的一个个历史人物,诸如刘邦、陈平、韩信、樊哙、周勃、英布、彭越等,然后话锋一转,读者才恍然明白,作者之意并非讲故事也,而是让读者深刻理解汉初的法律思想为何是黄老思想,为何整个朝代会呈现出一种蓬勃发展的气象,因为这与统治集团的成分有很大的关系。

讲到商鞅这个历史人物时,作者先解释商鞅为何被称为“公孙鞅”、“卫鞅”,然后以孔子为例解释中国古代姓与氏的不同,接着又根据《史记》的记载,生动导入商鞅在魏国的经历及商鞅三次拜见秦孝公,分别讲述“帝道”、“王道”及“霸道”的故

---

① 杨翼骧著:《学忍堂文集 · 杨翼骧卷》(南开史学家论丛第一辑),中华书局2002年版,自序。

② 钱穆著:《中国历史研究法》,生活 · 读书 · 新知三联书店2001年版,第33页。

事,最终在商鞅讲"霸道"时,秦孝公才"前席"认可商鞅的才能,让其在秦国主持变法(第92~96页)。这样一来,商鞅这一人物就栩栩如生了,读者也同时充分掌握了他的思想。

讲到奴隶制五刑中"五"这个数字的神秘性时,作者更是旁枝斜出、信手拈来。他依次提及古代的阴阳学说、汉代的秋冬行刑、数字中单数为阳双数为阴,阴阳要调和、两个相同的阳数放在一起的日子必定是一个节日等,最终又收放自如地回到奴隶制五刑"虽然是刑罚,但也要取吉数,刑罚是阴,吉数是阳,取阴阳调和、有利于统治之意"(第21页)。

其他诸如通过讲"缇萦上书",读者了解了汉朝文景刑制改革的背景;通过讲述朱元璋废除宰相,读者深刻理解了大理寺和刑部职能的颠覆;通过对清末预备立宪的背景及沿革脉络较多的介绍,读者易于领会预备立宪的内容等。作者对中国法律制度做出的历史解读,往往既有一种古今时空对话的历史苍茫感,也有一种师生灵犀互通的交流愉悦感。

三、中国法制史的娓娓道来:愿做东晋南朝人

(一)深入浅出、语言生动

正如作者所述:"深入浅出是讲好一门课的关键所在,也是很高的要求,不能深入浅出的问题往往是教师自己也没有搞懂的问题,以己之昏昏使人昭昭是不可能的。浅出并不是浅薄,大音希声的道理往往是浅显的,用通俗的语言、生活的常识引出一个意料不到却合乎逻辑的结论,学生往往会记住一辈子"(第500~501页)。

作者对中国法律史知识的讲解可谓是深入浅出。例如,对《唐律疏议·名例律》中"诸断罪而无正条,其应出罪者,则举重以明轻;其应入罪者,则举轻以明重"的讲解即是如此(第227~228页)。再如,他认为嫡长继承制是周公因考虑到夏商时期由于王位继承的不确定性,往往会引起统治阶级内部争夺王位的内讧,严重削弱统治与稳定而创立的,接着客观地做出评价:"嫡长继承制在我们今天看来是一个落后的封建制度,但在当时却是一个稳定社会的好制度,我们可以看到,周公是以牺牲了自己的王位继承权创立了这样一个好的对后世影响极大的制度"(第35页)。接着他展开进一步的探讨,以美国第三任总统杰斐逊确立的总统连选连任两次的机制及我国在邓小平同志引导下确立的集体领导体制为例,得出合乎逻辑的结论:"一个好的制度好的传统的创立往往是需要一代领导人作出某种牺牲的"(第35页)。

作者语言生动贴切,幽默诙谐而不乏辛辣,顿使理论性强、教材内容相对枯燥

的中国法制史课程妙趣横生！这种例子更是不胜枚举，比较突出的是对中国古代的占卜判决与神兽判决、“血食”祭祀、婚姻“六礼”、“七出”、“三不去”、“五服”、“十恶”及“六赃”等的精彩讲解。

（二）学术批判、观点争鸣

丁凌华教授尽可能介绍学术争议动态，告诉学生真理都是相对的，任何结论都只是一家之言，都有继续探索和推倒重塑的可能。他认为：“很多东西我们习以为常的，认为是绝对真理的东西，实际上并非绝对真理。搞学问一定要有怀疑和批判精神，而且是敢于怀疑理论的源头和基点，有大怀疑，才能有大突破。这一点，无论是自然科学或社会科学，道理都是一样的”（第15页）。

例如，在介绍《法经》的真伪时，作者指出这是一个学术界一直争论的话题。他从最早记载《法经》的史料——《晋书·刑法志》讲起，《晋书·刑法志》记载：“魏文侯师李悝，悝撰次诸国法，著《法经》。以为王者之政，莫急于盗贼，故其律始于《盗》、《贼》。盗贼须劾捕，故著《网》、《捕》二篇。其轻狡、越城、博戏、借假不廉、淫侈、逾制以为《杂律》一篇，又以《具律》具其加减。是故所著六篇而已，然皆罪名之制也。商君受之以相秦。”①接着介绍战国时的法学著作、东汉时班固的《汉书·刑法志》及北齐魏收的《魏书·刑罚志》都没有提到《法经》，到《唐律疏议》提到了《法经》及其六篇篇目，至明末，董说编著了《七国考》，其中提到魏国时，引用了桓谭《新论》中关于《法经》的一段论述，但桓谭《新论》在南宋时已经散失。因此，从20世纪30年代起，我国及日本的法制史学者对李悝著《法经》一事开始提出异议，认为《七国考》的内容是伪造的。再接着介绍1983年西南政法学院的张警教授发表《〈七国考〉〈法经〉引文真伪析疑》来肯定《七国考》与《法经》的真实性。然后，介绍1988年《法制日报》曾经报道我国学者找到了《法经》全文的古印本，并打算以此为基础进行注释后以《法经考释》为名出版。结果此书一直到2003年才在香港法制出版社出版。然而，《法经考释》经学术界考证，已被公认为是一部伪书（第86～88页）。迄今为止，学术界对于《法经》真伪的争论依然不止。

其他诸如对中国与日本的学者对《开元律》的争议过程及来龙去脉的介绍、学者们对中国法制史范畴的争议、对西周建国年代的不同观点、对《唐六典》是不是法典及是不是一种法律形式的争鸣及对马锡五审判方式的不同看法等。作者对这些学术争议的介绍，有助于读者开阔视野、了解学术界的新观点和新成果，准确地把握中国法律制度史研究的前沿水平。

---

① 其实，最早提到《法经》的是由《晋书·刑法志》记录下来的三国时期陈群、刘邵等人撰写的《魏律·序（略）》中：“旧律因秦《法经》，就增三篇，而《具律》不移，因在第六。”

(三)索隐钩沉、见解独到

丁凌华教授尤其注重做扎扎实实的实证研究,索隐钩沉,明辨是非,每下判断必深思熟虑,把新颖独到的见解充实到《讲课实录》之中。

他指出男女不平等的理论源头在于血食观念。因为中国古代婚姻的主要目的之一是延续血统以祭祀祖先,祭祀祖先是要用血食来祭祀的。而血食祭祀中的三牲,即猪牛羊只能由祖先的男系男性子孙来杀,由他们来祭祀,因为女性亲属或女系男性亲属的祭祀,祖先是享用不到的(第302~303页)。这些就为中国古代为何会有"不孝有三,无后为大"及男尊女卑找到源头了。

一般教科书将西周时期的买卖契约称为"质剂","凡买卖者质剂焉,大市以质,小市以剂",①即凡奴隶、牲畜之类的大宗交易称之"大市",使用长券即质,凡器具、珍宝之类小宗交易称为"小市",使用短券即剂。但是对于哪些属于大宗交易,哪些属于小宗交易,是不太容易讲清楚的。作者则观点独到:"质是抵押、担保的意思,指买卖中没有卖断的活卖关系;剂是用刀切齐的意思,指买卖中已经卖断的绝卖关系。"也即是,"质"主要是用来买贵重物品当中那些活的东西,如牛马、奴隶等。之所以"质"要长一些,主要是因为活的东西比较难把握,不知道他的内在质量到底怎么样,所以在契约里边要写得清楚一点,写的内容多了这个质就需要长一点。至于"剂",由于是买珠宝、兵器等,这些东西,基本上当面可以看清楚,契约的内容相对比较简单一些,所以它就短一些(第343~344页)。经过这样一番重在活卖与绝卖的讲解,读者对"质剂"这个概念就能很好地掌握了。②

一般的教科书对于"三三制"原则,大致认为"抗日根据地民主政权在组织人员分配上,共产党员占三分之一,非共产党员的进步分子占三分之一,中间分子和其他分子占三分之一"。作者根据1941年的《陕甘宁边区施政纲领》第5条,分析出"三三制"的两点基本含义,并认为通说观点忽略了这部纲领是共产党表现合作诚意的竞选纲领,因此,"我们只能承诺在协商名单时共产党员只占三分之一,但我们不能保证选举结果也一定是三分之一,否则就变成包办选举了。我们只能承诺共产党员被选为主要负责人的机关里,所任用的职员中共产党员不超过三分之一,但我们不能指挥非共产党员为负责人的机关也这样做,否则就变成干预行政了。这样做,就变成好心却办了错事,破坏了民主制度了"(第464~465页)。一般的教科书还认为,《五四指示》是1946年5月4日中共中央发布的《关于土地问题的指

① 《周礼·地官·质人》。

② 许多教材都将西周时期的兵器是否为民法上的流通物,甚至《法学辞海》在定义"质剂"时,也认为:"剂是一种短券,用于兵器、珍宝一类买卖。"但也有不同观点,如2006年由商务印书馆出版的胡留元与冯卓慧著的《夏商西周法制史》第426页中,据《礼记·王制》记载,戎器在禁售之列,并指出《周礼·地官·质人》说戎器允许流通有讹。原因是西周时期"为防止人民反抗,兵器严禁流通"。

示》,该指示决定"将减租减息的政策改为没收地主土地分配给农民的土地政策"。作者则考虑到当时"减租减息"是国共合作的基础,当时内战尚未全面爆发,如果,我们单方面宣布"没收地主土地",就等于公开宣战的历史背景,因此将《五四指示》的精神理解为"将减租减息的政策改为征购地主土地分配给农民的土地政策",并进而指出,有偿征购地主土地是解决边区土地问题的主要方式(第480~481页)。这样的分析见解独到且合情合理。

其他诸如作者在提到中国古代法律起源的时间问题时,先提出过去通行的一个观点"中国古代的法律是和国家同步起源的"。然后通过引征马克思在《摩尔根〈古代社会〉一书摘要》及恩格斯在《马尔克》中的表述,进而得出一个合理的结论——法律的产生是在国家的产生之前(第15~16页)。作者认为,法律史教材对于领事裁判权与治外法权往往概念不清,如有的把领事裁判权又称治外法权,[①]有的认为"通过司法改革,收回治外法权,就一直成为爱国的思想家、政治家奋斗的目标"。[②] 因此,他对二者概念进行了区别(第374页)。作者将《兴国土地法》与《井冈山土地法》相比后,认为《兴国土地法》最大的一个变化就是第1条把"没收一切土地"改为"没收一切公共土地及地主阶级的土地",而且第2条规定:"一切公共土地及地主阶级的土地,经工农兵政府没收并分配后,禁止买卖。"作者认为,这一文本实际上就是国有土地与私有土地并存,而这一点正是很多著作和论文所没有注意到的(第472页)。作者对秦朝审判制度中司法官吏的"不直"与"纵囚"进行了清晰的界定(第113页)。作者认为将汉武帝以后的中国封建社会称为"等级制中央集权社会"更为合适(第149页)以及将秦朝以身高为标准正是说明了秦朝的法治精神(第103页)等皆是尽力索隐钩沉,自成一家之言。

(四)有感而发、展现真我

丁凌华教授在讲到魏晋南北朝在政治和经济上对盛唐局面出现的推动作用时,有感于改朝换代兴衰旺败的历史,抒发其愿做东晋南朝人的情愫:"我如果选择做古人,我不选择做唐朝人,也不选择做北朝人,我最喜欢做东晋南朝人,因为那个时候的皇帝不是很专制,那个时候的官吏不是很贪婪,整个社会重名节,不是很贪钱,尊重真正做学问的人……"(第189页)作者渴求的其实正是这种学高为师、身正为范的精神,更有对学问人生孜孜以求的浪漫情怀。作者在讲到中华民国的法律制度史的时候,有感于中国革命的胜利与挫折,又感于中华民族的觉醒与崛起:"革命在非常时期,是民族之大幸;但在正常时期,却是民族之不幸。而改革在非常事情,是民族之小幸;但是在正常时期,却是民族之大幸。一个总是把正常时期当非

① 范忠信、陈景良主编:《中国法制史》,北京大学出版社2007年版,第466页。

② 张晋藩主编:《中国法制史》,高等教育出版社2003年版,第310页。

常时期的民族，是不幸的民族；一个在非常时期能迅速转入正常的民族，是有福的民族。近代一百多年来，我们的民族刚刚开始展露正常的曙光，让我们祝福我们的民族！”（第418页）这抒发了作者向往民族兴旺、改革富强的赤子之心。在《讲课实录》中，作者在梳理中国法律制度史的发展脉络、生动描绘具体法律制度的同时，又抒发情怀以展现真我。

《讲课实录》是丁凌华教授长期潜心研究、苦心经营的力作，笔者只能约举数端，以窥全貌。但是，作为一部创新之作，《讲课实录》也难免存在一些尚待斟酌与探讨之处：

第一，该书出现的个别稀见字在字后括号内标注了拼音，以方便读者阅读。但是，注音方式不统一，大部分的注音如斩衰（音 cui，崔），也有如对从兄弟的“从”注音为 zòng，但也有个别地方，没有完整的标注出读音。例如，皋陶（音 yao）（第30页）、《说郛》（音 fu）（第87页）。书中出现了一些极少见的打印错误，如廷行事中的“行”错写为“刑”字（第102页）、常行杖的“行”字错写为“刑”字（第210页）。

第二，作者认为“我们今天血缘关系的等级，这个亲属等级我们是根据罗马法来的等级来的”（第42页）。“五服”，类似于今天的一等亲到五等亲（第176页）。笔者认为此说法不妥，且有时将“亲等”口误为“等亲”。因为，亲等是计算亲属关系亲疏远近的单位。我国现行《婚姻法》在计算亲属关系的亲疏远近时，采用的是世代计算方法，而非国际上多数国家所采用的罗马法亲等计算法。罗马法亲等计算法在计算直系血亲时，是从己身上数或下数，以一代（世）为一亲等。例如，父母和子女间为一亲等，祖父母和孙子女、外祖父母和外孙子女为二亲等。旁系血亲的计算，则是从己身上数到同源的直系血亲，再由同源的直系血亲下数到所要计算亲等的亲属，合计其代（世）数以定亲等。例如，兄弟姐妹为二亲等，叔侄、舅甥为三亲等。我国现行《婚姻法》是以血亲之间的世代来计算亲属关系远近的。世代计算法一辈为一代，在计算直系血亲时，以己身为一代，然后由己身向上或向下数，向上数至父母为二代，数至祖父母为三代；向下数至子女为二代，数至孙子女为三代，依此类推。在计算旁系血亲时须根据旁系血亲之间的同源关系确定世代，同源于父母的为两代以内旁系血亲，同源于祖父母、外祖父母的，为三代以内旁系血亲，依此类推。如此看来，我国现行的世代计算法与罗马法亲等计算法显然不同，如计算自己与伯、叔和堂兄妹之间的亲等，用罗马法计算分别为三亲等和四亲等，用我国的世代计算法则都是三代以内旁系血亲。因此就更不能将我国古代以“五服”为主要内容的丧服制计算法与罗马法的亲等计算法直接来换算，将“五服”认为类似于今天的一等亲到五等亲。

第三，作者认为在汉代“亲亲得相首匿”的范围里，只有卑幼可以隐藏尊长，尊长不能隐藏卑幼（第142页）。笔者对此有另外的理解。据《后汉书·梁统传》：“武帝……军役数兴，豪杰犯禁，奸吏弄法，故重首匿之科。”《盐铁论》文曰：“自首匿相坐之法立，骨肉之恩废而刑罪多。”可见在汉代，即凡是知情隐匿罪人者是应处罪的。虽然，在汉武帝时期，董仲舒的春秋决狱中曾有“拾道旁弃儿养以为子”的判决，①但是，一直到汉宣帝地节四年，才有亲属相为容隐的诏书：“父子之亲，夫妇之道，天性也。虽有祸患犹蒙死而存之，诚爱结于心而仁厚之至也，岂能违之哉。自今子首匿父母，妻匿夫，孙匿大父母，皆勿坐。其父母匿子，夫匿妻，大父母匿孙，罪殊死，皆上请，廷尉以闻。”②由此可见，“亲亲得相首匿”作为汉代刑罚适用原则之一，具体指直系三代血亲及夫妻之间，相互隐匿罪行，不予告发和作证，法律不加制裁或减轻处罚，而并非只有卑幼可以隐藏尊长，尊长不能隐藏卑幼。

第四，作者认为，唐代的笞刑、杖刑本来是轻刑，背部是靠近人体内脏器官的地方，一旦内脏打坏了，那比重刑还要重。因此，唐太宗时下令，笞刑、杖刑的执行，背部不能打，只能打在臀部，打在腿部（第211页）。但依《狱官令》规定：“决笞者，腿、臀分受；决杖者，背、腿、臀分受，须数等。拷讯者亦同。笞以下，愿背、腿分受者，听。决罚不依此条，是不如法，合笞三十。”③可以看出，唐代笞刑的执行为腿、臀分受，一般不打在背部，但愿意背、腿分受的受刑者，不受此约束。杖刑的执行为背、腿、臀分受。

《讲课实录》洋洋大观，嘉惠后学，不独为莘莘学子及从事中法史教学的青年教师架起了通往中国法制史研究的坦途，还为对历史与法学感兴趣的读者提供了洞察中国法制史的素材，贡献可谓大焉！如该书封底页所述：“中华四千年的法制，有辉煌也有失落，有艰难更有希望。读者在书中既可以看到我们祖先在法制宏筑中的智黠与慧光，也可以看到我们的法制在普世价值中的缺位。谨以此书的出版，衷心地期盼中国法律史学研究能够不断发展，从艰难走向希望。”

---

① 时有疑狱曰：甲无子，拾道旁弃儿乙，以为子。及乙长，有罪杀人，以状语甲，甲藏匿乙，甲当何论？仲舒断曰：甲无子，振活养乙，虽非所生，谁与易之。《诗》云：螟蛉有子，蜾蠃负之。《春秋》之义，父为子隐，甲宜匿乙而不当坐。（程树德著：《九朝律考》，中华书局1963年版，第164页。）即董仲舒根据儒家的礼“父为子隐、子为父隐，直在其中”判甲无罪。该判决为首匿之科的例外。

② 《汉书·宣帝纪》。

③ ［日］仁井田升著：《唐令拾遗》，栗劲等编译，长春出版社1989年版，第727页。

格劳秀斯《战争与和平法》的版本研究

翟冠慧*

格劳秀斯(又译"格老修斯")是近代国际法之父(father of the law of nations)。他生于1583年,卒于1645年,享年62岁。虽然身为荷兰人,但他却因政治迫害而不得不颠沛流离于比利时、法国、德国等地。在法国居住期间,他完成了自己最为重要的著作——《战争与和平法》(拉丁文原名 De Jure Belli Ac Pacis)。[①] 这本巨著奠定了格劳秀斯在近代国际法上的崇高地位,为他赢得了世界声誉。近年来,我国国际法学界对格劳秀斯的研究日益重视和深入,先后翻译出版了他的《论海洋自由或荷兰参与东印度贸易的权利》、《战争与和平法》以及《捕获法》。[②] 在他的所有著作中,《战争与和平法》的影响最大,版本最多,也最为复杂。如何选择一个好的版本,对于正确认识和把握格劳秀斯的思想无疑是至关重要的。

一、拉丁文本

1625年春天,格劳秀斯用拉丁文撰写的《战争与和平法》的第一版由出版商尼古拉·伯恩(Nicholas Buon)在巴黎出版。[③] 在绪言之前所附的王室授权状里,尼古拉·伯恩被法国国王路易十三(Louis XIII)授予在其领地内该书6年的独占出版权,授权日期是1625年的3月17日。这个日期十分接近当年的复活节(3月30

---

* 翟冠慧,2008级外国法律史专业,指导老师:何勤华。现工作于华东政法大学。

① 格劳秀斯曾旅居巴黎三次,在那里度过了人生1/3的时光。最长的两次分别是1621~1631年和1634~1645年。前一次他流亡于巴黎,后一次他作为瑞典大使居住于巴黎。See Jesse S. Reeves, The First Edition of Grotius' De Jure Belli Ac Pacis, 1625, 19 Am. J. Int'l L. 12. 1925.

② 上海人民出版社于2005年出版了马忠法翻译的《论海洋自由或荷兰参与东印度贸易的权利》(*The Freedom of the Seas or the Right Which Belongs to the Dutch to Take Part in the East Indian Trade*),何勤华等翻译的《战争与和平法》,并于2006年出版了张乃根等翻译的《捕获法》(拉丁文名 De Jure Praedae,英文译名为 *Commentary on the Law of Prize and Booty*,汉译又称"拿捕法论")。

③ 《战争与和平法》的写作始于1622年的11月,并一直持续到1624年的夏天。See Jesse S. Reeves, the Life and Work of Hugo Grotius, 19 Am. Soc'y Int'l L. Proc. 55. 1925. 需要指出的是,自《捕获法》于1864年在格劳秀斯的手稿拍卖会上被人们意外发现后,从对《捕获法》的研究中可以得出结论,即格劳秀斯在年仅21岁时,就已经开始构思《战争与和平法》的写作。See Hugo Grotius, *Commentary on the Law of Prize and Booty*, Liberty Fund, Inc., 2006, p. xxiii; See also Hugo Grotius, *The Rights of War and Peace*, translated by A. C. Campbell, M. Walter Dunner Publisher, 1901, p. 7.

日)。由于法兰克福图书交易会在复活节前两周开幕,而《战争与和平法》就是为了参展而赶印出来的,[①]因此可以推断该书的出版日期可能就是1625年3月17日。当然,稳妥起见的话,可以认为,该书的出版日期最早不会早于当年的3月17日,最晚不会晚于3月30日。

这个版本采用了四开本,印刷清晰,装帧精良,正文部分共有786页。书前的献词和许可状部分、绪言部分以及书后的勘误表部分都使用了独立页码。与其后的修订版相比,它最为突出的特征就是没有格劳秀斯的注释。

当时可能只印刷了500本。[②] 其中200本由格劳秀斯本人负责处理。一部分据说被卖给了他人,另一部分则被送给了格劳秀斯在巴黎的朋友。教皇乌尔班(Urban)八世的侄子(nephew)枢机主教巴比里尼(Barberini)也收到一本。据说他很留意地阅读了全书,他“一打开书即震惊于格劳秀斯提及教皇的方式——没有用天主教会作家沿用以久且为教皇惯于接受的那些头衔的来称呼他们。但除此之外,他对本书还是满意的”。1627年2月4日那一天,[③]教廷将该书列为禁书。造成这一局面的原因不太可能是出于巴比里尼的反对,倒有可能是该书第2卷第20章第49节和第50节所述及的宗教战争(religious wars)这一主题。教皇的禁令看上去在法国产生了影响。虽然出版修订版在安排之中,但事实上伯恩没有再版该书。[④] 并且一直到了1687年,巴黎才再次出现了早已被人们忘却了的安托尼·德·考汀(Antoine de Courtin)的法文译本。

有趣的是,《战争与和平法》在巴黎出版后不久,1626年,德国的法兰福就出现了一个未经格劳秀斯授权而擅自印刷的版本。与在巴黎出版的第一版不同的是,它是一个八开本,印刷质量上乘,并且修正了巴黎版《战争与和平法》的许多错误。格劳秀斯显然对这个版本一无所知。这个版本在德国的销量应该很是可观。[⑤]

第一版仓促出版后,格劳秀斯即着手准备第二版。1628年的年末,他寄给弟

---

① 1624年夏天《战争与和平法》完成后,因格劳秀斯身患疾病,《战争与和平法》的出版事宜被迫推迟,到了当年11月份该书才开始付印。在出版商伯恩的督促和努力下,该书得以赶在1625年复活节前出版。See Jesse S. Reeves, the Life and Work of Hugo Grotius, 19 *Am. Soc'y Int'l L. Proc.* 56. 1925.

② 需提及的是,到了1625年6月份,第1版才大量面世。因此,该书的出版日期一般也被认为是1626年6月。

③ 一说为1626年3月26日。See J. Helgers, Der Index, der verboten bücher (1904), p. 422.

④ 在准备出版第二版的过程中,1628年4月22日伯恩去世。他的继承人就是否继续出版《战争与和平法》意见不一致,这影响到了该书的顺利再版,并促使格劳秀斯决定选择其他出版商来继续出版他的著作。See Jesse S. Reeves, Grotius, De Jure Belli Ac Pacis: a Bibliographical Account, 19 *Am. J. Int'l L.* 251. 1925.

⑤ 在希尔为坎贝尔译本所作的导论中,他误将这个版本称作“第二版”。See Hugo Grotius, *The Rights of War and Peace*, translated by A. C. Campbell, M. Walter Dunner Publisher, 1901, p. 12.

弟①一个本子，标注了他本人的校订并增补了新的内容。他说，我寄给你的这本《战争与和平法》所添加的内容并非微不足道。提请你和你的朋友们注意的是，如果我的判断正确，它应该是我的作品中最为重要的一部。在1629年至1630年之间，格劳秀斯与伯雷（Blaeu）签署了一份新版《战争与和平法》的出版合同。1631年，依据此合同出版了新版《战争与和平法》。这一版本曾经是所有拉丁文版《战争与和平法》中最好的版本。该版的扉页上称它为第二版，修订了第一版的许多错误，②并作了扩充。版本采用了对开本，书前是路易十三授予伯雷在法国为期10年的独占出版权的授权状，以及菲迪南二世（Ferdinand II）皇帝授予威廉和约翰·伯雷在神圣罗马帝国境内为期6年的专属销售权的授权状。它们分别标明为"1631年8月9日，巴黎"和"1631年，维也纳"。

1632年年初，一个被称为第三版的版本在阿姆斯特丹出版。它由詹森（Jansson）出版社印刷，采用的是八开本。格劳秀斯公开宣布这个版本未经授权，并存在大量错误。詹森出版社与伯雷出版社互为竞争对手的故事尽人皆知。威廉·伯雷随即就推出了一个新的八开本还以颜色。这个版本在扉页中声明作者本人亲自进行了修订。声明中标注的时间是"阿姆斯特丹，1632年4月8日"。至于事实上是否如此，并无证据加以证明。至此，《战争与和平法》的出版事宜完全交由阿姆斯特丹的伯雷出版社来负责。1642年，约翰和科尼利厄斯·伯雷推出了一个新版本。格劳秀斯为这个版本作了注释，它们被置于每一章之后。而在此以前的10年间，没有其他新的拉丁文版出版。在1642年3月31日给弟弟的信中，格劳秀斯抱怨说这个版本的错误如此之多，使他感觉受到了伤害。这是作者在有生之年所出版的最后一个拉丁文版《战争与和平法》。

1646年，约翰·伯雷在阿姆斯特丹出版了又一个拉丁文版《战争与和平法》。这个版本自称是一个新版本，其中的注释由作者在去世之前作了最后订正。但比较1642年的版本可以发现，该版本对注释所作的修正微乎其微，几乎没有改变什么。尽管如此，这一版本还是被视为拉丁文版《战争与和平法》的定本（definitive edition）。

比较1625年伯恩的版本与1631年、1632年、1642年和1646年伯雷的版本可以发现，《战争与和平法》的文本自1625年以来虽然有所变化，但并无实质性改变。1631年版订正了1625年版的错误，并增加了数量可观的引证（citation）；1642年版增加了作者的注释以注明引文的出处；1646年版除了订正了某些错误，与1642年

---

① 格劳秀斯的弟弟名叫威廉（William），比格劳秀斯小14岁，曾伴随格劳秀斯一起流亡巴黎。

② 由于第一版出版极为仓促，因此错误有近1000处之多。See Edward Gordon, Book Review and Notes, 89 *Am. J. Int'l L.* 463. 1995.

版并无二致，尤其注释部分基本没有变化。

格劳秀斯去世后，欧洲进入了自然法理论和思潮勃兴的时代。在此背景下，伯雷出版社连续于1650年、1651年、1660年、1663年、1667年和1670年推出过《战争与和平法》的新版本。让·詹森也在1651年出版过一个版本。让·巴贝拉克[①](Jean Barbeyrac)的拉丁文版《战争与和平法》1720年出版于阿姆斯特丹。这个版本为一系列新的版本的出版奠定了基础。其主要原因在于，巴贝拉克对他的前辈们的那种迂腐的注释风气进行了猛烈的抨击，而这种风气曾把《战争与和平法》弄得臃肿不堪，从而开启了时代新风。1751年，洛桑(Lausanne)版《战争与和平法》出版，为一系列集注(variorum)版《战争与和平法》的出版画上了句号。1853年出版了魏韦尔·威廉姆(Whewell William)版《战争与和平法》。魏韦尔作为《战争与和平法》的英译者而闻名于世。1913年卡耐基国际和平基金会(Carnegie Endowment for International Peace)将1646年版《战争与和平法》作为"国际法经典"系列丛书之一影印出版。最新也是最好的一个拉丁文版本是1919年在荷兰莱顿(Leyden)出版的莫惠生(Molhuysen)版《战争与和平法》。它是莫惠生博士的学术研究成果。

如果对拉丁文版《战争与和平法》的发展演变作一个宏观梳理的话，大致可以分为四个时期。第一个时期始于1625年《战争与和平法》面世，终于1646年；这个时期各个版本基本上出自作者本人。第二个时期始于作者辞世，终于1750年，这一时期《战争与和平法》的出版达到了空前繁荣，100多年间先后出现了30多个拉丁文版本，《战争与和平法》也被作为教材在大学(尤其是德国)的课堂上讲授。第三个时期始于1750年，终于1850年，《战争与和平法》的出版日渐衰落；这一时期出现了魏韦尔的版本，它虽然够不上令人满意，但至少在英语世界或多或少地唤起了人们的兴趣。1850年至今是第四个时期，1919年莱顿版的出现以及《战争与和平法》第一版300周年纪念活动的举行，使人们认识到需要一个经过适当校对和编辑的现代版本，以通过它来重新检视格劳秀斯；并且，虽然有无数前人的努力，这个版本应该构成现代国际法研究的基础。

---

① 巴贝拉克生于1674年，卒于1744年，是18世纪欧洲最为重要的新教自然法思想传播者之一。1685年10月，巴贝拉克11岁时，法国国王路易十四发布"枫丹白露敕令"(Edict of Fontainebleau)，废除了对新教胡格诺教派实行宗教宽容的"南特敕令"(Edict of Nantes)，巴贝拉克一家成为成千上万逃离法国的胡格诺教家庭之一，先后流亡瑞士洛桑、德国柏林以及荷兰等地。在这期间，巴贝拉克将格劳秀斯、普芬道夫等人的拉丁文著作翻译为法语，并作了大量注释，成为享誉整个18世纪的翻译家和自然法思想家。See Thomas Richter, Did Stair Know Pufendorf, 7 *Edinburgh L. Rev*. 374. 2003; See also David Saunders, "Within the Orbit of this Life"-Samuel Pufendorf and the Autonomy of Law, 23 *Cardozo L. Rev*. 2186. 2001–2002.

二、译　本

相对于拉丁文版《战争与和平法》在版本问题上所存在的错综复杂的状况而言,它的译本问题相对比较简单。身为瑞典大使的格劳秀斯曾提到过一个瑞典语译本,但没有证据证明它曾交付印刷,假使它的确存在过的话;并且,除了荷兰语、法语、英语和德语译本外,看不到当时还有其他的译本记录在案。作为荷兰人的作品,《战争与和平法》应该首先被翻译成了荷兰语。

(一)荷兰语译本

早在1626年,阿姆斯特丹就出现了《战争与和平法》部分章节的选译本。1635年,在荷兰西部城市哈勒姆(Haarlem)出现了一个完整译本。1651年,1646年拉丁文版《战争与和平法》被译成了荷兰语;并且,大致在1651年以及1657年重印过这个版本。1705年,带有格劳秀斯注释的1680年拉丁文版《战争与和平法》被译成荷兰语。最后一个荷兰语译本是1732年版。

(二)英语译本

在荷兰语之后,《战争与和平法》紧接着就被翻译成英语。1654年在伦敦出现了一个由巴克斯道(Clement Barksdale)翻译的很不完整的英文译本。[①] 巴克斯道并非法学家,因此从法学的角度来看这个译本,很难说它有什么价值。魏韦尔将它称为“一个简短而无价值的节译本”。1682年面世的威廉·伊万兹(William Evats)的译本引用了格劳秀斯的注释,巴贝拉克曾严厉地批评该译本“随意发挥”。1715年出现了一个较好的版本。该版本主要由莫理斯(John Morris)翻译,分三卷。[②]

在一系列英译本中,比较有影响的是以下几个版本:

1. 1738年译本。[③] 这一版本使用了巴贝拉克的注释。格劳秀斯和(德)普芬道夫等人的著作中反映的自然法思想在18世纪的欧洲引起了长期争论。巴贝拉克作为格劳秀斯作品的忠实翻译者和坚定辩护人,把大量当时争论所涉及的问题写进

---

① 作为第一个英译本,巴克斯道删除了原书中的大量历史引证文献(historical references),并对正文进行了“无情的”删节,以使译本更具可读性和市场价值。这也是众多译本的共同选择。

② 该书系莫理斯与另外两名合作者共同翻译的成果。莫理斯1686年生于萨罗普什尔(Shropshire),1740年去世。他在1709年获得牛津大学林肯学院(Lincoln College Oxford)文学士学位,后来成为威尔士亲王(即后来的英国国王乔治二世)的牧师。另外两名译者分别是约翰·施巴凡(John Spavan,1685~1718年)和埃德蒙·利特尔豪(Edmund Littlehales,1690~1724年)。莫理斯翻译该书的目的是要将其献给威尔士亲王。See Hugo Grotius, *The Rights of War and Peace* (2005 ed.) vol. 1 (Book I) [1625], edited and with an introduction by Richard Tuck, Liberty Fund, Inc., pp. xxxv – xxxvii.

③ 该书在1715年莫理斯的英文版本的基础上,采用了巴贝拉克的法文注释,并将它译成英文后出版。至于莫理斯实际上是否参与了这一工作,没有太多史料佐证。

了他为《战争法与和平法》所做的注释中，从而使这些注释本身即构成了杰出的自然法学著作。基于这一特点，该版本在英译本中被视为一个最具学术价值的版本。但是由于内容过于庞大，该书十分笨重，携带不便，难以广为传播。①

2004年美图法律图书交易有限公司(Lawbook Exchange Ltd.)重印了该书。2005年，哈佛大学教授理查德·塔克(Richard Tuck)以这个版本为基础，重新进行编辑并撰写了导论，由美国自由基金会(Liberty Fund)出版，全书共分三卷。

2. A. C. 坎贝尔(A. C. Campbell)的译本。英文译名为 *The Rights of War and Peace Including the Law of Nature and of Nations*。译自1625年拉丁文本，②出版于1814年。③ 1901年沃特·迪那(M. Walter Dunner Publisher)出版社重新出版了该书，并由美国助理国务卿戴维·J. 希尔博士(Dr. David J. Hill)为该书撰写了导论。正文部分共有423页。

该书对《战争与和平法》进行了大量的删节。不但删除了原著的大量注释，并且删除了第1卷的后两章，④第2卷的第5至第8章、第14章和第26章，⑤第3卷中的第10章、第14章、第18章和第23章；⑥同时对第1卷第1章的第8节、第2章第8节的部分内容，第3章的第3节；第2卷第1章的第10节、第13节至第15节，第9章的第7节，第11章的第10节、第11节，第20章的第16节、第17节，第22章第5

---

① 美国法律图书交易公司(Lawbook Exchange Ltd.)2004年出版的影印本重7.1磅(约合3.22公斤)，可以推测在当时的印刷条件下，该书肯定会更加笨重。

② David J. Bederman, Reception of the Classical Tradition in International Law: Grotius' De jure Belli Ac Pacis, 10 Emory Int'l L. Rev. 1. 1996.

③ 应引起注意的是，国内有学者认为该书是坎贝尔于1901年翻译出版的，其实是一种误解。

④ 第1卷共有5章。第4章为“臣民反抗君主的战争”(Of a War made by Subjects against their Superiors)。第5章为“谁可以合法发动战争”(Who may lawfully make War)。

⑤ 第2卷第5章为“对人权利的原始取得，如亲权，婚姻权，社会权，对臣民和奴隶的权利”(Of the Original Acquisition of a Right over Persons; where also is treated of the Right of Parents: Of Marriages: Of Societies: Of the Right over Subjects: Over Slaves)；第6章为“依行为而取得(占有或受让)财产，兼论政府的转让、财产和收入”(Of an Acquisition <Possession or Purchase> derived from a Man's own Deed; where also of the Alienation of a Government, and of the Things and Revenues that belong to that Government)；第7章为“依法发生的财产取得，兼论财产的无遗嘱继承”(Of an Acquisition derived to one by Vertue of some Law; where also of succeeding to the Effects and Estate of a Man who dies without a Will)；第8章为“通说是依国际法取得的财产”(Of Such Properties as are commonly called Acquisitions by the Right of Nations)；第14章为“论拥有主权者的允诺、契约和誓言”(Of the Promises, Contracts, and Oaths of those who have the Sovereign Power)；第26章为“论在他人的命令下从事战争的正当理由”(Of the Reasons that justify those who under another's Command engage in War)。

⑥ 第3卷第10章为“对非法战争中所从事活动的建议”(Advice concerning Things done in an unjust War)；第14章为“论对战俘的节制”(Of Moderation concerning Captives)；第18章为“公战中的个人行为”(Concerning Things privately done in a publick War)；第23章为“论战争中的个人诚信”(Of Faith given by private Men in War)。

节;第3卷第6章的第15节至第22节、第19章的第6节至第10节,第20章的第42节至第45节也进行了删除,从而使其篇幅仅为1738年译本的1/5。书评家认为该书"明显过于简陋"(decidedly poor)。[①]

3. 魏韦尔·威廉姆(Whewell William ,1794~1866年)的译本。英文译名为"Grotius on the Rights of War and Peace:An Abridged Translation"。剑桥大学1853年出版,共分三卷。书中包括拉丁文原文,格劳秀斯、巴贝拉克等人的注释,以及作者选译的英文译文。魏韦尔像很多译者一样,认为原书繁复的引文(Quotation)虽然经典,但却冲淡了作品的主题,因此这部分内容在主体上被他予以删除,使《战争与和平法》被压缩掉一半多。需要提及的是,魏韦尔与其说是一个法学家,倒不如说是一个伦理学家,他的译本也必须从这一点来理解。这也造成了他的译本不够忠实于原著,因而不太可信。但在凯尔斯的译本出现之前,这可能是最为英文读者熟知的一个版本。

4. 佛朗西斯·W. 凯尔斯(Francis W. Kelsey)的译本。该译本由凯尔斯和他的四个助手(Arthur E. R. Boak,Harry A. Sanders,Jesse S. Reeves,Herbert F. Wright,中文译名略)译自1646年版《战争与和平法》,詹姆士·布朗·斯科特(James Brown Scott)撰写导论。1925年,适逢《战争与和平法》第一版出版300周年,牛津克拉伦登出版社(Oxford:Claredon Press)出版了完整的三卷本译本,将其列为"国际法经典丛书"的第3号。版本采用了四开本。这也是《战争与和平法》的第30个译本和第7个独立完成的英译本。在翻译的过程中,译者立足于"不漏掉任何一个字",力求全面完整地反映作者的思想。因此,如果作为研究格劳秀斯思想的参考书来使用的话,该译本在资料上显而易见更有价值。目前,该译本被视为英译本中的标准版(standard English text),被美国大学普遍采用。

1927年牛津大学出版社、1957年Liberal Arts出版公司(Liberal Arts Press, Inc.)、1964年Oceana出版社(Oceana Publications)、1984年Legal Classics Library出版社以及1995年William S. Hein & Co.出版社多次再版或重印过该书。

(三)法语译本

最早的法语译本于1687年出现于巴黎。译者安托尼·德·考汀曾任瑞典驻法国的外交官,1685年在巴黎去世。因此该译本出版于作者辞世之后。这个译本译自1631年和1667年的拉丁文《战争与和平法》,至少重印过两次,后因巴贝拉克译本的出现而不再被人们使用。阿姆斯特丹首次出现法译本的时间是1724年,这个译本是一个两卷本,并不断重印。相对而言,在各方面都称的上上佳的一个法语译

① See C. Van Vollenhoven, book reviews, 21 *Am. J. Int'l L.* 629. 1927.

本是1867年在巴黎出版的普拉蒂·弗德烈(Pradier-Fodéré)的译本。它是一个三卷本。这个译本虽然在形式上不够有吸引力,其序言也失于简略,且有误述,但它仍然获得了高度的赞誉,具有很高的可信度。

需要指出的是,在法语译本乃至在各种译本中最具学术价值的是让·巴贝拉克的译本。巴贝拉克翻译并注释的法文版《战争与和平法》出版于1724年,这一译本曾是拉丁文《战争与和平法》的标准译本,并构成了英译本的基础。① 在整个18世纪,这个版本成为最为流行的版本。同时,他的注释也成为《战争与和平法》的标准注释,被多种《战争与和平法》的译本所采用。巴贝拉克因此可以被称作格劳秀斯思想的普及者。

(四)德语译本

最早的德语译本于1707年出现在莱比锡(Leipzig)。1709年又在法兰克福(Frankfort-on-the-main)出版了一个包含有各家注释的集注本《战争与和平法》译本,这使它显得非常与众不同。德语译本的标准本是1869年出版于柏林的冯·克希曼(von Kirchmann)译本,它是一个两卷本。

(五)西班牙语译本

译名为"Del Derecho de la Guerra y de la Paz",译者为Ripoll。完成于1921年,出版于1925年,是《战争与和平法》的第一个西班牙语译本,②同时也是《战争与和平法》的第29个完整译本。译本以1735年阿姆斯特丹版《战争与和平法》为基础,立足于在西班牙语读者中普及该书,因此删掉了格劳秀斯的大量注释。

(六)汉语版本

1. 岑德彰译《国际法典》

根据现有资料,最早尝试将《战争与和平法》翻译为中文的是岑德彰。③ 1931年4月上海商务印书馆出版了他的译著《国际法典》。该书译自上述凯尔斯的英文译本,但仅仅翻译了该译本的导言部分。④ 全书共有32页。⑤ 因此,通过该书只能

---

① David B. Kopel, Paul Gallant, Joanne D. Eisen, The Human Right of Self-Defense, 22 *BYU J. Pub. L.* 59. 2007 - 2008.

② 在《战争与和平法》出版300年后才出现第一个西班牙语译本,一个很重要的原因可能在于,自1627年以来直到1900年,该书一直列于罗马教廷的禁书名单(Roman Index)之上。而西班牙恰恰又是传统的天主教国家。

③ 岑德彰(1899/1897 ~ ?),20世纪20年代曾任上海光华大学商学院院长。在20世纪二三十年代,他翻译出版过《奥本海国际法》,塞里格门P.的《资本主义与社会主义》,宓亨利H.F.的《华侨志》,凯末尔的《货币论》,卜舫济(F.L. Hawks Pott)的《上海租界略史》(*A Short History of Shanghai*),塞利格曼的《累进课税论》;编著过《中华民国宪法史料》等书。

④ 何勤华主编:《西方法学名著精萃》,中国政法大学出版社2002年版,第43页。

⑤ 资料来源:"中国国家图书馆联机公共目录查询系统"。

窥到《战争与和平法》的概貌。该书在1937年、1939年两次重印。1949年后我国大陆地区没有重印该书,但我国台湾地区"商务印书馆"于1965年对该书予以再版(称"台一版"),并于1977年重印了一次。[①] 该书在上海图书馆、中国国家图书馆有藏。

2. 何勤华等译《战争与和平法》

2005年上海人民出版社出版了何勤华教授主持翻译的《战争与和平法》。该书译自上述坎贝尔的英译本。

经检索上海图书馆、中国国家图书馆和我国台湾地区"国家图书馆",除了岑德彰译的《国际法典》外,在2005年之前没有格劳秀斯《战争与和平法》的中文译本。因此,这是自1625年《战争与和平法》出版后,它首次以较完整的形式与中国读者见面。这无疑为中国国际法研究的深入打下了又一根坚实的桩基。当然,由于坎贝尔的版本未能反映《战争与和平法》的全貌,因此,完整的《战争与和平法》的汉译工作仍需继续。

① 资料来源:"台湾'国家图书馆'馆藏查询系统"。

描述与解释
——读孟德斯鸠的《论法的精神》

孙建伟*

一、描　　述

孟德斯鸠将法的精神的探讨的重心,放在了法律制度所形成的理性、事物的性质和社会历史条件中来进行。其首要的任务就是要对法律背后的社会或事物本身进行详备的描述,试图从对事物的自然特点中,来寻求法的要素和法的精神。即让事物本身告诉我们关于法的内容。“我的原则不是从我的成见,而是从事物的性质推演出来的。”①从其著作的字里行间中,我们可以发现其深受当时的物理科学的影响,但其同时也注意到其所研究的对象与物理科学的研究对象存在很大的不同,将“物理的世界”和“智能的世界”区分开来,同时也将“人”与“动物”进行了区分,以便发现“人”本身的独特性,将人性本身的独特性放在人类社会的大背景中进行考察,而不是首先预设人的本性是什么,以此为基础来分析和探讨法的精神。

孟德斯鸠将自然法与社会有关的法则区分开来,其论述的重心主要包括国际法、民法、政治法以及所有主要的社会制度。“这些法律的基础都是现实,但其形式与自然法不同,因为它们来源于社会本性,而不是人的本性。我们应该从社会条件中,而不是从人的心灵中去寻找它们的根源。”②因此,其研究的重心并不是抽象的人性,而是各种社会中不同的差异和条件。而对各个不同的社会的差异和历史条件进行梳理和分析,以发现其对法的影响,便构成了这本著作的重心之所在。这也就解释了我们在阅读这本著作中为什么感到其对自然法的论述这样少,而运用的社会、历史的方法又特别多的原因之所在。

(一)按照事物本身去描述

对法律背后的社会事实做科学化的探讨,这种努力决定了其分析和解释问题的方法本身就要做出一个尽量客观的描述,其需要著者尽量保持冷静、理性和客观的态度。用韦伯的话说就是要尽量做到价值无涉。“科学的首要任务就是像其对

---

* 孙建伟,2008级法律文化专业,指导老师:沈国明。现工作于华东政法大学。

① [法]孟德斯鸠著:《论法的精神》,张雁深译,商务印书馆1961年版,作者原序。

② [法]爱弥尔·涂尔干著:《孟德斯鸠与卢梭》,李鲁宁等译,上海人民出版社2003年版,第18页。

待自身那样描述实在。"[①]作者对此也给予了清醒的认识:"在这本书里,人们是找不到奇趣奔逸的笔墨的。这种笔法几乎是今天著述的特色。我们只要把眼界稍微放宽一些去审察事物,则奇思遐想便将溘然消逝。通常奇思遐想的产生,是因为我们只把精神贯注到事物的一方面,而忽略了其他各方面。"[②]在具体的论述上,我们也可以看到孟德斯鸠很好地遵循了这一方法。比如,在论述政体与法律关系的时候,孟德斯鸠并没有像亚里士多德那样,想要制定的是能够超越所有时空、超越人群、超越民族或传统的,适用于所有人类的政治类型;也没有像亚里士多德那样坚信,只有一种政治体制形式、一种道德和法律纪律才能符合所有人的本性,对于历史和现实中所遇到与自己思想体系不符合的统统斥为邪恶的政体,或者认为是不完善的。而是将这些政体放在不同的历史条件和社会环境,甚至是地理环境中来进行分析。认识到了处于历史和社会环境的人之不同,以及他们的能动性和丰富性。因此"习俗、法律和制度的差别是事物本性所固有的"。[③] 即他在阐述政体和法律的关系的时候,不是预先设定了一个自己主观爱好的标准,而是对政体进行尽量的客观的描述的基础上,得出什么样的法律制度与其各自的政体是相应的一个结论。这样的方法也与其前言中相呼应:"我的著作,没有意思非难任何国家已经建立了的东西,每个国家将在这本书里找到自己的准则所以建立的理由。""如果我的书提供了新理由,使每个人爱他的责任、爱他的君主、爱他的祖国、爱他的法律的话,使每一个人在每一个国家、每一个政府、每一个岗位,都更好地感觉到自己是幸福的话;那我便是所有人们当中最快乐的人了。"

(二)确立类型

然而,人类世界所赖以生存的物理世界和行为模式本身的丰富性和复杂性,给描述方法的运用都带了一定的难题。因为"每一种个别的情况都包含有无限多的属性,我们无法作出选择;无限多的东西是不能被描绘的"。[④] 因此,对于这样复杂的事物进行描述,先必须进行一个技术化的处理,即将这些所描述的事物进行类型化。"假如这些实在各有不同,以至于不能构成一种类型,那么任何理性的办法都不可能描述它们。"相反,"如果实在被还原为一种类型,那么它们所呈现的事物就可以得到精确的定义,并勾画出这一类型的特征,因为对同一类型中的所有个体来说,共同的特征是有限的,其性质也是显而易见的"。"科学不能描述个体,只能描述类型。"细细阅读这部著作,我们就会发现,其实在孟德斯鸠的庞大的理论框架

① [法]爱弥尔·涂尔干著:《孟德斯鸠与卢梭》,李鲁宁等译,上海人民出版社2003年版,第18页。
② [法]孟德斯鸠著:《论法的精神》,张雁深译,商务印书馆1961年版,作者原序。
③ [法]爱弥尔·涂尔干著:《孟德斯鸠与卢梭》,李鲁宁等译,上海人民出版社2003年版,第16页。
④ 同上,第8页。

中,在材料的裁剪与其著作主旨的论证都选用了这种方法。他将与法律最为密切的政体展开叙述,并将政体划分为三种政体(共和政体、君主政体、专制政体),在笔者看来,孟德斯鸠在论述政体的性质时并没有完全超越亚里士多德所设定的框架,但是其超越亚里士多德的地方在于有别于亚里士多德的视角,即亚里士多德"旨在发现最佳的社会形式,而不是社会生存的法则。他的起点,就是假定社会的唯一目的应该是通过道德实践使社会的成员幸福,而道德却存在沉思之中。他并没有把这一原则当做社会实际遵守的法则来确立,而是认为人们应当照此行动,从而使人类可以实现他们的特殊的性质"。①

而孟德斯鸠不再从哲学上探讨什么是"善"的政治,而是从社会和历史的角度去发现一种新的秩序的法则,而这种法则不是其本人的"创造",而是其从社会的性质中的"发现"。对于这些新的规则的发现,历史和社会的研究要比哲学的研究要重要得多。从各个社会和历史中总结出的政体类型,从法则的视角来观察和认识政体的性质和原则与法律的关系,并按照各个政体性质来阐述法律。"共和政体是全体人民(民主政治)或仅仅一部分人民(贵族政体)握有最高权力的政体;君主政体是由单独一个人执政,不过遵照固定的和确立的法律专制政体是既无法律又无规章,由单独一个人按照一己的意志与反复无常的性情领导一切。"并在此基础上对于三种政体与法律的关系进行了描述。"这就是我所谓的各种政体的性质。应该看什么法律是直接从政体的性质产生出来的,这种法律便是最初的基本法律。"②

除了将政体进行类型化处理以外,我们还可以从其论述中发现其他类型,如宗教、风俗、道德、国家安全(防御与攻击)、政治自由、公民自由、赋税、气候、民事奴隶制、家庭奴隶制、土壤、民族精神,等等;贸易、人口、罗马法,等等。通过这些类型来将法律与这些关系,以及这些事物本身之间的关系对法律的影响进行了详细而恰到好处的论述。在阅读的行程中,我们就好像看美国大片那样的感觉,时而感觉到它场面的宏伟,时而又被其具体的镜头和细节所深深打动,引起我们对其深深的思考。

(三)注重比较

在对法的背后历史的、社会的和自然环境等类型进行描述的过程中,其还使用了比较的手法,这种方法既是其建立类型的直接目的,也使其描述的手法得以淋漓尽致地发挥的手段。因为描述这种手法要想运用于繁杂的人类社会,不仅仅是通过类型就能够完成的。从描述的本身来看,其最重要的功能就是说明事物本来的面貌,而这种说明仅仅通过确立类型,而不进行比较,是达不到对现象和问题说明

① [法]爱弥尔·涂尔干著:《孟德斯鸠与卢梭》,李鲁宁等译,上海人民出版社2003年版,第5页。
② 同上,第8页。

与揭示的,特别是对于探讨法以及法背后各事物之间的联系更是如此。因此,在确定类型以后,要想准确和深刻地说明现象,必须要对各类型之间的关系在围绕着法的问题上进行比较。这是说明问题的要求,也是确定类型以后的深化。对于这一点,作者也在其序言中有一定的考虑:“当我回顾古代,我便追寻它的精神之所在,以免把实际不同的情况当做相同,或是看不出外貌相似的情况间的差别。”①

笔者在的阅读中发现,孟德斯鸠通过比较的方法来说明事物的内在联系时,既从宏观上进行了比较,又从微观上进行的,并将微观的比较纳入其宏观的视野中,形成了一个富有逻辑体系的“说明书”。作者在宏观上区分了各种类型的政体,认为民主政体的运转的激情和动力是美德;君主制是荣誉;专制政体是恐惧。并认为三者是存在很多的差异的,“君主制的粮食就是民主制的毒药”。②

在宏观上比较了各个政体的原则后,作者又从微观上入手,对此进行了详细的论证。比如,妇女与奢侈的关系在不同的政体中是不同的。“在君主国里,妇女很少受到拘束,因为爵位品极的关系,她们可以出入宫廷,因而她们在宫廷里采取无拘束的自由风度,在宫廷里,几乎只有妇女的这种无拘束的自由风度是被容许的。在专制国里,妇女并不产生奢侈,但她们本身却是奢侈的对象。不但如此,这些国家的君主玩弄人性,所以拥有好些妇女。由于千百种的考虑,君主们不能不把她们都幽闭起来。在共和国里,妇女在法律上是自由的,但是受风俗的奴役。那里摒斥奢侈,腐化和邪恶也一齐被摒斥。”“革命”在专制政体和君主政体中差别:“当一个专制国家发生骚乱的时候,人民为感情所激动,往往把事情推向极端。他们所做出的一切纷乱都是极端的。但是在君主国里,事情就常常不会做得过分。首领们为自己着想是有所顾忌的。因此,在我们一切的历史上,都是只有内战而没有革命,但是在专制的国家,却都是只有革命而没有内战。”人们在各个政体中生活的自由程度比较:“在良好的政治下生活的人民,总比那些没有规章、没有领袖、在森林里游荡的人民要快乐些。同样,在国家的基本法律下生活的君主,总要比暴君快乐;暴君没有任何东西可以约束他的百姓的心和他自己的心”。财产权在不同政体的稳定程度的比较:“在专制的国家里,贪污便是当然的现象。贪污是一种普通的犯罪,所以没收财产是有用处的。没收可以安慰人民。在政治共和的国家里,情形是完全不同的。没收会使财产权不稳定,会掠夺无辜的子女;会在应该惩罚一个罪犯的时候摧毁整个家庭。在共和国里,剥夺了一个公民必要的物质生活,便是做了一件坏事,就是破坏平等,平等是共和政体的灵魂。”法律的稳定性和权威性在各个政体中的比较:“在专制政体之下,威权总是反复不定的。最低级的官吏的权威也不比专制君

① [法]爱弥尔·涂尔干著:《孟德斯鸠与卢梭》,李鲁宁等译,上海人民出版社 2003 年版,著者序言。
② 同上,第 16 页。

主的权威稳定。在政治宽和的国家里，无论在哪里，法律都是明智的，并且是家喻户晓的；所以即使是最小的官吏，也能够有所遵循。但是在专制国家里，法律仅仅是君主的意志而已。即使君主是英明的，官吏们也没法遵从一个他们所不知道的意志！那么官吏当然遵从自己的意志了。”公民对于送礼的情况在各个政体中的比较：“在共和国里，礼物是可厌的东西，因为品德不需要它们。在君主国里，荣誉是比礼物更强有力的鼓舞力量。但是专制的国家，既没有荣誉又没有品德，人们所以有所作为，只是因为希望获得生活上的好处而已。”“平等”之比较：“在共和国政体之下，人人都是平等的。在专制政体之下，人人也都是平等的。在共和国，人人平等是因为每一个人‘什么都是’；在专制国家，人人平等是因为每一个人‘什么都不是’。”对于这样的比较分析贯穿了其整个著作，可以说是比比皆是。这种比较不仅使我们对于这三种政体的认识得以深化，而且还从微观上来印证其对这三种政体原则归纳的正确性。

除了在政体的视野下进行比较分析之外，其还从气候与人的性格，地理位置与政治的传统、自杀、土地的肥沃与贫瘠、民族性情、宗教、纠错的手段等类型来进行比较。例如，“炎热国家的人民，就像老头子一样怯懦；寒冷国家的人民，则像青年人一样勇敢”。“土地贫瘠，使人勤奋、俭朴、耐劳、勇敢和适宜于战争；土地所不给予的东西，他们不得不以人力去获得。土地膏腴使人因生活富裕而柔弱、怠情、贪生怕死。”“法律和各民族谋生的方式有着非常密切的关系。一个从事商业与航海的民族比一个只满足于耕种土地的民族所需要的法典，范围要广得多”等等。

二、解　　释

如果说描述是孟德斯鸠这部著作的基本方法的话，那么解释的方法就是建立在描述基础之上的另一个方法。因为当把法的现象进行科学化探求的过程中，客观上需要在描述的基础上进行解释，以便探求其深层次的原因。正如涂尔干所说：“在科学的程序中，描述仅仅是第一步，需要用解释来完成。”那么，如何来理解解释的内涵，“解释事物就是在一种明确的秩序中安排我们关于这些事物的观念，这种秩序必须符合事物本身的秩序。这预先假定了秩序存在于事物本身之中，而事物形成了连续的系列，构成事物的要素也相互关联，所以说，既定的效果总是由同样的原因造成的，而非其他”。① 这就是说，解释事物是建立在对事物具有因果关系基础之上进行的，如果事物本身没有必然的联系，每一件事情都是没有原因和必然联

① ［法］爱弥尔·涂尔干著：《孟德斯鸠与卢梭》，李鲁宁等译，上海人民出版社2003年版，第9页。

系的话，即都是任意的和偶然的话，则是不能被给予解释的。关于这一点孟德斯鸠持积极乐观态度，并是属于他处的时代的。正如约翰·伯瑞所说："他的思想得益于拜尔具有消解性的辩证法，也得益于培根对于自然规律的阐述。""他试图将笛卡尔的理论应用于社会事实的研究。他断言，政治现象亦如同物理现象一样受到自然规律的制约。"①对于孟德斯鸠来说"既然所有宇宙现象都紧密相关的原则已经在其他自然领域中得到了证实，被证明是确凿无误的，那么对人类社会来说，这一原则也是有效的，因为人类社会是自然的一部分"。其著作的序言中的有一段话很好地表达了他的这一思考："我们观察局部，不过是为了作整体的判断。我们研究一切的原因，不过是为了观察一切的后果。"

（一）历史的解释方法

关于法律的历史因素的考察，黑格尔对孟德斯鸠的评价应当是比较准确的："关于实定法的历史要素，孟德斯鸠曾经指出真正的历史观点和纯正的哲学立场，这就是说，整个立法和它的各种特别规定不应孤立地、抽象地来看，而应把它们看作在一个整体中所依赖的环节，这个环节是与构成一个民族和一个时代特征的其他一切特点相联系的。只有在这一联系中，整个立法和它的各种特别规定才获得它们的真正意义和它们的正当理由。"施特劳斯在评价孟德斯鸠时也说："人文科学需要对历史进行研究，这些研究构成了理论和实践间的中间环节。政治实践或权术要求我们在理解和处理社会时应从其特殊性，即历史的角度入手。"

孟德斯鸠是怎样将历史的解释方法运用其对法律精神的探求过程中的呢？这是我在阅读本书过程中的一个预设性的问题，当然在反复的阅读过程中，我似乎找到了答案。其运用的历史的解释的方法来研究法律制度，早在创作《罗马盛衰原因论》的时候，就为此奠定了理论基础和思想基础：支配世界的并非命运，这可以从罗马人的历史中窥见。存在普遍的道德和物质上的原因，他们在每一个君主政治中发挥作用，或创立君主政治，或维持君主政治，或推翻君主政治……总而言之，主要运动随之引起所有特殊事件的发生。

用历史的方法来探求法的精神的奥妙，对孟德斯鸠来说是显而易见的。这一点我们可以从《论法的精神》几乎每个章节中都能够体察得到。而其中运用得最为经典的莫过于对英格兰政体的历史渊源的寻求，作者以历史上罗马的权力分立的缺陷，来论证其对英格兰政体的描述和分析的正确性。通过对英格兰政体的详细的描述和分析，他提出了经典而完善的三权分立和制衡理论。在描述和分析了英格兰君主政体的基本内容之后，其通过历史上可能与英格兰存在相似政体的考察

① ［英］约翰·伯瑞著：《进步的观念》，范祥涛译，上海三联书店2005年版，第102~103页。

（希腊、意大利、高卢、西班牙等），作者认为，希腊、意大利以及罗马等都没有形成这一制度的基础。亚里士多德虽然对君主制政体进行了论述，但是他的思想不可能对“英格兰政体”提供什么有益的见解，这是因为，他区分政体的标准是“按偶然的事情如君主的品德或邪恶，或者是外在的事件如暴政之被篡夺或被继承来区分的”，而不是“按政制的形式来区分”政体。① 更为重要的原因是，当时历史条件根本还没有形成三权分立格局的可能性，特别是城市代表或国家议会的实例在亚里士多德那个时代根本就不存在，甚至“当罗马人兼并所有这些共和国以前，在意大利、高卢、西班牙和德国，几乎没有一个地方有国王”。因此，其认为亚里士多德所描述的希腊的君主国，给予我们最多的是君主政治的观念。在考察了这些政体的历史之后，其认为“英格兰政体”的雏形真正的孕育，是在日耳曼民族在征服罗马帝国的过程中进行的，因为日耳曼民族的生活的特点和崇尚自由的精神等多种原因而促成的。英格兰政体在形成过程中的日耳曼传统和因素起到重要的作用。

在此基础上，作者从古罗马政体的三权的不均衡性和不稳定性来论证其不可能发展出近代意义上的三权分立制度。作者考察了罗马的君主政体，他认为，罗马君王的政体及其权力划分是“同希腊英雄时代的君主政体是有某些关联的，这种政体的消灭也同其他政体一样，是由于它所存在的一般性的缺点”。其缺点是三种权力划分不平衡，从而导致政体不断地发生变更，最后导致暴政的产生。其认为，罗马共和国时期的三权划分最为典型，其考察了共和国时期的权力划分情况，在立法权上，平民排除了贵族和元老院的立法权，孟德斯鸠认为这是罗马平民“对自由的狂热”，其认为“人民为了建立民主政治，反而破坏了民主政治的原则本身”。因为“这样过分的一种权力必将摧毁民主政治的原则”。在此情况下，独裁者出现时，不仅平民以及最平民化的法律对独裁者无所牵制，而且能够牵制独裁者的贵族和元老院都被平民给摧毁了。

孟德斯鸠在考察了罗马君主政体之后认为，这种政体并不是英格兰政体前身，是和英格兰政体的精神相违背的。但是，孟德斯鸠并没有把他对英格兰政体推崇，通过很明确的语言来表达出来，而是通过一个简短的结尾告诉我们他的基本立场：“我愿意研究我们所知道的一切宽和政体三权分布的情况，并根据它来计算其中每一种政体所能够享有的自由的程度。但是探究一个题目不应穷源尽委到了不留任

① 亚里士多德划分政体有两种标准即是：其一是掌握城邦最高统治权人数的多寡，其二是政府的宗旨，即统治者是只照顾统治者自身的利益还是照顾到全邦的公共利益。依据第一条标准，可以将政体划分为一人执政的政体、少数人执政的政体和多数人执政的政体；依据第二条标准又将这三类政体分别进一步划分为君主政体与僭主政体、族政体与寡头政体、共和政体与平民政体。其中，君主政体、族政体和共和政体因为“照顾到公共利益”而成为“正当或正宗的政体”，而僭主政体、寡头政体和平民政体则由于“只照顾到统治者们的利益”而成为“错误的政体或正宗政体的变态（偏离）”。

何事情给读者做。问题不应该是让人去阅读,而应该是让人去思考。”

运用历史解释方法还有很多,如其对“撒利克法”与日耳曼继承法之间的内在联系。特别是针对这样一种观点,有很多人认为,日耳曼人的继承法规定土地仅仅由男子继承是因为日耳曼人重男轻女。孟德斯鸠通过字义考察、当时的情况考察,以及后来的情况的演化等认为,情况并不是因为重男轻女所致,而是因为便利的缘故。“撒利克土地”就是“属于住宅的土地”的意思,日耳曼人仅仅禁止女子继承的是“属于住宅的土地”,经过对塔西伦和恺撒作品的考察发现,“撒利克土地”就是住宅和住宅周围的那块土地;而日耳曼人所耕种的土地,期限仅仅一年,期满仍归公有(马尔克公社)。“撒利克土地”是每个日耳曼人唯一的财产。但是当法兰克人在征略战争胜利后,又获得了新的财产,对这种新的财产仍旧沿用“撒利克土地”的名称。此时,日耳曼人觉得,“女儿和她们的子女不能分有这些土地,不免太无情了。因此便产生了一种习惯,准许父亲把遗产安排给女儿和她的子女,这就使撒利克法不再起作用”。事实上,“撒利克法并没有重男轻女的目的,更没有使家庭、姓氏或土地的相傅永世绵延不绝的目的。日耳曼人的观念里完全没有这些东西。撒利克法是纯粹经济性的法律,这个法律把住宅和附属于住宅的土地给予男子,因为他们需要在那里居住,所以这些住宅和土地对他们最为方便。”这些历史的解释不仅对于我们今天来认识日耳曼法具有很重要的作用,而且这种历史的解释和论证方法对于我们更具有很重要的启示和借鉴意义。

(二)社会学的解释方法

法的精神是在事物之间的内在联系中来探求的,而这个最基础的和最关键的事物则是社会本身,社会结构以及社会本质的差异是法的精神不同的最根本的因素。而作为社会构成性要素有很多,如道德、宗教、法律、习惯和风俗等,但是在这些构成性的要素之中,政治和国家无疑是最为醒目和最为凸显的要素,特别是一个社会的政体以及处于政体中的君主、立法者以及操纵政治运作的人,便成为研究法律现象的最基本和最初的视角。但是如果孟德斯鸠仅仅将法律置于这些社会因素来探求法律的精神的话,其著作无疑不会成为经典之作。因为自古希腊以来的政治哲学都对这样的视角进行了不同程度的研究和探索,并取得了丰硕的成果。而孟德斯鸠的贡献正是在这些传统的研究领域之上,以更广阔的视野和更深入的思考,来寻求法背后更为一般和更为深厚的东西。即他不仅将法的精神放入不同的社会传统来理解,而且还将其放入每个社会的构成性要素中来理解,特别是他更深入地探究了能够影响到这些社会传统以及社会构成性要素的物理环境(气候、地理、土壤等)。

孟德斯鸠是如何运用社会的解释方法来说明法律和社会之间的内在联系的呢?首先,孟德斯鸠将气候这样一个物理环境引入到法学中,并用之解释社会或人群之间的差别，借以探求气候对于不同地区、不同民族的生活方式和法的精神的区别。其经过生理学和物理学的观察发现，气候对人的性格、身体、感受的敏感性、性欲以及风俗等方面存在很大的影响。比如，孟德斯鸠认为，“在炎热的国家里，血液中的水分因流汗而大大地减少；因此需要同类的液体来补充。所以人们乐于饮水。在寒冷的闷家里，血液中的水分很少因流汗而排泄的，以致水分在血里积存极多。所以人们可以欲用烈酒而不致凝结血球。那里的人们，体内富于水分；可以加速血液循环的烈性酒对他们是适宜的”。由此，他得出结论：“不同气候的不同需要产生了不同的生活方式；不同的生活方式产生了不同种类的法律。”其次，对于气候与地理位置共同的因素来解释与制度之间的内在联系，孟德斯鸠提出了这样一个问题就是亚洲的专制帝国为什么绝对不可能在欧洲存在？他做了这样的分析，就气候方面而言，在亚洲因为炎热的地区和寒冷的地区是紧挨着的，而欧洲在寒冷地区与炎热地区之间是有温带地区的。再次，在土壤和法律的关系这一章节中，孟德斯鸠终于将其想在本卷中所表达的意思表达出来了。即有什么样的土地，就有什么样的生活方式，有什么样的生活方式就有什么样的法律制度。“土地贫瘠，使人勤奋、俭朴、耐劳、勇敢和适宜于战争；土地所不给予的东西，他们不得不以人力去获得。土地膏腴使人因生活富裕而柔弱、怠惰、贪生怕死。”这样的状况就造成了“土地肥沃的国家常常是‘单人统治的政体’，土地不太肥沃的国家常常是‘数人统治的政体’；这有时就补救了天然的缺陷。”土地的肥沃和自由的程度是成反比例关系的，“这是因为，肥沃的地方常常是平原，无法同强者对抗，只好向强者屈服；一经屈服，自由的精神便一去不复返了……但是在多山地区，人们能够保存他们所有的东西，同时，他们所要保存的东西也并不多。他们所享有的自由，就是说他们的政体，成为值得他们保卫的唯一的幸福。因此，自由在崎岖难行的多山国家，比在那些得天较厚的国家，更占有重要的地位”。而在孟德斯鸠看来，土地的开垦和土壤肥沃没有必然联系，而是和国家法律能否给予和保障自由的空间有关系：“国家土地的开垦并不是因为土壤肥沃，而是因为国家有自由。如果我们根据想象把世界划分一下的话，我们便要惊奇地看到，最膏腴的地方几乎在大多数的时代都是荒芜的，而在那些土壤似乎什么都不出产的地方却出现了强盛的民族。”而后，他又考察了几种不以耕地为生计的生活方式以及建立在他们基础上法律的特殊性。“法律和各民族谋生的方式有着非常密切的关系。一个从事商业与航海的民族比一个只满足于耕种土地的民族所需要的法典，范围要广得多”。最后，孟德斯鸠又考证了法律和构成一个民族的一般精神、风俗与习惯的那些原则的关系，并在分析的过程中，将政体和气候、地理土壤等因素的因素置于民族的一般精神、风俗与习惯的分析的过程中去，并用这些不同的原因来解释各个社会的法律制度异同点。

（三）理性的解释方法

我们知道，孟德斯鸠以《论法的精神》这部著作奠定了他作为古典自然法学派的代表人物的身份和地位。而古典自然法的核心命题是否定神性，推崇理性。用尼采的话说就是：上帝死了，而人活了。在孟德斯鸠看来，这种理性就是自然法，就是法本身，而政治法规和民事法律仅仅是理性自然法的运用和表现，“一般地说，法律，在它支配着地球上所有人民的场合，就是人类的理性；每个国家的政治法规和民事法规应该只是把这种人类理性适用于个别的情况”。孟德斯鸠将“法”和“法律”进行了明确的区分（即自然法与实证法），以重点论述法的精神，并将法的基本内容定义为事物本质的规定性。这对后来大陆法系法理学以及立法的影响极为深远。例如，《德国基本法》第 20 条第 3 项的规定：“行政和司法应受法律与法的拘束”。行文到此，读者可能对我的论述存在很大的迷惑（刚刚论述孟德斯鸠的基本手法是描述和解释，现在却说孟德斯鸠的论著是理性的方法，而理性恰恰是一种先验的理性、一种基于人性预设思考，其方法最为典型的就是一种构建主义方法，而这和描述和解释恰恰是矛盾的），或甚至会用孟德斯鸠是经典自然法理论的代表来批判和否定我前文对其写作方法（描述和解释）的论证。其实这样一种困惑和批判产生，最主要的是没有真正理解孟德斯鸠的良苦用心。针对这样一种困惑和批判，我想读者最主要的就是要搞清楚，孟德斯鸠的理性是从何而来？是基于一种先验的预设，还是基于一种经验的总结和归纳，或者还是奠基于经验基础之上所孕育和生成的理性？通过研读这部著作我们就会发现其实真正的理性是属于后者，而不是前者。笔者认为，只有在阅读中很好地体会和把握孟德斯鸠所运用的描述（客观、类型和比较）和解释（历史和社会实证）等方法对历史和当时社会经验进行的分析和总结，才能真正理解和体会其所说的，“这个根本理性和各种存在物之间的关系”。也就是说，我们只有把握这些方法，才能知道孟德斯鸠的理性自然法到底具有什么样的特点。这也是孟德斯鸠有别于同时代的古典自然法的最大的贡献，也是我们在阅读其著作的过程中感觉他不仅是历史法学派的前身，而且也感觉到他是法社会学的鼻祖的原因。

下面笔者结合孟德斯鸠著书的过程和其在书中的具体论证，来分析理性以及理性方法的运用具有什么样的特点。上文已经提到，孟德斯鸠提出经典的三权分立和制衡的理论。但是这种理论是从何而来？笔者认为其主要不是孟德斯鸠在其理性预设下来设计的一种制度，而是其对英国政体经过仔细的观察和总结的结果。在孟德斯鸠之前，洛克已经对英国的君主政体中的三权分立与制衡进行过详细和系统的论述，就是明证。只是洛克对于当时英国的政体的划分没有孟德斯鸠精确而已。而孟德斯鸠本人从 1728 年 4 月到 1731 年 4 月花费了 3 年的时间周游西欧各国，其中在终点站英国就进行了一年半时间的考察和访问，特别是他在游历之前就被英国君主制度本身优点所折服，因此，他在英国的考察和研究是有备而来的（学习英语，了解英国的风俗和政治体制，主要是从伏尔泰的著作里）。加上他本人显赫的爵位，不仅能够成为当时英王的座上客，而且还有机会结识当时英国政治界、宗教界、学术界等各界名流和精英。且经过朋友的推荐和帮助，认识了洛克，并为其思想所折服。“经过500多天的行与思，这位游子的收获无疑是丰硕的。朋友、资料、身份等外在的东西姑且不论，思想上收获是丰硕的。英国的政治制度、公民自由、宗教宽容对他来说，不再是一种外在的抽象之物，而是活生生的、美妙无比的社会现实。”①因此，其对英格兰政体的论述与其说是一种预设，倒不如说是一种描述和解释。但是如果说孟德斯鸠只是在描述和解释，没有任何人为理性的思考和总结，这样的判断未免有点过分和极端。为什么生活于此种政体的洛克没有像孟德斯鸠那样系统而翔实？即两个人同时对英格兰政体进行了描述，为什么没有人像孟德斯鸠达到这样的高度，特别是其概括出那样精辟入里的论断，以至于在这个领域中不可能再有人像其这样对英格兰君主政体进行经典的总结和概括。在这里我们必须对知性和理性进行必要的区分。理性不同于知性，不能满足于经验科学的必然性，而要寻求更普遍的必然性；既是在经验和知性基础上来寻求事物之间的普遍性和必然性即事物之间的规律和法则。

至此，笔者必须指出，理性的解释方法就是主体通过理性思维，按照事物的性质或事物的本质来寻求事物之间的规律和法则。只有把握了这一点，我们才能真正体会孟德斯鸠《论法的精神》的主旨，“我的原则不是从我的成见，而是从事物的性质推演出来的”。“从最广泛的意义来说，法是由事物的性质产生出来的必然关系。在这个意义上，一切存在物都有自己的法。”在《论法的精神》这部著作中，我们可以发现有很多对于事物性质（有人认为应该翻译事物的本质更形象）的论述。例如，其在论述民主政体中的原则是品德，而君主政体的原则是荣誉时说：“我说的，所有历史家都已证实，而且是很符合于事物的性质的。因为一个君主国里执行法律的人，显然自己认为是超乎法律之上的，所以需要的品德少于平民政治的国家。平民政治的国家里执行法律的人觉得本身也要服从法律，并负担责任。”在总结历史和现实后政体中的权力运行的经验后，其认为“从事物的性质来说，要防止滥用权力，就必须以权力约束权力。我们可以有一种政制，不强迫任何人去做法律所不强制他做的事，也不禁止任何人去做法律所许可的事”。在通过历史和现实中的刑罚经验反思的基础上，其认为刑罚应该按照事物的性质来设置，“如果刑法的每一种刑罚都是依据犯罪的特殊性质去规定的话，便是自由的胜利。一切专断停止了，

① 张铭、张桂林著：《孟德斯鸠评传》，法律出版社1999年版，第113页。

刑罚不是依据立法者一时的意念，而是依据事物的性质产生出来的；这样，刑罚就不是人对人的暴行了”。行文至此，我们也许可以发现作者的方法论中的一个由经验归纳到理性构建的推进的论证过程，而不仅仅是一个理性预设的自然法式的思维推演模式。

论《中世纪的法律与政治》一书的思想、价值及研究方法

任海涛*

一、爱德华·甄克思与中国

如果说西方的一些学者在中国学术界已经影响颇深,那么爱德华·甄克思定是其中的典型代表。100多年前,随着严复先生翻译的名著《社会通诠》的出版,爱德华·甄克思的名字开始在中国传播开来。

爱德华·甄克思(1861~1939年),是英国法学权威,他出生于伦敦南部的斯道克维尔(Stockwell)。1874年至1877年之间,在达尔维池学院(Dulwich College)学习,于1883年进入剑桥大学,主攻法律专业。

甄克思曾任伦敦法学会法学研究部主任,执教于剑桥大学的耶稣学院、彭布罗克学院、牛津大学的贝利奥尔学院,担任过墨尔本大学法律系主任。

甄克思的大部分精力都用于研究法律,他一生著述颇丰,主要著作包括《社会通诠》(严复译,在商务印书馆1904年版版权页中,将作者误标为"美国甄克思";也译为《政治简史》、《政史撮要》等)、《现代土地法》、《维多利亚政府》,以及《中世纪的法律与政治》。这些著作分为两类,一类是专业性的,是研究欧洲法律的人不可不读的学术著作;另一类是通俗读物。甄克思本人认为他的《政治简史》即属于后者,这一点可以在其1903年为该书写的序言中得以证明。在序言中他写道:

我是受"教会通俗知识读本"(The Temple Primers)编辑邀请的众多作家之一,我们受邀来编写涉及不同领域(如法律、教育、植物学等)的通俗知识读本。这些书将会介绍关于文化、科学、艺术等领域的重大问题,这些问题对于一般人来说是比较难于理解的。

由此可见,作者认为《政治简史》一书是一本通俗读物。该书简要地勾勒了西方社会政治制度从产生到现代的发展脉络。该书试图探讨的是,在这个我们称为"政治"或者"政府艺术"的人类活动的重要领域,人们曾经实际上做了什么而不是他们曾经想了什么。严复将书名译为"社会",此"社会"是包括国家政府组织在内

---

* 任海涛,2008级外国法律史专业,指导老师:何勤华。现工作于华东师范大学。

的各种各样、各个层次的社会组织在内的有机体，而不是我们现在理解的与政府二元分离的社会。原作者在书中对人类社会历史进化的介绍对我国学术界产生了深远的影响。这样一本作者称为通俗读物的著作尚具有如此大的理论穿透力，那么作为专门研究中世纪欧洲政治和法律史的力作——《中世纪的法律与政治》的学术地位就可想而知了。

在100年前，法学先辈就已经提出了翻译西方名著对于国家发展的重要性，如沈家本先生提出，“欲明西法之宗旨，必研究西人之学，尤必编译西人之书”，他认为“参酌各国法定，首重翻译”。梁启超先生当年也曾指出：今日之中国欲自强，第一策，当以译书为第一事。虽然时过境迁，但是努力将西方名著译介到国内来仍然是学术界任重道远的任务。因此，将独具一格的甄克思氏的名著《中世纪的法律与政治》译介到我国，对于我国未来的法学研究将起到一定的借鉴作用。不揣孤陋，笔者和华东政法大学屈文生老师合作翻译了本书中译本，于2010年由中国政法大学出版社出版。

二、译著的学术地位及内容概要

《中世纪的法律与政治》在西方学术界享有极高的声誉，该书自1897年出版以来，多次再版，其学术影响超出了欧美学术界。世界著名法学家约翰·H. 威格摩尔在其为《欧陆法律史概览》一书所作的“主编前言”中写道：“甄克思的《中世纪的法律与政治》堪称杰作，因此，由他为本书作序，并把这一与其专门研究的领域极为相近的作品介绍给英美国家的法律人，是一件再合适不过的事了。”《中世纪的法律与政治》一书的学术地位以及该书在作者所有著作中的地位由此可见一斑。无论是从研究方法上还是从内容上，无论是从资料上还是从视野上，该书都堪称研究西方法律史的杰作。但是，由于各种原因该书在国内还没有中译本，这对于学术界不能不说是一大憾事。为了弥补这一缺憾，笔者等在该书首版110年后对该书进行了翻译。译本参照的版本是1919年在伦敦出版、藏于燕京大学图书馆的馆藏本。该书一共分为8章，下面将对该书各章节进行简要介绍。

第1章主要研究“法律渊源”问题。在这一章作者从对历史的考察中阐明了自己对“法律”定义的基本观点。按照实证法学派（以奥斯丁为代表）的观点，法律是“主权者的命令”，但是作者的观点与此恰好相反。作者认为，法律在政府认可之前就已经存在了，政府并没有去发明法律而仅是“宣布法律”而已；法律就是这样的“约束人们日常行为的一种控制力量”，社会上的人们从来没有想过要去违反它（即使没有国家强制力亦是如此）。

从古希腊开始的历代哲学家、政治家们都给法律下过定义，但是这些定义很难反映社会上“正在运行的、活的法律”，而且许多规则看起来并不符合某些人的利益，但是这些人又不得不遵守，个中缘由必须认真研究。研究法史必须对作为研究对象的法律体系进行全面、系统的研究，不能片面选取自己需要的材料来证明预先设定的结论。为了这个目标，作者开始研究条顿人的法律产生的过程，条顿人刚刚进入原先的罗马境内的早期实行“属人主义原则”，后来条顿人的最高统治者模仿罗马帝国开始立法活动后，才慢慢建立了“属地主义原则”（主要指封建法）。① 但是，封建法对于神父、商人、犹太人却不适用，于是出现了教会法和商人法。教会法从来不具有国家宣布或强力推行的形式，因此，奥斯丁的理论很难认为教会法是法律。同样，商人法在中世纪的巨大约束力是历史无法否认的，但是这种约束力也不是国家赋予的。因此，直到13世纪，欧洲还在探寻着“法律是什么”，这种探索必须从历史的真相入手，而不能从书斋中“推导”出来。

第2章继续研究中世纪法律在各个国家产生的情况。首先是英国，在诺曼征服前，英国的法律水平低于同期欧陆的水平，但是诺曼人的到来带来两个显著的新变化：变化之一是打破了原先英国各个地区间的“属人法”传统，取而代之以一体适用的“属地法”；变化之二是通过派遣巡回法官到各个地方去“巡回审判”形成了通行全国的“普通法”。其次是法国，法国在13世纪到16世纪占主要地位的法律有封建法、地方法、市镇法还有王室法，但却缺乏国家法。为了统一全国法律，法国的各代国王从15世纪开始了编纂各个地区习惯法的活动，这些习惯法表明各个封建诸侯都有最高的司法权和执行权，从而架空了中央政权。真正的全国性的法律统一活动直到拿破仑主持的“法典编纂”运动时才得以完成。最后是德国的情况，德国在十五六世纪被复兴的罗马法“入侵”，帝国最高法院的法官必须是民法学博士。但是，罗马法对德国的“入侵”有限，因为在这时流传着一个谚语：“城镇法击破邦法，邦法击破普通法”。也就是说，只有当其他渊源无法适用时，罗马法才会被适用，而各地固有法律仍起到主导作用。②

① “属人主义”时期，各个民族的成员均适用本民族的法律或者习惯，但是随着封建制度的发展，在采邑、封国领域之内适用该领主的法律，是为“属地主义”之开端。

② 这一点使我们联想起萨维尼创立的“历史法学派”，在德国统一后，有人主张德国应该模仿法国民法典的方式来编纂一部民法典，但是萨维尼极力反对这个主张，他认为各个民族都有根植于本民族的“民族精神”，该精神和语言、文化一样是各民族独有的，而法律就是“民族精神”的集中体现。因此，国家只能在时机成熟之时才能颁布自己的民法典，萨维尼认为当时的德国根本不具备编纂、颁布民法典的条件，故绝对不能人为地去创制“法律”，否则德国的法律就在新法典完成之时停止下来。这一论战孕育了法学史上著名的“历史法学派”。本书作者甄克思没有明言“民族精神”、“民族传统”等术语，但是他全书的许多论据、论点都给“历史法学派”、法人类学派打下了绝好的注释。本书创作于19世纪末，那时“历史法学派”方兴未艾，因此上面的说法也是有一定道理的。

从对早期的法律的考察中可以发现,国家宣布的法律大多是来源于习惯。习惯是保留在社会群体意识中的,只有这种意识面临丢失的危险的时候,人们才会借助某种"大会"的形式来加以宣布。将习惯法转变为欧洲中世纪法的真正革新性力量主要包括教会法、商人法、采邑法以及罗马法。中世纪时期的许多法律都没有很好地得到宣布和实施。因而,设计一种均衡、稳定地宣布和实施法律的机器,成为摆在中世纪政治家面前的最大问题。英国政治才能的至高胜利就在于,它比条顿世界中其他国家提早500年解决了这一问题。通过将立法者代表集合在一起,再通过让负责宣布、实施法律之人士与这些立法者代表当面质询,英国很快地知晓了本国法律的情形,并以某种声音宣布了法律,完全彻底地实施了法律。

第3章主要研究条顿人的"国家"问题。对于现代人而言,"国家"一词的含义很清楚,但是条顿人对于"国家"的观念十分模糊,与我们现在的理解相去甚远。条顿人的"国家"观念与战争紧密相连,武士的联合体(氏族)远胜于单个武士的力量,氏族联合也胜于单个氏族力量,在氏族联合对外征战的过程中就逐步产生了氏族联盟的军事领袖,这些人日后慢慢发展为国王或皇帝。新的实体(国家)与氏族旧制度的最大区别还在于它依据个人优点而不是血统出身、资历来选拔领袖。从组织与成员的关系来看,国家与氏族也存在差别,氏族成员由"家父"统领和保护,但是在国家中,国王直接统领单个社会成员。国家力量直接作用于个体成员,只尊重个人的能力,并尽可能地发掘和利用个人的能力。

战争结束后,军事首领不愿意轻易放弃自己取得的权力,于是他们开始对内镇压反抗并探索如何对国内全体人民进行统治。由此可知,最初的国家也是最简单的形式是军事组织,而后才发展成为既要防御外部侵略,又要保证内部和平、执行法令、管理内部事务的综合实体。但是由于地方诸侯的权力存在,在德国、法国、苏格兰等地即使到了中世纪后期也没有实现国家对全国人民的直接统治。而在英格兰,可能还有斯堪的纳维亚半岛,也是到了中世纪末期,国家才具备了拥有至高无上主权的条件。

第4章主要探索了中世纪国家司法的产生过程。在最初,我们现在应该属于法院管辖的"侵害人身或财产"的犯罪或侵权行为,都是通过赔命价的方式来解决的。但是,如果赔命价并不是都能顺利执行,如果执行不了,还是要继续着原始的"血亲复仇"活动,这对于个人和国家都是不利的。因此最开始的国家司法权是伴随着解决赔命价问题而展开的,后来国家和地方展开了领主争夺司法权的斗争。中世纪国家司法权的形成过程包括以下内容:第一,对于一般案件,国家会强制双方放弃复仇活动而代之以赔命价赔偿,从而开启了国家对民间纠纷的干预历程;第二,对于严重危害社会、"难于饶恕"的罪行,国家实施惩罚(如流放和没收财产),从而扩大了国家对于严重危害社会犯罪的干预,这实际上是此后"国家公诉"的雏形;第三,国家官员会提取赔命价的一部分(一般是1/3)来作为酬劳,这可能是后来国家收受诉讼费的雏形;第四,为了配合案件起诉(实际上是为了与地方领主争夺司法管辖权),产生了令状制度;第五,为了调查案件,产生了调查审讯制度,后来发展成为陪审团制度;第六,在英国,为了弥补法律保护的不充分,出现了衡平法。通过以上六大内容,中世纪欧洲的国家逐步建立了自己的司法制度。

第5章探讨了条顿人社会是如何从原始的氏族社会转变成为政治国家的。早期的条顿族社会中存在各种各样的土地所有形式和农业耕作方式,但是总体而言,对土地的占有权是属于地方组织的。在入侵罗马帝国后,条顿族的生产方式带到了新的家园。随着国家力量的不断壮大,国家开始寻求途径来瓦解地方组织,但是欧洲的封建化是通往这条道路上的最大障碍。欧洲的封建化含义是指地方诸侯垄断了地方的立法、司法、行政和税收大权,这种趋势是在法兰克王国解体的国家(德国、法国、意大利)中最早发生的,在北欧和英格兰地区,封建化过程比较缓慢。英国找到的避免封建化途径是:保留原先的地方组织,同时对其加以分化。在处理中央政府和地方政府关系方面,法国和德国两国做得并不是很好,法国的领主封地模式和德国军事化模式都过于强调中央政府的权力,忽视地方组织的权力,因此最终导致了地方的离心,最终解散了中央政权。法国中央政权显得很贪婪,它总是在"地方自治"和"完全瓦解封建制度"二者之间进行摇摆;德国因为中央政权被架空而走向灭亡,她列土分疆,将土地分封给众多具有独立权的公国,公国的领主们将公国视为自己军队给养或者财税来源;而英国中央政权建立了一个强大的联合体,联合体的成员对本地区的生活方式保有清晰的意识,这一点对于保持一个民族的自由、自信至关重要,也正因为英国中央政府采取了这种措施,也就避免了来自原先地方组织的反抗(这种反抗在法国、德国很明显并最终导致国家解体)。

第6章研究了中世纪条顿族中与财产有关的问题。在最初的历史时期,条顿族中并没有清晰的关于所有权、财产权、继承权这些观念,他们对社会财富的认识是以"使用"为中心而建立起来的。但是随着社会的发展,人们不得不开始思考与财产有关的问题了。这一部分研究了以下问题:占有和所有权的问题;蛮族法中的罚金(赔命价)制度[①]对于财产观念的影响;国家向地方渗透权力的行为对财产观念的影响;封地地产与中央的关系问题;血亲复仇制度对于亲属制度、继承制度形成的影响等问题。因此,我们可以看出本章从历史而不是理论的角度探讨了中世纪的与财产有关的观念和制度。

第7章研究了社会身份和契约的问题。研究完财产问题再来研究契约问题是

---

① 许多学者都认为蛮族法典就是规定各种赔命价的一个"大账单",因为这些法典中大部分内容都是规定有关赔命价的金额的。

符合逻辑的,因为财产权明晰是契约成立的前提。作者先细致地研究了条顿社会中存在的主要的社会等级(主要包括贵族、平民、奴隶三个阶层)问题。社会等级制度与赔命价制度紧密相关,而赔命价制度是商品交易的前提,因为"一个提出重大诉讼请求的诉讼人可能最后会发现自己得到了一大笔各种各样的物品。许多物品可能对他来说根本没用,很自然地他会把这些物品再拿出去进行交易"。而频繁的商品交易则推动了契约制度的发展。当然,赔命价制度的作用不限于此,它对于财产观念的清晰化、亲属范围的明确化都起到了促进作用。同时,介绍契约制度自然离不开相关制度的介绍,如抵押制度、担保制度、相关的诉讼制度、对价制度等,本章对这些制度的发展轨迹都作了详细的追寻。

第 8 章是全书的总结。通过前面的细致入微的研究,中世纪的政治和法律的产生发展问题愈加清晰了。法律在今天具有一定的社会强制力,但是在最早期法律可能仅是单个人的行为规范,后来逐渐发展成为了氏族习惯或者禁忌。但是,当一定的社会组织对法律加以明确认可的时候,法律就对所有的人具有了约束力,而且有制裁手段保证法律的实施。习惯在氏族社会中具有法律的性质,而国家如果要想打破氏族制度、推行自己的权力就必须与氏族进行斗争。从性质上来讲,氏族制度是封闭的,重血统资历而轻视个人能力,而政治国家的原则正好与此相反,在斗争的最后国家战胜了氏族。国家虽然胜利,但是它却不能完全忽视氏族的影响,只有能够很好地借鉴吸收了氏族原则的国家才取得了良好的发展,一些意图完全由政治国家取代氏族原则的努力,总是适得其反。因此,如何研究国家和氏族之间的"妥协"问题应该成为未来研究的重要问题。

三、译著的学术价值

如前所述,基于爱德华·甄克思先生在世界法学界的影响,以及《中世纪的法律和政治》一书在学术史上的地位,该书早就应该和中国读者见面了。借助这次翻译,该书中译本得以和中国读者见面,也算是一个姗姗来迟的礼物。就该书的研究方法和内容确实值得译介到中国来。依照译者的理解,该书的学术价值在形式和内容两方面皆有可观之处。

(一)形式方面有以下几大特点:

第一,材料翔实。该书原文翻译成中文大概只有 10 余万字,但是该书的参考文献近 100 项,涵盖了以下几类:(1)中世纪的蛮族法、教会法、罗马法、条顿国家成文法所包含的所有重要法律文件;(2)中世纪英国、德国、法国、意大利、西班牙、斯堪的纳维亚这些国家和地区的重要教科书、论著;(3)中世纪苏格兰、德国、法国、斯堪的纳维亚等地区的地方立法。认真阅读原文,在作者信手拈来那看似轻松的引用中,我们可以认为作者对这些材料绝不是从别处抄来的一串参考文献名录。占有材料的全面、系统是取得有价值的学术成果的前提,原著具备了这个基础条件。

第二,引证规范。行文过程中作者标出了大量的引用,有的直接引用,有的间接引用,对此作者都一一标明。这一看似平常的做法是我辈在引用前人成果时需要学习的治学态度。

第三,推理严谨。该书的每一个结论都有充分的材料支撑和严谨的推理,因此其结论都是具有说服力的。比如,作者主张“法律”并不必然是国家意志的体现,作者介绍中世纪教会法、商人法的发展情况来说明,这两种法律是我们今天公认的“法律”,但是国家在最初并没有颁布也没有用强力去推行这两种法律,因此在研究“法律”强制力的时候,需要另辟蹊径了。

第四,简洁明了。该书用史实向我们展现了中世纪欧洲法律发展的那一幅优美的图卷,并且贯穿始终在阐释一种学术主张。在完成这个场面宏大、叙述细微的任务的过程中,作者没有多余的话,所有语句都围绕中心展开,因此该书的篇幅短小精悍,这种结果节省了读者时间、便于读者理解,但是需要作者付出很大的努力,这是不言而喻的。能够做到言之有物、文无赘言,也是不愧为一种高尚的学术职业道德。

(二)内容方面具有以下几大特点:

第一,作者提出的“法律是什么”的命题给我们今后的法学研究提供了一个视角。在初版的序言中,甄克思就提出:“如果一个人将‘法律’仅仅视为是主权者的命令,那么他自然不会从法律中发现历史的蛛丝马迹。”作者反复证明的一个主张是,“在最初,法律的强制力绝不是来源于国家的”,为了证明这个观点,作者不厌其烦地从历史的陈迹中勾勒出每一种法律制度产生和发展的历史,其推理和结论可谓无懈可击。近年来,法学界许多学者都致力于“中国固有法”、“习惯法”、“民间法”等“本土资源”的研究,我们认为上述领域以及“法人类学”、“法社会学”、“民族法学”等领域的学者都会从甄克思的研究中得到许多启示。

第二,对赔命价制度的研究开阔了我们的视野。提出“赔命价”这个词,我们第一印象是这个制度产生于人类社会早期和未开化的民族中,该制度的存在是对现代法律体系和法律观念的一种冲击。近年来,研究国内赔命价制度的文章大都集中于探讨“如何解决民族地区赔命价制度和国家法律的矛盾问题”。① 而研究国外赔命价制度方面最全面的成果,应该是《论日耳曼法中的赔命价制度》一文,由于作

① 详见国内学术杂志上发表的关于“赔命价”的所有文章。

者精通德语,该文收集了大量资料,对日耳曼法中的赔命价制度进行了十分全面的介绍,该文是我们在国内现在能见到的关于日耳曼民族赔命价的最权威、最全面的介绍。但是该文没能"发现"日耳曼赔命价制度与西方现代法律制度的渊源联系。这个命题果真成立么?我们都认为赔命价制度是在西方现代法律制度不发达古代的一种原始社会遗迹,怎么它还会与西方现代法律制度有渊源联系?而甄克思氏的伟大之处就在于此,他能从历史的看似无关紧要的细节中探讨出赔命价制度和现代法律制度的渊源关系(具体内容见上文对译著内容的介绍)。这就是学术视角的问题,过去那种就事论事的研究法律史的方法是应该时刻引起我们警惕的,我国学者近年来也提出了法律史研究的视野问题:从历史哲学的角度来看,历史学很大程度上是一种阐释学。研究历史并获致对历史的确切把握,必然受制于史家的视角和眼光,受制于整理历史事实和事件的立场与方法,最终受制于如何定义概念。因此,不同视角的观察,使得历史具有了多重阐释的可能性,在此基础之上,新的历史图景可能得以呈现,一些被其他视角长期遮蔽的历史意义可能得以揭示。甄克思正是在自觉地在这样一种宽广的学术视野下展开对赔命价制度的研究的。但是这个研究视野和研究内容足以给我们无限的启示。

第三,研究结论严格依据历史而不是纯粹的理论。在本书第1章中甄克思开篇就对奥斯丁的"法律命令说"进行颠覆(这一点前已述),他颠覆的第二个对象就是"从古希腊、古罗马一直到近代的精英学者①们关于'法'的定义",甄克思进行这样的颠覆并不是无根据的自吹自擂,而是有自己的理论依据的,看他的推论就知道了:

伟大的思想家们生来就注定要鹤立鸡群的,他们的观点在所处的时代不一定符合实际,即便在接下来的时代也可能不够普遍。但是,"法"乃普通民众之所需,它是管理帐营、市场、店铺以及田地的规则。如果我们欲了解"法"在过去实际是什么,而不是它应当是什么,则我们就要通过另一种途径来探寻。我们要关注的也不应再是哲学家们的著作,而应是执业者们的记载,还有那些人们感觉到自己必须去遵守的规则——即那些并非本身代表着智慧、良知或愉快而主动让人们去遵守的规则,而是人们觉得"不得已而守之"的规则。(见该书第1章)

这一论述可以说具有一定强调"民族精神"的历史法学派的意味,但是什么是"民族精神"?这个概念还是很抽象的,甄克思可不愿意玩文字游戏。那么甄克思怎么来研究法律呢?在初版序言中,甄克思指出,他会从人们的所作所为(conduct)

① 这些学者都是法学思想史上的泰斗级人物,我们思考的关于法律的问题至今还深深地烙有他们思想的印迹,甄克思列举的人物包括柏拉图、亚里士多德、乌尔比安、盖尤斯、维科、孟德斯鸠、霍布斯和洛克,看到这些人的名字,我们就知道他们的地位了。

来展开研究,而不会将自己的结论委之于推测(speculation)。这句话看似简单,完全做到实非易事,但愿这个研究方法能够给我们有所启发。

第四,学术研究方法一以贯之。在本书中,作者提出了三大研究原则:第一,不把法律看做国家命令,而要从法律本身的发展去言说;第二,不迷信著名法学家的结论,要从历史的真实中去钩沉法律的真相;第三,不预设结论,严格按照历史事实推导,推导出什么就是什么。这三大原则又紧密联系,共同之处在于"以史料为基础、以逻辑为工具,实事求是地追寻法律和政治的历史真相",这一个学术品格贯穿全书始末,一丝不苟。在晚于本书出版的 *The History of Politics*(严复翻译的《社会通诠》)一书中,上述理念得到了一以贯之的体现。作为学者,能够将自己的理论品格坚持到底,也不失为一种为学之道。

第五,我们要强调一点,任何理论或结论都有过时的时候,但是一个学者的学术视野、研究方法可能具有更加持久的魅力。也许这本译著的价值恰在其具体结论之外,正如屈文生老师在另一本书的序言说的那样:"它的用功最勤之处,不在于它的理论建构,而在于其正本清源,旨在说明什么是真的法律史。"

我们相信,该书除了其提供的重要的结论之外,其所体现的作者的研究视野、研究方法、理论品格、学术道德等方面都将给我们带来重大的启发和引导。

当知识分子遇到政治

[美]马克·里拉
王笑红* 译

在我们看来,情欲上的依恋,思想界、政治世界是独立运转的,完全不同的领域,受不同的规则支配。因此,我们还没有做好准备,去理解我们所处时代的知识界中最非同寻常的故事,亦即马丁·海德格尔、汉娜·阿伦特和卡尔·雅斯贝尔斯之间的爱与友谊。这三位思想家初识于20世纪20年代,不久后即因为对哲学共同的激情而同气相求。但随着他们卷入震动欧洲乃至世界的政治剧变中,对哲学的激情就流溢到他们个人生活和政治信念的各个方面。海德格尔和阿伦特年轻时的情侣关系已为世人所周知,但并没有太多发人深省之处。真正重要且值得认真反思的是:三位思想家是如何看待激情在思想界和现代暴政中的地位的。

1889年,马丁·海德格尔诞生在巴登地区的一个乡村小镇梅斯基尔希。他从小的志向是做一名牧师,并在20岁的时候决定去当耶稣会的见习修道士。但是海德格尔耶稣会士的生涯只持续了两周,就因为胸痛被送回了家。然而,他对宗教依然持有浓厚的兴趣,并于其后两年在弗莱堡大学就读神学,间或给偏保守的天主教期刊写文章,抨击所处时代的文化衰落。1911年,他的心脏出了问题,转到了数学系,并开始自学哲学。

海德格尔与教会知识传统的分离是一个极为漫长的过程。迟至1921年,他还写信给自己的学生卡尔·洛维特(Karl Lowith)说,他认为自己首先是"一个基督教神学者"。众所周知,海德格尔跟随现象学大师爱德蒙·胡塞尔学习,胡塞尔于1916年来到弗莱堡实施他扫除哲学传统中所有形而上学障碍的计划。对于意识的哲学审视,胡塞尔希望赋予其新的严格规范,让哲学"回到事物本身";他最初对海德格尔是有所保留的,认为这个学生是天主教的思想者。然而,胡塞尔渐渐开始享受与海德格尔之间的长时间的哲学对话,在海德格尔服兵役期间,胡塞尔倍感失落。海德格尔退伍回来后,胡塞尔聘请他做了私人助理,这一职务持续到1923年。在那段岁月里,胡塞尔与海德格尔之间宛若父子,年长的学者不遗余力培养着传承薪火的弟子。

1920年,海德格尔由胡塞尔夫人介绍给卡尔·雅斯贝尔斯认识,她说,海德格

* 王笑红,2008级外国法律史专业,指导老师:何勤华。现工作于上海三联书店。

尔是胡塞尔的“现象学的孩子”。这是一次注定要改变两个人生活的相遇。雅斯贝尔斯比海德格尔年长6岁,其时已经是德国学术界的名人,他年轻时曾研习法律、医学,并已取得了弗莱堡大学心理学的任教资格。雅斯贝尔斯1919年出版了成名作《世界观的心理学》,这是一本奇特的、今天不会再有人读的书,充斥着马克斯·韦伯和威廉·狄尔泰(Wilhelm Dilthey)的术语,但也试图用克尔凯郭尔和尼采的方式探讨存在问题。

尽管雅斯贝尔斯跟海德格尔一样对同时代的大学哲学家怀着几乎无法掩饰的轻蔑,但这本书最终使雅斯贝尔斯获得了哲学教席。两位思想家很快找到了共同的兴趣,那就是雅斯贝尔斯书中所称的“极限情境”——在这些情境中,通常遮蔽我们的存在的云翳(clouds)消散了,我们蓦然直面生命的基本问题,尤其是死亡。雅斯贝尔斯描述了这些情境如何唤起了我们的焦虑和罪恶感,与此同时也让我们以自由而果敢的态度直面这一切,开启了真正生活的可能性。海德格尔是从完全不同的经院哲学和现象学的传统出发的,但吸引他的是与上述同样的问题,这些问题构成了其不朽著作《存在与哲学》(1927年)的中心主题。

在随后的数年中,他们建立了深厚的哲学友谊,这体现在他们的早期信件往来中。友谊的契机发生在1922年,雅斯贝尔斯邀请海德格尔到海德堡小住一周,当时雅斯贝尔斯在海德堡任教。这次相聚对两人来说都是一次无法忘怀的经历,从此他们称对方为战友。然而,从一开始就很显然的是,这场友谊基于一个尴尬的事实,即雅斯贝尔斯不得不承认:尽管他比海德格尔年长,也更有名,但海德格尔是更伟大的思想家。

1923年,海德格尔来到马堡,接受了自己的第一个独立的学术职位,并吸引了一批来自欧洲各地的学生跟随他学习。其中便有汉娜·阿伦特,多年后,阿伦特在《纽约书评》发表纪念文章“纪念马丁·海德格尔的八十华诞”,描述了她那整整一代人对海德格尔的仰慕,其言辞今已广为人知:

他所有的不过是一个名字而已,但这个名字就像秘密国王的传说一样传遍了整个德国……关于海德格尔的传说很简单:思想又复活了;人们认为已死的昔日的文化瑰宝又获得了言说,在此过程中,人们发现这些瑰宝所呈现的事物完全不是人们先前认为的那样无足轻重。终于有了这样一位教师;人们也许能够从他那里学会思考。①

汉娜·阿伦特于1906年生于东普鲁士的科尼斯堡(Konigsberg),她来到马堡时只有18岁。当时,这位年轻的女性已经读了一些康德的著作,但读得更多的是基

---

① Martin Heidegger at Eighty, *The New York Review of Books*, October 21, 1971.

尔凯郭尔。第一次世界大战的劫难过后,基尔凯郭尔成了深受德国青年推崇的思想家。基尔凯郭尔的魅力在于他的激情,这激情与魏玛时代的中产阶级的自满情绪,以及当时德国主流的哲学流派的沉闷思索形成了鲜明的对比。和雅斯贝尔斯一样,正是这种激情让阿伦特注意到了海德格尔,直到1969年,她仍记忆犹新:

我所体验到的是,作为纯粹活动的思考——既不是由对知识的渴望,也不是由认知推动的——可以成为这样一种激情,它并没有统治和压倒其他一切能力和天赋,而是命令并征服它们。我们过于习惯理性/激情、精神/生活的老套对立了,而在(海德格尔的)富于激情地思考的观念中,思想和活力合而为一了,这让我们多少有些手足无措。

在这个学期的课程中,海德格尔与阿伦特绽放了对彼此的激情。他们已被公开的信件的起始日期是1925年2月,那时,显然两人的关系已有所进展:

亲爱的阿伦特小姐:

今夜我必定要回到你的身边,对你的心灵诉说。

我们之间的一切都应是简单、明晰而纯粹的。惟有如此,才不辜负这场相遇。你是我的学生,我是你的老师,这个事实仅仅给了我们相识的机缘。

我永远不能够拥有你,但从今以后,你将成为我生命的一部分,我的存在将因你而获得提高……

年轻的你未来的道路还是隐匿的。我们要服从它的召唤。惟愿我的真诚有助于你对自己的真诚……

我们友谊的恩赐已成为一种责任,我们将因之而获得成长。因为这一责任,请容许我恳请你原谅,原谅在与你散步时,我的一时失态。

仍然,我要谢谢你,并吻你纯洁的前额,带着你本质的完美开始我的工作。

祝好,好女孩!

你的

M. H写于1925年2月10日

海德格尔在这个月内写的另一封信表明他们的关系又有了新的开端:

亲爱的汉娜:

我着了魔。你安静的、亲爱的双手交叠,仿佛在祈祷,还有你光洁的前额,仿佛借助女性之美化身为魔鬼的守护者。

这是我从未有过的感受。

在冒着暴风雨回你住处的路上,你显得尤为优美和崇高。而我,我愿意每个夜晚都这样陪着你走。

接受这本小书,它传达着我的感恩之情。它也是这个学期的象征。

汉娜,给我写信吧,只言片语也好。我只是不能让你就那样离开。

你一定归心似箭，但还是给我写几句话吧，不用太“斟酌”。

只要是你写的就好了。只有你才写得出。

你的

M于1925年2月27日

在这个浪漫的故事中，一切是否如埃廷格教授所述，海德格尔充当了捕食者，而阿伦特则是个受害者？这种高调的哲学意味的安慰是否不过是对他的主导地位的遮掩？恰恰相反，成熟的读者会被这些信件所具有的令人同情的真实性打动。无论如何，这场爱情是一幕司空见惯的戏剧，正朝着可预见的结局发展。年长已婚的教授和他年轻的学生写信交流爱的本质，谈她的学业。他们交换诗与照片，在有机会独处的时候一起去听音乐，他们甚至计划共读《魔山》，思考舒夏特（Chauchat）夫人与汉斯·卡斯托普（Hans Castorp）前世注定的爱情。海德格尔还以令人动容的笔触写到了他对自然的爱及其与对阿伦特的爱情的融合：

亲爱的汉娜：

这是一个令人惊喜的冬天，我的旅程是精彩、愉快的……

我常常希望你现在一切和我在这里的状态一样好。孤独屹立的群山，山区人民的宁静生活，与阳光、暴风雪、天空的自然亲近，宽广而被大雪覆盖的斜坡上废弃的铁轨所呈现的简单性，所有的这一切使我的灵魂远离了一切不专一、不恒定的存在……

当暴风雪在小木屋外肆虐的时候，我会记起“属于我们的暴风雨”，或者沿着朗河（Lahn River）静静地走，或者追忆那个穿着雨衣的年轻女孩，低垂的帽檐遮住了她安静的大眼睛。她第一次到我的办公室来的时候，害羞而拘谨，对每个问题都给予简短的回答——这一幕伴随了我整个学期——那时我就确信，那段生活将成为历史。

你承载着我的爱

你的

马丁1925年3月21日于托特瑙堡

1927年，海德格尔发表的《存在与时间》大获成功，他于次年获得了弗莱堡哲学专业胡塞尔教席的任命。这时，阿伦特所作的一个决定导致了其与海德格尔决裂。在我们所能见到的她写给海德格尔的第一封信中，她写道，“你明白的，我爱你，一如我们相逢的第一日”。她要他相信，她的决定只是为了保护爱情免予世俗的束缚。不到一年后，她与曾是海德格尔学生的冈瑟·斯特恩缔结了不明智的婚姻，并随他搬到了法兰克福。我们无从得知，海德格尔对此有何反应。我们从阿伦特1930年写给海德格尔的一封信中所能了解的是，她曾与斯特恩一道拜访了海德格尔，而这次相遇让她痛苦万分。“看到你的那一刹那，我就无比清楚地明白我生命中最重要的事情就是,请容许我说出来,我们的爱情的延续。"但在那次,不知为何,海德格尔与斯特恩一同乘火车离开的时候,没有看到站台上的阿伦特,她独自一人,惆怅满怀。她写道,"总是如此,我所能做的惟有顺从、等待、等待、无穷无尽的等待"。她与海德格尔这一别,就是20年。

在接下来的几年中,三位朋友与爱者的生活各自平稳地进行着,没有大的变动发生。1929年,汉娜·阿伦特发表了在雅斯贝尔斯指导下写的博士论文"爱与圣奥古斯丁",在多重意义上,这一著作来自她与海德格尔之相遇的启示。随后,她开始写作拉希尔·瓦恩哈根(Rahel Varnhagen)的传记,迟至20世纪50年代这本书才出版。① 卡尔·雅斯贝尔斯则在心理学、宗教、尼采诸领域著述颇丰,尽管在收到海德格尔的评论之后,他的哲学抱负已有所降低。对海德格尔来说,刚刚过去的魏玛时代见证了他在知识界权力和影响力的巅峰时期。1929年,他受邀访问了瑞士的达沃斯(Davos),与受人尊敬的新康德主义哲学家厄恩斯特·卡西儒(Ernst Cassirer)进行论辩,在在座的年轻人的眼中,海德格尔极为成功地击败了对手,不愧为一流的德国哲学家。这一点不久后就得到了官方的认可,1930年,德国政府前所未有地给予他柏林大学的两个哲学教席,他拒绝了这个至高的荣誉。虽然海德格放弃了写作《存在与时间》第2卷的计划,他还是发表了其中的一些片段,这些篇章从一本重要而基本的著作开始,此即1929年就已问世的《康德与形而上学问题》。此外,他在讲座中继续深入探究"存在问题"。

雅斯贝尔斯与海德格尔这几年里的通信展现了一种真正的友谊,如果说这种友谊较为淡泊,那是因为二人都是已成名的教授,事务繁忙。雅斯贝尔斯在其所写的简短的《哲学自述》中描述了自己交织着惊奇与怨怼的感情:

> 透过海德格尔,我在同代人身上看到了那种通常只能在历史上发现的"某种特质"(something),而那对哲学来说是不可或缺的……我认识到了他的深刻,但也发现了别的我难以形容、难以接受的特质……有时,他仿佛魔鬼附了身……在过去的几十年中,我对他的友爱与疏离构成了紧张:一边惊奇于他的才华,一边拒斥他不能理喻的愚蠢,我感到与他共有某种哲学基础,而又隐约觉得他对我的态度与我对他的截然不同。②

尽管雅斯贝尔斯心中存有疑问,他还是相信海德格尔的品质及其哲学著作的成就,并鼓励海德格尔把握成名的机会,在大学改革中扮演更积极的角色。1931

---

① *Love and Saint Augustine* (University of Chicago Press, 1996); *Rahel Varnhagen: The life of a Jewess* (Johns Hopkins University Press, 1997).

② *Philosophische Autobiographie* (Munich: Piper, second edition, 1984), pp. 95, 97 – 98. 雅斯贝尔斯于1953年写作了《哲学自述》,这些话见论海德格尔的那一章,但就在书出版前,他删除了该章。《哲学自述》的第2版则予以收入。

年，他写信给海德格尔说："从长远看来，德国各个大学的哲学的未来将由你来决定"。

今已广为人知的是，海德格尔于1933年4月离开了他在黑森林中的小木屋，就任弗莱堡大学的校长，并于5月加入纳粹党，在校长的职位上待了一年。多年以来，人们普遍接受了海德格尔自己对这一时期的说法。很多人相信他接受校长职位是迫不得已的，相信他曾试图限制（纳粹）对学术的伤害、保护犹太人，并因离职感到解脱，而且，更重要的是，人们相信他很快就对通过纳粹实现民族复兴的愿景感到幻灭。但最近20年来，充分的资料浮出水面并形成了确凿的证据，让人们得以了解真实发生的一切，且这些事实已获得普遍认可。① 现已明了的是，海德格尔至少从1931年年末起就公开表示对纳粹的支持，校长职位也是他积极争取来的，获得任命之后，他即不遗余力地投入到对大学的"改革"并在德国各地进行宣传性的讲座，讲座结束之际总不忘高呼"希特勒万岁"！

海德格尔在私人领域的行为也同样是可鄙的。他跟包括自己导师爱德蒙·胡塞尔在内的所有犹太同事断绝了关系。20世纪40年代初期，他甚至删除了《存在与时间》中献给胡塞尔的致辞（后来又悄悄补上）。海德格尔在写给纳粹官员的秘密信件中，还动用自己的显赫权势，以政治理由告发自己的同事、未来的诺贝尔化学奖得主赫尔曼·斯托廷格（Hermann Stautinger）及从前的学生爱德蒙·鲍姆加滕。即使在离职之后，海德格尔还签署了支持希特勒的声明并游说当局批准他在柏林成立一个哲学学院。在海德格尔卸任校长两年后的1936年，旧日的学生卡尔·洛维特在罗马与他邂逅，他别着纳粹的胸章，跟自己的学生解释《存在与时间》中的观念何以激发了他对政治的参与。

虽然汉娜·阿伦特提醒雅斯贝尔斯注意，但雅斯贝尔斯对海德格尔的政治转向最初还是反应迟钝的，他后来才为此感到愤慨。1933年，阿伦特与丈夫流亡巴黎，开始为多个犹太人救助机构工作。离德前夕，阿伦特显然给海德格尔写过信，直截了当地求证关于他"积极参与排犹"并在课程中排除犹太学生的传闻，这些指控并不准确却具有预言性，②他愤怒地否认了对他的指责，但几个月后，他即就任校长

① 许多值得称道的著作论及了这一主题，如 Victor Facías, Heidegger and Nazism (Temple University Press, 1989); Hugo Ott, Martin Heidegger: A Political Life (Basic Books, 1993); Günther Neske and Email Kettering, editors, Martin Heidegger and National Socialism (Paragon House, 1990); Richard Wolin, editor, The Heidegger Controversy: A Critical Reader (MIT Press, 1993)。参见 Thomas Sheehan, Heidegger and the Nazis, *The New York Review of Books*, June 16, 1986 与 A Normal Nazi, *The New York Review of Books*, January 14, 1993。

② 尽管海德格尔没有公然地排除犹太学生，但从1934年起他拒绝指导他们的论文并将他们转到一个天主教大学。

一职。

被迫流亡美国前，阿伦特在法国的7年中过着艰难维生的日子。1941年，当战火蔓延到了欧洲以外的时候，她到了纽约，与海德格尔和雅斯贝尔斯完全失去了音讯。雅斯贝尔斯暂时还与海德格尔保持着联系。1931年3月，在纳粹掌握政权不久之后，海德格尔到海德堡拜访雅斯贝尔斯，这次见面的气氛是温馨的，他们一同聆听了“格列高利圣歌”并讨论了哲学。在谈话无可避免地转向政治问题的时候，海德格尔只是说了句，“个人必须参与”。

5月海德格尔以弗莱堡大学校长的身份再次到了海德堡，就纳粹的大学教育规划向学生们作了长篇演说。雅斯贝尔斯惆怅满怀地坐在前排，把手插在口袋中。在与海德格尔一道回到自己的家里后，雅斯贝尔斯试图让海德格尔说出实情，他认为自己的朋友绝不可能在犹太人问题上认同纳粹。海德格尔说：“但是，的确存在一个由犹太人组成的危险的国际网络。”雅斯贝尔斯质问道：“像阿道夫·希特勒这样一个没有教养的人怎堪承当统治德国的大任？”海德格尔回答说：“文化并不重要。他才能非凡。”海德格尔那次早早离去，从此再也没有与这位老友再聚。

雅斯贝尔斯懵了。从海德格尔从前的谈话中，完全看不出他会如此热衷纳粹的任何迹象。在《哲学自述》中，雅斯贝尔斯为自己没能阻止海德格尔的“脱轨”作了自我批评。那次见面之后的三年里，在海德格尔就任校长期间与卸任之后，雅斯贝尔斯依然断断续续地给海德格尔写信。时隔不久，海德格尔发表了很不光彩的“就职演说”，他在其中公然用自己的专业哲学语言表达了对纳粹接管大学的支持。这篇公开演说虽然晦涩，但广为流传（卡尔·洛维特后来说，在拿到这份讲稿之后，他不知道自己该去研究前苏格拉底时代的哲学，还是疾步追上纳粹的突击队员）。但雅斯贝尔斯对此试图说点好听的，他写道，“我对你的哲学有信心，我们今年年初的谈话让我加强了这种信任，这篇应景的演说不会摧毁我的信任。”这两位朋友的关系日渐疏远，但仍继续交换着书籍和短信，直至1937年，在这一年雅斯贝尔斯被解职并陷入可怕的生存境地，这种处境一直延续到战争结束。原因在于，雅斯贝尔斯反对纳粹并娶了一位犹太女子。他被禁止离开德国。雅斯贝尔斯夫妇在这期间一直随身携带着有毒的胶囊，以防万一。

海德格尔在弗莱堡大学校长的任期不足一年。但是，他支持纳粹主义的重大决定却成为雅斯贝尔斯和阿伦特余生百思不得其解的问题。雅斯贝尔斯是他的朋友，阿伦特曾是他的恋人，他们两人都崇敬海德格尔，认为海德格尔曾独力复兴了真正的哲学思考。现在他们不得不自问，海德格尔的政治决定是否仅仅反映了他的性格弱点，还是由阿伦特后来所称的“激情思考”决定的。如果是后者，那么是意味着他们自己对他的智识/情感上的依恋受到了玷污？他们是否不仅看错了海德格尔，而且误解了他的哲学及其与政治现实的关系？

海德格尔是否省视过这些问题,我们不得而知。除担任校长的经历外,海德格尔并不热衷担任公职,他的公开发表的著作,包括发表于1927年的杰作《存在与时间》,也不显然具有政治意味。然而,在第二次世界大战后,他的许多读者——包括雅斯贝尔斯和阿伦特——都看到了他在《存在与时间》中对基本的存在问题的处理的确从全新的、超政治的(suprapolitical)视角指向了理解以致参与政治问题的方式。正是从这一视角出发,海德格尔在纳粹主义中看到了一个崭新的、更好的世界的诞生。

"世界"一词是海德格尔在《存在与时间》中开始展开的核心哲学语词之一。在该书中,海德格尔描述人类被历史命运抛向自洽的行动、语言和思想王国,他称其为"世界"。这一世界是命运而非自然的产物,它源自海德格尔后来所称的神秘"事件",存在(Sein)在事件中发现了显露自身的处所("此处",da),这就是人类(Dasein)栖息之地。存在并不是一个只有超越人类经验才能到达的超验王国。对海德格尔来说,无论存在是什么,它唯有在与人类"世界"的关系中才能显露。在他看来,每一种文明和文化都是一个"世界"。因而,存在西方"世界",但也存在木匠或农夫的"世界"。

然而,人类在时间的限度内栖息于"世界":他们从历史中继承了传统,并将自身投射到未来,然后死亡。海德格尔的推理是,如果存在只在人类世界展露自身,而人类世界为时间性型塑,那么存在必定也依赖于时间。那就意味着存在的意义正在于时间性:万物在时间内的展开。

海德格尔在《存在与时间》中得出这一结论,借助的是对暂时性的人类条件和人类如何试图逃离时间性的精微而强有力的分析。在海德格尔看来,人类往往在自己的世界中迷失自我并"遗忘"死亡,从而"遗忘"自己的世界。他融入人群,进行无聊的谈话,让自己陷入平庸的日常性,所有的这一切都是为了避免基本的存在问题及其责任。我们是不真诚的造物:"每个人都是他者,没有人是他自己。"无论如何,真诚性是不容易恢复的。它要求一个新的"定位",一种"真诚的向死而生"。它意味着倾听良知的召唤,展示对存在之彰显的"关心"(care)。而且,首要的是,它要求一种新的"决心",这意味着"召唤一个人走出迷失在'他们'中的状态"。

对海德格尔关于真诚性和决心的修辞,有各种各样的解释。标准的解释是,《存在与时间》主要是一本本体论著作,是一种对存在的本质的探寻,除此之外,它还召唤我们要做回我们自己:不自欺欺人地、完全地承担起我们作为有限的人的责任。其他的研究者则从该书里看出了对现代性的深刻反抗,对通过人类的决心、通过注重存在之召唤的更真的"世界"的诞生带来的新时代的向往。正如海德格尔暗示的那样,如果"世界"是文化的乃至民族的体系,那么《存在与时间》就可看做是民族复兴的蓝图。民族复兴,这正是在该著作出版数年后,海德格尔对国家社会主义寄予的希望。

关于这两种解释，都存在众所周知的疑难，这种困难是与海德格尔在20世纪30年代及第二次世界大战后的思想转向复合在一起的。在这一时期，海德格尔从以人的存在为起点对存在(Sein)与此在(Dasein)之联系的现象学分析转向了以存在——无论存在的意义为何——为起点的分析。此外，他开始以受荷尔德林启发的独特的神话语言，将存在描述为向人彰显自身的神性。由此产生了以下严肃的问题：这种转向是否表征了海德格尔思想的变化，抑或它仅仅是一项终生的使命(如他坚称的那样)的第二性的、辅助的部分？而且，这一转向让人们无从探究海德格尔意欲通过他的哲学传达的政治教义(如果有的话)，无法了解他最终是如何看待自己在当代史上的这纵身一跃的。

在这次转向之后，后期的海德格尔很少谈决心与严肃性，而是更多地论及如何学会"自在"(let Being be)、接受泰然任之(Gelassenheit)的态度，迈斯特·埃克哈特(Meister Eckhart)用这个词来称"平静地遁世"。随着时间的流逝，海德格尔表现得不再支持存在论的决定和专断，而是成为西方"虚无主义"的最为深刻的批判者，他认为"虚无主义"支持了肆无忌惮的任意性并导致了法西斯主义、共产主义、现代民主和技术(海德格尔认为这些都是虚无主义的表现)。

然而，海德格尔的"顺其自然"还是有着激情、迫切的特质。他笔下的现代人始终是生活在悬崖之上的，面临着两种命运，要么堕入对存在的彻底遗忘中，要么到达一个存在的意义将再次展开的世界中；他必须前行，否则也会被比他自身强大的历史力量推动着前行。他写于20世纪30年代的手稿正在德国渐渐被发掘，这些手稿多处提到了"准备着最后的神的出现"。在其中的某些篇章，我们的确可以看到他轻蔑地批评了纳粹的一意孤行及其建构"民族哲学"的脆弱努力，尽管他的意图是希望纳粹能够做得更好点。他写道，民族并不能建立哲学，情况是"一个民族的哲学是让那个民族成为哲学的民族的哲学"。他自己的哲学的目的也在于此吗？

人们在阅读海德格尔后期著作的时候，无法摆脱这样一种印象，尽管他的经历矗立在那里，他却不能直面哲学与政治、哲学激情与政治激情之间的关系。对他来说，这不称其为问题。他只是痴痴地想，纳粹建立新国家的决心与他个人重建西方思想传统并借此重建西方存在的崇高决心是相容的。海德格尔认为自己是纳粹主义的受害者，因此，他令人惊讶地对厄恩斯特·荣格(Ernst Jünger)说，如果希特勒能被带来向他道歉，他就会为自己的纳粹历史道歉。

海德格尔最终断定，纳粹亲手摧毁了国家社会主义"内在的真理与伟大"，由于没有遵循海德格尔的道路，他们使德国人偏离了与命运的聚合点。现在所有的一切都失落了；存在已经隐退，无处可寻。剩下的全部就是不断扩展的现代技术和现代政治的精神荒漠。在这样的环境下，真正的思想者所能做的就是回到他的研究中去，打通自己的思想，平静地期待属于存在的弥赛亚时代的到来。海德格尔在20世纪60年代接受《镜报》访谈时，说了一句著名的话："只有神才能救我们。"

第二次世界大战后，海德格尔身心疲惫不堪，以致在疗养院中度过了一段时日。当法国人1945年占领了弗莱堡时，他们威胁海德格尔说要接收他的图书馆，并传唤他接受清除纳粹委员会的审理。该委员会最终决定停他的课，甚至暂时性地取消了他的退休金。在徒劳无功地作了一番自救的努力后，海德格尔请求委员会听取雅斯贝尔斯的证言，他依然希望这位朋友能够为他担保。

事实上，雅斯贝尔斯在第二次世界大战的大部分时间里一直在思索海德格尔的所作所为，此时，他准备作出的是一个冷静的、具有道德敏锐性的判断。雅斯贝尔斯在为老友所作的辩护中说，据他所知，海德格尔在20世纪20年代从来不曾反犹，在这一方面，他后来的行为是与此不相一致的（我们现在知道这个说法是不准确的[①]）。雅斯贝尔斯还试图解释，海德格尔知性化的（intellectualized）纳粹主义是无关真实的；雅斯贝尔斯写道，海德格尔不谙政治，更像是一个不小心将手指插入历史车轮的儿童。但是，尽管海德格尔就其严肃性而言"也许是德国当代哲学家中独一无二的"，因此应允许他著述和发表，但教学是另外一回事。雅斯贝尔斯的结论是，尤其因为"他的言行方式与纳粹党员的特征有某种亲和性"，"在我看来，海德格尔的思维方式在本质上是反自由、独裁的，是不可交流的，在今天其教育效果是极坏的"。委员会采纳了雅斯贝尔斯的建议，并禁止海德格尔教学，直到1950年禁令才告解除。

这并不意味着雅斯贝尔斯打算与朋友断绝关系。恰恰相反，他还向委员会建议他希望海德格尔将经历"真正的重生"。当时，雅斯贝尔斯相信海德格尔的弱点不是来自其哲学，而在于他是一个不切实际的空想家。如果海德格尔能理解自己的责任，那么作为哲学家的他就能得到拯救。雅斯贝尔斯在致阿伦特的信中，也同样表达了这一基督教救赎的主题，他一直沉思着以下事实：海德格尔"了解当下几乎无人注意的事物"，但他"不纯洁的灵魂"需要经历一场彻底的革命（revolution）。阿伦特颇为怀疑皈依的迷思，但确实认同海德格尔"生活在令人难以忘怀的深度和激情中"。

雅斯贝尔斯在《哲学自述》和《马丁·海德格尔札记》中表示，他对自己未能在1933年警告朋友不要铸下大错怀有罪过感。第二次世界大战后，雅斯贝尔斯希望能够与老友重建真正的、合乎道德的友谊，以拯救朋友身上依然留存的哲学价值。

---

① 海德格尔写于1929年的一封推荐信被披露，他在其中谈到德国需要更多根源于自己"土壤"的学者，并抱怨知识界的"犹太化"。这封信是用以帮助不走运的爱德蒙·鲍姆加滕的，海德格尔后来与其反目。参见 Ulrich Sieg，"Die Verjudung des deutschen Geistes"，Die Zeit，December 22，1989，p. 50。

但是，何以重建呢？机会终于在1948年来临，此时雅斯贝尔斯搬到了瑞士的巴塞尔，他将在此度过余生。他那年三月给海德格尔写了封信，但没有发出，于是就在次年二月又写了一封。"我早就想写信给你"，他在开头写道，"今天，在这个周六的早晨，我终于找到了这种冲动"。雅斯贝尔斯的这封信有着残酷的直白，他在信中承认：当得知海德格尔秘密告发自己的学生爱德蒙·鲍姆加滕时，"那是我生命中至关重要的经历"。他还披露了自己1945年时写给清除纳粹委员会的信，但对其内容未作任何解释。

雅斯贝尔斯写道，过去的一切都不能被遗忘，但既然"哲学是什么必定与起源和目的联系在一起"，他依然想知道某种哲学乃至个人意义上的关系是否可能。他在信的末尾说，"我隔着遥远的过去，越过时间的深渊向你致意，紧握着过去曾经存在、而今也不可能化为乌有的事物"。海德格尔对这一哲学友谊的表达致以感谢，在随后的那一年，两人之间音书频频，而信件的副本反映了他们的思考方式是迥异的。

纳粹主义的主题完全消逝了，直到海德格尔在1950年3月自己提起，他还试图解释自己为何在1933年后不再探访雅斯贝尔斯一家。他宣称，我不是因为你的妻子是犹太人而变得沉默的，"而只是因为我的羞耻"。雅斯贝尔斯被这种言词打动了，他把这视为有希望的忏悔的迹象，向他表明：在那些黑暗的岁月中，海德格尔是一个不能理解自己所为的儿童。海德格尔选择以无耻的自我辩护和不负责任的政治思考作出回应，如果他不这样做的话，事情可能就到此为止了。他牢牢抓住了自己作为无辜儿童的形象，并承认当犹太人和左派人士在20世纪30年代受到威胁时，他们的见解比自己的更敏锐。但现在是德国受难的时候了，他抱怨说，只有他对此忧心忡忡。群敌环伺，斯大林正在逼近，而德国"人民"却视而不见。现代人将信仰交付给了政治领域——这是一种已死亡的政治，正被技术和经济计算占据。海德格尔的结论是，我们所能期待的全部就是，在德国人的这种新的无家可归状态（Heimatslosigkeit）中，隐秘的"降临"惊天动地地席卷而至。

等到两年后，雅斯贝尔斯才对海德格尔的奇谈怪论予以回应，这种言论使他最终认定：作为一个人，作为一个思想家，海德格尔无药可救了。在雅斯贝尔斯眼中，海德格尔不再是哲学家的典范，而是一个被危险的幻想毁灭的着了魔的反哲学家。于是，他强烈地斥责了这位从前的挚友：

用像你信中那样的语句思索和言说的哲学显示了某种恐怖的东西，这事实上不就是极权主义胜利的另一次前奏吗？——这种哲学正是在这一点上脱离了现实。它不正像是1933年之前促成了希特勒上台的那种哲学吗？相似的事情还在继续上演吗……

你认为已经终结的政治会消失吗？它是不是仅仅改换了形式和手段？而人们

一定看不清楚这些吗?

而后,他谈到了海德格尔所希望的"降临":

我看到这个的时候,满心恐怖。这完全是个梦,总幻想着"正确的"历史时刻,像极了那个已愚弄了我们五十年的梦。你真的打算走出这一步,去做一个借助隐秘的渊源揭示超自然的先知,去做一个受了诱惑、脱离现实的哲学家?

海德格尔没有回答上述任何问题。在随后的10年,他们之间偶尔在生日的时候互致问候,但友谊结束了。

令雅斯贝尔斯极为惊讶的是,在海德格尔与雅斯贝尔斯的友谊消解的时候,他与汉娜·阿伦特之间缔结了新的友谊。1946年,阿伦特在《党派评论》(*Partisan Review*)上发表了题为"何为存在哲学?"的文章,她在该文中称海德格尔的哲学是一种难以理解的"偶像崇拜"。对于他对纳粹主义的信仰,她认为与其仅仅归之于人格的缺陷,不如说这是不可救药的浪漫主义使然,"一个精神层面的游戏(spiritual playfulness),部分出于对伟大的幻想,部分出于绝望"。阿伦特说,阿伦特从雅斯贝尔斯那里得知海德格尔并没有如她先前所说的那样,禁止其老师胡塞尔教学,但她仍相信海德格尔签署了具有同样效果的官方信函(这是不实的)。因为"这个签名几乎要了(胡塞尔的)命,我只能认为海德格尔是个潜在的谋杀者"。[①] 对她来说,海德格尔仿佛是深不可测的。

在阿伦特于1951年发表不朽的著作《极权主义的起源》前夕,她接受犹太文化重建机构的委派,前往欧洲(包括德国在内)作了一次长期的旅行。在那段日子里,她到巴塞尔拜访了睽违17年之久的、自己崇敬的老师雅斯贝尔斯。雅斯贝尔斯给她看了他与海德格尔之间的通信,而她也终于承认了自己年轻时与海德格尔的恋情。雅斯贝尔斯对此的反应是幽默的,"啊,太有意思了"。这让阿伦特大为放松。于是,两个人得以用各自的方式讨论他们一度爱着的那个人。

事有凑巧,阿伦特得以在1950年2月前往弗莱堡。她到了旅馆,放下行李之后,立刻给海德格尔府上写了张便条,说自己到了。海德格尔百感交集,马上回信邀请她来访,并亲自去送这个信。到了旅馆,在得知阿伦特在房间后,他请侍者予以通报。她在两天后写给他的信中表达了自己的感受:

那个晚上与前日清晨,是对整个生命的确认……当侍者说出你的名字……时间似乎突然静止不动了……在[雨果·]弗雷德里希给了我你的地址后,我的本能的力量仁慈地拯救了我,使我没有犯下唯一真正不可原谅的不忠诚行为,使我没有错误地对待自己的生活……如果我这样做了,那也只可能是出于骄傲,亦即,出于

① 事有凑巧,海德格尔的前任签署了该命令,而政府随后在海德格尔的任期内撤销了它。见 Ott, Martin Heidegger: A Political Life, pp. 176–177。

纯粹、清晰、疯狂的愚蠢。而不是任何别的原因。

他们之间跨越17年后的第一次相逢何以是对生命的确认？那是什么样的生命？埃廷格要我们相信，阿伦特是被这个曾亵渎她的男人诱惑了，她所确认的仅仅是年轻时的浪漫情愫。而阿伦特在写给自己第二任丈夫海因里希·布卢彻（Heinrich Blücher）的信中说，“我们是在真正地谈话，在我看来，这是我们认识以来的第一回”——这验证了她与海德格尔之间在思想和对话中存在更深刻的联系。

20世纪50年代后，海德格尔的哲学声誉再次开始上升，尤其当他的反映个人哲学转向的著作得以发表时。直到20世纪50年代中期，阿伦特一到欧洲，依然会去拜访海德格尔一家，送他们礼物，并着手安排《存在与时间》的英译。但是，他们之间联系的强度开始减弱，或许是因为海德格尔不再需要她，抑或因为她为没有言说的往事束缚。而她从未忘记从海德格尔那里获得的智识上的教益，这一点在她成熟期的作品中表现得日益明显。当她最具哲学抱负的著作《人的条件》（*The Human Condition*）的德文版《积极生活》（*Vita Activa*）1960年出版的时候，她把这本书送给了海德格尔，所附的短笺上写道：

你将看到，这本书并没有说献给谁。倘若我们之间有圆满结果的话——我是说我们之间，而不是我或者你——那么我就会问你，我是否该把它献给你。它源于弗莱堡的最初时光，在这个意义上，它是源自你的。情况就是如此，这对我来说似乎是不可能的；但我仍然要以某种方式至少告诉你事情的真相。

然后，她在一页纸上写下了如下的献词，并把它放在文件中：

《积极生活》

这本书的献词是空缺的。

我该如何把它献给你呢，

我最信赖的人，

我依然忠实，

和不忠实着的人

一切全然是出于爱。

海德格尔从未对《人的条件》作出回应，这深深地伤害了阿伦特。正如她后来给雅斯贝尔斯的信中提到的，这也许是海德格尔对她以思想者自居的惩罚。在这一点上，她可能说对了。假如我们将阿伦特在该书中所要成就的目标考虑进去的话，那海德格尔的沉默就更好理解了。《人的条件》以他必定理解的方式，宣布了与他的哲学的基本方面的分离，尤其是他对政治和哲学之关系的存而不论。通过捍卫公共领域“积极生活”的尊严、反对自以为是的“沉思生活”（vita contemplative），阿伦特试图区分纯粹哲学与政治思想（thinking about politics），后者需求自己的语言、遵循自己的规则。

1964年,阿伦特接受了德国一个电视节目的访谈,当采访者介绍她是一位“哲学家”的时候,她打断了:“恐怕我要对此提出抗议。我确实不属于哲学家的圈子。我的专业领域,如果必须得澄清的话,是政治理论。我不认为自己是哲学家,也不相信哲学圈子已接受我。”这并非不实的谦虚之辞;她那时已然明了,哲学与政治领域存在不可避免的紧张,正如她说的那样,她希望“用不曾被哲学蒙蔽的眼睛”检视政治……至少,海德格尔的经历让雅斯贝尔斯领会了一个典型的柏拉图式教诲:责任始于爱欲。

E-考据时代中国近代法制史研究之新趋势

饶传平*

一、联治运动研究简史

秦王初并天下，即决郡县制度。据《史记》载，丞相绾等言："诸侯初破，燕、齐、荆地远，不为置王，毋以填之。请立诸子，唯上幸许。"始皇下其议于群臣，群臣皆以为便。廷尉李斯议曰："周文武所封子弟同姓甚众，然后属疏远，相攻击如仇雠，诸侯更相诛伐，周天子弗能禁止。今海内赖陛下神灵一统，皆为郡县，诸子功臣以公赋税重赏赐之，甚足易制，天下无异意，则安宁之术也。置诸侯不便。"始皇曰："天下共苦战斗不休，以有侯王。赖宗庙，天下初定，又复立国，是树兵也，而求其宁息，岂不难矣？廷尉议是。"①从这一段对话可以看出，以丞相王绾为首的一大帮士人主张恢复西周封建制度，但李斯坚决反对，认为那样做日后会引起天下大乱，只有采用郡县制，即"海内为郡县，法令由一统"，才能保证国家安宁。秦始皇站在李斯一边，决定不立尺土之封，"分天下以为三十六郡"，在全国范围内建立起严密完善的以郡统县的行政区划体系，中国自此确立皇权专制的中央集权制度。②

从总趋势来看，秦至清的2000年间，以皇权专制与郡县制为主体的中央集权程度在一步步走向强化。但其中仍有几度挫折，并造成地方极度分权甚至分裂，天下大乱群雄并起的局面，如汉隋之间的三国两晋南北朝、唐宋之间的五代十国。晚清历经太平天国起义、列强入侵的打击，行省督抚权力趋涨，地方主义重新兴起，清廷被迫宣布立宪及地方自治。至辛亥武昌起义爆发，省区离心趋势直接酿成各省独立。民初袁世凯执政时，虽一度维持了全国的统一，但在称帝时，省区独立以反袁的姿态重现。袁世凯死后，中央政权式微，北洋分裂，任何一种政治势力都无力统一全国，更严重的军阀割据再现。③ 如何解决这一中国历史上渊源有自且没有实质解决的"中央与地方关系"大问题？伴随着晚清以来西方联邦制理论的输入与传播，"联省自治"运动应声而起。

---

* 饶传平，2005级中国法律史专业，指导老师：何勤华。现工作于华中科技大学。

① 《史记·秦始皇本纪》。

② 周振鹤著：《中国地方行政制度史》，上海人民出版社2005年版，第6~7页。

③ 有学者称为"五代式的民国"，详见罗志田："五代式的民国：一个忧国知识分子对北伐前数年政治格局的实时观察"，载《近代史研究》1999年第4期。

一般认为,“联省自治”一词最先是由张继于1920年提出的。[①] 所谓联省自治(也称省宪运动,或联治运动,本文统称为联治运动),李剑农认为有两方面的意义:第一,是各省自治层面,由各省自己制定一种省宪(或各省自治根本法),依照省宪自组省政府,统治本省,在省宪范围内,非但免去中央的干涉,也免去省与省之间的纷争;第二,是全国联邦制层面,由各省选派代表组织联省会议,制定一种联省宪法,以完成国家的统一,不但可以解决南北护法的争议,又可以将国家事权划清界限,借此把军事权收归中央,免去军阀割据之弊。[②]

联治运动的兴起,实乃晚清以来地方主义和统一思潮在军阀割据局势下相激相荡的结果,更纠集了中国长远以来中央政权与地方政权之间的博弈。

首先,对联治运动展开研究的,是联治运动的亲历者和观察者,他们或对联治运动进行实时的记录,或过后进行研究。比如,王无为的《湖南自治运动史》(泰东书局1920年版)、陈益轩的《浙江制宪史》(新知书社1921年版),愚厂编辑的《省宪辑览》(上海德记印刷局1921年版)、李剑农的《中国近百年政治史》、[③]张君劢的《国宪议》、[④]陶菊隐的《北洋军阀统治时期史话》,[⑤]等等。

其次,是一些政治史或宪政史的著作,把联治运动作为1920年代的一章或一节来处理。比如,吴宗慈的《中华民国宪法史》(大东书局1924年版),王世杰的《比较宪法》(商务印书馆1927年版),谢振民的《中华民国立法史》(正中书局1937年版),吴经熊、黄公觉的《中国制宪史》(商务印书馆1937年版),罗志渊、周异斌的《中国宪政发展史》(文威印刷所1944年版),平心的《中国民主宪政运动史》(进化

① 徐矛著:《中华民国政治制度史》,上海人民出版社1992年版,第438页。

② 李剑农著:《中国近百年政治史》,复旦大学出版社2002年版,第487~488页。

③ 1928年3月,李剑农以笔名半粟,出版了《中山出世后中国六十年大事记(1866~1928)》;1930年,写成《最近三十年中国政治史》,由太平洋书店出版。该书在1930年多次再版,并为适应在武汉大学讲授中国近代政治史的需要,复将鸦片战争到中日甲午战争期间的政治斗争历史补写了四章,合成现在所常见之《中国近百年政治史》。该书最先于抗战期间由蓝田启明书局印成线装四册出版,1947年又由上海商务印书馆改成平装本,分上、下两册出版。1949年后,该书复有武汉大学出版社和复旦大学出版社(2002年)两个版本。在这些不同的版本中,因为种种原因,后出版之复旦版对相关内容有所删节。

④ 笔者暂未考见《国宪议》一书当时的出版情况。2006年清华大学法学院许章润主持的“汉语法学文丛”整理出版了张君劢的《宪政之道》(清华大学出版社2006年版)一书,该书系张氏1922年《国宪议》和1946年《中华民国民主宪法十讲》以及其他12篇宪法论文的合编。

⑤ 《北洋军阀同治时期史话》第1版共分8册,于1957年3月由三联书店公开出版,并于1959年12月全数出齐。在其后的10多年间,该版曾多次印刷。只是,由于众所周知的历史原因,第1版被翻译家傅雷调侃:“怎么钉了那么多的红补丁呀?”“文化大革命”后,作者把一些政治标签式的语句及明显谬误做了改正,出版了第2版。1981年,经作者“字斟句酌,一字一字重新在稿子纸上誊写一遍,为了负责起见,史料中一些传闻,从谁那里收集的都注上注脚”后出版了3卷本的第3版。2006年该第3版又由海南出版社以《武夫当国:北洋军阀统治时期史话》为书名再版。以上版本情况详见自陶端:“父亲陶菊隐写北洋军阀”,载《炎黄春秋》2007年第2期。

书局 1937 年版)，徐矛的《中华民国政治制度史》(上海人民出版社 1992 年版)，谢俊美的《政治制度与近代中国》(上海人民出版社 2000 年增订版)，张学仁、陈宁生主编的《二十世纪之中国宪政》(武汉大学出版社 2002 年版)，等等。

值得注意的是，1949 年前出版的中国近代宪法史、政治史著作一般均会提及甚至详述联治运动；1949 年后大陆出版的中国宪法史、政治史著作，虽有部分著作对联治运动有所叙述，如张学仁、陈宁生主编的《二十世纪之中国宪政》，但更多的却是对联治运动不予提及，更谈不上研究了。仅笔者所见，这些著作有张晋藩、曾宪义的《中国宪法史略》(北京出版社 1979 年版)，张国福的《民国宪法史》(华文出版社 1991 年版)，王永祥的《中国现代宪政运动史》(人民出版社 1996 年版)，徐祥民的《中国宪政史》(青岛海洋出版社 2002 年版)，张晋藩的《中国宪法史》(吉林人民出版社 2005 年版)及林炯如等编著的《中华民国政制制度史》(华东师范大学出版社 1995 年版)，等等。①

20 世纪后半叶以来，许多学者对联省自治运动从不同的视角展开了更为深入的专门研究。这些研究主要有法国学者谢诺(Jean Chesneaux)的《联省自治运动(1920～1923)》、②美国学者硕巴(R. Kelth Schoppa)的《省与国：浙江省的自治运动(1917～1927)》③等长文，以及胡春惠的《民初的地方主义与联省自治》(我国台湾 1983 年版、中国社会科学出版社 2001 年再版)、李达嘉的《民国初年的联省自治运动》(台湾弘文馆出版社 1986 年版)、何文辉的《历史拐点处的记忆：1920 年代湖南的立宪自治运动》(湖南人民出版社 2008 年版)等专著。另外，李润苍的《论章太炎》(四川人民出版社 1985 年版)、李国忠的《民国时期中央与地方关系》(天津人民出版社 2004 年版)、沈晓敏的《处常与求变：清末民初的浙江咨议局和省议会》(三联书店 2005 年版)、严泉的《失败的遗产：中华首届国会制宪 1913～1923》(广西师范大学出版社 2007 年版)等著作对联治运动也有所研究。

在论文方面，笔者以"省宪"、"联省自治"为关键词，在中国知识资源总库上分别搜出 41 篇、196 篇，其中大多为史学界的著述，仅有李秀清的《近代中国联邦制的理论和实践——北洋军阀时期省宪运动述评》(《环球法律评论》2001 年冬季号)、

① 笔者认为，这里或许有既往的宪法史、政治史研究更关注中央层面的政治与制度的原因，也或许有既往的历史研究更关注历史上成功了的人与事(即历史研究选题的"成王败寇"现象)的原因，更应该有僵化的马克思主义史学对联治运动进行简单评价的原因。

② 该文可以看做是联省自治运动整体性研究的纲领性文献。原发表于 Jack Gray，ed.，*Modern Chinals Search for a Political Form*，Oxford University Press，1969。后由张瑞德先生译成汉文，载张玉法主编：《中国现代史论集》(第 5 辑)《军阀政治》，台湾联经出版事业公司 1980 年版，第 315～325 页。

③ 原发表于 *Journal of Asian Studies*，Vol. XXXVI，No. 4，August 1977。后由刘汝锡先生译成汉文，载张玉法主编：《中国现代史论集》(第 5 辑)《军阀政治》，台湾联经出版事业公司 1980 年版，第 353～374 页。

王建学的《〈福建省宪法〉的死亡与再生》(《厦门大学法律评论》2007年第2期)、马珺的《由官绅制宪、公民制宪到学者制宪——从制宪权看湖南自治运动中官治与民治的斗争》(《法学评论》2008年第4期)等文发表在法学界的主流期刊上。法学界目前没有联治运动研究的专著。

此外,在一些宪政史的资料汇编上,对联治运动的相关史料进行了一些整理,如郭卫编的《中华民国宪法史料》(台湾文海出版社1973年版),张溶西、岑德彰编的《中华民国宪法史料》(台湾三民书局1974年版),胡春惠编的《民国宪政运动》(台湾正中书局1978年版),耿云志编的《胡适论争集》(全3册,中国社会科学出版社1998年版),何勤华、李秀清编的《民国法学论文精粹·宪政法律篇》(法律出版社2002年版),夏新华等编的《近代中国宪政历程:史料荟萃》(中国政法大学出版社2004年版),北京图书馆影音室辑的《清末民初宪政史料辑刊》(全11册,北京图书馆出版社2006年版),李贵连等编的《民国北京政府制宪史料》(全16册,线装书局2007年版),等等。在已公开出版的众多近代人物的文集、日记、年谱、传记、回忆录中,也可散见一些联治运动的数据。比如,在《章太炎政论集》、《章士钊全集》、《李烈钧文集》、《陈独秀选集》、《李大钊选集》、《毛泽东的早期文稿》、《顾维钧回忆录》、《李宗仁回忆录》、《郑超麟回忆录》里,就收集了不少关于联治运动的言论与观点。还有,由全国政协文史数据委员会编辑的《文史数据选辑》里也有不少联治运动的资料,如第30辑就登载了一篇黄士衡回忆湖南省宪运动的文章《赵恒惕的省宪活动》。在中国史学会编的《中国近代史数据丛刊》,中国第二历史档案馆编的《中华民国档案史料汇编》,荣孟源、章伯锋主编的《近代稗海》等大型档案等数据汇编里面,有关联治运动的史料为数不少,但却需要研究者自己去爬梳、去发现。

二、20世纪20年代的整体史与专业史:既往联治运动研究之不足

余英时在研究朱熹及理学时观察到,20世纪以来,道学或理学早已划入哲学史研究的专业范围,以源于西方的"哲学"为取舍标准,理学中关于形而上思维的部分自然特别受到现代哲学史家的青睐,近百年来的理学研究,无论采用西方何种哲学观点,在这一方面的成绩都是很显著的。但是,余氏马上指出,理学的"哲学化"也必须付出很大的代价,即使它的形上思维与理学整体分了家,更和儒家大传统脱了钩。此种"抽离"现象,他认为有悖于中国的史学传统,中国史学很早便有所谓"记言"与"记事"的分野,无论是"言"或"事"都以"抽离"为大忌。自章学诚揭示"古人事见于言,言以为事,未尝分事言为二物"之说以后,研究"言"的人已不能不同时注

意与之相关的"事",否则便不免陷于"离事而言理"之偏。[①] 因此,在《朱熹的历史世界》一书中,余氏尝试从整体的观点将理学放回它原有的历史脉络中重新加以认识,即一方面把理学放在儒学传统中去认识,另一方面则更进一步将理学的兴起与发展放在宋代政治文化史的脉络中,加以考察。[②]

陈寅恪有言:"……盖古人著书立说,皆有所为而发。故其所处之环境,所受之背景,非完全明了,则其学说不易评论……所谓真了解者,必神游冥想,与立说之古人,处于同一境界,而对于其持论所以不得不如是之苦心孤诣,表一种同情,始能批评其学说之是非得失,而无隔阂肤廓之论。否则数千年前之陈言旧说,与今日之情势迥殊,何一不可以可笑可怪目之乎?"[③]

余、陈二氏对于历史的整体性、专业性的阐述,对中国近代史的研究有重要的提示。

因为种种原因,迄今我们或许对作为一个整体的20世纪20年代还缺乏完整深入的了解。郑超麟曾断言:20世纪20年代是中国近代史上一个"光荣的时代"和"革命的时代"——比辛亥革命更加有革命的意义,它指示了中国的出路。[④] 有学者称这个时代为"五代式的民国",[⑤]也有文章言:这个"看似寻常实奇崛"的20世纪20年代,首先应被视为中国现代革命运动最近之渊薮。[⑥] 的确,一方面,20世纪20年代继续着20世纪10年代的混乱,不但南北军阀混战,南北军阀内部也互斗不断;伴随军阀混战的,是南北政府的法统之争;列强看到北洋政府逐渐式微,也纷纷转而与各地方军阀加紧联系;比军阀混战和法统争斗更为复杂的,是思想界的风起云涌和百花齐放,五四运动的爆发,激发了由西方输入的各种主义和学说的竞相登场,以致自由主义者胡适不得不呼吁"多研究些问题,少谈些主义"![⑦] 另一方面,在

① 余英时著:《朱熹的历史世界:宋代士大夫政治文化的研究》,三联书店2004年版,附论第870页。

② 同上,总序第3页,附论第870页。

③ 陈寅恪:"冯友兰中国哲学史上册审查报告",载《金明馆丛稿二编》,三联书店2001年版,第279页。但是,作为研究者,假如没有与古人同样深厚的学养,试图真正进入并了解一个历史的时代——即使这个时代并非数千年之前,很难。

④ 郑超麟著:《郑超麟回忆录1919~1931》,现代史料编刊社1986年版,第1页。

⑤ 罗志田:"五代式的民国:一个忧国知识分子对北伐前数年政治格局的实时观察",载《近代史研究》1999年第4期。

⑥ 李玉刚:"青年毛泽东与湖南自治运动初兴——以1920年代前后毛的国际视野为中心的讨论",载中国社会科学院近代史研究所民国史研究室、四川师范大学历史文化学院编:《1920年代的中国》,社会科学文献出版社2005年版。

⑦ 胡适:"多研究些问题,少谈些'主义'!",载《每周评论》第31期。胡适此一呼吁不仅未给"主义"之争降温,反而引起了一场更大的"问题与主义"之争,以致胡适不得不三论、四论"问题与主义"。详见耿云志主编:《胡适论争集》"问题与主义之争"部分,中国社会科学出版社1998年版,第964~986页。

20世纪20年代,随着共产党的诞生与国民党的改组,苏联式的组织方式被引进入中国,国民党和共产党先后创建党军,北伐的胜利奠定了国民党形式上的全国统一。

联治运动即发生在这样一个复杂的20世纪20年代。早在20世纪10年代,北京政府因安抚国会以及中山的护法就出现了法统危机,但中山护法因"非常法统"本身缺乏正统性,加上西南军阀互斗,其号召力在进入20年代后也逐渐减弱。在此背景下,部分地方军阀、立宪派、知识分子试图通过再造联邦制的法统来实现全国的和平统一。在这一过程中,地方军阀、地方官绅、立宪派、独立知识分子,孙中山和国民党,陈独秀、李大钊、毛泽东等共产党人,以及北洋政府,还有西方列强,等等,各方无论赞成、反对或者利用,都对联治运动纷纷发言。由此可见,发生于20世纪20年代的联治运动,前有晚清以来都督割据、各省为政的历史潜势,后有1911～1912年以及袁世凯死后联邦建国的初步实践和论战,并纠集了中国长远以来的中央政权与地方政权之间的博弈,后终被国共合作的北伐武力统一所结束。笔者认为,联治运动实可以看作自晚清以来共和宪政的一次新尝试。自此以后,中国政治进入国民党或共产党一党专制的时代,党统代替法统,民主共和的试验走上苏联党国一体模式的不归路。

作为历史的整体,20世纪20年代所有的混乱和统一,无不相互关联,相互影响。笔者以为,若对整体的20世纪20年代缺乏深入的了解,就不能对联治运动的前后左右有深入的了解;对联治运动的前后左右没有深入的了解,也便不可能对联治运动有真正深刻的了解。①

不仅如此,北洋时代的政治,与传统中国的政治相比,具有一个新的特点,就是民国肇始即为宪政架构的政治。从这点来看,宪政史理应是北洋史的核心,北洋时期的宪政史料也应是北洋史研究的基本史料。怎样深入处理这些史料,需要扎实的法学专业知识。从这个意义上说,宪政史的研究理应成为北洋史研究的基础。②举一个例子。以前史学界一谈到民主宪政,总喜欢拿胡适等自由知识分子的言论

① 罗志田认为,在强调史料重要和史实考订的同时,也应注意避免"研究愈繁密,其距离历史研究的真对象愈遥远"的弊病,这就需要研究者在注重人物事件成长发展之内在理路的前提下始终将其置于其前后左右的时空环境中进行考察。对于中国近代史而言,这首先就意味着要将"近代史"置于清史统系(对学术、思想和社会风俗等层面看恐怕更应置于从晚明以来的历史脉络)之中。近年美国学者已在提倡"在中国发现历史",海外不少近代史研究者已将时代上限回溯到明中叶,这一取向值得我们注意。如果再放宽视野,能将"近代中国史"置于世界近代史这一统系之中进行考察,特别注意影响中国的"近代西方"这一发展中的变数,相信会有更进一步的认识。详见氏著:《近代中国史学十论》,复旦大学出版社2003年版,第255页。

② 宪政史的研究完全有能力将北洋史的研究推进到一个新的境界。进而言之,整个近代史也是如此。毕竟,体制转型是近代中国的核心问题,因此,近代法律史的研究理应成为近代史研究的核心。

做材料。殊不知，胡适在民主宪政方面，虽然具备一些基本的理念和知识，但和同时代的张君劢、杨端六、李剑农、周鲠生、王世杰等立宪主义者或职业宪法学者相比较，未免显得不专业；①若和民国制宪、行宪中错综复杂的政治斗争相比较，则更显得太空泛。是故，以胡适的个案作为民主宪政思想史的研究或许可以，但如果作为整个宪政史的基本史料，就会相当不可靠。②

活跃于北洋历史舞台上的人物，大多是从帝制时代走过来的人物。在这个帝制向民治转型的紧要时期，他们大多一只脚还留在专制的过去，一只脚又已经迈进民治的新时代，无论是袁世凯的北洋系，还是孙中山的革命派，以及梁启超等立宪者，甚至胡适这样新派的留洋归国者，莫不如此。这样半旧半新的人物造就了北洋半旧半新的时代，要明白这样半旧半新时代里面的这些半旧半新人物之所思所想、所作所为，便不仅要懂得其“旧”，还要懂得其“新”。这就要求研究者不仅要有厚实的传统知识以知其“旧”，更要求有扎实的新学知识以知其“新”；要求北洋宪政史的研究不但要和传统的政治史对接起来，更要清醒地认识到北洋时代的宪政架构及其运作。

联省自治运动发生在20世纪20年代这个中国到底何去何从的关键时期。经过十几年宪政的尝试，不但没有给中国带来独立和富强，反而似乎使国家变得更乱更弱了。中国的出路何在？舆论众说纷纭之时，联省自治运动应时而生。但是，联省自治运动最强盛时也不过是两三年的时间，为什么声势如此盛大的运动会这样骤起骤落？要真正回答这个问题，则应将联省自治运动放在两个大转变——即20世纪10年代的帝制向民治的转变和20世纪20年代的宪政向党治的转变——之间来理解。因此，宪政的新学和帝制的旧学在北洋史的研究中也应得到同等的对待，这是对治北洋史学者在知识结构上的一个新挑战。

但是，在过往的北洋史研究中，或许是意识形态的原因，无论是大陆还是我国台湾地区，在近代史尤其是北洋史的研究中，一般较为重视军事、政治、思想等层面

---

① 李泽厚甚至认为，胡适在政治上或政治思想上毫无可言。他的政治见解、主张和观念都极其浅薄、无聊和渺小到可以不予理会。李泽厚著：《中国现代思想史论》，天津社会科学出版社2003年版，第94页。

② 立宪主义者其实属于近代中国自由主义的一个支流。有学者认为，近代中国的自由主义可以分为张君劢派自由主义和胡适派自由主义两个流派。前者远较后者为早，它可以上溯到梁启超时代的国闻社、研究系；而后者则是在“五四”启蒙运动时才初露端倪的。这种时间差，直接影响到他们对待政治的态度。比如，前者旨在“征伐国会”，后者旨在“舆论干政”。“征伐国会”者势必对实际政治积极参与，因此格外注重宪法研究和宪政建设；“舆论干政”者对实际政治的热情就不是很高，因此对实际的政治运作和宪政建设也就显得不够投入。参见闫润鱼著：《自由主义与近代中国》，新星出版社2007年版，第142～173页。所以，在对宪政的讨论和实际影响方面，胡适派显然没有张君劢派深入、具体，在北洋时代尤其如此。

的研究,对宪政和制度方面,深入的研究显然不够;①或许是分科治史的原因,北洋史淹没在军阀史中,宪政史没有得到应有的重视;宪政史淹没在思想史中,制度史没有得到应有的重视;或许是分段治史的原因,不同时代之间的差异得到充分的强调,相近时代之间的连续性却被忽视,时代转变之间的过程更是研究得不够,这造成了相近时代之间强烈的割裂感。

具体到联省自治运动的研究,早期的研究大多是亲历者或观察者的叙述,由于"身在此山",或可深得其中的曲折,却不免有视野上的遮蔽,或主观上的偏见。② 在中国近代或民国政治、政党、立法、宪法等宪法史、政治史的研究中(尤其是 1949 年后的作品),很多著作将联治运动作为一节、一章或者一篇的论题,但叙述大多简略、雷同,一般只是对联治运动的背景略加介绍,对各省省宪的制定及其内容作一些粗浅的分析,对联治运动的来龙去脉、实际运作则少有深入的剖析,对联治运动的结局评价更是简单地认为是一场失败,常常与晚清以来的地方自治相混同,个别的作品甚至出现明显错误,如《二十世纪之中国宪政》一书就将 20 世纪 10 年代的联邦制论争与 20 世纪 20 年代的联省自治混为一谈了。这两者间虽有源流关系,但明显不是一回事。多元视角的史学研究走出亲历者、观察者的视野,也走出政治史、法制史的藩篱,对联治运动的缘起、经过、精神、影响及其历史背景等方面均有叙述,尤其对各省省宪运动的差异性描述,让我们对联治运动有更综合性的认识,在联治运动的史料整理和史实考订方面也作出了很大的贡献。但这些研究对联治运动中所涉大量重要的法律文本大多缺乏深入的分析和论证。法学界的研究一般能弥补史学著述对联治运动中法律分析的不足,但在有意无意中往往忽视了对联治运动产生的时代环境和实际运作展开深入的考证,大多停留在制度的静态描述上,缺乏对复杂历史的动态分析,因而得出的结论也较为简单。

三、E－考据时代法制史研究之优势:以跨学科的联治运动再研究为例

所谓"E－考据"的概念与方法,笔者所见为黄一农在《两头蛇:明末清初的第一代天主教徒》一书中首次揭示。黄氏以自己先后两次研究瞿汝夔这位明末天主教

① 这或许是历史研究中"成王败寇"的现象,一般认为,北洋时代的宪政尝试是一个失败的历史。

② 苏轼有诗云:横看成岭侧成峰,远近高低各不同,不识庐山真面目,只缘身在此山中。此诗精妙地点出了"身在此山"对视野的遮蔽和偏见,对史学研究有很重要的方法论上的启发。详见饶传平:"他乡与故乡——中国法律史研究典范的转移",载《华中法律评论》(第 3 卷),华中科技大学出版社 2008 年版。

史中重要人物的个案为例,认为近十年来大量史籍被整理重印、网络和电子数据库的蓬勃发展,将为史学研究进入一前人所无法想象的新局提供机遇,并预言,一个有条件孕育"E-考据学派"的时代或许已悄然到临![1]

自数字网络兴起以来,各种类型的电子图书馆正在悄然形成。有的以盈利为目的,如主要收集已公开出版书籍的超星图书馆,和收集期刊论文、高校硕博士毕业论文、学术会议论文、重要报纸全文、政府公报、年鉴等包罗万象的中国知网(中国知识资源总库)。有的不以盈利为目的,如各类官方、个人或民间机构主持的电子书数据库、网站、论坛。由于知识产权保护及利益分配的原因,大多数官方图书馆(如各大高校的图书馆)一般不直接提供受版权保护的电子书下载,但至少可以提供馆藏资源的在线目录检索。对于已过知识产权保护期限的书籍,目前有众多的官方或民间机构正在将其数字化,并上传网络以供下载,如中国国家图书馆和"高等学校中英文图书数字化国际合作计划"网站中的民国图书、期刊网站。

在笔者开展联治运动研究之时,图书数字化运动正如火如荼地在世界范围内展开。笔者利用中国知网和台湾电子期刊全文数据库及月旦法律知识库等,将联治运动的研究论文做了一次比较全面的收集,获得直接或间接相关的文章(包括硕博士论文)数百篇;利用国家图书馆、上海图书馆以及几个以文史收集见长的高校图书馆(包括台湾高校)提供的目录检索,获知相关联治运动研究的各种著作数十种。

联治运动史料很重要的一部分为发表在当时各类报纸杂志上的时人言论。[2]在这方面,中国国家图书馆网站和"高等学校中英文图书数字化国际合作计划"网站提供了任何实体图书馆都不可能有的如此多的民国图书、期刊的收藏。笔者利用这两个网站,收集到联治运动的一手史料达20,000余页。此外,还收集了与联治运动相关的民初国会史料10,000余页。

有关中国近代史的史料整理和出版工作,近半个多世纪以来,已取得了可观的成绩。其中,大量的近代档案汇编、丛书文库、人物文集、日记、回忆录、年谱、传记等近代史史料图书已被大量扫描上网。这些电子书的收集与过目,对研究者视野的开拓作用巨大。更重要的是,电子书籍存于计算机中,可以方便地随时搜索、查询和调取,这对研究工作提供了极大的便利。

---

① 黄一农著:《两头蛇:明末清初的第一代天主教徒》,上海古籍出版社2006年版,第34页、第44~45、第64~65页。运用各种工具包括E-考据的方法,该书所引用文献达1099种,数据之多,可能是一项纪录。另外,该书系笔者的同事杨昂博士提醒阅读,在此,对杨兄阅读心得的慷慨分享谨致谢忱。

② 北洋时代的报刊言论从整体上看大致是独立的,是各派声音的真实体现。时人的报刊言论,完全可视为研究北洋史的第一手史料。所以,在民国报刊中尽可能收集时人关于联治的言论,则为本文史料收集与整理的一项重要工作。

利用数字网络,笔者在北洋宪政史和联治运动的资料收集上,可以说已达到了相当的程度。这在前网络时代,是难以想象的。实际上,只要你愿意,并且有足够的搜索技能,你可以在全国(全世界)范围内的有形无形的图书馆查找图书资料。

笔者曾经专门研究过信息网络形成给社会变迁带来的深刻影响,认为网络社会的形成改变了原有的时空观念,消除了跨地域沟通"时滞",使人类拥有了一种可以多主体、同步、跨地域、跨门类交换信息的新质信息沟通方式,①此种新质信息沟通方式势必对人类的认知方式和思维能力带来深刻的影响,更会对知识的归类、存储、再创造带来革命性的变化。

无论是中国传统既有的"四部之学"②还是中国近代形成的"七科之学",③图书与学问的分类至为明显。此种藏书分类与治学分科给知识的条理化与学问的专精化带来了极大的便利,但对知识与学问整体性的肢解也至为严重。在人工智能发展之前,仅靠人脑自身的背诵记忆和融会贯通,试图对学问做整体性的研究,势必要寄希望于天才人物的出现。但在拥有超量存储、智能识别、多元链接的现代计算机和互联网络之后,把人类既有的知识统一存储在一互联互通的网络世界之中,让一般研究者借助于人工智能,对自己的研究课题构建出一个"分辨率和涵盖面均与时俱进的知识地图",④已经慢慢成为现实了。此类面对不同问题的探索而构建的一幅幅既专业又整体的"知识地图"将使未来的学术研究挣脱分科治学的桎梏,让每一个问题的研究既专精又跨学科成为可能。因此,笔者认为,"E-考据时代"的来临不仅仅是可以带来资料搜寻上的便利与快捷,让研究者能从浩瀚的史籍中寻找到所需资料,更可以重新塑造研究者的知识结构、认知视野以及问题意识,这势必会对史学研究以及整个学术研究带来革命性的影响。

---

① 饶传平著:《网络法律制度:前言与热点问题研究》,人民法院出版社 2005 年版,第 9~10 页。

② 汪荣祖指出,中国的旧学问,大致可分经、史、子、集四门。详见氏著:《陈寅恪评传》,百花洲文艺出版社 1992 年版,第 40 页。说"四部之学"是古人的学术分类其实有些违背古人的学术观念,中国人看学问,常认为其是一整体,多主张会通各方面而作为一种综合性的研究,不提倡分而治之。详见罗志田著:《近代中国史学十论》,复旦大学出版社 2003 年版,第 4~7 页。因此,所谓的"四部之学"更多只是一种中国人对图书文献的分类方法。中国人对图书的分类最早可以追溯到汉代,刘向刘歆父子《别录》、《七略》曾以六艺部次群书,至晋荀勖《中经新簿》以甲乙丙丁名四部之学,及至梁元帝时李充具体名为经史子集四部。详见余嘉锡著:《目录学发微(含〈古书通例〉)》,卷四:目录类例及古今书目分部异同表,中国人民大学出版社 2004 年版,第 135~168 页。

③ 西学相对中学最大的特点是分科精细,分门别类。所谓的"七科之学",实指西学及西方分科观念输入中国后,在综合中西学术科目基础上,逐渐建构起的一套近代西方式的学术分科体系及知识系统。这套近代意义上之分科体系及知识系统,在晚清新式学堂课程设置上得到集中体现,并在 1912 年中华民国教育部颁布的《大学令》、《大学章程》中正式规定为文、理、法、商、医、农、工七科。详见左玉河著:《从四部之学到七科之学——学术分科与近代中国知识系统的创建》,上海书店出版社 2004 年版,第 152~200 页。

④ 黄一农著:《两头蛇:明末清初的第一代天主教徒》,上海古籍出版社 2006 年版,第 64 页。

以联治运动研究为例。在笔者的电脑里，经过阅读之后的筛选、整理，有关联治运动的“分辨率和涵盖面均与时俱进的知识地图”正在形成，这为笔者综合制度史、思想史、政治史的联治运动再研究打下了坚实的基础，这种兼具专业性和整体性的研究，便可以极大地弥补上文所提过的北洋宪政史研究的不足。

清末中国法制史学管窥

周会蕾*

中国传统社会,法律史研究隶属于史学研究范畴,历经几千年发展。19世纪末期,中国法制史课程雏形已在近代教育中出现。1897年设立的湖南时务学堂,其课程分为两类:"溥通学"和"专门学"。"专门学"下设一门掌故学,《皇朝经世文新编》19卷"教宗"中罗列出了时务学堂掌故门课程表,其中涉及中国法制史学课程的有:唐律疏议、全史刑律考。从中可以看出:"'掌故'是历史人物事迹,制度沿革。掌故学所列书目,多为中外法典,与今天的中外法制史相近。"①20世纪初期,在欧风美雨影响下,中国传统学术理论、架构悄然发生变化,传统学术研究向西方近代学术体系过渡之桥已搭建,现代中国法制史学科也应运而生。本文拟对清末中国法制史学科发展进行考察,进而明确其发展历程。

一、清末中国法制史学科溯源

(一)壬寅—癸卯学制

清政府为维护摇摇欲坠的政权,对外"结与国之欢心",于1901年宣布实行新政。教育领域中,张百熙被任命为管学大臣,重新开办京师大学堂。次年8月清政府颁布由张百熙模仿日本学制主持拟定的《钦定学堂章程》,史称"壬寅学制"。《钦定学堂章程》虽公布于世,然而并未实际执行。随后张百熙会同张之洞等人七易其稿拟定《奏定学堂章程》,②1904年由清政府颁布,史称"癸卯学制"。"癸卯学制"是近代首次在国内推行的系统学制。

《钦定学堂章程》确立了全国性的系统教育制度。高等教育体制和学科体制在《钦定大学堂章程》中得以确定,大学教育也从传统的"四部之学"转变为"七科之学",其中,法律学列在政治科之下。在《奏定学堂章程》中,《奏定大学堂章程》则规定法律应该和政治分列。法律门学制四年,课程有14门,分为主课和补助课程。11门主课中有中国历代刑律考、中国古今历代法制考、东西各国法制比较3门关涉中

---

* 周会蕾,2009级中国法律史专业,指导老师:王立民。现工作于华东政法大学。

① 李贵连著:《二十世纪的中国法学》,北京大学出版社1998年版,第40页。

② 有关《钦定大学堂章程》和《奏定大学堂章程》的全文,参见:《近代中国学制史料》(第2辑·上册),华东师范大学出版社1987年版,第753~823页。

国法制史的课程设置。在四年制的政治科和经学科中,“中国古今历代法律考”也是必修课程。中国法制史类的课程科目虽然在总课程设置上占一定比例,但重点课程还是外国法和比较法。按照规定,中国法制史课程的讲课方式,诸如“中国历代刑法考”一课,讲授时间为一个钟点,内容可选取《汉律辑本》、《唐律疏议》、《明律》及各史刑法志撮要自行编纂;“中国古今历代法制考”一课,讲授时间为三个钟点,内容可以仿照日本《中国法制史》义例编纂。不难看出,这种教育模式实际上是日本法律教育在清末的翻版。

光绪二十八年颁布的《钦定大学堂章程》使得近代意义上的学术分科体系确立,而明确把有关中国法制史的课程列为政治科必修科目,则是近代中国法制史学科之滥觞。

(二)法学教育

1902 年,清政府任命沈家本、伍廷芳为修律大臣,进行修律事宜。在“折冲樽俎,模范列强”思想下实施的清末变法修律,出现大量的新型法律制度,而新型法律制度的出现又急需具有相应法律观念、法律知识的法律人才。职是之故,近代法学教育登上历史舞台。《钦定学堂章程》和《奏定学堂章程》颁布后,中国法制史课程也逐渐在清末法学教育课程设置中出现,而中国法制史课程的设置,则说明中国法制史学已发展成为一门独立学科。

清末的法学教育主要有大学法学教育和法政学校法学教育。分别以两种法学教育为例,考察中国法制史学课程的设置。大学法学教育中,以北洋大学和京师大学堂为例。1907 年北洋大学法科学生的课程中涉及中国法制史学的有“宪法史”;1902 年重建的京师大学堂,在 10 月、11 月招收了两批“仕学馆速成科”学员(类似于政府官员速成培训班),法律学讲授科目中出现了“法制史”课程。而后在 1910 年开学的大学堂专门分科的法律学课程中,涉及中国法律史学课程的主要有:中国历代刑律考、中国古今历代法制考、东西各国法制比较。法政学校法学教育则以京师法律学堂和京师法政学堂为例,考察中国法制史课程设置。修律大臣沈家本、伍廷芳奏请设立的京师法律学堂于 1906 年招生,学制三年,第一年需要学习的科目中有:大清律例及唐明律、现行法制及历代法制沿革,即便是在学制一年半的速成科中,上述两门课程也在开设之列;京师法政学堂于 1907 年开学,1910 年编定的法律门四年课程中,“中国法制史”亦在第一年课程设置之列,但其所占地位和影响有限。

直观上看,中国法制史课程的设置是清末新政的“副产品”之一,也主要借鉴了东邻日本法学教育。从更深层意义上看,在修律背景下引进了大量的西方法律制度,随之带来的问题是,“舶来品”是否一扫旧制之阴霾?是否能适应并融入新环境?官方和民间不得不对此加以思考。对历史和文化的考察,尤其是对中国法制历史和文化的考察，在官方看来，能够通过对比中国传统法制和西方法制，进而从本土文化中寻找与现代法律精神、原则的契合点，从而有助于"国际化"与"本土化"的接轨和融合。而后者才是中国法制史课程、中国法律史学学科出现的内因所在。

二、清末中国法制史学发展进路

中国法制史学在法学课程中设置后，除了在《奏定大学堂章程》中规定，《中国古今历代法制考》可以摘录汤寿潜编写的《三通考辑要》，以及可以仿照日本所编写的《中国法制史》自行编纂外，相关课程所使用的教材缺乏直接材料证明。但是这并不意味中国法制史学研究处于止步不前状态，该时期部分关涉中国法制史学的论著出版。扛鼎之作无异源于梁启超和沈家本，梁氏在1904年发表的《论中国成文法编制之沿革得失》被称为现代中国法律史的开山之作，①《中国法理学发达史论》一文对近代法理学诞生与成长具有重大价值；②而沈氏的《历代刑法考》更使其跻身杰出法学家之列。然而，该时期还有其他学者具有真知灼见的相关论著，如1906年孙荣出版《古今法制表》；1907年章震福出版《古刑法质疑》、张鹏一出版《汉律类纂》；1908年涂景瑜的《中国监狱史》由天津官书局出版。

（一）研究主体与研究范围

从该时期中国法制史学研究主体上看，并没有形成专业化研究群。梁启超和沈家本是清末中国法制史学研究的佼佼者，但二人并不以法制史为主要研究领域。法学家只是梁启超众多身份之一，即便在法学研究领域内，他的研究也以法理学、宪法学为主，而非法制史学；沈家本修律大臣身份外后才是法学家，研究偏重于刑法史。至于其他研究者，多以官员为主，且不以法学为主要研究领域。

从该时期中国法制史学研究范围上看，并没有形成明确概念界定。前学科时代，对历史上法律制度的研究隶属于史学研究范畴，法制史只是规模宏大、包罗万象的史学研究中的沧海一粟，当时自然也不存在近代西方经过科学分类的学术体系。中国法制史学课程开设后，对诸如中国法制史应该研究什么样的问题、时间范围如何确定、内容如何确定、对法律进行狭义还是广义理解等研究范围和研究对象问题，并未进行认真的探讨和深入研究。被誉为中国古代第一本法律史著作的《汉书·刑法志》，它所形成的编纂和写作传统影响了后世"刑法志"的风格，其内容大多包括以下部分：法律的指导思想、法律的修订过程、沿革得失、重要罪名及其刑罚

① 梁治平在"法律史的视界：方法、旨趣与范式"一文中，如是定义梁启超的"论中国成文法编制之沿革得失"一文之成就。

② 何勤华在《中国法学史》（第3卷）中，对梁启超《中国法理学发达史论》评析时如是评价。

制度的创制发展、司法审判制度、狱政制度等，即我们现代意义上通说所认为的法制史学横向研究范围：立法、法律制度内容和司法。但从清末法制史学研究的成果上看，并没有明显受到“刑法志”研究范围的影响。沈家本的《历代刑法考》偏重于对中国历代刑法变迁进行了爬梳和评价；梁启超的《论中国成文法编制之沿革得失》偏重于运用西方法学观点来评价中国古代成文法；汤寿潜的《三通考辑要》偏重于历史上典章制度的汇编，并没有针对以上学科基本问题进行探讨。从中可以看出，清末对于中国法制史学的研究范围和对象并没有明确的概念界定。

（二）研究方法

清末中国法制史学研究方法主要是从传统史学研究方法向近代法学研究方法递嬗。同时，还受到海外法律史研究尤其是日本法律史研究方法的影响。

张鹏一的《汉律类纂》、孙荣的《古今法制表》、沈家本的《历代刑法考》代表的是一种传统，这种传统是史学研究方法之一，即以考据为主的律学研究方法。清末律学家在汉律的辑佚和考证方面有显著成就，张鹏一的《汉律类纂》即为其中之一，该著作按照汉律九章篇目：盗、贼、囚、捕、杂、具、户、兴、厩排列，其特点在于注重历史、勤于考据；孙荣的《古今法制表》，以“九通”为基础，以田赋、钱币、户口、职役、征榷、市籴、土贡、国用、选举、学校、职官、礼制、乐制、兵制、刑法、封建为目，论述典章制度的历史沿革；沈家本的《历代刑法考》取材广博，历代与刑法有关的内容，如刑法制度、刑官建制、律目变迁、各朝赦免、监狱设置、刑具种类、行刑方法、盐法、茶法、酒禁等尽咸登毕录；他们研究的共同特点在于以考据为主，写作方法主要是“传统律学的范式包含了一种王朝更替循环的历史观、经世致用的知识观和探赜索隐的注释方法。其历史叙述模式亦源于传统史学，大抵以王朝、事项为其经纬，按目分列，汇录史料，再考之一音韵训诂之学，出按语阐明己意”。① 尽管沈家本在研究过程中也借用西方法学概念以及中西法制比较研究的方法来解释传统法制，但其研究所运用的主体框架仍属律学范畴。实际上，正是因为传统法制史研究的核心是以律典为主的刑事法，所以才有沈家本的《历代刑法考》这一命名，而通过一命名也可看出对中国传统法制研究的狭隘性。

梁启超的《论中国成文法编制之沿革得失》则代表了另外一种方法，即以西方法学理论体系为指导思想对中国法制史进行研究。这篇论文共 11 章，“虽然梁氏也大量参考和引证历代正史、类书和政书，但是这些史料已经被剪裁、安排在一套现代社会理论和法律理论的框架之中，而获得了不同于以往的意义”。② 梁氏借用西方法学概念，诸如成文法、习惯法、法典、单行法、法的渊源、法的体系、立法技术

① 梁治平：“法律史的视界：方法、旨趣与范式”，载《中国文化》2002 年第 19 期、第 20 期合刊。
② 同上。

等,讨论中国旧法的缺陷所在。“在整个论文中,梁氏非常频繁地引用了西方及日本著名法学家如查士丁尼、培根、拿破仑、梅因、边沁、蒂鲍、里斯特、普兰斯、穗积陈重、织田万等关于成文法的观点,以此来观察中国的历代成文法。”①其与以往律学研究方法的不同一目了然。

通过中国学生留学日本、日本教师在中国授课等方式,日本法律史的研究方法和研究成果也影响了该时期的中国法制史学研究。清末法制史研究者中,梁启超流亡日本13年,涂景瑜曾在东京帝国大学留学。梁启超在其论著中也明确提到对日本法律史学研究的借鉴。在清末法制史论著出版同时,日本学者浅井虎夫的《中国历代法制史》和织田万的《清国行政法》也于1906年陆续在中国出版。前者运用西方法学式学科分类方法进行研究,将中国历代法制横向分类为法源、刑法、诉讼法、民法等13目;后者则是第一部关于中国行政法史方面的专著,两者的研究方法和视野则体现了另一种研究范式,这种范式为后一时期中国法制史研究提供了不同的借鉴和框架。

清末以降,在反思传统律学研究方法的过程中,按照西方法学概念体系对传统法制加以研究的模式已逐步建立,这两种方法也在不同程度上影响着民国时期的研究者。

三、清末中国法制史学研究成果述要

(一)孙荣《古今法制表》

孙荣,四川富顺人,生卒年月不详,清末进士。主要著作有1906年由四川泸州学正署官刻的《古今法制表》以及《改良盐政意见商榷书》。《古今法制表》原名《九通政要表》,为其作序的赵藩以《中国古今法制表》易之。

首先,孙氏在发凡中表明本书的写作意图,即“是编所表普通政要,务使中国古今利病得失、性情风尚厘然在目,每表首著序说,表中时加按语,或引西政以为比例,或综古今以决从违,以适于文明教育为宗旨,俾阅者知中制之何者宜保存,何者失古意,何者宜改良,乃能采西政之长,藉补中制之阙”。② 作者希望通过表格的形式纵述中国古代法制的变迁,进而“取其精华,弃其糟粕”,达到“古为今用”的目的。此外,在后序中孙氏也希望此书能成为当时法律学堂、政法家、历史家教育之参考课本。

---

① 何勤华著:《中国法学史》(第3卷),法律出版社2006年版,第185页。

② 曾宪义主编:《百年回眸》(第1卷),中国人民大学出版社2009年版,第15页。

其次，本书分16卷加以论述典章制度的历史沿革，不设章节。16部分分别为田赋、钱币、户口、职役、征榷、市籴、土贡、国用、选举、学校、职官、礼制、乐制、兵制、刑法、封建。其中征榷一卷着墨最多，现以征榷一卷为例来看其写作风格。① 第1部分为征榷序，序言中说明征税对国家之重要，以及征榷的基本内容。第2部分为历代征商，以时代、名目、征法三方面为纵向，以朝代为横向加以列表说明，并在朝代后加以按语表明自身观点。涉及的朝代有周、汉、新莽、晋、后魏、北齐、周、唐、后周、宋、金、元、明、大清；有宋一代，又具体阐述了太宗、真宗、仁宗、神宗、哲宗、徽宗、高宗、孝宗时期的诸如关市税、过税、住税、妆奁税、出京税、枋木税、利市税等内容，其中也包括免税的情形，如真宗景德四年(1007年)，免渡(河、津)柴薪税；孝宗隆兴，免商旅流民税。第3部分为历代盐铁，以时代、产地、税法为纵向，以朝代为横向加以列表说明。第4部分为历代榷酤，以时代、酒禁、榷法为纵向，以朝代为横向加以列表说明。第5部分为历代茶税，以时代、产地、课法为纵向，以朝代为横向从唐朝至清朝加以列表说明。第6部分中包括历代坑治、近今矿务、谕旨、奏折、矿章。历代坑治中以时代、办法、矿质、矿税为纵向列表说明，具体到个别朝代时，以办法、产地、年次、岁课为纵向列表。第7部分为历代杂征敛，以时代、名目、敛法得失为纵向列表说明，并附上光绪年间各直省厘金实收比较。第8部分为本朝关税，下列近今直省常关税比较和光绪廿九年(1903年)海关各项税钞分别(华洋)船完纳分数统计。第9部分为续改通商进口税则类要。

再次，全书以《九通》史料为底本，通过表格的形式综述历朝涉及政治管理的重要制度变迁，线索明了，对于了解中国古代法制有重要的参考价值。以《九通》为基础的同时，如若出现记载不一致的地方，则旁考他书证其得失。此外还借助乾隆至光绪时期的会典、奏疏以及名人著述，力求资料翔实和确切，这是本文写作之一大特色。另一写作特色在于孙氏除了运用古今比较分析方法外，还运用中西比较分析方法。例如，在《刑法》卷中，孙氏认为西方国家有公法和私法之分，公法包括宪法、刑法、行政法；私法包括民法、商法。中国古代法律则以刑律为主，并在此基础上进行刑法部分的写作。

最后，通过内容上的罗列，可以看出本书仍然停留在对中国传统法制资料的梳理上，没有近现代中国法制史学的概念体系。以同年出版的日本学者浅井虎夫的《中国历代法制史》为比较对象，可看出区别所在。浅井虎夫运用西方法学式学科分类方法，从纵向和横向两方面进行研究。该书分为6章和附录：汉人种之建国、唐虞三代之法制、汉代之法制、唐代之法制、宋代之法制、明代之法制，附录清朝法典之

① 《征榷卷》内容，载 http://www. wul. waseda. ac. jp/kotenseki/html/wa04/wa04 _06426/index. html。

概说。每章的内容,以"唐代之法制"为例,包含13节:官职制度、社会阶级、经济制度、财政、救恤行政、交通行政、教育行政、宗教行政、军制、法源、诉讼法、刑法、民法。从中可以很明显地看出,浅井虎夫一书是在西方学科概念体系、研究角度和研究方法指导下的产物。只有以西方学科概念体系为指导才会出现法源、刑法、民法、诉讼法部分的内容,而这些表述在《古今法制表》中唯有在《刑法》一卷中出现,进一步地观察《刑法》卷内容,便会发现两者对"刑法"部分内容的描述也有很大的区别。《古今法制表》第15卷为刑法,有两部分内容构成:历代刑制沿革和罚赎;《中国历代法制史》中刑法部分在唐虞三代、唐代、宋代、明代法制中出现,内容包括:刑名、刑之适用、刑之执行、刑之消灭、犯罪。前者的视野着眼于历朝历代刑罚种类的沿革,后者则运用西方刑法学的分类方法来进行研究,或许在刑罚种类沿革上前者资料更为全面,但在研究深度和研究视野上后者则更胜一筹。

综上所述,孙氏对中国法制史的研究,是以法制史隶属于史学研究下的传统概念体系为指导的,研究视野多局限于"九通"资料范围内,通过综述切于时政的田赋、钱币等16方面典章制度的沿革历史,指陈利病得失,虽与近现代中国法制史的概念体系相去甚远,然不失为一种借鉴。

(二)涂景瑜《中国监狱史》

涂景瑜,生卒年月不详,系日本东京帝国大学法科留学生。1908年4月《中国监狱史》由天津官书局发行,该书篇幅虽小(序言和正文共6200余字),然而却是第一本关于监狱史的考察的著作,也是中国法制通史中的一部专史。有学者认为,"涂氏是第一个借助比较刑罚学和监狱学观点论述中国监狱史中诸多基本问题的学者"。①

首先,该著作在序言中提到该书的写作目的。涂氏提道:"今之言改良狱制者,动谓宜仿照日本,或云当参酌英、德、和兰诸国法制;非侈言分房之美,即妄夸阶级之良。窃谓师彼之长补我之短,原无不可,如曰他国狱制皆臻完美,吾国当一一仿行之,瑜则未敢随声附和。盖东、西各国今日之集治监、拘置监、惩治场,皆可采取吾国古代监狱制度之精神而标以新名词也!"②从中可以看出,涂氏写作目的主要在于:在近代修律改制的浪潮中,不能仅着眼于国外制度建设,具体到监狱改制方面,通过叙述中国古代监狱沿革,从中寻找可供利用的本土资源。

其次,该著作针对监狱性质、功能、关押对象、刑制、监狱名称、监狱与刑罚的关系等问题进行史的考察,在此基础上对中西监狱进行对比,并得出中国古代监狱具

---

① 郭明著:《中国监狱学史纲》,中国方正出版社2005年版,第103页。

② 许章润:"清末对于西方狱制的接触和研究——一项法的历史和文化的考察",载《南京大学法律评论》1995年秋季号。

有优越性的结论。涂氏认为:中国古代的监狱并非刑罚的手段,而是犯人的留置所;西周“圜土之制”的“圜土”是针对有罪但未处以刑事处罚之人的强制教化场所;其他国家监狱管理方面的内容都借鉴了中国古代监狱制度的精神。①

再次,该著作因其扼要叙述中国监狱发展史实、在继受西学过程中强调本土资源之特色而备受关注。在该书印行前,国内出版的监狱学方面的著作主要有:赵舒翘的《提牢备考》、沈家本的《历代刑法考·狱考》、谷野格的《监狱学》、董康的《调查日本裁判监狱报告书》、韩兆蕃的《考察监狱记》。此外,日本学者的相关著作也被翻译至国内,如佐藤信安的《日本监狱法》,小河滋次郎的《监狱学》、《狱务揽要》、《监狱访问录》等。以上著作大致分为两类:一类为讲述中国古代狱制内容,另一类为介绍日本监狱制度。在清末变法修律大背景下,舆论普遍偏向借鉴日本狱政制度的经验。适时涂氏著作中强调本土制度具有较大优越性的“由西返中”观点值得特别重视。

最后,该著作主要缺陷在于因过于言简意赅而使部分观点缺少论证,对古代监狱制度的过分强调也陷入盲目之境地。不足6300字的著作,内容又是涉及史的考察,难免会导致缺陷的出现。以自由刑为例加以说明,涂氏提出这样一个观点:我国自由刑发明的最早,是世界各国监狱自由刑之母,因此在借鉴西方现行经验基础上可以再行设置。在没有进行任何论证的情况下,直接得出这样的一个“东方优于西方”的结论,其说服力何在?除过于牵强外,也不免会陷入空谈之流。

涂氏之著篇幅虽小,也未至详备,但却扼要地叙述了中国监狱发展史实,并在“西学东渐”过程中,强调以本土化资源抗争西方法律之话语权,“涂氏的治史尝试,在监狱学史上尚无古人,而以此引领来者,确实留下了探路之功”。②

20世纪是中国社会前所未有的大变革时期,在清末变法修律背景下,以西方学科分类为基础确立的中国法制史学科,在设立初期,并没有形成专业研究群体,研究范围也不明朗,研究方法相对也较为单调,还没有形成一门真正现代意义上具有独立品格的学科。但是,清末中国法制史学的发展对以后中国法律史学研究奠定了基础,在传统法制史学研究向现代法律史学研究转变的过程中,起了承前启后的重要作用。

① 涂景瑜著:《中国监狱史》,天津官书局1908年印行。

② 郭明著:《中国监狱学史纲》,中国方正出版社2005年版,第107页。

近30年青少年犯罪研究兴起与历程述要

姚建龙*

一、1978年以前的青少年犯罪与青少年犯罪研究

近代以降,少年犯罪[①]研究曾经在20世纪30年代因为少年犯罪的严重化而受到初兴犯罪学界的关注。赵琛根据1934年少年犯(不满20周岁)从1933年的3300名激增为6162名的统计数字惊呼,“犯罪少年,竟有若是惊人数字,究应若何补救与防止,诚为当前首要之任务矣”,[②]并专著《少年犯罪之刑事政策》[③]研究少年犯罪之对策。此书是中国第一部系统研究少年犯罪问题的专著,也是此后50年里中国(大陆)唯一一部青少年犯罪研究专著。[④] 遗憾的是,在持续战乱的时代,赵琛的“惊呼”是十分微弱的,少年犯罪并未因为犯罪统计数字的激增而成为公共议题,少年犯罪研究也没有在近代发展成为一个引起重视的学术领域。除了《少年犯罪之刑事政策》一书外,民国时期所发表的有关少年犯罪研究的论文仅有10余篇,如果不包括少年司法研究论文,则仅见两篇:《少年的犯罪》(吴秀三)、[⑤]《家庭之缺憾与少年犯罪》(柴云礽)。[⑥] 尽管持续战乱和社会动荡是少年犯罪研究薄弱的重要原因,但少年犯罪在总体上尚不十分严重也是一个重要的因素。例如,即便在少年犯罪数字激增的1934年,全国13岁至20岁的少年犯亦仅有6162名,占全部罪犯总数的4.85%。[⑦]

1949年以后,人民政府对各社会问题进行卓有成效治理,社会治安明显改善,犯罪现象得到了有效的控制。例如,新中国成立以来全国每10万人刑事立案数在

---

* 姚建龙,2003级外国法律史专业,指导老师:何勤华。现工作于华东政法大学。

① 近代多使用“少年犯罪”而非“青少年犯罪”一词,所称“少年”之上限年龄为20周岁,下限年龄一般为13周岁。

② 赵琛著:《少年犯罪之刑事政策》,商务印书馆1939年版,弁言,第1页。

③ 该书已经由何勤华、姚建龙校勘收入《赵琛法学论著选》中,由中国政法大学出版社于2006年出版。关于该书的述评,详见姚建龙:“赵琛与《少年犯罪之刑事政策》”,载《青少年犯罪问题》2004年第4期。

④ 直到1984年辛明才以内部讲义的方式编印了新中国第一部青少年犯罪研究专著——《青少年犯罪讲义》。

⑤ 《法学新报》第15期(1927年12月20日)。

⑥ 《宪兵杂志》第2卷第12期(1935年5月1日)。

⑦ 赵琛著:《少年犯罪之刑事政策》,商务印书馆1939年版,弁言,第1页。

波动中持续呈现下降的趋势，到1965年，每10万人立案数已经从1950年的93起下降到30起（参见表2）。而据公安部的统计数字，1950年至1959年10年间，全国刑事犯罪发案年均占总人口的5‱，25周岁以下的犯罪青少年约占整个刑事犯罪作案成员总数的20%左右；1960年至1965年6年间，刑事犯罪发案年均占总人口的4‱，犯罪青少年约占整个刑事犯罪作案成员总数30%。[①] 由于整个社会的犯罪率很低，青少年犯罪在刑事犯罪中所占的比率亦较低，因此青年犯罪并没有被视为一个严重社会问题。

表1　1950～1965年全国刑事立案统计

年份	总人口（万人）	立案数（起）	每10万人立案数
1950年	55,196	513,461	93
1951年	56,300	332,741	59
1952年	57,480	243,003	42
1953年	58,796	292,308	50
1954年	60,266	392,229	65
1955年	61,465	325,869	53
1956年	62,828	180,075	29
1957年	64,653	298,031	46
1958年	65,994	211,068	32
1959年	67,207	210,025	31
1960年	66,207	222,734	34
1961年	65,859	421,934	64
1962年	67,295	324,639	48
1963年	69,172	251,226	36
1964年	70,499	215,352	31
1965年	72,538	216,125	30

“文化大革命”10年期间，社会秩序混乱，青少年被推向“斗争”的前沿，青少年越轨行为的评价缺乏权威和正当的标准，按照通常标准所界定的青少年犯罪现象在这一非常的时代被掩盖了起来。在这样的历史背景下，青少年犯罪现象同样并不被视为一个社会问题，也没有成为一个公共议题和学术界关注的课题。

① 中华人民共和国公安部：“我国青少年犯罪的趋势和预防”，载中国青少年犯罪研究会编：《中国青少年犯罪研究年鉴》（1987年·首卷），春秋出版社1988年版，第41页。

与青少年犯罪并不被视为新中国社会问题之一种相适应,自1950年到1976年期间,如果不包括揭露美国、我国台湾地区青少年犯罪状况的文章,仅见一篇带有经验性介绍的青少年犯罪研究专门论文。①

二、青少年犯罪问题的建构与青少年犯罪研究的兴起

20世纪70年代末期,青少年犯罪似乎有些突然地演变成为一个公共议题,并被普遍视为一个严重的社会问题,引起社会各界直至党中央的严重关注。其标志性事件是1979年8月17日中共中央转发了中央宣传部等八单位《关于提请全党重视解决青少年违法犯罪问题的报告》(中央58号文)。这一通过党中央文件转发的报告,首次正式将青少年犯罪问题作为一个严重的社会问题标识了出来,并把解决青少年犯罪问题作为一项全党都应重视解决的迫切政治任务。这份报告对当时的青少年犯罪做了这样的描述:

在青少年中问题仍然不少,青少年违法犯罪的情况仍相当严重,成为影响社会安定的一个突出问题。据各地反映,在当前刑事案件作案人员中,青少年占很大比重,大、中城市一般占百分之七八十,农村占百分之六七十。这些违法犯罪青少年,从偷摸扒窃、打架斗殴、耍流氓,发展到拦路抢劫、强奸妇女、行凶杀人。有些结成"团伙",为非作歹。有的已经成为刑事惯犯。……我们深深感到,对于当前青少年犯罪问题的严重性要有充分的估计。②

美国社会学家文森特·帕里罗等学者指出,公认的社会问题一般具备以下四个要素:一是它们对个人或社会造成物质或精神损害;二是它们触犯了社会里一些权力集团的价值观或准则;三是它们持续很长时间;四是由于处于不同社会地位的群体会做出不同评判,对它们的解决方案也往往多种多样,因而在如何解决问题上难以达成一致。③ 文森特·帕里罗等学者在强调社会问题对个人和社会的危害性、持续性和解决方案的多样性这些构成特点的时候,更为强调某种社会问题对权力集团的价值观或准则的侵犯性:"无论一种社会状况严重与否,只要当权力集团的成员认为它会对它们产生某种影响——或许对其地位带来威胁时,它就成为社会

---

① 该文为沈贵龙、肖洪亮合作的"上海市榆林区政法部门是怎样处理青少年犯罪问题的",载《法学》1958年第6期。

② "中央宣传部等八单位关于提请全党重视解决青少年违法犯罪问题的报告",载中国青少年犯罪研究会编:《中国青少年犯罪研究年鉴》(1987年·首卷),春秋出版社1988年版,第21页。

③ [美]文森特·帕里罗、约翰·史汀森、阿戴思·史汀森著:《当代社会问题》,华夏出版社2002年版,第6~7页。

问题。”[①]另外一些社会学家在认定社会问题时，强调该现象的社会性，特别是这一问题需要依靠团体的力量才能解决这一特点。例如，富勒（R. Fuller）认为，社会问题乃是当某一团体的人士发觉某种情况对他们所重视的某种团体利益有所威胁，并且这种社会情况只能够以集体行动的力量才能除去或改正时，即成为社会问题。吉列（Gillette）和莱因哈特（Reinhardt）在《变化中的社会问题》一书中亦强调：社会问题是一种情况，其产生并非个人或少数几个人所能负责，它对于许多人可产生不利的结果，并且个人或少数几个人的能力无法将它除去或予以控制。[②] 从通过以执政党名义下发的中央58号文件对青少年犯罪现象的重视，以及将青少年犯罪的解决提到要求全党重视解决的高度这些特点来看，此时中国的青少年犯罪现象完全符合一般社会学理论对社会问题的界定，确可称为一种典型的社会问题，而且是一种严重的社会问题。

一个值得注意的现象是，青少年犯罪的“社会问题化”所经历的时间是十分短暂的。如果从1976年“文化大革命”结束算起，到1979年中央58号文件的下发，不过短短3年左右的时间。一个值得探讨的问题是，青少年犯罪这一严重社会问题是被发现出来的还是被建构出来的？从表面上看，青少年犯罪问题是作为一种客观事实而被发现出来的，因为当时的统计数字都表明青少年犯罪占整个刑事犯罪的比率高达70%，一些引起社会广泛关注的重特大案件也都是青少年所为。有的学者还推算出“文化大革命”时期青少年犯罪占整个刑事犯罪作案成员总数的60%左右，[③]意在为青少年犯罪演变为严重社会问题寻求发展的承续性。

但是，这些数据和案例是颇值得考量的。除了少数犯罪统计数字会标明青少年犯罪是指25周岁以下的青少年犯罪之外，大多数统计资料并没有标明青少年的年龄范围。例如，中央58号文件在引用“刑事案件作案人员中，青少年占很大比重，大、中城市一般占百分之七八十，农村占百分之六七十”这一统计数字时就并没有明确青少年的年龄范围。直到今天，我们仍然很难清晰地界定这一被广为引用的数据中所称的青少年的年龄范围。

当时的文献资料没有采取精确的概念（如未成年人犯罪或少年犯罪），而是采用了具有一定模糊性的“青少年犯罪”一词，并且在诸多有关青少年犯罪的文献中不明确界定青少年的年龄范围，这种做法似乎是有意的。由于普通公众对于青少

① ［美］文森特·帕里罗、约翰·史汀森、阿戴思·史汀森著：《当代社会问题》，华夏出版社2002年版，第7页。

② 郝继隆著：《社会问题》，开明书店1973年版，第6页。

③ 这一推测的依据是“一些地区的典型调查”（参见康树华著：《当代中国热点与新型犯罪透视》，群众出版社2005年版，第16页）由于“文化大革命”期间缺乏基本的犯罪统计数据，而且对当时青少年的很多行为难以进行罪与非罪的判断，仅依据一些地区的典型调查所作出的推测，其可信度是有限的。

年这一概念并无明确统一的界定，其年龄上限可为18岁、25岁、30岁，甚至35岁以上。因此，青少年犯罪是一个严重社会问题的观点，在模糊的统计数字和典型个案的衬托下，容易迅速获得较为广泛的认同。从这个角度来看，青少年犯罪作为成为一个严重社会问题具有较为明显的"建构"色彩。另一个重要的佐证是，直到今天，仍然有很多媒体在使用青少年犯罪占刑事犯罪的70%这一数据，以引起公众对青少年犯罪问题的特别重视，而事实上，这一数据与实际比率有着很大的差距。①

赵雍生指出，"社会问题被标识出来，对某些团体的地位及利益具有维护作用，其价值体系亦能受到肯定"，②这一观点对于分析青少年犯罪问题颇有启发性。青少年犯罪之所以会在20世纪70年代末被有意无意地建构成为一个严重的社会问题，与当时特定的社会历史背景有着密切的关系。20世纪70年代末，毛泽东的逝世和"文化大革命"的结束带来权威政治形态的暂时性失范，建立于这种权威政治之上的传统社会控制手段也出现了失灵。处在这一特殊阶段的中国，社会秩序十分混乱，而且政府对这种混乱表现出一定程度上的无能为力。③ 彭真曾经在评价当时的社会治安状况时就认为："现在城市治安的严重情况，与解放初期差不多。"④在这样的背景下，政府权威和社会秩序迫切需要借助某种具有广泛号召性和公众认同性的"社会问题"的解决来重建。"青少年"与"犯罪"所结合的特殊社会现象——青少年犯罪问题被凸显出来，正适合了这样一种需求。而且青少年犯罪问题的凸显，可以通过"林彪、四人帮的毒害"等归因方式而不与"社会主义制度不产生犯罪"等极"左"意识形态发生过分激烈的碰撞。有意思的是，中央58号文件是党的历史上首次就治理犯罪问题向全党发出的通知，但其针对的不是整个社会犯罪问题，而是青少年犯罪；已经成为今日中国犯罪控制与社会秩序维护的基本刑事

① "对青少年犯罪的报道不应高调"(载《青少年犯罪问题》2008年第3期)一文曾经对媒体的这种倾向予以了反思，该文指出："有媒体在评论当前'90后'青少年犯罪的情况时援引了中国青少年犯罪研究会的统计资料，称2007年青少年犯罪总数占全国刑事犯罪总数的70%以上，其中14岁至18岁的未成年人犯罪又占到青少年犯罪总数的70%以上……如果这组数据可靠，则我国青少年犯罪状况确实令人担忧。但据2008年第3期最高人民法院公报显示，2007年青少年犯罪为316，397人，占所有刑事案件被告人的33.9%，同比下降0.1%。其中，不满18周岁的未成年犯罪为87，525人，占所有刑事被告人的9.4%，同比下降0.1%。两年来，未满18周岁的未成年犯罪分别占青少年犯罪的27.6%和27.8%。由此可见，我国青少年犯罪占全部刑事犯罪的比例稳中有降，保持在35%以下，而未满18周岁的未成年犯罪占全部青少年犯罪的比例保持在28%以下。两组数据相对照，有着天壤之别，反映出来的状况也是南辕北辙。"但是，媒体却选择性地以30年前所使用的"数据"来证明"90后"青少年犯罪的严重性。

② 赵雍生著：《社会变迁下的少年偏差与犯罪》，桂冠图书公司1997年版，第6页。

③ 贾东军、国章成将这种混乱概括为三个方面：社会局势动荡不安、刑事犯罪日益猖獗和人民群众反映强烈。参见贾东军、国章成著：《严打刑事政策：反犯罪的中国经验》，中国人民公安大学出版社2008年版，第9~17页。

④ 贾东军、国章成著：《严打刑事政策：反犯罪的中国经验》，中国人民公安大学出版社2008年版，第16页。

政策——严打、综合治理,最开始也主要是用于解决青少年犯罪问题。其中缘由,大体也在于此。

当青少年犯罪被高规格标示为严重社会问题后,青少年犯罪研究的兴起也就成为一种自然而又迫切的需求,这种需求也相应具有了明显的官方色彩。1979 年的中央 58 号文即要求:"极少数青少年违法犯罪的具体原因,情况是错综复杂的,各地区各部门应当有计划有组织地做一些专门的调查研究,抓住典型,解剖麻雀,作出切合实际的科学分析。"①1985 年10 月4 日《中共中央关于进一步加强对青少年教育,预防青少年违法犯罪的通知》再次明确指示:"社会科学研究部门和政法工作部门,要加强对青少年违法犯罪问题的研究,探求青少年违法犯罪的规律,更好地指导预防违法犯罪的工作。"在党中央的号召下,青少年犯罪研究迅速成为政法学界(特别是刑事法学界),乃至整个社会科学界的一个热点问题。

与官方推动这一特点相适应的是,青少年犯罪研究的兴起具有明显的组织性。1979 年中央发布 58 号文件后的第 2 年,中央即批准建立中国社会科学院成立青少年研究所,由中国社会科学院和共青团中央双重领导。具有长期革命经验的张黎群同志,②奉调进京担任所长。中国社科院青少年研究所成立伊始,即将青少年犯罪问题、大学生德育、青年就业问题,列为青少年问题研究的三大科研任务。1981 年 9 月,中国社科院青少年研究所、团中央、公安部、司法部、教育部、最高法院、最高检察院等又联合在青岛召开"全国青少年犯罪问题科学规划会议",会议提出组织力量,有组织、有目的开展青少年犯罪问题研究的方案,并讨论通过了"青少年犯罪研究规划"以指导和推动全国青少年犯罪研究。1982 年,中国青少年犯罪研究学会③在广西南宁成立,张黎群出任会长,来自华东政法学院的另一位老革命曹漫之④

---

① "中央宣传部等八单位关于提请全党重视解决青少年违法犯罪问题的报告",载中国青少年犯罪研究会编:《中国青少年犯罪研究年鉴》(1987 年·首卷),春秋出版社 1988 年版,第 21 页。

② 张黎群于 1936 年参加革命工作,次年入伍,1938 年入党。在抗日战争时期就在重庆八路军办事处从事学生运动,解放初期曾任共青团中央常委、《中国青年报》社长兼总编辑,1982 年起任中国青少年犯罪学会会长直至 2000 年 12 月。其简历详见中国青少年犯罪研究会编:《中国青少年犯罪研究年鉴》(2001 年·第 2 卷),中国方正出版社 2002 年版,第 1621 ~1624 页。中国青少年犯罪研究会领导者个人的革命生涯经历,也深深影响了其后中国青少年犯罪研究的发展。例如,对青少年犯罪研究进行全国性"战略规划",在大行政区青少年犯罪研究联络中心,从"游击战向大兵团作战迈进"(张黎群在为中国青少年犯罪丛书所作总序对"丛书"出版意义的评价语)的发展方式等。

③ 1991 年 11 月在民政部社团登记中更名为"中国青少年犯罪研究会"。

④ 曹漫之在青少年时期即参加革命,曾任中共胶东北海区行政督察专员公署专员、胶东行政主任公署主任、中国人民解放军胶东区支前司令部司令员。新中国成立后历任中国人民解放军上海市军事管制委员会政务委员会副主任、上海市人民政府第一副秘书长、民政局长、区政委员会主任、华东政法学院教授、副院长等。其简历详见中国青少年犯罪研究会编:《中国青少年犯罪研究年鉴》(1987 年·首卷),春秋出版社 1988 年版,第 927 页。

担任副会长。中国青少年犯罪研究会长期会聚了中国青少年犯罪研究的主体力量,并至少在2002年该学会转归团中央以前,一直是中国青少年犯罪研究"有意识"地推动和领导组织。1983年1月,国家哲学社会科学"六·五"规划会议在成都召开,青少年犯罪研究正式纳入我国哲学、社会科学研究规划,青少年犯罪学被列入研究规划的重点研究课题。1982年《青少年犯罪研究》(原名《青少年犯罪研究通讯》)、《青少年犯罪问题》两份青少年犯罪研究专门期刊也先后创刊。

青少年犯罪研究兴起的另一个特点是,政法学界被"自然"地视为研究的主体力量。例如,1981年8月在青岛召开的"全国青少年犯罪研究规划会议"所形成的一个重要建议是:"在北京政法学院、华东政法学院、西南政法学院、西北政法学院设立青少年犯罪研究机构,并逐步形成所在大区的犯罪研究中心。"①根据这一建议,国内四大政法院校先后建立了专门的青少年犯罪研究机构,其中华东政法学院青少年犯罪研究所还为实体性研究机构,青少年犯罪与青少年法学亦在20世纪80年代成为政法院校和法学专业的主要课程之一。尽管青少年犯罪被认为是一个复杂的社会问题,青少年犯罪研究的参与者涵盖了法学、社会学、心理学、教育学、医学等各个学科,但是研究人员中的主体来自政法实务部门与教学研究机构。例如,1982年成立的中国青少年犯罪研究会常务理事以上的15名人员中,就有9名来自政法部门和政法院校。②就青少年犯罪研究的学术成果而言,也主要来自政法院校的研究者。例如,由中国青少年犯罪研究会所组织编写,迄今为止仍然被认为是最权威的青少年犯罪研究著作——《中国青少年犯罪学》一书的主编者即为华东政法学院曹漫之教授。

三、青少年犯罪30年研究之历程

从宏观视角审视改革开放30年来的中国青少年犯罪研究,大体上可以将其发展历程分为三个阶段:

第一个阶段为20世纪70年代末期至80年代,这是中国青少年犯罪研究的兴起与兴旺时期,也是青少年犯罪研究包容犯罪学研究的阶段。

从1949年至1979年6月中央58号文发布以前,青少年犯罪研究基本上处于空白,未见一部专著,专题论文亦仅约10余篇,其中大部分为译介性的文章,且具有明显将青少年犯罪现象意识形态化,作为批判美、日、我国台湾地区等资本主义国

① "全国青少年犯罪研究规划会议",载中国青少年犯罪研究会编:《中国青少年犯罪研究年鉴》(1987年·首卷),春秋出版社1988年版,第957页。

② "中国青少年犯罪研究学会常务理事会名单",载《青少年犯罪研究通讯》1982年第8期。

家与地区腐朽性的特点。这样一种将犯罪现象与意识形态、社会制度联系在一起的传统,对20世纪70年代末80年代青少年犯罪的兴起以及犯罪研究的发展,均产生了不良的影响和较大的阻碍作用。

在中央58号文发布后,青少年犯罪研究迅速成为法学界,乃至社会科学领域的热点问题,20世纪80年代也成为中国青少年犯罪研究最为热烈的时期。这至少体现在以下几个方面:一是研究成果数量激增。据不完全统计,20世纪80年代所发表的青少年犯罪研究论文近1500篇,出版专著近百部。二是研究者广泛介入。这种介入的广泛性主要体现在两个方面:其一是多学科研究者的介入。中央58号文件发布之后,尽管来自政法界的研究者居于主体地位,但是对于青少年犯罪现象的研究也吸引了社会学、心理学、教育学、伦理学、医学等各种专业背景研究者的参与。其二是实务部门广泛介入,并与理论部门形成了良好的互动。与其他研究领域不同,在青少年犯罪研究的参与者中,来自实务部门的研究者占了很大的比重,包括各种与青少年有关的实务部门,这使得青少年犯罪研究自始就具有了某种程度的大众化色彩。三是建立了全国性青少年犯罪研究组织——中国青少年犯罪研究会,并成立了一批专门的青少年犯罪研究机构,如华东政法学院青少年犯罪研究所以及西北政法学院、西南政法学院、北京政法学院所分别建立的青少年犯罪研究室。四是青少年犯罪研究学科化基本形成,青少年犯罪学作为一门独立的学科获得承认。具体表现为《青少年犯罪学》列入全国哲学社会科学"六·五"规划重点研究项目,《中国青少年犯罪学》及《青少年犯罪心理学》、《青少年犯罪综合治理对策学》等子学科著作的出版,青少年犯罪相关课程在公安、政法类院校、法律院系的普遍开设以及《青少年法学》被正式列为高等院校课程之一,①青少年犯罪学硕士点在北京大学、华东政法学院等高校的设置等方面。五是1982年创办了两份专业性青少年犯罪学术期刊——中国青少年犯罪研究会会刊《青少年犯罪研究》和华东政法学院青少年犯罪研究所编辑的《青少年犯罪问题》。以今天科层式学科体系的视角看来,在如此狭小的五级学科领域竟然拥有两份专业性杂志,是十分罕见和不易的。六是青少年犯罪研究对国家犯罪控制政策、立法、司法均产生了重要的影响。例如,综合治理这一基本刑事政策最初主要是针对青少年犯罪而提出,青少年保护专门立法的启动和创建独立少年司法制度的试点亦均深受青少年犯罪研究的影响。

当然,将这一阶段视为中国青少年犯罪研究兴起与兴旺时期只是一种宏观性判断,并不排斥这一阶段的青少年犯罪研究也会出现在当时的研究者看来属于研

① 1984年原高教部在武汉召开的高等政法院校课程设置会上将《青少年法学》列为课程之一。

究低潮的时期。例如,张黎群就曾经把1985年左右这段时期称为"青少年犯罪研究的事业,曾经历了一个'存在下去'还是'中途夭折'的时刻",[①]这种困境主要体现在1985年4月中国社科院青少年研究所的撤销、《青少年犯罪研究》杂志出现经费困难、中国青少年犯罪研究会全国性学术活动减少等方面,但是这种状况很快得以扭转。

这一时期在学科发育上的一个显著特色是,犯罪学研究没有获得独立的地位,而是包容于青少年犯罪研究之中,在青少年犯罪研究的学术框架下发育和发展。这一时期犯罪学基础理论研究薄弱,青少年犯罪研究者基本上也就是犯罪学研究者,青少年犯罪研究的视域与成就也基本上代表了犯罪学研究的视域与成就,犯罪学研究的成果大部分都是因为青少年犯罪研究的辐射而产生。

第二个阶段为20世纪90年代,这是中国青少年犯罪研究从兴盛走向低谷的阶段,也是青少年犯罪研究与犯罪学研究分野的阶段。

苏力曾经把改革开放以来中国法学的发展分为三个阶段,并将这三阶段分别标签为政法学派、诠释学派和社科学派。[②]尽管从应然性的视角来看,目前青少年犯罪研究主要归入法学领域,研究者也主要为法科背景学者的状况具有反思的空间,但由于这是30年来中国青少年犯罪研究兴起与发展的实际特征之一,因此苏力的分析视角,仍可为分析中国青少年犯罪研究的发展历程提供借鉴。苏力指出:"政法法学的基本问题是要把法学的一些有某种政治禁忌的题目从极'左'政治或僵化政治中解脱出来,使之能够成为一个公众的、学术的话题。其方法大致是用新的、在当代或在特定时期具有政治合法性的话语、概念抨击一些极'左'的信条,呼吁法学界的共同努力。"[③]这一判断也适合于评价20世纪80年代的中国青少年犯罪研究状况,不过进入90年代后,逐步很少再有学者去研究阶级斗争与青少年犯罪之间的关系、社会主义制度产不产生犯罪与青少年犯罪、社会主义初级阶段的青少年犯罪等具有极强政治话语特征的命题了。

这一时期青少年犯罪研究的另一个显著特征是,由于逐步失去了"计划经济式"的扶持与庇护,不得不面对"市场经济"条件下学科存在和发展的竞争。青少年犯罪研究兴起时期三大特征的负面性开始显现出来。审视20世纪90年代的研究成果,尽管从数量上看,较80年代有较大幅度的增加,但是在研究视域、研究深度、基本观点等方面,却并没有明显的发展。

---

① 张黎群:"青少年犯罪研究十年总结与九十年代学科建设理论体系的构想——在中国青少年犯罪研究会第六届学术讨论会的报告",载中国青少年犯罪研究会编:《中国青少年犯罪研究年鉴(2001年·第2卷)》,中国方正出版社2002年版,第38页。

② 苏力著:《也许正在发生:转型中国的法学》,法律出版社2004年版,第9~16页。

③ 同上,第16页。

20世纪90年代，原国家教委开始强化对大学专业设置的管理，先后印发了《普通高等学校本科专业目录》（1993年颁布，1998年修订），并且开始规范法学教学体系与内容，高等教育司在1998年颁布了《全国高等学校法学专业核心课程教学基本要求》，建立了所谓14门核心课程体系。这种对专业设置管理的强化和法学专业课程教学的规范，将青少年犯罪学与犯罪学强有力地予以了边缘化。① 在由官方建立了的科层式学科体系下，青少年犯罪学的学科地位十分低弱，大量青少年犯罪研究学者基于现实的压力，不得不逐步脱离青少年犯罪研究的主体阵营，或者仅将青少年犯罪研究作为其研究领域中的一个附属方面。而政法院校14门核心课程的确立，则进一步将青少年犯罪学和青少年犯罪研究者排挤于政法院校的边缘。

科层式学科体系化所造成的青少年犯罪学科地位的低弱，不仅仅带来青少年犯罪专业研究者的流失，更带来高校、研究机构领导层对青少年犯罪研究的忽视，也同时带来青少年犯罪研究机构和期刊经费的普遍不足。到20世纪90年代末期，四大政法院校的青少年犯罪研究机构基本上已经虚置。以华东政法学院青少年犯罪研究所这一政法院校中唯一的实体性青少年犯罪研究机构为例，在其辉煌时期，专职研究人员达到30余人，并且被列为华东政法学院的主要院所之一，但到90年代末，其研究人员基本流失殆尽，并已经实际成为虚设性研究机构。该所编辑的《青少年犯罪问题》期刊，亦因经费压力，不得不开始从学术性期刊向通俗性期刊转型。

由于建构青少年犯罪问题需要所采用的“青少年”犯罪这一概念的模糊性弊端，也在20世纪90年代逐步暴露出来。90年代虽然先后颁布了《未成年人保护法》、《预防未成年人犯罪法》，但是“青少年”这一概念并没有实现从社会学术语向法律术语的转变。对于社会学、教育学、伦理学、心理学等其他学科而言，这种模糊性有其合理性和科学性，因此并不会构成对这些学科研究青少年问题的重大障碍。但从法学（尤其是刑事法学）的视角看，由于这一术语包含着一种“自身难以消化的

---

① 官方对高等院校法学专业甚至法学课程的细致设计与干预，受到许多学者的批评。例如，王牧教授就曾经指出：“在我国目前的状况下，设置所谓法学主干课的做法是失策的。我国法学本科生人文科学知识本来就不足，在这种情况下，又把法学课程分为主干和非主干，学生的知识面和知识兴趣会越来越窄。这种做法的初衷也是不错的，而实际上，除了给某些管理、参与者个人带来某种‘机会’外，有百害而无一利。一个刚刚高中毕业的孩子，仅仅以14门课程为主学习4年法学，就能够成为胜任司法工作和法学研究的人才？——我感到实在不可想象。”［王牧教授为赵宝成专著《犯罪学专论》（中国人民公安大学出版社2005年版）所作序言］。在我看来，官方对大学专业乃至课程设置的细致干预所造成的最大危害在于，将行政科层式（官僚）体系延伸至大学，人为地将学术研究亦分出“三六九等”，彻底腐蚀了大学基本的学术独立性，迫使大学难以按照社会发展需求进行独立的学术研究和教书育人。

对象群”,[①]即将未成年人和成年人两类在法律上存在本质不同的群体混为一体,这是无法容忍的缺陷,甚至是明显的法律错误。在80年代,这一研究对象定位的模糊性,被青少年犯罪研究兴起的热情所掩盖,但到了90年代,这一术语所包含的模糊性逐步被越来越多的法学背景学者视为一种不应容忍的弊端,由此对青少年犯罪研究的发展产生了重大的影响。这种影响至少有以下三个体现:一是进一步促使青少年犯罪研究走向衰弱;二是青少年犯罪研究的侧重点逐步明晰,未成年人犯罪(少年犯罪)开始成为研究的中心,但青年犯罪研究则开始淡出研究者的视野;三是妨碍了青少年犯罪研究的深入发展,构成90年代的青少年犯罪研究并未较80年代有明显超越的重要原因之一。

这一时期的重要事件是1992年中国犯罪学会的成立,正式宣告犯罪学研究从青少年犯罪研究中分离出来。获得独立地位的犯罪学很快展现了“后发制人”的优势和“厚积薄发”的发展势头,青少年犯罪研究包容犯罪学研究的局面逐步被改变,青少年犯罪研究在完成促生犯罪学诞生的使命后,开始回归犯罪学研究一个领域的地位。

第三个阶段为2000年以来,这是中国青少年犯罪研究基本淡出法学主流的阶段,同时也是青少年犯罪研究孕育着复兴契机的阶段。

在这一时期,尽管青少年犯罪仍然被认为是一个社会热点问题,但由于科层式学科体系与法学教育课程标准化影响的深入,青少年犯罪研究进一步在法学领域被边缘化,乃至基本淡出了法学研究的主流。这至少体现在以下几个方面:一是青少年犯罪研究学者进一步流失,许多曾经专注于青少年犯罪研究的学者纷纷将研究的重心转向学科地位更高的犯罪学或刑法学研究,或者因为年事已高而在青少年犯罪研究领域已经不再有超越20世纪八九十年代的有影响力的新成果。还有一些青少年犯罪研究重要学者则已经故去,如曹漫之、张黎群、周路、周振想等。由于学科地位的边缘化,青少年犯罪研究学者出现了明显的断层,除了极个别青年学者继承老师衣钵将青少年犯罪研究作为其主要研究领域外,几乎不再有专注于青少年犯罪研究的青年学者。可以说,在2000年以后,基本上已经不再有主流法学学者深入研究青少年犯罪问题。二是与青少年犯罪研究人才流失与断层相应的现象是,这一时期的主流法学杂志如《中国法学》、《法学研究》等已不再刊登青少年犯罪研究论文。三是青少年犯罪相关课程教学在法学院校中大都不再开设,或者仅作为有限的选修课程。以华东政法学院为例,在2000年后,青少年犯罪学就不再作为本科生教学的课程,亦未开设选修课程。

---

① 刘朝阳:“青少年违法犯罪的再认识”,载中国青少年犯罪研究会编:《中国青少年犯罪研究年鉴》(2001年·第2卷),中国方正出版社2002年版,第462页。

这一时期的重大事件是，曾经具有号召、组织和规划全国青少年犯罪研究影响力的中国青少年犯罪研究会于2002年从中国社科院转归团中央领导之后，实际变成了团中央的一个内设职能机构，①逐步失去了对于中国青少年犯罪研究的规划、领导地位，也基本失去了组织推动中国犯罪学研究发展的核心地位，中国的青少年犯罪研究失去了强有力的组织支撑，青少年犯罪研究力量进一步分化、弱化。但换个角度看，中国青少年犯罪研究会的衰弱也为青少年犯罪研究的学术自主性和多元发展，提供了契机，而这恰恰是学术研究的生命之所在。

这一时期的青少年犯罪研究还具有以下特点：一是青少年犯罪研究的对象进一步明晰，基本上完成了从“青少年”犯罪研究向“未成年人”犯罪研究的转型，青年犯罪进一步淡出了青少年犯罪研究的视野。二是青少年犯罪研究开始从侧重哲学思辨性的纯理论研究，向应用性研究转变，具体表现为青少年犯罪研究与少年司法研究结合，少年司法研究开始成为青少年犯罪与犯罪学研究的新热点。许多犯罪学背景的学者纷纷关注少年司法，大声疾呼建立和完善中国的现代少年司法制度。这些研究与呼吁大都并非基于纯法学视角的研究，而是从犯罪学、青少年犯罪学角度所提出的观点。三是对青少年犯罪一般问题的研究陷入困境，在原因、现象、对策研究领域的重复性现象十分严重，罕见超越20世纪八九十年代的研究成果。四是青少年犯罪研究的多学科化发展趋势日渐明显。在法学学科背景学者对青少年犯罪研究日益衰弱的映衬下，社会学、教育学、心理学、医学学科背景的学者对青少年犯罪研究开始出现了日渐活跃的趋势，师范类院校、青年类院校等非法学教学研究机构中出现了一些非法学背景的关注青少年犯罪问题的学者，如天津社会科学院社会学所的关颖、河南师范大学的高中建等。

从表面上看，2000年以后的青少年犯罪研究在总体上继续了20世纪90年代以来的衰弱趋势，但却孕育着复兴的契机：首先，青少年犯罪研究基本完成了从政法学派向社科学派的过渡，青少年犯罪研究日渐获得学术独立性。其次，以少年司法研究成为热点问题为契机，青少年犯罪研究的应用性开始加强，进一步发挥了其学术价值。最后，青少年犯罪研究力量重新分化组合，新的青少年犯罪研究学术共同体开始形成。尽管这些学术共同尚未完全成型，而且因为人员流动已经开始出现了分化，但是这些形成中的学术共同体仍然孕育着中国青少年犯罪研究复兴的契机。

① 例如，会长、副会长、秘书长、副秘书长、常务理事、理事等均对应或者拥有团组织序列的相应行政级别。

附录

华东政法大学法律史专业博士点招生十周年名录
(2001~2010年)

姓名	年级与专业方向	指导老师	单位
郭光东	2001级外国法律史	何勤华	《南方周末》报社
曲　阳	2001级外国法律史	何勤华	华东政法大学
李秀清	2001级外国法律史	何勤华	华东政法大学
郑少华	2001级外国法律史	何勤华	上海财经大学法学院
朱晓喆	2001级外国法律史	何勤华	华东政法大学
徐　菲	2001级外国法律史	何勤华	上海市国资委
刘晓雅	2001级外国法律史	何勤华	华东政法大学
沈大明	2001级中国法律史	王立民	上海交通大学安泰管理学院
陈柳裕	2001级中国法律史	王立民	浙江省社会科学院
孟祥沛	2001级中国法律史	王立民	上海市社会科学院
陈灵海	2001级中国法律史	王立民	华东政法大学
杨正鸣	2001级中国法律史	王立民	华东政法大学
李孝猛	2001级法律文化	徐永康	上海市工商管理局
刘守刚	2001级法律文化	徐永康	上海财经大学
姚秀兰	2001级法律文化	徐永康	深圳大学法学院
陈　颐	2002级外国法律史	何勤华	华东政法大学
占茂华	2002级外国法律史	何勤华	上海政法学院
冯引如	2002级外国法律史	何勤华	华东政法大学
高　尚	2002级外国法律史	何勤华	安徽大学法学院
汤　唯	2002级外国法律史	何勤华	烟台大学法学院
王兰萍	2002级外国法律史	何勤华	商务印书馆
吴旭阳	2002级外国法律史	何勤华	厦门大学法学院
季立刚	2002级外国法律史	何勤华	复旦大学
夏　雪	2002级外国法律史	何勤华	上海市证券交易所
洪佳期	2002级中国法律史	王立民	华东政法大学

续表

姓名	年级与专业方向	指导老师	单位
方立新	2002 级中国法律史	王立民	浙江大学光华法学院
周伟文	2002 级中国法律史	王立民	华东政法大学
孙加峰	2002 级中国法律史	王立民	上海市恒泰律师事务所
孙维飞	2002 级中国法律史	王立民	华东政法大学
袁忠民	2002 级法律文化	徐永康	上海市虹口区国资委
胡玉鸿	2002 级法律文化	徐永康	苏州大学法学院
龚汝富	2002 级法律文化	徐永康	江西财经大学
黄大赛	2002 级法律文化	徐永康	西南政法大学
裘　索	2002 级法律史	童之伟	上海市锦天城律师事务所
苏彦新	2003 级外国法律史	何勤华	郑州大学法学院
王素芬	2003 级外国法律史	何勤华	辽宁大学法学院
杨积讯	2003 级外国法律史	何勤华	中国计量学院法学院
魏　琼	2003 级外国法律史	何勤华	华东政法大学
任　超	2003 级外国法律史	何勤华	华东政法大学
廖初民	2003 级外国法律史	何勤华	绿地集团
孟　红	2003 级外国法律史	何勤华	东南大学法学院
陈　融	2003 级外国法律史	何勤华	华东师范大学
王铁雄	2003 级外国法律史	何勤华	上海海事大学
姚建龙	2003 级外国法律史	何勤华	华东政法大学
张海斌	2003 级外国法律史	何勤华	上海外国语大学法学院
高　珣	2003 级中国法律史	王立民	华东政法大学
吕　利	2003 级中国法律史	王立民	上海师范大学
郑　取	2003 级中国法律史	王立民	上海市工商行政管理局虹口分局
黄武双	2003 级中国法律史	王立民	华东政法大学
洪冬英	2003 级中国法律史	王立民	华东政法大学
曲玉梁	2003 级中国法律史	王立民	华东政法大学
袁兆春	2003 级中国法律史	王立民	曲阜师范大学
许　莉	2003 级中国法律史	王立民	华东政法大学

续表

姓名	年级与专业方向	指导老师	单位
魏淑君	2003 级法律文化	徐永康	中国浦东干部学院
韦　浩	2003 级法律文化	徐永康	上海市工商行政管理局
杨成炬	2003 级法律文化	徐永康	安徽大学法学院
卞　琳	2003 级法律文化	徐永康	华东政法大学
潘小军	2003 级法律文化	徐永康	华东政法大学
夏　菲	2004 级外国法律史	何勤华	华东政法大学
马　贺	2004 级外国法律史	何勤华	华东政法大学
李求轶	2004 级外国法律史	何勤华	浙江省融合律师事务所
韩　强	2004 级外国法律史	何勤华	华东政法大学
马　聪	2004 级外国法律史	何勤华	华南师范大学法学院
冷　霞	2004 级外国法律史	何勤华	华东政法大学
张玉堂	2004 级外国法律史	何勤华	华东政法大学
蔡东丽	2004 级外国法律史	何勤华	华南理工大学法学院
王　沛	2004 级中国法律史	王立民	华东政法大学
王月明	2004 级中国法律史	王立民	华东政法大学
邹剑锋	2004 级中国法律史	王立民	浙江万里学院
谢如程	2004 级中国法律史	王立民	杭州师范大学法学院
郭为禄	2004 级中国法律史	王立民	华东师范大学
郭春莲	2004 级中国法律史	王立民	上海市浦东新区公安局
周卫平	2004 级中国法律史	王立民	东华大学
刁振娇	2004 级法律文化	徐永康	华东政法大学
唐红林	2004 级法律文化	徐永康	上海对外贸易学院
张益刚	2004 级法律文化	徐永康	曲阜师范大学
胡照青	2004 级法律史	孙潮	上海市人民政府法制办
芦　琦	2004 级法律文化	郝铁川	上海电视大学
朱淑丽	2004 级法律文化	沈国明	上海市社科院法学所
曹呈宏	2005 级外国法律史	何勤华	浙江省检察院
邵宗日	2005 级外国法律史	何勤华	威海市环翠区法院

续表

姓名	年级与专业方向	指导老师	单位
邓继好	2005 级外国法律史	何勤华	华东政法大学
刘 强	2005 级外国法律史	何勤华	上海政法学院
刘显娅	2005 级外国法律史	何勤华	上海市立信会计学院
荆月新	2005 级外国法律史	何勤华	山东师范大学政法学院
郭延军	2005 级外国法律史	何勤华	上海交通大学法学院
陈郁如	2005 级外国法律史	何勤华	华东政法大学
郑现喆	2005 级外国法律史	何勤华	华东政法大学
林安民	2005 级中国法律史	王立民	福建闽江学院
蒋冬梅	2005 级中国法律史	王立民	上海市出版印刷高等专科学校
姜茂坤	2005 级中国法律史	王立民	小松(中国)投资有限公司
张 彬	2005 级中国法律史	王立民	上海海事大学
饶传平	2005 级中国法律史	王立民	华中科技大学
穆中杰	2005 级中国法律史	王立民	河南工业大学
林华昌	2005 级法律文化	徐永康	中国人民银行上海总部
倪 铁	2005 级法律文化	徐永康	华东政法大学
倪万英	2005 级法律文化	徐永康	东华大学法学院
吴旅燕	2005 级法律史	童之伟	上海政法学院
曾 坚	2005 级法律史	沈国明	上海财经大学法学院
刘志欣	2005 级法律史	孙潮	上海第二工程技术大学
于晓青	2005 级法律史	郝铁川	华东政法大学
陈 兵	2006 级外国法律史	何勤华	吉林大学法学院
果海英	2006 级外国法律史	何勤华	首都师范大学
胡建会	2006 级外国法律史	何勤华	上海市信访办
荚振坤	2006 级外国法律史	何勤华	上海海事法院
陈婉玲	2006 级外国法律史	何勤华	华东政法大学
胡 桥	2006 级外国法律史	王勤华	浙江工商大学
潘申明	2006 级外国法律史	王勤华	宁波市北仑区检察院
屈文生	2006 级外国法律史	何勤华、李秀清	华东政法大学

续表

姓名	年级与专业方向	指导老师	单位
李 婧	2006级中国法律史	王立民	华东政法大学
王亚军	2006级中国法律史	王立民	安徽大学法学院
王红梅	2006级中国法律史	王立民	盐城工学院
黄爱武	2006级中国法律史	王立民	华东政法大学
练育强	2006级中国法律史	王立民	华东政法大学
张东平	2006级法律文化	徐永康	上海政法学院
虞 瑾	2006级法律文化	徐永康	中国建设银行上海分行
蓝 涛	2006级法律文化	徐永康	上海戏剧学院
杨 辉	2006级法律文化	徐永康	华东政法大学
阎 锐	2006级法律文化	沈国明	上海市人大法工委
穆伯祥	2006级法律史	郝铁川	天津财经大学
叶 芳	2006级法律史	孙潮	上海市锦天城律师事务所
胡 骏	2006级法律史	童之伟	华东政法大学
颜晓闽	2006级法律史	何勤华、汪康懋	上海杉达学院
侯 勃	2007级外国法律史	何勤华	华东政法大学
解 锟	2007级外国法律史	何勤华	上海人民出版社
孔 晶	2007级外国法律史	何勤华	南京海关
夏秀渊	2007级外国法律史	何勤华	江西财经大学
张进德	2007级外国法律史	何勤华	上海政法学院
蔡 迪	2007级外国法律史	李秀清	浙江万里学院
姚 远	2007级中国法律史	王立民	华东政法大学
聂虎臣	2007级中国法律史	王立民	南昌大学法学院
沈 阳	2007级中国法律史	王立民	华东政法大学
张周国	2007级中国法律史	王立民	上海应用技术学院
栾时春	2007级法律文化	徐永康	华东政法大学
钱泳宏	2007级法律文化	徐永康	郑州轻工业学院政法学院
徐少辉	2007级法律文化	徐永康	上海市金融办公室
尹伟琴	2007级法律文化	徐永康	杭州师范大学法学院

续表

姓名	年级与专业方向	指导老师	单位
翟　芳	2007级法律文化	沈国明	中国海洋石油(中国)有限公司
熊建明	2008级外国法律史	何勤华	南昌大学
焦应达	2008级外国法律史	何勤华	内蒙古大学
任海涛	2008级外国法律史	何勤华	华东师范大学
赵笑君	2008级外国法律史	何勤华	福建师范大学法学院
王笑红	2008级外国法律史	何勤华	上海三联书店
陈晓聪	2008级外国法律史	何勤华	华东政法大学
翟冠慧	2008级外国法律史	何勤华	华东政法大学
于　霄	2008级外国法律史	李秀清	华东政法大学
张　莉	2008级中国法律史	王立民	浙江大学宁波理工学院
张维新	2008级中国法律史	王立民	湖南文理学院
王晓峰	2008级中国法律史	王立民	新疆大学法学院
丁德昌	2008级中国法律史	王立民	湖南文理学院
周登谅	2008级法律文化	徐永康	华东理工大学法学院
肖秀娟	2008级法律文化	徐永康	华东政法大学
孙建伟	2008级法律文化	沈国明	华东政法大学
李明倩	2009级外国法律史	何勤华	华东政法大学
王伟臣	2009级外国法律史	何勤华	华东政法大学
方　堃	2009级外国法律史	何勤华	华东政法大学
王海军	2009级外国法律史	何勤华	华东政法大学
张　婷	2009级外国法律史	何勤华	华东政法大学
穆红琴	2009级外国法律史	何勤华	华东政法大学
欧　扬	2009级外国法律史	李秀清	华东政法大学
王　捷	2009级中国法律史	王立民	华东政法大学
周会蕾	2009级中国法律史	王立民	华东政法大学
于鹏飞	2009级中国法律史	王立民	无锡市人民政府法制办
张海峰	2009级中国法律史	王立民	杭州市滨江区检察院
李远明	2009级法律文化	徐永康	华东政法大学

续表

姓名	年级与专业方向	指导老师	单位
刘承涛	2009 级法律文化	徐永康	温州大学瓯江学院
王瑞山	2009 级法律文化	徐永康	华东政法大学
吴　玄	2010 级外国法律史	何勤华	华东政法大学
熊玉梅	2010 级外国法律史	何勤华	江西财经大学法学院
周小明	2010 级外国法律史	何勤华	浙江丽水广播电视大学
方　砚	2010 级外国法律史	何勤华	华东政法大学
赵　亮	2010 级比较法	李秀清	华东政法大学
汪　强	2010 级比较法	李秀清	华东政法大学
李耀跃	2010 级中国法律史	王立民	华东政法大学
谢　舟	2010 级中国法律史	王立民	湖州师范学院
虞　浔	2010 级中国法律史	王立民	中共上海市政法委员会
杜军强	2010 级中国法律史	王立民	浙江旅游职业学院
段宝玫	2010 级法律文化	徐永康	华东政法大学
翟旭丹	2010 级法律文化	徐永康	华东政法大学
王丹丹	2010 级法律文化	沈国明	云南财经大学

后　记

自2001年起,10年来,华东政法大学法律史专业已经招收了180位博士研究生,本书出版的就是这些学生的论文(因某种原因,本书实际收录论文为174篇),由于各位作者选择的都是自己感觉比较满意的成果,因此,本书的质量还是比较高的。

由于容量巨大,故本书出版时分为三卷。下卷收录的是法律文化篇和法史人物、学术思想篇。前者收录论文28篇,后者收录论文25篇。这些论文,大部分是博士论文中重要章节的摘要,但也有一些是作者创作的其他成果,如李秀清、陈灵海、曲阳、王兰萍、龚汝富、冯引如、姚建龙、王沛、翟冠慧、钱泳宏、任海涛、欧扬、李远明、谢舟、栾时春、张婷、王晓峰、焦应达等的论文。不管是哪种类型,这些论文都是从各个角度,围绕中外历史上的有关私法和司法的基本问题,发表了各自独到而精辟的见解。

10年来,各届博士毕业生各奔东西,每天在为实现自己的人生价值和梦想而拼搏,工作变动不定,加上还有一些从国外(境外)来求学的博士生毕业后已经回去,故在这次编辑论文集时,我们没有能够联系到所有的毕业生,对于联系不上的学生,我们在他们所通过的博士论文中摘录部分最精彩的章节,或者对其在其他刊物上所发表的论文作些许编辑后录入本书。我们这么做的想法是尽可能多地收录各位毕业生的作品,以体现人人参与华政法律史专业团队建设的精神。做这项摘要和编辑工作的博士生和硕士生主要有:吴玄、何元龙、王思杰、纪宗猛、胡志勇、佟思进、沈群、林海、黄晓鸽。

在本书编辑过程中,参与论文收集的同学为:方砚、王丹丹、段宝玫、杜军强、汪强5位博士生;参与论文校对、编辑的有方砚、吴玄、王丹丹、段宝玫、杜军强、汪强、李耀跃、翟旭丹8位博士生,以及何元龙、王思杰、纪宗猛、胡志勇、佟思进、沈群、林海、黄晓鸽、刘宗帅、肖瑜10位硕士生。论文集初稿完成后,由李秀清教授统一核稿、审阅,之后分别由吴玄(负责上卷)、杜军强(负责中卷)和汪强(负责下卷)进行最后的编辑整理。

应该说,本书是一项集体完成的成果,是一种华政法律史专业团队精神的体现。正是这种团队精神,激励着华政法律史学科继续努力、不断创新,以取得更大的成绩。当然,尽管我们都已经非常努力了,但仍有可能存在一些问题和缺陷,此点,恳请广大读者予以谅解并批评指正。

本书的出版,也得到了法律出版社沈小英分社长以及陈妮、杨红飞和孙北梅编辑的全力支持和帮助,他们高效且认真敬业的劳动,使本书增色多多。在此,对他们以及上述为本书的编辑出版做出贡献的博士生和硕士生,表示我们诚挚的谢意。

何勤华
于华东政法大学
外国法与比较法研究院
2011年7月7日

图书在版编目(CIP)数据

法律史的世界/ 华东政法大学法律史研究中心编.
—北京:法律出版社,2011.8
ISBN 978-7-5118-2393-9

Ⅰ.①法… Ⅱ.①华… Ⅲ.①法制史—世界—文集
Ⅳ.①D909.9-53

中国版本图书馆 CIP 数据核字(2011)第 160228 号

责任编辑/杨红飞 **装帧设计**/李　瞻

出版/法律出版社 **编辑统筹**/财税出版分社
总发行/中国法律图书有限公司 **经销**/新华书店
印刷/北京彩虹伟业印刷有限公司 **责任印制**/张宇东

开本/720 毫米×960 毫米　1/16 **印张**/35.75　**字数**/743 千
版本/2011 年 9 月第 1 版 **印次**/2011 年 9 月第 1 次印刷

法律出版社/北京市丰台区莲花池西里 7 号(100073)
电子邮件/info@ lawpress. com. cn **销售热线**/010-63939792/9779
网址/www. lawpress. com. cn **咨询电话**/010-63939796

中国法律图书有限公司/北京市丰台区莲花池西里 7 号(100073)
全国各地中法图分、子公司电话:
第一法律书店/010-63939781/9782 **西安分公司**/029-85388843 **重庆公司**/023-65382816/2908
上海公司/021-62071010/1636 **北京分公司**/010-62534456 **深圳公司**/0755-83072995

书号:ISBN 978-7-5118-2392-9 **定价(全三卷):**353.00 元

(如有缺页或倒装,中国法律图书有限公司负责退换)